中华名人大传

主编　于立文

第一卷

在人类社会发展的历史长河中，古今中外产生过无数的名人。这些名人既有站在时代的风口浪尖上奋力拼搏，以其深邃的思想睿智推动世界文明进步，造福于人类的正面人物。也有保守泥古，枭凶歹毒，为人类社会不耻，阻碍社会发展的反面人物。……

辽海出版社

图书在版编目(CIP)数据

中华名人大传/于立文主编一沈阳:辽海出版社,2010.12
ISBN 978-7-5451-1076-0
Ⅰ.①中… Ⅱ.①于… Ⅲ.①名人—列传—中国
Ⅳ.①K82
中国版本图书馆 CIP 数据核字(2010)第 244547 号

责任编辑:段扬华
责任校对:顾　季
封面设计:黄　辉

出 版 者:辽海出版社
社　　址:沈阳市和平区十一纬路 25 号
邮政编码:110003
电　　话:024-23284469
E-mail:dyh550912@163.com
印 刷 者:北京德富泰印务有限公司印刷
发 行 者:辽海出版社

幅面尺寸:170mm×250mm
印　　张:80
字　　数:1800 千字

出版时间:2010 年 12 月第 1 版
印刷时间:2015 年 5 月第 3 次印刷
定　　价:696.00 元(全四卷)

编委会

主编：于立文

编者：（按姓氏笔划为序）

于　彦　马诰临　王　斌　王燕红
王平生　王波波　王鹏程　孔淑红
田林欣　左晓娜　左庆生　冯晓林
刘海森　刘俊英　刘玉锦　刘文娟
孙信义　齐贤达　李玉群　李世贤
李永发　沈德元　何广亮　姜　慧
钟英华　顾　瑛　徐　立　黄　镇
黄世杰　彭卫红

前　　言

这是一部历时弥久、精心编纂的多卷本立体型著作，全书分别从政治、经济、军事、科技、文学艺术等领域遴选了多位对人类有杰出贡献的人物传纪精选，内容充实，可读性强，不受“时空二大”制约，上下几千年，纵横全中国，百位伟人星光灿烂，相约一个地球村，齐聚一部伟人传，构建出一座荟萃人类智慧的耀眼殿堂。当我们打开书卷，便立即觉得霞光万道、瑞气千条、英气逼仄、眩人眼目。

谓予不信，请拭目就读，各路精英齐来眼底。悠悠中华五千年，秦皇汉武指点江山，李世民创大唐帝国，“贞观之治”名满天下，玄烨、弘历又创康乾盛世，令世人瞩目，孔夫子述而不作，“半部论语治天下”，老子一部五千言的《道德经》光耀了中华民族五千年的文明史，岳飞精忠报国，戚继光抗倭英名远振，诸葛亮“三顾茅庐”、六出祁山、七擒七纵、八阵图、九进中原，一代诗仙李白狂放不羁，风流倜傥，李自成进北京旋即出京甲申三百年，几位不凡女性撑起穹庐一片，包玉刚劈波斩浪越重洋，鲁迅先生冷辣辣师爷笔法……

我们不需要一定成为出色的政治家、指挥若定的军事家、杰出的科学家、知名的作家、成功的企业家，但一定要修身齐家，这是做人最起码的准则。那么，让我们和这些伟大的人物从心灵上交流、从思想上沟通、从行动上对话，提高自己的综合素质，以适应异彩纷呈、日新月异的时代。

在指导思想上，编者力求创意出新，不蹈旧辙，不炒剩饭，不拾人牙慧，不哗众取宠，尊重历史，尊重现实，给读者以实实在在的感觉。

在编排布局上，涉及5个领域，读者可于茶余饭后忙里偷闲顺手从书架上随意抽出一本，任意浏览，皆独立成篇，不至如长篇巨制之小说，突然事临又惦着人物命运不忍释卷而误事。

但是，由于编者水平有限，难免挂一漏万，敬请见谅。

编　　者

目　录

孙中山

少年中山 一心报国

贫家之子

孙中山的故乡在广东南部的香山县(今中山市)。

唐宋以来,地处岭南的这个省份开始以“富而通”著称。但是,他于1866年冬出生于兹的翠亨却不富饶。仅有70余户的村庄的大部分居民生计艰难,耕地多为地主、官僚占有并实行残酷的地租剥削。苛捐杂税,更是纷至沓来。他出世时,家境十分贫困。虽然,他的先祖据说是中原望族。他的父亲孙达成曾在澳门当过鞋匠,后返乡租田耕作并兼更夫。他还有兄弟姐妹五人(两人早殇),全家居住在村边一间平房里。从6岁起,他就参加辅助性的农家劳动:随着姐姐到村外的金槟榔山割草打柴、去塘边捞取水生饲料“塘飘”和放牛,偶尔还同外祖父划艇出海取蚝。年龄稍长,便协助父亲下田操作。他很少有鞋子穿。番薯成为经常的主食。困苦的生活在童稚的心灵上留下深深的烙印,他后来曾自称“我是苦力,同时也是一个苦力的儿子。我生于穷人家庭,我自己仍然是穷人”。幼年的孙文认为“农民的生活不该长此困苦下去。中国的儿童应该有鞋穿,有米饭吃”。贫困的农家子弟的遭际使他“早知稼穑之艰难”,而他后来倡导民生主义则与“受幼时境遇之刺激”有关。

在香山的民众中蕴涵着可歌可泣的革命传统。农民和水上居民在有清一代掀起的抗争此伏彼起。第一次鸦片战争期间,民族英雄林则徐驻节县城,壮烈捐躯的水师提督关天培在香山辖属的磨刀洋面迎击过英国侵略军,广大群众的保家卫国的英雄事迹更是广泛流传。当然,给孙中山以深刻影响的莫过于刚刚覆败的太平天国农民战争。他时常坐在门外大榕树下倾听太平军老战士冯观爽的忆述,天国英烈们的壮举令他无限仰慕,热望“洪秀全灭了清朝”,深为这场轰轰烈烈的反清斗争的悲剧结局而惋叹。深植于人民中的反侵略、反压榨的战斗精神哺育了他,致使他不止一次地赞扬故乡“不在地形之便利,而在人民进取性之坚强;不在物质之进步,而在人民爱国心之勇猛”。

困苦的生活并未压倒这个聪明活泼的孩子,孙中山陶醉于自己的意趣:游泳、捉鱼、捕蟋蟀、抓雏鸟、放风筝、踢毽子、跳田鸡、劈甘蔗,样样喜爱。还常去附近的武馆观看三合会员习练武术,或和小伙伴们在山野间模拟太平军同清军作战。“石头仔”——人们给他起了这样一个可爱的绰号,直到10岁,他才正式入乡塾读书。他热衷于学习，为了节省灯油而在月光下阅读。但对一味背诵儒家典籍颇为不满，曾向塾师要求讲解“大学之道，在明明德”的涵义。随着观察和思考能力的逐步提高，周围的封建陋习引起他的反感。他厌恶赌博、蓄婢、纳妾，反对家人给姐姐缠足。由于劝阻赌博遭到殴打，又为诘责专横的胥吏险被刺伤。他还提出和思考过关于天地生死等哲理性问题，却是无从索解。他也曾渴望获取一只美丽善鸣的鸟雀，似乎这个未能实现的意愿会给他的童年带来光彩和幸福。社会生活的愚昧、窒闷和苦难，引发了好学多思的孩子的困惑、痛苦和莫名的企盼。

走出山村

孙中山越来越发强烈地憧憬着新的世界，甚至愿意离乡背井——虽然水碧沙明的兰溪和草木苍翠的金槟榔山长系心头，并在后来长期漂泊异域时化为浓郁的乡愁。他终未能一睹镇上牧师所藏有的那幅世界地图，但外部的信息不断传来。香山自来便是侨乡，生计迫使许多居民前往澳门、香港地区和外国。他的两个叔父客死他乡，长兄孙眉在19世纪70年代初就随母舅漂洋过海，到夏威夷——华人称之为檀香山——去做佣工。当地兴发着的制糖业迫切需要劳动力去垦殖，孙眉经过10余年的劳作经营，逐渐上升为拥有牧场和商店的华侨企业家。孙中山从返乡完婚和招募移民的兄长口中得悉了许多檀岛的风土人情，对太平洋中那个“草经冬而不枯，花非春而亦放”的群岛心向往之。几经向家人恳求后，他在12岁时终于踏上泊在澳门码头的英轮，经历了20余个昼夜的航程，抵达了万顷碧波环抱的美丽的夏威夷。初次远行大大开阔了他的眼界，给予他许多鲜明的印象和感受：“始见轮舟之奇，沧海之阔，自是有慕西学之心，穷天地之想。”

孙中山从此留居檀岛，长达5年。一度在孙眉的商店中习练珠算、记账和当地的奈楷奈方言，旋即进入英国基督教监理会在火奴鲁鲁创办的意奥兰尼学校。他在这所用英语授课的学校教室中默坐了10天，然后开始学习字母、拼音和造句以克服语言的难关。待到3年后毕业时，这名各科成绩良好的学生竟然以英文法考试第二名获得了国王的奖励。1882年秋，他升入著名的高级中学——美国基督教纲慎纪会主办的奥阿厚书院。原拟毕业后赴美深造，却因宗教信仰问题——他还在意奥兰尼学校时就准备受洗——而被孙眉敦促于翌年返乡。

檀岛的学校生活是孙中山接受“欧洲式教育”的发端，初步接触到的西方自然科学和社会政治学说使他耳目一新。尽管意奥兰尼学校创办人韦礼士主教确认这名中国少年在校时并未表露出明显的政治观念，但他的社会意识业已萌发。除了西学的启蒙作用外，现实生活促使他思索许多问题。他为脑后的辫子受到同学的嘲弄而深感痛苦，却坚持“中国人都可剪辫的时候才把辫剪掉”，因为“发辫不过是中国所受许多耻辱的一种，我们应该立刻把许多耻辱全体去掉的”。当地人民反抗美国的侵凌和架拉鸠国王的统治，给予他的开始形成中的政治见解以很大影响。

孙中山于1883年夏辍学回国。

少年时代已经逝去。青春年华伴同他返回祖国。开阔的视野，新的知识和观感，变革社会的热忱，“神圣的权力不是永恒的”信念……使他对睽别五载的故土感到陌生，而在心灵深处则糅杂着伤痛、忧虑和愤懑的情愫。他从香港换乘返乡的沙船，初入国门便受到清吏的多次扣留勒索，他不禁向旅客们疾呼："中国在这些腐败万恶的官吏掌握中，你们还坐视不救吗？"回到梦魂萦绕的翠亨后，他一度留居家园——这是亲人们的意愿——参加耕作和继续自修。但是，封建专制主义君临下的黑暗和愚昧，令他深感窒闷和厌憎，他在一些场合抨击官府的弊端，希冀采取修筑道路、防御盗贼等改良乡政的措施。同村的青年陆皓东、杨鹤龄与他过从甚密，他们常在一起读书和议论时政。陆皓东曾经顶替虚额参加本县团防检阅，十分惊异于兵勇竟多由烟民、乞丐充当。他们从这种腐朽的现象得出论断：只需数十名健儿，便可袭取虎门炮台；疲塌的清朝兵勇，完全不堪一击。

乡居生活并不长久，他们的反封建迷信活动酿成轩然大波。孙中山还在檀岛时就已反对崇奉关帝之类的偶像，翠亨乡民膜拜北帝庙中的木雕泥塑益发使他反感。"劝勿妄信"没有效果，他便和陆皓东进入庙堂把北帝手掌的直竖的中指折断，又将左廊金花殿内的娘娘塑像的脸蛋用指甲划成花面，还对北帝大加申斥。笃信神灵的村民颇为惊恐和愤怒，把亵渎神像者视为"疯孩子"。他的父亲只得应允修复神像，他则被迫前往香港。意味深长的是：他在进入英国基督教圣公会主办的拔萃书室后不久就与陆皓东受洗为基督教徒。真正使他后来摒除各种宗教观念的主要因素还是科学："余于耶稣教之信心，随研究科学而薄弱。……颇感耶稣教之不合论理，因不安于心，遂翻阅哲学书籍。当时余之所心，大倾向于进化论。"在后来的日子里，他的战友甚至"永不见其至教堂一步"。

就在孙中山赴港求学的那一年，爆发了中法战争。从英国于 1840 年挑起第一次鸦片战争以来，资本—帝国主义采用包括暴力在内的各种手段推行殖民掠夺政策，并同封建统治者相互勾结，使封建的中国逐步沦为半殖民地半封建的中国。在这个屈辱悲惨的分解过程中，人民的反帝反封建斗争此伏彼起。持续达 10 余年的太平天国农民战争，则是革命浪潮的高峰。随着 70 年代民族资本主义的萌发，剧变的近代中国社会的政治、思想领域中出现了——外铄的作用当然是巨大的——更多的新因素。维新人士开始比较系统地引进新学，积极传播社会变革观念。法国发动的这场侵略战争加深了民族危机，进一步暴露了清朝政府的腐败，激起了声势浩大的爱国运动，推动了维新思潮的扩展。民族意识的昂扬给予满怀爱国与变革热忱的青年孙文以"希望和勇气"，香港工人拒绝修理法舰和装卸法货的正义行动使他受到启示和激励。他认为这一切"证明中国人已有相当觉悟"，因此，"战胜法国并非难事，只靠民众力量。"当然还"应当造钢铁的船，木头船是没用的"。他更加认真地考察和剖析日益朽败的清帝国，特别注目于它的军事体制和装备。否定现存政权的观念潜滋暗长，他曾向檀岛的朋友表示：一俟学有所成后，"就要准备推翻满清。"后来，他十分强调这桩事件的重大影响："余自乙酉中法战后，始有志于革命。"

从 1884 年春到 1886 年夏，孙中山就读于港英当局主办的中央书院。由于阅读中文书刊存在困难，便于课外努力补习国学。他的好学与博识，使他获得了"通天晓"的绰号。在校期间，曾应孙眉的函召再赴檀岛，为损毁神像和受洗入基督教事受到责备，并退还了先前分给他的财产。

1885 年夏，他又返乡与同邑外村卢慕贞结缡。

当他在书院修毕中学课程后，这名双十年华的毕业生面临着生活的抉择。捐官、投考神学院等路途铺在他的脚下；学习军事和法律则是他的志向；祖国落后的医疗卫生状况——特别是中法战争中暴露出救护工作的严重缺陷，引起了他的关注。他终于选择了医学："以医亦救人之术也。"经由为他施洗的美国教士喜嘉里的介绍，他进入广州博济医院附设的南华医学校。在校期间不过年余，留给周围人们以深刻的印象是他对教学中"不合理制度"的改革主张。他要求男生参加产科实习，并使校方采纳了这个破除封建观念的建议。他结识了同学郑士良和广州算学馆的学生尤列，经常议论"维新兴国"的有关问题。郑士良与会党保有密切关系，他正是通过这位同窗的中介接触了中国的秘密会社。

孙中山于 1887 年转入香港伦敦传道会和香港议政局议员、维新人士何启创办的西医书院，因为该校"学课较优，而地较自由，可以鼓吹革命"。这所书院采用英国医科大学学制，颇为注重实习，他在 5 个学年中研习了物理学、化学、植物学、解剖学和药物学等学科，获得优秀成绩。全部课程 12 门中有 10 门被评为"H"(80 分以上的荣誉成绩)，仅有两门为"P"(合格)。从二年级起，连续 4 年名列第一。然而，他并不满足于医学专业知识。达尔文——他刚刚逝世——的进化论令他心折。法国 18 世纪资产阶级革命史使他昂奋。他还"研究国际法、军事学、海军建设、各种财政学、国政、各种派别的政治学"，并把"通晓舆图"作为"实学要旨"，时常审视悬于壁上的中国地图，慨叹"如此江山，付之非人"。他很喜欢中夜起床阅读国学典籍，探究"历朝制度之沿革"和"古今治乱之道"。勤奋的医科学生在港英政府统治下的香港高等院校中大体完成了"欧洲式的教育"，这种学习的机遇在同代人中是罕有的。

孙中山更为热切地关注国事，经常同郑士良、尤列及稍后结识的同学陈少白到校舍附近杨鹤龄家的商店杨耀记聚会。热情洋溢的年轻人踏着陡峭的石阶，走过狭窄阴暗的街道，"昕夕往还，所谈者莫不为革命之言论，所怀者莫不为革命之思想，所研究者莫不为革命之问题。"他又以洪秀全自况，提出"勿敬朝廷"的口号。"无所忌惮"的言论惊世骇俗，致使他与陈少白、尤列、杨鹤龄获得了"四大寇"的头衔。这是他自称的"革命言论之时代"，虽然当时还未广泛使用"革命"这个名词。另一方面与激进的观念并存的则是温和的维新思想。他在 1890 年前后写信给退休乡居的同邑郑藻如(曾任职海关道和出使欧美)，提出改革主张三点：兴办农会以倡导农桑，立会设局以杜绝鸦片，创置学会、学校以普及教育。后来刊载于澳门报纸的《致郑藻如书》具有进步的意义，其内容则为维新思潮的通论。事实上，他也与一些维新人士有着密切联系。他同居留沪上的郑观应商讨"改革时政"，后者曾在风靡一时的《盛世危言》中称道过"吾邑孙翠溪西医"。他的教师何启也给他较大影响，这位留英学习医学和法律的维新人士的代表作即是流传广泛的《新政真诠》。仿效西方，变法维新，对于民族危机日益深重的、封建专制主义君临的中国社会无疑是一种冲击，具有民主主义的启蒙意义。积极探索变革现实途径的热血青年受到维新思潮的浸润，在当时的历史条件下是完全合乎逻辑的现象。

1892 年秋，孙中山以优异成绩毕业。康德黎教务长向他颁发的医学士证书执照内称："照得孙逸仙在本院肄业五年，医学各门，历经考验，于内外妇婴诸科，俱皆通晓，确堪行世。"然而，这名合格的医生却并不满足于自己的良好职业。与"救人之业"相较，他更热衷于医国的崇高使命。他确信"医术救人所济有限，其他慈善事业亦然。若夫最大权力者，无如政治。政治之势力，可为大善，亦能为大恶。吾国人民之艰苦，皆不良之政治为之。若欲救国救人，非锄去恶劣政府不可"。这种真知灼见抓住了改造社会的关键，他决心投身于政治斗争。在离港赴澳开业时，他曾在船上对陈少白"讲到将来有机会的时候，预备怎样造反"。

孙中山到澳门行医，是由于当地的一些绅商——他们或是孙眉、杨鹤龄的戚友，或是接受过他的效果颇佳的治疗——的邀请。作为澳门第一位华人西医，他在当地著名的镜湖医院悬壶：开诊是义务性质的，取得的补偿是院方借贷给他开设中西药局。他的医德和医术为人称道，外科更是闻名遐迩，康德黎博士间或从香港赶来，帮助他过去的学生实施较大的手术。他的医务颇为顺利，"就诊者户限为穿"。而他更积极开展社会活动，据说曾在澳门和翠亨试验过炸药——至今，他自行设计的故居附近的石牌坊的横额还留有一条裂痕。但是，他并未在澳门久留。那里缺乏政治活动的良好条件，他深感难于寻求志同道合者。加以还受到葡萄牙同行的排斥，先是禁止他为葡人诊治，又迫使药店对他的处方"不得为之配合"，致令医业"猝遭顿挫"。因此，他决定到广州去。

翌年春天，孙中山在省城西关著名的医药街道冼基设立东西药局，并于城内双门底圣教书楼开办医务分所，不久又在香山县城创置药局的分店。一则当时的药局广告大体勾勒了他的医务的轮廓："每日十点钟到十二点钟在药局赠诊，不受分文，以惠贫乏。……午后出外诊症。先生素以济人利物为心，若有意外与夫难产、服毒等症，报明危害，无论贫富，俱可立时邀至，设法施救。"他很快获得了人们的赞誉，"病家趋之若鹜"。繁忙的医务妨碍了社会活动，他被迫提高诊金。求医者依然众多，他的月入可达千元左右。

北上投书

孙中山以"医术"为入世之媒，越益热衷于政治活动："行医日只一两时，而从事革命者实七八时。"丰盈的收入被大量挪用，药房渐有"不支之势"。他的周围团聚着许多志士，经常在基督教徒左斗山开设的销售西学译著的书店圣教书楼后面的礼堂和广雅书局内南园抗风轩集会，议论时政，探究途径。他和郑士良等积极"结纳会党，联络防营"，并同水师中的青年军官程璧光、程奎光等建立了密切关系。组建团体的课题业已提上日程，他和他的同志们甚至拟出了兴中会这个名称，宗旨则为"驱除鞑虏，恢复华夏"，只是由于参与人数过少等原因而未形成"具体的组织"。1894 年初，他与陆皓东回到翠亨起草了《上李鸿章书》，又与由港来穗代他主持药局的陈少白反复推敲，决定北上投书。他认为当前的变革途径有二，即是中央革命和地方革命。《上李鸿章书》如能得到采纳，意味着自上而下的中枢变革。与自下而上地开展反清斗争的地方革命相较，易于奏效。这年春天，他与陆皓东携书登程，从此告别了医生的职业，成为职业政治家、革命家。

孙中山等在上海略事逗留，会见了郑观应和另一位著名的维新人士王韬，再次修改了《上李鸿章书》，并请他们为介于李鸿章的下属和幕僚。6月，他们抵达天津并通过李鸿章的幕僚递上了书函。显而易见，《上李鸿章书》较之《致郑藻如书》有了长足的发展。他指责了听任"关卡之滥征，胥吏之多弊"的封建苛政，批判了"徒坚船利炮之是务"的"舍本图末"的洋务派，确认"欧洲富强之本，不尽在于船坚炮利，垒固兵强，而在于人能尽其才，地能尽其利，物能尽其用，货能畅其流。此四事者，富强之大经，治国之大本也"。当务之急，则是"农政之兴"。变革将使贫弱的中国臻于富强："以中国之人民才力，而能步武泰西，参行新法，其时不过二十年，必能驾欧洲而上之。"这种促进中国近代化——资本主义化的方案体现了历史的发展趋势，因而具有积极意义。选择李鸿章为上书对象也非偶然，他不仅是权倾一时的直隶总督兼北洋大臣，更以兴办洋务闻名于当世，且为西医书院的名誉赞助人。然而，李鸿章对来自粤东的投书者并未理会。他们奔走呼吁，不过领得一纸"农桑会出国筹款护照"。

《上李鸿章书》的内容全然属于维新思潮的范畴，所以被郑观应赞为"其说亦颇切近"。但是，作者不同于半封建半资本主义式的维新派"君子"们。孙中山的童年和少年时代是在贫苦农民和华侨企业家的家庭中度过，且又受过"欧洲式的教育"，比较了解西方社会，精神世界中蕴涵着较为激进的民主主义因素。在他的心目中，古老的帝国和至尊的皇冠并未围绕着神圣的光环，否定现存社会秩序的造反行动，决非大逆不道。他是近代中国新型知识分子的代表，较少承受因袭的重担。因此，当他意识到维新思潮的局限，加以激进的民主主义因素的增长，就必然在一定的机缘下跨出关键的一步，开拓了新的征程和局面，赋予近代中国民主革命以更为完全的意义。

顺天行道　民主革命

初次较量

毫无疑问，上书的失败给孙中山以很大的刺激。然而，此行决不是徒劳的。他具体而深刻地认识到李鸿章之流的贪婪，其"发财致富的方法之一，就是各级文武官员请求任命，必须支付大量的贿赂给李的随员"。北京给他留下了十分恶劣的印象："则观满清政治下之龌龊，更百倍于广州。"加之中日战争爆发，日本侵略军于10月攻陷了辽东半岛。极其严重的民族危机再次暴露了清朝政府的朽败，洋务运动面临彻底破产的命运。严酷的现实消除了他对统治集团中某些人物所抱的幻想，激发了他的革命意识——"知和平手段，无可复施。然望治之心愈坚，要求之念愈切，积渐而知和平之手段，不得不稍易以强迫。"

由是，孙中山的思想历程达到了临界点。

这年10月，孙中山在日军轰击辽东的炮声中从上海乘船前往檀香山。救亡图存、振兴中华的热望，充溢于他的心胸。为了尽快组建革命团体，他在侨胞中进行了紧张的宣传和鼓动。檀岛当时约有华侨两万人，主要为工人、职员、小业主和中小资本家。他们在异域的屈辱遭际，特别是美国政府在80年代煽起的排斥华工暴行，使他们失望和不满于清朝政府的庸懦无能，但其觉悟毕竟有限。他的活动终于获得了几十名拥护者，其中包括孙眉和另外一些亲友。11月下旬，中国资产阶级革命民主派的第一个团体——兴中会在火奴鲁鲁建立。在孙中山起草的"章程"中强烈谴责了清朝政府的罪行："上则因循苟且，粉饰虚张；下则蒙昧无知，鲜能远虑。近之辱国丧师，剪藩压境，堂堂华夏，不齿于邻邦，文物冠裳，被轻于异族。"同时，尖锐地指出了民族危机的空前深重，"蚕食鲸吞"、"瓜分豆剖"的厄运迫在眉睫。"章程"规定兴中会的宗旨"专为振兴中华，维持国体"，会员誓词则把奋斗目标概括为"驱除鞑虏，恢复中国，创立合众政府"。当首批会员举手宣誓入会时，一个划时代的民主革命政纲从此问世，革命民主派开始形成，近代中国民主革命进入比较正规的阶段——虽然，誓词仅使民族主义、民权主义初具雏形，但是，它不愧为中国历史上第一个包括共和制度要求的政纲。

继火奴鲁鲁的兴中会建立后，茄荷蕾、百衣等地陆续建立分会。会员超过百人，力量初步形成。反清武装斗争立即提上日程，因为孙中山愈来愈重视革命暴力在社会变革中的重大作用。严酷的现实使他意识到温和的手段——例如上书——无能为力，必须诉之于"强迫"。然而，他不可能在天水阻隔的远方策划举义。在迅速筹得一笔不多的经费后，他即于1895年初回到香港，并在当地进步团体辅仁文社成员杨衢云等的参与、支持下很快建立起兴中会总机关，以便加强同国内的联系和就近组织武装起义。香港兴中会的入会誓词同于檀岛兴中会，"章程"中则加强了对清朝政府的揭露和谴责。

孙中山和他的战友们决定在广州举义，然后把革命辐射向各地。他与郑士良、陆皓东等在省城建立了兴中会分会，先后设置机关据点数十处，广泛联络防营、水师、会党、绿林和游勇，并以农学会作为公开活动的旗号。他还取得了香港《德臣西报》和《士蔑西报》的英国记者的支持，又曾访问过日本驻香港总领事馆。杨衢云等承担后勤任务，负责筹措经费和购运械弹。1895年秋天，起义的准备工作大体就绪，确定于重阳节发难，制定了攻取方略和讨满檄文、安民告示及对外宣言。在推举兴中会会长兼未来临时政府总统人选问题上曾经发生分歧，孙中山为避免分裂而将这个职务让与杨衢云。根据大多数骨干的意见，采取集合力量分路攻袭和策动清军内应的战斗方案。重阳前夕，义军大抵集中、隐蔽于珠江的艇上待命。杨衢云突然要求延期，因为承担突击重任的队伍不能按期赴穗。形势陡变，稽迟将会断送起义。孙中山果决地下令解散义军，同时电告杨衢云阻止队伍前来。然而，斗争计划已经泄露。港英政府早把革命党人运送武器的有关情报电告两广总督，变节分子又使内情为官府得悉。于是缇骑四出，陆皓东等被捕。不及变更行程的两百余名义军在所乘港轮抵达省城码头时遭到围击，被俘50余人。起义流产，附近地区的响应迅即失败。革命党人在法庭和刑场上表现了英雄气概和牺牲精神，陆皓东义正词严地宣称：正是由于"愤政府之腐败专制"和"外人之阴谋窥伺"才高举义帜，"今事虽不成，此心甚慰。但我可杀，而继我起者不可尽杀。"他与朱贵全等人从容就义，成为"中国有史以来为共和革命而牺牲者之第一人"。

在初次的武装反清斗争中，这位刚刚放下手术刀的青年革命家表现出异常的镇静。直到清军实行大搜捕的当晚，孙中山才乘小轮逃抵澳门，经由他的葡籍挚友飞南第的帮助转赴香港。鉴于这块在英国殖民统治下的地盘不可久居，他稍事逗留后——港英政府旋即公布了驱逐令——即往日本。甫抵神户，当地报纸已披露“支那革命党孙文抵日”的消息。他十分赞赏革命两字，向同行的陈少白和郑士良指出这个词汇出于《易经》:“汤武革命，顺乎天而应乎人。”所以今后“但言革命，勿言造反”。他在日本继续进行宣传和组织活动，建立了横滨兴中会，并且断发改装，以示同清朝政府彻底决裂。

流亡异域

长期的流亡生涯从此开始，孙中山决定走向世界去观察、思索和撒播“火种”。行程的第一站是檀香山，他在那里向关心国事的侨胞们讲述了广州起义的经过，又组织兴中会员参加兵操，聘请丹麦人柏格——曾任中国南洋军队教习——担任训练。然而，初次的挫败使得各种活动“进行迟缓”。他于1896年初踏上了新大陆，自西徂东横越美国。他在旧金山建立了兴中会，又向各埠的洪门组织和侨胞反复“说以祖国危亡，清政府腐败，非以民族根本改革，无以救亡”。由于遭受排华迫害的侨胞竭力为生存而挣扎，加以“风气闭塞”，反应并不强烈，“其欢迎革命主义者，每埠不过数十人，或十余人而已”。流亡生活十分艰苦，他居留纽约时经常睡在一间书馆的地下，往往以一碗面条充饥，但却毫不在意。

孙中山于秋季从纽约乘船赴英，显然没有充分意识到行程中潜藏着荆棘与陷阱。他被清朝政府视为洪水猛兽，广东地方政府悬赏千两花红银缉拿这名“要犯”。总理各国事务衙门更是电令驻外使节严密侦察，相机拘捕。在他抵达伦敦之前，清驻英使馆业已获悉他的行踪。公使龚照瑗即派英籍参赞马凯尼向王国政府交涉逮捕、引渡事宜，同时雇用侦探加以监视。他们的要求遭到拒绝后，于是决意采取绑架手段。10月11日，当抵达伦敦已经10天的孙中山从旅舍前往康德黎博士——他们去岁在檀岛街头偶然相逢并相约于伦敦会面——的寓所途中，被预伏在清使馆附近的工作人员邓廷铿等拦阻纠缠，强行挟持入使馆内。他失去了自由和通讯的权利，窗口装有铁栅的房间实际上成为囚室。根据总理衙门的电示，清使馆准备雇用英轮秘密押解孙中山回国。他面临着死亡的威胁，向外界通报信息乃是惟一生路。孙中山曾采用把写有被囚简况的纸片裹以金币掷出等办法，却只招致更严密的防范。幸而他的遭遇获得清使馆内英籍佣工的同情，贺维和柯尔先后把孙中山的情况和亲笔短笺送给康德黎博士。康德黎博士立即同另一位西医书院的教师孟生博士展开营救活动:向警署和外交部报案;通过报纸揭露清使馆的卑劣行径;雇请侦探监视清使馆的动向。绑架真相被披露后，社会舆论对清使馆的行径予以强烈谴责。英国外交部指出清使馆的行为超出了应该享有的外交特权，以正式照会形式要求释放被囚禁者。22日，清使馆不得不恢复了孙中山的自由。当日下午，孙中山在康德黎博士的陪同下走出使馆，向给予声援的人们表示感谢。伦敦被难对于开始踏上民主革命征程的战士确是一次严峻的——“自分必死，无再生之望”——考验和磨砺，增强了他的信念和意志。

同时，在全世界面前暴露了清朝政府的野蛮凶残。完全出乎迫害者意外的，则是这桩事件使年轻的革命家闻名于当世。英、美、日和港、澳的报刊纷纷登载有关消息，国内维新派主办的《时务报》也有所反映。许多评论称许孙中山为新型的“革命派领袖”，相信他会对中国的进步作出贡献。

孙中山留居伦敦直到翌年夏天，勤奋地读书、观察、思索和写作。他经常往大英博物馆的图书馆——世界上许多杰出人物都曾在这座庋藏丰富的文化宝库中留下足迹——阅读，继续跟踪孙中山的侦探写下的记录大都如是：“毫无变更的每日赴大英博物馆”；“差不多每日赴大英博物馆……停留到下午七时或八时”。康德黎博士对他过去的学生的学习热情颇为称赞：“他不歇地工作，阅读有关政治、外交、法律、军事、海军的书籍；矿产与矿业、农业、畜牧、工程、政治经济等类，占据了他的注意，而且细心地和耐心地研究。”他还认真考察了英国社会，参观宪政俱乐部和国会。“富庶”、“文明”的资本主义所导致的两极分化和社会矛盾尖锐的趋向使他震惊，伦敦东头的贫民区肯定给他留下了深刻的印象。无产阶级的斗争——伦敦的机器工人和南威尔士的矿工正在罢工并遭到军队镇压——连绵不断，引起了孙中山的深切同情。他的眼界和知识益发广阔和深化，西方社会肌体的溃疡令他反思，促进了他的社会政治、经济思想的发展：“两年之中，所见所闻，殊多心得。始知徒致国家富强、民权发达如欧洲列强者，犹未能登斯民于极乐之乡也。是以欧洲志士，犹有社会革命之运动也。予欲为一劳永逸之计，乃采取民生主义，以与民族、民权问题，同时解决。此三民主义所由完成也。”

孙中山结交了许多不同国籍和身份的朋友，其中包括俄国的民粹派分子、爱尔兰人和东方人。他们经常议论有关国家的革命问题，他向外国朋友们反复说明武装反清斗争的必要性。朴实狷介的日本生物学家南方熊楠与孙中山颇为投契，孙中山在结束伦敦流亡生活时曾赠以“海外逢知音”的字幅。他们的联系持续很久，他还访问过南方熊楠的故乡，为他采集过地衣标本，并约请他在中国革命胜利后到广东的罗浮山研究生物。亲切的友谊给予孙中山以温暖和慰藉，并使他更多地了解世界的丰富性和复杂性。

由于国内发生了戊戌政变，与维新派结盟的课题提上孙中山和革命党人的议事日程。中日战争所导致的严重民族危机把维新运动推向高潮，康有为等在取得了光绪皇帝的支持后于 1898 年夏天终于把理论付诸实践。被称为“百日维新”的这次变法尝试只是昙花一现，握有实力的顽固派立即反噬，谭嗣同等“六君子”血洒京师，康有为和他的弟子梁启超等逃亡日本。同遭放逐厄运的革命民主派和维新派有了接触的机会，孙中山衷心希望双方合作。陈少白与维新派人士会晤多次，反复陈述推翻清朝政府的必要性，“请康改弦易辙，共同实行革命大业”。康有为却表示无论如何“不能忘记今上”，“惟有鞠躬尽瘁，力谋起兵勤王，脱其禁锢瀛台之厄”。商谈持续到翌年，孙中山耐心地争取对方“皈依真理，废除保皇成见”，甚至建议两派联合后可奉康有为任领袖，仍无从改变他们的保皇立场。他逐渐认识了颇负盛名的康有为的真面目，确信这个“坏透了的孔学家是一文不值的”。显然，他所期待的合作未能实现是可以预料的结果：两派之间虽有希冀中国近代化的共同点，但在实施方案、途径和手段上却存在着原则性的分歧,更在关键性的封建帝制的存废问题上截然对立。两派的差异随着形势的发展趋于激化,康有为在 1899 年夏组织保皇会于加拿大,渐次成为民主革命的敌人,而肃清保皇派的恶劣影响则是革命民主派必须充分重视的迫切任务。

毫无疑问,孙中山梦寐以求的是再次发动规模更大的武装反清斗争。他决不同清朝政府妥协,断然拒斥了各种诱降手段。反动统治者在这期间不断伸出招纳的触手,驻日公使李盛铎许以"高位",驻美公使伍廷芳甚至通过孙眉诱导,广东地方政府则由李鸿章的幕僚刘学询出面劝说。对于敌人的软化手段,他的回答是加强革命活动。为了"唤起国民及不为康梁所惑",他奔走于东京、横滨和长崎等地,向留学生和华侨宣传反清革命主张,并派遣陈少白赴香港创办《中国日报》。他还努力争取激进的维新派人士唐才常,支持他返国策划武装斗争。当然,他更着力于联络会党,多次布置毕永年、史坚如前往两湖地区和长江流域,酝酿联合行动。杨衢云、陈少白和郑士良等与粤、湘、鄂地区的会党首领聚议于香港,决定把兴中会、三合会和哥老会结为一体并推举他为总会长。当 20 世纪的第一个年头即将到来时,孙中山策划的反清武装斗争准备就绪。郑士良在广东惠州三洲田、新安和博罗等地组织起队伍,义军"急欲一显身手"。经费的筹措也较顺利,港商李纪堂捐献巨款。为菲律宾起义军购妥待运的武器,彭西允诺借用。所以,当义和团爱国反帝运动在华北如火如荼地展开时,他认为"事机已发,福祸之间不容发,万无可犹豫"。这年夏季,他偕同宫崎寅藏等往来于日本、香港(只能在海面停留)和新加坡等地之间,具体部署兴中会在广东的第二次发难,以期给清朝政府以沉重的一击!

在孙中山忙于策划起义的过程中,复杂的政治形势曾经引发一支不谐调的插曲。在义和团运动的浪潮冲击下,英帝国主义竭力保全自己的既得利益,导演了"东南互保"的丑剧,更推动两广总督李鸿章"自主"。香港总督卜力参与其事,何启与陈少白会商由兴中会协助李鸿章组建"自主"政府事宜。孙中山"颇不信李鸿章能具此魄力",但又认为"设此举有成,亦大局之福,故亦不妨一试"。他采用"分头办事"的对策:抓紧武装起义的布置,又不放弃关于"自主"活动。这年 6 月,他于舟泊香港海面时同兴中会骨干集议发难事,并拟乘李鸿章派来的炮舰赴穗,只是考虑到这个封疆大吏未必是可靠的,为免重蹈伦敦被难的覆辙,才派宫崎寅藏前往。这次在省城的商谈没有获得具体结果,李鸿章意存观望,不久奉调北上,"自主"活动作罢。孙中山有关"自主"活动的态度反映了对统治阶级中某些人物仍存幻想,虽然现实生活的磨砺使他不再轻信。

惠州起义

这年 7 月中旬,孙中山与宫崎寅藏等从新加坡——他们曾被那里的殖民当局放逐 5 年——乘船过港,仍在舟中举行发难前的最后一次会议,就这次起义作出重大决策。会议根据他的建议把指挥权交给郑士良,他本人则俟举事后由台湾潜入内陆。首义的地点定在惠州,不仅由于当地的条件具备,还因为便于挥师东指厦门,以便获取海上的接济——台湾总督儿玉热衷于进窥福建的"南进"计划,故对革命党人的活动表示“赞助”。他抗议港英官员的盘诘，明确表示“已放弃与康有为协力商讨当前局势的想法”，决意“颠覆北京政府”，而“在中国南部建立一个新政府”。在返抵日本后，又潜赴上海进行购运械弹的活动，并与著名的维新人士容闳等拟订了六省举义的计划，目的在于建立共和国。但是，唐才常策动的自立军旋即失败，其他省份未按方案响应，预定的计划失去了物质力量的依据。他不得不专注于惠州，前往台湾并在台北建立了指挥中心。

10 月上旬，郑士良在清军围逼的严重形势下举起义帜。在乙未广州之役流产后 5 年，惠州三洲田燃起了革命的火炮。以会党为主力的义军英勇作战，初袭沙湾告捷，然后移师东向，转战途中迭败清军。义军受到各地群众的热烈欢迎，沿途参与的人数众多。队伍抵达三多祝时，已从 600 余人发展到两万余人。只是限于孤军奋斗，未能迅速攻取厦门。然而，意外的挫折接续而至：儿玉因日本内阁的突然更迭而调任回国，致使设在台北的指挥中心的活动受到禁阻；借自菲律宾起义军的武器，因承办人中村诈骗而不过是一堆废铁。孙中山被迫放弃原定计划，委托山田良政从香港潜入粤东沿海地区向义军传达命令。日本友人终于在 22 日追及义军，将孙中山的函件交给郑士良，书中“略谓政情忽变，外援难期，即至厦门，亦无所得。军中之事，请司令自决进止”。郑士良在弹尽粮绝、清军围困的处境下向全军宣布了孙中山的指示，忍痛解散义军，“两万人皆慷慨激昂，呼声震野。”战斗终止，郑士良率领少数骨干退往香港。作为这次起义的回应，则是史坚如在省城谋炸署两广总督德寿未果而死难的壮举。山田良政在归途中迷路被捕，成为第一位为中国民主革命牺牲的日本友人。

惠州之役是兴中会策划的规模最大的起义，也是首次展开的武装反清斗争。预定的目标虽未实现，却产生了深远的政治影响。不少外国记者访问领导人。一些香港各界人士前往兴中会总机关祝贺。国内的反应更为良好，孙中山后来曾将两役作过比较：广州起义流产后，“举国舆论莫不视予辈为乱臣贼子，大逆不道。诅咒谩骂之声，不绝于耳。吾人足迹所到，凡认识者，几视为毒蛇猛兽，而莫敢与吾人交游也”。但惠州起义失败后，“则鲜闻一般人之恶声相加，而有识之士，且多为吾人扼腕叹息，恨其事不成矣！”艰苦奋战的革命党人从这种“前后相较，差若天渊”的态度中受到很大的激励，“心中快慰，不可言状，知国人之迷梦已有渐醒之兆”。

孙中山于年底离台赴日，因为总督府通令他必须“明日即乘船回国”。美国《展望》杂志的通讯员凌奇在横滨访问了甫经挫折的流亡者，发现他正在认真读书。桌子和书架上摆满了“有关军事战术、军需弹药、历史和政治、经济的书籍”，包括勃劳克的《近代战术与武器》丛书、卡勒里的《小型作战》和阐述非洲布尔人抗英游击战术的著作。他向来访者说明惠州之役的败因，深为武器未济而遗憾，确信只要获得必要的装备，义军“就能很容易地把清朝军队击溃”。他乐观地断言本国的事变进程将是快速的：“日本人需要三十年才能完成的事业，中国人最多不会超过十五年之久。”他显然对凌奇隐瞒了内心的伤痛——亲密战友殒亡所造成的创痕：继史坚如壮烈牺牲后，杨衢云旋被广东地方政府收买的凶手刺杀于香港，郑士良又在一次宴会上暴卒。他惋惜志士们的英年早逝，哀思常常充溢在心头：“其精灵之萦绕吾怀者，无日或间也。”

世纪曙光

无论如何，新的顿挫还是给革命运动带来很多困难。为了再次开展反清武装斗争，需要从事巨大的准备工作。但是，孙中山已明确地意识到“革命风潮自此萌芽矣”！事实正是这样。义和团爱国反帝运动被八国联军血腥镇压后，《辛丑条约》这副沉重枷锁被强加在中国人民身上。中国最终沦为半殖民地半封建社会，封建统治者充当了外国侵略者的奴隶总管角色。空前深重的民族危机，愈益尖锐的社会矛盾，促使越来越多的人们绝望于清朝政府，相信它的崩溃只是时间问题。而在社会分解过程中形成和崭露头角的资产阶级、小资产阶级知识分子群体中，革命的倾向更是迅速滋长：“留东学生提倡于先，内地学生附和于后，各省风潮，从此渐作。”孙中山敏锐地感应着时代的脉搏，不懈地奔走呼号，足迹遍于亚、欧、美洲，力求把开始鼓荡的革命风潮推向高峰。

孙中山将大量的时间和精力投入革命的宣传鼓动工作，形势的发展要求民主主义的传播广泛深入。与日俱增的留学生——特别是人数众多的留东学生——成为主要的对象，而这些新型的知识分子的大多数也较快地接受了民主革命思想。他赞助冯自由、王宠惠等为反对清廷出卖粤省所组织的广东独立协会，是为他与留学生正式联系的发端。他参与了章太炎在东京发起的支那亡国一百四十二年纪念会，并在会议遭到干涉后返回横滨补行。他鼓励马君武、刘禺生等倡言革命，在春节团拜会上公开鼓吹反清。他还撰文驳斥各种反革命谬论，反复阐明民主革命的必要性和可能性。《支那保全分割合论》一方面即是对日本政客叫嚣“保全”清廷、“分割”中国的反击，指出封建专制主义的清朝政府卖国罔民，已经糜烂透顶，近日“屡下变法维新之诏”不过是“摭拾以为粉饰”，所以“就国势而论，无可保全之理也”。另一方面，“支那国土统一已数千年”，“支那民族有统一之形，无分割之势”。义和团的“视死如归”精神，体现了“支那人同仇敌忾之气”。所以“就民情而论，无可分割之理也”。在用英文写成的《中国问题的真解决》一文中，他警告西方列强切勿醉心于“瓜分中国”，支持清朝政府的政策“注定是要失败”，因为“中国现今正处在一次伟大的民族运动的前夕，只要星星之火就能在政治上造成燎原之势”。他满怀信心地向世界宣称：“一旦我们革新中国的伟大目标得以完成，不但在我们的美丽的祖国将会出现新世纪的曙光，整个人类也将得以共享更为光明的前景。”

在传播民主主义的过程中，孙中山日益认识到保皇派是必须扫除的障碍。康有为及其门徒在海外鼓噪保皇，梁启超打出的“名为保皇，实为革命”的幌子更加混淆视听。横滨的一些兴中会员被其蛊惑转向保皇派。檀香山——梁启超曾骗取了孙中山的介绍信去那里组织保皇会——的许多华侨（包括孙眉在内）也坠入圈套。他们还派遣党羽返回两广，企图在国内扩大势力。康有为于 1902 年炮制了《答南北美洲诸华商论中国只可立宪不可革命书》，表明了保皇派“为虎作伥，其反对革命，反对共和，比之清廷为尤甚”。对于保皇派的猖獗，孙中山自认“咎有不能辞”——“向来专志于兴师之事，未暇谋及海外之运动。”他于 1903 年赴檀香山，开始了扫荡保皇邪说之行。在希炉、火奴鲁鲁等埠的演讲中，他高揭民主革命的大旗，指出“革命为惟一法门，可以拯救中国出于国际交涉之现时危惨地位”。呼吁人们“颠覆满洲政府，建设民国”。他对侨胞的演说往往获得强烈反应，后来在各埠的宣传也都受到群众的欢迎，每次经常长达两三日，听者可逾千人。檀岛《英文早报》曾经勾勒了他的形象：“孙逸仙穿白色麻织西服，短发蓄须，雄辩滔滔，态度温和，确是一位有吸引力的演说家。”他更注重笔伐，撰写了《敬告同乡书》、《驳保皇报书》等政论，揭示出革命与保皇是“理不相容，势不两立”的，它们“决分两途，如黑白之不能混淆，如东西之不能易位”。拆穿了梁启超们侈谈“革命”与“爱国”的狡猾伎俩，指出他们“所言保皇为真保皇，所言革命为假革命”，而所谓“爱国”实为“害国”。因为，不容置辩的是“欲知避免瓜分，非先倒满清政府”，而舍“大举革命”外“别无挽救之法也”。他还批判了保皇派叫嚣的“不能躐等而为共和”、“人民知识程度不足，断不能行共和”等反动谬论，确信“取法而为，后来居上”，不必“由君主立宪”而始“共和”，人民的“知识程度”将在共和制度下迅速提高。他对保皇派的口诛笔伐产生了重大积极作用，许多受蒙骗的侨胞登报声明脱离保皇派。

在进行革命的宣传和鼓动、反击保皇派的过程中，孙中山所倡导的三民主义获得了发展，更为广泛地传播开来，并成为 1902 年后陆续成立的一些革命团体(如河内兴中会、东京青山军事学校和檀香山中华革命军等)的纲领。同时，他的呐喊得到了越来越多的呼应。革命书刊纷纷出版，邹容的《革命军》、陈天华的《警世钟》、《猛回头》和章太炎的《驳康有为论革命书》等更是风靡一时。这些著作指斥帝国主义侵略者为“外来之恶魔”，抨击朽败的清朝政府已成为“洋人的朝廷”，揭露保皇派的“为虎作伥”，赞颂革命为“世界之公理”与“天演之公例”。战友们的洪亮呼声使他感到振奋，他在十分困难的条件下大量印刷和散播了《革命军》等宣传品。民主主义思潮澎湃，逐渐成为意识形态领域中的主流。

孙中山并没有放松“兴师之事”，热望再次发动反清武装斗争。他于 1902 年应法国驻印度支那总督韬美邀请前往河内参观工业博览会，与新任总督博的秘书会晤，要求以北圻作为输送人员和武器进入云南的通道，遭到拒绝。此行的主要成果是在河内建立了兴中会，它对后来革命党人在西南地区的多次举义起过重大作用。孙中山认真研究布尔人的战术，认为“最适用于揭竿起事之中国革命军”。为了培训军事干部，他在东京青山创办了一所秘密的军事学校，向革命青年传授军事知识和械弹制造技术，特别注重布尔人的散兵战术和以寡敌众的夜袭法。

在此期间，孙中山把更多的精力投入组织工作。随着群众的日趋觉醒，革命团体在国内外不断建立。留日学生于 1903 年组织军国民教育会，实为滥觞。翌年，黄兴、宋教仁等领导的华兴会成立。稍后，蔡元培、章太炎主持的光复会诞生。前者以两湖地区留日学生为核心，后者则以江浙地区知识分子为主干。湖北的科学补习所和日知会建立较早，也是重要的地方组织。这些团体虽然各有特色，但在反清革命这个主要目标上大体一致。新形势引起了孙中山的极大关注，促使他考虑联合的问题。他不仅经由各种渠道联系兄弟组织的成员，多方了解这些团体的有关状况；同时，也自行建立起各种名目的革命组织。他较少沿用兴中会的旗号，用意当在扩大革命团体的社会基础。他的组织工作具有了空前的广度和深度：主要是抛弃了过去轻视“秀才造反”的观点，十分重视知识分子的作用和意义。在同廖仲恺等留日学生谈话时，“托以在东物识有志学生，结为团体，以任国事”。对侨胞的争取可是不遗余力，甚至深入到餐馆和洗衣店去，因为他相信“在泥土下面，可以找到宝贝”。他依然重视会党，力图灌输以民主主义思想。鉴于“美洲洪门之势力极大，但散漫不集”，于是为之重订新章，把三民主义的内涵纳入致公堂的宗旨，并在洪门领袖陪同下遍历各埠，推动成员注册。此外，运动新军的问题也被提出。他在这个阶段从事组织工作的重要成果，无疑是1905年春夏之际在欧洲所建立的一系列革命团体。布鲁塞尔的组织最先问世，参与者约30余人，大多为留学生，誓词中包括了三民主义的基本内容。在柏林、巴黎相继成立的团体，情况大体类似。这些团体并未正式命名，但实际上是同盟会成立的先导。

为了促成和迎接革命高潮的到来，孙中山的宣传和组织活动依然是在极为艰苦的条件下展开的。在长期的政治流亡过程中，他辗转奔波于异域，为革命事业而殚思极虑，随时提防着明枪暗箭，生活十分困窘，备尝艰辛。他经常住宿在侨胞开设的书馆或洗衣作坊内，身着“美国工人与学生的粗糙黄绒裤”。处境“困苦殊甚”的这位革命家还曾请托留美学生王宠惠代售龙涎香，但得自孙眉的此种“黄色药物”颇难脱手，“卒不得值而归，穷益甚”。他的妻子儿女，生计也很困难。他在致邓泽如的书信中道出自己的忧思：“虽曰为天下者不顾家，然弟于千里奔驰之中，每见家书一至，亦不能置之度外，常以此萦绕心神，纷乱志气，于进取前途，殊多窒碍，敢请兄于槟城以外之各埠，邀合着实同志十余二十人，每月每人供五元或十元，按月协助家费，以抒弟内顾之忧，而减槟城同志之负担。”喜嘉里牧师与他在纽约华人教堂不期而遇，惊讶于他的“形容枯瘁”。然而，他始终乐观而坚毅，不仅因为抱有“革命党人必须为民众而忍受一切苦难”的信念，还由于曙光就在前面。正如他在《由欧返日舟中致南洋同志函》内所称：“今日时机已熟，若再不发，恐时不我待，则千古一时之令不再来矣！”至于当前的迫切任务，即是“招集同志，合成大团，以图早日发动”。

创建民国　确立体制

三民主义

“帝国主义侵略中国，反对中国独立，反对中国发展资本主义的历史，就是中国近代史。”从鸦片战争开始，帝国主义与封建主义相结合，使得中国逐步沦为半殖民地半封建社会：对外没有独立；对内没有民主和富强。中国人民面临的首要任务就是“实行反对帝国主义和封建势力，为了建立一个独立的民主主义的社会而斗争”。近代中国任何进步的、革命的阶级、集团和个人都必须承担这桩历史的使命，而一切真正的社会变革则必定要以争取独立、民主和富强为其内涵。

围绕着独立、民主和富强的课题，近代中国民主革命的承担者分别作出了答案。农民阶级提出了朴素的斗争纲领，进行了多次起义和战争。维新派传播了社会变革的方案，作出了付诸实施的尝试。它们的活动具有反对帝国主义和封建主义的性质，因而产生过进步的作用；但又由于对历史课题缺乏完满的回答，所以它们的活动依然停留在民主革命的准备阶段。

作为革命民主派的卓越政治、思想代表，孙中山在近代中国民主革命过程中第一次提出了带有共和制度要求的纲领。与农民阶级和维新派的方案相比较，他倡导的三民主义圆满回答了历史的课题，自觉地顺应了中国社会发展——近代化的趋势，把民主革命推进到正规阶段。毫无疑问，辛亥革命就是以三民主义为其指导思想的主流。

民族独立和解放是近代中国的最主要课题。民族矛盾在半殖民地半封建社会中占有突出的地位。帝国主义同中华民族的矛盾具有首要的性质，因为“在现阶段的中国社会中，……以帝国主义的民族压迫为最大的压迫，因而帝国主义是中国人民的第一个和最凶恶的敌人”。同时，多民族的清帝国内部还存在另一种民族压迫：以满洲贵族为首的统治集团推行的民族政策，造成了它同汉族及国内其他少数民族的矛盾。两种不同的民族矛盾又是错综纠结的——外国侵略者把以满洲贵族为首的统治者当做殖民主义的社会支柱；以满洲贵族为首的统治者则把侵略者依为靠山。近代中国社会交织着双重民族矛盾：在对外意义上是备受侵凌的半殖民地；在对内意义上又是满洲贵族“宰制于上”的民族牢狱。

“反满”，力求推翻以满洲贵族为首的统治是孙中山在清末所倡导的民族主义的基本内容。毫无疑问，这种观念构成他的最初革命意识的主要因素。兴中会的誓词规定了“驱除鞑虏，恢复中国”的宗旨。同盟会又在宣言中重申了同一课题，宣称：“满洲政府，穷凶极恶，今已贯盈。义师所指，覆彼政府，还我主权。”孙中山还在许多著述中反复阐明了“反满”的意义，驳斥了保皇派的妥协谬论。这是合乎逻辑的现象：一方面，在剥削制度下的多民族国家必然“是建立在一个民族，更确切地说，是建立在该民族的统治阶级对其余民族的统治上面。它们就是民族压迫和民族运动的最初产生地和主要舞台”。以满洲贵族为首的统治集团所推行的民族政策虽然日趋温和，但并未能排除民族压迫的存在。另一方面，以满洲贵族为首的清朝政府越来越成为侵略者在华殖民掠夺的社会支柱——即以自身的腐败为侵略者欺凌中国提供了可能性，更在后来充当了“列强”的奴隶总管。所以，战斗的民族主义不能缺乏“反满”的主题。事实表明，这个口号在当时起了不容否认的广泛动员作用。

避免“瓜分”、“共管”的厄运，争取民族独立，无疑是孙中山所倡导的民族主义的又一基本内容。尽管这个课题在他的初期阐述中没有获得应有的主导地位，但它仍然是民族主义的要旨。孙中山是在民族危机空前严重的时刻踏上革命道路的，他的全部活动始终具有强烈的救亡色彩。兴中会在“宣言”中就已开宗明义地指出：“方今强邻环列，虎视鹰瞵，久垂涎于中华五金之富，物产之饶。蚕食鲸吞，已效尤于踵接，瓜分豆剖，实堪虑于目前。”因此，这个团体的任务就是“集会众而兴中，协贤豪而共济，抒此时艰，典我中夏”。义和团运动被镇压后，孙中山进一步意识到形势的严重性：“况当今……天下列强高唱帝国主义，莫不以开辟疆土为心，亚洲土地几尽为白种吞并。今所存者，仅亚东之日本与清国而已。”他认为必须避免“今日签一约割山东，明日押一款卖两广”的屈辱，“拯救中国出于国际交涉之现时悲惨地位”。为了达到这个目的，当以“革命为惟一法门”——“非革命无以救垂亡”。在著名的《民报发刊词》中，他明确地把“外邦逼之”和“异种残之”并列为民族主义“殆不可须臾缓”的原因。至于如何避免“瓜分”、“共管”的厄运，孙中山的答案是明确的：“非先倒满洲政府。”他也像维新派人士那样把帝国主义的侵略归咎于“政府不振作也，人民不奋发也”，以为“苟我发愤自雄，西人将见好于我不暇，遑敢图我”。不过，孙中山却从这里引申出了“反满”——否定现存政权的重要结论。

以“五族共和”作为解决国内民族问题的准则，构成孙中山倡导的民族主义内容的另一方面。他坚持以民主主义精神处理多民族国家中的民族关系，认为任何民族不得享有特权，也不应当受到歧视和排斥，而必须实现各民族之间的平等。满族也不例外，一视同仁。他一向把“民族革命是要灭尽满洲民族”的主张视为“大错”。革命党人的“反满”口号的内涵“并不是恨满人，是恨害汉人的满人”。对于满族“不以复仇为事，而务与之平等共处于中国之内”。在推翻了清朝政府、建立共和国以后，国内各民族“立于平等地位”；“在昔之受压制于一部者，今皆得为国家主体，皆得为共和国之主人翁，即皆能取得国家参政权”。只是由于这个问题的解决始终未能真正列入议事日程，所以没有得到充分阐述。

孙中山在旧民主主义革命时期所倡导的民族主义，不可避免地受到历史的、阶级的局限。首先表现在没有提出反帝的口号，缺乏明确的、坚决彻底的反帝内容。仅仅提出避免“瓜分”、“共管”厄运的主张，并在很大程度上把反帝这桩首要任务归结到“反满”斗争中去，不但不能科学地反映近代中国民族解放运动的实际，而且难免导致对帝国主义的轻信和幻想。“反满”的口号不可能涵盖反帝的巨大内容，以满洲贵族为首的清朝政府的崩溃并不意味着帝国主义侵略的杜绝。其次，民族主义也存在着大汉族主义——种族主义的因素。过于强烈的“反满”色彩不仅是不当的，而且冲淡了反帝反封建的基本任务。但是，民族主义不愧为那个历史阶段的战斗旗帜。它反映了近代中国社会的民族矛盾，集中了人民群众摆脱民族压迫的意愿，概括了民族斗争的任务，把民族解放运动提到新的高度。

反对封建专制主义，建立民主共和国，无疑是近代中国社会的又一主要课题。封建主义同人民大众的矛盾在各种社会矛盾中同样居于主要地位，正如毛泽东所譬喻：“现在也有两座压在中国人民头上的大山”，其中一座“叫做封建主义”。近代中国“主要就是少了两件东西”，其中“一件是民主”。在清代，“宰制于上”的是“皇帝和贵族的专制政权”。广大群众呻吟于封建暴政的桎梏下，完全没有权力。以民主主义取代封建专制主义不仅是人民的愿望，而且也是经济与社会发展的重要条件。反对封建主义，争取民主的斗争成为民主革命的主题。民主主义则构成近代中国先进思潮的主流。

经由“国民革命”途径推翻封建暴政以建立共和国，是民权主义的主要内容。当实际生活使得孙中山认识到“和平之手段，不得不稍易以强迫”后，他就坚持以革命暴力摧毁清朝政府。在他看来，“由满洲人将国家加以改革，那是绝对不可能的”，因为“实行改革”必然会使统治者“丧失他们现在所享受的各种特权”。孙中山还告诫人们切勿为“满清政府偶尔发布的改革诏旨所迷诱”，更不要上甘充“万劫不复之奴才”的保皇派的大当。归根结底，武装反清斗争才是埋葬清王朝的途径和手段。至于“国民革命”在“建设”方面的内容，就是创立一个“平等”、“民治”和“国民”的国家——资产阶级共和国。兴中会已把“创立合众政府”作为奋斗目标，这种表现在简单朴素形式中的共和制度的要求不愧为近代中国正规的民主革命纲领的雏形。从1903年开始，孙中山在越南、日本、南洋、美洲和欧洲各地所联系和组织的革命团体（如河内的兴中会、希炉的中华革命军和美洲的致公堂等等）都把“建立民国”作为政纲。同盟会则明确宣称：“惟前代革命如有明及太平天国，只以驱除光复自任，此外无所转移。我等今日与前代殊，于驱除鞑虏、恢复中华之外，国体民生，尚当与民变革。要其一贯之精神，则为自由、平等、博爱。”同时，对未来的共和政体概述如下：“凡为国民皆平等以有参政权，大总统由国民共举，议会以国民公举之议员构成之，制定中华民国宪法，人人共守。”重申：“敢有帝制自为者，天下共击之！”

建同盟会

在20世纪的开端，建立全国性的、统一的资产阶级革命政党成为时代和革命的迫切需要。历史已经证明，近代中国的正规资产阶级民主革命，既非农民阶级的旧式秘密结社——它们普遍带有宗教、迷信和封建宗法色彩——所能承担，也非维新派的各种“学会”——它们大都缺乏明确的政纲以及严密的组织原则——所能肩负。资产阶级革命民主派必须自我组织起来，建成近代形态的政党，以发挥“革命的中枢”的作用，才能胜任具有比较完全意义的民主革命的领导重担。辛亥革命结束了传统的封建帝制，而清王朝的颠覆则是“孙中山领导的党和人民一起推翻”的结果。所谓“孙中山领导的党”，主要指1905年成立的中国同盟会。

当孙中山走上新辟的革命路途时，就把建立革命团体作为当务之急。还在1894年冬，他就在檀香山的侨胞中成立了兴中会。这个革命小团体虽然只是略具雏形，但已初步具备了资产阶级政党的基本属性。首先，兴中会的纲领开始体现了较为完整的民主主义的原则。它在入会誓词中规定了明确的奋斗目标：“驱除鞑虏，恢复中国，创立合众政府。”《章程》内容则洋溢着爱国主义：力求避免“蚕食鲸吞”、“瓜分豆剖”的厄运，“亟拯斯民于水火，切扶大厦之将倾”。在中国历史上，这是第一个要求以共和国取代封建君主制的革命纲领。其次，兴中会在组织原则方面也一扫会党的陋习。领导机构由会员推举，会员之间的关系排除了封建宗法因素。地域性限制不再存在，兴中会希望容纳一切“有志华人”乃至外国友人，“不论中外各国人士，倘有心益世，肯为中国尽力，皆得收入会中”。事实上，两湖和江浙地区的毕永年、秦力山、吴禄贞和沈翔云等后来都加入了兴中会，宫崎寅藏等外国朋友也介入了兴中会的活动。兴中会员多为侨胞或粤籍的主要原因在于它还未成为在全国举足轻重的政治力量，而它的领袖在初建阶段尚未被广大革命志上所公认。兴中会的建立有着重要的历史意义，它是刚刚登上政治舞台的革命党人的最早组织形式，同时，也是这个政治派别初步形成的标志。

同盟会的成立在近代中国民主革命史上具有划时代的意义，标志着资产阶级革命民主派的活动进入新阶段。从其自身的各方面来看，这个正规的资产阶级革命政党远非先前的革命团体所可比拟。首先，同盟会把孙中山的三民主义确认为斗争纲领。在当时的历史条件下，"驱除鞑虏，恢复中华，建立民国，平均地权"的主张、无疑是对民主革命主要课题的科学概括，堪称为完整的、自觉的民主主义纲领。它同兴中会初创时的政纲相比有着长足的进步，主要是明确了共和国的观念和补充了社会经济方案。较之华兴会、光复会的政纲则具有更丰富的民主主义内涵，大汉族主义——种族主义有所消弭。同盟会的纲领表明，它在政治、思想上趋于成熟。其次，同盟会在组织方面也大有改进。它效法西方国家的资产阶级政党，组织机构采取了三权分立的原则，设立了评议、司法、执行三部，总理则由会员每四年公举一次。秘密会社的封建宗法习气彻底消除，同盟会具有了近代政党的形态。再次，同盟会员的骨干是资产阶级、小资产阶级知识分子。作为其所隶属阶级的政治思想代表，他们胜任政治指导者的角色。大量的革命知识分子加盟，增加了同盟会的能量和活力，同时，也密切了同盟会与国内的联系。第四，在同盟会内部形成了以孙中山为首的领导集团。孙中山被一致推举为总理，在他周围团聚了黄兴、宋教仁等一批较有威信和经验的领导人（其中，相当部分是原华兴会、光复会的中坚分子）。这个领导集团保持了相对的稳定，基本上承担起领导的重任。事实表明，近代政治运动要求领导是群体而非个人。第五，同盟会制定了比较完整的方针和政策。1906 年秋冬，孙中山与黄兴、章太炎等起草了同盟会的《革命方略》。它包括八个重要文件：《军政府宣言》（通称《同盟会宣言》）、《军政府与各处国民军之关系》、《招军章程》、《招降清朝兵勇条件》、《略地规则》、《对外宣言》、《招降满洲将士布告》、《扫除满洲租税厘捐布告》。这些文件供各地革命党人武装起义时应用。除《军政府宣言》具有纲领性外，其他文件的内容主要关乎方针、政策问题。后者体现了前者的精神，成为革命党人在斗争中所遵循的准则。第六，同盟会是一个全国性的、统一的革命政党。除本部外，同盟会在国内设置了东（上海）、西（重庆）、南（香港）、北（烟台）、中（汉口）五个支部以及隶属于各支部的各省分会。在国外，设置了南洋、檀香山、欧洲和美洲四个支部。仅在一年多的时间里，加盟者就达万人。同盟会消除了先前一些革命团体的地域性和分散性，真正成为指导中国革命的中枢。正是这样，同盟会的建立有力地推进了革命形势的发展。在短短的几年中，同盟会进行了大量的工作。其中，特别重要的是两个方面的活动：同保皇派开展了空前规模的论战，广泛传播了民主革命思想，批驳了反动的保皇谬论，为辛亥革命扫除了思想障碍；坚持武装反清斗争，发动了多次武装起义，从而为辛亥革命——全国范围的武装反清斗争——打下了必要的基础和提供了必需的条件。

同盟会的组建成为革命新高潮的起点："从此，革命风潮一日千里，其进步之速，有出人意表者矣！"孙中山只是在这时才意识到胜利并非遥遥无期，确信"革命大业可及身成矣！"

当然，作为半殖民地半封建社会的资产阶级的革命政党，同盟会不可能不反映它所代表的阶级的软弱性及其他缺陷，并表现为自身政治上、思想上和组织上的芜杂涣散。不少同盟会会员对三民主义纲领缺乏全面的理解和信仰，他们实际上是"一"民主义者或"二"民主义者。这种政治上、思想上的不统一，严重削弱了同盟会的战斗力。同样，组织上的涣散现象也是明显的。门户之见甚深，小团体和宗派习气颇浓。光复会的一些成员加盟后依然不能舍去原有的旗号，他们的许多活动仍旧采用光复会的名义。上述缺陷在革命的低潮期往往恶性膨胀起来，甚至导致分裂的危机。于是先有共进会的建立，这个团体的主要成员并未否认同盟会，虽然他们更改了三民主义的纲领，又在组织活动方面恢复了某些会党习气。稍后，章太炎、陶成章等在东京成立光复会总部，对孙中山进行了无原则的攻击和污蔑，给 1908 年后的革命困难阶段造成十分有害的影响。直到辛亥革命前夕，宋教仁等还在上海建立了同盟会中部总会。它虽然“奉东京本会为主体，认南方分会为友邦”，对长江流域的革命运动有所推进，但却在“章程”中删略了民生主义，并在另立组织的重大问题上没有先期征得同盟会本部领导的同意。因此，中部同盟会的建立也具有分裂倾向。不过，必须强调指出的是：这些带有不同程度的分裂倾向的活动并未造成同盟会的瓦解，也没有否定孙中山的领导地位。在度过了短暂的低潮期后，成为辛亥革命前奏的广州“三月二十九日之役”依旧是孙中山与同盟会所策划和领导的。至于点燃了辛亥革命火焰的武昌起义，则是湖北新军中受到孙中山与同盟会的民主主义思想影响的士兵和下级军官所发动的。该省的两个主要革命团体——文学社和共进会的领导人，也大都是同盟会会员。这就不难理解湖北革命党人在发难之初就举起了孙中山的旗号，正如打响起义第一枪的熊秉坤所宣称：“孙先生乃革命创始者，党人遍布全国，虽间有名目殊异，而尊崇孙先生则一也。”所以孙中山返国后立即被推选为首任临时大总统，也就是完全合乎逻辑的结果。

孙中山参与创建和领导的同盟会，是辛亥革命的主要组织者。在民主革命浪潮汹涌澎湃的年代，它不愧为“革命之中枢”。这是历史的真实，而非某些片面的、表面的现象或假象所能掩蔽。“中华民国何以成？以有同盟会”，孙中山所做的历史结论，无疑是客观存在的如实写照。

反清斗争

对于革命暴力手段在斗争过程中的重大意义，孙中山并非一开始就已认清。只是在经历了一段实践活动后，他才获得了武装反清斗争的观念。农民起义和战争（特别是太平天国）曾给他以影响，但最终使他踏上武装反清斗争路途的还是实际生活的教训。在上书李鸿章失败后，他终于“积渐而知和平之手段，不得不稍易以强迫”。认识到以君主立宪取代封建专制，“亦必以流血得之，方能成为真立宪”。因为指望统治者“来将国家改革，那是绝对不可能的”；他们迫于形势而作出的“改革”诺言，也只能是“舍本逐末”和“用以缓和民众骚动情绪的具文”。正是这样，所以孙中山创建兴中会后立即着手策划广州起义。后来，又发动了著名的惠州之役。革命党人展开了多方面的活动（宣传鼓动、筹款、联络会党等），也都在很大程度上服务于反清武装斗争。同盟会成立后，孙中山马上派遣会员分赴华南、西南和长江流域进行实地调查，准备武装起义。1907～1911 年春，孙中山在西南地区（主要是广东）策划了八次起义——潮州黄岗之役、惠州七女湖之役、防城之役、镇南关之役、钦廉之役、河口之役、广州新军之役和广州“三月二十九日之役”。在镇南关之役中，孙中山亲登镇北炮台轰击清军。对于其他地区的反清武装斗争,孙中山也极力给予支持。

直到辛亥革命前夕,孙中山和他的战友们所策划的多次起义都失败了。造成这种悲剧性结局的原因很多:没有锻炼成一支真正的革命武装;从外面“输入”粮械乃至战斗人员;各自为战,不相联属。而最根本的弱点则是没有能够深入发动和组织群众(特别是广大农民),致使起义缺乏坚实的群众基础,带上了不同程度的单纯军事运动的局限性,不具备取得胜利的主要条件。但是,不能因此贬低反清武装斗争的重大意义。持续不断的起义,给予清朝统治者以沉重的——尤其是在政治上——打击。同时,一幕幕悲壮的史剧也大大激发了群众,提高了革命党人的威望,扩大了革命的影响。事实上,每一次武装起义都为最终推翻清朝政府积累着克敌制胜的条件和因素。广州的“三月二十九日之役”更演变成为辛亥革命的序幕。正如孙中山后来所指出:“是役也,碧血横飞,浩气四塞,草木为之含悲,风云因而变色。全国久蛰之人心,乃大兴奋。怨愤所积,如怒涛排壑,不可遏抑。不半载而武昌之大革命以成。”

从某种意义上来说,辛亥革命就是一次全国性的武装起义。这场规模空前的反清斗争,无疑是在过去多次起义基础上爆发的。对于革命党人的“战争事业”,必须视为一个不断发展的过程。从兴中会到同盟会,十余年的武装斗争积累了宝贵的经验和教训,同时,也锻炼了一大批懂得武装斗争的干部。尽管孙中山在长时期内对“战争事业”的经验和教训未能做出科学的总结,但前一阶段的斗争实践还是为后来的反清武装斗争提供了十分重要的借鉴。孙中山开始策划武装起义时大都倚重会党力量,他认为“借会党暴动为可靠”。他和他的战友结纳会党,加入洪门,借用秘密结社组织,以会党成员为发难的主力军。然而,几次起义的实践证明:这种方式虽然利于迅速发动,但往往不能坚持到底。由于会党组织形式的落后,特别是它的成员缺乏革命意识和组织纪律性,所以常常是“一哄而起”,接着“一哄而散”。孙中山和他的战友们初步总结了这种经验和教训,认识到“革命起义,不可专恃会党。今宜采取入虎穴得虎子之法,取得新军,始可成事”。从 1908 年起,孙中山开始注重运动新军。革命党人对有不少爱国知识分子参加的新军做了大量的工作,吸收了许多士兵和下级军官入盟。广州新军之役就是以新军为基干。广州“三月二十九日之役”也是计划以新军为主力。武昌首义,新军更是充当了先锋和骨干。其次,在武装起义的战略部署方面也积累了具有积极意义的经验和教训。孙中山长期侧重西南地区和边境一带,多次在这个区域范围内举义。这种战略部署虽有其客观原因,但也反映了人们的决策的偏颇——过于强调了海外“输入”和“接济”的要素,忽略了其他地区(特别是长江流域)的革命形势和群众的要求。广州“三月二十九日之役”失败后,湘、鄂、赣等省的同盟会会员总结了“偏于一隅”的深刻教训。中部同盟会派出代表“分赴江、浙、皖、赣、鄂、湘、川、陕”,策划各省同时大举。把武装起义的中心转移到长江中下游,适应了当时的革命形势,为后来武昌首义提供了有利条件,对辛亥革命起了积极作用。再次,多次起义还为组织具体战役积累了经验和教训。继黄岗之役和七女湖之役后,孙中山和他的战友们于同年再次发动防城之役。初步反思了过去战斗的不足之处,孙中山派遣王和顺深入钦州腹地“三那”一带领导农民起义。由于有万余农民的参与,壮大了起义的声势。为了继新军之役后在广州重举义帜,孙中山同许多同盟会骨干在槟榔屿会议上认真检讨了过去武装斗争的得失。他们决定加强同盟会的领导，派遣优秀的同盟会会员充当发难的“选锋”——骨干和突击队；广泛发动各种力量，以新军为主力而辅以防营、会党、民军和绿林；以广州起义为中心，把革命的火焰引向全国。尽管这次反清武装斗争仍然失败，但其斗争水平和影响确是空前的。至于在起义过程中磨砺出一大批熟悉武装斗争的骨干，对于革命事业显然有着重大的意义。归根结底，武装斗争是民主革命的主要手段。革命事业离不开“战争事业”，无疑是中国近代民主革命的一条意义深远的规律。

以1895年广州起义为发端，孙中山毅然踏上武装反清的道路。17年的战斗历程充满了艰苦和牺牲，许多革命党人流尽了最后一滴鲜血。然而，他们始终坚持斗争，前仆后继，不怕牺牲，屡蹶屡战，为革命的胜利积聚着力量。特别需要指出的是湖北地区的革命党人进行了长期艰苦的斗争，对新军的宣传、组织工作尤为深入。中国同盟会中部总部成立后，也在长江流域展开了积极的活动。1911年10月，武昌新军的枪声终于点燃了焚毁清王朝的燎原大火。历史证明，这个封建王朝的覆灭既非统治者“自己交出政权”，也非立宪派的上书请愿所造成，而只能是革命民主派所领导的持续的反清武装斗争所导致。在近代中国社会中，革命的武装斗争无疑是新制度的“产婆”。

缔造共和

由于革命党人的长期战斗和人民群众的英勇奋起，武昌起义的枪声在辽阔的中国大地上迅速得到了反响。这年年底，一半以上的省份已经通过各种途径和方式而“独立”。清王朝覆灭已成定局。革命处于凯旋行进的高潮阶段，虽然政治的逆流也在潜滋暗长。尽管千头万绪、百废待兴，但摆在革命党人面前的首要任务是：摧毁封建帝制，建立民主共和国。

在这关键的时刻，孙中山于12月从欧洲启程返回祖国。当武昌起义的消息传来时，他正在美国科罗拉多州的丹佛市。此次新大陆行的主要目的，在于为武装起义筹款。几天后，他在芝加哥参加了当地同盟会分会召开的预祝中华民国成立大会。旋赴纽约，拟定了行动方案——由黄兴指挥湖北革命军，同清政府作战；朱执信、胡汉民等则在广东活动，策划粤省反正。他没有立即返回祖国，虽然形势迫切需要他加强领导。他对西方国家抱有希望，认为“此时吾当尽力于革命事业者，不在疆场之上，而在樽俎之间，所得效力为更大也。故决意先从外交方面效力，就此问题解决而后回国”。至于“外交关键”，在于“举足轻重”的英国。他于11月中在英、法两国展开了广泛的活动，但无论是在伦敦建议四国银行团主任停止对清廷借款，抑或在巴黎会见法国内阁总理克里孟梭要求支持，都没有获得成果，只是争取了舆论对中国革命的更多同情。自从1895年的广州起义流产后，孙中山长期被迫流亡异域。1911年12月下旬，他才经由香港抵达上海。作为被一致公认的、享有崇高威望的革命元勋和领袖，孙中山理所当然地由各省代表推举为即将诞生的共和国的首任临时大总统。对他来说，国外的长期活动阶段结束了，现在要亲临“前方”，“身当其冲”地直接领导革命运动。

孙中山并没有陷入盲目的乐观和轻信，他意识到面前的严峻斗争任务。因此，他还在国外从事外交活动时就反复重申了“中国革命之目的，系欲建立共和政府”，除此之外，“无论任何政体皆不适宜于中国”。他相信这场革命运动顺天应人，“袁世凯的狡猾善变虽可迟滞革命行动，但决无法阻止革命的胜利”。他愿意承担总统职务，确信“如得财政支持我绝对能控制局面”。不过，国内和国际（特别是英国）的压力已经愈益明显。所以，他不得不对这个极其重要的职务表示“毫不介意”，甚至在给《民立报》的电报中称“总统自当推定黎君，闻黎有请推袁之说，合宜亦善”。他在返国途中途经香港时拒绝了“退就粤中，以修战备”的请求，决意前往沪、宁，主持“对内对外大计”。甫抵上海，他就宣称自己“所带回者革命之精神耳！革命之目的不达，无和议之可言”。在同盟会本部临时会议上，他指出当前形势还是“元凶未灭，如虎负隅，成败不可预睹。即日成矣，而吾党之责任岂遂终此乎”！要求同盟会员紧密团结，贯彻三民主义政纲。他认为已经开始的南北议和决不意味着放弃“革命目的”，更不能够松懈斗志：“和议无论如何，北伐断不可懈。”孙中山在《临时大总统就职宣言》中比较全面地说明了自己的职责：“能尽扫专制之流毒，确定共和，普利民生，以达革命之宗旨，完国民之志愿，端在今日。”显然，遵循《革命方略》的准则，涤荡旧污以建立共和制度，乃是孙中山当时思想中的主导方面。

作为革命民主派的领袖，孙中山当然十分希望在新政权中有所建树。这是完全可以理解的，“一切革命的根本问题是国家政权问题。”在赴宁就职前，孙中山在上海寓所内和一些同盟会骨干讨论政体问题，坚决主张总统制，反对实行内阁制，因为在当前这种“非常时代”不宜对于“惟一置信推举之人而复设防制之法度”。他不顾“北方将派大军渡江”的流言和汪精卫等借故劝阻，毅然赴宁就任。尽管孙中山组建和主持的临时政府困难重重，而其短暂的过渡性也成定局，但是，他在短短的3个月中还是竭尽全力培植新生的共和政体。由于他的积极倡导下，临时参议院用了一个月时间制定了《中华民国临时约法》。在起草过程中，孙中山强调“要定一条”——“中华民国之主权，属于国民全体”。所以如此，“一以表示我党国民革命真意义之所在，一以杜防盗憎主人者，与国民共弃之”。《中华民国临时约法》颇不完备，也未真正实行，但这个具有宪法性质的文献确是“我国有史以来所未有之变局，吾民破天荒之创举也”。它所包含的革命性和民主性，对于长期被封建专制主义所君临的中国社会有着重大启蒙意义；同时，也成为后来孙中山同袁世凯以及北洋军阀斗争的武器之一。在此期间，临时政府还陆续公布了39项法令。在革除封建陋习和发扬民主方面，主要内容为剪发辫、禁缠足、废除体罚刑讯、取缔封建等级称呼、不准贩卖人口和拐骗华工、取消奴婢卖身契约、保护人民和华侨生命财产等。在文化教育的除旧布新方面，主要内容为禁止“小学读经”，教学内容不得有悖“民国精神”，大力发展国民教育等。此外，还有些条例鼓励发展资本主义工商业和农垦业。这些法令大抵难免流为具文，但表明了孙中山忠实于民主主义原则。后来，他曾作了反思和总结：“辛亥之役，汲汲于制定临时约法，以为可以为民国之基础，而不知乃适得其反。”

毫无疑问，同袁世凯的较量才是孙中山当时活动——也是整个社会政治生活——的关键。当孙中山就任临时大总统时，“虚位待袁”已成定局。国内外反动势力、立宪派乃至革命民主派的主要领导人在这一点上基本取得一致：清帝退位，北方承认共和，推举袁世凯为大总统。在这种难以有所作为的情势下，孙中山在同袁世凯的对话中表现出两种倾向：一方面，他对袁世凯保持着一定的戒心，坚持共和制度，维护革命原则。他认为"清帝退位，宣布共和"的宗旨是不可动摇的，南北议和与统一不能离开"民国巩固"的前提。同时，准备督师北伐以"共破虏巢"。对于袁世凯的露骨的反革命行径，也给予了反击。当袁世凯阴谋同时取消南、北政权而自立政府于天津的消息传来，孙中山表示了强硬的态度，斥之为"民国之蠹"，确信"举国军民均欲灭袁氏而后朝食"，直到清帝退位，袁世凯表示"拥护共和"，孙中山在荐袁以自代后依然对信誓旦旦表忠于共和国的继任临时大总统心存戒备，并在解职前制定了一系列防范性的措施。为了制止袁世凯的背叛，孙中山提出了下列要求：袁世凯必须"宣誓服膺共和，永绝帝制"；遵守《中华民国临时约法》和南京政府颁布的"一切法制章程"；定都南京，到宁宣誓就职。上述措施虽然没有达到预期的目的，却表明孙中山在离职前夕仍在为"保障共和"而殚精竭虑。另一方面，孙中山的确对袁世凯的反革命真面目认识不够。这个善于以假面示人的窃国大盗的表演，时常蒙蔽了孙中山的眼光。他的缺乏明确的辨别，特别是"非袁莫属"的政治鼓噪甚嚣尘上，使得孙中山不止一次地向袁世凯表示"虚位以待"，并最终让位于袁世凯。上述两个方面中，前者占有主导地位；然而，后者却变为现实。所以如此，主要是为客观情势所造成。孙中山让位于袁世凯的根本原因，就在于此。

革命运动的成败，主要取决于斗争双方的力量对比。在半殖民地半封建的中国，阶级力量的对比不利于民主革命运动——帝国主义和封建主义势力相对强大；革命民主派及其所掌握的物质力量则相对弱小。这种不容忽视的严酷现实，在当时的南北对峙中充分展现。与掌握军政大权、受到国内外反动势力积极支持的袁世凯相比，南方革命政权处于极其困难的境地。在政治方面，逆流逐渐扩大。立宪派充当了拥袁的吹鼓手，充分发挥了他们的恶劣影响。更为严重的是同盟会的蜕化，"维时官僚之势渐张，而党人之朝气渐馁，只图保守既得之地位，而骤减冒险之精神。又多喜官僚之逢迎将顺，而渐被同化矣！以是对于开国之理想，多附官僚之主张。"许多领导者倾向于妥协，甚至讥讽孙中山的原则性主张为"理想太高"。胡汉民后来忆述起这段历史，承认他和汪精卫在导致袁世凯攫取总统职务的南北议和中起了"功魁"或"祸首"的作用，因为他自己"力挽先生之意于内"，而汪精卫则"极力斡旋于伍廷芳、唐绍仪之间"。在经济方面，临时政府濒于绝境。以军费言，月需 500 万元维持南京和各地的近 20 万军队。其他的各项开支，数量也颇可观。但是，收入却数量甚微而又不稳定。海关税收被帝国主义以各种无理借口所冻结。两淮盐税为已任临时政府实业总长的张謇所把持。他以不同意增加盐商负担为由，只向盐商借得 30 万元和缴纳盐税 50 万元。独立各省没有上交分文田赋。工商业税也无形取消。4 个月内，临时政府各项收入（包括银行借款、公债、军用纸币和江南造币局的进项等等），合计不过 746 万元和 46 万两。财政部甚至连每月收入概算都无从着手，因为它"向以全国赋税为大宗。自光复以来，各州县经理款项，应划归中央政府者，虽早经本部通电催解，而各该省迄未照解前来，以致收入亦无从概算"。在军事方面，也是困难重重。由于军费无着，各军催索银饷的代表又纷至沓来，陆军总长黄兴焦灼成疾，表示一旦南北交锋，

"自度不能下动员令,惟有割腹以谢天下"。大量民军被迫解散,则使革命党人丧失了得以控制和影响的武装力量。在这种形势下,孙中山虽然表示"于民国安危最有关系"的问题"在所必争",实际往往"半筹莫展","忝为总统,乃同木偶"。正是力量的对比、客观情势和条件,在最大限度上决定了事变的趋向。孙中山让位于袁世凯并不是什么厌薄"权势利禄"的高蹈,而是迫不得已。作为一个阶级、政党的代表,孙中山从未对政权表示过冷漠。让位的行动不是辛亥革命失败的主要原因,在很大程度上却是它的结果。这种错误的决策当然会产生消极的作用,所以它成为辛亥革命的降弧——如果不是终结——的标志。后来,《中国国民党第一次全国代表大会宣言》做出了正确的总结:"曾几何时,已为形势所迫,不得已而与反革命的专制阶级谋妥协,此种妥协实间接与帝国主义相调和,遂为革命第一次失败之根源。……夫袁世凯者,北洋军阀之首领,时与列强相勾结,一切反革命的专制阶级,如武人官僚辈,皆依附之以求生存,而革命党人乃以政权让渡于彼,其致失败,又何待言!"历史证明,软弱的资产阶级不能胜任所承担的历史使命。

不过,孙中山并非没有给历史进程打上自己活动的印记。虽然客观条件制约着人们的活动,杰出人物的表演脱离不了历史舞台,因此,对于让位给袁世凯的问题不宜苛求于个人。但是,判明他的活动在客观条件允许的情况下是否正确、失误和达到可能的深度、广度和高度,则是应当和必需的。正是在这种意义上,孙中山的让位及前后的一些活动留下了深刻的教训。首先,孙中山在革命高潮阶段未能坚持和发展革命纲领,反而一度认为民族主义、民权主义"因清廷退位而付之实现",当务之急为"实行经济革命"。在解除临时大总统职务后,更把主要精力放在倡导"社会革命"。这科不科学的政治论断必然会造成消极后果,妨碍人们认清眼前社会生活中的主要矛盾,降低对当时中心任务的注意力,减弱了同袁世凯窃国勾当的斗争。其次,孙中山在群众奋起的时刻未能有力地予以发动和组织。一方面,革命党人没有高举鲜明的反帝反封建旗帜,未曾把真正实现"耕者有其田"的严重课题提上日程,从而动员群众——特别是农民投身于革命洪流。另一方面,各地的革命党人甚至采取了压制群众斗争和大量解散民军的措施,既挫伤了人民的革命积极性,也削弱了革命民主派的群众基础。正如列宁所指出:"没有能把充分的中国广大群众吸引到革命中来";"吸引真正广大的人民群众来积极支持中华民国这件事做得很差"。这样,孙中山和他的战友们就未能组建成一支足以克敌制胜的大军——为了推翻帝国主义和封建主义的强大统治,必须具有为革命理论所掌握的群众而形成的巨大物质力量。辛亥革命悲剧性结局的根本原因即在于此。亦为资产阶级的软弱性的突出表现。至于孙中山荐袁以自代的行动虽有其内外的社会原因,但无疑是错误的。对此,孙中山后来曾不止一次地承认过。把最重要的、关键性的职务交给大地主大资产阶级的代表,无论在任何意义上都不足为训。应当以历史的观点看待这个问题,而不宜囿于个人素质的评价。

1912 年 4 月 1 日,孙中山在临时参议院发表的解职词中宣称:"三月以来,南北统一,战争告终,造成完全无缺之中华民国。"然而,颇有讽喻意味的事实是:他的解职决不表明辛亥革命的圆满结束,却标志了辛亥革命的失败终局。即使把后来的"二次革命”、护法运动视为辛亥革命的直接延续，那么，前者不过是强弩之末，后者则只是微弱的回声。孙中山领导了伟大的辛亥革命，建树了不朽的业绩，但是，不可能把革命引向真正的胜利。这是历史的必然：不仅由于世界进入了帝国主义时代，还因为孙中山所隶属的中国资产阶级在政治上、经济上“异常软弱”，缺乏 18 世纪法国资产阶级的力量和性格。

历史进程虽然而往出现暂时的逆转，但决不会停滞不前。在革命处于低潮的岁月里，孙中山为捍卫共和制度始终坚持战斗，当民主革命的新阶段到来后，迭遭挫折的孙中山积极迎接了历史的转变，他带着长期革命斗争——特别是辛亥革命——的经验和教训投身于新的战斗。他的理论和实践适应了历史的特点，达到了前所未有的高度，从而推动了北伐战争的发展。这场以广东为策源地的大革命风暴，才“把袁世凯留下来的军阀系统打败了”。

捍卫共和　义无反顾

“二次革命”

孙中山解除临时大总统的职务后，全力倡导民生主义，从事发展实业，实行“社会革命”。他不辞劳瘁地到处奔走呼号，并亲自赴日考察和接洽铁路贷款。在神州大地尽快铺设 10 万公里铁路，则成为他全力奋斗的新目标。孙中山真诚地相信“振兴实业”、“发展物力”是“从根本下手”，大有裨益于“民国巩固”。他的活动体现了使祖国臻于富强的良好意向，但在当时的历史条件下缺乏积极的政治意义。袁世凯欣然委任他督办全国铁路。

但是，孙中山的美好愿望迅速破灭。热衷于集权、独裁和称帝的袁世凯不能容忍异己力量的存在，决心扫除他踏上宝座过程中的一切障碍。因此，醉心于议会政治和责任内阁制的国民党领袖就成为窃国大盗必欲去之而后快的人物。由同盟会改组成的国民党在国会选举中获胜。代理事长宋教仁组织政党内阁的呼声甚高。这种情势不利于袁世凯大权独揽，他终于在 1913 年 3 月 20 日派遣刺客在上海车站暗杀了宋教仁。同时，袁世凯还向帝国主义乞求借款，进行军事部署，准备先发制人。

宋案的枪声震动了孙中山，使他认清了袁世凯的狰狞面目。辛亥革命的成果横被攫夺，新生的共和制度面临崩毁的危险。他立即从神户遄返上海，与黄兴等商讨对策。孙中山认为宋教仁的被刺决非偶然，而是袁世凯排除异己、实行专制独裁的手段，非以武力解决不可，应当采取“联日”、“速战”的战略方针。无须犹疑观望，以免为人所制。然而，包括黄兴在内的许多国民党人却不赞同“速战”的正确决策，主张不宜立即诉诸武力，还是争取法律解决。因为袁世凯的罪行尚未充分暴露，更重要的是甫经裁汰的革命军队必须整训后才能作战。汪精卫等则迎合张謇的“调停”主张，函电奔走不遗余力。国民党内的意见分歧，使得孙中山失去了武装讨袁的主动权。但他在十分困难的情势下展开广泛的活动，力促早日对袁世凯宣战。一方面，他不断揭露袁世凯的阴谋诡计,特别是抨击北京政府的"善后借款",在致欧洲各报的公开信中向全世界披露了这桩狼狈为奸的勾当——"银行团而果以财政为北京政府助,……北京政府或当仗其财力与人民开战。"另一方面,他又积极敦促、推动和策划东南各省起兵讨袁。

与国民党的迟疑不决态度形成鲜明对照,袁世凯却紧锣密鼓地进行反革命军事部署。5月上旬,袁世凯下令"除暴安良",公开向国民党挑战,准备拉开战幕。旋又"传语国民党人",辱骂孙中山、黄兴等"除捣乱外无本领",宣称:不能"听人捣乱"——"彼等若敢另行组织政府,我即举兵讨伐之。"6月,袁世凯以国民党人李烈钧、胡汉民和柏文蔚反对借款、违抗中央为借口,先后免除这三人分别担任的赣、粤、皖都督的职务,公然向国民党发动进攻。然而,甚至在袁世凯举起屠刀的紧要关头,国民党仍然没有作出必要的反应,依旧意见纷纭。黄兴、胡汉民等继续期待"法律解决"。汪精卫则希冀同亲袁的进步党联合实行"法律倒袁"。不少国民党籍的议员热衷议会斗争。正如孙中山所痛心指出:"静山观望于八闽,组安反复于三湘,介人复盘踞两浙。"等而下之,阎锡山、陆荣廷更与袁世凯相勾结。孙中山处于相当孤立和十分困难的境地,虽然他从未松懈片刻。为了促使广东——革命党人经营多年的基地——投入反袁斗争,孙中山不得不亲赴港澳,在军舰上与陈炯明会谈,使其同意"四省独立,广东同时宣布"。

直到7月12日,李烈钧才在袁军两路进逼下于湖口独立,组织讨袁军攻击李纯部,"二次革命"由此爆发。孙中山在上海发布通电,谴责袁世凯的"违法"行径,表示"东南人民迫不得已,以武力济法律之穷"。至此,有关省市陆续响应。黄兴亲自在南京发难,自任江苏讨袁军总司令。上海宣布独立,陈其美指挥的讨袁军围攻制造局。柏文蔚在安徽宣布独立,组织起讨袁的武装力量。广东、福建、湖南三省,也相继宣布独立。8月上旬,重庆宣布独立。继之而起的则是何海鸣两次在南京宣布独立。反袁武装起义的并发过程比较迅速,自始至终不过一月。但是,独立的地区偏于东南一隅,加以各省内部情况复杂,普遍缺乏战斗力和坚持性。斗争未能形成巨大声势,当然难以取得重大战果。在袁世凯军事、政治的压力下,只有熊克武领导的重庆独立持续到9月12日。这个日期,也就成为"二次革命"的终点。

在此之前,孙中山有鉴于形势的恶化,加以朱执信、胡汉民多次促请返粤,乃于8月上旬离开上海。船过福州马尾时,得悉"广东事已不可为",于是经台湾赴日,中旬抵达东京。民国的缔造者为窃国大盗所通缉,再度流亡异域。

"二次革命"具有不容忽视的政治意义,它显然是辛亥革命的继续。希冀"以和平收革命之功",毕竟只能是无法实现的良好愿望。南京临时政府预拟的北伐计划和方案,实际上由"二次革命"来承担。这场针锋相对的"武装革命",彻底暴露了袁世凯的两面派嘴脸——"服膺共和"是假,称帝窃国是真。促使革命党人与广大群众清醒和觉悟起来,并以鲜血和生命换得的深刻教训昭示予孙中山和他的战友,迫使他们思索和奋进,激励他们展开新的斗争。当然,短促的"二次革命"没有完成反袁的任务,也未能捍卫刚两周年的共和制度,而以悲剧告终。但这种结局是可以理解的。"二次革命"力图实行南京临时政府的北伐决策,却已错过时机。斗争高潮业已消退,辛亥革命趋于尾声。强弩之末，事难可为。正如孙中山后来所总结的："所以失败者，非袁氏兵力之强，实同党人心之涣散。"

反袁斗争

"二次革命"的失败，标志着伟大的辛亥革命被断送。帝国主义和封建主义的统治重新巩固下来，半殖民地半封建社会秩序依然如故。黑暗再次笼罩了中国，人民处于水深火热之中。

孙中山面对着极其困难的局面。革命流亡者的物质生活固然十分窘迫："同志中之衣食亦多不能顾者。前日大雪，在东之亡命客中，竟有不能向火而致疾者。"但更为严重的是他们中的大部分精神状态低抑，一些成员缺乏乃至丧失了斗争热情和革命信念。在极短的时间里，惊心动魄的事变纷至沓来，接踵而至的又是惨痛的失败，使许多国民党人感到困惑、犹疑和悲观。"谈及将来事业，意见分歧，或缄口不谈革命，或期革命以十年。种种灰心，互相诟谇。二十年之革命精神与革命团体，几于一蹶不振。"

孙中山却在逆境中表现出革命者难能可贵的品质，始终保持着百折不挠的战斗精神。他承认革命遭到严重挫折："此次失败以后，自表面观之，己党力量全归乌有。"但是，革命力量没有也不会被消灭："实则内地各处，其革命分子，较之湖北革命之前，不啻万倍。而袁氏之种种政策，尚能力为国民革命制造革命党。"他确信袁世凯的倒行逆施只能猖獗一时，终难逃脱覆亡的命运。革命党人应当总结教训，振奋精神，再接再厉，战斗到底——"惟我辈既以担当中国改革发展为己任，虽石烂海枯，而此身尚存，此心不死。既不可以失败而灰心，亦不能以困难而缩步。精神贯注，猛力向前，应乎世界进步之潮流，合乎善长恶消之天理，则终有最后成功之一日。"孙中山要求革命党人高瞻远瞩，对将来抱有信心："不特应聚精会神，以去乱根之袁氏，更应计及袁氏倒后，如何对内、如何对外之方策。"

孙中山抵日后立即展开革命活动，准备新的斗争。他设立通信机构以联络流亡的革命党人，给予他们以精神鼓励和物质帮助。一切均需重新开始，当务之急则是重组革命党。长期的斗争实践——特别是辛亥革命的经验表明：有革命党为中坚领导斗争，胜利可期；革命党蜕化瓦解，败亡在即。孙中山对于这桩首要任务是充分理解的，因为"真中华民国由何发生，就是要以革命党为根本。根本永远存在，才能希望无穷的发展"。确切的材料表明，孙中山几乎是在到达东京后马上开始建党活动。这年秋天，已经开始吸收新党员。年底，入党者当已有 200 余人。在积极筹备建党的同时，孙中山着手策划反袁武装斗争。缔造民国需要"强迫"手段。捍卫共和依然不能离开"武装革命"。陈其美等被派回国内进行活动，起义的火焰开始燃起。

随着新年度的到来，正式建立中华革命党被提上议事日程。1914 年初，"辄不能忘情于党事"的孙中山在这方面取得很大的进展——"刻已成立干部，正编刊方略。"以迄 4 月，"先后已得四五百人"。这年 6 月，正式成立中华革命党的主要条件大体具备。孙中山认真检讨了同盟会在辛亥革命后蜕变的教训，并以国民党在癸丑之役的失败为鉴戒，决心不再重蹈覆辙，形成颇有特色的建党指导思想。他重申党员必须信仰“革命主义”，同时，强调“此次立党，与前此办法颇有不同。曩同盟会、国民党之组织，徒以主义号召同志，……不计品流之纯粹”，以致“内部分子意见分歧，步骤凌乱，……无奉令承教之美德。致党魁则等于傀儡，党员则有类散沙”。所以，“此次重组革命党，首以服从命令为惟一之要件。凡入党各员，必自问甘愿服从文一人，毫无疑虑而后可”。中华革命党于6月下旬召开首次大会，推选孙中山为总理。7月8日，中华革命党在东京筑地精养轩举行成立大会。与会者约300余人。孙中山宣誓加盟并就任总理职务。会上公布了孙中山手订的《中华革命党总章》，规定党的宗旨为“实行民权、民生两主义”，以“扫除专制政治，建设完全民国为目的”。革命进行的程序分为军政、训政和宪政三个时期，在宪法颁布前，“一切军国庶政，悉归本党党员完全负责”。党员按入党时间的先后分为首义、协助和普通三种，各有不同的政治权利。入党时，均须立誓约和按指印。中华革命党设支部于国内外——国内支部专事武装讨袁，国外支部着重筹措经费。总部设总务、党务、军务、政治、财政等部，由孙中山指定陈其美、居正、许崇智、邓铿、胡汉民、杨庶堪、张静江和廖仲恺等分任正、副部长。中华革命党旋即发表宣言，向国内外通告新党的建立，要求所有“未经解散”的国民党组织，“一律改组为中华革命党”。再次申明这次改组“务在正本清源”，以便“摒斥官僚”和“淘汰伪革命党”，号召革命党人在反袁斗争中“担负责任，切实进行”。

作为第一个举起反袁义帜的政党，中华革命党的组建具有重大积极意义：结束了“二次革命”失败后国民党的混乱分崩状况，重新形成捍卫共和制度的阵线，从而把反袁斗争推进到新的阶段。在只有两年多时间的战斗历程中，孙中山领导的中华革命党展开了广泛的活动。他们进行了革命的宣传鼓动工作，策划了多次武装斗争，从政治上、军事上打击了袁世凯的反动统治，使得全国范围的反袁护国浪潮更加高涨。中华革命党的斗争为旧民主主义革命史册增添了后续的篇章，它的历史地位和作用是不可抹煞的。

孙中山和他的战友们以东京的《民国》杂志和上海的《民国日报》等报刊为阵地，把矛头指向袁世凯专制独裁、帝制自为的罪恶行径，倡导三次革命，号召人们为重建共和制度而斗争。还在1914年秋，孙中山就在他主持制定的中华革命党《革命方略》中揭露了袁世凯阴谋复辟的野心：“卒以非法攘攫正式总统，而祭天祀孔，议及冕旒，司马之心，路人皆见。”当袁世凯接受日本帝国主义提出的企图独占中国的“二十一条”时，孙中山向反对签订卖国条约的北京学生明确指出：“二十一条”的肮脏交易，实质在于袁世凯自知“欧洲战争不遑东顾，乃乘间僭帝，而求助日本”。由于“袁氏以求僭帝位之故，甘心卖国而不辞。祸首罪魁，岂异人任”。因此，孙中山认为部分革命党人主张“暂停国内革命运动，实行一致对外”的方针是错误的。为了挽救民族危亡，必须坚持反袁斗争，“设非急速去袁，则祸至无日”。袁世凯的帝制自为活动公开化后，孙中山指示中华革命党党务部发出第十六号《通告》，宣称“共和真髓，实无一存”。为今之计，舍斗争外别无出路——“能速革命，而后有国。”当袁世凯于12月中旬悍然下令称帝后，孙中山立即发表《讨袁宣言》，历数了袁世凯的累累罪行：“背弃前盟，暴行帝制。解散自治会，而闾阎无安民矣；解散国会，而国家无正论矣；滥用公款，谋杀人才，而陷国家于危险之地位矣；假名党狱，而良懦多为无辜矣。”指出袁世凯“既忘共和，即称民贼"。表示"誓死戮此民贼，以拯吾民"。1916 年 5 月，孙中山为了加强联络"党内党外"的活动，由日本返回上海，在反袁护国浪潮汹涌澎湃的时刻发表了《第二次讨袁宣言》。他回溯了袁世凯的倒行逆施和中华革命党的战斗历程，申明"不徒以去袁为毕事"。明确指出"袁氏破坏民国，自破坏约法始。义军维持民国，固当自维持约法始"。因此，"袁氏未去，当与国民共任讨贼之事；袁氏既去，当与国民共荷监督之责，决不肯使谋危民国者复生于国内"。显而易见，孙中山和他的战友们不断揭露袁世凯的窃国勾当，及时指出斗争的途径和方向，激励鼓舞群众捍卫共和的斗志，有助于人民的觉醒和奋起，促进了反袁护国运动的迅猛发展。在当时的历史条件下，孙中山和他领导的中华革命党无疑是一面鲜明的战斗旗帜！

为了打倒袁世凯、捍卫共和国，孙中山继续坚持"武装革命"的方针，他以为革命党不能徒托空言，"须有不可侮之实力。质言之，即是武力"。只有采取"强迫"手段，方能"去彼凶残"。还在中华革命党正式成立前，孙中山就已策划了反袁武装斗争。东北和西南地区都有发动，桂阳起义曾经坚持两月。中华革命党建立后，以"武力进行为目前惟一方针"。为适应进一步开展反袁武装斗争的需要，孙中山决定组织中华革命军。《革命方略》制定了中华革命军的奋斗宗旨："一、推翻专制政府；二、建设完全民国；三、启发人民生业；四、巩固国家主权。"1915 年初，孙中山批准了《中华革命军司令部通则》。夏末，他又召集了各部部长参与了组建中华革命军的会议。同时，密令陈其美、居正、胡汉民和于右任等在上海、青岛、广州和陕西三原筹设中华革命军东南、东北、西南和西北军军部，反袁武装斗争进入了新阶段，起义连绵不绝。从这年 8 月以迄翌年 6 月，约计 30 余次。发难的地区主要是广东、山东、奉天、江苏、浙江和两湖，陕西、四川、山西、安徽、福建、江西也都燃起反袁的烽火。其中，影响较大的战斗多发生在广东和山东。特别是中华革命军东北军取得了相当的战果，曾经攻占重镇潍县，连克 20 余县，三次进袭济南。华侨组织的"讨袁敢死先锋队"参与了东北军的战斗，表现了侨胞的爱国热情和革命精神。中华革命党虽然制定了建立党军的方案，但在实际斗争中还是大体袭用同盟会武装反清斗争的方式和手段。主要是发动社会下层群众，运动敌军反正，实行突然袭击，以期扩大战果。尽管起义未曾汇成燎原烈火，给袁世凯的统治以致命打击。但是，中华革命党的反袁武装斗争是功不可没的——表明革命党人存在和战斗着，震撼了袁世凯的政权，激励了人民的斗志，推动了全国范围的反袁斗争。正如多次反袁武装斗争的组织者朱执信所指出：由于"党员不惜牺牲，潜入内地，遍为运动，前仆后继"，才能"渐以拥护共和反对谋帝之义，灌输于各省人民心中而促其实行……人民反袁氏之情，天下共知，袁氏能定中国之一语，不复为中外人士所信。袁氏图帝之日，东南群起，中华革命党实于二年来为之首倡，而不怠其准备，以致斯也"。事实正是这样：广东、陕西、四川和湖南等地的反袁武装斗争，显然对龙济光、陈树藩、陈宧、汤芗铭宣布"独立"起过不容低估的作用；四川的中华革命军还与护国军协同战斗，支援了数量不多、饷弹缺乏的蔡锷部队；中华革命军东北军起于"袁氏肘腋之间"，致使"袁氏不得不割其大部分之兵力以自防"。

中华革命党在反袁斗争中的重要历史地位和作用毋庸置疑，但以民国缔造者孙中山为首率先举起讨袁义帜的中华革命党，毕竟未能成为全国范围的反袁护国斗争的核心力量，犹如同盟会之于辛亥革命。艰苦奋斗的实际结果，也不外"去袁"而已。所以如此，主要原因在于中华革命党自身的弱点。孙中山改组后的新党在政治纲领、组织原则和军事活动方面都有着重大缺陷，严重地削弱了它的地位和作用。首先，中华革命党仅仅揭橥民权主义和民生主义两面旗帜。虽然这个阶段并非民族主义的中绝期，孙中山把救亡图存与反对帝国主义的走狗袁世凯联系起来。但是，在民族危机深重"二十一条"即是标志之一的情势下，政纲中未能明确地提出反对帝国主义侵略的任务，不能不给斗争带来消极后果。至于孙中山在这个时期对日本帝国主义表现出轻信和幻想，显然是没有任何根据和意义的。民权主义中突出了捍卫共和的内容，对军阀、官僚和政客"三层陈土"的反动作用有所认识，却在深度上未获得较大的进展，没有理解"宗法封建性的土豪劣绅，不法地主阶级，是几千年专制政治的基础，帝国主义、军阀、贪官污吏的墙脚"。在民生主义中，至关重要的土地问题几乎未能得到反映。缺乏明确的反帝反封建政纲，使孙中山在组党过程中强调的"革命"精神难以具有科学的体现，有碍于动员和引导群众投入战斗，限制了反袁斗争的深度和广度。其次，中华革命党在组织原则上也存在着严重缺陷。孙中山确是总结了过去组党的教训，只是未能做出正确的论断；反之，却形成了偏颇的观念和原则。孙中山持有"凡百事体，皆须以自己之人物为中心"的看法，党章规定宪法颁布前的"一切军国庶政，悉归本党党员完全负责"，也不利团聚和发挥其他政治团体和群众的力量。朱执信尚未入党便返粤策动讨袁斗争，孙中山竟指责自己的战友"自由行动"和"破坏统一之局"，甚至致函南洋革命党人，嘱其采用"种种方法排斥"。自我中心的排他性和危害性，由此可见一斑。至于把党员分为三等，分别给予不同的权利，以及入党时按指印等做法，则是会党习气的再现。这种做法不仅为近代资产阶级革命政党所不应取，而且使许多革命党人感到厌恶。中华革命党组织原则的严重缺陷妨碍了它的自身健康发展，限制了它发挥革命中坚的作用。再次，中华革命党的军事活动同样存在着不容忽视的缺陷。大致说来，武装反袁斗争没有超过同盟会阶段的水平，发难的方式和手段一如其旧。不重视群众基础和具体条件的军事投机和军事冒险倾向，使得多次起义不能持久和取得较大战果。特别需要指出的是：中华革命党的自我中心倾向，在它的军事活动中造成各自为战乃至相互牵制的状态，未能把广泛展开的反袁武装斗争汇合为巨流。广东群雄并起，没有统一指挥和部署。陈其美和钮永建虽从事反袁斗争，却常有"无形之冲突"，以致有所行动，"两难奏效"。四川的熊克武与卢师谛未能协作，"最后分道扬镳"。而在东北军内部，竟然出现了薄子明、吴大洲的护国军旗号。孙中山在1916年初曾考虑把粤闽地区的武装力量"与云贵打成一片"，以便实现"大举北伐"。这种正确的决策，终因数十路队伍"无所统属"而成为纸上谈兵。中华革命党领导的军事活动中的这种消极现象，削减了中华革命军的战斗力。此外，部分中华革命军——主要是东北军过多依附于日本帝国主义，"各队各课，皆有日人给事其中"。这种状况造成了严重的不良后果，应当引为鉴戒。

中华革命党的护国斗争取得了成果，袁世凯的帝制自为只是一幕短命的丑剧。然而，这场捍卫共和的革命运动也在根本意义上失败了——盘踞北京政府的依然是北洋军阀头子，民国照旧徒具虚名。归根结底，半殖民地半封建社会秩序未被真正触动。这是合乎逻辑的结果;既然1911年爆发的全国范围的民主革命的高潮都未推翻帝国主义与封建主义的统治,中华革命党的反袁斗争又岂能摧毁压在中国人民头上的两座大山。严峻的事实是旧民主主义革命已届尾声,革命民主派不可能再演出如同辛亥革命那样气魄宏伟的史剧。孙中山和他的战友们已经尽力而为,却无力扭转共和制度的悲剧性命运。"非不为也,是不能也。"正如孙中山后来所总结的:"从前在日本,虽想改组,未能成功,就是因为没有办法。"

就在这种"艰难顿挫"的岁月里,孙中山同他的战友、助手和学生宋庆龄在东京结婚。从此,他们并肩走过了十年的风雨历程。

回天无力

反袁护国运动的结果并未争得真正的共和制度,孙中山于是再次倡导了护法运动。护法运动的目标在于捍卫共和国的象征——临时约法和国会,实质上是"二次革命"和中华革命党反袁护国斗争的继续,因而同样具有"竟辛亥革命之功"的内涵。孙中山发动的"护法之战,前后六载",既是旧民主主义革命的最后一幕,又延伸到新民主主义革命的发轫阶段。它的曲折历程的终结,是由于为新的斗争所取代:孙中山"适乎世界之潮流,合乎人群之需要"地把旧三民主义发展为新三民主义,确立了联俄、联共、扶助农工的三大政策,实行了第一次国共合作——"另为彻底之革命运动"。

1916年6月,由于袁世凯在举国唾骂中死去,因而反袁护国运动的目标似乎已经达到,孙中山发表了《规复约法宣言》,认为"障碍既除,我国人当能同德一心,共趋政治之正规"。而恢复"和平与秩序"的"惟一无二"的方法,即是"规复约法,尊重民意机关"。当北洋军阀头子段祺瑞迫于舆论和形势不得不宣布恢复临时约法和国会后,孙中山以为"重建民国"的任务大体完成,"盖今后想无有野心家矣",于是下令"解散"中华革命军。仅东北军所部就交出枪械两千余枝,为北洋军队所编遣。同时,孙中山决定停止中华革命党的一切活动——"解散党人","取消本党名义"。他对北京政府采取合作的态度,期望段祺瑞能够"扶危定倾"。自己则以"在野之身"倡导民生主义,"即拟着手实业,以期振兴国产,杜绝漏卮"。在错综复杂的局势下,他积极从事筹办银行和农垦事业。孙中山建设祖国的美好梦想再次重现,且被提上日程。

然而,事与愿违。段祺瑞为了达到专制独裁的目的,公然冒天下之大不韪,倒行逆施,在短短的一年中导致了多幕丑剧——督军团叛乱、张勋复辟、临时约法和国会遭到毁弃。严酷的现实使得孙中山意识到"不良之因素一如既往,仍在从内部危害中国之命脉"。致使"民国一厄于袁世凯,再厄于段祺瑞",而后者的阴险狡诈不仅继承了前者的衣钵,甚至身着"再造共和"的冠裳招摇撞骗,"以假共和之面目,行真专制之手段。"孙中山对这些独夫民贼进行了揭露和声讨,并且准备开展新的斗争。1917年6月,孙中山就派胡汉民前往西南,促使参与过护国之役的各省再次发难,以便形成讨伐北洋政府的基地。7月,张勋拥戴废帝复辟。孙中山立即发表《讨逆宣言》,指出:"此次讨逆之战,匪特为民国争生存,且为全民族反抗武力之奋斗!"7月6日,孙中山在取得海军的支持后,由沪乘舰南下,偕行者有朱执信、廖仲恺、章太炎和何香凝等。护法运动,由是开始。

孙中山决定在广州树起护法义帜，主要是因为革命党人在那里有着比较深远的影响。护法的消息传来，广州人民立即集会支持。驻粤滇军第三师师长张开儒积极赞助护法运动。省长朱庆澜与盘踞广东的桂系素有矛盾，希图引孙中山以自重。西南各省的统治者陆荣廷、唐继尧等接纳孙中山南下护法，则是因为他们反对段祺瑞"收复两广"、"制服滇黔"的武力统一方针，妄想利用革命的旗号，达到扩展实力和地盘的目的。因此，孙中山只能选择广东作为护法运动的根据地。他在抵达广州后立即开宗明义地阐发了护法运动的宗旨，即"为国民争回真共和"。指出"今日变乱，非帝政与民政之争，非新旧潮流之争，非南北意见之争，实真共和与假共和之争"。"假共和之祸犹甚于真复辟"，因为赤裸裸的"帝制实不能与共和竞争"。孙中山还建议电请海军来粤，迅速在穗召开国会并邀请被段瑞排斥的黎元洪南来执行总统职务。

孙中山面临的首要任务，当然是建立护法运动的领导机构。在他的积极推动下，南下的议员们于8月下旬举行了国会非常会议(因为不足法定的议员人数)。会议制定了《中华民国军政府组织大纲》，规定军政府的任务为戡定叛乱、恢复临时约法；在约法效力未完全恢复前，中华民国行政权由大元帅行使；大元帅对外代表中华民国。旋即选举孙中山为大元帅，唐继尧、陆荣廷为副元帅。9月10日，孙中山就任大元帅职，表示"当竭股肱之力，攘除奸凶，恢复约法"。

为使军政府成为西南各省护法斗争的"军事最高统一机关"，孙中山在桂系军阀的限制和压抑下展开了积极的活动。军政府的大部分作为，都是对军阀头子抗争的结果。内政方面，军政府争取到一定的司法权，得以"兴利除弊，察吏安民"。财政方面，始终极其困难。自军政府部长到办事员，每人月支零用费20元。孙中山委托廖仲恺惨淡经营，爱国侨胞的百余万元的捐款起了很大的支撑作用。发行公债和向外交使团、驻粤税务司力争提存盐税余款，仅有小补。军事方面，孙中山极力促进各省讨伐北洋军阀，先后派出于右任、林祖涵、何成浚、刘冠三等分赴陕西、湖南、湖北、山东等地，发动和组织军事斗争。10月上旬，发生在衡山、宝庆的南北两军的战斗标志着护法战争的开始。孙中山随即发布讨伐段祺瑞令，指斥他"阳托共和，阴行帝制"，业已成为"共和之蟊贼，人民之大蠹"，号召全国各界奋起"讨灭伪政府，还我约法，还我国会，还我人民主权"。实际斗争使孙中山迫切感到需要建立一支真正服从革命号令的武装力量，他把这桩重任交付给陈炯明。经与桂系军阀头子反复交涉，才将朱庆澜离粤后遗下的省长亲军20个营改编为援闽粤军开赴粤东。孙中山苦心孤诣地培植这支部队，在财政极为拮据的情况下月拨军费6万元。经过整训，粤军的质量有了明显的进步。

护法军政府的活动取得了一定的成果，几个月内就有十多个省份卷入了这场捍卫共和的斗争，"如火如荼，一日千里"。但是，西南军阀——特别是盘踞广东的桂系却加强了对孙中山领导的军政府的干扰、压制和打击。陆荣廷、唐继尧之流完全是"借护法之名，收蚕食鹰攫之效"。他们与捍卫共和的事业是背道而驰的。所以，他们从一开始就反对"另设政府"，说什么"元帅名义，尤滋疑义"。广东督军署从内政、财政和对外交涉方面极力压制军政府，财政限扼尤为狠毒，不仅不予资助，反而竭力攘夺。军政府千方百计争取到的盐税余款，莫荣新却要截取，"经人调和，始指定用途，……军政府经费，依然无着”。军事方面的挟制十分严重，阴谋使军政府无“军”可用。军政府的募兵人员，屡遭捕杀。对于粤军的发展，更是诸多束缚和压迫。甚至诱捕军政府陆军总长张开儒，枪杀了次长崔文藻。此外，还以金钱软化和收买南下的海军。1918 年初，西南军阀和政客又组织西南联合会议，企图架空或取代军政府。奸计未能得逞后，进而胁迫国会非常会议通过《军政府改组大纲修订案》，悍然改组军政府，以合议制取代大元帅制，选举唐绍仪、唐继尧、孙中山、伍廷芳、林葆怿、陆荣廷和岑春煊为政务总裁。不久，又推举臭名昭彰的官僚政客岑春煊为主席总裁。孙中山遭到排斥，军政府的民主主义性质改变，丧失了捍卫共和的作用，沦为桂系军阀的工具。显而易见，压制并最终扼杀军政府的主要罪魁就是陆荣廷等桂系军阀头子。

当然，孙中山也同桂系军阀进行了斗争。这种限制与反限制的矛盾，贯串于孙中山领导的军政府存在的始终，甚至几乎激化为武装冲突。军政府建立不过两个月，桂系军阀的穷凶极恶的行径迫使孙中山忍无可忍，下令海军炮击广东督军驻地观音山，以驱除陈炳焜。由于程璧光拒绝执行命令，对桂系军阀的惩罚未能实行。孙中山在后来举行的招待会上申明炮击督署的用意：“实所以表公道，伸不平，而使军政府自辟其生路也。”并指出陈炳焜督粤时尚“谓听军政府自生自灭”，而莫荣新取代陈炳焜后，“只许自灭，不许自生”。对于军政府的改组，孙中山认为是极为严重的关乎军政府的“存亡问题”。断言“军政府基础已摇，日后必无进步可言”。表示“根本反对，即于改组后有欲以为总裁者，亦决不就之”。当国会非常会议在军警包围下于 1918 年 5 月 4 日通过《军政府改组修正案审查报告》后，孙中山立即向国会辞去大元帅职并发表通电，追述了护法运动的短促过程，痛切地指出发人深省的事实：“顾吾国之大患，莫大于武人之争雄。南与北如一丘之貉。虽号称护法之省，亦莫肯俯首法律及民意之下。”表示“仍愿以匹夫有责之身，立于个人地位，以尽其扶助民国之天职”。下旬，孙中山离开广州。第一次护法运动至此告终。军政府虽然还存在了两年多，而孙中山也曾为免使“岑、陆等一致主和”而派遣徐谦为自己的代表，但军政府已为岑春煊、陆荣廷等所把持，“假护法之名，行害民之实”。1919 年 8 月，孙中山坚决辞去总裁职务：“决不与之共饰护法之名，同当误国之罪。”

迫于形势，孙中山离穗赴沪。

孙中山离开广东前，曾到大埔县三河坝视察粤军，又在汕头的粤军司令部同陈炯明等讨论了军事工作，促使粤军早日入闽。旋即经台湾、日本，前往上海。在长达两年多的时间里，他在十分困难的情况下工作着，并准备开展新的斗争，以捍卫迭遭践踏毁弃的共和国。他集中精力从事著述，力求“以主义普及国民”。他回顾了走过的战斗道路，希望从中获致裨益于当前斗争的经验与教训。在《孙文学说》的《自序》中，他承认多年的革命活动归于失败：“夫去一满洲之专制，转生出无数强盗之专制；其为毒之烈，较前尤甚。”所以如此，“实多以思想错误而懈志也”。他批评了表现为“知易行难”观念的因循苟且的意识，强调了实践的广泛可能性——“知难行易”。世界和中国发生的重大历史事件，促使他思考和探索。孙中山同列宁领导的苏维埃国家建立了直接的联系，他收到了外交人民委员齐契林的复函。1919 年爆发的“五四”运动，给孙中山以很大的启示和激励：“一般爱国青年无不以革新思想为将来革新事业之准备，于是蓬蓬勃勃，发抒言论，国内各界舆论，一致同倡，各种新出版物为热心青年所举办者，纷纷应时而生，扬葩叶艳，各极其致，社会遂蒙绝大之影响，虽以顽劣之伪政府，犹且不敢撄其锋。此种新文化运动，在我国今日诚思想界空前之大变动。”其次，“整顿党务”也是孙中山的主要活动内容。1919 年 10 月，正式宣布将中华革命党改组为中国国民党，所以加上“中国”两字，以表示区别于 1912 年组建的国民党。公布了新的规约，“以巩固共和，实行三民主义”为宗旨。总部分设总务、党务、财政三部，孙中山以总理身份指定居正、谢持和廖仲恺为主任。在此前后，孙中山反复阐述了革命政党的重要作用，批判了辛亥革命后一度流行的“革命军起，革命党消”的论调：“革命未成功时，要以党为生命。革命成功后，仍绝对用党来维持。所以办党比无论何事都要重要。”他还强调必须以三民主义为政纲，因为它所规定的任务都未实现。以为“民族主义可以不要”的观点是错误的，帝国主义至今还在“压制中国人”，“我们还是三民主义，缺一不可”。反对北洋军阀的斗争从未停顿，孙中山不断地促成四川、湖南、福建等地的革命党人的团结与奋斗，同时，集中精力于驱除桂系军阀的策划。他联络唐继尧、刘显世和其他反桂力量，更主要的是敦促驻闽粤军回师广东，以便“扑灭桂贼”和“统一南方”，然后“出师北上”。陈炯明迟疑不决，只是在桂军三路进迫下才出师讨桂。由于群众支持和其他反桂武装力量的配合，粤军进展顺利，1920 年 10 月攻克广州，桂系残部逃回广西。

在新的形势下，孙中山于 11 月由沪赴穗。他抵达广州后立即重组军政府，继续履行职务。但他已意识到军政府不能适应形势的要求，应当建立正式政府。孙中山在 1921 年元旦举行的南京临时政府成立纪念会上明确指出：“此次军府回粤，其责任固在继续护法，但余观察现在大势，护法断断不能解决根本问题。”因为“护法不过矫正北政府之非法行为，即达目的，于中华民国亦无若何裨益。况护法乃国内一部分问题，对内仍承认北京政府为中央政府，对外亦不发生国际之地位之效力”。所以，“广东此时实有建立正式政府之必要”。尽管陈炯明等不表赞成，但孙中山的正确主张得到了大多数人的支持。4 月，国会非常会议选举孙中山为非常大总统，通过《中华民国政府组织大纲》。孙中山于 5 月 5 日就职，并组建了民国政府。

统一两广，出师北伐，无疑是孙中山第二次在广州建立政府的中心任务。事实上，他在就任非常大总统前就已部署粤军进袭广西。7 月，正式下讨伐令。仅仅用了两个月的时间，连克南宁、桂林，攻取桂系据守的最后据点龙州，完成西征任务。两广统一，北伐被提上议事日程。国会非常会议早在 8 月就通过出师北伐的决议，咨请孙中山明令讨伐北洋政府，统一国家。孙中山在欢宴讨桂凯旋归来的将领时，重申了“统一中国，非出兵北伐不为功”的信念。10 月中旬，孙中山出巡广西，准备北伐，组织大本营随行。北伐军 3 万人也于同日开拔。他在南宁与率部驻防的陈炯明讨论了有关北伐的事宜，反复说明北伐的意义，要求陈炯明抽调粤军 40 个营参加，由广东承担供应饷械的任务。表示“此次北伐而胜，当然不会回到广东；不幸而败，亦无面目再回广东”。热衷于“联省自治”的陈炯明却充耳不闻，还散布什么“亦未有饷有械，焉能出师对抗”的反对论调，甚至与直系军阀秘密勾结。孙中山坚持北伐，不为所阻，利用驻桂的短暂机会，进行了整军工作——设立大本营及下属机构，将驻桂准备北伐的粤、滇、黔、赣4省军队编为7个军，进行三民主义思想教育，加强军事训练。1922年初，北伐军已大体整编完毕，待命出发。孙中山于2月颁发动员令，饬令各军分路出师北伐。李烈钧率滇、黔、赣军为第一路，兼攻赣南和鄂东。许崇智率本部粤军为第二路，协同湘军直袭武汉。中旬，前锋部队分别进入湖南。北伐战争的序幕拉开。

然而，北伐事业遭到诸多阻碍。首先，湖南督军赵恒惕拒绝北伐军过境。更为严重的则是陈炯明的反对已经发展为公开的干扰和破坏。积极拥护孙中山北伐的粤军第一师师长邓铿被陈炯明部下刺杀，成为形势急剧恶化的预兆。孙中山被迫变更原定的北伐计划，决定率军返粤，师次梧州，陈炯明突然调动部队阻止北伐军回师。孙中山在梧州召开军事会议，决定出师江西，设大本营于韶州，集中各军。5月上旬，北伐军分三路进袭江西。同时，孙中山免除了陈炯明的广东省长、粤军总司令和内务部长的职务，着其专任陆军部长，并反复劝导他改变态度。陈炯明表面上退居惠州，暗中指示叶举率军进驻广州。为了扭转局面，孙中山于6月1日返回省城。当时陈炯明部的叛迹已露，孙中山劝诫无效，于是向舆论界揭露，指出“广东军人武武相护，反对北伐”。6月16日夜，陈炯明部发动叛乱，突然炮击总统府，阴谋杀害孙中山。由于双方力量悬殊，孙中山只得先期出走。他避登军舰后立即发出讨伐陈炯明的号召，并率舰队炮轰叛军；同时，急令北伐军回师广州。在极其困难的情势下，孙中山冒着溽暑坚持在舰艇上战斗近两个月之久。但因北伐军在韶关一带失利，不克南旋讨伐新军阀。8月9日，孙中山不得不离穗赴沪，途中表示“一息尚存，此志不懈”。抵达上海后，孙中山再次发表宣言，揭露陈炯明的叛乱罪行，决心继续为捍卫共和而战斗——“凡忠于民国者，则引为同志；不忠于民国者，则引为敌。义之所在，并力以赴。”他将北伐军改为讨贼军，并派代表赴西南联络滇、桂军讨陈。第二次护法运动又以惨痛的败局告终。

愈挫愈奋

在上海，孙中山处于极其困难的境地。这次“祸患生于肘腋”的事变后果是严重的，在他“垂三十年”的革命过程中，“顾失败之残酷，未有胜于此役者”。“二次革命”、中华革命党反袁斗争和两次护法运动，都以失败告终，共和制度并未实现，民国只是一块“空招牌”。孙中山认真检讨过去的斗争途径和方式，并以愈挫愈奋的精神探索新的战斗途径。正是在这种状况下，国际无产阶级和中国共产党向他伸出了热情的双手。事实上，孙中山还在1921年桂林军次就会见了由共产党人李大钊介绍、张太雷陪同前来的共产国际代表马林，共同讨论了中国国民党同苏俄及中国共产党的关系问题。马林向孙中山提出建议——组织一个能够联合各进步阶层(特别是工农群众)的政党，建立真正的革命武装，实行国共合作。而在孙中山抵沪不久，刚参加了确定国共合作及其具体方式的中共中央二届二中全会的李大钊便来同他商讨“振兴国民党以便振兴中国”的问题。孙中山还在1923年初同苏联代表越飞进行了会谈，并于《联合宣言》中确定了两国合作、推动中国反帝反封建斗争的原则。恰在这时，讨贼军与滇、桂联军逐走了陈炯明。孙中山于2月下旬离沪抵穗，重建大元帅府并就任大元帅职。孙中山虽然还曾希望“终成护法之全功”，但却在实际活动中改弦易辙，赋予三民主义以明确的反帝反封建内容，实施联俄、联共和扶助农工的三大政策，积极改组国民党，建立以国共合作为核心的革命统一战线。护法运动已经成为过时的斗争，中国的民主革命进入了无产阶级领导的新民主主义革命阶段。与时俱进的孙中山认识到必须“另为彻底之革命运动”，把自己的思想和实践提到前所未有的高度，从而在新的时期再次建树了不朽的功绩。

应当指出，近代中国资产阶级民主革命具有鲜明的特色。在西方，共和制度的建立标志着资产阶级民主革命基本结束。在中国，共和制度的建立仅仅意味着资产阶级民主革命进入与前不同的后一阶段：在此之前，是推翻帝制、建立共和国；在此以后，由于“共和形式已具”，演为反复辟或“真共和与假共和之争”。所以如此，是因为软弱的中国资产阶级无力推翻帝国主义和封建主义的统治。民国的建立，并不表明半殖民地半封建社会秩序有了根本的改变。正是在这种意义上，创建共和的辛亥革命归于失败；捍卫共和的“二次革命”、中华革命党反袁护国斗争和两次护法运动，也避免不了同样的悲剧性命运。历史证明，半殖民地半封建社会的中国没有共和制度植根和生长的土壤。

孙中山承担了历史赋予的重任，坚持了艰苦卓绝的战斗，建树了不朽的功勋，不愧为伟大的民主革命先行者与近代化前驱。他未能完成捍卫共和的任务，因为他不能超越历史的局限。不应苛求先驱者奋进开拓的光辉业绩，科学的态度是从历史条件加以说明，并对历史的经验和教训做出实事求是的总结。

联俄联共　奠定基础

国共合作

孙中山同中国共产党的接触与合作，在某种意义上可以上溯到中国共产党的筹建阶段。根据列宁关于民族与殖民地革命问题的光辉理论，共产国际在促成中国共产党成立的过程中业已开始考虑中国民主革命的统一战线问题。

列宁和共产国际对于孙中山和他所领导的中国国民党的了解，并不限于辛亥革命时期的活动。虽然，列宁在1912年就称赞孙中山是“一个充满着崇高精神和英雄气概的革命的民主主义者”。在共产国际第一、二次代表大会上，中国旅俄革命团体代表发言中都曾经提及“第一次中国革命的著名领袖”孙中山，概述了第一次护法运动，谈到他被“官僚代表”排斥的情况。孙中山同列宁及苏维埃政府的函电往来加深了相互了解，列宁曾把孙中山的电报视为“东方的光明”。从1919年起，孙中山开始同共产国际和苏俄方面的有关人士接触，1920年秋，共产国际远东局代表维经斯基在沪访问了孙中山。1921年底，共产国际代表马林在共产党人张太雷陪同下于桂林军次会见了孙中山。双方商谈多次，马林根据共产国际第二次代表大会的有关精神建议孙中山组织一个能够联合各个阶级——特别是工农群众的革命政党。在此前后，马林不止一次地向中国共产党提出“建立民主运动的国共联合阵线”。1922年初,共产国际在莫斯科召开了远东共产党及民族革命团体第一次代表大会。中国共产党、中国国民党和其他革命团体共派出代表 39 人参加大会。大会通过了《共产党与民族革命组织相互关系的决议》,强调了无产阶级政党必须建立同盟的意义。列宁在会议期间接见了包括国共两党成员在内的部分代表,提出了"中国国民党和中国共产党是否可以合作"的问题。这年夏季,青年共产国际代表达林以苏俄代表身份在广州会见了孙中山并谈及国共合作。马林则在上海与孙中山再次晤谈,讨论了关于国共合作及其方式——党内合作问题。至此,共产国际确信实现国共合作的条件大体具备,应当早日建立革命统一战线,以推动中国革命的发展。共产国际执行委员会于 1923 年 1 月作出了关于国共两党关系的决议,指出"中国惟一重大的民族革命团体是国民党",而"由于国内独立的工人运动尚不强大,由于中国的中心任务是反对帝国主义者及其在中国的封建代理人的民族革命,而且由于这个民族革命问题的解决直接关系到工人阶级的利益",所以"国民党与年青的中国共产党合作是必要的"。不过,中国共产党"必须保持自己原有的组织和严格集中的领导机构"。

革命实践也把统一路线的课题提上日程,"二七"惨案的血的教训更使中国共产党人认清"工人阶级独立斗争是不能得到胜利的",必须有"各阶级的援助",才能战胜帝国主义和封建主义的反革命联盟。在共产国际的促进下,中国共产党决定"和国民革命的政党即国民党建立统一战线",联盟的形式不是两党平行合作,而是采取党内合作即"共产党员以个人名义参加国民党"的办法——这种合作形式显然是历史的产物,在当时的条件下较有可行性。1922 年 8 月,中共中央在杭州召开了特别会议,经过充分的讨论后确认了国共合作及其形式的原则,"决定劝说全体党员加入国民党"。西湖会议前后,共产党人李大钊、林祖涵(伯渠)等在上海会见了孙中山,讨论了"振兴国民党以振兴中国之问题"。孙中山接受了中国共产党的帮助,确定了国共合作和改组国民党的决策。他亲自为新战友李大钊加入国民党主盟,同时也表示了充分信赖和热切期望:"你尽管一面作第三国际党员,一面加入本党帮助我。"应当指出,联共与改组国民党是密切联系、相互促进的。不联共即不接纳共产党人到国民党内,改组国民党难以真正奏效。同时,不改组国民党,不在政治上、思想上、组织上加以革新,也不可能实现联共。正是这样,孙中山在 9 月上旬于上海召开了讨论国民党改组的会议,指定了包括共产党人在内的九名党章起草委员,成立了有共产党人参加的党务改进计划起草委员会。1923 年元旦,孙中山发布《中国国民党宣言》。旋又公布了党纲和党章,并在 1 月下旬宣布了有共产党人任职的国民党本部干部名单。国共合作的实际过程,实以 1922 年夏秋之际为发端。

1923 年 6 月,中国共产党第三次全国代表大会在广州召开。会议的中心议题是国共合作。代表们经过争论后否定了反对国共合作的错误主张,通过了《关于国民运动及国民党问题的决议案》,决定共产党员加入国民党以实现两党联盟。会议认为"我们须努力扩大国民党的组织于全中国,使全中国革命分子集中于国民党,以应目前中国国民革命之需要"。同时申明:"我们加入国民党,但仍旧保持我们的组织,并须努力从工人团体中,从国民党左派中,吸收真有阶级觉悟的革命分子,逐渐扩大我们的组织,谨严我们的纪律,以立强大的群众共产党之基础。"大会宣言还表示"希望中国国民党断然抛弃依靠外力及专务军事两个旧观念，十分注意于民众的政治宣传”。大会作出的有关统一战线问题的决议具有重大历史意义，为国共合作的实现完成了政治上、思想上、组织上的准备。西湖会议虽然确认了联盟方针，但实际工作的进展却因缺乏充分准备而不够快捷。这次大会之后，国共合作的步伐大大加速。10月，中共中央和广东区委以及青年团驻粤委员、广东区团委召开联席会议，讨论帮助国民党改组问题，还在广东成立“国民运动委员会”，以推动正在开展的改组工作。继中共中央三届一中全会通过《国民运动进行计划》等决议案后，中共中央在年底发出《第十三号通告》，要求共产党人积极促进国民党改组，以迎接中国国民党第一次全国代表大会的召开。与此相应，孙中山和他的战友们采取了有力的措施。10月中旬他委任廖仲恺、李大钊等5人为负责国民党改组事宜的改组委员。廖仲恺旋即在广州主持了国民党改组特别会议，制定了实行改组的计划。下旬，廖仲恺、谭平山等9人被委任为中国国民党临时中央执行委员会委员。这个临时性的领导机构建立后，立即起草宣言、党纲和党章草案；办理各个地方分部的登记，建立广州市各级党部；出版《国民党周刊》；设立讲习所训练各区分部执行委员。同时，决定1924年1月在广州——孙中山组织力量逐走陈炯明后在那里重建了政权——召开中国国民党第一次全国代表大会。

但是，改组国民党以实现国共合作是不可能不经过尖锐斗争的。把思想芜杂、组织涣散和成分不纯的国民党改组为革命统一战线组织形式，以推动国民革命的发展，符合人民的意愿，顺应历史的潮流。因此，必然引起国内外反动势力的中伤破坏。他们污蔑孙中山“赤化”和“出卖自己”，谩骂中国共产党玩弄“阴谋”。这股逆流不可避免地反映到国民党内，右派分子公然阻挠改组，反对国共合作。就在《中国国民党改组宣言》发布的当天，邓泽如等竟然以国民党广东支部名义提出“弹劾案”，掀起反共的鼓噪，妄图推翻孙中山的联共决策。对于右派分子这种倒行逆施的勾当，孙中山和国民党左派予以坚决反击。长期的历史经验已经表明，必须改弦易辙，决不能固步自封，国民党才能具有生命力。他批驳了邓泽如等的污蔑不实之词，说明党纲、党章和组织法“为我请鲍君（指鲍罗廷——引者）所起，我加审定，原为英文，廖仲恺译之为汉文。……切不可疑神疑鬼”。重申了这次改组的必要性，指出“自当随时改良，方期进步”；而“不图进步改良”，只能“日日退步”。并就原则性的重大问题加以阐发：“我国革命向为各国所不乐闻，故尝助反对我者以扑灭吾党。故资本国家，断无表同情于吾党。所望为同情，只有俄国及受屈之国家受屈之人民耳。”孙中山还告诫右派分子：“你们愿意跟着我革命的就来，不愿意革命的就走。我不能勉强拉你们来革命，你们也不能勉强拉我不革命。”他多次表示要将右派分子清除出党，后来果然把继续破坏联共决策的冯自由、马素之流开除。由于孙中山与国民党左派对右派分子进行了坚决斗争，才得以从内部保证了改组国民党、实现国共合作的成功。

改组国民党、实现国共合作，是近代中国民主革命新旧阶段转型期的必然政治趋向：顺应了时代潮流，符合了革命需要。

经过了较为充分的准备，中国国民党第一次全国代表大会于1924年1月下旬在广州隆重召开。

孙中山以总理身份担任主席。与会代表165人，共产党人李大钊、毛泽东、谭平山、瞿秋白和林祖涵等出席。李大钊等5人被指定为大会主席团。一些共产党人还参与了宣言审查委员会、党务审查委员会和章程审查委员会的工作。大会的根本任务——如同孙中山在开幕词中所指出——是"要把国民党再来组织成一个有力量、有具体的政党"，以便"用政党的力量去改造国家"。大会的主要议程和内容为通过宣言、党章和选举中央领导机构，改组国民党以实现国共合作。大会经过了认真讨论与激烈论争，全票通过了《中国国民党第一次全国代表大会宣言》、《中国国民党章程》、《组织国民政府之必要案》等重要议案。最后，选举了中央执行委员与监察委员。共产党人李大钊、谭平山、毛泽东、瞿秋白、林祖涵等10人和国民党左派廖仲恺等当选为中央执行委员或候补执行委员。在中国共产党和中国国民党左派人士的共同努力下，大会圆满地完成了自己的使命。

大会选举了中央执行委员和中央监察委员，组成新的中央领导机构。国民党左派廖仲恺等和共产党人李大钊、毛泽东、谭平山、瞿秋白、林祖涵等被选为中央执委或候补执委。中央监委的不少名额则为右派分子占据。在中央执委、监委首次全体会议上，组建了中国国民党中央党部。谭平山、林祖涵分任组织部长、农民部长，毛泽东任代理宣传部长。会议还决定在上海、北京、汉口等特别区成立执行部，指导和监督当地党务。中央党部下设省、市、县、区和海外党部、特别党部，而以区分部为基层组织。由于中央领导机构注入了新血液，党的健全体制基本确立，因而使得中国国民党获得了前所未有的、健康的发展。

中国国民党第一次全国代表大会的胜利召开，是孙中山和他的战友们忠实于爱国主义、民主主义以及与时俱进的结果，也是中国共产党和国际无产阶级积极帮助、支持的结果，又是对国民党右派分子进行斗争的结果。大会取得了巨大成果，以至具有历史里程碑的意义——既是国共合作正式形成的标志，又是大革命走向高潮的起点。

革命浪潮

第一次国共合作的建立，揭开了近代中国民主革命史的新篇章。从广东省升腾起的革命风暴，迅猛地席卷全中国。人民群众奋起战斗，反帝反封建的革命浪潮汹涌澎湃。

国共合作，有力地促进了反帝反封建的工农群众运动的发展。在中国共产党领导和中国国民党左派支持下，工人运动迅速从"二七"惨案后的低潮转入高潮。1925年5月1日在广州召开的第二次全国劳动大会显示了无产阶级新阵容，代表了组织起来的55万工人。在后来两个月中爆发的"五卅"运动和省港大罢工，则把爱国反帝怒潮扩展到全国范围。前者的斗争以无产阶级为主干，卷入的群众达1000余万人。后者的规模和持续时间，都是工运史中罕见的，使得香港变成了"死港"，沉重地打击了英帝国主义，促进了广东革命形势的发展。上海工人的三次武装起义，直接配合了北伐战争。农民运动蓬勃展开，"最大的革命民主派"觉醒和奋起。广东农民运动走在全国的前列，全国第一个省农民协会在1925年初成立于广东。不到两年时间，有组织的农民已达80余万人。湖南、湖北、江西、河南各省相继组织农会。全国农会会员到1927年夏已逾千万人。与此同时,青年、妇女运动也有了很大发展。风起云涌的工农群众运动,为大革命奠定了广泛的社会基础。

国共合作,为建立革命武装创造了良好条件。孙中山的“战争事业”可以远溯到1895年的广州起义,但在30年的斗争中始终未能建立一支真正的革命武装。在中国共产党和国际无产阶级的积极帮助下,孙中山意识到建立革命武装的必要性、迫切性。中国国民党第一次全国代表大会召开期间,他下令创办黄埔军校。5月,实际上由国共两党合办的这所新型的革命军事学校开学。孙中山和廖仲恺、邓演达等国民党左派十分重视军校的建设,在困难的条件下给予了力所能及的支持。共产党员周恩来、恽代英、萧楚女等挑起了政治工作和教育工作的重担,对提高军校的政治、教育的素质作出了重大贡献。在两年多的时间里,军校就培养了近5000名军政干部。黄埔建军,推动了革命武装的建立。

国共两党的发展,工农群众运动的展开,革命武装的建立,反帝反封建思想的传播,为巩固广东革命政府、统一广东革命根据地创造了必要条件。1924年10月,孙中山在中国共产党和工农群众、革命军人支持下镇压了英帝国主义指使的反使命武装——商团叛乱。翌年,革命军举行了两次东征,击溃了陈炯明的残部,收复了东江流域。中间,还回师省城弭平了滇、桂军阀杨希闵、刘震寰的叛变。年底,征讨军阀邓本殷,尽克南路各属,一举收复琼崖。广东革命根据地至此统一,广东革命政权得到巩固和发展。北伐战争因之有了可靠的后方,孙中山和他的战友们不至再蹈前两次护法运动的覆辙。1926年夏,共产党人叶挺率领作为先遣队的独立团进入湖南。7月,国民革命军誓师北伐。在广大群众的积极支持下,英勇奋战的国民革命军仅用半年多的时间就击溃了吴佩孚、孙传芳的军阀部队,直下长江流域,迭克名城重镇,统一了半个中国,有力地打击了帝国主义、封建主义的反动统治。

“1924年至1927年的革命战争,基本地说,是在国际无产阶级和中国无产阶级及其政党对于中国民族资产阶级及其政党的政治影响和政治合作之下进行的。”上述论断完全符合历史实际,正是“由于两党在一定纲领上的合作,发动了1924年至1927年的革命。孙中山先生致力国民革命凡40年还未能完成的革命事业,在仅仅两三年之内,获得了巨大的成就,这就是广东革命根据地的创立和北伐战争的胜利。这是两党结成了统一战线的结果”。当然,第一次国共合作的形成决不是偶然的政治现象。辛亥革命虽然导致了封建帝制的崩溃与共和国的建立,但并未推翻帝国主义、封建主义的反动统治。20年代的中国所面临的迫切任务,仍是进行反帝反封建的民主革命,彻底改变半殖民地半封建社会秩序,建立一个独立、民主和富强的新中国。这是中国各族人民的强烈愿望,也是国共两党的共同神圣使命。孙中山倡导的新三民主义同中国共产党的最低纲领——民主革命纲领,达到了基本的一致。国共合作的政治基础即在于此。两党联盟的决策,体现了历史的必然。

第一次国共合作,还是民主革命的需要。为了攻击真正的敌人,必须团结真正的朋友。不建立革命统一路线,决不可能在同强大的敌人搏斗中稳操胜券。对于中国国民党来说,同中国共产党的合作加强了自身的战斗力。对于中国共产党来说,同中国国民党的合作得以实现统一战线的战略。因此，可以断言“孙中山一生主张共同奋斗救中国，这就是他主张国共合作的原因。共产党是一个代表工农劳动阶级利益的政党。孙中山知道没有这些劳动阶级的热烈支持与合作，就不可能顺利完成国民革命的使命”。

黄埔建军

黄埔建军，乃是中国民主革命的迫切需要。因为，武装斗争无疑在中国民主革命中具有极其重要的地位与作用。

孙中山和革命民主派是重视武装斗争的。他在踏上政治舞台后，旋即从实践中懂得“和平之手段”难以奏效；为了进行改革，“不得不稍易以强迫”。以 1895 年广州起义为发端，革命民主派展开了自己的“战争事业”。孙中山最初认为“借会党暴动为可靠”，但“一哄而起，一哄而散”的教训使他逐渐意识到“不可专恃会党”——“取得新军，方可成事。”武装斗争取得了积极成果，推翻清帝国的辛亥革命实质上是一场全国范围的武装起义。然而，革命党人在长期武装反清斗争中始终未能建立一支真正的革命军队。辛亥革命没有根本改变中国社会的性质，大地主大资产阶级代表袁世凯攫夺了政权，旧秩序迅速在新形式下恢复，重要原因之一就在于此。从“二次革命”到护法运动的捍卫共和的斗争收效甚微，也是由于同样的缘故。中华革命党的反袁武装斗争，没有超过同盟会时代。两次护法运动的失败，则表明军阀不可能成为革命的真正助力。第一次护法运动的终结，反映了西南军阀决非真心拥护共和——“南与北如一丘之貉”；第二次护法运动的失败，说明苦心孤诣培植的陈炯明的粤军也在取得广东地盘后蜕化变质，“号称‘革命同志’的陈炯明军炮攻观音山，拆南方政府的台。”历史证明，资产阶级未能也不可能建立一支真正的革命军队。没有可靠的枪杆子，战胜武装到牙齿的侵略者和统治者是不可思议的。鲁迅曾经明确指出：在旧中国“……改革最快的还是火与剑。孙中山奔波一世，而中国还是如此者，最大原因还在于他没有党军，因此，不能不迁就武力的别人”。

这条严酷的真理，孙中山和他的战友们在 20 年代开始逐步领悟。“艰难顿挫”的遭际引起他们的思考。俄国十月社会主义革命的胜利昭示了新的经验。朱执信还在 1920 年就翻译了列宁颁布的苏俄《赤劳动军法规》，对“兵的改造”问题进行了探索，确信理想的武装力量应是“有主义的兵”，因此要向兵士“输入主义”以“逼到他自己觉悟”。在国际无产阶级和中国共产党的帮助下，孙中山终于认识到“没有革命军的奋斗，……我们的革命，便没有完全成功”。而“中国在这 13 年之中，没有一种军队是革命军”。只有“成了革命军，我们的革命事业便可以成功”。在他看来，当前的国民革命必须具有自己的武装力量——“第一步使武力与国民相结合，第二步使武力为国民之武力。”

黄埔建军，是国共两党通力合作的丰硕成果。

孙中山和革命民主派长期进行的武装斗争历程——特别是后来陈炯明的叛变——表明，在半殖民地半封建的中国，孱弱的资产阶级不能也不可能建立真正的革命武装。因此，只有在国际无产阶级和中国共产党的帮助下，孙中山才有可能改弦易辙，着手建立真正的革命武装。黄埔建军的过程同步于国共合作的形成和发展，这是完全可以理解的现象。

黄埔建军的酝酿，可以上溯到1921年末。其时，共产国际代表马林到桂林会见了准备北伐的孙中山。在涉及广泛内容的会谈中，马林提出了“要有革命的武装核心，要办军官学校”的建议。毫无疑问，马林的意见给孙中山留下了深刻的印象。他在不久后会见苏俄政府代表达林时，更为详细地询问了红军的规模、组织和政治教育等问题。1923年初，孙中山在上海同苏联代表越飞会谈，建立革命武装则是主要议题之一。这年8月，孙中山派遣“孙逸仙博士代表团”赴苏考察了军事及政治。

随着国共合作和改组国民党工作的开展，筹建革命武装的课题被提上议事日程。在1924年召开的标志国共合作正式形成的中国国民党第一次全国代表大会上，孙中山下令筹办军校，指定了筹备委员，选择了广州东郊长洲岛为校址。会后，筹备工作积极进行。仅仅用了3个多月的时间，一所新型的陆军军官学校（黄埔军校）建立起来。1924年5月，黄埔军校开学。孙中山任军校总理，校部隶属中国国民党中央执行委员会。蒋介石和廖仲恺分任校长和党代表，下设教授部、教练部和政治部等。10月，增设校军教导团队（共两团）。这种体制大体延续到1926年3月，其间没有重大的变化。

黄埔军校的筹办，必须克服许多严峻的困难。没有国际无产阶级和中国共产党的帮助和支持，在如此短期内建校是不可想象的。只有在国共两党通力合作下，黄埔建军才能实现。革命的国民党员发挥了积极作用，廖仲恺更是作出了突出的贡献，诸如制定校章、延聘教官、招考学员、修葺校舍，大都在他指导下完成。国际无产阶级给予了热情的支持，新生的苏维埃国家在自己还处于困难的情况下提供无私的援助，不仅支援开办经费和武器，而且派来了顾问团，推动了军校的教学，甚至在实战中协助指挥。中国共产党人积极投身于军校的各项实际工作，周恩来、恽代英、熊雄、萧楚女等担任了各部门的负责人或骨干，对于军校的创建和发展，作出了不可磨灭的贡献。特别是重要的政治工作，基本上由共产党人主持，形成了比较完整的政治工作制度，对保证军校的革命性质和方向起了重大的作用。许多共产党员、青年团员投身这座革命的熔炉，第一期学员中约有十分之一为中国共产党各地组织所选派。

黄埔建军，在中国新民主主义革命史上具有重大历史地位和作用。

首先，为革命武装培育了大批军事、政治骨干。从1924年5月到1927年7月，军校招收了6期学员（共约2万余人）。第1至4期学员都是在大革命时期毕业，大部分作为军事、政治骨干进入部队，对于革命武装的建立，起到了重大的积极作用。校军教导团堪称为新型的军队，成为国民革命军第一军的基础。一些黄埔师生在革命征程中跨出更大的步伐，对后来中国共产党领导的人民军队的建设作出了不可磨灭的贡献。

其次，在广东革命根据地的统一和北伐战争中不愧为“革命的利剑”。1924年10月，黄埔学生参加了镇压广州商团的叛乱。翌年，他们又两次参加东征，讨伐盘踞在东江流域的陈炯明部，所向披靡，战功卓著。年底，终于消灭了叛军。其间，还回师省城弭平了杨希闵、刘震寰的叛乱。旋又南讨邓本殷，直逼海南。至此，统一和巩固了广东革命根据地。而在北伐战争中，军校的许多毕业生和学员参与了战斗，为打倒充当帝国主义走狗的军阀和推进革命事业作出重大贡献，建立了不朽的光辉业绩。

再次，促进了工农群众运动的蓬勃发展。军校对当时汹涌澎湃的工农群众运动，采取了积极支持的态度。军校多次发表宣言，声援省港大罢工，赞扬工人阶级的爱国和革命精神，呼吁"竭诚拥护省港罢工"。还派遣部分毕业生到省港罢工委员会纠察队担任教官或支队长，训练和指挥工人武装。省港罢工的领导人曾派代表到军校致谢，并赠予"革命前驱"的匾额。对于农民运动的支持，也是不遗余力。广宁县的农民遭受地主阶级的民团迫害，军校学员火速前往支援。东征途中，协助恢复被陈炯明查封的农民协会。此外，还帮助广州农民运动讲习所对学员进行军训。青年、妇女运动的开展，也得到军校的支持。

还需指出，军校又是当时传播民主革命思想和马克思列宁主义的一个重要据点。军校出版了多种期刊，如《黄埔日刊》、《黄埔潮》、《军事政治月刊》等，销量甚大，颇有影响。一些讲义和书籍，也受到社会的欢迎。作为革命的新型军校，黄埔师生在思想战线上同样起到了先锋作用。

黄埔建军不仅写下了近代民主革命史的光辉篇章，还留下了深刻的历史经验和教训。正是由于孙中山接受了中国共产党和国际无产阶级的帮助，作出了国共合作的英明决策，因而，才有了黄埔军校的诞生和发展。军校曾有 3 年左右的光辉阶段，正是国共两党通力合作的结果。

平定叛乱

从 1924 年开始，中国的新民主主义革命进入了第一次国内革命战争阶段。在孙中山所主持的革命政府所在地——广东，酝酿着一场大革命的风暴。这场波澜壮阔的反帝反封建革命运动，当时虽然还处于萌芽状态，但是，已经展示出旧民主主义革命所未曾有过的深度和广度。

广东革命形势的发展，必然引起国内外一切反动势力的不安、阻挠和破坏。作为中国民主革命的主要敌人——帝国主义，首先是英帝国主义伸出了反革命的触手。因为"……广东接近香港，差不多什么都受英国的支配"。广东地区的革命化，不仅意味着它对这个富饶和重要的省份丧失了控制权；同时，也威胁到了它侵略中国和亚洲的重要据点之一的香港。所以，英帝国主义积极支持窜踞东江地区的陈炯明，"从香港暗输军械给陈炯明，以香港为陈炯明阴谋密探的中心地，想颠覆广州革命政府。"为此，又加紧勾结和利用依附于它的广东买办阶级，把他们控制的商团、商团军变成一支反革命别动队，以便在革命策源地的心脏——广州策动反革命叛乱。矛盾日趋激化，广州革命政府同帝国主义进行直接较量的第一个回合就是收回"关余"运动。

对于广州政府的正当的、合法的要求，帝国主义列强置之不理。这年年底，驻广州的英国总领事竟然警告广州政府不得过问海关事务："如果一旦有这类企图出现，外交团将采用在这种情况下认为适宜的强制手段。"在实行蛮横恫吓的同时，英、美、法、日、葡等国军舰 20 余艘陆续驶入省河，扬言轰击大元帅府，并准备派遣海军陆战队进驻粤海关。气焰嚣张，穷凶极恶。

1924年10月发生的商团叛乱，则成为当时民族、阶级矛盾的焦点之一。围绕着这桩事件的进程，展开了尖锐的、错综复杂的斗争。一方面，是广州革命政府同英帝国主义支持的、为买办阶级控制的商团以及地主豪绅掌握的部分“乡团”的斗争；另一方面，则是革命营垒内部的斗争——共产党人、国民党左派以及广大工农群众、革命军人同国民党右派以及混迹革命队伍的军阀、官僚的斗争；而这两个方面的斗争，又交叉和糅合起来。从8月初旬扣械潮起，直到10月中旬商团叛乱被弭平，事变进程十分曲折复杂，个中原因就在于此。

变生肘腋的商团叛乱，对孙中山和他主持的广州革命政府无疑是一场严峻的考验。孙中山经受了斗争的磨砺，采取了正确的决策。在中国共产党的积极帮助下，在广大工农群众和革命军人的推动下，在国民党左派的支持下，他对商团持有基本的态度。虽然，他在这场尖锐复杂的斗争过程中曾经有过犹豫和动摇，甚至一度作出过失误的离粤北伐决策——这主要是国民党右派、中派对他实行包围和施加压力的结果。然而，重要的是孙中山及时克服了这些消极因素，在关键时刻接受了中国共产党和革命群众的主张，对商团叛乱进行了镇压，巩固和发展了革命策源地，从而，为北伐战争打下坚实的基础。

广东商团的建立，大致可上溯到辛亥革命前夕。1911年夏，省城首先组织起商团。佛山商团于次年建立。江门商团则成立于1919年。一些县城（如香山县石岐镇）则是在1923年前后组织商团的。商团的宗旨“原为防御内匪，保全生命财产，维持公安起见”，而对“其他事项，概不干预”。由于商团成员所需枪械服装必须自备，所以，出丁者多为资本丰厚、人手众多的店铺。充当商团军的大都是资本家、少东和高级职员，间或也有雇人充代的。小商店则出“月费”，从经济上维持商团。商团的领导权无例外地为商业资本家所掌握。又因为广东毗邻港澳，经济上同帝国主义有着极其密切的联系，所以大商户多带有买办性，其中不少人就是买办或洋货商。1922年后担任广州商会会长、商团团长的陈廉伯，即是英资汇丰银行广州分行的买办。少数商团则由豪绅充当头目，佛山商团团长陈恭受是曾担任过省警察厅秘书长的恶霸地主。从20年代初（特别是陈炯明被逐出广州后），英帝国主义积极扶植和控制商团。原有商团多以“自卫”为名大加扩充。没有商团的城镇则纷纷兴办。孙中山在1923年于广州建立革命政府后，省城商团“更加扩充，向加拿大购买步枪千数百支，由……北京陆军部发给入口护照，海关又为英人所掌握，上下一气”。到商团叛乱前，它在全省范围内已经成为一支数量不少、装备精良的武装。广州商团共有10团，合计1000人，连同后备力量约达6000余人，一说约万余人。佛山商团有1600余人，分为12个分团，并与近郊地主阶级控制的46个乡团相结纳，组成47乡联团保卫局。江门商团虽然建立较晚，成员也达1000余人，分为9个分团，装备不逊于省城商团。甚至连石岐镇的商团，也有四五百人。商团不仅配备着长短枪，而且还置办了机枪。

商团的反动政治倾向，还在叛乱前就已经显示出来；随着广东地区革命形势的发展，这种反革命性质愈益增强。他们反对孙中山制定的革命的三大政策，攻击“联俄”、“联共”是“赤化”，污蔑“扶助农工的政策是挑起工人和资产阶级的恶感，来坐收渔人之利”。同时，商团又是资本家压榨工人阶级的工具：“自商团军成立以来，其压迫我工团，残杀我工友之事，不胜枚举。如江门之役，围困油业工会，乱枪射击油业工友，惨被拘囚拷打者 21 人，失踪者 62 人。其余香山小榄理发工会之被捣毁枪击与强掳；石岐集贤工会工友，因罢工制止起运之被枪伤与击沉；新会葵业工友之报行纠察，强被囚禁；大良碾谷工会，去年罢工时之横遭围困；四会理发工会，因加价而惨遭蹂躏；最近本市酒业工友因调查会员，而惨被枪伤 3 人……”商团的反动行径表明：它已不是什么商民“自卫”组织，也非对政治“概不干预”，而是一支代表了帝国主义和国内反动势力的别动队。商团头子听命于港英政府和汇丰银行，英帝国主义分子曾经教唆陈廉伯说：“如果你能够运动商团从中反对政府，我们英国便帮你组织商人政府，你陈廉伯就是中国的华盛顿。”他们还同反动军阀狼狈为奸，“北通曹吴，东连陈炯明”。此外，他们又与国民党右派相结纳。尽管孙中山和廖仲恺曾经对商团进行过教育和争取，但其领导人的反动本性促使这个组织走上“与帝国主义列强军阀相勾结，直接阻止国民使命之进行”的反革命道路。

商团与广州革命政府的直接冲突，发端于 1924 年 5 月。当时，广州市政府财政局决定征收铺底等捐，商团坚决反对，并借此联络附近商团和乡团酝酿罢市。“商团、乡团亦即纷纷向广州集中”，数达 98 团。后经调停，政府取消捐税。但商团代表们却于 5 月 28 日集议于广州，名为“团务会议”，实为组织“联防”。会议决定成立联防总部，并推举陈廉伯和邓介石、陈恭受为总长和副总长；还确定于 8 月中旬在广州举行“大联团开幕典礼”，以便示威性地庆祝一番。为了加强商团的装备，在“议决全省联防时，同时议决扩充实力，筹备款项，购买军械，并公推陈廉伯经手其事”。陈廉伯于是擅自通过香港南利洋行订购长短枪 9841 枝和子弹 3374200 发，并由悬挂挪威旗的轮船哈佛号潜运广州。械弹的购运“初时非常秘密”，但因数量庞大，装为 1129 箱，终难“瞒过政府”。陈廉伯暗中贿买粤汉铁路局局长许崇灏，并于 8 月 4 日向军政部蒙领护照一张。4 天后，械弹运抵省城。“扣械潮”就此引发，商团叛乱的序幕由是揭开。

8 月 8 日，哈佛轮抵虎门并泊于沙角炮台附近。商团派轮验看，准备起卸。在此之前，孙中山也从香港获悉了偷运械弹的消息。他先令滇、桂军查办，但杨希闵、刘振寰“奉令而不照行”。孙中山乃于 8 月 9 日命令黄埔军校当局处理。10 日晨，发现哈佛号已进泊白鹅潭（在广州市区内的珠江水域，其北岸即帝国主义控制的沙面）。孙中山当即饬令永丰、江固两舰将该轮押至黄埔，并把查获的全部械弹封存于军校。广州革命政府扣留非法偷运的大批枪械，成为商团蓄谋已久的叛乱的导火线。密云不雨的局势终被打破，各个阶级和政派积极活动起来。

对于蓄意谋叛的商团来说，扣械问题正是一个大乱广州的借口。陈廉伯等一方面与国民党右派、军阀暗通声气，狼狈为奸；一方面扩大事端，猖狂反噬。8 月 11 日晚，商团头子们以辞职手段煽惑商民反对广州革命政府。次日，两千余名商团成员公然列队赴大元帅府“请愿”，蛮横地索取枪械，并以罢市相威胁。13 日，“花县商团武装抵省者 700 余名”。“三水、佛山……14 埠商团，均备武装来省。”15 日，省属各地商团到广州参与“大联团开幕典礼”的代表再次赴大元帅府请愿。18 日，陈廉伯煽动银钱业罢市并拒收刚刚发行的中央银行纸币。20 日，未经政府批准的商团联防总部移至佛山。在“渐次集中全省商团军”的同时，商团大肆污蔑攻击孙中山主持的政府“赤化”、实行“公夫公妻主义”,竭力蒙蔽和胁迫商民罢市。截至25日,全省已有包括广州在内的100多个城镇陆续罢市。而“陈恭受在石湾等处,纠集土匪,冒称商团民团,自为攻城总司令”。商团一开始便如此猖獗地进行反革命活动,目的是要在第一个回合中要挟和逼迫政府作出全面的妥协:无条件发还扣械;允许成立联防总部并撤销对陈廉伯等的通缉令。

从“扣械潮”开始,孙中山就采取了鲜明的立场和坚决的态度。他在接见商团第一次“请愿”代表时,义正词严地驳斥了商团头子们的谰言,说明政府扣留偷运枪械的理由,并指出正在查究陈廉伯之流策划颠覆政府的阴谋。8月19日,孙中山的代表携带亲笔函件前往商团总所,揭露了陈廉伯的“极大阴谋”:“欲借商团之力,以颠覆政府,而步意国墨索连尼之后尘。”并指出“闻其中策划者有外国人,定期8月14日推翻政府取而代之,以陈廉伯为广东督军,取消独立,投降北方”。一周后,孙中山在大本营召开了军政联席会议,讨论商团罢市问题,主张采取果决手段——解散商团,以武力制止罢市。并在接见商界代表时,谴责了陈廉伯勾结英帝国主义和直系军阀谋组“商人政府”的罪行,宣布“目下枪械一枝都不能发还,须即日开市,始有商量之余地。倘明日仍不复业,我当派遣大队军队,拆毁西关街闸,强制商店开业”。与此同时,孙中山和担任省长的廖仲恺还从12日起陆续调派黄埔学生军和部分滇、桂、湘军进驻广州,以便维持社会秩序,防备商团叛乱。在商团多次拒绝警告并变本加厉地进行反革命勾当后,孙中山更决心以“严厉手段对待”,准备于29日进攻商团盘踞的西关,粉碎商团的反革命阴谋。

孙中山对帝国主义的走狗——商团采取了坚决的态度和手段,决不是偶然的。这反映了他后期思想的深刻变化和发展,也体现了中国共产党和广大工农群众、革命军人对他的支持和促进。还在商团叛迹初露的时候,共产党人就指出不可“姑息养奸”,“对广东政府对待商团的优柔政策,老早就表示警告”;认为“革命政府军事计划,第一步是解散商团军”。在后来的事变进程中,共产党人多次要求孙中山排除国民党右派的包围和干扰,振奋大无畏的革命精神,对猖獗一时的商团给予迎头痛击!广大工农群众对商团的倒行逆施义愤填膺,积极支持孙中山的革命行动,决心组织、武装起来,同商团“决一死战”!总工会在罢市开始后,立即发表《劝告商民复业书》,诫以“勿为谣言所惑”,要求“先行复业”。广州工代会在通电中声讨了商团的累累罪行,表示“誓为政府之后盾”,要求将所扣枪械“全数没收,拨为组织工团军农团军之用”。为了发动更多的工人共同向商团斗争,还组织了“劳工同盟救国会”。8月26日,工团军进行编制和训练,“人数有300人,直接受工人部的指挥”。广州附近各属农会纷纷组织农民自卫军,配合和参与了反商团斗争。这支同反动乡团相抗衡的农民武装,共有3000枪支。广东农民运动讲习所的学员也建立了农民自卫军,警卫廖仲恺主持的省长公署。工团军和农民自卫军800余人在29日向孙中山请愿,要求明令讨伐商团。广州革命政府掌握和影响的四所军官学校的2000余名学员们大都斗志昂扬,特别是黄埔学生更为爱憎分明,扣械事发后“全体学生表决将其扣留,并准备与商团作战”。广州市民则组织了平粜委员会,准备接管粮店和罢市的商铺。广大革命群众纷纷集会游行,支持孙中山对商团的果决措施。8月26日,工农群众还组织宣传队前往佛山。显然,中国共产党和革命群众的积极支持,给予孙中山以力量和信心,促使他对国内外反动派的进攻采取反击的态度。

商团的胁迫并没有吓倒孙中山和广州革命政府,反而激起了群众斗争的新浪潮;陈廉伯之流的处境十分孤立,面临着溃灭的命运。在这种形势下,英国驻穗代表不得不从后台走到前台。他们与汇丰银行早已通过陈廉伯等紧密控制着商团,并在幕后操纵其活动,把沙面地方提供给陈廉伯作为罢市指挥机构的驻所,并参与了商团的一系列"秘密决策"。然而走卒黔驴技穷,孙中山宣布"要以武装削平祸乱",于是主子被迫登台——英帝国主义分子依仗传统的炮舰政策,公然出面干涉中国内政。8 月 28 日,英舰集中于白鹅潭并将炮口指向中国军舰。当晚,领事团向廖仲恺提出"警告"和"抗议"。29 日英国驻广州总领事向大元帅府发出最后通牒,竟然蛮横地宣称"奉香港舰队司令之命,如遇中国当道有向城市开火时,英国海军即以全力对待之"。但是,殖民主义者的张牙舞爪并没有达到预期的目的。9 月 1 日,孙中山为抗议英帝国主义支持商团叛乱发表对外宣言,尖锐地指出:"……20 年来,帝国主义各强国于外交上精神上及以种种借款始终一致地赞助反革命。……盖今有对我政府之公然叛抗举动,其领袖为在华英帝国主义最有力机关之一代理人。我政府谋施对付此项叛抗举动之惟一有力办法,而所谓英国工党政府者,乃作打倒我政府之恐吓!此是何意味乎!盖帝国主义欲毁坏之国民党政府,乃我国中惟一努力图保持革命精神之政府,乃惟一抗拒反革命之中心,故英国之炮欲对之而发射。"明确表示:"从前有一时期,为努力推翻满清;今将开始一时期,为努力推翻帝国主义之干涉中国,扫除完成革命之历史的工作之最大障碍。"同时,对英国麦克唐纳政府"干涉中国内政提出严重抗议"。在这期间,孙中山还在同外国记者的谈话中重申:"帝国主义……不仅是我们走向独立自由的道路上的主要障碍,而且是我国的反革命中最强有力的因素。"孙中山义正词严的声明维护了中华民族的尊严,体现了广大人民反帝的意愿,因而,也赢得了国际无产阶级和世界人民的支持。在不屈的革命人民面前,帝国主义分子的政治恫吓和军事讹诈遭到破产。

然而,这场短兵相接的搏斗不能不加剧国民党内和广州革命政府内的矛盾;而革命营垒内部的分歧和争端,必然在很大程度上影响着事变进程。这种状况是不可避免的。辛亥革命后的国民党是一个松散的、良莠不齐的组织,一些官僚、政客、军阀和投机分子混迹其中。尽管孙中山后来意识到"国民党正在堕落中死亡,因此要救活它,就需要新血液"。但是他所主持的改组并没有把这些腐朽反动分子彻底消除。他们由于历史渊源或其他原因,依然窃据要职和起着不容忽视的消极作用。加以反帝反封建斗争的迅猛发展,工农群众运动风起云涌,致使"党内革命空气陡见紧张",促进了国民党的分化与组合——进一步形成了右派、左派以及中派。左派是孙中山实行新三民主义、贯彻三大革命政策的依靠力量,主要成员为廖仲恺、宋庆龄和何香凝等中国共产党的忠实战友。右派大抵是官僚、政客、军阀、地主豪绅、买办和投机分子,他们所隶属的"这些阶级代表中国最落后的和最反动的生产关系,阻碍中国生产力的发展。……特别是大地主阶级和大买办阶级,他们始终站在帝国主义一边,是极端的反革命派。其政治代表是国家主义派和国民党右派"。右派"口中虽高唱国民革命”，实际上“惟恐得罪帝国主义，以致住不成租界；惟恐彻底打倒军阀，致自己无所依附。……常左袒资产阶级，以压迫农工阶级”。至于所谓中派，多为“元老”。他们摆出一副中庸平和的架式，似乎不同于大肆叫嚣反共、反俄的右派，但往往“不得不屈服于右派包围之下，时与反动势力妥协”。中派实际上是右派的盟友，二者之间并没有原则的差别。总之，国民党和广州政府内部是畛域分明的，因为当时“在广东左就是广州，右就是香港。站在广州旗帜之下他必定反对香港，站在香港旗帜之下他必定反对广州，陈炯明率领反革命派军人政客买办阶级土豪劣绅齐在香港旗帜之下，国民党左派率领工农兵学商各种革命民众一齐站在广州旗帜之下”。

在整个商团叛乱过程中，国民党右派不折不扣地充当了商团的内应。他们之间或是勾勾搭搭，或是“心有灵犀一点通”。“扣械潮”甫起，右派政客就反对孙中山采取果决的手段，要求“和平审慎”，鼓吹“和平解决”。伍朝枢等还阻止工团军、农民自卫军的建立，不同意群众革命组织或省署接管粮食贸易和罢市商店。握有兵权的右派——滇军的范石生、廖行超和盘踞广州河南地区的李福林等，更直接同商团相勾结。广州革命政府当时在名义上辖有军队10万人左右，以滇军实力较强。驻扎广州地区的范石生部（第二军）和廖行超部（第二师），则是滇军的主力。他们同盘踞河南地区的李福林部，成为广州的军事统治者。除警卫军、豫军和许崇智部外，各军大都不听孙中山的调遣。这些“军队派别复杂，各不相容；初则客军与粤军争，继则客军与客军争，粤军与粤军争。军饷不能统一，捐税日以增加”。他们“假革命之名，以行盗贼之实”，以致“革命政府不特不能资以为用，且受其牵制，使一切革命政策无由实行”。右派军阀在商团叛乱中的作为，完全属于这种性质。商团为了掩人耳目而向军政部领取的运械护照，未曾“呈请帅座，或经政务会议通过”。哈佛轮抵广州后，陈廉伯又贿买了部分军队准备“秘密起卸”。由此可见，右派军阀还在运械阶段就已经同商团狼狈为奸。随着斗争的开展，右派军阀的面目暴露得更加清楚。他们“……想借此与商人接近，讨好商人，然后从中剥削”。所以廖仲恺主持的省署准备“管理西关粮食”，范石生、廖行超乃以“他们可以负责”为名制止，理由堂皇，“其实这就是保护商团”。在8月26日的军政联席会议上，范石生等公然反对孙中山准备强制商团复市的主张，胡说什么“有人破坏秩序”，必将“尽力之所能及迎头痛击”。他们更“施展两面手法，一面勾结商团，反对政府；一面又与政府敷衍，责备商团，以调停人自居”。29日，范石生等同商团达成了交易，炮制了所谓“调停六条件”——全部发还扣械；商团联防总部“改组”后批准立案；撤出调入广州驻军；取消陈廉伯、陈恭受的通缉令；商团终止罢市；报效军费50万元。右派军阀以“调兵入省”和“独立”的“半兵谏”方式，图谋胁迫孙中山接受。对于这种——如同共产党人所指出的——实际上是出卖孙中山、向反革命势力投降的协议，汪精卫、伍朝枢等竟然表示赞同，主张接受调停条件，以“和平解决”为上策。中派的表现“可以‘犹疑妥协，居中取巧’八个字包括之”，他们是“幻想维持政权而又不敢接受平民群众之赞助的”，结果，“便间接而又直接地助长了妥协派以致反动派的气焰”。右派以及中派的妥协、退让和投降倾向，给孙中山和左派造成了很大的压力。就在右派军阀提出“调停六条件”的当天，“力持打倒商团”与“提倡工人组织工团军”的廖仲恺，被迫向孙中山面辞省长职务，表示了自己的抗议。孙中山虽然没有屈服，他在31日召开的国民党中央全体会议上谴责了范石生等“阳拥政府，阴护商团”的罪行，坚决否认6项条件，表示要“存一点天地间的正气”！然而，在右派和中派包围、阻挠和实力要挟下，他的革命主张难以贯彻，武装镇压商团的方案未能实现。这就使得形势发生了逆转，尽管“表面上不露痕迹”——右派、中派仍旧“与商团之最接近政府者联络，再设法使商团‘就范’改组，使实际上得着同样的结果”。8月底，持续了一个月的紧张形势似乎趋于和缓。广州和各埠于30日先后复业。李福林和“接近政府”的商团干事李朗如分别担任了广州市长和公安局长。除了扣械尚待发还之外，好像一切矛盾都已解决。然而，叛乱的阴谋正在平静的氛围中加紧进行着。右派、中派促成了妥协的局面。而这种局面则导致了军阀、买办和右派的掌权。在反动势力的庇护和纵容下，商团正在磨刀霍霍，窥测时机，以便把革命淹没在血泊中。

形势极其严峻，在表面安定的氛围中正策划着一场企图推翻广东革命政权的叛乱。孙中山所致力的国民革命，面临着十分尖锐的挑战。摆脱危机的关键，在于革命领导者的英明决策。

正在这时，江浙战争于9月3日爆发。卢永祥在浙江发难，揭开反直战争的序幕。9月17日，直奉战争开始。由于孙中山同皖系、奉系订立过反直联盟，所以决定参与讨直战争。9月4日，他召开了北伐筹备会议，确定赣、豫军全部出师，滇、粤军部分参与，迁大本营于韶关，在广州设留守府，以胡汉民为代帅并兼广东省长。5日，发布《讨贼宣言》和《对粤宣言》，表示“移师北指，与天下共讨曹吴诸贼”，希望全省人民“蹈厉奋发，为民前驱，扫除军阀，实现民治”。12日，移大本营于韶关并亲往督师。18日，中国国民党发布《北伐宣言》，申明北伐目的“不仅在覆灭曹吴，尤在曹吴覆灭之后，永无同样继起之人，以持续反革命之势力。换言之，此战之目的，不仅在推倒军阀，尤在推倒军阀所赖以生存之帝国主义”。20日，在韶关举行北伐誓师典礼，各军旋即分两路向湘、赣进发。

在当时的形势下，孙中山的北伐决策无疑缺乏积极因素。显而易见，这是右派包围和影响的结果。即“右派因为恐怕孙中山与英国帝国主义冲突而打破他们的巢穴，因为要成功与陈炯明的调和以巩固他们与左派对抗的武装势力，因为要讨好段、张、唐继尧等军阀以遂其蝇营狗苟奔走南北升官发财的勾当”，所以他们竭力怂恿孙中山北伐。这项决策的制订不仅是仓促的，而且具有“孤注一掷”的性质：“急撤东江防军，不惜舍弃广州要地。”中国共产党不赞同北伐的决策，并且对这种战略部署做了详尽的分析，说明不可通过北伐实现“推倒军阀”及其“所赖以生存的帝国主义”，而只会给当前的反帝反封建斗争带来严重消极后果。

从北伐战争本身来说，这次军事行动不可能具有鲜明的反帝反封建性质。北伐是为讨直，盟友则是皖系、奉系军阀和唐继尧等西南军阀。然而，直、皖、奉和西南军阀之间的争端，不过是为了地盘和权利的角逐，并反映了帝国主义之间的在华矛盾。孙中山固然是为了反对封建军阀和帝国主义而参战，但并没有真正的“革命军”作为基本依据，难以成为主导的力量，所以不能从根本上改变战争的性质。反之，却在相当程度上削弱了自身的革命影响，甚至在某种意义上“只能助日本帝国主义及反直军阀张目呐喊”。至于战争的结果,也是可以预期的。不论何方胜利,窃踞北京政府首脑的只能是军权在握的“武人”。辛亥革命后十余年来的政治、军事史,已经分明昭示了这条规律。孙中山希望“此次一出”,“中原可为我有”;而“百年治安大计,从此开始”,显然是难以实现的幻想。可以断言,孙中山的北伐本身是不会获得什么积极成果的。

需要着重指出的是:北伐加剧了广州局势的逆转。孙中山在离开广州前,向广东人民宣告实行三项重大措施,除北伐外,其他两项是广东“自治”(包括广州市长“民选”)和免除“一切苛杂捐税”。他希望由此得以“改弦更张,以求与人民合作”。但是,三项措施并未改善广州的形势。孙中山计划“悉调各军,实行北伐”,实际上只有警卫军、湘军、豫军和朱培德部的直属滇军随行。滇、桂军和李福林部继续盘踞广州,扰害人民,与商团相勾结。以广州市长“付之民选”作为“全省自治之先导”,也是没有实际意义的。李福林和范石生、廖行超已经攫取了广州的军政大权,“自治”、“民选”完全有名无实。归根结底,“一切改组商团民选市长等条例便在他们手里”。因此,“所谓以广东还诸广东人民便是以广东还诸英帝国主义的走狗陈炯明及买办阶级”。至于免除“苛杂捐税”,则是根本行不通的。尽管孙中山三令五申,廖仲恺积极“整顿财政”,但“……饷源在握的各军长不但不能遵令取消,且更借北伐巧立名目,加抽各种捐税。滇军军阀如是,粤军、桂军、湘军等军阀亦莫不如是”。9月17日,廖仲恺被迫辞去军需总监、财政部长和财政厅长等职。可见,孙中山离穗前的措施未能稳定、改善广州的局势。反之,由于孙中山“全力用于毫无结果的军事行动上面,党务以及在民众间的发展完全因此停止”。

更为严重的问题则是商团本身。北伐并未打消其反革命叛乱的谋划,恰恰相反,这种决策所包含的回避、退让和妥协的因素,在客观上纵容了商团头子们。事实上,孙中山在右派、中派的包围和影响下,高估了帝国主义和国内反动派的力量,以为广州“不能一刻再居”,原因有三:“英国的压迫”;“东江敌人之反攻”;“客军专横,造成种种罪孽”。结论则是“宜速舍去一切,另谋生路”,而“现在之生路,则以北伐为最善”。正是在这种思想状态下,孙中山把他认为十分棘手的商团问题交由胡汉民、汪精卫处理。因为他们“长于调合现状”,而“现在之不生不死局面,有此二人,当易于维持”。孙中山在此期间对有关商团问题也作出一系列不明确的、乃至前后矛盾的指示——时而认为商团接受“民团条例”、报效北伐军费后可以发还扣械,忽而又命令以部分扣械武装北伐部队。至于留守广州的右派和中派,对于商团更是采取纵容的政策。9月18日,胡汉民派代表偕同商团头子前往黄埔军校察看扣械。20日,政府取消了陈廉伯等的通缉令。30日,范石生、李福林将部分扣械从黄埔运回广州,存放江防司令部,准备发还商团。只是在获悉商团接济陈炯明军费并唆使其进攻广州的消息后,才暂中止。

广州当局的这种——如孙中山所指出——“柔软”态度,招致了商团的益发猖獗。9月14日,商团散发反动传单,叫嚣什么“赤化亡党”、“共产在即”,并酝酿第二次罢市。10月初,商团以扣械未还作为扩大事态的借口。4日,全省188个商团在佛山开会,决定举行大规模罢市和停止纳税,准备以“直捷手段”对付革命力量和广大群众。

在此前后，地主阶级、买办阶级和各种反动势力纷纷出笼，建立形形色色的组织，大造反革命声势。“广东商业联合会”通电海外，煽惑华侨反对孙中山。买办豪绅们拼凑的“广东省临时大会”甚至乞怜于“国联”，控告孙中山为“破坏国际善意之叛徒”。9日，商团发出了总罢市的通牒。反革命叛乱已经迫在眉睫。

在这关键的时刻，代帅兼省长胡汉民的态度软弱妥协。为了使商团不致罢市，他在10月10日晨将黄埔所存扣械运到广州发还。商团趾高气扬地拿到私运的武器，却拒不履行报效北伐军费的协议，同时，继续煽动、胁迫商民罢市。远在韶关的孙中山忙于北伐事务，但仍密切地注视着广州局势的变化和及时作出反应。他为商团的蛮横感到愤怒和焦虑，只是还未能立刻下决心镇压。韶穗之间，函电交驰。然而，孙中山对广州有关人员的指示并非前后一致。他意识到了广州形势的极端严重性，感到姑息养奸和任用非人业已造成危险的后果，所以，他手谕蒋介石成立革命委员会。并在复函中对蒋介石将汪精卫、胡汉民拉入革命委员会的意图予以否定，指出“革命委员会当要马上成立，以对付种种非常之事，……当出快刀斩乱麻，成败在所不计”。认为“汉民、精卫不加入未尝不可，盖今日革命非学俄国不可，而汉民已失此信仰，当然不应加入，于事乃为有济。若必加入，反多妨碍，……精卫本亦非俄派之革命，不加入亦可。我党今后之革命，非以俄为师，断无成就”。但是，就在同日却又饬令蒋介石依照胡汉民转来李福林拟定的妥协办法发还商团枪支。甚至在另一份电报中要求“舍去黄埔”，将“所有枪械与学生，一齐速来韶关，为北伐之孤注”。就在孙中山尚在犹豫不决的时候，商团却以屠杀革命群众开始了蓄谋已久的叛乱！

10月10日，中共广东区委发动广州的革命群众在第一公园举行武昌起义纪念大会。与会者有工人、农民、革命军人、学生和市民。会场上高悬着“打倒帝国主义”、“打倒军阀”等标语。群众团体的代表们在发言中声讨了帝国主义和封建军阀的罪行，揭露了商团的反革命面目，共产党人周恩来代表民族解放协会讲话，强调指出“团结起全中国的革命民众向反革命派进攻，也就是团结起今日到会的工人、农民、兵士、学生、商人向四周围的反革命派进攻”，一定能够实现“真正独立，真正共和”。会后，数千群众举行了示威游行。当队伍行至太平路时，预伏的商团突然开枪扫射，前后夹击，四面迫袭，甚至凌辱被难者的尸体，残暴地斩首剖心。革命群众当场死伤数十人，落水失踪者为数甚多。现场正是李福林和廖行超所部的防区，在场的福军竟然会同商团兜捕游行群众。帝国主义走狗一手制造的血淋淋的惨案，竟然在光天化日之下发生在革命策源地的心脏！

“双十惨案”的枪声，激起了革命人民的极大义愤。中国共产党广州地方执委会和中国社会主义青年团广东区执委会立即发表《告民众书》，号召人们认清反革命势力的狰狞面目，团结起来，彻底革命，“抗军阀，抗帝国主义，抗一切反革命派”。并且要求国民党“扫除向日妥协的空气”，积极领导广大群众英勇奋斗，“解除商团武装，实行国民革命”。参加10月10日游行的16个团体组成工农兵学革命大联盟，坚决要求解散商团，严惩凶手。并在宣言中指出“双十惨案”是英帝国主义、买办阶级、商团军、陈炯明以及广州反动军阀制造的，号召群众“与反革命决以最后死战”。广大工农群众和革命军人一致要求以严厉手段镇压商团。甚至小商人也起来反对商团“胁迫”

罢市，要求“打倒陈逆”。

在中国共产党的帮助下，在广大革命群众的推动下，孙中山面对反革命叛乱的严重威胁，终于下定了镇压商团的决心。10月10日，孙中山在给胡汉民和各军司令的电报中指出：“商人罢市，与敌反攻（指陈炯明部的蠢动——引者），同时并举，叛迹显露。”所以“万难再事姑息”，“惟有当机立断”，“切勿犹豫，以召自杀。”同日，成立了以孙中山为首的革命委员会，作为镇压反革命叛乱的权力机构，以取代软弱的广州当局。11日，孙中山在获悉“双十惨案”的消息后，当即电饬胡汉民“立即宣布戒严，并将政府全权付托于革命委员会，对付此非常之变，由之便宜行事以戡乱”。并致电广州40余个群众团体，告以“已令省长、许总司令、民团统率处处长严行查办”。在批示蒋介石来电中，重申对商团“严行查办”。但是，孙中山当时还没有认识到必须回师讨逆，仍然以为“北伐重要，不能回省戡乱”。他指示蒋介石收束军校，将扣械和苏联支援的武器运韶。

然而，广州形势急剧恶化。右派和中派虽然对事态的发展也感到震动，不愿意商人政府和陈炯明取代现在的广州当局，但依旧“奔走调停”，以为“双十惨案”是什么“误会”，公然警告革命群众“不得借端生事”，否则“定必按法严惩”。这种对策助长了商团的气焰。他们继续罢市，张贴“驱除孙文”、“打倒孙政府”的传单和标语，封锁市区，构筑工事，沿街布防，武装巡行。12日，商团发出最后通牒。13日，陈廉伯指使其弟陈廉仲在沙面召集商团头子开会，策划扩大叛乱，决定“新老城团友一律于14日下午5时，集中西关待命”，以便“15日拂晓开始行动，收复省署、公安局及各财政机关”。陈廉伯则在香港策动陈炯明进攻广州，要求英帝国主义出面干预。与此同时，陈炯明部驱使石龙土匪进窥石滩。事变趋势已经十分明显，“不出两途：一是政府塌台、一是商团解散，绝对没有妥协的余地。”孙中山面临着最后的抉择——或是回师广州，全力扑灭商团叛乱；或是放弃广州，使苦心经营的革命策源地毁于一旦。形势要求立即作出答案，刻不容缓。

中国共产党的态度是非常鲜明的，在这紧要的关头更是主张当机立断：“立即以少数可靠的革命军力向一切反革命的商团和军阀下总攻击，以决最后的死战。”工农群众和工团军、农民自卫军斗志昂扬。黄埔军校学员“全体决议出发广州作战”，决心“与帝国主义者和军阀拼一个你死我活”。国民党左派则是态度鲜明，一贯支持孙中山对商团采取果决手段。在这种情势下，孙中山下了最大的决心：坚决消灭反革命商团，保卫革命策源地。12日，他命令黄埔军校当局“立即起义杀贼，绝无反顾”：“必尽灭省中之奸兵奸商，以维持革命之地盘”。13日，根据孙中山的手令，革命委员会饬令胡汉民解散广州商团机关，并将商团军缴械。同时，警卫军及湘、粤军各一部连夜回师广州。14日，再次电令胡汉民及驻广州各军迅速“收缴商团枪支”。15日凌晨，商团首先向警卫军射击。警卫军还击，工团军、农民自卫军、黄埔学生军以及粤、湘、桂、赣军纷纷投入战斗。滇军的范石生、廖行超部迫于形势，也不得不向商团开火。各军分五路包围西关，勒令商团缴械。商团凭借铁木棚和高楼顽抗，各军于是分头进攻。仅仅经过几个小时的战斗，耀武扬威的反动商团军就被全歼。少数流窜郊区，也未逃脱覆亡的命运。

商团叛乱的弭平，具有重大的积极意义。

坚决镇压商团，不仅消除了广州革命政府的“心腹之患”，同时，也意味着对英帝国主义——尽管英国政府对事变采取了静观态度——和军阀、右派的沉重打击。确是大长了革命人民的志气，大灭了反革命势力的威风，革命策源地得到了巩固和发展，并为广东地区的统一创造了条件。孙中山没有再蹈两次护法运动的覆辙。在他长期斗争生涯中第一次有了可资凭靠的革命根据地。孙中山的北上和后来的北伐战争，都是以广东作为出发点。

当然，扑灭商团叛乱的历史意义“决不仅止于保存广州政府”。在这场尖锐复杂的斗争中，各个阶级和政派都作出充分的表演。特别值得注意的是：商团叛乱表明“近年来买办阶级的发展，已成为卖国卖民专助帝国主义侵略的阶级”。既然“广州买办阶级为了港英资本家的利益，竟会以武装暴行摧残民众，以助英国铲除革命政府，其他地方的买办阶级自然也会如此”。这样，就有助于革命政党和广大群众进一步认清新民主主义革命阶段中的阶级分野：“……一切勾结帝国主义的军阀、官僚买办阶级、大地主阶级以及附属于他们的一部分反动知识界，是我们的敌人。工业无产阶级是我们革命的领导力量。一切半无产阶级、小资产阶级，是我们最接近的朋友。那动摇不定的中产阶级，其右翼可能是我们的敌人，其左翼可能是我们的朋友——但我们要时常提防他们，不要让他们扰乱了我们的阵线。”显而易见，对于这个革命运动的基本规律的认识、掌握和运用，无疑对革命政党和人民具有极其重大的作用，正如毛泽东所指出：“谁是我们的敌人？谁是我们的朋友？这个问题是革命的首要问题。……我们的革命要有不领错路和一定成功的把握，不可不注意团结我们的真正朋友，以攻击我们的真正的敌人。”

壮志未酬

北上，是孙中山长期革命征程的最后一个战役。这是形势与革命的需要，它显然具备前所未有——他曾经两次北上——的深广的内涵。

1924年秋，北方正在进行着直奉战争。10月下旬，直系将领冯玉祥倒戈，发动北京政变，使得盘踞首都的直系军阀迅速崩溃，政局发生了错综复杂的变化。冯玉祥敦请段祺瑞为临时总司令，暂时主持大局。张作霖则乘直系瓦解的机会，率大军入关并驻扎于京、津地区。冯玉祥受到了威胁，段祺瑞则获得了支持。表面上虽呈现为三派联合，实际上则是奉、皖两系勾结以排斥冯玉祥。受到国民革命影响的冯玉祥电邀孙中山北上，讨论国是。与孙中山订有反直盟约的段祺瑞、张作霖也电请孙中山北来，企图软化孙中山并瓦解革命力量。

孙中山对北方政局的变动有着符合实际的估计，而未惑于当权者的动听言词。在对黄埔军校学生的讲话中，他认为不宜对事变估价过高：“拿这次变动的结果看，毫不能算是‘中央革命’。”因为大权“不是在革命党之手，而是在一般官僚军人之手”。必需彻底的变革，才能除旧布新。他主张解散旧国会，修订原宪法，清除弊政，并在致徐谦的信中明确指出：“北京政治污浊，应充分洗涤，勿以苟且因循，转遗后患。”但是，他在反复思考后还是决定北上。主要动因在于要把在广东的革命风暴引向北方和全国,完成和平统一的大业。广东地区的形势虽然迅猛发展——政权继续巩固,工农群众运动高涨,革命武装力量成长……却是僻处南隅,影响和作用颇受局限。所以,“拿革命主义去宣传”,让革命风暴席卷全国,粉碎帝国主义通过军阀、政客、官僚实行分而治之的阴谋,就是当务之急,也是具有崇高威望的大革命家孙中山义不容辞的责任。这是一条艰险的途程,但他毅然前行:“我这次到北京去,明知道是很危险的,然而我为的是去革命,是为要救国救民去奋斗,有什么危险可说呢?况今年我已五十九岁了,也已到要死的时候了。”他的决策,得到了中国共产党的赞同和支持。

北上前夕,孙中山发表了《北上宣言》,确认帝国主义是中国的主要敌人,“国民革命之目的,在造成独立自由之国家,以拥护国家及民族之利益。此种目的,与帝国主义欲使中国永为其殖民地者绝对不能相容”。为此,他重申了《北伐宣言》中的观念:“不仅在推倒军阀,尤在推倒军阀所赖以生存的帝国主义。”他相信反对帝国主义及其走狗的斗争必定胜利,“凡武力与帝国主义结合者无不败,反之,与国民结合以速国民革命之进行者无不胜”。宣言针对当前的形势,郑重提出召开国民会议的主张。会议将包括由直接选举产生的工人、农民、知识分子、资产阶级和其他社会阶层的代表组成,以讨论和解决国是——“统一”与“建设”问题:“使时局之发展能适应于国民之需要”;“使国民能自由选择其需要”。国家大事,不得再由帝国主义及其走狗“包揽、把持”。他不再重提多年持有的革命程序论,而直接诉之于国民会议。

孙中山于11月中旬乘船离穗,船经黄埔时登岸检阅学员演习,学员的“忍苦耐劳,努力奋斗”给他留下了深刻印象,他为“武力与国民相结合”和“武力为国民之武力”的原则正在实现而欣慰。他怀着这种心情踏上了北上的征途,迎向复杂尖锐的斗争。在上海,他同帝国主义分子开始了交锋。《字林西报》、《大陆报》等公然摆出“主子”的架式,叫嚣什么孙中山为“吾人绝对不愿意之人”,诋毁他“毕生精力皆专注于引起中国骚乱之目的”,攻击他进入上海租界“为破坏上海之中立”。孙中山对这种殖民主义谬论予以坚决反击,大义凛然地宣布:“上海是我们中国的领土,我是这个领土的主人!”他向新闻界重申了召开国民会议的主要目的:“第一点就要打破军阀,第二点就要打破援助军阀的帝国主义。打破了这两个东西,中国才可以和平统一,才可以长治久安。”他迫切要求砸碎帝国主义强加在中国人民身上的枷锁,即废除不平等条约。在他看来,“要以后真是和平统一,还是要军阀绝种;要军阀绝种,便要打破串通军阀来作恶的帝国主义;要打破帝国主义,必须废除中外一切的不平等条约”。他抛却幻想、轻信与恐惧,表现了前所未有的反帝的坚决战斗姿态。

就在他逗留上海的时刻,北方政局又发生了变化。冯玉祥被排斥出京,他策划的摄政内阁也被取消。在奉系军阀的支持下,段祺瑞成为北方执政府的临时执政。北京政变所点燃的一束微弱的希望之火熄灭了,形势益趋险恶。他不顾周围人们的劝告,毅然决定继续北上。为了争取早日抵达京、津而取道日本,这使他得到最后一次重历长期流亡的邻国的机会。自从广州起义失败出走东瀛,30个年头已经过去:兴中会时期的艰苦奋斗,同盟会的成立,再次建立中华革命党,……多少同志由这里返回祖国,从此永诀;热诚相助的宫崎寅藏等日本朋友,也大多衰老和逝世。这时的中日关系,依然阴霾笼罩。他感慨良多,所以在应邀所作题为《大亚洲主义》等演讲中着重谈了两国关系。主张被压迫民族结成联盟，以反对欧洲霸道主义者；兄弟之邦的中日两国更宜携手合作，共谋富强繁荣；日本人民应当主持正义，帮助中国废除不平等条约；日本政府不要做“西方霸道的鹰犬”，而应做“东方王道的干城”。这番讲话，成为他留给邻邦的遗言。

12月初，孙中山在公众的欢迎中抵达天津。旅途劳顿，旧疾复发，养病津门，暂缓进京。颇具讽喻意味的是：30年前，他在这里遭到直隶总督兼北洋大臣李鸿章的冷遇。今天，却是皖系、奉系军阀要他接受善后会议和“外崇国信”。他在病榻上愤怒地斥责段祺瑞派来的代表说：“我在外面要废除那些不平等条约，你们在北京，偏偏要尊重那些不平等条约，这是什么道理呢？你们要升官发财，怕那些外国人，要尊重他们，如何还来欢迎我呢？”他坚决不与军阀、官僚和政客们妥协，不允许用分赃的善后会议取代国民会议。他的主张得到全国人民的支持，各地纷纷成立国民会议促成会。在李大钊领导下，国民党北京执行部积极筹划召开国民会议促成会全国代表大会。在这种情势下，他扶病于12月31日入京，受到数万群众的热烈欢迎，但疾病使他不能讲话。他在《入京宣言》中告诫人民：中国“仍处在帝国主义各国殖民地之地位，固而吾人救国之责，刻不容缓”。在北京的最后时日里，他不顾肝癌的折磨继续斗争，反对段祺瑞以国务会议名义通过的善后会议“条例”，指出这个会议竟是“人民团体，无一得与”，不能“表示全民之利益感情”，提出必须容纳人民团体等重大修订意见。这些意见被拒绝后，他指示国民党抵制善后会议。他还时刻关心着广东地区讨伐陈炯明的战斗，要求代帅胡汉民注意军事行动中“不可扰乱百姓”。

1925年3月12日，孙中山满怀对未来的希望和对未竟事业的关注而长眠。他留下了三份遗书，在《遗嘱》中，总结了数十年的革命经验，“必须唤起民众，及联合世界上以平等待我之民族，共同奋斗！”指出“革命尚未成功”，号召革命党人和群众“继续努力”。在《致苏联遗书》中，表达了对列宁缔造的苏维埃国家的深挚情意和巨大期望，企盼两国人民并肩战斗，“携手并进”。《家事遗嘱》表现了他奔走革命、不治家产的崇高品德。

宋庆龄

冲破阻力　孙宋联姻

不畏阻力

宋庆龄出生于1893年1月，当时中国正处在腐败的清王朝统治下，国势衰落。神州大地正被帝国主义“鲸吞蚕食，瓜分豆剖”，民不聊生。

宋庆龄的父亲宋嘉树（字耀如）出生于海南岛文昌县一个贫困的家庭，本姓韩，12岁过继给宋姓舅父，遂改姓宋，跟随堂舅漂洋过海到美国谋生。这个很有志气的少年为了获得求学深造的机会而离家出走，终于上了大学。宋嘉树虽然在“欧风美雨”沐浴下成长，却时刻不忘处于内忧外患的祖国。他从美国万德毕尔特大学神学院毕业后，即回到阔别多年的祖国，在民族危机严重的形势下，不断探索救国救民的道路，渴望献身革命。他认为“若没有了对革命的疯狂热情，则生活在中国将是一件极其无聊的空洞麻木”。1894年，他认识了中国民主主义革命的先驱孙中山，从此改变了他及其家庭的命运。

宋嘉树倾向革命是他长期受西方教育具有的现代化思想与强烈的民族意识相互结合的结果，他与几乎有着相同经历的孙中山相识后，两人一见如故，相见恨晚，成为亲密无间的挚友。此时，宋嘉树已经因经营美华印书馆和第一个代办外国机器而致富，成为上海滩颇有名气的实业家。他把自己的印书馆作为革命者的联络点和集会场所，为革命团体印制了大量的政治宣传品，其中包括孙中山的《伦敦蒙难记》和《兴中会章程》。1905年孙中山在东京举行同盟会筹备会议，他专程赴会，成为同盟会最早的成员之一，后来他还承担了司库的重任，远涉重洋去美国筹款，被誉为孙中山的“钱包”，深得孙中山的称赞。

宋庆龄与孙中山结识，从小受到孙中山思想的影响，正是得缘于她的父亲、她的家庭。

有一些著作曾记载说，宋庆龄的童年就与孙中山经常见面，并与孙中山有不少交往，甚至还与孙中山有过表示，以后要跟着他干革命的对话。从目前已公开的资料来看，这些说法是缺乏史料根据的，是不可信的。就目前所见各种历史资料来看，孙中山从1893年1月宋庆龄出生之日起，至辛亥革命后，1911年自国外返回祖国止，这段时间中，他到达上海共有两次。第一次到上海是1894年春，他与宋嘉树相识，从此成为挚友，孙中山这次到上海停留的时间不很长；再一次是1900年8月28日，他从日本横滨抵上海，于翌日上岸，寄寓于日本人经营之旭馆。当时孙中山曾往访英国驻沪领事，由于上海方面受自立军失败之影响，戒备甚严，英领事劝其速离去；孙中山也深感在上海难以活动，即离岸登船，并于9月1日离开上海返日本。这次孙中山到上海前后共5天，他在岸上时间不过两三天，其他时间在船上，至今尚无确切材料证明当时他是否去过宋家，因之不会发生“孙每每来到上海，都住在宋家”之事。即使孙中山去过宋家，当时作为婴儿与幼儿的宋庆龄也不可能与孙中山有过多少接触和深入的理性谈话。很爱孩子的孙中山逗玩过宋庆龄却是很可能的。但作为呀呀学语的婴儿和还不太懂事的幼童，宋庆龄不可能了解站在她面前的孙中山所从事的伟大革命事业的意义，并受到它的深刻影响。作为革命领袖的孙中山当时当然做梦也不会想到这个当年他曾逗玩过的婴儿或幼童以后会成为他美丽动人的新娘，成为他的亲密革命伴侣和得力的助手。

宋庆龄在少年时代，虽然没有和孙中山有过多少接触，未受过他的直接影响，但从小就很有悟性，善于思考，追求真理的她，从父亲的言谈中受到了深刻的影响。随着她的成长，孙中山始终是宋家言谈中的英雄，宋嘉树非常崇拜孙中山，在他的带动下，宋家成了革命的家庭。在饭桌上，在茶余饭后的闲谈中，宋嘉树经常向孩子们讲述孙中山救国救民的动人故事。这样，孙中山的为人，他那了不起的爱国爱民的英雄形象逐步在庆龄的心灵中留下了深刻的印迹，使她对孙中山的革命精神和革命事业有了一定的了解和向往。孙中山的革命思想对少年时代的宋庆龄起过革命的启蒙作用，为她后来追随孙中山奠定了初步的思想基础。她的一生沿着童年的起点向上攀登，勇往直前，越攀越高。

1908年，宋庆龄从上海中西女塾毕业后，偕妹妹美龄乘太平洋邮船“满洲里号”离上海赴美求学。在庆龄和美龄出国时，父亲谆谆教导她们：不要忘记自己是中国人，学成归国是为了报效祖国。他说：“爸爸要你们去美国，不是让你们去看西洋景，是要将你们造就成不平凡的人，这是一条艰苦的荆棘丛生的路，要准备付出代价，不管多么艰苦，都不要终止你们的追求。”庆龄把父亲临别时那语重心长的嘱咐牢记心间。

宋庆龄升入大学以后，更加勤奋好学。她学的是文学专业，但对历史、哲学表现出浓厚的兴趣，孜孜不倦地阅读大量历史、哲学方面的书籍，博闻强记，寻奥探奇，汪洋论辩，在知识琼浆的哺乳下，使自己很快地成长，思想更加成熟。在作文里，在辩论中，经常提出富有哲理的深刻见解，加上她的父亲经常给她写信，告诉她中国的局势和孙中山革命的进展，鼓励她一定要为挽救祖国危亡，振兴中华而发奋学习。她把自己的命运和祖国的命运紧密地联系在一起，立下了学成归国要为救国救民、振兴中华奋斗终生的伟大抱负，这种抱负在思想上深深扎下了根。她经常对同学说：“我对祖国将来的事充满理想和希望。我不能不想中国，我真的觉得忘了祖国，人生该是多么地没趣啊！”这些话使同学们惊讶地看着她。的确，她说着一口流利的带着佐治亚州口音的英语，穿着和她们一样的西式服装，吃着一样的饭菜，住在同一宿舍里，但是她的心却想念着中国，有着地地道道的中国气质。她是一个多么与众不同的女孩呀！

她身居海外，心怀祖国，忧远思深，经常从报纸上了解国内革命形势的发展，时刻关心着国家、民族的兴衰。

1911年秋，一个宋庆龄早已期望的，令她非常兴奋和激动的事件出现在神州大地。这年10月10日，中国革命党人在武昌城头以惊天动地的革命炮声，宣告了辛亥革命的胜利。12月29日，宣告独立的各省代表会议在南京筹组中央临时政府，选举孙中山为临时大总统。1912年1月1日，从国外回到上海的孙中山，在宋嘉树等的陪同下，到达万众欢腾的南京就任中华民国临时大总统。

1912年1月底，宋庆龄收到父亲的来信和一个小小的邮包。她急不可耐地拆开信件，读着来信，她的手颤抖了，她的脸激动得涨红了，这是父亲刚刚参加完孙中山大总统就职大典后给她写来的信，告诉她辛亥革命胜利的喜讯和孙中山就职大典的盛况。

宋庆龄兴奋地举着信，跳着，叫着，她不禁高喊："共和国万岁！"

同学们也都惊喜地喊道：

"中国走上了共和的道路了！"

"共和，共和，中国共和了！"

"罗莎蒙德，你说得对，东方的睡狮醒来了！"

接着宋庆龄急忙找出剪刀小心翼翼地拆开邮包，里面是一面彩旗，她哗啦一声把旗帜拉起，啊！这是中华民国的新国旗——五色旗！

宋庆龄站到椅子上一把扯下了墙上挂着的黄龙旗（黄缎面上印有黑龙，是清王朝的象征），扔在地上，踩了又踩，然后挂上父亲刚刚寄来的新的五色国旗，高呼："打倒专制！高举共和的旗帜！"

宋庆龄在她那端庄、温柔的外表下，掩藏着惊人的勇敢和刚强。孙中山革命的胜利，中国走上共和道路的巨大喜悦，使宋庆龄把内心的刚强充分地表露了出来。

宋庆龄虽然在大洋彼岸学习，心灵却与祖国息息相通，与孙中山的革命事业息息相通，她已经开始把自己与祖国的命运、与孙中山的革命事业紧紧地联系在一起。她把在美国上大学受教育作为增长才干，为祖国献身的准备。她后来回忆这段大学生活时曾说："我在美国度过我的青年时代，受过美国伟大的民主传统的熏染，它已经成为我生活中伟大的力量之一，它的文化成为我所接受的教育的一部分，这对我的祖国，十分需要民主精神的祖国，是非常珍贵的"。正因为她认识到中国十分需要民主，所以更崇敬从事推翻封建专制给中国带来民主的孙中山。宋庆龄在大学时代对孙中山的革命事业已是魂牵梦萦了。

1913年8月29日，宋庆龄穿越浩瀚的太平洋在横滨登岸，父亲宋嘉树、姐姐霭龄等到码头迎接。见到阔别多年的亲人，宋庆龄心中无比高兴。但当父亲给她讲述了中国当前的局势，讲述了袁世凯种种卑鄙的行径、丑恶的嘴脸后，她抑制不住满腔愤怒，斥道："袁世凯真可恶！"并表示现在更需要去帮助孙中山。

9月16日，宋庆龄满怀崇敬的心情，带着友人托带的一封私人信件和一盒加利福尼亚水果，到东京看望孙中山。这是她成年后第一次见到久已仰慕的孙中山。她在写给一个朋友的信中讲到要带一封私人信件去见孙中山时，把自己称为"幸运的使者"，字面行间流露出她多么向往见到孙中山。

自从9月16日在东京第一次见到孙中山以后，她怀着从少年时代就产生了的，后来越来越清晰、越深厚的对孙中山的敬仰和爱戴之情，频频地会见孙中山。据日本《外务省档案》中"孙文的动向"专栏内的记载，此后的10天中，她曾8次去看望孙中山。

开始宋庆龄多半是与姐姐霭龄结伴去看望孙中山，后来则逐渐单独去看望孙中山。一次，孙中山患病，庆龄就在他的身边看护和照顾，两人有了更多倾心交谈的机会，她对孙中山的工作、个人品格和生活方式有了更深入的了解以及随之而来的更多的同情和敬慕。

"二次革命"失败后被迫流亡日本的孙中山正处于内外交困之中。他被袁世凯宣布为大逆不道的人，又被某些外国政府所抛弃。如1913年8月9日孙中山亡命日本时，日本政府就曾接受袁世凯的要求，不准他登岸，并要逮捕他。这次孙中山流亡日本，就遭到日本政府的拒绝。当日本政府得悉孙中山要来日本的消息，即一再派员劝说孙中山改赴其他国家。外相牧野明确表示：孙中山"此次潜入日本居住，由内外各种关系观之，于帝国不利"。"政府为国内安宁及东洋和平，不得不加以干涉，乃至采取高压手段"。幸亏日本民间的友好人士积极活动，促使政府同意孙中山来日本居住。

孙中山到了日本经门司、下关、神户几经周折才得以在8月17日晚在神奈川县富冈海岸秘密登陆（后来横滨华侨在这里建立了一座孙中山登陆纪念碑，以纪念中日两国人民的伟大友谊）。在日本友人周密策划下，孙中山安全到达东京。

为了使迫害孙中山以至刺杀孙中山等活动的合法化，并防止他潜返国内"作乱"，1913年10月15日，袁世凯政府北京总检查厅正式下令通缉孙中山、黄兴、陈其美、李烈钧等"二次革命"首要，使孙中山等人的处境更为危险。

再看国内的情况，当时以孙中山为代表的革命派失去了国内立足之地，大都被迫流亡日本，"两手空空，生活困难"，思想混乱，意志消沉，几乎一蹶不振。留在国内的部分国民党员，朝秦暮楚，覆雨翻云，甚至卖身投靠袁世凯，成为镇压革命党人的帮凶。正如孙中山后来概括的："军阀横行，政客流毒，党人附逆；议员卖身，有如深山蔓草，烧而益生；黄河浊波，激而益溷，使国人遂疑革命不足以致治，吾民族不足以有为。"

宋庆龄目睹孙中山陷入内外交困的逆境，但却在他身上发现了更多作为革命领袖所独具的非凡品格和高尚情操。身处逆境的孙中山不但没有减损自己的斗志，反而越挫越奋，斗志弥坚。为了重新集结革命力量，发动讨袁，他决定另行筹建中华革命党以恢复兴中会、同盟会时期百折不挠、屡仆屡起的革命精神。宋庆龄被他那不屈不挠的顽强意志、勇敢无畏的奋斗精神所鼓舞，下决心协助孙中山工作。

恰好这时，姐姐霭龄要与孔祥熙成婚，于是她主动要求填补如姐的空缺，担任孙中山的英文秘书。

不几天，经孙中山同意，宋庆龄正式担任了孙中山的英文秘书。她帮助孙中山起草文件，处理函电，提供资料，管理经费，还担负起其他许多繁重的日常工作。由于她才思敏捷，擅长写作，外文根底深厚，因此内勤外联，无不得心应手，工作出色，成为孙中山的得力助手。特别是她那伟大的理想和崇高的精神境界，不息的革命热情，使孙中山深受感动。的确，宋庆龄的到来，使孙中山在挫折中受到鼓舞，饱受创伤的心灵得到抚慰，长期流亡生活的孤寂得到慰藉。孙中山非常信赖宋庆龄，把所有机要的通讯密码统统交给她保管。他在生活、工作、学习等方方面面也非常关心庆龄。

在不久前披露的一份颇为珍贵的、宋庆龄亲笔撰写的《宋庆龄自述》一文中，宋庆龄就孙中山当时对她的关怀和帮助作了以下的“自述”：“孙博士得悉我正在学习中文，他赠我一些中国文学方面的书籍和有关当代政治方面的英文书。他非常关心我的学习和活动，对我的工作鼓励甚多，使我不知不觉地被他所吸引……”

宋庆龄感到很欣慰的是，她在孙中山身边工作，感到自己“真的接近了革命运动的中心”，心情愉快，干劲倍增，当时她在给与自己感情很好的妹妹美龄的信中吐露了内心的真情：

“美龄，我从没有这样快乐过。我想，这类事就是我从小姑娘的时候起想做的”。宋庆龄少年时候对革命的憧憬，青年时代想追随孙中山革命的愿望得到了满足。

通过频繁的工作接触，宋庆龄进一步受到孙中山高尚品德和革命情操的感召和熏陶。两人朝夕相处，默默地相爱了。庆龄决心向孙中山表达爱慕之情。

在孙中山看来，宋庆龄是这样的年轻、美丽、迷人，洋溢着永无休止的革命热情。她是他在工作上的得力助手，精神上的莫大慰藉，娶她做妻子，对他的事业是莫大的帮助，有她的温柔体贴，对他流亡的孤寂生活是多么大的幸福啊！但想到 27 岁的年龄差距，他迟疑了。

孙中山觉得这样大的事，必须采取审慎的态度，他要宋庆龄多考虑一些时候，并征得父母的同意后再作决定。宋庆龄坚定地表示：“经过长期、慎重的考虑，深知除了为你，为革命服务，再没有任何比这更使我愉快的事。……我愿意这样献身于革命。”

决心与孙中山结合的宋庆龄，为了顺从孙中山的意见，并取得父母谅解，她决定启程回上海。

尽管当时宋庆龄也想到，与身处逆境，流亡日本、年龄比她大 27 岁的孙中山结合会遇到种种阻力。但在她看来，什么名利、享受、权势等等都毫无意义，她惟一的理想和愿望正是投身孙中山的革命事业，她认为孙中山是当时惟一能拯救中国苦难的革命领袖。是的，宋庆龄爱上孙中山，并不是她一时的感情冲动，而是从少年时代起就逐步打下了牢固的思想基础。爱国主义是宋庆龄走上革命道路的起点，对祖国强烈的、无限的热爱一直充塞着宋庆龄的整个心灵。宋庆龄与孙中山的结合是有着同一目标奋斗的中国两代革命者的结合，是爱情的理想与革命的理想完满的结合。宋庆龄对一位外国友人说过：她同孙中山结合在一起的东西“要高于通常的爱情”。

自我抉择

宋庆龄与孙中山的结合虽然是爱情理想与革命理想的充满结合，但却遇到来自日本友人、革命同志、特别是宋庆龄父母的重重阻力。

宋嘉树是从小在美国接受西方教育长大的，按理说，他对婚姻是持比较开明态度的(事实上他比起宋母固执的态度来稍为开通一点)。但他同样受着中国传统礼教的深刻影响，又是一个虔诚的基督徒。宋嘉树与孙中山是亲密无间的战友，他可以尊孙中山为革命领袖，可以为孙中山的革命事业赴汤蹈火，但他却不能把比女儿大27岁的孙中山招为“乘龙快婿”。自己来当孙中山的岳父大人。

在从日本回上海的路上，宋庆龄清楚地意识到，她的父母是不会接受自己和孙中山的婚事的，尤其是母亲不会同意这件事。她捉摸他们反对的理由不外乎是孙中山既没有财产，前途又吉凶难卜，既结过婚与自己的年龄还差27岁。但她又想到父母非常热爱中国，也是有文化素养、思想开明的人，她要与孙中山结合，正是为了帮助他所从事的拯救中国的伟大事业。这样一想，她的决心和信念便坚定了，但是是否能说服父母，会遇到多大阻力，心中终究没有底。

回到上海以后，宋庆龄与父母及姊妹团聚。她迟迟没有提出婚事来干扰这难得的天伦之乐，光阴一天天地过去，她实在憋不住了。一天晚饭后，家中只有父母和她，庆龄认为这是一个难得的好时机，鼓起勇气说：“我认为中国的希望完全寄托在孙先生和他的事业上。”

父母亲沉吟片刻，说：“现在支持孙先生的人很少很少，他既无军队又无财力，他的困难很大啊！”

一时大家都不再说话，客厅里分外安静，只有墙上的挂钟发出清脆的有节奏的嘀嗒声。这难耐的沉默使宋庆龄忍不住了，憋了许久的话冲口而出：

“爸爸，妈妈，我已等了好久了，想要把一件重要的事情告诉你们，只因为怕这件事冲掉了全家团聚的欢乐，所以一直憋在心里，现在我不得不对你们说了。”

父母都瞪大眼睛，吃惊地望着宋庆龄，不知她会告诉他们什么惊奇的重要事情？

庆龄因紧张和激动，绯红的脸有些泛白，手微微地颤抖，但声音还是十分坚定：“我希望和孙先生结合，他是一个伟大的人，这点你们是很清楚的，不需要我介绍。现在我想求得你们二老的同意。”

“庆龄，你疯了，你简直疯了，”一向温文尔雅、沉着稳重的母亲惊讶地叫起来。

“他的年纪比你要大出一倍，又是一个没有财产的革命者，难道他用火药当饭养活你吗？而且他又是一个结过婚的人，不要说了，我绝不会同意这门婚事，”母亲越说越生气。

在母女尖锐对立的时刻，父亲只好充当缓冲的角色。他慢慢地对妻子说：“你且等一等，让我们问明了事情再说。”

父亲用焦灼的眼光望着庆龄说：“那么，在你回来之前，就已经决定这件事情了？”

“是的。”庆龄回答道。

“这次你回来，是不是就是为了要同我们商量这件事呢？”

庆龄坚定地说：“是的。父亲，你知道我以前一直希望为革命工作，我在日本与孙先生在一起非常快活，爸爸，妈妈，我恳求你们同意……”

还没等庆龄说完，沉着脸的母亲立刻愤怒地说道：“那是绝对不可能的！”

接着母亲以断然的口气说：“干脆我们把事情都挑明，我们已经为你订婚了，我同你父亲已经给你安排好你的婚事，男方和他的家庭都是很好、很靠得住的。事到如今，我们只能照约定去办。”

这突如其来的消息，使庆龄如遭电击，突然从椅子上跳了起来，心脏的血似乎像一股有力的喷泉涌到头顶，几乎要晕眩倒地，但坚毅倔强的庆龄很快恢复了自制力，坚决地说：

"这不是我订的婚，而是你们未经我同意作出的片面婚约，所以我不承认它。"

"但你是我们的女儿，难道做父母的没有权力为女儿决定婚事吗？你是在国外受过良好教育的，我们送你出国学习，不是要你回来忤逆父母的！"母亲生气地呵斥庆龄。

整个房间充满着火药味，似乎只要有一粒火星就会发生爆炸。为了缓和一下这紧张的空气，父亲语气从容地对庆龄说："先坐下来吧！庆龄，让我们再冷静地谈谈，等待一下，慢慢商量，看事情是不是可以找到合理的解决办法。"

"很抱歉，我不想再谈下去了，我绝不接受这桩由你们包办的婚事！至于我和孙先生的事，我已经决定了！"庆龄说完转身就跑出了房间。

庆龄心中十分明白，在当时的情况下，和父母硬吵不会有什么好结果，父亲的意思就是要"等"，看看在等待中事情是否有转机，她给孙中山写的一封信表露了当时"等"中的苦恼。

在此后几个月里，宋庆龄为了父亲的要求，只好苦苦地等在上海。实际上她已经失去了自由，母亲对她严加看管，不让她自由出入，但她对自己作出的抉择丝毫没有动摇，她在逆境中进行顽强的抗争，她决心寻找机会冲破家庭的樊笼回到孙先生身边去。

宋庆龄认定，父母以及周围的人所以要反对她这门婚事，不过是受着封建礼教和世俗俗偏见的束缚而已。所以她决心要以自己与孙中山建立在伟大理想和深厚的爱国主义思想基础上的爱情之火，烧掉封建礼教捆绑婚姻自主的绳索，烧掉世俗偏见。

1915 年 10 月 24 日，东京，旭日初露，天晴气朗，秋意正浓。新落成的东京火车站，在湛蓝的秋日晴空下，显得十分巍峨。

远新火车站是由明治时期建筑界的元老辰野金吾以荷兰阿姆斯特丹车站为模型，结合日本的民族风格和明治时期的建筑特色进行设计，于 1914 年(大正三年)竣工落成的。整个车站三层大楼通体用红砖砌筑，窗框用白色面砖勾勒出明快清晰的轮廓，两边对衬耸立着两座塔楼上面的圆形屋顶熠熠发光，使这座被称为东京窗口，日本陆上交通枢纽的东京火车站雄伟壮丽，色彩斑斓。车站前面的那一片宽敞的广场使整个车站更气势开阔。

和往常一样，车站内外，人头攒动，旅客匆匆进出，一片繁忙景象。

所不同的是，今天这里正发生着一桩注定了在历史上将产生重大影响的事情，只是当时并不为一般人所察觉罢了。

清早，攒动的人群中，出现了一个伟大的身影，中国民主主义革命的伟大先驱孙中山，容光焕发，步履健朗，急步走进站台，迎接从上海经神户来东京的宋庆龄，他站在月台上焦急地等待着从神户进站的列车。

列车终于进站了。

宋庆龄出现了。她穿着镶花边的西服和西式长裙，娟秀白皙的面庞，泛着红润，充满着青春的活力，她一眼就看见了孙中山，激动地急步上前，挽起了他的胳膊。他们走出东京车站时，碧空万里，阳光灿烂，沐浴在金晖下的车站大楼发出耀眼的红光，显得喜气洋洋，真有点像“迎新娘”的日子。

当晚，宋庆龄在慕菲雅的陪同下，在赤坂灵南坂26号头山满先生和夫人的家中住了一夜。

翌日上午，孙中山和宋庆龄来到了牛込区袋町5号日本著名律师和田瑞家中举行婚礼，由和田瑞主持签订了婚姻《誓约书》。全文(译文)是：

此次孙文与宋庆琳之间缔结婚约，并订立以下诸誓约：

(一)尽速办理符合中国法律的正式婚姻手续。

(二)将来永远保持夫妇关系，共同努力增进相互间之幸福。

(三)万一发生违反本誓约之行为，即使受到法律上、社会上的任何制裁，亦不得有任何异议；而且为了保持各自之名声，即使任何一方之亲属采取何等措施，亦不得有任何怨言。

上述诸条誓约，均系在见证人和田瑞面前各自的誓言，誓约之履行亦系和田瑞从中之协助督促。

本誓约书制成三份：誓约者各持一份，另一份存于见证人手中。

誓约人　　孙　文(章)

同　上　　宋庆琳

见证人　　和田瑞(章)

一千九百十五年十月二十六日

誓约书纵11.25厘米，横17.25厘米，朱丝栏全页24行，墨书日文22行；中缝上有鱼尾；栏外左下角印有篆体字“东京榛原制”，作腰圆戳记状。该“誓约书”原件藏中国革命历史博物馆。誓约人与见证人签字后，和田瑞律师将誓约书送到东京市政厅办理了法律手续。对该誓约书有几点说明：结婚日期，因日本风俗以双日为吉日良辰，故接受律师建议，填写为10月26日；签名“庆琳”，是因“琳”、“龄”谐音，又容易写；当时宋未带图章，故没有钤盖。该誓约书曾经宋庆龄亲为鉴定，确认系属真品。

接着，孙中山与宋庆龄来到位于大久保百人町350番地(即今新宿区百人町二丁目二十三号)的梅屋庄吉家会见亲友，宣布喜讯。孙中山、宋庆龄邀请了廖仲恺一家和一些知心日本友人来这里欢聚。

关于孙中山、宋庆龄结婚的地点一向有争论，一说是在梅屋庄吉家，一说是在宫崎滔天家，一说是律师和田瑞家，还有说是在“中山寓所”的。历史学家刘大年于1981年2月2日给孙夫人写信，提出一些问题(包括结婚地点)请求解答，次日(2月3日)孙夫人就作了明确的答复。关于结婚地点，孙夫人答复说：

“我是1915年10月25日和孙先生在律师和田瑞家行结婚礼，在那里签名，午后到梅屋先生家用茶点，然后到孙先生住宅。”

在梅屋庄吉家的茶点招待会，到会的人虽然不多，但却非常热闹，充满着温馨、和谐、热烈的气氛。梅屋夫妇向新郎、新娘敬香槟酒，孙中山的好友、日本著名高高歌唱家犬养毅唱了祝福歌，并按日本风俗喝了一种小糯米团赤豆汤和唱婚礼歌。廖仲恺的女儿廖梦醒当时只有 11 岁，还向宋庆龄要她所戴的珠串。新娘答应“等你长大了就给”，梦醒回忆当时对新娘的印象是：“她非常美丽，非常苗条，非常文静。”

在茶点招待会上，还由头山满作中介人，正式举行了在中日人民友好史上值得大书一笔的孙中山与梅屋庄吉，宋庆龄与梅屋夫人分别结成义兄弟、义姊妹的仪式。晚 7 时半仪式结束，孙中山与宋庆龄回到他们在东京青山原宿的 109 号寓所。

青山原宿，地势开阔，环境清幽，这里有苍翠的树木，青碧的草地。到了春天，不用去上野，就可以观赏到一丛丛、一层层、绚丽万顷，溢彩流光的樱花。

这时正值深秋，虽然看不到轻盈娇妍、婷婷交辉的樱花，但那红艳千般的枫叶、果叶金黄的银杏，在秋风里摇曳的莽草，在绿树掩映中疏密相间，一幢幢和洋结合，风格各异的别墅，使这里充满着诗情画意，的确不必到箱根、热海的风景名胜，这里也算得上度蜜月的好去处。

宋庆龄非常重视与孙中山结婚的日子，64 年后，她曾对《宋庆龄选集》日文版的译者仁木富美子深情地说：“10 月 25 日，在我的生活中，这一天是比我生日更重要的日子。”孙中山在新婚后不久，在给他的恩师康德黎的信中，说与宋庆龄结婚“开始了一种新的生活……我能与自己的知心朋友和助手生活在一起，我是多么幸福。”他还给“庆龄贤妻”写了“精诚无间同忧乐，笃爱有缘共死生”的题词。表达了他们的至爱深情的美满婚姻。

宋庆龄把与孙中山的结合，看成是把自己的生命同孙中山的生命联结在一起；是把为同一崇高的目标而奋斗的两代革命者结合在一起，因而焕发出蓬勃的朝气和无穷的活力，她与孙中山的确做到了“同忧乐”、“共死生”。宋庆龄的父母后来认识到宋庆龄与孙中山的婚姻，是相互真诚相爱而结合的婚姻，而接受了这桩婚姻，这也可以从他们后来送给女儿、女婿的礼物得到证实。这些礼物包括至今仍保存在上海孙中山故居中的家具，一条绣着百子图，惯常赠给新婚夫妇的被面，一件宋母倪太夫人在成亲时穿的锦缎长袍。

宋庆龄与孙中山结婚后，坚定忠诚，恭谨谦逊，有胆有识，始终是孙中山亲密战友和得力助手，忠贞不渝地与孙中山并肩走过“艰难顿挫”的 10 年。她带着蓬勃的朝气，炽烈的爱国主义激情和民主主义信念，满怀深情地来到孙中山身边，她的支持和慰藉，成为激励孙中山在失败中奋起的强大动力。她协助孙中山聚集革命力量，从事反对北洋军阀的斗争，在陈炯明叛变革命，炮轰总统府的千钧一发的危急时刻，她的大智大勇对保护孙中山脱险，起到了独特的关键作用；在孙中山晚年改组国民党，向新三民主义转变的理论与实践的重大发展中，她亦起了不容忽视的积极作用。

继承遗训　逆境奋进

总理仙逝

1925 年 3 月 12 日 9 点 25 分，中国民主主义革命的伟大先驱孙中山积劳成疾，患肝癌治疗无效,溘然长逝。孙中山逝世对宋庆龄是一个沉重的打击,使她陷入人生的重大困境。在这个困境中,她再一次作出重大抉择。她不去依靠孙中山的尊荣与威望,过豪华舒坦的生活,更不坐享家庭给她带来的荣华富贵,而是选择了继承和捍卫孙中山的遗训和理想,充满着无数风险和复杂斗争的道路。

孙中山逝世前后,宋庆龄经历了人生的最大痛苦,并在痛苦中表现了冷静沉着的气度和坚强刚毅的品质。

1924 年 10 月冯玉祥发动北京政变后,多次电邀孙中山北上共商国是,宋庆龄看到政局的错综复杂和孙中山的体力日衰,北上路遥途险,很为孙中山的健康担忧。为达到"中国之独立自由与统一诸目的",孙中山和宋庆龄置个人安危于度外,毅然决定犯难北上。没有料到孙中山甫抵天津就骤然发病,而且病情之凶险更出所料,宋庆龄只有悉心照料孙中山,泰然应付种种危局。1924 年 12 月 31 日,为了尽快到北京商讨国是,孙中山扶病进京,住进了北京饭店。这时,孙中山的病势一天比一天沉重。到了 1925 年 1 月 20 日,体温升到摄氏 41 度,有时又骤降到摄氏 27 度,不能进食,一食就呕,状极痛苦。经各国医生会诊,认为需进医院手术治疗。开始孙中山还有些迟疑,经宋庆龄力劝,他才采纳医生建议,同意入协和医院手术治疗。于 1 月 26 日入协和医院的当天即施行手术。宋庆龄在手术室外焦急地等待手术的结果。医生将腹壁切开后,只见整个肝脏表面、大网膜和大小肠上面长满了大小不等的黄白色结节,全肝坚硬如木。主刀的外科主任邰乐尔判断为肝癌晚期,向手术台边上各医生示意无治,只好在肝上取出小块组织作活检标本后,即缝合伤口。

次日,协和医院代院长刘瑞恒、外科主任邰乐尔联名宣布手术结果:孙中山"所患系肝癌,病状危殆"。宋庆龄得知手术结果,焦急如焚,掩面而泣良久。孙中山虽然自知患了绝症,但看到庆龄整日满脸愁容、忐忑不安的神情,心疼地宽慰她说:"达令,近来你的脸色不好,不要为我那么担忧。我素来就不完全依靠医药,主要依靠的是我的勇气,我坚信我的勇气终必能战胜此病,绝无危险。"生命危殆的孙中山还讲出这么富有勇气的话,使庆龄受到莫大鼓舞。

西医当时治肝癌的最后一招是镭锭放射治疗,但经过多次最大剂量放射治疗也无效果。宋庆龄与各方面商量,决定将孙中山移出协和医院,采用中医治疗。

位于北京铁狮子胡同的顾维钧私邸,庭院宽敞,古朴典雅,环境清幽,被安排作为孙中山先生在此疗养的临时行辕。1925 年 2 月 18 日中午 12 时,用担架床把孙中山抬上协和医院特地准备好的汽车上,宋庆龄、孙科、德国医生克礼及护士随车照料。国民党政要、北京段祺瑞执政府各部领导人及群众团体的代表均到协和医院门前迎接。然后分乘百余辆汽车浩浩荡荡追随孙中山的汽车缓缓驶进铁狮子胡同行辕。行至一岔路口,所有随行车辆从另一小道先行开到行辕,大家纷纷下车从行辕大门口一直排列下榻处,列队迎候。孙中山在宋庆龄等的搀扶下走下汽车,看到如此隆重的欢迎场面至为感动,对欢迎人群频频颔首注目,以示感谢。

一间宽敞的卧室,中间放着一张铁床,床边放着两张沙发,整个卧室显得朴素典雅。在这里,宋庆龄陪伴着孙中山度过了他最后的日子。

宋庆龄陪伴在孙中山病榻前,日夜侍病,寸步不离,几乎没有睡过一个整觉,看到孙中山安详地睡着了,她才在沙发上合合眼。有时为了拿什么东西,要在室内走动,又怕吵醒孙中山,她只好穿着一双袜子,小心翼翼地走动,避免有任何响声。她走路的姿势、神态使人直觉地感到她对先生的无限深情和耿耿忠心。孙中山一醒来,她就立刻给他侍奉汤水,问长问短,白天还经常和大家商议医治的办法,并亲自嘱咐厨房准备一些可口的饭菜,让孙中山能多吃点。焦急、辛劳,使她那娟秀的脸上,显出几分憔悴。

孙中山不愿意服中药,常为别人劝他服汤药而生气,只有宋庆龄上前劝慰,才平息怒气。在服药过程中,每每遇到这样的难题,总是靠宋庆龄机智地好言劝慰,巧妙地解决。由于著名中医陆仲安的悉心诊治,服用中药后,孙中山的脉相转佳,脚肿减退,体温呼吸均有改善,展现一线生机。宋庆龄心想孙中山一人系国家之安危,民族统一之成败,虽然身患绝症,但总希冀出现奇迹,所以把全部的身心都投入到挽救他垂危生命的斗争中。

当时,宋庆龄不但悉心照料孙中山,还抽出时间代表孙中山接待来访的重要宾客,并亲笔复信给来信慰问孙中山病情的团体和个人,给广大群众以巨大的鼓舞。

采用中医治疗,虽取得暂时的治标效果,但好景不长,孙中山病情又转趋恶化。

2 月 24 日,孙中山病势又趋恶化,他自己也感到生命垂危。医生嘱附,如果立遗嘱就得抓紧这一两天进行。于是孙科、宋子文、孔祥熙、汪精卫等轻轻走进病房,把孙中山授意写好的三份遗嘱一字一句地念给孙中山听。虽然要孙中山在遗嘱上签字的事,是事先征得宋庆龄同意的,但想到先生要离开人间的悲痛时刻即将到来,宋庆龄的双眼一片模糊,她的心在颤抖、在流血,不禁失声痛哭。正当孙中山准备签字时,听到隔壁房间传来庆龄凄惨的哭声,孙中山迟疑了,为了不使她过于伤心,就说:“你们暂且收起来吧,我总还有几天生命。”立遗嘱的事暂时作罢。

3 月 11 日凌晨,何香凝进房探视中山先生,突然发现他的瞳孔正在扩大,感到已到非签立遗嘱不可的时刻了,于是马上和大家商议。大家怕宋庆龄再度悲泣,使孙中山不忍心签字。于是由何香凝、宋子文把情况如实地对宋庆龄作了说明。这回,宋庆龄表现得非常理智、冷静。她深知立遗嘱是关系国家民族利益的大事,于是坚定地说:“已经到了这个时候了,我不但不愿意阻挠你们,我还要帮助你们哩!”于是大家轻步走到孙中山病榻前,请孙中山在遗嘱上签字。幸喜当时孙中山的神志较清醒。在签字时宋庆龄看到孙中山的手颤抖得不能持笔,乃强忍悲痛,用手把着孙中山的手腕,在《国事遗嘱》、《家事遗嘱》上最后签下了“孙文”这名垂千古的名字。《致苏联政府遗书》用英文签上“孙逸仙”。

签字后,孙中山“气忽上逆,喘气甚急,病状陡变。克礼医生急以强心针注射,神志始略清……”看见宋庆龄在床边,深情望着她叫了声“达令”。

当天下午,已处于弥留之际的孙中山,还勉力支持,把儿子孙科、女婿戴恩赛叫到病榻前,特别嘱咐他们:“善待孙夫人”。

接着又把何香凝叫到病榻前,但又半天说不出话来,何香凝掩泪说:“我虽然没有什么能力,但先生改组国民党的苦心,我是知道的,此后,我誓必拥护孙先生改组国民党的精神,孙先生的一切主张,我也誓必遵守的,至于孙夫人,我也当然尽我的力量来爱护”。孙中山听到何香凝这些话，紧紧握着她的手说：“廖仲恺夫人，我感谢你……”久久才把手放开。

据何香凝回忆：孙中山临终时，曾三次叫了她的名字，一再嘱咐她要照料好孙夫人，并说夫人虽然没有子嗣，希望不要轻视孙夫人。孙中山在私事上嘱托她的只有“照料好孙夫人”这件事。

当天午后，孙中山病情更为危殆，他不断辗转反侧，喉中哼哼作响，呼吸困难。据当时在身边侍候的工作人员回忆，他还要求在地下睡一下，一直守在旁边的夫人马上说：“地下冰冷睡不得的”。孙中山说：“我不怕冷，最好有冰更妙。”庆龄知道一向刚强的孙中山，只有痛苦到了极点，难以自持了，才会提出这样的要求，不禁悲从中来，泪如雨下。孙中山看到夫人如此难过，立刻说：“达令，你不用悲哀，我之所有，即你之所有”，孙夫人深情地说：“我一切都不爱，爱者惟你而已”，言时哽咽。

当天晚上和 12 日凌晨，孙中山基本上已处于昏迷状态，呼吸更极艰难，噤口不能言，只能断断续续喊出几个字“和平”，“奋斗”，“救中国”，有时还勉力呼唤：“达令”。

在孙中山弥留之际，他除了对国事的悬念外，表现出对宋庆龄的情笃谊深；宋庆龄嫁给孙中山后为自己起了个名字：“中山琼玉”，即孙中山身边的一块玉。孙中山病重的日日夜夜，宋庆龄侍奉左右，寸步不离，同样表现了对孙中山的情笃谊深。在这生离死别的最后一刻，她内心的痛苦可想而知。

3 月 12 日上午 9 点 25 分，一代伟人孙中山停止了呼吸，溘然长逝。环立床前的宋庆龄、孙科、宋子文、孔祥熙、汪精卫、李烈钧、林森等同声痛哭，左右随从侍卫均泣不成声。看到孙中山双目没有完全闭合，宋庆龄立刻以手拭其双目，使之安然闭合。

6 月 30 日，宋庆龄抱病北上，赶赴北京参加北京各界对英日帝国主义雪耻大会。

为了“暂变曲径为通途”，就必须继承和捍卫孙中山亲手制定的“联俄、联共、扶助农工”的三大政策，这是新三民主义的精髓和核心。要捍卫孙中山的“三大政策”就必须面对反对三大政策的国民党右派的严峻斗争，孙中山在改组国民党推行“三大政策”时就曾遇到国民党右派的激烈反对。在国民党“一大”召开前夕的一次会议上，一些右派分子在讨论共产党加入国民党的问题上带头鼓噪、起哄，扰乱会场，孙中山就大声斥责他们：你们怕共产党，不赞成改组，可以退出国民党！对那些坚持顽固态度不改变自己主张的，孙中山就毫不犹豫地宣布，开除他们的党籍。甚至作为国民党元老的张继，由于在会上无理取闹，孙中山立刻命令卫士长马湘把他带出会场，软禁了一晚，表现得非常果断。

这些顽固的右派分子在孙中山面前碰了硬钉子，无计可施，但心犹未甘，企图另辟蹊径转而想走“夫人路线”。以为孙夫人缺乏政治经验，年轻可欺，纷纷到大元帅府去找她，妄想通过她来影响孙中山的革命行动。正像宋庆龄后来回忆的：“有些人来找我，以为我会帮助他们反对这一行动”。但是他们全都打错了算盘，宋庆龄断然拒绝了他们的无理要求，也在政治斗争中经受了一次考验。

国民党右派这种公开分裂国共合作、反对孙中山三大政策的活动和阴谋，使孙中山忧心如焚。国民党右派对孙中山造成的威胁和危害，宋庆龄曾这样说过：“孙中山在思想中每前进一步，就遇到来自右派分子的抵抗。他们要想尽一切办法来束缚他的手足，……这些人使他愤怒得甚至食不下咽，有许多次，他身体上因气愤而感到剧烈的痛楚，终于成病，以至不治。”

这些事实，使她时刻记住孙中山临终前多次告诫过党人和亲属的遗言：我欲留下说话给汝等，诚有许多危险。当今无数敌人正在围困汝等。我死之后，彼辈更将向汝等进攻，甚至必有方法令汝等软化，如果汝等不被敌软化，强硬对抗，则又必将加害，危险甚大……”

3月11日，孙中山已处于弥留状态时，又对侍立床旁的夫人宋庆龄及汪精卫、何香凝等说：“我也无可惧，惟恐同志受内外势力的压迫，屈服与投降耳；”“我死了，四面都是敌人，你们是危险的，希望你们不要为敌人软化。”

孙中山的担心和谆淳告诫身边的同志不是没有根据的。他逝世不到半年，国民党一批右派元老就公开分裂国民党，分裂国共合作的革命统一战线，直接向孙中山亲手制订的三大政策进攻。

1925年8月20日，国民党右派将忠实执行中山路线的左派领袖廖仲恺刺杀于中央党部门前。廖仲恺的鲜血激起了广大革命群众对国民党右派的无比愤怒，一时“为廖代表复仇”的声音，山鸣谷应。为廖仲恺送葬行列之大，阶层之广，气氛之悲壮，“在广州来说，都是空前的”。正像何香凝所说：“仲恺所流的赤血，已变作了革命的火花。”

1925年11月，林森、邹鲁率领30余人的国民外交代表团离粤北上，汇同叶楚伧、谢持、邵元冲、戴季陶等在孙中山停灵的北京西山碧云寺召开所谓的国民党一届四中全会，纠合成西山会议派，另立国民党中央。

对于西山派背叛孙中山三大政策、分裂国共合作的反动活动，广州国民党中央给予了坚决的揭露和抵制，严斥右派的分裂行径，宣布林森、邹鲁、谢持、张继等以个人名义召开的所谓中央全会是非法的会议，并决定将此事提交国民党二大处理。

国民党右派在西山开会公然另立中央的反党活动和国民党左派核心廖仲恺被刺，使孙中山遗下的革命事业面临被扼杀的危险。为了继承和捍卫孙中山的革命遗训和革命理想，宋庆龄面对这严峻的斗争形势，勇敢地迎接战斗。

1926年1月，国民党第二次全国代表大会在广州隆重召开。宋庆龄作为代表参加了这次大会，并当选为国民党中央执行委员，第一次走上国民党代表大会的庄严讲台，发表了义正词严、不同凡响的演说。

捍卫遗训

素具政治野心的蒋介石，曾得到孙中山的信任、重用。孙中山去世后，他一再标榜自己是孙中山的忠实信徒，这在他于1925年3月20日所作的《祭总理》一文中有集中的反映。在文中，他回顾了一系列自己跟随孙中山搞革命的事迹，以及孙中山怎么信托于他一个人：“英士即死，吾师期我以英士。执信继死，吾师并付以执信之重责，而责我一人”。又说：“抚今思昔，瞻前顾后，举凡可歌可泣，可悲可伤，心摧肠断，终身隐痛，其谁与诉？其谁与知？尔今尔后，岂复有人生之乐趣乎？”最后，蒋介石表白“心迹”，说明自己忠实地实行孙中山的遗训，贯彻孙中山的遗教：“今惟教养学子，训练党军；继续生命，澄清中原；实行主义，保存正气。”

蒋介石这一番表白，无外乎要树立自己是孙中山嫡系传人的形象，为夺取国民党最高权力创造条件。

孙中山刚一去世，蒋介石就想当孙中山的继承人，当属自不量力，“一厢情愿”。他资历太浅，羽翼未丰，还够不上与国民党元老胡汉民、汪精卫等角逐权位的对手资格。但立下“四十开外，雄飞世界”大志的蒋介石，自不甘寂寞，他实行韬光养晦之策，暗自积蓄力量，窥测四方，等待时机，以求一逞。

廖仲恺被刺事件是蒋介石等到的第一个时机，以搬掉在其夺权路上的第一块绊脚石右派元老胡汉民。

廖案发生后，国民党中央迅速做出决定，当天就由汪精卫、许崇智、蒋介石三人组成特别委员会，“授以政治、军事、及警察等一切全权，应付时局。”为了追查暗杀的幕后操纵者和策划者，国民党政府织成了“廖案检查委员会”。

检查委员会经过几天的调查，确信这次刺杀廖仲恺的元凶是国民党右派小团体“文华堂”的干将朱卓文，另外右派分子胡毅生、林直勉、魏邦平等人也参与密谋。粤军中的反动军官，也同右派勾结，图谋推翻国民政府。胡毅生则是胡汉民的堂弟，于是胡汉民被顺理成章地怀疑为刺杀廖仲恺的真正指使者。

蒋介石深知参加清查廖案的意义重大，因为借着清查廖案之便利，他不仅可以清查任何个人与党政机关，而且还可随意搞倒一切政敌，为日后篡夺党政军大权铺平道路。他戴上革命的假面具，极力巴结讨好时任国民政府主席的国民党左派元老汪精卫，结成暂时的汪蒋联盟。在廖案发生的当天，蒋介石即以卫戍司令名义，宣布广州市戒严，命令何应钦率领第一师分布市区戒严，并派兵驻防市区制高点观音山阵地。还改组了广州市公安局、使蒋介石控制了整个广州市。

接着蒋介石又与汪精卫合谋，由蒋介石把胡汉民软禁在黄埔。不久，汪精卫作出胡汉民出洋考察的决定。“出洋考察”当时被人说成是“说撤职不算撤职，说处分不算处分”的处分。胡汉民被“停止工作出洋考察”，这既可使汪精卫稳坐国民政府主席和军事委员会主席的双料高位，也使蒋介石得以剪除日后与他争夺权位的重要“棋子”。

蒋介石知道，掌握军权是跃上权力核心的奠基石，如此他必须撤掉顶头上司粤军总司令、国民党中央执行常务委员兼国民政府军事部部长许崇智。为此，他利用粤军将领参预廖案的缘由，设下拆散粤军的圈套。他危言耸听地对汪精卫说，汪也被列入国民党右派暗杀的名单中，同情、支持右派元老的粤军正是日后的心腹大患。经过两人的密谋，决定借改组国民革命军之机，编散这支庞大的粤军。于是在国民政府军事委员会召开的统一军政会议上，在汪蒋的合唱下，全体委员同意将国民革命军编组为五个军。党军为第一军，蒋介石任军长；建国湘军改为第二军，谭延　任军长；建国滇军为第三军，朱培德任军长；建国粤军改为第四军，由和许崇智积怨难消的李济深任军长；福军改为第五军，李福林任军长。结果，许崇智这位粤军司令不仅变成了无兵之帅，而且蒋介石还建议，为了吸取廖案血的教训，由党军接替警卫许崇智的粤军，使许变相被软禁，这样许崇智这位国民政府的军事部长也变成了汪精卫和蒋介石手中的玩偶了。蒋介石也认为全面倒许进而夺取军权的条件已经成熟，他以突然袭击的手段公布许崇智的罪名：纵容部下勾结右派行刺廖仲恺，并且诡称许崇智勾结陈炯明，有阴谋叛国的行为。这样，从政治上把许崇智摆到以汪精卫为首的国民政府的对立面。促使汪精卫下定决心继驱胡之后，再演出一幕倒许的闹剧。接着，蒋介石又将许崇智把持财政、私吞公款、克扣各军军饷等种种罪状散布出来，争得了汪精卫和各军军长对他倒许的支持。

许崇智毕竟是从政、治军多年的老手，他绝不会束手待毙，于软禁中秘密调令驻守在东莞、石龙他最得力的两个师的兵力，突然回师广州，妄图用武力粉碎蒋介石夺取军权的阴谋。

对于许崇智暗中联络嫡系部队"发军勤许"的阴谋，蒋介石早有防范。当他拿到确凿的证据以后，立即驱车赶到汪公馆，以胁迫的口吻要求汪立即处置许崇智，汪乃以军事委员会主席的身份发布命令："广州卫戍司令蒋介石将军全权处置粤军。"

蒋介石讨得了这把尚方宝剑，等于取得了倒许的合法权力。于是，他开始紧张的策划和部署。1925 年 9 月 18 日深夜，他命令黄埔军校全体学生、教官武装出发，抢占了军事要地。9 月 19 日早晨，在广东省举行的全省财政会议上，他突然把许崇智的亲信，广东财政厅长李鸿基、军需局长吴道职等人逮捕，送黄埔关押，罪名是侵吞公款，接济反革命军队。旋即又于 19 日深夜，对许崇智发动了突然袭击，将许软禁。

接着，蒋介石按计划采用突然袭击的办法，将许崇智的嫡系部队包围，并解除其武装。至此，被称之为倒许兵变的战役全部结束。许崇智在蒋的武力胁迫下被驱逐出粤境。倒许的实现，使蒋介石排除了前进道路上的另一个、也是最大的障碍，不但扩充了自己的实力，而且取代了许崇智成为东征军的总指挥。

蒋介石当上了东征军总指挥，得到了苏联顾问和共产党的帮助，一举攻陷了陈炯明老巢惠州，使东征之役大获全胜，歼灭陈炯明主力万余人，东江全境收复。蒋介石威名大震，汪精卫亲致电祝捷，蒋在入惠州城后，来了一个韬晦之计，自请辞去第一军军长职，只任总指挥一职，以统一广东。蒋此举意在表白自己"赤心为党，不存野心"，借以赢得国民党中央和国民政府以至苏联顾问的信任，顺利升入党国中枢。

蒋介石之计果然灵验，1926 年 1 月召开的国民党第二次代表大会上，蒋介石不仅只比汪精卫少一票当选为国民党中央执行委员，接着在二届一中全会上又当选为中央执行委员会常委。蒋介石摇身一变从"左派军人"一下子变成了"中枢要人"，成为几乎与汪精卫平起平坐、一文一武的国民党两大首领。

蒋介石下一个目标就是如何取汪代之，成为国民党的头号人物了。惯玩阴谋，善弄权术的蒋介石在夺权的征途上果然玩弄出一个又一个的离奇阴谋。

蒋介石玩弄的第一个离奇的阴谋，就是众所周知的"中山舰事件"。这是蒋介石以国民党新右派代表面目出现，明目张胆地向孙中山手订的"联俄、联共、扶助农工"的三大政策进攻的反动阴谋事件。同时也沉重地打击了汪精卫的威望。

虽然蒋介石以所谓"惟此事起于仓猝，其处置非常，事前未及报告，专擅之罪诚不敢辞，……应自请从严处分，以示惩戒而肃纪律"等词来为自己开脱，但汪精卫感到此事件不仅丢光了面子，而且也感到自己这个"主席"已无法行使权力，于是在 3 月 23 日声称"病了"，需"迁地就医"。25 日竟然表示"不再负政治责任"，自己躲了起来；加以他听到共产党的主要负责人陈独秀、张国焘和苏联顾问鲍罗廷采取妥协的方针，按照蒋的要求，共产党员退出了第一军，部分苏联顾问也被辞退回国，而蒋介石对他汪某人，既不来“负荆请罪”，更无“劝驾出山”之意，这样汪精卫在蒋介石的挤压之下“负气”离国出洋。身为国民党第一把手的汪精卫被挤压出走，对蒋介石真是“正中下怀”，不禁露出几分得意的微笑，等待他的是填补国民党最高权力真空！

1926 年 5 月，国民党在广州召开二届二中全会，蒋介石向全会提出了旨在限制共产党，篡夺国民党党权的“整理党务案”，规定共产党员在国民党中央党部、省党部、特别市党部中任执行委员时不得超过委员人数的 1/3；不得担任国民党中央机关的部长等等。

蒋介石利用“中山舰事件”掀起了反共浪潮，继而提出“整理党务案”削弱和打击共产党和国民党左派的势力，虽然达到了自己初步目的，但是，蒋介石必须把利用政治风波所获得的政治和军事上的胜利成果巩固起来，以便把国民党的党政军大权夺到手，于是他又使出了一系列两面派的手法。

蒋介石认为当务之急必须进行北伐。只有北伐才能把他已取得的权势扩大到全国；完成了北伐才能成为继承孙中山未竟大业的“嫡系传人”、“总理信徒”。

要北伐就离不开苏联人力、物力的援助，于是他大唱联俄的调子，说他不但“应该和第三国际联络，而且还承认它是在指导地位”。蒋介石为了在北伐中更多得到苏联人力、物力，特别是军火的援助，极力吹捧鲍罗廷。说什么军事、政治一切都要听鲍罗廷指挥，蒋介石到处讲话尊称“孙中山是国父”，却肉麻地称“鲍罗廷是亚父”。

蒋介石知道要取得北伐的胜利还必须得到共产党和工农群众的支援，这是他两次东征实践所检验过的。他强迫共产党员退出第一军，却又假惺惺地盛赞这个“自动退出”，是为了“免除本军内部之纠纷”，“其态度光明磊落，实足为吾同学将士所钦佩”。对于限制共产党的“整理党务案”，蒋介石说这不是限制，“乃是合作的一种办法”，目的“系谋内部团结革命力量，打倒帝国主义和北方军阀，此案实行后，即出兵北伐，实行本党主义”。蒋介石还说：“如离开共产党，国民党革命亦不成”，所以“希望本党同志及共产党同志，实力团结，努力国民革命工作”。

对于工农大众，蒋介石在制造“中山舰事件”时，曾经命令军队包围省港罢工委员会，缴了工人纠察队的械，因而引起罢工工人的强烈不满。于是蒋介石便借答中央社记者问的机会，说他是“拥护罢工政策最力，反对帝国主义最烈之一人，当然绝无摧残罢工，破坏工人运动之理”。第三次全国劳动大会在广州召开时，5 月 2 日，蒋介石以《工农大联合》为题出席作报告，他对工农群众在统一广东，肃清一切反革命和巩固广东革命政权所起的重大作用，说了不少赞美之词。他说“没有农工的帮助，国民革命军也决不能成功这样快”。他还说：“革命基础，是要工农学兵联合起来。必定要这四种人联合起来，革命才可成功”，并“要大家都来指挥监督军队，军队才不至成为军阀。”真是说的比唱的还好听。

由于蒋介石玩弄了这许多两面派手法，使不少群众一时半时还看不清他的右派本质，于是他利用“左派军人”、“革命领袖”的假面具，夺取了一个又一个党政军大权。

1926 年 4 月 16 日，国民党中央与国民政府举行联席会议，蒋介石被推选为军事委员会主席。

6月4日，国民党中央执行委员会临时会议，通过国民革命军出师北伐案。6月5日，国民政府任命蒋介石为国民革命军总司令。

7月6日，国民党中央执行委员会举行全体会议，推选蒋介石为国民党中央执行委员会主席。

按国民革命军总司令部组织大纲规定，在出征动员令下达后，凡国民政府所属军、政、民、财各机关，均受总司令指挥，这样蒋介石也就“言之成理”地垄断了国民党的党政军大权。挤迫汪精卫出洋休养的蒋介石，终于登上了国民党一号人物的宝座。

1926年7月9日，国民革命军誓师北伐。在全国人民尤其是工农大众的支持下，不到半年多的时间，国民革命军就歼灭了数倍于己的吴佩孚、孙传芳的军阀部队，取得了立马长江、北捣黄河、东卷沪宁的辉煌胜利。

为了把北伐的胜利发展到全国，实现孙中山统一全国的遗愿，“适应革命形势之要求”，广州国民党中央政治会议决定迁都武汉。

国民党中央作出决定，特派宋庆龄、徐谦、孙科、宋子文、陈友仁、蒋作宾及鲍罗廷等作为第一期先遣人员去武汉筹备迁都事宜，这是宋庆龄担任国民党中央执行委员后，担负的一次重大使命。

1926年12月10日，宋庆龄一行先遣队员由九江到达武昌。13日，宋庆龄参加了国民党中央执行委员和国民政府委员在武汉召开的紧急会议。会上，决定在国民政府未迁到武汉前，由宋庆龄、陈友仁、吴玉章、徐谦、蒋作宾及鲍罗廷等组成“中国国民党中央执行委员及国民政府委员临时联席会议”，作为正式迁都前的临时党政最高权力机关。

1927年1月初，国民党中央政治会议决定在武汉设立政治会议武汉分会，宋庆龄、宋子文、孙科、陈友仁、蒋作宾、陈铭枢、唐生智、邓演达、王法勤、李宗仁、刘骥、董必武、徐谦等13人被任命为委员。出席了政治会议武汉分会第一次会议。这样宋庆龄就参加了国民党中央在武汉成立的党政最高决策机构，进入国民党中央的临时领导核心。

正当北伐战争的声威震撼全国之际，革命统一战线内部的斗争却日益激化，矛盾首先在“迁都”问题上爆发出来，以宋庆龄为代表的国民党左派及共产党与蒋介石发生了正面冲突。

素具野心的蒋介石考虑问题的出发点就是他个人的权势。开始，蒋介石害怕广州的工农革命力量，曾一度提议把国民政府迁到武汉。但等到两湖工农运动蓬勃发展，北伐军攻克武汉，国民党中央决定迁都武汉后，他又担心迁都武汉将不利于自己直接控制武汉，因而又极力反对迁都武汉，力主把国民政府迁到南昌，使国民政府置于自己的控制之下。他多次截留经过南昌的国民党中央执委和国民政府委员。于1927年1月3日，擅自召开国民党“中央政治会议临时会议”，决定中央党部及国民政府“暂移南昌”。公开与国民党中央唱对台戏，妄图另立中央，分裂国民党。

蒋介石这一阴谋，立即受到以宋庆龄为代表的国民党左派和共产党人的坚决反对，在国民党中央执行委员和国民政府委员所组成的联席会议上，大家一致否定了这一别有用心的决定。

宋庆龄深知迁都之争,实质上是捍卫革命领导权和捍卫孙中山三大政策的一场严重斗争,宋庆龄旗帜鲜明地反对蒋介石的阴谋。

国民党中央还立即致电蒋介石,对迁都问题表示了明确的态度。要求蒋介石立即撤销南昌政府,让在南昌的中央委员和国民政府委员来武汉报到。

蒋介石却态度蛮横地表示"绝不让步",因为武汉方而李济深的第四军和唐生智的第八军不是蒋介石的嫡系部队,而南昌却在他的第一军控制之下。蒋介石是要把他的北伐军总司令部置于国民党中央和国民政府之上,如果国民政府设在武汉,不但受不到总司令部的控制,而且总司令部还要听命国民政府的节制。蒋介石决心在南昌建立他的军事独裁统治,企图独吞北伐胜利果实。宋庆龄看得非常清楚,蒋介石一手挑起的迁都之争,是他发出的明显的反革命信号。虽然蒋介石手握重兵,掌握军权,但刚正不阿的宋庆龄却敢于碰硬,坚决驳斥蒋介石把明明是隶属于国民党中央之下的国民革命军总司令部,本末倒置地放在国民党中央之上,不把国民革命军总司令部迁到武汉来受中央的领导、节制,却要国民党中央迁到国民革命军总司令部所在地南昌,受他个人节制。

1927 年 1 月 7 日,宋庆龄与陈友仁、蒋作宾等又联名致电蒋介石,说:"弟等初到鄂时,时局颇感困难,但因人民间民政府之信用,得将时局改造日趋稳定,外交地位顺利,军事消息日升,财政大有起色。最近占领英租界之举,内顺民心,外崇威信,务希坚持到底,不独战争必须身先士卒,政治亦然。中央领袖必须亲临政治冲激之地,始能战胜敌人。"

宋庆龄等的电报以国民政府迁都武汉后所取得的巨大成就,在国内外人民中享有的崇高威望,以及武汉已成为全国的政治中心等强有力的事实,批驳了蒋介石企图迁都南昌的阴谋,敦促他及其总司令部到武汉这个政治中心来。

的确,国民政府迁都武汉后的短短时间内所取得的巨大成就是举世瞩目的,仅以收回汉口英租界来说,就震惊中外,取得中国近代史上反对帝国主义斗争的辉煌胜利。

英国驻汉口的新闻记者向伦敦发出的电讯中也惊呼:在光天化日之下占领租界,把租界转入中国人民政府权力保护之下,这件事做得如此神速而彻底,以致英国公众都被惊得目瞪口呆。

宋庆龄在电报中特别提到收回英租界一事,不但有力地证明了武汉理应成为政治中心,而且也是对正在向帝国主义暗送秋波的蒋介石的一个有力警告。

在国民党左派力量的压力下,同时也为了窥探虚实,伺机达到其迁都南昌的目的,蒋介石被迫于 1 月 12 日来武汉。

威武不屈

大革命失败以后,蒋介石始终是以软硬两手交替使用来对付宋庆龄的,有的时候以软的一手为主,有的时候则以硬的一手为主。蒋介石采取威胁手段对付宋庆龄的头一桩事,要算是他下达绝俄令后两次打电报给离国出走、身在莫斯科的宋庆龄威迫她回国的事了：

1927 年 12 月，国民党政府借口中国共产党领导下的广州起义，造谣说这次起义是受苏联领事馆的煽动，下达了绝俄令，使中苏邦交实际上完全断绝。

蒋介石就此事电告正在莫斯科的宋庆龄，当即遭到宋庆龄复电严斥，说："我正准备回国，却获悉你打算与苏联绝交，并要求撤销苏俄领事馆。采取这一步骤，将是自杀行为；""你要是有一点领导者的远见卓识，倘若你还记得与苏俄进行合作是领袖的临终遗愿，那就该悬崖勒马，使国家免于陷入深渊。如果直到最后一刻还不采取废除断交的措施，我将留在这里，以抗议你的这个决定"。

18 日，蒋介石再电宋庆龄，对她进行无理攻击，诬蔑她在莫斯科的停留和她的电报都是受别人胁迫的结果，要求她回国"亲自陈述自己的意见"。蒋介石以为采取这种威迫的办法可以迫使宋庆龄离苏回国，但适得其反，这更激起宋庆龄的愤慨，更坚定了她与蒋介石进行不妥协斗争的意志。宋庆龄于 12 月 23 日再次回电蒋介石，指出："我留在世界革命力量的心脏莫斯科是自愿的，就如同我的访问是一种对国民党领导人的反革命政策的自愿抗议一样。说我似乎是在别人的迫使下行事，这完全是诽谤和对我过去所做工作的侮辱。这种诽谤，再一次说明你疑神疑鬼，它妨碍你正确地考虑问题，使你作出了致命的决定"。电报揭露了蒋介石及其一伙"已经成了帝国主义的同谋，而且包括你在内的国民党首领们甚至同派到殖民地中国的讨伐军的头目们保持着密切接触"。

她还在电报中表明自己誓死捍卫孙中山三大政策和坚定走革命道路的决心："如果我回国的话，那也只是为了参加工农斗争。孙中山为了工农的幸福奋斗了四十年，他们现在正受到无耻地打着国民党旗号的残暴的反动派的屠杀。……我将踏着革命者的足迹继续前进，这是缅怀我们领袖的惟一道路，我在这条道路上决不回头。"

宋庆龄在与蒋介石这次针锋相对的斗争中，表现了毫不退让的大无畏的凛然正气，并且宣告了自己的行动口号：坚持走自己的路，而且"在这条道路上决不回头"。后来的事实证明：宋庆龄是坚持原则，行动果断，说到做到的伟大革命家。

蒋介石想以硬的一手威迫宋庆龄就范，遭到了宋庆龄加倍还击的精彩战斗，要算得上是众所周知的宋庆龄与蒋介石的说客戴季陶的谈话了。

1929 年 8 月，宋庆龄回国参加孙中山奉安大典时，蒋介石曾煞费苦心，巧施各种计谋，拉拢宋庆龄让她留在南京任职，不再离国客居异乡，但都被宋庆龄识破，一一被顶了回去，8 月 1 日，国际反战日，宋庆龄更给在柏林的世界反帝国主义大同盟发去电报：

"今天各被压迫民族已经组成一个巩固的反帝反军国主义的阵线，而反动的南京政府却与帝国主义分子联成一气，残酷地镇压中国的广大民众。反革命国民党头目的背信弃义的本质，从来没有像今天这样清楚地暴露给世界。他们在背叛了民族革命之后，势必堕落为帝国主义的工具，并且企图挑起中俄战争。

"但是，中国民众不怕压制，不受说谎宣传的迷惑，他们将会只是站在革命一边战斗。恐怖主义只是有助于把更广大的群众动员起来，并加强他们的决心去战胜当前的嗜血成性的反动派。……"

宋庆龄对帝国主义战争贩子和南京政府进行了谴责，使蒋介石震怒之余派出他的谋士戴季陶前去威胁，完全是一副兴师问罪的架势。

当讲到宋庆龄所拍发电报时，戴季陶立刻以训斥的口吻责难宋庆龄：纵使政府有了错误，你也没有权利公开地说。你应该遵守党的纪律，而且这件事尤其不好的地方，是拍电报给外国人啊！宋庆龄立刻加以反击："遵守党纪，虽然，谢谢你们把我的名字列上你们的中央执行委员会，其实我并不属于你们的贵党。你竟有这种勇气告诉我，说我是没有权利说话。你们可是把我当做招牌去欺骗公众吗？你的蓄意正是一种侮辱。相信吧，没有哪个以为南京政府是代表中国的人民的！我是代表被压迫的中国民众说话。这你是知道的。"这样宋庆龄就把自己与蒋介石之流划清了界限。接着把戴季陶扣给她"丢政府和民族的脸"的帽子反扣到蒋介石一伙的头上："我的电报正是维护中国人的光荣表示。你们投降日本和外国帝国主义，侮辱革命的苏俄，才证明你们是一伙走狗，给国家与人民带来耻辱"！

宋庆龄还把戴季陶之流所戴的假面具剥了个精光："我除了看见你们妄肆屠杀几十万将来可以代替腐败官僚的革命青年以外，没有什么了；除了穷苦绝望的人民以外，没有什么了；除了军阀争权夺利的战争以外，没有什么了；除了对饥饿的民众的勒索以外，没有什么了；事实上，你们什么也没有做，只进行了反革命活动。""我知道有许多军阀官僚几年前都是很贫穷的，现在忽然坐上高级汽车炫赫夸耀起来，在租界上为新娶姨太太购买大厦。我请问你，他们的钱是从哪里来的呢？你想，假如孙先生还健在，他能容忍这种现状吗？假如，你也还是有良心的，你不能不承认现在的国民党是已经完全失去了它的革命的意义吧。"

最后，戴季陶恼羞成怒，警告孙夫人："我希望你不要再发表宣言。

宋庆龄正义凛然作了干脆利落的回答："戴君，使我不说话的惟一办法，只有枪毙我，或者监禁我，假如不然，这简直就是你们承认了你们所受的指摘并不冤枉。但是无论你们做什么事情，都要和我一样公开进行，不要使用鬼祟的毒计，用侦察来包围我。"

戴季陶理屈词穷，只得托词说先去南京，回来以后再来看宋庆龄。

宋庆龄断然地说："再来谈话也是没用的了，我们之间的鸿沟太深了。"

时间已过去了几乎整整70个年头，今天我们读起当年孙夫人对蒋介石、戴季陶一伙的批驳仍是这么掷地有声，铿锵有力！令人回肠荡气，拍案叫绝！

戴季陶(1890—1949)，原籍浙江吴兴，生于四川广汉。早年留学日本，参加同盟会。辛亥革命后，任孙中山秘书，广州大元帅府秘书长。五四运动时，在上海主编《星期评论》周刊。1924年任国民党中央执行委员会委员兼中央宣传部长。1925年孙中山逝世后，积极参加西山会议派活动，并发表《孙文主义之哲学基础》、《国民革命与中国国民党》，形成所谓"戴季陶主义"。

这个曾经摇唇鼓舌，善于与政敌辩论，"理论"功底深厚，荣膺国民党右派理论家的戴季陶，在宋庆龄的批驳下，显得如此苍白无力，张口结舌，无法招架。宋庆龄为了打得蒋介石无喘息之机，她将与戴季陶谈话记录《痛斥戴季陶》的英文稿交燕京大学出版的英文杂志《明日之中国》(《ChinaTommorrow》)加以发表，1929年12月12日的天津《大公报》又发表了它的译文，把她对蒋介石、戴季陶之流的批驳和对蒋介石反动政权的揭露公诸于世，使蒋介石在世人而前大丢其脸，这是正义战胜邪恶的典型事例。

如果宋庆龄与戴季陶的谈话，还是宋庆龄与蒋介石的侧面战、迂回战，那么当蒋介石杀害了宋庆龄的亲密战友邓演达时，就爆发了宋庆龄与蒋介石面对面、硬碰硬的直接战斗了。

邓演达(1895—1931)，广东惠阳人。早年就读于广东陆军速成学校、武昌陆军第二预备学校。1911 年加入同盟会。1916 年进入保定军官学校深造。1920 年孙中山命令援闽粤军回师广东，在湘、赣、滇军的协助下，打败桂系军阀，一举夺回广东，立即命令屡建奇功的邓铿创建后来成为最忠于孙中山的军事支柱——粤军第一师。刚从保定军官学校毕业不久的邓演达被任命为该师参谋兼步兵独立营营长，从此成为孙中山的忠实积极的追随者。1922 年 3 月邓铿被暗杀后，邓演达成为粤军第一师中团结全师忠实拥护孙中山的中坚。陈炯明叛变后，他又成为讨伐陈炯明、光复广东的先锋。孙中山还亲笔书写了一副对联："养成乐死之志气；革去贪生之性根"赠送给邓演达。说明孙中山对这位"对革命夙具忠心，英勇善战"，担负着拱卫大本营重任的年轻军官的信任和殷切期待。1924 年任黄埔军校筹备委员会委员，军校训练部副主任兼学生总队长、军校教育长。邓演达的确没有辜负孙中山的殷切期望，为了实现孙中山打倒封建军阀完成统一中国大业的遗志，他矢志不渝忠于孙中山的三民主义和三大政策。在大革命时期，他先后任国民党候补中央执行委员、中央政治委员会委员、中央军事委员会主席团成员，国民革命军总政治部主任，与宋庆龄、何香凝等成为国民党左派的杰出代表。大革命失败后亦先后到达苏联和德国，与宋庆龄一道共同筹划重振中国革命的纲领和方案。宋庆龄器重邓演达，不仅在于他忠于孙中山的主义和政策，在革命理想、革命观点上与她志同道合，而且还因为他一贯具有廉洁奉公、光明磊落、无私奉献的崇高风范。

1930 年初，邓演达回国主持中华革命党的工作，以重振中国革命。同年 11 月，他在上海成立黄埔革命同学会，联系黄埔各期同学，策动反蒋，蒋介石深恐其动摇黄埔根基，决心置邓以死地，以 30 万元悬赏缉拿他。1931 年 8 月 17 日，他因叛徒告密在上海被捕，11 月 29 日被蒋介石秘密杀害于南京麒麟门外的沙子岗。

宋庆龄得知邓演达被捕以后，非常着急。"四一二"以后，除无法回避的社交活动以外，宋庆龄从未主动去找过蒋介石。为了营救邓演达，她单刀直入，登堂入室，直接面见蒋介石要求释放邓演达。开始蒋介石闪烁其词，吞吞吐吐，在宋庆龄的一再追问下，他才被迫公开了邓演达被杀害的真相，使宋庆龄无比愤慨，万分悲痛。回到家里她奋笔疾书，蘸满心中仇恨一挥而就，写出《国民党不再是一个政治力量》的声明，向全世界宣告：

"当做一个政治力量来说，国民党已经不复存在了。这是一件无法掩盖的事实。促成国民党灭亡的，并不是党外的反对者，而是党内自己的领袖。"

《声明》揭露了蒋介石反动政权的本质："新的统一的政府是由日、法、英、美等帝国主义的代理人组成的，是服务于这群利害冲突的主子的，它将继续接受帝国主义者的命令，镇压中国民族求解放的任何一种形式的群众运动”，他们所叫喊的“和平”，“不过是和平地分赃”，他们叫喊的“统一”，“不过是对群众进行统一的掠夺而已”。“过去北洋军阀政客所不敢做的事，却在‘党治’的名义下毫无顾忌地做出了”。“国民党今天已名誉扫地，受到全国的厌弃和痛恨，还有什么可奇怪的呢？”

宋庆龄的伟大还在于：她不是“空谈家”，她怎么说就怎么做，敢说就敢做！

1932年10月，她不畏艰险，不辞辛劳，亲赴汉口与蒋介石交涉，拟以国民党中央委员资格，组织一种特别委员会，专门处理政治犯案件。但无结果，紧接着她在11月致函外报，表示：

“予现拟参加组织一团体，专以保护及营救所有政治犯，及清共被牺牲者为职志。予盼中外知识阶级及友朋参加是项运动”。宋庆龄所讲的“组织一团体”就是后来不久宣告成立的中国民权保障同盟。

1932年12月18日，宋庆龄与蔡元培、杨杏佛、黎照寰、林语堂等在上海发起组织进步团体“中国民权保障同盟”，并发表宣言。宣言明确提出该同盟之目的是：

(一)为国内政治犯之释放与非法的拘禁、酷刑及杀戮之废除而奋斗。本同盟愿首先致力于大多数无名与不为社会注意之狱囚；(二)予国内政治犯以法律及其他之援助。并调查监狱状况，刊布关于国内压迫民权之事实，以唤起社会之公意；(三)协助为结社集会自由、言论自由、出版自由诸民权努力之一切奋斗。

接着12月29日下午4时，宋庆龄和蔡元培、杨杏佛等在上海南京路华安人寿保险公司大厦主持召开中外记者招待会，庄严宣告中国民权保障同盟的成立。

同盟成立不久，宋庆龄即积极投入营救被捕的共产党人罗登贤、廖承志、陈赓、余文化和陈藻英等的斗争中去。

在宋庆龄的营救下，廖承志首先获得释放，廖承志的父母亲廖仲恺、何香凝，是国民党的著名元老，孙中山的亲密战友。在父母亲的教诲下，他青年时代就投身革命，曾赴德国、荷兰、比利时等地考察国际革命运动，领导中国海员运动，1930年夏被国际海员工会派往莫斯科参加职工国际第五次代表大会，并入莫斯科东方大学学习，其间与蒋经国有同窗之谊。1932年回上海，任全国海员工会中共党团书记，中华全国总工会宣传部长。1933年3月28日，由于原中华全国总工会秘书长王其良被捕叛变，他与中华全国总工会执行局秘书罗登贤等先后被捕。廖承志被捕以后用巧妙的办法通知了他的母亲何香凝。宋庆龄也很快得知了这个消息。翌日，宋庆龄就赶到何香凝的寓所，表示亲切的慰问，并共同商讨营救廖承志的办法。3月30日，宋庆龄主持召开了中国民权保障同盟临时执行委员会讨论营救办法。决定由宋庆龄、蔡元培出面委托上海著名律师吴凯声等为被非法逮捕者辩护。同时，中国民权保障同盟发表宣言，强调指出：“在此国难期间，欲言御侮，国人必有反帝国主义之自由，不应对于努力此项工作者反愈加压迫，致伤元气。吾人应速自觉悟，奋起力争，而要罗、余、廖及一切政治犯之释放，尤为第一要图。”何香凝直接找上海市市长吴铁城交涉，对吴铁城说：“你要末把廖承志放了，否则就连我一起抓起来”，要吴铁城立即答复，否则就坐在他的办公室不走。吴铁城无奈，只好立刻给蒋介石挂电话，蒋被迫答应释放廖承志，经由宋庆龄、柳亚子、经亨颐出面担保，使廖承志首先获得释放。

正当宋庆龄等积极设法营救罗登贤、陈赓等人时，蒋介石也在日夜加紧策划，以促使这一批“共产党要犯”，特别是陈赓能够投降归顺。

陈赓是黄埔军校第一期毕业生，时任中国工农红军第四方面军第十二师师长，在保卫鄂豫皖根据地的斗争中，战功卓著。1932年秋天，在蒋介石再次发动对鄂豫皖苏区的进攻中，不幸右腿膝盖负重伤，不得不离开部队，化装到上海治疗。经过宋庆龄的表兄弟牛惠生、牛惠霖的悉心治疗，很快治好了腿伤。一天，陈赓途经北京路时，被上海警察局督察遇见，即鸣捕将其拘入老闸捕房。

由于陈赓是黄埔军校一期毕业生，蒋介石知道抓到了陈赓非常高兴，想通过陈赓来影响红军中的黄埔学生，所以对他格外青睐，采取了一系列的劝降活动。

4月初的南京，正是江城“无处不飞花”的大好时光，玄武湖碧波荡漾，波光粼粼，湖旁彩色缤纷的迎春花笑脸迎人；紫金山绿涛波涌，映天皆绿，更使人感到春意阑珊。此时，南京火车站却满布武装军警，刺刀寒光闪闪，旅客裹足不前，一片肃杀景象，与当时妩媚的春光显得很不协调。

南京国民政府宪兵司令谷正伦在一大群荷枪实弹的卫兵簇拥下立在站台上，正等待从上海开来的一列专车，一名胡子满脸、衣衫褴褛的囚犯被从车上押出来时，他皮笑肉不笑地递上一份“委座”的手谕，只见上面写着：

查陈赓乃余昔之袍泽，勇冠三军，于北伐中卓著劳绩，姑念年轻失足，误入迷途，宜加珍惜恕容，多于照拂，

足其幡悟。若能起誓归顺，效忠党国，定当重用。

蒋中正

谷司令用期待的眼光看着站在自己面前的囚徒，乞望他的首肯以便好回去向“委座”邀功，但“囚徒”往“手谕”上扫了一眼，轻蔑地递回给谷正伦，淡淡地说：“没有什么好谈的！”

不过几分钟，蒋介石对陈赓劝降的第一仗，就宣告失败。

谷正伦立刻收起了笑容，命令把陈赓关进南京警备卫戍司令部监狱。

一天晚上，监狱忽然显得紧张起来，只见荷枪实弹的警卫人员五步一岗十步一哨，如临大敌。

原来尊为“国母”的宋庆龄在杨杏佛、吴凯声、沈钧儒、伊罗生的陪同下，根据民权保障同盟执委会的决定为了营救被捕的罗登贤、陈赓等，专程从上海来到南京，找当局交涉。当时任国民政府行政院院长的汪精卫和司法行政部部长的罗文干不得不“移尊就教”，到宋庆龄下榻的扬子饭店商谈。宋庆龄以中国民权保障同盟的名义向汪、罗书面提出了立即释放一切政治犯、废止滥刑、给予政治犯阅报读书自由、改良狱中待遇、严惩狱吏敲剥犯人等四项要求，并当面提出立刻释放罗登贤、陈赓等四人。

当时尊为国民党第二号人物的汪精卫亲自到扬子饭店来“看望”国母，但尊为“国母”的宋庆龄却要去“探监”，汪精卫亦无法阻拦。

当晚，宋庆龄一行踏着浓重的夜色，穿过杀气腾腾阴森森的监牢甬道，到关押陈赓等人的号房和他们作了亲切的交谈。

陈赓及遍体伤痕、腿骨被打断的罗登贤向宋庆龄等陈述了他们在狱中所受的严

刑拷打和非人待遇。眼前的现实,激起了宋庆龄等人的极大愤慨,更坚定了她们为实现同盟宗旨,为使政治犯获释而斗争的决心。

蒋介石接到陈赓宁死不屈的报告后,命令将陈赓押解到蒋介石坐镇围剿江西红军的大本营——南昌,想以他这个校长的威严软化陈赓。他命令把陈赓安排住在南昌市中心洗马池豪华的江西大旅社,希望以锦衣美食加上蒋的心腹秘书邓文仪的劝降,以动摇陈赓的意志,但毫无结果。

蒋介石最后只得亲自出马。一天,陈赓被带到作为蒋介石行辕的南昌百花洲科学仪器馆,在一间宽敞的客厅里坐下,随手拿起报纸翻阅,立刻听到有人进来。他明知是蒋介石来了,却干脆把报纸高高举起挡住自己的脸,装着看不见。蒋介石口中喊着"陈赓在哪里?"但半天得不到回音,只好硬着头皮走到陈赓身边说:"你是我的好学生,你犯了错误,我可以原谅你","校长从来对学生都是爱护的,宽大的"。陈赓冷冷地说:"我没有错误,根本不需要你们原谅"。谈话破裂,蒋介石无奈,只好把陈赓押回南京秘密关押。

当宋庆龄得知陈赓又被秘密押回南京随时有被杀害的可能时,只得当机立断,再一次亲自面见蒋介石,要求立刻释放陈赓。

宋庆龄知道,1925 年 10 月国民革命军举行二次东征讨代陈炯明时,陈赓曾救过蒋介石的命。现在这个经常以"礼义廉耻,国之四维,四维不张,国乃灭亡"训诫同胞和部下的"委座",却居然要杀自己的救命恩人。宋庆龄怒火中烧,斥责蒋介石:"陈赓是黄埔军校的学生,东江之役一直跟你打仗,你打了败仗还是陈赓救了你的一命,不然你也活不到今天,现在你要杀他,简直是忘恩负义。你天天说的礼义廉耻哪里去了?"

在宋庆龄的责问下,蒋介石考虑到如果把陈赓杀害,被人说成是恩将仇报,损德忘义,会激起黄埔学生的不满而带来后患,只得被迫把陈赓释放。

陈赓在宋庆龄的营救下,终于获得释放。

蒋介石掌握着对广大人民群众生杀予夺大权,但是邪恶毕竟敌不过正义,在蒋介石与代表人民利益的国母宋庆龄硬碰硬的斗争中,终究又败下阵来。

中国民权保障同盟产生在白色恐怖极端严重的 30 年代,它战斗在敌人统治的心腹地带,像一把利刃直插敌人的心脏,震慑敌人,振奋群众,起到了在当时历史条件下其他公开的群众团体所难以起到的巨大作用。它实际存在的时间,虽然不到一年,但它产生的巨大、深远的影响却远远超过它存在的时间。中国民权保障同盟,所以能起到如此独特的巨大作用,正是和宋庆龄独特的政治地位和享有的崇高威望不可分割的。

另一个阴谋又开始了,暗杀宋的计划迟迟定不下来,但蒋介石对中国民权保障同盟是不会放过的,只好下令暗杀同盟的主要成员杨杏佛,以达到"杀杨儆宋"之目的。

杨杏佛(1893—1933),名铨,江西玉山人。早在 1908 年于上海吴淞口中国公学就读时,年仅 15 岁的杨杏佛就表现出向往革命,推翻清王朝的志向。后加入同盟会,南京临时总统府成立时,不满 20 岁就担任了总统府秘书处收发组组长。袁世凯窃据总统职位,临时政府被迫北迁,他愤而辞职,赴美留学。先后在康奈尔大学、哈佛大学深造，回国后，在东南大学的前身南京高等师范学校任教授兼工科主任。

由于对国民党反动派专制统治强烈不满，杨杏佛追随宋庆龄发起组织民权保障同盟，舍生忘死为争取中国人民的基本民权而斗争，成为同盟的中坚，首先被蒋介石列入暗杀的黑名单。

1933 年 6 月 18 日，上午 8 时，杨杏佛带着 14 岁的长子杨小佛准备乘汽车去大西路骑马驰骋以自娱。他先上了道奇牌的轿车，刚好该车司机不在，就换乘纳喜牌的篷车。

"父子二人登车，甫坐定，车夫祥度踏动马达启行。车头甫出中央研究院大门，马路旁突有短衣暴汉四名冲出，各出盒子炮，围集车身两旁射击，弹如雨下。车夫祥度胸部首中两枪……在此危急之一刹那，杨氏爱子情切，全身俯伏小佛身上，以资蔽护，是时两暴徒分在汽车左右，继续向杨射击，三枪均中要害，倒于车厢，旋即殒命"。当时《申报》这则翔实的报道，把这位半个多世纪前保卫民权的杰出战士，在光天化日之下如何惨死在国民党特务乱枪之下的情景再现出来。

杨杏佛的遇害，对宋庆龄打击之大，当时曾有这样的评论："邓演达之死使她失去左臂，杨杏佛遇害使她失去右臂"。杨杏佛惨遭杀害，宋庆龄的悲愤可想而知，但她从不会在压力下屈服。

宋庆龄获悉杨杏佛被刺的噩耗后，立即发表《为杨铨被害而发表的声明》，严厉斥责蒋介石及其主使的一伙特务犯下的法西斯的暴行：

"这批人和他们所雇用的凶手以为单靠暴力、绑架、酷刑和暗杀就可以把争取自由的最微弱的斗争扼杀。这就是他们统治人民的武器，也正说明了他们整个政权的面目。中国民权保障同盟就代表这样一个争取自由的运动，杨铨也就是因为他在这个组织中的活动而被残酷地杀害了。"

声明强调：

"但是，我们非但没有被压倒，杨铨为同情自由所付出的代价反而使我们更坚决地斗争下去，再接再厉，直到我们达到我们应达到的目的。杀害杨铨的刽子手们要明白，政治罪行必然会给他们带来应得的惩罚"。

6 月 20 日下午，上海胶州路万国殡仪馆灵堂，正中高悬杨杏佛的遗像，像前的桌上置香烛水果等物，四周放满了花圈，壁上挂着挽联，杨杏佛的遗体安卧在灵堂西侧。

正当要举行杨杏佛成殓仪式时，大雨倾盆，电闪雷鸣，一道道雨柱从灰濛濛的天幕上横扫下来，像是为这惨死在敌人屠刀下的保卫民权的战士掬一把同情之泪。雨声、哭声、乐声把悲恸的气氛烘托得令人肠断心碎。

下午 3 时许，宋庆龄蔑视暴力的恐吓，偕同伊罗生及女秘书一人，以大无畏的气概冒雨前来出席杨杏佛的成殓仪式。宋庆龄没有哭泣、似乎哭声已无法表达她心底的悲痛。她没有流眼泪仿佛泪水已经被胸中怒火浇灭，她深信人民的满腔愤怒终有一天会化为熊熊大火，把一切恶势力烧成灰烬。

参加成殓仪式后，宋庆龄被一大群记者包围(其中也有利用记者名义参加的特务)。她语气激昂地表示，杨杏佛的被害是一种有计划有组织的政治性暗杀。当记者问到民权保障同盟的会务时，她坚定果断地说："当然继续进行"。其后，她又在接见记者时严正宣称:我虽然受到某些方面的威胁,但在任何情况下也不会停止在中国民权保障同盟的工作,同盟副主席杨杏佛之死决不会影响运动的进展,相反地此事将激励同盟加倍努力工作。她用宁折不弯的浩然正气回答了那不敢见人的鬼蜮行径。

邓演达倒下了,前仆后继的杨杏佛又倒下了,但宋庆龄没有被吓倒,犹如千丈巨岩巍然挺立,此身尚存,此志不移,以更加顽强的硬骨头精神,与蒋介石"对外退让,对内用兵,对民压迫"的反动国策进行抗争。

蒋介石坚持的,宋庆龄就反对;蒋介石反对的,宋庆龄就坚持。她始终坚持与蒋介石针锋相对地斗争。

救国运动

在白色恐怖中,上海中共地下党的电台被侦破了,失去了与中央的联系,宋庆龄立刻帮助地下党在路易·艾黎的家中设置了一部秘密电台,恢复了地下党与中共中央的联系。

1936年红军攻入山西时,缴获了巨额的山西省银行发行的钞票。但当时军阀割据下的中国,出了山西这些钞票就是一堆废纸。中共急需把这些山西钞票换成国民党中央政府发行的法币。经过宋庆龄的安排,路易·艾黎凭着他那副大鼻子,一双碧眼珠和革命的机智,在太原的大钱庄胜利地完成了这一艰巨任务,把一捆捆法币运回上海交给了宋庆龄。又是宋庆龄的安排,请章乃器把这笔钱通过上海商业储蓄银行汇给了中共驻西安的联络员刘鼎。这批巨款被刘鼎派了很好的用场,完成了许多重要的革命工作。

苏区非常缺乏印刷技术力量,又是宋庆龄亲自派人到上海一些印刷厂去物色人才,经过慎重挑选,最后委派了好几位同志去苏区,有的还担任了苏区印刷厂厂长,为革命的宣传工作作出了重要的贡献。

苏区缺乏医药和医疗器械,她筹措一批又一批的药品和医疗器械送到根据地,并介绍了像马海德这样著名的医学专家到延安。

中国共产党和红军经过长征到达地处偏僻的陕北高原,四面被国民党重兵包围封锁,他们几乎与世隔绝,不但补给困难,也几乎无法向全国和全世界的人民公开宣传党的主张;而且在国民党反动宣传下,共产党、红军被诬蔑为"共产共妻"、"杀人放火"、"青面獠牙"的匪徒。让国内外人民了解苏区的真相和共产党的正确主张,并获得国内外人民的支持和援助,这是壮大共产党力量的重要一环。

埃德加·斯诺是一个富有正义感,具有勇敢开拓精神的美国记者,有关中国共产党的种种传闻在他的脑子里发出了一连串的问号。他决定亲自深入红色中国腹地去采访,考察。

1936年春天,这个自称"多亏结识了宋庆龄使我领悟到:中国人民有能力从根本上改革他们的国家,并且迅速把地位很低的中国提高到凭其历史和众多人口在世界上应占有的地位"的美国记者,专程从北平到上海把这个对自己的一生具有决定影响的要求,告诉了宋庆龄。果然不负他的殷切期望,在宋庆龄的积极帮助下,通过秘密渠道,她把中共中央同意安排一名外国记者和一名外国医生访问苏区的讯息通知了斯诺和马海德。于是他们两人开始了非常富有传奇色彩的访问红区之行。

6月初，北京已披上春天的绿装，婀娜多姿的杨柳和挺拔茂密的松柏把紫禁城打扮成迷人的奇境，为了去探索"一个跟紫禁城的中世纪壮丽豪华在时间上相隔千百年，空间上相距千百里的地方"，斯诺在一个午夜从北京前门车站登上了一列"破败不堪"的火车，向南进发，他在郑州车站与美国医生马海德会合，然后到了西安，住进了西京招待所。

一天，一个身材高大，胖得有点圆滚滚，体格结实，仪表堂堂，身穿灰色绸大褂的人，穿过打开着的房门，走进了斯诺、马海德的房间

客人操着流利的英语问："在北平的M·s认识吗?"

斯诺立刻惊喜地回答："她是我的好朋友，"随后拿出半张盖着图章、印有英文诗句的名片，和客人手中另外半张名片衔对；马海德也从贴身衣袋里掏出半张5英镑的钞票和客人手中另外半张同样币值的钞票对接，它们都几乎"天衣无缝"似地吻合成完整的一张名片和5英镑钞票，接头暗号成功了。斯诺、马海德与宋庆龄派来化妆成王牧师的董健吾接上了关系，然后他们在中共保卫局负责人邓发和红军驻西安联络员刘鼎的具体安排下，藏在持有特别通行证，装满军用棉大衣的一辆道奇牌卡车里，躲过城外哨卡的盘查，离开西安。历经艰辛终于到达了红色区域的门户——安塞，从此，开始了他们传奇性的采访和生活。

斯诺在苏区采访了4个月，为了及时向全中国，全世界报道"中国西北升起的这颗红色灿烂的希望之星"，并让它的光焰照亮整个中国、整个世界。他回到北京蛰居书屋，辛勤笔耕，写出了《红星照耀中国》一书。他在去苏区前，曾给美国一家出版商的密信中说："明天，我真正的要去红色中国了，我要去会见毛泽东，我要去苏区旅行，要在那里拍照……如果我能突破封锁，这将是一个世界头号新闻"。

这个在中国取名"施乐"的美国记者斯诺预言完全正确，而且他的非凡成功远远超出他的预料。《红星照耀中国》一书在1937年10月由英国戈兰茨出版公司出版以后立刻轰动了世界。它的确"施"给世界各国人民以兴奋和快"乐"。该书仅仅1个月就发行了5版，计数10万册。美国兰登出版公司翻印后，成为美国远东"非小说读物"中的最畅销书；不久它又相继被译成法、德、意、俄、西、葡、日等十几种语言文字出版，一时风靡全球。

在中国，这本书由胡愈之组织一些新闻界同行自筹经费，以最快速度集体翻译，出版了它的中译本，并为了瞒过反动统治阶级的检查机构，以《西行漫记》这个既贴切又具有吸引力的书名，风行神州大地，并很快在香港以及海外华人聚居区出现了无数的翻印本。

它冲破了国民党反动派的重重封锁，揭开了由谎言编织成的重重帷幕，让中国人民了解红区和红军的真相。它像一颗灿烂的启明星指引和鼓舞着无数青年走上革命的道路。

这本书的出版正值抗日烽火遍神州的年代，它鼓舞了许多人投奔人民的抗日队伍。它对世界人民支援八路军、新四军的抗战，壮大人民力量，更起到了不可估量的作用。

埃德加·斯诺成为中国人民真挚的朋友,他为中国革命和建设事业不断作出新的贡献。直到他走到生命终点的前夕,还为打开中美关系传递了最早的信息。怪不得宋庆龄曾对他说:“你属于中国”,而斯诺创造出这样非凡的业绩,也是和宋庆龄的帮助分不开的。难怪斯诺早在 30 年代就说过,在中国,“在这些私人交往中最为重要的是和孙中山夫人的友谊”。斯诺曾将他写的《西行漫记》一书送给宋庆龄,他在该书的扉页用英文写下了如下的题词:“你是中国第一个阅读此书和第一个鼓励我创作此书的人”。表达了他对宋庆龄的无比崇敬之情。

宋庆龄介绍路易·艾黎、斯诺、马海德、白求恩、爱泼斯坦……等许多国际友人到中国,为中国革命事业服务,为壮大党的力量,发展党的事业起到了不可估量的作用,在宋庆龄与蒋介石的较量中,它对蒋介石政权打击之大也是蒋介石所没有预料到的。

蒋介石以“卖国有功,救国有罪”的高压政策来镇压抗日救亡运动,宋庆龄面对高压,无畏无惧,天不怕地不怕,和蒋介石进行了一次又一次的较量,打出了一个又一个的漂亮仗。

宋庆龄领导全国各界救国联合会,主持鲁迅先生葬礼,把葬礼办成救亡图存的示威运动。特别是为了营救爱国领袖“七君子”出狱,而发起的‘爱国入狱’运动,更是震惊中外的漂亮仗,是可以用彩笔浓墨书写的光辉历史篇章。

“九一八”事变以后,由于蒋介石实行“坚决不抵抗”、“攘外必先安内”的反动政策,步步妥协退让,使日本帝国主义的侵略势力气焰嚣张,把侵略的魔爪从东北伸向华北以至华东。

在这种寇深祸急、山河破碎、华北危急、国亡无日的严重形势下,国民党推行的卖国有功、救国有罪、抗日犯法的卖国政策,使广大爱国学生再也抑制不住满腔怒愤。1935 年在中国共产党的组织领导下,掀起了声势浩大的“一二·九”运动,拉开了全国抗日救亡运动的序幕。首先由上海文化界发起组织的上海文化界救国会以及由上海妇女界组织的救国会等各种抗日救亡团体如雨后春笋般地在全国各地涌现。全国各界救国联合会(简称“全救会”)就是顺应时代潮流,合乎人情需要,产生的一个全国性的救亡团体。

正是在这种全国各地抗日救亡运动蓬勃发展,全国各地分散的救国会迫切要求有一个全国性的救国会组织来统一领导,推进全国抗日救国运动的形势下,全国各界救国联合会代表大会于 1936 年 5 月 31 日—6 月 1 日于上海召开。代表全国 20 个省市的 60 多个救国团体的代表和在淞沪抗日战争中立下战功的十九路军代表出席了大会。会上宣告全国各界救国联合会(简称“全救会”)正式成立,宋庆龄被推举为全救会的执行委员和常务委员,被推选为常务委员的还有何香凝、马相伯、沈钧儒、章乃器、陶行知、李公朴、王造时、沙千里、史良、孙晓村、曹孟君、何伟、张申府、刘清扬等共 15 人。

全国各界救国联合会成立后,国民党当局丝毫没有改弦更张之意,反而对全救会成员横施迫害。

全救会成立大会闭幕次日,即 6 月 2 日,沈钧儒偕同章乃器立刻将全救会的宣言、纲领等文件,亲自送交国民党上海市市长吴铁城,希望得到国民党当局认可,争取合法公开。吴铁城不仅不予承认,反而无端诬蔑全救会是“少数野心家”操纵的反动的东西,气焰嚣张地叫嚷要取消一切救亡团体,逮捕救国会的负责人,逼迫沈钧儒、章乃器等放弃抗日救国的正义立场,自动解散救国会等救亡团体。

首先出来公开驳斥吴铁城这种无耻诬蔑威胁的就是孙夫人宋庆龄。

6 月 5 日,她写了《致救国阵线领袖函》,表示完全支持沈钧儒等“拒绝否认(全救会)宣言,并坚决声言忠于宣言的每一句话,宁可坐牢而不愿卖国”的正义行动。严正宣告:

“签名于这救国会的纲领和宣言之后,我充分支持这个纲领和宣言”。同时揭露国民党“当局一面鼓吹着‘秘密准备抵抗日本帝国主义’;但一面又警告,逮捕我们救国会诸同志”,“这种办法只是欺骗白痴”。提出“我们反日的最好方法,是只有加强我民族革命的力量”。

宋庆龄这封信,公开发表在 1936 年 6 月 14 日出版的全救会的机关刊物《救亡情报》第六期上,引起社会很大的震动,对国民党当局的反动气焰,给予有力的回击。

宋庆龄由于患盲肠炎动手术住了一个多月医院,所以没有参加全救会的成立大会,但是她对于上海和全国救国运动的进展和筹备成立全救会的工作备极关怀。尽管她卧病在床,仍然经常阅读有关的文件和报导,听取有关情况的汇报。

全国各界救国联合会及其执委会、常委会虽然是个公开机构,但在国民党“爱国有罪”高压政策下,全救会诸领袖的领导工作实际上不能不转入秘密状态。全救会的执委会、常委会是公开的领导机关,但又没有一个干事会是秘密的不公开的工作机构,负责处理日常的领导工作。全救会领导人如沈钧儒、章乃器、陶行知、李公朴、王造时、沙千里、史良等要开会商量工作也难以在某一个人的家里进行,他们往往到一些餐馆借聚餐为名作掩护。当时上海著名的素菜馆功德林就是他们常去集会商讨大事的地方,这里有熟人作“耳线”,为他们“放哨”,确保安全。

宋庆龄由于体弱多病和她的特殊身份受到国民党特务的严密监视,所以通常没有参加全救会领袖们的集会,但是大家都非常尊重她,热爱她,把她看成全救会的无可争辩的领袖和带头人。而且经常和她取得密切的联系,向她汇报全救会的情况并听取她对全救会和抗日救亡运动的意见。当时曾任全救会干事的胡子婴就是经常和她联系的人之一。所以当时虽然由于种种原因宋庆龄深居简出,但她对全救会的活动和抗日救国运动的情况都了若指掌,而且每每在关键时刻挺身而出作出有力的支持。全救会甫告成立,国民党当局妄图以诬蔑和施加压力将其扼杀在襁褓中时,宋庆龄就拍案而起,给以有力的回击。

1936 年 10 月 19 日,凌晨 5 点 25 分,中国伟大的文学家、革命家鲁迅先生逝世,举国震惊,四海同悲,正像当时报刊上一则报道所说的:

“他逝世的噩耗,曾使全世界被压迫大众流泪,使全世界和平阵线战士们震悼得低下了战旗。我们中国的文化界、救亡阵线的伙伴们,悲痛得使我们呼吸都感到迫促”。

当天凌晨,冯雪峰把这一噩耗及时打电话告诉了宋庆龄。她一放下电话,就匆匆赶到鲁迅寓所,她是最早赶到鲁迅寓所瞻仰鲁迅遗容的人中的一个。

在鲁迅寓所三楼，经过大家商讨立刻成立了以宋庆龄为首的鲁迅治丧委员会。在当时上海白色恐怖极端严重的情况下，担任左翼作家联盟党团书记的冯雪峰和中共上海地下党都难以公开出面，所以治丧的一切重要的大事，全仗宋庆龄出面主持和承担。当天上午，宋庆龄给全救会干事会总干事胡子婴打了个电话，说："鲁迅的丧事我们救国会包了，要办成运动式的。"

所谓"运动式的"就是要把鲁迅丧事办成一次动员人民起来，继承鲁迅未竟的革命事业的教育运动；办成动员人民起来争取民主，救亡图存的伟大示威运动。所以鲁迅的丧事实际上成为由宋庆龄主持的，由全救会组织的抗日救国的主要活动，是全救会轰轰烈烈的抗日救国运动的组成部分。

宋庆龄主持鲁迅丧礼实际上也是和蒋介石针锋相对的一次斗争。

10月22日将为鲁迅举行隆重的葬礼，经商定送葬的路线是从胶州路的万国殡仪馆出发，经过静安寺路和中山路到达虹桥的万国公墓。国民党反动派和帝国主义妄想破坏这次葬礼，提出送葬队伍不准按上述路线行进。宋庆龄为了对付敌人的破坏，曾首先与胡子婴等分析形势、商讨对策。他们估计胶州路一带是英租界，英帝国主义不敢出来阻挡，可是到了中山路的中国地带，国民党会制造麻烦。宋庆龄正气凛然，坚定而充满信心地说："到那天，我走在前面！""不管发生什么事，我们都要把葬礼进行到底，把葬礼办得隆重！"

10月22日，中午过后，人群从四面八方向胶州路万国殡仪馆奔去，虽然出殡的时间定在下午两点半，但不到1点，殡仪馆内外已挤满了黑压压的人群。

两点半葬礼开始了，工人、学生、作家都四人一排地列成钢铁般的队伍。

队伍最前面是一幅"鲁迅先生殡仪"的巨额横幅，跟着便是挽联队、花圈队、军乐队、挽歌队、巨幅遗像、灵车、家属、执绋者以及徒步送殡者和送殡的汽车队，队伍足足拖了2里多长，真是浩浩荡荡。宋庆龄穿着一身黑色的旗袍，左臂缠着黑纱，怀着悲痛的心情，搀扶着许广平，紧跟在灵车后面，坚定地一步一步地向前走着。在这送葬行列中还有蔡元培、沈钧儒、王造时、章乃器、胡愈之、史良、李公朴、邹韬奋、沈兹九，可以说全救会的主要领导人都参加了送葬。还有很多知名作家、演员、文艺工作者：郑振铎、王统照、郁达夫、蔡楚生、欧阳予倩、袁牧之、陈波儿、赵丹，以及鲁迅的日本老朋友内山完造、池田幸子等。送葬队伍步伐整齐，秩序井然。一路上，大家踏着军乐队的乐声，唱着悲壮的挽歌：

"你的笔尖是枪尖，刺透了旧中国的脸，你的声音是晨钟，唤醒了奴隶们的迷梦。

"在民族解放的战斗里，你从不曾退却，擎着光芒的大旗，走在新中国的前头。

"啊，导师！啊，同志！你没有死去！你活在我们的心里！

"我们会踏着你的路向前。那一天就要到来，我们站在你的墓前，报告你，我们完成了你的志愿。"

"愿你安息，安息在土地里"。

歌声悲壮激越，震撼着送葬队伍和在路旁吊唁的群众的心弦。《义勇军进行曲》的雄壮歌声，更使人热血沸腾，满腔激情，这首歌集中了近百年中华民族不可屈服的坚强意志，表现了中国人民为挽救民族危亡，前仆后继，冲锋陷阵的英雄气概。在今天为中华民族伟大的旗手鲁迅先生举行的葬礼上，这激越的歌声，像投枪，似炸弹，催人奋进，威震敌胆，怪不得听到这歌声，站在同文书院外面的日本侵略兵胆战心惊，不由自主地悄悄龟缩到大门里去。

队伍行至中国地段中山路一带，早已云集着荷枪实弹的国民党军警，他们呲牙咧嘴地吼叫着命令士兵站到马路中间，气势汹汹地妄图挡住送葬队伍的去路。当他们看到宋庆龄在送葬队伍中昂首前行时，宋庆龄那炯炯目光，像一把把利剑射向这些反动军官，他们立刻像泄了气的皮球，不得不让开大路，滚到了马路旁边，不敢进行任何挑衅和破坏。送葬队伍像一股不可阻挡的革命洪流，浩浩荡荡走向万国公墓。

下午 5 时，送葬队伍到达万国公墓，葬礼在礼厅前的石阶前举行。蔡元培、沈钧儒、章乃器等一一致词。

宋庆龄在群众的热烈要求下，也发表了演说。她激昂地说："鲁迅先生是革命战士，我们要继承他战士的精神，继续他革命的任务"。"追悼鲁迅先生，须效法先生有打倒帝国主义，打倒汉奸的精神，为民族求解放。"宋庆龄讲得虽然很简短，但她悲痛而坚定的声音，使在场的人们深受感动。

最后由章乃器、王造时等人献上一幅上书"民族魂"的黄绸旗，覆盖在灵柩上。在哀乐声中，由 14 名作家抬着灵柩，把它缓缓放入墓穴。葬礼在悲壮动人的挽歌声中结束。

这的确是一次人民大众为鲁迅先生举行的隆重的"民族的葬仪"，是在共产党、进步人士配合下，由宋庆龄主持的，由"全救会"组织的一次胜利的葬礼，一次显示广大群众抗日救国巨大声势的大游行，是对帝国主义、汉奸走狗和反动派的一次大示威！它对推动抗日救国运动起了巨大的作用。

宋庆龄主持操办鲁迅葬礼，表现了她卓越的革命胆识，高超的组织能力。

营救"七君子"是宋庆龄和全救会为了反抗蒋介石"卖国有功，救国有罪"的高压政策，和蒋介石进行的面对面的又一次硬仗。

在全救会的推动下，全国抗日救亡运动蓬勃发展，这不但使全救会成为蒋介石国民党推行对外妥协，对内剿共政策的重大障碍，而且构成了对他们反动统治的巨大威胁。蒋介石恼羞成怒，于 1936 年 11 月 23 日凌晨，以危害民国的莫须有罪名，在上海逮捕了全国各界救国联合会爱国领袖沈钧儒、章乃器、邹韬奋、李公朴、王造时、沙千里、史良 7 人，史称"七君子事件"。

1936 年 11 月 24 日，全救会即发表了《为沈钧儒等领袖无辜被捕紧急宣言》，严正指出："救国会的人士既以身许国，绝不是逮捕等等，足以阻遏其志愿的！""如果当局不愿让人民救国，一定要人民做垂手听命的顺民，亡国奴，那么一切不愿做亡国奴的人们，也都一定会自动起来争取他的生存权利的"。

紧接着，宋庆龄于 11 月 26 日发表了《为沈钧儒等人被捕声明》，开宗明义地说："余以全国救国联合会执行委员之一，鉴于全国救联七领袖被捕，特提出抗议；反对此等违法逮捕，反对以毫无根据的罪名横加于诸领袖上"。这样宋庆龄一开始就亮明自己的身份，自己也是全救会领袖之一，一定要与其他被捕的救国会领袖同呼吸，共命运，为营救被捕领袖，推进救国运动斗争到底。

《声明》还揭露了"这种违法逮捕以及这些罪名,都是由于日本帝国主义者的影响所致。这种有背景的逮捕很明显的证据,就是日本报纸(《上海日报》、《上海每日新闻》)今日突又传称余今晨亦为法捕房所捕,罪名是共产党活动,与第三国际有关,或许日本报纸已获得要逮捕我的事前的消息"。《声明》说,日本报纸对她个人的诬蔑"是不值一笑的","它们的惯于诽谤造谣卑劣宣传,早已有目共睹,有耳皆闻"。

她警告日本军阀要当心:"他们虽然可以指使七位领袖的被捕,但还有全中国的四万万人民是在这里哩"!

"七君子"被捕,举国震惊,宋庆龄的《声明》和全救会的宣言一发表,四海内外,反响强烈,一个营救"七君子"出狱的爱国运动迅即席卷神州大地。

在民情举国沸腾的情况下,蒋介石国民党政府对此案真是进退两难:如果对"七君子"轻率定罪判刑,势必更激怒全国人民,使局势不可收拾;如果对"七君子"撤回公诉,无异公开承认"救国无罪",使全国救国运动更难控制,动摇其"对外投降,对内剿共"的既定国策。所以他们在提起公诉以后又施展软的一手,由国民党中央秘书长叶楚伧出面,通过杜月笙、钱新之向沈钧儒等被告进行劝降迫降活动,表示只要沈钧儒等今后不再从事救国活动,或居留京中或出国考察即可撤回公诉,但沈钧儒等本个人自由事小,民族存亡事大之精神予以拒绝。

为了找台阶下,蒋介石国民党政府又耍了一个花招,提出先对沈钧儒等进行公开审讯,按"危害民国紧急治罪法"判处两年以上徒刑,沈等不得作辩护或上诉,随即押送南京反省院,入院后,写具悔过书后,准即交保释放。"七君子"对这种阴谋进行了针锋相对的斗争。

国民党政府的诱降、迫降阴谋破产后,悍然于 1937 年 6 月 11 日开庭审判沈钧儒等"七君子"。

宋庆龄等发起救国入狱运动,特别是她身为"国母"不避酷暑,不畏艰险,自携行李扶病亲赴苏州高等法院自请入狱,在全国引起了极大的震动和强烈的反响。全国各界风起云涌,纷纷响应。7 月 2 日,著名作家何家槐等 13 人,具状投案,愿为救国而与"七君子""负联带责任"。7 月 3 日,上海电影界著名导演和演员应云卫、袁牧之、赵丹、郑君里、白杨等 20 多人也具状江苏高等法院,请求收押,愿与沈钧儒等七人"同享自由或同受处罚"。7 月 5 日,即宋庆龄等亲赴苏州高等法院自愿入狱的当天,法院就收到三起同样为沈案请求羁押的案子。许多大学教授、大学生、职员以至工商界人士都纷纷签名要求爱国入狱,其中还有德高年迈、年逾古稀的老人。全救会还在上海发起一个万人的巨大签名运动,各界群众纷起响应。

宋庆龄等发起救国入狱运动把全国救亡运动推上一个新的高潮,而且爱国入狱既是向国民党"爱国有罪"反动政策的公开大胆的挑战,又是一个合法的斗争,易于博得广大群众的同情。反动政府对此既难于开口申斥,更无法严予惩办,使蒋介石一筹莫展。宋庆龄以"国母"之尊,采取如此非同凡响的斗争方式,影响之深远,无异在反动阶级的头上爆炸了一颗威力猛烈的炸弹,其撞击波辐射四海内外。

当时的旧中国,主权丧失,山河破碎,生灵涂炭,人民倒悬。宋庆龄冲破禁锢喊出的时代强音,迎着屠刀做出的有力抗争,好似划破漫漫黑夜的闪电,鼓舞了在黑暗统治下压得喘不过气来的千百万人民。她那富有魅力的人格,“富贵不能淫、贫贱不能移、威武不能屈”的崇高品德和硬骨头精神,感染和鼓舞了千百万人民。

宋庆龄发起救国入狱运动,不但表现了她高超的胆识,也体现了她为拯救民族危亡,不计个人安危,不避艰险的一片爱国赤诚。

由于宋庆龄等的积极营救,“七君子”坚强不息的斗争,全国人民的热烈支援,7月31日国民党政府不得不将“七君子”交保释放出狱。蒋介石在用强硬高压政策对付宋庆龄和爱国志士的斗争中,他又是一个大输家。大革命失败后,蒋介石与宋庆龄的较量中,不管他是来软的一手,还是来硬的一手,他都彻底失败了,而且输得好惨!

一心救国　不畏风险

1937年“七七”事变,全面抗战爆发,宋庆龄肩负重托,出走香港,利用香港独特的政治地位和优越的地理位置,创建爱国组织“保卫中国同盟”和“工业合作协会”国际促进委员会,建立了“一桥飞架欧美亚,争取国际援助抗战”的丰功伟业。正当她在香港开展“保盟”、“工合”事业,推进妇女运动,工作顺利,成就出色,斗争多姿多彩之际,1941年底太平洋战争突然爆发,日军进攻香港。宋庆龄以国家民族利益为重,非常珍惜香港的独特环境给她带来的工作便利,处变不惊,临危不惧,要与大家共患难、度艰危,继续在香港坚持“保盟”事业。在中共中央的建议和大家的敦促下,她被迫在日军攻陷九龙启德机场前6个小时,乘坐最后一班飞机撤离香港,飞往重庆,使她陷入一生中另一个重大的困境。宋庆龄来到了国民党统治的中心,虽然失掉了由于香港独特的政治地位和优越的地理位置所带来的种种工作便利,但仍然在险恶的环境下,为国为民奔波着。

开创新境

重庆两路口新村5号,虽然只是一幢颜色赭黄的普通楼房,但1942年8月以后,它既是“国母”孙夫人的宅第,又是抗日战争立下赫赫功绩的“保盟”在战时首都的办公处。

在国步艰危,环境险恶中重建的“保盟”,遇到了种种难以想像的困难。比如国民党重庆市政府社会局要“保盟”作为社会团体进行登记,要对“保盟”的存款进行干涉,并要“保盟”报告款项的分配和用途。“保盟”所募集的款物,绝大部分都是交给解放区的,他们就要处心积虑地寻找借口进行破坏和迫害。又如由于国民党新闻封锁和印刷条件困难,“保盟”一些宣传材料不得不用打字机重复打几遍,或者只好在重庆编好后,发到海外出版,如此等等。

但是,在艰难险阻中从不后退、知难而进的宋庆龄,以她特有的崇高威望,超人的胆识,排除障碍,开拓奋进,并利用战时首都的种种有利条件,一切可能找到的优势,使“保盟”事业取得同样辉煌的业绩。

为了使“保盟”主要从事的战时救济工作继续得到开展,宋庆龄设法很快和国外接上了关系，纽约的美国援华委员会、加拿大维多利亚医疗援华会、加拿大维尔浓中国战灾救济委员会、荷属西印度阿鲁巴爱国华侨协会和伦敦的中国运动委员会，继续给“保盟”，提供援助。这为香港沦陷后的“保盟”工作带来新的生命，又为工作人员增添了信心。由于美国援华会的帮助，“保盟”从联合救济会取得5万美元捐款，救济河南游击区灾民。

当时“保盟”还把它的医疗援助的重点放到扩大建立抗日根据地的国际和平医院上，“保盟”总部直接提供国际和平医院的援助为：1942年，75400美元；1943年，54000多美元；1944年，12000多美元，470多万法币；1945年，50多万美元，1.6亿多元法币。数目相当可观。

“保盟”争取到的援助主要来自国际，得到的大都是外汇，但当时官方所订的汇率却极不合理。物价涨了一二百倍，汇率只提高4.5倍，这无形中大大降低了“保盟”千辛万苦募集来的外汇的实际价值。宋庆龄与“保盟”努力和美国红十字会、美国医疗援华会驻重庆办事处的代表建立良好的关系并与其他救济机构联合起来，争取外汇汇率的调整，使得直接救济汇款可得100%的补贴，非直接救济汇款可得50%的补贴，多少可以补偿汇率不合理所造成的损失。同时，宋庆龄和“保盟”争取到当时担任财政部长的孔祥熙的顾问艾德勒的帮助，得到了汇率和提取现金方面的比较优惠和方便的条件。取款时，事先和八路军驻重庆办事处约好，办事处的汽车在约定时间开到中国银行门前，当时任“保盟”财务主任的廖梦醒经常把刚从银行提取的两三麻袋的现金，放到汽车上，使“保盟”援助八路军的款项一次性送达目的地，其手续简便和捐款到位速度，在某种意义上超过了香港。

孙夫人宋庆龄还以其独特地位、崇高的威望和人格魅力，获得不少同盟国驻重庆的使节和军事长官的同情和帮助，诸如美国驻华大使高斯、美国大使馆一等秘书谢伟思、英国驻华大使薛穆，以及盟军中国战区参谋长史迪威等等都曾以各种方式帮助过孙夫人及“保盟”。其中与孙夫人交情较深，给予的帮助最大的首推史迪威。

史迪威1883年3月19日出生在美国佛罗里达州，祖先是英国人，祖父乔·史迪威是一位颇具头脑、善于经营房地产而发财致富的商人。父亲本杰明·史迪威是一位性情固执的绅士。史迪威综合了祖父和父亲的性格，从小就生得聪明活泼，富于开拓精神，但又有一副倔脾气。中学毕业后原准备上名牌的耶鲁大学，因为在中学复习时搞恶作剧，在父亲安排下上了著名的西点军校，1904年从军校毕业，从此走上了戎马一生的道路。1911年奉调到菲律宾工作时，顺路来中国访问。在他第一次来到这东方古国时，正赶上了辛亥革命高潮，中国人民反抗清朝专制王朝的革命斗争和壮丽的山河，给他留下了深刻的印象。1919年他奉派到中国任美军教官，这是他第一次来华工作，却又正好赶上波澜壮阔的“五四”运动，使他受到了中国思想文化革命和传统文化的熏陶及影响。他还努力学习汉语，并取汉字谐音史迪威为名。1926年再次来华任美军驻天津部队参谋长、司令官。并与冯玉祥、阎锡山、商震等著名将领结下了友谊。1934年他奉调担任美国驻华大使馆武官，一呆就是5年，使他亲眼目睹日本军国主义如何侵略中国半壁河山的过程，他不仅看到了兵败如山倒的国民党军队抗日的真相，而且也听说一些关于八路军挺进敌后抗战的情况。这时他已成为通晓华文汉语，对中国国情有相当了解的“中国通”了。1942年1月，经罗斯福总统的建议，并征得其他主要同盟国的同意，决定建立盟军中国战区。蒋介石为战区总司令，由一名美军将领担任战区参谋长。史迪威由美国参谋总长马歇尔提名，并经罗斯福批准和蒋介石同意，被任命为中国战区参谋长。为了使史迪威的官阶与所任职务相当，他被擢升为陆军中将。1942年2月13日，是个在西方人眼中视为不吉利的日子，而且当天又适逢“黑色”星期五，史迪威正是在这所谓重叠的“黑色日子”，头顶6个头衔：美军驻华军事代表、在缅中英美军队司令官、对华租借物资管理统治人、滇缅监督人、在华美国空军指挥官、中国战区参谋长，告别了祖国和亲人飞华履新。作为典型军人的史迪威，对这重叠的“黑色日子”倒不十分在意，令他发怵的是，他的飞行距离越是接近中国，他所听闻的蒋介石的形象越是闪现在眼前，使他不得不发出一系列的问号：“我如何与这位中国的军事独裁者合作？”

3月4日，史迪威飞抵中国战时首都重庆，旋即晋见他的顶头上司、中国战区统帅蒋委员长。正在这时，马歇尔给蒋介石发来一道电文：“史迪威为其部下最有能力之将才，本拟派为北非远征军总司令，因中国事务紧要，故改派来华，望加重用。”对这旨在加重史迪威使华砝码的电文，蒋介石自然心知肚明，遂于接电当天（3月8日）明令宣布史迪威为中国战区参谋长。过了3天史迪威被派到缅甸指挥包括中国远征军在内的盟军对日作战，因种种原因，缅甸战役失利，由此开始引发了蒋史间的矛盾。

史迪威经过一系列考察了解，他对国民党与共产党写下了如下的评价：国民党腐败，玩忽职守，混乱，经济，税收，言行，欺骗，黑市，与敌人做交易。共产党的纲领……减税，减租，减息。提高生产和生活水平。参加管理。实践诺言。他对共产党领导下的军队，士气的高涨，作战的得力也给予肯定的评价。

由于中国战场牵制了日本大部分兵力，对阻延日军扩大南进，并迫使日军不能抽出更多的兵力去对付美军的进攻起着重要的作用。史迪威认为更好发挥共产党的军队抗击日军的作用是一个迫切的任务，乃向蒋介石建议“调动国民党和共产党的军队共同进攻日军，并要蒋介石把美国援助的武器，拨一些给共产党”。这犯了蒋介石的大忌，从而加剧了蒋史之间的矛盾。

史迪威的观点与主张，与把支援坚持敌后抗战为“保盟”主要任务的孙夫人不谋而合，使彼此有了共同语言，并结下深厚友谊。担任在缅中英美军队司令官的史迪威，利用当时重要的国际通道缅滇公路和从印度飞来的美国军用飞机为“保盟”运送救济物资提供种种便利，并从他管辖的在华租借物资中拨出一部分药品和物资通过“保盟”送给八路军、新四军。

1944年“保盟”得到了国际捐来的一台大型X光机，在陆路交通几乎完全被封锁的情况下，只有动用美国军用飞机才可能把这架敌后抗日根据地急需的X光机运往延安。宋庆龄派廖梦醒找到了史迪威的副官杨孟东（其伯父杨仙逸曾任孙中山大元帅府航空局局长，深受孙中山器重）。由于这台X光机太大，无法装进机舱，史迪威听到杨副官的请示汇报后，立刻果断地下令用“喷枪”切割飞机舱门，使改建扩大后的舱门能装进这台大型X光机。用“喷枪”切割机舱门以装进大型X光机，这在香港恐怕都是难以办到的，在重庆由于史迪威的帮助却办到了，使宋庆龄非常高兴。后来她说:“这是当时总人口已达 9000 万的解放区的第一台和仅有的一台大型 X 光机”。新中国建立后一直把这台 X 光机安装在解放军第四军医大学附属医院继续为人民服务,而且清晰度良好,这也是史迪威对孙夫人和“保盟”提供诸多有力支援的典型事例。

史迪威是孙夫人在重庆经常见面的尊贵客人,宋庆龄也是史迪威在重庆任职期间最为敬仰的伟人,他曾多次到两路口新村寓所看望孙夫人。

由于太平洋战争的深入发展,美国为了迫使日本早日投降,必须把在华的百万日军消灭在中国大陆,而国民党正面战场连连失利。

1944 年 9 月 18 日,罗斯福总统两次致电蒋介石敦促他“必须立即委任史迪威将军,授以全权,指挥中国全部军队”。并说“此步骤之实现,将更增美国援华之决心。”

对蒋介石来说,美援当然是要的,但一向视军权为命根子的蒋介石更要军权。工于心计,惯玩阴谋,善弄权术的蒋介石,经过分析,他认为如果这次屈服美国的压力被迫接受了史迪威,下次必然要被迫接受共产党,这比要他的命还难受。而且他认为:为了打败日本,罗斯福绝不会抛弃中国战区,从而也就不会抛弃他这个中国战区的最高统帅。他下定决心,毅然作出不仅不委任史迪威指挥中国全部军队的大权,反而正式要求美国立即召回史迪威。同时,他通过种种幕后活动状告史迪威,使史迪威被迫回国。

史迪威对这种不公平的处理虽然深感气愤,但作为典型的军人“服从命令是天职”,在他被迫回国前短暂的时间内,虽然亟待处理的要务甚多,但他仍然专程到宋庆龄寓所,和这位他非常敬仰的孙夫人话别。宋庆龄对这样一位为抗日战争和“保盟”事业作出重要贡献,对共产党领导的人民军队给以正确评价,坚持要给予援助的美国将军被迫离职深感惋惜,她甚至表示“希望能去华盛顿向罗斯福总统说明真相”。但大局已定,为时已晚,她把史迪威送到门口时,明眸里闪动着晶莹的泪花。史迪威向孙夫人辞行后的一则日记中写道:“见到孙夫人,她哭了,很苦恼。”历经坎坷和艰险,从不在困难面前退缩,“有泪不轻弹”的孙夫人,在送别史迪威时流下了热泪,不只说明了在战时首都她与史迪威结下的深厚友谊,也反映了她对“保盟”事业和民族解放事业的一片赤诚。在她看来,敢于无私无畏援助“保盟”、援助人民军队的美国将军是不可多得的。

史迪威离开重庆后不几天,宋庆龄曾写信给美国的格雷斯·格兰尼奇,对史迪威给以很高的评价:“此刻你大概已经知道史迪威将离去的消息了,他在极端艰难的环境中为中国做了那么多事情。”“他是我们在这里看到的最富同情心、最讲求实际的外国人之一。我们全体人民都很热爱他。F.D.R(罗斯福)在召回他这件事上向我们的皇上(蒋介石)让步了。这位善良的老将军,一直在尽最大努力在这里(中国)组成一条 UF(统一战线)并打破可恶的封锁。”宋庆龄对“保盟”和中国民族解放事业作出过贡献的人,从来都是铭刻心中的。事隔近 30 年后,1973 年 6 月 7 日,她在致函史迪威的女儿们时说:“你们的父亲,我们都十分敬重,而且对他怀有很深的友好情谊。”1980 年 3 月,宋庆龄在委托爱泼斯坦为她写传时,特别嘱咐他在写“保盟”活动情况时,“应当提到史迪威将军允许我们将医疗物资(甚至 X 光机和战地急救车)空运到八路军那里。我们应该表彰他的勇气，因为他诚实、公正，蒋介石一直想摆脱他。”要在史册上为史迪威留下不可磨灭的光辉一页。

为了募集到更多的款项以支援难民灾胞，“保盟”重建后，宋庆龄在重庆发起和举办了多次义卖、义演、义赛活动。由于战时首都地域较香港更广阔，能动员的人力、物力更多。从驻外使节到政府要员，从富商巨贾到社会名流，无不在孙夫人的号召下纷起响应，这些义卖、义演并不比香港逊色，在某种程度上说，办得更有声有色。

这些义卖、义演、义赛办得有声有色，影响最为广泛的当算是1943年5月在重庆举办的国际足球赈灾义赛。

1942年秋、1943年春，河南发生特大水灾，在灾荒中的数十万难民饥寒交迫。协助“保盟”工作的许乃波先生是一位体育爱好者，为了争取更多的群众来参加赈灾工作，他建议举办群众性比较广泛的足球义赛，宋庆龄立刻接受了这个好主意。

1943年5月15日下午，重庆两路口川东师范学校球场看台四周挤满了观众，甚至连附近的房顶上、树上、目力所及的地方，都人头攒动，真可谓人山人海，盛况空前。当时从全国各地汇集到战时陪都来的球迷虽然不少，但一场球赛使球坛不算寂寞的山城，如此为之轰动，的确少有。

这场球赛所以吸引来这么多观众，不但因为有当时少见的外国队参加，更重要的，它是孙夫人亲自发起的一次国际足球赈灾义赛。

参加这次国际足球赈灾义赛的有四个队，即：由上海赴渝的足球队员与全国一些足球名流组成的沪星足球队；由当地社会人士曹善齐、陈代云出面组织的东平足球队；由英国驻华使馆、英国军事代表团工作人员组成的英联足球队；由韩国在华青年组织的韩青足球队。

宋庆龄莅临赛场主持开幕式，当孙夫人步入场内时，6000多名观众起立致敬。开赛前，当时颇有点气派的、手持闪光锃亮铜管乐器的重庆市政府军乐队奏起了“国歌”。奏乐毕，孙夫人在英国驻华大使薛穆爵士陪同下，健步走到赛场中央，与肃立场中的参赛各队队员一一握手，然后亲自为球赛开球，激励运动员在比赛中踢出水平、赛出技术，为受难同胞赈灾作出贡献。这时全场掌声与欢声雷动。

这次义赛由于场内外开支由爱国富商承担，门票及卖球收入共筹得款项125530元，由主办人孙夫人全数拨寄宝鸡河南灾民救济委员会，并由“工合”以工代赈的办法救济灾民。宝鸡“工合”负责人和设立在宝鸡的豫灾赈济委员会主席卢广绵在收到这笔救济款后，致函孙夫人宋庆龄表示感谢。

后来当孙夫人收到了宝鸡赈委会负责人来信报告足球义赛所得赈款的用途，其中75000余元汇交河南洛阳及巩县的“工合”组织，用以工代赈办法救济灾民生产自救，并帮助了200灾民从灾区搬迁到宝鸡，发挥了很好的实效深为欣慰，她又一次“对曾帮忙致使此举获得如许成功之各位热心人士，再致深切谢意。”

这次吸引了数万人参加，轰动山城，盛况空前的国际足球赈灾义赛，所以能顺利举行，就是因为有国母孙夫人的崇高威望，不但特务不敢公开捣乱，而且友邦人士、驻华使节积极协助，甚至连当时任重庆市长的贺耀祖将军也给予支持：“授权市足球队参加，还命令市政府军乐队到场演奏助兴。”贺耀祖本是蒋介石的军委会侍从室主任，算得上是蒋的贴身亲信，由于曾帮助和支持中共中央驻兰州的代表谢觉哉及八路军办事处开展抗日民族统战工作，协助解决八路军在甘肃的补给问题引起蒋介石的猜疑，后又擅自让一架满载药品的苏联运输机飞往延安，而被撤掉侍从室主任之职调任重庆市长。贺的夫人倪斐君过去在南京工作时，追求进步，与周恩来、郭沫若、廖承志等来往较密，并很得宋庆龄的赏识。到了重庆，她还不时参加进步活动，对“保盟”的工作又多次给予支持，蒋介石得到特务密报后曾半开玩笑、半认真地调侃挖苦过贺耀祖：“你连老婆也管不住，如何当市长啊?”后来由于对蒋介石不得人心的所作所为不满，贺于1945年底辞去重庆市长职务，而宁愿挂着陆军上将的空头衔过清淡生活。1949年8月13日他在香港与黄绍　、龙云等44人发表反蒋起义通电，决心投向共产党，投向人民。这个不无意义，也并非不无有趣的插话也佐证了“得道多助，失道寡助”的真理。

宋庆龄在重庆举办的另一项较大规模的救灾募捐活动是1944年4月为救济湖南灾民所开展的书画物品义卖和歌舞义演。

4月1日一大早，重庆夫子池新运服务所门前拥挤着一大群人。上午8时，由孙夫人发起主办的湘灾筹赈会古今书画义卖、展览会正式开幕。宋庆龄莅临最早，并购画三幅及物品，以示提倡。由于宋庆龄带头，大家本着“扶危济难”、“其速互助”的热情，争相购买义卖物品，响应孙夫人号召。酷爱中国字画的美国将军贺恩，美、英、法驻重庆军事机构的军官，以及美、英、法、苏等国驻重庆的外交官也纷纷争购。

孙夫人捐出的珠宝粉盒一个，冯玉祥将军的夫人李德全捐出的《牧童画》一幅，及宋子文、吴铁城捐赠的名贵文物多件，当场义卖，被顾客以高价买走。

展览会不但义卖古今字画，而且还展出了岳武穆手书前后《出师表》真迹，王阳明墨迹，左忠毅公遗琴，中外各地红豆集锦，王石谷山水长卷，荷兰人高罗佩珍藏的八仙图，董其昌字轴及中外珍秘书籍等珍品数十件。重庆商务印书馆、家庭工业社、中国皮鞋厂等20余家厂商还在这里设摊推销产品，以收入的20%捐助救灾。义卖场上，还有著名演员为人看相，著名教授为人画像，以及象棋比赛等多种活动，内容丰富多彩，形式生动活泼，吸引了大批顾客、观众，展览场内欢声笑语，热闹非凡。第一天全日参观者不下四千人，当天书画物品义卖总数已突破四十万元。收入总额超过了上次一连举行四场的足球义赛的收入总数两倍多，可谓成绩斐然。

4月14日晚，华灯初上，重庆当时第一流的国泰大戏院门前车水马龙，人潮涌动。当时演出的票价虽然昂贵，但人们都以购得一张入场券而兴高采烈。

今天登台表演的是1940年10月18日曾应孙夫人邀请，为救济战灾儿童在香港半岛酒家作过精彩表演的著名舞蹈家戴爱莲、著名歌唱家斯义桂，今天这两位著名艺术家为救助湖南灾民登台献艺。

戴爱莲表演的“森林女神”、“拾穗女”那柔软的身段，优美的舞姿，斯义桂演唱的“伏尔加河船夫曲”、“在铁索中”、“爱尔王”、“跳蚤之歌”，那浑厚、洪亮的音域，激情澎湃的歌声，使观众为之倾倒。著名小提琴家马思聪也登台为观众献上一首“思乡曲”，他那出神入化的演技，悠扬委婉的旋律，使场内响起了一阵热烈的喝彩。中国舞蹈艺术社也到场表演了“苗家女”、“空袭”、“警醒”、复苏”，以及新疆土风舞“青春不再来”

等精彩的舞蹈，也赢得观众阵阵掌声。

孙夫人非常关怀知识分子，当她得知身处战时首都的不少作家贫病交加，有些作家是由于敌人进攻湘桂后，被迫从战时文化中心桂林撤退来重庆的，不少人衣食无着，生活困难。宋庆龄乃于1944年9月底在重庆胜利大厦举办援助贫病作家舞会，为了对这些拿起笔，作投枪，为抗击敌人呐喊的作家献上一份爱心，舞会入场票很快售罄。有些国际友好人士"得悉购票向隅者大有人在"，他们自愿把已购得的票无偿退回，放弃入场权利，使票再度出售，以增加款项数目，为支援贫病作家多出一份力。同时还举办拍卖抽奖义卖会，社会各界响应孙夫人号召，纷纷捐献各种珍品义卖，有战利品日本军刀、日本军大衣、名人字画、香槟、威士忌、玉石、衣料及洋种小猫等等，每张奖券售100元，购买者甚为踊跃，为贫病作家募集的巨额款项如数交给全国文艺界抗敌协会，分配给贫病作家，使当时不少"天天难过天天过，处处无家处处家"，在贫困中挣扎的许多著名作家如茅盾、夏衍、艾芜、黄药眠、邵荃麟等得到雪中送炭的可贵援助。

此外，孙夫人为了救济广东灾民还举办过英文歌剧、"杂耍"，以及由在重庆的中、美、英、苏业余音乐家同台演出的国际音乐会。粤灾筹赈会妇女总队，1943年9月12日为募款赈济广东灾民还在新运会模范区举行义卖会，孙夫人捐出精美的手提包作义卖品。义卖会分义卖、寄卖、茶点、钓鱼、占算五部分，义卖寄卖部分有衣料饰物，化妆品多种，琳琅满目，仕女如梭。著名影星胡蝶女士为人占算的摊位前，尤为拥挤。此外孙科院长夫人陈淑英女士所赠名画，王秘书长所赠《二十五史》及象牙筒等，亦皆极珍贵。此次为响应孙夫人号召，举办的义卖会，也为赈济粤省灾民募得巨额款项。

孙夫人主办的这些众多的义卖、义演、义赛会，使重建的"保盟"，在国际援助相对减少的困难条件下，自力更生扩大募集到巨额款项援助了不少的灾胞、难民和作家。她不但常常莅临现场，还亲自主持会议，研究如何搞好这些义卖、义演、义赛。甚至她还亲自推销荣誉券，如国际足球赈灾义赛门票分荣誉券和普通券两种，荣誉券又分100元、200元两种，由孙夫人负责推销。普通券一律10元，由社会服务处代销。真可谓大事、小事无不经心，她那胸怀祖国、心系人民、救国救难的赤诚，她那崇高的品德，富有吸引力的人格魅力，以及平易近人、深入群众，实干苦干的工作作风，使广大群众深受感动，更激起对她的无限敬仰。国民党顽固派在群众集会时故意推选她进入大会主席团却又不通知本人，使她无法出席集会，"令群众失望"以损害她声望的阴谋不攻自破。她主持下的"保盟"，在这些具有广泛群众性的活动中，也大大地扩大了影响，使"保盟"事业赢得更广泛的支持。

力抗独裁

宋庆龄撤离香港到重庆后，不但突破重重包围，重建了"保盟"，还在战时首都比较困难的条件下，继续"保盟"事业，取得卓越成就。而且她还不畏强暴，不惧迫害，挺身而出，为反对独裁专制、争取人民民主，进行了不屈不挠的斗争。

从抗战的第一天起，她就为争取民主奔走呼号，不遗余力。1941年10月，她在为美国纽约《亚细亚》杂志写的《中国需要更多的民主》这篇著名的文章中，全面地阐明了抗日民族统一战线的科学概念，强调："抗日民族统一战线并不是说各个属于它的党派不能有各自的观点和目标。并不意味着任何一党一派独裁。"勇敢地喊出了反对国民党一党专政的响亮口号。

同时，她还指出在此寇深祸亟，国亡无日的危急时刻，缺乏民主正是破坏抗日民族统一战线的元凶："战时自由中国之缺乏民主，是中国军队间发生军事冲突的主要原因。这对敌人是有利的。缺乏民主也许就是对共同的抗日战线的一个最大的威胁，并且给那些想破坏它的人以绝好的机会。"

但蒋介石对此置若罔闻，他不但一次又一次地发动反共高潮，而且还在1943年3月抛出了《中国之命运》一书，该书鼓吹中国的法西斯主义和个人独裁，公开反对共产主义和自由主义者，只字不提坚决抗日，扬言要在两年内解决国内问题，暗示在短期内要再次发动"剿共军事"，消灭共产党及其领导下的人民武装。

正当蒋介石疯狂叫嚣个人独裁，妄图消灭共产党的时候，宋庆龄大义凛然，在重庆对记者发表与蒋介石针锋相对的公开谈话，强调："应该实现孙中山的三大政策，开国民会议。在绝对民主的原则下，动员全国群众，使他们都有同等的机会参加抗战建国工作。对各党各派，对争取抗战的最后胜利，也应该给以同等的机会，使他们的党员得尽个人的能力参加工作。"

1943年5月22日，为了适应反法西斯战争的发展需要，便于各国共产党独立自主地处理各个国家的问题，共产国际宣布解散。蒋介石以为有机可乘，密令嫡系部队胡宗南，乘共产国际解散之机，闪击延安，妄图一举攻占陕甘宁边区，掀起第三次反共高潮。

9月18日，宋庆龄撰写了《给中国在海外的朋友们的公开信》，代表"保盟"对海外的朋友给中国人民斗争的支援表示感谢。透彻地阐述了民主、团结、抗战之间相互依存的辩证关系，强调："中国没有团结，整个反法西斯阵营没有团结，就不可能获得胜利。没有民主，就不能有团结。没有人民的积极性，就不能有民主，而这种积极性是建筑在对于大家所面临的问题的了解这一基础之上的。"严厉地抨击了蒋介石发动第三次反共高潮，破坏民主、团结、抗战的罪行。

1944年起，国民党统治区掀起了民主运动的新高潮。6月，郭沫若发表了《为革命的民权而呼吁》一文，提出文化工作者有权要求思想言论自由。翌年2月，重庆文化界300余人，联名发表了由郭沫若起草的"文化界对时局进言"，强调：民主、团结是解决国内局势之主要前提，空言民主，固属画饼充饥，预约民主，亦仅望梅止渴，要求国民党当局改弦更张，急转舵轮，凡有益于民主实现者，便当举行，凡有碍于民主实现者，便当废止。反映了广大人民群众和各民主党派爱国人士的心声。

1944年9月，正当国民党军事濒于崩溃，政治经济危机四伏之时，在重庆召开了三届三次国民参政会，参政员纷起质问。会上中共代表林伯渠正式提出结束国民党一党专政，成立联合政府的主张。10月10日，周恩来发表了有名的"双十讲演"，代表中国共产党进一步阐明了召集各方代表召开紧急国事会议，成立联合政府的具体步骤，驳斥了国民党所谓"军令政令统一"的叫嚣，指出这实质上是"一党专政"。中共是坚决拥护军令政令之统一的，但必须是有利于抗战的军令，而不是失败主义之军令；

也必须是合于革命三民主义的政令，而不是法西斯主义的政令，中共所主张的是以民主为基础的真正统一，而不是统一于一党专政的假统一。

同一天，民主政团同盟发表了《对抗战最后阶段的政治主张》，明确提出“立即结束一党专政，建立各党各派之联合政权，实行民主政治”的要求。

在这全国争民主、反独裁的新高潮中，宋庆龄接连发表文章，再次发出要民主的强音，反独裁的呐喊。1944 年 2 月 8 日，发表《致美国工人们》一文，阐明中国抗战与美国工人利益的密切关系。她说：凡是民主制度最强大的地方，凡是发挥了人民的积极性的地方，凡是人民战争（人民战争是一个经济落后与缺乏武装的国家能够击退一个优势装备的侵略者的惟一武器）最不受掣肘的地方，中国的抗战在那里也就最伟大和最有力量。

接着，她尖锐地指出：相反地，当反动势力公开投敌，或者压制人民和人民的积极性，惧怕并且破坏民主运动而给敌人大开方便之门的时候，中国的抗战就摇摇欲坠，节节失利。

这一正一反，把有关民主关系抗战成败揭示得极其鲜明，异常透彻。

文章明确提出：要求美国把制造出来的生产品和礼物平等分配给一切积极抗日的中国军队，不论它在什么地区；凡是不这样做的军队，就不予分配。在抗战期间，我们需要民主，因为我们必须同等看待所有抗日力量。现在第一步就是取消不人道的封锁，这种封锁使得给敌人重大杀伤的游击队的受伤战士得不到必需的医药。如果这种起码的人道主义的第一个步骤还没有做到，空谈民主是不会有多大意义的。

孙夫人这篇《致美国工人们》的重要文章，是委托“保盟”中央委员爱泼斯坦以外国记者身份巧妙带出国去，于 1944 年 2 月 8 日由美国联合劳工新闻社公开发表的。美国许多工会的报刊还转登了这篇文章，影响巨大。这篇文章像一枚威力无比的炸弹，其震动波跨洋越海，震撼了中国战时首都，统治集团内部更掀起了轩然大波。

这篇文章，把同盟国四强领袖之一的蒋介石一面对外高喊民主团结、标榜自己高举抗日的大旗；一面却压制民主、破坏团结抗战的两面派嘴脸公之于世，并且要把蒋介石视为命根子的“美援”平等分给“一切积极抗日的中国军队”，也就是要“平等分配给”他朝思暮想欲灭之而后快的共产党部队，真是使蒋介石痛得刻骨铭心，恨得咬牙切齿。他接二连三地派出当时任国民党中央秘书长的吴铁城、国防部长何应钦和侍从室主任张治中到宋庆龄家里大加责难和围攻，责备她“家丑外扬”，责备她“呼吁解除对解放区的封锁”。正像宋庆龄给杨孟东的信中所说：吴铁城“让自己担起了当面申斥我的任务。”而且他们还粗暴地封杀宋庆龄的出国活动，不准她接受好儿个组织邀请她去美国访问。生就一副铮铮铁骨的宋庆龄丝毫不屈服于这种“围攻”和“封杀”，她在 1944 年 3 月 12 日所作的题为《孙中山与中国的民主》的对美广播演说中，再次强调了民主的重要，指出：“只有当国际民主实现之后，世界上才会有巩固的和平。”

蒋介石本以为香港失陷，宋庆龄被迫来到重庆这个他的权力统治中心后，就难以有所作为，她在香港开创的“保盟”事业就会在他设置的重重障碍下遭到扼杀。没想到宋庆龄不但摆脱了“樊笼”，重建了“保盟”，并使“保盟”事业有了长足的发展，更且宋庆龄还竟敢提出要把美援物资“平均地分配给一切积极抗日的中国军队”，也就是要分配给他恨之入骨的共产党部队，使他深为震怒。但在团结抗日的大气候下，蒋介石也无法采取更为激烈的手段来对付这个“难以对付的孙夫人”。何况孙夫人还有蒋夫人保护呢？譬如宋美龄就曾打电话给宋子文说：“你关照他们（指戴笠的军统特务）一下，不准在阿姊那里胡来，如果我听到有什么，我是决不答应的”。戴笠深知“委员长还是拗不过夫人”，所以牵涉到孙夫人的事，特务们都有所顾虑、畏惧，不敢轻举妄动，这使得蒋介石更是无可奈何。所以蒋介石当时对宋庆龄除了硬的一手外，也不时来软的一手，他曾多次通过宋美龄邀约宋庆龄来“共叙”一下，尽管宋美龄婉转地说这是“自家人”的“相叙”，但宋庆龄还是借故推辞。蒋介石还为孙夫人在黄山官邸地区他的住宅云岫楼的东南面一座小山上修建了一幢别墅松籁阁。尽管这幢别墅造型新颖，别具一格，冬暖夏凉，风景秀丽，在临山崖一面的吊脚楼上有宽敞的环形走廊，可俯瞰黄山浅谷全景，堪称纳凉观景的佳处。但宋庆龄也还是谢绝了委员长的厚意，没有去住过。蒋介石为了要笼络孙夫人更不惜“御驾亲征”。据在重庆时期当过宋庆龄多年司机的惠延年老人回忆：某一个孙中山逝世纪念日，蒋介石曾亲自来两路口新村宋庆龄寓所拜访孙夫人表示慰问和致意。“蒋介石那次来，足足要了半小时，主要是谈话呀，蒋介石走时，孙夫人亲自把他送到第一道门口的石梯口，夫人没有送出去，只送到门口就站着向蒋介石招手再见，蒋介石十分恭敬，面朝夫人退下石梯才转身往外走”。这一则亲身经历的回忆把蒋介石对孙夫人毕恭毕敬的样子惟妙惟肖地重现在我们眼前，从某种意义上说，它也从一个侧面反映出在逆境中奋斗的宋庆龄的高大形象。

1944 年 7 月 24 日，中国杰出的民主战士、著名记者、出版家、政论家邹韬奋因患癌症在上海逝世。

邹韬奋（1895—1944），原籍江西余江，生于福建永安，原名思润。1909 年入福州工业学校学习，1921 年毕业于上海圣约翰大学，1926 年在上海主编《生活》周刊，得到广大读者的欢迎和热爱。1933 年初参加中国民权保障同盟，与宋庆龄等一道为挽救民族危亡，争取民主权利进行了同生共死的战斗。由于受国民党的迫害曾被迫流亡海外，1935 年回国，先后在上海、香港主编《大众生活》周刊和《生活日报》、《生活星期刊》。1936 年与沈钧儒等因积极参加抗日救国活动被国民党当局逮捕，成为名震中外的“七君子”之一。抗战开始后，在上海、武汉、重庆等地主编《抗战》、《全民抗战》等刊物，为动员全民抗日而呐喊。1941 年“皖南事变”后，各地生活书店被国民党政府查封，被迫出走香港，加入“保盟”，宋庆龄推荐他担任该盟出版委员会负责人，曾多次为《保盟通讯》（英文版）撰写文章，呼吁取消一党专政，建立民主政府。香港沦陷时辗转到东江抗日根据地和苏北新四军根据地参加斗争。1943 年 3 月由新四军秘密护送回沪治疗，病逝后，中共中央根据他生前的申请，追认其为中国共产党党员。

这位为中国民主革命和革命文化事业战斗了一生的杰出战士的病逝，使宋庆龄深感悲痛，她当时与林伯渠、董必武、张澜、郭沫若、沈钧儒、黄炎培、于右任、孙科、冯玉祥商议，召开追悼韬奋大会，并于 9 月 29 日，发表了以宋庆龄领衔、72 人署名的公告。

在宋庆龄和其他著名民主进步人士的领导下，这次追悼大会开成了对蒋介石搞独裁行专制，压迫进步，消极抗战的声讨大会，开成了为人民争民主、要团结、扬正气、争胜利的动员大会。

10 月 1 日，位于重庆道门口的银社，里里外外挤满了胸戴白花、面容悲戚的人群，他们都是来参加由宋庆龄等发起的邹韬奋先生追悼大会的。

宋庆龄为大会亲笔题写的横额“精神爱国”，悬挂在庄严肃穆的会场正中。救国会送的“历廿年文化斗争，卓识匡时，很早就提到民主政治；有数十万读者拥护，真诚爱国，永远站在大众立场”的长幅挽联，挂在遗像两边，这横额、挽联集中地概括了邹韬奋伟大的精神，光辉的一生。

在追悼会签名的有宋庆龄、郭沫若、邵力子、董必武、林伯渠、许德珩、工昆仑、阳翰笙、胡子婴、史良等 800 多人，许多职业青年、大学生，从沙坪坝、歌乐山以至万具赶来参加。来晚了的人只要能在祭台前默默地站立几分钟，都使他们悲痛的心情得到莫大的安慰。

追悼会由黄炎培主祭，沈钧儒、左舜生陪祭。追悼会在全场唱起由著名教育家陶行知作词的挽歌声中开始，挽歌像铁锤一样撞击着每一个在场人的心灵，使大家沉浸在无限的哀伤悲痛之中。

读完祭文后，由曾与邹韬奋以“救国罪”被关进国民党监狱的“七君子”之一的沈钧儒老先生报告韬奋事略，他老泪纵横，泣不成声，沉痛地说：“韬奋先生为团结为民主毕生奋斗，他看定只有团结民主才能救中国，假如中国有民主的话，韬奋先生不会被搞得颠沛流离……以至于死，我们要宣告，韬奋先生是为民主而死的（鼓掌）！我们哀悼他，我们要为实现民主而奋斗。我在韬奋先生的灵前，向今天到会的朋友宣誓：我虽然老了，我誓为中国的民主政治实现而奋斗到底，才能对得起我的朋友（长时间鼓掌）！”

接着郭沫若先生带着满腔悲愤，走上祭坛发表演说，开始几分钟钟他没有发言，用满含热泪的眼睛注视着韬奋先生的遗像，再注视着遗像前的人们，沉痛地说：“我刚从乡下赶来，我很难过，昨夜一夜睡不着觉，想来想去，想要向韬奋先生说的话，今天在韬奋先生的灵前，当着大家的面，就说给韬奋先生听吧！”

郭沫若的演说道出了进步知识分子和人民大众的心声，讲出了广大人民反对法西斯专制独裁的坚强意志。

邵力子、林伯渠、黄炎培等都在会上作了极为哀痛的演说。

这次由宋庆龄等发起组织的邹韬奋先生追悼大会，是当时她在重庆为争取民主所进行的斗争中，采取的一个重大行动。大会产生了巨大的政治影响，唤起了广大群众向国民党独裁专制作斗争的信心和力量。推动了国民党统治区抗日救亡，争取民主运动的进一步高涨。由于宋庆龄上述种种杰出表现，当时人们赞誉她是敢于抨击蒋介石国民党顽固派独裁专制和高压政策的一面旗帜，是为争取人民民主、伸张正义而呐喊的伟大战士。她被誉为“中国的良心”。

正当宋庆龄与全国人民一道为争取民主、团结，争取抗战胜利作坚持不懈的斗争时，浴血奋战八年的中国人民在同盟国美、英、苏等配合下，终于赢来了应得的胜利。

8月10日晚，日本被迫投降的消息，终于传到了中国战时首都，重庆顿时成了欢声的海洋。这个消息没有人查问是从哪里来的，一传十，十传百，传遍了重庆120万市民。两路口中央社关于日本政府宣布要求投降，日本外务省向美、中、英、苏发出乞降照会的号外贴出来时，人们发疯似地奔跑、狂叫，美国兵也涌上街头，疯狂地叫喊，见人就握手，用两手或两个手指显出代表胜利的“V”字，跟着爆竹响遍了街街巷巷，没有爆竹的人就拼命敲打遮阳竹席，有的人还提着搪瓷脸盆大敲特敲。车涌到街上，人涌到街上，美国大兵驾驶的吉普车上都爬满了人，出现了8年来从未见过的欢乐场面。

宋庆龄也和人民共享这历经劫难、备受艰辛得来的胜利，据《大公报》报道：“孙夫人坐着‘国渝二八二〇’的汽车出现在两路口，人们从开着的车窗可以看到她满面笑容”。

8月14日，日本天皇正式宣布无条件投降，整个神州大地欢欣鼓舞，龙腾狮舞，锣鼓喧天，震天动地。宋庆龄和全国人民一道兴高采烈地迎接这来之不易的伟大胜利，全国人民也不会忘记她为争取这个胜利所付出的艰辛和作出的独特、杰出的贡献。她于1938年6月在香港创办“保盟”，取得了“一桥飞架欧美亚，争取国际援抗战”有口皆碑的非凡业绩；她在重庆重建“保盟”后，又在十分艰难、复杂的环境中，以崇高的威望，非凡的胆识，发挥和抓住一切有利的机遇和条件，突破了蒋介石对她的种种刁难和限制，使“保盟”事业进一步取得重大业绩。据现有资料统计，1942年至1945年，“保盟”在重庆期间给国际和平医院的资助就有615500美元和1亿7千多万法币。如果把别的资助也加上，数字还要更大。事实上“保盟”对抗战的支援、宋庆龄对人民的贡献，是无法用数字来表达的。正像抗战胜利以后，毛泽东到重庆谈判，于8月30日由周恩来陪同专程到两路口寓所会见宋庆龄讲的：孙夫人，边区人民让我转达他们对您的问候和谢意！在抗日战争最艰苦的年代里，您为边区、为八路军和新四军提供了最急需的药品和物资，我无法告诉您，这一切对我们的帮助有多大！

宋庆龄从撤离香港到重庆，是她一生中另一个重大的逆境，正如前述，在这次逆境中，她同样以硬骨头精神面对重重困难，不断开拓奋进，邓颖超曾满怀激情地赞扬战斗在重庆的宋庆龄：你如挺拔的大树，岿然屹立于雾都重庆，为民族的独立和人民的解放而竭尽全力，奋发工作，经历了4个春秋，在这4年里，任何阻力，任何威胁，都没有、也不能截断你和党的联系。愈在危难艰险的时候，愈显出你同我们党的一致，愈显出你对人民事业的忠诚，愈显出你不畏强暴，不畏威胁的大智大勇，愈显出你是我们党的亲密同志，是完全可以信赖的战友。

1945年12月，宋庆龄从重庆飞返上海，“保盟”随之赶到上海。临行前发表《保卫中国同盟》声明，宣布“保盟”改名为中国福利基金会，指出：“保卫中国同盟”的作用是双重的。一方面让中国的国际朋友们知道中国战区和敌人占领地区人民的真正需要；另一方面，把捐款、医疗物资和其他捐助运送给真正和迫切需要的人们，使朋友们和同情者的捐赠最有效的得到应用。我们将继续这样工作下去。我们将在中国的需要者和全世界朋友中间起着联系作用。

中国福利基金会继承和坚持“保盟”时期的传统，哪里需要，就帮助哪里的人民，开始了新的更艰苦的斗争。它不顾国民党政府的压迫和阻挠，千方百计继续支援解放区为主要任务，同时，在上海为劳动人民和他们的子女开展了儿童文化教育和社会福利工作。新中国建立后，中国福利基金会改名为中国福利会，走上了它历史发展的新时期，为开展妇幼保健卫生、儿童文化教育工作以及国际宣传和友好交往活动，作出积极的贡献。宋庆龄在香港所创建的“保盟”事业，至今仍放射着耀眼的永恒光芒。

三四十年代宋庆龄的救国救亡斗争，是她一生中最突出、最光辉的一段，她在香港的斗争（包括其后续阶段在重庆的斗争）则是这“最突出的一段”中最出色的战斗之一。她急人民大众所急，奔救亡救难所需，不畏艰险，不怕困难，哪里需要，她就出现在哪里，就用她一腔热血、一片赤诚和非凡胆识，埋头实干，创造出多姿多彩、有声有色的辉煌业绩，她是“民族的脊梁”、“活的中国最佳象征”（斯诺语）。她顾大局识大体，为巩固和扩大抗日民族统一战线表现了高超的斗争艺术，但又绝不仰人鼻息，从不拿原则作交易。

1948 年底，蒋介石政权在政治、军事、经济面临全面崩溃，已在暗中积极策划把其政权最后迁往台湾。蒋介石在要挟一些不愿去台湾的党国要人迁往台湾的同时，也曾经妄图逼迫宋庆龄去台湾。他用威胁的口吻对宋庆龄说：如果你不去台湾，我就不尊你做国母，而尊（孙中山前夫人）卢慕贞做国母。宋庆龄大义凛然地说：“究竟（我）是不是国母，不是你蒋介石一句话可以定的，是由大家公认的”，不是哪一个人“可以排斥的”。把蒋介石顶了回去。尽管当时白色恐怖十分严重，蒋介石什么事都可能干得出来，但宋庆龄也照样表现了“天不怕，地不怕”的硬骨头精神，不向任何危难低头。可以说，从 1927 年蒋介石发动“四一二”政变开始，直到其反动政权分崩离析，宋庆龄始终坚持原则，从来没有在大是大非问题上作过妥协让步，从没有在蒋介石的强权面前低过头，她始终是一面挥击独裁专制反动势力的光辉战旗。

文革岁月　高风亮节

不畏打击

在“四害起，栋梁摧”的年代，多少开国元勋、革命功臣、国家栋梁被“四人帮”摧残迫害。与共产党肝胆相照，休戚与共，风雨同舟数十年，在危急关头，困难时刻给共产党以巨大援助，对中国革命作出独特贡献的宋庆龄，同样逃不掉被迫害的命运。她被“四人帮”看成“剥削阶级出身的资产阶级太太”，“与黑线有联系”的人，当然属于他们“横扫之列”。由于宋庆龄是周恩来提出的“保护名单”中的第一名，这个名单也得到了毛泽东的同意。为了保护宋庆龄的人身安全，周恩来建议宋庆龄搬到中南海居住，她婉言谢绝了周恩来这份好意。周恩来又特别指示，要求对宋庆龄的寓所加强警卫，除了由部队担任执勤任务以外，还要公安部、北京市公安局、当地派出所三方密切配合，确保宋庆龄免受冲击。当时北京后海北沿宋庆龄寓所周围日夜布置了秘密的武装警卫，昼夜保护宋庆龄的人身安全。为了保护宋庆龄，周恩来还建议她不要随便离开北京去上海，要她主要在北京居住，因为当时的上海是“四人帮”的黑窝点。这使“四人帮”妄图直接冲击宋庆龄的阴谋，难以得逞。

在“四人帮”迫害宋庆龄亲信的人当中，金仲华被迫害致死，算得上是其中最突出的事件。

金仲华（1907—1968），浙江桐乡人。1927 年毕业于之江大学文科，大学毕业后长期在上海从事编辑出版等文化工作，曾任商务印书馆、开明书店、生活书店编辑、《世界知识》半月刊总编辑。1935 年参加文化界救国会时与当时发起创办全救会的宋庆龄相识。抗战初期在上海、武汉与邹韬奋合编《抗战》、《全民抗战》。1938 年夏，他历经艰辛，辗转到达香港，经廖承志的推荐接受华侨实业家胡文虎的邀请，出任香港《星岛日报》总编辑；同时，应宋庆龄之邀参加了她在香港创办的“保卫中国同盟”的工作，担任执行委员。“皖南事变”后，宋庆龄与何香凝上书蒋介石、国民党中央要求他们“慎守总理遗训，力行我党国策，撤销剿共部署，解决联共方案，发展各种抗日实力，保障各种抗日党派。”国民党为了掩盖“皖南事变”真相，向香港各报施加压力，不许刊登这篇宣言，金仲华力争在《星岛日报》上发表未果。后来他以大无畏的勇气，冲破国民党的封锁，将周恩来的“为江南死国难者志哀”的题词：“千古奇冤，江南一叶，同室操戈，相煎何急！”的手迹制成锌板，在《星岛日报》刊出，并刊登了揭露国民党消极抗日，积极反共的文章，使海内外读者了解了“皖南事变”真相。为此国民党不断向胡文虎施加压力，使金仲华被迫辞去《星岛日报》总编辑职务。

鉴于“皖南事变”后，香港不少进步报刊在国民党的压力下被迫停刊，周恩来指示香港中共党组织创办一份统战性质的报纸，由廖承志负责筹备。为了解决经费困难的问题，宋庆龄同意由“保盟”拨款资助，请“保盟”执委金仲华、邹韬奋、邓文钊及夏衍、范长江等负责创办，定名为《华商报》。1941 年 4 月 8 日，宋庆龄为《华商报》创刊题词：“为坚定抗战作有力之后盾，为保持团结作有效之喉舌，为实现民主作正义之呼声，为人民幸福作公正之申诉，给予侵略者以严重之打击。”金仲华等在办报过程中极力弘扬这一题词精神，把《华商报》办得有声有色，使《华商报》成为中共领导下团结一切进步力量，一致抗日的坚强的舆论阵地，并有效地配合了宋庆龄领导的“保卫中国同盟”的工作。同时，金仲华还与邹韬奋承担了宋庆龄决定出版的《保盟通讯》中文版的编辑、撰稿工作。金仲华认真负责的工作态度，高度的政治敏感性，细致灵活的作风，坚定而善于应变的活动能力，以及他为“保盟”工作所作出的重大贡献，得到了宋庆龄的高度评价和赞赏。宋庆龄赞誉他为“保盟”的工作“呕心沥血，他在那时及其以后，曾为中国人民的解放事业争取到同情和支持，其中包括许多外国朋友的资助。他精通英语。他的热忱、乐观以及充分的说服力都能用英语表达出来”。

抗战胜利后，宋庆龄、金仲华先后从重庆返抵上海，宋庆龄在上海建立了“保卫中国同盟”的后继组织中国福利基金会，继续向国际争取大批医药器械和物资支援解放区军民。金仲华又积极承担了中国福利基金会的大量工作。周恩来当时就非常关心在环境极其险恶的上海从事进步文化活动和中国福利基金会工作的金仲华，曾写信勉励他，对他的工作表示赞赏，并称他是“党外布尔什维克”。

新中国建立后，金仲华作为优秀的、经得起考验的进步知识分子被任命为上海市副市长。宋庆龄在解放后把中国福利基金会改名为中国福利会，金仲华除了参加政府工作以外，还继续担任中国福利会的领导工作，同时他还被任命为宋庆龄亲手创办的《中国建设》杂志的第一任社长。这份以中文和多种外文出版，为宣传新中国的新面貌，为增进各国人民的友谊和团结作出杰出贡献的刊物，曾得到毛主席的称赞。可以说金仲华对宋庆龄所创办的各种事业都倾注了大量的精力和心血，在宋庆龄从事的世界和平运动中，金仲华也起着重要的作用。

正是这样一位为中华民族解放事业、为世界进步事业做了许多好事的金仲华在"文化大革命"中却被"四人帮"加上所谓"三十年代的黑线人物"、"三反分子"、"不学无术的假专家"、"反动学术权威"等许多莫须有的罪名，被残酷迫害。正像宋庆龄所指出的："他一生所做的好事都被歪曲、颠倒，成了败坏他的名誉的'罪证'。他的所有同志都知道，几十年来，他一直确认中国革命的成功与毛主席的领导是分不开的。但是，他却被指控'反对毛主席'。为了中国的解放事业和建立世界人民的友谊，他曾和许多外国朋友接触过、一起工作过，就因为这，他被诬为'外国间谍'。他与周总理在各个时期的交往，也成了那些'审讯人员'辱骂他的另一个原因——因为他们想打倒周总理。在迫害金仲华的过程中，江青的恶意中伤起了直接作用。她的每一句话都被那些爪牙们奉为圣旨。张春桥也施展了阴险毒辣的伎俩。

1967 年底至 1968 年初，江青发起所谓清队运动后，对金仲华的迫害更到了疯狂的程度。宋庆龄从北京到上海曾一再提出要见一见金仲华，"四人帮"及其爪牙却置之不理。

1968 年初，造反派对金仲华家实行突击抄家，不顾金仲华多次严重抗议，强行抄走了金仲华珍藏的信函好几十封，内有宋庆龄给金仲华的原信 80 多封。"四人帮"及其在上海的爪牙专门整理出一份"金仲华给宋庆龄信件往来情况"递交中央文革小组，妄图进一步诬陷宋庆龄。正是在"四人帮"及其在上海的爪牙残酷迫害下，金仲华忍无可忍，于 1968 年 4 月 3 日凌晨被迫悬梁自尽，以死相抗，年仅 61 岁。

金仲华被害致死后，心狠手毒的"四人帮"还不放过他，竟然以畏罪自杀为由，成立专案组对他进行审查，他的遗体被以"无主"名义登记火化。"四人帮"及其爪牙非常重视从金仲华家中抄出的宋庆龄信件。金仲华被迫自杀后，"四人帮"还要对他成立专案组进行审查，而且金仲华专案组还把"金仲华与宋庆龄关系密切"作为立案审查金仲华的主要问题之一，强调指出："文化大革命以来他们通讯(信)特别多"，"死前(还)与宋通信。"由此不难看出"四人帮"审查金仲华的用意，就是要把斗争矛头指向宋庆龄，以达到他们迫害宋庆龄的目的。

由于有周恩来的大力保护，他们直接迫害宋庆龄的目的始终没有得逞，他们就去摧残、肢解宋庆龄在上海创办的各种事业，迫害这些机构的负责人。

宋庆龄酷爱儿童，她把儿童看成"世界之宝"、"人类的花朵"、"革命的未来"、"祖国的希望"，她像春天一样给予亿万儿童以阳光和温暖，她提出要"一切为了孩子，为了一切孩子，为了孩子的一切"，她的一生与儿童事业不可分割。宋庆龄在上海创办的儿童事业成为"四人帮"迫害的重点。

中国福利会儿童艺术剧院，是由宋庆龄创办，并在她的亲自关怀、扶植下健全和发展起来的一个以为少年儿童服务为宗旨的专业戏剧团体,它的前身是1947年4月在宋庆龄亲自关怀下创办的儿童剧团。当时旧上海处于一片白色恐怖之中,宋庆龄对处于水深火热中的儿童的精神生活极为关切,她认为通过戏剧去培养下一代提高他们的素质,给予他们娱乐,点燃他们的想象力,是最有意义的事情。在她的具体筹划下,中国第一个为儿童服务的专业剧团——中国福利基金会儿童剧团诞生了,1957年4月,也就是儿童剧团创办10周年之际,正式改名为中国福利会儿童艺术剧院。

1979年3月,儿童艺术剧院为参加建国30周年献礼演出,再次访问首都演出儿童剧《童心》。当时住在北京的宋庆龄得知这一喜讯后,高兴地说:"我的剧团来了!我一定要去看戏","我要去看第一场!"这个剧无情地揭露了"四人帮"带给教育界的浩劫,表明了"人心是不可征服的"这一永恒主题,使宋庆龄深受感动。她和大家坐在一起,全神贯注地观看,一会儿慈祥地欢笑,一会儿又不时地用手绢擦泪。当帷幕缓缓落下时,86岁高龄、步履蹒跚的宋庆龄坚持到台上看望演员,拒绝演员到台下向她献花的安排。她在人们的搀扶下,步上舞台和演员一一握手,合影留念,并向演员赠送了一个特大的花篮。3月30日,她为《人民日报》作了《我看童心》一文,说"《童心》塑造了人民教师的形象,热情歌颂了社会主义教育事业。""这样的戏,教师看了一定落泪,发生共鸣,要为培养四化的主力军而献身;学生看了,对比今昔,一定发奋学习,树立为共产主义而奋斗的宏伟理想。这是一出好戏。"在全国广大师生和人民群众中引起强烈的反响,扩大了中国福利会儿童艺术剧院的影响。

正是这样一颗为宋庆龄所喜爱的明珠,为教育儿童、培养儿童,为儿童选择正确的人生道路作出巨大贡献的明珠,在"文化大革命"时却遭到了十恶不赦的"四人帮"及其爪牙的迫害。

"文化大革命"一开始,剧院就被砸烂,排好的节目被迫停止演出,排演大厅被糊满了大字报,儿童剧场变成了"革命大批判"的会场,剧院的领导和演员变成了"牛鬼蛇神"。"为儿童服务"被歪曲为"修正主义办院方针"。

该院的领导人和演出的剧目被加上"莫须有"的罪名被批判和迫害,剧院原院长(后任名誉院长)任德耀是宋庆龄亲手培养起来的剧院领导,是她亲自选定的剧团团长、剧院院长,他表现的杰出才华和良好的组织能力深得宋庆龄的赞赏,但却遭到"四人帮"及其爪牙的残酷迫害。他创作的《马兰花》演出后获得小观众和社会的广泛好评,后来被拍成电影,教育小朋友懒惰、贪婪和自私只会给人们带来痛苦和不幸;善良、勇敢和友谊才能给人们真正的快乐和幸福。这样的好剧目、好电影却被"四人帮"及爪牙扣上什么宣扬资产阶级人性论等大帽子和种种"莫须有"罪状,把任德耀拉到台上,一边放映《马兰花》,一边对他进行批斗。

"四人帮"还派出工作组进驻剧院,他们秉承江青之流的黑批示策划将儿艺合并到成人剧院去,妄想彻底砸烂从儿童剧院创立第一天起就为儿童、为人民建功立业的中国福利会儿童艺术剧院这块牌子。

宋庆龄听到这个消息后无比愤慨,她当时虽然身处逆境,也不畏强暴,一定要为保护这颗"掌上明珠",和"四人帮"作坚决斗争。"文化大革命"开始后,宋庆龄接受周总理的建议,常住北京,少住上海。当时多半住在北京的宋庆龄,听到这个消息后,心急如焚，立刻赶到了上海，同时她又根据当时具体情况运用了巧妙的斗争艺术与他们斗争。

“四人帮”虽然想把斗争矛头指向宋庆龄，但在周恩来的保护下却动不了她一根毫毛。“四人帮”对周恩来恨得咬牙切齿，这是众所周知的事，周恩来大力保护宋庆龄，更使“四人帮”不满，但又奈何不得，只好把恶气发泄到宋庆龄在上海创办的事业及其负责人头上，给他们加上种种莫须有的罪名，或批斗、或撤职。中福会少年宫最终没有逃脱被“肢解”的命运，1974 年 4 月，“四人帮”直接控制下的上海市革委会批示：把中福会少年宫划给上海市团委领导，对外不再称中福会少年宫，改称上海市少年宫。

此外，宋庆龄所创办的国际和平妇幼保健院、儿童时代杂志社等都受到“四人帮”及其爪牙的迫害和摧残。如儿童时代社所出版的《儿童时代》，宋庆龄曾为这个刊物倾注了大量的心血，为它写了“发刊词”、“复刊词”和好多篇精辟的文章，她曾亲昵地称呼《儿童时代》是“小红花”，宋庆龄则被称为“护花天使”。很多名流学者、党和国家的领导人都被邀请到这块小红花园地耕耘撒种。从 1958 年以来，先后为《儿童时代》作过题词或写过文章的党和国家领导人就有朱德、董必武、郭沫若、叶剑英、康克清、张爱萍等。

宋庆龄是爱的化身，《儿童时代》正是把宋庆龄的爱心洒给少年儿童、洒向人间的天使。宋庆龄在病榻上为《儿童时代》写下了最后一篇文章《愿小树苗健康成长》，用诗歌般的语言深切地表达了她对儿童那像水晶一样真挚的爱心和充满爱的叮咛：

“可爱的孩子们，每当我想到你们，我的眼前就浮现出那些充满生机的树苗。你们像小树苗一样，柔软的枝条，嫩绿的叶子，在肥沃的土地上扎根，在和煦的阳光下成长。

愿你们和小树苗一起成长，成长得挺拔、旺盛，经得起任何暴风雨和病虫害的考验，成长为栋梁之材。”

正因为宋庆龄为这本刊物浇灌了她真挚的爱心，编辑们又忠实地贯彻宋庆龄的办刊宗旨，使这份以图文精美、内容新颖、形式活泼见长的刊物，成为全国广大少年儿童非常喜爱的刊物，发行量不断上升，最高曾达到 120 万份，常常新的一期出来很快被抢购一止亭，在九泉之下也能见到孙先生，请秘书将这个意见转告孙夫人。后来宋庆龄给叶回信，同意他的请求。1968 年叶病逝后，他的骨灰运到仰止亭埋葬，实现了他生前的夙愿。这是一个多么感人的故事！这样感人的故事不知有多少！

在“文化大革命”中，身处逆境的宋庆龄对不少身处逆境的同志、战友给予无私无畏的援助，表现了高尚的品德。在“四害起，栋梁摧”的年代，她经常为国家和人民的命运担忧。在“文革”末期，她更关心身患重病，力挽狂澜的周恩来的工作和身体。

1971 年“九一三”，林彪叛逃，折戟沉沙。周恩来在毛泽东支持下，主持中央日常工作，使各方面的工作有了转机，使宋庆龄的心情为之一振。“祈望文化大革命的灾难随同林彪一齐消失。”但是周恩来纠正极左思潮的工作却受到干扰和破坏。不久，周恩来病重，刚刚绽露的一丝曙光又被阴云遮没。

她对江青迫害老干部，特别是迫害总理十分气愤。她对江青极少称呼其名，在亲近的人当中，多以“泼妇”代之。1975 年周恩来病势日益沉重，但江青却常常去医院干扰周恩来治病。宋庆龄听说后万分愤慨，立刻把这个“泼妇”到医院迫害周总理的严重事件向有关人作了通报，并告诉了一些与她亲近的人。

她常说，没有总理，‘文革’不知要搞成什么样子。

和全国人民的心愿一样，她多么希望“人民总理人民爱”的好总理能够健康长寿啊！一次，北河沿 46 号寓所的湖中打上了一条 23 斤重的大鱼，她立刻吩咐送给周总理。她还把自己喜欢吃的鸽子蛋积攒起来送给周总理补养身体。

1976 年 1 月 8 日，周恩来与病魔的搏斗中耗尽了生命的最后一丝精力之后，离开了人世。“国家多难，忽失栋梁材，江河恸歌，大地默哀。”

11 日，宋庆龄怀着极为悲痛的心情到北京医院向周恩来的遗体告别。看着安卧在鲜花丛中的周恩来的遗体，看着他那含蕴着为人民操劳的心血的灰白的发丝，看着他那铭刻着为革命奔波的烙印的清晰面纹，宋庆龄一双秀目饱含着晶莹的泪光。

那些日子，在家里，宋庆龄常常静静独坐着流泪，重重地叹气，常常怀着无限惋惜的心情，对身边的人说：“唉！国家少了一个好帮手，一个好帮手呀！”她在怀着敬仰和悲痛的心情写下的《怀念周恩来总理》一文中说：

“人民将永远怀念周恩来，不仅因为他是一位共产主义政治家，而且也因为他的为人充满了真正的共产主义精神”。“从二十年代学生时代起，迄至一九七六年一月八日他的心脏停止跳动时为止，周恩来毕生鞠躬尽瘁为人民，他的遗愿是把自己骨灰撒在祖国的江河里和大地上。在人民耕耘的大地上，在人民呼吸的空气中，他将永远和人民在一起。”

7 月 6 日，朱德委员长逝世。9 月 9 日毛泽东主席逝世。阵阵悲痛袭来，宋庆龄的心情像铅块一样沉重。她为在一年里，失去了三位老朋友而悲痛万分。

风华普照

1976 年 10 月 6 日，中共中央政治局代表人民的意志，不费一枪一弹，粉碎了江青反革命集团，历史终于翻过了沉重的一页。

当时正在上海的宋庆龄，欢欣鼓舞，久锁的眉头终于舒展了，她在度过了最为孤寂、最难熬的动乱十年后，重新焕发了革命的青春。

一天，有些群众到上海淮海中路 1843 号宋庆龄寓所围墙上张贴欢庆“四人帮”倒台的大标语，门卫立刻把这个事情告诉了警卫秘书杜述周。“文化大革命”以来，宋庆龄的寓所院内、院外从来没有让群众贴过大标语、大字报。杜述周立刻报告了宋庆龄，宋庆龄高兴爽快地回答说：好！这样的标语让群众贴！

过了一段时间，宋庆龄回到了北京。后海北河沿 46 号，园内郁郁葱葱，百花争艳，一派生机。宋庆龄非常喜欢的那棵生长近 200 年的石榴树。像懂得主人心意似的，在它那翠绿光亮的叶丛衬托下，石榴花灿红似火。石榴不但花姿丰满，色彩艳丽，那鲜红的果实也玲珑可爱。当果实成熟开裂，露出水晶般的子粒，或红若涂朱，或金光照日，宋庆龄更是赞不绝口。今天，这古老的石榴树，也以它那“丹华灿灿”、“晔晔荧灾”的丰姿，迎接我们这多灾多难的民族新生，迎接这“府邸花园”重又充满生机和欢乐。

“濠梁乐趣”、“畅襟斋”，小餐厅在度过漫长的冷清岁月以后，又传出了欢声笑语。许多老一辈的无产阶级革命家都牵挂着宋庆龄，邓小平和夫人卓琳、彭真和夫人张洁清、乌兰夫以及中共其他领导同志，重新出来工作以后，往往都首先来看望宋庆龄，大家庆幸终于熬过了灾难的十年，展望未来的光明，心中充满着欢乐。

来访的国际友人、海外华侨、港澳台胞也接踵而至，在接待外宾时，她常用英语问客人：“你们是否知道中国 Fourcuabs(四只螃蟹)的故事吗?”并风趣地向外宾介绍“四人帮”被粉碎后，很多群众把横行的三只公螃蟹和一只母螃蟹拴在一起吊起来的故事，粉碎“四人帮”的消息传开后，北京以及许多城市的酒一夜之间几乎卖光了的盛况，不时发出爽朗的笑声。

1979 年国庆 30 周年前夕，宋庆龄怀着粉碎了祸国殃民的“四人帮”后无比喜悦和激动的心情，撰写了她的最后一篇重要的政论性文章：《人民的意志是不可战胜的》。文章总结了历史经验，展望了光明的未来，历数了林彪、江青反革命集团的罪恶，指明了粉碎这两个反革命集团的重大意义，宋庆龄还提出了在抓好物质文明的同时必须建设高度的社会主义精神文明的精辟见解。

文章还提出要关心科技文化教育等方面的知识分子。特别提到了她最关心的在“文化大革命”中受害最深的青少年一代的健康成长问题，指出：“特别值得注意的是，林彪、‘四人帮’推行的最黑暗，最愚昧的法西斯文化专制主义，已经在人们思想上，道德上和纪律上造成了恶果，其中受害最深的是青少年一代。这是十分严重的事实。因为青少年是我们的革命事业的接班人，如果青少年不能健康地成长，那末我们的四个现代化还寄希望于谁呢?”

文章最后，宋庆龄满怀信心地说：“今天，我已经是八十多岁的人了。当我看到国际国内形势大好，我们新中国的航船在战胜险遭倾覆的命运之后，又乘风破浪，昂首前进的时候，感到由衷的高兴和无比的幸福。我又看到了祖国的新的光明。我将非常高兴地同大家一起，并肩前进在这伟大而英雄的行列中。”

看到这热情洋溢充满希望和信心的文章，谁会想到此时的宋庆龄正受着疾病的折磨呢？宋庆龄一直患有关节炎和过敏性皮肤病，多方治疗都没有治好，到晚年仍然不断折磨她。

1979 年 1 月 31 日在给表弟倪吉士的信中说：“我的脚肿了，背部也感到疼痛。”她曾多次写信给在重庆时期就结下深厚友谊的英国驻华大使薛穆的夫人谈到她长期受到此病折磨的痛苦：“我的医生一定非常气馁，因为其处方无法治疗我的病，只有减轻一些痛苦而已。”在一封信中甚至这样说：我的“脸部肿起，从手至脚，全身长满红色脓疮，痛苦万分。”她也曾写信给罗叔章，讲到她长治不愈的皮肤病：“来沪后，继续治疗皮肤病，现在用注射方法治疗，以排除侵入血管内土霉素余毒。”她的皮炎非常严重，患处干燥发白，又痒又痛，皮肤一片一片地脱落下来，掉在地毯上。而且，写此文章时是她非常忙碌的时期，当时我国已开始实行改革开放政策，许多外国友人，海外华侨来访，需要宋庆龄接待，而且她“还需要参加各种会议”。1979 年 8 月 23 日，她给表弟倪吉明的信中更明确地说：对我来说，现在正是一个非常繁忙的时期，有许多来访者和公务。

宋庆龄在受着疾病的折磨和公务极为繁忙中，还抽出时间写出这样长篇的政论文章，充分表明宋庆龄虽然经历"文化大革命"的十年逆境，但意志没有丝毫消沉，对革命胜利前途的信念没有丝毫动摇。耄耋之年的宋庆龄在冲破了逆境后表现了更旺盛的青春活力，她以高度的责任感、使命感，关心祖国的未来，关心祖国的后代，总结了历史的经验教训，提出了许多精辟的见解，使国家和人民避免再遭受类似"文化大革命"那种灾难的磨难。

宋庆龄的一生虽然对革命作出过独特的贡献，但她的脑海里，从来没有"特殊"二字。她从来没有想过以她是孙中山夫人的崇高地位在身后作什么特殊的安排。她历来都要求自己不凭借伟人的妻子与昵友的身份来赢得声誉。她真正心甘情愿地与一个普普通通的劳动妇女"李姐"，共同安葬在父母的身边，这显示了她谦虚的美德，更表现了她毕生愿同劳动人民同甘苦、共命运，时时心悬人民的高尚品德，表现了伟大的气魄。

宋庆龄一生对革命作出过独特的贡献，但对后事却没有任何特殊要求的另一个值得一写的事例是：在她病危时，上海市有关方面还没有得到有关她的葬事如何办理的明确指示前，却预先准备了一口铜棺材，并由解放军战士作了土葬葬礼的"演习"，怕万一要土葬到时措手不及，后来北京有关方面传来了明确的讯息：宋庆龄有明确的遗嘱，要把其骨灰盒安葬在宋氏墓地父母坟墓的东侧，而且宋庆龄早在50年代就曾在毛泽东提倡火化的倡议书上签过名，后来上海市有关部门就积极作好相应的安排，葬礼安排得既隆重又非常简朴。

正当四化建设大业、祖国统一大业更加需要宋庆龄发挥她的光和热的时候，她病倒了。1981年3月下旬，邓颖超代表中共中央常委去探视她，她们商谈了重要问题，进行了亲切知心的谈话。她不让邓大姐再称呼她副委员长，邓大姐说："称你庆龄同志好吗？"她含笑频频点头，并频频吻了邓大姐的双手。

"别叫我'副委员长'，叫我庆龄同志，"这表现了她一贯的谦虚美德，她从来都不愿让别人称呼她官衔。她曾对身边的李姐和兴宝、金凤等说过："你们总称呼我为'副主席'、'首长'的，我感到很别扭，我们已是一家人了，不要用这些官衔，要知道你们这样一称呼，在我们之间就无形中有了一条界限。"并说，"除了官衔外，随便你们喊就是了。"

4月底，宋庆龄已被确诊为冠心病及慢性淋巴性白血病，多次出现发烧，呼吸困难，心跳加快等症状，病情严重。就在这时，加拿大维多利亚大学决定授予她荣誉法学博士学位。考虑到她的健康状况，原准备由对外友好协会会长王炳南代表她接受学位证书，一生倔强的宋庆龄尽管发着高烧，仍然坚持自己亲自接受荣誉证书。她认为：维多利亚大学在校园外的地方授赠学位，这是该校校史上的首次，这利空前的、独特的方式，表现了加拿大友人对她的极高礼遇，她必须亲自出场。她请工作人员把一张小写字桌搬到床边，放上台灯，然后口授授赠仪式的程序，由秘书笔录，转告对外友协，鉴于宋庆龄病中说话困难，常常说一句喘一阵，工作人员又建议她事先将答谢词录好音，在会上播放，她同意了。

5月8日，授赠仪式在人民大会堂举行，发着高烧的宋庆龄坐轮椅到达庄严的会场。

仪式在乐队高奏中加国歌声中开始，穿着大礼服的加拿大维多利亚大学校校长霍华德·佩奇博士主持授赠仪式，在他面前放着权杖，他把该校荣誉法学博士学位证书亲手交给了宋庆龄，在场的中外人士长时间地热烈鼓掌，全国妇联主席康克清向宋庆龄赠送了一束鲜花，祝贺她获得这一荣誉学位。

佩奇校长在讲话中说："这是维多利亚大学第一次在校园以外的地方授赠学位，所以今天仪式是空前的、独特的。"他称颂宋庆龄"是二十世纪最伟大的社会公仆和社会领导人之一，"她"毫不动摇地从事为中国人民谋幸福的事业，因而赢得了世界各地人民的尊敬！"

在仪式上，宋庆龄也没有使用预先准备好的讲话录音磁带，她身披荣誉博士礼服，手持一份中文答词稿，即席用流利的英语作了近20分钟的发言，雍容大方，谁会相信只不过20天以后，血癌就夺去了她的宝贵生命。

她说：

"我接受这一学位，不是为了我个人，而是把它看做是你们对中国人民的尊敬和友谊的象征，""是你们对中国人民在长期的革命斗争和在建设我们人民共和国事业中所取得的成就的敬慕和友好的象征。""是把中、加两国人民连接在一起的悠久而牢固的友谊的象征。"

最后她说：

"让我们一起来赞颂、培育和发展中加两国源远流长的友谊，正是本着这种精神，我愉快地接受你们的授赠学位。"她讲话后，全场响起了热烈的掌声。

对外友好协会会长王炳南也应邀在仪式上讲了话。

加拿大维多利亚大学的荣誉证书，不正是代表了世界人民对她的崇高评价和无比崇敬的心意吗?！维多利亚大学在宋庆龄生命途程的终点以前，给予她这个崇高的荣誉，似乎是一个巧合，但绝不是偶然的。她杰出的一生理应得到这样的荣誉，她身患重病，在病情危殆的情况下，仍然坚持亲自致答谢词，正是她一生在任何逆境中，在任何困难面前，从下后退一步，顽强斗争的一个生动写照。

宋庆龄在她生命的最后岁月仍时刻系念着祖国统一大业，正如她在一生最后一篇政论文章:《人民的意志是不可战胜的》所提出的：在举国欢庆祖国伟大节日的时刻，我不能不想念台湾同胞。三十年了，台湾归回祖国、实现国家统一的大业还没有完成，哪一个中国人不应感到身有责任呢？今天，不论是国内形势还是国际形势，都有利于我们来完成这项伟大事业。我们热切期望台湾同胞能同我们一起，共同努力，来进一步发展和壮大革命的爱国的统一战线，为台湾早日归回祖国、共同发展四个现代化的建国大业而做出应有的贡献。

在她病重的日子里，曾多次讲到想念她的妹妹美龄，并希望能邀请美龄到北京访问，姊妹能最后见上一面。她曾对邹韬奋夫人、她的挚友沈粹缜说："我牵记美龄，现在能来就好了。"又说："美龄假使能来，住在我这儿不方便，可以住在钓鱼台，你们认识，你帮我接待，早上接她来，晚上送她回去。"宋庆龄设想得多么周到，似乎是第二天就可能发生的事情。沈粹缜立刻把宋庆龄的心愿反映给邓颖超，经过有关方面的及时联系，终于得到了回音：宋美龄当时身居美国，那时身体也正在患病，不能成行，听到这消息，宋庆龄惋惜地说："唉！太迟了！"但她仍然嘱咐沈粹缜："国内认识美龄的人不多了，如果她来，你一定要接待她。"表现出对同胞妹妹的浓浓情意。宋庆龄盼望美龄能来见一面，不但出于姊妹的深厚情谊，而且还希望在生前能为促进两岸统一大业出一点力。宋庆龄与她的姊妹在政治上原则分明，但政治的歧见并未影响到她们的手足之情。在"文化大革命"动乱的年代，她没有工作可做，也基本上没有与朋友交往，她陷入非常孤寂和怅惘的境遇之中，使她更思念她的兄弟姊妹。一天，在北京寓所湖边的长廊散步时，她突然问陪她散步的秘书张珏："你有兄弟姊妹吗？"张说："有"，又问："几男几女？"听了张珏回答后脱口而出说："你和我一样，也是三兄弟，三姊妹，可是我却无法和他们通信。"说毕，若有所思，眼神看着远方，表现出怀念亲人殷浓的情意。

宋庆龄的病势一天比一天沉重，整天躺在病床上，坐起来已成为一件极为艰难的事情。5 月 12 日清晨，时钟刚敲过五下，病危中的宋庆龄却突然挣扎着从床上坐起来，对守候在身边的兴宝说："扶我起来，我有事要做。"她艰难地坐了起来，又大口喘着气说："我要到书房里去"，兴宝和顾金凤一左一右搀扶她到了书房。她叫兴宝准备好笔墨、饱蘸了浓墨，然后用颤抖的手在纸上写下了"韬奋手迹"四个大字，她还不满意，又写了两张，说"让粹缜选着用吧！"当她写完后轻松地舒了一口气，说："我现在放心了。"原来，这是她早就答应沈粹缜和韬奋纪念馆的要求为"韬奋手迹"一书的封面题字，在她临终前，终于完成了这个心愿。从她留给人间的最后一次"题字"中，不也闪耀着她一生遵守信用，从不在困难面前后退的光辉吗！

同一天，为了酬谢不分昼夜精心护理她的医护人员，还有身边的工作人员，在大餐里举行了一次答谢医护人员的宴会，席散人尽，她欣慰地拉着兴宝的手说："这一件事，我总算放心了。"宋庆龄对任何帮助过她的人从来都是"有德不忘"的啊！

5 月 14 日晚，宋庆龄的病情突然恶化，体温达 40.2 摄氏度，经过抢救，15 日晨体温下降，神志清醒，她再次明确提出入党要求，随后，邓颖超、彭真代表党和政府去问候她，表示热烈地欢迎她加入中国共产党，向她陈述了党几十年来都把她作为同志看待，了解入党是她长期的夙愿，说明立刻要向党中央报告。

1981 年 5 月 15 日早上，宋庆龄再次也是最后一次提出入党要求时，恰好王光美也在场，对此，王光美有一段纪实的回忆：5 月 14 日晚，庆龄同志病情恶化，体温高达 40.25℃。15 日早晨，我赶去看望她，她体温已下降，神志清醒，我们最后一次谈了心。我与在场的医务工作人员一起耳闻目睹了她是怎样最后一次提出入党要求。她接连重复了三遍，明确表示坚决要求入党，我望着她那双我熟悉的、晶莹明亮、炯炯有神的眼睛，我感动得泪如泉涌，亲吻着她说："亲爱的庆龄同志，……"

当天下午，中共中央政治局召开了紧急会议，一致决定接收宋庆龄为中共正式党员，实现她的夙愿，写下了她光辉历史最后的、鲜红的一页。正像邓颖超说的："这是我们党的骄傲，也是我们国家、各族人民和广大妇女的骄傲。"

5 月 16 日上午，邓小平去看望宋庆龄，祝贺她加入中国共产党，实现了她的宿愿，并表示党一定会尊重她的意见，妥善安排她的嘱托，还希望她安心养病。

当天下午，第五届全国人民代表大会常务委员会举行第十八次会议，根据中共中央的建议，会议通过决定：授予宋庆龄中华人民共和国名誉主席的荣誉称号。《决定》中指出：

“宋庆龄同志早年追随伟大的革命家孙中山先生，始终不渝地致力于中国民族解放和人民解放事业，是中华人民共和国的缔造者之一”，“她一贯在我国人民民主革命和社会主义革命、社会主义建设事业中，坚定地和中国各族人民站在一起，是中国各族人民包括台湾同胞和海外侨胞衷心敬爱的领导人，是举世闻名的爱国主义、民主主义、国际主义、共产主义的伟大战士。她在发展各国人民友好、发扬进步文化、保卫世界和平的事业中，受到中外各方人士的广泛崇敬。宋庆龄同志在我国革命和建设事业中，为国家和人民建立了光辉的业绩。”

根据她的光辉业绩，她当之无愧地获得这样的荣誉，她也是我国迄今获得这样高荣誉称号的惟一的一个人。

人大常委会会议刚刚结束，彭真、廖承志就去探望宋庆龄，把人大常委会授予她荣誉称号的决定告诉她，并表示祝贺。翌日上午7时，她在病榻上听了中央人民广播电台关于全国人大常委会授予她荣誉称号的消息后，正在病榻旁边的服务员顾金凤操着浓厚的苏州口音问她：“刚才广播你已经成为国家名誉主席了，侬听清楚了吗？”她高兴地操着浓厚的上海话连声说：“听清爽了，谢谢同志们！”

宋庆龄病重的消息穿过碧浪涛涛的太平洋，传到大洋彼岸。她的弟弟宋子良从美国纽约发来了慰问电。她的孙女孙穗英、孙穗华、孙女婿张家恭专程从旧金山赶来北京，她的外孙女戴成功也从澳门赶来，她的亲属陈恕、林达光、陈志昆、黄寿珍、陈燕、邓广殷等也赶来了。

宋庆龄在病危的时刻看到自己的孙女、外孙女和其他亲属到她的病榻前问安，得到莫大的慰藉，饱受重病折磨的宋庆龄脸上绽露出笑容。

1981年5月29日20时18分，这位“被国际上公认为二十世纪最伟大的女性”，心脏停止了跳动。

宋庆龄载看人们给她的极高的荣誉，带着海内外人民对她的爱戴之情，怀着对人民将过更加美满的生活，中华民族将腾飞于世界，统一祖国大业将能尽快实现的殷切企盼和美好的祝愿，离开了我们。

一颗灿烂的巨星在东方陨落了；它划破夜幕的光芒却永在人间，留下的火种永不熄灭！

李光耀

蜚声世界的华人政治家

1923年9月16日，在新加坡甘榜爪哇路92号的一幢楼房里传出一声响亮的婴儿啼哭，一个又胖又大可爱异常的男婴以他响亮的啼哭声宣告了自己来到了人世间。他就是领导新加坡人民脱离英国殖民统治，使新加坡在短短的30年内步入了世界政治经济发达国家的行列。

李光耀的曾祖父李沐文，就是他，从中国广东省大埔县古野乡唐溪下村来到新加坡闯世界。

唐溪楼下村是粤东普通的客家山村。客家本是中原汉族，五胡乱华的时候，中原的汉人因避难南迁，流离失所，托庇于大姓，才始有所谓给客制度。客家的名称，方始出现。客家先民历史上有过三次大迁徒，演奏了中华民族这支劲旅的悲歌壮剧，再现了客家人作为汉族重要民系的顽强毅力和拼搏精神。李光耀小时候就听来他家的一位远房叔叔李兆青，讲客家人南迁的故事。苦难的先祖们肩挑铺盖，一路悲愤南下，在他幼小的心灵上刻下辛酸困苦的记忆。李兆青谆谆教导他："艰苦奋斗，自强不息，这就是我们客家人的性格。"李兆青还给他讲他"太公"李沐文的故事。李兆青说，李沐文是唐溪楼下村有名的秀才，才华横溢，乡亲们都很佩服他。

就在李沐文16岁那年3月，当杜鹃鸟鸣叫，杜鹃花天放的季节，沐文离开了亲爱的家乡。

沐文把父亲挑瓷碗挣来的十块光洋和母亲过门时的嫁妆金耳环放进内裤的口袋，背上挎包，走出"中翰第"，到古野渡船头去坐船，径过两三个月的航行，来到了新加坡，在那里，他凭着吃苦耐劳的精神和聪明才干终于赚了一大笔钱。

1866年新春，李沐文与客家同乡莉先生的女儿在新加坡结为伉俪，决心在新加坡创家立业。1867年他的长子李云龙出生了，李云龙从小聪明好学，上学后成绩优秀，老师很器重他，1833年，16岁的李云龙从英文学校正式毕业，因品学兼优在新加坡船务公司谋得了职位。但好景不长，李沐文则由于劳累过度，36岁便英年早逝。

父亲早逝，长子当家，刚刚升任为船务公司经理的李云龙，除了管理公司的业务，还要照管家里的柴、米、油、盐、酱、醋、茶。

当时，新加坡船务公司的业务，有一大部分在印尼，李云龙常出入苏门答腊。在那里，李云龙认识了一位印尼华侨的千金邱氏，终于结成良缘。

1903年，李云龙喜得一子，他雄心勃勃，给儿子取名为进坤，就是以非凡的意志改进乾坤的意思，表达了父辈的期望。

李进坤也是上当地英文学校，毕业后在新加坡壳牌石油公司任职。性格内向、办事文静的李进坤，很适于从事石油业务工作，他自己也感到很满意。于是，他在这家公司一干便是30年，直到退休后才转行当珠宝店推销员。

李进坤很年轻就结婚，妻子是当地华侨后代，名叫蔡认娘，一位和蔼、勤快的女郎。她与许多华裔家庭主妇一样，养儿育女，操持家务，能烹调中国菜和马来菜，甚至花了7年时间著述烧菜心得，出版了一本《娘惹菜谱》。她对饮食文化的研究，给李进坤精神上带来莫大的安慰，也为这个侨居新加坡的华人家庭增添了温馨、惬意、欢悦的气氛。

他们婚后的第二年，李进坤才20岁，蔡认娘才16岁，长子李光耀就出世了。1923年9月，当这个胖胖的新生婴儿出世的时候，有谁能够料到，他就是日后将会使新加坡发生天翻天覆的变化，从而成为世界闻名的华裔政治家！

1929年。6岁的李光耀被父亲送进加东俊源华文小学读书，两年后，祖父李云龙又亲自驾着小轿车，把他送进直落古楼英文学校去报各上学。在古楼学校，李光耀没有辜负祖父和父母的殷切期望，努力念书，加上他的天资过人，成绩优异，在同年级学生中，名列前茅。在他16岁时，因学习成绩突出，赢得奖学金，被保送进入莱佛士学院深造。在新加坡，能够进入莱佛士学院就读是任何年轻学子的最高荣誉。

进入莱佛士学院后，李光耀更加勤奋读书，作业一直做得很好，考试成绩都在榜首，尤其是语文和数学更是标青。语文和数学完全不同，一般来说，语文好的学生，数学会较差，反之亦然。李光耀却是两科都占上风，让其他同学望尘莫及。

在学院的演讲比赛会上，李光耀能用英语、也能用马来语公开演讲，并引起关注。而且李光耀并不是死读书的书呆子，他擅长各项体育活动。在运动场上，无论蓝球、排球、足球、高尔夫球，他都勇于参加比赛。除体育运动外，李光耀也涉及文艺活动。他经常在黑板报上发表散文、诗作，有时也参加话报剧上街演出。

除了参加各种课外活动外，李光耀最专心的当然还是他的学业。在莱佛士学院，每个学生的最终目标是参加剑桥文凭考试，希望以辉煌的成绩被录取，跑步进入剑桥大学校园。李光耀也是心向往之。他在莱佛士学院毕业的那一年，他母亲曾谆谆教导他："你要抓紧复习功课，毕业考试时考出好成绩，时年就上剑桥大学啦！"

一提起剑桥大学，李光耀的心潮就涌起波澜，他仿佛看到，这座古老的"英国大学城"，正向他敞天着大门。

但是，由德意、日法西期发动的第二次世界大战，却堵住了李光耀通向：英国大学城"的道路。1942年由于生活原因和对未来的打算，李光耀进入了日本司令部机关报《昭南日报》任翻译，一赚钱养家一边关注世界战局。1943年迫于形势李光耀逃往金马峇山。在金马峇山区表叔家里住了两个多月。他身在山区，心却关注着世界风云。9月25日，日寇投降。20多天后，21所学校宣布上课。

进坤、认娘日夜叨念的就是孩子们的上学。他们把金耀、羡耀、添耀和满女分别送到英文与华文学校去读书后，就一直打听英国的大学何时招生。但是大战刚刚结束，世界各国百废待兴。新加坡往伦敦的船运服务迟迟未能恢复，据说航道上还布有水雷，一时尚未扫清，船家也不敢贸然远航。所以，暂时还不能去英国上学。

光耀说："去英同的航船总有复航的一日，我看不必干着急，先在这里补习功课，等什么时候航运通了，英国的大学能在新加坡招生，那时我再去。"

父母感到这是一个好办法。于是，李光耀先进莱佛士高等学院读书。这所学院后来升级为新加坡大学。

李光耀在这里选读的科目是文理科兼顾，既读经济，又读数学，还读英国文学，以为全面发展铺下坚实的基石。

在这所高等学院里，李光耀花在功课上的时间并不多，课余时间几乎都在图书馆里。

学院对学生的课外阅读十分重视，建了一座五层楼的图书馆，每一层楼都有丰富的分类藏书。高高的书架，密密的书籍，为学生架设了通向学术高峰的知识阶梯。李光耀对书籍的阅读兴趣是多方面的，涉猎的范围非常广泛，他感到很有收获。

李光耀在莱佛士高等学院学习了一年，在结业典礼上，他接受了院长授予的"全优奖"。

1946 年 9 月初。英国皇家海军"布列颠里亚"号军舰停靠在新加坡港口。认娘因烹调手艺出众，被请上舰去当了几天厨师。她精心制作的东南亚菜，如巴东牛肉、爪哇炒饭、马来炸牛扒、雅加达沙律、拉翁牛肉汤、椰汁羊肉、泰国金丝、浓咖哩鸭等，舰上官兵个个咂嘴叫好。9 月 5 日，军舰要开往伦敦，舰长高兴地发给认娘 50 英镑的奖金，认娘却不肯接受，说："舰长阁下，你们是反法西斯的英雄。为英雄服务，是我们民众应尽的义务。"

舰长经常请临时工上舰做事，第一次看到品格这么高尚的厨师，又加奖 30 英镑，说："你这种精神很令人敬佩，请你一定要收下这 80 英镑，这是我们皇家海军的规矩。"

认娘不好再推辞，她灵机一动，收下 80 英镑后全用来买了当地有名的水果榴莲，分送全舰官兵，令舰长大为感动。临别，舰长问道："蔡女士，你有什么困难，请告诉我们，皇家海军为你解决。"

认娘笑了一笑，说："困难是有，怎能麻烦舰长阁下？"

"没关系，你尽管说。"

认娘迟疑一会，说："我有一个儿子，想去伦敦读大学，一直坐不上船……"

舰长听后哈哈大笑，说："这还不容易，马上叫他上舰！"

说着，舰长派出军用吉普车，直达甘榜爪哇路 92 号。这可轰动了左邻右舍，邻居都来祝贺，认为能够坐上英国军舰出国，是莫大的幸运。进坤夫妇忙得满头大汗，临时绑捆行李，嘱咐路上应注意事项……李光耀来不及弄清是怎么一回事，"布列颠里亚"号军舰载着他已经驶离新加坡港口，乘风破浪驶向伦敦。

当时，军舰上除了官兵，只有 12 名平民，全都是去伦敦读书的学生。当然，除了李光耀，他们都是当地名门望族的子弟。李光耀坐在船舱里，没有心思跟其他人聊天。他静静地坐在窗口旁，望着海天相接的空间出神。眼前是无边的蓝宝石似的海面，一些饱满的风帆在阳光下闪耀，明亮得使人目眩。李光耀此前还未长期在大海上航行过.对于航道上的一切都感到新鲜而奇异。面对着一望无边辽阔的大海,想着即将开始的在英国的大学生活,他心潮澎湃,浮想联翩,一条宽广的人生大道正展现在他的面前。

登岸上了伦敦,李光耀听说伦敦大学是英国最大的一所大学,有 2 万多名学生,5000 多位教授,早在 1828 年就创办,它的学术活动对英国乃至世界一些国家的高等教育都有很大影响。于是,他参加招生考试,当即被录取进入伦敦大学就读。

但是,伦敦大都市的生活,一切都十分匆忙,李光耀觉得很不习惯。每天要追巴士,上学或下课的生活令人心烦。他在伦敦大学只读了一个学期,便申请转学到剑桥大学去。由于他成绩优异,很快便得到批准。在新加坡盼望儿子进入剑桥大学的进坤夫妇,收到这一喜讯,立即在李云龙老人家灵前上香。祖父的遗愿总算实现了。

进入剑桥大学的机会是难得的,李光耀为什么能顺利实现自己的志愿呢?这要感谢学监撒切尔先生的力荐,使他通过菲茨威廉基金被录取入学。当他漫步在这具有 700 年历史的古老校园里,一股难以名状的自豪感,如同卡姆河的波浪,在心胸里激荡着。

这里在伦敦东北 51 英里处,市区大部分在卡姆河东岸,有 10 多万人口,现为剑桥郡的郡府,素有"英国的大学城"之称。城内有许多英国典型的中世纪建筑,参差有致的房屋群之间覆盖着绿草如茵的场地。欢快的卡姆河从大学区旁流过,好像一位健谈的学者向人们叙述着剑桥大学的昨天和今天……

李光耀进入剑桥大学中殿律师学院,选读法科和医科。在当时,大学里的法科最令人向往。一般大学生认为,律师和医生是最自由的职业,因为可以自己开业,不必受雇主控制或约束,收入也很高。李光耀对当医生没有兴趣,所以,决定学法律。

在剑桥大学 4 年,李光耀勤奋地攻读法科,成为剑桥第一流的高材生,获得带有星标的"双优"学位。然而,李光耀并不是"书呆子",只坐在教室里研究法律条文,他驾驶摩托车到英国各地去考察,深入进行社会调查,感到社会应该进行变革。第二次世界大战结束以后,亚洲、非洲的民族独立运动风起云涌,英国的殖民地纷纷闹独立。印度、巴基斯坦、锡兰、缅甸已先后摆脱了殖民主义枷锁。在剑桥学习的马来亚、新加坡的留学生,也在思考马夹亚、新加坡的前途。

李光耀在剑桥结识了一批马来亚留学生,其中关系最密切的是从马六甲来的吴庆瑞和从霹雳州来的杜进才。当时,他们时常在卡姆河上一边划船,一边讨论马六甲来亚、新加坡争取独立的问题。那天傍晚,他们又来到卡姆河上,自由自在地划着小木船。河水十分清澈,绿树倒映在水中,显出一种质朴的、天然的美。剑桥人都有这种感觉,只要在卡姆河划行或游泳,天地之间的界限就似乎分别不出来。不远的剑桥市区,飘动着轻纱似的雾气,荡漾着淡淡的幽蓝。

李光耀轻轻地划着,望着水中飞翔的鸟儿,突然想起了新加坡,说:"看来,我们应该尽快毕业,回到新加坡去唤醒民众,为自由独立而斗争。"

攻读经济的吴庆瑞说:"是的,没有自由和独立,经济是难以振兴的。"

研究医学的杜进才,讲出了自己的想法:"殖民主义如同毒瘤,不用手术刀是解决不了问题的。"

李光耀说:“手术刀当然要使用,问题是掌握在什么人手中,怎么样使用?”

吴庆瑞说;“首先,要在思想上先行武装。要有统一的认识和目标,那就是一定要争取马来亚从英国殖民主义者手中解放出来,成为一个独立行使主权的国家。”

杜进才说:“我看,目标是一致的,问题是如何取得独立,通过什么途径和手段。”

这时,剑桥市区已是万家灯火,好像一把珍珠从天上撒落下来,卡姆河里闪烁着无数的星光,这是剑桥最美的景致之一。李光耀一边划着船,一边琢磨着友人的谈吐,把这一段社会调查和理论学习的种种思绪,进行着梳理。

“光耀,你这个雄辩家,怎么不吭声呀?”杜进才拍拍李光耀的肩膀,说:“看来,马来亚的未来,掌握在我们这一代人的手中!”

李光耀点点头,说:“要取得我们民族的独立,关键在于有一个正确的政策和策略。这是马来亚自由独立的命根子。撒切尔先生告诉我,拉赫曼亲王正在组织‘马来亚论坛’,经常在伦敦聚会,讨论马来亚的现状和前途。我看,我们要积极参加。”

李光耀他们很快就与拉赫曼·拉扎克亲王联系上了,正式参加“马来亚论坛”。亲王对李光耀十分器重,多次安排他在“马来亚论坛”上发表演说。

对于马来亚的前途,李光耀充满乐观主义的精神。他指出:“我们已经看到马来民族主义的诞生,我们正在看到马来亚华人民族主义的初步运动。没有疑问,其他种族集团也将把自己组织起来。这可能是一个泛马来亚运动的前奏,或者它也可能是严重的纠纷和种族集团主义的开始,其结果可能是变成另一个巴勒斯坦。马来亚独立的先决条件是一个马来亚社会的存在,这个社会不是马来人的,不是马来亚华人的,不是马来亚印度人的,不是马来亚欧亚混种人的,而是包括这个国家中各种族的马来亚人的。”

李光耀用瑞士的例证为这个问题作了生动的说明。他说:“我们研究一下瑞士对它的种族问题所找到的解决办法,是有益的。那里是一个多民族国家,包括三个大的种族集团——法兰西人、日耳曼人和意大利人——还有第四个小集团,即用罗曼语的人。在两次世界大战中,它都能安度难关,维持统一和独立。在我们马来亚出现的是巴勒斯坦型呢?还是瑞士型呢?历史正强迫我们作出选择。”

李光耀最后强调说:“目前的政治形势正在迅速变化中。殖民主义在财富和权力方面有着莫名其妙的矛盾,无论我们做不做什么,它总是要结束的。那不是我们用印度国大党那样的方式去争取独立的问题,而是我们究竟是否将在这个国家的政治生活中起一点作用。现在,我们还有时间,把我们自己组织起来,成为这个国家中的一支力量。但是,最终的问题在于每一个留学生回到马来亚后将要做些什么?因为归根到底,任何政党、任何社会、任何政治实体,是由每一个人组成的。我们回到马来亚后,采取什么具体步骤,这要看当时的政治征候。我们能否公开鼓吹和宣传我们的观点,或者应该谨慎小心一点,不是那么大喊大叫,这只能是到那时再作答复。只有在我们马来亚同胞之中灌输一种合作精神和政治独立的主张,泛马来亚政党才能真正存在,马来亚人的领导才会出现。我们必须打破马来亚人昏昏沉沉的气氛,牢牢记着我们面临的问题的迫切性。我们必须破除那种迷信,认为我们不如欧洲人,而且永远不如欧洲人。如果每一个留学生使他自己周围的人了解他的信仰,那么,积聚起来的效果是巨大的……”

他的演讲，在留学生中引起了热烈反响。演讲结束后，大家起立，长时间的暴风雨般的掌声再次在会议厅响起，回荡在格林威治饭店中……

拉赫曼亲王紧紧抓住李光耀的手，衷心感谢他为“马来亚论坛”作了一次精彩的演讲。他说：“光耀老弟，马来亚的历史将永远记着你的贡献！”

李光耀进入剑桥大学不久，他在莱佛士高等学院的同学柯玉芝也从新加坡来到这个英国有名的大学城，攻读的也是法科。原来就是同学，彼此都有很好的印象，又同获英国女皇奖学金，自然志趣相投，感情日深，很快就相爱了。

1950 年 8 月，李光耀和柯玉芝以优异的学业成绩从剑桥大学毕业，双双获得荣誉法学士学位。在荣誉生的名单上，李光耀排名第一，连英国学生也甘拜下风。

这天，这对情侣来到伦敦机场，乘坐班机，飞返新加坡。飞机腾空而起，径直飞往烟波浩淼、海天一色的上空。舷窗外，白云如絮，天风如疾，机翼在灰蒙蒙的苍穹中穿行。李光耀坐在舷舱里，从窗口外望，虽然是一片烟云滚滚，但他还是能感觉出地面上剑桥大学的方位。四年多的大学生活，使他对剑桥建立了深厚的感情。为了寻找民族独立的途径，他认真研究法律，还阅读了尼赫鲁的许多著作，探索瑞士、瑞典、以色列这些小国的立国模式，也涉猎过马列主义。他对英国工党很感兴趣，同英国工党的领导人威尔逊、摩根多普斯等时有接触，在思想感情上很接近他们，但考虑到马来亚的国情与英国不同，不能完全照搬工党那一套。在留英时期，刚好第二次世界大战结束不久，东欧出现一些社会主义国家，苏联和中国共产党的影响也在扩大。社会主义成为世界上一种新的思想潮流，吸引着千千万万的群众，大批知识青年更是心向往之。李光耀和他的密友们信仰社会党国际奉行的民主社会主义，他们觉得民主社会主义是一种先进的、合乎时代潮流的制度。李光耀说：“我是一个绝不反悔的社会主义者，但是，在我们自己的国家内，我必须承认因为要把公共义务的崇高价值和服务的意义灌输给社会，需要很长时间，只有对工人高度的成就给予高度的刺激，才能得到最好的效果。”

对于李光耀来说，社会主义就是社会公平，较好的生活，自由与和平。他主张，社会主义者掌握了这些原则就必须找出最好的方法，把所有这一切贯彻到自己的国家里去。他基本上是一个理想主义者，但又是一个注重实际和不畏艰难的理想主义者。当时，他所憧憬的就是力争马来亚尽快从英国殖民统治下解放出来，然后建设成为一个自由、独立、民主、富强的新国家。

飞机在茫茫苍穹中飞行，宇宙在展示着它的博大无垠与无穷的奥秘。不知过了多长时间，窗外天气豁然开朗，炎炎赤日普照大地。刚刚还是彤云密布，如今已是晴空万里，气温也由 4 摄氏度陡增到 30 摄氏度，乘客们纷纷脱下伦敦上机时穿的厚毛衣衫。

李光耀和柯玉芝从窗口俯首观望，新加坡就在机翼下边，像一颗蓝宝石镶嵌在马六甲海峡的入口处。“啊！到家了！我们到家了！”两个人同时欢呼起来。

农历八月十九日，公历 9 月 30 日，在两家商定的黄道吉日里，李光耀和柯光珠正式结为伉俪。

不久，新加坡闹市大街上竖起了李光耀律师事务所的招牌，分别用马来文、英文和华文书写。闪光的金色大字预示着闪光的金色前景。所里的陈设简朴而又庄重。写字桌、大书橱和长木凳全都用黑漆油刷，用李光耀的话说，其颜色显示的意义就是：公正辩护，铁面无私。

律师事务所一开业，就在民众中产生良好影响。当时的新加坡仍是马来亚的一部分由英国殖民当局统治。在这种政治局面下当律师，难度是很大的。李光耀由于精通各种法律，又能言善辩，找他帮忙打官司的人不少，渐渐有了名气，收入也颇为可观。

1952年，马来亚的邮电工人大罢工，来势猛烈，李光耀被聘请为邮电工会的法律顾问，当然也卷进漩涡中去了。20世纪50年代的马来亚，正是进步力量蓬勃发展的时期。当时，左派人士组织了许多进步社团和工会，形成一支反帝反殖的强大力量。在这一情势下，华文学校也成了左派的营垒，是进步青年从事反对帝国主义反对殖民主义政治活动的大本营。特别是工人民众组织的工会，更具凝聚力和战斗力。新加坡工人阶级的罢工斗争从最初的发动就带有明显的反殖民主义性质，因为新加坡的殖民机构如市政府、海港局、军港、公用企业和英人资本的交通运输等企业雇佣着大批工人，而罢工斗争往往是从这些方面爆发起来的。这样，当罢工一发生，特别是市政工人、海港局管辖下的码头工人或交通运输部门工人的罢工一发生，不论罢工的性质是经济的还是政治的，都一样造成新加坡经济生活不同程度的瘫痪状态，都是给殖民主义的一个沉重打击。所以新加坡的罢工斗争不但从一开始就在新加坡人民反殖民主义斗争中起着重要的作用，而且是新加坡人民反殖民主义斗争的一个特点。正是这一原因，李光耀十分乐于担任工会的法律顾问。工会在与英国殖民当局作斗争中，亟需既懂法律和英文、又能同情工人运动的人协助，而李光耀正符合这些条件。他是华人，又是正牌的律师，更重要的是他当时很同情工人和工运，愿意为工会义务效劳，自然大受欢迎。在邮电工人大罢工的日日夜夜，李光耀与工人们心连心，出谋划策，巧妙应付，在谈判桌上同英国殖民当局进行面对面的斗争。工人们翘起大拇指，兴奋地说："有李顾问的支持，我们的大罢工一定会获得胜利！"

那天，正当李进坤和蔡认娘为李光耀参加罢工斗争而牵肠挂肚的时候，蔡认娘突然离开收音机兴奋地说："罢工胜利结束啦，你听，光耀在演讲哩。"

李进坤侧耳而听，收音机里传来儿子那坚定的声音：

工人民众们，由于我们一直坚持和平的方式示威、请愿，整个大罢工发展很顺利。我同工会代表一道，向英国当局作了交涉，进行认真的谈判，终于达成有利于我们工人和工会的协议，我们胜利啦！

接着，李光耀宣读了协议的全文。工人们兴高采烈。欢声雷动。人们高兴地举着小旗子。连夜上街庆贺胜利。邮电工人的游行队伍来到"李光耀律师事务所"，拼命燃放烟花爆竹，那喜庆的场景，不亚于春节。在事务所过夜的合伙人、李光耀的弟弟李金耀，手忙脚乱地提着开水壶，热情地接待着工人们。

第一炮打响了。邮电工人的大罢工，初步显露了李光耀的才干，他的名声也传开了。于是，其他工会纷纷聘请他当法律顾问。李光耀深知在新加坡，工会是反对殖民主义的主要力量,要争取独立,必须取得工会的支持。所以,他对工会的要求,是有求必应,来者不拒,结果成了100多个工会团体的法律顾问。这不仅使李光耀赢得马来亚广大工人民众的信任和尊重,也为将来在政坛大显身手打下了良好基础。

在担任工会团体法律顾问的同时,李光耀还帮助平民百姓与殖民政府进行斗争。

李光耀在为工会和普通老百姓的利益与英国殖民当局作斗争的同时,也成为新加坡学生反对英国殖民政府的积极声援者。当时,学生们创办了鼓吹独立的报纸,英国殖民地政府认为这些报纸的言论违反了"治安维持法",对这群学生进行审判。李光耀仗义执言,认为政府的审判侵犯人权和言论自由,除了自己积极为他们辩护外,还把大名鼎鼎的英国籍辩护律师普李特请来新加坡,加入辩护团里。这场审判成为当天报纸的头条新闻,以学生的胜利而告终,李光耀的声望又由此大增。

李光耀也注意利用机会,与讲华语的华人学生接触。本来,李光耀一直在莱佛士学院接受英文教育,后来留学英国,始终没有跟中国语系的学生拉上关系。当学生们群起反对殖民政府实行义务兵役制时,李光耀竭力维护他们,帮助他们争取更多的支持者。

李光耀先后获得劳工组织及英语系、中国语系学生们的支持,完成了进军政界的准备工作,为进入政坛铺好了路。在积极参与工运和支持学生运动的过程中,李光耀不断考虑组织政党问题,因这他深知光靠工运和学运是不能夺取政权的,必须有自己的政党,利用政党这个工具,加上工会及其他社团的支持,才有可能推翻殖民统治,从英国人手中接过政权。

早在英国留学的时候,李光耀就与吴庆瑞、杜进才等一批精英,商议过组建政党的大事。回国后,他们也一直在酝酿这件事。李光耀联系一批自称为民主社会主义者,经常在欧思礼路38号李光耀家里聚会,一周一次或者两周一次。他们讨论如何组织政党,应该采取什么样的政策,这些政策对民主主义者和具有激进政治思想的人将产生如何广泛的影响和吸引力。经过两年的孕育,人民行动党诞生的时机接近成熟了。

这一天,杜进才、吴庆瑞、贝恩、拉惹勒南几个年轻朋友,又聚集在李光耀家,商议组建人民行动党的大事。1951年,东姑·拉赫曼成为马来亚最大的政党——巫统的领袖。次年他又同马来亚华侨首领陈祯禄等人组织联盟党,该党由巫统、马华公会、印度人国大党三个组织联合组成。在这一新的形势下,李光耀认为他们的建党步伐也要大大加快。

1954年11月21日,在新加坡维多利亚纪念堂楼上,人民行动党正式宣告成立。1500多名各界人士、工会领袖和著名学者出席了大会。来自马来亚两位政界高级首脑——巫统主席东姑·拉赫曼亲王和马华公会主席陈祯禄爵士,亲自到会致贺。

人民行动党的建党发起人一共14名,其中包括2名律师、2名记者、2名教师、1名大学讲师和7名工会领袖。当时,这些发起人大多坐在主席台上,例如李光耀、杜进才、拉惹勒南等。但是,有2名发起人——吴庆瑞和贝恩却坐在台下的人群中。这是公开的秘密,因为他俩都是英国殖民政府的公务员,按规定,公务员是不能参加政党的,所以他们不便堂而皇之坐在主席台上。

秘书长的李光耀在成立大会上发表了重要演讲

在演讲中他阐述了宣言和党纲中的重要精神，宣布人民行动党的奋斗目标是要使所有成年人都有投票权、工作权，经济上得到充分的报酬，废除社会财富分配不公正不平等的做法，对丧失工作能力的人给予社会保障，促进民族团结、自尊、自力更生和勤劳奋斗的精神。他同时抨击进步党和工党，抨击英国殖民统治者一手炮制的《新马宪法草案》和《紧急状态法令》。

李光耀的演讲赢得与会者热烈的欢迎和坚决的支持，会场上不断爆发暴风雨般的掌声。

由于李光耀及其同僚采取了联合进步力量、联合共产党的策略，加强了和工会的联系，使人民行动党得到进步的华文报纸的支持。这些报纸大量报道人民行动党的动向和宗旨，向广大华人读者作宣传，逐步扩大了人民行动党在华人中的影响，为1955年该党参加大选取得几个席位起了很大的作用。

1955年4月，当时的新加坡总督罗伯特·布莱克下令举行"部分民选政府"(不是全部民选)的首次选举。成立才5个月的人民行动党决定派出4人参加竞选立法议会议员。这4人是：李光耀(在丹绒巴葛区参加竞选)、林清祥(在武吉知马区参加竞选)、吴秋泉(在榜鹅淡宾尼区参加竞选)、蒂凡那(在花拉公园区参加竞选)。另外，阿依布拉顾以独立人士身份在三巴旺区参加竞选。他是军港工友联合会的领袖，他在该区占多数的印度裔和马来裔选民中很有影响。

李光耀以他的《告选民书》说出了民众心里想说的话，在选民中产生了强烈的共鸣。选民们认定他就是最忠实和最能照顾他们利益的人，结果以高票当选。当时，李光耀的对手是人民党的彼得林和民主党的蓝天。李光耀得6029票，彼得林得908票，蓝天得760票。

从1955年至1959年，人民行动党的主要精力都用在同执政党作斗争上。李光耀等不断揭露对方的贪污腐败和平庸无能，同时不断争取群众，积蓄力量，迎接1959年的大选。

1959年5月30日，依据新宪制的立法议会大选投票开始了。新加坡公民第一次运用他们的权利，履行他们的义务，各以其神圣的一票，催生下新加坡自治邦第一届自治政府。人们欢天喜地，心情如同华人迎接春节一般。

这次大选，全新加坡法定选民58.7797万名，实际参加投票的选民有52.442万名。大选结果，人民行动党夺得全面胜利，赢得43个议席，获得全部选票的53.4%；此外，人民联盟4席，华巫3席，独立人士1席。

大选结果宣布后，人民行动党领导成员前往各个选区，向选民们表示衷心感谢。当他们来到丹绒巴葛区时，天正下着热带雨，选民们激动地把李光耀他们抬了起来，抛向雨雾濛濛的天空。李光耀注意到他的家人全部在场，何玉芝把显扬举在头上，向他招手。他看到妻子脸上水珠翻滚，分不清是雨水还是泪水。在欢呼声中，他走上前去，在显扬脸上亲了又亲。他兴奋地对柯玉芝说："我们胜利了！"

6月2日，李光耀来到总督府，新加坡总督威廉·古德爵士告知，林有福已辞去首席部长职务，请李光耀担任新加坡总理，组成新政府。李光耀当即正式提出释放在

1956年和1957年发生普遍罢工和暴动风潮时被英方逮捕的8名人民行动党党员(同时是马来亚共产党员)。古德爵士宣布;"鉴于政治局势已变化",并且"为了迅速、顺利地实施新宪法",他们将于6月4日获释。于是李光耀同意组织新政府。

6月3日,新加坡新宪法生效。当天晚上,群众在新加坡广场隆重集会,庆贺实施新宪法。李光耀在大会上发表长篇演说

6月5日,李光耀宣誓就任新加坡自治邦的内阁总理,时年35岁,是世界上少有的年轻总理之一。

此后,在新加坡历次大选中,人民行动党都获得多数议席,1968年、1972年、1976年、1980年更是囊括了全部议席,它的领袖李光耀也一直担任总理。直到1990年11月28日,李光耀才将总理职务交给党的第二代领袖吴作栋。李光耀担任总理长达31年半。在这个政治舞台上,他发挥了全部的才华,把新加坡这个小小的城市国家,治理成举世闻名的模范之国。

李光耀就任新加坡自治邦的内阁总理后,一手抓经济建设,一手寻求完全摆脱殖民束缚的道路。早在6月3日新宪法生效的当天晚上,他向群众大会发表演说时就指出:"人民通过他们选出的政府所行使的权力仅限于内部事务。这不是我们真正想要的。这不过是朝着合并和独立前进的一步。"他把新加坡与马来亚合并看作是新加坡完全脱离殖民束缚的希望。他曾说过,新加坡、沙捞越、文莱和北婆罗洲(即沙巴)是东南亚最后的殖民地附属国,它们与马来亚合并组成马来西亚,"就是民族主义者为了缩短摆脱殖民主义走向独立的孕育时间而提出的答案"。这个方案是当时英民帝国惟一能接受的。为整个马来亚的振兴而奋斗也是李光耀多年的心愿,因此他担任总理后的前几年,把很大一部分精力放在谋求与马来亚的合并问题上。

为了和马来亚合并,李光耀尽一切努力搞好与马来族的关系。经过提议,1959年12月3日,新加坡内阁任命出生于马来亚的优(原稿缺)

1965年8月9日,拉赫曼和李光耀分别在议会和新加坡市政厅同时宣布新马谈判破裂,正式分家。

新加坡脱离马来西亚后,实现了完全独立,受到国际社会广泛的同情和支持。9月21日,新加坡共和国成为联合国成员国之一。10月,新加坡被接纳为英联邦第22个成员国。临近年终,印度尼西亚外交部长苏班德里约博士建议同新加坡谈判,消除双边对抗问题。新加坡对印尼的这一建议表示欢迎,两国重归于好。

1966年1月21日,是中国农历正月初一。在这个华人传统的喜庆节日里,李光耀总理在电视上微笑着向新加坡人民祝福。他高兴地说:"这是我们作为自己的主人而庆祝的第一个中国新年(春节)。这是值得我们欢欣鼓舞的。"

创造经济奇迹

我们得解决的首要问题,就是在经济上提供充分扩展的机会。

——李光耀

李光耀执政后，敏锐地觉察到经济建设的成败关系到他的政府的存亡。

1959年6月，当李光耀总理率领的人民行动党刚掌握政权时，满街都是无业游民。

从实际情况出发，李光耀首先提出要最大限度地发挥转口贸易的效能，并且维持资本主义自由企业制度。

李光耀在鼓励现有转口贸易经济发挥最高效能的同时，也深知这仍然是一种殖民地形态的经济结构，要振兴新加坡经济，根本出路在于实行工业化。

1959年开始由本地经济学家和专门从联合国请来的专家制定第一个发展计划(1961—1965年)。计划规定由国家负责保护本地工业，以防止外国竞争，并且为私营工业的发展提供生产的和社会的基础设施。

根据国际有利形势和国内现状，李光耀抓住机遇，领导新加坡政府制订了第了二个五年计划(1966—1970年)，把工业发展战略从发展替代进口工业迅速转为以发展面向国际市场的出口导向型工业。

20世纪70年代开始，新加坡国民经济发展进入第三个阶段。李光耀并没有满足经济数量上的增加.而是着眼于经济效益和科技水平的提高。因此，他在内阁中又新设立科学及工艺部，由副总理杜进才兼任部长。

根据李光耀的指导思想，新加坡政府制订了1971—1980年经济发展十年计划，提出应向提高"质"的方向努力，目标是发展高级技术和精密工业，以求经济结构现代化。政府要求外商把资金和技术投向资本和技术密集的工业。通过修改60年代制订的《新兴工业法令》、《工业扩展法令》以及《经济扩展奖励(豁免所得税)法案》，对劳动密集和技术水平较低的行业(如食品、纺织、木材等业)，不仅取消新兴工业优待条件，而且加以限制，促使外资按照新加坡政府的要求，把资本、技术投向机械工业、电子仪器和微型轴承等精密工业。在这种新经济政策推动下，尽管1971年英国军队撤退，但新加坡的经济不仅未受影响，反而以高速度向前发展。1972年国民经济增长率又上升到13.4%，因此李光耀宣布："新加坡已进入一个崭新的纪元。

1979年是李光耀执政的第二十个年头，也是新加坡走向工业化的第二十个年头。在工业化迅速发展的推动下，新加坡的国民经济结构起了根本性的变化。1960—1979年期间，在国内生产总值中，制造业部门所占比重从13%提高到22%，交通运输与运输业由14%提高到18%，金融业由7%提高到11%，而贸易部门所占的比重则从33%下降至25%。1979年新加坡已经开辟21个具有相当规模的工业区。工业行业部门的种类大大增加，不仅拥有起主体作用的钢铁、炼油、修造船业，而且还生产电动机械、交通运输设备、金属产品和电气、电子产品等；此外还建立了一整套较为完备的社会基础设施，为以后工业的进一步发展奠定了良好基础。这不仅使新加坡从原来的殖民地时期单一畸形的转口贸易经济结构改变成以制造业为动力的"多元化"的经济结构，而且在不算长的20年内把新加坡建设成世界第三大炼油中心，苏伊士运河以东、日本以西的最大修造船基地、国际重要电子电器生产基地、世界金融中心、国际最繁忙的商港之一和东南亚"观光之国"。新加坡已从一个落后的殖民地都市变成一个人均国民收入8291新元、在亚洲仅次于日本的闻名遐迩的新兴工业国家。

在李光耀的直接领导下，经过数年努力，到1984年，新加坡的经济重组工作已取得初步成效。制造业的投资额，平均每年均在17亿新元左右，其中60—70%来自跨国公司的投资，这些投资大部分集中在技术与资本密集型的工业企业，如电脑、机器人、飞机制造等。随着电脑技术人员的不断增多，电脑技术知识的不断普及，电脑实际运用日益广泛地进入新加坡社会各个生产和生活领域。社会劳动率增长速度大幅度提高，1980—1984年平均每年增长5%，制造业生产率上升6%，比70年代末期前者增加1倍，后者增加1/2。国内生产总值的实际增长率年平均为8.5%，达到政府预期的8—10%的目标。而所欠外债，则在1978年至1982年期间，从约23.04亿美元减到2.02亿美元。工资提升较快，物价相对稳定，人民生活水平不断提高。1984年人均收入已达到11482新元（约5219美元），年平均增年率达6.2%，已达到世界上中等发达国家经济发展水平，成为世界上少数发展较快的国家之一。同时由于实行了公积金制度，国民储蓄总额超过650亿新元，成为世界上国民储蓄率最高的国家之一，超过美、英、日等发达国家。

为了使新加坡经济再度繁荣，李光耀和新加坡政府趁风气之先。致力于发展高增值产业。世界上两大计算机声卡制造公司——创新技术公司和AZ技术公司都设在新加坡。新加坡公司生产的计算机硬磁盘机占全世界该产品市场份额的40%。由于成功地把制造业转向高增值生产，1993年新加坡的经济增长率上升到9.9%，1994年则高达10.1%。1994年国内生产总值达1058亿新元（约合702亿美元），进出口贸易总额1950亿美元，官方外汇储备达530亿美元。人均国内生产总值2.25万美元。1995年经济增长率为8.9%，人均国内生产总值达到2.4万美元，超过英国和新西兰，成为世界上第九个最富有的国家。

在李光耀和新加坡政府的坚强领导下，新加坡人民充分发挥了他们的聪明才智，已经胜利地走完了从发展中国家到发达国家的历史道路，取得了举世瞩目的成就。

殖民地时代的新加坡，是世界上著名的贫民窟。在狭窄的房间里，人口拥挤，卫生状况非常恶劣。由于人数年年增加，迫使贫民窟更加恶化。据统计，在1959年全新加坡150万人口中有25万人住在贫民窟中，33万人栖身于违建陋房中。殖民地政府对此不闻不问，袖手旁观。1959年，李光耀总理率领的人民行动党，在英属联邦内掌握新加坡自治领的政权时，被迫解决的最重要的问题，就是住宅问题。在李光耀和新加坡政府的努力下，在短短的30多年内，就实现了“居者有其屋”的目标，93%的居民拥有自己的住宅。按照李光耀和新一代领导人的设想，到2000年，新加坡人将100%拥有自己的住房。香港《亚洲周刊》曾在一篇文章中赞誉：“新加坡的公共建屋成就举世无双！”

俗话说：“安居乐业”。在别的发展中国家，解决农民的土地问题是首要的问题，而在新加坡这个城市国家，首要的问题则是解决居民的住房难题。1959年人民行动党执政后，即把屋荒、就业和教育并列为亟待解决的三大问题。李光耀更明确地指出这是关系到“新加坡经济、社会、政治和安全”的问题。为此，新加坡政府于1960年2且1日成立了专门机构——建屋发展局，负责统筹规划建房事项，并把此机构作为直属国家发展部的一个法定权力机构，赋予它的权限与职能是：

（一）拟定和执行提议、策划和工程计划，以便：

1.进行建造、改装、改良和扩建任何住屋、供出售、出租或其他用途；

2.清除及重建贫民窟和城市地区；

3.发展或重建部长所指定的地区；

4.发展乡村或农业地区，以安顿那些受到建屋发展局的发展计划或其他经部长批准的移殖计划影响的人。

（二）管理所有归属建屋发展局的土地、房屋、建筑物或其他产业。

（三）展开建屋发展局在执行职务方面一切有必要的研究和调查工作。

（四）在部长的同意下，以规定的利息提供贷款，使人民能够购买任何已发展的地段或部分地段。

（五）负起建屋发展局在执行其所有或任何职务方面一切有必要的其他事务。

建屋发展局建房的资金来源于政府的贷款。建屋发展局从财政部获得两种贷款：

1.年利7.25％为期60年的贷款，以资助供出租的公共住屋的兴建；

2.年利6％为期10年的贷款，以资助供出售的公共住屋的兴建。

新加坡初期的住宅区是为了应付人民的迫切需要而策划的。由于当时的就业都集中在市中心，为了减少成本和来往交通的时间，第一批住宅区和新镇是沿着市区周围10公里范围内的边缘地带兴建的。在第一期发展计划下兴建的住屋，零星散布各处，凡是沿着市区边沿地带遇有可供公共建屋用途的零星地段就进行发展。

在市区建屋有了一定的规模后，李光耀对建屋局长郑章远提出了新的要求。他先肯定了建屋局的成绩，说："在发展建屋事业方面，你们做出了很大成绩。现在，我们以每45分钟盖好一套房间的速度，建成了大批廉价的公寓、大厦和住宅。按人口平均，在国际间也算得上前列吧？你们的政绩，对于树立政府的威信，对于国泰民安的社会，都有着重大的作用。建屋，是我们的基本国策。如果政府不提供组屋，廉价出售，而私人的房产又太贵，大部分人买不起，就会挤在贫民窟里。那么，反政府势力要煽动什么风潮就很容易了。"郑章远说："是呀，现在许多人住进政府的组屋，心情都很激动。他们说，政府给我们提供了这么好的住屋，我们怎么忍心让人去反对这样的政府呢！"李光耀接着说："你们的政绩，又使政府利用建屋政策，有效地运用国家财富，推动经济的发展。我们建了办公大厦、厂房，企业家因而致富，像商人、银行家，他们应该纳税回报国家。政府就要运用这笔钱，广建住屋，希望所有新加坡人都能分享经济发展的蛋糕，让他们都成为有屋阶级，而不再是'无屋阶级'"。李光耀接着对郑章远提出新的要求："居者有其屋，这仅仅是初步的要求。我们的目的，是向大家提供高品位的生活环境。我想，我们的规划设计，不要老盯着市中心，要考虑到环境保护，噪音、尘埃、空气污染要减少到最低限度。是不是可以来一番设计改革，在市区外，在郊区农村，兴建高质量的组屋。把居民区迁到乡间去，应该成为我们城市建设的战略措施。你说对吗？"郑章远一边听，一边认真思考，他当时正在读《世界建筑未来》一书，原以为自己已懂得了世界建筑的未来，听了李光耀一席话，感到还跟不上总理的建筑思路。他说:“如能做到这一步,是十分重要的,无形中也发展了城市建设。不过,配套工程要紧紧跟上,道路、供水、供电以及下水道的设施都应先行。还有,学校、医院、商业区、娱乐区,乃至托儿所、幼儿园,在规划时就要作全盘的考虑。”“你不愧是建屋局长。”李光耀望着这个才30出头的建筑师,高兴地说。

郑章远出生在中国大陆,后来去澳大利亚深造,然后选择在新加坡就业。1960年,他进入建屋局工作,几年后就擢升为局长。对于贯彻李光耀“居者有其屋”的政策,身体力行,十分卖力。他根据李光耀的思路,立即着手建设新城镇。

建屋局最先兴建的新镇是女皇镇和犬巴窑。国家发展部属下的策划署在1971年编制了环岛概念蓝图,使建屋发展局能够转向北面、东面和西面的回廊地带扩充发展,以满足人民对住屋的需求。

建屋发展局住宅区和新镇是根据邻区的原则兴建的。他们进行了认真研究,认为理想的邻区应有4000到6000个之间的住屋单位,所占地段离开镇中心350—400公尺的范围内,容纳1.6—2万人。这种规模的人口将能支持设立各种设备,如汽车站、小贩中心、游乐场和其他的设施。

此外,拥有3个到7个邻区的每一个新镇,都将有一个镇中心,提供银行、超级市场、百货公司、体育场和戏院等的更广泛服务。

总而言之、策划的目标不只是为了提供住屋,更重要的是创建一个更幽雅的生活环境。

组屋的面积和设计不断获得改善,以应付不断改变的需求和越来越高的期望。在1965年结束的第一个建屋计划下,所建造的最小型组屋是单房式(应急型)组屋,楼面面积23.5平方米,最大型的组屋是三房式(标准型)组屋,楼面面积53平方米。在第二个建屋计划下,楼面面积33.5平方米的改良型单房式组屋,取代了应急型的单房式组屋。楼面面积83.5平方米的四房式组屋,在第二个建屋计划的末期出现。在第三个建屋计划下,楼面面积120平方米的五房式组屋。在1972年开始兴建。在第四个建屋计划下,几乎没有再建单房式的组屋,因为这类组屋的供应已超过需求。1979年7月,建屋发展局宣布开始建造一种新型的组屋——搂面面积为145平方米的高级公寓。在建屋发展局建造的住宅里,建筑最多而又最受欢迎的,首推面积为53平方米的标准型三房式和面积为61.5平方米的改良型三房式。80年代末,根据居民对高质量房屋的要求。1989年国家发展部长达纳巴兰宣布:“为了迎合新的组屋申请者对高素质组屋的需求,……建屋局将根据实际需求与人民的新期望去建屋。”“随着87%的人口已迁入组屋区,建屋局的目标已经从过去的‘居者有其屋’改变为‘华厦供精选’。”

30多年来、新加坡政府在住宅建设上投入了大量资金。如第一个五年计划。政府投入1.94亿新元,第二个五年计划投入3.05亿新元,第三个五年计划投入19亿新元,1976年投入5.64亿新元,1977年投入6.99亿新元,1978年投入9.1亿新元,其后每年都有较大幅度的增加。1989年8月,当时的副总理吴作栋建议动用公积金支付旧组屋翻新费用,而政府将在15至20年内,把预算盈余中的120亿至152亿新元用来翻新全国的旧组屋区,平均每年拨款5亿至10亿新元。这说明政府为了实现“居者有其屋”的宏大目标，在人力和资金上已经和将要作大量的投入。

宏伟而富有成效的建房工程不仅使新加坡的严重屋荒问题成为历史陈迹，同时还使迅速崛起的建筑业成为70年代推动新加坡经济起飞的三大支柱（炼油业、造船修船业和建筑业）之一。在整个国民经济发展和城市总体规划下，按照“自成体系兴建居民区”的原则，一面在郊外兴建卫星城镇发展工商业，一面在市内拆除旧建筑，消灭贫民窟，建设新住宅区。同时注意各项配套设施的建设，如空地绿化、修建公园、建造儿童游乐场、商店、学校、医院及其他生活服务设施，使新加坡享有花园城市的美誉。

在第一、第二个五年建房计划中，所建房屋主要解决低收入者和单身者的住房问题。基本办法是租赁。1964年李光耀提出“居者有其屋”的口号，鼓励低收入者购买公房，规定凡家庭每月总收入不超过1000元者可以申请以分期付款方式购买公房，对已租住公房者还可免除第一次20%的交款数。根据政府的住宅政策，售价低于原价，并按都市及郊外的地域差异，价格有所差别。如二房式改良型，新城镇为11800新元，郊外为13500新元，市中心为17500新元。最豪华式样的三房式改良型，新城镇为35000新元，郊外为40500新元，市中心为46000新元。

售房计划开始执行得并不顺利，响应者为数不多。截至1964年12月，政府已建造住房54312套，而购房者仅1451户，所占比例不到3%。鉴于低收入者的支付能力低，同时确保建房的资金来源，1968年，在李光耀的决策下，新加坡政府决定允许公积金会员提前支取公积金存款购买住房，公积金成了保证职工购房支付能力的一种手段，也是建房资金来源的一条稳定、可靠的渠道。正如李光耀指出的：“公积金对我们来说，的确是非常重要的，它是我们形成一个‘居者有其屋’的社会，建立一个现代化国家的主要基石，我们有必要保持这个优良的制度，不然的话，我们的子孙恐怕将会无法购买组屋，这对于我们的经济前景和2000年建立幽雅的社会远景不能不说是具有阻碍作用的一块巨大的绊脚石。”正是实行了这一制度，购房的人数越来越多。据统计，1968年买房家庭为7407户，1974年底达75337户，占已建房187889套的40%强。到1984年10月已购房的家庭上升到373599户，占已建房500947套的近75%。尽管80年代中期，新加坡遭受严重经济衰退的打击，但1986—1988年的两个年度建房计划中，仍然完成了近7万套住房，又有6万多个家庭购买了新居。到现在，93%的家庭都拥有自己的住房，其中40%拥有四居室，20%拥有五居室。

对于那些至今仍无能力购买公房的低收入家庭，政府表明“不会通过钱财的协助或慷慨赠予来达到使更多家庭拥有住房的目标”。政府所作的是提供更便利的贷款摊还条件和为这些家庭寻找增加收入的办法，如通过设立更多廉价托儿所，以帮助主妇摆脱孩子的拖累而能外出工作；提供技术训练，让其家庭成员掌握一技之长等。政府希望通过这些措施使低收入者能增加收入，然后达到有能力买房。这也就是贯彻李光耀一向提倡的“机会均等，而不是收益均等”的精神

新加坡大规模地建造新房和建设新市镇，当然首先是为了解决人民的居住问题，此外，也是为了增进各民族之间的感情，建立融洽的民族关系，培养新加坡人民的国民意识，利用“居者有其屋”的方式，养成他们对国家的归属感。

在以前的殖民地时代，马来人住在东部地区，印度人和华人中的福建、广东、潮州、客家人等，也由于方言因素，而组织各个独立的地域社会，例如华人的唐人街（中华街）。当时，不但缺乏"新加坡人"的国民意识，而且经常发生冲突，甚至引起流血惨剧。李光耀下决心改变这种不同种族的人聚族而居的状况，因此在建设新市镇和在市区建设新住房时，他发动人民行动党和各级政府动员住在渔村的马来人和住在唐人街的华人搬迁，分别住进新建的高楼。在住房分配中，按各族人口在总人口中所占比例进行分配，并且交叉居住，例如马来人的邻居住着华人以及印度人。不论种族或阶层，都没有区别，大家和平相处，自然而然地产生"新加坡人"的意识。

另一方面，以前的居民移民意识很浓，总以为自己是暂时住在新加坡，赚了钱以后仍然要回自己的老家。新加坡政府提倡居民买房子，除了开辟建设房屋的资金来源、合理调节居民的消费结构等经济上的考虑外，还有改变居民的移民意识，保证国家政治稳定和社会安定方面的考虑。1984 年 8 月李光耀在国庆群众大会上说："1964 年我们开始实行居者有其屋的庞大计划，要使大多数人拥有自己的住房"，"我们有重要的理由，使每个人拥有最少一间房子。房子属于不动产。所有司法制度都把动产和不动产划分得很清楚。各种动产如黄金、钻石、艺术品等，可以移到国外，而且有世界市场。新加坡可能垮下来，但你的金条价格却不受影响。可是你的房子和地产价值却全靠信心、稳定、秩序和发展前景来维持。当信心动摇或社会发生混乱时，地产价格便会暴跌。为了自己切身利益，拥有房产的人必须确保自己的产业价值，不会因愚蠢和轻率的行动而引起暴跌"。以住房稳住人心，让每一个新加坡人都感觉到自己的命运与新加坡密不可分，都明白自己有责任保卫新加坡，这是李光耀与新加坡政府在住房政策上的独具匠心。

此外，新加坡政府还采取"职业与居住接近"的政策，来解决社区内劳动力的就业问题。他们规定社区用地的 20％为工厂用地，鼓励投资人到社区、新市镇兴建工厂。1972 年底，在 9 个社区里就兴建了 238 家工厂，多半是电机、电器制造、纺织加工、玩具、塑胶等制造业或轻工业。这些工厂大多是中小企业，2/3 的工厂员工从几十人到几百人。根据当年调查资料，在社区工厂上班的劳工约占新加坡所有制造业劳工的 22％。同时，在社区内工作的劳工里，有 88％都在这些社区工厂上班。社区工厂更为妇女就业提供了宽广的道路。据 1972 年调查，社区工厂的劳工总数为 3.8 万多人，其中男性 1 万多人，而女性却多达 2 万多人。新加坡妇女一向以勤劳闻名，自从社区兴建工厂以来，夫妻一起到工厂上班的显著增多，从而增加了家庭的收入，真正实现了"安居乐业"。

李光耀是一个民主社会主义的信仰者，"我们必须使人人能分享我国的财富"这句话，反映了他的民主社会主义的信念。但他不是主张把社会财富拿来平分，也不是主张吃"大锅饭"，干好干坏一个样，而是主张给予机会均等，不是报酬均等。他领导新加坡人民大力发展经济，实现充分就业，给每一个新加坡人提供辛勤劳动和发挥聪明才智的机会，从而取得相应的报酬，分享到他们所创造的财富。1967 年 6 月 4 日他在新加坡雇主公会的晚宴上，畅谈新加坡的生存之道，强调在缺乏天然资源的新加坡，国人必须改变工作态度，酬劳必须与工作表现挂钩，必须调整各种不实际的优待措施，才能在新马分家后的格局中生存。他说："现在的新加坡，每一个人都得尽其所能，他之所得，就是他所值的酬报。如果我们经不起这考验，不论个人或整个社会，将咎由自取，陷于灭亡。""酬报是根据工作的表现为标准的。如果你工作表现特别好，就给你特别的认可和酬劳。""今后，我们这个享有亚洲第二高国民生产总值的小岛，是否将继续往前往上发展，还是将会像好些新兴国家那样停滞下来，这就依靠着三个简单的因素：第一，是否有一个有效率的政府；第二，人民是否愿意从工作上获得他们之所需，而不是要不劳而获；第三，我们的人民是否具有进取的素质，是否具有推动力，是否具有预先采取经过思考而有计划的冒险能力。"基于这一思想，他在社会福利方面，也竭力反对平均主义。在同一篇讲话中，他严厉批评了这方面的弊端。他说："我们曾经做过，现在也还在做一些很愚蠢的事，这些是不利于我们经济进展的蠢事；是对我们的社会朝进步方向毫无裨益的蠢事；是对调整我们的社会结构没有益处的蠢事。任何人都知道我们的人口过多，但我们的政府政策不但没有给家庭计划协会帮助，反而破坏了它的计划。举个例子，一个人去申请建屋局组屋，他刚刚结婚，或只有一个孩子，他就没有申请的资格。建屋局会告诉他，必须有三个孩子才能提出申请。又在社会福利机关方面，一个人有九个孩子，只要他把这九个孩子在社会福利机构官员面前夸耀，他就得到九个孩子的救济金。又如所得税方面，它承认多至五个孩子的所得税扣除额。在教育方面。教育部对任何孩子都给予教育机会，而不问明来历。医药方面，医院对任何一位母亲，不管她生多少孩子，都给予免费接生优待。这一切都必须改变，问题是要如何快速改变，和怎样改变可使一般人不会受苦。除非我们朝着这方面调整，除非我们的人民大众对社会有了责任感；否则我们的经济水准、社会水准将会降低。"

70年代初期，他又说："经济主要与人有关，是人在运用可能的自然资源。好些政治人物却忽视这一事实，即在拟订经济和财政政策时，必须考虑到一个民族的社会习惯和文化价值。许多落后国家，往往不考虑本国情况，就追随先进国家的办法，实行粮食津贴、免费教育、免费卫生服务、优厚的福利补贴和失业津贴。他们没有注意到这些西方国家的人口增长是很少的，甚至等于零。在此情况下，他们实行上述情况是必要的。……即使这样，英国工党到近年也酌量提高医药处方收费，借以劝导人民，不要无端加重卫生服务的负担。""但一个发展中国家，它不该鼓励人口大量增加，它实在是负担不起。如果要避免人口迅速增加所带来的害处，那么，这类服务的收费应该提高，……财政政策应有所修正，以限制那些对社会不负责任的人们把他们孩子的教育费转嫁给那些勤劳而具有经济生产力的人们。"他认为过去英国有很多人无所事事而靠领取失业金度日是造成经济衰退的原因之一。瑞典是个有名的"福利国家"，是实行"民主社会主义"的样板，但近年也因为高福利支出，严重影响到经济发展。所以李光耀和其他领导人明确宣布"不学瑞典"。新加坡基本上不搞价格补贴、公费医疗和免费高等教育，强调公费医疗只能使医院拥挤不堪，医疗质量下降，药品大量浪费。他们认为大学生交不少学费上学，可能比不交学费更用功学习。

李光耀摒弃西方福利主义国家和原来的社会主义国家的社会福利政策，独辟蹊径，实行中央公积金制度。新加坡成功的关键之一是在高速发展经济的同时，建立符合新加坡实际的、有利于生产力发展的社会保障体系，有效地保障人民的社会、经济、文化权利。在其社会保障体系中，中央公积金制度具有重要作用。

新加坡中央公积金制度，是一种由国家通过法律加以规定，劳资双方共同缴付款项，政府作保证，以向劳动者提供物质保障为宗旨的强制储蓄制度。按公积金制度规定，任何一个雇员或受薪者，每月工资必须扣除一定比例；雇主（私人企业或政府部门）也需按雇员或受薪者工资的比例每月拿出一笔钱，统一存入公积金局，记在雇员或受薪者（公积金会员）名下。此项制度始于1955年，当初的目的是为积累雇员的退休金，规定凡收入200新元以上的均按月工资由雇员和雇主各付5%作为公积金，收入低于200新元的雇员不扣除，由雇主替其缴纳应付款额。此比例一直延用到1968年。1968年正是新加坡经济开始迅速发展的年头，国内政治稳定，各业兴起，人民生活大为改观之时。李光耀决定增加公积金交纳比例，并配合"居者有其屋"政策，允许公积金会员提取存款买政府廉价组屋。此后中央公积金局随着经济的发展、雇员收入的不断提高，公积金缴纳比例和使用范围也不断地扩大和增加。例如雇员和雇主公积金缴纳率：1955—1968年为各缴5%；1968—1970年为各缴6.5%；1971年为各缴10%；1972年为各缴14%；1973—1976年为各缴15%；1977年为各缴15.5%；1978年为各缴16.5%；1979年为雇主缴纳20.5%，雇员缴纳16.5%；1980年雇主缴纳20.5%，雇员增至缴纳18%；1981年雇主仍缴纳20.5%，雇员则须缴纳22%；1982年雇主缴纳增长至22%，雇员增至缴纳23%；1984—1985年又改为双方各缴纳25%；到1984年公积金存款总额已达226亿新元。1985年新加坡经济突然衰退，为了摆脱经济危机，降低企业成本，提高产品在国际上的竞争能力，决定从1986年4月1日起削减雇主公积金缴纳率至10%，为期两年。1987年7月随着经济的复苏，政府宣布从1988年起较长期的缴纳率由早先缴纳的50%（雇员雇主各缴25%）降为40%（雇员雇主共缴纳数）。1992年7月1日起，55岁以下的雇员应缴付工资的40%，其中的22%由雇员缴付，18%由雇主缴付。为了鼓励退休者继续工作，对55岁以上的雇员规定了较低的缴付比例：55岁至59岁年龄段的雇员和雇主共缴25%，60岁至64岁年龄段的共缴15%，65岁以上的为10%。

雇员和雇主缴纳的款项分别存入3个户头：普通户头、保健储蓄户头和特别户头。就55岁以下的雇员来说，在雇员和雇主缴付的工资的40%中，30%存入用于退休、购买住屋及各项公积金计划的普通户头；6%存入用于支付医疗费及公积金医疗保险费的保健储蓄户头；其余的4%存入用于应付老年需要及意外事故的特别户头。

缴付公积金的会员对于存入各项户头的存款，可按当地银行的平均利率领取免税利息。会员满55岁时，除保留用于养老的最低存款外，可将存入3个户头的所有剩余款项提出。会员在决定移民外国、永久离开新加坡时，可将全部存款提出。法律规定，政府承担确保向会员偿付存款和利息的责任。

公积金由中央公积金局经营，受新加坡劳工局管辖。中央公积金局的决策机构是董事会。董事会由2名政府代表、2名雇主代表、2名雇员代表和4名专家组成。总经理负责日常行政事务，下设会员服务、雇主服务、人事、企业事务、电脑、财务等职能部门。中央公积金局不单纯是一个公积金的行政管理部门，它还从事企业行为，将公积金用于机场、海港、医院等基础设施的建设和国外投资，以赚取的利润增加公积金总量，满足为劳动者提供社会保障的需要。至1993年3月，公积金节余已达450亿新元，能够保证向会员偿付存款与利息，而不需要政府津贴。

新加坡几十年来实行公积金制度，取得了巨大的社会和经济效益。就社会效益而言，主要有：

1.给予新加坡人在医疗卫生、退休养老等方面，及终身残疾人员以社会保障，维持了社会的长期稳定。

2.1968年政府决定允许公积金会员提前支取公积金存款购买住房，成了保证职工购房支付能力的一种手段，也是建房资金来源的一条稳定、可靠的渠道，促进了“居者有其屋”的实现，真正做到了安居乐业。

3.1988年8月政府又同意储户可用公积金存款支付本人或子女受大专教育的经费(在本国的大专院校)，1989年7月放宽至可提现款支付由储户抚养的兄弟姐妹的教育费用，但规定必须在10年内以现款摊还贷款和利息。这一措施使那些收入不高、无力供养子女或兄弟姐妹上大学的家庭得到了帮助，也扩大了大学教育面。

4.医疗保险费用在个人名下，避免了实行公费医疗的国家常见的药品浪费的通病。

5.强制性地让职工把工资的一部分储蓄起来，有利于全社会节约风气的形成，减弱了人们对于国家的依赖心理。

6.促进了家庭内部的互助精神，增强了社会和家庭的凝聚力。

7.在相同的比例下，工资高的和工资低的公积数额相差悬殊，有利于鼓励人们积极工作，提高社会生产力和技能水平。

就经济效益而言，主要有：

1.公积金把个人利益、企业利益和国家利益有机地结合在一起，调动了人们生产、工作的积极性，促进了生产的发展。

2.1978年政府曾鼓励储户把钱拿去买巴士公司债券，1981年又提出储户可提款投资于购置产业和房屋保险，1986年允许储户提款购买股票，使相当数量的储蓄金流入企业，增加了投资量，不但促进了经济发展，而且增加了就业机会。

3.中央公积金局掌握的大量公积金结余，几乎全部用于购买公债，也就是交给国家去支配，这就使新加坡政府手里集中了相当雄厚的财力，用以进行公路、地铁、机场、海港等基础设施建设，增强经济发展的后劲。

4.新加坡以高储蓄支持高投资的过程中，公积金是高储蓄的重要来源。他们在高投资时注意高效益，生产的发展带来了国家财政收入和市场有效供应的增加，而中央公积金制度又减少了国家的福利开支，并遏制了个人消费需求的增长速度，限制了国民购买力上升过猛，减少了社会上的货币流通量，抑制了通货膨胀，为新加坡实现高增长、低通胀作出了巨大贡献。

5.在经济不景气的情况下，通过降低公积金的缴付率，促进了经济复苏。

6.公积金也是新加坡准备对付难关的储备金。李光耀在1984年8月庆祝国庆的群众大会上论述公积金的重要性时曾说：“公积金是新加坡最后可以利用的储备金，如果碰到长期经济衰退，如第三世界出现债务无法偿还、银行出了问题、美元贬值、美国经济萧条波及全世界等情况，那时就可以动用储备金，以立法形式准许人民领取公积金度过难关，而不会像60年代，由于没有储备金，必须向世界银行、向英国举债。”

7.公积金还是新加坡向国外投资的重要资金来源。李光耀1982年8月发表国庆演说时强调：“新加坡在海外拥有资产是以防万一，一旦国内资产大跌，在日本、美国、西欧和澳洲的资产不会随之下跌。”“一旦新加坡国内经济滑坡，造成股票、地产或其他产业贬值时，政府就可动用在国外的资产来加强国内经济，使它复苏。”基于这个目的，早在1981年新加坡政府就设立了政府投资公司，把大部分储备金投放国外。

综上所述，可以看出新加坡实行中央公积金制度，取得了巨大的社会和经济效益，是十分成功的一个创造。

作为一个曾积极参加工人运动、担任过100个工会法律顾问的政治领袖，李光耀深深懂得必须把根扎在民众之中，特别是要紧紧地抓住工会。他提出的建立新社会的“共同经营者”意识，就是指全体新加坡人，政府、雇主、劳工都是建立新社会的“共同经营者”，都团结一致来建设新加坡。他指出：“新加坡是一个复合民族社会，当劳工形成这种精神时，工会担负特别的任务。每位国民为了团体的生存与荣誉，而埋头苦干，同样地，他们也会获得公正的代价，唯有这样，才能促使经济发展。”

为了加强人民行动党同工会的联系，1980年在李光耀的提议下，专门成立一个联络委员会，双方各派4名代表参加组成。人民行动党派出的都是该党重要人物，包括当时该党第一副主席王鼎昌、第二助理秘书长吴作栋、第二助理财政司库马塔尔和当时的政府外交部长达纳巴兰；职总方面则包括当时的会长蒂凡那、秘书长林子安、第一副主席彼得温森和新闻出版秘书张润志。这个联络委员会的任务就是沟通人民行动党同职总的关系，确保职总协助政府推行各项工作，尤其是在促进新加坡经济发展方面，使广大职工同政府同舟共济、协同作战。

新加坡是一个有着多元种族、多元宗教、多元文化的国家。全国人口300万，华族占77.5%，马来族占14.2%，印度族占7.1%，其他民族1.2%。人民分别信奉佛教、伊斯兰教、印度教和基督教，讲着华语、马来语、泰米尔语和英语。世界两极化的格局解体以后，许多地方原来被掩盖着的民族矛盾、宗教矛盾突出起来，以致发生大规模的种族屠杀和内战。前者最典型的如非洲的卢旺达和布隆迪，几十万人被血腥屠杀；后者最典型的是欧洲的波黑战争，打了三年，有25万无辜者丧失了生命，200万难民无家可归。而新加坡这样一个多元种族、多元宗教、多元文化的国家，人民却能和睦相处，这不能不引起世人刮目相看。这一成就的取得，主要应归功于李光耀和新加坡政府所推行的正确的民族政策，他们尽一切努力，从各个方面采取措施，千方百计地促进种族和谐。

实行法治，是李光耀治国的一个法宝。他是出身剑桥大学的律师，是法律与秩序的坚定信仰者。他以法起步，把他的法律专业贯彻到治国的事业中。他修正了许多脱离法治本意的法律，对政府所制定的政策和法律，则严厉执行，真正做到了执法必严。在这方面，他态度坚决，铁面无情。他强调在法律面前人人平等，不管你是达官贵人或是平民百姓，一旦犯法，就要受到制裁，不得有任何例外。新加坡社会的安定和谐，和李光耀及新加坡政府贯彻法治精神息息相关。

沿用和修改英国的司法制度

新加坡的法律是成文法与判例法同时并用。新加坡制定了不少成文法，法官判案的一个重要原则是依法；如果没有法律条文，则依判例判决；如果既无法律条文，又无判例可依，法官可以根据自己的经验作出判决。

新加坡原是英国殖民地，独立后，司法制度大致还是沿用英国的，但是根据新加坡的实际作了修改。在李光耀看来，任何法律制度的真正考验并不在于它的博大精深或是崇高的理想概念，而在于它实际上是否真能使人与人之间和人与国家之间的关系有条不紊，正义伸张。

从理论上说，新加坡是实行司法独立的，其实立法、司法、执法三者之间，相互配合默契。按照立法程序，任何法律必须在国会中三者通过，一般得花半年到一年时间。但为打击对社会治安危害极大的私会党，新加坡当局采取了断然措施。头天晚上抓捕了一批私会党徒，第二天一个上午国会就一口气三读通过了取缔私会党的法律，头天晚上抓捕的全部合法有效。

李光耀和新加坡政府也废除了美英通行的陪审制。李光耀很早就认为，由陪审团来做正确的判决是靠不住的。他在1959年出任总理，立法议会还不满一个月，他便设法要废除所有案件的陪审制，只有那些被判极刑者除外。

严于执法

李光耀领导之下的新加坡执法之严是全球闻名的，但其执法界限清楚，在是与非、罪与非罪问题上泾渭分明，分寸掌握得当，有了错或犯了罪，违反哪一条即按哪一条处理，不问动机，不问思想原因。

为了惩治偷盗、抢劫、强奸等群众痛恨又罪不当死的罪犯，不但判处徒刑，同时施用鞭刑。这种刑具是用藤条制成的，行刑前用水泡湿，行刑人经过特殊训练，行刑时用力抽打犯人的臀部，一鞭抽下去，即刻出血，疼痛难忍。鞭刑最高的是24鞭，当犯人忍受不了有可能被鞭笞致死时，经法医鉴定可以停刑。这对一些恶性犯罪者很有威慑作用。1994年，有一个美国青年叫迈克尔·费伊，在新加坡触犯了新加坡的法律，被新加坡依法判以鞭笞。尽管美国对此一时舆论哗然，该国总统克林顿也出面说情。新加坡法院为厉行法治，不予赦免，但照顾到克林顿的面子，由6鞭减为4鞭。现在，外国人进入新加坡都不敢掉以轻心，生怕触犯新加坡的法律。

在新加坡，拥有枪支是绝对非法的。凡是在作案时开枪者都处以绞刑。非法持有枪支者被监禁5至10年和至少被鞭打6鞭。

新加坡对犯罪者的罚款也是很重的。1992年7月有4名男女青年被控贩卖黄色录像带，证据是在他们的提包中查到约20盒黄色录像带。其中两女一男在法庭认罪后被判罚款2万新元(合人民币8.8万元)，另一女青年否认有罪，案件挂起来，延期过堂审理，到时一样受罚，罚款更重。在新加坡不服判决上诉的，一般很难胜诉。如不执行法庭判决，或传票送达后不予置理，或拒交罚款，法官即可判当事人以藐视法庭罪，拘留若干天，这一判决是不许上诉的。新加坡的司法部门通过上述措施有效地维护了法律的绝对权威。

在李光耀上台执政之前，新加坡是一个贪污横行、官场腐败的地方。特别是在40年代末、50年代初，贪污成风，很多公务员都以贪污、贿赂手段谋取钱财。更严重的是当时负责调查贪污案件的警察因受贿而成为贪污犯的保护者。1959年李光耀出任总理以来，一直致力于建立廉洁政府，他领导的人民行动党就是以"打倒贪污"为口号的。30多年来，新加坡的反贪污工作雷厉风行，取得了举世瞩目的成就，现在已成为世界上最廉洁的国家之一。1995年出版的《世界各国竞争力报告》中，在政府机构没有腐败作风的国家中，新加坡仅次于新西兰，排名第二。

重视廉政，以身作则

李光耀和新加坡执政党以及政府其他领导人非常重视廉政建设，并且以身作则。他们认为有效地反对贪污和保持廉洁对于经济发展和政治稳定有着极为重要的意义。从国际影响来说，新加坡的经济依靠国际贸易。为了更多地吸引外资就要造成良好的投资环境，就必须建设一个廉洁的政府和在其管理下的公平有序的市场。从国内来说，为了有效地实行管理必须获得广大公民的信任和支持，否则人民行动党和政府将没有牢固的基础，失去其合法性，也就无法对付反对派。李光耀对党的干部和政府官员要求极其严格，一再号召党的干部和政府官员保持廉洁，提倡献身精神。李光耀曾说，要当一名公务员，就必须有奉献精神。谁要想赚钱，就去经商。谁不听劝告，败坏我们党，就要给以惩罚，否则我们党会因此毁掉。他要求他们一定要"两手干净"。他说："如果我们允许你们把手放进别人放钱的抽屉里，那么，在政治上，我们全完了。"他指出人民行动党之所以能够在每次大选中获胜，正是由于"我们以公平诚实以及正直的态度管理国家的事务"。

李光耀本人严于律己，一生清廉。他在宣誓就任总理的当天晚上，就把他的父母、他的弟弟金耀、天耀、祥耀和他们的家眷都请到自己家里，对他们说："我叫玉芝把家里人请来，就是想跟大家交个底。我当上总理，权力是有的，那是人民的权力，我决不能用来谋私。我们客家人常说，上梁不正下梁歪。请大家帮忙我做一个正直的人，做一个为公的人。新加坡的前途就在这个'正'字上，就在这个'公'字上。"他说到做到，几十年来虽大权在握，却两袖清风。他的清正廉洁，不仅在一般群众中家喻户晓，就连反对派也难以挑剔。1993年4月11日香港《亚洲周刊》刊登一篇专访，题为《新加坡肃贪成功的珍贵经验》，新加坡贪污行为调查局局长杨温明曾回答该刊驻新加坡特派员的提问："要成功地肃清贪污，须先具备什么条件"时说："其中的一个重要先决条件是，政治领袖必须是一些绝对诚实和清廉的人，并且肯为国家彻底消除贪污而献身。”之后他在回答另一个问题时又说：“我们的政治领袖自 1959 年上台执政后，就在对付贪污方面采取坚决的立场；而负责调查贪污的机关也能完全自由行动，不受任何干预。”领导人重视廉政和以身作则，对官员和公民具有深刻影响。

李光耀认为，政府要廉洁，首先要有好的公务员制度作保证。新加坡公务员制度的特点正如李光耀指出的那样是公平、竞争。为此，新加坡公务员实行严格的公开招聘、公平竞争、择优录用等制度。凡是到政府部门工作的人员，都必须经过考试、试用，符合条件者方可聘任。应聘条件规定很严，道德水准和基本素质要求很高。公务员的升迁以政绩而不是年资为标准，通过平等竞争，经专门委员会评议、考核后才能晋升。

政府十分重视选拔和培植他们人事机构所称的管理的“精英”，每年挑选 200 多名高中生，给以奖学金、助学金，供他们在国内或国外接受高等教育，毕业后加入公务员队伍，或为政府服务一个规定的期限。同时从在职人员中选拔德才兼备、出类拔萃的人才，送往国外名牌大学深造，返国后委以重任。

有了这样一批高素质的公务员队伍，就为廉政建设打下了坚实的基础。

在新加坡负责选育人才的部门是财政部公共服务司和公务员委员会。前者为国家公务员中央人事管理部门，主管整个公务员的大政方针和公共服务条件；后者负责公务员的招募、聘任、晋升、调动、解职、纪律处分等事项，以及奖学金、助学金的分配和管理。

公务员委员会很有特色，这也是新加坡的一个创造。这是一个独立法定机构，其主席和委员都从社会各阶层“在野”人士中聘请兼任。法律规定他们既不能是政府官员或国会议员，也不能在政党或工会中担任角色，必须是纯粹的私人代表。对于公务员的任用、升迁、处分、奖学金的分派都须经过委员会集体讨论决定。由于该机构的独立性，任何决定都不受外界或政府部门的干涉。法律规定任何人直接或间接地影响委员会的决定或游说委员会成员的行为，均构成犯罪，可判处 2 年监禁或罚款 2000 元。又由于委员们的“中立”性，没有丢乌纱帽的问题。因此，让他们把进人关和升官道，能够主持公道，保证公平竞争，优胜劣汰。

李光耀和新加坡政府一方面提倡一切公职人员要有奉献精神，在国家机关、企事业单位和全社会培养廉洁风气；一方面也注意以俸养廉。他们最主要的作法就是大幅度提高政治家和公务员的工资待遇，以减少腐败行为的吸引力。李光耀认为，为了保证政府的清廉和诚实，应该支付给政府领导人以他们应得的最高报酬。要么是廉洁和高工资，要么是出于伪善而保持低工资同时腐败猖獗，二者必居其一。李光耀说自己是第三世界国家领导人中工资最高的，同时也许是最穷的，因为除工资以外没有也不需要有别的收入来源。新加坡政府不仅保证总统、总理、部长、议员获得其应得的最高报酬，而且还经常提高各级公务员的工资待遇，最大限度地缩小公共领域和私营部门的工资差距，防止人才流失。新加坡大学政治科学系高级讲师乔恩·奎赫撰写的《反腐败：新加坡的经验》一文就此论述说：“要使文官和政府领导人的工资与私营企业大体持平，减少腐败的动机。低工资和腐败之间有着密切的联系。当然，工资的调整代价高昂，并且取决于政府是否能够负担得起这笔开支。但从长远来看，如果工资始终保持在低水平上，就会使能干的官员离开政府机关进入私营部门工作，去追求更高的工资；而那些不太能干的、容易被拉下水的人仍会留在文官队伍之中。对于后者来说，从事腐败活动以补充其微薄工资的诱惑将变得无法抗拒。”

新加坡政府采取各种措施让官员和其他人员得到适足的薪酬，过上合理的体面生活。公职人员的薪金与他们担任的相应职务挂钩并定期调整。高级公职人员的薪金比体力劳动者高许多。1993 年高级文官薪金每月 12000 新元，部长薪金至少 30000 新元，总理每月 50000 新元，一般工人的月薪是 1000 新元左右。此外，新加坡的全民公积金制度，使公职人员生活得到保障，无后顾之忧。这样，尽管公务员和与之同等条件而在工商企业工作的职员相比收入要低，但许多人基于生活有保障和荣誉感，仍愿意在政府机关工作。不少官员认为，为了几个不法的钱丢掉“金饭碗”不值得。东亚政治经济研究所前任所长吴德耀说：“新加坡公务员待遇好，国家有法治，他们犯不着贪污。”政府领导人和公务员领取薪水后，便不再享受任何额外待遇，住房、用车、日用品等全部到社会上购买，司机、炊事员、保姆全部自己花钱去雇。这样，杜绝了政府官员在分房、用车、购物等方面以权谋私行为。

在李光耀的领导下，新加坡政府制订了一套完整、具体、实用的行为法规，用以规范工作人员的行为，形成约束机制。这些法规包括《公务员法》、《公务员行为准则》、《公务员纪律条例》、《防止贪污法》、《财产申报法》。厚达 5 卷的公务员《指导手册》，上至公务员制度，下至公务员行为举止，都一一作了明确、具体、严格的规定。例如，国家公务员不得参加政治活动（低级公务员除外）；不得有诋毁政府的言行；不得利用职权和官方信息谋取私利；不准经商；不准放债和向其下属借债；不准兼职（但允许兼职教学，每周不超过 6 小时）；不准拥有私人公司的股份和证券（股票市场上公开挂牌的股票除外）；不准私自接受礼品或宴请。《财产申报法》规定，公务员被聘任后应申报个人及其家庭成员的房地产、股票及其他收入，每年必须填表写明个人的财务情况，欠债超过本人 3 个月的工资要受到追究。

新加坡更制定了严密和严厉的惩治贪污法律。1937 年制定了第一部《防止贪污法》，1960 年制定《现行反贪污法》，至 1989 年曾经 5 次修正。1989 年新制定了《没收非法利益条例》。

新加坡防止贪污法对贪污罪的罚款可以从与贪污相等的数额到 10 万新元，徒刑期最高可达 7 年。新加坡总检察长曾指出，对于贪污犯不仅要处以刑罚，而且要使罪犯在经济上不能得到一点好处。因此，没收、罚款的规定是相当重的。这是针对新加坡存在的贪污罪犯宁愿坐几年牢，也要得到巨额财富的情况而采取的措施。他说在英国就有这样的事例，有的人就是在其度过 3 年铁窗生活的同时，在西班牙建造了自己的城堡。新加坡对贪污犯除罚款外，还有厉害的一手，就是没收其公积金。新加坡的制度规定：轻微贪污即可开除公职，被开除者即没收全部公积金。1991 年财政部商业事务局局长被指控有轻微欺诈。该局长本是一名受器重的干员，几年中破了几个大案，工作成绩优异，但经查证其轻微欺诈属实，被法院定罪判处坐牢 1 天，开除公职，没收其全部公积金。新加坡在职人员的公积金是从他参加工作之日起即开始积累，作为退休养老之用(退休后不另发养老金或退休工资)，职位越高，工龄越长，公积金越多，许多人都已达到六位数以上。如因一项微不足道的非法所得而被全部没收，个人损失就太大了。因此公积金制度实际上也成为政府实行严以养廉的强大后盾，对贪污犯罪分子具有巨大的威慑力。

新加坡经多年实践，形成了一套有效的行政监督机制。公务员日常监督由部门首长常务秘书和专职监察人员负责，贪污受贿、以权谋私、失职渎职等违法违纪案件由公务员委员会、贪污行为调查局以及检察长公署协同查处。审计署则从财务方面对各部门实施监督。这些监察机构分工明确，各司其职，比便协调。”

在李光耀的倡导下，新加坡政府重视对公务员的教育和培训，尤其是对公务员的道德品质和为人态度的培养，新加坡称为“软件”建设。国家设有培训中心和公务员学院，专司对公务员的培训和教育。新招聘的公务员必须接受“入队训练”，在职人员也必须轮流进修。公务员学院每年约有 2.5 万人次来学习，短则几天，长则几个月，学习为政知识、现代管理、工作技能等。学员结业返回单位后，还要进行跟踪考察和评估，年底召开全国公共服务评奖大会，表彰先进。新加坡强调生活西方化，意识形态不能西方化；强调保留和发扬东方的传统文化。报刊杂志文化娱乐注意抵制西方文化的侵蚀，经常开展文明礼貌活动，这些都有助于维护良好的政风和社会风气。

要把天赋才能的金字塔化为专门技能的金字塔，最重要的途径就是教育。新加坡是个自然资源匮乏的弹丸小国，但却拥有较高素质的人才资源。在联合国一次劳工质量调查中，新加坡人才质量居世界之首。政府对教育的高度重视和人才资源的有效开发，已成为新加坡经济起飞和持续发展的强大动力。“科教兴国”、“人才立国”，在新加坡已不是口号，而是现实。

李光耀一贯重视教育工作。他深知教育是发展经济、促进社会进步的前提。他经常强调：“人是最主要的”，“但人不论天赋多高，不经过教育也不能成材”。他认为新加坡人如能经过教育而成为有知识有文化又有道德的人，国家就有希望。

1959 年，新加坡获得完全自治，李光耀领导的人民行动党于赢得大选、开始执政的第一天，便公布了竞选政纲中所规定的教育政策：第一，接纳“立法议会 1956 年各党派华文教育报告书”，平等对待华、巫、印、英四种语文教育源流；小学实施两种语文教育，中学则实施三种语文教育；采用马来亚为主的课程纲要及教科书。第二，接纳马来语为国语，同时复兴马来教育。第三，修正现有课程，注重实际科目，诸如数学及科学以适应工业化社会和学习当地语文的需要。此外停止自动升级制度，废除亲眷同校陋规，所有中小学每周上课 6 天。

为实现上述政策，在李光耀的倡导下，采取了一系列措施。

自 1959 年人民行动党取得政权以来，新加坡的教育事业取得很大成绩，但随着实践的结果和形势的发展，也暴露出原来教育制度中的一些问题。1979 年，李光耀任命一个研究小组，对新加坡原有的教育制度进行评估。这个小组主要由系统工程学家组成，由当时的副总理兼教育部长吴庆瑞牵头。经过认真的调查研究，该小组写出了一份报告书，通称《吴庆瑞报告书》(以下简称《报告书》)。该报告书主要分为个三个部分：(一)对当前教育制度的发展和失误加以评价；(二)从社会和管理方面找出问题的根本原因;(三)提出改革建议。李光耀和新加坡政府多年来重视发展科技事业,积极努力的培养了大量科技人才。

李光耀从新加坡独立之日起即开始施展他的外交才能,并在国际政坛崭露头角,逐渐成为世界政坛上一位敢于仗义执言,有独到见解而受世人尊敬的发展中国家政治领袖之一。就在新加坡独立后的翌年,他针对国际关系、国家外交政策等问题在新加坡大学国际关系讲习会作了一次带有哲理性的讲演,他说:“当谈论到某一国家的外交政策时,有两件事一定要记住。第一,任何时候执行的外交政策,首先是为组成一个国家的一群人民的长期的民族利益而制订的;第二,政策是为负责那时国家命运的政权型式或政治领导型式而制订的。”

在谈到新加坡的外交政策时他说:“新加坡的外交政策,不管政府的性质有什么变化,一定要保证这个移民社会把生气和进取心从世界各处带到生活中来,不管周围环境发生什么情况,应该始终在这里找到一个绿洲。当你谈到外交政策时,除非你是一个强国,一个洲际强国,像俄国、美国、中国,你实际上是在谈论你的邻国。”“新加坡的外交政策必须首先要鼓励世界上的主要强国知道它的存在——如果没有兴趣来帮助我们——至少也不要有兴趣来把我们搞得更糟,这是重要的。……这是第一点;第二点是:我们一定要经常使世界其他地区继续对我们所设计的一种社会型式感到兴趣。”“如果我们能和广大新国家打成一片,具有20世纪新的、现代的、向前看的国家所应有的理想和见解,那么,我们被利用作为爪牙而遭毁灭的危险就减少了。但是结局只能是权力决定时势,因此,我们应该保证压倒优势的权力在我们这一边。”“所以,我们的外交政策一定要达到这两个目的。一是正当的政治气候;另一个是权力。因为,你能有最好的政治气候,但假使没有维持你的地位的权力,那你一定会失败。”至于新加坡在国际事务中应持何种立场,李光耀在一次回答波恩记者的谈话中说:“因为国际形势是极不稳定及变化多端的,一个国家所采取的立场也并非静止不变的,所以外交事务的全盘目的是确保有最大多数的朋友,但难免有最少量的敌人。”

上述谈话表达了他对国际关系的基本观点,30多年来新加坡的对外政策正是按照这一思路去制订和执行的。

在政治上,他强调东盟国家的团结与合作。认为若不能团结合作,东盟各国就会分别被他人颠覆和操纵,一旦发生纷争,稳定局面就会被破坏,发展和繁荣将化为乌有。他主张“在20世纪结束之前,东盟团结合作的焦点应集中在通过加强发展国家的贸易关系与增加投资来改善人民生活水平”,“当前的任务就是各成员国都要在经济上取得进展,也就意味着东盟有必要同美国、欧洲经济共同体和日本工业强国进行对话,加强谈判力量,抗拒贸易保护主义,反对倾销指控和取消关税普遍优惠制度等”。

近年来,李光耀与东盟其他国家领导人一起积极推动起越南加入了这个组织,现在又在做柬埔寨、老挝和缅甸的工作,新加坡的目的是想在2000年之后让整个印支地区的国家都加入东盟,使这个组织的成员国发展到10个。1995年12月14日、15日东盟七国领导人于曼谷举行了第五届首脑会议,并邀请了柬埔寨、老挝、缅甸三国总理参加,东南亚十国领袖进行了历史性的第一次会谈,取得了非常丰富的成果。十国一起签署了《东南亚无核区条约》，保证不发展、储存、部署或使用核武器；签署了《知识产权合作架构定》，互相保障东南亚人民的知识产权；还签署了《服务业合作架构协定》，以开放东南亚成员国的服务业市场。会议还决定除了每三年举行一次东盟首脑会议以外，每年还举行一次非正式首脑会议；决定邀请一些亚洲国家领袖出席，印尼已同意主办1996年的非正式首脑会议；并邀请其他亚洲国家参与东南亚新的区域发展合作计划如湄公河流域的发展计划，1996年将在吉隆坡召开部长级会议，商谈合作的细节。吴作栋总理满意地指出："我相信在这次的1995年曼谷首脑会议上，我们开始在1967年的坚固基础上兴建新的支柱。这些新的支柱将在东南亚创造一个更大的和平与繁荣区域。"

新加坡和中国是近邻，两国人民的友谊源远流长。早在公元250年的三国时代，吴王孙权就曾派遣使臣到新加坡。15世纪初，明朝大航海家郑和七下西洋，也途经新加坡。1821年一艘满载货物的帆船从厦门驶抵新加坡，开创了中、新贸易的大道。此后，中国商船在中、新两地络绎不绝，不仅给新加坡带来了经济繁荣，且带来了中国商人、技术工人、劳工和农民。他们在这个海岛上胼手胝足，或从商，或做工，或务农，有的经过数载或数十载，落叶归根回归祖国，有的则落地生根，世代定居下来，成为新加坡人。

20世纪初，以孙中山为代表的中国革命者揭起反对清王朝腐败统治的旗帜，发动了推翻清政府的辛亥革命，新加坡的爱国华侨积极响应，捐献巨款支持革命和历次起义。1931年日本帝国主义发动侵华战争，新加坡侨民大会通电日内瓦国际联盟及美国总统，反对日寇侵略，要求维护世界和平。抵制日货运动在新加坡、马来亚一再兴起。"七七"卢沟桥事变后，新加坡的广大爱国华侨在著名侨领陈嘉庚等人的领导下，奋起救国，踊跃捐输，不少华侨青年放弃学业和工作，奔赴中国抗日前线，为祖国血洒疆场。

1959年6月新加坡自治政府成立，中、新两国社会制度虽然不同，但保持着既往的经济贸易关系。1963年8月2日中华人民共和国总理周恩来写信给李光耀总理，建议"所有国家应全面、彻底、坚决地禁止及销毁核武器，同时举行一次全球性会议，讨论这一问题"。同年11月李光耀回信表示："新加坡政府认为所有消除核战争的努力都是必须支持的。如果所有核武器都被摒除，使核战争的危险因此而降低或排除，人类将为之欣喜若狂。"这是李光耀执政后首次与中国领导人的对话。尔后马来西亚中央政府曾做出决定，要新加坡关闭在新加坡的中国银行，李光耀毅然拒绝执行这一决定(在新加坡的中国银行和广东省银行成立于1937年，1959年李光耀政府从英国殖民者手中接过政权时，不但容许它们继续在新加坡营业，而且坚持扩展中、新贸易)。

李光耀一直重视中国在亚洲及太平洋地区的地位和作用，认为在美、苏为首的两种势力对峙中，中国的力量是举足轻重的。1967年即美国前总统尼克松访问北京的前五年，李光耀就曾公开表示，他不排除美国与中国大陆联合保证东南亚形势稳定的可能性。他说，东南亚国家可能通过一种可靠的途径、保证彼此的主权与独立，然后在经济上彼此协助，不互相倾轧，并确保彼此将不借武力改变彼此的疆界，美国、苏联、中国等几个大国可以保证这种可能。

1968年正在竞选美国总统的尼克松到新加坡访问，李光耀在与尼克松会谈时坦率地指出；“当苏联和美国的盟友都跟中国进行对话时，美国不同这个主要强国保持对话联系是极为不利的。”建议美国拆除50年代初“由杜勒斯沿台湾海峡划出的人为边界线”，争取中国以抗衡苏联。他认为，“日本和中国是亚洲不可分割的部分，从长远看，不管人们愿意不愿意，它们将对东亚和东南亚发挥影响”。1971年9月第二十六届联合国大会讨论恢复中华人民共和国在联合国的合法席位时，新加坡代表投了赞成票。此后，中、新关系有了发展。1972年中国乒乓球代表团应邀访问新加坡，不仅受到新加坡人民热情的接待，还受到李光耀的亲自接见。这一年2月美国总统尼克松访华成功，发表了《中美联合公报》，随后日本和澳大利亚、新西兰先后与中国建立大使级的外交关系，对此李光耀作出迅速反映，表示新加坡乐于通过现有非外交途径，继续保持同中国在贸易和经济上的关系，并提出希望邻国先行采取主动同中国建立正式外交关系。1974年初，他在一次东南亚国家召开的安全会议上预言，“未来数年内若无意外的发展，东南亚所有国家将同中国建立外交关系”，并且强调“中国在东南亚的兴起是制衡苏联的影响”。

1974年6月马来西亚总理拉扎克访问中国，并建立了外交关系，这是东南亚国家与中国关系走上新阶段的一个标志。对此李光耀发表了他的看法，他说：“在今后的二十年里，中国也许更有可能成为热力和影响力四射的太阳，而不是月亮。不过中国将只是三个太阳中的一个太阳而已，到了那时，也可能会有另外两国在经济方面发挥相互引力的行星——西欧和日本。”关于新加坡何时与中国建交，他表示：“新加坡在东南亚的地位很特别，要格外小心，如果不聪明，就无法生存。因此在决定每一项政策时，首先要肯定是否对本国有利。当然如果时机成熟，就一定会采取步骤，我们不要抢先，我们有必要让别人占第一和第二，等到我们的邻国马来西亚和印尼跟中国建立关系后，我们再跟中国建交，这对我们并没有坏处。”

1975年3月，李光耀派外交部长拉惹勒南率领新加坡友好代表团访问中国，并捎来他对毛泽东主席和周恩来总理的问候。拉惹勒南在访问中向我正式表明奉行对华友好政策。通过拉惹勒南及代表团的实地考察和会谈，李光耀增加了对中国国情的了解，知道中国政府对国际形势、区域问题和双边关系持何观点。是年5月他在伦敦访问期间，不止一次地向记者谈到中国与东南亚关系问题，他说：“在二十年到三十年之间，中国将成为亚洲最大的主宰力量。东南亚之于中国，有如加勒比海国家之于美国或东欧之于苏联，因此东南亚国家对中国的关系比对印支共产党国家的关系更为重要。”他表示，“希望东南亚国家与中国的关系应更像加勒比海国家的墨西哥和委内瑞拉等国家与美国的关系，而不是东欧国家与共产经济合作组织和华沙条约的关系”。他认为“中国没有领土野心，不是超级大国，而是属于第三世界”。

1981年中、新互设商务代表处以后，两国在经贸、科技、文化等领域合作发展顺利，领导人多次互访。两国签有“贸易协定”、“投资保护协定”、“避免双重征税协定”等政府间协定。1985年两国通航。1986年我国在新加坡设新华分社。1990年8月8日印度尼西亚与我国复交后，1990年10月3日新加坡与我国正式建立外交关系，两国的友好合作进入了一个新阶段。

中、新建交以前两国领导人就已经相互进行了访问，建交以后这种访问更为频繁。到 1995 年为止，李光耀曾 12 次访华，是访问中国次数最多的外国领导人之一。黄金辉总统、王鼎昌总统、吴作栋总理、李显龙副总理等也先后来华访问。”邓小平同志、江泽民主席、杨尚昆主席、李鹏总理、乔石委员长、李瑞环主席、姚依林副总理、钱其琛副总理兼外长、李岚清副总理、邹家骅副总理等先后访问了新加坡。这些高层往来加深了两国领导人的相互了解，推动了两国关系向全面和更深层次发展。

1976 年 5 月李光耀应中国领导人的邀请，首次率领新加坡友好代表团访华，随行人员中除外交部长拉惹勒南、财政部长韩瑞生等政府官员外，还有他的夫人柯玉芝女士和女儿李伟玲。在华期间，他会见了毛泽东主席，与当时中国领导人华国锋进行了广泛的交谈。他说：“中国是亚洲的一部分，中国的政策对东南亚形势的演变是一个重大的因素。”对于新、中双边关系，他建议两国缔结一项比较长期的贸易协定，通过该协定逐渐发展和扩大两国的双边往来。尔后李光耀一行访问了西安、延安、上海、无锡和广州，游览了长城、明十三陵、秦始皇帝陵、兵马俑坑和华清池等名胜古迹，以及延安枣园、杨家岭等革命旧址，饱览了桂林山水。这次访问为新、中各层领导人的互访，增进了解和友谊，以及开展经济和贸易往来奠定了良好的基础。

1980 年、1985 年和 1988 年李光耀又三度访问中国，1978 年邓小平访问新加坡。随着这一系列的互访，新、中双方进一步沟通了思想，对国际形势、区域问题以及双方的基本国策有了进一步了解，两国的友好关系和经济贸易合作日益发展。对中国自 1978 年以来内外政策的变化，李光耀都持积极态度。他欢迎中国和美国建立外交关系及中国与日本缔结中日和平友好条约，也欢迎中国和英国达成香港 1997 年归还中国的协议。他赞赏中国共产党第十一届三中全会有关四个现代化和改革开放的基本国策，认为“中国四个现代化成功对整个亚洲及地处东南亚的新加坡都有好处。中国经济成长将为整个区域制造稳定和刺激贸易与投资。”“中国繁荣了，各国就多了一个好的贸易伙伴”。关于中、新两国如何发展经济合作问题，1985 年 9 月李光耀访华期间，提出应采取循序渐进的方法，“先集中在几项合作项目上期望在一二年内见效，两三年内在新领域达到更高目标”。1986 年 4 月他在访问澳大利亚期间则明确指出：“在中国投资，在短期内不要希望彩虹之下会有黄金，应该从长远着想，因为中国在十五、二十年后潜力很大，投资也就会有很大收益。”

他一直不赞成“中国是东南亚国家和地区的潜在危险”的观点，认为，“至少在今后二三十年或更久的时间内不可能有甚么威胁”。当前“中国希望我们协助他们的现代化计划”，“通过贸易而不是领土扩张去寻求经济增长”。总之，他认为“中国为他的人民寻求更美好生活的努力是通过贸易、投资和工艺知识转移方面的合作，而不是通过使用武力征服领土和割据势力范围或形成贸易集团”。在 1988 年 9 月第四次访华期间，他曾向记者强调指出：“无论从他们（指中国领导人）的谈话态度或内容看，他们是真心诚意地希望和平”，“中国的这种真诚希望和平的态度是值得他的亚洲邻国注意的”。尔后他和他的代表团游览了北京的恭王府，参观了具有文化和历史价值的四川成都武侯祠。他对诸葛亮的事迹很感兴趣，对赞扬诸葛亮政治思想和军事策略的一对匾联"能攻心则反侧自消,从古知兵非好战;不审势即宽严皆误,后来治蜀要深思"很欣赏,说:"可惜我不能用这样精彩的词句表达出来",并补充说:"我要将它背下来,不背下来就无法立刻引用。"在四川,他还游览了望江楼公园、唐朝大诗人杜甫的故居"杜甫草堂"及都江堰等地。9月16日他在山东省会济南度过了65岁寿辰。接受了山东省长李昌安赠送的一幅多寿图。在曲阜孔府游览观光时,他表示希望敬老尊贤的优秀中国文化传统能够持续下去。随后他们一行还访问了昆明和广州。在访问过程中,他对中国的改革开放政策以及中国及其领导人为改善人民生活水平、为世界和平与进步所作的努力增加了了解,并作了恰如其分的评价。他表示这次在中国所看到的一切比起3年多前有了很大变化,这些变化不仅反映在新建的高楼大厦上,而且反映在人们的思想精神风貌上。

两国建交以后,李光耀访华次数更多了,继1990年10月、1992年9月两次访华后,1993年5月、7月、11月三次访华,1994年2月、10月两次访华,1995年8月他和王鼎昌总统又联袂访华,对加深新、中友谊作出了杰出贡献。

1990年10月3日中国和新加坡正式建交后,李光耀总理即应中国总理李鹏的邀请于10月16日对中国进行为期9天的正式访问。随李光耀总理访华的除其夫人外,还有新加坡第一副总理兼国防部长吴作栋、国家发展部长达纳巴兰、外交部长黄根成、财政与外交部政务部长杨荣文等。在此之前他在访问文莱时对记者说,过去16年来,他同中国领导人一直保持着联系。他把这次访华视为他本人同中国联系的一种总结。安排吴作栋随团访问,就是要让他今后把已经建立起来的同中国的联系继续下去。

中国总理李鹏在人民大会堂东门外广场,为李光耀总理举行隆重的欢迎仪式。李鹏总理首先代表中国政府和中国人民对李光耀总理和夫人、吴作栋第一副总理表示热烈欢迎。他说:"中新关系发展良好,双方在经济方面有着良好的合作关系,最近双方又完成了建交进程。我希望通过阁下的这次访问,中新两国之间的政治、经济等各方面的关系得到进一步发展。"李鹏还高兴地回忆了当年8月他对新加坡访问的情景。他说:"在那次访问中,我目睹新加坡的繁荣和发展,留下了深刻的印象。"会见后,李鹏总理设国宴招待了李光耀总理一行。

第二天上午,两国总理在李光耀下榻的钓鱼台国宾馆18号楼进行了亲切友好的会谈。会谈一开始,李鹏说:"我们之间的这次会谈,是今年8月我们在新加坡会谈的继续。"李鹏通报了中国国内形势,双方就进一步扩大双边关系以及共同关心的国际问题交换了意见。

中午,李鹏在结束同李光耀的会谈后,走出钓鱼台国宾馆18号楼时,高兴地对在场的中外记者说:"我们谈得很好,取得了广泛的一致。"有记者问:"下个月,吴作栋副总理将接替李光耀担任新加坡总理,中新两国关系如何保持和发展友谊?"李鹏总理乐观地说:"中新两国进一步发展友谊是毫无疑问的。我希望即将担任新加坡总理的吴作栋先生,今后能经常来中国访问。"

10月17日下午,李光耀来到人民大会堂,会见中国国家主席杨尚昆。杨主席高兴地握着李光耀的手说:"你是我们的老朋友了,很欢迎你第五次来华访问。现在,中新两国建交了，双方都很满意。阁下为两国关系的发展做了很多工作。我想，建交后，我们的关系会有更大的发展。"两位领导人就经济发展问题深入地交换了意见。李光耀说："邓小平的改革开放政策非常正确，我希望这个好政策坚持下去。"杨尚昆说："十多年来，由于邓小平同志的改革开放政策，中国的经济发展有了很大的变化。但我们不满足于已经取得的成就，准备搞得更快些，更开放一些。"

晚上，中共中央总书记江泽民在中南海会见李光耀。会见伊始，江总书记热情地对第一次见面的李光耀总理说："中国有两句古话，一句是'有朋自远方来，不亦乐乎'；另一句是'乐莫乐兮新相知'。今天，我就用这两句话来欢迎你。"李光耀紧握江泽民的手，说："总书记阁下，我对你的热情表示衷心感谢！"江泽民说："我很高兴看到中新两国建立了外交关系。我们两国之间的关系发展得很好。"李光耀说："通过这次访问，能更好地了解中国今后所采取的政策。我认为，中国的所作所为对世界其他地区特别是对亚洲十分重要。"江总书记在会见中，一再赞扬李光耀为发展中新两国友谊作出的努力。他说："在处理国与国之间的关系时，重要的是要遵循和平共处五项原则，而在五项原则中，最重要的一条就是互不干涉内政。我想，通过阁下这次访问，我们两国的关系必将进一步发展。"

1992 年 9 月到 1994 年 2 月，李光耀先后 5 次访华，一个重要内容就是考察落实在中国建立工业园区的问题。1994 年 2 月 26 日，由李岚清副总理和李光耀资政分别代表两国政府签署了《关于支持中新合作开发建设苏州工业园区的协议》。关于这一中、新友谊的结晶在下一节将作专题介绍。

1994 年 10 月，李光耀再次应邀访华并参加第二届"中信国际经济论坛"会议。10 月 6 日下午李鹏总理在人民大会堂会见了他，对他再次访华并出席"中信国际经济论坛"会议表示欢迎。李总理说，中新建交以来，双边关系发展很好，经贸合作发展迅速，两国政府合作兴建的苏州工业园区进展顺利。中国欢迎新加坡企业界来华投资，并开展各种形式的经济合作。李光耀对苏州工业园区已取得的进展感到满意，并表示，只要两国政府继续给予支持，相信这个充满希望的项目将取得成功。他说美国已把对华最惠国待遇问题与人权问题脱钩了，投资者增强了在中国投资的信心。如果中国能加入关贸总协定，恢复缔约国地位，这对中国的长远发展是有利的。他希望中国能为早日入关作出努力。

1995 年 8 月李光耀访华与中国领导人会谈时，曾谈到东西方文化的冲突。他说，我们现在也面对西方文化的冲击，如果在这个问题上不警惕，不采取措施，就有可能导致灾难性的后果。西方批评我们不接受他们的标准，但是我们必须保持自己的基本价值观，否则新加坡就不可能生存下去。当今科技发展日新月异，国与国之间的交往更为密切，我们在吸收新鲜空气的同时细菌也会进来，因此我们必须掌握住在学习西方好的东西时。要把坏的东西拒之门外。对坏的东西必须进行坚持不懈的斗争。首先要采取严厉措施，尽量防止坏东西的进入，进来后则要不断地进行斗争和清除。这就像对垃圾一样，要持续不断地进行清理。从长远的观点来看，最重要的是对下一代的教育，要向他们灌输崇善防恶的思想。否则失去了一代人，前几代人的建设成果就会付之东流。在这个问题上，家庭和父母的作用不可忽视，因为家庭和父母对孩子的教育是其他方面无法替代的。因此,新加坡很重视家庭的社会作用。西方在这方面就不如东方,人与人之间感情淡漠。缺乏互助精神,这对社会的稳定是非常有害的。中国领导人对他这些精辟见解表示赞赏。

李光耀任新加坡总理30多年,是世界上屈指可数的执政时间最长的政府首脑。他在政治和经济等方面都具有丰富的经验,因此在同中国的交往中,他不仅是一位友好使者,还是中国的"真正的朋友,而且是个诤友"。

他对西方干涉中国内政一直持批评态度。1989年春夏之交,北京发生政治风波后,西方国家对中国进行制裁。李光耀评论说,中国大陆最重要的是如何解决内部问题,"而不必由外界叫它怎么做"。他一直批评西方,不应把本身对民主、人权的标准强加于中国。1993年9月他在日本《诸君》月刊9月号发表题为《人权外交是错误的》文章,说美国等西方国家挖空心思对中、朝、越及其他第三世界国家展开"人权外交"。他们像狂热的传教士,"让别人易宗改教对他们来说有一种难以抑制的诱惑力"。文章指出:"我们不能无视不同社会的历史和文化以及形成这种历史和文化的国情,人类社会在数千年当中,各自以不同的速度走着不同的道路。所以理想和标准也各不相同,这是理所当然的。20世纪后半叶的美国及欧洲的基准绝不能说是普遍的基准。"文章说,"亚洲人的价值观未必同美国人和欧洲人的价值观一样。……我作为一个有中国文化背景的亚洲人,坦率地说,我支持有效率的政府,为人民有效工作的政府。人民支持的政府应该是,它能让人民自己过好日子,能让自己的孩子比自己生活得更好,社会稳定、有秩序"。文章批评西方国家经常利用人权问题造舆论,把它当作干涉别国的借口。

同年10月,他又批评西方新闻媒介不公平地看待中国的核试验。他说西方媒介对中国是不公平的,中国的核试验次数只是美国的1/10。

他对美国阻挠中国恢复在关贸总协定的地位也谈了他的看法。1994年10月13日他在世界经济论坛于新加坡举行的欧洲与东亚经济首脑会上发表演讲时说:"中国早日加入国际关贸总协定,对世界来说是重要的。""如果中国不在关贸总协定范围内发展,自己单干,美国和欧洲联盟将在战略方面蒙受损失。""为了世界稳定和安全,把中国纳入国际架构不是要不要选择的问题,而是有必要的。世界不需要另一场冷战。""重复导致二次世界大战的贸易保护主义、帝国特惠税和货币贬值的错误,将是短视的做法。科学与科技已经使世界变得太一体化了,不能靠基于思想意识、宗教、文化或种族的政策分隔开来。"

同年12月他在"东京论坛"的研讨会上发表演说时又指出,中国对国际和平稳定有重大作用,应成为世界贸易组织创始成员。他说:"世界超级强国都应该成为关贸总协定成员,因为和平及稳定对东亚、太平洋和世界极为重要。"

1995年9月20日,他在第四届欧洲与东亚经济首脑会上发表基调讲话时再次指出:"美国在中国成为举足轻重的强国之前如何使中国融入全球体系,将成为它们的国际关系性质的确定因素。""如果不使中国与全球体系融为一体,……有可能使中国的发展速度放慢,但阻止不了它加强其工业地位的进程。"

李光耀对中国的和平统一事业也十分关心。他曾为海峡两岸的领导人传过话,为汪辜会谈提供了场所,受到两岸的欢迎。他在一次接受新加坡《联合早报》记者采访时曾谈到了这方面的情况。记者问他:“在汪辜会谈的时候,我们听到台湾和中国两岸都对您所扮演的角色表示赞赏,认为您是帮了一个大忙,您对这有什么看法?”他说:“我只是协助提供聚会地点。是他们决定要举行会谈。双方认为讨论如何使商业和联系正常化是件好事。新加坡所提供的是个立场中立的聚会地点。”记者再问他:“您推动汪辜会谈受到中国和台湾的赞赏,您是否可以告诉我们是什么原因使您受到海峡两岸的尊重和欢迎?”他说:“他们对我的态度怎样,这不便说。两方面都对我有礼和热情。我相信我们能够跟双方保持友好,那是因为我们跟某一方接触时,从来不曾对他们说出跟另一方接触时内容完全相反的话,如果是那样,就会引起猜疑。我们跟某一方说的,当面对另一方时,我们不会说出另一套内容相反的话。我们也许会把谈话内容告诉另一方,也许不会,但我们不会向另一方撒谎。过了一段时间,他们就会得出结论,认为我们对双方是平等的,没有耍花招。”

李光耀在很早的时候,就已考虑挑选、培养接班人的问题。早在 1967 年 4 月他在东亚基督教会议上的一次讲话中说到青年领袖的培养问题时就说:“在殖民统治下的亚洲,没有什么领导人的问题。但今天却真正存在着一个领导人和接班人的问题。”“第一代,即引导这些国家走向独立的战后一代人正在消亡”,“新的一代已经成长。”“所以我们现在面临这个接班问题,除非你们希望长期处于无政府和混乱状态,否则你们就必须创造一个自我延续——不是自我永存,而是自我延续——的权力结构。”这里李光耀特别强调了自我延续这个词,也就是后来人民行动党提出“自我更新”的问题。当时李光耀当总理才 8 年,年方 44 岁.正是如日中天之时,而与他共同创建新加坡国家大业的几个主要领导人,最年长者如拉惹勒南也不过 50 岁出头,他们都处在政治成熟、经验丰富、精力充沛时期,为国家贡献力量的时间还长。而李光耀就提出这一问题,确实显示出了他的明智和雄才大略。

70 年代初,人民行动党就开始有意识地在政府法定机构、工艺学院和选区公民咨询委员会物色人才,以便吸收他们加入人民行动党,参加 1972 年 9 月举行的第四次大选。现任总统王鼎昌和担任过环境发展部长的艾哈迈德·马塔尔就是在这期间被选中的新秀。

为了使全党和全社会关心和重视领导班子新陈代谢的重要性及认识领袖必须具备的素质,李光耀一再向人们宣讲自己的观点。1978 年 8 月他在国庆献词中谈到为什么他要这么关心未来的领袖时说:“因为领导层的素质决定一切,如果领导新加坡的人缺少魄力,没有眼光,又不能把国家的利益放在最前方,那么新加坡过去二十年辛苦取得的成就将付诸东流。”他强调:“如果能干、廉洁和有原则的人不当政,辞却不前,任由庸才和投机分子执掌大权,政治和经济必然会动摇、崩溃。”在另外的一次讲话中,李光耀表示,在他的心目中,优秀领导人应具备的最重要的品质是:“要有直升飞机或居高临下纵观全局的眼光、冷静分析与现实结合的能力及创造力。”但他认为:“有才干的男女,无论如何聪明,有学问,有天才,必须要经过考验、训练和锻炼。那些有信心和性格坚强的人,必须及早承接重要的任务。今后的三五年内,我们的情况是良好的,不过要保持后来五年到十年的情况良好,我们必须要确保出类拔萃的人当权。”

1980年是人民行动党建党26周年，也是新加坡又一个大选年。这年年初，李光耀在人民行动党25周年的《行动报》纪念特刊上发表了《温故知新》一文。他在文章的第二部分：“领袖必须领导’中，谈到了什么样的人才称得上“领袖”，他说：“一个领袖的首要任务就是要履行人民的委托，不论他个人会遭遇到怎样的危险，否则，他就不应该争取到领袖的地位。那些在危机中寻求软弱选择的人，并不是领袖，历史会谴责他们为懦夫，他们的朋友和亲人也会早在历史对他们盖棺论定前就为他们感到耻辱。”他认为“领袖必须领导。因为我们有勇气领导人民摈弃他们本身的种族、语言和宗教成见，朝向一个更容忍、更合理和更有结合力的社会迈进”。接着他对人民行动党执政20年做了总结。他说：“人民行动党执政到现在已经二十年了，有什么秘诀呢？我们执政二十年来学到了什么呢？这些经验的要素是不是可以取出来，加以提炼，然后传给接班人呢？年轻一代的领袖要怎样维持并改进我们过去二十年所得的成绩呢？在1959—1979年这段执政时期里，有六个基本原则引导着我们。”这六个原则是：

一、团结一致，从来不搞小集团和派系。有分歧意见时通过私下辩论或讨论，决不在公开场合互相指责反驳。

二、对自己和支持者坚守信用，政策始终一贯，但并非没有伸缩性。要为大多数人民的利益而努力，而不是为部长或党领袖的私人利益，这样使他们获得人民的信任。下一代领导人应继承他们所取得的信任，绝对不能辜负、也不该浪费人民的信任。

三、他们这一代领袖当政，素以廉洁、公正和效率为依归。当遇到令人难堪和困难处境时，从不避重就轻、敷衍了事，甚至不惜在1966年11月开除1名前内阁部长，忍痛提控1名政务部长。人民行动党的党员、国会议员和部长们，从未滥用他们的地位营私舞弊。

四、政府的政策应从人民的长远利益出发，即使在短期内不受欢迎，也应坚决付诸实施，决不要为了讨人喜欢而放弃原则。

五、广泛分摊利益，不允许剥夺人民应有的生活条件。反对垄断群体努力所得的成果，供少数人专门享受。

六、努力争取成功，不论反对势力多大，困难多大，都要保持冷静，做实际的研究、评估，集中最可能成功的解决办法，明确方向，全力以赴去解决，决不屈服。

李光耀认为这六项基本原则是“金科玉律”，说起来容易，但要确实地去实践，却非常困难。他特别强调：“要在公事上保持绝对廉洁，要认真和极力地紧守不偏不倚、大公无私的戒律。”“一旦部长或整个内阁对营私舞弊的不端行为加以宽恕，腐败就会发生。”“新加坡的生存，全赖政府部长和高级官员的廉洁和效率。”

之后，他讲到新陈代谢问题。他说：“我们目前最迫切的任务是新陈代谢问题。”“在80年代的后半期，有能力负起领导新加坡进入90年代这个重任的一批领袖，必须担任掌权要职。新加坡的最优秀人才必须集合起来组成一支坚强的队伍。”接着他指出新老一代领袖形成有着不同的过程。老一代领导人是为了摆脱英殖民主义、争取民族独立，建立公正平等社会的理想而结合在一起。他们志同道合，具有无限的活力与热忱。然而淘汰是必然的，有些人缺乏信心和勇气而中途放弃；有的被种族暴乱风潮吓退；有些人不能胜任而告退；有的因病或年老而故去，最终筛选下目前掌权的这一代人。

最后他提出："我们必须为了把治国重任交给年轻一代领袖的这个过渡程序做好准备。他们不但将接管内阁里的重要职位，也将接管公共服务、新加坡武装部队、警察部队以及法定机构里几乎同样重要的职位。"他还表示："我不怀疑将来会出现比我这一代所面对过的更加严重的危机。这些危机可以考验年轻领袖的气质，并且锻炼他们。成功的一个主要因素是，当危机降临时，他们会不会团结一致，像打橄榄球那样，形成一个紧密领导层，对任何过错集体负责，如果一切顺利，则分享功劳。"

这篇文章是人民行动党建党 25 周年和李光耀执政 20 年的总结，也是正式宣告老一代领袖即将逐步退出政治舞台，新一代领袖即将开始接班。

1980 年 12 月，新加坡举行人民行动党执政后的第五次大选，经过多方网罗人才，人民行动党提出 18 名新秀参加竞选。与此同时，有 11 名老议员让贤，其中包括杰出的党、政领导人林金山，有从 1963 年起一直担任人民行动党中央执行委员和内阁社会事务部长的奥斯曼渥和老国会议员耶谷等。

1981 年 1 月，随着大选的胜利完成，李光耀着手改组内阁。第一代领导人林金山、奥斯曼渥、杜进才和易润堂放弃了部长职务，第二代领导人有 5 名当上部长，他们是吴作栋、王鼎昌、陈庆炎、达纳巴兰和林子安。尽管在 15 个内阁成员中，他们仅占 1/3，然而他们 5 人中有 3 人，即吴作栋、王鼎昌和达纳巴兰均身兼二职，掌握着贸易及工业、教育和外交等重要部门。此外新当选议员的新秀黄贵祥、李玉胜等亦进入政府领导层，初步实现了李光耀提出的"把最好的人才聚集在一起"，"交给他们重担"，使他们成为"一个胜任愉快、紧密结合的班子"。

在与大选同时进行的另一项工作，即人民行动党的自我更新。1980 年 12 月 7 日党召开了干部会议，选出了 12 名中央执行委员和 2 名候补委员。翌年 1 月他们进行了分工，决定让年轻领袖扮演更积极角色。王鼎昌任主席，林子安任第二副主席，陈庆炎任第一助理秘书长，吴作栋任第二助理秘书长，达纳巴兰任第一助理财政。而党的元老除李光耀和蔡善进仍保持原职外，其他人都进行了更动。如原任第一助理秘书长的王邦文改任第一副主席，原任主席的杜进才和原任第二副主席的吴庆瑞都退位让贤，只任中执委。1982 年 11 月，吴庆瑞、杜进才，以及一直担任中执委的拉惹勒南和李炯才 4 人退出了中央执委会。

1983 年新加坡老一代领导人的健康状况相继发生问题。这年 10 月，连续担任财政部长 13 年的 67 岁的韩瑞生因心脏病突然去世；68 岁的第二副总理拉惹勒南在联合国开会时心脏病发作，只好到伦敦做了心脏三联搭桥手术；65 岁的第一副总理吴庆瑞进入新加坡中央医院接受治疗。11 月，李光耀本人在出席英联邦首脑会议期间，因痔疮出血不得不缩短访问新德里的日程。这一系列有关老一代领导人的健康情况证实了李光耀在接班人问题上要加速新陈代谢的看法是有远见的，措施是得力和及时的。

从1980年至1984年期间,新加坡内阁几经调整,原先被视为7位具有潜能的第二代国家领导人"已经踏上人民行动党的快速跑道",经过三四年的考验和锻炼,他们中有5人即陈庆炎、吴作栋、达纳巴兰、王鼎昌和艾哈迈德·马塔尔"仍在奔跑"。1983年第一代领导成员的健康状况进一步加重了李光耀的紧迫感。1984年8月,他在国庆群众大会上明确指出:"吴庆瑞博士、拉惹勒南和我都认为党和政府的自我更新的步伐不能放慢","我和我的资深同僚已经是六十开外接近七十的人了。"他谈了年前几位领导人的健康情况后说:"黄色讯号灯已经亮起来","公司总裁必须把职权顺利地移交给继承者,以确保公司的继续发展。我有责任为新加坡这么做。"同年11月,他在接见当地华文报44位新闻工作者时谈到大选自我更新问题时说:"我还有十年时间,到七十岁还可以办事。这十年内,我会办什么了不起的事呢?主要的工作都办妥了。我最重要的目的、最重要的任务是什么?我想,号召、选举、试验一批有才干的、可靠的、有立场的、肯做事、敢做事的人,让他们连接下去。"他在另一场合还说:"我们晓得,新一代领袖必须经过几年的亲身体验,才能获得人民(对老一代领导人)同样的尊重。老一辈领袖的责任就是尽量解决各种艰难敏感问题。"12月,即大选前夕,他再次接见记者谈这一次大选以及参加竞选的人选问题时说:"一个有潜能的部长人选,必须能够全面解决问题,也就是说,必须有才干。此外还必须有稳定坚强而非脆弱的性格。……但最重要的必须要有正确的动机,如果是为了名和利而从政,当形势不妙时,这种人便会放弃。……最重要的是必须肯为正义而奋斗。"李光耀就是以这种标准去物色、遴选、考验新一代接班人,他要求他们为新加坡的稳定、繁荣而奋斗。

李光耀虽然只是一个只有300万人口的小国的领袖,可是由于他独特的、成功的治国经验,广泛地参与国际活动和发表了许多精辟的、有独立见解的国际问题演说,他可称为是一个世界著名的政治家。他遍访亚洲、欧洲、非洲、大洋洲和北美的许多国家,与这些国家的领导人有着密切的交往,深得一些国家领导人的称赞。邓小平同志曾赞誉说:"广东二十年赶上亚洲'四小龙',不仅经济要上去,社会秩序、社会风气也要搞好。……新加坡的社会秩序算是好的,他们管得严,我们应当借鉴他们的经验。"美国历届总统对李光耀都有很高的评价。约翰逊曾称颂他是"一个爱国者,一个卓越的政治领袖,一个新亚洲的政治家",而且是个有远见的"一直向前看"的政治家。尼克松说他"是世界第一流的政治家,世界上没有人能够比他更有条理、更出色地充任自由社会的发言人。李光耀的国际思想显示他能够摆脱个人对当前和过去的不满,而专心对世界的本质作一番思考。这才是他真正伟大的地方"。里根则说:"李光耀是位重原则、有远见的领袖,他的领导激励了新加坡人向前迈进。许多美国领袖,包括我在内,都曾从他充满智慧的忠告中获益不浅。"他称李光耀是"当今世界舞台上最有经验的领袖之一"。布什称赞说:"四分之一世纪以前,李光耀领导新加坡这个多元文化、多元种族和缺乏资源的小岛取得独立。然后,凭着高瞻远瞩的眼光、智慧和毅力,他把新加坡塑造成一个国家。他领导这个国家和这个地区,取得和平与繁荣。李光耀这个名字,将世世代代受后人景仰。"英国前首相撒切尔夫人赞颂说:"李光耀是一位了不起的人物,我一向珍惜他的意见、经验和友谊。新加坡从一个小岛国变成世界上最有活力的贸易与金融中心之一，都应归功于李光耀的卓越领导和远见。他对人生、对国家事务和对全球事务都了解得很透彻。”法国总统希拉克称赞李光耀“是一位很有眼光的政治家，其观点在亚洲各国很有影响”。曾担任过日本首相的宫泽喜一说：“在李光耀身上，我们可以看到东西方文化的美丽结合，这两种文化力量的结合，把李光耀塑造成一个富有强烈使命感、勇敢、正直和正派的人物。在我眼中，李光耀是本区域在二次大战结束后出现的伟大领袖之一。”日本前首相大平正芳则称“李光耀是一位对国际政治有真知灼见，受世人敬仰的政治家，新加坡有今日的繁荣，大部分是他的功劳。他也是一个有远见，而又讲究实际的理想主义者，更重要的是，他是一个廉洁的人。”柬埔寨西哈努克国王称赞李光耀为“亚洲最有生气的领袖之一”。

他的学识、才华、成就得到美英一些著名大学的推崇，被授予各种各样的荣誉学位。1968 年被授予美国哈佛大学政治学院研究员，1969 年被授予英国剑桥大学菲茨威廉学院荣誉研究员，1970 年被授予美国耶鲁大学贝克莱学院研究员，1971 年被英国利物浦大学和合菲尔大学授予名誉法学博士和法学博士学位，1977 年又获美国麻省麻萨诸塞大学颁发的名誉法学博士荣衔。

他虽被美国的某些不怀好意的新闻媒介诽谤、嘲笑、挖苦，但得到更多的报纸、刊物的好评。如美国《远东时报》1982 年曾称赞李光耀为“小国大政治家”。澳大利亚《悉尼晨报》说李光耀“堪称全东南亚最有才干的政治人物，机敏、强韧，是一位极度现实主义者”。1993 年底，英国《经济学人》杂志根据本身所订的四项标准，列了 17 个世界级的导师人物，其中只有两位是政治家，而李光耀就是这两位中的一位，并且在“影响力”和“见解的一贯性”两项标准中给予他高分。香港《亚洲周刊》把李光耀选为 1995 年度风云人物。该刊在《致读者》中说：“评选亚洲周刊风云人物的标准不牵涉爱恨褒贬，而是在于从全球华人社会的观点来看，这位人物是否最有影响力。”“李光耀无疑是评价两极化的人物，但不管是爱他、恨他，或是对他爱恨交织，都不会否认他所释放的巨大政治能量，影响了华人世界的历史进程，并且在国际舞台上提供了西方主流价值以外的选择。最重要的是他不尚空谈，而是以新加坡成功的具体实践，来彰显他的施政理念。”“老子说，‘治大国如烹小鲜’，但李光耀却是‘治小国旋转乾坤’。他退而不休，仍在国际事务中发挥巨大的影响力，并与西方作出激烈的理论交锋。在华人世界中，他的确是名副其实的风云人物。”

李光耀作为一个政治家，其最大的特点是不受任何教条束缚，没有任何条条框框。他原来信奉民主社会主义，但他并不是把民主社会主义原封不动地搬到新加坡来。英国人亚历克斯·乔西在他所著的《李光耀——新加坡的斗争》一书中就此评论道：“李光耀是个社会主义者。对他来说，社会主义意即社会正义、更好的生活、自由与和平。他论证说，要信守这些原则，社会主义者便须制订最佳的方法在他们本国实现这一切。他基本上是个理想主义者，但却是个踏实与无情的理想主义者。”他引用李光耀的话说：“你从理想主义开始，你必须以成熟告终，并使那理想主义变得精致有光彩。”

新加坡独立的时候，是一个刚刚经历了一场严重的种族冲突的贫穷落后的小国。李光耀从这个实际出发，把稳定和发展作为一切施政工作的中心。凡有利于新加坡稳定和发展的主义,他就采用,反之,他就予以摒弃。关于建国的理想目标,李光耀曾经说过:“我们吸收资本主义与共产主义的优点,建立一个他们无法实现的理想国家,那就是利用劳动促进‘私有’的社会主义。”1995 年 12 月 15 日他在接受《亚洲周刊》总编辑邱立本的访问时说。“众多美国学者和传媒都对我的政策及背后的理念提出猛烈批评,亨廷顿教授仅是其中之一。但是只要新加坡的政策是成功的,批评不会令我感到困扰。”“真理会在现实中展现,历史将作出最后的裁决。我们投入三十五年的心血造就了今天的新加坡,错误的政策却能在短短数年内使它解体。新加坡的成就不是按照美国学者和新闻人员设定的教科书模式达成的。”“我们必须务实,注重实践。经过试误的过程,我们学会了调动和运用国际经济力量,也就是通过在新加坡创造良好投资环境,吸引跨国公司、国际银行及金融机构的资金、科技、管理技术及实务知识。政治上也是如此,我们不断尝试和纠正错误,学到的东西比得自理论的更多。我们继承了英国人制订的宪法,但作出修正补充,使之适用于新加坡的文化、我国人民不同的习俗及我们的社会经济状况。由那些从未治理过国家、尤其是没有治理过新国家的人写的书和文章,读来固然有趣,但你必须要判断他们的理论在你的国家是否可行。”当邱立本问他:“各方对于所谓的‘新加坡模式’有各种不同的说法,请你解说‘新加坡模式’是甚么?”他说:“我从来没把它看作新加坡模式,因为我们心中从来没有过什么模式。我们所有的只是某些原则,根据国际情况和国内条件予以应用。这些原则很简单。新加坡除了优越的地理位置和人民的精力之外别无资源,因此我们致力充分发挥这些资产的潜质。首先,为了加强优越的位置,我们建设最佳的运输及通讯基础设施,还有良好的生活环境——整洁,绿化,有良好的住房和医疗服务。其次,为了使人民有更好的表现,我们让他们尽量发挥潜力接受充分的教育,并且为人民创造有利身心健康的条件,例如良好而负担得起的医疗服务,良好的居住及娱乐设施。第三,我们建立一个诚实而有效率的政府,将政府经费用于正确的建设项目,并争取最大的效益;而清廉的好政府有助于调动国际资本、技术、管理及市场。最后,在分享国内生产总值增长时,我们不采取补贴和福利政策,以免挫折老百姓各尽所能的积极性。”当邱立本讲到新加坡航空公司和樟宜机场是世界上管理成功的典范,问李光耀说:“这是不是体现了你结合东西方精华的哲学?”李光耀说:“管理是由欧洲人发展出来的现代概念,再由美国人予以改进。日本人把它融入自己的文化,加以改变和改得更好。英国人曾统治新加坡一百四十年,因此我们吸取了他们的管理原则。在过去三十年中,我们接触、吸收并融合了美国和日本的管理哲学及方法。但我们是新加坡人,是一个由华人、马来人、印度人和其他若干种族组成的混合体。因此一贯以来我们必须修改那些哲学和管理技术,使之适用于我国人民及他们的不同文化。我们逐渐的发展形成一种共同的工作文化。对于其他制度的优点,我们必须消化后融合于我们的文化之中”

李光耀对国际问题的处理,总是从新加坡的根本利益和长远利益出发,从不感情用事。这从以下两个事例可以看得很清楚。

一个事例是前面提到过的 1963 年新加坡在建屋掘土时发现了一堆日本帝国主义侵略新加坡时残酷屠杀新加坡人后掩埋的尸骨,再一次使新加坡人回忆起在日本占领期间所受的苦难，激起了他们无比的义愤，纷纷要求向日本政府讨还血债，群情激昂。李光耀虽然亲身遭受过日本侵略军的毒打，从他们的枪口下死里逃生，但他这时候考虑的是新加坡的工业化正需要日本的资金、技术，不能恶化对日关系。因此，他一方面对人民的义愤给予深切的理解，他在他召集的一个筹备建立一座死难者纪念碑的会议上说，许多在场者的亲友，“是在1942年新加坡沦陷不久后突然失踪，迄今音讯杳然的。今天，我们肃立默哀，向那些当时不幸身在新加坡而无辜受害者致敬。”他说，在法理上可以争论说旧金山条约已解决了一切，而且一切已成过去，应予忘却。但这是由殖民政府解决的，那“不代表我们，也完全不了解当时身为他人治下之民的我们，对侵略者干下的滔天罪行感受是如何的痛绝——强迫称臣纳贡，兼又冷血残酷、肆意凌辱”。他说，正因为如此，他的政府要设法解决这件事。他对与会者说，日本政府已向他保证他们对所发生的事深感歉疚，并准备给予赔偿。但他另一方面却又劝说大家：“与此同时，我们必须有耐心，而且要现实一点。”他坦白地告诉他们，新加坡的工业化计划需要日本人的参与。好些企业，包括炼油厂都已设立。“他们在新加坡所能参与的贸易、工艺技术合作及工业发展，为数将远比他们所能给的任何补偿来得大。”他很明了人民的愤懑与痛苦，但他更加关注的是将来而不是过去。可是人民群众的愤怒、激动情绪不是一下子就能平息的，追讨血债委员会决定召开群众大会。李光耀认为他必须亲身出面来处理这个问题。于是他通知追讨血债委员会，说政府已决定支持这个行动，并将采取某些反日的决定以使日本人了解到他们是有必要作某种补偿的。他告诉他们，他将向群众演说。1963年8月25日（星期天）晚上，新加坡历来最大规模的群众大会在政府大厦前的大草场召开。李光耀在演说中追述了他本人如何从一辆运载青年人前往枪决的车上逃脱的经过，讲到了他的妻舅被枪决，讲到了吴庆瑞博士如何侥幸逃生，他说，“对我们许多人来说，这是个会激起我们很大感情上的反响的问题”。为了迫使日本人在血债问题上就范，政府将不再发出签证让更多日人到新加坡设立工商企业。他说，日本人是讲实际的，他想他们是会明智妥协的。他接着要大家冷静的考虑和精密的打算。他告诉他们，他和政府所着重的是迅速实现工业化计划。政府的政策是要引进外国的工艺与工业技术，以加速新加坡的工业化，而最便宜的工艺和管理技术是来自日本。李光耀的一席话说服了群众，在大会上，群众同警方人员只发生了一点小冲突。人群散走，他们对李光耀同日本处理这件事有信心。最后，新加坡政府接受了日本的赔偿，赔偿方式是一笔2500万美元赔款，另加2500万美元的贷款。新、日关系继续向前发展，日本到新加坡的投资日益增加，为新加坡的工业化起到了较大的作用。

另一个事例是1988年4月美国驻新加坡大使馆一等秘书亨德里克森支持新加坡反对党领导人肖添寿，干涉新加坡内政，新加坡政府反应激烈，民间亦掀起一股反美情绪，最后演变为新。美互相驱逐外交官。当时李光耀正在欧洲访问，他一方面反对美国干涉新加坡内政，另一方面他从当时新加坡的外交战略考虑，为了抵制苏联在亚洲的扩张，维持美、苏、中三个大国在亚太地区的均势，新加坡要继续保持与美国的友好关系。因此，他回国后于当年6月1日向新加坡国会发表了题为《向列强说“不”!》的著名演说。他先是援引维也纳公约，指责亨德里克森和他的同事们从四个方面违背了国际法的基本规定，随后说："新加坡第二代领袖既惊讶又愤怒，因为正当权力交接到他们手中之时，多年来他们以亲密老友相待的超级强权竟想介入影响政治事务。我想他们把它解释成对他们的不信任。我了解他们的感受。我得提出抗议。但我的老同事拉惹勒南先生、贝克先生与我，我们对这类事持一种更为哲学式、或甚讽刺的观点。因此我们提出抗议，却不会损及与美国关系的基础。简单地说，美国对西太平洋的非共亚洲国家的安全与稳定至为重要，所以这也是新加坡的国家利益。""这么多年来，我们认真再三小心翼翼地算计经营着我们的利益——作为一个社会、作为一个国家、作为东南亚一个独特社群的利益。然后我们才获得了这个结论：美国对于太平洋区域安全而言，是一股有利的力量。""我必须再补充，我之所以反对并对反美情绪戒慎的最主要理由，是为了我们的安全与战略利益。没有安全与稳定，就不会有经济成长，不会有投资，更不会有贸易。""在太平洋上有四股主要强权，它们之间的权力平衡必须维持：美国、日本、中国与苏联。""因此，我们的任务是鼓励，而非劝阻美国维持在西太平洋的存在。"

作为一个政治家，李光耀深深懂得"小不忍则乱大谋"这一政治哲学！

1990 年底，李光耀主动辞去总理职务后，一方面以建国元老的身份辅佐新一代领导人治国，一方面以其深厚的政治历练和学识，不断巡回世界各国，就当代重大国际问题发表演说，对新加坡、亚洲乃至世界事务的影响力仍不减当年。

在这些国际问题演说中，影响最大的是批评美国把他们的"民主"、"人权"观念强加给其他国家，并和美国的一些学者和新闻界人士展开论战。美国一直在这方面干涉别国内政，克林顿接任美国总统以后，更是开展所谓"人权外交"，动辄以贸易制裁为手段对付他们认为违反了他们的人权标准的国家，遭到了发展中国家的严厉批评。1993 年 3 月，亚洲 40 余国通过《曼谷宣言》，反对经贸与人权挂钩，并强调除了重视个人人权外，也应维护集体的生存权和发展权。同年 6 月，在维也纳举行的"世界人权大会"上，由中国、马来西亚和中东国家联合的集团，亦曾与欧美四万国家展开大对抗。在这之前，1992 年 11 月 20 日，李光耀应邀出席由《朝日新闻》在东京主办的"创造二十一世纪论坛"，并发表演说，为发展中国家"先有经济开发，后有政治民主"的做法，提出了一套完整的理论架构，以他丰富的从政见闻旁征博引，对这个问题作了具体详尽的论证，引起了国际上的广泛关注。

李光耀把自己的一生都献给了新加坡的独立和建设事业，他对振兴新加坡有着强烈的使命感。曾担任李光耀的新闻官长达 16 年的亚历克斯·乔西说："李光耀对自己充满信心，他不能想象他的对手能具备跟他相提并论的学识和技巧。有时这种自信心近乎自大。他觉得他才是治理新加坡的最佳人选，因为他对新加坡问题深入研究，而且富有经验。"

他不为自己树碑立传。他很讨厌吹捧他的人，对于那些吹牛拍马之徒、他往往会怀疑其动机，因此不易受骗，也不会飘飘然忘乎所以。1988 年，澳大利亚记者布鲁斯·鲁登访问李光耀之后曾在《澳洲人》杂志发表文章，其中提到："在新加坡，看不到当权者生活奢华的迹象，……他们没有豪华汽车"，"李光耀仍然提自己的 Samsonite 牌公事包。""那里没有李光耀国际机场、没有李光耀快速公路、没有李光耀国家体育馆，新加坡的硬币、邮票上面，都没有李光耀头像。”

李光耀为之奋斗了一生的新加坡，今天经济上已经成为一个发达国家，而且是世界上最廉洁的国家之一，也是犯罪率最低的国家之一，李光耀应该感到欣慰了。1994年《李光耀40年政论选》出版前夕，新加坡《联合早报》记者采访李光耀，问他：“李资政，现在回首您过去几十年的从政经验，您认为最满意的事情是什么？”

李光耀顿了一顿后回答说：“看到今天的新加坡被治理得很好，也运作得很好，并且能够让每个人在生活中享有机会，这点给我的满足感最大。”

是的，李光耀应该为新加坡所取得的成就而自豪，300万新加坡人民也应该为有这样一位领袖而自豪，寰球之内亿万华人华侨也应该为有这样一位华裔政治家而自豪！

孙　武

时代召唤

在中国思想界的上空，那个妇孺皆知、百家争鸣、群英荟萃、大师迭出的春秋时代，浩瀚灿烂的星河里镶挂着一颗璀璨夺目的明星——孙子。

孙子，名武，字长卿，春秋末期齐国人。就是他傲然屹立于风云变幻的春秋时代前列，在血与火的搏击中，在智和力的较量里，栉风沐雨，出生入死，呕心沥血，剔精抉微，不但指挥了“春秋第一战”——气势磅礴、千里破楚的宏伟战争，而且还用他那神奇的笔端挥就了一部不朽的兵学巨著《孙子兵法》。从此，孙子就走进了历史，英名与天地同存；《孙子兵法》就拥抱了世界，其光芒与日月同辉。

人们在颂扬孙子、推崇《孙子兵法》的同时，也许会不约而同地提出这样的问题：为什么早在2500多年之前，会诞生这样一位伟大的历史人物？为什么生活在“丘牛大车”时代的孙子，能够写出一部体系完备、见解深刻、影响深远的兵学巨著，在世界文化史上构筑起一座不朽的丰碑？要想破译这个谜面，惟一的方法就是到社会文明渐次演进的长链中去细细解读。时势造英雄，这同样适用于揭示兵圣孙武之所以问世的底蕴。现在，就让我们迈进那幽远深邃的春秋时代，去揭开大家共同期待的谜底吧。

这是一个动荡变革的岁月，也是一个追求超越的社会，更是一个呼唤英雄的时代。

春秋时期（公元前770年—公元前476年），得名于鲁史《春秋》。它上起公元前770年周平王东迁，下至公元前476年东周前期，历时近300年。这一时期是中国历史上社会经济、政治、军事、文化各个方面都发生重大变化的转折时期。具体而言，它体现有三个基本特点：一是它的动态性。社会在动态中发展前进，这是历史演变的根本性质，古今中外，莫不如是。然而，在特定历史阶段里，这种动态变革的规模、力度有特别强烈的表现，而春秋就属于这样的特定的时期。在它并不太长的近300年历史中，王室衰微，五霸迭兴，列国兼并，夷夏融合，公室没落，大夫专权等政治格局此消彼长，气象万千，令人目不暇接；田制改革，赋税嬗变，私学勃兴，军队扩增等经济、军事、文化现象粉墨登场，各领风骚，白云苍狗，叫人不胜感喟！春秋历史的第二个特点，是它的过渡性。春秋社会是中国由奴隶制社会逐渐递嬗为封建社会的重要过渡时期，用形象的语言描述，就是它的前脚已跨进了新世纪的门槛，而它的后脚还停留在旧庭院的边缘。换言之，即它的前中期历史更多地体现了西周的时代特征，而在它晚期的地平线上已隐约出现了显示战国社会特色的晨曦。春秋社会的第三个特点，是它的复杂多样性。春秋历史总的趋势是旧的礼乐文明的逐渐衰微和新的封建因素的不断增长，但是在具体的诸侯国之间，在中原和周边不同地域之间，其文明的成熟和发展程度是不平衡的，显示着多样化的复杂倾向。这种事物发展上的不平衡性，决定了春秋社会大势走向上的错落有致，异彩纷呈，而兵圣孙武正是这一特殊历史时期的风云人物。

西周末年，醉生梦死，荒淫无道的周幽王为博美人一笑，玩了把“骊山烽火戏诸侯”的天大游戏。结果美人是笑了，而周幽王却落得个身首异处，命赴黄泉的悲惨下场。在内乱外患的双重打击下，公元前770年，周平王在郑、秦、晋等诸侯的护卫下被迫挥泪洒别残破的镐京，辗转迁都洛邑。从此，强大的周王朝开始滑向衰落，历史以它坚定不移的步伐迈进了春秋时代。

春秋一代，社会的经济、政治、军事、文化都发生剧烈而重大的变化。

俗话说，“滴水穿石，非一日之功。”春秋社会大变革的发生有其深刻的历史原因，然而，其最终的推动力当首推社会经济生活条件的变化。

在经济上，春秋时期，随着铁制农具的逐步推广，牛耕技术的出现，水利灌溉能力的提高，有力地促进了生产力的发展。大量荒地被开垦，劳动生产力和耕作水平获得提高，从而使得小规模的农业生产组合成为可能。在这种情况下，各国先后采取了承认既存现实经济的措施。如齐国“相地而衰征”的政策，晋国“作爰田”，改变以往的土地定期分配制度，鲁国推行“初税亩”政策，按占有私有土地的多少收赋税。这些经济改革措施使得齐国“甲兵大足”，晋国可以“作州兵”，鲁国可以“作丘甲”，基本达到了增加赋税和加强军事实力的目的。同时，它在客观上适应了新的生产关系的成长，致使私有土地迅速扩大，进一步加速了井田制的瓦解。

经济上的变革带来阶级关系的变化，使部分贵族向新的生产关系代表者方向转化，使处于最底层的劳动者开始摆脱没有人身自由的处境，整个社会处于分化和重新组合的动荡之中，与此相一致，社会生产力的发展和社会生产关系的变革，也使得武器装备得到改良，军队的构成有了变化，从而使战争规模逐渐扩大，作战样式发生演变。

在政治上，春秋时代的社会政治生活，司马迁在《史记·周本纪》里有非常精确的概括，即“周室衰微，诸侯强并弱，齐、楚、秦、晋始大，政由方伯。”具体地说，可以公元前546年“向戌弭兵”一事划分为前后两个时期。前一时期的特点是王室衰微，大国争霸，华夏与周边少数民族部落的冲突与融合。后一阶段，虽也发生了吴、越勃兴，北上争霸等事件，但是，总的说来“尊王攘夷”的旗帜已经黯淡，中原大国争霸已进入了尾声，华夏融合基本完成，各国内部的经济、政治变化越演越烈。政治格局上，曾先后出现“卿大夫专权”和“陪臣执国命”诸现象，学术文化重心下移，从而为战国时期更剧烈变革时代的来临创造了条件。

春秋前期，自周平王东迁后，周王控制的土地日趋缩小，经济、政治、军事实力一落千丈。随着王权的沦落，诸侯对天子的朝聘、贡赋大大减少，王室的财政越来越拮据，周王常常不得不放弃天子的尊严，向诸侯国“求赙”、“求金”、“求车”。经济上对诸侯的仰赖，使其在政治上又不得不受诸侯的摆布。天子共主的地位，已经名存实亡，笼罩在周天子王冠上的神圣光环，其黯淡消逝只是时间问题了。

最先跳出来向周天子权威发起挑战的是郑庄公。此人不仅政治上深富韬略，军事上也是颇有创见。他不被古法所泥，巧妙使用车、步兵，摆下“鱼丽阵”，箭伤周桓王，大破周联军。从此，“礼乐征伐自天子出”的传统宛如明日黄花，一去不再复返，也由此揭开了春秋争霸的帷幕。但是，由于郑国位处四战之地，国土不大，实力有限，郑庄公只能扮演“但开风气不为先”的角色。真正成为春秋第一个霸主的是大名鼎鼎的齐桓公。他任用管仲，整顿内政，发展经济，充实军力。尔后联合华夏诸国抵御戎狄的侵犯，“救邢存卫”。同时兵临汉水，挫败南方楚国北进的锋芒，并召开葵丘大会，确立了自己作为中原霸主的地位。

齐桓公死后，齐国发生内乱，其霸主地位随之丧失。这时，大国争霸的中心遂转为晋、楚两国之间的较量。晋、楚争霸斗争绵延了 100 多年，其中经历了晋文公的图霸、楚庄王北上争霸和晋悼公复霸等几个重要阶段。在此同时，作为二等大国的齐、秦诸国也不甘寂寞，积极参与其中。

各大国在争霸的同时，也积极向周边“戎狄”部落进行征服活动。秦穆公“益国十二，遂霸西戎”；晋征服众多的赤狄、白狄部落；齐灭莱夷；楚吞并汉淮流域的小国。同时，有些中原国家还与戎狄互通婚姻，促进了民族之间的交流与融合。

长期持续不断的争霸斗争，严重地消耗了各大国的实力，而社会经济、政治形势的发展，又使各大国内部矛盾日趋尖锐，各大国都感到难以为继。而各小国久苦于大国争霸带来的灾难，更希望有一个和平的喘息机会。在这种背景下，弭兵止武之议鹊起。公元前 546 年，在宋国向戌的倡导下，十四个诸侯国代表在宋国举行了一次弭兵盟会，以各小国承认晋、楚为共同霸主的方式结束了晋、楚两国军事抗衡的局面，大国争霸战争从此走近了尾声。

历史进入了春秋后期，这一时期社会政治生活的主要内容，是诸侯国内部卿大夫强宗的崛起和国君公室的衰微。当时，各大国的诸侯，均被连绵不断的兼并、争霸战争拖得疲惫不堪，这样就给各国内部的卿大夫提供了绝好的机会，得以榨取民众的剩余劳动积累财富和损公室利民众的方式收买人心。这种情况的长期发展，使得一部分卿大夫逐渐强大起来，成为政治生活中的主角。西周时期“礼乐征伐自天子出”的政治格局，在春秋前期变为“礼乐征伐自诸侯出”，这时已变为“自大夫出”了。

强大起来的卿大夫之间，也不可避免地互相兼并，进行激烈的斗争。在这一过程中，晋国的赵、韩、魏，齐国的田氏家族，由于代表着社会进步的方向，而最终成为斗争的胜利者，赢得了政权。

以上便是春秋社会的政治大势，在这一大环境下，任何一个军事家和军事思想的产生，都无可选择地要满足和服务于争霸战争的需要，要立足于反映新生社会政治力量的基本立场和用兵宗旨。

在军事上，和春秋云诡波谲的政治生活相辅相成的孪生物便是波澜壮阔、神奇瑰丽的战争景象。众所周知，战争是政治的继续。伴随着春秋政治格局错综复杂的演化，春秋社会各诸侯国之间的战争呈现出次数频繁、交锋激烈、空间宽广、样式多种的新气象，战争作为政治斗争的最高形式，占据了春秋社会活动中显著的地位。在春秋300年左右的时间里，各种战争此起彼伏，史不绝书。

春秋一代，战争的频繁和激烈程度是夏、商、西周时期所不能想象和无法比拟的。近300年的时间，爆发的战争不下数百次。可谓烽烟迭起，戈戟迸击，你砍他杀，血雨腥风。一部春秋史，就是一部战争史。

这些战争榜上比较重要而典型的有：郑庄公克段之战，郑、卫制北之战，郑、卫、宋东门之战，郑抗北戎之战，周、郑繻葛之战，齐、鲁长勺之战，晋假途灭虢之战，宋、楚泓水之战，晋、楚城濮之战，秦、晋崤之战，晋、齐鞍之战，晋、楚邲之战，晋、楚鄢陵之战，吴、楚柏举之战，吴、越李之战，吴、越笠泽之战等等。

这些战争就对象和目的而言，可以划分为几个基本类型。华夏族与戎狄各部族间的为争夺生存空间的战争；诸侯争霸与大国兼并的战争；周王为挽回失势而征伐诸侯的战争；下层民众为反抗暴政而举行的军事斗争；统治集团内部为争夺权力宝座的战争；新兴势力向旧势力夺权的斗争等等。其中，诸侯争霸与大国兼并战争是当时战争活动的主流。从战争自身所涉及和包含的内容看，当时的战争已经基本包举了古代战争的方方面面，战争的种类已相当齐全，这反映出战争业已高度成熟，这对于军事理论的相应总结来说，无疑具有重大的意义。

春秋时期的战争，其作战样式和指挥艺术也是前人所不能望其项背的。一般而言，大方阵的车战是当时作战的主要样式。然而自春秋中期起，由于井田制的衰落，"国""野"畛域的泯灭，原来只能由贵族承担的"执干戈以卫社稷"的职责，此时，普通的"野"人也参与其中，成为"国之干城"。随着"野"人的大量涌入军队，军队的规模和数量急剧增加，战争的场面也为之改观。随着武器装备的改进以及与戎狄步兵作战的需要，步兵重新崛起了，步战再次在军事斗争中发挥出强大的威力。这在多山的晋国和南方吴、楚、越诸国中表现得尤为突出。同时水军也渐渐兴起，不再像商、周时代那样单纯地起运输作用，水战在南方地区开始盛行，商代萌芽的单骑，到春秋晚期有了初步发展，这样就更为有力地推动了战争样式的复杂多样。

除了堂堂之阵的正面会战之外，城池攻守战、要塞争夺战、伏击包围战、奇袭突击战、迂回奔袭战以及诱敌而歼之等战法，也进入了角色，并有所发展。如制北之战中郑军正合奇胜，痛击协助卫国作战的燕师；繻葛之战中郑军集中兵力，攻敌虚隙；晋假道灭虢之战中一石二鸟，兼并对手；长勺之战中鲁军善察战机，后发制人；城濮之战中，晋军退避三舍，击敌先弱后强；崤之战中晋军预设埋伏，大创聚歼；三驾之战中晋军疲弊对手，争取主动；鸡父之战中吴军晦日出兵，出敌不意；柏举之战中吴军迂回奔袭，连续作战；笠泽之战中越军两翼佯攻，中路突破等等，都是春秋战争史上精彩卓越、脍炙人口的篇章。同时，当时的战争指导者也普遍注意将军事斗争与政治、外交斗争结合，并重视智谋韬略，利用战略地理环境，强调争取与国，注重灵活用兵布阵，加强军队建设，提倡用间惑敌误敌，从而使当时的战争不断呈献出新的面貌、新的气象。

当然，春秋社会的发展是有阶段性的，并不平衡；与此相适应，春秋时期的战争也可以按其主要特点，划分为前后两个时期。前期战争受旧军礼的制约和影响，明显带有温和色彩；像齐桓公“九合诸侯，不以兵车”；郝之战中，楚军指教晋军如何逃跑；鄢陵之战中晋将郤至“免胄而趋风”，向敌国国君致敬，放过郑伯等等，就是这方面的例证。但是到了春秋晚期，战争活动则更多地打上激烈诡诈的烙印。班固在《汉书·艺文志·兵书略》中形象地说明了这种现象“自春秋至于战国，出奇设伏，变诈之兵并作。”泓水之战中那个大名煊赫的“蠢猪式的人物”宋襄公便是这一转变时期旧军礼的殉葬品。

总之，在春秋期间，战争本身逐渐由崇仁尚礼转变为出奇多诈。概括地说，战争发展到孙武所处的春秋晚期，已经完成了从幼稚到比较成熟的历史运动过程。总的趋势就是，战争的规模日趋扩大，战争的样式日趋复杂，战争的程度日趋激烈，战争的意义日趋明确，战争的结局对社会生活的影响日趋增大。一句话，战争的丰富实践，到了春秋晚期业已为军事理论家系统构筑军事理论体系，指导战争实践创造了条件，提供了契机。

经济、政治、军事上的剧变，必然反映到社会思想文化的发展上来，从而引起思想领域的巨大变革。

在西周时期，学术为王室贵族把持和控制，文化乃是这些高官显贵的专利品，普通民众甚至一般的贵族都不具备从事独立学术文化研究的条件的，更遑论著书立说来阐述自己的思想学说了。这就是“学在官府”的文化局面。到了春秋晚期，随着周室衰微，社会处于激烈动荡的变革之中，导致了新的文化组合，负责文化教育的官吏颠沛流离远走他乡，官府独占的文化典籍流出深宫，散落民间，再加上那些没落的贵族降为平民，也把文化带到民间，官府垄断文化的局面被打破了，这就是史书上所说的“学术下移”现象。孔子曾不无感慨地说：“吾闻之，天子失官，学在四夷，犹信。”(《左传·昭公十七年》)

伴随着官学的衰落，社会上逐渐兴起了由普通贵族或平民中的有识之士创立的私人聚徒讲学之风，他们也开始著书立说，宣扬自己的观点，影响着政治生活。学术下移，私学勃兴，造就一批思想家的出现。以老子、孔子、墨子等为代表的道、儒、墨等重要思想流派兴起，他们都形成了自己的哲学、政治理论，开创了中国思想史上的旖旎新篇章。

随着学术下移，私学勃兴，一场伟大而深刻持久的思想解放运动在华夏大地上蓬勃发展，它强有力地改变着人们的思想观念，并进而在更深的层面上推动社会各个方面的变革。

春秋时期的思想解放，首先表现为重民轻神思想的勃兴。西周末年，疑天怨天思潮的兴起，为春秋时期进步思想家重民轻天、重民疑神思想的发展奠定了基础。他们首先提出了摆正“民”与“神”两者关系位置的问题。当时，有见识的政治家、思想家，普遍认为在民神关系中，民是主，神是次；民为本，神为末。因此主张在社会政治生活中，重视民众，反对据神意行动：“夫民，神之主也。是以圣王先成民而后致力于神。”(《左传·桓公六年》)这些观点的提出，它基本上否定了“天”“神”的主宰地位，开始真正把“重民”放到了首要的地位。

春秋时期思想解放的第二步工作是当时进步思想家开始从天道观上初步提出了

"天人相分"的思想，从而为"重民轻天"、"重民轻神"观念寻找到了理论上的依据。这方面的代表人物是周内史叔兴和郑国的子产。他们鲜明地提出了"吉凶由人"、"天道远，人道迩，非所及也"的进步观点，同"天命观"基本划清了界限。

春秋时期的思想解放，还表现为朴素辩证法思想的发展。在当时，以老子、晏婴、管仲等人为代表的思想家，已开始用朴素辩证法的观点来看待事物因果关系和逻辑联系，从中探究事物运动的动因和条件。他们对原始的"阴阳"观念、"五行"思想进行了辩证地阐述和发挥，提出了一系列具有朴素辩证思维特征的哲学观点。如"中庸"思想，"节度"观念，"和同"认识等等。这是中国思维发展史上具有里程碑意义的拓展。

春秋时期的思想解放，更表现为重民尚德、礼法并用为主要内容的政治思想的长足进步。在当时随着社会动荡的加剧和兼并战争的激烈，更由于天命观的没落和普通民众在社会生活中地位的提高，使得不少思想家以更现实的态度对君民关系重新进行认识，注重人事、关心民生成为当时政治思想发展中的主流，由此而形成了初步的民本政治观念。孔子"仁者爱人"的思想就是这方面的代表。同时，由于旧礼制的衰微，有关以法辅礼、礼法并用的思想也有所萌芽，大大地丰富了统治者的政治统治经验。

显而易见，中国古代社会思潮演进到孙子所处的春秋晚期，业已随着社会条件的变迁而呈现出崭新的气象。军事思想，作为整个思想文化形态的重要组成部分，它的发生、发展、成熟与完善，不可避免地要与人类社会思想意识形态的总体发展演化相一致。一个时代产生的军事思想，则肯定会打上它那个时代思想文化的深深烙印。

以上所述，就是孙子所处的春秋时代的大势。经济政治的激烈变革，战争演进的逻辑轨迹，社会思潮的澎湃浪峰，已经为一代兵圣孙武的诞生提供了坚实的土壤，创造了必要的契机。孙子是春秋社会的产物，《孙子兵法》迎合了春秋社会的需要！

首先，春秋时期相对发达的社会生产力，为军队人数的增加，军事制度的革新，武器装备的改良，创造了必要的前提，从而又使得战争规模的扩大、作战方式的演进成为了可能。这一切又呼唤着适应新情况、解决新问题的军事思想家的降临，并以全新的军事思想来指导新条件下的战争实践活动。

其次，春秋时期连绵不断的争霸战争、新旧势力争权战争、夷夏攻防战争的实践，使军事思想家从事军事理论的研究和建树具备了可能性。同时，孙武所生活的春秋社会晚期，正是中国历史上奴隶制向封建制过渡的时代。当时新兴地主阶级正在各个领域以各种方式向腐朽没落的奴隶主阶级展开斗争。其中在政治领域，战争乃是最重要的斗争方式，为了赢得战争的胜利，他们急切需要拥有本阶级的军事理论家，为自己提供从事战争的理论指导。因此，孙子的诞生，乃是时代的需要。

再次，春秋晚期官制建设上文武分职的初步萌芽和卿、禄世袭制度的没落，为兵圣孙武一展旷世才华提供了重要机遇。很显然，文武初步分职为孙武孜孜不倦钻研军事理论、施展军事指挥才能创造了条件；而当时尚贤使能的社会环境，则为他身为普通的云游之士却获得吴王阖闾的赏识，出任将军要职，撰写并进献兵书提供了保证。

最后，春秋时期社会思潮的长足发展，文化氛围的良好改善，使得孙武在研究总结系统军事理论时，能够最大限度地汲取其他思想家的进步理论，从而确保自己的军事理论建树能反映时代进步思潮的特色，使其富有哲学的底蕴和实用的理性。换言之，是春秋社会的文化绿洲，培植了孙武兵学理论这棵参天大树。

“江山代有人才出，各领风骚数百年。”春秋是造就天才的社会，呼唤英雄的时代。沧海横流，方显英雄本色。孙子是幸运的，他际会风云，得展用武之地，勇敢地响应了时代的呼唤，睿智地承担起光荣的使命，在疆场上纵横捭阖，在竹简上奋笔疾书，立足现实，回溯过去，瞻望未来，原于战争，高于战争，向历史递交了一份光照千秋的答卷——《孙子兵法》。

时势英雄

一代杰出思想家之所以登上历史舞台，既是他际会时代风云的产物，也是他本人所处的地域文化环境熏陶孕育的逻辑结果。俗话说：“地杰人灵。”齐国是一个社会政治环境开放，文化特质充满活力，特别是兵学传统悠久博大的国度。孙子生于斯，长于斯，不知不觉间，就从这片富饶肥沃的文化国土里汲取了丰富而充足的营养。可以说，正是齐国这一特定的地域文化孕育了一代兵圣——孙武，就恰如儒家宗师——孔子，只能诞生于周代礼乐文明充分保留的鲁国一样，这是历史的必然。

齐国的始祖是那位无饵钓鱼，愿者上钩的姜太公吕尚，此人文韬武略，曾辅佐周文、武王讨灭商纣，功居群臣之首，被周武王尊称为“师尚父”。周武王灭商后，大封诸侯，“以藩屏国”，吕尚被封于东夷势力强大且战略地位十分重要的东方，国号为齐。

吕尚就国后，在齐地所遇到的局面比较困难。经济上齐地很落后，人口稀少，土地贫瘠：“齐地负海泻卤，少五谷，而人民寡。”（《汉书·地理志》）政治上极不稳定，东夷族与殷商有着很深的感情，敌视周族，甚至，东夷族的分支莱夷族还以武力阻止吕尚东进建国，而且吕尚又不是周室的同姓，一旦有重大事情不易像鲁国那样得到周室的全力支持。在这种非常艰难的情况下，吕尚毫不畏惧，再次施展其超人的智慧，采取了一系列高明有效的措施，来开拓局面，建国安邦。

第一，在民族关系上，对当地东夷、薄姑等族采取“因其俗，简其礼”的政策，软化其反抗立场，调合民族关系，维护社会安定团结大局，这一点在开国之初，尤为重要。所谓“因其俗，简其礼”，它的实质就是不强制去推行周人的那一套“礼乐文明”，而是因袭、顺应东夷等人的传统文化、风俗习惯。吕尚的这一方针，为后代齐国统治者所遵循。它的长期实施，导致了“人民多归齐”的大好结果。当然，吕尚对于那些不肯顺从，甚至以武力进行反抗的，则是毫不手软，以牙还牙。比如，对莱夷族的反抗，吕尚就以迅雷不及掩耳之势予以平息，避免引起恶劣的连锁反应。

第二，在经济上，针对齐地经济落后而自身具有某些优势的特点，因地制宜，讲求实效，大兴工商，改造土壤，植桑养蚕，通渔盐之利。“通商工之业，便渔盐之利。”（《史记·齐太公世家》）这一国策千余年中一直得到了推行，使得齐国富国强兵：“是以邻国交于齐,财畜货殖,世为强国。”(《盐铁论·轻重》)同时,工商经济本身具有开放、进取的特点,这就为齐国文化注重实用、兼容并取特色的形成创造了契机。

第三,在政治上,吕尚主要采取了两条措施。第一条是用人政策,“举贤而尚功”。《汉书·地理志》记载,当年姜太公受封时,周公曾询问他如何治理齐国?太公的回答简单明了:“举贤而尚功。”就是在用人问题上采取不计出身,惟才是举,不重名分,以功为尚的政策。吕尚在齐国采取的这条开放的惟才是举的用人政策,比较客观公正地选拔了一批人才。这样,就使吕尚把他从西周带过来的人与本地人结合起来,打破了周人与当地人的界限,使他们抛弃前嫌,合作共事,共建家园。既发展了经济,又稳定了人心,可以说是一举两得。贤者云集,则事业兴旺。吕尚的这一方针自然收到了事半功倍的效果,齐国很快兴盛发达起来。而位处泰山南麓鲁国的统治者伯禽奉行“尊尊而亲亲”的用人方针,这是一条闭关自守,任人惟亲的用人政策,使鲁国一直固守疆土,无所作为,夹于齐、楚之间,国力日衰。两相比较,吕尚的用人政策无疑高出一筹。“举贤而尚功”的方针后来也成为齐国的一条基本国策,它的推行,对于齐国开明政治环境的形成,各种学术思想的活跃,自然不无重大的意义。

另一条政策是礼法并用。《汉书·地理志》载:“初太公治齐,修道术,尊贤智,赏有功。”这表明在治国方法上,齐国不同于鲁国“以法则周公,用即命于周,是使之职事于鲁,以昭周公之明德”(《左传·定公四年》)的做法,而是不拘泥于礼教,注重霸道与法术,造成礼法结合,道法一体。具体地说,就是一方面,运用教育的手段,教育民众如何规范自己的行为,树立正确的道德标准,以便形成一个有秩序的社会环境;另一方面,祛邪扶正,扬善惩恶,以法令治天下,确保教育的成果,维护社会的正常秩序。二者并行不悖,相辅相成。这种重实效、尚时变的开放政治精神,对于思想的开放和兼容,杰出思想家的涌现并展现其才华,曾产生了深远的影响。

在这样得天独厚的社会环境中,齐地的文化以其独特的面貌出现在漫长的历史长河中,并为孙子及兵学的诞生提供了良好的文化氛围。

首先,齐国的社会环境铸就了齐地民众的独特资性。这就是《史记·货殖列传》所说的“齐俗宽缓阔达,而好议论”,使齐民众易于“随时而变,因俗而动”(《管子·正世》)。我们知道“攻人以谋不以力,用兵斗智不斗多”,乃是中国古代兵学的一大传统,齐人“足智”尚谋的地域文化传统,对于兵学理论的构建,是一种文化上的推动。孙武长于齐国,这种地域文化精神势必会在他身上打下烙印。另外,齐人“阔达”、“舒缓”这一国民心理,反映到学术上,就具有宽容精神。在与外界接触中,齐人容易接受新观念,新思想,并择善而从,加以必要的改造为己所用,发展丰富自己的主体文化。这一点反映在孙子的身上,就是他迁居吴国以后,同出身楚国贵族、深富韬略的伍子胥过从甚密,切磋学术,从而自己增加了对南方军事文化的理解,扩大了视野。

其次,齐国的社会环境导致齐国学术独具的特点。一定的文化是一定的社会物质生活的产物,齐国顺应民俗、注重民生、讲求功利、并用礼法的社会大环境,使得在此基础上发展起来的齐国文化具有注重实用和兼容博取的两大特点。齐国的实用之学相当发达,在数学、医学、植物生态学、土壤分类学、天文学、地理学、化学等方面,均有重大的建树,在当时处于领先的地位。如《考工记》的作者是齐人,名医扁鹊也是齐人。这种实用之学的发展，对于兵学的进步具有一定的关联，因为兵学是一门实用之学，它不尚空谈，以现实利害为依据，重视解决实际问题。孙子强调用兵作战要“合于利而动，不合于利而止”，“非利不动，非得不用，非危不战”的思想，正是齐国这种讲求功利，注重实用特点在兵学领域的具体反映。所以孙子及其兵学的诞生，当与齐国注重实用的学术相一致。齐国学术的又一特色是兼容博采。齐国的学者善于将各家各派的思想融会而兼取，从而形成崭新的学术风貌。如管仲、晏婴的思想就兼有儒、道、法等多元思想的倾向。孙武之后的田桓公开始设立的“稷下学宫”则更充分地印证了这种现象。当时，田桓公在国都临淄的稷下设置学宫，“设大夫之号”，招揽学者。到了齐威王、齐宣王时，稷下学宫人才济济，竟达1000多人，共中还包括思想大师孟子和荀子这样的人物。这些学者在享受优厚待遇的同时，“各著书言治乱之事，以干事主”，并展开学术辩驳和交流，整理典籍和文化。齐国的这种文化氛围对孙子兵学的诞生提供了适宜的温床。纵观《孙子兵法》全书，我们可以清楚地看到，它既充满了齐文化积极进取、注重实用理性的精神，又不乏南方文化特别是吴楚文化的阴柔辩证的特点。如孙子将“道”列为五事之首，强调从政治的高度考虑军事问题，显然是孔子代表的儒学思想的渗透；“令之以文，齐之以武”的治军观，强调“施无法之赏，悬无政之令”则明显地留有早期法家思想的痕迹；至于全书所充满的朴素辩证思想，那可以说是老子学说影响的结果了。凡此等等，不一而足。

当然，毫无疑问，孙子之所以能够诞生于齐国，更重要的原因还在于齐国是一个军事大国，具有悠久深厚的兵学传统。

强大的军事实力是齐国经济发展、文化繁荣的坚实后盾。齐国自西周太公治齐到战国后期，始终是东方地区首屈一指的诸侯大国。这一局面之所以得以维持，实赖于齐国强大的军事实力，能够在诸侯兼并，争霸斗争中战胜强国，日趋强盛。而军事强国的客观环境，则有力地推动着兵学传统在齐国的形成和发达。而这一切，恰好又让孙武赶上了。

齐国的始祖吕尚本人就是一位雄才大略的军事家。他在辅佐周文王时，打入殷商内部，在朝歌屠牛卖饭，暗合文王，刺探敌情；当文王被囚，他出谋划策，阴赂左右，使文王得以释放，继而又离间纣王之君臣以达分化瓦解之目的；当他回到文王身边成为太师后，迅速伐崇、密须、犬夷，造成三分天下有其二的格局，一举奠定了消灭殷商的坚实军事基础。特别是当他辅佐周武王，成为“师尚父”，挥师进军殷都朝歌的决战中，淋漓尽致地表现了其卓越的军事才能。当时，在进军的途中，武王姬发的乘骑闻惊雷而震死，周公旦欲罢兵，吕尚以秉德伐殷、解民众于水火而释之，挥师急进；当将士们乘船渡河时，船坏于水中，武王心中狐疑欲止，吕尚以为父报仇、令死无生而释之，并令毁桥破舟，以示决心，号令大军以攻无不克的气势，克服重重困难，昼夜不息，以强行军、急行军的果敢之举，提前赶到与殷军决战的牧野，并以逸待劳，不等殷师站稳脚跟，使千军竞发，万众一心，大获全胜，推翻了悠悠五百年的殷商统治。当分封齐国，莱夷族举兵反抗时，吕尚又毅然决然彻底击溃之。这些丰富多彩的军事实践，实际上也是吕尚军事思想在战争中的具体运用。故史称“天下三分，其二归同周者，太公谋居多。”(《史记·齐太公世家》)又说“迁九鼎，修周政，与天下更始，师尚父谋居多。"(同上)吕尚的个人经历和面临的社会斗争现实,决定了他重视军队和国防的建设,以此为立国之本,从而为齐国确立千余年的东方军事大国的地位,奠定了基础。

春秋前期,齐国曾作为著名的军事强国雄踞东方。公元前706年,北戎攻打齐国,郑国派太子忽率军救援,齐僖公想把公主嫁给这位郑国太子忽,可是遭到对方的婉拒,理由是齐国强大而郑国弱小,这样的婚姻自己担当不起。由此可见,此时齐国的国势已经远远超过两周之际出足风头的强国郑国了。

自齐桓公即位,任用管仲推行新政,在军事上"作内政而寄军令",更有力地增强了齐国的军事实力。

"作内政而寄军令"是一项重要的军事制度。它的特点是兵农合一、军政一致,确保全国上下能够"卒伍整于里,军旅整于郊",从而做到"守则同固,战则同强"。管仲曾经这么说过:君主如拥有这样组织起来的三万人马,并遵循正义的原则运用这支力量,诛讨无道,辅佐周天子,那么普天之下,任何大国都是无法与之抗衡的。这表明这种行政组织与军事组织相结合的武装力量体制适应当时齐国军事斗争的需要,为其军事大国地位的进一步巩固创造了条件。与此同时,齐国还实行以兵器赎罪的制度,这使得齐国"甲兵大足",为齐国保持军事强国地位提供了充实的物质基础。

管仲推行的军事改革,使得齐国的军事实力迅速增强,齐桓公凭借着这种军事优势而一跃成为春秋第一位霸主。他在位期间,曾多次统率众诸侯国击退戎狄周边少数族的侵袭,救邢存卫,还力挫南方强楚北上中原的势头,大会诸侯于葵丘,"帅诸侯而朝天子"(《国语·齐语》),成就了一代霸业。

齐桓公去世后,齐国由于内乱而丧失了霸主的地位。但即便在这段时间里,齐国也依然是军事大国而"常强于诸侯"。据《左传》记载,自公元前722年至前479年的244年间,由齐人掌握主动权发生于齐国境外的军事活动,包括征伐、远戍、筑城、示威以及军事会盟等等,共计170余起。齐国军队兵锋所及的国家,有鲁、宋、卫、燕、厉、郑、楚、秦、晋、莒、吴、盛、徐、郕、北戎、蔡、戚、盟、向、遂、山戎、郯、莱、纪、许等30余个国家和地区。这其中,有不少战争具有开时代风气之先的地位。如公元前550年齐庄公乘晋国栾氏之乱起精锐之师西越太行山,远距离奇袭晋国腹地,取得战役上的胜利,就开创了中国古代运动作战的先例,显示了"兵以诈立"的崭新特点。

纵观整个春秋战国,齐国在诸侯列国中,是惟一一个从西周初年至战国晚期始终对天下形势有举足轻重影响力的大国。

由于齐国军事大国的悠久历史,以及丰富多彩的战争实践,促成了齐国兵学文化的高度发达。具体地说,齐国兵学的发展大体上可以分为三个阶段。

第一是以"军法"为主体的创始及初步发达阶段。齐国的创始人姜太公是齐国兵学的奠基人。他在兴周灭商平定殷民叛乱的军事实践中,逐步建立起自己的完备兵学理论体系。《史记·齐太公世家》里有云:"周西伯昌之脱羑里归,与吕尚阴谋修德以倾商政。其事多言兵,故后世之言兵及周之阴权,皆宗太公为本谋。"由于姜太公在中国古典兵学构筑方面而作出的杰出贡献,所以后世经常将许多兵学著作直接依托在他的名下。《汉书·艺文志》著录《太公》237篇,其中《谋》81篇,《言》71篇,《兵》85篇。《隋书·经籍志》则著录《太公六韬》五卷、《太公阴谋》一卷、《太公阴符钤录》一卷、《太公金匮》二卷、《太公兵法》六卷等等，都是这方面的明证。这类著作虽为托名之作，且大多已散失，但它表明，经姜太公的创始，齐国兵学的传统的确得到了确立。

不过，自西周至春秋中期以前的兵学，其载体主要表现为"军法"，而不是完全意义上的"兵法"。所谓的"军法"与"兵法"的区分，也即"广义的军事艺术"和"狭义的军事艺术"之别。"兵法"主要是指"用兵之法"，而"军法"则多带有条例和操典的性质，它包括军赋制度、军队编制、军事装备、指挥联络方式、阵法和垒法、军中礼仪与奖惩措施等。它一般属于官修文书的范畴。由于它是古周礼乐文明在军事领域的集中反映，所以又可以称之为"军礼"。

第二是以"兵法"形成并占主导地位为标志的高度成熟繁荣阶段。春秋战国之际，随着社会变革的日益加剧，战争进入了相应的崭新阶段。当时的战争指导者，开始抛弃旧礼制的束缚，使战争艺术呈现出夺目的光彩。这集中表现为战争规模的扩大，战争方式的变化和作战指导的进步。这中间最为突出的是"诡诈"战法原则的流行，过去那种"结日定地，各居一面，鸣鼓而战，不相诈"的堂堂之阵战法遭到否定。在这样的时代背景下，原先反映奴隶制社会军事礼乐文明的"军法"传统自然趋于式微，而代表新兴势力的兵学要求的"兵法"则蓬勃兴起，成为兵学理论领域中的主导力量。在这个形态的转变过程中，齐国同样扮演了最主要的角色，而孙子兵学也正是在这一大背景下产生的齐国兵学乃至中国古典兵学中最杰出的作品。

继《孙子兵法》之后，《孙膑兵法》等兵学著作进一步丰富了齐国兵学的内涵，使"兵法"不断趋于成熟和发达。而齐国也正是依赖于兵学发达这一优势，在战国兼并战争中处于主动的态势，长期保持东方强国的地位，在中国的历史进程中产生了重大的影响。

第三是在学术融会大背景下的总结综合阶段。在战国中晚期，中国古典兵学的发展又出现了一次新的飞跃，这就是当时的兵书战策充分汲取了诸子百家的政治伦理学说，并开始进入兼融综合、全面总结的阶段。这个过程始于《尉缭子》、《吴子》等兵书的成书，并以《六韬》和《管子》的问世与流传为最显著的标志。

从以上齐国兵学的发展过程，我们可以看出，齐国兵学源远流长，"富甲天下"，博大精深，异彩纷呈，在先秦诸侯列国中是首屈一指的。先秦时期最主要的兵学著作大部分都诞生于齐国大地，北宋神宗命人编选的《武经七书》中，先秦兵书共收五种，其中属于齐国兵学系统的就有三种：《司马法》、《孙子兵法》与《六韬》，而《吴子》和《尉缭子》亦多和齐国兵学有关。因此，我们可以说，在齐国兵学传统这样一个极其深厚的土壤里，孕育出一代伟人孙武，造就一部千古奇书——《孙子兵法》，决不是偶然的历史现象。

事实的确如此，齐国就是军事家诞生的摇篮，是兵学巨著的策源地。孙子生长于这样的国度，绝顶聪明的他当然要抓住这个摇篮所给予他的一切机遇。

少年大志

孙子很幸运，他生活在激荡汹涌，除旧布新，造就英雄的时代，长于地大物饶、清明开放、尚武重谋的军事强国，更幸运的是他出生在一个声名显赫、家学深厚、将星辈出的军事世家。所谓"家学"就是家族内部专门学问的累代相传，这在当时教育尚不十分发达、知识传播还不迅捷的时代，乃是学问传授、文化建设的主要方式。毫无疑问，孙子的"家学"积淀对于孙子的成长起着至关重要的作用。孙子生活在这样一个充满军事传统的优越家庭里，或耳濡目染，潜移默化，或直接得到家人的言传身教。在这样的环境里，孙子深受军事学的良好熏陶，感化灌输，他开始走进了军事学的神圣殿堂，立志承继祖业，不辱家门，像先人那样做一个纵横疆场、立马横刀、顶天立地的大英雄。

孙武的家庭是春秋末期齐国的一个贵族世家。根据《史记》和唐、宋有关资料记载，其先祖为陈国人。陈国大约在今河南淮阳一带，周武王灭商后，复求舜后，嗣舜之业，于是就分封舜之后裔妫满于陈，建国立都，以奉舜祀。公元前705年，妫满的后世子孙陈他喜得贵子，取名完，这就是孙武的祖先。

陈完的父亲陈他在兄弟争立的血腥厮杀中，联结蔡人谋杀其兄及太子免，是为厉公。后来，桓公的次子陈林，又杀死厉公而自立为庄公，这样陈完就丧失了国君的继承权，屈居大夫之位。陈庄公死后，其弟杵臼得立，是为陈宣公。公元前672年，陈宣公废嫡立庶，杀死太子御寇，而立尚在哺乳中的次子款为继承人。由于陈完和太子御寇感情颇深，御寇被废杀后，陈完恐祸及己身，遂悄悄离开陈国，踏上了出奔齐国的征途。

陈公子完到达齐国后，由于他是应该继立的诸侯，身份显贵，再加上他一表人材，品德高尚，齐桓公当即欲命他为卿，但陈完自知无功受禄，易招他人妒恨，遂以"羁旅之臣"，不敢当高位而婉言谢绝。齐桓公无奈，只好任命完做了个负责掌管官营手工业的官员"工正"。从此，陈完定居齐国，开始了人生新的旅程。或许为了忘却不堪回首的往昔，因陈、田二字古音相近，陈完遂改姓田氏。

田氏家族在齐地扎下根后，几经发展，家道复兴，到了其四世孙无宇(桓子)时，已官至"上大夫"，他就是孙子的曾祖父。无宇生武子开和僖子乞，田乞事齐僖公为大夫。

本来，在相当长的时期内，田家得宠于齐，与公室关系亲密无间。但是，到了春秋晚期，齐国统治者腐化堕落，荒淫残暴，特别是齐景公执政期间，该君"好治公室，聚狗马，奢侈，厚赋重刑。"当时政治家晏婴批评他是"高台深池，赋敛如弗得，刑罚恐弗胜。"(《史记·齐太公世家》)老百姓劳动所得的绝大部分都被官府所盘剥，更令人发指的是齐景公酷好断足之刑，竟使市场上的假足供不应求，价格昂贵。残暴的统治造成"民人痛疾"、"民人苦病，夫妇皆诅"。不堪忍受的齐国奴隶和平民揭竿而起，反抗奴隶主、反对公室的斗争接二连三，旧制度的崩溃和公室的灭亡已成必然的趋势。此时，眼光精明的田氏家族审时度势，适应历史发展形势的需要，开始走向背离公室的道路，从而使齐国的统治阶级形成了以国君为首的奴隶主贵族集团和以田氏为首的新兴地主阶级集团，并展开了长期剧烈的斗争。而田乞是一个头脑敏锐，擅弄手腕的人，为了扩大自己的力量，给将来的政治斗争增加获胜的筹码，他采取施恩授惠的手段，与公室争夺民众。他在出贷粮食给民众的过程中，采取让利于民的做法"大斗出，小斗进"，以笼络人心。结果果然是"得齐众心，家族益强，民思田氏"(《史记·田敬仲完世家》)，挖了姜齐政权的墙脚。

田乞去世后，他的儿子田常子(田成子)袭承了父亲的爵位，相齐简公。田常比起父亲来则是有过之而无不及，他继续以"大斗出贷，以小斗收"的方法，争取到民众的普遍支持，齐人歌之曰："妪乎采邑，归乎田成子。"(《史记·田敬仲完世家》)这样就使得田常在激烈的宗族斗争中，不断取胜，并杀齐简公而立平公，自己担任国相，掌握军政大权，驾空平公。五年下来，齐国的政权完全成了他的掌中之物，并铲除了自己的政敌鲍、晏等族。田常还分割了自安平以东至琅琊的一大片土地作为自己的封邑，面积远远大于"平公之所食"。

田常去世后，其子田襄子相齐，他加快了代齐的步伐。"使其兄弟宗人尽为都邑大夫"，并与"三晋通使"，争取外交支持。至其孙田和时，田氏家族"图穷匕见"，推开傀儡，露出庐山真面目，废掉齐康公，至公元前 386 年，田和被列为诸侯，最终取代了姜齐政权，完成了齐国的地主阶级革命，封建大厦在齐国矗立起来了。

虽然，田氏代齐是在孙子之后的事情，但由于孙武与田氏家族的渊源关系，田氏的兴衰对他来说休戚相关，他当然要站在田氏集团的一边，并在兵法中反映了田氏集团的进步倾向。

田氏家族也是当时著名的军事世家。孙武的先人中不乏韬略出众、战功卓著的人物。他的曾祖父陈无宇，以勇力事齐庄公，"甚宠"。后来，在齐国内部陈、鲍家族甲兵伏击对手，大败栾、高氏，并"分其室"，表现出突出的军事才能。

孙子的祖父田书，是无宇次子，字子占，官居大夫，也是一位谋略出众的将军。公元前 523 年(齐景公二十五年)，齐军讨伐莒国，莒共公退守坚城纪鄣，企图负隅顽抗，挣扎到底。齐景公命田书率兵攻打纪鄣城。田书兵临城下，但并不急于进攻，而是详细了解敌情，察看地形，他发现此地不可强攻，只宜智取。于是利用夜暗，出敌不意，缘绳登城，及登上 60 人而绳索中断，田书随机应变，命城上城下的官兵齐声鼓噪呐喊，虚张声势，莒共公不知真假，以为城门已破，如丧家之犬，望风而逃，齐军遂兵不血刃攻入城中。田书在此役中所表现出的以奇制胜和沉着冷静的高超指挥才能，受到齐景公的大力赏识。因此，当大军凯旋而归时，齐景公把乐安作为食采之邑封赐田书，而且"赐姓孙氏"以表彰其卓著功勋。

略早于孙武的田穰苴也是田氏后裔，一代名将。他具有卓越的军事指挥才能，被晏婴誉为"文能附众，武能威敌"。曾出任齐国将军，统率齐军抗击燕、晋联军对齐国的入侵。兵锋所指，锐不可当，迫使燕、晋联军仓皇后撤。田穰苴乘胜追击，一举收复被燕、晋所侵占的土地。齐景公论功行赏，尊其为大司马。故人们也称田穰苴为司马穰苴。司马穰苴治军严谨，执法严明，其辕门立表斩监军庄贾之事被传为治军史上的一段佳话，广为流传，脍炙人口。司马穰苴还是一个军事理论家，是一个能够“申明”古者《司马法》的人，对古代兵学思想的发展做出过自己的贡献。

这种军事世家的传统即使在孙子身后也还绵延不绝。例如孙膑，据《史记·孙子吴起列传》记载，“孙武既死，后百余岁有孙膑。膑生阿、鄄之间，膑亦孙武后世之孙也。”齐、魏桂陵、马陵之战，孙膑创造了“围魏救赵”、“减灶诱敌”的战法，对后世兵学产生巨大影响，至今还为人们所津津乐道。孙膑在战国时期的出现，使我们可以进一步肯定孙武所出生的田氏家族(从更广泛的意义上说)，就是这样一个长期延续、极有作为的军事世家。

但是，和孙武一样活于风云时代，长于尚武国度，生于将门之家的年轻人何止孙武一个！然而，却只有孙武横空出世，创立万世不朽的业绩，这显然和孙武他后天勤奋努力的学习，孜孜不倦的追求息息相关，分离不得。因为，外因只是条件，起决定作用的还是内因。

大约在公元前536年(齐景公三年)的一天，晴空万里，阳光明媚，百鸟欢鸣。此时，在齐国都城临淄一座深宅大院里，众人聚集在院子中央肃然垂立，屏声敛气，仿佛在等待着什么，气氛显得十分紧张。原来大院的主妇，田凭的妻子，十月怀胎，今日分娩。田凭非常清楚在他那个医学尚不十分发达的时代，妇女的每次生产都是攸关母子性命的大事。他掩饰不住内心的焦虑和不安，在房外踌躇徘徊，翘首观望。突然，一声婴儿的响亮啼哭打破了这宁静的氛围，接着便听见接生婆异常兴奋的叫声：“恭贺主公喜得贵子，母子平安，上上大吉！”乍闻此声，田凭几乎不敢相信自己的耳朵，直到接生婆抱着儿子来到跟前，他才断定这不是白日做梦。田凭长吁了一口气，顿感虚脱一般，浑身乏力，竟缓缓向地下倒去。幸亏家人眼明手快，赶紧上前搀扶主人到堂屋歇息。稍过片刻，田凭就回过神来，他也顾不得自己大夫的显贵身份，一改平时威严的仪态，抱着孩子在家人们面前手舞足蹈起来。中年得子，在那个事关家业承嗣的年代里，幸莫大焉。

田凭正沉浸在快乐幸福的海洋里，忽然有一家人进来禀报：“老爷回府了”。一听父亲驾到，田凭立刻起身，出门迎接。

只见从车上走下来一个精神矍铄，气宇轩昂的人。他就是名震遐迩的将军田书。当他听说儿媳今日分娩，便到宫中向齐景公告假，乘车匆匆赶了回来。

“父亲，天佑我府，您终于有了孙子了。”未等田书整顿完行装，田凭便急不可待地将这一好消息禀告父亲。

“托祖宗洪福，我们田家人丁兴旺，家业有传了。”田书一边说，一边抱过孩子，喜悦之情溢于言表。

田凭见父亲高兴，便趁机说道：“父亲，时间仓促，尚未给孩子取名，请您老人家惠赐嘉名吧。”

田书听罢，略一沉吟，随后坚定有力地说道：“当今天下，列国纷争，胜者王，败者寇，我田家要想立于不败之地，只有以实力为后盾，没有实力，而奢谈其他，不啻痴人说梦，徒落笑柄。而实力的直接体现就是武力。今后行走天下，建功立业，没有武力，只会流于空谈。这孩子日后关系着我们家族的兴衰，在他身上寄托着我们的希望。

我看,就取名一个单字'武'吧。"

从此,孙子就有了一个响亮的名字——田武。

光阴似箭,弹指十年就过去了,田武也从浑沌无知的婴儿长成初谙人事的少年。同当时所有的贵族子弟一样,他开始接受文化教育,在临淄公室设置的贵族子弟学校"庠序"中学习礼乐书数等技艺。田武天资聪颖,敏而好学,勤奋刻苦,学习成绩一直名列前茅,深得师长的赏识。田书、田凭父子二人是看在眼里,喜在心头。

然而,田武本人最感兴趣的还是愿意听祖父和父亲讲述战争的故事。只要祖父和父亲在家,他就绝不放过机会,总是缠着他们给他讲涿鹿之战、鸣条之战、牧野之战、长勺之战、城濮之战等等历史上的著名战例,天长日久,像黄帝、蚩尤、夏启、周文、武王、齐桓公、晋文公、曹刿等显赫一时的风云人物,他都能如数家珍,娓娓道来。不过,田武最佩服的英雄还是那个道骨仙风、上知天文、下知地理、足智多谋的齐国始祖姜太公。每当祖父和父亲给他讲一段有关姜太公的故事,他就激动不已,浮想联翩。在他幼小的心灵里,他渴望自己长大成人后也能像姜太公那样成为一名勇敢超群,智谋出众的将军,在战场上叱咤风云,攻城拔寨,斩将搴旗。这种童年的憧憬,对他日后人生道路的选择具有深刻的影响。

大约是在田武13岁那年,他祖父受命率军攻打莒国。在祖父这段外出征战的时间里,田武整日关心着战争的进程,思念着祖父的安危。终于捷报传到了临淄城中,田武内心的快乐那就甭提了,他到处奔走,把好消息向小伙伴们通报。

不久,大军凯旋进入都城临淄,当时那种热烈的场面使得孙武终生难以忘怀。他祖父田书因为在作战中立有大功,受到人们的夹道欢迎,并获得齐景公以及朝臣们的极大礼遇,这一切令田武无比自豪,同时也更强化了他对戎马生涯的向往。

齐景公论功行赏,田书因而获封得了一大块采邑,同时还被赐姓孙氏。于是整理收拾一番后,便举家迁居到古称"乐安"(今山东省惠民县)的领地里。田武也从此随着他的祖父改姓孙氏,开始了新的生活。

转眼间,孙武满了15岁,这样就到了该学习"六艺"中的"射"、"御"两科军事技术的年限。这正是他最感兴趣的科目,因此他的学习热情十分高涨。不管刮风下雨,天寒地冻,烈日酷暑,他从不放弃任何一次学习锻炼的机会,真可谓冬练三九,夏练三伏。的确,"宝剑锋从磨砺出,梅花香自苦寒来",就是通过各种坚苦的磨练和严峻的考验,孙武练就了一副强健的身体,坚韧的意志,高超的技艺,在同辈贵族少年中处于出类拔萃的地位。

祖父孙书、父亲孙凭对孙武爱好军事的兴趣早就有所察觉。这时见孙武热衷于军事技能训练,甚感满意和快慰,认为这正符合他们的初衷。然而,他们清楚地知道,掌握高超的射、御技能固然很需要,可单凭这些是不足以成为大将之才的。他们认为,要成为大将之才,最关键的条件是学习和掌握兵法韬略,而要做到这一点,就必须认真学习有关军事典籍,提高军事理论素养。所幸的是,军事世家的优越条件,使孙氏家族贮藏有各种各样的兵书战策,特别是大量的"古代王者司马兵法"。这时,他们就将这些典籍从书库中一一取出,叮嘱孙武由浅入深,仔细阅读,认真领会。

孙武对长辈的良苦用心十分理解,何况他本来就立下志向要成为一代杰出将帅,所以在继续学习“射”、“御”技艺的同时，孙武开始热切地攻读这些军事典籍，就像一个饥饿的人扑在了面包上一样。他手不释卷，夜以继日，简直到了废寝忘食的境地。其中，孙武对“古代王者司马兵法”是情有独钟，反复阅读，对每字每句都烂熟于心，甚至倒背如流。

关于“古代王者司马兵法”，《史记》等古籍曾有所记载：“齐威王使大夫追论古者司马兵法，而附穰苴于其中，因号曰《司马穰苴兵法》”（《史记·司马穰苴列传》）；“自古王者而有司马兵法，穰苴能申明之”（《史记·太史公自序》）；“司马法所从来尚矣，太公、孙、吴、王子能绍而明之”（同上）《周礼·夏官大司马·司兵》亦云：“及授兵司马之法以颁之。”这些记载表明，从西周时期起，已经出现供武官学习的或武官必须遵循的军礼、兵法一类著作，统称为“司马法”或“司马兵法”；换句话说，“古代王者司马兵法”是春秋中期以前军事典籍的总称，像《军志》、《军政》、《令典》等等诸文献均属于“古老司马兵法”的范围内的典籍。对此，清人张澍《养素堂文集》卷三《司马法序》有相同看法：“按《孙子注》云《司马法》者，周大司马法也。周武既平殷乱，封太公于齐，故其法传于齐，是古者即有《司马法》。”余嘉锡先生也指出：“盖《司马法》为古者军礼之一，不始于齐威王之大夫，并不能始于穰苴。”（《四库提要辩正》卷十一）

这些情况可以说明，“古代王者司马兵法”的存在，显示了早在西周初年，中国的兵学著作已成相当规模，达到了较高的水准。

正是由于孙武接触了这大量宝贵的“古代王者司马兵法”，从中拾珠摘贝，潜心研究其精妙所在，不懂之处，虚心向祖父和父亲求教，孙武的军事理论功底，一日千里，为其后来构筑自己的兵学理论体系埋下了厚实的基础。这从唐代李善《文选注》中，可考出《孙子兵法》的不少内容均出自于“《司马法》”。可以说，孙子后来在兵学上的建树，在很大程度上是得益于他青少年时期对“古者司马兵法”的苦心研读，是对“古者司马兵法”的具体继承与扬弃，是对春秋中期以前兵学原则的归纳和总结。

“学以致用”，这是治学的根本目的。孙武在青少年时代练就了十八般武艺，他不满足于现状，而渴望着一展才华的机会。该是孙武闯荡外面精彩世界的时候了。

谋创大业

“年年岁岁花相似，岁岁年年人不同。”随着岁月的流逝，孙武进入了弱冠之年，按照当时的通例，他有了自己的“字”——长卿。

此时的孙武，已不再是当年的那个只知道缠住祖父讲说战争故事的聪颖稚童，而出落成一个英气勃勃、风流倜傥的青年才俊。他不仅学识渊博，才华横溢，而且志向高远，腹藏良谋。按照一般常人的理解，孙武出身于齐国的一个显赫贵族世家里，他所属的田氏家族，在当时的齐国政坛上正如日中天、炙手可热，前途不可限量。孙武如躺在这棵大树下，享其荫凉，捞点实惠，谋个官职，过着优哉游哉的生活，当是不费吹灰之力的事情。但假若真的如此，孙武也就不成其为孙武了。像历史上其他伟大的人物一样，孙武鄙视平庸，嘲笑浅薄，渴望抒展抱负，建功立业，寻求自己的人生支点，实现自己的内在价值，谱写一曲生命的颂歌，完成历史赋予的使命。

事实上，孙武确已拥有扶世济国的超常本领。15岁以来，数年间一直潜心于攻读军事典籍，尤其是对"古代王者司马兵法"是"读你千遍也不厌倦"，书中所阐述的军事原理及条文早已是耳熟能详，出口成诵。同时在学习方法上，他避免死记硬背，依葫芦画瓢的弊端，而是充分发扬独立思考的精神，善于用以往和现实的事例对书本理论知识进行比较和印证，深化自己的认识，并不断得出自己的见解。

年龄大了，本领有了。该是闯荡世界，施展才华，谋创大业的时候了。然而，正当孙武踌躇满志，欲展宏图之际，中原形势的发展以及齐国政局的变化，使他不得不对自己的人生道路做深深的思考和慎重的抉择。

当时，鲁、晋、齐、宋、郑等中原诸国，都出现了卿大夫之间武装兼并，又进而谋图夺取诸侯君位的战乱。这场斗争的起因可直接溯源于西周时期实行的宗法分封制，是这种分封制的弊端所造成的恶果。《礼记·礼运》记述西周的分封制时说"天子有田以处其子孙，诸侯有国以处其子孙，大夫有采以处其子孙，是谓制度。"在这种逐级分封的宗法制下，如果上级的力量足以控制下级时，则自然是国家安定，秩序良好。但是到了春秋中晚期，随着王权的颓落，宗法等级统治秩序发生了混乱，争霸、兼并等战争连绵不断，而且在诸侯国内的卿大夫之间，也爆发了弱肉强食、你死我活的混战。

在晋国，先是"六卿专政"，后有"三家分晋"。公元前550年，韩、赵、魏、智伯、中行、范氏六家联手打败栾氏，紧接着又"以法尽灭"祁氏、羊舌氏，形成了六卿专政的局面。不久，这六大夫之间为了争权夺利，也发生了激烈的倾轧。公元前493年，范氏、中行氏和韩、赵、魏发生战斗，结果范氏、中行氏败北。公元前453年，韩、赵、魏三家又联合起来灭掉智伯，实行了"三分晋室"。公元前403年，周王正式承认这三家为诸侯。

在鲁国，发生了"三桓分鲁"。所谓"三桓"，是指季孙、叔孙、孟孙三家。他们各自在封邑收税，拥军，筑城，以此和鲁国国君相抗衡。公元前517年，鲁昭公同后孙氏联手，进攻季孙氏的据点费城，三家组织反击，处死后昭伯，鲁昭公吓得逃往齐、晋。后来鲁昭公意欲东山再起，但均遭失败。这样，鲁国的政权实际上就落入了以季氏为首的三家之手。

在齐国，如前所述，齐景公统治下的齐国，政治腐败，吏治黑暗，刑罚残酷，赋敛沉重，统治者穷奢极欲，民众难以聊生。卿大夫之间的斗争也达到了白热化的程度。公元前545年，田、鲍、高、栾四族共讨国相庆封，庆封奔吴，四族取得了胜利，并从此揭开了"四族谋为乱"(《新唐书·宰相世系表》)的序幕。他们为了争权夺利无不处心积虑，一边培植自己的势力，扩充私属武装，控制经济，一边又互相勾结，互相倾轧，无休无止，造成政局的动荡不安。公元前532年，田氏又联合鲍氏，趁执政的栾氏、高氏宴饮正酣之际，突然袭击，一举打败了栾、高二氏。公元前489年，国惠子、高昭子立太子荼为景孺子，而田乞、鲍牧立公子阳生为悼公，导致了一场争政的内乱，田、鲍二族在这场争斗中又获得了胜利。

孙武是田陈氏的后裔，在这场你死我活的大搏斗中当然合乎情理地站在田氏阵营的一边。但是，自孙武的祖父改姓孙氏，另立门户以来，孙家与田氏的关系逐渐变得疏远起来。祖父孙书虽然政治地位不低，生活上也颇为优裕，却难以进入权力的中心，几乎等于赋闲在家。空有一身军事才华，却再也没有机会获得军事上的委任，统兵征战，再建功勋。孙武心想，自己日后纵然能够进入仕途，但按照目前的形势分析，恐怕也不能手握兵权，在军事领域中一酬壮志。况且，田氏在斗争中能否取得最终的胜利，也是一个未定之数，如果田氏在激烈的斗争中遭到失败，反而会因为田、孙两家的渊源关系，殃及到孙武的家庭。每想及此，孙武不由对齐国卿大夫之间的这种无休止的倾轧斗争感到十分的反感，也觉得特别心酸，看来，自己在齐国施展军事才华，干一番轰轰烈烈的事业的希望是非常的渺茫了。于是，孙武萌发了远走他乡、另谋出路的念头。

念头是萌生了，可是要离开生养自己二十余年的故土和亲人，背井离乡去追求机遇，这个决心并不容易下。所以孙武很长一段时间内对去留问题反复沉吟，难作取舍。

然而，当时突兀发生的一件事，促使孙武最后下定离开齐国，另谋发展的决心。这就是司马穰苴的猝死。

司马穰苴也是田氏的支庶，与孙家的关系密切。他善于统兵作战，熟谙兵法，在军事理论方面有精深的造诣。作为前辈，他对爱好兵法的孙武非常器重，曾在军事理论方面给予孙武以很大的帮助，特别是在涉及到"古代王者司马兵法"的一些理论问题时，更是给予了孙武以宝贵的指点。孙武对这位"文能附众，武能威敌"的前辈也是十分崇敬，处处以他作为自己的楷模。

司马穰苴在统军击退燕、晋联军的进犯后，因功勋卓著而被齐景公"尊为大司马"。可是"木秀于林，风必摧之"，他很快遭到敌对阵营卿大夫——高、国族的嫉妒和陷害。他们向齐景公屡进谗言，诬陷田穰苴功高震主。齐景公本来就是个昏君，听了之后便信以为真，马上解除了司马穰苴的官职，剥夺了他的兵权。田穰苴遭受这一无妄之灾，心情郁闷，沾染沉疴，不久便悲惨弃世了。

司马穰苴的猝死，给孙武以极大的震动，使他进一步看穿了齐国政坛的黑暗，知道自己再留在齐国也难以有大的作为，甚至可能同司马穰苴一样，也成为卿大夫之间倾轧斗争的牺牲品，遂最后下定决心离开齐国，再找机会。

茫茫大地，归栖何处？

孙武环顾海内，仔细分析着各国的形势以便作出明智的选择。前往晋国吧，那里的政局也不稳定，卿大夫之间互相倾轧如同齐国一般，而且晋国人才济济，自己一个外来户，要想出人头地，实在太不容易。去楚国吧，那里国君昏庸，权贵把持政权，排斥英才，而且政局也潜伏着危机，贤臣伍奢被杀，伍子胥出走就是证明，所以也不能去。去秦国吧，它各方面都比较落后，且偏居一隅，自己在那里恐怕难有作为。那么就近到鲁国去，也不成。那里最为守旧，重文轻武，而且权臣当道，连孔夫子这样的贤人都没有启用，我孙武去那里不是自讨没趣吗？

至于宋、郑、卫等国家，位处四战之地，国小力弱，更是不适宜去的国家了……

最后，孙武把目光转到了南方的吴国。

吴国在今江苏南部，地处海滨，土地肥沃，有渔盐之利。它南和越国接壤，西跟强楚为邻，北与齐晋相望。相传周太王喜欢小儿子季历之子昌，欲传位于季历而及昌，其长子和次子太伯、仲雍知其父之意，为了避让，就来到了江南一带拓地立国。至其第十九代时，传位到寿梦。这个寿梦眼光开阔，头脑灵活，他积极向周围和中原的国家学习，并不断拓疆开土。兼并了今苏南、苏北、皖南、浙北的大片土地。公元前584年，吴国伐郯之战，引起中原列国的强烈震动。特别是晋国的巫臣来到吴国后，带来了中原国家先进的武器和部分武装人员，又教给吴国使用这些武器的先进技术，尤其是采用了巫臣的“联晋反楚”的策略，在短短几十年时间里，吴对楚作战屡战屡胜，夺取了楚在东方的大片土地。自此，吴国渐渐兴旺发达起来。作为一个后起的国家，这里政治清明，颇有新兴气象，正是有志之士发挥才能，建功立业的良好处所。

在认真观察了当时各国的形势之后，孙武终于认定吴国是自己最有希望施展才能和实现理想的场所，于是就果断作出南下吴国的选择。

主意一旦打定，孙武便积极行动起来。

潜著兵书

孙武一切准备停当后，便把自己的考虑和计划向祖父孙书、父亲孙凭如实作了禀报。

春秋之时，封国林立，贵族大夫离开自己的故国，到他国去求官谋生，乃是一种非常普遍的现象，“良禽择木而栖”，客观上促进了人才的流动，思想文化的交流，具有进步的意义。

在这种背景下，孙书、孙凭听了孙武的打算，也就没有太感意外。只是骨肉情深，心里总有些难以分舍。但孙书毕竟阅历丰富，目光远大，很快克服了个人的情感，并转过来做儿子孙凭的思想开导工作：“武儿人才出众，志向高远，多年刻苦治学，对兵法的造诣已在你我之上。但齐国政局形势并不明朗，我们孙家虽与田氏有着亲缘关系，但既已分立门户，日后也不一定靠得住。与其像你我这样蹉跎岁月，虚掷光阴，倒还不如让他去闯荡天下，成全壮志。”这一番话说得入情合理，终于说服了孙凭以及其他人。

大约在公元前517年(齐景公三十二年)左右，孙武正值20岁的青春年华，他含泪告别家人朋友，携带妻子和几个忠实家僮，从老家古称“乐安”的采邑出发，千里迢迢，跋山涉水，辗转投奔吴国而来。

当双足踏上吴国大地之后，孙武又冷静地筹划起今后的行动。他想，自己新来乍到，举目无亲，人地生疏，如果贸然去求见国王或投靠权贵，不但没有合适的门路，而且很容易招致无妄的挫折，因为政治风云诡谲动荡，普天之下并无例外。同时，要在政治上有所发展，本身就要有雄厚的资本。军事固然是己之所长，可是自己这方面的高明见解此刻尚且笥贮腹中，没有形成系统文字，当务之急，就是尽快把它们著之于竹帛，成一家之言。

孙武掂量思考的结果，是决定自己暂时“辟(避)隐深居”，躬耕谋食，撰著兵法，同时冷静观察吴国的政治动向，捕捉能够一展自己杰出军事才能的机会。

孙武一旦作出决定后，便挈妇将稚辗转来到罗浮山的东麓之下，在那筑屋卜居，植禾艺圃，潜心著述。罗浮山位于今浙江省湖州市以南一带，距当时吴国都城姑苏约两百里地。那里景色宜人，环境幽静，实在是一个躬耕隐居，撰著兵书的理想场所，同时又距离吴国政治中心不远，便于静观吴国政局的发展动态。在这种良好的环境里，孙武的创作欲非常强烈，精言妙语如同清泉一般从笔端源源涌出，酣畅淋漓，一发而不可收拾。他很快就写出了《孙子兵法》的初稿，计十三篇约5000余字。在这部兵法中，孙武系统汲取前人军事思想的精华，结合春秋晚期战争实践活动，提出了自己对军事问题的理性认识，观点鲜明，内容丰富，思想深刻，逻辑严谨，文采斐然，成为中国古代军事思想发展史乃至于古代文化递嬗上的一座不朽丰碑。

孙武在罗浮山隐居地完成自己的兵书初稿之后，心情显得十分愉快，对自己的军事才能也有了更强烈的自信。他觉得世上谈兵论阵之人无有出自己右者，任何一个国君，如能用己之兵法临敌应战，则必收战胜攻取之神效。

孙武的自信心越是强烈，他的建功立业渴望也就越是迫切。可是由于他隐居遁世，使得人们对他缺乏必要的了解，对他的杰出军事才华更是茫昧无知，甚至连对他的真正身份和来历也搞不清楚，把他看成是吴国当地人士。在这种情况之下，孙武要想脱颖而出走向政坛，叱咤风云扬名天下可也不是那么容易的事情。当然，孙武绝非那种稍遇坎坷便长嗟短吁、消沉颓废的平庸之辈，他相信个人的努力迟早会有理想的结果，坚信自己不会默默无闻终老蓬蒿，他仍在准备，仍在期待，他要创造机遇，他要迎接挑战……

一位他隐居期间结识的朋友，帮助他开始实现人生的志向，给他带来了命运的福音。

这位朋友，就是历史上同样大名鼎鼎的伍子胥。

伍子胥，名员，在历史上以字行，楚国贵族之后，他的祖父伍举是楚国的重臣，曾奉事楚庄王，颇受宠信，父亲伍奢为楚平王太子建的老师。伍子胥自幼受到良好的家庭教育，青少年期间便声名鹊起，为众人誉之为"少好于文，长习于武"，"文治邦国，武定天下"。可是正当他准备在楚国政坛上施展文武才华之时，却突然遭受了一场重大的政治变故，自己的一生道路也由此发生根本的转折。

事情的原委是这样的，楚国的国君楚平王派大夫费无极到秦国为太子建迎娶新妇，那曾想费无极这个奸佞小人无事生非，惹出了楚国的一场腥风血雨。因为，费无极发现那位秦国女子风姿绰约，美艳绝伦，心中就开始犯起嘀咕：不如把这一女子让楚平王娶了，讨其欢心，自己也就可以得宠于平王，捞个一人之下，万人之上的官位，岂不妙哉。于是就先行入城，告知楚平王秦国女子如何漂亮美丽，好色的平王闻听其言，不觉心动，待见到秦国女子时，果然是貌若天仙，色冠六宫，竟顾不得礼义廉耻，将其纳为妃子，而另外从秦国陪嫁的侍女中选出一人与太子成婚。太子建平时就本不喜欢拍马溜须的费无极，在知道费无极干出如此无耻卑鄙的勾当后，更是对其厌恶至深。费无极心里也很明白，太子建将来一旦掌权，岂能饶过自己。遂心生毒计，向楚平王递上谄言："大王，因为那件事，太子对我恨之入骨，这对我个人来说算不得什么，可是如果他对大王您怨恨起来，大王就要有所戒备了。大王您知道，太子手握兵权，外有诸侯呼应，内有老师伍奢谋划，恐怕哪一天就要发动兵变了。"

儿媳变成自己的妃子，楚平王本来心中就有点不安。现在一听费无极如此说词，更是觉着恐慌，便立即下令杀死太子的老师伍奢、伍奢的长子伍尚，进而又要捕杀太子，太子和伍奢的次子伍员只得逃离楚国。

伍子胥怀着丧父失兄的痛苦和报仇雪恨的大志逃离故国，流落四方。他首先逃奔到宋国，不久又避难于郑国，最后辗转乞食，来到吴国，时间大约在公元前 522 年左右，比孙武自齐奔吴略早几年。

伍子胥来到吴国后，先是投在吴国宗室公子光的门下做了宾客，并通过公子光见到吴王僚，建议吴王僚发兵伐楚，然而却为公子光当场否定，说他提伐楚建议的动机是出于报父兄被害的私仇，此刻攻伐楚国凶多吉少。公子光的这番梗阻，使得伍子胥有些难堪，可是并没让他沮丧泄气。因为他从中觉察到了公子光的隐秘，图谋刺杀吴王僚而自立为吴王。于是他就把自己所结识的勇士专诸荐给公子光，让专诸去为公子光完成刺僚夺位的大事，而自己则暂时隐居在野，从事农耕和读书，以等待吴国政局的变化。

据宋代谈钥《嘉泰吴兴志》记载，在乌程县(今浙江吴兴县南)伍林村有伍子胥宅，"昔子胥逃筑室于此，旧基尚存"。如此则伍子胥当日的隐居之地，当在吴都西南百余里处。它与孙武隐居著书之处——罗浮山东相毗邻。

由于史料阙如，我们今天已无法重现当年孙武与伍子胥结识订交的具体场面了。但有一点却可以肯定，他们俩都是从异国客居于此，均是血气方刚，年轻力壮，有理想，有抱负，又都学过军事，懂得兵略，因此交谈非常投机，很快成为莫逆之交。他们的订交，真可谓是"他乡遇知己"这句成语的最好注解。伍子胥是一位杰出的军事家，"他勇于策谋"，韬略出众，并有军事著作传世(班固《汉书·艺文志》中，著录有"杂家类"《伍子胥》八篇；"兵技巧家类"《伍子胥》十篇及图一卷；《越绝书》中收录有《伍子胥水战法》的少量佚文)。孙武在与他的交往过程中，领略了楚国军事文化的风采和魅力，进一步开拓了自己的思路。尤其是楚国军事文化的权谲应变特色，使得孙武对中原军事文化中崇尚"礼乐"的传统进一步开展反思并予以否定，从而完善了自己的军事思想体系，使之更能适应现实军事斗争的迫切需要。应该说，他们两人的军事思想恰好形成了一种互补的关系，相辅相成，从这个意义上说孙武与伍子胥的结识，值得在中国古代军事思想发展史上大大书上一笔！

在与伍子胥交往过程中，孙武多少暗暗觉察到吴国政坛业已处于"山雨欲来风满楼"的前夕，一场大变故正在酝酿之中，而它不但同伍子胥的前途休戚相关，而且也和自己的命运不无纠葛。因此，孙武和伍子胥一样，也在急切期待着行将发生的一切……

进呈兵法

说起吴国政局的动荡,还应该追溯到吴王夷末去世后的君位继承一事。

公元前526年,吴王夷末(一作余昧)撒手西去。他的庶弟僚按兄终弟及制的惯例,登上国王的宝座。可是夷末的嫡长子公子光对此并不心服。他认为应按父死子继的原则由自己来继承王位,于是他便"阴纳贤士",准备伺机以强力袭杀王僚成为吴王。

公子光是位文武双全且富于心计的人,他善于掩饰自己的意图,暗中进行夺权的准备工作。他作战勇敢,战功显著,捞取了很大的政治资本,并骗得王僚的信任,而通过伍子胥的推荐,他又网罗到勇士专诸这样的刺客,只待时机成熟便要下手实施自己的既定计划。

这一时机终于来临了,吴王僚十二年(前515)春,吴王僚乘楚昭王新立之际,发吴师大举攻楚,可是吴军作战不利遭到楚军的前后夹击,陷入进退两难的处境;而吴师的远征,则造成吴国国内兵力空虚、能臣羁旅。公子光分析形势后,认定这正是自己夺取王位的良好时机,禁不住内心万分激动,兴奋地表示,"此时也,弗可失也",并紧锣密鼓开始实施自己的计划。

四月初的某一天,公子光在预先埋伏好甲兵后,在客堂摆设酒席宴请王僚,王僚不知是计,带少数侍卫欣然前往。酒过三巡,勇士专诸伪装成厨师奉全炙鱼以进;待接近王僚之时,突然掰鱼抽出事先预备的鱼肠剑猛刺王僚,王僚猝不及防,当场喋血殒命。公子光见专诸行刺得手,立即出动伏兵格杀王僚的亲信和卫士,将他们悉数歼灭。大功最终告成,公子光登上了国君宝座,号为吴王阖闾(一作"阖庐"),掀开了吴国历史新的一页。

阖闾是一位韬略过人,雄心勃勃的政治强人,弑僚夺位成功后,他大权在握,便着手为实现自己革新图强、争霸天下的政治抱负而不懈努力。这一努力,主要体现在几个方面:(1)铲除王僚的残余势力,巩固自己的地位。他先是派刺客要离刺死僚的儿子庆忌,其后又用军事手段除掉了逃亡在外的王僚之弟公子掩余和公子烛庸,终于排除了对自己君主宝座的最大威胁。(2)选贤任能,擢以不次;广揽人才,委以要职。(3)崇俭去奢,亲众爱民,淡泊明志,励精图治。阖闾登基后,身体力行,勤俭治国,爱下恤民。"吴光新得国,而亲其民,视民如子,辛苦同之,将用之也。"(《左传·昭公三十年》)(4)兴修水利,奖励农桑,发展生产,增殖国力。(5)"立城郭,设守备",造兵器,制舟船,选练士卒,扩充军事实力。(6)伐谋伐交,争取与国,先西后东,各个击破。总之,此时此刻的阖闾完全以一个积极进取者的形象出现在政治舞台上,准备谱写自己生命中的辉煌乐章。用《国语·楚语》中的话说,便是"口不贪嘉味,耳不乐逸声,目不淫于色,身不怀于安,朝夕勤志,恤民之羸,闻一善若惊,得一士若赏,有过必悛,有不善必惧,是故得民,以济其志。"

在众多的革新图强措施之中,选贤任能、广致人才是关键所在。道理很简单,任何事情都需要有人去做，任何理想都要靠人去实现。在当时列强逐鹿、霸权迭兴的情况下，人才的网罗和任用，更密切关系着国家的兴亡、霸业的盛衰，因而普遍有“得士则昌，失士则亡”的说法。阖闾的英明，就在于他登基后始终把求贤任贤作为首要工作来抓，从而为整个称霸事业奠定了坚实的基础。

吴宫中传出了招贤纳才的信息，才俊之士自然热血沸腾，跃跃欲试。于是，伍子胥挥手作别隐居生活，从容走进神秘的吴宫，出任“行人”一职，与阖闾共谋兴国大计，充当了吴王最重要的辅弼，为振兴和发展吴国作出重要建树，竭尽汗马功劳；也为实现个人生命价值打通了广阔的道路。

除伍子胥以外，楚国另一位亡臣伯　和宋国“华向之乱”中的幸存者华元也先后投向阖闾的门庭，成为吴国的重臣，在吴国的兴衰史上扮演起各自的角色。

吴王阖闾眼见人心附己，群贤毕至，内心的欢愉不言而喻。然而，当时吴国正值自身发展的重要关头，军事形势甚为严峻，西有强楚的威胁，南有越国的掣肘，还要创造条件北上中原，与齐、晋等国一争高下，所有这一切，都要求有杰出的军事人材辅佐吴王阖闾，完成吴国争霸天下的宏伟大业。阖闾举目望去，伯　、华元诸人偏于文事，出谋划策尚可，但要让他们号令三军、折冲销敌却多少有些勉为其难。伍子胥固然是大将之才，可他与楚王之间有杀父之仇，万一届时为报私仇而一泄忿愤、丧失理智，也会误了吴国的大事，后者也不是最理想的统帅人选。想到这些，阖闾心头多少有些怅然，他意识到招揽大将之才乃是当务之急，实在是不能再缓以时日了。

心有所思，行有所迹，阖闾的内心焦虑，很快就在日常行为中流露了出来。一次他在君臣陪同下登上高台，面对壮丽的山川，和煦的春光，阖闾不禁心潮澎湃，感慨万端，“向南风而啸，有顷而叹”。可是大多数臣子并不省察主君的心理，一个个左顾右盼，面面相觑，对君主的行为感到莫名的惊诧。

此时，惟有伍子胥多少觉察了阖闾的内心活动。是啊，吴国当前的要务是东征西讨，建立霸权，任命大将事不宜迟，刻不容缓，可是吴王并没有委任我伍子胥为将的意向，看来他对我是有所顾虑的。其实，好友孙武才是真正可以“折冲销敌”的大将人选，他一定能够从军事上辅佐吴王，帮助主公建立殊世伟业。

伍子胥一直在寻求恰当的机会，向阖闾推荐孙武，看来今天是个大好时机。于是伍子胥上前奏曰：“主公虑楚之将广兵多，吴国无人为帅而叹乎？”

阖闾很欣慰地看了一眼伍子胥，说道：“知我心者，莫过爱卿也。”

伍子胥听罢，心中当然大喜，便又迈前一步，表情郑重地说道：“臣举一人，可为将帅，定保伐楚可获全胜。”

阖闾一听，龙颜大悦。因为自从夺取君位一来，阖闾就开始觊觎楚国的大好河山了。西破强楚，南服弱越，挥师北伐，百事待举。而与中原诸侯争霸，首在伐楚，伐楚乃是争霸诸侯的基础。听到有人能率师伐楚，阖闾自然求之不得，说道：“吴国真的有这样的将帅之才？”

伍子胥不紧不慢地答道：“大王贤明，求才若渴，天下共知，所以，各种英才会集，哪能缺将帅之才？”

“那么爱卿所荐之人，姓甚名谁，来自何方，现在何处？”阖闾问道。

“此人来自齐国，姓孙名武，是齐国名将孙书的孙子，现隐居于罗浮山深处。”伍子胥回答。

“此人究竟有何本领？”阖闾追问。

伍子胥朗声答道：“大王，此人文能安邦，武能定国，堪称栋梁之才。大王若得此人，犹如周武王得吕尚，商汤得伊尹，齐桓公得管仲，不要说是伐楚称霸，就是平定四海，横扫九州，何足道哉！”

阖闾喜出望外：“吴国有这样的经天纬地之才，寡人竟为何不知？”

阖闾既有点怀疑，又有点遗憾地问道。

“大王，孙武非一般凡夫俗子，他隐居山林，世人少知，以著《兵法》为业，故而大王不知了。”

提到《兵法》，阖闾异常兴奋，圆睁双眸：“什么《兵法》？”

伍子胥侃侃而谈道：“孙武自著《兵法》十三篇，一曰《计篇》，二曰《作战篇》，三曰《谋攻篇》，四曰《形篇》，五曰《势篇》，六曰《虚实篇》，七曰《军争篇》，八曰《九变篇》，九曰《行军篇》，十曰《地形篇》，十一曰《九地篇》，十二曰《火攻篇》，十三曰《用间篇》。”紧接着又详细具体地向阖闾介绍了每篇的主要思想和内容，还向阖闾背诵了一些军事原则，例如，“兵者，国之大事，死生之地，存亡之道，不可不察也。”“知彼知己，百战不殆。”“昔之善战者，先为不可胜，以待敌之可胜。”……

听了伍子胥的介绍，阖闾赞叹不已，连连叫绝，恨不能立刻见到孙武，共商伐楚大计。

道理很简单，阖闾本人就是指挥过千军万马克敌制胜的军事统帅，所以深知兵法对于用兵作战的指导意义。然而，精明的阖闾可不是头脑简单之人。他看到伍子胥滔滔不绝、不遗余力，近乎眉飞色舞地向他介绍其好友孙武及其兵法，警觉之心顿然而生：“这个伍子胥果真厉害，寡人叹口气，他就能测知我的心思，并借机向我推荐他的好友孙武，看来，他的举荐多半是为了呼朋引类，在朝中树立自己的羽翼而已。”想到此处，阖闾心中闪过一丝不快之意，刚才的兴奋之情悄然间已荡然无存，他不再言语，若有所思地起驾回宫了。

正在兴头的伍子胥，发现阖闾的表情前后判若两人，他立即明白阖闾是对自己举荐身边的好友产生了戒心，一片赤诚之心遭到误解，伍子胥的心情当然有些沮丧。

然而，“心底无私天地宽”，鉴于自己对孙武的深刻了解和对吴王事业的忠心，伍子胥还是鼓起勇气，“举贤不避亲”，借后来同阖闾谈兵论武之际，前后七次举荐孙武，反复盛赞孙武是一位不可多得的军事人材。

阖闾见伍子胥如此锲而不舍地建议自己任用孙武，倒也滋生出一种好奇心理，想知道能够获得伍子胥如此器重赏识的孙武到底是何许人物。要知道伍子胥可非寻常人物，他所心折的人当然也该是不简单的。于是他明确告诉伍子胥：“您所一再荐举的孙武，出自将门之，又著有兵法，看来的确不简单，寡人有意继续了解情况。如果一切属实，自当擢以不次，委以重任。现在烦先生派人去罗浮山请回孙武，让他暂居都城馆舍，并将其所著兵书送呈寡人一阅。”

伍子胥见阖闾终于作出了召见孙武的决定，内心自然激动不已，辞宫回府后，急忙修书一封，差遣心腹星夜驰往罗浮山，邀请孙武火速出山，前来都城共襄大业。

孙武接读伍子胥的书函，心情激动万分，他多日冷静观察的结果，认定吴王阖闾是位贤明英武的君主，是自己可以为之效劳的理想对象，今日好友来函邀自己出山，这无疑是大干一番事业的机会。机不可失，时不再来，此时不行，更待何时。于是他匆忙检点打理一番，便携带家眷随同来人上路，朝着都城姑苏方向逶迤进发。

很快，孙武一行来到了吴国都城。老朋友重逢，分外亲切，在互诉别后之情后，伍子胥便将孙武一家安顿在官府馆舍稍事休息，自己则带着孙武所著兵法十三篇简书，匆忙去吴宫晋见阖闾。

伍子胥向阖闾通报了孙武到达的消息，并将兵法十三篇呈献给吴王阅览。阖闾收下兵书，当即摊展在案几之上认真阅读起来。每看罢一篇，他心中就暗自赞叹其思想之深刻，战术之精妙，口里情不自禁地啧啧称好，大有相读恨晚之感。

阖闾一口气读完十三篇五千余言，意犹未尽。此时他已初步认可伍子胥举人得宜，觉得这位孙武果真颇不简单，或许正是自己梦寐以求的统帅人材。可是他心头还存有一些疑虑：这兵法讲得头头是道，可真的完全适用于实战吗？而且孙武还是一个二十几岁的年轻人，他有足够的胆魄堪当大任吗？他觉得在委任重用孙武之前，还是再考察一下他的真才实能为好……于是他沉思片刻后，便吩咐伍子胥说："三日之后，寡人去馆舍见见孙先生，至于其他事情，待寡人见过他后再说。"

谁也不曾料想到，三日之后吴宫中会发生教战杀姬的戏剧性的一幕。

吴宫训战

三天时间很快过去了，吴王阖闾果真践约，在左右的簇拥下，来到孙武下榻的馆舍会见孙武。孙武见吴王驾到，立即整衣敛容，恭迎吴王入室。

宾主寒暄过后分别就座，阖闾仔细打量一眼面前这位青年人，只见他英气勃勃，从容大方，镇定自若，显出出众的干练和成熟。阖闾心头不觉平添了几分喜悦，于是便望着孙武缓缓开口道："先生的兵法十三篇，我已全部看过了。我自己对兵法是十分喜好，很有兴趣的……"说到这里，阖闾停顿了一下，脸上闪过一丝不易觉察的微笑，接着又说："我倒很想用兵法来做些游戏，不知先生意下如何？"

孙武听出了阖闾这话当中的调侃意味，便当即严肃地指出："兵法之事，非同寻常，它直接关系到人们的利害安危，既不能把它看作是单纯的个人好恶，更不能以顽童嬉戏的态度去对待。如果君王您仅仅以喜好或戏乐的目的来谈论兵法，那我是无法对答的，还请您原谅。"

孙武这话说得义正辞严，掷地有声，阖闾听了不觉为之动容，连忙说道："寡人不理解兵法的奥妙精华，还请先生惠以教我。不过您的兵法固然写得精彩动人，有条有理，但是能够小试一下指挥队伍吗？"

孙武知道吴王对自己还存有不信任的心理，现在吴王既然提出用兵法练兵的要求，那正是自己用实际行动打消吴王疑惑的机会，于是便朗声回答："当然可以，怎么试都成，完全随君王您自己的意愿。用什么样的人来试均无关系，不论是高贵的还是低贱的，也不论是男的还是女的，只要用兵法训练，便可做到令行禁止，上阵杀敌……”

阖闾听到这里，不免又暗暗摇头了：“这年轻人似乎也太骄妄了一些，从没听说过可用兵法整训妇女的事情。好吧，他一言既出，驷马难追，就抓住这点出个难题考考他。”阖闾想法甫定，就莫测高深地告诉孙武：“先生既然说得如此有把握，寡人倒愿意请您把兵法先在妇女身上试演一下？”

孙武见阖闾真的要用妇女来试演兵法，不禁皱了皱眉头，觉得这位君主未免有点过于任性，于是提醒阖闾说：“妇人多不严肃，我担心君王您事后会后悔，是不是换其他人试演……”

“寡人有什么可后悔的呢？”阖闾打断了孙武的话，心想这年轻人果真是口说大话，一旦要动真格的，心就虚了。我偏偏要让妇人试演，看他有什么高招。

“就这么说定了！”阖闾用不容置辩的口吻将此事拍板定局，当即下令去宫中挑选宫女，并同孙武约定了演练兵法的时间。孙武见吴王主意已定，也就不再多言，胸有成竹地迎接这个小小的挑战。

当天下午，孙武沉着冷静地来到吴宫的苑囿之中，阖闾已在那里等候。见孙武抵囿，当即下令唤出事先选定的宫中美女 180 人交给孙武进行操演。

孙武把这 180 名千娇百媚的宫女分为左右二队，命令她们各持长长的画戟，并指定阖闾最宠爱的两位美姬担任左右队长。同时他还按兵法规定的程序，委派自己的驾车人和陪乘者分别作为司马和司空，一起监督宫女练兵，负责执行军法。

安排就绪后，孙武气宇轩昂地登上指挥台，向众宫女认真宣讲操练的要领。他目光炯炯，朗声向宫女们发问道：“你们都知道自己的前心、左右手和后背吗？”众宫女觉得这个年轻人问得滑稽，一个人哪里会分辨不清自己的前心、后背、左右手呢？简直可笑，于是就懒洋洋地回答：“知——道。”孙武望见宫女们心不在焉的样子，不禁有些生气，可是还是按捺住性子继续宣讲下去：“向前，就看心所对的方向；向左，看左手方向；向右，看右手方向；向后，转朝背的方向。一切行动，都以鼓声为准。大家都听明白了没有？”宫女们这次回答倒干脆：“听明白了！”孙武宣讲完毕，即命令手下扛来执法用的斧钺，把它竖立在练兵场的一侧，并反复申明军法：“凡发令而不听从者诛。”一切准备妥当后，孙武便上前向阖闾请示。阖闾当即表示：“依先生开始操演……”

孙武于是大声宣布演练开始，擂击鼙鼓，命令这些特殊“士卒”向右行进。众宫女第一次经历这样的场面，听到“咚咚”鼓声，只觉得有趣好玩，一个个笑得东倒西歪，不能自持。孙武见状，紧锁眉峰，摇头叹息，待喧哗声稍止，乃自我责备说：“我规定得不够明确，你们对约令不够熟悉，这是我的过错。”说罢，又将军法军令和操练的要领，仔细交代数遍。尔后便操槌击鼓，指挥宫女向左方前进。可是那些宫女依旧不听从命令，还是捧腹大笑不止，视操练如同儿戏。

面对眼前这种极不严肃、散漫纷乱的景象，这回孙武真的是怒不可遏了，“两目忽张，声如骇虎，发上冲冠，项旁绝缨”，大声命令执法官“取斧钺！”斧钺是军法的象征，这意味着孙武要执行军法了。他严厉地说：“规定不明确，交待不清楚，那是我为将者的责任。现在军纪军法已宣布明白，科目内容又三令五申，这种情况下仍然不执行命令，那就是下级士官的罪过了。"接着，他回头问执法官："按照军法，不服从军令该当何罪？"

"斩首！"执法官毫不含糊地回答。

"那好！兵法上说：赏善从贱人开始，罚恶从贵人开始，就把左右两位队长斩首示众！"孙武斩钉截铁下达了命令。

孙武话音刚落，执法人员就奔上前去拖出担任左右队长的吴王美姬，准备施法。宫女们眼看事情动了真格，顿时花容失色，噤若寒蝉，两位队长更是浑身颤抖，魂飞魄散，面如土灰。

吴王阖闾在看台上对操练场上的情形自然看得一清二楚，当他看到孙武真要斩他的两个美姬时，大为惊骇，再也坐不住了。他急忙派使者传令给孙武，要求刀下留人："寡人已经知道将军善于用兵了。没有这两个美姬伺候，寡人就会食不甘味，寝不安席，请将军收回成命！"

孙武见阖闾求情，不禁稍感犹豫，可是他坚毅的性格终于使自己排除思想顾虑，朗声回复使者："臣既然已受命为将，将在军，君命有所不受！"说罢，他转身命令刀斧手："开斩！"

斧钺高高举起又沉沉落下，吴王两位宠姬连哼都来不及哼一声，便身首异处，香消玉殒了。阖闾不忍心眼看着自己所宠爱的美姬被处死，又不好发作，一气之下，拂袖而去。

孙武将阖闾的两名爱姬枭首示众之后，又指令两队的排头充当队长，并亲自擂鼓发令，继续进行演练。宫女们已见识了孙武的厉害，哪里还敢再放肆，个个如同换了个人一样，认真进行操练，鼓声令左，就一齐向左；鼓声令右，就一齐向右，前后左右，进退回旋，跪伏起卧，所有动作都合乎规矩。偌大一个练兵场上，除了整齐的步伐和统一的动作之外，再也听不到嘻笑喧哗的声音，看不到左顾右盼的情景。一百多个风姿绰约的年轻宫女，俨然成了一支训练有素的钢铁队伍，孙武主持的军事操练完全达到了预期的目的。

于是，孙武派人禀报阖闾说："队伍已经训练好了，请君王前去检阅。这样的军队，君王愿意怎么支配都行。就是让她们去赴汤蹈火，也是不成任何问题的！"阖闾此刻正气不打一处来，听了使者的禀报，没好气地回答："请孙将军回馆舍休息，寡人不愿再去看了。"想到自己的初衷落得如此结果，那个懊恼劲可甭提了！

孙武听了回话，淡然一笑，说："君王只是爱好兵法上的词句罢了，并不想真正去实行。"然后遣散宫女，自己乘车返回馆舍安歇。

这场充满戏剧色彩的吴宫教战就这样结束了。此事件本身充分显示了孙武的胆识和指挥才能，贯彻了信赏明罚、以法治军的基本精神，也申明了"将在外，君命有所不受"的指挥原则，因而传为治军史上脍炙人口的佳话。孙武的风采，兵法的效能从此显著于世。

可是孙武执法无阿、诛斩阖闾美姬的举动，毕竟出乎常人的意料之外。阖闾能否正确对待，孙武能否受到重用，这一切现在尚是未定之数，还请亲爱的读者耐心读下去，结果马上就会出来……

登坛拜将

在演兵场上失去了两名爱姬的吴王阖闾，回到寝宫后仍然余怒未消，好几天“不自怡悦”。他心里十分恼怒孙武做事过分顶真，毫无通融商量的余地，真想派人传令让孙武卷起铺盖滚蛋。可是一想到孙武的确是个难得的将才，千军易得，一将难求，自己要实现争霸天下的夙愿，少不了孙武这样的人的辅佐，便又下不了逐客的决心。

正当阖闾为孙武的去留颇费思量、沉吟不决之时，伍子胥入宫来开导他了。

伍子胥见阖闾闷闷不乐的神态，知道阖闾还在为那天演兵场上发生的事情而憋气，于是便以温和的语调，沉着诚恳的态度向吴王进谏道：“下臣我听说兵者凶事，不可掉以轻心，所以在治军上，军纪军法不严肃执行，就不能造就一支强大的军队。如今大王您正渴求贤明之将为己所用，希望借此大兴王师，征伐暴楚，进而称霸天下，使众诸侯俯首归附。在这种情况下，不起用孙武为将还能有更合适的人选吗？那时若要想远涉淮泗，征战千里，也不免是一厢情愿而已。”

阖闾毕竟是位英明的君主，他不甘心于碌碌无为，他要实现自己的志向，所以一经伍子胥的点拨，头脑立即清醒了，终于没有让感情蒙蔽住自己的理智，而是怀着对孙武将才的器重和赏识，亲自去孙武下榻之处挽留这位旷世之将。

就这样，孙武和阖闾在馆舍再度见面了。自经历吴宫教战这番周折后，这次会面的气氛显得郑重和严肃。阖闾这边已打消了对孙武才能的怀疑，而孙武这方面则也为阖闾宽容豁达的襟怀所折服，打算衔命以报答知遇之恩。

孙武首先向阖闾表示了一番歉意，接着便申述当日杀姬的缘由。他说：“令行禁止，赏罚分明，这是兵家的常法，这是治军整众的通则。用兵莫贵于威严，威行于众，严行于吏，只有三军遵纪守法，听从号令，才能克敌制胜。”阖闾原本就有挽留任用孙武之意，听了他的这番话，觉得很是在理，于是便最终下定决心，任命他为吴国的将军，担当起军国重任。

孙武从此走马上任，开始他人生旅途上新的跋涉。

在孙武、伍子胥等人的辅佐治理下，吴国的内政、外交和军事都大有起色，走上了富国强兵之路。吴王阖闾极为倚重孙、伍两人，把他们视同自己的左膀右臂，经常在一起谋划治国治军的大计，议论古来帝王治国平天下的经验教训，分析当代各诸侯国政事的利弊得失。

有一次，阖闾情绪很高，同孙武谈论起治军之道。孙武根据自己对史实的广博了解和深刻见识，侃侃而谈，向阖闾介绍了黄帝伐赤帝等历史经验，并发表自己的看法：“在远古的时候，黄帝坐镇中央，据要津，当时四方首领作恶肆虐，为害天下。黄帝决心拯民于水火，致天下于太平。他先是与民休息，广积粮谷，赦免罪犯，在取得了天时、地利、人和三方面的优势之后，才大兴义师，南伐赤帝，东伐青帝，北伐黑帝，西伐白帝，终于先后将他们击败，使得四方拥戴，天下归心。后来，商汤顺从民心，伐灭夏桀，据有九州；周武王吊民伐罪，铲除商纣，四海归一。这一帝二王，全都是既得天之道，地之利，又得民之情，才无往而不胜的，实为后世君主所垂鉴仿效的典范。”阖闾听了深以为然，从中受到治军平定天下的不少教益。

又有一次，吴王阖闾兴致勃勃，同孙武讨论起治国之道。交谈之中，他们不约而同联系到中原霸主晋国的政事。阖闾很想知道孙武的政治识见，便询问道：

“晋国的大权实际上为范、中行、智、韩、魏、赵六家世卿所掌握，他们各自掌管晋国的一块地方，相互争权夺利。依将军之见，长此以往，六卿之中谁先败亡，哪个家族能够强盛起来？”

孙武根据自己对春秋大势的观察和对历史经验的分析研究，提出了预测判断：“六卿之中，范氏、中行氏两家会最先败亡。”

阖闾对此很感兴趣，随即追问道；“将军您根据什么作出这样的判断？”

孙武从容回答说：“这是根据他们亩制的大小，收取租赋的多少以及士卒的多寡、官吏的贪廉情况作出判断的。就范、中行两氏而言，他们以八十步为畹，以一百六十步为亩。六卿之中，就数这两家的亩制最小，收取的租税却最重，高达十分抽五。公家赋敛无度，民众转死沟壑，官吏众多而又骄奢，军队庞大而又屡屡兴兵，长此以往，何以能堪，必然众叛亲离，土崩瓦解。”

阖闾闻听此言，觉得切中要害，甚有道理，于是更来了精神，接着问道：“范氏、中行氏败亡之后，厄运又该轮到哪家头上呢？”

孙武缓缓回答说：“根据同样的道理推论，下一个就要轮到智氏了。因为智氏的亩制，只比范氏、中行氏的亩制稍大一些，以九十步为畹，一百八十步为亩，租税同样苛重，也是十抽其五。智氏与范氏、中行的病根几乎完全一样：亩小，税重，公家富有，人民困穷，吏众兵多，主骄臣奢，又好大喜功，穷兵黩武，结果只能是重蹈范氏、中行氏的覆辙。”

阖闾一股子打破沙锅问到底的劲头，继续发问：“智氏败亡之后，下一个倒霉的该是谁了？”

孙武不慌不忙，沉着应对：“那恐怕就该到韩、魏两家了，这两家以一百步为畹，二百步为亩，税率还是十分抽五。其病根依然是：亩小，税重，公家聚敛，民众贫困，官兵众多，急功近利。只是为其亩制稍大，人民负担相对稍轻，所以能多苟延残喘一段时间，亡在三家之后。”

不等吴王继续发问，孙武接着论述道：“至于赵氏家族的情况，则与上述五家大不一样。六卿之中，赵氏的亩制最大，以一百二十步为畹，二百四十步为亩。不仅如此，其兵数量寡少，在上者不致过分骄奢，在下者尚可温饱生存。苛政丧民，宽政得众，赵氏必然兴旺发达，晋国的政权最终要落入赵氏之手。”

孙武对于晋国六卿兴亡衰的分析论述，等于是给吴王阖闾上了治国安民的生动一课，阖闾听了之后，大为触动，深受启发，口中连声称善，并不胜感慨地说：“看来王者的成功之道，就在于厚爱他的民众，不失人心啊！”

孙武的这一席长篇大论，凭借山东临沂银雀山汉墓竹简中《吴问》篇的出土而重现于世，应该说是很有价值的史料。他对晋国政治大势的预测分析，虽然个别之处并不完全符合日后晋国历史的发展进程,但总的来说还是基本准确的。它表明,兵圣孙武不仅仅长于军事上的谋略和指挥,而且在政治上也具有远见卓识和深邃的洞察力。

孙武可真不简单啊!

孙武登坛拜将之后不久,吴国对楚国的战略决战,渐渐摆到吴国整个国家政治生活的议事日程上来了,孙武作为吴国的将军,自然要走到幕前,扮演起自己的角色。

疲误楚军

在叙述吴军柏举奏捷,胜利入郢之前,我们不能不先回溯一下吴楚之间那数十年来风风雨雨恩怨纠葛的历史。

公元前546年,宋国向戌倡导诸侯列国弭兵会盟之后,中原地区出现了相对和平的局面,当时,晋、楚、齐、秦四大强国,都因国势趋于衰弱,国内矛盾激化,而被迫放慢了对外扩张争霸兼并活动的步伐。与此同时,偏处于东南部的吴国和越国则先后兴盛起来,开始加入大国争霸的行列。由此,战争的重心也从黄河流域转到了长江淮河流域,从中原诸侯国转移到了楚、吴、越诸国。吴楚柏举之战正是这种战略新格局背景下的产物。

吴国建国的历史相当悠久,但自西周至春秋前期,由于它地处东南一带,远离中原文化腹心,因此,虽有一定程度的发展,疆域有所开拓,但是总的来说,吴国在列国中并不显眼,影响也比较有限。然而,自春秋中叶起,随着社会生产力的发展,吴国在大国争霸的局势中逐渐崭露头角,成为当时迅速崛起的新兴国家。尤其是其第十九代君主寿梦登位后,虚心向周围和中原的先进国家学习,改良政治,发展经济,繁荣文化,扩大对外交往,加强军队建设,使吴国历史的发展进入了一个新的阶段。

吴国的迅速崛起,就与其西边的强国楚国之间产生了尖锐的矛盾和冲突。当时楚国在中原争霸斗争中落于晋国的下风,不得已只好把兼并的锋芒指向相对较弱的近邻吴国,这样就势必引起吴国的不安和抵抗。而吴国为了进一步开拓,也不可避免要视楚国为自己前进道路上的最大障碍,两国之间兵戎相见自然而成为双方关系中的主流。

晋国的介入,更使得吴楚之间本已十分紧张的局势火上浇油,一发而不可收拾。

晋国出于同楚国争霸斗争的需要,采纳楚流亡大臣申公巫臣的建议,主动与吴国缔结战略同盟,让吴国从侧面打击楚国,以牵制楚国势力的北上,吴王寿梦二年,晋景公派遣申公巫臣出使吴国,让他带着特殊的使命,一步步地实现晋国扶植吴国、借吴制楚的战略目标。

日渐强大起来的吴国,正需要寻找大国作自己的后台,以增加自己在列国角逐中的筹码。现在晋国主动找上门来,自己何乐而不为,于是就欣然接受晋国的主张,坚决摆脱了对楚国的臣属关系,并积极动用武力,同楚国争夺淮河流域,逐渐成为楚国的强劲对手、心腹之患。

巫臣通使吴国,还给吴国带来了中原地区先进的军事文化和战术,促成吴国军事实力的增强。原来吴国地处南方水网地带，军事上以水战为主，陆战只有少量的步兵。巫臣给吴国带去兵车，并“教吴乘车，教之战阵”，这样一来，吴国开始拥有自己的车战兵团，兵种配置更加齐全，能够适应各种复杂的战场情况，从而逐渐抵消了楚国在兵种和战法上的固有优势。

自寿梦开始，历经诸樊、夷末诸王，直至吴王僚，前后60余年间，吴、楚两国互相攻战不已，爆发了10次较大规模的战争。其中较为著名的有：公元前584年的“州来之战”、公元前570年的“驾之战”、公元前525年的“长岸之战”、公元前519年的“鸡父之战”等等。在这10场战争中，吴军全胜6次，楚军全胜一次，双方互有胜负3次。总的趋势是楚国日遭削弱，国势颓落，吴国兵锋咄咄逼人，渐占上风。

可是就在吴国势力日益发展的情况下，楚国也参照晋国联吴制楚的做法，如法炮制，伐谋伐交，拉拢东方的越国从侧后威胁吴国。而北方齐、鲁诸国惮于吴国的坐大，也多有不安，因此从各方面对吴国施加压力，这样一来，吴国在战略上便处于三面受敌的局面。吴王阖闾弑僚登基之时，所面临的就是这样的形势。

吴国要在这样复杂的“国际”环境之中求得生存，谋取开拓，就必须在三个方面中选定一个首先进攻的方向，重点突破，带动其余，从而最终实现“西破强楚，北威齐晋，南服越人”，称霸中原的战略目标。孙武、伍子胥等人出于对全局利益上的战略考虑，向吴王阖闾提出了首先集中力量打击楚国的建议，并为阖闾所欣然接受。

历史证明孙武等人的战略选择是正确的。

因为吴国如果首先发兵进攻北边的齐、鲁诸国，不但师出无名，没有必胜的把握，而且正如后来伍子胥对夫差所分析的那样，“不能居其地，不能乘其车”，即使取得一些胜利，也不能从中获得多少实际利益。同时，吴国在当时诸侯的眼中，尚属于未曾十分开化的蛮邦；相反，齐、鲁则是立国悠久的“礼义”大国，在列国中素具威望，吴国要进入中原列国的圈子，有赖于它们的认可和提携。所以吴国此时不能贸然先攻打齐、鲁诸国。

如果吴国此时先进攻南面的越国，这在军事上、政治上也不是最佳的选择。吴、越两国人口、面积、国力等方面都相差不大，派去攻打越国的军队如果少了就不能必胜，多了则国内空虚，会给楚国提供可乘之机，使吴国两面受敌，陷于被动。而且越国地处吴国的更南面，距离中原更为遥远，文化比吴国还要落后，即使战而胜之，在中原各国中也产生不了多大的影响。

当时只有首先进攻西边的楚国，才是吴国惟一正确的选择。这是因为：第一，楚国立国已久，地广兵众，位居上游。长期以来它兼并小国，争霸中原，亡吴之心不死，是吴国最大的心腹之患。第二，楚国当时面临的困难形势为吴国伐楚提供了千载难逢的大好时机。这个时期楚国的形势是：民众疲惫困顿，财力空虚匮乏，奸佞当道乱政，国君昏庸无能，君臣离心离德，局势动荡不安，政治日趋腐败，矛盾复杂尖锐，社会秩序混乱，外交陷于孤立，军令不能统一。第三，从当时的“国际”形势来看，吴国攻楚在外交上也能够处于主动有利的地位。晋国的积极支持自不必说，齐、鲁诸国虽然忌惮吴国的勃兴，但更畏惧忿恨楚国，所以将基本保持中立。至于越国，虽为吴国的宿敌，但此时其整体实力毕竟略逊于吴国，又刚刚被吴国所打败，当没有足够的力量主动向吴国进犯。

由此可见，在这个时候首先进攻楚国正是大好时机。孙武等人所以能够透过各种表面现象看到问题的本质，在错综复杂的情况中及时、准确地捕抓住主要矛盾，这正是他们高瞻远瞩，具有卓越的军事战略思想的突出体现。

“冰冻三尺，非一日之寒。”吴国以楚国为首要进攻对象，发动柏举大战打击楚国，乃是吴楚之间长期恩怨纠葛、兵戎相见的必然结果，也是孙武、伍子胥等人高明战略决策的逻辑归宿。

战略方针既已确定，吴国全国上下便积极动员起来，为实现自己的战略目标而进行不懈的努力。

吴国虽然在对楚长期战争中逐渐占据主动地位，但是就两国整体实力而言，楚国对吴国还具有一定的优势。这首先是楚国拥有一支相当规模且实战经验丰富的军队，数量达 20 万人之多，兵种齐全，装备先进精良，有“楚之为兵，天下强敌”之誉。其次，被孙武等人预作为攻取目标的楚都郢城，雄伟坚固，易守难攻。第三，兴兵伐楚，攻打郢城，就必须深入楚国腹地，行师千里，而“劳师袭远”历来就是兵家之大忌。吴军只有数万之众，要顺利完成既定战略计划，更是难上加难。

孙武对这种战略态势是洞若观火的。所当公元前 512 年他初任吴国将军之年，就针对阖闾在急于求成的心态驱使下提出立即大举发兵攻楚的打算加以谏阻：“民劳，未可，待之。”（《史记·吴太伯世家》）要求阖闾沉着冷静，等待时机，以图后举。

不过孙武等人并未消极地守株待兔。他们的厉害，就在于他们从不消极地等待敌方出现破绽，而是积极运用谋略，主动创造条件，完成敌我优劣态势的转换。疲敌误敌，翦楚羽翼，积蓄实力，捕捉战机，积小胜为大胜，创造从根本上打垮和削弱楚国的条件，就是孙武等人在柏举之战展开之前所从事的主要工作。

翦楚羽翼。这是孙武等人在这方面的第一步妙着。原在吴王僚时伐楚的掩余、烛庸二公子，为王僚的同母胞弟。因王僚被弑身亡，二公子被迫另谋出路。其中公子掩余投奔徐国（今安徽泗县北），而公子烛庸投奔钟吾国（今江苏宿迁县东北）。徐和钟吾都是楚的属国，对二公子来奔，自然给予接纳。二公子以它们为基地，积蓄力量，伺机反扑，与阖闾为敌。公元前 512 年，阖闾为清除吴王僚的残余势力，胁迫徐国和钟吾国分别交出二公子。两国自恃有楚国作靠山，拒不交人，而是资助二公子，让他们直接去投靠楚国，寻求庇护。阖闾闻讯后怒不可遏，与孙武、伍子胥一起，率兵征伐这两个小国。战斗进行得很顺利，吴军先是攻占了钟吾国，将钟吾国君活捉缉拿。尔后又进兵徐国，堵壅山水以灌之，乘势灭掉了徐国。徐国君主章禹只身出逃楚国。徐和钟吾两国虽小，但战略地位却比较重要，长期以来一直是楚国的羽翼，如今吴军一举灭之，就为自己进而伐楚扫清了道路。

主动出击，攻伐楚国、削弱楚军的实力。这是孙武为实施破楚入郢战略计划全局上的第二着妙子。吴军数量寡少，在对楚较量中不能消极等待对方来进攻，而宜先发制人，主动出击，积小胜为大胜，不断削弱楚军的实力。孙武清醒地意识到这一点，于是任将之后即积极主动发起对楚国较小规模的攻势，蚕食楚国地盘，消灭楚军有生力量。

他出任吴将的当年，即随同吴王阖闾率兵伐楚，攻克楚的属国舒(今安徽庐江县西)。

次年，孙武又独立指挥新编三军对楚国发起进攻，攻克养城，擒杀了盘踞在那里的掩余和烛庸两公子，初步廓清了淮水北岸楚国的势力，为日后大举伐楚又扫清了一大障碍。

公元前508年，孙武的“伐交”策略为阖闾所采纳，于是就策动桐国(今安徽桐城县北)背叛楚国。然后又使舒鸠氏(今安徽舒城县)引诱楚师出击。楚国果真中计，派遣令尹囊瓦率师东征，屯驻于豫章。孙武见楚军入彀，便采取“兵者诡道，攻其不备，出其不意”的谋略，指挥吴军发起突然攻击，大破楚军于豫章，并乘机攻克巢地，活捉楚守巢大夫公子繁。是役使得楚军丧师失地，遭到惨败。

吴军的主动出击，掠地杀将，沉重打击了楚军的士气，很好地贯彻了孙武等人积小胜为大胜的战略意图，是日后破楚入郢之战顺利进行的必要前提。

轮番出师，疲楚误楚。这是孙武等人为最终发动入郢之役、大胜克楚战略决战创造时机的关键一着。阖闾上台后，曾向伍子胥、孙武等人请教破楚大计。伍子胥来自楚国，对楚国的情况十分了解。他针对当时楚国军队人数众多，但军令不一，导致机动性较差的实际情况，创造性地向阖闾提出“疲楚误楚”的策略方针。他说：“楚昭王年纪尚幼，无力控制政局。楚国当政者多而不一，乖张不和，政出多门，没有一个人能够承担楚国的忧患。如果将吴军编为三支部队轮番骚扰楚国，只要出动一支部队就能将楚军全部吸引出来。当楚军一出动，我军就退回，楚军若退回，我军再出动，必然使楚军疲于奔命。这样不断地骚扰楚军，疲惫楚军，多方调动楚军，使敌人在判断和指挥上都发生失误，然后再出动三军主力攻打，必定能够聚歼楚军，大获全胜！”可见它的核心要旨是分吴军为三支，轮番出击，骚扰楚军，麻痹敌手，创造战机，制敌于死地。

“疲楚误楚”之计出自伍子胥之口，但是它显然是受孙武军事思想影响的产物，在它身上明显地打有孙武“迂直之计”、“先为不可胜，而待敌之可胜”等军事原则的烙印。所以我们可以大胆地推测，伍子胥在提出这一高明策略方针之前，一定和孙武认真商议研究过，并大量吸收了孙武的正确意见。从这层意义上来说，“疲楚误楚”之计也是孙武和伍子胥两人共同的杰作。

“疲楚误楚”策略方针为阖闾所欣然采纳，并在具体军事行动中加以坚决的贯彻落实。这样六年时间实行下来，吴军先后袭击了楚国的夷(今安徽涡阳附近)、潜(今安徽霍山东北)、六(今安徽六安北)以及弦、豫章等重地，害得楚军疲于奔命，斗志沮丧。同时，吴军这种浅尝辄止、不作决战的做法，也给楚军造成错觉，误以为吴军的行动仅仅是“骚扰”而已，而忽视了吴军这些“佯动”背后所包藏的“祸心”，放松了应有的警惕，到头来终于栽了大跟斗。

孙武等人实施翦楚羽翼、蚕食重创敌手、“疲楚误楚”等高明策略方针，给楚国以沉重的打击，并初步控制了吴楚必争之江淮流域的豫章地区，使吴国基本完成了破楚入郢的战略布局。吴楚之间的战略决战随之进入了瓜熟蒂落的最后阶段。

决战柏举

公元前506年,给楚国以致命一击的时机终于来临了,让孙武将自己的作战指导思想应用于实战,发挥巨大威力的机遇终于出现了。

这一年的秋天,楚国继续走穷兵黩武的老路,悍然出动大军围攻蔡国。蔡国力屈不能相支,在危急中向吴国恳求救援。另外,唐国的国君也因愤懑于楚国的不断侵夺勒索,而主动遣使与吴国通谊修好,要求协助吴国共抗强楚。唐、蔡两国虽然是兵寡将微的小国,但位居楚国的北部侧背,战略地位相当重要。吴国通过和它们结盟,遂可以实施其避开楚国重兵把守的正面,进行战略大迂回,大举突袭、直捣腹心的作战计划了。这一点,孙武早已看得清清楚楚,曾经向阖闾指出:"王欲大伐楚,必得唐、蔡之助而后可。"如今唐、蔡方面主动找上门来,吴国君臣自然是求之不得的事情,于是立即应允,准备出兵。

同年冬天,吴王阖闾根据《孙子兵法·九地篇》中所提示的"凡为客之道,深入则专,主人不克"、"夫霸王之兵,伐大国,则其众不得聚;威加于敌,则其交不得合"等作战原则,御驾亲征。他委任孙武、伍子胥、伯　等人为将军,胞弟夫概为前敌先锋,倾全国兵力水陆三万余人,并联合唐、蔡二国,乘楚国连年征战极度疲惫,东北部防御空虚薄弱之隙,进行深远的战略奇袭,从而正式揭开了自商周以来规模最大、战场最广、战线最长的柏举之战的帷幕。这场战争的战略目标是孙武等人预先制定的,它以袭占楚国郢都为基本目标,以实施远距离战略袭击为作战方针。

战争伊始,吴军遵循孙武"出其不意,攻其无备"的作战指导思想,"以迂为直",实施大规模战略迂回。他们溯淮水浩荡西进,进抵淮　(今安徽凤台附近,一说今河南潢川西北)后舍舟登陆,在阖闾、孙武等人指挥下,以劲卒3500人为前锋,在唐、蔡两国军队的配合导引下,并利用春秋时期列国一般守御关隘的特点,兵不血刃,迅捷神速地通过楚国北部的大隧、直辕、冥阨三关险隘(均在今河南信阳市一带),穿插挺进到汉水的东岸,占有了战略上的主动先机之利。

楚国方面闻报吴军大举来袭,大为惊诧,不得已而在极其被动的情况下仓猝应战。楚昭王赶忙派遣令尹囊瓦、左司马沈尹戌、武城大夫黑、大夫史皇等人统率楚军昼夜兼程奔赴至汉水西岸进行防御,两军遂隔着汉水互相对峙。

楚军之中左司马沈尹戌是一位头脑冷静、深富韬略的优秀军事将领。他针对吴军的作战特点,向统帅囊瓦提出如下的建议:由囊瓦统率楚军主力沿汉水西岸阻击吴军的进攻,从正面牵制吸引吴军。而由他本人北上方城(今河南方城县境),征集那里的楚军机动部队,迂回到吴军的侧后,毁坏吴军的舟楫,阻塞三关要隘,以切断吴军的归路。尔后再与囊瓦所率的主力实施前后夹击,一举消灭远道而来、立足不稳的吴军。这不失为一个以静制动、后发制人的高明作战方案。

囊瓦起初同意了沈尹戌的建议,可是楚军内部军令不一、矛盾重重的痼疾却最终使自己走上了失败之路。待沈尹戌奔赴方城不久,囊瓦便出于贪立战功的心理,听从了武城黑和史皇的挑拨怂恿，擅自改变了自己与沈尹戌商定的正面相持、断敌归路、侧翼包抄、前后夹击的正确作战方针，采取冒进速战的做法，不待沈尹戌完成迂回包抄行动，即率军仓促渡过汉水，进击吴军。

阖闾、孙武见楚军主动出击，大喜过望，遂采取了后退疲敌、寻机决战的方针，主动由汉水东岸后撤。昏聩无能的囊瓦果然中计，误以为吴军怯战，于是就步步进逼，尾随吴军而来。自小别（在今湖北汉川东北）至大别（今湖北境内大别山脉）间，楚军连续与吴军进行小规模交锋，可是结果总是失利，丝毫占不到什么便宜，由此而造成士气低落，部队疲惫。

孙武等人见楚军已陷入完全被动困境，就当机立断，决定同楚军进行战略决战。十一月九日，阖闾、孙武等人指挥吴军在柏举地区（今湖北汉川县北，一说今湖北麻城）布列阵势，迎战楚军。

阖闾之弟夫概认为囊瓦素来不得人心，楚军上下无死战求胜之志，因此建议吴军立即主动发起攻击。他指出，只要吴军一进攻，楚军就必然会陷入混乱，很快崩溃，届时己方再以主力投入战斗，必然大获全胜。然而阖闾等人出于谨慎的考虑，而否决了夫概的意见。夫概不愿放弃这一胜敌的良机，便凭借一腔血气率领自己所部的五千余众奋勇进攻囊瓦的部队。楚军果然一触即溃，阵势大乱。阖闾、孙武等人见夫概部突击成功，乃乘机将主力投入交战，扩张战果，大胜楚军。囊瓦在吴军的沉重打击面前丧魂失魄，弃残军于不顾，仓皇逃奔郑国，史皇战死沙场。吴军取得了柏举会战的决定性胜利。

楚军在遭受重创之后狼狈向西南方向溃逃。孙武等人指挥吴军及时实施战略追击，尾随不舍。终于在柏举西南的清发水（即　水，今湖北安陆西）追及楚军。吴军“因敌制胜”，采用“半济而击”的战法，再度给渡河逃命之中的楚军以极其沉重的打击。尔后，吴军继续乘胜追击，至雍澨（今湖北京山西南）追及正在埋锅做饭的楚军残兵败将，痛加聚歼，并在那里与由息地（今河南息县西南）回援的楚军沈尹戌部相遭遇。两军相遇勇者胜，经过一场激烈的拼杀，楚军又被孙武等人所指挥的吴国劲旅彻底击溃，主将沈尹戌回天无力，伤重身亡。至此，曾经不可一世的楚军全线崩溃，郢都（今湖北江陵西北）完全暴露在吴军的面前。阖闾、孙武等人挥师挺进，势如破竹，五战五胜，长驱直入，兵锋直指郢都。楚昭王见大势尽去，只得携带胞妹和少数臣子凄凄惨惨、惶惶如丧家之犬出奔随国（今湖北随州）。十一月二十九日，孙武等人统率吴军一举攻陷郢都，柏举之战至此终于以吴军的辉煌胜利而宣告结束。

柏举之战是春秋晚期一次规模宏大、战法灵活、影响深远的大战。吴军在阖闾、孙武等人的指挥下，灵活机动，因敌用兵，以迂回奔袭、后退疲敌、寻机决战、深远追击等战法，一举战胜多年的敌手楚国，给长期称雄的楚国以十分沉重的打击，从而在很大程度上改变了春秋晚期的整个战略格局，为吴国的进一步崛起，进而争霸中原奠定了坚实的基础。

吴军的取胜，首先，是修明政治、发展生产、扩充军备的结果；其次，是善于“伐交”，争取晋国的支持和唐、蔡两国的协助的产物；其三，也是更为重要的一点，在于其作战指导上的高明。即①采取疲楚误楚的正确战略，使楚军疲于奔命，并且松懈戒备;②正确选择有利的进攻方向,"以迂为直",乘隙蹈虚,实施远距离的战略奇袭,迫使楚军在十分被动的情况下仓猝应战;③把握有利的决战时机,先发制人,一举击败楚军的主力;④适时进行战略追击,不给楚军以任何重整旗鼓、展开反击的机会,最终顺利地夺取战争的胜利。

楚军的失败,其政治、外交上的原因,在于其政治腐败、内部动乱、将帅不和、四面树敌、自陷孤立。从军事角度看,则在于其疏于戒备,招致奇袭;在于其主将贪鄙无能,临战乏术;在于其轻率决战,一败即溃。

柏举之战也是孙武亲自参与指挥的最重要的一次战争。

他在此战中曾发挥过重要的作用,具有不可忽视的地位。由于史家的疏忽,吴军在柏举之战中取胜的这笔功劳主要记在了阖闾、夫概等人的头上,其实这并不公平。公允的看法应该是:孙武在柏举之战中所起的作用,类似于韩信在楚汉之争中所起的作用。柏举之战中孙武与阖闾的关系,颇像楚汉战争中韩信与刘邦的关系。尤为重要的是,柏举之战是孙武军事思想的最好实验场所,他的基本军事原则在此战中得到充分的检验而大放异彩。换句话说,孙武的理论精华,如"兵者诡道"、"上兵伐谋"、"避实击虚"、"兵闻拙速"、"因敌制胜"、"致人而不致于人"、"示形动敌"、"造势任势"等等,均在这场战争中获得最大限度的运用,并完全成功。

阖闾、孙武、伍子胥等人统率吴军浩浩荡荡开进楚都郢城,作为胜利者,他们的心态在此刻都发生了合乎逻辑的变化。

阖闾自然是踌躇满志,不可一世,他眼见数代强敌如今终于栽在自己的手中,称霸大业取得了里程碑式的胜利,骄奢傲慢之心油然而生,楚国国都的富庶繁华又让他滋生出各种欲望,必欲据之而心甘,加上在长年对楚征战中所形成的仇视憎恨楚人的阴暗心理,这一切必然诱导他在战争善后问题上作出极其错误的决策。

伍子胥呢,自己的父亲和兄长惨死在楚王的斧钺之下,而自己则被迫背井离乡,四处逃亡,历尽了人间的沧桑,尝遍了不幸的苦酒,家仇如山,身恨似海,让人日夜衔思,怒火填膺,惟求手刃仇人,报仇雪恨。如今苍天有眼,青山作证,自己终于以战胜者的身份踏上这片洒满泪血的土地,真让人百感交集,万般慨然。回想起当年的遭遇,不禁热血沸腾,怒火中烧,悠悠万事,惟此为大,这就是彻底复仇,一泄心头之恨。

至于孙武,历来鄙视古《司马法》等旧兵书所提倡的"军礼"原则,什么"以礼为固,以仁为胜",什么"人罪人之地,无暴神祇,无行田猎,无毁土功,无燔墙屋,无伐林木,无取六畜、禾黍、器械",在他眼里,都是迂阔陈腐、业已过时的教条。他所推崇的是"掠于饶野,三军足食",是"威加于敌"。所以他至少不反对阖闾、伍子胥的决策,也多少顺从并执行阖闾对战败国进行严惩的命令。可是,真理越过一步,就变成了谬误,孙武的头脑此时此刻也不怎么冷静了。

其他像夫概、伯　等人,更是以暴发户的心态对待眼前骤然大胜的现实,为所欲为,恣意放纵,以快己意。

吴军最高统帅部就是在这种可怕偏激的心态下,开始其对郢都的占领管制的。他们带领吴军在郢都城内大肆烧杀抢掠,捣毁了楚国的宗庙,将宗庙中陈设的能搬走的财宝洗劫一空,还砸毁了搬不走的楚国重器"九龙之钟",一把火烧掉了楚国的粮库

"高府"。阖闾为了满足私欲,也为了羞辱楚国君臣,竟下令"以班处宫",他自己进入楚昭王的宫殿,"尽妻其后宫",尽情享乐。孙武、伍子胥、伯 等主要将领也分别入据楚大臣子常、司马戌之府,尽占其财宝,奸淫其妻女。伍子胥还率兵掘开了楚平王的坟墓,鞭尸三百,并"左足践腹,右手抉目",大骂楚平王以泄愤恨。

吴军大肆纵暴的丑恶行径,激起了楚国民众的极大愤慨,他们纷纷组织起来,"奋臂而为之斗","各致其死",强烈反抗吴军的蹂躏,决心将吴军逐出国土。这正如清代高士奇所说,阖闾入郢之后"仁义不施,宣淫穷毒,楚虽挠败,父兄子弟怨吴人于骨髓,争起而逐之"。吴军的暴行虽然不是孙武直接造成的,但他未作任何阻拦反对,而且在一定程度上还参与其间。这多少反映了他的历史的局限性。

吴军的暴行,也给自身的"国际"形象带来严重的损害。一些国家开始同情楚国的遭遇,向吴国施以政治、军事等方面的压力。就在这样的背景之下,发生了申包胥于秦庭痛哭七天七夜,乞得秦师援楚的结果。

申包胥是楚国大夫,于郢城失陷之前奉楚昭王之命前往秦国求援,在秦庭上他向秦哀公进言:"吴为封豕、长蛇,以荐食上国,虐始于楚。"并进而指出,吴的贪欲是没有止境的,在攻灭楚国后,一定会成为秦国的忧患,不如乘其尚未十分强大之时,秦、楚联合,共破吴师。秦哀公开始时对此还有些踌躇,但经不起申包胥立于秦庭七天痛哭,大为感慨,遂赋《无衣》诗以表明联楚抗吴之志,"岂曰无衣?与子同袍。王于兴师,修我戈矛,与子同仇。"并委派子蒲、子虎率兵车500辆援救楚国。说服秦国出兵是楚外交上的一大胜利,使吴楚战争的形势发生重大的转折。

秦国的救兵进入楚境后,与那里残存的楚军会师,尔后对吴军发动猛烈的反攻。由于吴军此时已陷入政治、军事、外交上的被动,因此在交战中连连失利,先后兵败沂(今河南正阳县境)、军祥(今湖北随县西南)、雍澨、公滑之谿(今湖北襄樊市东)等地区,损失惨重。孙武这时纵有天大的本领,也无力回天了。这不能不说是他军事生涯中的一个悲剧。福无双至,祸不单行,越国此时也趁火打劫,乘吴国大军在楚,国内空虚之际,闪击吴国,更加重了吴国的困难。

政治、军事上的不利,也催化了吴军内部的矛盾,使得其内讧迭起。夫概因沂地之败而受到阖闾的痛责,一气之下潜回吴国,自立为吴王,与阖闾分庭抗礼。

阖闾得悉后院起火的噩耗,忧心如焚,再也无心与秦、楚联军恋战,匆匆忙忙带着一部分精锐之师先期赶返吴国。经过一场自相残杀,阖闾终于击败夫概,保住了国王的宝座。夫概穷途末路,逃奔到楚国以寻求庇护。

孙武、伍子胥等人率领部分吴军继续在楚地与秦、楚联军对峙周旋,可是处境越来越变得不利,军心涣散,补给不济,实在到了难以为继的地步。伍子胥不甘心失利,希望再坚持下去,可是孙武毕竟懂得"兵贵速胜"这层道理,视野、见识要优于友人伍子胥,所以努力说服伍子胥,指出:"我们身为吴王的将军,率领吴军兴干戈西破强楚,赶走了楚昭王,你也挖了楚平王的坟墓,鞭尸报了大仇,也该知足了,现在是到退兵回国的时候了。"他终于说动了朋友,一起率吴军撤离郢都返回吴地。

这样,整个破楚入郢之战至此终于划上了一个句号。

吴军入据郢都,前后约有将近一年的时间,在这段时间里,吴军决策集团因胜而骄，屡犯错误，造成政治、外交、军事等方面的极大被动，终于在秦楚联军的反攻夹击下，被迫放弃郢都，回师本土。孙武作为吴军最高统帅部中的主要成员，对吴军入郢之后的种种失误，自然也应承担一定的责任。所以高似孙、苏洵、全祖望等人曾在各自的著作中对孙武这方面的缺陷大张鞭挞，严词痛斥。这虽然不无过火之处，但多少有一定的道理。人们在今天也毋庸替孙武强辞辩解。金无足赤，人无完人，没有缺点、不犯错误的人古往今来找不到一个，孙武在吴军入郢之后的个别不足，犹如白玉微瑕，完全无损于他作为兵圣的伟大地位。

其实，孙武在事后也是作过深刻的自我反省的。这在其日后修改定稿的《孙子兵法》一书中多少留下了痕迹。《火攻篇》中有这样的一段文字："凡战胜攻取，而不修其功者，凶。命曰费留。"意思是说：凡是打了胜仗，攻取了土地城邑，而不能修道保法、巩固胜利成果的，就必定会有祸患，这种情况就叫做财耗师老的"费留"。这很显然是孙武对于吴军破楚入郢之后，"不修其功"，导致失败这一教训的深刻检讨。不回避过错，勇于总结经验教训，不断探索，在实践中提高自己的理论水平，这是孙武人格的魅力所在，也是真正意义上的伟人襟度。

南伐北征

考虑到各种不利的现实情况，孙武和伍子胥终于统率吴军撤离郢都，取道回国。这无疑是孙武奋斗生涯中的一个挫折，可是他并没有因此意志消沉，丧失信心，而是继续为吴国的强盛不懈努力。

这时，楚国虽然凭借秦国的外援侥幸复国，可是毕竟元气大伤，在短时间内无法对吴国构成重大的威胁了。摆在吴国君臣面前新的议题是，如何根据变化了的形势，制定新的战略进攻方针，达到争霸天下的目标。

吴国要谋求进一步的发展，就要分清主次，循序渐进，就必须在南、北两个方向上做出选择，以避免两线作战，陷入战略上的被动。那么，是先南下征服越人，还是先北上与齐、晋争锋？这就成了吴国君臣争论的焦点。

伍子胥是最坚定的主张南进派。他认为，齐、鲁等国对吴国来说，不过是"疥癣"之疾："夫齐、鲁譬诸疾，疥癣也，岂能涉江、淮而与我争此地哉……破齐，譬犹石田，无所用之"（《国语·吴语》），何足畏惧，反对吴国首先用兵北方。反之，越国则是楚的盟国，长期以来同吴国视若水火，兵锋咄咄，有亡吴之心，实乃吴国的心腹大患。吴国只有先彻底打垮越国，才能国基有固，霸业有成。

由于史料的阙如，孙武在这场战略决策过程中的言行已无法得知了。然而我们可以肯定地推论孙武和伍子胥一样，也是坚定的南进派人物。这是因为，第一，孙武是齐国人，对故土的感情，使他很难忍心指挥吴军攻伐自己的父母之邦。背吴不忠，攻齐不义，从私人角度出发，较好的选择自然只有向南征服越国一途。第二，从战略全局考虑，孙武也必然赞同伍子胥的观点：首先攻伐越国，再及其他。孙武同样认为，越国是除楚国之外的吴国的主要敌人，是他一直计划征服的对象。我们做这样的推测是有依据的。现存的《孙子兵法》中就流露出这方面的蛛丝马迹。在书中,孙武多处以越国为假想敌,用以阐明自己的战略原则,就是明显的证据。由此可见,在破楚之后的吴国战略主攻方向决策的过程中,孙武当然站在伍子胥的一边,力主南伐越国,战而胜之。

和孙武、伍子胥相反,阖闾及其后来的继任者夫差实际上是北上派。他们见自己已把西面的强楚打得落花流水,便有点得意忘形,滋生了引兵中原,北上与齐、晋等大国一争雌雄的“豪情壮志”。然而只是由于越国近在咫尺,并不时骚扰进犯,惟恐其乘虚袭吴,变生肘下,后院起火,才不得已采纳了伍子胥的战略方针,先将主要矛头指向越国。可是,双方战略方针上的内在分歧并没有真正化解,而仅仅是暂时掩盖起来,在一定的条件下,这种矛盾迟早要激化的。这就是日后导致伍子胥被迫自刎身亡悲剧的主要根源。

受时局条件的限制,吴国君臣在战略主攻方向的选择问题上暂时达成了一致。以此为基础,而展开了长时间的吴越战争。

除了小规模的武装冲突之外,自公元前506年至公元前496年这近10年的时间内,吴国“南服越人”战略的实施,主要表现为战前的准备活动。吴国先后筑“武城”、“二城”,以加强自身的防御,同时训练军队,改良装备,以增强实力。孙武作为吴国的将军,当参与了这方面的筹划和实施。

可是阖闾自破楚之后,功成名就,威震四方,他不觉间便洋洋自得,渐渐滋长了一种贪求安逸享乐的思想。据《吴越春秋》卷二记载,他立夫差为太子,“使太子夫差屯兵守楚”,自己却“治宫室,立射台”,建“华池”,造“长乐”之宫,并“于城外治姑苏之台”以供游乐。另据《越绝书》卷二记载,阖闾为了游玩姑苏台,观赏太湖,还在胥门外修筑了“九曲路”,在城外“置美人离城”,又四处建造“冰室”以贮藏珍馐佳肴享用。这与那个继位之初“食不二味,居不重席,室不崇坛,器不彤镂,宫室不观,舟车不饰”(《左传》)的阖闾相比简直是判若两人了。这正应了古人那句话“靡不有初,鲜克有终。”这种状况无疑对于吴国对越国即将展开的军事斗争十分不利。埋下了吴军在　李之战中惨败的引子。正所谓“骄而不亡者,未之有也。”(《吴越春秋・阖闾内传》)孙武对阖闾的所作所为忧心忡忡,但也无计可施,只好在一旁干着急。

公元前496年,阖闾得知越王允常去世,其子勾践年轻新立,以为这是征服越国的绝好时机,于是大兴吴军,御驾亲征。伍子胥虽然坚定主张南进,但却认为不宜乘敌国新丧出兵,以致政治上陷于被动,故曾以时机尚不成熟为由劝阻阖闾的盲动,“越虽袭吴,方有大丧,不应攻伐”,结果为阖闾所拒绝。

趾高气扬的阖闾统率吴军开向越国边境。越王勾践得知吴军来犯,也不敢示弱,出兵迎战。两军相遇于双方的边界地区　李(今浙江嘉兴一带)。一场大战就这样爆发了。

战斗伊始,越王勾践先发制人,选拔奋勇死士,组成两支敢死队,率先向吴军军阵发起冲击。然而吴军训练有素,实施坚强的防御,挫败了越军敢死队的轮番攻击。

勾践见初战失利,并不气馁,乃巧使计谋,使用阖闾在鸡父之战中曾经行使过的战法,驱使军中犯了军法的“罪人”排队成三行,列于阵前。这些罪犯把剑放在脖子上朝吴军军阵高呼："二君有治，臣奸旗鼓，不敏于君之行前，不敢逃刑，敢归死。"(《左传·定公十四年》)呼毕便都大喊一声，自刎身亡。吴军将士看着这一幕，不禁目瞪口呆，军心大乱。勾践乘机指挥越军猛烈攻击，一举冲垮吴军的阵形，大破吴军。越国大夫灵姑浮挥戈杀入吴军阵中，击伤阖闾。吴军全线崩溃，被迫撤离战场，退向本国，在退却途中，"吴军死伤者不可称数"(《越绝书》)。

在这次战争中越王勾践虽然年轻，指挥起战斗来却得心应手，如同久经沙场的老将。他因敌变化，不断变换战术，出奇制胜，牢牢地控制着战场上的主动权，完全不是阖闾想像中不谙军事的毛头小伙。相反，冒进轻敌、自以为是的阖闾却疏于戒备，墨守成规，指挥笨拙，而一直处于被动状态。双方较量的结果自然是吴军惨败，越军获胜。阖闾还被越国大夫灵姑浮用戈击伤，阖闾由于伤势严重，不久就撒手人寰，弃世而去。

孙武在　李之战中的表现史无明载，估计他在当时并不是吴军的主要指挥者，因此不应当承担吴军战败的责任。

阖闾由于轻敌被年轻的勾践杀得惨败，痛悔愤恨不已，临终之时，再三嘱咐其子夫差，"必毋忘越！"要求他不要忘记杀父之仇，立志雪恨。夫差继位后，时刻牢记这一深仇大恨，派人站在王庭上，每大提醒自己："夫差！而忘越王之杀父乎？"自己则高声回答："唯，不敢忘。"夫差遵循父亲的遗志，致力于发展军事力量，进行战争准备，以图一朝向越国讨还血债。孙武见夫差雄心勃勃，很有干一番事业的气象，不胜欣慰，便毫不犹豫地和伍子胥一起又开始辅佐夫差，希望吴国从此走上更加强盛发达的道路。

勾践听说夫差正"日夜勒兵"，知道吴国迟早不会放过自己，内心十分不安。为了摆脱厄运，他孤注一掷，于公元前494年春天，主动挑起对吴战争，企图来一个先发制人。吴王夫差闻报越军来犯，当即调来精兵十万御敌。两军相遇于夫椒(今江苏吴县西南太湖边)，"战于五湖"，杀得天昏地暗，日月无光。吴军在夫差、伍子胥、孙武等人的指挥下，人人争先，个个拼命，将越军打得丢盔弃甲、鬼哭狼嚎。越王勾践见大势不好，收拾残兵败将，仓皇南逃。吴军穷追不舍，尾随而来。

越军在浙江(今钱塘江)边为吴军追及，勾践无奈，只好再摆开阵势，向吴军拼命。然而伍子胥、孙武等人指挥下的吴军何等厉害，他们"变为奇谋，或北或南，夜举火击鼓，昼陈诈兵"，进退自如，攻势凌厉，越军哪是对手，既损兵，又折将，没奈何，三十六计走为上计，遂朝老巢都城方向狼狈逃窜。

越军连战皆负，斗志消沉，军心涣散。勾践自知已无力抵挡吴军的进攻，便只好放弃平原地区，带了残剩的5000名甲士，退守在会稽山上的一个小城之中，企图依山凭险，固守抵抗。吴军乘势攻破越都，尔后跟踪追击，进逼会稽山麓，将勾践居的小城团团围住。越军被困在会稽山上，处境日益艰难，水断粮绝，眼看就要彻底完蛋。勾践走投无路，只得向吴屈辱求和。吴王夫差不听取伍子胥等人的建议，接受了勾践的求和请求，夫椒之战就这样划上了句号。

夫椒之战使越国遭受极其沉重的打击。此后，在相当长的时期内，吴国成了越国的宗主国，操纵着越国的一切事务，并令勾践夫妇到吴国宫廷中服了数年的苦役，可谓是出足了风头，要尽了威风。

经过多年苦心经营，吴国终于使世仇越国屈服归顺，在争霸事业上又迈进了一个新的台阶。在夫椒之战中，孙武是出了大力的，所以司马迁将“南服越人”视作为孙武生平中的一大业绩，这是正确的评价。当然，由于孙武奉行“进不求名，退不避罪”的处世原则，不宣扬声张自己的卓越功勋，以致众多的史籍忽略了对他在“南服越人”斗争中具体表现进行记载，这实在是一种无可弥补的遗憾。

吴军在夫椒之战中大破越师，迫使越王勾践屈膝投降、俯首称臣，这是吴王夫差继位后在政治、军事方面的第一篇“杰作”。他有理由为自己的成功感到自豪，可是“满招损，谦受益”，夫差也逃脱不了这一铁的规律的制约。对越战的胜利，使得他意满志骄、忘乎所以，称霸天下的欲望急剧地膨胀起来，从而走上急于求成、穷兵黩武的歧路，为自己最后的败亡埋下了种子。

更为糟糕的是，随着越国暂时臣服于吴，短时间内不会再对吴国构成重大威胁，这样，夫差在战略方针问题上与伍子胥、孙武等人的潜在分歧迅速表面化、尖锐化了。这主要表现在对越国前途的处置一事上。伍子胥、孙武等人坚持认为，越国已经被彻底打败，应该乘势灭掉它，不能养虎贻患。他们都清醒地看到，越王勾践不是等闲之辈，其左右股肱范蠡、文种更是龙韬虎略之士，不易对付。现在越国虽暂时受挫，但是只要一息尚存，就有可能死灰复燃，卷土重来，所以不能不一鼓作气，一举平定。而且，消灭掉越国，可以解除日后吴国北上中原争霸时的后顾之忧，避免出现两线作战的被动局面，灭越是当务之急。

可是北上中原与齐、晋争霸，是吴国国君梦寐以求的夙愿，早在阖闾伐楚入郢归来之后不久就“复谋伐齐”(《吴越春秋·阖闾内传》)，只是由于越国的牵制，才迫使阖闾、夫差暂时搁置了北进中原的战略计划。现在越国既已臣服，夫差便不愿与它过多纠缠，而急不可待地要实施战略目标的转移，用重兵向北推进，同齐、晋争一日之长。这样，便和伍子胥、孙武等人发生了尖锐的分歧。

当然，夫差的主张也并不是毫无道理的。吴国要称霸天下，必须北进中原，压倒齐、晋等国，方能号令诸侯。问题是这一时机尚未成熟，应该耐心等待，创造条件，循序渐进。当时摆在吴国君面前的主要任务是:翦灭越国，然后休养生息，发展实力，扩充军备，伺机而动，这才是正确的选择。

在君主专制制度条件下，君主的意志高于一切。吴王夫差刚愎自用，骄横傲物，根本听不进伍子胥、孙武等人的正确意见，一意孤行，坚持“释越而攻齐”，并把这一意志强加给伍子胥、孙武等人。

自公元前494年至公元前484年，在这十年左右的时间里，吴王夫差为越王勾践所制造的种种假象所迷惑，完全放松了对世仇越国的警惕，而把主要精力放在对齐的战争准备之上。为便于向中原用兵，公元前486年，吴国在长江以北修筑邗城(今江苏扬州市附近)，并在旁开凿运河，“沟通江、淮”;公元前485年，吴国两次出兵攻齐，以了解齐国的虚实。一切就绪后，吴王夫差遂于公元前484年出动吴军主力，并联合鲁军大举伐齐，由此而爆发了著名的“艾陵之战”。在这场决战中，吴军大败齐师，缴获“革车八百乘”，斩杀“甲首三千”，并俘虏了齐国许多将帅。“艾陵之战”的胜利，更使得夫差志骄意满，不可一世，他开始着手准备进攻晋国，与其争夺中原霸主的宝座了。

艾陵之战中,史书并无明确记载孙武是否参与这场战争。但是可以肯定地说,孙武前期的奋斗,即训练军队和谋划军事,为艾陵之战的胜利奠定了基础。另外,我们也可以大胆地推测,在那个君主意志高于一切的时代里,如果孙武还在吴国的话,即使孙武不同意夫差的北进计划,可是夫差决定用兵于齐后,他也很可能不得不随军前行,甚而亲自指挥战斗。所以司马迁说他“……北威齐晋,孙子与有力焉”(《史记·孙子吴起列传》),也就不足为奇了。

不过,伍子胥、孙武等人对吴军“艾陵大捷”不以为然。他们对越国一直保持高度的警惕,多次向夫差揭露越王勾践的祸心。早在勾践来吴宫廷服苦役之时,伍子胥就一再奉劝夫差乘机除之,但为愚蠢昏庸的夫差所拒绝,使得勾践顺利脱身,谋求东山再起。“艾陵之战”爆发前,越国的实力已得到很大的恢复,“其民殷众,以多甲兵”,这一点伍子胥等人看在眼里,忧在心头。伍子胥于是再次向夫差谏诤,说:“越国对于吴国,乃是心腹大患。它和我们同处南方,时刻怀着亡我之心,现在它表面上的归顺柔服,只不过是阴谋亡吴的手段,不如趁早灭掉它,要是越国不灭,吴国灭亡的日子也就指日可待了!”

然而刚愎自用的夫差根本听不进伍子胥等人的规劝,一意兴兵北上,同时还滋长了对伍子胥、孙武等人的反感,开始将他们排斥在决策圈子以外,在错误的道路上越走越远。

面对这种局面,孙武感到有些失望了。他知道这个夫差为了实现其称霸中原的勃勃“雄心”,已经变得十分不清醒了,甚至有点不顾一切,几至发狂,任何不利于北上中原的言行,都遭到夫差的迎头棒喝,动辄还以斩人杀头相威胁。按照目前这种态势发展下去,自己为之献身的这片热土,将有“灰飞烟灭”的危险了。特别是每当夜深人静,孙武徜徉于庭院之中,仰望天空,想到自己已不太可能创造像先人伊尹、吕尚那样的丰功伟业时,内心之苦痛,情绪之低落,是不言而喻的了。更令人心伤的是,此时的夫差仅仅因为自己不赞同他的北进战略,就对自己这个曾为吴国的强盛贡献大半生精力的军事将领冷落一旁,供而不用。何去何从?孙武不由得开始考虑自己今后的人生之途了。

功成身退

日月如梭,弹指一挥间,孙武自齐奔吴,业已30个春秋了。他本人也由一个英气勃勃的青年人,变成了一位饱经风霜50多岁的老者。吴国对他来说,几乎成了祖国,在这片热土上,孙武奉献了自己的青春,倾注了自己的热情,投入了自己的才智。这中间既有功成名就的喜悦,也不无失势寂寞的惆怅,欢乐和痛苦,追求和失落,在这里形影不离地伴随着他的人生之旅。

吴国是孙武一生事业的开端和终结。在这里,他撰著了不朽之作《孙子兵法》,辅佐阖闾和夫差“西破强楚,入郢,北威齐晋,显名诸侯”(《史记·孙子吴起列传》,“南服越人"(《史记·伍子胥列传》)。这些成功之作,足以使孙武永垂青史,流芳千秋。人生如此,也就没有什么可以遗憾的了。

可是孙武的理想肯定不仅仅是这些。如果条件许可,他一定会以更大的热情,更成熟的智慧,全身心地投入吴国的事业。毕竟他才50多岁,精力未曾衰竭,才华依旧横溢。这一点我们能够从兵法中孙子提及的"殷之兴"、"周之兴"等情况可以明白,孙子的抱负是要以吴国为基地,辅佐明主,建立一个像商、周那样的统一王朝,致天下以太平,予万民以安乐。

遗憾的是,吴国当时的环境已不允许孙武向更高的目标前进。由于战略思想上的分歧,孙武遭到了夫差的冷落和排斥,而孙武刚正不阿的性格,也无法让他改变个人的生活态度,以阿谀奉承、摇尾献媚的方式去赢得夫差的宠信。古来圣贤皆寂寞。孙武眼见自己为之奋斗终身的伟大事业行将烟消云散、付诸东流,孙武的心头在汩汩流血。他意识到"谋事在人,成事在天",有时个人的力量是无法改变命运的,于是远离政治漩涡、韬光养晦的思想开始在他的心中萌芽滋长了。

恰在此时,吴国发生了一件惊天动地的大事,最终使孙武下定决心离开这喧嚣的尘世,那就是一代英杰伍子胥的不幸惨死。

事情是这样的,在吴、齐艾陵之战的时候,伍子胥感觉到越王勾践的阴谋诡计越来越要变成现实威胁了,吴国的江山社稷可以说是危在旦夕,为了给自己今后的生活寻条出路,他乘出使齐国的机会,将自己的儿子托付给齐国的鲍氏抚养,希望在走投无路之际有一个投奔的场所。

夫差伐齐大胜归国后,得知伍子胥属子于齐的事情,很是不满,再加上这时已升任太宰的佞臣伯　乘机推波助澜,诬陷伍子胥与齐勾结,故意在伐齐时"佯病"不出,这更使夫差怒火攻心。他责问伍子胥说:"大夫曾辅佐先王阖闾开辟疆土,破楚建功。今大夫老而不肯安享福寿,却对吴国心存恶念,奸事敌国,挠乱法度,战前就妖言惑众,阻挠我图霸大业。今上天佑我打败齐国,寡人不敢自专其功,欲祭先王的钟鼓,特告大夫。"(《国语·吴语》)

伍子胥是何等人物,听罢夫差的话,心中顿感无限酸楚,他立即明白夫差这是要拿他开刀了。他随即便对夫差说道:"天道若抛弃谁,必将给其小胜,而后才给予惩罚。大王此战若不胜,还能觉悟,使吴国幸存,现在晚了。我宁愿先死,也不忍见大王被越人所擒获!"(《国语·吴语》)

鬼迷心窍的夫差哪里还听得进伍子胥的只言片语,扔下一把属镂之剑,拂袖而去。伍子胥手捧利剑,回顾自己一生坎坷经历,想到吴国黯淡未来,不禁悲从中来,涕泗滂沱,仰天长叹:"嗟乎!谗臣伯　为乱吴国,大王却要杀我。我使你父成就了破楚大业,又以死相争使你立为太子。当初你立为吴王,曾经要分半个国家给我,我都不敢奢望,又怎敢图谋吴国?"(《史记·伍子胥列传》)又对下属说:"我死之后,一定在我的坟墓上种植梓树,使其可作棺木以葬吴国;再挖出我的眼睛,将它悬于东门之上,让我看见越寇灭亡吴国这一幕吧!"说罢,伍子胥挥剑割喉,气绝身亡。一代英豪就这样含冤而死。

夫差听到伍子胥的临终遗言,更是怒不可遏,丧心病狂,干脆一不做二不休,令人取来伍子胥的尸身，盛之以皮囊，抛入滔滔的江水中，以解心头之恨。

孙武对伍子胥的遭遇深为同情，也许曾在可能的范围内给予过救助，可是夫差早已视孙武为伍子胥的同党，岂能听取他的进谏，反而更增添了他的戒心。结果孙武爱莫能助，不能阻止悲剧的发生，眼睁睁地看着好友命赴黄泉。

实际上，伍子胥的死是夫差在战略谋划上刚愎自用、一意孤行、不容异说，在用人上信谗疑忠的必然结果。作为两朝元老，伍子胥功勋卓著，在吴国享有极高的威望。他的死，给吴国的臣吏们造成极大的震动，使得他们人人自危，众口皆缄。这表明夫差已经完全蜕变为一位暴君，也意味着吴国的前途一片黑暗，不可能再出现转机。

孙武清醒地看清了这一点。伍子胥的悲惨遭遇使他感到心寒意灰，夫差的行径让他感到绝望，他了解自己的处境，也明白吴国的前景，他不愿重蹈挚友伍子胥的覆辙，更不愿意替夫差这样的昏庸之君殉葬。于是对他来说，便只剩下了一种选择，这就是见机而作，功成身退，飘然高隐，找一个清静的地方，回顾总结这些年来自己的军事实践，对自己的兵法进行修改、补充、完善，以终余年。

以孙武的智慧，作出这样的选择是完全符合情理的，也是可以理解的。“达则兼济天下，穷则独善其身”这是中国古代相当部分士人处世的基本态度，孙武也选择了这条道路。不过，孙武的飘然高隐，毕竟标志着他从此退出历史舞台，他那旷世的军事才华也就白白浪费了，未能给我们留下更多的精彩篇章，这不能不说是孙武个人的遗憾，也是我们民族的损失。

孙武归隐后的去向，由于史无明载，已成为一个永远难以索解之谜。一般人的推测是，他依旧留在吴国，隐居乡间修订其兵法著作，直至默默去世。死后也葬于吴都郊外。《越绝书·记吴地传》载：“巫门外大冢，吴王客，齐孙武冢也，去县十里。善为兵法。”这似乎可以作为一个引证，然而这终究是一个推测罢了。孙武的归宿或许可能是另外一种情况，即他因怀念桑梓故土而辗转返回齐国隐居。从其后人孙膑“生于阿、鄄之间”等情况来看，这种可能性也不是不存在的。再有一种可能就是孙武也被吴王夫差所杀。《汉书·刑法志》称：“孙、吴、商、白之徒，皆身诛戮于前，而功灭亡于后。”颜师古注“诛戮”的人名云：“孙武、孙膑、吴起、商鞅、白起也。”唐李筌《太白阴经·善师篇》也承其说，谓“孙、吴、韩、白之徒，皆身被刑戮，子孙不传于嗣”。此说把孙武与吴起、商鞅、韩非、白起并列在一起，可知他晚年的景况不是很好。在伍子胥被杀以后，孙武可能因为他与伍子胥的关系非常密切而受到牵连。不过此说出自《汉书·刑法志》，而《史记》等比它较早的史籍并无此记载，这个说法一般说来不足为信。在没有确切的史料佐证的情况下，我们综合判断孙武最终是飘隐山林，无疾而终，当是更令人信服。

归隐后的孙武有可能活到亲眼见到吴国灭亡的这一天。

公元前 482 年夏，吴王夫差亲自率领吴军主力，一路北上 2000 余里，来到宋、卫、郑、晋四国交界处的黄池（今河南封丘县南）与周王室的单平公、晋定公、鲁哀公等会盟。夫差意欲以军队为后盾在会盟中和晋国争夺霸主的地位，所以只留下少数军队由太子友统领驻守姑苏城。

含辱忍垢十余载的越王勾践探知夫差倾巢出动，仅留老弱病残与太子友留守都城，他认为自己出头之日终于来临了。遂尽起精锐之师，兵分两路，一路由范蠡率领狙击可能自黄池回援的吴军主力，一路由自己统率越军主力从陆路乘虚袭击吴都姑苏。战斗伊始，吴军虽然击退了越军的先头部队，取得了初战的胜利，但是毕竟因兵力处于绝对劣势，且战斗力明显不强，在随后的战斗中，太子友虽倾尽全力抵抗，无奈人少力薄，无力回天，连战皆负，一败涂地，终被越军攻破都城。越军焚毁了姑苏台，夺走了专供夫差乘坐游玩的大船，取得了袭击吴之战的重大胜利："吴师败，遂杀吴太子"，"入其郛，焚其姑苏，徙其大舟。"（《国语·吴语》）

越军攻破吴都的消息传到黄池，夫差十分恐惧，为防止消息泄露，他一连杀了七个赶来报信的人，因为此时夫差和晋定公争夺霸主地位已到了关键时刻。夫差认为吴应当在会盟中首先歃血，充当盟主，理由是"于周室，我为长"（《左传·哀公十三年》），晋人则表示"于姬姓，我为伯"（同上），双方一时僵持不下。阖闾为了满足他那多年来问鼎霸主宝座的美梦，在后院失火的情势下，如同民谣所说"死鸭子——嘴硬"，将其军队排成红、白、黑三个方阵在晋定公面前炫示武力，晋定公不知真假，遂不再与其争强，勉强承认其"伯长"的地位。夫差捞得这个虚名之后，赶紧率军队回奔吴国，几个月后，才于冬天回到了吴都。这时，都城失陷，太子战死的消息已无法保密，军心因此涣散，将士皆无斗志，加上长期远征，往返奔波，吴军已经人马困乏，疲惫不堪，夫差见军士无心恋战，遂遣人与勾践讲和，勾践和他的大臣们也认为消灭吴国的时机还不成熟，也就同意了夫差的请和。但是经此一战，吴国的国力大减，吴越战争胜利的天平开始向越国这边倾斜了。

公元前478年，决定吴、越两国命运的关键之役爆发了，这就是笠泽之战。是年，吴国发生严重的干旱，仓廪空虚，饥民被迫就食于东海之滨。勾践召集群臣商议伐吴大事，谋臣范蠡认为兴兵灭吴的大好时机已经成熟，建议勾践立刻动员民众，集结部队，征伐吴国："从时者，犹救火、追亡人也，蹶而趋之，唯恐弗及。"（《国语·越语下》）勾践认为范蠡言之有理，决定动员越国的全部力量，大举进攻吴国。

勾践亲自统率斗志昂扬、士气饱满的越军主力迅速北上，直趋吴国腹心，一路开进到笠泽（水名，在今江苏苏州南部，自太湖东至海）。吴王夫差闻报越军来犯，也被迫率都城姑苏所有的部队出城迎战。吴军在江北，越军在江南，两军夹水对峙。

勾践和范蠡针对渡河作战的特点，巧用战术，采取"两翼佯动，中央突破"的战法，打击吴军。他们在主力的两侧派出部分部队，为"左、右句卒"（《左传·哀公十七年》），在夜半时，鸣鼓呐喊，对吴军进行佯攻。夫差以为越军两路渡江进攻，一时慌了手脚，遂仓猝应战，将吴军一分为二，分别御之，中了勾践君臣的诱敌分兵之计。

勾践见夫差中计，于是就及时下令越中军主力人人衔枚，偃旗息鼓，从中路正面潜行渡江，出其不意地从吴军两路中间薄弱部位展开进攻，兵锋直指吴中军大营。吴军猝不及防，顿时大乱。吴左、右两军见中军情势危急，急欲向中军靠拢，却为越军"左、右句卒"所阻击，无法会合，陷于分散孤立作战的处境，以致被各个击破。

笠泽之战使吴国遭受重创，从此一蹶不振。到了公元前475年，勾践决定给吴国以最后一击，大举进攻吴国，包围了吴国都城姑苏。勾践采取长久围困的万全之策，将吴都姑苏包围得密不透风，长达三年，于公元前473年攻陷吴都。夫差逃到姑苏山上，想学当年的勾践，派人向其求和，以图东山再起。谙熟此道的勾践哪会给夫差同样的机会。夫差无奈，只好拔剑自刎而死。死前幡然悔悟说："只是死者无知罢了，若其有知，我有何面目去见九泉之下的伍子胥！"(《国语·吴语》)但已为时晚矣。早知如此，何必当初！

如果归隐后的孙武看到这一幕，其心情必然是痛苦不堪的，因为吴国毕竟是他曾经向往、投奔，并为之长期辛苦经营、施展才能的地方，吴国其实就等于是自己的第二个故乡呀。可想而知，这种打击，对于一个垂暮的老人来说，是多么的巨大而令人难以承受。可以推想，就是在这个时候，孙武哀叹吴国的败亡，痛惜自己壮志未酬，因而心情抑郁，落落寡欢，以致时隔不久便绝世而去，赍志而殁了。

最后，值得特别大书一笔的是，孙武在临终前的最后一段日子里，尽管思想苦恼，精神上备受煎熬，可是却依然没有放弃对战争规律的探索、总结，以求为后人们提供有益的启迪。这在他的兵法中有明显的反映。《孙子兵法·作战篇》说："夫钝兵挫锐，屈力殚货，则诸侯乘其弊而起，虽有智者，不能善其后矣。"这显然是他对夫差放松对世仇越国的警惕，举兵北上，争当盟主，导致越国乘隙进攻，亡国破军历史悲剧的深刻总结。

诸葛亮

不幸人生

诸葛亮,字孔明,少年时代很坎坷,遭遇两个很大不幸。

他不幸生长在大乱之世。东汉灵帝光和四年(公元 181 年),正当政治军事大地震的前夕,山雨欲来风满楼之际,他呱呱坠地。同年出生的,还有东汉末帝汉献帝。

那是东汉后期,政治黑暗腐败,政坛上的两股主要势力外戚和宦官激烈争斗,轮流坐庄。28 岁的汉桓帝,结合宦官杀掌握朝政的外戚梁冀,杀梁家重要党徒 300 多人,朝官差不多空了。又抄没梁冀家财,官卖钱 30 万万,相当国家一年收入的半数。继位的汉灵帝嫌当皇帝以前太贫苦,当了皇帝以后,大攒私房,开设卖官交易所,明码标价卖官,并加快周转,一个月内郡守、刺史往往换几茬,以便多得卖官钱。这样,买官的人一到任,就急急忙忙捞回本钱,还要多赚大钱。他们生怕动手迟了,来不及盘剥,就被免了官,下手总是那么狠毒,如狼似虎地压榨百姓。

宦官也跟着皇帝大捞特捞。王甫、曹节奸虐弄权,父兄子弟做卿、校、牧、守、县令,布满天下,个个贪暴,人人诛求无厌。谁敢反抗,就对他用酷刑。王甫养子王吉,在沛国做相,五年杀人一万。每逢杀人,撕裂肢体,放在车上,周游全郡各县示众。夏天尸体腐烂,用绳子串连着骨骼。见到的人无不恐惧。

宦官的党徒作官,不走法定的读书这条正途,专靠巴结宦官,以关系援引,叫人瞧不起不说,还挤掉读书人作官的位置,遭到走正途仕进的清流的憎恨。读书人和读书人出身的官僚串连起来,同宦官作斗争,形成宦官和外戚之外的第三势力官僚士大夫集团。宦官怂恿皇帝,掀起镇压新兴反对派的两次党锢之祸。

第一次,太学生 3 万余人,结合李膺等鲠直派官僚,激浊扬清,评论时政,宦官及其党徒受到猛烈的抨击。桓帝指李膺等 200 余人为党人,下狱治罪。后来赦归田里,禁锢终身,不许作官。第二次,外戚窦武联合陈蕃、李膺等名士官僚,策划杀宦官。宦官抢先杀窦武、陈蕃,杀李膺等 100 多人,捕太学生 1000 余人。党人五服内亲属和门生故吏有官职的,全部受到株连,免官禁锢。灵帝完全依赖宦官。“张常侍(宦官张让)是我父亲,赵常侍(宦官赵忠)是我母亲”的话,经常挂在他的口头上。宦官权力达到东汉以来的最高峰。

这时百姓急剧贫困。谷价便宜,家家户户却挨饿没饭吃。遇到灾荒年景,四出逃荒,人吃人。百姓生路全绝,只剩下不要命去造反这一条路。灵帝中平元年(公元 184 年),岁在甲子,诸葛亮 4 岁了。正月,许多农民头上缠着黄巾,在全国同一天举行起义。黄巾军攻城市，攻坞壁，烧官府。满一个月的时间里，天下响应，京师震动。灵帝慌忙解除对党人的长期禁锢。整个统治阶级都动员起来，政府军、党人、地方豪强联合向起义军猛扑过来。政府军以大小豪强出身的皇甫嵩为首，中郎将董卓和后来三国之主曹操、刘备、孙坚，都带兵同黄巾作战。当年冬天，黄巾悲壮地战败。经过黄巾的冲击，东汉王朝也濒临崩溃。

诸葛亮孩提时，遭遇这样一个动乱社会。不仅幼小心灵打上乱世的烙印，一辈子忘不了，而且社会矛盾太深刻了，非一两年所能解决，注定他这一生不能安生，当不成太平闲人。

他成年后探讨社会动乱的原因，归罪于桓、灵的腐败，这一点跟创业伙伴刘备看法一致。刘备每次同他谈到东汉末年的腐败情况，没有一次不对桓、灵二帝叹息遗憾的。诸葛亮也认为，亲小人，远贤臣，是后汉衰败的原因。物极必反。腐败到达极点，产生向清明政治转化的动力。人民有要求，时代有需要，呼唤应运而生的领袖，领导人们推倒黑暗政治，建立清明政治。

历史把诸葛亮推到这样的位置上。他当权后，一扫腐败的黑暗政治，终他的一生，牢牢记住以桓、灵为鉴，努力把国家和军队治理好，努力讲清明，讲公正，从自身做起，以身作则。他的一身正气，是时代给他的；他的艰苦奋斗，是时代要求他的；他一生劳累，鞠躬尽瘁，累死在战场上，还是时代的缘故。

他虽然不幸生长在大乱之世，但大乱之世把他铸造为一代名臣，又是幸事。

诸葛亮第二个不幸，发生在家庭生活方面：在少年时代，他成了孤儿。

据韦昭《吴书》说，诸葛亮祖上本姓葛，原籍琅邪郡诸县。移居到阳都县后，当地早有葛氏宗族。为了区分阳都县里的两个葛氏宗族，诸县迁来的葛氏被称为诸葛，祖先索性便以诸葛为姓。

诸葛是个大族，人多，文化高，势力大，族中不少人进入政坛。诸葛亮的远祖诸葛丰，在西汉元帝时任司隶校尉。父亲诸葛珪，字君贡，任泰山郡丞。郡丞是郡首长的副职。到诸葛亮这一辈，他作了蜀国丞相，哥哥诸葛瑾作了吴国大将军，族弟诸葛诞显名于魏国，一门三方为冠盖，天下以此为荣。

诸葛亮家，属于社会上层，生活条件比较优越。家里有父亲、母亲，哥哥诸葛瑾比他大七岁，还有弟弟诸葛均和两个姐姐。

诸葛亮跟随父亲在兖州泰山郡度过了童年。泰山郡是原籍琅邪郡的邻郡，境内横亘着泰山。秦皇、汉武和光武帝等都来到这儿举行封禅大典，祭祀天地。光武帝举行祭地的仪式，在泰山东南梁甫县的梁父山。

童年生活使人留恋。后来诸葛亮喜好梁父吟，每吟诵这首古老的歌谣，脑海中顿时闪现出童年的无忧无虑：登泰山，小天下；游梁父，听说古。

老家琅邪和父亲任职的泰山，地当齐鲁旧地。鲁人节俭，一代儒宗孔子，是鲁人。齐人好发议论，足智多谋。齐地产生过太公、司马穰苴、孙武、孙膑等众多的兵家。齐鲁文化滋润着诸葛亮，为他日后成长为政治家、军事家注入丰富的营养。

诸葛亮幼年，母亲病故，小小年纪失去母爱。而父亲娶了继母。

母亲去世前，哥哥西行1400里，去京师求学，专攻《毛诗》、《尚书》、《左氏春秋》。

母亲死后，哥哥返家奔丧，照顾弟妹，侍奉继母很恭谨。小诸葛亮总算有了照顾。哥哥忠厚老实。后来人们评论说，诸葛瑾才干谋略比不上诸葛亮，而德行更纯。他妻子死了不娶正妻，虽然有爱妾，妾生的儿子不举荐到朝里做官。

福无双至，祸不单行。父亲不久接踵去世，诸葛亮沦为孤儿，只剩下继母照料着。他的家境从此衰落，幸亏还有叔叔诸葛玄照顾。父母的疼爱失去过早，是人生一大不幸；然而认识世事的艰辛，促成早熟，也许是不幸之幸。

这样到了14岁，生活又起了绝大变化。一天，南方来了人，风尘仆仆，求见叔叔，递上书信。原来有个叫袁术的大人物，请叔叔外出去江南当豫章郡太守。叔叔决意带着诸葛亮、诸葛均姐弟4人到南方赴任，并躲避战乱。诸葛瑾留在家，侍奉继母。诸葛亮一家分在两地。他经过同父母死别后，现在又同哥哥生离。

他听说，中原已无宁日。家乡处在战乱边缘，岌岌可危。

这时，狂风暴雨扑打着中原大地，一场深刻的动乱蔓延开来。乱源是东汉末年各地豪强大族势力。他们操纵着成百上千聚居在一个地方的族人，经营着自给自足的庄园，网罗众多徒附、义从、宾客、部曲为他们在庄园里生产，打造刀剑、弓箭、修筑坞壁，借着镇压黄巾起义公然拉起私兵。黄巾失败后，朝廷受了重创，豪强大族反而空前强大起来，不但垄断地方，而且拥戴领袖人物，以州郡为依托，窥测时机，企图割据一方。

在朝廷内，共同的敌人黄巾失败后，外戚、宦官之争再度爆发。外戚何进密谋杀宦官，宦官抢先发难，趁着何进入宫时杀了他。世家大族袁绍又率兵入宫，杀尽宦官2000余人。从此，垄断东汉政局100多年的宦官、外戚两败俱伤，朝廷再也无力实行中央集权，豪强大族的政治代表官僚士大夫集团成了最强大的社会势力。

可是京师大权却落到了应召入京的凉州军阀董卓手中。董卓逐走袁绍，废少帝刘辩，自立九岁的刘协为汉献帝，威震天下。官僚士大夫集团岂能容忍，于是关东（特指今陕西崤山以东广大地区）州郡同时起兵，联合讨伐董卓。刺史、太守等最高地方官以讨董为名，大肆招兵买马，拥兵自强。豪强家家思乱，割地自雄。大的割据者，州郡相连；中等的，城邑相连；小的，也在田间相聚。他们以讨董的名义起兵，以乘势割据一方的私利为目的，相互吞并，彼此消灭。百姓死亡，尸骨暴露，犹如枯草。诸葛亮后来追叙说，“自董卓已来，豪杰并起，跨州连郡者不可胜数。”

从汉献帝初平元年（公元190年）起，天下大乱，全国开始长达19年的军阀混战。这年诸葛亮10岁，很懂事了。

东汉小朝廷没有人理睬，州郡牧守化为军阀，宰割天下。全国四分五裂：袁绍割据冀、青、并三州，曹操割据兖州，刘虞、公孙瓒先后割据幽州，公孙度割据辽东，陶谦、刘备、吕布先后割据徐州，张绣割据南阳，袁术割据扬州，刘表割据荆州，孙策割据江东，刘焉割据益州，韩遂、马腾割据凉州。军阀间展开激烈的兼并战争，杀人如麻，州里萧条，整个黄河流域成了大屠场。战乱，疫病，灾荒，相互间推波助澜。谷一斛飞涨到50万，没的吃，只有人可吃。出门只见白骨委积，臭秽满路。江淮间原本是很富庶的，现在士民相食，几乎吃空，人民大量死亡。天下户口，十分中只剩下一分。割据者曹操回到故乡，在故乡走了一整天，见不到一个熟人，熟人几乎死光。诗人作诗，风格都是悲凉的。

曹操《蒿里行》:“白骨露于野,千里无鸡鸣。”

王璨《七哀诗》:“出门无所见,白骨蔽平原。”

人间化做地狱!

诸葛亮家乡原本很富庶,远在海边,战乱一时也未波及,外地流民很多都来这里逃难,连曹操的父亲曹嵩也来避难;然而,安定富裕没有维持多久。原来曹嵩用大车百余辆,装载着家财搬家,要到邻近儿子曹操割据的兖州安家,徐州牧陶谦派部队护送。护送者却起了歹心,半路杀曹嵩劫走财物。诸葛亮 13 岁那年秋冬,曹操兴师徐州问罪,攻下 10 多座城。次年二月,曹操再次进兵,攻下 5 城,一度进占诸葛亮家乡琅邪。

曹操迁怒于徐州人民,两次杀人数十万。大军所至,鸡犬不剩,墟邑断绝行人。仅在徐州彭城一处,就坑杀男女数万口于泗水,泗水为之不流。诸葛亮亲眼见到琅邪郡蒙受的残害,看到家乡陷入了恐怖之中。

叔叔说,家乡这个样子,住不下去了。往南走,才有安全。南迁的,不只咱们家。人家请我,也是一个机会。

举目望去,人口迁徙的大浪潮,席卷北方大地。人们拖儿带女,甚至整个宗族,千百家结着伙,背井离乡,千里迢迢,投托避难地。中原的流入东北,流入鲜卑、乌桓;关陇的流入荆州、益州;另一部分中原的、徐州的,流入江东。诸葛玄也要去江东。

听说要出远门,孩子们是生平头一遭,又是新鲜,又是兴奋,随着叔叔一路南下,途经今天苏北、江淮之间。沿途见到各地的奇异的风俗习惯,非常新奇;不过心情却兴奋不起来,沉甸甸的。随处可见战乱景象,惨不忍睹。渡江以后,社会才相对安定一些。终于抵达豫章郡治南昌。

南昌景色迷人,也许在这里可以安定了吧。不料老天不遂人愿,南昌不是绿洲。原来乱世没有统一的政令,原豫章太守周术病死后,江淮军阀袁术令诸葛玄补缺署理,朝廷却委派朱皓就任。一个郡,同时由两个方面各自任命太守。谁能作太守,没有多少道理好讲,就看实力了。朱皓一到,向扬州牧刘繇借兵,强行接任。诸葛玄实力不足,只好开脚走路。

家乡不能再回去了,有谁可以投靠?想到旧友刘表,正在作荆州牧。荆州安定富庶,路也不太远,何不投奔前去?于是诸葛亮随叔父西行,来到荆州治所襄阳(今属湖北)。

荆州一向被视为蛮荒之地,乱世中由于战事较少、政局平稳,却成了一片乐土。关中人民流入荆州的,有十余万家。诸葛亮也在这里找到理想的客居之地,定居下来。

在襄阳,一住三年。大姐出嫁了,姐夫是当地大族蒯家的蒯祺。最后,长期抚养自己长大的叔叔诸葛玄病死了。17 岁的孩子,失去依靠,痛苦可想而知。而且生活无着,城里开销又大,不得不冷静考虑:今后怎么办呢?

卧龙隐逸

现在得把全家的重担,勇敢地挑起来,自己是男子汉嘛。今后出路唯有自强自立。他仿佛一夜之间变为成人。为了解决一家人的生计,他决定,搬到乡下,躬耕陇亩,自食其力。这样便来到襄阳城西二十里的隆中,定居下来。

隆中属南阳邓县,山清水秀,草木葱茏。北面横亘着隆山,翻过隆山,有一条沔水(今汉水)缓缓流过。大姐在襄阳的时候,出嫁了,剩下弟弟和二姐住在一起。一家人住在三间茅庐里。茅庐台基很高,院子里掘了口深井。

他学会了种田,日出而作,日入而息,过着晴耕雨读、春种夏收的日子。上层人家的公子,如今沦为一介农夫。白云苍驹,世事变幻无穷啊!不过,他虽然年纪轻轻,也是历经沧桑,饱尝人间苦难。丧母,丧父,丧叔,沦落他乡,土里刨食,所有苦难他都承受住了。他眼下躬耕,但不忘记成才。

隆中山村生活,倒也宁静,一住十年。这十年,是成才的关键时期。

为了成才,他很看重立志。古来大有作为的人,往往都是青年立有大志。他也要立志。他安于做农夫,要当个好农夫;又不安于做农夫,要有新的作为。他有远大志向,幻想干大事业。

他后来总结自己立志的经验说,立志嘛,要站得高,看得远,仰慕先贤,排除私情杂欲。志向立了就要坚持,能伸能屈,一旦由顺境跌到逆境,要能够忍耐,还要能摆脱小事。有时尽管事业一时之间得不到进展,也不应该有损于既定的志趣。只要这样作了,何愁不能最终成功呢!如果志向立得不牢,不能意气风发,那就只有永远混杂在平凡的人流中了。

"你们三位将来出去作官,可以作到刺史和郡守。"他指着石广元、徐元直、孟公威说。

这三个人是他学习上的密友。他认为三位凭能力能作到地方上的最高长官。

"那么你呢?估计一下,将来作什么官?"三人反问。

只是笑,没有答复。其实,在日常的言论中,他常常自比管仲、乐毅,说明自许可以作将、相,并且不是一般的将、相;因为管、乐出名,关键还不在作将、相,而在凭着将、相之权建立殊功。管仲把贫弱的齐国改造得国富兵强,辅佐桓公九合诸侯,一匡天下,成就桓公为春秋第一位霸主。乐毅受战国燕昭王礼遇,奉命以弱燕征伐大国齐国,连下七十余城,打得对方只剩下莒和即墨两地。汉末的形势,让人想到春秋战国时期的诸侯纷争。诸葛亮期望,将来也能够遇到明主,出将入相,治国安邦,像管仲一匡天下那样兴复汉室,像乐毅连下七十余城那样扫平群雄。

这个志向传了出去,人们认为他自我估价过高,有点狂妄。唯有好朋友崔州平、徐元直认为,他以管、乐相比,才堪匹配。

后来,他真的作出大事业。史家陈寿承认,他可以并列在管仲、萧何之后,诗圣杜甫评价说,他的成就更高,同伊尹、吕尚在伯仲之间,就指挥若定而言,萧何、曹参望尘不及。

志向确立相对容易，保持不衰才更难。怎样巩固志向、保持不衰呢？他说："非淡泊无以明志，非宁静无以致远。"

他抱定清贫自守的宗旨，甘于淡泊，恬静寡欲，深知贪图富贵和享受，会玩物丧志。这样的教训，简直太多了。眼前有袁术骄侈淫逸，亡业亡身；曹操的父亲曹嵩，搜括民脂民膏，落得被劫被杀。诸葛亮不论当农夫，还是后来作丞相，一生保持淡泊的作风。作为丞相，他向后主申明：自己"随身的吃穿，全部从自己官俸里面开支，决不凭借权力谋取私利，另外置什么产业。将来死了以后，决不让家里内有余帛，外有余财。"死后查看他的家产，证明说的是实话。由于淡泊廉洁，不汲汲于富贵，保证他的志向不受金钱物欲的锈蚀。

除了生活上淡泊，心情上还要保持宁静。他不患得患失，不心猿意马，更不以弄虚作假去沽名钓誉。只是老老实实，沉下心来，专心致志，从而保证心无旁骛，洞烛隐微，使自己深入到所探索问题的核心。

淡泊宁静使他志向不衰，他成才有了源源不断的动力。他探索才从哪里来时说："非学无以广才"。无论信息、知识、能力，都是通过学习掌握或培养起来的，所以他耕不忘读，抓紧耕余农闲空隙，勤奋学习。他少年时深受学问的薰陶。那时齐鲁同京师洛下一样，是经学渊薮，有不少世代通经的家族。例如伏氏学创始人伏生的四世孙伏孺，汉武帝时迁来琅邪定居。这一家族，经历两汉四百年，累世治经学，以儒学传家最久。诸葛一族，也是家学渊源，注重家中子弟的学问。少年诸葛亮在那样的环境下，打下很好的学问根底。

现在隆中的环境，也有利于学问增进。

从隆中东行 20 里，可到州治襄阳。天下虽然大乱，襄阳独获安定，文化空气浓厚。关西、兖、豫学士迁来的，数目上千。到此避乱的读书人大都是海内优秀人物。全国汉学中心，随之从西北洛下转向东南襄阳。

州牧刘表，是海内大名士，汉末"八顾"之一，做了很多倡导学术的工作：兴建学校，博求儒术，向民间广泛搜求遗书。在荆州，鸿儒们朝夕讲论学术，吏士子弟听讲的约有千数，出现群贤毕至、古典蜂集的热闹场面。

诸葛亮处在全国学术文化中心和人才荟萃的地方，如饥似渴地学习。

他不肯死读书，不肯读死书。

他看重游学。游学是当时的风气，青年学子往往离家，慕名到能经学者所在的地方求学。一位与诸葛亮同时的叫邴原的青州人，单人背着书箱，外出游学，足迹遍及兖、豫、幽、冀四州，一去就是八九年。诸葛亮迁居隆中不久，约摸 20 岁上下，也去游学求教，增广见闻。在游学中，结识了好朋友石广元、徐元直、孟公威。游学以外，更多的是同当地襄阳的师友切磋。

由于怀着做大事的念头，他的读书方法也很独特。石广元三个人，读书精力花在字句上，力求处处弄懂弄通记熟。这，是汉儒的方法。汉儒注经，不厌琐碎，用几千几万字注经书上的几个字，走到治学的死胡同。诸葛亮读书则"观其大略"，关注治国治军的大的知识，领会精神实质，不死扣字句，不在细微末节上耗费精力，暗合战略家的读书方法。

这样下来，读的书就很可观了。大约五经、诸子、《史记》、《汉书》、《东观汉记》一类的书都读了。从日后的言行推测，大概是儒、法、黄老、兵家，无不诵读。特别是很注重兵家。

东汉重五经，不重军事知识。汉末大儒孔融之流，莫不遵守孔门不谈和少谈军事的家法。孔融名满天下，作太守时，郡治遭到袁谭进攻。大军压境，他却凭几安坐，读书议论，结果城破军败，自己狼狈逃窜，成了守土无方的浓包。

轻军事的传统观念，不再适应现实。武事上升为当代主要政治。一些士人早已抛弃轻军事的态度。像东南名士张昭、张纮、秦松，都认为时下四海不太平，应该用武治平定。张昭等是通经学者，转而主张武治，正是乱世在见机有为者的头脑中的反映。

诸葛亮自然不墨守经书。他期望将来在武功上，有乐毅那样一番建树。因此兵法是非学不可的。当时把兵学分为四种：兵权谋家，兵形势家，兵阴阳家，兵技巧家。于是读了能见到的兵书，对兵法显然有较全面而深刻的研究。

他在学习上，注重经世致用。这是荆州学派的主张。这个学派以宋忠和司马徽为首，富于新思想，鄙薄东汉名教之治，不治儒术，而崇尚事功。诸葛亮同这一派的司马徽过从甚密，思想深受影响，也讲究时务。

时下天下大乱，如何干一番大事业，书本上没有现成答案，只有读当代生活这本活书，去寻找答案。目前天下大势如何？发展趋向如何？一连串的难题涌来，他思虑着、探寻着、苦恼着，迫切希望了解更多的时务，倾听各种意见。

干时务也要有社会关系。他一边耕读，一边广泛结交。首先是同荆州在野派的众多重要人物，建立起师友和亲戚的关系。

他争取到在野派的领袖人物庞德公的赏识。庞德公是襄阳本地人，把全族团结在一起，住在襄阳城东郊，率领夫人和孩子耕田，闲来抚琴读书，作为娱乐。这位隐士，一言一行，在儒林中举足轻重。州牧刘表几次派人上门敦请他出来作官，都碰了钉子。这回亲自登门促驾。

"保全一身，如何保全天下？"刘表拿大义激他。

"天上的鸟，水里的鱼，各有巢穴。我只求一席安身之地，所保的不是天下。"不肯上钩，但是停下耕作，夫人还在耕耘着。

"先生不去享用官家俸禄，拿什么遗留给子孙呢？"

"世人都遗留下危险，我独留下安全。虽然遗留的不一样，也不是什么都不遗留的。"

德公列举史实，证实其说。最后说到周公。"周公摄政天下，不得不杀他哥哥。当初如果粗食陋居，难道会发生手足相残的事情吗？"话相当尖刻，暗指刘表的两个儿子正为着争权夺利不和呢。刘表叹了口气，便走了。

从此德公到老，不肯迈进襄阳城一步。后来带着全家登鹿门山，推说采药，渺然不知所终。

然而德公的儿子庞山民，在魏国作了黄门侍郎；孙子庞涣，在晋太康中作了牂牁太守。可见并非不肯作官，只是不肯跳进刘表的火坑，料他保不住荆州。

刘表只能在田间同德公谈话，诸葛亮则获准登堂入室。每次跋涉 20 余里路来看望德公，都在德公的坐具床下行拜见礼，德公坦然接受。

德公器重这个年青人，评价他是“卧龙”。意思是说，一旦时机到来，这条龙将腾飞青冥，目前暂时蛰伏在地罢了。也等于说，诸葛亮隐居避世，不追逐名利，虽逢乱世，却恪守原则，坚定不拔。目前种着地，但早晚有一天会干出大事业。当时读书人的出路，主要是当官。朝廷和各级政府选官的依据，是乡里权威人士对读书人的评语。有了好评语，就有了名。只要愿意，当官不是什么难事。诸葛亮得到了乡里儒林领袖德公的高度评价，传出去，就有了名。

接着，二姐嫁给庞山民，诸葛亮同德公结成姻亲之好。诸葛亮被本地士人领袖接受了。

又拜了位大儒作师傅，是司马徽。此人字德操，从颍川流寓荆州，小德公十岁。德公评价他是“水鉴”，说他像一面镜子，有知人之明。

德公有个侄子庞统，被德公评为“凤雏”，同诸葛亮既是亲戚，又作了朋友。庞统的弟弟，娶妻习氏，是襄阳城南习桢的妹子。这样诸葛亮同习家转弯抹角沾上远亲。习家是大姓，出了很多人才。那习桢就很风流，善谈吐，名气仅次于庞统，在马良之上。诸葛亮同这个马家也建立了关系。马家也是大族，家离襄阳不远。马良来信称诸葛亮为“尊兄”。

关系最密切的，还是黄家。家主黄承彦，住在襄阳城西，地点在汉水以南，隆中以北，离诸葛亮的家很近。黄承彦高爽开朗，是沔南名士，妻子蔡氏，同刘表后妻是亲姐妹。黄承彦有连襟刘表，作官没有问题，却不肯作。他看上了诸葛亮：

“听说你正在物色妻子。我有个丑姑娘，黄头黑脸。论貌是差一些，论才，那可配得上你。”

诸葛亮重德才不重貌，点了头。很快，新人进了门。新人无貌，却是贤内助。卧龙待机腾空，亏得她在内帮助。世俗却不这么看。瞧！小伙子身长 8 尺（折合 1.84 米），形象伟岸，怎么找个丑媳妇？一个谣谚便传开来了：“莫学孔明择妇，只得阿承丑女。”诸葛亮并不放在心上。

庞、习、马、黄是襄阳一带有势力的大族，但甘于林下，是荆州在野派。出面支持刘表的大族，是蒯、蔡两家。他们是荆州当权派，也是诸葛亮的亲戚。

大姐夫家蒯家的蒯越，佐助刘表平定荆州，作了刘表大将，官至竟陵太守。

叔丈人（岳母之弟）是蔡瑁。蔡瑁宗族极盛，朝内有人作官，本地堪称一强。刘表极力拉拢蔡族，娶蔡瑁小姐姐作后妻。蔡瑁婢妾数百人，除了蔡州家里的房子以外，其他的产业还有四五十处，先后作江夏、南郡、竟陵太守，镇南大将军军师。

诸葛亮同刘表既有世交，又是亲戚，刘表是妻姨丈，自己是姨侄婿。叔叔去世，旧谊还是在的，所以同刘表两个儿子刘琦、刘琮都认识。

诸葛亮从亲戚中的军政要人处，获得各地和荆州的消息，听到各种议论。又通过当地名士界获得对时局的透彻了解。那时，哥哥诸葛瑾为了躲避战乱，奉继母早已南下江东，当上东吴孙权的长史。从哥哥那里，又了解到江东局势。家乡仍有族人在，从家乡传来的北方消息也听得到。

这样，人在隆中，触角却伸向四面八方，不断获得南北东西各方面局势和信息。学问也大有增长，阅历和见识远非昔比。瞬息万变的世局，错综复杂的战略关系，各方面成败得失的经验教训，纷至沓来闯入脑海，增广识见，启迪心智，在政治军事问题上，他的积累日益深厚扎实，变得十分老练。

乱世人早熟。他凭着勤奋，成长为当时第一流的人才。

乱世人的命运是奇特的，充满灾难，也可能有罕见的机遇。

那时北方名士纷纷举族迁徙，到偏远地区避难自保；胆大有为的则迎乱而上，为群雄出谋划策，大展宏图。天下豪杰并起，争相攀龙附凤，享受着大一统时期绝对享受不到的双向选择自由。东城人鲁肃投奔割据巢湖的郑宝时被好友周瑜阻止。周瑜说，当今之世，跟西汉末年一样，“非但君择臣，臣亦择君”，要投靠有为的英雄孙权，不能投奔郑宝。

诸葛亮既有周瑜那样的入世之想，也有司马徽那样的出世之念。他企图像管仲、乐毅那样澄清天下；但是须得遇上齐桓公、燕昭王那样的人，才可以实现大志。

现实社会中，谁是齐桓公、燕昭王呢？眼下的荆州牧刘表，拥兵10万，但身无戡乱之才，虽然可使荆州暂时获得安全却潜伏着极大危险。加之心胸不广，性多疑忌，不能用人，所以荆州人才，很多不愿出面支持他，有些人背后骂他。诸葛亮对此看得很清楚。庞德公的榜样深深记在心里，乱世必求自保，轻易许人，难免会成为殉葬品，更难实现抱负。刘表的官不能作，应该等待时机。

眼下还是那句话：“苟全性命于乱世，不求闻达于诸侯。”如果找不到合适的英主，那就甘愿寂寞林下，了此一生。

卧龙蛰伏着，等待着时机。

隆中对策

诸葛亮不求闻达的同时，也作出仕准备，以便实现抱负。出仕要讲原则，讲艺术。

乱世出仕，核心问题是“择主”。择什么主，是原则问题。当然要择齐桓公、燕昭王式的英主，对方一要志同道合，有澄清天下的志向，二要思贤若渴，赏识自己，给予施展才能的天地。

诸葛亮27岁时，一些群雄如袁绍、袁术、公孙瓒、吕布、陶谦、张扬，在混战中陆续灭亡；刘表、刘璋没有灭亡，却没有前途。另一些则脱颖而出，其中首推曹操，另外有孙权。对于曹、孙，诸葛亮有能力到那里谋得较好的职位，可是他不去，宁肯“不求闻达”。

例如对曹操。曹操是个大能人，精通谋略。行军用兵，大略依照孙吴兵法，因事设奇，谲敌制胜，变化如神。他割据的起点不高，论名气和实力，都无法同袁绍抗衡，最后却是他成功了。他眼光远大，挟天子以令诸侯，屯田积谷，仓库充实，又善于利用矛盾，分化瓦解，身处四战之地的兖州，周围分布着吕布、袁术等五大割据势力，从未受到联合的包围，反而把对手各个击破。他以劣势兵力，官渡一仗，把袁绍打得望风逃窜，从此天下无敌，眼看要统一北方。也许是诸葛亮反感曹操在徐州滥杀无辜，也许是看穿曹操挟持汉献帝、包藏不轨的野心，诸葛亮没有投奔曹操。

至于江东，这个政权久经考验，拥有长江天险，得到一方民心，拥有大批人才，兄长便在那里效力。然而诸葛亮也没有投奔江东。晋人袁准讲了一个传闻，说诸葛亮为刘备出使江东期间，张昭建议孙权留下诸葛亮，诸葛亮不肯留，说道："孙将军可谓人主，不过观察他的气度，能重视亮而不能尽用亮，我所以不留。"史家裴松之以为，诸葛亮君臣际遇，可谓世间少有，谁能离间？连关羽都不肯背主，何况诸葛亮呢！裴松之没有反驳孙权"不能尽用亮"。诸葛亮也许早在隆中就预料孙权不能充分发挥自己的作用，才不肯去投奔东吴吧！

还有个刘璋，割据着长江上游的益州。益州僻居西南，是四塞之地。秦岭横在北面，三峡锁其东面，大雪山、夹金山阻其西面，蛮障之地阻其南面。土地肥沃，物产丰富。汉末太常刘焉来牧此州，既避世乱，又雄踞一方。刘焉死后，儿子刘璋据州自保，没有多大的作为。对于行将被人所灭的刘璋，诸葛亮怎能看在眼里。

没有合适的，就继续观察等待。

他终于发现了刘备。刘备是个常败将军，眼下寄寓在荆州，是刘表的客军。此人远祖是中山靖王刘胜，到他这一代败落了。刘备就学于名儒卢植，但不喜欢读书，只爱狗马、音乐、华美的衣服。天下大乱，他乘势而起，领兵救过徐州，代理过徐州牧，又丢了徐州，投靠曹操。曹操授予他左将军，出则同车，坐则同席，他却密谋杀曹操，夺了曹操徐州，被曹操打得落荒而逃，转而投奔曹操的对头袁绍。袁绍失败后，刘备在北方无处存身，南下投奔刘表。

刘备屡败屡战，有股硬汉子气概，从不服输，胸襟开阔，宽仁大度，礼贤下士，善于团结部下，部下同他结为死党。关羽被曹操所俘，大受优待，仍然伺机离开曹操，返回处境不佳的故主身边。仅此一端，就可见刘备的笼络人心，能做到何等程度了。因此对士人号召力很大，为海内所畏惧，以致连曹操也对他说："现在天下的英雄，只有你我两人。袁绍之辈，不足挂齿。"

这可能是诸葛亮要寻找的"主"，不过要试探考察。

恰好这时，刘备也产生网罗名士的强烈愿望。他在荆州寄寓多年，内心很不平静。一天，在刘表座上不禁落泪，刘表大惊，非要问个缘故。

"我从前身不离马鞍，大腿内侧肉都磨掉了。现在不骑马，无用的肉又长出来。日月如飞，老之将至，能不伤心吗？"刘备老实说出内心的苦闷。

是啊！奋斗 17 年，艰苦备尝，为什么总不成功？眼下兵不过数千，实力太弱是个原因；不过，各路英雄初起时，兵力有的也不算多啊！这就归到无策，总是方略不对头，或者说根本就没有方略。想一想，自己班子中武将强、智能人士弱是不争的事实。事业成功，招揽有韬略的人才，万不可少。

到哪里去找这样的人呢？想到司马徽，他是荆州士人领袖，讲究经世致用，前去讨教，听一听他对于时务的高见，必有所获。

与此同时，以司马徽为首的襄阳在野派也实行着精心策划的计划。第一步，因势利导,由司马徽和徐庶出面,向刘备介绍诸葛亮。汉代以荐举取士,取士以乡里品评为依据。士人有了良好的评语,便可身登龙门,因此要把乡里的品评传达给刘备。

当刘备向司马徽征询意见时,这位士人领袖道:

“儒生俗士,岂能精通时务!精通时务的还是在俊杰当中。”司马徽不慌不忙地说,“这样的俊杰,我们这里有两位,一位卧龙,一位凤雏。”

“请教两位是谁?”

“卧龙是孔明,凤雏是庞士元。”

诸葛亮不汲汲求名,刘备来荆州 6 年,竟是第一次听说。回到新野,他很器重的徐庶即徐元直又推荐诸葛亮:

“将军不是想招智能之士吗?有一位诸葛孔明,是个卧龙,将军是不是打算见见他?”

“很好。请你陪他一道来见我。”

“这恐怕办不到。此人只可由将军见他,不能让他屈驾前来。依我看,将军不如屈尊前去拜访他,才是正理。”

在野派计划的第二步,要考验刘备诚意。刘备也感觉到,诸葛亮非同一般。当今之世,英雄四起,不仅是君择臣,臣也在择君,贤才岂可当面错过。刘备本有不拿架子的优点,现在更加放得下。

说干就干。于是从新野出发,取道襄阳,奔赴隆中乡间拜访卧龙,不料扑了个空,主人不在家。第二次去,竟然同上次一样,200 来里路,还是白跑一趟。要不要去第三次?刘备认为干大事以人为本,既然是急需人才,获得众人一致推荐,三次前往显得心更诚,必能打动对方。

建安十二年(公元 207 年)十月,隆冬天气。诸葛亮住在茅草搭建的简朴房子中,直到刘备三顾茅庐,方出面相见。眼下到了第三步,要拿出令刘备震惊的货色。

刘备见这位 27 岁的青年,长身玉立,和蔼可亲的面孔掩盖不了瞳中的英气,一看便知有见识。刘备 47 岁,海内无不敬仰,态度却越发的谦恭。他屏退闲人,在逼人的寒气中促膝密谈,开口道:

“汉室衰微,奸臣盗权,主上在外蒙难。我不量自己的德和力,打算伸张大义于天下,只是智慧浅,方法少,屡遭失败,落到今天的地步。但志向仍没有放弃,你认为这个大计将怎么制定?”推心置腹,一片赤诚,虚心求教。

诸葛亮胸有成竹,头一次见面,把经过通前彻后思索的东西,全盘端出来,提出转弱为强的精彩对策。他总结群雄混战的历史经验,预测未来形势,阐明刘备统一战争的阶段和方针。

首先从指导思想讲起。他指出群雄混战的基本经验,是依靠“人谋”取胜。当初比较弱小的割据势力,依靠自身努力强大起来,原先强大的反而失败了。袁、曹之争是其中最大、最典型的事件,曹操转弱为强的经验值得借鉴。他回顾说:

“自从董卓以来,豪杰并起,跨州连郡的,数不胜数。曹操比起袁绍,名望低微,实力弱小,然而终于击破袁绍,转弱为强,这原因不只是天时,也是人谋。”刘备于是想到了自己,过去人谋不力,今后事业有成,也要看人谋。

指导思想明确后，接下来谈刘备借鉴曹操经验，改进战争指导。诸葛亮考察刘备的战略环境，畅谈天下大势。这时中国境内除了刘备以外，还存在六股势力：北方的曹操、韩遂马超、公孙渊，南方的孙权、刘璋、张鲁。诸葛亮作了这样的估计：曹操和孙权，将生存下来，其他都将灭亡。刘备也有条件生存下来，同曹、孙三分天下，前提是改进战争指导。他说：

"现在曹操已经拥有百万之众，挟天子以令诸侯，不可同他争锋。"刘备实力如此弱小，不应该与曹操争强斗胜；曹操须要消灭，但不是现阶段任务。

话锋一转，谈到江东："孙权据有江东，政权经历三代的考验，地势险要，民心归附，贤能肯为孙氏效力。这股力量，可以用作外援，却不容去吞并。"告诉刘备，江东他吃不掉，要同它联合，否则南方也有可能被曹操各个击破。

那么，刘备又将如何夺取天下呢？诸葛亮建议分近远期两步走，近期以三分天下为目标，有三项任务。

"荆州北据汉、沔（汉水上游）二水，利益穷尽南海，东连江东吴、会稽两郡（今长江三角洲和浙闽），西通刘璋巴蜀（今四川），这是用武之地，而荆州之主刘表不能固守。荆州怕是天意资助将军的，将军有没有意思？"第一项任务，取荆州。

"益州险要，四塞之地，沃野千里，乃是天府之国，汉高祖凭借它成就了帝业。益州之主刘璋愚昧、软弱，张鲁威胁其北面，人民殷实，地区富有，而不知道去慰问抚恤，智能之士渴望得到明主。将军既然是皇家后代，信用和道义传遍四海，总揽英雄，思贤若渴，何不取而代之呢？"第二项任务，接着取益州。

第三项任务，同孙权结盟。孙氏正在内争三江五湖之利，局限在东南一隅；然而迟早会走出太湖背后的闭锁状态，进入全国斗争，那时联合有现实的可能。

以上是近期计划。预测刘备联吴避曹夺取荆、益后，将与曹、孙三分天下，并成为获利最大一家。可以说，诸葛亮未出茅庐，已知天下三分。

接下来谈远期，以统一全国为目标。首先要治理荆、益，任务是：

"守住两地险要，西和诸戎，南抚夷越，对外结好孙权，对内治理政务。"

诸戎在西北秦陇即益州和曹占区之间，由氐、羌族构成，夷越在益州南部，都具有战略意义，必须以和抚政策争取少数民族民心，巩固大后方，策应灭曹的北伐战争。刘备在实现近期目标后实力增强，将与曹操争锋，问题是选择有利时机。

"一旦天下有变，就命令一员上将率领荆州军队北上宛城（今河南南阳）、洛阳，将军亲自率领益州军队攻入秦川（今关中一带），百姓谁不用箪盛饭，用壶盛汤来欢迎将军呢？果真如此，则汉室可兴、霸业可成了。"

这个对策，便是闻名后世的《隆中对》，产生于草庐，也称《草庐对》，包含丰富的战略智慧。它告诉刘备：夺天下，光凭愿望和艰苦奋斗是不够的，还得通盘谋算，成竹在胸。过去想一口吃个胖，实力和目标两者失衡，瘸腿走路，哪能不跌交呢？分步走，力所能及，方能逐步成功。弱者对强敌先退一步，向薄弱地区荆、益谋求发展，将壮大自己力量，获得最终进攻强敌的能力。军事斗争同政治、外交斗争配合，联吴，治理荆、益等手段综合运用，必能大见成效。

一席话谈完，刘备眼界大开，连连称善。

在当时，中国十几个军阀混战的旧格局即将结束，新的格局还没有建立，局势如何发展，刘备能否及如何夺取天下，都不明朗，因为未知条件很多，大家都看不清而迷茫。唯有诸葛亮看清了，不仅在《隆中对》对形势发展作出符合实际的分析，更难能可贵的是提出切实可行的对策，制定出明确具体的中长期战略。这些判断和战略，经受住实践的检验，事后很大程度上得到应验，影响了一代历史的走势。《隆中对》真可以说是千古杰作，奠定了诸葛亮大战略家的历史地位。

谈话时，中国的矛盾主要存在南北之间。《隆中对》对此的分析极为透彻，措施有力。事后证明，南北问题发展到一定程度以后，东西之间也将出现矛盾，对此诸葛亮未曾论列，恰恰在这一点上，刘备栽了大跟头。然而诸葛亮谈话时，东西矛盾掩盖得极深，也是不能苛求于他的。

诸葛亮识见高人一头，不愧为卧龙。刘备想，身边武班子是像样的；诸葛亮如果参加进来，文班子也像样了。诸葛亮同荆州朝野人关系广泛，他来了，对于收拢荆襄人物，密切同各方面的关系，大有裨益。当下以极诚恳的态度邀诸葛亮出山。

诸葛亮也慨然允诺。

在常人看来，一个能在曹操、孙权、刘表、刘璋等手握雄兵、宣赫一时的群雄那里谋到一席之地的人，偏偏看上既没有地盘、又没有多少兵马的刘备，岂非将一生事业系在前途未卜的人物身上？然而这正是诸葛亮之所以为诸葛亮。撇开刘备反曹最坚定、以兴微继绝为己任这一层不说，去了能受重用，一展平生管乐抱负的，舍刘备其谁？刘备不以自己一介布衣、一名青年为鄙陋，三次屈尊就教，单凭这一点，就很感激的了。岂不闻“士为知己者死”！显然，诸葛亮把领导者的素质看得比实力更加重要，把未来看得比当前更重要。

他选择了一条艰难的有风险的人生道路，一切都等着自己去开创。

诸葛亮有意搞好同刘备的关系，俩人感情一天比一天亲密无间。老搭档关羽、张飞自觉受了冷落，让人家后来居上，满脸子不高兴。刘备耐心把诸葛亮对于事业腾飞的重要性解释一番，最后说：

“我有孔明，好比鱼之有水。希望各位不要再说什么了。”关羽、张飞开了窍，不再发牢骚。

诸葛亮从此在刘备班子中效力。他虽然长于思考，但短于经验，还要时间，增长才干。

计定乾坤

诸葛亮出山，一上来便很棘手。

他要协助刘备夺取荆州，但荆州最近成了中国各方觊觎的焦点。曹操已定河北，荆州必是下一个目标，而东吴早已三次进攻荆州江夏，荆州问题已经“国际”化了。以刘备微薄的力量，如何不让荆州落入曹操之手，争得荆州，又与刘表及东吴为友？面临这些难题，几乎没有又必须寻到出路。

荆州内部也相当复杂。刘表欢迎刘备投靠，又怀着猜忌，连曹操方面也看了出来：

“刘表重用刘备，怕控制不住他；不重用，刘备又不肯为他卖命。”

主忌客疑之外，刘表家室也很不安静。刘表喜爱大儿子刘琦，想让他接班，架不住小儿子刘琮娶后妻蔡氏侄女后，蔡氏及其党羽日夜诋毁刘琦，使刘表逐渐改变态度。刘琦处境凶险，向诸葛亮请教自保之术。诸葛亮屡屡推说无计，改天，刘琦约游后花园，登楼撤梯：

“今天上不至天，下不至地，话出你口，进入我耳，可以教我了吧！”

“君不见申生在内而危险，重耳在外而安全吗！”

刘琦恍然大悟，知道是说晋献公太子申生遭骊姬谮毁自缢，弟弟重耳出逃免祸，父死后回国继位。

“多谢指点。”

刘琦乘着江夏太守黄祖战死职位出缺，泪汪汪离开父亲，替补黄祖，拥兵在外。

荆州在孕育内部分裂的情况下，外难临头。在诸葛亮出山的第二年，即建安十三年（公元208年）七月，曹操集结步、骑兵南下，佯称攻击南阳郡，秘密大举进军荆州。

形势严重，刘表决心收缩兵力，重点防御襄阳，待疲惫曹军后反攻，以确保荆州。急令刘备从新野撤到樊城（今属湖北襄樊）驻防，保卫一水之隔的襄阳，又以江陵为后方基地，储备大量军用物资，支援前线。

大军压境，对刘备既是挑战，也是机遇。但刘备退至樊城时，仅有兵力5千。

诸葛亮问刘备：“将军估计刘镇南比曹公如何？”“比不上。”又问：“将军估计自己比曹公如何？”“也不如。”诸葛亮问：“现在都不如，将军兵力不过数千人，拿这个对敌，怎么对呢？”“我也为这个发愁呢，你说该怎么办？”诸葛亮道：“现在荆州不是人口少，是登记户籍的少，如像平时那样征兵，有户籍的吃了亏，心里一定不痛快；可以告诉镇南将军刘表，令荆州凡有未登记的游户，都必须到官府如实自报户口，用增加户籍来增加兵力。这是可行的。”刘备用此计，兵力大增，比从前强盛起来。

但是67岁的刘表，来不及指挥保卫荆州之战，就在八月病死了。他一死，蔡瑁、张允拥立刘琮为荆州牧，刘琦不服，企图以吊丧为名兴问罪之师。荆州二子争位，僚属分派，危如累卵，投降论调乘机高唱入云。蒯越、韩嵩、傅巽等高官纷纷劝刘琮投降，刘琮不肯。他们问：“将军自料比得上刘备吗？”

“我不如他。”

“如果刘备不能抵抗曹公，将军你就不能自存；如果刘备足以抵抗曹公，他的地位不会在将军之下，我们也亡。”

襄阳城里的议降密谋，滴水不露，把刘备蒙在鼓里。直到刘备派人去问，刘琮才令大儒宋忠前来交底，说是已经降曹。这时曹军进抵荆州北部重镇宛城，急行军一天可到樊城。刘备大惊道：“你们诸位如此作事，不早相告，今天大祸到来才告我，不是太严重了吗！”举刀向宋忠说：“今天断你头，不足以解忿，也耻于大丈夫临别又杀你们之流。”

樊城陷入曹军和投降派内外夹攻下，守是守不住了。刘备等连夜商议南撤，企图依托江陵(今湖北沙市西北 5 公里)的大量物资和水军,组织荆州抗曹力量进行防御,决定兵分两路,刘备率步、骑兵沿着从襄阳到江陵的隘道退却,关羽率数百艘船沿沔水入长江,约定两路兵马在江陵会师。诸葛亮随刘备同行。

刘备开始退却,率军撤离樊城南下,渡过汉水,经过襄阳地界,特地来到刘表墓哭祭,提醒荆州人士,他是刘表抗曹方针的继承人。然后刘备来到襄阳城下,驻马呼叫刘琮,刘琮不敢露面。刘琮左右和不愿降曹的人,纷纷出襄阳城投奔刘备。

形势发展怵目惊心。诸葛亮虽然料到曹操会动手,然而形势的急转直下,仍然大出意外。老子曰:"祸兮福所倚,福兮祸所伏"。诸葛亮钻研过倚伏之术,深知转祸为福,化败为胜,才是妙手。果能如此,祸事未必纯是祸事了。

诸葛亮劝刘备乘此机会攻击刘琮,拿下襄阳,转祸为福。君臣早想取荆州,苦于师出无名,现在终于有名。刘琮新立,脚跟不稳,责以放弃刘表大业,足以号令荆州。襄阳城内外,有大批人不愿降曹,此时不动手,更待何时?

不料刘备却把到手的宝物推掉,他说:

"我不忍心。"他是怕落下夺孤的坏名声,不肯动手。

这样只好继续退却。襄阳到江陵步道 500 里,沿途不断有军民加入,随行者增至 10 万,辎重车数千辆,每天仅前进 10 余里。退却速度过慢,刘备却以为成大事以人为根本,百姓来归,我怎么忍心抛弃呢!结果犯了错误。

曹操率军占据襄阳后,听说刘备已过,亲率精锐骑兵 5000,抛下辎重,轻军追击,一日一夜行 300 里。前锋曹纯和荆州降将文聘终于在当阳长坂(今湖北当阳东北 35 公里绿林山区的天柱山)追上刘备军。

两军一接触,曹军 5 千精骑把刘备军 10 万人马冲得落花流水。刘备丢下妻子,同诸葛亮、张飞、赵云等数十骑落荒而逃。

正当刘备这支不满一校的败兵上天无路、入地无门时,在长坂遇上东吴前来联络的使者鲁肃。这很意外。东吴同荆州刘表是世仇,孙权又企图夺取荆州,一统吴楚,称霸南方,不料却派来使者。

原来当曹操南下、刘表去世时,东吴宾客鲁肃察觉到曹操下一个目标将是东吴,立即向孙权献上一计,建议对荆州开展吊唁外交:

"请授权我向刘表两个儿子表示悼念,慰劳荆州军中掌权者,及劝说刘备使他安抚刘表部队,同心一意,共同对付曹操。刘备一定高兴地从命。如能办成,天下是可以平定的。现在不迅速前往,恐怕被曹操抢了先。"

孙权是极明白利害关系的英主,毫不犹豫地同意改变策略,并授权他出使。他认识到,曹操南下荆州,是同东吴争夺荆州,得手后势将进攻东吴,东吴连生存都将成为问题,还谈什么夺取荆州呢!眼下曹操跃升为第一位的敌人。应该调整敌友关系,同荆州建立联合战线。孙权派出鲁肃后,自己也前出柴桑,就近密切注视事态发展。

鲁肃在出使途中,路经夏口(今湖北汉口),听说曹操正在向荆州进军,及至到达南郡时,刘琮已经投降,刘备正在南撤,便迎上前去,同刘备相遇。刘备是落难凤凰不如鸡,然而鲁肃的巨眼掂得出这位失败英雄的分量,决意极力促成孙、刘两家合作,听刘备说今后打算投奔苍梧郡(治广信,今广西梧州)太守吴巨,忙向刘备指出,吴巨平庸，行将被人吞并，不足以托身。他传达孙权希望结盟的意愿：

“孙讨虏（孙权封为讨虏将军）聪明仁惠，礼贤下士，江东英豪，都来归附。现据有6郡，兵精粮多，足以成就事业。”意思是江东有资格做刘备抗曹伙伴，然后替刘备作打算：

“今天为君着想，不如派心腹结好江东，共同办好两家事业。”

这一席话，对刘备方面无异柳暗花明又一村。诸葛亮早想同东吴结缘，长坂大败后以实力不足和不明东吴态度，没有主动联吴，不料鲁肃找上门来，做了联合的发起人。鲁肃不仅处在有条件采取行动的一方，而且眼光过人。

对于鲁肃其人，诸葛亮并不陌生，哥哥诸葛瑾与他私交甚深，有关鲁肃为人早已从兄长处获知不少。更何况危难中一见，很有相见恨晚之感，谈得十分投机。

诸葛亮既敬佩鲁肃的眼光，又敬重哥哥的朋友，同鲁肃建立了深厚友谊。

刘备偕鲁肃继续退却，途中先后会合关羽水军和刘琦1万人马，众军循汉水进入长江，放弃原来西上江陵的计划，进驻江汉会合处的夏口。

这时曹操占领江陵，拥有刘表水军，将以绝对优势兵力沿江东下，进击东吴，刘备在夏口，首当其冲。孙、刘联合仅为意向，尚未敲定，形势万分危急。诸葛亮忙向刘备请缨：

“事情紧急，请授权我向孙将军求救。”刘备同意，交给诸葛亮结好东吴搬兵抗曹的任务。

诸葛亮受任于败军之际，奉命于危难之间，与鲁肃急匆匆奔赴柴桑，会见在那里观望成败的孙权。来到柴桑才知道，东吴竟连和、战大计也没定下来。大多数官员主降，孙权三心二意，像鲁肃那样主战的，只是少数。

诸葛亮冷静分析东吴内部的形势，感到和、战的关键操在孙权之手。孙权不愿意降曹，但对于弱军能否战胜强军及依靠谁来抗曹，尚无把握和良策，决心难下，犹豫不定。此行使命的关键，是游说孙权定下抗曹决心。对此，诸葛亮充满了信心。

这年诸葛亮28岁，孙权27岁。孙权沉稳大度，又年青好胜，年青人说服年青人既要晓之以理，也要动之以情，必要时还要用以退为进的激将法。

诸葛亮代表荆州方面，同孙权展开谈判。他以为，尽管己方大败之后处于不利地位，但必须掌握主动，谈的时候要坦白，彻底，以建立信任，要讲艺术，取得好效果，先鼓动孙权抗曹的决心，再消除他的顾虑。

会谈一开始，诸葛亮先向孙权摆出当前严峻的形势：

“海内大乱，将军起兵，据有江东，刘豫州（刘备曾任豫州刺史）也在荆州扩充实力，都在同曹操争夺天下。现在曹操众多的敌手已经平定了，于是出兵破荆州，威震四海。英雄已经无处可以用武，所以刘豫州逃到了这里。”

话锋一转，指出东吴面临的两条道路：

“请将军估计自己的力量，采取对策。如果有能力以吴、越之众同曹操抗衡，不如早日同他一刀两断；如果没有能力抵抗，何不按甲束兵，趁早向曹操投降臣服呢！”

是战，是降，根据你们自己情况拿主意，我方无求于你们，而且替你们着想。诸葛亮先自提出超脱而又关心的架势，接下来话锋一转：

"不过有一点要指出来，现在将军外托服从之名，内怀犹豫之计，事情紧急而不决断，大祸就要临头了。"

孙权没想到诸葛亮并没有死乞白赖乞求他抗曹，反而指出东吴投降也算是一条出路。竟然如此小看自己，岂能咽得下这口气，便反唇相讥道：

"如你所说，那么刘豫州为什么不去投降呢？"

看来孙权的情绪，已经被激起来，决定再火上加油：

"将军听说过田横吧，他只是齐国一名壮士罢了，尚且知道守义不辱，何况刘豫州是皇室后代，英才盖世，天下士人仰慕他就像江河归大海一样。如果大事不成功，此乃天意，哪能再拜倒在曹操脚下呢！"

明显地蔑视孙权不敢抗曹，孙权勃然大怒，憋在心里的一口闷气尽情吐了出来：

"我决不能以整个东吴之地、十万之众，受制于人。我的大计决定了。现在看来，除了刘豫州，没有别人可以同我一起抵挡曹操的。不过，豫州新败之后，怎么能够挡得住曹操呢？"

终于表态抗曹，以下轮到消除他的疑虑了，于是亮出刘备的底牌：

"刘豫州虽然在长坂战败，现在打散战士归队的和关羽水军精甲 1 万人，刘琦集合江夏战士也不下万人。"

喔，这是个不小的数字，有资格作盟友，孙权听了很高兴。诸葛亮洞察隐微，从另一方面打消他的疑虑：

"曹操军队长途行军作战，相当疲劳，是所谓'强弩之末'，其势不能穿透鲁缟那样的薄绸子；而且北方人不习惯水战，加上荆州民众归附曹操只是迫于兵势罢了，不是心服。

"现在将军如果派猛将统兵数万，同刘豫州同心协力，破曹军是肯定的。"

最后展示此战胜利的重大意义：

"曹操兵败，一定被迫退回北方。这样，荆州和东吴势力增强，同曹操鼎足而立的局面就形成了。"

孙权听了大喜。诸葛亮急忙把问题引向敦促孙权早日决策：

"成败的关键，就在今天下什么样的决心了。"

整个会谈，诸葛亮完全占有主动，掌握了会谈的进程。

会谈取得圆满结果。于是孙权召集群臣商议和、战大计，统一思想。在此关键时刻，东吴突然接到曹操来信，信中声称将率领 80 万水步大军，前来伐吴。东吴官员无不失色，大多数主张迎降，孙权无奈，召来中护军周瑜。在周瑜力排众议下，东吴决定了迎战大计。孙权命周瑜等率兵 3 万，随诸葛亮前往会师刘备，齐心协力抵御曹操。

还有让诸葛亮高兴的是，在东吴见到了日思夜想的哥哥，哥哥在江东深得信任。

诸葛亮出使东吴，本来有求于人家，可是他反客为主，用激将法成功地说服了孙权联合抗曹。联吴的目的达到了，还显得是孙权求他。诸葛亮初次受命，便显示出超群的外交智慧和艺术。

孙权欣赏诸葛亮的奇雅出众，出面对诸葛瑾说：

"你跟孔明是亲兄弟，现在各事一家。按说，弟弟随着哥哥，道理上比较顺，你为什么不去把孔明留在咱们东吴？孔明如果留下来跟你在一起，我给刘备去封信，解释一下。”

诸葛瑾从容回答道：

“我弟弟已经委身于别人，行了归顺之礼，名分已定，从道理上说，不能再有二心。我弟弟不能留在东吴，就像我不能再去投靠别人一样。”

孙权无法留住诸葛亮，死了心。他也很高兴，诸葛瑾交了心，俩人更加了解，更加信任，建立起“神交”。

诸葛亮随后乘船赶赴前线，协助指挥孙、刘联军作战。当年冬，曹军和联军在赤壁隔江相持，周瑜发起火攻，火烧曹船，刘备军配合在陆上追歼，共同大破曹军，曹军损失大半，曹操退回北方。联军追至江陵，经过一年围攻，守将曹仁弃城。曹军由于失去水军基地，无法再建强大的水军。曹操赤壁铩羽而归，不能战胜南方，直到 280 年晋灭吴中国才实现统一，这一推迟，竟达 73 年之久。

赤壁之战，为三国形成举行了一个奠基礼。这次战争能够取得胜利，关键是建立了孙、刘联盟和孙权在极端困难条件下决策抗曹。这两方面，诸葛亮都作出了重大贡献，与周瑜、孙权一起改写了中国历史。

三国鼎立

赤壁战后，《隆中对》实现的阻力减轻。诸葛亮继续协助刘备开创三分天下的伟业，首先是力争据有荆州。

当吴军围困江陵时，刘备率兵巡行荆州江南四郡。大军一到，四郡望风响应，武陵太守金旋，长沙太守韩玄，桂阳太守赵范，零陵太守刘度都来投降。刘备夺到荆州半壁河山，任命诸葛亮为军师中郎将。诸葛亮驻在临 （今湖南衡阳），主持零陵、桂阳、长沙三郡，征调赋税，充实军粮，从赤壁之战时的军事外交斗争，转到为扩大了的军队筹措军粮和维持后方治安上来。前方刘备负责，后方主要诸葛亮负责，近似当年刘邦之与萧何，而诸葛亮得到的信任，还超过萧何。

战后荆州遭到严重破坏，军粮保障任务十分繁重。诸葛亮边学边干，筹措、储备和供应军粮。单就筹措而言，要向编户齐民的自耕农征集粮食，征集时要造册登记，每家有田若干，是旱田，熟田，收米若干，何时缴来，仓吏是何人，收钱若干，库吏为何人。粮食征集到了，下一步是组织人力运粮。由于壮丁大都被征召入伍，只能组织老弱负粮。这就要以恩威抚恤人民，方能做到家家出谷，平其输调，军食用足。

诸葛亮全身心投入这项繁琐的工作中，亲自检查，审校记载钱粮的簿书简册，深知此职文书繁猥，非精细的人干不了。很久以后，听说孙权将用其侄诸葛恪主持东吴军粮。诸葛恪极富才气，但性格粗疏。诸葛亮深恐他有失而不安，致书东吴大将陆逊转请孙权改任，孙权便转使诸葛恪领兵了。这是后话。

诸葛亮在这一工作中，锻炼了治理才能，培养出勤勤恳恳、认真细致、一丝不苟的作风，对形成一生事必躬亲、鞠躬尽瘁的风格起了重大作用。这位年青人现在既有大志，有创见，又踏实能干，细致周到，前途不可限量。

诸葛亮利用在荆州的影响，为刘备招揽人才。刘备对士人的影响本来比曹操大，加上诸葛亮招揽，荆、楚人士来归附刘备的，风起云涌。

诸葛亮的亲戚庞统在周瑜那里当功曹，赤壁战后回到家乡。刘备让他代理耒阳县令。不久，便听到一些传言，心中老大不快。

“庞统当县令，不办公事，把他撤了。”刘备不满地说。

“庞统有大才。从前司马德操评论他是‘凤雏’。”诸葛亮说，“鲁肃来信建议给他更高的职位，那样才能一展他的骥足。说得很对。”

刘备疑惑，把庞统找来谈话，果然大加赞赏，感谢诸葛亮慧眼识珠，善于荐贤。从此，对庞统的亲密，仅次于诸葛亮，也授予他军师中郎将。

诸葛亮熟悉的襄阳宜城人马良、马谡兄弟以及南阳陈震、襄阳杨仪和向朗，家乡都在曹占区，却都投奔了刘备；武陵廖立，枝江霍峻也归了刘备。

还有个知名人士刘巴，随荆州归降曹操。曹操令他南下争取长沙、零陵、桂阳，正好刘备收降江南。刘巴北返无路，想远游交趾绕道去洛阳。临行给诸葛亮来信说是不再顾恋家乡荆州了。人才难得，诸葛亮追风掣电地复信争取他站到刘备这面：

“刘公雄才盖世，据有荆州土地，人们无不归顺这位贤德的英主。天意和人心去就在哪里，现在看得很清楚了。足下还打算到哪里去呢？”诸葛亮这封信没有挽留住刘巴，但是尽了心。人们看到刘备方面如此爱才，感叹不已。

这期间，周瑜把南郡江南岸油江口（今湖北公安西北 5 公里）作为抗曹的酬劳划归刘备，刘备把它改名为公安，又亲赴东吴协商，请求让出东吴攻占的江陵。孙权没有让，事后在鲁肃的劝说下，为减轻曹军压力及巩固同盟，同意借出江陵。这就是所谓的刘备借荆州。刘备控扼了长江主要水军基地和州中最大片的土地，《隆中对》据有荆州的目标基本实现。在刘备据有荆州的斗争中，诸葛亮发挥了不可代替的作用。他首次提出夺取荆州的目标，促成联吴，主持大部分地区的后方工作，并协助招揽了人才，作出重大贡献。

按照《隆中对》确定的战略目标，夺荆后的任务是夺益。具体谋划夺益其事的却是法正和庞统。

这时，曹操与孙、刘争夺的重点在三方以外的中间地带。曹操企图统一关中、陇右，同东吴争夺淮南，削弱并分化孙、刘，实行持久战。东吴一面北防曹操，一面企图伺机夺取益州、交州等地。益州与刘备的荆州毗连，在荆州的西方，州中别驾张松、法正等巴蜀集团部分成员不满意益州牧刘璋懦弱无能，企图拥戴有作为的领袖，并选中刘备。张松乘曹操将要进攻汉中张鲁、引起刘璋唇亡齿寒的恐惧之机，向刘璋建议迎请刘备进入益州，以便依靠刘备进攻张鲁，抵御曹操。刘璋同意，派法正、孟达率 4000 名兵士，邀请刘备进入益州。

法正来荆州后，向刘备传达了刘璋的邀请，私下献策乘此机会夺取益州：

“以明将军的英才，利用刘牧懦弱，及益州主要官员张松在内响应，然后依托益州的富庶和险阻，成就大业，易如反掌。”

军师中郎将庞统也极力赞成：

“荆州荒残破败，人才已尽，东有孙权，北有曹操，鼎足三分的计谋，难以得志。现在益州国富民强，人口百万，土地肥沃，财货珍宝无需求于境外，可权借它成就大业。”

建安十六年(公元 211 年)十月，刘备在法正、庞统说服下，决心应邀开往益州，相机夺取之。行前宣布，诸葛亮、关羽、张飞等留守荆州重地，赵云代理留营司马，掌管荆州留营军事；刘备亲自率领步兵数万，以庞统随行，沿长江三峡西上。

诸葛亮这年 31 岁，为刘备坐镇后方。刘备夺到益州当然好，夺不到也有荆州作为退路，稳稳地处在进可攻、退可守的位置上。诸葛亮的萧何角色突显出来。

自从大军出发后，诸葛亮不断了解到，刘备顺利到达益州，受到刘璋热烈欢迎，在益州北部葭萌驻军，收买人心，扩大影响。一年后，找到借口攻击刘璋。刘备军以劣势兵力进行无后方作战，在其攻势下，益州涪城众将陆续战败，退保绵竹，绵竹守将李严、费观投降，仅剩张任、刘循等决心死守雒城。刘备围困雒城，长期不能攻下，庞统中流箭身亡。

诸葛亮正在焦急之际，前线来人送上刘备急信，调他率兵入蜀增援。刘备企图以诸葛军协助夺取益州，而且预见到益州在未来的战略地位一点不比荆州差，而益州矛盾错综复杂，从来没有很好地安定过，治理益州任务艰巨，非诸葛亮莫属，及早把他调来，也不失为未雨绸缪，是用人的上策。

诸葛亮留关羽镇守荆州，关羽号称“万人敌”，对刘备之忠和临敌之勇天下皆知。诸葛亮率张飞、赵云及数万兵，溯江西上。大军进入益州以后，攻克巴东，巴郡，生俘巴郡太守严颜。在此地兵分三路：令赵云为南路，从外水(今岷江)南下平定江阳郡、犍为郡，令张飞为北路，北上平定巴西郡、德阳县，自己居中路。三路援军分头平定益州东部中部各郡县，积极筹粮，配合刘备作战。援军进展顺利，与刘备军会师成都城外，又有新投奔刘备的马超军也抵达这里，刘备军在围困十个月后已经攻陷雒城。各军合围城都。成都城内十分震惊和恐怖。刘备、诸葛亮围困数十天，刘璋与进城劝降的简雍共乘一辆舆车，开城出降。

诸葛亮同法正、张飞及赵云四人被认为夺益功劳最大，每人得到赏金五百斤、银千斤，钱五千万，锦千匹。

至此，刘备基本实现《隆中对》提出的跨有荆、益的目标，距诸葛亮提出日期不过短短七年时间，刘备实力已略大于东吴。这年诸葛亮 34 岁。形势发展真快，在他的协助下，刘备成了赤壁之战最大的受益者。

刘备以蜀地成都为治所，同诸葛亮一起吸收刘璋集团愿意合作的成员。董和、黄权、李严，本是刘璋所委任的，吴懿、费观等同刘璋有姻亲关系，彭羕是刘璋所排斥的，刘巴是刘璋一向忌恨的，刘备都委以显要位置，发挥其才能。在刘备集团中，关、张、麋、简等早年跟随刘备的，构成北方故旧集团；诸葛等中期参加的，构成荆襄集团；此次巴蜀集团和西北方面马超参加进来以后，进一步扩大了刘备集团的基础。刘备在此基础上组织政权，自己兼任益州牧，以诸葛亮为军师将军，充任股肱，法正为谋主，关羽、张飞、马超为爪牙，许靖、麋竺、简雍为宾友。

刘备把诸事安排妥帖后，继续率军在外征战，开拓领地，诸葛亮为刘备坐镇蜀地。诸葛亮收到荆州马良来信，称赞他顺应人们的期望辅佐当世，光大国家，端倪已见。

希望遇事多考虑，多了解情况，按照时代要求选择人才，做到和光悦远，迈德天壤，正确处理各方面关系，使当世人们安闲，心服，统一各方面高妙的意见，不要相互争夺，奏出伯牙、叔旷那样动听的音乐。诸葛亮知道，人们对他寄予厚望，自己必须更加努力。

诸葛亮治蜀，极力团结各方面人士，尤其注意团结法正。法正在刘璋处不得志，如今官居蜀郡太守，扬眉吐气，一饭之恩，一视之怨，无不报复，擅自杀死好几个说过他坏话的人。有人对诸葛亮说，法正在蜀郡太霸道，将军应该报告主公，煞煞他的威风。

“不。主公在公安的时候，北畏曹操之强，东惧孙权之威，近则孙夫人有可能在身边发动变乱，那时真是进退两难。法孝直给主公插上翅膀，令翻然翱翔，不再受制，怎么能限制法正使他不能称心快意呢！”

然而诸葛亮的治理，并非无原则迁就，他厉行法治。有人觉得，他刑峻法急，不论有头脸的人物和普通百姓都心怀怨气，益州代言人法正出来说了：

“从前汉高祖入关，约法三章，秦地百姓感恩戴德，现在您凭借主公威力，跨据一州，刚刚占有其地，还没有给予恩惠；而且从客主关系上说，也应该谦逊退让，希望做到刑法宽大禁令放松，满足益州人的期望。”

“您只知其一，不知其二。秦因为无道，政苛民怨，所以匹夫大呼，天下土崩，高祖顺应这一形势，便成就了大业。”诸葛亮道，“不过今天情况不同。刘璋昏弱，德政不实行，严刑不实施，蜀地人士，专权横行，君臣间的准则，逐渐破坏。拿官位宠幸他，他官位到极点便轻贱官位；用施恩顺着他，恩惠施尽他就怠慢。产生弊端的原因，实在是由于这些。我今天用法威慑他，法行他就懂得什么叫恩惠，用爵位限制他，给爵位他就懂得什么是荣誉；荣誉恩惠并用，上下之间才有原则。治理的要点，在这里最显著。”

诸葛亮治蜀的大量工作，仍然是支援前线。这时刘备采纳法正建议，率军攻打汉中。不久来信，要求火急增兵。增兵，就要征兵，是个难事，应由蜀郡太守法正来办，但法正在前线。诸葛亮想到蜀郡从事杨洪，先不说破，听一听他是什么态度。杨洪态度鲜明地说：

“汉中是益州咽喉，存亡的关键。假如汉中有失，就没有蜀郡。这是家门口的大祸。当今男子应当参战，女子应当运粮，征兵还有什么迟疑呢！”

杨洪是益州人，把前线告急当成家门口的危机，说明益州人对刘备事业的支持。于是把征兵交给杨洪去办，杨洪办得很出色，终于让他正式作了蜀郡太守。杨洪本来是犍为郡太守李严的部属，现在地位比李严还重要。益州人都佩服诸葛亮能充分发挥人的才能。

这个时候，刘备集团事业发生转折。

建安二十四年（公元 219 年）七月，关羽北上围攻樊城，俘虏曹操援军于禁统率的七个军 3 万多人。在关羽胜利的影响下，樊城以北、曹魏都城许都以南的反曹力量，往往遥遥响应关羽。为了避开关羽兵锋，曹操一度企图把都城从黄河以南迁到以北。关羽威震华夏，刘备势力的扩张达到顶点。正在这时，东吴却发生意想不到的绝大变化。东吴由于刘备在上游崛起、借荆州不还、关羽藐视东吴而感到深受威胁，暗中倒向曹操，偷袭关羽后方江陵，夺取荆州，俘杀回军的关羽，由联刘转为同曹操联合。

次年，曹操享年 66 岁去世，长子曹丕接任，逼汉献帝“禅让”，自行称帝，建立魏国，都城迁至洛阳。成都传闻献帝被害，军师将军诸葛亮与太傅许靖、安汉将军麋竺等上言刘备劝进。于是刘备于黄初二年(公元 221 年)四月以继承汉统名义，在成都武担以南即皇帝位，改元章武，以诸葛亮为丞相，建立汉国，史称蜀汉、蜀，中国形成两帝共一吴的局面。

蜀国失去荆州及同孙权的联盟破裂后，处境恶化。诸葛亮是孙、刘联盟的创立人，在维护联合的同时，对东吴可能不利刘备的举动，保持着警惕。

当年刘备提出亲赴东吴谈判借荆州。诸葛亮以为形势险恶，不去为好，刘备坚持成行，几乎被东吴软禁。

那时孙权为结好刘备，把妙龄的妹妹嫁给年近半百的刘备。听说刘备进益州，孙权恼怒，派人接回孙夫人。孙夫人想抱着孩子，即甘夫人所生的刘备独子刘禅，回东吴。诸葛亮下令赵云勒兵断江截留刘禅，才保住后来的太子。

蜀国丧失荆州后，《隆中对》提出的两路出兵、钳形攻魏的方针落空。刘备当皇帝后，决心同东吴作战，夺回荆州。群臣对于置主要敌人于不顾多持异议，认为不应该攻吴，而应该出兵关中攻魏。领头反对的是老资格的赵云：

“国贼是曹操，不是孙权；而且先灭魏，吴国自然臣服。应当利用众人之心，早日谋取关中，据有黄河、渭水上游，讨伐凶逆，不应该把魏国放在一边，先同东吴交战。兵势一交，不能很快解开。”

赵云等实际上主张在新形势下放弃两路出兵，紧紧依托益州，一路攻魏。刘备决心已定，不听劝谏。隐士秦宓陈说天时不利，刘备竟将其下狱幽闭，遂使言路堵塞。

关键时刻，有说话分量的诸葛亮持什么态度，史书竟无记载。

诸葛亮态度暧昧，大约不赞成攻吴。证据是：他在刘备败后叹道：“法孝直如果不死，就能制止主上，不让他东行”，等于明白表示不赞成攻吴。刘备死后，他决心联吴，派遣持同样主张的邓芝衔命使吴。在孙权称帝时，他力排众人断绝同东吴的盟好之议。这两件事，说明在蜀国高涨的反吴情绪中，诸葛亮是少数坚定的联吴人士。由此上推到这时，他也不可能力主攻吴。

诸葛亮为什么不挺身而出？大约处在两难，深知无法说服刘备，身居相位要同刘备保持一致，何况哥哥诸葛瑾给刘备来信劝和，要是自己也大力反对攻吴，将处于嫌疑之地。自从同哥哥各处一国，各为其主以来，兄弟情深不变。但十分注意避嫌，到对方国家后，只在公事相见，互致问候，从不私下见面。

刘备一意孤行，亲自东征荆州。蜀、吴夷陵大战爆发，历时一年。刘备大败，逃回白帝城，吴军确保荆州，进一步改变吴、蜀力量对比；蜀军被歼数万，舟船器械，水步军资，一时略尽，尸骸漂流，塞江而下，元气大伤，国力衰落，成为三国中实力最弱的国家。战后，东吴无力也无意进攻蜀国，蜀国也无力争夺荆州，从而结束东西方军事较量。三国稳定了各自的疆域，正式进入鼎立阶段。

刘备是天下知名的大人物，对手吴军统帅是陆逊，刘备败在 39 岁的小辈手下觉得太掉价，经受不起失败的打击，不好意思回成都，住在蜀、吴边境的白帝，竟然一病不起。于是急催诸葛亮前来白帝。

从赤壁战后至今，前后14年，诸葛亮从29岁走到42岁，是一生中的青春年华。在这美好的时光里，他以后方主持人的角色为刘备三分天下作了重大贡献，也为未来作了准备，成长为成熟老练的领导人，历史将赋予他更重要的任务。

蜀中丞相

丞相诸葛亮从成都火速奔赴白帝。像赤壁战前奉命出使东吴那样，他又将在事业的低潮时期，开始新的征途。

刘备63岁，病得很重，不行了，硬撑着等待丞相。丞相一到，马上约谈，诚恳地说：

“您的才能，十倍于魏文帝曹丕，一定能够安定国家，最终成就咱们的大事。

“我死后，如果接位的孩子刘禅可以辅佐，就辅佐他；如果他实在没有才能，您可以自己取代。”

这是遗嘱，交下两个任务：安定国家，最终完成刘备未了心愿灭魏。对于领导人问题，说得极端坦率，或辅，或取，视情而定。精神只有一个：为了灭魏，交付丞相决定。丞相小他20岁，两人一老一中，班子年龄结构十分理想。刘备对后事考虑得很周详。儿子不争气，但仍然后继有人。现在到了最后时刻，跟丞相坦诚相见，总之以事业为重。刘氏统绪可断，这个集团的事业不断。

像听到一声霹雳，诸葛亮十分震惊；像千斤重担压下来，肩头陡然一沉；又像煦煦春风，温暖全身。聆听了主公掏心窝子的话，诸葛亮再次感受到三顾茅庐时的激动心情，止不住泪流满面，发出肺腑之言：

“臣敢不竭尽作为刘家股肱的全力，献出我的忠贞之节，直到我死！”

表态包含三层意思：我将来的身分是股肱，不是元首；我永远效忠；我死而后已。

17岁的刘禅在成都，不能参加权力交接。刘备又制诏敕给这位未来的后主：

“你跟丞相一起治国，要像侍奉父亲一样。”

又叫来刘禅庶弟鲁王刘永，交待他：

“我死后，你们兄弟像侍奉父亲那样对待丞相，只是让你们同丞相共事而已。”

刘备深知，儿子无能，死后大权必落于诸葛亮手中。硬要儿子独掌大权，难当大任，事业必败。诸葛亮掌握大权，事业或可有成，他不是野心家，因此索性把话挑明。刘备托孤，流露内心对诸葛亮的信任，是刘备、诸葛亮关系的光彩照人极其绚烂的一页。如此以诚待人，是刘备真性情的流露，怎能不令诸葛亮五内感动呢！这再一次证明当初投奔刘备是对了，如果是曹操，以权术驭人，能如此委心相任吗？

刘备交待完后去世了。自从曹操死后，刘备是三国间最知名人物，他的死震动华夏。人们发出疑虑：大败之后的蜀国能否承受住这一打击，并保存和安定下来？确实，诸葛亮接过的是个烂摊子：不仅统一全国未实现，而且刘备集团陷入第二次危机。

当此关头，蜀国新的领导者非有大智大勇，不能将船航到彼岸。刘禅平庸，无法胜任。刘备看到这一点，在托孤时定了调：皇帝是象征，大权在丞相。

因此蜀国中央决策和行政系统不能循常规走路，必须进行政治制度改革。过去皇帝刘备掌握大权，丞相诸葛亮分掌大权。现在丞相在尊重后主刘禅的同时，接收刘备的权力，集中于自己一身，对刘禅的皇权作出限制。

蜀后主建兴元年(公元 223 年)，诸葛亮被封为武乡侯。武乡是魏境内琅邪郡的一个县，三国封爵时都封在本郡邑。接着成立丞相府，掌管全国行政大权，又以自己主持的宰辅会议代替过去刘备主持的御前会议，建立决策后重大事项向皇帝刘禅报告的制度，建立丞相对皇帝指导的制度。这样，蜀国最高权力机关在刘禅的宫中和丞相诸葛亮的府中，但是宫中的权力是名义上的，实际政务操在府中，丞相府成为蜀国事实上的中央机关。不久，诸葛亮兼任益州牧，不仅国务归诸葛亮，连地方事务也归诸葛亮直接过问。从体制上确定了政事无论巨细，都取决于诸葛亮。

领导者的权威不仅来自权力，也来自个人魅力。诸葛亮的施政风格同曹操一味用术不同，他是忠心耿耿，兢兢业业，出以一片公心，团结人，尊重人，讲奉献，敢于批评和自我批评，这一风格赢得一致好评。

后主自身既无能，严父又有交待，对于诸葛亮集权是认可的，公开说：“祭祀这件大事，由我主持；政事则由葛氏做主。”后主身边，诸葛亮都安排了正直的官员。

实际上，诸葛亮以人臣而代行君权。

当曹操处于大权在握的类似位置时，人们纷纷对他的真实企图抱有怀疑；但是群臣对诸葛亮只是尊敬，没有人怀疑他有非分企图。

诸葛亮有权调动全国的力量，放开手脚办事。

要办的大事，是摆脱目前危机，最终统一全国。任务异常艰巨，必须拨乱反正，扭转航向，制定新的国策，带领国家回到正确的道路上来。

蜀国的道路是有问题的。当“汉事将成”之际，蜀国围绕荆州归属，同东吴出现尖锐对立，而决策却一再失误。一方面荆州是东吴全力来争、刘备只能以一部力量来守的形势，一方面忽视团结东吴，对东吴争荆州的决心估计不足，丧失警惕，发生了东吴背叛联盟、荆州被偷袭的恶性事件。关羽被杀后刘备又置主要敌人曹魏于不顾，发动东征，遭受挫折。在一连串重大挫折打击后，应该清醒了。

症结在什么地方呢？在于打击的方向错了。如果蜀、吴继续对抗下去，势将相互削弱，魏国将更加强大，最终不仅不能消灭魏国，反而将被它所灭。

反吴已被证明是错误的，刘备对此有所觉悟，夷陵战后派使者联络吴国，临终又说他所惦念的，是“最终成就咱们的大事”。这“大事”便是消灭魏国，兴复汉室。但刘备无力彻底改正他的错误，此事必须由自己完成。诸葛亮把联吴灭魏确定为基本国策，一切都必须服从服务于它。

这时群雄混战和三国形成阶段已经过去，进入三国鼎立阶段，形势相对安定，各方不再进行决战；然而，北伐魏国是刘备集团一贯的方针，刘备临终又以此事相托，伐魏仍须进行。而且必须尽快，时间拖长，对于魏国恢复其残破的经济有利，而及早北伐可发挥自己治国治军优势，何况身死之后，谅蜀国无人能够蹈涉中原，抗衡大国，唯有早用兵，才有希望蚕食并最终打败魏国，报答刘备知遇之恩。

形势仍然是魏强蜀弱。魏国人口约占三国总人口的60%，面积为整个北中国，政权度过草创阶段，经济有了一定的恢复。蜀国在江陵、夷陵之败中损失了荆州军全部、益州军一部，人口约占三国总人口的12%，面积只有益州一州。

但胜利希望是有的。魏国存在弱点，当权者的战争指导能力远逊于过去的对手曹操，经济仍然没有走出阴影，许多地方仍然是千里无烟。蜀国虽然在军事力量上处于劣势，但是同刘备寄寓荆州时相比，有了相当的实力，经济未遭到破坏，还有较大发展，政权将获得巩固，刘备集团素有以弱胜强的传统。如果再度实现联吴，吴、蜀联盟可以对魏国构成战略均势，那时魏国不能全力对蜀，蜀国可以全力对魏，有可能在局部地区造成某种优势，积小胜为大胜，最终战胜魏国不是没有可能的。

诸葛亮展开确立联吴灭魏国策的努力。

这时，魏国司徒华歆、司空王朗，各有书信写给诸葛亮，陈说天命和人事，劝诸葛亮举国称藩。

诸葛亮不作答复，暂时保持低姿态，抓紧统一内部思想。针对内部对北伐众寡悬殊、信心不足的问题，他写了一个叫做《正议》的文件，连同魏国劝降信，一起在内部传阅。

《正议》回顾了历史经验，说从前的项羽，够强大了吧，可是没有"德"，终于惨败。光武帝只有数千弱卒，够弱小了吧，由于是中兴汉业，昆阳一战，打败王莽强兵40余万。可见，用道义战胜邪恶，不在众寡。

接着历数曹操父子的倒行逆施，嘲笑来信的几位先生，说纵使他们逞苏秦、张仪的言辞，也不过白费笔墨罢了。《军诫》上说："万人抱必死之心，可以横行天下"，何况我们有众多的军队，依据道义讨伐有罪，岂是曹魏所能阻挡的呢！

《正议》实际上是一篇北伐的动员令。

伐魏，就必须停止同吴国对抗，恢复联吴。

诸葛亮必须扭转反吴的航向，但是在蜀人的感情关前陷入了孤立。蜀国两次大败于吴国，丧失荆州，丧失关羽、刘备，这些惨痛，仇恨，人们都挂在吴国的帐上，国内反吴情绪高涨。诸葛亮企图联吴，怎奈知音寥寥。而且，吴国意图不明，也够令人担心的。孙权曾经要求建立联系，可是又在刘备去世后接纳反蜀势力。前后派往吴国的使者丁有、阴化，都不能使孙权有联合蜀国的明确表示。诸葛亮生怕孙权策划不利于蜀国的诡计。

正在忧虑时，尚书郎邓芝求见：

"现在主上年轻孤弱，刚刚继位，应该派遣重要使臣前往吴国，重申同他们的友好关系。"

"我也想得很久了，只是找不到适当人选。今天总算找到了。"诸葛亮为发现邓芝观点与他相同而惊喜。

"敢问是哪一位？"

"就是使君你啊！"

诸葛亮下令邓芝出使东吴。邓芝不负使命，他摸清孙权对于联蜀态度不明朗的顾虑。原来孙权担心蜀主幼弱，领导不起来，万一联蜀后引起魏国进攻就不好办了。邓芝告诉孙权，真正领导蜀国的是一世豪杰诸葛亮。你如果不联蜀，魏国早晚要你和太子入朝，那就有被扣的危险，如果不肯入朝，就会讨伐叛乱，蜀国也会顺流而下，那你就危险了。孙权沉默了很久，才说：

“你的话是对的。”又试探说，“假如灭了魏国，天下太平，吴、蜀二国分治，不是很好吗！”显然对蜀国的诚意还有怀疑。

“天无二日，土无二主。如果联合消灭魏国以后，大王不识天命所归，那么战争又要开始了。”

邓芝坦诚直言，毫不回避矛盾。孙权不但不以为忤，反而开怀大笑，很满意：

“你为人坦率，就像刚才这样子吗？”

孙权给诸葛亮修书一封：

“蜀国前后派来的使者中，丁有说话过分夸张，阴化说话吞吞吐吐，能够使两国联合和睦的，唯有邓芝。”

联吴的事办成了，下一步是举行北伐而平定叛乱。

征服南中

有人借刘备之死发动叛乱。

叛乱发生在南中。那里位于益州南部，辖越嶲、益州、牂牁、永昌等郡，物产丰饶，环境闭塞，杂居着叟、青羌、僚、濮等夷越少数民族和汉族。社会发展比较落后。地方势力较强：一是少数民族首领，称为渠帅、夷帅、督帅、叟帅；二是夷化的汉族豪强大姓，世袭相承，势力比土著渠帅更强大。

刘备进入益州后，见南中地方势力表示归顺，便设庲降都督总摄南中。该都督治所遥远，距蜀两千余里。南中牂牁太守朱褒、益州郡汉族大姓雍　等听说刘备去世，愈发骄横狡诈。

诸葛亮从安定大局出发，试图安抚朱褒，又令都护李严晓喻雍　。雍　傲慢地答称，现在天下有三个政权，远人惶惑，不知该归顺何方。接着起兵叛乱。该郡夷人不愿反蜀，雍　令汉族大姓孟获造谣诓骗夷人，迫使夷人听命。夏天，朱褒和越嶲夷王高定等起兵响应，造成内外相连的声势。雍　公然拘执益州太守张裔，把他送往吴国。那时吴、蜀联盟还没有恢复，孙权态度动摇，这时便遥授雍　为永昌郡太守，任命刘璋儿子刘阐为益州刺史，令刘阐进驻交州和益州边界。叛乱势力同东吴串通，东吴对困境中的蜀国虎视眈眈。孙权遥授雍　为太守的永昌郡在益州郡以西，道路堵塞不通，与蜀地隔绝，郡功曹吕凯等率吏民封锁郡境，抵制雍　到任，坚决不同意反蜀。雍　、高定率军从东北进攻该郡，不能攻陷。

如何处理南中的叛乱？诸葛亮认为，国丧期间，百事待理，不便加兵南中。后主建兴二年(公元224年)春,诸葛亮下令关闭通往南中的灵关,封锁南中,互不往来,一年内不作平叛的部署。这期间,他平稳接管了刘备的权力,同吴国恢复了联盟;同时积极进行南征准备,大力发展农业,储备粮食,与民休息,创造所需的物质基础。于是田地开辟,仓廪充实,兵器坚利,国家度过了刘备去世的危机,趋向稳定,叛乱势力也失去吴国支持,陷入孤立。

形势同一年前大不相同,平叛战争的时机成熟了。

同时,诸葛亮对即将到来的战争也想得更深。为什么要南征呢?似乎是为了平叛,更进一步去想,这又不是简单的平叛,而是为北伐作准备。南中是益州的后方,它不稳定,蜀国后方便不稳定,北伐便有后顾之忧。再者,南中是块宝地,那里的少数民族善战,是重要的兵源,那里的战略物资丰富,盛产笮马、 僮、髦牛,南中的巂唐、不韦等地,出产金银宝货,南中又是通往南亚、中亚的陆上捷径,是外贸要地。如果把南中改造为北伐的物资和兵员供应地,北伐便获得可靠的资源基地。简单的平叛实现不了这个目标,唯有抑制反蜀倾向,促成双方和睦相处,才能保证南中今后支援北伐。这才是这次战争的真正目的。

想通了这一点,南征也有了底。显然,军事平叛是必要的,又是远远不够的。通过武力使人服从之外,还要通过施德、怀柔远方,争取当地的人心,军事斗争和政治斗争要结合进行,相互为用。这是一场特殊的战争。打好这一仗,必须对战争有深刻的理解,有高明的指挥,没有悟性很高的战略头脑和必要的权力,是指挥不好南征的。

诸葛亮决定亲自出征,却遭到丞相长史王连坚决劝阻。王连道:

"南中是不毛之地,疠疫之乡,不应该以一国仰望的人,冒险前往。"

诸葛亮环顾众将,威望、才能都不如自己,难以当此重任,但是长史是丞相主要助手,王连言辞又极为恳切,亲征的事便暂时搁置下来。不久王连病重无法劝阻,诸葛亮便在建兴三年三月亲自南征。大军分作三路,丞相亲率主力西路军,从成都出发,沿江下到 道,沿马湖江(今金沙江)经安上(今四川屏山西)上溯,袭击越巂;令门下督马忠率偏师为东路军,从道进趋牂牁;令降都督李恢率偏师为中路军,自驻地平夷(今贵州毕节)向雍 老巢益州郡推进。

临行,百官送行,参军马谡也来了。马谡是马良的弟弟,以腹有奇谋受到诸葛亮敬重。诸葛亮询问马谡道:

"我们多年一起共事商讨问题,今天远别,希望赐予良策。"他一向这么谦虚。

马谡答复丞相的询问,说道:"南中依仗着地势险,道路远,不向朝廷臣服,有很长的历史了。现在您准备倾全国力量,北伐强敌。那时南中知道国家内部兵力空虚,会加速再次叛乱。如果把他们全部消灭,以除后患,那既不是仁者愿意做的,而且也不可能在短时间内做到。"接着,提出作战方针的建议,"用兵之道,攻心为上,攻城为下,心战为上,兵战为下,希望您使他们心服,就行了。"

"说得好,我领教了。"诸葛亮采纳了马谡建议,把"攻心为上"等几句话制成丞相教令,晓喻全军。

这时战争双方的情况是:南征军强大,有统一指挥和丰富作战经验,占据优势;但反蜀地域广大、分散,地形、气候复杂,交通闭塞,因此机动困难,联络不便,平叛费时。

三郡反蜀分子在当地历代经营，根深蒂固，占有地利，其势力不易轻易根除；但兵力弱小，不相统属，靠欺骗和宗教裹胁众人，有利于南征军各个击破和以攻心进行瓦解。

诸葛亮亲率西路大军进入南中后，沿江南下，进入越嶲，进驻高定"窟穴"邛都以西300里的卑水（今四川美姑河畔，美姑、昭觉二县间）待机，企图调动进攻永昌郡的高定、雍　，使他们回援越嶲，以支援被围困的永昌郡军民，及聚歼高定部队。雍　、高定果然被迫回援，在邛都北、东、西三面各县筑垒防守。这时，反蜀军发生内讧。雍　被高定部曲所杀，余部归入孟获。诸葛亮利用对方内乱的有利时机，攻陷邛都城，俘获高定妻子儿女，高定走投无路。诸葛亮招降高定。不料高定纠集2000残部，杀人盟誓，决心死战。诸葛亮惊讶"邈蛮心异"。攻心不成，不得已再战，斩高定，平越　。

东路军马忠进入南中后，取道牂牁，击破反叛的太守朱褒，朱褒率军西逃。

中路军李恢以南中长官身份，率部向益州郡巡行，在昆明遭到各县纠合的反蜀势力的围困，同诸葛亮大军失去联络。他欺骗反蜀势力说，官军粮尽，企图退军，我是本地人，打算留下同你们合伙干。对方信以为真，戒备松弛。李恢挥军出击，大破反蜀军，追奔逐北，南到盘江，东接牂牁，联合东路军马忠，追击并歼灭了西逃的朱褒军，同诸葛亮主力军声势相连。

至此，南征军三路大捷，平息了越嶲、牂牁两郡叛乱，反蜀势力只剩下最后据点益州郡。但那里自然条件十分恶劣，进军益州郡，必须渡过泸水（今雅砻江与金沙江水段）。泸水又深又广，水边道路不良，仅勉强可以通行，又多瘴气，三四月间，遇上便死，五月以后，路人发闷呕吐，但勉强可以免灾。

诸葛亮三月出兵，到这时正值五月，于是大军艰难地渡过泸水，进入不毛之地。

反蜀势力现在以孟获为首。听说孟获是汉族大姓，一向为当地少数民族和汉族人所敬服。目前，敌弱我强的有利形势进一步加强，诸葛亮决心以乘胜之师，展开攻心战，促使孟获归顺。于是招募勇士，设计生擒孟获于盘中（盘江地带）。

孟获被俘，自以为必死，不料诸葛亮赦免不杀，放他回去。回去前，丞相交待，让他观看蜀军营阵。营阵井井有条，深得兵法之妙。

"你看了我的军队，有什么感想？"诸葛亮希望他能感服。不料，孟获说：

"过去不知虚实，败在你手中。今天承蒙赐观营阵，如果只是这个样子，那我很容易就能打胜的。"不知是孟获不懂兵法，还是有意如此说，总之是不服气。

诸葛亮听了孟获的牛皮，深觉好笑，同时下决心，一次不行就两次，多次，直到他心服，便下令释放孟获。孟获不肯投降，却蒙释放，部下和孟获本人都很惊讶，世上还有这么打仗的！

诸葛亮鼓励孟获回去再交战。蜀军和孟获接连打了几仗，把孟获俘虏了七次，每次又把他放了。最后，孟获丧失再战信心，又深受感动，说什么也不肯回去再战了，他对丞相说：

"您，具有天威，南人从此不再反了。"

当年秋天，蜀军三路会师滇池，全部平定了叛乱。

战后，诸葛亮为了实现节约人力、物力，在南中基本不留兵、不运粮，并使南中"纲纪粗定，夷、汉粗安”，达到民族基本团结、法纪基本建立的目的，进行如下的独特处理。

把南中四郡划为七郡，削弱每郡的力量，留下平叛骨干李恢、马忠、吕凯等任太守，牢牢控制南中。

调南中大姓头面人物建宁爨习、朱提孟琰、孟获，到蜀中做官。

承认当地渠帅的权力，在县以下录用渠帅就地任职，实行县以下自治。

南征军全部回军，不在南中留下重兵。许多人对此点想不通。诸葛亮开导说：“如果留外人，就该留兵，留兵则无所食，一不易也；加上夷人新近伤破，父兄死丧，留外人而无兵，必酿成祸患，二不易也；加之夷人不断有废杀之罪，疑心自己罪重，如果留外人，终不能彼此信任，三不易也；现在我不留兵，不运粮，只求纲纪粗定，夷、汉粗安。”

劝令大姓富豪用金帛收买刚狠不服的少数民族“恶夷”做部曲，通过大姓对他们实施控制。凡收买多的大姓，允许世代袭官。

征发南中劲卒青羌加入蜀军，连同其万余家一同迁出南中，转移到蜀地，把青羌编为五部。此后，五部青羌成为蜀军一支精兵，所当无前，号称飞军。

征收南中金、银、丹漆、耕牛、战马，供给军国使用。

经过上述战后处理，国家得以富饶，南中也从此安定下来。虽然在诸葛亮生前和死后，南中偶尔也发生过叛乱，但都是小规模的，无关大局。南中现在被改造为北伐的基地，不再成为后顾之忧，又能够源源不断地支援前方。

南中是远方少数民族杂居地，平常不出官赋，不出兵员，还屡屡反叛，诸葛亮南征，使南中出官赋，出兵员，而不反叛，是极大的成就。当然南中大姓不免愁怨，因此在一些人眼中，南中是“患国之人”，患难时难以依赖。即使是这样，南征的成就也是很大了。

十二月，诸葛亮凯旋成都，结束南征。

这回，诸葛亮首次担任全军统帅，进一步积累了带兵作战经验，是北伐前的一次很好演练。他指导战争时，注意上次战争同下次战争的联系，体现了很强的战略意识。他把南征当作军事政治仗来打，不仅能打兵战，也能打心战，心战打得十分漂亮，取得杰出的成就。

挥师汉中

平定南中扫清了北伐一大障碍，但北伐仍然困难重重。

首先是国力有限，限制了蜀军员额。黄初二年（公元 221 年）蜀国户口 20 万，如果达到魏军的规模，例如建立 40 万军队，每户需征兵 2 人。这是不可能的，因为各家基本上不再有劳动力从事生产，国家、人民和军队都将无法生存。蜀国以有限的人口既要出兵保持北伐军的数量，又要留有劳力生产余粮，供应蜀军作战，深感压力巨大。蜀军数量注定处于劣势，即使保持十几万，兵源、军粮也都捉襟见肘。

其次是地形和运输上难处很大。地形上的难处，造成边界利守不利于进攻。蜀、魏边界分为东西两段。东段边界南为蜀国汉中，北为魏国关中，中间隔着秦岭谷道。秦岭谷道通常南北宽470至660里，渺无人烟，极其难行。边界西段是汉中、梓潼同魏国武都、阴平的边界，也是山地和高原地形。越过边界，必须穿越上述漫长而艰险的山路，这成了北伐后勤保障的巨大障碍。蜀军北伐的后勤保障任务艰巨，军粮立足于从国内运输。由于边界山地道路漫长，艰险，供应几万、十几万人的军粮，大约要动员与军队同样数量的民夫，肩背，车运，翻山越岭，穿过秦岭谷道，运抵魏境。民夫运输中自身食用耗费巨大，军粮运到前线所剩打了极大折扣。如此高的人力动员率和军粮损耗率，是难以承受的。

显然，蜀军北伐是以小国之军攻大国之军于易守之地。诸葛亮企图克服上述重重困难，把蜀军改造为小而强的军队，去争取胜利。他展开全面的战争准备，以便增强国力军力，适应战争的需要。

政治上，他确立大权独揽的体制，恢复联吴抗魏的国策，协调统治集团内刘备北方故旧人士、荆州人士和益州人士之间的关系，厉行法治。经过努力，蜀国科教严明，赏罚必信，无恶不惩，无善不显，至于吏不容奸，人怀自励，道不拾遗，强不侵弱，风化肃然。政治之清明，治理之井然，在三国中首屈一指。

经济上，他实行先农后战的政策，对自耕农先"存恤"，后役使；重视水利灌溉工程。把最重要的水利工程都安堰（今都江堰）看作"农本，国之所资"，北伐时，"征丁千二百人主护之"。加强盐铁业管理，采用新能源天燃气煮盐提高出盐率，大力发展丝织业，促进商业。在上述一系列措施的推动下，蜀国上层没有大肆进行土地兼并，社会没有因此出现严重问题，农业出现了晋人袁准称赞的"田畴辟，仓廪实，器械利，积蓄饶"和左思描绘的"黍稷油油，粳稻莫莫"，"家有盐泉之井，户有橘柚之园"的兴旺景象。手工业、商业也获得发展，有助于国用。蜀锦独步三国，价格昂贵，可以换回大量黄金，是军事经济的支柱，诸葛亮承认"决敌之资，唯仰锦耳"。成都市面呈现'市廛所会，万商之渊，列隧百重，罗肆巨千，贿货山积"的繁荣景象，境外同吴、魏、盘越国（今孟加拉国）、天竺（今印度）、掸国（滇、缅国境上的古国）、大秦（罗马帝国）进行了贸易往来。

军事上，他平定南中叛乱，化腐朽为神奇，把一个不安定的南中变为出兵出物资的大后方。他任命张裔为司金中郎将，主持兵器打造，装备修缮。同时，抓紧军队治理，加强蜀军纪律性，大力抓紧讲习武事，提高蜀军技术、战术水平。

北伐准备，是长期的过程，不可能一蹴而就，随着在战争实践中暴露出的问题，还要有针对性地进行准备，因此诸葛亮确立边打边准备的方针。几乎每次北伐后都进行准备。

在准备达到一定程度后，捕捉时机成了重要问题。《隆中对》设想北伐的时机是"天下有变"。自从夺取益州以来，只有关羽北攻襄樊前期，出现了大好形势，接近"天下有变"。此后即发生逆转，荆州遭到偷袭，刘备惨败。刘备死后直到眼下，也预见不到能够等到十分有利的时机。建兴四年（公元226年），诸葛亮在练兵时，传来魏文帝曹丕去世的消息。这虽然谈不上"天下有变"，多少也是有利的，何况自己46岁了，似乎不能再等待下去。

建兴五年(公元227年),诸葛亮决心实施北伐。首先,要进驻汉中。汉中离成都远,距敌人近,以该地为前进基地,有利于就近做战前准备。诸葛亮到汉中后,距成都一千数百里,日常事务无法遥制,蜀国必然形成两个权力中心。为了协调二者,诸葛亮召集会议,讨论部署,安排人事。一切就绪,向后主告别。诸葛亮深知后主才能平庸,不辨忠奸,最不放心。他恳切地写了一道出师的表章,递了上去。诸葛亮临别依依,几乎不能自持。

《出师表》首先分析了蜀国在"国际"上所处的危急状况和刘备集团奋发图强的形势,对后主提出了要求和必要的批评,义正辞严:

"先帝创业不到一半,中途去世。现在天下三分,益州疲惫,的确是处在危急存亡之际。然而侍从卫护陛下的大臣不懈怠于内朝,忠心矢志之士舍死忘生于外朝,都是要追念先帝非同寻常的信任,想回报给陛下。陛下确实应该广泛听取群臣意见,以光大先帝遗传给您的美德,振作有志之士的精神,不该妄自菲薄,援引史例失其本义,以堵塞忠心者进谏的途径。"

诸葛亮提到的外朝,是将要外出的诸葛亮,及由留府长史张裔主持、参军蒋琬辅助的留在成都的丞相府;提到的内朝,是成都宫中,由皇帝刘禅及其身边的侍中郭攸之、费祎、侍郎董允组成,后主不过问行政,但有最后批准公布权。在这两个权力中心中,诸葛亮对后主刘禅不放心。从过去看,后主朱紫难辨,有护私的毛病。诸葛亮担心他处置不公引起宫中府中不和,因此特地嘱咐后主,内外朝的刑赏不能有两个标准:

"皇宫中和丞相府中,同是一体,提拔处罚,表扬批评,不应该有差别。两处如果有作了坏事触犯法令的及效力忠贞作了好事的人,应该交付有关部门衡量他的刑赏,以昭示陛下公平严明的治理。不应该偏袒有私,使内外朝实行不同的法。"

诸葛亮谆谆嘱咐后主,信任他所安排的后方官员:

"侍中、侍郎郭攸之、费祎、董允等,都善良诚实,心志忠纯,思想纯洁,因此先帝选拔出来留给陛下。愚意以为,宫中事情,事无大小,都向他们咨询,然后实行,一定能补救疏失缺漏,增大效益。将军向宠,性情和善,办事公道,精通军事,过去试用时,先帝称赞说他有才能,因此大家商议举用向宠为中部督。愚意以为宿卫营中的事情,都向他咨询,一定能使行伍军阵和睦,优劣人员各得其所。"

这就规定了后主向郭攸之、向宠等人咨询后才能行使权力。以上确立了诸葛亮离开后,成都的政治体制。诸葛亮又担心后主用人不当,告诫后主用人路线关系事业成败:"亲贤人,远小人,这是前汉兴隆的原因;亲小人,远贤臣,这是后汉颠覆颓败的缘由。先帝在世时,每每同我论及这事,对于桓、灵二帝没有一次不是叹息并痛感遗憾的。侍中郭攸之、费祎、尚书陈震、长史张裔、参军蒋琬,这些都是忠贞聪慧能够殉节的大臣。希望陛下亲近他们,信任他们,则汉室的兴隆,指日可待。"

接着,诸葛亮动情地剖明自己心志:"我本是一介布衣,躬耕于南阳,苟全性命于乱世,不求闻达于诸侯。先帝不以我卑微鄙陋,枉驾屈尊,三顾我于草庐之中,向我咨询当世的事情,我由此感激,于是答应先帝供奔走效力。后来遇到覆败,受任于败军之际，奉命于危难之间，从那时以来21年了。先帝知道我谨慎，所以临终寄托大事给我。接受遗命以来，朝夕忧愁叹息，唯恐所托付的大事不见成效，以致损伤先帝知人之明。所以我五月渡涉泸水，深入不毛之地。现在南方已经平定，兵甲战具已经充足，应当奖励、率领三军，北定中原，我愿竭尽驽马钝刀之才，消灭奸凶，兴复汉室，还于旧都。这是我报答先帝、忠于陛下的职责。"

明确指出北伐的最终目的是消灭曹魏，返回旧都洛阳，恢复大汉一统王朝。以下说明在北伐期间丞相、宫中、府中、后主的分工和责任制：

"至于斟酌增减，无保留地进献忠言，则是攸之、祎、允的责任。希望陛下把讨伐奸贼兴复汉室的成效托付给我；不见成效，则治我的罪，以告先帝在天之灵。如果没有振兴德政的建议，则责备攸之、祎、允的怠慢，指明他们的过失。陛下也应该筹谋提高自己，以利咨询采访治国良方，分析接受正确意见，深切追念先帝的遗诏。我受恩，不胜感激。现在应该远别，面对表章而流泪，不知说什么好。"

《出师表》递上后，三月，以刘禅名义下诏，令丞相北伐。春天，丞相率军北上，跋涉一千数百里，来到汉中，屯驻在沔阳。只见汉中四面环山，境内有西汉水横贯其境，是一个盆地。为确保汉中防御，在汉中西口险要处营建阳平关和白马城。

远望汉中北面，巍巍的秦岭隔断了魏国。诸葛亮迅速熟悉地形，了解到从汉中进入魏国，有四条道路。第一条，出秦岭子午道，进入关中，直抵长安以南，其谷长660里。第二条，经秦岭褒斜道，出斜谷，进入关中西部，直抵郿县以南，其谷长470里，是秦岭主要通道，道路险峻多石，被曹操称为"五百里石穴"。以上两条在东段，直达关中，缺点是穿越秦岭。第三条，出阳平关，经故道、散关，北上陇东。第四条，出阳平关西行，经魏境山高谷深、锋锐坡陡的陇南山地，北上陇右。以上两条在西段，比前两条易行。最后那条路上，还有西汉水500里可通漕运，直达陇右之祁山。

在汉中治所南郑，诸葛亮召集众僚属开会，商议如何进军。督前部、领丞相司马魏延建议出奇兵，先取长安。魏延是随刘备入蜀的部曲。刘备选拔镇守汉中主将时，众望非张飞莫属，刘备却简拔魏延，令全军震惊。这回魏延陈述他的方案道：

"听说夏侯楙以主婿守长安，胆怯无谋。我愿领精兵5000，背粮人5000，从褒中（今陕西褒城）出发，沿秦岭南麓，出子午谷向北，不到10天，可到长安。

"夏侯楙听说我突然来到，必定乘船沿渭水逃走。长安城中，唯有督军御史和京兆太守共同防守。横门邸阁（粮仓）和逃散人民丢弃的粮谷，足以救济军食。等到魏国东方援军集结，还需要20多天，你从斜谷进军，一定可以到达。如此，则一举咸阳（秦都，在长安附近）以西可以平定。"

诸葛亮听了魏延之计久久不语。魏延计划听起来十分诱人，但必须满足于下列所有条件方能如愿：即魏延军10天到达长安，夏侯楙弃城逃走，其粮食来不及坚壁清野，夏侯楙弃城后魏国援军20多天才能完成集结，诸葛亮大军从褒斜道定可如期会合。但上述条件很难样样具备，很可能有一、两个环节发生意外。事实上，两年多以后，魏军曹真走子午谷道，出发一个多月，谷道才走了一半，而不是10天。六年后，诸葛亮大军走褒斜道，两个月才出谷，而不是一个月。按照魏延的估计，可以说都出了意外，将满盘皆输。显然，魏延之计过于儌倖，风险太大。诸葛亮终于吐出两个字：

"悬危。"他解释说,这个方案过于冒险,有可能成功,也有可能失败。如果失败,是蜀军承受不起的。

最后,作了总结,定下进军路线和攻取目标:

"不如安全地走坦途,可以平稳地攻取陇右,十拿九稳,定能攻克,而且没有很大的风险。"

陇右是陇山(今六盘山)以西地区。把攻击点选在陇右,对于攻取洛阳未免迂回;然而迂回未必是坏事。攻取陇右,可以避开秦岭天险,利用西汉水漕运,是一条坦途。陇右魏军兵力较弱,有利于蜀军"平取"。陇右是产麦区,有利于在敌境建立因粮于敌的根据地。陇右同关中相邻,居天下的上游,可以瞰制关中,顺流而下,则可进攻长安。后来司马昭曾经很清楚地揭示,诸葛亮常有"兼(陇右)四郡民夷,据关、陇之险"的志向。诸葛亮首次攻魏,确定迂回西取陇右,说明他从蜀国实力出发,既积极进取威武自强,也注重谨慎求实。

确定攻取陇右,也说明北伐的战略目标是分阶段的,这就是:当前以夺取陇右为目标,中期以夺取长安及关中为目标,远期东出潼关,以攻占洛阳、北定中原、攘除奸凶,兴复汉室、还于旧都为目标。

诸葛亮北伐期间,三国进入鼎立初期。魏、吴都转入战略防御。魏国决定先求文治,后求武功,在相当长的时间内偃武修文,休养人民,恢复生产,增长国力,招怀远方,对吴、蜀予以忍耐,仅采取守势战略;等到国力增强,具备了条件时,再议统一。东吴主张发挥独有的江防和水军优势,并依靠同蜀国的联盟,依托长江,实行重点守备,将魏军阻止于长江之外。唯有蜀国取攻势战略。最弱的国家,反而最具有进攻性。这体现了刘备培养起来的独特作风,永不服输,处境越是不利,越是敢于在逆境中迎接挑战。

北伐之战

北伐的对手实力强大,有丰富的战争经验。诸葛亮必须兢兢业业,迎接对自己军事才能的挑战。说实话,过去致力于治国,对作战指挥经验不多,尚不擅长,还得边打边提高。

抱着这样的态度,展开了北伐。

诸葛亮当面之敌,是魏国西线兵力。魏国兵力部署为东、南、西、北四线。东、南线对东吴,西线对蜀国,如果西线紧急,南线随时增援。西线设雍、凉都督区,都督关中、陇右及陇右以西地区,以曹真都督诸军事,驻在关中,又特设次一级的关中都督区,以夏侯楙都督诸军事。黄初三年,曹真回到京都,受任都督中外诸军事,节制全国,关中只剩下夏侯楙。西线兵力部署情况是,关中部署着魏国直属中央的中军,陇右部署着州郡兵,即地方兵,陇右是西线的弱点。

为了牵制魏国南线兵力不得增援陇右,蜀建兴五年(公元 227 年)冬,诸葛亮策反魏国新城郡太守孟达归顺蜀国,向南线荆州方向楔进一枚钉子,但孟达麻痹大意,遭司马懿偷袭而失败。

蜀建兴六年(公元228年)春,诸葛亮首次率军进攻魏国。以声东击西之计,令镇军将军赵云、扬武将军邓芝率偏师为疑兵,前据汉中之箕谷(秦岭山谷名,今陕西褒城西北),扬言由斜谷(秦岭通道,北口在陕西眉县西南)进攻关中之郿县(今陕西眉县东),以吸引和钳制关中魏军,使不得增援陇右;自己率主力出汉中西北,进攻陇右祁山(今甘肃礼县东北),企图以祁山为根据夺取整个陇右。祁山位于陇南山地之天水郡,有居民万户,丘墟殷富,是此次北伐要夺取的战略要点。

诸葛亮的进攻,在魏国引起巨大震动。

魏廷早在诸葛亮进驻汉中时,就商讨了对策。魏明帝及议者主张先发制人,进攻汉中,但考虑到采取这一非常行动需要调发精兵、运兵、镇守南方之兵共十五六万人,必须征兵征赋方能保障,有可能引起"天下骚动",后果十分可虑,便放弃了原议,改用防御方针;仅以现有兵力,令各大将据守要点和险隘,通过数年的防御,达到疲惫吴、蜀和兴旺国力的目的。

起初,魏国以为蜀国只有刘备难对付,刘备死后,蜀国数年内默默无闻,证实了原先的估计,对于西线比较放心,那里的战备松弛。及至突然听说诸葛亮出军陇右,戎阵整齐,号令明肃,朝野无不恐慌。陇右首当其冲,它的天水(治冀县,今甘肃甘谷东)、安定郡(治临经,今甘肃镇原东南)及靠近陇右的南安(治豲道,今甘肃陇西东南)郡响应诸葛亮,关中大震,朝臣不知计从何出。

魏明帝比较清醒,认为诸葛亮过去靠秦岭作屏障固守,拿他没办法,现在送上门来,是好事一桩,正可以乘他深入,在内线作战把他击败。立即令大将军曹真都督关右(关西),驻在郿县,迎战赵云;令左将军张郃率领步骑兵5万为前锋,归曹真节制,前往陇右迎战诸葛亮。二月十七日,明帝亲往长安督战。张郃驻屯在荆州,接令后率部迅速经洛阳,沿关陇通道西进,走陇(今陕西陇县)陇古道,企图上陇山,从街亭要地进入陇右,挫败蜀军夺占陇右的企图。

诸葛亮大军迅速攻占祁山、西县,对陇右地方兵形成兵力优势。初次出兵,令魏国措手不及,三郡反水。陇右剩下陇西(治狄道,今甘肃陇西)、广魏郡不服。诸葛亮决心占领各郡,派蜀军前往进攻。陇西太守游楚据城抵抗,对来攻的蜀帅说:

"你能断陇,使我东方援兵不能上陇,一个月之内,陇西吏民不攻自服;如果不能,不过白忙活一阵罢了。"

显然,切断关陇通道,阻止魏国援军进入陇右,把目前优势保持一个月,即可全部占领陇右。整个作战的关键,在于能否封闭陇右;而封闭陇右,在于能否扼守魏军援兵由关中进入陇右的惟一咽喉通道街亭(今甘肃庄浪东南)。在目前情况下,守住街亭,满盘皆活;失却街亭,满盘皆输。据情报,魏军援兵张郃、已经准备上陇。

诸葛亮迅速组织前锋军前往街亭。在选拔前锋主将时,众人以为可用有经验的将领魏延、吴壹,但诸葛亮十分欣赏参军马谡,违背众意令马谡率领众军为前锋,扼守街亭,阻止张郃由此通道进入陇右,令别将率少数部队招纳羌、胡,继续攻取陇右不服地区,自己坐镇西县指挥全军。

马谡饱读兵书,一直充当幕僚,这回手握重兵,很想把书本知识施展一番。他率大军，来到街亭，不问实际情况，违背诸葛亮节度，仅令高详驻守旧城，护卫水源，主力不据险守城，反而舍水上山，驻在街亭南山上，企图实现兵书所说的置之死地而后生。他缺乏带兵经验，举措烦扰，并拒绝先锋王平一再的规谏。张郃军到后，直逼山下，切断马谡汲道，断绝水源，然后展开进攻。蜀军干渴难耐，遭攻击后，部队星散，兵将各顾自己，不相统率。魏将郭淮同时攻破高详军营。唯有王平率领千人，鸣鼓对峙。张郃怀疑有伏兵，不敢进逼。王平徐徐收集蜀军散兵，率将士撤回。魏援军占领街亭，进入了陇右。

街亭一失，战局逆转。诸葛亮不再享有陇右优势地位，进无所据，令西县人民千余家随军迁徙，退回汉中。三郡陆续被魏军平定。蜀军佯攻部队赵云、邓芝疏于戒备，在箕谷与曹真对垒时也以优势兵力失利。退却时，赵云亲自断后，烧毁褒斜道赤崖以北的阁道，迫使魏军停止追击，军资一无所弃，兵将也不相失。

这次北伐，造成出魏国不意、陇右兵力优势和三郡响应的大好局面，是以后北伐难以获得的。如果吴国、孟达在荆州配合攻魏，必将牵制魏军荆州兵力，也许连张郃也难于西调。诸葛亮在街亭之战用人不当，也未亲临前线。最后以封闭陇右作战失败和箕谷失利而结束了第一次北伐。

失败并不能阻止诸葛亮。当年十二月，寒风中，浩浩荡荡的蜀军向故道（今陕西宝鸡市以南）前进着。这是条通向关中的大道，在曹操撤离汉中时遭到人为破坏，蜀军不得不一边修路，一边前进。

路尽管不好走，形势却很喜人。前些日子得报，吴国地方官诈降，诱魏军深入，魏国东线曹休军深入吴境后兵败，南线司马懿军正在进行攻吴的准备，关中由于张郃从西线调回荆州而虚弱。

啊，真是天赐良机！诸葛亮决定再度北伐。他率军数万，紧急走故道，出散关（今陕西宝鸡西南大散岭上），进入关中。

诸葛亮进入关中后，不急于东下打长安，而是企图指挥大军向西方陇右前进，仍然打算封锁陇道。这是一年中第二次北伐，春天从陇上封锁，这回企图从陇下隔断。关中西端的陈仓城（今宝鸡市东）位于谷口路北，控制大军退路，决心首先攻克该城。

当时，蜀军如果以一部兵力牵制陈仓，以主力机动野战，比较有利，但是诸葛亮倾其主力攻陈仓，恰好撞到魏军枪口上。大将军曹真早料到诸葛亮后来必出兵陈仓，预先部署将军郝昭守城。陈仓原有旧城，郝昭增筑新城，构成上城（旧城）、下城（新城）的防御体系。诸葛亮也许没有掌握这一情报，兵临城下的时候，陈仓已经有备无患。

诸葛亮令郝昭乡人在城下劝降，两次遭到郝昭拒绝。

攻心不成，蜀军以10倍于敌的数万兵力展开强攻，郝昭死守。三国时期军队攻城能力较弱，通常以优势兵力短期内难以攻下筑城坚固、储粮充足、守城意志坚强的城池。这样的例子，前有孙、刘联军攻江陵，花了一年时间，后有袁绍攻官渡曹公垒，以10倍兵力不得前进。蜀军仓猝出兵，粮食不足，攻城只能作短促突击。

蜀军用云梯、冲车攻城。郝昭用火箭烧毁云梯，用绳子系连石磨压折冲车。蜀军伐木，制造攻具百尺井阑，在井阑上射箭攻城，用土丸填平城堑，企图攀城，郝昭在城内加筑重墙进行抗击。蜀军挖地道企图突入城里，郝昭在城中掘横沟堵截。双方昼夜攻战 20 多天，杀得天昏地暗。

魏国紧急增援陈仓孤城。在长安，都督雍、凉诸军事曹真派将军费曜增援；在洛阳，魏明帝以驿马急调张郃。张郃从荆州到来后，魏明帝亲自到河南城，置酒为张郃送行，令他率京都南北军 3 万余人增援。张郃深知诸葛亮仓促深入，必缺粮谷，对魏明帝说，估计自己未到，诸葛亮已经退兵了，屈指计算，蜀军的粮食支持不了 10 天。张郃晨夜赶赴陈仓，军未到，诸葛亮粮尽，已经退兵。

退兵时，魏将王双率骑兵追击。诸葛亮布下伏击兵力。在崎岖的山道上，王双中伏被杀。蜀军安然退兵回国。

第二年，蜀建兴七年（公元 229 年）春天，陈式率一支蜀军向魏国进发，攻占魏国边境上的武都（治下辩，今甘肃成县西北）、阴平（治今阴平，甘肃文县西北）两郡。两郡具有战略意义。武都是蜀军出祁山的必经之地，关系到蜀军北伐侧后的安全；阴平是入蜀阴平小路的起点，关系到蜀国防御的稳定。

魏国雍州（治长安，今陕西西安西北）刺史郭淮率军企图反击陈式，诸葛亮得报后，率军进抵武都北境之建威（今甘肃西和北 3 公里）迎战。郭淮自料不敌，退军。蜀军攻陷两郡。蜀军由于不再攻城，而进行野战，目标更加有限，因此获胜。

蜀军在进行上述三次北伐时，虽没有得到吴兵配合，但是无东顾之忧，实赖联吴之利。不料，蜀国内部反而发生对联吴的动摇。

这年四月，吴国向蜀国通报孙权称帝，要求获得承认，愿意并尊吴、蜀二帝。这事在蜀国一部分官员中掀起轩然大波，因为蜀国以汉统合法继承者立国，认为中国应当由它统治，法统上不应接受刘姓以外的人称帝。蜀国议者不愿意在法统上让步，一致认为继续同东吴结交无益，名分和体制不顺，主张申明正义，断绝联盟友好。这实际上是要回到刘备、关羽与东吴为敌的老路。

现在，正统地位和战略利益发生了冲突。诸葛亮深思一番，觉得应当把战略利益摆在首位。他力排众议，指出：

“孙权早就有僭逆称帝的野心，主上所以不过分重视他的衅情，是为了求得‘掎角之援’。现在如果公然拒绝他称帝，吴国仇视我必将极深，我就要转移兵力东伐，同它角力，那必须在兼并其土地以后，才谈得上进兵中原。吴国贤才还很多，将相和睦，蜀国不可能在一个早上平定它。结果顿兵相持，坐而待老，使北贼得计，这决非上策。从前孝文皇帝以谦卑的辞令同匈奴议和，先帝宽宏大量地同东吴结盟，都是顺应时宜，采取变通措施，从宏观考虑，从长远利益出发，决非匹夫的泄忿行为。”

这是说，国家大事不能感情用事，要服从联吴的战略利益，但有人不承认联吴有战略利益。

“现在议者都认为孙权的利益在鼎足，不能同我协力，他志向、愿望已获满足，没有上岸伐魏的企图。这些看法都是似是而非的。为什么呢？孙权的智慧和实力都不如魏国，所以限江自保；孙权不能越江，就像魏军不能渡过汉水，并非力量有余，以不攻取为有利。如果我大军讨伐魏国，孙权上策会割取魏国土地，以作长远打算，下策会掠夺魏国民众，拓广领地，向国内显示武力，不是端坐不动的人。即使孙权按兵不动而同我友好和睦，我之北伐，无东顾之忧，魏军河南部队不敢全部调到西线，这里面的利益也够大的了。"最后，诸葛亮作结论："孙权僭逆称帝的罪名，不宜公开。"

于是派卫尉陈震出使，庆贺孙权正号称帝。陈震到达武昌，孙权同他升坛盟誓。双方签署盟文，称颂"诸葛丞相德威远著"，给予他殊荣。盟文实际上是军事条约，约定双方"戮力一心，同讨魏贼"，"若有害汉，则吴伐之；若有害吴，则汉伐之。各守分土，无相侵犯"。约定灭魏以后平分天下，建立东西朝：以徐、豫、幽、青四州归吴，并、凉、冀、兖四州归蜀，司州土地，以函谷关为界平分。蜀国与吴国的联盟更加巩固了。

诸葛亮立即感受到联吴巩固的好处，可以保证他集中精力对付魏国的麻烦。原来魏国在蜀国三次北伐后，准备反击。这年十二月，诸葛亮部署汉中防御，把丞相府营后移至南山下，在南郑以西之沔阳筑汉城，以东之城固筑乐城，构成犄角防御体系。

第二年，即魏太和四年（公元 230 年）七月，魏国的鹰派、大司马曹真对明帝说，汉人屡次进犯，请允许由斜谷进入汉中，同众将数道并进，可以大胜。明帝下诏，令曹真沿斜谷进军，司马懿沿西城（今陕西安康西北）进军，与曹真会师汉中，众将或由子午谷、或由建威进入。对于前线将帅曹真的冒险，后方鸽派不以为然。司空陈群以粮少、道险、兵少为由，力阻出兵。指出，太祖从前到阳平进攻张鲁，多收豆麦，增加军粮，张鲁还没有攻下，粮食就匮乏了。现在粮食既缺乏，斜谷道又险阻，难以进退，在道中运输必遭劫持，多留兵守要地，则减少前线战士。明帝被说服。曹真上表要求改从子午道进军，陈群又陈述不便，并提出军事开支建议。明帝诏令把陈群意见发交曹真研究，曹真却以其为据下令进军。

秋天，司马懿由西城、张郃由子午谷、曹真由斜谷，数路并进，会攻汉中。诸葛亮集中兵力于曹真、司马懿预定会合地成固、赤坂待机，令李严率兵 2 万增援汉中，原江州防务交其子李丰，并负责其父后方供应。这时大雨 30 多天，栈道断绝，魏军战士凿路前进，粮运艰难，出兵一个多月，谷道才走了一半。魏臣纷纷建议知难而退。九月，下诏班师，于是攻蜀军半途而废。魏军反攻过于急躁，粮食、道路、兵力准备不足，内部意见分歧，说明魏国还有种种困难，反击时机不成熟。对于魏国来说，防御仍是最适宜的。

诸葛亮在防御魏军反击的同时，令魏延、吴壹两进凉州羌中（今甘肃临夏自治州等地），以外线出击，牵制魏军反攻。魏延等在羌中联结诸戎，在陇西郡阳谿大破魏国后将军费曜、雍州刺史郭淮，然后返回汉中。

在防御反击的次年，即建兴九年（公元 231 年），诸葛亮进行第四次北伐。二月，大军以新发明的木牛运粮，再出祁山，企图以粮源较多的祁山为据点，夺取陇右。再攻祁山，是变化第二次出关中陈仓的进军路线，以出敌不意。

诸葛亮到达祁山后，以大军围困祁山守将贾嗣、魏平，以王平别守南围。魏军在祁山筑城固守。诸葛亮这次出兵，招引魏国北部鲜卑部族首领河比能。阿比能等出兵北地郡石城，牵制魏国。

这时大司马曹真有病，魏明帝把镇守荆州的大将军司马懿从南线调到西线，任命为都督雍凉二州诸军事，主持西方军事，统车骑将军张郃、后将军费曜、征蜀将军戴凌、雍州刺史郭淮等西线中军和地方兵，西拒诸葛亮。

司马懿决心集中使用兵力，令费曜、戴陵留精兵 4000 守上邽（今甘肃天水市），其余全部西救祁山。张郃建议，分兵驻守雍(今陕西凤翔南)、郿，留作战略预备队，掩护大军侧后。司马懿不愿分兵，对张郃说：

"如果估计前军能够独当蜀军，你的意见是对的；如果不能，发为三处，易被各个击破。"

司马懿一句话泄露天机，原来他畏惧诸葛亮，要把兵力抱成一团。面对司马懿全军密集前进，诸葛亮企图在野战中寻歼该军，然后夺取陇右。他留一部兵力围攻祁山，自率主力到上邽迎战。魏将郭淮、费曜夹击诸葛亮，诸葛亮大破郭、费军。这时双方粮食困难，诸葛亮乘势大割上邽小麦。两军在上邽以东相遇。

司马懿找到蜀军最大的弱点，是军粮主要靠国内运来，利在速战，也找到针对蜀军弱点的战法，即据险不战，以持久战消耗蜀军的军粮，拖垮蜀军，待其退兵后追击。

诸葛亮求战不得，引军退回祁山，企图调动魏军，在运动中寻求战机。司马懿跟踪蜀军，来到卤城(今甘肃天水、优羌之间)。魏军众将对司马懿阻止出战十分愤懑。张郃乘机说道，诸葛亮已成孤军，粮食又少，很快就要退却了，可分奇兵袭扰蜀军后方，不宜只前进，而不敢逼近蜀军，坐失民望。司马懿不听，坚持尾随跟踪诸葛亮军，找到蜀军后又登山掘营，不肯交战。

祁山被围守将贾嗣、魏平多次请求司马懿出战解救，都不获准，怒而指责司马懿"畏蜀如虎"，质问他将怎样对付天下人的耻笑。司马懿无奈，五月初十，被迫发起攻势，令张郃攻击祁山蜀军之南围，自己率军从中路攻击诸葛亮军。诸葛亮指挥魏延、高翔、吴班分头迎击，大破魏军，获甲首3000级，玄铠5000领，角弩3100张。司马懿垂头丧气，回军保营，更加坚定了避战的决心。

一个寻战，一个避战。

蜀军不再是街亭之战和攻陈仓不下时的蜀军，越战越强。蜀军大有希望，但必须克服粮食不足的弱点，这是不容易的。六月，蜀军正当节节胜利、士气大振的时候，传来诸葛亮退兵命令。还是老原因，粮食用完，据李严传来的消息说，退兵也是后主的旨意。

蜀军退兵，司马懿大喜，急忙令张郃追击。张郃对诸葛亮用兵有切身感受，知道追击的危险极大，劝阻道，兵法上说，围城一定要开示出路，归军不应该去追。司马懿忍辱负重，等的就是这一天，岂能放过，坚决不听张郃意见。

张郃不得已，进行追击。到达青封木门(今天水西南50公里)时，进入大谷中，群山耸立，钻进蜀军布好的口袋。蜀军在山间设伏，等候多时，见张郃军到来，弓弩乱发，射中张郃右膝。张郃重伤而死，追兵溃散，蜀军安全返回国内。

一般说来，退兵是极端危险的行动。这时士气松懈，锐气丧失，敌人乘机追击或者邀击，极易致败；然而诸葛亮却能借退兵射杀名将。张郃之死震动了魏廷。魏国追击丧生的，王双之后，再添张郃。人们这才明白，诸葛亮退兵不可追，谁追谁倒霉。诸葛亮处在不利境地，也能掌握战场主动权。

养精蓄锐

诸葛亮退兵为什么不可追？因为退兵善于设伏，但是军队松松垮垮，设伏岂能奏效！归因蜀军素质高，似乎更深刻。到第三、四次北伐的时候，蜀军不再是夷陵之战、街亭之战的样子，早变得小而强。

小而强，是诸葛亮全面强军的结果。

蜀国以小国进攻大国，养兵10几万差不多达到极限，也仅相当魏军兵力的三分之一。拚军队数量，无论如何拚不过。经过第一次北伐，诸葛亮认识更进一步，他说："大军在祁山、箕谷，兵力都多于贼兵；但是不能破贼，反而为贼所破。看起来问题不在兵少"，而在于军队有弊端，不克服它，"即使兵多，又有什么用处！"

他回想，从刘备兵微将寡时起，不断扩军，扩军道路走了20多年，打下今日的天下；但江陵、夷陵、街亭之战的失败警告他，这条路走到了头。军队当务之急不在数量多寡，而在质量精粗。

反思的结果，认识到蜀军要有必要规模，然而重点是达到小而强，要走一条提高质量、全面强军的治军新路。

治军，是他的强项。过去，他同刘备的分工，犹如刘邦与萧何。刘备在前方开拓，抓作战，他在后方支援，抓治国。治国与治军是相通的。

街亭败后，是很难办的，因为通常战争失败，往往导致内政上的严重后果。诸葛亮却善于以失败为改革机遇，开始了最著名的治军实践。他认为，街亭失利证明军队有问题，要抓住明罚、思过、减兵省将三个方面实行变通。

明罚，是严明赏罚。马谡如何处理？他街亭战败，论罪应死，但是善于出谋，南征时出了攻心之计，要不要念在人才难得饶恕他？不能饶。益州风气过分宽纵，必须咬咬牙，严肃军纪。于是诸葛亮考察每个微小的功劳，甄别壮士烈士，重用王平，加拜其为参军，进位讨寇将军，杀街亭失利者马谡及将军张休、李盛。马谡同诸葛亮私交好，情如父子，在狱中写信给诸葛亮要求申王法，处死自己，说：

"希望深思舜杀鲧用禹的大义，使我们平生的交情不因此事受损害，我虽死在黄泉下也无遗憾。"诸葛亮亲往临祭马谡，10万大军闻知此事无不流泪。

蒋琬却不满意。他在成都主持丞相府事务，后来到汉中，见诸葛亮便道：

"天下未定，杀智谋人士，太可惜了。"

诸葛亮心中隐痛，流泪道：

"孙子、吴子的军事思想为什么能够无敌于天下呢？就是执法严明。所以晋悼公的弟弟杨干违反军法，魏绛杀了他驾车的仆人。现在四海分裂，北伐战争才开始，如果废除了法纪，靠什么去战胜敌人呢！"

变通的第二方面是思过，找出失利教训。这件事不能只靠自己，要发动大家一起作。诸葛亮向僚属说：

"从今以后，凡忠心谋国的各位，只努力批评我的缺点错误，那么大事可定，贼人可死，大功可以翘足而待了。”

自从官做大了，他心中戒惧，生怕有失，一直提倡下面直言自己的问题，告诫众位僚属说：

“参署这个工作，是集众思广忠益。如果躲避小的嫌疑，难以反复提出不同意见，那就耽误了，错了，造成损失了。反复提出不同意见而符合情况，好比扔掉破鞋子却得到珠玉。然而人心苦于不能尽言，只有徐元直处在这个位置上不迷惑，此外董幼宰参署七年，事情有不到位的地方，直到反复十次地来向我启禀。假如能学徐元直的十分之一，和董幼宰的殷勤，效忠于国家，我也可以少犯错误了。”

诸葛亮不仅口头承认有错误，而且采取行动。在街亭之战中，他提拔一向赏识的马谡，违背刘备临终“马谡言过其实，不可大用”的叮嘱，违背众人启用魏延、吴壹的意见；没有亲临街亭前线，临机处置，减少和避免失误。他果断地承担领导责任，宣布：

这次失利，“不在兵少，在一个人身上。”

杀马谡后，向后主上疏，再次承担责任：

“我以微弱才能，担任不能胜任的职务，亲自执掌兵权，激励三军，不能对部队进行典章制度的教诲和申明法令，不能临事谨慎，以致有街亭违背军令的错误和箕谷疏于戒备的过失，这都归过于我任人无方。我没有知人之明，考虑事情多糊涂。按照《春秋》的原则，战争失利责罚主帅，我的职务应该承当这个责罚。请允许贬降自己三级，以督罚这个过错。”

在他的要求下，后主把他降为右将军，代理丞相，令他一如既往总管各项事务。诸葛亮把自己错误布告天下，使人人知晓。

变通的第三方面是减兵省将，裁减了冗兵冗将。人数少了，部队更加精干、战斗力更强了。此外，还抓紧进行军事训练。

通过改革、整顿，蜀军战士经过了选拔和训练，士气高昂，面目一新，忘记了失败。这次治军实践，证明诸葛亮善于处败。在实际生活中，百战百胜的将帅是没有的，问题是能否像诸葛亮那样，败后变得聪明起来。

此后，诸葛亮伴随着北伐，不断从法治、装备、后勤、战术等多方面加强治军，逐渐形成全面强军的治军之路。

他治军，用儒、道思想，但更倾向法家。战争时期，法家思想比较管用，也是时尚如此。当时，统治思想界几百年的经学身价大跌，曹操等人思想不受羁绊，十分解放。曹操爱好法术，天下轰然贵重刑名。而在诸葛亮，家世还有尚法传统，祖父诸葛丰任西汉元帝时司隶校尉，以执法不避权势闻名，诸葛亮深受家世尚法的影响。他抓住“制、严、明、信”四个字，以法强军，继曹操之后，领以法治军的一代风骚。

他要建立“有制之兵”，作为执法的基础：

“有制之兵，即使将领没有才能，也不会被打败；无制之兵，即使将领有才能，也不会取胜。”

话说得似乎有点偏激。然而历来的将领、兵书大都强调将帅，如今强调“制”，显然看问题深入了一步。

诸葛亮制订了蜀军的纪律条规，战术技术规范。他颁布纪律条令“七禁”，明令禁止七种倾向：

一禁：轻视军纪，甲胄兵器不齐备；

二禁：怠慢军令，接受命令不传达，不听金鼓、旌旗号令；

三禁：强盗恶习，不供应粮食、武器，抢夺别人战功；

四禁：欺哄蒙蔽，兵刃不磨锋利，弓弩不装上弦；

五禁：违背军令，不跟从旌旗行动，借口救死扶伤擅离战场；

六禁：胡行乱来，行军混乱，堵塞道路，上下任意妄为；

七禁：妨碍营规，串营拉乡里关系，耸人听闻，疑惑部队。

制订军令完成“有制”的一半，剩下一半是落实。对有令不行、有禁不止，从严执法。他宣布，凡违犯七禁者，斩首论处。

诸葛亮治军严，还严在一律对待。对于兵士和低级将吏来说，军法如山；对于高级官员呢？诸葛亮的态度，是使之同样如山，决不网开一面。蜀国最大高官，除了自己，还有也受遗诏辅政的李严。诸葛亮继斩了马谡、贬了自己以后，又贬了李严。

李严在第四次北伐时，主持后方军粮运输。当时夏秋之际，连连下雨，军粮运送不上去，李严焦急，派人告以后主旨意劝诸葛亮退兵。诸葛亮退军后，李严假作吃惊地说，军粮很充足，为什么退兵呢？企图洗刷责任。诸葛亮会同刘琰、魏延等 20 多位文武官员讨论，一致认为：

“现在篡位的国贼还没有消灭，国家多难。这样的时候决不可姑息养奸，危害统一大业。”鉴于李严问题性质比较恶劣，经报告后主，把李严削职为民。

诸葛亮治军，还讲究“明”，赏罚上劝戒分明。他说：

“我的心像一杆秤，不能替人畸轻畸重。”

《三国志》作者陈寿说他：

“敞开诚心，传布公道。凡献出忠心有益当世的即使是仇人必定奖赏，凡触犯法令懈怠误事的即使是亲人必定惩罚，认罪坦白的纵然罪重必定宽释，好事不管多微小也奖赏，坏事不管多细小也贬斥。”

劝戒分明体现他公平。李严、廖立等高官受到严厉制裁废为平民后，没有怨言，把复出的希望寄托于他。后来，听说他去世，廖立流着泪说：

“我永远只能穿着夷狄的衣服，没有出头之日了。”

李严总是等待有朝一日诸葛亮让他回去作官，补正过失。预料诸葛亮的接班人难以做到，心情激荡悲愤，竟然发病死了。

诸葛亮治军，还讲究“信”，说话算数，遇到多大困难也不食言。据说在一次北伐作战时，诸葛亮在祁山，守卫险要。按照十分之二轮休的制度，部队在战场的兵力应为 8 万人，其余的应当返回家乡轮休。这时魏兵开始列阵，参谋人员觉得敌军强大，没有实力不能制胜，建议暂停轮休一个月，以便集中兵力，造成气势。

诸葛亮不同意，说：

“我统兵作战，以大信用为根本。轮休将士收拾行装等待行期，妻儿子女翘首盼望计算归期，虽然面临作战困难，但论道义不能废除轮休。”

各营迅速传下命令：丞相叫轮休人员马上上路回家。

轮休将士又是高兴，又是感动，派人向丞相请求，留下不走，打一仗再说。非轮休的更加跃跃欲试，一心死战。大家彼此鼓励道：

“诸葛公的恩情又高又大，战死也报答不了。”

临战那天，莫不拔刃争先，以一当十，一战大捷。

抓住“制、严、明、信”，收到以法强军的极好效果。

创八陈图

“丞相发布军令啦！”

丞相近来不断发布军令，上上下下对发布的每一道军令都认真执行，谁也不敢马虎。

发布军令的诸葛亮深知，治军的效果，归根结底要落实到作战过硬。眼下蜀军的弱点在战术，必须有所建树。他很快从战例中总结出行军、列阵、战斗诸方面成功的战术准则，以一道道军令把它们肯定下来。

以往的经验教训是，行军要轻装。于是军令规定，今后行军，兵士每人携带干粮一斗（吃一天），不携行行军锅和帐幕，帐幕等物交由随军大车载运。

军队从旧宿营地转移到新宿营地的经验教训，是注意安全。于是制定保障移营安全的战术条令，对于移营前，移营时，特殊地形移营，移营中的序列，宿营地下营方法，都作了规范，要求：

移营前，令亲信及向导在前方侦察；侯吏提前出发，确定宿营地点；按照五军的编制，在新营地建立四表（旗帜等高大的标志物）。

移营中，候骑在大军前侦察，随时报告前方地形、地貌、道路、灾情。见沟坑举黄旗，见路口举白旗，见水涧举黑旗，见树林沼泽举青旗，见野火举赤旗。大军回应以相应的五种鼓声，表示看见了，以后并需多次呼应。

渡水翻山，穿越深林时，派出精骁骑兵搜索数里之内；没有发现声响，四周也无人迹，再令人攀上高山和树梢了望，向四方派出精兵，守住要害。

指定兵力，在队伍前后方掩护并开路。行军中，辎重老小在先，其次步兵，最后骑后。切切整齐、肃静，防敌突至，人马无声，不失行列。险要处和狭路上，也按部曲编制鱼鳞般前进。有时回环旋转，以后部为前部，以左翼为右翼。行则鱼贯而行；立则雁行而立。

到达宿营地后，游骑和精锐部队在四个方向上散开部署；各部队依据本部方向下营，一人占据一步，依据多寡划定营区。按十二辰（子、丑、寅、卯、辰、巳、午、未、申、酉、戌、亥）方位立表，竖起大旌，长 2 丈 8 尺，辨清子、午、卯、酉地的方位，不要发生偏斜。以朱雀旗竖在午地，白虎旗竖在酉地，玄武旗竖在子地，青龙旗竖在卯地，招摇旗竖在中央。樵采、放牧、饮水，不许越过表外。

以上军队列营时，不许麻痹，步骑士以下著头盔，主将帐下及右阵各手持盾牌，防敌突袭。

除了移营，还有军队接近敌人时的动作，军令也作了规定：

部队已接近敌人，侦察人员常在拂晓先行出发，搜索大军前方10里之内。大军按左右道路出发后，侦察员仍与大军保持10里距离。大军在数里之外，还要派出以5人组成的部，部内每人持一白幡，登高外向了望，察明隐蔽之处。大军到达，该部转而再找高处前进。第一部发现敌人，转告第二部，第二部负责向主将报告敌情。凡侦察员发现敌人百人以下，只举幡指敌人方向；百人以上，便举幡大呼，主将迅速派快马前往了解详情。

诸葛亮通过规范以上行军、移营、接近敌人的战术动作，提高了蜀军战斗力；但对于提高战斗力产生决定性影响的，还是阵法改革。诸葛亮时代，野战的高级形式是阵战。军队野战不列阵是乌合之众，列阵后战斗力不可同日而语，阵法水平是战术水平和战斗力的主要标志。

为了促使蜀军战斗力发生飞跃，诸葛亮开始革新阵法。

当时最流行的阵法是传统的八阵。孙子有八阵，东汉大将军窦宪以八阵击破匈奴，勒石燕然。汉末战乱不息，八阵再次大普及。建安二十一、二十三年，曹操先后“大朝车骑”，做为魏王接受车兵和骑兵的大规模朝见，考核五营士操演八阵，进行军事检阅。

曹魏的八阵以骑兵为重要兵种，蜀军却以步兵为主，以弩兵为王牌，流行的曹魏八阵不能发挥蜀军优势。诸葛亮极富巧妙思维，他推演兵法，对八阵进行改造革新。当他操演新阵时，造成轰动：

“快看丞相练成的新阵啊！”

众将领、丞相僚属来到演兵场，人人不觉眼前一亮。

只见诸葛亮正在列阵，场上首先出现五阵。五阵众人都熟悉，是蜀军宿营采用的部署，相传来源于古代丘井之法。丘井之法是一块井田划出四条交叉道路，八家共处其中，形状像“井”字，开方是九。列阵时，把“井”字四隅做为闲地，只在前、后、左、右、中五处部署实兵，形成五阵。众人正看时，忽见五阵中央大部兵力分成四支，作为奇兵向东北、东南、西北、西南奔去，机动到四块闲地上，与前、后、左、右四处原有的实兵一起，形成环其四面、诸部连绕的方阵队形。中央只剩下少数兵力，相对空虚。新的八阵列好了。

众人对新阵式十分感兴趣。细看过去，新八阵编为集团方阵，带八个方向。每个方向上，编一个中阵。全阵八个方向，编八个中阵，分别赋予天、地、风、云和龙、虎、鸟、蛇的代号。分别地看，是八个中阵，合起来看，归为一个大阵。八阵中央，有大将及直属的余奇之兵。每个中阵，平时编组为六小阵，中央编组为十六小阵，整个大方阵共六十四小阵。八阵外围还设置了冲车和鹿角等障碍物。

众人都是行家，细看阵内兵力部署，不禁惊叹它的奇妙。原来阵内兵力相互包容并对称。大阵依次包含容纳中阵，中阵依次包含容纳小阵，阵间容阵，队间容队，大阵包小阵，大营包小营。阵式结构两两平衡，阵的角落牵连呼应，一曲一折，彼此相对，八方互应。兵力划分中外，既有少而精的中央大将之兵，又有重点的外围中阵之兵，全阵厚外薄中，外重中轻，外实中虚。当阵地上出现丘阜、沟堑、林木等障碍时，兵力又有离合之妙，既作分散配置，以避开障碍，又能在统一指挥下迅速合成作战。兵力还区分为奇正，分为进行常规作战的正兵和非常规机动作战的奇兵。八个中阵，四为正兵，四为奇兵，一个正兵中阵紧靠一个奇兵中阵。在中央，则是大将直接掌握的直属机动部队余奇之兵。

还有阵内的队列，也令人叫绝。只听一个人说道：

“其人之列，面面相向，背背相承。”

果然，阵内士卒在队列中既面对着面，可以攻击共同的敌人；又背靠着背，彼此保护侧后不受攻击。

正看间，诸葛亮开始演习阵法，先演习阵的机动。一声前进令下，庞大的八阵缓缓前进。为了使复杂的阵形保持整齐，前进时决不速奔，机动速度受较大限制。接着，一声退却令下，八阵有条不紊地回军转阵。将士都向后转，前部改为后部，后部改为前部，庞大的兵阵竟然一丝不乱便实现了掉头，十分灵活。众人惊叹，深知这得益于阵式的对称和指挥调度之妙。

诸葛亮又演习阵战，令另一支部队扮作敌军，攻击八阵。只见它的先锋冲向八阵，展开突击。那八阵说来也怪，一个中阵受攻，相邻中阵自动增援，充当两翼，钳击来犯之敌。敌先锋转而突击另外中阵，受攻中阵的左右中阵也纷纷前来钳击敌人。攻击部队再次攻击任意一个中阵，结果总是引起受攻的左邻右舍的增援，如常山之蛇，首尾相救，左右相顾。众人才知道，新八阵具有全方位作战的功能，有四正可充当四头（翼侧），有四奇、四冲可充当八尾（增援部队），任何方向受到攻击，该方向部署不必作出根本变更，即可完成主要作战方向的部署，形成阵首、翼侧和殿后的兵力配置。

正赞叹时，诸葛亮又演习兵种运用。先演习骑兵。骑兵是阵内最活跃、机动性最强的兵种。诸葛亮演习骑兵首尾相救，向骑兵将领宣布，赋予它侧击、佯动、伏击、断敌粮道、阻击、夜袭、尾击，和行军、宿营、布阵时的警戒等广泛任务。

再演习弩兵，只见敌先锋展开突击，进至八阵鹿角前受阻。阵内反击，弩兵立姿发射，矛戟兵蹲姿前进作战，与弩兵协同。原来丞相军令规定，这时矛戟兵不得站立和停止，否则影响射界，妨碍用弩。阵内弩兵在矛戟兵等配合保护下，弥补短于自卫的弱点，发挥长于远射的优势。攻击部队受挫退回，八阵取胜，矛戟兵由于蹲姿作战，也无一人受自己弩兵的误伤。

最后演习车兵。众将知道，随军大车运送营帐、甲胄等军器，在敌骑兵来犯时，可用来设置障碍，迟滞和割裂敌骑冲击，对阵内提供掩蔽和保护，增强防御的稳定性。不料新八阵又有高招。只见诸葛亮令部队转移到山地后，成行进间的八阵缓缓前进。突然，一支扮演敌军的骑兵冲了过来，与蜀军遭遇。那骑兵左、右翼前出夹击，蜀军转入仓猝防御。如果登上山岭，可将敌骑兵置于无用武之地，然而山势嵯峨，无路可上，只好把大车一齐推出，排列阵外，防御骑兵冲击。现场地形狭窄，大车有意排成锯齿状。敌骑兵在犬牙交错的大车迟滞下，乱了队伍，不能展开有效攻击，被迫退去。

八阵是方阵，却也可以根据地形和作战需要，调整为方、圆、曲、直、锐等形状。演兵场没有如此多种地形，暂时不作演习了。

众将和僚属看到这里才明白，八阵既继承古八阵，又适应蜀军兵种结构和北伐的高原、山地地形。它针对魏军的骑兵优势，以最先进的速射武器元戎为支撑，综合发挥步、弩、骑、车协同作战的威力。它是五阵的变体，是四正四奇八阵合成的集团方阵，阵形可离，可合，可变。编成上是包容和对称的，具有以前为后，以后为前，以左为右，以右为左，四头八尾，触处为首，敌冲其中，两头皆救的快速反应和灵活应变的能力。众人看得喜不自胜。

诸葛亮演习完了，也露出笑意：

“八阵练成后，今后行军作战，可能不会全军覆没了。”

诸葛亮用八阵训练将士。训练中，有时用砂石等物堆砌成形象直观的实物，称作阵图，标示阵法，便于将士学习领会。

诸葛亮死后，八阵图留有多处遗址：汉中定军山以东营垒旁，成都附近弥牟镇，鱼腹江边沙滩上，都有遗迹。那鱼腹八阵图垒细石造成，八行，每行八堆，共八八六十四堆，行间距离二丈。夏水漂荡，岁月消损，直到宋代仍然约略可见。这些八阵图中，存储了诸葛亮八阵法的信息，成为后人窥探其奥秘的入门向导。

元戎木牛

这天，军营轰动了：

“快来看啊，丞相制作出了神弩！”

原来，诸葛亮为发挥弩兵威力，对付魏军骑兵，研制了神弩。

犹如魏军拥有骑兵王牌一样，蜀军拥有弩兵作为王牌。弩兵使弩，以远射压制敌军，是对付骑兵的杀手锏。弩装有张弦机械，可以延时发射，比弓的威力大。在众多的弩中，连续发射的连弩具有领先的杀伤力。诸葛亮从南中涪陵郡（治今四川彭水）蛮人中征召来一批连弩士。从此有善射的专业弩士，只是连弩性能不理想。

诸葛亮对机械颇有造诣，设法革新了连弩。今天试射，只见一名连弩士先单射。端起神弩，弩机一板，10 支弩矢同时飞出，不仅单位时间发出得多，射程也较普通弩矢远。抬起一看，矢杆早从竹木改用铁制，矢长加至 8 寸，所以射程和穿透力今非昔比。接着，一批连弩士齐射，一声令下，弩矢如满天飞蝗，黑压压地朝前飞去，杀伤概率大为提高。将士雀跃，无不欢呼今后魏军骑兵再猖狂，遇到这一剋星也就神气不起来。大家叫它“元戎”，意思它是戎器（武器）之“元”，排在天字第一号。

俗话说，强中更有强中手，能人背后有能人。大约诸葛亮死后不久，魏国机械制造家马钧见到元戎后说：

“构思很巧妙，”他赞叹道：“但不能说尽善尽美。依我看，杀伤力还可以提高 5 倍。”

威力大 5 倍的元戎没有制作出来，不是他没本事，是当政者曹爽不重视，舆论甚至嘲笑马钧。舆论受儒家影响，一向看不起“奇技淫巧”。哲学兼文学家傅玄同情马钧，在舆论压力下，也不得不承认马钧的机械制造技巧不过是“微事”。

这种“微事”，在诸葛亮则看成大事，足见他眼光的敏锐和反舆论的勇气。诸葛亮一向讲实际不求虚名，因此武器装备政策比魏国高明。

托名管仲的《管子》主张，大军尚未出境，武器生产就要超过各国，造成材料的优势，工艺的优势，技术的优势。诸葛亮也企图以武器装备的优势弥补兵力的不足，做到北伐尚未出境，武器装备上已造成天下无敌的优势。

诸葛亮在防护装具上，研制出新式的筒袖铠。从出土的西晋筒袖铠看，它由胸铠、背铠联缀而成，肩部披上不长的筒袖。南朝宋明帝时，还有诸葛亮筒袖铠，25 石弩不能射入。

在武器装备上，诸葛亮一手抓革新，一手抓质量。

第三次北伐时，发生这样一件事。大军到武都那天，砍敌军鹿角，用坏刀斧一千多把，幸好敌军败退，否则没有刀斧可用。他决定亲自过问此事，在休整时对武器生产进行专项检查，令主管武器生产的作部监制几百把刀斧，试用 100 天，一把不坏。

“我现在才知道，上次制作刀斧的官吏不负责任。”他说。

于是下令，把主管人员逮捕治罪。他告诉大家：

军事技术问题，“绝不是小事。如果这种情况再出现在战斗中，就要破坏我的军事行动了。”

蜀国兵器制造建立了责任制，兵器上刻铸监造官和工匠姓名，以示责任所在。四川郫县出土的蜀国弩机，上有铭文：

“景耀四年二月三十日，中作部左兴业刘纯业，史陈深（以上监造官吏），工杨安（工匠）作。十石机（弩的强度），重三斤十二两（弩的重量）。”

诸葛亮有了经验，铸造兵器寻找能者主持其事。

据《蒲元传》说，诸葛亮要造高质量刀，委派巧手西曹掾蒲元在前线斜谷就地铸刀 3000 口。刀铸成，需淬火增加硬度。蒲元对淬火用水提出苛刻要求：

“到附近汉水取水不行。”他对派去取水的人说，“一定要用蜀江的水。”

蜀江相距斜谷，来回几千里。取水人无奈，按照吩咐取回水交差。蒲元却怒冲冲地指责水质不纯，里面掺进涪水。取水人一口咬定，绝无此事。蒲元拿着刀在水里一划，说是掺了 8 升。取水人只得招供，他从蜀江取水后，归途在涪水摆渡，船身不稳，洒掉 8 升，怕交不了帐，确实掺了涪水。

于是用蜀江水淬火。刀铸成后检验质量。有人把铁珠暗暗塞在竹筒里，送去试刀。蒲元不知有异，手起刀落，竹筒竟应手而落，与被斩铁珠一起裂为两半，传为佳话。蒲元刀当世称绝，号称神刀。神刀的出现，正是诸葛亮重视武器装备质量的产物。

诸葛亮还主张生产的钢铠达到 5 折（锻造次数），矛达到 10 折，具有较高的质量标准。

3000 把蒲元刀，一弩 10 矢的元戎，诸葛亮筒袖铠，装备蜀军，作战效能大大提高。

武器装备有了一流的高新技术含量，粮食保障却不乐观，军粮供应不上，两次北伐被迫退兵。过去刘备出征，诸葛亮能充分供应军粮，轮到自己出征，却栽在看家本事上。

诸葛亮一生操办的大事是粮食保障。他从源头抓起，推行“农战”政策，先农后战，把粮食生产放在优先位置。进驻汉中后，为减少蜀中千里运粮，确定粮食保障以汉中自筹为主，但刘备当年从曹操处占领汉中，得地而不得民，汉中人民被曹操大批迁走，所余劳力不多，难以生产大量粮食。诸葛亮开展军屯，到后立即在边境地区开辟赤岸(今陕西留霸北)，令赵云率军大规模屯垦，储备军粮。第四次北伐后，又在汉中水源丰沛、气候良好的黄沙，开辟大型屯田，整修山河堰。对于汉中农业生产见识早，动手快，从来没有放松过。

然而，生产只解决保障的一半，甚至是非重要的一半，严重问题在运输。从汉中向魏境作远途运输，成本过大。保障 10 万北伐军，起码要动员 10 万人运粮，这是一难。假设为前线将士补给粮 10 万斛，至少需多准备差不多同样数目的粮食，供千里运输线上人夫牛马的食用，这是二难。蜀魏虽为邻国，穿越国境，却要翻高山，越秦岭，走四五百里令人咋舌的谷道。直到后人李白还惊叹“蜀道之难，难于上青天”，“连峰去天不盈尺，枯松倒挂倚绝壁”，“黄鹤之飞尚不得过，猿猱欲度愁攀援”，更何况早期的三国时代呢！在这样险阻的路上，别说运粮，空手走一趟也非易事，这是三难，是超出一般远途运输的难以想像的困难。

明知是火坑，诸葛亮不能不跳。

他千方百计克服困难。走祁山方向北伐，利用西汉水漕运，减少陆路运输。走关中方向北伐，靠前屯田，靠前设置粮仓，减少战时运输。

还把能动员的都动员来运粮，动员来的有兵士，民工，妇女，众将子弟。他让众将子弟督运父亲部队的粮草，运不上去，父亲作战中会断粮，那就无论多么艰难险阻，押粮也不会含糊。将领子弟抛弃享受，风餐露宿于悬崖峭壁之间。吃的苦，不在前线将士之下。

诸葛亮令大儿子诸葛乔加入督运，并提笔给哥哥写了一封信：

“乔儿本该返回成都，目前众将子弟都投入运输，想来应当同甘共苦。现在派乔儿率领五六百兵士，与众子弟在谷道中运输。”

乔儿不是亲生。黄氏长期不育，诸葛亮请哥哥把老二诸葛乔过继给他。诸葛瑾有三个儿子：老大诸葛恪，后来受孙权托孤辅政；老二诸葛乔，才能不如大哥，人品却有所超过；老三诸葛融，后来也作了将领。诸葛瑾禀告孙权，经同意把孩子送了来。后来黄氏生了诸葛瞻，但乔儿是老大，被蜀国任命为驸马都尉。

诸葛亮又是心疼，又是欣慰地送走乔儿。不料第二年传来噩耗，乔儿夭折在岗位上。山间远途运输，饥渴劳累，或许染上疾病，献出年轻生命，诸葛亮为北伐贡献了亲人。

乔儿的死，再次证明谷道中运输实在太累，人背肩扛效率不高，再也不应继续下去。但是，马要上战场，牛要耕地，那有闲牛闲马搞运输呢！于是想到用能在山间行走的车，但当时没有这样的车。

诸葛亮下决心拨冗搞发明。这件事太重要，非亲自抓不可。他令主持运输的廖立、杜睿、胡忠和西曹掾蒲元在阴平郡景谷县西南 25 里的白马山中，组织工匠试制木牛。再次进攻祁山时，木牛运粮获得成功。从此一发而不可收，新品种流马也问世了，用于运粮再次取得成功。一头木牛负载 1 人年粮食。单车一天走几十里，群车一天走 20 里。载粮虽多,人不大劳苦,比之人背肩扛,效率大大提高。流马负载更多,每车达 4 石 6 斗。

诸葛亮把木牛流马的制作规格写成说明。奇怪的是,后世人按照说明,至今造不出来。木牛流马失传了。

说明上写着,木牛有头、领、舌、腹、脚、足。有人推测,它是人力独轮车。一脚四足,是一个车轮,外带防止翻车的前、后、左、右四根木柱。说明上说"人行六尺,牛行四步",是说人走一步,轮转四次。流马"前后四脚",是安装了四个车轮。也有人不同意木牛是独轮车的见解,认为是负重型从动四足步行机。

木牛流马在艰难的蜀道上行进着。一群一群,把军粮源源不断地运上北伐前线,完全不必管后人如何绞尽脑汁揣测它们是什么模样。

诸葛亮从法治、战术、保障能力、军事技术等方面进行强军后,蜀军面貌大为改观。人们对此有口皆碑。后来,晋人袁准说,诸葛亮"法令明,赏罚信,士卒用命,赴险而不顾"。

统帅有必死之心,士兵赴险而不顾,以这样的军队继续北伐,将会创造出什么样的业绩呢?

泪洒秋原

诸葛亮北伐四次,仅得武都、阴平二郡,志向未申,年过半百,时间紧迫,若不奋发图强,怎能实现英雄之志,不负刘备所托呢!

第四次北伐六月退兵,第二、三年即建兴十、十一年在汉中黄沙屯田积粮,制作木牛流马,展开训练。建兴十一年,令众军把生产的储备粮前送到斜谷口,修建斜谷邸阁(粮仓)。该处距关中极近,可减轻战时运输。

正当诸葛亮加紧准备时,魏军也进行着准备。魏明帝用司马孚为度支尚书,主持国家和军队财政后勤,配合其兄司马懿对蜀作战。司马懿军师杜袭、督军薛悌预料,诸葛亮明年一定来犯,陇右无粮,应预先运粮。司马懿以为,诸葛亮再进犯,不会攻城,当谋求野战,地点必定在陇东,不在陇右。诸葛亮每以粮少为憾,回去一定积谷,没有三熟不能动兵。于是司马孚加强关中陇右农业、手工业,把冀州 5000 农夫迁到上邽屯田,修缮关中成国渠,在京兆、天水、南安三郡兴办冶铁业,打造军器。由此关中军用比较充足,所需物资预有准备。

蜀国下次北伐尚未出兵,作战形式和出兵时间对方已大体料中,说明几年交锋下来,双方熟悉了对方,难以出敌不意,形势发展到我有备敌亦有备,进入双方军事的全面较量。

蜀建兴十二年(公元 234 年),诸葛亮商请吴主孙权东西并举。二月,倾全力第五次伐魏。他率 10 万大军,沿褒斜路,在春寒料峭中进入关中西部即陇东地区。这一地区,介于陇右、长安之间,有与秦岭平行的渭水东西流贯。

蜀军出斜谷后,位于渭水之南。魏将企图在渭北待机,司马懿以百姓积聚都在渭南，是必争之地，下令在南原背水筑垒，企图与蜀军在渭南角逐。蜀军面临东西两个攻击方向：向西可抵陇山脚下，控扼陇右；向东可威胁长安，击敌要害。司马懿深以长安方向为忧，对众将说：

“诸葛亮如果是勇敢的人，该出武功，沿秦岭向东攻击。如果西上五丈原，那众军就没事了。”

诸葛亮果然西上斜谷口五丈原。他在这10万人马上寄托了全部希望，使用时十分谨慎，不愿冒风险出奇兵向东攻击，而企图以渭南五丈原为基地向西发展，稳扎稳打。

五丈原高出渭水40丈，是一片黄土高原，天空邈远，空气清爽。蜀军主力和指挥部登上五丈原安顿下来。司马懿见状，一颗悬着的心才算落地。

诸葛亮以五丈原为基地，企图夺取北原，南北相连，断绝陇道，控扼陇右。雍州刺史郭淮料到诸葛亮一定争夺北原，建议分兵据守该地，众人不以为然，但获得司马懿批准。郭淮军刚到北原，来不及筑成堑垒，蜀军大部队已经攻来，郭淮立即迎击。

司马懿令将军周当屯守北原之阳遂，引诱蜀军。阳遂几天无动静，诸葛亮大部队反而西行。众将认为必是去攻击西围，郭淮却道是声西击东，司马懿也认为意在麻痹阳遂魏军，说道：

“诸葛亮企图争夺北原，兵却不向阳遂，他的意图泄露了。”

于是令将军胡遵、雍州刺史郭淮速向阳遂。当夜蜀军大部队进攻阳遂，与魏军相遇于积石。双方临北原战斗，诸葛亮不能前进，回兵五丈原。

魏延认为诸葛亮侨军远寇，利在急战，要求司马懿持重，静等蜀军变化。四月，魏明帝向司马懿下达如下命令：

“只坚壁拒守以挫蜀军之锋，迫使对方进则不得志，退则无从作战，久停则粮尽，就地筹粮毫无所获，则必退兵。退兵我即追击，这是以逸待劳，求取全胜的方针。”

这标志着魏国防御北伐的方针日益成熟。当诸葛亮第一次北伐时，魏国企图致敌深入而破之，打歼灭战，中途还大举反攻，都不奏效，对方越战越强。最后，才找到当前的“全胜”方针，利用蜀军粮食短缺的弱点，打持久战，拖延时间，消耗敌粮，迫敌退兵。

面对魏国方针改变，诸葛亮改以持久对持久，寻找战机歼敌。在魏境持久，必须彻底解决军粮保障。过去汉中屯田、斜谷修筑邸阁的靠前生产和储备的措施不够用了，眼下在寻找更好办法，终于找到。

三月，正是春播季节，蜀军分兵在渭水之滨屯田。屯田士错杂居住、生活在水滨居民之间，不抢劫，不谋私利，不伤害敌境百姓利益，纪律严明，保障百姓安居无事。秋天有望就地收获新粮，再也不必为缺粮放弃战机，魏国持久疲敌方针有望破解。在这兴奋的时刻，又传来吴国出兵配合的好消息。

吴主孙权得知蜀军大举攻魏，料魏明帝不能远出，五月，发起三道攻魏，令陆逊、诸葛谨等率万人屯兵江夏、沔口，孙韶、张承等率万人向广陵、淮阳，孙权号称10万大军进围合肥新城，企图吸引援军，围点打援。魏国东西两线受攻，形势骤然严峻。魏明帝决心东攻西守，七月，亲率水军东征，企图打退孙权进攻，结束两线作战，集中精力对付西线。明帝大军尚未到达合肥，孙权不愿决战，与右路军孙韶先退兵，左路军陆逊等随后也退了兵。

在西线，蜀魏两军对峙，营围相连。诸葛亮屡次派人下战书，司马懿坚不出战。这天，蜀使又来，送上丞相给大将军的赠品，打开看时，衣物艳丽，都是巾帼妇人之饰。大庭广众之下，司马懿被嘲笑不丈夫，咽不下这口气，上表魏明帝请求出战。明帝照例不准，生恐时间长了难以禁止，派遣耿直大臣卫尉辛毗出任大将军军师，杖节代表皇帝监军，制止大将军不遵命妄动。辛毗来后，全军尊敬他，听从监察节度，无人敢触犯其锋。此后诸葛亮挑战，司马懿将应战，辛毗杖节立在军门前，司马懿又被制止。司马懿屡屡企图进攻，都被制止，虽然号令全军，却经常屈从辛毗。

蜀将姜维对诸葛亮道：

"辛毗杖节而至，贼人不会再出战了。"

诸葛亮道："司马懿本来没有交战之心，所以固执地向皇帝请战，不过是向部队显示他不怯懦。将在外，君命有所不受，如果真的能制住我，何必千里请战呢！"

由于司马懿执行明帝持久疲敌的方针，且自知不敌，拥兵不战，战争出现相持局面。

司马懿部队多为秦人，历来勇敢，诸葛亮部队多为蜀人，较懦弱，二者非敌；司马懿本土作战，是主，诸葛亮入敌境作战，是客，主客劳逸不同。司马懿条件有利，却无速战之意，一再避战。

司马孚来信问军事，司马懿回道：

"诸葛亮志向大而不见机，多谋而少决，喜好军事而无权变，虽然提卒十万，已经坠入我的策划之中，破诸葛亮是肯定的。"

蜀魏相持将近百日。

时序初秋。对蜀军来说，军粮有望解决，魏军龟缩不敢交战，战争渐入佳境，但不幸也将降临。

司马懿得报蜀军使者来到，亲自接见，谈话中对战事不感兴趣，一句不提，聊起家常，对诸葛亮起居饮食、操劳状况问长问短，使者看他对丞相如此关心，老实地回答说：

"诸葛公起早睡晚，20 杖以上鞭刑，亲自披阅裁决；每天吃饭不过三四升。"那时每天供粮标准，兵士一斗六升，地方救济孤老五升，诸葛亮食量只有兵士四五分之一。

司马懿露出不易察觉的微笑，使者返回后，他高兴地对人说："诸葛亮身体出问题了，他还能活得久吗！"

长期以来，诸葛亮事必躬亲，亲校薄书成习惯，虽经人劝谏，仍不能改。

当此两军胶着时刻，更想把军中治理得公公平平，没有冤狱，只是发愤治理，不肯放手让下级做，不顾身体，不讲劳逸结合。正值更年期，身体脆弱，那里经得住，终于积劳成疾，一病不起。

八月，五丈原郭氏坞内，诸葛亮病势凶猛，自知不起，想不到殚精竭虑一切有了希望之际，败在病魔之手。过去无论多么困难，从不屈服，总能度过险关，这回却眼看再无生还可能。出师未捷，英雄之志不申，在秋风吹拂下，不禁涕泪沾襟。只好安排后事。

自己死后,蜀军不宜再战。他召集长史杨仪、司马费祎、护军姜维等前来,秘密口授死后退军部署,令魏延断后,姜维次之。嘱咐把自己葬在汉中定军山,顺山势起坟,坟不要大,能放棺材就行,殡敛时着平常衣服,不用器物陪葬。

五丈原上,战马嘶鸣,战旗萧萧,秋意浓重,天空更加高远。不久,落日映红大地,暮色悄悄侵入原上东西侧的大裂沟中。巨大的深沟内,浑浑沌沌,一片迷茫。

诸葛丞相走了。蜀军按照他生前部署,退兵回国。在看到希望曙光的时刻,结束了长达六年半的北伐。

这真是:天意从来高难问,中原逐鹿不由人。

以小国之兵北伐,三番五次进攻一个实力大国,迫使其处于防御地位,显示了小国弱民威武自强的决心,显示了其国虽小而不可侮,其兵虽寡而不可欺。蜀国通过准备和支援战争,调动国内各方面力量,促进了国家治理,使其政治趋向清明,使蜀军由弱军走向强军。北伐战绩,实际所获不多,主要表现在创造出有前途的态势。吴国大鸿胪张俨评论道,孔明提步卒数万,长驱祁山,慨然有饮马河、洛的志向。司马懿据天下十倍之地,仗兼并之军,据牢城,拥精锐,无擒敌之意,务自保全而已,使孔明自来自去。如果孔明这个人不死,一直贯彻他的意志,连年思虑,每日兴谋,则魏国西线雍、凉兵士不能解甲,魏国中原不能释鞍,胜负的态势,也已经决定了。

北伐是高原野战,以及山地、城市攻坚战,是在总兵力劣于魏军、战场兵力前 3 次优于魏军情况下进行的。诸葛亮的指挥才能,表现在打有准备之仗;选择魏国力量薄弱的陇右和陇东展开进攻;掌握战场主动权,边打边提高;千方百计地解决粮食保障。北伐后 3 次越打越好。进军退兵组织得好,善于山地设伏歼敌。魏人袁准说诸葛亮用兵,部队安静,坚固,稳重。率数万兵力,所建造的营垒,犹如数十万兵力发挥的功能,动用百姓时最大限度发挥其力量下面不怨恨,及至他的军队出入敌境犹如作客,行军不抢劫、打柴的兵士不践踏庄稼,像在自己国家里那样遵纪守法。军队出国的时候,天下震动,可是人心并不忧虑。

但是北伐使用蜀军主力,连陇右都未夺取,就未达到目的看,是失败了。根本原因,是以小国客军攻强敌于易守之地。与《隆中对》时相比,形势也变了,魏国满足了北方人民结束战乱和大族享有特权的愿望,度过草创阶段,政权巩固,兴复汉室成了过时号召。北伐只能力取,难于乘势。如果说过去赤壁之战,时来天地皆同力;那么现在北伐,运去英雄不自由。诸葛亮能做的,只剩下最大限度发挥主观努力而已。他劳累早逝后,北伐只能夭折。北伐的负面影响,是国内蒙受战争带来的荒残,蜀士苦于兵役、力役,但限制在可接受范围内,蜀国农民暴动在三国中最少便是明证。

诸葛亮死后,蜀国长期由他推荐的蒋琬、费祎等人执政,基本停止攻魏。到了魏国司马氏和曹氏内争激烈时,费祎仍然裁制不让姜维出兵,劝他道:

"我们不如丞相远多了;丞相还不能定中夏,何况我们呢!且不如保国治民,敬守社稷。至于那种功业,可以等待能者,不要希图侥幸,决成败于一举,如果不如志,悔之无及。"

蜀国由此赢得休养生息。姜维在费祎死后执掌兵权,连年北伐,九出雍、凉。他既没有诸葛亮的才干，也没有诸葛亮的大权，北伐成了黩武，以小国与魏国拚消耗。而宦官黄皓乘机用事，蜀国政治昏暗，国力减耗。

这样到了蜀炎兴元年（公元 263 年），魏军攻蜀，后主刘禅出降，距诸葛亮去世仅 29 年。

斯人已去，国家遂亡。

岳 飞

少年发愤

岳飞,字鹏举。北宋徽宗赵佶崇宁二年(1103 年)二月十五日,诞生在河北西路相州汤阴县(今属河南)永和乡的一个农村家庭里。岳飞的父亲岳和,母亲姚氏,均系当地农民。这对恩爱的夫妻,虽说耕种的土地较贫瘠,但由于他们终年含辛茹苦,扶犁握锄,竭心耕种,所得除自给外,还能以少量谷物帮助乡里,日子总还算过得去。然而,最让他们伤心的是,夫妻俩都已接近不惑之年了,还没有生育一个儿女。这事儿已成为他们的心病。就在他们临近绝育之年,相继生下了岳飞、岳翻两个男孩,夫妻俩自然是心花怒放,高兴万分。

就在岳飞出生的这一年,黄河自大名府内黄县(今河南内黄)决口,滔滔的洪水一泻千里,淹没了永和乡,使这一带农民蒙受了重大经济损失。从此,岳和也和其他农民一样,生活陷入极端贫困的境地。因而,童年时期的岳飞,自能从事劳动之日起,便经常到田野里去打柴割草,帮助家里做些零活,尽量减轻父母经济上的负担。

岳飞自幼天资聪慧,最爱读书,家境贫寒点不起灯油,就把枯柴点燃照明,由岳和教他读书识字,或给他讲一些历史人物故事。以后渐渐能认一些字了,便更加废寝忘食,发奋攻读,经常读书到深夜,或通宵不眠。岳飞最喜读《孙子》、《吴子》兵法和《左氏春秋传》。《孙子》,亦称《吴孙子兵法》、《孙武兵法》,是中国古代军事名著。书中的一些用兵哲理,深深地吸引着岳飞,使他爱不释卷,反复阅读,仔细推究其中的道理。为他以后的军事指挥,打下了坚实的理论基础。

岳飞童年时就具有超人的力气。以后又经过长期的劳动锻炼,使他在不满 20 岁时,就能拉开 300 斤的劲弓,能够引发 8 石(约合今 1000 斤左右)的腰弩。由于岳飞所处的时代兵荒马乱,兵贼为患,所以,村里的年轻人都想抽空学点武艺,以便保卫家园。岳飞听说本乡有个叫周同的老人,弓箭技艺精湛,便登门拜他为师,虚心求教。周同见他态度诚恳,学习刻苦认真,便把自己射箭的技法毫无保留地全部传授给了他。经过艰苦的努力,岳飞终于练就了一手好箭法,并且能够左右开弓,百发百中。有一次,师徒二人切磋射艺时,周同想试试岳飞的功底,他连发三箭皆中靶心。岳飞也挽弓搭箭,两臂用力一拉,弓如满月,只听嗖!嗖!嗖!三箭都射在周同的箭尾上。周同见岳飞技艺高超,身手不凡,赞叹不已,爱慕之心油然而生,把自己多年来最心爱的弓赠送给了他,意在告诫他对技艺要勤学苦练,精益求精。

岳飞的外公姚大翁对外孙的膂力也十分赞赏,经他介绍,岳飞认识了本地有名的枪手陈广，向他学习“技击”。经过苦练，他枪法娴熟，成为“一县无敌”。

北宋徽宗重和元年（1118 年），岳和夫妻已经是鬓发花白的人了。岳飞也在永和乡这块具有悠久文明的土地上，度过了 16 个春秋。这一年，由于父母盼孙心切，就给他成了亲，娶了个年龄比他大的刘氏女子做妻子，第二年便生下了长子岳云。添丁进口，使本就困难的生活更加拮据，年轻的岳飞肩上又增添了抚养妻小的重担。

为了谋生糊口，改善家中的经济状况，岳飞不得不到安阳县韩姓大地主家做佃客。由于他精通弓箭，长于“技击”，除从事农业劳动外，还兼有保卫韩家宅院的任务。尽管岳飞竭诚地为韩家干活操劳，然而刻薄的主人并未因此而厚待于他。到头来还是粗食破衣不得温饱。于是，他一气之下离开了韩家，后又在安阳的商市上做了一名“游徼”（即巡查员）。

长期农村生活的磨炼，使岳飞形成了宽厚、刚直、朴素的性格。他平时少言寡语，但在是非面前却态度鲜明，坚持己见，决不委屈求全，这也是他以后惨遭杀害的根源。他热爱家乡，热爱祖国，更热爱自己的父母恩师。对那些抚育他成长的长辈们，怀有深厚的感情。周同病逝后，他十分悲痛，每逢初一、十五，总要备些祭品，到坟上祭悼一番，并用师傅所赠的弓，连射 3 箭，以示怀念。他敬慕三国时期蜀将关羽、张飞的忠勇，经常给他的伙伴们讲述关、张辅佐刘备创业的事迹。并且暗暗发誓，自己将来也要像关、张那样，以身报国，辅佐宋室作一番伟业。

军旅之初

岳飞生活在阶级矛盾、民族矛盾十分尖锐复杂的时代。自宋徽宗赵佶执政以来，北宋统治集团内部更加昏庸腐败。他任用蔡京、童贯等人主持朝政，残酷地剥削压迫民众，不惜一切手段，大肆搜刮民脂民膏。致使朝政日非，兵备废弛，军队疏于训练，将帅多不知兵。因而“兵弊日滋”，以至“河北将兵十无二三”。

就在这时，散居在我国今黑龙江、松花江流域，半农耕半渔猎的女真族聚然崛起。北宋政和五年（1115 年），完颜部族首领阿骨打统一了女真内部，建立了金国，他不堪忍受辽朝的残酷压迫，举兵攻辽，并频频获胜。宋徽宗见金朝军势日盛，大有不可逆转之势，便采取了联金灭辽的策略，妄图凭借金朝的军力，得到过去辽强占的后晋故地。为此，他先后几次派人泛海使金，经过反复讨价还价，最后终于在宣和二年（1120 年），达成攻辽协议。协议规定：宋、金以长城为界，金攻长城以北，宋攻长城以南。灭辽后，金许诺将后晋石敬瑭割让给辽的燕云 16 州归属于宋；宋则将每年交纳给辽的岁贡，如数交给金朝。但是，胆小如鼠的宋徽宗，惟恐惹怒辽朝，招来杀身之祸，协议之后，却迟迟不肯发兵。后经金朝几次催促，才不得不于宣和四年（1122 年）五月和十月，先后两次举兵攻辽燕京（今北京），但均被辽军击败。

就在宋朝第二次攻辽战败后，河北真定府路安抚使刘韐，惟恐辽军长驱直追攻取河北，便下令招募义勇，扩充军伍，以备辽军。岳飞于是第一次应募到刘韐麾下充当了一名敢战士。在安抚司校场上，刘韐看到岳飞雄赳赳气昂昂的样子，心里十分喜爱，校阅结束后，便与他攀谈起来。岳飞慷慨陈辞，滔滔不绝地叙说了自己的身世和从军报国的决心。刘韐当即任命他为小队长。

由于辽对金的作战节节失利，迫使辽朝把注意力集中在长城以北金军的进攻上，根本没有派军追击长城以南正在败退的宋军。恰在这时相州有一支农民义军，虽然人数不多，但却能攻善守，军力甚强，官军几次攻打都吃了败仗。于是，刘韐便把镇压这支义军的任务交给了岳飞，命他带领 200 余人前往攻打。岳飞接受了前几次官军失败的教训，没有凭借武器的优势去实施强攻，而是采取了智取的战术。他先令 30 余人装扮成商旅，大摇大摆地走向义军驻地。义军首领陶俊、贾进发现了他们，便派人下山连人带物掠上山去，并强令他们加入了自己的队伍。岳飞见义军已经中计，便令百余人埋伏在山下，自己率领数十骑至义军营前挑战，继又佯败后退。待义军追至山下，官军伏兵突起，加上 30 余名"商旅"作内应，便轻而易举地全部俘获了起义军。事后，州府保荐他为从九品的承信郎。

未几，不幸的事情发生了。岳飞投军后，一家人的生活重担全部落在其父岳和的肩上，由于积劳成疾，无钱医治，而与世长辞了。岳飞闻讯悲痛欲绝，毅然离开军营，返回汤阴为父奔丧。

宣和六年(1124 年)，岳飞丧父后守孝已满 3 年，恰在这时相州汤阴又遭了水灾，使岳家一贫如洗，一家人的生计更加艰难。宋朝募兵制规定：丁壮从伍可携家属。于是，岳飞不得不忍痛安置好老母，携妻带子，再去平定军(今山西平定)从军，充任效用士。不久升为偏校(下级军官)，与刘氏、岳云同住军中。

宣和七年(1125 年)初，金辽战争已进入尾声，辽天祚帝西逃，于应州(今山西应县)为金军所俘，辽至此灭亡。后几经交涉，宋答应每年向金交纳大批贡物，才得到燕山府几座空城。金视宋软弱可欺，便在这年年底，遣军分两路大举攻宋。西路军由粘罕(即完颜宗翰)统兵 6 万，自云中(今山西大同)出发攻太原；东路军由斡离不(即完颜宗望)统兵 6 万攻燕山府，尔后渡过黄河攻取宋东京开封府。宋徽宗闻讯后，于慌乱之中传位其子赵桓，是为钦宗。钦宗也是一个治国无能、战守无方、一意求和苟安的皇帝。靖康元年(1126 年)正月，金军兵临东京城下。钦宗一面派康王赵构出使金营当人质，同时把太原、河间(今属河北)、中山(今河北正定)三镇割让给金朝，以此乞求退兵。金东路军面对宋右丞李纲积极备战、民众反抗情绪日甚的形势，在得到割地好处后，于这年二月撤围退走。

金西路军主帅粘罕，自宣和七年十二月始，便督军攻太原。由于太原城坚粮足，且有重兵防守，一时难以攻克，遂采取长围久困之策，待守城宋军粮尽力竭，迫其投降。然而，直到靖康元年六月，半年的时间已经过去，守城宋军依然士气高涨，据城固守。岳飞所在的平定军位于太原以东，三面环山，地势险要，是河东抗金的冲要。为了给应援太原作准备，一个姓季的团练使，命岳飞率骑百余，前往寿阳、榆次(今均属山西)等地侦察军情，途中猝与大队金军遭遇，士卒们惊慌失措，岳飞却镇静自若，扬鞭催马单骑突阵，一连杀死几名金军官兵。金军不知宋军虚实，便纷纷后退。天黑后，岳飞又装扮成金军模样，潜入金营，查明了金军动向，完成了侦察任务。岳飞因功由偏校升为进义副尉。

同年九月，粘罕终于攻克了太原，并遣军攻取平定军。岳飞参加了平定军保卫战，与守城宋军拼死力战，最后，金军付出了相当的代价，于十月攻占了平定军城。岳飞在随军撤退途中与部队走散，被迫带着刘氏、岳云返回老家汤阴。

立志抗金

岳飞带着妻儿经过长途跋涉，历尽坎坷艰险，终于回到了故里。但是昔日家乡在女真铁骑蹂躏过后已面目全非。国破家亡，乡里被害的凄惨景象，使岳飞义愤满腔，决心凭借自己精湛的武艺和一颗赤诚之心，重返抗金前线，报国之耻，雪民之恨，为重新恢复中原故土奋战终身。

岳母姚氏是个深明民族大义的人，尽管她饱尝了爱子离去后的痛苦，仍全力支持儿子的爱国行动，为了鼓励岳飞奋勇抗金，报效国家，亲手在他背上刺下"尽忠报国"四个大字。姚氏之举，使岳飞深受感动。他牢牢记下老母的嘱托，肩负着乡里的重望，披星戴月，昼夜兼程，只身一人重返抗金战场，开始了长达15年的抗金生涯。

靖康元年十一月，西路金军由太原南下，渡过黄河，与东路金军会师，第一次包围了东京。早被金军吓破胆的宋钦宗，不思战守，只想议和。他首先罢免了主战派李纲的相位，接着下令让数十万救援东京的军旅和忠义民兵退走，致使金军很快攻破了东京，俘虏了徽、钦二帝。靖康二年(1127年)四月，金帅斡离不册立宋朝前宰相张邦昌为"大楚皇帝"，令其管辖黄河以南地区。继而将所掠财物装上大车，押解着徽、钦二帝及其宗室、官员3000余人北去，北宋王朝至此灭亡。这就是历史上所谓的"靖康之难"。

就在金军第二次围攻东京时，宋钦宗给他的九弟——康王赵构写了一封密书，任命他为天下兵马大元帅，磁州知州宗泽、相州知州汪伯彦为副元帅，招募两河等地忠义民兵和溃散的宋军，火速救援东京。原来被派往河北斡离不金营充当人质的赵构，自东京行至磁州(今河北磁县)时，为坚主抗金的宗泽所劝，停止北上，后又到了相州。他接到钦宗密信后，于靖康元年十二月，便在相州开设兵马大元帅府，招募天下义勇。岳飞于此时第三次从军，参加了大元帅府的军队，隶属于枢密院官员刘浩的麾下。

刘浩非常器重这个颇有抱负的年轻人，令他带领百余人去收编一支以吉倩为首的军队。一天傍晚，岳飞在吉倩营外作了应急部署后，便带领4名随从闯入其营，说服他们参加抗金。岳飞的突然出现，使吉倩等人大吃一惊。一方面他们素闻岳飞武艺高超，硬打硬拼不是他的对手；再则不知他此次带来多少人马，怀疑已被官军包围，只好表示愿意接受招募。这时，突然有一名大汉向岳飞猛扑过来。岳飞眼明手快，顺势把那人打翻在地，拔出剑来顶在他的胸前。吉倩等人见势不妙，立即跪倒在岳飞面前请求恕罪，并纷纷交出了武器。就这样，岳飞兵不血刃，轻而易举地招募了300余众，因功升为从九品的承信郎。

不久，刘浩又命岳飞率骑去李固渡(今河南滑县南)侦察军情，中途猝与金军遭遇，他身先士卒，率骑猛冲，击杀金军一员勇将，凯旋而归。

这年冬天，天气异常寒冷，就连滔滔东流的黄河之水也结了厚厚的冰。此时，岳飞率百余骑正在黄河南岸的滑州（今河南滑县东南）附近练习冰上骑射，忽然发现一队金骑从对岸踏冰飞驰而来。岳飞临危不惧，沉着地对部属说："金军虽然众多，但不知我们的虚实，乘他们还未摸清情况，大家一齐痛击他们，可以成功。"说完，他跃上战马，率先冲向金骑，手起刀落砍死一名金将。士卒们紧随其后，一齐掩杀，把金军打得落花流水，望风而逃。这一仗干净、利索，共击杀金军数千名，夺得战马数百匹。岳飞因功升为从八品的秉义郎。

赵构和徽、钦二帝一样，也是一个贪生怕死之辈。虽然他迫于形势不得不开设兵马大元帅府，招募两河义勇。但他迟迟不肯按密书行事，集附近州县宋军与忠义民兵应援东京，而是想方设法避开金军锋锐，于同年十二月十五日，率领大元帅府的全部人马，离开相州逃往大名。岳飞只好跟随着刘浩，冒着凛冽的寒风，往东而去。经过3天的长途跋涉，赵构率领部队到达了大名。

这时河北各路宋军也相继来会，宗泽也率领磁州的部队赶来大名，使大元帅府的部队骤增至数万人。赵构在召集各路将领议事，商讨下一步军事行动时，两位副元帅发生了严重分歧：宗泽以为，当前大元帅的头等大事，就是速速率军解东京之围；汪伯彦则认为，元帅府兵少力单，众寡悬殊，不可轻进。面对赴东京抗金还是继续逃跑的抉择，赵构心里着实有些惶惑不安。对于他来说，逃跑固然重要，可以保住性命，但又惟恐坐视父兄被围于不顾，落一个不忠不孝的罪名。于是命宗泽率领一支部队救援东京，他自己率领主力继续逃往东平府（今山东东平）。恰在这时河间知府兼高阳关路安抚使黄潜善率军来会，由于他和赵构气味相投，很受宠信，当即被任命为副元帅，一跃而成为赵构的亲信。

年近古稀的副元帅宗泽承担了救援东京的重担。他首先针对作战需要，把所属的1万人马进行了整顿，编成五军。岳飞从刘浩被编为前军，从此而成为宗泽的部将。靖康二年正月，宗泽率军南进，攻取开德府（今河南濮阳南）。岳飞在这次战斗中表现非常出色。他首先引发两箭，射杀金军两名执旗者，使其失去标志，然后纵骑突击，拼死作战，将金军击溃。战后以功迁从八品的修武郎。

同年二月，岳飞奉命随刘浩转战于曹州（今山东曹县西北）等地抗金。在战斗中，岳飞总是披散着头发，挥舞着四刃铁简，一马当先迅猛突入金阵。士卒们紧随其后，奋勇冲杀，以白刃搏战大败金军，追杀数十里，方鸣锣收兵，凯旋返营。岳飞因功升为从七品的武翼郎。

宗泽在与金军打了几仗之后，因部队伤亡很大，又得不到赵构的支援，不得不中止救授东京，而将部队撤往南华（今山东东明东）。

此时赵构已从东平府率军逃到济州（今山东巨野），不久，从东京传来了徽、钦二帝被金军掠走的消息。正当他忧心忡忡不知所措之时，伪大楚政权派人来会，要他速回东京继承赵姓皇位。原来被金帅斡离不册立的大楚皇帝张邦昌，自他称帝的那天起，便遭到了民众的唾弃和反对。以致在他做了7个月的皇帝之后，满朝文武怨声日甚一日，眼看处于风雨飘摇之中的大楚政权就要垮台了，在无可奈何的情况下，他只好宣布让权退位。

靖康二年五月初一，赵构于南京应天府（今河南商丘）即帝位，是为高宗，改元建炎，史称南宋。此后，宋高宗迫于文臣武将的压力，不得不起用主战派老臣李纲为相。并根据李纲的推荐任命宗泽为东京留守，张所为河北招抚使，傅亮为河东经略副使，负责联络领导当地忠义民兵的抗金事宜。

李纲出任宰相反，立即提出一系列中兴宋朝的主张，但却遭到副宰相黄潜善和知枢密院事汪伯彦的坚决反对。黄、汪为了迎合高宗政治上继续逃跑的需要，无视朝野上下坚决要求抗金的要求，公然提出请帝王驾临东南避战的无耻主张，企图让高宗逃往江南。

岳飞听到上述消息后，心中十分气愤，他回想自己之所以离乡背井，就是为了浴血奋战，报效国家。如今，眼看皇帝就要避战东南，自己的抗金夙愿将成泡影，便不顾职卑言轻，上书高宗，表示坚决反对继续南逃，力请皇帝返回东京主持抗金，充分利用各路宋军日益集结，兵力渐强、人心思战，而金军日趋松懈的大好时机，予以痛击，这样将帅一心，士卒用命，中原定可恢复。奏书进呈后，触怒了投降派黄潜善、汪伯彦，他们给岳飞加上小臣越级上书的罪名，削夺了他的官职，并把他赶出军营。岳飞遭此挫折十分抑郁苦闷，但并未因此而丧失抗金报国的大志。

受李纲推荐被任为河北招抚使的张所和宗泽一样，也是一位坚主抗金的爱国将领。他一到任所便提出把自己的任所设置在大名府，以便深入河北腹地；同时积极招募义勇，收聘人才，筹措钱粮，准备反攻。建炎元年（1127 年）八月，岳飞由南京来到大名，投军河北招抚使司，并经该司干办公事何九龄的介绍，得以进见招抚使张所。张所素闻岳飞的忠勇，一见面就向他问道：“听说你作战勇冠三军，你自己估计能对付多少金军？”

对于将领的勇与谋岳飞素有自己的见解，他坦然一笑回答说：“勇不足恃也，用兵在先定谋。谋者，胜负之机也。故为将之道，不患其无勇，而患其无谋。”同时他还把古代《孙子兵法》上“上兵伐谋、次兵伐交”的道理明明白白地讲了一遍，继而又列举了许多凭借智谋战胜强敌的事例，说明谋略是决定战争胜败的关键。岳飞的这种见解，引起了张所的重视。于是便请他坐下，二人促膝攀谈起来。

张所向岳飞请教在河北的作战方略。岳飞生动形象地把黄河以北地区比喻为人体的四肢，而东京全靠它作屏障，并且强调说：“只有收复河北的失地，东京才能安然无恙。否则，金军既占河北，必然侵占河南，到那时，险要之地都被金军占领，即使跑到江、淮，命运如何也是很难预料的！”

接着，他又提出了一个“峙列重镇，一城受围，则诸城或挠或救”的联防计划。最后他慷慨陈辞，向张所表述了自己收复故疆，迎还“二圣”的抗金决心，并表示为实行上述决心，即使赴汤蹈火也在所不辞。

张所十分钦佩岳飞的胆识和见解，认为他是难得的将才，当即把他留在军中，后又升为统领，不久升为统制，并把他编在部将王彦军中。

此后，尽管高宗迫于形势采纳了李纲一些政治、军事方面的抗金建议，但不久即听信投降派黄潜善、汪伯彦等人的谗言，罢免了李纲的相位。接着，受李纲推荐的张所，也成了投降派们的眼中钉、肉中刺。他们罗织罪名，诬陷张所，促使高宗将其贬谪岭南，这位忠诚的抗金将领不久便含恨离开了人世。

张所不仅是岳飞的上司，同时也是他的知己。虽然他们在一起相处的时间并不长，但是由于在抗金问题上的志同道合，促使他们结下了深厚的友谊。所以，张所故世的噩耗传来，使岳飞倍感悲痛。以至在以后10余年的抗金生涯里，他一直念念不忘抚慰张所的亲属。

张所死后，宋廷任命王彦为河北招抚使。建炎元年秋，王彦秉承张所的遗志，集合岳飞等11员将领，率领7000人马，北渡黄河，寻机抗金。旋与金军在新乡（今属河南）展开激战。岳飞率领所部士卒冲杀在最前面，他夺得金军的大旗，拼命用力挥舞，鼓励将士一鼓作气，攻克该城，活捉了金军千户阿里孛，继而又打败万户王索。此后，岳飞率领所部又与金军大战于侯兆川（今河南辉县西北）。战前，岳飞作了深入的思想动员。他说："昨天我们已经打败金军，他们是不会甘心失败的，今天一定拼命来反扑。我们人少，他们人多，大家应当加倍奋战，争取胜利。"最后他着重强调说："凡贪生怕死，不服从命令者，一律斩首！"战斗中，人人精神振奋，英勇搏战。经过激烈的厮杀，岳飞的部队终于击败了金军。

金军连吃两次败仗之后，误以为是宋军主力北渡黄河实施反攻，急忙从各路抽调数万人马火速赶来，把新乡团团围住。面对着众寡悬殊，缺钱少粮，孤军深入的形势，为了保存这支抗金武装，王彦经与岳飞等部将商议，决定杀出重围，寻机再图进取。突围后，在研究下一步军事行动时，王彦与岳飞发生了分歧，经过一番激烈的争论，倔强的岳飞毫不顾及事情的后果，自率一军擅自脱离了王彦的建制。从此，他与王彦结下了终生的嫌隙。

王彦正确地分析了形势，决定把部队带到地势险要、易守难攻的共城（今河南辉县）西山安营扎寨，以期休养生息，再图大举。部队到达那里后，为了表示与金军血战到底的决心，王彦令部众面刺"赤心报国，誓杀金贼"八字，被称为"八字军"。由于王彦采取了深入发动民众，广泛联合义军的措施，仅几个月，"八字军"便发展壮大起来。分散在太行山一带的10多万忠义民兵也都接受王彦的节制，在绵亘数百里的地区内，互相呼应，形成一股强大的抗金力量，多次击败金军的进攻，一时军威大振。

岳飞与王彦分手后，率部继续北进，不久便进入太行山区。深秋的太行，已是花木凋谢，寒气袭人。由于岳飞脱离了主力，钱粮不继，被装无着，很快便陷入困境。在极端困难的情况下，他虽然率部奋战，并多次击败金军的追击，但孤军难支的处境并未得到改观。严峻的形势，使岳飞开始悔恨自己当初的鲁莽决定。

建炎元年六月，东京留守宗泽抵达东京任所后，积极联络今山西、河北和陕西等地的抗金义军，实施统一领导，并立即着手加固城防，整顿军队，安抚民众，部署战事，使东京成为坚强的抗金堡垒。这时，王彦按照宗泽的吩咐，率"八字军"全部人马迅速南渡，把部队部署在黄河南岸，完全听从宗泽的节制。

岳飞闻王彦已率军南渡黄河。归宗泽指挥之后，便单身匹马来到王彦营中认罪。王彦虽然十分赏识岳飞的胆量和爱惜他的才干，但新乡一别毕竟使他的感情受到了严重伤害。所以，他既不肯原谅岳飞的过错，又不忍听从部属的提议把岳飞杀掉。最后，王彦把此事报告了宗泽，请他去酌情处置。

宋朝军法规定:"背军走者斩。"据此,留守司的官员们一定要追究岳飞擅离主将的责任,并建议宗泽按军法从事。宗泽早从王彦那里悉知岳飞的忠勇善战,认为他是难得的将才,又念他脱离主将实属抗金心切所致,故决定不予追究,留在军中将功补过。

就在宗泽积极备战的同时,高宗却担心京都难守,遂采纳黄潜善、汪伯彦等人的误国之策,于这年十月,迁都扬州(今属江苏)。高宗等人贪生怕死,助长了金朝统治者的嚣张气焰。建炎元年冬,金太宗吴乞买(即完颜晟)遣军分三路攻宋:洛索(即完颜娄室)率西路军攻陕西;粘罕率中路军攻河南;讹里朵(即完颜宗辅)、兀　(即完颜宗弼)率东路军攻山东,企图控制中原,夺取东京,灭亡南宋。十二月,粘罕率中路军击溃宋河阳守军后,南渡黄河,攻取汜水关(今河南汜水)。宗泽当即任命岳飞为踏白使(即突击队长),率领500骑前往侦察。临行前对他说:"你以前犯的是死罪,我念你作战勇敢,所以就不追究了,现在你应该去奋勇杀敌立功,但决不能轻率从事!"

岳飞当即表示一定打好这一仗,决不辜负宗泽的期望,遂引军至汜水关与金军展开鏖战。他挺枪跃马率部驰突,一鼓作气,把金军击败。凯旋后被宗泽任为统领,不久又升为统制。

从岳飞的擢升情况看,宗泽对他是非常赏识的。但宗泽毕竟是没有亲自领兵打过仗的文臣,他看到岳飞作战不拘常法便有些担心,在闲暇之余告诫他说:"你的勇敢、才艺即使古代的良将也是比不了的。但你喜欢野战不符合古法,今天你作为一个偏裨小将还能胜任,将来你成为大将依然如此就不行了。"说完,把一卷作战布阵图交给岳飞,要他按照既定的阵法去行师用兵。

宗泽对以阵法用兵为何如此重视?原来按照宋朝的惯例,凡将帅出征作战,皇帝都要亲授以阵图,战时要严格遵守不得变动。而岳飞却极力反对这种僵死的、一成不变的陈旧战术。几天后,当宗泽重提此事时,岳飞不以为然地说:"按图布阵都是定局。古今情况不同,战场险易、广狭各异,岂可用一定的模式死板布阵?用兵的关键在于出奇,使对方无法测度我方的虚实,方能克敌制胜。倘若在平原旷野仓促遭遇,那时怎能布好阵式,再与他厮杀呢?"

面对东京一带宋金双方的军事形势,他进一步说:"敌众我寡,如果按一定的格式布阵,金军得知后派出铁骑从四面环击,非但不能取胜,反而必败无疑。"

宗泽听了岳飞的议论接着问道:"照你的说法,难道阵法就没有用了吗?"

岳飞回答说:"阵而后战,兵之常法,运用之妙,存乎一心。"

宗泽沉思了一下,然后对岳飞说:"你的话很有道理。"

岳飞所说的"运用之妙"的"妙"字,就是指战略战术的灵活性。这一精辟见解,充分说明经过几年的战斗实践,在作战指挥方面,岳飞已经总结出了一套行之有效的经验,并且敢于向陈规的传统的做法公开挑战,从而使年迈七旬的老臣宗泽也不得不翘指称赞。

建炎二年(1128年)三月,宋、金两军于东京附近的州县展开了激战。岳飞参加了滑州的战斗。他接连在胙城县(今河南延津东北)、黑龙潭等地获胜,在宗泽麾下保持了每战必捷的记录。

这时，金军一部已由白沙（今河南中牟西）进逼东京近郊，民众震恐。宗泽明令张灯，庆祝元宵，以安人心，使金军疑不敢入。同时暗遣精兵绕至金军之后，伏其归路，继而遣军从正面攻击，大败金军。与此同时，黄河南北抗金义军已发展至百万人，严重威胁着金军后方，迫使各路金军不得不纷纷撤退。

在此前后，宗泽以饱满的抗金热情，曾先后20余次上书高宗，恳请他回銮东京，鼓舞士气，主持收复故疆的抗金大计。但是这些奏章如石沉大海，杳无音信。年迈气衰的宗泽，由于壮志难酬，忧愤成疾。弥留之际，召集王彦、岳飞等部将于身旁，嘱咐他们要团结抗金，共图大举，并于生命的最后时刻，还在朗诵着杜甫赞颂诸葛亮"出师未捷身先死，常使英雄泪满襟"的诗句。临终前三呼"过河"，含恨而逝。

宗泽是岳飞的良师益友，他宽以待人，严以律己，不惧权贵，矢志抗金的言行给岳飞树立了榜样。他的不幸故去，自然使岳飞精神上再次受到沉重的打击，使他陷入极度的悲哀与痛苦之中。他暗暗发誓，一定要继承宗泽的遗志，争取早日北渡黄河，杀退金军，光复故疆，以抚慰九泉之下的英灵！

同年秋，金太宗闻宗泽已死，决定乘机再次举兵攻宋，命娄室率西路军继续攻陕西，命粘罕、讹里朵率主力东路军攻取南宋行都扬州。未几，金东路军攻占宋河南、河北、山东部分州县，继续挥军南进。

岳飞按照宗泽生前的部署，进驻西京河南府（今洛阳），负责保护宋之皇陵。不久，奉命率军赴汜水关御敌，与金军遭遇。金将依仗兵多，策马跑到阵前骂阵。岳飞乘其不备，挽弓劲射，金将应弦而倒，其军大乱，岳飞乘势挥军冲杀，获得全胜。继而率军在竹芦渡与金军对峙。由于金军初战失利，故依险列阵，拒而不战。岳飞眼看军粮即将耗尽，决定利用金军多猜忌，心神不定的弱点，挑选精兵300人，埋伏在前山脚下，每人准备两堆柴草，交叉缚成十字形，到了夜半，令伏兵一齐举起柴草，点燃四端，齐声呐喊，向金营猛冲过去。金军见火把无数，怀疑宋军主力前来应援，纷纷四散逃命。岳飞乘势追杀，一举攻破金阵。

苦战江南

宗泽死后，接任东京留守的是杜充。此人刚愎自用，嗜杀成性。他秉承高宗的旨意，一到东京任所，便尽反前任宗泽之所为，解散义军，致使宗泽聚拢在东京的大部分抗金武装，相继离去。这时留在东京的宋军中，声势最大的要算张用的部队。张用原是相州汤阴的一名弓手。金军南进时，他集众举事，投奔了宗泽。杜充担任东京留守后，他认为杜充毫无抗金诚意，依仗自己人多势众，根本不把杜充放在眼里。

建炎三年（1129年）正月，气量狭窄的杜充召集岳飞等部将，命他们采取突然袭击的方式，消灭张用的这支武装。岳飞以为此举是自相残杀，有碍于抗金大业，便以"兵寡不敌"为借口，断然拒绝了杜充的命令。杜充见岳飞不听指挥，便气急败坏地对他说："若不从命，以砍头论处。"经过多年的磨难，岳飞比以前成熟了许多，他想到拒命的严重后果，只好听从杜充的命令，违心地去干这件他不愿干的事情。

不料此事走露了风声，很快被张用所知，他一气之下便会同王善的部队，在南薰门外摆开阵势，决心与杜充一决雌雄。当时岳飞开往南薰门的部队只有2000人，而与他对阵的张用却有数万人。面对众寡悬殊的形势，岳飞率先策马闯阵，砍死了一员领兵的将领，使其陷于混乱，然后率军左右掩杀，将对方击溃。岳飞以少击众的胜利，虽在军中广为赞许，但这无疑是自毁长城，完全是由杜充一手铸成的大错。

二月，王善率军围陈州（今河南淮阳），纵兵抄掠。杜充命岳飞随都统制陈淬率军合击。岳飞先命一偏将率部分骑兵断其归路，自率主力与王善战于清河，擒其将孙胜、孙清，俘获甚众，转武德大夫、授真州刺使。

建炎二年底，金朝初步建立起对两河的统治后，继续向南进攻。由于高宗一伙“偷安岁月”“漫不治军，略无捍御”，致使金军很快占领了山东、河南及陕西　延路等大片地区。建炎三年初，粘罕遣将经泗州（今江苏盱眙西北）奔袭扬州。

高宗闻讯后，急忙由扬州南渡，经镇江（今属江苏），逃往杭州。金将粘罕闻宋高宗渡江南逃，留挞懒（既完颜昌）守山东，与讹里朵分别还军云中、燕山。不久，迫于朝野舆论的压力，宋高宗罢免了黄潜善和汪伯彦，将杭州升为临安府，并定为行都。杜充闻高宗已逃往江南，并获悉金军正在南进，再也没有胆量留在东京，决定步高宗后尘，弃城南逃。

岳飞听说杜充要放弃长江以北广大地区准备南逃，立即向杜充进谏：“中原之地寸尺不可放弃，更何况是东、西两京，其地位之重要非它处可比。倘若留守这样作，江北的土地就会落入金人之手。将来欲收复这些土地，非牺牲几十万人不可。我看留守还是慎重从事为好。”杜充主意已定，根本听不进岳飞的忠告。岳飞无奈只好跟随杜充离开东京，渡过浩瀚的长江，撤往建康（今南京）。

在进驻建康的日子里，岳飞回顾自己投军3年，先后共跟随过7名主将，在抗金战场上，始终是出生入死，浴血奋战，然而换来的不是北进，而是不断的南撤。由于他对高宗等人的投降路线还缺乏足够的认识，以致他认为宋军的节节失利，是由于指挥不当造成的。他甚至抱怨自己不该作偏裨，倘若当上大将，就可以调动指挥千军万马，跨过长江，杀过黄河，赶走顽虏，迎还“二圣”，到那时就可以与关羽、张飞齐名而留芳百世了。

建炎三年闰八月十五日，宋高宗将杜充升为右相兼江、淮宣抚使，节制韩世忠、刘光世、王燮等人的部队，统领大军10余万，全权负责江防。

此时，游寇头目李成，在淮南一带活动甚为猖獗。李成原是宋军中的一员将领。建炎初，金军南进时叛宋，率领数千人马流窜至淄川（今山东淄博南）专事滋扰。后来又攻占了滁州（今安徽滁县），杀掠无度。建炎三年秋，杜充遣王燮率军渡江赴滁州平息李成的叛乱，并令岳飞率部紧随其后，随时策应王燮的行动。王燮为人骄奢而怯懦。他率军渡江后，缓慢地进至中途，就不敢再前进了。李成获悉后，立即派出500轻骑，取捷径袭击了王燮的后方供应基地。岳飞在宣化镇（今南京西北江滨）得到急报，迅速率部进击。中途恰与满载而归的李成军相遇，岳飞先发制人，挥军迎头予以痛击，全歼了李成的500轻骑，夺回了大量的财物，营救出一批被俘的军民。李成率部逃往江西。

正当宋廷筹划江防，准备固守东南之时，金太宗一面任命宋降臣刘豫为京东、京西、淮南等路安抚使，以控制河南；一面积极作渡江南下的准备。在夺取今山东东部地区，稳定左翼之后，于建炎三年十月，乘宋江防尚未巩固之机，以兀　为统帅，率军分两路渡江南下攻宋。西路军由金将拔离速、耶律马五率领，由黄州（今湖北黄冈）渡江，追击隆祐太后。因镇守江州的刘光世惧战而逃，使这支偏师得以横行数千里，先后抄掠江西、湖南和湖北三路而撤军。

兀　亲率主力东路军，准备从采石（今安徽马鞍山市南）渡江进攻江浙，追击宋高宗君臣。十一月初一，兀　军攻克庐州（今合肥），兵趋和州（今安徽和县），军情日急。杜充获悉金军南进，战守无方，在下令淮南清野的同时，采纳建康通判刘汉之的建策，遣统制伏之彦率军300北渡长芦（今江苏六合西南），将崇福禅院2000间禅房全部烧毁，以防金军拆木为筏；同时遣军6万戍守长江南岸。此后，终日闭门宴饮，不问兵事。

岳飞时任江、淮宣抚司右军统制，他再也按捺不住满腔怒火，强行闯入杜充的官邸，慷慨激昂，泪流满面地劝谏："相公终日宴饮，不思战守，倘若金军杀来，众将又不效力用命，纵然我愿意率孤军奋战，又有什么用呢？"恳请他大敌当前，以国事为重，迅速视察军旅，部署战守。杜充听后敷衍几句了事。

是月初六，兀　率军攻采石、芜湖（今属安徽），遭宋知太平州郭伟军的顽强抗击，受挫后移军北趋马家渡（今安徽马鞍山市东北）。杜充闻报，急遣都统制陈淬率岳飞等17将，领兵3万迎战，并遣王𤫊率军1.3万作为后援。待陈淬军赶到时，金军先头部队已渡过长江，兵势甚盛。两军相遇展开激战。岳飞的右军争先奋击，双方接战10余次各有胜负。正当战斗进行到最激烈之时，王𤫊怯战率部南逃，导致宋军大乱，陈淬当场战死。岳飞孤军难敌，与金军激战至日暮，兵疲马乏，士卒饥渴难耐，只好退屯蒋山（今南京紫金山）露营。翌日黎明，复率军出战，斩杀金军数千。杜充闻诸军皆溃，率亲兵3000，渡江北逃真州（今江苏仪征），后降金。

至此，南宋王朝长江下游的防线彻底崩溃，兀　率军得以顺利渡江，占领建康，后经安吉（今浙江安吉县），直扑临安，遣将追击宋高宗至海上。

此时杜充所属的余部，也跟随岳飞退至蒋山。这些士卒皆西北健儿，愿请岳飞为帅。岳飞召集其将晓以大义，激以功名，号召大家立奇功，取中原，身受上赏，乃还故土。各将皆表示愿服从岳飞指挥。为了寻求抗金战机，岳飞率军转入茅山（今江苏金坛西南），继而引军南向，进入广德军（今浙江广德）。

岳飞侦知金东路军后续部队正由建康向南开进，乘其不备，率军奇袭，六战皆捷，击杀金军千余人，擒女真汉儿王权等20余人，剃头签军48人。这些剃头签军，多是被金军强制招募而来的河朔汉人，经岳飞说服教育，表示愿意归附。岳飞当即令他们返回金营，当夜纵火烧毁金军的攻城战具与辎重，乘金军混乱，率军突袭，里应外合，获得大胜。此后，金签军皆称岳飞军为岳爷爷军，先后降附万余人。

数天后，岳飞将部队转移到广德军的钟村，以期取粮于官府，满足军需。不料经过金军的浩劫，这里的民众已经是一贫如洗。为此，部队一到达这里，岳飞便下令不准士卒向民众索取钱粮。然而，尽管岳飞军纪甚严，但对于又饿又累的士卒来说，并未产生多大的约束力，抢掠骚扰民众之事时有发生。有些士卒为了活命情愿去当土匪，甚至岳飞过去的一些同僚也前来说服他一起去降金。面对着严峻的形势，岳飞决定采用恩威兼施的方法，说服他们继续坚持抗金。为达此目的，他首先向这些人提出挑战，要与他们比武。在校场上，岳飞针对各自的弱点，施展绝技，奋勇搏击，一一战胜了对手。接着他又慷慨陈辞：在民族危难之时，坚持抗金扶助宋室，是河朔男儿义不容辞的义务。岳飞的言行，使这些人深受感动。他们纷纷表示心悦诚服，从今以后再也不去干有损于抗金大业的事情。

一场风波尽管得到了平息，但是军中缺粮，士卒挨饿的境况并未因此而得到改善。眼看建炎四年的正月初一就要来到了，为了让部队度过这个传统的节日，岳飞不分昼夜地借粮于民众，夺粮于金军，但在忙碌了一阵子之后，所得甚微，远远不能满足部队之急需。这时恰值宜兴的官员来信，说宜兴有足够的粮食可供军需，欢迎岳飞移军到那里去。宜兴东临太湖，北通常州，西面迫近建康通往临安的大道，确是进可攻，退可守的军事要地。经过一番慎重考虑，岳飞欣然应诺了他们的请求，并决定立即开拔，命令部队进驻宜兴县的张渚镇。

在宜兴县境，驻扎着郭吉的一支水军部队，郭吉原为杜充属下的一名水军统制，这次金军南渡时，率领余部溃逃至此，专干烧杀抢掠之土匪勾当，为当地民众所忿恨。当他听到岳飞要进驻宜兴县境的消息后，便抢来数十条民船，满载财物，逃往太湖中去。岳飞到达宜兴后，经过仔细侦察，也没有发现郭吉的踪迹。正在这时，郭吉部下有个名叫庞荣的背叛了他，带领这支拥有百余只船只的水军，归降了岳飞。

接着，岳飞在宜兴县境内又相继降服了马皋与林聚的两支散兵游勇。对于那些不肯投降的，岳飞便亲自率军攻讨。他乘土匪头子张威武疏于戒备，单骑奇袭，一刀将他砍死，并全部俘获了他的部属。继而又去攻打土匪头子戚方。戚方与岳飞刚一交锋，便落荒败下阵去，只身一人投降了张俊。

此后，岳飞在宜兴严明军纪，招募丁壮，收编散兵游勇。在降官如毛，溃卒如潮的逆流中，他以非凡的毅力和必胜的信念，发展壮大了自己的队伍。从此，他自成一军，开始了独当一面的抗金活动。

当岳飞的军事生活稍事稳定之后，他以无限的深情，思念起两河的父老和家中的妻儿老小。不久，他从一个同乡那里获悉刘氏已经改嫁的消息，忿恨不已。此后，他先后 10 余次派人潜入汤阴，去迎接老母和两个儿子，但都没能如愿。后经派人询问，才从外乡找到了他的老母和岳云、岳雷，把他们接到宜兴军营中来。接着他又在江南娶了个李姓女子做妻室，李氏孝敬婆母，爱抚孩子，待人接物颇明事理，很受岳飞喜爱。

这时姚氏已经是年逾六旬的人了，自靖康元年岳飞投军赵构开设的兵马大元帅府之后，母子已阔别 3 年有余。在这期间，金军的入侵、岳飞的南渡、刘氏的改嫁，使这位老人久经磨难，显得苍老了许多。到宜兴后，加之又不适应南方潮湿的天气，故经常遭受病痛的折磨。

岳飞不但是一位能征惯战、智勇双全的抗金将领，而且也是一位尊养备至的孝子。每逢办完公事，或军中稍有闲暇，必急忙回家，来到老母身旁，或煎汤煮药，服侍饮食，或捶腿捏背，抚慰寒暖。

尽管岳飞对老母非常孝道，但是却不许老母、妻子干预军务。有一次，岳飞要带领部分部队外出作战，临行前，把军营中之事委托给一员亲将负责。未过两天便传来消息，说岳飞中了埋伏，吃了败仗，并陷入重围。消息传至姚氏耳中。姚氏一急之下便忘记了儿子的嘱咐，亲自找到这员亲将，请求他带领部队前去应援，救岳飞脱险。正当这位亲将调集人马，准备出发之时，岳飞出人意料地从前线凯旋归来，当问明事情的经过后，岳飞对这位亲将严厉呵斥道：“我命你坚守军营，天地不能移，你如今并未得到我的命令，却擅自动摇军情，这是破坏我的军纪！”说罢，就要按军法将他斩首。后经众人说明真相，岳飞仍然坚持说：军营中事，岂能“归而谋诸妇”，指出这位亲将不应按其老母的主意行事，仍然给了他以极为严厉的处分。岳飞公而不私的品德，给全体将士留下了美好的印象。

收复建康

建炎四年（1130 年）春，金东路军经过几个月的征战，已经疲惫不堪，加之兀　获悉韩世忠率军经由秀州（今浙江嘉兴）北上镇江，惟恐归路被断，便声称“搜山检海已毕”，率部自临安沿运河北撤，企图从镇江渡江，退往扬州。临行前，令军纵火将临安付之一炬。在撤军途中，金军没有受到任何阻截，便经秀州、平江府（今江苏苏州）顺利地到达常州（今江苏常州）。

岳飞受常州知州周杞的约请，率部由宜兴赶赴常州，以迅雷不及掩耳之势，给回归之金军以迎头痛击，四战皆胜。金军惶恐奔逃。岳飞挥军掩击，斩杀甚众，俘获女真万户少主孛堇等 11 人，继率军尾追金军至镇江东，然后回师宜兴。

这时，宋将韩世忠已率水师进屯焦山、金山（今江苏镇江北），切断了金军的退路，将其逼进长江死港黄天荡（今南京东北），相峙达 40 天之久。后兀　令军连夜开掘老鹳河故河道，接通江口，才得以率军西向，冲出黄天荡，退回建康。继而兀　令军于建康西南之白鹭州开掘新河，率舟师先锋军迂回至韩世忠军上游，渡过长江逃往六合（今属江苏），其所属之大部仍留在江南，利用建康周围险要地形构筑大寨，开凿护城河并穴山作洞，以为避暑之地，准备在那里长期驻扎，策应金军再攻江南。

高宗闻金军北撤，便由海上返回越州（今浙江绍兴），他把留在江南的金军视为莫大的威胁，遂命张俊全权负责收复建康。早被金军吓破胆的张俊，根本不敢向建康前进一步。但他迫于高宗的命令，只好命岳飞去担当此项重任。在此之前，岳飞已经受张俊节制。他不等张俊的命令，于五月上旬，迅速自宜兴率军西向，发起清水亭战斗，采取中间突破，两翼包抄的战术，杀得金军横尸 10 多里，阵斩金军首级 175 级，活捉女真、渤海、汉儿军 45 人，缴获马、甲、弓、箭、刀、旗、金鼓 3000 余件。

岳飞在取得清水亭大捷后，立即率军进至建康城南之牛头山下设好埋伏。然后，乘金军深夜酣睡，疏于戒备，遣士卒百余，着黑色服装，混入金营，并突然发起攻击。金军将士在睡梦中惊醒，误以为宋军前来劫营，顿时大乱，相互残杀，损失惨重。

金军遭此打击，成了惊弓之鸟，立即在营寨外围增设岗哨，加强巡逻，预防宋军再来劫营。针对这种情况，岳飞遣军悄悄潜伏在金营附近，伺机捕获了金军哨兵。经过审讯，获取了金军正从建康撤退，准备在静安镇北渡的情报。为了截击金军渡江归师，岳飞立即率部进抵静安镇附近，闻金军正在建康城内烧掠，毅然决定以部分兵力进击静安镇，阻截正在准备渡江之金军先头部队；自率军一部直趋建康城，攻击尚未撤走之金军后队。

在进军途中，将士们看到建康城内火势越烧越旺，再也忍耐不住满腔怒火，在岳飞的号令下，以排山倒海之势冲向金军。岳飞持枪跃马，纵横驰突，冲杀在最前面。与此同时，活跃在建康周围，带领乡兵坚持抗金的建康通判钱需，也赶来参战，从翼侧冲杀过来，会合岳飞军与金军展开肉搏战。金军战败，迅速向北溃退。岳飞挥军追至江边，金军争先上船，仓皇北渡逃命，溺死在水中者不可胜计。

建康战役历时10余日，金军横尸遍野，岳飞部斩杀金军将领首级170余级；活捉金军300多名，其中女真人8名；缴获马甲190余副，弓、箭、刀、旗、金鼓3500余件。这是岳飞自成一军以来，取得的首次大捷。

建康是座历史悠久的古城，但在金军洗劫之后，房屋被烧，瓦砾遍地，大街小巷布满了死难者的尸体。岳飞入城之后，善待民众，抚寒问暖，进行了一系列的善后工作，然后率军返回宜兴张渚镇军营进行休整。

在向宜兴回师途中，岳飞得到部将王万的密报，说在他去收复建康时，留在营中的刘经妄图杀掉岳飞的妻儿老小，吞并他的部队。刘经系杜充宣抚司的后军统制，建康保卫战时被金军击败，与岳飞于茅山合兵南下，进驻宜兴。此人图谋不轨，早就对岳飞怀有异志。

岳飞听了密报决定将计就计，立即令部将姚政带领数名亲兵，按计行事。姚政一路急驰，很快回到宜兴张渚镇军营，并把事情的经过先禀告给岳飞的老母姚氏。然后按照岳飞的吩咐，派人在姚氏屋内设好埋伏，便径直来到刘经营中，佯称姚氏病重，请刘经前往商议医病之事。刘经不知是计，毫不介意，迅速从行。就在他刚迈进姚氏房门时，突然拥出数名伏兵，举刀向刘经砍去，刘经当场被乱刀砍死。这时岳飞率军已返回军营，立即集合队伍，讲明了事情的缘由。将士们对刘经这种倒行逆施的不义之举，深表愤恨，一致认为他罪有应得，死有余辜。

岳飞收复建康之役，尽管从规模上说，还不算大仗，然而他的胜利却震动了朝野，鼓舞了军民的斗志，从而戳穿了金军铁骑不可战胜的神话。为此，在诛杀刘经之后，岳飞立即亲自押送俘虏前往越州，献俘于宋廷。这对于力主抗金的两浙民众来说，自然是一件了不起的新鲜事儿，大家奔走相告，惊喜若狂，争先挤在路旁，一睹为快。

虽然此时岳飞的官职还不算高，但在民众眼中，他是惟一打败金军归师的抗金英雄，这是南宋任何高级将领所不能相比的。所以，虽说高宗对岳飞英雄抗金之举，并不一定很感兴趣，但迫于朝野的压力，他还是破例召见了他。在召见时，张俊为对岳飞这个旧部属表示好感，有意透露说："朝廷欲意派你去镇守饶州（今江西波阳），以防金军骚扰江南东、西路。"岳飞听了表示异议说：饶州僻处山泽，"车不得方轨，骑不得并行，虏得无断后之虑乎？""但能守淮，何虑江东、西哉！""使淮境一失，天险既与虏共之矣,首尾数千里,必寸寸而守之,然后为安耶!”在这里,岳飞从战略上分析了宋金双方的军情,天时地利,有理有据地把守饶、守淮的利弊讲得清楚明白,张俊对岳飞的远见卓识,深感佩服。

接着,岳飞向高宗陈述了建康在军事上的重要性,要求立即派出重兵到那里去防守。同时重复了自己的军事见解,说明无需屯戍饶州,“乞益兵守淮,拱护腹心”之地,指出控制这一地区,是屏蔽长江天险,保障江南安全的根本。为了阻遏金军再次渡江南进,他坚决表示愿意过江去守御淮南。高宗听了也十分赞许,并赏赐铁铠、金带、鞍、马等物,表示嘉奖。

作为中级军官的岳飞能被当朝最高统治者召见,自然是一件幸事,使他受到极大鼓舞。一种举兵北伐,恢复失地的强烈愿望顿时萦绕在他的心头。他在宜兴张渚镇一所古庙的墙壁上,怀着必胜的信念写下了一篇《五岳祠盟记》。在这篇题记中,他以简洁的文字、激昂的语言,抒发了誓死消灭金骑,收复故土,迎还“二圣”的决心,并且在以后的抗金生涯里,用生命与鲜血实践了自己的誓言。

岳飞自河北投军起到收复建康止,已经度过了4年的戎马生涯。在这期间,他经历过无数次战阵,每战必胜。岳飞卓尔不群的抗金功绩,早已传遍长城内外,大江南北,为人所敬慕。人们从他身上看到了抗金的希望,都渴望他率领千军万马去英勇战斗,打败金军,完成收复故土的伟业。一个名叫邵纬的宣州文士上书宋廷,盛赞岳飞的功德;知常州林茂也向宋廷举荐岳飞的忠勇;大将张俊也向当朝宰相范宗尹推荐岳飞,说他才干非凡,可以担当重任。继而宋廷在议事时,范宗尹把上述举荐如实禀告了高宗。高宗对岳飞的为人早已耳闻目睹,认为他对朝廷忠心耿耿,倘若委以重任,他是会尽心尽力为自己效命的。于是,他采纳了朝野的建议,任命岳飞为通、泰州镇抚使兼知泰州,担任扬州以东,从泰州(今江苏泰州市)至通州(今江苏南通)的防御任务,直接受浙西安抚使刘光世节制。

岳飞于宜兴张渚镇接到此项任命后,心中却闷闷不乐,其原因有二:一是他以为,朝廷派往淮水南北地区的镇抚使,大多是被招抚的游寇头目,如扬州的郭仲威、舒州的李成等都属于此类,而自己乃堂堂正正南宋王朝正规军中的一员著名将领,与这些人齐名自然觉得有损于自己的形象;二是通、泰僻于江海一隅,而镇抚使又是一个防御性的职务,根本与他力主进取的思想相牴牾。故经过仔细考虑,他疾书上奏要求朝廷收回成命。其大意是:“讨伐金贼,收复故土,刻不容缓。否则,时间拖得越久,为患越深,请求朝廷免去通、泰镇抚使的任命,飞愿到淮南东路距金军最近的地方去,以便召集人马,掩杀金贼,收复本路州郡,并伺机收复山东、河北、河东、京畿等路失地,完成平生大志,尽到做臣子的职责,如若皇上恩准,飞愿将老母及妻儿留在后方作人质。”畏敌如虎的宋高宗,一心想的是苟安求和,根本不把岳飞的请求放在心上。岳飞只好违心地率领部队赶赴通、泰就任。

这时岳飞领导的抗金队伍,无论从数量与质量来说,都有了显著的变化,由南渡时的2000人,发展到现在的1万余人,成为一支拥有独立作战能力的抗金劲旅。从这时开始,人们便亲切地称这支军队为岳家军。这不仅是个简单的称谓问题,而且也是一种荣誉。作为战功显赫的岳飞来说,享有这种荣誉自然是当之无愧的。但是从总体上看，这时的岳家军兵不算多，将不算广，且岳飞的职官也还没有进入大将的行列。只是在以后陆续收附牛皋、董先等各部义军和收编杨么农民义军部众，以及吸收山东、两河忠义社梁兴、李宝等各部义军之后，才汇集成拥有10余万人的大军，而真正成为南宋抗金战场上的中流砥柱。

岳家军从建炎四年八月离开宜兴张渚镇开始渡江，到九月上旬才全部渡江完毕，抵达泰州。泰州原管辖四个县，是淮南东路比较富饶的地方。但由于近年屡遭兵患，加之盛产稻米的兴化（今江苏兴化）改隶承州（今江苏高邮），泰兴（今江苏泰兴）改隶扬州，府治海陵与如皋（今江苏如皋）全年颗粒不收，使泰州的供应陷入困境，岳家军也因此而面临着断粮的危险。岳飞了解到这一情况后，一面上书朝廷，请求把兴化、泰兴两县重新划回泰州，要求朝廷解决部队的钱粮与冬装问题；同时进一步严明军纪，重申部队不得扰民，并经常带领10余骑到军营附近各地巡视，以防士卒作出违犯军纪之事。故当地民众始终把岳家军看作是仁义之师、威武之师，军民间相处十分融洽，岳飞也因此越发获得民众的信任与爱戴。

这时兀　已退屯六合，准备通过运河，把载满人和物的大量船只驶归北方。故相继督军攻占了扬州、承州，并进抵楚州（今江苏淮阴市）城下。扬、承二州失守的消息迅速传到了宋廷，执政大臣赵鼎以为，如不尽快加强楚州的防守，则整个淮南就会全部落入金军之手。为此，他立即向宋高宗建议，派神武右军都统制张俊，与浙西安抚大使刘光世，速率军北上，解楚州之围。但张俊、刘光世接到命令后，总是用各种借口延误时间，不肯亲自渡江北进。

在这种情况下，宋廷只好命令江北的各个镇抚使分别率军应援楚州。然而真正按照宋廷命令行事的，却只有岳飞一人。他在泰州接到进援楚州的命令后，毫不顾及岳家军经过长途转战奔波后的实际困难，立即从泰州军中的“敢死士”中，精选百余名强健者，作为自己的亲兵，置身于左右，以表示对本地官兵的信任，密切正规军与地方军的关系，团结战斗，共同对敌。继于九月初，迅速率军北上，进驻承州以东的三墩，由于其他各个镇抚使迟迟不肯进军，造成了岳飞孤军深入的形势。面临着粮断援绝的困境，岳飞致书刘光世，请他迅速派遣几千人马，拨发10余天的粮食，以便激励士卒，痛捣敌垒，解楚州之围。

岳飞致书如石沉大海，音信全无。在极端困难的情况下，他冒着被歼的危险，主动率部向金军发起攻击，在一个多月的时间内，与金军进行了3次大战，每战都取得了胜利。累计共俘获金军将士70余人，击杀金军高太保等数员将领。

但是，楚州的形势依然很严重。数天来，金军倾注全力加紧攻城，通宵达旦，昼夜不停。镇抚使赵立被金军炮石击碎头颅而死。楚州城终于落入金军手中。

楚州失守后，金军20万大军，潮水般地向承州方向的岳家军猛扑过来。这时岳飞已经得到楚州沦陷的消息，知道江北的局势已无法挽回，便忍痛率部且战且退，回到了泰州，加强通、泰的防御。而岳飞的上司刘光世，为了推御抗拒朝命，不救楚州的罪责，却反咬一口，竟然向朝廷诡称承、楚二州失守，完全是由于岳飞拖延时间，丧失战机所致。朝廷明知刘光世敛兵自保，坐视承、楚失守而不救，所以并未听信他的谗言而加罪于岳飞。

岳飞撤回泰州后，全力加强通、泰的防御，为了鼓舞部队士气，还召开了庆功会，表彰北援承、楚的有功人员。庆功会之前，岳飞令各将官比赛射远凑趣。别的将官用尽浑身力气最多只能射150步，独有傅庆3箭都射到170步，博得全场一片喝彩声。傅庆3占鳌头，岳飞3次赏酒祝贺，傅庆不免带有几分醉意。接着，岳飞颁赏承州之战的有功人员，把高宗新赐的战袍、金带赏给了王贵。

这时傅庆擅自走出队列，高声大喊："赏有功者！"

岳飞问："谁是有功者?!"

傅庆毫不掩饰的昂首回答："我傅庆在静安镇有功，当赏我！"

岳飞大怒，当场喝退傅庆，烧毁战袍，砸碎金带，高声喊道："不杀傅庆，何以示众！"遂下令将傅庆推出校场立即斩首。

傅庆原是卫州(今河南汲县)的一个窑户，后投军隶属岳飞，因作战骁勇，屡立战功，深受岳飞器重和喜爱，做了岳飞的前军统制。岳飞平素把他当作最知己的亲密朋友来对待，傅庆却恃才傲物，不时地向岳飞索要钱财。岳飞总是有求必应，慷慨解囊。这样就越发助长了傅庆的傲气，他经常向人吹嘘说："岳丈之所以能有今天，完全是我傅庆的功劳！"

岳飞就任通、泰镇抚使后，为了严肃军纪，对傅庆的种种越轨行为，不再像以前那样宽容。傅庆对岳飞也逐渐由心怀不满，而产生异志，私下与刘光世的部将王德串通，准备脱离岳飞，投身到刘光世那里去。岳飞听到这一密报十分生气，不久，又在射箭时，发生了傅庆妄自尊大，目无长官之事，从而更加激怒了岳飞。为整肃军纪，岳飞毅然将他斩首。

就在金军自楚州沿运河南下，追袭南撤的岳家军之时，鼍(音驼)潭湖(今江苏高邮北)以张荣为首的一支义军挡住了金军的去路。张荣原为梁山泊(今山东郓城东)渔民，金灭北宋后，聚众数百起义抗金，因其作战骁勇，人称"张敌万"。建炎三年二月，金军袭占扬州后，张荣率义军乘舟沿清河南下，驻泊于鼍潭湖水域，以粘泥茭草筑成水寨，众至万余，在承、楚二州之间的樊良、白马、新开等湖泊内袭击金军，屡获胜捷。这次金军到达后，利用十一月严寒，湖水冰冻之机，督大军进攻鼍潭湖义军水寨。经过激战，张荣孤军终于抵挡不住金军的强大攻势，为保存实力，只好烧毁积聚，放弃水寨，转移到通、泰州境内。

鼍潭湖位于承州以北，是屏蔽泰州的要地，鼍潭湖既失，金军便可长驱直下，使泰州直接处于金军的攻击之下。岳飞纵观全局，慎重地分析了形势，鉴于双方力量过于悬殊，决定按照朝廷"泰州能战则战，能守则守，如果万一不能战，不能守，就退到附近沙州去，保护百姓，待机掩杀敌人"的命令，决定放弃泰州，向南撤退。

岳飞先于十一月上旬，把部队撤到泰兴县境的柴墟镇，利用那里简陋的城垣阻击金军，掩护几十万民众和军队家属渡江南撤。当他估计已经完成预定的掩护任务时，命令部队迅速撤出战斗，向南转移，自己独率200余骑在后面掩护。金军远远望见岳飞骑在马上，惟恐中了埋伏，也不敢逼近。临近江边的几天，岳家军粮食断绝，岳飞就令士卒割金尸充饥。就这样，军民终于摆脱了金军的追击渡过长江，进屯江阴军(今江苏江阴)境内。岳飞把泰州失守的情况禀报朝廷，听候治罪。朝廷下诏谅解了他的处境，并要他在那里力御金军，不得让其渡江。

满怀抗金救国激情的岳飞，并未因在淮东遭受了挫折而灰心丧气。在他看来，尽管张俊、刘光世等人畏敌怯战，不执行宋廷进援承、楚的命令。但自己从渡江赴任的那天起，就对镇守通、泰颇不满意，以至产生了麻痹思想，放松了戒备，这是十分有害的。于是，他总结了经验，接受了教训，又精神抖擞地率领部队投入了战斗。

“连结河朔”

自南宋王朝建立以来，岳飞亲眼看到金朝统治者曾三次派军南下，金军在其占领区内，任意霸占民众房舍、土地、金帛、子女，任意进行残酷的烧杀掳掠，激起河朔广大民众的强烈反抗。许多地方的民众纷纷起义，占领山谷险要，保卫乡里，据守水寨，展开风起云涌的抗金斗争。

在河东，许多乡村都组织起忠义社，以红巾为号，到处打击金军。他们曾长期把粘罕的部队阻截在太原城下，并在泽、潞（今山西晋城、长治）之间袭击金军，险些活捉了粘罕。金朝统治者为扑灭红巾军的反抗，大肆杀戮被怀疑是红巾军的民众，结果反而激起更多的人加入红巾军，其声势更加壮大。

在河北，以马扩等为首组织起来的义军，打着宋高宗之弟信王赵榛的旗号，以庆源府（今河北赵县）的五马山为基地，结扎了几十处营寨，众至10余万，形成声势极大的抗金堡垒。许多在两河地区分散活动的义军，都以五马山为中心，互通信息，互为声援，迅速发展至数十万人，多次抗击金军获胜。

在京东兖州州治嵫阳（今山东兖州），有陈宏领导的一支义军，众至40余万。在东平府、滕州和濮州范县（今山东范县东南）等地的抗金武装，规模也很大，曾阻止了建炎三年南进的金军。在莱州（今山东莱州），由范温领导的一支抗金武装，据守徐福岛，不断袭击金营。金军于胶东半岛海岸深沟高垒，也防不胜防。

在京西一带，翟兴继承了其弟翟进的遗志，领导一支声势浩大的抗金武装，同金军展开激烈的争战。在孟州王屋县（今河南济源县西）有李兴领导的一支万余人的抗金武装，经常活动在怀州与卫州之间，攻袭金军营寨，断截金军粮道，捍卫乡里，骁勇非凡。

在燕、云地区，在东京等地，到处都有义军在活动，各地民众的抗金斗争，牵制了金军大量的兵力，给了金军以沉重的打击。

岳飞出生农家，自幼对民众怀有深厚的感情。所有这些使他认识到，在这场旷日持久的宋金战争中，民众是最大的受害者。正因为如此，他们为了雪国耻，报家仇，抗金最坚决。所以，从这个意义上说，民众是抗金力量的源泉，也是抗金的生力军。

为了赢得抗金战争的胜利，以李纲、宗泽为代表的主战派，始终主张联合民众抗击金军。李纲并为此设置河北招抚司和河东经制司招募义军。宗泽则积极联络活动于河南、河北的各支义军，组成上百万人的抗金武装，在东京附近多次击败金军进攻。宗泽所团聚的义军与王彦的“八字军”，以及河北五马山的义军，彼此相互呼应，活跃在黄河南北，使金军一直存在着后顾之忧，而不得不暂时放慢南进的步伐。

但是，以宋高宗为首的投降派恰恰相反，他们害怕和仇视北方的抗金义军，惟恐民众抗金武装壮大起来，威胁到宋廷的安全。所以，他们在消极抗金的同时，一面派使臣赴金朝刺探投降的可能；一面不遗余力地破坏李纲、宗泽联合义军的抗金计划，致使一些义军丝毫得不到外援，而最终导致失败。

李纲、宗泽的遗风，对于力主抗金的岳飞影响之大是不言而喻的。加之，他本人曾在太行山与义军并肩战斗过，从而使他深刻认识到，要举行大规模的反攻，必须联合河北、河东、京东三路的忠义民兵，“用事于金军腹心之地，而收功于疆场千里之外”，才能在黄河南北，形成一个强大的整体力量，陷金军于四面楚歌、南北夹击的境地，到那时何愁家仇不能报，国耻不能雪。鉴于这样的战略设想，他终于在绍兴元年，制定了“连结河朔”之谋。以期以正规军为主体，连结黄河以北的忠义民兵，杀过黄河，赶走金军，完成光复故土的大业。从此，对于这个明确的作战方略，在以后 10 年的抗金生涯里，他始终不渝地坚持着、实践着，经常派人到黄河以北，联络那里的抗金武装，为时机成熟时收复失地，积极地进行着准备。

奉命“安内”

自北宋徽宗宣和七年宋金战争爆发以来，经过数年的攻战，金朝虽然占领了长江以北广大地区，但是北方民众不屈不挠的抗金斗争，搞得他们如坐针毡，不得安宁。加之建炎四年兀　渡江南下的失利，使金朝认识到：单纯依靠军事力量，消灭南宋政权是不可能的，故决定改变对宋战争的策略，“以和议佐攻战，以僭逆诱叛党”。经过一番密谋策划之后，金朝于建炎四年九月初九，册封刘豫为“子皇帝”，国号大齐，建都大名府，后迁东京，管辖今山东、河南、山西、陕西部分地区。伪齐的建立，一则可作为宋金之间的缓冲地带；二则可借以巩固金朝在北方的统治。此外，就在建炎四年十月，挞懒攻破楚州不久，金朝便将长期豢养的走狗秦桧放归宋朝，专门从事奸细活动，从内部破坏南宋的抗金力量。秦桧归宋见到高宗，立即建议同金朝议和。绍兴元年八月，他出任宰相后，便明目张胆的提出“南人归南，北人归北”的卖国主张。后因乞和被拒，高宗才将秦桧罢免，并明确表示今后不再起用。

为了适应这一政治策略的需要，金朝决定在军事上将全面进攻，改为重点进攻，企图集中兵力先占陕西，尔后再南下入川，迂回江浙，灭亡南宋。故从建炎四年秋开始，川陕便成为宋金战争的主要战场。九月，宋金两军在富平（今陕西富平北）展开激战，宋军大败，金军进逼四川。宋将吴　一军以少击众，奋战四年，先后取得了和尚原、仙人关两次大捷。至此，由金将兀　、撒离喝（即完颜杲）发动的多次大举进攻，均被宋川、陕军民击败。

所以，从建炎四年九月开始，宋廷便利用金朝战略重点转移至川、陕，而淮东、淮西、京西三个战场暂时缓和之机，把主要精力集中到安定内部上来。宋廷认为，在其统治区内，最让人头疼的，莫过于那些流移不定、叛服无常的游寇武装。其中，以李成的一支声势最大，危害最强。李成原为南宋舒、蕲镇抚使。后叛宋率部窜扰，占据了江淮之间的10余个州郡，拥众数万，号称30万，企图进一步席卷东南。

为了尽快消灭李成这支游寇，宋廷决定，以张俊为江淮路招讨使，率领王燮、陈思恭、岳飞等部军马前往征讨。绍兴元年(1131年)正月，岳飞于江阴军接到这一命令后，立即展开出发前的准备。为了减轻部队的负担，提高行军速度，决定将留在宜兴张渚镇军营的岳家军家属迁往徽州，然后再率军赶赴洪州(今南昌)。

张俊先于岳飞抵达洪州。李成部将马进于洪州西山屯驻重兵，连营布阵，屡下战书，约官军决战，大有一举踏平洪州之势。张俊畏马进势盛，拒战以待。这时，李成的另一员部将邵友趋军南下，连续攻占筠州、临江军(今江西高安、清江)。

张俊与马进相峙月余，仍不敢出战。三月初，岳飞率军抵达洪州，才打破这种消极防御的局面。岳飞以为：马进军虽强，但此人贪功蛮干，不顾侧后。据此，他向张俊建议：如果派一支骑兵迂回至赣水上游，出其不意地从侧后实施攻击，必可一举取胜。张俊历来佩服岳飞的才智，立即采纳了他的建议。岳飞自请为先锋，率军密潜至马进之后，率先突入马进大营。马进部众顿时大乱，仓皇逃往筠州。岳飞乘势追至筠州城东，待主力部队到达后再行攻城。

马进闻岳家军追至，率部号称10万大军，出城布阵，企图决战。张俊侦知马进的企图，令杨沂中、陈思恭、岳飞分率三军因势设伏击之。为了纵敌生骄，岳飞挑选200骑兵，带着用红罗纱制成的“岳”字军大旗前往诱敌。马进见岳飞兵少，不足为惧，便轻率地指挥部队上前迎战。岳飞佯作兵败后退，马进引兵穷追，进入官军预伏地域。官军蜂拥而出，杀声四起，只见岳飞居中，杨沂中居左，陈思恭居右，分别率军向马进冲杀过来。马进三面受敌，力战不能支，死伤数万人。为了尽快地瓦解其军，岳飞令士卒高喊：“不从贼者坐，吾不杀汝。”顿时，坐下投降者达8000余人。马进兵败，张俊相继收复筠州、临江军。

马进率众乘夜向北逃窜，企图与李成合兵再战。岳飞得知这一消息率部急追，绕道赶在马进之前，因地设好埋伏，待马进率部抵达后，岳家军伏兵猝发，马进中伏大败，只率10余骑逃回江州(今江西九江)，其余全部被岳家军歼灭。

李成闻马进兵败，立即率众反扑。他命部将商元于洪州奉新县楼子庄草山依险设伏。张俊获悉后，遣军由小路冲上山顶，杀退伏兵，夺得要隘，彻底粉碎了李成的反扑，收复了江州。

李成战败后，拼命向洪州武宁县方向逃遁，时值修水暴涨，李成军还未及过河，岳家军如神兵天降，岳飞挥军奋击，杀获甚众。李成急忙率领残部由独木渡逃往淮西路的蕲州(今湖北蕲春)。

张俊与岳飞会师江州后，因粮食供应不及被迫停留数十日，到五月下旬，才继续渡江追讨李成。施于黄梅县(今湖北黄梅西北)与李成相遇。李成占据石幢坡，居高临下，凭险以木石投击官军。张俊遣军一部佯攻石幢坡，以牵制其军，继命岳飞率军绕道突袭其后。岳飞军至，李成部众大溃，马进于乱军中被杀，李成不得已，乃率余部北逃投降了伪齐。

张俊讨平李成之后，便乘胜率部急趋鄂州(今武汉武昌)，去讨伐张用率领的另一支较大的游寇。张用原在杜充麾下为将。建炎三年十一月，兀　率军渡江攻宋时，他脱离了杜充，与曹成等人率领一批人马，窜抵淮北一带抄掠，民众对其恨之入骨，称之为“张莽荡”。

不久，张用与曹成分裂，率军至濠州（今安徽凤阳东北），与一个名叫间勍的官员相遇。间勍因要说服张用抗金，便把自己剽悍、骁勇、人称“千人敌”的义女一丈青许配他为妻。但张用并未因此而归附宋朝。以后，他虽然名义上接受了鄂州路安抚使李允文的招安，驻屯于鄂州，但在绍兴元年春，南宋朝廷讨伐李成，命他去解江州之围时，他拒不听命。所以，当张俊的大军于讨平李成之后，进入鄂州境内，张用便惊恐万分，预感到势头不妙，遂由鄂州渡江南下，转移到江西的分宁县驻屯。张俊得知张用的去向后，便命岳飞率军前往招降。

岳飞率军抵达分宁县后，本着先礼后兵的原则，致书张用，要他记取南薰门的教训，是战是降尽快作出抉择。提起东京南薰门之事，张用是记忆犹新的。张用经与其妻一丈青权衡利弊，当即表示愿意降附。自是，一支拥有 5 万人的部队，没用一兵一卒，便附首贴耳地接收了改编，使岳飞骤然扩大了自己的队伍。

张俊对岳飞在讨平李成、招降张用时所表现的非凡军事才能十分佩服，班师回朝后，便禀告朝廷说：“在这次军事行动中，岳飞的功劳是最大的。”宋廷受张俊的影响，于绍兴元年七月，把岳家军的番号定为神武右副军，并任命岳飞为本军的统制，驻屯洪州，以备“弹压盗贼”。

就在岳飞驻屯洪州期间，发生了一件异乎寻常的事情：一个在岳飞军中主管文字事务的人，因对岳飞的才干非常敬重，以岳飞的名义上书朝廷，说岳飞不愿作神武右副军的统制，而愿作都统制。高宗闻奏后，当即批准了他的请求，将神武右副军改为神武副军，升岳飞为都统制。

岳飞接到这一升迁的任命后非常高兴，因为这样他可以成为一军的首领，可以有比统制更大的权限，带领岳家军去实现自己的抗金夙愿。但是，当他听说这次任命与他的部属自做手脚有关时，立即上书朝廷说明情况，表示对此项任命坚决力辞不受。后高宗下诏赞誉他“作战英勇，统兵有方”，肯定了这次除授实出朝廷之意，才勉强作罢。

在屯驻洪州期间，岳飞除厉兵秣马，加强部队的军事训练外，同时根据宋廷的命令，接收并改编了由任士安统领的一支部队。任士安平时贪图钱财，不思战守，致使其军松散消沉，战斗力极低。后经岳飞整顿、调整，严肃军纪，使这支部队的面貌焕然一新，成为一支战斗力极强的队伍。

在此之后，驻屯于洪州江南西路兵马钤辖赵秉渊的部队，以及分别驻屯在江州、蕲州傅选、李山等人的部队，也由朝廷下令拨归岳飞节制。经过上述调拨合并，岳家军的人数有了很大发展。

绍兴元年九月初，岳家军驻在徽州的家属徙迁洪州。因洪州于建炎三年冬，蒙受金将耶律马五屠城之难，故民众缺吃少穿，生活一直很艰难。岳飞除上书朝廷拨给钱粮，解决吃穿问题外，同时更加注意军队的纪律。平时他把士卒一律管束在军营中，不让他们上街出游。故士卒秋毫无犯，深得民众的拥戴与欢迎。

岳飞在讨平李成、招降张用之时，流窜到湖东地区的游寇活动更加猖獗。其中最大的为曹成、马友、李宏和刘忠等 4 支。除刘忠外，曹成等 3 人虽都接受了宋廷的招安，但他们不受官府的约束，经常为非作歹，鱼肉百姓。

曹成系大名内黄县人。善骑射，有膂力，因杀人畏罪潜逃投军。靖康之变后，收集溃卒，流窜南下，后与张用、马友、李宏结义为兄弟，因各怀异志，在荆湖各自拥兵称雄，独霸一方。绍兴元年，宋廷任命曹成为荥州团练使、知郢州，他称兵如故，引众数万自鄂、岳掠湖南，后屯于潭州(今湖南长沙)攸县。不久，又率军攻占了安仁县城，在对民众大肆掳掠，中饱私囊之后，便引军南下，占据了道州(今湖南道县)，兵势甚盛。

荆湖南、北两路，地处长江中游，近可通京西，远可接陕右，战略地位十分重要，如若允许曹成等人长期占据此地，南宋王朝赖以偏安的江南，便有被分割的危险。故宋廷经过一番朝议之后，以为当前的主要任务，不是急于去收复被伪齐占领的黄河以北故地，而是要依靠两广的财力，治理荆湖南、北两路。据此，宋廷于绍兴二年(1132年)春，作出如下决定：任命长期闲居于福州的老臣李纲，为荆湖、广南路宣抚使、兼知潭州，负责剿灭湖东游寇。同时命岳飞由洪州移军湖湘(今湖南湘江流域)，听从李纲节制。在李纲未赴任前，代任知潭州、兼任荆湖东路安抚使、都总管，听从李纲节制。

岳飞接到这一命令后，以为洪州、道州相距遥远，倘若按一般行军速度开进，必然要多费时日，曹成一旦察觉己军的企图，则很难达到聚歼的目的。为此，他当机立断，决定把老弱士卒留在洪州，保护军中家属，自率精兵 7000，取捷径，昼夜兼程，直趋道州。为了保守这次军事行动的秘密，给曹成以出其不意的打击，在确定部队的开拔日期之后，于深夜率军悄悄离开了洪州。次日，当民众得知岳家军开拔的消息，蜂拥赶来为其送行时，岳家军早已无影无踪。

尽管岳家军开拔之后，行动隐蔽而迅速，但狡猾的曹成终于获得了岳飞进军荆湖的消息，遂分兵两路自道州南下：一路攻贺州(今广西贺县东南)、连州(今广东连县)；一路攻桂州(今广西桂林)。岳飞闻讯后，立即命令前军统制张宪率军轻装前进，加速追赶，并命他不惜一切代价坚决拖住曹成。

正当岳飞率军经由茶陵、彬州(今湖南彬县)即将追及时，曹成争先命部众控制了桂州荔浦东北的险要之地莫邪关。莫邪关设在莫邪山上，地势非常险峻。岳飞命张宪率军前往攻打。张宪是岳家军智勇兼备的将领，为了尽快破关，他挑选精壮士卒组成敢死队，并指定部下一个名叫郭进的军士充当头人。郭进骁勇过人，力大无比，在攻关战斗中，他和两名旗头，冒着矢石，捷足先登，首先刺死曹成军的一名旗头，其军顿时大乱，岳家军乘机一拥而上，曹成部众争先逃命，张宪挥军一举攻占了莫邪关。

曹成的部将杨再兴，是个勇武非凡的游寇头目。莫邪关失守后，他被迫率众退出关外，选择有利地势，潜下伏兵，伺机反扑。后杨再兴侦知岳飞部将韩顺夫居功自傲，弃甲卸鞍，毫无顾忌地正在与他的亲兵畅饮，立即率众乘夜对其实施突袭，在猝不及防的情况下，韩顺夫被杨再兴砍折一臂而死，其军溃败，退出关外。

岳飞一向注重对部属的品行教育，以前他也曾不止一次的对韩顺夫贪恋酒色、不顾军纪提出过忠告，要他痛改前非，好自为将。但是，韩顺夫口是心非，不改恶习，以致酿成大错，惨遭杀身。接着，岳飞命部将王某复率军攻关，并命他一定要把杨再兴活捉来。同时命部将张宪、王经等率军反击，以配合王某的攻关战斗。在激烈的交战中，杨再兴左右驰突，横扫官军，居然又杀死了岳飞的胞弟岳翻。岳飞闻报勃然大怒，立即挥大军对曹成游寇发起总攻，曹成大败，死伤万余人，被迫率领残部退出桂州。

岳飞率军自桂州东向追击曹成，数天后到达贺州境内，获悉曹成在距贺州几十里的太平场安营扎寨，戒备森严，准备抗击官军的追击。岳飞经与诸将计议，认为强攻不如智取。遂放出岳家军军粮告急，准备回茶陵就粮的风声。曹成闻讯，放松了警惕。不料岳家军爬坡越岭，绕道迂回至曹成侧后，飞兵奇袭，一举攻克太平场曹成大营。

曹成不甘心失败，继又集众数万于贺州城外依险列阵，企图与官军决战。岳飞察知曹成部众情绪低落，士气不振，命步骑猛突贼阵，大获胜捷，曹成率残部由贺州逃往东北的桂岭县(今广西贺县东北)。

桂岭县境有北藏岭、上梧关、蓬岭，号为三隘，山险河涧，道路隘狭。曹成企图利用这险要之地重创正在追击的官军，遂令部分兵力扼守北藏岭、上梧关险隘，主力则屯扎于蓬岭待机行动。

岳飞挥军进抵北藏岭下，遣将率一部兵力于岭前挑战，主力则择有利地势隐蔽待机。曹成见岳家军兵少将寡，便令部队离开险要下岭迎战。岳飞率主力乘虚而入，一举攻克北藏岭和上梧关，继而向蓬岭曹成主力发起攻击，将士们一鼓作气，冲上山巅，曹成部众大乱，四散逃遁。曹成单骑冲下山去，落荒逃往连州。

杨再兴见曹成逃走，大势已去，无心再战，只身一人急忙逃窜，途中被岳家军的骑兵追及。杨再兴见逃跑无望，便弃马纵身跳入涧中。正当岳家军将士挽弓搭箭准备向其齐射时，杨再兴大喊:“我是好汉，不要杀我，让我去见岳飞吧。”

岳家军将士答应了他的请求，待他上得涧来，将其捆绑起来押回岳飞大寨。岳飞果然非常赏识杨再兴的勇武，一见之下，立即亲自为其松绑，绝口不提交战杀弟之事，只是语重情长地对他说:“咱俩是乡人，我知道你是好汉，决不杀害你，从今以后，你应该改邪归正，以忠义报效国家才是!”

杨再兴听后深受感动，表示今后一定跟随岳飞杀敌立功。从此，杨再兴成为岳飞麾下一员极为忠勇的将领。

几经交战，曹成的部众已溃不成军。于是岳飞命部将张宪、王贵、徐庆分别率军追击曹成余部。不久，曹成势穷力竭，在面临杀身之祸的情况下，只好接受新由福建驻屯湖南路韩世忠的招安。其余三支游寇，随着曹成的覆灭，也土崩瓦解。

在将近一年的时间里，岳飞率军转战于湖南、广西和广东三路，往返追击数千里，彻底粉碎了兵力占绝对优势的曹成游寇。新到任的荆湖、广南路宣抚使李纲，盛赞岳飞的功绩，并且断言他异时必为中兴名将。此后宋廷命岳飞速率军进驻江州，加强那里的防务，以防伪齐派军乘虚渡江南犯。

南宋朝廷自迁往江南之后，在丧失了黄河以北大片领土，统治区人口锐减的情况下，为了继续过着骄奢淫逸的生活，惟一的办法就是从经济上对农民进行更加残酷的敲诈勒索。他们打着大敌当前的幌子，愚弄民众，千方百计地增加赋税。沉重的苛捐杂税，逼得农民卖儿卖女，流离失所，无法生存，各地农民据险筑寨，揭竿而起。

江南西路的虔、吉(今江西赣州、吉安)二州,位于江西、闽、广三路交界处,地形险阻,山林深密,南宋王朝统治力量薄弱。吉州的彭友、李满等人,利用这得天独厚的优越条件,聚众数万,抗粮抗租,活动于江西、湖南两路间。继又在虔州境内爆发了陈 、钟超等人领导的农民起义。农民武装斗争蓬勃兴起,在很短的时间内,起义队伍发展至400余支,几乎遍布整个虔州境内。

南宋朝廷闻讯后大为震恐,决定采用军事手段,扑灭正在燃起的起义火焰。绍兴三年(1133年)初,宋廷根据江西、闽、广三路帅臣的请求,把镇压虔、吉农民起义军的任务交给了岳飞。

岳飞接到进军虔、吉的命令,时已暮春,经过一个多月的行军,于四月初到达了吉州,立即派人前往义军营寨进行招降。时彭友、李满率众于龙泉县(今江西遂川)境内的武陵、烈源、陈田等地扎寨数十处,连营结阵,互为应援,对抗官军。岳飞招降被拒,决定采取正面突击、各个击破的战术消灭义军。

岳飞率领王贵、张宪等部,集中优势兵力,首先攻占了总隘口,切断了义军通往外界的通道,然后挥军从两翼对义军进行包抄合击,稳扎稳打,每天攻占义军一个营寨。在长达20余天的交战中,尽管义军英勇奋战,但由于受军事素质和军械装备的限制,终被岳家军攻破大部营寨,首领彭友被俘,义军大多战死。

最后,只剩下李满率众据险抵抗。李满的营寨结扎在固石洞内。固石洞位于高山之巅,四面环水,只在陡壁悬崖之上有一条小径,不要说行师用兵,就是平时单人攀登也十分困难。为了尽快攻克此洞,岳飞曾令军攻击数次,均被义军用檑木滚石打了下来。岳飞见前几次攻击均未奏效,便改变了战术,制作了8座天桥(一种攻城的器具)准备实施强攻。在强攻之前,不断派出部队对其进行佯攻,诱使义军投尽了木石。接着,岳飞派身穿前后护心铠甲的骁勇士300人组成前锋军,由部将张宪率领,强攻固石洞李满营寨。张宪督军沿着天桥鱼贯而上,岳飞令军在山下擂鼓呐喊助威。义军束手无策,边战边退人固石洞中。张宪督军直冲到山顶,固石洞天险终被攻破,李满被俘,义军大部冒死冲下山去,遭岳家军击杀。

在镇压了吉州的义军之后,岳飞立即将兵锋转向虔州。不久,岳家军于兴国县衣锦乡一带,与义军展开激战。在很短的时间内,岳家军攻破其大小数百座营寨,其首领全部被俘。

这时岳飞接到宋廷密旨,命他斩尽杀绝,屠虔州城。宋廷之所以如此,原来在建炎四年隆祐太后在虔州避难时,因当地民众起义反抗而大受惊恐,这次宋廷密令屠城,实际上是对当地民众的报复。后经岳飞几次上书奏请,才准予只诛首恶而赦胁从,从而使虔州民众免除了一场灾难。

此后,岳飞上书宋廷,称虔、吉二州的"土寇"已全部讨平。

从绍兴元年至三年,岳飞率军驰骋于江西、湖南等地,既讨平了游寇,又镇压了农民起义,所以,在宋廷看来,他的战功远远超过了韩世忠、刘光世、张俊等人,拟将其擢升为大将。高宗为了让岳飞瞻仰"天颜",膜拜"圣恩",更加忠实地为自己效命,于绍兴三年九月,第二次召见了他。

这次召见,15岁的岳云也随父同行。岳云字应祥,少时立志许国。12岁即建炎四年投军，随岳飞部将张宪转战各地，屡立战功。三年戎马生涯，使岳云经受了血与火的洗礼。他英勇善战，膂力超人，能将两杆重 80 斤的铁锤舞动如飞，故军中称其为“赢官人”。

这次召见，高宗对岳飞极为亲切，经几次朝议，作出如下决定：授岳飞为镇南军承宣使，江南西路、舒、蕲州制置使。将岳家军的番号改为神武后军，任岳飞为该军统制。为了笼络人心，高宗亲笔书写了“精忠岳飞”四个大字，绣成大旗，令岳飞行师用兵时作为前导。同时还赐给岳飞衣甲、马铠、弓箭、战袍、金带、手刀、海皮鞍等物，并颁发白银 2000 两，用以犒赏全军。并命岳飞在江州、兴国军（今湖北阳新）一带驻军守御。

治军治家

经过数年外御金军，内讨游寇的征战，岳家军声名大振，成为一支以军纪严明而著称于世的常胜劲旅。宋高宗在诏令中称赞岳飞严于律己，治军有方，夸奖他“师行而耕者不变”，“涉千里之途而樵苏无犯”。

在南宋初年，宋军所到之处不是勒索财帛，驱掳丁壮，便是掠人妻女，居人庐舍。然而，只有岳飞统领的岳家军却军纪严明，秋毫无犯。岳飞的出身和经历，使他深知民众饱受军队欺压，士卒饱受将领凌虐之苦。对那些腐败的军政军风，他早已深恶痛绝。所以，自从南渡脱离杜充时起，他就十分重视对部队的管教与整顿。岳飞以为，要带出一支强大的、有战斗力的队伍，“仁、智、信、勇、严”缺一不可。经过成年累月严格的实践，岳家军渐渐概括出两句著名的口号：“冻死不拆屋，饿死不掳掠。”使岳家军真正成为纪律严明的典范。

岳飞严于治军大致有 6 个方面：

一是重拣选。岳飞强调兵贵精不贵多。故每次合并别部或整顿军队时，均严格挑选士卒，择精壮者组成新军，老弱和不习战斗者发给路费遣送回家。使岳家军将良兵精，常能以少胜众。

二是谨训习。岳飞平时对部队的训练不但抓得紧，而且特别注重于实战要求。他在“止兵休舍”时，也“辄课其艺”，不忘训习。提出“视无事时如有事时”，令部队按实战要求进行训练。将士练习登城、跳壕等课目，即使在炎热的夏天，也必穿重甲，从难从严，认真刻苦，决不马虎。他还经常向部队进行爱国主义教育，每逢说到国家所面临的灾祸，便慷慨激昂，泪流满面，激发部属的爱国热情，鼓励他们去英勇战斗。

三是公赏罚。张俊在问及岳飞何为“严”时，他回答说：“有功者重赏，无功者峻罚。”岳飞对待数万名将士，就像对待一个人一样，坚持赏不嫌疏，罚不避亲。将士“有尺寸之功，丝毫必录，自己推官而不居”，每拜官必力恳辞。攻莫邪关时，张宪的亲兵郭进有功，岳飞就将自己的金束带奖给他，并提升他为秉义郎。岳云身着重甲，跃马作上下坡训练时，不慎马失前蹄，从马背上摔了下来，岳飞责备他平时训练不严，给予严惩。岳飞治军虽严，但严而不酷。有一次，他看到部属在鞭打一个士卒，立即加以制止，并且说服他对士卒以口头教育为主，不能轻易鞭打罚人。他的一员属将，因一个士卒擅自离开军营，而将其杀害，岳飞得知后，以为罪未至此，定要其偿命，经众人再三说情，才饶恕了这位将官，并让他立功赎罪。

四是明号令。为了使部属易于理解，便于执行自己的命令，岳飞每次行军作战，都简明扼要地发号施令，明确规定注意事项，并不惜采用铁的手段，维护军队的纪律。绍兴元年，岳飞为讨伐李成，回宜兴张渚镇迁徙军中家属时，有人控告其舅姚某抢掠民众财物，岳飞当着老母的面责备舅说："舅的违纪行为，飞能容，恐军法不能容。"姚某为此对岳飞怀恨在心，借部队行军之机，向他施放冷箭，岳飞当场将其处死。

五是严纪律。岳飞无论行军或驻扎，都用严厉的军法约束着部队，故秋毫无犯。如果偶然有士卒践踏农田，损坏了庄稼，或者发生了买卖不公平的事，皆要处死，不予宽贷。如果有士卒私取民众的一缕麻或一束草，一经发现，立即斩首。一次行军，岳飞发现一所新盖的店房上缺少一片茅草，立即传问店主。店主惟恐生出事端，假意禀明岳家军并无扰民之事。岳飞不信，立即下令追查，终于找到了一个马军，他承认上马时不慎，碰掉一束茅草。经店主再三求情，虽免于处斩，但仍重杖100军棍。

由于岳飞对部属要求极严，故岳家军夜半经过民居，不敢惊动主人，露宿于门外，民不知有兵；即使民众开门愿纳，将士也不敢随便进入。开拔前，要把铺草、苇席整理好。有时岳飞还亲自为房主洒扫门庭，洗涤器物，然后告辞而去。一个士卒向湖口县某人买些薪草，卖主自愿少收二文钱，这个士卒坚决不肯，说："我可不能因少付二文钱，而丢掉脑袋。"岳飞在驻屯江州时，因供应不及，使岳家军一度处于杀马卖妻的困境，也没有发生抢掠事件。民众见宋军其他部队来时，"遁亡灭影"，听到岳家军过，则"相率共观，举手加额，感慕至泣"。

六是同甘苦。岳飞善于体恤部属，平时自己以身作则，与士卒最下者共食，酒肉全部分配，如果酒少不能分给全体将士，则添上一些水，也要使每人都能喝上一口。行军时，士卒露宿野外，自己也决不一人住进营帐。伤病者亲自为其调药；战死者厚祀而育其孤。凡有赏赐，均交给军中有关机构，分发给将士，自己不藏一文钱。屯驻洪州时，岳飞令一员将领分发犒赏，按带甲人、轻骑人、不带甲人三等给钱，这名将领却裁减其数，据为己有，被岳飞发觉后重仗100。有一次，一个黄姓幕僚看到一名士卒在寒冷的天气里，只穿一件单衣，问这位士卒岳飞是否克扣军俸？这位士卒回答说："别的军队都克扣军俸，还强迫士卒作丝棉袄，自己虽穿暖了，家眷不免挨冻受饿。岳相公不克扣一文钱，军俸听任士卒支配。我因家中人口多，花销大，不得已而为之，有什么可以抱怨的呢？"

正因为这样，岳家军将和士悦，人怀忠效，英勇善战，所向披靡。岳飞之"治军有方，虽观古以无惭"。

岳飞不但善于治军，而且更严于律己。从地位而言，当时他既有两镇节度使的虚衔，又有宣抚使的实衔，其俸禄当在万贯以上。依靠丰厚的收入，他完全可以像韩世忠、刘光世、张俊、吴　等大将那样，过上豪侈的生活，然而却恰恰相反。为了保持农家的本色，岳飞明确规定：全家只穿麻布衣裳，不穿丝锦。并且规定，家里的陈设要朴素，不求精美。有一次，他看到妻子李氏穿缯帛的衣裳，便很不高兴，并且严肃地对她说："汝既与吾同忧乐，则不宜衣此。"李氏听了很惭愧，从此，全家没有一个人再敢穿丝锦。

岳飞对家庭的饮食要求也很严格，规定饭菜要多素少荤。他日常的饭菜，大多是一素一荤和几样面食，基本上没有两样的肉菜。有一次会餐，厨师端上鸡来，岳飞觉得很奇怪，经查问，才得知是鄂州知州衙门供奉的，立即规定，仅此一次，下不为例。有一回，一个叫郝晸的部将请岳飞吃饭，桌上摆了一种岳飞从未吃过的食品。岳飞吃了一个觉得很好吃，经询问郝晸才知道这种食品叫酸馅。于是，岳飞吩咐左右把剩余的都收起来，说："这样美好的食品不要一次吃完，留待晚饭再吃吧！"岳飞的话使郝晸感到惊愕。

岳飞对儿子们要求也十分严格。规定岳云、岳雷在读书之余，还必须干些田圃里的零活，使他们深明"稼穑艰难"之理。甚至还规定，诸子不得近酒。其实岳飞是一个最爱饮酒的人，并且因为饮酒过量而惹出一些事端来。那是岳飞刚驻进洪州不久，与江南西路兵马钤辖赵秉渊在一起饮酒，岳飞不慎喝得酩酊大醉，因为一件小事，险些把赵秉渊活活打死。江南西路安抚大使、兼知州李回，据此弹劾岳飞，幸好朝廷以为仅此小过不掩大德，而未处分他。此后，他立下誓言，不收复失地，滴酒不饮。

岳飞不贪财不爱色，生活上严于律己，这在南宋高级官员中，也是绝无仅有的。高宗准备在临安为他建造宅第。岳飞斩钉截铁地说："北虏未灭，臣何以家为？"韩世忠、刘光世、张俊、吴　几员大将都是姬妾满堂，纵情享乐。惟独岳飞始终维持着一夫一妻制，这在腐败的南宋王朝，实属罕见，吴　为表示友好，曾以2000贯的高价买了一个仕宦之家的女子，并置办许多金玉珠宝作为嫁妆，赠送给岳飞。岳飞并没有与这个女子见面，便令人把她安排在一个房间里，隔着屏幛告诉她说："我这一家人，所穿的都是粗布衣裳，所吃的都是素菜和面食，小娘子可曾过得惯这种生活，如果过得惯，就请留下，如果过不惯，我却不敢相留。"房间里没有对问话作出回答，只听见传出嗤嗤的笑声，这分明是对岳飞朴素生活的嘲笑。于是，他便将这位未见面的女子送了回去。有人对此很不理解。岳飞厉声说道："国耻未雪，圣上宵旰不宁，岂大将宴安取乐时也！"后吴　得知此事，也为之敬服。

岳飞谦虚、诚恳，在部属面前从不矫饰掩过。每出战，总是先召集诸将议事，研究分析可能遇到的情况，预先制定好各种处置方案，谋定而后战。他与幕僚们谈论问题时，时常说道："某被主上拔擢至此，尚有纤毫非是，被儒生写进史书上，万世皆改不得。"要求他们发现自己的过错一定见告。攻蔡州时，岳飞和他的部将都去参加战斗，及至事定归来，一名姓贺的部将举发自己妻子与一个和尚私通。岳飞把这一男一女传唤了来，不料供出了军营中许多家属都有类似之事，弄得岳飞没有了主意。后来，他听了参谋官薛弼的意见，由岳飞之妻李氏出面，先后把受牵连的妇女请到家中闲谈，这才发现受牵连的妇女都已过了中年，不是卖弄风情的年岁了。故岳飞一律放过不问，而单单把贺将的老婆和那个和尚治了罪。事后岳飞对薛弼说："若不是听了你的话，不知要冤枉多少人！"

岳飞身居宣抚使的高位，对个人的荣华富贵看得轻如鸿毛，对抗金事业却看得重如泰山。为了表示与金军势不两立，血战到底，他在战袍上刺绣"誓作中兴臣，必殄金贼主”10 个大字。有一次，军中急需良弓，岳飞令人将自家“宅库”的东西全部卖掉，将所得之钱交付军匠进行制造，以满足急需。有人不解地问他说：“制造军械应当由朝廷破费，岳相公你如何却自己解囊呢？”

岳飞却不以为然地回答说：“这要连上几个札子方能求得，既然军中急需使用，还是自己支付为好，这样可以减少许多麻烦，节省许多时间。”

在封建社会里，岳飞能够“赐金己俸，散予莫啬”，而不知有其家，固然与他的忠君思想有关，但更主要的是他怀有以身许国，渴求民族统一的雄心大志，并以此指导自己的言行。他坚信总有一天，岳家军胜利的旗帜，定会在黄龙府（今长春西北，女真发祥地）的上空高高飘扬。

收复六郡

绍兴二年初，伪齐主刘豫买通叛将杨伟，杀死严拒诱降的翟兴，企图夺取伊阳小寨举兵攻宋。翟兴之子翟琮发愤继承父志，联合宋襄阳镇抚使李横，于绍兴三年初北伐伪齐。由于伪齐爱国将领牛皋、董先等纷起响应，先后归附于宋，故宋军北伐进展顺利。李横军相继收复汝州、颍昌府、唐州、信阳军（今河南临汝、许昌、唐河、信阳）等地；翟琮军攻占东至郑州西至京兆（今陕西西安）的广大地域。

这年三月，翟琮与李横拟分别从西、南两个方向发动钳形攻势，收复伪齐京都东京。刘豫预感到形势岌岌可危，急忙遣使赴金乞援。金元帅左都监兀　率军南下，与伪齐大将李成联兵数万进行反击，在东京西北的羊驰岗与宋军展开激战。由于宋军战前缺乏充分的准备，既没有铠甲，又缺少粮草，很快被金军重甲骑兵打得大败。李成乘宋朝襄汉地区防务空虚，率军南进，相继攻占邓州（今河南邓县）、随州（今属湖北）、襄阳（今湖北襄樊）及郢州等地，控制了江汉一带的战略要地，切断了宋朝联接川、陕的通道。刘豫喜形于色，准备在来年麦熟后，与进攻川、陕的金军相互策应，联合洞庭湖地区的杨么起义军，实施南北夹击，先占荆湖，然后顺江东下，灭亡南宋。宋廷群臣闻之大惧。

金帅粘罕乘机遣使赴宋，企图挟军势迫宋放弃江北土地而议和。宋廷虽愿议和，但不肯放弃江北之地，故在江南水陆要地增兵设防，企图阻遏金军继续南进。同时准备大力“进剿”洞庭湖地区杨么起义军。

襄阳等六郡，西襟秦蜀，东瞰吴越，进可出击中原，退可掩卫湖广，战略地位十分重要。绍兴四年（1134 年）二月，岳飞为打破伪齐企图，进而北上收复失地，接连向宋廷上书，建议及早进军中原，收复襄阳等六郡。他在奏章中强调指出：“襄阳六郡，地为险要，恢复中原，此为基本。”说明他已经厉兵秣马、作好了一切准备，只要朝廷批准，立即可以举兵北进。

三月，宋廷勉强采纳了岳飞的建策，任命他兼任荆南、鄂、岳州制置使，举兵北伐。同时命户部员外郎沈昭远负责筹措粮饷。但宋廷对岳飞的用兵权限严加控制，规定只准收复六郡，不得越界用兵。并决定由韩世忠派军 1 万屯驻泗上，作为疑兵；刘光世选精兵出陈、蔡(今河南淮阳、汝南)二州，合力并进，互相策应，牵制金与伪齐在两淮驻军，以分其势；王燮以军阻止杨么起义军，不得让其北上。

为了增强岳家军的军力，宋廷还决定将湖北帅司统制官颜孝恭、崔邦弼所部以及荆南镇抚使司的骑兵，全部调拨给岳飞节制，并将在河南作战多年，熟悉襄汉一带地利的勇将牛皋，以及董先两军一并纳入岳家军建制，从而使岳飞攻取襄汉的总兵力达到3.5万人。

绍兴四年春，岳飞从宋廷那里得到复州知州的申状，了解了伪齐在六郡的兵力部署。决定按照先南后北的作战步骤，集中兵力先攻郢州，得手后，再分兵北向，夺取其他州、郡。

四月十九日，岳家军以“精忠岳飞”旗作前导，离开了江州，沿江而西，开赴鄂州，兵锋直指郢州。渡法时，岳飞在江心慷慨发誓：“飞不擒贼帅，复旧境，不涉此江！”

郢州位于六郡的最南端，是伪齐的一个要塞。守将荆超骁勇强悍，人称“万人敌”。五月初五，岳飞率军抵达城下。他首先骑马环城侦察了地形，然后命张宪去劝说荆超归降。张宪催骑来至郢州城下，试图用民族之大义促使荆超自动归降。荆超的谋主，伪长寿知县刘楫害怕动摇军心，在城头上高喊“各事其主”，并肆无忌惮地进行辱骂。岳飞怒不可遏，命令部队一旦破城，一定把这个无耻之徒活捉了来，并重重治罪。

这时因岳家军进军速度过快，军粮补给一时没能跟上，预计余粮只够全军再吃一两顿了。岳飞遂决定迅速攻打郢州。次日拂晓，部署妥当后，立即令军擂起战鼓，发起总攻。士卒们齐声呐喊，冒着箭雨，踏肩登城。守城的伪齐军早已听说岳家军的厉害，今日一见果真不凡，勉强抵挡一阵之后，便争先逃命。岳家军之先锋部队乘势占领了城头，打开城门，主力一拥而入，追杀守城溃军，总计击杀伪齐军数千。荆超走头无路，跳崖自杀。刘楫果然被活捉，岳飞将其痛斥一顿之后，立即下令斩首。

岳飞旗开得胜，首战告捷，遂按预定计划命部将张宪、徐庆率军东攻随州，自率主力沿汉水北上直取襄阳。伪齐襄阳守将李成，原是岳飞手下的败将，他得知郢州已失，岳飞提兵压境，未作抵抗便仓皇北遁。十七日，岳飞乘势挥军进驻了襄阳。

张宪、徐庆根据岳飞的命令率军东攻随州，由于伪齐知州王嵩据城不战，张宪、徐庆连攻数日，未能克捷。统制牛皋闻讯后向岳飞请战，要求带兵前往支援，岳飞批准了他的请求。牛皋临行时只带3天口粮，到五月十八日，口粮还未用完，便与张、徐合兵攻下随州。俘杀伪齐守将王嵩以下5000人。

六月初，金与伪齐又在新野(今属河南)、龙陂(今河南郏县东南)、枣阳(今属湖北)等地集结重兵，号称30万，企图待机回军反扑，夺回襄阳。岳飞得知金、齐军的企图后，采用“饵兵之计”，命部将王万等率军一部进抵襄阳西北的清水河诱敌。李成不知是计，督军倾全力发起攻击。岳飞审时度势，率领主力从翼侧迂回至其后，与王万军并力夹击，李成力不能支，伤亡惨重，率部后退。

未几，李成率步骑10万再次反扑求战。他依仗兵力雄厚，违背兵法常规布列阵势，准备迎战岳家军。岳飞仔细观阵后笑着对部属说：“我原以为李成多次被我击败，一定会接受教训，谁知他还像过去那样愚蠢。谁人不知‘步兵之利在阻险，骑兵之利在平旷'，李成却把骑兵左列于江岸，把步兵右列于平地，纵然他有众 10 万，又有何用？"针对李成部署上的错误，岳飞当即决定以己之长，击其之短，采用以步击骑，以骑击步的战术，命王贵率步兵击其骑兵；命牛皋率骑兵击其步兵。岳家军步骑同时出击，步卒持长枪猛刺李成军战马，李成前面骑兵被刺中，后排拥挤不能行，连人带马被挤往江中。李成的步兵被岳家军的骑兵往来践踏砍杀死伤无数，横尸 20 余里，李成大败，率领残部连夜逃遁。

岳飞率领大军继续北上，向邓州进发。伪齐主刘豫慌了手脚，急忙遣使向金乞援。金朝决定派金将刘合孛堇率军增援。金、齐两军会合后，又纠集陕西番、伪军共数万人，在邓州西北列 30 余寨，企图与岳家军决战。

为了迎接即将到来的恶战，岳飞命令部队作了一个多月的战前准备。七月，他命王贵、张宪两军由光化（今湖北光化西北）、横林分路向邓州包抄合击。十五日，王、张两军抵达邓州外围 30 里处，遇到金、齐联军数万人的顽抗，正当两军激战之时，岳飞命王万、董先率精骑猛冲其阵，金、齐联军遭到这意外的袭击，抵挡不住，大败逃走。此战，岳家军俘金将杨德胜等 200 余人，缴获战马 200 余匹，兵器、衣甲数以万计。刘合孛堇、李成只身逃走，仅剩部将高仲退入城中固守。十七日，岳飞命军攻城。岳家军不顾箭、石纷下，争先奋进，一鼓作气，攻下州城，活捉了高仲。

二十三日，岳飞乘胜遣将收复了唐州及信阳军。至此，岳飞按照预定的作战计划，用了不到 3 个月的时间便收复了襄阳等六郡，从而控制了长江中游，打开了联接川、陕的通路。这是南宋立国 8 年以来，继吴　于和尚原（今陕西宝鸡西南）、仙人关（今甘肃徽县南）大捷后的又一次大胜利。不过，岳飞这次发动的战役，与前两次战役有所不同：吴　是在自己的防区被迫应战，从某些意义上说，带有消极防御的性质。而岳飞这次北伐，则是在局部地区进行的首次反击，并取得了辉煌的战果，增强了南宋军民抗击金军的勇气和信心。为以后大举反攻中原，收复失地，创造了有利条件。

进援淮西

早在绍兴四年八月，岳飞收复襄阳等六郡的战役尚未结束之时，他就上书朝廷，提出了一系列措置襄阳六郡的建议，宋廷基本上采纳了岳飞的意见，责成他委任官员，调发给一定数量的兵马，去镇守新收复的州郡，并把襄阳、郢、随、唐、邓州和信阳军划为襄阳府路，凡本路之军、政事宜，皆由岳飞负责措置。

岳飞在经过一番筹划之后，按照宋廷的命令，任命张旦为唐、邓、郢州、襄阳安抚使，牛皋为安抚副使，李道任以上四州的都统制，率军数千，守御襄阳；同时命蒋庭俊率军守随州；高青等率军守唐州；张应等率军守邓州；舒继明等率军守信阳军。并严令上述官员整治城堞，修复防城器械，加强对六州郡的防御。

此外，为尽快恢复农业生产，岳飞还大力兴办营田，号召逃亡农民回归乡里，大力耕作，并规定免税 3 年；同时规定对收复六郡之前农民的官私债务，一律予以免除。经过采取上述措施，逃离的民众相继回乡，生产得到了迅速发展。数年之后，六郡地区年丰粮厚，人口繁衍，从而改变了那种“百里绝人，荆榛塞路”，“野无耕田，市无贩商”的局面。真正成为南宋王朝巩固的抗金前进基地。岳飞部署好襄汉地区的防务之后，率领主力撤回鄂州。

当襄、邓前线的捷报纷纷传来之时，朝野一片欢腾。原来宋高宗对于金、齐的军事力量一直心存畏惧，岳家军这次出师，竟是每战必胜，每攻必克，这样的辉煌战果，远远超出了他的预料，惊喜之余，免不了加以赞扬。他对大臣们说：“朕素闻岳飞行军极有纪律，未知能破敌如此。”接着他又高兴地说：“岳飞的筹略，颇令人满意。”

新任签书枢密院事胡松年满口赞许说：“惟其有纪律，所以能破贼。若号令不明，士卒不整，方自治不暇，缓急安能成功。”不久，高宗授岳飞为清远军节度使，并升任他为湖北路、荆、襄、潭州制置使。

但是，岳飞决非热衷于功名利禄的庸俗之辈，他从来就把这些东西看作是过往的烟云和尘土，而念念不忘的是驱逐金军，收复失地的抗金大业。所以，他上书指出：金朝多年来“贪婪横逆无所不至，今所爱惟金帛子女，志已骄堕。刘豫虽以俭约结民，而人心终不忘宋。”据此，他进一步指出：“如果现在能选派精兵20万，直捣中原，恢复故土，民心归顺，易于成功，这是国家的长久之策。”但他上书请战，没能获允。故岳飞回到鄂州后，一直闷闷不乐。一天，他登上高高的黄鹤楼遥望中原，想到“铁骑满郊畿”，江北父老身“填沟壑”的悲惨处境，毅然挥笔撰成《满江红·题黄鹤楼》诗一首，其中有“何日请缨提劲旅，一鞭直渡清河洛”的诗句，再次抒发了他率军直渡黄河，北上抗金，收复故疆的夙愿。

伪齐于襄汉战败后，经过反复酝酿，金朝确定了下一步攻宋计划，决定避开岳飞、吴　的中、西部防区，将主攻方向选定在由张俊等人防守的东部战场。南下计划一经确定，金朝就再三催促伪齐去进攻南宋，而伪齐也有扩张其领地的欲望，这就促使刘豫不得不尽快作出举兵南下的决定。

绍兴四年九月十五日，金齐联军分两路再次大举南进。东路由元帅左监军挞懒率领步兵，自楚州沿运河进攻承州，西路由兀　率领骑兵，自泗州进攻滁州。几天之内，金、齐联军便渡过了淮河。

宋廷群臣闻讯慌了手脚，急忙调兵遣将，对防守事宜作了具体部署。十月初，高宗命张俊遣军支援淮东；刘光世移军建康；同时命因孤军无援，而自承州退守镇江的韩世忠，自镇江移师北上扬州，相机御守，阻遏金军渡江。是月，金将聂儿孛堇率数百骑急趋扬州，企图乘宋军不备，从背后实施突袭。当其进至大仪镇(今江苏扬州西北)以东时，韩世忠率轻骑挑战，将金军诱入伏击区，宋军擂鼓呐喊，伏兵四起，金骑陷入泥沼难以应战，韩世忠命精骑包抄合击，并命背嵬军以大斧上砍人胸，下砍马足，金军大部被歼。与此同时，韩世忠部将解元也在承州击败金军。

十一月中旬，兀　率领金、齐联军攻陷滁州后，于十二月初，逼近庐州，宋淮西宣抚使仇愈率军1000迎战，几乎被金、齐联军杀得全军覆没。仇愈被迫退入城中，庐州告急。

为了救援淮西，高宗采纳了张浚的建策，决定调岳家军参战，火速解庐州之围。岳飞接到命令后，立即派腹心将领徐庆、牛皋率2000先锋军，率先渡过长江，赶赴庐州；自率大军继进。十二月十八日，徐庆、牛皋率13名骑兵，昼夜兼程，先期到达庐州城内。不久，有探马来报：金、齐联军5000余人已逼近庐州城下。牛皋当即与徐庆率10余骑出城迎战。

金军望见岳家军旗帜，不禁相顾失色，大为惊愕。

这时，牛皋的2000名骑兵已经赶到庐州城下，并展开了队形。牛皋、徐庆以少击众，与金、齐联军接战数合，越战越勇。但金、齐联军迭退更进，仍未溃散。突然，徐庆一时不慎掉下马来，金军一拥而上，打算活捉。牛皋眼明手快，一手杀死几个金军，一手拉起徐庆上马，两人重新投入了交战。牛皋脱去头胄，挥矟杀入金阵。岳家军骑兵在牛皋、徐庆率领下，形成一股强大的力量，把金、齐联军冲得七零八落，溃不成军。牛皋、徐庆挥军追击30里，金、齐联军互相推挤践踏，被岳家军杀死者各占半数。这次战斗，共击毙金军副都统和千户5名、百户数十名，活捉80余名，缴获战马80余匹，刀枪军械不计其数。

金、齐联军在淮东、淮西连遭岳飞与韩世忠军的沉重打击，知道一时难以取胜，几天后，兀　便令全军从淮南撤回淮北。

金、齐联军退兵后，岳飞率部暂驻池州。不久，因功被授为镇宁、崇信军节度使。

剿抚并用

洞庭湖地区的杨么农民起义军规模很大，为宋廷所惧。所以，就在岳飞收复襄阳等六郡不久，宋廷便决定遣军进攻湖庭，把杨么领导的这支义军一网打尽。

杨么本名杨太。鼎州龙阳（今湖南汉寿）人，出身农家。因其年少，荆湖人称幼为么，故名杨么。杨么自幼聪颖伶俐，好学上进。青年时，正值南宋初建，金军渡江南进之时。金骑的践踏，朝廷的盘剥，致江南父老于水深火热之中。气血方刚的杨么，不堪忍受这残酷的压迫，便参加了由钟相领导的农民起义军。

建炎四年初，钟相在保卫义军营寨的战斗中，不幸被宋叛将孔彦舟所杀。因杨么年轻有为，众人推他做了总首领，继续坚持钟相制定的"等贵贱，均贫富"的斗争纲领，在"陆耕水战"斗争方针指导下，领导义军夺取富户的土地，修堤筑坝，发展生产，"春夏则耕耘，秋冬水落，则收粮于寨"，为坚持武装斗争，打下了雄厚的物质基础。此外，杨么还根据龙阳地区多水网沟渠的特点，因地制宜，令部众分建水寨，不逾数月，便建成了大小水寨30余处，形成对官军斗争的坚固堡垒。

同时，他依照缴获的官军车船图样，总计打造了10余艘大车船。这种车船的优点是：船舱两侧各带一个翼轮，翼轮轴上设有踏板，专供"人夫蹬踩"，使翼轮激水产生动力，前进如飞。这种车船载重量大，一般可载二三百人，多则上千人。有了这些车船，起义军如虎添翼，大大提高了战斗力。起义军在杨么领导下，由小到大，由弱变强，迅速发展到20万人，绍兴二至三年，杨么领导义军曾先后击退宋镇抚使陈昌寓、制置使王𤫉的数次"围剿"，取得了威震朝野的阳武口之捷。

宋军连战皆败，使高宗大为震恐。绍兴五年（1135年）二月，任命岳飞为荆湖南、北、襄阳府路制置使，充神武后军都统制，率军"围剿"杨么起义军。

同年三月，岳飞率军从池州出发开赴潭州。按照北宋王朝时的旧例，宰相张浚以都督诸路军马的身份，亲临湖庭。

四月下旬，岳飞率军抵达潭州，又经过一个月的行军，到达了鼎州。在商讨用兵之计时，岳飞吸取了程昌寓、王燮失败的教训，改变了策略：

一是采用长围久困之策，封锁交通，断绝粮道，陷起义军于孤立，以求瓦解军心，耗其斗志，使之不攻自破。

二是采取"恩威并济"，"且捕且招"的方略，首先招降起义军中的不坚定分子，尽量做到"以不寇攻水寇"；最后利用起义军中的叛者，里应外合，予以全歼。

三是对长于水战的起义军，利用天旱水枯之机，采取陆攻之策。说来事也凑巧，此时虽系四五月间，但天时反常，正值干旱，湖水之浅竟和冬季一般。据此，岳飞当即决定从陆路四面进军"围剿"。

在官军大兵压境之时，杨么仍然墨守对付程昌寓和王燮的旧法，命令大小水寨各自为守，各自为战，因而不能最大限度地集中兵力。浅涸的湖水，严重地影响了杨么车船的行驶，为官军各个击破创造了条件。

在实施大规模军事进攻之前，岳飞选士卒若干名，乔扮为商贩，诱捕了数百名上岸交易的起义军群众，并将其陆续押回岳飞的大营。岳飞对起义军群众说："你们犯的都是死罪，我念你们每人都有妻儿老小在水寨之中，不忍心杀害你们，现在决定放你们回去，希望你们说服各自的首领，接受朝廷招安才好。"最后，岳飞吩咐发给每人一些钱帛，要他们各自购买一些物品，带回营寨，分送给各自的老小。暗中却派人告知市商，要他们以最低的价格出售商品，所赔之数，均由军中负责补偿。

这批被释的起义军群众，回到水寨大讲岳飞的好话，并且绘声绘色地宣传水寨外面的物价如何低廉，生活如何富足。与此同时，岳飞加紧经济封锁，把所有进出水寨的通路一律派军把守起来，从各个方面断绝起义军的粮食来源，使其坐吃山空。继之，岳飞便派人携带黄榜去招安。

第一个接收招安的是杨么的部将黄佐。岳飞当即设盛宴款待了他，并保奏他为正七品武义大夫、阁门宣赞舍人。黄佐感动得痛哭流涕，表示忠心为朝廷效命，遂带头去攻打起义军其他水寨。数天后，黄佐率领部众攻破周伦的营寨，斩杀了大量的起义军将士，旋将周伦营寨连同粮食船只全部烧毁。

正当岳飞按照恩威兼济的两手"围剿"杨么起义军之时，高宗惟恐金与伪齐再度遣军南进，便发下诏旨，命张浚回临安商议防秋。张浚视岳家军"围剿"进展不大，一时难以成功，便把岳飞召回潭州，欲意先行罢兵。岳飞却不以为然地说："都督且少留，10天之后，便可把军事行动全部结束。"张浚听了岳飞的话，虽然有些将信将疑，但10天的时间终不会耽误回朝议事，因而便勉强依从了岳飞的请求。岳飞返回军营，抓紧"围剿"部署。

杨钦骁勇悍战，是杨么恃以为强的一员将领。所以在岳飞看来，如若能诱降杨钦，则是对起义军的一个重大打击。因此，他曾经不止一次派黄佐去做争取工作。表面上杨钦也表示愿意接受招安，但他认为，起义军水寨防守严密，固若金汤，在这场

"围剿"与反围剿的战斗中，官军未必能够取胜，故对去留举棋不定，一直持观望态度。岳飞见招安不成，便遣人赴杨钦水寨，佯称岳帅的等待是有限的，如果执意不肯从命，岳家军已在水寨周围布置了诸多强弩火箭，要将全水寨所有的茅屋竹舍，全部化为灰烬。杨钦经不住岳飞的威胁，终于率领全寨一万余众弃戈投降。

杨钦投降后，尽管杨么起义军的实力受到很大的削弱，但他面对官军的强大攻势，并无惧色，仍率领起义军英勇战斗。这时杨钦向岳飞献计说："杨么大车船非水深不能行，一旦水浅则不能动。"岳飞听了杨钦的话，立即命军开闸放水，用巨筏堵塞湖中各港；并把千万束青草撒在湖中，继而遣军骂阵，诱起义部来攻。杨么立即率水军出战，腐木杂草缠住车船翼轮，致车船无法行动。岳飞抓住战机，命牛皋等将率军急攻，起义军不能支，杨么企图突围，不料又被各港的巨筏拦住，岳家军杀声震天，一齐向杨么大车船冲杀过来。杨么见大势已去，纵身跳入湖中，被牛皋从水中擒起，当即被杀。

最后只剩下夏诚的水寨。夏诚为人机警，是起义军中很有智谋的人物。他的水寨地据芷江，背靠峻岭，三面环水，同时又因地势设置重城，以及大量的壕沟、陷井，易守难攻，很难对付。针对这种情况，岳飞接受攻破杨么的经验，令军于芷江上游投放了诸多树枝、杂草，使其顺流而下，充盈于水面。接着选择口齿伶俐之士卒上千人，站在浅水中骂阵。诱使夏诚命部众一齐向岳家军投掷瓦石。未几，草木和瓦石铺出一条通往水寨的通路。岳飞命令士卒沿路冲杀过去，经过激烈的搏战，岳家军终于攻破了义军最后的一个水寨。坚持与宋廷斗争 5 年之久的这支规模巨大的农民起义军队伍，在多次击败官军"围剿"之后，最后终于被岳飞所镇压。

这次"围剿"，共俘获杨么部众连同家属 10 余万人，缴获战船数千只，岳飞把强壮者编入岳家军；老弱者"出给公据"让其归业；同时命一批起义者去服苦役、恳荒。然后，将 30 多所起义军营寨全部烧毁。岳飞按照给张浚许诺的日期完成"围剿"任务之后，率领大军，离开湖庭，返回了鄂州。岳飞镇压了杨么起义军，博得宋高宗的欢心。为了褒奖其功，宋廷特授他为检校少保，晋封开国公。不久又升他为荆湖南、北、襄阳府路招讨使。

长驱伊洛

近年来，由于宋廷对金、齐的战争初步取得了一些胜利，对内追剿游寇、镇压农民起义也获得了极大成功。到绍兴五年秋，南宋政权便逐渐出现了一个比较稳定的局面。为了适应形势的变化，宋廷决定把它直接统属的全部军队，彻底进行一次改编：韩世忠的部队改称前护军；刘光世的部队改称左护军；张俊的部队改称中护军；吴的部队改称右护军；岳飞的部队改称后护军。由于岳飞镇压杨么起义军之后，收编了大量的精壮，其军由 3 万人猛增至 10 万余人，故岳家军的编制也由原来的 10 将增至 30 将；军一级的编制也由几个扩充为十几个。诸如：背嵬军、右军、中军、左军、后军、游奕军、踏白军、选锋军等等，此外，岳飞还把收编的杨么起义军之一部，改编为一支水军。其中，背嵬军系由岳飞亲自挑选的勇健之士所编成，是岳家军无坚不摧的精锐，在以后第四次北伐中起了重要作用。

"腹心之患既除，进取之图可议"。岳飞在整军期间，一直念念不忘地回味着宋高宗在手诏中说过的话。他认真而冷静地分析着宋金形势，客观地估算着双方的军事实力，最后得出的结论是：大举北伐的时机已趋成熟，实现自己夙愿的时日已为期不远。所以，如何更快更好地去"连结河朔"，把河东、河北以及山东等地的忠义民兵团结起来，对于岳飞来说则更具有紧迫性。自从绍兴元年制定"连结河朔"之谋以来，迄今已为时 5 年。在此期间，尽管他也曾多次派人渡过黄河，对两河民众进行发动工作，并且取得了一定的进展。但是，真正促使这项战略方针的落实，还是绍兴五年以后的事。这是因为，岳家军经过在鄂州扩编，不仅人数居于各屯驻大军之首，而且战斗力也最强，成为抗金战场上的主力军，一时声震遐迩。中原以及两河的豪侠忠义，凡是准备归附于宋朝的，则都把驻屯在鄂州的岳家军作为他们投奔的目的地。

绍兴四、五年间，由于金军大批出动扫荡，河东等地的义军寡不敌众，为了保存抗金力量，太行忠义社首领梁兴、赵云等先后率领部众夺路南下，投奔到鄂州岳家军军营中来。梁兴、赵云等人的到来，使岳飞看到了"连结河朔"之谋的希望，决定抓紧时间开展此项工作。他相继派人到河北相州一带的民户中去作联络，并取得了显著成果。凡是此地的关隘以及渡口上的车夫、舵手和那些食宿店铺中人，大都与岳家军建立了联系，因而一切从事于反对金朝的军事活动人员，在这一地区都可以"往来无碍，食宿有所"。一些出售彩帛的店铺，也准备拿出彩帛缝制旗帜，迎接岳家军过河。

此后，由于张浚不断向宋高宗盛赞岳飞的忠勇、沉毅，可倚办大事，故在绍兴六年(1136 年)三月，宋廷下诏升岳飞为湖北、京西路宣抚副使，并移镇为武胜、定国军节度使。这样，他便可以负方面之责，有更大权限，率领部队去收复失地。正当岳飞紧张地整编、训练部队，准备下一步北伐之时，不幸患了严重的眼疾，两眼红肿、疼痛难忍。

自从建炎三年南渡以来，岳飞都是在盛夏行师，又多行军于炎瘴之地，使他积成了一种眼疾。这次旧病复发，纯属公务劳累所致。接着，他 70 岁的老母姚氏，于久病之后不幸离开了人世。岳飞对老母一向是极为孝顺体贴的。为了表示对老母的哀悼，数天之后，他和长子岳云赤脚徒步，扶着老母的灵柩，前往江州的庐山去安葬。

按照宋朝的旧例，岳飞必须守孝三年方能重新赴任。但是由于宋廷一再催促，声称如果岳飞拒绝立即赴任，他的全体幕属将受到极为严厉的处分。于是，他这才不得不拜别老母的陵墓，拖着极度疲惫的身躯返回了鄂州。

右相张浚于绍兴六年正月，离开了临安到抗金前线视察军旅。他一到镇江便举行了军事会议，并作出决定：命张俊练兵建康，相机进屯盱眙；刘光世屯兵庐州，以扼伪齐军；韩世忠由承、楚二州进图淮阳；岳飞由鄂州进屯襄阳，并作好直捣中原的准备。军事会议之后，因宋军之间缺乏配合，耽误了时间，未能按计划实施北进。

秋高马肥，正是金骑活跃善战的季节，故金朝惯于在秋季用兵。张浚眼看盛夏将过，决定放弃进攻，转入秋防。遂"以方略受诸帅，大抵先图自守，以致其师，而后乘机击之"。

同年七月中旬，岳飞率军由鄂州进屯襄阳。他没有执行张浚放弃进攻，转入秋防的命令，而是利用金、齐的错觉，一反宋军历年秋季多行防御的常法，采取声东击西的战术，出其不意，举兵奇袭伪齐军。命统制牛皋率军一部，东攻伪齐的镇汝军。镇汝军设在鲁山县（今河南鲁山）内，刘豫在此屯驻重兵，积聚粮饷，以备攻宋之用。牛皋率军先抵邓州，继而对镇汝军发起攻击。一向以骁勇著称的伪齐知镇汝军薛亨率军迎战，双方接战数次，牛皋佯败，薛亨引军穷追。此时，牛皋预先派出的将领冯赛，率军已迂回至薛亨军后，牛皋突然率军杀回，与冯赛前后夹击，大败伪齐军，俘薛亨，一举攻占了镇汝军。牛皋继续引军东向，进军颍昌，直至蔡州，焚烧伪齐营寨，缴获大批的军粮，初战告捷。

与此同时，岳飞命主力自襄阳出发，经邓州向虢州方向实施突击。遣王贵、董先、郝晸等率部攻取虢州州治卢氏县，全歼伪齐守军，缴获粮食15万石，继而攻下虢略（今河南灵宝）、朱阳（今河南灵宝南）、栾川（今河南栾川）等三县。接着，王贵遣偏将率军西进，又攻克了商州（今陕西商县）全境。

伪齐军遭此突袭，猝不及防，部署大乱。刘豫于惊恐之际，遣军攻击岳家军后方，企图切断其物资供应，迫使岳飞退兵。岳家军击败骚扰的伪齐军，乘势向东推进，取道栾川，直取伪齐顺州州治伊阳县。

王贵命第四副将杨再兴，由卢氏县向长水县（今河南洛宁县西南）进发。八月十三日，杨再兴于业阳斩统制孙某等500余人，俘统制满在。继于十四日，率军进抵孙洪涧，伪齐顺州2000余人马隔涧列阵，双方以箭对射。杨再兴身先士卒，率军猛冲，将其击溃，一举夺取了县城，获粮2万石。不久，又相继攻克永宁（今河南洛宁县）、福昌（今河南洛宁东北）两县，距西京已近在咫尺。岳家军在此缴获了伪齐一万多匹战马，大量扩充了骑兵部队。

商、虢、顺州及鲁山县，地处河南西部，北可控扼黄河，东可入洛阳，西可攻关中，确是名符其实的战略冲要。岳飞这次主动出师北伐，收复了伊（水）、洛（水）的险要之地，声震河、洛，从军事上、政治上、经济上给了伪齐以沉重的打击。宋廷为此下诏嘉奖说："遂复商于之地，尽收虢略之城"，"长驱将入于三川，震响傍惊于五路"（注：秦朝在当地设三川郡，因有河、洛、伊三川而得名。北宋时，陕西沿边有秦凤、泾原、环庆、延、熙河五路。）。肯定了这次北伐的重大意义。李纲也盛赞岳飞长驱伊、洛，是南宋立国后堂堂正正的大规模战略反击战，赞誉此举为"10余年来所未曾有"。

但是，岳飞很快发觉岳家军面临着孤军深入的形势，既无援军，又缺粮饷。为了避免在战略上陷于被动，他断然决定终止第二次北伐，以部分兵力戍守襄阳等地，自率主力返回了鄂州。

进军蔡州

伪齐军连续遭到岳家军的沉重打击，损兵折将，一败涂地。刘豫欲意进行反击，又深感兵力不足，于是只好硬着头皮去向金朝乞求援军。这时金太宗吴乞卖已死，其侄孙合剌(即完颜　)继位,是为金熙宗。熙宗即位后,依靠讹里朵、挞懒、兀　三个军事实权人物,与飞扬跋扈的粘罕相抗衡,致使粘罕在金朝的权势大为削弱,而刘豫又是依靠奉承粘罕起家的,故他这次向金朝告急求援,遭到前所未有的冷遇。金熙宗仅派兀　屯兵黎阳(今河南浚县)以为声援。刘豫为了夺回失去的领地,取得金朝的信任,决定孤注一掷。他强行签发乡兵20万,号称70万,于绍兴六年九月中旬,分兵三路进攻宋之淮西:东路军由其侄刘倪率领,由紫金山出涡口进攻定远县(今属安徽),中路军由其子刘麟率领,取道寿春(今安徽寿县),进攻卢州;西路军由宋叛将孔彦舟率领,先攻光州(今河南潢川),尔后夺取六安(今属安徽)。为配合此次反击,刘豫还派出身着金军服装的乡兵,在京西一带虚张声势,佯称金军主力已到,借以威慑宋廷。

时高宗采纳张浚的建议,将行在由临安移往平江府,表面上鼓励宋军奋勇杀敌,暗地里却作着逃跑的准备。他闻听金、齐联军已经渡淮,早已吓得六神无主,表示完全同意赵鼎的建议,立即令刘光世、张俊两军撤回江南。但不久他又从张浚的奏章中得知,伪齐军此次南下,并无金军配合,而刘麟的中路军也不过6万余人。他这才大着胆子,急令刘光世、张俊回师迎敌,但惟恐刘、张不肯尽力,同时命岳飞提兵应援淮西。

十月上旬,刘光世的部将王德、郦琼率精兵于霍丘(今属安徽)、正阳(今霍丘东北)一带击退伪齐中路军,遏制了刘麟的攻势。伪齐之东路军于藕塘(今安徽定远东南),遭到宋将杨沂中军的严重打击,也逃往淮北。孔彦舟闻中、东路军已败,急忙引西路军仓皇北撤。

正在鄂州患着眼病的岳飞,接到高宗进援淮西的命令,不顾病痛,立即调回襄阳等地的部队,沿江东下,待到达江州时,适逢伪齐军主力已经撤退,战事基本结束,岳飞只好还军鄂州。但是,由于此次东援,岳飞从襄阳前线抽调了大量兵力,给了伪齐军以可乘之机。

十月底,伪齐军在部分金军配合下,分数路向岳家军防区实施全面反扑,企图夺取淮河上游地区,向虢州、商州、信阳军等地实施猛烈攻击。岳飞分遣统制王贵、董先、牛皋、寇成、崔邦弼等分兵逐路迎击。

十一月初,伪齐主刘豫之弟"五大王"刘复,率领主力进攻襄、邓等地。初十,到达唐州以北的大标木,摆开阵势,准备与岳家军决战。岳家军前线主将王贵率军猛突其阵,大获胜捷。

时进攻襄、邓的另一路伪齐军,自恃兵多势盛,向岳家军猛扑过来。董先率领牛皋、傅选等将沉着应战,采取示弱骄兵之策,一天后退百余里,伪齐军紧追不舍。直至天黑才停止。第二天,董先依然令军照样后退,伪齐军也照旧在后面紧追。到第三天,岳家军占据了有利地势,董先方令牛皋等将对其发起反击。由于事先已作了充分准备,岳家军一鼓作气,分路出击,势不可挡,迫使伪齐军向唐州地区的牛蹄撤退。待其退至牛蹄已经是狼狈不堪。董先在两天前纵敌深入时埋伏在此地的部队乘其士卒们放下兵器,准备就餐之机,一齐拥出,把岳家军的旗帜插遍四周山冈。伪齐军误以为被围,不等主将发令争先逃命,董先督军冲杀,大败伪军。此战,岳家军共俘伪齐军千余人,获战马3000余匹。

岳飞接到前线的捷报，立即亲率大军渡江，追击正在逃遁的伪齐军。待岳飞赶到前线时，王贵已率军攻入伪齐控制的蔡州地界。岳飞鉴于大举北伐的准备工作还很不充分，高宗又下令不准深入，决定攻下蔡州，尔后班师。

王贵、董先、牛皋等会大军 2 万，参加了这次战斗。寒冬腊月，天气异常寒冷，岳飞率军于黎明抵达蔡州城下。他催骑环城进行了侦察。只见蔡州城壕既深又阔，城头上只竖着几面黑旗，却不见防守的士卒。但当岳飞令军攻城时，黑旗便随着幌动，接着便出现一队队士卒上城抵御；岳家军后退时，这些士卒便下城隐蔽，城上依然恢复如故，如此重复多次。岳飞看到此城防守严密，惟恐有诈，遂下令立即退兵。

原来狡猾的刘豫，在获悉岳飞仅带 10 天的口粮，渡江北进之时，便决定以城壁严整的蔡州城为诱饵，促使岳家军来攻。继命李成等 10 员大将，率军埋伏在周围，待岳家军攻城顿兵挫锐之后，伏兵同时杀出，进行围歼，然后直捣鄂州。为此，李成发给每个士卒一条绳索，规定凡捉住一名岳家军士卒，就用绳索穿其手心，捉住 10 人，就连成一串，捉到的人越多，功劳越大，赏赐越高，借以激励部众。

岳飞令军撤退之时惟恐有失，命董先、王贵等率领部分人马断后掩护。在撤退途中，董先从伪齐的一个士卒那里，了解到刘豫的企图，于是，他一面派人将情况速报岳飞；一面择险要之地，屯伏兵于密林中，自己则效仿蜀将张飞的做法，单枪匹马，占据一座河桥，以张声势，意欲拖住伪齐追兵，等待主帅岳飞回师破之。

未几，李成果然引军追至桥边，他一见董先便举起手中的绳索大声喊道："董先别走，今天我先捉你。"

董先也高声回答："我决不跑掉，只怕你跑掉！"

李成等人听到董先的答话如此从容镇定，怀疑周围有埋伏，遂决定进行拭探性进攻。每当李成调一部兵力准备上前交战时，董先把小旗一挥，小锣一敲，密林中便冲出一两队军士，摆出一副准备厮杀的样子。伪齐军稍一后退，岳家军又退回密林中。此状使李成更加疑惑，进退维谷。就在双方僵持不下之时，李成突然望见一股兵力，从群山之间疾驰而来，估计是岳飞率军重返，遂令军急忙后撤。岳飞挥大军掩杀，追击 30 余里，伪齐军横尸遍野，填满溪谷。

此战，岳家军俘伪齐军数千人。岳飞下令除把伪齐将领押赴平江府行在外，其余被俘人员发给钱物一律放回。临行前岳飞语重情长地说："你们都是中原百姓，也都是大宋赤子，不幸陷入伪境，被刘豫驱遣至此，想非你们所愿。我现在一律把你们释放回去。你们见到中原父老之后，把大宋朝廷的恩德告诉他们。等到大军前去收复中原时，你们和他们都要随同当地豪杰起而响应。"这些被俘人员听后深受感动，欢呼而去。岳飞正确的俘虏政策，争取了民心。

战后，岳飞总结了经验，回想自绍兴四年以来，他一直在竭力探索着举兵北伐的进军路线。从襄阳北上洛阳，这是古老的南北交通孔道，也是自己第二次北伐的战场。事实证明，山岭重叠，人烟稀少的地区，补给困难，不能成为理想的战场。故第三次北伐，着重选择了京西路以东的平坦原野。作为新的进军路线，虽然此次北伐从战果上看不及第一、二次显著，但却摸清了伪齐的虚实，积累了一定的作战经验。

绍兴七年(1137 年)初，高宗在主战派张俊的劝说下，将行在由平江府迁往建康。

张俊鉴于刘光世一贯“骄惰不战”，向高宗建议罢去其军职，将其军改隶岳飞节制。不久，高宗单独召见了岳飞，趁论功行赏之机，把岳飞的官衔由检校少保晋为太尉，并将宣抚副使、兼营田使升格为宣抚使、兼营田大使。其实职与韩世忠、张俊、刘光世3大将平列。张俊忌岳飞军功，二人矛盾加深。

南宋诸军中一个共同的致命弱点，就是各自为战，互不配合。高宗以为，这个弱点只能通过智勇兼备的岳飞负责统一指挥，才可能得到弥补和克服。为此，高宗召见岳飞时说：“中兴之事，朕一以委卿，除张俊、韩世忠不受节制外，其余并受卿节制。”事后，高宗还写给刘光世的部将王德一道《御札》，明确宣布：“今委岳飞尽护卿等”，“听岳飞号令，如朕亲行”。并将这道亲笔《御札》交给岳飞密藏，以备他去淮西接管刘光世的军队时，面授王德待统制。岳飞节制的范围不仅包括刘光世军，而且还包括吴等人的军队。高宗把南宋王朝大约七分之五的兵力，慷慨地授予岳飞指挥，从宋朝立国以来是没有先例的，不能不使岳飞高兴异常。十分感激皇帝对自己的信任与倚重。故他回到鄂州立即给高宗写了一封《奏札》，提出一个完整的作战计划，陈述了他收复失地之大计：第一步，“提兵直趋京洛，据河阳、陕府、潼关，以号召五路之叛将”，迫使刘豫舍汴都西走河北，京畿、陕右可以尽复。第二步，“分兵浚、滑，经略两河，刘豫父子断可成擒，”如此则“金贼有破灭之理，四夷可以平定”，并提出准备用2～3年时间完成上述计划，尽复中原失地。

但是，安内重于攘外是宋朝的传统国策，它的一项重要内容，就是对武将严加防范。所以，当岳飞的《奏札》送呈朝廷之后，宋高宗既没有听从岳飞的建策，同时也改变了由他节制刘光世军的许诺，将刘光世军隶属于张浚的都督府统领。岳飞愤怒之心难以言喻。一天雨后，他独上高楼，自依栏干，纵目乾坤，俯仰六合，不禁满腔热血，激昂沸腾，唱出了爱国主义的千古绝唱《满江红》：

怒发冲冠，凭栏处，潇潇雨歇。抬望眼，仰天长啸，壮怀激烈。三十功名尘与土，八千里路云和月。莫等闲白了少年头，空悲切！

靖康耻，犹未雪，臣子恨，何时灭？驾长车踏破贺兰山缺。壮志饥餐胡虏肉，笑谈渴饮匈奴血。待从头收拾旧山河，朝天阙。

这首词充满了对金军不共戴天的深仇大恨和报仇雪耻的迫切心情，表达了岳飞力主恢复故土不可动摇的意志。

力主抗金

由于高宗收回了成命，使岳飞统领诸军北伐的愿望终成泡影。事后他冒着杀头之罪上书高宗，直率地批评了宋廷“仅令自守以待敌，不敢远攻而求胜”的消极防御战略方针；同时立足于依靠本部人马，争取北伐的最后胜利。

鉴于以往的教训，岳飞以为没有充分的粮草，就不可能有北伐的胜利。因此，他严令军民在襄汉地区继续开荒营田，并实行了一系列奖励农耕的措施。经过军民的共同努力，岳家军的粮谷收入竟达18万余石。此外，在宋廷经济政策允许的范围内，岳飞还积极开辟其他财源，诸如经商、造酒等各项经营利息，每年可达116.5万余贯。这些收入，可在相当程度上补贴平时的军俸、战时的犒赏，从而改善了岳家军的军需供应，全军上下团结一致，枕戈以待，准备去完成恢复故土的大业。不料就在这时，形势逆转直下，朝着不利于主战派的方向急速发展。

金朝统治者愤于伪齐连年遣军攻宋，都被宋军打得大败，眼看刘豫这条走狗不仅毫无用处，而且成了累赘，遂于绍兴七年十一月，下令废刘豫为蜀王，取消了齐国政权。同时挞懒等人按照“以和议佐攻战”的策略，以归还徽宗梓宫（棺材）、高宗的生母韦氏，及刘豫统治的河南、陕西之地为诱饵，要求高宗向金朝俯首称臣，贡纳岁币。经金熙宗与群臣议定后，便把宋朝派来的迎奉梓宫使王伦放回，让他回朝去传达金朝准许和议的消息。

同年十二月，王伦回朝向高宗转达了挞懒的口信，并把金朝允许和议的条件如实地说了一遍。高宗闻而大喜，立即重赏王伦，决意加紧与金议和。此时他想起了曾被罢相的秦桧，认为他是乞和的最合适人选。于是不顾几年前发布的“永不复用”的命令，重新任命秦桧为枢密使，不久升为右相。

秦桧与高宗相互串通一气，露骨地向金朝乞和，遭到满朝文武的强烈反对。被罢相后出任福建安抚大使的张浚，连续五次上书，驳斥秦桧等人的和议谬论；大将韩世忠连上10多道奏章，要求“举兵决战”，主动承担最艰巨的任务；枢密院编修官胡铨上书表示：“我宁愿投东海死，也不在朝廷里求和。”与此同时，临安街头还出现了“秦相公是细作”的匿名揭贴，甚至也有人准备要刺杀秦桧。

在举国上下反对宋、金和议的热潮中，统兵驻守于鄂州的岳飞，一直在准备对金用兵。他上书朝廷，恳请“宜乘废豫之际，捣其不备，长驱以取中原”。后又致书枢密院严正申明：“今岁若不举兵，当纳节请闲”，表达了难以言喻的愤慨。

绍兴八年（1138年），在秦桧一手策划下，高宗由建康返回了临安府，岳飞奉命赴行在议事。君臣见面之后，岳飞便表明了自己严正的立场：“夷狄不可信，和好不可恃，相臣谋国不臧，恐被后人讥。”岳飞一席话，说得高宗沉默难堪，无言以对。

岳飞在朝见之后，接着又上奏说：“不可与和，缘虏人羊犬之性，国事隙深，何日可忘！臣乞整兵复三京陵寝，事毕，然后谋河朔，复取旧疆，臣之愿也。”就在岳飞力陈反对和议，恳请举兵北伐之时，全国反对议和的上奏和上书，如雪片般朝宋廷飞来，高宗、秦桧妥协投降活动陷入非常孤立的困境之中。但是，一心甘当儿皇帝的宋高宗，置全国民众的抗议于不顾，终于在绍兴八年十二月，命秦桧以宰相的身份，跪拜在金使的脚下，诚惶诚恐地接受了由金朝事先拟定的议和诏书，致使胜利在望的抗金大好形势，断送在一小撮投降派之手。

绍兴九年（1139年）正月，高宗以和议达成布告全国，大赦天下，借以粉饰太平，欺骗国人。正月十二日，赦表送到鄂州，岳飞满怀对金朝的仇恨，故土的眷恋，写成一篇悲壮激越、气势雄浑的谢表。在谢表中，他再次申述一贯反对和议，坚持抗金的主张，并列举历史事实来证明，“夷虏”背信弃义，往往盟约的墨迹尚湿，口血未干，便又驱马兴师侵犯中原的疆土，说明和议决非长治久安之计。为了国家的前途，民族的命运，他表示愿意制定方略，收复河东、河北，直捣燕云，为国复仇。岳飞这篇充满爱国主义激情的谢表，道出了广大爱国军民的心声，人们竞相传颂，以致很快便家喻户晓。

接着，岳飞又上书高宗，请求批准他酌带少量官兵，亲自到金朝刚归还的西京，去洒扫先帝的陵墓，高宗同意了他的请求。但后来从岳飞的另一道奏章中，知道他借助于此行去侦察金军虚实的真实意图时，生怕惹出事端，立即撤消了不久前批准他亲去西京的诏令。

为了收买人心，取得武臣对“和议”的支持，高宗对韩世忠、刘光世、张俊三大将加官进爵，授予新的封号，同时也晋升岳飞为开府仪同三司。这对力主抗金的岳飞来说，自然是莫大的难堪，他接连上奏，力辞不受。他在奏章中指出：“虏情奸诈”，“现今的形势是只能引以为危，而不能引以为安，只足以使人忧虑，而不足以使人庆贺，应该加紧训练士卒以备不测，而不该论功行赏，被金人耻笑”。

与此同时，他不顾高宗“过界招纳，得少失多”的诏令，广纳河东、河北、燕云等地北来的忠义之士。在爱国正气横遭摧残的时刻，继续坚持既定的“连结河朔”之谋。

岳飞出于对国事的忧愤，屡次提出反对和议，复故土，雪国耻，给了朝野力主抗金的人们以极大的希望、信心和力量；而对于正在弹冠相庆的高宗、秦桧等人来说，犹如针刺其心，引起他们的切齿之恨，从而埋下了岳飞惨遭杀害的祸根。

意捣黄龙

绍兴九年七月，兀　发动政变，杀死主张与宋朝议和的挞懒，被任为都元帅，夺得金朝兵权，决意发兵夺回归还给宋朝的陕西、河南之地，并进一步深入宋境。绍兴十年(1140年)四月，金熙宗采纳兀　的建议，撕毁和约，下令元帅府伐宋。兀　先以“大阅”为名，把各路军调集于祁州(今河北安国)的元帅府。继而一反秋季出兵的常规，改在盛夏用兵。于同年五月，分兵四路向宋发起进攻：右监军撒离喝，经河中(今山西永济西)攻陕西；聂儿孛堇攻山东；奉国上将军李成攻西京；兀　亲率主力10余万，自黎阳直取东京，寻求与宋军主力决战，以求在主战场解决胜负。由于宋朝根本没有在陕西、河南设防，加上那里的守臣大多系议和之前的旧吏，闻金军来攻，纷纷献城迎降，仅一个多月的时间，金朝归还的土地便又全部陷落。五月初五，撒离喝军攻占京兆，一直西进到凤翔；十六日，李成军占领西京；十三、十四日，兀　军相继攻占东京、南京并乘胜挥军向淮西推进。

金军毁约南进的消息传到宋廷后，宋高宗、秦桧等人慌了手脚，为了保住其统治地位，连续下达《御札》，催促岳飞作好应急的军事准备，令他遣军进援顺昌的刘锜。六月初一，高宗把岳飞的官位晋为少保，继而发布声讨檄文；同时命韩世忠、岳飞等兼河南、北诸路招讨使，下令分路抵御金军。

六月初七，兀　率领主力中路军进攻顺昌。南宋新任东京副留守刘锜据城以攻为守，屡挫其锋，创造了以少击众，力败金军精锐的战例，大灭了金军的嚣张气焰，挡住了金军自两淮南进的势头，为南宋的大举反攻创造了有利条件。

同年五月，岳飞在鄂州得知金朝毁约遣军南进，不久，又接到宋高宗“乘机战胜”

的诏令，立即调兵遣将，准备大举北伐。他按照以襄阳为基地，“连结河朔”，恢复中原的既定方略。作出了主力从正面迎击，奇兵从侧翼迂回，义军深入金军之后，南北夹击的部署：一是派原太行忠义社首领梁兴、赵云北渡黄河，策应河东、河北、京东路的义军，发动民众，展开攻势，切断金军供应，夺占州县；二是派王贵、董先、牛皋、杨再兴等出襄阳，分别向西京、汝州、郑州、颍昌等地进攻，从侧翼袭击东京一带金军；亲率主力自鄂州出发，经德安府（今湖北安路）北攻信阳，直取郾城（今属河南）。出发前，岳飞勉励将士们说：“希望大家好好尽力，让我们收复河北后再胜利会师吧！”

岳家军全体将士怀着必胜的信心，以“精忠岳飞旗”和“岳”字军旗作先导，刀枪如林，盔甲鲜明，战马嘶鸣，威风凛凛，以一往无前的勇气向北进军，揭开了大举北伐，反攻中原的序幕。

六月二十二日，宋廷派往岳家军前“计事”的司农少卿李若虚，经由鄂州赶来德安府，向岳飞传达高宗“兵不可轻动，宜且班师”的旨意。原来高宗发出“乘机战胜”的命令之后，很快觉得大错，故特派李若虚以“计议”军事为名，实际上让他命令岳飞只能对金军采取守势，而不能主动进攻。岳飞听后断然不从，据理力争。李若虚本是违心地执行此命，故他激于大义，毅然主动承担“矫诏之罪”，在极为关键的时刻，支持了岳飞。岳飞得到李若虚的支持，更是信心百倍，按照既定计划，命令全军继续向北挺进。

金都元帅兀　，于顺昌被刘锜击败后，亲率龙虎大王突合速等退回东京，命大将韩常守颍昌，翟将军守陈州，三路都统阿鲁补守南京，企图相互依托，负隅顽抗。岳飞侦知金军的部署后，决定采取分进合击的战术，先扫清东产外围据点，然后再进击东京。

六月初，张宪、姚政率前军和游奕军直抵光州，向东北方向的顺昌疾进。由于顺昌于十二日解围，张宪便率军转向西北，击败金军，袭取了蔡州。

十三日，牛皋的左军也接着出战，在京西路击败金军，兵锋直指汝州，攻克鲁山等县，然后挥军东向，与大军会合。

二十三日，统领孙显破金将排蛮千户于陈、蔡州界。

以上虽系小胜，但由于初战告捷，大大鼓舞了岳家军的士气。

闰六月中旬，岳家军经过充分准备，又发起了新的更加猛烈的攻势：

克复颍昌。颍昌是襄汉通往东京的必经孔道，岳飞决定先拔掉这个据点。遂命统制张宪、傅选担任对颍昌的主攻任务。十九日，张宪率军在距颍昌 40 里处，与金军对阵，经过激烈的交战，韩常军大败，退回颍昌。张宪乘势挥军猛攻，韩常量城难保，引军撤退。次日，岳家军攻克了颍昌，并据城击败韩常军的反扑。

克复陈州。韩常战败后，率军退往陈州城中。为加强前锋兵力，岳飞命牛皋、徐庆两军前往颍昌与张宪、傅选军会师。张宪命部分兵力守城，会同牛皋等率军向陈州进军。二十四日中午，进抵距陈州城 15 里处，与韩常军遭遇，两军展开鏖战，岳家军再次击败金军，韩常率部仓皇逃遁。当天上午，张宪于陈州城外，击败金军的增援，收复了陈州。

克复郑州。二十五日，岳飞中军统制王贵遣部将杨成等率军攻取郑州。金军万户漫独化率军 5000 出城迎战。杨成率军猛突其阵，漫独化战败逃往东京附近的中牟

（今河南中牟东），王贵派将率军夜袭其营，俘获甚多。

克复西京。中军副统制郝晸奉王贵之命率军攻取西京，在距城60里处扎营。金军驻扎在西京的是李成的部队，他闻知岳家军向西京疾进，派军7000余迎战。郝晸命将官韩清等率军截击，金军溃败，韩清挥军追至城下，李成惧战连夜弃城逃遁。岳家军再次克复了西京。

在短短40多天的时间里，岳家军凯歌猛进，席卷京西，兵临大河，胜利完成了扫清东京外围的作战计划，从东、西、南三个方向，对东京金军形成威逼之势。

兀　在东京得知前线连吃败仗，心里慌乱不安，立即召集龙虎大王突合速、盖天大王赛里等各路将领商讨对策。诸将以为：宋军来势迅猛，已全线出击，其他将帅还好对付，惟独岳飞一军提兵深入，将勇兵精，而且有河北忠义民兵遥相呼应，其兵锋锐不可当。兀　又怒又怕，决定倾全力寻机与岳家军决一死战。

一场大战的烟云笼罩在中原上空。朝野人士都为岳飞耽心，宋廷命令他缩营自保，切勿出战。

岳飞侦知金军的企图后，从容镇定，运筹如常，他以为：金军虽表面嚣张，实际上已经技穷、兵怠，即使决战，亦不足畏。正当岳飞准备率军继续深入，攻取东京之时，不料淮南东路的张俊、王德却引军后撤，刘锜也在顺昌停师不前。

岳飞面临孤军深入而又兵力分散，东京的金军主力又近在眼前的不利态势，遂急令缩小防区，向东京附近集结，以便对付金军反扑。兀　见有机可乘，不待岳家军集结完毕，便决定先发制人，抢先实施大规模反击。

七月初八，兀　侦知郾城的岳家军兵力薄弱，亲率突合速、赛里、韩常等，统领1.5万精骑，取捷径奔袭岳飞宣抚司驻地郾城，企图摧毁岳家军的指挥机构，打破岳飞的反攻计划。

郾城位于颍昌府界的东南端，是屏蔽颍昌的要地。兀　率军进抵城北20里处列阵，向郾城推进。针对金军的作战特点，岳飞决定先以骑冲击，分割打乱金军阵势，然后以步制骑，破其精锐。岳飞首先命其子岳云率领背嵬、游奕两支骑兵直闯金阵。临行前特别严令岳云："必胜而后还，如不用命，吾先斩汝！"岳云领命挥舞两杆铁锤，率先突入金阵。他率骑左右驰突，与金军对阵数十次，连败数名金将，击杀甚众。骁将杨再兴为生擒兀　单骑突阵，击杀金军近百人，身受多处创伤，仍拼死力战。岳云、杨再兴以奇胆大勇击败了金军的前锋军。

这时，金军的后续部队源源不断地拥来，金军的数量越来越处于优势。正当战斗进行到最激烈之时，只见黄尘蔽天，杀声震地，岳飞亲率40骑驰于阵前。都训练霍坚急忙上前挽住战马说："相公为国重臣，安危所系，奈何轻敌！"岳飞不予理睬，左右开弓，往来驰射，箭无虚发，射杀金军多人。将士们见主帅亲自参战，士气大振，无不以一当十，奋勇冲杀。

兀　见其军不能取胜，遂将头戴铁盔，身披重铠的"铁浮图"和号称"拐子马"的精骑投入交战。"铁浮图"也叫铁塔兵，形容重甲骑兵装束得如铁塔一般；"拐子马"是一种行阵术语，实际上就是左右翼轻骑兵。这两支队伍都是兀　的精锐，是兀　赖以攻战的重要支柱。以前兀　用这两支骑兵曾多次打败过宋军，故有"常胜军"之称。仅在顺昌之战中败于刘锜之手，但经过短期补充训练，又重新组成了新的队伍。这次兀　故伎重演，又出动这两支队伍，显然是为了加强攻击力量，企图一举将岳家军歼灭。

岳飞临机应变，待金军临近阵前，令步卒持麻扎刀、提刀、大斧入阵，用刀斧专砍马足，“铁浮图”大乱。与此同时，令背嵬、游奕两支骑兵迎战“拐子马”军，以灵活多变的战术，忽攻击其前，忽牵制其侧，使其之长不得发挥，置金军于被动。岳家军步骑密切配合，将士们奋勇争先，从午后战至黄昏，“铁浮图”纷纷倒地；“拐子马”非死即伤，金军不能支，终于向北溃败，岳家军一鼓作气追杀10余里，金军横尸遍野，弃甲如山。兀　看着所剩无几的人马，不禁嚎啕大哭说：“自海上起兵，皆以此胜，今已矣！”

兀　于郾城战败后，仍不肯罢休，为了挽回败局，重新收集残部，并从各地征调援军，共拼凑了12万人马，伺机攻取郾城、颍昌之间的临颍（今属河南），企图切断岳飞与部将王贵的联系，然后各个击破。

岳飞以为兀　屡败之后，为防止岳家军断其归路，必然调转兵锋，攻取颍昌。遂命岳云率部分背嵬军，绕道驰援该地的王贵军，同时命统制张宪率背嵬、游奕等军，由陈州挺进临颍，寻求与金军主力决战。

十三日，岳飞派出增援临颍的杨再兴、王兰等300骑，抵达临颍以南的小商桥，猝与金军主力遭遇。兀　挥军包抄，将杨再兴等团团围住。杨再兴率领将士拼死力战，击杀金军万夫长以下4000余人，后中箭身亡。其军也因寡不敌众，全部战死。

六月十四日，张宪率军进击临颍。兀　为避免与其决战，令部分兵力戍守临颍县城，自率主力北攻颍昌。张宪督军攻战，以摧枯拉朽之势攻克县城，金守军大败逃遁。

当天上午，宋金两军于颍昌展开决战。兀　率领韩常等将，以马军3万余在城西列阵。接着，金将突合速、赛里率领的10万步兵，也陆续赶到，列阵于舞阳桥以南，连阵10余里，阵地上金鼓震天，杀声动地。

岳家军驻守颍昌的兵力虽有5个军的番号，但都不是全军。中军统制兼提举一行事务王贵，令踏白军统制董先、选锋军副统制胡清守城，亲自姚政、岳云率中军、游奕军、背嵬军各一部出城迎战，岳云以800骑居中，率先猛冲金步兵，继而王贵之步兵与金军左右翼骑兵展开搏战，岳家军士气旺盛，愈战愈勇。岳云身先士卒，先后出入金阵10余次，身受百余处创伤，衣甲上杀得血迹斑斑，许多步骑兵也杀得“人是血人，马是血马”，两军对阵数十次，胜负相当。宿将王贵不免有些气馁，欲意退兵，岳云制止了他的动摇。战至中午，战局骤趋危急，这时守城的宋将董先、胡清率军出城增援，与王贵、岳云合兵奋战，扭转了战局，杀得兀　全军溃败。岳家军阵斩兀　婿金吾卫上将军夏姓万夫长、副统军粘罕孛堇，俘杀金军7000余人，缴获战马3000余匹，金、鼓、旗、甲不可胜计。

郾城、颍昌两战，是岳家军第四次北伐时关键性的两次大仗。在孤军无援的情况下，岳飞针对金军作战弱点，充分发挥本部军士气旺盛，训练有素等有利条件，以坚阵和长兵器，对付金骑的密集冲击，打得金军弃戈而逃，不复成军，以致金军发出哀叹说：“撼山易，撼岳家军难！”

就在岳飞反攻中原的同时，宋军在其他战场也都击败了金军的进攻。韩世忠率军于洳口镇（今江苏邳县西北）获胜；张俊收复亳州（今安徽亳县）；吴璘大捷于陕州

(今河南陕县),岳飞派往黄河以北的义军首领梁兴、赵云,会同李宝、董荣、孟邦杰等各支抗金武装,在河东、河北民众的支援下,连克垣曲(今山西垣曲东)、沁水、翼城、赵州(今河北赵县)、永安等诸多州县,切断了金军的交通要道。梁兴、李宝连战皆捷,义军队伍很快发展到40余万人,他们打着岳家军的大旗,活跃在金军后方,盼望着岳家军早日渡河。当地民众也纷起响应,争相挽牛车为义军送粮,致使金朝自燕京以南,数百里内号令不能复行。

郾城、颍昌之战后,金军锐气丧尽,军心涣散。金将突合速的心腹禁卫忔查千户,以及统制官王镇、统领崔庆等,都主动向岳飞投诚。素以勇悍著称的大将韩常,因在颍昌的惨败害怕兀　治罪,也派密使欲以5万人请降。甚至连兀　本人也发出哀叹说:“自我起北方以来,未有如今日之挫衄。”

中原战场的形势,显然发生了根本性变化。岳飞立即上书高宗,指出现正是“陛下中兴之机,金贼必亡之日”,如不乘机北进,必定留下后患。为此,他恳请朝廷尽早命令诸军协力并进,对金军发起总攻。为了不失战机全歼金军,在上书高宗的同时,命令岳家军乘胜直追,发起朱仙镇战役。在进军中岳飞勉励将士们说:“直抵黄龙府,与诸军痛饮尔。”

兀　从颍昌败退途中,又搜集调动了10万大军,列阵于朱仙镇一带,企图再次进行抵抗。岳家军于距离东京45里处与金军对垒而阵。岳飞遣骁将率背嵬军500骑奋击,大破之。兀　精疲力竭,再也无力组织反扑,遂仓皇逃回东京,束兵备马,打点行装,准备渡河北撤。

十三年前,宗泽临终前三呼“过河”的遗言,依然萦绕在岳飞耳际,如今慰藉英灵的时刻终于到来。正当岳飞准备挥军渡河,收复东京之时,高宗、秦桧却向金乞和,诏令各路宋军班师。岳飞四奏高宗,详陈中原战况,指出“金人锐气沮丧,尽弃辎重,疾走渡河,豪杰向风,士卒用命,时不再来,机安轻失”。高宗、秦桧却把岳飞乘胜反攻,收复中原,视为他们妥协议和的障碍,密令韩世忠、张俊、杨沂中等,从淮北先行撤退,同时又令陕西宋军止兵休战,陷岳家军于被动。然后以孤军不可久留为辞,一日发12道“金字牌”,勒令岳飞班师。岳飞东向跪拜,愤惋地说:“十年之功,废于一旦。”遂被迫从郾城撤军。撤军前,为防止兀　闻讯派军追袭,故意放出风声说:“明天岳家军将要渡河。”兀　害怕黄河以北的义军、民众作为内应,断其归路,连夜弃城北逃百余里。

岳家军班师的消息不胫而走,民众遮马挽留,“哭声振野”。岳飞碍于上命,无可奈何,仅留军5日,掩护民众撤至襄汉一带,旋于七月二十一日正式班师。刚刚收复的中原州县,又被金军占领。

风波之冤

兀　于郾城、颍昌战败后,深知不是岳飞的对手,只好继续玩弄“以和议佐攻战”的策略。他一面秘密写信给秦桧,提出以杀害岳飞为和议条件;一面征集搜罗兵丁,于绍兴十一年(1141年)正月,亲率10余万大军复攻宋淮西。二月初,金军占领庐州,继又进攻无为军(今安徽无为)。岳飞闻讯,向朝廷连上两书,指出:金人倾兵进攻淮西,"其后方必然空虚,若举兵长驱京、洛,金人必奔命救之,我可坐制其弊"。并建议改变以往援淮西皆沿江东下,然后北进的进军路线为由湖北蕲州、黄州一带渡江,出其不意,夹击金军。高宗欲纳其策,又恐金军继续南进危及朝廷,遂急命韩世忠、张俊等合兵淮西进行抵抗。同时命岳飞前往江州应援。待岳飞由鄂州率军赶到庐州时,淮北宣抚副使杨沂中、判官刘锜等人,已于二月十八日,在无为军的柘皋镇(今安徽巢县西北),击败镇国大将军韩常部。岳飞闻讯只好还军舒州(今安徽潜山县)。

三月,兀　又发兵急攻濠州。岳飞闻濠州军情紧急,便主动率军由舒州出发往援。十三日,岳家军进至距濠州城不远的定远县。兀　闻岳家军将至,无心再战,立即引兵渡淮北撤。

对于手握兵权,节制一方的诸大将,高宗一直是忌恨在心的。他一刻也没有忘记宋太祖"杯酒释兵权",乃是终宋一代的遗训。尤其是岳飞兵盛主战,德高望重,更使这位以妥协苟安为国策的皇帝所不容。这年四月,高宗经与秦桧等一伙密谋,借酬赏柘皋之捷的机会,把韩世忠、张俊、岳飞三大将召到临安,采取明长暗降之策,任命韩世忠、张俊为枢密使,岳飞为枢密副使。解除了他们的兵权。并于四月二十七日,下诏撤销淮东、淮西、京湖三大将的宣抚司,将其所辖人马直属皇帝"御前"节制。

接着,便妄图利用三大将之间的矛盾,逐个加以剪除。五月,高宗命张俊、岳飞出使淮东,名义上是检阅韩世忠的部队,筹措战守,实际上是罗织罪名,准备拆散韩家军。临行前,秦桧向岳飞说明了高宗的真实意图,要他去搜罗韩世忠的"罪状",岳飞严词加以拒绝。当他与张俊到达楚州韩家军兵营后,由秦桧等人预先收买的淮东总领胡纺,诬告韩世忠的心腹将领耿著密谋叛变,让韩世忠重掌兵权,企图以此为据,逮捕韩世忠治罪。因岳飞事先已从秦桧那里知道了这一阴谋,惟恐韩世忠惨遭暗算,遂冒极大风险,致书告急。韩世忠得报后,紧急求见高宗,哭诉了一番,才算暂时作罢。

岳飞在韩世忠的问题上秉公直言,不但得罪了秦桧、张俊,也得罪了高宗。七月十六日,秦桧指使右谏议大夫万俟卨,首先上书发难:一是指责岳飞柘皋之战违诏不进,二是指责岳飞扬言楚州不可守,有意动摇军心。接着,御史中丞何铸、殿中侍御史罗汝楫也上书弹劾岳飞,请求高宗"速赐处分"。岳飞闻讯立即连上三奏,要求辞职。八月九日,高宗罢免了岳飞枢密副使之职,改任万寿观使的闲职。

岳飞虽已罢官闲居,但高宗、秦桧为了和议必置之于死地而后快。早在六月间,高宗、秦桧密谋派林大声为湖、广总领官,名义上是去鄂州主管岳家军的粮饷,实际上是秉承秦桧的意图,专事搜集岳飞的材料,网罗败类,企图使岳飞的部将们互相攻击,牵连岳飞父子。

张宪的前军副统制王俊,是个凶狠如雕、贪婪无义的小人。自从他编入岳家军后,曾因奸贪而受到张宪的惩处,一直怀恨在心。林大声觅到此人,如获至宝,经密谋,由王俊出面诬告张宪在岳飞罢官后,拟率大军去襄阳屯驻,逼迫朝廷归还岳飞兵权。

都统制王贵因在颍昌之战中有怯战行为,事后岳飞一定要下令将他处斩,因诸将纷纷求情,才得以宽恕。在此之前,王贵麾下的士兵,因偷拿了民众的苇席,被斩首示众，王贵也被责杖100。为此，王贵也成了秦桧等人收买的对象。起初，王贵执意不肯加害自己的主将，但后来秦桧、张俊以其家中的隐事相威胁，王贵无奈被迫就范。事后，王俊向王贵告发张宪，王贵明知是诬告，却把这份奏状转交了林大声。

张俊于镇江接到林大声转呈的诬告状，喜出望外，觉得荣升的时机已到，便借张宪由鄂州赴临安，途经镇江之机将其扣留，并且私设刑堂，用尽各种毒刑，要张宪承认收到过岳飞迫使朝廷归还兵权的亲笔信函。张宪被打得皮开血绽，宁死不肯诬认。张俊见逼供不成，便假造供词上奏高宗说：张宪供认，他曾收到过岳飞的亲笔信函，准备谋反。

就这样，岳飞及其子岳云也被牵连在内，并被捕入狱。高宗特设诏狱审理此案。负责审讯的是御史中丞何铸、大理卿周三畏。在审讯过程中，岳飞压抑住内心的怒火，沉着冷静地用一系列事实辩明冤曲，既言之有理，又持之有故。当何铸要他交待"谋反的罪行"时，岳飞一气之下撕开衣裳，袒露出背部的"尽忠报国"四个大字，深入肤理。何铸为此惊服，明其无辜，经与秦桧愤争之后，便辞官不居扬长而去。接着，秦桧又任命万俟卨任御史中丞，会同罗汝楫、周三畏继续审理此案。因岳飞与万俟卨旧有嫌隙，首次审问，万俟卨便借用岳飞在天竺寺题诗中的"寒门富贵在何时"的诗句诬陷其谋反。岳飞看到万俟卨一伙无一不是秦桧的党羽，遂长叹一声说："我现在才知道落入国贼秦桧之手。"后任凭狱卒百般辱骂拷打，他闭目以示抗议，再也一言不发。

在以后屡次的审讯中，尽管秦桧指使群奸，一意威逼，直到酷刑用尽，也仍然无济于事。于是万俟卨等煞费苦心，罗织了岳飞大量的"谋反罪行"：一曰岳飞与诸将议事时扬言："国家今天景况不好，官家又不修德"，显然是攻击当朝皇帝；二曰岳飞曾扬言："我三十二岁建节，自古少有"，显然是对大宋江山怀有野心；三曰："岳云曾致函给张宪，要他设法把岳飞弄回军中来"。并且不由岳飞申辩，声称立即要定罪结案。

朝野闻讯后，立即展开营救岳飞的活动，许多知名人士，包括宗室首领，纷纷上书，异口同声地陈述利害，担保岳飞无罪，要求宋廷立即予以释放。大将韩世忠置个人生死于度外，当面指问秦桧为何要杀害岳飞？秦桧吞吞吐吐地回答说："岳云致书张宪的事虽然还不清楚，但这事莫须有（也许有之意）。"韩世忠听了愤怒地说："'莫须有'三字，何以服天下。"秦桧当场被问得哑口无言。

绍兴十一年十一月，宋、金和议成。划定两国东自淮河中流，西至大散关为界。宋割让唐、邓二州及商、秦二州之半与金。宋向金称臣，岁贡为银、绢各25万两、匹。

寒冬岁末，岳飞的冤狱迟迟不决，高宗、秦桧为向金朝献媚，于十二月二十九日下诏："岳飞特赐死；张宪、岳云并依军法施行。"当天，大理寺执法官秉承高宗、秦桧的命令，最后审讯了岳飞。只见他蓬头赤脚，浑身血迹，载着沉重的锁铐走上堂来。执法官们二话不说，命他在供状上画押。岳飞知道自己生命的最后时刻已到，心怀至忠，无法申辩，于是便从容地拿起笔来，在供状上写下八个大字："天日昭昭，天日昭昭。"

接着，岳飞接过狱卒手中的毒酒，一饮而尽。张宪、岳云当即绑赴刑场斩首。就这样，岳飞这位为保卫和恢复宋朝江山，披肝沥胆，忠心耿耿的抗金英杰，竟惨遭高宗、秦桧杀害。终年仅38岁。

岳飞、岳云和张宪遇害后，他们的家属被分别流放到广南和福建，受尽了苦难。

消息传开后，全国民众无不为之垂涕哀悼。临安的市民更是悲痛不已，就连不懂事的孩子，也咒骂秦桧陷害忠良，妄杀无辜。江湖地区的民众，竟冒杀头之罪，置宋廷禁令于不顾，家家户户都张挂起岳飞的遗像，长年供奉，以示怀念。然而，在高宗、秦桧把持朝政的阴暗岁月里，朝野竟没有一人敢在公开场合为岳飞鸣冤叫屈。直到绍兴三十二年(1162 年)，高宗退位，孝宗继位后，为了抗击金海陵王(即完颜亮)亲率大军南进，鼓励将士抗金报国，始给岳飞平反昭雪，追复原官，依礼将其遗体改葬于栖霞岭下，并定岳飞的谥号为“武穆”。宁宗即位后，又追封为鄂王。从此，恢复了他应有的历史地位。他那坚决反抗民族压迫的爱国主义精神和坚贞不屈的民族气节，为中华民族树立了优秀的典范，并提供了宝贵的精神遗产。800 年来，西子湖畔古柏参天的岳飞墓园，受到后世炎黄子孙的凭吊和景仰；而高宗、秦桧等民族败类，却遗臭万年，永远遭到民众的唾骂。

纵观岳飞戎马一生，历战百余次，未尝一败，这固然与他善于治军，训练出一支纪律严明，坚不可摧的岳家军有关。但是从战略战术上说，与南宋初期其他大将相比，他的高明之处在于：一是重视民众的抗金力量，制定了“连结河朔”之谋，主张黄河南北的正规军与游击军相结合，实施反击，消灭金军，恢复中原失地，这在封建王朝时期是非常罕见的。二是在战略上坚决主张进攻。他认为只有通过进攻驱逐和消灭金军，才能使宋朝再振，国家安宁强盛。为此，他曾冒抗上之罪，上书批驳宋廷惯于分兵防守的消极战略方针，表明自己坚决主张反攻中原的意志，并曾四次突破宋廷的限制，率兵大举北伐，取得了辉煌战果。其次，在作战指导上，他善谋机变，虚虚实实，奇奇正正，不拘一法。提出集中优势兵力，相机歼敌的用兵原则。在众寡悬殊的情况下，他往往通过调动分散对方，造成于己有利的局面，在局部上形成优势，创造歼灭金军的有利条件。此外，在多年的战争实践中，他还创造了一套独特的战术，诸如“攻暇破坚”，避实击虚，声东击西，快速灵活，迂回包抄等等。实践证明，这些战法都是行之有效的。总之，岳飞不愧是南宋初期出类拔萃的将帅，在中国古代军事史上，占有一定的地位。

戚继光

天才少年

明朝嘉靖七年闰十月初一(1528 年 11 月 12 日)的黎明，山东省济宁州(今济宁市)东南 60 里的鲁桥镇一片宁静。从一座低矮的茅草屋中传出一阵婴儿坠地的啼哭声，迎来了黎明的曙光。这个屋子的主人，就是明朝京师神机营坐营将军戚景通。这个啼哭婴儿，就是后来名扬四海的戚继光。

戚继光的远祖是河南卫辉府(今汲县)人。元朝末年，中原大地战乱迭起，百姓流离失所，民不聊生，戚继光的 6 世祖戚详逃避战乱，来到安徽省定远县昌义乡定居。当时，天下乌鸦一般黑，江淮流域广大贫苦百姓同样受剥削、受压迫，他们不堪官府盘剥、豪强勒索，纷纷揭竿反抗。元至正十二年(1352 年)，和尚出身的朱元璋，率领起义队伍攻略定远。这时，戚详投入了朱元璋的起义队伍，当了一名小旗官，跟随朱元璋南征北战，立下了许多汗马功劳。朱元璋建立明王朝，当上开国皇帝后，为表彰开国功臣宿将，实行封功授爵。戚详因功被授予应天卫(今南京)百户官。洪武十四年(1381 年)，朱元璋命令开国大将傅友德率领马步 30 万大军征云南，戚详也奉命随征，不幸阵亡。明朝根据戚详的战功，封他的儿子戚斌为“明威将军”，世袭登州卫指挥佥事。从此，戚氏迁居登州(今山东蓬莱)，世袭为官。

戚继光的曾祖父戚谏喜得双子。长子叫戚宣，次子叫戚宁。可惜，戚宣无子，戚宁也只有一子，名叫戚景通。可怜的戚景通，年仅 6 岁丧父，母亲阎氏抚育着孤儿，生活无依无靠，戚宣看到弟媳和侄儿相依为命，于心不忍，打算把他们接到自家生活，好有个照应。当然，戚宣考虑更深一层的是自己无子，怕将来戚氏后继无人，于是，便和阎氏相商，收戚景通为养子。阎氏觉得戚宣考虑在理，就愉快地答应了。戚宣死后，戚景通就承袭了伯父的官职，当上了登州卫的指挥佥事。由于戚景通做官清廉，为将有才，屡迁官职，升任大宁都指挥使，充任神机营坐营官。这个戚景通就是戚继光的父亲。

戚继光降临人世间，戚景通已经是两鬓斑白，年高 56 岁了。暮年得子，将门有后，是戚景通一生中的最大喜事，鲁桥镇的人们得知戚将军喜得贵子，也纷纷前来道喜。戚景通满面笑颜，拱起双手，频频作揖，感谢宾客。

一位长者问：“戚将军，今日天气特好，一团旭日红似火，万里无云见碧天，这是吉祥大喜之日子，将军准备给贵子起何雅名?”众宾客附和说：“是啊，这样的天气，象征着将军的公子前程似锦啊。”戚景通略停片刻，笑哈哈地说：“那就叫继光吧。希望他继承光明，继承祖辈光业。"贺喜众宾异口同声："好名！好名！"

戚继光出生于数代为将的家庭，按照封建社会的伦理道德，当官的多是高楼深院，家财万贯，过着花天酒地的生活。而戚继光的祖辈却世代清贫，为官正直，从不贪心。戚景通为官数十年，靠俸禄养家糊口，被朝廷授予"孝廉将军"。戚继光就是在父亲"忠孝节俭"思想的熏陶下茁壮成长的。

戚继光 10 岁时生母去世。年幼丧母，人生的道路磨砺使他比一般的孩子成熟得更早些，懂事更多些。

官贵民贱的等级观念，在封建社会是根深蒂固的。戚氏世代为将，处处受人恭敬，在戚继光幼小的心灵上也打下了深深的烙印，甚至自恃父辈豪贵，图虚荣，求华贵。

在戚继光的童年时代发生过两件事，使他终生难忘。一件事是安装雕花门户。那是嘉靖十八年（1539 年）的事，年已 67 岁的戚景通，因病告老在家，祖居的房屋年久失修，凋敝不堪，冬不御寒，夏不遮雨，戚景通找来工匠修缮一下。工匠们根据戚景通的嘱咐，将漏雨透风处整修一下，并准备在两楹间安装四扇雕花门户，增加屋内亮度。12 岁的戚继光看着工匠们心灵手巧地雕刻好的 4 扇门户，赞叹不已，不解地问道："我家怎么只安 4 扇门户呢？"工匠们听了此话，觉得戚公子有怪罪之意，连忙解释道："这是戚大将军的意思，小人只能从命。"又说："戚公子，你家是将门，祖祖辈辈都是朝廷栋梁，论功劳，论官附，就是安 12 扇门户也不为过。那样气魄可大呢。"戚继光听了工匠们一说，高兴得连连拍手，"那太好了！"工匠们又说："戚公子，要安 12 扇门户，需经戚大将军批准才行。"戚继光不假思索地说："那好办。"扭头就跑向后院，去找戚景通。

正在后院伏案著兵书的戚景通，从来没见过戚继光这么高兴，以为一定有好事相告，便笑盈盈地问道："光儿，有何喜事，使你如此快乐？"戚继光平时深感父亲十分威严，从不轻易流露笑颜，今日也不知父亲有何开心事，满面春风，竟一失往日拘谨心态，破口责问："我家是将门，为何不安 12 扇门户？"

戚景通听罢此话，脸色变得严肃起来。他未曾想到戚继光小小的年纪竟然追求荣华富贵，攀比豪门世家，这对清廉为将的戚景通是莫大的打击，也给对戚继光寄予厚望的戚景通敲响了警钟。他深感得子不易，教子更难。

戚景通深深地叹了一口气，语重心长地对戚继光说："光儿，我家自 6 世祖起，世代为官，只图忠孝国家，不图自家荣华，因此得到朝廷器重，百姓爱戴。如果追求虚荣，讲究排场，就会受到父老乡亲们的唾骂。我家祖祖辈辈为国家建功立业，为百姓除害安良，为官洁身自好的美德，要一代一代地传下去啊！"戚继光低着头，流着泪，默默地记住父亲的教诲，决心继承父辈优良品质，做一个受百姓拥戴的人。

另一件事是一双丝鞋。嘉靖十九年（1540 年），戚继光 13 岁了，家里给他订婚。外祖父家看着戚继光自幼丧母，家境不富，经常是衣衫褴褛，脚丫外露，趁他订婚时送一双丝鞋。戚继光平生从来没有穿过这么漂亮的鞋子，心里美滋滋的。但是，他想到父亲的教诲，一直未穿。

有一天，戚继光的嫡母拿着那双丝鞋让他穿，戚继光怎么也不肯。嫡母说："再不穿就小了。"戚继光觉得嫡母说得在理，就穿了。那知刚一出门，就被戚景通发现了，遭到一顿斥责，戚继光委屈地哭了。嫡母赶紧出来说明情况，戚景通还是不让穿，再一次教育戚继光说："从小爱面子，图虚荣，长大就会养成骄奢的恶习，甚至争功诿过。"

戚继光这棵幼苗，在戚景通的严格要求和培养下，正在健康茁壮地成长。

戚景通不仅教育戚继光树立优秀品德，还经常教诲戚继光要刻苦读书，勤奋练武，长大成为文武双全的国家栋梁。

戚继光童年时代，就喜欢做军事游戏，仿照成人的样子演习打仗。他按照戏台上武将扬鞭策马的姿势，勒马挥刀，调兵遣将，演练战阵，有条不紊。

在戚景通病退还乡后，戚继光再也不玩那些舞台上的一类游戏了，而是一心跟着父亲读书、写字、练武。他经常是天不亮就起床舞剑，冬练三九，夏练三伏。十几岁时，剑术就相当出众，传闻远近。晚间挑灯夜读，入神入迷。有一次，戚景通问戚继光："你的志向何在？"戚继光慷慨答道："从小志在读书，长大报效国家。"戚景通满意地点着头，夸奖说："有志气。不过，读书贵在弄懂中孝节廉，效国务必文武双全。"并将"忠孝节廉"、"文武双全"8个字书成条幅，贴在墙上，作为激励戚继光奋发读书，刻苦练武的动力。在当时的社会上，贿赂风行，廉耻丧尽，整个社会风气腐败不堪。戚景通出污泥而不染，教育儿子忠于国家，孝顺父母，讲究气节，为官清廉，文通经史，武懂韬略，杀敌效国，确实难能可贵。特别是年近古稀，还关心国事，志在边疆，苦心研究备边方略，对戚继光起了潜移默化的影响。

3年过去了，戚继光不仅博览了四书五经，还阅读《武经七书》和古代名将传略，从中吸取丰富的营养，增长了知识，开阔了视野。年迈的戚景通望着儿子学业如此长进，内心十分欣慰，有一次竟然梦中笑道："我有财富了！"夫人张氏连忙推醒戚景通，问道："将军，刚才您说有了财富，是说梦话吧？"戚景通回答："不是梦话而是实话。"夫人不解其意。戚景通解释说："别人视家产为财富，我把光儿当财富。光儿勤奋好学，我戚家后继有人，这不是最大财富吗？"夫人称赞丈夫言之有理。

军旅之星

嘉靖二十三年(1544年)的夏天，身缠重病的戚景通卧床不起。他躺在病榻上反复思考着，自己已经风烛残年，再也不可能重上疆场效国为民了，情不自禁地考虑起后事。他想得最多的还是趁自己活着，处理好儿子的袭职问题，使戚氏将门后继有人。

一天，天刚亮，戚继光和往常一样起床舞剑。在剑兴正浓时，戚景通出现在眼前。戚继光连忙收剑，毕恭毕敬地向父亲请早安，请父亲赐教剑艺。

久病不愈的戚景通，大概是回光反照的缘故，近日精神特别好，心情舒畅，谈吐侃侃，一把接过戚继光手中的宝剑，"唰、唰、唰"地舞起来，戚继光看得入神。戚景通说："光儿，舞剑要外柔内刚，柔能制刚。柔中无刚，虚图人前美，是要误事的。"

聪明过人的戚继光一听父亲的话音，双手接过宝剑，按父亲的样子"唰、唰、唰"地挥剑如梭,刚柔并济。戚景通频频点头连声夸奖:“好剑法。”

稍停片刻,戚景通说:“光儿,我有一事想了很久,今天要与你相商。”

戚继光答道:“请父亲吩咐,孩儿遵命。”

戚景通盘坐地上,额上渗出黄豆大的汗珠,一字一句地说:“我已年过古稀,身体有病,恐怕不能再上疆场了。你 17 岁了,应该替父效国。这几年,你勤奋好学,懂得不少经史兵法,剑术又好,可以领兵杀敌。我想让你马上去京师(今北京)办理袭职手续,从戎为国。这样,戚氏后继有人,我可长眠于九泉之下了。”

戚继光听了父亲一席话,泪如泉涌,悲欢交织。想到年迈有疾的父亲,应该守候身旁,孝顺百年;想到实现报国宏愿,恨不得插上双翅,马上承袭父职,勇战疆场。自古英雄忠孝难能两全。戚继光遵父命,决定明天奔赴京城。

第二天,盛夏的早晨,初升的太阳红得像一团火,微风不起,空气闷热,戚景通一反常态,特地穿上戎装,送子登程。临别时他拉着戚继光的手,颤抖地说:“光儿,袭职后一定要像岳飞、文天祥、于谦那样,精忠报国,成为千古英雄,一定要像父祖那样,廉正为人,传世子孙。”

戚继光凝视着父亲戎装威仪,听着父亲的恳切叮咛,思绪万千,满口表示:“请父亲多保重,孩儿一定继承父辈光业,与千古豪杰争品色。”

戚景通目送戚继光很远很远,直至不见人影,才含泪而返。

戚继光经长途跋涉,终于来到了京师。京师,是皇帝和朝廷文武大臣操办国事的地方,到处岗哨林立,森严逼人。初来京城的戚继光也免不了到处碰壁。经过多方周折,终于找到了办理袭职的衙门——兵部。

值班官员从上到下打量着身材矮小,体质瘦弱,两眼炯炯有神的戚继光,半晌不说话。戚继光也目不转睛地注视着那位官员。双方互视半晌,还是戚继光先问话:“大官人,卑人是来办理袭职手续的。”涉世不深的戚继光哪里知道,在“衙门八字开,有理无钱莫进来”的封建社会里,特别是衰落的明朝,贿赂成风,要办一件事,尤其是袭职这样的喜事,两手空空可难啊。那位官员斜着眼,阴阳怪气地说:“拿什么办啊?”戚继光急忙递上明太祖朱元璋亲自授予他 5 世祖戚斌世袭登州卫指挥佥事的诏令,并申述父将——京师神机营坐营官戚景通因年高有疾,请求孩儿早日袭职。“放这里等着,过一旬再取。”心急如焚的戚继光不要说等一旬,就是等一日也难熬。恳恳央求道:“大官人,现在就给我办吧,明日好回程,尽快赴任,杀敌效国啊。”那位官员竟然不答话。戚继光无可奈何,愤愤离去。已过 10 日,戚继光怀着忐忑不安的心情,再次来到兵部。刚好又碰上那位值班官员。戚继光主动介绍:“大官人,我叫戚继光,遵大官人指令,今日来取袭职命令的。”那位官员一看,戚继光还是双手空空而来,便回答:“未办好,再等一旬。”第三次,戚继光还是分文未花,两袖清风朝天去。这位官员自认倒霉,碰上了“不识时务者”,只好给他办理了手续。望着离去的戚继光背影,深有感叹地说:“真是有其父必有其子啊,像戚景通一样的脾性。”从此,戚继光便成了登州卫的指挥佥事。手捧任职令,戚继光心中激动不已,想到自己已是一位统军征战的将领,想到自己将来横槊疆场,杀敌立功,实现报国为民的宏愿,有说不出的喜悦。

金秋十月,戚继光回到登州,仰望蔚蓝的天空,转视波涛汹涌的大海,思虑着将要守卫这里的一山一水，一草一木，任务艰巨，职责神圣。

正当戚继光思绪入神时，弟弟、妹妹远远迎来，放声痛哭，告诉哥哥，父亲已瞑目长逝了，临终还用微弱的声音嘱咐哥哥做一个正直的人。戚继光听到噩耗，如晴天霹雳，失声痛哭。他多么希望继续得到父亲的教诲啊！

戚景通的去世，给戚继光的生活带来了更大的困难。据史书记载，他家中一贫如洗，惟留一把川扇。长子为父，他已成为一家之主了。上侍年老多病的嫡母，下料年幼无知的弟妹。拮据的生活、繁重的家务压得他喘不过气来。戚继光为了集中精力处理军务，第二年便结婚了。妻子姓王，是将门之女，为人尚贤慧，上侍婆婆，下料姑叔，家务处理得井井有条。戚继光解除了家务之忧，一心扑在戎务上。

戚继光初入戎途，就显露出非凡的才干，得到了上司的赏识。

嘉靖二十五年(1546 年)，上司指派戚继光负责管理登州卫的屯田事务。在明朝，军队屯田已成惯例。朱元璋立国之初，就在全国实行卫所制和军屯制。规定每卫编官兵 5600 人，并且规定了卫所士兵军屯比例(内地卫所 2 分守城，8 分军屯；沿海和边防卫所 3 分守城，7 分屯田)以解决军队粮饷，减轻国家负担。登州卫属于海防卫所，自然用 7 分兵力屯田。这样的重任交给戚继光，当然是对他的信赖和锻炼，也是他崭露头角的良机。

此时，军队风气和全国一样浑浊。将领克扣军饷，中饱私囊，私役士兵风气盛行。士卒消极怠工，纪律涣散。一些下级军官上行下效，敲诈勒索，横行不法。屯田军官管钱管物，更是贪得无厌。

戚继光对此深恶痛绝。上任后即约法三章，一治贪，二治散，三治懒。

打铁先得自身硬。戚继光坚信这是真理。他牢记父亲的教诲，为官清廉，为人正直。戚景通生前讲述的两件事，戚继光一直记在心中，作为行动的楷模。一件是正德十五年(1520 年)的事。当时戚景通因为官清廉，由登州卫指挥佥事升任江南运粮把总。这是个有职有权的官位。一些贪赃枉法的军官垂涎欲滴，企图贿赂新上任的戚景通，从中捞取好处。一次，戚景通从江南押运粮饷北上。途中，一个部属军官手拿一个小包包，笑眯眯地跑到戚景通身边，花言巧语地说："把总大人，听说您清廉为官，家境贫寒，下官略表心意，请您笑纳。"说着便将裹着十两银子的小包塞给戚景通，戚景通严厉斥责了他。因为这个军官是受上司差使的，没有完成任务，不得不如实地向他的上司禀报情况。戚景通正直为官，反遭诬陷，受到降职处罚，仍任登州卫指挥佥事，但戚景通毫不后悔。另一件事是戚景通任大宁都指挥使时发生的。他的衙门里缺少一位佥书，有个卫指挥企求此职，送上银两，请求关照。戚景通拒绝了，选拔了一位叫安荣的下级军官充任。安荣得知此事，送上银两略表心意。戚景通大怒，说："我荐拔你为佥书，是看你为人正派，想不到你却送银两贿赂我，看来是我认错人了。"安荣满面羞惭，收回银子。戚景通一身正气，从不贪心的高大形象，一直鼓舞着戚继光堂堂正正地做人，清清白白地为官。

戚继光为官清廉，在登州卫是出名的。每月领取俸禄，从不多取一分钱、多拿一粒粮。好心的部属给他多分一些，被婉言谢绝；心术不正之人，钻空子悄悄地送到他家，也被一一退回。戚继光洁身自好，赢得了广大官兵的敬重。当然，他惩治贪官，触动了一些人的利益，也遭到一些人的谗言和恫吓。对此，他泰然处之。戚继光走马上任三把火，第一把火是惩治贪官，形势很好，大大地鼓舞了戚继光。接着他就着手整顿松散现象。

明军纪律普遍松散。从事军屯的士卒更是纪律涣散，上工三五成群，下工勾肩搭背，军不像军，民不像民，管理混乱，挥霍浪费，账目不清，化公为私，处处可见。戚继光下大力整治，严格规章制度，明确官兵职责，统一纪律，违令者严加处罚。在戚继光的严厉惩治下，将士自觉地克服不良现象，处处注意按章办事，有令则行，无令则止，使登州卫军屯面貌为之一新。

戚继光在整治军屯中，表现出敢于严格管理部队的良好素质，为尔后率军征战大显身手奠定了基础。

一心思虑着报效国家的戚继光，在军旅中已经生活了4个春秋，总希望能够驰骋战场，杀敌立功，干一番惊天动地的大事业。

这一天终于到了。嘉靖二十七年(1548年)春，戚继光接到命令，让他率领山东6府卫所军戍守蓟州(今天津蓟县)，保卫京城。

明朝的国防一开始就面临南北两个方向的威胁。南面是外侮倭寇，北面是内患蒙古贵族。在北方，明朝为防止蒙古骑兵的南攻，除了加强北部边防，驻扎重兵戍守外，还根据季节特点和蒙古骑兵南下骚扰的规律，规定每年春天至秋天，抽调河南、山东等地的卫所士卒前往蓟州戍守。今年，这个重任落到戚继光的头上，当然被他视为建功立业的良机。

戚继光深知，军人的价值是血染疆场，杀敌立功。第一次奉命统军出征的年轻将领戚继光想得就更多。他连续几夜都没有很好地合眼。明王朝建立后，被推翻的元朝残余势力虽然败退漠北，但他们的后裔“灭明复元”之心不死，特别是鞑靼部首领俺答汗拥有十几万精骑，不断南下骚扰，严重威胁明朝北部的安宁。戚继光深知，抵御蒙古骑兵，需要以智取胜。然山东卫所军，纪律松懈，训练无素，号令不明，需要严格整顿。戚继光为将年轻，虽读过一些兵书，家父戍守北边，传授过御敌方略，但真正亲临战阵，还是头回，需要精心筹划；家中上有老母，下有妻室，离家出征，需要妥善料理。

出征前，戚继光帮助老母安排好百年后事，为弟弟戚继美娶了妻子。一切料理妥当，21岁的戚继光，满腔热血踏上征程。

途中，戚继光指挥部队边开进，边整顿军纪，训练士卒，统一号令，保证部队行进时不欺压百姓，不践踏庄稼，不调戏妇女。这支部队在戚继光的统束下，纪律严明，秩序井然，受到沿途百姓的拥戴。

驻防期间，戚继光深入蓟州的每一块土地，勘察地形，侦察敌情，了解我情，深感蓟州与京都唇齿相依，但缺少精兵，一旦有战事，难于应付。保卫疆土，屏障国家，是军人应尽的责任。想到这里，他奋笔疾书，将自己思考的御边方略写成《备俺答策》上秦朝廷。

兵部官员阅其奏疏，深感惊讶，觉得戚继光是一位精通兵法韬略、有胆有识的奇才，便速呈当政首辅严嵩。由于戚继光的建策与当政权臣粉饰太平相抵牾，未被采纳。但却显露了一位年轻将领的锋芒。同时,这一挫折,也促使他更加发愤学习,以精深的兵法哲理来折服当朝权臣。

戚继光结识了一位老先生,名叫梁伟,文赋颇深,为人厚道。梁伟看到戚继光当上将领后,仍然一如既往,孜孜不倦苦读兵书,深受感动,不顾年迈有疾,经常利用夜晚去他家,悉心指导其学习,使戚继光的知识更加渊博,上懂天文,下知地理,文韬武略,刀枪剑戟,无不出众。22 岁那年,戚继光参加山东乡试,考武举,以通晓兵法策略,武艺高强,一举考中。第二年,即嘉靖二十九年(1550 年),戚继光赴北京参加会试,赶考进士。

就在这时,俺答又统率十几万蒙古精骑攻掠长城沿线的古北口、密云、顺义、通州,威逼京师。明廷紧急征调大同、河南、山东等地兵马火速入援,并令参加会试的武举投入战斗。

戚继光从戎 6 年,还未亲临疆场与蒙古骑兵直接交战,今日有幸,当效死命。不过,他不是那种匹夫之勇。凭他几次戍守蓟州的经验,深感击败俺答,要靠智谋制胜。为此,他向朝廷再次上呈守御方略,力主面对强兵不能示弱,反对消积防守,主张积极抵抗,并针对各地援军广集,提出集中统一指挥,明确分工协同,抓紧训练士卒,严格部队纪律等十几项应急措施,得到了兵部官员的赞同,并将他的建策转发京师各部队,供将士学习参考。戚继光由于韬略在胸,守御有方,担任传令总旗牌,督防京城九门。不久,迫使俺答撤退漠北。

此战,虽然时间不长,但在明朝历史上影响很大,史称"庚戌之变"。这是蒙古贵族继正统十四年(1449 年)"土木之变"后第二次严重威胁明王朝的安全。

戚继光在"庚戌之变"中的突出表现,在兵部、在京师、在山东的一些高级军官中产生了深刻的印象。一位年轻有为、谋勇兼备的统军将领正在为众人所注目。

就这样,戚继光连续 5 年往返蓟州、山东间,春去秋归。紧张的军事生涯,使戚继光增添了宝贵的军事阅历,熟悉了边关形势,激励了守卫疆土的责任感。

戎马倥偬的戚继光,牢记武臣的职责,横戈立马常备不懈。他在往返戍守蓟州的行军途中,看到祖国的壮丽河山,诗兴大发,激动地写道:"南北驱驰报主情,江花边月笑平生;一年三百六十日,多是横戈马上行。"生动地描述了戚继光戎马征程,艰苦备边的感人情景。"每经霜露候,报国眼常明。"充分反映了戚继光热爱国土,保民安居,不辞辛劳,日日夜夜守卫国防线上的警惕情景。这些充满激情的诗章,也表达了年轻将领戚继光的宏伟抱负。戚继光正像一柄锋利的宝剑,拔出剑鞘,露出闪闪发光的锋芒,进入新的战场。

嘉靖三十二年(1553 年)夏,明廷下令,提拔戚继光担任山东都指挥佥事,统领山东沿海 3 营 25 卫所将士,担负着山东沿海的防倭任务。从此,戚继光由戍守蓟州重镇,抵御蒙古精骑,转移到守卫海防、抵御倭寇入侵的抗倭战场,开始实现他"封侯非我意,但愿海波平"的宏愿。

倭寇,就是日本的侵略者。14 世纪,日本国长期内战,一些失败的武士和浪人,与不法海商、破产流民相勾结,组成海盗集团,窜犯中国沿海,抢夺财物,掳掠人口。开始是小股入侵,后来规模越来越大,地域越来越广,从辽东到山东,从江苏到浙江,从福建到广东，万里海疆皆遭蹂躏。它们为害中国沿海长达200年，成为明朝历史上的严重外患。特别是嘉靖年间(1522～1566年)，倭寇更加猖獗，烧杀掳掠，无恶不作，沿海人民惨遭祸殃。这伙强盗杀人不眨眼，连婴儿孕妇也不放过。它们捉住婴儿，剖其心腹，饮酒作乐。还将婴儿捆绑在竹竿上，用沸腾的开水浇汤，听其惨啼，拍手作笑。更有甚者，将孕妇抓住，猜其所孕是男是女，然后剖腹，以验输赢。倭寇的暴行，令人发指。

戚继光就是在倭寇日益猖獗之时，走向山东备倭战场的。

山东沿海，幅员辽阔，海岸线长达数千里，沿海暗礁、岛屿星罗棋布。防守如此辽阔的海疆，对于年仅26岁的戚继光来讲，犹如肩挑千斤重担，任务确实艰巨。戚继光深感这是朝廷的重托，百姓的厚望，便从容赴任了。

千头万绪，从何开始？戚继光全面分析了山东的海防形势和倭寇的活动规律，深感存在3个问题：一是卫所士卒严重缺额，所剩皆老弱残疾；二是部队训练无素，纪律松弛；三是将无专权，号令不严，战守无备。而倭寇活动规律和作战特点，明显受到季节和地形的影响。因此，戚继光很快就抓住了问题的症结，整顿军纪，刷新卫所，训练士卒，提高战斗力。

一天，戚继光单骑去即墨营视察。当时部队正在操练，戚继光勒马观望，发现士兵训练松松垮垮，军官施教马马虎虎。戚继光抓住时机，集合部队，严格整顿纪律，严格训练部队。他站到将台上，发出宏钟般的声音："官兵们，当兵是干什么的？是杀贼保民的！"话音刚落，操场上发出叽叽喳喳、乱哄哄的声音。一位袒胸露怀、行为放肆的军官竟蔑视戚继光，说："真新鲜！谁还不知道，当兵是找饭吃的。"

戚继光见这个低级军官，竟然如此放肆，怒从胸中起。当即宣布撤其官职，以军法严惩。操场上顿时鸦雀无声。众将士未想到这位貌不惊人的年轻长官竟如此严厉，肃然起敬。他继续训话："军纪，像钢缆，可以束战舰，更可束人心。没有纪律，不能打仗，没有本领，被人打……"戚继光的话语像钢刀，刺人猛醒；像利剑，催人奋进。从此，即墨营面貌一新。

智高一筹的戚继光，杀一儆百，威震各营。登州、文登营的将士闻风而动，操场上杀声阵阵，刀光闪闪，行进队伍衣冠严整，威武雄壮，官兵关系亲同手足，和睦相处。戚继光看到这一幕幕的情景，欣慰地笑着说："不炼不成钢啊！"

对于积弊甚深的沿海士卒，企求一次整顿即达目的是幼稚的。不久，戚继光再去即墨营，督导将士训练。部队龙腾虎跃，官兵彬彬有礼。遇见戚将军纷纷施军礼而过。恰巧，他的一位远房舅舅，自恃长辈，不肯屈尊，在士兵面前口出狂言，轻蔑戚继光。不少士卒议论说："戚将军对我们敢如此严厉，对他舅舅恐怕不敢处罚了。"事情出乎人们的意料。戚继光当即传令，给见长官不施军礼的舅舅责打20军棍。士卒听令反响不一。有的说戚将军小题大作；有的说他不顾伦理，无情无义；也有的说他要威风；更多的是称赞声："佩服！""有这样的将军，不愁整不好部队！"戚继光也针对此事发表演说："将士们，戚某一贯主张，赏罚是军中要柄。该赏则赏，该罚则罚。该赏，就是不共戴天的仇敌也要赏；该罚，就是亲生父母也得罚。赏不分亲疏，罚不分贵贱……"将士们听了戚将军的讲演，精神一振，人人争赏戒罚。一些不法军官看到戚继光这样威严，大都乖乖地改邪归正，再也不敢胡作非为。当然，戚继光不是冷血动物。他是人，他是热爱部属，关心士兵的军官，更是充满封建伦理道德的男子汉。在封建社会，晚辈惩罚长辈，天理不容。戚继光深通经史，自知此理。当晚，跑到舅舅那里，下跪求恕。动情地开导舅舅："我们舅甥俩都是军中将校，肩负领兵作战重任。现在国土惨遭倭寇蹂躏，我心急如焚。您作为长辈要体谅外甥整军效国之心。如果不处罚您，难服众人之心，万望舅舅宽恕。"他的舅舅被戚继光的炽热爱国激情所感动，热泪纵横，严于自责，说："孩儿，你想得在理，做得服众，错在舅舅不该难为你。"后来，这件事在军中传为美谈。

部队算镇住了。戚继光又开始第二个目标，刷新卫所。当时，戚继光统领的登州、文登、即墨3营共辖11个卫和14个千户所，按编制每卫5600人，千户所1120人。按这样的编制员额计算，戚继光统领的部队应有七八万人，但实际上远远没有这个数字，有的卫只有几百人、上千人，而且多数为老弱病残者，军伍不振，战守无方；海防设施，年久失修，凋敝不堪；武器装备残缺不全，卫所战船严重缺额。这样的局面，怎能抵挡得住凶恶的倭寇呢？怎能守得住几千里的海防呢？

戚继光是个勇于开拓，善于创新，有所作为的军事将领，采取上下结合的办法整治海防。他亲自向朝廷、向上司建策，请求补充兵员。亲自率领卫所官兵整修海防设施，构筑海防工事，修补、督造战船，改进武器装备。在短短几个月的时间内，卫所面貌发生了变化。兵员基本满额，装备基本齐全，沿海工事有所改善。这对长期松垮、兵无节制、号令不严的山东沿海官兵是个巨大鼓舞。戚继光利用这个有利时机，经常深入卫所，督导训练。戚继光的大本营设在登州水城（位于今蓬莱阁），后因备倭立帅府于此，又称"备倭城"。

在训练山东备倭将士时，戚继光花费很多心血整修水城，使水城外有水门、防波堤、平浪台、码头、灯楼，内有城墙、敌台（炮楼）、水闸、护城河，构成一个严密的海上军事防御体系，成为当时驻扎水师，停泊舰船，操练水师，出哨巡逻的军事基地。戚继光把这个基地，作为训练中心，数年间培养了大批水师骨干。

400年后的今天，备倭城仍然气势磅礴，巍巍壮观。

戚继光在山东沿海备倭2年，将一个海防废弛，卫所凋敝的营伍，整顿成为军纪严明，训练有素，战守有方，官兵团结的坚固海防。倭寇望而生畏，不敢窜犯，足证一位良将的卓越军事才华。

在成绩面前，戚继光并不满足，更没有放松对倭寇的警惕。他深知自己所走过的路程，只是报效国家，建功立业的起点，应该更加奋发，为消灭倭寇，血洒疆场建大功、立大勋。一次，他在视察文登营时，远眺广阔无边的海洋，遥望3000里外的扶桑（旧时指日本），写下了著名诗句"遥知夷岛浮天际，未敢忘危负年华"，表达了他对倭寇常备不懈的警惕心境。

中华名人大传

主编　于立文

第二卷

在人类社会发展的历史长河中，古今中外产生过无数的名人。这些名人既有站在时代的风口浪尖上奋力拼搏，以其深邃的思想睿智推动世界文明进步，造福于人类的正面人物。也有保守泥古，枭凶歹毒，为人类社会不耻，阻碍社会发展的反面人物。……

辽海出版社

抗倭名将

戚继光在山东沿海备倭期间，军纪严明，海防巩固，但他内心却难以平静。因为此时江浙一带倭患日益严重。特别是浙江沿海，经济发达，物资丰富，倭寇更加猖獗。仅从嘉靖三十一年至三十四年期间，江浙军民惨遭倭寇杀害的竟有数十万人。戚继光听说这件事，怒火心中燃，恨不得立即奔赴浙江抗倭前线，亲自领兵冲锋陷阵，严惩暴贼，拯救人民，为中华民族雪耻。他曾经考虑过上书朝廷，请求调赴浙江抗倭战场。

戚继光日夜盼望驰骋抗倭战场，杀敌报国的时刻终于到了。嘉靖三十四年(1555年)秋，朝廷鉴于浙江倭患愈演愈烈，为加强浙江的抗倭力量，选调优秀将领入浙抗倭。戚继光就是在这样的特定条件下，接到朝廷下达的诏令，调他到浙江指挥抗倭作战。戚继光热血沸腾，准备大战一场，为国建功立业。

这年深秋的一个早晨，海涛怒吼，戚继光离家赴任了，弟弟戚继美为他送行。

戚继美比戚继光小6岁，个头却比戚继光高得多，身体魁梧得多，他对戚继光的南行十分担忧。戚继光是个精明人，看出弟弟忧心忡忡，安慰他不要担心，哥哥会在疆场上与英雄争品色，干出一番名留千古的事业来。戚继美对此毫不怀疑，他忧的是浙江倭寇严重，根子在官员，生怕戚继光在人际关系的旋涡中，遭诬陷，受打击。戚继美早就听说，嘉靖二十六年(1547年)，朝廷任命抗倭将领朱纨为浙江巡抚兼提督福建军务。朱纨是个有勇有谋的官员，上任后采取强硬措施，禁止商船下海，严立保甲制度，搜捕、严惩勾结倭寇的内奸，用武力捣毁倭巢，大大地鼓舞了浙江人民的抗倭斗争。但是，因为朱纨触动了大官僚、大豪商私通倭寇获取厚利，遭到诬陷，革职入狱，忧愤而死。嘉靖三十三年(1554年)，朝廷以东南沿海倭寇猖獗，特任命南京兵部尚书张经总督江南、江北、浙江、山东、福建、湖广诸军，共剿倭寇。张经是朝廷重臣，久经沙场，战功赫赫。他赴任后，重用抗倭名将俞大猷、汤克宽和卢镗等，从两广、四川等地调集数十万精兵，用武力围剿倭寇，接连取得大胜，尤其是嘉靖三十四年五月的王江泾之捷，水陆并用，一举歼灭倭寇1980人，创造了东南抗倭"战功第一"的辉煌胜利。然而，却遭到首辅严嵩派往浙江督战的工部侍郎赵文华的诬害，和浙江巡抚李天宠一道惨遭处死。这些惊人的可怕情景在戚继美脑海中闪念。他们都是朝廷重臣，战功卓越，竟惨遭奸贼小人暗算，那些威名未著的年轻将领，岂不视同一棵小草，任人草菅吗？想到这里，不寒而栗。戚继美考虑再三，还是把这些想法告诉了戚继光，提醒他谨慎行事。

戚继光听了，没有马上回答，沉思片刻，拉着弟弟的手深情地说："我们戚家在此定居6世了，祖辈对国家海防大业做出了贡献，父将临终前反复叮嘱要血染疆场，报效国家。如今，国家遭难，生灵涂炭，我应为国效力。今日有幸奉命出征，平息倭乱，正是祖辈的期望，也是我多年的夙愿。生死祸福，我早已置之度外！"他勉励弟弟在家好好读书习武，练好杀敌本领，准备奔赴战场。说罢，策马而去。

沿途，戚继光耳闻目睹美丽富饶的江浙河山遭倭寇践踏，庐舍被焚，废墟成片，死尸满野，寒鸦哀鸣，到处是一片凄凉的景象。他目睹惨景，义愤填膺。为早日报仇雪恨，拯救百姓，恨不得战马添翼，飞往杭州。

戚继光来到浙江都司后，担任佥书，管理屯田事务。戚继光捏紧拳头，猛敲脑袋，发出深深的长叹——"唉"。原来以为到了浙江就可以与敌血刃，痛歼倭寇，建立战功了，未想到还是司理屯田，感到英雄无用武之地。不过，戚继光是个很善于显露才华的人，很快在屯田任上显示出他的卓越才能。他办事干练，兴利除弊，博得了同僚们的喝彩。平时，他与同僚们畅谈时局，以渊博的兵法知识，丰富的治军经验，炽热的爱国激情和对抗倭的深刻见解，使同僚们对他敬佩得五体投地，甚至为之倾到。浙江总督胡宗宪闻讯，传令召见，倾听高论。

次年春天的一个上午，戚继光来到总督胡宗宪的府上。胡宗宪，安徽绩溪人。此人多权术，喜功名，善于结交宾客。出任浙江巡按时，严嵩义子赵文华督军浙江，总督张经、巡抚李天宠不肯攀附，惟独胡宗宪依附之，赵文华大悦，竭力诬陷张经、李天宠，荐拔胡宗宪总督浙江，自此，胡宗宪官运亨通。后来，胡宗宪职高位崇，直接巴结严嵩，献媚嘉靖皇帝，屡迁官职，成为明朝兵部尚书，威权震东南。这次，胡宗宪召见戚继光，是试探他的才能，物色干将，因此，满脸堆笑地接待了他，单刀直入地听取戚继光的抗倭建策。足智多谋的戚继光谈吐慷慨，高屋建瓴地提出 3 点：第一，以防为主，防战并用；第二，集中兵力，每战务歼；第三，发动民众，重用名将。"讲得好，实在是高论。"胡宗宪频频点头，连声称赞。不难看出，短暂的会见，胡宗宪被戚继光的聪明才智、举止谈吐所折服。

在史家笔下，胡宗宪是个奸滑之人。不过，他身为浙江总督，不能久无政绩，为了升迁更高的官职，需要一批能征善战的将领为他撑门面，创政绩。像戚继光这样名闻遐迩的将领，当然要提拔重用。嘉靖三十五年（1556 年）秋，经胡宗宪推荐，戚继光升任浙江参将，镇守宁波、绍兴、台州（今临海）3 府。从此，才真正揭开了戚继光指挥抗倭作战的序幕。

戚继光刚上任没几天，就接到警报，有一股倭寇 800 多人正向宁波以北的龙山所逼进，并命令他速率 3000 人马，火速增援。

龙山所，是观海卫的一个千户所，北面濒海，东面为烈港和伏龙山，是通往杭州的要冲，一旦失守，就会危及杭州。总督胡宗宪在运筹龙山所作战方略时，采纳了戚继光的建策，以重兵围歼倭寇。除了命令戚继光率 3000 人马外，还命令参将卢镗、副使许东望、王询、把总卢锜各率兵 2000 名，游击尹秉衡率兵 3000 名，共同歼敌，确保龙山所战斗万无一失。

戚继光得悉倭寇进至龙山所的高家楼，率部火速赶到。谁知，倭寇根本不把明军放在眼里，高举倭刀，向明军猛杀过来。兵力超过倭寇 10 倍的明军竟不敢抵挡，纷纷溃退。戚继光眼疾手快，一个健步跳到顽石上，迅引强弓，连射 3 箭。只听得"嗖，嗖，嗖"，3 名倭酋应声而倒，其他倭寇见势不妙，掉头就窜。

"站住，再退却者斩！"惊慌而退的明军士兵抬头一看，手持宝剑、威风凛凛的戚参将挡住了退路。回头再看，3 名身穿红衣的倭酋仰面躺地，众倭寇狼狈逃窜。

首战龙山所显示了戚继光的胆识、智慧和武艺。可是，不甘心失败的倭寇，没隔几天又向龙山的窜犯。浙江巡抚阮鹗和总兵俞大猷亲自督战，并命戚继光率兵参战。

这天下午，戚继光领兵赶至龙山所附近的桐岩，安下营寨，自己来到阮巡抚军帐商讨作战方略。入帐时，阮鹗、俞大猷和台州知府谭纶都身披铠甲，正在簇拥着察看地图，运筹帷幄。

“报告。”阮鹗回头一看，正是戚继光到来。“末将拜见巡抚大人。”阮鹗向戚继光介绍抗倭名将俞大猷、谭纶。戚继光连忙上前施礼，“久仰！久仰！”

这不是客套寒暄，而是真心崇拜。俞大猷转战福建、两广和江浙抗倭战场20多年，为将清廉，驭下有恩，用兵先计后战，屡建大勋，威名震南疆。然而，他却官运不畅，每每受诬，但他受挫不馁，忠诚许国，成为戚继光心中的榜样。说起谭纶，戚继光也记忆犹新。那是嘉靖三十二年(1553年)的事，当时一股倭寇从浙江上虞登岸，攻入杭州，再入皖南，转掠南京，沿途烧杀掳掠如入无人之境，明朝留都南京官员闻讯大骇，纷纷躲藏，将士也“怯懦不敢前”，广大生灵惨遭涂炭。时任兵部武库司郎中的谭纶，耳闻倭寇暴行，无所畏惧，报请兵部尚书张时徹允准，他招募500名壮士，严惩了这群恶狼。从此，谭纶以沉毅知兵，名扬全国。传至山东，对于刚刚走上备倭战场的戚继光鼓舞极大。今日，戚继光有幸会见俞、谭两位将军，聆听高见，当然是人生乐事。

俞大猷、谭纶从上到下打量着戚继光，十分敬佩这位精明强干的年轻将领。3人共叙报国大志，商定作战方略，一起进兵龙山所。

还没到龙山所，就遇上倭寇大队人马。阮鹗亲自督战，迅速部署兵力，俞大猷和戚继光率军从正面迎战，谭纶率部侧翼迂回，断敌退路，双方展开激战。明军这次作战很勇敢，3战3捷，杀得倭寇大败而逃。戚继光紧追不舍，当夜追至桐岭，倭寇返身再战，又被打败，再退至雁门岭。戚继光挥师追击，突然一声炮响，从山谷两边杀出大量倭寇伏兵。意外的袭击，使明军前锋惊慌失措，许多士兵弃甲奔逃。戚继光当机立断，阵斩一名动摇军心、吆喝撤退的士兵，队伍一下被镇住了。戚继光下令：“冲向倭阵，勇敢者重赏；畏敌者，严惩。”部队冒死陷阵。在此关键时刻，俞大猷、谭纶率部赶至，3军协同作战，再次打败倭寇。

这次战斗，戚继光、谭纶、俞大猷3位抗倭名将第一次并肩作战，建立了深厚的友谊。从此，他们生死与共，患难相交，转战东南10多年，直至最后荡平倭患。

两次龙山所战斗，戚继光感慨万千。仗是打胜了，但打得很艰难，很不顺手。士兵一遇强敌，就丢甲而逃，暴露了明军的致命弱点，缺乏临阵训练，遇敌畏惧，将领统兵无立，节制不严。依靠这样的军队，是不能彻底消灭倭寇。为此，戚继光常常彻夜不眠，思虑着解决的途径。他打算训练浙江兵。不过，当时一般人都认为，北方人刚强，南方人柔弱，特别是生活在被称为“金粉山川”的江南人是练不出精兵来的。戚继光不相信，他认为：江南人和北方人生活习性有差别，但兵是靠练的。一件事对他启发很大，盛产绸缎的浙江，很多能工巧匠把一堆堆生丝缫成熟丝，织成十分精美的丝绸缎锦，靠的就是“练”。如果将领像缫丝工那样苦练，就会把有知觉的士兵练成劲旅。

一天，戚继光把自己的想法告诉了同僚们。他说：“在坐的都是朝廷命官，都想早日消灭倭寇，报答国家和百姓的养育之恩。可是，现在与倭寇作战，往往失利，原因就是缺乏训练。要战胜敌人，只有加强练兵，才是上策。”

哪知同僚们听了戚继光这番话，竟然摇头叹息，“难啊”。

浙江倭患严重，积弊已久，多少任总督、巡抚大人都未解决，我们这些参将、把总也想改变面貌，岂不是异想天开。好心的把总卢锜说：“戚将军效国之心，令人敬佩。可是浙江的兵练不得啊。王忬总督提出过练兵，结果调离浙江；张经总督和李天宠巡抚也提出过练兵，下场更悲，连脑袋都未保住。”个别自恃有靠山，只是混皇粮吃的不孝子孙，竟然讽嘲戚继光：“唉，官瘾不小啊，还想超过巡抚、总督？如果倭寇那么好消灭，还要我们干啥？”

戚继光听了如此荒唐之言，怒不可遏，严词驳斥说：“身为将官，纵敌养奸，岂不成罪人。”这次商讨练兵不欢而散。但戚继光却没有泄气，而促使他进一步考虑问题，争取上司的支持。

嘉靖三十五年十一月十五日，戚继光将自己深思熟虑的练兵主张写成公文，呈送胡宗宪、阮鹗。

胡宗宪拆开一阅：“士兵身无甲胄，赤体迎敌；士心不附，军令不知；望贼奔溃，闻风破胆；战无号令，围无营垒；卒鲜经练，兵无节制……”“啪”地一声猛击桌面：“小小的参将，太放肆了。”

“总督何以大怒？”阮鹗刚巧赶到。胡宗宪拿着戚继光上送的奏文，气得两手发抖，脸面铁青，说：“你先看看。”

阮鹗，安徽桐城人，以附赵文华和胡完宪得志，越级提升为右佥都御史，接替胡宗宪任浙江巡抚。阮鹗刚接过奏文一看，“兵将睽违，虚声冗众……”就再也不想念下去，火上加油地说“戚继光乳臭未干，竟不知天高地厚。按他这么说，我们当总督、巡抚的该让位了。”

其实，戚继光的建策，正击中了明军的时弊，提出了切实可行的解决措施，遗憾的是总督、巡抚惟恐触痛自己，未阅完就把它打入冷宫，成为一纸空文。

练兵心切的戚继光，第二年春天再次呈请练兵，言辞更为激烈：“兵无节制，卒鲜经练，士心不附，军令不知”，靠这样的部队是不能打胜仗的，更谈不上彻底消灭倭寇。戚继光以充分的信心向胡总督、阮巡抚表示，只要准许他挑选 3000 名浙江精兵，亲自组织训练，3 年之内保证练成劲旅。

气还未消的胡宗宪又接到戚继光的奏文，不屑一顾地说：“自吹自擂，浙江兵可练，我还不会练吗？还等到你戚继光提出来。”

过了一会，胡宗宪醒悟过来了。他怕这事传出去，朝廷知道是由于他的阻挡，戚继光练不成兵，浙江的倭寇消灭不了，追查罪责，自己难逃，于是，胡宗宪采取“阳准阴施”的两面手法，在奏文上批道：“可以试练，请巡抚定。”阮鹗也是一位处事圆滑、见风使舵的官场老手，他一看总督批文，顺手推舟地写道：“赞同总督高见。”练兵的事就这样定下来了。

戚继光得知建策被督抚大人恩准，以为马上可以实施了。可是，官场陋习很深，一拖再拖。在戚继光的多次催促下，胡宗宪不得已才将兵备佥事曹天佑部 3000 兵交给戚继光训练。

戚继光这下总算实现了练兵心愿。他按照多年治军练兵的经验,狠抓纪律养成训练,特别注重抓士兵胆气、体魄、技术和战术训练。

开始,训练士卒的单兵动作。戚继光亲自当教练,手把手地一步一步地教,使每个士卒都能熟悉伍法。然后再进行"四力"训练,即训练士卒血气充盈、意志坚强的"心力";平时使用重器的"手力";足裹沙囊,捷步快跑的"足力";身荷重物,进退自速的"身力"。特别有趣的是戚继光进行的胆气训练。为了锻炼士卒胆大气足,临敌不惧,勇猛拼杀的胆魄,进行了一场出人预料的"练胆"。

那是一个漆黑的深夜,狂风大作,闷雷轰鸣,一场倾盆大雨即将来临。戚继光秘密召来3名身材魁梧的士兵,令其扮演"魔鬼",潜伏坟地中。一切部署停当,戚继光吹起集合号,霎时间,部队整整齐齐地列队在教场。就连很有经验的老兵也摸不着头脑,窃窃私议,"出了什么事?"

戚继光乘闪电一瞬间的光亮,目视着士兵们的表情。发出动员令:"这是一场特殊的战斗,勇者重赏,怯者严惩,违令者斩。"

队伍里发出抖抖索索的声音。

"正前方坟堆地里有一微弱火光,需要迅速查明,谁愿前往,回来重赏。"戚继光话后半晌,无人应声。"荣望!"这是戚继光发出的威严声音,士兵荣望听到将军呼唤自己的姓名,抖颤地回答:"到!""命令你速往侦察。"迫于戚继光的威严,荣望冒死侦察。

只听得坟堆方向传来阴森森的声音,士兵们都毛骨悚然。

荣望颤颤惊惊地向前走去,两眼目不转睛地注视坟堆。快要接近火光,三个魔影猛扑而来,"啊"地一声惨叫,胆破人亡。

第二个、第三个,都是有去无回。

"浦拔思!""到!""你上。"这个浦拔思,虎背熊腰,早在思虑着,去可能要吓死,不去,违令要处死,反正是死,还不如拼死,从死中求生。他受命后匍匐接敌,仔细观察,突然抓起石块,正好击中魔影,以迅雷不及掩耳之势,一把扯破魔衣,"魔鬼"原形毕露。

戚继光当场宣布:"提拔浦拔思为小旗官。"

在戚继光的精心指导和严密组织下,这支部队很快就练成了动作整齐,军纪严明,技艺娴熟的劲旅。

就在戚继光悉心整训军旅时,明军发动了岑港之役。

嘉靖三十七年(1558年)春,倭寇3000余人占据舟山西面的岑港,列栅筑垒,建立巢穴,企图长期盘踞,作为攻掠宁波、台州的跳板。总督胡宗宪决心乘倭寇立足未稳,亲自督战,迅速歼灭。为达此目的,他调集各方面力量,形成合围之势。胡宗宪下令:把总任锦和指挥甘述宗进泊岑港之南,都指挥李泾和张天杰进泊岑港之北,从南北两翼夹击倭寇;总兵俞大猷率军迂回至岑港西面,视情支援南北,阻敌北逃舟山本岛和南窜宁波沿海;而把从东面登岛,担任主攻任务交给戚继光。胡宗宪除了认为戚继光是个干将外,主要是想检验他训练的3000兵到底如何。

戚继光受任后,召集将士讲明任务,重申赏罚令,士卒战斗情绪高涨,迅速投入战斗。

盘踞岑港的倭寇，居高临下，凭险死守，而明军渡海登陆作战，船小数少，困难重重，伤亡较大。正在岑港战斗激烈进行之中，大批新到的倭寇扑向台州、温州。胡宗宪改变部署，对岑港之敌围而不攻，命令戚继光率军先援台州，再战温州，待消灭入侵台、温的倭寇后，再回师岑港

戚继光遵照总督命令，转战台、温，屡奏捷音。

是年秋天，戚继光消灭入侵台州、温州的倭寇，挥师转攻岑港。正在这时，明廷以岑港久攻不克怪罪下来，将俞大猷、戚继光革职，令其戴罪立功，并限令一个月内攻取岑港，违时斩首。俞大猷和戚继光率众舍生忘死，拼命冲杀，据守岑港的倭寇终于抵挡不住，纵火烧寨，逃往舟山北面的柯梅，扬帆而南，流劫闽、广。

岑港攻克了。可是，御史李瑚上疏弹劾胡宗宪嫁祸邻省，阴纵倭寇离浙略闽。因为李瑚与俞大猷为福建同乡，胡宗宪怀疑李瑚所劾是俞大猷提供的情况，为开脱己罪，反诬俞大猷"纵贼南移，播害闽广"。由于严嵩的庇护，结果胡宗宪升官，俞大猷被捕下狱，发配大同。戚继光也被加上"通倭"的罪名。幸巧胡宗宪从中说情，戚继光才免遭逮问，恢复了官职。

善于总结经验、吸取教训的戚继光，回顾转战台、温，攻克岑港的战斗历程，感慨颇多，需要接受的经验教训也很多。但是，最关键的还是士兵的政治素质、军事素质不高。曹天佑部3000兵经过训练，大有长进，作战顺利时尚能冲锋陷阵，但一遇强敌，就面如土色，甚至弃械后逃。戚继光分析了其中的主要原因，这些兵大都来自市井，把当兵作为找出路混饭吃的行当，没有确立杀敌立功，报国为民的信念。因此，一遇强敌，就往后退，谋求生路。戚继光眼睛忽然一亮，想起谭纶将军在南京招募500名对倭寇怀有深仇大恨的壮士，经过短暂的训练，就打败了猖狂一时的倭寇，后来他任台州知府时，又招募浙东良家子弟千人，经过一段时间的训练就成为劲旅，转战台州，屡奏大捷，涌现出许多临危不惧、视死如归的英雄豪杰。

戚继光终于找到了解决问题的答案。

嘉靖三十八年(1559年)夏，浙江境内比较安静。一天，戚继光召集同僚，商量组建新军的事。他慷慨激昂地说："倭寇践我国土，杀我民众，掳我丁壮，淫我妻女，掠我财物，焚我庐舍快200年了。我朝官军本应同仇敌忾，歼灭倭贼，保卫江山。可惜，军纪败坏，往往不战自溃，甚至助纣为虐，残害百姓。在军中，有的人原来就是地痞无赖，他们靠吃兵粮，贪图快活。试想，依靠这样的军队，怎么能够消灭倭寇，保卫国家呢?"

戚继光话未说完，闯进来一个士兵，手拿一颗血淋淋的人头，对戚继光说："大人，我刚才斩了一名倭寇，特来请赏。"跟随而来的是一名老兵的哭喊声："参将大人，您可要为我做主啊。"他手指着那个士兵拎的人头，哭得死去活来。"这是我弟弟，打仗负伤，被他杀了。"戚继光怒目圆视，当即令卫兵处决那位"请赏"的败类。

这件事教育了同僚。戚继光借题发挥："你们看，像这样的军队能打败倭寇吗?只有组建一支新军，把他们训练成纪律严明，英勇杀敌的仁义之师，才能消灭敌人，保国卫民。"

在座的将领听了戚继光一番忠义剀切之言，深受感动，但又有些忧虑，生怕他因此招祸。一位年长的部将面带忧色地劝道："将军为国为民用心良苦，实在令人敬佩啊。不过，如今朝纲不振，奸臣横行，动辄得咎，万一上面怪罪下来，将军吃罪不起啊！"

戚继光激动地说："我不过一介武夫，只求以身许国，不图荣华富贵，纵冒杀身之祸，也要力请此行，成败利害岂足顾及。"

无巧不成书。就在戚继光筹划招募农民组练新军时，义乌县城南 50 里处的八宝山银矿发生了一场矿工和农民大规模的械斗。械斗中，双方都表现出无比的勇敢和服从命令、听从指挥的严明纪律，使戚继光猛悟。这种兄弟间的利益争斗，导致互相残杀是可悲的，但它反映了蕴藏在矿工和农民身上的那种勇敢不怕死的精神，一呼百应的纪律观念，不正是训练新军之必需吗？如果把他们招募来，经过正规的严格训练，一定战斗力很高。他把这个想法告诉了浙江按察司副使谭纶。谭纶听后觉得很有道理，支持戚继光向胡宗宪写个奏文，并表示亲自找胡宗宪商量此事。

戚继光得到谭纶的支持，信心更足了。同年秋，他把招募义乌矿工和农民组建新军的建议，正式写成公文，上呈胡宗宪。

在谭纶的全力支持下，戚继光这个建议没有遭到批驳。胡宗宪同意他罢去所部旧兵，前往义乌重新招募。正好这时，义乌县令赵大河也上书胡宗宪。赵大河是个爱国心很强的地方官员，他久闻官军素质太差，民间流传着"宁遇倭贼，毋遇官军。遇倭可逃，遇兵难生"的顺口溜，建议官府招募义乌矿工当兵，可以提高官军质量。于是，胡宗宪又下令赵大河协助戚继光共同办好这件事。

九月，戚继光来到义乌县城，拿着胡总督的批文找到赵大河。相商后，张贴募兵告示。奇怪的是募兵告示贴出很久，没有一人应募。

戚继光很纳闷，找到了赵大河，询问原因。

赵大河问："你找过陈大成吗？"

"没有，他是何人？"

"陈大成是义乌县陈氏族领，族人都听他的。无人报名，恐怕是他从中作梗。"赵大河思忖一会又说："陈大成为人倒是正直忠义，阻拦募兵恐怕是担心壮丁被募，削弱家族势力，遭到外族欺侮。"

戚继光连忙赶到陈大成家，向他说明了来意。

陈大成 30 多岁，身材魁梧。多年来，他目睹朝廷腐败，十分痛恨残害百姓的官军，一听说官府来募兵，就向族人宣布："谁也不许投军。"可是今日见了戚继光，知道他就是那位在浙东屡建战功的青年将领，崇敬之情油然而生。

戚继光乘势疏导说："大成兄弟，好男儿应报效国家，行天下大义啊。大敌当前，只有外寇消灭，才能国泰民安啊。"戚继光一席话句句在理，说得这位铮铮铁汉禁不住热血沸腾，猛地站起，问道："戚将军，你招募多少人？"

"3000 名良家子弟。"

"我这里良家子弟没有，都是些村野匹夫！"

"保国为民，靠的就是黎民百姓！我募兵的标准就是乡野老实人，他们黑大粗壮，皮肉坚实，能吃苦，不怕死。我最忌的就是那些皮肉白皙的市井游滑之徒。"

"按戚将军这么说，我也够格呐。"

戚继光紧紧地握住陈大成的手，激动得半天说不出话来。

第二天，募兵形势为之一变。陈大成亲自率领一队队身材高大、膀粗腰圆的农民涌向县城，还有一批批体质健壮，很有教养的矿工，也潮水般地涌向县城。只见一位虎气生生的彪形大汉，拨开人群，挤到戚继光的面前，开口就说："戚将军，我叫王如龙，是开矿的！"他把手一挥，指着那边人群说："这都是我带来的弟兄，请您挑吧！"

戚继光打心眼里喜欢这位表面看来横暴粗野，内心却充满爱国热情的矿工首领，高兴地拍着他的肩膀说："好样的，王如龙真如一条龙，人如其名啊！"

应募的人如山如海，整个县衙被围得水泄不通。戚继光只能招募 3000 人，迫于人心难得，破格挑选 4000 人。

戚继光选兵的标准是很高的。从出身、经历、体格和武艺各方面进行严格筛选。

这是一场与众不同的选兵方法。选兵场设在县衙门前。戚继光宣布第一轮考"气力"。所有应募者按农民、矿工各成一列纵队，成双成对往前走。县衙门前有一对大石狮，凡能举起者，算体力合格，发给凭证。第一轮合格者，再逐一询问现实表现，凡出身市民或打过败仗或在官场和赌场沾染过恶习者，一概不要。第二轮合格者，登记造册，编成队伍。

十一月，戚继光把这支新军带到台州。鉴于以往练兵的经验，他对训好这支新军进行了统筹规划。

第一步进行"束伍"训练。按不同的年龄、身材进行编组，以 12 人为 1 队，设队长；以 4 队为 1 哨，设哨长，以 4 哨为 1 官，置哨官统领；以 4 官为 1 总，以把总率领。戚继光亲自"节制"新军。队伍编成后，进行伍法训练，使士兵都熟悉自己所在队伍中的位置、职责、隶属关系、兵器配备、巡逻警戒。

第二步进行"号令"训练。戚继光把军中各种金鼓、号炮、旗帜、锣钹、竹筒、灯笼等所代表的号令，向军官和士兵们作了详尽的交待，命令他们必须准确记牢，照着去办，如果擂鼓令进，就是前面有刀山火海，也要往里冲；如果鸣金令退，就是前面有金山银山，也要往后退，不得有任何违犯规定的行动。只有这样，才能做到上下一致，万众一心，攻无不克，战无不胜。

第三步进行武艺训练。他谆谆告诫士卒们，武艺是杀敌立功、防身救命的本领，谁武艺高，谁就能杀敌人，谁的武艺不如敌人，谁就会被敌人所杀。所以，不学武艺，或是只会耍花枪图好看者，都是拿自己性命开玩笑的呆子。戚继光的话，语重心长，士卒们都很受感动。所以，新军勤学苦练，蔚然成风。

为了把这支新军训练好，戚继光还专门写一本《纪效新书》作为训练新军的教材，印发给战士，让识字的读给大家听，有关规定都要记牢。凡是记住了，照着去做的，就给予奖励；未记住的，要反复背诵，直至滚瓜烂熟，才肯罢休。

在戚继光的严格训练、悉心指导下，这支新军很快就训练成一支勇猛杀敌的劲旅。在后来的抗倭作战中，取得了辉煌的战果。广大百姓热情地称赞这支纪律严明、英勇善战的新军为"戚家军"。

戚继光从打仗的得失中，看到了明军战法机械呆板的致命弱点，往往拥集重兵于一地，部队密如蚂蚁行阵，遇贼接战，前后拥挤，自相践踏，难以发挥优势兵力的作用。同时，他也看到了倭寇作战的狡猾，他们采用多点、长线、小股、分散，阵法大都是“蛇”形阵，一字长形。这种战术适合沿海水网沼泽、道路狭窄的地形特点。

为了适应这一特点，戚继光运用古兵法的精髓，借鉴古阵法的优长，从实际出发，反复琢磨，并在新军中演练，终于创立一种长短兵器迭用，刺卫兼备、攻防适用，能够在各种地形上灵活变换阵形的新阵法——“鸳鸯阵”。这种战法，出击灵活，应急方便，成双成对，彼此相顾，故名“鸳鸯阵”。

“鸳鸯阵”是戚继光在实践中反复摸索、反复演练，逐步形成的。开始是由两路纵队组成的，它是戚继光部队最基层的战斗单位。每队编 12 人，设队长和火兵各 1 人，藤牌手、狼筅手、短刀手各 2 人，长枪手 4 人。其阵形的排列：队长列于右首，2 名藤牌手依次横立于队长的左侧，狼筅手分随藤牌手，长枪手分随狼筅手，短刀手又分随长枪手，火兵尾随短刀手之间。

对于士兵的分工，戚继光根据年龄大小，身材高矮、体质强弱和思路敏捷程度，因人而定。比如，藤牌，体轻坚密，藤牌手的任务是拒敌，需要年少敏捷者；狼筅，形体重滞，杆直粗大，利刃在顶，是击敌主要兵器，需要年富力强，老成持重，勇气过人者；长枪，锋利、轻便，是杀敌主要兵器，需要敏捷和体魄健壮者。对于体质较弱的，分别担任短刀手和火兵。

“鸳鸯阵”的优点，就是长短兵器迭用，攻卫兼顾。藤牌手，左手持牌，右手握刀，既防护自己，又砍杀敌人。狼筅手所持狼筅是毛竹制成，四面竹枝，节密枝坚，杆直粗大，顶部锋利，像一把多头叉，既刺敌，又掩护长枪手的进攻。长枪手是主要击敌者。短刀手握有钗、棍、刀等短兵器，既砍杀敌人，又可适时增援其他各兵。

一天，戚继光组织士兵进行“鸳鸯阵”训练。课间休息时，据说有个士兵跑到戚继光面前，抖胆直言说：“参将大人，老是这样练，兵都训呆了。”“嗯，此言何讲？”戚继光反问道。那位士兵无拘无束地陈言：“我们老是在一种地形上，打的是一个敌人，大家都像演戏一样，套路都走熟了，一到教场就是先出左腿，后击敌腰的，长期这样，还能不呆？”戚继光猛然一醒，说：“好！你说得很好。”

晚上，戚继光在陋室里进行“沙盘”推演。地形开阔，如何展开？敌众己寡，敌寡己众，又怎么变换？不知不觉熬了一个通宵。

第二天，戚继光召开小型“研讨会”。商讨如何因敌因地制宜，灵活变换“鸳鸯阵”。在座的把总官感到问题很新鲜，大家七嘴八舌，你一言我一语的说了一通。

戚继光讲：“这个问题，是一位士卒提起的，启发了我。昨夜我进行推演，以‘鸳鸯阵’为基本阵形，可以根据倭寇的众寡以及地形的优劣，灵活变换多种阵形。”

一种是“棱形阵势”。当倭寇兵力较多，而且地形平坦、开阔，便于我军展开，则集中优势兵力、形成重兵围歼倭寇。这时可以鸳鸯阵为基础，组成“一头两翼一尾”的棱形阵势。头为正兵，攻敌主要部队。两翼为奇兵，既保护进攻部队侧翼不受倭寇袭击，又可积极配合正兵，进攻倭寇的侧翼。尾为策应部队，随时增援正兵和奇兵，同时掩护尾部安全。头、翼、尾因敌而变。哪个部队与敌接战，该部即为头，两侧为翼，后为尾。头、翼、尾相互支援，相互掩护，形成一个战守合一的整体。

另一种是“三才阵”。如果地形条件较好，道路较宽，为充分发挥鸳鸯阵各种兵器的作用，将纵向的鸳鸯阵变成横向的“三才阵”。其阵形由3个作战小组组成。即队长居中，2名狼筅手分列队长左右，2名短刀手分随狼筅手，组成中组。2名藤牌手和4名长枪手一分为二，组成各以1名藤牌手掩护跟随的2名长枪手的三角形的攻卫兼顾的作战小组，分列于中组的两侧。扩大与倭寇作战的正面宽度，有效地发挥各兵器的作战效能。

此外，还可根据敌我兵力对比、地形等情况，灵活变成小三才阵、二伍阵等多种阵形。

大家都觉得戚继光提出的几种阵形，切实可行，分头在部队进行训练。

戚继光创立鸳鸯阵，又著写了《纪效新书》，用新的理论、新的战法训练的新军，不久就成为一支劲旅。戚继光统领这支新军，转战浙江，每战皆捷，威名大震。

嘉靖三十九年(1560年)三月，戚继光改任台州、金华、严州(今建德东)3府参将。他抓紧时间训练新军，整治海防，督造战船，建立水师，大大地提高了台州地区沿海守卫力量。

嘉靖四十年(1561年)三月的一天，台州城彩旗飘扬，人山人海，热闹非凡。原来是戚继光督造的44艘战船，今日举行出海仪式，附近的老百姓闻讯纷纷赶来观看。

戚继光的心情格外激动。他登上检阅台，望着那一艘艘高大如楼的福船，近可卫海，远可巡洋，还有一艘艘船体较小，行驶敏捷，便于驱敌和侦察、联络的海苍船(又名冬仔船)、艟艄船，心中十分喜悦。暗暗思忖：我戚继光调浙江已经5年多了，从没有这么好的形势，亲手训练一支4000人的新军，又制造了一批战船，建立了一支新型水师，防守台州，乃至消灭浙江倭寇就有把握了。

就在戚继光沉浸在幸福的回忆和激动的展望之际，接到警报，倭寇2万多人，战船数百艘，向浙江沿海涌来，其中向台州方向扑来的倭寇不少于万人。戚继光一面驰马到各地勘察地形，督导备战，一面同卫所军官商讨御倭部署。

四月初，戚继光侦探倭寇先停泊于象山，然后从奉化东南的西凤登陆，窜至宁海以北的团前，大肆抢掠，企图引诱明军离开台州，而后乘虚攻掠台州城。

戚继光根据以往对倭寇作战的经验，要打败这伙狡猾的敌人，不是仅靠指挥官发号施令所能决定的，关键是全体将士同仇敌忾，浴血奋战。因此，戚继光决定在新军首次与倭寇交战之前举行誓师大会，激励将士奋勇杀敌。

四月中旬的一个早晨，台州教场上，战鼓隆隆，号角齐鸣，手持武器的4000名戚家军将士摆成一块整整齐齐的方阵。宽大的阅兵场中间，筑起一座高大的将台，手执刀剑的卫兵，威风凛凛地站立两侧。戚继光健步登上将台，目光炯炯地扫视全场，高声说道：“军中位有高低，身无贵贱。倭寇即将攻入台州，不知众将士有何高见?”将士们见主帅如此看重自己，十分激动，纷纷表示：“请主将下令，肝脑涂地，在所不惜”。

“好，那我就下命令：把总楼楠、指挥刘意，率一部防守台州城；百户胡守仁、张元勋率一部防守海门；胡震领水师驻守松门、海门和宁海以东外洋，断敌海上逃路；我自率主力直趋宁海，歼敌后回师台州。”戚继光重申军纪：“勇者赏，怯者罚，违令者斩。”

诡计多端的倭寇，侦知戚继光率主力北至宁海，迅速调整兵力部署，一路进犯台州以东的桃渚，一路进犯台州东南的新河，一路进犯台州东北的健跳。3路齐头并进，直逼台州。

一时间，浙东沿海同时报警。兵备佥事唐尧臣一会报告："新河危急，请速援兵"，一会又报告："桃渚告急"，"海门、松门都发现倭寇掠扰"。

精通兵法的戚继光深知"备多则兵分，兵分则力弱"。他全面分析各路战报，入侵桃渚之敌尚不紧迫，惟侵入新河的倭寇，威胁极大，应迅速予以围歼。正在这时，接到总督胡宗宪的指令："倭寇多路分侵，不可中其奸计，分兵策应，应当并力合势，先讨其重大者，然后依次剿除。"真是英雄所见略同。总督的指令与戚继光不谋而合。戚继光复令唐尧臣：宁海的倭寇为敌之主力，必须迅速歼灭，而围歼新河的倭寇，由胡守仁和楼楠率部驰援。

唐尧臣按戚继光的指令，导演了一场空城计。新河城的百姓听说戚家军兵力不足，纷纷赶来助战。戚将军的夫人挺身而出，发动妇女挽起发髻，穿着戎装，列阵城上。顿时，城上旗帜飘扬，冲杀声、呐喊声阵阵，鸟铳声雷鸣。进至新河城外围的倭寇，以为城中有备，个个龟头缩脑，不敢进攻。四月二十六日拂晓，倭寇发觉受骗上当了，便发起攻城。即将破城之时，胡守仁和楼楠率军赶至，倭寇遭到猝然攻击，慌忙溃退至城南。戚家军乘势追击，击杀倭寇甚多。次日，残倭乘大雾向乐清方向逃窜。

与此同时，戚继光在宁海打了一个漂亮的歼灭战。迅速挥师南下救援，行至宁海西南的梁王，又接到唐尧臣的战报："新河已捷，惟进犯桃渚的倭寇进至精进寺。"戚继光闻之大吃一惊。精进寺离台州只有20多里，必须火速前进。当即下令冒雨赶往台州。

窜抵精进寺的倭寇，侦知台州城墙有20多个缺口，守军已经他调，守备薄弱，便向台州急进。

二十七日中午，戚继光先敌到达台州，得知倭寇已抵达离府城仅2里的花街时，立即动员将士："大家冒雨急行军120里，疲劳、饥渴，非常辛苦，本应就餐、休息。可是刚才接到谍报，倭寇大队人马已到花街，为保卫台州人民的生命财产安全，必须立即消灭倭寇，而后会食。"将士们振臂高呼："杀尽倭贼，方可进食。"

戚继光迅速部署兵力，命令把总丁邦彦为左路，把总陈大成、哨官王如龙为右路，自率中路，列阵迎敌。

这时，倭寇摆开一字长蛇阵。戚继光乘敌立足未稳，亲燃号炮，指挥火铳手发铳射击。顿时，硝烟弥漫，勇士朱珏振臂直冲，迅速斩杀前队倭寇头领，倭贼失首，乱作一团。明军乘机奋勇冲杀。一名倭酋急忙驰马冲向明军，抛撒珠宝，企图引诱明军。戚家军将士丝毫不为所动，哨长杨世潮，眼疾手快，一个快步冲过去，战刀一挥，倭酋人仰马翻，其他倭寇慌忙溃逃。戚继光下令兵分两路，猛追逃敌。一股倭寇逃至瓜邻江，溺死甚众，另一股逃至新桥，被歼。此战，从战斗展开到胜利结束，戚家军的午饭刚刚做好。共歼灭倭寇308人，生擒倭酋2人，溺水死者无数，夺回被掠民众5000余人。这是一次速战速决的漂亮仗。

花街之战的胜利，给戚继光很大启示，将士常常连续作战吃不上饭，他便亲自试着用面粉和米粉做成干饼，中间留有圆孔，用绳子穿上，背到身上，饥饿时吃起来香甜可口。后人称之为“光饼”。

花街大捷后，倭寇的声势并没有减弱，台州城仍然面临着危险。五月初，从健跳登陆的倭寇，窜至台州东北的大田镇。戚继光为加强台州的防务，将队伍分成3部，一部加强新河，一部加强太平（今温岭），他自己身边只有1500名将士，与倭寇相比是敌众己寡。戚继光集合队伍，准备在大田岭一带设伏。他对将士们说：“过去我们都是以众胜寡，这次是以寡敌众。因此，你们必须做到三点：第一，不要抢功，争割倭贼首级；第二，不要贪敌辎重，成为累赘；第三，不要轻杀胁从者。”说罢，戚继光指挥部队往大田岭设伏。倭寇发觉戚家军有备，沿间道欲窜犯仙居，企图劫掠处州（今丽水）。戚继光判断倭寇犯仙居必经上峰岭，出白水洋。

五月初五，果真不出戚继光所料。倭寇冒雨沿山路向仙居进犯。队伍长达20里，中午到达上峰岭南侧，倭酋远远望去，岭上丛林密布，不见有人，便以为戚家军毫无戒备。其实，戚继光早已根据上峰岭群山连亘，层峦叠嶂，山上松林密布，山南是一狭长谷地，便于伏击敌人，就命令将士每人手执松枝一束，隐蔽身体，急速赶至上峰岭松林中设伏。当倭寇接近伏击地域时，戚继光传令：“没有号令，不许擅动。”待倭寇半数进入伏击圈，戚继光发炮为号，戚家军卸去伪装，鸟铳齐发，列鸳鸯阵，如猛虎下山，锐不可挡。倭寇突遭袭击，仓皇应战，退向对面的小山坡，负隅顽抗。这时，戚家军另一部赶到，从背后夹击倭寇。同时在山上树起一面白旗，高喊：“放下武器，投奔旗下，不杀，不问罪。”当即有数百人奔至旗下缴械投降。顽抗的倭寇抢登山界岭，继续反抗。戚家军跟踪仰攻，迫敌退至白水洋，将其团团围住，再施放鸟铳，纵火焚烧，全歼顽敌。

此后，戚继光率军赶往新河，得悉倭寇有3000多人逼近隘顽城（今温岭东南），立即与通判吴成器合兵，迅速歼灭了入侵的倭寇。

戚继光指挥台州军民连续取得新河、花街、上峰岭等9战皆捷的胜利，打得倭寇闻风丧胆，狼狈逃窜，再也不敢大规模进犯台州了。与此同时，浙江总兵卢镗和参将牛天锡分别率军歼灭进犯宁波和温州地区的倭寇，至嘉靖四十年秋，入侵浙江的倭寇基本荡平。

戚继光在浙江抗倭之时，福建沿海的倭患已经很严重了。嘉靖三十七年（1558年）秋，岑港之役后，突围南逃的倭寇转掠福建，攻破福清、长乐等地。第二年，大批新来的倭寇，又先后攻掠福宁（今霞浦）、宁德、连江、罗源、福安等地。福建参将黎鹏举曾率舟师转战海上，挫败过倭寇，但倭势严重，终未能平。嘉靖四十年（1561年），在浙江劫掠的倭寇由于接连遭到戚继光和其他抗倭将领的打击，纷纷窜犯福建。因此，福建的倭寇更加猖獗。北自福宁，南至漳（州）泉（州），沿海千里，几乎都有倭寇骚扰，特别是宁德以东的横屿和福清以南的牛田，倭寇结为巢穴，互为犄角，四出掳掠。福建副总兵、抗倭名将俞大猷此时奉命率部至江西攻打农民起义武装，因此，福建抗倭力量薄弱，当地守军畏倭如虎，只能坐守，不敢反击。

福建巡抚游震得连连向朝廷告急，请求派遣在浙江抗倭威名卓著的戚继光率兵救援。明廷鉴于浙江倭患基本平定，就批准了游震得的请求。

嘉靖四十一年(1562年)七月,戚继光接到朝廷命令,火速入援福建。他迅速做好入闽作战准备。3天后即率领6000名戚家军将士和浙江都司戴冲霄部1600人向温州进发。沿途,戚家军纪律严明,爱护百姓,深受人民的欢迎。抵达温州后,戚继光召开誓师大会,鼓舞士气,激励斗志,将士同仇敌忾。

八月初,戚继光率师抵达宁德,动员将士准备收复横屿岛。这时,谍报官孙廷贤向戚继光报告:“前面不远就是张湾镇。镇上有奸民2000多人,听说戚将军到来,暗中密谋,要同官军决一死战。”

戚继光脑海里愤怒和悲哀交织一起。我军将士血战疆场,除倭为民,竟然有民族败类为虎作伥,恨不得马上消灭这伙汉奸。转眼一想,倭贼横行,官军屡败,这些人大都为倭贼所逼,若能招抚,兵不血刃,既可减轻阻力,又可摸清倭情。主意一定,戚继光亲笔写了“安民榜”,大意是:凡为倭贼做过事者,只要悔过自新,我军决不加害。

“安民榜”张贴后,围观者很多。有的说:“此言不可信。”也有的说:“只有一条路,和他们拼。”正在众说纷纭之时,有个叫李十板的观者说:“我看不要急,最好先派人去试探一下。”众人答道:“对!这是个好主意。”大家一致推选李十板去求见戚继光。

戚继光见李十板登门悔过,先是指责其错:“倭贼践踏国土,百姓惨遭涂炭,你们反倒为虎作伥,实在可耻。”随后,戚继光又说:“当然,倭寇横行,无人抵抗,你们为贼寇做事也属不得已,既然现在愿意悔过,我军决不加害。”李十板跪地磕头,谢恩戚将军,然后就赶回张湾镇。

消息传开后,奸民纷纷醒悟,愿为戚家军效力,将功赎罪。

戚继光不费一剑一刀,仅靠一张“安民榜”,就瓦解了张湾镇的奸民,削弱了倭寇的势力,减轻了收复横屿岛的阻力。

戚继光扎营于张湾镇,做收复横屿岛的准备。

横屿岛,位于宁德县城东北20里的三都澳中,是一个四面环水的小岛,东南北三面距离陆地约10里,只有西面靠近陆地。涨潮时一片汪洋,退潮时淤泥成滩。收复横屿岛,用海船登岛有搁浅的危险,乘退潮涉海进攻又受阻淤泥。因此,福建明军对此无计可施。倭寇自恃地形险要,在岛上结巢设栅,作为四出掳掠的基地。

第二天,戚继光来到岸边,眺望着横卧在海上的横屿岛,问李十板:“岛上有多少倭寇?哪天有大潮?”李十板一一作了回答。

戚继光又向当地渔民询问潮汐规律和气候、风向变化情况。

对于这里的敌情、民情和地形戚继光摸得清清楚楚,然后去拜见福建巡抚游震得,刚好监军汪道昆也在那里。3人商讨攻取横屿岛的军机大事。汪道昆,安徽歙县人,与胡宗宪是同乡,曾在胡宗宪幕下任职,后调守福建。戚继光在浙江御倭时,同他结为朋友,交情甚深,这次又担任监军,更是老友重逢,情深意切。

戚继光是个心急之人,寒暄几句后,便急转话锋,说:“卑将远道而来,人生地不熟,还需巡抚和监军大人多加关照。”

游震得哈哈大笑:“将军尽管放心,粮草器械早已备齐,只等戚将军一声令下了。”

戚继光说:“那好。请巡抚大人务于明晨前将10万斤稻草运至兰田渡。若贻误战机,将按军法论处啊!”

为官糊涂的游震得，不解其意地反问道："横屿岛上倭寇不过八九十人，关键是难于登岛，征集稻草何益？"游震得真是个悠然自得的糊涂官，他向朝廷上报福建倭患严重时，并不了解横屿岛的倭寇数量、设防等情况。其实，横屿岛有倭寇3000人，加上牛田、林墩等地的倭寇1万多人，彼此互相声援，难以下手。

戚继光全面分析福建倭势，采取慎重态度，制定周密部署，决定先攻取横屿岛，然后各个击破。

八月初八，是小潮的日子，戚继光率军从张湾镇出发至兰田渡，命令部队就地待命。戚继光将把总官和哨官召集起来，指着对面海岛说："那就是横屿岛，我们必须乘落潮时登岛，全歼岛上倭寇，才能站住脚跟，否则，后果不堪设想。这是个冒险的军事行动，需要有坚强的意志和胆魄。诸将有没有这个勇气？若没有，就不必冒这个风险了。"

众将领听了主将的话，个个心情激奋："我们跟随戚将军在浙江抗倭，什么时候说个退字。现在不远千里而来，就是为了消灭此寇，怎么会畏敌怯阵呢！"

戚继光进一步激励诸将："有胆魄固然很好，就怕心有余而力不足啊。"

大家更加激奋："请戚将军下命令吧。"

戚继光看着众将求战情绪很高，心中大喜，命令王如龙率一部就地守住路口，防止倭寇登岸逃走，其他将士按原定计划开始涉海进攻。为了使部队进兵顺利，戚继光再三交代，轻装前进，每人只需携带手中武器和预先准备好的一捆稻草。

戚继光亲自擂响战鼓，将士摆列鸳鸯阵，遇烂泥铺草垫路，缓慢地行进。

戚家军接近横屿岛时，倭寇早已沿山麓布阵，一部在山上防守木栅，一部在山下摆成阵势，企图乘戚家军立足未稳和涨潮之时，将其赶入海中活活淹死。戚家军将士思想明确，攻打横屿岛是背水决战。是有进无退，有我无敌，有敌无我的生死决战，个个奋勇当先。誓死拼搏。戚继光根据敌我形势，确定攻岛部署。吴惟忠率部攻打木栅城，除子銮、童子明冲击倭寇南线阵脚，陈大成沿山麓登山顶从背后包抄。顿时双方展开激战，山上山下，杀声震天。

这时，担任断敌逃路的王如龙见主力部队已登岛，战斗打响了，立即率部涉海，赶至岛上，投入战斗。吴惟忠部点火焚烧木栅，岛上冲起一道道浓烟。倭巢被烧。众将见吴惟忠部已得手，从四面合围，向中心突破，很快控制全岛各要道。倭寇见大势已去，到处乱窜，企图逃命。戚家军乘胜剿杀，斩倭2600余人，夺回被掳掠男女3000多人。不到一天的功夫，戚继光就收复了被倭寇侵占达3年之久的横屿岛。消息传开后，福建人民欢欣鼓舞，倭寇胆战心惊。

八月十五日，戚家军凯旋到宁德县城，中秋佳节，月悬碧空，皎洁如银。戚继光为了庆贺收复横屿岛的胜利，与将士共同赏月。可惜军中无酒，戚继光就亲自口授《凯歌》一首，命令将士一唱万和，以歌代酒：

"万人一心兮，泰山可撼，
惟忠与义兮，气冲斗牛。
主将亲我兮，胜如父母。
干犯军法兮，身不自由。

号令明兮，赏罚信。

赴水火兮，敢迟留？”

中秋节刚过，戚继光就按原定计划，率军南下，经过罗源、连江，抵达福清县城。

福清县有倭寇近万人，盘踞在县城以东的杞店、上薛、西林、木岭、葛塘、新塘、闻读、牛田。它们结寨为巢，相互声援，四处抢劫，弄得福清周围的百性惶惶不可终日。

戚继光调到福建来的消息很快就传开了。福清县的老百姓纷纷议论：从浙江调来的戚家军是专门为百姓除害的，刚到福建，就在宁德打了大胜仗，消灭了几千名倭寇，倭寇见到他们都叫“戚老虎”。听说戚家军马上就要打到我们福清，看那些杀人不眨眼的豺狼还能横行几天。

百姓的盼望，成了戚继光进兵的动力。根据福清的倭患情况，戚继光决定先拔掉牛田这颗钉子。

牛田，位于福清县城东南30里，离海很近，是倭寇在福清的最大巢穴。戚继光认为捣毁了牛田，影响重大。第一，可以切断倭寇从海上逃路，形成关门打狗之势；第二，可以威慑其他巢穴，迫敌放下武器，缴械投降：第三，可以鼓舞人民和福建官军。戚继光认为，消灭福清倭寇光靠戚家军是不够的，还需要当地守军共同努力。因此，戚继光和监军汪道昆商量，决定召开驻军守将会议，共商进兵大计。

会议由戚继光主持。他说：“解除福清倭患，事关重大，在座者皆为朝廷命官，必须尽忠报国，同心协力，密切配合。若有保存实力，不肯出战者，一律按军法论处，决不轻饶。”为了确保这次作战万无一失，戚继光建议各位将领举杯歃血立誓，“凡不同心杀敌，贪生怕死，恃势争功，抢夺首级，或者观望、嫉妒者有如此血。”众将一饮而尽。

戚继光颁布军令：主攻牛田由我部承担，驻地守军分别担任钳制、配合任务。各守军将领纷纷归营，依照戚继光的命令行事。戚家军兵分3路；戴冲霄统领一路由仓下进剿；陈大成率领一路，一部设伏木岭，防敌抄袭，一部扼守田原岭、上迳，断倭逃路；戚继光自率一路由锦屏山进剿。部署完毕，戚继光对外佯言：我军远道而来，需养精蓄锐，筹措粮饷，待时而动。倭寇侦探得知，密报倭酋，遂放松了戒备。

当夜2更时分，戚家军悄悄出动，按原定部署进入指定位置。戚继光自率一路轻装衔枚，疾驰至杞店，击杀倭哨10多人，将倭巢团团围住。倭寇松懈戒备，正在酣睡。明军把总王如龙用肩膀托着勇士朱珏、金科，攀登墙垣，潜入倭巢中，打开寨门，士兵们蜂拥而入。倭寇从梦中惊醒，到处乱窜。戚家军四面纵火，将杞店的倭寇焚烧擒斩殆尽。

戚继光乘胜指挥部队捣毁上薛、闻读等倭巢，直逼牛田。

牛田倭寇闻讯，列阵营门，准备厮杀。

戚继光指挥部队迅速展开。霎时间，震撼人心的喊杀声、战鼓声响彻云霄，倭寇胆战心惊，纷纷退却。正在这时，戴冲霄率部从仓下进至牛田，堵住了倭寇退路。倭寇孤注一掷，扑向戚家军，企图杀条生路，逃入海中。戚继光督众拼搏，倭寇阵势大乱，纷纷溃逃。戚继光命令部队乘胜追击，连克敌巢数十处，斩杀倭寇数千，争取胁从者数千，缴获倭寇武器甚众，救出被掳男女数千人。

牛田大捷，大大鼓舞了福清人民的抗倭斗争，沉重打击了倭寇的嚣张气焰，使福清人民暂告安宁。

戚家军举行盛大的凯旋仪式，将士们抬着缴获的武器，高奏戚继光口授的《凯歌》，浩浩荡荡地进入福清城。福建巡抚游震得闻捷，亲自组织百姓出城欢迎。沿途锣鼓喧天，彩旗飞扬，人们热烈欢庆戚家军的胜利。

牛田大捷后，一股败逃的倭寇，窜至兴化（今莆田），很快与附近散逃的倭寇合股，逃至兴化东 20 里的林墩，结巢据守。

戚继光原来的任务是收复横屿岛、捣毁牛田倭巢就班师浙江的。现在得知林墩有倭寇 4000 多人结巢为患，决定乘胜进军，捣毁林墩倭巢，然后再班师。

九月十二日，戚继光下令向兴化开进。部队急行军 70 里，进至烽头、江口一带，天色已晚，这里离兴化城还有 10 多里，离林墩还有 30 多里，戚继光决定就地休息。第二天，大军偃旗息鼓，从山间小道开进兴化城。戚继光为了迷惑敌人，造成暂不进兵的假象，命令将士们分居民户，帮助百姓收割庄稼，整治田野。他自己绝口不谈兵事，到处拜客，将士们感到很奇怪，不知戚将军作何打算。

戚继光来到兴化城守将翁时器处拜访，一不谈倭患，二不谈海防，却饶有兴趣地欣赏鸟鱼花草。翁时器觉得不可理解。

晚上，将士们都已入睡，惟独戚继光的营帐还亮着灯，翁时器便走进去，忍不住问道："戚将军向来用兵神速，今日为何不提战事？"

戚继光笑道："兵不厌诈啊。"翁时器不解地问："何时进兵啊？"戚继光答道："败逃之敌，如惊弓之鸟，只有出其不意，突然袭击，才能聚而歼之。我军必须麻痹敌人，乘敌不备，以迅雷不及掩耳之势，一举歼灭之。"翁时器只是暗暗敬佩，仍然不知戚家军何时发兵。

夜半，戚继光悄悄地集合队伍，士兵们轻装衔枚，向林墩进发，城里居民都在熟睡，谁也不知道戚家军今夜行动，倭寇更是毫无知晓。

林墩倭巢，四面水沟纵横交错，地形极为复杂，只有两条路可通。一条为正路，名叫黄石大道，另一条为西洪小路，中间有一座小桥，名叫宁海桥。戚继光计划从正路黄石大道进攻。可是快接近倭巢时发生一件意外的事情，向导不见了。戚继光意识到向导通敌了，并且发现自己的队伍已进入西洪小路。由于西洪小路至林墩倭巢，溪水萦回，路小难行，快天亮了部队才抵达林墩。

倭寇发觉明军，迅速组织倭贼据巢顽抗。

戚继光见突袭已失良机，下令与敌人拼死搏战，命令把总王如龙、张谏率领一部直插黄石大道，从正面进攻，吸引敌人，自率陈大成、吴惟忠、丁邦彦等督兵强占宁海桥，企图一举突破。

宁海桥，是通往林墩倭寇大巢的咽喉，倭寇修筑了坚固工事，并部署 2000 人防守。戚继光将队伍分成 3 个梯队，向敌发起强攻。哨官周能为前锋，率众过桥，刚踏上桥头就遭到倭寇铳、箭扫射，壮烈而死。随后，勇士们相继而上，结果都战死。戚继光改变部署，命令陈大成继续组织夺桥，由主攻改为助攻，自率吴惟忠、丁邦彦改由黄石大道进攻。愚蠢的倭寇在宁海桥取得了胜利，就骄傲起来，狂言"明军来一个消灭一个，来一对消灭一双"。忽然敌营中骚乱起来，原来是王如龙、张谏部突破黄石大道，插入倭寇的心脏。防守宁海桥的倭寇见正面失守，老巢被掏，转兵增援。陈大成乘隙进攻，夺占宁海桥，与进攻黄石大道的戚继光、王如龙、张谏形成两面夹攻之势。倭寇见势不妙，夺路而逃。戚家军奋勇追杀，将倭寇一网打尽。

天亮后，兴化城的居民发觉戚家军昨夜神不知、鬼不觉地离城而去，今早就捣毁了林墩倭巢，纷纷出城相迎，杀猪宰羊，备酒犒军。

戚继光率领戚家军第一次入闽抗倭，前后不到 3 个月，捣毁福建横屿、牛田、林墩 3 大倭巢，为福建人民解除了倭患，深受福建人民的爱戴。

十一月，戚继光班师浙江。朝廷根据戚继光的战功，提拔他担任统辖台州、温州、福宁、福州、兴化 5 地的副总兵，兼统水寨，参将、游击以下武官俱听节制。一人担任横跨两省、统领 5 府州的副总兵，这在明朝历史上也是不多见的。

入侵福建的倭寇得知戚继光已回浙江，相互庆贺："戚虎已去，吾又何惧。"不久，福建沿海倭寇又猖獗起来，政和、寿宁、宁德、福清、南宁、同安、漳州、诏安地区，都遭倭寇荼毒。嘉靖四十一年(1562 年)冬，倭寇 6000 余人包围了兴化府(今莆田)。福建巡抚游震得再次告急朝廷，请求援兵。

明廷鉴于戚继光援闽刚回浙江，需要休整，就命令广东总兵刘显率军驰援。刘显思想准备不足，只带领 700 人马来到福建，驻扎在离兴化城东 30 里的江口。老百姓闻讯，像迎接戚家军一样隆重热烈，催促刘总兵赶快歼敌，否则府城难保。

刘显深感兵力不足，难以破敌。他决定就地动员，征募新兵。一些倭寇奸细乘机混入军中，并且被派往城中，协助守城。

十二月初，刘显为与城中守军取得联系，命令 8 名士兵乘夜入城送信，不料被倭寇擒获。倭寇换上刚刚俘获的绣有"天兵"字样的明军服装，带着伪造的刘显移文，混进城中。兴化城守将翁时器、毕高、奚世亮，思想麻痹，接到伪造的刘显移文，信以为真，解除戒备。深夜，冒充明兵的倭寇，杀死守城卫卒，打开城门，引导倭寇大队人马入城。城内倭寇奸细，作为内应，乘机四处放火。守城明军见势不妙。弃城而逃，致使兴化府城失陷。

倭寇占领兴化府城后，烧杀居民，奸淫妇女，抢劫财物，无恶不作。这伙强盗把兴化城洗劫一空，才撤出城，屯据崎头(今莆田东南)。明军都指挥欧阳深闻讯，率兵 3000 从平海卫(今莆田东南)赶来追剿，途中遭伏击，全军覆灭。倭寇乘势占据平海卫，据险扎营，四出抢掠。

明廷接到兴化府城失陷的奏报，大为震怒，自倭患以来攻陷府城还属首次，明廷更为震惊，立即提拔俞大猷为福建总兵官，命令戚继光增募浙兵再度援闽抗倭，罢免了福建巡抚游震得，起用为父服丧去官在家的谭纶为福建巡抚，总督福建军务，统一指挥福建的抗倭战争。

嘉靖四十二年(1563 年)正月，新任福建总兵官俞大猷招募 6000 名漳州农民，训练成"俞家军"，赶赴平海卫附近的秀山，与驻扎明山的广东总兵刘显会师，等候戚家军。

戚继光接到再次入闽抗倭的命令后，于二月同福州兵备按察司副使汪道昆一道再去义乌募兵万人，边走边训。四月中旬赶到离平海卫很近的东停。

福建巡抚谭纶接到诏令后，从老家江西宜黄县日夜兼程，赶赴平海卫。

倭寇得知明军大军云集，重将督战，决定只留3000名精悍移驻渚林以南的许家村，据险结寨，屏障平海卫，其余4000人护送劫掠的财物回日本。

平海卫，原是明军一个卫的营地，其地3面环水，守易攻难。其地，形似足，渚林位于足腕处，是扼守平海卫的咽喉。

四月二十日，谭纶和监军汪道昆在渚林召集戚继光、俞大猷、刘显商讨进兵方略。戚继光主动提出："俞、刘2将在此拒敌已数月，此次主攻，理当由卑职担任。"谭纶根据诸将意见和平海卫的地形，决定戚继光为中军；俞大猷为右军，以一部水师扼控海路，断敌海上逃路；刘显为左军。并定于明日一早发起进攻。为了激励将士，军中悬赏银万两。

四月二十一日黎明前，一弯明月高挂天空，戚家军1万多名将士衔枚出发了。担任前锋的是胡守仁，跟在后面的是200名鸟铳手和弓箭手。天刚放亮，戚家军迫近倭巢。倭寇发现，出动2000人迎战，前头是百余名骑兵。戚继光下令前锋胡守仁发射火器，顿时鸟铳齐射，炮声震天，倭寇战马受惊，四处乱窜。倭酋吹响角螺号，命令步兵出战。戚家军乘势发起冲击，双方展开肉搏战。激战之时，左路军刘显和右路军俞大猷，从两翼猛杀过来，倭寇3面受敌，招架不住，狼狈逃向许家村老巢。明军3路同时追击，将倭寇围于巢中，抛掷火球，发射鸟铳，一时间，炮声轰鸣，火光冲天，整个倭巢一片火海。倭寇夺路逃命，戚家军奋勇拼搏，左右冲杀，倭寇或被烧死，或被斩杀，侥幸逃出的也坠崖、跳海身亡。

前后不到3个时辰，捣毁了平海卫倭巢，歼灭2451人，缴获器械3961件，救出被掳掠的男女百姓3000多人。

此后，戚继光、俞大酋、刘显分别率军驰骋福建沿海，横扫攻掠连江、宁德、福清、同安、漳州等地的倭寇，使福建沿海暂告平静。

收复平海卫的捷报传至京师，嘉靖皇帝非常高兴，特地为此举行了一次隆重的告谢郊庙的典礼，庆祝平海卫大战的胜利。

平海卫大捷后，福建沿海的倭寇虽然遭到了沉重的打击，但并没有被彻底歼灭，特别是一些倭寇把掠劫的金银财宝运回日本后，又引来了新的倭寇。

嘉靖四十二年(1563年)冬，倭寇2万多人，分乘上百艘的舰船，陆续在福清、兴化、泉州、漳州等地登陆，福建沿海又燃起漫天烽火。

面对蜂拥而来的倭寇，戚继光指挥军民在一个月时间内与倭寇水陆交战12次，每战必捷，斩杀倭寇3000多人。倭寇到处受到打击，遂改变策略，由分散掳掠逐渐形成合力，攻城掠地。当时，围攻仙游的倭寇就有2万人。仙游知县陈大有和白岭巡检司巡检殷功率领全城军民誓死守城，并向戚继光求援。但是，这时的戚家军驻守各地，兵力分散，加之长期作战，部队减员较多，又得不到休整和补充，对付卷土重来的倭寇，确实存在不少困难。

这些困难，对于戚继光来说，是不可怕的，也是难不倒的。真正使他感到可怕的是官员们缺乏一致抗倭的思想。他希望邻近的浙江、江西、广东3省能够迅速派军增援福建，解救福建的危急。可是3省督抚大官，存有地域之见，不肯轻易发兵，生怕自己辖区兵力削弱，导致倭患。特别是浙江，是他战斗多年的地方，过去胡宗宪任总督期间，对他还是器重的。去年（1562年）首辅严嵩被罢职，胡宗宪因巴结严嵩，同年十一月也遭弹劾，被捕下获。戚继光因此也受到一些官员的指责，他从浙江调动戚家军士兵，也遭到重重阻扰，迟迟不能入闽。此外，他的官职是个副总兵，还没有令行禁止那样大的权力，他的命令还不能在防守的福建和浙江地区内畅通无阻，使他非常焦急。为了取得抗倭战争的胜利，为了尽快消灭福建的倭寇，戚继光毛遂自荐，请求朝廷授予他"统一浙福之责"，赋予他"节制调度之权。"他的亲密战友、上司谭纶也上疏推荐，希望明廷委以重任，使他能够施展"千里之才"。在军情紧急的情况下，谭纶的奏疏很快得到批复。这一年的十一月，戚继光升任福建总兵官，镇守福建全省及与福建相邻的浙江省金华、温州2府水陆军务。

戚继光受任于倭患严重之时，在谭纶的支持下，立即调整抗倭部署，调一部随监军汪道昆返回福州，以防止倭寇突袭省城，一部防守闽江和兴化，防止倭寇深入腹地，又命把总傅应嘉统辖3000名水军驻守漳州和泉州，确保福建沿海要地无虞。一切部署稳妥，戚继光就和谭纶一道，亲统6000名戚家军将士投入解围仙游的战斗。

到了仙游，戚继光将部队驻扎在离倭寇20里的俞潭浦、沙园一带，亲自察看地形和侦察倭情。倭寇已经环绕着仙游城，在东南西北4个门建立巢穴，对仙游城发动进攻。

戚继光深感敌我兵力悬殊太大，就和谭纶相商，先稳住敌人，等待援军到达，再发起进攻。得到谭纶的支持后，戚继光命令新任守备胡守仁和把总蒋伯清领兵驻扎县城附近的铁山，据险为垒，和倭寇相持，以牵制敌人的兵力。另外，从各营挑选500名勇士，组成敢死队，悄悄地接近倭巢，相机突袭；戚继光在大本营不时地发炮，频繁地调动军队，以迷惑倭寇，作为缓兵之计。

倭寇侦悉戚家军要解仙游之围，自恃兵重势强，拼命攻城。戚继光担心城中守军兵力不足，恐惧心理增长，特派自己的亲兵乘夜入城，协助防守，并且将自己的大本营移到离倭巢更近的石马，四面布置疑兵，既遏制倭寇四出剽劫，又阻倭专意攻城，鼓舞了城中守军士气。城中百姓，在戚继光英雄行为的感召下，踊跃登城，协助守军，打击倭寇。

倭寇发现明军不敢出战，老是鼓噪呐喊，断定戚家军势单力薄，便加紧了攻城准备。十二月初六日，倭寇发起了大规模的进攻。他们簇拥着木梯涌向城下。城上军民不畏强敌，奋勇反击。攻击西门的倭寇，砍倒木栅，冲破土城，蜂拥攀垣。守城勇士陈二、林志宽眼疾手快，挥舞战刀，连劈带砍，倭寇吓得往后退。可是，陈二、林志宽却不幸被倭寇冷箭射中，壮烈牺牲。倭寇乘势再次登城，勇士刘居芳、丘世修和吴育，为守住阵地，与敌浴血搏战，倭寇招架不住，纷纷沿木梯往下退。游兵李以仁拿着点燃的木柴冲到城下，焚烧倭寇的木梯，敌阵混乱，狼狈撤退。攻掠城北门、城南门的倭寇，也都遭到守军的英勇抗击，纷纷撤逃。戚继光在石马乘机放铳助战，倭寇以为大兵已到，吓得逃入倭巢。

十二月二十三日，戚继光盼望已久的6000名援军终于到来了。虽然在数量上，明军仍然处于劣势，但是，这是戚家军从浙江调来换防的部队，经过休整，士气高昂，求战情绪激奋。戚继光认为全面反攻，彻底歼灭倭寇，解除仙游之围时机已到。立即召集将领商讨作战方略，研究兵力部署，命令守备王如龙位居中左路、守备胡守仁位居中右路，两军合力捣毁南门倭巢；把总陈濠位居右路，攻取东门倭巢；游击李超位居左路，攻取西门倭巢；把总金科率大营正兵，担任预备队，随时策应各门；指挥吕崇舟、副总兵金文秀率兵至铁山，以牵制北门倭巢。根据当时的敌情和地形，决定首先进攻南巢，得手后再攻东、西两巢，最后围歼北巢。

部署完毕，戚继光下令明日开始行动。二十五日，各部按预定计划到达指定地域。这天夜里大雨不停，路上行人断绝。次日拂晓，大雾弥漫，各部秘密向南巢推进。

狡诈的倭寇先行一步，乘浓雾天气从南门发起攻城。这次倭寇接受以往攻城失利的教训，创造了一种登城器具“吕公车”。这种车高于城墙，四周都粘上竹木棉毡，既防炮火，又不怕弓箭，使用时推至城下，从车顶上接木板至城墙，倭寇即可渡桥登城。正当倭寇拼命登城时，明军王如龙从左侧发起进攻南巢的战斗。倭寇见老巢被捣，只好暂停攻城，布开阵势，垂死挣扎。胡守仁从右侧进攻南巢。倭寇紧缩兵力，凭巢反抗。明军奋勇冲杀，摧围拔栅而入，焚烧敌巢。残倭分别逃向东西两巢。胡守仁乘胜向东追击，与右路陈濠部夹击东巢，王如龙向西追击，与左路李超部合兵夹攻西巢。各路将士英勇突击，迅速烧毁 2 巢。其余倭寇数千人拼命逃向北巢，作垂死挣扎。

戚继光亲督金科、金文秀等大营正兵以锐不可挡之势，冲进北巢，杀声阵阵，火光冲天，倭寇全线崩溃。仙游解围，明军吹起胜利的号角，整队入城，受到百姓的热烈欢迎。

仙游之捷，是戚继光继平海卫大捷之后取得的又一次重大胜利。也是戚继光以寡击众，获取全胜的光辉战例。充分显示了戚继光高超的指挥艺术，卓越的组织才能和戚家军英勇善战，无坚不摧的节制之师的战斗风貌。因此，谭纶特向朝廷上疏，为戚家军请功邀赏，赞誉戚家军“用寡击众，一呼而辄解重围；以正为奇，三战而悉收全捷。……盖自东南用兵以来，军威未有如此之震，军功未有如此之奇者。”

嘉靖四十三年(1564 年)一月，从仙游溃逃的倭寇近万人，正向同安方向窜犯，企图与活动在漳州的倭寇会合。

戚继光为彻底歼灭这股倭寇，立即命令原来增援仙游的各地守军返回驻地，严阵以待，防止新倭重新窜犯，同时命令傅应嘉率水师巡逻海上，断敌海上逃路，自率 5000 名戚家军将士追击南逃的倭寇。

二月初四，戚继光率领戚家军日夜兼程赶至同安县王仓坪，侦知倭寇集结在此，遂将部队分为 4 路，守备王如龙为南路，把总陈濠为中路，守备耿宗元为北路，义总吴京为预备队，适时策应各路。部署完毕，戚继光折箭为誓，激励将士誓死拼杀。

倭寇探明戚继光的兵力和企图，反而先从南面、东南、西南同时向明军南路扑来。

面对凶猛的倭寇，王如龙跃出阵前，怒目圆睁，把钢刀往地上一插，吼道：“不灭此贼，就用它刺穿我的胸膛。”陈子銮、丁邦彦高举战旗，怒视敌群，高喊：“为国捐躯，报效国家的时候到了。”全军将士呐喊着向倭寇冲杀过去。顿时，喊杀声，如雷贯耳。双方激烈酣战，一股倭寇 2000 多人从西南向东南方向迂回到明军背后。明军王如龙部处于被围状态，阵势出现骚乱。戚继光亲督张元勋、朱钰歼灭迂回到王如龙部侧背的倭寇，然后再挥师迎战正面之敌。倭寇见状，匆忙往山上逃去。戚家军挥刀登山，追击逃敌。倭寇四处狂窜，夺路逃命。

王仓坪一战，明军共歼倭寇2000多人。还有7000名倭寇南窜漳浦蔡坡岭，据险筑巢，并与汉奸勾结，企图夺取漳浦。戚家军跟踪追击。

二月十五日，戚继光亲自化装侦察，发现敌巢驻扎在蔡坡岭的山腰间，山高林密，岗哨林立，要偷袭难以成功，强攻伤亡太大。戚继光反复思考，这是一股溃逃之敌，似惊弓之鸟，而且刚刚结巢，立足未稳，粮草不足，必然要下山抢劫，遂决定于蔡坡岭至漳浦一线两侧设伏歼敌。

次日凌晨，戚家军进入伏击地域，隐蔽待机。不久，即有倭寇数百人向漳浦方向运动，显然是倭寇先头部队。戚家军严守军纪，按兵不动。倭寇大队人马随后跟进。当倭寇进入明军伏击圈，张元勋、陈濠、王如龙、李超率伏兵骤起，冲入敌阵，倭寇突遭袭击，匆忙组织反扑。明军将士英勇拼杀，倭寇见势不妙，夺路后退，戚继光亲自督众，从背后杀出。倭寇逃入山林，据险反抗，戚家军从四面纵火烧林，焚死和坠崖而死的倭寇1000多人，其余残倭继续南逃。

戚继光率军追至诏安地区，又歼灭逃倭2000多人、焚毁倭船20多艘。还剩一股倭寇逃入海上，被明水师歼灭一部，少量逃回日本。到嘉靖四十三年(1564年)十月，福建沿海的倭寇基本平定。

戚继光率军消灭大汉奸、大海盗首领吴平，是他抗倭业绩的重要组成部分，也是他在抗倭战争的舞台上导演的最后一幕。

吴平，是福建诏安县梅岭人，早年就投靠倭寇，充当内奸，在广东潮州地区烧杀抢劫，后来党羽渐盛，自成一支，队伍发展到万人，战船百艘，与潮州倭寇互为犄角，横行闽粤交界五六年，作恶多端，危害剧烈，成为霸居一方的大汉奸、大海盗。

嘉靖四十三年(1564年)夏，戚继光率领将士转战闽南地区，广东总兵俞大猷和参将汤克宽率军转战潮州、惠州地区，歼灭倭寇2万多人，吴平处于两面受敌，孤立无援的境地，迫于形势，向俞大猷投降，被安置在梅岭。没过多久，他公开反叛，召集亡命之徒、海盗流氓万人，修造战船百余艘，行劫闽粤交界地区，杀死明把总朱玑、王豪，势甚猖獗。戚继光决定用武力铲平后患，彻底荡平倭寇，夺取抗倭战争的最后胜利。

嘉靖四十四年(1565年)二月，戚继光去函广东，与老战友俞大猷相商，决定两面夹击，水陆并用，彻底消灭吴平。

为了做好围歼吴平的思想准备，戚继光深入将士之中，鼓舞士气。

一天，戚继光来到漳州，巡视部队。将士们都围着主帅问长道短。有的说："倭寇消灭了，我们可以放假几天了。"也有的问："当兵就是打仗消灭敌人，现在倭寇灭亡了，还留我们干什么呢？我们可以解甲归田了。"有一个消息灵通的士兵则反对"天下太平"的糊涂观念，他说："听说海盗头子吴平贼心不死，又在沿海横行不法，我们怎能松懈戒备，马放南山呢。"

戚继光突然站起来，问道："你叫什么名字？"那位士兵以为触怒了主帅，胆战心惊地回答了问话。戚继光说："你讲得很好。"艾武听到了主帅的夸奖才如释重负。

戚继光突然语调沉重起来，解释道："各位将士，你们为报效国家，投身从军，跟我转战南北，太辛苦了，我感谢你们。现在倭寇基本消灭了，应该给你们放假，家中有困难的，应该允许回去，孝敬父母，照顾妻子儿女。可是天下还没有太平，梅岭的吴平又网罗败类万人，到处抢劫，我们的父老生命财产还面临着严重威胁。如果我们不彻底消灭吴平，他们还会勾结倭寇，卷土重来，你们看应该怎么办?"戚继光的话音刚落，将士们异口同声："跟随主帅，消灭吴平!"

戚继光激动地说："好！你们不愧为是我戚家军将士!"

戚继光在激励士气的同时，抓紧军事部署。命令傅应嘉率水师自浯屿(今金门东)出发，至梅岭外海；戚继光督陆兵自漳浦出发，向梅岭疾进。吴平得悉戚继光水陆合攻梅岭，遂从海上南逃，向广东流窜。傅应嘉和广东参将汤克宽所率水师合击吴平于大潭澳，击沉贼船20余艘。吴平逃入闽粤交界的南澳岛，在岛上筑土城，立木栅，建立巢穴，不断派遣党羽出掠沿海。

八月，戚继光率大军进至诏安地区，按原定方略进攻南澳岛。由于广东潮州地区兵力不足，准备尚未就绪，而且军机泄漏，戚继光当机立断，决定先抵南澳岛，征用大批渔船，用渔船载石沉塞港口，又派战船环列烈屿、宰猪、大沙等地，对南澳岛实行封锁，切断吴平海上逃路。

戚家军预定攻取的第一个目标，是南澳岛的龙眼沙。此地离吴平老巢约30里，海滩地势较平坦，容易登陆，便于建立滩头阵地。戚继光把部队分成3路，从3个方向同时登陆，每路又分冲锋的正兵和策应的奇兵，另外设立"老营"，以督后阵。九月二十二日，戚继光亲督陆兵乘栅木浮舟渡海，在龙眼沙登岛成功。登岸地点山深林密，到处都布有吴平设置的障碍物。戚家军将士保持着高度的警惕性，一面伐木开路，因地结营，一面整军以待，防敌突袭。大队人马源源登岸后，抓紧时间，修筑木栅城和防御工事，建立进攻基地，巩固滩头阵地。

吴平侦察明军已占领龙眼沙，乘明军登岸立足未稳，遣兵2000人设伏，用小股出击，企图引诱明军出战，打乱明军部署，动摇明军士气。戚继光指挥将士奋勇迎战，吴平所部丧魂落魄，弃甲而逃。吴平气极败坏，下令亲自督阵，向戚家军反扑。

戚继光知道，对付内奸与倭寇是有区别的。就大多数人来说是被迫裹胁从逆，顽固坚持到底的只是少数，因此采取剿抚兼施的策略，写好劝降檄文，瓦解胁从分子，孤立顽固分子，武力剿灭反抗分子。二十五日，吴平亲自督阵带领大队人马向龙眼沙方向运动。戚继光动员将士，对送上嘴的肥肉一块也不能掉，必须坚决彻底消灭来敌。戚家军迎面还击，冲入敌阵，劝降檄文像雪片似的撒向敌群，吴平党羽得知戚家军宽待降者，不杀胁从者，军心动摇，有的弃械反正。戚家军乘势奋勇攻击，大获全胜。贼寇溃不成军，四处奔逃。

正当戚继光征战酣急，俞大猷统领参将汤克宽、镇抚许朝光分乘大小战船300余艘赶至南澳岛，两军会师，威震敌巢。吴平见势不妙，隐伏深林，困守待毙。

戚继光和俞大猷相商，迅速进兵南澳岛，彻底消灭吴平。戚继光将陆兵登岛捣敌巢；俞大猷领水兵，断敌逃路，配合陆兵进攻。

十月初四日，明军按预定作战方略，水陆夹击南澳岛。戚家军中军先在宰猪澳登陆，以迅雷不及掩耳之势，直捣吴平老巢；左军和右军从侧翼进攻。面对明军的凌厉攻势，吴平手握大刀，声嘶力竭大吼“怯战者斩首”。其党羽迫于吴平的残暴，不得不拼命冲杀。戚家军将士疾恶如仇，怒火满胸，骂道：“你们身为中国人，却资敌为奸，干尽丧天害理的勾当，不消灭你们，誓不罢休，决不为人。”士气鼓得足足的戚家军，如猛虎添翼，跃入敌阵，捣毁敌巢，烧毁敌船。吴平见败局不可逆转，又仓促收罗党羽夺船入海，在俞大猷水师沉重打击下，仅有800余人驾驶40余舟出海而逃。俞大猷、汤克宽、傅应嘉率水师追击，一直打到广东雷州（今康海）、广西廉州（今合浦），至次年（1566年）四月，吴平率残部辗转逃至安南（今越南）万桥山，终于被戚继光、俞大猷所部消灭，吴平投海自杀。到此，东南沿海倭患基本荡平。

戚继光从嘉靖三十二年（1553年）走上山东备倭战场，就立下“封侯非我意，但愿海波平”的志向，历经14年艰苦转战，足迹遍布山东、浙江、福建、广东沿海，在谭纶、俞大猷等抗倭名将的密切配合下，在沿海广大民众的支持下，他统率训练有素、名闻遐迩的“戚家军”，转战东南沿海，大小80余战，所向披靡，终于荡平了自明以来近200年的倭患，实现了戚继光的宿愿。这场波澜壮阔的抗倭战争的胜利，显示了中国军民不畏强暴、敢于抗争、前仆后继、英勇奋斗的英雄气概，为中国人民抗击外寇入侵的历史写下了光辉的一页，为中国人民保卫海疆斗争提供了历史的经验，也成为后人进行爱国主义教育、激发民族精神的宝贵精神遗产。

抗倭战争胜利后，戚继光因战功卓著，受到明廷的器重，除任命他镇守福建全省的军务外，还兼守浙江金华、温州、广东潮州、惠州以及江西伸威营的军务，其海防线长达3000多里。

戚继光受命新的任务后，给他带来新的困难，但他从不畏缩。这年冬天，戚继光向明朝世宗皇帝朱厚熜上疏，针对辖区存在的种种弊端，提出许多真知灼见，希望得到朝廷的支持，彻底改变东南沿海军事形势。

正当戚继光大力整饬海防，严格训练军队，加强部队全面建设，为巩固东南海防干一番大事业的时候，新的使命到来。

北疆大帅

戚继光所处的时代，正是明朝受“南倭”、“北虏”（蒙古）威胁最严重的时刻。以戚继光为杰出代表的抗倭将领，率领军队转战东南沿海抗倭战场，终于荡平了倭寇，转入和平建设海防的新时期。可是，北部边疆仍然是刀光剑影，严重威胁着明王朝的安全。

这种威胁主要来自蒙古。蒙古族是成吉思汗统一漠北诸部逐步形成的一个民族，是中华民族中的伟大一员。在明朝以前的100多年里，曾经建立过大一统的元朝，对中国历史的发展作出过重要的贡献。朱元璋建立明朝后，迫使蒙古贵族败退漠北草原。于是，中国北部便出现了明王朝与蒙古贵族之间的长期对峙局面。

嘉靖年间，由于皇帝昏庸，重用奸臣严嵩，致使北方局势一直没有稳定下来。

嘉靖四十五年(1566 年)十二月,嘉靖皇帝死去,其子朱载垕即位,是为明穆宗。穆宗比较开明,重用精明强干的徐阶、高拱、张居正等有作为的大臣,采取一系列挽救明王朝统治的措施,特别是加强蓟州边防,成为巩固明朝统治的重大决策。

明朝的北部边防在东起鸭绿江,西至嘉峪关数千里长城线上,设置 9 个军事重镇,合称"九边"。蓟州,是明朝"九边"之一,镇守地区相当于今河北长城内东至山海关,西至居庸关,以及天津以北的广大地区,为近畿防卫重镇,总兵官驻守三屯营(今河北迁西西北)。明廷根据蓟州极为重要的战略地位,决定从全国选调名将,前往镇守。工科右给事中吴时来以蓟州多警,建议朝廷调抗倭名将戚继光、谭纶、俞大猷至蓟州,专练北兵,抵抗蒙古精骑。张居正等大臣认为,他们三人都是威震敌胆、战功卓著的名将,全部调出会削弱南方指挥力量,福建、广东一些督抚军务大员也纷纷上书朝廷,建议戚、谭、俞不能同时调走。因此,朝廷决定调谭纶镇守北边。

谭纶调到蓟州后,发现蓟州边军素质太差,而北方蒙古精骑的战斗力却很强,明朝要以这支边军去打败蒙古骑兵那是很困难的。谭纶想,要改变边军面貌,非调戚继光不可。于是谭纶向朝廷奏疏,荐举戚继光来蓟州训练边军,提高边军作战能力,以对付蒙古骑兵。

隆庆元年(1567 年)十月,戚继光接到了北调蓟州训练边军的诏令。他想得很多,在中国历史上,北方战事频繁,英雄辈出,豪杰如云,自己能够受到朝廷器重,去北方与千古豪杰争品色,当然是一生中最大的乐事。自己年轻时虽然 5 次戍守蓟州,对蓟州的敌情、我情和天时地利都有所了解,遗憾的是没能统兵 10 万,出塞千里,打几场大仗,做一番前无古人、后无来者的大事业。现在,时机终于到来了。

戚继光北调的消息传开后,镇守广东的总兵官俞大猷,因不能亲自为戚继光送行,就遣差专程送贺信,勉励道:"大丈夫在世,要与一代豪杰争品色,宜在于东南(抗击倭寇);要与千古豪杰争品色,宜在于西北(抵御鞑靼)。"戚继光手捧贺信,激动不已。

戚继光告别了与他朝夕相处的抗倭将士和父老乡亲,启程北上。他的密友汪道昆亲自送行,一程又一程。临别时,握着戚继光的手,祝贺他在北方干一番功垂青史、留名后世的伟业。从此,戚继光的个人历史揭开了新的一页,转入了镇守北方的战斗生涯。

戚继光满怀希望来到蓟州。他深入边塞了解边情,考察边关形势。使他感到,北方的情况与南方截然不同。展现在他面前的将不再是惊涛骇浪、楼船帆影的海上风光,也不再是江河湖汊,道路狭窄的江南水乡景色,而是黄沙盖地、荒草雄关的塞外景象。作战对象、战区地形和部队素质完全两样。在南方抗击的是海上入侵的倭寇,而北方是抵御陆上骚扰的蒙古骑兵,这些游牧部族,长期生活在漠北草原,擅长骑射,动则数万、十几万,来若风,去若云,飘忽不定。南方是江河湖汊的水网沼泽地,不利于大兵团作战;而北方是高山峻岭、丘陵平原,便于骑兵驰突。南方是经过严格训练、纪律严明的抗倭将士,武艺熟练,体质健壮,战斗力很高的节制之师;而北方则各镇号令不一,将领又人各一心,不顾大局,此疆彼界,划地为防,无法配合。特别是蓟州离京师很近,一旦有警,朝议汹汹,处处掣肘,成事不足,败事有余,弄得将领无所适从。

隆庆二年(1567 年)正月,戚继光针对边军存在的问题,向朝廷上奏,提出了战守主张。

首先请求朝廷给他专管训练蓟州边兵的权力。他打算用三年时间,训练一支车、步、骑兵混合编成的 10 万精锐部队,主动出塞打击蒙古骑兵,大张军威,彻底扭转北方被动挨打的军事态势。然后利用这支边军作为骨干,分赴"九边"及京师,扩大边军训练,使整个边军都成为劲旅,这样北方的边防就能巩固,鞑靼兵就不敢轻易南下骚扰。

对于士兵的来源,戚继光根据训练浙江兵的经验,若在原有的基础上训练边兵和京师兵,难以改变面貌,即使表面上训练得威武严整,一旦遇强敌即溃不成军。他也深知一般应募者多为无赖的流民,管束不严则不能成军,稍严即纷纷逃跑,最好的办法是采用在浙江招募义乌兵的办法,由地方官府负责挑选,集中训练,然后登记造册,建立结保制度,这样便于管理,防止逃跑,等到训练初见成效,再送至京师集中训练。为了更快更好地把边兵练好,他还建议调 1 万名训练有素、久经战斗考验的浙江抗倭兵作为骨干,掺和着训练。

军队所需粮饷、器械,他建议分省承担和扬长避短,就地取材。这样,既可避免军中乏食之患,又可避免转运之劳。各种军器不必一一仰赖工部,可命令各省分别制造,然后押送赴营,不合格者,由负责官员照价赔偿。

戚继光的这些意见,都是经验之谈、治军之精华。如果都能实现,北部边事定会大有改善。遗憾的是这些充满希望的建议,却遭到了一些因循守旧的老朽官员反对,结果任命戚继光担任京师神机营副将,只负责训练全国卫所军轮番赴京师受训的火器部队。这对于立志改变北边局势的戚继光来说,无疑是壮志难酬,其心情自然十分苦恼。

对此,戚继光是不甘心的。为了实现自己训练边军的心愿,再次向朝廷上奏,重申训练 10 万边军的重要性和建立车、步、骑合成军作战的新的战略战术思想。兵部阅疏,感到戚继光是个有远见卓识的军事将领,其建议涉及面太大,难以决断。

同年五月,由于新任蓟辽保总督谭纶的竭力推荐,朝廷任命戚继光总理蓟州、昌平、辽东、保定练兵事务,节制四镇,总兵官以下悉受节制,权力相当于总督。这对于戚继光来说,只是实现了练兵的愿望,可是他的其他建议却无法实现,特别是蓟州地区防务废弛,边将不听调度,给他的工作带来很大困难。

戚继光上任后,经过考察,接连不断地上奏《定庙谟以图安攘疏》、《呈修各路边墙》、《预定策应兵马》、《添筑黑峪关重墙》,全面整顿蓟州军事。十月,又上奏《练兵议条奏七原六失四弊疏》,具体地分析了蓟州部队"兵多亦少"有 7 个方面原因:其一,军队不学杀敌本领,而热衷于练花架子。强壮者被将门私役,老弱病残者充伍;其二,边塞逶迤数千里,邮传不畅,使客络绎,将领疲于迎送,参将、游击为驿使,营垒皆传舍;其三,各关寨相距甚远,敌人入侵,调遣无方,远道赴援,卒毙马僵;其四,守塞的士卒约束不明,行伍不整;其五,临阵骑兵不用马,反而用步兵;其六,家丁盛而军心离;其七,部队守卫不分轻重缓急,处处设防,备多力分。七害不除,边备难修。

戚继光分析部队所以存在上述"兵多亦少"的七大原因,关键是不练所致。戚继光认为部队不练在“六失”：其一，边防靠的是士，士靠的是将，而今恩威号令不足以服其心；其二，有火器不能用；其三，蓟州边军皆土著，弃之不练；其四，诸镇入卫之兵，嫌非统属，漫无纪律；其五，班军民兵数盈四万，人各一心；其六，练兵之要在先练将，今注意武科，多方保举，此选将之事，非练将之道。即使有些部队进行了训练，但是所练无益。戚继光认为，其弊端有四：一是不能发挥士兵一专多能的作用。今一营之卒，为炮手者常十也。不知兵法五兵迭用，当长以短卫，短以救长；二是三军之士各专其艺，金鼓旗帜，何所不蓄，今皆置不用；三是能慑敌之兵器惟铳枪，却不精，而弓矢之力不强于寇，则欲藉以制胜；四是教练之法，自有正门，须有经练之人。美观则不实用，实用则不美观，而今悉无其实。

戚继光颇赞同《孙子兵法》的观点，认为兵形像水，水因地而制流，兵因地而制胜。他分析了蓟州地形，南面为一马平川的广漠平原；近边为半险半易的丘陵地；外边为丛山峻岭的峡谷绝壁。在这样的地形上，应因地用兵，平原利车战，近边利马战，外边利步战。只有训练一支马、步、车 3 者迭用的大军，才可战胜蒙古骑兵。

戚继光指出上述问题的存在，根子“不在边鄙，而在朝廷；不在文武疆吏，而在议论掣肘”。所以他请求朝廷采纳他的建议，允许他专负教练，其他将帅和文臣不要从中干预。

戚继光的奏疏，得到谭纶的支持，也得到了关心边事的执政大臣张居正的倚重，练兵的事便得到明廷的批准。

同年冬，戚继光又针对蓟州的防务情况，提出将蓟州镇的部队划分为山海关、石门寨、台头营、燕河营、太平寨、喜峰口、松棚谷、马兰谷、墙子岭、曹家寨、古北口、石塘岭等 12 路，每路设一将领统率 3000 兵。又将 12 路分设东西两协守，分管东西各路军队。在这个建策中，戚继光根据俞大猷在舟山岑港之战中无辜被罚配大同，戴“罪”立功时建立车营，在大同地区的安银堡大败 10 万鞑靼兵的成功经验，提出建立车战营的 5 大好处：一是攻战可用之环卫，既可束伍，又可屏障，还可代甲胄，虏马拥众，无计可施；二是行则为阵，止则为营，以车为正兵，以马为奇兵，进可以战，退可以守；三是车不费刍粮，兵不用甲胄，车营中编成的马步兵可以车为隐蔽；四是以往蒙古兵冲入内地，四处抢掠，无以阻挡，今有车兵拒战，敌骑就不敢分掠，不敢久住；五是蓟州地形险阻，车战利于扼塞邀截，使虏失利。戚继光经过深思熟虑，提出建立 7 个车战营，分别驻守建昌、遵化、石匣、密云、昌平、三屯（两营）各地。对每个车战营的编成和装备都提出了具体意见。

他还建议建立 7 个步兵营、7 个骑兵营、3 个辎重营。

从戚继光建议中可以看出，他是站在战略指挥员的高度，统观北边全局，把车、步、骑各营编成一个混合大阵，能够机动迅速地在各种地形条件下发挥整体作战威力。蓟州部队经过戚继光的筹划，形成两大类型：一类是执行战略任务的机动部队，另一类是戍守长城一线的守备部队，从根本上改变了原来沿长城一线单纯防守的被动态势。

戚继光的这些建议都是事关全局的高明之举，得到了执政大臣张居正的赞成和蓟辽总督谭纶的支持。明廷除授权戚继光总理练兵事务外，还兼任蓟州、永平、山海关等边总兵官，全权负责蓟州一线防务。

戚继光考察蓟镇边关形胜，发现大同、宣府一线边墙在总督翁万达、杨博时进行过整修，并建造了烽火台，较好地发挥了防御功能，而蓟州地区的边墙虽然也曾整修过，但未筑墩台，所修边墙低矮单薄，天长日久，大多倾圮，难以发挥阻遏蒙古骑兵的功能。于是，他向总督谭纶提出修边墙、筑墩台的建议。谭纶对戚继光是了解的，深知戚继光提出的问题颇有战略眼光，是经过深思熟虑的，表示支持，希望他周密勘察，然后再正式上报朝廷。

戚继光深感自己的主张有谭纶支持，问题就好解决。他亲自组织人马勘察地形，调查研究，根据燕山山脉自西而东，横贯境内，山峦起伏，沟深谷窄的地势，确立了以长城为依托，以关隘城堡为重点的修筑墩台原则，根据不同地形，确定修边墙的高度、层次和筑敌台的密度、台型等。对于军事锁钥的古北口，因大小金山山势低缓，处于易攻难守的形势，就构筑3道城垣，百米一台，次要地区依地形而定。两台之间相互关联。

隆庆二年(1568年)五月，戚继光在调查研究的基础，拟订了修墙筑台方案，上呈朝廷。他认为，加强长城防御力量，一方面是加高、加固、加厚原有的城墙，墙两面均设垛口，要地修筑重墙，增强防御功能；另一方面就是在长城沿线修筑敌台(也称空心台)，作为边军驻守和战斗的堡垒。戚继光设想修筑的敌台，有空心和实心两种，平面有方有圆，突出城墙外，供侧射控制城外接近地，增强防御能力。空心敌台有大小两种。大敌台多设在险要地段，跨墙为台，睥睨四达，台高5丈，内有3层，上层供瞭望和观察，中层为战斗室，下层为库房和休息室。小敌台突出城墙外约1丈，高出城墙约1丈5尺，上层建有骑墙铺，下层为砖砌券室木楼层，可供士兵10人休息和战斗。实心敌台，高与城墙顶平，其他与大敌台相同。敌台不远之处，另屯军队，和台上守军配合作战。平时士兵可在墩台附近屯田，以解决军粮不足。

鉴于蓟州延绵2000里，一瑕则百坚皆瑕，戚继光建议修筑敌台3000座，整个修筑工程全部由戍守士兵承担，既减轻国家负担和民众的徭役，又可锻炼边军吃苦耐劳的精神。

戚继光的建议得到明廷批准，使他全面整治北部边防，提高边军作战能力，有了可靠的保证。

隆庆三年(1569年)春，戚继光组织将士开始了艰巨的筑台、修墙工程。北方戍边士卒没有经过严格训练，突然要他们承担繁重的修墙筑台任务，许多士兵牢骚满腹，说什么“边墙再坚固，墩台再高大，也挡不住鞑虏的进攻，何苦劳命伤财”。戚继光听了这些议论，解释道：“过去的边墙太低太薄，而且只有砖石小台，相互间不宜联络，又无法储备粮草器械，士兵暴露于台上，敌人居高射箭，我们无处藏身，因而一击即溃。现在我们建成空心敌台，就能消灭敌人，保住自己。”不管戚继光怎么解释，士兵们私下议论仍然不断。

正在这时，蓟州东路副总兵胡守仁奉命至浙江，率领军纪严明的3000名抗倭将士来到蓟州。部队直立效外，等候戚继光的点验。戚继光感到这是教育边军的极好时机。

第二天,东方欲晓,紧急集合的军号声惊醒了长途跋涉、正在酣睡的抗倭将士。他们个个动作敏捷,霎时间一块块整齐的方阵排列在点验场上。横看成行,竖看成列,等候戚将军检阅。

许多守塞士卒,久闻戚总兵长于治军,严于束伍,但对戚家军到底怎么严格,不了解,不相信。很想乘机亲眼看看。可是这些训练无素的边军,拖拖沓沓,好长时间才集合完毕,稀稀拉拉地进入指定地域。

天有不测风云。盛夏的早晨,朝阳似火。不一会,天空乌云密布,狂风劲吹,瓢泼大雨倾注不止。部将请求改日点验。戚继光哈哈大笑,说:"天知我心矣。原先准备烈日当空时检验,让边军将士看看我戚家军的威严,未想到老天爷也赐良机。"说着,手执军棍,冒雨冲向点验场。

大雨淋得士兵们都睁不开眼睛。熟知戚继光脾气的抗倭将士,看到总兵冒雨站立在指挥台上,环顾受阅将士,个个精神抖擞,巍然不动。戚继光首先训话:"当兵是干什么的?是杀贼保民的,是打仗卫国的。打胜仗需要有纪律,而纪律是靠平时养成的。只有平时进行艰苦磨练,养成铁的纪律,才能打大胜仗。"戚继光宏钟般的声音吓得老天爷雨住天晴。盛夏的北方,骄阳似火,沙土地上散发出滚滚热浪。抗倭将士自日出站至日落,直立不动。边塞将士看此情景,无不惊骇,纷纷夸奖:"戚家军纪律如钢,名不虚传。"

从此,边塞将士再也不敢轻易干违犯军令的事了。他们在戚继光的精心组织指挥下,修墙筑台工程进展顺利。不久,戚继光的弟弟戚继美奉命率领7000名沂州(今山东临沂)兵来蓟州戍边。戚继光请求朝廷将这支部队留下,参加修墙和筑台。经过艰苦紧张的施工,至隆庆五年(1571年)秋,全部墩台修筑完毕。从此以后,东起山海关,西至镇边城(今居庸关西)的2000里边防线上,矗立着数以千计的精坚雄壮的敌台,随着蜿蜒曲折的地势,高低相间,突兀参差,蔚为壮观。

戚继光在每座敌台上配置了固定的台军,又撰写《守哨条约》,令各台官传习,时刻提高警惕。规定传烽之法,如有敌情,传烽为号。为了便于守台军士记忆,他把各种敌情信号编成通俗顺口的《传烽警报法》,让守军背熟。这样,一有警报,很快就可传遍蓟州防线。

在戚继光的精心整治下,蓟州镇边军面貌为之一新,战斗力大大提高。戚继光非常希望有机会统率所练16万大军,依托坚固城防,狠狠打击蒙古骑兵,大长边军威风。由于戚继光镇守有方,边防巩固,蒙古军不敢南犯蓟州,戚继光只好采用阅兵方式,以展雄风,以壮军威。

隆庆六年(1572年)金秋时节,一个千载难逢的良机终于盼到了。戚继光接到兵部的传令,朝廷将命兵部侍郎王遴、吴百朋、汪道昆分别巡视陕西、宣府、大同、蓟州、辽东,考察将校。而视察蓟辽战区的却是与他在东南沿海并肩抗倭的老战友汪道昆。戚继光心喜若狂,连夜上疏,恳请借此良机组织一次大阅兵,而后进行模拟实战的对抗演练,全面检验车、步、骑大兵团合成作战的能力,以达壮军威、震敌胆的目的。这件事很快得到了老上级、兵部尚书谭纶的支持和朝廷首辅张居正的鼓励。

十月二十二日,是大阅兵、大演练之日。清晨五时,长城南侧的汤泉(今河北遵化县北），方圆数十里，旌旗飘舞，战鼓隆隆，16 万大军进入指定地域，犹如巨龙般地直卧在一马平川上，等候着朝廷大臣和镇边大帅戚继光的检阅。不一会，汪道昆和蓟辽保总督刘应节等要员在戚继光的陪同下，兴致勃勃地登上阅兵台。成百上千的将校分列两侧，等候观阅。

嘭！嘭！嘭！远处传来 3 声惊天动地的号炮声。戚继光宣布“大阅开始”。顿时，鼓乐齐鸣，烽火燎燃，整个汤泉大地沸腾起来。身披铠甲的戚继光陪同汪道昆、刘应节分乘战车，检阅阵容。汪道昆检阅那威武壮观的阵容、造型新颖的战车、整齐昂首的骑兵、英姿飒爽的步兵，感慨万千，情不自禁地向受阅将士频频招手，致以敬意。然后进行分列式。按照步兵、车兵、骑兵顺序通过阅兵台。那一列列方方正正的阵形，整整齐齐的步伐，像波涛似地涌向阅兵台，震耳欲聋的口号声响彻蔚蓝的天空。阅兵官员见此情景，无不肃然起敬。

又是一阵隆隆的号炮声。戚继光下令“演阵开始”。随着戚继光的一声令下，近处的烽火台狼烟腾起。霎时间，左右墩台一股股烽烟腾入云霄。模拟“敌军”的万名骑兵，以迅雷不及掩耳之势，突破边墙，闯过关卡，直“犯”内地。明军步兵在战鼓声中，摆成鸳鸯阵，迅速截击“敌骑”。激战中，“敌骑”蹂躏入阵，明军兵强将勇，奋力拼杀，将“敌骑”杀得人仰马翻，阵势大乱。阅兵台上传出阵阵喝彩声。突然，“敌骑”主力突破长城防线，压向明军步阵。敌我悬殊，明军寡不敌众，力战不支，逐渐后撤。“敌骑”越战越勇，所向披靡。战局急骤变化，观者个个心急如焚。就连十分崇信戚继光的汪道昆也不解其因，沉不住气地忙问：“戚大将军，这是……”。戚继光手指前方，还未来得及启齿回报，就看见远处尘土飞扬，数千辆战车冒着弥漫硝烟驰向“敌”阵。战车上装置佛郎机大炮、火铳和火箭等新式火器。交战时结为方阵，马步居中，内置拒马器，体轻锋利。离“敌骑”较近时，发射火器，杀伤“敌”兵，乘胜陷阵。步兵依托战车，手持拒马器排列冲锋，用大刀砍“敌”马腿，狼筅、长枪刺“敌”骑兵坠马。几经激战，“敌”阵溃乱，明军骑兵出阵，追击逃“敌”，大获全胜。

阅兵台上赞声不绝。汪道昆、刘应节也为鏖战大胜，激动地起身站立，连声赞道“戚大将军真是用兵如神啊！”

此后，戚继光还演练了夜战、近战、攻城、守城、阵法和比武等内容。直至十二月初演练才结束。这种大规模的、长时间的、广地域的实兵演练，在中国古代练兵史上是个创举，也为后人进行大兵团实兵演习开了先河。

戚继光镇守蓟州期间，基本上没有打过大仗，这对戚继光来说，是一大憾事。其原因主要有 3 个方面：第一，此间正是穆宗皇帝朱载垕和万历皇帝朱翊钧前期，他们刚刚即位，政治上比较开明，能够重用辅臣高拱、张居正等人，又调谭纶和王崇古等著名将领镇守北边，使明朝政治形势和军事力量都发生了变化。第二，采取了睦边政策。在嘉靖年间，北方的威胁主要来自蒙古俺答汗，他拥有十几万骑兵，领地中心在今呼和浩特一带，靠近长城。俺答汗过着游牧生活，许多生活必需品依赖于塞内，迫切需要和汉人通商，多次要求和明朝互市。明朝廷以蒙古贵族忽战忽和，反复无常为理由，拒绝和他通商互市，于是俺答汗经常南下攻掠，抢劫财物。到了隆庆四年（1570年），明廷采纳了宣（府）大（同）总督王崇古的建议，和俺答汗达成协议，封俺答汗为顺义王，在大同、宣府等地设立互市场所，从此俺答汗严禁所部入边劫掠，所以，自宣府、大同至甘肃，20 多年无征战。第三，戚继光镇守蓟州，修边墙、筑敌台，训练 16 万车、步、骑大军，对蒙古精骑也是个巨大威胁，迫使他们不敢轻易南扰。但是，当时东蒙古的左翼在图们札萨克图汗（明人称土蛮）的统治下，经常攻掠辽东和蓟州地区。辽东的蒙古贵族朵颜部首领董狐狸和他的侄子长昂，有时向明朝称臣纳贡，有时又和明朝发生小的争战。

隆庆二年（1568 年）十二月，朵颜部董狐狸、长昂依恃鞑靼小王子势力，屯兵河北会州，企图犯董家口、榆林岭、青山口等处。戚继光镇守蓟州，第一次接到报警，决心旗开得胜，打一个漂亮的胜仗，鼓舞边军，威慑敌阵。他亲自率领边军至青山口，用火器击溃了敌兵前哨，又引兵出青山口迎战，董狐狸慑于这位御倭名将的威名，慌忙率部逃窜。这是戚继光镇守蓟州后的第一仗。这一仗虽然不算什么大仗，但在蓟州屡遭蒙古骑兵骚扰，部队士气不高，战斗力不强的情况下，他首战获胜，仍然是大大鼓舞了蓟州边军将士。

万历元年（1573 年），是戚继光到蓟州的第 7 个年头。这年二月，董狐狸又依恃小王子的势力，陈兵河北喜峰口，向明朝索求重赏，遭到拒绝后，便派兵入掠，并乘夜偷袭拿子口。戚继光率兵出战，打退了董狐狸的进攻。过了一个多月，董狐狸又联结小王子所部插汉儿在桃林、界岭集结，企图偷袭蓟镇，又一次被戚继光击败，董狐狸几乎被擒。此后两年间，朵颜部不敢进犯蓟镇。

万历三年（1575 年）正月，董狐狸的弟弟长秃率众进犯董家口。戚继光闻报，亲自指挥将士从榆木、董家 2 关出战，南北夹击，大败长秃。朵颜军狼狈逃窜，戚继光率军追出 150 里，活捉长秃。董狐狸因弟弟被俘，不得已率所部酋长及亲族 300 人，叩关请罪求降。戚继光和总督刘应节商定，朵颜部诚心和我们求和，为了边境安宁，应该接受他们的请降。四月十三日，戚继光亲自到喜峰口，安抚前来请降的董狐狸等人。董狐狸归还了所掠百姓和财物，还亲自带族人向戚继光叩头求饶，发誓再不骚扰边境。戚继光向他说明道理，当场释放长秃，并允许朵颜部到长城一些关口进行通商互市。从此以后，蓟州在戚继光镇守期间，一直与朵颜部保持了和好睦邻，维持了边界的和平局面。

但是，辽东战事一直很频繁。戚继光心情非常焦急，多次向朝廷请求率兵援辽，配合辽东总兵李成梁打几个大胜仗，狠狠地打击鞑靼部。戚继光的心愿终于实现了。万历七年（1579 年）十月，鞑靼小王子所部伯彦、苏把亥、银灯等率兵 5 万多从范儿营、锦川一带进攻辽东。辽东守将李成梁向朝廷告急，请求调兵增援。

十一月间，戚继光奉明廷之命率军抵达山海关，救援辽东。他侦知鞑靼兵向山海关外狗儿河方向运动，就命令士卒将自制的一种类似地雷的爆炸武器“自犯钢轮火”埋于敌骑必经之地，然后诱敌出战。当鞑靼兵伯彦部正向狗儿河推进时，忽然一阵巨响，骑兵炸得人仰马翻。鞑靼兵不知炮火从何而来，个个惊慌失措，阵势大乱。戚继光乘势指挥骑兵出击，打得伯彦军大败而逃。戚继光乘胜追至石河墩，从三面合攻伯彦。伯彦见败局已定，率残部夺路而遁。戚继光率军追出数百里，大获全胜，圆满完成援辽任务。明廷鉴于戚继光镇守蓟州，功勋卓著，于同年秋给他加官“太子太保”，援辽取捷后，又加官“少保”。这是明朝武臣的最高荣誉，戚继光被称“戚少保”就是由此而来。

蓟州从“庚戌之变”（1550 年）鞑靼部首领俺答犯京师起，至戚继光未来蓟州之前，17 年间经常遭到蒙古骑兵的袭击，朝廷为加强北边防务，增城筑堡，命将镇守，先后接连撤换 10 员大将，可是蓟州仍然不得安宁。戚继光到任后，整顿军纪，训练边军，修筑边墙，建筑敌台，创立新兵种，才从根本上改变了局面，使边防巩固，京师安全。所以《明史·戚继光传》称赞“继光在镇 16 年，边备修饬，蓟门宴然”。此后继者，踵其成法，使蓟州数十年无战事。

勤著兵书

戚继光一生戎马 40 年，指挥百多战，所战皆捷，使他成为闻名于世的百战百胜的将军。然而，他还善于动脑，勤于动笔，著写兵书，给后人留下极其宝贵的精神遗产，把他的光辉业绩推向顶点，成为后人敬仰的著名军事理论家。

戚继光在治理军队，领兵打仗，练兵育将的繁忙戎务之中，抓紧时间广阅历代兵书，继承和吸取前人兵法的精髓，认真总结自己作战、练兵、治军的经验，写成《纪效新书》、《练兵实纪》及《长子心铃》、《莅戎要略》、《武备新书》、《蓟门经略》、《将臣宝鉴》等多部兵书，其中闻名古今的《纪效新书》和《练兵实纪》是他的杰出的代表作。《四库全书总目·子部·兵家类》正目选收兵书 20 部，戚继光的《纪效新书》和《练兵实纪》均被收录，占其所收兵书总数的 1/10，且一人著作被收录两部，是为此目所仅有的。后来又有人将戚继光这两本不朽兵书列入中国古代 10 部著名兵书之中。它的问世，为古代兵书之林增添了参天大树，为古代军事思想的宝库增添了闪光的明珠，成为启迪后人智慧的光辉篇章。

戚继光不仅是著名军事理论家，还是个著名诗人。他一生横戈立马，乘戎暇之机，饱览山川险隘，畅游湖泉胜境，马上赋诗，撰写大量诗文，后来整理汇编成诗集《止止堂集》，留传后世。

他在写诗著文的同时，为弘扬民族文化，亲自组织将士重印《文苑英华》。《文苑英华》是北宋太宗年间李昉、扈蒙、徐铉、宋白等奉敕编成的上继南朝梁代萧统所编《文选》后的又一部大型文学总集，选录了上起南朝梁代，下迄晚唐五代著名作家 2200 余人，作品约 2 万篇，共 1000 卷。可是到了明朝后期，一般人已经很难看到完整的版本了。东南沿海抗倭战争即将胜利结束之时，福建巡按御史胡维新提出重刻《文苑英华》的倡议，戚继光表示极大的兴趣，积极赞助。他不仅捐出俸银和赏银为重印的资财，而且负责全部刻印工程。戚继光派出一些将士在福州太守胡君昂、泉州太守万君庆的协助下，召集大批缮写人、刻书人、校书人，筹集大量制版木材和印刷器材，准备了工作场所，在半年时间内就完成了一部 600 余万字的《文苑英华》的刻印装订工作，其速度之快，在当时是罕见的奇迹。400 年后的 1966 年，中华书局又将《文苑英华》影印出版。在制影印版时，除残存的宋本 140 卷外，其余 860 卷都是用戚继光主持刻印的明刊本照相制版的。

此外，戚继光平生还有大量的奏疏、函札。遗憾的是在他死后，家中遭到一次火灾，许多书籍和文献资料被焚毁。所幸的是他的长子戚祚国编写了《戚少保年谱耆编》草稿，次子戚昌国集录各种资料进行增补，三子戚报国详细订正了书稿，四子戚兴国参加了书稿校正等，详细地反映了戚继光军事生涯的丰功伟绩和著作情景。从这里不难看出，戚继光是个文武兼备的军事家。

戚继光是领兵打仗的名将，指挥十几万大军的一方统帅，正如他的自述："一年三百六十日，多是横戈马上行。"他写兵书不同于文雅的书生，静坐书房，书童磨墨，秀才作文，而是一边训练打仗，一边读书，一边写作。因此，他的作品，是发愤的结果，是智慧的结晶，是实践的总结，是"师古而不泥古"的佳作。

第一，戚继光著书立说都是在恶劣的环境和艰苦的条件下进行的。《纪效新书》就是这样问世的。嘉靖三十九年(1560 年)，戚继光调浙江抗倭战场已经 5 年了，有成功的经验，也有挫折和教训。他针对部队训练素质差，战斗力低，阵法机械呆板，理论素养不高等问题，逐一加以研究解决，先后组建新军，创立新阵法。对于刚刚诞生的新军，怎样训练？用什么样的理论指导？这是戚继光思虑的大课题。他从孙子写兵法教宫女得到很大启示，觉得应该抓紧时间写一部来自实践，又指导实践，出于古兵法而又不拘泥于古兵法，完全适应抗倭作战需要的新兵法，用以指导部队训练和作战。在这样的思想指导下，他抓紧时间写作，白天利用训练间隙，席地而作；打仗，利用作战间隙，构思文路；经常饭碗一放，嘴中还在嚼着饭菜，手中就握笔写文，晚间挑灯夜战，常常通宵达旦。特别是盛夏的江南，暑气逼人，蚊虫叮咬，难以忍受，他就躲到蚊帐中，张灯写作，汗水浸湿了衣衫，全然不顾。由于戚继光勤奋努力，《纪效新书》很快就完稿。全书除总叙 1 卷外，正文 18 篇，分为：束伍、操令、阵令、谕兵、法禁、比较、行营、操练、出征、长兵、牌筅、短兵、射法、拳经、诸器、旌旗、守哨、水兵等。且内容生动，文字通俗，图文并茂。"戚家军"将士手捧新书，认真读，照着做，用新的理论武装和训练的新军，如虎添翼，勇抗倭寇。《纪效新书》的问世，使戚继光尝到了用新的理论武装将士的甜头。到了隆庆二年(1568 年)，即戚继光调蓟州的第二年，他针对北边敌情、我情，为训练好边军，又开始总结自己训练边军的经验，着手撰写《练兵实纪》，至隆庆五年(1571 年)写成，前后共 4 年时间。全书正集 9 卷，分为：练伍法、练胆气、练耳目、练手足各 1 卷，练营阵 4 卷，练将 1 卷。另附杂集 6 卷为：储练通论 2 卷，将官到任宝鉴、登坛口授、军器制解、车步骑营阵解各 1 卷。

戚继光写《练兵实纪》用时较长，这与他写《纪效新书》不同。在东南抗倭时，他是个参将，训练的是几千兵，且有较长的时间实践，具备一气呵成的条件。而在蓟州写《练兵实纪》，他是统率十几万大军的高级指挥官，运筹战略，善用将领，是他的戎务重点，加之此书的理论色彩很浓，是戚继光军事思想发展至成熟时期的重要标志，更需要在实践中接受检验，因此需要通过修边墙，筑敌台，练边军，培养将领诸方面进行检验和实践。戚继光即使著写此书用时很长，但他同撰写其他兵书一样，都是夜以继日，分秒必争。

功夫不负有心人。戚继光发愤写兵书，终于名垂千古。

戚继光著兵书的基本指导思想是求“新”求“实”。他认为，写书的目的是为了适应部队训练和作战需要，提供新的理论指导，而不是沽名钓誉。因此必须在内容上有新的突破，在理论上朴实无华。用戚继光自己的话说，就是源于古兵法，而又不泥于古兵法，完全是适应作战训练需要，从实践出发，来自实践，又高于实践，指导实践的新兵法。从戚继光给《纪效新书》和《练兵实纪》命名即可知其真谛。

戚继光写《纪效新书》和《练兵实纪》，从指导思想到内容都是为了新、为了实。但是两书又有相同点和不同点。相同点都是戚继光组织练兵育将的真实纪录，都是为指导练兵而作。因此，练兵的原则是一致的，写书的目的是一致的。不同点，《纪效新书》是针对倭寇作战特点和沿海地形条件而作的，内容具有教科书的性质，规定将士应该怎么做，不应该怎么做，提倡什么，反对什么，说得清清楚楚，明明白白，使将士举止有标准。《练兵实纪》是针对蒙古骑兵为作战对象和塞北地形条件而作的，特别是随着戚继光的职务升迁，经历广博，思想成熟，具有高深的理论色彩，揭示了戚继光作为军事理论家的思想精髓，阐明了建军、作战、训练的原则，把戚继光的军事思想提到了新的高度。

《练兵实纪》中《练将》、《储练通论》、《将官到任宝鉴》和《登坛口授》等 5 卷，理论色彩尤浓，军事价值尤高。戚继光在《练将》中，对将领如何从政治上、思想上、军事上和言行上进行自我修养，把自己培养、锻炼成为一个文武兼备、智勇双全的合格将领，作了深刻而系统的阐述。

1942 年，在中国人民抗日战争最艰苦的年代，八路军军政杂志为了加强各级军官的政治修养、思想修养和军事修养，增强抗战必胜的信念，加速抗日战争的胜利进程，特地将戚继光《练兵实纪》“练将”这一卷和戚继光其他有关练将的论述辑录在一起，定名为《戚继光治兵语录》，与《孙子》、《吴子》、《司马法》、《尉缭子》等合编为《中国古代军事思想丛书》，在延安出版发行，供我军军官学习和参考。可见，戚继光撰写的兵书，不仅在当时具有“新”、“实”的指导价值，而且在几百年后仍不失其指导和参考价值。它进一步证明了戚继光写兵书贯彻“求新”、“求实”的思想闪光耀眼。

戚继光著兵书的最大特点就是不拘形式。他所写的兵书，内容朴实，通俗易懂，图文并茂，形象直观，易记易行。他著写《纪效新书》和《练兵实纪》就是不拘形式，一切从实际出发，从效果出发，生动活泼。

一是“问答式”。写《纪效新书》时，针对很多士兵对练兵的目的性、重要性和必要性存在模糊认识，用“问答式”的写作方法，教育士兵明辨是非，弃非图是。他针对过去训练的目的是为了给官府看，因此要花架子，以图人前美的不实之风，问道：“平时官府面前所用花枪、花刀、花棍、花叉之法，可以用于敌否?”自答道：“开大阵，对大敌，不同于比场中较艺。擒捕小贼不同于堂堂之阵。”用事实教育战士，打仗不是做游戏，而是你死我活的拼搏，来不得半点虚假，必须扎扎实实苦练杀敌本领。他针对有的将士对他从严、从难训练提出疑问，自答道：“平日十分武艺，临阵时若用得五分，即得成功，用得八分，天下无敌。没有临阵用尽平日十分本事而能从容活泼者。”因此，平时必须从严从难从实战需要出发，严格训练，严格要求，打起仗来才能“随意应敌，因敌制胜”。如果平时训练就马马虎虎，打起仗来非吃苦头不可，非打败仗不可。他还针对有的士兵认为祖宗练兵之法已 200 年了，现在用新的训练方法是否管用的担心心理，自答道：以往“所学所习通是一个虚套，与临阵的真法、真令、真营、真艺原无一字相合。临阵又出一番新法令却与平时耳目闻见无一相同，如此就操一千年便有何用?”现在我要求你们“所学所习的号令营艺都是照临阵的一般，临阵就以平日所习者用之。操一日必有一日之效，一件熟便得一件之利”。通过问答形式，讲清道理，克服了将士的疑虑心理和习惯势力，提高了训练素质。

二是“口授式”。这是戚继光著兵书的别出心裁的特点。有时他将所部将领召集起来，把自己平时思考的战略思想、用兵艺术、练将要求等，向他们进行讲授，既是对将领的集中训练，又是将戚继光的思想传授给各位将领，便于平时贯彻实施，然后把授课内容笔录成文，作为书稿。戚继光在撰写《练兵实纪》中“登坛口授”一卷就是采取这种方法。

这是隆庆四年(1570 年)六月二十一日清晨的情景，蓟州三屯镇与往常一样热闹非凡，惟独不同寻常的是上街赶集的商客们和行人们望见一个个威武雄壮的将军骑着战马，急奔戚继光的帅府止止堂。人们互相议论着，猜测着不知又发生什么战事。

戚继光身着戎装，威严整肃，端坐在帅府的将台上，众将礼毕，皆依次坐定。

副总兵李超、胡守仁是跟随戚继光征战多年的部将，他们知道戚继光今日召集众将会集帅府，一定是谆谆教诲。为避免戚帅口授时将领们有漏乱或听错之言，特地预择聪明书手 20 人，携带文房四宝，坐于大厅四壁，认真记录，最后整理汇集。

一切准备完毕，戚继光开始讲授。

这天，天气特别炎热，诸将汗流如雨，莫敢有人擦试。戚继光说：“位有贵贱，身无贵贱。”拿出苏州名扇百余把，从将领至书手人各一把，命之擦汗，再取西瓜，每人三片。将领们扇着苏扇，吃着西瓜，顿觉热去凉来。

戚继光沉思良久，开始问：“各位将领，你们知道今天坐在什么地方吗?”众将不知其问意，皆不敢回答。戚继光自答：“此非三间房子，而是一只船，且是一只遭暴风袭击，漂泊在海涛中的破船。如果这时人人都想各自逃命，那难免和这条船一样，葬入海中，惟有同舟共济，上下一心，共搏风浪，才能闯过险境，免于死难，胜利抵达彼岸。”

众将顿时醒悟，表示要一心一意效忠国家，时时刻刻听从主帅指挥，与主帅、与士卒同甘共苦，上下一心抗击敌人，齐心协力守好边塞。

戚继光听了众将的回答，露出满意的笑容。他说：“我们镇守的地方也像一条漂泊在海上的破船，只有诸位同心协力，誓死守卫，这条破船就能修复，就能成为一条乘风破浪，勇往直前的战船，而坐在此船的都是深受国恩之人，应当舍身效国。本帅曾听人讲，武职有两大优势：成功了，显亲扬名，光宗耀祖，加官进爵；阵亡了，荫子立庙，恤食百世。因此，作为将领应该忠贞效国，生得平凡，死得高尚。”然后，戚继光转入正题，从蓟州的地形，谈到官军存在的弊端，从蒙古军的战略战术谈到历代英雄豪杰镇守蓟州边疆可歌可泣的业绩，以及对敌作战的指导思想等等，戚继光一连讲了 3 天，众将茅塞顿开。

就这样，听讲者受到启发和教育，讲述者的兵书也随之应运而生了。

《纪效新书》和《练兵实纪》是两部从冷兵器过渡到火器时代的重要兵书。它是学习运用古兵法的产物，又是练兵实践的结晶，较好地处理了继承和发展、冷兵器与火器、技术与战术、士卒与将帅、军队与百姓、军事与政治诸方面的关系，具有内容丰富、观点精辟、切合实际的特点，与《孙子》等古兵法相比有许多精到之处，对今人仍有启迪作用，概括起来有如下 11 个方面：

1."师古而不泥古"。戚继光精通古兵法，他努力学习前人的优秀思想，从中吸取营养，丰富自己的智慧，但又不机械地照搬照套古人的哲理。崇拜古人而不迷信古人。他在《练兵实纪》"练将"中指出："师其意，不泥其迹，乃能百战百胜。"他对古人的优秀思想进行具体分析，根据时代的变化，根据政治、经济、军事、科学技术的发展和作战对象、作战地形等条件的变化而选择有用的东西。他在《纪效新书》的自序中指出：书名所以曰"纪效"，就是所言全是实用有效之理，绝非口耳空言；所以曰"新书"，就是它出于古兵法，继承了前人优秀思想的精华，又不拘泥于古兵法，而是根据新时代、新情况，赋予新内容，适合当时的新思想、新理论。他写《练兵实纪》，是继承古人优秀军事理论，针对蓟州边军平时训练华而不实，只图人前美，以应付官府检查的不实之风而作，旨在实实在在地选练精兵，故称"实纪"。

2."民为兵本"。戚继光有高于一般人的见识。他到浙江抗倭，提出招募良家弟子，训练新军。可是不少人却说江浙一带的人，生活在山青水秀的"金粉"之地，没有战斗力。戚继光却认为浙江的人民和全国其他地方的人民是一样的。他说："十室之邑，必有忠信；堂堂全浙，岂无材勇？"区区一个 10 户人家的小城都有愿意报效国家的忠贞之士，难道诺大的一个浙江却没有可以培养的将士？不是浙江人没有战斗力，而是将领不把士兵当人看，训练无方，指挥无力的结果。因此，他坚持招募义乌兵，训练成所向无敌的戚家军。不仅士兵来源于民众，而且指挥作战，侦察敌情，都依靠群众，发动群众，使军队成为保护民众的卫士，民众成为军队的后盾。

3."赏罚军中要柄"。戚继光对赏罚的论述非常精辟、透彻。他认为军队的一切事务之成败都与赏罚密切相关。没有赏罚，就没有纪律，没有赏罚，就没有战斗力。将领不注重赏罚，就无法统御军队。他在《练兵实纪》"练将"中指出："非有赏罚，孙吴不能以为将。"就是说即使像孙武、吴起这样的大军事家，没有赏罚，也无法带领部队打胜仗。

戚继光主张赏罚不分亲疏。"如该赏者，即与将领有不共戴天之恨亦要奖赏，患难亦须扶持，如犯军令，便是亲子侄亦要依法施行，决不许报施恩仇。"他这么说，也这么做。在山东备倭时，当众处罚违纪的舅舅，博得了众人的信服。对于执行赏罚的原则，戚继光认为应不分时间、地点和对象。该赏就赏，该罚就罚。不论作战，还是训练，不论平时，还是战时，不论军官，还是士卒，不论亲朋好友，还是怨家仇人，都要一视同仁。处处事事时时皆可行赏罚。他在《纪效新书》"总叙"中说："虽大败中亦有必赏之士，大胜中不无行刑之人。"意思说，作战时，冲锋陷阵，英勇杀敌，打胜仗者该赏，而胜仗之中有过者也该罚；打败仗者该罚，败仗之中有功者也该赏；平时刻苦操练，技术精湛，严守纪律，尊长爱友者，该赏；违犯军纪，操练无素，品行不良者，也该罚。

戚继光提出赏罚的目的性很明确。他认为：赏必须赏得使将士所喜、所争，罚必须罚得使将士所恶、所惧，使将士"人人知其所以赏与罚之故"，从而达到"感心发，玩心消，畏心生，怨心止”，处处时时争赏戒罚。

4.训练“节制”之师。戚继光在《纪效新书》和《练兵实纪》中多次提到，要把部队训练成“节制”之师。什么叫“节制”？他在《练兵实纪》“练将”中说：“譬如竹之有节，节节而制之。故竹虽虚，抽数丈之笋而直立不屈；故军士虽众，统百万之夫如一人。”在《登坛口授》中又说：“如竹之有节，节节而制之，以一管十，以十管百，以百管千，以千管万，以简驭繁之法也。”他的意思，军队的各级组织要像毛竹的竹节一样，节节而制。这种“节制”，从士卒到大将，“一节相制一节，节节分明，毫不可干”。通过“节制”达到“十万一法，百阵一化”。可见，戚继光所倡导的“节制”之师，概括为一句话，就是把千军万马合成一个“万人一心，万身一力”的战斗整体。这支军队从士卒到将校，从小队到营阵，从单一兵种到车步骑诸兵种，从人身到人心，从一兵一卒到全军上下，都如“身之使臂，臂之使指”，灵活自如，得心应手。这样的部队，指到哪里，就打到哪里。“用之塞上，则外摧强敌；用之域中，则内清叛乱；万里无危，万战无失”，成为“百战百胜”的“无敌之师”。

对于如何训练成“节制”之师，戚继光有一套完整的理论和方法。

5.“以身先之不令而行”。戚继光特别强调军官的模范带头作用。他在《纪效新书》“总叙”中说：“为将之道，所谓身先士卒者，非独临阵身先，件件苦处，要当身先；所谓同滋味者，非独患难时同滋味，平处时也要同滋味。”军官与士卒同甘共苦，成为士兵的表率，要时时事事处处都能体现。他自己就是这样做的。在艰苦的作战中，处处身先士卒，冲锋在前，享乐在后；在平时，处处体察士情，同甘共苦，深受士兵的拥戴。

6.主张“练为战”，反对“练为看”。戚继光在《纪效新书》“总叙”中，针对当时训练“所习所学通是一个虚套，与其临阵的真法、真令、真营、真艺原无一字相合”的花架子，为应付上级阅兵，搞形式主义的短期突击训练的态度，提出训练武艺必须是用于杀敌的真本领。他认为，训练搞花架子，就是操练一千年也没有任何用处，何况操练各色器技营阵，是杀人的勾当，岂是好看的。为了训练真本领，不搞花架子，他强调：“平日所习所学的号令营艺都是照临阵的一般；及至临阵，就以平日所习者用之，则操一日必有一日之效，一件（武器）熟便得一件之利。”他在《练兵实纪》“练营阵”中指出：“平日教场所操练，金鼓号令，行伍营阵，器技手艺，一一都是临阵一般，件件都是对大敌实用之物，便学一日有一日受用，学一件有一件助胆，所谓‘艺高人胆大’也。学则便熟，不学便生。学的便会杀贼，保得自己的性命，立的功；不学便被贼杀。你们知道这个道理，岂肯不学！”

7.“大创尽歼”的歼灭战思想。戚继光认为：对待敌人“非大创尽歼，终不能杜其再至”。为达到“杜敌再至”的目的，必须在作战指导上实行“大创尽歼”。他在东南沿海指挥抗倭作战，卓有成效地实践了这一思想。台州之役、横屿岛之战、平海卫大捷、仙游解围战，都体现了“大创尽歼”的思想。在“大创尽歼”思想指导下，先后用十多年时间，荡平了倭寇，实现了“杜敌再至”的目的。

8.“以五当一”的集兵歼敌思想。戚继光认为：对敌作战，在兵力使用上，必须以绝对优势兵力，务必全歼。他在指挥抗倭作战时，始终注重以优势兵力对付倭寇。每战力求敌我兵力对比不少于五比一，即使在全局上总兵力处于劣势的情况下，戚继光也主张积极创造条件，力求在局部地区或某一作战方向上形成优于敌人的兵力，以达集中优势兵力歼灭敌人的目的。

9.以智取胜的“算定战”思想。戚继光分析作战指挥有三种类型：一种是知彼知己，用智慧和韬略去战胜敌人的“算定战”，一种是仅凭一腔热血去死打硬拼的“舍命战”，还有一种是明不知己，暗不知彼，鲁莽行事的“糊涂战”。戚继光认为凡战，要反对“糊涂战”，力避“舍命战”，争取用智谋取胜的“算定战”。

10.“合成作战”的思想。这是戚继光对古代军事思想的重大发展，具有强大的生命力，至今仍有重大意义。在戚继光以前的军事著作中，很难看到各兵种协同作战的论述。在明代以前，主要是冷兵器为主的时代，一般多是靠单一的步兵或车兵或骑兵作战，缺乏合成作战的实践和理论。戚继光时代，情况发生了重大变化，科学技术发展很快，出现了许多新的兵种、新的兵器、新的舰船。作战对象除了陆上外，还有来自海上的倭寇，这都为戚继光提出合成作战的新思想提供了条件。他从抗倭作战的实践中感受到，要彻底消灭倭寇，必须从陆上和海上两面夹击，才能奏效。否则，陆上打击，倭寇逃到海上，喘口气再登陆。因此，他形成了陆海协同作战的思想。为适应这种协同作战思想，他建造各种适合海上作战的舰船，发展水师队伍，确保了抗倭战争的胜利。镇守蓟州，他根据北方蒙古精骑和边塞地形，为适应抗击蒙古骑兵和在各种地形上都能歼灭入侵的蒙古军，又提出车兵、步兵、炮兵和辎重兵协同作战的思想，建立车战营、辎重营、炮兵分队，与步兵、骑兵合成作战，取得了预想的结果。特别是隆庆六年(1572 年)，在河北遵化县汤泉地区举行盛大的合成兵演习，使他训练合成军，进行合成军作战的理论变成现实。

戚继光从东南沿海抗倭作战，创立鸳鸯阵，在兵器技术上由长短兵器的协同作战发展到后来冷、热兵器协同作战，在作战样式上由单一兵种发展到步、水军协同再发展到镇守蓟州时使用车、步、骑、辎、炮诸兵种的合成作战，使其战斗力大大提高。这种合成作战思想，对今人仍有着重大的启迪作用。

11.“练兵之要在先练将”。练兵与练将的关系，戚继光是在斗争实践中逐渐认识的。写《纪效新书》时，他是个参将，训练的是 4000 名义乌兵，基本内容是以训练士卒为主。后来调镇蓟州，统率的是十几万大军，要训练这样一支大军，再像当参将那样事必躬亲，显然是不可能的。必须分级训练。于是，练将的问题便提到议事日程上来了。所以，他写《练兵实纪》，就特地写了《练将》1 卷，后来增加了《储练通论》2 卷、《将官到任宝鉴》和《登坛口授》各 1 卷。在这 5 卷中，戚继光对将官的训练和储备作了精辟的、深刻和阐述，形成了一套完整的理论。

为什么要练将？戚继光认为，当兵的练武艺技术是“一人敌”，而军官特别是将官，指挥千军万马，练好一个将，是“万人敌”。“一人敌”与“万人敌”相比，当然先练“万人敌”。

练将首先要有个选将标准。戚继光针对明朝武人地位日益低下，将德、将才水准日益下降，以及选拔将领只重科举，轻视实践，只重将才，轻视将德，将那些“不知三军之事”而“委三军之任”的屈体无骨、阿谀取容之徒选为将官等偏向，提出了崭新的选将标准。他认为一个合格的将领，必须德、才、识、艺四者兼备。他说的“将德”，就是具有效国卫民、勇于献身、宽宏大量、勤于职业、廉洁奉公、爱护士卒的品德；“将才”，就是熟悉兵法、通晓韬略、严于教卒、长于节制、善于驾驭战争的才能；“将识”，就是明辨是非、明察真伪、谋略在胸在气魄和胆识；“将艺”，就是勇猛顽强、器技高超、以一当十的武艺。他认为，四者相比，将德为上。只有既具备将德，又具备将才的人，才能成为“真将”。如果练将不看将德，只看将才，就会使那些“争功名”，“喜迎逢”，“贪货利”，阿谀奉承，自吹自擂的平庸之辈和品质伪劣之人混入将伍，出现“有将材而无将心”的“骄将”、“逆臣”。戚继光这些精辟的论述，与诸葛亮的《将苑》所论“将材”、“将器”、“将弊”、“将志”、“将善”等相比，又有许多新见解、新思想。

有了练将标准，从何挑选？戚继光非常注重人选的实战经历，主张选练那些“屡经战阵，刀痕遍体”，英勇善战，功勋赫赫的军官。

戚继光非常注重将官的修养。首先是加强理论修养。要求将官熟读《孝经》、《忠经》、《论语》、《孟子》、《春秋》、《左传》和《资治通鉴》，“务要身体，神会其意”，达到通晓历代王朝兴衰变迁之故，拓宽历史知识和理论知识。其次是加强道德修养。他在《练兵实纪》“练将”中讲了26条，前15条讲军官品德修养，中间10条讲军官职业修养，最后1条讲军官品德修养与职业修养的关系，归根结底是要“保国安民”。要求将领学习历代名将为将之道，精读《百将传》，从前人身上吸取诸将人品、心术、功业，寻求自身的楷模。做到政治上“正心术”，“以实心行实事”；思想上“忠君、敬友、爱军、恶敌、强兵”，“不以死生患难易其念”；品行上“尚谦德”，“有功能忘，有劳不伐”，“立功建业，视为职分”；言行上“做好人”，“至诚待下，平居之时，视其疾病，察其好恶，实心爱之；忠义之辞，感召乎众；入操之时，虚心公念；出征之日，同其甘苦，身先矢石；临财之际，均分义让”，时时处处事事为人表率，“上则爱之，下则戴之”。再则是加强韬略修养，努力学习兵法，熟读《武经七书》，对历代兵家名著要“师其意不泥其迹”，真正融会贯通，运用自如，达到韬略在胸，“乃能百战百胜”。最后是加强战技艺修养。熟悉阵法，认真“习武艺”。作为将领，“尤贵于艺精”，如果自己不懂，何以教人。因此，“欲为全才之将，凡种种武艺皆稍习之”，对于各种兵器，“在俱知而不必俱精”，在“俱知”之后，再“须专习一二种，务使精绝”。

在练将方法上，戚继光主张理论联系实际，土洋结合，在职培养与脱产入“武庠”（军校）相结合。在东南沿海抗倭和镇守蓟州时，他都采用在职培养的办法，亲自言传身教，搞传帮带，他成为统率十几万大军的高级将领时，仍然亲自登坛口授，讲战守方略，传历代名将为将之道，作兵器操作示范。经过理论学习，明确为将哲理，懂得用兵谋略，再指挥实兵，提高指挥作战能力。首先将所练将领分赴边疆或随营练“将艺”，使其“习知山川之势，北敌之情”，“熟识旌麾、金鼓之节”，懂得兵法之运用。如果“用之不效，而复教之”，反复实践，直至精熟。其二指挥实兵练“阵法”，全面锻炼将官指挥实兵的才能。最后进行统一“考校”，择优赴阵，练“真战”，在实战中施展智慧，增长才干。

戚继光认为，“驭将之要”在于“分将品”。作为将将者，对所部将领，哪个堪任大将，哪个仅能任偏将，哪个只能偶一使之，必须了如指掌，使用时扬长避短，量才录用。对于那些德才识艺兼备者，破格提拔，委任大将，统领千军万马，独镇一方；对那些将德将才尚可,“优于技艺,励于鼓舞,短于文学”的少文者,让其任偏将;对“才有余而志不足”或者“勇有余而志不足”者,只能任小将;至于那些“因为愚、为诈、为贪”,而只有一技之长者,只能“因其事变偶一使之”,切勿“示以爵位”,委以重任。

在戚继光练将思想指导和精心培养下,一大批原来威名未著的中低级军官,一个个成为威震敌阵、智勇超群的良将,成为戚家军胜敌的中坚力量。

戚继光练将思想,是在前人育将思想的基础上,结合自己的练将实践,对将官的将德修养、将才的锻炼、将识的陶冶、将艺的提高、战术技术的修养,以及养兵、练兵、用兵等必须遵循的原则和方法,都有自己独到的见解,其观点之精辟,内容之丰富,实为历代军事家练将思想所少见,至今仍不失其光彩。

凄惨晚年

自古英雄多遭嫉。这是封建社会难以克服的弊端。戚继光也难逃脱这种厄运。不过,在明朝的名将大帅行列中,戚继光还算是个幸运儿。这里既有主观的原因,也有客观的环境。

戚继光所处的时代,外患内忧接踵而至,特别是朝廷内部,诸臣相互龃龉,以至倾轧。朝官也各附一方,互相抨击。然而由于戚继光的才华超人,善于团结同僚和争取上司,在他戎途上一直是得到内阁重臣和战斗地区的长官的倚重信赖。他在浙江抗倭,当时首辅严嵩,独断专行,上欺君子,下压群僚,致使海防日废,抗倭将领一个个像走马观灯似的,不是杀头就是入狱,不是革职就是降职,不是戴罪立功就是调离它任。而戚继光起初的上司有张经、李天宠,他们都是抗倭名将,为官正直,不屈服于严嵩及其党羽赵文华之流的诬陷和打击,竭力重用、保护俞大猷、谭纶、戚继光、卢镗、汤克宽等抗倭名将。后来胡宗宪、阮鹗分任浙江总督、巡抚。虽然督抚对倭寇态度不一,总督主抚,巡抚主剿。但是胡宗宪善于趋炎附势,竭力巴结前往浙江督师的严嵩义子赵文华,深得严嵩宠信。戚继光在胡宗宪幕中,因足智多谋,屡献高见,显露出军事才干,又深得胡宗宪的赏识。嘉靖四十一年(1562年)后,严嵩罪行败露、被劾,与之关系密切的胡宗宪也被罢职。虽然当时有人攻击戚继光与胡宗宪的关系不正常,企图诬陷他。可是,执政精明的徐阶出任朝廷首辅,力革弊政,是非较清,而在福建任总督的谭纶又是戚继光的老上级、老战友,致使戚继光没受影响。后来,戚继光北调蓟州,谭纶、刘应节、梁梦龙都对他非常关心和支持。谭纶调任兵部尚书后,对戚继光的支持就更大。总督刘应节与戚继光是同乡,关系密切,相互信任,感情融洽。总督梁梦龙,是张居正的得意门生,对戚继光非常欣赏,后来调任兵部尚书,成为戚继光的得力支持者。此间的首辅高拱、张居正都是朝廷中有作为的重臣,特别是张居正身居高位16年,对戚继光更是关心倍至,将那些诽谤或者作难戚继光的官员调开,甚至免职,为戚继光施展才能、发挥特长创造了良好环境。

当然,戚继光能够成为幸运儿,还由于他的主观因素决定的。戚继光出身将门,自幼受父辈忠君效国思想的熏陶,戎马后忠于国家,勤于职分,廉洁为民,善于处理上级、同僚和下级的关系，处处能得到好友的支持，所以"动无掣肘"，能够施展他的智慧才能，创造出惊人的业绩。

可是，处在明朝衰败时期的戚继光，也是免不了遭到口蜜腹剑的小人暗算。

随着岁月的流逝，戚继光的情况正在发生变化，许多熟悉的人，有的死了，有的调走了。万历五年（1577 年），戚继光的老上级，对他支持极大的兵部尚书谭纶病逝；万历七年（1579 年），戚继光的密友俞大猷故世。当年和自己并肩战斗的老部下陈大成、王如龙、丁邦彦、陈子銮、金科等也都先后去世。原来留在身边，视为左右的亲信胡守仁、李超则先后调往南方，自己的亲弟弟戚继美也远调贵州，戚继光成了光杆司令，感到特别的寂寞和孤独。他为了给自己精神上找一点寄托，开始整理历年所作诗文，万历十年（1582 年），戚继光将诗文汇编成《止止堂集》。

更大的不幸和厄运终于降临了。万历十年（1582 年）六月，首辅张居正逝世。噩耗传来，戚继光痛不欲生，他感到真正理解和支持自己的朝廷重臣相继去世，现在首辅又离开人间，今后的命运凶多吉少，满腹忧虑。果真不出戚继光所料，张居正尸骨未寒，反对派纷纷出笼，明枪暗箭，一齐射向执政达 16 年之久，为了巩固明王朝统治作出重大贡献的张居正，这些攻击也涉及到张居正所器重的戚继光。攻击戚继光最凶狠的是他手下一位部将，名叫杨四畏。此人是戚继光一手培养和提拔起来的，官至居庸、昌平总兵官。就是这样一个将领，野心膨胀，恩将仇报，到处散布流言，诬陷戚继光品行不好，接受贿赂，巴结上司，企图整垮戚继光，达到取而代之的目的。在一片攻击戚继光的鼓噪声中，给事中张鼎思也上疏万历皇帝说：戚继光在闽浙抗倭战多克捷，镇守蓟州未效功能，乞改东南赴任，以便施展其才。整天晏处深宫，怠荒朝政，以金钱珠玉为命脉的万历皇帝朱翊钧，是非不分，黑白颠倒，竟然听信奸臣小人之言，将戚继光调往广东，镇守南粤军事。

万历十一年（1583 年）春，戚继光正式接到调令。这一点戚继光是不感到意外的。但对戚继光终究是个打击。

戚继光是个一心报效国家，立志疆场，马革裹尸的爱国将领。他得知广东倭患早已平定，现又无战事，调他去干什么呢？可是诏令又怎能违抗呢？戚继光只好无可奈何地告别蓟州的官兵和人民，含愤赴任。

戚继光离开蓟州的这一天，阴风怒号。蓟州的广大官兵和黎民百姓得知戚大将军惨遭诬陷，今日就要离开蓟州的消息，都怀着悲愤的心情，冒着刺骨的寒风纷纷赶来为他送行。在送行队伍中，人们流着眼泪议论着，这样好的将军，却被人诬陷，朝廷中一定是奸臣当道。人们纷纷为戚继光鸣不平，要求去京师，向朝廷反映戚将军的功德，请求朝廷批准戚将军继续留任。可是善良的人们哪有这个力量改变朝廷的决定呢？

戚继光内心非常沉痛、悲愤，但是他看到蓟州的官兵和人民夹道相送，队伍长达数十里的感人情景，深感蓟州的将士、蓟州的人民如此爱戴他，增添了欣慰。他挥泪告别官兵和送行的人们，踏上了南行的征途。

四月，戚继光回到了离别将近 30 年的故乡——蓬莱。几十年的戎马生涯，不仅使戚继光两鬓出现了白发，而且使他的心中增添了无穷的感慨。故乡的景色是那么美丽。锦绣的山川，碧绿的大海，丰富的物产，敦厚的风俗，淳朴的人情，强烈地吸引着他，使他产生树高万丈，落叶归根的思乡心情。他游至蓬莱阁下，荡漾浮舟，写了一首诗反映他思乡之情：

“三十年来续旧游，山川无语自悠悠；
沧波浩荡浮轻舸，紫石崚赠出画楼。
日月不知双鬓改，乾坤尚许此身留；
从今复起乡关梦，一片云飞天际头。”

然而，戚继光是个执行命令不迟疑的军人。他想到朝命在身，不能久留故乡，必须马上赶赴广东上任。经过艰难旅程，行至福建诏安梅岭，情不自禁地回忆起18年前在此消灭大海盗首领吴平的战斗情景，勾起在东南沿海抗倭的往事，历历在目，写了一首诗：“四十年来汗血间，征鞍重度穆陵关。如今南北良将多，何日天王为赐环。”戚继光到达广东时，广东局势比较平稳，倭寇早已平定。这对于一位曾经防守过2000里边防线、统率过16万大军的戚继光来说，简直犹如展翅的雄鹰关进鸽子笼，整天憋得慌。

但是，戚继光毕竟是个忠于国家的将才，即使遭受如此打击，仍然时刻不忘报效国家，经常去巡视部队，整治军纪。有时确实因为管辖部队太少，只好在家整理诗文和兵书。

长期的抗倭战争，使他患了肺病。北调蓟州后，戎务繁忙，没有时间彻底根治。到了广东，时局的不公，官场中人与人之间的相互倾轧，戚继光的愤怒，使他的肺病加剧了。万历十三年(1585年)，他的肺病日益严重，不得不上书朝廷，请求病休，等待康复后再重上疆场，报效国家。

戚继光因病辞职的奏书上报后，给事中张希皋等人竟据此对他进行弹劾，向万历皇帝朱翊钧诬陷戚继光不服从朝廷调令，到广东后小病大养，无病呻吟，现在又假称有疾请求引退，以此表示对朝廷的不满。万历皇帝对一生忠贞效国的戚继光明不知，暗不晓，全听身边一些小人谗言，一怒之下罢免戚继光官职，令其回家养病。

万历十三年冬天，戚继光回到了亲爱的故乡。一生戎马40年，驰骋疆场，战功赫赫的戚继光心情是无限的忧愤，他低声吟诗“戢羽樊笼四十年，水滨亦有白鸥天。君恩自是优功狗，世事浑如看纸鸢。恋客青山随处有，向人明月为谁怜。杖藜徙倚蕉窗下，几度从容检内篇。”尽管他内心充满着悲凉，可是，表面上还得做出悠闲清适的样子，对亲朋好友们说：“现在国家太平了，我们这些戎马一生，负伤累累，疾病缠身的武臣得到朝廷的恩准，回到故乡安度晚年。登州有海市蜃楼，据说是仙境幻化，我打算栖息在登州的蓬莱阁上，遇上神仙，跟随他们逍遥物外，享享人生太平之乐啊。”其实，他内心深处却有一种无限的怨恨。

戚继光是一位自幼从戎，身经百战，屡立战功的大将军，怎能安心这种退居林下、向往仙境的悠闲生活呢？一幕幕往事浮现眼前，父辈的亲切教诲，上司的特殊倚重，同僚的患难与共，部属的情同手足，使他欣慰；抗倭战场，蓟镇守边，建功立业，名扬四海，使他振奋；国势日非，奸贼横行，使他忧虑。他热血满腔，企求改变局面，净化环境，可是已无能为力了，只好用修宗庙，教弟子，整理公文函牍，捐款助修蓬莱阁等力所能及的事,来排遣晚年的寂寞。

使戚继光晚年更感凄凉的除世道不公外,连他原配的妻子王氏也绝情绝义,在他重病缠身时,反目相视,背离他,将平时积蓄全部拿走,戚继光连治病的钱都拿不出,世态如此炎凉,戚继光连做梦也未想到过。

万历十五年(1587 年)的冬天,戚继光的病愈来愈重了。可是,我国北方的战事一直没有平静下来,特别是蒙古诸部和东北地区的女真族与明朝的矛盾以及内部争斗日益激烈。御史傅光宅根据北方战事的发展,预感到女真族的兴起,对明朝是个巨大的威胁,需要有一批影响重大,能够稳住北方局势的名将大帅出镇北边,遏制女真族的发展,而戚继光是个有理想、有抱负的沙场老将,他文武双全,足智多谋,战功卓著,是当今盖世之才,出任北疆大帅最合适不过,遂向朝廷建议,启用戚继光。

戚继光得知朝廷有识之士为他退休感到惋惜,已向皇帝上书,重新启用的消息,心情格外激动,当即挥毫疾书,告知塞上的战友:

“寄书向知己,
不解作家音。
男儿铁石志,
总是报君心!”

戚继光那颗报国之心始终未泯,整天盼望着新的诏令,时刻准备重上疆场,杀敌效国。可是没过多久,又传来消息:傅光宅的奏疏不仅没有被朝廷采纳,反而连他本人也被革职还乡,夺去俸禄。

戚继光听了这样的消息,悲愤交加,半天说不出一句话。

十二月初八(1588 年 1 月 5 日),戚继光突然病重,不省人事,连家人求他托咐后事,他都未说一句话,鸡叫三遍时,天色将亮,这位转战南北,出生入死,功高盖世的将星殒落了,终年 60 岁。

英雄生时,天刚放亮,他父亲戚景通希望他光明磊落,起名继光。英雄离世,也专等天明,展示他内心世界光明磊落,清澈明净。

郑成功

祖居海上

生于日本

福松这个名字，是郑成功在日本平户降生时父母给他起的。

郑成功为什么降生在日本平户？这要从他父亲郑芝龙说起。

郑芝龙，小名一官，字甲，号飞黄（一称飞虹）。“一官”和“上甲”，是他兄弟们排行“老大”的意思。郑芝龙兄弟五人：老二郑芝虎，老三郑芝豹（同父异母弟），老四郑芝麟，老五郑芝凤（鸿逵）。

郑芝龙，从幼年起喜欢舞拳使棒，武艺不凡。长到 18 岁的时候，就偷偷地离开泉州南安石井，跑到粤东香山澳，跟着舅舅黄程学习经商。

有一天，黄程有一批货物要用商船运往日本去经销，便委派 20 岁的郑芝龙押运。他事情办得很好，运去的白糖、麝香、沉香等贵重货物都安全高价如数售出了。

当时，在日本平户有一位名叫李旦的大商人，福建泉州籍，是旅日的华人首领。见到郑芝龙这个小老乡长得魁梧奇伟，聪明干练，也雇用他带领武装人员，押运商船去暹罗、柬埔寨、交趾等地进行贸易，每次都大获成功而还。从此，李旦便收郑芝龙为义子。在李旦死后，大部分财产和部众都由郑芝龙继承了。

在郑芝龙常住的日本平户同一条街上，有一位年满 17 岁的青春少女翁氏，长得非常美丽娇艳。翁氏和她的父亲翁翊皇，都看上了郑芝龙这位美男子。郑芝龙也见翁氏天生丽质，温柔多情，便与她彼此来往甚密，不久，二人结为夫妻。

第二年夏天的一个晚上，身怀有孕的翁氏觉得肚痛，渐入昏迷状态。梦见海上波浪滔天，海涛中有一条大鱼出没翻腾。她同众人正在观看之际，大鱼跳跃扬威，直冲其怀。她惊得醒来，即分娩一男孩。这个男孩就是郑成功。这一天是明朝天启四年七月十四日（1624 年 8 月 27 日）夜子时。

此时，正在街上与朋友聚会的郑芝龙，听说爱妻生子，不胜欢喜，于是匆匆往回走。邻居见了他，大声呼喊：“赶快救火！”郑芝龙问：“火在何处？”邻居说：“刚才，你家中火光冲天。”郑芝龙回到家中，见到爱妻和新生儿安然无恙。哪里是什么着火，原来是儿子降生时灯火射出，光亮达天。众人皆以为此种天象是大喜征兆，便纷纷前来道贺。

上述情节，是来自清人江日升著《台湾外志》。有关郑成功降生的故事，在日本还有另外一种说法。翁氏怀着郑成功时，有一天，她到平户千里滨去游玩，在海边拾贝壳。就在这时，翁氏肚痛难忍，便靠在千里滨内的一块巨石上生下了郑成功。巨石旁有一株古松，长得十分茂密。因此，郑成功降生后，父母给他起名叫福松。而今，当地人仍把这块巨石称为"儿诞石"。人们为了敬仰郑成功的伟绩，常常有人来此凭吊。

郑芝龙在日本平户有一帮子要好的朋友，共计28人，大多是来自中国福建沿海的老乡，皆为血气方刚的青年人。他们到日本经商，离乡背井，受人驱使，日月煎熬。为改变这种困难局面，这28人结拜为盟兄弟，推举体魄雄健、武艺高强的颜思齐为老大（盟主）。郑芝龙年龄最轻，为尾弟。他们结盟的真实意图是想发动武力暴动，夺取地盘，称霸一方。就在郑成功降生前夕，他们定计在七月十五日举事，不料走漏了消息，日本派兵四处追捕他们。郑芝龙为了活命，抛下爱妻和儿子，与其他27个兄弟乘船于十五日逃离日本，经过8昼夜航行，到达中国台湾北港（位于今台湾西南部）。他们分为10寨安营，辟土伐木，抚恤土番，齐力垦植，谋足食衣；尔后整船入海，一面继续经商，一面控扼海上航道，掳掠海船货物。盟主颜思齐广招流民，扩大势力，不多日，队伍便猛增至3000多人，变成了一伙名副其实的商人海盗集团。这时，郑芝龙的二弟郑芝虎、三弟郑芝豹、远房弟郑芝莞等人，也来到台湾入盟。

第二年（1625年）九月，盟主颜思齐病死于猪罗山（今嘉义市），郑芝龙当上了盟主，并决定对这支队伍进行大刀阔斧的整顿。他的想法是：这支队伍，不应是人们痛骂的那种海盗，而应是一支一面经商、一面劫富济贫和惩恶扬善的商贸武装集团。为此，第一，设立军中帅旗，树立盟主的权威；第二，将原10寨按军事编制，改为18芝，芝官既是经商之主，又是武装之主；第三，他放弃郑一官之名，正式起用郑芝龙之名；第四，任命了参谋、总监军、督造、监守、粮官等官职，加强集权；第五，严明纪律，约束部众不得扰害平民，不得掳掠妇女，不得焚毁民屋，不得杀害俘虏。队伍发展很快，几年内，猛增至7万多人，帆船1000余艘。

明朝廷对郑芝龙崛起东南沿海，一筹莫展。此时，来自西北部的王嘉胤、高迎祥、李自成、张献忠为代表的农民起义军，声势越来越大；来自东北的努尔哈赤创建的后金及其继承人皇太极改号的大清，已经占据了东北大部分地盘，满洲八旗劲旅勇猛无比，对明王朝构成了巨大的威胁。明朝廷为了集中力量对付农民起义军和满洲八旗劲旅，决定对郑芝龙进行招抚。而郑芝龙则想借助于明朝的"官军"名气，进一步扩大势力，称霸东南沿海。由于这两方面的需要，郑芝龙与明朝巡抚熊文灿于崇祯元年（1628年）七月达成招安协议。九月，明朝廷授予郑芝龙守备之职。明守备之职位在游击将军之下、把总之上。

郑芝龙集团成为"官军"之后，所踞地盘未变，队伍也未被改编，对所在州县征收富户的资饷依然如故。然而，郑芝龙却打着官军的旗号，名正言顺地打击海上与之对抗的各种势力。

明崇祯六年（1633年），与侵占中国台湾的荷兰军舰首战厦门外围，焚死、溺死荷军官兵数百人，生擒夷酋一名。九月二十日，荷舰59艘游弋外洋，向明军显示其威风。郑芝龙指挥舰船从三面夹击荷舰，一举焚毁荷船50多艘，焚死、溺死荷军官兵上千人，生擒红毛119人、海贼19人，缴获夷船6艘、锐炮21门，海图一幅。荷兰人无可奈何地逃离了厦门。

郑芝龙打着官军的旗号，开始横扫各路海盗。他接二连三地扫灭了盘踞金门、横行澎湖一带海域的大海盗首领李奇魁；盘踞乌洋一带的海盗首领杨禄（杨六）、杨策（杨七）；盘踞南日、劫掠闽安的海盗首领褚采老；横行粤东碣石、南澳一带及福建沿海的海盗首领刘香（亦称刘香老）。收编了他们的部众，扩大了自己的队伍。

郑芝龙荡平海盗之后，控制了台湾海峡水上交通，垄断了东南沿海的海上贸易，成为独霸一方的有强大武装作盾牌的大海商。当时，在东南亚进行殖民活动的荷兰人惊呼："郑芝龙！海上之王。"这是西方人对郑芝龙势力的最恰当不过的表达。

郑芝龙还抓紧了开发建设台湾的活动。他多次向台湾运送大陆的灾民。其中一年运送福建灾民就有 2 万人之多。他几乎拿出了自己的全部家资，给灾民每人发银 3 两，还买了 1 万头牛，运往台湾，每 3 人给牛 1 头，让他们开荒种田。这样以来，灾民有了生计，台湾得到了开发，他郑芝龙也得以大批收租。由此，郑氏集团财富日益巨增，在台湾海峡两岸都扩大了他的势力范围。郑芝龙的上述举措及其成就，为其儿子郑成功尔后登上政治舞台，准备了雄厚的物质基础。

七岁回国

郑芝龙在红红火火干事业的日子里，始终没有忘记远在日本平户的爱妻翁氏和爱子福松。

他在逃离日本后的几年里，也曾偷偷地去平户与翁氏、福松相会过。但由于他来去匆匆，年幼的儿子福松已经记不得父亲的模样了。

翁氏在日本平户精心抚育儿子。小福松长得胖胖的，壮壮的，眉宇舒展，气宇轩昂，聪明伶俐，举止异人，人见人爱。母亲教小福松许多知识，不仅会讲日语，也会讲汉语。母亲还为小福松拜请了剑道老师，每日教他练习拳剑不辍。

明崇祯三年（1630 年）五月，郑芝龙遣人驾海船去日本，迎接翁氏和儿子福松回福建。由于日本幕府的限制，只同意福松回中国，而翁氏仍然留在日本。九月，福松随船在海上航行十日，来到了福建南安县安平镇。这里是郑氏集团大本营所在地。父亲郑芝龙亲自出门迎接。郑芝龙看到儿子福松仪表不凡，说话声音洪亮，屈指一算已是七岁。他追忆福松降生时出现的火光奇兆，心中大喜，想必儿子长大定成大器。

郑芝龙望子成龙，期望福松刻苦读书，将来进取功名，光宗耀宗。他为儿子聘请了专职老师，教福松读书、习字、操练剑术。老师将福松的名字，改为郑森。森者，茂盛直立、整齐严肃之意也。郑森，这个名字，从 7 岁一直叫到 21 岁。

郑森经过家教和师教，读书很努力，加上天资聪明，凡老师所教，皆一一娴熟。

郑森喜读《春秋》、《资治通鉴》及历代正史，尤其喜爱熟读《孙子兵法》和《吴子兵法》。他还十分崇拜中国历史上那些足智多谋、运筹帷幄、驰骋疆场、治国安邦的英雄豪杰。对正史中有关这些人物的列传、本纪，更是爱不释手。

郑森为了进取功名，适应当时科举考试的需要，他认真练习制艺时文，而且八股文章作得相当不错。

郑森也常常持剑骑射，像他父亲那样，重视习练武艺。至于吟诗赋词，他也作为业余爱好不忘练习。

郑森志存高远。在他 11 岁时,老师从其所读之书中拈出"洒扫应对"四字,让他命题作文。这四个字,本来是指日常生活之事,但郑森却把这四字看成是天下兴亡的比喻。于是,他联系历史,引经据曲,语出惊人。写道:"汤武之征诛,一洒扫也;尧舜之揖让,一进退应对也。"老师看后,对学生居然把日常生活洒水扫地与治国平天下的道理联系起来,十分欣赏,批阅:"颇为新奇惊异之说。"

郑森由于表现不凡,甚得老师及长辈的喜爱。尤其是叔叔郑鸿逵,对郑森格外器重。郑鸿逵是明朝的一员武科举人,后来中了进士,先后升任都指挥使、副总兵、总兵及南明隆武朝大元帅等职,慧眼识英才,常常夸奖郑森说:"此系吾家千里驹也!"千里驹,意指少壮的骏马,长大后必定出类拔萃。

有一位从外地来福建的相士,在一个偶然的机会见到了郑森,惊奇地对郑芝龙称贺道:"郎君英物,骨相非凡。"郑芝龙谢说:"我乃一介武夫,此儿倘能博得一科目,为门第增光,则甚幸矣。"相士说:"郎君实为济世雄才,非止科甲中人。"相士对郑森的夸赞,是故意卖弄玄虚,还是真的看出了某种奥秘,此处暂且不论,但郑森后来的实际发展和壮举,却被相士言中了。

郑芝龙按着当时的社会风俗,有多个妻妾。除了在日本的翁氏之外,又先后娶陈氏、颜氏,另有侧室李氏、黄氏。这些妻妾为他生有 6 个儿子。郑森作为长子,处处为弟弟作表率。几个弟弟参差不齐,有的虚心向大哥学习,有的则不然,常以富家子弟自居,因此,常常受到父亲和大哥的训斥,逐步有所长进。郑森对弟弟们的关心和爱护,受到继母颜氏的赞许,故而颜氏对郑森也逐渐当作亲生儿子一样对待,而郑森对颜氏也如同亲生母亲一样去孝敬。

童年的郑成功,终究还是个孩子。他离开慈母之后,孩童思母之情萦系心怀。每当夜深人静、读书告一段落之时,他总要跪到庭院中,翘首向着母亲所在的东方张望,还时常独自叹息,掩面流泪,寄托思念母爱之情。后来,随着年龄的增长,知识的长进,他把思母之情埋在心底,并且作为发奋图强的一种动力。

县学生员

郑芝龙自已思妻,也知道儿子思母,所以,千方百计终将翁氏接回了福建。这时,儿子郑森已经长到了十多岁,见了久别的母亲,一头扑到母亲的怀里,母子二人喜得大哭一场。

郑森有生母在身边,又有继母的关怀,感受到了家庭的温暖,全身心地投入到学业之中。

明崇祯十一年(1638 年),15 岁的郑森升入南安县学,成了弟子员,也叫博士弟子员。相传弟子员始于汉代。明清之际的县学,相当于近现代的中学,所学课程,对郑森来说,比较浅显。尽管如此,郑森依然十分认真,成绩优异,获取了廪生资格。所谓廪生,是明清两代所设的廪膳生员,定期由府、州、县发给银子和粮食补助生活,是对成绩优异生员的一种奖励。

在郑森做县学生员期间,父亲郑芝龙沿袭当时社会风尚,主持编修郑氏族谱。其目的，一方面是借此光宗耀祖，维系宗族，团结对外；另一方面也是借此向子孙后代宣传忠君报国、积德行善思想，以求世代兴旺。郑芝龙觉得，郑森等儿辈渐渐长大，也正该向他们进行家史、族史教育了。

郑芝龙所修郑氏族谱——《石井本宗族谱》，现在仍保存在世。郑氏族谱告诉人们：郑氏的祖先，原先住在北方。在唐僖宗光启年间（885～888 年），为避战乱，从光州固始（今属河南省）迁徙到了福建、广东一带。时至北宋靖康年间（1126～1127 年），郑氏五郎隐石公兄弟散居于莆田、漳州、潮州各地。后来，隐石公这一支从侯官迁徙到泉州武荣，再后来，又迁徙到了南安石井。从此，在石井世代定居，成为“石井郑氏”。从隐石公传到第 10 代孙，是郑成功的祖父，名士表，人称象庭公，曾任福建泉州府库吏。

郑芝龙修完郑氏族谱后，于明崇祯十三年（1640 年）十月初一，特地以时任福建参将之衔，撰写了《石井郑氏宗谱序》。他在序言中，回顾自己海上发迹的历程，提出：做人不能忘本，不能忘亲，不能忘君。他在序言中，还对子孙后代提出要求：一定要忠君报国，积德行善，不能走斜路，不能做不肖子孙；否则，就要开除族籍，不准进宗庙。

有一天，儿子们放学在家，郑芝龙便让长子郑森带着几个弟弟随他一块去宗庙拜祭。郑芝龙利用拜祭祖宗的机会，拿出他撰写的郑氏族谱“序言”，让郑森给诸弟宣读，还让郑森逐字逐句解释“序言”的主旨大意。很显然，这是郑芝龙特意安排对郑森等诸子进行的忠君报国教育。郑森对父亲的族谱序言读得很有感情，解释得也很得体。尤其是郑森联系庙堂上的联语：“有一点欺，何堪对祖；无十分敬，漫许登堂”，来解释父亲写的族谱序言，申明：子子孙孙定要力学显亲，国尔忘家，廉能倡义，孝悌乡里，积善于人。此时，郑芝龙心满意足地说：“森儿最解父意，你们弟兄定要以森兄为榜样。”

郑芝龙对儿子们更加注重抵御荷兰殖民者的爱国保家教育。他本人就是一个多次同入侵的荷兰殖民者进行较量的战将。

那是 17 世纪初，荷兰殖民者为了到东方扩张殖民地的需要，成立了庞大的殖民侵略机构——荷兰东印度公司，并于明天启四年（1624 年）派军舰 13 艘，侵占了中国台湾西南部。同年，又赶跑侵占基隆、淡水等地的西班牙殖民军，霸占了台湾岛，擅自构筑台湾城（今台南安平），以其热兰遮号兵船名字命名该城为热兰遮城；又构筑了赤嵌城（今台南市），并且建立了驻台最高殖民机构。

荷兰殖民者自称是台湾的主人，说什么“中国皇帝将土地赐予了东印度公司”，肆无忌惮地对台湾民众实行军事镇压、政治分治、经济掠夺等政策，并以台湾为基地，在海上劫商掠货，派兵侵犯中国大陆。

荷兰人的长相，白面红须，故被明朝人称为“红夷”、“红毛”或“荷夷”。

郑芝龙说：“红夷说中国皇帝将台湾赐给了他们，这是无稽之谈。台湾是属于中国皇帝的。”又说：“我跟红夷斗，一是斗武，刀对刀，枪对枪，兵船对兵船；二是斗钱，既要同他们进行贸易，又要赚他们的钱，不能让红夷占了便宜。”

“父亲能斗得过红夷？”郑森及其弟弟都在发问。

“哪能斗不过。”郑芝龙回答说。

"听说红夷船坚炮利，是吗？"儿子们问。

郑芝龙说："红夷的船坚炮利，是跟中国人学的。相传本朝永乐年间，成祖皇帝差三宝太监郑和率领大小船只200多艘下西洋，遍历各国。其中，有62艘巨型宝船，为当时世界之最。荷兰人见了中国船，就画样打造，结果学生超过了老师，这样红夷才有了坚船利炮。不过红夷也没有什么了不起，他们在老父手下是外强中干的败军。"

郑芝龙说起明崇祯十二年（1639年）六月那次海战。荷兰国将军郎必即哩哥，力能举鼎，兼精剑术，驾驶9只夹板船侵犯我闽、浙沿海，官军无力抵抗。郑芝龙奉檄，率领郑芝豹、郑芝彪、郑鸿逵、郑芝麟等将士，用火攻大败红夷，连烧红夷夹板船5只，其余红夷贼船狼狈遁逃。

郑芝龙说起料罗湾海战，更是眉飞色舞。他说："此役，足以扬中国之威，而落狡夷之魄也。"那是明崇祯六年（1633年）九月，郑芝龙密遣间谍，查明红夷情状，接着率师直捣侵占我澎湖火屿之红夷，焚溺死红夷数百人，生擒红夷首领一人。尔后，移师料罗湾，郑芝龙率部主攻荷兰夹板船，各路官军将士浑身是胆，乘胜长驱，以摧枯拉朽之势，取得了辉煌战果。计生擒伪王、夷首、夷众等120余人，烧死夷众数千人，焚毁夷甲板巨舰5艘，击毁夷小船50余只，缴获巨舰1艘。当时朝廷内外，皆称："闽粤自有红夷来，此捷创闻。"

郑芝龙由于屡屡击败荷兰殖民者，所以，郑芝龙在荷兰殖民者眼里，成了当地的最高统治者。红夷为了讨好郑芝龙偷偷地向他奉献各种礼物，其中有王杖和金冠。按贯例，此物多是敬献给国王的礼物。郑芝龙为了显示个人的武功和威风，特此让郑森兄弟们亲眼观看。

青少年时代的郑森及其弟弟，从父亲的经历和言谈中，得知荷兰殖民者本是西方之人，来到东方横行霸道，侵我国土，杀我同胞，掠我财富，是不义之举；荷兰殖民者表面上耀武扬威，盛气凌人，不可一世，但也是可以打败的。

明崇祯十四年（1641年），18岁的郑森，虽然仍在县学读书，然父母按照当时早婚的习俗，给他安排了一门亲事，女方是明朝礼部侍郎董　先的侄女。董氏，生于明天启三年（1623年），比郑森大一岁，也是个名门闺秀。婚后第二年十月初二，生下了长子，名叫郑经，亦即郑成功卒后的延平王继任人。

明崇祯十五年（1642年）八月，19岁的郑森到福州参加了乡试。乡试，是科举制度的一种，明清两代，每隔三年在省城举引一次考试，凡考中者称举人。郑森此次是否考中？史料只记其考，未记其中，故不敢妄猜。

国学监生

明崇祯十七年（1644年）初，21岁的郑森从福建南安县来到明朝南都——南京，进了国学，成为监生。国学，是国子监的简称，是中国封建时代的最高学府。当时，明朝国学有两座，一座在国都北京，一座在南都金陵。作为中央教育机构，国子监始设于晋武帝咸宁二年（276年），时称国子学，此后历代名称虽异，但皆为最高学府。唐代起，始称国子监。明清两代所设国子监，为教育管理兼国学性质，教育对象乃属于更高级官员之子弟。郑森其父郑芝龙此时已成南安伯。

国学的任务是给国家培养未来的栋梁之才，为朝廷培养统治工具。因此，对每个监生要求相当严格。国学设有率性、修道、诚心、正义、崇志、广业六堂。所学课程，除了“四书”“五经”之外，还有当朝的特别课程，要精读明太祖朱元璋御制《大诰》、《大明律》。监生们每日与教官一道会讲、复讲、背书、轮课；每月要考试经、书、义各一道，诏、诰、表、策论、判二道；每天要练习毛笔字 200 多个，用王羲之、王献之、欧阳询、虞世南、颜真卿、柳公权等人的字帖作范本。监生的衣食由官府供给，监生的衣冠、饮食、步履、作息等都要严格遵守统一规定。

严师出高徒。人们看到成年的郑成功，有一手漂亮的毛笔字，且有很深造诣的古文修养，能写一手好文章，那是一点也不奇怪的。

南都国学，由大学问家钱谦益掌管。钱谦益是南都的礼部尚书，后又兼翰林院侍读学士掌院事，加太子太保。郑森进国学后，就拜钱谦益为师。钱谦益见到郑森一表人才，丰采掩映，奕奕耀人，洒脱不俗，胸怀大志，于是对他格外喜欢和器重。所以，老师给郑森起了一个新的字，叫“大木”。这不仅因为“大木”与“森”字相互对应，更重要的是“大木”二字蕴涵着“国家栋梁”之意。这既是老师慧眼识珠，又是老师对学生的殷切期望。

这一年三月，郑森到钱谦益的居家江苏常熟去谒见老师。钱谦益仕途上近年受挫，常与爱妾柳如是竟日以诗文为娱，但匡复天下之志未曾泯灭。郑森见到老师，也把自己关心天下兴亡的思绪向老师倾吐。他在讲到为政之道时说：“要知人善任，招携怀远，练武备，足粮贮，决壅蔽，扫门户。”钱谦益知道学生少年气盛，血气方刚，忧国忧民，直言不讳，是针对现实朝政国事而发。然而，凭他之经验认为，如此高论在目前却难以兑现。他说：“我学子所言，知之容易，行之甚难矣。”

郑森对老师所说“行之甚难”有不同看法。他说：“能统领将军，伊尹一人；能统领士兵，虎贲三千足矣。不能，多益扰，衽席间皆流寇也！”

钱谦益觉得这位学生确有独到见解，与其“大木’之字十分相称。他们师生之间又谈到吟诗作赋。钱谦益夸奖郑森三首诗作说：“学子常熟之行，得五言诗三首。其中《游剑门》一首，清疏自然，颇具古风；而《游桃源涧》两首；声调清越，不染俗气，少年得此，诚天才也！”

据说，曾任崇祯朝户科给事中、后为南明大学士的瞿式耜（他也是钱谦益的门生），对郑成功的《游桃源涧》两首诗，同样有很高的评价，他说：“桃源上首，曲折写来，如入画图，一结尤清绝。次首，瞻瞩极高，他日必为伟器，可为吾师得人庆。”

郑森从常州回到南京不久，农民起义军李自成的大顺军攻占了北京。崇祯皇帝走投无路，逼迫皇后自尽，剑劈 15 岁的亲生女长平公主之后，自己吊死煤山的噩耗，断断续续传到金陵。五月初一，明福王来由崧在凤阳总督马士英等人陪护下，从江北辗转来到南京。五月三日，福王称“监国”，意为代理皇帝。五月十五日，即皇帝位，改明年为弘光元年。弘光帝是一个嗜酒好色、骄奢淫逸之徒。面对着清王朝定鼎北京，清军大举南下，且日益迫近南京，全国一片混乱的残破局面，仍然花天酒地，金陵依然是歌舞升平，弘光朝的官吏们依然是大闹派系之争。

忧国忧民的郑森及其年轻的国学同学们，面对国家危局，坐立不安，书读不进了，不时地吟叹杜甫的诗句:"国破山河在!"他们都觉得金陵住不下去了,以后能否再次光临金陵也很难预言了。于是,纷纷前往太祖朱元璋的明孝陵去凭吊,尔后就陆陆续续回家转了。郑森在金陵不到一年时间,恋恋不舍地离去,怏怏不乐地回到了福建南安。

郑森先前曾经立志要做一个经世济民的文官。他苦读寒窗十多年,都是为着这一目的。而今,天下大势已变,他不得不改变这一志向,立志去当一员武将,期望承担起复兴大明帝国的重任。

国恨家仇

隆武授命

郑森返乡之日,正是中国政局发生剧烈变动之时。

清顺治皇帝福临因为年幼,由雄桀之才的摄政王多尔衮总握朝政,在降臣洪承畴的辅佐下,挥师大举南下,所过州县,望风皆降,清军如入无人之境。农民起义军首领李自成在湖北通山县九宫山被当地地主团练武装杀害,大顺军从此一蹶不振。

清顺治二年(1645年,南明弘光元年,隆武元年)四月二十五日,大将多铎率领清军攻破扬州。纵兵屠城,十日封刀,史称"扬州十日"。守将史可法自刎未果被俘,拒绝劝降。他说:"城存与存,城亡与亡,我头可断,而志不可屈!"惨遭杀害。五月十五日,多铎率军占领南京。弘光帝逃至芜湖,被清军追及俘获,后押解北京斩首。

清廷继去年冬开始在北方大规模圈占土地,出现"民失田庐、倾家荡产"的局面之后,又于六月十五日下"剃发令"。声称:"倘有不从,军法从事","留头不留发,留发不留头"。清廷的这两大错误政策,激起了关内广大民众的极大义愤和反抗。因此,抗清烽火迅即燃遍半个中国。最著名的有:太湖渔民抗清斗争、"嘉定三屠"、"江阴抗清八十三天"、满家洞抗清斗争,等等。

在风起云涌的抗清烽火中,已灭亡的明王朝的一些亲王成了抗清的旗帜。影响较大的有:唐王朱聿键、鲁王朱以海、唐王弟朱聿𨮁、桂王朱由榔等人。

唐王朱聿键,是明太祖朱元璋的第九世孙。在清军占领南京后,朱聿键跑到杭州,与撤兵回闽的南明镇江总兵郑鸿逵、郑彩,户部郎中苏观生等人相遇。当他谈到国难当头之时,慷慨陈词,声泪俱下,表现出忠义奋发、立志复国的强烈愿望,受到诸将吏的拥戴,他们一起来到了福州。南明礼部尚书黄道周、福建巡抚张肯堂、南安伯郑芝龙等人考虑,既然弘光帝已死,必立新君,于是扶持唐王朱聿键,先是监国于福州,继于闰六月二十七日称帝,年号隆武,改福州为天兴府。以黄道周、苏观生等为大学士,张肯堂、吴春枝等为各部尚书,晋升握有重兵的郑芝龙为平虏侯,郑鸿逵为定虏侯,郑芝豹为澄济伯,郑彩为永胜伯。由此,以郑芝龙为首的郑氏集团便成了南明隆武朝廷的主要支柱。

隆武帝朱聿键,在众人眼中被视为"贤王君主"。他与骄奢淫逸的弘光帝截然不同，生活俭朴，布衣蔬食，勤于政务，自我约束甚严。他且破除历代帝王设三宫六院七十二嫔妃之旧俗，只有一个曾皇后。曾皇后性亦贤敏，颇知诗书，每逢群臣召对，她都于屏后听之，共决进止。

隆武帝依靠的主要军事力量是郑芝龙、郑鸿逵兄弟。所以，在即帝位后没几日，便以辅佐拥戴之功，再晋郑芝龙为平国公加太师，晋郑鸿逵为定国公。不久，又拜郑鸿逵为大元帅，郑彩为副元帅，各领兵5万之众，出师抵御清军。

八月十六日，郑鸿逵引其子郑肇基陛见隆武帝。郑芝龙闻知，第二天，亦领其长子郑森入见隆武帝。

隆武帝见郑森相貌不凡，对答如流，且对于天下大势和朝政，他都有独到见解。由此，获得隆武帝的器重。隆武帝抚着郑森的背说："朕悔恨无一女儿嫁卿做妻子。卿可尽忠吾家，勿忘故国！"当即赐郑森国姓"朱"，将原名"森"改名"成功"，封御营中军都督，在礼仪规格上与驸马相同。这年，郑成功22岁。

从此，郑成功不再称郑森，而叫"朱成功"。部下则称他为"国姓爷"。

郑成功因为受到隆武帝的宠爱和器重，大为感动。他誓愿披肝沥胆，效忠新君，为重振明朝，不惜赴汤蹈火，即便粉身碎骨，亦在所不辞。有一天，郑成功见隆武帝独自一人闷闷不乐地坐着，看来是为国事发愁。郑成功对此十分悲痛，于是含泪跪奏说："陛下郁郁不乐，是否为臣父不愿效力事？臣受厚恩，义无反顾，臣愿以死报陛下。"

郑成功以其敏锐的眼光，已经看出其父郑芝龙军权过于集中，故而飞扬跋扈，别有打算，不听隆武帝的调遣，使皇帝和大学士们变成了空架子。有一次，隆武帝举行祭天大礼，想借此机，以团结臣将，共赴国难。但郑芝龙和郑鸿逵兄弟却推说有病，不肯到场。大学士何楷上疏，弹劾二人无人臣之礼，遭到郑芝龙报复，派人割掉何楷的一只耳朵。有人密告郑芝龙专权，隆武帝责备了郑芝龙，郑芝龙不仅不服，反而以"辞官"相威胁。隆武帝深感危难之际离不开郑芝龙和郑鸿逵兄弟，也就再也不敢得罪于他们。郑氏兄弟为巩固自己的地位，向隆武帝进献美女12人。隆武帝从不亲近这些美女，但出于惧怕得罪郑氏兄弟，只好将美女置于宫中，令人严加看管。当时，文武百官一再要求郑芝龙兴师北伐，但郑芝龙却因为对抗清形势悲观失望，便借口粮饷不足而不肯出兵。

郑成功对其父亲的上述所作所为，十分不满。他深知历史上那种"尾大不掉"的局面，对国家非常有害，于是，他大着胆子向父亲进谏，希望他放弃"挟天子以令诸侯"的做法，要求他尊重隆武帝，积极辅佐隆武帝，为收复失地，恢复中原作贡献。但却遭到了郑芝龙的斥责和怒骂。郑成功的忠君报国思想，与郑芝龙的拥兵自重形成了鲜明对照。

隆武帝看出郑成功不仅是栋梁之才，而且真心忠君报国。所以，他的许多心腹之言，愿意跟郑成功倾吐。有一次，隆武帝召见郑成功，商讨战策，问郑成功说："芝龙、鸿逵，朕将依谁？"郑成功回答说："臣父、臣叔，二人皆怀不测，陛下宜自为计。"隆武帝问郑成功："卿能随朕行动否？"郑成功说："臣从陛下行，能有何为？臣愿捐躯别图，以报陛下。此头此血，已许陛下矣！"君臣二人，在危难形势下，深感无计可施，不能大展鸿图，而抱头痛哭流涕。隆武帝封郑成功为忠孝伯，赐尚方剑，便宜行事，挂招讨大将军印。

有一天，郑成功得知从日本回国的母亲在安平生病，便向隆武帝请假，回家省亲。隆武帝说："卿当此有事之际，何忍舍朕而去？"郑成功顿首说："非成功敢轻离陛下，奈臣七岁别母，去秋以来多日未见一面，母亲忽尔病危，为子者心何安？以其报陛下之日长，故敢暂为请假。母病稍愈，臣即兼程而归。"隆武帝知郑成功是个孝子，便允准假期一月，驰驿省母。

斥父不忠

南明隆武朝廷62岁的大学士黄道周，一面赞赏郑成功的忠君报国言行，一面又十分不满郑芝龙的拥兵自重。他看到掌握军权的郑芝龙、郑鸿逵兄弟不肯出师，在无奈之下，自率诸门人并其子弟千余人，开赴抗清前线。这样一支松散的武装，哪能抵挡得了英勇善战的清军主力。所以，连战皆败，黄道周被俘，用绝食表示自己的坚定意志。翌年三月十五日被杀。

隆武帝闻黄道周兵败，决意领兵亲征。命郑鸿逵为御营左先锋，出浙江；命郑彩为御营右先锋，出江西；命郑芝龙留守，负责转饷。一天，隆武帝把将臣召集到行宫殿上，取消百官例行的朝贺仪式，痛哭流涕地向众臣将宣谕："朕正位半载，寸土未复，异日何以见高皇帝于九泉？"他所说"高皇帝"，即指开国皇帝明太祖朱元璋。隆武帝又说："朕因为百世罪人，诸臣亦恶得无罪？"因此他决定，百官的衣角上都要署衔加"戴罪"二字，以激励士气。在这次大会上，隆武帝特地命郑成功护驾。

郑成功根据当时形势，向隆武帝提出建策。他说："据险控扼，揀将进取，航船合攻，通洋裕国。"隆武帝赞叹曰："骍角也"。意思是，郑成功真乃似一头毛色纯赤、头角周正的牛，不像他的父亲郑芝龙那样毛色斑杂不纯。

出乎隆武帝意料之外的是，郑芝龙早已与清军暗中往来。当清军逼近进出福建要道仙霞关时，郑芝龙便全线撤兵，让清军从容过关，如入无人之境。当时民谣说："峻岭仙霞关，逍遥军马过。将军（芝龙）爱百姓，拱手奉山河。"隆武帝受到清军主力的直接威胁，便从福建延平（今南平）逃往汀州。清军发现隆武帝踪迹，追至延平。又兵分两路，一路由大将博洛率领直取福州，一路由李成栋率领直逼汀州，追击隆武帝。八月二十八日，清军前锋追至汀州，隆武帝及曾皇后、从臣等一行多人，逃至关帝庙内。清军追及，大声喊："谁是隆武？"隆武帝总督御营周之藩，挺身而出说："我即是也，问欲何为？"清军群矢齐射，周之藩胸膛连中八箭，随中随拔，投向敌方，击死敌兵数十人。忽然，他脑后中两箭，坠马被杀。时值秋暑正盛，群尸腐败，惟周之藩尸体时过九日而面目如生，乡人敬佩，收葬于罗汉岭。正当周之藩与清军鏖战之时，隆武帝及曾皇后等乘机逃入汀州府堂。不多时，清军冲入，挥箭齐发，隆武帝与曾皇后等全部被射死。隆武政权亡。

隆武帝之死，给了郑成功精神上以巨大震动。总督御营周之藩为掩护隆武帝而英勇献身的精神，以及先前史可法的头可断而志不屈的英雄气概，还有大学士黄道周长时间绝食、从容就义的大无畏壮举，都深深地印在郑成功的脑海里。更令郑成功感到羞耻和愤慨的是，父亲郑芝龙卑躬屈膝、投降清军的行为，与史可法、黄道周、周之藩形成的鲜明对照。这怎能让他心中平静呢？

郑芝龙从仙霞关退居安平期间，清征南大将军、贝勒罗托，遣投降清军的泉州绅士郭必昌，持书向郑芝龙劝降。书中期望郑芝龙"乘时建功，此豪杰事也"；且以"铸闽粤总督印"为诱饵。郑芝龙厚颜无耻地得书大喜，并派人与清劝降使携降表去见贝勒罗托。

郑成功闻讯，立刻来见父亲。他想说服父亲收回降表，改邪归正，积极抗清。他对郑芝龙说："吾父总握重权，以儿度闽、粤之地，不比北方得任意驱驰。若凭高持险，设伏以御，敌虽有百万，恐亦难飞过。然后收拾人心，以固其本；大开海道，兴贩各港，以足期饷；选将练兵，号令天下，进取不难矣。"

郑芝龙斥责儿子，说："稚子妄谈，不知天时地势。夫以天堑之隔，四镇雄兵，且不能拒敌，何况偏安一隅。倘画虎不成，岂不类狗乎！"

郑成功反驳父亲，说："吾父所见者大概，未曾细料机宜，天时地利有不同耳！清朝兵虽盛，亦不能长驱而进。"他认为南都陷落并非长江失恃，而是"君实非戡乱之君，臣多庸碌之臣"。他劝说父亲道："吾父若藉其崎岖，拒其险要，则地利尚存，人心可收也。"

郑芝龙降清之心已决。他认为降清是惟一之途，儿子所言纯系不懂事的毛孩子之语。他说："识时务者为俊豪，今招我重我，就之必礼我。苟与争锋失利，一旦摇尾乞怜，那时追悔莫及。竖子渺视，慎毋多谈。"

郑成功见劝说父亲不从，便拽着父亲的衣服，跪地哭劝说："夫虎不可离山，鱼不可脱渊。离山必失其威，脱渊则登时困杀。吾父当三思而后行。"

郑芝龙见儿子所思、所言，与他南辕北辙，再也不愿听下去了，便拂袖而去。

郑成功无奈，闷闷不乐地走出门来，正巧遇上叔父郑鸿逵，将自己与父亲谈话经过细说一遍。郑鸿逵尽管有保存实力、出师消极的想法，但也不同意郑芝龙降清，所以对郑成功寄予同情之心。郑成功觉得是莫大的安慰，遂告别叔父后，恐遭父派人挟持，便偷偷地带上一支队伍，渡海逃到了金门。

郑鸿逵来见郑芝龙。不待发话，郑芝龙却对他说起郑成功如何少年狂妄轻躁、不识时务之情。然而，郑鸿逵则不赞成老兄的看法，故而阐明利害，劝说郑芝龙更弦易辙。郑芝龙留恋在闽的500所庄仓，坚持降清以保富翁地位，故而竭力为自己的行为辩护。

兄弟二人谈话亦不甚投机，不欢而散。郑芝龙命令部下挑选好汉盔甲鲜明者500人做随从，克日去省城面见贝勒博洛；又遣将去金门，劝儿子郑成功与他同行。郑成功坚决不从，写了手书一封，斥责其父不义、不忠。郑成功说："从来父教子以忠，未闻教子以背叛、变节。今吾父不听儿言，后倘有不测，儿只有着丧服而已。"

郑芝龙读罢儿子来信，大为恼火，一再说："狂悖！狂悖！"随即唤其小儿子郑渡与他同去省城，面见贝勒博洛，谈判投降之事。

贝勒博洛闻郑芝龙来降，即差官远道迎接，又令文武官员至郊外相迎。贝勒与郑芝龙相见，握手言欢，判若平生，且恨相见之晚，当即大设宴席，连饮三天三夜。

表面的热情，不能掩盖贝勒博洛的诡计。博洛暗中向其属下交代："郑芝龙平生桀黠多智，阴持两端，今大队不来，而单骑至此，实有观望之意。古云擒贼擒首，若纵之去，恐有意外之虞，以贻生灵之忧。不如乘夜诏其陛见，挟之北上，则蛇无首，其余碌碌无能为也。"第二天，博洛便挟持郑芝龙同去了北京。在名义上，郑芝龙隶汉军正黄旗，授三等功；然而，实质上，这位叱咤风云的"海上之王"却从此陷入了牢笼，失去了人身自由，企求依靠清朝成为英雄豪杰的梦想彻底破灭了。

郑芝龙在被挟持去北京之前，当着清军将领的面，给儿子郑成功写了一封信，要儿子"勿忘清朝厚恩"、早日归降。郑成功读信之后，也给父亲写了一封回信，斥责父亲不忠、不义、不孝。他写道："大人不顾大义，不念宗祠，投身虎口，事未可知。"他又写道："我家本起草莽，骫法聚众，朝廷不加诛，更赐爵命，至于今日，宠荣迭承，合门拜封。以儿之不孝，赐国姓，掌玉牒，畀剑赐印，视若肺腑。即靡躯粉骨，岂足上报哉！"进一步表明自己忠君报国、与父决裂的豪情壮志。

"杀父报国"

郑芝龙降清以后，清军继续向福建大举进攻。郑氏家乡南安之民众，皆以为郑芝龙已做了清朝的官，可以免遭暴掠，所以毫不防备。郑成功的母亲翁氏，更是不肯逃离，家人劝说再三，她仍然无动于衷。然而，清军进入南安之后，大肆淫掠，翁氏也毫不例外地遭到了凌辱，她含恨拔剑割肚而死。郑成功闻此噩耗，捶胸顿足，嚎啕痛哭，穿着丧服，带领一支队伍前来祭母。清军闻讯，弃城而去。郑成功痛恨清军凌辱其母，用外国人之法，剖其母腹，拉出肝肠，洗涤污秽，重新盛敛安葬了。

国恨家仇，激起郑成功的极大愤慨。他清醒地意识到，当初科举入仕之路已经走不通了，于是，带上用过的儒服，来到孔庙，一把火把儒服烧了，含泪向先师孔夫子的牌位行拜礼，痛哭着边拜边说："昔为孺子，今为孤臣，向背居留，各行其是。仅谢儒衣，祈先师昭鉴！"立起后，再向先师作了一个长揖，慨然长叹，匆匆离去。

郑成功离开南安，偕同洪政、陈辉、张正等 90 余人，乘二舰入海，驶往广东南澳募兵。南澳，本名源澳，周围 300 里，在柘林湾之南，孤悬在大海之中。南澳由云、青（属福建）、隆、深（属广东）四澳组成，明万历年间，此地曾设漳潮副总兵，是出入福建、广东的海上要道。岛上驻军原属郑芝龙的旧部，现已纷纷投在郑成功旗下，逐渐发展成数千人的队伍。

清顺治四年（1647 年，南明永历元年）正月，郑成功从广东南澳募兵后，来到厦门鼓浪屿，大会文武群臣，举行誓师仪式。大堂上，设明太祖高皇帝牌位于正中，郑成功带领诸臣将，首先向高皇帝牌位行礼；接着，又遥祭在汀州殉国的隆武帝及曾皇后。尔后，升起"杀父报国"的大旗，表明郑成功与降清的父亲郑芝龙彻底决裂了。此举传为佳话，受世人敬佩。他慷慨激昂地宣读誓词："本藩乃明朝之臣子，缟素应然；实中兴之将佐，披肝无地，冀诸英杰，共伸大义！"首次启用"招讨大将军印"，自称"罪臣国姓成功勤王"！并且出家资犒赏将士。最后，郑成功宣布将领的任命：洪政、陈辉为左右先锋镇，杨才、张进为亲丁镇，郭泰、余宽为左右护卫镇，林习山为接船镇，柯宸枢、杨朝为参军兼统领随征，杜辉为总协理。这是郑成功首次正式编组军队。此后，郑军的编组仍然以“镇”为单位，但员额数量则大为增多了。

在此期间，郑成功有一个重大举措是，改奉永历年号，直到终生。这也是他忠君报国的坚定性之表现。信奉某个年号，历来不仅是个计时方法问题，更是一个严肃的政治问题。

在隆武政权败亡前后六七年间，南明曾一度出现过四个政权。

先是鲁王朱以海（明太祖九代孙），在唐王朱聿键称隆武帝的同一时间，由举人张煌言、原刑部员外郎钱肃乐、兵部尚书张国维等人拥立，于浙江绍兴称鲁监国。于是，并存的两个政权互争正统，水火不容。鲁王政权派兵进攻杭州清军兵败，出师于钱塘江又兵败。在清军的大举攻势之下，鲁王逃离绍兴，败走舟山。清顺治八年（1651年）九月，清军渡海攻破舟山，大学士张肯堂兵败不屈自缢死，张名扬坚贞不屈举家自焚死，执掌军务的张名振与张煌言、郑彩等人，共奉鲁王浮海逃奔厦门，又转赴广东。这样，鲁王政权尽管仍然举着抗清大旗，但实际上已经名存而实亡了。

隆武帝殉国后两个月，桂王朱由榔在大学士丁魁楚、瞿式耜等人拥立下，在广东肇庆称监国。同年十一月初二，隆武帝之弟朱聿镈，在大学士苏观生、何吾驺等人拥立下，在广州称监国。初五，朱聿镈匆忙举事，穿着戏装袍笏登极，改称皇帝，改元绍武。十二月十五日，清军攻占广州，朱聿镈及苏观生等皆自缢死，绍武政权仅存41天即败亡。

同年十一月十八日，桂王朱由榔在肇庆称帝，以明年为永历元年。永历政权先后联络了南明的遗臣何腾蛟、堵胤锡等人，以及大顺军余部将领郝摇旗、李过、高一功、李来亨、袁宗第、刘体纯等，还联络了大西军余部将领孙可望、李定国、刘文秀、艾能奇等人，号令近半个中国，一时声势浩大，成为抗清势力的一个新的中心。

自从郑芝龙降清、隆武帝殉难之后，福建的抗清力量便各择其主，各自为政，互不统属。

郑成功的叔父郑鸿逵，一直举着抗清的旗帜，以语屿（即金门）为基地，与清军相对抗。

郑成功的族兄弟郑彩、郑联，掌持鲁王监国兵权，屯兵厦门。郑彩被封为建国公，郑联被封为定远侯。郑彩、郑联兄弟也自然信奉鲁王监国年号。

郑成功占据了安平沿海一小块地盘，只能在鼓浪屿、海澄一带海域出入训练士卒。既然隆武政权已经败亡，郑成功便遣光禄寺卿陈士卿去朝见桂王永历帝，永历帝封郑成功为威远侯。郑成功设立香案，向着永历帝所在方向，焚香跪拜，誓遵永历年号。次年，永历帝又封郑成功为延平公，以后又进封郑成功为广平公、延平郡王，招讨大将军等。

兼并郑彩

郑成功在战争舞台上，同许多名将一样，也是从打仗中学会打仗，从打仗中逐渐扩大了自己的势力。

清顺治四年（1647年，南明永历元年）四月，郑成功联络厦门的郑彩、郑联兄弟，出兵南下，进攻海澄的清军。但因计划不周，只攻破了九都一块地方，清援军就赶到了，郑军失利。郑成功左先锋洪政负重伤，监军杨期潢阵亡。

叔父郑鸿逵看出郑成功出兵的破绽，写信告诫他说："凡事，当先固本而后求末。今汝安平弹丸之地，无长江险要可恃，倘清军大队复来，一旦反救不及，将奈何？宜速回师，助汝一旅，合攻泉州，暂作安身。然后，养精蓄锐，窥其畔隙，举兵旁掠。"郑成功听其叔父的指教，立即回师，与郑鸿逵会师于泉州的桃花山，准备攻打泉州。

泉州清军守将赵国祚，不把郑成功放在眼里。自率骁骑500，步兵1500人，分为两队，直冲郑军营垒，两军自辰时战至午时，冲突相拒，不分胜负。郑鸿逵料不能胜，派兵夹击，赵国祚方败退城内，闭门不出。郑成功屡次攻城，均不得手，便向叔父郑鸿逵提议：让叔父攻城，他分兵一部伏击敌援兵，另分兵一部袭击敌援兵营寨，大胜而还，自此郑成功声威大振。

漳州清军守将王进（王老虎）与总兵杨佐商议，采用攻魏救赵之策，拟攻打郑成功基地安平，以解泉州之围。

郑鸿逵闻讯急返金门，郑成功也撤出战斗，向安平转移。途中，郑成功闻知王老虎只有兵1500人来解泉州之围，甚为后悔，马上派出五员将领去伏击王老虎，但此时王老虎已提前2日回师了，结果无功而还。

郑成功在泉州之战中有得有失，而得大于失。尤其是在战法运用上，他从书斋到战场，锻炼颇大，受益匪浅。另外还有几件意想不到的喜事是，泉州一战，郑成功的抗清声望大为提高，从此吸引了一批抗清头面人物纷纷来投。其中，有原浙江巡抚卢若腾、进士叶翼云、举人陈鼎，他们纷纷率众前来拜谒郑成功。郑成功待以上宾，每事皆向他们咨询。另有海澄人甘辉，身材短小，猛勇绝群，投奔郑成功后，被授为亲丁镇，成为郑军的重要将领；漳浦人蓝登，武艺精熟；南安人施郎，足智多谋，机略畅晓，与其弟施显贵等人一起投奔郑成功，兄弟二人分别被授予左、右先锋镇。

郑成功深知，历来兵家凡得人心者，大都注重优待俘虏。所以他在作战中十分注重俘虏政策，尤其对忠勇之人，格外器重。在福建云霄之战中，清军守备姚国泰死守顽抗，郑军破城后，姚国泰巷战负重伤被擒。郑成功惜其忠勇，令医治疗，予以重用，命为监督。在福建诏安之战中，海澄人陈斌，浑号大巴掌，其手掌是常人的两倍多，此人勇猛无比。在一次与郑军交战中，陈斌曾身背三岁儿子，外掩铠甲，腰插铁斧，手执大刀，突出重围，杀至城门。此时门正关闭，他一手持斧砍门，一手执刀御敌。郑兵逼近，陈斌大怒，挥刀伤数人，尔后碎门逃逸。不久，陈斌率众来降，郑成功赏识其勇，十分器重，命其领后劲镇。以后，陈斌引导郑军攻入广东潮州，又败清军于潮阳，接连获胜。

郑成功在福建、广东沿海，攻掠数十城镇，收获颇大：一是锻炼了将士，扩大了队伍；二是他本人从打仗中学会打仗，积累了作战指挥的经验；三是征掠到一批粮食和财物，补充了军饷。但是，他每攻占一地，很快撤走，所以一直没有可以依托的基地。对此，叔父郑鸿逵时常提醒他，郑成功本人对此也有所醒悟，只是发愁找不到合适的地盘。

清顺治七年（1650年，永历四年）八月，郑成功正在暂驻广东潮阳，堂叔郑芝鹏特来相见，建议郑成功夺取厦门作为抗清基地。

厦门，明洪武年间筑城，又称中左所，位于福建东南沿海，四周环海，孤悬海中，清军铁骑难以登岛。再说，此处气候宜人，四季常青，素有“海上花园”之称。是一个理想的抗清基地。但当时厦门是郑彩、郑联兄弟盘踞的地方，经营多年，哪肯自动让给郑成功呢。再说，郑彩、郑联是郑成功的同族兄弟，且当初，郑成功曾经与郑彩、郑联兄弟联合，同清军作过战，所以，郑成功对其兄弟二人难以下手。他说：“彼船只倍多，部将老练，若取之不得，反结为仇。”堂叔郑芝莞在一旁插话说：“郑彩眼下远行在外，惟有郑联在厦门，近来他横征暴敛，民不聊生，取之正当时。”

左先锋施郎是一个智多星，见郑成功正在犹豫不决之际，他说：“征之不易，当设计图之。”

郑成功正在犯愁，听施郎此言，便说：“试陈可图之计。”

施郎说：“郑联乃酒色狂徒，无谋之辈，藩主（郑成功）可领四艘巨舰，扬帆回师，寄泊鼓浪屿。彼见船少，心无猜疑。其余兵船，陆续装扮商船，或寄泊岛美、浯屿，或寄泊大担、白石头，或转鼓浪屿，或转崎尾，或直入寄碇厦港水仙宫前（上述地名，均在厦门四周附近）。藩主登岸拜谒，悉从谦恭，然后相机而动，此系吕蒙赚荆州之计也。”

施郎所说“吕蒙赚荆州之计”典故，事在三国时期。当时，孙权为了向刘备争夺荆州（今湖南、湖北一带），遣大将吕蒙袭取要地江陵（今属湖北）。吕蒙至寻阳（今湖北黄梅西南），将战舰伪装成商船，士兵扮做商人，昼夜兼程疾驶，突至公安（今属湖北），逼迫蜀国守将归降，又奇袭夺得江陵，并厚待关羽眷属，抚慰百姓。关羽在退军途中，闻讯江陵失守，奔走麦城（今湖北当阳东南），被俘杀。

郑成功听施郎如此一说，回道：“此计甚当。但吾欲善取之，希冀幸免杀兄之名。”

郑芝莞在一旁说：“不杀之，恐其部卒恋主，不如杀之为是。郑彩、郑联岂非亲兄弟乎？”

郑成功点头赞同。于是，亲选健卒 500 名，令甘辉、施郎、洪政、杜辉四将统领，配船四艘，跟随郑成功依计而行。

这一天，正是中秋节。郑成功兵船从广东潮州返回到鼓浪屿。而郑联正在厦门排设宴席，与宾客彻夜欢饮，喝的酩酊大醉。第二天，郑成功乘小船至厦门登岸，说是拜谒兄长郑联。郑联醉酒一夜未醒，被侍从唤醒，匆忙梳洗一番，便出门迎接。郑成功见到郑联，谦恭而气萎地说：“愚弟之师屡遭败绩，羞愧脸红来见兄长。倘若吾兄见怜，以一旅相助，得片土栖身，终不敢忘兄大德。”

郑联见郑成功如此谦恭，便回道：“吾弟何出此言？军旅相助，份所当然。”随后，留郑成功入席喝酒。席间，郑联十分健谈，海阔天空，无所不言，终日不倦。如此热热闹闹过了一天一夜，郑成功见郑联毫无防备，借小解之机辞出，密令所部各船陆续进港，与郑联的舰船靠拢并列。尔后，与诸将约定，听炮声为号，发起冲杀。

这天上午，郑成功在虎坑岩排酒设宴，答谢郑联。郑联不知是计，如约赴宴。郑成功与郑联开怀畅饮，还玩投壶游戏，不漏一点破绽。饮宴至戌刻（晚上 7～9 点），郑联才谢辞，掌灯回府。途经半山塘时，早在此地埋伏的杜辉等人，突然跃起，当即割了郑联的头，飞报郑成功。郑成功立刻命人在岩上放炮，迅即率兵入城。他佯装捶胸顿足，痛哭流涕地说：“谁杀吾兄，仇不共戴。”下令所部把守郑联、郑彩宅门，申明：“非有吾令，不许擅入。”同时，贴出安民告示。所以，市井毫无惊扰。郑联所部，为施郎、洪政、甘辉、杜辉所包围，众人知主将郑联已死，便纷纷倒戈。郑联部将陈俸、蓝衍、吴豪等都归属了郑成功。郑彩部将杨朝栋、王胜、杨权、蔡新等人，也率全队舟师，来投郑成功。这些将领，均受到郑成功的器重，分别担任了重要军职。从此，厦门为郑成功所占据。

次日，郑成功派遣洪政携带文书和折矢，到南海去见郑彩。郑彩见了洪政，得知厦门已为郑成功所据，郑联被杀，叹道：“是吾之咎，所托非人也！”郑彩对洪政说：“吾年老气衰，细观诸子弟能继吾志者，惟大木（成功）耳。吾愿全师解付予他。”便令其弟郑斌，与洪政一起回厦门复命。郑成功得报，大为高兴，立即遣官远接郑彩。郑成功与郑彩相见，欢爱如初。郑彩将所部兵船全部交给郑成功统辖。郑成功见郑彩确系诚心诚意，便无猜疑，待其甚为宽厚，直到郑彩后来老死在厦门。

郑成功兼并郑彩、郑联兄弟，占领厦门之举，是他军事生涯中一个重大转折点。从此，他不仅有了一个理想的抗清基地，而且得到了一批英勇善战的水师骁将，一批舰船、物资以及十倍于己的兵力，这是他过去做梦也不曾想到的巨大收获。

要地之争

惩罚叔父

清顺治七年（1650年），清军大举进攻广东、广西的南明武装。尽管重兵围攻广州将近十个月不克，但就全国整个形势而言，对抗清势力来说十分严峻。

南明永历帝面对清军的攻势，给他最信任的李定国和郑成功下诏书，要他们分率步骑兵和水师，到广州勤王。

郑成功接到永历帝诏书后，权衡再三，认为这是重中之重。尽管厦门刚刚到手，需要筑城，需要派兵防守；但南下广东勤王，是永历帝的诏命，也不能耽误勤王大事。于是，他决心舍弃某些小利，坚决赴命。然郑成功最放心不下的是厦门防守。所以，出征之前，他特地征求管理厦门事务的堂叔郑芝莞的意见，说：“我欲南下勤王，清军若是来犯，你将如何防守？”郑芝莞回答得很坚决，他说：“藩主若将水陆官兵全付于芝莞提调，防守厦门，万无一失。清军若来进犯，厦门有失，芝莞愿受军法处分。”郑成功相信了郑芝莞的话，便命留守的阮引、何德、蓝登的水陆之师，归郑芝莞调遣，共同镇守厦门。此外，郑成功还特意将夫人董氏和儿子郑经留住厦门，作为监守。

郑成功在率师南下勤王途中，得知广州已为清军攻陷。他对厦门的防守仍然放心不下，便与叔父郑鸿逵商量，想让郑鸿逵先回厦门，而自率水师南下勤王，以求两利。郑鸿逵觉得郑成功的主意甚好，便说：“侄有此举，社稷有幸。我当即回厦门，以防不测。”

第二年（1651年）正月初，郑成功率师进抵广东南澳岛，此岛为郑军所据。守将陈霸劝郑成功赶快回师厦门。他说：“广州已被清军占领，抗清部队早已远走，藩主此去勤王，时机已过。而厦门是根本之地，不能轻易丢失不顾。”他愿意率师为前驱，请郑成功居中调度，等有了消息，再请他亲往亦不为迟。但郑成功勤王心切，即使越山逾海，赴汤蹈火，也在所不辞。他命陈霸暂时按兵不动，随时赴援厦门。

在陈霸进谏之后，足智多谋的施郎也来求见郑成功。施郎觉得，大军南下远行，清军必定乘虚而入，厦门有丢失之危险。因此，他为说服郑成功，托辞对郑成功说："昨夜做了一梦，似大不利，乞藩主思之。”郑成功本来不愿意回师厦门，以免影响南下勤王，所以对施郎的进谏十分反感。无奈，便让施郎把左先锋印和兵将交由副将苏茂统辖，其后营调入戊旗亲随协将，命他与郑鸿逵、洪旭等一道返回厦门。分派完毕后，郑成功亲率 100 多只战船，战暴风，平恶浪，浩浩荡荡，向粤东进发，采取攻城打援之策，攻克了大鹏所(今广东大亚湾西)，又消灭了清军援兵，缴获一大批装备和谷米。

不出陈霸、施郎之所料，驻泉州的清军福建巡抚张学圣、总兵马得功，侦知郑成功率师南下远出，便乘虚进攻厦门。他们胁迫郑芝豹出船载清军航渡，在厦门登岸。郑军守将阮引、何德等人，见清军来势凶猛，仓皇而逃。而负有厦门守备总责的郑芝莞，在大敌面前贪生怕死，把自己在郑成功面前所作的誓言忘得一干二净，匆忙席卷珍宝，单独装在一条船上，弃城而逃。这时，城中无主，乱作一团。郑成功的夫人董氏，怀抱着儿子郑经，来到海滨，见到一条小船船工，忙说："我是董夫人。”船工赶快背夫人上船。董夫人指着近处几艘大船问："哪只船是芝莞爷的?”船工指着重载的那艘便是。董夫人立刻转移到这艘大船上。郑芝莞见了董夫人，忙说："此战船也，不便居住，请夫人到家眷船中，那儿有专人侍候。”董夫人生气地说："媳妇喜乘此船。今征战之时，非此船不可。”郑芝莞再三强行劝说，董夫人坐而不动，因为她早已识破郑芝莞机关。

清军在厦门岛上往来驰骋，如入无人之境。清巡抚张学圣在岛上看到波涛万顷，岛屿孤悬，不禁惊叹说："海外险地，此乃绝境。我若返还，船只不继，岂能飞渡?实用兵之忌也。”立即下令引师撤还。总兵马得功得知后军已退，不敢久留，便也撤离。途中与郑鸿逵部将吴渤相遇，拼杀一阵，射杀吴渤后，匆忙退去。

从广东返回厦门的施郎，率领陈埙、郑文星等在厦门港登岸后，正遇清军后撤，便奋勇追击马得功。马得功败绩，无计可施，便派人去见郑鸿逵。原来，马得功是郑鸿逵的老部下。当年，郑鸿逵担任明右军都督镇守南京西南采石矶时，马得功是其标下的守备官。马得功凭着这层关系，且又以郑芝龙被扣在京，郑氏眷属皆在安平，随时可能遭到报复，来要挟郑鸿逵，让他宽待片刻，济渡而归，以求“一举两得”。郑鸿逵为昔日旧情所动，以及顾虑兄在京扣留，家眷在安平的安危，便给了马得功一条生路，放松防守，网开一面，并借船数只，渡马得功安全返回了泉州。

在清军攻掠厦门期间，有一名郑军士兵坐上快哨飞报在粤东的郑成功。郑成功闻讯，迅即回师。当他在厦门登岸时，清军已经退走 5 天了。

郑成功弄清了厦门失守的前因后果，于四月初十，大会文武，议厦门功罪。奖赏施郎银 200 两，陈埙、郑文星银各 100 两。同时宣布：以郑芝莞失机罪，斩首。郑芝莞想为自己辩解，而郑成功取出隆武帝所赐尚方剑，立斩郑芝莞示众，且令悬其首级于街三日，方许收葬。郑成功宣谕："本藩铁面无情，尔诸勋臣镇将，各宜努力。如果怯敌不前，本藩自有法在。虽期服之亲，亦难宽恕。”又下令将阮引、何德捆绑，责打50棍，并革掉其职；蓝登戴罪立功。对战死的吴渤，派人祭奠，厚恤其家。军中见郑成功执法严明，不徇私情，又奖惩分明，人人敬畏，军纪倍增。

至于叔父郑鸿逵借船给马得功、纵其逃脱一事，郑成功感到既气愤，又难处，无奈只好拔刀自断头发泄怒。他说：“渡虏来者澄济叔（郑芝豹），渡虏去者定国叔（郑鸿逵），弃城送给敌人者是郑芝莞叔。都是家门之内的祸患，与虏何干？”边说边下令：郑鸿逵近期内不得与亲属相见，也不准镇将到郑鸿逵的衙署去，好让他闭门思过。原来，郑鸿逵之错，不仅考虑其兄在京的安危，还因为他接到母亲来信，让他派船渡送清军。郑成功知道祖母曾经干预此事，也就不再追究了。

郑成功接受前次厦门失守的教训，亲自巡视岛上各要口，督修各要害处炮台，加强厦门的防守。改厦门为思明州，以郑擎柱为思明知州。岛上清点财物时，发现清军从厦门掠去黄金90万两、米粟数10万斛，将士财物被掠去无数。郑成功为补偿将士的损失，命将董夫人乘坐的郑芝莞船上所载金银财物，全部用作军饷。

郑鸿逵见郑成功在岛上处置得宜，执法无私，举动威严，暗自庆幸郑氏家族有了出色的继承人。于是，他决定将所属船只兵将，全部交给郑成功统辖，自己在金门的白沙地方筑寨，广构亭沼，艺植花木，题额扁称“华觉”，笙声自娱，退休养老。

至此，郑成功控制了郑氏集团的全部兵权和地盘，在金、厦建立了稳固的抗清基地。他根据当时抗清形势，任命洪旭防守厦门，族兄郑泰防守金门，小叔郑芝豹同施郎之叔施天福防守安平，张进防守铜山，陈霸防守南澳。他亲自率师移驻金门后埔，扎营操练。又颁发了《杀虏大敌赏格》（以下简称《赏格》），激励将士，设置督阵官，整顿船只，准备随时出战。

施郎降清

郑成功的事业在蓬勃发展之时，与先锋将施郎的矛盾，也日益尖锐化了。施郎，福建晋江人，在郑成功的部将之中，年轻有为，以知兵善谋而闻名全军，他确实也为郑军的发展立下不少战功。但随着权势日重，时常表现出飞扬跋扈，骄横不驯，许多将领都怕他三分。对此，郑成功早有所察觉，便有意限制他的兵权。在南下勤王时，施郎要求返回厦门，郑成功乘机下令将其先锋印和兵将全部收回，交给了他的副将。施郎对此心怀不满。在厦门之战中，施郎立有战功，郑成功赏银200两。只因郑成功未将先锋印及兵将归还于他，对赏银拒绝接受，郑成功对此不悦。施郎在厦门之战后成了闲员，心烦意乱，郑成功在后埔扎营操练，施郎借故推脱，不参加练兵，还向郑成功提出“削发为僧”，做出姿态，试探郑成功的心思。郑成功仍然没有把原来兵权交给施郎，而是让他重新招募兵勇，并授前锋镇之职。施郎的愿望没有得到满足，拒不接受新命，一气之下剃光了头，使得郑成功更加气愤。

有一天，施郎的亲兵曾德，犯法当死。曾德逃脱后，藏匿在郑成功左右，并要求给郑成功当亲随。郑成功不明内情，便同意将曾德留下。施郎探知曾德的下落后，派人持令箭将曾德捉了回去，立即斩杀。郑成功赶快派人去告诉施郎，先不要杀人。施郎说：“法者，非施郎敢私，犯法安能出逃？使藩主自徇其法，则国乱矣。”郑成功派来之人系曾德的挚友，自然对施郎杀曾德极为不满，归去后，故意挑拨郑成功与施郎的关系。对郑成功隐瞒了施郎所说执法之言，而是编造施郎的话说：“你们欲以藩令威胁于我，我要当面杀之。”郑成功觉得施郎目中无人，大发雷霆。五月二十日，郑成功命人到海上，去召施郎弟施显回厦门议事。施显上岸后，立即被捆绑关押。与此同时，郑成功又命将士包围了施郎的家，捉了施郎及其父亲施大宣和家属，暂时将施郎关押在忠定伯林习山船上。林习山疏乎大意，把施郎交给了副将吴芳看守着。第二天，有一持公文的军官来说，郑成功命召施郎审讯，吴芳不疑，立刻让来者将施郎带走。来者到了僻静之处，将吴芳派遣的械押人打倒，把施郎藏匿苏茂家中，几天后，施郎渡海逃生而走。郑成功气恨林习山中计放走施郎，一下子杀了吴芳妻室 5 人。接着，又杀了施郎的父亲施大宣、施郎弟施显等多人。

郑成功闻施郎逃脱，顿足哀叹道：“唉！吾不幸结此祸胎，贻将来一大患！”

后来，施郎的经历，果真被郑成功所言中。施郎投降了清军，更名施琅，多次与郑成功交战，官至水师提督。在郑成功卒后 21 年，即康熙二十二年(1683 年)六月，施琅奉康熙帝之命，亲率水师 2 万人、战舰 300 艘东征台湾。在澎湖海战中，歼灭郑军主力 1.2 万余人。八月十三日，施琅率军抵达台湾，郑成功之孙郑克塽正式投降，终于统一了台湾。当然，这是后话了。

对于郑成功与施郎两人的矛盾激化，最终导致施郎降清一事的是是非非，人们众说纷纭。但若从郑成功方面总结经验教训，郑成功的性格过于暴躁，有时感情用事，执法严而过酷，未能把军中矛盾及时排解，又滥杀无辜，实属历史局限性之表现。

完善军制

郑成功随着队伍的不断扩大、将领的增多、军政事务的繁忙，以及作战的需要，越来越感到现行军制和行政机构极不适应。于是，他参照明制，大胆对军政体制进行了改革，使之日臻完善。

他首先设立了“礼”、“智”、“信”、“仁”、“义”五营，又设立“英兵”、“游兵”、“奇兵”、“殿兵”、“正兵”五营。任命戎旗前协陈俸升为礼武营、后协蓝衍为智武营、右先锋镇副将陈泽为信武营、援剿左下副将吴豪为仁武营、北将杨朝东为义武营各营将官；又命升中权镇左营黄梧为英兵营、旧将吴世珍为游兵营、戎旗正总班杨姐(后改称杨祖)为奇兵营、林文灿为殿兵营、陈埙为正兵营各营将官。上述将官中的陈俸、蓝衍、吴豪、杨朝栋等人，皆是郑彩、郑联兄弟原来的部属。

不久，定国公郑鸿逵推荐其辖将沈明、沈奇、陈魁。郑成功分别授他们为护卫左镇、右镇、后劲镇长官之职。

郑成功又设立了军器制造局。负责督造刀、枪、炮、藤牌、战被、火筒、火罐等兵器，以及箭穿不透的铁盔、铁铠、两臂裙围、铁鞋、铁面具等防身设备。凡着此防护装备者，称为“铁人”。其中的藤牌，又称团牌，是仿效明代抗倭英雄戚继光的团牌兵而设，专门用来抵御满洲八旗骑兵。作战时，士兵三人为一伍，一兵执团牌防护两兵，一兵砍马腿，一兵砍人。团牌在对付敌骑兵作战中发挥了作用。战被，又称滚被，是厚二寸的大棉被，由一兵携带，当敌骑兵射箭时，便张开棉被遮挡，箭射过后，随即将棉被卷起滚进，挥动双刀砍敌骑兵马腿。郑军每50名士兵设藤牌兵2人、战被兵2人，作战时他们在前冲锋，要求力大而勇，每人发2份粮饷。火筒，是用来向敌喷射火焰的武器。火罐，内装火药，点燃后投向敌方。火筒、火罐，都是宋、元、明代以来火器的发展和演变。上述兵器器材的制造和列入军队编制，说明郑成功十分重视武器的进化，十分重视武器装备在战争中杀伤敌人、保存自己的双重作用。

在此，再补述郑成功重视武器装备的一个实例。那是清顺治十年(1653年)六月，郑成功在进攻海澄之战后，战船驶出港口时，看见海水中红光闪烁，有铁铸大兵器二件浮出水面。他急令士兵捞起，知是一种大炮，便名之曰“龙熕”。为防备清军来抢，特命副将杨廷领500兵士加强护卫。

郑成功在重视军制、兵器建设的同时，也十分重视政务建设。他在顺治十二年(1655年，永历九年)二三月间，仿效明廷建置，设立六官管理政务。任命潘庚钟为吏官，郑擎柱为礼官，洪旭为户官，陈宝钥为协理礼官，张光启为兵官，程应潘为刑官，冯澄世为工官，常寿宁为察言司。郑成功根据各方人才的需要，又设储贤、育材二馆，令思明州知州邓会，劝学取士，得40余人，陆续充实六官之内办事，或外派为监纪，或为推官，或为通判等职。

扩大基地

郑成功虽然拥有了金(门)、厦(门)抗清基地，但都属于岛屿，在军事上、经济上诸方面也有许多局限性。他为了扩大地盘、扩大兵源、扩大粮饷的供应，以及支援各地的抗清力量的武装斗争，和更有效地锻炼将士，他在闽、粤及江、浙沿海地区，与清军展开了旷日持久的争夺和扩大基地的一系列作战。

海澄城外伏击战。海澄，在明隆庆年置县(1960年与龙溪合并为龙海县)。地处九龙江下游河口段，漳州、厦门两市之间。明代中期兴起的月港，是当时国内外的交通贸易中心，是郑、清两军争夺的要地之一。顺至八年(1651年)五月二十二日，郑成功侦知清漳州总镇王邦俊率海澄马步军数千出城袭击郑军，他认为这是歼敌的好机会，便对诸将说：“欲图进取，先从漳(州)、泉(州)起手。此番杀他一阵，则漳(州)虏慑服，集兵裕饷，恢复有基矣。尔等勉之！”于是，郑军在敌人必经之地磁灶山埋伏重兵：戎旗镇伏于山坑南，援剿右镇伏于山坑北，左先锋镇、援剿左镇伏于磁灶社内；令亲丁镇甘辉、前冲镇万礼、右冲镇柯鹏率部诱敌深入。二十七日，王邦俊果真由灶前大路而来，左先锋苏茂迅即杀出伏击地，清军猝不及防，败退；亲丁镇甘辉、前冲镇万礼接着杀出，清军溃不成军。郑军从四面八方围歼清军，杀伤遍野，夺取马匹、辎重无数，凯旋而回。六月初二，郑成功按照《赏格》，奖赏此次作战有功人员。军中皆大欢喜。

小盈岭之战。清将王邦俊兵败之后，与清将陈尚智合兵，来与郑成功交战，结果又伤亡惨重。无奈，便向福建清军陆路提督杨名高求援。杨名高带领大队兵马，欲与郑成功一决雌雄。郑成功闻讯，召集诸将商讨对策。他说：“杨名高未知我手段，必然轻敌。我遣兵一部略地取粮，诱其来战，主力先占据险要之处待机。尔等此番用力歼击，胜此一着，则援虏计穷，漳(州)泉(州)不攻自下矣。”他又说：“奖赏有功者，本藩决不吝惜。如不用命，杀勿赦！”诸将杀敌心切，纷纷表示：“此番我等尽欲得功，虏必无生还矣。"郑成功率诸将来到小盈岭，勘察地形，部署兵力。将兵马分为四部：援剿右镇黄山督正兵营陈埙等伏于鹊山之下，右先锋黄廷督左冲镇康明等扎于东边岭下，郑成功亲率戎旗镇扎于岭上，其余左先锋、援剿右镇、北镇等扎于西边岭下，另遣亲丁镇甘辉督兵担负赴杀鸿渐山背之敌。

十一月的一天，杨名高率兵从正面分三股而进，另有一股从鸿渐山背后来抄郑军的后路。正面清军先是一股来犯，郑成功示意众将以逸待劳，不准出战；当清军三股齐犯，郑成功便命两镇迎击清军中股，此时，郑成功驰督阵中，催战益力，诸将无不鼓奋，清军大乱，被杀伤无数。从山后来抄郑军后路的一股清军，被甘辉击退。此时，郑军奇兵营突然冲出，杀敌甚众。营官杨祖身中数箭，仍带伤奋击，杀死清将一员。亲丁镇甘辉赶至，协同他镇官兵奋勇冲杀，清军溃不成列，被郑军追杀不计其数，杨名高仅一身免。

郑成功班师，照《赏格》条例升赏，以杨祖为首功，赐蟒玉；甘辉等为次功；奇兵营升为奇兵镇。中冲镇和游兵营官因作战不力，分别降职、捆责，以示惩戒。

漳浦之战。郑军由于接连获胜，动摇了降清的旧将的斗志。其中，驻守漳浦的旧将陈尧策，秘密派人到郑军来试探献城反正之事。郑成功便与他约定献城日期。十二月十一日，郑成功按约，带兵衔枚而进，神不知、鬼不晓地包围了漳浦城。陈尧策见郑军如约而至，便开门献城迎降，被郑成功升职挂宁南将军印，管护冲前镇，仍然镇守漳浦。清军驻漳浦另一守将杨世德，一直被蒙在鼓里。当他明白了事情的真相后，猛地跳入河中自尽。郑军士兵立即下河将杨世德救起，押解来见郑成功。郑成功客客气气地接待了杨世德，亲自为他松绑、递茶，赞扬他坚于职守、以死殉职的忠诚。又令医生为其医伤，还令官兵保护其眷属的安全。杨世德对此十分感动，表示愿意归降。郑成功立即授他大监督之职。漳浦知县范进闻讯，也携印来至军门投降，同样受到郑成功的厚待。

海澄之战。海澄清军守将郝文兴，闻讯郑成功优待降者，便秘遣其中军胡安然前来求见郑成功，先是敬献玉块，继而约期归降。第二年(清顺治九年，1652 年，永历六年)正月初三，郑军如约，督师进入海澄港。郝文兴如约开城门，迎郑军入城安民。郑成功向归降的海澄官兵赏银 1.5 万两，授郝文兴前锋镇之职，挂破虏将军印，其幕僚都分别予以升赏。此时，有文武全才的周全斌来见郑成功，纵论尽得八闽之策。郑成功大喜，授予房宿镇。周全斌后来成为郑军的主将之一。

长泰之战。长泰地处戴云山脉和漳州平原的过渡地带，在厦门之西，与海澄、漳州呈三角之势。清军福建诸将皆以为：守漳州必先守长泰。因此，十分重视长泰的防守。长泰副将王进，绰号王老虎，勇猛异常。正月初十，郑军各镇官兵从江东进围长泰。王老虎与王邦俊所率援兵，与郑军将领甘辉、陈俸等在溪西相遇。郑军因敌众已寡，甘辉不抵，身中 2 箭仍力战；陈俸见势亦猛烈冲阵，身中 4 箭。大督阵官王孔，严督官兵奋勇前进，退却即斩。亲丁镇营官陈震和总班曾猛二人临阵退却，当即在阵前被大督阵官王孔枭首。亲丁镇副将欧斌，奋勇直冲敌阵，杀死清将 2 员。顿时，清军大乱，郑军奋勇追杀，清军溺水死者不计其数。二十三日，清军再派援兵救长泰，被郑军击退。二月初三，郑成功下令攻城，游击镇官吴世珍奋勇先登，被炮打死。郑成功见强攻难以取胜，便密遣火器镇官何明，在长泰北门挖地道，用地雷轰城。地道挖了半个月才到城下，正要准备引爆地雷时，忽闻清总督陈锦率援军将至。郑成功准备了两手：一手是如果地雷能炸毁城墙，各镇官兵迅即进城，据城打击清军援兵；另一手是如果地雷不能炸毁城墙，各镇官兵立即撤入江东桥迎击敌援兵。三月初七早晨，郑军地雷引爆，震天动地，但未能炸开城墙。于是，郑军按计划撤往江东桥大路设伏待敌。江东桥，长 200 余丈，横跨九龙江上，是扼守漳州、泉州、厦门的交通要冲。十三日，陈锦率清军主力前来增援，冲营逼战。郑成功令发第一、二支火号，部队严阵以待，挫敌锐锋；当清军进入伏击腹地时，又发第三支火号，这时，苏茂、林胜首先迎敌；甘辉、吴豪从翼侧出击，对清军形成夹击之势，清军顿时大乱；郝文兴督马步兵直捣敌中路，各镇官兵又投入战斗，敌军覆没。陈锦狼狈逃至凤尾山，羞惭恼怒，用大鞭痛打其奴仆库成栋泄气。奴仆库成栋怀恨在心，乘夜用匕首刺杀陈锦，割其首级来投郑成功。郑成功佯喜，第二天，大会文武，当即收拾库成栋。库成栋称自己无罪，郑成功说："尔杀主求荣，天下之大罪人也。本藩决不用此不义罪人！"下令斩首示众。十八日，长泰守将李青，闻陈锦被刺身亡，乘夜弃城遁逃。郑军入城安民，以冯澄世为知县。郑军照《赏格》，庆功升赏。其中，黄廷升为前提督，甘辉升为中提督，黄山升为后提督，正兵营升为正兵镇。

漳州之战。随着郑军一连串的胜利和鲁王（监国）前来依附，郑成功打大仗的信心更足了。他决心要夺取漳州，为厦门基地提供陆地依托。清顺治九年（1652 年，永历六年）四月，郑成功发兵围攻漳州。命令：提督黄山负责指挥东门作战，戎旗镇王秀奇负责指挥西门作战，北镇陈六御负责指挥南门作战，提督黄廷负责指挥北门作战，张名振负责指挥八角楼的作战，黄兴负责指挥堵截清军援兵的作战。郑成功战前宣布：如果哪处有失，要治指挥者之罪。

守漳州的是清军将领王邦俊，他在郑军面前已成惊弓之鸟，闻郑军来攻，匆忙向其上司请求援兵。

清总兵马进宝，又名马逢知，号称金衢马，以骁勇著称。他带马、步兵 4000 余，飞驰来援。甘辉自请领兵迎敌，郑成功不允，说："马逢知素称骁勇，其兵必以一当百，拼命死战。我军当避其锋芒，纵其入城，城内多添人马，必多食粮草，外运既迟，内势窘促，破之必矣。"众将听后人人拜服。于是，郑军让开一条通路，让清军援兵不受阻挡地入城。在马逢知率援兵入城时，郑军四面张旗呐喊，似逼战之状，闹腾一夜。清军不知是计，兵马不敢卸甲，疲惫不堪。甘辉前来邀战，马逢知不敢恋战，狼狈地退入城中。郑军屡次攻城，皆未攻破，决定长围久困，欲让城内不攻自破。清巡抚宜永贵带领兵船 200 余只，仿效战国时击魏救韩之法，从泉州港出，袭击厦门，吸引郑军回援，以解漳州之围。郑成功识破其计，便令陈辉督水师抵御。水战是郑军之长，陈辉借风势和水流之良机，与清军展开激战，大获全胜。时至八月，郑军围困漳州城已越 4 个月之久，城内粮草极度缺乏，有半数人饿死，出现了人吃人的惨状。有些士兵，逃出城投降郑军。

漳州被围困的消息传到北京，清廷不肯坐视漳州失掉，特命固山额真金砺为平南大将军，统率精兵万余，昼夜开赴福建泉州。郑成功召集诸将商讨对策，他说："攻城未下，援兵已至，暂且解围，军屯江东以待，如杀陈锦一样，则漳州城亦如长泰，不攻自下矣。"但狡猾的金砺没有中计，他为避免重蹈陈锦兵败长泰的覆辙，不走大路而走小路，顺顺当当地进入了漳州城。金砺见满城饿殍，令发府县仓米煮粥赈济，但饿极者下咽立毙。至此，城内死者已是无法计数。他下令出城与郑军决战。郑军发射火箭、火炮、杀伤清军无数。但因当时风向相逆，郑军发射的火箭火烟被风吹回，反伤了自己。这时，金砺下令乘机猛烈突击，郑军辞不及防溃散，郑成功不得已退入海澄。漳州围城半年之久，至此解围。郑成功下令要惩治兵败丧师之罪，甘辉力谏说："此番作战，非人力不齐，亦非将士不用命，乃反风所误。天时不顺，地利失据，以致败回。"郑成功觉得此话有一定道理，但对无令退却者如不惩戒，今后将何以治兵。于是，下令仅将第一个退却的亢宿营官林德斩首，以儆戒三军。

海澄保卫战。清平南大将军金砺，欲乘漳州胜利之威，一举夺取海澄。郑成功断定海澄必有一场恶战。为此，他令工官冯澄世督修海澄城墙，安装大、小铳 3000 余号，墙四周环绕港水，外可通舟，内可贮粮和兵器。清顺治十年(1635 年，永历七年)四月十八，金砺率马步军数万人及 10 县民夫 2 万多人，准备进攻海澄。五月初一，郑成功亲自部署御敌之策，明确各镇将、营官职责及其分工。五月初四，清军开始炮轰海澄城，郑军许多官兵被击中，城防设施被炸毁。郑成功激励诸将说："谁敢领头冲击虏兵?"镇将陈魁、叶章自报奋勇，杀出城来。郑成功坐于将台，张盖指挥。清军炮火益激，叶章阵亡，陈魁负伤。诸将劝郑成功下将台，他不从，甘辉急忙亲掖郑成功下将台。不多时，敌炮击中将台，座位粉碎，郑军士气受挫而低落。郑成功见此，对诸将说："本藩于此城生死以之，决无退回之理。"立刻命人携带他那颗"招讨大将军"之印，到军中去传谕："诸将士如有能率众退敌立功者，我愿让出此印。"将士闻此，无不感奋，纷纷请战。甘辉激励将士说："古人云：人生自古谁无死，留取丹心照汗青。此番，我等竭尽全力守卫此城，倘万一有不测，也是死得其所!"王秀奇等将领一致响应，激昂地说："此城，就是我们今日的死忠营!"郑成功见士气已被鼓动起来，下令大家放怀酣饮。为了减少伤亡，他命军中掘地窝藏身，准备火攻破敌。第二天，清军炮火昼夜连击，郑军营垒被夷为平地，将士因藏入地窝，安然无恙。五鼓时分，清军搭桥，蜂拥过城河。郑军将士用刀斧砍杀敌人，杀退一批又冲上来一批，双方死伤甚重。天亮时，清军大多拥过城河，形成拥挤状态。郑成功见此，立命燃放地炮，顿时，火光冲大，清军官兵有的被烧死，有的跌入河中溺死，有的相互践踏致死。此时，郑军预备队乘机杀出，残敌个个成了刀下鬼。金砺见败局无可挽回，便只身逃遁。

此役，郑成功坚毅果断，指挥艺术高超，将士效命，把握时机，该藏即藏，该杀即杀，终于取得了海澄保卫战的重大胜利。十二日，郑成功按《赏格》论功行赏。甘辉、黄廷、郝文兴、万礼、王秀奇等为首功，提请永历帝封为伯爵；其他将士均有不同升赏。而署理海澄县事的黄维璟，因失职罪被处斩。

鲁王附郑

在郑成功接连取得胜利的同时，在浙江舟山的鲁王朱以海政权，却遭到了清军的沉重打击。鲁王无立足之地，由定西侯张名振及兵部侍郎张煌言护卫，于清顺治八年

(1651年)十二月辗转来到厦门,依附郑成功。

先前,鲁王监国政权与唐王隆武政权势为两立,互争正统。而信奉隆武政权的郑成功及其部将,对鲁王及其将吏自然持不同态度。有的人主张把鲁王杀掉,有的主张把鲁王长期关押,有的则主张用对待降人之礼待之。对此,郑成功认为都不甚妥。为了说服众将,他特地召集会议,让大家把想法统统摆出来,而后他申明大义,决定用宗人府正之礼,厚待鲁王朱以海。

至于如何对待鲁王军事支柱张名振等人,郑成功决定还是先对他们考察一番之后再定。这是因为此前郑成功曾经收到了许多攻击张名振的谤书,足足装了一大箱子,是真是假,一时难辨。

张名振,字侯服,江宁(今南京)人,崇祯末年任台州(今浙江临海)石浦游击。当年郑成功在南京国子监深造时,就知道金陵出了个名将张名振。后来,弘光政权灭亡,鲁王朱以海监国于绍兴,张名振率部响应,授富平将军,封定西伯、定西侯,护卫鲁王奔舟山,奔闽粤,返舟山,备受劳苦。

这一天,郑成功邀张名振作了一番长谈。

郑成功问:"阁下为侯数年,所干何事?"

张名振说:"中兴。"

郑成功又问:"中兴安在?"

张名振回道:"成者,则见之于实事;不成者,则在方寸间耳!"

郑成功不解其意,又问:"方寸何据?"

张名振只说二字:"在背。"他边说边解开衣襟,亮出脊背。

郑成功望去,只见张名振背部刺有"赤心报国"四个大字。每个字,有一寸见方,已深入肌肤。

郑成功深受感动,自知慢待了这位英雄豪杰。他惭愧地谢罪说:"老将军威名久著,多恨小人之谤言也。"边说,边令人速将装有攻击张名振的谤书箱子搬出,当众予以销毁,并且以上宾之礼厚待张名振。

郑、张二人还结拜盟兄,指腹为婚。之后,郑成功授张名振以总制之职。张名振的部属张煌言等人也都一一得到重用。张名振从此如鱼得水,在郑成功的大旗下发挥了不凡的作用。郑成功则由于张名振率领一批军将来附,军事实力大为增强。

岛上连续十多天举行欢迎鲁王及其随行人员的庆宴。鲁王朱以海自动削去"监国"称号,被安置于金门岛上,直至病卒。

缓兵之计

将计就计

清顺治九年(1652年,永历六年)前后一年多时间,抗清武装斗争出现了从来不曾有过的大好形势。在郑成功接连取得海澄之战、长泰之战、海澄保卫战的重大胜利以及长围久困漳州、震动清廷的同时；南明东征主帅李定国，统兵 10 万，反击南下清军，接连攻取沅州（今湖南芷江）、武冈、全州（今属广西）等地；尤其是在桂林之战中大败清军，李定国迫使清定南王孔有德兵败自杀，乘胜占领广西全境；又转兵湖南，东进江西，辟地 3000 里；在衡州之战中，李定国埋设伏兵，阵斩清敬谨亲王尼堪，使得清廷大震。永历帝敕授李定国为招讨大元帅，总督各省军务，同时筹划进攻武汉，会师应天（今南京），接通八闽。李定国还致书郑成功，相约在广东会师，两支抗清武装联手作战，开创抗清斗争的新局面。

清廷面对着如此严峻形势，正在运用征抚两手策略，即在倾力围剿抗清武装的同时，实施招降议和之策。尤其是对付郑成功，清廷利用其父亲郑芝龙在北京软禁的机会，阴谋以此作砝码，来招抚他归顺清朝。这一年，督臣刘清泰写有《密奏招抚郑成功稿》，向清廷报告了当前东南沿海郑成功和西南诸省孙可望、李定国等抗清武装与清军争城夺地的情况，指出清军“处处用兵，力不暇及”，建议“量我兵力，能剿则剿，当抚则抚”。而对付郑成功，刘清泰建议：“即着郑芝龙作书，严谕郑成功及伊弟郑鸿逵等率众归顺，宽恕其罪过，量授官职，仍住厦门地方。”奏书最后露出招抚的狰狞面目，指出：“先将此贼牢笼，息兵养民，察其动静，苟有反侧，仍即剪除。”清廷对此“密奏”如获至宝，正合时宜。于是，任命刘清泰为总督浙江福建等处军务兼理粮饷兵部右侍郎兼都察院右副都御史，并着其立即实施招抚之策。

刘清泰等人受命之后，逼迫在北京身陷囹圄的郑芝龙，按照清廷旨意，给郑成功写了一封劝降信。于清顺治十年（1653 年，永历七年）正月，派李德、周继武从北京来到厦门，把劝降信送交郑成功。

郑成功阅信毕，自有拒绝招抚之决心。他想了一个两全其美的办法，既要与清廷交往，称之谓“和议”，委婉拒绝招抚；又要讲明推脱理由，好让身无自由的父亲不致因此有杀身之祸。于是，他给父亲郑芝龙写了一封回信。内称：“儿南下数年，已作方外之人。张学圣无故擅发大难之端（指袭击厦门抢掠郑军库藏事），儿不得不应。今骑虎难下，兵集难散。”派李德将信送往北京。

八月，郑成功在厦门又收到了郑芝龙差李德、周继武送来的亲笔信。内称：清廷愿意赐地招抚、并携带“海澄公印”，以一府之地安插郑成功及其部属。信中又说：此事由刘清泰担保。如果郑成功认为可行，清廷即派使节持诏书而来。郑成功读罢信后，气愤地说：“清廷正欲欺哄我乎？”他自度目前军饷不足，正可利用和议之机，分兵至各地筹饷。所以，他告诉诸将说：“将计就计，权借粮饷，以裕兵食也！”于是，给父亲写了一封回信。他写道：“自古大义灭亲，以治命不从乱命。儿初识字，辄佩服《春秋》之义。”又写道：父亲降清后，并没有得到什么礼遇，这说明清廷不可信。郑成功在信中还揭露了清军对郑氏的暴行：袭破厦门，躁躏疆土，掳辱妇女，抢掠珠宝钱粮等等。信中又说：“不得已，我将士痛念国耻家亡，皆怒发冲冠，方有郑师。”郑成功深知，他父亲所写之信是根据清廷授意而写，他给父亲的信必定为清廷所拆阅。因此，他在信中提出了清廷不可能接受的招抚条件。指出：时下郑军有数十万之众，没有三省之地便不可能息兵；然而清廷口头答应给郑氏三省之地，那也如同以前欺骗父亲一样，全是空话和假话。他这番有软有硬、有理有力的话语，既让父亲和清廷对郑军不可轻视，又为自己拖延时间、缓和清军的进攻找到了借口。

郑成功还深知，郑军的当务之急是为扩大的兵马集粮集饷。他便利用与清廷谈和之机，命令各部抓紧时间，到各地征集粮饷。此后，在短短几个月内，郑军也确实征集颇丰：督饷都督黄恺到晋南征粮 20 万石，前提督黄廷到云霄征粮 5 万石，揭阳的征粮也较顺利。只有海澄县西南 20 里的欧汀寨，由一伙强盗聚集，凭着有船百余只，人多势众，不肯供粮。郑军发兵来攻，不仅未克，郑成功还伤了左脚，他不愿意为此小寨消耗兵力，便暂时撤出了战斗。

清总督刘清泰看穿了郑成功利用谈和之机，大肆征集粮饷的企图，显然是在玩弄计策，拖延时间。所以，他写信指责郑成功。郑成功回信说："我数十万之众，不能空腹待和。"刘清泰再次致信郑成功，要挟他不要忘记其父在京被扣，也不要忘记其祖母年老需要侍养。并警告郑成功，不要被青史所讥笑，不要酿成赤族之祸！信的最后，刘清泰还大言不惭地以自己的身份，发誓担保清廷的许诺定会兑现。

郑成功读罢此信，心想：你清廷有千条妙计，我有一定之规。他置刘清泰的"好话"与恶话于不顾，继续乘双方交战缓和之机，抓紧时间征饷。他派黄兴、万礼等统领所部进入福建内地龙岩，征得粮饷 20 万石。派郝文兴、杨朝栋等统领所部，进入惠安、仙游等地，征得粮饷 30 万石。

在郑、清"和议"的第一个阶段，郑成功柔中寓刚，刚柔并用，获益极多。第一，征集到了大批粮饷，充实了军备，兵强马壮，士气旺盛。第二，缓和了清军的攻势，使郑军获得了较长的喘息时间。第三，郑军在筹饷的同时，对不愿听命、执意顽抗的山寨武装进行了征讨，扩大了地盘，巩固了金、厦基地。第四，向清廷显示了郑成功的军威和智谋，逼迫清廷一再向他作出让步。

周旋清使

郑成功给父亲郑芝龙的信中向清廷索要三省之地"和议"条件，传到清廷。清顺治帝斥责郑成功"妄行索地，夸诈大言，其欲不可厌足"。清廷诸大臣为此也商议半月之久，最后还是决定向郑成功作出让步：招抚条件，除了加封"海澄公"之外，另增加泉、漳、惠、潮四府之地，让郑成功安插部众，并允准郑成功相机防剿"海上诸寇"。

清顺治十一年(1654 年，永历八年)正月底，郑成功闻知清廷派遣郑、贾二使，携带"海澄公印"，并答应给郑成功泉、漳、惠、潮四府的"和议"条件，已到达福州。他决定，先派副中军常寿宁为正使，典仗所郑奇逢当副使，前往省府接谈，而后视情再决定他本人接见清廷二使的时机。在常郑二人临行前，郑成功当面交待说："和议之事，主宰已定，不须尔等言及。在交谈应对时，只是礼节要做好看，不可失我朝体统。应抗、应顺？因时酌行，不辱使命可耳。"

二月初二，常、郑二人来到省府。清廷郑、贾二使不出面，而让按察司道黄澍接待。黄澍告诉常、郑二人，见清廷二使要屈膝跪拜。常、郑二人坚决不从，立即返回向郑成功报命，受到郑成功的赞扬，称二人为"能使"。

初六，郑成功亲率镇将杨祖、周全斌等人与清廷二使会面。二使当即将顺治帝赐印、赐敕，一并交给郑成功。可是，郑成功毫不在乎地接过后，并不拜读敕书，当即给了清廷二使以冷遇。第二天,清廷二使要回京复命,但没有得到郑成功的明确答复,只好乞求郑成功表示旨意。郑成功不说不受招,而是一再提高和议条件。他说:"兵马繁多,非数省不足安插,若和,则高丽朝鲜有列在焉。"高丽朝鲜之先例,是不剃发,也不要清廷干预地方事务。几天后,清廷二使便灰溜溜地回京去复命了。

几个月后,清廷决定提高使臣级别,派遣内院学士叶成格、内侍郑某与理事官阿山带着皇帝敕书来福建,以四府之地为条件,前往福建招抚郑成功。在京的郑芝龙出于自身考虑,希望和议能够成功,所以便向清廷建议说,自己的小儿子郑渡与其兄郑成功情同手足,可派他与使臣一同前往厦门,更能说服郑成功就抚。顺治帝允准了这一建议,使臣叶成格及郑渡等一行,于八月初四到达了福建泉州。清福建巡抚佟国器致信郑成功,要他按照先前接待郑、贾二使的程序来接待三位清廷新使;另外强调"先剃发,后受诏"。

郑成功闻此,不肯派员去迎接清廷新使,只是顺便写了一个小便条敷衍了事。清廷使臣看了便条,则说:"如郑成功不剃发,亦不必相见。"郑成功得知,嗤之以鼻,也不再回复,而让清廷使臣长驻泉州坐冷板凳。

一个月过去了,到了九月初四,郑成功改变手法,派人给清廷使臣送去了珍宝礼物,以示炫耀身价。清廷使臣因为谈和之事毫无进展,不敢受礼。几天后,清廷使臣着郑渡来见郑成功。郑渡在长兄面前跪下,涕泣泪涟地说:"此番不就,全家难保。乞兄勉强受诏。"郑成功斥责道:"你凡子未知世事。从古易代,待降人者多无结局,惟汉光武帝不数见。父既误于前,我岂蹈其后?我一日未受诏,父一日在朝荣耀;我若苟且受诏削发,则父子俱难料也。你勿多言,我岂非人类而忘父耶!个中事,未易!未易!"他要弟弟今后勿言和事。

九月十七日,清廷二使亲自来到安平求见郑成功,客客气气地说:"先受诏,后议削发。"郑成功大设供帐于报恩寺,摆开一副受诏的架式。但一到时候,他说清廷使臣不肯驻宿,来意不诚,便决定不受诏了。清廷使臣见郑成功既不剃发,又不肯受诏,自觉受了愚弄,无可奈何,便怏怏不乐地匆匆离去,返回了泉州。

二十一日,郑成功为防止清廷使臣向皇帝进谗言与抗清形势不利,再次遣员带着珍宝去泉州向清廷使臣敬献礼物。清廷使臣更不敢受礼,却致信郑成功:请求在二十四日前"早决一言",以便他们好驰京复命。但郑成功不肯回复,清廷使臣像热锅上的蚂蚁,急不可耐,连夜派遣郑渡来拜见其兄郑成功。郑渡涕泣恳求说:"三使此番失意而回,大事难矣。我等复命,必无生理!太师老爷(指郑芝龙)亦难矣!"想用兄弟之情、父子之情来打动郑成功。但郑成功威严地说:"我意已决,无多言也。"郑渡等人求郑成功给父亲写一书信,好回京禀报。郑成功说:"我已辞尽意决,虽天翻地覆,誓无更改。"又说:"前言已决,余无别言。纵有战国著名能说善辩之士苏秦、张仪复生,岂能动摇吾心哉!若清廷使臣决意回京,亦可持此言以回奏。"郑成功说到此处,慨然挥毫,为其弟郑渡写下数语:"即斧刃加吾颈,亦不能移吾志。""凤凰翱翔于千仞之上,悠悠乎宇宙之间,任其纵横而听之者,超超然脱乎世俗之外者也。"表明他郑成功的豪情壮志,也启示其弟、其父定要保持节操。

在此次清廷使臣来福建之前,郑芝龙曾想通过郑鸿逵来说服郑成功接受招抚。

然郑鸿逵对侄儿郑成功的志向和举措，却持赞赏态度；而对其兄郑芝龙的举措，则持否定态度。所以，他给郑芝龙回信时，便说："我早已择地白沙，乐天养老，改战舰为商船，不问军政事务。况且受明朝宠遇，官居上爵，义无悖旧恩而贪新荣。至于侄儿成功，早已决计大义灭亲，我就无能为力了。"有推托之辞，并暗含对郑芝龙的责难，拒绝了其兄的要求。

总督刘清泰是清廷招降郑成功的直接承办人。他多次给郑成功写信劝降都毫无成效，又转而给郑鸿逵写信，想通过这一渠道给郑成功施加影响，说不定有所松动。刘清泰在信中，极尽阿谀奉承之能事，赞扬郑鸿逵"以韬略起家，廉勇报国"；接着，便谎称他自己与郑家为"通家骨肉"，用体己之言，"剖心相告"，企望郑鸿逵凭其辈分最长，说服郑成功，说服郑氏族人，一起孝忠清朝。信的最后，他又拉又打，威胁利诱并用，让郑鸿逵"以决行止"。

久经沙场的老将郑鸿逵，看透了刘清泰的险恶用心，立刻写了回信。首先称自己年老多病，不堪任命；继而又称郑成功"壮年锐志，颇足有为，君父命重，罔敢不遵"；然有数十万军队无法安置，且受明朝旧恩，岂肯轻易再接新恩？最后，他尖锐指出：新朝言行不一，难以置信。把刘清泰给顶了回去。叔父上述举动，对郑成功是莫大支持。

正当郑成功与清廷使臣周旋之际，南明永历帝遣使特封郑成功为"潮王"，表彰郑成功的忠贞和战功，并希望他率师与李定国南征北伐，以图恢复明朝大业。一字之王"潮王"之封，对郑成功来说有些受宠若惊，不敢接受，因为明朝的一字之王，只有皇室宗亲才有资格享用，所以，他只是拜表而谢。但一字之王之封，对郑成功坚定拒绝清廷招抚之志，却有不少积极作用。

乘机进兵

郑成功在与清廷"和议"期间，一刻也没有忘记乘机进兵，他除了遣兵到各地征集粮饷之外，还多次出兵，攻城掠地。其中仅是遣张名振等率兵北上长江，就有三次。

第一次派兵北上，是清顺治十年(1653 年，永历七年)三月。当时，郑成功已经收到其父郑芝龙传达清廷的劝降信两个月了。依附于郑成功的南明鲁王朱以海自去监国称号；定西侯张名振向郑成功建议说："名振生长江南，领兵数十年，今清军各处兵将多系旧属。清军目前并力于闽，势必空虚浙、直(指南直隶，今江苏、安徽一带)。我以船百艘，乘此长风破浪，直入长江，号召旧时手足，攻城掠野，因时制宜，捣其心腹，清军无暇南顾，藩主得以恢复闽省，会师浙、直，指日可待也。"郑成功觉得张名振的建议正合时宜，于是便遣忠靖伯陈辉、中权镇黄兴、护卫右镇沈奇、礼武镇林顺、智武营蓝衍，后镇施举等，与张名振、张煌言合兵，并以张名振为总帅，一齐进入长江。他们很快攻破京口(今镇江)，驻兵崇明岛(今属上海市)，不久便还师了。

第二次派兵北上，是清顺治十年下半年。正当清廷加紧招抚之际，郑成功再遣定西侯张名振，兵部侍郎张煌言及忠靖伯陈辉等，合兵率师再入长江，攻占崇明岛，击杀清军参将张其业、杨国海等，夺得清军船百余只。

第二年正月，张名振等兵分三路：一部由亲标营顾忠率领，越东海，入渤海，直抵天津，焚夺清军运粮船百余只；一部由刘孔昭率领战船 73 只，径入山东沿海，直抵高丽而还;一部由张名振亲率沿长江西上,夺占镇江金山寺,遥望石头城南京,遥祭明孝陵,兵至瓜洲,仪真及南京燕子矶,然后回师。清军闻风惊惧,义兵四起归附。

第三次派兵北上,是清顺治十二年(1655年,永历九年)七月。郑成功在厦门召集诸文武商议战事。他提出:和局不就,宜分兵与定西侯张名振、忠靖伯陈辉等会师进入长江,捣其心腹,使清军不得并力南顾。这一主张得到众文武赞同。于是拜定西侯张名振为元帅,忠靖伯陈辉为副元帅,率领24镇水陆军北上。又遣甘辉为总督,王秀奇为副总督,率领20镇为北征援兵。九月,北征之师至浙江温州、台州。台州清军守将马信,闻风归附。十月,北征之师至舟山,守军孤城援绝出降。十二月,北征之师及舟山降将巴功臣(改名巴臣兴)、张魁,台州降将马信等回至厦门。郑成功大喜,分别授巴臣兴和马信以骁骑将军印和征虏将军印,并予以重用。

郑成功三次遣军北征,入长江,兵锋直至浙江、江苏、山东、天津沿海,显示了军威,促进郑军与原鲁王政权军队的联合,侦察了清军军情及沿海数省的地形,有效地配合了郑成功与清廷的"和议"斗争。

郑成功在遣军北征的同时,也没有忘记遣军南下勤王与扩大基地的作战。清顺治十一年九月,郑军攻破了诏安溪南寨。十月,为与李定国会师勤王,特命辅明侯林察为水陆提督,闽安侯周瑞为水师统领,王秀奇为陆师左统领,苏茂为陆师右统领,督率官兵数万、战船百艘,南下广东。因进展缓慢,李定国退走梧州,林察等无功而返。郑成功对南下勤王未成,大为恼火,他原想治罪斩将,因众人求情,才对林察、王秀奇、苏茂改为降三级。十二月,郑成功攻漳州,清军守将刘国轩献城归正。郑成功接着围泉州,不克而还。不久,前锋镇郝文兴袭破同安;援剿左镇林胜等攻破南安县;陈六御等攻破惠安;甘辉采纳神机镇洪善建策,开掘地道,用滚地龙爆破法攻破仙游。在接连捷报的震慑下,安溪、永春、德化等地清军相继闻风归降。

清福建巡抚佟国器见势不妙,上奏清廷,称"郑成功反谋既决",请求发大军征讨。由此,清、郑和议破裂。

退保金厦

清廷渐渐看出,郑成功"和议"是假,而借"和议"大肆壮大势力是真。所以,对郑成功的招降也逐渐失去了信心,陆续加紧了对郑军的军事围剿的力度。

早在双方"和议"高潮的清顺治十一年(1654年)十二月,清廷就任命郑亲王济尔哈朗世子济度为定远大将军,率军3万前往福建,指挥福建全省清军征剿郑成功。同时,升任一批清军将军,其中有九江总兵杨捷、泉州总兵马得功,金华总兵马进宝,分任福建随征的左、中、右路总兵官,于次年上半年陆续进抵福建漳州、泉州一带,形成对郑军的包剿态势,大有黑云压城之势。

清两广总督李率泰先礼后兵,于清顺治十三年六月,写信给郑成功,除了重弹劝降老调外,还威吓说:"今大军驻马于漳畔,劲旅露刃于泉南,有不能顷刻待者。"又威吓说:"招抚成败之局,则关乎足下一门父子兄弟之命运。"信中还抛出诱饵说:"国亡而择主,非背国而事仇也。"

郑成功读罢来信,掀髯而笑说:"彼欲以劲旅挟吾,吾岂惧一固山(清军八旗将领)

哉!”尔后,他召集文武百官商议对策,说:“今日招抚不就,贝勒(清军高官)统兵已到,诸军有何良策?”左提督郝文兴挺身说:“自古道,水到土压,兵来将对,此不易之理。今贝勒师来,焉可坐视。我文兴虽不才,愿为先锋,前去破敌。”陈尧策说:“既然左提督肯去,我尧策愿同行立功,以图报效。”富有远见的冯澄世接着说:“二公所言领兵破敌,其气可夺三军,固可为将本分。但彼弓马娴熟,若欲陆战,人马驰驱,诚恐胜负未卜。况彼军粮饷充足,四方云集,万一失其锐劲,不特人心动摇,而且军威难振。以我澄世管见,不如全师暂退厦门,坚守各岛,养精蓄锐,修备战舰,南北巡视,以待彼军。若论彼兵,水战非其所长;况波恬浪静之时,彼犹有头眩晕吐之苦,安望其能御敌。此乃保全军士,以逸待劳之法也。”郑成功说:“战者譬如逐鹿,未知得于谁手;退者可保无虞。澄世之言,实乃料人、料己之至论,深合吾意。”于是决定退保金、厦。飞檄至安平,命将家中资财,全部移至金门安顿,毁其居第,坠其镇城。又传谕泉州士民,凡愿从者,全都移至金、厦居住。还令将惠安、同安等城池坠为平地,不给清军留下可供生存的条件。十二月,郑成功巡驻漳州,举行合操,尔后令毁漳州城。清军知郑成功退守金、厦,坠掉诸城,迅即督造战船,准备与郑成功进行水战。

清顺治十三年(1656 年,水历十年)正月,清军屡次向防守揭阳的郑军挑战。二十二日,清军又来挑战,郑军先锋镇苏茂欲出兵,金武镇郭遂第则以为不利。前冲锋镇黄梧则认为战则必胜,于是苏茂便发令杀出城外,突遭清军合击,队伍溃乱,伤亡过半,黄胜、林文灿二镇将战死。事后,郑成功追究揭阳败绩之罪,以苏茂擅自出兵失机罪斩首示众,罚黄梧铠甲五百领,并戴罪入守海澄。但黄梧对苏茂被斩及自己受罚心中不服,他认为郑成功处死苏茂,实际上是怀恨当年苏茂放走施郎,当时欲杀之无由,此次借故杀人,难服人心。

郑成功知道军中多有微词,众心不服,他为挽回影响,下令为苏茂厚殓设灵,并恤养其妻孥。但是,此举仍然没有平息众人之怨。所以,到了六月十一日,镇守海澄的黄梧,便乘清军逼近,主动剃发,向清军献城投降了。黄梧怨恨地说:“郑成功刻薄寡恩,百战之功,毫无厚赏,偶尔失处,悬首竿头。”清总督李率泰闻报大喜。因为海澄枕山依海,炮台坚固,烟墩密布,帆船可援,清军屡攻不克,今不废一枪一弹,垂手而得。更重要的是,海澄系郑成功储蓄粮饱之所,为金、厦之门户。为此,李率泰特将先前欲封郑成功海澄公留下之印,题授黄梧,准授黄梧为海澄公。

黄梧降清,得知施郎降清后未得器重,这是清廷的一个失策,所以,他竭力荐举施郎水务精熟,勇略兼优。从此,施郎受到清军重用,改名施琅,不久升为总兵官。

黄梧降清及海澄之失,对郑成功是一次少有的重大损失。然又祸不单行。七月,郑成功命甘辉为元帅,万礼副之,统领 15 镇,大贡船 40 只,北上取闽安。清守将闻风而遁,郑成功与诸将正在高兴地进驻闽安时,中权镇马信从浙江舟山兵败退回,来见郑成功,叙说北征军在舟山定海关遭到清军火船攻击,阮骏、陈六御、张鸿德等三员勇将阵亡的情况。郑成功听后,痛哭三将勇烈,下令优恤其子。

郑军遵照郑成功之命进围福州,因骤至,不知虚实,欲用长围久困之策。当时,清军主力多在漳州,福州城中只有巡抚宜永贵和副将田胜率少量兵卒守御。在城危之时,有人向宜永贵献计,可起用在狱中的布政使周亮工和副将王进(王老虎)破敌。周亮工、王老虎从狱中出来，登城观察后，发现城东西近水一角是郑军薄弱之处，决定出奇兵猛击。八月十六日夜三更，王老虎依计从鼓山后绕转，鸣螺喊杀，伏兵齐起，郑军猝不及防，慌忙奔窜，相争下船，被杀伤和溺水死者不计其数，不得不撤围。

郑成功从失海澄之后打的一大胜仗是厦门防守之战。清定远大将军济度带领3万兵马抵达福建后，进行了近半年的休整，等候本省各路兵马到达后发起厦门进攻战。郑成功采取空城政策，让将领家眷搬往金门，让居民迁移渡海，自行安置。有人提出反对，郑成功反驳说："昔孔明城上操琴而退魏兵，此意岂异耶。"

清顺治十三年(1656年，永历十年)三月十六日，济度令水师分三路向厦门发动进攻。水战，是郑军之长，清军之短。两军正在激战时，忽然狂风大作，波浪滔天，云雾四合。郑军水师如履平地，猛烈出击，当即焚毁清军战船30多艘。而大多清军将士被汹涌波涛掀翻，不能直立，失去了战斗力，许多舰船被大风吹翻，有的漂出外洋，大将韩尚亮等沉船溺亡。此役，郑军缴获战船10余艘，大获全胜。郑成功按照《赏格》升赏官兵，将俘虏割其鼻子放回。清定远大将军济度叹服渡海作战之难，收拾残部，返回泉州。

郑成功打的另一个胜仗是以计阵斩清军将领阿克善。十二月，郑成功督师北取罗源，清军梅勒章京阿克善等率满族马步兵数千，尾随开进中的郑军之后牵制。郑成功向甘辉、周全斌、陈魁等面授机宜。甘辉等遵计而行，节节示弱，诱敌跟进。二十九日，阿克善见郑军步步退却，便放心追赶。待到护国岭险要处，甘辉令周全斌伏于左侧，陈魁伏于右侧，他自引兵一部迎敌。阿克善不知是计，促兵逐战，矢如雨下，甘辉并力死拼，双方杀伤相当。正当甘辉与阿克善杀得难解难分之时，周全斌、陈魁分率左、右翼伏兵齐出，阿克善等计穷，皆下马死战。甘辉对周全斌说："清军倚马为长技，今下马，是来送死。但闻阿克善是名将，往往以下马死战取胜，加之敌众我寡，未可轻视。务须激励士气，死中求生，以计取之。彼下马逼我，我三退诱之，彼披挂必倦，然后我兵齐进，以一当百，可取胜也。"阿克善果然中计，匆忙三追，郑军三退。清军力倦之时，郑军齐力返还追杀，陈魁执牌直战阿克善，身中二矢一刀，眼看就要败死在阿克善刀下，这时，陈蟒赶到，一刀杀死阿克善，救回陈魁。清军见主将被杀，立即退却，郑军乘胜追杀，不多时便将未上马清兵全部杀死，缴获马匹、弓箭无数。清军随后合兵前来夺尸，郑军援兵正好赶到，合力奋杀，清军死伤无数，只有数百疲马败回。郑成功闻讯，嘉慰亲劳陈魁等受伤官兵，照《赏格》一一升赏官兵。

决战长江

准备北征

经过了长时间的酝酿和准备，郑成功决定发动长江之役。此役，时人称"延平王北征"、"江南之役"、"长江之役"、"进取南都"或"南京之役"。

早在清顺治九年(1652年)海澄之战大捷时，周全斌曾经献策"从洞庭湖而直取江南，是为上策"，这给郑成功以不少启示。为此，他多次派张名振、陈辉等率师入长江，进行武装侦察。顺治十一年(1654 年)，李定国曾致书郑成功，建议合兵"直取江南"。顺治十二年(1655 年)，郑成功开始有了亲自北征的意向，他认为：清军入关后"数年间河北人民半付泽国，江南百姓多化魅鬼"。第二年，他又想乘清军在中原兵力空虚，有机可乘，愿与李定国会师北征，"扫清宫阙，会盟畿辅"。

顺治十四年(1657 年，南明永历十一年)四月，郑成功因为许多城池频得频失，终无了局，思虑何时才能得望中兴？这一天，他征求众文武臣将的意见。

吏官潘庚钟说："边地虽得，亦不足为业，难以号召天下豪杰。"他总结明太祖建水师、成一统天下的经验，建议："漳泉沿边，数载争战，民亦苦极，不如将数百号战舰直从长江而入，逼取江南，南京一得，彼闽、粤、浙、楚以及黔、蜀之豪杰，均会起而响应。"

甘辉不同意潘庚钟的外线出击建议，他说："倘大队前进，而清军侦知，会合水师出攻两岛，岂不危乎？不如就近窥其衅隙攻取，进可攻，退可守。"

潘庚钟认为甘辉所言，是"眼前常见，非长久之计。"他说："一旦清军集天下之兵来攻，金、厦岂能独全？眼下，应乘孙可望、李定国在滇、黔、粤西牵制，我军入据长江，截其粮道，则江南半壁悉为我有。"

工官冯澄世赞成潘庚钟的见解，说："潘参军之论，正是舍末而就本。"

参军陈永华说："潘、冯二参军持论师出江南，号召天下，其见甚高，盖取江南，而两岛自安。若偷安岁月，一旦合攻，虽使孔明复生，亦难措手矣。"

郑成功说："吾亦有心北征久矣。正如诸葛武侯所言，'势不两立'，清朝岂肯每饭忘我耶？"因此，他主张，先派人去见孙可望、李定国，共约集兵而会江南，以分敌势，天下英雄定能相从。

潘庚钟建议："鉴于孙、李不和，可差能员前往，说孙、李忠君爱国之心，忘私愤而伸大义，分道出师，立功者称王，庶得万全。"

郑成功拍案称好，说："此论最是。"于是，派杨廷世、刘九皋二使，泛海间道去粤西拜见永历帝。杨、刘二使于九月到达，当面向永历帝奏报郑成功雄兵 20 万直取金陵的计划，永历帝大喜，册封郑成功为王，同时封王秀奇为祥符伯，马信为建威伯，甘辉为崇明伯，陈辉为忠靖伯，洪旭为忠振伯，黄廷为永安伯，万礼为建安伯，郑泰加少傅。永历帝又亲书手诏，令郑成功迅速进师江南。十二月，杨、刘二使回到厦门，郑成功拜受封册，并照王府之规，设长史、审理、典宝、典杖、典仪、典膳等官。永历帝封爵加官，为郑成功亲率大军北征增添了新的动力。

在半年多时间内，郑成功派人去浙江沿海招抚渔民，为进军长江作向导；任命兵官洪旭、五军都督陈辉二将，督水师诸镇，留守金、厦。郑成功亲督舟师为北征作准备。

顺治十五年(1658 年，南明永历十二年)四月，郑成功对北征队伍进行了重新调整编组。他任命：

中提督甘辉为前部先锋，下辖：左虎卫陈魁所领铁人 5000，护卫兵 1 万，宣毅前镇陈泽、宣毅后镇吴豪、前冲镇刘巧、右虎镇陈鹏、后劲镇杨正、左冲镇郭义、后冲镇刘进忠、永武镇朴世用等，领兵 1 万，配坐大熕船 20 艘，乌船 20 只，快哨 10 只，为首程。

右提督马信，下辖：右先锋镇杨祖、援剿左镇林明、殿后镇黄昌、亲兵镇黄应、智武镇蓝衍、木武镇黄昭、正兵镇杨世德、火武镇魏标等，领兵2万，配坐大战船30艘，赶缯船20只，快哨10只，为二程接应。

后提督万礼，下辖：剿左镇贺世明、右冲镇蔡禄、宣毅中镇李化龙、神器镇杨祥、援剿冲镇蔡文、宣毅左镇黄安、宣毅右镇巴兴臣、奇兵镇张魁等，领兵2万，配坐大熕船30艘，艍船20只，快哨10只，为第三程接应。

郑成功自领：侍卫陈尧策、五军都督张英、左武卫林胜、右武卫周全斌、吏官潘庚钟、工官冯澄世、户官林俞卿、礼官黄开泰、行营邢蔡、平北侯周鹤芝、忠定伯林习山、亲兵镇杨好、中权镇李泌、五军戎政王秀奇、援剿前镇戴捷、援剿后镇刘猷、捎卫右镇杨衍、参军林奇昌、纪许国、蔡鸣雷、监纪柯平等，配坐水师前镇阮美、一镇洪善、二镇蔡福、三镇林德、四镇毛玉、五镇陈瑞等船共120只，兵4万，为合后。

五月十三日，郑成功完成了“选将选兵”，整顿船只、器械、粮食以及重布“出师严禁条令”等诸事后，率领将士17万(一说15万，一说24万)、战船800余艘，冒着风雨出海，“开驾北征”。沿途招降浙江平阳、瑞安，取足七个月粮食；旋取温州，抵舟山，与张煌言会师。

先前，清军在舟山实行空岛政策，把岛上居民移居大陆，这样便给郑成功进占舟山作为基地，提供了方便条件。

清江宁巡抚张中元闻讯，急报北京，称郑成功亲点战船千余艘，将犯金陵。浙闽总督李率泰也急报北京，请速调江宁满洲兵增援，抵御郑成功。

羊山遇险

八月初二，郑成功问引港官李顺：“此去羊山有多少水路?”李顺回答说：“西南风，一日便到。”他还介绍说：此山，满山都是羊群，所以名曰羊山。传说山上有座大王庙，极为灵验；海中有只独眼龙，系唐代孙真人医治伤好，嘱其在海中养性，勿得动气。因此，凡是过往船只都要暗献纸钱，不敢放炮鸣锣。否则，若是惊起它发性，便要兴波鼓浪，定会船翻人亡。郑成功向来反对迷信，听李顺介绍后说：“此乃里巷之言。本藩尚欲驱驰天下，百神宾服，奚畏一孽龙乎?”

八月初九日，郑军冒着台风驶抵羊山(位于今上海市金山卫东大海中)。各提督也都一一至此，便放炮鸣锣，金鼓喧天。不多时，正逢台风中心从此通过，风起浪涌，迅雷闪电，雨大如注，浪叠千层，翻江搅海之狂，船难收鯮，互相触撞，遭浪遇礁。两天内，郑军飘没8000余人，沉船40余艘，其余战船均有不同程度的损伤。郑成功的三个嫔妃及四子郑睿。七子郑裕、八子郑温等也被淹死了。海上行军，忽视风情潮汐，必定受到惩罚，给了郑成功以极深刻教训。

面对如此重大损失，郑成功叹曰：“今船只兵器损失严重，长江难进矣。须溜回舟山收拾，再作区处。”郑军只好暂时推迟进军南京的计划，改为在浙东沿海修船、筹粮、练兵，以图再举。

郑军在浙东沿海休整期间，有些官兵开始动摇了。其中，后冲镇刘进忠，率其部众逃至黄岩，投降了清军。郑成功令周全斌前往追击，刘进忠突围远走。

郑军在浙东沿海经过半年多的休整,初步恢复了元气。清顺治十六年(1659年,永历十三年)二月二十日,郑成功下达了出师长江的预先号令:"限三个月内做好进军南都(金陵)的一切准备,待机而动。"

四月十五日,郑成功召集各提督统领参加的会议决定:"大师进取南都,扬帆直取金陵。"定下了进军日程。

江岸之战

五月初四,郑成功在舟山烈港,传令各镇将官:"本藩亲统大师,不惮数千里长驱远涉,进入长江,上报国恩,下救民生。此行,我师一举一动,四方瞻仰,天下见闻,关系匪细。"因此,对地方百姓,严格秋毫无犯,总以收拾民心,上为国家大计。他要求众将士"登岸之时,不准动人一草一木,有犯连罪。"后来又提出:"约束兵士,收拾民心,当与战勋并重。"

五月十七日,郑成功督师再至羊山。十八日,进抵崇明(今属上海市)新兴沙。从去年开始,清军为对付郑军北征,在崇明岛筑城,命总兵官梁化凤防守。另在长江下游重新部署了防务:苏松提督马进宝驻守松江;江宁总督管效忠驻守福山(今江苏常熟北长江南岸);宿将朱衣佐驻守瓜州(长江中沙州,今属江苏江都县,与南岸镇江相对);高谦驻守镇江。另外,还沿长江两岸,在各个要地配置了大炮;在江中横设铁锁与捆缚巨舟而成的拦江船,名曰"滚江龙";在江面上构筑木栅,每座藏兵500人,大炮40门,名曰"木浮营",可随时开炮轰击江上船只。

五月十九日,郑成功水师移泊吴淞口(今属上海),与清苏松提督马进宝暗中联络,密约合兵。但马进宝见形势不明朗,持观望态度。

郑成功探知清军江岸兵力部署后,即令水师进入长江。福山守将管效忠下令开炮,郑军船队沿长江北岸而行,所以,炮火不及,安全通过。

六月十四日,郑军主力抵镇江焦山。随后,展开了激烈的江岸作战,拉开了围攻南京的序幕。其中主要的有四仗:一是破除江中障碍之战。郑成功命张煌言为前军先导,被清军"滚江龙"、"木浮营"所阻。部将陈大胜、张亮等,分别督率善泅水者数十人及泅水𥂝船,乘夜持斧砍断铁索,毁坏"滚江龙";罗蕴章督率巨舰17艘,焚毁"木浮营",用两昼夜时间扫除了江中障碍,为主力进军南京扫清了航道。二是瓜州之战。六月十六日,郑成功命周全斌、马信等围攻瓜州,阵斩清军守将左云龙,俘虏守将朱衣佐。郑成功审问后,释放了朱衣佐,朱跑进南京城。郑军夺占江上这一要冲,派兵驻守。三是镇江、银山之战。清军将领管效忠率4000援兵出福山,与郑军战于镇江和银山一带,被郑军击败,只率残兵百余人逃往南京。他叹曰:"我自满洲进入中原以来,身经17战,未有此二阵死战者。"镇江守将高谦在大兵压境面前,无奈献城投降。郑成功进镇江城安民,授高谦为破虏将军,委派工官冯澄世、兵都事李徽镇守。四是进取芜湖。六月十七日,张煌言在取得破江障、占瓜州之捷后,为牵制清军主力,以分其势,率师一部沿江西上,收降仪真、六合、浦口,进抵芜湖(今属安徽),迫使守军投降。尔后,他分兵四出,东进广德,南进宁国,西进池州,北进和州(今安徽和县)。于是,江南、江北相率来归,得4府、3州、24县。在郑军胜战之威的感召下,长江中、下游归降者接踵而至。

兵败南京

七月初四日，郑成功在一片胜利的凯歌声中，督师向南都金陵进发。他在离开镇江前，感慨万千，激动不已，题诗曰："缟素临江誓灭胡，雄师十万气吞吴。试看天堑投鞭渡，不信中原不姓朱。"郑成功重返14年前的归地南京，其欢乐心情溢于言表。他令大军从仪凤门（今南京下关）到江东门（今水西门外）一带登岸，按照"围三缺一，网开一面"的兵法原则，在城西、城北、城东摆了个月牙形的包围圈。部将陈鹏、蓝衍等屯于水西门外，马信等屯于汉西门外，翁天佑等屯于仪凤门外，刘巧、杨正等屯于狮子山前，甘辉、余新等屯于神策门外，张万里、杨祖等屯于神策门南，张英等屯于岳庙山（幕府山）前，黄安等督率水师泊于下关和幕府山北江边。郑成功的大营设在岳庙山。

郑成功在镇江耽搁了11天，兵至南京城下多日又围而不打，给清军提供了喘息时间。

南京本来是一座"城大兵单"的战略要地。在郑成功出师北征之前，清军主力大多集中在西南战场，攻打李定国，无力北顾。尽管南京守将乘郑军羊山遇险后的大半年时间加紧了备战，但仍然没有重兵集结。直到郑军兵临城下，清军各地援兵才源源入城。清将管效忠从镇江逃入南京后，同江南总督郎廷佐急忙向清廷求援，奏书称："南都危如垒卵，乞发大兵，南下救援扑灭，免致燎原滔天"。顺治帝听到郑军围攻南京的消息，引起巨大震动，甚至极欲撤退至盛京（今沈阳）。受到皇太后训斥后，转为暴怒，拔剑大呼御驾亲征。郑成功获得了这一重要情报，但没有乘势立即攻城，反而说："似此，南都必降矣！"

七月十一日，郎廷佐与管效忠遣使至郑军大营施展缓兵之计。声称："大师到此，即当开门迎入。奈我朝有例：守城者过三十日，城失，则罪不及妻孥。今各官眷口悉在北京，乞藩主宽三十日之限，即当开门投降。"郑成功信以为真，且趾高气扬地说："本藩攻此孤城，不过一脚尖尔！"逐允准守军宽限30日后再降。

清使离去后，参军潘庚钟向郑成功进言，指出："此乃缓兵之计，不可凭信，可速攻之！"郑成功反驳说："自舟山兴师至此，战必胜，攻必取，彼焉敢缓吾之兵耶？"潘庚钟想引经据典，说服郑成功，劝道："孙子有云：辞卑者，诈也；无约而请和者，谋也。欲降则降，岂恋内顾？决是城中空虚。"然郑成功仍是无动于衷。

出师皖南的张煌言，驰书劝说郑成功急速攻城。一再提醒："兵贵神速"，"迟拙非策"。

大将甘辉等急不可耐，纷纷来见郑成功，劝告："大师久屯城下，师老无功。"

但一切忠告，都被郑成功拒绝了。他以为南京守军已成"瓮中之鳖"，其投降只是时间迟早罢了。在统帅的错误言行影响下，郑军官兵忙于筹备庆贺藩主的35岁生日（七月十四日），前阵统领余新及其所部，释戈开宴，以饮酒捕鱼为乐。当时，炎热的天气灼人，广大官兵无所事事，营垒常空，松懈了斗志。郑成功对此听之任之，尽情地陶醉于已取得的胜利之中，把主要精力放在拜谒明孝陵、准备庆贺诞辰等项非战事之上。

形势的发展越来越不利于郑军。清总兵官梁化凤率领精兵8000，从崇明赶来南京增援，于七月十五日从城东、南门入城。另外，清军收容附近州府兵3万人，征集乡勇2万人，数日间，南京守兵猛增至5万余人。七月十六日，城内守军派遣一支小队，杀出仪凤门，袭扰郑军，抓了几个俘虏即返回城中，这实际上是武装侦察。梁化凤日夜在城上观望、巡察，偶然在城东北角发现屯扎白土山下的郑军疲惫散乱。他想起此处原有一座城门，名曰神策门(今称得胜门)，因出入者少，便用土堵塞了。

梁化凤命人把此门挖开，于二十三日夜三更时分，亲率骑兵500，乘郑军不备，突然杀出城外，如神兵天降。郑军统领余新所部人不及甲，仓皇迎战，余新被俘，两名副将战死。

郑成功急令林胜、陈魁移师神策门外的白土山下，甘辉、张英率精锐设伏于白土山中，陈鹏、蔡禄来往接应，将大本营移至幕府山，准备迎击清军出城。

二十四日凌晨，清军乘郑军移营之机，发起强大攻势。梁化凤、喀喀木等由陆路，官效忠、扎尔布巴图鲁等由水路，一齐杀出城门，郑军匆忙迎战。梁化凤在神策门南击败杨祖及前来增援的蓝衍、杨正部，击杀蓝衍及司马张应等郑将。郑军担任接应的陈鹏、蔡禄，因山道不熟，被梁化凤各个击破。甘辉、张英不见郑成功发出约定信号，未敢轻动。陈魁急率身着重甲的"铁人"兵5000赴援，因山地崎岖，行动不便，被清军一一捕杀，陈魁战死。郑成功见诸镇力战不支，便命潘庚钟在大本营代理指挥，自带随从去江边调动水师登岸助战。时值江水退落，战船无法靠岸，贻误了战机。郑成功一去不返，潘庚钟不熟悉指挥信号，只是不停地挥动旗帜。各镇将不见帅位信号，不敢轻动，互不应援，被清军各个击破。潘庚钟、张英、林胜、张万里等将领先后战死。甘辉杀敌数百后力尽被俘，不屈被杀。战船500余艘被清军烧毁，有数万官兵伤亡。郑成功见败局已定，遂下令各镇官兵向镇江方向撤退。

此役，是郑成功举旗抗清十年来，一次规模最大的败仗。

厦门大捷

七月二十四日，郑军水师由黄安率领，在退却中发挥了重要作用。一面殿后，掩护官兵撤退，与追击的清军交战；一面从水中救活数千官兵。郑军由于较有秩序地退却，从而保存了部分实力，为重整旗鼓准备了条件。

两天后，郑军将士分别从水路和陆路退至镇江。郑成功清点人数时，发现不见大将甘辉、万林、林胜、陈魁、张英、蓝衍，副将魏标、朴世用、洪复，户官潘庚钟，仪卫吴赐等返回，深深叹道："是我欺敌之过，非尔等之罪也。"又说："然胜败乃兵家之常事，亦何虑焉！"表示了自我悔过的哀痛和败而不馁的决心。

郑军在镇江稍事整顿三天，重新编组队伍，命将严加管束。七月二十八日，一切撤退工作大体就绪，郑成功命黄安、吴豪率水师殿后，放弃瓜州、镇江，有组织、有秩序地驶出长江。上述活动，有条不紊。哪里像是一支败军，俨然就是一支凯旋而归的胜利之师，这里又表现了郑成功的不凡胆魄和杰出军事才能。郑成功此次出师北征，为时一年之久，历尽千辛万苦。他自始至终不为暂时的困难所吓倒，也不为一时的损失而气馁，更不为一次的败仗而灰心丧气，充分表现了非凡的英雄气概。

八月初八，郑军撤至崇明港。郑成功为了进一步寻找甘辉等将士的下落，欲取崇明岛作为老营。但官兵无意恋战，周全斌亦建议："不如暂回归汛休养，号召精锐，候明年再进长江。"郑成功采纳了此策，遂下令班师。为了缓和清军的进击，郑成功再次派人前往北京"和议"。九月初七，郑成功返回厦门，结束了为期 13 个月的数千里北征。

由于郑成功兵败南京，进驻芜湖的张煌言的归路被切断了。他被迫引舟逆江而上，在铜陵被清军击败，无奈毁舟登岸，辗转数省来到浙江天台，召集亡散余部，再作计议。

一场震惊朝野的延平王北征，至此完全失败。战后，清廷严厉追查迎降郑军的州县吏民，株连被杀者无数，江南士民盼望恢复之心火，从此泯灭了。

郑成功回到厦门的同时，清顺治帝任命的安南将军达素，率领增援江南的重兵也向福建开来，欲会同闽浙总督李率泰等规取厦门。郑成功派往北京"和议"的使者也返回厦门，禀报清廷断然拒绝议和。这样，又一场决定生死存亡的决战，马上就要降临到郑成功头上。

郑成功来不及总结长江之役的经验教训，也来不及评定南京兵败的功罪。只是他本人深感有负永历帝的重托，特派使者去西南拜见永历帝，引咎自责，自贬王爵，仅用"招讨大将军印"。然而，这时，永历帝的军事支柱李定国兵败西南，永历帝被迫逃入缅甸了。

顺治十七年(1660 年)三月，清安南将军达素到达泉州前线，会同总督李率泰、提督马得功、叛郑的海澄公黄梧和总兵施琅，准备向厦门、金门两岛发起大规模进攻。

在大敌压境面前，由于兵败南京大伤元气的郑军官兵，士气低落，畏怯交战，甚至有的逃跑，有的投敌。左冲镇黄安为此建议郑成功："定制束兵，以一体统，同仇敌忾，贵在和众。"郑成功采纳此策，向官兵发出通令，一面周密部署防守，一面鼓舞士气。郑成功指出："清军舍弃弓马之长技，而与我军争衡波涛舟揖之间，必然胜在我方，败在敌方。"郑成功还采纳周全斌的建议，对南京之役各镇将的功过予以公布，有的升迁，有的降职，有的戴罪立功，对阵亡的将士择吉日祭奠，表彰其"为国尽忠而死"。一时间，赏当其功，罚当其罪，人心方定。郑成功又特设一项新的奖格，不论官兵凡有功者，皆按赏格奖励。从此，士气振作，一心一意杀敌立功。

正当郑军积极备战之时，清总督李率泰差其旗牌张应熊，携带剧毒物孔雀胆一只秘密潜入厦门，欲通过其给郑成功做厨子的弟弟张功德，乘郑成功与诸将议事用餐时，将他们一齐毒死。张功德将孔雀胆交给徒弟王四去下毒，王四每欲下毒之时，总是甚为恐慌，浑身寒战，便回家告知其父王耀。王耀闻之大惊，训斥道："事主而害之，不忠也。受托而背之，不信也。宁为负信，而不可不忠。覆宗灭嗣，岂可为之。"立即携子持孔雀胆去面见郑成功。郑成功重赏王耀父子，即差人去捉拿张功德，当即令武士万箭将他射死。

李率泰闻事败露，又与达素策划了勾联郑军右虎卫陈鹏投诚事。当时，陈鹏负责防守要地高崎，李率泰约他在清军渡过厦门时向天放空炮接应。郑成功获此密约，派洪旭带领猛士 20 人，将陈鹏骗出营所，一举擒拿，押至教场，寸磔以示众，绝了清军的内应。

五月初十，上午辰时（七至九点），清军兵船400余艘，由李率泰、黄梧督率，乘顺潮从漳州港直冲而来。初战，郑军不利，杨元标铳船上官兵全部战死；忠请伯陈辉船上官兵与清军死战，最后只剩陈辉一人。清军200多人纷纷靠上陈辉座船，欲活捉陈辉立功。陈辉立刻点燃火药，轰的一声巨响，烈焰冲天，与敌同归于尽。一个时辰后，潮水对郑军有利，郑成功令各船起碇出击，他自驾小哨船，督官兵直冲敌船，杀伤甚众，焚毁和缴获敌船多艘，生擒清将呢马勒、石山虎、哈剌土心等10多人。午后，南风盛发，郑军水师主力从金门驶来加入战斗，清军不支，纷纷溃逃。清兵300余人因船搁浅，拒不投降，郑成功下令将其全部溺死水中。

另一路清军舰船由达素、施琅督率，从同安港出击郑军。因水浅泥深，船行困难，被迫弃船登岸。郑军乘机一齐拥前，双方矢射如雨，不分胜负。海水即将涨潮，清军官兵跳船，大多陷于泥水中，遭到郑军的砍杀，不少人被水淹死。这时，郑军各路舰船发起反击，激战半日，撞毁和焚毁敌船数艘，余部狼狈退逃。

此役，清军集中水陆精锐，妄图一举攻占厦门，消灭郑军主力，来势凶猛。然因郑成功指挥有方，将士奋勇作战，利用熟悉水情、地理等有利条件，扬己水战之长，终于粉碎了清军的大举进犯，取得厦门大捷，保卫了金、厦基地，是南京之役后的一个大翻身仗。达素退回后不甘心失败，准备在七月份再次发动进攻，但不久即被清廷调回北京，水师也大都调走。因此，郑军获得了短暂的喘息时间。

在厦门大捷结束不久，郑成功即对经验教训进行了总结，对有功将士进行奖赏。陈璋首勋，陈蟒、刘雄次勋，万宏、林雄又次勋。对临阵退却的将领追究了罪责。陈鹏的部将郑蟒因不参与通敌，并在战场上立功，被提升为虎卫右镇将，统领陈鹏所部。

头脑清醒的郑成功，对众将说："此番达虏来侵，虽被我杀败，然其船所失无几，满虏将领被擒者亦不多。"他认为，达素、李率泰决不甘心兵败，我若再次打退清军的大规模进攻，尚存在许多困难。再说，要实现恢复大业，仅局限于金、厦一隅之地，那就更加难上加难了。

光复台湾

红夷侵台

郑成功从童年起，就遍读史书典籍，知道宝岛台湾历来是中国的领土，台湾的史前文化源于祖国大陆，台湾同胞许多人或是从大陆迁徙而来，或是大陆人的后裔。

郑成功在读《后汉书》、《三国志》时，知道台湾当时称"夷州"。东吴人沈莹的《临海水土志》曾经记载：三国孙吴政权曾派将军卫温、诸亮直带领万人东渡台湾。郑成功读《隋书》，知道台湾当时称"流求"，隋朝官员也曾带领沿海居民去台湾定居。郑成功从《宋史》、《元史》中得知：宋朝派兵驻守澎湖，将台湾、澎湖地区划归福建泉州晋江县管辖，元朝时，在澎湖设"巡检司"，统管澎湖和琉球（台湾）。明代中叶，恢复了一度废止的“巡检司”，并增设游兵防倭。明朝末年始称“台湾”。进入 17 世纪以后，大陆赴台开拓者与日俱增，开拓规模越来越大，其中，郑成功的父亲郑芝龙向台湾移民多达 2 万人。台湾社会的发展，始终沐浴着中华文化的传统，台湾的开拓发展史，凝聚了包括当地少数民族及迁徙定居的大陆同胞在内的中国人民的血汗和智慧。

“台湾”这一名称，学术界公认为来源于台湾岛西南部安平一带土著族名“台窝湾”部落。也就是说，“台湾”名称，先由部族名而演变为地名，后来由一地地名演变成为全岛的名称。另外，“台湾”还有“大员”、“大湾”、“台员”等等称谓，均系闽台通用的闽南话的同音别字。

郑成功早年从其父亲郑芝龙那儿，了解了“红夷”——荷兰殖民者侵占中国领土台湾的历史。15 世纪中至 16 世纪初，荷兰盛极一时，成为当时西方最强大的殖民主义者，建立了号称“无敌舰队”的海上强大武装力量，成立了一个庞大的殖民机构——荷兰东印度公司，享有在东方建立殖民统治的广泛权力。1619 年霸占爪哇巴达维亚，作为大本营，向东南亚和中国沿海进行殖民扩张活动。时人称荷兰殖民者为“红夷”或“红毛”。

明万历三十二年(1604 年)七月，明朝太监税使高宷接受荷兰殖民者贿赂，暗中允准红毛头目韦麻郎带领兵舰 3 艘，进占中国澎湖 3 个月，企图以此作为侵犯大陆的跳板。爱国将领沈有容奉总兵官施德政之命，率兵船 50 艘，先礼后兵，迫使荷舰于十月二十五日撤走。

明天启二年(1622 年)，荷兰殖民者派兵舰再占中国澎湖，又派兵舰两艘到台湾南部窥察港口。次年，荷舰复至，并派兵 50 人在岛上筑堡，遭到当地民众袭击，退走。天启四年，也就是郑成功出生、其父郑芝龙随颜思齐由日本驶居台湾的这一年，荷军指挥官宋克，率舰 13 艘，侵占台湾西南部。这是荷兰殖民者侵占台湾之始。后在一鲲身山上筑台湾城(荷称热兰遮城，今台南市安平镇)，又在本岛西南部建赤嵌城(荷称普罗文查城，今台南市)。天启六年，亦即郑芝龙做了台湾海商集团首领的这一年，西班牙殖民者侵占台湾北部鸡笼(今基隆)、淡水等地。明崇祯十五年(1642 年)，荷军把西班牙军赶跑，夺占了台湾北部。清顺治七年(1650 年)左右，是荷兰殖民者侵占台湾的“全盛时期”，统治有 45 个部落，193 个社。全岛分为 7 个行政区，其中以赤嵌、萧垅、麻豆、法沃兰等 4 个区为最重要。

至清顺治十三年(1656 年)，荷兰殖民者已在台湾委派了 12 任总督(台湾长官)。又沿用甲螺制度，每个村社挑选一两个忠于荷兰人的当社长，作殖民者的代理人。荷兰人还派了许多传教士，逼迫台胞改变传统信仰，接受奴化教育。荷兰殖民者肆意掠夺台湾民众的耕地多达 7187 公顷，实行封建奴隶制的“王田”制度，榨取高额地租；不择手段地向台湾民众征收苛捐杂税，有名目繁多的人头税、狩猎税、渔税以及房税、厝税、矿税、花税、酒税、赌税、宰屠税、牛奶税、特种收入税等等；疯狂掠夺台湾的物产和资源；大肆掠夺台湾的对外贸易，单是每年从台湾运出的鹿皮就达 20 万张，砂糖 106 万多担。

台湾民众不堪忍受荷兰人的殖民统治，以各种形式进行反抗。其中最著名的郭怀一领导的 1.6 万群众起义抗荷，遭到残酷镇压。郭怀一原是武装海商头目郑芝龙的部下，后来郑芝龙做了明朝的武将，而郭怀一仍然留在台湾，从事农垦，亲身经受了荷兰殖民者的压迫剥削之苦。他忍无可忍，于是组织起了武装，杀伤红毛官兵后，乘机冲入赤嵌城，把荷兰殖民机构打了个稀巴烂。在即将取得胜利时，郭怀一中弹身亡，余众失去指挥，纷纷撤离赤嵌城。在副首领吴化龙带领下，撤入山区，坚持了8个月的武装斗争，终因粮尽援绝，被荷军击垮。吴化龙及4000多男子惨遭杀害，还有5000多儿童和妇女遭到残酷杀害或强行为奴。镇压郭怀一起义的荷兰殖民总督揆一，还曾疑神疑鬼地认为，郭怀一造反"定是郑成功教唆和支持的"。

何斌献图

富有远见卓识的郑成功，早就有拯救台湾同胞出水火，在台湾建立抗清基地的打算。只是由于条件不成熟、时机未到，所以，一直把这一宏愿埋在心底。

清顺治十六年(1659年，南明永历十三年)十二月，郑成功在深深思虑仅有弹丸金、厦两岛基地，难以抗拒清廷的倾国之兵，出路何在？这时，他想到了东渡台湾。

有一天，他把部将洪旭、马信、黄廷、王秀奇、陈辉、杨朝栋、林习山、吴豪、冯澄世、蔡鸣雷、薛联柱、陈永华等召来开会，商议进军方向。会议开始，郑成功鉴于众将没有进取台湾的思想准备，所以，他自己没有直接把话挑明，只是说："当前若得一处什么地方，才能进可战、退可守？"众将没有一人就这个话题发言，大家还是讲一些南北固守的老话。郑成功启发大家说："吾闻台湾离此不远，意欲整师夺踞，何如？"他的话音刚落，曾经到过台湾的吴豪站起来反对说："台湾，先前乃旷野，故太师(郑芝龙)曾寄迹期间。今为红毛所踞，现筑城二座，一在赤嵌，一在鲲身，临水设炮台，又打沉夹板船数只，纡回曲折于内巷。凡船欲入者，必由炮台前经过，若越此，则船必触沉。坚固周密，将二十余载，取之徒费其力。"郑成功听吴豪这一通发言，见会议气氛不对，便宣布散会了。

尽管众将对进军台湾思想准备不足，但郑成功近几年却暗中抓紧了光复台湾的各项准备工作。一是以抗拒清军大举进犯之名，下令水师各镇，大修战船，筹措军火粮饷，轮番出洋，进行海上练兵，听令出征。二是通过商船和派遣谍报，侦察荷兰殖民者在台湾的兵力及援兵等情况。后来探知荷兰东印度公司曾于七月份派遣战船12艘、士兵600余人到台湾增援，后来因殖民者内部意见不一，只留少部分战船和士兵协守台湾，大部兵船已返回巴达维亚去了。这时，台湾荷军实有兵力也就是千把人左右。三是继续在将领内部做说服动员工作，尤其名将张煌言，他初期认为"台湾者，枝叶也"。有几位将领已逐渐赞同东渡复台。四是对外封锁消息，不许走漏东渡复台的风声。为了兑现战备事宜，郑成功经常驾船往来于厦门、金门之间。

转眼过了顺治十七年正月元宵节。门外军士急匆匆前来报告郑成功：台湾通事何斌求见。

何斌，是荷兰驻台殖民总督揆一的中国籍翻译官。他是福建南安人，早年跟随武装海商集团首领郑芝龙到台湾。在郑芝龙做了明朝武将后，何斌便留住台湾，为了生计，便到荷兰驻台殖民机构中任职。早在顺治十四年(1657年)，荷兰殖民者风闻南明延平王郑成功欲出兵收复台湾岛，因而心神不安。总督揆一便派了3艘兵船，请何斌代表他，带着礼物到厦门来见郑成功，名义上是为双方通商事，其真实目的是探察郑成功对荷兰人的态度及其虚实。

这是郑成功与何斌第一次会面。两人虽说不能坦诚相见，但也相互有所了解。何斌比郑成功大二十多岁，尽管在荷兰殖民机构服务，但他是“身在曹营心在汉”，一直没有忘记自己是一个中国人，一直对荷兰人的殖民统治怀有不满心理。郑成功说：“何通事，我们都是中国人，做人行事，可不能忘记自己的老祖宗啊！”何斌点头称是，说：“吾正思为国人办点有益之事，以尽炎黄子孙之心矣。”两人谈话十分投机，相互心领神会。何斌答应郑成功，要在台湾为郑氏谋取商贸利益及军事情报。几天后，何斌回到台湾复命，故意向揆一描绘了郑成功如何势单力薄、如何困难重重之状。最后，他说：“郑成功既无力、也无暇顾及台湾岛，然却愿意互相通商。”

揆一听了何斌的回报，总是半信半疑。他总以为何斌是中国人，果能真心向着荷兰人吗？揆一又私下把同去厦门的荷兰人叫来，进一步了解情况。这几个荷兰人，曾经被郑军的威武整肃军容所折服，便向揆一大肆渲染说：“郑成功正在忙于扩建船队，昼夜操练舟楫，看来必定别有企图。”揆一听后，吃了一惊，心中暗想，何斌果真与荷兰人同床异梦！从此，便与何斌有所疏远了。

何斌也察觉到揆一对他的态度有变。他想起郑成功讲过的“不能忘记自己的老祖宗”的话，又联想到荷兰人侵占台湾后，视中国人为奴隶，竭力榨取中国人血汗的凶恶面目，越想越觉得殖民者可恶可恨！他决心要为驱逐荷兰殖民者出台湾，尽自己的微薄之力。于是，他多日来，暗中测量并记录了港湾、航道、潮汐及要塞等情况，绘制了一份台湾沿海地形详图，等待时机成熟，奉献给延平王郑成功。

这一天终于来到了。清顺治十七年（1660年）正月元宵节将临，何斌向揆一建议：为了适应和沿用中国人的民俗，岛上应该热热闹闹地欢庆一番。揆一不知其中有诈，便接受了何斌的建议。在这一天，岛上一昼夜大张花灯，放烟火，扎竹马，弄戏彩，选歌伎，穷极奇巧，十分热闹。揆一本人及其他殖民官员和士兵们，也无不昼夜欢饮。

元宵节前，何斌早已秘密备好了两只大船，并安装了双帆。时至夜半，潮汐将落，他乘揆一等荷兰殖民者正在宴饮之机，自己佯作醉酒、腹痛要上厕所，急速从赤嵌城的后门走出，登上大帆船，趁着明月之光，扬帆入海，飞渡至厦门，叩见郑成功。

揆一经一夜灯酒笙歌，酣乐达旦，第二天醒来不见何斌，起初还以为他醉酒困睡。又过半天，方知何斌逃跑了。揆一怀疑何斌可能是因为侵用公款，畏罪潜逃，岂料他是到中国大陆引师入台，与荷兰人一争雌雄。

郑成功闻何斌在元宵佳节期间独自一人从台湾飞渡厦门，必定有要事相告。于是，他速请何斌入堂会面。二人叙礼毕，郑成功问：“何先生此行何意？”何斌回道：“别无他事，特来献图。”郑成功故意装作不知，问道：“图有何用？”何斌说：“台湾宝岛，沃野千里，难道说，延平王甘心让红夷长远统治不成？”郑成功略知何斌心思，便谢道：“何先生此行劳苦，愿先生多多赐教。”何斌说：“红夷人踞台湾，视中国领土为己有，视中国人为奴隶，我同胞备受其苦，民不聊生，如在水火。延平王如挥师东渡，驱逐红夷，救我同胞，十年生聚，十年教养，而国可富，兵可强，进可攻，退可守，足可大有作为。”他边说边从袖中取出所绘台湾地图，展开在郑成功面前，山、水、城、港、道路，历历在目，如在掌中。接着，他详细地向郑成功谈到了荷军的兵力、兵器、兵船部署等情况，尔后又说："延平王若天威一指，台湾垂手可得。"

郑成功听其言，观其图，犹如六月中暑服得清凉剂，沁入脾胃，身心豁然开朗。他急忙起身，向何斌行隆重军礼。然后，他抚着何斌的肩部，无限感慨地说："何先生是上天派来的使者，授我宝物，我当重重报赏何先生。"接着又说："此事暂不声扬。先生暂住帅府小憩，待我与诸将商讨后，再定行止。"

郑成功采纳了何斌的建议，胸中有了成算。

祭江兴师

清顺治十八年(1661年，南明永历十五年)正月，郑成功认为进军台湾的时机已经成熟。于是，他便大会诸侯、伯、提镇、参军等文武吏将，再次商讨进军台湾之事。郑成功开宗明义，说："自攻南京一败，清朝欺我孤军势穷，遂会南北舟师合攻。幸赖诸君之力，敌虽然已败，但恐终不能相忘。故每夜徘徊筹划，知附近无可措手足，惟台湾一地，离此不远，暂且取之，并可以连金、厦而抚诸岛。然后，广通外国，训练兵卒，进则可战而复中原，退则可守而无内顾之忧。诸君以为何如？"

第一个发言的将领吴豪，仍然坚持以往反对进军台湾的主张。他说："先前藩主曾以台湾下问，吴豪已经细禀。非吴豪不肯用命，怎奈荷军炮台利害，水路险恶，纵有奇谋，而无所用，虽欲奋能，而不能施，是徒费其力也。"

郑成功因为心中有底，便批评说："此乃俗常之见，不足用于今日而住吾之一臂也。"

黄廷支持吴豪的发言，他说："台湾地方，闻其广阔，实未曾到，不知情形。如吴豪所陈，红毛炮火，果有其名；况船只又无别路可达，若必由炮台前而进，此所谓以兵予敌也。"郑成功批评说："此亦常见之言耳。"

马信赞同郑成功的主张。他说："藩主所虑者，金、厦诸岛难以久拒清朝。欲先固根本，而后壮枝叶，此乃终始万全之计。"他还用明军攀藤而越高山峻岭灭夏蜀、晋军用火烧断江中铁缆灭孙吴的战例，说明困难可以克服，红毛可以击破。他建议："今乘将士闲暇，不如统率一旅前往探察，倘若可进取，则并力而攻；如果红夷利害，再作相商，亦未为晚。"

郑成功赞扬说："此乃因时制宜，见机而动之论。"

吴豪再次申辩己见说："台湾实吴豪屡经之地，岂不知其详？既知其详而不阻谏，徒附会其说，以误藩主大事，吴豪罪多矣。"

诸将众说纷坛，议论不一。陈永华就两种不同意见发表评论说："宣毅后镇(吴豪)所言，是身经其地，细陈利害，乃守经之风，亦爱主也，未可为不是。如建威伯(马信)之论，大兴舟师前去，审时度势，乘虚觑便，此乃行权将略也。试行之以尽人力，悉在藩主裁之。"杨朝栋积极支持郑成功的主张，倡言："进军台湾可行。"郑成功高兴地说："朝栋之言，可破千古疑惑。着礼官择吉日，令世子郑经监守各岛，台湾非吾亲征不可。"就这样，定下了进军台湾的计划。

此后，郑成功部署了金、厦基地的防守兵力：调拨三镇兵马以拒南来之敌，调拨五镇兵马以拒北来之敌；又命洪旭、黄廷、王秀奇等将领，共同辅佐21岁的世子郑经守厦门，调度各岛。

二月初一，郑成功举行了隆重的祭江兴师仪式。宣布：郑成功自率马信、周全斌、萧拱宸、陈蟒、黄昭、林明、张志、朱尧、罗蕴章、陈泽、杨祥、薛进思、陈瑞、戴捷、黄昌、刘国轩、洪暄、陈广、林福、张在、何祐、吴豪、蔡鸣雷、杨英、谢贤、李胤及其四弟郑袭等将领率师东征。仪式之后，文武百官齐到厦门郊外，为东征将士饯行。出征水师，按号令分批驾到金门料罗湾，候风待发。

登陆之战

二月上旬，郑成功驾到金门，检查船只，修茸尚未完备，他一再发令催促。任命洪暄为镇守澎湖游击，作为先遣战船，前导引港。

三月初十，郑成功来到金门料罗湾，等候顺风开船。当时，许多官兵觉得过洋艰难，时有逃跑者。本来，郑成功决定有15镇将士参加复台之战，因有两镇镇将拒绝应调入台而叛变降清，这样第一批赴台参战兵力实有13镇，计将士2.5万人，战船数百艘。

三月二十二日，郑成功传令官兵集结上船，严加管束，听令待发。

三月二十三日午时，雨后天晴，风平浪静。郑成功趁着侵台荷军兵力薄弱及其援军受到季风影响难以赴台和近日良好气象条件，下令起航放洋。一支庞大的水师舰队，在郑成功亲率之下，驶离料罗湾，浩浩荡荡地向着东方进发。在何斌和熟悉航路的渔民引导下，舰船于次日全部顺利抵达澎湖，无一失者，郑成功驻娘妈宫，其余将士分至各屿驻扎，遇风待机。

三十日夜，风雨稍停，然波涛未息，郑成功下令开驾。三更后，则云收雨散，天气晴朗，郑军顺风驾驶。四月初二晨天亮，郑军水师抵达台湾鹿耳港线外。鹿耳门，港道名，在今台南市安平港北，水底皆沙，纵横布列，舟不可犯，港路窄狭，仅容两船，潮涨时水深1.45丈，潮退时水深只数尺。兵船只能悬后舵而进。郑成功亲自坐小哨船，在北汕先登岸，踏勘营地。中午满潮，水涨丈余，郑军水师在何斌引导下，按图纡回，避开荷军的炮台，通过道纡水浅的北航道，驶入鹿耳门港。当晚，各船陆续通过大海湾，直插禾寮港。岛上同胞，闻讯祖国大陆兵船到来，有数千人纷纷拥向岸边，用人力、货车等协助郑军上岸。

郑成功令水兵4000，由陈泽督率，抢占北线尾屿。此屿将港道一分为二，其北为北航道，亦即鹿耳门港；其南为南航道，俗称大港。郑成功又根据何斌建议，抢占一座粮仓，获粮足够郑军半月之需。粮仓是茅草屋，易起火燃烧，郑军抢占后，立刻派兵严守，防止荷军焚毁。

荷兰殖民总督揆一，闻郑军大举进攻，遂登台持千里镜观望，见郑军水师旌旗飞耀，大笑说："中国人不知死活，敢犯吾境。炮台上火炮齐备，接连而发，则无活者。"后又见郑军水师忽而东，忽而北，均不从炮台下通过遂对左右荷人说："此海路从来沙浅、沙淤，而今何得无碍？岂不异哉！"后又见郑军阵容强盛，发出惊叹："兵从天降？！"迅即组织反扑。

揆一先是命令赤嵌城头目猫难实叮用炮轰击郑军船队，但因炮火射程有限，被郑军一一躲过。揆一又命贝德尔（一称拔鬼子）上尉率乌铳兵数百人，登上北线尾屿，乘郑军水兵立足未稳，发起冲击。郑军水兵800人，在陈泽指挥下，迂回包围，前后夹击，一鼓而歼荷军，打死贝德尔以下荷兵117名，其生还者仅80人，揆一又命战舰4艘出击，攻击北线尾屿郑军。郑成功遣陈广、陈冲等率战船60艘，包围荷舰，当即用炮火击沉荷军主舰赫克托号，舰上100多名荷兰官兵全被炸飞了。郑军又以火船烧毁荷军格拉斯兰号船。荷军白鹭号船和马利亚号快艇，见势不妙，分别逃往日本和巴达维亚方向去了。海战仅仅用了不足半小时，即以郑军的全胜，结束了战斗。荷军尚存几只小船，躲进了台湾城下，不敢出战。这样，荷军的第一次反扑被粉碎了。

占领赤嵌

郑军乘胜利之威，继续扩大登陆战果。四月初三，郑成功集兵1.2万人包围了赤嵌城，控制了赤嵌周围一大片地区。

赤嵌城，是荷兰殖民者在赤嵌地方所建的普罗文查城堡，俗称“红毛楼”，即今日的台南市赤嵌楼。守赤嵌城的荷军司令叫猫难实叮，守兵有400人。猫难实叮自知赤嵌城遭郑军合围，不能自保，便反复向台湾城揆一求援。揆一为了缓和郑军的进攻，决定由评议会派出伊伯伦，勒奥那杜斯两上评议员为代表，由贝德尔上尉的儿子小贝德尔担任翻译，来到赤嵌城外会见郑成功。

郑成功在一个蓝色帐幕中，坐在一张方桌旁边的扶手椅上，周围有将领环立着，显得十分威严。荷兰两个代表见了郑成功，传达揆一表示友好和要郑军撤军的请求。郑成功说：“揆一的友好言辞，掩盖不了侵占中国领土的实质，如同他对殖民地东印度的君主、国王表示的友好一样，是不可信任的。”郑成功又说：“台湾岛一向属于中国。暂时不需要时可以借居，现在中国人需要，则应归还原主。”经郑成功允许，荷兰两个代表进入赤嵌城与猫难实叮商谈投降条件。但这些殖民者提出，在许多附加条件下只交出赤嵌城，而其他地方仍由荷兰人统治。这是一手“丢卒保车”的策略，所以郑成功严辞予以驳回，两个荷兰代表灰溜溜地回台湾城去了。

郑成功在与荷兰殖民者进行外交斗争的同时，一刻也没有放松军事压力。他根据当地同胞提供的情报，得知赤嵌荷军的饮水水源及粮食供应之所在，便立即派兵切断了城中的水源和供给。由此赤嵌城守军日渐出现了粮、水恐慌。郑成功又根据当地同胞提供的情报，城中建筑多木质结构，最怕火烧。于是他命令围城部队，每人各备一捆干柴草，堆于城之四周，准备火攻。当时，郑军虽然有少量枪炮火器，但绝大多数武器，还是弓箭、刀、矛等冷兵器。所以，火攻正可以弥补火炮之不足。

有一天，猫难实叮的弟弟夫妇二人，到城外游逛，被郑军捕获，押送到郑成功面前。郑成功通过翻译何斌审问了二人后，又获得不少情报，便令属下予以厚待，最后有礼貌地护送二人回赤嵌城，要他们向其兄猫难实叮传话，早日投降，保证人身安全。否则，周围放火焚烧，城将夷为平地，后果不堪设想。

猫难实叮听了其弟夫妇二人的禀报，深知赤嵌城危在旦夕，无奈愿意献城投降。经过短暂谈判，猫难实叮正式投降，献出了城中一切军用物资。这样，郑军未费一枪一弹，进占赤嵌城，城中一片欢腾。郑军官兵和当地同胞用锣鼓、号角喇叭及对空鸣枪，庆贺胜利。赤嵌城周围南北土社头目，也纷纷来见郑成功道贺，郑成功设宴款待了他们。

郑成功对猫难实叮及其 400 多名士兵和家属予以优待，一个不杀不罚。猫难实叮在郑军优俘政策感召下，愿意去台湾城，劝说荷兰侵台殖民总督揆一投降。于是郑成功便派他去了台湾城。猫难实叮见了揆一，备说郑军优待情况。揆一觉得眼下援兵一时难以到台，不如再次提出自己的苛刻条件，与郑军进行谈判，谈得成更好，谈不成亦可拖延时间，等待援兵到达。

第二天揆一便派其通事汉人胡兴为使者，与猫难实叮一起来见郑成功，欲同郑军谈判讲和。郑成功不予接见，而要揆一亲自来谈。胡兴回去禀报，揆一自己不敢来，又派几名荷兰高级官员来见郑成功。

郑成功用何斌做翻译，问荷兰使者："揆一何日出降?"荷使说："揆一不投降。若延平王将兵撤回，每年愿交纳税银若干万，并奉献土产、洋货，可随意挑选，年年照例纳贡。这次，延平王来台湾的大军船只，都会得到贡献，对回大陆的官兵，愿送十万两银赏师。其他事不敢擅自做主。"郑成功断然拒绝了揆一用金钱换主权的条件。庄严重申说："台湾，土地我国故有，当还我国。珍宝尔等悉数载归。"下令将使者送走。从此，郑荷和平解决问题的谈判破裂了。

围困"王城"

郑成功已看清揆一不肯自愿交还台湾主权，且在玩弄伎俩的真实面目，和平解决已不可能，决定继续使用武力盾牌。四月初七，郑成功转移主力至鲲身山，候令攻打台湾城。

台湾城，是荷兰殖民者总督府与评议会所在地，故俗称"王城"。荷兰人称热兰遮城。其中，城堡方广 276 丈余，高 3 丈余，分为两层，各立雉堞。当时，台湾西南岸边有 7 座沙洲，如同串珠，互相连接，形状好似大鱼，所以称鲲身山。台湾城(王城)就建在鲲身山北端面积最广、地势最高的一鲲身山上。城中驻有 1733 人，其中兵士 870 人，奴隶 547 人，其余是荷军家属。(300 多年后的今天，由于地形的变迁，沙洲与陆地已连成一片，成为台南市的安平区)。揆一为抵御郑军攻击，将火炮和军事设施移入台湾城堡之内，放火烧毁城堡以外的建筑，企图用"坚壁清野"之策，逼迫郑军早日撤退。

郑军按照郑成功的命令，兵分水路和陆路包围台湾城。几千名步兵和骑兵，从一鲲身南端登岸，占据了台湾城堡之外城区，扑灭火焰，隐伏在大路旁；水师则从大海湾进抵一鲲身附近海面，待机而动。

荷军为破坏郑军即将发动的进攻，时常从城堡中扔炸弹，抛石子，伤害了不少郑军官兵。

四月二十六日，郑成功命将 28 门大炮运进城区，架设在平野上，炮口对准了台湾城，准备用大炮轰破荷军的城堡。为了减少伤亡和财产损失，郑成功再次派人送信给揆一，要他献城投降，信中明确指出：揆一只是"率数百之众，困守城中，何足以抗我军?”重申:“台湾者,中国之土地也,久为贵国所踞,今我既来索,则地当归我。珍瑶不急之物,悉听而归。”警告揆一,倘若执迷不悟,“生死之权,在我掌中,见机而作”。第二天,揆一在答复信中狂妄地声称:“即使危及生命,也必须继续守卫本城。”

郑成功忍无可忍。二十八日,天还未亮,郑军数十门大炮,一齐怒吼,一发发炮弹落在台湾城堡上,连续炮击四个时辰,部分城墙被炸倒塌,还炸死了四个荷兵,伤了数人。揆一凭借坚城,下令荷兵隐蔽,不许反击。当郑军炮击接近尾声,步骑兵向城堡推进时,荷军炮兵突然轰击,郑军士兵猝不及防,伤亡甚重。又经过一番激战,双方仍不分胜负。出乎郑成功意料的是,当天下午,一股荷军杀出城外,夺了郑军的一门可发射六磅炮弹的大炮和三匹战马。

郑成功见攻城碰到了料想不到的困难,决定暂时停止攻城,而把部队后撤至荷军炮火射程以外的地区,运走靠近城堡的几门大炮,在新的阵地上挖沟、树栅、架炮,对台湾城实行长围久困。利用战斗间隙,让官士好好休整。

更令郑成功不安的是,军粮短缺日益严重。在半月前,军中已开始乏粮。郑成功遣户都事杨英、通事何斌,到各乡社去察寻红夷所积军需,获得粮食 6000 石、糖 3000 担,缓解了一时乏粮之危。郑成功曾下令各镇,在不影响战斗的前提下,派出官兵屯垦,种菜种粮。但远水不解近渴。郑成功又遣杨朝栋、杨英到各地去买粮,接济兵食。又允准官兵有组织地寻食野菜、野果充饥。

由于军粮危机,官兵侵害当地民众利益之事屡有发生。一向严格军纪的郑成功,哪能容许此风生成?他为了震慑违纪和犯罪,当即决定:以搜掠台湾百姓银两、盗匿军粮罪,处死宣毅后镇吴豪,对虎卫右镇陈蟒捆责革职!于是,军中震动。接着,他又谕令全军:“不准混侵百姓现耕物业,如有违越,法在必究。”

五月初二,复台的第二批郑军,由黄安、刘俊、陈瑞、胡静、颜望忠、陈璋率领战船 20 艘,共六镇官兵抵达台湾。他们带来了新生力量,也带来了部分军粮,增强了战斗力量。郑成功升任黄安为右虎卫。

郑成功仍然期望早日结束战斗。他连续三次致书揆一,劝令荷军投降。但揆一依然十分顽固,复信表示要继续“死守”。有鉴如此,郑成功决定改变策略:为了实行长围久困之计,除了部署军队轮番围困台湾城之外,同时,在岛上加紧政治、经济建设,并尽速收复岛上其他失地。

郑军发现,在靠近赤嵌不远的萧垅地方,有一股零散的荷兰殖民者在固守,就派兵协助当地民众围剿。这些荷兰人逃到了麻豆,又逃到了哆罗国,最后逃到了诸罗山,在郑军军威震慑和优俘政策感召下,全部缴械投降,共计有 116 人,其中有牧师 4 人,法官 5 人。后来,这些人都受到了优待,安排到赤嵌荷兰侨民营那里去了。

郑军对拒不投降的荷兰殖民者决不手软。有一股荷兰人拒绝投降,企图从南部向西北部逃跑,郑军和台湾民众便追击不放,杀死了 8 人,打伤了 22 人。

远在台湾北部的淡水和鸡笼(基隆),有荷军的据点。郑军一时不能到达,当地民众在郑军的声威影响下,纷纷起来驱赶荷兰人。荷兰殖民者、商务员鲁尼乌斯因害怕国姓爷的兵威,搭船逃往日本。当地头人和民众,放火烧掉了殖民者的房屋,袭击殖民者的舰船,杀死了拒不投降的荷军一名班长和两名士兵。

有一些极端反动的荷兰殖民者，如德尔芬达和一个年轻牧师，利用传教身份，企图鼓动当地民众反抗郑军，结果遭到了镇压。

郑军的正义行动，得到当地民众的拥护和支持。不仅是成年人，而且许多少年儿童，也踊跃协助郑军作战。另外，在荷兰殖民机构充当奴隶的两队黑人士兵，善使枪炮，受到郑军优待政策的感召，也参加了驱逐荷兰殖民者的正义斗争。

在郑军长围久困台湾城期间，驻巴达维亚的荷兰长官和总评议会不明台湾战事，认为揆一和台湾评议会懦弱无能，决定由财政顾问克伦克取代揆一。克伦克要去台湾上任，刚刚离开巴达维亚两天，从台湾海战中逃跑的马利亚号船，经过海上50多天的航行，达到巴达维亚，向东印度公司报告了郑成功率军进攻台湾的消息。荷兰驻巴达维亚殖民机构为挽回败局，便派海军统领卡宇率舰12艘、士兵725人，装载了可食8个月的牛肉、猪肉和粮食，快速增援台湾。卡宇此人无作战经验，又口齿不清，但却狂妄有加，一再宣称："决不饶恕中国兵船上任何人，见人就杀，不留一个！"他还颁布了奖赏办法："捕捉或焚烧中国一只帆船者赏银100里尔，一只中型帆船者赏50里尔，一只艄子船者赏25里尔。"

闰七月二十三日，卡宇到达台湾，与揆一合兵，向郑军进行反扑，计划用战船和火炮轰击郑军战船，出动三四百士兵向台湾城区的郑军进攻。但天公不作美，荷军驶离台湾城港后，风向由顺变逆，各舰船不能到达指定地点，队形散乱。郑成功命令陈泽、陈继美、朱尧、罗蕴章等率水师迎击荷军，经半个时辰激战，击毁荷船2艘，俘荷船艇5只，杀荷军艇长1人、中尉1人、军曹1人和士兵128人。荷军在陆上的反扑，也遭到了可耻的失败。卡宇和揆一狼狈地缩进了台湾城。

巴达维亚任命的取代揆一的克伦克，曾经乘船到达台湾海面。他原以为马上就要坐上台湾殖民总督的宝座，可是，这时台湾大海湾已被郑军水师几百艘战船所控制，克伦克不敢靠岸，在附近海域飘泊两天，便借口缺粮、缺水，灰溜溜地驶往日本方向去了。在航行中，克伦克遇上一条中国商船，他下令劫掠了船上的物品，尔后炸沉了商船，把船上人员抛到一个荒无人烟的小岛上，活活地渴死了。

困守在台湾城的荷兰殖民者，由于过度疲劳和食物短缺，不少人患了水肿和其他疾病。揆一多次利用夜暗，派船外出寻找食物，被郑军一一截杀。揆一和卡宇再次给东印度公司写信，交由道芬号快艇，突出郑军包围圈，向巴达维亚求援。信中说："从围城开始，到西历11月20日，已有378人被杀死，280人生了病。"台湾城堡等不到巴达维亚的援兵，官兵焦急万分。怕死的卡宇，欲尽快驶离孤城，自任司令，以秘书诺贝尔为副司令，抽调战船3艘、小艇2只，借口要配合清军袭击金、厦的郑军基地，牵制郑成功对台湾城堡的包围。然而，他刚刚驶出海面，即遭到郑军水师的痛击。卡宇见势不妙，辗转逃回了巴达维亚，再也没有回来。

揆一投降

台湾城堡内的荷军处于粮尽援绝的危境，士气衰落，逃跑和投降郑军者增多。其中，荷兰上等兵卢森堡投降郑军后，提供了城堡内的许多情报。另一个投降郑军的荷兰军曹拉迪斯，先前曾在欧洲打过仗，很有作战经验，又十分熟悉城堡内的情况，郑成功亲自接见了他。此人见郑成功待他很客气，便把城堡中荷军的兵力、兵器、设施、防守要点以及官兵惊恐疲惫、贫病交加等情况，讲得一清二楚。他建议郑军注意守军的工事火力网，注意隐蔽的地点和时机。他还献计：只要拿下重要据点乌德勒支堡和小山头，荷军即全线崩溃。

郑成功闻此大喜。他发现，在围城8个月之后，攻城的时机已到。于是决定：由长围久困改为大举进攻。

为此，郑军的部署作了重新调整。将养精蓄锐之陆师全部集中于七鲲身山上；将水师配置于舰炮可以轰击城堡的南面；重建三座新炮台，一座设在乌德勒支堡的南面；两座设在乌德勒支堡的东面。配置28门巨炮，每炮皆可发射6磅重的炮弹。为防荷军炮火杀伤，郑军在阵地上挖掘便于隐蔽和伪装的堑壕。城内荷军虽然发现郑军的许多新动向，但无力对付，且更增添了恐慌和不安。

十二月初六晨，郑成功下达了攻城命令。郑军开始炮轰乌德勒支堡，两个时辰内，发射炮弹2500多发，支堡被炸得破烂不堪，弄得守军无处藏身，不得已退入内城堡。郑军的大刀队、弓箭手、盾牌队奋勇冲锋，但却遭到荷军内城堡火炮的攻击。郑成功下令暂停冲锋，继续发炮，直到晚上，乌德勒支堡被摧毁，荷军炮火全部受到了压制。此时，郑军蜂拥而上，占领了乌德勒支堡。

郑成功亲临第一线视察。这时，投诚的拉迪斯立刻阻止郑成功向前走，说支堡下面往往有地雷。话音刚落，只听一声巨响，荷军藏在地窖中的四桶炸药引爆了，一批郑军官兵倒在了血泊中。郑军后续部队，立即在支堡废墟上，在小山头上加固了工事，居高临下，向城内射击，完全制止了台湾城堡发扬火力。

在坚守无望的情形下，龟缩台湾城内的荷兰殖民评议会召开紧急会议，讨论在势穷援绝局势下的对策。当时，揆一主张继续抗拒郑军的攻击，等待巴达维亚援兵到达；他还自告奋勇，到防守一线去鼓舞士气。但到会的29人中的25人已经绝望，主张在有利的条件下，把城堡献给郑军。在评议会议员们的苦苦哀求下，揆一不得不派人去进见郑成功乞降。

郑成功对待表示屈服的敌人，总是以宽大为怀。所以，对荷军提出的投降条件表现了极大的宽容，双方很快达成了协议，订立条约，共计18条。现在，人们看到的条约文本，是从荷兰东印度公司的档案中查到的英文译本。条约原文，分为汉文、荷文两件。

荷兰投降条款，主要内容有：双方停止一切敌对行动；荷方将热兰遮城堡（即台湾城堡）和外堡、大炮、军用物资、现金以及其他属于东印度公司的财产全部移交郑方；经郑方检查后，荷兰人可以带上私人动产回国；双方换俘释囚；荷兰东印度公司在台的华人债务、租佃文书移交郑方；荷兰人撤退之前，不得悬挂白旗以外的任何旗帜；双方各自派出官员到对方作为人质，直至本条约规定事项均已执行为止。

清顺治十八年（南明永历十五年）十二月十三日（1662年2月1日），是中国人扬眉吐气的光辉日子。这一天，中荷双方在条约文本上签字，侵台荷兰殖民者正式投降。

按照双方订立的条约，双方清点物资、财产，该留的留下，该运走的运走。在各项事宜办理完毕之后，揆一带领500多人，举着白旗，垂头丧气地走出城堡，驶离了台湾。郑成功率领他的威武雄壮之师，昂首阔步，开进了城堡，成了这里的主人。

至此，被荷兰殖民者侵占达38年(1624～1662年)之久的台湾宝岛，回归中国，迎来了新的时代。台湾宝岛如同一个可爱的婴儿，被贼人盗走38年之后回到母亲的怀抱，这该是值得庆贺的大喜事！郑成功率军驱逐荷兰殖民者、收复台湾，这一伟大斗争取得了彻底的胜利。这是外国殖民侵略者，被中国军队战败后第一次俯首签署了投降书，是台湾历史上第一次由侵略者手中归还中国的伟大壮举(第二次是台湾由日本军国主义统治下于1945年10月25日归还中国)，创造了中国历史上第一次成功的大规模渡海登陆作战的范例，在中华民族反抗外来侵略的历史上谱写了光辉的篇章。

郑成功光复台湾是其一生中最为辉煌的业绩。他面对着刚刚光复的台湾城堡，面对着被解放了的台湾同胞，面对着同生死、共患难的3万将士，他心潮起伏，感慨万千，回首十年苦战，将士含辛茹苦，同心协力，终于驱荷复台；将士们的满腔热血，一片忠心，让他这个自比的“秦末贵族田横”，果真动心了！于是，他挥毫泼墨，赋诗言志，表白自己的心声。他写道：

开辟荆榛逐荷夷，十年始克复先基。
田横尚有三千客，茹苦间关不忍离。

治理台湾

政经建设

荷兰殖民者统治台湾38年，留下了殖民政治、殖民经济、殖民文化的许多痕迹。

郑成功从1661年四月在台湾登陆，他驻足台湾的时间，前后不满14个月。在这短暂的时间内，尽管大半年是处于战争状态，但他还是抓紧时间采取许多举措，废除殖民制度，肃清荷兰残余势力，清除殖民政治、经济、文化等痕迹，产生了明显的效果，对后来继承者也有深远的影响。

郑成功在台湾站稳脚跟之后，便立即着手政权建设。五月初三，即郑军在台湾登陆后的一个月，郑成功召集文武百官开会，宣布在台湾正式设治，建立政权。他改赤嵌地方(包括赤嵌城堡、赤嵌街、台湾城堡、台湾街)为东都明京，设承天府。

东都者，是相对明王朝的南都金陵、北都北京而言；承天者，是与明太祖朱元璋早年改元朝的集庆(今南京)为应天相承袭。承天府，下置天兴、万年两县。天兴县，管北路；万年县，管南路。郑成功任命杨朝栋为承天府尹(长官)，庄文烈为天兴县知县，祝敬为万年县知县。与此同时，又将台湾城堡连同附郭街市改为安平镇。安平，是福建泉州的一个港口，郑芝龙发迹之地，今置安平镇，含有郑成功承袭其父功业的意思。他在五月十八日的令谕中称：“东都明京，开国立家，可为万世不拔基业。”郑成功这些政权设置及其名称，让人们不难看出他显然是不忘大明王朝，不忘祖国大陆，不忘其祖业。

郑成功高度关注军饷，大力组织军队屯田垦荒。郑军在台湾登陆后，2万多官兵渐渐出现乏粮。四月十二日，郑成功利用战斗的间隙，亲自到了汉族移民最先开拓之地的蚊港，察看民众的土地和庄稼情况。之后，他又来到了“土民”（高山族）所居住的新港、目加溜湾、麻豆、萧垅等四个番社，考察民情和土地的肥瘠。得知各地都有许许多多荒地，且十分肥沃，无人耕种，便酝酿组织部队开荒屯田。土民对他的到来，十分恭敬，用当地的歌舞来表示热烈欢迎。郑成功向民众赠送烟、布、衣帽。他回到兵营后，便决定改变攻城战法，让一部分部队围困台湾城，一部分部队到指定的地区去屯垦。为了使屯垦更有成效，并有所遵循，他在调查研究的基础上，于十八日下达了屯垦谕令，颁发了八项条款，规定不准侵害土民和百姓（汉民）利益、先报后垦以及禁止竭泽而渔等项纪律，还规定了税赋政策，以及有关奖惩项目等等。

有一天，郑成功召集诸提镇、参军，专门商议屯垦事宜。他讲到粮食的重要性时，说：“大凡治家治国，以食为先。”他指出：家庭如果没有粮食，一家人就难以和和睦睦；一国没有粮食，虽有忠君爱国之士，亦难以治理。他说近日亲自踏勘土民和百姓社灶，细观地土，甚是肥沃，应当效法古人“寓兵于农”之法，必定是饷丰粮足。

部将黄安问道：“何为寓兵于农之法？愿请指示。”郑成功讲起了中国古代寓兵于农的历史。他例举诸葛亮、司马懿、姜维、杜预等将帅，在两军长期对峙时组织部队时，一面垦荒种田、一面备战应敌的做法。他特别介绍了明太祖朱元璋设卫所，置军队，十分之三备战，十分之七屯垦，兵强马壮的经验。他明确指出：面对台湾目前战况，只留两支部队分别镇守承天府和围困安平镇（即台湾城），其余的部队一律划地屯垦。每天有十分之一的战斗执勤，有十分之九的人开荒种田，做到野无旷土，而军有余粮。他又说：“为尊重当地的民俗，其乡仍称社，不必更易；其田亦称甲（一甲等于31戈2尺5寸，而一戈等于1丈2尺5寸见方）。最后他说：“农隙则训以武事，有警则荷戈以战，无警则负耒以耕。寓兵于农之意如此。”

郑成功在组织屯垦的同时，积极推广农业生产技术。在荷兰殖民统治下的台湾农业极其落后，生产力极其低下。有一天，郑成功在视察番社时已经发现这一问题，回来后，又命户官杨英再到番社去作详细考察。当时，正值秋收季节，杨英来到南社，看到土民收稻谷。土民们不知用镰刀收割，而是一穗一穗地用手去采拔。这样，一甲稻田，采拔数十日方能收完。杨英询问开垦耕耘方法，土民皆不知用犁耙锄头，而是用铁片一下一下地挖地。至于靠近水源的土地，本来使用价值很高，但土民不知耕耘，而置之不用。土民的生产方式，仍然处于原始状态。

杨英向郑成功详细地汇报了他考察番社的情况和感受，此后郑成功下决心要帮助土民改变这种落后状况。他规定每一个高山族村社，都派一个有生产经验的人传授农业生产技术。每个村社发给耕牛一头，铁犁、耙、锄各一套，并推广种植蔗、麻等经济作物。在郑成功的大力倡导下，高山族逐步接受了汉族的农业生产方法，生产力随之大为提高，人们的生活也逐步得到改善。多年以后，汉族的农业生产方法，在全岛普遍推广和应用。

郑成功在推广农业生产技术的同时，十分重视保护高山族民众的利益，强调土民

(高山族)和百姓(汉族)一律同样对待。他一再告诫官兵,“不准混圈土民及百姓现耕田地”,违者重罚。在官兵乏粮时,郑成功坚决制止向高山族民众强征,而是用金锭向民众购粮。有一支部队在新港子一带屯垦,与当地高山族民众发生了矛盾,郑成功派专人前去监察,最后把这支部队调到其他地方去了。

郑成功为了开发台湾岛,鼓励和组织大陆汉族人移居台湾。郑成功发现台湾之所以落后,除了荷兰殖民统治因素之外,还有其历史原因,那就是土地多、人口少。有鉴于此,他十分赞赏三国以来历代的移民措施。他一方面鼓励文武百官动员在大陆的家眷到台湾定居;又一方面利用清政府当时实行“迁界”、把沿海30里地区内的民众迁往内地,以及禁止商船、渔船出海的政策后群众的不满情绪,驰令各处沿海残民,移来台湾,垦荒种地。在郑成功的号召下,福建漳州、泉州及广东潮州、惠州等地民众,相率东渡,带来了农业和手工业技术,促进了台湾的开发。郑成功去世后,他的继承人郑经继续推行郑成功的移民政策。岛上逐渐兴起了泼海水曝晒为盐、取土烧瓦、插蔗煮糖、烧木炭、搞纺织等等手工业技术,由此岛上地旷人稀、生产落后、群众生活贫困的状况,逐步得到了改善。

海上贸易,一向是郑成功最为关注的大事。郑成功在大陆时,就继承了郑芝龙经营海上贸易的传统。他的商船,航行于日本、琉球及南洋群岛,并在国内的京师、苏州、杭州、山东等地,设有五大商埠。经营财货,是其军需主要来源之一。郑成功光复台湾后,继续通过各种渠道,与大陆沿海及日本、暹逻、交趾、吕宋等地进行通商和贸易。

郑成功也十分重视向台湾民众传播汉族先进文化。他把储贤馆、育胄馆迁到台南,又从两馆中抽调大批知识青年在各地设立乡塾,教土民和百姓儿童读书识理,高山族的大社多设有较大的乡塾,儿童读书声响彻山谷。

郑成功开发和建设台湾,总的精神是承认土地私有制,保护私有财产。这在生产低下、地多人稀的台湾,是促进生产力发展的有效措施。在郑成功的倡导下,当时台湾的土地关系,出现了寓兵于农的“营盘田”、文臣武将及其家眷的“文武官田”,郑氏政权所有的“官田”以及土民和百姓私有的“私田”等等多种形式的封建生产关系,这与荷兰殖民者统治时期实行的单一“王田”制相比,是一大进步,是适合当时生产发展需要的新型的生产关系。不几年,台湾生产力飞速发展,逐步接近了大陆的先进水平。

总之,郑成功把台湾的开发和建设推进到前所未有的规模,奠定了清代全面开发台湾活动的基础。

英年早逝

郑成功频繁统兵南征北战、东征西讨,戎马生涯16年载,以及烦恼的国事、家事,积劳成疾,损害了他的健康。而他在光复台湾之后,仍然无隙养息,加之件件恼恨之事接踵而至,使他这位钢铁巨人再也支撑不住了。

清顺治十五年(1658年)十六年,郑成功从福建率领庞大舟师进攻南京,损兵折将,严重受挫之事,对性格倔强的他来说,是一次意想不到的、最为沉重的精神打击。

郑成功怎么也想不通，为什么会失败得如此之惨？他忧郁寡欢，长时间内形成一个心病。

给郑成功精神上巨大创伤的是他父亲郑芝龙降清之事。起初，郑芝龙降清，对郑成功来说觉得不可思议，一个堂堂正正、教子忠君报国的明朝名将，怎么会暗中勾结清军，且后来居然投入清廷的怀抱？在郑清“和议”期间，清廷把郑芝龙作为向郑成功劝降的王牌，扣押了十多年。当郑成功光复台湾之后，郑芝龙在清廷眼中已成为一个废物。于是，便于顺治十八年（1661 年）十月初三，下令将郑芝龙处死了。同时被处死的还有郑氏一家 10 人，还掘了郑氏的祖坟。郑成功起兵之初，曾经发誓“大义灭亲”；但终归有父子之情，难以割舍；有养育之恩，暂且末报。第二年正月，亦即光复台湾不久，郑芝龙等家人 11 口被杀的噩耗和郑氏祖坟被掘的消息，一块传到了台湾，传到了郑成功的耳中。顿时，郑成功如同五雷轰顶，顿足捶胸，悲痛欲绝，一时支撑不住，望着北方痛哭一场。他清醒之后，听说是黄梧降清后，献策让清廷掘了郑家的祖坟。他又向着黄梧所在的西方咬牙切齿，骂道：“生者有怨，死者何仇？敢如此结不共戴天之仇！倘一日治兵而西，吾不寸磔汝尸，枉作人间丈夫！”郑成功的胸中堆积的一串串的怒气，没有得到宣泄，极大地伤害了他的身心健康。

对郑成功不幸之事，接踵而至。正当郑军欢庆光复台湾之时，吴三桂将永历帝从缅甸押回云南，奉清廷之命，用弓弦绞杀致死。南明兵部司务林英，从云南死里逃生，越过海峡，来见郑成功，讲述了永历遇害的经过，郑成功大吃一惊。

郑成功到台湾后，多次催促在金、厦的洪旭、黄廷及兄长郑泰等，赶快携家眷迁居台湾。但因台湾初开，生活艰苦，水土不服，病者多死，所以许多已到台湾者很不安心。消息传到厦门，许多人就借故拒绝迁台。郑成功听了十分气愤。不久又诈传南澳镇将陈豹降清，郑成功又生气了，密令周全斌征杀陈豹。陈豹觉得冤枉，但又无处诉说，此乃郑成功相逼，非己背恩，果真去投降了清军，郑军失去一员名将。后来，郑成功又听说儿子郑经也不听指挥，居然拘捕周全斌。更令郑成功不能容忍的是，金、厦留守的诸将给郑成功写信，公开申明“报恩有日，候阙无期”，拒不执行他调动将领入台的命令，为此，郑成功心中既怨恨又愤怒，他怎能容忍出现如此局面？

更令郑成功十分恼火的是，他收到了曾在明廷做过尚书的唐显悦一封密信，信中揭露了郑经的一件丑闻。郑经在父亲征台时，竟然暗中与四弟乳母陈氏私通，并且生了孩子。郑经还欺骗父亲郑成功，诡称侍妾为他生了孙子，让郑成功高兴了一阵。唐显悦揭穿了这件丑事，并且批评郑成功“令郎狎而生子，不加饬责，反加赉赏。如此治家不正，安能治国？”郑成功有口难言，顿时气塞胸膛。过了半天，他遣人持令箭至金门，令与其兄郑泰同到厦门，以其妻董氏治家不严之罪斩首，亦斩其子郑经与所生孙子和乳母陈氏。黄廷、洪旭与郑泰接到令箭后，商量只将陈氏及孙子杀了。郑成功听到禀报说不行，又解下身上所佩宝剑交给使者，再去金门见郑泰，要其照令而行。然郑泰、郑经等不仅不照令行事，而且还要部署军队与郑成功进行军事抗衡。郑成功闻知，更加气恼。

五月初一，郑成功偶感风寒，浑身乏力。他勉强登上将台，持千里镜，眺望大陆是否有船来。五月初八，他自知病情严重，便命人取来冠带，穿戴好，又登将台眺望，不见踪影，便回至书房，请出《明太祖祖训》。这是朱元璋为子孙规定的禁令，提出的要求，目的是要大明朝万年永固。郑成功行礼毕，坐定，命左右进酒，折阅一卷，饮酒一杯。当折阅到第三卷时，他哀叹道："吾有何面目去见先帝于地下也！"以两手抓其面而逝。这一天是公元1662年6月23日，终年只有39岁。

中华民族的杰出英雄郑成功，与世长辞了！

狂风掀起海上的滔天巨浪，拍打着台湾岛和大陆沿海的堤岸，发出令人心碎的怒吼，似乎是在为送别这位叱咤风云的民族英雄奏出的一曲曲哀乐。

努尔哈赤

颠沛流离

距今440年，即明嘉靖三十八年（1559年），在明建州左卫苏克素浒河部赫图阿拉（今辽宁新宾县西南赫图阿拉老城），一个女真男孩呱呱坠地了。这个与其他的婴儿并没有什么两样的男孩，长大成人后干出了一番轰轰烈烈的大事业，成为满族的民族英雄和中国古代杰出的军事家、政治家。他，就是清王朝的开创者和奠基人——清太祖努尔哈赤。

女真是一个具有悠久历史的古老民族，先秦时期的肃慎、东汉时期的挹娄、南北朝时期的勿吉、隋唐时期的靺鞨，都是女真人的祖先，到五代时才改称女真。

女真人世世代代劳动、生息在我国东北辽阔的土地上，据《大明一统志》记载，女真人生活区域东濒日本海，西接兀良哈（蒙古一部，东界嫩江支流裕尔河），南邻朝鲜，北至奴尔干北海（今鄂霍茨克海）。明代一般把女真分为建州女真、海西女真和野人女真三大部：建州女真居住在牡丹江、绥芬河及长白山一带；海西女真分布在松花江流域；野人女真是指居住在建州女真、海西女真以北、以东的女真各部，大体分布在黑龙江流域和库页岛等地。

明初，为了经营东北地区，明廷先后设置辽东都指挥使司（治所在今辽阳）和奴尔干都指挥使司（治所在黑龙江下游亨滚河口对岸的特林）。都司下分置卫所，如巡东都司领二十五卫、一百三十八所、二州、一盟，奴尔干都司领三百八十四卫、二十四所、七站、一寨。卫所的官员由朝廷委任各族首领担任，授予都督、都指挥、指挥、千户、百户、镇抚等官职，发给敕书，让他们各自统管所属人民，并按规定的期限赴京朝贡述职。正是通过这些卫所的大小官员，明廷有效地对包括女真人在内的东北地区各族人民进行管理。

努尔哈赤的祖先是元代女真斡朵里、胡里改等部的后裔，原居牡丹江人松花江江口一带。明洪武年间，他们为了躲避其他部族的袭扰，相继溯牡丹江南徙，移居图们江、绥芬河流域。在明廷的招抚下，胡里改部首领阿哈出于永乐元年（1403年）十一月首先归附，因其住地绥芬河流域为唐代渤海地方政权率宾府（治今俄罗斯乌苏里斯克）建州故地，明廷即于其地设建州卫。其后，建州女真又辗转迁徙，大约于正统年间在婆猪江（一称佟家江，即今浑江）、浑河支流苏子河一带定居下来。为便于管辖，明廷先于永乐十年增设建州左卫，又于正统七年（1442年）分设建州右卫。这样，建州女真就分为建州卫、建州左卫、建州右卫，史称“建州三卫”。

努尔哈赤，姓爱新觉罗，号淑勒贝勒。他的祖父觉昌安(一称叫场)是苏克素浒河部的一个小首领，有敕书30道，任建州左卫都指挥使，经常率领数十人到抚顺关马市贸易；父亲塔克世(一称塔失)是建州左卫指挥。塔克世有三个妻子，正妻是阿古都督的女儿，姓喜塔喇氏，名额穆齐。喜塔喇氏生有长子努尔哈赤、三子舒尔哈齐、四子雅尔哈齐和一个女儿。塔克世另一个妻子李佳氏，生次子穆尔哈齐；继妻纳喇氏，生五子巴雅喇。

努尔哈赤生在这样一个女真贵族家庭里，童年生活充满了快乐和幸福，每天不是与小伙伴做游戏，就是手握榆柳制作的小弓骑马射箭。由于努尔哈赤是塔克世的长子，又天资聪慧，骑射技艺在同龄人中出类拔萃，深得父母的欢心。

然而好景不长，努尔哈赤美好的童年生活早早地结束了。在他10岁的时候，生母喜塔喇氏不幸早逝，继母纳喇氏心术不正，对他缺少爱心，常常在父亲面前拨弄是非。遭受丧母之痛的努尔哈赤在家中得不到温暖与关怀，失去了往日的欢乐。小小的年纪就挑起了生活的重担，他跟随大人进入深山老林，挖人参，采集松子、榛子、蘑菇、木耳，再赶到抚顺等地出售。

大约在万历元年(1573年)，15岁的努尔哈赤带着10岁的弟弟舒尔哈齐离家寄居在外祖父王杲家。王杲机敏剽悍，通晓东北各少数民族和汉族语言文字，具有较强的组织才能，拥有强大的经济、军事实力，尽管没有得到明廷的授职，却是建州三卫事实上的领袖人物，所以有“阿古都督”的称号。努尔哈赤的祖父觉昌安、父亲塔克世也依附于王杲，成为他的部将。王杲十分疼爱两个外孙，教他们读书识字，练习骑射，也让他们参加一些力所能及的劳动。在这里，努尔哈赤那受伤的心灵总算得到了慰藉。

然而厄运又悄悄地逼临努尔哈赤兄弟。原来王杲自恃兵强马壮，雄长各部，不断骚扰边境，与明边臣为敌。觉昌安、塔克世父子曾经跟随王杲扰边作乱，被明廷边臣骂作“贼首”。不久他们就认识到，长此下去，终归对自己不利，于是便暗中投靠了明辽东边将，一心一意地为明朝做事，后来干脆公开地站在了明朝一边，积极配合官军作战。万历二年十月，觉昌安父子引导明辽东总兵李成梁部讨伐王杲，王杲退入古勒寨坚守，明军乘大风时纵火，攻破城寨，残杀寨内1100余人。王杲在寨破时慌忙逃出，努尔哈赤兄弟滞留寨中，双双被俘。李成梁因为没有捉到王杲，大为光火，即将觉昌安扣作人质，令其子塔克世寻查王杲的踪迹。努尔哈赤十分清楚自己的险恶处境，所以他见机行事，一见到骑着高头大马的李成梁，立即跪在地上，双手紧抱马腿，痛哭流涕，请求赐他一死。李成梁见努尔哈赤口齿伶俐，聪明可爱，顿生怜悯之心，就把他和舒尔哈齐都收在帐下。努尔哈赤开始做随军杂役，有意讨好李成梁，处处事事小心谨慎，不但手脚勤快，而且谦恭有礼，所以很快就博得李成梁的好感，做了他的随从，关系越来越密切，以至于李成梁晋京时也要努尔哈赤随侍左右。

尽管努尔哈赤受到李成梁的信任和器重，但仇恨的种子已深深扎根于他心中。在他被俘的第二年，逃到海西的王杲被哈达部首领王台缚献给李成梁，努尔哈赤眼看着外祖父被装在囚笼里送往北京处死的情景，撕心裂肺般的悲痛和满腔的愤恨之情交织在一起，一个卧薪尝胆为外祖父报仇的念头也在他心头萌生了。

大约在万历五年，努尔哈赤离开李成梁，回到自己的家乡。继母纳喇氏仍然不能容纳他，挑唆塔克世与儿子分家，但分给他的家产却很少。就在这时，努尔哈赤与佟氏结了婚。佟家世居辽东，本是汉族，却已经女真化了。努尔哈赤对父亲和继母已经没有多少留恋之情，甘愿入赘佟家，改姓了佟。在很长一段时间里，努尔哈赤一直以佟为姓，起兵之初，在给明朝的文告中，他也称自己为"佟努尔哈赤"。而佟氏家族则由于追随努尔哈赤，归入满族，佟氏也就改为佟佳氏。努尔哈赤婚后，夫妻恩爱，第二年就生了女儿东果格格，22 岁时又有了儿子褚英，生活中不乏欢声笑语。但是，夫妻俩却不时为生计所困扰。为了生活，努尔哈赤曾外出佣工，无工可做时就上山打猎或者采集山货，带到抚顺、清河、宽甸、 阳等关市上出售，换取生产工具和生活用品。

万历八年，努尔哈赤又投到李成梁麾下。这时，努尔哈赤已经是一个 22 岁的小伙子，身高体壮，武艺超群，勇敢机智，阅历丰富，每有军事行动，总是冲在最前面，屡立战功，越来越受到李成梁的赏识，后来成为他的心腹，连军机大事也让努尔哈赤参与筹划。由于这个原因，努尔哈赤经常出入李成梁的内宅，逐渐与其爱妾产生了爱恋之情。万历十年九月，隐情暴露，努尔哈赤只得离开李成梁部，逃往海西。他游走于女真各部，寻求帮助，终于得到叶赫部首领扬佳努的垂青。扬佳努将爱女许配给他，又送给他马匹、甲胄等物。后来在叶赫兵护送下，努尔哈赤回到了建州。

从 10 岁到 24 岁的十四五年间，努尔哈赤备尝了生活的艰辛，经受了一次又一次的磨难。对于任何一个欲有所作为的人来说，艰难困苦不但意味着不幸，同时也是一笔无价的财富。努尔哈赤正是在磨难中逐渐成长起来。一方面，苦难磨炼了努尔哈赤的意志，使他养成了不怕困难、勇往直前、百折不挠、坚忍不拔的品格；另一方面，由于勤奋好学，他在社会这所大学校里，学到了各种各样的知识，开阔了眼界，增长了才干。他熟悉蒙古等少数民族的语言和风土人情，了解辽东各地山川形势、关隘要塞和道里远近。他在与汉族各阶层人士的交往中，深受汉族文化的影响，掌握了汉语言文字，喜欢读《三国演义》、《水浒传》，从中学到了诸如吸纳人才、管理军队、用兵作战等知识。他曾随李成梁到过京师，对明朝的政治、经济、军事等方面情况都有所了解。多年的军旅生涯，不但使他掌握了军人应当具备的军事技能，而且颇有谋略，成为一名优秀的军事指挥员。所有这些，都为努尔哈赤日后大展宏图打下了坚实的基础。

含恨起兵

万历十一年，努尔哈赤在人生道路上又遇到了一件不幸的事情，他的祖、父双双惨死于明军的兵火之中。

万历初年，女真社会正处于大变革的前夜，各种矛盾复杂尖锐，动荡不安，出现了"各部蜂起，皆称王争长，互相战杀，甚且骨肉相残，强凌弱，众暴寡"的局面。明廷实行民族压迫和民族歧视的政策，为了防止因女真的强大而威胁到自己的统治，对女真各部采取"分而治之"的策略，从而加剧了各部之间的矛盾冲突。在建州女真诸部中，王杲部势力最强，屡屡犯边，终于引来了杀身之祸。海西女真各部中，则以哈达部和叶赫部势力最强。哈达部首领王台因缚献王杲有功，被明廷封为龙虎将军。王台虽得到明廷支持，但与建州女真和海西叶赫部均有积怨。当初王杲逃到海西想投奔王台，王台却将王杲缚献李成梁。王杲死后，他的儿子阿台（阿太）、阿海（阿亥）继承父业，分据古勒寨和莽子寨，与哈达部结下了不共戴天之仇。与此同时，叶赫部的清佳努（逞加努）和扬佳努（仰加努）兄弟也因王台之叔王忠杀害了自己的父亲祝孔革而欲向哈达部报仇。万历十年，王台死，阿台等乘机联合叶赫清佳努、扬佳努兄弟进攻哈达部。明廷决定扶持王台长子虎尔罕，集中兵力重点打击阿台，以根绝"祸本"。

万历十一年二月，明辽东总兵李成梁督率官兵自抚顺王刚台出兵，分两路讨伐阿台、阿海兄弟。辽阳副将秦德倚率兵一部，顺利攻克莽子寨，杀阿海。李成梁亲率主力，在苏克素浒河部图伦城主尼堪外兰引导下，疾驰百余里，直捣古勒寨。由于该寨倚山险修建，寨墙陡峻，壕堑深广，易守难攻。明军施火攻，急攻两昼夜，射死阿台，攻破古勒寨。明军大肆屠城，2200余居民先后被杀。

在古勒寨之战中，努尔哈赤的祖父觉昌安和父亲塔克世均死于寨内。自从觉昌安、塔克世父子投靠明朝，特别是在万历二年引导官军攻剿王杲以后，两家的关系就疏远了。阿台曾将觉昌安拘押至古勒寨，劝其归顺，共同扰边。觉昌安执意不从，因为觉昌安毕竟是自己妻子的祖父，阿台万般无奈，只得把觉昌安放回。当得知明军围攻古勒寨时，觉昌安不顾年老体弱，让儿子塔克世陪同他去营救孙女。经李成梁同意，塔克世留在外边，觉昌安独自一人进入被明军包围的古勒寨，去劝说阿台归顺。塔克世在寨外等候多时，不见父亲出寨，经李成梁允准，也进入寨内。但事与愿违，阿台不但不听劝告，还把他俩分别关押起来，结果觉昌安被战火烧死，塔克世则在破城后的混战中被明军杀死。

噩耗传来，努尔哈赤异常悲愤，想到祖、父一贯忠于朝廷却落得如此下场，他按捺不住满腔怒火，找到明朝边关将吏理论，"我祖、我父无罪，为什么被杀？"明边将自知理屈，声明实系"误杀"，绝非有意加害。为了安抚努尔哈赤，边将送还尸首，并给敕书30道，马30匹，又给了都督敕书，还让他升任建州左卫都指挥使。明廷的安抚和封赏并没有抹去努尔哈赤心中的仇恨，但因暂时无力与明朝对抗，努尔哈赤便把一腔怒火都倾泻到尼堪外兰身上。他对明朝边官说："我祖、父被杀，实际上是尼堪外兰唆使的结果，只要将尼堪外兰交给我，为我祖、父报了仇，我就心甘了。"明朝边官拒绝了他的要求，并威胁说："事情已经处理完了，如再这样无理纠缠的话，我们一定要帮助尼堪外兰在嘉班筑城，叫他做你们建州女真之主！"

努尔哈赤闷闷不乐地回到赫图阿拉，但家乡的情况更糟。由于明朝边将偏袒、扶持尼堪外兰，建州各部首领大都投靠尼堪外兰，甚至本族中也有不少人反对自己，他们对神灵立誓，要杀掉努尔哈赤，归顺尼堪外兰。尼堪外兰有恃无恐，竟逼令努尔哈赤归附于他，努尔哈赤恨恨地回敬他说："你本来是我父亲的部下，反而叫我归顺于你，岂不是异想天开！"他恨朝廷，恨边关将吏，恨尼堪外兰。因为他们，杀祖、父的深仇大恨报不了；也因为他们，自己当建州各部首领的愿望难以实现。一想到这些，努尔哈赤就恨得咬牙切齿，看来别无出路，只有拉起队伍，与他们大干一场。决心下定，对于怎么干的问题，他也思虑再三，清醒地认识到，当前自己力量过于弱小，只有遗甲13副，一心一意的朋友也没几个，决不能与明朝官府正面对抗，王杲、阿台等人就是前车之鉴。作为权宜之计，只能暂时把矛头对准尼堪外兰。

万历十一年五月，努尔哈赤以报祖、父之仇为名，联络萨尔浒寨主卦喇及其弟诺米纳、嘉木湖寨主噶哈善和沾河寨主常书、扬书等首领祭天盟誓，共同起兵。可是，诺米纳听信努尔哈赤叔父龙敦的谗言，背弃盟约，不派兵参战。努尔哈赤不为这临时的变故所动摇，率领不足百人的队伍（其中披甲的士兵仅 30 人）向尼堪外兰发起进攻，一举攻克图伦城。虽然首战告捷，但因诺米纳暗中向尼堪外兰通报了信息，尼堪外兰早已携妻子逃往嘉班城。

图伦之战，揭开了努尔哈赤亲自导演的有声有色威武雄壮的军事活剧的序幕，也是他带有传奇色彩人生之旅的重要转折点，从此之后，他适应女真社会发展的要求，高举统一的旗帜，走上了一条推动满民族形成与发展的漫漫长路。

统一女真

努尔哈赤生活的时代，建州女真形成建州五部和长白山三部两大部分：建州五部是苏克素浒河部、浑河部、完颜部、栋鄂部、哲陈部；长白山三部是鸭绿江部、朱舍里部、讷殷部。各部内部又有若干个大小首领，各占一地，修城筑寨，互争雄长。

尼堪外兰与努尔哈赤同属苏克素浒河部，尼堪外兰由于得到明朝边关将吏的支持，对努尔哈赤的崛起构成了威胁，所以努尔哈赤起兵之后，首先打击的就是尼堪外兰。当年八月，努尔哈赤又率兵攻嘉班城，又因诺米纳通风报信，使尼堪外兰再次逃脱。

努尔哈赤两次追捕尼堪外兰未果，都是因为诺米纳的破坏，所以他对诺米纳已不能容忍。尤其令努尔哈赤恼火的是，诺米纳自恃实力强大，竟派使者到他这里来指手画脚，不允许他攻取浑河部的杭嘉、扎库木二城，还强令他夺取栋嘉、巴尔达二城后必须拱手相让，否则就要派兵阻断他的用兵之路。努尔哈赤认识到，若不先灭掉诺米纳，不但无法擒斩仇人尼堪外兰，而且还将失去现在仅有的几个同盟者；但诺米纳力量强于自己，要对他动手，决不可鲁莽从事，不能强攻，只可智取。于是，努尔哈赤佯与诺米纳约定合兵攻巴尔达城。临战时，他让诺米纳的士兵先攻，诺米纳不干，他顺水推舟地说："你既不攻，那就借用你军的盔甲器械，让我军先攻吧。"诺米纳不知是计，交出全部兵械，努尔哈赤趁机将诺米纳杀死，占领了萨尔浒城。

在统一建州各部的过程中，努尔哈赤根据形势的轻重缓急，灵活地选择打击对象。万历十二年正月，由于族人理岱引导海西哈达部劫掠努尔哈赤管辖的瑚济寨，他暂缓对尼堪外兰的打击，率兵征讨理岱，一举攻占兆佳城。为报妹夫噶哈善被萨木占杀害之仇，他于六月率兵攻破玛尔墩城，杀死萨木占等人。此后，努尔哈赤继续向周围部落扩张。

由于兵弱势孤，努尔哈赤不断遭受挫折和失败，但他以百折不回的毅力，与命运顽强地抗争。同年九月，努尔哈赤利用栋鄂部内部纷争的有利时机，率兵攻围齐吉达城，将城上悬楼及城外房屋全部焚毁，就在将要破城之际，下起了大雪，只得下令撤兵。万历十三年二月，努尔哈赤率兵50人攻掠哲陈部界凡城，见敌人已预有准备，就果断地下令退兵。当行至太兰岗时，已被界凡、萨尔浒、栋佳、巴尔达四城联军400人追上，界凡城主讷申、巴穆尼冲在最前头。在这众寡悬殊的危急时刻，努尔哈赤毫不犹豫地单骑拨马迎敌，持刀奋力一挥，讷申身首异处；随即转身回射，巴穆尼应声落马。四城联军因惊愕而停止了前进，努尔哈赤遂殿后掩护部队徐徐撤退。四月，努尔哈赤率兵80人再征哲陈部，与托漠河、章佳、巴尔达、萨尔浒、界凡五部联军不期而遇，他首先冲入敌阵，奋力厮杀，终于打败了10倍于己的优势敌人。九月，努尔哈赤率兵攻破苏克素浒河部安图瓜尔佳城，杀其城主诺谟珲。十四年五月，攻克浑河部贝欢城。不久，又招服了哲陈部的托漠河城。

至此，努尔哈赤经过数年的浴血奋战，征服了一个又一个城寨，掳掠了不少人口和资财，实力大增，已经具备了与仇人尼堪外兰决一雌雄的条件。

七月，努尔哈赤率兵征讨尼堪外兰。早在万历十一年秋嘉班城之战前夕，尼堪外兰就已携妻子儿女和部众逃往鹅尔浑，筑城居住。鹅尔浑城靠近明边，由于周围的部落尚未归服，努尔哈赤星夜急进。在鹅尔浑城外的战斗中，努尔哈赤身陷重围，受伤30余处，仍奋勇力战，终于把敌人击溃。随后，他带伤指挥部队攻城。破城后，才知尼堪外兰并不在城中，已逃往明军寻求保护，努尔哈赤一时性起，竟把城中19名汉人全部杀死，把箭镞重新插入6名中箭伤被俘的汉人的伤口，让他们身插箭镞去向明朝边将索取尼堪外兰。明朝边将鉴于努尔哈赤日渐强大，而又看到没有立身之地的尼堪外兰在女真人中已失去影响力，对朝廷也毫无价值可言，就令使者把不再保护尼堪外兰的意思告知努尔哈赤。于是，努尔哈赤派部将斋萨率兵40名赶赴边关，捕杀了尼堪外兰。

万历十五年，努尔哈赤连续对哲陈部进行征战。他先于六月率兵攻破阿尔泰所居山城，八月又两路出击，派部将额亦都率兵攻克巴尔达城，自率大军攻占洞城，迫其城主扎海归降，终于吞并了哲陈部。

自起兵以来，努尔哈赤对女真各部一直采取“恩威并行”的方针，一打一拉，相得益彰。随着军事上的节节胜利，努尔哈赤的声威远扬；招徕政策的成功施行，大大提高了他的亲和力，越来越多的部落首领主动归顺于他。万历十六年，苏完部长索尔果、栋鄂部首领何和理、雅尔古部长扈拉瑚等，先后率领本部军民归附。同年九月，努尔哈赤率兵又攻克完颜城，杀城主岱度墨尔根，灭完颜部。此时，“环满洲而居者，皆为削平”，努尔哈赤统一了建州本部。

万历十九年，努尔哈赤开始向长白山三部拓展，于当年正月，攻灭鸭绿江部。二十一年，先招服朱舍里部，继而派兵征服讷殷部。至此，努尔哈赤控制了长白山三部。

努尔哈赤起兵后用了11年的时间，统一了建州女真，实力有了很大增长。在政治上，他极力向明廷表示恭顺，主动送还他所掠夺的人口，并杀死投奔到他那里正被明廷追捕的札木河部女真首领克五十，多次进京朝贡，从而大大改善了与明廷的关系，取得了明廷的信任。尽管努尔哈赤于万历十五已在佛阿拉(今辽宁新宾永陵镇二道河子村东南，俗称旧老城)筑城称王，但直至十七年九月，朝廷令他由都指挥晋升为都督佥事之后，他借助明廷的声威，才名正言顺地成为管领着西起抚顺、东至鸭绿江、北接开原、南连清河的广大地域内建州各部的大首领。在经济上,努尔哈赤不但通过战争夺取了大量的人畜财帛,而且每年从明廷获得银 800 两、蟒缎 15 匹的年例赏物,并获准在抚顺、清河、宽甸、阳 4 关互市,受益颇多。在军事上,努尔哈赤已经拥有一支比较正规的军队。万历十一年初起兵时,努尔哈赤“兵不满百,甲仅三十副”,后来每次出征,兵力一般只有数十人,最多时也不过 500 人。万历二十一年,额亦都征讷殷部时统率的兵力达千人之多,而努尔哈赤的总兵力已达到 2 万余人。

古勒山之战

明代中叶以后,原居住在松花江流域的海西女真,几经南徙,迁移至开原边外和辉发河流域等地区,形成哈达、乌拉、辉发、叶赫四部,总称为扈伦四部。

海西女真四部首领对努尔哈赤的崛起深感不安。叶赫部首领纳林布禄,在海西女真四部中实力比较强,认为日渐强大的努尔哈赤是他争当女真各部领袖的最大障碍,于是首先对努尔哈赤发难。万历十九年(1591 年),他派遣使臣至佛阿拉,向努尔哈赤提出领土要求:把建州的额尔敏、扎库木二地,分一地给叶赫。努尔哈赤断然拒绝说:“我部是建州,你部是扈伦,各有自己的领地。你部的领地虽然大,我部不能去夺取。我部领地即使广,你部也不能来分割。况且土地非牛马可比,哪有分割给他人的道理?”纳林布禄强索土地不成,又联合哈达、辉发二部,各派出使臣同赴建州,向努尔哈赤施压,强调如不归顺,将以兵戎相见。努尔哈赤怒不可遏,抽出佩刀,一刀把身旁的桌子劈作两半,再次严词拒绝了他们的无理要求和政治讹诈。

纳林布禄两次遣使都没有达到目的,决定对努尔哈赤诉诸武力。万历二十一年六月,先对努尔哈赤进行了一次试探性的军事行动,叶赫、哈达、乌拉、辉发四部兵马,劫掠了建州户布察寨。努尔哈赤闻讯,立即率兵追击,直入哈达境内,抢掠了富儿家齐寨,又大败哈达部追兵,胜利而归。

当年九月,叶赫贝勒布寨、纳林布禄为了迫使努尔哈赤屈服,纠集海西哈达、乌拉、辉发三部,长白山朱舍里、讷殷二部,蒙古科尔沁、锡伯、卦尔察三部,与叶赫部一起,组成九部联军,出兵 3 万,分三路向建州进犯。面对优势兵力的敌人,努尔哈赤异常镇静,因为他早已掌握了海西女真各部的动向,并做好了相应的准备,所以早早地入睡了。子夜时分,兀里堪侦察敌情归来,报告说九部联军已乘夜从浑河北岸过沙济岭而来。努尔哈赤指示说,夜半出兵容易引起人心慌乱,传谕诸将天明后出兵,部署完毕又安然入睡。第二天,他率兵到扎喀。九部联军已于辰时(7～9 时)先到,围攻扎喀关不克,即转攻黑济格城。建州兵听说联军兵力达 3 万之众,大惊失色。努尔哈赤便对将士们说:大家不必害怕,我们不与敌军硬拼。我已部署好了,我军在险要之处布阵,诱敌来战,敌军若来,我即迎击,敌若不来,我将分路进攻。他特别强调说:“敌兵虽众,但领兵的部长很多,杂乱不一,是一群乌合之众,临战必将退缩不前。接战时只要击伤敌一二个头目,敌兵必然溃逃。我兵虽少,只要并力一战,就必定能取得胜利。”在努尔哈赤的激励下,军心总算安定下来。第三天,努尔哈赤率兵到古勒山,面对黑济格城在险要之处扎营,令领兵将领在敌军必经之路两旁埋伏精兵,在山岭上安放滚木礌石,在沿河小路上摆置横木。部署已毕,此时联军仍在攻击黑济格城，努尔哈赤即派额亦都率兵百名前去挑战诱敌。联军不知是计，弃黑济格城不攻，直奔额亦都而来。额亦都且战且退，叶赫贝勒布寨一马当先，率联军紧追不舍，不知不觉进入了建州预设阵地，但见狭窄的小路上路障重重，只得缓缓而进。努尔哈赤见状，一声令下，滚木礌石顷刻间纷纷抛下，打得联军人仰马翻，建州伏兵四起，奋勇杀敌，士卒武谈一刀下去，落马倒地的贝勒布寨一命呜呼。纳林布禄见兄长被杀，惊叫一声，昏倒在地。其他各部贝勒也都丧魂落魄，争相逃命，联军陷于一片混乱之中。努尔哈赤发令追击逃敌，直至哈达部柴河寨南。

古勒山一战，建州军以少击众，取得杀敌 4000 人、俘获乌拉贝勒满泰之弟布占泰、缴获战马 3000 匹、铠甲 1000 副的重大胜利，体现出努尔哈赤高超的指挥艺术。古勒山之战的胜利，保卫了努尔哈赤正在进行的统一建州女真各部战争的胜利成果，从此他军威大振，远近慑服，进一步确立了在建州的领导地位，扩大了在海西女真和"野人"女真各部中的影响；给予海西四部以重大打击，改变了建州女真与海西女真的力量对比，形成建州、叶赫、乌拉三强鼎立的局面，为统一海西女真奠定了基础。

吞并哈达

打败了九部联军之后，努尔哈赤并没有立即对海西女真采取大的军事行动，因为他非常清楚，建州并不具备一举攻灭海西四部的力量。所以，他一方面继续对明王朝表示忠顺，以借助明廷提高自己的威势，于万历二十三年因"保塞有功"被明廷晋封为龙虎将军；另一方面，乘古勒山大捷之余威，招服长白山朱舍里部，攻灭讷殷部，最终完成了统一建州女真大业。与此同时，大力加强内部建设，积极发展生产，以增强自己的实力。

万历二十五年正月，叶赫、乌拉、哈达、辉发四部主动遣使赴建州请罪，表示愿与努尔哈赤结亲和好。努尔哈赤痛快地答应了他们的要求，并与其歃血会盟。他并不是真心想与海西四部和好，其实他连做梦时都想吞并海西女真，所以在盟誓时就发出了威胁："你们如不遵守誓言，三年后我必统兵征伐！"他之所以要与海西四部会盟，是因为他需要等待时机和寻找借口。

不到三年，努尔哈赤终于等来了时机和借口。他根据先弱后强、远交近攻的原则，把进攻的矛头首先对准了哈达部。

哈达部在王台统治时期，辖地达千余里，士马精强，曾称雄于女真各部。但王台死后，其子孙争权夺利，相互攻杀，加上叶赫部不断攻掠，哈达部一天天衰落。万历二十七年，哈达贝勒孟格布禄因难以抵御叶赫部的进攻，以三个儿子作为人质，向建州借兵。努尔哈赤此时正在打哈达的主意，当然不愿看见哈达部落入叶赫部手中的局面出现，于是立即派费英东、噶盖率兵 2000 往助哈达，驻防其地。纳林布禄惧怕哈达与建州联盟，就以与哈达联姻、两部重归于好为诱饵，要求孟格布禄拘捕建州援哈达的两位将领、赎回在建州作人质的三个儿子、杀害在哈达的所有建州兵卒。孟格布禄背信弃义，竟一一应允，并约叶赫部往开原讨论有关事宜。努尔哈赤得知此讯，勃然大怒，于当年九月率兵征讨哈达，连续强攻 7 日，以极大的伤亡为代价，攻陷了哈达城，生擒贝勒孟格布禄。努尔哈赤虽然对孟格布禄恨之入骨，但深知孟格布禄在哈达部的影响无人可以代替，从统一哈达的大局着想，还是赦免了孟格布禄，并把自己的貂帽和豹裀赐给他。在孟格布禄的帮助下，努尔哈赤顺利地招服哈达部所有城寨，将降民编入户籍，迁往建州。

努尔哈赤灭亡哈达部不久，就借口孟格布禄与嫔妃私通和与大臣噶盖通谋篡位，将拘养在佛阿拉城的孟格布禄处死了。

明廷对努尔哈赤的所作所为十分不满，因为哈达部的灭亡改变了女真各部力量的均势，不论是建州还是叶赫的强大，都有违于明廷分而治之的初衷。万历二十九年，努尔哈赤迫于明廷的压力，准许孟格布禄之子武尔古岱率部众回归哈达，并将女儿莽古吉嫁给他，还在抚顺关外刑白马盟誓，辅佐武尔古岱，抚保哈达各寨。

努尔哈赤很快就背弃了誓言。武尔古岱回到哈达后，不断遭到叶赫部的侵掠，又发生了多年不遇的大饥荒，而明朝边吏拒绝借给粮食，武尔古岱只得向建州借粮。努尔哈赤认为有机可乘，以抚养武尔古岱及其所部民众为由，吞并了哈达。

灭亡辉发

努尔哈赤在哈达得手之后，又把猎取的目标对准了辉发部。

辉发部居住于辉发河流域，东、南与建州接壤，西与哈达、叶赫为邻，北与乌拉相接。辉发部在海西四部中力量比较弱小，贝勒拜音达里为了在强邻夹缝中求得生存，投靠叶赫部贝勒纳林布禄。万历二十一年六月，拜音达里派兵参加以叶赫部为首的四部联军，对建州实施攻击，劫掠了户布察寨。当年九月，辉发又成为九部联军中的一员，对建州大举进攻。两次军事行动，都以失败而告终，辉发部没有占到任何一点便宜，反而遭到建州的报复。

万历二十三年，努尔哈赤率兵征讨辉发部，攻破多必城，杀死守将克充革、苏猛革。拜音达里畏惧建州的强势，不得不于万历二十五年，同叶赫、乌拉、哈达一起主动遣使赴建州请罪，与努尔哈赤歃血会盟，暂时缓和了与建州的矛盾。

后来，辉发部上层贵族之间由于争权夺利，矛盾异常尖锐，拜音达里为了巩固自己的统治，残酷地诛杀异己，造成族内人心惶惶，许多人逃往叶赫部依附纳林布禄，他的部属也准备叛逃。拜音达里对叶赫部无能为力，只得以他七个大臣的儿子为人质，向建州乞求援兵。努尔哈赤派兵千人往辉发，帮助拜音达里平息了叛乱。叶赫贝勒担心辉发与建州结盟将对自己构成威胁，就遣使赴辉发，对拜音达里说，只要辉发部撤回送往建州的人质，叶赫部将遣返辉发部的叛逃人员。拜音达里不知这是叶赫部的离间之计，反以为捡了个大便宜，于是不但撤回在建州的人质，还自作聪明地把自己的儿子送往叶赫为质。但是纳林布禄并没有送还辉发部叛逃人员，拜音达里发觉受骗之后，又遣使建州，向努尔哈赤赔罪请婚，表示今后要依附努尔哈赤为生。努尔哈赤为了争取辉发，孤立叶赫，把已许配给部将常书为妻的女儿，改聘给拜音达里。但拜音达里却背约不娶，因为他向努尔哈赤请婚，只是牵制叶赫部的一种手段，他真正的目的是企图中立于建州与叶赫两部之间，不想由于这桩婚姻而刺激叶赫，所以他一面以质子于叶赫部为借口迟迟不娶，一面利用时机筑城自固。等到城寨修筑完毕，质于叶赫的儿子也已归来，拜音达里自以为固若金汤，无所顾忌，就彻底背弃了与建州的婚约。

努尔哈赤出于政治斗争的需要，对拜音达里本是一让再让，到这时他再也不能容忍了，决定以武力征服辉发部。进军之前，努尔哈赤先秘密派出间谍百余人，扮作商人，携带货物，分数起进入辉发城，将辉发部各方面情况打探清楚。万历三十五年九月初九日，努尔哈赤率骑兵数千急进，十四日攻城，潜伏于城内的间谍打开城门，建州兵蜂拥入城。拜音达里事先毫无戒备，仓促上阵，辉发兵虽奋力死战，终归失败，拜音达里父子双双战死。此战，努尔哈赤一举攻克辉发城，击败辉发兵的反抗，灭亡了辉发。

攻取乌拉

努尔哈赤在统一女真各部的过程中，一直采取远交近攻的方针。乌拉部居住在乌拉河（今松花江上游）流域，在海西四部中它距建州最远，最初与建州的联系和矛盾较少，努尔哈赤为了孤立叶赫，并集中力量首先攻灭哈达和辉发，极力对乌拉进行拉拢、争取，以培植亲建州的势力。乌拉部首领布占泰在占勒山兵败被俘，努尔哈赤赐给他猞狸狲裘，并留居建州，在“恩养”三年之后，于万历二十四年七月，趁乌拉部内乱之机，派兵护送回乌拉，扶持他成为乌拉部贝勒，并多次与之联姻。

布占泰返回乌拉继其兄满泰为贝勒后，对内治甲练兵，对外联合叶赫、科尔沁蒙古，颇想有所作为。他对努尔哈赤，虽感其不杀之恩，但惭愤之情也一直郁积在心头，为防范努尔哈赤对乌拉的干涉，采取了政治联姻的策略，先后把自己的妹妹和侄女嫁给舒尔哈齐、努尔哈赤，又两次娶舒尔哈齐的女儿为妻，充分体现出外亲内忌的心态。

布占泰不断向周围地区用兵，掠取女真各部，以发展壮大自己的势力。万历三十一年，布占泰开始向图们江流域发展，企图控制稳城、钟城、会宁、茂山、庆源、庆兴六镇（今朝鲜咸镜北道境）一带的女真人。由于努尔哈赤早已进入这一地区，建州与乌拉之间的矛盾日益尖锐，终于爆发了战争。万历三十五年正月，原归附乌拉部的东海瓦尔喀部裴优城（今吉林珲春境）城主策穆特赫因不满于布占泰的暴虐，亲赴建州投归。努尔哈赤命其弟舒尔哈齐和长子褚英、次子代善以及大臣费英东、侍卫扈尔汉等，率兵3000名，前往裴优城搬取策穆特赫所部眷属。与此同时，遣使致书朝鲜边官，谴责布占泰杀掠六镇周围女真人和寇犯朝鲜的行为，以求得朝鲜对其出兵途经该国一事的谅解与支持。乌拉部贝勒布占泰得讯，派兵万人阻截。舒尔哈齐等率兵到裴优城后，收取周围屯寨女真居民500户，即折返建州。三月，行至图们江右岸钟城附近的乌碣岩时，与乌拉兵相遇。建州兵见乌拉部兵力数倍于己，大都畏敌惧战，褚英、代善激励他们说，布占泰曾是建州的俘虏，我们借助汗父的威名，必能战胜敌军，随即各率500名士兵冲入敌营。建州兵士气大增，奋勇击敌，自午时战至日暮，彻底将敌人打垮。此战，斩杀乌拉部主将博克多父子，擒获将领常住、胡里布，杀敌3000人，缴获战马5000匹、甲3000副。

乌碣岩大捷之后，建州声威远扬，远近部落纷纷归附。当年九月，努尔哈赤又灭掉辉发部，建州的实力进一步增强，称雄于女真诸部。乌拉部虽然在乌碣岩之战中遭受重大打击，力量大为削弱，但布占泰并没有向建州折服，反而更向叶赫部靠拢。努尔哈赤决定再次进兵乌拉。万历三十六年三月，努尔哈赤长子褚英、侄儿阿敏率兵5000人，攻克乌拉部宜罕山城，杀敌千余人，获甲300副，尽收城中人畜而回。布占泰自知难与努尔哈赤抗衡，又遣使建州，与努尔哈赤修好，并再次请婚。

努尔哈赤为了拆散乌拉与叶赫的联盟，以集中力量经营东海女真，答应乌拉部的请求，把女儿穆库什给布占泰为妻。这样，建州与乌拉两部之间的矛盾有所缓和，双边关系暂时得到修复。但是，努尔哈赤并没有放弃征服乌拉和叶赫的抱负，布占泰也仍然坚持与叶赫部结盟的立场，所以这种和平相处的关系并没有保持多久。

努尔哈赤经过几年对东海女真征战，掠取大量人口、牲畜，力量更加壮大。万历四十年九月，努尔哈赤乘乌拉部人心离乱之机，借口布占泰背盟、掠取已归附建州的虎尔哈部、欲娶努尔哈赤所聘叶赫贝勒布斋之女、用骲箭射努尔哈赤侄女，亲率大军征乌拉。建州兵沿乌拉河而行，连克六城，驻营于乌拉城西门二里的金州城，遣兵四出，放火尽烧乌拉部存粮。乌拉兵白天出城与建州兵隔河对峙，夜晚则回城休息，企图用持久作战的办法疲惫建州军。努尔哈赤的儿子莽古尔泰和皇太极建议主动出击，渡乌拉河向敌人进攻。努尔哈赤深知乌拉部尚有一定实力，不能轻敌，就告诫他们说：攻灭乌拉，就像砍伐一棵大木，哪能一下子砍倒呢？必须一斧头一斧头地砍，直至砍到很细，然后才能折断。实力相当的国家，哪能一举攻灭呢？暂且把乌拉部所属城郭全都削平，只剩下乌拉城。这样，没有奴仆怎能成为主子？没有臣民怎能成为君王？于是，他下令毁掉已攻占的六城，烧毁房屋和粮食，班师回建州，仅留兵1000名屯于乌拉河边山上。

努尔哈赤在班师之前，曾向布占泰提出以送人质于建州作为和解的条件。布占泰却幽禁努尔哈赤的女儿，并准备送其女儿、儿子和17名大臣之子往叶赫部为质，迎娶叶赫布斋之女。努尔哈赤大怒，决定再次出兵征乌拉，遂亲统大军，于万历四十一年正月十七日，在布占泰送人质往叶赫的前一天，到达乌拉境内，连破孙扎泰、郭多、俄漠三城。次日，布占泰率兵3万，越伏尔哈城，下马列阵以待。建州众将领皆欲迎战，但努尔哈赤又重申伐大木之谕，令暂缓进攻，代善、阿敏等进谏说：原来我们担心的就是如何诱布占泰出城野战，现在乌拉兵已经出城，我们兵强马壮，正可与其一战。否则，我们厉兵秣马是为了什么？如果布占泰娶了叶赫女，这耻辱如何忍受？那时再征乌拉，又有什么好处呢？努尔哈赤见大家求战情绪高涨，改口说："我是怜惜诸位，惟恐你们当中有一二个受伤，并不是考虑我个人的安危而怯战。"全军将士深受感动，跃跃欲试，欢声雷动。努尔哈赤又指示说："若能打败敌兵，要立即乘势夺取城门，不可让敌人退入城中。"于是，一场惊心动魄的大战开始了。

努尔哈赤一声令下，建州兵皆披甲前进，到距敌百步时，下马步战。努尔哈赤见双方弯弓对射，矢如风发雪落，声如群蜂汇聚，难分胜负，就振臂一挥，杀入敌阵，诸将领、军士备受鼓舞，奋勇冲击。乌拉兵被这阵势吓破了胆，毫无战斗力，很快被打败，十损六七，其余的也纷纷抛戈弃甲，四散溃逃。建州军将领安费扬古率众越伏尔哈城，攻至乌拉城下，竖云梯登上城墙，攻克该城。布占泰率领残兵不满百人奔至城下，见城头飘扬着建州旗帜，努尔哈赤正端坐在西门城楼上，他大惊失色，慌忙回逃，又被代善领兵截击，损兵大半，余皆溃散，仅以身免，逃亡叶赫。努尔哈赤在乌拉屯兵10

天，奖赏有功将士，将投归的民众编户万家，凯旋而归。

此战，建州军击败3万乌拉兵，杀敌万人，获甲7000副，一举灭亡乌拉部。

兼并叶赫

哈达、辉发、乌拉三部先后灭亡，努尔哈赤为了最终完成统一海西女真大业，又开始对仅存的叶赫部进行征讨。

努尔哈赤与叶赫部的关系曲折而又复杂。叶赫部贝勒扬佳努在努尔哈赤从李成梁部逃出最失意的时候，把名为孟古姐姐的爱女许配给他，并派兵护送他回到建州。万历十六年，扬佳努已死，其子纳林布禄送妹赴建州与努尔哈赤成婚。孟古姐姐聪颖柔顺，很得努尔哈赤的欢心，被立为皇后。这时，努尔哈赤与叶赫的关系，像他与孟古格格的婚姻一样，正处于蜜月期。然而好景不长，叶赫与建州两部间的矛盾逐渐尖锐，冲突不断。贝勒纳林布禄纠合九部联军进犯建州，却惨败于古勒山，其兄布斋贝勒命赴黄泉。纳林布禄派人赴建州求布斋尸首，不想努尔哈赤分解布斋尸体，只将其一半交出。从此，叶赫与努尔哈赤结下不共戴天之仇。万历二十五年，叶赫与建州盟誓通好，布扬古愿把妹妹许配给努尔哈赤，金台什愿把女儿许配给努尔哈赤次子代善，双方关系得以修复。盟誓、联姻只是政治斗争的一种手段，由于双方之间根本的矛盾并没有解决，妥协只是暂时的。不久，叶赫悔婚背盟，关系又趋于紧张。

随着实力的不断增长，特别是在灭亡哈达部以后，努尔哈赤时时刻刻都想兼并叶赫部。万历三十二年正月，他以叶赫贝勒纳林布禄不让其母来建州与病危的女儿相见为借口，亲统大军攻叶赫，克2城7寨，俘获2000余人。

万历四十一年，乌拉灭亡，布占泰投奔叶赫。此时纳林布禄已死，因无子嗣，其弟金台石继为贝勒，与布斋之子布扬古分居东西二城。努尔哈赤三次遣使叶赫，要其缚献布占泰。但布扬古、金台石不从。九月初六日，努尔哈赤统兵4万征叶赫，围兀苏城，守将山谈、扈石木开门出降。由于叶赫此前已得到建州将要进攻的消息，预先收取张、吉当阿二路居民，建州兵便放火烧毁张城、吉当阿城、儿苏城、押哈城等大小19城寨的房屋和粮食，收取兀苏城300户降民返回建州。

叶赫部采取依恃明朝以与建州抗衡的策略，布扬古、金台石向明廷报告说，努尔哈赤已经吞并了哈达、辉发和乌拉三部，现在又侵犯我叶赫部地界，其用意是削平海西四部后向大明进犯，占领辽阳作为都城，把开原、铁岭当作牧场。

明廷对女真各部，历来采取分而治之、以夷制夷的方针，使其互相牵制，防止某一部过分强大而难以控制。最初，明廷支持哈达以牵制叶赫、建州，哈达被努尔哈赤吞并后，又转而支持叶赫以抗衡建州。于是明廷派使臣警告努尔哈赤：从现在起，不许再侵犯叶赫。与此同时，又派游击马时楠、周大岐率兵千人，携带火器，赴叶赫助其防守东西二城。

努尔哈赤深知，此时他不但无力与明廷抗衡，而且只有与明朝搞好关系，避免明朝的干预，才能统一女真各部。有鉴于此，努尔哈赤亲自到抚顺所，投书游击李永芳，申述出兵叶赫的理由，强调与明朝无怨，决不会侵犯明朝。这样，努尔哈赤暂时停止了对叶赫部的进攻。

万历四十三年，叶赫贝勒布扬古企图借助蒙古的力量对抗努尔哈赤，将已许配给努尔哈赤的妹妹，嫁给喀尔喀蒙古巴达尔汉之子莽古尔岱；明边将为保卫叶赫，则分兵屯驻于开原、抚顺和镇北堡。建州诸将领闻知此事，都非常愤怒，纷纷要求出兵攻叶赫。努尔哈赤这时早已过了知天命的年岁，经历过许多风风雨雨，各方面都更加成熟，已经不像从前那样意气用事了。他非常清楚，由于叶赫得到明朝支持，攻叶赫则有后顾之忧，所以他坚决不答应。他对诸将领说："出兵征讨，这是国家的大事。若是因为叶赫负婚就怒而兴兵，则不可。"将领们又要求出兵攻明，努尔哈赤还是不答应，因为他知道建州的力量还不够强大，于是他一方面大力发展生产，重农积谷，增加储备，加强政治、军事、法制等政权建设，于万历四十四年在赫图阿拉建立后金政权，建元天命；另一方面加快统一"野人"女真的步伐。为了解除征叶赫的后顾之忧，在条件具备之后，先于万历四十六年率军攻明，克明边关重镇抚顺、清河等地。

后金天命四年（明万历四十七年）正月，努尔哈赤再次出兵征叶赫。努尔哈赤令大贝勒代善率将领 16 员，兵 5000 人，驻守扎喀关，防御明军；亲率大军攻叶赫，自克亦特城、粘罕寨直杀掠至叶赫城东 10 里，俘获大量人口、牲畜，焚毁 10 里外大小屯寨 20 余处。正当努尔哈赤准备扩大战果时，明开原总兵马林率兵驰援叶赫，为了避免不必要的损失，努尔哈赤立即撤军回建州。

当年三月，努尔哈赤在萨尔浒之战中大败明军，接着克开原，占铁岭。明军遭此重创，自顾不暇，暂时无力支援叶赫。努尔哈赤抓住这有利时机，发起最后的征叶赫之战。

八月十九日，努尔哈赤统后金军征叶赫，令大贝勒代善、二贝勒阿敏、三贝勒莽古尔泰、四贝勒皇太极率军西向，声言征蒙古，绕路潜行，围攻叶赫西城，亲率八固山额真督大军围攻叶赫东城。二十二日晨，四大贝勒率后金军进至叶赫城下。布扬古率兵出西城迎战，战不多时，见势不能敌，急忙收兵入城，后金军包围西城。

太阳初升，努尔哈赤率军逼临东城，四面围攻，不多时即攻破外城，军士准备好云梯、战车，逼金台石投降。金台石拒降，说："我非明兵可比，岂肯束手就擒，宁可战死，决不投降！"努尔哈赤督兵攻城，激励将士说："今日如仍不能攻克，只有罢兵而归了。"全军将士齐声高呼："愿赴死战！"随即持盾列梯蜂拥而上，城上叶赫兵发箭镞，抛巨石、滚木，掷火器，负险顽抗。后金兵士虽死伤惨重，仍冒矢石而上，又从下面挖穴拆城，破城后蜂拥而入。叶赫兵已无心恋战，稍作抵抗，即全面溃退。努尔哈赤急令全军，不得妄杀城中军民，又派人传谕叶赫军民降者免死，于是城中军民全都缴械投降。

叶赫贝勒金台石携妻子等登上禁城高台。此时他明知继续顽抗已毫无意义，但仍寄希望于明军来援，就以欲见亲外甥皇太极，得到努尔哈赤不杀的盟言后即下台投降为借口，企图拖延时间。努尔哈赤把皇太极从西城战场召回，令其劝舅父投降，并指示说："金台石投降则已，否则即令我兵拆台。"皇太极至东城，告诉金台石说："生杀惟父皇命。"金台石不降，又先后提出让其近臣阿尔塔石去见努尔哈赤和与其子德尔格勒见面的请求，皇太极均一一照办，阿尔塔石和德尔格勒也都苦苦劝其投降，金台石之妻携幼子下台降，但金台石始终不降。后金兵执斧毁台，金台石见救兵无望，便纵火烧房，借混乱之机隐蔽下台欲逃，被后金兵俘获缢杀而死。

布扬古得知东城已陷，大惧，虽欲降，又担心被杀。大贝勒代善以刀划酒盟誓，保证其降后不杀，布扬古终于开门出降。但努尔哈赤因布扬古降后漫无喜色，表现出强烈的敌对情绪，当天夜里即下令将他缢杀了。

叶赫东、西二城陷落后，叶赫所属各城俱降。努尔哈赤下令，将游击马时楠所率助叶赫守城的明军千名全部杀害，但对所有叶赫降民，则一律不得有所骚扰，使其父子、兄弟、夫妇、亲戚等骨肉团圆，全部迁至建州，入籍编旗，成为后金的臣民。至此，努尔哈赤终于将叶赫部这棵大树砍倒了。

努尔哈赤灭亡叶赫，标志着他统一海西女真的事业取得了彻底胜利。

征服东海女真

努尔哈赤在对海西女真用兵的同时，也积极征服“野人”女真。

“野人”女真是对分布在海西女真以北、以东及建州女真东北的众多散居女真人的泛称，主要有东海女真和黑龙江女真两大支。

东海女真居住在松花江和乌苏里江流域以及乌苏里江以东的滨海地区，主要有窝集、瓦尔喀等部。

约在万历二十四年，努尔哈赤派费英东率兵征瓦尔喀部，取噶嘉路，拉开了统一东海女真的序幕。二十六年正月，又命幼弟巴雅喇、长子褚英与将领噶盖、费英东等率兵千人，征安褚拉库路，取屯寨20余，获人畜万余而回。

除了采用战争手段以外，努尔哈赤还用盟誓、联姻等方式对东海女真各部进行争取。万历二十七年正月，窝集部虎尔哈路路长王格、张格归附努尔哈赤，率百人赴建州贡狐皮、貂皮等土产，自此，窝集部虎尔哈路每岁入贡。三十五年正月，原归附于乌拉部的瓦尔喀部裴优城主策穆特赫因不能忍受布占泰的残暴统治，赴建州投归。努尔哈赤派兵赴裴优城搬取其眷属，万历三十五年三月，建州兵在归途中，与乌拉兵战于乌碣岩，大获全胜。乌碣岩之战的胜利，改变了建州、乌拉两部之间的力量对比，努尔哈赤威行东海女真诸部，大大加快了征服东海女真的进程。

万历三十五年五月，努尔哈赤命幼弟巴雅喇和将领额亦都、费英东、扈尔汉等率兵千人，往征窝集部仍然服从乌拉贝勒布占泰的赫席黑、俄漠和苏鲁、佛讷赫拖克素三路，获人畜2000而回。三十七年十二月，努尔哈赤命侍卫扈尔汉率兵千人，征窝集部所属瑚叶路，收2000户而还。

万历三十八年十一月，因窝集部雅揽路人掠去已归附建州的绥芬路路长图楞，努尔哈赤命额亦都率兵千人，征窝集部。额亦都先招抚那木都鲁、绥芬、宁古塔、尼马察四路，令路长康古礼、喀克笃礼、昂古、明噶图、乌路喀、僧格、尼喀里、汤松噶、叶克书等举家赴建州，然后回师击雅揽路，俘万余人而还。

万历三十九年七月，努尔哈赤命七子阿巴泰和费英东、安费扬古等率兵千人，征窝集部乌尔古宸（今乌苏里江以东俄罗斯比金河一带）、木伦（今穆棱河）二路。同年十二月，因虎尔哈路扎库塔城城主归附建州之后又受乌拉部招抚，努尔哈赤命将领何和理、额亦都、扈尔汉三人，率兵2000名，征虎尔哈路，克扎库塔城，斩杀1000人，俘获2000人，并将附近各路全都招抚。

万历四十二年十一月，努尔哈赤派兵500名，征窝集雅揽、西临二路，收降民200户，俘千人而还。四十三年十一月，派兵2000人，征窝集部额黑库伦（今乌苏里江以东俄罗斯纳赫塔赫河地区）。十二月，建州兵至顾纳喀库伦，先行招抚。该城居民拒降，建州兵越壕毁栅，攻入城中，斩杀800人，俘获万人，收降500户而回。

至此，努尔哈赤基本上统一了东海女真。

收服黑龙江女真

万历四十四年（1616年）正月，努尔哈赤建立后金政权，把主要战略打击方向转向明朝。与此同时，统一"野人"女真的事业仍在继续进行，一方面派兵征服少数尚未归服的东海女真部落，一方面向黑龙江流域发展，开始收服黑龙江女真。

后金天命元年（明万历四十四年，1616年）六月，努尔哈赤决定征讨黑龙江萨哈连部和虎尔哈部。出征前，进行了精心准备，把战马千匹在田野中牧放，使其肥壮，派600名工匠到兀尔简河，造独木舟200只。七月十九日，扈尔汉、安费扬古率兵出发，到兀尔简河后，1400士兵乘独木舟，400名骑兵在陆上，水陆并进。八月十九日，到达黑龙江地区，收服南北两岸萨哈连部、虎尔哈部共36个屯寨，驻营于黑龙江南岸佛多罗衮寨。十月初，履冰过江，夺取萨哈连部屯寨11个，随后又招抚使犬路、诺洛路和石拉忻路，于十一月初七日带领40位路长回到赫图阿拉。

天命二年春，努尔哈赤派兵400名，远征黑龙江下游，先将沿海岸边散居尚未归附的居民全部收服，随即造船渡海，征服了包括库页岛在内的沿海诸岛，使鹿部全部归附。

从万历十一年起兵，至万历四十七年灭亡叶赫，努尔哈赤通过36年的民族统一战争，先后征服了建州女真、海西女真全部和"野人"女真大部，把长期处于分裂、割剧、动乱局面的女真各部统一起来，建立了强大的后金政权，其辖境东至东海，西至明朝辽东边墙，北自嫩江流域，南至鸭绿江江边。在这样广大的地域内，努尔哈赤创建的后金政权取代了腐朽的明朝实行有效的统治，这对于促进满族民族共同体的形成，推进女真社会的发展，以及保卫祖国的神圣领土，抵御外敌的入侵，都具有十分重要的意义。

努尔哈赤在统一女真各部的过程中，采取"恩威并行"的方针，运用联姻、盟誓、赏赐等手段进行安抚招徕，争取他们归附。对主动归附的从各方面给予特别优待，首领授予不同的官职，所属部民都分给奴仆、牛马、田庐、衣服器具等，无妻室的还给女婚配。东海窝集部虎尔哈路路长博济里等6人乞婚，努尔哈赤因为他们率先归附，把6位大臣的女儿嫁给他们做妻子。天命十年，原居住于海岛上的虎尔哈部部长阿尔奇纳、彻齐克墨尔根、巴木布里、色勒交等率部归附，努尔哈赤因其投顺有功，指示：凡是跟随他们投顺而来的人，子孙万代都免纳贡赋；若误犯死罪，免死；若犯罚财物的罪，免罚。由于努尔哈赤招抚政策的成功运用，女真各部望风归附，加速了女真统一的进程。

对于拒绝降顺的部落，努尔哈赤则用武力征服。努尔哈赤对乌拉部贝勒布占泰曾极力进行争取，将作了俘虏的布占泰"恩养"3年后放归乌拉，并与其5次联姻，7次盟誓，但因布占泰一直不肯归附，最后只得亲率大军征讨，经激烈交战，灭亡其国。在统一战争中，努尔哈赤并不是遍施恩惠的天使，他对拒降的军民是极其残忍的。例如，攻克索尔瑚寨后，他令首先破城的额亦都将该城男女全部杀戮。又如，万历二十一年三月，努尔哈赤派兵攻打讷殷部佛多和山寨，3 个月始下，克城后将据守山寨的 7 个村寨居民全都杀害。

对招抚或征服的部落，努尔哈赤即将其部民迁往建州，编入牛录。据有关资料统计，从窝集、瓦尔喀等部迁移至建州的东海女真居民即达 5 万人，其实际迁移人数大大超过此数。通过征服战争，还掠取了大量的牲畜、财物。这样，在经济上、军事上极大地增强了后金的实力。

强化军训

创建八旗兵制

万历十一年五月，努尔哈赤起兵攻尼堪外兰时，兵不满百人，甲仅 30 副，力量十分弱小。一年之后，兵力增加很多，六月攻玛尔墩城时参战兵力为 400 人，九月攻栋鄂部时已达 500 人。随着人员数量的增加，队伍的管理，首先是体制编制，成为迫切需要解决的重要问题。努尔哈赤从女真社会的实际情况出发，创建了八旗兵制。

万历初年，建州女真处于原始社会末期，还没有建立起正规的常备军，打仗时氏族成员自动凑集起来，自由组合，事毕即解散回家，既没有强行征召入伍的士兵，也没有专职的军官。打仗与狩猎一样，不论人数多寡，氏族成员都各自跟随族党屯寨而行，每人出箭一支，10 人中推选一人为首领，负责组织指挥，其他 9 人按照首领的指挥，向规定的方向行动。这名首领称为“牛录额真”。“牛录额真”为满语音译，“牛录”意为射兽用的“大箭”，“额真”意为“主”。

努尔哈赤起兵之初，这种情况并没有多少变化，牛录额真仍是由参战的氏族成员民主推举的临时性的十人长，并不是固定的官职。后来，由于军事行动的频繁和参战人数的增多，为了便于指挥，努尔哈赤对牛录进行了改造。万历十二年，努尔哈赤率兵攻翁鄂洛，俘获鄂尔果尼、洛科后，因喜爱二人勇敢善战，赐二人以牛录之爵。万历二十九年，努尔哈赤对建州部民进行了一次整编，每 300 人编一牛录，每牛录设额真一员。从此，牛录额真成为正式的官名，每牛录 300 人的编制也固定下来。

万历四十三年，努尔哈赤已统一了建州，征服了海西四部中的哈达、辉发、乌拉，收服了东海女真，控制的地区幅员辽阔，归附者日众，步骑增多。为了加强管理，努尔哈赤在原有的牛录之上，增设甲喇、固山两级，进一步完善了后金军的编制体制。全军共设 8 个固山，每固山都有特定的旗帜，所以汉语将固山译为“旗”，1 固山为 1 旗，8 固山即为“八旗”。牛录是八旗的基层单位，辖兵 300 人，设牛录额真(后称牛录章京，汉译佐领)1 员统领，下设岱子 2 员为副职，协助牛录额真进行管理。每牛录分编为 4 塔坦，每塔坦由章京 1 员统领，并另设管文书的噶珊拨什库(汉译领催)1 员。后来塔坦被取消了,但章京和拨什库的编制仍旧保留下来。5牛录为1甲喇,设甲喇额真(汉译参领)1员统领。5甲喇为1固山,辖兵7500人,设固山额真(汉译都统)1员统领,另设梅勒额真(汉译副都统)2员为副职。这就是努尔哈赤创立的八旗兵制。

早在八旗制度创立之前,努尔哈赤就已经用不同颜色的旗帜来区分部队了。据朝鲜人申忠一说,万历二十四年(1596年),他在建州佛阿拉城见到建州军旗用青、黄、赤、白、黑色。中国文献记载,建州军旗最初只用黄、白、蓝、红四色。努尔哈赤创立八旗时,将原来四色旗周围镶边,黄、白、蓝三色旗镶红边,红色旗镶白边,成为八旗所用的8种不同的旗帜。不镶边的纯色旗因为用整幅布料做成,所以称为整旗,"整"习称为"正",即:正黄旗、正白旗、正蓝旗、正红旗。镶边旗分别称为镶边黄旗、镶边白旗、镶边蓝旗、镶边红旗,"边"字往往省略,而"镶"字又俗写为"厢",即一般所说的厢黄旗、厢白旗、厢蓝旗、厢红旗。从《大清会典图》以及遗存的八旗旗帜实物看,不论是整旗还是镶边旗,都画有龙的图案。后金天命六年(明天启元年,1621年),朝鲜人郑忠信见到的后金军旗帜不但没有镶边旗,而且有一半没有龙饰:黄旗无画、黄旗画黄龙、赤旗无画、赤旗画青龙、白旗无画、白旗画黄龙、青旗无画、青旗画黑龙。上述情况说明,后金八旗旗帜的形式曾经有所变化。

八旗军是维护后金奴隶主阶级利益的重要工具,努尔哈赤是作为八旗军的最高统帅,为了牢牢掌握住这支军队的领导权,他不但亲领两黄旗,而且其余6旗也通过其子侄等亲属进行控制,其次子代善领两红旗,第五子莽古尔泰领正蓝旗,第八子皇太极领镶白旗,长孙杜度领正白旗,侄子阿敏领镶蓝旗。

后金军以骑兵为主,也有一定数量的步兵。部队的编组多根据武器、装备的不同。朝鲜《李朝宣祖实录》记载,明万历十七年(1589年),努尔哈赤的军队分为环刀军、铁锤军、串赤军和能射军。此说因属孤证,难以为凭,而一般文献多记载八旗军分为长甲军、短甲军和巴牙喇三种。作战时,重甲军披重铠,执长矛大刀,为前锋;短甲军披两截甲,执弓善射,从后冲击;巴牙喇为精兵,骑马立于机动之地,相机接应。长甲军、短甲军和巴牙喇后来分别演变为前锋、骁骑和护军等。

努尔哈赤每征服一部就将该部编为一牛录,至天命六年(1621年),牛录数已发展到231个。女真是一个人口比较稀少的民族,为了保证有足够的兵源,努尔哈赤实行兵民合一的制度,规定八旗部众平时耕猎为民,战时披甲为兵,凡15岁至60岁的男丁皆可为兵。每牛录佥丁披甲的比例视情况而定,天命三年兴兵伐明时一牛录出50甲,后来规定每牛录出100甲,即三丁抽一,但在特殊情况下,每牛录可抽调男丁150名当兵,佥丁披甲比例高达二分之一。这样,在正常情况下,努尔哈赤建立起一支拥有精兵数万的八旗劲旅。

努尔哈赤创建的八旗并不是单纯的军事组织,而是一种兵民合一的社会组织形式,既以旗统兵,也以旗统人,因此它还具有行政管理和组织生产等职能。努尔哈赤通过八旗制度,把原来互不相属的女真各部统一起来,组成一个严密的社会整体,从而促进了满族共同体的形成和社会生产力的提高。

严肃军纪,加强训练

努尔哈赤初起兵时,部民自愿参加,自由组合,任意行动,几乎没有什么约束。万历十一年第一次攻尼堪外兰时,诺米纳即背约不赴。万历十七年围攻兆佳城时,兵卒四出掳掠牲畜财物,甚至为争夺财物而喧哗不已,努尔哈赤将自己的铁甲和绵甲先后交给将领奈虎、巴尔太,令其前往劝谏阻止,但奈虎、巴尔太不但不进行劝阻,反而随士兵掳掠。对此,努尔哈赤竟也无可奈何。这样的军队战斗力大受影响,难以实现努尔哈赤统一女真各部并进而与明朝争天下的宏大志向。

随着女真社会由原始社会末期向奴隶社会转变,努尔哈赤成为拥有很大权力的一国之主,他把女真人临时性的自由组合成的武装组织,改造成一支听命于他的正规军队。

努尔哈赤制定了一系列严格的军纪。万历四十三年规定,行军时,要根据地形,或八旗并列,或合成一路,使队伍整齐,节次不乱;军士禁喧哗,行伍禁纷杂。天命三年(1618 年)四月出兵攻明时,努尔哈赤发布军令:自出兵之日起,至班师之日止,军士各随本牛录行动,不许离旗,违者将被拘执审问。努尔哈赤制定的各种军令和规定,八旗将士必须执行,一般情况下,对听从命令的将士,奖赐以酒,违令者则斩头。天命三年规定:甲喇额真等将领若不向军士申明法令,罚甲喇额真及本牛录额真马各一匹;若军士有令不听,即杀梗令之人。四年六月攻开原时,努尔哈赤严禁不战而掠,他谕令八旗旗主等人说:“无论何人,若不杀敌而停于后方掠取财物者,尔等见之,即以汗所授之四棱尖斧斩之,以四盾刃之箭射之。”

努尔哈赤采取种种措施以保证军纪的执行。部队中设有专职的督战官,每队一人,佩朱箭,临战时如有喧呼乱次、独进独退的人,就用朱箭射之。战后查验,凡是后背有朱痕的,不问轻重,全都斩杀。为了严肃军纪,奖励战功,努尔哈赤废除了女真人“俘获均分”的古老传统,确立了按功行赏、依罪惩罚的赏罚制度。后金以敢进者为功,面带枪伤者为上功,退缩者为罪。每次克城破敌之后,功罪都要核实清楚。有功者,或赏给军兵,或赏给奴婢、牛马、财物;有罪者,或杀,或囚,或夺其军兵,或夺其妻妾、奴婢、家财,或贯耳,或射胁下。赏罚不分贵贱亲疏,有功者,即使是仇人也不遗漏,必加升赏;有罪者,即使是至亲也不宽纵。例如,额亦都本是一名普通的女真部民,父母早亡,投归努尔哈赤后南征北战,屡立战功,不但获得众多的奴隶、牲畜、财帛,而且不断升迁,任至固山额真,成为五个理政听讼大臣中的一个。努尔哈赤的同母弟舒尔哈齐,自起兵之日即随努尔哈赤征战厮杀,骁勇善战,军功卓著,成为建州女真中仅次于努尔哈赤的第二号实权人物,所以明和朝鲜都把舒尔哈齐与努尔哈赤相提论。舒尔哈齐不知自忌,却要与兄长比高低,争平等,甚至于万历三十七年擅自率众出走,移居黑扯木,企图据地称雄。努尔哈赤先削其兵权,继没收其财产,杀其两子和一部将,最后将其幽禁而死。又如,铎弼贝勒虽是努尔哈赤的族弟,但因在后金天命四年(1619 年)作战不力,仍被革其固山额真之职,取消其应领赏赐的俘获。

努尔哈赤通过严肃军纪,赏功罚罪,激发了八旗将士的战斗意志。由于作战立功可以升官发财,所以八旗将士听说打仗都跃跃欲试,各欲建功,在战斗中奋勇冲杀,所向披靡。

努尔哈赤还重视军队的训练。努尔哈赤喜欢用兵，也爱好射猎，因为兵猎有许多相通之处。他把围猎视为征战的预演，在围猎中可以进行军事训练，提高八旗将士的军事素质，培养勇敢顽强和吃苦耐劳等精神品质，练习骑射技艺，所以经常率众出围，参加的人多达几百人、几千人，规模很大。在佛阿拉等地，还建有很大的练兵场，让八旗将士在那里进行正规的军事训练，训练内容既有枪、刀、骑、射等一般科目，也有队形的演练，还有“水练”和“火练”，水练就是练习跳涧，火练则是越坑。努尔哈赤经常亲自到训练场督查指导。八旗军所以有很强的战斗力，与努尔哈赤重视军事训练有直接关系。

后金之主

建元称汗

万历四十四年(1616 年)正月，努尔哈赤在赫图阿拉建元称汗，建立后金国。

后金国的建立，经历了一个漫长的发展过程。

万历十一年努尔哈赤含恨起兵，经过 5 年的浴血奋战，先后征服了苏克素浒河部、浑河部、哲陈部、完颜部等，基本上统一了建州本部。随着统一战争的胜利发展，努尔哈赤控制的地区不断扩大，人口日渐增多；通过战争掠夺，一部分部落首领和军功贵族掌握了一定数量的牲畜等私有财产，蓄养着奴隶，成为新兴的奴隶主阶级，而一些平民和战争中的俘虏成为奴隶，社会分化，产生了阶级，女真人原有的氏族制度已经不能适应新的形势了。为了加强管理，维护奴隶主阶级的统治秩序，保护奴隶主阶级的私有财产，努尔哈赤于万历十五年(1587 年)正月在呼兰山东南加哈河与硕里河之间的一处平台上，启建衙门楼台，构筑佛阿拉城(今辽宁新宾县永陵镇二道河子村东南)。“佛”，满语是“旧”的意思，所以俗称旧老城。佛阿拉里外三层，最里边的栅城是努尔哈赤的住所，也是他行使权力的地方；栅城外是内城，由努尔哈赤亲族居住；内城之外是外城，居住着努尔哈赤的各级将领及其族属，外城外则是军人、工匠的住处。六月二十四日，努尔哈赤定国政，正式宣布禁约法制，凡作乱、窃盗、欺诈，悉行严禁。“定国政”，标志着女真奴隶主政权的诞生，这个政权成为后来的后金政权的雏形。

在佛阿拉，努尔哈赤在建州本部女真人中开始称王，努尔哈赤的将领及其部属都恭敬地称他为“王子”，朝鲜人也说他“自中称王”。努尔哈赤在与朝鲜交往时，把建州女真称为“女直国”，自称是“女直国建州卫管束夷人之主”。“女直”就是女真，辽朝时为避兴宗耶律宗真讳，改称女直。不但努尔哈赤自称为“女直国”，连朝鲜官员也承认努尔哈赤所管辖的地方是一个国家，朝鲜使臣申建一在与马臣等建州将领谈话时，就一再称“你国”、“你国人”、“你国地方”。尽管如此，努尔哈赤还不敢走得太远，他虽自称“女直国”，但在给朝鲜官员的回帖中又不得不加盖“建州左卫之印”。因为暂时还无力与明朝直接对抗，所以努尔哈赤在与明朝联系时处处小心，万历十七年受明廷封为建州左卫都督佥事之后，他一直用建州左卫都督的身份，自居臣仆，尊明帝为天。从万历十八年起，他一再至北京朝贡，表现得极为恭顺。

但是，努尔哈赤并不甘心于长期做明朝皇帝的臣民。

万历三十一年，努尔哈赤从佛阿拉迁往赫图阿拉（今辽宁新宾县永陵镇老城村），建城居住。赫图阿拉满语是“横岗”之意，位于苏克素浒河与加哈河之间，与佛阿拉城南北相望。赫图阿拉比佛阿拉城大，居民约2万余户。两年以后，努尔哈赤在向明朝辽东总兵官李成梁呈文时，尽管他说他是为明朝朝廷看守边疆，却又把他管辖的地方称为“我建州国”。同年十一月，努尔哈赤在致朝鲜边将书中，更自称“建州等地方国王”。从“女直国”、“女直国主”到“建州国”、“建州国王”，说明努尔哈赤在建立后金国的道路上又迈出了一大步。

万历四十四年正月，努尔哈赤认为帝业已成，于是在赫图阿拉黄衣称朕。初一日，在登基典礼之前，八旗各贝勒、大臣召开了一个简短的会议，一致同意为努尔哈赤上尊号。接着，举行隆重的登基仪式。八旗各贝勒、大臣率领群臣，分列于殿前，努尔哈赤升殿就座后，八大臣出班捧表章跪于前，众贝勒、大臣率群臣跪于后。近侍侍卫阿敏、巴克什额尔德尼从努尔哈赤两侧，各自前迎，接受八大臣跪呈的表章，捧置于努尔哈赤前面的桌上。巴克什额尔德尼立于努尔哈赤左前方，宣读表章，称颂努尔哈赤为“承奉天命养育列国英明汗”。读毕，努尔哈赤离开座位，走出大殿，对天三叩首。叩首毕，回到大殿就座。众贝勒、大臣各率本旗官员向努尔哈赤叩首以示祝贺。

努尔哈赤称汗登位，建立后金政权，建元天命，以万历四十四年为天命元年。最初，努尔哈赤对外仍以建州国或女真国自称，直至天命四年（明万历四十七年，1619年）取得萨尔浒大捷之后，才公开打出“后金”的国号。天命四年三月，努尔哈赤遣使朝鲜，自称“后金国汗（王）”，用“后金天命皇帝”印。天命六年（明天启元年，1621年）迁都辽阳以后，又改称为“金”或“大金”。

健全官制，广招人才

后金奴隶制政权组织，除了八旗制度的牛录、甲喇、固山三级组织之外，努尔哈赤于万历四十三年（1615年）又设理政听讼大臣五人、札尔固齐十人，佐理国政。五大臣、十札尔固齐以下，设立判官40人；荐举办事大臣8人，管理城防并兼管乡间事务；委派16名大臣，在8名巴克什的协助下，管理粮仓，登记谷物数量。这样，在军事、诉讼、理财、行政等方面，后金都有专人负责，建立了管理机构。

努尔哈赤规定，每五日集朝一次，到时众贝勒、大臣都要集合在汗的大衙门里，协议国政。一般的刑事诉讼，先由札尔固齐审理，然后上报理政听讼大臣，经五大臣复审后，再上报诸贝勒，经诸贝勒审议后即可结案，但要将三审结果向努尔哈赤奏明备案。遇有重大案件，恐仍有审断不明之处，形成冤案，最后由努尔哈赤亲自审问，以明核是非。努尔哈赤既是八旗的最高统帅，又亲自统辖两黄旗，也是后金国汗，对一切国政皆拥有最高裁决权。

为了有效地实施对国家的管理，努尔哈赤重视搜罗人才，他说：“现在国事繁杂，须多得贤人，各任之以事。”他要求众贝勒、大臣，凡是知道有善于治国统军的人才，都要大力举荐，不要隐瞒。对于人才，他坚持不求全才、随才任用的原则。他认为，天下全才的人很少，大都是才技有长短、处事有工拙的常人，但只要有一才一艺可以资政的人，就应该举荐，并根据他们不同的才能，委派给适当的职务。勇敢善战的人，让他在军中任职；有治国安民才能的人，让他治理国政；通晓古今典制和故事的人，让他们总结经验教训以备顾问；熟悉各种礼仪的人，让他去接待宾客。努尔哈赤还强调，荐举人才，应不论亲疏，不拘门第，只看其才德是否优秀。

由于努尔哈赤在用人方面采取了一系列正确的方针政策，所以在他周围聚集了众多的优秀人才，被任为理政听讼五大臣的开国元勋额亦都、费英东、何和礼、扈尔汉、安费扬古，长期跟随努尔哈赤，赤胆忠心，军功累累，他们是后金奴隶主贵族中突出的代表。也正是由于努尔哈赤能够广招人才，新生的奴隶制国家后金才显出勃勃生气，得以巩固和发展。

起兵征明

巧于周旋

努尔哈赤对明朝充满了仇恨，这不单是因为他的外祖父王杲被磔于京师、父祖死于明军兵火，还因为明朝支持仇人尼堪外兰，甚至扬言要立尼堪外兰为建州左卫之主。努尔哈赤虽然满腔怒火，但他又清醒地认识到，他无力与明朝为敌，不但刚起兵时实力太弱不能与明朝为敌，就是将来实力有了一定的发展但不是十分强大时也还是不能与明朝为敌，雄长各部的建州左卫都督王杲和振兴叶赫的强酋清佳努、扬佳努兄弟反明被杀就是前车之鉴。当务之急是先统一建州，进而统一女真各部，为达此目的，不但要尽可能地避免与明朝公开为敌，而且应想方设法借助于明朝的力量，完成女真统一大业。于是，努尔哈赤确定了对明朝称臣朝贡，佯示忠顺，借明之威势，壮大自己的发展战略。

万历十一年(1583 年)，祖、父死后，努尔哈赤最初曾感情用事，当面质问明朝边吏，声称明边吏是他不共戴天的仇敌，搞得关系一度很紧张。但他很快就冷静下来，承认了明朝误杀的说法，作为补偿，他得到敕书 30 道、马 30 匹和都督敕书，承袭了建州左卫都指挥使职衔。

努尔哈赤以讨伐仇人尼堪外兰，为祖、父报仇的名义起兵，使明朝边吏误认为不过是女真首领之间的争斗，丧失了对他的警惕，避免了对他的干涉。万历十五年(1587 年)，努尔哈赤已经在佛阿拉“定国政”，“自中称王”，但他却一再表示忠于明朝，进贡互市，多次送还被掳的汉民，又遵照明廷的谕令，把杀掠明边柴河堡的木札河部首领克五十斩首献进，赢得了明廷及其边吏的信任。万历十七年九月，明廷因其人多势强，保塞有功，忠顺可靠，晋升他为建州左卫都督佥事，企图用努尔哈赤来钤束建州女真，达到“以夷制夷”的目的。对都督佥事这一职衔，努尔哈赤非常看重，因为他知道，凭借明廷敕封的这个职衔，他不但名正言顺地成为建州女真的合法领袖，而且极大地提高了在女真各部的声威，对于进一步完成统一海西女真和“野人”女真大业极为有利。

努尔哈赤为了表示对明廷封赏的感谢，于万历十八年亲自率领建州女真百余人，到北京朝贡。明廷认为这是努尔哈赤忠顺的表现，照例给予赏赐。此行，努尔哈赤既能在政治上博得明廷的信任，经济上获得可观的利益，又可熟悉边关险塞，了解朝廷虚实，一举多得。因此，二十一年、二十五年、二十六年、二十九年、三十六年、三十九年，他又数次到北京朝贡，朝贡人数也越来越多，最多时达 1500 人。

万历二十年八月，努尔哈赤向明廷进呈奏文，求升龙虎将军职衔。虽然明廷当时并未满足他的要求，但由于从辽东边将到朝廷高官以至朝鲜君臣都认为努尔哈赤朝贡互市，保守边疆，忠顺可靠，使他终于在万历二十三年得到了梦寐以求的龙虎将军职衔。龙虎将军为明朝武官的二品散阶，在女真各部首领中，只有海西哈达部部长王台曾受此殊荣。这时王台早已死去多年，努尔哈赤受封龙虎将军，既说明明廷对他的信任，也表明他的地位已高居于其他女真首领之上。

随着努尔哈赤势力的不断扩大，后金与明朝的矛盾日益尖锐，争执频起。由于努尔哈赤巧于周旋，化解了危机，避免了明朝的干涉和打击，为统一女真各部、做好攻明的战争准备，赢得了宝贵的时间。

努尔哈赤除了入京朝贡之外，还极力笼络明朝官员，以示忠顺。万历二十四年春，努尔哈赤得到明布政使杨镐欲奏请朝廷征剿建州的消息后，欲呈文广宁都御史以图解释，不想又被杨镐拦阻，正当无计可施之时，明官余希元来到建州。努尔哈赤接待极为隆重，一再向余希元表白，“保守天朝地界九百五十里，俺管事后十三年不敢犯边，非不为恭顺也”，恳请余希元代为禀报。他对辽东总兵官李成梁更是百般奉迎，不但以财物珍玩行贿，而且把弟弟舒尔哈齐之女嫁与李成梁之子李如柏为妾，故李成梁与他关系密切，一再为他说好话。万历初，明朝开辟宽甸、大甸、长甸、永甸、新甸、孤山新堡六城堡，拓地 800 余里。努尔哈赤看好这块地方，通过向李成梁之婿参将韩宗功行贿，使李成梁于万历三十三年作出弃守宽甸等六堡的决策，派军队强迫其地 6 万余户迁入内地。努尔哈赤不但得到了大片土地，而且还以参与招徕逃民之功，受到了明帝的赏赐。

努尔哈赤不断对女真各部用兵，声威日盛，对明朝的态度也有所变化，数年没有到北京朝贡，引起明朝有识之士的警觉。万历三十五年，辽东巡按萧淳奏称，努尔哈赤桀骜不驯，声势叵测，实系大害，应整备兵马，并谕令叶赫出兵相助，内外夹攻，以除祸患。三十六年二月，蓟辽总督蹇达认为，努尔哈赤日渐骄横，东方隐忧可虞，奏请做好准备，如果努尔哈赤不听谕劝，就派兵征剿。在这种形势下，努尔哈赤及时修补与明朝的关系。万历三十六年六月二十日，努尔哈赤与明辽阳吴副将、抚顺所王备御宰白马祭天，盟誓说：“各守皇帝边境，敢有窃逾者，无论满洲与汉人，见之即杀。若见而不杀，殃及不杀之人。大明国若负此盟，广宁巡抚、总兵，辽阳道、副将，开原道、参将等官，必受其殃。若满洲国负此盟，满洲必受其殃。”盟誓以后，将誓辞刻在碑上，立于边界各处。当年十二月，努尔哈赤入京朝贡。此后，努尔哈赤遵从明帝敕谕，退回部分耕地，拒收明朝逃亡军民，查捕汉人盗贼，不入边抢掠人畜财物，作出极为恭顺的样子。明廷为其假象所迷惑，有的官员甚至认为努尔哈赤对明朝惟命是从，从而放松了警惕。

决意征明

尽管努尔哈赤巧妙地处理与明朝的关系，使明廷一直没有对建州动武，但随着努尔哈赤势力的增长，他在政治、经济等方面提出了更高的要求；而明廷企图限制努尔哈赤的发展，因此双方的矛盾日益尖锐，摩擦不断，大有愈演愈烈之势。

万历四十一年，努尔哈赤攻灭乌拉之后，又亲统大军征叶赫。明神宗得讯，一方面派兵千人去保护叶赫，一方面遣使赴建州，警告努尔哈赤不要侵叶赫，更不要侵明朝。努尔哈赤立即给明廷写信，说明征叶赫的原因，为自己辩解，特别强调没有什么理由征伐明朝，请明廷放心。十二月，努尔哈赤把信送至抚顺所，亲手交给游击李永芳。

明神宗对努尔哈赤仍有疑虑，即于万历四十二年四月派遣守备萧伯芝出使建州，查询建州停止贡蜜一事。萧伯芝嫌自己官职低微，诈称朝廷大臣，乘坐八抬大轿，作威作福，强令努尔哈赤跪拜圣旨，还讲述一些书本上的古今兴亡成败的事，以示教训。努尔哈赤看不惯萧伯芝这一套，回敬他说："你用假话来吓唬我，我为什么要下拜！"对萧伯芝带来的文书看都不看，就请他打道回府。

柴河、三岔儿、抚安三地退耕事件，更加剧了建州与明廷的矛盾。柴河、三岔儿、抚安三地，原是海西哈达部属地，努尔哈赤灭哈达后，即派部众耕种哈达旧地。明廷认为三地逼近内地，邻近叶赫，建州在此住种，既能解决粮料不足的困难，又足以威胁明边和叶赫安全，为便于控制努尔哈赤，防止其向外扩张，谕令建州退耕。在明朝的压力之下，努尔哈赤答应将新垦土地罢耕，但第二年照旧耕种。万历四十三年，奉旨巡边的明广宁总兵张承荫派通事董国荫出使建州，不让努尔哈赤收获三地谷物，在那里住居的建州部民必须撤走。努尔哈赤争辩说："三地是我祖祖辈辈居住耕种的土地，不许收获而令退居，明显是你国背弃盟好，袒护叶赫。虽如此，我岂敢违抗王命？但明与我交恶，我小国受小害，你大国受大害。你国自恃国大兵众欺凌我国，岂不知大可以小，小可以大，这都是出于天意。你国不可能每城都屯兵万人，如果止屯兵千人，正可以成为我们的俘虏。"董国荫无言以对，说："你这话说得太过了。"董国荫回去复命之后，明朝单方面在边外数处立碑为界，双方关系更加紧张。

万历四十四年正月，努尔哈赤在赫图阿拉称汗，建立后金政权，建元天命，把明朝称为"南朝"，表明他已下定决心，要彻底改变与明朝的从属关系；但反明的准备还不充分，力量不足，暂时尚不能公开与明朝决裂。正在这时，又发生了使双方关系进一步恶化的伐木事件。当年六月，明清河游击冯有功，背弃盟约，派兵丁越界进入建州伐木。努尔哈赤派扈尔汉率兵巡边，把越边伐木的明军兵丁50余人捉住杀死。扈尔汉是按照万历三十六年双方"有越边者见之即杀"的约定行事的，不料却惹出了麻烦。明辽东巡抚李维翰倚势压人，不但把后金入明向其报告情况的刚古里等11人关进大狱，而且胁迫后金交出扈尔汉，说："不然，事将扩大。"扈尔汉是后金高级将领，五大臣之一，努尔哈赤的养子，当然不能交给明朝。可是，又不能公开与明朝闹翻，万般无奈之下，努尔哈赤为了挽救刚古里等11人的生命，只得委曲求全，把犯潜逃叶赫罪的11名犯人解至抚顺所杀了。伐木事件虽然平息，但努尔哈赤对明朝的仇恨情绪更加强烈了。

从天命元年（明万历四十四年，1616年）起，辽东地区连年发生大水灾，粮食缺乏，女真人被迫外出觅食，冻饿而死者比比皆是，从而激化了阶级矛盾和民族矛盾。在这种情况下，努尔哈赤想到了发动对明战争，这既可以把女真人对后金统治者的不满和怨恨引向明朝，又可以通过掠夺汉人的财富解决女真人的生计，缓解后金的社会危机。这时，努尔哈赤已基本上征服了女真各部，把长期处于分裂、割据、动乱状态下的女真统一起来，具备了与腐朽的明王朝对抗的实力。在后金建国两周年之际，努尔哈赤认为时机已经成熟，作出了起兵征明的决策。天命三年正月十六日，他向贝勒大臣们郑重宣布："从今年起，我们要向大明国开战了！"

发布"七大恨"

为起兵征明，努尔哈赤进行了精心的准备。二月，经与诸贝勒、大臣研究决定，为避免泄露备战机密，就以为贝勒、大臣修盖马棚为名，派出700人，砍伐制作攻战之具的木材。三月，传令八旗将士抓紧时间，喂肥战马，修补制造各种作战器械，暂时不用的木料先用来修建马棚，以免被经常到后金来的明朝通事察觉。

四月，努尔哈赤颁布攻战之策，向领兵的诸贝勒、大臣教授战略战术。十三日，努尔哈赤统率步骑2万征明。临行前，举行了隆重的告天誓师仪式，拜天焚表。努尔哈赤向全军将士发布了"七大恨"誓文：

我的父亲和我的祖父，在明帝边境上，没损折一草，没扰害寸土，而明国无故生事于边外，杀了我父亲和祖父，这是一大恨。明国虽然杀了我父亲和祖父，我仍然想与明国友好相处，曾与边官立碑盟誓：无论是汉人还是女真人，如果有人越过皇帝边境，见到了就杀；如果见了不杀，就要怪罪那个不杀的人。明国背弃誓言，派兵出边，去保护叶赫，这是二大恨。自清河堡以南，太子河岸以北，明国人每年偷越边境，到女真地方，侵夺财物。我遵照盟誓，杀了出边的人，而明国不顾原来的誓言，责备我擅自杀人，拘捕了我派往广宁的使者刚古里、方吉纳，用铁索拴缚，胁迫我交出十个人，在边境杀死，这是三大恨。明国派兵出边，保卫叶赫，使我已经聘定的女子转嫁给蒙古，这是四大恨。明国把我数世为皇帝看守边境居住在柴河、三岔儿、抚安三路女真人种的庄稼，不许收获，派兵驱逐，这是五大恨。边外的叶赫部，受到上天的责罚，明国却偏听信他的话，派人用种种恶言侮辱我，这是六大恨。哈达部两次派兵帮助叶赫来侵犯我。我为报仇，发兵征讨，上天将哈达赐给我。我得了哈达部以后，明帝又帮助哈达，强令我将哈达部人送回。后来，叶赫部数次掳掠我送还的哈达部。天下各国，相互征伐，上天怪罪的必定战败而灭亡，上天肯定的必定战胜而生存。哪有让已死于刀下的人复活，把已经俘获的人畜返还的道理！天任的大国的君主，应当作天下的共主，为什么单单与我结怨呢？先前扈伦四部联兵来侵犯我，我才起兵反击，所以上天谴责扈伦而保佑我。明国帮助上天怪罪的叶赫，就如同违背天意那样，以是为非，以非为是，妄加决断，这是七大恨。明国对我国欺凌羞辱的事太多了，实在难以忍受，所以才用这七大恨的名义起兵征明。

"七大恨"尽管并不完全符合历史事实，却真实地反映了女真人民对明王朝民族压迫、民族分裂政策的强烈不满情绪，表达了女真人民实现女真各部统一的共同愿望，它既是向明王朝腐朽统治的宣战书，也是对明战争的动员令。

抚顺、清河告捷

四月十三日，努尔哈赤在以"七大恨"告天之后，又向各贝勒、大臣申明军纪：凡阵中俘获的人，不准剥取衣服，不准奸淫妇女，不准离散夫妻，对抗拒者坚决攻杀，归顺者不准妄杀。随后，统率大军出发。十四日，兵分两路：左翼四旗兵攻东州、马根单；努尔哈赤亲率右翼四旗兵和八旗护军直取抚顺所。

抚顺是明与建州女真互市的地方，努尔哈赤对这里的地形和明军情况非常熟悉。城内守军不多，只有游击李永芳部千余人，城池也不坚固，但这是对明战争的第一仗，关系重大。努尔哈赤决定利用抚顺正开马市，明军疏于防范的特点，佯称互市，智取该城。他先派人到抚顺关散布消息说，将有 3000 女真人来做大市。十五日晨，扮作商贩的先遣队 3000 人，赶着马群，来到抚顺关，抚顺城内军民纷纷出城贸易。后金先遣队乘机突入城内，努尔哈赤率精兵及时赶到，内外夹攻。留在城内的明军本来就少，遭此突变，惊恐万状，有的趁乱逃跑，游击李永芳等率官兵稍作抵抗就缴械投降，后金军顺利占领抚顺。同日，左翼四旗兵也攻占了东州、马根单。

十五日一天，后金军掠取抚顺、东州、马根单 3 城及台堡 500 余处，获人畜 30 万，收编降民 1000 户。十六日，努尔哈赤留兵一部拆毁抚顺城，大部队在甲板安营，论功行赏，将人、畜、财物分给部众。为扩大宣传，努尔哈赤从俘虏中选取来自山东、山西、苏州、杭州等处的商人 16 人，发给路费，令他们带着"七大恨"文告，返回家乡。

二十一日，后金军班师。在边外发现了尾追的明兵，努尔哈赤即令返旆迎敌。原来后金攻占抚顺后，明辽东巡抚李维翰就急令广宁总兵张承荫率兵出战，但张承荫畏敌如虎，与辽阳副将颇廷相、海州参将蒲世芳等率兵一万，仅尾追观望，不敢进战，一见后金军回兵，就分为三处，据山险，掘壕堑，列火器，安营防守。两军相接，明军连放枪炮，八旗兵冒死猛攻。正激战间，风向突变，烟尘转向明军，八旗兵乘势冲入敌营。明军右营游击刘遇节首先逃跑，各营随即大乱，纷纷溃逃。八旗兵追击逃敌 40 里，杀张承荫、颇廷相、蒲世芳以及游击、千总、把总等 50 余人，缴获战马 9000 匹，甲胄 7000 副，兵杖器械无计其数，明兵得以生还者十无一二。二十六日，努尔哈赤率领后金军，返回赫图阿拉。

抚顺之战，努尔哈赤第一次与明朝正面交锋，就取得了前所未有的胜利，掠获了包括粮食在内的大批财物，缓解了后金的粮荒，他既想继续向明朝进攻，又担心明朝报复。因此，闰四月二十二日，努尔哈赤释放明东厂差官张儒绅等四人，在交由他们带给明廷的书信中，说明因"七大恨"而用兵，提出愿与明朝讲和、罢兵，施以缓兵之计。与此同时，大力安抚收编的 1000 户抚顺降民，将其失散的亲人、奴仆等察出给还，又分给田产、房舍、牛马、粮食、衣服、器皿等，使其父子、兄弟、夫妇团聚，安居乐业。并规定仍按明朝旧制，委任大小官吏，把收编的降户交给李永芳统辖。李永芳是明朝边将投降后金的第一人，努尔哈赤对他极为优待，把第七子阿巴泰的长女许配给他，并晋升他为副将。

明廷虽欲讨伐后金，无奈诸事不顺，行动迟缓。努尔哈赤见明朝无所作为，便采取蚕食的方针，于五月中旬统兵入边，相继攻克、招服抚安堡、花豹冲、三岔儿、崔三屯等大小 16 堡，沿各屯堡搜掘粮窖，将俘掠的人畜、粮食运回赫图阿拉。

七月，努尔哈赤再次统兵征明。二十日，后金军入鸦鹘关，直指清河堡。清河堡位于抚顺东南，群山环绕，地势险要，为辽东边防重镇。城内有守军万人，大炮千门，城守副将邹储贤拒绝参将张旆出城拒敌的请求，决定凭坚固守。二十一日晨，努尔哈赤率军进逼城下，立即下令攻城。明军施放枪炮，抛掷滚木礌石，给后金军以重创。努尔哈赤见攻城失利，便令李永芳至城下招降，因遭邹储贤严辞拒绝，只得再行强攻。一日之中，八旗兵八进八退，死伤累累。夜幕降临以后，努尔哈赤令八旗兵以车板为掩护，挖拆城墙。二十二日晨，八旗兵将东北角城墙挖塌，叠尸登城。明军与后金军展开激烈巷战，邹储贤、张旆及其官兵万人全部战死，无一降者。后金军终于以惨重的代价攻占了清河城。附近的一堵墙、碱场二城明军官兵和居民均弃城逃走，后金军不战而得。为了破坏辽东明军的生活条件和防卫能力，努尔哈赤下令拆毁清河、一堵墙、碱场等城堡，将各地窖藏的粮食搜索一空，运回后金，田里的青苗则纵马牧放，造成五六十里的无人区。

抚顺、清河二战，一用计谋，一用强攻，都取得了胜利，这使努尔哈赤感到征明作战胜券在握，所以他在与明朝的交涉时胆壮气粗，毫不妥协。六月下旬，明广宁巡抚派人到后金讲和，要求后金送还掳掠的人口。努尔哈赤断然拒绝，他说："我通过征战俘获的人口，即便是一个人，哪有归还的道理！若是承认我是对的，除了我已经得到的以外，还要再送给我许多金银绸缎，我才肯讲和。若是认为我不对，我决不讲和，仍然要用兵征伐。"九月，努尔哈赤又派兵进入明辽东边境，在会安堡等地进行袭扰破坏，抢掠人畜粮食。返程时，将俘获的屯民 300 人杀死，把留下的一人割去双耳后放回，在让他带给明朝的书信中，重申原来的立场，强调说："你们如果认为我不对，想与我交战的话，可以约定战期，或十天，或半月，攻城夺地，决一死战！"

明朝当然不会满足努尔哈赤的要求。这样，明与后金之间的一场大战就不可避免了。

萨尔浒大捷

山雨欲来

由于努尔哈赤进攻抚顺、清河等地，明与后金的关系异常紧张，一场关系到双方命运的大战即将开始。

明军在辽东接连失利的消息传至北京，朝野震惊。晏处深宫，沉湎酒色，厌理国政，已二十多年不上朝的万历皇帝认为，辽东失陷城堡，殒将丧师，丢尽了朝廷的脸面。与此同时，他深深感到努尔哈赤的威胁，在接到抚顺失陷报告的当天，即决计对后金大举征剿，下旨令九卿科道会议。文武大臣也都认为攻剿努尔哈赤刻不容缓，纷纷条陈己见，出谋画策。在上上下下一片主战声中，明廷加紧进行战争准备。

一是任将帅。任命兵部侍郎兼右佥都御史杨镐为辽东经略，将巡抚李维翰革职为民，以周永春为辽东巡抚，以李成梁之子原宁夏总兵官李如柏为辽东总兵官，以久经战阵的勇将杜松为山海关总兵官，起用已被罢官还乡的老将原四川总兵官刘綎等。

二是调军兵。从南京、浙江、山东、山西、陕西、甘肃等地调兵，并在各地招募家丁，以补充辽东明军兵力。另外，明廷还胁迫朝鲜和北关叶赫，各派兵援辽。

三是筹辽饷。为筹集援辽大军军饷，万历帝先是下令借大工、马价各 50 万，不久又同意户部的请求，从万历四十六年(1618 年)起加派田赋，每亩加三厘五毫，全国实派额达 200 余万两，称为“辽饷”。万历四十八年，每亩增至九厘，达 520 万两。

四是援兵器。将兵、工二部库存的盔甲及佛郎机、大将军、虎蹲炮、三眼枪、鸟铳、火箭等火器，派官挑选演试后，解赴辽东，并准予辽东再从山西、陕西二省各借调火炮 300 门。

但备战工作并不顺利，援兵行动迟缓，士气不振，将帅不和，粮饷军械未备。万历皇帝求胜心切，特赐给经略杨镐尚方剑，总兵以下不用命者可先斩后奏。经过半年多的努力，总算有了进展，从各地抽调及招募的援军 11 万人大都到达，加上辽东额兵 9 万，总兵力已达 20 万人。万历皇帝惟恐师老财匮，又求胜心切，以为凭此雄厚的兵力，不难一举荡平后金，所以一再催促杨镐进兵。

被明廷寄以厚望的杨镐，其实是一个不懂军事的庸才。万历二十五年，他以右佥都御史经略朝鲜军务，在蔚山之战中，一味强攻，不知通变，当日军援兵到达时，又惊慌失措，狼狈先奔，损兵 2 万余人。他却谎报打了胜仗，事发后差一点被正法。抚顺失陷后，因为他任过辽东巡抚，“熟谙虏情”，被任命为辽东经略。杨镐极想在辽东一展身手，为自己挽回一点面子，所以他不顾实情，决定向后金大举进攻。

万历四十七年二月十一日，经略杨镐在与总督汪可受、巡抚周永春、巡按陈王庭等高级官员和出征兵将齐集辽阳演武场，举行隆重的誓师仪式。杨镐宣布，10 万大军，兵分四路，分别以马林、杜松、李如柏、刘綎为主将，率兵从北、西、西南、南四面，分路进兵，约期于二道关(今辽宁新宾境内)会师，合兵进攻赫图阿拉，务期一举荡平后金，将努尔哈赤集团斩尽杀绝。部署即毕，又重申兵部赏格并颁布军纪 14 款，规定有能擒斩努尔哈赤及其亲族和大小头目者，赏银 1 万两到 600 两，升都指挥世袭到正千户世袭不等；凡逗留不进违误军期、有意观望不救援别路、临阵退缩私逃等，不论官兵皆斩。为了证明法在必行，杀一儆百，把在抚顺之战中临阵先逃的指挥白云龙当场枭首示众。

二月二十一日，是杨镐预定明军出发的日子，不料十六日天降大雪，道路被封，只得改期。但大学士方从哲、兵部尚书黄嘉善等连发红旗，催促迅速出师。杨镐认为，用 10 万大军对付小小的后金，易如反掌，于是决定二十五日出发。出发前，他还派出一个在抚顺之战中投诚的女真人，前往后金下战书，声称明军 47 万，三月十五日乘月明之时，分路前进。

任他几路来，我只一路去

二月二十四日，为明军下战书的女真人到达赫图阿拉，一时间上上下下都紧张起来。但是努尔哈赤却异常镇静，因为他不但早就知道明军来犯，而且清楚所谓的47万明军不过是敌人虚张声势的伎俩，明朝在辽东能用于作战的军队不过10万人。原来，努尔哈赤最善于用间，攻陷抚顺之后，就利用降将李永芳的关系，有计划地派遣大量间谍进入明地，在京师和辽东各地活动。杜松被起用之后，他知道杜松是一员勇将，必定是进攻后金的先锋，还专门派间谍潜入杜松军中做了向导。所以，他对明军的一举一动，包括明军出兵日期以及各路军的将帅、兵力等，都了如指掌。

为了防御明军即将到来的进攻，努尔哈赤做了大量的工作。万历四十六年，努尔哈赤得到明廷从朝鲜征调援兵的消息后，立即派使臣劝朝鲜谨守封疆，不要出兵助明，否则后金将在边境会宁、满蒲等地驻兵一支，攻击朝鲜援兵。次年二月，明军在辽阳誓师之后，努尔哈赤为争取朝鲜，又派使臣向朝鲜国王进献貂皮500领。努尔哈赤软硬兼施，使朝鲜的态度发生了变化，最初朝鲜曾想出兵3万，后来勉强派出了1.3万人。与此同时，努尔哈赤还遣使北关叶赫部进行游说，以拆散明与叶赫的联盟。在后金内部，他把汉人、朝鲜人编入军中，打造兵器，以加强军事实力。二月十五日，在明军辽阳誓师后四天，努尔哈赤就派出步兵1.5万人到界凡（今新宾西北）地方，运石筑城，并派骑兵400名守卫。界凡位于浑河与苏子河交汇处，是从北、西两面进入赫图阿拉的水陆要冲，在此筑城驻兵，既能与赫图阿拉相犄角，又便于机动兵力。为迟滞、阻击明军，在西路明军必经的浑河要冲的上游，叠坝塞河，诱敌深入；在南路明军路经的牛毛岭一带，砍伐树木，设置路障，派兵防守。努尔哈赤还下令严禁后金人擅自出界，与外人接触，以严密封锁消息。

三月初一日晨，各贝勒、大臣齐集赫图阿拉议事大厅，讨论抗击明军进攻之策。在听取大家的意见之后，努尔哈赤指出：明军以优势兵力四路来攻，我们兵力不多，不能平分兵力去应付。李永芳的意见很好，“任他几路来，我只一路去”。我们就是要把有限的兵力集中起来，先打他主要的一路。正在这时，有报告说，明军已于昨天午后和晚上先后到达南路栋鄂、西路抚顺关一带。努尔哈赤说：“明军先让我们见到南路来兵，是企图引诱我大金军南下迎敌，其主力必从西路抚顺关进攻。南路已有500兵防守，我们应立即以全力迎战西路之敌。打败了这一路，其他几路就好对付了。”说完，即令大贝勒代善为先锋，率领八旗军急赴西路，自己亲率护军殿后。进军路上，又接到探报，西南清河路发现明军。代善认为，清河一带地势险要，道路狭窄，明兵进军困难，不可能很快到达，所以决定先往抚顺路。于是，代善率领八旗军继续向西进军。

萨尔浒、界凡歼杜松

明军沈阳路主将杜松勇武刚健，秉性耿直，不巴结上司。他本来对杨镐所定的师期持有异议，但杨镐不听；他上奏朝廷请求暂缓师期，又被辽东总兵李如柏侦知，派人将送书人截回。杨镐悬尚方剑于军门，严令克期进兵，杜松无奈，只得遵命。但杜松性情暴躁，刚愎自用，骄傲轻敌。辽阳誓师时，他受李如柏所激，一心想争立头功。二月二十八日，杜松率领3万大军自沈阳出发，第二天中午进至抚顺关。听说李如柏已从清河进抵敌寨，他不辨真伪，更不知这是李如柏故意散布的假消息，因贪功心切，于当日晚出关，以日行百里的速度急进，直抵浑河岸边。

监军张铨建议就地宿营，天亮后再渡河，以防为后金军所乘。杜松根本就没把努尔哈赤放在眼里，哪里会听张铨的劝阻！他见河平水浅，仅及马腹，喜从天降，竟身不披甲，骑马径渡，并催促官兵渡河。不料当大部分官兵已经进入河中，正在涉水前进时，按照努尔哈赤的命令在上游壅沙阻水的后金军见时机已到，立即掘沙放水，大水奔腾而下。明军毫无防备，登时大乱，人人争相逃命，千余人被淹死在河中。最后虽然大部分渡过了浑河，但大炮等重火器却被阻于河对岸。

杜松急忙收拾好散乱的队伍，向着萨尔浒(今抚顺东大伙房水库所在地)、界凡前进。他为自己逃过了一次劫难暗暗庆幸，却不想正在一步步向死亡的深渊走去。

三月初一日下午，大贝勒代善率领八旗兵经扎喀关进至界凡。此时杜松把明军主力2万人留在萨尔浒山上，亲率1万人进攻界凡城。后金400名骑兵和手无寸铁的筑城步兵占据城边的吉林崖，凭险防守。代善、皇太极等立即派兵千人，令其迅速上山增援；令右翼4旗兵发起猛攻，上下夹击明军；令左翼4旗兵监视萨尔浒方向的明军。正在这时，努尔哈赤赶到，了解情况后，认为如此平分兵力，不能给明军以致命的打击，动摇其根本，而应该利用杜松把3万明军分作两处，分兵作战的错误，先集中兵力歼灭留驻萨尔浒的明军主力，尔后再转攻界凡明军，于是果断地下令右翼2旗兵监视界凡明军，以另外2旗兵加强左翼，进攻萨尔浒。他向代善、皇太极等人解释说："只要打败了萨尔浒明军主力，界凡明军自会丧胆。"

努尔哈赤亲率6旗兵约4.5万人，直奔萨尔浒。萨尔浒在界凡以西10余里，控制着通往赫图阿拉的交通要道，所以杜松首先把大营扎在这里。但萨尔浒只是一处丘陵起伏的漫岗，并无险要之处。明军占领萨尔浒后，临时挖堑树栅，环以战车，布列火器。明军见后金军接近，即从高处发炮轰击。八旗兵立即发起猛攻，虽属仰攻，但山势并不陡峭，铁甲骑兵很快就冲入敌营，挥刀放箭，奋力冲杀。明军在兵力上已处于劣势，又被八旗兵的气势吓破了胆，营中一片混乱，官兵争相逃命。努尔哈赤旗开得胜，随即回军驰援界凡。

与萨尔浒激战的同时，后金军在界凡也与明军展开激战。界凡明军得知萨尔浒大营失陷的消息后，军心开始动摇。后金吉林崖上守军与援兵从上往下冲击，代善、皇太极率领的两白旗兵渡河前进，上下夹击。杜松企图凭借火力顽抗，抢占山头，不料努尔哈赤率部从萨尔浒返回，数路后金军合兵将他包围。这时天色昏暗，明军为发射铳炮，点燃火把照明，由明击暗。由于后金军在暗处，明军炮火命中率极低，而八旗兵却以昏暗为掩护，对着明亮处万箭齐发，明军成了活靶子，死伤甚多，总兵杜松、王宣、赵梦麟也都死于阵中，战场上尸横遍野，血流成渠。明军突围逃跑，在抢渡浑河时被淹死不少。后金军一路追杀，直至20余里外的硕钦山，将明军全部歼灭。

萨尔浒、界凡一战，后金毙敌1万余人，消灭了明主力西路军。首战告捷，努尔哈赤对取得整个战役的胜利充满了信心，他立即整顿兵马，迎接下一个战斗。

尚间崖、裴芬山败马林

明北路军统帅总兵马林庸懦无能，对出兵一开始就畏首畏尾。按经略杨镐规定的师期，马林应于三月初二日至二道关与杜松合兵，但马林二月二十八日率领2万余人从铁岭三岔口出边后，一直驻营于稗子谷。只是在听到杜松已经提前一天到达浑河的消息后，才率兵继续前进。当得知杜松战败，努尔哈赤已转兵北上时，马林吓得胆战心惊，再也不敢前进了，命令部队就地扎营，转入防御：马林率主力驻尚间崖（今抚顺县哈达附近），依山结阵，部将潘宗颜、龚念遂分屯于距大营数里的裴芬山和斡珲鄂谟，三营鼎足而立，形成"牛头阵"。马林之所以这样部署，是想以三营的犄角之势，达到互相呼应、救援的目的，却不想在消极防御思想的指导下，各营将领只顾自保，哪里还有救援之心？而分散兵力的部署，却给努尔哈赤提供了各个击破的机会。

三月初二日，努尔哈赤率八旗兵北上，准备与原在北路担负防守的兵力会合，寻马林部作战。努尔哈赤令大贝勒代善率骑兵300名急驰尚间崖，与陆续抵达的后续部队一起监视并牵制马林所部，他与四贝勒皇太极率兵千人，首先进攻兵力薄弱的龚念遂部。龚念遂原是西路杜松部后营游击，所部系车营，载火炮和辎重，渡浑河时为水所阻，留于北岸，就在斡珲鄂谟安营扎寨，连车为营，环营浚壕，排列枪炮。努尔哈赤令千名八旗兵一分为二，半数为骑兵，半数下马步战。皇太极率骑兵猛攻敌营，首先打开一个缺口，突入阵内来回冲杀，步兵紧随其后，摧毁敌战车。明军一开始施放枪炮拒敌，但当八旗兵突入阵内后，在短兵相接中难以发挥火力的优势，很快就全军覆没，龚念遂等被杀。

不等斡珲鄂谟战斗结束，努尔哈赤仅带数名侍从，策马急驰尚间崖。马林部环营掘壕三道，壕外排列大炮，再外密布骑兵，骑兵前布列枪炮。努尔哈赤见明军防守严整，命令部队先抢占山头，从上向下冲击。此令尚未实施，就见明军营内与壕外合兵，努尔哈赤知道敌人准备出击，马上当机立断，令八骑兵不必登山，改为下马步战。由于明兵已从西面突至，努尔哈赤又批准代善、阿敏等率左翼2旗兵策马迎战，冲入敌阵，奋勇搏战，不多时将明兵斩杀大半。另外的6旗兵见此情景，不待后续军兵全部到齐，就纵马飞驰，向马林大营冲去。明兵发枪炮接战，但挡不住后金军的猛烈冲击，纷纷溃逃。后金军乘势追杀，斩副将麻岩等，马林仅以身免，狼狈逃回开原城。

努尔哈赤随即率兵驰向3里外的裴芬山。明开原道潘宗颜率部防守裴芬山，将车排在阵前，枪炮布列左右，欲与后金军决一死战。努尔哈赤令八旗兵一半下马步战，重甲兵持刀在前，轻甲兵操弓矢在后，另一半八旗兵骑马在远处待机。初三日辰时（7～9时），后金军发起冲击。明军居高临下，占据有利地势，兼之将领潘宗颜视死如归，士卒斗志旺盛，充分发挥了火器的威力，使后金军遭受重大损失，死者枕藉。努尔哈赤迅速调集兵力，将裴芬山重重包围起来。八旗兵前仆后继，缘山猛攻。明军寡不敌众，战至午时（11～13时），潘宗颜背中一箭而死。努尔哈赤指挥八旗兵乘明军失去指挥之机，一举攻占裴芬山，全歼明军。这时原约定与潘宗颜部会合助明军作战的叶赫部兵，在贝勒金台石、布扬古率领下，正行至开原中固城，听说明兵已败，不敢继续前进，退回叶赫。

至此，明北路军除马林侥幸逃脱外，全军覆没，后金军取得了第二阶段作战的全面胜利。

阿布达里岗、富察计歼刘綎

努尔哈赤粉碎北路明军的进攻，在回师途中，接到明军从栋鄂和清河分别向都城赫图阿拉逼近的警报，先后派侍卫扈尔汉、二贝勒阿敏各率兵千人，袭扰明军，以迟滞其前进。随后，他率军至界凡，杀牛八只祭旗告天，庆祝胜利，并激励八旗将士迎接新的战斗。初四日拂晓，努尔哈赤回到赫图阿拉。面对两路明军来攻、都城人心浮动的危急局面，他清醒地认识到，当前最大的威胁来自栋鄂路刘綎军，必须以主要兵力对付。因此，他除留下4000人守城，以防清河路李如柏军进犯外，其余全部兵力均由大贝勒代善等率领，前去迎战刘綎军。

刘綎是明军中有名的勇将，曾长期在四川镇守，屡立战功，因为武艺高强，惯使一口重120斤的镔铁刀，在马上抡动如飞，得了个"刘大刀"的美称。刘綎与经略杨镐一向不和，他认为天气严寒，道路泥泞，他所倚重的川兵尚未到齐，在天时、地利、人和皆不具备的情况下，杨镐逼令进兵，是欲置之于死地，这使他十分不满。二月二十五日，刘綎迫于军令，只得率领万余人临时拼凑起来的又无火器的队伍，从宽奠(今宽甸)出口，在亮马甸子与由都元帅姜宏立率领的1.3万朝鲜援军会师后，经拜东葛岭、牛毛寨、深河等地，向赫图阿拉进军。一路上都是崇山峻岭，丛林茂密，山路崎岖，又因连降大雪，天寒路滑，更由于后金预先在沿途砍伐大树，设置路障，坚壁清野，并派出小股兵力不断袭扰，造成军粮短缺，军行十分迟缓，有时一日仅行10余里，至三月初二日始进到浑河。这时朝鲜军已经断粮，不得不在浑河停留一天。

努尔哈赤深知刘綎治军严整，行止有法，所以决定采取利用南路有利的地形条件，埋伏重兵于山谷，用间诱敌深入，聚而歼之的方针。他派一名间谍，带着从西路战场上缴获的杜松令箭，往刘綎军前，冒充杜将军的"材官"，诡称杜将军已迫近"奴酋"都城，请刘将军急速进兵会战。刘綎对杜松、马林失败的消息一无所闻，又有勇无谋，竟信以为真。他惟恐杜松抢了头功，下令拔营前进。正行进间，忽然远处传来三声炮响。因为后金军原无大炮，刘綎想不到这是努尔哈赤为解除他的疑惑，用缴获的明军大炮，专门放给他听的，反而误以为是杜松传炮给他，立即命令部队加速前进。

当刘綎率部急急忙忙向赫图阿拉进军时，后金军已经按照努尔哈赤的部署全部进入阿布达里岗伏击地域，扈尔汉、阿敏率2000余人埋伏在山谷隘口，皇太极、代善分率八旗兵埋伏在附近的瓦尔喀什密林中。初四日巳时(9～11时)，刘綎率部进至阿布达里岗，只见从对面密林中走出一队身穿明军衣甲打着杜松旗号的队伍，刘綎毫无防备，不想转眼之间这支队伍已经冲到跟前，这才知道中了后金军埋伏。刘綎指挥明军在慌乱中登岗列阵，但为时已晚，皇太极率右翼兵从高处向下冲，代善率左翼兵从岗西进攻，上下夹击，埋伏在谷口的扈尔汉、阿敏见明军已过大半，从后面发起攻击，明军四面受敌，阵容大乱。老将刘綎抡动着百斤重的大刀，左砍右杀，负隅顽抗，但因部队陷入八旗兵的重重包围之中，众心已散，纷纷溃散，刘綎寡不敌众，战死疆场。

当日，明监军康应乾率步兵与朝鲜兵营于距阿布达里岗10里的富察。代善、皇太极在歼灭了阿布达里岗之敌后，移师富察，首先攻击康应乾部。明军放枪炮抵御，这时大风骤起，烟尘恰好都飘向明军营垒，迷茫晦暗，八旗兵乘机冲入，箭射刀砍，全歼敌人，康应乾仅以身免。后金军又迅速向朝鲜援军发起进攻。朝鲜左右营施放完铳炮之后，还没来得及再装药点放，八旗兵已突入阵中，瞬息间两营全都覆没。都元帅姜宏立急令中营将士死战，但士卒早已失魂丧魄，战栗不已，竟百无一应者。姜宏立万般无奈，于初五日晨率部向后金投降。

杜松、马林两路明军相继失败的消息传到沈阳，经略杨镐大为震惊，急令刘綎、李如柏撤军。刘綎还没接到命令就已全军覆没，李如柏畏惧后金，进兵迟缓，在虎拦岗接到撤军命令后，更是胆战心惊，简直到了风声鹤唳、草木皆兵的地步，竟被20名后金巡哨兵吓得狼狈逃窜，以至自相践踏而死的多达千余人。

萨尔浒之战，以明军的彻底失败而告结束。明朝派出10万大军，四路出兵，结果三路丧师，阵亡文武官员310余人，阵亡军丁4.587万余人，损失马、骡、驼2.86万余头，丢弃大小枪炮等火器2万余件，正如明朝人自己所说，“覆军杀将，千古无此败衄”。

与之相反，总兵力并不占优势，武器装备低劣得多的后金，却取得了空前的胜利。之所以如此，固然是由于明朝的腐败，兵民厌战，主帅无能，将帅失和，指挥不当，但还有一个重要的原因，这就是他们的对手是天才的军事家努尔哈赤。在萨尔浒之战中，努尔哈赤充分展示了他卓绝的军事才能。战前，他派出哨探、间谍，并充分利用商人、普通百姓等途径，多方面地收集明军的各种情报，对敌军的兵力部署及其将领，进攻的时间和行军路线，上下左右之间的矛盾，都有了清楚的了解。凭借对敌情的掌握，他在明军故意先暴露南路的情况下，没有为假象所迷惑，正确地判断出西路杜松部是明军主力，并定下了“任他几路来，我只一路去”的作战指导原则。这样，尽管全局上后金军兵力比明军少，但由于作战时都是集中兵力打敌一路，所以每一次战斗都能保持绝对的优势兵力。努尔哈赤充分发挥八旗兵善驰突、机动能力强的特长，速战速决，打败一路敌军之后，迅速转移兵力，打击另一路敌人，四天之内连打三大仗，使每一路明军都没有能够接近赫图阿拉。努尔哈赤的高明之处还表现在他善于根据不同的情况采用不同的战术。第一仗打西路，先打强敌萨尔浒山杜松大营；第二仗打北路，先打弱敌斡珲鄂谟龚念遂部；第三仗打南路，则据险设伏，诱敌深入。总之，正是由于努尔哈赤充分发挥了自己的聪明才智，充分利用了明军的失误，实施正确的决策和指挥，才能在防御作战中，变被动为主动，变劣势为优势，取得了空前的胜利。

逐鹿辽沈

智取开原、铁岭

萨尔浒之战是明与后金兴亡史上的一个转折点。明朝经过长期的备战，动用了空前多的兵力和财力，就是为了一举将后金消灭。但事实恰恰相反，不但自己损兵折将，在辽东的军事力量大大削弱，危及到它在辽东的统治，而且全国上下惊恐不安，人心不稳，士气低落。而后金政权不仅没有被摧毁，反而得到了巩固和加强，八旗兵军兵数量增加，器械充足，战马成群，士气高涨，军威远扬。在辽东地区，不论是军事实力，还是人心士气，后金都占有明显的优势，在战略上取得了主动权。从此之后，明朝从战略进攻转为战略防御，后金则由战略防御转为战略进攻。

天命四年三月初七日，八旗大军凯旋，后金举国欢庆，努尔哈赤论功行赏，诸贝勒、大臣以及八旗兵丁都按军功大小得到了多少不等的战利品。当然，努尔哈赤并没有陶醉在大战胜利后的喜悦之中，他已经确定了下一个战略目标：夺取辽沈，占领辽东。在庆功宴会上，他告诫诸贝勒、大臣说："前日之捷，天也。你们不要因为屡打胜仗就自以为了不得，可以有所依恃了。只有夺占辽东，后金才能够生存。你们每个人都应该有战死于辽东城下的决心！"

努尔哈赤虽定下了攻占辽东的决心，却没有立即行动。一方面大战之后要休养士卒，牧放马匹，缮治器械，做好战前准备，另一方面也要观察一下明朝的动态。萨尔浒惨败以后，明朝君臣商民无不惊骇，京城九门晨开午闭，部院官员轮流值守，稽查出入行人，防止后金谍工潜入。但对于如何对付后金，扭转辽东的被动局面这样的大事，满朝文武却拿不出任何有效的对策。努尔哈赤见明朝并没有什么动作，也就放心大胆地开始实施占领辽东的计划。

努尔哈赤将第一个攻击目标定在开原。开原东临建州，西接蒙古，北界叶赫，处于辽东边墙的北端，是明朝防御蒙古和女真人侵扰的边防重镇。守将总兵官马林本是无能之辈，不久前刚从尚间崖战败逃回，虽然知道后金要攻开原，却自恃与蒙古部订有盟约而不设防。摄开原道事的推官郑之范，贪得无厌，只知克扣粮饷，不管官兵死活。守军兵无粮饷，马无草料，以至于马倒人逃，毫无斗志，这时不得不到离城百里的地方放牧军马。努尔哈赤早就派遣间谍潜入城内，将以上情况了解得一清二楚，趁明军无备，亲率 4 万八旗大军，于六月初十日向开原进军。他采取声东击西的策略，途中派出一支百人的小部队抢掠沈阳，吸引明军的注意力，主力乘虚急进，包围开原。马林等来不及布防，只派少数兵力入城，主力留在城外，仓促应战。努尔哈赤指挥八旗兵布战车竖云梯猛烈攻城，潜入城内的后金间谍开门内应，八旗兵突入城中，据城攻击，城外马林军为城壕所阻，包括总兵马林、副将于化龙在内的明军全部被歼。

后金军夺占开原后，纵兵杀掠 3 日，城内数万居民屠戮几尽，金银财宝、布匹粮食、牛马牲畜等，车载马驮，悉数运回后金。然后捣毁城墙，焚烧官舍民房，撤离开原。

开原的胜利使努尔哈赤兴奋不已，心中正在筹划新的进攻。他说服诸贝勒、大臣不回都城赫图阿拉，而在界凡屯驻下来。七月二十五日，努尔哈赤探知铁岭城守空虚，不待预定的八月之期，即率兵五六万人，出三岔儿堡，陈兵铁岭城下。铁岭也是辽东北军事重镇，但这时城中百姓大都逃走，只有明军万余守城。努尔哈赤坐在城东南的一座小山上，指挥八旗兵竖梯攻城。正当明军施放枪炮、射箭掷石，顽强抵抗时，早被后金收买的参将丁碧打开了城门，八旗军蜂拥入城，全歼守城明军士卒和游击喻成名、史凤鸣、李克泰等人。第二天，努尔哈赤指挥八旗兵击败已进至铁岭城外援明的蒙古喀尔喀部万余骑兵，俘贝勒宰赛等 150 余人。

开原、铁岭两战的胜利，打通了进军辽东的道路，正当后金准备夺占沈阳、辽阳的时候，从明朝传来一个重要情报，令踌躇满志的努尔哈赤不得不重新决策。

调整战略

辽东频频告警，明廷在万般无奈之下，任命熊廷弼接替杨镐为辽东经略。熊廷弼(1569～1625)，字飞白，号芝冈，湖北江夏(今武汉)人。他有胆识，懂军事，曾巡按辽东，熟悉边情。受命之后，熊廷弼兼程出关，但到达辽阳任所时，铁岭已失。此时的辽东，只有残兵败将，军兵无粮，兵械朽钝，士气不振，人心惶惶，岌岌可危。面对如此残破衰败的现实，熊廷弼清醒地认识到，明在辽东的军事实力，已远远劣于后金，因此在战略上不能再取攻势，而应改取守势，实行重点守备。他针对时弊，大力整顿军务，严肃军纪，修造兵械，加强训练，激励士气，招集流亡，安定民心，缮治城堡，筹措粮饷，迅速扭转了辽东残破衰败的局面。他还奏请，调兵 18 万，马 9 万匹，在　阳、清河(今抚顺东南)、抚顺、柴河(今铁岭东)、三岔儿、镇江(今丹东东北九连城)等险要地带，设置重兵，画地而守，分合奇正，无警就地操练，小敌自为堵御，大敌互相应援。更挑选精悍兵卒组成小股游击分队，乘间捉哨探，捕零骑，扰耕牧，迭出袭扰，使其疲于奔命，然后相机进剿。在熊廷弼的筹划和组织下，辽东的防务大大加强了。

熊廷弼经略辽东，在后金领导集团内部引起不小的震动。努尔哈赤曾就今后的用兵方向一事，召集各贝勒、大臣进行讨论。大家意见不一，有的主张先攻辽阳，倾其根本；有的说应先取沈阳，破其藩篱；有的说熊廷弼已到，明已有备，应先攻北关叶赫。努尔哈赤知道熊廷弼是个很难对付的对手，所以同意先攻叶赫的意见，说："先攻灭叶赫，免除了进军辽东的后顾之忧，将来就可以用全力去进攻辽沈。"当年八月，努尔哈赤率八旗兵一举攻灭叶赫，最终统一了海西女真。此后，他除了偶尔派少量兵力袭扰辽边外，并没有大规模地向辽东进攻。这是因为，一可以掠取后金迫切需要的粮食，二可以试探辽东明军的虚实，以决定后金今后的行动。努尔哈赤对熊廷弼心存疑惧，警惕地关注着他的一举一动，随时准备对付明军的进犯。天命四年底，他得到消息说，明朝发兵 48 万，合朝鲜兵 6 万，将于次年三月间，分路进攻后金的新都城。努尔哈赤极为重视，大力加强战备。天命五年二月末，他调集军队，阅兵三日。在明军可能入犯的通道上，设置木栅路障，派兵防守。在佛阿拉、新栋鄂、呼兰、界凡等重点地区，派驻重兵。在明朝旧边境的尚间崖、温得狠、德里沃赫、扎克丹和抚顺，据险筑城五座，屯驻兵马，且耕且守。同时，又作出将要出兵虎皮驿，以窥视辽沈的姿态。这种临战状态一直持续了 40 多天，努尔哈赤在确信没有危险之后，才下令军兵各归其家，但仍要养好战马，筹备军粮，整修兵械，以备随时出动。

努尔哈赤见明辽东防务日渐巩固，用兵辽东难以取胜，决定暂停对辽东的进攻，把战略重点转变为对内巩固内部，壮大实力，对外与明朝争夺朝鲜和蒙古。

在明与后金的对立中，朝鲜一直站在明朝一边，威胁着后金侧后的安全。努尔哈赤文武并用，先是利用在萨尔浒之战中投降的朝鲜将领和数千名官兵这一有利条件，多次遣使朝鲜，表示愿与朝鲜议和，其后，又以武力相威胁，企图迫使朝鲜归顺。

努尔哈赤一向注意分化瓦解蒙古各部，通过赏赐、联姻等手段，漠南科尔沁部已归顺了后金。铁岭之战后，又先后把被俘的贝勒宰赛属人150余名全部释放，赢得了内喀尔喀五部的好感。天命四年十一月，喀尔喀五部主动与后金会盟，愿意与后金联合一致，对抗明朝。这就在很大程度上解除了进攻辽东的后顾之忧。

此外，为了给进攻辽东创造条件，努尔哈赤还改变了屠戮汉人的政策，收买、招降辽东官吏和汉人，对主动归顺和有一技之长的人更给予特别优待，他教育臣下说："把汉人杀了，我们能得到什么？什么也得不到。不杀他们，他们能够生产出我们需要的各种东西，还可以用来进行贸易，这才是永久的好处。"

虽然暂时无法夺取辽东，但努尔哈赤一直没有放弃努力，他在耐心地等待着。

攻克沈阳

进攻辽东的时机终于到来了。

天命五年（明万历四十八年，1620年）七月，明万历皇帝朱翊钧病死，泰昌帝朱常洛即位仅一个月又死，其子朱由校于九月即帝位，是为天启帝。明朝政治本已腐败到极点，统治集团内部党争异常激烈。皇位的频繁更迭，使党争愈演愈烈。熊廷弼性情刚直，不徇私受贿，不曲意逢迎，得罪了专权的阉党。天启帝听信谗言，下旨将熊廷弼解职，以袁应泰为辽东经略。袁应泰为官精敏强毅，有志于辽事，但不懂军事。他到任后，一改熊廷弼行之有效的治辽之策，变更原来的防御部署，指导思想上由积极防御变为战略进攻，企图伺机与后金决战，收复抚顺。

努尔哈赤见明经略易人，新经略不谙兵法，忽视防御，部署粗疏，有机可乘，便决定向沈阳、辽阳大举进攻。

天命六年（明天启元年，1621年）二月十一日，努尔哈赤率数万大军，兵分八路，进攻奉集堡，揭开沈、辽之战的序幕。

奉集堡是沈、辽的门户，西北距沈阳40里，东北距抚顺、西南距辽阳各90里，是后金进攻辽阳、沈阳、抚顺等城的必经之地。奉集西南30里有虎皮驿，沈阳、奉集堡、虎皮驿三足鼎立，互为犄角。由于奉集堡战略地位十分重要，明在此地驻有重兵。明总兵李秉诚率兵3000出城迎战，交战不久即败退回城。副将朱万良见后金军势盛，不战而逃，死亡数百人。努尔哈赤此行，主要是为了试探明军虚实，并没有强攻堡城。数日后，又率兵攻扰虎皮驿、王大人屯等地，摸清了明军设防情况和地理形势，对进攻沈阳已心中有数，便收兵返回后金。

三月初十日，努尔哈赤亲率八旗大军出征，沿浑河而下，水陆并进。十二日辰时，到达沈阳城下，于城东7里浑河北岸造木城屯扎。

沈阳为辽东重镇，辽阳的藩蔽。经熊廷弼、贺世贤等人的筹划部署，城防工事十分坚固。城外挖深堑10道，堑底插尖木桩，覆土为陷阱；堑内一箭远的地方挖壕一道，壕内侧以大木为栅；栅内又挖宽5丈、深2丈的大壕2道，壕底也插尖木桩；沿内壕每隔1丈置　车1辆，每车置大炮2门、小炮4门，两车间筑拦马墙，墙间留有炮眼，排列枪炮。明守城兵力7万余人。由于头天夜间已得到后金来攻的消息，总兵贺世贤、尤世功已率兵登城严守。

努尔哈赤知道：八旗兵长于野战，短于攻坚，在敌人预有准备的情况下，对沈阳这样的坚城一味强攻，是不明智的。如果把明军调出城来，使其失去城防工事和火器的优势，就好打了。于是，决定采取诱敌出城野战与强攻相结合的战法。

十二日这一天，努尔哈赤派少数骑兵隔壕游动，佯作侦察。明总兵尤世功见后金军兵少，率家丁冲出，杀死 4 人。十三日，努尔哈赤先令降将李永芳派人送信给守将贺世贤，劝他投降献城。行伍出身的贺世贤以勇猛敢战著称，但有勇无谋，想不到这是努尔哈赤的激将之法，所以接信后大怒，杀了来使。正在这时，部下报告说后金兵数十骑兵又在隔壕侦察，他骄傲轻敌，贪图战功，便率家丁千人出城挑战，宣称要"尽敌而返"。后金兵遵照努尔哈赤的指示，佯装不堪一击，边战边退。贺世贤乘锐轻进，离城越来越远。努尔哈赤一声令下，精锐骑兵突出，将明军四面合围起来。贺世贤这才知道中计，可惜为时已晚，尽管奋勇抵御，但他面对的是勇敢善战的八旗兵，且寡不敌众，只得且战且却，退至西门时，已身中四箭。他进不了城，又不肯逃往辽阳，只能挥舞铁鞭垂死挣扎，又中数箭，坠马而死。总兵尤世功引兵出西门，欲救贺世贤，但士卒皆闻风丧胆，纷纷溃散，尤世功力战被杀。

在后金军一部与贺世贤、尤世功城外交战的同时，努尔哈赤指挥八旗兵主力进攻沈阳城，兵卒以毡裹身，推　车，抬云梯，从东北角挖土填壕，向城下进逼。明军从城上发炮轰击，因发炮过多，炮身温度过高，装药即喷。八旗兵乘机蜂拥过壕，竖云梯，布战车，急攻东门。正在奋力守城的明军，得知城外明军战败，总兵贺世贤、尤世功被杀，士气低落，纷纷溃逃。守东门的明兵中有一部分是袁应泰招降的蒙古人，这时砍断桥索，放下吊桥，八旗兵拥入城内，迅速占领沈阳城。

浑河两岸歼援敌

明巡东经略袁应泰得知沈阳被围，即命辽阳、奉集堡等地明军前往增援。总兵童仲揆、陈策率领川、浙兵由辽阳北上，进至浑河桥南时，因沈阳已经陷落，便兵分两部，游击周敦吉与秦邦屏率川兵营于桥北，童仲揆率浙兵营于桥南。

努尔哈赤得到探报，感到情况严重，便亲率右翼四旗兵急速前往迎战。后金军出城 7 里，赶到浑河桥时，明军尚未部署就绪，努尔哈赤令白旗兵立即向桥北的川兵发起攻击。这支川兵是一支特别能战斗的队伍，当陈策听说沈阳失守下令还师时，周敦吉、秦邦屏一再请战，终使陈策等改变成命，留了下来。川军官兵虽然经过长途行军，人困马乏，又立营未稳，但斗志昂扬，马上给予坚决还击。后金军仍一如既往地顽强战斗，白旗兵败下阵来，黄旗兵又冲了上去，如此三进三退，战死者二三千人。努尔哈赤见两军仍然呈胶着状态，即命降将李永芳收买在沈阳被俘的明军炮手，用缴获的大炮猛轰川兵，同时令后续部队红旗兵等部投入作战。战斗持续多时，川兵终因饥疲无后援，难以支持，除少数人冲出重围逃往河南岸浙兵营外，全军覆没，周敦吉、秦邦屏等皆战死。

歼灭了北岸川兵后，努尔哈赤迅速转移兵力，包围了河南 5 里外的浙兵营。明总兵童仲揆、陈策等已部署完毕，掘壕安营，用秫秸涂泥为障，排列　车枪炮，严阵以待。正当后金军向明军发起攻击时，有一支自奉集堡、武靖营来援的明军，约 3 万余人，已进至附近的白塔铺。这支明军的出现,使后金军处在腹背受敌的险境,所以努尔哈赤当即决定,右翼兵继续围攻浙兵营,他立即亲赴四贝勒皇太极处,命其急率左翼4旗兵迎战奉集堡、武靖营明军。原以为又是一场恶战,没想到明将李秉诚、朱万良、姜弼三总兵全是胆小如鼠的怕死鬼,与川浙兵同时受命援沈,却故意落后,一至白塔铺,即观望不前。皇太极率兵疾驰,迎战明军千余哨探兵,追至白塔铺,正在布阵的李秉诚、朱万良、姜弼惊魂未定,竟不战而逃。皇太极与随后赶来的代善、岳托等率兵追杀40里,斩首级3000有余。

击溃奉集堡部援敌后,努尔哈赤令左右两翼合军,全力围攻浙兵营。浙兵固守阵地,不断发射枪炮,给后金军以极大杀伤。八旗兵英勇顽强,凭借兵力上数倍于敌的优势,前仆后继,一次又一次地向敌营冲击。后来,浙兵营内火药用尽,八旗兵乘机猛冲,杀入敌营,两军短兵相接,激烈厮杀。努尔哈赤不断派后续部队增援,浙兵孤军奋战,势难抵敌,包括总兵陈策、童仲揆和副将戚金、参将张名世在内的将士,全部阵亡。

至此,后金军攻克沈阳,全歼明川、浙援兵,击溃奉集堡、武靖营援兵,取得了沈阳之战的彻底胜利。努尔哈赤下一个目标是夺占辽阳。

夺占辽阳

沈阳之战,明军虽然失败,但部分官兵表现出的敢打敢拼的顽强战斗作风,则是前所未有的。明朝统治者说:“自奴酋发难,我兵望风先逃,未闻有婴其锋者。独此战,以万余人当虏数万,杀数千人。虽力屈而死,至今凛凛有生气。”后金虽然取得了巨大胜利,但也付出了沉重的代价,有数千人战死。这些情况,对八旗兵将士产生了一定的负面影响,在一部分人中出现了畏敌惧战情绪。为了稳定军心,鼓舞士气,努尔哈赤在沈阳屯兵5天,赏功罚罪,将所获人畜财物按战功大小分给八旗将士,先行押回后金;将遇敌先退的将领雅松定罪削职,并以隆重庄严的仪式祭奠阵亡将士,以慰亡魂。

三月十八日,努尔哈赤召集八旗诸贝勒、大臣议事,他说:“沈阳已拔,明军大败,我们可率大军乘胜前进,夺取辽阳。”诸贝勒、大臣一致拥护这一重大决策。会后,努尔哈赤亲统八旗大军,向辽阳挺进。

辽阳为明代辽东都指挥使司(简称辽东都司)的治所,辖辽东二十五卫,是辽东乃至全东北地区的政治、军事、经济、文化中心,人口众多,街衢繁华,城防坚固。熊廷弼和袁应泰经略辽东,都是坐镇辽阳,以辽阳为根本,而以其周围城镇为藩蔽。在熊廷弼策划组织下,辽阳城经修缮加固,城高墙厚,城外挖壕三道,每道宽3丈,深2丈,城上环列枪炮,易守难攻。沈阳失守后,袁应泰采取收缩兵力的方针,急檄奉集堡、威宁营等地守军回撤,集中13万大军并力固守。为阻止后金攻城,又引太子河水入辽阳城壕。这样,守卫辽阳的兵力固然相当雄厚,但失去了外围城镇的屏蔽,辽阳城孤立无援,失败是必然的。

沈阳至辽阳仅120里,十九日中午,后金军进至辽阳城东南。袁应泰已令姜弼、侯世禄、朱万良等将领率兵出城,东阻太子河为阵,企图阻止后金军渡河。

努尔哈赤非常清楚,辽阳城坚兵众,直接攻城,伤亡必多,最好的办法仍然是引诱明军出城，在野战中歼敌。虽然已经探明有部分明军已经出城，但城东不是理想的战场，一是城东逼近太子河，地域狭窄，不便于部队展开，更不便于骑兵冲击；二是明军已预有准备，列阵以待，不好打。所以，他率后金军避开明军，在东南方向渡过太子河以后，没有攻城，而是沿千山山路奔山海关大路而去，扬言进军山海关，直犯京师，以便调动明军，寻机歼敌。

后金军的行动打乱了袁应泰原来的部署，更怕因后金军进关被朝廷治罪，一时心慌意乱，没了主意，急调一部兵力尾追后金军，同时令李秉诚、梁仲善、侯世禄、姜弼、朱万良五总兵分率所部共 5 万人，在城西 5 里结阵。

得知袁应泰已经中计，努尔哈赤立即调转兵锋，从西南方向直奔辽阳城。八旗兵见辽阳城池险固，兵众械良，有人脸上露出畏敌惧战的意思。努尔哈赤懂得，要战胜强敌，首要的是使全军将士树立敢打必胜的信念，所以他异常坚定地谕告将士们说："你等若是后退一步，便是致我于死地矣。不如先杀我，然后退去。"说完，即匹马独进。八旗将士深感愧疚，战斗激情顿时被激发起来。趁敌立营未稳，后金军向明军发起猛攻。明军发炮远击，但三四发后炮即无力，射不远。皇太极率所部精锐护军并扈从努尔哈赤的两黄旗护军乘机策马急冲，杀入敌营，随后左翼 4 旗兵赶到，两相夹攻，明军大乱，纷纷溃逃。皇太极率军追杀，至 60 里外的鞍山，胜利返回。当后金与明军在城外交战时，袁应泰派一支明军出西门增援，努尔哈赤立即命刚赶到的两红旗迎击，明军惧战，争相入城，人马自相践踏，伤亡无数。因天时已晚，努尔哈赤命大军在城南 7 里处安营扎寨。后金军诱敌出城，全歼城外明军，首战告捷，为攻城作战奠定了基础。

第二天，后金军发起攻城作战。天还没亮，努尔哈赤即向诸贝勒、大臣布置任务，说："壕宽水深，必须从东面堵住入水口，在西面挖闸放水，才能渡壕攻城。"他命左翼 4 旗兵掘闸门，自己亲率右翼 4 旗兵布战车于城边警戒，并命士兵抬土运石堵塞水口。袁应泰派步骑 3 万，出城在东门外安营，排列火器三层，放枪炮不止。右翼兵冒着明军激烈的炮火，将水口堵塞，努尔哈赤见壕水将涸，就指挥前队绵甲军推　车进战。进至壕边，将士们出车外，涉水渡过外壕，呐喊着向前冲。明军奋力还击，两军相持不下。努尔哈赤先后将精锐的红旗护军、白旗护军和白旗兵投入战斗，明军支持不住，骑兵先退，步兵随后也败退，后金军乘势追杀至东门外。

与此同时，左翼也夺取了西门桥。最初，左翼按既定部署掘西闸口，因困难较大，经请示后改夺西门桥。尽管城上不断地放枪炮，掷火箭、火罐，但左翼将士们奋力冲突，竖梯登城。傍晚时分，混入城内的后金谍工在小西门放火，弹药库起火，城上明军守城器具、窝铺、草场等全被烧毁，守城明军乱成一团。后金军乘机登城，与敌人肉搏。努尔哈赤接到报告时，右翼正在进攻东门和北门，他果断地决定，立即将攻北门的右翼兵调往西门，加强左翼。八旗兵占领西关后，与明军通宵夜战。明监军道牛维曜、高出、邢慎言、胡嘉栋及督饷户部郎中傅国等乘乱缒城而逃。

二十一日晨，努尔哈赤下令发起总攻。袁应泰依托东城顽强抵抗，但难以逃脱失败的命运。后金军右翼兵奋勇登城，与昨晚入城的左翼兵会合，沿城追杀明军。袁应泰见大势已去，在城东北的镇远楼上自缢而死，其仆纵火焚楼。监军道崔儒秀自缢，辽东巡按御史张铨被俘后拒降也自缢死。总兵朱万良、梁仲善等战死。其余官民皆降,后金军占领辽阳。中午,努尔哈赤带领八旗贝勒、大臣,在鼓乐声中进入城内,驻于原辽东经略衙门。

在努尔哈赤的正确决策和指挥下,八旗兵三月十日出征,十三日占沈阳,二十一日下辽阳,沈、辽之战以后金的彻底胜利而告结束。沈、辽的惨败,使明朝在辽河以东的官吏如惊弓之鸟四散逃亡,明军不战自溃,海州(今海城)、耀州(今大石桥)、盖州、熊岳、复州、金州、镇江、宽奠、 阳等大小70余城官民,俱剃发投降。

轻取广宁

稳定内部,积极备战

明军沈、辽惨败,辽河以东的大片土地沦丧,河西危急,军民无所依恃,大量逃亡。河西重镇广宁(今辽宁北镇)存城兵不满千人,无粮无饷,军民官绅惊恐万状。如果努尔哈赤攻下辽阳之后立即挥师西进,攻取广宁当是很容易的事情。但是,努尔哈赤没有这样做。这时他首先考虑的是如何在辽东站稳脚根。

自天命三年(明万历四十六年,1618年)发布“七大恨”起兵攻明以来,后金军曾攻破明辽东不少城镇,但由于力量不足,均弃而不守。3年之后,后金国力已相当强大,不但能够攻克沈阳、辽阳这样的重镇,而且有足够的力量牢牢地占领它。更重要的是,为了继续向明朝发动进攻,就必须占领辽东,以此为前进基地。因此,在攻取辽阳之后,努尔哈赤首先想到的是迁都辽阳这件大事。天命六年三月二十一日,即占领辽阳的当天,努尔哈赤就召集诸贝勒、大臣开会,提出将都城迁至辽阳的问题,说:“上天既然眷佑于我,授以辽阳,现在我们是移居此城呢,还是仍回后金故地呢?”诸贝勒、大臣没有努尔哈赤那样的远见卓识,都说愿意回去。努尔哈赤坚持迁都辽阳,解释说:“我军若还师,辽阳必然又被明兵占领固守,辽阳周围的百姓也就不再为我所有了。舍弃已经获得的疆土,以后还要再用兵征讨,是很不划算的。况且这里是大明、朝鲜、蒙古接壤要害之地,上天既给了我后金,就应该在这里居住下来。”诸贝勒、大臣认为努尔哈赤的话有道理,一致同意迁都辽阳。

努尔哈赤并不是没有攻取广宁的打算。在占领辽阳数日之后,他曾派第十子德格类和侄儿寨桑古率兵千人,前往辽河,侦察三岔河浮桥。辽河下游,在海州以西60里处,因与浑河、太子河合流,称三岔河。河上平时以苇缆大船30只为桥,冬季冰坚,打芦苇搭造浮桥。由于三岔河是联系河东、河西的交通要道,过河西北行百余里即达广宁,故明人视此河为广宁“天险”。努尔哈赤侦察三岔河浮桥,显然是为了攻取广宁。但侦察的结果是,河上桥已被拆毁,也没有船只,渡河困难。这在很大程度上影响了努尔哈赤的军事决策。

五月末至六月初,努尔哈赤曾亲自视察了与明朝对峙的一段边境,在鞍山(今鞍山市南东鞍山)、海州、穆家堡、黄泥洼堡等地,他观察形势,部署防务,进一步确定了暂不西进、着力整顿安定内部的方针。一贯用兵谨慎的努尔哈赤，决不贸然从事，他要把自己的每一个军事行动，都建立在稳妥可靠的基础上。

后金进驻辽沈地区后，汉人的反抗活动接连不断，向水井里投毒，袭击满族官员，局势极不稳定。为了巩固新占领的辽东地区，努尔哈赤不得不暂停向河西的进攻。当年七月，明都司毛文龙率兵 220 余人袭取镇江，生擒后金守将佟养真等 60 余人，辽南金、复、海、盖四卫群情振奋。努尔哈赤急忙从辽河一线调兵，命皇太极、阿敏等率领，往镇江和辽南，镇压人民群众的反抗。为了弥补兵力的不足，努尔哈赤在汉人中大规模征集兵员，规定汉人男丁 20 人中抽调 1 人当兵，紧急时 10 人中抽调 1 人。汉军户全家要迁入汗城居住。兵丁有事出征参战，无事驻守城池。

侦察敌情。为了摸清明朝方面的情况，选择最佳进兵时机，努尔哈赤秘密派遣大量间谍深入明朝各地，窃取情报。有一个叫黄衣的广宁人，原在辽阳任通判，暗中投降了后金，助后金破辽阳后，又受命潜入广宁。在北京，刘保父子被后金谍工收买，每月向后金提供明廷内部的邸报。他们虽然都被明朝发现了，但没有暴露的后金谍工还有很多。后金间谍几乎无孔不入，使明朝防不胜防，以至兵部惊呼："广宁奸细无处不有，内地奸细无处不有！"

明经抚不和

沈阳、辽阳接连失陷，明廷震惊，京师戒严。统治者一时束手无策，在万般无奈之下，又决定重新起用听勘回籍的熊廷弼。六月，天启帝任命熊廷弼为兵部尚书兼都察院右副都御史，经略辽东等处军务。

熊廷弼熟悉边情，针对明与后金的实际情况，力主调集大军，广储粮饷，备足器械，持久作战，固守辽东。受命之初，他就提出了恢复辽左的"三方布置"策：陆上集重兵于广宁，坚城固守，并沿三岔河筑垒，置游兵轮番出入，以迷惑后金军；海上以天津为一方，登州（今山东蓬莱）、莱州为一方，各置舟师，不断袭扰辽东半岛沿海地区，从南部攻击后金侧背；经略驻山海关，居中节制广宁、天津、登莱三方，统一事权。待后金军疲惫，或因遭水师袭扰而回师内顾时，乘机反攻，收复辽沈失地。就当时情况来看，后金虽连战皆捷，士气高涨，但火器不多，长于野战，短于攻坚，又因辽东人民的猛烈反抗，消耗了大量的财力、物力和兵力，以致后方不稳，兵力不足；而明在辽东屡遭重创，官将畏敌，士气低落，民无固志，一时难有大作为，熊廷弼的"三方布置"策，把基点放在积极防御上，可以抑敌之长，制敌之短，是一个比较切合实际的正确方针。

但是，熊廷弼的正确主张却遭到辽东巡抚王化贞的反对。王化贞，山东诸成人，由户部主事历右参政，任宁前道，分守广宁，辽阳失陷后，升为右佥都御史，巡抚广宁。他不懂兵法，对于辽西设防，提出"画地分守"的方针，即沿三岔河设 6 营，营置参将、守备，画地分守，另在西平、镇武、柳河、盘山诸要害，分兵屯戍。这样部署，分散了兵力，既不能阻止后金军渡河，也容易被敌人各个击破，实在是一个"自弱之计"。这个根本不懂军事的庸才，却又刚愎自用，骄傲轻敌，好说大话，极力主战，说只要有兵 6 万，就可一举荡平后金，迅速收复辽东失地。他不做实际工作，对兵马钱粮器械等军务问题一概不闻不问，把收复辽东的希望寄托在利用察哈尔蒙古林丹汗兵和辽东人的“内应”上，甚至提出以降金的李永芳为内应，妄想借此以不战取全胜。

熊廷弼主守，王化贞主战；熊廷弼主持久，王化贞主速决，在辽东防务指导思想上，经抚二人严重对立，以至势同水火，一方赞成的事，另一方必反对。天启元年（后金天命六年，1621 年）七月，毛文龙袭取镇江，是王化贞一手策划的，他也“自谓发踪奇功”。熊廷弼则认为在明军尚未部署就绪的情况下，过早地发起镇江之战，乱三方并进之谋，误属国联络之计，不是“奇功”，而是“奇祸”。

王化贞好说空言大话，欲以此来博取朝廷的信任。可悲的是，王化贞的错误主张正适应了明廷的需要。天启帝和大多数文武大臣急功近利，急于收复辽东失地，王化贞的速战速胜论迎合了他们这种心理，因而赢得了明廷的支持。当然，这种情况的发生，还与明朝统治集团内部的党争有联系。当时阉党魏忠贤专政，内阁和兵部都为阉党和投靠他们的人把持，兵部尚书张鹤鸣宠信阉党分子王化贞，公开支持他不受熊廷弼节制，对熊廷弼则多方遏制，而且纵容科道纠参熊廷弼。王化贞有恃无恐，处处与熊廷弼对立。熊廷弼坐镇山海关，仅有兵 5000，抚臣不听其节制，徒有经略虚名而已。王化贞拥兵 13 万，兵权在握，进退自决。天启二年正月，明廷已经议定，把熊廷强调离，另行“斟酌推用”，留王化贞独掌辽东大权。此议尚未实行，后金已大举向广宁进兵。

经抚不和，战略指导思想相左，使辽东前线战守无定策，各级将领无所适从；而王化贞的得宠，其错误的战略方针得以实行，这就使得明军在即将开始的战争中不可避免地遭致失败。

激战西平堡

努尔哈赤通过潜入明朝的谍工侦知辽东经略不和的消息，在安顿内部的同时，加紧备战，伺机进攻广宁。

天命七年（明天启二年，1622 年）正月十八日，努尔哈赤亲率八旗劲旅，由辽阳出发，经鞍山、牛庄西进，二十日渡过辽河。明防河兵不战而逃，后金军前锋追击 20 余里，直至西平堡（今辽宁盘山古城子）。随后，八旗兵大队人马赶到，努尔哈赤下令包围西平堡。

此前不久，明辽东经略熊廷弼与巡抚王化贞议定，熊廷弼驻右屯（在今辽宁凌海东南），王化贞驻广宁，令总兵官刘渠率兵 2 万驻守镇武，总兵官祁秉忠率兵 1 万驻守闾阳，副总兵罗一贵率兵 3000 驻守西平，采取以重兵固守广宁根本，以镇武、闾阳、西平诸外围城堡为防护的作战方针。熊廷弼规定，严禁溃逃，各城堡要坚壁固守，勿浪战，情况危急时要相互应援，违者杀无赦。

努尔哈赤通过派出的谍工早已掌握了上述情报，他鉴于广宁有重兵驻守和八旗兵攻坚能力不足等原因，决定不直接进攻广宁，而是首先攻击驻军最少的西平，引诱广宁等处明军来援，争取在野战中将其歼灭，为最后能以最小的代价攻占广宁创造条件。

当后金军进围西平堡时，守军参将黑云鹤不听主将罗一贵的劝阻，率兵出城迎战。相对于八旗大军来说，黑云鹤的兵力实在少得可怜，不堪一击，很快败没。努尔哈赤从起兵征明以来，无往不胜，这次西平堡又初战告捷，自是欣喜异常，竟然一改以往诸战皆用计诱敌出战的惯用战法，指挥八旗兵军大举攻城。明军凭城固守，矢石齐发，并用大炮猛轰，后金军屡攻不下。努尔哈赤见攻城受挫，命李永芳派人举旗到城下招降。罗一贵拒不投降，站在城楼上大骂李永芳为“逆贼”。努尔哈赤因招降失败，再次下令布战车竖云梯猛攻。八旗兵作战虽勇猛顽强，但短少火器，三次攻至城下，三次被打退，每次都留下大量尸体。明军与后金军相持两昼夜，火药用尽，援兵不至，因寡不敌众，城被攻陷。罗一贵为流矢射中眼睛，自刭而死。后金军最终虽然攻占了西平堡，但损失极为惨重，据记载城下积尸几与城平，死伤六七千人，比明军兵力的两倍还多。

西平危急，王化贞龟缩广宁，不敢出援，后在经略熊廷弼的催促下，只好派出部分广宁兵，以游击孙得功为先锋，会合刘渠、祁秉忠部镇武、闾阳守军，共计 3 万余人，前往西平解围。孙得功早已暗中投降了后金，他自恃是王化贞的心腹，不听刘渠等人的指挥，擅自将部队分为左右翼，让刘渠、祁秉忠部先出战，他则退到阵后。努尔哈赤得到广宁明军出援的消息后，立即率八旗兵前往迎敌，在平阳桥与明军相遇，来不及布阵，就下令冲杀。刘渠、祁秉忠等率兵奋勇抗击，双方正在激战，孙得功在阵后突然大喊：“兵败了！”与此同时，他率领所部急急向后逃走。刘渠、祁秉忠部不明真相，顿时大乱，纷纷溃逃。努尔哈赤乘势挥军追杀，歼敌 3 万余人。明援兵全军覆没，总兵官刘渠、祁秉忠等战死，只有孙得功等逃回广宁。

后金军在平阳桥大获全胜之后，努尔哈赤并没有乘胜攻取广宁，而是回师西平堡，派人哨探广宁虚实，以视情而动。

不战而得广宁

孙得功等人逃回广宁后，即让其同党在城中大造舆论，扬言后金军正向广宁进军，很快就将兵临城下，宜早剃发归顺。还在后金军渡过辽河西进之初，广宁城中人心动摇，已有部分居民出城，避难于山中。这时在孙得功及其同党的煽惑下，人们更加惊恐慌乱，不但普通百姓纷纷出逃，连守城的兵卒也争相缒城逃命。孙得功一伙还夺据城门，封闭府库，把守火药库，欲生擒巡抚王化贞，迎接后金军入城。

广宁城很快就要落入后金之手，而巡抚王化贞对城中的慌乱情形和危险前景却一无所知。二十二日晨，他仍然一如平日，静坐卧室，批阅文书。参将江朝栋突然闯了进来，王化贞大怒，厉声斥责。江朝栋急忙上前，边拉着王化贞往外走，边说：“情况危急，快走！快走！”王化贞开始竟然不相信，待他登楼观察，见城头上已没有一个守兵，而炮声接连不断，喊杀声不止，这才大吃一惊，顿时吓得双腿发抖，不知所措。王化贞狼狈出逃，在江朝栋的陪护下，冲出被叛兵把守的城门。二十三日，在闾阳驿与率兵驰援的熊廷弼相遇。熊廷弼见王化贞已弃守广宁，知大势已去，败局无法挽回，便将自己统率的 5000 兵马交给王化贞，命其殿后，护卫军民退入山海关内。

辽东巡按方震儒得知王化贞出逃的消息后，也慌忙外逃，孙得功一伙控制了广宁城。孙得功派 7 人前往西平，向努尔哈赤请降。努尔哈赤为不战而得广宁备感高兴，当即赏给来人银两和信牌。二十三日，努尔哈赤率八旗兵起行。二十四日，行至广宁城东三里的望城岗，孙得功等率领官民，执旗帜，撑伞盖，抬龙亭，奏鼓乐，夹道跪迎。努尔哈赤惟恐其中有诈，先令八旗诸贝勒、大臣与李永芳入城，彻底搜索一遍，然后才骑马进城，驻于巡抚衙门。

后金占领广宁后，盘山、闾阳、十三山驿、大凌河（今辽宁锦县）、锦州、松山、杏山等40余城相继归降。努尔哈赤并不满足已有的胜利，为进一步扩大战果，息兵10日之后，他即率军向山海关进发。熊廷弼在向山海关撤退时，把沿路屯堡房屋和官府仓储物资尽数焚毁，后金军所到之处，人烟断绝，几无所得，困难重重，所以到中左所（今辽宁锦西东北塔山）后，努尔哈赤决定返回锦州。此时，义州（今辽宁义县）尚为明军占据。努尔哈赤认为，这种情况不但不利于广宁的巩固，而且待以后进军山海关时还会严重威胁着后金军的侧后。所以，他先派大贝勒代善、四贝勒皇太极率军攻占义州，又授孙得功为游击，隶镶白旗，统辖归降明兵，移驻该地。

广宁之战，后金突破了明军辽河防线，占领了广宁及其周围广大地区，获取大量人口、牲畜、粮食、金银、布匹等，以补充辽东地区因战乱、逃亡而极度短缺的人力资源和物质财富，从而为巩固辽河以东和进一步夺取辽河以西，以至于打开关门，进攻明朝腹地，创造了极为有利的条件。所以，努尔哈赤抑制不住内心的喜悦，回到广宁后，就派人赴辽阳接后妃和诸贝勒大臣的妻妾来广宁，举行盛大宴会，共同欢庆胜利。二月十七日，努尔哈赤命诸贝勒统兵守广宁，他则在福晋们的陪伴下返回辽阳。

开发辽东

施行新政

后金从建州故地进入辽沈地区，社会情况发生了巨大的变化：前者，以满族为主，尚处于奴隶制社会，经济、文化比较落后；后者，以汉人为主，早已实行封建制，经济、文化相当发达。后金统治集团最初仍然沿用建州地区旧的一套统治辽沈地区，结果遭到辽民的强烈反抗。为了在辽沈地区站稳脚跟，巩固统治，努尔哈赤总结经验教训，根据新的情况，实行了许多新政策。

任用汉官。任用降金汉官，比较早的可以追溯到天命三年（1618年）的抚顺之战。努尔哈赤把投降的汉民编为1000户，仍按明制，设大小官属，命投降的守城游击李永芳统管，并升其为副将。进驻辽东地区之后，面对人口众多的汉人，努尔哈赤认识到，单纯依靠人数很少的满族贵族来进行统治，显然是不可能的。再说，语言不通，习俗相异，思想观念有别，更增加了管理的难度。为了减少辽民的敌对情绪，防止汉人的反抗，他十分注意拉拢汉族地主阶级，任用汉官，主要是战败投降的官将和明朝的罪臣、废官。天命六年三月二十一日攻克辽阳，努尔哈赤宣布，明朝降官俱复原职。二十四日，又释放辽阳狱中官民，并将查明的被削职赋闲的官员官复原职，设游击8员、都司2员。广宁之战中，对主动归顺的明朝官将，都赏给银两、信牌，或赐给旗帜，让他们仍任原职，有的还升职录用。对尽心尽力效忠于后金的汉官，给予各种优待。

李永芳从游击晋为副将，后从征沈阳、辽阳有功，又晋三等总兵官，主管辽东汉官事务。努尔哈赤用高官厚赏网罗了一大批汉官，这对稳定辽东的社会秩序，巩固后金的统治，起到了相当大的作用。

各守旧业。天命六年占领辽阳后，努尔哈赤正式提出了“各守旧业”的政策，规定官民只要不叛逃，不反对后金的统治，就可以各自保有祖传的旧业，各自占有原来的田地、房舍，家中粮食、衣服、草束等物也各归原主。逃走的地主、官绅，原有的田地、住宅、粮谷等都成为后金汗所有，但只要归来，投顺新主，交纳一些银钱，就可以领回田宅粮食等祖业。各守旧业的政策，不单单是就农业而言，也包括商业、手工业等各个行业。努尔哈赤对商业和手工业也很重视。天启六年建东京城时，下令各地寻访抚顺、清河等地旧商人和店主，令他们集中到东京城南部居住，开设店铺。在各地迁徙人口时，努尔哈赤专门下令，某些行业的手工业者可以仍在原地居住。他对一些行业的手工业者还给予特别的优待，如天命八年规定，织蟒缎、帛子、补子的工匠，凡没有妻室的，都给予妻室、奴仆、衣食，免纳贡赋，免服徭役。各守旧业的政策，在承认辽东地区各行各业原有的产权形式和经营方式的同时，也就承认了那里原有的封建生产关系，保障了那里的封建制度，这对于恢复辽东社会秩序，恢复、发展农工商各业，都有一定积极的作用。

计丁授田。努尔哈赤统一女真后，在其辖区内实行牛录屯田制，每一牛录出男丁10名，牛4头，垦田屯种。进驻辽东之后，努尔哈赤在满族牛录屯田制基础上，参照明朝军屯制，于天命六年七月颁布“计丁授田”令，将辽、沈和海州等地的“无主之田”，授予八旗兵丁和汉民，规定：每1男丁授田6日（1日约合6亩），以5日种粮，1日种棉；每3丁种官田1日；每20丁，征1丁当兵，以1丁服官役。所谓“无主之田”，原是明朝官绅、地主的土地，他们逃亡或被杀之后，成为“无主之田”。这些土地被后金没收，后金国或者说努尔哈赤成为土地的最高所有者，把土地分为官田和份地两部分，授予八旗兵丁和汉民男丁。八旗兵丁和汉民男丁，一方面在分得的份地上劳作，生产所需要的生活资料，另一方面还要以无偿劳役耕种规定的官田，作为劳役地租。他们对土地只有使用权，而没有真正的所有权，不能自由买卖，不能传给子孙，甚至不能自主决定种植何种作物。分得土地的男丁，不能自由迁移，成为被钉附在土地上的封建农奴。不论是从土地所有制的形式，还是从生产的地位和产品分配形式上，“计丁授田”制都属于封建生产关系的范畴。“计丁授田”制的实行，标志着后金社会正从旧的奴隶制向封建制过渡。

按丁编庄。努尔哈赤继实行“计丁授田”之后，又于天命十年十月发布谕令，将汉人按丁编庄，规定13丁编成1庄，种田100日，其中20日交纳官粮，80日供自己食用。这次编庄是对满族原有的奴隶制“拖克索”的重大改革。“拖克索”，是满语音译，即庄园、庄屯之意。“拖克索”内的劳动者“阿哈”，辛勤耕作，他们的劳动成果都要交给主人，主人仅供给衣食，阿哈没有任何的人身自由，一切要听从主人安排，而主人对阿哈却可以任意买卖、打骂，甚至于杀害，实际上是主人的会说话的工具——奴隶。而这次编庄，庄丁不再是庄主的奴隶。尽管土地和耕牛等生产资料仍归庄主所有，但庄丁在交纳官粮的20亩土地上耕作，将产品作为赋税和地租交给庄主之后，就可以通过自己的劳动，得到另外那 80 亩土地上的产品，供自己家人食用。这样，庄丁就有了少量的属于自己的私有经济。从人身关系上说，庄丁虽然仍被束缚在土地上，但有了部分的自由。因此，这时的庄丁，已经成为封建性质的农奴，庄园则成为封建农奴制庄园。这种农奴制庄园的出现，标志着封建农奴制成为后金主要的生产关系。

努尔哈赤实行的“计丁授田”和“按丁编庄”，促使满族社会由农奴制向封建农奴制转化，具有一定的进步意义。但对于辽东地区长期存在的封建经济来说，又是历史的倒退。

八和硕贝勒共治国政

天命七年（明天启二年，1622 年）三月初三日，努尔哈赤做出了一个重大决策，宣布在他百年之后，不再沿袭国主独尊的旧制，而实行八和硕贝勒共治国政的制度。

这一重大决策的出台，与努尔哈赤在选定继承人一事上屡遭挫折有直接关系。

努尔哈赤的长子褚英足智多谋，勇武超群。万历四十年（1612 年），努尔哈赤立褚英为嗣子，命其执掌国政。但褚英心胸褊狭，为了与他的四个弟弟和五大臣争权，极力挑拨他们之间的关系，对他们多方限制，百般刁难，并且封锁消息，不准四个弟弟向父汗报告他的一切言行，企图架空父汗，抢班夺权。被告发后，遭到努尔哈赤的严斥。但褚英不但仍我行我素，而且怀恨在心，竟在努尔哈赤率兵出征乌拉时，暗中焚表，诅咒父汗、诸弟和五大臣，甚至希望父汗作战失败，准备不让父汗与诸弟回城。努尔哈赤得知此情后对褚英大失所望，于万历四十一年（1613 年）将其幽禁于高墙之中，两年之后，又下令将褚英处死。努尔哈赤首次立嗣就这样失败了。

褚英被囚杀后，围绕着立嗣问题，后金统治集团内部展开了激烈的斗争，特别是大贝勒代善和四贝勒皇太极二人，更是明争暗斗。代善为努尔哈赤第一个大福晋佟佳氏所生，英勇善战，战功卓著，赐号“古英巴图鲁”，封和硕贝勒，位居四大贝勒之首，称为“大贝勒”，拥有正红、镶红二旗，权势极大，颇受汗父的器重。努尔哈赤选定代善主管后金军国大政，并明确宣布立他为“太子”，并交代说，待自己百年之后，爱妃大福晋阿巴亥和诸幼子将托付给代善照应。太子的确立，并没有使代善与皇太极之间的争斗止息，反而有越演越烈之势。天命五年三月，努尔哈赤的小福晋泰音察告发代善与继母大福晋富察氏关系暧昧，大贝勒莫名其妙地被卷入一场政治阴谋之中。努尔哈赤对此事非常恼火，将大福晋休弃，虽然没有处分代善，但与代善的关系不可避免地蒙上了一层阴影。不久，又有两件事情，一是后金从界凡迁居萨尔浒时，代善气量狭小，与汗父争房地；二是代善听信继妻纳喇氏的谗言，虐待前妻之子硕托，甚至诬陷硕托与庶母通奸，一心要杀掉硕托，努尔哈赤因此对代善极为不满，于当年九月废掉太子。

废掉太子之后，努尔哈赤有意让四贝勒皇太极继承汗位。皇太极为努尔哈赤爱妃叶赫纳喇氏（亦作叶赫那拉氏）所生，聪明伶俐，有勇有谋，屡立战功，倍受努尔哈赤宠爱。他又极有心计，在那场富察氏与代善关系的风波当中，躲在幕后，不露声色，既使大贝勒名誉扫地，又获得了父汗的好感。但努尔哈赤很快就发现，皇太极自恃父汗的宠爱，高傲无礼，拉帮结伙，引起诸贝勒的不满，如选为嗣子，难以服众。而二贝勒阿敏为侄儿，三贝勒莽古尔泰生母被休，均不能入选。因此，对于立嗣一事，努尔哈赤感到左右为难。

当时八旗旗主贝勒都是努尔哈赤的子、侄等亲属，拥有很大的权利。各旗主贝勒为了扩大自己的权益，相互间明争暗斗，矛盾重重。在两次立嗣失败而新嗣子一时又难以确定的情况下，天命六年二月，努尔哈赤采取了一个折中的办法，下令代善、阿敏、莽古尔泰、皇太极四大贝勒按月轮流执政，国内的一切政务，都由值月贝勒处理。按月分值虽然暂时避免了矛盾，毕竟不是长远之计。努尔哈赤为了调整旗主贝勒之间的关系，缓和矛盾，防止在他去世之后发生争权篡位的事情，才于天命七年发布汗谕，正式确定实行八和硕贝勒共治国政的制度。

和硕，是满语"方"、"角"的意思。和硕贝勒，直译是一方之贝勒。由于八旗都有固定的方位，这里的一方，也就是一旗。所以，和硕贝勒就是旗主贝勒，又称固山贝勒。八和硕贝勒共治国政，就是由八旗的八个旗主，共同执掌后金国的军政要务。八和硕贝勒拥有相当大的权利，具体说来，有以下几个方面。

第一，推选或废黜新汗。继任的新汗，既不是由努尔哈赤指定的，也不是自封的，而是由八和硕贝勒共议后推选的。新汗不能是强横的人，要选择不拒绝八和硕贝勒意见的人为汗。如果新汗不听八和硕贝勒的意见，不行善政，八和硕贝勒就可以罢免他，另行推选新汗。

第二，共同议处军国大政。努尔哈赤指出，一个人的知识终归有限，所以凡是军国大政必须由八和硕贝勒共议后集体裁处，不能由汗一人说了算。

第三，审断案件。汗谕规定，满、蒙、汉八旗，各置大臣八人、理事官八人。一切案件，先由理事官初审，复由八大臣拟定处理意见，最后由八和硕贝勒裁决。八旗之间的纠纷以及对和硕贝勒的惩处，也须由八和硕贝勒共同审理裁处，而新汗不再拥有最后裁决权。

第四，任免官将。汗谕规定，八和硕贝勒须贬斥奸诡的人，进举忠直的人。对于自己既无才能，又不能积极支持、发挥其他和硕贝勒正确意见的个别和硕贝勒，经八和硕贝勒集议后予以撤职，另从其属下的子弟中选任新的和硕贝勒。如有行为悖逆的和硕贝勒，八和硕贝勒对其进行惩治，包括罚其财物，没收所辖诸申(自由民)，甚至将其关押狱中。这样，八和硕贝勒完全掌握了从一般官将至和硕贝勒的任免、奖惩等人事大权，新汗没有独自任免的权利，从而避免了新汗任用亲信，与八和硕贝勒争权的可能性。

第五，按"八分"分配。汗谕规定，一切社会财富，如掠获的金银财帛和人畜等，新汗不能独占，必须归八和硕贝勒共有，按"八分"即由八旗平均分配，不许隐匿贪取。

第六，与新汗并肩共坐。新汗在升殿或祭堂时，要先向叔兄叩首，然后登上宝座，与八和硕贝勒并肩共坐，同受国人叩拜。这就从礼仪上取消了新汗南面独尊的权力，使八和硕贝勒处于与新汗平等的地位。

汗谕在赋予八和硕贝勒诸多权利的同时，对其行动也有所限制，规定和硕贝勒不许在家中私议国政，也不许单独或几个人与汗密议，军国大政必须在庙堂共议。

努尔哈赤实行八和硕贝勒共治国政的汗谕，是在选择不到合适的接班人的情况下提出的，一是企图阻止诸子势同水火的储位之争，二是通过提高八和硕贝勒的地位和权利，限制新汗的权利，防止新汗权利过大而任意改变其既定的方针政策。努尔哈赤创建了后金国，他把政治、经济、军事等大权，完全控制在自己手中，实行的是君主集权制。自天命七年三月发布汗谕以后，他逐渐把部分权利移交给八和硕贝勒，为施行八和硕贝勒共治国政的制度作准备。天命十一年八月，努尔哈赤去世后，他的兄弟子侄等遵从八和硕贝勒集议立汗的训谕，由大贝勒代善倡议，其他诸贝勒一致赞同，四贝勒皇太极被推举为新汗。事实证明，八和硕贝勒共治国政的制度保证了权利的平稳交接，防止了一场因争夺汗位而可能出现的大动乱。但是，八和硕贝勒共治国政的制度带有很大的历史局限性，不可能彻底实行。进入辽东以后，后金国正从奴隶制向封建制过渡，君主集权是历史的必然，是不可阻挡的大趋势。八和硕贝勒共治国政的制度，分散了君主的权利，不利于君主集权，不适应后金国的社会现实。所以，皇太极上台之后，极力强化汗权，很快就"南面独坐"，八和硕贝勒共治国政的体制就被废除了。

迁都沈阳

天命六年四月，努尔哈赤把后妃以及诸王、大臣的眷属全都接到辽阳，从此，辽阳成为后金国的新都。

自从在赫图阿拉建立后金以来，随着统一女真各部的战争和对明战争的不断发展，努尔哈赤数次迁移驻地，先迁至界凡，又迁至萨尔浒，再迁至辽阳。每一次迁移，努尔哈赤都是以是否有利于战争的进行为基本出发点。天命四年攻陷开原之后，努尔哈赤想到，时当六月，天气炎热；出兵已20天，人困马乏；如回都城，二三日方到，士卒回到家中，又须三四日，天暑路遥，十分劳顿。因此，他提出不回都城赫图阿拉，而在界凡牧马，使马匹早日复壮，以利于八月继续用兵。尽管受到诸贝勒大臣的一致反对，但努尔哈赤力排众议，坚持迁驻界凡。事实证明努尔哈赤的意见是正确的，由于免除了长途跋涉之苦，马匹迅速复壮，提前出兵，七月即攻取了铁岭。

努尔哈赤之所以要从萨尔浒迁往辽阳，同样是为了他所进行的事业，他要以辽阳为中心，牢固占领辽沈地区，并进而向辽河以西进军。迁驻辽阳不久，努尔哈赤又提出在辽阳旧城附近另筑新城的动议，他对诸贝勒大臣说，一是辽阳城大，年久残破，难以固守；二是辽阳东南有朝鲜，西北有蒙古，两国都还没有归附，如果在这种情况下继续进行攻明战争，难免有后顾之忧，因此，必须另筑新城，派兵坚守。除此之外，还有一条努尔哈赤没有说出来，那就是辽东人民蓬勃开展的抗金斗争。另建新城，正是从安全方面考虑的。对于这一点，诸贝勒大臣当然不会不明白，但他们更担心的是，建新城要动用大量的人力物力，有可能因"劳民"而激起辽民更激烈的反抗。努尔哈赤主意已定，说："既然我们已经起兵征明，岂能半途而废！你们吝惜的是一时的劳苦，而我是从长远考虑。如果舍不得这一时的劳苦，怎么能够成就将来的大业呢？"诸贝勒、大臣深感努尔哈赤确比他们有远见，也就不再反对。于是，在辽阳城东8里，西傍太子河筑辽阳新城，努尔哈赤及其诸贝勒、大臣都迁居于此，称为"东京"。

由于辽阳距海口不远，努尔哈赤担心明军从海上来袭，作为都城不够安全。天命十年三月初一日，努尔哈赤召集诸贝勒、大臣开会，提出准备从东京迁都沈阳。诸贝勒大臣都认为，东京城的宫殿和衙署刚刚建成，居民的房屋还没有全部盖好，现在迁都，正值年成不好，粮食不足，再兴建大工程，劳役太重，恐怕老百姓难以承受这样的劳苦。努尔哈赤见大家不同意他的意见，就解释说：沈阳是形胜之地，交通便利，四通八达，这对我们用兵作战非常有利。西征明朝，从都尔鼻（今辽宁彰武）渡过辽河，路直且近。北征蒙古，二三天就可以到达。南征朝鲜，从清河路就可以进兵。在经济上，沈阳也有许多有利条件。浑河与苏克素浒河相通，若在苏克素浒河源头处伐木，砍伐的木材顺流而下，不可胜用。如果出游打猎，沈阳附近有山，野兽很多，河中又可捕捞鱼虾。最后，他非常生气地说："这一切我都是深思熟虑，筹划好了的，所以才提出迁都，你们为什么不听从！"众贝勒、大臣见努尔哈赤动怒，只得齐声称是，同意迁都。于是，初三日，努尔哈赤率领诸贝勒大臣，从辽阳向沈阳进发，初四日到达沈阳。作为后金的都城，沈阳在天聪八年被尊称为"盛京"。迁都之后，努尔哈赤开始动工修建宫殿，后经皇太极续修，历时十余年，至崇德元年（1636 年）才基本建成，这就是后来所说的沈阳故宫。

努尔哈赤在短短的几年之间，先迁都辽阳，再修建东京城，又迁都沈阳，都是为了在征明时能够有一个安定的后方大本营，以保证战争的顺利进行，他的想法不能说没有道理，但这样频繁的迁都，至少说明他最初的考虑不够慎重和周全，而且屡兴土木，夫役繁苦，大大增加人民的负担，引起辽民的不满与反抗。

宁远失利

蛰伏待机

占领广宁之后，努尔哈赤不得不暂时停止了对明朝的攻战。

后金进占辽东，过去被汉人统治的女真人，现在成为这块汉人聚居区的统治者，这使努尔哈赤感到无比的兴奋和喜悦。但是这种感觉并没有维持多久，面对汉人的汪洋大海，他更感到迷惑和恐惧，因为他知道，如何对待汉人，采取什么政策，这是关系后金生死存亡的大问题，弄得不好，就会有灭顶之灾。

最初，努尔哈赤还是比较明智的。抚顺、清河之战期间，对明朝军民采取了正确的招抚政策，争取了李永芳、范文程、佟养性等汉族官绅先后归降。对归降的汉人，不改变他们的生活方式和行政制度，并给予优待和重用。占领辽沈地区之后，他明确提出了恩养汉人的方针，制定了任用汉官、各守旧业、计丁授田等一系列新政策。这些政策是比较恰当的，对于缓和满汉民族矛盾，稳定辽东地区的社会秩序，恢复和发展生产，起了一定的积极作用。

但是，封建统治阶级长期实行的民族歧视和民族压迫政策，对满、汉两个民族的影响都是很深的。明朝统治者的民族歧视和民族压迫政策，曾对女真人造成极大的伤害，但努尔哈赤占领辽东后，又对汉民实行民族歧视和民族压迫政策，即使是那些恩养汉人的政策，也包含有严重的民族歧视和民族压迫的内容。长期受“华夷之辨”传统观念影响的辽东汉民，在心理上本来就难以接受女真人的统治，努尔哈赤推行的民族歧视和民族压迫政策，更加剧了辽东汉民的敌对情绪，激起他们的反抗。而辽民的反抗，使努尔哈赤越发感到恐惧，以致丧失了理智，制定了许多错误的政策。

一是强令汉民“剃发”。努尔哈赤每攻占一个汉人聚居的地方，就下令“剃发”，以此作为归顺后金的标志。否则，即派兵镇压，杀死拒不归降的人，将其妻子儿女分赏给八旗官兵为奴。

二是强令移民。为加强对辽民的控制，防止叛逃，多次大规模地强迫辽民迁移。天命六年八月，将金州居民迁往复州。十一月，强迫镇江、 河、新城、宽奠、汤山、镇东堡、镇夷堡、凤凰等地汉民，迁往萨尔浒、清河等地。天命七年二月，强迫辽河以西广宁等九卫汉民迁往辽河以东，锦州二卫迁往辽阳，右屯卫迁往金州、复州，义州二卫迁往盖州、咸宁营，广宁四卫迁往沈阳、蒲河和奉集堡。汉民被迫背井离乡，倾家荡产，备尝艰辛。稍有不从，恋居不迁者，即惨遭屠杀。

三是强迫汉民与女真人合食同住。天命六年攻占沈阳、辽阳之后，努尔哈赤下令将建州旧地的女真人陆续迁入辽沈地区，规定女真人与汉民房要合住，粮要同食，田要共耕，实际上就是要汉民养活女真。

四是清查粮食，捕捉“无谷之人”。为解决粮食不足，努尔哈赤下令汉人要如实申报所有的粮食，按人口定量，多余的粮食只能低价卖给官方，不许私自买卖。天命九年正月，努尔哈赤派遣八旗大臣到各地逐村逐户清查汉民家中谷物，按一定标准划分为“有谷之人”和“无谷之人”，将“无谷之人”收为“阿哈”（家奴）。不久，竟残忍地下令将各地查送的“无谷之人”全部杀死。天命十年十月，努尔哈赤命八旗官员往各村屯去甄别汉人，凡是被革职的原明朝官员、生员，以及一切被怀疑的人，都被甄别出来，统统杀死。

后金的残暴统治激起辽东汉民的强烈不满，他们或是大量逃亡，或是以投毒、袭杀甚至暴动的形式，进行反抗。从天命六年至十一年，比较大的暴动和逃亡多达数十次，地域几乎遍及后金各地。甚至一度受重用降金的汉官对努尔哈赤的统治也表示不满，转而弃金投明。努尔哈赤丧失理智，用极其残酷的手段，进行镇压。天命八年六月，复州城汉民欲举行暴动，努尔哈赤派代善、德格类等率兵 3 万人前往，残酷镇压，将城中男子万余人全部杀害，妇女儿童则分给八旗官兵为奴。

辽民的不断反抗，大大削弱和牵制了后金的力量。后金国内危机四伏，努尔哈赤穷于应付，一时无暇也无力继续征明。但他亡明之心不死，他只是蛰伏下来，等待时机而已。

明廷弃守关外之争

天启二年（后金天命七年，1622 年）正月，广宁失陷，门户洞开，山海关直接暴露在后金铁骑的面前，明廷大为震惊，上下一片混乱。为应付危局，守住山海关，明廷紧急从全国各地征调兵马，并以宣府巡抚解经邦为辽东经略。解经邦畏敌丧胆，拒不从命，明廷只得改任王在晋为兵部尚书兼都察院右副都御史，经略辽东。

王在晋与解经邦一样，视辽东经略为畏途，不愿受命，请求辞职，未获批准，不得已赴前敌就职。他畏敌如虎，意志消沉，极言守关之难，说各隘口边墙未葺，器械未整，兵马未足，钱粮未议，官兵懒惰；山海关的地理形势，南为海，后金军乘舟瞬息可达，北为角山，但峰峦高于边墙、关城，如敌人先据山岭，凭高下击，实难守御。因此，他主张在关外八里铺再筑一关城，派兵 4 万驻守，使外关成为内关的屏障。王在晋的主张，名为守关，实质是放弃关外，龟缩关内，时刻准备逃跑，是彻头彻尾的失败主义。

监军关外时任宁前兵备佥事的袁崇焕坚决反对王在晋筑重关的主张，力主守关外宁远（今辽宁兴城）。对于王在晋与袁崇焕二人的分歧，首辅叶向高认为不可臆断。兵部尚书兼东阁大学士孙承宗自请巡边，他认真听取了各方面的意见，并出关实地考察之后，明确支持袁崇焕和监军阎鸣泰守宁远、觉华岛（今辽宁菊花岛）的意见。王在晋不懂军事，却刚愎自用，异常固执，孙承宗推心置腹地与他交谈 7 昼夜，他仍不听从。孙承宗回京后，面奏皇上王在晋不足用，明廷将王在晋调任南京兵部尚书，于八里铺筑重关之议随即作罢。

当年八月，孙承宗自请督师，天启帝命其以原官督山海关及蓟、辽、天津、登、莱诸处军务。孙承宗到任之后，即积极部署防务。当时辽东巡抚张凤翼仍主张守关内，官将多附和他的意见，孙承宗力排众议，采纳袁崇焕坚守关外、屏蔽关内、营筑宁远、徐图大举的方针。在孙承宗的支持下，袁崇焕亲自规制，按照以台护铳、以铳护城、以城护民的原则，督责修筑宁远城，于天启四年（后金天命九年，1624 年）九月竣工，荒凉凋蔽的旧宁远，一变而成为城坚墙厚、楼台炮台齐全，足可抵御后金进犯的关外重镇。孙承宗命令袁崇焕率兵驻守宁远，参将金冠率兵驻守觉华岛，以便水陆配合，屏障山海关。次年夏，孙承宗又与袁崇焕筹划，在锦州、松山、杏山、右屯、大凌河、小凌河等地，修缮城郭，派兵戍守，作为宁远重镇的外围要点。这样，在河西走廊上，层层设防，形成了以宁远为中心的宁锦防线，山海关成为真正的内关，可以确保安全。为了加强辽东防务，孙承宗根据“以辽人守辽土，以辽土养辽人”的战略思想，招抚辽东土著居民，屯田守边；在军队内部，则定军制，建营垒，备火器，治军储，缮甲杖，筑炮台，建骑兵，练水军。在孙承宗任辽东经略的短短 3 年多时间里，他与袁崇焕同心协力，修复大小城堡 54 个；练兵 11 万人，设立车营 12 个、水营 5 个、火营 2 个、前锋后劲营 8 个；制造战船 1500 艘、战车 6 万辆，以及甲胄、弓矢、炮石等武器装备数百万件；屯田 5000 顷，年收入达 15 万银两；拓地 400 里，把防线推进到锦州一线，辽东防务渐趋巩固。

正当孙承宗锐意恢复之际，明朝统治集团内部的党争却越来越激烈，以魏忠贤为首的阉党势力把持了朝政，打击、迫害东林党人，首辅叶向高等被罢，杨涟、左光斗等被迫害致死。魏忠贤本想把孙承宗拉到自己一边来，但秉性正直的孙承宗对阉党非常鄙视，引起魏忠贤的忌恨。天启五年（后金天命十年，1625 年）八月，山海关总兵马世龙背着孙承宗派兵袭击耀州，兵败柳河，阉党势力借机小题大作，参劾孙承宗。十月，明廷以阉党分子高第为辽东经略，孙承宗成为明廷党争的牺牲品，被排挤去职。

高第既不知兵，又畏敌如虎，认为关外必不可守，刚一到任，就下令放弃关外 400 里土地，从锦州、右屯、大凌河等要点撤回守兵，退守山海关。袁崇焕坚决反对高第逃跑主义的错误做法，但高第一意孤行，不但不听劝告，反而又下令撤宁远、前屯二城。

袁崇焕拒不从命，大义凛然地说："我是宁前道，在此当官，就要和宁远、前屯共存亡，我誓死不撤！"这样，高第尽撤关外诸城守兵，只留下袁崇焕坚守的宁远孤城。

宁远受挫

努尔哈赤获悉辽东经略易人、新任经略高第撤防的消息，抑制不住心头的喜悦，这时他已把辽民的反抗镇压下去，基本稳定了辽东的社会秩序，于是决定抓住这天赐良机，向明朝发动新的进攻。

天命十一年(明天启六年，1626 年)正月十四日，努尔哈赤亲率 6 万大军，号称 20 万，从沈阳出发，踏上征程。十七日，八旗大军渡过辽河，浩浩荡荡，向宁远挺进。由于右屯、大凌河、锦州等地明军大部队早已撤走，只有少量守军，没等八旗军到达，守将即率领军民仓皇逃遁，所以后金军如入无人之境，进展异常顺利。二十三日，兵临宁远城下。努尔哈赤下令越城 5 里安营，以截断通往山海关的大路。

袁崇焕接获后金兵来犯的消息之后，立即与总兵满桂、副将左辅、参将祖大寿等将领会议，决定集中兵力，凭城固守。为此，采取了以下临战准备和部署：将中左所、右屯及宁远城周围小城堡的官兵集中于宁远城内，总兵力不满 2 万，又将 11 门西洋大炮和其他火器也移人城内；令城外居民携守城工具迁入城内，将房屋和不能带走的财物付之一炬，实行坚壁清野；袁崇焕刺血为书，激以忠义，并向将士们下拜，全城军民大受感动，皆愿效死守城；划定防区，满桂、左辅、祖大寿等官将各负其责，袁崇焕总管全局，稽查奸细以及编民夫、供应饮食、备办物料等事物也有人专管；严肃军纪，下令"有一人乱行动者，即杀"，"城上人下城者，即杀"，并檄告前屯卫和山海关守将，凡有溃卒逃至，立即以贼论死，如放过一个溃卒，拿守将问罪。二十二日，一切部署完毕。

努尔哈赤一如既往，攻城之前先派俘获的汉人入城招降，说："吾以二十万兵攻此城，破之必矣。尔众官若降，即封以高爵。"他满以为，这么一打一拉，孤立无援的袁崇焕，定会畏其强大兵力，贪其高官厚禄，俯首称臣。不想袁崇焕不但拒不投降，而且令家丁罗立向城北后金军大营燃放西洋大炮，炸死炸伤数十人。努尔哈赤虽然怒不可遏，但害怕再遭炮击，只得先把大营移往城西。

二十四日天还没亮，努尔哈赤就下令攻城，攻击的重点是城西南角。身披二重铁铠号为"铁头子"的八旗兵推着双轮战车攻在前面，战车用厚槐木、榆木板做成，形如轿子，上覆生牛皮以遮避敌锋，保护躲在里边准备凿城的士兵。骑兵和步兵在车后施放弓箭，掩护车兵前进。箭矢如雨点般射向城上，但明军凭着坚城工事保护，从容不迫地施放铳炮还击。西洋大炮威力巨大，只要击中，就死伤一片，连坚固的战车也立时被炸得粉碎。后金兵踏着同伴的尸体拼命向前，不少战车还是到了城墙根，在大炮不能直射的死角，车内士兵用斧镬凿城不止，凿出三四处高约 2 丈的大洞。袁崇焕见情况危急，亲自指挥守兵投掷火球、火把，并把柴草浇上油脂掺上火药，系在铁索上，点火后垂放城下，焚烧战车。后金兵遭受重大伤亡，战至二更时分，努尔哈赤不得不下令停止攻城。

二十五日，努尔哈赤下令继续攻城。由于头一天伤亡太多，八旗兵卒惧怕明军的炮火，都不敢往前冲，虽然八旗将领挥刀在后面督战，但一到城下就退了回来。因为要把尸体抢回来，运到西门外砖窑火化，能够参战的越来越少。战斗一直持续到晚上，不但人员大量伤亡，连攻城器具也几乎损失殆尽，努尔哈赤只得收兵，退到西南方向离城 5 里的龙宫寺扎营。

连攻两天，毫无所获，努尔哈赤对攻城已不抱任何希望，想退兵，但又不甘心。二十六日，在继续围城的同时，命武纳格率蒙古骑兵转攻觉华岛。该岛是关外明军粮草的屯集地。后金兵踏冰入岛，突袭明军，烧毁船 2000 余只、粮草 1000 余堆，全歼守军 7000 人，连岛上的商民也全部杀死。觉华岛的胜利总算给努尔哈赤出了口恶气，挽回了一点面子。二十七日，努尔哈赤从宁远撤围，于二月初九日回到沈阳。

疽发身亡

努尔哈赤自 25 岁起兵，身经百战，战无不胜，攻无不克，可以说打遍天下无敌手，为此他倍感骄傲、自豪，却不想在宁远栽了个大跟斗，损失又是那样惨重。据清朝公布的材料说，攻城两天，共损折游击 2 员、备御 2 员、兵 500 人。这显然是一个被缩小了的数字。而明朝的战报则说，后金损伤兵将数千人。不管怎么说，宁远之战是努尔哈赤 43 年戎马生涯中第一次大失败，兵员、物资的损失都极为惨重，对努尔哈赤的打击也是空前的。他日夜冥思苦想，自己是久经沙场的老将，怎么会败在一个第一次带兵打仗的无名小辈手里？后金五六万精锐，为什么打不过不足二万的明兵？对这些问题，他百思不得其解。为此，他愤慨，烦恼，苦闷，懊丧，以至于吃不下饭，睡不着觉。

其实，苦果是努尔哈赤自己种下的。努尔哈赤宁远兵败最主要的原因，一是骄傲轻敌。由于对明作战屡战屡胜，努尔哈赤被胜利冲昏了头脑，广宁之战以来，八旗兵 3 年来既未打过大仗，训练也不经心，以致将领怠惰，兵无斗志，车、梯、藤牌等武器装备都很陈旧，有的已经朽坏，部队战斗力大受影响。5 年以前，努尔哈赤利用辽东经略易人的机会，很快攻取了沈阳、辽阳。5 年之后，孙承宗去职，新经略高第尽撤关外明军，宁远成为一座孤城，努尔哈赤错误地认为可以很容易地攻下宁远，直取山海关，因轻敌而对攻宁远准备不足。以往对明作战，努尔哈赤针对后金军长于野战而短于攻坚的特点，多采取或先期派遣间谍潜入城内，战时里应外合而智取，或诱敌出城，在野战中歼其主力，最后攻城的战法。宁远之战，由于袁崇焕坚壁清野，婴城固守，努尔哈赤在既无夺门的叛民，又无内应奸细的情况下，过于自信，以为宁远孤城不难攻下，所以一改以往的战法，与以逸待劳的明军大打攻坚战，以己之短攻敌之长，犯了兵家大忌。二是思想僵化。骑射是女真的长技，努尔哈赤靠骑射起家，把骑射视为一大法宝，抱住不放，无视火器这个新生事物，一方面，尽管后金在沈、辽之战和广宁之战中缴获了明军大量的火器，却置之不用，另一方面，也不根据敌人大量使用火器的情况，改变自己的战术。明军火器本来就多，袁崇焕又把 11 门西洋大炮撤入城内，置于城上，凭坚城用大炮，最大限度地发挥了火炮的威力。但努尔哈赤攻宁远时，仍沿袭故技，以箭矢对付大炮，以人力穴城，白白地增加伤亡。三是努尔哈赤在辽东实施的错误政策，引起辽民的不满与恐惧，既得不到后金辖区汉民的支持，也使得明朝军民齐心协力地抗击后金。

这一切，努尔哈赤当然认识不到。不过，他时时都在反省：是我身心厌倦而不留心治理国家，还是我对国势和民情体察不够？要不，大概是我在用人上出了偏差？但是很快他就作出了否定的回答。这时他又会想：我的儿子中真有像我这样尽心国事的吗？那些大臣们果真都能勤于政事吗？大明国现在的情形又是怎样呢？这些问题，没有人能够给他回答，他更陷入无言的痛苦之中。

但努尔哈赤决不甘心于失败，他要用新的战功，来洗刷宁远兵败的耻辱，证明自己的能力，重振国威军威。四月初四日，努尔哈赤以蒙古喀尔喀五部背盟为由，率领诸贝勒大臣统兵踏上了新的征程。后金军渡过辽河以后，突袭巴林部，射杀其贝勒囊努克。接着，大军向西拉木伦河一带进军。这次出征异常顺利，共掠获人畜5.7万有余，基本收服了喀尔喀部。努尔哈赤刚刚回到沈阳，蒙古科尔沁部奥巴台吉便来朝拜，这使他格外高兴，盛情接待，将养孙女嫁予为妻，招为额驸。六月，与奥巴盟誓，赐给土谢图汗号。

对蒙古的胜利并没有完全治愈宁远兵败给努尔哈赤造成的精神创伤。努尔哈赤已是风烛残年，哪里经受得住长期的精神折磨，终于积郁成疾，背生毒疮。七月二十三日，努尔哈赤前往清河汤泉疗养。八月十一日，因病情加重，欲返回沈阳。他乘船沿太子河而下，入浑河后与前来迎接的大妃阿巴亥相会，当走到离沈阳49里的　鸡堡时，68岁的努尔哈赤心脏停止了跳动，带着征明大业未成的遗恨走了。

李自成

闯王家世，习文练武

万历三十四年(1606)八月二十一日，李自成诞生在陕西米脂县李继迁寨。这里东距县城约二百里，是个荒僻的小山村，只有几十户人家，住的都是土舍或窖洞。这里又叫李继迁宅，是西夏国的建立者李继迁的诞生地，后来就以李继迁的名字做了村名。

据记载，李自成出生时颇有异象。在李自成出生那天，他的父亲梦见一个壮士骑着马突然闯入他家，"长啸数声，周绕其室"，醒来时李自成即降生。他的母亲也做了个梦，梦见一骑马人入他家，所以就给李自成起了个"闯儿"的乳名。一个月后，李自成的嫂子也生了个儿子，名字叫李过。李过后来混名"一只虎"，后又改名李锦，成为李自成横行天下的得力帮手。

习文无成

当李自成长到八岁的时候，李守忠就把他和李过送到私塾去上学。令李守忠老汉伤心的是，李自成和李过叔侄二人似乎都不是读书的材料。他们二人很少能安安稳稳坐下来读书，不仅在学校喜欢与人打架斗殴，而且一有机会就跑到校外，与其他孩子们摔跤斗勇。逃学是他们二人的家常便饭。

不管李自成叔侄二人如何调皮捣蛋，总算在私塾里待了五年。李自成毕竟读了几年书，粗通文墨，成为他纵横天下的重要资本。

有一天，李自成与李过、刘国龙三人一起喝酒，慨然说道："吾辈须习武艺，成大事，读书何用！"从此以后，他们就偷偷地求师练起武来。

李守忠听说他们三人常在一起喝酒玩耍，惹是生非，很是生气，便把李自成和李过两个人训斥一通，并打算延请个严厉的老师来管束他们。李自成不愿意受那种管束，便一个人偷偷地跑到延安学武去了。

陕北是军事重地，历代王朝都在这里驻有重兵。这里的民风也特别强悍。对于李自成来说，这段练武的经历十分重要，在某种程度上决定了他一生的道路。中国武术不仅讲究强身健体，而且特别重视武德。一般来说，自己会武术，但不得轻易伤人，而且要扶危济贫，除暴安良。同时，李自成也学到了为人处世的一些准则，例如不贪财，不好淫，要大度容人等。这为他以后成为领袖人物提供了重要条件。

李自成的青少年时代说不上幸福。他很小就分担起谋生的责任，可谓艰苦备尝，还不时受到大户人家的凌辱。这使他自小就对大户人家充满着仇视。

为了谋生，李自成为当地富户姬家和艾家放过羊。后来，李自成还先后当过酒佣、锻工、雇工。当李自成 20 岁的时候，他父亲去世了，养家糊口的重担自然就落在了他身上，什么苦活、累活都得去干。

陕北地处三边军事要地，有许多驿站。李自成二十一岁时，应募到银川驿当驿卒。银川本作“訚川”，因为“訚”与银同音，而“訚”字生僻，人们便习作银川。银川驿就在米脂县内，离李自成的村庄约二百里。驿卒的任务是传递公文，护送过往官员和重要宾客，运送重要物资。这是一种苦差事，一有公务，不管刮风下雨，都必须准时出发，稍出点差错都要受到严惩。

李自成叔侄二人 23 岁时，在当地是没法待了，也正值年轻力壮的时候，他们决心要到外边去闯天下了。

动乱年代，揭竿而起

在明朝末年的陕北一带，天灾人祸接连不断，老百姓的生活极其艰难，几乎已到了绝路。与其坐以待毙，不如揭竿而起，或许能闯出一条生路。许多人就是抱着试图一逞的侥幸心理，铤而走险，投身到起事造反的行列。在那造反烽火遍地燃烧的时候，李自成毅然脱离了官军，转而造反，不久便自将一军，在陕西和山西一带转战，队伍也一天天壮大起来。

在历史上，任何一个重大事件的发生都不是偶然的，而往往是诸多因素汇合的结果。明末的农民大起义以陕西为中心，除了其他因素以外，还与当地裁减驿卒和勤王兵的哗变有关，正是这些人后来成了农民军中的骨干。

李自成等起义军首领人人都有诨号。李自成原称“八队闯将”，后称“闯王”。其他起义军首领的诨号更是五花八门。这是一个很引人注目的问题，也是明末农民大起义的一个特点。

首领们不用真名，而用诨号，其主要目的是为自己留条后路。一旦起义失败，他们还可以回乡当普通农民，不至于使官府分辨出谁是造反的首领。另外，首领们使用诨号也有显示自己勇武的意思。同时，起义军首领使用诨号的做法也和《水浒传》有千丝万缕的联系。

李自成和侄儿李过在绥德惹了个乱子，被戴上大枷示众。二人遂从绥德来到甘肃，投到总兵官杨肇基部下当兵。李自成身材高大，又学过武术，所以深受杨肇基的赏识，很快升为总旗，属下有五十人。总旗虽只是个小头目，属下也不多，但对李自成来说，这也算是个施展抱负的有利条件。

当甘肃东部有警时，李自成便自告奋勇，愿去镇压。

李自成等勤王兵到达金县时，县令竟避署不出。王参将想见县令，好大阵子不见县令出来，有些士兵便在庭中大叫大嚷。王参将把大哗的六个士兵打了一顿板子，其中有三人是李自成的部下。李自成听到后十分愤怒，便和刘良佐一起赶到县衙，将县令捆住带出，打算去见杨总兵。出来恰好遇上王参将，二人便突然将王参将杀死。这样一来，在官军中已无法存身，二人便投奔王左挂去了。

实际上，李自成杀王参将就是一次小规模的哗变。也就是从这时开始，李自成就投身到造反队伍中来，时间大致在崇祯三年(1630)正月间。

大约在崇祯三年四五月间，李自成就开始和高迎祥联合作战了。高迎祥号称“闯王”，在各支农民军中是势力较强的一支。

起事较早的王嘉胤被杀后，号称“紫金梁”的王自用人马较多。各路农民军为了对付明军，便共推紫金梁为首，大家一起协同作战，结成所谓“三十六营”。像高迎祥、张献忠、罗汝才等都是三十六营的各营首领。这时的李自成虽人马不及这几营的多，但他也是三十六营的首领之一。各地农民军加在一起，声势已颇为浩大。

在明廷剿抚并用的情况下，李自成和他的同伙经历了分化、组合，再分化、再组合的过程。

为了逃避官军的追剿，在陕西起事的农民军很早就有小股陆续进入山西。由于明廷剿抚并用，有不少起义军投降了明廷。对那些坚决不受抚和受抚后复叛的起义军，洪承畴等明廷将领则严加追剿，并连连得手。崇祯三年，李自成和一些大股农民军就进入山西活动。在崇祯四年至崇祯六年间，山西成为明末农民军活动的主要战场。

李自成的势力起初比较小，有时不得不投托在别人名下。但他在众头领中比较有心计，注意笼络人才，打起仗来也知道讲究些策略，所以他的势力壮大得较快。活动在山西的所谓三十六营中，闯将李自成是独立的一营。在与官军的几次战斗中，李自成屡屡显示出他特有的才能，使他在三十六营中的地位日益提高。

面对官军的重兵围剿，李自成和高迎祥紧密配合，发挥流动作战的特长，避实击虚，主动从山西撤出，以避开官军重兵。他们二人率部辗转进入河南，活动在黄河以北地区。与此同时，其他几支农民军也由山西进入河北，巧与官军周旋。这时，闯王高迎祥和闯将李自成所率领的农民军力量较大，所以就成了官军追剿的主要目标。

崇祯六年十一月二十四日，李自成等诸部农民军便浩浩荡荡地从冰上渡过黄河，进入河南。尚在武安、涉县一带的农民军闻知后，也迅速过河南下。于是，十几万农民起义军便陆续进入了河南，从而开辟了一个纵横驰骋的新天地。因渡河地点在渑池县境内，所以史书上称这次事件为“渑池渡”。从此以后，主要战场就由秦、晋转移到中原地区。

流动作战，转战南北

从李自成诸部在中原的活动来看，虽然不断有新生力量的补充，但军事进展并不算很顺利。这一方面是因为，农民军在黄河北已屡遭挫折，损失很重，进入河南后，各路官军又尾随而至，对农民军的压力很大。另一方面，河南巡抚玄默也是个对付农民军的老手，他在黄河北已与农民军多次交锋，斩获颇众。他担心农民军闯入河南心腹地区，各州县早有防备。有的地方乡绅还自动组织武装，协助官军防守。

李自成只在河南活动了两个多月，便经湖广、四川向陕西转移。他们在兴安（今陕西安康市）车箱峡被困四十余天，几乎全军覆没。李自成派人向陈奇瑜的亲信行贿，假意受抚，这才得以脱身。从此又开始在陕西一带转战。

李自成这时很注意搜罗人才。他身边除侄子李过以外，还招揽了顾君恩、高杰等。高杰是员猛将，即后来史可法在杨州抗御清兵的江北四镇首领之一。顾君恩是个谋士，颇有战略头脑，李自成的许多重大举措都征求他的意见。不少农民军首领自己没有文化，又看不起读书人，只凭自己的血气之勇，往往只能横行一时，不久就陷于失败。李自成懂得重用顾君恩这样的文人谋士，表明他比其他许多农民军首领高出一筹。经过在河南的一段转战，李自成在诸部农民军中的地位逐步提高，成为和高迎祥大体齐名的农民军首领。

崇祯七年冬季，各部农民军纷纷由陕西向河南转移。这时的农民队伍已很庞大。

当时，活动在河南的农民军号称十三家七十二营，他们时分时合，既有很强的独立性，又配合作战，以共同对付官军。他们大体分成三部分进行活动：李自成和高迎祥、过天星等部活动在渑池一带，以老回回为首的一部活动在汝州一带，以横天王、九条龙为首的一部活跃在南阳地区。

崇祯八年(1635)正月，农民军攻占了荥阳。这里是河南的心脏地区，也是历代兵家必争的军事要地。农民军控制这个地区引起了明廷的极大恐慌，遂调集大军向这里集结，企图一举将农民军聚歼于此。农民军各部首领也都深感形势的严峻。他们便在荥阳共商突围大计，后人称之为“荥阳大会”。

荥阳大会制定出了联合作战的方略，这对一直分散作战的农民军来说，终究是个明显的进步。联合起来可以提高战斗力，分散则容易被各个击破。事实也表明，荥阳大会对打破官军的围剿的确发挥了很关键的作用。

就在崇祯八年的元宵节那天，凤阳的老百姓也像全国各地的老百姓那样欢度节日的时候，农民军突然赶来，犹如自天而降。这天早晨大雾迷漫，农民军神不知鬼不觉地赶到凤阳。当地守官还蒙在鼓里，有人报讯说来了农民军，竟还被打了一顿板子。突然间外边一片喧嚷声，秩序大乱，官员们才知道农民军真的来了。扫地王和太平王最先赶到，李自成和张献忠的大队人马随后源源赶来。他们越城而入，马上焚烧了皇陵享殿。凤阳留守朱国相，千户官陈弘祖等人仓促迎战，很快被农民军击溃，他们也都死于战阵。李自成放火焚烧了龙兴寺。这是朱元璋曾出家当和尚的地方，后被改名龙兴寺，朱元璋曾亲书“第一山”。驻守的官员被杀的被杀，投降的投降，守兵则绝大部分不战而降。农民军很快就完全占领了凤阳。知府颜容暄身穿囚服，藏在狱中，打算乘农民军释放囚犯之机逃出，被农民军认了出来，立即被杖杀。李自成下令毁掉所谓“凤阳高墙”，将宗室犯人也全部放出。农民军还挖掘了皇陵的墓葬，似乎是想借以挖掉“龙兴”的风水。关于皇陵被掘毁一事，地方官害怕因此加重失守罪责，则只报告享殿等被烧，未说陵墓被掘。

辗转入陕，共推“闯王”

为了尽快剿平农民军，崇祯皇帝一面严惩与凤阳失守有关的官员，一面加紧部署，调兵遣将。他急令洪承畴率陕西兵入河南夹剿，命山东巡抚朱大典接替凤阳巡抚，急趋凤阳。

李自成得知洪承畴率陕西兵入河南后，便决计再次返回陕西，以避实击虚。这时的官军主力由西边赶来，李自成和高迎祥便巧妙地避开官军锋芒，向西北方向的亳州进击，以迂迴西进。

三月间，张献忠也由湖广辗转进入陕南。

崇祯八年四月中旬，洪承畴在汝州向诸将部署完任务后，马上经灵宝入潼关，渡过渭水，驰赴西安。曹文诏在灵宝接受洪承畴的指示后，率军趋商州和雒南一带，想一举抄掉农民军的老营。五月初，李自成和老回回、张献忠诸部又一起逼向西安，试图一举攻下这个要地。但官军在这里的防守十分严密，农民军一直未能得手。西安是陕西的根本重地，洪承畴在人豫前就对这里的防务作了严密的部署。但他一听说农民军要攻打西安，还是十分担忧，所以就马不停蹄地往西安进发。李自成诸部对西安连攻不下，又得知洪承畴率大军赶来，遂从西安撤离，西去进攻凤翔，并从这里向甘肃转移。这时候，李自成和张献忠又捐弃了前嫌，重新和好，共同与官军周旋。自六月以后，李自成诸部接连取得了数次大的胜利。其中，击杀艾万年和曹文诏的两仗最令洪承畴伤心。

正当李自成连败官军之际，李自成的妻子邢氏却和高杰一起背叛了他，投降了明军。这对李自成来说是个不大不小的打击。

当高杰和邢氏一起投降明军时，自然带走不少李自成存放在老营的金银。在当时那种情况下，这给李自成一军造成了相当的损失。

由于李自成接连击毙明军两员大将，明廷大为震惊，遂对围剿农民军的军事部署重新作了一番调整。崇祯帝命卢象升为总理，主要负责关外的围剿事宜，由洪承畴主要负责关内，必要时二人可协调行动。为了分散官军的注意力，张献忠和高迎祥陆续进入河南等地活动，独有李自成留在陕甘一带流动作战，巧与官军周旋。

经过崇祯八年上半年的转战，李自成接连击杀悍将艾万年和曹文诏之后，他已成为和高迎祥、张献忠齐名的三大主力之一。闯王高迎祥和闯将李自成各拥众七八万人，且各有一支精锐的骑兵。这时的李自成已被官军视作围剿的重点。

崇祯九年(1636)三月，高迎祥等分道从河南返回陕西。与此同时，孙传庭新任陕西巡抚，这也是一个非常能干的将领。他和洪承畴密切配合，对陕西各支农民军展开大规模围剿。七月，孙传庭将闯王高迎祥俘获后杀掉，李自成随后就继承了“闯王”的称号。此后，人们就习称他为李闯王。高迎祥的部下也大都转归了李自成。

屡遭败绩，息马深山

李自成在陕西的日子越来越不好过，洪承畴和孙传庭互相配合，对农民军接连展开大规模围剿，农民军损失惨重。孙传庭主要负责在陕西东部围剿，洪承畴主要在陕西西部进击，对李自成等部农民军造成很大的压力，像小红狼那样的农民军首领也投降了官军。东部的农民军几乎被孙传庭围剿殆尽，李自成只能在西部的山区中东躲西藏。李自成得知四川的防守比较薄弱，就寻找机会南下四川。

李自成这次入川进展颇为顺利，在短短的一个月内“连陷三十余州县”，并打到四川的心腹重地成都。李自成的胜利鼓舞了那些投降了官军的农民军首领。例如蝎子块拓养坤，投降孙传庭以后一直不受信任，更不用说重用了，心里一直后悔。十月间，他在华阴反叛，率领自己的部下往西逃去。当时孙传庭正在潼关布防，闻报后吃惊万分，因为蝎子块倘若叛去，自己招降的功劳会立即变成罪过。因此，他急命得力的将领前去追赶，很快将蝎子块俘获，解往潼关杀掉。

这年十月，李自成和过天星张天琳等部再次南下。他们先攻占了入川的要地宁羌州(今陕西宁强县)，随后大举入川。

李自成等农民军围攻成都二十余天，未能攻下。他得知洪承畴已从陕西赶来，川兵也纷纷向成都集结，遂决定分头撤围。李自成等部农民军突破官军防线，又一次打回陕西。这次突围的时间大致在崇祯十一年(1638)正月底，李自成在四川境内转战了三个多月。

为了尽早把农民军镇压下去，明廷以杨嗣昌为兵部尚书，以熊文灿总理南京、河南、山西、陕西、四川、湖广军务，常驻郧阳，对农民军剿抚并用像张献忠、罗汝才、刘国能等主要农民军首领都纷纷受抚。连李自成的一些贴身将领也偷偷地跑到官军那里束身请降。这使李自成很快陷入极为困难的境地。

从当时的大局来看，熊文灿“先抚后剿”的政策取得了一定的成功。除了李自成以外，其余的大股农民军基本上都被招抚。像刘国能、李万庆等首领，始终未再叛，并成了镇压农民起义军的悍将。李自成虽未受抚，但在潼关南原一战中几乎全军覆没，此后相当一段时间未见他与官军争锋。

自崇祯十一年十月潼关南原大败后，李自成就和少数亲信隐藏在商洛山中。当时，各部农民军大都已受抚，而李自成尽管处境艰难，但却始终不向官府投降。恰巧这时清兵内犯，逼临京师，崇祯帝急命洪承畴、孙传庭赴京师勤王，从而大大减轻了对李自成等农民军的压力。李自成暗中前往谷城会见张献忠，得到张献忠的一些资助，便率领部下沿川、楚边境南下，进入鱼腹山地区活动，以伺机再起。

李自成这时的力量很小，其部下大约不过一千人。人数虽少，但比较精干。当时主要活动于陕西、河南和湖北的交界山区。一些史书对李自成这段时间的活动几乎没什么记载。有的书中说，李自成在汉南山区“伏一年有余，不复出”。有的书则说，李自成在湖北郧阳一带“息马深山中”。这表明，李自成在这段时间的确很困难，人马不多。但他也有成功的一面，即有效地隐蔽了自己，麻痹了官军，为日后再起赢得了时间和机会。

在相当长的一段时间内，李自成和张献忠是两支力量最大的农民军首领。当李自成“息马深山”以后，在各支农民军中就以张献忠的力量为最大。

李自成由商洛山区进入汉南，而谷城也在汉水南岸。当年冬天李自成就到谷城会见了张献忠。至于李自成前去会见张献忠的目的，各种史书皆未明载。再加上他们二人是在极为隐秘的情况下会见的，外人无法知道详情。以理推之，李自成既然拒不受抚，自然就会鼓励张献忠再起，不要中了官府的圈套，而应奋起与官军对抗。即使一时达不到这个目的，李自成也希望从张献忠那里得到些资助，以便自己重整旗鼓。

尽管李自成和张献忠是在私下秘密会见的，但有的谷城人还是发现了。崇祯十一年(1638)十二月，李自成骑着一匹骡子，带领着几个亲信，从山间小道来到谷城，与张献忠相会。张献忠见李自成风尘仆仆地赶来，表现出颇为高兴的样子，设宴盛情招待。酒过数巡，张献忠拍着李自成的肩膀说：“李兄何不从我降，而仆仆奔走乎?”李自成抬起头来，微笑着回答道：“不可”。李自成在谷城住了几天，张献忠“资其衣马以去。”有的书上则记得更详细，说张献忠送给李自成马、骡各五十匹，另送一些衣甲。李自成道谢而别。

关于李自成离开谷城以后的行踪，各种史书记载甚少。有的书中说他又回到商洛山中，有的说他进入郧阳一带，后来进入四川，被官军“困于巴西鱼腹山中”。实际上，李自成这时的人马很少，倏来忽往，行踪诡秘，外人难以确知。大体说来，李自成这时活动在陕西、四川和湖广交界处的山区中，在慢慢地积聚力量。

纷乱再起，挺进中原

张献忠虽受抚，但对官府一直保持着很高的警惕。到崇祯十二年春天，张献忠和官府的关系已渐趋紧张。

崇祯十二年(1639)五月六日，张献忠正式举兵复叛，“劫库放囚”。

张献忠复叛后，马上就西进房县。这即可以避开官军的围剿，又可以鼓励在房县的罗汝才一起举事。房县知县郝景春一面收民固守，一面火速向襄阳报告，请求援兵。五月底，张献忠攻破了房县，郝景春被杀，驻房县的罗汝才随即率众反叛。

张献忠和罗汝才是农民军中较强的两支。他们的复叛对各地受抚的农民军首领产生了很大的震动，有的跟着举事，有的惴惴不安地在观望，等待时机，有的则请求“禁讹言，分逆顺”，向官府申述自己受抚的决心。例如在均州的五营首领就一起商议何去何从，王光恩对惠登相等四人说：“大丈夫当各立门户，今献忠反，吾辈亦反，是出其裤下，吾不为也。”他们五人还当场歃血定盟，并上书总理熊文灿，表明决不随张献忠复叛的决心。后来的实际情况表明，小秦王王光恩确实表现得很坚决，不仅没有再叛，而且协助官军镇压农民军，颇多战功。其余的四个人中，惠登相因与左良玉有旧，叛降后一直未再叛，另外三个人都陆续叛去。

张献忠的复叛就等于宣告熊文灿招抚政策的破产。

崇祯皇帝得知张献忠等人复叛后，极为震怒，连熊文灿所托的官员也不敢为他辩解。崇祯皇帝立命尽削熊文灿所领官职，戴罪自赎，并令各督、抚协力进剿，限令于十二月以前成功，否则一体惩处。

李自成得知张献忠等首领复叛后，他也加紧行动起来。

当张献忠和罗汝才相继复叛时，李自成正潜伏在湖广西北部的郧阳山区，离张献忠、罗汝才不是很远。当时他身边的人员较少，虽始终未受抚，但在那种困境下心情一度很沮丧，整天东躲西藏，难以有较大的发展。举目四望，农民军首领大都受抚，没有公开受抚的也是他这种样子，躲藏在深山老林中，不敢冒然行动，生怕引起官军的注意。当听到张献忠和罗汝才复起后，李自成十分振奋，感到又有了希望，遂马上召集部下，准备再起。

这次复起又暴露了目标，引起官军的注意。他虽躲在深山老林中，但官军已紧紧盯上了他，将这一带紧紧包围，使李自成难以逃脱。

崇祯十三年秋天，李自成从巴西鱼腹诸山中突围而出，进入陕南。当年冬季，李自成率部挺进中原，在河南得到迅速壮大，很快聚众至十余万。这时河南连年灾荒，官府加征剿饷外又加征练饷，更使民不聊生。他们纷纷加入农民军，使李自成的力量得到空前的大发展。

李自成这次入河南后，力量壮大得十分迅速，这与他身边的谋士到处传布“迎闯王，不纳粮”的口号有关。当时的老百姓苦于三饷加征，怨声载道，到处是流来流去的饥民。“迎闯王，不纳粮”的口号对他们真是太有吸引力了，一时似乎成了他们的希望所在。再加上李自成“不杀平民唯杀官”等口号，也正切合老百姓痛恨官府的心理，所以大批农民便纷纷加入到李自成军中。

崇祯十四年正月上旬，李自成农民军一举攻克偃师，杀死了知县徐日泰。随后，李自成又接连攻破了灵宝、新安、宝丰等县，基本上控制了洛阳的外围，为攻占古都洛阳作好了准备。

随着李自成农民军在河南的顺利进军，一些在政治上失意的文人开始投到李自成帐下，为他出谋划策，并在一定程度上改变了李自成的行为。李自成把他们奉为上宾，行事作战都要征求他们的意见，在身边形成了一个参谋集团。他们的参与更增强了李自成的信心，似乎很快就可以取明朝皇帝的地位而代之了。

李自成在河南一带招纳了很多文士，其中最有名的是李岩、牛金星和宋献策。

经过十几年的风风雨雨，李自成既有胜利的喜悦，也有失败的痛苦。斗争的实践使他逐渐认识到了策略的重要性。当他身边集结起牛金星、李岩等人以后，使他有条件制订明确的策略措施。正是在这些正确的策略措施的引导下，李自成农民军得到了迅速的壮大和发展。

李自成扫清了洛阳的外围以后，就开始集中力量攻打洛阳。当时，洛阳是河南府驻地，又是崇祯皇帝的叔父朱常洵藩封之地，再加上它是中国历史上的古都，所以不论在政治上还是在军事上，洛阳都占有十分重要的地位。

李自成之所以要倾注全力攻打洛阳，一是洛阳有着重要的战略地位，二是因为这里“富甲天下”，攻占了洛阳就在很大的程度上解决了农民军的补给问题。

对李自成来说，攻占洛阳是他的一次重大胜利。他起事十余年来，还从来没有攻克过这样的大城市，也从来没有一个藩王被处死。他认识到了明王朝的虚弱，也感到自己力量的强大，可以向明政权展开更有力的进攻了。

三打开封，志在必得

当李自成攻打洛阳时，驻守开封的副将陈永福紧急率兵驰援洛阳。陈永福尚未赶到，洛阳已被李自成攻陷。李自成得知开封防守空虚，就决定尽快拿下开封。

李自成大军迤逦向东进发，于二月十二日赶到开封城下，随即大举攻城。

开城是中原重地，故称大梁，北宋时为京师，又称汴京。北宋南迁后，金主完颜亮对开封大加增筑，城墙厚五丈。它地处黄河南岸，“咽喉九州”，“水陆都会之地”，也是历代兵家必争之地。明初还一度打算把京师建在这里，为此明太祖朱元璋还亲自到这里考察一番。后来，朱元璋将他的第五子周王分封于此。同时，开封又是河南布政使司驻地，用今天的话说，即河南省会。就当时来看，无论在政治上还是在军事上，其重要性比洛阳更有过之。在防守开封的过程中，周王发挥了核心的作用。他不是像福王那样的守财奴，而是带头捐输，这使得其他的富人也乐于解囊，所以城中的军饷没有发生困难。周王还亲自登城防御，团结将士共同坚守，从而大大激发了守城的士气。

开封官军守城的情况与洛阳形成了鲜明的对比。不但没人暗中向农民军投降，而且人人都表现得非常勇敢。

双方一连激战七昼夜，各自的伤亡都很重。李自成一直未能将城攻破。尤其是李自成被射瞎左目，被认为是很不吉利的事，影响了士气，因而决定马上撤围。

二月十八日黎明，前锋部队起营先撤，大营仍可保持镇静，为了迷惑官军，还故意佯攻了一阵，并来回调动。到这天晚上，李自成农民军便全部撤离。

李自成攻陷洛阳和张献忠攻陷襄阳前后相距不到半月，两个藩王被处死，这无疑是官军的重大失败。它标志着杨嗣昌的围剿计划彻底破产。遂于 3 月 1 日自缢于沙市的徐家花园。他的儿子杨山松害怕被说成畏罪自杀，便以“病卒”上闻。

杨嗣昌是一个得到崇祯皇帝高度信任的人物。他的死标志着明王朝围剿农民军的失败。这不只是他个人的悲剧，也是整个明王朝的悲剧。从此以后，直到明亡，没有一个将领有过杨嗣昌那样的权势，更没有人得到过像杨嗣昌那样的信任。李自成农民军在除掉这个劲敌后，更以锐不可挡之势向明王朝发起了最后攻击。

李自成从开封撤退之后，最重要的一次战役就是马家庄之战。

马家庄之战是李自成农民军与官军的一次大规模会战，双方都投入了主力部队。傅宗龙本来想有所作为，结果却在这场会战中全军覆没。这次大会战是李自成起事以来少有的几次大胜利之一。自此以后，李自成基本上掌握了战场上的主动权。

张献忠自和李自成永宁相会以后，经安徽辗转进入湖北等地。李自成则集中兵力再次攻打开封，官军的目标遂集中在李自成身上，张献忠则趁机壮大了自己的力量。

崇祯十四年(1641)十二月二十三日，李自成率大军50万，第二次大规模围攻开封。

李自成这次攻打开封前后延续20天，战况十分惨烈，双方都投入了可以动员的全部力量。为了确保开封不失，崇祯帝命督师丁启睿来开封协守。因丁启睿的部下有不少降卒，军纪不好，周王起初不许他们进入开封城内，而让他们驻扎在城外御敌。丁启睿清楚知道驻扎在城外的危险，故坚请入城。周王不得已，允许他们防守北门外城。当李自成大军到来后，刚一接战，丁启睿的部队就溃不成军，有的投降了农民军，大部则溃退到月城内。月城也称瓮城，即城门外的小城。农民军接着又向月城发起攻击，使开封北门的形势变得万分危急。

李自成攻打开封已20天，一直未能攻下，且人马死伤颇多。现在左良玉又率军赶来，为避免处于内外夹击的不利地位，“遂于正月十四日解围”，往郾城去迎击左良玉。

李自成从开封撤围后，率大军往郾城迎击左良玉，将左军团团包围。崇祯帝命三边总督汪乔年紧急入援，以解左军之危。崇祯十五年二月中旬，李自成于襄城之战中擒斩汪乔年，并杀掉了著名降将李万庆。左良玉则趁李自成迎击汪乔年之机仓促南逃。李自成接着攻占了河南的许多州县，大体扫清了开封外围，接着第三次围攻开封。崇祯帝急令督师丁启睿和左良玉等火速往开封救援。五月中旬，两军在朱仙镇展开大规模会战，明军大败，损失惨重，李自成回头再打开封。开封守军顽强固守，农民军则持久围攻。九月中旬，官军首先决黄河以淹农民军，结果使开封和河南许多地区都淹没在一片汪洋之中。

李自成这次攻打开封志在必得，暂时攻不下来就长久围困。当时的河南已大都处于李自成的控制之下，开封已成一座孤城，在那种极为困难的情况下能固守四个多月，实在是个奇迹。究其原因，除了周王比较开明、将领比较团结等因素外，也与高名衡等人的宣传有关。他把李自成农民军描述得十分凶残，使城内军民误以为只有固守才有活路。

李自成看开封已成一片废墟，遂移师西去，准备迎击孙传庭。

当李自成第三次围攻开封时，崇祯帝急忙将侯恂从狱中放出，命他督左良玉援救开封。左良玉从朱仙镇逃至襄阳，不听侯恂调令。不久，崇祯帝又将侯恂逮系狱中，而把希望寄托在孙传庭身上。孙传庭入河南后初有小胜，但在“柿园之役”中被李自成击溃。李自成乘胜前进，又在汝宁之战中俘杀了总督杨文岳。

南下湖广，建制称王

李自成在河南接连大败官军后，官军中能与李自成为敌的就剩左良玉这一支了。

李自成心里很清楚，要最终推翻明王朝，就必须要消灭左良玉这支官军。

左良玉从襄阳撤退以后，一路大掠，退到武昌。李自成尾追不舍，于崇祯十六年正月十八日追至长江北岸的汉阳。左良玉仓皇退到九江驻扎下来。他听说李自成要继续对他追击，所以还打算继续南逃。如果这样的话，李自成很快就会占领南京，江南的半壁河山就会落入李自成之手，明王朝立刻就会陷入绝境。这时，崇祯帝召吏部侍郎李邦华入京，要他任左都御史。当他到湖口时听说了此事，感到事关重大，就立即以朝廷大臣的身份致书左良玉，要他务必以大局为重，不可再撤。

李自成的大营扎在襄阳城外，连营百余里，旗甲鲜明，气势甚壮。

李自成作为一个农民军领袖，这时在政治上也显得更加成熟，这从他对待明廷官员的态度上就看得很清楚。对那些清廉有气节的官员，李自成则极力争取。这些人即使在对抗李自成时战死，李自成也尽可能地给予妥善安葬。

正月十八日，李自成农民军首先攻占了汉阳，缴获大小船只四五千艘，准备过江攻打武昌。第二天，因风急浪高，李自成渡江的船只多被打翻，死伤甚重，李自成不得不放弃攻打武昌的计划，率部回襄阳。

在明末造反的农民军中，原来有许多支，他们都各自行动，互不统属。各部的农民军首领都或多或少地有着“山大王”的思想。随着形势的发展，他们逐渐由分散走向联合，一般情况下，谁的力量大谁就是雄长。虽说联合，但各部都保持着很大的独立性，且时分时合。随着李自成力量的壮大，河南和荆襄地区已基本上处于他的控制之下，他开始考虑要建立自己的政权，渐渐地容不得那些总是想和他平起平坐的农民军领袖。于是，一些风云一时的农民军首领陆续被他铲除。其中影响比较大的是罗汝才、革左五营和小袁营。

李自成在基本上控制了河南和湖广北部以后，开始设置地方官员，对当地加以治理。在农民军内部，李自成的领袖地位渐渐得以确立，为李自成建制称王准备了条件。崇祯十六年二月，李自成于襄阳设官建制，初步设置了中央和地方各级机构，历史上称之为襄阳政权。三个月后，李自成正式称新顺王。

对于农民起义军来说，皇权主义思想既有有利的一面，也有不利的一面。农民军可以用这种思想发动和组织群众，帮他们树立信心，坚定推翻旧王朝的信念。另一方面，统治者也可以用这种思想来分化瓦解农民军。一些农民起义军领袖投降了明廷，就是统治者用这种思想来分化瓦解的结果。就李自成个人来看，在他建立襄阳政权以前就能看到他这种思想的萌芽。当李自成称新顺王以后，再继续向皇帝的宝座冲击，也就在情理之中了。

建国长安，拒清攻明

崇祯十六年六月，崇祯皇帝命孙传庭为兵部尚书，除了仍旧总制三边以外，又兼掌数省军务，改称“督师”。崇祯皇帝又赐给他尚方宝剑，许其便宜行事，把对付李自成的希望都寄托在了他身上。孙传庭率兵出关，在河南一带与李自成展开了激烈的角逐。起初官军打了几次胜仗，后在襄城一带大败。不久，孙传庭在潼关战败后被杀，李自成遂长驱直入，进入陕西。

崇祯十六年(1643)十月，李自成农民军破潼关后，接着就攻占了西安。随后遣将四出，攻略三边(延绥、宁夏、甘肃)，并旁及山西、青海部分地区，从而基本上控制了西北地区的大片土地，为进军京师建立起一个相对稳定的后方。

在建立襄阳政权前后，李自成军中活跃着一支童子兵。这是一个很引人注目的现象。

李自成之所以要建立一支童子兵，不仅是扩大兵力的需要，更主要的是适应广大老百姓的要求。

李自成的童子兵并不是一支单独的军队，而是被混编在各营各队中。

在一般情况下，这些童子兵并不上前线打仗，而主要从事一些非战斗性的工作。

根据普通常识，这些十五六岁的童子兵都很单纯。他们之所以踊跃地投入到农民军当中，主要是为生活所迫，对明王朝的黑暗统治有切肤之痛。这从一个侧面表明，明廷已经彻底地失去了民心，失去了广大老百姓的支持。

自孙传庭败死后，明廷已没有可用来与李自成对抗的兵力，所以李自成在陕西一带的进军基本上是顺利的。有时虽也遇到比较顽强的抵抗，但官军守将大都是出自不愿投降的义气，表明自己忠于明廷，而不是出自对客观形势的分析，因而很快都陷于失败。

在这种形势下，李自成接受了谋士们的建议，决定正式于西军建国。这就可以使在襄阳建立的政权更加正规化，也可以进一步扩大自己的影响，为下一步夺取全国政权奠定基础。

崇祯十七年旧历正月一日，李自成正式在西安建国，国号“大顺”，年号“永昌”，以当年为永昌元年(1644 年，崇祯十七年，清顺治元年)，李自成自己也改名为“自晟”，称顺王，仍未正式称皇帝。

崇祯十七年(1644)正月，亦即李自成刚在西安建国后不久，雄据辽东的清廷即致书李自成，欲和李自成合力“并取中原”。在明朝末年的中国大地上，一直是明廷、清廷和以李自成为主的农民军三支力量在角逐，而清廷和李自成的目标都是要推翻明王朝，但这两支力量长期以来都是各自为战，互不联系，只是有意无意地起着相互配合的作用。实际上，清廷对李自成的了解要胜过李自成对清廷的了解。这次清廷致书李自成，显然是建立反明联合阵线的一次认真的尝试。可惜的是，李自成对清廷来书未作出积极的反应，为以后的发展留下了隐患。在崇祯年间，清兵屡次内犯，牵制了明廷的大量兵力，有力地配合了李自成的反明斗争。

挥兵北京，明朝覆灭

在记述李自成胜利进军的同时，有必要看一下李自成所反对的明王朝是什么样子。经李自成等农民军十几年的打击，明王朝各种内在的矛盾日益激化，已处于奄奄待毙的状态。面对天下日益崩坏的局面，崇祯帝左支右绌，越来越显得力不从心。

从崇祯十年温体仁去位，至崇祯十四年周延儒再次入阁，4年时间换了5个首辅，平均每个首辅任职不足1年。首辅掌中枢大权，如此频繁更换，自然谈不上久任责成，所以这些首辅都显得庸碌无为。张至发继温体仁为首辅，不久罢去，以后由孔贞运、刘宇亮、薛国观、范复粹相继为首辅。在此期间，李自成农民军日益强大，占领的地盘越来越多，再加上清兵不时内犯，明廷战和举棋不定，而朝野却党争不息，借机发难，朝政更加日益败坏。李自成进军顺利，这个政权不堪不击，人们对此也就不难理解了。

崇祯帝即位后，铲除魏忠贤，撤回各地监军、镇守内臣。这给天下臣民带来了很大希望，欣欣望治，以为崇祯帝终于改变了重用内臣的局面，政治从此可以变得清明起来，国家中兴有望。但是，人们看到，随着李自成等农民军日益强大和天下崩坏的局面，崇祯帝不久又变本加厉地重用起内臣来。他提高东厂权势，威制和打杀天下臣民；遣宦官出任监军、镇守，统领天下兵马，令武臣憋气；他甚至派宦官统辖户、工二部，监理天下财政。由于遭到臣下的一再反对，崇祯帝重用内臣的状况有过几次变化，但总的趋势是，宦官的各种权力越来越重，干预的范围越来越广。其结果是，天下崩坏的局面更加严重，李自成农民军的力量更加强大，明王朝更加迅速地走向灭亡。

崇祯帝在位17年，日理平台，辛苦也可谓辛苦矣。他本来想有所作为，实现明王朝的中兴大业。但实践证明，他不是个中兴之君。他用人多疑，为政察察，有了失误则委过于臣下。

崇祯帝总是怀疑臣下结党营私。因此，他对臣下的一举一动疑神疑鬼，随之而来的便是用重法驭臣下。他恩不欲归下，自作英明，但举措乖张，致使“责罚严至不能罚”，政事愈加败坏。面对李自成等农民军和清兵的变相打击，天下崩坏，崇祯帝对臣下更加“责罚严”，政局也随之更加败坏。

崇祯帝身为一个年青皇帝，精力旺盛，极想有所作为。他的最大愿望就是使明王朝摆脱困境，实现明王朝的中兴。他勤于政事，日理平台，而政事却日益败坏；他痛恨贪墨，也采取了许多严厉的措施予以惩治，但摆在他眼前的事实却是贪风不止，几乎无官不贪；因战事频繁，他重武轻文，大开武举，但他所看到的却是将贪兵懈，战斗力日益虚弱，而李自成农民军却由弱到强，渐成燎原之势。这自然令他十分痛心。他把责任都推到臣下身上，而对自己所应负的责任却百般推卸。

崇祯帝也像其他许多统治者一样，具有双重人格。一方面，他刚愎自用，自作英明，自称“朕非亡国之君，臣皆亡国之臣”。直到他魂归煤山的前两天，即崇祯十七年三月十七日，他还在御案上写道：“文臣个个可杀！密示内侍，随即抹去。”实际上还是把亡国的责任都推给臣下，自己仍然是英明的。另一方面，他又不时下诏“罪己”，把天下的祸乱和灾异都说成“皆朕之罪也”，并减膳撤乐，自称修省。他为政察察，动辄诛杀大臣，另一方面却又表现出一副关心臣下的样子。他这样做的确迷惑了一些人，连李自成也认为“君非甚暗”，不骂崇祯帝而骂大小臣僚。他汲汲邀誉，断送了大明的江山后，后人还不断为他说好话。但效果也仅此而已，而却不能阻挡李自成的大军攻入北京。

明末的政治腐败激化了社会矛盾，李自成大起义实际上就是这种政治腐败的产物，并反过来促使统治集团内部的各种矛盾更加激化。当历史的脚步跨入崇祯十七年(1644)的时候，明王朝内部的各种矛盾已暴露无遗，统治肌体已彻底腐烂，真正到了不堪一击的地步。这为李自成的胜利进军提供了条件。李自成于西安建国后，马上兵分两路，给奄奄待毙的明王朝以最后一击。

占领北京，完备军政

崇祯十七年(1644)正月初八日，李自成亲率大军从西安出发，向北京进军，以给气息奄奄的明王朝最后的一击。这时天下汹汹，“处处皆亡国之象”。崇祯帝表面上强装镇静，但内心已六神无主。他狐疑不决，明知京师不保，但也不愿明令迁都，举措连连失误。

自孙传庭战死潼关以后，明王朝已是“昏惨惨似灯将尽”，完全处于苟延残喘状态，无力再对农民军主动反击。在李自成称“新顺王”不久，张献忠也于武昌称“大西王”。当李自成在河南、陕西胜利进军的同时，张献忠在湖广、江西等地也取得了一连串的胜利。辽东的清军也虎视眈眈，时刻都在准备大举入关，所以崇祯皇帝也不敢将驻守山海关的明军调离。极目四望，明王朝已是天下汹汹，山河破碎，真正处于彻底覆灭前的风雨飘摇之中。

崇祯十七年(1644)正月初八日，李自成亲自统率大军由长安出发，向北京进军。渡过黄河以后，他命刘芳亮率左营为偏师，沿黄河北岸东进，攻略晋南和河北等地，兼有堵截明军残余南撤之意。李自成攻占太原后兵分两路，南路经固关、真定、定州、保定等地，从南边包抄北京，李自成率主力经大同、宣府、居庸关等地，从北边对北京夹击。农民军一路进军顺利，除了代州以外，几乎没遇到什么顽强的抵抗，只用了两个多月即攻至北京城下。

崇祯帝的运气似乎特别不佳，李自成农民军迅速向京师逼近，他又接连下罪己诏和亲征诏，言辞颇为感人。这似乎成了他治理国家的一个特征，也成了他政治生活的一部分。

三月十八日，李自成的大军已抵达北京城下，崇祯皇帝下诏亲征。

对于崇祯帝来说，李自成向京师步步进逼的事就已使他坐卧不安，城内瘟疫更使他心神不宁。

对于明末的政局来说，这场瘟疫至少在两方面产生了重大影响。其一，这场瘟疫极大地动摇了明廷官员的信心。这正如崇祯帝亲口所说：“处处皆亡国之象！”这必然造成明廷上下解体，人无固志，谁也不愿意继续为明王朝卖命。这自然是加速明王朝灭亡的重要因素。其二，这场瘟疫造成京师人口大量死亡，估计有三分之一至一半的京师人口死于这场瘟疫。这使得明军大量减员，士气低落。再加上京营兵不断调出迎击李自成农民军，所以当时京师的官军数量已很少，大约三个垛口才有一个士兵守卫。因此，当李自成的大军到达北京城下时，所面对的几乎是座空城。因此，无论崇祯帝“亲征”也好，采取什么别的措施也好，他都根本无法抵挡李自成的进攻。

当李自成农民军进入北京后，这种瘟疫在农民军中也一定会有所传播，这自然就会影响到农民军的士气和战斗力。当李自成在山海关战败后，即马上从北京撤离，躲避瘟疫也应是一个原因。李自成虽在山海关战败，但在北京驻守的农民军数量还很大。按照通常情况，决不至于毫不抵抗就加以放弃。史书上对这个原因虽无记述，但以理度之，这场瘟疫应是李自成毫不吝惜地放弃北京的原因之一。

李自成进军神速，很快就抵达北京城下。这时，京师的明军已几乎没有任何抵抗力，崇祯帝只好依靠一些宦官来守城。三月十九日崇祯帝自缢身死，大顺军占领了京师。大顺军在入京之初纪律甚好，后来则渐渐有所松弛，在对旧官员进行追赃助饷时也有不少过激行为。李自成尚未正式称帝，但他的一些军政措施渐渐完备起来。

三月中旬，李自成的各路大军陆续进逼北京。三月十九日京师陷落，崇祯皇帝悲怆无奈，慌乱中跑到煤山自缢，从而结束了明王朝近三百年的统治。李自成在北京采取了一系列措施，很快稳定了北京的局势。

李自成三月十九日进入北京，于四月三十日从北京西撤，前后在北京待了42天。在这不到一个半月的时间内，李自成的大顺政权主要做了三方面的事：一是采取一系列措施，迅速稳定了京师的社会秩序；二是对旧官僚机构进行清理，并对贪墨大员实行“追赃助饷”，以帮助解决了新政权的财政问题；三是为下一步建立全国性政权采取了一些重大措施。

在西安所建立的大顺政权的基础上，李自成入京后又进一步加以完善，使中央和地方政权的设置更加完备，军事编制也颇有特色。

从李自成所建立的大顺政权来看，其机构和职权大体因袭明朝旧制，只是名称有所变动。

李自成设天祐殿，相当于明代的内阁。

李自成设六政府，相当于历代的六部。

另外，李自成改明代的翰林院为弘文院，改六科给事中为六政府谏议，改十三道御史为直指使，都御使为都直指使，改太仆寺为验马寺，尚宝寺为尚玺寺，通政使为知政使。其余的像大理寺、光禄寺、太常寺、鸿胪寺和国子监等，都一仍明朝之旧。明朝设有詹事府，专掌辅导太子，李自成则未设此机构。

至此，大顺政权的中央机构设置已大体齐备。

作为一个新建立的政权，各种礼仪也明确制订，只是没有完全实行。在北京短短的几十天的时间里，李自成也有意模仿古代帝王的礼仪行事。

通过以上的叙述不难看出，李自成建官设制，其做法和以前的封建王朝没什么区别。他所建立的大顺政权仍然是个封建政权。李自成也像古代其他的农民起义军领袖一样，也有皇权主义思想。

李自成建立起比较完备的军事制度是在崇祯十六年初。当时，李自成改襄阳为襄京，建立了历史上所常说的襄阳政权。与此相适应，李自成也建立起了较完备的军事制度。以后在进入西安和北京时，也基本上沿用了这个制度，只是他的队伍更加庞大，而编制则看不出有明显的变化。

大体说来,担任攻城略地任务的野战部队分为五营,担任所占领地方守卫任务的地方军分为十三卫,共称为五营十三卫。

李自成农民军还曾毁庙、毁坊、毁祠。这在大顺政权建立以前最为常见。李自成对所控制地区的一些地名进行更改,在开科取士选拔官员上和鼓励群众上都有自己的特点。

败走关中,困立九宫

吴三桂长期在山海关镇守,抵御清兵,他的部下是明军中最有战斗力的队伍。李自成为争取吴三桂归降做了一些工作,但在关键问题上处理不当,致使功亏一篑。吴三桂决定联合清兵,共同反抗大顺政权。

对吴三桂政治态度的变化,人们有许多的记述和分析,虽细节不尽一致,但有一点是可信的:即李自成农民军触犯了吴三桂的家庭,这是导致吴三桂态度变化的根本原因。如果把这种变化完全归结为"冲冠一怒为红颜",似乎过于简单化,但它是其中的一个因素当无可怀疑。封建时代的官僚最关心的是他的个人利益,既然家产被抄,父亲被拷掠,爱妾被夺占,这足以使他的政治态度发生急剧变化。还有一个因素历来被人所忽视,即这些自己家庭被触犯的消息一定会使吴三桂意识到,李自成招降自己只是一种计谋,不是真心,自己一旦入京,也会像他的父亲那样被拷掠。为了避免自投罗网,他宁肯铤而走险。

李自成得知此事后,既为事起突然而吃惊,也为招降之事功亏一篑而后悔,他不得不亲自率军去对付吴三桂。

吴三桂在清兵的支援下,在山海关附近的一片石将李自成打得大败。李自成急忙退回京师,仓促地正式登极称帝,第二天即退出北京,向陕西撤退。如果说攻占北京是李自成一生事业顶峰的话,那么,山海关之败则标志着他无可挽回地走上了下坡路。

山海关之役是明末三大军事力量同时参与的一次大会战,也是决定大顺政权命运的一次决定性战役,在某种意义上它也改变了中国历史的命运:大清政权代替了大顺政权。

大顺军放弃京师,一路经山西向关中撤退,对清军的追击几乎没有还手之力,而是一败再败,原来占领的大片区域又迅速丢失。李自成曾想固守潼关,并亲自去潼关督战,但也被清军很快攻破。李自成遂不得不放弃陕西,仓皇退入湖广。在此期间,各地官绅纷纷反叛大顺政权,归降清廷,进而使李自成的处境越来越困难。

从李自成在西安建国到占领北京,在短短三四个月的时间内,大顺政权控制的区域急剧扩大,华北一带几乎是传檄而定。由于局势变化迅速,大顺政权对这些地区的控制并不巩固,有的州县只有一两个大顺政权委派的官员,没有大顺政权的军士,基本上仍靠归降过来的原明朝官员进行统治。有的地方虽有一些大顺政权派来的军队,但人数也很少。当李自成在山海关战败的消息传开后,许多地方的官绅便纷纷发动反叛，擒杀大顺政权委派的官员，以作为向南明或清廷投降的见面礼。有的反叛了大顺政权，但一时又没找到可靠的新主子，于是就据地自雄，俨然成了割据一方的小军阀。这种反叛给李自成的大顺政权造成很大的危害，连李自成领导集团中的核心成员也有不少人员发生动摇，以至于私自逃跑。

李自成放弃西安后，经湖北和河南交界地区向东南方向撤退。清军紧追不舍，大顺军一直未能组织起有力的抵抗。大顺政权的重要根据地襄阳也很快丢失，武昌也是得而复失。由李过和高一功所率领的北路军经汉中和川东进入湖北。顺治二年(1645)夏天，李自成于湖北通山县九宫山被地主武装所杀害，从而结束了他风云激荡的一生。

洪秀全

天性叛逆

公元1814年1月1日，太平天国的领袖洪秀全降生于人间。

这一年，中国正发生一件大事。就是林清、李文成领导的天理会起义在我国北部爆发。农民反对清王朝的斗争，如急风暴雨在北方大地上涤荡。反抗怒火燃烧在清王朝心脏地区。林清派人秘密潜入北京，刀光剑影，直逼大内，差一点掀掉皇帝宝座。

洪秀全的父亲是个极为普通的农民，名叫洪镜扬，一辈子以种田为生，没有读过书，但很有才干，为人公正耿直。族中偶起争执，或与邻村外姓发生交涉，都由他出面，在群众中颇有威望。洪姓的远祖本为中原地区的居民，为逃避战乱，于宋代迁到江南，流徙于广东境内，开始是在嘉应州（今广东梅县），后又迁至花县。到洪秀全出生时，他们家族已在花县住了五代，但仍然说着嘉应州方言，因此被本地人称为“客家”。

洪秀全兄弟姊妹五人，他排行第四。哥哥仁发、仁达，随父母耕田，姊名辛英，成年后嫁于狮岭李家，还有一个妹妹。洪秀全小名火秀，族名仁坤，后来因为组织拜上帝会，因火秀的“火”字与耶火华同，便更名为秀全。

洪家属于自耕农，有些田产但不多，耕牛也只有一两头。洪家日出而作，日落而息，面朝黄土背朝天地生活着。一年的辛苦所得除了交各种捐税，所剩无已，因此一家人只能是节衣缩食，过着勉强维持温饱的生活。

尽管父亲是个农民，但他还是想让自己的儿子出人头第。于是在洪秀全7岁时，父亲把他送到村塾读书。他的两个哥哥却因家境贫困始终没能得到这样的机会。为了不辜负父亲的殷切期望，洪秀全在学习上表现得异常勤奋，和中国当时许多读书人一样想通过科举道路而平步青云。当时他所追求的是“十年寒窗无人问，一举成名天下知”的美好前程。

1829年，洪秀全年满十六岁，由于家庭贫困停学。就在这一年，他第一次参加了秀才考试。这一次考试，县、府两关顺利通过，院试时却没能通过。这一次考试失败之后，洪秀全又准备了八年。1836年，他又一次去广州应试，结果仍名落孙山，他心里很不服气。第二年他又去考了一次，这一次还是没有通过院试。他承受不住这接二连三的失败，悲愤交加之下，病倒了。人们见他卧床不起，就请了一副肩舆，把他送回了家中。这一病就是四十多天。虽然这次打击使洪秀全心灰意冷，但他还是经不住一举成名的科举诱惑。1843年春，他再一次来到广州，参加科举考试，这一年他三十一岁，这一次是他最后一次应试，结果仍是空手而归。

没有考取“秀才”的人，被称为“童生”。洪秀全从七岁到三十多岁，在长达十多年的时间里，一连考了四次，仍然还是一位“童生”。洪秀全想要通过科举步入仕途而光宗耀祖的美梦破灭了，仕途之门从此对他关闭。

1843 年春，洪秀全从广州落第回来，到莲花塘的表兄李敬芳那里去教村学。

李敬芳常到村塾中闲坐，无意中见到《劝世良言》，便随手抽出借阅。《劝世良言》本是洪秀全 6 年前到广州应试时由传教士赠送的，当时他并未在意，只是随便翻翻就装进了书箱。几天后，李敬芳看完这本书还了回来，告诉洪秀全说：“这书的内容新奇，所讲的道理和中国的经书大不一样。”这事引起了洪秀全的兴趣，他认真研读了这本基督教的布道书。

《劝世良言》关于基督降生救世的传说，也启发了洪秀全。书上说，基督是天父的“圣子”，为了拯救世人，他降临到人间受苦受难，传布福音。这一传说使他想起六年前他在病中所做的奇梦。为什么不利用这奇病奇梦做一篇大大的文章呢。

话还要从 1837 年说起。洪秀全第三次到广州参加科举考试，在又一次落第的沉重打击下，他病倒了，这是一场怪病。罗尔纲在《太平天国史》中这样描述：三月初一日，洪秀全死去两日复苏。他苏醒以后，精神错乱，在房内走动跳跃，乱说乱唱，病了四十多天，才逐渐恢复健康。

罗尔纲的说法很笼统，人们无法知道当时洪秀全说了些什么，唱了些什么，这就给后来的人们描述洪秀全留下了极大的创作天地。以后的《太平天日》中说，洪秀全到了天上，见到了“天父上主皇上帝，头戴高边帽，身穿黑龙袍，满口金须拖在腹上，像貌最魁梧，身体最高大，坐态最严肃，衣袍最端正。向洪秀全指明了人间妖魔，并命天使鞭挞孔子，斥责孔子所传之书内容荒谬，赐洪秀全为“太平天王大道君王全”等等。又有书上说，他在病中出现了许多反常的举动。经常要和什么人决斗，看见动物就如同见了敌人一样，跳起来向它战斗。病中乱说乱唱的内容也大多是“斩妖”一类的话，而这些疯话到后来都变成了含义深刻的格言和警句，其中最为流行的就是那首充满刀光剑影的诗：

手握乾坤杀伐权，
斩邪留正解民悬。
眼通西北江山外，
声震东南日月边。
展爪似嫌云路小，
腾身何怕汉程偏！
风雷鼓舞三千浪，
易象飞龙定在天！

洪委全得的这场病，在当时人们就觉得很怪，到 1843 年之后，经过他与冯云山、洪仁歼等人的精心构造，就变得越来越神奇了。1849 年后，这段事情被编写成“上天受命”的故事，在太平军中广为流传。

洪秀全从《劝世良言》中受益匪浅，特别是天上人人平等的思想，使其深受启发。

在这以后，他从莲花塘回乡，找到表弟冯云山和族弟洪仁玕，密谋起事。冯云山、洪仁玕也都科场屡试不第，对清朝反动统治怀有仇恨情绪。三个人一拍即合，决定效法陈胜、吴广"篝火狐鸣"来宣传发动农民起义，只不过这次他们决定利用"上帝"来启迪人们的觉悟，发动反清斗争。

既然成为上帝的信徒，就要按上帝的旨意办事。于是他们决定按自己所理解的方式进行洗礼。据说在1843年7月的一个风和日丽的日子里，洪秀全、冯云山等，来到离官禄㘵不远的一条名叫石角潭的小河，跳到水中洗净全身。这是仿照基督教"洗礼"的仪式，表示结束"旧我"，开始新生，同时组建拜上帝会。洪秀全决定创造一个新世界，拜上帝会的建立揭示了中国历史上最大一次农民起义的序幕。

从1845年初到1847年初，整整两年的时间，洪秀全除了教书之外，很少出外走动，传教工作基本停止，潜心研究起拜上帝会的理论，先后写下《原道救世歌》、《原道觉世训》、《百正歌》等诗文。

洪秀全对他创建拜上帝教会后所走过的路程，进行了反思，对拜上帝教的教义做了深入的检查。他开始发现，他们的教义不但太简单，而且远远落在现实的后面。为此，他对教义做了许多修改。一是增加了民族色彩，使它更易于为中国百姓所接受；二是增加了政治内容，使它更能适应革命斗争的需要。从他所定的《原道觉世训》中，就可以看出拜上帝教的这种变化。

首先，它反复论证了皇上帝是中国的传统信仰。"自盘古至三代君民一体敬拜皇上帝"。并且旗帜鲜明地提出皇上帝的对立面是阎罗妖，"阎罗妖乃是老蛇妖鬼也，最作怪多变，迷惑缠捉凡间人灵魂。天下凡间我们兄弟姐妹所当共击之惟恐不速者也。"这种说法不仅超过了宗教宣传的范围，而且也打破了基督教的传统信仰。全知全能的上帝，这时成为洪秀全等革命者手中的工具。他在文章中所提到的"阎罗妖"和"阎罗妖之妖徒鬼卒"，实际上指的就是当时清朝的皇帝和他手下的官吏和地主。洪秀全说他们"最作怪多变"，是残害百姓的民贼，是上帝子女的敌人，是"我们兄弟姊妹所共击灭"的对象。在这里，洪秀全把压迫者和被压迫者、剥削者和被剥削者划成两个不同的阵营，这中间不存在平等。从中可以看出，洪秀全的平等观念在逐步地向前发展。

冯云山离开赐谷村后，并没有回广东，而是辗转来到紫荆山。

紫荆山位于桂平县东北部，与桂平、平南、武宣、象州等地为邻，分属桂平、武宣两县管辖。紫荆山宽广五百余里，高山四面矗立，丘陵错综其间。在这里，汉人的村落，壮人的乡里，瑶族的山寨，如同天空下的繁星，撒落在这片天高皇帝远的土地上。这里田少人多，人们除了开荒种田，还得砍柴烧炭，生活十分艰辛。这正是冯云山理想中的"召集英雄，买马聚粮的好地方"。

冯云山到紫荆山后，并没有"设馆授徒"，教书糊口，而是寄居在高坑冲张永秀家。他脱下长衫，换上短衣，跑东家、串西家地给人打短工，只要能够糊口，无论是打谷、割稻，还是挖土、挑泥，他什么都干，因为只有这样，他才能结交到更多的朋友。

1846年，冯云山从高坑冲来到大冲，在一个叫曾玉珍的人家的小楼上设立学馆，开始了他的教书生涯。

通过曾家的关系，冯云山结识了杨秀清，然后又通过杨秀清结识了萧朝贵，接收他们参加了拜上帝会。杨秀清和萧朝贵都是耕山烧炭的山民，在当地声望很高。除了这两个人之外，冯云山还发展了不少骨干参加拜上帝会，如曾玉珍、曾开文、曾云正、卢六，杨云娇，特别是还有韦昌辉和石达开。也就是说太平天国早期的六个"王"，除了洪秀全之外，其余全都是由冯云山发展进入拜上帝会的。这一功劳，是任何人都不能与之相比的。

1847年8月，洪秀全在紫荆山和冯云山重逢。这时拜上帝会的基本会众已达三千名以上，人数还在日益增多，这是洪秀全没有想到的、令他大为惊奇的事。此外，更让他感到兴奋的是，在这几千名会众中，无论男女老幼，都知道有一位"洪先生"，都知道洪先生是天父上帝派来诛妖救世的，是与穷人站在一起，专门同妖魔鬼怪作对的。

洪秀全到紫荆山后，与冯云山开始了紧张的工作。他们意识到革命组织中有关的章程、制度、纪律，各种宗教仪式，必须尽快制定；新的教义要尽快传播下去，要扩大影响，动员更多的人参加组织。1847年9月以后的一段时间内，他们不分昼夜地工作。除了组织体制的建设之外，还赶写了大量的通俗宣传品，派出热心的信徒们四处发送。并在各地建立了分会组织。这些分会的负责人，有的是由总会指定，有的是由当地会众推选的。总会与分会之间，分会与分会之间，人员往来活动频繁，出现了热气腾腾的局面。

1847年10月中旬，为了进一步扩大拜上帝会的影响，洪秀全和冯云山从大冲转入高坑冲，住在拜上帝会基层负责人卢六家里。10天之后，他们举行了一次继1844年打六乌庙后的又一次影响较大的活动——到象州捣毁甘王庙神像。这次活动引起了极大的震动，《太平天国起义记》说："此事发生以后，洪秀全声誉大起，信徒之数增加更速。"《太平天日》也说："自打破此妖，传闻甚远，信从愈众。"

同年12月28日，地主王作新带领团练采取突然袭击手段，抓走了冯云山。后来经卢六等人聚众抢救出来。但第二年元月，冯云山与卢六又被官府以"阳为传教，阴谋造反"的罪名，投入桂平监狱。

冯云山是紫荆山拜上帝会的实际组织者，在群众中享有崇高的威望。他的被捕在群众中造成了极大的震动，一时间群龙无首，人心涣散。

此时洪秀全正在贵县赐谷村，听到消息后，就匆匆忙忙赶回紫荆山区。洪秀全想不出什么更好的办法，只好寄希望于清王朝。因为他知道两广总督耆英已经奏准清王朝，中国人可以信奉和宣传基督教。他向那些心急如焚的拜上帝会教徒告别之后，就匆匆忙忙地奔向广东，以图解救冯云山。

然而，就在洪秀全奔走之际，紫荆山的拜上帝会发生了翻天覆地的变化，教徒们群龙无首，人心涣散，形势十分危急之时，一名叫杨秀清的拜上帝会教徒挺身而出，稳定了局势。

这位杨秀清就是以后叱咤太平天国的英雄，同时也是喋血天京的悲剧人物。

1848年2月洪秀全去广州解救冯云山，毫无结果，返回广西。

3月3日，当会众又一次聚集在一起一筹莫展之时，杨秀清利用了当地人深信不疑而又十分有效的"降僮术"，第一次充当"天父"传言。只见他突然跌倒在地，不省人事。一会儿，口鼻出水，嘴里喃喃自语。当人们正忙着要给他灌姜汤、掐人中的时候，他却突然站立起来，面目在瞬息间变得严厉、肃穆。厉声对众人说："众小子们听着！我乃天父是也！今日第一次下凡，降托杨秀清来传圣旨。"然后他又宣讲了一番"天父"无所不在、无所不知、无所不能的威力，命会众们同心协力，排除谣言，并称拜上帝会有一百天的厄运，这是皇上帝对会众的考验。"天父"宣讲完道理，一阵乱抖，又重新跌倒在地，忽然大叫一声："我回天去了！"随后杨秀清从地上爬起，恢复常态，而神情似乎刚刚睡醒，向众人说："我刚才好像做了个梦，魂灵好像被神牵走了，发生什么事了吗？"杨秀清的表演如此逼真，善良的百姓们都认定"上帝"是真的存在，在危急的时刻他就会出现。

在此后的一百多天里，杨秀清带领大家到处筹款，又去砍柴卖炭，积攒起一笔钱财，赎回了冯云山。

冯云山出狱后回到紫荆山，正是拜上帝会事务繁多，急需他安排处理之时，但他却只停留一两天便匆匆离开，这可能是因为他不知如何处理杨秀清代天父传言这件事情。

从此以后，成为天父皇上帝化身的杨秀清，更加看清了"上帝"的无上作用。但在当时，扮演这一角色的深远意义和影响，是连他本人也没有预料到的。而后来，他从出自公心的代天传言发展到发自私欲的替天行令，则经历了许多事，走过了漫长的心路历程。

作为拜上帝会最高领导人的洪秀全，并不是个心胸宽广的人。杨秀清成为权力无限的天父皇上帝在人世间的化身后，改变了洪秀全在上帝会中至高无上的领袖地位，也为日后政局的变化，乃至"天京事变"埋下了祸根。

洪秀全和冯云山在家乡居留了将近七个月，把一些重大问题商定之后，于 1849 年 6 月底返回紫荆山，重新领导拜上帝会的工作。所有的问题都按所作的决定向会众宣布，组成了以洪秀全、冯云山、杨秀清、萧朝贵为首的新的领导核心。

从这年秋天起，洪秀全等人的主要精力，转向武装建设，为起义做准备。

创立天国

1850 年 6 月，洪秀全派人将住在花县的洪、冯二姓族人接来，以免起义后遭到敌人杀害。7 月，洪秀全发出总号令，命令各地的拜上帝会会员到金田村集中团营，并将团营日期定在 11 月 4 日。

为了保守秘密，动员令是洪秀全派人到各地挨村挨户口头传递的。洪秀全和冯云山还编造上帝的"默示"说："在道光三十年，我将遭大灾降世，凡信仰坚定不移者将得救，其不信者将有瘟疫。过了八月之后，有田不能耕，有屋无人住。因此召集你们家人和亲戚至此。"各地会众接到命令后，纷纷向金田村集结。最先到达的是金田村附近的人，约千余人；然后是紫荆山区的山民两千多人；石达开所领导的贵县的四千多人；桂平、贵县、平南、武宣、象州等处的教徒三千多人；赖九率领的陆川、博白等地六千多人;秦日纲所率龙山矿工两千余人先后到达金田。由于清军的堵截,许多队伍未能按期赶到。到起义之前,所集中的人数,包括男女老幼在内,大约在两万人以上。

会众来到金田,即时入营,按军队编制组织起来。所谓“团营”,就是组织军队。会众编成军队,开始过集体生活,并且进行军事训练,做行军打仗的准备。太平天国的作战部队太平军,就从团营时起正式建立。

由于来到金田团营的会众多数是“全家男女老幼一起参加”,于是就制定了男女分营制度。男人男营,女人女营,夫妻每星期会一次。同时实行“圣库制”,参加起义的人都要将家产变卖,将所得现金交入“圣库”,衣食由公款支出,一律平均。

太平军的男营女营,是担任对敌作战的部队,又称“牌面”。五十岁以上的男子和十四五岁以下的儿童,则另外编入“牌尾”。编入牌尾的老年人,根据体力做些运输、削竹签或做饭等轻便工作。幼小的儿童跟母亲住,能独立生活的就安排在男营中,并且往往随同军队作战,因而被称为“童子军”。太平军除女营外,还设了女馆,安置老弱妇女,让她们做些力所能及的工作。对于一些有技术特长的人,军中设有“诸匠营”,担任军需物资的制作。善女红的,还设有“绣锦营”,真是做到了人尽其才。

拜上帝会在团营期间,主要抓了两件事,一是把适龄的会众编成军队,另一个是开展练兵活动。在练兵期间,也集中进行了一段纪律教育。

关于纪律,洪秀全发布了五条命令:一遵条命;二别男行女行;三秋毫莫犯;四公心和傩,各遵头目约束;五同心合力,不得临阵退缩。这个命令把太平军的军纪做了原则性的规定。太平军在纪律执行上特别认真、特别严格,而且和赏罚制度结合起来。遵守纪律好,对革命有贡献,就升赏;违犯军纪,对革命造成危害,无论是谁都要坚决处罚,毫不留情。例如,有一次太平军从金田出来,经过胡村时,有一个士兵捉了人家一只鸡。养鸡人追上那个兵,说这只鸡是他的。太平军的带队人知道后,就在路上处决了那个兵。又有一次在桥头村扎营,一个士兵拿了老百姓一条绳子去绑马,被当众打了五十板屁股,并向群众认了错。正因为如此,百姓们都说太平军的纪律好,受到老百姓的欢迎。每到一村,老百姓就预先把粮食放在门外边给他们,同时也让他们入屋煮饭。但太平军严格执行“秋毫莫犯”的规定,不住民房,都是在外面扎营盘,搭茅棚住。

后来随着农民战争的发展,又陆续颁布了一些切合需要的条规,如《定营规条十要》、《行营规矩》、《行军总要》等,内容更加细致,要求更加具体。这些规定,直到太平天国后期,还在大部分军队中严格保持着。

在团营期间,太平军还做了另外一些规定,如蓄发、改装、禁烟、禁酒等。

就在准备起事之时,杨秀清突然生了病。其实这是杨秀清搞的一个阴谋,他不满意处于洪秀全和冯云山之下。为了大局,尽管洪秀全很生气,但因为杨秀清手下掌握的兵马也很多,这时搞分裂对谁都没有好处。冯云山也劝说洪秀全,为了起义成功,他冯云山受些委屈算不了什么。于是洪秀全听从了冯云山的话,进行了人事调整:自己仍为元首,杨秀清为“中军主将”,萧朝贵为“前军主将”,冯云山退居第四为“后军主将”,韦昌辉为“右军主将”,石达开为“左军主将”。至此,杨秀清的“大病”也就痊愈了。

事后，为了牵制杨秀清，防止他的权力欲望再次膨胀，洪秀全把杨秀清势力以外的韦昌辉、石达开、秦日纲、胡以晃等势力拉到一起，使他们自成一派，从而牵制了杨秀清。

内部问题解决之后，洪秀全带领冯云山、萧朝贵来到平南县胡以晃家中居住，商议起义事项。

此时的清政府只知道广西是天地会在活动，并不知道还有拜上帝会这样的革命势力。不但朝廷不知道，领兵大员不知道，甚至地方官吏也不清楚。因此1850年秋，咸丰帝即位不久，就调兵遣将，用武力对付的是天地会。

洪秀全到平南县之前，这里的地主武装同拜上帝会众打了两次仗，而且死伤不少，这引起清地方政府的注意。浔州协副将李殿元、秦川司、巡检张镛，在这年10月底带兵布防思旺圩，企图进攻花州。于是爆发了思旺战役，就是后来人们所说的"迎主之战"。

11月4日，在洪秀全的指挥下，太平军奋起迎战，一举歼灭五十多名清军，获得大胜。这场战斗之后，李殿元等尝到苦头，再不敢贸然进攻，就采取了"坐困"之法。他们利用花州"四面皆山，只有一条小路通出外方"的地理特点，在路上插满尖木桩，派兵扼守，想把太平军困死在里面。洪秀全便派了一名熟悉地形的人，由山间偏僻的小路奔向金田大本营告急。

杨秀清得知花州被围的消息后，立即派蒙得恩率众驰救。队伍于12月25日由金田出发，昼夜行军，27日便与敌军交锋。扼守山路的清兵，只顾注视前方的花州，做梦也没想到背后会有太平军的突然抄袭。这些守卡的清军还没弄明白是怎么回事，脑袋就已经搬家了。思旺之战当天就胜利结束。28日，太平军迎洪秀全出思旺圩，胜利返回金田。

这时，咸丰帝派往广西战场的主帅钦差大臣李星沅，正在途中。镇远镇总兵周凤岐率领的三千名黔兵皖兵，已先行抵达浔州。周凤岐接到李殿元的败讯，于12月29日派清江协副将伊克坦布领兵进犯金田，挑起了"蔡村江之战"。

这位伊克坦布从未和太平军打过仗，根本没把太平军放在眼里。传说他在出发之前，叫人买了几十担棕绳带上。士兵们问他带那么多棕绳干什么？伊克坦布说，捆人呀，我们打了胜仗后，捉了许多人，到时候上哪儿去找绳子呀！

对于伊克坦布的来犯，洪秀全很重视，做了十分周密的应战准备，在盘古岭、王谟、大简等地布置一个袋形阵地，只等清军入瓮。

1851年1月1日，伊克坦布带领一千多贵州兵由大湟江出发，逼近金田。

这些贵州兵身上带着两支枪，一支是火药枪，一支是鸦片枪。神气活现地走进了太平军的埋伏圈。在太平军的前后夹击之下，以全军溃败告终。伊克坦布带领残兵退到蔡村江边，坠马落水，被太平军赶上来杀死。周凤岐闻讯后恼羞成怒，忙纠集兵马前来援助，结果又被太平军杀伤不少。

这次战斗，是太平军的第一次大胜仗。太平军士气大振，清军再不敢轻率前来。

1851年1月11日，在洪秀全38岁生日这一天，拜上帝会会众在金田村宣布起义，建国号"太平天国"。这一天，太平天国的全体将士举行了隆重的仪式，金田上空飘起了农民革命的大旗。

1851年1月13日，即金田起义后的第三天，洪秀全指挥太平军离开金田，顺大湟江东下，占领了江口圩。此时天地会起义军首领罗大纲、女首领苏三娘、邱二嫂等各率其部投入太平军，使太平军的实力更为雄厚。

太平军占据江口圩，对浔州造成了直接威胁。曾败在太平军手下的周凤岐，只得把他的部下拖到大湟江南岸防守，同太平军隔江相望。在这期间，清军主帅李星沅已到达广西。他很快认识到太平军才是广西战场的主要敌手，决定“聚集精兵，全力攻剿”太平军。他把正在各地同天地会周旋的绿营兵，全部调集到江口，对太平军形成包围阵势，又命令向荣担任阵前指挥。向荣有一条治军秘诀，他对部下规定，每次打仗只要能胜，每人赏白银一两。因此他手下的楚兵打起仗来很勇猛。

1851年2月18日，向荣同李能臣、周凤岐等率一万多人，分三路猛扑向太平军。太平军奋起迎击，于牛排岭展开激战。打到中午时分，太平军佯装后撤，向荣便下令全线追击。结果在盘古岭遇到太平军设下的伏军，大败而归。

这一役，是太平军金田起义后的首次告捷，斩清军守备王崇山、千总汤成等十余名将弁，杀死敌军兵勇近千人。

在这之后的3月5日，太平军又在离江口二十里左右的上游屈甲州，再一次打败了清军。3月10日夜，太平军从江口突围经桂平新墟进入紫荆山，并翻山到达武宣东乡。

3月23日，这是太平天国的一个重要日子，洪秀全在东乡正式登极，就任天王，这一天在太平天历史上称为“登极节”。

他登极后，封杨秀清为左辅正军师，领中军主将；封萧朝贵为右弼又正军师，领前军主将；冯云山为前导副军师，领后军主将；韦昌辉为后护又副军师，领右军主将；石达开为左军主将。这前后左右中五军主将，都归天王统率，在洪秀全直接指挥下作战。这是太平天国前期的五军主将制。

1851年9月15日，洪秀全率大军开始战略转移，挥师北上。

9月29日，罗大纲率太平军的先头部队到达永安境内。永安是个州城。地势险要，三面环山，由于山势险要，城墙修得并不高，最高的地方才五米，易攻难守。这一天晚上，罗大纲先让战士们把马队编成几个小组，用石块拖在马后，沿石街绕城奔驰，一边不停地燃放爆竹，造成一种猛烈攻城的声势。城内的敌人在黑夜中摸不清底细，不敢开门迎战，只好盲目地向城下投掷硝罐，施放枪炮，经过整整一夜的“战斗”，敌人不但被扰得精疲力尽，而且守城的火药战具，也受到极大的消耗。第二天，太平军主力到达州城东南一带高地。中午时分，开始攻城战斗。太平军采取了声东击西的战术，用几十门大炮猛攻东门，把清军主力调往东门。而攻城的主力早埋伏在西南近城处，静候出击时机。等清军主力被抽走后，这些伏兵乘机而起，架起云梯，搭设天桥，很快拿下永安城。这次战斗，歼灭敌人官佐兵勇近千名，杀了州官吴江、副将阿尔精。

9月25日，太平军攻占永安城。洪秀全下令把州衙改名为“天王府”，正式接受全城军民的朝拜。

太平军攻占永安，不只是军事上的胜利，而且有重大的政治意义。金田起义后九个月来，太平军在清军的围追堵截下，一直处于奔波动荡的苦战之中，到了永安之后，总算可以休整一下了。永安城内物资充实，军需问题可以解决；城外地形险要，只要据险设防，就不怕敌人的再度围攻。因此洪秀全决定在这里驻留一段时间，做一段休整，同时总结实战经验，健全各种制度。

1851年12月17日，洪秀全以天王的名义发布诏令，封左辅正军师杨秀清为东王；右弼正军师萧朝贵为西王；前导副军师冯云山为南王；后护又副军师韦昌辉为北王；石达开为翼王。

洪秀全在永安封王，有一点值得注意，就是在诏令末尾加上"以上所封各王俱受东王节制"这句话。意思是说，从此时起，杨秀清将总揽太平军的军事指挥和行政领导权。洪秀全把军事指挥权交给杨秀清，是他从全局考虑后做的一个重大决定。实际上，从后来永安突围进军江南，革命战争突飞猛进，取得蓬勃的胜利，也确实同杨秀清的正确指挥分不开。但从另一方面看，洪秀全将军事统帅权下移，使自己和革命实践分开，脱离了实际斗争，并且培养了杨秀清的骄纵心理，产生了有害的后果。

封王之后，冯云山奏陈，洪秀全旨准，颁行了太平天国革命历法"天历"。从此，太平天国开始用自己的历法纪年。这时，太平天国还刊行了不少书籍，如《天条书》、《太平诏书》、《天命诏旨书》、《太平军目》、《太平条规》等。特别是《太平条规》一书，总结了太平军的军事纪律，对定营行营所应遵守的条令，都做了具体规定，使革命军制度更加完善。

同时，惹人注意的是，在这期间，洪秀全还制定了《太平礼制》，规定了不同等级和家族关系中人的称呼、服饰、仪仗、车马的规格。并宣称绝对不准以下冒上，以卑逾尊，以贱乱贵，以疏间亲。他还制定了"君道、臣道、家道、父道、母道、子道、媳道、兄道、弟道、姐道、妹道、大道、妻道、嫂道、婶道、男道、女道……等烦琐的规定。按照这个规定，洪秀全把太平天国相当森严的等级关系，以制度的形式确定下来，它破坏了以前洪秀全自己提出的平等思想，这个文件在太平天国辛开元年和壬子二年先后印过两次。到太平天国戊午八年，又做了补充修订，重新印发。

太平军占领了永安之后，便开始加紧修筑防御工事，以保卫州城的安全。

太平军在永安构筑城防工事的同时，把战斗部队安置在城外的各个主要阵地上。据传当时的分布情况是："冯云山带兵在莫屋，守南路；萧朝贵在西河，管龙眼塘、团冠岭和山岭各处；石达开带兵驻大塘；韦昌辉在高堆村、旧县村扎营。"罗大纲则驻扎在州城东北，秦日纲军扼守在城南水窦。经过如此周密的军事设防，清军要进攻永安是不太容易的事。

但是战斗并没有停止，这时尾追在太平军后面的是乌兰泰的一支孤军，大约六千人左右。由于向荣刚败，乌兰泰不敢放胆追击。当太平军占领永安时，乌兰泰的军队还在三江口，直到太平军占领永安3天后，才磨磨蹭蹭地靠近永安。

9月28日，乌兰泰军来到永安州城西南的佛子村。刚准备扎营，就遭到了太平军的三面夹击，被杀死几百人。直到十月上旬，清军的北路军才陆续来到永安战场。乌兰泰这才壮起胆子，在十月中旬发动了一场偷袭水窦的战斗。对此太平军奋起反击，杀败了南北两路清军。此后一个多月里，乌兰泰死守城南一线，再不敢出动。

在永安前期，战场上尽管小打不断，炮声不停，但实际上没有什么大的举动。因为太平军为了休整，在军事上采取守势，除了非打不可的战斗，一般不主动出击，而清军正忙于调集军队，准备围攻永安，也没有足够的力量发动大的进攻。

但清军这时却加紧了对太平军的阴谋破坏。他们或是派遣密探，潜入太平军内部，刺探军事机密；或是放毒、放火、暗杀；再就是用金钱等做诱饵，引诱太平军中不坚定分子做内奸，搞破坏。

周锡能叛变投敌的事情，就是发生在这一时期。

当洪秀全在永安封王之际，清政府正在调兵遣将增兵永安。调兵的人数已超出太平军两倍以上，将永安包围起来，企图一举消灭太平军。太平军被困在永安城，粮食弹药都十分缺乏，只得放弃永安，突围北上。

1852 年 4 月 4 日，洪秀全发布了突围的命令。第二天，夜里下着大雨，太平军开始了突围进军的战斗。

罗大纲部担任了突围战的先锋军。他率领两千名太平军，趁雨夜向古苏冲挺进。当时盘踞在州城东面的清军，做梦也没想到太平军会在雨夜里出击，没有做任何准备。罗大纲指挥部队闪电般踏平了清军关卡，歼灭了正在睡梦之中的近三千名清军，打破了清军设在东路的防线。太平军本部共二万余人，也随后离开州城内外各处防地，陆续和大队会合。经古苏冲取山路北进。他们的行动十分神速。直到第二天中午，清军统帅部才弄清太平军已经出走。由于精锐部队在前方突围，后面的家小及太平军被乌兰泰率领的清军追上。太平军及男女老幼三千多人被清军杀死。这是太平军自金田起义以来损失最惨重的一次。

4 月 7 日，洪秀全同杨秀清统率的太平军大队进抵大垌。这天下午和整个夜晚，太平军男女老幼齐动员，安设炮位，准备滚木垒石，布下了长达三十里的袋形阵地，埋下伏兵，静候敌人的到来。

8 日，当清军全部进入伏击阵地后，太平军开始了全线歼击，此时枪炮齐鸣，硝楠迸发，加上滚木垒石向下猛砸，震得山摇地动，好象天塌一般。这时清军才清醒过来，但已成瓮中之鳖，无处可逃。这一仗，歼敌近五千人，杀死了长瑞、长寿、邵鹤龄、董光甲等四个总兵官。

太平军在大垌打完围歼战后，于 1852 年 4 月 9 日由大垌出发，军锋指向桂林。

由永安到桂林，行程四百里，有两条路可走：一条由东路走昭平、平乐，是条大路；另一条是由西路走瑶山、马岭、高田、六塘，是山路。太平军想奇袭桂林，便决定由山路进军。到 1852 年 4 月 18 日，太平军才辗转抵达桂林城下。

当时，清军各路兵马集中在桂林，日夜训练，防止太平军袭击。但太平军并不知道清军有所准备，还想用缴获来的清军旗帜、军衣来冒充向荣的军队，骗开城门，但被清军识破。太平军只得硬着头皮，在桂林南门外将军桥和乌兰泰的军队展开决战。这一仗直杀得乌兰泰军大败而归，乌兰泰本人也身受重伤，逃到阳朔后身死。这一胜仗更加激发了太平军的斗志，太平军发起了猛烈的攻城战斗。但打了一个月，也没能攻下桂林，只好放弃桂林，撤围北上。

6 月 3 日，太平军攻下兴安县城，放火烧掉兴安县衙后离去，很快抵达全州。太平军到全州只是路过，不想攻城。没想到太平军后队经过一个山麓时，城上清军中的一个炮手，看见队伍后面有一顶黄轿压阵，便认为坐在轿中的肯定是太平军中的大人物，于是没有请示便对准黄轿开了炮。这一炮将轿中人炸落轿底，身受重创，他就是太平军的重要领袖冯云山。

冯云山受伤激怒了太平军，他们对全州城发起了总攻。在战斗中，太平军中的矿工们从地上挖地道，在城墙下放炸药，把城墙炸开了一个大口子。太平军从炸开的缺口中涌入城内，杀死了全城的官兵。

太平军在全州稍作停留，随即全军出发。行至蓑衣渡时，遭到清军江忠源部的伏击，发生了一场少有的恶战。

1852 年 6 月 10 日，太平军到达蓑衣渡，船只遇阻，停在江面上。敌人则从岸上用炮火疯狂轰击江面，仓促之下，太平军失去戒备，处于被动状态。只好采取应急办法，全部舍舟登岸。人员的伤亡，辎重的损失都很大，冯云山也在此次战斗中不幸牺牲。冯云山的死，使太平天国失去一位足智多谋的领袖，给洪秀全本人乃至整个太平天国运动带来了无法弥补的损失。

蓑衣渡的惨败，使太平天国又经受了一次血的洗礼，教训是深刻的。太平军的打法，此时还是属于流寇式的作战方式。攻下一地，又弃之而走，没有建立可攻可退的根据地，这是他们致命的缺点。蓑衣渡的受阻也影响了太平军此后的战局。如果没有蓑衣渡这次战斗，太平军由湘江直下，长沙此时的官兵也不多，防务空虚，攻打会容易一些。可是由于太平军在蓑衣渡受挫，极需整顿与补充，只好放弃直攻长沙的计划，折入湖南道州。

太平军开进湖南时，湖南的地方官都吓坏了。首先是湖广总督程　采。他原本驻节衡州，听到消息后，吓得脱去官服，换上便衣，坐小渔船逃回长沙，弄得他的下属也“相率奔窜，数日不止”。其次是湖南提督余万清。他见上司闻风先逃，也随之退回道州，后来听说太平军要攻打道州，又连忙溜到江华。结果，1852 年 6 月 12 日，太平军在毫无阻挡之下，顺利开进道州城。

在道州，太平军经过一段时间的扩充和休整后，于七月下旬开始了新军事行动。7 月 24 日攻克江华；29 日攻克永明；8 月 12 日攻克嘉禾；13 日攻克兰山；14 日攻克桂阳州；17 日攻克湘南重镇郴州。到 9 月中旬，太平军人数已逾十万。

1852 年 8 月，太平军就开始北攻长沙。这是迄今为止的太平天国起义史上，为攻打一个城市而进行的历时最久的一次战役，战期长达八十一天。

1852 年 8 月 17 日，萧朝贵接受了袭取长沙的使命，率领李开芳、林风翔等，以千余精兵，取安仁、攸县、醴陵山路，轻装疾进。

1852 年 9 月 7 日至 10 日，萧朝贵率兵冲锋在前，奔驰四百里，一路势如破竹。连取永兴、安仁、攸县、茶陵、醴陵，缴获了大量清兵的粮草、火药、炮械。长沙清军见势不好，便闭城固守。太平军看攻不进去，就抢占了城外妙高峰、鳌山庙等高地。

11 日辰时，萧朝贵下令攻城，一直打到巳时，攻破清兵连营七八里，杀死清将数十名，清兵二千多人。12 日，萧朝贵见攻城不下，一时性起，亲率牌刀手攻城。清军在长沙城南门魁星楼架巨炮向太平军轰击。萧朝贵身着黄绸战袍，匹马当先，勇不可敌。就在此时，敌人一炮打来，流弹正中萧朝贵胸膛，从乳上穿身而出，他当即死于沙场之上。

萧朝贵的牺牲，同几个月前冯云山的牺牲一样，是太平天国革命运动中难以弥补的损失。萧朝贵牺牲之后，太平天国将他一生概括为八个字："丰功盖世，永远威风"。

洪秀全在郴州听到萧朝贵的死讯，大怒，亲率大军对长沙展开了声势浩大的攻势。

此时，奉命担任尾追的向荣军，已由桂林跟到长沙，企图扰乱太平军的攻城战斗，但太平军早在水陆州设下伏兵，等向荣军来到后，迎头一击，打了一仗漂亮的伏击战，歼敌一千多。

但是太平军攻打长沙的战斗并不顺利。

他们发动了新参军的矿工们开掘地道，屡次轰塌城墙，但城内的守军也拼死抵抗，城外还不断增加援兵，而且太平军这时物资供应上也发生了困难。

1852 年 11 月 30 日，太平军按计划撤离长沙，乘雨夜渡过湘水，攻克益阳。就在这时，发生了一件事，太平军在益阳意外地获得了几千余民船，使他们的作战条件有了改变，因而也就变更了原定的进军路线。

太平军到达益阳时，江面上正停泊着好几千只民船。这些船户们见太平军到来，都异常兴奋，纷纷参军。太平军用这批民船装运队伍，横渡洞庭湖，浩浩荡荡，扬帆北进。这几千只民船，后来成为太平军建立水营的基础。

1852 年 12 月 13 日，太平军兵不血刃，占领岳州。就在太平军进兵岳州之时，又有五千多只民船参加了太平军。太平军将这些民船和益阳参军的民船组织在一起，进行整顿和训练，建立了一支强大的水师。

有了水师的太平军如虎添翼。

12 月 17 日，太平军祭起大炮，分水陆两路，从岳阳起程。千船健将，两岸雄兵，直奔武汉。从此，太平天国革命进入了胜利发展的辉煌时期。

面对即将到来的太平军，湖北巡抚常大淳等，仍幻想依靠城防抗拒到底。

他们一面派人下乡拼命搜刮粮食，运进武昌；一面强拉民夫，替他们加修城墙，构筑工事；又撤回原来设在沿江和蒲圻一带的防军，全部用来守城。这样还觉得不够保险，又下令拆除城外十丈以内的所有民房，以防太平军用这些房子作掩护，挖地道攻城。但是武昌城外的民房太多，一时无法拆完。拆到第三天，就听说太平军马上要到武昌，便下令将未拆完的民房放火烧掉。清军在武昌城外四处纵火，大火连烧了七天七夜，繁华富庶的武昌城郊，变成一片废墟。百姓们无家可归，流离失所，更加痛恨清军的统治，盼望太平军早日到来。

1852 年 12 月 23 日，正当武昌城外焚毁民房，烟雾弥漫之际，太平军的陆路大军由蒲圻北进，直逼武昌东城。水路先锋军李开芳、林凤翔部，也于同一天进抵汉阳鹦鹉洲。

24 日，太平军对汉阳发动攻击。守汉阳的清兵在城墙上放置了滚木礌石，也没能挡住凶猛的太平军。太平军当晚占领汉阳。

29 日，太平军渡过汉水，一举攻占汉口。天王洪秀全同东王杨秀清进入汉口。

洪秀全住在关帝庙，杨秀清住万寿宫，他们在这里计划和指挥围攻武昌的战斗。

由于汉阳、汉口被太平军占领，这时武昌已经成了一座孤城。从陆路攻来的太平军人马，占据了东钵盂山、洪山、小龟山的清兵营垒，然后又围住文昌、望山、保安、中和、宾阳、忠孝、武胜门等处。

在武昌城外，从鹦鹉洲沿汉阳江岸，太平军在夜里搭起两座浮桥。一座是由鹦鹉洲至白沙洲；另一座是由南岸嘴至大堤口。太平军通过浮桥，直捣洪山、蛇山等重要据点，包围武昌，分门攻打。

武昌的被围，令清军胆战心惊。

武昌巡抚常大淳、提督双福为了鼓舞士气，拿出"重赏之下必有勇夫"的办法，宣布了重赏的规格："拿获长发贼一人，赏银 20 两；拿获短发贼一人；赏银 10 两；告奋勇出城杀贼，临事功大小，从优定赏。"但这个办法解决不了任何问题。

就在太平军浴血奋战，加紧攻城之际，向荣率领的清军陆续到达了武昌城郊。他们在东门外长虹桥安营扎寨后，便向围攻武昌的太平军发起了进攻，又派密使进城联络，企图内外夹攻，一举消灭太平军。这时清军都司张国梁的援军也到达武昌，与太平军展开激战。

援军的到来，给太平军的攻城制造了困难。

向荣从卓刀泉分兵十队，攻向洪山、小龟山等处。在东郊和太平军展开激战。结果太平军败给了向荣，死伤一千多人。

1853 年 1 月，张国梁进攻南湖，接连得胜，逼近武昌城。太平军靠坚固的阵地，铳打炮轰，将城内外的清军隔离开来。向荣多次派人混入城中，企图让城中的清兵出城接应，里应外合，消灭太平军。但遭到城内清军提督双福的拒绝，他不许官兵与乡勇出城应战，坚守等待援兵，眼睁睁地看着向荣被太平军杀得大败而逃。

向荣败走之后，甘肃河州镇总兵吉顺也奉调来武昌援助，驻兵于汉口西北双庙。但只是驻兵观望，丝毫没有参战的迹象。太平军把驻在汉阳的军队调到江南，把向荣军队阻在凤凰山及文昌门外，没有理睬吉顺部队，然后加紧进攻武昌。

太平军围攻武昌九门将近 20 天。在这期间，清军的援军已陆续从各地赶来，云集武昌。如不尽快攻下武昌，太平军将处于内外夹击的危险境地。此时，那些善于挖地道的矿工们又一次发挥作用。他们在武昌文昌门外挖了三个大洞，神不知鬼不觉地将地道挖到文昌城脚下。

1853 年 1 月 12 日清晨，一切准备就绪，开始了攻城战斗。太平军从地道里把地雷、火药填在文昌门的城墙下，火药爆炸，一声巨响，文昌门的城墙被轰塌二十多丈，太平军如同潮水般涌入武昌城内。

冲入城中的太平军将士们，见清兵就杀。城内的清朝文武百官，从巡抚、学使、司道乃至县府以下的一百多名官员统统被愤怒的太平军杀死。清湖北巡抚常大淳、提督双福都在混战中被击毙。

武昌城是太平军自金田起义以来，经历了无数次血战之后，攻克的第一座省会城市。

太平军在武昌做了四个星期的休整之后，于 1853 年 2 月 9 日，撤离武汉，顺江东下，向南京进发。

为了顺利撤离武昌，太平军做了一番准备。早在2月4日，他们就把总计160万两银子先装上了船，同时装上船的还有大量的粮草、大炮和弹药。这些对于太平军来说都是最重要的，缺一不可。2月8日晚，太平军的大部分士兵就已依次上了船。当时太平军有五十万人，这么多的人上船，全要靠周密的部署和严格的纪律。到了2月9日那天，天王洪秀全在武昌阅马厂举行仪式，激励全军，鸣炮誓师，升起进军大旗。然后各王和众官赴天王宫辞行，到东王府集中，最后秩序井然地出城上船。天王洪秀全也在众将官的簇拥下，乘上一顶黄毡轿启行。为了防止向荣军乘机袭击，东门外还留下千余人做掩护，直到全军撤退完毕，才从浮桥渡江东退，刚一渡过河，就将浮桥焚毁。

2月15日，太平军进抵鄂东老鼠峡，遇陆建瀛前哨江防军。

太平军一阵炮轰，击毙敌总兵官恩长，余众全被歼灭。敌人尸体顺江流下，清军后队见了，吓得掉转船头急奔而逃。陆建瀛见势不妙，最先逃跑。当船行至小孤山时，清兵跪下来迎接他，他顾不上体面，大声呼叫道："叛贼声势浩大，快些逃生吧！"士兵们四散而逃，陆建瀛则一口气逃到南京，称疾不出。清政府苦心经营的东路防线，就这样全线瓦解。

2月18日，太平军一帆风顺进抵九江。驻守九江的清兵一听到太平军来了，没等交火，就全部溃散，太平军轻而易举就拿下了九江。

太平军一路东进，很快占领了安庆的门户小孤山。

1853年2月24日，石达开的先头部队到安庆城下。随着"轰"的一声炮响，城里的清兵便纷纷逃走，只有蒋文庆率兵做最后的抵抗，最后战死在衙门外，身边只有14个亲兵做了殉葬。

这是太平军继武昌以后攻陷的第二座省会城市，缴获藩库饷银30余万两，总局饷银4万余两，制线4万余千及大批的粮食和武器弹药。

随后，太平军继续东进。26日攻克池州；28日攻克铜陵；3月4日攻克芜湖。

太平军由芜湖沿江及夹江两岸二路并进，3月7日占领和州。旋即进抵采石，又分水陆两路向南京进攻。

在南京城外，太平军受到当地群众的欢迎。

进攻南京的太平军陆路，经采石、慈湖到江宁镇，先头部队于3月7日到达板桥。8日，太平军大队人马抵达南京城南善桥一带扎营。太平军到安庆时，队伍已扩大到70万人，及抵南京，人数扩大到百万以上。

3月12日，太平军水陆大军陆续开到。一万多只战船，从新洲戴胜关起，至七里洲，严密封锁濒城江面。陆路大军扎营二十四座，控制了城外所有的据点和高地。水陆连营六十多里，对南京形成重兵包围。

太平军包围南京城后，对各个城门发起了猛烈的攻击，但都未获得成功。

太平军再一次采用了挖地道的方式攻城。他们把地道挖到了仪凤门下，装满炸药。

3月17日，围城的太平军发起总攻击。大炮、抬枪对准城内猛烈开火，子弹密如骤雨,打得守城清兵不敢抬头。18 日,太平军在各处减轻攻势,将火力集中于仪凤门。清军见仪凤门吃紧,忙把水西、汉西、南门等处兵勇调来,加紧防守。他们万万没想到,太平军的举动是有意将清军集中到这里,好一起炸死他们。第二日凌晨,太平军点燃了仪凤门下的火药。火药爆炸了,不仅炸塌了城墙,还把从各处调集来的大批清兵全部炸翻,连同尘土一道送上天空。

仪凤门被攻破后,太平军从缺口涌入。由于水西、汉西、南门三处的守军被抽走,防御空虚,太平军从这些地方架起长梯,攻入城内。城内居民见了太平军,纷纷出来迎接,打开城门。于是三路大军在同一天下午攻进城内。

城内的清军已经混乱不堪,除投降和匿避者之外,全部被歼。两江总督陆建瀛得知城破,准备逃跑,走出小营时,遇到从缺口处冲杀进来的太平军,他被愤怒的太平军剁成肉泥。

3 月 20 日,太平军进攻内城。南京的内城是明朝在南京建都时留下来的皇城,城墙坚固,是当时满族旗兵和官员的驻防之地。当时的内城有八旗兵五千多人。现在的八旗兵已不再是当年挥戈南下时,金戈铁马骁勇善战的八旗兵了。尽管如此,在生死关头,他们还是奋力抵抗,与太平军发生了一场激战。太平军攻破内城之后,斩杀了江宁将军祥厚、副都统霍隆武,及其他一些满族官员。至此,太平军攻下了南京全城。

历史从此翻开了新的一页。

1853 年 3 月 29 日,杨秀清带着各位王爷、文武百官及十多万天朝军民夹道跪迎洪秀全进入南京。洪秀全身着黄色绣龙袍,足踏黄色绣龙鞋,坐在 16 位身着黄色马褂、头戴黄色礼帽的轿夫抬着的黄色大轿里,接受他的臣民的欢迎。大轿前面有数百面旗帜,数十对鼓手和锣手,喧闹之声震动数十里。大轿后面,万余士兵持刀握枪簇拥而前。

不久,洪秀全于原督署设天王府,改南京为天京,太平天国正式建都。

北伐与西征

太平天国定都南京以后,清政府不甘心南京失守,遂严命钦差大臣向荣率兵卒万余人在南京城外驻扎,建立江南大营。与此同时,清政府又命另一钦差大臣琦善等率清军一万八千余人,扎营扬州城外,建立江北大营,对太平天国形成夹击之势。

尽管有江南大营和江北大营的设立,但清政府并不能阻止太平军进攻的势头。在建立了比较稳定的根据地后,具有雄才大略的洪秀全和杨秀清,适时地重新部署力量,制定新的军事策略。

他们在军事上的一个重大举措就是北伐,其目的主要是向北京进击,直捣清王朝的老巢,同时也为了牵制清兵,不使清王朝集中精力用兵于江南。可以说,北伐是当时军事形势下的必然产物。

1853 年 5 月 13 日,太平天国派天官副丞相林凤祥、地官正丞相李开芳、春官正丞相吉文元，联合组成北伐军登陆浦口，然后从浦口出发北上，开始了北伐的悲壮历程。

另一支北伐军由殿前左三检点朱锡琨率领，原定也是由浦口和林凤祥、李开芳、吉文元会合。由于搞错方向，结果南辕北辙，在攻打六合时，不幸弹药库失火，副将黄益芸被焚身亡，大批官兵被烧死。朱锡琨只好率余部回到天京，在确定方位后，率军北上归入林凤祥部。

鉴于北伐是为彻底摧毁清王朝的统治，所以洪秀全和杨秀清给予足够的关注。那些身经百战的士兵，几乎云集北伐军，而北伐军的两位统帅林凤祥和李开芳，则又是太平天国最英勇的大将。太平军中最基本、最精锐的精兵良将构成了北伐军的主体。

深谋远虑的杨秀清以第一流的统帅和第一流的士兵组建北伐军，足见他对北伐的重视，也表明北伐这一军事举措本身对太平天国政权的巩固具有深远影响。

北伐军历时二年，转战六省，极大地震撼了清廷的太平军北伐失败了。但这次规模宏大的军事行动给腐朽的清政府以沉重的打击，而北伐军将士英勇顽强、不屈不挠的斗争精神，在农民战争史上留下了可歌可泣的一页。

太平天国的领袖们把北伐和西征作为一次战略决策的两个重要组成部分。北伐军出发后不久，太平天国统帅部下令开始西征。

西征，作为太平天国定都天京后的战略军事部署，目的极为明确，就是以优势兵力挥师西进，重新夺回太平军攻略的长江中游的军事重镇，即控制安庆、九江、武昌这三大军事据点，建立天京的西部军事屏障。

太平军曾经占领过武汉。

1852 年底，英勇善战的太平军由岳州进入湖北。水陆两路，沿江而下，水军旗帜遮江蔽日，所过之地，腐败的清军将士望风披靡，溃不成军。太平军连续攻克湖北重镇汉阳、汉口，包围武昌。1853 年 1 月 12 日黎明，太平军以地雷轰塌武昌城墙，太平军将士相继冲入武昌。清朝湖北巡抚常大淳等战死；钦差大臣、署湖广总督徐广缙被清朝政府革职拿问。

武昌是长江中的政治、军事重镇，也是太平军第一次攻占的省会城市，影响很大。1853 年 2 月，太平天国的领袖们决定放弃武昌，继续沿江东下，连续攻克了江西九江、安徽安庆等地。3 月 20 日，占领南京。

太平军虽然攻占过武昌、九江、安庆等地，但都弃城不守，继续东进了。尾追太平军的清军，在太平军放弃上述军事重镇后又重新盘踞在那里，并沿江东下，进而危及天京的安全。

太平军的西征，就是要消除来自长江中游的威胁，并解决天京军民的粮饷供应问题。其过程大致可分为胜利进军、被迫退却，转败为胜和乘胜反攻四个阶段。

1853 年 5 月 19 日，就在北伐的太平军出发几天后，太平天国的领袖们就下令西征。

太平天国的春官正丞相胡以晃、夏官副丞相赖汉英，率领水军战船千余艘、步军二三万人，由天京出发，沿长江西进。

清王朝对太平天国的西征没有丝毫思想准备，这完全出乎他们的意料之外。西征的太平军在不长的时间里，就取得了不菲的战绩。太平军纪律严明，秋毫无犯，获得了沿途人民群众的热烈欢迎。家家户户揭去门神春联，改贴黄纸大书“顺”、“归顺”等字样，争先恐后地将鸡鸭牛羊供应给太平军。太平军为了答谢群众的热忱厚意，送给群众大批棉花油盐衣物，并散发了《太平诏书》、《天条书》等读物，宣传太平天国的革命道理。

太平天国的太平军历时三年西征，经过激烈战斗，太平军终于占领和保住了天京上游的安庆、九江、武昌三个战略重镇，以及安徽、江西、湖北的部分地区。这不仅在军事上使天京有可靠的军事屏障，而且在经济上保证了天京的粮食供给，为太平天国革命的发展创造了一定的条件。

太平军西征作战，之所以出现了由胜到败和转败为胜的曲折过程，既有其客观原因，也与西征军前线将领的作战指导思想有密切关系。西征开始，太平军连战皆胜，大军长驱直入，迅速夺回了大部分地区，于是便产生了轻敌思想。军事重镇武昌还未攻取，就分兵作战，结果当一部分太平军在湘潭突遇湘军这支劲敌后，遭受挫折，被迫节节退却，影响了整个西征战事。直到湖口、九江之战，石达开指挥太平军集中了优势兵力，加强了对整个战局的指挥，并利用有利时机，打垮湘军水师，才得以转败为胜。

西征军在经略江西时，成功地争取了其他反清起义军的支持和合作，壮大了自己的力量。

1854年夏，广东天地会在佛山举旗起义，响应太平天国革命。由于外国侵略者帮助清军进行残酷镇压，天地会起义失败，起义军被迫化整为零，进行分散斗争。周春、葛耀明等率领的起义军由广东打入湖南，在1855年秋冬从湖南东部陆续进入江西，投入了石达开的太平军。天地会和太平天国在习惯上、信仰上有很多不同。石达开为争取他们的配合，让天地会的一些领袖担任太平天国的军职，同时又允许他们保留自己的习惯和旗帜。石达开联合这支近三万人的友军，大大加强了江西地区反清革命力量。

太平军在西征作战指导方面也有失误之处，这与太平天国的领袖们在定都天京之后做出的战略决策有直接关系。定都之前，攻取的城池一概弃之不守。定都之后，受到清军威胁，决定西征，建立天京屏障。但仅以数万兵力就想一举夺取湖南、湖北、安徽、江西四省，明显存在着战略目标过大与兵力不足的矛盾。由于金田起义后，太平军进军神速，同时，清军的一些要员开始没有把太平天国实情上报北京。清政府最初对太平军重视不够，加上太平军采取了避实就虚的战略。其实，只要是清军重点防守的城镇，桂林、长江等地，太平军都无可奈何。太平军的决策人物对此缺乏足够的认识，使太平军产生了轻敌思想，部署上分兵冒进，战线过长。同时西征军指挥机构设在安庆，远离前线，不能及时准确地了解情况，实施有力的指挥，使多路分兵的后果更为严重。加之某些太平军将领缺乏指挥才能，因而自湘潭之战失利后，太平军节节退却，几乎危及太平天国革命。九江、湖口之战胜利后，太平天国转入反攻。但仍未克服多路作战的缺点，虽然在湖北、江西战场取得了不少胜利，却未能全歼敌人的有生力量，击溃敌人多，歼灭敌人少。

西征虽然取得了不小的战果，但未能给尚处于初建阶段的曾国藩湘军以毁灭性打击，使这支凶悍的地主阶级武装得以发展，最终成为太平天国的死敌。这也是太平军西征最令人遗憾的事情。

北伐与西征是太平天国定都后的主要斗争。在形式上，太平天国犯有分兵作战的错误。就当时的形势看，太平天国应固守东线，向西发展，占领武汉三镇。以此为天国的屏障和桥头堡，向四川进军，使长江为自己的重要防线，然后逐鹿中原，北京则指日可待。另外，也可以先西征，稳固自己的阵脚。然后派兵北伐，直捣北京，北伐西征同时进行，而且只派近两万人进军北京，尽管订下了不贪图攻城略地，放胆灵活，尽早拿下北京的战略，从根本上说还是犯有轻敌的错误。反映了太平天国领导集团中，缺少一流的战略家，特别是决策人物缺少战略头脑。

天京事变

太平军在浴血奋战的同时，努力加强政治、经济、文化方面的建设，并试图建立一个人间天国，尽管这个天国是现实与梦幻的交织物。

1853 年冬天，太平天国颁布了《天朝田亩制度》。这是一个充满中国农民梦想的土地分配方案，它反映了贫苦农民摆脱剥削，对土地热烈渴求的愿望。

太平军定都天京后，兵分三路，一路北伐因后援不继而失败；一路西征；一路守卫天京及外围。

1854 年冬，北伐军几乎全军覆灭。这时扬州失守，西线又岌岌可危。天国统帅部及时调整战略，重新调兵遣将，一鼓作气，再克扬州，打击清军江北大营。太平军接着又挟胜利声威摧毁了清军江北大营。统帅部命翼王石达开西上武昌，主持西征；派北王韦昌辉主持江西战局，太平天国出现大好的军事形势。同时，全国各地反清斗争的发展给太平天国提供了夺取全国胜利的有利时机。

但是，太平天国的领导集团没有利用这大好的形势，没有把握住大好的机遇，把太平天国事业推向更宽广的发展方向。他们没有抓紧消灭西线及江西的敌人，错误地认为破除了江南、江北大营，打破了清军对天京的包围就高枕无忧了。

1856 年，天京发生内讧，太平天国从此由盛向衰转变，这是令人十分痛心的。

为争权夺利太平天国内部“兄弟”反目。

天京事变是太平天国内部由来以久的矛盾的总爆发。不管其导火线是什么，但本质上是一场争权夺利内部互相残杀。为了把这件事述说清楚，我们不得不从 1848 年冯云山被捕入狱时说起。

在拜上帝会中，洪秀全与冯云山属核心领导，而杨秀清、萧朝贵则是拜上帝会的一般头目。但是，冯云山被捕后，洪秀全到广州设法营救，拜上帝会处于群龙无首的局面。这时杨秀清、萧朝贵效仿洪秀全，取得了代天父和天兄传言的资格，及时团结了拜上帝会众。但是，它带来的问题是：挤进了拜上帝教的核心。同时随之而来的矛盾是：在宗教上取得了比洪秀全这个天父次子更大的权威，洪秀全的地位受到了严重的挑战。

冯云山出狱后，面对杨秀清取得代天父传言的资格，不是没有想法的。因为洪秀全是上帝派到人间的次子，是来救世的，因此成立了拜上帝教，反对崇拜其他偶像。而杨秀清的做法是"代天父传言"、就是在玩弄巫术。

可是，杨秀清和洪秀全一样具有皇权思想，等级观念，热衷于追求个人的权势、威严。随着功劳的增大，野心也膨胀起来，因而居功自傲，而且表现十分明显。

首先让洪秀全不能容忍的是，杨秀清多次利用"天父下凡"的形式对天国政务进行控制并打击天王。如果说"天父下凡"在金田起义后还有一定的积极作用。那么到南京后，为了一些毫不值得的鸡毛蒜皮的小事也"下凡"，也传言，杨秀清就构成了对洪秀全皇权的威胁，这是洪秀全所不能容忍的。

有人统计，杨秀清假托天父下凡附身的"传言"共约二十五次，传言的内容广泛。在定都前的传言对于确定洪秀全的地位，对于唤醒、动员、鼓舞群众进行反清斗争，还是有积极意义的，洪秀全对此十分肯定。1853 年后的传言就逐渐发生了变化，只要细读《天父下凡诏书》全文，我们就可以发现，洪秀全对杨秀清这种下凡的不满之情溢于言表。

洪秀全直接问杨秀清，说过去升上天看天父时，正好逢妖魔上天庭，我正要惩罚他，天父说，算了吧，他已经屈服了。看来天父容他有些过错，今天因女官这些小事，怎么天父火气这么大，气量为什么这样狭小呢？对此杨秀清只能顾左右而言他了。洪秀全对众官说：你们记住，东王所说的话，就是天父所说的，你们要高兴地遵守。洪秀全对韦昌辉说，我只有奉天父圣旨受杖责还合乎道理。韦昌辉说：天父开恩了，不用杖责，二兄（因洪秀全是天父次子，故称之为二兄，耶稣是长兄）放宽心，只要遵守天父圣旨就行了。这里有无奈，但更多的是恼怒和不满，可惜杨秀清不知收敛，而后变本加厉。这种假戏真做，一直做到洪秀全身上，必然影响他与天王的关系。

杨秀清与其他几个王的关系也是很紧张的。

从根本上说，杨秀清与韦昌辉的关系早期是正常的。永安封王时，韦昌辉名列第五，与杨秀清相隔两级。冯云山、萧朝贵去世后，韦昌辉在太平天国中居第三，杨秀清必然对他有所防备。但韦昌辉是个权欲十分重的人。他在参加太平天国前，就虚荣心特别强。可能也是科举的功夫不行，就花钱买了个国子监生的名衔，并在自家门前高悬一块"登仕郎"牌子。结果被人告发，拘捕到官府。出狱后，他一怒之下参加了太平天国。

韦昌辉并非是草包饭桶之辈。李秀成说他"见机灵变之急才是有"，可见他是个善于谋划、出主意的人。但是，此人的人品却是太差。有人概括他为：善于奉承，阴险毒辣。杨、韦的矛盾，从杨秀清一方来说是对韦昌辉长期压抑，而韦昌辉是个权欲熏心的人。可怕的是，对杨秀清的大权在握，韦昌辉早有觊觎之心，表面上却装得很顺从。史书上说，他对杨秀清是：见到杨轿来则立即扶轿以迎。同杨秀清谈论事情，不等说个三句四句，就马上跪下向杨秀清表示感谢，说：不是四兄这样教导，"小弟肚肠嫩，几不知此"。当时就有人看出韦昌辉这样做，只不过是"阳下之而阴欲夺其权。"可是杨秀清对此没有任何准备，把韦昌辉的阿谀逢迎，甜言蜜语，卑躬屈节当成恐惧之心，不敢十分多言；对韦昌辉甜言蜜语中的笑里藏刀，卑躬屈节后的包藏祸心，根本没有觉察。

但是，如果说韦昌辉就要杀杨秀清，也不符合事实，事物都有个变化过程，有个量变质变过程。在太平天国诸王中，只有韦昌辉对杨秀清这样卑贱，杨秀清对韦昌辉虽然不信任，却也因韦昌辉时常表现出来的这种谄媚而放松了警惕。

杨秀清的骄横使杨韦矛盾更加激化。这里介绍几件与此有关的小事。

1854 年，太平军在西征中进入湖南，准备在湘潭与曾国藩交战，需要增加船只，杨秀清派韦昌辉办理此事。韦昌辉却用人不当，派张子朋率船队前往。张子朋冲锋陷阵还行，办这种事则无能。据说号令一天屡变，虐待水手，激起水手义愤，几乎要哗变。杨秀清立即派别人替换了张子朋，并杖责一千，对韦昌辉则杖责数百。张子朋是罪该如此，对韦昌辉则太过分了。韦昌辉属于用人不当，应当责备，但是作为在太平天国中坐第三把交椅的头脑人物，只因一些过错则打板子，岂不是奇耻大辱吗？

还有一事，韦昌辉有一个哥哥，与杨秀清的妾兄争房子。事情闹到杨秀清那里，杨秀清大怒，要把韦昌辉的哥哥处死，而且交韦昌辉处理。韦昌辉却将兄五马分尸，这就有些过分了。连清朝的官员都认为：杨与韦互相猜忌，不久可能发生吞并的事。因为韦昌辉做事太超出常理，举动太反常，那么，太平天国内部对这些事看清的人也不会少，只有杨秀清是当事者迷罢了。

对太平天国影响很大的还有一人，就是翼王石达开。

石达开有卓越的军事指挥才能，足智多谋，能文善武，从金田起义到定都南京是战功卓著。但是到天京后，长期被杨秀清冷落。

1854 年底，西征战事吃紧，西征军面临重蹈北伐军覆辙的命运。杨秀清派石达开去江西九江督军。这之间石达开数次打败曾国藩，在某种程度上他足以使清军闻风丧胆。就连湘军的一位能征惯战的清军名将左宗棠，对石达开的印象也是："狡悍著闻，素得群贼之心，其才智出诸贼之上。"曾继任湖南巡抚的骆秉章，为对付石达开，不得不深入研究石达开的用兵特点、指挥方法。可见石达开与韦昌辉在能力上确是不一样。

但就是这样一位杰出的领导人，却不被杨秀清重用，经常调来调去，很少委以重任，一旦"天父"下凡也使石达开对杨秀清惶悚流汗。石达开不同于韦昌辉的是为人正派，不搞阴谋而曲意迎合杨秀清，对洪秀全大搞宗教迷信那一套也不以为然。但他没有篡权之心，只是杨秀清威逼太过，使他与韦昌辉结成同盟。

杨秀清对韦昌辉、石达开这样的领袖人物根本不放在眼里，甚至说打就打，比封建帝王对大臣还要苛刻，对其他王侯就更不在话下了。

上述情况已经说明，太平天国内部是存在矛盾的。由于太平天国建都前后始终处于紧张激烈的军事斗争中，矛盾没有激化。杨秀清并不是一开始就想与洪秀全争天王的位置，矛盾没有进一步激化。随着太平天国军事形势的好转，全国各地起义也风起云涌，太平天国的内外部环境更加有利于农民运动的发展。但是，太平天国没有抓住这良好的机遇，进一步开展军事斗争，逐鹿中原，挥师北上去夺取全国政权。相反却自相残杀起来。

洪秀全与杨秀清的关系，是从金田起义开始奠定的，是不可以改变的。杨秀清功大，大不过天，如果不承认这个事实，即洪秀全的地位是任何人都不能与之挑战的，想改变这一格局是要付出重大代价的。我们且不管“逼封万岁”的真实情况如何，仅就天父下凡这一件事，洪秀全就不会容忍杨秀清专横跋扈，盛气凌人下去了。中国自古以来就有天无二日之说，洪秀全绝不会拱手让出天王的宝座。

据说，洪秀全表示要在9月29日，杨秀清生日那天举行仪式，正式封杨秀清父子为“万岁”。同时，下密诏给韦昌辉来京诛杨。

于是一场血腥屠杀在南京发生了。杨秀清本人成了这场大屠杀的牺牲者。由此太平天国元气大伤，天国的辉煌失去了往日的光芒，太平天国开始走向衰落。

9月2日夜，整个东王府都处在睡梦之中。韦昌辉的部队悄悄地包围了东王府。他们先杀死卫士，随后在东王卧室杀了杨秀清。有人说，韦昌辉下令见人就杀不留活口；也有人说，杀了杨秀清后，第二天才把杨府的人全部杀掉，就连东王府附近的人，出来探视的也被杀。

问题的严重性在于，事态并没有因为杨秀清等四千多人被杀而结束，相反天京的形势在恶化。

韦昌辉可以通过突然袭击的手段杀掉杨秀清。但是，整个天京的部队基本是东王的部下，分布于全城各处。特别是当时为了解天京城外清军动向，修了许多望楼，对城内情况也可以一目了然。当东王杨秀清被杀的消息通过望楼和其他渠道传到守备天京各个部队时，东王的全体部下被韦昌辉的恶举激怒得义愤填膺，在傅学贤的指挥下，东王的部下与韦昌辉的部队展开了激烈的战斗。

这时的形势对韦昌辉十分不利。他从江西返回天京带的部队尽管都是精锐，但只有三千人，与东王部下相比力量相差悬殊。杨秀清对其他人飞扬跋扈，但对自己的部下还是爱护有加的。因此，这些人报着必死的决心与韦昌辉展开厮杀，韦昌辉的叛乱很快就会被镇压下去。恰在这时燕王秦日纲率军返回了天京。

秦日纲这个人在战场攻城掠地，冲锋陷阵，数次打败了清军，也是个令清军头痛的天国将领。但他缺乏政治头脑，与杨秀清又有些个人的恩恩怨怨。结果不问青红皂白，就参加到韦昌辉的叛军中，助纣为虐，助长了韦昌辉气焰。这时韦昌辉与东王部下处于相持的僵局。

打破僵局是洪秀全的出面，他决定惩办变乱的祸首。结果事与愿违，洪秀全被韦昌辉所利用，非但没有镇压韦昌辉，相反韦昌辉、秦日纲利用惩办变乱祸首的机会，再次搞阴谋，大肆屠杀太平天国将士，数万太平天国的中坚惨遭毒手。

一个月内东王等两万多人死于非命。一时间金陵成了恐怖世界，秦淮河上浮尸不断，石头城内腥风血雨，这是太平天国最惨重的损失。

天京事变三十多天后，在湖北督师的翼王石达开才听到天京变乱的消息，赶回了天京。据说，石达开到了天王府，又与韦昌辉、秦日纲见了面，对韦昌辉、秦日纲等人滥杀无辜进行制止。但杀红眼的韦昌辉“又要将翼王杀害。后翼王得悉此事，绕城由小南门而出，走上安省，计议报仇”。这是后来被封为忠王的李秀成所言。据外国目击者所言，石达开是“杀死了守门者，同他的部众出了城。”要是那天晚上他不出走，那就将被斩。很多人也乘机一起出了城。”韦昌辉没有抓到石达开，就到石达开家，十分残忍地把他的妻子儿女全部杀掉。随后派秦日纲率军追赶石达开。

秦日纲率军追杀石达开到达西梁山时，石达开已经从湖北调集了四五万人，准备讨伐韦昌辉。这时秦日纲头脑开始清醒了，也可能他所率部队根本没有办法与翼王石达开正面冲突，自己不是石达开的对手。于是他率军停止追杀石达开，转而进攻清军，但为时已晚。不久，秦日纲被人从军中带回南京，处以斩刑。

韦昌辉在派秦日纲率军追赶石达开后，也后悔不迭，这时他才发现追随他的只有秦日纲等少数人。秦日纲出城后，他的力量是很单薄的。加上韦昌辉滥杀无辜，又没有听从天王的命令，引起了天京城内太平天国全体将士的公愤。天王洪秀全下诏“诛韦”后，非常容易地把韦昌辉杀掉了。

可悲的是，天京事变并没有因为处死韦昌辉、秦日纲、陈承鎔而告结束。事态还在发展，结果促使了翼王石达开出走，出现了太平天国的大分裂。

石达开返回安徽后，“火速集合忠诚的部下，到了掌握相当强大而可靠的兵力时，便即奏禀天王，要求取得韦昌辉的头颅，同时威胁说：‘假若该项要求被拒绝，即将搬师回朝，攻克天京’。”据说石达开当时组织的部队仅一万余人，并没有进攻天京，只是在准备进攻天京前，向天王洪秀全提出处死韦昌辉等人的要求。事实上，洪秀全答应了他的要求，斩下了韦昌辉的头颅，用木匣盛好，派人溯江而上，送到了翼王的兵营。至于是如何捕捉北王的，怎样斩杀的，没有详细的史料记载。

北王韦昌辉被杀的消息传到燕王秦日纲处，秦日纲不由有兔死狐悲的感觉。追杀石达开不是天王的旨令，他自己杀戮过多，也感到罪孽深重，他脸上不时泛起阵阵愁云。他料到会被解回天京，只不过没有想到会这样快。不久天王派人取他回京，助纣为虐的结果是被砍了头。石达开要求诛杀的韦昌辉、秦日纲、陈承鎔为首的天京事变的罪魁祸首们及二百多名追随者，被送上了断头台。

太平天国经过这场自相残杀，东王府及部下的被诛，中央政府处理军政大事的机构没有了，天国政事陷入一片混乱。天京失去了往日的繁荣，内战刚刚结束，硝烟还没有散尽，自相残杀的鲜血斑斑，两个王府被夷为平地，几万人被杀的恐怖场面，在天京人的心中是抹不掉的。

太平天国面临着自开国以来最大的困难。所幸的是石达开以大局为重，并没有采取报复的手段去诛杀韦昌辉、秦日纲、陈承鎔的部下与家属，更不用说去诛连他人了。太平天国因石达开的识大体，保全局，而避免了一次新的大屠杀。

在洪秀全的要求下，石达开于这年十月由宁国回天京，天国合朝同举石达开提理政务。善良的人们希望在石达开主持下，迅速医治天京事变带来的内耗创伤，早日恢复往日景象。年轻的翼王石达开，被洪秀全任命为天国首辅助，这年石达开仅 25 岁。

洪秀全让石达开主政是惟一正确的选择。但是，洪秀全却对石达开极不信任。洪秀全靠宗教起家，用宗教来联系百姓，教育群众，维系人心，反对中国传统的一切观念，拜上帝教的教义体现在太平天国的各种文件、规定、圣旨中。但是，石达开偏偏对这些东西不感兴趣，石达开在安徽抚民时，改变了太平天国的一些制度，对此，洪秀全早已有闻，对石达开就不可能完全信任了。

洪秀全决定不能全倚处姓来主政，于是又封了两个王。

一个是天王长兄洪仁发，封安王；一个是天王次兄洪仁达，封福王，并有参政权，目的是牵制石达开，以分其权。

此时，石达开的出路是什么，第一，挟天王而令天下，以石达开的能力、威望完全可以办到，但是，石达开不能这样做；第二，重演一场天京屠杀戏，火拼一场，但是，石达开不是阴谋家，他对天王的忠诚，对太平天国的忠诚，不可能去篡权夺位。剩下只有一条路可走了，这就是离开南京，别谋生计。

1857 年，太平天国丁巳七年，翼王石达开离京出走，远征不归。为了防止洪秀全的阻拦，石达开采取秘密的方式离开了天京。

石达开离开天京后，一直打着太平天国的旗号，称自己是太平天国的远征军。太平天国天王洪秀全也没有下令削去他的封号，也称是远征军。最终于 1863 年兵败大渡河。

石达开的出走，特别是告示天下，使太平军的部分将领及士兵近二十万人随他而去。此时的天京仅存数千老弱病残者。对洪秀全来说打击是巨大的，朝中无将又无兵，太平天国陷入了自金田起义以来的空前危机。

急挽狂澜

天京事变断送了太平天国迅猛发展的势头。威震四方的诸王相继撒手不管战区军事，纷纷卷入内讧的涡流，数以万计忠勇将士惨遭屠戮，统帅杨秀清及许多高、中级将领的死难，石达开的负气出走，致使太平天国战略指挥中枢严重削弱。一时间，出现了“朝中无人掌管，外无勇将”的严重局面。

如何扭转被动挨打的局面，制订统一协调的战略方针，成为太平天国的当务之急。

1858 年 7 月下旬，在安徽枞阳镇召开了由各主要将领参加的军事会议，“各誓一心，订约会战”。会议决定集中优势兵力“拟赴庐州（今安徽合肥），住攻江浦、浦口、来安、以通南京门户”。会上决定组建东西两大兵团：东路李秀成兵团，为牵制力量，目的是切断江北大营，进援庐州；西路陈玉成兵团，李世贤等其他将领率军助战，作为进攻庐州的主力。

在太平天国危机四伏的情况下，陈玉成、李秀成两位青年将领，毅然决然地承担起天国的军事重任。

枞阳会议之后，陈玉成、韦俊首先行动，由潜山率部直扑舒城，建立前进基地。

紧接着陈玉成与李秀成会师，击溃江北大营。

二破江南大营后，陈李兵团在江北扫荡时，李续宾率领西线湘军乘虚东侵皖北，被陈玉成大败于三河镇。

三河镇大捷之后陈玉成被洪秀全所倚重，指挥京外各军，成为天国柱石。

1860 年 4 月 27 日，太平军拉开了进攻江南大营的序幕。不久将其攻破。

1859年4月，正当太平天国“国内无人，朝中无将”，首都天京又处于清军层层包围之时，一个曾因砸碎孔子牌位而被驱出族门的年轻人，一身商人打扮，在春风又绿江南岸时，顺长江而下，辗转来到天京，他就是洪仁歼。

洪仁歼的到来，象一股春风给洪秀全平添了几分春意。洪秀全欣喜之余，往事又历历在目。天京内讧，血流成河，石达开出走，天国国势骤衰。昔日，西征北讨，国势大震已成过眼烟云。湘军自武昌而下，与太平军争夺皖北，江南、江北大营的重建，大有使天京黑云压境之势。面对危局，小将们毅然担起军事重担，可是天国内政仅有他孤家寡人。杨秀清、韦昌辉的行为使洪秀全对异姓产生了戒备，本想倚重大哥洪仁发、二哥洪仁达，但他们均是酒囊饭袋和忌贤妒能之辈。洪仁歼的意外到来，使洪秀全愁云顿开，喜不自胜。此乃天赐良机。

洪仁歼一来，就曾明确表示，不贪图爵禄之荣，只为备陈治国方案。对此洪秀全欣赏有加；你视爵禄如粪土，我看重的就是这点。于是，在短短的二十天内，“恩加叠叠”，三次加封，最后被封为开朝精忠军师顶天扶朝纲干王。

洪仁歼自拜军师以来，可以称之为“奉命于危难之间，受任于败军之际”，对于未来，他心急如焚。

根据以往所了解的外部世界情况，结合变乱后天京城内的人心涣散，斗志消沉，他做了细致调查，逐渐提出了自己的改革方案，寻求天国发展的转机，从而创造一个“新天新地新人新世界”的理想王国。

他认为扭转现状的治国良策是效仿西方资本主义国家的政治、经济、文化等制度，对太平天国的政治、军事、文化进行全面的改革。

洪仁歼的改革措施，其目的是为了解决当时最为急迫的政治、军事和文教问题。可是，从洪仁歼的思想深处，他对太平天国有长远的考虑，他主张对天国进行全面而深入的改革。1859年，洪仁歼根据已知的对西方资本主义国家的政治、经济、科学文化状况的认识，并结合天国实际，撰写了一部纲领性文件——《资政新篇》。

《资政新篇》的颁布，决不是洪仁歼个人的一种创造，它代表了太平天国中后期的形势变化。它是一个比较全面的向西方学习的纲领。但由于当时战事频繁，中国的资本主义还处于幼芽状态，而广大农民对于土地的企盼一直没有解决。所以《资政新篇》的各种措施只能是一纸空文。

但洪仁歼作为第一个想通过发展资本主义来振兴中华的人，一直得到了人们的赞赏。

英雄没路

1860年，太平军攻破江南大营，开辟苏州根据地，形势似乎有所好转，这是太平天国后期的一个新高潮。但好景不长，新的险恶情况已经出现：咸丰皇帝重用曾国藩，是对太平天国的最大威胁。所谓“时势造英雄”，太平天国从另一方面讲，确实为曾国藩一展才华创造了条件。

上任两江总督以后，曾国藩并不盲目顺从咸丰皇帝，而是积极推行自己“以主待客”、“以静制动”的战略计划。他认为，此时天下的安危，并不是苏、浙，而是安庆。

曾国荃率湘军攻入安庆以后，开始了残暴的屠杀和劫掠。湘军在屠戮、抢劫之后，都发了巨财。从此，纵兵抢劫成为湘军的号召力，攻城陷郡成为湘军官兵谋得财富的手段，这反映出湘军的本质。对太平军的大肆屠杀，足以看出曾国藩同太平天国不共戴天。曾国荃更是凶狠残暴，杀人放火愈加肆无忌殚。

安庆的陷落，使湘军撤除了太平天国首都天京的屏蔽，从此建瓴东趋，掌握了战略进攻的主动权。

曾国藩并没有被安庆的胜利冲昏头脑。他清楚地知道：安庆毕竟不是天京府，洪秀全仍在天京做天王，天王手下的两位猛将，英王和忠王仍奋战在杀场。要想彻底消灭太平军，必须拔掉这两个眼中钉。因而，一定要乘胜追击，扫荡太平军的残部，扩大战果，将主动权牢牢地掌握在自己的手中。于是，又一个战略战术酝酿而成，这一次他的目标是英王陈玉成。

湘军的穷追不舍，迫使陈玉成沿着英山、六安，退守庐州。湘军的多隆阿迅速占领了宿松、黄梅、蕲州、广济等地。留守德安、黄州的赖文光部，也先后被击败。截至1861年11月，太平军完全被逐出湖北。

1862年2月15至17日，多隆阿统军由舒城分别向庐州进兵，步步为营，渐次到达庐州城区。24日，总兵雷正绾扎营在二十里铺，副都统温德勒克西率领兵马队扎营大蜀山。25日，总兵石清吉进驻十八里岗。多隆阿指挥诸路军马，开始了庐州攻坚战。

人言“知人知面不知心”。陈玉成作梦也没有料到他身边的苗沛霖已经投降了湘军，背叛了太平军。加之危难之时，心烦意乱，放松了警惕，轻信了苗沛霖的谎言，掉进了陷阱。

当时苗沛霖为了立功，诱骗陈玉成从庐州突围，奔赴寿州，并许诺帮助陈玉成重新图谋大业。苗沛霖是一个鼠守两端的人，陈玉成理应对苗沛霖有所防范，但陈玉成在危城之中，求突围心切，怀着侥幸的心理，轻信了苗沛霖的谎言。于4月14日夜晚率军突出东门，向板桥河而去。湘军尾追而至，陈玉成急令拆去浮桥，阻隔湘军，便一路向寿州县而去。湘军遂由西门、南门、得胜门等处攀云梯而越城墙，庐州府便在4月15日失陷。

4月17日，陈玉成率仅有的四千人抵达寿州的东津渡。此时的寿州城已经布置好了诱擒英王陈玉成的事宜。当时是苗沛霖的侄子苗景开与陈玉成派驻寿州之代表琳天安、余安定（已随苗沛霖叛变）一行，按计开城恭迎陈玉成。陈玉成一点防备也没有，只带了随身亲信一百余人入城。陈玉成等人刚刚进入城门，苗景开立即把吊桥撤除，把陈玉成手下的四千将士留在了城外。陈玉成被俘。一代骁将竟因轻信了小人的一番甜言蜜语，终遭暗算。

陈玉成的部下张洛行、马融和闻讯，率领一万士兵于5月24日进据颍上江口，准备伺机攻破苗营，把陈玉成解救出来。但狡猾的湘军，已在25日就把陈玉成押到颍州，“苗沛霖旋将英王槛送颍上胜保军营，”至使营救行动落空。

胜保的多次劝降失败后，便决定将陈玉成押入囚车，槛送北京献俘，后朝廷下诏，命将陈玉成就地凌迟处死。1862 年 6 月 4 日，这是一个让人悲哀的日子，陈玉成在延津被杀害，年仅 26 岁。

陈玉成及其兵团的覆灭，标志着湘军劲敌的丧失，它预示着曾国藩将要率领湘军去敲响太平天国的丧钟。

在太平军同时展开的解安庆之围军事行动中，东线战场的局面似乎要顺利一些。1860 年 12 月 29 日，忠王李秀成打败了张玉良，拿下杭州，将浙江和苏南地区连成一片，建立了太平天国的后方基地。为了巩固这一根据地，李秀成决定进攻上海。

正当东线战场节节胜利之时，西线战场清军兵临天京城下，天京告急。洪秀全一日三次急令，命李秀成火速回师援救天京。无奈，李秀成只好忍痛放弃指日可待的上海，于 1862 年 6 月回师西上，以解天京之围。太平军二次进军上海就这样功败垂成。

当太平天国政权岌岌可危之际，中外反动派联起手来，形成同盟，共同镇压太平天国。

此时的曾国藩已取得统辖苏、浙、皖、赣四省的军权。大权在握的曾国藩决定分兵三路向天京进军。一是曾国荃沿江而下直奔金陵城；李鸿章的淮军从上海进取苏南；左宗棠所率部分湘军进攻浙江。这时第二次鸦片战争已经结束，英、法、俄都表示愿意以武力帮助清政府镇压太平军，他们以保护租界为名调兵上海。1862 年 2 月，上海成了“中外会防公所”，美国流氓华尔组织的“洋枪队”这时已扩充至五千人，改为“常胜军”；左宗棠与法国侵略者互相利用，组成“常捷军”；英国侵华海军司令何伯与俄国、法国等侵略分子野蛮地向太平军进军，太平天国与中外反动派的殊死斗争开始了，形势对太平天国更加不利。

曾国荃受命后，于 1862 年 4 月 13 日，率两万湘军陆师沿长江北岸东进，直逼天京，一路所向披靡。15 日攻陷了巢县的门户铜城闸；17 日，巢县在湘军猛烈炮火攻击下，守军弃城而逃；19 日进驻巢县；20 日，水陆两师会集西梁山下。湘军水师先以长炬熔断了西梁山的横江铁索，湘军陆师以密集的炮火攻城。守军在湘军水陆两面的围攻之下，深感坚守无望，遂于次日乘雨冲出，被湘军水陆劫杀，太平军死亡甚众，西梁山遂告失守。连日来，曾国荃率所部湘军，屡屡获胜，士气甚盛，使天京上游的芜湖、东梁山、金柱关、太平府等地的太平守军，颇感惊恐。从 4 月 3 日开始，曾国荃、彭玉麟、曾贞斡等水陆并进，又先后攻下金柱关、太平府、东梁山，将芜湖与天京之间拦腰切断。19 日，曾贞翰又攻下芜湖县，俘虏了七百余名太平军士兵，被杀者很多。彭玉麟也率所部水师，连陷头关、江心州、浦包州，迫近天京护城河口。

面对自己所率领的越战越勇的湘军，曾国荃颇为得意，深感天京首功非己莫属。于是他不顾一切地进至江宁镇的板桥，迅速攻下北屏天京、西辅大胜关的军事重镇秣陵关，继而又连下大胜关、三汊河。5 月初，曾国荃就雄心勃勃地统帅两万大军直入雨花台，并扎下大营，此地距天京仅两公里。

曾国荃逼进天京，吓坏了洪秀全，他一日三诏，急调李秀成回师救援。李秀成只得放弃垂手可得的上海，于 6 日不情愿地率兵回师苏州，并在此召开了商讨支援天京的军事会议。

李秀成汇集李世贤部,以主力攻打天京曾国荃围师。

1863年1月,常熟守将骆国忠献城投降,苏州告急。李秀成心急如焚,因为苏州是他长期经营江浙基地的腹心。为此,他顾不上征北计划的实施,立即从天京赶赴常熟,补救没有成功。在天王的催促下,李秀成又不得不北征。1863年2月,他进入皖境。

在李秀成疲惫奔波于苏州和皖之间时,曾国藩却运筹帷幄,对策得当。他深知李秀成时时牵挂苏州,为防止李秀成回师渡江救援苏州,曾国藩授意曾国荃力攻雨花台石城及聚宝门石垒。

果然,在曾国荃的猛烈攻击下,雨花台、聚宝门外石垒尽皆失陷,洪秀全惊恐万状,生怕天京城被攻破,遂又急诏李秀成回援。李秀城只好又取道仪征、六合赶赴二浦,计划由九洑州渡江支援天京。驻防在浦口、江浦的太平守军先后撤退,五月初九日太湖水师李朝斌驻军浦口,扼制江口。彭玉麟、杨载福也率水师赶至内河。正值长江大水,道路被淹没,九洑州一片汪洋,太平军有米无柴,饿死许多。

曾国藩又利用了水师的优势,对太平军进行拦截,同时又命令已占浦口、江浦水陆师沿江对太平军进行南北夹击。大队太平军无法南渡,在湘军夹击下不得不退向芦苇丛中,可是芦苇深处,水深已达一丈有余,沟港纵横。惊慌之中,人马溺死者无数。湘军又乘机攻克了九洑州、下关。自此,湘军水师来往于天京上下的江面上,已无阻挡。李秀成被迫退至皖南一带。天王想解天京之围的“进北攻南”战役,就这样以失败结束。

“进北攻南”失败后,太平军转入了消极防御。相反地,清军却取得了战略上的主动权,由原来的坚守转入疯狂进攻,天京保卫战从此进入了城防战阶段。

1862年5月,当李鸿章亲率湘军抵达上海时,形势对他来说十分严峻。虽然湘军扫除了天京的上游,占领了安庆,又逼近了天京,但下游的局势却非常令人担忧。李秀成率大军收复杭州,随即又解除了清军对苏南的威胁,正在猛攻上海。李秀成的部队士气正勇,自己的湘军能不能抵挡得住,这是使湘军在上海站稳脚跟的关键。面对这样的局势,李鸿章亲自督战,率领湘军在上海虹桥、徐家汇、新桥等地坚守苦战,挫败了太平军所发动的一次次的进攻,取得了捕杀太平军三千余的“战绩”。随即,他又将战果迅速扩大,由上海进占泗泾。由于天京告急,李秀成不战而退,轻易放弃对上海的攻势,放弃了广富林等处,松江解围。这场增援上海的战役,使得湘军声誉鹊起,原来被人称为乞丐的湘军一夜之间竟被洋人“以拇指示之。”从此,李鸿章很快地便同英、法干涉军、常胜军勾结在一起。

为了配合曾国荃进行的雨花台大战,李鸿章采取了“袭忠贼之后而遥为金陵分其势”的战略方针。在确认李秀成战败之后,才与英法的干涉军、常胜军协同作战,进攻嘉定、昆山、太仓。太平军虽在谭绍光指挥下,浴血奋战在四江口,终因寡不敌众,不得不从松沪撤兵。无奈,李秀成只好从天京城下转兵支援苏昆腹地。

此时的李秀成真可谓困难重重,天王的猜忌;天京的危势;李鸿章的强大;内部奸细的破坏,使得他只能在苏州处于消极防御,节节败退的困境。在湘军的强大攻势下,吴江、震泽、江阳等地很快失陷,湘军的包围圈越缩越小。8月27日,程学启协同常胜军进驻苏州城东楼门外的外跨塘，拉开了苏州城防战的序幕。

一周以后，无锡亦失陷，李秀成又被迫回师天京。苏南根据地完全陷入群龙无首的境地。于是李鸿章便趁此有利时机，在 5 月 11 日又攻下了常州。至此，太平天国苏南各城全部沦陷，李秀成苦心经营的苏南根据地荡然无存。太平天国的形势更加危机了。

此时杭州城外的局势相当危机，东北诸州县纷纷投降献城，杭州、余杭如同孤岛，在湘军的层层包围下，既无内援又无救兵，如何能守得住。因而，在 1864 年 3 月 27 日深夜，杭州、余杭两城同时撤兵。杭州终被左宗棠所破。浙江战场基本被左宗棠部所据。天京外围各根据地基本被扫平。天京的包围圈在缩小，太平天国无路可走，即将覆亡。

随着“进北攻南”战略的失败，以及天京外围各个根据地的丧失，太平军除天京城防外，基本已无其他城池。曾国藩的各路大军直通天京，开始了对天京的合围攻势。太平天国天京保卫战的最后阶段——城防战开始了。

面对如何攻克天京，曾国藩经过一番深思熟虑。

经验告诉他，面临大且固，拥有重兵的天京城，想在短短几日内攻克，是天方夜谭。想要彻底剿灭太平军，必须有持久战的打算，在对其包围的情况下，应立即切断天京城的粮道，待其弹尽粮绝时，进行最后的攻坚战。因此，他把重点放在了控制水、陆的运输线上。

曾国藩的战略不断在实现，天京的外围根据地不断丧失。苏州、常州的失去，使天京城失去了依托，这无疑是给本已危急万分的天京城雪上加霜。

驻扎丹阳的李秀成，对于处在垂危阶段的天京形势十分清楚。此刻的天京已无保城价值，如固守天京城，无疑等于自封于坟墓。为保存有生力量，应立即弃城而走。1863 年 11 月 20 日，李秀成在天王的再三催促下，由丹阳返回天京，担起了保卫天京的重任。

回京后的第二天，李秀成诚恳地向天王提出了“让城别走”的战略。

但是，李秀成“让城别走”的建议，却遭到洪秀全的断然拒绝。甚至李秀成以死相谏，也不能使他回心转意。洪秀全的一意孤行，断送了太平天国最后的一线生机。

洪秀全守城坚定，原因在于他把希望寄托在各路援军身上，特别是扶王陈得才大军。此时陈得才被左宗棠分割包围，自顾尚且不暇，难以取道东向，支援天京。洪秀全还自欺欺人，仍然认为万事“俱信天灵”，主张太平天国是“铁桶江山”“……朕之天兵多过于水，何俱曾妖者乎？”

还有一个重要的原因，此时的洪秀全已经是玩物丧志贪图享乐的天王。他无法舍弃天京的奢侈腐败的生活。因为多年以来，洪秀全将天京当作“天堂”来经营。特权、享乐使他失去了继续奋斗的进取心，他的眼界已完全被高高的宫墙所阻隔，对天王府之外纷繁变幻的形势全都茫然无所知。麻木、愚蠢的思想，驱使他让全朝文武困守孤城，做毫无意义的拼搏，这就决定了太平天国灭亡的历史悲剧。

自私、狭隘、多疑的天王，对李秀成的正确主张又产生了疑忌，将天京的政事大权，交给他的兄长洪仁达掌管。又把所有城门守将全换上了洪姓人。这一举措，无疑是往李秀成护城的热情上泼了一盆冷水。委曲也好，疑忌也好，李秀成还是不忍心丢弃洪秀全另谋他路，只好承担起艰苦卓绝的天京保卫战的任务。

天京形势的发展都被李秀成一一言中了。

除湘军兵临城下，慢慢合围的威胁外，对于天京城内太平军将士困扰最大的难题便是饥饿。1863 年夏天开始，天京便由于粮食缺乏，全城已处于一种普遍饥饿的状态，洪秀全为坚守天京，命令将士“合城俱食甜露”。所谓甜露其实就是杂草、树叶。虽然洪秀全带头自己先吃，但杂草、树叶毕竟不能持久，饥饿难耐的男男女女便日夜聚集在忠王府门前，哭闹乞食。李秀成无可奈何，只好将“自己存之米谷拨救于城内穷人”，但那不过是杯水车薪，无济于事。在万不得以的情况下，为了不让这些人饿死，李秀成偷偷放他们出城，寻找生路去了。对这件事，洪秀全大为不满，对李秀成所为严加训斥。洪仁发、洪仁达则率领部下四处抢劫，将出城逃生的人的财物尽行搜刮掠尽。并且从此天天寻查户人，清理人数，全城惊慌混乱，百姓不得安生。放百姓出城，缓解了城内的粮荒，也让他们有了一线活下去的希望，这无疑是上策。

到 1863 年末，天京东南西三面要隘被曾国藩攻陷，仅余钟山第三峰的天堡城龙脖子上的地堡城尚在太平军掌握之中，城北神策、太平二门还没有被湘军合围。天京城只能由此偷运粮食进城，暂缓粮荒。曾国藩速命曾国荃采取对策。很快湘军加强了对钟山之南的严密防守，封锁了天京城内惟一能与外界联系的通道。李秀成虽率兵争夺，终被打败，湘军顺势占领了天堡城。到 1864 年年初，天京城下仅余玄武湖一段没有驻兵，但由于水域甚宽，无法往来。城外，除地堡城尚被太平军所据以外，天京遂被湘军完全合围。粮运完全被断绝，城防战进入了最后阶段。

天堡城被攻克以后，湘军仍不能贴近天京城下。因此，曾国荃便集中兵力，在城外挖掘地道，以待时机成熟时，填埋炸药，轰塌城墙，实施进攻计划。

李秀成很快便识破了曾国荃的阴谋，他有着丰富的守城经验。他一面指挥将士打退湘军的一次次进攻，同时又令太平军在城内广挖地窖，然后在其中置放大缸，借助于在大缸之内所听到的回声，来判断湘军开挖地道的方位。然后，或与湘军对挖地道，使燃放的炸药不能奏效；或在湘军开挖地道的上方，用重锤将地道砸塌，以达到破坏其攻城的目的。

虽然湘军的地道战屡屡被破，不能得手，但一旦有一穴没有被发现，湘军便完全可以凭借这一地道去炸毁天京的城墙。尽管天京城内太平军将士保持高度的警惕，但是随着天京城被湘军合围，供给天京粮食的完全断绝，防守的难度便与日俱增。

在这危险之时，天京城内连续发生了几起阴谋投敌的案件。较大的一起是陈德风图谋叛变事件。

陈德风是天京城内的将领，受封为鬆王。他与天京东门外的湘军提督萧孚泗相通，事情败露后，被信王洪仁发锁拿。陈德风与李秀成来往密切。陈德风东窗事发后，李秀成拿出一千八百余两白银为其开脱，保陈德风不死。

此后不久，李秀成的妻舅宋永祺又与曾国荃手下的幕僚相勾结，商议叛降，并在天京城内进行浩劫。宋永祺劝李秀成投降，又去劝说陈德风，并和陈德风说已与李秀成谈到了投降一事。陈德风对此事半信半疑，就写信问李秀成，并进行核实。不料这封信落到了莫仕葵手里。无奈李秀成只好用重金收买莫仕葵，此案才算了结。李秀成对奸细采取宽容包庇的立场，自然要引起天王的疑心，因而对他的防范是必然的，也是可以理解的。就连李秀成自己也感到“四时有人防备，恐我心变”。

1864年5月，洪秀全因食“甜露”而生病，病情十分严重，又拒不服药。6月1日，溘然长逝，时年50岁。

临终前，洪秀全还下了最后一道诏旨：“大众安心：朕即上天堂，向天父天兄领到天兵，保固天京”。可悲的是至死还把天国的安危寄托在天父天兄身上。

蔡　锷

少年秀才

1895年的中国，风急雨骤，动荡不安。清军在中日甲午战争中的失败，使中华民族又一次蒙受了奇耻大辱，激起了众多先进人士的忧愤和斗争。清朝政府已经风雨飘摇，朝不保夕。但是，在边远幽翠的湘西南地区，人们的意识、生活却几乎没有发生大的变化，依然沿着已经腐朽破败的大清成法，循规蹈矩，蹒跚行进。

一天，在湖南宝庆(今邵阳)的院试考场，人头攒动，十分拥挤。成百上千的读书人，都盼望由此跻身仕途，考秀才，成举人，中进士，点翰林，成为科举道路上的幸运儿。在这熙熙攘攘的人群中，有一个衣衫素朴的教书先生挤过人群，把驮在背上的一个瘦弱的少年送进考场。结果，这个少年竟然蟾宫折桂，中了秀才。一时众口赞扬，誉为“神童”。

这个少年秀才就是蔡锷，当时年仅13岁。那位背负其进考场的人，是他的父亲蔡政。

蔡锷原名艮寅，字松坡。1882年(清光绪八年)12月18日出生于宝庆县亲睦乡一农民家庭。在兄妹五人中，排行第二。蔡家世代务农，家境贫寒。1887年，因生活贫困，其父携全家迁居武冈县黄家桥，改以裁缝为业。后又自办私塾招收学生，以所收“束　”(即学费)维持生活，同时亲自教授蔡锷读书。简陋清苦的家庭生活以及勤劳正直的家教，培育了蔡锷坚韧不拔的品格和节俭廉洁的习性。

蔡锷勤奋刻苦，聪颖好学。经常白天帮大人干些力所能及的劳动，晚上挑灯夜读，油尽始睡。古语说“业精于勤，荒于嬉。”蔡锷由于发愤读书，进步很快，10岁时便读完了四书五经，能写出文笔流畅的文章。12岁时被同乡维新学者樊锥收为免费弟子，继续读书。这时，他虽然也读些《孙子》、《吴子》、《司马法》之类的古兵书，但是往往不求甚解，“仅玩其辞古义奥，供文字之摹仿而已”，对兵法学并无太大兴趣，一心走着通过科举考试而立身扬名的道路。13岁中秀才后，他又应乡试，致力于八股经学的奋斗。1898年3月，年仅16岁的蔡锷，由家乡徒步数百里到长沙，考入著名的湖南时务学堂。

湖南时务学堂，是当时最负盛名的培养维新人才的学校。甲午战争后，列强加紧瓜分中国，民族危机空前严重。康有为、梁启超、谭嗣同、唐才常等著名的爱国知识分子们，大声疾呼，四处奔走，宣传变法维新，以图拯救中国。湖南巡抚陈宝箴，思想较为开化，支持变法宣传，主张实行新政，于1897年在长沙创办时务学堂，以谭嗣同为学堂总监，梁启超为中文总教习，唐才常等分任讲席。目的是开启民智，创立风气，教授新学，培养搞变法维新的骨干人才。

蔡锷在同届第一班40名学生中，虽然年龄最小，但学习最刻苦，成绩最优秀，因而深受梁启超的喜爱。梁在教学活动中，大力宣传维新变法理论，广泛介绍西学，抨击和揭露清王朝的腐朽统治，对学生们的思想产生极大影响。蔡锷在这种维新氛围的熏陶下，也萌发了革新政治的思想，认识到封建君主制度的不合理性，接受了民权民主的西方学说。每与人谈到当时的腐败政治，他总是声情激越，决心贡献自己一切力量，以挽救国难。从此确立了变法救国、改良图强的志向。在此期间，蔡锷与梁启超相处不过半年，二人思想融洽，你敬我爱，结下了深厚的师生之谊。

1898年秋，康有为、梁启超等人辅助光绪皇帝进行维新变法。但这次变法历时仅103天，即遭到慈禧太后为首的反动势力的镇压而失败。谭嗣同等6名维新志士被害，康有为、梁启超逃亡日本，湖南时务学堂也被解散。

蔡锷失学后，漂泊江汉，走投无路。1899年夏转赴上海，投考南洋公学。不巧正值南洋公学放暑假，蔡锷只好暂且寄宿学校，拮据度日。眼看学业不成，出路茫然，蔡锷像个无依无靠的孤儿，暗暗流下了伤感的泪水。正当他举目无亲，彷徨失意的时候，突然接到梁启超的来信，招其去日本。蔡锷读完信，像在苦海中看到了驶来的风帆，高兴得跳了起来。于是，在唐才常的资助下，他立即打点行装，东渡日本求学。

东瀛学武

蔡锷到日本东京后，住进梁启超在小石川区久坚町租的三间房子。一同寄宿该处的，还有同时亡命日本的十几个青年学生。虽然生活非常苦，但由于又回到了恩师身边，并找到了进取的道路，蔡锷还是异常快乐的。

不久，蔡锷进入由梁启超和华侨共同创办的大同学校学习日语，补习普通学科。稍后，考入横滨东亚商业学校，并加入唐才常的“自立会”。

唐才常成立自立会，组织自立军，目的是“保国保种”，推翻满清统治。因此，自立会与当时正在海外策动革命的孙中山有紧密联系。1900年，中国北方爆发义和团运动，日、俄、德、意等八国联军乘机发动侵华战争，先后侵入天津、北京。唐才常认为清政府忙于调兵招架八国侵略军，南方空虚，是发动反清革命的有利时机，遂于当年秋季领导自立军回国，到汉口发动武装起义。蔡锷与同学杨述唐、李虎等11人均回国参加。但是，这次起义因消息泄露而失败，唐才常等多人牺牲。蔡锷因被唐派往湖南联络同志，幸免于难。后在革命同志资助下，再度转赴日本求学。

经过这次事变，蔡锷又一次目睹山河破碎，国势危亡，僚友举义，惨祸频仍的景况，不由得顿足捶胸，忧心如焚。他在东渡的船上，挥笔写下一首长诗，倾吐了自己的激忿心情。其中写道：“拳军猛焰逼天高，灭祀由来不用刀。汉种无人创新国，致将庞鹿向西逃。”“而今国士尽书生，肩荷乾坤祖宋臣。流血救民吾辈事，千秋肝胆自轮菌。”回到日本，他毅然改艮寅名为锷，决心投笔从戎，学习军事，闯出一条救国救民的新路来。

蔡锷把自己改学军事的想法告诉了恩师梁启超。望着蔡锷那清瘦单弱的身体，老师不无忧虑地说："你以一文弱书生，恐怕难以承担军事重任。"蔡锷坚决而自信地回答："只须先生为我设法学得军事，将来不做一个有名军人，不算先生门生！"在梁启超的帮助下，蔡锷以私费进入东京陆军成城学校学习。

当时日本的军事学校分三级：陆军预科学校、陆军士官学校和陆军大学校。陆军大学校是高级军事学府，隶属于参谋本部，专为培养陆军将佐和参谋人员。陆军士官学校是初级军校，专为培养军队尉官（亦称士官）而设。成城学校是士官学校的预科，为进入士官学校准备条件，功课大体如普通中学，但偏重于兵操、体操训练，毕业后方可考入士官学校。成城学校是一所私立学校，该校特为中国留学生编著日语、日文教科书。一般到日本学习军事的留学生都要先入此校或振武学校学习。

蔡锷在成城学校留学生中，年龄较小，却非常活跃。他一面努力学习，一面进行社会活动，与同学联络感情，交流学识。1901 年，他与旅日湖南同乡创立"湖南编译社"、"游学编译社"和校友会。他们"歃血誓盟"，以改良政治，建设新国家为宗旨，时常议论国事，抒发抱负。当时东京的中国留学生中，在政治主张上分为三派：一派是激进革命者，主张先推翻清王朝，再进行建设；一派认为中国之所以贫弱，是因为教育落后，主张先教育国民，提高民族文化；第三派认为，救国必须从军事入手，先把握领导并训练国民的实权，再寻求拯救中国的方法。蔡锷属于第三派。

1902 年 2 月，蔡锷以"奋翮生"为笔名，在梁启超办的《新民丛报》上发表连载文章，题为《军国民篇》。在这篇文章中，他详细剖析了中国社会的种种弊端，提出向 4 万万同胞灌输军国民主义的主张，发出了军事救国的呼喊。蔡锷在文章中认为：中国当前最大问题，在于民众思想麻木，不知痛痒，因而导致国势孱弱，生气消沉，整个社会濒于崩溃潦倒。为什么会出现这种状况？他认为有八方面原因，即：教育不普及，学派不统一，文学不健康，风俗不进步，体魄不健壮，武器不先进，精神不振作，国家不团结等。他认为，要想改变以上种种弊端，就必须实行军国民主义，他说："居今日而不以军国民主义普及四万万，则中国其真亡矣。"

所谓军国民主义，是当时一部分爱国青年，通过总结日本强盛的经验而提出来的救国主张。用日本人的话说，就是"全国皆兵主义"。这些热血青年认为，要想拯救中国，必须富国强兵，而富国强兵的关键是"强兵"，即首先从军事方面进行改革，向 4 万万中国人民灌输军人的"知识"、"精神"和"本领"，使中国成为军人之国。那么，怎样实行军国民主义呢？当时爱国青年多方探求，众说纷纭。有的认为要厚集兵力，精练军旅；有的认为要造枪买炮，改善装备；蔡锷则认为，"欲建造军国民，必先陶铸国魂"。所谓国魂，就是类似日本的"大和魂"，美国的"孟鲁（门罗）主义"和俄国的"斯拉夫人种统一主义"。他说，如果中国有了这种"国魂"，就有了"国家建立之大纲，国民自尊自立之种子"。显然，蔡锷的这种"国魂"观，是受到日本尚武教育的启发。他在探讨日本国由弱变强、崛起于亚洲的原因过程中，认识到精神力量的作用。

当时，清政府正在掀起编练新军，改革兵器的热潮。张之洞、袁世凯等洋务大臣们，积极鼓吹通过改革军制、更新武器达到强兵御侮的主张，蔡锷等爱国青年则看到：

救国不仅需要刀剑，而且需要精神；御侮不仅需要枪炮，更需要“国魂”。这比起那些洋务派们在认识上显然更深入高明了一步。

但是，蔡锷毕竟是个涉世未久的年轻人，而且，由于深受梁启超等改良派的影响，他的政治思想也只能停留在立宪、改良的水平。他并没有看到，清王朝风雨飘摇，气数已尽，靠改良并不能强化它的统治，招国魂也不能使它起死回生。历史跨进 20 世纪初叶，中国已进入资产阶级民主革命的时期。摆在人民面前的中心任务，是深入开展反帝反封建斗争，彻底推翻顽固腐朽的清朝封建统治，创立先进的民主共和政体。为此，以孙中山为代表的资产阶级革命斗士，早在 1895 年就已经于海外组织革命团体，提出推翻清朝政府的口号，并已经多次在广东发动起义，坚持武装革命。可惜，蔡锷对此大势缺乏认识，仍津津乐道于“国魂”的探求，难免要陷入茫茫泥淖而不能自拔。结果，他冥思苦索也无法找到中国的“国魂”，在《军国民篇》的最后写道：“吁！执笔到此，吾汗颜矣！”怀着困惑、迷茫的心情搁笔辍文。《军国民篇》成了一篇有头无尾的半截文章。

尽管如此，蔡锷的《军国民篇》毕竟是最早倡导军国民教育的著作。有人认为：“吾国之军国民主义之输入，以此为嚆矢。”所谓登高一呼，群起响应。此后，许多留学生和国内军人，均以军国民教育作为重要研究课题，不断地在报刊、杂志上发表文章，发出在中国实行军国民主义的狂热呐喊。当然，这种不合国情的“军国民”宣传，除了抒发一下他们的爱国情感外，不可能真正挽救中国的危机。

1902 年，蔡锷毕业于成城学校，日本陆军省规定，凡陆军预科学校毕业生，须入兵营学习半年到一年，才能报考士官学校。据此，蔡锷于同年 8 月投日本仙台骑兵第二联队为入伍生；11 月，考入东京士官学校第三期骑兵科。在士官学校，蔡锷一面以瘦弱身体，承受着紧张艰苦的军事训练生活，一面怀着满腔热情，继续寻求救国救民的道路。他慷慨激昂地说：“大丈夫当视国如家，努力进行，异日列吾国于第一等强国之列，方不负此七尺躯也。”表达了他真挚的爱国情怀。

1904 年 11 月，蔡锷毕业于东京士官学校，在 100 多名毕业生中，他与蒋百里、张孝准的成绩名列前茅，被誉为“中国士官三杰”。年底，22 岁的蔡锷身着严整的戎装，心怀救国的热望，踏上了归国的航程。

广西治军

1904 年前后，中国各省正掀起编练新军、创办军事学堂的热潮，非常需要懂得近代军事知识的人材。因此，蔡锷等刚踏上国土，立即被各省争相聘用。江西巡抚夏时聘请蔡锷担任江西续备左军随营学堂监督，后为材官学校(即将弁学堂)总教习及监督。不久，夏时调任陕西，蔡锷离任回湘省亲，又被湖南巡抚端方聘为湖南新军教练处帮办，兼武备、兵目两军事学堂教官。1905 年 8 月，经广西巡抚李经羲电调，“情难峻却”，遂带学生雷飚等十几名湘人赴桂任职。

广西是个财政支拙、人际复杂的省份。蔡锷入桂伊始，被派为新军总参谋官兼教练官及随营学堂总理官。不久又奉兼新练常备军总教练官和巡抚部院总参谋官，并兼领测绘学堂事，成为广西新军建设的核心人物。

1906年秋，清政府组织北方新军在河南彰德举行秋操，蔡锷奉命前往观操，并奉派为中央评判官。这时，他感到广西军费困难，诸事掣肘，本想辞掉各职离开了事。无奈新任巡抚张鸣岐坚决挽留，只好勉为其难。年底，桂省创办陆军小学堂，张鸣岐认为蔡锷“诚朴英敏，堪以派充，”又任命他为陆小总办。

陆军小学堂是培养陆军军官的预科学校，类似日本的成城学校和振武学校。各省创设陆军小学堂，是清政府发展近代化军事教育的重要步骤。1904年9月，中央练兵处会同兵部奏定的《陆军学堂办法》规定：全国军事学堂共分四级：陆军小学堂、陆军中学堂、陆军兵官学堂和陆军大学堂。要成为一个新军军官，必须先入小学堂，继入中学堂乃至大学堂，依次递进，于12年内学完全部军事课程。该章程规定：“陆军小学堂为武备根本”，京师行省及各驻防地均应设立，主要考收各属高级小学毕业生，及“良家子弟”有相当体格学历者入学。陆军小学堂教普通课及军事初级学，培养学生“忠爱武勇、机敏驯优”的个性，养成军人的基本素质。陆军小学三年毕业，经考试择优进入陆军中学学习。广西创办陆军小学堂，就是依此章程办理的。

创办陆军小学堂，是蔡锷回国后所从事的军事活动中，耗费精力最大的一项事业。他认为陆小学生都是有希望的青年，是将来编练新军的骨干，决心尽全部心血把它办好，为军事救国培养人才。他当时只有26岁，但立志坚决，办事认真，精明练达。从选校址、建校舍、聘教员、订课程到置制服装，他都亲自规划，仔细办理。蔡锷延聘的教员，多是日本士官学校毕业生，有教兵学的，有教国文、历史的，还有教数学、理化、日文、法文的，大都才学兼优，富有进步思想；都热心教学，循循善诱，深得同学们的爱戴。

“陆小”是陆军军官的基础，是当时第一流的官费学堂，生活待遇优厚。因此投考陆小的人非常多。在此情况下，蔡锷不徇私情，照章办事，严格把住学生质量关，一时传为佳话。学员唐希抃由湘入桂投考陆小第一期，途中耽搁10余天，误了考期，仗其父与蔡锷为世交，请求通融附学。蔡锷坚持按规章制度办事，拒绝通融。唐只好延迟到第二期再考入学。李宗仁考上了陆小第二期，仅因入学报到时迟到10分钟，即被取消了入学资格。只好等下一年考取了第三期。由于蔡锷严格办学，注重实际，不尚空谈，使广西陆小成绩斐然。学生们身体健康，精神饱满，服装整齐，纪律严明，广被社会人士所赞慕。第一期学生毕业，多考入湖北陆军第三中学，考试成绩为各省之冠。

广西陆军小学共办四期，毕业学生数百人。后来曾煊赫一时的重要军事人物如李宗仁、白崇禧、黄绍　、李品仙等，都是广西陆小的毕业生。

广西巡抚张鸣岐觉得陆小为该省增光不小，对于蔡锷非常倚重，几乎所有广西的军事，都与他咨商，或委其办理。1908年4月，张鸣岐在南宁创练常备军，委蔡锷为常备军第一标标统(相当于团长)。桂林的陆军小学交由雷飚代行职务。蔡锷按日本操典训练军队，以爱国思想教育新兵，一切操法教案，都是亲手制订，每日“躬亲教练”，“将卒悦服”。其间，蔡锷还曾随从巡抚张鸣岐视察桂边各地，对边界地势札记绘图，并提出修建沿边炮台,整顿边防军备等建议,深受张鸣岐的赞赏。1909年,蔡锷根据视察边界所获得的大量实际资料,融合自己的筹边思想,写成《越南重塞图说》和《桂边要塞图说》二书,阐述了自己对广西边防建设的设想。可惜这两部书在他离桂赴滇时全部遗失,数年心血化为乌有。同年7月,蔡锷向友人石陶钧倾吐了军事救国的理想和步骤。指出:(一)为求中国独立自由,必须战胜至少一个帝国主义国家,以此为最高目的;(二)为达此目的,必须全国一致;(三)广西必须为把握全国之枢纽,为完成此事,要密切团结新人。很明显,蔡锷已经决心把广西建设成军事改革的典范,变成影响全国军事的"枢纽",最后达到全国一致,武力强盛,以实现战胜某一帝国主义强国的目的。尽管现实与理想还有相当长的距离,但是它表达了蔡锷满腔的爱国热情,其情可敬,其志可嘉。

1909年春,蔡锷又奉调赴龙州充陆军讲武堂总办,兼办学兵营。讲武堂学生多是原防军官兵、跋扈恣肆,积习难改,聚众殴官、围睹杀人的事屡屡发生。一时风气败坏,混乱不堪。蔡锷到任后,着力整顿,严申纪律,黜退失职员司,裁除闹事学生,将学兵营管带以下官长,除留一排长外,概行撤换;同时,辅之以军箭、军棍等体罚手段进行震慑。一月之间,壁垒一新,整个讲武堂及学兵营呈现一派崭新面貌。原来每晨出操者不过数人、数十人,现在则争先恐后,尽出操练,往日的恶习丑行几乎绝迹了。蔡锷感慨万分地说:"可知不要钱不怕死六字,于办事大有效力也!"

当然,世间的事情是非常复杂的。有些事情,也不是光凭"不要钱不怕死"就能办得了的。1910年7月,广西议员掀起的弹劾蔡锷的风潮,竟把这位"不要钱不怕死"的青年将领逼到了非常困窘的地步。

原来,广西地处边陲,清政府计划该省编练新军一师一旅,并按此规模于1909年夏间筹办陆军干部学堂,培养新军军官。后来因为财政困难,军费无着,只好压缩原计划,仅编练一混成协(旅)。这样,原干部学堂培养的178名军官,无法全部安置。就在这无人解难的时候,蔡锷奉命接任干部学堂总办。为了解决学堂干部过剩的问题,他决定采取考试的办法,去芜存精,淘汰一部分不合格军官。结果考试合格被录取的120多人中,湖南籍的占90多人,广西籍的仅30多人,引起了广西军官的不满,认为蔡锷袒护同乡,排斥桂人。于是一些青年军人煽动干部学堂、陆军小学堂罢课,学兵营罢操,掀起驱逐蔡锷的浪潮。广西咨议局议长、议员们也纷纷上书新任广西巡抚魏景桐,弹劾蔡锷。

其实,在此事上,蔡锷并无任用私人,偏袒同乡的行为。实际情况是,在干部学堂学习的湖南籍学生,文化水平一般比广西学生高,考试成绩自然要好,被录取的人就多些。广西学生闹事,无非是借题发挥,发泄素有的排斥外省人的陋习。此事虽经北京军咨处派人彻查,证明广西议员和闹事学生"所指各节,大半诬枉抉嫌,毫无实据",予以驳回。但是这一驱逐风潮,像一场狂风暴雨,无情地浇灭了蔡锷心头燃烧的想在广西大干一番事业的烈火,使他看到在自己选择的"军事救国"的道路上,充满着种种艰难险阻,不免心灰意冷,萌生了隐退的念头。

正当蔡锷处于进退维谷之际,忽然接到了云贵总督李经羲的招聘书,邀其赴云南担任军职。此真是"山重水复疑无路,柳暗花明又一村"。他在绝望中看到了希望,于是打点行装欣然赴滇。

编纂兵书

1911年初春，蔡锷抵达昆明。

这时，边陲云南和全国一样，民族矛盾和阶级矛盾十分尖锐。垂死的清王朝对边省人民加强控制，激起了各族人民的更强烈反抗。大批同盟会会员和陆续从日本回国的具有爱国思想的青年军官，如李烈钧、李根源、唐继尧、罗佩金等人，分布在云南陆军讲武堂和新军第十九镇中。他们思想激进，活动频繁，积极策动和组织反对清王朝的革命斗争。

蔡锷清楚地知道，云南党派林立，情况复杂。该省军事较广西更困难，基础已坏，欲挽回补救，决非一二人的力量所能奏功。因此，尽管他在广西时，就与黄兴等同盟会员发生了紧密联系，对革命党的活动表示过同情和支持，但初到云南，还是采取了慎重、沉稳的态度，不与革命党发生公开交往。恰在此时，云南新军统制钟麟同要他在就任新职之前，编写一部有关精神讲话的书，用以教育新军。蔡锷遂乘机闭门谢客，伏案著书。于是，不出旬月，一部影响深远的兵书《曾胡治兵语录》编辑而成。

曾国藩、胡林翼都是镇压太平天国革命的刽子手，历史上以"曾胡"并称。曾、胡二人在政治上是反动的，在治军和作战指挥上却都有许多独到之处。蔡锷从他们的大量奏章、函札和日记中，选摘出有价值的言论，分类编辑，并附以按语，辑成《曾胡治兵语录》。该书分"将材"、"用人"、"兵机"、"战守"等十二章，基本概括了曾、胡的主要军事思想。在序言和按语中，蔡锷倾述了对曾、胡的仰慕之情，尤其赞赏曾、胡为清廷奋勇作战的"良心和血性"。同时，在按语中，也结合曾、胡的言论，阐发了对选将、用人、治军、作战等军事问题的主张和观点。在谈到军人的"志节"时指出，曾、胡主张的"为将之道，以良心血性为前提，尤为扼要探本之论"。他说，现在我国的社会风气败坏到了极点，身为军人，应该继续发扬曾、胡提倡的良心与血性，"大发志愿，以救国为目的，以死为归属……须以耿耿精忠之寸衷，献之骨岳血渊之间，毫无返顾，始能有济"。表达了他立志为国献身的志向。

关于军人的勇敢，蔡锷另有一番见解。他认为"勇"有狭义、广义之分。"暴虎冯河，死而无悔，临难不苟，义无反顾"，这是狭义的勇；而"成败利纯，非所逆睹，鞠躬尽瘁，死而后已"，这是广义的、持续的"勇"。前者是小勇，后者才是大勇，也就是"勇而毅也"。他指出：作为军队中的高级将领，除有勇之外，尤须在毅字上痛下功夫，"挟一往无前之志，具百折不回之气，毁誉荣辱死生，皆可不必计较"。蔡锷个人的经历表明：他自己就具有勇毅兼备的风范。据梁启超后来回忆，蔡锷"行事坚强不挠"，"立志甚坚"，"无论公私各事，非达到目的不止……故其处事勇往直前，不畏困难"。可见，"立志甚坚"，"百折不回"，是蔡锷的优良的品格之一。

谈到治理军队，蔡锷认为"治军之要，尤在赏罚分明"。他指出，近年军队主要问题是沓泄成风，委顿疲玩，风气纪纲松弛。治理这样的军队"与其失之宽，不如失之严”,“非振之以猛,不足以挽回颓风”。主张为将者要“以菩萨心肠,行霹雳手段”。同时,他也注重密切官兵关系,主张官兵之间要讲“仁爱”,要“和辑相处”,把军营视为“第二家庭”。他特别欣赏曾国藩“带兵如父兄之带子弟”的话,认为带兵者若能记住这句话,则古今带兵格言,千言万语皆可付之一炬。所谓军队要讲“仁爱”、“和辑”,他认为包含三方面内容:一是将领统带士兵应像“父兄之带子弟”。若士卒蒙昧无知,则进行谆谆教诲;士卒有饥寒苦痛,则倍加爱护抚慰,士卒放荡无行,则给于批评惩罚。只要将领能做到这些,士卒也必然会爱戴官长,就像子弟敬爱父兄一样。蔡锷深信,这样官兵互爱的军队,一旦投入战场,必能“同患难,共死生,休戚无不相关,利害靡不与共”,所向而无敌。其二,各将领之间,也要“和辑”相处。他指出,近代中法战争、甲午战争中许多败绩,都是由于将领间互争意气而造成的。今后的战争规模将越来越大,一旦用兵,动辄在数十万以上,如果各将领间情谊不孚,言语隔阂,如何统驭指挥?他认为,为军队将官者,必须“共矢忠诚”,“无精无贰”,“动不独居,过不推诿,乃可以言破敌”。其三是“爱民”。他认为“古今名将用兵,莫不以安民爱民为本”。指出,用兵本在为民,如果扰之害之,则有悖用兵本旨。再说,休养军队,采办粮秣,征发夫役,探访敌情,带引道路诸事,均要借助民力。如果对民众无端加害,是“上干天和,下招怨仇”,“仁师义旅,决不出此”。

关于作战指导,蔡锷认为:制定战略战术“须因时以制宜,审势以求当”,应从本国实际出发,因时因势灵活掌握。如果对书本上的东西和历史的作战经验,不加分析,全部模仿照搬,那就像瘸腿人参加赛跑,没有不跌跤的。从这一基本原则出发,蔡锷既不完全肯定曾、胡二人“主守不主攻”的作战原则,也不盲目崇拜当时西方兵学家“极端的主张攻击”的作战思想。他断定,中国将来对敌作战,如果贸然采取攻势,必然会落个徒先发而不能制人的结局。他解释说,战略上采取攻势,必须具备四个条件,即:兵力雄厚、士马精练、军资(军需、器械)完善和交通便利。但是,这四个条件在当时的中国却无一具备。以兵力论,中国虽号称有 20 余镇(师),但实际临战,每镇能战之兵不过 5000 人,须有三镇兵力才能对敌一镇。而且因为没有续备、后备军,一有伤亡,无法补充。故兵力远不如“邻邦”雄厚。至于“士马精练”一条根本谈不上;军资、交通两端,更艰难落后。因此,攻势战略不适宜中国。那么,一旦外敌入侵,应取何种战略呢?蔡锷设想的战略方针是:我国数年之内,若与敌国以兵戎相见,与其孤注一掷,以攻对攻,不如采取波亚战术,“据险以守,节节为防,以全军而老敌师为主,俟其深入无继,乃一举而歼除之”。这实质是一个诱敌深入的战略设想。他所说的“波亚战术”,是指 1899 年英布战争中,布尔人抵抗英国侵略者所采用的游击战术。英布战争也叫“布尔战争”或“南非战争”。布尔人是荷兰在南非移民的后裔,19 世纪在南非建立奴役黑人的德兰士瓦共和国和奥兰治自由邦。由于该地发现重要矿藏,英国就力图吞并这两个国家,于 1899 年发动战争。布尔人在劣势情况下进行顽强抵抗,坚持了 3 年抗英斗争,给侵略者以重大杀伤。最后布尔人战败,于 1902 年媾和,德兰士瓦和奥兰治被英国人吞并。毫无疑问,蔡锷的战略设想是合乎当时中国国情的远见卓识。因为中外战争历史已经证明,“诱敌深入”、游击战术,都是弱国与强国作战的有效战法。当然,蔡锷在论述中忽略了一个重要问题,即实行这种所谓“波亚战术”,一般要具备二个条件:杰出的统帅和觉悟的群众。没有觉悟了的民众,则无法形成全民皆兵的形势;没有杰出的军事统帅,则无法制定正确的战略战术,也不会看到人民的力量,去发动群众和组织群众,以进行人民战争。蔡锷的正确的战略思想,尽管在当时封建统治时代不可能得到实行,但他的这种从本国实际出发研究军事战略的“因时以制宜”的思想方法,还是非常可贵的。30 年后中国人民在抗日战争中所采取的战法和所取得的胜利,在一定程度上验证了蔡锷的战略思想的可行性。

蔡锷编辑的《曾胡治兵语录》,1917 年由上海振武书局正式出版后,在中国军界发生了很大影响。1924 年,蒋介石将此书增辑“治心”一章,加序言再版印行,作为黄埔军校学员的军事教材;1943 年八路军《军政杂志》曾出版《曾胡治兵语录白话句解》,作为八路军将士的军事读物;1945 年,八路军山东军区又重印出版。由此可见,《曾胡治兵语录》和蔡锷按语中的许多思想,是中国军事武库中的宝贵财富,对后来众多新型军人的成长,是起了一定作用的。

1911 年 4 月,蔡锷完成《曾胡治兵语录》的编纂工作。7 月,清政府发布上谕,任命他为新军第十九镇第三十七协协统(相当于旅长)。蔡锷踌躇满志地走马上任,开始按照自己的主张和理想进行云南新军的训练改造工作。

“重九”革命

1911 年,是全国反清革命迅速高涨的一年。以同盟会为主的资产阶级革命派频繁组织武装起义,和广大人民群众以抗捐抗税等形式进行的自发反抗斗争,形成此起彼伏的燎原之火。6 月间,四川人民发动的“保路”斗争也迅速向武装反清发展。这种遍及大江南北的反抗斗争和爱国运动,使清朝的封建统治处于四面楚歌境地,濒临覆亡的边缘。

在全国兴起的革命斗争影响下,云南省的革命形势也迅速发展。中日甲午战争后,清政府为了维护统治,挽救颓势,在全国范围推行编练新军和创设军事学堂的计划。拟在全国建立新式陆军三十六镇(师)。其中,准备在云南建立新军两镇。1908 年,云南编成新军第十九镇。1909 年创办了云南陆军讲武堂。适值在日本陆军士官学校第六期学习的中国留学生毕业回国,其中许多人被聘任为云南讲武堂的教官。这些士官生思想激进,革命热情高。其中讲武堂总办李根源,教官李烈钧、方声涛、赵康时、唐继尧、张开儒、罗佩金等,都是同盟会会员,他们经常利用学堂讲台向学生灌输革命思想,发展革命力量,使讲武堂成为反清革命的策源地。讲武堂学生毕业后,又多被分配到陆军第十九镇中任职。他们和士兵们生活在一起,向士兵宣传革命思想,使军队基本为革命党所掌握,从而为革命起义准备了条件。

全国汹涌澎湃的革命形势和云南革命党人的频繁活动,不能不对新任第三十七协协统蔡锷发生重要影响。尽管他抵云南后,对于清廷从来没有不满之意,在任何讲话中从不注入革命言词,也很少和讲武堂的革命党人来往,但在他正义和爱国的心胸中,正日益滋生着反清革命的火花。他接任协统后不久,就敦请云贵总督李经羲对第十九镇，特别是对第三十七协的各级军官进行了调整。经他推荐，以原陆军小学堂总办罗佩金补第七十四标标统，刘存厚任第一营管带，调唐继尧为第二营管带，雷飚任第三营管带。这批士官同学和同盟会员到第三十七协任职，使该协军官成分发生了重大变化，也在革命思想方面予蔡锷以重大影响，坚定了他投身革命的信心。当同盟会黄毓英前去动员他参加革命时，他坚决地说："时机不到干不得，时机成熟时绝对同情支持"，表明了他同情反清革命而又审慎持重的态度。

1911 年 10 月 10 日，武昌反清起义爆发。消息传到云南后，举省震动，群情激昂。昆明新军中的革命党人经过秘密聚议，决定在"重九"(阴历九月初九日，阳历 10 月 30 日)，发动各标营起义，公推蔡锷为起义总指挥。起义参加者李鸿祥后来在回忆文章中写道："当时云南革命思想高涨，云南的留日士官生讨论革命，在讨论会上对革命领导问题有了分歧。有的主张云南的革命应由云南人来领导，这一派人就是罗佩金、殷承瓛、李根源等人；有的推举蔡锷为领导，因为蔡锷是士官学校第三期毕业生，资格比较老。加之他有干才，有眼光，所以才选他。这一派人有我和谢汝翼、刘存厚、唐继尧等人。结果决定选蔡锷为领导。"由此可知，蔡锷是被革命党人推举出来做起义领导人的。这与蔡锷自己后来所说的"忆辛亥起义，仓卒为众所推"，是相吻合的。当然，蔡锷本人善察大势，顺应潮流的特点，也是他投身反清革命洪流的主观原因。

从 10 月 19 日起，革命党人又连续召开了数次秘密会议，密商起义步骤和作战计划。蔡锷应邀参加了这些会议。在 10 月 25 日的会议上，蔡锷与唐继尧、刘存厚、沈汪度、殷承瓛、张子贞、雷飚等人歃血为盟，宣誓"协力同心，恢复汉室；有渝此盟，无人共殛"。在 10 月 28 日最后一次秘密会议上，蔡锷等主要起义领导人共同拟订了起义作战计划。决定：10 月 30 日夜 12 时发动起义，以蔡锷为起义军临时总司令。作战计划是：省城大东门至小西门以北地区，归第七十三标占领，抢占的要点是军械局和五华山；省城大东门至小西门以南地区，归第七十四标占领，主要攻占南城门楼、督署、藩库和盐库。炮兵阵地设在大、小东门至南门城墙一带，向督署、五华山、军械局射击。当时，第七十三标本部驻昆明北校场，第七十四标本部和炮标驻南门外巫家坝，通讯联络有一定困难。

10 月 30 日，蔡锷赶往巫家坝等 74 标本部驻地，秘密进行军事部署，准备当晚午夜行动。不料情况突变，晚上 8 点多钟，忽然城内大火冲天，第七十三标李鸿祥部提前打响了重九起义的第一枪。

原来，当晚 8 时许，李鸿祥所部一排长派兵抬子弹，作起义准备，被一反动顽固的值日队官发现，当即查究。革命士兵一时性起，开枪打死反动军官，起义被迫提前。于是，李鸿祥、李根源等立即率第七十三标起义官兵攻破北门，向五华山和军械局攻进。

蔡锷见形势发生变化，遂果断地集合第七十四标，宣布革命宗旨，指示作战方略，然后亲自率队向城内推进。其部署是：以第七十四标第一营并炮队第一营为一纵队，往攻督署；以第七十四标第一营、炮队第二营为另一纵队，进取五华山，占领军械局；炮队第三营攻占东、南两门。

云贵总督李经羲见蔡锷率部起义，急令镇统钟麟同参议靳云鹏组织反击。钟麟同率所部新军两营及巡防队数营占据五华山，居高临下，死力抵抗。蔡锷进城后，设起义军司令部于江南会馆，指挥已经会师的第七十三、七十四两标和讲武堂的革命师生，并力会攻五华山。起义军官兵斗志昂扬，浴血奋战，战至次日中午，终于突破敌外围阵地，冲上山顶。当场击毙钟麟同以下顽敌 200 余人。起义军也死伤官兵 400 余人。随后，起义军又攻占云贵总督署。李经羲仓皇逃走。昆明重九起义宣告成功。

昆明重九起义，是除武昌起义之外的各省起义中战斗最激烈，代价也最巨大的一次起义。29 岁的蔡锷在这次起义作战中，严密组织，机断指挥，对夺取起义的胜利，起了重要作用。

数日后，起义军找到了躲藏在法国领事馆的李经羲。蔡锷念其对自己有提携之恩，不免顾及私情。当与李根源去探望时，竟然三人跪地，抱头大哭。然后，蔡锷挽左手，李根源扶右手，搀扶李经羲步行过市，进入咨议局。接着，蔡锷邀请李出来主持云南大局，被拒绝后遂送去大洋 5000 元，礼送其出云南。朱德后来曾写诗肯定蔡锷的这种做法。他说："生擒总督李经羲，丧失人心莫敢支。只要投降即免死，出滇礼送亦宜之。"11 月 1 日，起义官兵在昆明五华山成立了"云南军都督府"，公推蔡锷为云南都督。

蔡锷就任都督后，在组织管理方面显示出惊人的魄力。他积极更新人事，革除弊政，整顿财政，裁减军队，兴办教育，并率先节俭俸给，使云南这个新兴的资产阶级政权省份，马上呈现出一派生气勃勃的景象。

云南军都督府初为三部制。一为参谋部，负责制定军事计划，凡作战、调遣、谍报、测绘等事均归该部负责。以殷承瓛为参谋部总长，刘存厚、唐继尧为次长。

二为军务部，主管军事后勤事务。包括筹饷筹粮、军医、军械、兵工、制革、被服等事宜。以韩国饶为军务部总长，张毅为次长。

三为军政部，主管本省内政事务。包括民政、财政、外交、学政、实业、巡警、审判、民团等事宜。以李根源为军政部总长，李曰垓、唐继尧(兼)为次长。

与此同时，云南军都督府传檄全省各地政府，令其迅速反正。对于全省局势有重大影响的滇南和滇西地区，则派出军队进行征伐，以谋求全省统一。

滇南地区毗连越南，军事力量较雄厚，蔡锷便派出以罗佩金为统领，庚恩　为参谋的一支混成支队，出发南征。与此同时，临安(今建水)新军获悉昆明光复电告后，于 11 月 2 日起兵响应，攻陷府署，光复全城，组成军政府。朱朝瑛任镇守，赵复祥任统军，攻取蒙自。15 日，蒙自宣告反正。蔡锷委任赵复祥兼署蒙自关道。因此，南征的罗、庚部队只沿途清剿了一些匪患，到临安、蒙自劳军后即返省城。不久，蒙自、开化(今文山)发生叛乱，蔡锷又派罗佩金前往当地解决。叛乱平息后，安定了滇南局势，并稳固了南部边防。

滇西的情况较为复杂。早在昆明重九起义前三天，同盟会员张文光就在腾越举行起义，新军排长陈云龙杀管带起兵配合，向总兵署和军械局发起进攻；巡防营士官彭　、方涵、李学诗、和朝选等率兵响应，清总兵张嘉钰自毙，腾越宣告光复。10 月 27 日，张文光被推举为都督，建立滇西都督府。其后，军队由几个营扩充至二三十个营，陈云龙率兵东下，指向大理。此时昆明已光复，大理得电后已宣布反正，便致函陈云龙劝其勿再进兵，时蔡锷也致电张文光，责令陈云龙停止进发，撤回永昌。但陈不听劝阻，继续挥军东下，沿途大肆抢劫。大理协统曲同丰被迫出走，局势更形混乱。为平息滇西局势，蔡锷派军政部总长李根源，以“迤西国民军总司令”名义，率军前往滇西。李根源到腾永后，遵照蔡锷的“罢兵息民，和平了结”的指示，对滇西提出几项善后措施。主要有：裁汰兵勇；停止捐派；设置官吏；军队不准干预地方；惩处纵兵危害地方的刘竹云等人。李根源还电请省军都督府授张文光为协都督，统辖腾永各军，并委彭　、李学诗等为诸路统领，又任张鉴安、李治、张文远等起义中有功人员为府知事。使各项善后措施得以一一施行。陈云龙畏罪只身逃跑，后为陆军总长段祺瑞捕杀。至此，滇西局势始定。

为了尽快彻底地倾覆清王朝，帮助邻省获得革命成功，蔡锷还积极组织滇军进行援川、援黔作战。

援川。四川的情况比较复杂。本来，1911 年 6 月至 9 月展开的四川人民反对清政府出卖铁路权的“保路运动”，引起了辛亥武昌起义的爆发，但是，当武昌起义的枪声打响后，川省的革命力量却由于反对派的疯狂镇压而隐匿，成为全国急剧发展的反清革命的“死角”。直到云南军政府成立，川省却仍在清四川总督赵尔丰和川汉铁路大臣端方的严密控制下。蔡锷看到，反动势力猖獗的四川，对已经革命胜利的云南、湖北和陕西构成极大威胁。四川清军可以北出汉中，捣西安，击陕西革命军侧背；南面可以扼泸州，守重庆，封滇省之门户。尤为严重的是：武昌革命军正与北洋军拼力鏖战，胜负未卜，如果四川赵尔丰利用上游地利，顺江而下，则既可掣武昌革命军之肘，又可遏滇省北伐之师，成为云南革命政府的肘腑之患。蔡锷与军政府经过研究作出决定：四川革命与否关系重大，必须立即出兵援助。只有平息川乱，才能解放川民于水火，才能解除滇省的翼侧威胁，也才能消除武昌革命军的后顾之忧。因此，滇省援川势在必行。当即组织援川军（约一师），以军务总长韩建铎为总司令，下辖两梯团（相当于旅）。以谢汝翼为第一梯团长，率部经昭通向四川叙府（今宜宾）前进；李鸿祥为第二梯团长，经由贵州威宁、毕节向四川泸州前进。谢汝翼部先于 11 月 16 日离开昆明，向川省进发。

就在滇军第一梯团出发后不久，川省形势发生了新的变化。11 月 26 日，端方被所部起义士兵所杀。第二天，清四川总督赵尔丰也宣布响应武昌起义，推立宪派蒲殿俊和第十七镇统制朱庆澜为四川军政府正、副都督。不数日，成都又发生兵变，蒲朱逃跑。革命党人、原陆军小学总办尹昌衡带领部分新军平定兵变，杀掉赵尔丰，继任都督，稳定了成都局势。

四川的革命成功，结束了清政府对川省的统治，也给蔡锷提出一个重要的问题：援川滇军是进、还是退？需要他立即作出抉择。若按照武昌革命军政府都督黎元洪的愿望，蔡锷应该联合滇黔军队，出师汉中，以援助秦晋，并直捣幽燕。邻省贵州军政府也希望蔡锷为“滇黔川陕”四省革命军都督，率四省军队兼程赴鄂，或分三路北伐，完成援鄂抗清，直捣京师的壮举。但是，蔡锷却出于“靖内实急于对外”的思想，作出了“以全力先戡蜀乱”的决定。12 月 25 日，蔡锷致电谢汝翼，指令他：不能因川省宣告独立而就此罢兵。凡是川军割据扰攘之地，我军必将其扫荡廓清，同时设置地方官员整理民政，以巩固我军势力，恢复蜀土安宁。沿途若有顽强抵抗者，即以土匪论处。同时，蔡锷命令李鸿祥第二梯团仍按照既定计划，于 1912 年 1 月 11 日离昆明向沪川开进。

蔡锷派兵入川，其军事目标是协助蜀军荡平匪乱，恢复治安。确有出于安定四川社会秩序，巩固反清成果，防止外国伺机入侵的良好愿望。但是他并没有看到，四川的政局是复杂的。一方面少数土匪趁火打劫，扰乱社会，但更多是反清群众运动蓬勃兴起，革命的"同志军"已控制了广大四川地区。在这种情况下，滇军如果不分良莠，将川省武装一律以土匪看待，势必会镇压革命力量，干出亲者痛仇者快的事情来。果然，先行抵川的第一梯团长谢汝翼，就认为叙州无一片净土……"同志会良莠不分，颇扰治安"。从 1911 年 12 月底起，即率该梯团向川边叙州（今宜宾）地区发动进攻，并向自流井贡井一线推进；李鸿祥梯团也攻占合江，并执杀"同志军"川南司令黄方。滇军在川南攻城夺地，以武力解散同志会，并乱放枪炮，杀伤群众，引起了川省人民的极大不满。援川滇军与川军的矛盾激化，蔡锷与成都军政府形成尖锐对立。滇、川两支革命军在自流井以北地区直接发生了武装冲突。至此，蔡锷才醒悟到派滇军"代戡川乱"，造成了徒耗兵力，延误北伐的后果，是干了一件得不偿失的蠢事。

1912 年 1 月 1 日，南京中华民国临时政府成立，孙中山就任临时大总统。11 日，孙中山宣布自任北伐总指挥，以黄兴为北伐陆军参谋长，决定分六路出兵北伐。在此形势下，蔡锷也于 1 月中旬决定实行战略转变：以援川滇军联合川军，速筹入陕，策应南京革命军北伐。并组织滇军第三梯团，命由唐继尧率领，取道沪州，与援川滇军会合，"专事北伐"。然而，"靖内实急于对外"的方针仍然干扰着蔡锷的视野，就在唐继尧梯团北伐途中，蔡锷又作出了改道"援黔"的错误决定。

援黔。唐继尧的第三梯团是继援川军第一、二梯团出发之后组织的。打的旗号是响应黄兴、黎元洪的呼吁，专事北伐援鄂，支援武昌革命。故又称"支南北伐军"。1912 年 1 月 27 日，云南北伐军在昆明誓师出发，拟"假道湘黔"，会师武汉，直捣中原。

其实，滇军"假道"黔省北伐，使的是"假途灭虢"之计。其目的是前往镇压贵州革命党人，向邻省扩张滇军势力。原来，贵州反清力量分为"自治学社"和"宪政预备会"两个派别。自治派多爱国人士，与孙中山的同盟会和贵州新军中革命士兵有紧密联系，主张暴力革命。而宪政派则主张"君主立宪"，反对革命反清，是康有为、梁启超保皇党人在西南的支派。1911 年 11 月 3 日，自治学社的革命党人与贵阳新军联合发动反清起义成功，于 4 日成立贵州军政府，推陆军小学总办杨荩诚为都督。

自治学社革命成功，使宪政派耿耿于怀。与蔡锷私交密切的贵州立宪派戴戡、周沆等人，专程跑到昆明，向蔡锷哭诉贵阳大局"糜烂"，宪政会人屡遭"残害"，要求滇省派兵兼程往助，早定黔局。在戴、周等人的煽动下，蔡锷作出了派唐继尧"率师入黔，事定当移师北伐"的决定。但是在唐梯团出发后，蔡锷不断接到贵州革命党人劝阻滇军入黔的电报，同时又见援川滇军陷入困境。于是改变了主意，连发几个急电，指令北伐军；改道入蜀，会合援军，先平蜀乱，再援陕北伐。其意图是使唐梯团入川会合谢、李两梯团，先平川乱，再图进取。但是，唐继尧出于强烈的扩张野心，不肯放弃这个称霸黔省的机会，公然拒绝了蔡锷的"改道入蜀"的命令。他于 2 月 10 日回电蔡锷，列举了粮草未筹等种种困难，说北伐滇军，已深入黔省，碍难改道，执意入黔“平乱”。蔡锷至此也无可奈何，三天后不得不又发一电，同意唐继尧酌量分拨部分兵力进取黔省，主要兵力仍须入川，以迅速平定川乱，出师北伐。

就在这时，全国发生了几件大事：2月12日清帝宣布退位，第二天孙中山向临时参议院提出辞呈，15日参议院举行临时大总统选举，推选袁世凯为中华民国临时大总统。南北对峙局面业已结束，滇军“北伐”也就失去了意义。2月20日，援川滇军与四川军政府达成“和平解决”协定。在此情况下，蔡锷决定完全改变北伐计划，全力图黔。2月27日，他致电唐继尧说：黔省大局糜烂，地方绅耆多次请援，我军实难坐视，希即督率所部，以戡定黔乱为要，无须改道入川。于是，唐继尧率所部滇军直趋贵阳，一进城便大开杀戒，颠覆了贵州军政府，镇压了自治学社，又演出了一幕残酷镇压革命党的悲剧。3月4日，贵州宪政会和由反动官绅组成的“耆老会”，共推唐继尧为临时都督。贵州变成了滇军的势力范围。

蔡锷派兵援川、援黔，固然有安定西南社会秩序，巩固反清革命后方的愿望，同时也多少含有企图“推破省界”，扩张地盘的动机。加之政治界限模糊和思想判断的错误，导致了残杀四川同志军和贵州自治学社悲剧的出现，使其本来轰轰烈烈的反清壮举蒙上一层污垢。

派兵援藏

云南地处西南边陲，自鸦片战争以来，屡遭英法帝国主义的侵略。蔡锷自入滇带兵后，一直把筹划西南防务，保卫边疆安全，警惕帝国主义的侵扰，作为自己的神圣职责。1912年6月组织滇军抗击英国侵略西藏的作战，则具体展示了这位青年将领的军事胆识和爱国精神。

早在1903年（清光绪二十九年），英国曾派兵入侵西藏，遭到当地爱国军民的沉重打击。清中央政府为防不测，曾令川军2000人调驻西藏。英国见武力侵藏不能得逞，便采取了在西藏统治集团内寻找代理人的政策。1909年（清宣统元年），清政府为了加强西藏的治理和防御帝国主义的侵略，又派知府钟颖率川军2000人开赴拉萨。英国公然反对清军进藏，乘机策动十三世达赖等西藏上层人物发动叛乱，阻击入藏川军。1910年2月，钟颖率部在西藏江达（今太昭）击败拦阻的叛兵，进驻拉萨。达赖和少数亲英分子逃往印度。英国驻印军队借口保护达赖，进驻印藏边境的郎塘，与清军对抗。

武昌起义爆发，波及西藏。驻藏官员和驻藏清军分成维护帝制和赞成共和两派，斗争不已。英印总督乘机与达赖密谋，派遣亲英分子达桑占东潜回西藏，组织武装叛乱。1912年春，达桑占东调集藏军万人围攻拉萨、日喀则和江孜的川军。日喀则、江孜相继失守。钟颖率千余人防守拉萨，经数月苦战，弹尽粮绝，在尼泊尔驻藏官员的调停下，被迫缴械撤离西藏。与此同时，川边地区藏族上层分子也发动叛乱，先后攻陷巴塘、昌都、江卡、乡城、理塘等地，切断了川藏交通。

面对日益恶化的西藏形势，云南都督蔡锷焦急万分。他先致电四川都督尹昌衡，筹商援藏办法。由于尹昌衡对滇军前次入川之事仍存芥蒂，回电表示：藏事当由川军独任其难，滇军不必插手。但是，怀有赤诚的爱国之心的蔡锷，不忍隔岸观火，于1912年4月30日致电中央政府，指出：西藏为我国领土，英国对其垂涎已久，若不亟早规划，将有失地危险。他敦促袁世凯“早日布置，以固边圉，而惩后患”。5月6日，他再次致电袁世凯，认为西藏地连滇川，关系大局，一旦破裂，则滇、川有唇亡齿寒之虞。形势危急至此，不能不早筹划对策。5月29日，蔡锷又一次致电袁世凯，除认为藏事连日告急，中央政府应“通盘筹计，早定成算”外，还具体剖析了滇、川、藏边地理形势，提出了滇军进军拉萨的最佳路线。他认为：滇兵入藏，通常有两条通路，一条是取道宁远、雅州转入巴塘；一条是取道中甸经阿墩子由巴塘入藏，两路都绕道太远。尤其后一条路，沿途荒瘠，行军尤为困难。因此，他建议：派兵援藏，可分两路开进，川军沿巴塘大道而西；滇军则可另辟新路，即由维西、茶隅（今察隅）、马必立之间进兵，沿中缅边界，直达拉萨。他说，由此路进军，比由巴塘大道可少行千余里，于国防有莫大之利。此电发出后，他不待中央回复，即一面筹措军费，准备饷械，为援藏准备，一面派出一哨军队，由维西西进，探察道路，侦察敌情。

在蔡锷的催促下，北京政府于6月11日复电，正式命令滇省迅拨劲旅，会同蜀军，协力进行，保卫西藏。同时指示滇军须“先援巴塘，再救藏急”。同日，北京政府也电令川督尹昌衡统兵入藏，并希望川、滇两省捐弃前嫌，力顾大局。18日，袁世凯又发一电，指定滇军由中甸到巴塘一路开进。认为“救藏之急，仍以取此路为最宜”。

蔡锷接电后，立即任命都督府参谋厅总长殷承瓛为援藏滇军司令官，率一混成旅向滇北中甸进发。同时，他考虑到川滇两军如果同趋一路，会师巴塘，不仅粮秣难继，而且可能扩大川滇军的矛盾，遂回电中央政府，仍主张滇军经维西沿西藏东南地带直趋拉萨。理由是：第一，滇军北趋巴塘转察木多，绕道太远，犯兵家远行疲劳之忌；第二，滇川同趋一路，重兵云集，粮秣转运，供给困难；第三，滇军前次援川作战，疑谤甚多，川军未能消除芥蒂，两军同走一路，易生误会；第四，巴塘近在川边，川督率师出关，不难指日荡平，无须滇军助战。而由维西出口经珞瑜地方向西北经亚巴尔直抵拉萨，可有数点好处：一是路程近，由维西出口，经珞瑜向西北进至亚巴尔，溯雅鲁藏布江而上转至甲穆达，与川藏大道汇合，可节省路程千余里；二是利屯垦，中经猓猓、珞瑜地带，气候温和，物产丰富，间有平原，可资屯垦；三是明确国界，滇军通过猓猓、珞瑜地带，可使国界明确，减少日后国际纠纷；四是当前可以形成军事上的有利态势，使“滇犄其南，川捣其东，首尾策应，形势都归掌握”。很明显，蔡锷主张由维西进军，不只是从当前军事考虑问题，而是有借机开发西南，巩固边防，加强西藏与内地联系的深远意图。但是，北京政府鼠目寸光，只顾眼前军事，而不考虑长远利益，对蔡锷的积极建议毫无兴趣，回电不同意蔡锷主张，坚持令滇军取道中甸北上，先援攻巴塘，以固滇边门户。据此，蔡锷只得令殷承瓛取道中甸，相机进取。

8月10日，援藏军到达大理。15日，前卫司令李学诗率部进至溜筒江附近。该地叛军依险据守，经李部奋力攻击，叛军退守隔江之墨里村，然后砍断江上溜索，阻止滇军前进。李学诗派人急架溜索，命所部4个排溜渡过江，迂回墨里村。16日，滇军发动猛攻，于下午占领该村。

19日，滇军抵丽江。殷承瓛分兵两纵队：以郑开文为左纵队长，率步兵四大队，骑兵一分队，炮兵、机枪各一小队及李学诗的西防国民军，取维西大道直趋盐井；以姜梅龄为右纵队长，率步兵三中队、骑兵一分队、炮兵机枪兵各一小队，及杨汝盛的西防国民军，取中甸大道直趋乡城；司令部及其余各队暂住丽江，相机策应。

8月26日，滇军经充分准备，于当夜突袭侵占盐井之叛军。经激烈战斗，击溃叛军，俘其指挥官鲁宗甲约，克复盐井。

这时，北路川军也已攻克昌都，收复了理塘、巴塘等地。尹昌衡听说滇军攻克了盐井，又生疑忌，一面连连电阻滇军前进，一面派一支军队向盐井对进。蔡锷以"早日规复西藏"为念，诚恳地与尹昌衡电商，希望他"尽释猜疑，共维大局"，要求继续向川边进军。但尹昌衡不以为然，竟打电报给袁世凯，说如果滇军轻进，引起英人干涉，酿成中外交涉，川省将不负责任。早已患了"恐洋病"的袁世凯信以为真，遂于9月21日下令：滇军援藏一事，现款难筹，又有英人干涉。民国初建，不能轻启外衅，应由国务院速议办法，保我领土主权。至于川边抚剿，尹督既然请求自任专办，筹兵筹饷，应悉由该督经营，滇省不必固争。刻下昌都等处均驻川兵，殷司令切勿轻进，免生枝节。蔡锷无法，只好命令殷承瓛，酌留陆军一大队、防军一、二营驻扎珞瑜一带，"一以固滇藏之边隅，一以防英人之侵轶"，余部均撤还省内。10月底，援藏军班师回省。

当英人策动西藏反动分子叛乱之时，蔡锷洞察边危，迭电告急，不仅促成北京政府下令平叛，而且自筹饷械，派兵协助川军作战，对于粉碎叛军进攻，抵御英人侵略，功劳卓著，不可抹煞。可惜由于川督狭隘，袁世凯畏敌，逼迫滇军撤兵，致使平叛作战半途而废。

1913年10月，袁世凯屈从英国的无理要求，派代表参加了在印度西姆拉召开的中英藏谈判会议。会议期间，英国代表麦克马洪勾结西藏少数亲英分子炮制了《西姆拉条约》草案和"西藏地图"，抛出一个企图把9万平方公里的中国领土划归英属印度的"麦克马洪线，"遭到北京政府代表的拒绝。

"麦克马洪线"这一重大边界病患的出现，归根结底，是由于当时中途辍兵，未能实现蔡锷作战思想的结果。试想，如果当时袁世凯政府能够听从蔡锷的意见，从巴塘、维西两路出兵直取拉萨的话，还会出现西藏反动分子勾结外敌出卖国土的事情吗？显然不会。由此，我们更感到当时蔡锷提出的援藏战略构想该是多么难能可贵。

筹划边防

经过对西藏叛军的作战，使蔡锷加深了对帝国主义侵略本性的认识，体会到发展军事力量，建设强大国防，是夺取外交胜利，巩固共和国家的保障。他看到，外交如果无武力作后盾，是不能与各国平等相处的。民国虽然建立，但是"英窥西藏，法窥滇黔桂粤之谋日迫，边陲多故，危机四伏。若屏藩不固，国将不国"。于是自援藏军班师后，蔡锷在领导全省军政工作的同时，主要致力于本省乃至整个西南地区的边防建设。其中最重要的是组织制定滇、川、桂、粤、黔《五省边防计画草案》。

《五省边防计画草案》，是由蔡锷亲自担任主编，姜梅龄、范熙绩、李伯庚、谢汝翼、张子贞、罗佩金、赵钟奇担任主笔，沈汪度、李鸿祥等7人参与会议研究的集体性编著。所谓五省边防计画，主要为对付英、法帝国主义在我国西南边疆地区的侵略活动，而制定的西南战区协同作战计划。它集中反映了蔡锷"力图推破省界……我疆我理，扩张军管区，缩小省行政"，在对外作战中统一指挥，统一部署的国防思想。

《五省边防计画草案》分编十章，共3.7万余字，另附图4张，分别对西南五省联合军的兵力编成，各省作战区域和协同方法，军队的集中展开和作战步骤，以及战前准备，兵站设置，战场建设等重大军事问题，作了详细的阐述和具体的规划。

在《计画草案》前言中，蔡锷等概略论述了中国边疆形势，指出了俄、英、法等帝国主义侵略中国的危险性，阐明西南五省联合作战，抗击外来侵略的必要性。指出，中华民国虽然已经建立，但"内讧未靖，外患思乘"，列强侵吞中国之心不死。除沙俄、日本在东北边境地区屡挑事端外，英国侵略者也不断从印度以武力干涉西藏，并窥伺滇、蜀，法国也增兵越南，企图进犯滇、黔、桂、粤，西南边要虎视鹰瞵，民国全局岌岌可危。在此情况下，应立刻制定西南地区边防计划，以谋求西南五省在军事上通力合作，便于随时抗击英法侵略者对本地区的军事侵略，救亡图存，保卫边疆。

关于五省联合的必要性。蔡锷等认为，在政治上：一可以间接"为对俄外交之后盾"；二足以直接为对英、对法外交之后盾；三是联合对外，减少内争，可以增强各省感情，"使中央自收统一之效"。从军事战略角度看，五省联合的必要性有四方面：第一，就军事战略而言，若敌人入侵，则英国必然联合缅、印军队由西面进攻，约以十倍于我的兵力，略取西藏、川边，以求达其侵略川藏，扼据长江上游的目的；法国则可能纠集法、越军队，以五倍于我的兵力，侵入迤南，窥取贵阳，进占龙州、上思、防城，以割我两广。若五省同被侵凌，不联合无法制敌。第二，就地势而言，滇省为高原山地，山势绵亘，是川、黔的屏障，桂、粤的近邻，无滇则川、黔失去屏障，桂、粤也失去依托，无川、黔、桂、粤，则滇有后顾之忧。因而四南五省唇齿相依，不可分离。第三，就战略任务而言，近代战争战场区域广大，一旦英帝入侵，则滇、黔两军当出腾冲、缅宁，以为主攻，川军出藏边，以为助攻；法国入侵，则桂、粤军出镇南关（今友谊关）、谅山、高平、海宁，为主攻，滇、黔军出老街、河口，为助攻，五省互相协同，何敌不平？第四，就给养而言，滇、桂、黔贫瘠财乏，有善战的军队，却无雄厚的饷源；而川、粤天府，物资丰富，交通便利，一有战端，则滇、桂、黔多出兵员，川、粤广筹饷械，取长补短，互为支援，协以谋敌，共平大难。作者满怀信心地说：我西南虽然贫弱，亦环地数千里，拥兵数十万，"锷等当躬为前距，率西南豪杰，同仇敌忾，共骤风云"。

《计画草案》第一编名为"计画方针"，共分五章，内容包括："五省联合对外政略之决定与中央对外政略之关系"，"想定敌国"，"五省联合军之兵力及其编成"，"联合军作战地之形势与战略上之价值"，"联合军之作战区域与作战线之划分联络及作战目标"。

关于五省联合军的政略与中央总政略的关系。（此处所说的"政略"，亦即相当于现在的"战略"、"战略方针"。）作者认为："中央对外政略即边省对外政略之根据"，故中央政府应对四周环伺的邻国有坚定不移的"政略",以使各地方省的对外方针与中央保持一致。那么,中央对外应取怎样的"政略"呢?作者认为既不能取"平和主义",也不能取"侵略主义",而应取"进取主义"。作者说,当今世界势力不均,弱肉强食,中国想求和平而不可能;另一方面是国力不充,兵财两缺,不具备与列强对抗的资格,想对外扩张也不现实。因此惟有采取进取方针,即:先稳定秩序,统一内政,尔后组织军队收复蒙藏失地,再集强大兵力于国境,出以军事实力,继以外交斗争,从外交和军事上威慑英、俄,使其不敢再藐视中国。根据中央这一进取政略,西南五省"亦当取进取主义,一致进行,以为中央之辅助"。

关于想定敌国。作者认为,当前确定想定敌国,应以列强对中国领土和主权的危害程度而定。在虎视中国的列强中,惟俄国策动外蒙独立,谋取全蒙,又增加兵力于伊犁、塔尔巴哈台(今塔城)对面,谋图新疆,挑起列强瓜分中华民国的开端。因此,应以俄国为中国之第一想定敌国。而英国霸占印度,窥伺西藏、滇边,不仅煽动藏主独立,分裂中国,并擅行派兵入藏,以遂其侵略企图,而且还插手川边事务,制造交涉纠纷。因而英国应为第二想定敌国。对于西南五省来说,势不得不一面以英国为想定敌国,作第一战争准备,也以法国为想定敌国,作第二战争准备;同时以英法同时入侵为想定,作第三种战争准备。

作者分析了一旦英、法入侵西南,双方所能动员的兵力。认为一旦发生战争,则西南五省可投入作战的兵力,共 25 个师,约 25 万至 30 万人。此数与英军相比为劣势,与法军比则占优势。故对英作战应取守势,对法作战应取攻势。作者还分析了五省地形地貌,论述了这种山岳丛林地带的地理特点及其对军事的影响。同时也剖析了印度、缅甸和越南的地理形势,设想了英、法军队可能采取的进攻路线。作者还具体阐述了一旦英军入侵,或是法军入侵,或英法军同时入侵的情况下,五省联合军的作战区域,作战线之划分,以及作战目标的选定和联络的方法。当论述到必须划分作战区域的理由时,指出:分进合击是战略上一重要原则,而此原则尤其适用于山地作战。山地无宽坦的交通网,广阔的宿营地,故大军作战必须分途前进,则给养、行军方无困难。其二,山地岭脉蜿蜒,川流纵横,各军联络容易隔绝,整个战线往往出现间隙,易被敌军乘虚侵入,故必须划分作战区域,以负专责。

《计画草案》第二编为"计划要领"。论述了在对英作战,对法作战或同时对英法作战时,联合军的战斗序列及其划分,联合军的集中掩护阵地及集中掩护方略,联合军的集中地及集中方略,联合军的作战计划及兵站设置计划等。

关于对英作战计划。作者认为,由于敌强我弱的兵力对比和地理交通形势的关系,对英作战"宜取攻势防御"。战略方针是:在陆路增大云南迤西南防御纵深,以腾冲以北至川边杂貐一带为重点防守地区,控扼高黎贡山脉及怒江、澜沧江各隘路,防小股英军窜扰;以腾冲以南至思茅一带为攻势地域,集中优势兵力于缅宁、腾冲、永康、镇边、思茅等地,以主动灵活的进攻战术,击破英军的主力部队;巩固广东沿海之防御,抗击英军的海上登陆部队。

关于联合军的战场区分。作者设想:分云南迤西战区和广东沿海战区。其作战编成是:(一)云南迤西战区编右翼军、中央军、左翼军和总预备队。右翼军含川军第一师、第二师；左翼军为黔军独立师；总预备队为川军第三师、滇军第三师。（二）广东沿海战区编右翼军、左翼军和总预备队。右翼军含桂军第一师、第二师；左翼军含粤军第一师、第二师；总预备队为桂军第三师、粤军第四师。

对英为什么要采取"攻势防御"的作战方针？作者提出十点理由，其中有：有兵力对比上，敌优我劣；以交通而论，敌人驻东南亚的军队，三周之内即可集结于曼达莱（今缅甸曼德勒），而我川、黔、桂兵力，需月余才能抵达集中地，所以不利进攻作战；以地势而论，滇边山脉绵亘，河川纵横，雄关险隘，利用地形设防，能够以少数兵力胜优势之敌；香港为英东方的海军基地，一旦发生战端，敌人必然在广东沿岸海陆并进，威胁我沿海诸省，故以粤军防御沿海诸口极为重要。作者强调，山地作战，防敌侵入，以扼守边界交通要道为原则。故防御阵地须选定在敌我往来通路附近，不必于沿边搞一线配置，以节省兵力。同时阵地后方须有较繁盛的部落或村镇，以便筹集给养，利于长期坚守。

关于抗击法军入侵作战。作者认为对法作战，因敌我双方的兵力、交通、形势的优劣条件大致相等，故我军战略"宜纯取攻势"。基本作战方针是：在陆路，集中优势兵力，从云南广西沿边深入越境，进攻法军之野战部队；在海路，集一部兵力于广东沿岸，以阻击法海军登陆部队。其主要理由有15点，其中有：（一）越南虽为法国殖民地，但法军兵力薄弱。若发动大的侵略战争，必须要从欧洲本土运送军队，途中需50余日。故战争伊始，敌我兵力大致相等，我军取攻势作战，可以增长士气，出奇制胜。（二）就地势论，我滇桂与越比较，基本是山地对平原，我有瞰制高压之势。若法军挑起战争，则云南与桂粤两面夹击，造成战略包围态势。"彼主力向东，则云南制其北，主力向北，则桂粤乘其东，而收投隙捣虚之便。故取攻势比较防势尤属有利"。（三）越南为滇、桂、粤之屏障，欲保障三省安全，必须赶走法军，解救越南，恢复越南独立。而只有取攻势作战，才能完成此项任务。等等。

关于对同时入侵的英法侵略军作战。作者认为，同时对英法军作战，基本方针与单独对英对法作战相同。只是由于分兵迎敌，在兵力对比上，我军更居劣势。故在战略上，对英"宜纯取守势"，对法则"宜取攻势"。基本作战方针是：在陆路，一方面增强云南迤西沿边之防御力量，以抗击由缅、印方面侵入之英军，一方面集中主要兵力于云南迤南沿边及广西沿边，以攻击由越南入侵的法军；在海路，则增强广东沿海的防御力量，以抗击由海路登陆的英法军。理由是：（一）对同时入侵的英法联军作战，我不得不分兵迎敌，总兵力愈形单弱，故对英军只能取坚守防御。（二）我军既分兵对付英军，则对法军的兵力也必然单弱，理当采取守势。但如果敌情发生变化，法军主力若集中于广西方向，则我军乘隙捣虚，不难以劣势兵力战胜优势之敌。（三）对英对法同时作战，则我广东沿海当英法海陆并进之要冲。因为香港为英军之根据地，粤以一省兵力抗击英法联军，兵力既单，配置更难。故广东沿海不得不纯取守势。

在《计画草案》中，作者还以大量篇幅论述了战前准备工作，其中包括战前动员，举办乡兵，开展初级将校及军士教育，添购新式武器装备及改造兵工厂，测绘兵要地图，修筑军路，派遣侦察，以及沿边各民族土司的管理等。

蔡锷等人制定的上述对敌作战计划，不仅牢牢地遵循着一般作战指导原则，而且，能够把一般军事原则与西南地区的客观实际相结合，注意从兵力、交通、地理、后勤保障和政治诸条件与敌相比，根据不同的作战对象，采取“攻势防御”、“主动进攻”、“亦攻亦守”、“乘隙捣虚”等不同的作战方针，是基本可行的。反映了作者“审慎求实”的态度和“以我之长，攻彼之短”的作战思想。当然，作者在制定上述计划时，没有考虑中央指挥，外省支援和群众配合诸因素，只是孤立地设想五省军队独立作战，又不免失之片面。

在《计画草案》第三编，作者简述了该计划实施办法。设想在云南省城昆明召开五省军事联合会议，以商定这一军事联合计划。请中央参谋部、陆军部及五省各都督府遣重要人员充任军事会议代表。会后，成立一“西南协会”为永久机关，以计划协调各省军事。

蔡锷等于《计画草案》最后呼吁：“此次军事联合为我西南诸省利害关系而发生，亦即我西南诸省安危生死之问题，果能协同一致实施以上计划，则西南半壁有磐石之安，而民国前途庶免覆巢之虞。”通过这份周密、详实的《计画草案》不难看出，蔡锷和云南爱国军人，为保卫西南边疆，维护新生民国的安全，而呕心沥血，殚思竭虑，献出了全部的智慧和真诚。然而当时的社会中，除了孙中山等一些革命党人，也正为建设民主共和国家奔走呼号外，在上自总统袁世凯下至各省都督、将军中，又能有几个人像蔡锷这样，热衷于国家强盛，致力于国防建设呢？可谓凤毛麟角，寥若晨星。临时大总统袁世凯上台后，一意镇压革命党人，追求专制独裁统治，不断向帝国主义列强献媚讨好，以寻求靠山，怎么可能支持蔡锷军事计划，组织领导西南的战备和训练？在西南五省中，川督胡景伊原是四川武备学堂教官，在前都督任援藏军总司令后，被袁世凯提升为四川都督，因而对袁感恩戴德，惟命是从，再加上川军素与滇军水火不容，更使蔡锷联合川军的愿望成为画饼。桂督陆荣廷，绿林出身，原为清军广西巡防统领，辛亥革命后。因实力雄厚而被地方实力派举为广西都督。显然，这样一个反动迂腐的地方军阀也很难接受蔡锷的主张，与滇军携手抗敌。广东副都督陈炯明虽为国民党员，但野心勃勃，拥兵自重，对国民党领袖孙中山尚且阳奉阴违，又怎么能听从蔡锷的调度，投身联合军行列？黔督唐继尧虽是蔡锷的老部下，但他靠铁血手段窃居督位，遭贵州人民强烈反对，内部不稳，难顾边防。且黔省财匮兵弱，即使参加联合军，也很难发挥重要作用。由以上情况不难看出，蔡锷设想制定的五省联合作战计划，不过是一厢情愿，很难得到诸省承认，更不能付诸实施。尽管如此，这份《五省边防计画草案》，毕竟是近代新型军事理论与中国军事实际紧密结合的产物，是民国初年第一部筹划战区战争准备和兵力运用的方略。它凝结着蔡锷——这位爱国将领报效祖国的拳拳之心，体现了他抵御外敌入侵的坚定性和维护国家安全的警觉性。通过这部《计画草案》可以看出，在清末民初，由于蔡锷等大批军事留学生回国统兵，已经使我国军事领域发生了可喜的变化。他们懂得近代军事科学，可以熟练地按照一般军事原则和局部战争的特点拟订计划，组织协同，其军事谋划能力已经达到一个较高的水平。

孔子

圣人之初

凡知孔子者,无不知尼丘。孔子植根于尼丘山下的社会土壤,生长于尼丘山下一个没落的贵族家庭。"吾少也贱"、"吾十有五而志于学",这正是年少的孔子在尼丘山下谋生、发愤的自我写照。

(一)礼坏乐崩

春秋时期的尼丘山下,正处于"礼崩乐坏"的时代。

尼丘山,是古代鲁国的名山之一,地处国都曲阜东南方向约五十多华里处。这座山虽然算不上是巍峨挺拔、气势雄伟,但它却以五峰连峙、悬崖相接、层峦叠嶂而著称。再加上东西有碧波荡漾的智源溪相映衬,倒也显得环境清幽,风景秀丽,令人神往。

公元前551年的夏历八月二十七日,一位年逾花甲、近似于武士打扮的人,陪伴着一个有身孕的妙龄少妇,从二十多华里外的昌平乡来到尼丘山,这对夫妇是由于望儿心切,专程到此祈祷求子的。他们向山神祈祷之后,便到山下的一个洞中休息。可能是由于过度疲劳的缘故,孕妇即在洞中分娩,生下一个男孩,即孔子。这个洞也由此被后人称之为"坤灵洞"、"夫子洞"。

孔子生下来的时候,头顶部四周高中间低,很像是一座小尼丘山,他的父亲给他起名为"丘",字"仲尼"。"仲"表示的是孔子在兄弟之间排行第二。在古时候,"子"是对男子的尊称,"父"是对老年男子的尊称,所以后来人把孔丘即尊称为"孔子"、"尼父"、"仲父"。

孔子出世时,尼丘山下同整个中国的其他地域一样,正处在春秋后期的社会大变动时期。

在中国历史上,周族是在夏朝和商朝的政权下逐步兴起的,到周文王时即达到顶峰。周文王不仅是政治家,而且是农业生产改革家。他整天勤于政务,连饭也顾不上吃,并且亲自穿上破旧衣服参加农业劳动,藉以了解农耕的劳苦,鼓励耕者的积极性,使人民富裕起来。在文王称王后的七年中,为周人推翻殷朝的统治,夺取全国政权作了实际的准备工作,为后来周武王伐纣时长驱直入扫除了障碍。文王死后,其子发继立,是为周武王。武王继位时,伐纣的条件已经成熟,经过充分准备之后一举灭商,建立了周王朝。周王朝的建立,顺应了历史发展的客观要求,标志着从殷代奴隶制社会开始转变为西周的领主制封建社会，这在当时是一次具有划时代意义的巨大变革。灭殷两年之后，武王死，传子诵，是为成王。当时周成王年幼，而且形势十分严重，摆在周人面前的一个重大问题是如何巩固已经取得的政权。在这个关键时刻，肩负起巩固政权的大任，并在其中起了决定作用的，则是武王的母弟周公旦。周公旦在成王年幼时，把成王放在一边，而直接行天子之事。周公旦不畏人言，他的作为，使周政权巩固下来，为长达几百年的统治大业奠定了坚实的基础。

后来的孔子就是一直明言宣称，自己继承了文、武、周公的"道统"，他十分赞赏西周王朝建立的、以宗法和等级制度为特征的各种典章制度。他把西周社会视为理想王国，曾声言："吾从周"。

的确，周人为其政权得以巩固，完善和创建了一整套以严格区别亲疏、长幼、贵贱、尊卑、上下、男女的氏族宗法制度、贵族等级制度、财产分配原则和伦理道德规范，即周礼。周礼的内容包括两个方面，一是"尊尊"，一是"亲亲"。"尊尊"就是尊其所尊，反映这个社会的政治关系，即阶级关系；"亲亲"就是亲其所亲，反映这个社会的血缘关系。在尊尊和亲亲中，贯彻着严格的等级制原则，规定着封建领主制下的等级秩序。这些原则和秩序是不能错乱，不能更改的。周天子是最高的统治者，"征伐礼乐自天子出"，各诸侯、大夫原来被封成什么样子就是什么样子，谁也不能随意膨胀自己的势力和改变自己的封号，谁要是以下犯上，恃权逆理，便是乱臣贼子。这样，使得整个社会至少在表面上有条不紊，呈现出治世局面。因此，从一定意义上说，周礼是周王室维护其政治统治的工具。

不仅如此，礼还必须和乐相互配合。当时的乐，是把音调协合起来，形成歌咏，再加上盾、斧、羽、旄的动作而形成的。在贵族等级秩序中，礼和乐有着不同的作用，乐是从感情上求得人与人相互间的妥协、中和，使其各安本分。礼用以辨异，分别贵贱的等级；乐用以求同，缓和上下的矛盾，礼则使人尊敬；乐和顺存于内，礼严肃形于外。礼有乐作配，其作用就增强了。《乐记》中说："乐者，天地之和也；礼者，天地之序也"，"乐至则无怨，礼至则无争，揖让而治天下者，礼乐之谓也。"

当时西周的开国人物，希望他们的制度永远不变，但这是不可能的。

依照周礼的规定，各级领主都在经济上、政治上享有极大的自主权。经济上，此疆尔界不容混淆；政治上，世卿家臣只效忠于直接上级领主；军事上，各自都拥有兵车甲士，不经直接领主同意，上级贵族领主无权直接调动。所以，领主在各自的封地内就是一个独立的小王国！这种割据状态必然造成各诸侯国的不平衡发展。

就经济制度来看，从西周开始的封建领主经济是建立在有公田、私田之分的井田制基础上的，其剥削方式主要是领主榨取农奴在公田上的剩余劳动。然而，农奴在公田上所作的剩余劳动和在自己私田上所作的必要劳动，无论在时间上还是空间上又都是截然分开的。因此，领主对农民的剥削则暴露得十分清楚。实际上，领主和农奴之间的矛盾是客观存在，非常尖锐，根本无法调和的。只是在西周初年，社会生产力还没有突破性发展的时候，农奴对公田的耕种还具有一定的积极性，领主经济也会获得一定程度的发展，因而出现了周初比较兴旺的局面。但到了春秋时期，由于战争频繁、军费开支庞大等因素，农奴所受的剥削和压迫也因之不断加重，他们的生产积极性已被挫伤,“不肯尽力于治公田”。领主在公田上的收入越来越少,其经济的生存已发生根本的危机。领主与农奴之间的矛盾在日益激化,社会经济制度的变革已势在必行。

随着铁制工具的使用和牛耕的推广,社会生产力有了很大的提高,大量的荒地也得以开垦。新垦辟的土地,不是全属于王室所有,而是相当一部分成为可以交换的“私田”。同时,人口也急剧增长,形成了“土地小狭,民人众”的不平衡状态。这就使得自西周以来“各私百亩”的土地分配方式远不能满足农奴的需要。农奴要求扩大土地面积和自由支配私田的欲望不断增长,计口授田制的实施也直接受到冲击。另一方面,公田上有限的剥削收入已难以满足领主阶级日益增长的消费的需要。于是,诸侯国之间和不同部族之间的相互并吞,以及大小领主开拓疆土,以武力扩张领地,掠夺财富,增加自己剥削收入也日趋频繁,战争越演越烈。在这种干戈纠纷的战乱年代,大小领主无论是为了保住自己的领地,还是为了掠夺别人的土地,都在竭尽全力壮大自己的政治、经济、军事实力。到这时,西周以来的领主经济和作为它的基础的井田制度,已再也不能维持下去了。

社会结构发生了变动:古老氏族的后裔如今不免沦为庶人,王室公室的世家大族也逐代地晨星寥落,世卿世禄的卿大夫身边并列着异国的政治家。特别是由上层衰落和下层上进而形成的士阶层迅速壮大起来,其中包括甲士、文士、食客等。士大抵受过六艺(礼、乐、射、御、书、数)教育,是当时军事上、政治上必不可少的一群有力人物,因此而得到卿大夫的重视,成为后来新兴阶级的政治支柱。

于是,政权结构在变动:自东周以后,周王室权威一落千丈,“天下共主”已徒有虚名。西周时是“礼乐征伐自天子出”,周天子对诸侯甚至拥有生杀予夺的权力。春秋时期的周天子,非但驾驭不了诸侯,反而受诸侯的欺凌。结果,充斥整个春秋时期的便是诸侯争霸、强国吞并弱国、攻伐不休、一片混乱的封建割据局面。不仅诸侯向天子闹独立,诸侯国内的卿大夫也占据着自己的领地向诸侯闹独立,就连卿大夫手下的家臣,也在利用替卿大夫管理城邑领地的机会伺机向卿大夫闹独立。“礼乐征伐自天子出”被“礼乐征伐自诸侯出”所取代,甚至出现了“陪臣执国命”即卿大夫的家臣开始专权。这样,原来由下层支撑上层的层级宝塔,便从上而下逐级崩塌了。原来自天子而诸侯而卿大夫而家臣,这种有严格等级的宗法制的统治秩序被打乱了。

与此相应,礼乐制度、传统观念也在变动:君臣、父子、夫妻、兄弟的尊卑礼数发生了动摇;和旧的庙堂颂歌相对的、表现人民生活的乐歌,以及鞭挞时弊的民谣流行起来;以凤鹤翔舞、荷莲出水等自然风采所装饰的铜器,开始向神秘严肃的礼器挑战了;专门接受能传播文化的文士阶层,形成新的知识分子集团;贵族垄断教育、“学在官府”的传统制度维持不下去了,文化开始下移,出现了民间私人讲学这种新事物;刑书的铭刻否定了传统的贵族习惯法,成为新兴政治家的武器;在一些人的心目中,天神不再是一切事物的主宰,而更多的重视了人的力量,提出了种种相信人力、不信神权的议论。

整个社会的各个领域都在变动,处在“礼崩乐坏”的状态之中。正是在这种领主所有制向地主所有制急剧过渡、王权衰落、诸侯纷争、传统观念动摇、新思想萌发等情况相互交织的春秋时代，才出现了那么多才智闪烁的人物，妙语连珠的议论，出奇制胜的谋略，威武雄壮的场面，山重水复的情节。孔子所出生的“礼崩乐坏”的时代，也正是孔子思想赖以产生的社会土壤。

(二)野合而生

孔子的家世，可以追溯到商代的最高统治者、开国君主商汤。商汤曾以解放者的姿态，推翻残暴的夏王朝，商“诛其君、伤其民”，“十一征而无敌于天下”，被称为“圣人”。所以历史上传说孔丘是圣人的后裔。殷代从汤开始，共传十七世，三十一王，历时六百余年。周武王伐纣灭殷，取得全国最高统治权力之后，封殷朝末代君主纣王的庶兄于宋(今河南、山东、江苏、安徽交界地区)，殷人微子启便是宋国的开国者。微子启卒，由弟微仲继位。微仲就是可查的孔子的远祖，所以孔子自称“丘也，殷人也”。

孔子的祖先自微仲起，经宋襄公、弗父何、正考父等，在宋国一直延续到孔父嘉。孔父嘉是孔子的第五代祖先，他为人处世不那么谨慎恭敬，以至于在一次宫廷内争中为华督所杀。其子防叔怕株连受祸，从宋国逃奔到鲁国，在鲁国陬邑定居，家世便从此丧失了原来的社会地位。防叔为追念其父被杀，即在保留原来“子”姓的基础上，又另起新族号——以“孔”为氏，世代相传。“防叔生伯夏、伯夏生叔梁纥。”叔梁纥即是孔子的父亲。

从防叔定居鲁国到叔梁纥的三代一百多年间，前两代是衰微的，及至叔梁纥，家境才算好了一些。但叔梁纥也只不过是个武士，被封为陬邑的大夫(相当于县官)。

叔梁纥的“叔梁”是字，“纥”是名。照当时鲁国的习俗，称呼大夫官有以邑名与人名合称的，也有以邑名加一个“人”字称呼的，所以有的史书上称他为“陬人纥”、“陬人”。叔梁绝身躯魁梧，力大过人，而且勇敢果断，是鲁国当时一位有名的武士。

叔梁纥早年娶施氏，后又纳妾为侧室，生了一个儿子，名孟皮，字伯尼。孟皮是个有足病的跛子，而且生性愚鲁。在当时的封建宗法社会里，男尊女卑，只有儿子才能继承父业。叔梁纥的社会地位虽不显贵，但毕竟还是个大夫，他对自己体貌不全的儿子十分不满，认为有失体面，希望能有个像样的儿子继承自己。于是想另选名门淑女为继室。他大约在六十六岁时，同十七岁左右的颜征在结了婚，婚后不久便生下孔子。古时认为，年过六十四岁结婚是不合礼仪的，叔梁纥年近古稀，而且和颜征在的年龄相差甚大，所以司马迁在《史记·孔子世家》中用含义模糊的“野合”二字来描述这种不合礼仪的结合，其中是寓有隐讽之意的。

幼年的孔子活泼可爱、天资聪慧，父母教他说话，一遍即会，永不忘记。大约孔子三岁时，年老的父亲叔梁纥病故了。颜征在为了避开复杂的家庭矛盾，便离开叔梁纥家，带着三岁的孔子，迁居到鲁国国都曲阜城内的阙里去了。当时凭着叔梁纥原陬邑大夫的地位和“以勇力闻于诸侯”的声誉，再加上征在的娘家(颜姓)在曲阜是个大族，孤儿寡母得以在曲阜住了下来。

颜征在同一个六十多岁的人结合，本来就违反了当时的礼制，再加上男人去世，使她这个年轻的寡妇时常受人奚落、鄙视，过着十分不顺心的日子。他只好把希望寄托在儿子身上，以精心培养儿子，指望重返贵族行列，作为自己的精神寄托。

在这种压抑的环境里，幼小的孔子也看惯了一些人的眼色，感受到了一些人情的冷暖，养成了一种谨慎小心、循规蹈矩的性格。他很敏感，很会应付人，并且待人恭敬、谦和，遇事善于思索。

母亲对这个早熟、聪明的儿子颇为喜爱，她利用各种方式对儿子加强教育，让他努力学习各种礼仪、文献和技能。为了在逆境中能够生活下去，也是为了将来做官食禄，孔子最初学习的是礼仪。

春秋时期的礼仪是从西周沿袭下来的，内容非常复杂。具体说来，主要包括礼器设备、音乐、歌舞和行礼的仪式、程序等等。冠(男子成年时的礼)、婚、丧、祭等不同性质的典礼所用的上述内容各不相同；不同等级的贵族在同一性质典礼中的内容也各自不同。这些礼仪主要是周武王的胞弟周公旦在辅佐成王时制定的，后来，周天子封周公旦的儿子伯禽为鲁国国君。伯禽到鲁地时，从周天子那里带了大量的文物、典籍。鲁国的各种礼乐制度也是仿照周王室设置的，并成为惟一能用天子礼乐祭祀天地祖先的诸侯国。这种特殊的政治地位，使鲁国成为“礼乐之邦”和西周东部的文化中心。到了春秋时期，虽然整个社会处在“礼崩乐坏”的状态之中，但鲁国仍是保存周朝礼乐文物制度比较完整的地方，正如晋国的韩宣子在访问鲁国时说的那样：“周礼尽在鲁矣”。曲阜，作为鲁国的都城，传统文化的气氛尤为浓烈：国君和贵族引人注目的车马仪式，定期举行的敬天祭祖典礼，经常开展的迎神降灵活动等。这样的社会环境，很容易形成以循古守旧为荣的社会意识，容易以缅怀祖先的功烈来安慰现实的不幸。即使是属于被统治者的“小人”也必然受到影响。年幼的孔子正是这样，他不仅没有对这些旧礼制产生叛逆心理，反而由对现实的不满发展到了对周礼的好奇和仰慕。

幼小的孔子，不像一般孩子那样玩一些爬树、摸鱼的游戏，使他最感兴趣的是各种祭礼。每当曲阜城内举行祭祀活动，他总是要叫母亲或哥哥陪他去观看，真可谓逢祭必到。所以，孔子在五六岁的时候就能够看懂祭礼，“陈俎豆，设礼容”也成了他最感兴趣的事情。他找来些泥土，捏成像祭器一样的小泥炉，插上草棒棒，放在那里练习磕头、揖让等礼仪。他弄来各色木质小祭器，摆在桌子上，按照祭祀的次序逐节演练。他摆放每一件祭器，模仿每一个动作，总是十分认真，从不敷衍任何一个细节。像这样的玩耍他天天要进行一次或几次，都始终不觉得厌倦。由此可见，在孔子幼小的心灵里，礼已经有了崇高无尚的地位。

(三)志存高远

孔子在十七岁那年，母亲去世了。这时的孔子对礼和为人处世的道理已十分熟悉了，他在含悲处理母亲的丧事中，非常沉着，他要严格依照当时的习俗，将父母合葬。但由于孔子不知道父亲葬在哪儿，他只好将母亲的棺柩停放在“五父之衢”(衢指四通八达的道路，五父之衢即名叫五父地方的四通八达的路口)，以便引起人们的注意，好问询父亲墓穴的确址。这时一位名叫曼父的人的母亲走过来指点孔子说：“你父亲的葬地我知道哇，那地方叫防山”(即今曲阜东十余公里处的防山，现在那里有梁公陵，相传为埋葬孔子的父母和伯尼的地方)。孔子便由此得知父墓，把母亲埋葬了。

从此,孔子逐步认识了自己的世家,觉得他并非祖祖辈辈贫穷低贱,而是圣人、贵族的后代,他立志发愤学习,以求返还贵族阶层。

孔母死后不久,有一次,鲁国贵族季孙氏(季孙氏系指季平子,名季孙如意。季孙氏、孟孙氏、叔孙氏是鲁桓公三个儿子的后代,他们于公元前562年"三分公室",把鲁国公室的军队编为三军,三家各分其一,国君的权力从而大为削弱)宴请依附于自己的士,孔子以为自己是已故叔梁纥武士之子,也有资格参加,于是穿着孝服跟在别人后面走了进去。那知季孙氏的家巨阳虎(阳虎也叫阳货,是季孙氏当权的家臣,曾一度掌握了季孙氏一家的大权,而且还控制了整个鲁国的大权。孔子后来指责他为"陪臣执国命"),以侮慢的态度呵斥孔子说:"季家宴请的是士,谁请你呢?"孔子只好尴尬地退了出来。这是十七、八岁的孔子进入贵族社会时所遭到的当头一棒。孔子受到了阳虎的奚落和羞辱方才明白,自己虽然是士之子,但本人还没有取得士的资格。他在如此冷遇面前并没有灰心,不仅默默地忍受了下来,而且更加发愤学习。后来孔子终生讨厌阳虎,应该说是由此结下的怨恨。

孔子所谓志于学,实际上是志于士或志于宦。他自己说过:"学也,禄在其中矣。"他的弟子子夏也说过:"学而优则仕。"这都表明,孔子立志学习,就是学习做官的本领。当时的官员,有世袭和非世袭两种,前者是贵族的特权,后者则是士的饭碗。士没有高贵的出身可依赖,只有通过学好做官必备的各种本领,即礼节、音乐、射箭、赶车、识字、计算当时的所谓"六艺",来争取入官。

孔子终生勤奋好学,至老不倦。其学习的志愿,治学的态度和方法,在少年时代就奠定了良好的基础。

孔子治学,注重求实精神。他摒绝空想、武断、执拗、主观,即所谓"毋意、毋必、毋固、毋我"。他认为:"知之为知之,不知为不知,是知(聪明)也"。对于自己不知道的问题或道理,从不无知妄说,即所谓"君子于其所不知,盖阙如也"。对于不知道和怀疑的问题或道理,而有必要知道的,一定要积极去了解,去研究,即所谓"多问阙疑","多见阙殆"。他注意从多方面发现问题,不断地用观察到的问题对照自己,检查自己的缺点和错误,即所谓"多闻,择其善者而从之","其不善者而改之"。

孔子治学,注重实地考察。他把深入实际调查研究,看作治学的必要的方法,他肯定地说:"视其所以,观其所由,察其所安,人焉瘦哉;"他初次进入鲁国祭祀周公的太庙时,一直滔滔不绝地问这问那,有人见此而说:"谁说郰大夫的孩子懂得礼呢?进入太庙,遇事就问这问那。"孔子听到后便说,这才是合乎礼的呢。之后,孔子曾亲自到"鲁桓公之庙"观看礼器,看到盛酒的攲器后,还要让弟子们注水实验。他适周考察周礼,又亲自跟随老子观看那里的人们举行葬礼。他周游列国,每到一个国家"必闻其政"。凡此种种。

孔子治学,从不放过任何一个学习机会。鲁国东南方有一个附属于鲁国的小国郯国,公元前525年郯国的郯子来朝见鲁公,在一次宴会上,鲁大夫昭子问郯子关于少昊时以鸟名官的情况,郯子作了详细回答。孔子听到此消息,便马上去拜见郯子,向他请教少昊氏时代官职制度的历史情况。后来,他对人说:"我听说,'天子那里没有主管这类事的人了,这类学问却还保存在四方蛮夷那里。'这话还倒是真的呢。"

孔子治学，不耻下问。他不仅听老师和长辈的教导，向老师和长辈求教，而且还求教于一般看来不如自己的一切人，他不以这样做为羞耻。孔子“不耻下问”，一是学于自己的学生，即边教边学。孔子说过：“回之仁贤于丘也，赐之辩贤于丘也，由之勇贤于丘也，师之庄（严肃认真）贤于丘也。”正因为他向学生学习的思想是自觉的，所以他抱怨颜回说：“回也，非助我者也，与吾言无所不说（悦）。”即是说颜回在学习上不是能帮助我的人，对于我说的话，没有不喜悦的。这实际是抱怨颜回只向他学习，不同他一起讨论或对他提意见，因而得不到颜回的启发和帮助。孔子“不耻下问”，再就是学于群众。他说：“十室之邑，必有忠信”，意即住有十家老百姓的村庄，一定有忠诚信实的人。他又说：“三人行，必有我师焉。”据说，孔子“与人歌而善，必使反之，而后和之。”他同别人一起唱歌，觉得人家唱得好时，一定请人家再唱一遍，然后自己又和着人家唱。这说明他向群众学习的思想也是自觉的。

孔子治学，好古敏求。他说：“我非生而知之者，好古敏以求之者也。”孔子好古敏求的目的，用他自己的话说，是为了“温故而知新”。温习古代的历史文化，对照当时的社会现象，就知道当时社会动荡与政治问题的原因所在，从而求得拨乱反正的办法。

孔子治学，永不自满。离他的住地不远处有个达巷，那里的人赞扬孔子真了不起，那样博学……孔子听后说，我不过会赶马车吧。孔子认为，“吾有知（知识）乎哉？无知也。有匹夫（一位普通百姓）问于我，空空如也（我一点也没有知识答复他）。”有人曾说，孔子弟子们的一些擅长，在孔子身上是都具备的，但孔子却说：“我于辞命则不能也”，即孔子说他讲话阐述道德操行，比不上他的弟子们。孔子这种虚怀若谷、学而不厌的精神，是他学识渊博的主要原因所在。

孔子的这些治学思想、态度、方法，在他少年时就已经确立了。他自述：“吾十有五而志于学”，“丘少而好学”。勤奋之花，必然结出丰硕的知识之果，少年时期的孔子就已经熟练地掌握了当时贵族后备官吏——士所必须掌握的礼、乐、射、御、书、数六门基本功。

孔子在少年时代，与通常无父母的孤儿一样，为糊口而奔忙。他为了谋生，做过许多自认为卑贱的事，像扫地、做饭、洗衣、种菜、挑担、推车等。他给人家看过粮草，做过牧童，当过替人办丧事的吹鼓手之类的“儒”。他懂得办理丧事的各种规矩，甚至能从妇人哭声中听得出她悲切不悲切。他会弹琴，会同小流氓打交道，所以后来能设计制服向他挑衅的子路，而且能收服大盗颜浊聚做门生。他颇有谋生的本领，力气很大，很能干，也能忍受和克服生活中的种种困难。然而，晚年的孔子却对自己的这段历史引以为耻。他后来曾说过：“吾少也贱，故多能鄙事。”尽管他轻视劳动，认为这些“鄙事”只应是“小人”干的，但他浩泛的生活际遇、劳务范围和广泛的接触下层人民，却使得他对民情疾苦有了切身的体会。于是，他在社会交往中，总是不分对象，一律以礼相待。《论语·乡党》中记载：“孔子于乡党，恂恂如也，似不能言者”，“乡人饮酒，杖者出，斯出矣。”即孔子和乡亲们相处时，非常恭顺，从不趾高气扬。他和乡亲们一起饮酒，也一定按照礼节，让长辈先走。他对待服丧者都表示怜悯哀默。甚至对瞎子与戴礼帽的人也是同等看待。于是，谦恭知礼、处世深沉、勤奋好学的孔子，还不到二十岁就在鲁都曲阜出了名。

依照"周礼"关于男子十八岁就算成人的规定，孔子十九岁的时候便娶殷人之后亓官氏为妻，婚后年余，他们生了一个儿子。在亲朋纷纷前来贺喜时，鲁国的国君鲁昭公可能是鉴于孔子是"以勇力闻于诸侯"的武士大夫之后，孔母又出身于曲阜大族，再加上孔子本身好学知礼的小名气，所以派人送来一条大鲤鱼。孔子以国君赐物为莫大的荣幸，便给儿子起名叫做"鲤"，字伯鱼。伯是老大的意思，因为这是孔子的第一个儿子，可也是惟一的一个儿子。

孔子在二十岁以后的一段时间里，先后充任过给贵族管理牛羊的"乘田"和为贵族看管仓库的"委吏"，他务这些小吏，竭尽全力，勤勤恳恳，处处"执事敬(办事认真负责)，与人忠(对人诚实可靠)"，在工作中显示出了非凡的才干。他说："叫我管牛羊，我就把牛羊管理得肥胖强壮起来"，"叫我管仓库，我就把仓库里的帐目计算得清清楚楚"。后来，他又做了季平子家的"司职吏"，即管理畜牧人员的小官。任"司职吏"后，工作较轻闲了，他便借机进一步发愤学习，道德修养和各种才能也随之迅速提高。

孔子在近三十岁的时候，学业已经远远超过了"六艺"范畴，而把高等"六艺"，即后来被尊称为"六经"的实际内容和精神，也都很系统地融会贯通了。孔子博学多识的名声也越来越大。有一次，孔子在曲阜城西当时叫做矍相圃的地方进行习射活动，人们闻得是孔子在习射，都纷纷赶来观看，围观的人简直像一堵墙一样。鲁国有人赞扬说："大哉孔子！博学而无所成名(指不专于一个方面)。"当时人们发现奇事异物而无人识别时，多来向孔子请教。此时的孔子，其社会地位与被阳虎奚落的那个时候不同了，他已成为社会上公认的"士"中的佼佼者了。士，在那个时代已经属于贵族了，而且又是居于"士农工商"四民之首，是掌握文化知识的那个阶层。于是，孔子终于同"鄙事"告别，开始收授弟子，开辟私人讲学的道路。

办私学，虽不是孔子的首创，但孔子创办私学的影响之广之深是空前的，是中国教育史上同"学在官府"相对立的"学移民间"的划时代的标志。孔子开办私学之所以能取得极大的成功，除去孔子本身的因素之外，主要是他适应了当时急剧变化的社会关系，适应了当时鲁国统治者，包括上升的和没落的大小贵族的需要。

公元前535年，鲁国大夫孟僖子陪同鲁昭公途经郑国到楚国访问。郑简公守礼，在郑都城门设宴慰劳路过的鲁昭公一行。作为贵宾副手的孟僖子，竟不会引导鲁昭公行酬答主人之礼。到了楚国，楚灵王按礼在都城郊外举行欢迎仪式，然而孟僖子又不懂如何引导鲁昭公答礼，再次大失体面。孟僖子惭愧至极，回国后便到处向人学礼。为了不使自己的儿子重蹈覆辙，孟僖子在临终前把两个儿子和下属叫到跟前安排后事时，特别叮嘱道："礼仪，是人的主干，没有礼仪，不能自立。听说我们这里出了个通达明礼又有学问的人，叫做孔丘。我告诉你们，这个人是圣人的后代，他的祖先弗父何有功于宋国，弗父何的曾孙正考父辅佐过宋代的三个君王。他们虽然地位很高，但却谦虚谨慎。可见孔丘的祖先就有谦恭的美德。当年我们鲁国的臧纥曾经说过：'祖先有美德，其后世必定出现聪明通达的人'。现在孔丘年纪不大，就能知道那么多事情，懂得那么多礼节，大概前人说的圣人指的就是他这样的人吧。我马上要死了，我死后，你们一定要拜他为师，向他恭恭敬敬地学习。"孟僖子死后，他的两个儿子孟懿子和南宫敬叔果然做了孔子的学生。

怀才不遇

孔子发愤学习，并赴周室考察礼乐，在三十岁左右的时候，就系统地掌握了"六艺"，确立了自己为人处世的一整套思想原则。但当他开始进入社会政治领域的时候，却又是如此不得志。

(一)"三十而立"

孔子自己说，他"三十而立"。这里所谓"立"，就是通晓了古今各种文献资料，并联系当时的实际情况，经过抽象概括，确立了自己的一套立身处世、认识和处理当时各种问题的原则思想。这些原则思想不是零乱的，不是互不相干的，而是一个完整的体系。这些原则思想，作为孔子坚固的思想基础，渗透到了他所涉及的各个领域，支配着他的一切言行和思维活动，对他一生的事业，一生的为人处世、教学活动、政治活动等，都具有关键性的、决定性的意义。

孔子从十五岁起发愤学习、立志为官，其间掌握了一般贵族未必都能学会的礼节、音乐、射箭、赶车、计算，通晓了当时一个全才的人必须掌握的《诗》、《书》、《礼》、《乐》、《易》、《春秋》，观察了当时周王室衰微、"礼崩乐坏"、诸侯纷争的政治的社会的动乱情况，亲自参加了大量的劳务活动，任过一些"贱职"，广泛接触了上至贵族下至贫苦群众中的许多人，等等。所有这些，孔子经过分析、思考、概括，到三十岁左右的时候，逐步形成了自己以西周文物典章为典范的、崇古而又非复古的原则思想。这些原则思想主要是：

1.仁学思想

"仁"这个词，在孔子之前就已经出现过，但由于那个时候帝王、鬼神观念弥漫整个社会，人们普遍缺乏独立的关于"人"的观念，认为人不过是上帝或自己头脑的造物的附属品。到了春秋时代，随着社会生产和阶级斗争的发展，各诸侯国之间的政治斗争和军事冲突异常尖锐频繁，使得作为社会中坚的民众的力量，明确显示出来。同时，由于周天子权力的衰落，和随之而来的神权的衰落，社会上既反对君本思想，又反对神本思想，而以民为本的观念逐步形成。当时的许多有识之士认为，不是人依附于神，而是神依附于人。他们肯定："夫民，神之主也。"孔子抓住当时在意识形态中出现的"仁"的观念，进行充实、提高，发挥为博大精深的哲学或伦理范畴。

孔子的"仁"，具有多重涵义，仅在《论语》中，"仁"字就出现了 109 次，其中表现"仁"的涵义最直接的有：

(1)樊迟问仁，子曰："爱人"。

(2)颜渊问仁，子曰："克己复礼为仁，一日克己复仁，天下归仁焉。为仁由己，而由人乎哉?”

(3)子张问仁于孔子,孔子曰:“能行五者于天下,为仁矣。”请问之。曰:“恭、宽、信、敏、惠。恭则不侮,宽则得众,信则人任焉,敏则有功,惠则足以使人。”

(4)子贡曰:“如有博施于民而能济公,何如?可谓仁乎?”子曰:“何事于仁,必也圣乎!尧舜其犹病诸!夫仁者,己欲立而立人,己欲达而达人。能近取譬,可谓仁之方也已。”

这四条中,“爱人”之训最为简明,“立人”、“达人”之训最为完备。

在孔子看来,“仁”最通常的意思是“爱人”,要承认人的人格、独立意志和生存的权利,要看到人类的存在,把人真正当作人来对待。孔子“爱人”的思想,在某种程度上超出了阶级、等级和家族的界限,强调对于一般人民的重视。但实际上,孔子的“仁”又是有阶级性的,他提出对于不同的阶级还要有所区别,即爱有差等。尽管如此,孔子提倡爱人,相对于把人看作神的附属品或者物的同义语的旧观念来说,无疑是一个很大的进步。另外,孔子的“仁”还体现着“修身”与“爱人”的关系,要求人们对其自身本质进行自我意识;认识到人是生活在尊卑有序、亲疏有等的社会结构中的,生活在带有宗法、等级的君臣、父子、兄弟、夫妻、朋友等等的关系中的;认识到人必须有赖以生活的物质资料,有传宗接代,有道德文化等精神生活。这些是修身的实际内容,也是“爱人”的基础和必要前提。

2.礼学思想

周礼,在其初始阶段,本是周族在继承殷礼的基础上所形成的关于本民族的典章、制度、仪节、习俗的总称,是周民族的经济、政治、文化、心理素质等方面特征的表现形式。随着灭殷战争的胜利,“小邦周”一跃而为“诸夏”的“天下共主”,这就使周礼在其社会作用和性质上起了根本的变化,即本来只是作为团结本氏族按一定传统秩序进行生产、生活的习俗,变成周王朝建立国家政治结构的组织原则。一些本来只是表达氏族全体成员共同的喜庆哀悼之情,和在一定时节举行的祭献乐舞、进退揖让之礼,变成了区分上下贵贱等级差别的政治规范。

孔子认为,要改变春秋时代“礼崩乐坏”、天下大乱的政治状况,就是恢复周礼的权威,使上上下下均按周礼行动,人人安其位、守其分。这样,西周盛世即可重建天下。他说:“丘闻之,民之所由生,礼为大。非礼节事天地之神也;非礼,无以辨君臣上下长幼之位也;非礼,无以别男女父子兄弟之亲,婚姻疏数之交也。”这就是说,礼是社会政治中最重要的东西。没有礼,就无法敬礼天神地祇,就不能把人分成君臣上下的不同等级,就不能分别家族、亲戚的亲疏远近。在社会已经发展变化,西周制度已经被破坏的情况下,孔子仍然推崇“周礼”,这当然是保守的,是一种尊重传统而忽视创新的倾向。

但是,孔子并不是一个绝对的复古主义者。他说:“殷因于夏礼,所损益可知也;周因于殷礼,所损益可知也。其或继周者,虽百世可知也。”他认为,夏代最先有了礼,继夏的殷代,对夏礼进行损益,从而形成殷礼。继殷的周代,对殷礼进行损益,从而形成周礼。所以，他认为社会是在发展变化着的（尽管不会有根本的变化），王朝有兴有废，社会政治制度也应随着时代的不同而有所“损益”，进行局部的改革或改良。孔子还说：“周监于二代，郁郁乎文哉！吾从周。”孔子这里所讲的“从周”，乃是以周代与夏殷二代比较而言，三代之中，周礼最晚、最完备，周代的文化比夏殷两代优胜。所以他主张“从周”，有在三代之中取其最近、最完备、最优胜的意义。实际上，孔子“从周”也是相对的，例如他关于知识分子（士）参政的主张就是与周礼不合的。

孔子不是一个绝对的复古主义者，还在于，在他的思想体系中，仁是礼的内在的主导因素，礼则是仁的外在的表现形式。他主张仁对礼的最终决定作用。他在大是大非问题上，总是把仁放在礼之上，总是以他的仁为中心的。

3.“中庸”思想

孔子所主张的“仁”，是强调人们之间的仁爱、谅解、关怀、容忍，强调人们物质生活上的安定和提高等等。而他主张的“礼”，则是宗法等级社会的制度、规范，强调的是尊卑长幼之序，是具有不同名分的人之间的区别与对抗。如果只有仁而没有礼，就会产生没有差别、等级的仁爱，以致模糊上下尊卑的界限。如果只有礼而没有仁，那就会加深对抗，导致矛盾激化，造成社会危机。这两极都是孔子所不希望出现的。于是他又以“中庸”作为方法论，以使仁和礼互相制约，互相辅佐，从而达到一种有等级但不过分对立，有仁爱但不无区别，亦即等级与仁爱、对立与和谐相统一的理想状态。

孔子非常崇尚中庸，他说：“中庸之为德也，其至矣乎！民鲜久矣。”所谓“中”，即肯定事情有一个适当的标准，超过这个标准就是过；达不到这个标准就是不及；处理事情时合乎这个标准，就是执中。所谓“庸”，即常也。“中庸”即认定这个标准是经常性的。事物的发展过程中，在一定条件下必须保持平衡，以维持自身的存在；在另一条件下则必须打破平衡，才能继续向前发展。如果在任何条件下都要保持平衡，那就难以进步了。孔子的“中庸”思想，一方面肯定了事物发展变化超过一定的限度就要转向反面，这是合乎辩证法的。另一方面，又主张始终坚持这个使事物自身不发生根本变化的限度，以免事物转向反面，这又是反辩证法的。孔子对破坏和谐的激烈斗争和质变，采取否定的态度，不承认它们是发展的常规和必经环节。因此，他根本不理解春秋时代的社会巨变，竭尽全力要恢复远远落在时代后边的西周初年的那种和谐、安定的状态。这也是他一生在政治上到处碰壁的重要原因。

孔子讲中庸，强调遵守一定的标准。而他又认为这个标准不是一成不变的，他反对不顾任何条件而专守某一固定的标准。他说：“君子之中庸也，君子而时中。”他又说：“子绝四：毋意、毋必、毋固、毋我。”这些都说的是处事接物要看实际情况，要在不同时机用不同的“中”，要审时度势，有一定的灵活性。毛泽东认为，孔子的中庸观念是孔子的一大发现，一大功绩，是哲学的重要范畴，值得很好地解释一番。

4."忠君"思想

孔子强调尊君,把希望寄托在贤明君王身上,甚至把"君王"、"天命"、"圣人"三者相并列,提出"畏天命、畏大人、畏圣人之言"的人都应遵循的"三畏"思想,为历代封建王朝藉以维护专制统治提供了十分有利的理论依据。《论语·乡党》中生动地记述了孔子对君的敬畏:他走过君位,虽然君不在那里,可他仍然毕恭毕敬,面色矜庄,屏着气好像不能呼吸一样,大有无容身之地的样子,一直走出公堂,下了一级台阶,面色才稍微轻松了一点,足见其恪守君臣之礼的程度。然而,现实世界中确又充满着荒淫无耻的昏王、庸君,这和孔子思想中的"圣君"、"明君"是十分矛盾的。其结果,必然也会使孔子在他一生的政治活动中到处碰壁。

孔子强调"忠君尊王",但他的忠君尊王思想又是有条件的,即君要像君,君要"使臣以礼",要"节用而爱人",然后臣则像巨,臣便"事君以忠",这样才能实现一个自"圣君"、"贤臣"、"良民"所组成的和谐的"太平盛世"。可是,历代君王却把孔子这种有条件的忠君尊王思想,变成了无条件维护君王尊严的不可侵犯的理论依据。

孔子强调"忠君尊王",但他并不主张君主个人独裁。在君臣关系上,君也要遵守一定的制度,君的行为也要受一定的约束。君如有过失,应该进行谏诤。

5.人道思想

在孔子看来,天是有意志、有智慧的,是人事的最高决定者。当人在最困难、最痛苦、最震惊、最需要支持和信任的情况下,天则是人的宗教感情的寄托,可以给人以心灵上的慰藉。但孔子认为,天的作用也不过如此而已,它已不是发号施令的主宰之天了。孔子的所谓天,可以说是由主宰之天到自然之天的过渡形态。他的关于"惟天为大"的观点,是说只有天才会那样广大,无物不覆盖。他说的"天何言哉?四时行焉,百物生焉,天何言哉?"也是就现象打比方所说的自然之天,客观发展规律之天。孔子又说:"获罪于天,无所祷也。"意即,行为违反了客观自然规律性,必然招致失败或危害,祷告天也无济于事。孔子虽然承认天,而对鬼神则持怀疑态度。他曾说:"祭如在,祭神如神在。"其中用了两个"如"字,表示并非真有鬼神存在。他又说:"务民之义,敬鬼神而远之,可谓知矣"。意思是说,对于鬼神,虽然要敬,却应"远之",这才算是明智。

孔子承认天,同时也肯定"命",他说:"道之将行也与,命也;道之将废也与,命也。"认为,一切都是命所决定的,但这里的命已不是人格化的有意志的上帝的命令,而是一种未知的外在的必然性,是以偶然机遇,不可抗拒地降临到某一个人的头上,是命该如此的事,是无论什么人或什么神都改变不了的。孔子虽然承认天命,却又非常重视人为,在生活上采取积极的态度,甚至主张为道德理想而献出生命。他曾说:"志士仁人,无求生以害人,有杀身以成仁。"为了实现仁的品德,可以牺牲自己的生命。

6.道学思想

孔子一生对自己的“道”有必胜的信念,无论在任何艰难困苦的情况下,他总是奋力拼争,决不屈服。他以“发愤忘食,乐以忘忧,不知老之将至”的乐观主义风貌和“杀身以成仁”的英雄气概,为实现自己的政治主张,坚持不懈地去做他应该做的事情。正如他自己所说:“天下有道,丘不与易也。”

孔子这些原则思想的基础,在“而立”之年就基本上确定了,当然后来又在此基础上有所发展。这些原则思想,是他一生中为人处事“一以贯之”的原则思想,是经济思想、政治思想、伦理思想、教育思想、史学思想、文艺思想以及其他一切思想的前提。这些思想基础的确立,说明孔子在三十岁的时候,便颇具才华,掌握了为官的本领。

(二)问礼老聃

孔子博学的名气越来越大,慕名而来拜师、求学的人也越来越多,就连鲁国大夫孟僖子的儿子孟懿子和南宫敬叔,也遵照父亲遗命,正式拜孔子为师。这时孔子已经三十四岁了。孔子总是觉得自己的学识很不够,他下决心要到洛邑去,向当时的大思想家、大学问家老子(老聃)学习。

据说,孔子将拜见老子的事向妻子说明之后,妻子很不乐意地说:“人人都说你有学问了,难道还不够用吗?怎么还要跑这么远的路去学习呢?”孔子笑着说:“学问如大海,深得很呐!怎么能说够用了呢?不过,我走后,照看孩子和操劳家务的活计就会全落在你身上了。”妻子说:“我受累受苦倒不怕,是担心你外出受苦啊!”妻子沉吟半晌,只好同意了。于是孔子即刻修书一封给老子,表示自己学习求教的诚心。

继而,孔子向弟子南宫敬叔透露了专去拜望老子的意图,说:“我听说京都洛邑(今河南洛阳市洛水北岸)任守藏史的老聃博古知今,通礼乐之原,明道德之归。他这样有学问的人,正是我的老师啊。”南宫敬叔凭借着自己的地位,向鲁昭公请求派他和孔子一道去周天子的京城洛邑观光学礼。鲁昭公应允了这一请求,并给了他们一辆车子、两匹马和一个僮仆,以示支持他们长途求师。

洛邑是西周初年以来周王营建的一个统治中心。自公元前770年平王东迁后,便成了周王朝的国都。这里不仅是周朝的政治中心,而且有大量的古代瑰宝和简册档案,是整个周代的文化荟萃之地。当时在这里任“守藏室之史”(管理国家藏书的史官)的即是老子。老子年高德劭、博学多闻,尤其是他所掌管的文物典籍,更是常人难以见到的宝贵资料。这些对于孔子来说正是梦寐以求的。

这天早上,孔子和南宫敬叔一道离开曲阜,匆匆上路。他们求学心切,风餐露宿,披星戴月,只想早日赶到洛邑。老子听说孔子来了,叫他的僮仆把路打扫干净,并套上车,到郊外去迎接。

今山东嘉祥武氏墓群石刻中,有一幅《孔子见老子》的汉画象石,把他们会见的情景生动地展现了出来:左面头戴高冠,身着长袍,腰束大带的孔子,手捧一只雁,作为拜见老子的贽礼。右面年事已高的老子亦高冠长袍,拄着曲足杖,拱手相应。其后一人手捧简册，即表示老子令人拿出文籍档案让孔子翻阅。

《史记·老子韩非列传》记载："老子者，楚苦县厉乡曲仁里人也，姓李氏，名耳，字聃，周守藏室之史也。"老子出身于没落贵族，接近于一般平民，晚年过着自食其力的隐居生活。老子的思想在一定程度上反映了当时平民阶级的要求和愿望，他反对剥削和压迫，对当时社会有强烈的不满情绪。他反对暴力镇压和重税，也反对仁、义、礼。而他倡导的是"小国寡民"思想，主张"无为"而治。所谓无为，即统治者不干涉或尽量少干涉人民的生活。他主张回到原始社会，要求恢复原始社会的淳朴道德"慈孝"、"忠信"等。他菲薄知识，鄙视文化，反对技术进步，这当然是反动的。老子的哲学在哲学思想发展史上占有极其重要的地位，尽管他提出了"道"的学说，为以后的惟心主义树立了一个典型，但他又推倒了关于主宰之天的信仰，对于以后的惟物论具有深远的影响；尽管他的辩证法有严重的缺陷，但他提出了对立面转化的观点，发现了柔弱胜刚的道理，在中国古代辩证法学说中占有重要的地位。老子在许多方面是长于当时的孔子的。

老子比孔子年纪大得多，是一个历尽人世沧桑的人。他的经验和阅历极为丰富，所接触的文物史料，也远比孔子当时所接触到的广博得多。这时的孔子，还处在壮年时期，在求知和修养方面，积极、热情有余，但还不免有些急躁，有些粗枝大叶，仿佛还需要开阔的胸怀，还需要以更高的眼界对自己的学识技能加以衡量和审度，通过拜见老子，他获得了长足的进步。

孔子向老子请教了许多东西，特别是当时人们认为是主要学问的周代礼节。如今礼为何不如古礼，天子用的礼仪是怎样的，出丧的时候碰上日食怎么办，小孩子死了该葬到近处还是远处，战争的时候是否应该带着已故国君的牌位等等，老子都根据事实和情理一一给孔子作了明确的解答。孔子十分赞赏老子的学识，老子也深深器重这个虚心求知的年轻人。

孔子在周室时，还访问、就教了周室主管乐的苌弘，特别就意旨深奥的"武乐"进行了请教和探索。事后苌弘对人说："仲尼……（对人）言称先生，躬履（亲自访问我），谦让，洽闻（历史文化知识很多），强记（记忆力很强），博物不穷（很多事都了解，都难不住他），亦圣人之兴者乎？"通过苌弘的指点，孔子进一步了解到"乐"和"礼"结合起来，可以得到相得益彰的政治效果。因此，他强调："礼云礼云，玉帛云乎哉？乐云乐云，钟鼓云乎哉？"意思是说，礼不只是玉帛等礼物就算了，乐也不只是钟鼓等乐器的演奏就算了。言外之意是说，"礼"与"乐"的实质是二者能表现"仁"的思想，具有政治作用和社会效果。所以他说："人而不仁，如礼何？人而不仁，如乐何？"很显然，他把"礼"与"乐"的作用提到了政治的高度。

孔子在洛邑考礼问乐、饱览周室文籍，受益非浅。回鲁时，老子依依不舍地给他送行，并且根据自己的处世态度告诫孔子："我听说有钱的人给人送行的时候，是送人钱财，有道德有学问的人给人送行的时候，是送几句话。我不是有钱的人，就冒充有道德有学问的人送你几句话吧。你所钻研的，多是古人的东西，可古人已经死了，连骨头也烂了，不过剩下那么几句话，你不能把那些话看得太死；有道德有学问的人，生的是时候呢，固然应该出门坐坐车，阔绰一下，如果生的不是时候，只要过得去，也就算了;通常会做买卖的人,往往不是先把货摆出来。有道德有学问的人,往往不随时流露出来。一个人更不要议论横生,大谈别人的丑恶。你应该去掉骄傲,去掉一些妄想,更不要趾高气扬地摆阔气。不要过于任性,否则在家庭也不合适,在朝廷也不合适。我要告诉你的,就是这些话了。"老子的一番话,使孔子深受教益。

通过和老子相处,孔子已感觉到了彼此的社会政治思想截然不同。但是他也认识到,老子所讲的话来自社会实践,使自己了解了知识界思想的一个侧面。尤其感到老子明哲保身和知识渊博出乎自己的意料。因此,他对弟子们说:"鸟,我知道它会飞,可是会飞的还常被人射下来。鱼,我知道它会游水,可是会游水的还是被人们钓起来。兽,我知道它会走,可是会走的还常落了网。只有一种东西,我们不能控制它,它爱云里来就云里来,它爱风里去就风里去,它爱上天就上天,这就是传说中的龙。老子就像龙一样,我没法捉摸老子这个人。"孔子还说:"无为而治者,其舜也与!夫何为哉?恭已正南面而已矣。""饱食终日,无所用心,难矣哉!不有博奕者乎?为之犹贤乎已!"这显然又是对老子无为学说的反响或批评。

孔子访问周室,看到了周代的许多文物,眼界和思路大为开阔,对西周文明更加赞赏,对周初礼制更加向往。同时,孔子在历史、文化、政治、伦理道德等方面的学识和声望也大为提高,再加上他原有的勤勉和热情,使得他更为人们所钦敬。于是,他的弟子也多了起来。

他曾自豪地对弟子们说:"学会的东西,时常去温习,不是很有乐趣吗?很多志同道合的朋友从远方来研究学问,不是叫人高兴么?自己有本领,可是没有什么人知道,但也没有什么不愉快,这不是很有涵养的人么?"

实际上,孔子并没有接受老子那种消极避世、与世无争的人生哲学。他虽然对自己怀才不遇也能沉住气,但他也确实想施展自己的本指,也确实在采取积极的行动。为了以周礼实现自己的政治抱负,作为士阶层代表人物的孔子,还是跃跃欲试的。他曾说:"不愁没有地位,愁的是自己没有学到赖以立足的东西;不愁别人不知道自己,只求自己成为值得别人知道的人。"

(三)景公问政

孔子在三十五岁(公元前 517 年,鲁昭公二十五年)的时候,终于获得了涉政的机会。孔子得以从政,与当时鲁国的政局有直接关系。

春秋时期,周王室政治权力下移,周天子名存实亡,已无力对全国发号施令。各诸侯国竞相争雄,分别掌握了各地的权力。后来各诸侯国内,大夫的力量又逐渐强大起来,普遍出现了"政在大夫"的现象。这种现象在鲁国表现尤为明显。自从进入春秋时期不久,鲁桓公的三个儿子(庆父、叔牙、季友)的后代孟孙氏、叔孙氏、李孙氏,即所谓"三桓",便掌握了鲁国的大权。这三家贵族凭着自己日益发展起来的经济实力,在鲁国历任卿相,攫取了政治上的实权,致使鲁国出现"三分公室"即三家瓜分鲁国大权的现象。在这三家中,季氏的势力最大,到了鲁昭公时,实际上是季平子专权了。这不仅形成了季氏与其他贵族的尖锐矛盾,而且也引起了鲁昭公的严重不满。公元前 517 年,季平子和另一贵族郈昭伯团斗鸡发生纠纷,把矛盾推到了顶点。

斗鸡是当时贵族之间的一种游戏或赌博。两鸡相斗，鸡胜人便胜。本规定斗鸡时不准作弊，而季氏在自家鸡的翅膀上撒上了芥末，以使对方的鸡迷住眼睛，郈家也给自家的鸡安上了锋利的爪子，以使对方的鸡致伤。结果季家的鸡斗败，同时彼此也都发现了对方的隐私。于是双方发生争执，互相指责，各不相让。季平子凭着自己的实力，一举强占了郈家的封地，郈氏便跑到鲁昭公那里诉冤。鲁昭公早想一举铲平季平子，便以此为借口，支持郈氏，抑制季氏，并联络郈氏和另一贵族臧昭伯密谋策划，准备再联合叔孙氏和孟孙氏，于当年秋天出兵围困季平子。就这样，鲁昭公和季氏的斗争便成了你死我活的斗争。这场斗争究竟谁胜谁负，就要看叔孙氏和孟孙氏站在那一边了。当叔孙氏和家臣商量取什么态度时，家臣们都认为："无季氏，是无叔孙氏也。"于是叔孙氏立即发兵援救季平子。正在观望的孟孙氏见此也靠到季氏一边，并将鲁昭公派去联络的郈昭伯杀死，以示决心。鲁昭公当然抵不过三家的联合进攻，再加上部下罢战，结果遭到了惨败，被迫逃亡到齐国。

齐国是鲁国紧邻的强国，位于山东半岛的中部和东部，土地肥沃，农业发达，而且靠近大海，有渔盐之利。尤其是在春秋初年，齐桓公任用大政治家管仲治齐后，齐国便称霸列国，号令天下，成为春秋初年最有名的霸主之一。桓公死后，齐国的国事虽略有削弱，但实力仍算雄厚，一直是威胁鲁国的主要力量。这时齐国的国君齐景公对流亡的鲁昭公，采取的是两面政策，口头上答应用武力支持鲁昭公复位，实际上是以供鲁昭公居住为借口，发兵侵占鲁国边境，来实现其趁鲁国内乱进行蚕食鲁地的真正企图。就齐国本身而言，也并不安宁。就在鲁昭公流亡至齐的时候，齐景公同其执政大臣晏婴也在相对叹息，不知如何对付同齐国公室争夺权力的陈氏家族，议来议去只有"礼为上。"

对于"三桓"擅权，孔子本来就十分不满。一次，鲁昭公举行祭祀其父鲁襄公的大典，而季平子竟将宫廷舞蹈队抽到自己家里跳舞，使鲁君祭祀中仅余舞者二人，即只有礼所规定的人数的十八分之一。孔子借此批评季平子说："八佾舞于庭，是可忍也，孰不可忍也！"现在，季氏不仅把鲁昭公驱逐出国，而且竟然把象征君权的"璠玙"佩在身上听朝政。如此"乱邦"，孔子实在看不下去了，于是便也离开鲁国，要到齐国试一试。

孔子之所以到齐国，可能主要有两种因素，一是当时士阶层的"明哲保身"的心理。孔子主张："危邦不入，乱邦不居。天下有道则见，无道则隐。"在这种思想的支配下，他必然要离开无道、无法实现其政治抱负的鲁国，而到强盛的齐国去试一试。二是孔子曾获得过齐景公的好感。据说，五年前（公元前 522 年），齐景公和晏婴到鲁国访问，那时齐景公曾问过孔子："从前秦穆公国家不大，地方又偏僻，可是为什么能称霸一方呢？"孔子回答说："秦国国家虽然小，可是他们的人志气大；地方虽然偏僻，可是他们的人行起事来正当。秦穆公又会用人，曾看中了喂牛的百里奚，同他谈了三天话，便能任用他，叫他执政。像秦穆公这样的做法，统治全中国也是够格的，称霸一方，还只能算是小成就呢。"齐景公听了很满意。因此，孔子心里有底数，以为到齐国去可以做第二个百里奚。

孔子于鲁昭公二十五年冬天到齐国，但他没有到鲁昭公的所在地（接近鲁国边境的乾侯)去共患难,而是跑到齐国国都去找门路,想得到齐景公的信用。

尽管孔子以前见到过齐景公,齐景公对孔子的印象也很好,但依照当时从事政治活动的方式,要报效一个国君,必须得找一点门路。于是孔子先当了齐景公的亲信商昭子的家臣。

商昭子果然在齐景公面前替孔子说了不少好话,并引荐孔子见到了齐景公。齐景公向孔子问起治理国家的大事,孔子提出了"君君、臣臣、父父、子子"的主张。意思是说,君主要像个君主,要至高无上,号令全国;臣子要像个臣子,要俯首贴耳,忠于职守;父亲要像个父亲,在家中说一不二,有着无上的权威;儿子要像个儿子,恪守父训,继承父业。孔子认为,这便是"正名",如果每个人都按其名分办事,社会上的统治秩序也就得以稳定了。齐景公面对着当时名分不正、天下大乱的局势,特别是陈氏家族的直接抗衡,已经很恼火了,所以他听了孔子的主张便高兴地说:"讲得好呀!如果君不像君的样子,臣不像个臣的样子,父不像个父的样子,子不像个子的样子,虽然我有粮食,也不能安心地吃下去啊!"

有一年春天,齐国因为大旱而青黄不接,闹了饥荒。齐景公问孔子怎么办,孔子说:"政在节财。"孔子这样回答,也是由于看准了齐国当时最大的毛病是奢侈浪费。他认为,一个国家,特别是遇到灾年,要从各方面注意节俭。如不要拉百姓的马从事力役,不要动员百姓去修筑大道,祭祀的时候不要搞得太丰盛等,这正是贤明的国君用自贬来救民的办法,才是真正的礼啊。当时的齐国,同样是处在大夫权力膨胀、贵族腐化成风、国君的力量日益衰弱的状态中。在这种情况下,齐景公对孔子的这一主张显然也是满意的。

通过几次问政,齐景公觉得孔子是有用之才,想委以重任,并准备将尼谿地方的田地封给孔子。齐景公的这一主张却遭到晏婴和一些大臣们的坚决反对。

孔子对晏婴是很敬重的,他佩服晏婴一件狐皮袍子穿三十年的俭朴作风,他也发现晏婴善于交朋友,对老朋友能够始终保持着礼貌。他曾评价晏婴:"善于人交,久而敬之。"但孔子没有真正认识到晏婴讲求实际,不崇尚那种只讲究礼制的空谈,在政治主张上和自己敌对的一面。

晏婴找到齐景公说:"现在这班新兴起来的'儒',他们只会说漂亮话,不能够受约束;他们很骄傲,又自以为是,从不肯俯就别人;他们治丧铺张,安葬不惜倾家荡产,这种风气实在要不得。这些人到处游说,靠当食客过日子,国家能够依赖这些人吗?自从周朝丧落以来,没有出现过什么大贤人,周公制定的礼乐也好久没有人弄得明白了。现在孔丘专门来讲究这一套,告诉人们怎么见人,怎么走路,穿戴什么,摆什么面孔,繁琐不堪,只怕一辈子也学不完,也搞不清。如果您让他在齐国实行这一套,恐怕是解决不了什么问题的。"

晏婴的这一番话,一方面是为说服齐景公和反对尼谿之封,同时也体现出当时的一些人对孔子所代表的"儒"的看法。齐景公本来想请孔子出些点子,以解决齐国现实的一些矛盾,削弱大夫的力量,巩固自己的统治。但听晏婴这么一说,想到孔子的这套主张远水不解近渴,于是发生了动摇。以后齐景公再见孔子的时候,只是表面上客客气气,而不再向孔子请教大道理了。过了一些时候,齐景公才对孔子说:"我们齐国有自己的情况，我对待你如果像鲁公对待季氏那样，拿有权的上卿地位给你，我做不到。当然，我对你还是尊重的，如果像鲁公对待孟氏那样，拿无权的下卿地位给你，我又过意不去。那么我待你的规格，就在季氏、孟氏之间吧。”

齐国的贵族也怕孔子真正在齐国当权，便都想陷害他，孔子对此已有些风闻了。这时，齐景公终于直言不讳地向孔子点破：“我老了，精力不济，十分遗憾，不能任用你在齐国改革政治了。”主人既然下了逐客令，孔子在齐国从政已完全失去希望。

孔子在齐国的政治活动失败了，但在学术上却颇有收获。这就是他在齐国宫廷里听到了古帝虞舜时的乐曲，即所谓《韶》。他陶醉在《韶》曲的美妙音乐之中，还用心演奏，竟入迷到有三个月连肉的滋味也吃不出来的程度。他赞叹说，《韶》乐尽美矣，又尽善也！

孔子在齐国大概住了两年光景，自感怀才不遇，便干脆离开齐国返回鲁国，依然过他授徒教学的生涯。他回到鲁国时，已是三十七岁了。

仲尼为政

孔子从政于鲁，与鲁国政局的变化有直接关系。他参政不久，便显露出了非凡的才干，其政绩颇足称道。《韩非子》中记载：“仲尼为政于鲁，道不拾遗，齐景公患之。”

(一)出仕于鲁

孔子在齐国以碰壁而告终，应该说是历史的必然。当时“天下无道”、大夫专权，是历史演变过程中权力再分配的必然趋势，诸侯纷争则是中国实现大统一的必经之路。列国诸侯贵族统治阶级出于其自私的阶级本性，或则雄心勃勃，醉心于扩张自己的势力范围；或则安富求荣，平庸无能，无所作为；或则荒淫无耻，沉湎酒色等等。历史已经向前发展了，西周文、武、周公的一套早已和现实社会的客观要求不相适应了。孔子幻想中赖以推行“仁政德治”的周文王、周武王那样的“圣王明君”在当时贵族社会中是找不到的，等待孔子的只能是碰壁。

然而，孔子并没有因此而动摇自己的任何主张，他不是无原则地和贵族当权者同流合污，求得一官半职，享受富贵安乐。也不是在逆境中积聚力量，像文、武、周公那样，推翻旧王朝，另立新王朝，以实行“王道”，统一天下。作为大政治家的孔子有他特有的品格和才略。他自己的政治目标、政治原则在深思熟虑的基础上形成之后，就始终没有动摇过。孟子所说的“富贵不能淫，贫贱不能移，威武不能屈”，可以作为孔子的真实写照。

自齐返鲁之后，孔子一方面潜心于教育事业，培养为实现“仁政”、“礼制”所需要的人才，等待着出任的机会。一方面，又依照他确立起来的原则思想来褒贬时事，阐发自己的观点和主张。

公元前513年，晋国(当时中原的一个大国，位于今山西一带)掌握大权的赵鞅和荀寅铸造了一个鼎，鼎上铸有范宣子制定的刑书条文。这是赵氏、范氏、荀氏三家合作搞的一次法制改革。这样由以前传统的非成文法到成文法，并公之于众，是一个进步措施。孔子知道这个消息后感慨地说："晋其亡乎，失其度矣。"孔子认为，晋国应当依据他们的先祖唐叔遗留下来的法度去管理民众，卿大夫应该依次各守其职。这样，民众才能尊重贵族，贵族也才能保住自己的统治地位。贵贱等级丝毫马虎不得。现在竟然放弃了这种传统法度，铸起鼎来了，试问，民众都从鼎上知道了犯罪的轻重，哪里还会尊重贵族？贵族还有什么统治人的资本？贵贱都颠倒了，这成了什么样的国家？

公元前 510 年，在国外避难的鲁昭公死于晋国。当时晋国一个叫史墨的人对此评论说："鲁君世世代代在政治上失掉威信，季氏世世代代勤于政令，鲁国的民众早把鲁昭公忘掉了。他死在国外，又有谁可怜呢？"鲁昭公死后的第二年，灵柩归葬鲁国，当权的季孙氏将其葬在墓道之南，取消其与祖宗合葬的权利，这意味着不承认他是一个国君。季氏甚至还要给他加上一个坏的谥号，使子孙后代都知道这个不配称为国君的人。史墨的评论和季氏的行为，引起了孔子的强烈不满。孔子认为，一个国君被大夫赶到国外，死在异国之地，这个倒霉的国君死后，竟还如此遭人作践，哪里还有什么礼呢！

……

孔子自称："吾十有五而志于学。三十而立。四十而不惑。五十而知天命。六十而耳顺。七十而从心所欲，不逾矩。"孔子从三十七岁由齐返鲁，越过了"不惑"之年，又到了"知天命"的时候。这十年间，鲁国国君一直虚悬着，国事更加混乱，孔子不愿意同那些权臣同流合污，所以下决心不出仕，把全副精力放在教育事业上。这十年中，也确实是孔子教育思想、教育事业大发展的时期，并越来越引起全社会的广泛注意。这时，孔子的弟子除来自今山东境内的齐、鲁外，还有从楚、晋、秦、陈、吴所属各地慕名而来的。孔子的弟子几乎遍及当时主要的诸侯国。

随着孔子的声望越来越高，和鲁国的社会矛盾越来越尖锐，一些家臣便迫不及待地拉拢孔子出仕了。

鲁昭公死后，他的弟弟被立为鲁君，是为鲁定公。过了五年（公元前 505 年 6 月），把持鲁国国政的季平子死了，他的儿子季孙斯嗣位，即季桓子。季桓子虽然掌握着鲁国大权，但正如他威胁着鲁定公一样，他也时刻受到自己家臣的威胁。同时，家臣们之间也彼此摩擦、竞相争夺，都想吃独份儿。

在季桓子的一些家臣中，最有势力的是仲梁怀、阳虎和公山不狃。在他们之间，先是仲梁怀和阳虎发生了冲突：季平子死后，阳虎主张用季平子佩戴过的宝玉（璠玙）陪葬，而仲梁怀却坚决反对，于是阳虎大怒，采取突然袭击的方式，把仲梁怀囚禁起来。季桓子出来干涉，阳虎干脆把季桓子也囚了起来。阳虎为了威吓季桓子，还杀死了季氏族人公何藐，直到季桓子认输，才把他放了出来。这样，季桓子底下有势的人物就只剩下阳虎和公山不狃了。

孔子以前对季平子驱逐鲁昭公看不惯，现在对季虎囚禁季桓子同样看不惯。他认为，作为家臣的阳虎，如此对待大夫是以下犯上，以卑凌尊。

阳虎则以为孔子过去曾反对过季氏，可以成为他的同路人，便想争取孔子，拉他出来做官，以借孔子的声望巩固和提高自己的地位。其实，孔子和阳虎在政策和策略上也是不同的，孔子想通过说服统治者改行"仁"政来拯救人民，阳虎却主张："主贤明，则悉心（尽心）以事（奉）之；不肖（不贤明）则饰奸（藏奸）而弑之。"

阳虎曾多次要求见孔子，都被孔子拒绝了。阳虎即利用当时的礼俗："大夫有赐于士，不得受于其家，则往拜其门。"即凡是大夫赠送礼物给士，如果因为士不在家而不能亲受，这个士就必须亲自到大夫家登门拜谢。于是阳虎便将一个蒸熟的小猪送给孔子，迫使孔子不得不到他家来道谢，以促成见面交谈的机会。孔子早已看透了阳虎的意图，偏趁阳虎不在家时去道谢，可是两人恰巧在路上遇见了。阳虎对孔子说："来吧！我有话对你说。"孔子不语。阳虎又说："你自己有德有才，而任其国事迷茫，这样能算是仁吗？"他接着又说："怕不能算是仁吧，自己很想出仕做事，而又屡失时机，这样的人能算是智者吗？怕也不能算是智者吧！时光一天天过去，岁月是不会等待你的啊！"孔子这才回答说："我迟早是要打算出仕了。"这一幕戏剧性的会见，就这样结束了。但事后孔子仍然坚持自己的原则性信念，没有轻易在阳虎当权时出仕。

三年之后，阳虎的势力更加强大了，他联合公山不狃和对季氏不满的一些人想把"三桓"（当时是季桓子、孟懿子、叔孙武叔）一起除掉。这年十月，阳虎邀请季桓子到蒲园去赴宴，企图乘机把季氏先杀掉，由于季桓子事先得知了消息，便逃到孟孙氏家，才免于一死。这时阳虎公开反叛了，他劫持鲁定公、叔孙武叔，抢劫了一些国宝，然后又攻打孟孙氏。此事引起鲁国一些贵族的强烈反对，大家一致起来攻打阳虎。阳虎战败，辗转逃到了齐国。

这样一来，在季氏有权威的家臣中，就只剩下公山不狃了。公山不狃仰慕孔子的声望，深知孔子的才干，便打发人来请孔子出仕。孔子想了想，决定去试一试。但他的学生却大不理解，尤其是年长的弟子子路首先表示不高兴。子路认为老师天天讲"君主要像个君主，臣子要像个臣子"，现在为什么要去帮助犯上作乱的公山不狃呢？孔子解释道："他们请我，难道是叫我白跑一趟吗？我也不是随便就去的呵。如果有人要用我的话，我正好在那里施展我的政治抱负，在东方建立一个新的周王朝啊。"孔子虽这样想，但他到底还是坚持了自己一贯的原则思想，终于没有去。孔子这时便自嘲似地说："我五十岁了，事情成不成是命呵！"

阳虎和公山不狃一再拉拢孔子，都不能如愿，这便引起了鲁定公对孔子的好感。公元前501年（鲁定公九年），五十一岁的孔子正式出仕，被任命为"中都宰"。

（二）拜大司寇

中都宰，即鲁国中都县（今山东汶上县西面）县长。孔子任中都宰，便获得了实践其政治理想的机会。

孔子把在鲁国复兴周礼，重建西周的"小康"社会，作为一生为之奋斗的政治理想。孔子主张"从周"，主张行"敬德保民"、"礼制"、"任贤"的"先王之道"，表现了很浓重的保守复古色彩。然而，他不是照搬西周的旧制，而要在"从周"的前提下建设一个经济发展、人民安定的"小康"社会。这种主张，不管是多么的天真和不切合实际，但确在一定程度上反映了被压迫人民的愿望和要求。孔子所憧憬的"小康"社会，即：

"今大道既隐,天下为家,各亲其亲,各子其子,货力为己。大人世及以为礼,城郭沟池以为固,礼义以为纪,以正君臣,以笃父子,以睦兄弟,以和夫妇,以设制度,以立田里,以贤勇智,以功为己。故谋用是作,而兵由此起。禹、汤、文、武、成王、周公,由此其选也。此六君子者,未有不谨于礼者也;以著其义,以考其信,著有过,刑(型)仁讲让,示民有常,如有不由此者,在势者去,众以为殃。是谓小康。"这里所描绘的是夏、商、周三代"天下为家"的"盛世"景象。这个"家天下",虽然有城郭、沟池、阴谋、兵战,但是,这里有"礼",有"信"、"义"、"仁"、"让",即有一系列的典章制度和伦理道德。因而,这个社会有正常秩序,所以"是谓小康"。在孔子看来,"小康"以西周为典型。他仰慕西周社会,把恢复周礼,重建西周"小康"社会,作为最根本的政治理想。

为实现其政治理想,孔子强调仁政德治。

首先,孔子主张"克己复礼"。他认为:"克己复礼"主要是对统治者而言,统治者要克服生活上的侈靡和政治上的僭越,要克制自己的欲望,恪守周礼,才能恢复到礼乐有序、天下有道的局面。为此,统治者必须以身作则地致力于道德修养,以德修身,以德报国。统治者有了道德观念,就可以不离经叛道,即"君子博学于文,约之以礼,亦可以弗畔矣夫。"孔子认为,统治者自身的德性是一种无声的命令,如果自己做出了好样子,下面的人自然会跟着学;如果做出坏样子,即使是下命令,也不能禁止下面的人违法乱纪,即"其身正,不令而行;其身不正,虽令不从。"孔子形象地比喻说,统治者的德性好比是风,百姓的德性好比是草,风吹向哪边,草则会倒向那边。显然,孔子期望统治者"克己",作德行方面的表率,以使"天下无道"转向"天下有道"。

其次,孔子注重"为政以德。"他说:"道之以政,齐之以刑,民免而无耻;道之以德,齐之以礼,有耻且格。"意思是:以行政和刑罚的手段加以整治,百姓虽然会因此免于犯罪,却不会有自觉的知耻之心;从道德上来加以诱导,用礼教来加以整治,百姓不但有知耻之心,而且人心归服。孔子针对春秋时代许多诸侯、卿、大夫,单靠行政命令、严刑峻法,甚至用欺诈、阴谋等手段治理国家的状况,从理论上把德与政对立,把礼与刑对立,并指出"政"、"刑"与"德"、"礼"这两种不同的统治方式会导致两种不同的结果。这是孔子在治国治民方面的一大创见。但在实际治国策略上,孔子也并不反对刑罚,这里又贯串着他的"中庸"思想。《孔子家语》中说孔子主张"圣人治化,必行政相参焉。太上以德教民,而以礼齐之。其次以政导民,而以刑禁之。"统治者应首先注意以德来引导,其次也要"以刑禁之"。孔子十分欣赏郑国贵族政治家子产"宽猛相济"的统治术。据《左传》记载,公元前 522 年,"郑子产有疾,谓子太叔曰:'我死,子必为政。惟有德者能以宽服民,其次莫如猛,……疾数月而卒。"当太叔当政的时候,郑国多"盗",一些百姓聚集在芦苇茂密的萑苻之泽里公开造反,被太叔出兵镇压下去。对此,孔子评论说:"善哉,政宽则民慢,慢则纠之以猛。猛则民残,残则施之以宽。宽以济猛,猛以济宽,政是以和。"就是说,只强调政、刑,单纯地把庶民置于残暴奴役之下,必然导致阶级矛盾尖锐化;但如果统治者的手段过于宽大,庶人也会造反。党与猛相结合,两者互为补充,国家就稳定了。

再次,孔子主张节用、富民和教民。他把节约人、财、物力,反对铺张浪费,看作为政的一条重要原则,他说:"政在节财";"节用而爱人"。又说:"礼与其奢也宁俭。丧与其易也宁戚。”以使民众的生活不断得到改善。为了裕民与充实国力，孔子又主张轻徭薄赋，反对横征暴敛。所谓轻摇，是减轻对民力的役使，孔子主张“使民以时”，即利用农闲，不要在农忙时征派徭役，他在答鲁哀公问政时说：“省力役，薄赋敛，利民富矣。”所谓薄赋，是尽量减少向人民征收赋税，反对苛政。《礼记》上记载了这么一个故事：孔子从泰山旁边经过，见到一见妇女在坟前哭得十分伤心。孔子用手扶着车轼注意地听了一会儿，然后让子路去问她，说：“您哭得这样悲痛，确实像一连有几桩伤心事似的？”那妇女哭完才回答说：“是啊，从前我公公是被老虎咬死的，我的丈夫又被老虎伤害了，现在我的儿子又被老虎吃掉了。”孔子说：“那你们为什么不离开这荒僻地方呢？”那妇人回答说：“因为这个地方没有苛捐杂税和繁重的徭役呀。”孔子听了告诫弟子们说：“你们好好记着这件事，它说明繁重的赋税和徭役比猛虎还凶猛啊。”

孔子不满足于使不同等级的人在不同程度上过富裕的生活，而且进一步主张教育民众。他把“德”与“礼”作为教育民众的根本内容，企图把贵族的专利品——“德”和“礼”中可以施于民而又有利于贵族统治秩序的部分，传播到广大民众中，以加强对民众的思想教化。他反对“不教而杀”，“不戒视成”。

为了实现其政治理想，孔子还主张举贤才。

孔子认为，自古以来政治上大有作为的君主，其成功的秘密之一，就是任用人才。孔子所提倡的举贤才，一是主张，贤才必须在大原则上掌握文武之道。这里的文武之道，实际上就是孔子“仁”与“礼”相结合的儒者之道，即作为君子，必须有仁德，又应该知礼仪。二是主张，贤才必须以德为主，他说：“人必忠信重厚，然后求其知能焉。……是故，先其仁信之诚者，然后亲之，于是有知能者，然后任之。故曰亲仁而使能。”这显然阐发的是孔子重德的思想。三是主张，贤才应具备多方面的才能，如处理政务、管理赋税、主持礼仪、接待宾客等，即所谓全才。孔子认为，政是依赖人去推行的，贤人在位就会有好的政治，否则就不会有好的政治。

孔子依据其政治主张，在任中都宰时，把教育和政治结合起来，实施了“养生、送死之节”的礼制，其中包括：“长幼异食”（老年、幼年比青壮年的人吃的好一些）；“强弱异任”（对身体强弱不同的人分配不同的任务）；“男女别途”（男女群众不要交叉在一块行走）；“路不拾遗”（东西掉在路上无人拾取）；“器不雕伪”（日常用具注重实效而不追求雕饰外观和弄虚作假）。还规定了丧葬“为四寸之棺、五寸之椁，因丘陵为坟，不封、不树”的制度，即规定了棺椁的最大用材量，葬于丘陵，不聚上培坟，坟茔不植树，以限制富人办理丧葬的规模，防止恣意耗费木材、毁坏和占用耕地，从而保证农业生产的发展。

虽然孔子做了中都的行政长官，但他在家乡照常为人谦逊恭顺，像不善于说话似的；他在朝廷议事的时候，却很会谈论，不过又很谨慎；和上级说话，严肃而能畅所欲言；和同僚说话时，他又那么和悦近人了。

这样过了一年，他所管辖地区的百姓出现了安居乐业、各得其所的太平景象。“西方之诸侯则焉”，即中都周围各地都效仿中都的做法。孔子的威望也引起了鲁国朝野的重视。鲁定公高兴地对孔子说：“把你的办法拿来治理鲁国怎么样呢？”孔子自信地说：“此法可以治理天下，当然也可以治理鲁国。”于是鲁定公便把他升为管理鲁国工程建筑的“司空”。

孔子做司空尽心尽责，把这项工作管理得有条有理，将各种东西分门别类放置，一旦使用，便可得心应手。《孔子家语》还记载：“定公以为司空，乃别五土之性，而物各得其所生之宜，咸得厥所。”意思是，孔子被鲁定公任命为司空后，经过认真勘察，划分出五种不同的地势、地质，即山林、川泽、丘陵、高原、平地，以分类安排，指导农、林、牧、渔各业生产，使地尽其利，使各物分别得到生长的适宜之地。

公元前500年(鲁定公十年)初，五十二岁的孔子又被提升为大司寇，即掌管鲁国司法并兼理外交事务的长官。据说，孔子即将上任的消息传出之后，在鲁国都城曲阜曾引起震动，骗人的羊贩子老实了，骂街的泼妇罢休了，骄横的流氓搬家了，市侩们也不敢哄抬物价了。

孔子任大司寇，首要任务就是处理案件。但在当时，并没有法律条文，判处案件往往是凭着贵族官吏的主观臆测，武断地下结论。孔子则一反常态，他注意调查，能够倾听各方面的意见，经自己多方面考虑后，再做出决定。《孔子家语》中记载：“孔子为鲁司寇，断狱讼，皆进众议者而问之曰：‘子以为奚若？某以为何若？’皆曰云云。如是，然后夫子曰：‘当从某子几是’。”说的是孔子在判断狱讼之前，首先把了解案情的各种人找来，一一问他们对此案的看法或者意见，当大家都说完之后，孔子才斟酌众议而作出裁决：当按某某的意见判定才是。

孔子任大司寇之后，其外交、军事方面的主张和才能也逐步显露了出来。

在民族关系方面，孔子主张民族平等，亲睦相处，向往天下统一。说：“远人不服，则修文德以来之(以仁德同他们修好，让他们同我们建立友好关系)，既来之，则安之(他们既然同我们来往了，就应当与他们相安共处)。”

在军事方面，孔子注重教民习武。他说：“不教民战，是谓弃之。”为了战争的胜利，他提倡培养人的“仁”、“知”、“勇”，要求以“仁”为至高无尚的准则，以“勇”为本，“好谋而成”。总之，“军旅之事”乃是孔子的世传家学，孔子学过军事，教过军事，重视军事。但他的军事思想还是零乱的，并且同他的其他思想一样，贯串着“仁”和“礼”的基本原则，具有明显的保守性。

孔子在民族关系和军事方面的主张，是他整个政治主张的组成部分，并为他仕鲁期间展现其政治家的才略起到了积极的作用。

孔子一生中，仕鲁仅仅四年，而任大司寇的时间最长，从五十二岁到五十五岁(鲁定公十年到十三年)，约三年左右。其间，他作了两件有声有色的业绩：参与“夹谷会”和“堕三都”。

(三)夹谷三都

齐景公早已领略过孔子的才干，所以害怕鲁国一旦在用孔子，将对齐国不利。现在孔子出任了鲁国大司寇，使齐景公以往的担心变成了现实。

在孔子当了鲁国大司寇的第一年，即公元前500年，齐国发现孔子已经在鲁国握有实权了，深感忧虑不安。这年夏天，齐景公的一个大夫黎钮向齐景公建议道：“鲁国用了孔丘，将来在政治上必定有所作为，但孔丘这个人知礼而无勇，如果两国国君进行一次会见，表面上说是举行友好会盟，暗地里我们遣兵做好埋伏，到时候突然劫持鲁侯，必然能使鲁国就范。"齐景公采纳黎钮的建议，便遣使去鲁，要求同定公在夹谷（今山东莱芜县境内）会晤。

鲁定公决定赴会。作为大司寇的孔子，是鲁定公当然的随行大臣，并被任命为这次会晤的相（鲁君助理）。孔子事先提醒鲁定公说："一个国家在外交场合里必须以军事作后盾；进行军事活动时，也必须在外交上占优势。过去诸侯出动的时候，往往有很多人保护，希望这次您也派出左右司马，带上一些军队兵车前往。"鲁公接受了这个意见。

会期已到，鲁定公由大臣孔子等陪同，齐景公由大臣晏婴等陪同，云集夹谷。那里筑有一个三级台阶的土台子，会盟仪式一开始，两国国君便登上土台子互相作揖相让，彼此献酒。礼毕，齐国一个管事官员忽然宣布："请演奏四方（指边疆少数民族）音乐。"还未等鲁定公表态，齐景公就答道："诺（可以）。"于是齐国事先准备好的乐队举着各式旗子，有的还拿着长矛、短剑、大戟、吆吆喝喝乱乱哄哄地拥向土台。孔子一见来势不妙，断定齐国有阴谋，即刻走上土台。他在十分紧急的情况下，也没有忘记礼仪，因为土台最高处是国君席位所在，臣下不可擅自上前，便在离台上还差一个台阶的地方停了下来，扬起袖子大声喝道："我们两国国君正在庄严的会见，野蛮的舞乐为什么来到这里？请问齐国管事的，该当如何处置？"齐国管事的只好假作示意叫舞乐队退下，但舞乐队动也不动，只是看着齐景公和晏婴的眼色。齐景公面有愧色，望望不远处手持武器的鲁国士卒，无可奈何地摆了摆手，舞乐队才退了下去。

夹谷会上，由于孔子当机立断，一举挫败了齐国加害鲁君的阴谋，会议便匆匆结束了。

会后，齐景公感到很紧张，责备自己的大臣说："孔子以君子之道辅佐君主，你们却叫我采用野蛮的办法，耍小手腕。现在把鲁国国君得罪了，怎么办？"齐国的大臣们说："小人有了过错，只会千方百计地进行掩饰；君子有了过错，可以拿出实际行动来改正。您如果后悔，我们在实际行动上表示我们懊悔就是了。"于是，齐景公在会盟之后，将过去侵占的原属鲁国的郓（今山东郓城东）、汶阳（今山东泰安南）和龟阴（今山东泰安东）等一带地方归还了鲁国。

这次会盟，齐国失了面子，鲁国得了实惠。当时齐强鲁弱，取得这样的胜利是颇不容易的，其中，孔子的政治才略起了十分重要的作用。在这里，孔子首先是审时度势，充分利用了各国之间的矛盾。当时，齐晋之间矛盾比较突出，齐如不能妥善处理与鲁的关系，很容易形成晋鲁联合抗齐的态势，这样齐国便会受到两面夹击。因此齐国一方面想劫持鲁君，强行把鲁国拉过来，同时又害怕这样做一旦失利而得罪了鲁国。孔子估计到了这种形势，在原则上采取比较强硬的态度。夹谷会上，孔子由于有"武备"和一系列周密的防范措施，他临危不惧，据礼力争，使齐君由自以为优势而变得非常被动。这是一次成功的外交斗争，是显现孔子作为政治家的大智大勇的一场斗争，也是孔子一生在短短的从政时间中最光辉的业绩。

鲁定公看到孔子的政治、外交、军事才干和魄力如此不凡，便疑虑自己的大权会不会被孔子夺去。有一天，鲁定公问孔子："君使臣，臣事君如何？"各应持什么态度？

孔子说："君使臣以礼，臣事君以忠。"这个回答，虽然提出了君只能在礼制的范围内行事，但又表明，只要君按礼制使用臣宰，臣宰必定持忠君的态度。鲁定公听了之后才安下心来，继续重用孔子。

通过夹谷之会，孔子在鲁国统治者中间的威望显然提高了，他也因此受到季桓子的信用。弟子子路做了季氏宰，成为季桓子的家臣首领。这就使孔子在鲁国政权中一度处于举足轻重的地位。

过了两年，即鲁定公十二年，孔子五十四岁时，孔子受季桓子委托，由大司寇代理季桓子处理国事并参与国事的讨论。这时，在小小的鲁国，除了有名无实的鲁定公和掌握实权的季桓子外，孔子已跃居为第三号人物了。

孔子感到，要使鲁国强盛起来，就必须改变政治混乱、定公虚位和各地存在割据势力的状况。他决心在鲁国恢复周礼，按照贵族等级的秩序，以"仁政德治"治国安民，消除分裂，实现国家统一，进而扩大"仁政"的影响，尊天子，服诸侯，统一天下。孔子向鲁定公进言说："依照历来制度，大臣不该私有军队，大夫不应该拥有百雉之城（城墙周长三百丈、高一丈的城邑）。"对这番话，鲁定公非常赞同，就连以季桓子为首的"三桓"也同意这个观点。

因为，早在季孙氏、孟孙氏、叔孙氏"三分公室"时"三桓"的领地内就拥有三个城堡（称为"三都"）即季孙氏领地的城堡费邑（今山东费县境内），叔孙氏的城堡郈邑（今山东东平县境内），孟孙氏领地的城堡成邑（今山东宁阳县境内）。后来，不仅"三桓"的力量膨胀，他们手下家臣的力量也极度增长。当时，"三桓"都住在曲阜，这个城堡被他们各自的家臣所盘锯，家臣便依此对"三桓"闹独立，甚至越过"三桓"而干预国政。这样看来，孔子建议把家臣据以叛乱的三个城堡的城墙拆毁（史称"堕三都"），对鲁君有利，对三桓也有利。所以他们都持赞成的态度。

公元前498年（鲁定公十二年）夏，孔子提出的"堕三都"主张便付诸实施。

首先行动的是叔孙氏，因为三家中他的力量最弱，他立刻把所封领地内郈邑的城墙拆除了。

季孙氏的费邑，被他的家臣公山不狃所占据，季孙氏早想消灭公山不狃，以解除自己的后顾之忧。当季孙氏打算拆掉费邑城墙时，公山不狃起兵反抗，他率领着费城的军队，一直打到鲁国都城曲阜。鲁定公被吓得跑进季氏的大宅躲了起来。公山不狃的军队虽然没有攻进去，但他们射出的箭已经到了鲁定公面前。孔子得知后，马上命申句须、乐颀二将率兵反击，一举打败了公山不狃的军队，并把他们追到姑蔑（今山东泗水县东）。结果公山不狃逃到齐国，费邑城墙被拆除了。

三家贵族已有两家把城墙拆除了，只剩下了孟孙氏。孟孙氏原来也是赞成堕都的，因守城的公敛处父向孟氏说："这个地方靠近齐国，如果拆除了城墙，齐兵就会从北门进来。况且这个地方就是孟家的保障，毁了这个地方就是毁了孟家。我不拆。"孟孙民听了公敛处父的话之后，便改变了主意。他表面仍不反对堕城，而暗中却支持公敛处父全力抵抗。一直到这年十二月，鲁定公派兵围住城邑，强令拆除，也终未办到。

城邑虽未被拆除，但三家贵族至少有两家在表面上是被削弱了。这意味着孔子的内政方面取得了一定的胜利。

这个时期，孔子担任大司寇，但他没有把着眼点仅仅放在本职工作上，而想的是当世治乱的根本办法。他说："审理案件，我和别人没有两样；可是最好的办法是，要做到连打官司的也没有啊。"面对国君无权、大夫僭越、家臣造反的混乱局面，孔子感到最根本的办法就是恢复礼制，实行"仁政德治"，这在当时当然是不合潮流的，所以孔子的政绩，也只能是暂时的。

对于孔子的这些政治主张，季孙氏是逐步认识的。特别是在"堕三都"之后，季孙氏回味着公敛处父在拆城问题上说的话，思索着孟孙氏态度的改变，便很快警醒过来，感到，自己同意堕都，目的是解除后顾之忧，加强自己的力量；孔子主张堕都，不仅是为了削弱家臣的力量，也是为了削弱"三桓"的力量，目的是强公室，加强国君的地位。于是，"三桓"，特别是季氏与孔子之间的矛盾开始揭开了。

一次，孔子去见季桓子，不知为什么，季桓子不高兴，大概所要办的事情没有办成。后来孔子又去见他。孔子的弟子对此不满，问孔子道："从前我曾听老师说过：'王公不邀请我，我不去见他。'现在老师做了大司寇，日子不长，而屈己求见的事已经好多次了。难道不可以不去吗？"孔子答道："不错，我曾讲过此话。但鲁国'以众相陵，以兵相暴'的不安定局面由来已久，而负责当局不去治理，必将大乱。危乱的时局需要我负责办事，这岂非比任何邀请都更郑重和紧迫吗？"从这件事中明确表现出季桓子的傲慢和孔子的屈从。

果然，自"堕三都"之后，孔子和季桓子的矛盾便表面化了。季桓子对子路也采取了不信任的态度。有一个曾在孔子门下受业名叫公伯寮的人，在季孙氏面前大讲子路的坏话，另有一个叫明景伯的将这件事告诉了孔子，并且说："李氏已经被公伯寮迷惑了。"孔子听后很愤怒地说，我的主张如果行得通，那是"命该如此"，如果行不通，也是"命该如此"，公伯寮能把我怎么样？话虽这么说，但孔子已感觉到了有人在反对他，预察到了事情的严重性。于是，他也指桑骂槐地指责季桓子："禄之去公室五世矣，政逮于大夫四世矣，故夫三桓之子孙微矣。"这就是说，国家大权不掌握在鲁君之手已经五代（即经历了宣公、成公、襄公、昭公、定公）了，政权落到大夫（季氏）之手已经四代（即经历了季氏文子、武子、平子、桓子）了，所以鲁桓公的三房儿子的后代子孙，现在都已微弱无用了。

正在这时，孔子又遭受到了齐国的暗算。孔子治理鲁国，一向恪守周礼，他反对骄奢淫逸、过分享乐。而齐国偏要在这方面做文章。他们知道鲁定公、季桓子爱好玩乐，特地挑选了八十名美女，让她们穿着华丽的衣服，连同一百二十匹身披锦绣的好马，给鲁国国君送来。

齐国使者把美女和马匹陈列在鲁国南门外。有许多人跑去竞相观看，就连季桓子也乔装前去偷看了三次。鲁定公极想收下这些礼物，但碍于孔子，只好假装去巡视，对这些美女和马匹看了又看，孔子见鲁公如此贪婪，又见季桓子竭力怂恿鲁公收下，便对鲁国政局丧失了信心。子路见鲁君和大夫们如此荒唐，认为这本身就是对孔子的极不尊重，便对孔子说："老师，我们可以走了吧？"孔子觉得子路说得在理，但又不甘心就此罢休，便对子路说，还应该等一等，不久就要在南郊祭天了，如果执政者依礼把祭天的肉分给我应得的那一份，说明他们还看得起我，还可以留下来。

但是，鲁君和季桓子把美女真地接收下来了，而且居然三天不理朝政，自然也不找孔子商议政事了。

不久，南郊祭天，祭祀用的肉没有按照往常的规定分给孔子，这意味着孔子不再受到尊敬。孔子想，自己依据周礼办事，无非是要在鲁国有所作为，但形势太不利了，再留下来也不过是空食俸禄，没有任何意义了。于是，五十五岁的孔子当机立断，连参加祭祀戴的礼帽也来不及脱，便向鲁定公辞去职务，怀着沉痛的心情，带着一批弟子，离开鲁国，另觅出路。

周游列国

孔子仕鲁碰壁，不得不弃官出走，到鲁国以外的地方“求仕”，以推行自己的政治主张。

（一）出师不利

公元前497年（鲁定公十三年），孔子带着一批学生，乘着马车匆匆上路，开始了长达十四年之久的流浪生活。

到哪里去呢？往东是对自己不怀好意的齐国，去不得。于是他往西行，选择卫国（今河南濮阳西南）为访问的第一站。孔子选择卫国，是因为卫国是当年周武王之弟康叔的封地，因此，鲁卫两国是“兄弟之邦”，关系比较密切；那时执政的卫灵公已经在位三十八年，国内局势比较稳定，而卫国原有的一些人才，如蘧伯玉已经老了，史鱼已经死了，所以卫国又是可以有为的地方；弟子子路的妻兄颜浊邹是有贤名的卫国大夫，孔子先到卫国，可能还受了子路的怂恿。再者，卫国有孔子所佩服的熟人蘧伯玉。卫国大夫蘧伯玉曾打发人看望过孔子，当时孔子问那使者：“老先生做什么呢？”使者说：“老先生想努力减少自己的过错，可是还没有十分做好呢。”孔子由此觉得老先生是很谦虚而有修养的人。

在离鲁去卫的路上，弟子冉有驾着车子，孔子坐在车内，一面走，一面观察沿途的风土人情。当进入卫国之后，孔子不由脱口而出：“这么多的人啊！”冉有问：“人口已经众多了，应该怎么办呢？”孔子说：“那就让他们富起来。”冉有接着说：“如果已经富了，还要怎么办呢？”孔子答道：“那就教育他们。”这就是孔子关于“庶”、“富”、“教”的政治主张，是他仁政德治的重要内容。春秋时代，有识之士都认为，人是一种宝贵的资源，孔子也是如此。但在“富”、“教”的问题上，孔子却大大超过了他的前人和同代人。一般统治者的惠民政策，目的是让民众能够生活下去，以便为自己多生产、多缴赋税、多服徭役等。孔子则认为惠民就要使民众在生活上逐步富裕起来。孔子并不满足于民富，还要在富的基础上对民众实行“德”、“礼”的教化。这大概也是孔子为在卫国重用时所准备的施政方案吧。

孔子一行来到卫国都城帝丘，首先子路引见，见到了子路的妻兄颜浊邹，又通过颜浊邹求见了卫灵公。由于孔子声望很高，又做过鲁国上卿，所以卫灵公比较敬重地接待了他。卫灵公问他在鲁国领取多少俸禄，孔子回答说是六万斗小米，于是卫灵公也给他六万斗的俸米。

但是孔子来访并不是仅仅为了谋生，而更重要的是为了行“道”，卫灵公对孔子的所谓“仁政德治”那一套没有兴趣，有兴趣的是利用孔子这块招牌，以表明自己贤明清正，延揽人才，从而提高自己的威望。

孔子在那里无功受禄，必须遭到一些人的疑忌，有人对卫灵公这样说：“孔子带来这么多人，到我们卫国来想要干什么，也许是不怀好意。他的弟子中各种各样的人才都有，万一是为了鲁国而到这里有什么企图的话，那又怎么办呢？”卫灵公听后觉得有道理，认为不能不小心，便派了一个名叫公孙余假的人监视孔子，甚至还跟着孔子进进出出，孔子觉得很别扭。他耐着性子在卫国住了十个月便离开了。

孔子离卫时，走得很仓促，他自己坐的是车，弟子们有的跟在车上，有的步行。当他们正要走出东门的时候，便和几个弟子失散了。

二十四岁的弟子子贡，因找不到老师，逢人便打听。这时一个人笑嘻嘻地告诉他：“我看见东门有一个人，长得很体面，两腮像尧帝，脖子像有名的法官皋陶，肩膀像大政治家子产，腰以下又像治水的大禹，不过还短三寸就是了。样子很狼狈，像丧家之犬。”子贡认定这是说他的老师，就赶快到东门，果然在那里见到了孔子。子贡把刚才听来的话告诉孔子，孔子笑道：“我的长相未必像皋陶他们。说我像丧家之狗，倒一点不错！一点不错！”

师徒一行出了东门向南进发，当路过一个叫匡邑（今河南长垣西）的地方时，给孔子赶车的颜刻用马鞭指着城墙的一个缺口说，过去他来此地时，就是从这个缺口通过的。这话一出口，竟引起了一场大麻烦。原来公元前504年（鲁定公六年），鲁国进攻郑国（今河南中部）时，阳虎带兵过匡，未经匡人允许，就强行夺路通过，并对匡地进行了骚扰，匡人因此怀恨在心。颜刻就是那一次随阳虎来的。匡人听到了颜刻的话，便以为阳虎一伙又到匡地来骚扰，于是一拥而上，把孔子一行团团包围起来。

匡人一直把孔子师徒包围了五天，不许他们走动，弄得狼狈不堪。孔子最心爱的弟子颜回，因原来在路上走得慢，掉了队，现在才赶上来了。孔子见后便说：“我以为见不着你了，我以为你死在路上了。”颜回恭恭敬敬地回答：“老师还在，我哪敢轻易死掉呢？我还要辅佐老师做一番大事业哩。”

包围他们的匡人气势汹汹，不少弟子恐慌起来，孔子则镇静如常，还安慰弟子们说：“自从周文王死了以后，世间的一切文化遗产不是都被我们继承、保存在我们这里么？老天要不想灭绝这些文化，匡人又能把我们怎么样呢？”从这些话可以看得出孔子是十分自负的。

孔子有个弟子叫公良孺，他带着自家的五辆车子跟随孔子。这人长得很高大，且很勇敢。他愤慨地说：“我看还是战斗吧，我情愿战死，也不愿受这个窝囊气。”于是便带头和匡人展开战斗。这一下，占据匡城的贵族公孙戌害怕了，匡人也弄清了被他们围困的也并非是阳虎一伙，这才解了围。

当孔子一行经过卫国的蒲地（今河南长垣县内）时，恰遇卫国贵族公叔氏在这里发动叛乱，他们又被叛乱的蒲人包围了。蒲人提出条件：离开这里后不要去卫都，不要把这里的情况透露出去。孔子答应了这个条件。但孔子刚一离开蒲地，就带领弟子一行直奔卫国都城。弟子子贡不解地问："我们刚和人家订立了盟约，为什么不遵守呢？"孔子说："这样在强迫手段下订立的盟约，我们当然可以不听，即使是神灵知道了也不会怪罪我们的。"孔子这次回卫国已是五十六岁(公元前496年)了。

卫灵公听说孔子回来，十分高兴地亲自到郊外迎接，后悔前些时候轻信人言，怠慢了孔子。

孔子见了卫灵公，把蒲地的情况详细讲了一遍。卫灵公问："蒲可伐乎？"孔子不但说可以攻打，而且说蒲地男男女女都反对公叔氏，攻打十分容易。这显然与实际情况不符。卫灵公想攻打蒲地，但又考虑到蒲地介于晋、楚两大国之间，留着它可以作为与大国之间的缓冲地带，对卫国还是有好处的，所以决定不去打它。

孔子这次去卫国，就住在了老臣蘧伯玉家里，一直住了三年。其间鲁国国君鲁定公死了，定公的儿子继承了君位，为鲁哀公。

孔子在卫国这几年，也并不得意。卫灵公已经老了，对朝政怠惰疏忽，振作不起来，对孔子治理国家的话更是听不进去。再加上卫灵公十节荒淫，使孔子对他丧失了信心。尤其是卫灵公的夫人南子干政弄权，生活上很不严肃，更使孔子觉得有失体面。

南子是宋人，与孔子是远房亲戚。这个名声不好而又深得卫灵公宠爱的风流王后，很想借重在当时颇有名声的孔子，于是派人向孔子传话，说是四方来的客人要想得到卫君的信用，必须通过她介绍，她愿意会见孔子。孔子是不愿和这种人见面的，他先是婉言谢绝，后来推不掉只好应命而往。晋见时，因为有帐子隔着，南子能瞧见孔子，孔子却看不清南子的面容，只听见她在帐内还礼时身上佩带的玉器互相碰击的叮哨声。孔子知道这个场面和平时自己的说教是不合的，回来后连忙向弟子们解释说，他并不想见南子，只是依礼答谢而已。秉性直爽的子路很不高兴，他觉得孔子有些失身份。孔子急了，发誓说："我要是有什么别的，我不得好死，我不得好死！"

尽管孔子拜见南子出于无奈，但南子却对孔子印象极佳，她觉得很有必要炫耀一下自己和孔子的关系。不久，卫灵公和南子同车出游，让孔子在第二辆车上坐着，就这样一块在街市上招摇起来。孔子坐在一个女人后面招摇过市，感到这是一件耻辱的事。事后，他愤怒地斥责卫灵公："我从来没有见过这么看重女色和这么轻视有道德的人的啊！"

卫灵公虽然尊重孔子，但无意让他参政。孔子也时常为此而叹息。有一次，孔子在屋里击磬时，一个背草筐的老人路过门口，听到磬声便说："击磬的是个热心肠人啊！"过了一个儿又说："但是太固执了。磬的声音又响又急，看来这个人是惟恐人家不知道自己。既然没有人知道，也就算了吧，何必呢？歌谣上不是这样唱来着：'水深呢，脱去衣服游过去；水浅呢，撩起衣服蹚过去。'"看来，孔子还是为得到政治地位和实现自己的政治理想而执迷着。

就在这时，卫国发生了内乱。因卫国太子蒯聩对南子有恶感，他派人去刺杀南子。但那个人到时不敢下手，蒯聩屡次用眼睛向他示意，这样便被南子察觉了，她拼命喊:“太子要杀我!”事情败露之后,卫灵公是偏爱南子的,太子吓得赶紧逃到晋国赵简子那里去了。

为此,卫灵公想要对晋国用兵了,便问孔子行军打仗的事。孔子觉得卫灵公作战的理由不正大,又牵涉到晋国,况且还是父子之间的争执,别人不好说话,于是回答说:“要是问我祭祀的礼节,我是懂的;打仗么,我压根没有学习过。”卫灵公很不高兴,第二天再和孔子见面的时候,一面和孔子谈话,一面却很不礼貌地抬起头来看天上的大雁,表现出十分冷淡的样子。这些举动不得不使孔子心灰意冷,觉得是必须离开这个地方的时候了。

孔子准备渡黄河北上,去晋国施展自己的政治抱负。当他走到河岸边时,听说掌握晋国大权的大夫赵简子杀了晋国两个主张礼制的大贤人窦鸣犊和舜华。这使孔子认识到赵简子也是一个不讲周礼的人物,于是望河兴叹了一番后,打消了去晋国的念头。

不久,赵简子为了扩大势力,和晋国另外两个贵族范氏、中行氏打了起来。赵简子的家臣佛肸,乘主子打仗之机,想膨胀自己的势力。佛肸早就听说孔子有治国之才,便派人来请孔子。孔子当时推断:凡是反对赵简子的必是自己的同盟者。因而打算应召。子路阻拦说:“我听前人说过:‘对于那种亲自做坏事的人,有道德的君子不能支持他。’现在佛肸不正是那种干坏事的人么!老师却愿应他之邀前去,这又怎么说得过去呢?”孔子说:“不错,我说过这句话。但是,你不知道吗?最坚固的东西,怎么磨也磨不薄;最洁的东西,怎么染也染不黑,我难道是个匏瓜,只在那里悬着不叫人家吃吗?”孔子认为,要想推行自己的政治主张,不能坐等机会,而应在不改变自己主张的前提下,主动利用各种机会,积极创造各种条件。

尽管孔子这样认为,但最终还是没有去。究其原因,其中之一是公元前493年夏,卫灵公死了,卫、晋两国出现了更加复杂的关系。

当时,南子依照卫灵公的遗命,叫小儿子郢来继位,郢却不敢答应,他说:“太子蒯聩虽然逃亡在外,但太子的儿子辄还在’应由他继位。”于是卫灵公的孙子辄便继承君位,这就是卫出公。可是逃亡在晋国的太子蒯聩觉得自己是当然的继承者,想回来继位,得到了晋国赵简子的支持。那时鲁国的阳虎也在晋国,赵简子便命阳虎护送蒯聩回国。阳虎派了八个人,这八个人都穿上丧服,假装是从卫国来迎接蒯聩的,蒯聩便假哭着到达边境。但蒯聩的儿子卫出公,却用武力进行阻拦,结果蒯聩的阴谋遭到破产。

卫国不能再呆下去了,晋国也不宜去,孔子一行便离开卫国,到他老祖先的封地宋国去了。

(二)四处流浪

孔子师徒几十人怀着郁闷的心情,离开卫国,茫然无所适从地朝东南方向走去。一路经过曹国(今山东定陶附近),曹国没有接待,又继续往前走。走到曹、宋边界一个叫仪(今山东曹县境内)的地方时,管边界的小官吏说:“过往的名人,我没有不能拜见的。”于是孔子的弟子便引他见了孔子,这个小官吏说:“朋友们,现在还怕老不太平么？天下混乱得太久，看来老天爷要叫卫子出来管教管教了。”

不久，他们就到了宋国境内。当时掌握宋国大权的是司马桓魋，这个人非常奢侈，曾经叫人给他做过一个石头棺材套，三年还没有完工，工匠们都病倒了。孔子曾对这种公然破坏周礼的行为进行过批评。司马桓魋听说孔子一行来到了宋地，就派了人暗中进行监视。一天，孔子和他的弟子们在一棵大树下演习礼仪，司马桓魋得知后，认定孔子的政治意图是恢复周礼，便马上带了一帮人来，七手八脚地砍倒了大树，以向孔子一行示威。弟子们惊惶地说：“老师，我们快走吧。”孔子却不慌不忙，从容地起身离去。弟子们催他快走，他说：“天生德于予，桓魋其如予何(上天赋于我以德行，桓魋又能把我怎么样呢)?”话虽然这么说，但为了避免再惹意外之事，孔子换了衣服，装扮成老百姓的模样，继续行路。

老百姓打扮的孔子，由宋国匆匆西行，来到郑国，郑国也没有接待。于是他们又向西南方面的陈国(今河南淮阳)进发。公元前 492 年，到达陈国都城宛丘。

这时陈国东面的吴国和南面的楚国都很强大，正是吴王夫差任用伍子胥打败越王勾践的第三年，也是越王勾践卧薪尝胆的时候。而陈国是一个小国，是吴、楚两大强国争夺的目标。当时的陈国君王陈湣公并无治国之才，即位后苦苦挣扎了十年不见成效。孔子到陈后，陈湣公便让他留了下来。孔子住在陈国大夫司城贞子家里，并参加了陈国的政治活动。

陈湣公对孔子相当尊重，把他看作是博学的人，还时常向孔子请教一些问题。有一次，天上掉下来一只被箭射穿的小鹰，箭还穿在小鹰的身上，箭头是石制的，箭杆长一尺八寸。陈湣公便打发人向孔子请教箭的来历。孔子说：“这箭的来历已经很久了，它是古时候北方肃慎国(今长白山一带)的。当时周武王灭商之后，各地都来进贡，肃慎国贡的就是这样一种箭。后来周天子把这种箭分给异姓的国家，为的是叫人不要忘记服从天子。我听说陈国就分到了这种箭。如果不信，可以到收藏古物的府库里去查一查。”陈湣公派人一查，果然是这种箭。于是他对博学多闻的孔子更加佩服了。

孔子在陈国常常打听鲁国的消息。这时鲁定公已经死了，其子继位，为鲁哀公。哀公三年(公元前 492 年)，鲁国先后发生地震、火灾，把桓公和僖公的庙也烧了。孔子得知后十分高兴。他想，这正是上天对那种不守周礼的人的惩罚啊！周礼规定，祖庙只应保存到第四代为止，而桓公是当时上推九代之祖，僖公是上推六代之祖，按照周礼是早已不应存在了。这两座庙之所以能保留下来，是因为桓公是“三桓”的直接祖先，僖公是帮季氏膨胀势力的一个国君，因此掌握鲁国实权的季氏对他们特别优待。

这年秋天，鲁国的季桓子病得很重，当他乘车子出来散心时，见到鲁城的城墙，想起了当年主张“堕都”的孔子，叹口气说：“这个国家本来是可以兴旺的，只因我得罪了孔子，才没有兴旺起来。”他回过头来，对自己的继承人季康子说：“我已经不行了，我死后，你要在鲁国掌权，那时你一定把孔子请回来啊。”

过了几天，季桓子就死了，季康子继承了父亲的职位。季康子将父亲安葬之后，就想把孔子请回来，但当时一个叫公之鱼的对他说：“先君在世时，没有能始终重用孔子，在列国诸侯中留下了笑柄，现在您再用孔子，如果也不能用到底，不同样会被诸侯们耻笑吗？”季康子问：“那么，你看怎么办呢？”公之鱼说：“我看不一定要孔子本人回来，可以请回他的弟子冉有。请冉有，不就等于是请孔子么？这样，一旦闹翻了，也不会伤咱们的面子。”季康子觉得此话有道理。

就这样，孔子在陈国住了三年，他这时已经是六十三岁（公元前 489 年，鲁哀公六年）了。其间，尽管孔子能够受到国君的尊敬，但陈国非常弱小，国君平庸，孔子也只是空食俸禄罢了。

就在这一年，吴国大举攻陈，楚国帮助陈进行反攻，陈国陷入了混乱状态，环境十分不安定。在这种不利的情况下，孔子当然更不能施展自己的政治抱负了，他对学生们说：“走吧，我的弟子们志向很大，还是到能施展自己抱负的地方去吧。”

孔子曾听说楚昭王是个开明的国君，也曾称赞过楚昭王懂得大道理。正好楚昭王也希望孔子去，并且曾派人来迎接过孔子。于是，孔子决定离开陈国，往东南走，经过蔡国到楚国去。

从陈国都城宛丘，到蔡国这一段路上，正是吴楚交兵的地带。当孔子一行走到陈、蔡交界的旷野时，被乱兵围住了。本来就有家难归、四处奔波流浪的孔子，如今又被团团围住，上天无路，进退不能，一连七天没有生火做饭，随行的人遭受着疲劳、饥饿的双重夹击，愁苦不堪，有的还病到了，严酷的现实考验着孔子及其弟子们。

在这种情况下，弟子们都不免露出不满情绪，但孔子却仍然很镇静，照常给弟子们讲学、弹琴、唱歌。孔子要以自己临危不惧的镇定形象感动大家，鼓舞大家，从而想方设法渡过难关。

急性子的子路首先沉不住气了，他气冲冲地向老师发问：“有道德、有学问的人，也会遭难么？”孔子说：“有道德有学问的人并非不遭难，但一旦遇难，他仍然坚定地坚持自己的信念。他不像小人那样，遇磨难，便无所不为了。”

孔子把最不满的子路叫到跟前，问他：“你知道古时候有一首诗吗？说的是：‘又不是老虎，又不是犀牛，徘徊在旷野，是什么因由？’我的主张既然是正确的，为什么现在却落得这般地步呢？”子路说：“恐怕是我们的仁德不够，人们才信不过我们；也恐怕是我们的智慧不高明，人们才不实行我们的主张吧。”孔子唤着子路的名字说：“仲由啊！哪能这么说呢，假如有仁德就会使人相信，那么，最讲仁德的伯夷、叔齐为什么会饿死在首阳山呢？假如有智慧的人的主张都能行得通的话，那么殷纣王的大臣比干持正确主张，为什么竟被人挖去了心呢？”子路退出。

孔子又以同样的话问子贡，子贡说：“老师的理想太高了，所以处处不能相容。老师是不是可以迁就一点？”孔子以责备的口气说：“一个好的农夫好好种地，但是不一定有好收成，一个好的工匠做出精巧的东西，但是不一定适合人家的需要，一个有所作为的人，把他的主张有条理地发表出来，但是人家不一定会接受。你现在不努力充实自己，还斤斤计较别人能不能接受，你的志气未免太小了！”子贡退出。

孔子还是以同样的话问颜渊。颜渊是孔子最得意的弟子，领会老师的思想最深刻。颜渊回答说：“老师的理想很高，以致到处容纳不下。可是，老师还是百折不挠地为实现自己的主张而奋斗。到处容纳不下有什么不好呢？越是不能容纳，才越能考验出有道德、有学问的人的涵养。拿不出好的政治主张，那是我们的羞耻，现在我们治国的好主张拿出来了，各国的当权者不去用，那就是他们的羞耻了。怕什么呢?"颜渊的这番话，正好迎合了孔子的心理。

孔子一面用颜渊的话安慰大家，一面让能言善辩的子贡求救于楚军。他们终于在楚军的保护下，顺利到达了楚国边境的负函(今河南信阳)。

当时驻守在负函的是楚国大夫沈诸梁。沈诸梁曾任过叶(今河南叶县南)这个地方的长官，所以习惯上称他为叶公。叶公不仅是楚国很有势力的人物，而且还是当时一位有贤名的政治家。他见孔子来到，便马上向孔子请教为政的办法。孔子告诉他说："为政要达到较好的标准，那就是要让近处的人安居乐业，同时让远方的人愿意来投奔。"这一番话对于叶公来说当然是最解渴了。因为叶公当前的任务是管理迁居于负函来的蔡国人，他以楚将身份对待这些蔡国民众，一旦有点失误，也是难免要出乱子的。叶公很佩服孔子，便问子路："你们老师到底是怎样的人?"还未等子路回答，孔子便对子路说："仲由呵，你怎么不这样回答:学习起来从来不知道疲倦，教人从来不知道厌烦，只知道发愤学习，学习起来连饭也忘了吃，他总是乐观的，忘掉一切忧愁，甚至自己已经老了他也不知道。"这可以说是孔子最恰当的自我写照。

楚昭王也知道孔子的才干，想重用孔子，准备等孔子到楚都后封他七百社(一社为二十五户人家)，这种待遇够优厚了。可是楚国的一些大臣怕孔子夺了楚国的大权，妨碍他们的利益，便纷纷起来反对。其中楚王的庶兄子西(当时任令尹，即主管行政的长官)提醒楚王说："我们楚国办理外交的大臣没有人赶得上子贡的，辅佐国君的贤才们没有比得上颜回的，领兵的将帅没有赶得上子路的，治理地方的官员也没有人赶得上宰予。"子西无疑是说，孔子的弟子们都是有才干的，如果让孔子在楚国有了地盘，楚国就太危险了。

楚昭王听了这话，便打消了重用孔子的念头。

这年秋天，楚昭王病死了，子西掌握了楚国大权。在这种形势下，孔子不能去楚国都城了，停留在楚国的边界上，进退两难。

一天，一个叫接舆的楚国人，疯疯癫癫地从孔子身边走过，他边走边唱：

凤鸟啊！凤鸟啊！
你为什么这样狼狈?
过去的事情叫它过去吧，
未来的还能够挽回。
算了吧，算了吧，
现在当权的有几个好人！

孔子听到这个歌，很想同唱歌的人谈谈自己的心事，可是那人已经远去了。孔子独自默思良久，意识到留在楚国不会有什么好结果，相比之下，还是再回卫国为好。

(三)终不得志

孔子一行自负函向北，一直朝着卫国的方向进发。

当行至一道河畔时，他们遇见了两位并肩而耕的老者，其中一个长得很高大，叫长沮，另一个也算魁梧，叫桀溺。这时孔子替换子路驾车子，让子路前去向他们询问渡口。当子路开口问路时，长沮慢条斯理地反问子路："那位驾车子的是谁呢？"子路说："是孔丘。"又问："是鲁国的那个孔丘吗？"答："是的。"长沮轻蔑地一笑说："那他应该知道渡口在哪儿。"桀溺又问子路："你是谁？"答："我是仲由。"桀溺接着问："你是孔丘的门徒吗？"答："我是。"桀溺以教训的口气对子路说："现在的世道乱哄哄的，哪里不都是一样？你与其跟着选这个、躲那个的人到处乱跑，不如跟着我们不问世事的人呢！"这两位老者继续干自己的活，再也不说什么了。

子路回来将这番话告诉了孔子，孔子停了一会儿才很失望地说："有一种人，只是在山林里和鸟兽来往，这种人我是做不来的。像刚才这两个人，我也乐意和他们在一起，我所以没有和他们在一起，正是因为到处乱哄哄呵。天下如果太平了，我还到处乱跑吗？"

他们赶了几天路，子路落在了后边。这时子路遇见一位拄着拐杖、背着锄草工具的老头儿，便问道："你看见我老师了吗？"老头儿说："四体不勤，五谷不分，什么老师不老师！"说完便去锄草了。

子路追上孔子后，告诉了这件事。孔子说："这可能是一个隐士。"他想和这位隐士深谈一下，派子路去找时，那人已经不在了。

一路上遇到的讥讽或惋惜，不能不引起孔子的深思。当然他还是顺着自己的路子走。不久便到了卫国。

这时卫国的国君仍然是卫出公，他已在位四年了。其父蒯聩仍在晋国，一时还无力回卫，卫国暂时处于一种稳定的状态中。当时孔子的一些弟子在卫国做了官，卫出公也请孔子参加卫国的一些政治活动。

子路听说卫出公要用孔子，便来向孔子发问："这次卫国国君请你参予政事，你打算先干些什么呢？"孔子本来就对卫出公拒绝父亲回去，破坏君臣、父子的名分颇为不满，便借子路的发问答道："必须正名分！要使每一个人的名义、身份和他的地位完全符合，使每一个事物的名称和它的实际完全符合。"子路有些恼火了，不由得说了一句："你真是个迂夫子呀！"

孔子不能不进行斥责了，说：仲由啊，你还是这么粗鲁！你应该知道，如果不把名分端正，说话就不能顺理成章；说话不顺，就什么事情也办不成；办不成事情，国家的礼乐就兴不起来；礼乐兴不起来，刑罚就不会公允，老百姓也就不会安宁。我们说话、措词都应该十分严谨，丝毫马虎不得，人与人之间的礼制是这样，就连任何一件东西的形状也应是这样。如果当年人们看到的酒杯是方的，现在却变成了圆的，人们就会为酒杯的变形而哀叹，为当今的造物不守旧礼而气愤。"子路没话可讲了。

孔子所认为的像卫出公和蒯聩那种"名不正"，正反映了旧的等级名分和新的政治现实不相适应的情况。社会大变革的时代，虽然新出现的、必然性的东西还没有获得一致的、公认的看法，但旧的东西固然也维持不下去了。因此，孔子的这种主张，在当时是不会受欢迎的。孔子这次来卫国，也必然同在其他国家一样，以不得志而告终。

就在孔子刚到卫国的这一年（鲁哀公七年），吴国扩张势力已经威胁到了鲁国。

吴国强迫鲁国在鄫城(今山东枣庄附近)会盟,并要求鲁国拿出一百只牛、一百只羊、一百头猪(当时称“百牢”)作为对吴的贡品。吴国太宰伯　还指名叫季康子去见他。幸亏季康子临时把子贡从卫国召回,同他一块前往,才没有受大辱。

公元前487年(鲁哀公八年),吴国出兵攻打鲁国,幸而有七百个英勇的武士奋力抵抗,吴国方才退兵。这次战役,也有孔子的弟子参加。

季康子这时深感国情危急和人才的重要,又见孔子的弟子如此有才能,便想起了前几年要召回冉有的事。于是便派人到卫国去请冉有。

当冉有应季康子之召,要离开老师回鲁时,孔子十分高兴,说了一番鼓励的话,言语中也隐隐透出了思乡之情。这天,孔子眼看着自己的弟子要上路去为官了,又看到自己身边那些多才多艺的弟子们,得意地说:“有回鲁的希望了!我这里这些年轻的小伙子们,有的是本领呵。简直像锦缎绣绸一般,叫我不知道裁哪一块才好啊。”

这时,子贡已经从鲁国又返回到孔子身边,他看出了老师的心思,便在冉有临行前嘱咐冉有说:“如果你被委以重任的话,一定想办法把老师请回去。”

冉有回鲁后当了季氏家臣的总管。不久,齐国侵入鲁国,三家贵族开始不肯抵抗,经冉有的一番劝说,出谋划策,他们才出了兵。结果只有冉有统率的季康子这一家的兵打了胜仗。事后季康子问冉有:“你的军事才能是怎么学来的?”有心计的冉有便十分爽快地说:“是从孔子那里学来的。”季康子又问:“你说孔子到底是怎样的一个人呢?”答:“这个人如能得到重用,一定会有所成就,一定会对老百姓有好处。就连鬼神也找不出他的岔儿。但如果不合他的意,就是封他两万五千户人家,他也看不上眼。”季康子顺水推舟说:“我想把他请回来,你看可以吗?”冉有当然很高兴,但还是提醒了一句:“如果您要请他回来,那就诚心诚意相信他,不要再轻信小人的话而冷淡他了。”

不久,掌握鲁国大权的季康子,派出公华、公宾、公林三人,拿着钱币,赴卫迎接孔子回国。这时已是公元前484年,鲁哀公十一年,孔子已经是六十八岁的老人了。

孔子喜出望外,马上打点行装,准备返回故国,由此结束了十四年流浪漂泊的生活。

老之将至

孔子走访列国十四年,饱尝艰辛,倍受窘厄,到处碰壁,终不得志。但却增长了不少见识,从而达到了自己所说的“耳顺”、“从心所欲,不逾矩”的思想境界,即在思想上、学问上、品德修养上达到了十分成熟的程度,就是随心所欲也不会超越他所崇尚的道德准则。孔子回鲁后,在鲁国朝野的声望更高了,待遇更丰厚了。这样,他便能以充裕的时间、精力和优越的条件办教育,修诗书,从事政治活动。

(一)鲁国参政

季康子以厚礼把孔子迎回鲁国,这对于季康子本人来说,为了适应当时各国诸侯竞相“礼贤”、“养贤”的潮流，把这位名望很高的人物迎回来是很值得的。季康子把回国的孔子尊之为国老，并以优厚的物质待遇让孔子安度晚年。

但是孔子不甘作“公养之士”，却依旧是“发愤忘食，乐以忘忧，不知老之将至”，依旧想为自己政治理想的实现而做一番事业。

孔子回鲁后，本人求仕并不十分心切，但他希望并千方百计让弟子们为官。早在孔子返鲁之前，他的一些弟子就已经开始做官了。现在可考的有：子贡专办鲁国外交；樊迟曾任左师副将；有若在季康子身边做过顾问。孔子返鲁后，子路任蒲宰；冉雍为季氏宰；宓子贱任单父宰；言偃任武城宰；子夏任莒父宰；公西华曾出使齐国等。这些人出去做官要得到孔子的同意，听候他的吩咐，做官的政绩要向他报告，弟子管辖的地区要接受他的视察。孔子以自己的主张参赞鲁国政务，在许多方面是通过他的这些弟子进行的。从以下几件事可略见一斑。

其一，孔子回鲁的当年，季氏计划实行田赋制度（即在原有的田税之外，另又依田再征军赋，这是加强新兴地主阶级力量的一种做法）。冉有为此去征求孔子的意见，孔子不予回答。但孔子在私下却又以师生关系对冉有谈了自己的意见，说：君子施政应以礼为准则，对民施舍要厚，赋税要薄，措施要适宜，季氏办事要合乎法度，有周公的典章可以遵循。季氏没有采纳孔子的意见，第二年便实行了田赋制度，冉有还帮他去征赋。孔子知道后，生气地对身边的弟子们说：“冉有不是我的弟子了，大家敲起鼓来，一齐去攻击他吧！”

其二，季氏为了扩充自己的势力，准备去讨伐一个附属于鲁国的小国颛臾国。冉有和子路二人向孔子报告了这个消息，孔子听后立刻对冉有说：“这个小国是和鲁国共安危的藩属，为什么要攻打它呢？”当冉有说明这是季氏的主意，他俩并不同意时，孔子又说：“古代一位史官周任曾经说过：‘能够贡献自己的力量，便可任职，不能贡献自己的力量时，那就该辞职。’你们难道没有责任吗？笼子里的老虎跑了，匣子里的美玉碎了，难道不怪看守和保管的人吗？”

其三，有一天，冉有退朝回来很晚，孔子便问他：“为什么这样晚？”冉有说：“有政事。”孔子说：“如果有政事，我虽然不在位，我还是应该知道的。”

其四，季氏要仿效天子的礼制去祭泰山，孔子听说后非常气愤，他对冉有说：“哎呀，你就不能阻止他吗？”

……

孔子一方面通过他的弟子干政，同时也对象征君权的鲁哀公虔诚敬奉，并不断为鲁君加强其统治出谋划策。每当他听到鲁哀公召唤时，往往是连车子也来不及坐，马上赶到。

哀公问孔子：“怎么样才能使臣民服从政令？”孔子说：“善用正直的人做宰臣，废掉不正直的宰臣，臣民就服从政令；若举用不正直的宰臣，臣民就不服从政令；如果举用正直的宰臣，那些不正直的臣民们，也就不敢为非做歹了，因而也就安分守正了。”

一天，鲁哀公问孔子：“有人说，东房高的院子不祥，你相信有这事吗？”孔子回答说：“世间不祥的事物有五，而东房高与不高的事不在其内。损人利己是身之不祥，遗弃老人而只顾自己的幼年子女，是家之不祥，抛弃贤人而任用不懂道理的人为政，是国之不祥；老年人不教育青少年，年幼者不知道学习，是社会风俗之不祥；圣人隐居在民间，是天下之不祥。"

鲁哀公经常问政于孔子，孔子都一一作了讲解。孔子认为，君子好比是舟，民众好比是水，水可以载舟，也可以把舟覆没。认为，古代人从政，是以爱民为大；修养自己的道德情操、爱人，是礼为大；治礼、学礼、按礼行事，是以敬人敬事为大。礼制能使国家有秩序而兴盛起来，建立健全礼制，是为政的根本方法。

鲁哀公对孔子的回答是很满意的，并表示要依此去考虑问题。

孔子既努力辅佐鲁哀公，同时也力图对季氏的权力加以限制。孔子对于鲁国君权旁落、季氏专政是一直看不惯的。在《论语》里，他直接对季康子进行教训、敲击、讥讽的就有十四则。孔子有时也在鲁君面前责备季氏。一次，孔子对鲁哀公说："现在全国都听季氏的话，国内没有人敢议论是非，所以鲁国越来越糟糕。"

有一天，季康子问孔子，说盗贼多怎么办？孔子干脆回答："那是因为你自己贪得无厌，否则就是赏给人家，人家也不稀罕！"

季康子又想以多杀人的政策来安定社会秩序，孔子说："你执政，难道还要杀人么？你坚决往好处做，人民就可安居乐业。上边的人好比风，下边的人好比草，风吹在草上，草会顺风倒的。"

公元前481年（鲁哀公十四年），齐国相田常杀死了国君齐简公。这在孔子看来，以臣弑君是大逆不道。他认为，自己现在虽未在鲁任职，但过去曾为鲁国大夫，对这种大事须表明态度。于是他拜见鲁哀公，要求出兵伐齐。鲁哀公说，齐强鲁弱，我们还是不出兵为好。孔子说，田常弑君，有一半齐民反对他，以鲁国之众加上齐的一半国人，是可以取胜的。鲁哀公让孔子去找执政的季氏，同样没有结果。

季康子在对内对外问题上的政见，与孔子是不同的。孔子面对这种局面，便决定不再直接过问政治了。

有人看出孔子不像往日那样积极从事政治活动了，就问他；"你为什么不从政呢？"孔子说："只要能发生政治影响，这也就是政治呵。难道一定要做官才算从政吗？"基于这种认识，孔子把晚年的全部精力用在了整理古代文献和教育事业上。

（二）整理文献

我国是一个历史悠久的伟大的文明古国，自夏代至春秋时期的一两千年中，文物典籍甚多。但由于后来战乱频繁，这些珍贵典籍有的失落，有的已残缺不全，有的散落在民间，还有的只为大贵族所控制，不能流传。整理中国古代文化典籍，便是孔子终生的愿望。

孔子从青少年时代到访问列国期间，都注意了考察、搜集古代历史文化的传说、实物和有关文献，所掌管的情况涉及古代的社会、政治、经济、军事、外交、文化教育以及人类的生产、生活方式、处世方法等许多方面。具体说，有从尧舜到春秋中期的情况、统治阶级的官书、庙堂文献、礼仪设施，民间和统治阶级的诗歌、音乐，贵族占卜的工具、书简等等。孔子对他所掌握的大量的资料，进行了鉴别、分类、分析、综合，终于整理出了《诗》、《书》、《礼》、《乐》、《易》、《春秋》（即《六经》）六本定型的教材。第一次系统清理了中国古代文化典籍，成为中华民族古代文化承上启下的集大成者。

孔子整理《六经》，首先是以“仁”的思想作为总的原则，即把以“仁”为核心，以”礼”为形式的原则思想体现在文献中，企图通过传播典籍的形式传道施教。在孔子整理的《六经》中，处处贯串着“仁”的内容，如“宽以居之，仁以行之”；“仁者见之谓之仁”；“仁者安仁”；“仁者，义之本也”。其次，孔子修诗书，尽量摆脱宗教巫术的束缚，删掉原来那些神怪荒诞的内容，使之成为培养人、完善人、修己达人的义理之书，以教导人们不靠天命鬼神，要按“大道”(规律)办事。再者，孔子自认为是坚持了“述而不作”的原则，即主要是阐述而不创造。在这种原则的指导下，他所整理的典籍，在很大程度上保留了原有文献的内容及风格。实际上，并非“述而不作”，而是寓作于述之中，是综旧典而开新风。孔子大大发展了古代帝王们的观点，他突出地表现了原文献中关于“仁”、“义”、“中庸”的观念，力求以古人语言来体现自己的思想，借历史来申述自己的政见。另外，孔子整理古代文献所持的态度是“信而好古”(把历史的真实性和自己对古代文化的热忱结合起来)；“盖有不知而作之者”，“我无是也”(我不是那种不调查、不掌握材料、没有把情况彻底搞清楚就作的人)；“多见而识之”，“多闻择其善者而从之”(通过多方面的实地观看而求得知识，并多找有关的人询问，听听人们是怎么说的，然后选择那些言之有理的，坚持那些有根据的说法)。

孔子就是以上述原则整理历史文献的。

(1)删《诗》、《书》。

《诗》在孔子之前就已经出现了。诗原本是人们的口头文学，出现文字后便被记录了下来，有的还配上音乐、舞蹈以娱乐。到了周代，统治者为了丰富自己的精神生活，任命了专管宫廷舞乐的太师，组织了专门的舞乐队。这些专门人员的出现，也推动了歌辞不断被完善、被淘汰，或者被创新。歌辞集而成册，即是《诗》。《诗》不仅在文化上有很高的价值，而且也反映贵族的思想、政治、生活状况，表现地方风土人情，反映民众的生产劳动和情绪，甚至成为政治、外交上酬答的辞令，和表示个人情感的婉语。但由于各诸侯国口语不同和战事频繁，在传授、抄录中有不少错讹，有些甚至零落不全。这不仅影响教学，而且不利于对古代文化的正确继承。有心的孔子随时留意搜集各种抄本、残篇，所收集的总数大概就是司马迁所说的“三千余篇”。孔子对这些诗篇进行了精心的校勘核对，删掉了重复的篇章，并按乐曲的正确音调进行了篇章上的调整，最后“正而存三百篇(实指305篇)”。孔子重视诗教，把《诗》列为“六艺”之一的数学课本。经孔子提倡，《诗》才成为《六经》之一而留传下来，并被公认为我国古典文学发展史上一部划时代的著作。

《书》又称《尚书》，是中上古虞、夏、商、周四代历史文献的一部选集，今传共五十九篇(包括“序”)，其中仅有二十九篇被确认是先秦留下来的著作，称《今文尚书》。班固在《汉书·艺文志》中说：“《书》之所起远矣，至孔子纂焉。”在孔子之前，已有《夏书》、《商书》、《周书》，它们是与政治直接有关的古代文献，孔子把这些零散的古文献篇章资料，编成一本比较系统的书，并用之于教学。

(2)定《礼》、《乐》。

礼本是人们日常生活中的一些风俗习惯，至殷代才逐步完善，主要作为祭祀仪式。到了西周初年，据说是周公在殷礼的基础上，又根据本民族的风俗习惯进行了改造，成为周礼（即“周公之礼”、“古周礼”）。周礼已不单纯是祭祀仪式，而是从宗教领域扩展到了政治领域。到了孔子时，周礼的一些内容已经失散了。孔子自幼尚礼，后来又到处参观访问、搜集资料，对礼进行了广泛深入的研究，并把礼作为教学的重要内容，从而把周礼推到了一个更高的阶段。孔子的礼，主要有三种含义：一是作为历史发展标志的礼，这与现存的《礼记》有关；二是作为治国之礼，这与现存的《周礼》有关；三是作为行为规范的礼，这与现存的《仪礼》有关。那么《礼记》、《周礼》、《仪礼》是否都经孔子删定过？据目前的资料仍不足以认定，最多也只可以认为，孔子对《仪礼》进行过整理。

乐，在古代是与诗紧密结合的，有诗必有乐。孔子有相当高的文艺修养，他会弹琴、击磬，善于唱歌，而且是一位音乐理论家。他精通乐理，对音乐的形式和内容都进行过深入地研究。特别是他认为，音乐在教育上，在个人品德修养上都有巨大的作用，是达到仁的最高境界的必由之路。他说：“诗有助于振奋精神，礼有助于立身处世，乐有助于完美情操。”孔子晚年回鲁国后，对原有的乐整理、加工为《乐经》，并把《乐经》作为“六艺”的教材之一。孔子自己说：“吾自卫反鲁，然后乐正，《雅》、《颂》各得其所。”可惜的是，经孔子删定、整理过的《乐经》已经亡佚。

（3）序《易传》、修《春秋》。

《易》是讲事物变化的书。在古代，人们受当时科学技术状况的限制，对于事物的变化捉摸不定。人们为了趋吉避凶，便依靠神灵，根据神的启示来判断吉凶，决定行止。而传达神灵启示的手段便是占卜。在孔子以前，记录所谓占卜经验方面的书有三种：《连山》、《归藏》和《周易》。到孔子时，其他两本亡佚，而只剩下《周易》了。根据传统的说法是：孔子作十翼。所谓“十翼”，从现存的《周易》而言，它是由六十四卦构成，每卦有六爻，共三百八十四爻，每卦和每爻又都有经文。对经文的解释、说明、发挥叫做传文，统称《易传》。《易传》共有七种十篇，即：《彖》（两篇）、《象》（两篇）、《系辞》（两篇）、《文言》、《说卦》、《序卦》、《杂卦》，合称“十翼”。孔子晚年对《周易》进行钻研，并且进行过讲授。为讲授方便，孔子便对《周易》进行了整理，加入了自己的一些体会和说明。正如《史记·孔子世家》中所说的：“孔子晚而喜《易》，序《彖》、《系》、《象》、《说卦》、《文言》。读《易》，韦编三绝。曰：“假我数年，若是，我于《易》则彬彬矣。”

在孔子之前，鲁国仅有一些散乱的简册，记载着自鲁隐公至哀公之间十二公的历史。晚年的孔子查阅了鲁史档案，广泛搜集了记录鲁史的史料，并“考其真伪”，然后按照年月日的顺序编撰了我国历史上第一部编年体的历史著作——《春秋》。孔子奔波一生，并未达到改变社会现状、实现自己政治主张的目的，于是便把精力放在治史上，希望通过对历史资料的整理，申述自己的政见，寄寓自己的政治理想和主张，明辨心目中的是非，用以影响时人，和培养出合乎自己理想的从政人才，完成自己的未竟事业。所以，孔子为修《春秋》，倾注了大量的精力，他完全按照自己既定的主张和看法去写，一丝不苟。孔子自己曾说：“知我者，其惟《春秋》乎？罪我者，其惟《春秋》乎？”意思是说，《春秋》是他的政治观点的集中体现，后代人能够知道他孔丘治国平天下的政治理想，是因为这部《春秋》;《春秋》中抨击了一些贵族，维护了一些权贵，后代要是有人指责他孔丘，也是因为这部《春秋》。经孔子编修的《春秋》，是以鲁国为中心的编年史，它记载了从鲁隐公六年(公元前722年)，到鲁哀公十四年(公元前481年)共二百四十二年的历史，后人根据《春秋》，把这段历史命名为“春秋时代”。

孔子在系统地整理中国古代文化典籍的过程中，总结了尧、舜、禹、汤、文、武的统治经验，汇集了历史上积累下来的文化知识，第一次提出了一个比较系统的伦理学说，即以“仁”为核心、以“礼”为形式的完整的道德原则和道德规范体系。孔子认为，要成为仁人君子，就必须严肃认真地进行道德修养，以德治身，改变自己的道德面貌。只有具备内在的修己之功，才会有外在的安人、安百姓之效，即只有把道德原则贯彻到政治中去，用道德手段治国安民，才能真正管理好国家。同时，孔子主张把“爱”推广到人们中间去，明确提出了“泛爱众”的要求，要求不仅要同情民众，而且再“博施济众”，即普遍地给人民以实惠。孔子的“泛受众”又是和“礼”相统一的，因而主张爱有差等，形成以君、父为主，同时又照顾到爱人、爱已的道德原则。孔子又依据他的“仁”与“礼”提出了一个处理各种不同伦理关系的完整而系统的道德规范体系。这个规范体系，不仅在中国是首创，在世界伦理学说史上也是罕见的。其中的主要道德规范有：

孝悌。孝，是指尊敬、顺从父母;悌，指尊重兄长。在孝悌两者之间，孝更为重要。孝要求人们抱着敬重的心情，以愉悦而又谨慎的态度赡养父母。那么怎样才能真正做到孝呢？这首先是要合乎礼。孔子说：“生，事之以礼;死，葬之以礼，祭之以礼。”由此可见，孝悌是维护家长、族长的地位，巩固宗法制度的道德观念。

忠信。忠是指对上要尽心竭力。孔子要求“与人忠”，但他又认为，忠应该是上下有别，即对普通人的忠是互相尽忠;对天子、诸侯的忠是不平等的。信是指诚实，要“敬事而信”、“言而有信”。孔子认为信不仅是人与人之间的交往之道，也是求仕和治国之道。同时孔子也认为，“信”是有条件的，只有接近于义的言才是应该兑现的，否则就不应该兑现。

恭敬，恭即对己庄重严肃，对人谦虚和顺。恭是做一个君子的必要条件，做到恭必须依礼而行，反对不正当的恭顺。敬是指，对事要严肃认真，对人要真诚地以礼相待。孔子主张“执事敬”、“事思敬”。这可以说是我国最早的职业道德理论。他还提出了敬父母、敬上级、敬朋友等。

智勇。智即智慧，主要指道德认识、道德实践上的知识、才能。孔子认为，要成为仁人必须有智，智者能知人，能知言，便于行仁，因而可以通权达变。勇即果敢，主要指道德实践方面的勇气。孔子说：“见义不为，无勇也。”这里还包括道德方面的勇于行仁，勇于改过等。

此外，还有宽(待人厚道)、惠(给人以照顾)、敏(工作灵活勤勉)、让(谦逊)、俭(节俭)、直(正直)、贞(诚信)、温《温和)、良(善良)、知耻(有羞耻之心)等等。

孔子认为，严格遵行这些道德原则和规范，就可以达到个人品德修养的高峰——君子，即有道德觉悟、有道德修养的人。

孔子整理古代典籍，对中国乃至世界文化的发展作出了巨大的贡献。他所整理的《六经》在不同程度上反映了夏、商、周，特别是春秋时期的经济、政治和思想文化状况，是研究中国古代社会不可多得的珍贵史料，也是世界上具有极高学术价值的古代文化瑰宝。经孔子编订、整理的《六经》，使我国教育史上第一次有了不为官学垄断，而为私学使用的成套教材。这套教材，除《乐经》后来亡佚外，其他一直在我国延用长达两千余年，成为世界教育史上使用时间最长的一套教材。

孔子整理古代典籍，从文化方面对中国春秋时期的社会大转变起了巨大的促进作用。孔子打破了贵族文化专制，把贵族长期垄断和践踏的古代文献，进行抢救、刷新，传于后世，被后人称之为“当时之伟人”、“第一个保存文献的人”。孔子从主观愿望上想保持西周制度，或仅作部分的“损益”，但在客观效果上，却破坏了周制。他以个人身份整理古文献的伟大实践，否定了周礼所规定的“非天子，不议礼，不制度，不考文”的制度，开创了私人著书的学术风气，成为后来诸子百家竞相著书立说的中国历史上有名的“百家争鸣”的先声。

（三）培育人才

教育活动，是孔子一生中从事的主要事业。他从三十岁开始收徒讲学。之后，无论在任何情况下，都利用一切机会，采取各种灵活的方式，对民众和弟子们进行教育。特别是他自卫返鲁，至去世前的五年间，更是集中精力，把晚年的全部余热献给了教育事业。

春秋后期，随着社会生产力的发展和政治形势的变化，各个阶级、阶层都需要一定的文化知识为本阶级服务，以维护自己的既得利益。而当时“学在官府”的局面已大大不能适应这种形势的需要。于是用各种形式开办私学，培养更多的人才，已成为时代的客观要求。

古代首创私学的功绩不在孔子。公元前八世纪以前，古埃及就有了文士学校，印度也有了古儒学校。这两种私学都早于孔子。但这些私学都设教于家庭，规模很小，而且“施教有类”。同时教学内容难懂，课业繁重，教学中盛行体罚，认为“孩子的耳朵是长在背上的，你不打他就不听”。所以，他们的私学水平很低，影响甚微。而孔子办私学，实行“有教无类”，有比较系统的教材，有比较符合教育规律的教学原则和方法，并且以社会为课堂，使学生能受到实地锻炼。孔门私学规模之大，弟子之多，水平之高，是当时世界上绝无仅有的。孔子办私学，对于进一步打破贵族垄断文化教育和民族世袭政治官职的局面，起了十分重要的作用，是中国教育史上跟“学在官府”相对立的划时代的“学移民间”的标志。

孔子办私学，其教学主旨在于“有教无类”，为实现仁德政治培养人才。孔子把他的“仁”贯彻到教育中，从“泛爱众”、“性相近也，习相远也（人的天赋没有多大差别，人的差别是后天造成的）”等理论出发，主张“有教无类”，即主张不分宗族贵贱，不分阶级，都可以施教。当时，无论何人，只要送十小条干肉给孔子，便可以被收为弟子。十小条干肉是贽礼中最薄的，是一般平民都可以办到的，其意义不在于经济价值，而在于尊师。孔子“有教无类”的主张，意在打破贵族对受教育权的垄断，让“种类庶鄙”也能来学习。这在人类教育史上是一项具有革命意义的突破。孔子办教育，是实现其政治理想的方法和手段，通过这样一种教育，造就齐家、治国、平天下的优秀人才，从而改变“天下无道”的混乱局面。美国一位汉学家克里尔说过：孔子“不是仅仅培养学者，而是训练治世能人，他不是教书，而是教人。”孔子也正是把“学而优”作为做官的前提条件，这在客观上的确是对官职世袭制的真正挑战。但也应看到，孔子所说的出仕做官，最多也只是做“卿”或“大夫”，而不能做君王。孔子“忠君尊王”的原则是不可动摇的，君王独尊、君王世袭的原则在孔子那里也是不可动摇的。

孔子心目中的治世能人，是品德高尚而又精通“六艺”的德才兼备的人才。所以，他提出了：“志于道，据于德，依于仁，游于艺(六艺)”的十二字教育纲领。首先，孔子把道德教育作为教学的基本内容。孔子主张，教育应从道德这个中心出发，应为解决道德问题服务。他认为：道德是一种巨大的精神力量，对于社会各等级的人和社会生活的各个方面都有不可估量的影响。认为春秋时代的天下大乱归根到底是道德问题，解决这个问题，就必须以道德修身，用道德原则指导政治活动。除了道德教育，孔子还要求学习《六经》，以增长智慧，并把学习《六经》增长智慧作为培养道德的基础和必要途径。孔子说：“其为人也，温柔敦厚，《诗》教也；疏通致远，《书》教也；广博易良，《乐》教也；洁静精微，《易》教也；恭俭庄敬，《礼》教也；属辞比事，《春秋》教也。”这说明了德育是属于智育之中的，做人和从政的道理是通过教习典籍去完成的。

尤其是，孔子积数十年教育实践的经验，积累了一套卓有成效的教学方法，这是十分有价值的珍贵遗产。其中主要有：

(1)启发诱导，举一反三。

在世界教育发展史上，孔子提出启发式教学法，比古希腊哲学家苏格拉底提出的被称之为“助产术”的教学方法早得多。孔子主张：“不愤不启，不悱不发，举一隅不以三隅反，则不复也。”意思是说，在教学过程中，要注意教育对象的学习积极性，使他们在充分发挥主观能动性的前提下做到举一反三，触类旁通。要诱导受教育者主动思考，思考后仍不得要领时，就要进行开导，要在他们能够说出自己的意见而又表达不出来时，再去启发他们。如果给他们指明东方，他们不能由此而推出西、南、北三方时，就不要再勉强地教下去了。孔子的这种方法，在他自己的教学实践中取得了良好的效果，人们把这种教学法称为“启发式”教学法。

(2)因材施教，发展个性。

孔子针对弟子庞杂，智力、习惯各不相同的情况，进行各种不同形式的教育。对于每个弟子的个性、长处和短处，孔子是有深刻了解的。他指出：高柴愚笨，曾参迟钝，子张偏激，子路鲁莽，子渊好学，子贡通达，冉有多才多艺……他针对这些不同的情况“因材施教”，在进行具体教育时有所侧重。一次，子路向孔子发问：“有一件事情，我听到以后，马上干起来行吗？”孔子回答：“有你父亲哥哥在那里，应和他们商量一下，怎么能听到就干起来呢？”当冉有问到同一个问题时，孔子马上回答：“你觉得该干就干起来吧。”另一个弟子公西华见孔子对同一个问题作出两种截然不同的回答，感到迷惑不解，便向老师提出疑问。孔子解释说：“冉有平时做事缩手缩脚，所以我鼓励他去马上干。而子路胆量太大，做事往往不加思索，所以我抑制他。”孔子就是用这种扬长避短.具体情况具体指导的方法培养人才的。

(3)联系实际,褒贬时事。

孔子教育弟子,往往是结合现实生活中遇到的人、事、情况,通过对人物、事件进行评论,来阐发自己的观点。孔子非常注重在弟子面前对所见所闻表明自己的态度,以提高弟子们认识和处理现实问题的能力。如:"苛政猛于虎"的评论,对季氏实行"田赋"的评论等。

(4)学思结合,相得益彰。

"学"即占有知识材料,"思"即思考分析问题。孔子提出了"学而不思则罔,思而不学则殆"的精辟见解。孔子认为,一个人要增长知识,必须坚持学思并重,这样可以收到相得益彰的效果。他反对不重视"学"而苦思冥想的人,他说:"吾尝终日不食,终夜不寝,以思,无益,不如学也。"他也反对只注重占有材料,而不进行分析思考、消化理解的人,他说:"遇事不斟酌思考,不讲怎么办的人,我对这种人是无能为力了!"

孔子在教学实践中,始终坚持了"诲人不倦"、谦虚谨慎、以身作则、平易近人和教学相长。他以自己高尚的品德、广博的学问、灵活适宜的教学方法赢得了弟子们的尊敬,他作为楷模,深深地影响着每一个弟子,助长着弟子们求知的积极性。颜渊说:"我抬头仰望老师的道德和学问,越望越觉得高大,我努力钻研,越钻越觉得深广。老师善于一步一步地诱导我,用各种典籍来丰富我的知识,使我想停止前进也不可能。"孔子对于弟子们确乎有一种巨大的凝聚力、吸引力,在他的心血浇注下,在他的周围,成长起一大批各种各样的人才。

《史记·孔子世家》中说:"孔子以《诗》《书》《礼》《乐》教,弟子盖三千焉,身通六艺者七十有二人。"其中如:

颜回,字子渊。他淡于名利,安于清贫的生活,一生没有做官。他学问渊博,品格高尚,以德行著称,是孔子最喜欢的学生,被后儒列之为七十二贤之首。

仲由,字子路。勇武出众,信守诺言,不贪不妒,做过鲁国季氏宰,是孔子"堕三都"的主要合作者,后又任卫国大夫孔悝的邑宰,以政事著称。

端木赐,字子贡。机敏通达,能言善辩,能准确判断商情,也是最出色的外交人才之一。他忠实维护孔子的声望和地位,重师生之情胜过父子。孔子死后他守墓六年。

等等。

孔子在教育事业上,成果累累,真可谓桃李满天下。西汉司马迁在《史记》中专写了一篇《仲尼弟子列传》,以传颂孔子弟子们的事迹。毛泽东也肯定孔子在教育事业上的成就,说:曲阜县是孔夫子的故乡,他老人家在这里办过多少年的学校,教出了许多有才干的学生,这件事是很出名的。

圣人其萎

郁郁不得志的孔子在凄凉的苦闷中与世长辞了。然而,其人格和思想的影响却经久不衰

(一)凄惶晚景

晚年的孔子，除对自己整理历史文献、培养政治人才而快慰之外，日子过得并不舒畅。

孔子的晚年，是孤独、苦闷、感伤、满腹不平。他毕生胸怀大志，憧憬理想社会，可现世的什么“田赋制”、臣弒君、大夫专权，陪臣造反、傀儡诸侯……一桩桩、一件件，却与“仁”、“礼”、“德”是如此的格格不入；他毕生奔波说教，敬献治国谋略，可救世的远大抱负却屡屡被时代所拒绝，被生活所排斥。现实竟是这样无情地嘲弄他、折磨他。

不仅如此，早在孔子返鲁的前一年(公元前 485 年，孔子六十七岁)，妻子亓官氏就死了，留下了独生儿子孔鲤。

孔子回到鲁国后的第三年，他惟一的儿子、年仅五十岁的孔鲤又先于父而亡。老年丧子，人之大悲，幸好还给他留下了一个小孙子孔伋，字子思。这时的孔子已是古稀之年了。

从此，不幸遭遇的哀痛使孔子始终没有抬起头来。

公元前 481 年春，叔孙氏手下的一个叫做鉏商的仆从，在鲁城西郊钜野打猎时，捕获了一只不知名的怪兽，送到孔子那里，请他辨认。孔子看到以后，惊奇地叫道：“这是麟啊！麟是‘仁兽’，是祥瑞的象征，只有太平盛世才会出现，现在不是太平盛世，为什么来呀！为什么来呀！”正当孔子迷惑不解之际，这一象征祥瑞的麟死了，孔子长叹一声：“吾道穷矣。”并掩面大哭，涕泪沾襟，感到自己的“道”算是到头了。这时孔子正编修《春秋》，他写了“西狩获麟”这句话后，就停笔不再写下去了。这就是传说中“孔子修《春秋》，绝笔于获麟”的故事。

就在这一年的夏天，孔子最心爱的弟子颜渊死了。孔子非常器重颜渊，他曾说：“颜回太好了！吃的是粗饭，喝的是清水，住在又窄又小的巷子里，忍受着别人不堪忍受的忧愁，但是他照常是快乐的。”孔子说：“聆听教诲自己的话，从来不懈怠的，大概只有颜回了。”孔子还曾对颜渊说：“有机会就实现理想，没有机会也能安心，只有我和你可以做到。”孔子认为，颜渊是最贤的一个弟子，他最聪明，既肯学习，又善于动脑筋，是个宰相之才，将来能成大器，但可惜这个弟子体弱，不到三十岁时头发就白了。当七十一岁的孔子听到颜渊去世的消息时，感情不能自制，仰面痛哭：“老天要了我的命了，老天要了我的命了！”

见孔子哭得如此悲痛，有人说：“你太哀痛了。”孔子说：“真的太悲痛了，这个人死了再不哀痛。我还为谁哀痛呢？”

颜渊的父亲颜路自然也十分悲伤，他想给儿子葬得好一点，但自己又很穷，去请求孔子，要孔子卖掉车子给颜渊买一副套棺，孔子没有同意。因为当时孔子常和大夫们来往，如果没有车子，那是违背周礼和丢失面子的事。弟子们都坚持厚葬颜渊，后来孔子也只好默许了。孔子说：“颜回待我像父亲，可是我没能待他像儿子。这都是那些学生们干的呵，我也做不了主。”

一波未平，一波又起。第二年(公元前 480 年，孔子七十二岁)冬，卫国发生政变。原来，被逐在外的卫出公的父亲蒯聩回来抢夺君位。那时子路在蒯聩的外甥、一个卫国贵族孔悝那里做官。孔悝不同意蒯聩夺权，但孔悝的母亲却支持弟弟蒯聩夺权。一天，孔悝的母亲和她的情夫浑良夫充当内应，并威逼孔悝参加政变。在这紧急关头，子路马上跑进城，要求释放被围困的孔悝。蒯聩不放，子路便准备在土台子下放火，以威胁蒯聩放出孔悝。这时蒯聩派出了两个武士和子路格斗。六十三岁的子路受了伤，帽缨也断了，但他想：一个知礼的人，临死时帽子是要戴正的。当他在把帽缨结好的时候，支持不住了，被敌手砍成肉酱。蒯聩终于夺了君位，即卫庄公。

当孔子听说弟子子路被砍成肉酱的时候，在院子里大哭起来，并叫人赶快把屋子里吃的酱盖起来，怕看见了忍受不了。

一个又一个沉重打击，使孔子的晚景十分凄凉。子路去世的第二年初，孔子就病倒了，子贡、子夏、曾子经常去陪伴他。

一天清早，子贡来看孔子。孔子已经起身，正拄着拐杖在门口站着，像是等待什么的样子。因为昨天夜里孔子做了一场恶梦，心里非常不安，不等天亮，就挣扎着爬起来了。

孔子一见子贡来了，就说道："赐啊！你为什么来这么晚呢？"接着长叹一声，吟道："泰山倒乎，梁柱摧乎，哲人萎乎。"意思是：

巍峨的泰山要崩塌了，
粗壮的梁柱要断了，
哲人啊——
要像草木那样枯萎了。

这是孔子最后的歌声，他唱着唱着流下泪来。子贡看得出老师的心情不同往日，感到他确实是病重了，便赶快扶他进屋，安慰他在床上躺下。孔子老泪横流，向子贡说起昨晚的恶梦：我梦见在一个很大的厅堂里，放着几口棺材。夏代人的棺材是停放在东台阶上的，周代人的棺材是停放在西台阶上，殷代人的棺材是停放在两个柱子中间的，而我是坐在两个柱子中间受人祭奠，我是殷人之后，如今和自己的老祖宗坐在一起，大概不会活太久了。孔子做的梦显然是他过分忧虑的结果。

从这天起，孔子再也没有起来，经过他的孙子和弟子们精心侍奉七天后，便与世长辞了，时在公元前479年(鲁哀公十六年)夏历二月十一日，终年七十三岁。

孔子逝世后，鲁哀公致以哀悼的诔词上说："上天不仁呵，连个老成人也不给留下。剩下我一人在位，孤孤零零、担着罪过。呜呼哀哉！尼父呵，我今后向谁请教呵！"对此，子贡指责道：孔子活着的时候不重用他，死后才陈述他的德行，"非礼也"。

孔子葬在古鲁都曲阜城北一里多的泗水旁，他的弟子们把墓筑成个椭圆形，被称做"马鬣封"。很多前来送葬、祭奠的人，带来各地的树苗，栽到墓的附近，天长日久，蔚然成林，后世便称其为"孔林"。孔子的弟子们像失掉了父亲一样哀痛，弟子们按照当时的规矩，在墓旁盖起小屋，守丧三年。据说，众弟子在服丧期间，最忧虑的是今后大家离去，"微言"分散，将使先师之道失传。所以，他们曾倡议把个人所记的有关孔子的言论，进行整理纂辑。三年之后，弟子们拜墓泣别。子贡不忍离开，一直在墓旁小屋里住了六年，才依依不舍地拜墓离去。今"孔林"中，孔子墓旁仍有象征当年"子贡庐墓处"的建筑物。

(二)儒家经典

《论语》是语录体的关于孔子及其弟子言行的回忆录,是儒家学派的主要经典。在现存资料中,《论语》是研究孔子传记及其思想的最古老和最可信的史料。

对于《论语》,《汉书》和《通志堂经解》中表述得较为明确:"'论语'者,孔子应答弟子、时人及弟子相与言而接闻于夫子语也。当时弟子各有所记。夫子既卒,门人相与辑而论纂,故谓之《论语》。""问'论语'者何?对曰:'此孔门师弟子讨论文义之言语也。有弟子记夫子之言者;有夫子答弟子之问者;有弟子自相答问者;又有时人相与言者;有臣对君之问者;有师弟子对大夫之间者,皆所以讨论之义,故谓之《论语》'"这些表述均未提及孔子再传弟子的记录,所以仍有不足之处。

关于《论语》的编纂者是谁?历代学者说法不一。如:"子夏六十四人共撰仲尼微言";"大抵《论语》所记,自应有一部分为孔门弟子当时亲手所记录者;而全书之纂辑增订,则出于七十子之门人耳。""仲弓、子游、子夏等撰。"等等。根据这些说法,可以认为,《论语》是由孔门弟子及其再传弟子所纂辑,而起主导作用的是孔门弟子,特别是仲弓、子游、子夏、子贡的贡献更大些。

秦始皇焚书坑儒,使古代文献散失,《论语》也几乎毁之殆尽。汉初,帝王以尊孔为正统,遂以整理孔子遗书为重点。当时因依据的是《论语》残本和口头讲述,所以出现了《鲁论》和《齐论》不同的本册和内容。公元前一百多年时,又在孔宅壁中发现了《论语》,其字皆蝌蚪文,古称《古论》。这样在西汉时期就有三《论》并行于世。西汉末年,张禹以《鲁论》为主对三《论》作了一番考订,改编成《张侯论》,并被官府列为官学,从此三《论》不再并传。东汉时期,郑玄又以《张侯论》为本,参考《齐论》、《古论》而改订,即成为今本《论语》。到了清代,崔述曾对今本《论语》逐章逐句作了考辨,认为其真实性有十之八九。

从今本《论语》问世以来,至今已两千多年。在这漫长的岁月里,无论中国出现什么样的社会动乱和变革,对《论语》的研究从来没有停止过。自汉代至今,中外学者为《论语》做注释工作的达六百家以上,成书三千余种。在这方面,《论语》远远超过了古今中外任何名家的经典。

今本《论语》,内容极其庞杂,包括孔子的哲学思想、政治主张、教育学说、伦理观念、道德修养,以及立身处世之道。《论语》共有二十篇,即《学而篇》、《为政篇》、《八佾篇》、《里仁篇》、《公冶长篇》、《雍也篇》、《述而篇》、《泰伯篇》、《子罕篇》、《乡党篇》、《先进篇》、《颜渊篇》、《子路篇》、《宪问篇》、《卫灵公篇》、《季氏篇》、《阳货篇》、《微子篇》、《子张篇》、《尧曰篇》。每篇包括若干章,共四百九十二章。一章记一事或几句话。每章的字数大多二、三十个字,有的仅六、七个字,超过百字的也很少。《论语》通篇言语古朴精练、含义深远,在社会政治、伦理、教育、史学、文学、汉民族语言等方面都有很高的价值。

(三)"万世师表"

在我国漫长的封建社会里,曾涌现出许许多多的帝王将相、文人墨客,他们之中,名声赫赫者不计其数，但时过境迁，很快就被人们淡忘了。惟独生前郁郁不得志的孔子，其人格和思想的影响却经久不衰。

孔子逝世的第二年，鲁哀公将孔子故居改建为孔庙，并将孔子生前用过的衣冠、琴、车等陈列于庙中，岁时致祭。

战国时期，孟子曾引孔子弟子有若的话说："出乎其类，拔乎其萃，自生民（自有人类）以来，未有盛于孔子也。"荀子则称孔子是足与夏禹、商汤、周武这三个君王以及周公比德齐名的"圣人"。

在汉代，汉高祖过曲阜时，曾以太牢（牛羊猪各一百）祭孔子；到汉武帝开始独尊儒术，儒家思想被命定为官方的正统思想，作为儒学创始人的孔子的地位，便从此禄列于先秦诸子之上；与汉武帝同时代的大史学家司马迁，在《史记》中专写了一篇《孔子世家》，其中写道："天下君王至于贤人众矣，当时则荣，没则已矣。孔子布衣，传十余世，学者宗之。自天子王侯，中国言《六艺》（即《六经》）者折中于夫子，可谓圣矣！"武平子又把孔子追谥为"褒成宣尼公"。

自汉朝之后，历代封建统治者都竭力尊崇孔子，采取各种办法抬高孔子的地位，并且还对孔子的后裔赐以爵位和特权。

739年，唐玄宗追封孔子为"文宣王"。

1008年，宋真宗谥孔子为"玄圣文宣王"，次年改为"至圣文宣王"。1055年，宋仁宗改封孔子四十六世孙宗愿为衍圣公。从此，衍圣公世代承袭，并享有种种特权，一直延续了八百多年。

1307年，元武宗加封孔子为"大成至圣文宣王"。元代除进一步扩大孔子墓地（世称"孔林"）外，还修建了林墙。

1468年，明代《御制重修孔子庙碑》中说："孔子之道，天下一日不可无焉。何也？有孔子之道，则纲常正伦理明，万物各得其所矣。不然，则异端横起，邪说纷作，纲常何自而正，伦理何自而明，天下万物又岂能各得其所哉！是以生民之休戚系焉，国家之治乱关焉，有天下者诚不可一日无孔子之道也。"1530年，明世宗称孔子为"至圣先师"。

1645年，清顺治帝谥孔子为"大成至圣文宣先师"，1657年又改为"至圣先师"。康熙时，将孔林扩地为十一顷。

袁世凯当总统时，曾一再颁布尊孔令，并在1914年搞了一个所谓《崇圣典例》。1912年，以一批清朝遗老为主成立了孔教会。以后的北洋军阀政府和国民党政府都有过尊孔、祭孔活动。1935年，国民党政府明令"以孔子嫡系裔孙为大成至圣先师奉祀官"。

经历代封建统治者对孔子故居的修缮扩展和对孔子后裔赐以特权，现存的孔庙总面积达三百二十七点五亩，庙内共有殿、堂、亭、庑、楼四百六十六间，门坊五十三座，并围以红墙，配以角楼；现存孔府占地二百四十亩，厅、堂、楼、轩四百六十三间和一个花园，是一座典型的封建贵族庄园；现存的孔林，占地三千余亩，周围林墙高近一丈，厚达数尺，长达十四点五华里。

自汉代以后的两千余年的中国封建社会中，经历了几十个朝代，几百个君王，却很少有哪一个朝代，很少有哪一个君王，不竞相尊崇孔子。朝代有更替，君王有变换，而超朝代、超君王的被尊为“万世师表”的“布衣孔子”及其思想，却始终是中国封建社会的精神支柱和思想基础。这是因为，孔子思想体系的内在结构是合理的，它能够在很大程度上缓和地主阶级与农民阶级的矛盾，从而使封建制度得以巩固；它有利于克制封建统治阶级在经济政治方面的贪欲，以协调其内部的暂时平衡。同时，由于孔子学说在一定程度上符合劳动人民的愿望和要求，是人民性和原始人道主义的反映，因而在民众中有较高的声誉。封建统治者便打起这块招牌，以抬高自己，争取民心，巩固其统治地位。

孔子及其学说，不仅对中国社会影响深广，而且传播到国外，在世界的许多地方产生过和正在产生着不同程度的影响。日本的金谷治在其《孔子学说在日本的传播》一文中说：“孔子的学说成为儒教以后，传到中国以外的地方，在朝鲜、日本等亚洲地区产生了巨大的思想影响；在十七世纪以后，又通过耶稣教教士广泛地介绍到欧洲。”在这篇文章中他还说：“在日本，很久以来一直学儒教，读《论语》，尊孔子。”也正是由于孔子思想体系中包含着具有普遍意义的原始民主精神和原始人道主义精神，包含着最一般的政治伦理原则，孔子及其学说才有可能在许多国家、许多地区以及不同的时期、不同的阶级和阶层中受到尊敬。

尽管旧中国国民身上的麻木不仁、闭关自守、息事宁人、奴隶主义等等与孔学的影响有关，尽管孔子的思想体系中还包含着大量的糟粕，以致成为中国走向工业化、现代化的严重障碍，成为中国社会缓慢发展的重要思想因素。但是，孔子不愧为世界历史文化名人，不愧为是中国古代社会伟大的思想家、政治家、教育家。在他的思想体系中，也确确实实闪烁着乃至今日仍不失其光彩的人类优秀思想的火花。

老 子

恍兮惚兮

作为道家学派的创始人，千百年来，人们一直将老子当作智者来纪念着，为研读和利用他的内容非常丰富的思想遗产而努力着。这种努力探索的过程充满了艰辛，因为不仅老子哲学的道论"玄之又玄"，微妙难识，而且他本人的生平也是"惟恍惟惚"，难究所以。

有关老子的史事记载模糊而多歧见，很大程度上是由于老子"其学以自隐无名为务"的缘故。老子的隐者形象为宗教徒将其神化提供了方便条件；其既人且神的双重身份至今没有得到彻底改变。最先将老子妆扮成神于天圣于地无所不知无所不能的永恒的天神的，是他的那些封建时代的崇拜者们，主要是道教信徒；甚至连老子的出生也被他们抹上了一片迷离恍惚的薄雾。据《历代神仙通鉴》、《列仙全传》等藥籍的说法，老子之母叫元妙玉女，适逢天降玄黄，吞入口中，遂有妊身，怀八十一年，终于在商朝武丁年间于楚国曲仁里的一株李树下，由左肋下生下老子。传说老子出生即行九步，步生莲花，左手指天，右手指地，大呼"天上地下，惟道独尊"。遂指李树为姓。因其耳大，遂名耳。由于出生时即白发满头，是个不折不扣的小老头儿，故号老子。

道教的老子观明显地抄袭了佛教的关于佛陀降生救世的传说。仅此一点，也可看出佛教文化和道教文化的相互融合和渗透。道书所云老子的姓氏名字籍贯乡里等等并非全部出于想象和杜撰，它显然是《史记·老子列传》有关记载的加工品。太史公司马迁十分肯定地写道：

> "老子者，楚苦县厉乡曲仁里人也。姓李氏，名耳，字聃，周守藏室之史也。"

楚国苦县在今河南省归德一带。但是，有关老子的原籍自古便有不同的看法。清初的考史大家阎若璩继承和发展了唐人司马贞、宋人裴骃对老子原籍的观点，认为老子生时苦县属于陈国，归楚是在孙子死后，那时老子早已不在人世，所以老子应是陈人。可是老子的卒年也象他的生年一样，几近茫昧莫考，没有证据表明他谢世于苦县归楚之前，所以称老子为楚人并不错。至于那种认为老子是宋国相人的说法，纯以推测成说，很难成立。

道教所云老子生年当然不可信，史籍中对此也没有留下比较详细的记载。在目前条件下，只能对其生存的时代做出一个大概的推断，一般认为老子生活在春秋时代的晚期。

“不识庐山真面目，只缘身在此山中”。从纯粹历史学的立场看来，孔子和老子两人却是见过面的。这也正是我们认定老子为春秋晚期人的重要依据。

春秋时期的史官，都是大学问家。传说仓颉造字，依类相形，和伏羲画卦一样，也是远取诸物，近取诸身，形成了一个个完美的图画般的文字符号。正是史官操纵着这些符号，通过奇妙的排列组合，描述生死悲欢、爱恨别离；描绘春华秋实、沧海桑田。肩负记载“成败存亡祸福古今之道”使命的史官，他的每一次随意涂抹，在一般人眼里都是一道美丽的微光，划破了茫茫的昏暗人生。所以，造访老子的求教者可能不会很少。

当时，在后来被尊为万世人伦师表的孔丘孔圣人，也以晚辈的身份向老子求教。立志要兴灭国、继绝世、举逸民的孔子，知其不可为而为之，周游列国，到处宣传他的克己复礼的政治主张，却没人采纳，急得他要“乘桴浮于海”。孔子十分伤感地向老子诉说着自己的困惑和无奈：

我研究《诗》、《书》、《礼》、《乐》、《易》、《春秋》六经，自以为很长久了，”谁也不采用。人可真是难得说明白呵。还是道的难以说明白呢?”

“你还算运气的哩，……没有遇着能干的主子。六经这玩艺儿，只是先王的陈迹呀。那里是弄出迹来的东西呢？你的话，可是和迹一样的。迹是鞋子踏成的，但这难道就是鞋子吗？……性，是不能改的；命，是不能换的；时，是不能留的；道，是不能塞的。只要得了道，什么都行，可是如果失掉了，那就什么都不行。

这里的老子，是一个富于智慧而慈祥的老人，语调舒缓，潺潺如山间小溪，九曲十八弯，清淳、通达，在历史的尘垢中流淌，在人们的心灵上敲响。而《史记·老子韩非列传》中关于老子答孔子问礼的记载，则描绘了一个辞风老辣性情率直的严师形象：

“子所言者，其人与骨皆已朽矣，独其言在耳。且君子得其时则驾，不得其时，则蓬累而行。吾闻之，良贾深藏若虚，君子盛德，容貌若愚。去子之骄气与多欲，态色与淫志。是皆无益于子之身.吾所以告子，若是而已。”

老子和孔子，道与儒，道法自然与仁德忠恕……由此而决定了中国文化传统的核心内容和发展趋向——儒道互补。中华文明的高堂邃宇，正是主要依靠了这两根支柱而屹立于世界的东方。从这个角度看来，这两位文化伟人、学术宗师、思想巨匠的相会，也许正是如今开始走向世界的中国风的源头吧。在中国，他们两人的影响力大到了无人可以匹敌的程度，还有谁能象他们那样，两千多年来始终以自己的不朽学说影响着历史的发展进程，并且远远地超越了国界呢？

在其后的战国时期，两位宗师的会面，引起了当时知识界的瞩目。历史学家和思想家们，以各自俏皮的、练达的、严谨的、奔放的、昂扬的、颓唐的笔调，依照自己对世界的理解，对人生的揣摩，记下了中国文化史上的这件大事。

老子与孔子是同时代人，年辈在孔子之先。年辈并不决定一切。在华夏文明史上，孔老各领风骚。而由他们所创立的学说，在经过历史风波的拍打之后，早已你中有我，我中有你了

历史本身是一个剪不断理还乱的谜团，是一个山重水复纠葛繁杂的发展过程。

因此，尽管我们已经简单列举了有关孔老同时的史证，仍不足以看清老子惟恍惟惚的行迹。如同一条经线要同无数根纬线相交一样，老子的史事也同其他历史人物发生了纠缠；这种纠缠来自于司马迁的《史记·老子列传》。在简述了老子生平之后，太史公又写下了这样两段令古今学者争论不已的文字：

“或曰：‘老莱子，亦楚人，著书十五篇，言道家之用，与孔子同时云。’”

“自孔子死之后百二十九年，而史记周太史儋见秦献公，曰：‘始秦与周合而离，离五百岁而复合，合七十岁而霸王出焉。’或曰儋即老子，或曰非也。世莫知其然否。”

于是老莱子和太史儋又被认为是老子，或者说后者不过是前两者的化身、影子罢了。

老莱子的确同老子有些相象，他的言谈也带有道家色彩。不过，老子言道家之意，老莱子则注重道家之用，并不完全相同。

事实上太史公亦从未将老子和老莱子混为一人，他在《史记·仲尼弟子列传》中明确写道：“孔子之所严事，于周则老子，于楚则老莱子。”摆明了是两个人。正如有人已经指出过的那样，太史公只是将老莱子之史事附在《老子列传》中，藉此流传。这是《史记》常用的笔法。

至于太史儋，从很多方面来看，他的形象同老子的确有重合的现象。例如二者同为周朝史官，肩负总结成败得失存亡祸福的文化重任；二者均出关西行等等，形象纠缠比较厉害。但老子出关是走上归隐之途，而太史儋出关入秦的目的则是游说秦献公，

所以太史儋同老子的思想绝不相同，二者不是同一人。

在太史公的时代，老子留在历史尘埃中的行迹已经很模糊了，难辨真伪。客观地记录疑点和不同之说，正是太史公作为史学大师的杰出之处。所以，虽然解决了老子同老莱子、太史儋的关系问题，但还不能说已经基本上凸现了历史老子的形象，也许在一个相当长的时期内，我们都无法将老子从各种史事纠缠中解放出来，代替他填写一份清楚简明的履历表。

乱世星斗

老子所寄身的春秋时期，是一个躁动不安的历史时期，是中国历史上惟一的以一部书命名的艰难时世。

醉心于区分贵贱尊卑的古儒们认为，春秋是三代以后第一个礼崩乐坏、天下无道的衰世。

春秋末期，世无明主。相传孔子为此而黯然神伤，作歌曰：

“唐虞世兮麟凤游，今非其时来何求？麟兮麟兮我心忧！”

就这样，一部有“大义”有“微言”的《春秋》经诞生了。所以历代的儒生们都不遗余力地鼓吹：孔子作《春秋》，乱臣贼子惧！

且不说孔子是否真的写了《春秋》也不论此后的乱臣贼子们是否被“麟史”的“大义微言”吓得不知所措，诚惶诚恐地俯首束手，甘受圣明天子的宰割；整个春秋时期，至少从表面上看去，人际关系失衡了，名分等级淆乱了，下犯上，贱欺贵，天做了地，东做了西！

也难怪述而不作的孔子写不下去，要“绝笔于获麟”了。

在礼教卫道士们看来，春秋时的“暴行”罄竹难书。周天子原本是天下“共主”，“率土之滨，莫非王臣”。可是，那些昔日的天子“臣妾”们——齐、晋、楚、宋、郑、卫、吴、越……等诸侯，经过了多年生聚，多年教训，羽翼逐渐丰满起来，不再把天子放在眼里。连那些一向被周人看不起的蛮夷戎狄们也神气起来，不断向诸夏地区扩张，形成了“南夷与北狄交，中国不绝若线”的局面。公元前720年，郑庄公对天子任用虢公为王室卿士不满，派兵攻入王畿，强行收取天子的麦禾。十三年后，郑庄公又打败了周、蔡、卫、陈的联军，郑将祝聃一箭射中了天子的肩头。公元前632年，晋师在城濮大胜楚军，称霸诸侯。在冬季召开的“践土之盟”的诸侯大会上，晋文公将周襄王也召了去。这不是天子反要向诸侯朝觐了么！自称“我蛮夷也”的楚君也要称王称霸，甚至耀兵周界，向劳军的周使询问周鼎之大小轻重。周之九鼎乃王权之象征，楚君问鼎，有取而代之图谋王位之意。

周室衰微，政由方伯。冲破了礼制束缚的诸侯们则在政治、军事等方面展开了激烈的角逐。为掠夺财物，扩充地盘，以大国争霸为特点的兼并战争愈演愈烈，霸主迭出。他们“挟天子以令诸侯”，打着“尊王攘夷”的旗号，兼并了许多小邦诸侯。烽火遮天，尸骸遍地；鲜血与美酒齐溢，屈辱与光荣并生。问苍茫大地，谁主沉浮？礼乐征伐自天子出”，早已成为不堪追忆的过去，现在则是礼乐征伐自诸侯出，自卿大夫出，甚至“陪臣执国命”。齐国田氏以大斗出贷小斗收入之法拉拢民众，积蓄力量，对抗公室，终于杀掉了齐简公，控制了齐国政权。晋国韩、赵、魏三家几经周折，翦除了旧贵族，为瓜分晋室打下了基础。就连最保守的鲁国，君臣《诗》不离于口，心不贰于礼，也出现了三桓大夫专政、公室卑弱的局面，只气得孔圣人大呼：“是可忍，孰不可忍也！”

时世动荡着，旋转着，它载负了过多的忧伤、愁烦和叹息。天子在经济上愈来愈象个乞丐，依靠诸侯们施舍的残羹剩饭打发光阴。“王畿”逐渐被诸侯或卿大夫蚕食，土地面积日益缩小。“普天之下，莫非王土”的光荣和高傲已成昨日黄花。正是在这种阶级关系的大变动中，才实现了六卿强、公室卑、政在私门。

所有这一切，组成了震铄古今流传久远的时世交响曲。“美金以铸剑戟，试诸狗马；恶金以铸钽夷斤劚，试诸壤土”。伴随着经济关系和阶级关系的变化，奴隶和平民反对剥削和压迫的斗争势如燎原怒焰。“民不尽力于公田”，“民罢而弗堪”，“民不敬”，“民不服”等等一系列跳动的音符在大野、王畿和市井突兀地奏响，混成一片，分不清鼓点。如同一场风暴，扫荡了贵族们矫揉造作的情感，遮掩了他们搔首弄姿的身影，成为“孕育着新社会的旧社会的助产婆。”

这就是老子所寄身的春秋时代，一个风雨俱来、大厦将倾，而又满怀渴望、憧憬的乱世。

政治家和思想家们，例如管仲、子产、晏婴、孙武、孔子，甚至包括据说著书十五篇的老莱子，他们生活在风云激荡的动乱时世，分别以各自不同的或直捷坦荡或狭隘偏急的胸襟去包容社会，以各自的或审慎多疑或哀怨愤激的目光去扫描人生，述说着千差万别的或系统的或零碎的度世哲理和治世主张；他们每一个人都是社会的舆论中心。一种沉重的社会责任感重重地压在这些智者的心头，既压抑着同时也撩拨着他们那或合情合理或非法非分的个人欲望。宛如暴风骤雨中的一叶扁舟，他们在理性和感情、社会道德和人生权利的汪洋中沉浮着，挣扎着，探索着。这一切都是为了两个字：生存。“所有的狗都应当叫，就按上帝赐予它们的嗓门叫好了”。他们叫了。那叫声有的响亮，有的沉雄，有的狂放，有的平和。世界不总是一个声音；世界不应当总是响彻一种回声。“鸟鸣山更幽”，缺了热烈，少了豪放；“月涌大江流”，少了灵动，缺了渺小。人和动物的重要区别就在于：人有思想。寻求真理并坚持自己的信仰，永远不能成为罪行。人们理应时常告诫自己：一自己的头颅不应当长在别人的手上。就两千多年前的春秋时期而言，智者们的啸叫向时人和后来者们开辟了一个新的世界：一个充满矛盾、也充满智慧的思想文化的灿烂星空，一片与政治社会很不和谐的生动活泼的繁荣景象。

那么老子呢？老子也在叫，当然也用上帝即历史赐予他的嗓门叫。他力图辩证地揭示事物存在和发展的原因，在宇宙观方面进行了艰苦的求索。对他所发现的道，老子情有独钟，自豪地宣称“道”是“玄之又玄”的“众妙之门”。他偏执地要求人们遵循道的固有轨迹去生活，无知，无识，无欲，为建立小国寡民的社会而“为无为”，而“法自然”。他在通往“众妙之门”的道路上几乎跋涉了整整一生。而这一切，也只是为了两个字：生存。姑且不论老子的学说在后世引起了多大反响，他的叫声在春秋末和战国初期已经流传开来，很多人都受到触动和感染。前面曾提到的《论语》和《墨子》佚文中的某些章句，表明孔子和墨子这两大思想家都受到了老子思想的影响。只有习惯并热衷于抱残守缺、宗法观念根深蒂固的腐儒才会为此而倍感羞辱。大海接受了百川之水，可是有谁敢指责它渺小呢？

老子的思想，基本上浓缩在《老子》这部书中。同老子其人一样，《老子》其书也泛着神秘的色彩。

千山万壑，函谷关头，关令尹喜迎来了心灰意冷欲西行避世的老子。他大约久已听说过守藏室之史的大名，所以十分恳切地对老子说：您就要隐居去了，一定要为我们写点什么留下才好。于是老子暂时留居在荒寂的关上，“著书上下篇，言道德之意五千余言而去”。

这是《史记》即古代历史家的说法。

《列仙传》则说关令尹喜是周室大夫，擅长内学星宿这套玩艺儿。他在关上远远地望见了老子头上的云气，是谓“紫气浮关”。而老子也久闻他是个奇男子，惺惺相惜，乃为其著书相赠。

此为神仙家的《老子》问世之说。

《老子》的话“太自由了，太激烈了”，不象春秋人说的；其文字语气也不象春秋人所有。《老子》书当作于战国之末。

《老子》的传世本很多，通行本共分八十一章，前三十七章为《道经》，后四十四章为《德经》,故又称《道德经》,凡五千余言。1973 年,在长沙马王堆 3 号汉墓出土了帛书《老子》的两种写本,《德经》在前,《道经》在后,文字及编排上也与今本略有不同。据学术界研究,甲本的抄写年代在汉高祖之前,乙本抄写年代可能在汉高祖至汉景帝时期内。《帛书》老子是现存最古的《老子》抄本。

那么,《老子》是一部什么样的书呢?

《老子》,是一部曾使人如醉如痴的经典。

汉初,战乱方定,经济凋弊,民不聊生。自惠帝、吕后当政时起,西汉统治阶级开始推行清静无为的黄老政治,轻徭薄赋,与民休息,很有成效。汉景帝之母窦太后出身十分贫寒,认定了黄老政治最适合社会的需要,能够保佑刘氏王朝长治久安。景帝还在做太子的时候,就不得不同窦氏子孙一起,在窦太后的督促之下苦读黄老典籍,大约《老子》五千言总要背诵如流才成吧。

景帝朝时儒学势力正在复兴之中。当时有位年近八十的辕固生,是有名的治《诗》的经学家,在朝中做博士官。其为人有治学变通的一面,例如他反对笼统地声讨"弑君"之行;可是在他身上也有很重的书呆子气。窦太后听说他学问渊博,召他进长乐宫为自己解说《老子》。高傲的经学家对老子和《老子》都不屑一顾,认为那是僮仆之言。窦太后勃然大怒,逼着辕固生去皇家兽圈打野猪。汉景帝不敢劝阻,偷偷赐给他一把利刃防身。白发苍苍,步履踉跄的经学家只得抱定了殉道的决心,面对着扑过来的青面獠牙的巨兽,战战兢兢地胡乱一剑刺去,居然正中野猪心脏,劫后重生,得脱大难。

《老子》,也是一部令人疯颠欲狂的奇书。

唐朝皇室姓李,为强化自己的家族统治,便大力尊崇同姓的老子以及道家和道教。唐玄宗嗜读《老子》,号召人们都要学习和收藏《老子》。他一面命令将老子画像颁布天下,一面尊《老子》为《道德真经》,在科举考试中特设了《老子》科。开元十一年(723 年),唐玄宗亲注《老子》,并颁诏称赞《老子》"权舆真宗,启迪来裔"。

比唐玄宗更为佞道崇老的是宋徽宗。北宋后期,宋室江山千疮百孔,北方的契丹、女真不断南下进犯,在中原士庶的头上悬起了座座刀山。庐舍丘墟,人民惨遭蹂躏。而宋朝统治阶级仍不思进取,抵御外侮,反而更为变本加厉地压榨人民,过着纸醉金迷的荒唐生活。政和七年(1117 年),宋徽宗自称是"上帝元子",竟然册封自己为"教主道君皇帝"。当时道教宫观遍天下,每一观得赐田不下数百千顷,大小道士皆有俸禄。宋徽宗曾命令士庶人众去听方士林灵素讲解《道经》,林灵素根本讲不出《道经》的精义,只好"时时杂以滑稽媟语,上下为大哄笑"。徽宗望眼欲穿地盼着天神降临宋室宫阙,一瞻其飘逸俊朗之风采。所以,他对《老子》的研读也更加刻苦了,将其看作为沟通天界的桥梁,排斥"金狄"的神器。徽宗下诏颁布了自己研读《老子》的成果——《御注道德经》,并且下令在太学和辟雍设桥梁"。至于在东瀛日本,从古至今,学习和研究《老子》的学者,更是多得无法数计了。

《老子》基本上概括和总结了老子的心路历程。她象一颗闪闪发光的天体,在文化的嬗变中运行旋转,至今仍未停息。究竟有多少汉文和外文的《老子》译本、注本、摘要本、抄本以及研究著作,恐怕很难详细统计了。古今无数人研读过《老子》,神游魂驰，游走玄思；面对着复杂动荡的时世，面对着变幻莫测的自然，面对着神秘荒寂的宇宙，人的权利、人的道德、人的责任、人的义务等等问题自然而然地出现在脑际，促使人们去谱写时代的旋律，为更理想地生存而奋争。“春秋多佳日，登高赋新诗”。《老子》的玄思哲理便是助人登高望远，认识世界也认识自身的一级重要的阶梯。因此，尽管老子其人早已死去，但我们通过研读《老子》，却分明看到和听到了，在两千多年前那片繁荣的星空下，那片萧疏的大地上，有一个苍老的声音在低低地诉说……

玄之又玄

人类的繁衍，社会的进步，自然界或缓慢或剧烈的变化，使悬在人们心头的那个古老的问号更加沉重了：是谁推动了世界？是谁缔造了万物？人类为了科学地解开这个谜，一直进行着异常艰苦的探索，为此而献出了一代又一代人的聪明才智，献出了众多仁人志士高尚的灵魂和纯洁的血肉。

二千多年前周朝守藏室之史老子提出了独特的关于万物本原宇宙生成的学说，即被老子称为“玄之又玄，众妙之门”的道论。在西方米利都学派那里，重要的观念基本上还只能通过形象去表达。水、火、气之类固然是物质性的本原，但远不是什么物质一般，只有阿纳克西曼德的“无定”说是一座比较突出的思辨山峰。而老子道论的理论建构，也许更为精致，更为思辨。道论是老子对本性无为的自然，对“民之饥，以其上食税之多”的人类社会进行艰苦探索后的总结

老子在建构他的理论大厦时，企图超出具体形象的束缚，竭力摆脱感性经验的迷惑，体现了典型的东方智慧，不仅使今人，也使古人感觉其言玄妙非常，以至于放浪形骸不拘礼法的魏晋名流们干脆将《老子》五千言都称作“玄言”了。

“玄言”之一：

> “有物混成，先天地生。寂兮寥兮！独立而不改，周行而不殆，可以为天下母。吾不知其名，字之曰道，强为名之曰大。”

这段话也许是老子道论中最重要的论述了，意思是说：当深邃的天空和莽苍的大地还没有生成的时候，有一物已经混然而成了。它不生不灭，不增不减，万物皆流迁，它则特立独行。它不知疲倦地循环运动着，从不停息，它是天下万物的母亲。此物虚而无形，世人皆不知其名，我给它起名为“道”，勉强又可以叫作“大”。

老子在这里特别强调了道不可名的特性。道之所以不可名，乃在于道作为万物的本原及其存在的根据，超出了人们感觉经验所能寻觅到的范围。人们只能从超感觉的陌生世界中去领悟道所独具的哲韵。老子在描述道的形状时也颇费力气，因为他的任务不仅仅在于由自己解开世界运动变化之谜，还在于要使更多的人包括他的学生，了解道之永恒和自然无为的本质属性，并永远沉浸在得道的欣喜之中。

道之不可名的一个原因，并非因为道瞻之在前，忽焉在后，而是因为它在天地之间的永恒存在。老子坚信，这是一个具有普遍意义的结论。“名不正则言不顺”，孔子的一生几乎都在为正名奔走、呼号，凡一切变化了的现实都应当“惟忠惟孝”，退回到

周礼之“名”的框架中去。可是在老子看来，事物的名称又算作什么呢？固然万物皆有名，都不甘寂寞，不甘悲凉，不愿沉沦，不愿永居下陈，然而结果又怎样呢？花儿开了，又谢了；鸟儿飞了，又落了；滔滔的江河咆哮了，又干涸了；险峻的山岭矗立着，又崩塌了。万物的躯体大小轻重皆有不同，千姿百态，可是，有谁能够永恒存在呢？既然不能永恒存在，它们的大名又怎能百世流芳传播不绝呢？高山崩塌了，化为泥土，山之名呢？.江河干涸了，成为深沟，河之名呢？“尔曹身与名俱灭”，有形有象的“身”死亡了，“名”将焉附？惟有道无形象，惟有道不可名，亦惟有道万古不灭，永远循环运行在天地之间，正如老子所强调的那样：

“道，可道，非常道；名，可名，非常名。”

无名的派生了有名的，永恒的派生了暂存的，老子就是这样提出了他的道为万物本原说。

道创造万物的具体过程，远非这般动人。语言距离神话越远，才越有可能将抽象思辨的理论表述清楚，也才越发使人们为之感到困惑和茫然——一个人若是向前走得太远的话，留给后人的只能是模糊的背景。乱世中的老子，思想在脑海中不安地跃动着。和同时代的天子贵族武士巫祝们比较起来，在宇宙论方面，他们是在浑浑噩噩地原地踏步，而老子则是向前疾飞。于是，他又为时代和后人们留下了这样一段深刻的论述：

“道生一，一生二，二生三，三生万物。万物负阴而抱阳，冲气以为和。”

显而易见，这段充满了“玄思”的话是老子对道创生万物历程的高度概括。芸芸众物如何从无到有、从少到多、从简到繁？在老子看来，大千世界的出现并非是道生一物、一物生二物、二物再生三物的简单生殖的结果；生殖并非等于创造。天地未显，自然无为的道已在循环运行，它产生了混然未分的统一体，由这个统一体产生了天和地，打破了黑暗无边的混沌，天地所孕育着的阴气阳气相互和合，激荡涌摇而成冲气，在这三者的作用下，万物得以产生

在后来产生并盛行起来的道教，将老子的道为万物本源说包括“有”“无”同一论继承下来，并加以宗教上的渲染，使数不清的樵夫渔户贩夫走卒也间接地感悟到道创世纪的风采：

无天无地，无阴无阳，无日无月，无晶无光，无东无西，无青无黄，无南无北，无柔无刚，无覆无载，无坏无藏，无贤无圣，无忠无良，无去无来，无生无亡，无前无后，无圆无方。百亿变化，浩浩荡荡。无形无象，自然空玄。穷之难极，无量无边。无高无下，无等无偏，无左无右，高下自然。唯吾老君，犹处空玄寂寥之外，玄虚之中。视之不见，听之不闻。若言有，不见其形；若言无，万物从之而生。”

老子满怀着对天地万物本原——道的绝对热忱，阐述了他的几乎是同道本身一样神秘莫测的道论，在历史上第一个提出了中国古典哲学的最高范畴——道，为重人生重伦理的中国哲学抹上了一笔比较强烈的思辨色彩。老子的一生，几乎都是在探寻道和宣传道的奔忙岁月中渡过的。他同孔子一样，都是古代杰出的宣传家。只是孔子热衷于走“上层路线”，奔竞于列国之间，而老子则比较“深入基层”，走“群众路

线”。

老子有关道的理论是思辨的、睿智的，在打破天命神学统治方面也可以说是犀利的，但是也带有一定的模糊性，仿佛它本身便是一个尚未开窍的混沌，使人难于理解。

老子道论本身也带有令人迷惑的二重性，老子强调说：

“道之为物，惟恍惟惚。恍兮惚兮，其中有物；窈兮冥兮，其中有精，其精甚真，其中有信。”

摆脱桎梏

天无私覆，若无法保持清朗，怕是要破裂吧；地无私载，若不能保持稳定，恐怕会崩圮；神明若不能保住灵气，可能也会死去；河谷若无法长保充盈，恐怕要干涸；万物失去了生命的源泉，将会灭绝；侯王贵族们若保不住自己的权势地位，亡国的“大限”也就不远了。到那时候，本来就已经十分嘈杂混乱的社会，除了走向无可救药的毁灭，还能有什么一线生机吗？

在《道德经》第 39 章中，忧心忡忡的老子，力求从整体上观察、剖析和把握自然界与人类社会，表达了如上述那样的隐忧。尽管原文只有短短的几十个字，也勾勒出弥漫在那个混乱时世的，是怎样一种几近绝望的情绪。

在当时，人们普遍认为，一线生机来自于上帝，天命，来自于不受任何规律羁勒的神力。

当时有谁猜测出，要绝圣弃智的老史官居然也会成为法力无边的神灵？

道教有所谓“真人”，据说就是“莫生莫死，莫虚莫盈”的仙人。老子也被看作是“真人”《庄子・天下》说：“关尹、老聃乎，古之博大真人哉！”这里所谓“真人”并不具有宗教上的意义，只是一种赞叹和称颂之辞，但它却可能启发了后世的道教徒，将老子装扮成“先天地生，以资万类。上处玉京，为神王之宗；下在紫微，为飞仙之主。千变万化，有德不德，随感应物，厥迹无常”的永恒的至尊至贵之天神，尊崇他为“太上老君”。

无论是周天子对现实统治的赞美，还是殷商后裔对祖先赫赫武功的颇为惆怅的追忆，都体现了统治者企图依靠最高的人格神——帝或天，麻痹人民，推行奴隶主政治的统治意志。天成为一块没有任何瑕疵的美玉，除了声嘶力竭地高唱颂歌，诚惶诚恐地接受天命的摆布，人们还能指望有什么别的舟楫将自己渡过风涛险恶的现实苦海吗？

自西周后期起开始出现了疑天、勘天和骂天的思潮，表明了人的自主意识增强了。大写的人字开始隐隐出现在华夏的大地上，云遮雾漫的空间，开始显现出理性阳光的辉煌。

在我们阅读《老子》的时候，尽管我们会为老子对人生的悲哀、对时世的感伤无法排遣而唏嘘、嗟叹；尽管我们的思路也许会在不知不觉中被隐者老子拉向没有尽头的灰濛濛的空间，我们还是不由自主地为他的无神论倾向，为他的非神的啸叫而击节称赏。这位两千多年前的周朝史官精通周礼，审视周礼，怀疑周礼，并进而批判周礼的神学基础——天命观念。老子接受并消化了西周以来无神论思想的零碎观点，使他在同时代的思想家中体现出卓然不群的风采，成为他的故国——楚国文化的叛逆。仅此一点，老子完全可以在“众妙之门”内，回首睥睨他的所有醉心躬执羽绂，起舞坛前的同乡了——在那个没有理解没有微笑的世界中。

为了让世界充满理解，充满微笑，使温馨的爱意洒遍人间，人们不得不从谛视、研究、批判距离自己最远的物体开始行动。老子说：

“天地不仁，以万物为刍狗；圣人不仁，以百姓为刍狗。”

有的蓬勃了，有的衰微了，有的死亡了，有的新生了，一切都在事物内部发展规律的运动下起作用。所以，天地没有意志，没有欲望，也没有情感，任由万物生生灭灭。天的迅雷激变般的气势，虎啸龙吟般的威严，仁爱和平的感情色彩，都似乎被老子连同人为的天幕一把扯下，展现在世人面前的，是一个同人类社会没有上下从属感情纠葛的自然之天，一片没有感觉的蓝色。

老子不是古代第一个以理性的形式宣传无神论的思想家，但他却可能是第一个试图全面剥去天、帝最高人格神面纱的思想家。他无比衷情于作为万物本原的道，使他手中掌握了同天命对抗并最终只能在观念中战胜天命的最为犀利的思想武器。对老子说来，道意味着生存，道就是宇宙间的一切。

命运之天、人格之天被老子理智地恢复了自然之天的本来面目。天之所以没有欲望、意志，任由万物自由地生长流转，是因为天以道为法，而道法自然——

“故道生之，德畜之，长之育之，亭之毒之，养之覆之，生而不有，为而不恃，长而不宰，是谓玄德”。

是永恒的道创造了万物，一切都统一于道，一切都复归于道。“万物莫不尊道而贵德”万物是由道生之，育之、亭之、毒之、覆之的，所以道不仅是万物所由产生的本源，还是它们赖以生存和发展的惟一根据。老子曾不止一次地强调后者的重要性。睿智的史官在经过深思熟虑之后，将道比作一个没边没沿茫无涯涘的容器——盅，并由衷地赞叹道：“渊兮，似万物之宗。”’这“盅”是不可形容的无限，它好象是万物的老祖宗。因此，老子以道本体论否定了万物为天而存亡的人格神本体论，以道法自然否定了意志之天主宰之天的存在。

惨雾迷空

艰难时岁，连年不息的战乱象流动无常的邪火，忽地一下在这里烧起来，忽地一下在那里烧起来，杀戮和劫掠如同太阳东升西落一样平常。残军亡于废垒，瘦马毙于空壕，一片丘墟，焦田里蠕动着几个弃儿饿莩。社会历史正在发生着重大的演变。这个演变过程的激烈程度，即使是身为史官熟谙历史的老子，也记不得从前曾有过这般混乱不堪纷纷扰扰的场面。社会的进步往往是在表面上毫无希望的血海中才得以实现的。面对着等级淆乱，战事方酣，孔子从维护宗法血亲关系的角度出发，愤怒地呼喊——是可忍，孰不可忍！

老子呢？年年国事关心事，重门不锁人生梦，随意绕天涯。守藏室关不住老子关注国计民生的焦灼目光，他一反清虚自守的常态，向世人，也向社会大声疾呼——天下无道！

“天下无道，戎马生于郊”。

“师之所处，荆棘生焉，大军之后，必有凶年”。

“朝甚除，田甚芜，仓甚虚。服文彩，带利剑，厌饮食，财货有余，是谓盗竽。非道也哉”。

“民之饥，以其上食税之多，是以饥。民之难治，以其上之有为，是以难治。民之轻死，以其上求生之厚，是以轻死”。

作为守藏室之史和当时的高级知识分子，老子站在国家政治中心之外，比较全面地观察了社会的主要矛盾现象。尽管他不属于被压迫阶级，但他从统治阶级的长远利益出发，比较深刻地揭示了尖锐的阶级对立和剧烈的矛盾冲突，批判了现实生活中种种令人发指的弊端，对陷于求生不得求死不能的人民表示了极大的同情，迫切希望能够迅速地调和各方面的矛盾，使社会安定下来。

从思想渊源上说，老子继承了自西周初年以来逐渐发展的以民为本的进步传统。春秋初期的大政治家管仲也为民本理论的形成做出了巨大的贡献，其名言“仓廪实则知礼节，衣食足则知荣辱”，表明了他对社会经济生活的重视远过于古人，认为安定人民的生活，顺从民心，才是为政之本。

老子身处乱世，认为应当有一种理性的社会秩序来取代混乱的局面，而这种秩序只能建立在“贵以贱为本，高以下为基”的理性认识之上。

出于对人民所受灾难的深切同情和对王公贵族胡作非为的严重不满，老子认为，用剑和火截断人民的生命历程是不人道的，那样做不但毁坏了人们的物质家园，也毁坏了人民的精神家园，使由道所建构起来的和谐、秩序和美丽皆被扫荡无遗，人们摆脱烦恼和痛苦的希冀永远地成为空想；也根本无法设想，在是非颠倒的社会中，人类会充分发展自性，实现向道的彻底回归。

因此，苦闷的老子成为清醒的老子，他渴望着尽快恢复“天下有道，却走马以粪”的宁静清明的社会环境，干戈不兴，烽烟绝迹。

无为而治

老子是当时统治阶级的弱者，对地覆天翻般的社会变化一时感到茫然无措，只觉天地虽大，却寻不到一块存贮简牍的安静之地，卑怯、怜悯、忧伤，对悲惨的社会景象与其说不敢看，毋宁说不忍看。然而眼睛可开可阖，心灵的闸门却不能时放时闭。作为一位进步思想家，老子纷乱庞杂的思绪中不可能不跃动着时代的脉搏。千古凭高，对此谩嗟荣辱兴亡。为什么会出现攘人妻子、夺人财富、占人城池、毁人田园等穷兵黩武的混乱局面？在此多难之世，名誉同生命相比何者为亲？生命同财富相较何者为重？人们失去了什么？得到的又是什么？失去的是否是应当失去的？得到的是否是应当得到的？得到的是否比失去的更多、更有价值？那些兵戈相击势若水火的失败者或胜利者们是否认真地考虑过这一点？

种种疑难，思绪缭乱。几近绝望的老子向社会发问，也向自己发问。为了生存，必须对这些刻在社会上的问号做出解答，必须为惶惶然星散亡命的人们开辟一条没有荆棘没有险恶风波的坦途。老子几乎是以百分之百的自觉，义不容辞地担起这项重任。尽管其努力的结果即便就当时而言也远非十全十美，漏洞百出，还是要比他的最著名的精神追随者庄子的是非不分、消极到极点的生存方案要现实一些。

通过对社会比较全面的认真的考察和分析，老子认为，社会之所以是非颠倒黑白混淆，人们之所以蝇营狗苟、少廉鲜耻、到处钻营、逐名追利、祸害天下，就在于人们根本不理解——

"祸莫大于不知足，咎莫大于欲得"。

得失与利害的关系就是因此而被搞得乌七八糟的，象两个疯子在天地间狂乱地舞蹈。天下无道便欲海横流。"名与身孰亲？身与货孰多？得与亡孰病？"这本来是明摆着的事："甚爱必大费，多藏必厚亡"有得便有失，得之越多，失之也会越多。你得到了金银财货美女田园，怎知是福不是祸——"福兮祸之所伏"怎知是祸一定躲得过——天网恢恢，疏而不失"贪鄙的欲望，有为的浊浪，使世道严重衰颓。远古的时期是这个样子吗？那时候君无显赫之尊，臣无居下之卑，温熙和平，清明宁静，人们仅仅知道有个最高统治者存在："太上，下知有之。"这个时代对我们显示了多么大的魅力啊，她之所以有魅力就在于她根本无魅力。然而，迤逦渐平，这世界变得几乎让人认不得了：

"大道废，有仁义。智慧出，有大伪。六亲不和，有孝慈。国家昏乱，有忠臣。"

"失道而后德，失德而后仁，失仁而后义，失义而后礼。夫礼者，忠信之薄而乱之首。前识者，道之华而愚之始。"

上引文基本表明了老子的社会伦理道德观。其进步意义在于：老子认为伦理道德观念是后天产生的，是历史发展到一定阶段的产物，并非从来就有的，也不是由某几个圣人创造出来的。就此而言，老子的伦理道德起源说显然比儒家的道德起源说要进步些。善于辩证分析事物的老子将仁义、大伪、孝慈、忠等道德观念同大道、智慧、六亲不和、国家昏乱等对应起来，将他们作为互为依存又互为对立的统一体看待，无疑将有助于对矛盾形成和转化等诸般关系的揭示与研究。和氏之璧，不必饰以五彩；随侯之珠，不必饰以银黄，还有什么东西能比它们更美呢？若某物必饰而行之，说明其身必有瑕疵。在老子看来，如果先前没有智慧，大伪便不会出现；六亲如果和睦，孝慈也不会派上用场；国家若是政治清廉，君主当然不会号召臣下忠君。反过来说，仁义孝慈等等越是被人喊得震耳欲聋，直入九霄，越是证明了现实社会正陷入了无可挽回的沉沦。这似乎表明了，仁义道德的发生发展同社会上阶级对立等级纷争存在着渊源关系。这是具有唯物主义色彩的说法。

然而老子最终将天下昏乱归咎于人们毁弃了大道，并坚持认为仁义等道德观念在社会越是根深蒂固，人们距离大道便会越远。大道为什么要被人们废弃？我们在后面再谈，这里他只是强调人之自性的沦丧是道、德、仁、义、礼依次更替的结果，这个结果再恰当不过地说明了老子思想中的一个重要观念，即社会在退化，历史在逆转。在今不如昔这个对社会对历史的基本看法上，老子又一次同儒家创始人孔子取得了一致，区别只在于孔子认为天下无道的原因恰恰是由于仁、义、礼等社会关系的准则被削弱被破坏了。

因此，"老子最终走向了历史唯心主义。他不懂得，道德观念并不是衡量历史是否进步的惟一尺度，对物质利益的追逐正是使历史之车滚滚向前的基本动力。老子只是依据自己十分独特的逻辑，向世人提出了这样一个社会变迁的原则性的公式：大道废→有仁义→智慧出→物欲横流→天下无道。

"道法自然"。废弃大道便意味着人们放弃了自然无为的原则。自然是指万物未经人为干预前的一种本然的状态，也即自然而然。王弼对此曾解释说："道不违自然，乃得其性。法自然者，在方而法方，在圆而法圆，与自然无所违也"借助此项诠释亦可说明无为的含义，即不应人为干预事物，应当顺应物之自性任其自然发展。在老子看来，仁义孝慈礼乐等等社会道德规范违反了"道法自然"的原则，阻碍了人生重返"致虚极、守静笃"的本然境界中。

正面宣传道之自然无为本质属性的崇高和伟大，可能是最使老子耗费精力的工作了，他尽量采用最经济的语言、最令人感到亲切、自然的方式去说服人们支持并实践他的主张。忙忙碌碌的思想家的身影，很象中世纪那些衣衫褴褛四处布道的行脚僧人。

那伟大的道啊，无处不在，如同泛滥的河水，在四方涌流。它生养了万物，却任其自然发展。天之轻清在上，地之重浊在下，日星隐显，电闪雷鸣，霜重雪寒，雨疏风骤，没有一样是出自于道的干预，没有一样被刻上道的绝对意志的印记。然而世象纷繁，天低云暗，哲人义士对此热血沸腾，引吭高歌，欲乘长风，踏万里浪，留一个正义声名在人寰。政治昏乱，祸起百端，愚夫愚妇皆蝇营狗苟，或纠缠于蝇头小利，或奔竞于官场之间，或自信独力撑持天下，或哀叹不免于黄泉。无论他或他的意志多么坚强，欲念如何正当，其头颅能否永远向上高扬？什么叫高瞻远瞩，什么叫凡俗平庸？愧对人生的怎样了？功成名就的怎样了？尊人爱己的怎样了？愤世嫉俗的又怎样了？这昏暗的世道还不照旧是云凄凄而欲雨，夜沉沉而无涯！仁、义、忠、信，这些说教不断地蛊惑人们，唆使他们去追逐和占有龌龊的物质利益，勾心斗角，尔虞我诈，世乱神迷。还有那个礼，硬要分出上下高低亲疏贵贱！这合乎自然之道吗？人也好，物也好，皆源于自然的道，无所谓亲，无所谓疏，无所谓利，无所谓害，有什么嫡庶之分尊卑之别？祸乱生，冲突起，遂有了礼；可是，礼能规范得了吗？下欲凌上，低欲僭高，疏欲间亲，贱欲妨贵，礼在何方？于是，"人多伎巧，奇物滋起；法令滋彰，盗贼多有"。人的自然本性被无情地践踏了。扭曲了。如果始终遵循着道的自然无为的伟大本性，怎会产生如此恶果！宇宙间有"四大"：

"道大，天大，地大，人亦大。……人法地，地法天，天法道，道法自然。"

因此，万事万物都应以道的自然无为作为自己生存的最根本的法则。“道常无为而不为”。道的本质是无为的，却总能实现预期的目的。具体说就是：

“善行，无辙迹；善言，无瑕谪；善数，不用筹策；善闭，无关键而不可开；善结，无绳约而不可解。”

为什么“善行无辙迹”？因为根本没有行？为什么“善言无瑕谪”？因为根本没有说；为什么“善数不用筹策”？因为根本没有计算；为什么“善闭而不可开”？因为根本没有关，也就无所谓开；为什么“善结而不可解”？因为根本没有结，自然无所谓解

你看：“道隐无名，夫唯道善贷且成”尽管道隐而无名，却远离了任何麻烦、任但矛盾，这就是“大音希声，大象无形”的妙用。所以老子强烈要求人们要“少私寡欲”：

“绝圣弃智，民利百倍；绝仁弃义，民复孝慈；绝巧弃利，盗贼无有。……见素抱朴，少私寡欲，绝学无忧。”

抛掉智慧知识，人民会利增百倍；抛掉仁义道德，人民才会恢复合乎自性的孝慈；抛掉伎巧私利，才会灭绝盗贼。总之，要“绝学”方能“无忧”，才能回到安宁的混沌状态中去。老子将对物质利益的追逐绝对地等同于恶，看不到知识、文化的产生是人类社会的结果，这在理论上是错误的，在实践上是荒谬的。他片面地认为知识、文化和欲念是使大道毁弃天下大乱的祸首，而没有认识到一定的知识、文化和欲念也可以使大乱的天下达到大治、遗憾的是老子“绝学无忧”、“绝圣弃智”的说教已经积淀在我们民族的文化传统结构中，使我们自觉或不自觉地被隐者老子拉向灰濛濛的毫无希望的空间——

道虽然无知无欲，却并非浑浑噩噩、糊里糊涂，尽管不能目见手授，仍可意会言传。所以欲效法道的无为而无不为，必须先在心灵上对这种伟大的本质属性有所感应，有所把握。一盆清水，可以映出人的面孔相貌，是谓之“鉴”。人的心灵不也是一面曾十分灵验的“鉴”吗？其所以现在不灵验了，是因为知识、欲念象尘垢裹住镜子一样窒息了心灵，只要“致虚极，守静笃”“涤除玄鉴”擦去知识、欲念、仁义这些“尘垢”，人心便如明镜，认识道并观照万物了：“塞其兑，闭其门，挫其锐，解其纷，和其光，同其尘”。一言以蔽之，即只有通过神秘的直观才能认识道，才能得道，才能进而无为无不为。

所以老子执拗地要求现实社会的统治者象“圣人”那样清静无为，治理天下：

“道常无名，朴虽小，天下莫能臣也。侯王若能守之，万物将自宾。天地相合，以降甘露，民莫之令而自均。”

“道常无为而无不为，侯王若能守之，万物将自化。化而欲作，吾将镇之以无名之朴。无名之朴，夫亦将不欲，不欲以静，天下将自定。”

通过对老子道自然无为理论及圣人观的阐述，使我们在历史的地平线上找到了一个蹒跚而来的忧郁的独行者，一个“无为自化，清静自正”的韵士哲人。老子从自然主义的道出发，摸索着向理想的人生境界走去，也就是将道的无为自然的属性延伸演绎到人事的活动上。政治思想上有为无为的理论不过是哲学思想上有无之境的翻版而已。老子将他对无为的狂热恋情都倾注在他精心谱写的治世之曲中。

韬光隐晦

从情感上说，老子讨厌那个冷漠无情的社会，也憎恨那个给世人带来紊乱和灾难的制度。但从理智上说，老子不得不承认，这个兵燹四起的世界是由两两相对的事物所组成的，有序，整齐，而其中又蕴含着一种隐隐存在的和谐性；寻找和谐，保全血肉之躯，那不正是老子梦寐以求的理想人生吗？于是老子向世人揭示了几十个互为对立的矛盾现象——

有无、大小、多少、高下、长短、轻重、远近、厚薄、左右、前后、静躁、反正、黑白、刚柔、强弱、寒热、祸福、生死、利害、荣辱、善恶、美丑、智愚、辩讷、巧诈、吉凶、进退、攻守、古今、治乱、兴废、公私、主客、是非、清浊、难易、损益、虚实、阴阳、亲疏、存亡、天地、奇正、牝牡、结解、开闭、壮老、真伪、怨德、明昧、始终……

如果考虑到两千多年前那种十分艰窘的物质生存条件和令人辛酸的社会平均文化程度，我们便不得不承认，老子对自然、社会各方面的观察和理论概括能力，要比后世那些专务以概念诠释概念的理论家们高得多。

事物都是相比较而存在的，有黑云压城，也有艳阳高照；有神秘压抑，也有开朗舒放；有太平盛世，自也有风云变幻。真正讲究客观，务实精神强烈的理论家们，不会偏信一端，否定其余。口出"玄言"的老子看到了这一点："天下皆知美之为美，斯恶已；皆知善之为善，斯不善已。"美、恶和善、不善都是相互依存的，失去了一方，另一方也失去了自身存在的条件。老子对这个辩证法观点的表述是十分生动而具体的，他的睿智启发了也可说是震撼了人的心灵。"三十幅共一毂，当其无，有车之用。挺埴以为器，当其无，有器之用。凿户牖以为室，当其无，有室之用。故有之以为利，无之以为用"。一副车毂上装有三十根辐条，车毂间的空白是"无"，唯其有了这个"无"，车轮才能更轻快地转动起来，使人看清车子的作用。抟泥巴烧制陶器，唯有使器间中空，成为"无"，才能使其具有容器的使用价值。开门窗建造房屋，用墙壁围成的空间是"无"，没有这个"无"，房间住人贮物的功能又怎样实现呢？

这几个"有无相生"的例子是老子对事物相互依存关系的绝妙说明。归根结底，依存与对立直接相关，没有对立，便没有依存。换言之，若想使己身长存于天地之间，就要使同己身矛盾的对方也生存下去，否则，"有无相生，难易相成，长短相形，高下相倾，音声相和，前后相随等等，不但失却了理论的意义，也失去了现实的风采。

老子夸大了矛盾双方依存关系的重要性，得出了欲保全自己须先保全对方的结论。万物由道而生，而又复归于无物。幼弱壮大也是互相转化，成熟就意味着死亡，故"物壮则老"走向它自身的反面。"反者道之动"伟大的道啊，她运动的本质正是对立面的转化。

在沉沉的无边暗夜，老子为无数忧愁而愚昧的心灵打开了智慧的窗口，一曲平和的转化之歌拨动了人们的心弦。老子的伟大发现，使其与《易传》辩证法刚柔相济，相得益彰，在中国思想史上产生了巨大的影响。

老子在二千多年以前就说过：‘祸兮福所倚，福兮祸所伏。’

老子所主张的矛盾双方的相互转化既是客观的，也是无条件的。如此说来，原先无常的东西将要变得更为神秘莫测；原先有常的事物也会变为无常。惨雾弥空，出路何在？“人生如草芥”岂非成为永恒的严酷现实！所幸的是老子抱有十分现实的人生态度，没有因为新的发现为自己构造理论大厦造成设计障碍，便很快改弦更张或放弃重新进行探讨。同无为必然要战胜有为一样，老子认为在客观世界中柔必克刚，弱必胜强，小必胜大，幼必胜壮。之所以如此，是因为老子观察到在人类社会和自然界中的确存在着众多的以柔克刚、柔存而刚亡的现象：人活着的时候身体柔软，死后的尸体却变得很僵硬。草木一秋，生时身姿婀娜，枯死后又脆又硬。暴雨狂风，山摇地动，巨树被折为两截，而柔弱的小草却俯仰随意，安然无恙。兵强马壮，声势浩大，结果又怎样呢？难免成为众矢之的，难逃覆灭下场。老子最有名的柔必克刚的例证是水的无与伦比的“攻坚”力量：

“天下莫柔弱于水，而攻坚强者莫之能胜，其无以易之。

老子固执地将他的水柔攻坚柔必克刚的认识落实到他的政治观和人生观中，“曲则全，枉则直，洼则盈，敝则新，少则得，多则惑”。认为委曲处世的必能保全身家，弯曲的必定能够伸直，低洼的必定能够盈满，破旧的必定成为崭新、浑浑噩噩的必得绝顶智慧，满腹经纶的必然困惑终生。老子甚至进一步宣称“守柔曰强”，荒唐地鼓吹“天下之至柔驰骋天下至坚”。只要人们能以冲虚谦和清静的态度自觉地处于消极的地位上，任何矛盾都会迎刃而解，任何苦痛都会消失得无影无踪；只要真正实现了“大国者下流，天下之交，天下之牝。牝常以胜牡，以其静为下”，一条清朗安平的生存之路即会展现在面前。所以老子急切地呼吁人们效法“圣人”“抱一为天下式”坚决彻底地放弃一切斗争的手段和念头。诸如以刚克柔、以动制静、以新易旧、以高临下、以强攻弱、以大压小、以实捣虚、以雄击雌、以石塞水等等，始终如一地“知其雄，守其雌”，“知其白，守其黑”，“知其荣，守其辱”甘作柔弱的溪水，在精神上退回到无知无识的婴儿状态中去。”

老子的贵柔守雌的处世哲学最终目的是要防止对立面的转化。这个看法并不新鲜。但是老子之所以如此主张，不仅仅在于他认为“坚强”是不吉利的，更重要的是他夸大了矛盾的同一性，片面地认为欲保存自己必须保存对方，这样才能有效地防止柔弱转坚强。

老子和佛陀所鼓吹的“不争”或与之类似的人生观，对我们民族“平为福，和为贵，忍为本”的文化传统的形成，对封闭的、习惯于苟安的小农意识的形成，起了很重要的影响。我们很难想象，“不争”之下的“柔弱”如何能“生气充沛”，如何“能够战胜一切”。诠释概念的最简单的方法莫过于以概念诠释概念。以无为为有为或以柔为刚、以不争为争等等，要看在实际的可触摸得到的社会生活中能否实现其预想。老子的“不争”之说企图回避矛盾冲突，偏执只有对立双方同一才可保全自身之一端，否认冲突本身为解决矛盾所必须。这是他为弱者设计的鸵鸟战术和永远“夹着尾巴做人”的生存之道。儒家学说强调《春秋》大一统下的亲亲尊尊之道，鼓吹政治化的伦理，又通过推行伦理化的政治建构了宗法性极强的“仁”、“礼”框架，死死地箍住了本应活泼发展的人之个性。而老子鼓吹道法自然无为而治，要求顺应万物之自性，似乎表现了精神走向独立解放的倾向。另外，老子依据无为而治原则而设计的“国寡民”的理想社会，也的确体现了一种平等精神。然而，由于老子自觉地居于柔弱的立场，片面地强调“不争故无尤”，实际上等于否定了人之个性存在的合理性，预示了由他的平等之途只能走向不平等的终点，与儒学殊途而同归。这是老子思想中的严重矛盾之处，我们很难依靠其理论本身来克服这些矛盾，无法代替老子构筑一个“圆融无碍”的绝美的思想体系。

陶然醉光

老子在对“天下无道”的社会和统治阶级奢迷腐朽生活进行猛烈批判的时候，怒气平山岳，泪水溢溪流，令人神往，追思不已。而在阐述具体的生存之道时，老子却显得无比的孤寂、空虚和惊慌，以消极退守为务。这说明历史老子是一个多样化的形象。人生如同川剧舞台上的变脸，并非永远固定在一个脸谱上。事物都是普遍联系中的事物，所以即便是同一个脸谱，也可能具有多种象征意义。老子的“自然”、“无为”、“柔弱”、“不争”等等学说也是如此，尽管存在着负面的影响，在客观上也包含着反对现实黑暗政治，要求统治者减轻对人民的压迫等积极因素。

万物玄同，相忘于道，不分彼此，默然而一。对这个理想的人生境界，人们在现实苦海中翘首企盼、热情呼唤了多少个世纪了啊，无数人焦灼的希冀都成为沉重的失落，梦幻般的憧憬变为一片茫然，然而还是将美好的愿望寄托给未来的世间；这截不断的寄托实际上已经寄托了很久了——

> “小国寡民。使有什伯之器而不用；使民重死而不远徙；虽有舟舆，无所乘之；虽有甲兵，无所陈之。使人复结绳而用之。甘其食，美其服，安其居，乐其俗，邻国相望，鸡犬之声相闻，民至老死不相往来”。

这是老子对理想社会的殷殷呼唤，是由现实的苦难人生出发，通过无为而治柔弱不争而必能达到的恬静、纯和的人类社会的本然状态。一切先进的交通工具和生产技术都被废弃不用了，整齐的寓象于形的文字被结绳记事所取代。虽有君主，然仅“下知有之”；虽有武器，却无所用之。人们日出而作，日入而息，陶醉在安宁的生活情境中。他们热恋着自己的家园，没有困惑，没有茫然，只有混混沌沌的自足，自然而然的愉悦。

从自觉地寻找自我、呼唤自我，到浑然不觉地放弃自我、忘却自我；寻找自我的目的正在于忘却自我。人类社会的本然状态实则就是人类聪明智慧的木然状态。扼杀了文化，也就消灭了痛苦。以无为之酒浇现实之愁，弱者在“醉乡”中得到了自由生存的权利，幻想出来的封闭世界保证这种权利将永远有效存在。沉浸在“醉乡”中的老子试图将“醉乡”投入现实，取代现实，的确如学问家们已经指出过的那样，这是“幻想”，是“空想”，一片醉眼中的朦胧。然而博学的而不是“结绳而用之”的老子，正是通过对醉眼中朦胧境界的描述，完成了对兵燹连年饿殍满野的现实社会是非理性存在的论证，完成了贫富贵贱上下从属等等阶级压迫等级对立是荒谬存在的论证，体现了一种看似平淡实则强烈的平等精神。也许正是这种精神的流溢才使得老子的“醉乡”——寡民小国在两千年封建社会的现实精神中赢得了不朽的存在，也使后来者在醉眼中的朦胧里看到了生存的理性阳光，增强了他们的产生于现实的批判意识。

高蹈遗世

“晚来风定钓丝闲，上下是新月。千里水天一色，看孤鸿明灭。”

幽深，静谧，空灵，朦胧，是窈窈冥冥的哲理诗境。它更象是归隐者心中理想的生存环境。

中国是一个盛产隐君子的国度，先秦时期就有不少，象什么伯夷、叔齐、长沮、桀溺、老莱子、石门晨门、楚狂接舆等等都是。他们大抵都是现实政治的反对者，对社会的复兴已经无望，于是或遁迹于山林，或隐匿于市井，一方面以此表示对现实政治的抗议，一方面也是表现自己人格的伟大和品德的高尚。

历史上声名最为显赫的隐君子大概非老子莫属。民间口碑流传的老子形象是：一位白发老叟，无精打采地骑着瘦骨嶙峋的青牛，西出函谷关，最后消失在茫茫荒原的深处。这与鲁迅先生在《出关》中所作的描写大致相同：

> “不多久，牛就放开了脚步。大家在关口目送着，去了两三丈远，还辨得出白发、黄袍、青牛、白口袋。接着就尘头逐步而起，罩着人和牛，一律变成灰色，再一会，已只有黄尘滚滚，什么也看不见了。”

看来老子的归隐之地没有水天一色，上下新月，而是一个苍茫悲凉的世界。骑牛归隐的老子形象在古代和近代，几乎是妇孺皆知的，作为智者和隐者，这个形象已为传统的文化心理所包蕴。

这是文学的老子。然则宗教的老子又当如何呢？是不是在出关以后也不知所之，令我们“什么也看不见了”呢？

专制残暴的古代中国，不允许臣民有独立的意志，手握杀伐大权的帝王将相们最根本的职责就是镇压一切异端。但是对于宗教，统治者们却表现出异常的宽容大度，只要宗教徒的敬神布道事业不危及正统意识形态的存在，不在赋税收入上给天子的政府带来更多的麻烦，宗教徒眼中的帝王就将永远是一个慈悲为怀的形象。因此，在我们的历史上，保存下来的有关宗教之间的“民主”争论的资料，要比基督教国家多得多。《三国志》裴松之注引《魏略・西戎传》说：

> “盖以老子西出关，过西域，”之天竺教胡。浮屠属老子弟子，……”

这是说老子出关后辗转到了印度，煞费苦心地向“夷狄’做了十分出色的思想政治教育工作，并且网罗了众多弟子，连佛陀本人也出自他的门下。这个老子入夷狄化胡的说法自东汉末产生以来，繁衍流传，很快成为道教同佛教互争世俗利益的一把杀手锏。那时的道士指摘起佛陀及其门徒的不是来，怕是要口沫四溅、十分得意吧。

"道教徒甚至还炮制出一部《老子化胡经》,将所谓老子西行化胡的经历描述得,既庄严,又生动。看破红尘的佛教徒本来坚信一切诸法皆因缘而起,自性本空,所以反对虚妄执著,自寻烦恼。而面对道教的"挑衅",佛徒们再也耐不住性子,义愤填膺地对道教口诛笔伐,打破了禅房的枯寂。一个法名慧通的和尚运笔如飞,作了一篇慷慨激昂的《驳夷夏论》,执著而又执著地论证道:

"经云:摩诃迦叶。彼称老子,光净童子,彼名仲尼。将知老氏非佛,……然则老氏、仲尼,佛之所遣。"

城门失火,殃及池鱼。连孔子都受到老子的连累,被从至圣的地位上拉了下来一并皈依了佛法,入了佛陀四大皆空的门墙。

发生在魏晋南北朝时期的这场道释之争,搅得当时的文化舆论界沸沸扬扬,掀起好一阵轩然大波。从科学和历史的角度去看,单纯的老子化胡和佛化老孔之说均毫无意义,纯属宗教臆说(当然,道释之争对于中国传统文化的发展还是很有意义的)。但它恰好证明了。在我们这个泱泱古国中。老子在文化史上的地位是何等重要,无论何种学派或宗教,在他面前,都不能硬生生地背过脸去。

文学老子和宗教老子的差异很大,但在人们创造他们的过程中,却产生了一个具有共同意义的造型,即他们都是执拗地出关西行的老子。这个老子在文化嬗变的漫长岁月中反复出现在人们的口边和笔端,说明他是祖先们审视历史的经验结晶。太史公司马迁在《史记·老子列传》中也这样写到:

"老子……居周久之,见周之衰,乃遂去。至关,……言道德之意五千余言而去,莫知其所终。"

太史公所记乃为历史之老子。由此我们可以断定,西汉人也认为老子是个隐君子;对他的归隐之地究竟在何处,也和我们现代人一样茫然无知。

老子之世,诸侯强大,争战连年,称霸称王,周室衰微。如同我们前面所介绍过的那样,老子也曾拍案而起,怒斥残暴豪奢的贵族王公。尽管他的生涯中无虑耕作之难,生活上要比朝不保夕的民众安定得多,但由于身处庙堂之外,只是一个无权无势的守藏室之史,仍然会时时感到屠刀森森的寒意。周景王二十五年(公元前 520 年),景王宠爱长庶子王子朝,欲立其为太子,引起其他王子以及诸侯的不满。当年四月,周景王心疾发作而死。周室大夫刘狄和单旗等拥立王子猛为天子,王子朝遂因旧官百工之丧职秩者而作乱,双方都依托诸侯,互相攻伐,萁豆相煎,战乱在王畿持续了整整五年。周敬王四年(公元前 516 年),晋国出兵干预,攻占了巩(周邑)。王子朝见势不妙,同召氏之族、毛伯得、尹氏固、南宫嚚等贵族一起逃往楚国,并带走了大批周室典籍。

睿智深沉的老子为此而愁肠百结,苦闷不堪。他的心态也仿佛同孔子一样,对人们不理解自己,对社会不接受自己的治世主张感到极度的失望和沮丧。天地如此广阔,伟大的道无欲无为,任万物自然而然,如今却容不得一只只求低飞的沙鸥!最可悲的是,就连他所职司的典籍也远离了周室,也许永远都不能回还。老子觉得自己象一个忧世怜人的圣哲,怀里虽然揣着价值连城的美玉,却因为披着麻制的粗衣服,而不被统治者所赏识。枉有回天之策,孰能沙里识金!这崇尚强权的时代,那蝇营狗苟的人们，都陷入了无可救药的沉沦！巨大的无法排遣的悲哀、愤慨、迷惘和绝望压垮了白发苍苍的老子，在天与地的连接处，他看到的只是一片无边的黑暗，只能忧心忡忡地吟唱着这样的诗句：

"吾言甚易知，甚易行。天下莫能知，莫能行。言有宗，事有君。夫惟无知，是以不我知。知我者希，则我者贵。是以圣人被褐怀玉。"

老子只能埋怨人们不识道，不能理解自己高尚的情操。一方面是因为周室的一蹶不振，中兴无望，使老子看不到在周室统治之下会有雍熙和平的大治之局出现；一方面也是由于怀才不遇的感伤和无奈，促使他走向了避世之途，去寻找"鸡犬之声相闻，民至老死不相往来"的陶然至乐之境，企图以崇高的精神家园对抗龌龊的世俗社会。

总之，历史老子为了实现他的理想人格，自觉地将其孤独的人影隐匿在滚滚的黄尘之中了。《史记》所说的"关"，秦汉时专指函谷关。函谷关在今河南省灵宝县东北，东自崤山，西至潼津，自古号称天险，现在则仅存关门了。遥想两千多年前，一个白发苍苍的老者，艰难地跋涉在崎岖的山谷中，通过深险如函的关口，向着西方一片混沌苍茫的世界，去寻找能使自己忘乎物、忘乎己、忘乎天的理想归宿。

李白

人间狂士天上仙

中国人知道李白，犹如英国人知道莎士比亚。李白是中国历史上最伟大的浪漫主义诗人。他的《静夜思》、《早发白帝城》和《望庐山瀑布》，他的《蜀道难》、《将进酒》和《梦游天姥吟留别》，就象一章章自由、热情、奔放的旋律，陪伴每个人从幼年走向青年，走向人生漫长的旅途；他的斗酒诗百篇的激情，他的不事权贵、笑傲王侯的人格，他的浩浩荡荡如同长江大河而又不乏飘逸之气、羽化而仙的诗风，都令人追慕，令人叫绝，无怪乎大文学家韩愈称赞说：

李杜文章在，光焰万丈长。

西蜀磨剑二十年

李白，字太白，唐武后长安元年（公元 701 年）出生于西域的碎叶城，为安西四镇之一，在今俄罗斯托克马克城附近。据唐代李阳冰《草堂集序》记载，李白是五胡十六国之一西凉国开国皇帝武昭王李暠的九世孙，祖籍陇西成纪（今甘肃秦安），祖先在隋朝末年因罪或其它缘故流亡到碎叶，隐姓更名住了五代。唐中宗神龙元年（公元 705 年），李白的父亲李客才携同整个家族返回内地，定居于西蜀绵州的昌隆（今四川江油），同时恢复李姓。

李白的家族很大，他在兄弟辈中排行十二，家境也很富裕，起码能够承受得起他一年散金 30 多万的花费。在文化方面，李家或许能称得上书香门第。否则父亲李客也就难以督导他幼时背诵《子虚赋》等名作了。

李白 5 岁前是在碎叶城度过的。那时的碎叶城经济、文化都很发达，有私塾，有中原的文化经典。5 岁时，即神龙元年他随父亲李客迁居西蜀昌隆县南的青莲乡（一作清廉乡），涉猎更为广泛，学习也异常勤奋，加上他的聪慧过人，博闻强记，便能“五岁诵六甲，十岁观百家，轩辕以来，颇得闻矣。”据说，李白曾同寻常孩子一样贪玩过。那时他在眉州象耳山学习，有一次逃学下山玩耍，经过一条小溪，看见一位姓武的老大娘在溪边磨一根铁杵，感到十分惊奇，就问道：“磨铁杵干什么呢？”老大娘说：“作针”。“这么粗的铁杵何时磨成针呢？”李白惊讶地问。老大娘说：“只要下苦功夫，天天磨就成了。”李白深受启发，领悟了干什么事都要深下功夫的道理，从此返回山中，再不逃学了。这也是“只要功夫深，铁杵磨成针”的谚语的由来，人民也十分喜爱这个故事，并传说老大娘是王母娘娘变化而来，专为点化李白才下凡的。显示出劳动人民对李白的尊敬和崇拜。

15 岁时，李白已经读了很多书。也说明他家藏书定然十分丰富，父亲李客也算得上饱学之士，眼光深远。他“高卧云林，不求禄仕”，大致把主要精力都放在了对李白等人的教育上。这时的李白，也显示出超常的才气。用他的话说：“十五观奇书，作赋凌相如”。西汉著名辞赋家司马相如已不放在他眼中，显示出他深厚的文学功底和无比的自信心。他又学习剑术，有颗仗剑行侠天下的雄心。20 岁左右，他在家乡戴天山（一名匡山）又跟一个叫赵蕤的朋友学了纵横术，以备从政之需。总之，他要把自己培养成一个博学多才的有为青年。

李白不仅能文善诗，口才也极好。据五代王仁裕《开元天宝遗事》记载：“李白有天才俊逸之誉。每与人谈论，皆成句读，如春葩丽藻，粲于齿牙之下，时人号曰李白粲花之论。”李白在《冬日于龙门送从弟京兆参军令问之淮南觐省序》中也说，李令问“常醉目吾日：‘兄心肝五藏皆锦绣耶？不然，何开口成文，挥翰霞散？”李白所具备的这种舌底粲花，落笔生辉的能力，正是他未来名动天下的用之不尽的资本。

20 岁时，即开元八年（公元 720 年），李白带着所作诗文，在半路上拜谒了出任益州（今四川成都）大都督府长史的礼部尚书苏颋。苏颋是大散文家，对李白颇为赞赏，曾对同僚说：“此子天才英丽，下笔不休，……若广之以学，可以相如比肩也。”后来苏颋向朝廷推荐人才，还提到“赵蕤术数，李白文章”。不过，李白当时作的诗文流传下来的不多，诗歌不足十首，其中《访戴天山道士不遇》较早，五言八句。前六句写出中午山林宁静幽深的景色，后两句写寻人不遇惆怅的神态，语言清秀，对仗较工，创造出一种自然平和的意境。

20 岁后，李白游览了蜀地许多名胜古迹。雄伟壮丽的山川，玲珑秀美的亭榭，庄重典雅的寺观，培育了他辽阔的雄怀和豪放的品格，丰富了他多彩的思想和广博的知识，锻炼了他巧妙的构思和生花的诗笔。在司马相如的琴台，在扬雄的故居，在名山峨眉，都留下了他的作品。尤其《登峨眉山》诗，表现出了与他积极入世的思想相矛盾的求仙出世的浓郁情调：

蜀国多仙山，峨眉邈难匹。
周流试登览，绝怪安可悉。
青冥倚天开，彩错疑画出。
冷然紫霞赏，果得锦囊术。
云间吟琼箫，石上弄宝瑟。
平生有微尚，欢笑自此毕。
烟容如在颜，尘累忽相失。
倘逢骑羊子，携手凌白日。

显然，这首诗的艺术境界远不及后期所作的完美，尽管起笔不凡，一下造出宏伟的气势，收笔也颇脱俗，但总觉得描绘未免虚弱，意境较为狭窄。我们举此也只是说明，李白在青年时期，就已经形成两种不同的思想，一种是建功立业、积极入世的思想，一种是隐迹山林、向仙求道的思想。这种矛盾的思想在不同的条件下都溶化于他的诗歌中。

26岁时，即开元十四年（公元726年），李白的政治抱负的生活理想已十分明确，并且有着坚定的信心。他也的确没有高估自己。在哲学上，他熟悉各种流派，儒家、道家、佛家、法家、纵横家等等。文学上，他不仅继承了前贤优良的传统，就是对当朝当代的名家也广为借鉴。他是既博古，又通今，已足可以闯出益州，逐鹿中原了。就象范传正《唐左拾遗翰林学士李公新墓碑并序》中说："骐骥筋力成，意在万里外"，"大鹏羽翼张，势欲摩穹昊"。就在这年秋天，他意气风发地"仗剑去国，辞亲远游"，离开了故乡，去开辟一个新的天地。在他赴向三峡时，写下了一首传世名作：

峨眉山月半轮秋，影入平羌江水流。
夜发清溪向三峡，思君不见下渝州。

——《峨眉山月歌》

28个字中，用了13个字嵌入了峨眉山、平羌江、清溪、三峡和渝州5个地名，自然得如风行水上，抒发出他对故乡的眷恋和对朋友的怀念。后来，他也再没有回过西蜀故乡。

故乡的月伴着他走出蜀地，走进中原，映照得他佩剑行侠的身姿更加光彩夺目。

游侠吴楚广结友

李白离开故乡后，用了一年多的时间游览了楚吴一带。他在《秋下荆门》诗中说道："霜落荆门江树空，布帆无恙挂秋风，此行不为鲈鱼脍，自爱名山入剡中。"揭示了他对祖国山河无限喜爱的心情，并把锦绣山河真实生动地纳入他的诗中。在荆门，他还写一下另一首名作《渡荆门送别》：

渡远荆门外，来从楚国游。
山随平野尽，江入大荒流。
月下飞天镜，云生结海楼。
仍怜故乡水，万里送行舟。

诗的第一联记述了他出游的地点和心情，在寻常的"渡远"一词中，蕴含着离开故土的几分惆怅。第二联是写景名句，与杜甫《旅夜书怀》中"星垂平野阔，月涌大江流"同样脍炙人口。上句写山势，下句写水状，各随着进入湖北平原形收势敛。第三联与第二联远望不同，采用俯仰的角度，一写明月沉入江中闪亮，一写江上云彩变幻成楼。第四联暗应首联，点明是故乡的水把自己送到此地的，其情源远流长。诗的语言干净利落，结构谨严，描绘生动，情感真切，表明他的写作技能已达百尺竿头。

李白首先来到南方重镇江陵，南游洞庭湖，与好友吴指南同路。不幸的是吴指南染上暑疾，病死于洞庭湖边。李白悲痛万分，"炎日伏尸，泣尽继之以血"，并为他穿孝，连路人看了都为之伤心。李白寄放好吴指南的棺木后，溯湘江而入湖南，游览了传为虞舜葬地的苍梧山，然后顺江而下，到达长江与汉水的汇合处江夏，即今汉口，游历庐山，写下著名的《望庐山瀑布二首》。第一首为五古，前八句写香炉峰远望，中八句写近前仰视，后六句表现自己的感想，有浓重的出世情调。全诗气势磅礴，一气贯通。其中两句"海风吹不断，江月照还空"在当时广为传诵。第二首为七绝：

日照香炉生紫烟，遥看瀑布挂前川，

飞流直下三千尺，疑是银河落九天。

前两句描写在太阳的照射下，香炉峰云烟缭绕、瀑布飞泻的情景，是一个全景式的镜头。后两句采用特写的方法，突出瀑布的高大和神奇，仿佛天上银河倒泻而下。全诗语言自然朴实，联想奇特贴切，表现出天上人间一大美景。所以，宋代大文学家苏轼称赞这首诗说："帝遣银河一派垂，古来惟有谪仙词。"

李白顺江而下到达金陵，所作诗中有两首特别著名，一首是具有民歌风味的《长干行》，另一首也是乐府叫《乌栖曲》。在《长干行》中，第一首前六句写道：

妾发初覆额，折花门前剧。

郎骑竹马来，绕床弄青梅。

同居长干里，两小无嫌猜。

表现一位女子对孩提时代的回忆和怀念。那时她和丈夫两小无猜，天真无邪，一块游戏玩耍，生活得和美快乐。这也便是"青梅竹马"成语的出处。《乌栖曲》是怀古之作，反映古代君王荒淫无度的生活：

姑苏台上乌栖时，吴王宫里醉西施。

吴歌楚舞欢未毕，青山欲衔半边日。

银箭金壶漏水多，起看秋月坠江波。

东方渐高奈乐何！

诗以时间为线索，从黄昏起到秋月坠，再到东方渐高，揭示出吴王宫中彻夜欢闹的景象，暗示了吴王的荒淫无度。全诗只是描写事实，不加评说，但从结句之中，从刻意选择的几个时辰之中，就会品味出他对吴王的批判态度和讽刺的意味。后来贺知章读到这首诗说："此诗可以泣鬼神矣！"

李白后来又游历了东南沿海一带，即今江苏苏州和浙江绍兴等地，都写有不少诗篇，其中不乏名作。象《望天门山》、《横江词》即是，那么，李白这样游览，固然是为了闯牌，有所作为，但具体的目的何在呢？

第一是访道求仙。李白《卢山谣寄卢侍御虚舟》说："五岳寻仙不辞远，一生好入名山游"。仙道本和名山分不开，山不在高，有仙则名。但李白的访仙求道，虽然含有几分真诚，流露出他对道家思想的偏爱，却也有着鲜明的政治动机。当时的许多名道高僧，都同统治集团的上层人物有密切地联系。与他们交往，既可在上层社会树立声誉，也可铺搭进身的桥梁。江陵道士司马承祯就是一位名道，多次受到武后、睿宗和玄宗的接见，在道教中声誉很高。李白谒见他时，他已经是八旬老人了。但他看到李白仪表丰俊，器宇轩昂，却极为赞美，称李白"有仙风道骨，可与神游八极之表。"李白大受鼓舞，兴奋异常，特此作《大鹏遇希有鸟赋》，即《大鹏赋》，用寓言的形式记叙了他同司马承祯的会面。他以大鹏自喻，形象地展现了他"激三千以崛起，向九万而迅征"

的豪迈气概和远大抱负，而对那些羽毛艳美的金凤，衔木填海的精卫，司晨报晓的天鸡等等仙禽神鸟都不屑一顾，充分显示了他鄙弃富贵利禄的自由豪放的性格。《大鹏赋》迅速在社会上传抄开来，到了天宝初年，已经是"家藏一本"。李白自己也说"此赋已传于世，往往人间见之"。他也十分重视这篇作品，认为"可示之子弟"，就是说有流传后代的价值。元代祝尧在《古赋辩体》中评价说："太白盖以鹏自比，而以希有鸟比司马子微（即司马承祯）。""此显出《庄子》寓言，……太白又以豪气雄文发之，事与辞称，俊迈飘逸，去骚颇近。"指出李白受到庄子《逍遥游》和屈原《离骚》的影响。

第二是结交豪侠。李白自幼崇尚侠义，也写了许多歌颂侠士的诗歌。《侠客行》中对战国时魏国的侠士朱亥、侯嬴大为赞美，因为二人曾帮助魏公子信陵君取得兵权，救援赵国，解除秦兵对赵国邯郸城的围攻。他们"纵死侠骨香，不惭世上英"。在《古风》第十首中，他又十分推崇鲁仲连。鲁仲连是战国时齐人，是集隐士、侠客、政治家于一身的传奇人物。他帮助赵国退去秦兵，却拒不接受赏封的爵位和千金。李白认为他同鲁仲连有一样的志趣。这也可以想到，他 15 岁学剑术，又学兵法及纵横之术，实是他这种心志使然。

李白结交豪侠，无疑也有提高社会声望的目的。因为当时的豪侠抗暴扶弱，仗义救人，颇能得到社会的尊重。也有传说他自己就因为仗义救人亲手杀过人。他在《留别广陵诸公》诗中曾回忆说：

忆昔作少年，结交赵与燕。
金羁络俊马，锦带横龙泉。
寸心无疑事，所向非徒然。

他结交的豪侠其名其事虽不详细，但他身骑骏马，腰横宝剑，仪态轩昂的出现于通都大邑却是真的。他把自己本人就看作侠士，确也有过侠士的义举。他游历吴越时，不到一年就散去金钱 30 多万，用来周济一些落魄公子和流落异地、生活窘困的人。他在洞庭湖边寄放了好友吴指南的棺木，几年后又专程来到湖边，打开吴指南的棺材，看到筋骨尚在，就用小刀剔除残留的筋肉，背着它徒步几百里，移葬在鄂城（今湖北武昌）之东。这种朋友情、兄弟义，也足能惊世骇俗了。

第三是锤炼诗笔。常言说，"读万卷书、行万里路"才能提高艺术境界。读书一步他已经在故乡完成，现在的一步就是熟悉社会，增广见闻。这也是他必不可少的一步。就拿他在江陵和金陵来说，认真地学习了当地的乐府民歌，从内容到形式都加以借鉴，这从他的乐府诗中可看得出来，象《江夏行》、《长干行》、《杨叛儿》《越女词》、《乌栖曲》等均是。《越女词》第三首描写了一位采莲少女：

耶溪采莲女，见客棹歌回。
笑入荷花去，佯羞不出来。

少女的美丽、羞怯，与荷花相映成趣，展现出江南少女特有的风韵。另一方面，他每到一地，都会接触一些文坛俊杰，对他的创作也会产生一定的影响。

李白的这段游历生活，大致还是畅意的。到开元十五年（公元 727 年）他 27 岁时的秋天，在扬州病了一场，使他的过分的自信心和浪漫主义的幻想受到了一次打击。

十年酒隐剑悬壁

李白在扬州患病之后，给蜀中的朋友赵蕤写了一首诗，名叫《淮南卧病书怀寄蜀中赵征君蕤》，前几句写道：

吴会一浮云，飘如远行客。
功业莫从就，岁光屡奔迫。
良图俄弃捐，衰疾乃绵剧。
古琴藏虚匣，长剑挂空壁。

岁月流逝，疾病缠身，功业未就，前程难测，使他忧心叹息，不得不作一番反思了。

病好后，他为了寻找政治出路，回舟西上，进入襄阳（今湖北襄樊）、临汝（今河南临汝）。开元十六年（公元728年）春，他从临汝来到安陆（今湖北安陆），与唐高宗时做过宰相的许圉师的孙女结婚。从此开始了他"酒隐安陆，磋跎十年"的一段生活。这种生活显然是被迫无奈的，与他的政治理想南辕北辙。所以在最初的两三年中，他的心中十分苦闷，有无所适从之感。加上他的经济状况也不很好，从家里带出的钱都在游览时花尽了，那种"一年散金三十万"的他已成为过去，现在却需要别人来救济，以使他摆脱经济的困境。他在《赠从兄襄阳少府皓》诗中说：

小节岂足言，退耕舂陵东。
归业无产业，生事如转蓬。
一朝乌裘敝，百镒黄金空。
弹剑徒激昂，出门悲路穷。

"小节"是指他在漫游中施财助人的事迹，虽为侠义之道，但与救国济世的政治理想相比，也堪谓小节。后几句则描绘了他的现状，仿佛十分贫穷。其实他所言的穷未免有些夸大。既是前宰相的孙女婿，就是不富也穷不到如此地步，只是比不上初游阶段那么富有罢了。但对轻财好施的他来说，也算得上拮据了。据说，他当时还受到一些地方长官的排挤。一位是长史李京之。李白因醉酒犯夜得罪了他。所以不得不写了《上安州李长史书》向他道歉；一位是安州裴长史。裴长史家是当时的名门望族，李白在蜀中就知其名。到安陆后裴长史与李白相见过八、九次，不料听了别人说李白的坏话后，其中有酒醉犯夜一事，就想不再接见李白了。李白无奈又写了《上安州裴长史书》替自己辩解，并不无义愤地对裴长史说道：

若赫然作威，加以大怒，不许门下，逐之长途；白即膝行而前，再拜而去，西入秦海，一观国风，永辞君侯，黄鹄举矣。何王公大人之门不可以弹长剑乎！

李白岂是"膝行"之人？天子都"呼来不上船"，何惧一位五品长史？然"虎落平原被犬欺"，李白寓居安陆，有一分退路也不愿得罪这些作威作福的地方官。宋代洪迈在《容斋随笔》中对此评论说：大贤不偶，神龙困于蝼蚁，可胜叹哉！"

李白在安陆，先后隐居安陆境内的寿山和白兆山桃花岩。用他的话说即是"入远构石室，选幽开山田”，当上了真正的隐士。一般来说，隐居的人消极的成份居多。但在唐代却具有另一番意义，即抬高身价，提高声誉，走“终南捷径”。据《新唐书·卢藏用传》记载：司马承祯在长安，卢藏用指着终南山说：“此中大有佳处。”司马承祯回答道：“以仆观之，仕宦之捷径耳。”因为卢藏用多年在终南山隐居，使山的名气增大，因此也得到官做。这便是”“终南捷径”的秘密。唐代许多人自命清高淡泊，隐居山林，其实恰在为了更快地进入仕途。李白的隐居并不排除这一目的，但与人有别的是他并非单为“终南捷径”，而是真正喜欢山林清幽高雅的生活，喜欢佛道的养性修仙之术。所以他一方面与人“申管晏之谈，谋帝王之术”，以图建功立业；一方面又与人谈玄论道，探讨炼丹之方。另外，喝酒也是他必不可少的功课，就如他在一首《赠内》诗中所说：“三百六十日，日日醉如泥。虽为李白妇，何异太常妻。”虽是与夫人的戏言，却也反映出他生活的一个侧面，既说明他与夫人之间关系和谐亲密，又说明他已到好酒成痴的地步。

在寿山，他写的一篇文章具体表明了他隐居的心境和思想，名称叫《代寿山答孟少府文书》。他认为，周朝的名臣吕尚有成功之前隐居于渭川之水，而商朝大臣傅说则隐居于虞虢之岩，一待时机成熟，则出山名动天下。所以“乃知岩穴为养贤之域，林泉非秘室之区”。他现在的隐居，无非是养贤待时，将来也会象吕尚、傅说一样辅佐君王成就一番功业。那么成功之后怎么办呢？他说：

> 近者逸人李白，自峨眉而来。尔其天为容，道为貌，不屈己，不干人，巢、由以来，一人而已。乃虬蟠龟息，遁乎此山。……将欲倚剑天外，挂弓扶桑，浮四海，横八荒，出宇宙之寥廓，登云天之渺茫。俄而李公仰天长吁，谓其友人曰：“吾未可去也。吾与尔达则兼济天下，穷则独善一身，安能冷君紫霞，荫君青松，乘君鸾鹤，驾君虬龙，一朝飞腾，为方丈、蓬莱之人耳？此则未可也。”乃相与卷其丹书，匣其瑶瑟，申管、晏之谈，谋帝王之术，奋其智能，愿为辅弼，使寰区大定，海县清一，事君之道成，荣亲之义毕，然后与陶朱、留侯，浮五湖，戏沧州，不足为难矣。

他自称是尧舜时的隐士巢父、许由之后的第一人，但他却不能放弃自己的政治理想去云游四海，去做海上神仙。因为他属于“兼济天下”的达者，当“奋其智能”，去做宰相，使“海县清一”。大功告成之后，才能象陶朱（即范蠡）和汉留侯张良一样，“浮五湖，戏沧州”。这条路显然是从隐士——宰辅——隐士，而与一般走“终南捷径”的人有所不同。由于最终目的相异，其政治抱负、人生理想也就大相径庭了。问题是李白此时尚无功成，自然也就不能身退山林。这似乎与他的寻仙访道的主张相互矛盾，只不过建功立业的思想占据主导地位罢了。

那么，李白“奋其智能、愿为辅弼”的理想有无实现的可能呢？李白是明白人，审时度势，肯定会有些希望。从唐朝来看，初期的几代帝王、包括当时的玄宗，都有在出身寒微的有才之士中破格擢用的例子。唐太宗时的马周，唐玄宗时的张九龄，都是出身低下而被提升为宰相的，马周更是一位布衣宰相。所以，李白的理想不是幻想。所以，他不愿参加科举考试，按部就班地向上爬，他就想通过自己的学识、通过隐居、社会交往为自己树立巨大的声誉，然后一跃居宰相之高位，建立赫赫功名。尽管后来并不天遂人愿，但他也决不去求一个小官，去参加科考。他是为理想去奋斗的。

在安陆其间，他以安陆为中心又游览了许多地方，参加了很多社会活动，并拜访了一些州郡的长官。开元二十二年（公元 734 年），李白在襄阳拜会了韩荆州。韩荆州名韩朝宗，官封荆州大都督府长史，兼判襄州刺史、山南东道采访处置等使，以善于推荐后进为时人推重，李白也希望得到他的赏识和荐举。因此他写了一封自荐书《与韩荆州书》，以毛遂自比，并对韩荆州极力赞美，称其有“周公之风”，是“国士”，他也甘愿效力门下。但他并不看低自己，表明他有“心雄万夫”的气概和“日试万言，倚马可待”的才能，体现出他“平交王侯”的性格。文章气势雄壮，被后人广为传诵，是李白散文的代表作之一。

李白在襄阳、临汝、方城、洛阳等地，还结交了一些唐朝宗室子弟，与他们序辈分，称弟兄，因为唐朝皇帝也是西凉国李暠的后裔。在此期间，他还结识了好友孟浩然。孟浩然是襄阳人，比李白大 12 岁，隐居襄阳鹿门山。40 岁时（开元十六年）曾到长安寻找出路，失望而归。孟浩然的田园诗写得极好，王维、杜甫都对他十分敬佩，李白也非常敬仰他。曾作《赠孟浩然》加以赞美：

吾爱孟夫子，风流天下闻。
红颜弃轩冕，白首卧松云。
醉月频中圣，迷花不事君。
高山安可仰，徒此揖清芬。

孟浩然也有同李白一样的性格和思想，重义好施，蔑视权贵，也有辅佐明主建功立业的愿望，只是不能实现才隐居林间。所以两人能够建立起真挚的感情，李白的《黄鹤楼送孟浩然之广陵》就充分体现了这一点。

故人西辞黄鹤楼，烟花三月下扬州。
孤帆远影碧空尽，惟见长江天际流。

前两句点明送别的时间、地点和朋友的去向，包含着离别淡淡的忧愁。后两句写送友遥望的景象，充分表现出对朋友的眷恋、思念以及深切地祝愿。一片孤帆，载着好友渐渐远去，消逝在蓝天的尽头，诗人仍然独立黄鹤楼头凝神眺望，仿佛一江春水也流不完分别的愁情。唐汝询《唐诗解》评价这首诗说：“目力已极，离思无涯，怅望之情，俱在意外。”

开元二十二年，李白和道士元丹丘一块隐居河南的嵩山。李白和元丹丘早就熟识，写有《与元丹丘方城寺谈玄作》诗，只是诗中不单谈道，还融汇了佛教哲学。此外，李白虽然加深了对老庄之学和佛学的研究，却并没有放弃赵蕤权谋用兵之道，这是由他的政治理想所决定的。据说，李白的夫人也信道，曾向宰相李林甫之女李腾空道士学道，他和元丹丘则向随州道士胡紫阳学道。

开元二十三年（公元 735 年）夏，李白随友人元演到太原省亲，游览了名胜晋祠。据说在太原他结识了郭子仪，晚年在永王璘事件中靠郭子仪的救援幸免于难。第二年春天，李白回到安陆。不久移家东鲁任城（今山东济宁），与孔巢父、韩淮、裴政、张叔明、陶沔六人隐居在徂徕山（在今山东泰安）西北山石峰下的竹溪，时人号为“竹溪六逸”。他在东鲁的生活，有人推测他的夫人许氏可能没去。而他在东鲁又娶了位女子，并生一子叫颇黎。在来东鲁的路上，他写了一首《五月东鲁行答汶上翁》的诗，表明了他来东鲁的目的就是继续寻找政治出路：

五月梅始黄，蚕凋桑柘空。
鲁人重织作，机杼鸣帘栊。
顾余不及仕，学剑来山东。
举鞭访前涂，获笑汶上翁。
下愚忽壮士，未足论穷通。
我以一箭书，能取聊城功。
终然不受赏，羞与时人同。
西归去直道，落日昏阴虹。
此去尔勿言，甘心如转蓬。

“汶上翁”就是李白《嘲鲁儒》诗中的那些“缓步从直道，未行先起尘”的“白发死章句”的腐儒。他即使蓬草一样的飘泊，也决不放弃自己的理想。

天宝元年(公元 742 年)4 月，李白到泰山游览，随后移家到宣州南陵(今属安徽)。此时朝廷改洛阳为东京，太原为北京，并提升了一些李姓官员。玄宗还下诏说：“前资官及白身人有儒学博通、文辞英秀、及军谋武艺者，所在具以名荐京”。李白一方面由于诗作得好，“名动京师”，一方面也在于他几年中认识了许多上层人士，受到他们的荐举。所以李白一到南陵，征召李白到长安的诏书也就到了。长安，为李白展开了一幅神奇无比、丰富多彩的画卷。

名动京师入翰林

李白接到诏书，不由喜悦满怀，意气风发，在《南陵别儿童入京》中慷慨激昂地说：

白酒新熟山中归，黄鸡啄黍秋正肥。
呼童亨鸡酌白酒，儿女嬉笑牵人衣。
高歌取醉欲自慰，起舞落日争光辉。
游说万乘苦不早，著鞭跨马涉远道。
会稽愚妇轻买臣，余亦辞家西入秦。
仰天大笑出门去，我辈岂是蓬蒿人。

这是一种久受压抑之后的狂喜心情，是 10 年游历隐居的结果，也是自信和才能的再次展示。

李白进入长安，据《旧唐书·李白传》所说，是由于道士吴筠的推荐。吴筠在天宝初年李白游历会稽时，曾同隐于剡中。初到长安，李白交往的多是道教中人。他通过好友元丹丘结识了玄宗的妹妹玉真公主，玉真公主从小出家当道士，号为持盈法师。太子宾客贺知章也信奉道教，在一所道观紫极宫里接见了他。一见他奇俊的神志，就大为称赞，呼之“天上谪仙人”。又索要他的文章，李白呈上《蜀道难》一诗，贺知章没有读完，就赞叹了四次，认为此诗可以泣鬼神。并乘兴解下佩带的金龟，换取酒来与李白同乐。

《蜀道难》能令著名诗人贺知章倾倒，的确也能代表李白的创作风格，是他的代表作之一，全诗如下：

> 噫吁戏，危乎高哉！蜀道之难，难于上青天！蚕丛及鱼凫，开国何茫然。尔来四万八千岁，不与秦塞通人烟。西当太白有鸟道，可以横绝峨眉颠。地崩山摧壮士死，然后天梯石栈相钩连。上有六龙回日之高标，下有冲波逆折之回川。黄鹤之飞尚不得过，猿猱欲度愁攀援。青泥何盘盘，百步九折萦岩峦。扪参历井仰胁息，以手抚膺坐长叹。问君西游何时还？畏途巉岩不可攀。但见悲鸟号古木，雄飞雌从绕林间；又闻子规啼夜月，愁空山。蜀道之难，难于上青天！使人听此凋朱颜。连峰去天不盈尺，枯松倒挂倚绝壁。飞湍瀑流争喧豗，砯崖转石万壑雷。其险也如此，嗟尔远道之人胡为乎来哉？剑阁峥嵘而崔嵬，一夫当关，万夫莫开。所守或非亲，化为狼与豺。朝避猛虎，夕避长蛇。磨牙吮血，杀人如麻。锦城虽云乐，不如早还家。蜀道之难，难于上青天！侧身西望长咨嗟。

从现代诗歌美学来看，诗歌旨在表现诗人对自然和社会的想象和感受，具备音乐美、建筑美、绘画美的特征。《蜀道难》就恰恰达到了这种完美的境界。结构上大开大阖，现实描绘和大胆想象相得益彰，充分地铺张和逼真地描写融为一体，造成一座结构奇丽而堂皇的殿堂。在词句上，骈、散交错运用，长短句有机结合，较好地展示出人物的心境和情绪，构成了音乐的流动美，尤其是一唱三叹的格调，很好地突出了"蜀道难，难于上青天"的主旋律，在人们耳畔回荡经久。所以说，李白的这首《蜀道难》，在形象地感受和技巧地运用上，都达到了一个前所未有的高度，说明他独特的创作风格已经形成，也是他诗歌创作道路上的一座里程碑。

李白在长安诗名大盛，加上玉真公主和贺知章也推荐赞誉，唐玄宗隆重地接见了他，以七宝床赐食，亲手调羹给他吃，还说："卿是布衣，名为朕知，非素蓄道义，何以及此！"并命他供奉翰林，称为翰林供奉。

翰林供奉在翰林院的主要职责就是为皇帝草拟文诰诏令等文件，并侍陪御驾游乐，作些宫廷文章。李白虽不是正式任命的官员，但是皇帝特封，为玄宗所爱，因此他可"问以国政，潜草诏诰"。据说曾为玄宗写过《出师诏》和《和蕃书》，大概都是为边境战事和国际外交而写。两文都没有留传下来，但后一篇的写作在民间流传甚广，明代冯梦龙《警世通言》中就编有《李谪仙醉草吓蛮书》的故事，虽属虚构，却也表现出李白的学识渊博。

李白常随伴玄宗左右，一方面象其他宫廷文人一样，创作了一些宫庭诗歌，象著名的《清平调词》三首和《宫中行乐词》十首，这些作品文词华美，音韵和谐，很受皇宫欢迎，任华在《杂言寄李白》中说的"新诗传在宫人口，佳句不离明主心"就反映出这种情形。另一方面他也曾乘机向玄宗呈述过自己的政治主张，对玄宗进行劝谏，在《书情赠蔡舍人雄》中曾说："遭逢圣明主，敢进兴亡言"。他还写过一篇《大猎赋》，劝戒玄宗不要"荒淫侈靡"，贪图安乐，而要居安思危，广招贤士，使百姓安居乐业。

但是，李白想以政治家的身份出现，而玄宗只是把他作为一个御用文人。此时的玄宗,已经不是早年励精图治、任用贤才的开明君主,而蜕变为“朝事付之宰相,边事付之诸将”,高枕无忧、醉生梦死的昏君了。与李白最初的理想天差地别,形成难以融合的矛盾。加上李白天生傲骨,民间也传说他腰中有傲骨,不会弯腰,又素爱饮酒,就难免招致玄宗的不满和王公大臣的侧目。杜甫《饮中八仙歌》说:“李白一斗诗百篇,长安市上酒家眠。天子呼来不上船,自称臣是酒中仙。”任华《杂言寄李白》也说他“身骑天马多意气,目送飞鸿对豪贵。承恩招入凡几回,待诏归来仍半醉。”表现出他自得自负、傲视权贵、“目中无人”的一幅狂态和醉态。据段成式《酉阳杂俎》记载:“李白名播海内,玄宗于例殿召见,神气高朗,轩轩若霞举。上不觉忘万乘之尊,因命纳履。白遂展足与高力士,曰:‘去靴!’力士失势,遽为脱之。”高力士决非寻常太监,他服侍玄宗几十年,倍受宠爱,权大势盛,太子称他为“二兄”,王爷、公主称他为“阿翁”,驸马称他为“爷”,象宰相李林甫、王珙、杨国忠,将军安禄山、安思顺、高仙芝都是靠他才上去的。李白却不把他放在眼中,在玄宗面前竟让他脱靴,他如何能忍下这口气呢?所以玄宗和杨贵妃在兴庆宫沉香亭观赏牡丹时,叫李白即席作《清平调词》三首,让当时著名的音乐家李龟年当场配乐演唱。杨贵妃听后十分高兴,玄宗也更加爱重李白。高力士却不忘脱鞋之耻,伺机报复。一次,杨贵妃重新吟唱这三首诗,高力士别有用心地说:“‘借问汉宫谁得似?可怜飞燕倚新妆’,这两句明是讽刺妃子的,我以为妃子对李白恨入骨髓,却不知反是喜爱非常。”杨贵妃吃惊地问:“翰林学士为何这样羞辱人?”高力士说:“以飞燕指妃子,是说妃子十分低贱”。杨贵妃因而恨起李白来。因为赵飞燕是歌女出身,虽贵为皇后,仍被人视为低贱之女。杨贵妃自己的出身也不高。据说玄宗曾三次任命李白官职,三次都被杨贵妃阻挠。

李白以他特有的豪放、疏散和傲岸维护了他的人格,却遭到了玄宗的疏远、权贵的怨恨、同行的嫉妒。且不说至关重要的高力士、杨贵妃阻难他,就是同为翰林供奉的前宰相张说的儿子、玄宗的女婿张自也与他为敌。他虽仍然想“功成谢人间,从此一投钓”,但也感到前进路上难以逾越的困难,心中十分苦闷,这从他的《行路难》中可看得出来:

金樽清酒斗十千,玉盘珍羞直万钱。停杯投箸不能食,拔剑四顾心茫然。欲渡黄河冰塞川,将登太行雪满山。闲来垂钓碧溪上,忽复乘舟梦日边。行路难,行路难!多歧路,今安在?长风破浪会有时,直挂云帆济沧海。

李白到了寝食不安、无所适从的地步。尽管他仍相信有“长风破浪”的机会,但这机会现在是没有了。所以在《行路难》第三首中他重新选择着自己的出路:“君不见吴中张翰称达生,秋风忽忆江东行。且乐生前一杯酒,何须身后千载名!”他决定要离开长安,象张翰一样去过纵情欢乐的生活了。

天宝三载(公元744年)春,李白上疏玄宗请求还山。玄宗对他已没有兴趣,就给了他一些赏赐让他走了。

李白是被迫离开长安的,这意味着他政治上的尝试趋于失败,是十分悲痛的:“临当欲去时,慷慨泪沾缨。”

功名未就身先退

李白离开长安，在天宝三载四月来到东都洛阳，认识了文学史上称为“诗圣”的诗人杜甫。“诗仙”李白和“诗圣”杜甫的这次会面，成为千百年来为人称道的文坛佳话。

杜甫比李白小11岁，在诗坛初露头角。但他的思想和作风与李白极为相似。他在《壮游》诗中说：“性豪业嗜酒，嫉恶怀刚肠。……放荡齐赵间，裘马颇清狂”，并且有和李白一样的政治理想，“致君尧舜上，再使风俗淳”。所以两人一见面，就相互倾心，已负盛名的李白和正在崛起的杜甫建立了兄弟般的情谊。

不久，李白离开洛阳。杜甫见到李白抛开帝京的富贵荣华而优游山林，十分羡慕，临行写了一首五古《赠李白》，与李白相约再见于梁、宋（今河南商丘一带）。当年秋天，杜甫如约来到，与李白第二次相聚，并结识了尚为布衣的高适。三人一道游览名胜，怀古论今，品评诗文，过得十分快意。杜甫直到晚年还怀念这一段生活，曾写《忆昔》、《遣怀》等诗来表现自己与李白、高适之间的深厚感情。

天宝四载秋天，李白和杜甫第三次在东鲁见面。其间李白曾经陈留采访使李彦允的介绍到了齐州（今山东历城）紫极宫，请道士高如贵授道　，就同佛教的受戒、耶稣教的洗礼一样。这次见面，杜甫写了七绝《赠李白》：

秋来相顾尚飘蓬，未就丹砂愧葛洪。
痛饮狂歌空度日，飞扬跋扈为谁雄。

首句写两人仍然在流浪中相会，二句写自己没有象李白一样受道　，感到惭愧。葛洪是东晋著名道家和神仙家，以炼丹闻名，杜甫用他来比喻李白。三句、四句写两人不得意的现实生活，蕴含着对现实的反抗和不满。这一段两人的友谊更为密切。亲同手足，“醉眠秋共被，携手日同行”，一块游遍了东鲁的山山水水。还一道拜访了刚毅正直的北海太守李邕。李邕世称李北海，著名书法家、文学家，很受李杜的敬重。李白曾作《上李邕》一诗表明自己“大鹏”远大的志向和豪迈的气概。最后，两位大诗人在东鲁石门山（在今山东曲阜）分手，李白写了《鲁郡东石门送杜二甫》一诗，期待石门路上“重有金樽开”的一天。然而这终归没有成为现实，再没有相见，只是都把无尽的思念写进诗中。李白《沙丘城下寄杜甫》说“思君若汶水，浩荡寄南征”；杜甫在长安写《冬日有怀李白》说“寂寞书斋里，终朝独尔思”。这种相思之情一直到李白晚年。杜甫后来有《春日忆李白》、《寄李十二白二十韵》等诗，尤其李白流放时杜甫作的《梦李白二首》更是真挚感人，相信李白虽然“寂寞身后事”，定会“千秋万岁名”。

李白和杜甫分手后，又过了十年的漫游生活。此时，夫人许氏已经去世，留下女儿平阳和儿子伯禽住在东鲁，他则和在梁园结婚的夫人宗氏常住梁园。宗氏也是相门之女，父亲宗楚客在武后、中宗时三次为相，后来因依附韦后被玄宗杀害。李白虽回不了东鲁，却对东鲁的一双儿女极尽思念，曾作《送杨燕之东鲁》、《送萧三十一之鲁中兼问稚子伯禽》、《寄东鲁二稚子》等诗，表现自己的深切想念和悲伤之情，为得不到父母照料的儿女担忧。

在10年的漫游中，李白南到过越中，北到过幽州（今北京）。天宝四载（公元745年），李白再游吴越，之前写下名篇《梦游天姥吟留别》；天宝五载，他到达金陵，与长安旧友、被放逐的监察御史崔成甫相会，互赠诗歌；天宝九载，李白经寻阳（今江西九江）再上庐山，并回转东鲁看望了一双儿女；天宝十一载十月，他北到幽州，曾目睹了安禄山专横跋扈的情势，感受到某种威胁和压抑，后来怀着沉重的心情游历到宣城（今属安徽）。天宝十三载五月，李白到了广陵（今江苏扬州），与青年诗人魏万相会。魏万后来改名为魏颢，是李白狂热的崇拜者。他为了寻访李白，沿着李白游历的路线，先到梁园，再到东鲁，又走了几千里路来到广陵。李白十分看重魏万，视为忘年之交的弟兄，认为他"必著大名于天下"，并把自己保存的诗文交托他保存编集，还请他多多关照儿子伯禽。两人在一起畅游了广陵和金陵后，不到秋天就分别了，从此再没有见过面。

此时的玄宗，更加沉溺于声色，不问国事。"口蜜腹剑"的奸相李林甫把持朝政，一些正直有为志士，如北海太守李邕、淄川太守裴敦复、陕郡太守韦坚、左相李适之先后被杀害，也有的被贬往远地。并且不断发动对少数民族的战争。弄得朝中乌烟瘴气，民间怨声载道。李白目睹现实，情绪很不稳定，时而消沉愁苦，时而激昂入云，时而痛心落泪，创作了大量的诗篇加以反映。

首先，他对政治的黑暗、玄宗的荒淫加以揭露和批判，对社会的认识更为深刻，如《右风》五十九首中的一些诗篇和《右朗月行》、《远别离》等。其次表现了他政治上失败后内心的愤懑和痛苦，象《梁园吟》、《梦游天姥吟留别》、《将进酒》、《答王十二寒夜独酌有怀》等，另外还写了一些反映劳动人民生活的诗篇，描绘出美好的乡村风光和人民的喜怒哀乐。例如《宿五松山下荀媪家》、《丁都护歌》、《秋浦歌》等。

这一时期中，他的代表作当是《梦游天姥吟留别》。诗人想象奇特，以雄浑重彩的诗笔展现出天姥山的壮丽多姿。他写梦中攀登在高入云霄的山道上，半腰中看见一轮红日在海上喷薄而出，空中穿来天鸡的鸣唱。千岩万转，使他难以择定前行的道路，烂漫的山花令人迷惑，倚石而息忽然天空转暗。只听熊在咆哮，龙在高吟，回荡在深山密林、岩石山泉之间，令人心惊胆寒。天空渐渐青云笼罩，布满雨意，水上生起淡淡的烟雾。突然电闪雷鸣，山崩地裂，神仙洞府的两扇石门訇然大开，呈现一派仙界美境：太空广阔无垠，宫阙日月映照，穿着云衣的神仙们或乘马、或驾车纷至沓来。正在此时，忽然魂悸魄动，觉醒梦逝。可见"世间行乐亦如此，古来万事东流水。别君去兮何时还？且放白鹿青崖间，须行即骑访名山。安能摧眉折腰事权贵，使我不得开心颜！"流露出"人生如梦"不如寻仙访道的思想，也表现出不弯腰低头的傲岸性格。

在写景诗中，李白《西岳云台歌送丹丘子》、《将进酒》、《北风行》、《关山月》、《独坐敬亭山》等都是脍炙人口之作，不乏流传千古的名句。如"君不见黄河之水天上来，奔流到海不复回"；"燕山雪花大如席，片片吹落轩辕台"等。

“诗仙”千诗万古传

李白的诗现存900多首，并非他一生的实际所作。因为李阳冰编《草堂集》时就说“当时著述，十丧其九”，何况《草堂集》也没有保存下来。

李白的诗数量之多，质量之高，成就之大，或许是文学史上无人能比的。初唐时期，文坛上由陈子昂树起反对齐梁诗风、提倡“建安风骨”的革新大旗，李白靠自己的天才和创作实践，彻底完成了这一革新任务，尽管也不排除他人的努力，但李白是公认贡献最大的一个。李阳冰《草堂集序》就说：卢黄门（卢藏用）云：‘陈拾遗（陈子昂）横制颓波，天下质文，翕然一变’。至今朝诗体，尚有梁陈宫掖之风，至公（李白）大变，扫地以尽。”

李白是一个万事都关心的天才诗人。他集游侠、刺客、隐士、道人、策士、酒徒、作家于一身，广泛地接触社会，了解各个阶层的生活。他一方面接受儒家“兼善天下”、“济苍生”、“安社稷”的思想，一方面又接受道家遗世独立、追求绝对自由、蔑视一切的思想。同时具有游侠的思想和作为。本来，儒家、道家和游侠难以相容，而他则将三者结合起来，造成他“功成身退”的政治理想。龚自珍《最录李白集》中说：“庄、屈实二，不可以并，并之以为心，自白始；儒、仙、侠实三，不可以合，合之以为气，又自白始也。”说明了体现在李白诗中的多而合一的较为复杂的理想。又由于他遍游全国，见闻广博，在反映社会的面上可以说首屈一指，超出盛唐时期的任何一位诗人。

首先，他表述了自己的政治抱负和追求，体现出关心国事和人民命运的激情。李白一直相信“天生我才必有用”，所以尽管他屡受挫折，还是要等那“长风破浪会有时，直挂云帆济苍海”的契机。到了晚年，他虽然明白自己“愿为辅弼”的理想落空，但仍然关注时局的变化，将当时的安史之乱与国家的兴亡、人民的生活密切联系在一起，流露出强烈的爱国主义思想和感情。

其次，批判腐败的政治制度和黑暗的社会现实，表现心中的不平。尤其是他的《古风》五十九首中的一些诗篇，爱憎鲜明，意义深刻。《唐宋诗醇》说其“远追嗣宗（阮籍）《咏怀》，近比子昂《感遇》，其间指示深切，言情笃挚，缠绵往复，每多言外之旨。白之流品，亦可睹其概焉。”很是中肯。另外他的《远别离》、《答王十二寒夜独酌有怀》等，对皇帝的荒淫、外戚的跋扈、宦官的嚣张、奸臣的祸国都有所揭露和批判，矛头直至上层社会。

再次，表现了狂饮高歌傲王侯的气概和蔑视富贵的思想，以及追求个性自由的精神。对王公大臣，他绝不屈节折腰，“安能摧眉折腰事权贵，使我不得开心颜！”“黄金白壁买歌笑，一醉累月轻王侯；对于富贵，他看得轻淡如云，“功名富贵若长在，汉水亦应西北流”，“钟鼓馔玉不足贵，但愿长醉不复醒”，“乍向草中耿介死，不求黄金笼下生”。对于饮酒，他则常伴相随。酒和他结下不解之缘，一是酒醉能使他飞达神仙的境界，离开喧嚣的尘世，同时也是对抗封建权势的一种手段，“天子呼来不上船，自称臣是酒中仙”；二是借酒浇愁、寻求短暂的解脱，“抽刀断水水更流，举杯消愁愁更愁”，

"人生得意须尽欢,莫使金樽空对月";三是以酒结交朋友,更增豪放之情,"五花马,千金裘,呼儿将出换美酒。""莫惜连船沽美酒,千金一掷买春芳"酒和李白难以分割,酒在他的诗中占有显著的地位,也是中国"酒文化"不可缺少的组成部分。

第四,描绘祖国壮丽的山川,表现出对祖国大好河山的无比喜爱。李白一生好入名山,也留下与名山同垂千古的许多诗篇。他的《望天门山》、《望庐山瀑布》、《独坐敬亭山)、《清溪行》、《过崔八丈水亭》等等,创造出一种或雄浑奇丽、或明丽静美的意境,给人以美的享受,其中的许多名句,更是人人称道,盛传不衰。

第五,表现劳动人民的生活和情感,反映出对劳动人民的同情和赞美。他的《秋浦歌》中,就描写了人民捕鱼、炼铜、采菱等生活,其中"炉火照天地,红星乱紫烟。赧郎明月夜,歌曲动寒川"一诗广为流传。特别是他对妇女的描写,更倾注了极大地热情。《子吴夜歌》表现了女子对远方征人的怀念,反映了人民过平安生活的愿望。《北风行》描写幽州思妇对阵亡丈夫的怀念和悲伤;《夜坐吟》塑造了一位追求平等生活和真诚爱情的女子形象;《东海有勇妇》和《秦女休行》描述了为夫报仇的两位女豪杰的事迹。李白对古代劳动妇女的同情和赞美,也反映出他对封建道德和礼节的不满与批判。

第六,表现朋友之间亲如兄弟的情感,张扬做人的真诚。李白写了许多与朋友的离别诗,或是怀念,或是祝福,都充分显示心中的真诚,让人一下都可看到他的内心。他的《黄鹤楼送孟浩然之广陵》如此,《哭晁卿衡》如此,《赠汪伦》也如此。孟浩然是李白至交不必说,而晁衡则是一位日本友人,当他听到误传的晁衡东归日本溺海身亡的消息后,不由哭诉说:

日本晁卿辞帝都,征帆一片绕蓬壶。
明月不归沉碧海,白云愁色满苍梧。

《赠汪伦》也是一首妇孺皆知的送别诗:

李白乘舟将欲行,忽闻岸上踏歌声。
桃花潭水深千尺,不及汪伦送我情。

由此可见,一身傲骨的李白可以不把王公大臣放在眼里,而对于朋友则是肝胆相照、一片真心的。

李白的诗反映的面很广,运用的诗体也多种多样,五古、七古做得好,近体诗也在同代人之上。一般的说法,认为他的七古和七绝在文学史上贡献最大。象他的代表作《蜀道难》、《将进酒》、《梦游天姥吟留别》等都是七古中的绝品。他的七绝向来与王昌龄齐名,然而从自然流畅、富有民歌情调一点来说又超过了王昌龄。他的五绝不下于王维。在律诗创作上,李白可能由于其束缚力太强,做的不多,但他的《夜泊牛渚怀古》、《送友人》等俱可与杜甫的律诗媲美。在填词上,他的《菩萨蛮》和《忆秦娥》历来被认为是最早的文人词,"为百代词曲之祖"。

在创作方法上,李白继承了前代浪漫主义的成就,以其叛逆的思想、豪放的气概,反映出盛唐时代乐观向上的主导精神以及反抗封建秩序的内在力量,扩大了浪漫主义的表现领域,丰富了浪漫主义的内涵,体现出浪漫主义与现实主义某种程度地结合,将浪漫主义的创作推向了一个光芒四射的新的高峰。

在表现手法上，李白运用丰富的想象，奇特的夸张，或写景、或抒情，创造出一种石破天惊的气势和奇句，震撼人的心灵，从而表现出恢宏、博大而壮阔的意境，诸如《蜀道难》、《梦游天姥吟留别》、《望庐山瀑布》等都会给人如此感受。在结构上，诗的开头常以“奇句夺目”，喜取黄河东流之势，而中间则杂以想象和夸张的情景，收尾且能在“百尺竿头，更进一步”，使豪迈的情感得以淋漓尽致地抒泄。其中的承接转折自然平稳，不露斧凿之痕。在词采上，李白的语言就象他主张的一样：“清水出芙蓉，天然去雕饰”。象“小时不识月，呼作白玉盘”；“蜀道之难难于上青天”；“君不见黄河之水天上来，奔流到海不复回”；“白发三千丈，缘愁似个长”等，于清新自然中达到完美，让人过目不忘。

李白的诗之所以有如此伟大的成就，得力于他向前贤的学习，诸如《诗经》、《汉乐府》、《屈原》等，也得力于他向同代人的学习和实地考察学习。他是一个集大成者。同时，他也影响了后来的数代人。唐朝的韩愈、孟郊、李贺，宋代的苏舜钦、王令、苏轼、陆游、辛弃疾，明清的高启、杨慎、黄景仁、龚自珍等都受过他深刻的影响。现代、当代的许多文学家，也都从李白的诗中汲取营养。即使是今天的一些现代味道的诗歌，或多或少也可找到某种渊源。比如今天的诗人主张描写主观的心态，充分抒写自由的个性。而李白的许多诗就是这种主观表现、自由追求的典范。他的自由、奔放的心声仍然弥漫整个空间，影响着新的一代人，影响着未来的生活，甚至影响到世界。

李白才是真正称得上“与日月同辉、与天地同在”的伟大的诗人，是永远不会消逝的“诗仙”。

苏 轼

万斛泉源 滔滔汩汩

苏东坡谈到自己的文章时，曾这样说："吾文如万斛泉源，不择地而出。在平地滔滔汩汩，虽一日千里无难；及其与山石曲折，随物赋形而不可知也。"这是一段评价作品的话，假如用它来形容作者的才华，大概没有什么不合适。唐朝李白，人说他才华横溢，斗酒诗百篇，提起笔来便思如泉涌。苏东坡也是这样一类人。

苏东坡才力丰沛，大半得之于天赋遗传。《三字经》有云"苏老泉，二十七，始发愤，读书急。"这说的就是苏轼的父亲苏洵。老泉是他的号。苏洵少时不肯用功读书，有人推断那是由于他智力超常而与常规教育不和谐的缘故。这种情况在现代学校教育中也是常见。据说，他是到了 27 岁，已有了长子苏轼之后，才感到功不成、名不就是个缺憾。于是发愤读书。大凡才子，稍一用功，便不同凡响。所谓浪子回头金不换。所以，苏洵不久便文名大振。他后来没有被自己天才的儿子的名声淹没，在古文唐宋八大家中能独占一席，亦足见其确有不可掩之处了。

苏东坡的母亲，历史记载不多。只是说她出身于官宦之家，苏洵游学在外时，她在家里课子读书。她自己似乎好读史，曾经读东汉范滂传，掩卷太息。由此可推断其人有文化、有识见，智力水平当在上乘。

苏家可谓古代优生优育的典型。苏轼惟一的弟弟苏辙，也是才高八斗。其文章虽比不过兄长，但同被后人列入唐宋八大家之中，在当时与其父兄并称"三苏"。他的政治智慧则比乃兄高出一筹。

苏东坡精力过人，他对生活中的各种事情都容易发生兴趣，而且往往有独见独能。他的成就则主要在文学艺术方面，在文学艺术的许多领域，他都享有居当代之冠或开风气之先的地位。

他的文章，从学习模仿欧阳修开始，最终在影响上超过了欧阳修。其论时政、历史，明析透解、雄辩滔滔；其记亭台楼阁，笔法高超，意境独创。尤其他的文学性散文，无论短长，皆成情调，在文学史上几乎无与伦比。在他自撰的《东坡志林》中，有一则《记承天寺夜游》，是谪居黄州时写的：

> 元丰六年十月十二日，夜。解衣欲睡，月色入户，欣然起行。念无与为乐者，前至承天寺寻张怀民。怀民亦未寝，相与步于中庭。庭下如积水空明，水中藻荇交横，盖竹柏影也。何夜无月，何处无竹柏，但少闲人如吾两人耳。

总共84字。聊聊数语便勾勒出一种令人品味无穷的意境。尤其是:“庭下积水空明,水中藻荇交横,盖竹柏影也。”短短三句,高度传神。以积水空明形容月光之清澈透明,以藻荇交横比拟竹柏倒影之姿态生动。庭下只有月光与倒影,但两样交融,便使这宁静清明有了内在生命。倒影清晰,交横掩映,生出月光如水,透明而含波的感觉;月光明澈柔媚,则收到虚影渐趋丰满的效果。舍去月与竹,只谈光与影,这光与影似空非空,有无、真幻、动静融于一体,造成一个既冰清玉洁,又生动有情的境界。

苏东坡的文章,珍品荟萃。不管宏篇巨制,还是杂文笔记,都充满灵性,极有品味。至如各种文萃中常选的《前赤壁赋》、《后赤壁赋》、《石钟山记》、《喜雨亭记》、《凌虚台记》、《放鹤亭记》、《超然台记》等等,更是千古名篇,百读不厌。

苏东坡的诗,保存下来的有四千多首。他的诗取材广泛,自然景观、人物事件、风俗民情、喜怒哀乐、议论哲理无不入诗。其表现手法丰富多采,不拘一格,所谓嘻笑怒骂皆成文章。

苏东坡随时可发诗兴,无处不是诗材。他任杭州通判时,曾审理一和尚杀人案。灵隐寺一个叫了然的和尚,迷上了一个叫秀奴的青楼妓女。钱财耗尽,秀奴便不再见他。一天晚上,了然醉酒,又去找秀奴,秀奴不见,他便强行闯入,将秀奴毒打之后杀死。归案后,官员在他的胳膊上发现一副纹刺的对联:“但愿同生极乐园,免如今世苦相思”。东坡审案,看完案卷不禁提笔将判词写成一支小调:

这个秃奴,修行忒煞,云山顶空空持戒。只因迷恋玉楼人,鹑衣百结浑无奈。

毒手伤心,花容粉碎,色空空色今安在。臂间刺道苦相思,这回还了相思债。

结果,这和尚被判斩首示众。

林语堂说,苏东坡写诗永远清新。这话确乎不假。他观察事物总是独具慧眼。而文字在他手上又都被琢磨的晶莹剔透,自然灵逸。信手拈来,便成诗句。平淡言语,经他一点,即生韵味。

苏东坡离开黄州时,在为他送行的宴会上,一个叫李琪的歌妓走上前来,求苏东坡为她在披肩上题诗。苏东坡虽未见过此女,但当时心里高兴,便一口应允,命她研墨。苏东坡提笔立即写出开头两句:

东坡四年黄州住,何事无言及李琪。

在座的人都觉得这两句太平淡,了无诗味。似乎苏东坡当时才思不佳。但后两句一出,便使人不得不拍手叫绝:

却似西川杜工部,海棠虽好不吟诗。

仍然很平淡,全无雕琢藻饰,却透出一种轻灵自然之美。犹如清茶淡汤,其可人心脾,更胜似珍馐玉馔。李琪也因这首百味不厌的小诗而芳名永垂了。

苏轼爱游历,每到一处,或咏物或写景,总要给人们留下一些脍炙人口的诗句。如:

黑云翻墨来遮山,白雨跳珠乱入船。

卷地风来忽吹散,望湖楼下水如天。

——《六月二十七日望湖楼醉书》其二

水光潋滟晴方好，山色空濛雨亦奇。
欲把西湖比西子，淡妆浓抹总相宜。

——《饮湖上初晴后雨》其二

竹外桃花两三枝，春江水暖鸭先知。
蒌蒿满地芦芽短，正是河豚欲上时。

——《惠崇春江晚景》其二

荷尽已无擎雨盖，菊残唯有傲霜枝
一年好景君须记，最是橙黄桔绿时。

——《赠刘景文》

前两首写景，后两首咏时，每一首都别有洞天。捕一时一处之所见，略加点染，即成一幅新鲜生动的图景。正象他自己所说，“求物之妙，如系风捕影”。他所呈现给人们的并不简单是自然的景物与时令之状貌。经他描摹点染，透出的是“物之妙”。或者，勿宁说是他自己的沛然涌出物表之外，渺焉入于无形之中的才华与情思。

在词上，苏东坡贡献更大。他开创了一代新词风。以往的词，大多写男女恋情、生离死别之类，情调则是缠绵婉转。东坡词一改旧风，农舍风光，感旧怀古，纪游咏物，无不入词，而且气魄宏大，意境深远，节奏铿锵有力。在词史上开创豪放一派。

神宗熙宁八年(1676年)，苏东坡在山东密州任太守。那一年先是闹蝗灾，蝗灾过后又是干旱。苏东坡带领官员求雨，老天开恩，赐了一场大雨，使密州百姓获得丰收。苏轼作为州守，自然高兴，他带了一些官员军卒到常山祭典。回来时，忽生打猎兴致，而且所获甚多。趁兴，他写下了《江城子·密州出猎》一词：

老夫聊发少年狂，左牵黄，右擎苍。锦帽貂裘，千骑卷平冈。为报倾城随太守，亲射虎，看孙郎。

酒酣胸胆尚开张，鬓微霜，又何妨！持节云中，何日遣冯唐？会挽雕弓如满月，西北望，射天狼。

这首词被认为是东坡豪放词的第一篇代表作。东坡自己说：“近颇作小词，虽无柳七郎风味，亦自是一家。呵呵，数日前猎于郊外，所获颇多，作得一阕，令东州壮士抵掌顿足而歌之，吹笛击鼓以为节，颇壮观也。”

东坡豪放词最有名的还是《念奴娇·赤壁怀古》：

大江东去，浪淘尽千古风流人物。故垒西边，人道是三国周郎赤壁。乱石崩云，惊涛拍岸，卷起千堆雪。江山如画，一时多少豪杰。

遥想公瑾当年，小乔初嫁了，雄姿英发，羽扇纶巾，谈笑间，樯橹灰飞烟灭。故国神游，多情应笑我，早生华发。人间如梦，一樽还酹江月。

这首词是苏轼仕途初遭挫折，谪居黄州时写的。

词开首第一句便造出一个巨大的时空：“大江、千古”。在这巨大的时空中奔腾而来，偃息而去的是滔滔巨浪和无数风流人物。由此反衬出阅视这一切的作者的宏阔襟怀。接下来，镜头对准三国赤壁：“乱石崩云，惊涛拍岸，卷起千堆雪。”只有这样的气势才与那时的豪杰相匹配，才能鼓荡起对曹操、诸葛、周郎会战赤壁的追忆的心潮。

随着思绪层层深入，镜头从“多少豪杰”推向赤壁之战的主角——周公瑾。来了一个大特写。但这特写没有安排在风起云涌的战场上，而是移到了谈笑风生的帏幄之中。“小乔初嫁了，雄姿英发，羽扇纶巾”，风流潇洒的周公瑾，翩然亮相。气氛音声均由高亢转入平和。在情绪上造成一个大起伏、大跌宕。这平和不是力感的消失，而是将上面由环境与气氛的铺张造成的力量，收缩起来，引向深入。很快，浑身轻松的周郎被移向画面的一角，与这一角相对映的是“墙橹灰飞烟灭”。在周郎“谈笑间”，曹操的千里舳舻已化为灰烬。这是何等的力量，何等的事业！

词写到这里，古人的雄风伟业已被渲染到极致。镜头一转，对准了作者自己。思绪夸跃近千年，“故国神游”一句，结束了往事的追思，但却把追思所产生的豪迈雄壮与自己的现实境遇紧紧连起，形成对比。“多情应笑我，早生华发。”一个落魄潦倒，已生花发的人，竟然在这里凭吊那轰轰烈烈的人物和往事！

最后一句乃是全词的龙眼，物极而反的枢纽，顿悟登仙的法门。前面的描绘抒写都是为了憋出这一句来。前面的抒写很容易给人以向往古人之雄烈，感叹自己之不遇的印象，而这一句则扭转乾坤，把前面造成的迷雾一笔廓清，露出庐山真面目，把真实的意义赋予全词：

人间如梦，一樽还酹江月。

古人的轰轰烈烈与自己的穷困潦倒所形成的不和谐对照，使情绪凝重到了极点，但是反而思之，这人世间的事，无论大小，有哪一件不是过眼烟云？曹操、周郎而今安在？不都随着这滔滔江水东流而去了么？何必计较世间的成败得失呢？看着无数古人销声匿迹而至今犹在的，只有这江和月。“一樽还酹江月”，撇开那世俗的烦恼，放弃那有限的执着，同江月相与为伴吧。这一关一点透，立刻使人豁然开朗，身轻一半。千秋人物，万顷波涛被苏东坡一笔抹平，造出一个“会当凌绝顶，一览众山小”的超拔境界来。

从行文上，这结尾也可谓一奇观。在人感叹正浓的时候，意想不到地突然收住。“天风海而”（陆游评苏词语）戛然而止。天地人一瞬间皆归于宁静。虽收得陡峭凌厉，却又和谐自然丝毫不觉勉强。

这首词的确是才气涌流，无与伦比。其豪放足为词林典范，后人大约无过之者。

苏词中也有以婉约见长的。如：

十年生死两茫茫。不思量，自难忘。千里孤坟，无处话凄凉。纵使相逢应不识，尘满面，鬓如霜。

夜来幽梦忽还乡。小轩窗，正梳妆。相顾无言，惟有泪千行。料得年年肠断处，明月夜，短松冈。

——《江城子·乙卯正月二十日夜记梦》

这是熙宁八年（1076 年）苏东坡任密州太守时，因梦与逝世十年的前妻王弗相逢而作。感情真挚细腻，读来令人回肠荡气。

苏东坡还有一类词，既非豪放，也非婉约。其境虚无缥缈，其情恬淡悠长意境旷达清阔有弥漫浸润之功，收回味无穷之效：

明月几时有？把酒问青天。不知天上宫阙，今夕是何年？我欲乘风归去，惟恐琼楼玉宇，高处不胜寒。起舞弄清影，何似在人间？

转朱阁，低绮户，照无眠。不应有恨，何事长向别时圆？人有悲欢离合，月有阴晴圆缺，此事古难全。但愿人长久，千里共婵娟。

——《水调歌头·中秋怀子由》

这首词也写在密州。熙宁九年(1077 年)中秋，为思念弟弟子由而作。许多评论家都认为这是最好的中秋词。胡仔在《苕溪渔隐丛话》中说："中秋词，自东坡《水调歌头》一出，余词尽废。"

在中国书画史上，苏东坡也称得上是一巨子。

他的书法是宋代米、黄、苏、蔡四大名家之一。当时人们都争相搜求他的墨宝。周围一些人，往往有事没事便给他写条子，以图回函。赵令畤《侯鲭录》上有一则趣闻：当时有个叫韩宗儒的，饕餮好吃，每得到苏东坡一个字条便可到殿帅姚麟处换十数斤羊肉。一天，苏东坡在翰林院撰写公文，宗儒"日作数简，以图报书"，并"使人立庭下索甚急"。结果从里面传出了苏东坡幽默的回话："传语本官，今日断屠！"

在绘画上，苏东坡以"墨竹"而闻名。"墨竹"当时在画界独称一派，他与文与可都是这一派的名家领袖。也有人说"墨竹"是苏东坡的独创。苏东坡在"文人画"的形成中也有很重要的地位。有人说他创造了文人画这也许偏了些。但说文人画是苏东坡与米芾等一批文人朋友共同创作、切磋的结果，却丝毫不为过分。在中国传统文化中，诗、书、画具有同样的审美趣味，都追求空灵神韵。自唐以来，诗书画便日趋结合。尤其在文人群中，更强调用笔的抒情写意、富有诗味。苏东坡和他的朋友米芾、李应麟、黄庭坚等，都是能诗、能书、能画的。他们经常在一起饮酒、写诗、作书画，精神情趣更容易充分而自觉地渲泄挥洒于毫端，从而形成不拘形迹，极力抒写胸臆的风格。

中国艺术史上有一美谈，是 16 个名家会聚于驸马王诜的庭园中，称为"西园雅集"。这次聚会被作成一幅画，由李公麟画，米芾题词。画里有苏东坡、米芾、李龙眠，还有东坡的弟弟苏子由(辙)和苏门四学士。石桌陈列于花园中高大的苍松翠竹之下。最上面有一只蝉向一条小河飞去。河岸花竹茂密。主人的两个侍童，梳高发髻，带甚多首饰，侍立于桌后。苏东坡头戴高帽，身着黄袍，倚桌作书，驸马王诜在旁观看。另一桌上，李龙眠写诗，子由、黄庭坚、张耒、晁补之围于桌旁。米芾立着，仰头正在附近一块岩石上题字。秦观坐在一多有瘰瘤的树根上，听人弹琴。此外还有和尚和别的文人雅士。由这幅画可以想见当时的背景和气氛。

苏东坡的书画，不同于苦练求工的匠人，而是发自天赋的才气。因此，其作书画，一如写诗为文，随兴所至，随心所欲。黄庭坚记载："东坡居士极不惜书。元祐中锁试礼部，每来见过案上纸，不择精粗，书遍乃已。性喜酒，然不过四五龠已烂醉，不辞谢而卧，鼻鼾如雷。少焉苏醒，落笔如风雨。虽谑弄皆有意味，真神仙中人。"正因为他任着自己的才情自然涌冒溢流，所以才能不因循承袭古人而多有建树创造。他自评书画："吾书虽不佳，然出自新意不践古人，是一快也。"

创造的任情发挥，淋漓畅快，在他的诗文书画中随处可见。

英姿飒爽　平生功业

苏东坡高中进士之后，有一封《上梅直讲书》，其中引用了孔子厄于陈蔡的典故。他写道："孔子厄于陈蔡之间而弦歌之声不绝。颜渊仲由之徒相与问答。夫子曰：匪兕匪虎，率彼旷野，吾道非邪，吾何为于此？颜渊曰：夫子之道至大，故天下莫能容。虽然不容何病，不容然后见君子。夫子油然而笑曰：回，使尔多财，吾为尔宰。"这里虽是在讲孔子厄而所以能不失其乐，但"夫子道至大故天下莫能容"一句，也道出了苏轼对才能之士往往不遇的感叹。这感叹表面为梅尧臣而发，但隐约之中更含有对自己未来命运的耽忧。这种耽忧不是没有道理。无才固不足以用世，才高也往往使人不得以用世。这几乎是政治史上的规律性现象。苏东坡在官四十余载，其中近一半时间是在贬谪中度过的。他晚年在金山作《自题金山画像》诗，诗中写道：

问汝平生功业，黄州、惠州、儋州。

黄、惠、儋是他的三处贬所。三处地名形象地概括了他的一生经历。

苏东坡是以很高的才名英姿飒爽地登上仕途的。

仁宗嘉祐元年(1056 年)，苏轼、苏辙兄弟，跟着父亲苏洵，首次出川，赴京赶考。这次考试，兄弟二人，双双进士登第。尤其苏轼，他那篇参加欧阳修所主持的礼部考试的文章，《刑赏忠厚之至论》，极得欧阳修和梅尧臣的欣赏。本要取为第一，但因欧阳修疑其为自己的朋友曾巩所作，为避嫌疑，才列了第二。欧阳修将这篇文章在同列中传阅，并说："吾当避此人出一头地。"当时，欧阳修是公认的文坛盟主，他臧否人物是一言九鼎的。所以，他的话一传出，立刻轰动了京师文界。据说，欧阳修还曾对他儿子说，三十年后，就无人再提老夫了。果然，苏东坡后来取代了他的地位。

这时苏轼的母亲逝世。三苏返回蜀中。

嘉祐四年十月(1059 年)苏轼兄弟守孝期满。携家室随同父亲再次启程赴京。次年二月抵达。苏洵经举荐不试而得官职。苏氏兄弟则在欧阳修推荐下，又参加了一次制科考试——由皇帝特别下诏而举行的一种选拔高级人才的考试。苏轼在考试中献出各种文章几十篇，其中一些篇章成了后世学校必读的范文。考试结果，苏轼被列为"三等"。这是最优秀的等级，自宋朝开国以来只有苏轼和另一个叫吴育的获此殊荣。苏辙列为第四等。宋仁宗对苏家兄弟十分赏识，他回到后宫，高兴地对人说：我为子孙得了两个宰相。这时三苏已名噪京师。

从此时到神宗熙宁二年(1069 年)，是一段风平浪静的日子。苏东坡先是被任命为大理评事签书凤翔府判官，三年任满调回京中，任职登闻鼓院，旋经考试，改直史馆。接着父亲与妻子王弗相继去世，他与弟弟扶灵还蜀，为父守三年之孝。期满除服，再娶王弗的堂妹、进士王介的女儿王润之为妻，然后将父母坟茔托付给堂兄照管，兄弟二人乃携眷赴京。从此后，他们再也没有回到家乡。

到达京师已是熙宁二年(1069 年)二月。苏轼被安排在诰院，苏辙被安排在三司条例司。这正是熙宁变法开始的时候。

熙宁是宋神宗的年号，神宗是个很想有所作为的皇帝，他对国家积弱的形势很不满意，总想改变一下局面。于是，他决定起用倡言变法、在当时士望颇高的王安石。英宗治平四年（1068年）神宗刚一即位，就任王安石为江宁太守。同年九月，擢登翰林之位。熙宁二年二月，升任参知政事，开始推行新法。

熙宁变法是中国史学界一大公案。其是非曲直，论者因历史观点不同而见解各异，此处姑置不论。有一点是肯定无疑的：就是变法导致了一场严重的党争，这场党争一直延续到北宋灭亡，也许可以说，正是这场党争断送了北宋王朝。当时的许多大臣官吏都卷入了这场党争，由此，也影响了他们一生的政治命运。

苏轼兄弟都没有避开这场水火之争。他们站到了反对新法的一边。苏轼三次给皇帝上书极言新法与民争利和王安石不容清议、全面更换御史台官员的弊害。苏轼的态度自然为王安石辈所不能容。苏轼攻击王安石不容清议，王安石便让他尝尝清议的厉害。王安石手下的人，于是制造谣言，说苏轼兄弟在护父柩回川途中曾滥用官家卫兵，还涉嫌偷运私盐谋利。王安石的亲戚谢景温乃据此流言奏了苏轼一本，把他扯到纠纷之中，成为调查对象。苏轼一看自己陷入了泥潭，只好上表请调外任。他在请辞京官的奏折上愤然写道："陛下有纳谏之资，大臣进拒谏之计；陛下有爱民之性，大臣用残民之术。"早朝时，神宗皇帝将奏折交给王安石看，把王安石气得脸色苍白，两手发抖。至此苏轼与王安石在政治上完全处到了冰炭不容的对立位置上。

苏轼与王安石对立，主要在政治上，个人之间似乎并没有严重交恶。王安石于熙宁九年（1077年）罢相去职，定居于金陵。神宗元丰七年（1084年），苏轼由黄州迁汝州，过金陵时曾去看望王安石，在那里盘桓多日，讨论诗与佛学。王安石还劝他在金陵买房定居，以便经常见面。后来苏轼曾作诗追念此事：

骑驴渺渺入荒坡，想见先生未病时。
劝我试求三亩宅，从公已觉十年迟。

《宋史·苏轼传》上还记有这样一段对话：苏轼对王安石说，大兵大狱是汉唐灭亡的教训。现在西面用兵而东南数起大狱，你为什么不向朝廷进一言，以挽此危局呢？王安石回答：这两事都是吕惠卿做出的。我不在朝中，怎敢言朝事？苏东坡说，在外不言朝，这是事君常礼，可你不同，因为皇上是以非常之礼待你的。王安石于是厉声言道：是的，我要说！但马上又缓下声来，对苏轼说：出我之口，入你之耳而已。由此看来，苏王之间还是能推心置腹相见的。

苏轼辞去京官被任命为杭州通判。苏轼曾两任杭州。这一次因不是正职，所以也没有什么象样的建树。林语堂的《苏东坡传》是以"诗人、名妓、高僧"为题写这一段的。

作为判官，苏轼的主要任务是审问案件。他很不喜欢这个工作。因为他天生的悲天悯人。在朝廷与百姓的天平上，他总是自觉不自觉地倾向百姓一边。而且对政治往往持一种怀疑或批判的态度。更何况，这时的政治又是他所反对的新法。所以，他总感觉到社会和朝廷对百姓犯法负有责任。他在给子由的一首诗中写道：

平生所惭今不耻，坐对疲氓更鞭箠
道逢阳虎呼与言，心知其非口诺唯。

居高忘下真何益，气节消缩今无几。

另一首写的更有味道：

除日当早归，官事乃见留。

执笔对之泣，念此系中囚。

小人营餱粮，堕网不知羞。

我之恋薄禄，因循失归休。

不须论贤愚，均是为食谋。

谁能暂从遣，闵默愧前修。

史书上说，苏东坡在贯彻新法问题上，往往是因地制宜，避害就利，变通而用之。为老百姓谋了不少利，免了不少害。只是，这是指他在何年月、在何处为官时所为，具体办法如何已不可详考。但这一点足以说明，苏东坡把百姓利益看得比朝政争执要重一些。同时也说明，苏轼与司马光、王安石那样一些官僚是不一样的。

苏东坡在杭州更感兴趣的是饱览湖光山色，和与名妓雅士聚会交游。象他这样的才子诗人，确实需要大自然灵气的滋养和妙人雅趣的刺激。此次杭州三载，他的主要贡献是留下了一批好诗。他本人也深深爱上了杭州，所以数年后他再次请求外放杭州。他写道：

未成小隐聊中隐，可得长闲胜暂闲。

我本无家更安往？故乡无此好湖山。

熙宁七年(1074年)苏东坡在杭州任期届满。那时，他弟弟在山东济州，所以他便呈请调到山东去。朝廷照准，升任他为密州太守。密州很穷，难有作为。他只是捡了几十个弃婴，养在家里，这算是一点功德。在离任时，他写下了这样的诗句：

永愧此邦人，芒刺在肤肌。

平生五千卷，一字不救饥。

实际上，他自己也是在贫困中度过的。他在《杞菊赋》序言里说："余仕宦十有九年，家日益贫，衣食之俸，殆不如昔。及移守胶西，意且一饱，而斋厨索然，不堪其忧。日与通守刘君延式循古城废圃，求杞菊食之，扪腹而笑。"

但在文学上，却是成果硕硕。真正的"苏词"就是在这里产生的。《江城子·密州出猎》、《江城子·乙卯正月二十日夜记梦》、《水调歌头·中秋怀子由》等名篇都写于此一时期。

熙宁十年(1077年)苏东坡调任河中府，未及到任又改为徐州。在徐州，苏轼干了一大功业。他四五月间到任，八月黄河发水。水势凶猛，在徐州北五十里处向东决口，淹没数百里。至徐州为山所阻，水位不断高涨。九月，水深达两丈九尺，一度超过徐州城内街道。情势危急，富家大户纷纷欲逃，城内居民，人心惶惶。苏东坡坚定地说，富民出走，人心动摇，谁还守城。我在此，水决不能败城。他把要逃走的富民又通通赶回城中。他自己也搬到了城上，日夜与军民一起筑堤守城，过家不入，凡四十余日。十月初五，黄河复回旧道，洪水渐渐退去。由于苏东坡的坚毅勇为，保住了城池房屋和人民的无数财产，使全城百姓免了一场流离失所的灾难。

洪水过后，苏轼为长久计，向朝廷上奏，请求拨款，重建石头城墙。久等不见批文，他又修改筑墙计划，变为用木材加强堤防。这次核准，拨下钱 3 万贯，粮 1800 石。第二年动工，在城东南受水患威胁处修筑了一条木坝。竣工后，苏东坡在坝上建百尺楼阁，名为黄楼。黄，五行属土，取镇水之意。

挡水护城，筑坝建楼，使苏坡的治世才能得到一定程度的实现，而且事后受到朝廷的颁旨嘉奖。对此苏东坡十分自得。这一时期的文学集子便以“黄楼”命名。

神宗元丰二年(1079 年)三月，苏东坡又调任湖州。接调令后，他上了一道谢恩奏章，给自已惹下了麻烦。在他的上表中，被人们找到了几句批评时政有点过分的话，那些找毛病的人又由此进而在他出版的诗集中搜罗出了一些有谤怨朝廷之嫌的句子，于是制造了一起海内闻名的诗案。案子因由御史台弹劾而起，又由御史台审理，御史台别称“乌台”，所以该案被称为“乌台诗案”。这个案子差点使苏轼丢了性命。

苏东坡系狱，主要原因并不在诗上，而在政治方面，诗不过是借口、把柄而已。

一个因素是：神宗皇帝一直很欣赏苏东坡的文章才气。据说，苏东坡每有奏章，皇帝都爱不释手，当作文学作品欣赏，而且时常向侍臣夸赞。现在苏东坡的政绩又不错，因而随时有可能调回朝中，委以重柄。苏轼是反对新法的，所以，王安石在变法中提拔起来的那批人，必然会心有不安。

另一因素是，变法人物中有才智、有威望的领导人物，现在均已罢斥或归隐，朝中所剩的尽是些三流人物，如李定、舒 之流。这些人危机感、政治敏感性自然极强，他们决容不得有名望的对立派人物上升。

因此，一旦握有把柄，他们岂能善罢甘休。元丰二年(1079 年)六月，一个御史把苏东坡谢恩表中的几句话挑出来，以蔑视朝廷而弹劾他。数日之后，舒 又找到几首诗，以不忠于君呈上弹劾表章。李定居御史中丞，随后也上表，极论苏轼罪，以四条理由，提出苏轼罪当斩首。皇帝虽未想杀苏东坡，但却想好好考察他一下，因此同意立案，交由御史台审理。御史台曾提出，苏东坡一路上必须关入监狱过夜，皇帝没有同意。

这年七月十八日，苏东坡在湖州被捕，八月十八日入御史台监狱。他的长子苏迈，随父入京伺候。审案前后四十余日，牵连三十余人，搞得气氛十分紧张。凡与苏东坡有酬答唱和的都被责令将手上诗文交出备查。而东坡家里的许多文稿则被妻子烧掉了。

苏东坡虽然流年不利，但命不该绝。据说有这样几件事救了他的驾。

一是赶上仁宗皇后去世，临终为苏轼说了几句好话。大意是说，苏家兄弟当年被取为进士时，仁宗皇帝曾说过为子孙得了两个宰相。现在以诗入人于罪，是小人手段，要神宗皇帝莫听信小人谗言，屈枉好人。

其二，神宗皇帝大概本来就不完全相信御史们的话。据苏东坡说，皇上曾暗中派人到监狱里去观察他。来人回去报告说，见苏东坡睡得很沉静安稳，鼻息如雷。皇上闻言，说，我知道苏东坡于心无愧。

其三，苏东坡还得到一个表白心迹的偶然机会。苏东坡入狱后曾与儿子苏迈暗中约好，送饭时，只送蔬菜和肉，倘若听到坏消息便送鱼。其间有几天，苏迈外出借钱，把送饭的事托给朋友。朋友不知暗约、便送了烧鱼。苏东坡大吃一惊，以为形势恶化，就与狱卒商量，给弟弟子由写了两首诀别诗。其中除了追念兄弟情谊，托付家眷之外，还有感皇恩浩荡，愧无所报，引咎自责之类的话。诗写得言词凄惋，有“是处青山可埋骨，他年夜雨独伤神”之句，感人至深，神宗“见诗益动心，自是益欲从宽释”。

结果，苏东坡获宽大处理，以“讥讽朝政”罪名，贬为黄州团练副使，不得签署公事。元丰二年(1079 年)十二月二十八日出狱。在这个案子中，驸马王诜、诗人王巩、苏辙、黄庭坚均牵连受贬。张方平、司马光、范缜等一批老臣和苏东坡的一大批朋友则被罚了红铜。

元丰三年(1080 年)正月初一，苏轼与儿子苏迈启程前往黄州。苏辙往江西高安去做酒监。苏轼二月初一到黄州，家眷五月底由苏辙送到。

黄州位于汉口下面约六十里的地方。是个穷镇。苏轼虽保留了团练副使的职名，但一无俸禄，二不得签署公事，三要接受州守看管，不许出黄州地界。好在黄州太守徐君猷和江对面的武昌太守朱寿昌都很敬重他，很快结为好友，时常给他送些酒食，陪他游玩。

然而，现在一家人的日常用度，确实成了问题。他在给秦观的信中说：“初到黄，廪入既绝，人口不少，私甚忧之。但痛自节省，日用不得百五十。每月朔便取四千五百钱，断为三十块，挂屋梁上，平旦用画叉挑取一块，即藏去。钱仍以大竹筒别贮，用不尽以待宾客。此贾耘老法也。”这些钱大约是他原有的积蓄。

第二年日子越来越不好过。老朋友马正卿为他张罗了几十亩旧营地。这块地在黄州城东不到一里的一个山坡上。苏东坡成了道地的农夫。他开始靠自己的劳动，维持一家生计。苏东坡毕竟是士大夫，虽在辛劳困顿中，雅趣依然不减。你看他的经营：居室三间座落在坡顶上。向下俯视，有一茅亭。茅亭下是“雪堂”，他在这里宴请宾客。“雪堂”有房五间，是雪天竣工的。自己漆的墙壁，壁上画着雪中寒林和水上渔翁。大概是取柳宗元诗“独钓寒江雪”的意思吧。“雪堂”之名也许就源于此。雪堂台阶下有一小桥横跨一小沟而过。雪堂东手植柳树一株。再东有一小井，中有冷泉，是取水处。低处有稻田，麦田，还有桑林菜圃、果园，还种了茶树。

劳作象个农夫，而精神上却是个隐士。苏东坡正是这样看自己的。他给自己起了个雅号：东坡居士。“苏东坡”就是从这时叫起来的。

苏东坡在主观上始终不是非求官不可的。他对进退去留较能看得开，特别是官场充满政治倾轧的时候，他倒真想避开纷攘，归隐山林。他写道：

夜饮东坡醒复醉，归来仿佛三更。家童鼻息已雷鸣。敲门都不应，倚杖听江声。

长恨此身非我有，何时忘却营营。夜阑风静縠纹平。小舟从此逝，江海寄余生。

《临江仙·夜归临皋》

关于这首词.还有个小趣闻。据江，第二天黄州谣传，苏东坡在江边写了这首词，“挂冠服江边，驾舟长啸去矣！”消息传到州守耳中，州守大惊。因为他负有监管之责。所以，急忙赶到东坡住处。一看，东坡鼾声如雷，正酣睡呢。

苏东坡虽常兴归隐之想，但作为士大夫，他是很难忘情政治和仕途的。他时而沉醉，皈依于超逸的精神境界，时而又作怀才不遇之叹。内心深处自有其苦闷。现在小人当政，他不愿再象以前那样讥谤现实招惹麻烦了，他以醉酒夜游，放浪形骸来渲泄自己的苦闷。这从他有名的《黄泥坂词》中可以看出：

朝嬉黄泥之白云兮，暮宿雪堂之青烟。喜鱼鸟之余惊兮，幸樵叟之我嫚。

初被酒以行歌兮，忽放杖而醉偃。草为茵而块为枕兮，穆华堂之清宴。纷堕露以湿衣兮，升素月之团团。感父老之呼觉兮，恐牛羊之予践。

于是蹶然而起，起而歌曰：月明兮星稀，迎余往兮饯余。归岁既晏兮草木腓。归来归来，黄泥不可以久嬉。

醉酒夜游，也有积极成果，那就是他为后人留下了许多光耀千古的文学作品。《念奴娇·赤壁怀古》、《前赤壁赋》、《后赤壁赋》就是他两番夜游赤壁的产物。

元丰七年（1084 年）神宗下旨，将苏东坡的谪居地由黄州改到汝州，这是“解放”他的前奏。苏东坡三月接旨，四月动身。老朋友陈慥、和尚参寥、道士乔仝一直陪他到九江，游庐山数日。苏东坡在这里写下了一首很有名的哲理诗：

横看成岭侧成峰，远近高低各不同。

不识庐山真面目，只缘身在此山中。

在南京，王安石买田退身的劝告，对他颇有触动，到了湖州，接受太守滕元发建议，于常州太湖左岸的宜兴买了一块田地，然后奏请皇上允许他在宜兴安居。这时已是十月。奏章发出，便减速行进，冀图早得批准，节省往返费用，因为买回后他已囊空如洗了。到泗州，全家陷于饥饿，当太守送东西上船时，孩子们和家人欢声雷动。他无力再往前走了，于是上了第二个奏章：

但以禄廪久空，衣食不继。累重道远，不免舟行。自离黄州，风涛惊恐。举家病重，一子丧亡。今虽已到泗州，而赀用罄竭，去波尚远，难于陆行，无屋可居，无田可食。二十余口，不知所归，饥寒之忧，近在朝夕。

元丰八年（1087 年）三月，皇帝驾崩。不久颁下圣旨，允许苏轼在常州居住。苏东坡从饥寒困厄中逃脱出来，固有所喜，但同时他也似乎感到自己的仕途已画上句号：

十年归梦寄西风，此去真为田舍翁。

苏东坡虽由“骨相所招”，多有谪难，但也总有吉人相助。仁宗、英宗、神宗的皇后都对他别有偏爱。神宗宾天，年方 10 岁的哲宗继位，改元元祐，英宗皇后高太后临时摄政。正当苏轼打算真为田舍翁的时候，朝廷下了起复的任命。先是登州太守，到任才五日，又被召还京师，任尚书礼部郎中。半月后，升为起居舍人。几个月擢中书舍人。不久，又升任有“内相”之称的重职——翰林学士知制诰。苏辙也被召回，任右司谏。苏门弟子陆续返京任职。

高太后当初就反对变法，这时起用坚决反对变法的旧党领袖司马光为相，打算全面废除新法。变法的是非，自然非一言所能定。可是王安石在急用人之际迅速提拔的那一批人，确实大多属于并无一定见解、但能得势、谋求高官厚禄，便什么都做得出来的小人。其实高太后对于新法也未必多么有研究，或许她是由于更讨厌那一批把朝廷搞乱了的小人，所以要全面起用旧党人物而贬斥新党。

司马光也是个拗相公。在变法遭挫折后，神宗曾要起用他。但他必以全面废止新法为条件，才肯出山。这当然不会有结果。现在高太后摄政，他终于可以出山了。他出山的第一项举措，就是废止新法，罢斥新党人物。他立场坚定，旗帜鲜明，做事之绝一点不亚于王安石。凡是新法，无论利弊，一概废除。对新党人物，贬斥之余，还要榜之朝堂、使蒙羞辱。前面有车，后面有辙，历史因果，报应不爽。哲宗时，章　大规模迫害元祐大臣，徽宗时，蔡京又造“元祐党人碑”，其实不过是对司马光行为的报复。

苏轼对司马光的做法颇为不满。在废除“免役法”问题上，二人展开激烈争论。苏轼说，免役法有许多优点，原来的差役法也有许多缺点，应兼采所长而不必尽废。司马光不允，并称苏轼为第二个王安石。气得苏轼回家后连呼“司马牛！司马牛！”

苏轼、司马光本来私交不错，这次争论属于意见不合。但在利禄场上却被人看作权力之争。不久，司马光病逝，苏轼成了朝中独占鳌头的人物。这引起了原来聚集在司马光周围的一批理学家的不安。在他们看来，苏轼恃才傲物，狭侮公卿，不循古礼，行为放旷，完全不适合于在重要的政治位置上。于是交章弹劾苏轼，皇太后勅命禁之而不能止。在这种情况下，苏轼只好再次上表，请求外调。

元祐五年(1089年)三月，苏轼以龙图阁学士出任杭州太守。七月抵杭。这次在杭州不足一年，办了两件好事：

头一件。由于杭州洪旱相间，连年灾害，在苏轼到任的第二年闹起瘟疫。苏轼一面上书反映情况，请求减轻赋税，开仓赈济；一面冒罪减价粜出政府的常平米，做粥施舍。同时，还搞了医疗措施：成立病坊，派官吏率医生分坊治病，制作药剂，发散施舍。据说，他的救济和医疗措施，有活数十万人民之功。

第二件。疏浚西湖，并以所挖葑因之泥修筑了苏堤。一方面保证了人民饮水灌溉的需要，另一方面使西湖增加一景，更加美丽了。

元祐六年(1091年)三月，苏轼奉诏入京，任翰林学士知制诰，兼侍读。洛党贾易等仍攻之不遗余力。差点造成一起新的诗案。八月，苏轼乃出知颖州。次年二月，改扬州。八月又诏还朝，任兵部尚书，兼侍读。元祐八年(1093年)，高太后病逝，19岁的哲宗亲政，改元绍圣。苏轼请外调获准，以端明、侍读二学士出知定州。

哲宗曾听说高太后想把帝位转到她自己的儿子、神宗的弟弟手中，因此心中早存介蒂。他对高太后和元祐大臣完全否定他父亲的变法事业，也深为不满。两者加在一起，他是非否定元祐、恢复熙宁不能解心头之怨愤。物极必反，这也是元祐政治所当有的报应。在这戏剧性的历史反复中，最倒楣的还是苏东坡。元祐年间，他被指为王安石第二，现在又被看作元祐党人。

元祐中受到苏子由弹劾、曾被贬谪、名字榜列朝堂的章　，现在又回来了，官拜宰相。这是绍圣元年(1094年)四月。一场对元祐大臣的疯狂报复由此开始。

苏轼是被开刀的第一个。一月三贬，一气贬到岭南惠州。发往岭南处分算是够狠。原因在圣旨里写的明白：

若讥朕过失亦何所不容。乃代予言低诬圣考。乖父子之恩，绝君臣之

> 义，在于行路犹不共天，顾视士民，复何面目？汝轼文足以惑众，辩足以饰非，然而自绝于君亲，又将谁怼？

苏轼固曾反对新法，但元祐时也曾反对司马光等的过分做法。至于起草诏书，乃是他的职份。司马光所启之祸端，现在要由他来承担后果，这岂非命运！

苏东坡在惠州没有吃什么苦头。他受到太守的礼遇，先住在政府官舍中，后来听说皇上下了永不叙用的旨意，以为北归无望，便决定自己盖房子，“作惠州人矣”。于是，又重复了在黄州所做的事情。

绍圣四年（1097 年）五月，苏东坡又被贬到海南岛的儋州。据说，这次贬谪是由苏东坡在惠州新作的两句诗引起的。在那两句诗里，苏东坡描写了春风中酣美的午睡和房后寺院的钟声。章　看了这两句诗，说苏东坡原来竟如此舒服，于是下令再行贬谪。与此同时，苏辙也遭新贬，被迁往雷州。

文人做事就是有些意思，迫害人仍不忘戏谑。苏轼，字子瞻，瞻与儋音形相近，所以迁儋州。苏辙，字子由，由与雷下半部相似，所以迁雷州。兄弟二人在梧州附近相遇。二人都知道，也许这是最后一次见面了。子由把东坡一直送到海边，兄弟二人和家人在船上过了一夜。他俩一个 61 岁，一个 60 岁，都已届迟暮之年，却在这里生离死别。二人相对愁坐，直至天明。

海南岛那时尚属蛮荒不毛之地，生活条件极差。苏东坡说：“此间食无肉，病无药，居无室，出无友，冬无炭，夏无寒泉，然亦未易悉数，大率皆无耳。唯有一幸，无甚瘴也。”海南岛地势卑湿，夏天尤其难耐其闷热。苏东坡终日坐在椰子林中，一天一天数到秋季。秋季也有麻烦，风雨既多，航船皆停，食粮腾贵，吃饭又成了问题。那一年冬天，苏东坡与陪着他的小儿子苏过只好煮苍耳为食。苏东坡穷困至此，照说章　也该满足了。然而不然，章　现在是下了恶到底的决心，他要把所有可能翻案的政敌赶尽杀绝。于是，他派下官员，来视察受贬者的情况。

来员名董必，也是个小人。他看到雷州太守待苏辙不错，便奏了一本，将太守撤了职，把苏辙改迁到惠州迤东地区。董必本来要到海南去，他的副手彭子明提醒他，要为子孙留后路，这才辍止不行，只派一下属过海。古语说，人以群分，物以类聚，一朝天子一朝臣，确实不虚。小人当路，果然就群小并出，相互攀援。董必的下属到海南同董必在雷州做的一样。他也发现县官张中对苏轼甚为优待，让苏轼居于官舍中。他效仿上司，将苏轼从官舍中逐出，并告了县官一状，使其遭到革职处分。

苏轼在海南住了四年。这四年虽然物质生活十分贫乏，但在学术和创作上却多有收获。他写了一百多首和陶诗，给《易》、《论语》、《尚书》作了自己的注解，撰写了《东坡志林》，还写了许多书札散文。

元符三年（1100 年）一月，宋哲宗去世，徽宗继位，神宗皇后权同听政。她反对新法，罢黜章　，所有元祐大臣一律赦罪。苏东坡原以为要老死海南了，没想到又遇赦，绝处逢生，他欣喜万分地写道：

> 秋霜春雨不同时，万里从今海外归。
> 已出网罗毛羽在，却寻云际贴天飞。

十一月，在北归途中，苏轼被授为朝奉郎，提举成都玉观局，还允许他自由选择居住地。但是好景不长，第二年正月神宗皇后去世。五月，苏东坡到金陵。在那里，听说徽宗又有意继承父（神宗）、兄（哲宗）之志。于是停止北上，决定到常州宜兴去定居。他在给子由的一封长信中叹道："吾其如天何！"

元符四年（1101 年）六月，苏东坡向常州途中，在船上染疾，一病不起，七月二十八逝世。

任性逍遥　随缘放旷

不少哲人都同意这样一个观点：一个人的性格，在很大程度上就是他的命运。

"任性逍遥，随缘放旷"是苏东坡在写给子由的一个论修养的贴子中的两句话。这两句话实际上表现了苏东坡对自己的性格的自觉和执持。他知道自己是这样的人，他愿意做这样的人。这是诗人从年轻时代就追求的一种人生境界；后来，在坎坷的人生旅途中又成为他超离困苦的手段。

逍遥放旷对苏东坡来说，还有其不得不然的一面，那就是天性。

苏东坡生就的一副率真脾气。他藏不住自己，总是裸露在别人面前。对他来说，高城深府，韬光晦迹，简直比死还难受。有意见一定要表达出来，有话一定要说出来。当初，出任杭州通判时，他的表兄文与可曾赠诗相诫：

北客若来休问事，西湖虽好莫吟诗。

这是劝他不要打听朝廷政事，不要以诗讽喻时政。这在过去本是仕途避祸常识，但苏东坡做不到。他爱作诗，怎能不作？胸中有愤懑，岂可不发？他终于写下了后来在"乌台诗案"中可以让人捉为把柄，入他于罪的东西。在他自己的诗文面前，他也不能不承认，确有怨望之心，讥讽之意。他最后在这样的供词上签了字："入馆多年，未甚擢进，兼朝廷用人多是少年，所见与轼不同，以此撰作诗赋文字讥讽。意图众人传看，以轼言为当。"这次冤狱——说来也不冤——差点丢了性命，在狱中他也担惊受怕。但险象一过，他就管束不住自己了。出狱当天，他一高兴，便挥毫写下：

平生文字为吾累，此去名声不压低。
塞上纵失他日马，城东不斗少年鸡。
休官彭泽贫无酒，隐几维摩病有妻。
堪笑睢阳老从事，为予投檄到江西。

这是一肚子的不服气，而且依然不免讥讽之嫌。"少年鸡"用的是唐朝贾昌典故，贾昌以斗鸡获天子宠幸。苏轼不斗少年鸡，那么谁是斗鸡者？又是谁拔擢宠幸了这些不学无术的斗鸡之徒？

官场争逐，如虎狼竞食，谁没有个冤家对头。一点不懂得包藏自己，一点披挂也没有，怎么可能不失败呢？在理智上，苏东坡并非不明白，所以，写完这首诗，他掷笔笑道：我真是不可救药！

这种在现实中容易遭受失败的真率性格，往往带有乐观豁达的特点。否则，他就会被生存竞争所淘汰。汉朝的贾谊，唐朝的李贺，翻开煌煌史册，不知有多少才子因缺少达观快乐的天性，最终在怀才不遇的悲叹中抑郁而死。

苏轼是生就的乐天派。在进退成败生死荣辱未定之际，他难免心存忧虑恐惧。一旦既成事实，他的心立刻安定下来。心稍安，他那一双智慧的眼和那一颗情趣无穷的心就会迅速发现事物中的种种妙处而涵咏玩味之。

苏东坡初贬黄州，先住在一驿亭里。这驿亭叫临皋亭。本来一驿亭，景致未必如何，但在苏东坡眼里便不同：

寓居去江无十步，风涛烟雨，晓夕百变。江南诸山在几席，此幸未始有也。

又一则：

临皋亭下数十步，便是大江，其半是峨嵋雪水。吾饮食沐浴皆取焉。何必归乡哉？江水风月本无常主，闲者便是主人。闻范子丰新第园地，与此孰胜？所以不如君者，无两税及助役钱耳。

建居东坡后又写道：

东坡居士，酒醉饭饱，倚于几上。白云左绕，青江右回，重门洞开，林峦岔入。当是时，若有所思而无所思，以受万物之备。惭愧，惭愧。

这哪里是贬谪流徙，分明是做神仙来了。这哪里是穷镇黄州，分明是仙山琼阁。然而，这里所描绘的景致，又岂是直观所能尽得，作者的心境和想象力才是主要的东西。有闲情逸致，方能做得江水风月主人，有慧眼才思，方能把江水风月安排得美不胜收。

黄州数年，苏东坡靠自己躬耕吃饭，混迹于农夫渔父之间，非但不觉丢了身份，反而以“不为人识”，相互推搡为喜。有身份地位时，他感到的是自己发挥了别人所不能发挥的作用，因此乐趣无穷。没有了身份地位，他又发现除去了责任负累，浑身轻松，精神格外闲逸，清爽，自由自在，所以更是喜悦常生。范仲淹是“进亦忧，退亦忧”；苏轼则是进亦乐，退亦乐。

乐观的人，总是向人生的乐处看，而且总觉得事事都有可乐。富贵有可乐，穷困亦有可乐。

在惠州，他身体不佳，想弄点羊肉而不可得，只好买点羊脊骨，熬汤剔肉来吃。若是林黛玉，必是边剔边泪涟沾襟了。苏东坡则不然，剔着剔着，竟剔出了乐。于是欣然命笔，将此事记下：

惠州市寥落，然每日杀一羊。不敢与在官者争买，时嘱屠买其脊骨。间亦有微肉。熟煮熟漉，若不熟则泡水不除。随意用酒，薄点盐，炙微焦食之。终日摘剔，得微肉于牙綮间，如食蟹螯。率三五日一食，甚觉有补。子由三年堂庖，所食刍豕，灭齿而不得骨，岂复知此味乎！此语虽戏，极可施用。用此法则众狗不悦矣。

海南数载，其苦尤甚，而苏东坡仍然不改其乐。

吾始至南海，环视天水无际，凄然伤之曰：“何时得出此岛也？”已而思之：天地在积水中，九洲在大瀛海中，中国在少海中。有生孰不在岛者？譬如注水于地，小草浮其上，一蚁抱草叶求活。已而水干，遇他蚁而泣曰：“不意当能相见尔!”小蚁岂知瞬间竟得全哉?思及此事甚妙。与诸友人小饮后记之。

由小岛想到大岛,由自己入岛想到蚂蚁援叶求活,由蚂蚁悲泣的喜剧性又推出自己的伤感的可笑,这逻辑真是妙不可言,简直无处不可以生乐。

又一则:

岭南天气卑湿,地气蒸溽,而海南为甚。夏秋之交,物无不腐坏者;人非金石,其何能久?然儋耳颇有老人百余岁者.八、九十者不论也。乃知寿夭天定。习而安之,则冰蚕火鼠皆可以生。吾甚湛然无思,寓此觉于物表。使折胶之寒无所施其冽,流金之暑无所措其毒,百余岁岂足道哉!被愚老人者,初不知此,如蚕鼠生于其中,兀然受之而已。一呼之温,一吸之凉,相续无有间断,虽长生可也。

思念一转,冰火即成仙境,腐坏化为长生,一呼一吸,何其悠然!

更妙的是,苏东坡在父子绝粮,忍饥挨饿的时候,竟想到“辟谷之法”,造出一个以阳光充饥的故事。他说洛阳有一人,一次堕入深坑。坑中有蛇与蛙。那人看到,黎明时,动物们都将头转向从缝隙中射入的阳光,做吞咽状。此人既饿又好奇,便模仿动物。饥饿之感果然消失。后来竟不再知饥饿为何事了。苏东坡说:“此法甚易知易行,然天下莫能知,知者莫能行者何?则虚一而静世无有也。元符二年,儋耳米贵,吾方有绝食之忧,欲与过行此法,故书以授。”他肯定不曾真实行过。然而其妙在于,胃里空空,心中却乐趣不减。比之望梅止渴,又胜多了。难怪章 对苏轼紧追不放,不然也太便宜他了。

苏东坡不仅心中乐趣不绝,而且溢于言表。他的言谈举止,总是那么诙谐幽默。戏谑几乎成为他的一大嗜好。

苏东坡与墨竹名家文与可交往甚契。有一次,文与可给他写了一封信,信尾诗中有两句:“拟将一段鹅溪绢,扫取寒梢万尺长。”字表意思是要用好绢画一万尺长竹。这不过是在形容作画时的情绪和所画竹的气势。而东坡复信道:“竹长万尺,当用绢二百五十匹,知公倦于笔砚,愿得此绢而已。”文与可无可回答,只好自认言妄,说世间哪里有万尺长竹。苏东坡不饶他,告诉他万尺竹是有的:“世间亦有千寻竹,月落庭空影许长。”文与可说:你善辩。但是,有长竹我也不画了,若有二百五十匹绢,我还用它买田以为归老之计呢。

苏东坡有个和尚朋友叫佛印。关于佛印与苏东坡往来的故事很多。其中大部分是二人较量智慧的趣谈。一次二人泛舟。苏东坡偶见岸上一犬,正在啃一块骨头。他用手往岸上一指,对佛印神秘地一笑。佛印机智过人,一下就反应过来了,原来这是一哑联:狗啃河上骨。河上与和尚谐音,这样就把佛印装了进去。佛印也不善,随手将有苏东坡题诗的扇子丢入水中,构成下联:水流东坡诗。而诗与尸同读。半斤八两,谁也没有沾到便宜。在中国俚语村话中,“鸟”是个颇为不雅的词。苏东坡想以此开佛印一个玩笑。苏东坡说:古诗常将僧与鸟对,如“时闻琢木鸟,疑是叩门僧”,“鸟宿池边树,僧敲月下门”。这种对法确实很高明,令人叹服。佛印回答:这大概就是为什么我总与你相对而坐的原因吧。这一次好象是苏东坡吃了点亏。

苏东坡不仅高兴悠闲的时候谑趣横生，他生气也往往以开玩笑的方式表达。苏东坡做翰林学士时，一天去拜访宰相吕大防。吕正午睡，苏东坡等了好久，心中煞是憋气。当吕大防出来时，苏东坡指着他家里养的一只绿毛乌龟说：这个不稀奇，有一种三对眼睛的乌龟才难得呢。吕大防睁大眼说，怎么，还有六只眼的乌龟？苏东坡回答：当然。唐中宗时，就有一大臣献上六眼龟。皇帝问有何妙处，大臣说，它的眼睛是普通乌龟的三倍，所以它午睡要睡三个乌龟的觉呢。

甚至在危急时刻，苏东坡也忘不了幽默诙谐。“乌台诗案”那一回，他在湖州被逮，行前全家哭泣送别。苏东坡也知道此去生死未卜，但情绪稍定，便不知从何处冒出一个可笑的故事：宋真宗时，遍访天下隐者。得杞人杨朴，颇有诗名。召见之后，杨朴却说自己不会作诗。宋真宗问他：临行的时候，也有人作诗送你吗？杨朴回答：只有我的妾送了一首：“更休落魄耽杯酒，且莫猖狂爱吟诗。今日捉将官里去，这回断送老头皮！”真宗听罢大笑，放他归山。这个故事逗得妻子不觉失笑，苏东坡则从容就道。

欢乐在根本上是生命的活跃性的表现。对于生命力强、精力充沛的人来说，各种事物无不情趣盎然。这一件事做不成，便换一件来做，照样有趣，用不着多么忧虑烦恼。生命力强大，经得住折磨，不管处境多么窘迫，精神仍有余裕闲暇。强大的生命力还富有挑战性，困难往往刺激它更加活跃，因而它可以经常感受到藐视和战胜困难的欢乐。苏东坡就是一个生命力极强，精力极充沛的人。

苏东坡率真自然旷达幽默，虽然本乎天生性格，但又不止于此。他在对自己天性自觉的基础上，把它进而形上化了。从而把自己的行为组织到了一个更加美好的、形上的精神境界中，使其具有了绝对的价值。

他的形上境界源自庄子的逍遥思想。他曾说过“早岁便怀齐物志”。后来接触佛教，在修养方法和哲理上又受了不少佛教影响。但他的境界与庄子、佛教又不相同，他不排斥现实，对现实保持不即不离，能入能出的关系。入世则膏泽斯民，退身则独得其乐。身在尘中，心出尘外。混迹世俗而无所挂碍。苏东坡追求的实际上是一种不离世俗的神仙境界。

《前赤壁赋》非常艺术化地体现了这种精神境界。实际上，这种境界本身就是艺术的：

> 清风徐来，水波不兴。举酒属客，诵明月之诗，歌窈窕之章。少焉，月出于东山之上，徘徊于斗牛之间。白露横江，水光接天。纵一苇之所如，凌万顷之茫然，浩浩乎如凭虚御风，而不知其所止，飘飘乎如遗世独立，羽化而登仙。

苏东坡并不是在写实。在这里，一切现实的东西都被虚化，从而造成了一个虚无飘渺的神仙境界，一种纯美的境界。这就是苏东坡的精神境界。只要有了这点精神，睁眼看世界，无入而非仙境，万物莫不一点即化，脱其重浊之躯壳而现其空灵之本色。无论何种自然环境和人事际遇，均不足为心之桎梏负累了。轻松欢乐，风流倜傥正是从这种境界里生出来的。眼前的赤壁美景，也无非是东坡那飘然欲仙的精神点染出来的。

面对这仙界美景，苏东坡借客人之口，先设立了一种普遍存在的悲观的人生思想：

"月明星稀，乌鹊南飞"，此非曹孟德之诗乎？西望夏口，东望武昌，山川相缪，郁乎苍苍，此非曹孟德之困于周郎者乎？方其破荆州、下江陵，顺流而东也，舳舻千里，旌旗蔽空，酾酒临江，横槊赋诗，固一世之雄也，而今安在哉！况吾与子渔樵于江渚之上，侣鱼虾而友麋鹿，驾一叶之扁舟，举匏樽以相嘱，寄蜉蝣于天地，渺沧海之一粟，哀吾生之须臾，羡长江之无穷，挟飞仙以遨游，抱明月而长终，知不可乎骤得，托遗响于悲风。

象周瑜、曹操那样雄冠一时的人物，也早已魄散魂消，归于寂寞，况一般人乎。境界虽美而人生苦短，此境将倏乎而逝，不可长有，岂不悲哉！苏轼批评了这种观点，他认为他的境界是有永恒价值的，关键在于超离生死，妙解人生。他说：

客亦知夫水与月乎？逝者如斯而未尝往也，盈虚者如彼而卒莫消长也。盖将自其变者而观之，则天地曾不能以一瞬，自其不变者而观之，则物与我皆无尽也，而又何羡乎？

关键是那一点从有限中超脱出来的精神，它就是永恒、无限。有了这点精神，你就能感觉到人生的永恒、无限，你就能与天地万物同在无尽境中。换言之，有了这点精神，你就会感觉到，当下便是永恒。这就是得道成仙，而不必像道士们那样，去追求什么白日飞升。把这个意思翻译成日常生活用语就是：一个人如果把自己的精神集中到一个具体事物上，他就会看不到其他事物的存在和价值，看不到整个宇宙的存在和价值，而把自己注意、追求的那一个事物的价值过分夸大。可有限物，具体事物毕竟是要变化的，功名利禄不可能老在你的手中，一旦丧失，你的精神也就必然随之失落。一个投入到有限物中的精神，必然经常陷于失落。如果你能把你的精神从有限物中超脱出来，能够认识到物外有物，天外有天，有限物之得失迁变、生长死灭乃是自然之理，并能对自己与各种有限物的际遇淡然处之，这样就不会顾此失彼，不会将自己失落，就会使自己在精神上恒处于安逸之中。这样的精神与整个宇宙的本质是一致的。宇宙是永恒无限的。所以，这种精神也就具有永恒无限的意义。如果人能把无限作了自己的精神，能使自己的心境恒处于轻松状态，这不就是活神仙么？

苏轼的人生哲学可以说就是追求仙境的人生哲学。这种哲学根源于他的天性，也与他所热衷的文学艺术创作有关——因为追求飘逸潇洒是中国文学艺术创作的主要的精神传统。从天性和创作中升华出仙境哲学，又用仙境哲学来肯定美化天性，刺激指导创作。生活、创作、哲学追求三位一体，使苏东坡成了一个"活神仙"。

应顺便提一笔苏东坡的仙境哲学与道士们所追求的羽化登仙的关系——因为苏东坡也进行过象道士们那样的修炼——和东坡仙境与酒的关系。

道士们追求的是，修成一个长生不死，可以飞升遨游、法力无边的身体或者说生命。

苏东坡所追求的实际上只是具有"神仙"的精神与风度的现实哲人。这种人只是精神超脱、轻松、闲逸、快乐、安宁。

但进入苏东坡的这种仙境，并非单靠理智思索就可以。还需要心理和生理的锻炼修养，否则一遇到事就超脱不出来了。而锻炼修养的方法，在苏东坡则是从道士那里借来的。即道士们炼“内丹”的方法。这种方法可能会使人产生身体轻松，心理清静怡和的感觉，甚至使人形成追求静的愿望，有利于培养与世无争的思想。因常与道士往还，苏东坡对炼“外丹”也发生了兴趣。这恐怕主要是好奇，他总是那么好奇、因为他的生命总是那么活跃。也许他还觉得“丹药”对于养生，即上面所讲的修养有些好处。当然，万一“丹药”很灵，果然使他成了长生不死的神仙，那他决不会拒绝。只是，他自己很清楚这种可能性并不大，因此也没有坚持做下去，偶尔玩玩而已。所以，东坡炼丹的目的与道士是不同的。

与炼丹相比，苏东坡对饮酒的兴趣更浓而恒常。放旷的人和文人与酒有不解之缘。酒对人的生理有刺激和麻醉作用：酒醉，人的自制力减弱，清醒时压抑着的、真正属于自我内心的东西便可涌冒倾泻而出。酒还有一种文化作用：即饮酒之后，言语行为失态出格，大家都能给予一定程度的谅解。所以，酒在很大程度上是“文人无形”的伞盖。有这样的话：酒不醉人人自醉，醉后才敢表露那些清醒时不敢或不便表露的真实。文人需要这种“真实”。真实是艺术的灵魂，激情是创作的源泉，倾吐真实才能充满激情。因此，酒在很大程度上又是艺术的催生婆。同理，崇尚自然，真实，不愿接受束缚的人，也往往需要酒的刺激和掩护。苏东坡是两者兼而有之。

除此之外，酒在苏东坡这里大约还有一种作用：在微醉状态中，借酒力帮助自己形成一种意境，使自己向神仙境界趋近。在酒境中，以神游和自我审美来安慰自己的孤独。他的许多作品都体现了这种精神状态，在幻妙之美中透出一丝孤冷悲凉。苏东坡的神仙境界其实是离不开酒的。

所以，苏东坡没有酒不行。尽管他酒量不佳，一喝就醉。他要的就是醉，大醉或者微醉。刘伶有一篇《酒德颂》，而苏东坡则写了五六篇酒赋。他一有闲暇，自己还试验造酒。造过桂酒、蜜酒、松醪之类的饮品。不管别人是否欣赏，他自己则情有独钟。

苏东坡以高才、放旷使自己名闻天下，同时也给自己带来了流徙之苦。他死后一定有不少人为他感慨，甚至为他作如果怎样结果会更好些的设想。《宋史·苏东坡传》最后两句写得最有味道：

> 或谓：轼稍自韬戢，虽不获柄用，亦当免祸。虽然，假令轼以是而易其所为，尚得为轼哉！

中华名人大传

主编 于立文

第三卷

在人类社会发展的历史长河中，古今中外产生过无数的名人。这些名人既有站在时代的风口浪尖上奋力拼搏，以其深邃的思想睿智推动世界文明进步，造福于人类的正面人物。也有保守泥古，枭凶歹毒，为人类社会不耻，阻碍社会发展的反面人物。……

辽海出版社

鲁迅

家道中落　出走异路

1881年9月25日(清光绪七年八月初三),在浙江省绍兴城内东昌坊口新台门周家,一个男孩呱呱坠地。此时,男孩的爷爷周福清正在北京做官,当长孙诞生的喜讯传到他那儿的时候,正有一位姓张的贵客上门,周福清便随口给新生的婴儿取了个小名,叫作"阿张",正式的名字则叫作樟寿。那时候的人,除了正式的名字之外,一般都还要取个别名(字),小樟寿的字叫作豫山,后来因为豫山两字的音同"雨伞"相近,便改作豫亭,再后来又改为豫才。这位周樟寿在南京上学后又改了一次名字,叫作周树人,当然,后来更为世人所熟知的是他的笔名——鲁迅。

鲁迅不姓鲁,但是他的母亲姓鲁。鲁迅的母亲叫鲁瑞,出生于当地的名门,其父(鲁迅的外祖父)鲁希曾是一位举人,也算是一位有学问的人,但可能是受女子无才便是德的封建礼教的影响,他并没有让女儿像自己的几个儿子一样去上学,因此鲁瑞从小没受过什么正规教育,可是她却靠自习达到了断文识字的水平。鲁瑞性格爽朗,思想开明,待人宽厚,嫁给鲁迅的父亲周伯宜后,便成了周家的主心骨。周家的家境并不宽裕,但是凡有家境更穷的亲戚或是邻居上门求助,她总是慷慨地予以接济,因此在附近很有人缘。但另一方面,她又是一个很有原则的人,对于她觉得不对的人和事,她总是忍不住站出来进行公开的抗争。清朝末年,具有新思想的一些妇女勇敢地向缠小脚的陋习宣战,提倡放足,一些思想保守的人觉得大逆不道,便对放足的妇女恶言相向,热嘲冷讽。一次,有个周家的亲戚不无恶意地宣称某个妇女放了大脚,要去嫁给外国鬼子了,鲁瑞便在一旁冷冷地答道:"可不是嘛,那倒真是很难说的!"对于无耻之徒的无中生有不作解释、申辩,而是索性迎上前去,宣称"是又怎么样",鲁瑞的这种嫉恶如仇的性格,似乎毫无保留地遗传给了自己的大儿子。"横眉冷对千夫指,俯首甘为孺子牛",在成年后的鲁迅身上,我们可以清晰地看到母亲爱憎分明的品格对他产生的影响。

鲁迅出生那年是闰年,而且生下来时胎包皮较薄,据说这样的孩子比较难养。他两岁那年,父亲把他送到当地一个叫作龙庆寺的庙宇,拜一位姓龙的和尚为师,这就算是舍给庙里,成了出家人了。按照迷信的说法,鬼怪们不会搅扰出家人,小孩子也就可以避灾消难,顺利地长大成人了。

龙师父是一个很和气的人。在小鲁迅的眼里,他不大像一个和尚。照例说和尚是不应该留胡须的,他却留了两绺小胡子;和尚不允许结婚,他却不但结婚,还生了四个儿子，而且儿子们长大后，也都继承父业当了和尚。龙师父不教鲁迅念经，也不教他佛门的清规戒律，因而鲁迅觉得自己的这个师父很可亲近。龙师父作为教门中一个地位低下的普通和尚，敢于蔑视佛门的种种条规，选择自己的生活方式，这种勇气对鲁迅触动很大，在鲁迅幼小的心灵里埋下了蔑视权威的种子。

按照周家的惯例，孩子长到 7 岁就要开蒙读书了。鲁迅开蒙读书的第一个正式的老师，名叫兆兰（字玉田），也就是告诉鲁迅有《山海经》这么一本书的远房叔祖。他的家塾开在周家的大宅子里，收的学生都是周姓家族的孩子。按照祖父的意思，鲁迅学的第一本书是《鉴略》，这是一本历史书，小小年纪的鲁迅读不懂，因此没有兴趣，但是作为老师的玉田先生却是一位有趣的人。这位叔祖面目慈善、性情和蔼，孩子们都叫他兰爷爷。兰爷爷中过秀才，在聚族而居的大宅子里，他既有学问又讲究生活情趣，在孩子们眼里是个多少有点与众不同的人。他家里种了不少花木，如珠兰、茉莉之类，还有罕见的据说从北方带回来的马缨花，可惜他的老伴兰奶奶的性情和他正好相反，对他做的很多事情都不大能够理解，而且性格也很暴躁。她曾经将晒衣服的竹竿搁在兰爷爷种的玉兰花的枝条上，把花枝都压折了，不但不觉得内疚，还要反过来咒骂兰爷爷。所以，兰爷爷在生活中是个相当孤独和寂寞的人，由于和兰奶奶无话可说，他就特别喜欢和小孩子们来往，大宅子里的侄孙辈们成了他来往最密切的朋友。兰爷爷家有很多书，尤其让小鲁迅感兴趣的是他家有许多在别的地方看不到的“闲书”。鲁迅常常到兰爷爷家去借书，由此吸取了不少新鲜有趣的知识。

章福庆是周家雇的短工，只在过年过节以及收租时候来周家打工，有时忙不过来，便叫他的儿子运水来帮忙。运水比鲁迅大两岁，样子很老成，一来二去，他很快就和鲁迅成了好朋友。只要运水一有空闲，两个人就在一起玩。

运水来自海边，他知道许多鲁迅所不知道的事情：海边有各种各样的贝壳，颜色有红有绿，名字都很古怪，有的叫“鬼见怕”，有的叫“观音手”；潮汛要来的时候，沙地里有许多跳鱼儿只是跳，它们都有青蛙似的两只脚；还有，夏天的西瓜地里，常常有偷西瓜的獾猪、刺猬，尤其是一种叫作“猹”的小动物特别伶俐，常常能躲过看瓜人的胡叉……小运水描绘的世界是多么令人神往啊，他跟小鲁迅平时在自己家院子的高墙里看到的一切都迥然不同。只可惜，在小运水讲述这些的时候，迷人的夏天离他们是那么遥远。而过了正月，小运水便必须回家去了。

鲁迅和运水两个人的友谊只持续了很短一段时间，但是运水纯朴的个性、新鲜的知识，却给鲁迅留下了极为深刻的印象。时隔多年，鲁迅在小说《故乡》中满怀深情地回忆了自己与运水（闰土）的这段交往。

鲁迅 12 岁（1893）那年，周家发生了一件大事，少年鲁迅的生活由此出现了重大的转折。

这一年的 2 月，鲁迅的曾祖母病逝，正在北京做官的祖父周福清请假回家守孝。同年秋天，浙江举行乡试。这一任主考官叫殷如璋，是周福清的熟人。由于这一层缘故，有人建议周福清到主考官驻扎的苏州走后门，托主考官在阅卷时照顾周家的几个亲友。周福清却不过大家的情面，便到了苏州。在与主考官打过招呼后，他派仆人陶阿顺前去送信，信中有请托者的名字和大家凑的一万两银票。这时恰巧殷如璋正和副主考官在船上聊天。殷如璋见到陶阿顺，心中知道是怎么回事，但又不便在副主考面前明言，便故意迟迟不拆信，偏偏陶阿顺是个不会察言观色的粗人，等得急了，便在外面喊道："信里面有银票，怎么不打个收条呢?"殷如璋进退两难，只好当着副主考的面拆信。事情也就由此败露。

科场舞弊，这在当时可是了不得的通天大案。事发当天，光绪皇帝便下了一道谕旨，下令严办。信中请托的5个考生，其中就有鲁迅的父亲周伯宜。事发后，他原先的秀才身分被革。周福清则遭到通缉，在东躲西藏了一段时间后不得不投案自首，很快被判了"斩监候"(死缓)，囚禁在杭州府监狱内，等候秋后行刑。

这突然发生的变故，是与此有关的所有人都始料不及的。它使鲁迅一家遭到了极为沉重的打击，不管是社会地位还是经济状况都一落千丈。

周福清被通缉期间，全家深怕受到株连，整天处于惶惶不可终日的状态。鲁迅和弟弟们先后随舅父到皇甫庄和小皋埠等地避难。在避难期间，鲁迅和弟弟们饱尝世态炎凉，他们被那些有钱的亲戚看成叫花子，到处遭到白眼。这与他们先前所受到的礼遇形成了鲜明的对照。在乡下，他们比以前更直接地接触到了生活在社会最底层的穷苦农民，亲眼目睹了他们衣食无着、走投无路的悲惨处境。一幕幕平时根本想象不到的惨状在鲁迅幼小的心灵上打下了永远磨不掉的烙印。这一段避难的经历，对于鲁迅来说，既是一场磨难，也是一次练历，使原本衣食无虞的他目睹了社会黑暗、险恶的一面，领略了人生的艰辛。

祖父投案后，原先的紧张空气稍稍有所缓和。在乡下飘泊半年多后，鲁迅和弟弟回到了城里的家中，见到了阔别的父母。

家庭的团聚是令人高兴的，但是短暂的高兴过后，面对的却是严酷的现实。父亲由于遭到这次事变的打击，心境变得很不好，经常与酒为伴，原本很和善、开明的他，脾气渐渐变坏，有时甚至有点不讲道理了。

雪上加霜的是，第二年冬天，父亲病倒了。作为家中的长子，鲁迅不得不开始分担家里的责任。

自从祖父出事后，周家的家境可谓每况愈下。关在牢里的祖父每到秋天就有可能被处斩，每逢此时全家便都惶惶不可终日，母亲则四处奔走，筹集款项，去打点有关人士，使老爷子躲过秋天的行刑期。父亲的病更使家中捉襟见肘。少年鲁迅懂事后面临的最紧要的问题便是家中的生计。因此，自从父亲病后，鲁迅便几乎每天出入于当铺和药店。家中原有的一些衣物和首饰，不断经他的手流入当铺，从当铺换回少得可怜的钱，再用这些钱到药铺买回给父亲治病的药。当时绍兴城内没有正规的医院，看病的都是一些开诊所的中医。这些中医看病的水平不高，但是架子很大，收费也很贵。他们自诩为"名医"，为了显示与众不同，常常开出一些莫名其妙的药方，如经霜三年的甘蔗、原配的蟋蟀、旧鼓皮做成的败鼓皮丸之类，这些都是不大容易搞到的，但是在病家的眼里，医生的话就如同圣旨，小小年纪的鲁迅不得不为这样一些匪夷所思的所谓药而整天东奔西走。尽管如此，父亲的病却始终没有起色。贫病交加的父亲，在日复一日的困顿中终于对生活完全绝望了。除了酗酒，他又染上了抽大烟的恶习，这对于他那弱不禁风的身体自然更是釜底抽薪。1896年，37岁的周伯宜终于结束了他苦闷、失意的一生，离开了他十分眷恋同时又十分憎恶的人世。

为了给父亲办丧事，家里卖掉了所剩无几的水田。办完丧事，周家已经沦为真正的赤贫之家。面对一些势利眼的亲友们不断投来的白眼，16 岁的鲁迅对人生的残酷和不公有了更深一层的体验，同时，也更坚定了一份男儿当自强的决心。

父亲去世不久，家族中的长辈召开会议，商讨重新分配房产一事。这些长辈心怀鬼胎，想乘周福清坐牢之际欺侮鲁迅他们一家，分配给他们家的房子又小又不好。这些长辈满以为周伯宜家的孤儿寡母没有了主心骨，即使明知受欺也只能忍气吞声，谁知鲁迅当场就对这一分配方案表示不满，他对那些长辈说，这件事自己作不了主，要请示爷爷，因此也就不能在协议上签字。那些存心不良的长辈见一个乳臭未干的小孩子竟敢如此顶撞他们，一个个都恼羞成怒，便索性撕破脸皮，对小鲁迅破口大骂，强迫他签字，但是鲁迅始终不肯屈服，僵持了一段时间，事情最后不了了之。通过这次事件，家族中的那些长辈领略了这个叫樟寿的晚辈的厉害，从此对鲁迅母子的态度不得不有所收敛。而鲁迅也由此明白，恶势力是欺软怕硬的，对于人世间不公平的事情，勇敢地迎上前去进行抗争是惟一的出路。

家庭的突然变故，父亲的不幸早逝，都给少年鲁迅的心灵带来了抹不去的阴影。它们撕破了人生的温情脉脉的一面，将一个灰暗、冷酷、伪善的世界呈现在他面前，使他早早地成熟、坚强起来，更由此而萌发了打碎这世界、改变这世界的思想种子。

1898 年 3 月 21 日，鲁迅写信给正在杭州陪侍服刑的祖父的弟弟周作人，说他从《知新报》上得知有一张瓜分中国图，美国、日本、俄国、法国、德国五个国家合谋瓜分中国的领土，其中，浙江省分配给了英国。在信中，少年鲁迅对此事表示了强烈的担忧。

1898 年，鲁迅 17 岁，他虽然还在三味书屋挂着名字，但是平时已不大去，只是自己在家里写字作文，送去给先生批改。很明显这所老式学校已经不能教给他更多的东西了。这时，变法维新之风已经吹进了绍兴，绍兴城里也有了一所叫作绍郡中西学堂的新式学校，教授汉文、算学、英文、法文等等新奇学问。这一新生事物在绍兴城遭到了守旧派人士的热嘲冷讽，但是却受到了年轻人的欢迎。可是鲁迅对这个新式的学校仍不满意，认为课目太少，满足不了自己的求知欲。他决心到绍兴以外的地方继续求学。那时候，杭州、南京等地都已有了较为著名的新式学校——“书院”，如杭州的求是书院、南京的格致书院。这些学校教授的是物理一类的西学，正是少年鲁迅所感兴趣的。可惜这些学校学费昂贵，而且食宿费需要自理，不是家境贫寒的鲁迅所能负担得起的。真是天无绝人之路，这时，正好鲁迅的一位叔祖在南京水师学堂（海军学院）当轮机科的舍监，据这位叔祖介绍，水师学堂作为培养海军人材的军事院校，不但不收学费和食宿费，反而每月还向学生发津贴。由于这一层缘故，鲁迅的小叔叔周伯升已在前一年考入了这所学校。这个消息对正深感求学无门的鲁迅来说，无疑是柳暗花明又一村，他丝毫没有犹豫，就拿定了报考这所学校的主意。

对于儿子选择的这一条道路，母亲是不大理解的，因为在她看来，读书人只有参加科举才是“正路”。现在大儿子不但不走正路，反而违背了“好铁不打钉，好男不当兵”的古训，离乡背井去读什么水师学堂，自然不能不让她失望。但她了解自己的儿子，深知他是一个遇事有主见、考虑问题很周全的人，他作出的选择，总有他的道理。于是，她变卖首饰，想方设法为儿子筹集了8元钱的路费。儿子临走前，她强颜欢笑，鼓励儿子说："我们绍兴有句古话，叫做'穷出山'（穷人的孩子有出息）。你可要争气啊！"

带着母亲的鼓励和一只放杂物的网篮、一个铺盖卷，17岁的鲁迅开始了他人生的第一次远行。

1898年5月7日，经过五六天的旅途奔波，鲁迅乘船来到了古城南京。

进学校的第一天，鲁迅便在叔祖周椒生的宿舍住下，准备参加入学考试。考试前夕，这位叔祖觉得书香门第的周家子弟当兵有点对不起祖宗，不宜用原来的名字"豫才"，便取"十年树木，百年树人"之意，给鲁迅改了个"树人"的名字。周树人，这个日后传遍全中国乃至全世界的响亮名字，就在一个封建老朽的嘴里诞生了。

不久，鲁迅便以周树人的名字参加考试，并顺利通过了考试，成了江南水师学堂管轮班机关科的一名新学生。

江南水师学堂是洋务派官僚为培养海军军官而于1890年创办的。由于当时最先进的国家是英国，所以学校聘请的教员大多是英国人，主要课程也是英文，一个星期要学四天英文。作为培养海军军官的军校，学校的各种设施也带有与旁的学校完全不一样的独特风格。校园中给人印象最深的，是一根长二十丈的桅杆，这根桅杆是供训练用的。如果爬上桅杆顶，近可以看到狮子山，远可以眺望莫愁湖，为了安全，下面还张着一张网，对于好动的学生们来说，这确实是个可以一展身手的好地方。学校里原来还有一个游泳池，但是因为淹死过两个学生，学校当局索性把它填平了，上面还造了一个小小的关帝庙，在堂而皇之的军校显得不伦不类。

学校里的这一切，对于初来乍到的鲁迅来说，都是新鲜而充满乐趣的。可是随着时间的推移，这所学校在表面现象掩盖下的陈旧、腐败、黑暗便渐渐暴露了出来。

除了学英文，学校也设有汉文课程，但学的仍然是陈腐的古文，作文题目也是冬烘气十足的《云从龙风从虎论》、《百战百胜论》之类，至于水师方面的专业知识和训练，却实在少得可怜。

学校里教师和学生、学生和学生之间的关系更是十分紧张。在这所军事学校里，实行的是军事化的高压管理方式，校长称为"总办"，是具有"候补道"资格的中级官员，他持有军令，可以按军法随意处置学生，严重的甚至可以处以死刑。这简直让人想想都觉得毛骨悚然。学校里人与人的关系，都照搬官场的一套，连学生之间，也维持着森严的等级制度。级次不同的学生，宿舍里配置的床板、桌椅的数量都不一样。高年级的学生根本不把低年级的同学放在眼里，他们走路时即使空着手，也一定要把肘弯撑开，像一只螃蟹，低年级的学生绝对不能超过他们。少年鲁迅对这些自命不凡的高年级学生又好气又好笑，称他们为"螃蟹式的名公巨卿"。对弥漫在学校里的这种不健康气氛，鲁迅深感厌恶。封建专制的魔影使他随时有一种透不过气来的感觉。

有一次，学校来了一位新教员。不知什么原因，此人态度傲慢、派头十足，好像是什么了不得的大人物，他在学校一出现，就引起了不少学生的反感。可是，这个外表看起来不可一世的先生，原来却是一个肚里没有货色的草包，他居然把一个名叫沈钊的学生叫作沈钧，犯了一个一般学生都不会犯的错误。本来就对这位新教员的作派十分不满的鲁迅和同学们便给他起了一个“沈钧”的外号，时不时刺他两下。这一来触犯了学校的校规，恼羞成怒的学校当局对这帮犯上作乱的低年级学生采取了高压手段，鲁迅和十多个同学都被记了两大过两小过。按照学校的规定，只要再记一次小过，就要被开除了。

但是这次没等到学校方面下手，鲁迅便自己决定退学了。因为学校里的乌烟瘴气已使他无法忍受。他决定改考附设在江南陆师学堂里的矿路学堂。

这一年的 10 月 15 日，鲁迅参加了矿路学堂的入学考试，同月 26 日，他被矿路学堂正式录取。

矿路学堂是洋务派官僚张之洞于 1895 年奏请光绪皇帝仿照德国的一套创办的，开始只想开设铁路学堂，因为张之洞认为铁路与陆军有特殊关系，所以把它附设在陆师学堂。后来接替张之洞的两江总督刘坤一听说南京附近的青龙山蕴藏着大量的煤，认为这是一件有大利可图的事，就想培养一批有专门知识的开矿技师，便又在学堂加设了矿务班，学校便成了“矿路学堂”。

由于学校完全照搬德国的一套，所以学校聘请的老师大多是德国人。刚开学的时候，这些德国老师不知什么原因迟迟到不了校，所以开学的日子也只能往后一拖再拖。利用这段空闲日子，鲁迅回了一趟分别已有半年的故乡。

这一次回故乡的时间不算长，可是鲁迅却经历了两件他终生难忘的事。由于这两件事，原本应该是温馨、愉快的回乡之旅在鲁迅眼里也变了颜色。

第一件事是他经不住母亲和族中长辈的再三劝说，和二弟作人一起参加了会稽的县考。他顺利地通过了初试，但是并没有参加复试。这也是鲁迅一生中惟一一次参加科举考试。经过新思想的洗礼，鲁迅对科举之道已完全没有了兴趣，参加初试只不过是为了安抚慈祥的母亲，因而，“浅尝辄止”也就不足为怪了。

与第一件事相比，第二件事要严重得多，这便是鲁迅最喜欢的小弟弟椿寿的暴亡。鲁迅从南京回家时，小弟弟还是好好的，可是就在县试前后，椿寿突然患上了当时被视为绝症的急性肺炎，整日整夜地喘气不止，母亲束手无策，便在县考后一天让作人(作人也和大哥一起参加了县考)到小皋埠请来了懂医的大舅父。大舅父不是什么名医，因而也不像那些名医一样以谎言欺人。见到呼吸急促的小椿寿后，他便断定已不可救治，因而也不肯徒劳无益地开什么药方了。12 月 20 日，全家人都非常钟爱的小弟弟便病逝了。这一场无妄之灾使母亲悲痛万分，也使作为长兄的鲁迅心如刀绞。他努力压抑住自己的悲伤，帮助母亲料理完了小弟弟的丧事。

半个月后，鲁迅结束了这次不愉快的回乡之旅，回到了南京，正式开始了在矿路学堂的学习。

矿路学堂的课程以开矿为主、铁路为辅，开设有格致(物理与化学)、地学(地质学)、金石学(矿物学)、算学、历史、体操和绘图等课目。对于鲁迅来说，这些知识闻所未闻，十分新鲜，因此他立即以非常大的热情投入了学习。

在班上，鲁迅是年龄最小的一位，但他的笔记做得既好又快。由于课本不容易得到，他还抄了不少书，先后抄过《开方提要》、《几何习题》、《金石识别》等书。同学们都对他记笔记和抄书的本领佩服得五体投地。由于学习勤奋、刻苦，一丝不苟，所以年龄最小的他在班上成绩却是最好的。每次考试，他总是第一个交卷。当时学校规定每月进行一次月考，得第一名的发一枚三等银牌，四枚三等银牌可以换一枚二等银牌，四个二等银牌可以换一枚五钱重的金牌。鲁迅是班上惟一一个得过金牌的学生。鲁迅从小不爱虚荣，得到金牌后，他并没有四处炫耀，而是将金牌卖掉，用所得的钱来买书和资助家里。

在矿路学堂求学期间鲁迅的生活非常清苦，学校每月发的津贴很少，不够零用，家里几乎已经破产，更不可能有什么接济。南京的冬天非常冷，靠学校发的薄棉衣根本无法御寒，鲁迅别出心裁地想了个主意，就是多吃辣椒来增加体内的热气，以达到御寒的目的。就这样，自小不大喜欢吃辣椒的他居然养成了爱吃辣椒的习惯。他的棉袄破得露出了棉絮，他就用纸糊上。每逢假期回绍兴，上船前他总是自己拿铺盖行李，从不像好多同学那样请挑夫代劳。

而从绍兴回南京时，则不但照样自己拿铺盖行李，而且还要常常将这些铺盖行李作为“武器”，跟有些人斗上一斗。这些人是当地的一些地痞无赖，他们自己不乘船，可是常常在开船前用一根扁担或一件破衣服在船仓里抢占一块睡觉的地方，然后向迟来的乘船者索取“床位费”，因为绍兴到南京的航程不短，没地方睡觉可不是件小事。这些无赖的样子很凶，大多数乘客不敢跟他们争辩，只得付钱从他们手中买一个“床位”。偏偏年纪小小的鲁迅却从来不买这些无赖的账，每次上船遇到这些无赖，他总是放下自己的行李，然后坐在行李上一动不动，任凭无赖们如何威吓，他总是半闭眼睛，决不开口跟他们讨价还价。这样一直对峙到开船时分，最后败退的不用说是那些并不想坐船的无赖。他们抢占的那些“床位”，自然而然地就空出来了，鲁迅也就可以舒舒服服地摊开铺盖睡觉了。几次交锋下来，无赖们对鲁迅恨之入骨，却也无可奈何。在与这些无赖周旋的过程中，鲁迅进一步认识了恶势力外强中干的本性，从而也磨砺了自己与人间一切不平事针锋相对的铮铮铁骨。

这段时间鲁迅虽然生活清苦，但是精神却是充实而愉快的。

鲁迅入学不久，光绪皇帝便下诏实行变法，颁布了一系列维新的政令。维新之风很快地吹进了江南重镇的南京。鲁迅进校的第二年，学校来了一位叫俞明震的新总办（校长）。这位新总办是个思想活跃、见解开明的维新派人士，据说他坐在马车上时还在阅读维新派报纸《时务报》。他还喜欢自己给学生出考试题，有一次出了个《华盛顿论》，弄得一些教汉文的冬烘先生莫名其妙，居然反过来向学生打听华盛顿这位美国的开国总统是什么东西。在这位新总办的倡导下，学校设立了阅报处，不但有《时务报》，还有译载外国新学说的《译学汇编》。

鲁迅成了阅报处的常客。除此之外，他还广泛阅读了一些西方近代哲学、科学和文学方面的译著。当时林琴南的翻译小说正风靡一时，鲁迅也成了林译小说的狂热读者。他先后阅读了《茶花女遗事》、《全探记》（即福尔摩斯探案）、《长生术》、《撒克逊劫后英雄传》等，并对这些文笔古奥、情节曲折的翻译小说产生了浓厚的兴趣。这些小说可以说是鲁迅最早接触到的西方文学，它们在很大程度上激发了他的文学创作冲动。

与林译小说相比,有一本叫作《天演论》的译著更让鲁迅着迷。这本宣传进化论的书是鲁迅花500文钱特地从城南的书庄买来的。它是维新派干将严复根据英国人赫胥黎的著作《进化论与伦理学》选译的。严复在翻译时针对中国落后贫弱的现状,在书中夹了许多自己的感慨和议论。他借"物竞天择"、"优胜劣败"的进化之说,提醒国人:在这个竞争激烈的世界上,中华民族如果不思进取,仍旧按照几千年的不变的旧传统生活,总有一天会在这个星球上无法生存下去。严复的翻译说理严谨,文笔优美,充满激情,它深深地打动了鲁迅的心,并从此激发了他学习西方新的社会科学理论著作的热情。从此以后,只要严复的新译作一出来,他就买来阅读。就这样,他读了甄克斯的《社会通论》、斯宾塞的《群学肄言》、孟德斯鸠的《法意》及《穆勒名学部甲》等西方名著。西方先哲们深邃的思想、精辟的议论,就像一片片甘露,洒到了他渴望新知的心田上。

痛感于祖国国力的贫弱和大多数国人精神的委靡不振,鲁迅要求自己不管在什么时候都保持一种自强不息的精神状态。他自称"戎马书生",喜欢在课余时间练习骑马,有时从马上摔下来,摔得皮开血流,他也满不在乎,仍然坚持着继续骑上去。由于练得刻苦、认真,所以他的骑术提高很快。有一次,他和同学们骑马到明故宫去。这里是八旗绿营兵的驻扎地,旗人一向对汉人心存歧视,见汉人竟敢骑马闯进他们的地盘,便不断在一旁咒骂,并向鲁迅他们扔石子。鲁迅和同学们丝毫不为所动,仍然全神贯注地驾驭着自己的坐骑。一位满族军官恼羞成怒,跳上马便迎着鲁迅急驰而来,在接近鲁迅时,故意紧贴过来,突然抬起了腿,与鲁迅擦身而过。很显然,这是善于骑射的满人的有意伤害,幸亏鲁迅训练有素,躲避得快,否则后果不堪设想。满人的这次暗算,使鲁迅的骑术和勇气都经受了一次考验。经过这次考验,鲁迅更坚定了学好骑术、将来驰骋疆场、报效祖国的信心和决心。

鲁迅思想上的变化引起了思想陈旧的叔祖周椒生的不满。有一天,他口气严厉地对鲁迅说:"你这孩子有点不对了。"一边说一边递过来一张报纸,让鲁迅抄下来好生拜读。鲁迅拿过来一看,原来报纸上刊登的是当时的礼部尚书、顽固派首领许应骙写的《明白回奏并请斥逐工部主事康有为折》。康有为是当时著名的维新派人士,他当然是顽固派许应骙的眼中钉,所以许应骙在这封写给光绪皇帝的奏折中,将康有为骂了个狗血喷头。叔祖周椒生还在一旁帮腔,他对鲁迅说:"康有为是想篡位,所以他的名字叫有为。有者,富有天下也;为者,贵为天子也。你看看,这还了得么?"显然,跟这样夹缠不清的顽固分子是没有多少道理好讲的。叔祖那痛心疾首的样子,只能使鲁迅暗暗好笑,自然,许应骙的折子在他那里不会享受到严复的译著那样的待遇。在这之后,一有空闲,他照样一边吃侉饼、花生米、辣椒,一边看《天演论》之类的著作。有时看书看得入神,辣椒吃得太多,引起胃痛,他就把肚子顶在抽屉角上继续看。

在鲁迅入学的第二年,矿路学堂便遇到了生存危机。原因是由于青龙山煤矿的管理混乱,煤矿并没有像原先想的那样产生良好的经济效益,到后来,采得的煤,只能供烧两架抽水机之用,也就是抽了水挖煤,挖出煤来抽水,除此之外再无盈余,陷入了僵局。既然开矿无利可图,矿路学堂似乎也就没有存在的必要了。但不知什么原因,学校并没有立即停办。到第三年也就是1901年的7月,临近毕业的鲁迅和老师同学一起到青龙山煤矿实习，第一次接触到了真实的矿井。矿井里的景象异常凄凉，两架抽水机还在转动，但矿井里的积水却有半尺厚，几个矿工人不人鬼不鬼地在黑暗的井中摸索着。面对这半死不活的煤矿，鲁迅和同学们深感失望，也对自己的学业前途产生了深深的怀疑和担忧。

作为矿路学堂的学生，鲁迅不仅学业出色，而且在校期间显露了对文学的浓厚兴趣和他在文学方面的出色才华。在学习之余，他创作了大量诗文。可惜当时没有注意保存这些作品，其中大多数都已散佚，现在我们所能看到的只有 9 篇，它们是 1898 年创作的《戛剑生杂记》、《莳花杂志》，1900 年创作的《别诸弟三首》、《莲蓬人》，1901 年创作的《庚子送灶即事》、《祭书神文》、《惜花四律》、《别诸弟三首》和《挽丁耀卿联》。在这些作品中，鲁迅满怀深情地倾诉了对故乡和亲人的眷恋之情，表达了安贫乐道的书生情怀和对理想人格的追求。虽然此时的鲁迅也许根本没有想到自己会成为一个蜚声全国的文学大师，但是他的文学天分和对文学的迷恋已在这些作品中表露无遗。

1902 年 1 月 27 日（清光绪二十七年十二月十八日），鲁迅从矿路学堂毕业了。他的毕业成绩是一等第 3 名，应该说是很不错了。但是他自己却不满意，感到自己并没有真正掌握多少救国救民的本领，因而觉得自己还必须进一步深造，而深造的最佳途径，便是出国留学。

当时，由于深深意识到闭关自守、故步自封给中国带来的贫穷落后，许多有识之士都把向国外学习先进的思想和科技知识当成改变祖国落后面貌的有效手段。迫于各方面的压力，清政府也不得不在表面上摆出开放的姿态，派遣官员、学生出洋考察和留学。西方是新思想和新知识的发源地，自然是人们出国留学的首选之地，而被视作东洋的邻国日本，则由于向西方学习卓有成效，也被中国人看作可以仿效的榜样。由于去日本相对来说要方便得多，所以更多的学生选择日本作为留学目的地。鲁迅从矿路学堂毕业后，也很快就提出了赴日本留学的申请，经江南督练公所审核，他的申请得到了批准。

1902 年 3 月 24 日，鲁迅和同行的四个同学一起，登上了日本轮船“大贞丸”，离开南京，东渡扶桑。

生命中新的一页翻开了。在那个陌生的国度里，迎接青年鲁迅的将是什么呢？

东瀛求学　弃医从文

1902 年 4 月 4 日，经过 10 天的海上旅行，鲁迅和他的同学们抵达了日本横滨，然后转车来到了日本国的首都东京。

按照原来的计划，鲁迅他们是准备进成城学校的。成城学校是日本陆军士官学校的预备学校。按照日本政府的规定，只有学陆军的学生才能进这所学校，鲁迅虽是陆师学堂毕业，但读的是矿务班，因此没有入学资格。鲁迅和同学们不得不改变计划，改入弘文学院。

弘文学院是专为中国学生办的一所留日预备学校，校长嘉纳治五郎是日本著名的教育家。学校设有各种班次，教授日语和普通科学知识，为学生将来升入高等专门学校打基础。鲁迅进的是弘文学院速成普通科，学制两年，除学习日语外，还学习一些理科课程。他被编在江南班。

一进入学校，鲁迅就以巨大的热情投入了学习。他首先集中精力攻日语。由于鲁迅的同学中有些人是清朝的秀才、举人，他们对新学一窍不通，完全没有接触过数理化等自然科学知识，学校为了照顾这些人，便将课程从头排起，而且进度很慢。而在矿路学堂时鲁迅已学过数理化课程，不必再在这些课程上多花功夫，所以他有较多的时间来学习日语。

留学生刚到日本时，大多留着辫子，有的人把辫子盘在头顶上，使制帽高高耸起，远远地看上去像一座富士山。走在街上，留学生们的奇特装束，常常引来日本人奇异的目光，有的日本少年更是以此来讥笑中国学生。这一切，都使本来就对辫子深恶痛绝的鲁迅忍无可忍。1903 年 2 月，他不顾清政府派到弘文学院的监督的警告，毅然剪掉了辫子。

剪掉辫子之后，他不无得意地来到新结识的好友许寿裳的自修室。他脸上浮现的喜悦表情引起了许寿裳的注意，当发现好友剪掉了脑后的“猪尾巴”时，寿裳情不自禁地赞赏道：“啊，壁垒一新！”

作为弘文学院江南班第一个剪掉辫子的学生，鲁迅的壮举在班上引起了轰动。事情传到学生监督姚文甫耳中，他不禁恼羞成怒，当即便扬言要停掉鲁迅的官费，送他回国。谁知这位姚监督因为生活不检点，不久被几个学生以别的理由剪掉辫子并灰溜溜地回了国，对鲁迅的处分也不了了之。

剪掉辫子虽然是举手之劳，可是对于从小生活在清政府专制、腐败统治下的鲁迅来说，却标志着精神上的新生。为了纪念这次新生，他特地到照相馆拍了一张断发照，并寄赠给家乡的亲人，以此表示他与腐朽、垂死的清王朝誓不两立的决心。他还把这张照片送给了挚友许寿裳，并在照片的背面题上了脍炙人口的《自题小像》诗：“灵台无计逃神矢，风雨如磐闇故园；寄意寒星荃不察，我以我血荐轩辕。”表达了他对祖国命运的关切和担忧，以及他誓将一腔热血献给祖国和人民的壮志豪情。

弘文学院是一所私立学校，校方十分看重经济利益，为了多得学费，学校以各种名目招徕学生，滥开课目，教学质量根本得不到应有的保障，而且，校方还随意颁布各种规定，变相多收学生的费用。忍无可忍的中国留学生们终于决定团结起来对校方的所作所为进行反抗。经过学生“特别会”讨论，52 名同学一致决定采取退学的统一行动，并当即离开学校，搬进了学校附近的一家旅社。开始时校方态度十分蛮横，大概是看惯了中国人的一盘散沙，觉得这些年轻的中国人不可能闹出什么名堂来，哪知道这次他们的估计错了，52 名学生不但态度异常坚决，而且出乎意料地团结，他们在校外一住就是半个月，大有跟校方决战到底的势头。考虑到如此大规模的学生退学将带来相当大的经济损失，最后还是校方作了让步，不但收回了那些不合理的规定，还将狐假虎威的教务干事三矢撤了职。作为学生中的活跃分子，鲁迅自始至终参加了这场斗争，并为正义终于战胜邪恶而感到欢欣鼓舞。通过这次斗争，他也进一步认识到与恶势力抗争除了需要坚强不屈的意志外，还需要团结协作的精神。

鲁迅到东京时,东京聚集着好多中国的革命活动家和宣传鼓动家,他们利用一切机会宣传革命、反对清廷,在留日学生中很有号召力。当时东京的清国留学生馆经常举行集会,邀请留学生中的爱国志士或路过东京的著名革命家作演讲。在这样的演讲会上,往往讲者慷慨激昂、听者热血沸腾。革命的火种便在这样的演讲会上传播开来。鲁迅自然是这些演讲会的热情参加者。

在火热的革命气氛的影响下,留学生们纷纷走出书斋,开始以实际行动参与彻底推翻满清王朝的革命实践。由他们主办的书刊,像雨后春笋一般纷纷在东京问世,其中有江苏留学生创办的《江苏》,湖北留学生创办的《湖北学生界》,浙江留学生创办的《浙江潮》,这些刊物虽然名目内容各异,但主旨都是宣传革命思想,激励革命意志,指斥清廷腐败。它们在留学生中间产生了广泛而又深远的影响。除了这些定期的刊物外,其他一些宣传革命的书籍如《猛回头》、《警世钟》、《革命军》等也纷纷出版。对于鲁迅来说,这些都是难得的精神食粮。他如饥似渴地阅读这些书刊,在革命思想的熏陶下,他对于革命的态度,也变得越来越坚决和激进。当《浙江潮》创刊时,他为杂志设计了一个封面:上面是卷起的巨浪,象征着革命浪潮的汹涌澎湃和势不可挡。在平时的言谈中,他也时时流露出对光复事业的热切之情。由于到日本后受到章太炎、孙中山等坚定的革命者的影响,他对曾经吸引过自己的康有为、梁启超的改良主义已经渐渐地失去了兴趣,认为"改良"必败,表示自己誓做"革命党之骁将"。同学们都称赞他不愧为有光荣抗清斗争传统的浙江人,有卧薪尝胆之遗风。

1903年6月,许寿裳担任了《浙江潮》的编辑。组稿时,他想到的首先就是鲁迅。他来到鲁迅的住处,向鲁迅谈到了写稿一事。鲁迅很爽快地答应了。当寿裳心满意足地正要离开时,他忽然想起了一件事,便问鲁迅道:"听说你写了一首宝塔诗?""是的。"谈到这首"宝塔诗",鲁迅未免有几分得意,他便将诗拿出来给寿裳欣赏。诗是这样写的:

兵
成 城
大 将 军
威 风 凛 凛
处 处 有 精 神
挺 胸 肚 开 步 行
说 什 么 自 由 平 等
哨 官 营 官 是 我 本 分

寿裳读罢,不禁大笑起来。原来,这首诗是讽刺在成城学校就读的中国保皇派学生的。因为成城学校属于士官预备学校,入学须经清政府审查批准,因而学校里对清政府心存感激的保皇派很多。这些人整天挽着辫子在东京街上乱逛,自以为威风,回国后也大多成为清政府的帮凶。鲁迅对这些人十分反感,有一天实在按捺不住,就在自修室写了这首风格别致的打油诗。见寿裳有将这首诗在《浙江潮》上发表的意思,鲁迅便谦虚地说:"还是让我留着自我欣赏吧,要发表,恐怕水平还不够。"寿裳却不罢休,又问道:"那么,讽刺'独臂翁'的呢?"这独臂翁是一个浙江人,名字叫王惕斋,住在东京新桥，一只手臂以前被马车碾断，自称独臂翁。此人是一个老顽固，对革命运动切齿痛恨，同时对清王朝当权者却极尽奉迎之能事，凡有清政府官员到日本，他一定奔走前后，大拍马屁。钦差大臣那桐、王爷载振来日本时，他更是忙得团团转。鲁迅实在讨厌这种人，便也写了一首诗加以讽刺，其中有“钦差唤过王爷叫，忙煞新桥独臂翁”之句。这些诗句在同学中很快流传开来，寿裳非常想把这些诗句在《浙江潮》上发表出来，但鲁迅却觉得在《浙江潮》上发表的应该是更为成熟的文字。他答应寿裳一定好好给《浙江潮》写儿篇稿子。

过了一天，鲁迅便给许寿裳送去了第一篇稿子。这是一篇根据外国历史资料译述的短篇小说，名字叫作《斯巴达之魂》，讲的是这样一个故事：古代波斯帝国入侵希腊，斯巴达王率领 300 名市民和数千名同盟军与敌人作殊死战斗，结果全军覆没，只有一名武士因为患眼病而没有参加战斗，捡了一条性命。可他回家后，他的妻子却因为他临阵脱逃而感到羞愧，终于愤怒地自杀了。这篇文章虽说是译作，其实在翻译过程中鲁迅加了不少自己的创作，尚未发表就已在同学们中间传诵。大家都对鲁迅在这篇译作中表现出来的文学才华佩服不已。

过了不多时候，鲁迅又将根据法国作家雨果的原作《芳梯的来历》翻译的《哀尘》交给了许寿裳。寿裳喜出望外，便决定将《哀尘》和《斯巴达之魂》的上篇在同一期《浙江潮》上登出来。于是 1903 年 6 月 15 日出版的《浙江潮》上，同时发表了署名“自树”的《斯巴达之魂》和署名“庚辰”的《哀尘》。

在这之后，鲁迅从事翻译的激情便一发而不可收了。这一年的 8 月和 9 月，他着手翻译法国著名科幻小说作家儒勒·凡尔纳的科学幻想小说《月界旅行》，大概是受了林琴南的影响，他把这部原来 28 章的西洋小说改译成了 14 回的章回体小说。这部稿子后来由东京进化社正式出版，鲁迅还拿到了 30 元稿费。10 月 10 日，介绍法国居里夫人发现的新元素镭的科学论文《说钼》在《浙江潮》第 8 期上刊出。同期《浙江潮》还发表了他的另一篇论文《中国地质略论》。12 月，他翻译并改写的凡尔纳科幻小说《地底旅行》前二回在《浙江潮》发表。这段时间他还和同学顾琅合作编写了《中国矿产志》。青年鲁迅尝到了爬格子的乐趣，翻译和创作的势头可谓一发而不可收。

1904 年 4 月，鲁迅在弘文学院毕业了。按规定，他应该学采矿和冶金专业，但因为学这个专业的人多，名额又有限，他不想去凑这个热闹，便决定改学医学。经过与校方联系，他被仙台医学专门学校批准免试入学。

仙台是日本东北部一个滨海小城，当时还是一个比较偏僻、闭塞的地方，但是景色很美，城内绿树成荫，气候宜人。鲁迅的到来，在这个小城引起了一阵小小的轰动，因为鲁迅是仙台的第一个外国留学生。大概是物以稀为贵的缘故，当地报纸为他的到来发了消息，学校不但免收他的学费，还有几个职员为他的食宿操心。由于学校没有寄宿生，校方还为他专门找了一家管吃管住的客店。

一切安顿停当，学校很快就开学了。作为医学专门学校的学生，鲁迅开始学习许多陌生的课程：解剖学，生理学，组织学……教解剖课的一位老师很快引起了鲁迅的注意。

这是一位又黑又瘦的先生，大约 40 岁左右，留着八字胡，戴着眼镜，第一次与学生见面，他便用缓慢而有顿挫的声调自我介绍道："我叫藤野严九郎……"

藤野先生是福井县人，毕业于名古屋爱知县立医学专门学校，三年前被聘到这儿当教授。他是个十分认真、严格的人，给学生打分打得严在学校里是有名的。这一年留级的学生中，大多数就是因为他教的解剖学不及格才留下来的。同学们背后都叫他"严先生"，有的甚至当面都这么叫他。"可是，"一位"老大哥"这样介绍藤野先生，"严先生自己穿衣服却一点都不严格，实在是太随便了，有时竟会忘记戴领结；冬天他总是穿一件旧外套，看上去怪寒酸的。有一次乘火车，乘务员居然怀疑他是扒手，叫车里的客人当心……"

藤野先生的关心和爱护，使远离祖国和亲人的鲁迅感到分外的温暖。但有时，年少气盛的他也有和先生的意见不太一致的地方。有一次藤野先生又把鲁迅叫到了他的办公室，翻出讲义上画的一张图来，和蔼地说："你看，你将这条血管移了一点位置。自然，这样一移，的确比较地好看些，可是解剖图不是美术，实物是那样，我们没有办法改变的。现在我给你改好了。以后你要全照着黑板上那样画。"对于先生的谆谆教诲，鲁迅口头上是答应了，但是心里却想："图还是我画的不错，至于实在的情形，我心里自然是记得的。"鲁迅这样想，倒并不是他盲目自信，而是因为他的解剖图画得确实很好，班上的同学，只要不是对中国人抱有偏见的，都承认要比他们画的好得多。这也许跟鲁迅小时候便酷爱画画有关。

在仙台医专的第一个学年很快过去了。在142个同学中，鲁迅名列第68。对于一个外国留学生来说，这算是一个不错的成绩了。可是，一些对中国人怀有偏见的日本同学却觉得这个中国留学生凭自己的实力不可能取得这样的成绩。他们认为是藤野先生事先向鲁迅泄漏了考题，因而他们便用一些不大光彩的手段向鲁迅进行挑衅。

有一天，年级学生会的一个干事带着两个同学突然闯到了鲁迅的住所，要借他的讲义看。鲁迅不知他们有何用意，便把讲义找出来给了他们，他们草草把讲义翻了一遍，什么都没说，便又走了。谁知他们走了不多久，邮差便送来一封很厚的信，上面的第一句话便是"你改悔吧！"，这句话原来是《圣经》上的，当时正值日俄战争，俄国大文豪托尔斯泰给日、俄两国的皇帝各写了一封信，劝他们结束战争，信的开头便引用了这句话。没想到，这些日本同学竟也依样画葫芦地在给鲁迅的信上用了这么一句，虽然不伦不类得有点可笑，但是信中的内容却着实有点气势汹汹，无非是说上学年解剖学考试的题目，藤野先生预先在讲义上做了记号，因而鲁迅早就知道了考题等等。

看完这封信，鲁迅十分愤怒，便将此事告诉了藤野先生，几个平时和鲁迅关系不错的日本同学也为鲁迅打抱不平，他们和鲁迅一起去找了那位学生会干事，当面责备他找借口检查鲁迅笔记的无礼举动，并且要求他把检查鲁迅笔记的结果向同学们公布，以肃清流言。那位干事自知理亏，不得不认了错，并要求收回那封匿名信。看样子，要"改悔"的倒是他自己了。

第二学年，藤野先生所担任的功课，是解剖学实习、局部解剖学和外科总论。开学后一星期左右，藤野先生又把鲁迅叫到办公室，很高兴地对他说："我因为听说中国人是很敬重鬼神的，所以很担心，怕你不肯解剖尸体。现在总算放心了，没有这回事。"

其实，鲁迅刚开始解剖尸体的时候，心中也是有些惴惴不安的，这倒不是因为他敬鬼神，而是因为尸体在他眼里也是完整的人，他不大忍心去破坏他们的身体。随着解剖课不断往下进行，他解剖的尸体越来越多，开始时的不安稍稍淡化了，可是，另一种不安甚至痛惜又常常从他的心底升起，那是因为在他的手术刀下经常出现怀着胎儿的母亲、早夭的婴儿，还有肺像炭一样黑的矿工。面对这些可怜的生命，年轻的鲁迅常有一种目不忍睹的感觉。

可是，跟后来遇到的一件事相比，上面这种精神上的刺激便又算不得什么了。

这件事发生在中川教授上的霉菌学课上。中川教授采用新式的教学方法，细菌的形状全用幻灯片来显示。有时讲课的一个段落已完却还没有到下课的时候，老师便加放一些风景或时事片给学生看。那时候日俄战争刚结束，加映的时事片都是展示日本打败俄国的所谓新闻。这一天，课早已完了，却还没有打下课铃，老师便照例放起了这一类的时事片。这一次片子上出现的却是中国人，其中有一个人据说是俄国人的间谍，正被日本兵五花大绑着押赴刑场。围观的也是一群中国人，他们神情麻木，对同胞的遇害完全是一副无动于衷的样子。

看到这里，旁边的好些日本同学都喊起了“万岁”。这样的欢呼，是每看一部时事片时都会有的，可是在鲁迅听来，今天的这声声欢呼却特别的刺耳，它们就像一支支毒箭，刺痛着他的心。就在这时，更让鲁迅怒不可遏的一番活从那个写匿名信的学生会干事嘴里吐了出来：“只要看看中国人的这副样子，哪有不亡国的道理！”鲁迅知道这话是说给自己听的，他只觉得一阵热血涌上头顶，在这个嘈杂不堪而又令人窒息的细菌学教室里，他再也呆不下去了。满怀着一腔悲愤、羞愧、痛苦之情，他退出了教室。

这一次，鲁迅茶饭不思，脑子里不停地闪烁着那一幅幅令人痛心的画面和日本学生那刺耳的欢呼声。他来到学校附近的山林里，思索起了许多一直郁积在心中但始终没有理清的问题。其中一个最主要的问题，就是该用怎样的办法来拯救自己的祖国，用怎样的办法来改变国人的愚昧、落后、麻木？他开始对自己学医的选择产生了怀疑：用手术刀，可以救治一个人病入膏肓的身体，可是，救治得了他们麻木不仁的精神吗？他忽然想起孙中山先生已经做了医生却又放弃医学从事革命的事来，看来，对于一个病弱的民族来说，首先应该医治的是国民之心，其次才是国民之身啊！而医治国民之心的最重要手段，莫过于文学艺术。想到这里，他觉得眼睛一亮，对于自己今后从事的事业有了一个全新的打算。

这一学年没有结束，鲁迅便来到藤野先生家，告诉先生自己决定不再学医，而且将离开仙台了。藤野先生很难过，他想说什么，却又说不出来，只是拿了一张自己的照片送给鲁迅，照片背面工工整整写了八个字：“惜别　藤野谨呈周君。”

1906 年的 6 月，鲁迅从仙台回到了东京。他手提行李随着人流走出上野车站，叫了一辆东洋车，直奔好友许寿裳就读的学校——东京高等师范学校。

“我退学了。”见到好朋友，鲁迅有点急不可待地说。

“为什么？”许寿裳听了有点吃惊，心中不免怀疑自己的这位好友是见异思迁了，“你不是学得正有兴趣吗？为什么要中断？……”

"是的，"鲁迅犹豫了一下，决定把自己心中想的对好朋友和盘托出，"我决定改学文艺了。中国的呆子、坏呆子，难道是医学能治疗的吗？"随即，鲁迅将自己这次改变计划的前因后果告诉了寿裳，一边说，一边仍然觉得有一口气憋在胸中。这一来，寿裳原先的怀疑自然烟消云散，他对好友的计划深表赞同，立刻安排鲁迅在自己的住处住了下来。

过了几天，鲁迅在一家叫作"伏见馆"的公寓里租了一间房子，搬了过去。他决定不再正式进学校，只把学籍列在"独逸学（德语）协会"，学习德语，平时主要是自修，这样虽然不在正式的学校，但是有正式的学籍，可以继续享受官费。

生活安定下来，下一步就是考虑怎么开始自己的文艺事业了。就在这时，他突然接到家乡发来的一封急信，说是母亲病了，要他赶紧回去。鲁迅自小与母亲感情深厚，母亲要是有个三长两短对他来说可是件非同小可的事情，接信后他心急如焚，赶紧打点行装，踏上了回乡的旅程。

忐忑不安地在航船上苦熬了几天，鲁迅终于踏上了家乡的土地。可是当他走进家门的时候，家里的情景却完全出乎他的意料：母亲不但没病，而且精神很好，家里也是张灯结彩，一副办喜事的样子。乍一见到这一和自己的想象大相径庭的场面，鲁迅大吃了一惊，可是很快他便回过神来，明白自己中了圈套。

原来，就在鲁迅去日本后不久，家里就自作主张给他订了一门亲事，对方姓朱，是教鲁迅读过书的兰爷爷夫人家的亲戚。鲁迅得知后，曾经写信回去表示反对，提出让朱姑娘另外嫁人。但母亲鲁瑞按照旧时的礼俗认为退婚对两家的名声都有影响，因而托人写信到日本去规劝鲁迅，希望他接受这门婚事。出于对母亲的尊重、爱戴和信任，满脑子新思想的鲁迅虽然对包办婚姻深恶痛绝，仍然只得违心地答应了母亲的要求，但是他提出了两个条件，一是要朱姑娘放小脚，二是要她进学堂念书。谁知朱姑娘是个思想保守的人，认为这两条都与传统习俗不合，所以都不能做到。就这样，一过几年，朱姑娘既没放小脚，也没上学堂，而年龄却渐渐大了。眼看着婚事没有着落，朱家的人不免焦急，便一再托人到周家来催，希望早点把婚事办掉。好心的鲁瑞也觉得这样拖下去确实对不住朱姑娘，便不再征求鲁迅的意见，张罗起了婚事。

就在这时，又突然传来消息，说是鲁迅和一个日本女人结了婚，还生了孩子，有位同乡还绘声绘色地说他看到鲁迅带着小孩在东京的街头散步……这个无中生有的谣言把鲁瑞急得六神无主，一时无计可施，只得让二儿子作人写信，先把大儿子骗回来再说。

鲁迅到家时，婚事已筹备得八九不离十，乡邻们也都知道周家的大儿子这次是专程回来办亲事的，看到母亲忙前忙后、喜气洋洋的样子，鲁迅心里尽管有一百个不愿意，也只能顺着母亲的意和他从未见过面的新娘子拜堂成亲了。

新婚之夜，鲁迅在黑洞洞的新房里辗转反侧，怎么也睡不着觉，他无论如何也难以想象，和自己同处一房的这个陌生女性，会是陪伴自己一辈子的生活伴侣。泪水沿着眼角无声地往下流，打湿了印花枕巾。在这个原本应该充满欢乐气氛的洞房花烛夜，他感到的只是孤独、寂寞和无助。第二天下楼时，他的脸上有一片青色，那是靛青色的印花枕巾染上的。这是新婚之夜给他留下的惟一印记。

这个有名无实的婚姻给予鲁迅的惟一安慰是，从此，一天比一天衰老的母亲终于有一个她所中意的人陪伴了。

婚后第四天，鲁迅便离开了母亲和故乡及那个他爱不起来的新娘子，踏上了重返东京之路。这次回去多了一个同行者，那是大弟弟作人。作人在南京水师学堂毕业后，也被江南督练公所批准去日本留学。

回东京后，鲁迅一开始仍住在“伏见馆”，但是“伏见馆”新住进了一批在岩仓铁道和明治法政学校读书的学生，这是一些热衷于升官发财的人，不但言谈无味，而且整天吵吵嚷嚷，让人不得安宁，鲁迅无法忍受，到第二年春天便搬出来了，先是寄居在一个叫中越馆的地方，后来许寿裳在本乡区的高级住宅区找到一所房子，这所房子的原主人是个有身分的日本绅士，房子庭院很大，种着很多花木，房间也很整洁，因而房租比较贵，寿裳一个人负担不起，便拉了几个朋友一起住进去，大家分担租金，这里面当然少不了鲁迅。由于总共有 5 个人居住，他们便给这所新居取名“伍舍”。

随着生活的渐渐安定，回国前就已萌生的创办杂志的念头越来越强烈了。

这一天，鲁迅和许寿裳在一家冷饮店一边喝着冷饮一边闲聊。许寿裳告诉鲁迅，因苏报案被捕的章太炎先生已经刑满出狱，不久前来了日本，同盟会的机关报《民报》，第六号起将由太炎先生担任总编辑。听到这里，鲁迅不由得想起了创办文艺杂志一事，就趁机提出来与寿裳商量，寿裳一听，满口赞成。他的思路跟鲁迅一样，认为要提倡新文艺运动，第一步就应该是办杂志。

接下来的事情，便是给杂志起一个名字。他们开始想了几个，都是取自古代诗词的，不大好懂。后来，鲁迅想出了“新生”这个名字，意思是“新的生命”。对这个名字，寿裳也觉得非常好。

办杂志是一件大事，光靠一两个人不行。在鲁迅的邀请下，袁文薮、苏曼殊、陈师曾等朋友和周作人也参加了进来。其中袁文薮比较有钱，他表示愿意垫付创办杂志所需的经费。有了这些朋友的支持，鲁迅信心大增，他开始定印稿纸，约稿子，选插图，并亲自为《新生》设计了封面。谁知好事多磨，正当一切都在按部就班进行的时候，事情却又发生了变化。不知什么原因，袁文薮突然决定到英国去留学了。不过他却表示，他的走不会影响《新生》，他一到那边就会把稿子写好寄来，办刊的费用也会从英国汇来。

然而，离《新生》预定的出版日期越来越近，袁文薮也杳如黄鹤，不但没有稿子和汇款，连信也没有一封。没有钱，什么事都办不成，万事俱备的《新生》的出版日期只好一天一天地往后推移，挨到最后，也就不了了之了。

《新生》的夭折，对鲁迅的打击很大，但是，他并没有灰心丧气，相反，他从事文艺事业的决心更坚定了。他大量地阅读了外国文艺作品，尤其是东、北欧一些弱小国家反压迫、争自由的作品；对于揭露、控诉沙皇反动统治的俄国民主主义作家的作品，他也十分感兴趣。由于日本不太重视翻译这类作品，而德国却比较重视，此时鲁迅的德文程度已能阅读原文，因而专卖德文书的“南江堂”和专卖外文书的“丸善书店”就成了他经常光顾的地方。有的书店一时没有现货，他就托书店到欧洲去定购。这段时间，他学习十分刻苦，生活也非常困难。由于常常看书到深夜，所以和他同住的人，几乎没有一个知道他每天是几点钟睡觉的。他买书出手十分大方，书店的老板都以为他是什么有钱人家的阔少，殊不知这种大方是以日常生活开销的一省再省为代价的。他有单、夹、棉三套衣服，在东京几年，就是这三套衣服轮流着穿。为了贴补生活，他不得不帮别人干一些校对之类的活，以换取一点收入。有一次，他帮别人校对一部翻译稿，其中谈到中国人娶小老婆的习俗，翻译者大概是这一制度的拥护者，竟然自作主张在稿中加了不少话，大说小老婆的好话，鲁迅看了十分生气，竟不顾校对者只负责校看原稿而没有改稿的权利，拿起红墨水笔，干净利落地把译者多加的一段话删掉了。另外，对于一些自己实在喜欢的外国小说，他还和弟弟作人一起动手把它们翻译成中文。这些翻译小说，后来全部收进《域外小说集》出版了。

1907 年 7 月的一个早晨，正熟睡的鲁迅被一阵吵嚷声惊醒了，看情形，像是发生了什么大事。他便走出房间，这时正好同住在公寓里的一个留学生打开一张刚到的《朝日新闻》，劈头就是一条中国来的电报，大意是："安徽巡抚（相当于省长）恩铭被 JoShikiRin 刺杀，刺客就擒。"

无论从哪方面讲，这也算是一条爆炸性新闻，渐渐聚到一起的留学生们一怔之后，便开始研究这刺客到底是谁，汉字是怎样的三个字。但这时鲁迅心里早就明白了，这个刺客一定是徐锡麟，他是绍兴人，是反清革命团体光复会的重要成员，前年冬天他曾来日本，想进日本陆军预备学校而没有成功，去年春天回国，为了便于开展革命工作，筹钱捐个了官，在当时安徽的省城安庆当巡警头目，这个身份刺杀巡抚是既合适又方便。

"这人恐怕是徐锡麟。"鲁迅将自己的推测告诉了大家。

大家一听，便都觉得鲁迅说得有理，此人定是徐锡麟无疑。可是，徐锡麟被抓后会有怎样的下场呢？大家的意见又不一致了，大多数人都认为他一定会被判处死刑，家属也都会被连累。

这一猜测，果然很快就变成了事实。徐锡麟不但被判了死刑，而且死得很惨，他的心被挖出来，被恩铭手下的士兵炒炒吃了。与此同时，鲁迅的同乡、著名的女革命家秋瑾在绍兴被杀的消息也传来了。

反动统治者的残暴行径激起了留学生们的强烈愤慨。消息传来的当天，有几个人便秘密地开了一个会，决定设法营救徐锡麟的家属。于是大家筹集了路费，请来一个听得懂中国话的日本浪人，撕乌贼鱼下酒，边喝酒边慷慨激昂了一通。喝完酒那位日本浪人便启程去中国营救徐锡麟的家属了。可是绍兴城里已是一片混乱，革命党的首领已经纷纷逃到山里，有关人员一个也找不到。这个日本浪人人生地不熟，在没有客栈的绍兴城里无处安身，只好在一家鸦片烟馆里混了两晚，然后便灰溜溜地回日本来了。这是后话。

日本浪人走后，又发生了一件让鲁迅不大愉快的事。这事起因于绍兴籍学生召开的一个吊烈士、骂满洲的同乡会。在这个会上，首先让鲁迅不快的是他见到了自己十分反感的蒋观云。这位蒋观云是同学蒋百器的父亲，应该说是鲁迅的前辈，他是一位颇负盛名的诗人，而且有一度思想也算开明，鲁迅和许寿裳他们开始时对他都很敬重，有一段时间常去拜访他，向他请教些问题。可是有一次，在谈到服装问题时，他竟说满清官僚戴的红缨帽有威仪，而他自己的西式礼帽却没有威仪。鲁迅当时一听便深感奇怪：何以这么一个在好多问题上颇有见地的老先生会在这么一个简单的问题上如此昏聩呢？当时在回家的路上他就对寿裳说："观云的思想变了。"寿裳也点头表示同意。从此，他们便再不和他来往，而且，给他起了一个绰号，叫作"无威仪"。鲁迅的预感不错，果然，不久以后，蒋观云便和立宪派人物梁启超混在一起，组织政闻社，主张起君主立宪来了。鲁迅和许寿裳他们，也就和他正式分道扬镳了。

同乡会开始后，大伙照例骂了一通满清政府，有人提出打电报到北京去，痛斥满清政府的惨无人道。这时，蒋观云说话了："打电报是极应该的。猪狗被杀也要叫几声，是要发个电报，请求以后不要再滥杀革命党人……"

然而，他的话还没说完，便被一片嘘声打断了。鲁迅按捺不住，站起来明确表示了自己的态度："猪狗才只能叫叫便了事，人却不能这样。电报是要发的，但决不是请求，而是应该痛斥满政府的惨无人道。"

不料他的话音刚落，便有一个钝钝的声音从屋角响了起来："杀的已经杀掉了，死的也已经死掉了，还发什么屁电报呢？"

说这话的是一个身材高大、长头发、眼白很多的人。和大家坐在席子上不同，他蹲在席子上，样子怪怪的，鲁迅早就注意到他了，并且发觉他似乎专门跟自己作对，只要自己一表示什么态度，他就要起来反对。鲁迅心里有点纳闷，便向旁边的人打听这人是谁，旁人告诉他，这人名叫范爱农，是徐锡麟的学生。

一听这话，鲁迅愤怒了——自己的老师被杀害了，连打一个电报还害怕，这人简直不是人！

鲁迅鄙夷地朝他白了一下眼睛，便与他面对面地争论起来。结果，由于主张发电报的人占大多数，范爱农终于屈服了。

后来，大家又讨论起了由谁来起草这个电报，这个范爱农又阴阳怪气地在一旁说："有什么好讨论的呢？当然是主张发电报的人啰。"这话明显是对着鲁迅的，可是鲁迅觉得这话倒也不是完全没有道理，只是他觉得这电报由知道烈士生平的人来写更合适，因为他跟烈士的关系密切，对于烈士遇害心情更悲愤，写出来的文字也就更动人。这个人，倒好像非范爱农莫属。结果两个人话不投机，又争了起来，僵持了半天，最后是另一位同学自告奋勇表示愿写电报稿，总算打破了僵局，会议才算宣告结束。这个原来是悼念烈士的、应该庄严肃穆的同乡会，结果弄得乱哄哄的，鲁迅心里觉得十分别扭，而尤其让他不舒服的，是范爱农这个人和他那一双总像是鄙视旁人的眼睛。

徐锡麟、秋瑾的牺牲，使鲁迅难过了相当一段时间。对于这两位舍身成仁的革命志士，他内心是充满敬意的，但是对他们采取的革命斗争的方法，他却并不完全赞成。他觉得，革命需要的是脚踏实地的持久战，而不是逞一时之勇的暗杀之类。他曾经痛心地说："光复会非败不可，它可以说连称得上政纲的政纲都没有。""那时的讲革命，简直像儿戏一样。"可以说，徐锡麟、秋瑾的牺牲，使他进一步看到了革命的复杂性、艰巨性，也从内心作好了长期斗争的准备。

有一天，"伍舍"来了一个不速之客。这个人叫龚未生，是著名的革命派人士章太炎的女婿。龚未生是鲁迅和许寿裳的老朋友，以前来往很频繁，但是自从鲁迅他们搬到“伍舍”后，他还没有来过，这次登门拜访，他是求救来的。

原来，因苏报案坐牢的章太炎自从出狱来到日本后，便接办了具有革命倾向的《民报》，他经常在《民报》上发表激烈的革命言论，成了清政府的眼中钉。在清政府的要求下，日本政府以《民报》违反出版法为由，禁止《民报》发行，还处以 150 元的罚金，如果过期不能交出罚金，太炎先生就要被拉去作苦工，干一天抵 1 元。

“今天已是交罚金的最后一天了，但还差 50 元没有着落。”龚未生焦急地说。

太炎先生因为宣传革命，竟落到如此下场，鲁迅听了也和龚未生一样焦急起来，他和许寿裳商量了一下，决定挪用他们原准备印《支那经济全书》的印刷费，来帮太炎先生解除燃眉之急。

龚未生顺利完成了任务，正喜滋滋地准备离开，鲁迅却向他提出了一个小小的要求：“听说《民报》被禁后，太炎先生在大成中学开办国学讲习班，我们几个人也想去听听，只是嫌大班太乱，想请先生另外给我们开一个班，不知行不行？”

太炎先生不但是著名的革命家，而且是国内数得着的国学大师，只是听说太炎先生脾气很大，鲁迅不知道自己所提的要求是不是非分之想。

不料龚未生回答得很干脆：“我那位岳父大人虽然经常要向阔人发脾气，对青年人却一直很好，我看这没有问题。”

果然，当天晚上，龚未生就来通知他们说太炎先生同意给他们开课，而且时间就定在第二天。

太炎先生的肚子里都是一些艰深而古奥的学问。这次鲁迅他们跟先生学的是《说文解字》。这是一本古代的字典，先生一个字一个字地给他们讲解，从来不露出一点不耐烦的神态来。

以笔为旗　中国文豪

1915 年 9 月，一本叫《青年杂志》的新刊物在上海问世。一年多以后，因为主编陈独秀应邀到北京大学任文科学长（文学院长），这本已改名为《新青年》的杂志也搬到了北京。《新青年》创刊伊始，便由于立论新颖、思想激进而受到人们瞩目，在思想、文化界引起强烈反响，1917 年 1 月，《新青年》二卷五期发表了胡适的《文学改良刍议》，矛头直指文言文和旧文学，主张从八个方面来改良文学，并用白话文彻底取代文言文。这一见解在当时确实是石破天惊，令人耳目一新。而不久以后的《新青年》又发表陈独秀的《文学革命论》，更是举起了文学革命的大旗，正式宣布了与腐朽、没落的封建旧文学的彻底决裂。激烈的言辞，矫枉不怕过正的观点，《新青年》以其咄咄逼人的态度，也开始引起了正沉醉于故纸堆中的鲁迅的关注。

1918 年 1 月，《新青年》在停刊四个月后恢复出版，编辑部进行了改组，由原先的陈独秀一人主编改为编委会负责编辑工作，鲁迅也应邀出席编辑会议，参加了编辑方针的讨论。由此他结识了陈独秀、李大钊、胡适、刘半农等新文化运动的主将。对于这些风云人物,鲁迅的印象和评价各不相同,但在当时的鲁迅眼里,他们和自己志同道合,是同一阵营的战友。正是在他们的鼓动甚至催逼下,鲁迅那只抄惯了古碑的手,开始拿起了搁置已久的创作之笔。

1918年春天,经过较长时间的酝酿,鲁迅的第一篇小说《狂人日记》创作完毕并在5月15日出版的《新青年》第四卷第五号上发表。

《狂人日记》是一篇意在揭露封建家族制度和礼教弊害的白话小说,它借主人公"狂人"之口,发出了"礼教吃人"的控诉和"救救孩子"的呼吁。在文学作品中如此直接地抨击封建制度和旧礼教,可以说是前无古人,因此《狂人日记》一发表,便在社会上引起轩然大波。好多人都在打听这篇小说的作者是谁。

鲁迅在发表《狂人日记》时,第一次使用了"鲁迅"的笔名,这个笔名由鲁迅原先用过的"迅行"衍化而来的,因为《新青年》编者不愿用一看就是假名或别号的署名,所以特地加了姓氏"鲁",而"鲁"正是鲁迅母亲的姓。由于"鲁迅"是第一次出现在文坛,所以鲁迅的许多老朋友也被蒙在鼓里,就连与鲁迅关系最为密切的许寿裳,也直到小说发表三个多月后才从鲁迅的信中得知,"文坛新星"的"鲁迅"原来就是与自己有十六年交谊的"豫才兄"。

《新青年》在发表《狂人日记》前,可作为新文学样板的只有胡适的白话诗,胡适和陈独秀的文学论文,在小说方面却始终没有出现比较成熟的作品。《狂人日记》可以说填补了这方面的空白,它是用非常纯粹的白话写的,而且流畅、平顺、隽永,它吸收了一些外国文学作品的优点,在人物心理刻画和环境描写方面都力求创新,无论就形式还是内容而言,《狂人日记》都可以说是中国新文学的一部开山之作。正是由于鲁迅开了这么一个好头,中国的新文学创作才开始进入了一个全新的时代。

在《狂人日记》发表后,鲁迅一发而不可收,又在《新青年》上发表了《孔乙己》和《药》两篇小说,继续抨击封建制度对人的心灵的摧残。

就在鲁迅写作《孔乙己》和《药》的前后,北京爆发了轰轰烈烈、声势浩大的五四运动。五四运动是由北京学生为反对卖国的"二十一条"而举行的反帝爱国运动,它从一开始就带有鲜明的反帝反封建特点,虽然后来学生遭到镇压,但是学生的爱国主张和爱国热情却得到了社会各界的广泛同情和支持。五四运动就像火种,点燃了全国性的新民主主义革命的熊熊烈火。

鲁迅对这场由青年学生发起的爱国运动十分支持。他虽然没有亲自上街参加示威游行,可是却自始至终关心着那些参加集会的青年学生。"五四"当日,他就急不可耐地向人详细询问天安门大会的情况以及游行时大街上的情景。到六月份,反动政府开始大肆逮捕参加示威活动的青年学生,他又积极支持弟弟周作人以北大教员的身份去慰问被捕学生。后来,周作人以慰问学生时遭到反动军警粗暴对待的经历写了一篇《前门遇马队记》的短文,鲁迅也十分赞赏,认为文章所用的"装痴假呆说讽刺话"的笔法非常好。这时的鲁迅和周作人,可以说既是血浓于水的手足,又是志同道合的战友。

1921年11月27日,是星期天。这天晚上,鲁迅以前的学生、现在《晨报附刊》当编辑的孙伏园来到了八道湾鲁迅兄弟的新居。孙伏园在《晨报附刊》主持《开心话》等专栏，他和鲁迅很熟，《晨报附刊》开办才一个半月，就已经从鲁迅这儿要走了两篇创作和两篇译文。这次，他像往常一样，和鲁迅闲聊了几句，便把话题扯到了稿子上："大先生，那'开心话'栏的稿源又吃紧了……"

和伏园交往这么些时间，对伏园这一套要稿子的方式鲁迅已经十分熟悉。由于手头并没有现成的稿子，鲁迅便没有接话，只是含糊地"嗯"了一声。

"那么，我什么时候……"伏园却不含糊，立刻便"步步紧逼"上来。

"什么'什么时候'？"鲁迅装出一副什么都不明白的样子，反问伏园道。

"什么时候来取稿子啊！"虽然面对的是自己一向敬重的老师，可是只要一涉及到稿子，伏园讲话便总是这么直来直去而很少讲究什么客套。

"稿子？不是已经给你拿走了几篇稿子吗？怎么又要来'挤'？"

"大先生自己说过，你的文章不是涌出来的，是挤出来的。自己不涌出来，我又不来挤，我哪里还能够得到大先生的文章呢？"

伏园当了几年编辑，一张嘴变得能说会道，他的话，倒叫鲁迅无法反驳，鲁迅稍稍考虑了一下，便答道："那好，就让你再挤一回吧。"

"大先生，我想在下星期天就用，是不是……"伏园欲言又止，当然是暗示"大先生"快一点写。

"那你就星期六来取吧。来早了怕让你白跑。"这次，鲁迅答应得很爽快。

伏园走后，鲁迅便陷入了沉思之中。他开始构思起这篇放在"开心话"栏里的小说来了。"开心话"，顾名思义，是看了让人发笑的东西，那么，这篇东西的风格必须幽默，但浅薄的幽默又是鲁迅所一贯反对的，它还必须内含着深刻的道理。突然，一个久已在他心中忽隐忽现的形象"蓦"地又在他眼前浮现了出来。这是他家乡的一个农民，三十多岁年纪，看上去平平常常，甚至有点蠢头蠢脑，但他同时又沾染了不少游手好闲之徒的油滑和自私，身上集中了这个病态社会中的病态人格的特性，他的所作所为，使人们在一笑之余又生出深深的同情和悲哀。这样的形象，在迄今为止的文学作品中还没有出现过，如果在小说里能够成功地塑造这样一个人，活生生地展现出这一个现代的普通中国人的悲剧命运，揭露出国民身上普遍存在的劣根性，这实在是一件很有意义的事情。

想到这里，鲁迅不禁有点激动，他在书房踱了几步，便在平时坐惯的书桌前坐下，开始构思起小说的具体细节来。

一个星期后的 12 月 3 日晚，伏园兴冲冲地再次来到八道湾，当他从鲁迅的手中接过名字叫《阿 Q 正传》的文稿时，不禁有点喜出望外，因为他原先只指望得到鲁迅的一篇稿子，没想到这次取到的《阿 Q 正传》却只是"第一章"，既是第一章，想必还会有第二、第三甚至更多章，组一次稿，竟会有这么大的收获，伏园忍不住朝"大先生"投去了感激的目光。出于编辑的本能，他一屁股坐下，便急不可耐地翻看起稿子来。谁知看了两页，他就忍不住大笑了好几次。他预感到这将会是一部引起轰动的作品，便暗中打定主意，明天的《晨报附刊》一定要建议老板多印一些。

不出伏园所料，《阿 Q 正传》在《晨报附刊》上一刊出，便受到读者的广泛关注和热烈欢迎，《晨报附刊》零售量大增。

这次，由于鲁迅用了一个新的笔名，所以《阿Q正传》的作者“巴人”到底是谁，又引起了外界的种种猜测。星期一，鲁迅到教育部上班时，那些上班除了吹牛聊天便无事可干的同事们居然也在议论着《阿Q正传》，猜测着“巴人”的真正身份，有人甚至也怀疑到了他的头上。鲁迅不禁暗暗好笑。自然，他是不会有兴趣去满足他们的好奇心的。在昏暗的办公室里，他构思起了《阿Q正传》的第二章。

这《第二章　优胜记略》寄给伏园后，伏园觉得《阿Q正传》已不完全是一部幽默作品，再放在“开心话”栏里有点不太合适，于是决定移到“新文艺”栏。

随着《阿Q正传》以后几章陆续在《晨报附刊》上发表，它在社会上产生的影响和引起的风波越来越大。一方面，它受到许多进步人士的热情肯定和赞扬，如上海的沈雁冰（茅盾）在《阿Q正传》第四章刊出后便在一封答读者的公开信中说：“《阿Q正传》虽只刊登到第四章，便以我看来，实在是一部杰作。”而另一方面，由于它描写和讽刺了在许多中国人身上或多或少地残存着的民族劣根性，因此也引起了不少人的不满和猜忌，当时的北京文化圈和教育圈内就有许多人以为阿Q写的便是他们，因而他们怀疑《阿Q正传》的作者是他们的朋友，其实鲁迅与他们中的大多数人并不熟悉。这也从另一方面说明了《阿Q正传》在刻画人物性格和心理方面的成功。

《阿Q正传》是鲁迅文学创作生涯中最为重要的一部作品，也是中国现代文学史上最为重要和成功的一部作品。它以辛亥革命前后的中国乡村——未庄为背景，塑造了一个生活在社会底层的贫苦农民阿Q的形象。阿Q是一个失去了土地的流浪雇农，他靠帮人打短工糊口，他正当壮年，吃苦耐劳，但由于穷，所以一直未能娶妻成家。在社会上，他一直遭到有钱人的白眼，连自称姓赵，也要遭到地主赵太爷的一顿嘴巴。这是一颗深受封建制度、地主豪强压迫和欺榨的痛苦灵魂，但由于长期受压，阿Q对自己所处的可悲处境已经麻木，他干完了活便和别人赌博、打架甚至去小偷小摸，打不过人家便用“精神胜利法”来安慰和麻醉自己，转而又去欺负比自己更为弱小的小尼姑。当革命之风吹进未庄时，他忽然发现自己的地位变了，连原本不把他放在眼里的赵太爷也开始客气地称他为“老Q”了，他忽然意识到革命原来是这么好，于是他便也兴冲冲地参加了革命，然而他对革命成功的理解只是分财产、搞女人。革命着实使他风光了一阵，可是最后，他仍然斗不过以前的老爷，未庄的一切依旧，原先的举人老爷、秀才和假洋鬼子，也在一夜之间成了革命党，倒是阿Q反被诬为盗贼，最后被抓去枪毙了。

出于对长期以来中华民族被压迫、被掠夺的历史命运的深刻认识，鲁迅用漫画化的笔法深入发掘和剖析了阿Q作为奴隶而又不能正视其奴隶地位的悲剧性矛盾，塑造了阿Q这个文学史上不朽的典型，并通过阿Q这个活生生的形象提出了唤醒农民、改造农民这一关系到民主主义革命成败的严肃课题。

为创作《阿Q正传》，鲁迅可以说是呕心沥血。由于《阿Q正传》是连载作品，每星期必须刊登一章，因此自从第一章刊出后，鲁迅便处于骑虎难下之势。他虽然是文章高手，但并不适应这种到时便必须交稿的写作方式，在他眼里，每次到时便笑嘻嘻来催稿的伏园，与一位板着脸催学生交作业的老师并没有什么两样。由于《阿Q正传》在社会上产生的巨大反响，伏园当然是希望鲁迅把文章做得越长越好，鲁迅也觉得情面难却，虽然写得很苦，但是仍然一章接着一章地写，从来没有误过伏园的事。可是，随着小说情节的逐渐发展，阿Q却不得不走向他的末路，三个月不到，小说的第九章《大团圆》已将近完稿。写到这里，鲁迅有点为难，他想，这稿子送到伏园手上，恐怕会被他压下来，而来要求放阿Q多活几个星期，可是，这样一来，势必要给阿Q再添出一些新的"事迹"，这既无益于阿Q形象的塑造，对自己来说也确实是一件苦事，怎么样才能过伏园这一关呢？这可实在是棘手。谁知就在这时，传来了伏园回老家探亲的消息，临时接替他的是一位姓何的编辑，鲁迅便将《大团圆》送到了何编辑手上。不出所料，何编辑对阿Q并没有伏园那样的感情，他二话没说，便把《大团圆》登了出来。就这样，《阿Q正传》于1922年2月12日登完了最后一章。这部受到千百万人喜爱的杰作，由于编者孙伏园的偶然回乡，而早早地告别了《晨报附刊》的读者，可是它的深广影响，却随着时间的推移，不但波及到了全中国，而且波及到了全世界。

就在《阿Q正传》连载完不久，一位陌生的外国客人住进了八道湾鲁迅的家中。这位客人名叫爱罗先珂，是一位俄国诗人、童话作家，还是一位世界语专家。爱罗先珂双目失明，但生性好动、充满童心，写过许多脍炙人口童话。鲁迅原先对他并不了解，后来得知他先后在印度、英国遭到驱逐，又在日本遭到辱骂和殴打的经历后，便对这位盲诗人充满了同情，于是开始接触并喜爱上了爱罗先珂的作品。1922年春天，爱罗先珂应邀来北大讲授世界语，鲁迅便把他接到了八道湾家中。

爱罗先珂虽然眼睛看不见，但感情丰富，热爱生活，在八道湾，他和周作人的几个孩子打得火热，和孩子们一起养蝌蚪和小鸡小鸭，他的童心，也常常会感染鲁迅。他们两个人尽管个性不同，但是相处却十分融洽。身处异乡，敏感的爱罗先珂时不时会感到一种莫名的寂寞，这时他就用诗一般的语言向鲁迅诉说"在沙漠上似的"寂寞。为了帮他排遣寂寞，鲁迅便会放下手头的工作，陪他去逛中央公园，游万生园，赶庙会，向诗人介绍中国的风土人情。晚上完成工作后，两个人也常常会坐在一起闲聊，说一些轻松的、充满童趣的话题。为了让更多的中国人了解和熟悉诗人，鲁迅先后翻译了《爱罗先珂童话集》和诗人的童话剧《桃色的云》。

爱罗先珂在中国住了一年多后，因为思念他的俄罗斯故乡，决定回国。这位天真、纯朴的盲诗人给鲁迅留下了无尽的思念。

爱罗先珂走后不久，鲁迅与弟弟作人的关系便出现了裂痕。应该说，鲁迅从少年起便和作人情投意合，感情是很深的。作人人很聪明，又读过不少书，在当时也是数一数二的做文章的好手，兄弟两个曾在建设新文化的道路上一同披荆斩棘，可以说不但是兄弟，而且是战友。在当时，兄弟俩同时在文坛取得如此成就是绝无仅有的，因而周氏兄弟一直是人们心目中的模范兄弟。可是，这种令人羡慕的兄弟关系，在周作人娶了日本女人羽太信子后便发生了微妙的变化。

羽太信子是一个占有欲极强的女人，她嫁到周家后，便成了这个家庭的总管，连鲁迅的薪水，也要交给她支配。她爱慕虚荣，花钱如流水，和周作人过着相当奢侈的生活，但是对鲁老太太和朱安却又相当吝啬和刻薄。因为羽太信子的大手大脚，收入在当时并不算菲薄的鲁迅常常不得不向朋友借钱。

即使这样，羽太信子仍把鲁迅视为眼中钉。性格乖戾、喜怒无常的她常常到周作人面前挑拨离间，说鲁迅的坏话，周作人对妻子一向唯命是从，对她的无中生有，从不敢说半个不字。随着时间的推移，他也跟着妻子猜忌起对自己恩重如山的大哥来了。

兄弟两人存在了很久的矛盾，终于在1923年7月14日爆发了。

这一天，鲁迅抱了一摞书去作人屋里商量给北大《文艺季刊》写稿子的事。这时羽太信子也在屋里，看到鲁迅，她便恶狠狠地瞪起了双眼，作人见状，也跟着把脸一沉，对鲁迅说："做文章，有什么好商量的呢？完全可以按各自的想法做。就是在生活上，也不必捆在一起……"

这一句话，对一向重视手足之情的鲁迅来说，无异是当头一棒，可是，五天后发生的事情，更是让鲁迅目瞪口呆。19日上午，周作人突然闯进西厢房，在鲁迅的书桌上扔下一封信，转身就走。只见信封上写着"鲁迅先生"四个字，鲁迅连忙取出信，不出所料，这是一封绝交信，但是却没有说明绝交的理由。鲁迅让佣人去请周作人来问个清楚，但是被他冷冰冰地拒绝了。

兄弟关系的彻底破裂，使鲁迅内心充满了痛苦和悲哀。他自小便怀着长大了兄弟永不分家、挣了钱大家一起合用的心愿。多少年来，他尽自己所能帮助弟弟和他一家，连羽太在日本的娘家，都常常得到他的接济，万万没有想到，对外人一向温文尔雅的弟弟，竟对自己如此绝情，这实在令人寒心！和这些无情无义的人，还有什么道理好讲呢？在和母亲商量后，鲁迅决定尽快搬离自己一手置办起来的八道湾大宅。几天后，在学生许钦文的帮助下，他在西四牌楼附近的砖塔胡同找到了暂住的房子，两个多月后，他买下了阜成门内西三条胡同的房子。这时，他可以说已是一贫如洗，连购房的款子，都是向许寿裳等好友借的。

在这场家庭变故后一个多月，鲁迅的第一个短篇小说集《呐喊》出版了，这多少冲淡了兄弟失和给他带来的不快。《呐喊》收录了《狂人日记》、《孔乙己》、《药》、《风波》、《阿Q正传》等作品，它不但是鲁迅个人创作生涯的一次总结，也是五四新文化运动结出的一颗硕果，因此问世后受到各界读者尤其是青年读者的欢迎。后来成为著名作家的茅盾在《呐喊》出版后不到一个月，就写了《读〈呐喊〉》一文，热烈赞扬鲁迅在艺术上的探索和创新："在中国新文坛上，鲁迅君常常是创造'新形式'的先锋；《呐喊》里的十多篇小说几乎一篇有一篇新形式，而这些新形式又莫不给青年作者以极大的影响，……除了欣赏惊叹而外，我们对于鲁迅的作品，还有什么可说呢？"这可以说代表了当时进步文艺工作者的心声。

不久，北京女子师范大学爆发了反对校长杨荫榆的学潮。身为女师大的兼职教师，鲁迅一开始就坚定地站在学生一边，并且自始至终参加了这场斗争。

女师大的前身是京师女子师范学堂，1924年改称为国立北京女子师范大学。鲁迅的好友许寿裳曾经担任过女师大的校长，应他的邀请，鲁迅于1923年7月开始在女师大兼课，先后开设中国小说史略和文艺理论等课程，深受学生们欢迎。

一年以后，全国的政治形势发生了较大变化，直奉战争后，皖系军阀段祺瑞当上了临时政府的"总执政"，坐上了北洋军阀政权的第一把交椅。段祺瑞对内实行白色恐怖，对外则继续维护列强强加给中国的各种不平等条约，民国成立后昙花一现的新气象已经荡然无存，社会上各种矛盾日益尖锐。这时候的师大，由于校长易人，局面也发生了微妙的变化。许寿裳是由于反对政客彭允彝出任教育总长而于 1924 年 2 月辞职的，接替他的是一个叫杨荫榆的女人。

杨荫榆上任还不到一个月，就因胡乱支配一笔教育专款而引起好多教员反感，在遭到教员们的质问后，她先是极力抵赖，见抵赖没用，便对教师们破口大骂，使得好多教员愤而辞职。她从来不和学生们沟通，公开宣称学校是家庭，学生是儿媳，她要用婆婆管教儿媳的手段来管理学生，学校里因而充斥着一种闭塞、压抑的不健康气氛，鲁迅毫不客气地将杨的这种教育手段斥为"寡妇主义"。这样一个人，在政治上当然也是极端保守和顽固，孙中山北上抵京，学生们都主张去欢迎，她却拼命阻拦，并信口胡说孙中山主张"共产共妻"，将来对妇女界会有负面影响。这种种行为，都使杨荫榆在女师大亮相不久便遭到了学生们的不满和反感，矛盾很快就发展到了不可调和的地步。

1924 年 11 月，国文系预科二年级的三名学生，因江浙军阀打仗，交通受阻，暑假过后未能如期返校报到，杨荫榆不但不同情这几位无端被耽误了学业的学生，反而认为这是"杀鸡儆猴"、在学生面前树立自己威望的好机会，竟蛮不讲理地勒令这三位学生退学。学生自治会代表就此事向她交涉，要她收回成命，她不但拒不接受，反而故伎重演，又对学生代表破口大骂，这种泼妇式的行为自然引起了公愤，酝酿已久的女师大风潮终于爆发了。

1925 年 1 月 18 日，学生自治会召开全体学生紧急会议，讨论驱逐杨荫榆一事。全校一共二百三十七名学生，有一百七十二人主张驱杨，其余声明中立，没有一人表示反对。因此会议通过决议，从这一天起，不再承认杨荫榆为校长。

可是，由于自恃有教育部撑腰，杨荫榆对学生们的决议置若罔闻，不但赖着不走，反而变本加厉，在学校内更加肆无忌惮地推行种种高压政策。3 月 12 日，伟大的革命先行者孙中山在北京逝世，举国同悲，可是杨荫榆甘冒天下之大不韪，竟然不准女师大学生去参加孙中山的追悼大会。她的倒行逆施，无异于火上加油，更加激化了校方和学生的矛盾。四月份，著名的保守派人士章士钊由司法总长兼任教育总长，一上任便提倡复古运动，并扬言要"整顿学风"。由于五月份有五一、五四、五七等几个纪念日，他又接连颁布两项训令，禁止学生在那几天集会、游行、演讲。有了这位后台老板，杨荫榆的气焰更加嚣张了。

五月七日是国耻纪念日。十年前的五月七日，窃国大盗袁世凯一手签订了丧权辱国的"二十一条"，使中国进一步沦为一个半封建半殖民地国家，每一个有良知的中国人都以此为奇耻大辱。这天上午，女师大学生聚集在大礼堂，举行五七国耻纪念会。这个纪念会是校方安排的，所以学生们都怀着一份警惕，因为到时如果杨荫榆出面主持会议，大家听之任之、不加反对，这就等于承认了她的校长身份，要是大家起来反对，那么校方就可以以扰乱国耻纪念会的罪名处罚学生。为了防止出现不可收拾的局面，学生自治会简单地讨论了一下，作出决定：如果届时杨荫榆到会，那就一方面客客气气劝她离开，一方面继续接待应邀前来的名人登台演讲，使纪念会得以正常进行，从而不给校方以任何可趁之机。结果，许广平、刘和珍等六位学生自治会成员被派到会场门口等候杨荫榆和客人。不出大家所料，九点钟，杨荫榆穿着黑旗袍，身披斗篷，威风十足地出现了。她陪着几位客人说说笑笑，俨然仍以校长自居。许广平、刘和珍她们见状，立即分成两组迎上前去，一组接待客人进会场，一组则拦住杨荫榆，婉言劝她不要进会堂，谁知杨荫榆不加理睬，仍然和来宾一起进了会场，而且厚着脸皮登上了主席台。会场顿时骚动起来，“嘘嘘”之声接连不断。杨荫榆见状，恼羞成怒，再也顾不得身份脸面，当着来宾便像泼妇一样破口大骂起来。然而，会场里仍然是一片“嘘嘘”之声。见谩骂无效，杨荫榆又大喊“叫警察”，她的党羽也在一旁摩拳擦掌，摆出一副要以暴力对付学生的架势。学生们当然不吃这一套，坚持要杨荫榆离开。双方僵持了很长时间，杨荫榆无计可施，最后只得灰溜溜地走了。

杨荫榆当然不会善罢甘休。当天下午，她就在西安饭店召集她的党羽密谋，决定以开除的手段来对付几个学生运动的积极分子。5 月 9 日清晨，学校的小黑板上贴出了杨荫榆躲在校外写的布告，布告盗用评议会之名宣布开除许广平、刘和珍、郑德音等六人。

杨荫榆的这一举动，非但没有吓倒学生，反而更坚定了学生们“驱杨”的决心。5 月 11 日，女师大学生在操场召开大会，议决驱逐杨荫榆，并在校门口贴出布告，要杨荫榆“以人格为重”，不要再踏进校门。学生自治会还在校长办公室门上贴了封条，显示了与杨荫榆誓不两立的决心。第二天，自治会又召开师生联谊会，请求教职员们主持公道，支持学生，维治校务。鲁迅参加了这次会议，并应自治会请求，代学生写了《呈教育部文》。

自女师大学潮爆发后，鲁迅一直关注着这场斗争，并以各种方式表示了对学生的支持。5 月 12 日，鲁迅在《京报》副刊上发表了杂文《忽然想到(七)》，指出中国有一种女人，“一得到可以逞威的地位如校长之类”，“就雇用了‘掠袖擦掌’的打手似的男人，来威吓毫无武力的同性的学生们”，并且“和一些狐群狗党趁势来开除她私意所不喜的学生们”。虽然文章没有直接点杨荫榆的名，但明眼人一看就知道，文中所写，正是那位女师大的“婆婆”。这也是鲁迅第一次就女师大之事公开表态。

5 月 21 日下午，鲁迅应邀到学校参加一个由学生自治会组织的校务维持会。这个会议由于参加者意见不一，因此不了了之。在学校鲁迅看到了杨荫榆“特请全体主任专任教员评议会会员在太平湖饭店开校务紧急会议”的通知，鲁迅是兼任教员，这个通知本与他无关，但通知中大肆攻击学生自治，却使他十分愤怒。当天晚上，他奋笔写出了杂文《“碰壁”之后》，将杨荫榆的种种丑行公布于众，对学生们表达了深切的同情。至此，身为女师大兼职教员的鲁迅与那位校长大人开始了正面交锋。

后来，杨荫榆见学生们不理睬她的开除令，便又暗中指使她在教务处的党羽将学生点名册上许广平等人的名字用墨涂掉，并写信给学生家长，颠倒黑白地宣称这次学潮完全是由学生无理取闹引起的。杨荫榆的这种卑劣手段，不仅激怒了学生，也引起了一大批包括鲁迅在内的女师大教职员的愤怒。5 月 27 日，《京报》上发表了由鲁迅等七位女师大教员联合署名的《关于北京女子师范大学风潮的宣言》，宣言毫不留情地指出杨荫榆的种种行为“有混淆黑白之嫌”，表明了坚决支持六位被开除学生的严正立场。这篇宣言是由鲁迅亲自起草的，署名的除鲁迅外，还有钱玄同、沈尹默、周作人、马裕藻等，都是当时的名教授，因此，宣言的发表，在社会上产生了很大的反响。

女师大事件发展到这一步，已逐渐演变为当时政治、思想、文化界进步力量和保守反动势力的一次较量。作为官僚政治和统治力量的代表人物，杨荫榆背后也不乏支持者，既有北洋军阀政府内的官僚政客，也有“甲寅派”、“现代评论派”等思想文化界的保守势力。“甲寅派”因《甲寅》杂志而得名，代表了当时一批主张复古的封建余孽，其头子便是当时的司法总长兼教育总长章士钊，他可以说是杨荫榆最直接的后台；而“现代评论派”则是一些留学欧美的资产阶级自由派知识分子组成的小团体，也由一本同名杂志而得名，其成员有胡适、陈源、王世杰等人，这些人与“甲寅派”虽然政治观点、思想信仰有分歧，但在支持杨荫榆这一点上倒是十分一致，其中陈源（西滢）更是在女师大事件中充当急先锋，利用他主持的《现代评论》文艺版，向女师大学生和鲁迅为代表的进步教师射出了一支支冷箭。

女师大学潮刚爆发的时候，陈源便在《现代评论》上发表文章，认为学生宣言中“所举校长的劣迹，大都不值一笑”，公然站在杨荫榆一边指责学生；后来，他又在自己主编的《现代评论》上发表一个身份可疑的“女读者”的来信，以旁观者的角度貌似公允地宣称“所列举杨氏的罪名，大都不能成立”，并暗示学潮背后有校内校外的其他人在主使，把矛头指向同情、支持学生的进步人士。鲁迅等七位教员的宣言发表不过两天，陈源又忍不住跳了出来，他在 5 月 29 日发行的《现代评论》第二十五期上发表了一篇《闲话》，全然不顾所谓的绅士风度，咬牙切齿地污蔑女师大“好像一个臭毛厕”，“人人都有扫除的义务”。当然，在把矛头指向青年学生的同时，他也不忘老调重弹，继续攻击那些在女师大风潮中主持正义的人，说女师大风潮是“北京教育界占最大势力的某籍某系的人在暗中鼓动”，把一场正义与非正义的较量歪曲成派系之争。他指的所谓“某系”，是指北京大学国文系，而“某籍”则指浙江籍，因为宣言上署名的七位教员除一人外，都是在北大国文系教书的浙江人。陈源自以为聪明，企图用这样一个偶然的巧合来大做文章，他却忘记了他与杨荫榆也是同乡，都是江苏无锡人，按他的理论，他对女师大事件的立场是否公正也令人生疑，这实在是聪明反被聪明误。

对于陈源的煽风点火、混淆视听，鲁迅很快作出了回应。5 月 30 日，鲁迅针对陈源的《闲话》写了《并非闲话》一文，发表在 6 月 1 日的《京报》副刊上。在这篇文章的最后部分，鲁迅毫不留情地撕开了那些所谓“局外人”的假面具：“自在黑幕中，偏说不知道，替暴君奔走，却以局外人自居；满肚子怀着鬼胎，而装出公允的笑脸；有谁明说出自己所观察的是非来的，他便用了‘流言’来作不负责任的武器。”6 月 2 日，鲁迅又写了《我的“籍”和“系”》一文，对陈源“某籍某系”的荒谬言论作了义正辞严的反驳。就这样，鲁迅和陈源你来我往，开始了针锋相对、日趋激烈的论战。

就在女师大学潮方兴未艾之际，上海发生了一场轰轰烈烈的反帝爱国运动。5 月 15 日，日本纱厂资本家残酷镇压罢工工人，枪杀了纱厂工人、共产党员顾正红，这一暴行激起了上海各界群众的强烈义愤。5 月 30 日，上海一万多群众在南京路租界捕房前示威，要求释放因参加游行而被捕的学生，没想到英捕房的巡捕竟向手无寸铁的群众开枪射击，当场打死打伤数十人，酿成了震惊全国的“五卅”惨案。

惨案发生后，全国人民同仇敌忾，在中国共产党的组织和领导下，一场声势浩大的反帝运动在全国范围内蓬勃展开。上海各界群众纷纷罢工、罢市、罢课；在北京，大学生们一马当先,北京学生联合会向北洋军阀政府提出了收回租界、惩办凶手、抚恤死伤者等要求;6月3日下午,北大、师大、女师大等近百所学校的五万多学生在东交民巷举行游行示威,声援上海人民的斗争。学潮中的女师大学生也精神抖擞地投入了这场斗争,她们先后成立了"北京各校沪案后援会"、"女师大师生沪案后援会"等组织,并发起募捐,鲁迅也捐了款。

面对这场如火如荼的群众爱国运动,鲁迅和陈源及"现代评论派"们的立场自然也不可能一致。在"五卅"惨案发生前后,鲁迅始终旗帜鲜明地支持爱国群众,要求中国人民"抽刃而起"、"以血偿血",与帝国主义侵略者作不屈不挠的斗争;陈源及其一伙则始终态度暧昧,一方面和颜悦色地要去和帝国主义分子讲道理,一方面又忍不住对自己的同胞热嘲冷讽,以此来卖弄自己"知识分子"的小聪明。对此,鲁迅也作了毫不留情的揭露和批判。

"五卅"运动对于女师大学生是一次很好的锻炼机会,在大风大浪中,她们经受了考验、增强了信心,因而,当杨荫榆试图再次反扑的时候,她们沉着应战,与杨荫榆斗智斗勇,取得了一个又一个胜利。

8月1日早晨,一大批武装军警进入了女师大。他们气势汹汹地封闭了学生自治会、沪案后援会,剪断了电话线,不一会儿,杨荫榆带着她的一帮亲信和打手也出现了,他们在学校贴出布告,宣布解散反对杨荫榆最坚决的四个班,并勒令全体学生立即离开学校。学生们到庶务处与杨荫榆论理,早把学生视为眼中钉的杨荫榆竟然亲自指挥军警和打手殴打学生,当场打伤了刘和珍等十多位同学。接着,她又下令掐断学校的水电,关闭食堂,并用铁链锁住校门,企图以此来逼迫学生们离校。但学生们并不屈服,坚持不离开学校。到了下午,其他学校的学生和各界群众及学生们的亲朋好友得知消息,纷纷赶来慰问和声援,并带了面包、西瓜等食品,但由于校门被锁,校里校外的人只能隔着围墙和校门遥相呼应,互致问候,食品也只能从围墙外扔进去。天渐渐地黑了,困守在学校内的学生们只能用蜡烛来照明。想到学校供水已被切断,万一失火,后果不堪设想,大家觉得不能再坐以待毙,而应立即设法将校门打开。在自治会总干事许广平的倡议和领导下,众人奋起,终于将锁砸开,关闭了一天的大门被推开了。此时夜色已深,为了防止坏人进校捣乱,学生们请了几位她们信赖的老师来学校维持秩序,鲁迅自然也在被邀之列。当晚他便和另外几位老师一起住在学校教务处,度过了一个特殊的不眠之夜。

8月5日和6日,鲁迅连续写了《流言和谎话》及《女校长的男女的梦》两篇文章,向社会说明"八一惨变"的真相,痛斥杨荫榆自相矛盾、造谣撒谎。这时,女师大风潮已越来越引起社会的关注,社会上各种进步力量纷纷表示了对女师大学生的坚决支持,杨荫榆则成了人人喊打的过街老鼠。在社会舆论的压力下,北洋军阀政府被迫在表面上作了让步,先是恢复了女师大的水电供应,接着又接受了杨荫榆的"辞职"。但是在暗中,以章士钊为首的教育当局却在紧锣密鼓地策划对女师大学生的进一步迫害。8月10日,章士钊终于露出了他的狰狞面目,他竟然以教育部的名义正式下令停办女师大,而在女师大原址改办所谓女子大学。这一偷梁换柱的强盗行径立即引起了公愤,各界人士对此纷纷加以抗议和谴责。但章士钊置若罔闻,一意孤行,于8月

19日委派教育部教育司长刘百昭以女子大学筹备处长的身份接收女师大。从这一天起，自称学过武术、一身流氓气的刘百昭先后率领武装军警、地痞流氓乃至被他收买的老妈子们数次攻击女师大，用种种流氓手段对付女师大学生，虽然女师大学生进行了拼死抵抗，但文弱的她们根本不是那些无赖之徒的对手。22日，经过几天的抵抗，她们终于还是被那些暴徒强拖出校，押上了汽车……

在女师大的这场风潮中，鲁迅旗帜鲜明，始终站在斗争的前沿。8月10日鲁迅与马裕藻等六位教员发起召开女师大全体教员会议，13日，鲁迅被推举为维持会委员。作为教育部的在职官员，鲁迅自女师大事件发生后一直公然站在教育部的对立面，这自然使身为教育总长的章士钊十分恼火，但由于鲁迅在社会上的巨大声望，他并不敢对鲁迅贸然下手。在鲁迅就任女师大教务维持会委员后，章士钊以为抓住了把柄，就于8月12日呈文当时的执政段祺瑞，请求免去鲁迅的教育部佥事之职。8月14日，免职令下到了教育部，在教育部引起了轰动，虽然不免有个别人幸灾乐祸，但大多数人都对章士钊的倒行逆施表示了愤慨，他们纷纷以各种方式前去慰问鲁迅，其中最不安的是女师大学生。因为教育部佥事虽不是什么大官，但工作清闲，收入颇丰，在当时是一个令人羡慕的职位，现在自己尊敬的先生却因同情、支持学潮而失去了这只“金饭碗”，这使她们感到十分内疚，但鲁迅却反过来安慰她们说：“章士钊这一手是难不倒我的。我可以用印书所得的版税维持生活，另外教书也有一定收入，不用发愁。”而一些有头脑的同事和朋友则认为章士钊此举违法，建议鲁迅去当时具有监督和仲裁职能的平政院起诉章士钊，鲁迅觉得这是个好主意，便于8月22日向平政院递交了诉状。章士钊本是个善于舞文弄墨的老手，但是不知道什么原因，在他自己拟的呈文中却出现了明显的疏漏。呈文请求免去鲁迅职务的理由是他于8月13日当选为校务维持会委员，可是呈文末尾的日期却写成了8月12日，前一日怎么可能预料到后一天发生的事呢？善于斗争的鲁迅在诉状中抓住这一漏洞对章士钊狠狠进行了回击。

与此同时，社会上反对章士钊的声浪一浪高过一浪。8月17日，北京各学生会团成立了驱章大同盟；18日，北京大学评议会议决与章士钊任总长的北洋政府教育部脱离关系，宣布独立；8月26日，鲁迅等北大教员四十余人发表宣言，反对章士钊为“教育总长”。在鲁迅向平政院递交诉状后不久，他的两位老朋友许寿裳、齐寿山也在《京报》上发表《反对章士钊宣言》，痛斥章士钊的种种丑恶行径，表明了与鲁迅共进退的坚定态度。虽然这意味着他们也将和鲁迅一样丢掉在教育部的薪金优厚又清闲的饭碗，但是对正义和友谊的信念都使他们义无反顾。果然，几天以后，他们便被章士钊免职了。

在8月22日女师大学生被强行拉出学校后，女师大学生并没有就此放弃斗争。在鲁迅等进步教师支持下，她们在西城的宗帽胡同租了房子，开始筹备复校。这时设在女师大原址的女子大学已经开始招生，但是女师大学生中却很少有人去报考。在筹备复校的过程中，当时的京师（首都）警察厅几乎天天派人前来骚扰，但大家不为所动，仍然按部就班地落实复校的各项工作。这段时间，鲁迅也为女师大复校出了不少力：联系教师，为招收新生出考卷、监考、阅卷。整日东奔西走，十分劳累，以至于在9

月21日参加了女师大开学典礼并作了热情洋溢的演讲后,鲁迅便病倒了。这一病便病了三个多月,由于持续发烧不退,他光是到日本医院看病、服药,就有二十次之多。但他不以为意,仍然坚持抱病工作,人们在女师大的各种活动中仍然随时可以见到他瘦弱的身影,他还主动提出把自己在女师大义务授课的时间增加一倍。

到了十一月份,北京和全国的形势都发生了变化。由于驻扎在北京的国民军冯玉祥部倾向革命,因此北京城内的沉闷气氛已有较大改观,社会各界反对军阀统治的呼声越来越高,群众运动风起云涌。段祺瑞政府色厉内荏,对此也是束手无策。不少政客纷纷逃离北京,到天津的租界避难去了。11月30日,人们欣喜地发现,不可一世的"老虎总长"章士钊也偷偷地跑到天津去了,不见踪影的还有新设的女子大学的校长。于是,女子大学新招收的学生立即推举代表前往宗帽胡同欢迎女师大的姐妹们返校。这天傍晚,女师大的六十多个学生,排着整齐的队伍,扛着旗帜,斗志昂扬地步行回到了阔别三个多月的学校。一路上,她们唱校歌、放鞭炮,激动和兴奋之情溢于言表。而在这支队伍中与她们一起分享着胜利喜悦的,还有她们敬爱的师长鲁迅和许寿裳。

这一场历时近一年的艰苦斗争终于取得了阶段性的胜利,但还远远说不上是决定性的胜利,段祺瑞还在台上,章士钊随时都可能卷土重来,鲁迅对此有着清醒的认识。然而战斗的硝烟还没散尽,在原来自己的营垒里,却出现了一些奇谈怪论。在女师大事件中一直站在鲁迅一边的周作人、林语堂等人这时纷纷发表文章,提倡所谓的"费厄泼赖"(FairPlay),主张对这次斗争的失败者段祺瑞、章士钊之流不再进行攻击,因为他们已是"落水狗"。这种毫无原则、貌似公允的论调,由于披着一层绅士的外衣,因此颇能迷惑人。鲁迅深知这种论调的欺骗性和危害性,便立即针锋相对地写了《论"费厄泼赖"应该缓行》一文,旗帜鲜明地指出对于"落水狗"应该"痛打",因为辛亥革命以来的种种事实表明,好心不打"落水狗"的人,结果往往反过来被狗所咬。

严酷的事实很快证明了鲁迅的预言。段祺瑞政府在躲过风头之后,很快便又积蓄起力量,开始对人民群众反攻倒算了。

1926年3月,直系和奉系军阀联合进攻冯玉祥的国民军,结果被打败,一向暗中支持奉系军阀张作霖的日本帝国主义眼见战局不利,便跳到了前台,于3月12日炮击被国民军占领的天津大沽口,掩护奉军舰只进攻国民军,国民军被迫进行自卫,日本帝国主义竟因此向段祺瑞提出所谓"抗议",并纠集英、美、法等八国公使,以维护辛丑条约为名,于3月16日向中国政府发出最后通牒,要求中国单方面停止军事行动,撤除津沽防务。这一蛮横无理的强盗行径,立即引起了中国人民的极大愤怒。

3月18日,北京总工会和各校学生共五千人在天安门集会,抗议帝国主义的最后通牒和段祺瑞屈从他们要求的卖国行径。集会结束后,与会者开始游行示威,他们高唱《国民革命歌》,呼喊着口号,直奔铁狮子胡同执政府所在地。在这支队伍里,经过战斗洗礼的女师大学生显得分外活跃,正患感冒的女师大学生会主席刘和珍始终精神抖擞地走在队伍的前列。

请愿队伍来到执政府前,他们选出代表,要求面见当时的国务总理贾德耀,被拒绝了,于是队伍准备向东转移,直接去段祺瑞的公馆。正在这时,一阵凄厉的警笛声骤然响起，从执政府的大红门内突然拥出了看来早有准备的大刀队，不分青红皂白抡起大刀便向群众队伍砍去，与此同时，执政府卫队开始向手无寸铁的群众开枪，枪声震耳欲聋，执政府前顿时血肉横飞，哭喊声不绝。刘和珍也被枪弹击中，但是并未致命，当她挣扎着坐起来时，一个士兵在她头部和胸部猛击两棍，使她当场牺牲。而两位试图去救她的同学，也先后被枪弹击中，一死一伤……

这一天，在执政府前，共死亡四十七人，伤一百五十多人。堂堂中华民国的执政府，竟成了屠杀本国人民的屠宰场。这也是民国史上规模最大的一次屠杀。鲁迅因而悲愤地把这一天称作"民国以来最黑暗的一天"。

惨案发生的这一天，许广平本来也是要参加集会和示威的，但是早晨她看看时间还早，便决定先将鲁迅托她抄的《小说旧闻钞》送给先生再去集合。可是当她匆匆送过稿子准备离开时，鲁迅叫住了她，问道："为什么这样匆促？""要去请愿。"谁知鲁迅听后很不以为然："请愿请愿，天天请愿，我还有些东西等着要抄。"鲁迅这么说，显然是在挽留许广平，对于先生的挽留，作为学生的许广平自然是不便违拗的，于是她便留了下来。鲁迅虽然一向坚决支持人民群众反抗压迫者的斗争，但是他深知与凶狠、无情的敌人是没有什么道理可讲的。手无寸铁的群众去向武装到牙齿的敌人请愿常常会遭来残酷的镇压，所以对请愿一类的事，他一贯不大赞同。事情的发展再一次证实了他的预感。下午四五点钟的时候，忽然传来了急促的敲门声。敲门者是许羡苏，神情凄惶的她带来了刘和珍和另一位同学杨德群惨死的噩耗。当时鲁迅正在写《无花的蔷薇之二》，听到这个噩耗后，他悲愤得连话都说不出来。羡苏一走，他便拿起那支分外沉重的笔，向杀人者提出了沉重的控诉："如此残虐险狠的行为，不但在禽兽中所未曾见，便是在人类中也极少有的，……"

3 月 25 日，鲁迅去女师大礼堂参加刘和珍、杨德群两位烈士的追悼大会。在会上，有同学请求鲁迅为刘和珍写一点纪念文字，鲁迅慨然应允。可是，由于他当时悲愤难抑、思绪万千，还静不下心来构思文章，所以并没有立即动笔。直到 4 月 1 日，也就是距"三一八"惨案两个星期以后，他才觉得情绪有所平静，于是，他用他那支饱蘸血泪的笔，满怀着对早逝的学生的思念，写下了脍炙人口、传诵千古的名文《纪念刘和珍君》。

"三一八"惨案惊醒了许多当时对北洋政府抱有幻想的人，包括原先提倡"费厄泼赖"的林语堂，也清醒地认识到了自己的错误，他先后画了《鲁迅先生打落水狗图》，写了《讨狗檄文》、《打狗释疑》等文章，公开纠正和检讨自己以前的错误观点，毫无保留地加入了"打狗"行列。

由于鲁迅屡屡"犯上"，与北洋军阀政府唱对台戏，所以早就成了北洋政府的眼中钉。"三一八"以后，北洋政府首先下令通缉共产党员徐谦、李大钊等人，紧接着，《京报》又于 26 日披露了一份通缉大名单，鲁迅和许寿裳等人都赫然在这份名单上。

鲁迅的母亲在《京报》上看到这个消息后很着急，便劝儿子暂时到外面避一避风头。晚上鲁迅去访问寿裳，寿裳也认为还是先出去躲一躲为好。于是当天晚上，他便住到西城锦什坊街莽原杂志社去了。《莽原》是鲁迅和几个文学青年于去年 4 月合办的周刊，住在这儿应该是比较安全的。不料到了第三天傍晚，忽然有几个学生模样的年轻人上门，自我介绍说他们很崇拜《莽原》，想打听《莽原》收不收自发来稿。鲁迅怀疑他们是伪装的密探，便一问三不知地把他们打发走了。为了预防不测，第二天上午，他就装成病人，住进了日本人开的山本医院。这家医院的医生护士和鲁迅都很熟，他住在这儿比较自由，可以随意进人、写文章、编刊物。《纪念刘和珍君》一文，便是在医院写的。到了4月8日，见紧张气氛已有所缓和，他便急不可待地回家了。可是局势变化很快，才过了一个星期，便又传来了奉军先头部队已打到京郊高桥的消息。奉系首领张作霖是土匪出身，向来以杀人不眨眼著称，为防万一，鲁迅不得不开始新一轮的东躲西藏。他先住进了东交民巷德国医院。但是由于病房已满，他不得不和十几个同样被通缉的难友挤进了一间地下室。这间地下室堆积着破旧杂物，还有一些木匠工具和木料，晚上他们只能躺在水泥地上过夜，白天则靠面包和罐头食品充饥。虽然生活条件极其艰苦，但是鲁迅仍工作不止，在八天时间里，他先后写了三篇文章，还帮许钦文的小说集《故乡》作了一遍校对。由于劳累紧张，鲁迅真的病倒了。等到病好，德国医院却不愿再收留他和其他难友了。于是他又于4月26日转移到了法国医院。他在这里住了六天，由于开销太大，医院的环境又不理想，加上外面风声已不像开始时那么紧，他便于5月2日回家，结束了历时一个多月的避难生涯。

这一年多，对鲁迅来说是终生难忘的。一方面，在女师大风潮和与“正人君子”们的笔仗中，身为教育部官员和大学教授的他已经成了一个彻底的斗士；另一方面，他那颗孤独的心又时时被一缕缕温情所浸润，在激烈的征战之余给他留下了许多温馨的回忆，因为一个年轻的女性，已经渐渐走进了他的生活。

这个年轻的女性，就是我们在前面屡屡提到的许广平。

许广平是广东番禺人，出身于名门望族，但从小受到父母歧视，饱尝生活之苦。后来在两个哥哥的帮助下，争得了外出求学的机会。她先在天津女师学习并以优异成绩毕业，接着又考入北京女子高等师范大学国文系，成了鲁迅的学生。这时她已二十六岁，在女师大的学生中可以算得上是大姐姐了。

许广平最早被鲁迅吸引，是在《中国小说史略》的课堂上，作为女师大最受学生欢迎的老师，鲁迅那风趣的谈笑、深邃的见解、渊博的知识都使她感到由衷的叹服。女师大学潮发生后，她作为学生自治会的总干事，遭到了杨荫榆的迫害，并被诬为“害群之马”。在斗争日趋激烈之际，鲁迅挺身而出，坚定地站在学生一边，这又使许广平对这位不修边幅的老师增添了一份敬意。

1925年3月11日，许广平给鲁迅写了第一封信，向尊敬的老师诉说了“许多怀疑而愤懑不平的久蓄于中的话”，希望老师给她“一个真切的明白的指引”。而鲁迅对于这位每每喜欢在课堂上提问和发言的学生，也早就有了比较深刻的印象，接信的当天，他就写了回信。从此，两人就开始了频繁的通信。

除了写信，广平也常常去拜访鲁迅，向他当面请教各种问题，并尽自己所能帮老师做一些抄稿子之类的事。凭着女性特有的敏感，她发现在许多人心目中沉毅、坚强、无所畏惧的先生，其实在生活中是相当孤独、寂寞和脆弱的。她决心用自己的柔情去化解先生内心的痛苦，使他感受到生活的乐趣。确实，和广平的接触，给鲁迅带来了感情上的慰藉、精神上的平衡。他是一个从来没有享受过爱情的人，与广平交往之后，他发觉自己内心沉睡已久的对爱情的渴望正在渐渐苏醒。经过反复思考和再三犹豫，他终于接受了广平对他的爱。

这样的师生之恋在当时是大逆不道的。因此，当鲁迅和许广平确定恋爱关系后，北京城里流言四起、议论纷纷。社会上固然不乏鲁迅的同情者和支持者，但更多的人对这一对无视封建礼教的恋人投来的是猜忌、不满甚至仇恨的目光。为了摆脱令人窒息的社会环境和那桩名存实亡的包办婚姻，鲁迅决定离开北京，到革命形势正如火如荼的南方去追求新的生活。恰好这时鲁迅接到了厦门大学的聘书，广平从女师大毕业后也准备回广州老家教书，于是两人很快确定了南下的行期。

1926 年 8 月 26 日下午，鲁迅告别生活了十四年的北京，和许广平一起登上了南下的火车。此时南方对他们来说都还是一个未知的世界，但鲁迅和许广平都对即将到来的新生活充满了信心。

隅居上海　坚持斗争

8 月 29 日清晨，鲁迅和许广平乘坐的列车抵达上海。在上海作了短暂停留后，鲁迅于 9 月 1 日深夜乘上了开往厦门的"新宁"号轮船，许广平也在第二天登上了驶往广州的另一艘轮船。两人在分手时约定，好好工作两年之后，再重新会合。

9 月 4 日，"新宁"号驶抵厦门。厦门是个海滨城市，依山傍海，风景十分秀丽。虽然已经进入秋季，但这里仍然是一片郁郁葱葱，相思树、夹竹桃、凤凰木，使人时时感受到融融的春意。

鲁迅在北京的几个老朋友林语堂、孙伏园、沈兼士等都已先鲁迅一步在厦大任职，林语堂更是鲁迅来厦大工作的介绍人。鲁迅一到厦门，便受到老朋友们的热烈欢迎。朋友情谊多少冲淡了旅途劳累和对新环境的不适应。

厦门大学是著名爱国华侨陈嘉庚先生筹资创办的，始建于 1921 年，设七个科共二十一个系。由于学校还在草创时期，部分教员宿舍还没竣工，所以鲁迅到校后暂时住在生物馆三楼的国学院陈列室里。

鲁迅的到来，在厦大的学生中引起了轰动，由于鲁迅对新文化运动所作的巨大贡献和在女师大事件中的坚定立场，他被千百万青年视为偶像和精神上的导师。因此当鲁迅即将到厦门大学任教的消息传开后，厦大本校的学生便开始翘首以待，而许多外校的学生则纷纷慕名而至，转学来到厦大，他们中有的来自北大，有的来自南京金陵大学，还有的来自遥远的河南中州大学。青年朋友的热情，使鲁迅深为感动。

鲁迅在厦大担任中国文学史、中国小说史两门课程，还兼任国学院的研究教授。由于好多学生虽然崇拜鲁迅却并不十分了解鲁迅，因此一开始还闹了个不大不小的笑话。那时的大学实习选修制，哪位教授担任什么课程学校都要预先出布告，以便学生选修。可是，在厦大教务处出的布告上，担任中国文学史和中国小说史课程的教授却是"周树人"。这一来在学校引起了小小的骚动，许多慕鲁迅之名而来的学生都十分诧异，他们互相打听，议论纷纷，都弄不清这是怎么回事，有的人干脆认为自己受了骗:“不是说鲁迅先生要来担任中国小说史课程吗?怎么又改请了周树人呢?”当然,这个小小的疑问,到教务处一询问,便烟消云散了。因此,当鲁迅即周树人教授第一次踏进教室时,课堂里已是座无虚席。

当时厦大总共只有四百多个学生,而且分成很多学科,每系又分三级,因此摊到每个班的学生就少得可怜了,有的班全班只有一个学生,老师天天只能硬着头皮给这惟一的学生授课。因此,鲁迅授课时的盛况,确实可以说是厦大罕见的一景。

随着时间的推移,来听课的人越来越多,连学校的年轻教师和校外的记者、编辑,也纷纷加入了听课的行列。教室里,常常是挤得水泄不通。为了对这些热爱自己的年轻人负责,鲁迅在课前做了大量的准备工作。他每星期讲四节课,其中两节文学史必须自编讲义,为了编好讲义,他常常废寝忘食、殚精竭虑。由于准备充分,所以他在课堂上总是能旁征博引、举一反三,同学们都觉得听他的课,就像小学生听老师讲有趣的故事那样,唯恐时间过得太快。

和所有的大学一样,厦门大学也有一批文学青年,鲁迅的到来,使正在文学之路上艰难跋涉的他们有了一个指路人,因此,和在北京时一样,鲁迅身边很快聚集起了一批有志于文学的年轻人。他们常常到鲁迅住处聊天,谈各种各样的问题。晚上,校园里非常安静,但在鲁迅住的楼房里,却总是传出年轻人的欢声笑语。

有一次,在闲谈中,有一些同学对厦门当地的文艺现状表示了不满,要求鲁迅指导他们创办文艺刊物,提倡白话文,以打破当地文艺事业的沉闷状态,鲁迅满口答应,表示一定帮助他们。有的青年表示了这样的担心:“我们的作品大多数很幼稚,也许会使先生失望的。”鲁迅热情地鼓励他们说:“你们不要怕幼稚,成熟是从幼稚变来的;初学的人,也只能这样。”

结果,在鲁迅的帮助下,厦大很快成立了两个学生文艺团体,一个叫泱泱社,出版《波艇》月刊;一个叫鼓浪社,出版《鼓浪》周刊。青年们的习作确实比较幼稚,其中有些内容也不够健康,但鲁迅并不因此而轻视他们,他深知文学的幼苗需要精心呵护才能茁壮成长,他认真地帮他们审阅、修改稿件,和他们当面交换意见,还帮他们联系刊物的出版。当第一期《波艇》杂志费尽周折得以出版时,鲁迅又特地把自己写的《厦门通讯》和青年们的习作放在一起发表,以此表示对青年们的支持。

和朝气蓬勃的青年们在一起,鲁迅感到由衷的快乐。但是厦门大学的现实,却又使他感到相当的失望。在来厦大前,考虑到这里地处生气勃勃的南方,鲁迅很想在此好好干一番事业,并想利用学校的经费将先前已经辑成的《汉画像考》和《古小说钩沉》印出来。可是,在这儿生活了一段时间后,他却发现这里和北京一样,弥漫着一股叫人窒息的空气,而且是个“金钱世界”,每个人都在毫不掩饰地谈论金钱,连学校的教职员,也常常把“钱”字挂在嘴边,在堂堂的高等学府,经常会听到“某某人多少钱一个月”之类的话,叫人哭笑不得。

更让鲁迅难以忍受的是,学校虽然花重金聘了一些名教授,但这完全是为了装点门面,给学校的招牌贴金,实际上对教师根本缺乏应有的尊重。鲁迅来厦大后,先后不得已搬了几次住所,吃饭也常成问题,有时甚至连喝口开水也不容易,学校对此不闻不问,却只知道一味地催教师出成绩,就像给牛吃了草就有权利每天挤牛奶一样。

鲁迅一到学校，他们就问履历，问著作，问工作计划，问年底有什么成绩发表，鲁迅被问得心烦，便把《古小说钩沉》整理一下拿了出来，可是送上去后又没了下文，过了不久，便被退了回来。

学校请的教授虽然或多或少有些名声，但这些人的素质也是良莠不齐。有一次学校开教员恳亲会，会上有点心招待，有一个教授竟借题发挥，拍起校长的马屁来："感谢林校长给我们吃点心。在座的大多是教员，我们教员吃得这么好，住得这么舒服，薪水又这么多，应该大发良心，拼命做事。而林校长如此体贴我们，真如父母一样……"如此肉麻的话从一个大学教授嘴里说出来，差点让鲁迅把吃下去的点心都吐出来，他满脸通红，浑身难受，真想立即站起来把这位教授大人痛斥一顿。这时一位哲学系教授抢在他前面站起来，驳斥了那位"马屁精"的谬论，可是马上又有人站起来为"马屁精"辩护了："在西洋，父子和朋友的意思是差不多的，如果说谁和谁是父子，也就是说谁和谁是朋友。"这一谬论，立刻引起了哄堂大笑。鲁迅实在受不了这样的乌烟瘴气，当时便愤然离开了会场。

被"马屁精"视作"父母"的林校长，叫林文庆，这位厦门大学的"第一把手"虽然身份尊贵，却也摆脱不了见钱眼开的习性。有一次，林文庆参加国学院院务会议，宣布要削减国学院的经费，国学院的教授们纷纷提出异议，谁知林文庆两眼一翻，竟说道："学校的经费是有钱人拿出来的，只有有钱的人，才有发言权。"鲁迅一听，不禁怒火中烧，他当即从口袋里摸出两个银角子，"啪"地一声放在桌子上，说："我也有钱，我也有发言权。"随即，他又据理力争，迫使林文庆改变了削减经费的决定。

林文庆不但见钱眼开，而且在思想上极端保守，他写过一本《孔教大纲》，公然提倡尊孔读经。在他的影响下，厦门大学有好多学生每天只知道埋头苦读《古文观止》，而对社会上的种种新思潮、新学说完全不闻不问。鲁迅对此十分不满。有一次，林文庆请鲁迅在学校的周会上发表演讲，他的本意是想借鲁迅的巨大威望来宣传他的那些尊孔主张，因为他知道鲁迅在国学上很有造诣，想必对传统文化很有感情。谁知鲁迅在演讲时却与校长大人大唱反调，公开号召青年们少读中国的古书，而要去做"好事之徒"，力所能及地参加各种各样的改革实践。鲁迅的演讲虽然不合林文庆的意，但他又无力反驳，于是只得偷换概念，抛开鲁迅演讲中反封建的主题，而大谈陈嘉庚也是"好事之徒"，因为"好事"他老先生才会兴办学校，大家才能来上学。校长大人的这番妙论使与会者个个啼笑皆非，鲁迅也因此更清醒地认识到，和这类满脑子浆糊的冬烘先生，实在没有什么道理可讲。

就在鲁迅离开北京南下时，他的第二本小说集《彷徨》由北京北新书局出版。鲁迅到厦门一个月后，收到了书局寄来的样书。这使孤寂中的他多少感到了一丝慰藉和振奋。《彷徨》收录了《祝福》、《离婚》、《在酒楼上》、《幸福的家庭》等十一篇小说。比起《呐喊》来，《彷徨》在写作技巧和人物刻画上都更进了一步，来得更为细腻、丰满和深刻，可以说是鲁迅小说创作的一个新的里程碑，《祝福》中的祥林嫂更是成为中国文学人物长廊中的一个不朽形象。

《彷徨》的出版在当时的文坛又一次引起了很大的轰动，可是，鲁迅还来不及品尝成功的喜悦，便不得不对付文坛上射来的暗箭了。

这次向鲁迅发难的是青年作家高长虹。此人是鲁迅办《莽原》时一手培养起来的。鲁迅在他身上花过不少心血，曾经为校对他的稿子而吐了血，还给过他经济上的资助。但高长虹是个极端利己主义者，鲁迅离开北京南下后，他见鲁迅已没有什么利用价值，便不惜以攻击鲁迅来抬高自己的身价。他在上海办起了《狂飙》周刊，先是大做广告，说自己曾和"思想界先驱者鲁迅"合办过《莽原》等刊物。后来，由于"狂飙"社成员向培良向《莽原》投稿没有被采用，高长虹便大骂《莽原》的编辑韦素园，并威胁和要挟远在厦门的鲁迅，要鲁迅表态支持他们，鲁迅没有理睬他们，高长虹便在《狂飙》上大骂鲁迅，说鲁迅是"世故老人"、"倒卧在青年脚下的绊脚石"。他还写了一首诗，在诗里，他把鲁迅影射为独霸《莽原》的"女妖"，而他则是《莽原》的"生父"。

高长虹的翻手为云覆手为雨，使鲁迅十分愤慨而又感慨万千。他一向对青年爱护备至，总觉得他们是这个时代的希望，期待他们去改造、推翻这个陈旧、腐朽的社会。可是，现实中发生的一切，却使他越来越感到自己的想法未免过于天真。在北京时，他尽自己的力量帮助那些文学青年，常常为了帮他们编辑、校对稿子而废寝忘食，可是，当他一遭到段祺瑞、章士钊之流的迫害，有些人就立即来索还原稿，不要他选稿、作序了，更有甚者，把他请人吃饭、喝茶也算作了他的罪状：请人吃饭是在拉拢青年，请人喝好茶则成了他奢侈的证据。干这些勾当的都是青年，可是，他们和死在屠刀下的刘和珍、杨德群们，又哪里是一种人呢？高长虹的卑劣行径，使鲁迅清醒地意识到，不能因为对方是青年，就一味地忍让退缩，任其胡作非为，而应该"拳来拳对，刀来刀当"，与他们作针锋相对的斗争。

于是，鲁迅先后写了《所谓"思想界先驱者"鲁迅启事》、《〈走到出版界〉的战略》、《新的世故》等杂文，用他特有的辛辣、尖刻、幽默的笔法，对高长虹进行了反击。他还在历史小说《奔月》里塑造了一个招摇撞骗的人物——逄蒙，以此来嘲讽和逄蒙一样卑劣无耻的高长虹。

鲁迅来厦门，一方面是为了躲避军阀官僚和"正人君子"们的迫害，摆脱令人烦恼的包办婚姻；另一方面也是为了好好休整一下，以便将来投入新的战斗。但是，来厦大的短短几个月中，他却为应付校内校外的种种人事纷争、文坛纠葛而疲于奔命，心力交瘁，来前他对厦大寄予的种种希望也在现实中纷纷化为泡影，使他大失所望。正在这时候，北伐军在战场上取得节节胜利的消息不断传到学校，使心情沉郁的鲁迅深感振奋。他渴望离开死气沉沉的厦门，到"革命策源地"广州去亲身感受一下革命的火热气氛，当然，他也渴望着见到分别已五个月的爱人许广平。于是，他决定改变在厦门工作两年的原定计划，接受在此之前广州中山大学发来的邀请，去广州工作。12月31日，他正式向厦大提出了辞职。

鲁迅辞职的消息，在厦大引起了震动。学生们发起了一场声势浩大的挽留运动，以各种方式请求鲁迅留下来，继续指导大家的学习和创作。当他们知道由于厦大的种种黑暗内幕，鲁迅确实已无法再继续工作下去时，便有二十多个同学提出跟着鲁迅一起转到中山大学去。接着便是一个又一个的送别会、合影留念等活动。1月4日下午，厦大学生会在大礼堂召开了厦门大学全体学生送别鲁迅先生大会，在会上，学生代表致了热情洋溢的送别辞，鲁迅也满含深情地作了答谢演说。会后，鲁迅与同学们一起合影留念。

由于鲁迅的出走，郁积在学生们心头的对于学校腐败、黑暗的不满，很快地滋长并爆发出来了。1月7日，校园里贴出了要求改革的标语，“重建新厦大”的呼声，响彻了这个幽静、美丽而不免落寞的校园，一场要求改革学校的风潮，在厦大轰轰烈烈地掀起了。

1927年1月16日，鲁迅乘坐的“苏州”轮缓缓驶离了厦门港。辽阔的海面波平如镜，可是鲁迅的内心并不平静。那个陌生而又熟悉的广州，将以怎样的面貌来迎接他呢？

1927年1月18日午后，“苏州轮”在阵阵细雨中驶抵广州黄埔港。当天鲁迅下榻在长堤的旅馆里，次日早晨孙伏园和许广平赶来，把他接进了中山大学。

这时的中山大学，在很多人的眼里是一个革命的“摇篮”；但是学校的实际情况却比人们看到的要复杂得多。中大的校务委员会主任戴季陶是个著名的国民党右派，副主任朱家骅也是国民党人，由于当时共产党在中大的势力很大，所以校方在表面上不得不敷衍左派，做出某种“革命”和“进步”的姿态。鲁迅来中大任教，就是中共广东区委为了加强文化战线上的力量，派人多次向校方交涉的结果，校方也趁机以此来显示自己的“革命”。但是左、右两种势力的斗争并没有因鲁迅的到来而停止。

鲁迅到达中大后，广州的左右两派人士抱着不同的目的纷纷设法接近鲁迅，以各种方式来加深鲁迅对自己的印象。在广州的国民党高层人士戴季陶、孔祥熙、陈公博、甘乃光等先后送来请柬，邀他赴宴。对此素来不愿与权贵打交道的鲁迅一概予以拒绝，由于请柬太多，而且还在源源不断地送来，他索性把请柬统统拿到楼下的传达室里，放进信插，并在一旁贴了一张纸条，上面写了“概不赴宴”四个大字。

右派还派了一些特务学生前来和鲁迅周旋，侦察鲁迅的行踪，打探鲁迅的思想倾向。具有丰富斗争经验的鲁迅一眼就看穿了这些人的真实面目，但是他表面上却不露声色，假装糊涂，只要这些人一出现，便与他们东拉西扯，大谈文学，这些特务学生都是些肚子里没有多少货色的草包，根本无法与鲁迅对话，当然也就无法从鲁迅身上打探到他们需要的东西，只得灰溜溜地回去交差。

而对于那些年轻的共产党员和左派学生，鲁迅则完全是另外一种态度。鲁迅到达广州后，中共广东区委委派中大的中共党员毕磊、徐文雅等与鲁迅联系，帮助鲁迅了解广州复杂的政治局面和左、右两派的斗争形势。这两个朴实、诚恳的年轻人受到了鲁迅的热情接待，并很快成了鲁迅住处的常客。他们给鲁迅送去《向导》、《人民周刊》、《做什么》、《少年先锋》等中共党团办的革命刊物，使鲁迅对共产党的政治理想、革命主张和国共两党之间的种种矛盾有了一个较为全面的了解。

自鲁迅到校后，学生们便要求召开一个欢迎大会，以表达他们对鲁迅的敬仰。鲁迅向来反对把时间和精力耗在这些俗套上，因此一直没有答应，后来经过毕磊、徐文雅的反复劝说，他才勉强应允。

1月25日下午，以学生会名义召开的欢迎大会在中大礼堂召开。当鲁迅来到会场时，受到了与会者长时间的鼓掌欢迎。这时候还没有开学，但是参加欢迎大会的，仍然有一千多人，他们大多是寒假留校的学生。在学生代表致过欢迎词后，鲁迅即席发表了演讲。他首先便诙谐地声明自己不是什么“战士”和“革命家”，如果是的话，就应该留在北京、厦门和反动势力继续斗争下去，但他却躲到“革命后方”的广州来了，这就是他并非“战士”的证据。接着他又说，来广州前听说广东很革命，已经赤化了，所以决心来看一看，来后果然看到满街都是红色的标语，但仔细一看，那些标语都是用白粉写在红布上的，红中夹白，有点可怕。

这一番话说明，鲁迅在来广州后的短短几天中，已经敏锐地察觉到了热火朝天的革命气氛中潜藏的种种危机。当时国共两党还没有公开决裂，许多人还对以“革命”面目出现的蒋介石、国民党抱有幻想，鲁迅却在广州的首次公开露面中便以“红中夹白”为比喻表达了自己对革命形势的担忧，这说明鲁迅确实有超出常人的政治洞察力，这是一般沉迷于书斋的学者文人所无法比拟的。

鲁迅对时局的精辟见解，对自己实事求是的剖析，都赢得了与会者的热烈掌声。

2 月 18 日，鲁迅又应香港青年会的邀请，去香港演讲。在去香港的班船上，一位船员认出了鲁迅，他对鲁迅赴港十分担心，生怕鲁迅在这个英国人强占去的地方出什么意外，一路上给鲁迅讲了很多躲避危险的办法。鲁迅虽然觉得他的担心有点多余，但内心还是十分感激他的好意。其实，这位好心的船员和鲁迅本人都不知道，中共广东区委书记陈延年也早就考虑到了鲁迅的安全问题，并作了周密的布置，一路上一直有人在暗中保护鲁迅。

在香港，鲁迅作了两次演讲——《无声的中国》和《老调子已经唱完》。香港通行的是粤语，鲁迅不会讲粤语，所以陪他一起去香港的许广平便临时做了他的粤语翻译。

香港是鸦片战争后英帝国主义强行从中国“租借”去的地方。英国统治者为了奴役和麻痹香港人民，大肆鼓吹所谓“国粹”，提倡文言文、旧道德。对此，鲁迅进行了毫不留情的揭露和批判。他指出中国人一向喜欢唱老调子，在老调子中大家一齐走向灭亡，所以老调子就是“割头不觉死”的“软刀子”；中国人以文章做得让人看不懂为荣，普通老百姓对文字敬而远之，不知怎么表达自己的思想感情，再加上残酷的文字狱，所以整个中国都变成了“无声的中国”；针对香港的具体情况，鲁迅深刻地阐明了历史上异族入侵总要“利用了我们的腐败文化，来治理我们这腐败民族”的经验教训，号召青年们不要再说古人们说的话，而要用活着的白话，将自己的思想感情直白地说出来，把中国变成一个“有声的中国”。

鲁迅的言论，自然不会受到港英当局的欢迎，因此，在香港的两天，鲁迅也遇到了不少麻烦，先是讲演会的组织者受到了许多无理的干涉和刁难，后来又有一些别有用心的人索取讲演会的入场券收藏起来，使真正想听演讲的人无法入场。演讲结束后，香港的报刊又接到了不准刊登演讲稿的命令，经过交涉，演讲稿最后是登出来了，但已被删改得面目全非。但是，和那些冒雨前来听讲的青年朋友的巨大勇气和热情相比，港英当局的这些拙劣伎俩实在只能徒然给人留下笑柄。

2 月 20 日，鲁迅回到了广州。这时他的老朋友许寿裳已于前一天到达了广州，他是经鲁迅推荐前来中大任“预科教授”的。老友相见，分外亲切。回广州的当晚鲁迅便在东堤一景酒家给寿裳接风，席间谈起对广州的印象，寿裳因为初来乍到，对一切都感到新鲜，鲁迅却给了老朋友一个多少有点出乎意料地回答："革命策源地现在成为革命的后方了，还不免是灰色的，一点也不赤。商人的势力颇大，或者远在北京之上。"

鲁迅来到中山大学后，被校方任命为文学系主任兼教务主任，因此除教课外还要处理很多杂务。从香港回来，离3月1日开学时间已经不多，因此会议不断，讨论的大多是诸如排课程表、发通知书、出考试题之类的事情，闲暇极少，再加上鲁迅自来广东后觉得思绪较乱，有待清理，所以这段时间他很少动笔写文章。结果，有一个叫宋云彬的年轻人，在《国民新报》的副刊《新时代》上发表了一篇题目颇有点吓人的文章，叫作《鲁迅先生往哪里躲》，文章说："鲁迅先生竟跑出了现社会，躲向牛角尖里去了。旧社会死去的苦痛，新社会生出的苦痛，多少放在他眼前，他竟熟视无睹！他把人生的镜子藏起来了，他把自己回复到过去时代去了。噫嘻！异哉！鲁迅先生躲避了。"宋云彬写这篇文章，也许确实是出于不愿看到鲁迅消沉的好意，但是，对于忙得有时"一天只吃一顿饭"的鲁迅来说，他的指责未免有失公允。看到这篇文章的当晚，鲁迅就想写一篇文章，声明自己并没有像宋云彬想象的那样"失去勇气"，但是因为感想太多，一时无从下笔，结果还是由许广平代劳，几天后在《新时代》上发表了《鲁迅先生往哪些地方躲》一文。许广平这时已经转入中山大学担任鲁迅的助教，在文章中，她代表鲁迅明确答复宋云彬：鲁迅先生眼下正忙于教务，但他并不会"躲避"，他是要寻找敌人的，等到机会来临，他自然会有文章可做。

3月1日，中山大学在学校大礼堂举行了隆重的开学典礼，参加典礼的有全校师生两千多人，另有观礼来宾数百人。鲁迅以教务主任的身份发表了演说，他希望学生们"读书不忘革命，革命不忘读书"，并告诫大家："念书固可以念得革命，使它有清晰的，二十世纪的见解，但，也可以念成不革命，念成反革命……"

开学典礼的第二天，便正式开课了。鲁迅开的课有四门，分别是《文艺论》、《中国文学史（上古至隋）》、《中国小说史》、《中国字体变迁史》。其中《字体变迁史》他还没有准备，又没有现成的讲义，所以暂缓开课。和在北京、厦门时一样，他的课，又受到了学生们的热烈欢迎，尤其是《文艺论》，由于相对来说专业性不是很强，因此选修的学生几乎遍及文、法、理、农、医、预各科，因为在全校规定的上课时间内无法兼顾各科学生，只好把上课时间移到晚上，上课地点也因教室容纳不下而改在大礼堂，即使这样，不少后到者还是不得不站在窗外和大门口听课。课堂上，鲁迅的妙语常常引得大家大笑不止，而哪怕大家笑得再厉害，他脸上却总是毫无表情，这又往往引来更大的笑声。

鲁迅在中大住的大钟楼是中大的"高干楼"，据说只有"主任"一级的人才有资格居住。寿裳来广州后，鲁迅便把不是"主任"的他接到大钟楼同住，为此还和校务委员会的秘书发生过小小的口角。可是这大钟楼实在是徒有其名，不知道是不是历史过于悠久的缘故，晚上这里只要一熄灯，老鼠们便纷纷出动，如入无人之境，在房间里窜来窜去；到了早晨，老鼠没有了，门外却有人莫名其妙地唱起歌来，搅得人无法睡觉。平时，只要鲁迅没有课，这里也总是门庭若市，各种各样的拜访者络绎不绝，等到客人全部告辞，往往已是深夜十一点了。鲁迅根本无法看书、写文章，而习惯于早睡早起的寿裳也被搅得苦不堪言。因而，熬到三月底，鲁迅和寿裳终于下决心搬离了大钟楼。他们在白云楼二十六号二楼租了一套四房一厅的房子。这里离广九铁路不远，但是闹中取静，环境很适合读书、写作，为照顾他们的生活并给他们当粤语翻译，许广平也搬进了白云楼。鲁迅将朝南的大房间让给了寿裳，他和广平则住进了朝西的两个房间。他们还合请了一个女工。这样，生活环境和生活条件都较住大钟楼时大为改善了。

生活安定下来之后，鲁迅便重新拿起了那支多少人寄以厚望的笔。3月29日，他在中大办的刊物《政治训育》上发表了《黄花节的杂感》一文，针对当时一些人对革命所抱的盲目乐观、自我陶醉的情绪进行了毫不留情的批判："所谓'革命成功'，是指暂时的事而言；其实是'革命尚未成功'的。革命无止境，倘使世上真有什么'止于至善'，这人间世便同时变了凝固的东西了。"几天以后，他又写出了历史小说《眉间尺》。这篇小说取材于《列异传》和《搜神记》中有关干将、莫邪之子为父报仇的传说，表现了一种与仇敌同归于尽的强烈复仇精神。

此时，北伐军在战场上取得了节节胜利，然而革命的形势却正如鲁迅指出的那样并不乐观，反动派的气焰仍很嚣张。在上海，英法帝国主义帮助军阀孙传芳残酷镇压了中国共产党领导的工人武装起义；在南京，停留在长江上的英美军舰悍然炮轰已被北伐军占领的市区……4月1日，鲁迅和成仿吾、王独清、何畏四人在《洪水》半月刊上联名发表《中国文学家对于英国知识阶级及一般民众宣言》，对帝国主义的上述行径进行了谴责，呼吁中英两国人民团结起来，共同战斗。

4月8日，鲁迅应黄埔军校政治部的邀请，去黄埔军校作了题为《革命时代的文学》的演讲。陪同他前去黄埔岛的是著名的"湖畔派"诗人、共产党员应修人。前来听讲的大多是国民军的军官。面对这些身着戎装的年轻军人，鲁迅充满激情地论述了革命与文学的关系："……文学文学，是最不中用的，没有力量的人讲的；有实力的人并不开口，就杀人……为革命起见，要有'革命人'，'革命文学'倒无须急急，革命人做出东西来，才是革命文学。……必待工人农民得到真正的解放，然后才有真正的平民文学。……中国现在的社会情状，止有实地的革命战争，一首诗吓不走孙传芳，一炮就把孙传芳轰走了。……"显然，经过这几年的斗争风雨，鲁迅已经改变了原先过高估计文艺的改造作用的观点，而清醒地认识到：在改造旧社会的过程中，革命的暴力往往比纸上谈兵的文学更为重要。他的精辟见解，引来了听讲者的热烈掌声。在演讲的最后，他又幽默地说："我……倒愿意听听大炮的声音，仿佛觉得大炮的声音或者比文学的声音要好听得多似的。"

4月10日晚，在一片欢庆沪宁克复的胜利气氛中，鲁迅坐在白云楼的寓所内，构思起了《庆祝沪宁克复的那一边》一文。这篇文章是应报社的朋友之约而写。报社点明要的是庆祝文章，可是当他铺开稿纸的时候，却觉得心潮起伏，思绪万千，要写的"像样点的好意思总像断线风筝似的收不回来"。窗外不断传来游行、欢呼的声音，可是他想到的，却是欢庆的另一面，历史和现实的种种图景在他眼前一幕幕地闪现：十六年前，也曾克复过南京，胜利后革命党人还给英勇捐躯的烈士们立了一块纪念碑，可是，时隔不到两年，这块碑便被反动军阀张勋毁掉了，今年据说又要重建了，然而，重建后是不是还会有人来毁呢？……由此又忽而想起了久违的老朋友李大钊，据香港报纸披露，这位中国共产党的领导人已于本月 6 日在北京被奉系军阀逮捕。他现在又怎样了呢？那张圆圆的脸和中国式的下垂的黑胡子，还会有和自己重逢的一天吗？……想起这一切，鲁迅感到自己的内心油然生出了一种与窗外的气氛格格不入的悲愤之情，他忽然觉得自己有满肚子的话要说，于是，在他的笔下，出现了对革命党人的谆谆告诫："最后的胜利，不在高兴的人们的多少，而在永远进击的人们的多少，记得一种期刊上，曾经引有列宁的话：'第一要事是，不要因胜利而使脑筋昏乱，自高自满；第二要事是，要巩固我们的胜利，使它长久是属于我们的；第三要事是，准备消灭敌人，因为现在敌人只是被征服了，而距消灭的程度还远得很。'"文中列宁的这段话，引自毕磊赠送给他的《少年先锋》第一卷第八期。革命导师的真知灼见，引起了鲁迅的强烈共鸣，结合中国的实际情况，他又在文章中写道："先前，中国革命者的屡屡挫折，我以为就因为忽略了这一点。小有胜利，便陶醉在凯歌中，肌肉松懈，忘却进击了，于是敌人便又乘隙而起。"接着他重申了"'落水狗'还是非打不可"的主张，指出"大度、宽容、慈悲、仁厚"不能用于敌人，他还提醒革命民众：要百倍警惕投机分子和暗藏的反革命分子，否则，革命的成果便会毁于一旦。

这篇写于欢庆之夜的文章，在当时到处是欢声笑语的特殊氛围中，多少显得有点不合时宜。然而，令人吃惊的是，这篇文章还没来得及发表，中国的政局已经发生了翻天覆地的变化，鲁迅文章中的预言很快成了血淋淋的现实。

4 月 12 日，蒋介石在上海公开叛变革命，发动了举世震惊的"四一二"反革命政变，上海的工人阶级和共产党人遭到了血腥镇压，这座国际著名的大都市陷于一片白色恐怖中。

三天后，白色恐怖像瘟疫一样流传到了广州。4 月 15 日凌晨，反动军警对广州的革命团体发动突然袭击，解除了黄埔军校和省港罢工委员会的武装，中山大学也未能幸免，这所广东的最高学府也遭到了军警的大搜捕。这天天刚亮，许广平的老家人阿斗便急匆匆赶到了白云楼，惊慌失措地对许广平说："不好了，中山大学贴满了标语，也有牵涉到老周（指鲁迅）的，叫老周快逃走吧！"许广平急忙跑到楼下，想探听一下外面的虚实，结果她一眼就看到街上聚集着许多士兵，似乎正在准备有所动作，空气中仿佛充满了火药味。再看河对岸的店铺楼上，平时工会办公的地方，也是人影憧憧，吵吵嚷嚷，可能也正在被查抄。这一切都说明，老阿斗的报警不是杞人忧天。许广平赶紧回到楼上，叫醒了鲁迅，把她听到和看到的一切告诉了鲁迅。鲁迅虽然对这一局面早就有所预感和准备，但是当风暴真正来临的时候，他还是难抑自己的激愤之情。他紧皱双眉走到窗前，眺望窗外，注视着那一队队急匆匆走过的武装军警，揣摸着他们的去向，对学生们的挂念和担忧使他暂时忘记了自己所处的危急处境。

下午，广州城下起了滂沱大雨。鲁迅全然不顾阿斗的劝告，冒雨赶到学校，以教务主任的身份召开了由各系主任参加的紧急会议，商讨如何营救在这次事变中被捕的学生。

一夜之间，中山大学已完全变了颜色。这一天，中大共有三百多名学生被捕，其中共产党员和共青团员四十余人，和鲁迅接触颇多并给鲁迅留下良好印象的毕磊也在被捕者之列。除此之外,学校还有学生、教职员四百八十多人被开除,本来在人们眼里堪称“革命堡垒”的中山大学,顷刻间就变成了反革命的桥头堡。

当紧急会议召开的时候,会议室里也不见了以前那样的祥和气氛,大家神色严峻,大多数人都不敢轻易发言,怕在这非常时期一言不慎便惹火上身。

校务委员会副主任朱家骅闻讯也来参加了会议。这时,一贯以进步面目出现、口口声声要带领学生“往左转”的他也撕下了假面具。当鲁迅就学生被捕一事向他提出质询时,他竟若无其事地回答道:“学生被捕,是政府的事,我们不要对立。”

“被抓的学生究竟违背了孙中山总理三大政策中的哪一条,政府要这样对待他们?”鲁迅反问道。

对于鲁迅的质问,朱家骅显然无言以答,但他又强词夺理地说:“我们学校是党校(指国民党办的学校),党有党纪,我们要服从。”

朱家骅的这种官僚口吻更加激起了鲁迅的反感。他以“五四”运动时全国各界人士想法设法营救被捕学生为例,指出营救学生是学校不可推卸的责任。朱家骅在“五四”时也曾参加过营救学生,鲁迅以此将了他一军。

谁知朱家骅官当大了,脸皮也变厚了,他稍稍愣了愣,便冷冷地答道:“那时是反北洋军阀。”

鲁迅不依不饶,据理力争:“根据三大政策,现在就是要防止出现新的军阀、新的封建统治。”

朱家骅被鲁迅顶得哑口无言。见两人已经水火不容,原先准备发言支持鲁迅的人,也就不敢再开口了。僵持了一段时间后,鲁迅见会议再开下去也不会有什么结果,便宣布散会,愤愤地回到了白云楼。

这一晚,鲁迅惦记着被捕的学生,心情沉重,连晚饭都没有吃。他决定以辞职来抗议眼前发生的这一切。

几天以后,传来了许多被捕的共产党员惨遭杀害的消息,其中有年轻的毕磊。据说他被捕后,敌人对他软硬兼施,企图使他屈服,但都遭到了他的严词拒绝,最后敌人恼羞成怒,将他捆住手脚,装进麻袋,扔进了珠江。这令人发指的一幕,令鲁迅悲愤难抑。在得知消息的最初几天里,他脑子里时常会浮现出这个瘦小精干、头脑清晰的青年,他常常情不自禁地向寿裳倾诉道:“那个常常来谈天的青年,再也不会再来了,他是被铁链锁住了活活弄死的……”

“红色大本营”的广州,已经变成了一个屠场,现在她确实是“红”色的了,但是是被烈士们的鲜血染红的……4 月 21 日上午,鲁迅向校方正式提出辞职并退还聘书,许寿裳和许广平也同时提出辞职。

但是要想辞职,却并不容易,由于鲁迅在学生中享有崇高威望,校方害怕他的辞职会在学校引起风波,产生不利于他们的后果,因而千方百计予以“挽留”。在此后的一个多月时间里,他们多次派人前往白云楼,对鲁迅进行劝说,希望他留下来。朱家骅还亲自出马,几度上门“拜访”,表达所谓“诚意”,但都遭到鲁迅拒绝。后来他索性不与“说客”们照面。这样一直拖到 6 月 6 日,中大当局见鲁迅决心已定,再无回旋余地,这才不得不同意了鲁迅的辞职。

虽然辞职已获批准，但是鲁迅暂时还不能离开广州。因为在当时甚嚣尘上的反共气氛中，马上离开广州便会被视作共产党的嫌疑，而遭来杀身之祸。他索性在白云楼住下来，整理起了自己的旧稿。他利用这段时间先后编了散文集《野草》和《朝花夕拾》，整理了翻译的童话《小约翰》。广州地处南国，天热得早，夕阳从西窗射进来，热得人只能穿件单衣。鲁迅的书桌上放着一盆"水横枝"，枝叶青葱可爱，他看看绿叶，编编旧稿，在逼人的暑气中打发着这恐怖的日子。

树欲静而风不止。就在这段时间，广州和香港的一些报纸，别有用心地登载了一些有关鲁迅的谣言，有的说他早在北京时就与北洋军阀有瓜葛；有的则诳称他已从广州逃到了当时尚在左派势力控制下的汉口，以此来证明他是共产党的同道。这些言论，表面上看不过是报纸在捕风捉影地造新闻，其实暗藏着杀机，因为这些无中生有的罪名无论哪一条坐实都足可置鲁迅于死地。对这些鬼蜮伎俩，鲁迅心知肚明，在向这些报纸发去更正信但没有得到回音后，他索性向当时的广州公安局长写了一封信，通报了自己的住址，表示随时听候逮捕。这次，曾在 4 月 15 日率武装警察对中大实行大搜捕的局长大人倒是很快回了信，但是似乎并没有逮捕他的意思……

7 月 23 日、26 日两天，鲁迅应邀到广州市教育局主办的夏期学术演讲会作了演讲。这篇演讲的题目叫作《魏晋风度及文章与药及酒的关系》。和在香港时一样，仍由许广平做他的粤语翻译。鲁迅的演讲妙语如珠，下面笑声不绝，他以他特有的幽默风格借古喻今，表达了对蒋介石集团公开叛变革命、实行独裁统治的强烈不满，可谓嘻笑怒骂，皆成文章，在当时的政治高压下，他既表明了他的严正立场，又使反动当局抓不到他的把柄，听讲者都觉得十分过瘾。

除了公开演讲外，鲁迅还写了《可恶罪》、《小杂感》等短小然而锋芒毕露的杂文，对蒋介石及其同伙穷追猛打，声讨他们出尔反尔，冒革命、共和之名行反革命、专制之实的丑恶行径。

广州的夏天燠热难当，广州的政治空气更是令人窒息，在广州熬过了一个沉闷、苦涩的夏天后，鲁迅决定要远行了。到哪儿去呢？他本想暂时回北京住上一阵，可是北京在奉系军阀张作霖的控制之下，政治环境比变了色的广州好不了多少，再说北京还有一个名存实亡的家，与广平一起回去，确有许多不便。而旧游之地的南京，已是国民党反动政府的首都，他更不愿去。考虑再三，他决定还是先去上海，上海在当时已是中国最大的文化城市，聚集了一大批中国最优秀的文化人才，而且社会环境相对宽松，在那里，一定能找到一批志同道合的战友，一起来开创中国新文化运动的新局面。

9 月 27 日，鲁迅和许广平登上了太古公司的"山东"号轮船。在汹涌的波涛中，"山东"轮开始了它的远航。广州，这座曾给鲁迅带来希望而最终却又使他深感失望的城市，随着轮船的逐渐加速，慢慢地在他的视野中消失……

生命之秋　铸民族魂

“山东”轮于10月3日抵达上海。10月的上海正是秋高气爽的季节，一踏上外滩的码头，鲁迅和许广平就嗅到了秋天的气息，这和广州的溽热自然不可同日而语，但是旅途劳顿的鲁迅和广平无暇欣赏秋景，他们只想尽快找个落脚的地方。总算一切顺利，他们在离太古码头不远的共和旅馆找到了暂时栖身的地方。这家旅馆的老板是广东人，广平用广东话与他攀谈了几句，立刻受到了非常热情的接待。

这时候，鲁迅的几位老朋友如林语堂、孙伏园兄弟等已在他之前来到了上海，他的三弟建人也在上海的商务印书馆当上了编辑。当天晚上，鲁迅和建人及北新书局的老板李小峰等在一起吃了晚饭。晚饭后，语堂及伏园兄弟来共和旅馆看他。老朋友相见，自然有许多话要说。鲁迅今后的去向也是老朋友关心的问题，语堂和伏园都觉得上海很好，希望鲁迅能在上海长住下来，而鲁迅却用一句“看看再说”回答了他们。这时候，鲁迅自己大概也不会料到，他将在上海度过他一生中最后也最辉煌的战斗岁月。

五天以后也就是10月8日，鲁迅和许广平从旅馆搬出，住进了新租的景云里寓所。这是一幢三层楼的弄堂房子。在这个不起眼的寓所里，鲁迅和许广平正式开始了同居生活，两个人终于从师生、战友变成了生活中的伴侣。由于这时他们并没有在上海长住下去的打算，所以屋里的陈设十分简陋，两个人每人只添置了一张床、一张桌子、两张椅子。相比之下，倒是有个地方让鲁迅一到上海便花了不少钱，那便是书店。

到上海的第二天，鲁迅就在去三弟建人家的半路上，到开在魏盛里的内山书店转了一转。这家书店是日本人开的，以卖日文书为主，顾客也以穿着比较体面的高级知识分子为多。鲁迅和许广平走进店堂的时候，一下子就引起了老板娘的注意，因为他们两人的穿着实在寒酸，不像是买得起书的人，于是老板娘便嘱咐伙计特别注意一下鲁迅，她怕这个穿竹布长衫的矮个子会乘人不备顺手牵羊。谁知鲁迅在书店转了一圈后，却买了厚厚一叠书，最后一结账，竟有十元之多，这在当时可是一笔不小的数目，对于每天营业额只有二三十元的内山书店来说，应该说是一笔大买卖了。老板娘不由得对这位其貌不扬的中国人刮目相看起来。当天晚上，她便把这一天的奇遇告诉了丈夫内山完造。当时内山忙于旁的生意，平时不去书店，只有星期天才去照看书店。听完老板娘的叙述，他就产生了见一见这位神秘顾客的念头，只是他吃不准对方是不是还会光顾自己这爿不起眼的小店。

没想到机会很快来了。10月8日，也就是搬进景云里新居的当天，鲁迅再次来到了内山书店。在书店转了一圈后，他挑了四本书，然后便在沙发上坐下，点上一支烟吸了起来。从妻子的表情中，内山已猜到这位留着短髭、目光深沉的人便是那位神秘的顾客，于是他鼓了鼓勇气，迎了上去：“请问先生贵姓？”

“我叫周树人。”

"啊——你就是鲁迅先生么？久仰大名了，听说是从广东来这边的，可是因为不认识，失礼了！"

就这样，鲁迅和内山完造结识了。内山生性豪爽，能言善谈，和鲁迅个性不同，但他们却一见如故，很快成了好朋友。在以后的岁月里，内山多次在危急关头向鲁迅伸出援助之手，以实际行动证明了他所说过的话——"就是不出卖朋友的人，在日本人中也有的"。当然，在此之前，鲁迅已用他的人格征服了内山和他的妻子。

鲁迅到上海后，有好几所学校邀请他去教书，他都婉言谢绝了。因为根据这几年的经验，他觉得教书和写作很难兼顾得好，如果想在两方面都求发展，很可能弄得两头都不讨好。因此，他决定把今后工作的重心放在写作和文艺事业上，争取对中国的新文艺运动做出自己的贡献。上海是当时中国的文化重镇，聚集了形形色色的文化人，鲁迅到上海后，很快就和当地的一批进步文化人建立了联系，他们一起办刊物和组织文艺团体，一时把上海的进步文化事业搞得颇有声色。

但是不愉快的事情很快就发生了。

早在广州时，鲁迅就有过和著名的文学团体创造社合作的打算，后来因创造社人去楼空而作罢，没想到来上海后，创造社的郑伯奇、蒋光慈却主动找上门来了。他们提议和鲁迅合办一个刊物，这一建议和鲁迅的想法不谋而合，鲁迅自然欣然答应。他还向蒋、郑二人提出不必另办刊物，可以恢复已经停办的《创造周刊》作为大家发表作品的共同园地。这个主意得到了创造社主帅郭沫若的赞同。于是在1927年12月3日的《时事新报》上，登出了《创造周刊》的复刊启事，由鲁迅领衔，麦克昂(郭沫若的化名)、蒋光慈、冯乃超等三十多人一起列名为特约撰述员，阵容很是壮观。

然而，广告虽然轰轰烈烈地登出来了，合作却并没有实现。原来就在这时，创造社的另几个成员从日本回国了。由于鲁迅在大革命失败后没有像他们一样立即离开广州以示与国民党决裂，他们对鲁迅心存不满，因而不同意与鲁迅合作，而主张以所谓的新面目出现。在他们眼里，鲁迅已经成了一个过时人物，不但无法担负起提倡无产阶级文学的重任，反而成了前进路上的绊脚石。

也许是年少气盛的缘故，从1928年初开始，创造社以成仿吾、李初梨为代表的所谓新进分子开始连篇累牍地在报刊上发表文章，对鲁迅进行指责和批判，后来连郭沫若也加入了进来，他化名杜荃写了一篇题为《文艺战线上的封建余孽》的文章，竟把鲁迅说成是"封建余孽"、"二重性的反革命的人物"。由蒋光慈、钱杏邨等人组成的太阳社，也不甘寂寞，一起加入了对鲁迅的围攻，一时间，鲁迅似乎成了那些"革命者"的眼中钉、肉中刺，大有不把他骂倒革命便无法进行之势。

对于出自"自己人"的毫无道理的攻击，鲁迅深感痛心和愤怒。但是考虑到大局，他一直隐忍不发，直到3月12日，他才在《语丝》杂志上发表了《"醉眼"中的朦胧》一文，回击了创造社的攻击。在此之后，他又先后写了《文艺与革命》、《我的态度气量和年纪》、《革命咖啡店》等文章，一方面阐述自己的文艺观点，一方面痛斥了创造社、太阳社所表现出来的左倾冒进思想。

这场论争持续了半年多。后来由于创造社被查封，创造社主要刊物被禁，加上中共领导机关做了不少工作，这场原本不应有的风波才算告一段落。尽管鲁迅在这场风波中受到了很大伤害,但他并不计较个人恩怨,仍把创造社成员视作同一营垒的战友。随着时间的推移,那些曾经伤害过鲁迅的人,也都逐渐认识到了自己的错误,并和鲁迅建立起了同志式的友谊。成仿吾、冯乃超等批“鲁”大将,后来都和鲁迅有过愉快的交往。事实说明,鲁迅决不是一个心胸狭窄的人。

1929 年 9 月,他们的爱情结晶——儿子海婴来到了人间。

海婴临产前一天,鲁迅不顾自己正在发烧,陪许广平住进了上海的福民医院,并亲自在一旁照料,度过了一个不眠之夜。因为难产,必须给产妇动手术,手术前医生告诉鲁迅很可能大人和小孩只能保一个,并询问他是留大人还是留小孩,鲁迅不假思索地答道:“留大人。”结果手术出人意料地成功,大人和小孩的生命都保住了。27 日凌晨,粉红色的小身体呱呱坠地。当鲁迅得知是个男孩以后,欣慰地说:“是男的,怪不得这样可恶。”

小生命的降临给年近五十的鲁迅带来了难以言喻的喜悦。虽然各种事务缠身,他每天都要抽时间去医院看上两三次,有时还领着朋友们一起去探视。只要一见到孩子那稚嫩、安详的小脸,他便觉得浑身的疲惫一扫而空。见过小海婴的朋友都说孩子长得像鲁迅,鲁迅也承认孩子长得确实与自己很像,不过,末了他总要加上一句:“我没有他漂亮!”

10 月 10 日,在医院住了十二天的许广平决定回家了,因为她实在不忍心看着鲁迅老这样在家和医院之间奔波,白白浪费宝贵的光阴。鲁迅和三弟建人夫妇一起去医院将母子俩接了回来。当离家十多天的广平走进楼上卧室的时候,不由得发出了一声小小的惊叫,因为房间已整个变了样,不但家具变换了位置,而且收拾得窗明几净,一尘不染,床边还像医院一样摆了张小桌子,上面放了茶杯和必需的药品,另外还有一盆小巧玲珑但绿意盎然的松树。这一切,显然都是鲁迅的手笔。没想到,平时从不插手这一类琐事的他,居然亲自动手布置了房间,而且还布置得这么好。站在焕然一新的房间里,一种交织着惊奇和喜悦的情感不由得涌上广平心头,初为人母的她终于对爱所能创造的奇迹有了一种切身的感受。

许广平和海婴回家后,一方面为不影响母子俩休息,另一方面也为了防止自己抽烟影响母子俩健康,鲁迅特地把书桌从楼上书房搬到了楼下客房,在这里设了一个临时书房。每天他在临时书房工作到午夜 12 点,便上楼接替广平照看孩子。这时夜深人静,万籁俱寂,人们都已进入梦乡,可是白天已经睡足的海婴却精神十足,动个不歇,鲁迅抱着他坐在床沿上,变着法子逗他玩。玩着玩着,小海婴累了,鲁迅便将双臂弯成一个小摇篮,让海婴躺着,然后在门口和窗口之间来回踱步,一边还哼着他特地为海婴编的儿歌。在熟悉的儿歌声中,小海婴慢慢地安静下来,很快就进入了梦乡。

天真无邪的孩子不仅给生活带了乐趣,也给创作带来了灵感,鲁迅从不掩饰自己对儿子的喜爱之情,在和友人的通信中,他总是不厌其烦地通报着孩子的种种消息和“趣闻”。在封建礼教的压抑下,中国很少有健康、平等的父子关系,鲁迅自己对此有切肤之痛,所以他决不愿用那些所谓的规矩再来约束自己的孩子,海婴自小便在自由、平等、活泼的家庭气氛中成长,因而在大人面前从来不感到拘束,有时还会公开表示自己对爸爸的不满:“这种爸爸,什么爸爸!”对此鲁迅不但不生气,反而对孩子身心的健康发展而感到由衷的高兴。

可以这样说，即使在抚养和教育子女方面，鲁迅也表现出了决不与封建旧传统妥协的战士风范。

就在海婴出世前后，一场文学上的著名论争由新月派挑起了。

新月派是1923年成立于北京的一个文艺团体，成员大多是在英美留过学的知识界人士，他们标榜自由主义，提倡用“健康”和“尊严”作为文艺的原则，虽然说起来很动听，但在当时白色恐怖的政治环境下，其欺骗性和危害性是不言而喻的。

1929年9月，新月派主将梁实秋在新月社办的《新月》月刊上发表《文学是有阶级性的吗？》一文，宣称文学是超阶级的，不论资产者还是无产者，“他们的人性并没有两样”，因而反对马克思主义文艺理论“把阶级的束缚加在文学上面”；他还认为人生下来就有差别，一切文明“都是极少数的天才的创造”，“好作品永远是少数人的专利品，大多数人永远是蠢的，永远和文学无缘的”。在同一期的《新月》上，梁实秋还发表了另一篇文章《论鲁迅先生的“硬译”》，指责鲁迅的翻译是“硬译”和“死译”，“读起来比天书还难”，实际上是在借题发挥，企图全盘否定以鲁迅为首的革命文艺阵营对马克思主义文艺理论的介绍。

对于新月派的进攻，鲁迅很快作出了回应。1930年3月，他发表了一万一千多字的长文《“硬译”与“文学的阶级性”》，对梁实秋的谬论逐条进行了回击，他首先就翻译问题驳斥了梁实秋宁可歪曲原意也要文字通顺的歪理，接着笔锋一转，谈起了文学有没有阶级性的问题：“文学不借人，也无以表现‘性’，一用人，而且还在阶级社会里，即断不能免掉所属的阶级性，无需加以‘束缚’，实乃出于必然。自然，‘喜怒哀乐，人之情也’，然而穷人决无开交易所折本的懊恼，煤油大王哪会知道北京捡煤渣老婆子身受的酸辛，饥区的灾民，大约总不去种兰花，像阔人的老太爷一样，贾府上的焦大，也不爱林妹妹的。”他还以以子之矛攻子之盾的手法，揭露了高喊“超阶级”的梁实秋身上的“阶级性”：“例如梁先生的这篇文章，原意是在取消文学上的阶级性，张扬真理的。但以资产为文明的祖宗，指穷人为劣败的渣滓，只要一瞥，就知道是资产家斗争的‘武器’——不，‘文章’了。无产文学理论家以主张‘全人类’‘超阶级’的文学理论为帮助有产阶级的东西，这里就给了一个极分明的例证。”

在和新月派论争的过程中，原先和鲁迅有过矛盾的创造社、太阳社成员重新和鲁迅站到了一起。创造社成员冯乃超于1930年2月在《拓荒者》上发表《阶级社会的艺术》一文，在多方面驳斥了梁实秋的种种谬论后，送了梁一个雅号——“资本家的走狗”。恼羞成怒的梁实秋立刻在《新月》上发表文章，一边宣称“我不生气”，一边又装出一副受了冤屈的样子说：“《拓荒者》说我是资本家的走狗，是那一个资本家，还是所有的资本家？我还不知道我的主子是谁……”

看到梁实秋的辩解，鲁迅觉得非常可笑。那天编辑《萌芽月刊》的左翼作家冯雪峰正在他家商量工作，他便笑着对雪峰说：“有趣，还没有怎样打中他的命脉就这么叫了起来，可见是一只没有什么用的走狗……乃超这人真是忠厚人。……我来写他一点。”

说到做到，几天后，他便将《“丧家的”“资本家的乏走狗”》一文交给了雪峰。和他的所有文章一样，这篇篇幅不大的文章也一下子打到了论敌的七寸上："凡走狗，虽或为一个资本家所豢养，其实是属于所有的资本家的，所以它遇见所有的阔人都驯良，遇见所有的穷人都狂吠，不知道谁是它的主子，正是它遇见所有阔人都驯良的原因，也就是属于所有的资本家的证据……"

鲁迅自己对这篇文章相当满意，在把文章交给冯雪峰时，他笑着说："你看，比起乃超来，我真要刻薄得多了。"后来，冯乃超看到这篇文章，也十分佩服，称其为"奇文"。

几乎在与新月派论争的同时，革命阵营正在酝酿着两件大事，一是发起成立"中国自由运动大同盟"，二是组织"中国左翼作家联盟"。这两个组织分别是中国共产党领导的政治和文艺团体。在党组织的策划和鲁迅等人的积极参与下，它们分别于1930年2月和3月成立。

"中国自由运动大同盟"是一个纯粹政治性的团体，它的主旨就是反对帝国主义和国民党的反动统治。1929年开始筹备成立时，当时设在上海的党中央希望鲁迅参加并成为发起人，派冯雪峰征求他的意见。具有丰富斗争经验的鲁迅内心并不赞成这样的斗争方式，因为他深知在国民党的高压统治下，这个具有鲜明政治倾向的组织根本不具备生存的土壤，一成立便会立即被解散，但是考虑到党对自己寄以厚望，他还是欣然答应担任"中国自由运动大同盟"的发起人。

2月13日，"中国自由运动大同盟"成立大会秘密召开。鲁迅出席了会议。虽然在会上他没有发言，但是精神十分愉快。会后，在他和冯雪峰主办的《萌芽月刊》上发表了《中国自由运动大同盟宣言》，《宣言》第一句话便是："自由是人类的第二生命，不自由，毋宁死。"表明了与国民党的残暴统治誓不两立的严正立场。与鲁迅同为"同盟"发起人的有郁达夫、田汉、夏衍、郑伯奇等五十一人，他们都在宣言上署了名。

与"中国自由运动大同盟"相比，二十天后成立的"中国左翼作家联盟"则是一个具有较强文艺色彩的革命团体。参加者都是当时革命文艺阵营中的活跃分子，其中不乏曾一度与鲁迅失和的创造社、太阳社成员，为了共同的革命目标，鲁迅和他们捐弃前嫌，重新走到了一起。3月2日下午，在上海北四川路窦乐安路中华艺术大学的一个教室里，"左联"召开了成立大会。在会上，鲁迅发了言。针对在这之前冯乃超等人起草的"左联"理论纲领中一些照搬苏联文学团体的过于激烈、生硬的提法和口号，鲁迅谆谆告诫在座的左翼作家："我以为现在，'左翼'作家是很容易成为'右翼'作家的。为什么呢？第一，倘若不和实际的社会斗争接触，单关在玻璃窗内做文章，研究问题，那是无论怎样的激烈，'左'都是容易办到的；然而一碰到实际，便即刻要碰碎了。关在房子里，最容易高谈彻底的主义，然而也最容易'右倾'……第二，倘不明白革命的实际情形，也容易变成'右翼'。革命是痛苦，其中也必然混有污秽和血，决不是如诗人所想象的那般有趣，那般完美……"

鲁迅的话，可谓语重心长，对于当时在革命文艺队伍中颇有一些市场的脱离斗争实际、单凭幻想和一时冲动行事的幼稚想法，不能不说是一帖清醒剂。同时，他还对"左联"的工作提出了四点具体意见：第一，对于旧社会和旧势力的斗争，必须坚决，持久不断，而且注意实力。第二，战线应当扩大。第三，应当造出大群新的战士。第四，克服个人主义和小团体主义，为共同的目的而团结战斗。如果目的都在工农大众，战线也就统一了。

"左联"成立后，做了许多实际工作。除了与新月派的论争外，"左联"还在鲁迅的实际领导下与由国民党文化特务发起的所谓"民族主义文艺运动"和胡秋原、苏汶等"自由人"和"第三种人"进行了针锋相对的斗争。在斗争中，茅盾、瞿秋白、周扬、冯雪峰等一批年轻的文艺战士脱颖而出，显示了无产阶级文艺事业的强大生命力。

像鲁迅预料的那样，"中国自由运动大同盟"和"左联"的成立，果然触怒了反动统治当局。国民党浙江省党部向鲁迅等五十一人发出了通缉令，宣布鲁迅等人是所谓"堕落文人"。虽然鲁迅知道这种杀气腾腾的"通缉"不过是吓人的玩艺，因为在中国，真要抓人的时候，都是悄悄地抓、暗暗地杀，而从不下通缉令之类的，但是为了不让亲人们为自己担心，他还是决定离家外出避避风头。在内山老板的盛情邀请下，他住进了内山书店的一间阁楼。

这次避难前后持续了近一个月。避难结束后不久，鲁迅便从景云里寓所搬到了北四川路的"拉摩斯公寓"。

1931 年 1 月 17 日，柔石、殷夫、胡也频、冯铿、李伟森等五位革命作家和其他三十多位共产党员在上海东方饭店参加一个秘密会议时，因叛徒告密，被英国巡捕逮捕，随即很快被"引渡"给了国民党上海龙华警备司令部。

就在五位作家被捕的前一天，他们中和鲁迅最熟的柔石曾与鲁迅见过一面。当时他受明日书店的委托，来向鲁迅询问翻译著作的付酬方法，鲁迅便将自己和北新书局所签的类似合同抄了一份给柔石，供明日书店参考。柔石被捕时，身上还带着这份合同。特务们在他衣袋里搜到这份合同后，便千方百计逼迫柔石说出鲁迅的地址，都被他严词拒绝。消息传到鲁迅耳里，深知反动派凶残本性的鲁迅决定暂时离家，以避不测。一月二十日，他烧掉朋友们的信札，在内山完造的帮助下，到日本人开的花园庄旅馆避难。和上次孤身一人在内山书店避难不同，这次他带上了广平和海婴。

在花园庄，他们挤住在副楼楼下的一间小屋里，阴暗而又潮湿，条件十分艰苦，但鲁迅不以为意，虽然自己也时刻处在危险之中，但他更挂念的却是柔石他们的安危。在逼人的寒气中，和柔石等交往的往事常常会一幕幕地浮现在眼前，使他感到些许的温暖。

柔石是鲁迅到上海近一年后与鲁迅认识的。他是浙江海宁人，原名叫赵平复，柔石是他的笔名。他性格率真质朴，在鲁迅看来甚至有一点"迂"，但是正是这"迂"赢得了鲁迅的好感。因为在旧中国，充斥着的是"滑"的市侩和"媚"的奴才，倒是像柔石这样正直忠厚到"迂"的人，显得特别难能可贵。

和同时代的许多青年一样，柔石十分热爱文艺事业，和鲁迅结识不久，他们就和另两位朋友一起创办了朝花社，大家集资出版书刊介绍东欧和北欧的文学以及外国的木刻版画。

朝花社成立后，柔石便全身心地投入了工作，像一头不知疲倦的耕牛一样，承担了社里的大量事务性工作，如买纸、跑印刷厂、制图、校对等等。后来由于经营不善，朝花社所出的书和版画不但收不回本钱，反而欠了不少债，但他毫无怨言，又拼命写作和翻译，希望用稿酬来填补亏空。

除了柔石，被捕的五位作家中和鲁迅来往比较密切的，还有殷夫。殷夫又名白莽，也是浙江人，他和鲁迅相识是从投稿开始的。1929 年 6 月，殷夫给《奔流》杂志投来一篇由德文翻译的匈牙利诗人裴多菲传，鲁迅写信向他索要原文，由于原文刊登在诗集前面，邮寄不便，殷夫就亲自送来了。因是初次见面，鲁迅说话不多，殷夫感到不太自在，回去后就给鲁迅来了一封信，说他很后悔这次见面。鲁迅当即便写了一封信给他，一方面对自己的态度作了解释，一方面请他再翻译几首裴多菲的诗，和那篇传一起发表。几天后，殷夫果然将诗译好送了过来，这次见面比第一次轻松了许多，鲁迅不但热情地鼓励了他，还借给他二十元钱，帮助他维持生活。后来殷夫译的传和诗，都在《奔流》上发表了。两个人第三次见面，已是三个月以后了。那时虽然已是秋天，但还很炎热，殷夫却古怪地穿着一件棉袍，汗流满面。这身打扮让鲁迅十分纳闷。这时殷夫才告诉鲁迅，他是一个革命者，刚从监狱里释放出来，衣服和书籍都被没收了。身上的棉袍是从朋友那儿借来的，没有夹衫，只得穿着长衫这么出汗。殷夫的陈述使鲁迅十分动容，他赶紧从身上摸出五十元钱给殷夫，以解燃眉之急，使他可以买一件夹衫。

天气越来越冷了，战友们在狱中的遭遇深深地牵动着鲁迅的心……又有消息称，他们已被押往南京，还是有希望用钱赎出来的，有人开始在筹集赎款，鲁迅立即捐了五十元。后来据说光是赎出柔石一个人就需要一千元，鲁迅一时凑不出这么多钱，便决定将《中国小说史略》的版权卖掉，为此他和北新书局开始了协商，可是协商还没有结果，却传来了一个比前面的消息更为可靠的“消息”：柔石和其他革命者共二十四人，已于 2 月 7 日深夜被秘密活埋或枪杀于上海龙华警备司令部，柔石中了十枪……

噩耗传来的当天深夜，鲁迅独自一人站在花园庄的院子里，呼吸着冬夜阴冷的空气，周围的一切都沉浸在寂静而幽深的夜色中，劳碌了一天的人们纷纷进入了梦乡，包括他挚爱的妻子和儿子，可是他的心，却始终无法平静下来，悲痛、愤怒、对烈士们的回忆和思念交织在一起，使他感觉到自己的每一根神经都在颤动、每一根血管都将爆裂……

也不知在夜风中站了多长时间，他终于回到了屋里。心在滴血的他习惯性地坐到写字台前，沉吟片刻，便用饱蘸墨汁的笔写下了一首浓缩着他所有爱憎的诗句：

惯于长夜过春时，挈妇将雏鬓有丝。
梦里依稀慈母泪，城头变幻大王旗。
忍看朋辈成新鬼，怒向刀丛觅小诗。
吟罢低眉无写处，月光如水照缁衣。

在花园庄避难一个多月后，鲁迅于 2 月 28 日回到了拉摩斯公寓。回家后，他的心情依然无法平静下来，又接连写了几篇文章，来控诉国民党反动派的种种暴行。

3 月 18 日，一位金发碧眼的外国女子敲开了鲁迅家的门。她便是著名的美国进步女作家和记者史沫特莱。史沫特莱刚从菲律宾休假回到上海，得知柔石等人牺牲的消息后，便立即赶了过来。史沫特莱和鲁迅结识已有一年多，三个月前，她还曾和上海的一批左翼文化人士举办过鲁迅五十寿辰的纪念会，在她眼里，鲁迅一向是一个深沉、坚毅、睿智而又不乏幽默感的人，可是今天的鲁迅，却和以前判若两人，他面色灰暗，头发蓬乱，两颊深陷，胡须也没有刮，眼睛里闪烁着灼人的火光。和史沫特莱打过招呼后，他没有多说话，便将一篇稿子递给了史沫特莱："这是我刚写的一篇文章，请你帮我译成英文拿到国外去发表吧！"

史沫特莱迅速浏览了一下稿子，职业的敏感使她意识到，这篇文章一旦发表，将无异于投向国民党统治者和他们的帮闲的一枚重磅炸弹，可是，考虑到鲁迅的生存环境，她又不能不担心文章发表后有可能给作者带来的种种麻烦，她不无担忧地对鲁迅说："如果文章就这样刊印出来，会给先生惹来麻烦的，甚至会有生命危险，还是慎重一点好。"

"这有什么关系？"鲁迅不假思索，毅然答道，"中国总得有人出来说话。你尽管拿去发表！"

这篇文章，后来史沫特莱真的"拿去发表"了。这就是发表在美国《新群众》上的《黑暗中国的文艺界的现状》。这是一篇著名的战斗檄文，在文章中，鲁迅控诉了国民党反动派及其帮闲文人对左翼文艺的迫害，揭露了他们的种种鬼蜮伎俩，表达了对左翼文艺的美好未来的坚定信心，在文章的最后鲁迅庄严宣告："惟有左翼文艺现在在和无产者一同受难，将来当然也将和无产者一同起来。单单的杀人究竟不是文艺，他们也因此自己宣告一无所有了。"

和文章同时在《新群众》上发表的，还有鲁迅和史沫特莱共同起草的一份宣言，题为《中国作家致全世界的呼吁书》。鲁迅的文章和宣言在大洋彼岸引起了强烈反响，它们使许多原先不明真相的外国人士了解了发生在中国的一桩桩暴行，五十多位美国作家发表宣言和声明，一致抗议对左翼作家的屠杀。烈士们的血并没有白流。

除了争取国外友人的支持，鲁迅还和左联的同志一起创办了一个新刊物，起名《前哨》，创刊号便是"纪念战死者专号"。鲁迅为专号撰写了《柔石小传》和《中国无产阶级革命文学和前驱的血》两篇文章。

五位烈士遇害带给鲁迅的巨大震撼是难以形容的。在很长一段时间里，鲁迅始终沉浸在对烈士们的缅怀和哀思中，从不轻易流露内心情感的他一直以各种手段表达着自己对烈士们的怀念，并力所能及地给烈士们的遗属以帮助和照顾。直到两年多后，他还写了《为了忘却的记念》一文，寄托了自己对烈士们的无尽思念之情。

1933 年 1 月 4 日，鲁迅接到了蔡元培的一封信，邀请他参加一个叫作中国民权保障同盟的组织。民权保障同盟，顾名思义，就是保护人民应该享有的各种神圣权利的组织，在国民党的白色恐怖下，人民的一切权利被剥夺，逮捕、暗杀，每时每刻都在发生，成立这么一个组织应该说是很有意义的。尽管鲁迅对这一类民间组织在国民党治下能有多少作用并不乐观，他还是欣然接受了邀请。1 月 17 日，民权保障同盟上海分会在中央研究会召开成立大会，鲁迅和宋庆龄、蔡元培、杨铨、林语堂等人当选为分会的执行委员。

民权保障同盟成立后，为营救被非法关押的政治犯进行了一系列的斗争，在社会上造成了很大影响，成了国民党当局的眼中钉。1933 年 6 月 18 日，同盟总干事杨铨（杨杏佛）带儿子出门，结果在家门口遭到国民党特务袭击，不幸中弹牺牲。

杨铨是一个老资格的国民党员，曾是三民主义的忠实信徒，然而，残酷的现实，使他一步步认清了国民党的真实面目，并义无返顾地走到了自己这个党的对立面，他的遇害，使鲁迅深感震惊和愤怒。惨案发生时鲁迅正在内山书店，听到消息后，他立即从书店驱车前往民权保障同盟打听消息。由于出事后市面上议论纷纷，传言很多，许广平十分担心鲁迅的安全，便从家里赶到了内山书店，结果她在书店等了很长时间才等来了眉头紧锁的鲁迅。心急如焚的广平和内山老板都不约而同地表达了对鲁迅安全的担忧，可是鲁迅却平静然而坚定地说："管他呢，就是被杀死了，也打什么紧呢？"

事实上，广平等人的担忧并不完全是杞人忧天。杨铨遇害后，白色恐怖日甚一日，据有的报纸披露，国民党特务已拟定了暗杀的黑名单，其中就有鲁迅。有朋友劝鲁迅暂时离家外出避一避风头，但是鲁迅谢绝了他们的好意，决定不但照常住在家里，而且还要继续写作，绝不向国民党当局示弱。

6月20日，在上海万国殡仪馆为杨铨举行了入殓仪式。在此之前，国民党特务已四处放风，声称要在这一天暗杀鲁迅和同盟的其他成员。恫吓和威胁能吓倒那些见风使舵的软骨头，却吓不倒早将生死置之度外的真斗士。尽管同盟中有个别人迫于国民党的淫威而临时打了退堂鼓，可是鲁迅却毫不犹豫地和许广平双双来到了万国殡仪馆。临出门前，他毅然把大门钥匙丢在家里，以示一去不返、慷慨赴死的决心。

这一天，大雨滂沱，天公也似乎在为反动派的暴行而悲泣。在万国殡仪馆，尽管有獐头鼠目的特务在门口转悠，但也许是被鲁迅、宋庆龄、蔡元培等人镇定自若、大义凛然的气势所震慑，他们没敢下手，鲁迅安然回到了家中。回家后，鲁迅仍抑制不住对逝去的战友的怀念，满怀悲愤之情写下了一首七绝——《悼杨铨》：

岂有豪情似旧时，花开花落两由之。
何期泪洒江南雨，又为斯民哭健儿。

国民党反动派原打算以刺杀杨铨起到杀一儆百的作用，吓退那些为自由和真理而战的人们，没想到他们的倒行逆施反而更激起了对手们的斗志。也就是从这时起，鲁迅更清楚地意识到了自己手中那支笔的分量，6月25日，他在给日本友人的信中说："近来中国式的法西斯开始流行了。朋友中已有一人失踪，一人遭暗杀。此外，可能还有很多人要被暗杀，但不管怎么说，我还活着。只要我还活着，就要拿起笔，去回敬他们的手枪。"

确实，作为一名作家，除了手中的笔，还有什么更好的武器呢？

1933年初，鲁迅应《申报》副刊《自由谈》新任主编黎烈文之邀，开始给《自由谈》撰写杂文。《申报》历史悠久，是上海很有地位和影响的大报，鲁迅以"何家干"为笔名，每月给《自由谈》写三四篇到十几篇不等的杂文，这些文章短小精悍，切中时弊，恰似一柄柄投向黑暗社会的投枪，受到了广大读者的热烈欢迎，但同时也惹恼了国民党当局和他们豢养的走狗文人，对鲁迅的诬蔑、攻击接踵而来。《自由谈》也受到了来自各方的压力。从5月开始，鲁迅的文章便接连不能发表了。5月25日，《自由谈》编者登出启事，要求作者写文章"多谈风月，少发牢骚"，这当然是《自由谈》编者自我保护的一种策略。其实，同样是谈风月，也可以谈出完全不同的观点和倾向来，但是这种道理跟国民党及其走狗文人是讲不清楚的。"风月"就"风月"吧，从6月起，鲁迅又开始继续给《自由谈》投稿。为了不给《自由谈》惹来麻烦，他不得不时常变换笔名，而所写的文章，表面上看也确实是在谈“风月”了，但实际上仍然是话中有话、通篇带刺，从中是看不出“文人雅士”希望看到的“闲适”和“冲淡”来的。后来，他把这一年中在《自由谈》上发表的文章，辑成两本集子，给它们分别起名叫作《伪自由书》和《准风月谈》，自然，这两个书名也暗含着对国民党文化专制政策的讥讽之意。

在这段乌云压城、令人窒息的恐怖岁月里，有一个人走进了鲁迅的生活，并和鲁迅结下了深厚的战斗情谊。他就是中共早期领导人瞿秋白。

瞿秋白原来一直担任党的主要领导工作，但是在1931年1月举行的六届四中全会上，王明等“左”倾机会主义者对他发动突然袭击，迫使他离开了党的领导岗位。随后他秘密来到上海养病，和上海的一批地下党员和左翼文化人建立了联系。瞿秋白不仅是一位优秀的共产党员，还是一位才华横溢的文学家、翻译家。来到上海后，他一方面主动参与“左联”的工作，一方面翻译了大量的马克思主义文艺论著。鲁迅在没与他见面之前，就已经知道了他的名字。有一次在闲谈中，冯雪峰告诉鲁迅，瞿秋白对他从日文转译的几种马克思主义文艺论著的译文提出了一些意见，鲁迅非但没有生气，反而兴奋地说：“我们抓住他，要他从原文多翻译这类作品！以他的俄文和中文，确是最适宜的了。”1931年底，他们开始就翻译问题通信，瞿秋白在信中把素未谋面的鲁迅称作“敬爱的同志”，鲁迅也在回信中称瞿秋白为“敬爱的J.K.同志”，一声亲密无间的“同志”，把他们的心又拉近了许多。

由于“一二八”事变后鲁迅外出避难，两个渴望见面的人直到3月份鲁迅从避难地回家后才见了第一面。这一天，瞿秋白和夫人杨之华在拉摩斯公寓受到了鲁迅一家的热烈欢迎。从此之后，两家人便像亲人一样走动起来。

由于瞿秋白和杨之华的特殊身份，他们在上海时时刻刻处在危险中，每逢发生紧急情况，他们首先想到的便是鲁迅。从1932年11月开始，瞿秋白夫妇先后三次到鲁迅家避难，都受到了鲁迅和广平的热心接待和悉心照顾。

1933年2月，英国大文豪肖伯纳到上海访问，鲁迅应邀到宋庆龄住处参加了欢迎仪式，与肖伯纳共进了午餐。由于当时围着肖伯纳的人很多，鲁迅没有机会与肖伯纳单独交谈，但是据鲁迅的观察，这位风趣、尖刻的英国老头是一个善于撕开绅士们假面具的正直之士，因此对他颇有好感。肖伯纳在上海逗留的时间很短，但是关于肖伯纳的各种报道很多，因为每张报纸的立场、观点不同，因此记者们笔下的肖伯纳也是面目各异，与真实的肖伯纳大相径庭。这时，瞿秋白正在鲁迅家避难，他们在一起也不免谈到肖翁的这次上海之行，觉得上海各报对肖伯纳的报道恰恰在无意中暴露了各派政治势力的思想倾向，对广大人民群众认清他们的真实嘴脸很有帮助，便决定将报上有关肖翁的文章辑录下来，编一本《肖伯纳在上海》。结果，说干就干，在许广平和杨之华的协助下，他们夜以继日，一口气完成了从编排、作序到校对的各项工作。一个月不到，这本署名乐雯、由野草书屋出版的书便与读者见面了。这样惊人的出书速度，在出版界是不多见的。

出版《肖伯纳在上海》，除了揭露大上海各路流氓政客、军阀恶棍、无聊文人的丑恶嘴脸外，鲁迅还有一个目的，就是在经济上资助秋白。由于生活动荡、身体不好，瞿秋白在经济上十分困难，而他又不肯随便接受别人的馈赠，出版此书，可以让他名正言顺地支取一部分稿费，以解燃眉之急。为了帮助处在困境中的战友，鲁迅真可谓煞费苦心。因而，薄薄的一本《肖伯纳在上海》，也就成了两个人战斗情谊的见证。

为了让瞿秋白有一个比较安定的住所，不至于整天东躲西藏，鲁迅想了很多办法。1933 年 3 月，在内山夫人的帮助下，他终于在离拉摩斯公寓不远的施高塔路东照里给秋白夫妇找到了一个比较理想的住所。这里周围住的都是日本人，可以免去许多家长里短式的麻烦。隔了没多长时间，鲁迅也把家搬到了同在施高塔路上的大陆新村。这样，他们来往就更方便因而也更密切了。据秋白夫人杨之华回忆，自秋白搬进新居后，鲁迅几乎天天到东照里去看他们，和秋白谈论政治、时事、文艺等各方面的事情，只要一见到鲁迅，不爱说话的秋白话就多了起来，他们常常边说边笑，有时还会孩子般地哈哈大笑起来。在秋白新居的墙上，挂着鲁迅书写的录自清人何瓦琴诗句的对联："人生得一知己足矣　斯世当以同怀视之"，可见秋白在鲁迅心中占有何等地位。

这段时间，由于生活较为安定，秋白又拿起了搁置已久的笔。他先后撰写了十多篇杂文，这些杂文，都是由他先行构思，再和鲁迅商讨、最后执笔写出来的。由于秋白博古通今、思想敏锐，因而写出来的杂文既有思想深度，又有较强的艺术感染力，作为杂文大家的鲁迅对秋白的这些杂文给予了很高评价。考虑到秋白的身份使他无法公开发表作品，鲁迅便在这些文章上署上自己的笔名，请人抄写后送交报馆发表。为了扩大这些文章的影响，也为了纪念和秋白的这段友谊，后来鲁迅把这些文章分别收录进了自己的杂文集《伪自由书》和《南腔北调集》。如今，在《鲁迅全集》中，我们仍可以从《王道诗话》、《伸冤》、《曲的解放》等文章中领略到瞿秋白作为一个杂文家的风采。

跟鲁迅的交往，不但使瞿秋白熟悉了鲁迅这个人，也使他对鲁迅的思想、鲁迅的文章有了一个全面而深刻的了解。1933 年 4 月，经过系统地阅读鲁迅的杂文，秋白编选了《鲁迅杂感选集》一书，并为这本书写了序言。在序言中，瞿秋白不仅对鲁迅的杂文进行了高度评价，而且对鲁迅思想的发展过程作了理性的、令人信服的分析和总结。

编选这个选集的时候，秋白的生活和工作环境都还相当艰苦。为了避人耳目，他白天只能装病，躺在床上仔细阅读鲁迅的作品，一直等到夜深人静，他才起来伏在一张小方桌上赶写序言。有一次鲁迅到秋白家作客，正好看到秋白在艰苦工作，不由得动情地对秋白说："你写作的环境比我坏得多。"正是在这样不尽人意的环境和条件下，秋白写出了长达一万三千多字的观点新颖、分析精辟的《序言》。鲁迅本人对《序言》中对自己的分析和评价也深表赞同，当他第一次阅读《序言》时，由于太过专心，竟让烟头烧着了手指。后来，他又一再表示，《序言》对自己的分析是对的，"以前就没有人这样批评过"。

正如秋白所希望的那样，《序言》给鲁迅留下了一个"永久的纪念"。1934 年 1 月，秋白接到党中央通知，离开上海去江西瑞金中央苏区工作。临行前，他特地来到大陆新村和鲁迅告别，并把自己的文集稿留给了鲁迅，请鲁迅代为保管。由于秋白即将去苏区投入轰轰烈烈的革命工作，所以当时的气氛并不伤感。谁也没有想到，这次分手，竟成了他们的永别。1935 年 6 月，秋白在福建长汀被国民党杀害，为共产主义事业献出了宝贵的生命。

秋白遇害后，鲁迅悉心搜集、整理秋白的遗稿，开始筹划出版秋白的译文集《海上述林》。为出版这部集子，鲁迅承担了从编辑、作序、校对、装帧到拟定广告的各项工作，连印书的纸都是由他亲自购买的。为了使集子的印刷和装帧更精致，他还托内山完造将书稿送到各方面条件都较好的日本去排印。分成上下两卷的《海上述林》最后是以诸夏怀霜社的名义出版的。这个社名也是含有深意的，因为秋白原名叫霜，诸夏怀霜，自然就是中国人民怀念秋白的意思。用这种特殊的方式，鲁迅表达了对这位人生知己、革命战友的深切怀念。

几乎在秋白遇害的同时，一封寄自国民党南昌监狱的密信被辗转送到了鲁迅手中。这是 1935 年初夏的一天，内山书店职员将一封没有落款的信交给了鲁迅。他打开信封一看，是几张白纸，上面什么字也没有，但直觉告诉他这封信非同寻常。正好这时与他关系密切的左翼作家胡风来访，对胡风十分信任的鲁迅便托胡风将信带回去研究一下。经人指点，胡风回家后用碘酒在信纸上擦出了字迹。原来，这些信是用米汤写的，米汤风干后在白纸上不露痕迹，可是用碘酒一擦，便“原形毕露”了。信的作者叫方志敏，是一个正被关在国民党监狱、随时都有生命危险的共产党员、红军指挥员。

方志敏是赣东北革命根据地和红十军的创建人。1935 年 1 月，在率北上抗日先遣队与敌人进行的一次战斗中，他不幸被俘。被俘后，面对敌人的威逼利诱，他始终不为所动。考虑到敌人随时可能对自己下毒手，他在极为艰苦的条件下，写下了一批记录自己思想轨迹和革命经历的文稿及致党中央的密信。他知道，敌人可以消灭自己的肉体，但是他们消灭不了自己的精神，因此，必须想方设法把这一批文字材料交到党的手中。可是，当时红军已经北上，党中央也随之转移，地下党的同志又很难找到，这些文稿交给谁呢？经过反复考虑，他想到了鲁迅。方志敏并不认识鲁迅，但从小就酷爱文学的他读过鲁迅的很多作品，对鲁迅充满崇敬之情，他知道鲁迅一向支持中国共产党的正义事业，是党的好朋友，而且与许多党的重要人物关系密切，找到鲁迅就一定能找到党。他坚信鲁迅不会辜负自己的重托。

方志敏是国民党的要犯，把文稿带出监狱本身就不是一件易事。好在这时方志敏已在监狱发展了一条“内线”：监狱有一个姓高的文书，经过与方志敏几个月的接触，深为方志敏身上的革命气节所感动，对方志敏所从事的事业也有了一定了解，愿意力所能及地为方志敏提供帮助，方志敏决定托他先把一部分文稿和密信带出去。这位姓高的文书果然不负所托，让他的未婚妻专程赶到上海，把文稿送到了内山书店。

当鲁迅接到方志敏从狱中送出的信和文稿后，内心十分激动。他和方志敏并不相识，也无从猜测方志敏在狱中的种种想法，但他深深知道，当方志敏嘱咐那位文书把文稿送给自己的时候，一定把自己看成了他的同志和战友，这种信任是多么难得而珍贵啊！

鲁迅把方志敏给党中央的信通过胡风转给了党中央，使党组织与方志敏建立了联系。7月中旬,方志敏又通过那位姓高的文书给鲁迅送来了第二批文稿。此后不久,这位坚贞不屈的共产党员便在狱中英勇就义了。鲁迅则一直珍藏着他的所有文稿,直到第二年春天,冯雪峰再次来到上海的时候,才把它们郑重交给了代表党组织的冯雪峰,托他设法转交给党中央。

在鲁迅保存下来的这批文稿中,就有后来感动过无数读者的《可爱的中国》、《清贫》等作品,它们忠实而生动地记录了方志敏烈士崇高的精神世界,表达了一个共产主义战士对祖国、对人民的无限热爱和对理想的无限忠诚,不但是散文史上的瑰丽篇章,而且也是记录中国共产党光辉战斗历程的不朽文献。鲁迅不负方志敏烈士的重托,冒着很大危险保存下这批文稿,说明他已不是一个共产主义事业的旁观者,而是一个参加和实践者了。

在当时的文坛上,鲁迅是一个不知疲倦的斗士,与来自各方面的黑暗势力进行着不屈不挠的斗争,他是一个旧思想的毫不留情的批判者,也是一个旧文化的义无返顾的摧毁者,但同时,他又是一个革命和健康文艺事业的播种者和建设者。

早在二十年代末期,鲁迅就和柔石等青年朋友一起,开始了将木刻画引进中国的工作。为了让这一新画种在中国古老的大地上生根开花,鲁迅可谓殚精竭虑,他先后自费出版画集七种,编辑出版画集五种,办木刻训练班一次,向国外输出木刻新作展览会一次,举办外国版画展三次,他还和喜爱木刻的美术青年通信二百多封,与他们探讨有关木刻的各种问题。在他的影响下,三十年代初出现了一八艺社、木铃社、木刻研究社、广州现代版画会等一批进步木刻团体。木刻这一画种终于在中国扎下了根。

自从到上海后,鲁迅翻译了不少马克思主义文艺论著,并由此引出了一段与梁实秋有关“硬译”的争论。1930年4月,他又应神州国光社之约,编一套新俄文艺丛书,定名为“现代文艺丛书”,原准备出十种,但在出了四本之后,书店就迫于国民党当局的压力而解约了,其他书店也由于同样原因而不敢再承印这一套书。为了不向国民党当局示弱,鲁迅决定自费出版这套书中已经完成的译稿,这一年的11月和12月,他以“三闲书屋”的名义,先后出版了《毁灭》(法捷耶夫著　鲁迅翻译)和《铁流》(绥拉菲摩维支著　曹靖华译)两部苏联小说,其中《毁灭》已于1931年9月由大江书铺出版,未及公开销售就被国民党当局查禁,这次是再版。后来,鲁迅将《毁灭》和《铁流》交给内山书店出售。由于国民党反动派的文化封锁,这两部书发行起来并不顺利,但它们还是源源不断地流到了广大读者手中,并在社会上产生了很大的反响,许多热血青年正是受它们的影响而踏上了革命之路。

除了翻译苏联作品,他甚至计划亲自撰写一部红军题材的中篇小说,将红军战士可歌可泣的英勇事迹以艺术的形式展示给全国人民。那是1932年春夏之交,从鄂豫皖根据地来上海疗伤的红军将领陈赓在拉摩斯公寓见到了他仰慕已久的鲁迅。一位是身经百战的红军将领,一位是革命文化阵营的主将,两人一见如故,谈得十分投机。应鲁迅的要求,陈赓向鲁迅详细介绍了在红色根据地所发生的一切。为了说明情况,他一边说,一边随手画下了一张鄂豫皖革命根据地的形势图。陈赓绘形绘色的介绍,使鲁迅身临其境,异常兴奋。他们就这样从下午一直谈到深夜。陈赓走后,鲁迅仍久久不能平静。在红色根据地所发生的天翻地覆的变化使他看到了中国未来的曙光，他决定写一部以红军战士为主人公的小说，来歌颂这些正在为缔造一个全新的中国而浴血奋战的人们。为此，他小心地将陈赓随手画的那张地图保存下来，以备写作时参考。后来，他又多次思考、斟酌这个激动人心的写作计划，作为一个严肃的作家，他觉得自己对苏区和红军还了解得不够，尤其是对红军战士的性格和内心世界还缺乏准确的把握，这样写出来的作品，也许会有一些战争的气氛，但很难塑造出成功的人物形象，因此也就不会有非常强的艺术感染力。因此，经过再三考虑，他决定把这个写作计划搁置下来。后来，由于种种原因，他再也未能实现这一计划，留给后人一个永远的遗憾。但是从这件事上反映出的他对写作的极端严肃和认真的态度，却又给后人树立了一个永远的榜样。

"横眉冷对千夫指，俯首甘为孺子牛。"鲁迅的这两句诗，既是他本人的座右铭，也是他磊落一生的真实写照。对敌人，他从来都是以牙还牙、毫不留情，而对自己的亲人和同志，他却"甘为孺子"，总是在人们最需要帮助的时候默默地送上一份关爱。这一点，来自东北的青年作家萧军和萧红体会尤深。

萧军和萧红是一对恋人，他们都有过不幸的个人遭遇。后来投身于文学创作。由于当时东北已经落入日寇之手，他们作品中强烈的反日情绪，使他们受到了日伪特务机构的注意。为了摆脱敌人的魔掌，他们于 1934 年 6 月从哈尔滨秘密出走，乘"大连丸"邮船来到了青岛。在青岛，萧军创作了反映东北人民抗日斗争的长篇小说《八月的乡村》，萧红则创作了一部反映东北农民生活的中篇小说《生死场》。出于对鲁迅的景仰，他们于 10 月初给鲁迅写了一封信，并且随信寄上了自己的作品，请鲁迅批评。没想到，鲁迅很快给他们回了信，并对他们的创作进行了热情的鼓励。喜出望外的萧军和萧红很快结束了在青岛的生活，双双来到了对他们来说既陌生又神奇的上海。

1934 年 11 月底的一天，萧军和萧红终于与他们仰慕已久的鲁迅先生见了第一面。这次见面安排在内山书店，谈话则是在书店附近的一家茶馆进行的。在茶馆坐定并要了一壶茶后，鲁迅便将一个装有二十元钱的信封交给了萧军，这是他事先就为两位生活拮据的年轻人准备好的，随即，似乎是怕看到两个人有什么感激的表示，他便向萧军索要起《八月的乡村》的手稿来。鲁迅的话不多，语调缓慢而又低沉，但是两位年轻人却从先生身上感受到了一股扑面而来的暖意。让萧军他们意外的是，紧接着，许广平和海婴母子也赶来了。淘气而又可爱的小海婴给大家带来了欢乐，他们很快便像久别重逢的亲人那样无拘无束地谈笑起来。

从此，两位年轻人开始了和鲁迅的频繁交往。由于两人在上海人地生疏，鲁迅担心他们随便与陌生人交往，会带来意想不到的麻烦，特地把另一位青年作家叶紫介绍给他们，充当他们的向导和生活顾问。除了叶紫以外，鲁迅还介绍他们认识了其他文学界的朋友，如巴金、胡风等，使原来在上海举目无亲的一对恋人，感受到了友谊的温暖，也看到了事业的希望。由于当时对鲁迅的通缉令还没有解除，出于对安全的考虑，鲁迅一般不轻易向别人公开自己的住处，更很少邀请陌生人上门作客，但是他和萧军、萧红认识不久，便向他们敞开了大门，后来，萧军、萧红在离鲁迅家不远的北四川路找到了住处，更是成了鲁迅家的常客，尤其是萧红，几乎每天都要到鲁迅家去。当时萧军和萧红几乎没有生活来源，手头上十分拮据，细心的鲁迅总是留他们吃饭，还时不时地请他们看电影，以调剂困顿而又单调的生活。

1935年初，鲁迅抱病看完了《生死场》和《八月的乡村》两部稿子。两位年轻作者在作品中表现出来的创作天分使他十分欣喜，他不但亲自为字迹潦草的手稿改正错字，修改格式，还热情洋溢地为这两部作品撰写了序言，并把《生死场》推荐给生活书店出版，但是这部把“北方人民的对于生的坚强，对于死的挣扎”描绘得“力透纸背”的优秀小说，竟被国民党的文化检查官无情地“枪毙”了，至于萧军的《八月的乡村》，由于描写了共产党领导的游击队，因而触动了某些人的神经，要想公开出版更是毫无可能。

于是，萧军和萧红想到了自费印刷，这时正好叶紫也准备自费印刷自己的短篇小说集《丰收》，三个年轻人一商量，便一起找了一家可以暂时不付印刷费的印刷所，将书印了出来。为了让这些书有一个“合法”的身份，尽可能地避开国民党检查官的骚扰，他们决定在书上印上虚构的出版社和发行书店的名字。结果，叶紫想出了一个“容光书局”的名字，萧军则从《国际歌》受到启发，提议将出版社的社名定为“奴隶社”，但是这一提议却遭到了萧红的反对，她认为取名“奴隶”有贬低自己之嫌，三个人举棋不定，便决定请鲁迅先生为他们拿主意，鲁迅在听了萧军和萧红各自的陈述后，用他一贯的不紧不慢的语调说：“‘奴隶社’这个名称可以的，因为它不是‘奴才社’，奴隶总比奴才强！”确实，“奴隶”和“奴才”虽然只是一字之差，却有着本质的差别，鲁迅的分析，使萧红心悦诚服，“奴隶社”的名字就这样定了下来。《八月的乡村》、《生死场》、《丰收》也作为“奴隶社”的“奴隶丛书”陆续与读者见了面。

“奴隶丛书”出版后，受到了广大进步读者的热烈欢迎，但是也很快遭来一些人的攻击。这些攻击除了来自国民党御用文人外，也有来自左翼文化阵营内部的。混入“左联”并以革命面目出现的张春桥，便化名“狄克”在《大晚报》上发表了《我们要执行自我批判》一文，指责《八月的乡村》在“技巧上、内容上，都有许多问题在”。并且别有用心地提出要对《八月的乡村》和《生死场》“执行自我批判”，对于这种以“自己人”面目出现实际上却在背后捅刀子的卑劣勾当，鲁迅十分气愤，他立即撰写了《三月的租界》一文，对“狄克”的蓄意攻击予以反击，指出“狄克”的所作所为是在向敌人“献媚”和替他们缴革命文艺战士的械，是对革命文艺事业的蓄意伤害。

正是在鲁迅的百般呵护和精心扶植下，《八月的乡村》和《生死场》这两株革命文艺的幼苗破土而出了，而萧军和萧红这一对恋人，也终于在上海找到了发挥自己才能的一片新天地。在以后的岁月里，他们也许还要经受许多风浪，但是在鲁迅充满期待和赞许的目光里，他们明确了自己奋斗的目标，并且看到了成功的希望。

其实，受到鲁迅帮助和栽培的年轻作家，又何止萧军、萧红二人？像唐　、黄源、楼适夷这些后来名重一时的文坛骁将，在没有出名前都曾得到过鲁迅多方面的帮助和教诲，与鲁迅的交往也因而成为他们一生中最为珍贵的记忆。

由于长期操劳，得不到应有的休息和调养，加上国民党反动当局的种种压迫和迫害，鲁迅的健康状况从1935年起就开始恶化，到了1936年，情况变得更加严重。这一年的5月16日，他突然发起了高烧，并伴有剧烈的哮喘，此后，便不得不听从医生的劝告，开始卧床养病了。

鲁迅的病，牵动了许许多多人的心。一些朋友劝他出国疗养，但他担心出国后与国内的战斗生活脱节，无法充分发挥自己的战斗作用，所以一拖再拖，始终未能成行。5月底，史沫特莱和茅盾等人请来了当时上海著名的肺病专家、美国人邓医生，希望这位著名的医生能够重新为鲁迅找回健康，可是，邓医生的诊断结果却十分令人失望，他一方面称赞鲁迅是最能抵抗疾病的中国人，一方面又说如果换了欧洲人生同样的病，恐怕早在五年前就已经死掉了。他建议鲁迅再找一家条件比较好的外国医院进行全面检查，可是鲁迅谢绝了他的好意。他对面露悲切之色的朋友们说："与其不工作多活几年，倒不如赶快工作少活几年的好……"

确实，也许是预感到来日无多，鲁迅早在1935年底，就开始抓紧时间编辑自己近几年来的小说、杂文集。12月26日，他编定了小说集《故事新编》，随后的几天，他先后编定了杂文集《花边文学》、《且介亭杂文》。1935年的最后一天，他又将这一年发表的四十八篇杂文编成《且介亭杂文二集》，并作了序言和后记。当他写完后记的最后一个字的时候，时间已经进入1936年。他用"工作"这样一种他最熟悉而且最热爱的方式，迎来了自己生命中最后一个元旦。

5月后，鲁迅的病情时好时坏，但一直没有根本性的好转，原先就很单薄的他变得更加瘦弱了，更令人担忧的是，经过透视，医生发现他的肺部有几处已经发黑……

死神的狰狞面目，并没有吓退鲁迅，反而使他更加珍惜生命、珍惜时间，坚定了在有生之年"赶快做"的信念。从6月到8月，他又先后写了《答托洛斯基派的信》、《论现在我们的文学运动》、《答徐懋庸并关于抗日统一战线问题》等文章，就当时一些热点问题表明了自己的态度。由于当时他的身体已经非常虚弱，很多时候连笔都拿不住，所以文章大多是由他口述，由冯雪峰笔录的。《答徐懋庸并关于抗日统一战线问题》一文成文后，他自己又花了四个晚上，斜倚在病榻上一字一句重新修改了一遍。在这篇著名的长文中，他向人们庄严宣告："中国目前的革命的政党向全国人民所提出的抗日统一战线的政策，我是看见的，我是拥护的，我无条件地加入这战线，那理由就因为我不但是一个作家，而且是一个中国人……"

10月8日，是"第二回全国木刻流动展览会"在上海展出的最后一天。这天下午，在八仙桥青年会展览现场，头戴一顶铜盆帽的鲁迅意外地出现了。他的出现，立刻吸引了所有的目光，作为木刻运动在中国的播种者和奠基人，鲁迅在美术青年中享有崇高的威望，大家有许多话要对他说，虽然这时他的身体还很虚弱，不能多说话，但是对大家的提问，他都是有问必答，对参展的一些作品，他还相当具体地提出了自己的看法和建议。比如，看到有的作品把工农群众刻得脑袋小胳膊粗，他便语重心长地对作者说："不要把劳动人民刻成是没有头脑、没有知识的。刻得头小而臂粗，看后有'畸形'之感。劳动者是有头脑的，手是有力量的。"就这样，鲁迅一一浏览了参展的四百多件展品，看了一路，也说了一路。像往常一样，他思路清晰、言谈诙谐，谁也不会想到，这竟是他最后一次在公开场合露面，仅仅十天之后，死神的魔爪便攫住了那颗伟大的灵魂……

曾宪梓

艰难创业　立足香港

一、童年悲苦　宪梓立下凌云志

公元一九三四年二月二日的晚上，曾宪梓出生在梅州——这是一个非常普通的贫苦侨眷的家庭。

相传曾家是春秋时代孔子的学生曾参的后裔，到曾宪梓这一代是“宪”字辈，因此他的父亲给他取名为曾宪梓。

曾姓在客家姓氏中算不上一个大姓户家，而且曾氏家族在客家人当中历来是比较贫困的家族。

一九三八年四月一个阴雨绵绵的日子里，死神终于夺去了他的父亲曾荣发年仅三十五岁的正值英年的生命，整个家庭的支柱就算是垮下去了。

蓝优妹也像所有失去丈夫的客家寡妇一样，面对艰难的生存环境，她必须精打细算，挑起全家的重任，为了她从此没有丈夫、没有依靠却仍要维持、仍要生存的家；为了时刻嗷嗷待哺的孩子们，她不能改嫁，她有两个儿子需要她抚养成人，她也不会改嫁，因为她有希望在闪烁——两个儿子。

要是盼望儿子能成才，就必须送他去念书。蓝优妹看见日渐长大又充满野性的儿子，既高兴又忧心忡忡，没有钱怎么供儿子读书呢，不读书儿子对得起他的父亲吗？而没有知识、没有出息的儿子是无立锥之地的。

最后她想起了丈夫临终前的话。再穷再苦也要让儿子读书。儿子是曾家的希望，是自己生存奋斗的惟一目的，决不能让儿子一辈子像自己那样“面朝黄土背朝天”地干苦力。

她终于咬紧牙关，开始加重自己的劳动量，她没日没夜地干重活，一点一滴地节省口粮，直到有一天，她挑着一担装有米和菜的担子，拉扯着两个虎头虎脑的儿子，硬着头皮走进珊全村惟一的珊全小学，为她的儿子做出她应该做的一切。

蓝优妹拉着儿子给学校的先生磕了几个响头，满怀希望地说：“先生，求求您收下我的儿子吧。我没有文化，我的孩子不能没有文化呀。他们什么都会做，可以给您烧火做饭，我每隔几天就给您送米送菜，就多拜托您了。”

这所小学，是由几间破旧的土屋改造而成。仅仅只有三个教室，即是一、二年级一间；三、四年级一间；五、六年级一间，这就是曾宪梓的启蒙母校。

曾宪梓的启蒙老师名字叫梁简如。这位梁先生实际上不是珊全村的人，据说是逃难时流落到梅县的客家人。后来，他对曾宪梓影响很大。

梁先生一心扑向教育而且还是个好心的人，他深知这孤儿寡母的日子非常艰难，完全靠曾宪梓的母亲用柔弱的肩膀和勤劳的双手来维持这个家。能够养大这两个儿子已经是够可怜的了，何况还要供儿子上学读书，梁先生望着憔悴不堪，面带黄肌瘦的母亲，看了看已经进入学龄期的宪概、宪梓，对这个没有丈夫和父亲的家非常同情，对这位勇敢坚强的母亲油然而生敬意，于是就毫不犹豫地点了点头，接受了两名学生。

小宪梓从小就是一个非常勤快的人。他每天都起得很早。一大早便跑去学校给梁老师烧火煮饭、洗衣洗菜。上课后，梁老师就教他们识字、计数，一篇一篇地背诵中国古典文学名著，就这样小宪梓在不断地丰富自己的学识，梁老师很严格地规定了学生必须右手拿笔，左手打算盘。因为像这样有效地利用左右手，可以锻炼自己的大脑。

小学毕业之后，一穷二白的家是无论如何也供养不起小宪梓上中学了。由于劳累过度和营养不足的母亲经常患病，为了生活、为了分担母亲的重担，不到十二岁的小宪梓、再也做不起学生官的小宪梓开始放牛砍柴、下地耕田，小宪梓非常难过地辍学了，日复一日地劳作。

外面世界的风起云涌、外面世界激烈地动荡，却动荡不到僻远的客家山村。

那是一九四九年秋天的一个夜晚，忽然有一支军队开过客家山村，客家山民们从来没有见过这么多人，而且每一个人都穿着军装、扛着枪，家家户户的人们连忙紧闭大门不敢外出，他们那时怎么也弄不明白这竟是一支与人民是鱼水关系的军队。

天亮之后，小宪梓跑了出来，只见街上到处都贴上“天下穷人一家亲！”“毛泽东是人民的大救星！”等等之类的标语。人们开始明白是共产党来了、解放军来了，大家很快就有好日子过了。

紧接着梅县解放了，土改工作队来到了珊全村，有的住进了小宪梓的家。

小宪梓和土改工作队员住在一起，工作队员看见这孩子一忙完农活就端起书本看书，就好奇地问他：“怎么不到学校念书呢？”

小宪梓低下头，好一会儿才回答说：“家里穷，没有钱呗。”

有人告诉他：“你回去读书吧，现在解放了，穷苦孩子读书可以申请免费，而且还可以申请助学金。”

小宪梓的心跳跃起来，就在这一年的春天，小宪梓真的背上了书包，第二次跨进了学校。

一九五六年的夏天，高考考试完毕后。在校期间，曾宪梓认识了黄丽群，并结为伉俪。

虽然曾宪梓的志向非清华、北大不上，但由于种种原因，曾宪梓落榜了。

受到这种挫折后，梅县来了一个广东省建筑工程公司，专门招收高中毕业生。在进行招收工作的时候，广东单位一再讲明，是国家干部待遇，而且到广州去工作时，单位还会先送新人去外地学习，试用期为三个月。

小两口被他的话打动了。曾宪梓和黄丽群都报名参加了这个公司。但到了广州之后，并没有书读，只是天天到尘土飞扬的建筑工地上做统计，非常无聊和乏味的工作。

工地上艰苦的日子倒不是最重要，关键是曾宪梓感到这样下去并没有什么发展的前途。工作了两个月后，曾宪梓越来越苦恼，他不停地询问了自己："就这样下去了吗？难道没有别的选择了吗？"

于是，曾宪梓决定不顾一切回到老家去，重新开始，认真学习，再自修，以待来年再战。

而且，动员黄丽群和他一起回梅县，曾宪梓将自己明年参加高考的决定，告诉黄丽群并说："丽群，我们被他们欺骗了。我们还是回去吧。有一碗饭，我们一人吃半碗；有一碗粥，我们一人喝半碗；我永远也亏不了你。"

"丽群，你相信我，为了我们的将来，我一定会更努力读书的。"

终于，曾宪梓的努力总算没有白费，但"一朝被蛇咬，三年怕草绳"的他，却再也不敢报考北方的高等学府了，结果，他以优异的成绩考入了坐落在广州的中山大学。

这完全是靠自己的血汗，靠自己的努力，所取得的成绩。这就是成功地实现了理想第一步的曾宪梓，在中山大学生物系继续他的学子生涯。

时间在一眨眼的功夫溜了过去，1961 年秋天，曾宪梓以优异的学习成绩从中山大学生物系毕业。因为黄丽群在广州一家公司从事会计工作，所以曾宪梓可以以照顾家属的名义，被照顾地分配在广州农业科学院的生物化学研究所工作。这样，他就能和妻子团圆了，而且也熬出了苦海。

多年的努力总算没有白费，曾宪梓和黄丽群为了真挚的爱情而实现了自我的人生，又并肩踏上了征程。

本来，平静、平凡的生活，同样能过得格外舒适。曾宪梓的一家人也会像今天千千万万个中国家庭一样，养儿育女，过着平稳且安定的生活。

出乎意料的是：一九四五年跟着叔父曾桃发去泰国闯天下的曾宪梓的哥哥曾宪概，为了父亲当年的遗产，与叔父发生争执，而且双方闹得很不愉快。

对于曾宪梓来说，如果不是因为父亲的遗产、如果不是因为远在泰国的哥哥曾宪概急切的呼唤，那么，在一九六三年五月三十一日这个不同一般的日子里，曾宪梓就不会依依不舍地告别妻儿，就不会依依不舍地告别美丽可爱的国土。

曾宪梓怀着无比复杂的心情，从一个社会到另一个社会，从一个阶层到另一个阶层，踏入一种他想象不到的前所未有的生活，开始改变自己的命运，从此创造出了另一个曾宪梓。

曾宪梓按原计划来到了香港，才知道从中国经香港去泰国并不是一件容易的事情。这一次该怎么办呢？历来被称作"老鬼"的曾宪梓能想出办法吗？

因为在当时，中国与泰国还没有建立外交关系，像曾宪梓这样的情况，就只能在香港居住一段时间，等到可以拿到香港身份证、得到护照之后，在有人担保的情况下，才可以出境。

二、是亲非亲 由泰返港始立足

曾宪梓在香港过着打工的生活，转眼间，两三年时间过去了，从长远的角度出发，他还是把妻子儿女接到香港。

就在一九六七年年初，香港劳资双方发生纠纷，引发反英抗暴斗争，香港人心惶惶，直接威胁到人身安全问题。面对动荡不安的时局，人们纷纷逃离香港。

曾宪梓又该怎么力？不要说创业，就是维持这六口之家的生存都很困难。曾宪梓于是又有了新的打算——去泰国。

原因很清楚，泰国比香港较为安定，况且有发展得比较顺利的哥哥，曾宪梓想象着不如从此就定居在泰国，能够得到哥哥的帮助，再共同创立他们的事业，也是很好的发展方向。

曾宪梓真的举家迁移到了泰国，并且对此信心十足。

在这之前，曾宪梓鉴于以前寄居在一些亲戚朋友家里的时候，都在相见时好，住久了就会有这样或那样的事情发生，那些经验教训令曾宪梓记忆犹新，但他想到对方是自己的同胞兄弟，于是就放下心来。

善良的曾宪梓决定一开始就避免这种不愉快事情发生。

曾宪梓想到哥哥曾宪概是通过这十几年的奋斗，才有了今天这样的家业，因此对哥哥非常钦佩。

他想，既然自己一家人已经打算长期定居在泰国了，就不要给本来就家大业大的哥哥，增添太多的麻烦。

假使两家长期住在一起，难免会有一些磨擦，不如跟哥哥借一些钱，自己租屋住在外面，然后，他和黄丽群可以在哥哥的公司做事，这样一来就合情合理了。

既可以避免接下来兄弟之间不必要的矛盾，又可以凭自己的能力协助哥哥将公司做得更好，曾宪梓满意地认为这是一个最好的办法。

曾宪梓一家到了泰国之后，才发现他认为极为可行的办法简直太幼稚了。因为他的哥哥曾宪概是一个在思想上比较传统的中国男人，在他看来兄长如家长，既然弟弟投他而来，理所当然就应该与兄长住在一起由他来照顾他的一家。

终于，在哥哥执意的要求下，曾宪梓和黄丽群带着三个年幼的儿子开始了寄居在哥哥家里、与哥哥联手共同开辟未来的事业。

曾宪梓分析了当时的情况，认为此时正是大量投资的大好机会。

曾宪梓的哥哥曾宪概的家是一个泰国式三层高的木楼，把一楼当作门面，用于做生意；第二层是曾宪概的一家人和曾宪梓的一家人居住的地方；第三层则是工厂，是领带加工的厂间。

在曾宪梓初来的时候还不会讲泰国话，就在三楼工作，替哥哥管理工厂。嫂嫂负责整个公司和工厂的财政，而能说会道的哥哥曾宪概，则负责整个公司和工厂的管理以及领带的推销工作。就这样兄弟两人配合得非常默契。

当时黄丽群还没有上班，因为三个儿子还需要她的照看，特别是还只有几个月大的小儿子曾智明。

就当时的情景而言，曾宪梓一心想为哥哥干出一点名堂来，以冲天的干劲、万分投入的工作热情和忘我的拼命精神，为哥哥做出了最大的贡献。

他发现当时哥哥的工厂在管理上有一个和其他的领带生产厂家一样的弊端，那就是员工的管理比较松散，奖惩制度没有列出条文，使得员工没有一定的责任感和压力。

通过一段时间的摸索，曾宪梓惊奇地发现，有一部分厂家的订货，在设计和制作上本身就不合标准，这样的样品拿给工人生产，岂不是白费功夫，怎能获取经济效益呢？

曾宪梓为此提了很多合理化的建议，他仍然按照自己的脾气：要干就干出象样的东西。将所有不合规格的领带样板全部作废，自己重新设计制作出既合乎规格又美观别致的红黑板领带样板。

除此之外，曾宪梓还绞尽脑汁、想方设法地为哥哥的管理制度提出了一些合理的方案。

在工厂方面，为了绝对保证产品和质量，曾宪梓充分发挥出他的领导才能，他减少领带制作过程中的不必要环节，严明制度，奖惩分明，一方面加紧提高自己制作领带的技术能力，另一方面，曾宪梓黑面包公的形象具有绝对的威慑力，使得全体员工即怕他，但又尊敬他。

没用多长时间，在曾宪梓一丝不苟的管理下，以前有的员工人浮于事的现象不再存在，领带的质量有了明显的提高，工厂的整个运作有条不紊地进行，利润也就滚滚而来。

曾宪梓之所以这样不辞劳苦、全身心地投入到工作中的惟一动机和目的就是希望真正发挥自己的能量，扎扎实实地干一番事业，同时，也希望能够帮得上哥哥的忙，哥哥工厂的成功，也意味着他的满足。

曾宪概也是一个天赋的生意人，他有极好的口才，特别是在从事领带推销的时候，能够与客户保持良好的合作关系，往往是谈笑风生之中，就不知不觉地赚到了钱财。

但是，会做生意的曾宪概也有他注意不周的地方，这常常表现在他管理公司的过程中，策略性和计划性不强，往往是大笔地花钱之后，由于资金周转不灵会陷入不能自拔的境界。

哥哥曾宪概在管理上的这些失误，给曾宪梓留下深刻的印象，于是曾宪梓在哥哥工作的基础上，就将计划缜密、开源节流的创业原则视为关键的一环。

因为，在曾宪梓看来，哥哥的买卖，本来一直是生意不断、财源滚滚的，维持全家人的生活是根本没有问题的。但是由于理财不善，才会发生这样的现象。

于是，一心一意地希望与哥哥共创家业的曾宪梓，指出了哥哥的缺点之所在，并提出了行之有效的改正措施。然而，并不是所有的人都能够理解“良药苦口利于病，忠言逆耳利于行”的道理，曾宪梓多次劝说都不能打动他哥哥的心。

随着时间的推移，兄弟之间开始意见不一致，分歧逐渐地产生出来。

在哥哥领带工厂里有个别经理，说起来和曾宪梓也是同乡，他由于自身的利益受到了影响，当他看到才华横溢的曾宪梓将哥哥的公司、工厂管理得井井有条，而且全工厂上上下下的人员都愿意听曾宪梓指挥的时候，就在私底下向曾宪梓的哥哥、嫂嫂调唆道："哎呀，你那个弟弟厉害呀，又能干，又有本事，这样下去那怎么得了，将来是要把你们吃掉呀！"

事实就这样的残酷，哥哥嫂嫂不仅对曾宪梓不开心，而且对他也开始怀有戒心了。

曾宪梓又不是笨人，他对哥哥的态度非常敏感，他觉得左右为难，本来，在他的努力下，公司、工厂的一切都变得好起来，这应该是一件好事，对哥哥的事业也是一个极大地促进，但是，现在看来，他做得反而太圆满了，他的一番心血不仅得不到承认，而且还被人误解，真是"功高而不可盖主"啊！

往后的路又该如何去走呢？深感委屈、压抑的曾宪梓简直不知道如何是好，只觉得心里面十分茫然。

那一天晚上，曾宪梓和黄丽群谁也没合眼，两个人都觉得心里面堵得厉害，他们也不明白为什么他们这样辛勤地劳动，到最后却落得一事无成呢？

这两个经历了无数次风风雨雨的患难夫妻，并没有被困难所吓倒。

曾宪梓想想自己所处的环境，实在是委屈了妻子，摆在眼前残酷的状况，使得他找不到任何语言来安慰自己的妻子，他陷入了沉思，他相信眼前的困难一定可以克服，他努力告诫自己道：无论我穷到什么样的地步，都不能挫败我的信心。

曾宪梓思前想后地考虑了很久，他觉得与哥哥、嫂嫂分开也许不是坏事，到哪儿不能挣到一碗饭吃，无论如何，立在面前的这一切总会过去的。

不管内心的压力有多大，他还是以积极乐观的心态对泪水涟涟的黄丽群说："丽群，没关系，饿不死我们。我们干脆不要跟任何人打工，我们自己从头来做，对，就做领带，反正我们把全部的手艺都学会了。

我们可以自设领带工厂，一边做一边卖，只要能糊口，难道我们还吃不了这个苦吗？"

曾宪梓离开了哥哥的工厂，但为了生活，他曾去找过曾宪概，而曾宪概的回答却是："你在我这里，大家都不愉快，还是另寻高就吧！"曾宪梓想借一点钱，也遭到了哥哥的拒绝："你自己想办法吧，我们帮不了你。"曾宪梓伤透了心，但也坚定了他自己创业的意志。曾宪梓准备回香港。因为在泰国他们一家人都不习惯，天气又炎热，语言又不通，更重要的是这里没有他所发展的环境。而且香港毕竟是以华人、华语为主的地方，现在虽然还不算稳定，但相信会逐步走向稳定和繁荣，所以回香港是他的必由之路。

通过这次"旅游"，曾宪梓深深地体会到香港比泰国更具吸引力，更是值得自己去发挥能力的大好地方。

那一年在春节将近的日子里，曾宪梓孤身一人，毅然地踏上了返回香港的征途，另求发展之路。

这时候的他心里面最强烈的感觉就是从此可以离开泰国了，离开那个他再也不愿意去的地方。

也许他还会吃更多的苦、流更多的汗。但有一点绝对可以相信。那就是无论多苦、多难，他曾宪梓都有毅力面对、有毅力去争取成功。

曾宪梓回到香港之后，没有再去投靠他的亲戚，而是找到另外一位客家乡亲，就在他家暂住一时。

一想到再过几天，在气候炎热的泰国住得不习惯的母亲就要回香港居住了，妻子黄丽群也要带着三个儿子回来了，曾宪梓的心里就没有底。

他一刻不停地忙着到处去看房子、租房子，而当时的房子也特别难租，原因之一是他没有那么多的钱，连最普通的地方也租不起，而且也由于年关将近，大家都忙着办年货去了，根本没有什么人在这时候来打理这方面的事情。

为此，曾宪梓的心里面愁云密布，不知道下一步该怎么办。

因为，马上面临的问题很严峻，一大家人住在哪里呢，而且年关就要到了，总不能在香港的家家户户都在欢欢喜喜地过新年的日子里，却让他们流亡海外吧？

就这样过了几天时间，母亲、黄丽群和孩子们回到了香港，正当曾宪梓愁眉不展的时候，叔父就从泰国电汇来一万港元，由曾宪梓的姑姑那里转来，并写明不是给曾宪梓本人，而是给黄丽群和孩子们的安家费用，让他们暂时先用着。

曾宪梓非常感动，因为他知道，叔父开始了解崇尚自力更生的自己。如果这笔钱是叔父写明寄给曾宪梓的，自己肯定要拒绝接受。

在那时的曾宪梓来说，这不是一件平凡的事，于是他更加感到叔父帮助他们一家是出于一片真挚的爱心，所以他没有理由再拒绝呀。

曾宪梓马上给叔父写了一封信，在信中除了感谢叔父不遗余力地对他们一家人的帮助之外，还表示会努力工作，在香港大干一番，不令叔父感到失望。

在信中，曾宪梓还是劝叔父到此为止，千万不要再为他们一家人寄钱了，因为叔父的家本身也是一个大家族，各种开支更大，对他们资助太多，必然会损失自身的利益。

新年就要来临了，在没有办法的情况下，曾宪梓的一家人在姑姑家度过新年。

假如，没有叔父送来的这笔钱，对曾宪梓的一家人来说，将是一件十分困难的事情，因为这意味曾家的辛酸史上，又要多写一章。

现在有了叔父雪里送炭——寄来的这笔钱，使得曾宪梓有了充足的本钱。曾宪梓的心里踏实多了，再也不慌了，可以说他胸有成竹地知道，他该如何充分地利用这一部分钱。

这时候，曾宪梓的当务之急就是要找到既可以用来居住，又可以用来做工厂的房子。

他一刻也不停地到处去寻找，终于找到一个比较合适的地方——位于香港九龙油麻地弥敦道上的平安大厦15楼8号，这套房子的好处就在于它的多功能。

曾宪梓与房东谈妥的月租是港币四百元，交了两个月房租再支付一个月的上期，曾宪梓一共付出了一千多元。

朴实善良的曾宪梓想到他们一家人住在姑姑家过新年，虽然只住了几天，但毕竟是不小的打扰，而且从前姑姑也曾帮助过他和母亲，所以就给姑姑留下了两千港元。

新年刚过两天，曾宪梓一家人就从姑姑的家里搬出来，因为，曾宪梓想到自己一大家人，特别是还有三个调皮的孩子，住在人家的家里面，终究觉得不大自然。

他们的搬家过程，再简单不过了。不过是由母亲和曾宪梓以及黄丽群拎着几个装衣物的普通包裹、领着三个孩子，回到平安大厦就算是搬家了。

短短的一个星期时间，将家收拾停当之后，叔父寄来的一万港元只剩下六千元了，曾宪梓和黄丽群打算就用这六千元开始创业，并且决定还是像在泰国独立做领带时那样，从泰国进口领带原料，再在香港开工厂，把生产出来的领带在香港或者泰国出售。

当初曾宪梓在香港替哥哥和叔父订购领带去泰国的时候，香港所有的领带制作商、批发销售商他都见过了，耳濡目染之下，他对制作领带有一套独到的见解。

再加上身为有心人的曾宪梓不断地勤学好问，使得他逐渐掌握了对领带用料、领带设计、领带制作等一系列方方面面的知识，这对以后的发展是至关重要的。

那时候，香港制作领带的全都是山寨厂——一种家庭式手工业生产方式。而且当时香港生产的领带由于质量低劣，基本上成为在街边摆卖、二元一条的便宜货，或者运往东南亚一些不发达的国家倾售。

曾宪梓再一次考虑了香港的领带行情。他认为：这门生意本钱小，生产设备十分简单，虽然行业不大，但只要认真做下来，在香港站稳脚跟还是有可能的。

所以，一学就会的曾宪梓由此更加兴奋地想到：世界上还有什么能难得倒我的事！

曾宪梓从此开始了他的创业史。

春节来临之际，大家都在忙着过年，公司工厂还没有正式开张，曾宪梓和黄丽群利用空当，在一丝不苟的忙碌着。

新年刚过，曾宪梓和黄丽群沿用泰国名称的金狮领带厂，他们就紧锣密鼓地正式开业了。

刚开始，曾宪梓和黄丽群就开始做他们从泰国带回来的泰国丝领带。

据曾宪梓初步计算，每个月租金四百元，全家六口人吃饭、孩子们上学、必须的生活日用品等等加起来，每个月开支总计一千五百元。这样一来，平均每天的开支是五十元。

而曾宪梓所生产的领带，按照香港的领带销售行情，一打领带的批发价为五十元，减除每打成本四十元，每打领带最低可赚十元。如果要供应每天的平均支出，一日最少要卖出五打领带。

这就意味着，曾宪梓每天必须卖出五打也就是六十条领带，才能保证一家人不饿肚子，才能维持一家人的生活，而且还不能有任何比如生病之类的突发性的开支，还要积蓄一部分做本。

所以，一开始，曾宪梓就给自己规定，每天必须卖完六十条领带，卖不完就没脸回家。

曾宪梓一方面用自己从泰国带回来的泰国丝制作泰国丝领带，另一方面，由于泰国丝的原料在泰国，曾宪梓自己充当设计师，他画好图样、设计好花形，然后寄给叔父，请叔父帮忙让泰国的丝织厂去织，织好后叔父再用邮包寄到香港来。

这样的周转途径尽管很麻烦，但曾宪梓的领带工厂终于可以十分顺利的开始运作了。

曾宪梓将自己三房一厅的房间，合理地利用空间安排妥当，专门拿出一间最大的房间作厂房，其它则用于住人和存货。

然后在一进家门的地方用木板隔出一个空间，摆上自己制造的办公桌，办公椅，在当时来说，就算是办公室了。

他们的一切都是精打细算出来的。曾宪梓为了尽量节省有限的资金在设备方面只是专门购买了一个熨斗、一把尺子、一把剪刀以及一台产地是中国大陆的、当时市面上最便宜的脚踏式蝴蝶牌缝纫机，再加上在别处找的一块木板、角铁，自行装嵌、焊接的裁床，这几样东西拼在一起、就是他的工厂、就是他养家糊口的全部生财工具。

即使如此，曾宪梓对自己的生产车间仍然信心十足。俗话说：麻雀虽小，五脏俱全，他的小工厂也不例外，刚开始，曾宪梓和妻子共同操作劳动，不请一名工人。一切多亏了他从小热爱劳动，从打鱼、织网的劳动中，练就了一双灵巧的大手，为他今天的创业，发挥了它应有的作用。

精力充沛的曾宪梓，浑身上下永远有使不完的干劲。他每天早上六点钟就起床，开始裁剪布料、缝制领带的一系列工作，到了中午时分，稍微用点午餐，然后曾宪梓就开始出门推销领带。

一直到卖完当天的领带之后，才回家吃晚饭，有时候销售的情况不理想，曾宪梓就不回家吃晚饭，再继续向洋服店挨门挨户地推销他的领带。直到他把当天的任务完成为止。

筋疲力尽的曾宪梓回家之后，连歇息自己疲乏的身子、用热水泡泡走得肿胀的双脚的时间也舍不得花，便马不停蹄地投入订料、裁剪、制作领带的工作中了。

与他一样，妻子黄丽群也十分辛苦，她除了负责大儿子智谋、二儿子智雄上学之外，还得照顾一岁大的小儿子智明，另外还有一切家务活，而且最重要的是要做好丈夫曾宪梓的帮手，其中包括领带的熨烫，等等一系列的小活。

实在忙不过来的时候，一家人全力以赴地工作，小儿子智明整天放在床上，很难顾得上哄他，至多是在小家伙哭得不耐烦的时候，或者该给他喂奶、换换尿片的时候，才照看一下。

就连他们上了岁数的母亲，也帮助他们做一些家务活、缝制领带、熨整领带的工作。

为了生存，曾宪梓的一家真可谓是男女老少齐上阵，他们忘记了辛苦、忘记了疲劳，一条一条的领带，在他们手里翻转，不断地创造着利润。

在尖沙嘴游客区兜售领带的时候，曾宪梓一口带有浓厚客家乡音的广东话，经常被当成别人的笑料来学说。特别是，当他诚心诚意地推销自己生产的领带的时候，不仅得不到尊重，而且还常常得到别人的耻笑和拒绝。

有些人甚至相当蔑视地对他说："客家佬，你连话都说不清楚，也想做生意发财，这不是癞蛤蟆想吃天鹅肉吗？"

仔细想想当时的处境，曾宪梓不得不忍受各种各样的冷嘲热讽，忍受那些有钱有势的人们看不起他的种种举动，冷嘲热讽又算得了什么，他现在是搞推销，做生意他没有必要计较自己的人格、自己的尊严，他还有一大堆的工作等待着他去完成，他还有妻儿老小等待着自己抓紧时间挣钱去养活他们。

就算他有一百个不堪忍受、有一百个理由要怒斥这些不知人间辛酸为何物的人，但他都没有去做，他只有默默地把这些记在心里，忍在心中。

为了生活，他不得不咽下了这所有的屈辱，使得他不得不低下了他最不愿低下的高傲的头颅。

在这样的时候，他表面上已经变得麻木不仁了。

以后每逢遇到这样的情况，曾宪梓都拼命地告诫自己："这就是生活对你曾宪梓的挑战，你如果连这种苦都吃不了，你以后还能干些什么呢？"

不管别人怎么看，自己做的是正经生意，既不偷、不抢，也不骗，只要能够做到生意，人家怎么说、怎么做，是他们的事。"

生活其实是相当公平的。每个人都会面临各种挑战、各种机会、各种挫折，这时候，你的目光、你的抉择、你承受挫折的能力，将会对你的未来，你的前途起着根本性的作用。

意志坚强的人便是在各种紧要关头，能够临危不惧的人，能够迎难而上的人，才是能够走向成功的人。

无论是多么艰难的环境，即使前途茫茫、一片黑暗，他们也不会彷徨、不会退缩。

他们会凭着自己强大的信心和冲破云霄的干劲，在心中为自己点上一盏明灯，一盏挑战命运、实现理想的明灯，然后，一步一个脚印、坚定不移地走下去，直到最后，让全世界的人去肯定他的成绩。

曾宪梓充满自信、充满斗志，在这方面他给许多人都起到了带头作用。他就是通过自己独到的眼光、非凡的毅力、不达到目标誓不罢休的拼命精神，度过那些不堪回首的蹉跎岁月，从而创造奇迹、走向成功。使得那些艰苦的岁月，具有深远的意义。

曾宪梓经常到尖沙嘴旅游区一带去推销领带，他还经常到洋服店老板那坐一会儿，而且每隔几天都过去聊一聊，只是跟他聊天、跟他请教、跟他交朋友，从不谈论自己所做的领带。

这样过了一段时间之后，这位洋服店的老板真的和曾宪梓交上了朋友而且还成为要好的朋友。因为他实在是十分佩服曾宪梓这种能吃苦、能忍耐的创业精神。

终于有一天，洋服店的老板疑惑地对曾宪梓说："你不是在卖领带吗，干什么不拿给我卖呢？"

曾宪梓这样回答说："是啊，可是我不知道我的领带对你合不合适，我做的是高档次的泰国丝领带。"

洋服店老板说："可以，可以，你快去拿来，我这里可以为你试销。"

见到洋服店老板这样说，曾宪梓心里面说不出的高兴，因为这是他盼望已久的回答。

而且曾宪梓只要一想到，连一个骂过自己、驱赶过自己的人，经过自己的努力能够变成出谋划策、互相信赖的朋友，能够真心实意地帮助自己，能够成为主动跟自己要货的客户，对其他的老板就更不要说了。

因为这一切，对于肩负沉重的负担闯荡世界、闯荡江湖的曾宪梓来说，确实是一次考验。

无论在任何时候，克服困难的成果总是醉人和令人享受的。但是，克服困难的过程却往往是辛酸的。

走街串户的推销生涯有很多难以预料的事情发生。

有一次，曾宪梓再次碰到了让他记忆深刻的事情。

第二年夏天的一个下午，他仍旧提着两大盒沉甸甸的领带，仍旧是在尖沙嘴一带的旅游旺区做推销，有着前车之鉴的曾宪梓在观察仔细抽纱店没有客人的情况下，便面带笑容地推开了抽纱店的门，紧接着开始了他的工作。

老板一看到讲客家广东话的曾宪梓，便表现出一副看不起的神态，爱理不理的，好象心里窝着气一样。

以至于当曾宪梓打开盒子，拿出盒子中的领带，热情地向老板推荐，并让老板自己挑选的时候，这位抽纱店的老板随手翻了两下，连看都没看就冷冰冰地说："你这样的东西也想拿来赚钱，这也叫领带，简直是一塌糊涂。以后别再来这里了。"

曾宪梓再一次遭到了被人赶出店门的厄运。经常被人这样无理地驱赶使得曾宪梓抬不起头来。

但是，又有什么办法呢？就是再难忍辱侮也还是要尽力去面对，因为，不管怎么说，一家人的生活还都靠他呢？

第二天下午，曾宪梓仍然像上次与洋服的老板打交道时那样，照样不带任何货品，照样很真诚地请抽纱店的老板喝咖啡，照样不理会抽纱店老板充满诧异的目光。

曾宪梓诚心诚意地对抽纱店老板说："老板，非常感谢你昨天对我的批评，我今天是特意来向你道歉的。"

"我初入行，还不懂得什么叫做好，什么叫做不好，过几天，我又有新的领带出品，如果方便的话，我想拿来请你评评它的缺点在哪里。"

基本上等同于上一次事件的发生，抽纱店的老板做梦也没想到被自己骂走、轰走的人，居然还会回来十分诚恳地请他喝午茶、居然还会向他表示谢意，这是他从来没有遇到过的事，一片愕然表情之下的抽纱店老板油然感到一片歉然，他情不自禁应允了曾宪梓的请求。

估计过了三四天时间，曾宪梓真的拎了两盒新做好的领带来到这个抽纱店，进店以后，曾宪梓仍旧是又诚恳又谦虚地请教老板说：

"老板，非常感谢你的指导，在你指点之后我总算学到了一点点，这几天我又赶做了一批新货，还想请您给我指教一番，看看好不好，质量还能不能提高。

"买不买没关系，只要你帮我看看，哪些好，哪些不好，告诉我应该改进的地方，我就对你感恩不尽了。

"当然，如果有老板觉得满意的领带，那真是再好不过了。不管怎么说，只要能够适合你，又能够赚到钱，这才是我们双方所希望的。如果你拿了我的货，不仅不能赚钱反而还害你亏本，那我是绝对不会把货卖给你的。”

经他如此一说，抽纱店的老板本来就十分高兴，觉得曾宪梓是一个干事业的年轻人，这一次，他对他留下了更加深刻的印象。

最后，当他听到曾宪梓的一番让人无法拒绝的话语之后，就真的很认真地帮曾宪梓看货：“你看这条领带就很好，这条领带就差一些，这些好，比较合潮流，这几条不太好，花款方面较为陈旧，领带的花款一定要跟着潮流去设计。”

不用说，这位抽纱店的老板也成为曾宪梓的长期客户和喜欢帮他出谋划策的好朋友。

如今，曾宪梓对身边的人说起这段时光的时候，便十分感慨：“从这些推销领带过程中的事例上、从我所遇到的这些人身上，我也明白了很多深刻的道理。

“做买卖其实最为重要的就是做人，只要你诚实谦虚地对待人，别人同样也会诚实待你，你不要为了钱去欺骗人，要真心地对待每一个可能成为你的客户的人，坚持一直这样做下去，你肯定会取得成功的。”

那两位当初骂过曾宪梓的老板，后来一直成为曾宪梓长期固定的客户和格外尊敬他的好朋友。

为什么会发生这么大的变化呢？主要是因为他们由衷地欣赏曾宪梓拥有如此宏大的气量，如此强大的承受力，从内心来说，非常的佩服。他们觉得曾宪梓就这样做下去，前途将是无限量的。他们不止一次这样对曾宪梓说：

“当初我们那样赶你、骂你，这对于一般的人是绝对承受不了的。绝对不会再回头。他们会想，我们以后会断交，我们怎么也没有想到，你不仅没有像一般人那样想，反而返回来跟我们道歉，让我们找你的错。

“老曾啊，我们都看好你，我们将来肯定比不上你。”

在曾宪梓独自推销、外出兜售的日子里，虽然吃了很多苦，但他逐渐地成熟起来，成为生意场上的老手。

无论在什么地方，曾宪梓都会习惯地很有礼貌、很尊敬地问他的客户：“老板，这些领带你买不买没关系，我不强迫任何一个人。不知道我的这些领带对你来说合不合适，不过你喜欢就买，不喜欢就不买。”

推销的日子，如果运气好，比较顺利的话，曾宪梓只需要跑四到五家，就可以超额售完当天的领带。但也有不顺利的时候，跑二十余家都有可能。

曾宪梓始终信心十足，他认为只要勤劳，不怕吃苦，肯跑肯说，维持一家人生活应该是件很容易的事。

这样一来，曾宪梓每天销售领带都能够超额完成任务，一个月勤勤恳恳地做下来，于是就有了盈利。

每次想到这个月不会饿着母亲、孩子们了，曾宪梓的心里面说不出的高兴，就是口渴了、肚子饿了，实在是累得不行了，才买个面包，补充一下能量。

因为，当时的曾宪梓实在是消费不起坐在餐厅里面，吃三明治、喝咖啡的那种所谓高尚的生活，按照他的话说，便是：“那时候，没有这个资格，也没有这个本事。我最大的享受就是喝鲜奶，又便宜又能补充营养。”

如今，曾宪梓在总结他早年从事推销的方法时说："首先要有信心坚持下去，即使你遭到很多冷遇，很大的冤枉，也要忍下去；其二是在艰苦的环境中要不断地给自己找到希望，不能遇到一点挫折就垂头丧气，除非不去做，要做就得给自己定下目标，然后排除万难，不惜花费任何代价。

"做生意最主要的是要学会真诚待人、不耻下问，世界上的任何事情都是从无知开始，你只有知道自己的无知了，才会用心去到达有知的境地，你才能不断地充实自己。

"特别重要的是，做生意成不成，生意做得好不好，并不完全是资金的问题，而是一个人的人品，做人的方式方法的问题。在没有资金没有能力的情况下，要想推销你的产品，你就必须做到与客户心心相通。总而言之，做生意离不开智慧的竞争。"

无论做任何事情都是"头三脚难踢"

曾宪梓虽然确定了"金利来"的品牌，但他深刻感到再好的产品不经过宣传推广也是不会为人所知，虽然想到自己生产的领带也可以通过做广告来建立一定的名气，但"广告"这两个字对于仍然处于创业初期、常常因财力不够不得不缩手脚行事的曾宪梓来说，真可谓是"心有余而力不足"呀！

一到夜深人静的时候，曾宪梓就会不停地盘算来盘算去，每天应该多推销多少条领带，多少天之后才能有能力支付做广告的费用。但是无论怎样算还是不合算，要知道，无论哪一种形式的广告都是昂贵的。

再者，自己做的是小本生意。

特别像他这样很不容易办起的这间领带作坊，在最初最大的愿望也只能是希望每天尽快地多卖一些领带出去，每天除了养家糊口外，再储蓄一部分小钱。

要想哪怕是偶尔在一些报章上做广告，也难免要投资一大笔钱财。而且，曾宪梓即使做到最低限度地维持一家六口人的生活，尽最大可能地加强劳动强度、降低生产成本，对于他现在的情况是不适合做广告的。

财富的吸引力、创就名牌的欲望以及强烈的事业感迫使曾宪梓不停地命令自己想方设法闯过这道难关。

在这种诱惑下，思前想后的曾宪梓还是认为无论自己多么贫穷，在这种竞争激烈的商业社会里，广告是万万少不了的。

因为长时间的思考使他明白即使自己的货品再好，没有人知道，也是假的，要想让顾客知道你的产品的存在，就要适时适当地利用各种广告媒体，扩大自己产品的影响。

广告的作用往往就是在于能够在第一时间将商品的信息传递给消费者，产生指导消费促进商品销售的作用；不仅如此，广告能够在透过宣传媒体传授新知识、新技术的情况下，使自己的产品在市场上站稳脚跟，一步步地扩展开来。

只要顾客知道了你的产品的存在，了解你的产品始终不渝的优质保证，拥戴你的产品，那么，就算你彻底成功了。

每当曾宪梓看见售价仅仅只需二角钱一瓶的"可口可乐"可以不惜血本地做广告时，一元钱一包"健"牌香烟可以大张旗鼓地做广告时，他都在不停地问自己：

这些很不起眼的商品、也愿意为树立自己的形象，花费一大笔、一大笔的巨款去做广告，在如此发达的商品社会中，广告肯定拥有不可估量的力量，外国人可以这样创造名牌，我为什么不可以？

最后曾宪梓毅然决定给自己、给金利来一次大胆地尝试——马上在报纸上做广告。同样，这一举动也冒了更大的风险，甚至于可使他倾家荡产。

1970 年初，一年一度的父亲节即将来到之际，曾宪梓抓住时机不惜花费近三千港元在报纸上刊登了大幅广告，同时庆祝父亲节的到来。

当时广告的内容是这样设计的：向父亲致意，送金利来领带。

广告刊登之后，立刻发挥了应有的作用，曾宪梓的领带生意比平时好上几倍还不止。不出三天，永安百货公司、瑞兴百货公司纷纷打来紧急电话，要求尽快补货。

毕竟是从未有过的第一次的尝试，曾宪梓还没有来得及从刊出广告之后的惴惴不安的状态中恢复过来，便一下子投入到下一个繁忙的战斗之中了。

他一方面扩充工作场地——将他们目前工作和居住的平安大厦十五楼八号对面的一家单位租下来作为工厂，一方面招兵买马、培训员工开始了有节奏有计划的大规模生产。

曾宪梓带领他的一家老小，带领金利来屈指可数的全体员工，拼命忘我的工作着。

这时候，虽然他的脸庞日渐消瘦、他的眼睛布满血丝，他甚至不得不身兼数职——既是工厂的工人又是厂长；既是质量检验员又是产品推销员。他的初次广告，获得很大的收获，真是来之不易。

这次广告，使得曾宪梓实在是受益匪浅。

曾宪梓带领着他的金利来终于从思索、研究过程中走出来，并打了第一个大胜仗。

由于这次广告刊登的时间把握得比较好，使得很多希望给父亲送礼但又不知道金利来领带哪里能够买得到的人们，拿着登广告的报纸到各大商场、各大百货公司打呼，给香港的零售市场、消费市场留下了比较深刻的印象。

当初，曾宪梓只想到广告应该有它自身的强大的作用，通过这次刊登广告，曾宪梓不仅赚取了一笔丰厚的利润，而且对广告的作用充满了信心，他立刻又拟定了更为宏伟的计划。

取得这样成功的广告之举，不仅为金利来接下来向国际名牌的顶峰上顺利发展奠定了基础，而且也大开了香港广告生产商为推销产品、树立名牌而树立了榜样。

广告登出后不久，曾宪梓和他的金利来领带的事业一直发展得十分顺利，除了瑞兴公司继续向曾宪梓进货之外，光永安百货公司就有永安总公司、永安中区分公司、油麻地分公司、铜锣湾分公司等四间分公司同时向曾宪梓伸出手来。

眼前的形势，对于六八年才开始独立创业到七〇年总共不过两个年头的曾宪梓来说，不能不算是一件十分令人鼓舞的事情。甚至可以说，这时候曾宪梓看到了胜利的曙光，看到了希望。

因为曾宪梓从此解决了他六口之家的温饱问题，从此可以不用再像从前那样过着吃了上顿愁下顿，提心吊胆地过日子了。

今天，曾宪梓每逢说到这段时光，就会抑制不住他脸上的笑容，就会很欣慰、很自豪地说："正式打进大公司以后，我就站稳了脚跟。"

事物的发展总要符合发展规律，旧的难题解决了，新的难题又迎面扑来。

两年前，曾宪梓跟洋服店之类的小店铺做生意的时候就很简单，拿一些领带向他们兜售"这些都是真正的泰国丝领带呀，不知道对你们合不合适，能不能接受啊?"等等之类的话。

如果那些洋服店的老板有兴趣，需要的话，就让他们挑选，由于事前带好了发票，这些洋服店的老板需要多少领带，就开多少领带的发票，然后再收取现钱，因此业务比较容易处理。

但是，到了与大的百货公司做生意，就不能再用那一套了。

大公司的购货手续十分的复杂，所有送到各大百货公司的领带，必须经过公司采购人员、采购经理、男装部负责人、营业主任等等各方面的有关人士，拣了又拣，看了又看，非常认真地验过货后，才能被接收。

事实上，并不是这些货真的不合适，而是因为每个人都有自己不同的习惯，也许有的人喜欢，有的人就不喜欢。

这样复杂繁冗的过程，对于曾宪梓当时经营的小公司来说，非常吃不消，因为就小公司本身而言，他们的资金十分有限、所以领带的样板也十分有限，一批一批的领带每每经过这样的"精雕细凿"之后，很多产品又被"押送"回来了。

曾宪梓马上敏感地意识到这个问题的严重性，他觉得如果不迅速改变相应的策略，像这样被动式的做下去，金利来的牌子很快就会倒闭的。

曾宪梓所采取的方式，就是要战胜自己。

出于自己投身于领带的发展只不过两三年的时间，面对许许多多的领带花款，容易眼花缭乱，也确实需要行家在领带的原料的花色、款式问题上，作进一步的探求。

另外，曾宪梓也实在是很想解决因挑选领带问题所带来的后顾之忧。

所以每当欧洲领带原料厂家来香港寻求客户定货的时候，人缘极佳的曾宪梓，便有心请来各大百货公司的采购主管给自己出主意想办法。

曾宪梓请他们用专业的眼光和过往几十年的外采经验，挑选一些迎合顾客喜好的花色和款式："你们都是这方面的行家，我还看不出来什么名堂，所以特意请你们帮帮忙，帮我挑选一下，看看那些花款比较合乎香港潮流，我绝对相信你们的眼光。"

曾宪梓请他们挑选的最主要目的，就是希望因此而尊重对方，为将来自己的领带做好之后送到百货公司可以很容易地得到对方的认同。

结果不出曾宪梓之所料，这些大百货公司的采购主管看了样板之后，真的为曾宪梓推荐了一些比较适合东方人口味的、且在花色、款式上都十分时兴的领带。

虽然他们挑选的结果与曾宪梓所挑选的结果基本上是相同的，但是曾宪梓仍然十分谦虚、十分认真地记下了他们选择的花款的型号，这样更能表现出自己的一份虚心。

没过多长时间，预先挑选并订购的领带原料抵达香港了，曾宪梓以最快的速度做好，立刻联系各大百货公司。

“上次你们帮忙挑选的领带原料已经到了港，并且我也全部做完了，我先拿样品过来给你们看看好不好？”

这些采购主管马上就很爽快地道：“不用了。不用了。我们上次不是已经看过了吗。这样吧，老曾，你有多少货就都拿过来吧。”

曾宪梓仔细想了一下，不愿意一次给他们太多的数量，因为如果对方进货太多，就会储存进仓库里，时间一长，花款过时，造成积压，对曾宪梓十分不利。于是曾宪梓就随口告诉了一个比较合适他们进货的数量。

这些主管们就很帮忙地说：“那么好吧，你马上把三十打领带给我们送来。”

于是曾宪梓就可以完全按照自己的想法，达到了最终目的。

曾宪梓知道这些货都是这些采购主管自己亲自挑选的，从心理上分析，货到之后他们自然不会再挑选，因为，他们绝对不会推翻自己的选择结果，搬起石头砸自己的脚。

精明的曾宪梓正好充分地利用了这一点，继广告之后，又打了一个漂亮仗。

时间一天天的过去了。金利来的事业开始越来越稳固的发展起来。而且，金利来的售价开始与其它港制领带距离拉开了，更加昂贵起来，它不再是六十港元一打，而是按照曾宪梓的话说是“胆子大了一些”，卖七十五港元一打。

又过了一段时间，曾宪梓的“胆子更大一些”，领带居然可以卖到八十八港元一打。

随着时间的推移，由于市场的需求，那些百货公司的朋友主动打电话给曾宪梓，并告诉曾宪梓，他的领带价格还应该提高，他们建议曾宪梓将领带的售价调到九十六港元一打。

因为，像曾宪梓制造的金利来这样优质的领带，卖得太便宜了反而会降低自己的档次，不为顾客所接受。

这些大公司的朋友与曾宪梓相处得很真诚，他们不仅指导曾宪梓应该怎样做生意、应该怎样有效地树立自己的名牌形象，而且还鼓励曾宪梓把产品逐渐推向世界各国。

为人谦逊、崇尚“以心换心”的曾宪梓，对于这些不遗余力帮助他的朋友，真是不知如何感谢为好。

曾宪梓很珍惜这些朋友的友情，他觉得在茫茫人海之中、特别是在当时那样一个尔虞我诈的商业社会里，大家从素不相识到成为知己，可真不是一件容易的事。

所以，他与这些朋友始终保持着亲人般的关系，大家像亲戚一样，直到今天，还互相往来。

父亲节前第一次广告的成功，使他真正领悟到了广告的作用。

从此，广告宣传以它巨大无比的魅力，深深的吸引了正在不断探索和走向名牌之路的曾宪梓。

曾宪梓在创业的过程中是艰辛无比的。

这时候，曾宪梓严格执行他自己设计的着手创立名牌的三个基本方法：

首先，货品上等，不惜远赶欧洲采货。其次，请百货公司的买主替金利来选货、定货，这样不仅符合顾客要求，而且能够把产品全部推出。最后，在力所能及的情况下，不间断地进行广告宣传，总有一天，要把金利来推向世界。

被广告的魅力所吸引的曾宪梓每天在拼命工作的同时，仍然不知疲倦地运用他发达的大脑，为他日思夜想的金利来谋划着接下来的每一步行动。

在做第一次广告后，曾宪梓决定从这一年开始到以后的每一年的父亲节、圣诞节、春节这三个重大的节日里，抓住时机、不惜重金扩大金利来产品的影响力。

通过他的不断努力，很快的，金利来领带已在本港市场打开局面。并成功地进入了除瑞兴百货公司、永安百货公司之外的多间大百货公司，如先施百货公司、美思百货公司以及日资大丸百货公司等等。

甚至一些中小型的百货公司也纷纷携款上门购货。曾宪梓生产的金利来领带也逐渐地供不应求了。

除此之外，每逢新春佳节期间，足智多谋的曾宪梓就着手进行十分吸引人的心理战术：

他让各大百货公司负责金利来领带销售的营业员，在销售金利来领带的时候，只要顾客一看到金利来领带、或者一忍不住脱口念出“哎呀，是金利来”，就要抓紧时间以巧妙的方式询问顾客：“您要不要金利来呀，金利一齐到来啊。”

这样高明的推销语言，在当时是罕见的。

即使有的老板不是来买领带的、或者是并不喜欢佩带金利来的领带，但如果售货员这样一问，于是就产生了购买的欲望。可想而知，金利一齐来啊，你怎么可能拒绝得了，只有聪明人才会毫不犹豫地选择金利来。

1971年初，为全港中青年读者所喜爱的《星报》以非常温馨的文字，魅力十足的语言色彩为金利来领带向全港市民作了以“金利来令你时刻不忘”为标题的广告：

“一条领带对男士们来说简直占了他的仪表与风度的一项重要分数，假如一位会选择领带佩衬衣饰的男士，他的仪表必定出众。

“在这里我们特别挑选出一些比较最新花款的领带给爱好时髦的男士参考：以下所介绍者为金利来洋行所代理的最新运到港销售之金利来一五〇〇型特称为‘万花锦绣’丝质领带，其所以称为‘万花锦绣”丝质领带，因该型号领带花款之多，真是名副其实。它的鲜艳色泽好像万花吐艳，如果以其佩衬白恤衫或五彩十色的时恤，皆得体夺目。

“大凡金利来一五〇〇型领带不但花色多，而且质地又是选用上等的不皱带丝缝制，男士们可到永安、大丸、先施、美思等各大百货公司选购。

“对小姐来说，如果你的男朋友尚未购买金利来一五〇〇型号领带，便记着替他选购一两条送与他作为你令他时时刻刻都牵挂着你的最佳礼品吧！”

这则报道的发布，可以说是最好的广告形式了，人们在无形中就确立了必买金利来的信念。

这则广告介绍被安排在一九七一年的父亲节前夕。

广告出台之后，引起了街头巷尾的议论。

因为处于六十年代末期、七十年代初期的香港，港产货品很少利用广告宣传来打开知名度、扩大销售。至于做领带这个行业，更是冷门中的冷门，经营者怎么会舍得花这么多经费来给领带做广告呢？

那时候，除了外国经销商希望占领香港市场曾经登过为数不多的广告之外，本港厂家以及经销商对于广告的认识尚处于朦胧阶段，似乎香港产品就不该做广告。

并且能够为利润并不高额的小小的领带，大做广告宣传的人更是绝无少有，所有看到曾宪梓的领带广告的香港人觉得很特别，于是大家就特别关心金利来。

自然，广告强大的力量再次为曾宪梓带来了滚滚的利润。

除此之外，精明的曾宪梓率先看中了橱窗文化的妙用，于是他要求几家大的百货公司将金利来领带也陈列进橱窗里，而且标上"金利来"的牌子，也能起到很好的作用。

由于金利来领带品质及花色上与外国名牌领带不相上下，在售价方面又比外国名牌领带便宜二到三成，所以领带深受香港各界人士的青睐。

1971 年，金利来远东有限公司正式在香港政府注册署注册成立接替前期所有金利来洋行的一切业务，包括新设计的金利来中、英文商标及图案也一并重新注册在内。

接着商场上不断传来的一天比一天更好的消息，感觉到胜利在望了。

他信心十足以欣喜的目光注视着他茁壮成长中的金利来，这时候，他并不知道他超前的广告意识和魄力惊人的经商头脑，会对他的一生起到这么大的作用。

一个即将改变曾宪梓和他独树一帜的金利来的命运的机会从天而降。

1959 年中国体育代表团率先夺得乒乓球赛的世界冠军之后，中国开始推行乒乓外交。

中国乒乓健将出师连连告捷，战无不胜，以精湛的球艺风靡全球，赢得了全世界人民的呼声。

1971 年，正值中国推行乒乓外交如火如荼之际，再次囊括世界杯奖项的中国乒乓球队凯旋回国途经香港，应邀在港进行乒乓表演赛。

刚成立不久的香港无线电视台以它的实力和它精明的商业头脑一举夺得了这次乒乓表演赛的独家转播权。

曾经以欣赏的目光注视着曾宪梓和曾宪梓的金利来领带的有心人不是别人，正是拥有乒乓表演赛的独家转播权的香港无线电视台的营业部经理陈庆祥先生。

那一天，对于曾宪梓和金利来来说都是一个不平凡的日子。

陈庆祥毫不犹豫地推开了平安大厦八楼金利来公司的大门，给曾宪梓送好消息来了。

陈庆祥环顾四周，在这块面积仅仅只有五、六百尺的小工厂，老老小小加在一起还不到十个人的生产队伍，这里拥有的最现代的机器除了几台国产缝纫机之外，就是他们艰苦奋斗的一双巧手了。

而这个典型的家庭手工业工厂和东主曾宪梓居然有胆识在报纸上大做广告宣传，这使得陈庆祥暗暗竖起了大姆指，更加对魄力过人的曾宪梓由衷地钦佩起来。

出于这种思想他来到了曾宪梓的办公室。他没有找错人,他热情地向曾宪梓说明来意之后,最后说:

"老曾啊,你在父亲节前夕的报纸上所做的广告,我欣赏了多遍,我十分佩服你的胆识。这次独家赞助乒乓球锦标赛,对你来说将是一次千载难逢的好机会。

"原因很明了,球赛的独家播出,将是万众瞩目的热点中的热点,金利来领带如果能够独家赞助播出,那么这次活动过后,会使得金利来牌子家喻户晓。

"首先明确一点,我可不是为了做生意,而是我在用朋友的身份跟你这样说,我真的觉得你和你的牌子、你的产品都非同一般,应该有效地抓住这个时机。

"特别是,电视广告本身就具有比报纸广告更大的威力,它更能真切地吸引观众,给观众留下深刻的印象。"

陈庆祥这番真诚感人的话语,在曾宪梓的心中引起了十分强烈的反响,他首先想到的是,朋友对他太关心了。

前不久,曾宪梓在几次做完报纸广告并收到良好的效果之后,经常在脑海里不停地思索着这样一个问题:怎样才能让自己的牌子更出名、更响亮起来?

曾宪梓恨不得经办一份报刊,能以最快的速度、最好的效果牢牢地吸引每一个香港人的目光、紧紧地抓住每一个香港人的心,来注目金利来、欣赏金利来、拥有金利来。

现在,时机来到面前,可真是"天上掉下了馅饼。"

这时候,就是陈庆祥不作如此生动、如此真诚地推荐,曾宪梓凭着自己经商的经验和深刻的领悟力,也能体会得出这次专题广告,是一次难得的好机会,说不定金利来在一夜之间就被全港人捧得火热。

曾宪梓努力抑制住自己兴奋的心情,在很诚意地感谢陈庆祥之后,便正式转入话题,询问一下赞助费的数字。

陈庆祥告诉曾宪梓说:"老曾,这次比赛,电视台能拿到独家转播权成本也不低,所以赞助费也不便宜,最少得三万港元。"

"三万港元,我的天"曾宪梓做梦也没想到会有这么高的赞助费用。忍不住连连摆手说道:"陈经理呀,三万港元可以买下我现在租住的这间六百平方英尺单位的房子啦,对不起,实在是不好意思,我虽然非常想争取这个机会,但我到哪去搞这么多钱呀。"

曾宪梓的担心不是没有道理的,他虽然有胆量拿出几千港元在报纸上做广告,但这种冒险毕竟是在他的承受能力范围之内的。

但现在不同了,拿买一层楼的钱去做广告宣传,万一大量的资金投放出去后起不到什么作用,那可是倾家荡产也还不起的呀。特别是他这个天天为六口之家奔忙的人,不得不给自己留一条后路呀。

陈应祥非常了解曾宪梓的处境。对于像曾宪梓这样一个小作坊式的工厂,连自身的生存场所、工作场所都不能安定下来,要想拿出如此巨额的资金,去赞助电视台为宣传自己产品的牌子而做的广告,确实是件极不容易的事情。

陈庆祥也不禁像曾宪梓一样陷入了欲做不能、欲罢不能的思虑之中,如果曾宪梓真的不做这次广告的话，凭自己多年的经验，他发自内心地替曾宪梓感到惋惜：

“曾老板，说心里话，我能够理解你目前的难处，但是，你我都知道，机不可失，失不再来呀。做这个广告是有很大的风险，但是如果能有效利用这个机会，或许能起到意想不到的效果。

“从另一方面，我也在分析，你前几次广告的效果都很好，这说明一个情况，你的牌子、你的领带还比较受欢迎的，按照常规，电视广告播出后更能引人注目，不会收不到作用的。

“这样看来，如果真是冒险，也不算是盲目的。所以，曾老板，我建议你再好好地考虑一下。”

曾宪梓自始自终都激动不已，但一想到高达三万港元的巨款，又觉得无从下手：“陈经理，听你这样一说，我也觉得确实应该把握好这次机会，可是，就是我现在愿意冒这个风险，我实在是一下子拿不出这么多的钱来。”

陈庆祥听后，沉思片刻，便说：“你看这样好不好，我给你留些余地，我可以等你做完这次专题广告之后再收钱，而且是以分期付款的方式收取，广告播完之后，每个月三千港元，限期十个月内付完款项。

“这样一来，你就不会感到太大的压力，并且有精力充分利用这次广告宣传，达到增加知名度、促进销售的目的。”

曾宪梓闻讯喜出望外，虽然这时候他在心底里还是担心播完后没有效果，收不到足够的钱来支付这笔费用，但他还是想了又想：

做生意总是要冒一定风险的，而他这次不是去冒可有可无的风险，而是利用乒乓球邀请赛这个全港注目的良机，为自己的金利来创造一个建立名牌、扩大销售的机会。这是何乐而不为的事情，此时不做，更待何时？

除此之外，在这香港国内不相往来的时候，能够利用自己身在香港的优势，为国家做一些有意义的事情，这不正是自己当年离开祖国的心愿吗，就算这次赔了，也没有什么了不起，大不了再带领一家老小从零开始，而且，只要自己能吃苦耐劳，就一定能走出困境。

曾宪梓想到这里，就意志坚定地对陈庆祥说：

“谢谢你能够这么诚意地给我这次机会和对我的大力支持，其实我对于广告的作用一直是深信不疑的。”

“我现在决定，这次专题广告我做定了。只是最后有一个要求，就是拍摄金利来的宣传片的问题，广告的文字由我本人创作，拍摄制作方面以及演员方面希望得到你的帮助。”

见到曾宪梓终于敢于冒险做广告，陈庆祥心里既佩服曾宪梓的这种勇气同时又替他的决定感到高兴，便马上爽快地说：“没有问题，在制片和选择演员方面由我负责，而且费用也由我先来承担。”

一切都在有条不紊地酝酿着。

首先，陈庆祥请来当时最著名的号称“东方猫王”的男歌星郑君绵来做金利来产品介绍人。

一种富有磁力、撩人心魄的男中音，再加上曾宪梓以鲜明的主题、新颖的创意、以及强烈的艺术感染力所撰写的广告词：

“斜纹代表勇敢果断，圆点代表爱慕关怀，方格代表热情慷慨，细花代表体贴温馨，丝绒代表温暖保护……”令人感觉到这是一首完美的诗歌。

广告重点放在“金利来领带，男人的世界”这句广告词上，充满了动人的吸引力，一下子刺激了人们的购买欲，给人们留下了经久不衰的印象。

广告播放了好长一段时间，每一句金利来的话语，都在几百万香港人的口中争相传诵，都在香港的上空配合着中国乒乓健将的场场胜利，在不停的回旋。

一个星期后，乒乓比赛的盛况轰动全港，金利来领带由此更加名声大噪起来，成为香港每一个角落、家传户晓的名牌。

广告的效用充分发挥出来了，定单如雪片一般向曾宪梓飞来。由于领带的销路直线上升，负责生产的工人由五个增至二、三十个，但还是忙不过来。

充分利用电视广告来宣传自己的曾宪梓，从此成功地打响了金利来这块牌子。

曾宪梓的成功伴随着中国乒乓球队的胜利，在整个亚洲不断地传播着，金利来从此开始面向世界。

三、面向世界“金利来”天下皆知

能够巧妙把握时机的曾宪梓，利用了电视广告视听兼备的特殊形式、专题节目双重广告的优势，在黄金时间播放“乒乓球锦标赛”之前或者同时，不断推出“金利来领带独家赞助播出”字样。多次地冲击人们大脑中的兴奋点。

有时在比赛高潮迭起的时候，不失时机地推出“金利来领带，男人的世界”的广告，使得中国乒乓健儿精湛的球艺表演与充满魅力的金利来领带、迷人的男性世界，相互影响，叠加在一起，由此更加深入人心，取得了一个惊人的成功。

曾宪梓的成功，不仅使金利来这块由中国人创造的领带有东方民族浓郁的吉祥气息的品牌，一时间渗透香港的每一个角落，与胜利的中国乒乓球队一起，传遍神州大地，而且也充分显示了白手兴家的曾宪梓以中国人所特有的骨气努力创建名牌的信心。

广告的成功不仅为曾宪梓和金利来添上了成功的翅膀，而且被视为曾宪梓白手兴家的创业史上最重要的转折点。

一些外国名牌的经销商怎么也想不到会被他们一直以来最为不屑的香港货所击败，他们更是万万没有想到香港货—金利来领带会有这么强大的力量、这么独特的丰采，可以轻而易举地走进男性的世界、占领男性的世界。

尽管如此，讲求稳中求进的曾宪梓并不因此而放弃曾经而赖以生存的泰国丝领带市场。他采取双管齐下的做法，一方面继续生产泰国丝领带以满足小店小铺的需求；另一方面，不断扩充生产能力，保质保量地满足市场上对金利来领带源源不断地需求。

这之后，曾宪梓又巧妙地运用微妙的心理战术，成功地占领了香港的大部分市场。

事情的起源应该回朔到就在曾宪梓创立了金利来这块领带招牌，但还没有着手进行电视专题广告宣传的时候。

有一次，他把领带推销到瑞兴百货公司后，又带着用进口的高质面料制造的高档金利来领带来到位于香港中华总商会大厦旁边的、而且在当时实力比较雄厚的占飞百货公司大厦进行他一如既往的推销工作。

但是，曾宪梓诚意地推销被非常反感香港货、甚至到了相当厌恶程度的占飞百货公司老板极不客气地回绝了。

在这次打击之后，他没有气馁，曾宪梓通过自身的努力，成功地打入了永安百货公司的销售市场，而且取得了较为可喜的成绩。

曾宪梓没有被眼前的进步所迷惑，他仍不舍得放弃哪怕是仅有一线希望的机会，他以为"事实胜于雄辩"，既然有机会被永安百货公司接受，就应该有机会被占飞百货公司接受，于是他再次上门到占飞百货公司，希望这次能有所突破。

曾宪梓哪会知道这一次占飞公司的经理更加厉害，蛮不讲理起来，他甚至不给曾宪梓介绍自己产品的机会，便马上对他怒道：

"你走，走得越远越好。从今以后我不想再见到你，你给我记住，咱们两家永无往来。"

这种情况太突然了，曾宪梓也不便多说什么，只好忍气吞声地对这位经理连场说道：

"谢谢你的指教。我走。对不起，打扰了。"

走出公司的大门后，曾宪梓心里特别难过，他甚至愤愤不平地想着：

"就算你不愿意再看到我，不愿意买我的货，也不能侮辱我的人格呀，怎么能够把话说得难听到一点余地都不留的地步呢？"

现在看来，占飞百货公司经理的这种做法，实在是愚蠢之极。

自从 1971 年以来，曾宪梓透过"乒乓球锦标赛"的广告宣传，将金利来这个品牌宣传得名声大振、并且曾宪梓的生意也在突飞猛进的发展着，全香港各大百货公司属于男装部领带的销售额直线上升，占飞公司的经理有一种说不出的苦闷。

"世界上只有永恒的利益，没有永恒的敌人。"作为以赚钱为最终目的的生意人——占飞百货公司男装部的朱部长现在也看到了这句名言的意义。

他们首先向曾宪梓做了一番对以前不愉快的事情的比较圆满的解释，然后很认真地对曾宪梓说：

"曾老板，我们是慕名而来的。您的金利来领带这么有名气实在是应该恭喜您才是。现在我们特意来向您买领带，我们的需求量是一百打。不知能否得到您的帮助。"

曾宪梓没想到占飞百货公司会主动上门要货，由此可见自己真地走上了成功之道。虽然曾宪梓很想卖货给他们，但还是很为难地对他们说："对不起，谢谢你们的到来，不过我目前还不能卖货给你们，请你们原谅。"

众人顿时傻了眼，认为曾宪梓是计较从前遭到无理对待的缘故，所以现在故意刁难占飞百货公司。

因此朱先生很急切地对曾宪梓说："曾老板，宰相肚里能撑船嘛，我知道以前是我们不对，但现在我们是诚心诚意地向您买货，而且我们带来了现金，与您现货交易，又不拣货，一切听从您的安排。

在那期间，金利来领带的售价已经节节上升，由每打售价九十八港元上升到每打售价一百二十港元。一百打就是一万二千港元。能够拿出一万二千港元现金来提货，这在当时也是很难得的。

但是曾宪梓还是没有应允他们的请求。曾宪梓只是很耐心地对他们解释说：

"朱先生，你们可能不大明白我的意思，我并不是你们所想象的那种人，我只是感觉到其它百货公司需要我的领带的数量太大，我现在就算是答应了你们，但到时候如果实在交不出货来，我岂不是失去你们对我的信任，咱们过两天再定货吧。"

最后，由曾宪梓请客，十分热情地招待了他们，并向他们再三解释：

"朱先生，你看，现在差不多快到圣诞节了，再接下来不久就是过中国的农历年了，到目前为止，永安百货公司、大大百货公司、瑞兴百货公司、先施百货公司等大型公司的定单络绎不绝，数额从数十到数百的都有，而我现在的工厂仍旧这么小，工人也只有这么多，对你们，可真是心有余而力不足呀。

"尽管，我已经发电报到德国去定货，但最快的空运也要到一个星期之后才能抵港，所以我现在也没什么办法。

"进一步来说，现在就是我能够拿出一百打领带的货卖给你，你不是买完一百打领带就算完事了，你还要向我补货的，如果到时候你要补货，而我又没有货补给你，那岂不是有损于金利来的名声。

"另外，我现在把货给了你，其他的人没有货，那岂不是对其他的人不守信用，如果大家都开始对我不信任起来，那我的生意就寸步难行了，所以在这一点上我再三希望你们能够理解我的难处，能够原谅我。

"要不这样，明年吧，今年实在是不行了。过了新年之后，你如果需要货的话，就来告诉我，一定能满足你们的要求。"

他们也觉得曾宪梓说的有理，走的时候也预先约定好明年需要的货，不过这一次，曾宪梓也真的没有货给他们。

另外，他也不想卖货给他们。

虽然，曾宪梓当时的货真的很紧张、可又很想卖货给他们，毕竟，一百打现金交易的领带也不是一个小数字。

如果有心赶制出一百打领带也不是绝对不可能的事情。

但是，曾宪梓忍了又忍，最终还是没有卖货给他们。

为什么会这样吗？精明的曾宪梓不卖货给他们，并不是出于怨恨从前曾经被他们驱赶因而想报复他们的缘故，曾宪梓到手的钱不赚，其中肯定有他的想法。

香港的地盘是有限的，"同行如冤家"，行业内的情况传来传去，难以让人捉摸。

紧接着，就有一些从事代理工作的营业代表来找曾宪梓说：

"老曾啊，你就卖给他们嘛，他们现在确实很需要你的货呢。你以为进他们公司是一件很容易的事情吗，你应该知道的，一般人也不容易进他们公司的，还是认真考虑一番吧!"

曾宪梓此时,仍然十分热情地款待所有的客人,仍然笑眯眯地解释说:"我是想卖货给他们的呀,但你们可以看看我的定单,再看看我的货,我实在是赶不出那么多的货来,难道我会放着钱而不去赚吗?你们也替我想一想。"

所有发生的过程都不出善于打心理战术的曾宪梓意料之中的,不到两天,销售行业内,更精密、更高度的浓缩性的广告效应出来了——这些得到最新情报的营业代表们到处宣传开了:

"哎呀,金利来生意好得不得了啦,现在有客户拿现金跟他买一百打领带他都不卖呀,金利来可真是供不应求啊,连明年的货都已经开始落单了。"

消息很快传遍全港。

紧接着,永安百货公司、大人百货公司、先施百货公司等等大大小小的公司都纷纷来人来电,家家都提前很长时间交付定金,开始预定金利来领带。

没用多长时间,"略施小计"的曾宪梓,一下子将他的领带生意又向前推出了一大段距离。

这一时期,曾宪梓永远留在记忆深处,他夜夜不知疲倦地通宵达旦地工作,却仍然开心得合不拢嘴。

1971 年年底,曾宪梓利用广告宣传所带来的利润,结出了辉煌的果实:

在这辛辛苦苦的一年里,曾宪梓通过小小的领带获得的纯利竟然超过一百万港元之多。

这是令人难以想象的,也是必然的,在当时的一百多万港元,已是巨额利润,令许多人惊奇不已。

曾宪梓从 1968 年白手起家开始创业,到 1971 年年底,总共不过四年的时间里,竟然可以凭着自己的一双手,凭着自己的经商原则,凭着自己超前卓越的广告意识,凭着自己不可多得的商业智慧;最后竟一点一滴积聚财富超过一百多万港元之巨额的财富。这在当时来说,也是一种惊人的奇迹。

曾宪梓此时已成为百万富翁了。

突然成为超过一百万港元身家的"有钱人",这并不是他梦寐以求的。

"我只知道每时每刻拼命做领带,只知道每时每刻想方设法拼命卖领带,我怎么也不敢相信,我一下子竟然可以拥有这么多的钱。"

这就是今天的曾宪梓在回首这段动人的往事的时候,所发出的感慨。

在那之后,曾宪梓最喜欢做的就是常常开玩笑地对他的贤内助黄丽群说:"你看看,你看看,我没有说假话吧,现在电话放在床头不也是仍然有源源不绝的生意了吗!"

黄丽群只是开心地笑个不停。对于丈夫的才能,她一直是深信不疑的,她相信她的足智多谋的丈夫,她一直认为,他的成功是必然的结果,是早一天晚一天的事情。

曾宪梓不失时机地开始了更进一步的发展。

没过多长时间,"胜不骄、败不馁"的曾宪梓采取各种方式方法,做了不同形式的各种广告。

曾宪梓不仅仅是利用申视广告这一种广告媒体来宣传金利来，而且还利用电台广告、报刊杂志广告等多种媒体进行广泛地宣传。

尤其是，在永安百货公司的积极配合下，由曾宪梓策划并主持开展了一个别开生面的“金利来双周”的活动。

多元经营　角逐商场

一、主动出击　敌退我进占市场

曾宪梓在香港站稳了脚跟，在东南亚占领了大部分的市场，然而曾宪梓在日本之行所取得的经验和教训在很大程度上给曾宪梓敲了一次警钟。曾宪梓在欧美之旅时所耳闻目睹到的繁华的国际市场、所学到的特别是领带的专业知识就意味着为曾宪梓和金利来树立了一个超前的目标——金利来领带要想永远立于不败之地就必须学习世界先进技术、跟上世界潮流、超过世界先进水平，意味着曾宪梓已经能够成熟地面向世界了。

这次欧美之旅为曾宪梓和金利来接下来突飞猛进式的发展提供了有利的条件。

通过考察，曾宪梓不仅了解和掌握了西方先进国家的领带生产技术、服装、服饰的基本情况，而且，还跟西方一些著名的领带生产厂家以及他们的专业设计人员结交成为朋友关系。

这样，在通过对外面时装服饰世界发展潮流的了解和返回香港后对香港外国名牌产品的进一步比较中，曾宪梓惊异地发现欧洲各领带名厂同样存在着不可忽视的缺点：

领带的花色款式缺少变化，推出一种新型的花色款式周期过长。

与其相比，由香港及东南亚的领带批发商所代理的外国名厂的领带虽然工艺精湛、品质一流，但领带的花色款式普遍落后，更新周期时间更长。

这就是说，当位于欧洲市场的世界领带流行某些特定的花色款式的时候，从这些领带出厂到通过批发商投放香港市场则是一段较长时间的过程。

由此而来的第一手市场信息资料，使曾宪梓看得更清、更远。

他当时曾感慨地说：“一条领带是不大，但他里面蕴藏着不少的学问。一条领带顾客能接受不仅取决于领带的质量，更重要的也取决于领带的花色，二者只具其一，领带再好也不会有人问津。”

通过这样的分析，曾宪梓决定充分利用自己每年到欧洲市场选购领带的流行花色、流行款式的优势，尽量缩短流行花色的周期。把握机会加强领带的质量管理和宣传推广，力争在香港以及东南亚市场上与欧美名牌领带举行一次大比武。

紧接着第一步行动计划就是马上从西德引进先进的领带生产设备。

他认为如果跟不上社会发展的潮流，即使领带的用料采用最高档的领带原料，也很难长期保证领带的质量，从而逐渐在竞争中败下阵来。

一直以来金利来领带都是采用简陋的设备以及手工制作领带，虽然通过技术熟练的技工在领带的剪裁、缝制、熨整等方面都能保证质量，但是，从长选的趋势来看，曾宪梓还是发现了手工制作领带的不足之处：

利用手工制作的领带没有利用机器制作的领带那么容易定型，而且如果使用时间过长领带容易失去原来的平整效果，甚至出现布料的变形。

曾宪梓在先人一步地引进西德名厂领带生产机器的同时，也时时刻刻不忘记保持自己处于不败的竞争地位，他最高明的一招就是引进机器化生产领带的时候一并争取了西德名厂领带的机械和领带原料的远东代理权。

曾宪梓创业兴家的最大的也是最与众不同的魅力就是他的眼光总能看在别人的行动之前。

其实就是他不争取领带原料以及引进生产领带先进设备的远东代理权，在当时的香港乃至东南亚地区，也是没有第二个人能与他抗衡，争夺市场的。

但曾宪梓却不这样认为，只要有可能，曾宪梓喜欢凡事都想在前面、做在前面，他在为他的宏伟目标奋力拼搏的同时，绝对不会失去一切可以发展的机会。

无论如何，曾宪梓喜欢在尽心尽力地排除后顾之忧后再义无返顾地闯荡他的世界，这是他从小养成的习惯，一直到现在都难以改变的个人风格。

机械化设备的引进与代理权的取得，使金利来的发展，又向前跨了一大步，使得曾宪梓对自己和金利来的事业更加充满了必胜的信心。

曾宪梓深有感触地说："只要领带机械化生产的远东代理权和优质的领带面料代理权在我的手上，就算有其他的领带商想与我争一日之长短，也是惘然，最起码他们在机械化生产方面和领带的优质面料方面必输无疑。"

1973 年对于全香港的工商业界来说，困难重重、灾难重重，甚至可以说是一场毁灭。

但是，事物的发展也不是绝对的。一九七三年对于曾宪梓和他旌旗下的金利来来说，是轰轰烈烈、大展鸿图的一年。

这一年的大丰收、最让他开心不已、自豪不已的事情，就是他利用这个对全香港人都很特别的时期，利用自己创立的金利来专柜的销售方式，利用花多、款多且不断推陈出新的金利来货品的各种优势，利用连绵不断的广告宣传，把几个实力雄厚的竞争对手从香港市场上压倒下去。

这其中包括美国的几个牌子，又有英国的几个牌子，也有来自法国和德国的名牌领带，它们曾经因为是外来名牌，在香港市场上傲慢一时。

那些日子，香港市场上充斥着它们的领带，它们也在香港市场上一浪高过一浪的崇洋的声浪中，威风八面、不可一世。而现在，它们统统在金利来的猛烈"炮火"的进攻下，很不情愿地退出市场，四分五裂了。

1973 年，在世界石油危机的冲击下，香港经济发生了巨大的波动，从出口市场严重萎缩、转口贸易一落千丈到股票市场狂泻不止，恒生指数由一千七百点跌至六百点，竟跌去市值七成以上，工商企业基本上全部陷入瘫痪状态，失业人数急剧上升，整个社会动荡不安，人心惶惶，而且，香港的金融业和房地产业更是苦不堪言。

一系列的原因,使香港继五十年代后,第二次陷入生与死的考验当中。

1973年圣诞节前夕,香港经济仍然抬不起头来,股灾处于最为严重的时刻,香港人的消费能力几乎跌致历史最低水平。

一些大的百货公司因为世道严重不景气,也为了保持自己的力量,采取较为保守的定额进额的方法减少入货量,以避免更加残酷的现实。

这种现象表现为,每间百货公司的进货都有规定的额度进行购货分配,比如在男装方面规定男装部定货只能花费多少限额,如果超额了,就是这方面的货品再好卖,也要停止进货。

原因很简单,应该花费在这方面的定货金额已经用完,再不会有多余的钱来扩大定货量了。

当曾宪梓了解到这些情况后,心里十分着急,因为每一年的圣诞节、春节是金利来领带销售的最佳季节,这二、三个月的销货量高达全年总销货量的百分之五十。如果真的按照百货公司的限额定货方法定货,那将给自己带来巨大的压力。

显然,百货公司的限额定货法对于销售旺季的金利来十分不利,甚至可以说将会带来非常严重的损失。因为,此时金利来领带已经出现供不应求的现象。

市面不好,没有哪一门生意会好,没有哪一门生意会顺利,几乎所有的人都提心吊胆的。

曾宪梓找到永安百货公司的总经理,希望他能有一个较为妥善的解决办法。

永安百货公司的总经理十分为难地说:"曾老板,我也知道你的金利来领带生意好,很好卖,但现在所有男装方面的定货额已经满了,而且都有些超额了,如果再补充定货,是不符合规定的。"

"对不起,曾老板,我已经没有额外的预算再进你的货了。不如你说吧,你有什么好办法,只要可行,我一定会尽自己的最大努力来给你帮忙的。"

曾宪梓在这之前已经经过很长时间的深思深虑了。他要捕捉时机、乘虚而入,他要想方设法带领他的金利来成功闯过这次难关。

已经整整一个星期的时间了,他一直在考虑面前这个难关该怎样过渡,现在虽然经济萧条,世道不好,但无论如何,节日总是要过的,很多人还是要买金利来领带在节日期间送礼的。

金利来领带如果不抓住时机在销售旺季全力销售,接下来如果时局一天差过一天、生意一天比一天更加惨淡,将会给金利来带来致命地打击。那么,眼前迫在眉睫的关键是要讯速找到一个什么样的好办法,使得自己能够既从此可以不受百货公司的控制,又能够把自己的领带顺利地销售出去。

但是,什么样的方法才是又能让百货公司接受又能使自己满意的呢?!曾宪梓不禁考虑再三。

曾宪梓八方取经再苦思冥想之后,觉得解除困境闯过难关的最理想的办法就是利用百货公司的场地和声誉,在百货公司的商业场地内开辟金利来领带的专门销售柜。

而且这种方法也是解决自己的货品被零售商挑拣、讨价还价以及配额限制的最佳方法。

所以，对于永安百货公司总经理的提问，曾宪梓马上胸有成竹地暴露出了自己的观点：

“总经理，你看这种方法好不好，你借给我地方，借给我跟你们百货公司保持一致的上下两层的货架，和一个同等规格的柜台，所有卖出的领带，还是由你们负责收钱。”

“我的这种方法的好处是，你不用给我定货钱，我也可以不受你们定额的限制。至于售货员方面，就由我来安排好了。售完之后，我们采取按月销售额结算的方式分账结算，你分三成，我分七成，你看怎么样。”

总经理一听，觉得曾宪梓的这种方法很有道理，自己可以不用拿本钱备货，又能保证一定的效益。特别是对曾宪梓在这种市场不景气的时候，能够采取这种方法，对自己还是有一定的好处的。

总经理觉得在这么艰难的情况下，能够做出这种决策的人首先必然是对自己的产品充分自信，再则就是具有非比寻常的胆识，所以就毫不犹豫地说道：

“老曾啊，真服了你啦。这方法很好，对我们俩都有利。我看不如这样，首先就将这个办法在位于九龙的永安油麻地公司和位于香港岛中区的永安公司试行，摆货的地点就放在二楼一上楼的靠近楼梯的地方，那里可是一个好位置呀！”

曾宪梓是一个抓住时机说干就干的人，他中午刚刚和永安百货公司的总经理商量好设立专柜的事宜，回到自己的公司后便分秒必争的开始了具体工作。

因为圣诞节已经一天一天地逼近，曾宪梓废寝忘食地干了整整一个通宵，第二天，也就是 1973 年十二月十八日金利来第一个售卖金利来货品的专柜在永安百货油麻地分公司正式开业。

曾宪梓毫不松气、乘胜追击，以迅雷不及掩耳的方式，大规模地铺开了他的战场。

两天以后，第二个售卖金利来货品的专柜在永安百货中环分公司正式开业。

1974 年 1 月 2 日，第三个售卖金利来货品的专柜，在永安百货铜锣湾分公司正式开业。

金利来专柜在不断地扩展。

这种以分账的方式向各大百货公司租借小部分地方设立专柜，然后再采取由自己委派公司专职人员在专柜内销售金利来产品的形式非常成功，曾宪梓抓紧每一个环节，变不利因素为有利因素，他的生意好上加好。不但度过了难关，而且取得了前所未有的轰动效应。

曾宪梓所采取的专柜销售金利来的形式，成为金利来事业发展过程中的巨大而且重要的转折点，使金利来得以变被动为主动，从而雄踞于东南亚各处市场。

金利来的产品可以直接进入百货公司的柜台，由自己公司的员工负责营销，不仅避免很多麻烦，而且货品方面再也不必给百货公司的入货人员挑三拣四的机会。

一条领带由原料的采购到销售给顾客要经过漫长而且慎重的过程。

首先在投放出一定的资金后，要花费很多的精力到欧洲市场上去挑选好的花色、好的布料，然后还要跟当地的厂家合作，以便于完整无误地得到这些领带原料。

领带原料到达香港之后，金利来公司的员工就必须按照设计、按照有关要求把所有的布料毫厘不差地裁剪好，由于自己要求的是名牌产品，缝合的时候也必须格外认真。

等到领带被熨好后，包装部门的员工也要认真仔细地包装好，不能将领带弄潮了或者揉坏了，这些都会影响名牌的标准。每一道工序、每一个细节都要作好，都不能出现问题。

一系列的工作作好之后，将送来的领带积压到仓库里面，也应该注意各方面的问题。

如果相互关系比较融洽，货到之后，仓库人员及时通知柜台售员，使领带顺利的打入市场。

但是，领带到了柜台之后，如果售货员再积压，不及时将领带拿出来摆卖。或者只是挂出其中少量的一部分，那么最终还是不顺利，不能达到饱和的销售量。

因此，曾宪梓采取的专柜销售的办法，一并解除了这些中间环节，使自己能够在第一时间与销售对象直接接触，便于获得第一手的信息资料，更有利于货品的销售。

再者自行进货，自己独立面对客户，消除了百货公司因资金不足不敢大量进货，使柜台出现由于货物品种不全而影响销量现象。

最后，在货品的销售价格方面完全可以由自己制定，全香港实行统一的零售阶，不仅省却用户讨价还价的麻烦，而且还十分有利于树立货品的优质形象和与其它名牌鲜明地独立开来的名牌风格。

虽然在百货公司的商场内设立专柜销售方式，令金利来的销路直线上升，甚至不少日本游客也对金利来很感兴趣。因此更有利于提升金利来在国际市场上的知名度，但是，立在曾宪梓面前的经济大萧条的严酷的现实，仍然令人不敢正视，但曾宪梓的一举一动都是沉稳行事。

曾宪梓特别喜欢而且特别善于的是“敌退我进”的战略方针，应该说善于看准机会和利用机会、以“敌退我进、敌疲我打”的方式占领市场，最后将对手驱逐出市场，这是他经商战术中的杀手锏。

在当时那个秋风瑟瑟、万木飘零的消费市场上，竞争十分激烈，似乎人人都在想方设法、竭尽全力地争取客户、争取市场。

一些外国的名牌产品甚至采取了更为保守的经销方法，那就是在世道不景气的时候，将所有库存的领带减价出售以换取现金，减少入货的数量，或者不再购入新花色、新款式的领带，造成领带市场混乱不堪的被动局面。

但曾宪梓却完全不是这样，他从另一个方面入手，采取了反其道而行之的做法，不仅没有减少入货、降价处理自己货品，反而在货品的售价上保持以往的档次。

除此之外，曾宪梓又马上派人到欧洲市场选购花色款式更新、品种更齐全的货品投放市场、尽可能照顾到不同年龄、不同消费阶层、不同性格的爱好。

而且在生产的时候，采取花款多、数量少的政策，即使顾客有更多的选择余地，同时又使金利来所有的专柜呈现出与众不同、特别是与那些外国名牌领带截然不同的一种销售倾向。

由于金利来领带的花样和款式比外国名牌领带新颖而且又品目繁多，所以金利来的货品一上市之后，其销售形势仍然不减当年。

一旦货物售无，专柜进货的形式非常方便，一个电话，只需几分钟或者一个小时的时间，就可以马上送货。

因为曾宪梓知道，在这场生死存亡的较量之中，时间是至关重要的，所以把握机会、以最快的速度，不断变化最新花色、最新款式的领带。

与此相比，而那些外国名牌的领带，如果在销售中发现什么类型的领带比较流行和好卖，还必须先定货，即而再进货。至于定货的周期，即使是最快的速度，也需要几个月的时间。

所以当订购的货品到了香港之后，代理商们就会很惊异地发现领带流行的花色款式是很快的，原来定下的那些花色，已经不能打动顾客的心了。

曾宪梓一直认为："一个产品，做出来之后不是给自己看的，而是给人家买的。因此，领带的花色要最漂亮，才有可能吸引顾客购买，好的品质、好的做工，才能卖出好的价钱。只要企业有自己真正的好产品，就能在即使是最为困难的环境中取得一席之地。"

所以，他在当时的情况下，毅然决然地率领金利来推行与他人大相径庭的销售政策，反而在这次危机中取得了更大的业绩。

他这种做法的主要目的就在于无论面对多么艰难困苦的环境，也要努力坚定和坚守顾客对金利来这个牌子的信心，同时也要使顾客坚信金利来的产品永远也不会被淘汰。

七十年代中期，香港社会又开始风靡牛仔裤制品，西装领带生意一落千丈，曾宪梓和金利来再次陷入困境。

但曾宪梓仍然保持积极乐观的心态，市面不好，并不表示人们就抛弃了金利来领带。他始终认为除非世界上再没有人愿意穿西装，否则，金利来领带就一定能发展下去。

面对市场的严重萎缩，曾宪梓宁可自己少赚一些，也要确保金利来产品在香港的名牌地位。

他仍旧采取他的与众不同的一贯作风，一方面，不间断的广告宣传，除了电视、电台等宣传媒体之外，一些报纸、杂志、路牌、球场等等都是他利用的广告媒体。

与此同时，他增加花款、增设除了领带之外的男装服饰和意大利真皮皮带等品种，以层出不穷的形式占领市场，刺激人们的消费兴趣。

通过这些方式，曾宪梓终于再次顺利地渡过难关，而且，金利来的货品销量越来越大、名声也越来越响。

金利来的成功，靠的是曾宪梓的独特思维，以及他坚韧不拔充满自信的信念。他充分利用每种情况的经济环境，一次又一次地化腐朽为神奇、一次又一次地化危机为金利来走向成功的转机。

直到现在，曾宪梓才解释他当时采取那种比较冒险决策的原因：

"市场是淡了，如果一百个人中只有五十个人买东西了，并且这五十个人是一定要买东西的。

“问题在于剩下的这五十个人买谁的东西，假如这五十个人中大多数买的是我的牌子的产品，那么买其它牌子的人就相对减少，这就是经济市场上的优胜劣汰。

“所以我会想方设法、全力以赴，一方面增设品种，一方面扩大广告宣传，争取剩余的顾客，令其它的牌子无法立足，于是在销售市场上就可以顺利地淘汰竞争对手。所以我认为，市场淡并不一定是坏事，在我看来，它反而有利用的价值。”

曾宪梓就是凭借这一手法，令金利来取得了巨大的成功。

香港经济复苏、市场淡风吹过的时候，曾宪梓已经取得了硕果累累的好成绩了。而那些数十年来在香港不可一世的外国名牌产品，不仅仅是被淘汰出香港市场，而且被打得落花流水。

由此而来，在低潮的境况中仍然发展壮大的金利来，不仅达到了当初立下的与外国名牌产品争一日之长短的目的，而且还在香港名牌中独领风骚，成功地取得了“大哥大”的地位。

我们纵观曾宪梓的商旅生涯中，并没有来自哈佛之类的经商秘诀指导他的商务活动，他所拥有的只是从孩童时期起就养成的凡事喜欢自行摸索、自行钻研的习惯和以后自己从商过程中通过实践所取得的丰富经验和知识。

曾宪梓的观点是：凡事要“多看、多做”，要以全部身心、最大的热情投入到自己所从事的事业之中。也只有这样你才能走向成功。

曾宪梓的从商经验就是通过自己独特的思维方式，在经商的过程中摸索和总结出来的。

金利来领带刚开始起步时，曾宪梓所生产的布料都是通过香港的洋行代理入口，如果与洋行在资金的结算方式上取得足够的信用的话，那么生意是可以做得很大的，但是这种做大的方法并不稳定。

因为在洋行取得了一定的信用额之后，定货一方往往很难准时把货送到香港。

虽然定货方再三对洋行要求这批货在六个月以后才需要，但毕竟定方已经落了定单，洋行为了交货方便，会马上通知布商将定货方六个月以后才需要的货，马上就交付给定货方，再由定货方写一张六个月的期票给洋行。

通过这一过程，六个月之后，洋行将所收到的期票顺利入账，便是一桩买卖双方都相安无事，大家就这样年复一年的进行着。

这种相当于赊账的定货方式，如果定货方只是面对一家洋行，那么货源还有一定的方便之处，但是如果定货方面对的是许许多多的洋行、许许多多工厂，则会带来相当被动的局面。

特别是像曾宪梓当时处于创业初期的状况，他的领带每个月的生产量和销售都是有一定的额度、一定的规律的，如果洋行不顾及曾宪梓的这些实际情况，只要曾宪梓一定货，就会在很短的时间内把曾宪梓所需要的布料全部交给他，而曾宪梓领带的销路虽然很好，但也不可能好到可以一下子将领带销售出去，况且他当时也没有那么多的资金，如何收纳这么多的货呢？

如果在其中一个时间没有将领带销售出去，就很容易造成货品的积压，虽然洋行相信曾宪梓，但是六个月到了之后，不管生意好不好，曾宪梓总是要出钱的。

在生意不好没有钱的情况下，如果曾宪梓不还钱给洋行，洋行就会认为曾宪梓的领带已经不行了，那么接下来即使是非常正常的定货，也会受到洋行的阻滞，如果曾宪梓咬紧牙关，将这笔钱凑齐还给洋行，而且自己的领带又在积压并没有卖出去，那么就意味着曾宪梓在生意上将处于非常被动的局面。

曾宪梓即使取得了最好最高的信用额，他仍然自始至终得不到洋行的信任。

这在当时那种人人都想取得大的信用额的情况下，曾宪梓主动不要洋行信任他的举动，对于洋行的老板来说是很古怪的一件事情。所以他们很不满意地对曾宪梓说：

"曾老板，你做生意怎么这么特别，完全是另外的一套，大家都是求之不得，希望取得洋行的信用，而你倒好，却与我们唱对台戏。"

曾宪梓也不多做解释，只是很谦虚地说："是的，我是小本生意，我也没有必要来取得你们的信任。"

其实在曾宪梓的心里有一个坚定的原则，那就是："我不能由人家来控制我，我要创造自主权，由我自己控制整个局面。所以，我宁愿要洋行不信任我，只有这样，我的生意才能发展得下去。"

在这方面，曾宪梓的做法比较稳妥。如果甲厂来了，曾宪梓下个月才需要它的货，那么，曾宪梓就下个月定货并支付现款。

如果乙厂来了，曾宪梓是三个月以后才需要它的货，那么曾宪梓就三个月以后才定货并支付现钱。

曾宪梓从来不开期票，由自己支配定货到达的时间，在进货过程中取得了一定的主动权。这是曾宪梓一开始做生意的时候给自己定下的不盲目进货、不开期票的原则。

也正是因为这个原则，才使得曾宪梓的生意一路一路稳步前进、取得成功的。

到后来，随着生意的进一步扩展，曾宪梓可以跳过香港代理领带原料进口的洋行直接向欧洲厂家定货。

曾宪梓的先交朋友后做生意的市场关系学，也从香港市场运用到国际市场上了。

他不仅要求自己运用这种市场关系学，同时也严格要求自己的员工，万事以和为贵，而且规定公司员工在定货的时候，绝对不能自以为是买方市场，就给对方脸色看，摆出一副老大哥的架势。

所以直到二十五年后的今天，曾宪梓与这些欧洲厂家都保持着良好的经营关系。

既然大家都是朋友了，曾宪梓到欧洲厂家定货，融洽的人际关系使得他十分顺利地取得了与众不同、稳中求进的定货方法。

在当时，他给自己定下的原则是定货时必须做到主动权在自己手里。

这个原则具体来说便是如果曾宪梓一年之中一共要订购价值一百万的货品，一年之中十二个月内，曾宪梓的习惯做法就是分三批入货，否则的话，他将放弃这次进货。

根据曾宪梓的划分，第一批货价值三十万、第二批货价值也是三十万，第三批货价值四十万的货，在曾宪梓看来，无论市场的好坏，这些货他都吃得下。

这是公司生存下去的最起码、最低的限度，也就是说，至少要三十万的领带原料，公司才能够确立发展的途径。

至于第二批价值三十万的货，曾宪梓所采取的做法是先挑选好货品，再与当地的厂家达成协议，曾宪梓的第二批货要按照他发往欧洲的电报来做。

也就是说，当第一批货回港并以最快的速度推出市场之后，如果市面反映好，生意做得很顺利，曾宪梓就会提早三个月发电报给欧洲厂家作好准备，三个月以后可以发出第二批货品。

第二批货品到了之后，如果市面进展不太顺利，产品的销售有困难，那么曾宪梓就会发电报通知欧洲厂家，立刻取消第三批货。

这一规定都是大家事先协定好的，曾宪梓又是按约定提前通知厂方，所以，曾宪梓既不会积压资金，又不会失去厂方对他信用。同时取得了主动权。

通过具体的实施，曾宪梓这个方法非常可行，它使得曾宪梓在处理业务的时候比较主动，再不用担心货品卖不出去而又有大批量的源料不断运来。

如果曾宪梓在一年中全部要了这三批货，就意味着曾宪梓的领带销售顺利，就意味着曾宪梓从中取得了利润。

所以曾宪梓十分巧妙地利用这种定货方法，在生意上取得了极大的自主权，使得他从来只做赚钱的生意，没有赔钱的机会。

曾宪梓所有这些生意上自己给自己规定的方法和准则，都是通过无数次的磨练所得出的经验。

就象他自己曾经说过的："我做生意以来，几乎每时每刻都在不停地思考，首先弄清楚自己做生意是为什么，为什么呢，答案是最明了的。

"那么，怎样才能赚钱呢，这就意味着要有优质的货品，要使顾客喜欢，如果顾客不喜欢，那就说明你没有赚钱的能力和机会。所以我就想尽办法减轻成本、降低风险，而且保证不间断的有优质的货品上市，所以我的生意能够取得成功。"

直到现在，曾宪梓只要一谈到当年创业时期的那段亦喜亦忧的日子里所缠绕的复杂心态，便忍不住要发出感慨：

"早年沿街推销的日子，累得、气得熬不住的时候很多，整日整夜只觉得自己的神经是拉满弓的弦，得不到一刻喘息。

"市面好、有生意的时候紧张得几乎跳起来，既担心做不完到期交不出货、失去信用，又担心本钱不多、来料不够，常常是一颗心提到嗓子眼，这么多的生意怎么做啊，心里面说不准是一种什么样的滋味。

"到了没有生意的时候更不好过，更是不知疲倦、没日没夜地拼命干，做生意也确实不易呀！"

品牌战略　创建基业

一、明确思想　合理经营创伟业

作为白手起家的曾宪梓是凭借什么一步步走向成功的呢？其中重要的一点是：他有自己独特的奋斗目标。那么其他方面的原因更为重要，我们可以作如下分析。

人类的体能，在过了三十岁的顶峰以后就会慢慢衰弱；智能的顶峰则在四十岁。一过了四十岁，无论分析、理解、综合、记忆的能力都会愈来愈差。但有一些人，过了这个极限，仍能有效地从事经营，那是由于累积了长期工作的经验；而这些经验已经成为智慧的一部分了。

经验是可贵的，尤其失败的经验，对于未来再做相同的工作，常有前车之鉴的效果。一般而言，经验丰富的人，各种知识也一定很广泛。所以四十岁以后，尽管智能已逐渐退化；但经验不断增加，对业务的处理也能有所贡献。

但是经验也不是万能的。实际上只有在从事需经磋商才能着手的工作时，前辈的经验才能发挥价值。比如说一个大公司的领导者往往年纪大，智力、体力都已衰弱。但公司中的主要人员承认他是领导者，所以他仍能继续工作。然而在另一方面，公司中的干部必须认识到自己不只是一个"领薪的职员"，还是一个经营责任的分担者。换句话说，他必须认识到自己也是经营者之一，并努力实践；而不是把责任都推给领导，这样公司才能经营下去。

以今日世界而言，对合理化要求最严格的是美国的企业组织。他们的合理化有许多明显的特色。譬如人事运用，在美国公司中就很少有冗员。他们随着市场环境的变动，不断调整公司经营的方式。在合理化的过程中，如果产业剩余的人力，一定会非常明快地把他迁调到其他部门；假使其他部门无法吸收，便直截了当地以裁员来解决。

当然我们不能不承认美国有其独特的社会性与经济背景，使得这些措施得以顺利进行。由于社会的福利制度发达，对失业者有充足的救济，使得被裁的人员在生活上不致立刻发生问题。另一方面，成长中的公司又可以对这些人力加以吸收采用，使得人们仍旧拥有适当的出路，对国家社会有所贡献，所以不会引起社会的混乱。

但是我们的社会福利制度很不完善，所以被裁的人员一时无法被其他公司聘用；相对的，公司方面也不敢放手整顿，裁减多余人员。在这种恶性循环中，有的公司不得不浪费许多经费去保障这些冗员，造成公司的沉重负担。象这样不能适当地使每个人都提供足够的贡献，不只防碍了社会的繁荣，也成为经济发展的一大阻力。

经济环境不断地在进步，各公司为了跟上前进的步伐，不断地征求人才，可是往往征求不到适当的人选。而另一方面，那些可能适合的人选却在另一公司成为冗员，不但才能不能发挥，更成为公司进步的绊脚石。

"比别人先走一步"说来可能平淡无奇，可是在企业竞争上，由于每个对手都在倾尽全力想先走一步，所以要真正做到，真是非常不容易。

经营者稍一迟疑，被后来的人赶过，一步可能变成十步，然后变成百步、千步，距离愈拉愈远，终致无法补救。所以任何工作都要加速推动，尤其是需要花费时间的工作。也正因为有这种顾虑，经营者不可好大喜功，想去完成那些“必须花费漫长时间才能产生效果”的工作；或者是太固执的去追求“发明”，因为那太过于冒险。在瞬息万变的现代社会，存在着很多不确定的因素，可能使原先非常杰出的构思，在片刻之间变得一文不值。

曾宪梓认为：不论做任何事，在前提上必须了解，我们正处在一个讲求效率的时代。一个好的构想，若不立即付诸实施，稍一迟疑，半年过去，可能就不值一提。因此今天想到的好主意，今天就得实行。但为了要减低冒进的风险，经营者平时就应训练自己对事物的观察力和对未知因素的评估能力，当机立断，才不致被人抢先一步，遭致无可弥补的遗憾。

碰到难题，先不要否决它，换个角度去看，或许它就不成为难题了。

做事的时候，有些原来可以做的事情，只因为自己抱着干不了的想法，最后很可能就失败了；反之，原先看起来很不可能的事情，如果抱定信心努力去做，最后也很可能会成功。想到今天的人们不仅能够上天入海，而且还可以登陆月球再回来，假如一点小事都感到困难重重的话，那岂不是抹杀了人类卓越的能力吗？

曾宪梓认为，一个人在面临困难的时候，逃避不是办法，只有鼓起勇气予以克服才是最重要的。在这种情况下，往往能够发挥出意想不到的智慧和潜力而获得良好的成果。

不管是经营事业也好，做其他事情也好，如果总是抱着“这根本不可能办到”的想法，恐怕任何事情永远都不会成功。反之，碰到事情总是想到“应该可以办到，问题只是要如何去做而已”，这样想的话，很多困难的工作猛一看似乎不大可能办到，结果却居然也做成功了。世界上有不少事情都是因为个人的不懈努力才获得良好成果的。因此，每当你要下决心去做一件事情的时候，能够有这种想法是极其重要的。

一位商人向顾客推销商品，假定商品只有十元的价值，而顾客以十元购得，则商人是不会亏损的；所以商人只能开价十元卖给客人，这是必要的诚意，或者再便宜一点以九元八角的价钱卖出。反之，如果实质上只值十元的东西，为贪欲而开价二十元的话，他的生意必定会失败的，纵然有人吃亏上当购买了，以后他也会恨你的，这等于永远失去了一位顾客。

当事业成功以后，应首先为自己做好价值判断，这样才是正确的成功路线。

曾宪梓为了经营事业，为保持正当的价值判断，一直在努力不懈。

人往往会主动关心别人，尤其对于比较特殊的行为，很容易就产生正反两派的意见。简而言之，也就是有赞成的人，也有反对的人。因为别人的说法而对自己的想法和行为失去信心或发生动摇，这是人类的一种本性。一个人无论做任何事都应该有自己的想法和信心，这一点是非常重要的。

学问需要有效地运用，才能发挥高度的价值。凡事考虑过多，反而无法得到成功的机会。

闻名的美国福特汽车公司创办人福特先生曾说:“我们工厂绝对不任用学者,因为学者一味研究未知的事情,而对如何应用却不予考虑。”这句话确实给人许多思考。

一般而言,有学问的人往往受学问的束缚,凡事考虑太多,而无所适从;没有学问的外行人,有股勇往直前的冲力,反而常能突破障碍获得成功。

比如患了感冒,若只觉得稍有不适不加理会也可能很快就好了。但是稍微懂得医学常识的人,往往会因过分操心,而使病情恶化,或拖延痊愈时间。

因此希望各位不要被学问所驾驭;因为学问要有效地运用,才能发挥它高度的价值。

经营公司也是在做社会工作,为了不损害社会利益,当然要做赚钱的生意。

人类互相交往、做生意或工作活动,而获取报酬,除了小孩、老人或残废者需要受人照顾外,成人都应该能够自食其力。我们之所以能安居生活、作息安定,就是因为能各自确保收入。

因此,每一个人都应确保维持收入,不仅为了自己所需,也是为了维持自己是社会一分子之所必需者;可是实际上人们只知道非获利润不可,但对获利的信心是否确定不移,那就模糊不清了;于是有人认为薄利多销好,或者低价薄利的推销方式好,甚至无利可图,就滥加贱卖,看到别人赚钱,就兴起嫉妒念头,而不作诚实公平的竞争。

这都是对利润的本质没有充分的理解,所导致的错误。我们不能赚取超过适当的利润;但对正当报酬率,应有承认的风度。

我们来打个比方:有一家资本一千万元的公司,而一千万元的本金,在本质上就是社会的资本,也就是说,这家公司拥有社会的资本一千万元,资本在表面上虽是属公司所有,但本质上却是社会共有的财产;而物资也是共有的财产,只不过是为维持社会之秩序,设定为私有财产制而已;至于人员呢,假定这个公司雇用了一百人,这一百人,就是以公共事业的名义集合的,也就是使用社会的金钱雇用公用人员来经营事业,所以公司一定要有利益可图,那么公司就可大大地活动,一年间赚进一百万或二百万元,一半缴纳税款,一半用为提高公司对社会之利益。

可是经营事业难免会受到挫折,运用社会的金钱,雇用社会人员,如果事业经营不顺,那么就是损害到社会的利益,当然可以追究责任。可是实际上受到损害的人,会提起偿还损害之诉,但对本身经营失败之罪过,社会一般是不会深究的,但实际上已是犯了很大的罪责,因此一般人对此认识还不够深入。

在自由经济体系中,企业利润的获得,是社会繁荣的动力。

公司的经营者,往往以利润当作经营的目标。利润也是经济性的标准,不过利润本身中含有竞争的要素。想赚这么多,不一定能赚得到,所以说来容易,想真正达成,就要适度运用经营策略了。

东西卖得贵,就会失去顾客。因此,各企业都在制订价格上大伤脑筋。一方面必须卖得比别人便宜,又有些利润,另一方面必须支付成本和费用;但也要使股东能分红,员工能得奖金。在这种严格的要求下,各企业无不是经营者和从业员同心协力,来谋求最妥善的营业策略。如果有一点成就的话,也都是绞尽脑汁,全力以赴工作的成果。然而它的背后却是一股自由竞争的经济压力推动的。因此在自由经济体系中，很微妙的包含了使大家不敢怠慢，以努力促进经济繁荣的心理动力。

自由经济社会的好处，其实就在于竞争。竞争使人痛苦和辛劳；却使人乐此不疲，永不后悔。

也许有人会问："获得什么样的利润才是正常的呢？"曾宪梓这样认为，必须依照各公司的经营方针和经营者的人生观，以及企业是否觉悟到本身对社会的责任而定。假定一个公司是站在社会正义的立场，来决定自己所应获取的利润，那么就算他的标准高一些，也会获得社会的认可。反之，如果只注意到要满足投资者积累财富的欲望，赚钱谋取个人的享受，那么就算赚的钱再少，也不能获得社会的谅解。

所以这个社会上有些人虽然赚了钱，在客观上，他却是遭受损失的人。譬如说，他赚了一百万元，然而在赚一百万元的过程中，却损失了两百万元的信用；或者说，引起了众人对他的鄙视。那么，这一百万元能买得两百万元的信用或他的人格吗？

曾宪梓始终认为企业是社会的公共企业，应该对社会发展有所贡献。反过来说，让企业正常地发展也是社会的责任。所以让优良企业储存发展资金亦属必要——这不但是企业经营者最大的责任，同时也是企业赋予的最大使命。

公司得到利润后，记住将利润以更有意义的方式，善加利用，社会自然会赞同。经营和利润观点的精华之处，就在这个认识之上，经营者应该随时留意。

为了公司的发展，也为了国家社会推展各项措施，企业经营不得出现赤字。

曾宪梓认为拥有很多人与资金，可是缴不出税金的公司，他的经营一定是不得法，因为那一定是亏本生意。亏本生意一方面虽值得同情，但另一方面可说其对社会一点贡献也没有，他并不负担国家经费的开销。公司的经营，获利可说是理所当然，有利益时，可将其中大约半数缴交国库。假定我们处理一张纸，而由此得到利益时，必将由此得到的利益之一半以税金的名日纳入国库，国家就以收入的税金来作为行政费用的开支。所以公司的经营，如果都做亏本生意，连一毛钱的税都不交，那国家不是会陷入困境吗？不要说是造路、建设经费无法筹出，就连学校老师的薪水都恐怕发不出来。

经营中所赚的利润，一定要将其中的一半缴纳给国家，这是应尽的义务，只有这样，国家社会才能够正常的运转。在报纸上经常可以看到某些企业由于劳资纠纷，闹得满城风雨，因此五年之间没有交一毛钱给国家（赤字经营），虽然有他的原因与理由，可是对整个国家、社会、人民，没有一点好处，这是可以断言的。

在一些经济发达的国家中，学校的设备十分完善，道路设施良好，绝不会有因雨天汽车路过时使浊水溅满人身的情形，调查其情形可以发现这些国家拥有许多提高盈余、贡献社会的公司，所以各种公共事业与设施才能办得有声有色。

我们的工作是卖商品给很多客户，使客户使用之后能够感到喜悦、满意，生产商品当然是我们的使命之一；另一方面公司还负有贡献国家社会发展的义务，这也是公司的使命之一。

是否忠于使命，有否达成使命，看公司的经营便可一目了然。公司要好，每个同仁要努力工作，这是必然的，其他有关技术问题、思考问题、公司的政策问题等等，究竟应该如何？对这些问题必须能产生正确的判断力才可以。

每个公司都想增加利益，缴纳更多的税金给国家，之所以有些公司办不到的原因，就是对以上所探讨的几个因素，尚有待改进。

这是每个公司的人员都应该铭记在心的，职员们要对职员的工作有一种使命感，并且培养从使命感中感受到工作的喜悦。

自古以来，就有“胜者不骄”的教训，为什么要这样呢？因为人类的本性，如果连续胜了三次以后，性情就变得骄傲自满，精神也就懈怠下去，就会目中无人，别人的话根本听不进去，应做的而不做，应思虑的也不思虑了，这些现象，就是人类的本性。

“胜者不骄”正是言中人类本性的弱点，曾宪梓认为这才是上好的戒律，但纵观历来或现在的企业界情形，都没有表现出胜者不骄的迹象。

一次，曾宪梓向经销商讲过下面的话：

“各位都是认真努力的工作者，可是今年的情况显示，前途黯淡不堪设想，因此各位都在烦恼，我觉得这是重大的问题。大前年赚，前年又赚，而去年也赚钱，若是今年再赚，那是最好不过的，但是世间事是不可预料的。既然连续三年都赚钱，而又希望第四年再赚钱，哪有这么简单的事。连续赚了三年，假如今年不赚退还一年，还剩下二年哪，‘尺蠖’就是进二寸退一寸的，这是很好的现象，三年赚钱，而第四年又想再赚，那就好比‘尺蠖’一样，伸至极限之腿退不回来，只有死亡。那么是死好呢？还是退还一年份利益而生存好呢？当然是选择现在损失的好，而期待明年再赚，后年又再赚钱，大家有了这种想法，烦恼就会消失掉，不慌不忙，不慌张的心情就安定而快乐，快乐则智慧生，那么说不定第四年又可以赚钱了；不过老实说，第四年又再赚钱的机会是太少了，那么干脆就预备退还一年份的利益算了。请大家觉悟到‘尺蠖’的精神，这才是应有的认识。”

实际上，实践起来的确是有困难，其中也许将过去三年所赚的钱统统花光了，要用什么退还呢？

可是上述的情形确是企业界的实态，“三天连续好天气，至少一天会下雨。”如果能有这样的情形，已经算是不错的了。

公司愈大，愈要集合大家的智慧，全体总动员的经营模式，始能产生预期效果。

在动荡不安的世界局势中，我们都能亲眼看到，一个国家的衰退与兴隆。而我们发现凡是能聚合众智，并各在工作岗位上奋发图强的国家就能得到发展。而愈能突破考验的就愈发坚强。国家如此，公司当然也是一样。集合众智以经营事业是何等的重要。不过，想要集合众智往往并不容易。但如果不去克服这个困难，而只在口头上说说，那就是更没有实际的意义了。

以众智为经营的基础，也就是全体经营的模式。如果刚开始一个小公司是三五人的小规模经营，是很容易集合众智的。可是等人数增加到几千、几万时，虽然心里知道非集合众智不可，但却做起来是相当的不容易。

以国家来说，往往大国未必有发展的迹象，倒是几百万人口的小国家，反而有令人羡慕的发展气象。所以不管是三五人的小厂，还是几百、几千人的大企业，都应当集合众智，这样才能使企业得到长足的发展。

在公司的原则下，每个人应尽量发挥自己的智慧和力量，使公司的发展更具冲击力。

公司制度的好坏,是直接影响着公司效益的。一个合理的制度,易于培养大家的责任意识,而会全面激发出经营者的创意和新作风,百分之百的发挥力量。缺点就是多少会有些独断的倾向。说是缺点,也不完全是缺点,因为如果分公司主管过于独断专行,总公司可适时予以纠正,也就可以把错误尽量避免。

其实独断专行也未必是坏事。在好的方面,独断专行也可能产生好的结果,除了可能违背公司的政策,对公司整体营运有影响外,其他事情,各人可以尽量发挥其创意和力量,使公司的发展,更具有冲击力。

曾宪梓总是把自己的想法说给员工们听,他的员工都充满了干劲,工作气氛也很好,同样的工作再做起来,却感到特别有意义。

现在大家都有了理想。而且做法也不同了,过去是漫无目标地工作,现在则是有希望有理想地工作,所以自然做得很起劲。从此以后事业的发展,也就以惊人的速度在进步。

所以,别老是希望自己的商店扩大,希望自己能赚钱,这种想法都有缺点。当然这种思想总会进入脑中,但应该把目标放在更高的地方,与社会一起发展。如果自己认为是发展社会的一员大将,那么一个人的事业和人生观都将改变。

如果抱着这样的想法,就会感到辛苦的工作也不以为辛苦了,反而高高兴兴地去做。同样艰苦的工作,过去只因为那是生意,不得不做;但现在已没有这样的想法,艰苦的工作变成快乐而神圣的工作,因此对于再困难的工作,也会竭尽全力去做。

这对于一个人或一家公司都一样。公司必须努力经营,但公司是否能更加发展,我们只要尽了最大的努力,做了最妥善的安排,其余的,都交给上帝吧。如果没有这样的想法,仍然会犹豫不决的。

认为企业经营是为服务社会而存在,企业才能无限度地发展。

曾宪梓认为,在这个社会里,人类应该共同努力,永无止境地追求更大的进步,这种进步,绝不会因为时代的前进而终止。

与社会共存的公司,由于人们不断地努力,当然会继续地发展其潜能,这种发展至少是没有限度的。现在所面临的各项经营上的问题,只不过是历史长河中的一个小小的考验而已。不过我们既有缘共同生活于这历史的片段中,就应当共同勉励,精诚合作再向前迈进。曾宪梓认为,考虑狭隘的人,为数并不少,我们不应因环境的小挫折而停滞不前,亦不可事物过于短视,要时常保持宽宏的心怀来观察各项事物,应付各种问题。

企业的基本使命是提高人类生活的品质,不能带给社会繁荣进步的企业,是有愧于社会的。

无限地生长和进步是自然的法则,也是社会的法则。换个角度来说,人类一直有追求无限地生长和进步的欲望。首先在衣食住行方面,人类不断地期望精神和物质生活能够更丰富和舒适,这是人类共通的特性。虽然,这些欲望的内涵因个人及时代而不同,但至少没有人不追求更好的生活。

企业经营的基本使命就是维持和提高人类的生活文化,并且满足人们的要求。

例如，虽然每个人都希望住舒适的房子，但是如果没有生产者供给房子，愿望就无法实现；而且为了盖房子，必须生产并供给各种建材。这种生产与供给的工作，就是彼此由于事业的经营进行的。

不只是房子，所有生活物资，甚至服务或情报等无形的东西，都逐渐在开发有益于人类生活的优良产品，以适当的价格和充裕的产品供给来满足人类，这些都是事业经营或企业的使命，也惟有如此，企业才有其存在的意义。供给的物质和服务的内容虽因行业而不同，但是经过事业活动，贡献力量以提高人类生活的品质，是所有企业共通的目标。如果抛弃这种根本的使命感，就绝对不能开创出强有力的事业经营。

通常有人会认为企业的目的在追求利润，但曾宪梓认为利润确实是推行健全事业所不可欠缺的工具，但决不是最终的目的。因为企业的根本使命在于谋求人类生活品质的提高，也惟有努力达成根本使命时，利润才会变得更重要。

由此可见，经营事业在本质上不是个人的事而是大家的事，企业就是社会的工具。当然，在法律上有所谓私人企业、个人企业，但是各种企业从事的工作和内容完全和社会有关，所以可说是公家的东西。

因此即使是个人企业，在订定企业方针时，决不能站在个人的立场、个人的利益来考虑，必须从“自己所做的事业对大众的生活会产生何种影响？是有益还是有害”的观点来衡量和判断。

曾宪梓经常问自己：“我的公司是否对社会大众有帮助？如果这家公司消失，是否会带给社会任何不利的影响？”如果不会，就表示这家公司的存在不能带给社会任何利益，还是解散的好。当然这将使从业人员以及和公司有关的人感到苦恼，但这也是没办法的事，拥有许多员工的国营生产机构，如果不能带给社会任何好处，那将是件不可原谅的事。

曾宪梓认为，明确思想对于一个企业是相当重要的，只有合理的经营，才能对得起自己的祖国。

虚怀若谷　广交朋友

一、广交朋友　朴素节俭树新风

早在八十年代中期，曾宪梓就被大家公认为东南亚领带大王，曾经有一位英国人以探询的语气问他：“听说您就是东南亚领带大王？”

曾宪梓听后微微一笑，既谦逊又风趣地说：“金利来领带是大王，我不是大王。”

但从某种意义上来说，曾宪梓和金利来已是不可分割的一个整体。今日扬威国际市场的金利来便是曾宪梓多年来不断奋斗所追求的结果。

就象今日香港从事经济研究的行家里手们对他和他的金利来的评价：

“提起‘金利来’，人们自然会想到曾宪梓，提起曾宪梓，当然也会联想到他的‘金利来’。名牌商品和他的创始者，就是这样难分难解地连在一起。白手兴家、一手建立‘金利来王国’的曾宪梓，已经深入民心。”

金利来经过二十五年锲而不舍的努力拼搏和不断创新，终于在竞争异常激烈的香港脱颖而出，打破了一项东方的记录。

从一个致力于生存的家庭手工作坊，成功地发展成为举世瞩目的从事国际化经营的实力雄厚的集团公司的神话。

在曾宪梓创业之初，金利来仅仅是间必须通过艰辛的努力才能勉强维持六口之家生存的手工作坊，当时的条件真是苦不堪言。当时的那种境况，他的家庭作坊很有可能会淹没在整个香港的竞争大潮中。

但是，曾宪梓却能够在常人无法承受的逆境中，保持创业者极为难得的清醒头脑，凭着自己超前的意识，令人叹服的商业触角从萌发品牌意识到创业品牌，终于在香港特定的商业环境中站稳脚跟，为自己、为自己创立的品牌——金利来，进而又把金利来推向世界，成为东南亚的名牌产品。

曾宪梓在领带的质量上大胆选用欧洲高档领带原料在本港生产，领带的价格在舶来品高价与本港产品贱价之间，能够创造出自己的独家风格，为以后的发展奠定了坚实的基础。

可以这样说，创业初期的准确定位对曾宪梓的事业发展起着至关重要的作用。

他能够在力求温饱的情况下，能够给自己定下“确立品牌、挑战洋货”的目标。

这不仅标志着曾宪梓超前的价值观念、远大的抱负以及对周围经济和机会的准确的认识和把握，而且也标志着曾宪梓率先喊出了中华民族的心声。

即使今天的曾宪梓，有时候回忆起当初创立名牌时所经历的种种苦难，也感叹不已地说：“要创立名牌，有钱和无钱，完全会导致两种不同的情形。身家优厚之士，可以在创牌子之初，高薪召集一批专业人士，订定各项发展大计。但对于一位今日不知明日的事、需养家糊口的穷人而言，创牌子绝非一件容易的事。”

曾宪梓一反传统的“酒香不怕巷子深”之类的道理，深深知道在瞬息万变的商业社会里，时不待我，货好不仅要吆喝，而且还要大声吆喝。

于是在萌发超前广告意识的前提下，开始了他一系列破釜沉舟但又如雷贯耳般的广告宣传，创造了一个在当时仅仅只有女装世界称霸天下的另一个引人注目的奇观：“金利来领带，男人的世界。”

于是，金利来的名牌地位就有了它的最初起点。

在这次系列广告后，一个飘逸潇洒的男性世界、一个充满艺术气息的男性世界、一个知情识趣的男性世界以排山倒海、锐不可当的魅力，呈现在人们面前。

从此，金利来真正成为一个让你投入、让你拥有、让你目不暇接、让你留连忘返的男人世界。

尽管金利来取得了不小的成绩，而且势力也在不断地扩大，但曾宪梓并没有因此而停止他不断开拓、不断创新的意念，甚至可以说他已经高瞻远瞩到了金利来富丽的发展前景，于是曾宪梓开始了他的又一个计划：

一方面使金利来步入自身的成熟壮大期，具体表现为将“金利来领带，男人的世界”进行了创意无限的改动——“金利来，男人的世界。”

并且大胆地升华金利来的国际名牌形象，博采众长、洋为中用，从而成功地实现了曾宪梓部署金利来实行产品多元化、国际化的系列拓展战略。

与此同时，曾宪梓带领金利来在本港建立高度知名度后所进行的一系列地域性的扩展。

1981 年以来，他的业务开始向新加坡、马来西亚、泰国等东南亚国家和地区扩展，1984 年进入中国大陆市场、1992 年向欧洲市场扩展等等。

今天的金利来为适应不同国家、不同阶层、不同类型的顾客的需要，充分发挥出了自己的独特风格，不仅令自己永远立于不败地位，而且还起着领导潮流的主导作用。

像世界上所有谋略、魄力兼备的企业巨子一样，曾宪梓临危不乱，无论在多么艰苦的条件下，他都奋力拼搏，终于使得他的金利来得以兴旺发达，得以在激烈的商业竞争中取胜，成为纵横国际经济舞台的独树一帜的‘大哥大”。

很多人都评价曾宪梓为天才企业家，最了不起的才能就是善于创造和抓准时机的同时讲求高明灵活的商业技巧，也就是——“以智取胜”。

对于做生意，从事大商业经营的曾宪梓始终有自己的理解：“一个老板，有生意、有钱，就可以利用钱来赚钱，这是再容易不过的了。至于到底什么才叫做生意呢，我认为，就是把资金投出去后，经过一系列的工作过程，资金回来了。从资金抛出去到资金回来，就意味着完成了一个买卖，形成了一个周期。钱回来多了，就是好买卖，赚了钱，就是生意。如果钱抛出去，中间产生问题，没有回来就是死意。”

曾宪梓常常有这样一些现身说法：“一个人成功与否要看其品行、信誉、在商场中的各种关系。如果一开始从事企业发展时，就注意这些，那么成功的机会就会大一些。至于具体操作方面，还得充分利用银行资金，银行会支持有信誉的人。

“在这方面，最为关键的就是银行资金的使用率的问题，向银行借一百万如果一年才周转一次，最低限度一般都有百分之二、三十的利润。那么就可以知道周转得快慢与你所赚的利润成正比，如果一年转动两次，就可以得到四、五十万的利润，扣除利息支出，还有三四十万从银行借的资金中赚到的。

“如果有本事转三次，利润更会成倍增加，如果处理得好，连环转下去，这样，你就是一位成功的生意人了。

“金利来公司就是在这方面多想办法，使周转加快。这一百万，如果转动得好，可以再赚回一百万。

“这是我早年做小买卖时所取得的一些经验。虽然一直在努力这样做，但是非常困难。那时候，我每天做领带卖领带的同时，都在摸索规律、寻找出路。

“如果碰到了什么麻烦，日夜都在考虑用什么方法解决危机。我走路想、坐车也在想、晚上躺在床上也在想，我一分钟也不敢耽误，因为这关系到我的事业之成败。”

在生意场上有他精明的一面的曾宪梓在人际关系上同样如此，如果说曾宪梓是实用心理学中的高手，也绝不是给他妄加虚名的。

善于广交朋友、广结良缘、争取广泛的社会认同是曾宪梓所不断追求的目标。

从早年的家族争产到后来努力不懈地制造品牌、推广品牌的系列过程，都深刻地反映了曾宪梓既是绝无仅有的又是成熟、成功的社会关系学专家，人际关系学专家。

曾宪梓与人相处虽然有他绝对的真诚性，但他也有自己的目的。

早年创业的时候，曾宪梓通过自己的努力，与香港一些大百货公司建立了频繁的业务往来。当中有些大百货公司的部门经理就特别喜欢赌博，因此，麻将打得火热。

也有一些企业老板，为了奉承经理，有时候实际上已经睡觉了，一个电话过来，就连忙穿好衣服，陪这些百货公司的部门经理随便玩玩。

但精明的曾宪梓就不会遇到这样的“不幸”，因为他从来不打麻将，他只是请这些经理朋友吃饭，非常客气地招待他们，甚至帮他们上茶倒水，让他们凑成一桌。由此一来，麻将桌上的生生死死、输输赢赢都是他们之间的事情，就与曾宪梓不相干了。

我们不妨来分析一下，就算曾宪梓会打麻将，并参与其中，如果曾宪梓赢了，他们一定不会给曾宪梓钱，如果曾宪梓输了，就一定要付钱给他们。

这样的赔本生意是不能做的，而且好朋友之间的感情，也会因此而遭到破坏。

因此，曾宪梓由于非常善于避开与朋友之间的一些不必要的金钱纠葛，这使得他一直以来拥有很多难得的朋友，因为在生意场上，只要不牵涉到金钱利益，什么事都好办。

在金利来打出了自己的名牌后，曾宪梓还拥有永远能够保持自己遥遥领先的竞争地位的一招就是著名的“洋为中用”。

金利来每年要推出主导世界时装潮流的五千种不同花款的领带，如果仅靠自己公司聘请设计人员，既不可能有这么大量的花款，也不可能有那么充足的时间。

精明的曾宪梓采取的做法是——洋为中用。他充分利用整个欧洲市场的领导时装新潮流的设计家所设计的几万种领带花款，再从中挑选五千种领带花款，以满足金利来花样款式丰富的需要。

这不是曾宪梓的独特一招。如果不是名牌，没有一定的销量作基础，要想包下这些设计名家的作品，那就不是一件容易的事了。

在名牌的确立和维护方面，曾宪梓有自己与众不同的见解：“牌子的建立与顾客心目中对该牌子的信心有着不可分隔的联系。一个商品的品牌一旦为社会知晓，就意味着广大消费者对其进行继续衡量和重点考核的关键时期的到来。”

“如果遇到供过于求的现象，宁可把货品割去牌子，拿到小摊上出售，也不可在重心市场压价倾销。价钱不稳定的产品，直接反映质量不可靠。”

曾宪梓从建立金利来之日开始直到今天，一直没有松懈对名牌产品形象的维护。对于曾宪梓来说，这是一件极其富有挑战性的事业，他必须在具备面对挑战的决心和毅力的同时，还应该制定出具有自家风格的一系列决策。

曾宪梓的具体实施办法主要表现在生产过程的严格控制，严把质量关。

其次是金利来从不像其他牌子会在节日或季节降价推销，金利来领带在各地区保持价格统一，从而维护了名牌产品的形象。

另外，为了持久地巩固名牌产品形象，金利来不惜花巨资不断的进行多种媒体的广告宣传。

而且，金利来在各地建立专营店以及在各大型百货公司开辟专柜的方式，也对维护名牌形象、打击假冒产品，起到了相当重要的作用。

日本人曾经总结了这样一个世界闻名的经营公式：活力＝智力（毅力＋体力＋速力）

日本人由此希望将整个企业的员工团结起来，形成一个整体，这样就能发挥龙的精神。公式中的“毅力”就是表现全体员工对企业经营目标表现出的极大的兴趣、忍耐和进取精神之下所形成的高度责任感。

“体力”则反映企业主脑对员工关心爱护之后所带来的充沛精力和高效率。而“速力”则反映在经营成果之下所显现的企业经营的时机与契机。

比日本人总结的经验更加完善的是：中国人特别是传统的中国人，在企业经营的过程中，充分注重企业活力的同时，更为重视对企业个人的素质的培养，甚至包括员工的个人品质、道德观念的深层培养，中国人希望将自己企业的每一个员工都培养成为一条龙，而且使整个民族组成一个有力的总体。

作为战后第一代实业家的曾宪梓，在他白手兴家、屡创奇勋的过程中，他不仅使自己成为一条中国巨龙，而且也带领他的企业、他企业王国的每一个成员，都成为一条条有着龙的坚韧传统、龙的敬业精神的中国龙。

曾宪梓对自己所从事的事业具有顽强的热爱和坚定不移的信念，他那种锲而不舍、勇往直前的精神，使得金利来的员工都培养出了一种敬业精神。

在今天，只要人们一问起金利来集团的任何一个成员“什么是金利来的精神？曾宪梓先生成功的秘诀是什么？”他们会毫不犹豫地回答说“勤、俭、诚、信”。这四个字不是他们简单地背诵出来的，这是他们深有感触的体验。

的确，令曾宪梓取得成功的、以及曾宪梓自始至终贯穿于他的企业、他企业王国的每个成员的就是曾宪梓一生所坚持的“勤、俭、诚、信”、坚毅不屈和不断创新地创业精神。

当一个人经过奋斗赚取了一定的财富之后，如果不再充分用自己的时间、智慧、不再将全副精力投入到繁忙的工作之中、投入到亟待发展的事业之中，就去吃喝玩乐、享受生活，那么，他终究会走向失败和衰亡的。

在曾宪梓的带领下，金利来所经历的“从奴隶到将军”的过程以及在到达事业顶峰之后仍然以“生命不息、拼搏不止”的精神，无时无刻不体现着他任劳任怨、勤勉节俭的高贵品质。

“勤问、勤想、勤做”是曾宪梓所沿着走向成功的一条路线。

他为人喜欢研究和思考。凡是与产品有关的东西，他都会仔细留意，勤于思考、多做尝试是他创业过程中最显著的特点。

当一些年青人向他请教怎样才能走向成功时，他会认真的告诫他们：“凡事要多做、多看、多想。就拿金利来的皮包来说吧，以前的皮包每个定价三百多元，因为皮包的款式、质量还需要作进一步的改进，以后我就将皮包放在房间里，每天看，看得很厌倦了，就想法把它改到顺眼，又看厌倦了，再把它改到顺眼，直到百看不厌为止。”

“经过不断地改变，现在金利来的这种类型的皮包售价已经是六百多元一个，但在市场上受欢迎的程度仍是供不应求。这就是商品成功的所在。”

曾宪梓创业过程中的另一个显著特征就是凡事喜欢亲历亲为，他总是强调企业老板大小事都应该兼顾，他非常反对对小事可为可不为的一些做法。

这就象古人所说的，“千里之堤，溃于蚁穴”。因为一件看起来微不足道的小事，如果不及早发现并处理好，常常有可能演变为大事。

他有一次到中国东北部的沈阳市公干，空余时间在当地人大主任的陪同下，到离沈阳不远的本溪去看当地的一大特色——地下水洞。

由于地下水洞与地面温差相距很大，必须穿很厚的棉大衣才能进入。曾宪梓等人下到地下水洞之后，发现必须租用的棉大衣又脏又臭，但又必须穿，因为下面温度太低。

曾宪梓穿上棉大衣并看完水洞之后，一路上都在考虑棉大衣的问题，他最后建议说：“既然这样，还不如改为用机器织造一种成本低、又厚又暖的毛衣，价钱不用太贵，卖给来旅游的人，又有实用价值，又可以留作纪念。我想，这倒是件好事。”

“特别是游客，有了干净的毛衣之后，不会因为要穿脏棉衣而影响心情。”

离开地下水洞的时候，曾宪梓仍然没有停止他的思索。一路上，他边观察周围的环境、一边说：“从沈阳到本溪路途遥远，看完就走实在是有些辛苦。你们看，这一带这么好的风景，完全可以扩建成旅游点，既方便游客在这里小食、小住一番，对本溪也是一项收入。”

随行人员问道：“老板，你的脑子会不会累坏呀？总是不停地想来想去的。”

曾宪梓也觉得自己很好笑，不管这件事是跟自己有没有关系，总喜欢诸多考虑：“绝对不会的，看见什么就会想，已经成习惯了，改不了。”

曾宪梓在香港也算是数得着的“有钱人”了。服么，身家优厚的曾宪梓的日常生活是一个什么样的情景呢？我们举几个例子看看：

1986 年，在曾宪梓赞助并组织全国各大足球队到沈阳打“金利来杯甲级足球邀请赛”期间，他的西裤中间的裤缝脱线一寸多长，这可怎么力呢？

曾宪梓只好穿另外惟一的一套西装，并坚持到整个赛事结束。回到北京后，曾宪梓和其他运动员一样住体育宾馆。

次日，由于没有什么特别的安排，曾宪梓决定抓紧时间到北京著名的王府井大街上看一看，特别是北京百货大楼，实地考察一下市场行情，看看能否适应金利来的出台。

当时，由于北京的交通管理条例明文规定，所有外来车辆一律不得驶入王府井大街，曾宪梓只好让司机将车暂时停放在北京饭店停车场，自己带着几个人奔百货大楼去了。

由于要了解的东西比较多，而曾宪梓又不知疲倦地将中午赴宴的时间安排得特别紧凑，以至于当他们从百货大楼走出来并发现外面正下着倾盆大雨的时候，想返回百货大楼买雨伞已经来不及了。

从王府井里的百货大楼到北京饭店，步行需要十分钟的路程，曾宪梓他们只好冒雨一路边跑边躲地冲向北京饭店。

等他们坐进车里赶回体育宾馆的时候，他们每个人都像落汤鸡一样，浑身上下、里里外外全都湿透了。

全身湿透了，对于其他的人来说关系不大，因为他们都有干衣服更换，但对于曾宪梓来说却是十二分的“不幸”，他没有衣服可换，也没有时间去买。这又出现了一道难题。

随行的人十分着急，不知如何是好，便出主意说：“老板，不如我们给体育报打电话就说您临时有事，来不了啦”

曾宪梓摇摇头说：“不行，这点小事算得了什么，我们绝不能失信。没关系，湿衣服没有换的就不用换了，反正身子是热的，湿衣服穿在身上，也会烘干的。你们看这个办法怎么样？”

曾宪梓一边说一边将自己皮鞋里的水倒出来，再将脚上的袜子脱下来，将水拧干，然后又重新穿好，并笑着说：“你们看，没问题了吧。”

大家看见曾宪梓这样将就自己，心里都十分难受，因为他们都知道，曾宪梓有风湿病，这样下去，他怎么能受得住。

曾宪梓就是在这种情况下吃的午饭，真的将湿衣服“吃”成了干衣服，回到宾馆后，才可以换上干爽舒适的睡衣。曾宪梓，再坚强的意志终究斗不过老天，结果还是被感冒所侵袭。

随从的人员很替老板不值：“老板，以后再出门，您要多带两套西服，要不然出门不小心弄脏了，连换的都没有。”

曾宪梓听后忍不住笑了起来：“你不如提醒我回去立刻找裁缝做好了，本来我想平时有两套换洗的就够了，做多了也是浪费。可能这两套衣服穿了三、四年的缘故吧，要不然不会脱线的。”

不过，虽然“吃亏”无数次，曾宪梓节俭的习惯仍然根深蒂固、无法更改。

还有一次，他脚下的皮鞋因为穿的时间太长了，鞋跟磨得一边高一边低，令他走起路来既不方便又不舒服，于是他咬咬牙，决定换一双新的。

在好朋友的陪同下，曾宪梓终于买到了一双巴黎牌的价值一千二百元的皮鞋，曾宪梓穿上后、很轻很软，觉得很不错。

但几天之后，曾宪梓仍旧穿着那双坏了的皮鞋，只不过有所不同的是，鞋跟被换掉了。

朋友问他：“为什么不穿新买的皮鞋呢？”

曾宪梓抬了抬脚，很开心地说：“你看，补好了，又可以穿了。那新买的鞋那么贵，还是留着在有庆典活动的日子再穿吧。”

朋友听到这样的话，半天说不出话来。

就这样一位名流人物，也可以说是“家财万贯”了，他一举手、一投足的捐赠都是成千万上亿的，居然连一双香港普通打工仔穿的皮鞋都不舍得穿，怎么能让其他人理解呢？

不久以后，那双合脚的皮鞋还是没有穿在曾宪梓的脚上，而是拿到欧洲工厂做样板，生产并推出金利来的男装皮鞋去了。

曾宪梓事业的成功，与他真诚待人的处世作风有着极大的关系。

曾宪梓经常对他的员工们说："无论各地的情况如何不同，各个顾客的要求如何差异，只要我们本着以诚待客、处处设身处地地为客人着想的精神，一切困难都好办。"

曾宪梓说得到，做得到。从来都不会忘记为他人着想、从来都不会遗漏任何一个顾客，这是他多年来所养成的习惯。

有一次，一个瑞典顾客结着金利来的真丝领带去打网球，结果汗水使得领带上的染料染坏了他的恤衫。之后，这位顾客写信到金利来反映这个问题。

曾宪梓知道这个情况后，亲自接见了这个客人，并很认真地跟他解释说："真丝领带是不宜沾汗的。因为所有丝质领带遇上带酸性的汗水，都会出现脱色现象。"

而且，曾宪梓在请他提进一步的意见的同时，赔偿了他新恤衫和新领带，并仔细告诉客人一些关于领带和恤衫的使用知识。

当客人跟曾宪梓告别的时候，又激动又开心地说："曾先生，我实在佩服你对顾客的真诚，以前我也曾遇到类似的情况而投诉其它的牌子，但都没有得到解决，这一次我实在是开心、太惊喜啦。"

曾宪梓笑着说："你开心，我比你还开心。你能来提意见，证明你对我们的牌子是很关心、很爱护的。"

半路出家、投身商界的罗活活，今日已经成为曾宪梓最得力的助手之一。对于她在中国大陆全情投入、独当一面的敬业精神和出色的工作业绩，着实令人敬佩。

不过，罗活活总是将这一切归功于曾宪梓的栽培。因为步入商场之初，罗活活常常因为太维护公司利益，在与合作伙伴谈判的时候，总是无法控制自己的思想感情。

一心为金利来着想的罗活活，满以为得到曾宪梓的认可或者表扬，但结果，反而挨了一顿批评：

"你要是希望这个朋友是长期的、这个关系是长久的话，你首先一定要站在对方的立场上去想一想，看看对方真正的利益在哪里。"

"这个世界上永远不会有单方面长久的商业关系。是的，我们是应该为自己着想，立场坚定地维护公司的利益，但是只维护公司的利益、没有考虑对方的利益、甚至伤害了对方的利益，我们之间还能发展商业关系吗？"

这席话，说得罗活活终于清醒地认识到了自己应该如何去做。

任何成功人士，他们的成功之道，不仅在于脑子的灵活，而且也离不开他的为人。

二、直率坦诚　虚怀若谷待人生

每个人都难免有自私的行为，防止这种行为的根本途径，是人人培养率直的心胸；而培养率直的心胸，应该从"反省自己"开始。

所谓"反省自己"，就是抛弃私心，客观评估自己。中国有句诗叫："不识庐山真面目，只缘身在此山中。"想要看到庐山的全貌，非从远处看不可，培养率直的心胸也是同样的道理，必须超脱主观，挣脱自我。举例说，对于自己正热衷的某一件事情，应该暂时抛开，冷静地反省它的价值、意义等等。要做到完全抛弃自我，客观反省自己的地步，很不容易。但是，只要有恒心，不断鼓励自己，一定可以达到目的。

曾宪梓认为,如何发现和改进自己自私的想法相当重要;但只要有率直的心胸,就一定能办得到。总而言之,在培养率直心胸的过程中,需要不断反省自己,并视实际情况适当调整反省自己的方法。

曾宪梓认为,无论做什么事情,都要每天反省,才能成功。不论成功或失败,实际上都只是一种过程。成功固然可喜,失败也不必灰心,应该探讨失败的原因,记取失败的教训,继续争取成功。

古人总说"居安思危",就是在告诉我们,即使生活在平安的时代,也不可不处处提高警觉。曾宪梓认为,如果每个人、团体或国家都能够保持这种态度,做事一定就能成功。古人之所以要我们"居安思危",也正是教我们要随时反省。

许多团体或国家遭到瓦解、灭亡的命运,就是因为它们在一切事情都顺利时,自己松懈,不再努力,一旦情况逆转,就完全没有应变的能力。所以,我们要每天反省自己,改正自己的错误。而为了达到培养率直的心胸的目的,更需要每天反省自己,改正错误。

无论一个人的天分如何好,也不可能在很短时间内达到培养率直心胸的目的。也就是说,有时候难免会发生一再失败的情况。但是,只要有反省再反省、改正再改正的勇气,一定能够成功。但愿大家都能够每天反省自己,改正错误,检讨自己是否有率直的心胸。

曾宪梓指出,培养率直的心胸,需要经常在口头上互相勉励,以加强自己的决心。

在理论上认识了率直心胸的重要性后,若能在日常生活中处处注意培养,就一定可以获得率直的心胸。但是,事实上,常常有人因为工作太忙,忽略或忘记了自己的决心。经常在口头上互相勉励,说一声:"希望我们都用率直的心胸来度过今天"或"希望我们都有率直的心胸",就能避免这种情况。

举例说,早上见面时,互相说一声"早安"、"希望我们用率直的心胸来完成今天的工作";接洽业务时,互相说一声"希望我们都用率直的心胸来处理这件事";或在交谈时,说一声"依我看,如果有率直的心胸,就不会发生这种事情"等等。

一旦养成这种习惯,不论多么忙碌,都不会忘记培养率直的心胸。据说,佛家有"专心念佛"的做法,我们也应该称这项要领为"专心念率直的心胸"。只要我们都能够认识培养率直的心胸的重要性,并经常在口头上互相勉励,不但不会忘记,更可以加强自己培养率直心胸的决心。

曾宪梓强调,为达到培养率直心胸的目的,需要主动接近大自然,学习自然界的率直生态。

接近大自然、观察自然界的生态,也是培养率直心胸的要领之一。

自然界的动、植物生生不息,不受任何事物的拘束,以最率直的方法繁衍、变化着。所以,如果我们都能够接近大自然,冷静地观察自然界的生态,一定可以培养率直心胸。

例如,冷静地观察鸟类的飞翔,或其它动物自然、天真的动作后,我们会从中得到启示。

根据研究,动物间的亲情,比人类的亲情更自然、诚挚。象人类"骨肉相残"、"子女犯上”的事情，在动物间绝不会发生。所以，观察自然界动物生态，对培养率直心胸，一定有帮助。

接近大自然，不一定要游山玩水，家庭、学校或公司附近的一草一木，都可以成为观察的对象。

总之，接近大自然、观察自然界的生态，也是培养率直心胸的要领之一。

曾宪梓指出，为了培养率直心胸，要多学习古人的优点，才能正确观察事物真貌，把握人生方向。

多吸收古人的嘉言及伟大思想，也是培养率直心胸的要领之一。我们应该多看记载古人言行思想的书，因为，这类书籍中，有很多关于培养率直心胸的道理。

古人不一定用“率直心胸”来说明人的思想或言行，但是他们一致鼓励世人要充实精神生活，要助人，要提高生活品质；也指点人们人生的正确之道，这些都是率直心胸的表现。因为他们有率直的心胸，不自私，能正确观察事物真貌，把握人生方向，所以，才会这样教导世人。

值得我们学习的古人很多，不论东方、西方，都有哲学家、宗教家、科学家、发明家、政治家等等，他们都是我们学习的好榜样。他们虽然生在不同的时代，各有专长，各有学说，但是追求真理的精神却是一致的。他们都留下研究、思考的心得，贡献给后人，教导后人，造福人类。

曾宪梓认为，他们能有这么伟大的成就，正是因为有率直的心胸，能用率直的心胸观察人、事、物。所以，只要我们能多学习他们的言论和思想，一定可培养出率直心胸。

曾宪梓认为，为培养率直心胸，人人都要正确认识培养率直心胸的重要性和理由，使它生活化。

换句话说，如同每一个人都已经正确认识的那样，受教育和研究学问的重要性和理由被大家所接受，从而使求学成为生活的一部分。我们当然需要正确认识培养率直心胸的重要性和理由，使它也成为我们生活的一部分。

曾宪梓认为，为了使率直心胸生活化，每个人都需要从小开始学习。所以，我们的小学教育、中学教育、大学教育都应该多安排有关率直心胸的课程。不但学校教育需要这样做，我们的社会教育也应该这样做，社会需要更多的有关率直心胸的读物和报章杂志。家庭教育当然也不例外，身为父母者，除多灌输孩子关于率直心胸的知识外，也要以身作则。

假使我们的学校教育、社会教育和家庭教育能够密切配合，就一定可以提高生活品质。

如果这样做，还不能达到目的，不妨设立几所培养率直心胸的中心或补习班，专门训练青年男女，灌输有关率直心胸的知识。

此外，只要我们都把培养率直心胸当做生活的一环，一定会使用各种方法来加速率直心胸的培养。

目前，广播、电视、电影或小说所采用的题材，多半是爱情或武侠一类，曾宪梓认为，应该多采用率直心胸为题材，帮助儿童或成人培养率直的心胸。

只要每个人都能够把培养率直心胸当作生活的一部分，我们不但会使用各种方法，来促进率直心胸的培养，也会更重视率直的心胸。

总而言之，为培养率直心胸，需要使培养率直心胸生活化。

曾宪梓认为，想出各种办法来牢记率直的心胸，也是培养它的要领之一。因为，无论是谁，刚一开始时，都会有坚定的决心，但时间久了，就难免松懈，甚至于完全忘记。工作忙碌或不知不觉中产生私心等，都很容易使人忘记自己的决心。避免松懈或忘记的办法很多，例如，可把"培养率直心胸"六字写在纸片上，随身携带等等。

此外，把培养率直心胸和某一种动作相联结，来提醒自己，也是好办法。很多人在遇到危难或祈求成功时，有合掌祈求神明保佑的动作；处理要事，欲保持冷静或消除疲劳时，有深呼吸或短时间合眼的动作，就是这个道理。

曾宪梓认为，想保持率直的心胸时，用自己所决定的某一种动作来提醒自己，很有效。只要反复使用自己所决定的动作来提醒自己，养成习惯，就一定可养成率直心胸。

曾宪梓指出，每一个人都要发表自己实践率直心胸的心得，并在一起讨论。

只要大家都认识率直心胸的意义和重要性，在生活中注意实行，就一定能够用率直的心胸观察一切事物，加深自己对率直心胸的认识。除此之外，让每个人发表自己实行率直心胸的心得，并一起讨论，也是一种好方法。

所谓"发表心得"，是发表自己用率直心胸观察事物的感想和实行率直心胸的经历，并互相讨论，加深自己对率直心胸的认识。

每个人所处的环境和生活方式不同，所以，即使做相同的努力，其经历和成果，也一定不一样。而且，个人的生活范围有限，发表心得，可使你了解别人实行的经验，作为借鉴。

所以，如果大家能够聚在一起发表自己的经验，一定能增进相互的了解，能从彼此的经验中，得到启示或教训。

关于集会的时间和参加人数，最好是每月一次，人数最好不超过五人。发言内容，则不论是在学校、公司、家庭发生的事情，或在马路上看到的事情都可以。此外，如果只听别人发言，自己不发表意见，效果一定不好，所以，大家要踊跃发言。

当然，自己不断注意、不断改进是培养率直心胸中最重要的，但是大家聚在一起，发表及讨论自己的经验，也有其必要。所以，按时召开"实践经验发表会"，发表自己的实践心得，相互讨论，也是培养率直心胸的一种要领。

曾宪梓建议，大家必须都成为培养率直心的伙伴，互相协助，才能更有效地培养率直心胸。

在彼此培养率直心时，每一个人各自有不同的办法和实践的态度。就培养率直心来说，这种态度似乎很重要。

但这样各自为战、互不联系时，有时会忘记保持率直心；或虽然没有忘记，却疏于实践，总会产生热情减弱的倾向。

人都有娇宠自己的缺点。虽然坚定决心要完成某一件事，但时过境迁之后，就渐渐地动摇，甚至完全不重视这件事。

因此,“培养率直心的伙伴”、“实践率直心的小集团”这种共同培养率直心的团体,对克服上述的状态是很重要的。

这样的“小集团”可以由平时在一起的伙伴、朋友、同事、邻居或家庭成员等组成,也可以超出这些范围自行组织。

一旦有了这种小集团之后,就得彼此决心并誓约培养率直心。这个小集团里的每一分子,必须互相协助,尽量培养率直心。例如,不妨时常把“大家来保持率直心”挂在嘴上,就能促使自己随时抱着率直心过日子。

小集团的成员,也可对其他成员的言行是否出于率直心提供建议。因此即使因娇宠自己而产生与率直心相左的言行,也能及时得到别人的提醒而反省改进。

这种方法似乎不太自由,但实际不然。因为,小集团里的成员,都渴望培养率直心,对于有益于培养率直心的各种建议,一定会很欢迎,并高兴地接受这些建议。

这些建议,除了反省自己言行,也可以交换大家对今后培养率直心的各种心得或办法。每一位成员既然是“培养率直心的伙伴”,自然会把握各种机会互相注意,寻求各种办法去培养率直心。

当然,这种小集团最好能普及整个社会,让大家都成为一员。果真如此,保持率直心就会成为一般的常识。不过,在到达这种状况之前,首先必须就近组织“实践率直心的小集团”,共同推动所需的步骤。

惟有这样,才能产生每一个人彼此携手、不断地培养、充实率直心的真正可喜现象。

曾宪梓不仅对个人提出培养率直心的有益忠告,而且也针对社会提出了建议,因为,他感到,社会问题的丛生,往往也是因为率直心不能广泛地受重视所引起的。

我们应该在政治、经济及教育上,不断地追求更理想的境地,而要达到这种境地,应该以率直心为基础。即使是政治问题,也应该抱着率直心去谈论。

社会上学识才能优异的人很多,但有一些人往往受知识或学问的拘束,缺乏原有的率直态度,因而产生各种问题。

因此,我们今后都应该正确地把握率直心,培养并充实这个率直心。据此通盘考虑社会的共同生活,是很重要的一件事。

所以,不但每一个人都要有率直心,政治家及各阶层的领导者,更需要有率直心,这样才能把握事物的真相,并提供众人心服的指导。

只要肯努力,一般人都能达到率直心的初级阶段,并能应付日常生活中的一切。

如前所述,若想培养率直心,则必须先从衷心盼望它做起。如果在内心铭记率直心的重要,且能进一步接受别人教诲,而自己又肯讲求方法,则必能培养率直心。

以这样的方法并实践之后,率直心会到达哪一种程度,则因人而异。有些人可能达到“领悟”这种至高的境地。但即使达不到,只要在日常生活中随时保持率直心,至少也不会犯过错了。即使连这种程度也达不到,但总可以达到偶尔想起率直心的重要性而检讨、反省自己的程度。

据说,学习围棋的人,即使没有老师指导,只要下了大约一万次围棋,也能达到初段的程度。曾宪梓觉得,率直心也可能如此。我们必须先希望自己的心率直,每天早晚反复思想率直心，才会产生具有伟大作用的可贵的心。

又如前面所述，必须彻底检讨、反省昨天及今天的行为，是否以率直心为依据，有没有偏执的看法或被拘束的态度。并且必须注意是否用远大的视野来判断事物。这样继续不断地努力，大约三十年之后或许会达到率直心的“初段”程度吧。

如果到了初段的程度，可以说达到普通程度的率直心。除了特别情况之外，在我们的生活中大致都可以正确地判断或行动了。

曾宪梓认为，有谦虚之心的人，才懂得去赏识、接纳与自己不同的人与事，进而提高共同生活的品质。

每一个人都期望着自己幸福，期望建立大家都能幸福美满的社会。

但就实际的社会来说，未必能充分达到这种愿望。相反，到处发生令人不安、烦恼、悲哀、愤怒的现象。

为何有这种现象，虽然各有其原因，但曾宪梓觉得这都是由于率直心未发生作用，也就是大家彼此不相信，认为对方不依从自己的想法、轻视自己、对自己有害无益，而仇恨或否定对方。

当然，这都是人之常情，是不可避免的。但是，绝不能因而放任这种心态。因为，这往往会给人带来烦恼、痛苦或不幸，进而妨碍大家过幸福生活的愿望。

因此，即使觉得对方令人讨厌或对方犯了错误时，也不应该随便责备或憎恨对方，应该和睦相处，这并非叫你放任对方的错误，凡是错误的，应该确实承认它是错误，设法纠正。不过，应该抱着和蔼的态度纠正。

人是有感情的动物，有好恶之感是很自然的。但如果提高了率直心，就不会被好恶之感所束缚，而会产生那种一视同仁、公正无私的想法及态度。

还有一点应该考虑的是，对于你认为是错误的想法，也不要全面否定。任何想法都可能包含一些值得接受的东西。能这样认识，就容易产生使一切想法都有效发挥的令人可喜的态度。

对每个人来说，除了坚持自己的正确意见之外，还得互相积极地吸收、学习，惟有这种谦虚的态度，才能实现更美满的共同生活。这种谦虚、宽容的心，是大家培养率直心之后，自然地产生的。这样就能互相赏识，彼此活用，提高共同生活的品质，增进每一个人的幸福。

曾宪梓指出，大家有了率直心之后，对于所谓的“恶”，也要抱率直的看法。

对于什么是“恶”，可能有各种看法。其中之一，即是把足以妨碍人类共同生活安定与发展的举止，当做“恶”，因此往往被憎恶、否定。事实上，社会中必须减少恶。但如何努力去减少它，是很有意义且必要的事。

因此，自古以来很多人憎恶它，人们也有从人类共同生活中根绝恶的强烈意愿，并不断努力把“恶”减少至某种程度。但在任何时代都无法根绝“恶”，人类至今仍然不断被“恶”所苦。

既然不能根绝人类共同生活中的“恶”，那么应该怎样面对它呢？曾宪梓觉得，首先应该坦然地承认“恶”的存在，以率直心去考虑如何面对它。

这时，人们自然会想：“恶”是无法根绝的，它在共同生活中，不得不以某种程度存在。因此,虽然需要继续努力使"恶"减少至适当限度,但不必为"恶"的存在过分操心。只要有了这种想法,就不会过分激动和愤怒,而会产生冷静和稳重的想法。

就实际问题来说,如果想完全驱逐"恶",则必然要有十分细密、复杂的制度与之相应,从而使日常生活处处受限制。这样做说不定反而使人更痛苦,并演变出更大的"恶"。

因此,当大家都有了率直心之后,将不再会心情激动,而会冷静地观察"恶",承认这是不得已的存在。但承认它的存在,却不是容忍"恶"带来的弊害,而是考虑如何应付"恶",以便尽量减少它的弊害。曾宪梓觉得,应付"恶"的方式,应该先实实在在地承认"恶"的存在,才能适当地包容、宽恕它。

佛经里常出现佛心(佛的慈悲心)对于任何罪大恶极的人,都以温情去包容,结果那些不善良的心接触了佛的慈悲心,就象冷冰被温暖的阳光溶解似地减弱,在不知不觉中恢复了善良的心。

有了率直心也是如此,自然会产生宽恕"恶"的慈悲心。以宽大的心包容它之后,才会想出适当的处理方法,减弱"恶"的力量。甚至有时可以善用"恶",借以提高共同生活的品质。由此可见,率直心对于我们的生活是何等的可贵及伟大。

曾宪梓坚信,率直心能使大家变得坚强、善良、智慧,并足以建立一个共存共荣的美好社会。

人不可能独自生活,必须互相依存,过共同生活。既然是在经营共同生活,自己所想、所做的事,都与别人多少有些关系。因此,如果只有你有率直心,而大多数人仍然缺乏,事情仍不能顺利推动,也不能经营更美好的共同生活。因此,更应该向世人推广培养率直心。

只要有更多的人认识培养率直心的重要性,并实际培养、提高这种心态,将能发挥更多人的力量,实现更和睦、丰富的共同生活。

如果大家都有率直心,就不会一味排除一切事物,而会予以承认及活用,生活在一片和气之中,顺利进行,为大家带来共同的幸福。

这些就是我们通过分析曾宪梓的做人思想所总结出来的经验。

三、集合众智　三人而行有我师

曾宪梓认为,人们如果不能互助合作,不能与大自然成为一体,就无法生活。人与人的关系,人与大自然的结合,是我们生活的根本。这一点不管是在曾宪梓以往的小工厂里还是今天的集团里,表现得都格外出色。如果想把这些关系与结合灵活发展下去,必须以信仰和理解作为基础,才能有更好的人生。换句话说,信仰与理解是人生的推进力,也是使它更有经济性的原动力。

要建立繁荣、和平与幸福,必须从各种角度去思考。在日常生活中要有经济性。如在消费时,必须有合乎经济性的想法,而且我们本来也是这样期望的,而在生产方面,则更要强调这一点。不管做任何事情,如果在大家的活动当中,没有经济性的意愿,则无法带来繁荣。因此深切体会理解和信仰这两项,并且贯彻到底之后,才能使我们的活动非常效率化。

在与别人交涉一件事情时，是否相信、理解对方的话，在双方的亲密度和时间、劳力的花费上，会有很大的差别。如果互信，很快就会达成协议。

不忘祖国　回报家乡

一、回报祖国　慷慨捐资建家乡

正如美国总统肯尼迪所说的那样："不要问你的国家能为你做什么，要问你能为你的国家做什么。"

这是一句实实在在，语重心长的话。

曾宪梓十分理解肯尼迪总统说这句话的意思，任何一个人，无论他发展到什么地步，他仍然是祖国的一份子，就象苍海中的一颗水滴一样。所以人们更应该怀抱赤诚爱国之心，努力发奋向上，为自己的国家分忧解难，为振兴自己的国家、自己的民族而作出最大的努力。

中华民族上下五千年的历史，孕育了以炎黄二帝为祖先的民族意识，作为炎黄子孙的世世代代的中国人，应该紧密地团结在一起，为中华民族的发展，奉献出巨大的力量。

这种强烈的国家观念和民族意识，更深刻地反映在曾经饱尝国破家亡、背井离乡之苦的客家人的心中。

他们从苦难中深刻体会到没有强大昌盛的国家，就没有自己的一切。

在客家人世代相传的道德规范里，最首要、最核心的就是"忠孝"二字，也就是要求对国家要忠诚、对家庭要孝悌。客家人不会忘记他们世代相传的道德规范。

这种强烈的爱国爱乡观念不仅反应在"生于斯、长于斯"的本土的客家人身上，而且更动人地体现于海外千千万万的客家华侨和华裔外籍客家人身上。

只要是客家人，无论怎样远离故乡、几代人身居异国他乡，有的甚至加入了外籍，但对于祖国，他们始终魂牵梦萦、一往情深；对于家乡，他们更是怀有无限的眷念，他们会闯过千辛万险，回到她的身边。

曾宪梓曾经这样说过："首先对我来说，没有新中国便没有今天的曾宪梓。因为如果没有新中国的培养，我决不可能成为有知识、有文化的人，更不用说其他方面了。因此，对于我来说，是最为重要的。

"我常常告诉自己，要用不同的方式和多种形式来报答自己的祖国，我可以为我的祖国做任何事，而且我把这些所做的事情都视为回报祖国的一种方式，在一定的情况下，我可以失去我的一切，但我不能失去我的祖国。"

饱受旧中国内忧外患之苦的曾宪梓此生最大的幸福莫过于祖国的繁荣昌盛。莫过于中华民族以擎天盖世、锐不可当的活力，一跃成为世界上强盛的国家。

不过，曾宪梓更深深知道，只有依靠海内外中国人同心协力、共同奋斗，才能够真正振兴历经磨难的中华民族、才能够实现这种并不遥远的幸福。

曾宪梓常说："我是做领带的，是一个普普通通的商人，人生在世，来时两手空空，去时也不能带走什么。我只希望在我的有生之年，为祖国多做一点好事，能为人民多做一些贡献。

"虽然我所做的都是一些微不足道的小事，但如果通过个人的努力，影响和团结众多的人一道为中华民族的振兴出力，那么这种众人拾柴火焰高的力量就是惊人的，而且，中华民族赶超世界先进民族也就指日可待了。"

七十年代中期，当曾宪梓创立金利来、在香港站稳脚跟，开始可以不用紧紧张张地为一日三餐而四处奔波的时候，立刻在他的脑海里所呈现出来的，是为祖国、为家乡做一些有益的事情。

曾宪梓仍然是说干就干，于是，曾宪梓以投石问路的方式向家乡梅县的华侨大厦赠送了两部汽车，这份情意，在当时尚处于改革开放后不久的中国山区，虽然经过了一番曲曲折折的过程，但家乡的人民最终还是理解并接受了曾宪梓真挚的捐赠。

那一天，曾宪梓怀着激动的心情，返回阔别多年的故乡，并受到故乡人民的热烈欢迎。

当他看到经历文化大革命后的学校已变得破烂不堪、教室的桌椅板凳只剩下三只脚，足球场早已荒废用来种番薯，这里简直不象是一所学校时，他忍不住热泪盈眶，曾宪梓想到自己深受祖国培育之恩，但却未能留在国内参加建设，心里很不是滋味，一种儿子对深爱的母亲未尽孝道的感觉占据了心头。

曾宪梓下定了决心：要努力从商、一定要继续节衣省食，他渴望创造和积累更多更大的财富，在不同的社会环境中，以另一种方式，为他的祖国、他的家乡表示自己的一片孝心。

尽管此时，曾宪梓的生活刚刚步离温饱阶段，他的事业的发展更需要一点一滴的资金的支持，但他还是咬紧牙关、毫不犹豫地将自己千辛万苦赚来的金钱，捐献出来，支持家乡的教育事业。

曾宪梓回忆说："解放前我的家里很穷，从小被人瞧不起，小学毕业后就没有机会读书了，新中国成立后，我才有机会重返校园。我就是靠着国家的助学金才得以顺利读完中学、大学的。"

"所以，发展到今天地步的我，总是这样鞭策自己的：曾宪梓，你是受了祖国的恩惠的，你一定要努力创业，将来有能力的时候，一定要尽职尽责地回报祖国、回报家乡。"

1977 年，曾宪梓给母校东山中学捐建了第一座在当时非常罕见的教学大楼。

从那时候起，曾宪梓就规定自己每年要按实际能力为家乡解决各种难题，开始每年五十万以上，以后每年逐年递增，从一百万、三百万、五百万、一千万……他决心按照自己的目标一直坚持到最后……

从那次回乡探亲之后，曾宪梓就兴奋不已地与黄丽群商量，议定下一步的捐赠计划，并接连给家乡的父老乡亲写信，情真意切地表达他们渴望报效祖国、报效家乡的心情：

“人生易老，岁月无情。我们都是年近半百的人了。我们希望在有生之年实现自己多年的理想，有钱出钱、有力出力，帮助祖国，帮助家乡早日富起来。”

在当时，实力还不雄厚的曾宪梓能够率先为家乡建设出心出力，确实是件很难得的事。

在他捐资后没多长时间，叶剑英委员长在广州接见了曾宪梓，他们是梅县同乡、而且还是东山中学的校友，一见面，双方就谈得很投机，叶剑英对曾宪梓说：“家乡的经济建设、教育事业还很落后，希望你能多支持家乡的发展。”

曾宪梓说：“这正是我多年的理想，我一定会尽自己最大的力量，帮助家乡各项事业的发展。”

曾宪梓说得到，做得到，他一方面逐步发展金利来的生意，不断向外扩大，另一方面，他的生活简朴到令人难以相信却又不得不信的程度，他一直是这样坚定不移地集中他的精力、他的财富来实现他的人生的价值，这里有他的三个愿望：其一，努力发展金利来事业；其二，是不遗余力地帮助祖国和家乡的建设；其三，支持祖国的足球事业。

曾宪梓常说：“一个人的事业是否取得了成功，最主要的是要看他有没有一个爱国心。能力小出少一些也一样是爱国爱乡，也一样光荣。所有爱国爱乡者应做到有钱出钱，有力出力，无钱无力就出心。”

所以，曾宪梓随着事业的发展，对于国家的捐赠也从不间断地进行着。

从1976年开始到1996年这二十年来，在家乡以及全国各地的捐资总额已经超过三亿元，捐赠的大小项目超过二百项，内容包括祖国和家乡的教育事业、体育事业、医疗等方方面面，并带头在穷乡僻野的梅州山区投资设厂，为海外的华侨、港澳同胞关心和参与祖国和家乡的建设起到了带头作用。

对于曾宪梓的各种捐资行动，家乡人民不禁交口称誉他“爱国如家、爱乡如命”。

梅州市的市长曾多次赞叹说：“曾先生拳拳报国之心、殷殷桑梓之情，故乡人民是永远不会忘记的。”

全国政协副主席钱伟长曾经挥毫为曾宪梓写下了“梅州增宪，誉满桑梓”的条幅，对他的行为大加赞叹。

曾宪梓深知教育事业、体育事业对于一个国家和民族的发展的重要性，所以多年来在为祖国和家乡的教育事业作出贡献的同时，更为体育事业的发展作出最大的贡献。

为什么曾宪梓会对体育倍加关心呢？因为他觉得只有体魄强健的民族才有可能摆脱贫困、走上富裕的道路。

从孩提时候起，曾宪梓就与体育运动结下了不解之缘，不过讲起往事的时候，他常笑言道：“我主要是打篮球的，虽然也很喜欢足球，不过打得还不行。我的速度快，常常一冲就冲到球的前面去了，但我照样喜欢，上不了场的时候我就边看边帮着捡球。”

“我很小的时候就喜欢跟着一些大孩子踢足球，常常是打着赤脚在村里的空地上跑来跑去的，说起那时所踢的足球只不过是些土柚子而已。”

"那时候哪有钱买鞋呢，惟一的一双哥哥穿旧了的力士鞋，还必须是走亲戚的时候才有机会穿，平常是不许穿的！"

曾宪梓读中学时，虽说当时年轻人意气风发，志向不定，但是有一点可以肯定，就是将来无论做什么都有一个大主题：为国家、为人民服务。

在学校每次打球前他们都会很认真地高呼"锻炼身体，建设祖国。"

曾宪梓感慨地说："你不要小看这句口号，这句口号十分重要，对人的一生作用非常大。人活在世上，首先要树立为国家服务的观念。这句话，我不仅记忆深刻，而且我把它当作我人生的目标，让它指引着我不断前进。"

一谈起儿时仰慕的球王李惠堂，曾宪梓就会忍不住地笑起来。球王访问梅县侨民体育会时，读中学的曾宪梓正好住在侨民体育会，所以激动兴奋的他不仅有机会给球王接近，而且还亲眼目睹了球王踢球时的动人丰采：

"李惠堂真是名不虚传，球打得非常出色。他人长得十分高大，踢球的力量也是不同常人。"

此后在八十年代的时候，曾宪梓还在广州见过世界球王贝利，当时曾宪梓对贝利说："我很尊重你，你给世界足球事业作出了很大贡献。"

随行的翻译将这句话告诉给贝利，并告诉他曾宪梓十分热爱足球，也给中国的足球事业作出了很大的贡献。

贝利听后，非常开心，很热情地伸出双手一边拥抱曾宪梓一边说："我喜欢足球，你也喜欢足球，让我们共同为世界足球的事业而努力。"

在兴奋之余，贝利与曾宪梓合影留念。不过可惜的是当时用于照相的胶卷是伪劣产品，冲印出来后图像很不清晰，令曾宪梓啼笑皆非。

成为大商家之后的曾宪梓对足球仍旧十分入迷，中国足球队的发展情况，一直在他的脑海里呈现不断。

七十年代末期，曾宪梓怀抱着一颗振兴中国足球事业的爱心常常丢下繁忙的生意不做，也不顾当头烈日的暴晒整天整天地坐在国家队训练场，观察中国足球队的发展形势。

即使球队到国外比赛，曾宪梓与黄丽群也不顾一切地追随而去，住同一个旅馆、挤同一辆汽车，而且一个劲地给队员们以资助。

就是到了比赛的时候，曾宪梓也是随随便便地往球场边上一坐，与中国足球队的队员们一起欢呼、一起叹息，他的一举一动就象是中国足球队的"替补队员"。

震惊一时的"五·一九"前夕，曾宪梓因忙于商务而不得不滞留在欧洲，来不及返港，但他仍然念念不忘中国足球队士气如何、能否出线等等，并发了一封加长电报给中国足球队的全体队员以及教练曾雪麟，以表自己的一片热心。

中国足球队失利之后，曾宪梓像许多球迷一样，好长时间食不知味，寝不安宁。

在夜深人静的夜晚，他常常这样想道："堂堂的大中国，有十亿人口，有广泛的人才基础，为何足球上不去？"

于是，曾宪梓定出计划，在家乡投资兴建足球场，捐资举办足球邀请赛，资助各大足球队外出比赛，曾宪梓甚至构想办足球队或者足球学校，试图培养出一支世界最强的足球队伍。

你会经常听到曾宪梓这样感慨地说："从某种角度上说，足球运动象征着一个国家、一个民族的强大与否。"

"我要以发展金利来事业的精神和能力来全力支持和发展中国的足球事业。我认为这是我为祖国应尽的责任和义务，我希望能在我的有生之年，亲眼看到中国足球队冲出亚洲，走向世界。"

热爱足球的曾宪梓不仅仅只局限于对中国足球事业的关注上，对于中国的整个体育事业，他都大力支持。

不管是洛杉矶奥运会还是汉城奥运会，曾宪梓都亲自设计、亲自选料，制作出数千条绣有中国奥委会会徽的深红色优质领带，赠送给中国体育代表团。

1992 年，巴塞罗那奥运会上，中国运动员满载而归，获得辉煌的成绩，名列世界第四，曾宪梓兴致勃勃地给每一位荣获金、银、铜牌的运动员以及教练员、工作人员发放巨额奖金。

捐钱捐得格外开心的曾宪梓说："中国奥运健儿为国争光，我们海内外的中国人都感到骄傲和自豪。为此，我要奖励这些运动健儿们，希望他们能够再创佳绩。"

1992 年年底，对中国永远怀有炽热的爱国之情的曾宪梓再次创下两项爱国义举，一时间哄动国内外。

1992 年 12 月 20 日，由曾宪梓捐资一亿港元、与国家教委合作设立的曾宪梓教育基金会在北京成立。

"基金会"将用每年得到的利息或经营的利润，奖励内地的优秀教师，其中主要侧重于师范院校的教师。

当时的国务委员、国家教委主任李铁映在会见曾宪梓及其家人的时候。高兴地说："此举说明了曾先生对内地教育事业的关心和支持。曾宪梓教育基金会的设立，体现了曾先生一颗振兴中华民族的赤诚之心，意义十分深远。"

1992 年 12 月 20 日，曾宪梓在北京人民大会堂宣布，他决定出资发起"金利来、银利来偕百家名店支持北京申力二〇〇〇年奥运会"大型活动，并以"您的签名将作为中国人民支持北京申办奥运会的见证，而被收入中国体育博物馆"为号召，把一九九三年元月定为支持"奥运活动月。"

曾宪梓说："贫穷和落后的国家是没有能力举办奥运会的。今天的中国，政治稳定，经济发展迅速，中国的运动员也早已在世界体坛占有重要位置，所以我们可以挺直腰板，向世界宣布：中国有条件、有能力举办奥林匹克运动会。"

"支持北京申办二〇〇〇年奥运会，不是口头说说就算的，中国作为拥有十一亿人口的大国，所有的人民以及海外的炎黄子孙都殷切祈盼着奥运会的圣火在中华大地点燃。"

紧接着在第二天，北京百货大楼举行了隆重的首签日仪式。当天早晨，北京百货大楼门外广场彩旗招展，鼓乐喧天，人如潮涌，成千上万个热心者会聚在大楼广场中，争先恐后地签上自己的名字，现场气氛空前热烈，给冬日的北京增添了一道更加壮丽的风景。

曾宪梓和自发赶来的各界人士以及全国四百多家名店的代表参加了首签仪式。

看到这一场面，何振梁激动地说：这一首次由企业发起的支持申办奥运的活动，反映了中国人民要求申办奥运的决心和信心，为全国人民申办奥运，掀起了第一个高潮。

在曾宪梓的带动下，全国各大城市和各大商店纷纷张挂横幅，张贴大量的宣传标语，设置支持奥运签名簿，广泛征集签名，在中国大地上掀起一场全民族的争办奥运风。

与此同时，一场由金利来、银利来发起的规模宏大的中国商界支持北京申办二〇〇〇年奥运会的活动在全国展开。

在全国整个申办奥运期间，中华大地上呈现出一个个感人至深的镜头："奔向奥运"的万人长跑队伍；签名处，一幅长达三十余米的白布，数千双热情洋溢的手在挥毫；目不识丁的老人在激动地请求工作人员代为签名；一名争着签名的中年人在感慨地说："海外侨胞、港胞、台胞都对中国有这么大的信心，我们更是义不容辞。"

在申办奥运这场只有冠军没有亚军的"巨人之争"中，中国的老百姓上下一心，以前所未有的凝聚力，倾注了满腔热血，势在必得。

中华台北奥运代表团团长、中华台北奥委会主席张丰绪也表示坚决支持北京申办二〇〇〇年奥运会，认为这是整个中华民族的义务和责任，是中国飞速发展的表现和证明。

曾宪梓为此感到由衷的欣慰："国际上有人说我们国家的事，一切都是政府操办的，不是人民的意愿。我们要用自己的行动向全世界表明，中国人民、包括海外同胞，都热切关注并希望申办奥运取得成功。"

然而，事物的发展都带有一定的戏剧性。

一九九三年九月二十四日凌晨二时二十七分，国际奥委会主席萨马兰奇在蒙特卡洛宣布悉尼为二〇〇〇年奥运会主办城市，中国人无不感到惋惜。

目前仍然信心十足地宣布如果北京取得主办权将以个人名义捐赠一亿港元协办奥运的曾宪梓同海同外所有炎黄子孙一样，面对希望的落空心里有说不出的难受。

但是曾宪梓并不认为是一场沉重的打击，他认为："这次申办活动使得海内外的中国人历史性的共此一心，在整个申办过程中，中国人民表现得非常团结。

"只要想到民族国家为此而取得的盛况空前的大团结，就不该灰心，可以继续努力。一切重在参与，相信总有一天，我们会骄傲地在全世界人民面前争得奥运会的申办权。

"甚至可以说此役虽败犹荣。中国已经庄严地向全世界人民展示了日益提高的国力以及空前的凝聚力。"

这次事件过后，在香港有一部分人说曾宪梓过于"亲中"。

曾宪梓知道后，很坦然地一笑置之，大家都是中国人，中国人热爱自己的国家是天经地义的事情，根本谈不上亲中不亲中，不爱中国的中国人能称得上是中国人吗？

所以胸怀坦荡的曾宪梓每每遇到人们问及此事的时候，总是这样回答说："香港同胞本身就是中国人，一个人热爱自己的祖国难道会有错吗？我不会在乎这样的人怎么看，爱国没有罪，甚至可以说，在爱国的问题上，我永远都是理直气壮的。”

这就是曾宪梓豪爽耿直的地方，也是总能够令人钦佩不已的地方。

对祖国和家乡始终一往情深的曾宪梓为促进国内与香港的合作以及香港一九九七年平稳过渡做了大量的工作，与此同时，也就有人开始“咬耳朵”了。

这些人甚至认为，曾宪梓在国内投资办厂、捐资办学是想沽名钓誉。

对此，曾宪梓只是淡淡地回答说：“名誉，很重要，但我从来不去争。努力工作后，国家给我的，我也欣然接受，因为这是我应该得到的。

“至于说我沽名钓誉，我觉得好可惜，我不能掏出一颗心给大家看，再过一些年，大家都会明白我的一片苦心的。

“不过有一点我必须说明，只要我认定自己所做的事情是对的，我就会一如既往地做下去，既不食言，又不后悔。”

正如美国总统林肯所说的：“如果我试图把攻击我的所有言论都看一遍，更不用说予以回答，那么这家店铺干脆不如关门大吉，任何别的生意都不必去做。”

“只要下定了决心，我就会一直朝前走，而且我还要加倍努力地做。如果结果证明我做对了，那么一切攻击我的话都会失去作用；如果结果证明我做错了，那么即使有十个天使起誓我做对了，那也是白搭。”

1993 年 1 月 11 日，曾宪梓被新华社主办的《瞭望)周刊选为封面人物。

并且，这一期周刊以“我是中国人，怎能不爱中国”为题，高度赞扬了曾宪梓数十年如一日的忠贞爱国之心、浓烈的报国之情。

德高望重的曾宪梓是被(瞭望)周刊选为封面人物的第一个境外华人。

1992 年 12 月 7 日，香港商报消息：“本港领带大王曾宪梓昨天宣布，基于取诸社会、用诸社会的信念，为纪念金利来创业二十五周年，他再捐赠五千万港元给内地和香港，同时在香港成立一个曾宪梓慈善基金会，使基金数额达二亿五千万港元。”

面对商报的报道，他是这样说的：“祖国和家乡是生我、养我、育我成长的地方，因此我有义务要永不停止地捐献祖国和家乡，而香港则是我创业和成就事业的地方，因此我应当用心回报社会，支持教育和公益事业，目前这种捐献只是其中的一小部分。”

1994 年，曾宪梓的人生和事业再创高峰，被全国人民代表大会推选为常务委员、全国工商联副主席，国务院学位委员会同意中山大学授予他名誉博士学位，南京紫金山天文台把国际编号三三八八的小行星命名为“曾宪梓星”。

对于国家和人民给予的荣誉，曾宪梓视作一种重任，他激动地说：“我一定全力以赴，这也是我回报祖国的好机会。”

“人的生命是短暂的，我应当把有限的生命，尽可能多的投入到对国家、对人民有利的事业之中。”

“祖国有恩于我，我必须终身回报祖国。只要金利来不破产，曾宪梓不死，我的爱国心就不会消失。”

多么朴实的一句话呀！但从这句话里，我们能看到他那一颗对祖国深爱着的心。

一个将自己的躯体、灵魂、金钱、乃至生命与中国的繁荣昌盛、中国的前途紧密联系在一起的中国人，面对涌如潮水的八方评说，他宠辱不惊、坦然面对，一颗对中国忠实、精诚的心,从来没有因此而后悔地搏动。

在关键时刻,他能勇敢地站出来。为了中国,曾宪梓早已将个人的安危置之度外,他自始至终、无私无怨、无悔无恨,从他那古铜色的皮肤里、从他那耿直宽厚的胸膛上,似乎随时都可以为他的祖国喷洒满腔热血、奉上一颗爱心。

历史的车轮在不停地运转着,灵与肉的发展始终存在着这样鲜明、这样生动、这样可歌可泣的分野。

应该说,在今天这样一个功利社会里,曾宪梓的这种惊天地、泣鬼神的高风亮节,是我们学习的榜样。

屹立于世界之林的中国,不屈不挠有着龙的骨胳、龙的尊严的中国,正在以不可估量的凝聚力、走向崛起、走向腾飞的中国,应该为成功地拥有和培养出这样杰出、这样忠心的儿子而自豪。

这就是龙的传人的骄傲。

曾宪梓说:"我一生如果有成功的话,那最大的成功就是创造了金利来这个高质素的世界名牌。虽说创名牌不容易,保名牌更不容易,但我相信只要产品上标有'金利来'这三个字的,那它一定能给人一流的货品的印象。"

"金利来是中国人创造的,它为中国人所用也是理所当然的。我最大的愿望就是要把更多中国人生产的高质素产品,带给全世界的人民去享受。"

对金利来而言,这个牌子如此受欢迎除了牌子自身绝对的品质保证外,同时与她的产品形象密切相连。

甚至可以说,金利来离不开曾宪梓、曾宪梓也离不开金利来,他们是有机结合的统一体。

香港立法局议员、金利来集团公司董事黄宜弘博士曾经高度赞扬曾宪梓:"为人有远见,做事有胆识,对自己要求高,对社会有强烈的责任感,具有体育家不怕失败、顽强拼搏的精神。"

这就是曾宪梓的独特风格。

他们走向事业峰巅的历程就是在尝尽输的味道之后,再靠顽强的意志力和不屈不挠的的奋斗精神、一次一次地拼、一点一滴的赢,直到最后取得成功为止。

从童年时期就与运动结下不解之缘的曾宪梓,无论是在运动方面、还是在为人处事方面就已经充分体现了他——不怕失败、排除万难、努力争取胜利的体育精神。

刚刚起步时,独立创业的曾宪构常常给人看不起,但他从来没有因此而灰心,反而化压力为动力,终于发展到了今天的地步。

在今天,曾宪梓仍然保持这种只争朝夕的心态,永远给自己一个压力、一种永不言输的紧迫感。

取得丰硕成果的曾宪梓是凭着一股锲而不舍地韧劲逐步达到成功的。他说:"从学做生意的那一天开始,虽然曲曲折折、经历不少磨难,但回过头来想想,又是多么的有意义。

"如果碰到不尽人意的时候,我不是停滞不前,而是在这每一个成功的鼓舞下,规定自己继续努力、继续奋斗,我可以说没有绝对明确的一成不变的目标,我的目标实际上是无止境发展的。这就意味着我必须生命不息、奋斗不止。”

我们说曾宪梓具有超前意识的眼光，绝不是夸大其词，这在前面，就能看到，他充满智慧的头脑对于人生中所面对的各种命题：如目前的政务、商务以及一些社会工作等等，作永不休止的思考。

大概是他养成了善于思考的习惯，于是他就总结出了经验，对于怎样有效率地善用大脑，曾宪梓甚有心得：“脑子在晚上半夜时最好用。我创业至今的很多好计划、解决困难的许多新奇招法全部都是在这一时间产生的。

“这时候躺在床上考虑事情，感觉就像世界在你面前，你的思路既清醒又开阔，白天再难解决的问题，在这时都能找到开启的钥匙。

信心问题已经成为香港人最喜欢谈论的话题，不少目光远大者在其他的人以信心为理由将大块资产转移到国外且不愿意对香港社会作出更多的承诺的时候，仍旧保持绝对的相信，利用自己的资产、利用自己的影响力，用实际行为急需继续繁荣稳定的香港，投下信心的一票。

这种情形，就像曾宪梓所一针见血地指明的：“港人的信心问题，既不在英国，也不在中方，重要的取决于香港人本身。”

“假如你本身对香港缺乏信心，任何风吹草动，你都会草木皆兵的。反之，你很坦然，并落足眼光，把握住这难得的机会，干他一场，相信你是不会后悔的。”

对于曾宪梓的字字真言，香港《紫荆杂志》有过这样一段精采的描述：“事实上，这是他的经验之谈。”

“1982 年，中英就香港前途问题展开艰巨的谈判。在这种情况下，不少商家纷纷向海外转移资产。可是这个领带业巨子，在众人愕愕的目光中，毅然将原拟投资美国的百万美元，转投到奥东山区梅州市。不到两年，中国大地上最先进的领带生产企业，从这里开始了。”

“‘金利来’、‘银利来’产品，已走进神州的千家万户。十一亿人口的巨大市场，向他敞开欢迎的大门。”

“当一些同行们对曾宪梓的‘捷足先登’感到迷惑不解是时，他们可曾想过，即使在做一些商业性决定时，也需要一点政治眼光和魄力呢？”

作为全世界华人企业家中的佼佼者，作为从经济舞台成功步入政治舞台核心人物，曾宪梓深感责任重大的同时，更经常为国家经济的振兴出谋划策、为香港前途劳心又劳力、四处奔走。

曾宪梓不断地向香港人民呼吁：

“香港离不开内地的支援，内地离不开香港的配合，如果大陆局势动荡，香港的后果就难以预料。”

“为什么不信任中国人呢？香港能取得今日这般辉煌的成就，都是靠香港的中国人灵敏的商业触角、智慧的头脑、勤奋的双手所创造的。因此香港人完全有能力管好香港，香港的繁荣稳定更需要香港的工商界、劳工界、以及其他各阶层人士，团结一致，创建出耀眼夺目的九七香港。”

决心为香港平稳过渡的曾宪梓在接受国务院港澳办公室、新华社香港分社聘请担任港事顾问时说：

“我一定尽自己最大的能力，主动听取香港同胞的意见，如实反映他们的呼声和要求，和大家一起共同迎接香港的平稳过渡。”

除此之外，身为全国人大常委的曾宪梓还要求香港各界为九七年的平稳过渡修桥铺路：

“对于九七年七月一日这个日子，有的人看成是香港的‘大限’，更多的人则把他看成是一个具有历史意义的重要时刻，因为到那一天，英国将结束其在香港一百五十年的殖民统治，中国人民将用自己的双手，收回香港，并继续保持和发展香港的繁荣稳定，使这颗东方之珠更加璀灿。”

“现在已有不少港人，为那个值得纪念的日子预定酒席，作为炎黄子孙，我们当然应该举杯庆贺。”

“‘舞照跳、马照跑’，只是对九七后港人保持原有生活方式的形象描述，其实，保持原有生活方式的意义并不在于表面的生活方式，而是在于和这种生活方式相配合的经济成就。我们不应该对自己产生怀疑，特别是工商界的朋友，更应该把握好时机。”

有人问曾宪梓：“如果当初，你不是去香港发展，而是继续留在国内，可能过的是与现在迥然不同的生活，如果真是这样，那你有何感想呢？”

曾宪梓回答得非常坦然：“如果留在科学院，我可能一辈子会呆在试验室做研究工作，那同样是为国家做贡献，为人民服务。但我也会很快乐，我是一个容易满足的人。”

“比如以前，我曾经希望拥有一间千英尺的房子、一间属于自己的厂房、一辆代步的车，通过一步一步的努力，现在不都满足了吗！”

“所以像这样每前进一步，我都很满足，也发自内心地感到开心，但高兴之余我还是继续奋斗，继续为下一个目标而努力，所以我总是快乐的。”

曾宪梓无论在何时何地既是爱国又是爱党的，他说：“从中国上下五千年的历史发展来看，特别是现代史的发展进程之中，中国最强盛、中国人在国际上地位是高、最受尊敬的应该是今天这个大时代。而领导今天这个大时代的便是中国共产党。”

除了信仰共产党之外，爱国爱港的曾宪梓还信佛。不过曾宪梓信佛不是那种顶礼膜拜式的迷信，而是尊重佛教比如人心向善之类的处世为人的道理。

至于香港人笃信的风水方面，曾宪梓曾经坦率地承认年轻时不信风水的他，现在开始有一些相信了。但是却非迷信。

他只是凭感觉。走进一个房间，如果感觉舒适，那么风水就好，如果感觉不舒适，那就表明风水不好。

当年金利来的公司总部还在九龙土瓜湾的时候，曾宪梓一走进自己办公室的门，发现里边的窗户是由一小格一小格的小窗组成的，显得既小气又不舒服。

曾宪梓立刻进行更改，换上一块完整的大玻璃窗。由此一来，外面的世界一览无余，而且外观的感觉就像一幅天然的图画一样，给人的感觉好极了。

无论是在中国还是在国外，任何成功人士之所以受人敬重，除了他们超人的胆识、不可多得的智慧以及不屈不挠的奋斗精神之外，更关键的就在于他们在丰衣足食之余，还能够至真至诚地担负起社会的责任，为国家为人民奉献出自己的一切。

正象老子所说的："天之道，舍有余，补不足。人之道，则不然，割不足以奉有余。"

创业至今的曾宪梓所做出的选择正好遵循了这条"舍有余，补不足"的回归自然的大道。

逾十亿身家的曾宪梓虽然做慈善事宜、公益事宜的时候相当大手笔，但在私人生活上过得相当简朴。

今日的曾宪梓，已经虔心向佛，并开始吃素。对他来说，能够在忙里偷闲的日子里到静谧的海边漫步、谛听海浪的低吟便是他最大的人生享受了。

九十年代的香港与当年曾宪梓创业时的香港已是两个截然不同的世界。

六十年代的曾宪梓由零起步，可以说成败没有多大的关系，摔倒了大不了再爬起来。然而在今日这个突飞猛进的世界里，要守住并发展金利来市值四十亿的江山，确实也并非一件容易的事。

曾宪梓由此更加感觉到自己肩头的担子并不轻。

但是，纵观这几十年来，凡事秉承"用心、专心、诚心"的曾宪梓似乎拥有一双点石成金的妙手，做任何事情要么不做，要做一定会做到最投入、做到最好。

以上就是对非凡而又平凡的曾宪梓的真实写照。说他非凡是因为他能够白手起家，创立自己的名牌，为香港和大陆做出了榜样；说他平凡是因为他象所有的炎黄子孙一样，拥有一颗深爱着祖国、深爱着家乡的滚烫的心。

霍英东

艰难时世　少年多艰

险涛恶浪是故乡

霍英东是苦出身。

公元 1923 年 5 月 10 日的拂晓，他出生在香港的一个水上人家。

浓重的铅云，压在浊浪翻涌的深水湾上。风像一个不知廉耻的流浪汉，随意地在棚隙间窜来窜去。

母亲就要临产了。一声、一声痛苦地呻吟着。

父亲手脚无措地在舱里、舱外走动。不知该做什么事情。他帮不上忙。空有一身蛮力，使不上劲儿。

孩子已经露出头来了。母亲疲乏地躺在血水中……多亏隔邻船上的一位阿嫂，她姓何。闻声跨过船舷。慌忙地洗了洗手，上前把孩子接了出来。

是个儿子！

何嫂在小东西赤溜溜地屁股蛋上，拍了三下。“哇”的一声，他豪壮地哭了起来。这即是霍英东的人生交响乐第一乐章悠扬如歌的序曲。

他是霍家的第三个孩子。在他之前，已经有两个哥哥来到了这个动荡的、常年与风浪作伴的世界上。

他生在香港。这是不错的。然而，说是“出生地”则不甚确切。他不是出生在陆地上，而是降生在他的父亲驳船的舱板上。这，是他的“诺亚方舟”！

霍氏是一个大家族。有人考证，往前可以上溯到公元前二世纪的西汉大司马骠骑将军，冠军侯霍去病和其弟奉车都尉霍光。源远流长，后裔犹存。据说，霍氏近十世的宗谱是：“和盛茂发达，耀好应时兴”。宗谱，可以说是中国人的一大发明，属于“国粹”一类。论字排辈，其俗久矣。孔、孟之家，自不必言。一般的姓氏人族，也无不以此联宗、认戚。譬如，湖南韶山毛氏宗祠，也存有家谱。近十世谓之：“祖恩贻泽远，世代永承昌”。毛泽东是“泽”字辈，毛远新是“远”字辈了。

霍英东属“好”字辈。最早的名字叫：霍好钊（又名：霍官带），如今已鲜为人知了。据说大约在 1939 年前后，有感于日寇入侵、国土沦丧，年轻气盛的霍家小子愤而改名为“英东”。取其“英姿勃发于世界东方”之意。

霍英东的籍贯在哪里？至今还是一个不甚了了的“谜”。

霍英东一家从祖父那一辈或更早，即漂零香江、浪迹伶仃，已有100多年了。他的祖父名叫霍达潮，曾拥有大风帆船来往于省、港、澳；到霍英东出世之时，家境已潦倒贫困。当时对于一个穷人来说，成年忙于糊口奔命。既没有“光宗耀祖”的福分，也没有“荣归故里”的奢望。籍贯在哪里实在无关紧要。管它哩！船泊在哪里，哪里就是故乡。

然而，霍英东是一个有心人。

1978年秋日，年近花甲的霍英东回大陆寻“根”来了。

在当今的中国社会，谁都懂得对于这位巨富的港商将要寻到的“家乡”来说，意味着什么？

于是，从省里到各个地、县都行动、活动、开动了起来。

据霍英东回忆，曾隐约地听父亲说起过，他们的祖籍在广东珠江三角洲顺德、南海、番禺、中山一带的水乡里。

但却不知几经沧桑，如今划归到了哪一个县、哪一个区、哪一个乡？

有人绘声绘色地讲述了当时的所谓“D县与P县之争”。两个县都有霍姓的人户以及零星的村落。甚至也都居然找到了古稀的老人，忆及霍英东的祖父离乡时的情景……双方争执，相持不下。不仅县的头头们出面了，公安局长也亲自调查，作了旁证。

怎么办呢？如何才能定论？

幸亏省府的一位陪同人员灵机一动，从唐人贺知章的《回乡偶书》中得到了启示：

少小离家老大回，
乡音无改鬓毛衰。
儿童相见不相识，
笑问客从何处来？

当即从语言研究所，请来了两个专攻广东方言的学者。通过与霍英东促膝长谈，两位学者居然从他的谈话中，听出了“洗脚”、“上床”、“装香”等几个词尾的归音的差异。权威地断定霍英东是“番禺”县籍的人。

从此，霍英东就成了祖籍番禺的爱国港商。

莫要说这场两县之“争”没有意义。它的立竿见影的直接效果是：霍英东当即慷慨解囊，捐赠给故乡一幢称得上豪华，一流的“番禺宾馆”。接着，又出资兴建了现代化的医院、学校、图书馆以及体育场等。

有道是“亲不亲，故乡人”嘛！

霍英东的父亲是一个水上人。

在香港这样的赤裸裸的金钱社会里，做一个穷人是低下的。而做一个水上的穷人，则尤是低下。

世人将水上人称之为“水流柴”，意即为无家无业，随水漂泊；更有的将之奚落为“蛋家仔”——你见过在洼死水上漂浮着的半边鸡蛋壳么？稍有风雨，或调皮的孩子扔一小块石子瓦片，即告覆没，沉沦到那龌龊不堪的洼底污泥之中。这就是水家人命运的形象而又生动的写照。

水上人谋生一般有三条出路：

一曰打鱼。礁磐上来去，风浪里出没。一年里赶四回“渔汛”。谓之：春讯、署海、拖风、放钓。好不容易从龙王爷的嘴边捡回一条命来，又倍受渔霸、栏主的盘剥，所剩无几，糊口也难。

二曰做盗。拉几条不要命的汉子，啸集在航道要冲。有枪使枪，无枪使刀。渔叉、铁棒也能吓杀软骨头。海盗这营生不需本钱，冒的风险也大。民国初年，在香山海域有号称“单眼王”的海匪，群聚小横琴岛。后被警方捕捉，毙死在滩头上。

三曰驳运。俗称“舢板客”。筹得一条宽不盈半丈的小船。在海湾里摇橹、打桨。为大轮船卸货。风中、雨中，日里、夜里，搬上、搬下，驶来、驶去……出的是牛马力，挣的是血汗钱。偶尔一次半次的，捎带走私一点黄的（金）、白的（银）、黑的（烟土）的情况，也是有的。但他们多半都是规矩的、只求温饱的穷苦人。

霍英东的父亲做的是驳运生意。从他的祖父身后继承得一艘驳船。年代已久，破旧不堪。稍一超载，即舱底进水、险情四伏。苦挨、苦挣，居然也熬了许多年。

他是一个瘦小的汉子，人缘极好。被海风侵得黧黑的脸上，总是挂着笑。如同大多数的舢板客一样，一年四季，赤脚往来。

“他甚至已经不习惯穿鞋。”有一次，霍英东对记者回忆道，“那一年农历新年，我父亲在母亲的强制下穿了一双新鞋上岸。他跷着二郎腿在大排档吃云吞面。吃完了就回家，把鞋子留在了那里。”

这也许是霍英东惟一记忆犹新的事情。父亲的印象，对于他来说是朦胧而又淡漠的。毕竟他那个时候，还不谙世事。

1929年，对于霍家来说是灾难的一年。他的父亲在一次风灾中舟覆人亡。3天后，才在九龙荃湾的沙滩上发现了尸体。就地草草地安葬在隔海的青衣岛上。

孤坟荒冢。一家人悲恸欲绝。

然而，命运之神并没有对他们产生半点的怜悯。仅仅只过了50多天，又一次出海翻船。幸而霍英东在海边打野蚝，不在船上。两个哥哥（一个13岁、一个11岁）落海淹死，葬身鱼腹，连尸体也没有能找回来。母亲死命地抱住一段残橹，眼睁睁地看着两个幼子被风浪吞噬而无能为力。当过路的渔船把她捞起来的时候，她早已昏死了过去。这一年霍英东只有7岁。

环境恶劣度童年

霍英东童年的记忆，是与棚户区的生活分不开的。

父亲在世时日子已很困难。他撒手一去，一家人的生活就更没有着落了。他们只好迁居到了湾仔棚户区水渠街的一座地裂、屋漏、摇摇欲坠的旧楼里。

棚户区，即贫民窟。这是香港畸形社会所特有的产物之一。自开埠至今，一直没有真正的绝迹。正如同《香港亿万富翁列传》的编者在“导言”中所写到的：“香港的社会，以目前的情形而论，不患寡而患不均。富者虽无法田连阡陌，却是洋楼成堆；贫者则是道道地地的身无立锥。”

在霍家当时所住的一间大屋里，不过20几个平方米，竟横七竖八地挤住了50多个人。宛如成堆、成叠的沙丁鱼罐头。

“在那又破又旧的地方,有些睡三层碌架床,有些睡帆布床,有些晚上才开一张床板。如果天气太炎热了,就把床板铺在骑楼或者花架上。”霍英东回忆说。

没有电灯。只有一盏煤油灯,在穿堂风中飘忽着火苗。把人影时而拉长、时而扭曲。幸而这如豆的灯光通宵不熄。

没有水。只有一口渗进了海水的浅井,在屋后的空地上。干旱的天,那水又咸又涩。煮出来的饭,如同药般难以下咽。冲过凉后,浑身发痒,粘乎乎地不自在。

没有厕所,只有一个芦席围起的简陋的茅坑。上无顶遮,下无泄道,蛆虫爬得到处都是,且只有一个坑位,男、女共用。

最要命的,还是当时流行的“肺痨”。由于卫生条件差,全屋有半数以上的人染病。痛苦的咳嗽声,通夜不绝;带血的浓痰,随处可见……霍英东曾对笔者谈起,有一夜就从屋里抬出了三具骨瘦如柴的尸体:

一个是在码头上扛活的60多岁的老搬运工人;

一个是不满周岁的女婴;

一个是粤戏班子里混事的、拉高胡的中年汉子。

还有,“同楼之中,梁光华的一家死于肺病,这是我至今难忘的事情”。

就是在这样的居住环境里,霍英东度过了他的几乎全部的童年生活。今天我们在霍英东身上所看到的许多平民气质,譬如可贵的同情心、平易近人、简朴谦逊以及热心于体育、公益教育事业等等,与他童年的棚户区生活是不无关系的。

如果今天你再去湾仔。当年霍英东住过的那一间大屋已不复存在了。据说,20年后它已成为了霍英东购置的第一批地产中微不足道的一星半点。具有戏剧色彩的是,霍英东在这块地皮上盖起了属于他个人的一排大厦。楼厦入云,傲视着不远处的、几乎与当年别无二样的——新的棚户区!

霍英东一辈子也忘不了,那震响在童年时代的两声枪响。这是一个未经证实、传说中的故事。

在霍家所居住的棚户区的右侧,有一座面海的、叫做屿后山的小丘。丘间,汩汩地淌下来一条清溪。它有一个不雅的名字:马尿河。这是霍英东及其童年的小伙伴常去玩耍的地方。

9、10月间,酷暑刚过。满山玫瑰紫的岗稔花,结成了一颗、一颗饱满的果实。有小枣一般大小。吃在嘴里,津甜、津甜的,比桑椹的味道还要甘美一些。只是里面有许多芝麻粒似的小籽。小家伙们顾不上把它吐出来。第二天随着大便原封不动地拉在荒郊野地。于是在他们蹲下的地方,来年开春又长出一棵棵岗稔的小苗。当年就能结果。

10岁的霍英东像一只调皮的小鹿,成天出没在屿后山的丛林间。嘴唇让岗稔果的颜色,染得紫红、紫红的。

那一天,一个叫做大头仔的棚户区的孩子,从衣兜里掏出来了一个物件,在孩子们的面前炫耀着。

那是一个用锡浇铸的小狗。

“这是谁给你的?”霍英东问。

“我爸爸!”大头仔自豪地说。孩子们都知道,霍英东没有爸爸,他的爸爸落海死了。

“是用铁打的吗?”

“不是。用子弹头熔的!”

“是在打靶场捡的弹头?”

“是的。你敢去吗?”

“不……”霍英东想起母亲的告诫。她不许孩子到山那边的英军射击场去玩。

“胆小鬼!你不去,我们去!”

霍英东到底没有抑制住自己的好奇心,也随着小伙伴一起去了。

他们一共5个孩子。

钻过稀疏的铁丝网,跳进壕沟。总共有6个靶位,并排立着。背后,蜂巢般的岩壁上嵌着一粒、一粒铅的弹头。霍英东就像神话中的阿里巴巴进了遍地都是珍宝的山洞,自顾自地起劲地挖着、刨着、拾着、攥着……好不兴高采烈!

“砰!”“砰!”

倏地,传来了两声枪响。

霍英东一惊。侧目望去,只见大头仔和另一个孩子倒在血泊之中,四肢还在痛苦的抽搐着,兜里的岗稔果,撒了一地……

是番鬼开枪了!

霍英东下意识地把手里的弹头一摔,吆喝了一声,与另外两个孩子一道,飞快地越过了壕沿,向铁丝网外窜去。

远处的靶台上,传来了几个英军喀布尔士兵开心的大笑。

然而,事情并没有完结。一天以后,霍英东和其他几个孩子的家长都收到了“私人禁区,扰乱军事操练”的罚款通知书。不是死了两个孩子吗?是的。要知道在香港这一块英国殖民地的土地上,英军打死闯入禁区的华人是不负法律责任的。过了一年,霍英东又瞒着母亲去了一次打靶场。只见大头仔他们躺倒的那一片壕沟底,长出了许多株岗稔苗儿。在如血的夕阳下,擎着一朵又一朵紫红的小花……啊,童年的小伙伴!

穷人孩子读书难

霍英东没有上过几年学,更不要说攻读硕士、博士学位以及出外留“洋”了。

香港有一本畅销书,有一章是写霍英东的老友、商界巨子何鸿燊的。说何鸿燊比起一些“一脚牛屎、半文盲的亿万富翁”来说,在各方面都有“更优厚的成功条件”。

说得多妙啊,“一脚牛屎、半文盲”!够生动!够尖刻!够刺激!

这里说的却不是霍英东(一般人理解,当指的是养猪出身的超级巨富、香港中央建筑与合和实业的董事会主席、传奇人物胡忠——知名人士胡应湘之父)!

在香港,学历毕竟不是最重要的。有人刻薄地写道,“香港是一个只有一种价值——钱的价值——的社会。钱之外再无其他。20年代,阿拉斯加曾经出现淘金热。香港无金可淘。但如你有本领，却可合法地抢钱。今天香港人的口头语是：这是一个抢钱的时代。谁把钱抢进自己口袋，谁就是成功人士。亿万富翁冯景禧、郑裕彤都只是小学毕业，如今有多少博士乐于供他们驱使？他俩曾联名捐中文大学岭南研究所一张港币250万元的支票，堂堂的大学校长也要到门口迎接。”更有人直言不讳地宣称，“今天香港，生男不如生女，读书不如从商。”“香港是漂亮女人的世界，是精明商人的世界。”等等，看似荒谬，实则道出了真谛。

霍英东的母亲虽然自己目不识丁，但却希望自己的儿女知书达礼。大约在他6岁那年，便由别人背着去拜师启蒙。拜师的仪式颇为隆重：用棋子饼和一把葱供拜孔子圣人，以喻聪明。最初读《三字经》，老师先教“幼而学，壮而行”，然后读《千字文》“天子重英豪，文章教尔曹”。

直到9岁那一年，母亲才把霍英东送到了棚户区位于湾仔克街的一间叫敦梅小学的免费义学读了3年。这是某一个慈善机关办的学校，谈不上什么教学水准。只不过是把一群衣衫褴褛的贫民窟的孩子，集合在一起唱唱英文歌而已。霍英东在这一所免收学费的小学里的成绩报告单，早已不知其所踪。在一篇港人所作的专访里谈到“霍氏显露出了非凡的天赋和超出常人的智力”，其根据想必只能是臆断了。

1936年，霍英东考入了皇仁书院第八班（即F1），入校的号数是19737号。“那时13岁，父亲早已过世，家庭生活全赖母亲维持。每月学费5元，几乎令全家人勒紧了裤腰带。每天妈妈还给我一毫子，用来搭电车和午饭开支。清早起床，背上书包由湾仔经玛利兵房、兵头公园步行到荷里活道上学，来回每天节省6个仙的电车费。”以今天的眼光看去，皇仁书院是类如中学似的学校，学制为5年。在这里，霍英东接受了较为完备、系统的学校教育，度过了他的几乎是全部的学校生活。霍英东后来回忆说：“那时我读书十分专心，总是不甘落后，偶有成绩排在第三名以下，自己便觉脸红。”

如果填写学历的话，霍英东应当填上：“中三”！

这是微不足道、不值一提的。

霍英东真正看重的，是社会这个大课堂，他真正读通了的，是人生这本书！他对从外国留学回来的儿子说，“你的第一课在这里，从你处理业务的第一天开始！”

这就是霍英东的信仰：一个商人要在实践经验中成熟，学历并不是最必需的。但是尽管如此，他还是使他的5个孩子，全部完成了大学教育。

“完成学业是重要的。”霍英东对一个采访他的外国女记者说，“教育对孩子性格的形成有极大影响，使他们养成良好的习惯，关心社会，避免罪恶。”

霍英东的母亲，是一个典型的贤妻良母式的中国妇人。

丈夫在世时，她侍候丈夫、哺养儿女，里里外外一把手，把一个家管理得有条有理；丈夫去世后，她毅然地独肩挑起了一家人的生活重担。

多么艰难的时世啊！在香港那样的社会里，又逢百业萧条，一个妇道人家自我立身也难，更何况她还要抚养3个儿女——那时霍英东不过7岁，他的两个姊妹一个9岁、一个5岁。都正是只能吃饭、不能做事的年龄。

怎么办呢？

母亲决心拼死力维持住先夫留下来的那一份小生意。即是驾驳船出海，与外海的货轮接洽，代他们转运货物(当时主要是煤炭)到岸上的货仓。

她自家已没有了船。

只好充当中间人。起早贪黑，来回颠簸。与货主磨嘴皮，把生意拿下来。然后再与其他的舢板客签约，将货运工作分派给他们做。从中借以赚取微薄的佣金。

遇到风起浪涌，驳船出不了海。她只好望洋兴叹。

有时候，货船的吨位大货物多，驳船供不应求，舢板客坐地起价。入不敷出，她就要赔钱了。

她没文化。既不能读，也不能写。但她有一张求人的嘴。她认识船上的人，船上的人也认识她。她的丈夫生前的人缘极好，工友们可怜她一家孤儿寡母。每一个人手指头间漏一点、牙齿缝里省一点，勉强也够他们一家糊口的了。

其间，又有过两次翻船落海，她都侥幸遇救活转过来。

霍英东在谈到他的母亲时，曾感慨万分地对人说，“她就像村头的那一棵遮风挡雨的大榕树；又像一只尽职的老母鸡，把鸡雏都护在羽翼下……”

三更梦醒，霍英东常见到操劳、奔波一天的母亲，还在灯下补补连连，穿针引线忙个不停。

霍英东学生时代的最后两年，是在动荡的时局中度过的。

一个又一个骇人听闻的消息，见之于各报端。

在欧洲：希特勒称“欧洲应建立新秩序”，“要用一切手段使德国人占有全世界”(1936年3月21日)；

英国的首相张伯伦飞抵柏林。“与希特勒握手言‘和’”(1938年9月15日)；

臭名昭著的慕尼黑协定“正式签字”(1938年9月30日凌晨1时半)；

24个师的德军“浩浩荡荡，如入无人之境”开进了波希米亚和摩拉维亚，占领了捷克斯洛伐克(1935年3月15日)；

希特勒声言德国受到了“侵略”，德国军队奉命向英、法的“盟国”波兰，发起闪电式的进攻(1939年9月1日)；英、法两国政府先后对德“宣战”(1939年9月3日)……第二次世界大战爆发！

在亚洲：

1937年7月7日，日军制造了“卢沟桥事变”。日军“蛮横地向中国军队开枪”，中国军队“忍无可忍”，“奋起还击”；

1937年7月30日，北平、天津“在一天内相继弃守、沦陷”；

1937年8月13日，日本军舰炮轰上海闸北一带，同时飞机也“对我狂轰滥炸”，张治中将军指挥的第九集团军“奋力应战”；11月12日上海“陷落敌手”……

是时，香港亦处于极度的惶恐和不安之中。大批“难民”自平、津、沪、宁携资金南来。金融、商业市场大起大落，一片混乱。

战云密布，航道滞阻。

依附于海上货运业的小驳船生意日趋淡冷，霍家的生计受到了直接的影响。

据霍英东在皇仁书院的一位“同窗”忆及道，“他算不得是一个天才。看不出有什么出人头地的地方。成绩在A、B之间，似乎理工方面更好一些。英文不行，从不主动与先生和同学进行英语对话。他很用功。生活得十分艰难。家里贫困，常常不吃早餐就上学。有一次我见他将一只'糯米鸡'(一种包肉的糯米饭团——笔者注)吃了一半，又包起一半留在中午吃……他爱踢'波'(粤语：球——笔者注)却只能玩一会儿。匆匆地赶回家去，帮他的母亲做事。"

霍英东自己回忆说："我课余协助母亲记账和送发票。在学校，我用功读书，但经常精疲力尽。"

1941年4月，霍英东经过5年半的校院生活，升到三年级(相当于现今的F6)。再过50多天就要进行"大考"了。由于太平洋地区的战局紧张，盟国的军舰频繁地出入香港海域。据说，一次他母亲的驳船被一艘美军的登陆艇撞翻。虽然救起，她却染上了肺炎而卧床不起。

家中早已四壁如洗，且欠债累累。米价一日三涨，眼看就没有活路了。

这时候的霍英东虽然个子不高，却也已长成了半大的小伙子。这一天从书院回来，听见一个穿花对襟衫的黄脸婆与母亲嘀嘀咕咕，要把15岁的妹妹送到什么地方去"赚钱"。他怒不可遏，进屋赶走了那女人。第二天，他就没有再去学校。

他要像一个真正的男子汉那样，挣钱养家。辍学这一年，他正好17岁。

家常便饭"炒鱿鱼"

霍英东又过了10天，才回到启德机场上班。

工头没有责怪他。见他的手指还未痊愈，就把他分派到了一个较轻易的职位上，跟一位修理建筑工地载重大卡车的技工当学徒。

技工的年纪很轻，比霍英东大不了几岁。生得匀称、潇洒。踢得一脚好"波"(粤语：足球)，在这一点上，与霍英东十分"拍档"(粤证：合拍)。

技工姓周，香港本地人。他是向前任的一位英籍技师学的技术，因此也懂几句英文。工具叫的都是英国名字，比如不叫"螺丝刀"而叫"斯潘拿(Spanner)"，不叫"螺母"而叫"勒提(Nut)"，不叫"扳手"而叫"司各其尔(Screwdrier)"等等。

他和霍英东的任务，是维修和保养11辆英、美制的"道格拉斯"和"福特"牌的载重卡车。

活路很轻，且技术性并不太强。霍英东基本能够胜任。不出一个礼拜，一些简单的事情譬如换轮胎、检查油路电路之类，他就敢于单独操作了。

看着一辆一辆的卡车，霍英东的心里不由痒痒地。

他从小就崇羡开车。对于坐在高高的汽车皮坐垫上的司机，特别神往。水上人家的孩子，看待陆上的一切都不乏新奇，更不用说开着汽车在笔直的公路上兜风了。

这一天终于有了机会：

姓周的技工要去油麻地一块空地踢球。一群工友在日本仔的凌辱下，"黄连树下弹琵琶——苦中寻乐"呗。下午，还没到四点钟，他把一串车钥匙往霍英东面前一甩，要霍英东替一辆刚刚大修完的"福特"车灌油。自个就去了。

霍英东虽然也跃跃欲试(他踢左边锋在华人青年中小有名气)，但不敢有违师命，到底忍住了。他知道如果一个人也不留，就怕日本人的监工来了坏事。

他灌满了车的油箱。

又下意识地拉开驾驶室的门，一个跨步跃了上去。一把抓住那方向盘。车是发动着的。油门一踩，"滋溜"地向前滑行……霍英东后来回忆说，"当时我不过想将货车驶前，再退后回到原来位置。但先前那位司机没有弄直车轮，我的货车就'咣'的一声撞到另一辆货车上去了！"

怕鬼怕鬼，偏闯了"鬼"！就在这个时候，机场工地的小胡子日本监工，正好经过这里，差点被冲前的车辆撞倒。

日本仔凶狠至极。他骂了一声"八格"，抬起马靴就是一蹬，把霍英东踹在水泥地上，小腹一阵剧痛……要不是"鸡泡鱼"跑上来拦了拦，霍英东的一条命，没准会丢在这启德机场的旷野里。

当即，霍英东就被赶出了工地，结束了又一段屈辱的苦力生活。

霍英东在他20岁这一年，经历了一段难忘的浪迹香江的日子。1942年是日本侵略者在西南太平洋战场上，由取得而转为开始丧失主动权的一年；

5月8日，日军在珊瑚海之战中失利，成为自发动战争以来的第一次受挫；

6月4日，日军在中途岛战役中，遭到了前所未有的惨败；

8月8日，日军盘踞的瓜达尔卡纳尔岛，被美军登陆占领。开始了旷日持久的"瓜岛之战"，最后以日军的覆没而告终……

侵占香港的日军日益加紧扩展机场和增加船队。这是因为，一方面当时的日本陆海军统帅部迫切要求补充军舰和进一步征用占领区的商船；另一方面作为弹丸之地的、资源贫乏的岛国，日本急需要更多的船舶来运输大量的战略物资和原料，以维持其战争经济。

侵略者开始了血腥的、空前的、罕见的抢掠和劫夺！

霍英东被赶出机场后，一时找不到事情做。竟然在街头游荡了一个多月。

在母亲的眼里，霍英东是一个一事无成、专门招惹是非、不求上进的"衰仔"（粤语：倒霉的家伙）！

霍英东从不讳言，他与母亲从来没有真正地了解、理解和谅解过。他是独子，是霍家的血脉、嫡传。但母亲一点也不宠他，任他在人世间摔打、磨练！即使碰得头破血流，也让他自己舔干血迹。她对儿子期望太高、太多、太急，所以总是不满意！

霍英东一早就溜出了大屋，午夜才回。不管是什么工作，也不管它是多么的脏、是多么的累、是多么的不体面，只要揽得上就干。

开始有一家铁匠铺招收学徒，霍英东去应招。店老板让他脱去上衣，一看他琴键似的一排肋巴骨。没有言语，挥手让他去了。

后来，一艘被征集的商船检修，霍英东募招而去，当上了一名铆工。没有什么技术，熟练工种而已。拿一柄铆枪，往船舷上或甲板上铆钉。开始三天，干得不错。谁料到第四天下午前舱突然起火，将舱面的帆缆、机件烧得焦黑。从码头上开来一队日本兵。把在货船上干活的工人，连同霍英东一起总共有二十七、八个人统统带去了军营。审讯了一夜，天亮时分全数释放。虽然无辜，却都被解雇了。

霍英东又到了一家水果店当“马仔”(粤语:跑腿的)。由于老板娘看他不顺眼,当天就卷铺盖炒了“鱿鱼”。

又有人介绍霍英东到一间夜总会当差,霍英东去了一看,哪里是什么夜总会,分明是一所变相的“军妓院”。霍英东还在犹豫,同去的一个工友,二话没说,拖起他就走。

这个时候的霍英东几乎处于半流浪的状态。在浪迹香江的日子里,他接触到了清道夫、厨师、小贩、玩杂耍的、相命先生以至于小偷、暗娼、走私贩子等社会的底层人物。从另一个角度,更加深刻地认识了殖民地的香港——正如一位小说家所说,“一个先后被两个流氓强奸的少女!”

这样的日子,霍英东过了将近半年。

他最后总算找到了一个合适的职位,在“太古”的实验室里做试糖的工作。如果不是他的母亲强令他离职的话,今天的霍英东很有可能成为了一个有经验的化学实验师。

过早结婚有了家

霍英东从事商业活动的第一个雇主,是他的母亲。

其时,霍英东的母亲趁1940年前后香港当局填海造地之机,发了一笔小财。“数目并不大,三几千块钱。但对于从无隔夜粮的家里来说,已是拾得金元宝一般的感觉了”。

霍母是一个颇具生意头脑的妇人。有了一点钱,她既没有像守财奴一般,把钱盛在瓷罐埋在地下;也没有如同利欲熏心的“贷”者,把钱放出去收取高利。她选择了一条经营发财之路。

滚雪球一般,“用钱赚钱”——这即是现代人的意识,是对付通货膨胀惟一行之有效的办法。从这一点看,当时的霍母堪称明智、果决和有主见。

中国有句古训“民以食为天”,又有民谚曰,“开门七件事:油、盐、柴、米、酱、醋、茶”。

1942年春、夏之交,霍母倾其所有,连金链也卖掉了,同其他13个人合资,买下了湾仔市场附近的一间杂货店。

店名为“有如”。其实本意名为“有和”,但登记办证时写得太潦草,误写为“有如”。也就将错就错。

霍英东的母亲当了掌柜。用今天的话来说,即是董事会主席兼总经理。大权在握,“有百分之百的人事任免和经营销售业务的权利”。她废寝忘食地工作,“每天的工作时间超过20个小时。为了钱、为了生存而搏命。”“身体却依然那么硬朗、康健。虽然不会写、不会算,脑子就像电子计算机般一清二楚,不差一毫一仙。在湾仔一带,‘有如’店的女老板是有了名的……”

在母亲的强行命令下,霍英东退了“太古”的职,到母亲的店里负责管理店务,即当售货员。

“那是经营大生意的好训练。”霍英东后来回忆这一段生活时说,“在繁忙时间你会发现自己面对 20 多个顾问。每一个顾客都是你的上帝，你首先要学会和练就的就是保持亲切的微笑……”

这一点，相当重要，30 多年以后，在美国的十大畅销书中有一本迈克·柯达所写的《权术》。作者是欧洲有名的电影制片家亚历山大·柯达爵士之侄。“自幼出入欧美的豪门望族之家，对于上流社会的习俗排场、逢迎巴结，自是司空见惯；对于如何鉴貌辨色，酬酢往来，应对进退，亦有独得之秘。”在他所列的处世要诀中，第一条便是：

要练得一副真诚而开朗的笑脸。中国古谚不早就有“和气生财”的说法吗？使用笑脸（请特别注意此处挑选的动词“使用”——笔者注），要能得心应手，毫不牵强做作，方为上上。

“真诚的笑脸”，这是成功的诸要素中最重要的一个。霍英东可以说是不教而会、无师自通了！

“拿人家的钱，看人家的脸”。打工仔自有打工仔的苦衷。

尽管老板是自己的亲生母亲，霍英东也一刻不敢怠慢。因为，“倘若你不能做到面面俱圆，顾客舍你而去，母亲就会毫不留情地扣除你当日的全数工资，恨不得吐你一脸的口水才好……”

要知道，这个时候的霍英东急需要钱养家啊！

霍英东如同许多东方人一样，过早地结婚成家，在他 21 岁那一年，就当了爸爸。

战乱之年，他为他的女儿取名“丽萍”。是祈望“平安”呢、还是祈求“和平”呢？也许二者的意思都有。

“因为是独子，母亲对于他的婚事就特别操心。盼望着早点抱孙儿，好有一个传宗接代的‘种’。对此，他当时倒无所谓。四处打工，半流浪的生活。自己的一张嘴，都顾不过来。哪有结婚的兴致呢？现在想起来，结婚就像一根绳子拴住了他的腿。要不是有了太太，当时拔腿去了南洋也说不定……”这是他的一位“老友”的看法。

对于霍英东元配吕燕妮的情况，了解的人不多。他自己也不愿多谈起。当有人问及时，他顾左右而言它。

据说，霍英东的元配夫人也是水上人家的女儿。从小腰间绑一个漂物，在舱板上长大。两家人关系不错，来往甚密。究竟是两家父母“指腹为婚”，还是俩小无猜结的姻缘，现在已无人考究了。总之，大主意是母亲拿的。“经济没有独立，连婚姻大事的自主权也没有。这是命中注定、不可改变的。”

以现在的眼光来看，霍英东同其元配算不算是“包办婚姻”呢，只有天晓得！

据说，还有一份海外的杂志，编撰了一个所谓“霍英东午夜归来，听呼喊拳脚相助；援救得梨园女子，诉衷情缔结良缘”的故事。不必讳言，富贵如霍氏这样的香港豪门，其婚姻状况绝不会像 1＋1＝2 那般简单。在一本刊物上，更有所谓“三妻九子”之说。

不管有多少种传说，但霍英东 21 岁当了爸爸，却是确定不移的事实。

棚户区内又多了一间棚户；

烟囱群间又多了一根烟囱；

排队接水的铁桶行中又多了一个烂铁桶；

苦挨苦守的夫妻堆里又多了一对小夫妻……如此而已。

成了家以后，霍英东干活更努力、更巴结了。唯恐老板、工头、带班的种种人等，对自己不满意而被炒了“鱿鱼”、“砸了饭碗。

要命的家啊！

生了一个女儿，霍英东的母亲固然也是高兴得合不拢嘴，但终究未遂心愿。”她希望能有一个孙子。中国的老妇人传统的观念，不是一下子就能改变的。”

从妻子怀孕到分娩，霍英东可算尽到了父亲的责任。在产后的几个月里，他几乎每夜只能睡两三个小时。女儿要抱在手里，不停地在窝棚里转圈子，否则一放下就哭，吵得左邻右舍不得安宁。“而且她似乎是一只漂亮的小花猫转生的。白天睡觉，打都打不醒；一到夜里就精神了，一家人都得陪着她熬通宵……”

尽管如此，在母亲的暗示和主使下，小丽萍刚满周岁、还未断奶，霍英东夫妇便又开始孕育另一个小生命。

在1945年抗日战争胜利前后，霍英东的长子、现今商界的风云人物、“香港小姐”朱玲玲的夫婿——霍震霆出世了。

棚户区的杂货小店，“靠的就是两条：一是勤勉，二是节俭。”

凌晨六时，维多利亚港湾上蒙蒙的雾气还未消散，滨海的集市上已经人影幢幢了。在码头大楼的钟响以前，“有如”杂货铺开始卸下门板，招揽生意。

霍英东照例要提前半小时到店，清点商品，准备“散纸”（粤语：零钱）。

20岁出头，又有娇妻作伴。正是“春眠不觉晓”的时候，偏偏要踩一脚露水去打工。睡眼惺忪，“有一次走着走睡着了，一头撞在路边的电线杆上……”

杂货店的生意，看上去还算兴隆。虽然“1毫酱油”、“5仙醋”、“毫半白糖”没有多大的赚头，但小本经济蝇头小利也不弃，一星半点也不敢闪失。

霍母除了自己也常常帮手做上几笔交易外，更多的时候是端一张高凳坐在一旁。她高踞铺面，眼观四方，不放过任何怠慢顾客、与人“通水”（粤语：作弊）的现象。她几乎不相信所有的人。据说当她有一次发现她的一个远房侄儿多称了半斤细盐给熟人时，就像拿小刀剜了她的肉似的。从此，甚至对于霍英东也虎视眈眈。“她是穷怕了！”好在儿子对于她是能够理解的。

依例杂货铺在晚上10点钟“收档”（粤语：关门），但常常要拖到10点半钟以后。霍英东接着还要打算盘、记账、结算现金等等，午夜时分才能忙完。“有一次，错了10元港币的账。这在当时可是一个了不起的大数目。母亲虎着脸站在一旁，整整查了一个通宵，直到弄清去处才罢休。”

白天还要运货。

到几里外的西环三角码头的杂货批发商买货，然后运回湾仔的小店。有时一天要来往两次。

“说起来，路程不算太远。以今天的眼光来看，一部‘丰田’农用车一趟就‘搞掂’（粤语：办妥）。但那正是日治时代。瓶瓶罐罐的‘生抽’（粤语：酱油）、陈醋之类的杂货，只好雇三轮车运送。一趟就要花好几块钱……”

每次母亲站在店门前付款给三轮车夫，都要讨价还价地磨蹭老半天，常常在“5

仙”、“1毫”上打主意。

霍英东看在眼里、记在心里，忙里偷闲与在店里打工的表弟李志明一起，精工细凿，做了一辆四个轮子的木头车。“虽然显得粗糙、笨重一些，推起来‘吱、吱’地响，但是却非常适用。稳稳当当，一次就把一到两天的货都运回来了。”

很难想象霍英东年轻时制作的这一件工艺品的形状，以及当年霍英东推着木轮车招摇过市的英姿。但是可以想见霍母喜形于色的神态和乐不可支的心情。

“每星期7天，甚至农历新年，我们仍然开一扇门，便利要买东西的顾客。”在年三十晚上，母亲在霍英东手里塞了一个“红包”：哗！一张大红的港纸——100元！

胆识双全　创立大业

中标卖单初发家

霍英东无时不在梦想着生财捷径。要想出人头地，做官没有这个可能，发财却是大机会的。

“乱世英雄起四方”，身处战乱之年，各种版本的发财故事充耳可闻：最为人知的要数梁昌的发迹史：

梁昌在澳门出世，比霍英东只大了4岁，应该算是同一辈人。早年家境清贫，曾在澳门米糟街勤泰办馆任杂役。二次大战期间，加入英军服务团，似乎与英国情报部门有了某种关系，曾协助英国军事人员逃离沦陷区。梁昌与第一任妻子梁文燕的结识，也始于战乱的澳门。据说梁文燕那时在澳门“东亚酒店”八楼“八重天”酒楼做女侍应，多次协助梁昌避凶险。有一次梁昌亏她的通知才得以逃脱日军的追杀。乱世男女结为了夫妻。抗战胜利前后，澳门闹“米荒”严重缺粮。1元钱仅可买米4两。梁昌凭借其社会关系，靠了何贤、钟子光、傅德荫等人的帮助，又加上其有过办馆的经验，脱颖而出。他与友人合作揽了一间“英昌行”，由中山、顺德运米来澳门。更设法打通了当时澳门经济局长罗保(亦是澳门财团的首脑)的“关节”，把食米的专营权拿到了手。于是，他的米行生意愈做愈大、愈做愈发达起来了。梁昌，被人称作“粮仓”，一时间世人都说他的名字起得好。

顺便写一笔，这个梁昌的结局却一点也不令人心羡。1976年6月4日上午，已积累了庞大财富(税务局的估计是18亿)、有名誉有地位(1973年获C·B·E勋爵衔位、数家大公司的董事长)、儿女满堂(先后两个妻室共为他生了8子2女)的超级富豪梁昌，竟然从浅水湾25层高的花院大厦顶楼天台奋力跃下，当场腿臂折断、血流满地而亡。时年61岁。他的死因，至今还是一个似是而非的“谜”。

霍英东自认不比这些“暴发户”的本事差，他缺少的是机会。“然而，机会是突如其来的。记住我的话，任何的机会只属于那些有准备的人……”

他耳听六路、眼观八方，四处钻营、两面讨好。每天一大早，就找一份日报来，从头至尾，经心地浏览一遍，掘金似地在字里行间觅找。特别注意的是报上的那些广告和启事栏目。当时经常发布有战余物资拍卖的消息：

譬如，日军的被褥、行囊、雨布、胶鞋一类的物品；

譬如，美军的饼干、牛油、咖啡、罐头一类的食品；

又譬如，各种军用的车辆、机械、舰船、橡胶制品以至于营房、码头、没收的敌占军用设施等等。

这是一个发财的极好机会！

霍英东终于说服了母亲，拿出了自己分下的佣金，买下了一些需要小修的军用小艇、廉价舢板和舰船上的发动机、水泵之类的机械。这些物品对于在驳船上混过相当时日的霍英东来说，颇具有驾轻就熟之便。一眼就能看出差价的多少和经营的可行性。买下后，自己或请人稍加修缮，最多不超过一个月就转手把它倒卖出去。

“这种急功近利的买卖，虽然赚头不大，但聊胜于无。慢慢地，使我个人勉强有了一些储蓄……”霍英东说。

这是发生在1946年到1947年间的事情。

霍英东天性正直，待人真诚，重信用，讲义气。他的朋友多，且分布面广，似乎社会的各个阶层都有。

其实在香港那样的地方，无所谓出身的高低贵贱。“英雄不问出处”。能把钱赚到荷包里来，就是英雄好汉，就会在人前受到尊敬、抬举、褒扬。对不对呢？

霍英东浪迹香江之时，曾结交了无数的“老友”。譬如驳船的水手、机场的苦力、码头的挑夫、酒吧的侍役……在这一大群沦落人中，相互抱成一团，以达到“自我保护”的目的。当官的人、有钱的人，合法地牟取暴利；卖苦力的打工仔相互提携，“有福同享，有难同当”、“为朋友两肋插刀”，无异于是一种“适者生存”的动物本能。

大约在1947年春夏之交，发生了这么一件事情：

当局拍卖一批日军码头的附加设施。包括一个趸位，两艘略有损坏的趸船，十几条八、九成新的舢板和一批柴油发动机。这些热门的物资，在当时十分抢手。参加拍卖投“标”的客户，有十多家。霍英东极想能投得中“标”。他粗略地结算了一下，一出一进，最少能有5000元的收益。

他一方面说服母亲能将驳运社押出，借回2万港元来，一方面四处活动、求助于几个要好的朋友。

“拍卖”在湾仔码头前后一片空地上举行。一排木桌，将卖家和买家分隔。一张高凳，上面端坐着报价的人。侧面另有一张小桌，有两位“律师楼”的公证人出席作证。

拍卖从底价“12,000元”起叫。

“12,100！”

“12,200！”

开始进展缓慢，十几个买家都不动声色、相互摸底。

“15,000！”霍英东到底年轻气盛、按捺不住。使“标”价陡地上升！

“15,500！”有人在与他叫劲儿。霍英东转头看去，是一个40多岁的中年汉子。叼一根纸烟卷儿，显得十分沉稳。

"标"价稍稍徘徊了一下,霍英东一咬牙又要了:

"18,000!"

"2 万!"

霍英东傻了眼了。两万元无异于他的身家性命,况且钱还是母亲的驳运社典当的呢!

"2 万……20500!"他陡地泄了气似地。

"3……"那中年汉子正要开口,却张着嘴止住了声。他感觉到了一个硬物抵住了他的腰间。这是霍英东的一个在码头打工的"老友"靠近了他的身旁。

场面一下子被控制了。霍英东以 20500 元"标"下这批物资。兴高采烈的他回到家里,却被一个意外的消息浇了一盆凉水:母亲根本就没有去典押她的驳运社,"因为她不相信霍英东能办成任何一件事。"一位霍英东的传记作家写道。

怎么办呢?

千方百计"标"下来的物资,只好又忍气吞声地托朋友出面,让给了那一位"中年汉子"(据说此人现在在加拿大,是一个华侨巨富)。按其最高报价"2 万"付款。霍英东这一笔买卖,非但没赚到分文,反倒赔出去了 500 元港纸。

对于传说中的这一段轶闻,霍英东本人的回忆却小有差异:

"和平后,许多战时剩余物资在市面出售。那时候,我开始在经济收入方面动脑筋,常常留意香港政府《宪报》的招标通告,当时看懂《宪报》的人不多,所以我占得一些便宜。有一天,在《宪报》看到有 40 部轮船机器招标,就向妹妹借了 100 港元落标。想不到过了几天,水师塘通知我中了标,要我准备 18,000 元出货。天啦,哪里来这 18,000 元,真是一个大难题。……一天,看准妈妈比较开心的机会,我大胆提出希望她拿出 18,000 元,说可以赚 10 万元。谁料妈妈认为这是不可能的事情,一口拒绝了。没有办法,只好走到九龙杂架摊找朋友,说出这件事,表示愿意 4 万元'卖单'。朋友同意了,给了我 4 万元。这宗无本生意,赚得 22,000 元,这是我第一次赚得来的作为日后发展的本钱——靠的不是妈妈,而是朋友!"

霍英东与母亲的隔阂,也愈来愈深了!

打捞海草受重创

霍英东终于决定漂洋过海,远走柏拉达斯(即:东沙)群岛。

这也是万不得已的行动。

1949 年 10 月 14 日广州解放。夜深人静,倚在湾仔的小窗前似乎隐隐可闻隆隆的炮声。各色人等,蜂拥至弹丸之地的香港。一时间,颇有几分人心动荡。但很快就平静下来了。

母亲照常做她的驳运生意。甚至比之以前还要更兴隆一些。霍英东就像神话中的六耳猕猴,支开顺风耳四方捕捉着一个又一个发财的消息。

这天,霍英东到铜锣湾的一家客户收款。客户姓董,是搞远洋运输的。在他的写字间里,两个过去的"老友"与霍英东不期而遇。没想到几年不见,这两个曾一同在机场卖命的苦力,如今浑身的衣着光鲜,显然是发达了。

“大佬(粤语:大哥),不知现在哪里发财?”霍英东禁不住问道。

“还不是跟东洋人罗!”

“日本仔!”

“没错。‘猪头’又来香港了。”

“‘猪头’?!”霍英东猛地怀疑自己听错了。“猪头”是机场那个留仁丹胡子的日本监工的诨名。这才胜利几天,怎么他又回来了呢?

“没错,是做生意来啦!”

“什么买卖?”一听说是生意,霍英东全身的细胞都进入了亢奋的状态。

“海藻。”

“紫菜?”

“不。是海藻。好价钱。120 港纸一担!”

“哪儿有?”

“远一点。”

“有钱赚,不怕远。在哪儿?”

“八达岛。”他说的是柏拉达斯(东沙)群岛的俗称。距离香港有 100 多海里。

“哪里交货?”

“公司有船。东洋人定期去岛上收购。好容易赚的,海藻满海都是,捞起来就是钱。快过印钞票……”

这两个家伙说得天花乱坠。果然,霍英东的心给说动了。可还觉不稳当:

“日本人要这海藻做什么?”

“说是可以制胃药。你就放心吧,小老弟。谁对谁呀?我们还能骗了你!肥水不流外人的田。这事儿就关照你了……”

霍英东听罢,顿觉儿时读过的《金银岛》、《鲁滨逊漂流记》的描述,似乎在心头翻涌起来。他就像打足了气的皮球似的,蹦回了家里。与母亲一商量,觉得可以试试。第二天,霍英东在湾仔一带走家窜户,四处游说。

几经波折,总算联络了 80 个渴望赚一笔大钱的渔民和散工。

由霍英东领头,一共签了三个方面的“契约”:

一是同“猪头”的日本公司签约,他们保证按预定的价钱收购海藻;

二是同 80 名“自愿远行”的工友签约,“生死在天。如有意外,责任自负”。

三是同霍英东的母亲签约,由她筹资购买了一艘 61 英尺长的摩托艇。讲明“产权”属她所有,而且此行全部所得收入的 30%(即:三成)要归她所得。

1949 年冬日的一天凌晨,趁着维多利亚湾的满潮,霍英东一行离开了香港,转道澳门、汕尾、直向水天苍茫处的柏拉达斯群岛驶去!

霍英东在柏拉达斯群岛上,整整度过了 6 个月流放一般的生活。在与人们交谈中,他便直截了当地称之谓“有如置身地狱”。其艰苦的程度可想而知。

日本人没有说错。这里的确有着茂盛的海藻资源。但绝非是“满海都是,捞起来就是钱”。海藻生长在珊瑚小岛的礁盘上。一般都在两人多深的海水中,必须潜水下去打捞。

霍英东他们这一帮人，一没有经验、二缺乏必要的装备和工具。“扑通”一声跳下水，三下两下就累得喘不过气来。还没采到一小把海藻，就得攀在船舷喘气。累了一天，捞不到半筐。

加之，海藻中、礁缝里经常有海蛇出没。蛇不长，却有剧毒。有一个名叫“黄仔”的青年，不慎叫蛇咬了一口。赶忙翻身上船。挥起柴刀，将手指搁在船帮上，“叭”的一声剁掉了。舍了一根手指，捡回了一条命。

再就是天气酷热。“整天气温都在(华氏)100度以上。太阳又毒，每人都晒脱了两、三层皮。岛上没遮、没檐、没荫，热得你喘不过气来，只好往海水里跳……”

粮食缺乏。讲好的补给船只，经常误期。“一遇到台风，更是10天、半月不见米粒。只好啃鱼干、吞螺肉、嚼海带……唉，那时真是苦不堪言。”

“说来也许叫人不相信，守在海边却吃不到盐。只好往饭里、菜里浇海水，又苦又涩。还不如吃白饭、淡菜……”

不吃盐，加上海风吹洗，慢慢地，他们的头发和胡须都变成了灰白色的。一条三角短裤遮住羞处，几乎全身赤裸，“互相看去，都似原始人一般。”

身体稍差一点的人，哪里受得这一番的折磨。上岛不到两个月，就有十几个青年仔宁可不要工钱，攀上补给船回去了。

霍英东后来只好雇用一批台湾人和琉球人。琉球人很能吃苦。这种非人的生活，他们也能捱得下去。每天早上四、五点钟起床，煮好饭团，带些咸菜，就下海去了。中午和晚上，饭已发馊，他们也照样吃。他们还有一套叉鱼的本领，生吞活嚼。霍英东就是靠着这一群特别能吃苦的人，最终熬了六个多月。

那一年霍英东正好28岁。他咬着牙硬挺着。

组织和分派着每天每个人的工作和定额，一刻也不敢松懈。“这一段生活，苦虽说是够苦的了。但是它对我的意志力的磨练，起了关键性的作用，只要想起在东沙群岛上的日子，现在的逆境也胜过天堂了。”霍英东时常对人这么说。

生活上的苦、累，算不了什么。最让他烦恼的还是海藻的收成不好。近海的捞得差不多了，远一点的又去不了。两次骤然而至的台风，更把两大堆晒干了的海藻刮进了大海。足有一、二百担。“看着一大团、一大团的海藻被卷上半空、向大海落去，自己真恨不得也一头扎下海……”

到了1950年四、五月间，往来的渔船带来了大军“解放”海南岛的消息。据说，解放军很快也要上柏拉达斯群岛来。

这可是一个要命的信号！

大家找到了霍英东，吵着、闹着要回香港去。霍英东的心里，也仿佛塞了一团干的、杂乱的海草，想不出应急的办法来。

有一天夜里，一艘路过小岛的军舰朝岛上放了几炮。虽然偏得厉害，远远地落在礁盘外，但是已足以吓跑这群乌合之众了！

只隔了一天，霍英东就带着他的同伙们，载着多半船海藻匆忙地驶去。他甚至顾不得朝那东沙群岛深情的回眸一瞥！

没想到回程中又走错了船线，摩托艇撞在礁石上差点沉没。想尽了办法，总算凑合着把船驶回了香港。

这次“海藻行动”，可以说基本上是失败了的。他们带回来的海藻，仅够贴补开支。为了修复摩托艇，更搭进了霍英东几乎全部的个人积蓄。

更严酷的后果是，通过这次惨败使霍氏母子两人坚信，他们必须分手！已经到了各自谋生的时候！

“我母亲从未信任过我。”霍英东坦白地说，“我经常我行我素。她总是认为我冒的风险太多，过于莽撞。离开了她以后，我买了一艘拖船，开始自己做起生意来！”

韩战时一举发迹

霍英东的“发迹”，始终是一个人们十分感兴趣的话题。

他如同一个真正的男子汉一样，没有被失败的大山压倒，挺直着脊梁，从事业的废墟上站立了起来！

他终于成功了！当之无愧地自立于香港超级富豪之列！

有多少人羡慕他；

有多少人逢迎他；

有多少人妒忌他；

有多少人中伤他……

更多的人，则希望从霍英东的“发迹”中悟出一点什么“真谛”来，从而效仿之、尾随之、实践之。

可以说，这一切是枉然的。

霍英东发家的“模式”，具有其强烈的时代特色、社会因素和个人属性。它是独特的、仅有的、天工偶成的。任何别的时代、别的社会、别的个人，都不可能仿造、翻版和复制！

一般的说法都确认：霍英东发迹的时间跨度，在1950年到1954年之间。

这是没有错的。

熟悉中国近代史的人都知道，在史册上有如下记载：

1950年10月25日，由志愿人员组成的中国人民志愿军数十万人，在彭德怀司令员的带领下，渡过鸭绿江，参加了朝鲜人民的抗美战争。

即：所谓的“韩战”。

这一场以中、朝为一方，以美、李（承晚）及“联合国军”为一方的战争，一直打到1954年才停火“谈判”。

而这一段时间（前后4年），正好是霍英东发迹的日子。

答案似乎要从这里面去找！

在香港出版的《香港亿万富豪列传》一书中“霍英东发迹史”卷后，编者写道：

“《霍英东发迹史》原刊英文《南华早报》，作者是BertaManson女士。她能找到霍氏，写成这篇故事，大概不必花太多时间。《南北极》远在两年前，已着手搜集有关霍氏的资料，想和他作一次访问。向有关方面洽商，从信德船务有限公司负责人处得到的答复是：‘时机未到，以后有机会再说。’大约在两个月前，《南北极》又通过霍丽娜小姐和霍氏商讨作访问的事，霍小姐征求她父亲的意见，仍认为'不太好'。其时，龙慧君已译妥这篇'发迹史'，该刊已准备出《香港亿万富豪列传》这一特辑了。

"《南北极》的编者念念不忘要和霍英东一谈，因为他是香港社会极具代表性的人物，可以说是'出身草莽'，而今却富甲一方。近二三十年，香港社会涌现了不少新富翁。他们原无籍无名，有的甚至连一家的温饱都成问题，只因风云际会，抓住了一个机会，从此扶摇直上。《霍英东发迹史》，即是这批新富的生动写照。

"'发迹史'的作者认为'韩战带来了他（霍英东）一生的大突破'，这和我们研究的结论不谋而合。迟至1949年还要远赴柏拉达斯岛采海草赚取蝇头小利的霍英东，1954年后已有资格在铜锣湾区以现金支票购买他的第一幢大厦了。韩战期间霍氏驳运业务的昌盛，由此可见一斑。1951——1954那几年他倾全力经营的海上驳运业务，不仅为他带来可观财富，也奠定了他和香港左派不寻常的友谊。这可以解释，何以他能获得中国海沙的入口专利权。

"'发迹史'的作者，对这改变霍氏一生的'大突破'只蜻蜓点水般一笔带过，想必有她这样作的理由。我们也不拟在这上面大作文章。"

是这样吗？非也！

一篇标榜为"发迹史"的专访，却偏偏将"发迹"的4年，"蜻蜓点水般一笔带过"。这显然是不合情理，且难尽人意的。其实，许多人最感兴趣的恰好正是这哥德巴赫猜想式的"4年"！

霍英东同其他的一些白手兴家的超级富豪们，有无通性可循呢？

在理论上来说，应该是有的。

据介绍，美国有一位名叫森姆·詹纳斯的医生。他是纽约医学院的精神病学的教授。这位大夫曾对200名不靠父荫致富的百万富翁进行问卷调查。他发现这些白手兴家的富商们，在某些性格上均有共同性。于是，这位美国教授认为，任何人如果能够培养成这些"白手兴家的百万富商通性"的话，他们都可赚取大笔金钱，跻身达官贵人之列。

森姆·詹纳斯概括的这种"通性"，包括有以下四个方面：

其一，必须对金钱充满浓厚的兴趣。把赚取的钱积累起来经营、发展，日常生活则要坚持朴素无华——这一条对于霍英东是再恰如其分不过了。

从懂事那一天起，他没有一个晚上不是在做着发财的梦。应了一句民谚："钱钱钱，命相连。"钱生钱，利滚利，他一辈子干的就是这个买卖。生活上近于菲苛。衣着平常，茶饭清淡。

其二，必须一心一意为工作卖力，每星期做足七天，每月30天，每年360天，永不准备退休——霍英东曾经说过，"他60年来没有放过假，除了生病……"算一算，60年是多少天？21,900个日日夜夜！

其三，必须要有极大的忍耐性和坚毅精神，不因工作偶遇挫折而气馁，永远坚持自己既定的信念——霍英东的前半生，可以说是潦倒和一事无成的。正像一句成语里所说的，"靠山，山崩；靠水，水塌。"当了两个孩子的爸爸以后，还浪迹街头、四处找食（粤语：找饭吃）。他没有颓唐、堕落（在香港那样的社会里，要沉沦是很容易的），也没有因为一时的小康而自足。认准了要出人头地、发大财，终于得以如愿。

其四，必须不因为工作的贵贱而取舍，只要有钱赚又不是为非作歹的，一般人不屑干的工作，都乐于接受——这一点，尤为重要。从一定意义上来说，这是霍英东"发迹"的关键。在当时(所谓的"韩战"期间)，他正是不失时机地做了一些"一般人不屑干的"生意，而得以发达的。个中的奥秘，非三言两语能说得清楚。

上述几点，是森姆·詹纳斯医生概括的百万富翁们的共通性格，也就是其本身具备的一些基本因素。但是，这当然不是说，凡是有这些性格的人，都能赤手空拳、创业兴家。"时势造英雄"是一句至理名言。任何人在事业("百万富翁"也是一种事业)上获得成功，都还必须兼有各种客观的环境、条件及机遇等等，缺一不可。

不是么？

经历过"韩战时期"的香港人何止千万，但却只造就了一个霍英东及其他几个为数极少的超级富豪，这便是明证！

霍英东的成功，举埠瞩目。有好事者，概括了一条所谓的"霍英东式的公式"：

胆识＋机会＝财富

——对照之，不无道理。

胆识似乎是天成的；而在一群同样有胆识的人中，机会就是最为重要的了：

李嘉诚的机会是"塑胶花"；

郑裕彤的机会是"当上了乘龙快婿"；

胡忠的机会是"捡到了花旗纸(美金)"；

郭得胜的机会是"运战略物资到澳门"；

何善衡的机会是"黄金炒买"；

马万祺、梁昌的机会是"趁粮荒之机，贩粮营利"……

那么，霍英东的"机会"又是什么呢？

有一篇介绍"可口可乐"的新强人罗伯托·葛施达的文章，谈到"在通常的情况下，一个商人能够赚大钱，不外以下几个条件"：

"第一，是机遇。比方有人在战乱或战争刚结束时，一下子有机会得到许多资源而成为巨富；

"第二，是特权。比方停止发出某个行业的牌照，已领有牌照者就是有特权。此外，公卖、独占业、总代理、总经销都是特权，专利权、配额乃至某种进口货品设立限额以保护本地同业，但自己有权在这个限额以内进口这种货品，这也可以说是一种特权。有特权者，自然比无特权者容易赚大钱；

"第三，是经营得法。靠经营者的智慧和辛劳，发展业务扩大业务，增加利润，也是致富的条件。"

所列三条，活脱就是霍英东的"发迹"的写照。

且看：

"战乱"的条件么？有。霍英东离开母亲的驳运社买船单干的时候，适逢愈演愈烈的朝鲜战争；

"特权"的条件么？有。霍英东自从取得了中国海沙(建筑用)的总经销权后，在房地产界呼风唤雨，十分得势；被人称作香港“沙皇”；

“经营”的条件么？更不成问题。“上帝把霍英东先生送到这个世界上来，就是让他做生意的。他是一个天生的商人。他的脑子就像一台运转得十分灵敏的电子计算机。在一瞬间，全面调动数以百计的信息和数据，从而得出正确的、惟一可行的结论来……”这是一个外国记者对他的评价。

究竟霍英东是如何利用命运之神赋予他的“机会”，而发迹、而腾飞、而一举出人头地的呢？

笔者曾经当面询问过他。他避而不答，“顾左右而言它。”

笔者只好转而求助于资料。遗憾的是，几近一无所获。大陆的文献自不必言，除了褒扬的言辞外，空洞无物。就是能够找得到的海外文本，包括美国记者BertaManson女士的采访记，对于“1950年——1954年”亦“一笔带过”，近乎莫名其妙。显而易见，这“4年”是公认的“谜”、公认的“禁区”、公认的“隐私”！

怎么办呢？

笔者有机会接触到几位香港的老资格的商界人士。灵机一动，转弯抹角地提出了这样的一个问题，“据你们了解，在朝鲜战争时期的一个香港人要想发财，他可能通过哪几个渠道呢？”我得到了答复。

这个“答复”，能否作为霍英东式的成功公式中，“机会”一项的假设呢？我没有把握。

霍英东的“发迹”，完全可能是一种特殊的例外。笔者的香港朋友的两点“假设”，并无事实根据，亦非“暗示”；“纯属道听途说的推理，未经证实，亦未经霍氏本人表态。仅供读者诸君参考：

“1950年韩战爆发，美国实施对华全面禁运。一切与战争和建设有关的物资，均在禁运之列。

“譬如，军火、机械、燃油、车辆（及其配件）、建材、钢铁、水泥、纺织品及粮食、医药等等。

“中共正处于建国初期，百废待兴、百业待举，又逢战事，捉襟见肘。

“一方面向苏联‘老大哥’伸手要武器、弹药（不是白给，以后要还的），一方面只好通过秘密通道，‘走私’军需物资。

“当时最缺乏的是药品，止痛的吗啡、消炎的盘尼西林以及其它的外伤用药和药棉、绷带等。香港左派的报纸登载过，志愿军伤员在没有麻醉的情况下‘开刀’的消息。其目的也是要海外的同胞设法筹集药品，以解战场燃眉之急……

“再就是武器、装备，特别是弹药和零、配件。众所周知，志愿军用的枪、炮，主要都是大陆易手时缴获的美式装备。弹药要补充，器械要更换。靠谁？正常途径不行，只好求助于‘地下交易’……

“据说当时中共派了一个秘密的小组赴港。成员之一是广州部队的参谋总长（原说如此——笔者注）。

“由于对华禁运，以转口贸易为生命线的香港首当其冲，一时百业萧条。

“韩战给予香港人的机会，就是暗中供应中共大陆急需的物资。比如一个国际单位的盘尼西林，从新、马购进，一转手就有三倍的利润，做军火'走私'比医药的赚头更大，用一句广东话来说，'赚到你惊'，'赚到你怕'。笑话，赚钱哪有惊怕的呢？虽然要冒一点风险，从事这项生意的，大有人在。

"由于在关键的时候帮了忙。不管出于什么动机（一般都是非政治、纯经济的），中共当局都给予了相当的好处，譬如某项大陆商品物资外销的总代理、总经销之类。

现在看起来，这似乎是"爱国'的举动。但当时英国是'联合国军'的参加国之一，在香港暗地为敌方运送战争物资，被视为是非法的……"

这是香港朋友所说的"假设"之一。

"当年还有一个发大财的机会，那就是'走私黄金'。

"那个时候，香港还没有像现在这样'实行黄金自由进口'。据说，如将 1 两黄金由墨西哥或泰国等地进口至澳门，再通过各种途径卖至香港或印度、东南亚各地，纯利在几倍或十几倍以上。

"本港的暴发户，不少就是靠运金来港而发了大财的。"

以上是"假设"之二。

除此以外，还有无别的办法呢？

"如果有船的话，还可以从'金三角'……"够了！

说了半天，都是莫须有的猜想。究竟霍英东是因何而"发迹"？只有霍英东自己才知道。

若问笔者个人的看法？宁愿相信是第一种"假设"。但是任何假设，都不可轻信。"发迹"从来是不可告人的隐秘。世上有许多常人没法揣测的事，焉知霍英东不会通过其它的途径？！

预售楼花开先河

霍英东是一位地地道道的、现代的、开拓型的富翁。

利用"韩战的机会"，他赚了一大笔钱。有人说达"三十万美金"，也有的人说达"一百余万美金"。没有人问过他本人。因为谁都知道，问也白问，就像西方女性不会告诉"芳龄"一样，对此类的问题，他从来都是缄口如锁的。

有一点可以知道的是，霍英东没有仿效乡下的土财主、暴发户，把钱装进小坛子里埋在地下；或是安于"小康"，买一幢楼宇，当一个不问世事的"寓公"。

不，他想都没有想过那样做。

假如那样做了的话，霍英东就不会成为今天的超级亿万富豪了。充其量不过是一个厮守着妻子儿女、每天起身"叹"早茶"一盅两件"的温饱老者而已。

更何况，中国古训还有"坐吃山空"的说法呢？！

有一篇叫做《如何投资——这里为你讲述一些基本道理》的文章，曾堂而皇之地公诸于香港报端。文中写道：

"通货膨胀的威胁，叫现代人寝食不安。积存在银行的钞票，一天天不值钱。

"最厉害的是英国。1971 年一镑还可以兑 2.4 美元，现在（1980 年——笔者注）却只能兑 1.65 美元——贬值率 48%（到了 1986 年，英镑与美元的兑率更低至 1 比

0.7——笔者注)。

“意大利也很糟。里拉每年的贬值率更高达17%。香港、美国还算安定,但每年的贬值率也有5%。这已是十分‘幸运’的了。

“试想想,仅仅5%的通货膨胀,20年就‘面目一新’了。能叫你不吃惊吗?20年前有3万元(港币)已经可以买到一层两房一厅的楼宇,现在却仅仅可以买一个卧室(到了1990年,只怕一角厨房或四分之一个卫生间,也买不到了——笔者注)。”

那么,假如有了多余的钱,应该怎么办才好呢?

“用钱,去赚更多的钱!”

这就是霍英东式的回答。

在香港,成千上万的财务公司、投资顾问、股票分析家都在绞尽脑汁,或者想自己“发财”,或者想借教人“发财”而沾光。

“其实,发大财和赌博,所差不过一线而已。”此言极是。

如何押“宝”呢。

一是“集中投资”——看准时机,把全部积蓄、身家性命,一齐压在一个“桩”上。侥幸一炮中的,一夜暴富。这种做法,是“大勇者”、“大智者”所为。不是每一个人都敢尝试的(“也许还是先去相相命的好”)。

二是“分散投资”——一毫一仙,来之不易。“三三”分投,最为稳妥。即是地产、股票、现款各三分之一。这“平均”的结果,是失败率减低了,但肯定的是也减少了不少盈利。

至于投资方向,一般来说有以下四种:股票、基金、债券和买楼(房地产)。

“其中,我以为投资的最佳选择是:房地产!”

我是霍英东式的观点。

“从古至今,以房地产最能保存币值和牟取暴利。尤其是在‘寸土尺金’的弹丸之地——香港!”

于是,霍英东于1954年开始进军房地产市场!

霍英东翻开了他的生命的新的一页。1955年初春,他毅然投身于方兴未艾的香港房地产大战。成立了立信置业公司,自任董事长兼总经理。

做出这一个抉择,绝不是“傻小子”的轻举妄动。对此,霍英东经过了一番精心的策划和思虑。香港是霍英东的“根”,是他的事业的舞台、阵地和疆场。因此,一切的安排和部署都必须从香港的实情出发。

这是勿庸置疑和无可撼摇的。

香港地域狭小,却人口众多。而且不论人口的数目与密集的程度,都与日俱增。有人说香港居民像住在白鸽笼里;也有人说香港居民的住所像火柴盒,“人如苍蝇生活其中,局促不安”……这是指一般中、下层人等,自然不包括那些居住在花园洋房里的富豪人家。

一方面是民用住宅楼宇的供不应求,另一方面写字间、办公楼亦奇货可居。

朝鲜战争以后,香港经济处于“起飞”状态,由于香港作为开放的“自由港”特殊的地理位置和经济条件,使之一举成为远东的“冒险家的乐园”和“投机家的天堂”。各种国籍、各种肤色、各种资本的各方人士，纷至沓来。三山五岳人马聚集，九洲百国商贾齐汇。正所谓：鱼龙混杂，各显神通。办厂经商者有之，滚红挂绿者有之，买房买楼者有之，置地置产者有之。

生逢此时，怎能放过这个发财的绝好的时机！

大约在1954年冬日的一天（查过了皇历，注明今日"忌"理发，而"宜"置房），霍英东走进了铜锣湾的一幢多层楼厦。

"请问这楼是要转让么？"

"没错。"

"报纸上说'价钱面议'。"

"没错。"

"多少？"

"我们要同买主当面商议。"

"我就是。"霍英东沉稳地说。

"你？！"楼面的经纪人斜睨了霍英东一眼。

"没错！"这回转到霍英东说了。

"要现金交易，一次付清啵！"

"没错。"

只过了半个小时，霍英东就从旋转着大铜把手的门里走了出来。那个花白头发的、保养得极好的白脸胖子，一直把他送到门口。一躬近地，十分恭敬。

从这个30岁刚出头的年轻人，把一张可以立即兑现的20多万港元的支票搁在案头的一刹那起，他就成为了这幢大楼的业主。

"如果我是他，哪怕花上5毫钱去梳理一下一头蓬乱的头发，再去买一身半新的西装穿上，然后才来添置房产也好啊！"胖子经纪人望着远去的霍英东的背影想道。

第二天，身穿一套半新的中山装的霍英东又来了。他把一块大理石镌刻的招牌挂在门前的石墙上：

"立信置业公司"。

10年以后，"立信"的名号在香港几乎无人不晓。

霍英东的经营之道极有个性。一是富于想象力，二是敢于冒风险。

从1954年以后，发展至今日。他名下的60多间公司，大部分经营房地产生意。他兼任香港地产建筑商会的会长，会内300余名会员，共拥有香港70%的建筑生意。具有举足轻重的地位。

有人把霍英东称作香港的"土地爷"，也有的叫他"地头蛇"。

"我将房地产工业化。"

在谈到房地产的经营问题时，霍英东一言以蔽之。

以前，只有有钱人才能购置物业。如果要买一幢楼，你得先准备好几十万甚至上百万的现金，一次付清。所谓"当面交钱，当面交屋"。少一毫一仙也不行，拖一时半刻也不行，一点通融的余地也没有。

买一幢楼如此，买一层、买一个套间，当然也是如此。

那个时候的房地产生意不好做。无论买者还是卖者,都感到周转不过来。霍英东常想,有没有别的办法呢?

"只有最大限度的扩大购置对象,房地产才能'发'起来。"

于是,他采取了楼宇"预售"的办法。你只需要先付10%的现金,就可购得一幢即将破土兴建、可供销售或出租的大楼。也就是说,以前你只能建造1幢楼宇,现在用同样的资金,你可以兴建(预购)10幢楼宇。

对于一般的房地产商来说,这样做的吸引力是显而易见的。

更有宣传价值的是,今天,一个普通的、略有积存的女佣也可以拥有一层楼或是一个套间。她只需要先付一笔小钱"购"下,然后等待着楼层一天天地升高,慢慢补足差额即可。往往到落成时房价飞涨,她亦可将其产权"转手"而获取暴利。

"这就是香港盛行的'炒楼花'。"

据说,靠此道发财的人不在少数。"炒楼花"远比"炒股票"安全。也就是说,即使卖不出去,仍是赚钱生意。10%或20%的首期,为数不多,用香港人的话来说,这等于买"孖展"(Margin)一样(买空)——一层楼的钱可以买五层至十层,只要每"层"涨价10%卖出,就等于赚了原资本的一倍或者更多——为时也不过一年左右而已。

霍英东说:"我们开展有各种的宣传,以使更多有'余钱'的人(譬如来香港定居或投资的华侨、侨眷,劳累半生略有积蓄的职员,赌博暴发者,做其它小生意涨满了荷包的商贩,等等),都来投资房地产。只要众多的人关心它、了解它、参与它、我们的事业就有希望。"

说到这里,霍英东的两眼炯炯有神,一改矜持、沉稳的神态。平时说普通话要字斟句酌,但一谈到房地产的问题,就变得异乎寻常地流畅和清晰起来。

"房地产",这是霍英东全身心投入的、神圣的事业!

他说,买房产的好处有三:

一是强制积蓄。买了"楼"后,难以立即脱手换回现款。结果使你的资产累积,不致东搞西搞把资金散失。

二是确保币值。打从我们老祖宗的日子起,房和地的价值从无动摇。现时代更是人口日多、地皮日少、币值日跌,房子自然看"涨"。从表面数字看,是大幅度升值:从实质上看,是保存原有币值。

三是因地制宜。甚至从世界范围来看,买房地产发财最快的地方,首推香港。香港的巨富如李嘉诚、郭得胜等,几乎无一不是以"房地产"为跳板,而登上亿万家产的巅峰。令人仰慕不已。

"当然,房地产的'工业化'亦不是万无一失。遇到经济不景气或者政治动乱(譬如1967年的所谓'左派暴动'),你会亏蚀。甚至倾家荡产,也说不定……"

霍英东生来喜欢冒险。在他的血脉里,显然有着来自父辈的搏"风"击"浪"的遗传基因。他一刻也不安于现状,一时也不乐于守成。他认为,"不断地寻求新的途径,从长远来看绝非投机。"

一位外国记者在采访他后,写道:

"纵观他的大半生,他的所有的行动和心理,都具有鲜明的个性。非霍英东所不为，非霍英东所不想。有人称之为大企业家的风度和气魄。我以为还要加上职业赌徒孤注一掷的冒险特色。”

沙里淘金成巨擘

霍英东在迈进二十世纪60年代这个门坎的时候，做了一件令香港实业界瞠目结舌的壮举——淘沙。

钢材、水泥和沙，是三大主要建筑材料，离此一项，纵是“巧妇”也难为“无米之炊”。这是属于常识一类的问题。

“沙”在哪里有？

一是河滩；但是车载船装，由内地运到香港，“豆腐盘成了肉价钱”，且数量有限。面对蓬勃兴起的香港房地产业，无异杯水车薪，难以应付。

二是海底：尤其是南海的礁盘浅海区，厚厚的沙层，几乎可以称作取之不尽、用之不竭。有人粗略地计算了一下，仅区区一个海域的储沙量，就可以整个地铺盖香港（包括大屿山、九龙、新界），且相对要“近”得多，随要随取。堪称方便。

要命的是“淘沙”业极富冒险性。投资大，周期长。在一般的情况下，需要的人工、机械量，与所取得的海沙相比，颇有些得不偿失。

面对一张特绘的“南海海底储沙分布图”，霍英东沉思了整整一天一夜，又召开了由各方面的“军师”（即人们常说的“智囊团”）参加的恳谈会，吵了一个晚上……最后，在霍英东的脑海里，勾勒出了这样一幅图画：

“在那大海的波涛中，大规模（只有大干，才能大赚）的机械化开采，捧出了源源的海沙，处于困境的淘沙业得救了，房产建筑业添上了一双翅膀；

“挖深海床，对疏浚码头、航道、泊位，将有开创性的意义；

“同时，它无疑地还可以为新兴的填海工程业务助上一臂之力……”

一石数鸟，何乐而不为之！

“闯！闯它一家伙！”这个柏拉达斯的冒险者，又一次血液沸腾了！

正如同一篇传记文学中所描述的那样，“霍英东悄然地进行着准备工作。他习惯在静默中行动，而不愿把计划过早地披露于报端”。

冬日的一天，在暮色苍茫之中，霍英东登上了“怡和号”远洋巨轮，开始了他神秘的欧洲之行。

然而神经敏感的香港报界，就像一台运转得十分警觉的电子扫描仪，很快地就在报面上显示了他的行踪，1961年12月9日，香港《循环日报》刊登出了《霍英东购大泥船，代价港币120万元》的快讯：

“殷商霍英东，最近应邀赴英伦，作为时3个星期之考察教育及建筑商务，道经曼谷时，曾以400万余铢（约值港币120余万元），向泰国政府港口部购买了一艘载重2890吨、长288英尺的大挖泥船，于去周驶返本港……”

39岁的霍英东的行动，更比这“快讯”要快得多。

他属下的“有荣船务公司”成立了淘沙的分支。大、小近百艘船只，“像一条水上长龙，向大海远处进发了。”20艘进口的、最现代化的挖泥船“像那长龙的巨首，高傲地昂起了头颅”。船队，搅动了整个南海！

由于霍英东操有中国海沙的外销“垄断权”，淘沙业巨擘的地位，更使霍英东一跃而成为香港实业界的一个头面人物。为了进一步扩充设备、增强实力，霍英东一举收购了美国人的太平岛船厂。从前只有外资吞并中国人的产业，这回却是全港最早由中国人收购外国公司的产业。他还收购了荷兰治港公司的大批工具，从事填海造地，承包国际性的招标工程。从而向更大利润的领域进发！

霍英东无论什么时候与人交谈，都会使对方感觉到一种强烈得近乎于偏执的民族自尊心、自立性、自豪感。

话题常常是从大埗海底淡水库谈起：

香港自开埠以来就缺饮用淡水。除了九龙的锦田河、林村河等几条水溪外，并无横贯的干流。靠天“落水”，好不惨矣。

有一位诗人把“深圳水库”输往港九的渠道形象地喻为“祖国母亲的乳腺”，这不无道理。

于是，香港当局修建了许多淡水湖（譬如“船湾淡水湖”、“万宜淡水湖”），水塘（譬如“薄扶林水塘”、“香港仔水塘”、“大潭笃水塘”）。殊不知在惜地如金的香港，大片的人工湖、塘也是一种奢侈和浪费。七十年代，有人提出了修筑海底淡水库的想法。很快地得到当局的支持。

通过紧密锣鼓的策划，香港“大埗海底淡水库”举行了国际招标。

各国的财团及建筑客商，闻讯纷至沓来，差点挤破了“美丽华大酒店”的大门。

霍英东说：

“最厉害的要数日本人。整个日本的建筑业同仇敌忾，联合起来投“标”，志在必得。却事违人愿，没有投中。

“法国的建筑财团欣然命‘中’。也许是港督更相信欧洲人的聪明才智一些吧！法国人却只干了一期工程，就赔得不清不楚的，打了退堂鼓。

“用一句文诌诌的话来说，叫做‘挽危难于既倒’。第二期工程由我们‘立信置业公司’挑了头。怎么样？工程完成得漂漂亮亮，广东人说话‘湿水棉花——有（没有）得弹（谈）’。

“而且还赚了大把的钱。

“一个日本的建筑商看了眼红，问我请了多少外国的专家和设计师？我告诉他，没有！一个也没有！众所周知，在我的公司里从不雇用外国专家，全部是中国人。我相信中国人的能力，一样能干得好！而且能够比他们外国人——不管是东洋人还是西洋人——都要干得好！”

霍英东意犹未尽，他激情满怀地说：

“在这个世界上，凡有人群、烟火的地方，就有中国人。中国人无处不在，无所不能，无人不服……

“中国人无论到哪里，心始终都向着中国！中国！中国！不像英国移民到澳洲、新西兰、反过来反对英国！

“人材在哪里？在中国人里！在我们的同胞里！不要迷信洋人，不要一味重金去聘请外国专家。有时候你需要的人才，就在你的身边。要注重挖掘、培养中国自己的人才!"

霍英东以他的三个儿子(霍震霆、霍震寰、霍震宇)作例。他说：

"我的三个儿子都到外国留过学，吃过洋面包，喝过洋墨水。但要论本事儿，可以说他们都还没有胜过我这个'土包子'。譬如，我主持生产的水翼船；譬如，我经营的房地产公司；譬如，我一手修筑的海底水库大坳淡水湖；等等。"

啊，大坳淡水湖！它就像一张摊开在海底的白纸，上面大写着七个汉字："中国——霍英东修建"!

时世转变　目光高远

霍英东从事地产建筑生意已 40 余年，最大的一个挫折，据说是 1967 年的"星光行"事件。

有人将二十世纪 60、70 年代的香港，用三个陡变的时期来作为象征：

其一是 1967 年—1968 年人心惶惶"萧条"的香港；

其二是 1971 年—1972 年股市起落"疯狂"的香港；

其三是 1978 年—1979 年房地产价如火箭升空"兴旺"的香港。

就像一条呼风唤雨的巨龙，霍英东在每一个历史时期都盘旋、呼啸、搅动于维多利亚港湾的上空。似乎随心所欲，无所顾忌。

是吗?

四川有一首民歌唱道："猛虎哟落在平阳地，蛟龙哟无水滚沙滩。"

这，正是 1967 年。它将作为动乱的、浩劫的年代，而永远载于中国史册；

1967 年 3 月 20 日，中华人民共和国外交部照会英国驻华代办处，强烈抗议英政府纵容美军利用香港作为侵越战争基地；

1967 年 5 月 15 日，中华人民共和国外交部发表声明，强烈抗议香港英国当局对香港的中国工人和居民的暴行；

1967 年 5 月 22 日，罗贯波副外长召见英国驻华代办。强烈抗议……

在北京，发生了一小撮极"左"分子(后来被称作"五·一六"分子)"火烧英国代办处"的严重事件；

在香港，出现了一部分工人和市民的激怒和骚动……

中、英(港)关系，产生了一时难以弥合的裂痕。有谣言传出，"中共要动用武力收回香港"。

有钱人纷纷出走新(加坡)、马(来西亚)、泰(国)以及美(国)、加(拿大)等地。一时间，香港人心惶惶、百业萧条，地产已属有价无市。

"城门失火，殃及池鱼。"

倒霉的是，属于霍英东的一幢坐落在九龙天星码头前的"星光行"大厦，恰好就在这时建成。

“星光行”大厦从一楼至三楼，绝大部分由专售中国大陆高级产品的“中艺公司”占用；四楼是星光邨，已休业的香港蜡像馆当初便设在那里。四楼以上是装修一流的数百间写字间，招租给各类客商。

没想到事违人愿。由于当时所谓的香港“左”派与香港政府势成水火，霍英东又是众所周知的中国海沙的总经销。属于他的产业的“星光行”在招租时，受到官方的苛待和刁难，不难理解。

据说，当时凡有意租用“星光行”办公室者，都收到政府“电话公司”的“忠告”，要他们三思而后行；如租下来，安装电话则可能遥遥无期。做生意的人大都贪“利”而忘“义”，又最会见风使舵，谁敢同港府“拗手瓜”（粤语：作对头！——笔者注）?! 再一说，离了电话也确实无法做买卖。于是，纷纷退却；有的甚至连交了的“按金”都牺牲不要。

在这种情况下，霍英东百感交集。只好一咬牙，把“星光行”以 3000 余万元的最低价售给了香港置地有限公司。

整个这一笔交易，霍英东亏损了数以千万的港元。他可买得了什么教训么？有的。正所谓“瞎子吃汤圆——心中有数”。

霍英东深知作为一个香港的商人，经“商”之尤艰、作“人”之倍难。

香港一方面为他提供了特殊的地理位置和经济地位，使之能够凭借各种“机会”大赚其钱；另一方面又将他置于了微妙的政治关系之中，宛如高空的杂技演员走钢丝，必须不断地在左、右间谋求“平衡”。

1967 年在“星光行”事件中，他挨了港英当局一“闷棍”。打得他叫苦不迭，心有余悸。

没想到 7 年以后，到了 1974 年，据说中国大陆的有关部门，又让他陷于一种十分尴尬的境地。

4 月，霍英东到了北京。

这一年出现了少有的“倒春寒”。首都机场大道两旁绿化带的嫩芽，又蒙上了一层浓重的白霜。

此行的目的，是为了就国内建材的出口价格取得一些“谅解”。在香港 1972—1973 疯狂的股市跌落后，地产界“淡”风弥漫。霍英东感到稍有些力不从心。

有消息说，中国将提高水泥和建筑用海沙的价钱至国际水平（在此之前，采取的似乎是双方“议价”）。也就是意味着，水泥价增高了两倍，海沙价亦增加了一半。

作为大陆水泥的主要经销者、海沙的总代理，霍英东能不感到切肤之痛吗?! 一边是买家的“淡”、一边是卖家的“涨”，奈何！

傍晚，长安街上华灯初放。他步出了北京饭店，没有要车，独自在王府井的人流中穿行着。心绪也像周围的环境一样嘈杂和紊乱。各色各样的购物票证、或长或短的购物人龙、又喊又叫的购物男女……都使他发烦、发躁、发闷。

他差一点就要喊出声来了：

“不。不能这样下去了！”

据说通过与一位接近周恩来的国务院人士坦率地交谈，他了解到当时中国大陆濒于崩溃的经济状况。国家外汇紧缺。你说是“挖肉补疮”也罢，你说是“杀鸡取卵”也罢，“提高水泥、海沙等建筑材料的出口价格势在必行！”

谁又能够用身体去挡住“一匹脱了缰绳的野马”呢

翌日，霍英东飞回了香港。

1974 年 4 月 19 日，他在《明报》晚报发表了所谓的“大陆归来谈”。在这一次以及以后的多次谈话中，霍英东“恍若换了一个人”，他“一改过去那种‘打脱了牙齿和血吞’的形象，大吐苦水”。声称由于楼价暴跌，建材飞涨，“房地产业骑虎难下，进退两难，困境为近数年所罕见”。

当然也有人不以为然，视此举为“霍氏的一种策略。不过是大放烟幕弹，以图伺机再进而已。”

平心而论，霍英东有霍英东的难处。有人曾经戏谑地把他比作是一块“汉堡包”，就像是“夹在当中的一片肉，无论从那一边咬都难免祸及其身”。

言必称“三中全会”

霍英东言必称“三中全会”。或者说，“霍英东在中国大陆的事业，是从中国共产党的十一届三中全会以后真正开始的。”

有一篇“寄自香港的报告”，在论及 70 年代末期巨富的霍英东时写道：

“……在世界经济强人之伍中，无论从哪方面说他也应该是踌躇满志的了。他似乎应该心满意足了。”

“然而，霍英东变了，他变得难以为周围的人(香港的、海外的)理解了。

“这位大富翁在事业成功之时，眉头却常常闪过一丝愁云，潜在的失落感、空虚感、孤寂感，时时煎熬着他的心，泛起一阵阵若有所失的怅惘……

“霍英东变了，变得难以理解了。

“这位大实业家，在他事业成功时，忽然间开口闭口必称‘三中全会’——中国共产党第十一届三中全会，而且对大陆的一切都那么关心、那么热衷。

“有人这样理解他——霍英东透过‘三中全会’，看到了中国的前途和光明；他闻之，顿展笑容。

“有人这样形容他——于是，霍英东迫不及待地从 1979 年以后，真正地开始了他在中国大陆的事业；他欣然点头称是。

“有人这样描述他——他是我国实行对外开放以来，港澳同胞及海外华侨踏上神州故土，投资、建设的第一批有志、有识之士中的一员！他听及，更是心喜得很，引为知音、知己。”

但是，仅仅这样来理解、形容、描述霍英东是远远不够的。他的心灵深处，是一个丰富得多的精神世界！

翻开《中华人民共和国大事记(1949—1980)》。在“中国共产党”一栏里，它是这样记载的：

“1978 年 12 月 18 日至 12 月 22 日，中共十一届三中全会在北京召开。

“三中全会是建国以来我党历史上具有深远意义的历史转折。全会结束了 1976

年10月以来党的工作在徘徊中前进、的局面，开始全面地认真地纠正‘文化大革命’中及其以前的左倾错误。

“由三中全会起，党掌握了拨乱反正的主动权……进行了繁重的建设和改革工作，使我们的国家在经济上和政治上都出现很好的形势。”

从一定意义上来说，有目共睹党的“三中全会”是我国开放和改革政策的划时代的里程碑！

这样比喻，一点儿也不过分。

“心有灵犀一点通。”

从1979年初的那一个细雨绵绵的春日，霍英东历史性地跨过罗湖桥到现在，已经过去了10多个年头，在这些年里，霍英东做了哪一些事呢”

数目字是枯燥的，但有时却又是生动、形象且最富有说服力的；

白天鹅宾馆——捐赠、投资合营12,200多万港元；

中山温泉宾馆——投资、捐赠2,390多万港元；

扩建广珠公路以及修建大桥(四座)——捐赠、低息贷款6,060多万港元；

中国残疾人福利基金会——捐赠1000万港元；

体育事业基金——捐赠1亿港元；

暨南大学——捐赠780万港元；

北京饭店贵宾楼——投资5892万港元；

扩建广东省人民医院心血管中心——捐赠2000万港元；

中国癌症基金研究会——捐赠846万港元；

国家教育委员会(30名留学生)捐赠100万美元(近800万港元)；

国家教育基金——捐赠1亿港元；

第十一届亚运会——捐赠1亿港元；

还有，北京首都宾馆、洛溪及三善大桥、沙湾大桥、番禺体育馆、中山大学体育中心、北京师范大学和仲恺农业技术学院教学大楼、广东省人民医院心脏中心、中山医科大学眼科中心、中国体育历史博物馆及中华武术研究中心、北京体育中心游泳场馆、中山运动场……不及全列。

据不完全的统计(仅公诸于报端的消息)可知，近10年来，霍英东通过几个基金会(包括霍英东基金会、霍英东教育基金会、霍英东体育基金会、霍英东番禺建设基金会)资助了国家110多个建设项目，分别以投资合营、捐赠及低息贷款等方式进行。截至1991年3月，其支出金融高达132,600多万港元。这可不是一个小数目。

在一次采访中，有记者曾经三次问及霍英东投资总额的翔实数字，三次得到的回答都是，“问题不在于投了多少钱，问题在于我们办成了几件事。我这个人办事，不办则已，要办就办成；不是一件，而是几件、几十件……”

党的“三中全会”像不像一首诗中所说的长青的梧桐树，引来了许多只如同霍英东似的“金凤凰”呢？

建中山温泉宾馆

霍英东颇具幽默感。他不止一次地谈起回番禺寻“根”的两件奇遇。一是浴盆里的软木瓶塞，二是汽车排队轮渡。

那还是1979年的早春时节。根据语言专家的断定，霍英东的口音应属广东番禺。于是他和澳门名流何贤一道，回到番禺老家寻“根”来了。

说实在话，霍英东三代旅港、本人亦出生在香江，对故乡毫无印象。既没有童年时的池塘、老榕、秧田，也没有俩小无猜、青梅竹马的邻家小阿妹……哪里有“根”可寻？只不过是一种理性的表现而已。

然而有关方面对此却十分认真。

第一流的接待。第一流的规格。

他被安排住进县委院内小招待所一号楼的一间最好的套房里。

据说，某年某月某一位中央的领导同志视察珠江三角洲，就下榻在这一间完全有资格辟为“纪念地”的房间里。

又据说，前不久一位大军区的司令员经过此地，盛宴之后曾在这里午休过片刻，堪称难能……

京官遗迹，将帅雄风，给这一间套房罩上了辉煌而又神圣的光圈。

霍英东被带进了这一套大而无当、处处都显露着简陋、粗笨的房间。

没有贴墙纸，没有地毯，当然也就更没有空调设备。

稍顷，一位热情的黄脸老妇（“公关小姐”乎？）拎来了一大桶滚烫的“冲凉水”。

霍英东推门进了卫生间。

隐隐一阵没有冲净的尿臊臭……只见蹲式的白瓷厕坑沿，积了淡淡的一层黄垢。

最不能叫人忍受的是，又大又厚的浴缸里的出水孔，竟塞了一个软木的热水瓶塞。天啊，可真能凑合！

霍英东到底没有按原定的计划在家乡县城住一晚，而是连夜赶回了广州市。他感到了一种失落，是他欠了故乡一点什么，还是故乡欠了他一点什么，一句话说不清楚。

在回程的路上，又遇到了不愉快。

来时因为有预告，有关部门进行了提前安排，没有感到特别的不方便。回去是临时决定的，车队被堵在洛溪附近的一个渡口。暮色浓重，春寒料峭。前、后动弹不得。纵有当地父母官出面，奈何！

“没有想到，由番禺到广州不过10多20公里，因为要等汽车过渡，竟然走了4个小时。天还没黑由县城动身，回到省城已经是午夜时分了……”一位陪同人员回忆说。

为什么不在4条截断公路和河汊上建造大桥呢？

不为什么，仅仅是因为没有钱。修“桥”补“路”，属于国家的公益事业。除非国库拨款，当地政府断无财力完成。

霍英东的心里，又是一阵苦涩。

几乎就在现场,他表了两个"态";

一是约请何贤、彭国珍等"乡里"(粤语:老乡),或是捐赠、或是集资在番禺、在广州、在中山建宾馆、盖酒楼。"对外开放了!外国人要来,港澳同胞要来,海外华侨要来……人来了,总得有个落脚点嘛!要是连个像样一点的住的地方也没有,人家谁还愿来?"

二是策划建桥。他带头投资,会同港澳的其他富翁,在省市县的共同努力下,5年内修造四座横贯广州到番禺、珠海的长桥。由霍英东倡仪,采取了"过桥收费"、"谁用桥谁掏钱"、"合理均摊"的办法,据说很快就能收回全部建桥投资。"这种办法并不是什么新的东西,在国外早有实行。许多高速公路、海底隧道、桥梁等,都采用类似的步骤。坐等国家投资,多少事儿也误了……"

"不是给人以金子,而是教人以点金术。"这是霍英东的另一句名言!

霍英东不但有钱,而且有胆、有识。他当然不是一个知难而退的人。他想到如果成功地建设好一家现代化的旅游宾馆,这对增强人们的信心、激励奋进精神、加强引进外资和先进的管理经验,都有莫大意义。

他终于决定硬着头皮去试一试。

他首先选择在中山三乡雍陌温泉兴建第一座宾馆。为什么呢?他扳着指头,告诉记者:此地毗邻澳门,既有温泉,又与翠亨中山故居、古岐、长江游乐园等,形成了一个完整的旅游区。于是,他与澳门巨富何贤等共同投资四千万港元,与中山县(现为中山市)合作兴建。

说至此,霍英东先生一笑。他说,他当时发现在县里的事情好办一些,只要县委书记同意了,便可统一指挥,互相扯皮的事也比较少,牵涉到体制上的互相制约因素也比较少。

在管理工作上,霍英东采取灵活措施。他针对"大锅饭"的弊病,改善了一些长期不合理的体制。譬如,在部队员工中试行合同制;又对工资奖金试行改革,多劳多得,以调动积极性和创造精神;许多方面他用承包的办法,限期搞好,使工作加紧进行。

他放出豪言,决定在一年内争取把温泉宾馆建成。

要知道,那是在"百废待兴"的1979年。物资缺乏,样样都要进口。廖承志曾对他说,内地只有砖、瓦、沙、石和人力,其它都要你来搞了。在这种条件下,在50万平方米的土地上要建成10幢住客大楼、14座别墅,共200个房间包括附属建筑,总建筑达6万平方米的现代化园林式宾馆,而且还要有与之适应的设备和良好的服务。更要在短短的一年多时间内办好;其所面对的困难和窘境,可以想见得到。

霍英东搞过驳运、搞过房地产、搞过填海工程等等,却没有办酒店的经验,因而处理许多事情颇费脑筋。但他虚心向人请教,又事必躬亲在中山蹲了一段时间,处处抓紧,终于赶上预定速度。

那时很多人都不相信能如期开幕。宾馆各种设备要从外地进口,十万件物品尚未向美国落单;临近开幕,要命的水、电尚未解决。霍英东日夜督促赶工、争分夺秒。他用承包的办法,样样限期办好。那时宾馆土建虽已完工,但室内墙纸、家具、甚至暖水壶、水杯都待进口后布置。有了水电,他马上通知人把在美国定购的东西迅速运来，不得延误一天。船到香港，物资立即转到澳门，随即入关；来不及报关了，便申请特准，先入关再补办手续。

开幕时需有住客，难得热闹。霍英东在当地举办网球比赛，请来国内各地如北京、上海、广州以及香港的好手参赛。宾客即将入住，这对服务员是个考验。他们过去从未受过训练，连吸尘机也不会使用。客人在房间丢下件衫，要不要把它挂起来；客人饮剩一杯茶，要不要倒掉，都要有个章法。霍英东又抓紧培训服务员。

开幕那天，霍英东坚持举行正式宴会，而不是简便的酒会，使客人都能坐下来吃，这又增加了大量的工作，筵开百席，在当时来说，办副食品并不容易。他要求县府给予支持，每个公社承包一道菜，譬如烧乳猪即由一个公社包办，终于顺利解决了。

"温泉宾馆"开创了国内第一家中外合作经营旅游宾馆的先河。1980 年底宾馆开业时，距全国人大常委会批准《广东省深圳珠海经济特区条例》的日子(1980 年 8 月)，还不足 3 个半月。投资者的远见、办事效率之高，实属胜人一筹。正如王匡在《庆祝中山温泉宾馆开业十周年》一文所指出的，霍英东"把自己从事的合作事业看成是国家和民族的大业，而不止是自己集团的企业"，满怀爱国爱乡热忱，才能如此高瞻远瞩。

到 1982 年，霍英东又投资 1500 万港元，与温泉宾馆合作兴建了我国第一个具有国际标准的高尔夫球场，设 72 棒、18 个洞、总面积达 50 万平方米。温泉宾馆开业以来，以其优雅舒适的环境、先进的设备、优质的服务，吸引了国内外大量游客。宾馆十年间总收入达 3 亿 7500 万元，资产总值达一亿元。

霍英东小试锋芒，兴建中山温泉宾馆，为其投资更大的旅游宾馆——"白天鹅"，摸索了方式、走出了路子、积累了经验。

立足中华　放眼世界

白天鹅婷婷玉立

公元 1987 年 2 月 7 日。

广州。中山大学——康乐园。

还是那一个传奇的香港汉子：霍英东。是年，他已经 60 多岁了。华发早谢；黝黑的男子汉的轮廓分明的脸上，有几道深深的皱折；目光的穿透力很强，透出沉稳、机敏和自信；大耳朵，直鼻子，一笑，有几分和善，又有些许老年人的童稚……他西装革履、端坐在大会的主席台上。

台下聚集着南中国最高学府——中山大学的五千莘莘学子。

中山大学校长李岳生教授在讲话。

他说：

"根据《中华人民共和国学位条例》第十四条'对于国内外卓越的学者或者著名的社会活动家，经学位授予单位提名，国务院学位委员会批准，可以授予名誉博士学位'

的规定，中山大学学位评定委员会第十一次全体会议一致通过，并报经国务院学位委员会批准，授予著名社会活动家、香港著名爱国人士霍英东先生中山大学名誉博士学位。”

话至此，李岳生教授一顿。

轰鸣的掌声响起。

霍英东的眉头向上一挑，抑制住涌动的心潮……起身向校长及师生们致意。

李岳生教授继续讲话：

“霍英东，广东番禺人，1923 年 5 月 10 日生于香港，1941 年以前就读于香港皇仁英文书院。战后从事商业活动。1955 年起，创办霍兴业堂置业有限公司及有荣有限公司等 60 多间公司。现任香港中华总商会会长、香港地产建设商会永远名誉会长、国际足球联合会理事、世界羽毛球联合会名誉会长、亚洲足球协会副会长、亚洲象棋联合会会长、香港足球总会会长及香港十多个单项体育组织的名誉会长。”

寥寥数语，勾勒了霍英东的人生之旅。他掏出手绢，擦了擦眼角；接下去聆听李岳生教授的发言：

“1980 年霍英东先生被邀请为中国人民政治协商会议第五届委员会委员，并在政协第五届三次会议上被选为全国政协常委。现为第六同全国政协委员、全国政协常委。1985 年被任命为中华人民共和国香港特别行政区基本法起草委员会委员。”

“霍英东先生热爱祖国、拥护我国的开放和改革政策，支持祖国的统一大业，热心祖国及家乡的建设事业……”

“……从 1977 年开始，便在内地参与发展文化、教育、体育、交通、旅游事业，为了更有效地支持祖国建设和促进香港地区的繁荣安定，霍英东独家出资约十亿港元，成立霍英东基金会，通过投资及捐赠等方式，参与有利于我国现代化建设的内地及香港、澳门地区的福利事业……”

一阵又一阵热烈而又真诚的掌声。

“全国政协常委”——“中大名誉博士”——“十亿港元的霍英东基金会”！有谁能够把这些令人炫目的光环，与当年的那一个漂泊在香江青衣、广州白鹅潭的一文不名的“蛋家仔”联系在一起呢？

他站了起来！

是的。他，堂堂正正地站立在中山大学的讲坛之上——要发表他的名誉博士的学术讲演！

他要讲什么呢？

可以讲的有许多许多……

但是霍英东的心目中，最钟爱的、最得意的、最引以为自豪的，是一篇立体的、里程碑式的博士论文《从白天鹅宾馆看国家的改革、开放、搞活政策》。

他要讲的是：白天鹅宾馆！

他开宗明义，直奔主题：“四年前的今天，即 1983 年 2 月 7 日，是本人一个难忘的日子！这一天，白天鹅宾馆正式全面开业，也是全国第一家高级宾馆对广大群众全面开放的一天。从白天鹅宾馆的筹建、施工到开业、管理、发展，我深深感受到党的十一届三中全会以来，国家实行对外开放、对内搞活的改革政策的正确性。”

他侃侃而谈。

不善言辞的霍英东博士一改往日之习性，大谈起建设白天鹅宾馆之三部变奏曲。

其一，“建设宾馆应选择在什么地方呢？”霍英东博士说：“北京是十亿人民的首都，世界各国使节与万商云集，有看不尽的名胜古迹，长城、颐和园、故宫和宏伟的天安门广场等；看来，是最理想的。

上海在30、40年代已经同伦敦、纽约、东京一样，是世界著名城市。

而广州除了在交易会开会期间外宾较多外，平时多是接待回乡探亲的港澳同胞、华侨，并无吸引游客的名胜古迹，但由于接近港澳，沟通较易，在改革开放上先走一步，有利条件很多。于是，在主管部门的支持和引导下，我们决定新宾馆的地点选在广州。

霍英东博士进而阐述道：

宾馆设在广州，但具体建在哪里最为合适呢？

这里也有学问。

由于内地情况特殊，市内公用交通工具不足，加上考虑购物的方便，酒店一般多建在火车站或友谊商店附近。但是，经过几天对全市的亲自观察，发现沙面河畔有一块淤寒沙滩。我认为在这里兴建宾馆最为理想。因此，要求以填河方法获得土地用来兴建，方案马上被接纳了。这样可以减少拆迁。

当时，很多人以为我选择这块地方是借鉴耸立在湄公河畔的世界大酒店之首的曼谷东方酒店，其实也不尽然，白天鹅宾馆面临珠江三江会合的白鹅潭，河面宽阔，风景特佳，比湄公河更具雄壮气派。

为了增添沙面休憩地方，我还决定拨款多填6000平方米土地，另捐资300万港元建设公园，供市民享用。

其二，“关于白天鹅宾馆设计、施工、采购等问题”，霍英东博士如数家珍：

我提出“三自”方针。这就是自己设计，自己施工和自己经营管理。

首先，我在广州参加来自香港及广州的建筑师对宾馆设计的座谈会。听专家们各抒已见。在座谈中发现，由于内地建筑业对外封闭了30年，建筑师们对新的事物仍然缺乏认识；而香港建筑师对内地情况也有不理解的地方……由于设计工作涉及部门达30多个，所以我认为必须由一批熟悉本地情况的内地建筑师负责设计比较合适。后来这批建筑师应邀到香港参观考察一段时间，开了眼界，他们的智慧便充分发挥出来，终于设计一间矗立如玉屏，配以飞瀑流涧、花艳草翠、堂内庭园中西合壁的白天鹅宾馆。

对于施工问题，当然是由内地建筑公司承建；但也采取新的办法，以承包方式进行，至于设备的采购方面，又是一个很大的学问；原来一间宾馆需要采购的东西不下十万种，大的如空调、电梯，小的如专用信纸、信封、杯、碟等，需要的品种多、数量少，而且内地大厂供应不易，要向世界各地采购。但决定仍然交由内地自行负责。我们设法从旁协助，从而也为内地培养了一批采购人材。

至于经营管理方面，我们当时面临两种选择：

一是交由外国管理集团管理；

二是完全由没有干过宾馆行业的国内人士自行管理。

衡量之下，我们还是坚持采用自己管理这种方式。这是一个大胆的尝试，整个宾馆2000多个员工，包括总经理在内，没有一个干过酒店行业。他们虽然没有经验，但他们有好学的精神。1985年10月，白天鹅宾馆正式被国际旅业组织通过成为我国第一间超一流酒店。这就证明了炎黄子孙无限丰富的智慧和才能，由中国人自己经营管理是可行的。

其三，“宾馆开业前的几段小插曲”，霍英东博士谈及往事，感慨非常；众多细节记忆犹新：

白天鹅宾馆终于在1982年10月14日秋交会前，试行部分营业——先是将5层楼200个房间开放，边施工、边营业，这在全国尚属首次。

开幕前我入住白天鹅宾馆，房间还没有空调，也没有热水和膳食的供应。

14日客人快要来了，我早上巡视厨房，发现炉灶还未安好，泥头还未清理，煤气也没有，只有一塘水。当时见到一位青年主管，我对他说：

“今晚我已邀请任仲夷书记来宾馆吃晚饭，就算四菜一汤也要弄出来待客！”

原来我以为只有很少客人，开几桌就够了。结果省、市来了100多个贵宾。出乎意料之外，开出来的也不是四菜一汤，而是颇具规模的晚宴。部分营业计划终于实现。

经过3个月部分营业，我们积累了对2000多个员工实地培训的经验。下一步骤决定在1983年2月6日春节前全面开业。有些人误会以为抢先营业是为了赚钱，其实并非这个原因，如果春节开不成，南方天气潮湿。将会损坏宾馆的大量物资。1983年1月初，我察觉工程进度很慢，就决定要求抢在春节之前最后一个星期全面开放就是四年前的今天。

当时大家对能否赶及，还没有信心。因为宾馆情况极为混乱。宾馆内有一个2000多人的施工队伍，另有2000多个服务人员，加上旅客总共不下5000人。酒店进出非常凌乱，搬运货物进出电梯拥挤不堪，工棚和数千部单车把半个沙面都占了。然而，在省市各部门的大力支持下，白天鹅宾馆依时于1983年2月6日正式对外开放！

小平说“‘白天鹅’好”

1985年2月23日（乙丑年正月初四），邓小平同志再次来访白天鹅宾馆。

一切同往常一样。

没有封馆清场，没有红地毯，没有盛大的欢迎仪式。

就像一个普通的客人。乘车沿引桥悄然而至。随行的还有王震、余秋里等中央的领导同志。

霍英东专程由香港而来。他在正门迎候邓小平。

两人紧紧地握手。

这是一个令人难忘的历史的瞬间。在霍英东的脑海中，还有另外三次——那永生的记忆啊！

记忆之一——

1964年国庆之夜。霍英东作为港澳的知名爱国人士，收到了一份烫金的大红请柬。落款是赫然几位历史伟人：

毛泽东（中共中央主席）；

刘少奇（中华人民共和国主席）；

朱　德（全国人大委员长）

周恩来（国务院总理）；

宋庆龄（中华人民共和国副主席）。

这自然是霍英东先生生平有幸的、莫大的荣誉。

在国庆招待会即将结束的时候，一位身着中山装的、个子不高的、精神抖擞的中年人，走了过来，依次同港澳的知名人士握手。他还似乎特地问候了霍英东一句：

"欢迎您来北京！"

这是谁？

有人告诉霍英东，他就是中共中央政治局常委、中共中央总书记、国务院第一副总理——邓小平。

霍英东想起来了！只是觉得眼前的他，比之照片更要目光有神、更要步履矫健、更要坦诚可亲。

记忆之二——

1977年7月30日晚，"北京国际足球邀请赛"在北京工人体育场闭幕。球场的气氛，空前地热烈。

人们似乎预感到了什么、猜测到了什么，而且十分急切地等待着什么——关于一位人民爱戴和敬仰的共和国领袖的命运之谜！

一阵无声的声浪卷过了全场。

倏地，整个赛场8万观众静了下来。静得似乎听得见计时钟"嘀哒"、"嘀哒"……秒针的行进声！

所有的目光，一齐聚焦在主席台上出现的那盼望以久的、熟悉的身影——邓小平！这位被外国记者称为"打不倒的小个子"正健步向他的人民、他的时代走来！

这是1976年粉碎"四人帮"以后，邓小平复出后第一次在公开场合露面。

陡地，全场爆发出轰鸣般的掌声……恰如那"于无声处听惊雷"！

所有在场的人——当然也包括即将与中国青年足球队进行闭幕战的香港足球队的领队：霍英东——无不欢呼起来！人们在欢呼：正义的胜利！真理的胜利！民心的胜利！

掌声持续了近十分钟。

你除非身历其境，不能体会此时此刻爱的火山所能够迸发出的不可压抑、不可抵挡的强大的原动力和穿胸透腑的力量！

霍英东心潮奔涌、激动不已——十多分钟前，在休息室里，他和其它国家的足球代表团的领队们一起，接受了邓小平的亲切问候；并与他紧紧地握手——他感觉到一种发自内心的崇敬和热爱。

有一首《船长——献给一位敬爱的人》的诗，是这样写的：

他说自己是普通水手，
只不过多经几回风浪；
人们赞颂伟大的船长，
他带领中国胜利远航。

记忆之三——

仅仅两个月后，霍英东又到了北京。

金秋时节，西山叶红。

1977 年 9 月 29 日的晚上，国务院办公室在人民大会堂举行盛大的招待会，欢迎前来参加中华人民共和国成立二十八周年庆祝活动和旅行探亲的旅居海外的台湾同胞和港澳同胞、华侨、外籍人士。

前来参加庆祝活动和旅行探亲的共有 27 个代表团，共 800 多人。

时任中共中央副主席、国务院副总理的邓小平出席了招待会，并在招待会前会见了各代表团的正、副团长和知名人士，同他们进行了十分亲切的谈话。

走进会见大厅，邓小平一眼就认出了霍英东。他笑着迎了上去，连声地对霍英东说：

“欢迎！欢迎！”

邓小平在热烈的掌声中致词祝酒。

他号召全国各族人民，遵循党的十一大的路线，为完成大会提出的抓纲治国的八项战斗任务，为在本世纪内把我国建设成为一个农业、工业、国防和科学技术现代化的社会主义强国而奋斗！

他指出，一定要加强全国各族人民的大团结，进一步发展工人阶级领导的，以工农联盟为基础的包括爱国民主党派、爱国人士和台湾同胞、港澳同胞、海外侨胞的统一战线，调动一切积极因素，为社会主义革命和社会主义建设事业服务。

他还讲了许多。

霍英东从邓小平的祝酒词里，依稀感觉到了一股清新的、别样的风……有道是：

律回岁晚冰霜少，
春到人间草木知。

八年过去了！神州天翻地覆。

其间——1984 年 1 月。早春时节——邓小平南下广东，走访中山温泉。他兴致勃勃地登上罗三妹山，眺望温泉宾馆全景。到下山时，随行人员建议沿来路归去；但邓小平却意气高昂地说：

“不走回头路！”

于是，大家再向前走一条崎岖、漫长的下山路径……一时传为佳话。

此前，邓小平亦曾先后两次到过“白天鹅宾馆”——

一次是在 1984 年 1 月 31 日。

据宾馆“大事日志”记载：

上午 10 时 45 分，中央军委主席邓小平及杨尚昆、王震等一行 31 人前来宾馆参观视察。

他们到了28楼总统房和25楼高级套间。在28楼俯瞰江景时，邓小平十分高兴地称赞说：

"'白天鹅'好！比美国（宾馆）还要好！"

下到大堂，邓小平伫足观景台，对"故乡水"表示了浓厚的兴趣。随后，他到"丝绸之路"高级西餐厅——扒房进餐，连声夸奖：

"很好！"

很多东西使他想起了当年在法国巴黎留学的情景……餐后，邓小平接见了西厨的厨师们；并同他们合影留念。经过咖啡厅时，正好有许多外国公司的职员（长包房的客人）在进餐。邓小平和其中的一位外宾握了手。一些持有摄影机的客人纷纷拍照，摄下了珍贵的镜头。

12时40分，邓小平一行离开了白天鹅宾馆。

还有一次，是在四天前的1985年2月19日。中共广东省委、省人民政府，在白天鹅宾馆举行了盛大的春节联欢晚会和宴会。

正在广州的中共中央政治局常委、中央顾委主任、中央军委主席邓小平以及邓颖超、徐向前、王震、杨德志、韩先楚、王首道、何长工、宋时轮、钱昌照、杨成武、肖华等出席了联欢晚会和宴会。

除夕。宏伟壮丽的白天鹅宾馆披上了盛装。春意盎然、灯火辉煌，呈现一派节日景象。

邓小平等一行走进宾馆大厅时，受到了宾馆员工和住客的热烈鼓掌欢迎。他们连连呼喊：

"邓伯伯，您好！"

8时20分，宴会结束。步入"宏图府"会场，邓小平神采奕奕，频频向大家招手致意。他兴致勃勃地观看了文艺演出，并在演出结束后与全体演员合照留念。

"白天鹅"永远难忘的除夕之夜啊！

大年初四，这是邓小平同志第三次来到宾馆的日子。

作为全国人大常委、白天鹅宾馆的副董事长霍英东以及霍震霆夫妇，受到了邓小平的亲切会见；并与邓小平一行在"丝绸之路"西餐厅共进晚餐。

霍英东先生祝福邓小平主席新春愉快、健康长寿；

邓主席祝霍先生等新春佳节好，并向港澳同胞致以节日问候，希望他们和港澳同胞为香港、澳门的繁荣作出贡献。

据霍英东先生几年后对笔者回忆说：席间邓小平多次提到了"一个珠江三角洲、一个闽南三角洲、一个长江三角洲……"，表露了极大地关注——此后不久，果然中央宣布了继续开放沿海十四个城市的决定。

从谈吐中笔者感觉到霍英东先生对邓小平同志有一种非同一般的由衷的敬爱之情。

迎送35个国家元首

霍英东先生在与笔者的交谈中，曾经引用了《三国志·魏书》中的一句话：

敦睦亲亲，

协和万国。

他说，要通过"白天鹅宾馆"，把我国改革开放的形象以及对各国人民的友情，通过各国来访的友好使者，带到世界的每一个角落去。这是"白天鹅"的职责，也是"白天鹅"的光荣！

从1983年2月正式开业以来，据不完全统计，十年间"白天鹅"共接待了35个国家的现任或前任国家元首、政府首脑、议会及军队的要人。"白天鹅"给贵宾们留下了难忘的记忆！

1986年10月18日，这是白天鹅宾馆盛大的节日、难忘的日子之一。

英国女王伊丽莎白二世及爱丁堡公爵，于午间到达广州后，在广东省叶选平省长的陪同下，乘坐名贵的劳斯莱斯轿车来到白天鹅宾馆。在宾馆门口，宾馆的副董事长霍英东、总经理杨小鹏等带领100名服务员，热烈欢迎女王与公爵一行的光临。

两名少女手捧红玫瑰和白玉兰，献给女王和公爵。

女王一行步入白天鹅宾馆宴会厅——宏图府的通道时，女王看到了大堂内刻有"故乡水"三个大字的人工瀑布：

别来此处最萦牵

她不由驻足观赏、面露微笑，轻轻地赞了一句："美丽的景色！"

是时，叶选平省长在宏图府举行了盛大的欢迎宴会。席上，突然有人悄悄地说：女王来了！由广州乐团60位艺术家组成的乐队，立即奏起了广东音乐《娱乐升平》。

女王和公爵在省长叶选平和霍英东等陪同下就座。

宴会筵开13席。

主宾席是个巨型长方形的桌子，可坐22人。桌面上有康乃馨花（俗称母亲花）和气生兰花砌成英、中两面国旗。每面国旗的长度达一米多。英国旗用白色、红色的康乃馨以及染上淡蓝、红两色的气生兰砌成；中国国旗的五颗金星用黄色康乃馨花、底色用全红的康乃馨花砌成。两幅国旗的外面，都饰以山茜草。这种独具匠心的设计，显示出一种庄重和华丽的气派。左右更分别设置了精制的两个昂贵的水晶玻璃的白天鹅。

宴会最重要的，是制定出一个适合女王口味的菜谱。伊丽莎白二世出访经北京、上海、昆明后，才到广州。各地的名菜，很可能都尝到了。为此，菜色不但要做到清淡可口，而且要少而精，富有广东风味。

上菜了！

欢宴女王的菜只有六道。菜单上的名字寓意吉祥、浪漫主义色彩颇浓，不容易叫人猜得到。且看那菜一道一道上来：

"月映仙兔"，即是遐迩闻名的广东点心的拼盘；由精制的白兔饺、炸芋角、春卷、干蒸烧卖配成；

“双龙戏珍珠”，是由龙虾和明虾制成的虾球；两只造型生动的龙虾，眼球在银盘上闪闪发亮，细雕的皇冠加盖在宝鼎上，有龙有凤倍添宴会的喜庆气氛；

“燕乳入竹林”，是以名贵燕窝和鲜嫩竹笋为原料配制；碟上摆有一只由红萝卜雕成的小鸟，比喻乳燕穿飞于竹林之间；

“金红化皮猪”，是一道广东名菜；上菜的程式更成为宴会的高潮；四名男服务员穿着古代皇宫服装，抬着一顶富有中国传统的“花轿”，轿内摆着两只金红色的化皮乳猪，在轻松欢快的广东音乐《得胜令》中步入席间；两名宫女装扮的服务员，手提宫灯作前导；轿后跟着两排各六个服务员，用手托盘，依次上席为贵宾献上佳肴；如此精彩的中国宫廷式上菜表演，使整个大厅兴致更浓，霎时掌声四起……女王微笑着向服务员致意；

“凤凰八宝鼎”，即是广东有名的冬瓜盅；为避免冬瓜因燉得过久而变形，厨师巧妙地用一个刻着大熊猫和各种图案的去瓢生冬瓜壳，套在燉好的冬瓜盅上，冬瓜壳的上盖还摆着用红萝卜雕成的一只美丽的小鸟；女王赞叹道：真像是一件精美的艺术品！冬瓜盅内的填料更是精致，内有鲍鱼、鸡粒、花菇粒、湖莲子、金华火腿、鲨肚、瑶柱、肉柳粒……吃来味道格外鲜美；

“锦绣石斑鱼”，是一道海鲜；经过人工的装点，显得不同凡响，恰如其名，像锦绣般的美，又博得了一片溢美之辞……

上完了六道菜，接下来是甜点心：

“淋杏万寿果”，取意祝愿女王健康长寿；是用南杏和被称为万寿果的木瓜，加糖清燉而成的……

最后，服务员捧上用哈蜜瓜精雕成的一艘盛满各色佳果的游船“一帆风顺”，表示祝贺女王访问成功，满载着中国人民对英国人民的深情厚谊、喜乘游艇一帆风顺地回国。

宴会从12时30分女王一行人宏图府开始，直到午后1时40分结束，耗时只有一小时零十分；全过程就像在电脑指挥下，精确而有条不紊地在预定的轨道上滑行……创下了本地有史以来大型宴会的高效记录。

宴后，女王及公爵乘电梯直上白天鹅宾馆28楼总统房。

稍事休息。

下午2时15分，霍英东先生及其长子霍震霆、长媳朱玲玲，还有杨小鹏总经理等，齐集28楼总统房，向伊丽莎白二世赠送精美玲珑的、中国传统的内画鼻烟壶——这个鼻烟壶颜色有如白雪，壶盖以白银制造，上缀有红、蓝等各色宝石；在壶的两边内壁，一面画着女王的彩色画像，另一面刻着白天鹅宾馆“故乡水”的彩景，用笔精密奇巧，活灵活现，真个是鬼斧神工，令人赞叹不已——女王收到礼品后，端详了一番，甚表欣悦；即时说：“漂亮极了！”并连声道谢，再次与霍英东副董事长握手。

女王在宾馆的留言簿上，高兴地签上了名字——“伊丽莎白二世”。

在28楼上，女王临窗眺望，对刚落成的风景如画的宾馆后花园和秀丽的珠江两岸的景色，表示欣赏。

女王对随身的侍从说：这间酒店实在是太漂亮了！她还向总统房的服务员，索取了白天鹅宾馆的明信片。

据记载：最早莅临"白天鹅"的，是来自非洲的刚果总统德黎·萨苏·恩格索。总统一行70余人，于宾馆正式开业后一个多月的1983年3月15日抵达，并下榻了一晚。临行，热情的刚果总统称赞道——

"……白天鹅宾馆的服务、她的美丽和舒适，给我们留下了强烈的印象。我们祝愿中国人民在中国现代化建设中，取得更大、更多的成就！"

1985年9月9日，曾经到过90多个国家、住过几乎世界上所有五星酒店的美国前总统尼克松，在白天鹅宾馆举行的宴会上真诚地说——

"可以说，白天鹅宾馆是最漂亮的，比著名的美国纽约华尔道夫酒店（WALDORF—ASTORIA）还要好。"临行时，又写下留言："我曾经住过美国和全世界的许多酒店的总统套间，我认为没有一间能与白天鹅宾馆相比。其精美的菜式、优质的服务和超水准的诚挚接待，使我们留下了深刻的印象。我认为，白天鹅宾馆的特色是优雅、舒适。"

1985年10月17日，美国副总统布什及夫人到白天鹅宾馆参观访问后，热情洋溢地写道——

"……你们的接待是一流的，服务是优良的。"

此外，白天鹅宾馆还是一座具有世界影响的"体育宾馆"。许多重大的国际足球或其它体育项目的比赛，都以这里作为"大本营"。体育世界的"首要"们，也多次云集广州白天鹅潭畔——他们既是副董事长霍英东的老朋友，又是白天鹅宾馆引以为骄傲的、无比珍贵的客人。

1987年11月19日，国际奥林匹克委员会主席萨马兰奇应邀来华参加中华人民共和国第六届全国运动会，下榻白天鹅宾馆，他盛赞——

"白天鹅宾馆是中国、是东方最叫人留恋的地方之一。"

1988年6月11日，亚洲足球联合会第十三次会议在白天鹅宾馆召开，国际足球联合会主席阿维兰热出席了会议并下榻白天鹅宾馆；他高兴地对霍英东说：

"一个拥有这么富丽堂皇的宾馆的国家，没有理由不拥有一支高水平的、亚洲乃至世界一流的足球队！"

在采访中，霍英东先生对于笔者引用《左传·隐公六年》中的一句话，十分赞赏：

亲仁善邻，
国之宝也。

他引为宽慰的是：为扩大我国改革开放的影响、为开展"和平共处"的外交、为密切与世界各国人民的友谊——白天鹅宾馆聊尽薄力、功不可没！

赞助体育　振兴国威

尽全力振兴国运

1984 年 7 月，霍英东飞渡重洋。在美国洛杉矶，他参加了第 23 届奥林匹克运动会，亲眼看到中华体育健儿一举打破“零”夺得 15 面金牌的激动人心的场面。

他高兴地为之击掌欢呼！

他对记者说：“杨振宁教授同我说过，中国在奥运会上破‘零’，是新中国成立以来继原子弹、氢弹、人造卫星之后第四件轰动世界的大事！”

作为中国通向奥林匹克之路的奠基、铺石者之一的霍英东，更是由衷地感到快乐和欣慰！

霍英东在接见记者时说：“很多人说我偏心。偏什么？偏爱体育。他们说，我在体育方面最舍得捐钱，对于其它方面就不那么全力支持。我怎么说好呢？我的财力有限，国家这么大，要办的事这么多，我只能有选择、有偏重地出一点力。”

这是 1984 年的 10 月 2 日晚上，在国家体委举行的一次招待会上。

柔和的、乳白色的灯光，透过玉石堆砌般的有机玻璃饰条，洒在富丽堂皇的宴会大厅里。欢声、笑语，浑然一片。

霍英东在这里见到了我国在 23 届洛杉矶奥运会上夺得射击、举重、跳水、击剑、体操和女排等项目金牌的运动员们。

他与他们大都是熟识的“忘年交”了！

他曾专程远渡重洋，亲临加利福尼亚为他们助威、呐喊、鼓劲！

他曾和他们一起仰看国旗，挺直脊梁伫立，聆听国歌，扬眉吐气……

他曾参加了为他们祝捷的酒会，在欢喜若狂的人群中，频频举杯。

……

正如一篇文稿中所写的，“在洛杉矶，霍英东度过了平生以来最不平静、最亢奋、最幸福的时刻。他在商业界闯荡几十年，还从来未有过这种激动不已的体会。为自己吗？完全不是。为那一次次徐徐升起的五星红旗，为那一回回凌空高奏的《义勇军进行曲》，为那些衣着中国运动服的体育健儿——自己的同胞兄弟、姐妹！”

此刻，他的眼前一忽儿闪现的是国庆阅兵的分列式方队，一忽儿闪现的是游行队伍中“金牌”运动员的彩车；一会儿是中国制的火箭腾飞的镜头，一会儿是中国足球队在世界杯足球赛亚大区预选赛中以 3 比 0 击败科威特队时万众欢腾的场面；一瞬间又回到 40 年前在香港铜锣湾被人辱骂为“东亚病夫”的情景，一瞬间又回到几年前台湾运动员纪政夺得奥运会铜牌的心境……啊啊，百感交集，他的心里翻腾着多少话语！

“这一届奥运会夺得了 15 块金牌，下一届呢？再下一届呢？能够保得住吗？能够更上一层楼吗？

"我们这样10亿人口的泱泱大国，金牌还应该多一些。"

"多一块金牌，就多一分民族精神；少一块金牌，就少一分国家威望！"

"在和平时期，体育运动是最能够显示国力的了……"

"到下一届还有4年！从今天算起只剩下1400多天了，过1分钟，就逼近了60秒！

"下一届奥运会，苏联和东欧国家都要参加。举重和射击这些项目的竞争会更强、更激烈！

"游泳怎么办？田径呢？如何急起直追；再来一次零的突破？"

"足球一定要进军汉城！"

"还有体操、跳水……"

他运筹帷幄，如数家珍。

这些话，霍英东与中央领导同志谈过，与李梦华、荣高棠、徐寅生谈过，与袁伟民、郎平、李宁、朱建华、曾雪麟谈过，还有杨伯镛、许海峰、陈肖霞、赵达裕……长长的一串我国运动员、教练员的名单！

他的心潮翻滚！

他的情思飞扬！

他想得很多、很多……

他看得很远、很多……

但是，当他在招待会上站起身来，面对着倏地安静下来的人群时，却突然不知道该进什么才好了。脑门子上似乎是一片空白。他的普通话本来就说得不算流利，而此刻就更近于结结巴巴了：

"我……我想……拿出1亿港元，给国家……"

稍许停顿了一会儿，他才较流畅地说完了要说的话："我已是60多岁的人了。并不希望把钱都留给子孙，只想在去见老祖宗之前能够替国家和人民出一点力……

"这1亿港元，就作为发展祖国体育事业的基金吧！"

一石击水，千层涟漪！

顿时，掌声如雷、如鼓、如潮……

1984年10月2日，新华通讯社编发了这样一则电稿：

霍英东先生捐款1亿港元

发展祖国体育事业

……

一夜之间，这条新闻通过广播、电视和报纸，传遍了北京，传到了香港，传向了整个中国和世界！

啊，霍英东的中国心！

1992年11月13日。

中山温泉。

碧云天，黄花地。

霍英东博士应邀参加了群贤毕至的"全国体委主任会议"。主席台上并排坐着国家体委主任伍绍祖及袁伟民等一批中国体育界的知名人士。

如逢知音。

一向不善言辞的霍英东博士，用不甚流畅的国语侃侃而谈。信马由缰，文本无题。一位记者在整理笔记时，赫然冠以"解放思想，换换脑筋，在改革开放的新形势下，发展中国的体育事业"。颇有几分一板正经的红头文件的格式。

霍英东博士说：

"这次全国体委主任会议在广东、在中山温泉举行，我们感到非常荣幸。我应邀列席这个会议，感到高兴。"

"我跟大家一样，是非常爱好和关心体育的。"

"体育，对于人民的社会生活是十分重要的。刚才伍绍祖主任谈到了当年的'乒乓外交'，那是一例。我还记得一件事，邓小平先生在1977年恢复工作的时候，他和首都人民并透过电视和全国人民见面，就是在北京的一个体育场。那是1977年的7月，当时我率领香港的一个足球队参加在北京举行的亚非拉足球邀请赛；我亲身目睹了那一个激动人心的、历史性的场面。"

霍英东博士侃侃而谈：

"要看到，体育运动已经不单在人们的经济生活方面产生影响，在政治生活方面必然发生波及。"

"我们知道，最近第25届奥运会在巴塞罗那举行；参加的人数、国家和地区是历来最多的一届。很多政治纠纷以及历史遗留的问题，譬如以色列问题、南非问题，也包括南北朝鲜、东西德国问题，当然还有中国大陆与台湾的问题，在体育交往方面都得到了初步的解决。这次我们在巴塞罗那得到16枚金牌，全国人民、港澳台海外同胞都非常鼓舞。这是属于全体中国人、整个中华民族的荣耀！"

"记得是在一次世青足球赛上，非洲的喀麦隆打入了决赛圈；并没有得到冠军，四分之一决赛时输给了德国。但是回到非洲，足球队受到了'民族英雄'似地欢迎；来的人非常之多，最后把机场都站满了，飞机也没法降落下来。这种巨大的影响力，是不能预计和不可估量的。所以，我个人十分看重我们中国在巴塞罗那获得的16枚金牌。了不起啊！"

听至此，笔者想起了1992年10月6日权威的新华通讯社发自香港的一条快讯：

中国第25届奥运会获奖运动员代表团，今天结束了在香港为期一周的访问返往内地。

香港工商、体育界知名人士霍英东先生9月30日在沙宣道33号自家花园宴请奥运健儿，并向他们颁赠了金牌及奖金共1,300万港元。这样，每个金牌得主可获一枚一公斤重的金牌和四万美元奖金；银牌获得者获一枚250克重的金牌和一万五千美元奖金；铜牌得主获一枚100克重的金牌和四千美元奖金。另外多名香港和台湾人士，也向奥运健儿们赠送了金牌和奖金。

……

据文汇报记者现场报导："当新华分社社长周南和霍英东博士将那十八块沉甸甸的一公斤重金牌，一一挂在运动员的颈上时，健儿们都不期然地从口中'哗'了出来，回到座位便把它除下。可见这块金牌的‘十足斤两’……连同奖金，每个金牌健儿获得数额应超过四十万。”

“竞步女将陈跃玲表示，她取得这笔奖金之后，会在明年到美国读书”；

“跳水好手谭良德表示，还未有想到如何使用这笔钱”；

“女神枪手张山认为，这是人生难得的纪念品，故她不会将它卖掉”；

“熊倪则会在他的家乡买间房子保值，其后事情不知”……

一时间全国轰动，舆论大哗。“一公斤重一枚的金牌和四万美元奖金——总额超过四十万”，对于大多数的大陆中国人来说，无异于天文数字的财富！

霍英东先生闻讯，在会上如是作答：

“我想在这里谈一谈，关于奖金和金牌的问题。我们说，每一件事都有它的两面性，有好的一面也有消极的一面。但是我们要朝好的方向去。我们给运动员发奖金，也要考虑到这一点。”

“我担心下一届中国奥运会的成绩不好了、下降了，就有人说是你这个奖金给得太多了，起了负作用。所以我们的奖金这次给得还不是很多，只能一步一步来。”

“从开放改革的角度来说、从国家经济发展的形势来说、从全世界运动员普遍的收入来说，我们给运动员的奖金还没有什么出路。我们现在的运动员，好多都是独生子女，从小娇生惯养，我看他们每一个人练得都非常艰苦。他们的整个青春，都献给了国家。更要看到，不是每一个运动员都能得到奥运金牌、奥运奖牌的；一万分之一、十万分之一甚或百万分之一，其比率非常、非常地小。我希望鼓励更多的年轻人投入体育运动。也希望他们能象世界上其它国家的运动员一样，可以得到那样高的奖金。”

“我们不是强调一切都向钱看。但应该看到全世界50多亿人。在这个项目上就他得第一。这个机会是非常难得的。一块金牌打动了多少亿中国人民的心啊！真的得到一块奥运会金牌，全国人民每人给一元给他，那就有10多亿元了。所以我看这个奖金，从总的方面来看，还是对的、适度的；起码使得更多的年轻人愿意投入到体育运动中来。这不但是为国争光，对有些年轻人也有一个很好的出路。中国的人多，如果每个年轻人都投入体育运动，那个作用不可估量！”

霍英东先生进而引伸道：

“我们非常需要多得一些奥运会的金牌。要在国际运动会争取更好的成绩，为我们中华民族作出贡献。我们不但要冲出亚洲，还要面向世界。这是我们的愿望。再过四年，在下一届奥林匹克运动会，我们可不可以再得16块金牌？我认为，这里还有很多问题。我们知道，在巴塞罗那整个亚洲的成绩都不很好。中国得16块金牌；南朝鲜有12块；日本的3块金牌中只有一块游泳是有影响力的，另外2块的项目都不重要；第四个国家是印尼，得2块羽毛球金牌，这2块金牌本来应该是我们的，但我们丢了。别的亚洲国家，一块奥运金牌都得不到。印度8亿人口，别说一块金牌甚至一块铜牌都得不到，很不光彩！”

“以往亚洲人得的金牌，总是跳水、体操、射箭、乒乓球、羽毛球呀什么的，都是比较娇小玲珑型的。真正要跟别人拼体力的，我们的强项就不多。这次我们能得4块游泳金牌，真是不简单。1984 年在洛杉矶奥运会，我们的游泳连前 16 名都进不到；现在一下子得了四个第一，而且有三项破世界记录，还有几项破奥运会记录。我个人非常感动。在田径方面，我们也有进步，得了一块金牌；这对于亚洲来说，也是很突出的。另一块田径奥运金牌，是南朝鲜的马拉松。别的亚洲国家，象中东的国家和印度则根本不值得一提。”

霍英东博士没有讲稿，思路却非常清晰。他如数家珍，娓娓道来：

“有时候我想，这是不是我们亚洲人的体力上有问题呢？从这次巴塞罗那运动会上可以看到，真正拼体力的项目，都是欧洲、美国人强一些，成绩比亚洲人好。特别是足球方面，亚洲最强的跟欧洲最弱的队，我们也不一定能打过他。其实从地理环境方面来看，中国北方的气候跟欧洲差不多，运动员的个子也高大、有力量。关键是如何选材、如何训练、如何出成绩？庄泳到香港来时，我跟她握手；发现她的手比我的大得多。这说明，选材的重要性。要当世界冠军、要破世界记录，不单是刻苦锻炼就可以的，还要根据不同的项目，选取不同身体条件的运动员。”

“还要说一点，我知道国内有的省、市对于争取奥运会夺金牌并不太热心。甚至还有人说，那是国家体委的事情。各省、市还是希望在全运会得到比较好的成绩。我看这个问题，你们可以好好讨论。我们不要打‘内战’、不要扯皮，要同心协力、一致对外！”

正如南朝宋人鲍照在《代朗同行》中所写道：

千金何足重，
所存意气间。

对于一个民族而言，奥林匹克金牌在一定意义上是无价的！

为申办奥运出力

跨世纪的、盛大的二　　　年奥林匹克运动会将择址何处？

世人瞩目。

正式申办的国家及城市的名字，宛如五座星辰光耀天宇；

中国　北京
土耳其　伊斯坦布尔
英国　曼彻斯特
澳在利亚　悉尼
德国　柏林

风格别具的宣传攻势；

匠心独有的人文攻势；

焦点各异的心理攻势；

奇招不一的环境攻势……

每一个城市都似乎信心十足；每一个城市都似乎义无反顾；每一个城市都似乎志在必得。

这是为什么呢？

霍英东博士一言中的：

“最近一时期，特别是近十年来，体育运动的比赛通过卫星转播到全世界。使得体育同社会的发展以及人们的经济生活、政治生活，发生了密切的关联。过去办奥运会、世界杯足球赛，非常困难。但是有了卫星电视转播以后，就大不相同了。”

“从 1984 年美国洛杉矶奥运会开始，举办大型国际运动会，很多时候都可以一方面扩大主办国的政治影响；一方面又可以不赔钱，甚或赚到钱。所以我们中国在申办二　　年奥运会时，竞争非常激烈。”

何等准确！何等实际！何等精辟！

霍英东先生全力以赴，支持中国北京申办二　　年奥林匹克运动会。1993 年 7 月 2 日，香港《文汇报》以整版的篇幅发表了新闻彩图“国际奥运博物馆揭幕巡礼——北京争办中国二　　年奥运的最新努力”。

记者是这样描述的：

瑞士。洛桑。

国际奥委会第一百次全体会议在此间召开：

为庆祝现代奥林匹克运动诞生九十九周年的新奥林匹克博物馆在此间揭幕。

在这里，记者遇到了当今中国体育界的风云人物，何振梁、张百发、魏纪中；他们既是来庆贺这一国际现代奥运史上的盛事，亦是来向国际奥委会的委员、传媒，再一次宣传中国人民申办 2000 年奥运的热切期许。

在这里，记者会晤了中国政协副主席、国际体育界知名人士霍英东及其公子、同样是体育界名人的霍震霆；作为炎黄子孙，他们到洛桑的目的与何振梁、张百发等人相同。身兼中国奥申办顾问的霍英东以中国奥委会的名义，捐出一百万美元，支持国际奥委会建立奥运博物馆。因此，中国奥委会的会徽被刻在奥运博物馆中央的云石墙上，永留青史。霍英东强调：“开放的中国盼奥运”，如能成功主办奥运，中国的改革开放将会更进一步。

在这里，记者邂逅了来自台北的体坛元老徐亨，盼望北京申办成功，当然也是台湾同胞的心愿。

在这里，记者聆听了亚奥理事会主席法赫德·艾哈迈德亲王的庄严宣布：整个亚洲都支持北京申办二　　年奥运；还有国际奥委会的首脑人物萨马兰奇以及他的同事们的仗义执言，反对美国一小撮人将政治牵涉入体育，阻挠中国人民为奥运作出贡献的企图。

距离 1993 年 9 月 23 日在蒙特卡罗举行的二　　年奥运主办地投票选举，还有不足 90 日——瑞士。洛桑。留下了霍英东以及全体中国人为争取申办奥运最新努力的身影。

6 月 28 日，霍英东先生一行飞返北京。在驶出首都机场的大道旁，两行醒目的大字跃入眼帘：

“给中国一个机会”；

“还世界一个奇迹”。

在霍英东先生交给我的一叠剪报资料中，笔者读到两则关于中国申办奥林匹克运动会的旧闻。我了解到:1993 年 1 月,北京正式向国际奥委会递交了申办二年奥运会的报告书;此举至少已经圆了中国体育先驱们八十余年前及四十年前的两个“梦”——祈盼有朝一日,申请在中国举办奥林匹克运动会。

早在本世纪初,国际奥林匹克运动就以其特有的魅力,引起还在“运动启蒙”时期中国人的注视。1906 年,在希腊雅典举办的奥运圣火刚刚熄灭,中国就掀起了一股小小的“奥运热”。首先,《世界》杂志刊登了印制精美的巨幅照片,并附文介绍此届大会的盛况和奥运会的历史。其后,我国近代著名教育家张伯苓先生,在 1907 年天津学界运动会发奖仪式上,以奥林匹克运动为题,发表了著名演说。在演说中,他提出了中国最早的“奥运战略”——建议在中国筹建一支奥林匹克运动会代表队,制订计划并聘名师指导,加强训练,准备赴会参赛……这股“热”,一直持续到 1908 年伦敦奥运会举办前后。天津一份报纸上刊出一篇题为《竞技运动》的文章,再次介绍了奥林匹克运动的历史与发展;该文更进一步指出;中国不仅仅应积极培养奥运选手,还要争取这一盛会在中国举行。

这个建议得到热烈的反响。

天津体育界人士在全市运动会上,用幻灯展示了伦敦奥运会的盛况;并举办了一个别开生面的奥林匹克专题演讲会。大会组织者提出了三个发人深省的问题,其中之一就是:中国何时能举办奥林匹克运动会,邀请世界各国的选手到北京来?!

此外,申办奥运的念头,在旧中国也曾动过一次。

那是在抗日战争胜利前夕。因为受到即将到来的胜利的鼓舞,中华全国体育协进会干 1945 年 6 月 1 日在重庆召开第二届理监事会议,商讨今后五年的计划。会上,中国历史上第一位奥委会委员王正廷、著名体育家袁敦礼、董守义等,提出“请求第 15 届世界运动大会(1952 年)在我国举行”的议案,获与会人员一致通过。这个建议很快就被披露于报端,引起国人一时的兴奋。但是在当时的历史条件下,这美好的愿望有如水中月、镜中花,可望而不可及。决议最终不过成为一纸空文而已。

中国通向奥林匹克之路几经周折、几经磨难,几经坎坷,其间,霍英东先生扮演了一个极其重要却又默默无闻、功绩卓著却又鲜为人知、处境微妙却又锲而不舍的穿针引线人。在中山召开“全国体委主任会议”上,霍英东博士言之所及、透露了这许多年来的万千苦衷于一、二:

“……又譬如,恢复中国在奥林匹克运动会和一些单项运动组织的合法席位问题。早在 1971 年,我国就恢复了联合国的合法席位,但是在体育方面我们直到 1979 年、1980 年才回到奥林匹克运动大家庭中来。真正解决问题,是从 1980 年才开始的。”

为什么会这样呢?

霍英东先生谈到,除了一些众所周知的国际因素以外,还有一个“国际惯例”的问题。他忆及当年的情况说:

“在这以前,我们连一封信都不愿意写,坚持只有先把台湾赶出来,我们才正式申请。这就不符合国际惯例。我们一直坚持台湾不能叫‘台湾’,而叫它‘蒋帮’。改革开放以后,我们认识到这不是一个原则问题,可以允许台湾存在,同意它用‘中华台北'这个名称。这样就得到全世界体坛的谅解。因为要驱'蒋',要把台湾赶出去,国际上有很多人对这一点有不同的看法:台湾也有两千多万人口,同时它一直都在奥林匹克运动中;很多世界单项运动组织,他也有份。"

"我们改变了态度以后,得到了各方面的支持。如此以来,中国恢复了在世界体坛的合法席位。中国的体育事业也得以很快发展。1979 年中国女排开始赢日本,并保持了'五连冠';1982 年我们在新德里亚洲运动会,总分第一次超过日本,结束了日本长期称霸亚洲体坛的历史;1984 年我们开始在奥运会得到第一块金牌……那一年正是建国 35 周年国庆,邓小平举行了举世瞩目的大阅兵!"

霍英东先生充满了坦诚的赤子之情,由衷地发出了感叹:

"我真正的感到了我们民族的崛起和我们祖国的强大!"

如果进行倒计时的话,霍英东博士的这一番讲话,距离蒙特卡洛的最后投票日——1993 年 9 月 24 日,还有 315 天。这是他在这次长篇发言中的最后,显然也是最为重要的一个话题。他说:

"最后一个问题,就是怎样申办二　　　年奥林匹克运动会?我们每个人,都要非常支持这个目标。14 年来,中国改革开放的成就可以说是举世瞩目。申办奥运会如果能够成功,将对我们的整个事业产生巨大的动力!"

"我本人跟萨马兰奇主席谈过一次,希望他支持中国办奥运会、支持中国的改革开放。萨马兰奇主席多次来中国参加我们的运动会。1983 年上海举行第五届全国运动会时,他就来过。那时因为我们刚'开放',接待及组织方面还有不少问题。譬如,宾馆一到晚上十二点空调就关了;要喝咖啡也找不到地方;每天都是大家坐在一起,四菜一汤;后来因为下雨的原因,开幕式也取消了;要走,又没有办法买到飞机票……客人很不满意。当时,我也无能为力、帮不上忙。以后,1987 年到广州开全运全,萨马兰奇的印象一下子改变了。他感到仅仅四年,中国有了很大的变化;天河体育中心奇迹般地建了起来,还有令人惊叹不已的白天鹅宾馆……记得当时萨马兰奇对我说:1964 年在日本举办奥林匹克运动会,接着日本经济起飞了;1988 年在汉城举办奥运会,韩国的经济也起飞了;因此,从道理上来说,也应该支持中国——这个在亚洲第三个经济起飞的国家——举办奥运会。"

霍英东博士最后指出:

"现在举办大型体育活动,好多时候是不需赔钱的;特别举办奥运会、还有世界杯足球赛都是赚钱的。又有'名'又有'利',所以争办的国家特别多。我们的机会相对就减少了一些。但我们要很努力。因为,它对我们国家、我们民族,能产生巨大的凝聚力。"

话,一点也不说满;丝毫也不偏激。这就是霍英东先生一贯的准则。总之,留有余地。在长达一个多小时的发言中,他的语气始终是平和的,他的论点始终是有根有据的。话不高声,娓娓道来。

"1990 年在北京举行亚洲运动会,我感到虽然是'六四'以后,但亚运会使北京人从精神面貌、社会风气等方面,都改变了许多。所以,我非常希望、而且衷心地祝愿我们中国申办二　　　年奥运会能够成功。邓小平先生说他也要参加这个跨世纪的、盛大的运动会。总之,申办成功需要国家政府、体委、全国人民大家共同努力。如果能够办到,这将对中国的改革开放是一个极大的支持!"

香港有一家报纸说"霍英东言必称'改革开放'",这是没有错的!

历史,将永远记得这一个难忘的瞬间。

蒙特卡洛时间:1993 年 9 月 23 晚上八时二十六分(即北京时间:1993 年 9 月 24 日凌晨二时二十六分)。

路易斯二世体育馆里,数千名忑忑不安的与会者的眼睛注视着他——数以百计的摄像机、照像机的长短不一的镜头瞄准着他——

由卫星传送的电视屏幕前,五个申办国以及全世界的无数亿人的迫不及待的目光捕捉着他——

他——国际奥林匹克运动委员会主席萨马兰奇。

他平静得就象一潭清冽的水。他登上讲台。他毫无表情地缓缓打开信封。他简单得近乎无情地宣布:"有幸举办二　　　　年第 27 届奥林匹克运动会的城市是——悉尼。"

这时,悉尼代表团及其支持者狂跳起来、相互拥抱;其它代表团的有关人等惊呆了:有人镇静下来向胜利者表示祝贺,有人沉默地退场而去……

整个世界在这一瞬间定格:

北京代表团团长陈希同不失风度地说:"奥林匹克的精神是贵在参加。我们将继续为发展奥林匹克运动作出自己的贡献!"

泪花似乎在镜片后闪动,李其炎的脸上却一点儿也没有失态:"祝贺悉尼当选。感谢许多国际奥委会委员对我们的支持。我们将继续为弘扬奥林匹克精神而努力。"

张百发微笑着,依然是一口京腔:"奥林匹克运动是长远的、发展的,我们这次未获得举办权,将来总有机会。"

……

霍英东呢?

霍英东不无有意地向旁侧了半步,避开了逼人的电视镜头。在那一刹那间,人们在他的眸子中读到了坚毅、执着和"败而不夺其志"的气概,他经历了太多的挫折、磨难和坎坷,眼下这一切实在算不了什么!就从这一刹那间开始,新的申办奥运之路又在他的脚下铺开,他一定要、也一定能走到胜利的终端!

在现场,霍英东一言不发。事后,却有一位外国记者录下了他的一段讲话:"很不幸,中国一直试图在申办上不加入政治。中国试图伸出友谊之手,但他们被描绘成另一种样子……我感到这里有一股围攻的气氛。"不知道,这是霍英东先生在什么时候、什么场合,对什么人说的?

霍英东先生引以为至交的好朋友萨马兰奇在次日的记者招待会上有一段意味深长的讲话。萨马兰奇说:"我非常高兴悉尼获得二　　　　年奥运会举办权。国际奥委会作出了一个正确的选择。澳大利亚是第三次申请,北京只是一次。早几年、晚几年对北京来说,问题不是太大。我希望,不久北京将再次申办奥运会,但我不会强调北京申办。我要说中国的申办,是对奥林匹克运动有意义的。因为,中国是对奥林匹克运动有着重大意义的国家！”

正如同一位新华社记者，在 1993 年 9 月 23 日，目睹了一场“巨人间的竞争”后，写的一篇，“北京申奥回顾”所引用的标题：

竞争告一段落，

道路也许漫长。

霍英东以及所有热情参与奥林匹克事业的中国人，对此确实感到遗憾。许多人甚至很伤心。但是没有人会感到后悔。因为参与是重要的。参与本身就是一个艰难的历程。

啊，霍英东的“奥林匹克梦”！

啊，中国的“奥林匹克梦”！

支持发展科教文

霍英东毕生的座右铭是：言必信、信必行、行必果。

1982 年的秋天，昆明池浅、香山叶红。在首都召开的“人大”和“政协”会议期间，霍英东曾放出豪言，“将出资 10 亿港元，成立霍英东基金会。”

10 亿元！

这可不是一个小的数目。简言之，即是按当时全国人口的总数，给每人捐赠 1 港元。

这笔钱，用来做什么呢？

霍英东的设想是：

“估计每年可从 10 亿元的投资利润及利息中，得到 1 亿港元。为发展祖国的科技、医药卫生、旅游、体育和教育事业，办一点利国、利民、利港、利乡的实事。”

他这样说了，也这样做了。

1984 年 10 月 2 日。在国庆招待会上，他宣布捐赠 1 亿港元，成立了国家体育事业的基金会。

他当然不仅只“偏爱”体育。

霍英东是一位堪称有眼光、有见地的慷慨的爱国亿万富翁。他常说，“一个体育，是为了健民强身；一个教育，是为了培养人才。这两‘育’，是国家和民族自立于世界的两条‘腿’！”

说得多好啊！

1986 年 4 月 2 日的下午，柳丝渐长，紫燕绕飞。在北京中南海紫光阁，中华人民共和国国务院副总理兼国家教育委员会主任——李鹏会见了霍英东。

他们早已相识，老朋友式地握了握手。没有更多的寒暄，彼此的心是相通的。

霍英东欠了欠身，趋前说道：

“为了振兴中华、培育人才，我决定提供 1 亿港元建立教育基金，以发展国家的教育事业……”

李鹏笑了。他说：

“我代表国务院和国家教育委员会，感谢霍先生的这一爱国行动。霍先生许多年来，为祖国的繁荣和发展做了许多的工作。特别是为发展教育事业，作出了不少贡献。”

翌日，在他下榻的北京饭店，霍英东又接受了记者的访问。

“当你决定以1亿港元支援国家教育事业的时候，你是如何考虑的呢?”记者们在发问。

霍英东爽朗地笑着说，“欧美、日本等许多国家，都把教育作为立国之本。发展教育事业是百年大计。中共的‘十二大’把教育列为国家发展的战略重点之一，是非常正确和及时的。

“早年，知名的爱国人士陈嘉庚在厦门积极办学，培养乡梓的子弟，我就十分仰慕。但是，当时自己没有条件那样做。现在我的经济状况好一些了，理应为培养人才的教育事业尽心、尽力……”

“根据你的想法，这1亿港元的教育基金应该怎样使用呢?”记者又问。

霍英东毫不迟疑地说，应该把它用在发展教育事业最急需的地方：

“首先是用于装备和发展师范院校。目前，我们国家的文盲还很多，实行九年制义务教育、提高全民族的文化素质是当务之急。而解决中、小学师资短缺和水平不高的问题，又是实行‘义务教育’的关键。这笔钱，应该为‘师范’作一点事情。譬如为师范院校建图书馆、发展师范院校的重点学科等。

“关于另一部分教育基金，我则主张用作出国留学生的奖学金。去年4月，我已提供了100万美元，在全国重点大学选派30名高才生出国留学两年。将一部分品学兼优的学生派到国外学习，让他们有机会接触世界先进的科技技术，开阔视野，很有必要。当然，更多的、更重要的还是要立足在国内培养……”

仅仅只过去了8个月。

作为霍英东上述这番谈话的延续和印证，是1986年12月18日，一则发自广州的新华社电讯：

“由全国政协常委、香港中华总商会会长霍英东担任理事长的霍英东教育基金会第一次理事会与顾问委员会联席会议，今天在中山市中山温泉宾馆开幕。”

他说到了、做到了，也得到了结果。

霍英东是一个“全方位”的实业家。他的兴趣和爱好，是多方面的。

仅以1984年10月1日至11月1日为例，他旋风似的南、北奔走。其活动的范围，涉及到从“红线女演唱会”到“象棋大赛悬赏”等若干风马牛不相及的领域。难得他的一片热心、一腔热忱、一番热情。

霍英东堪称为一个奇人。

看一看他的日程表吧!

10月1日，参加国庆盛典，在天安门城楼上观礼；

10月2日，在国家体委的招待会上，捐赠一亿港元；

10月3日，他参加了全国“政协”的座谈会，与海内外的各界精英、有识之士欢聚一堂，畅谈感慨，“好像60年前躺在自己母亲的怀抱里一样，那样温暖、那样安全……”

4日,他返回香港,在接见新华社香港分社的记者时,他说:“中国领导人在处理香港问题上那种实事求是的态度,再次给人留下了深刻的印象。比如邓小平对于改革的分析,就十分透彻。没有过去的变革,哪来香港今日的繁荣?所以,只要今后的变革符合港人利益,有利于香港的繁荣和安定,我们都应该给予欢迎和全力的支持。”

他又赴广州;6日,在暨南大学捐款100万美元;

14日,他赶去番禺,出席了大石桥的通车剪彩仪式,同时为家乡的另一座洛溪大桥奠基;他兴致勃勃、风采鹰扬,与在场的省、市、县府领导人,大谈其“修桥经”……

10月15日,在一次长达四个多小时的记者招待会后,他未及晚餐,又莅临广州中山纪念堂;那里,正在举行著名粤剧表演艺术家红线女的独唱会。

“红线女”,是邝健廉的艺名。当年她“红”满香江的时候,霍英东还是一个一文不名的打工仔。以后,红线女回到祖国;霍英东一跃而为豪富。虽相互知名,却往来不多。

幕前,霍英东读到了红线女的“义买启事”。这位粤剧名伶情真意切地写道:

“本人的‘独唱会’专辑,为友人赞助印成。现将专辑出售。所得款项,一送民办幼儿园,二送少年文化宫,三作红线女培养新苗基金。专辑最低售价5元一本……”

言简意赅,娓娓动人。

是时,帷幕徐启。红线女身穿一套束腰的素白衣襟,襟头戴一朵大红的花饰,款款移步来到台前。

其声,果然绕梁不绝;其情,果然牵魂不已……台前台后,浓情胜酒。

演罢去到侧厅,霍英东即席以10万港元买了一本《红线女独唱会专辑》。

哇,在场的无不哗然!

10万港元一本小册子,值吗?

不值吗?不,值得!——

因为“民办幼儿园”,因为“少年文化宫”,因为“培养新苗基金”……更是因为红线女最后的一首新曲:《盛世讴歌唱不完》!

好一个“盛世讴歌唱不完”!

欣逢盛世,谁人不衷情讴歌?!霍英东在心头唤起强烈的感情共鸣……

在这好似旋风般运动的一个月里,最后的一条新闻,发自香港:

10月31日,霍英东公开悬赏50万美元(近400万元港币),给在5年内有胡荣华(上海选手,多次全国象棋冠军——笔者注)参加的中国象棋大赛中,夺取冠军的非华人“国际象棋大师”。

这既不是“儿戏”,也不是亿万富翁的“心血来潮”。

众所周知,除了足球、网球、高尔夫球外,霍英东还是一个痴迷的中国象棋的爱好者。他也曾潜心研究《梅花谱》、《桔中秘》等象棋古谱,彻夜不倦……他常对人说,“中国象棋最富科学性、竞赛性,应该把它推广到全世界去,成为一项国际性的智力体育项目。”

“重赏之下,必有勇夫。”

这一句中国成语,相信外国人也是能够理解和施行的。霍英东悬赏的目的很明确，就是要大力“推动中国象棋的国际化”！

在这一点上，霍英东可以说是一个百分之百的“国粹派”。

开发两沙　畅谈未来

霍英东雄姿英发、风尘仆仆地出没在香港、大陆及世界各地。

他始终是那么年轻、那么富于朝气和拼搏的精神！

他集聚了常人难以想象的、数以亿万计的财产！

今天，在霍英东的名下，以房地产为中心，从杂货铺到石油、航运、酒店、旅馆、赌城、淡水湖……形成了一个遍布海内外的、自成一统的、庞大的工业商业体系。他拥有有荣公司、立信置业公司、信德企业等60多家企业。10多万的“白领”（文员）和“蓝领”（打工仔）在直接或间接地为他效力。正如一篇文中所写的，“他的举手投足，进退伸缩，无不牵动着香港各界的神经末梢……”

他仍然没有放弃水上的营生。从50年代以来，他的船运生意逐渐扩大，至今兴旺不衰。除了挖泥、淘沙的船队，霍英东更辟建了往返香港——澳门间水翼船航线。丽日碧海，宛如飞鱼似的10余艘小翼船穿梭往来，蔚为奇观。这种瑞士式的现代化水翼船，可载160余人，瞬时可抵。每年有数百万人次穿行在这条航线上。

10多年前，据说霍英东又与澳门知名人士何贤等集资赌业集团，在澳门兴建了如“南天一柱”的“赌厦”——葡京大酒店，成为了“东方蒙特卡罗”的一绝！据到过这一座赌窟的人士介绍，五花八门的赌法、五光十色的赌具，中西合璧、应有尽有。“如果赌赢了（这种情况比较少，100个人中大约能有七、八个），为防意外，有专业的柔道或自由搏击选手，负责安全地把你护送到由你指定的地点；如果你赌输了（而且是输得囊空如洗），酒店将为你提供免费餐券，且赠送一定数额的回程（香港或是新、马等）船票和‘的士’的现款”。听罢，忍俊不禁。好一派“赌博的君子之风”！

广东有一句俗话，叫做“大鸡不吃小米”。意思是说，财大气粗的巨富，不屑于去赚那不起眼的几个小钱。

然而，霍英东这一只堪称为超级的“大鸡”却非如此。几十年来，他不放过任何一个赚钱的机会和可能。兴味盎然，乐此不疲。据说，他曾对他的经理人员训导，“对于一个商人来说，即令只有一仙一毫的利润也要全力争取。百万港元是由无数个一仙一毫积累而成的，要毁掉它也是从一仙一毫开始的……”

踞于这个庞大的“经济王国”之上的霍英东，究竟有多少财产呢？无数次地有人问起过这个问题。

最简单也是最确切的回答说：无可奉告！

记得已故的美国石油大亨约翰·保罗·吉蒂的一句流传得很广的名言：“如果你准确知道你的财产有多少，你就不是一个真正富有的人。”

他这样说，当然不是矜持自大，也不是故弄玄虚。因为财产不是一个含意简单的概念。在通常情况下，富豪们的财产分散在许多的大企业上；除非把全部企业售出，否则无法计算这些企业的总价值有多少。由于这个缘故，即使取得富豪本人的合作，要说出他的财产究竟有多少，仍然是几近不可能的事。

“财产本身并不重要；重要的是如何让它发挥出作用来……”这就是霍英东关于财产问题的看法。不善言辞，却又常常言简意赅，平淡而又耐人寻味，这是霍英东的语言特色之一。

1991 年 5 月 6 日。广东番禺。南沙港码头。

经过一年半的建设，我国首座双层桥式汽车轮渡码头——虎门大渡口正式通航。霍英东与广东省、广州市的多位首要，为之隆重而盛大地剪彩。

这是霍英东跨世纪的一个构想！

从广州经济发展向南辐射、港澳经济发展向北辐射的趋势来看，珠江三角洲将形成一个新的经济区。霍英东的战略目光，自然倾注在处于穗港澳大三角重心——珠江三角洲东西两部中间的、他的故乡番禺县。

一是开发位于番禺县东南的南沙镇。它南临浩瀚的珠江口，东隔虎门水道与东莞市太平镇相望；三面临海，海岸线全长 25.5 公里，有建深水港的自然条件；有拟建的省港澳高速公路从镇内经过和兴建中的珠江电厂，陆上又有发展工业基础的用地；正是人们梦寐以求的南北、东西交汇的交通枢纽与工商业城市的结合点。

摊开霍英东随身携带的、描画涂染得灿然一片的番禺地图可见：南沙镇府所在地距广州 62 公里，至香港 39 海里，至澳门 30 海里，距县城市桥 36 公里，处于穗、港、澳地带举足轻重的中心位置。

二是开发位于番禺县北端的沙滘岛。它与广州市隔江相望，是一个四面环水的橄榄形岛屿，江面宽阔；北有洛溪大桥与广州相连，南有大石桥直通县城市桥；全岛面积约 13,000 亩，可供开发的有 8,000 亩。霍英东认为，在该岛上开发建设商品住宅、国际旅游渡假村、商业楼宇等，不但可以取得较高的经济效益。而且对于加速发展第三产业，吸引外商对珠江三角洲直接投资，以及改善广州和番禺县居民的住房境况都有直接的作用。

开发南沙镇与沙滘岛，这就是霍英东有名的“两沙”计划——而虎门大渡口，则是这个环链上的、率先衔接的、万万不可断缺的一环。须知：此项宏伟计划的逐步实施，将促使珠江三角洲的整个面貌发生根本性的变化。矗立在太平洋西侧的这个三角洲，将会在二十一世纪放射出灿烂的光彩。而霍英东在这项计划实施中的重要贡献，亦将载入史册：

迎着虎门渡口鼓荡的海风，霍英东的脸上掠过了一丝不易察觉的、充满自信的笑容……

霍英东曾多次对人坚定地表示，他个人的事业永远立足于香港。

这是一个极为敏感的话题，几句话恐难说得清楚。

根据 1984 年草签的中英关于香港问题的联合声明，总的原则是否可以概括为是“港人治港”？

有人注意到以下情况：

1985 年 2 月 22 日、23 日，邓小平在白天鹅宾馆、珠岛宾馆分别会见了香港、澳门爱国知名人士霍英东先生、马万祺先生。邓小平同霍英东、马万祺分别进行了亲切的交谈。邓小平祝他们新春佳节好，并向港澳同胞致以节日问候，希望他们和港澳同胞为香港、澳门的繁荣昌盛作出贡献。

这当然不是一般性的会见。海外有记者猜测说，“中共最高决策人物邓小平对霍英东、马万祺的接见，实际上是对霍、马在香港和澳门的地位的确认。是有安排的、有选择的、精心设计的。”

1986 年 9 月，英国女皇伊丽莎白二世伉俪访华，在广州、香港两次接见了霍英东，并与他进行了“亲切的交谈”，霍英东向女皇赠送了礼品。

有人评论说，“女皇对没有勋位的霍英东先生的礼遇，说明霍氏是英国方面可以接受的人选。”

最为难得的是，霍英东本人的“自我感觉”亦极好。

1984 年 11 月，在中英关于香港问题的联合声明草签后，霍英东于香港对记者发表了题为“我的事业永远立足于香港”的谈话。请读几段记者现场绘声绘色的描述：

“我不说客气话，说心里话。”霍英东先生微笑着举起中英关于香港问题的联合声明的草签文本说，“这薄薄的一本，香港人所关注的问题，上面全有了，很周详！”

一年多来，香港各界人士组织了数十个代表团访问北京反映意愿。作为全国政协常委，霍先生回忆起这一举动，满意地说，“中国领导人对香港的情况很了解。有决心和信心继续维持香港的繁荣和稳定。”

谈及“一国两制”，霍先生认为这是尊重历史和现实的伟大构想，是香港人最关注的大事。他说，“中国外长把这一伟大构想公诸联合国，使它具有受国际约束的意义，更说明了中国坚定不移的决心和信心。”

“像我这样年纪的人，希望有机会亲眼看到 1997 年香港主权归还中国；至于到 2047 年香港社会制度都不变，连我孙子那辈都不用担心了。”说到这里，霍先生开怀笑了。”

“作为一个工商业者，”霍英东说，“如果在中英联合声明之前还有疑虑的话，那么，现在阴霾已散，我对香港的继续繁荣稳定增强了信心。”

霍英东从祖父那辈开始定居香港，他亲身经历了香港数十年的变化和发展。他认为“港人治港”的政策，能够发挥香港人的聪明才智。所以企业家应继续投资，专业人才应各展所长，个个下决心，为香港走向成功之路贡献力量。

谈到个人的事业时，霍英东坚定地说，“我的事业永远立足于香港！”

根据“联合声明”规定，香港主权归还中国之后，香港特别行政区仍将保持自由港和独立关税地区的地位，霍先生认为这是维持香港繁荣稳定的重要决策。

他说，“香港是个有自己特色的资本主义社会。资金自由进出，绝大部分商品免税入口。与西方的资本主义国家相比，有更大的贸易自由。因此，香港虽是弹丸之地，却成为国际瞩目的贸易中心和金融中心。

霍先生又进一步分析说，“香港繁荣的重要支柱，仍然是本港工业。近两年来，港制产品出口量大幅度增长，促进了香港经济的繁荣。”至于香港工业今后的发展方向，他认为要走多元化的道路和努力开拓外贸的市场。

霍英东谈锋很健。他说，“中国人无论在什么地方，都盼望自己的国家兴旺。在引进资金加强内地建设方面，香港应该更好地发挥日益重要的桥梁作用……”

以上，像不像一篇组织得很好的、包容有政治和经济两个方面的“竞选”或是“就职”的演说呢？

像。

霍英东一反常态，侃侃而谈。

1990年2月19日，中共中央总书记江泽民在人民大会堂福建厅会见了霍英东，与他进行了广泛交谈。当谈到香港情况时，霍英东敞开肺腑说：“香港要繁荣稳定，重要的是国家的稳定。中国的改革开放，受到了港澳同胞及海外华侨的支持，对祖国的前途是有信心的。港澳同胞对国家有感情，大家都是中国人，不管谁发了财，都是关心故国家乡的。中国的繁荣，必能为香港的稳定繁荣起到重大作用。因此我是看好香港前途的。”

江泽民总书记闻言，肯定地答复说：“请你放120个心，中国只有越来越开放，绝对不会改变政策。”并以嘉许的态度充分估价了霍英东在大陆投资的作用及其影响，十分恳切地说：“你的贡献很大。”

在中国的政治舞台上，霍英东也有着一席地位，他曾任全国政协常委，全国政协副主席，现任全国人大常委，很多老百姓都知道和仰慕他的名字。

翻开香港的百年史册。可知，自开埠以来有过几次大的“变革”（或称“动乱”）；

1941年底，算是一次，当时日军逼近香港，大批居民逃往“中立国”葡萄牙占领的澳门；

1950年前后，大陆解放，一部分有钱人，奔走台湾或远去美国；

1967年“左派”骚动，人心惶惶，纷纷移民，远走高飞；

1973年“股市大崩溃”，整个香港陷入“疯狂”之中；

进入80年代，在中英“关于香港问题的联合声明”的酝酿、拟定及草签的过程中，诱发了一定范围的资金转移和小规模的移民。

有道是“真金不怕烈火炼”！

每一次的变革和动乱，都会造就一批“与香港共存亡”的富豪和知名人物。

历史，再一次地把霍英东推到了一个义不容辞的地位上！

到1997年，霍英东刚好75岁。正是德高望重、群星拱北的年龄。“作为香港的象征和行政区的代表人物，似乎非他莫属。”这是一位香港朋友的预言。

香港的明天会更好！

李嘉诚

多难少年　顽强打拼

一九二八年七月二十九日(农历六月十三日),李嘉诚就在这块土地上出生,这块以历史悠久,人文发达而著称于世的历史文化名城——广东省潮州市的一个书香世家里。

潮州市位于粤东潮汕平原的韩江中下游。境内的地势北高南低,辽阔且肥沃的韩江中下游平原横亘市区内、中南部,并因北有金山、东有笔架山、西有葫芦山,而浩荡如海的韩江绕廓南流,于是便构成一幅三山一水护古城的壮丽且奇特的图景。

古代的潮州濒临南海,自隋朝以后,便因其"潮水往复"而得名为"潮州"。据传说有凤来仪,又因其寓意吉祥,故而潮州城常常被人们称为凤城,凤栖楼。

自古以来,潮州便是历代郡、州、路、府所在地,粤东地区的政治统治、经济贸易、文化交流中心。

潮州市是由东晋咸和六年(三三一年)开始建立的海阳县演变而来的,距今约有一千六百五十八年的历史。义熙九年(四一三年)立义安郡,设郡治于海阳县。从此,海阳县成为各附郡首县。隋开皇十一年(五九一年)在原义安郡辖境治州一级行政,称为潮州,取潮水往返之意。尔后,州名几度变易,唐代曾一度改称潮阳县。元朝也曾一度改称为潮州路,延至明代、清代改称为潮州府。民国初年,曾在此设立潮州安抚使,潮州军务督办。

当时的潮州村落位于偏僻地区,音讯传递阻隔,因而形成得天独厚的宁静地带。各乡居民多为福老、客家、本地土著以及大批南徙移民,但他们都以同姓同族,聚为村落,敬老孝祖,各自为政。

李氏家族自一世祖李明山起在这块土地上居住了约有十代。其中经历了二世祖李朝客、三世祖李子坤、四世祖李仲联、五世祖李世馨、六世祖李克任、七世祖李鹏万、八世祖李起英及李晓帆,传至九世有李嘉诚之伯父李云章、父亲李云经、叔父李云松、直至孝嘉诚恰居第十世。

李氏家族可以说是书香世家。李嘉诚之曾祖父李鹏万曾经是清朝年间每十二年选拔一次的文官八贡之一,且一时传为佳话,当年门前还有三米高用于插贡旗的碑座。因其家族人士治学风气甚浓,知书识礼、学问渊博,在乡村之中颇有名望、颇受村民尊重,故地位极高。

李嘉诚之祖父李晓帆是清末秀才,伯父李云章远渡重洋、负笈扶桑,并在学有所成之后，毅然回国，曾在汕头当地方检查官，后回归故里，在金山中学任教务主任。叔父李云松小学毕业后，因成绩优异，在当时人才短缺的情况下，受聘于隆都后沟学校当校长。

李嘉诚之父亲李云经从小聪颖好学，并且因为能够刻苦钻研，每次学习成绩都名列前茅，成为治学成风、望子成龙的李氏家族中的佼佼者。

李云经十五岁以优异成绩考入当时省立重点中学——金山中学。毕业后因为家境十分贫寒，无法继续升读大学，只好应莲阳懋得学校之聘，任教多年，期间深受师生爱戴。

由于时势艰难，家境仍旧窘迫，李云经无奈之下，弃教从商，并远渡重洋，前往爪哇之三宝垄，在一家潮人所开设的裕合公司当店员。不久再因时局动荡而回乡，在潮安城内一家恒安银庄出任司库和出纳。之后不久，战火纷飞，经济十分萧条，银庄被迫倒闭。李云经再度受隆都后沟学校聘请，重执教鞭。

一九三五年春，李云经转往庵埠（今彩塘）宏安，被聘为崇圣小学校长。

二十年代，各帝国主义国家的经济有了比较大的发展，并纷纷进入相对稳定时期，特别是发展到一九二八年和一九二九年上半年，随着一系列不稳定的经济增长，使得垄断资产阶级陶醉于“永久繁荣”的高歌声中。尤其是美国统治者，大肆号称美国正在经历第二次工业革命，美国将从此消灭贫困和危机。正当一片欢呼声步入高潮的时候，一次空前的世界性经济灾难降临了。在中国，大革命失败后，中国革命进入低潮，而由新旧军阀控制的政府各霸一方，在不同帝国主义的支持下，为争夺对中国的统治权，进行激烈的争斗。

但是，世界经济的繁荣与崩溃；中国时局的动荡不安，对于遥远而偏僻的潮州震动不大，这里的人民仍然安静的生活在自己的世界里，只是偶尔听闻一些关于外面世界的一些情况，但那也仅仅局限于茶余饭后的谈资。

而襁褓中的李嘉诚，仍依偎在母亲温馨而安静的怀抱里，在吮吸母爱的汁液来充实他幼小的生命。

婴儿时期的李嘉诚，就常常让他的亲人们惊诧不已。仍在襁褓里的他是那么小，小得让人对他格外小心翼翼，害怕碰碎他的生命。然而，相比之下，他那高高的额头，一双黑亮的眼睛却显得格外引人注目。以至于那些疼爱他搂抱着他的亲人们、乡邻们，都常常忍不住爱怜地呵护他：“阿诚呵——大头诚哦！（大头：意即聪明，将来有骨气。）”

走出面线巷

美丽而幽静的潮州宛若与世隔绝的世外桃源，仍旧像悠长、丰富的韩江水，在属于自己的日子里，从容地流逝自己的时光，并且，仍旧在宁静和祥和的气围中生存着、成长着。

李嘉诚就在这块土地上快乐地度过他童年的时光。

作为李氏家庭的第一个儿子，亲人们总是让李嘉诚感到他是多么重要和必不可少。即使因为生活的缘故，即使因为很多事情在忙碌或者烦恼，但对于招人疼爱的小嘉诚，亲友们总是似乎有用不完的时间去关心他。

也许因为这个时期的他得到太多太多的呵护，得到太多太多的爱心，直至今天，六十三岁的李嘉诚仍旧十分怀念这段迷人的时光。他至今还清楚地记得，与他亲密无间的，稳沉而富有涵养的父亲，是如何常常忍不住紧紧地抱着他（并且抱得很高），是如何常常忍不住地告诉他，他是父亲的骄傲，有他这个儿子是多么的自豪。

从五岁开始，李嘉诚就在潮州北门观海寺小学开始他的学子生涯。这是一所简陋得无法再简陋的学校，所有的财产就是斑驳的黑板和粗糙的课桌。虽然当时已经是一九三三年了，但新文化运动的浪潮似乎拍打不上潮州的堤岸，在这地处偏僻却文风鼎盛的地方，学生们所学的仍旧是“之乎者也”的传统文化。

据说这里有一个传统，大凡书香门第的子女，必须品学兼优。特别是李氏家族的子女，或者来自家庭的熏陶；或者来自周围环境乃至学校的压力；或者他们身上本来就有刻苦好学的遗传因子。反正这些学子们，无论是大人或小孩都勤奋学习，并且都暗暗地相互竞争。

在这个和睦的大家庭里，有一个面积虽小但藏书却非常丰富的小书房。童年时期李嘉诚的大部分时光，就是在这块狭小却辽阔的天地里度过的。每天放学回家后，他就像一只勤劳的小蜜蜂，悄悄飞进他的小书房。他太爱看书了，书多好，那么详细地告诉你许多你从来不曾知道的东西，那么认真地教会你做人处世的道理。书真好，看书太好了。李嘉诚这样想着。

在这块治学之风盛极一时，富极一时的土地上，不言而喻，潮州祭孔的习俗是非常隆重的。

祭孔首先是规模宏大的乐礼，如祭祀时奏乐的乐器就有革部（鼓）、金部（钟）、石部（磬）、丝部（琴瑟）、竹部（箫、笛）、匏部（笙）、土部（陶制乐器）、木部（木琴、板）八大类，总共有一百多件。而且，祭祀的仪规也相当繁复，根据不同的仪式就有初献起舞、再献起舞、终献起舞等等。

特别是学生祭孔，更是非常流行的了。小学生入学那天，要举行“进孔门”仪式。家长要给孩子做三道菜，一道是猪肝炒芹菜，一道是豆干炒大葱，另一道是鲮鱼，取自潮州话肝与“官”、葱与“聪”、芹与“勤”谐音；鲮鱼眼睛特别明亮，给孩子吃鲮鱼意思是期望孩子聪明伶俐，勤奋读书，将来出人头地。

吃过这几道菜，家长就会带领孩子到学校，在孔子灵位前供奉一盘“明糖”，教孩子焚香祭拜孔子，请求孔圣人收为弟子。这样，孩子就算进了孔子门，就会有好发展、好前途。

李嘉诚五岁入学那天，父亲就给他举行了隆重的“进孔门”仪式；母亲边让他吃这三道菜，边告诉他其中的道理。从此，李嘉诚心里就有了一个不辜负父母的期望，现在勤奋学习，将来要出人头地的心态。

大凡有志之人，无论年长、年幼，只要心里一旦有了宏大的目标，就会有永不枯竭的动力之源和永不气馁的行动。所以李嘉诚一有时间就躲在小书房里，如痴如醉的看书，海阔天空地考虑他的问题。即使有很多书他不能看懂或者似懂非懂，但他仍能够凭着他天赋的聪颖去领悟，以及运用丰富而奇特的想象力，嚼得津津有味。

直到今天，李嘉诚七十八岁的表兄、退休的老校长李嘉来每每回忆当年的情景，就会情不自禁地感叹不已；就会觉得过去的一切恍如昨天发生一般的回到眼前；就会觉得当年那个清秀而且聪明可爱的小表弟，像从前一样地央求他解释一个又一个他无法解释清楚的问题：

"嘉诚小时候读书最聪明，平时教他行为规范、做人道理，这些事情一讲他就懂，懂了就做。"

老人常常这样对他身边的朋友们讲述当年的李嘉诚：

"别看嘉诚年龄小，读书却异常刻苦。我看见好多次，他在书房里点着煤油灯读书，很晚很晚都没有去睡。"

充满吸引力的小书房，占据了李嘉诚心灵的空间，使他始终感受着生命的宝贵、生活的温馨。

看书越多，他越感觉到自己知识的贫乏，便越是废寝忘食、如饥似渴地学习。

在书房小小的天地里，李嘉诚常常做着博学及第、衣锦还乡的好梦，他对那些精忠报国的有识之士敬佩不已。

在这块奇特而神秘的天地里，他认识了"惶恐滩头说惶恐，伶仃洋里叹伶仃"的坚贞不屈的民族英雄文天祥，被他那种"人生自古谁无死，留取丹心照汗青"的高风亮节深深打动；他也认识了有冲天豪气的岳飞，李嘉诚完全沉浸在他那"壮志饥餐胡虏肉、笑谈渴饮匈奴血。待从头，收拾旧山河，朝天阙"的惊天地、泣鬼神的爱国情操里。

一九三九年六月，日本帝国主义的铁蹄开始践踏这片宁静的土地，开始蹂躏这片土地上善良而勤劳的人民。整日整夜，日本人的飞机对着潮州地区狂轰滥炸，整个潮州地区如同灾难中的中国一样，处在生死存亡之中。

这时候的李嘉诚正随父转入崇圣小学读书，这一天刻在李嘉诚的记忆里，这是李嘉诚在家乡崇圣小学上的最后一节课，这是一节历史课。李嘉诚深深记得历史老师是如何含着眼泪告诉同学们，此时的中国面临灾难，什么叫做国家的耻辱，什么叫做民族的衰亡。李嘉诚忘不了历史老师嘶哑的哭音：

"同学们，我们不要做亡国奴啊！"

从崇圣小学转入郭垄小学担任校长的父亲，这几天刚好从郭垄返回潮州休息，潮州沦陷之后，日本人到处烧杀奸掳，无恶不作，一切都处在白色恐怖之中，战争的威胁笼罩着失魂落魄的人们。即使潮州与郭垄近在咫尺，父亲却再也无法取回留在郭垄的行李。整个潮州城内的人们开始四处投亲靠友，往农村、往偏僻的地方走，以图生存。父亲带着一家大小随着逃难的人流躲到松坑的一个亲戚家里。即使是这样，还是不断听到从头顶呼啸而过的炮弹声；失去亲人的撕心裂肺的哭音，以及看见不远处整片整片的村庄被烧成猩红的火海，甚至烧红了低垂的天空。

李嘉诚颤抖地、非常恐惧地注视着这惨痛的一切，特别让他毛骨悚然的是，经常在夜半更深的时候，突然听到那些受过极度惊吓，甚至神经失常的幸存者凄厉的惨叫，每当这时候，李嘉诚总是抱着双腿坐在床上，凝望着窗外黑沉沉的夜空。他不止一次听到过大人们在一起的议论，从而得知日本其实是一个很小的岛国。他想起以前曾经读过的民族英雄岳飞、文天祥的故事，他不明白，为什么中国人就应该失去家园，惨遭屠杀。

在这段人心惶惶的日子里，每天几乎都有惨不忍睹的血腥，惨不忍闻的日本人屠杀中国人的各种行径。因为战乱而失业的父亲，眼巴巴地看着全家人都在打疟，居然无钱买药来医治，且全家人的生活也从此毫无着落，心情十分沉重。

就在这个时候，从后沟传来了祖母惊吓过度，突然去世的消息。虽然祖母不是直接死于日本人的枪炮之下，但她却是因为连日不断的枪炮声、尸横遍野的惨象所带来的恐惧而去世。这是李嘉诚第一次接受深爱的亲人死于战乱的事实，他非常难过，也非常气愤。国难家仇，亲人的离逝，深深地震撼着成长中的李嘉诚。

一九四〇年的冬天，是四季如春的潮汕地区有史以来最肃杀、最寒冷的一个冬天。李嘉诚一家人开始了真正的背井离乡，准备逃离战乱，前往香港。

一九四〇年初，经过大扫荡、大屠杀之后，日本人已经完全控制了中国包括上海的一些重要城市。

由于战线拉得太长，主要兵力又集中在城内，所以日本人在潮汕地区一带的军事力量比较薄弱。

但即使是这样，李氏一家还是不敢贸然在白天行动。为了安全起见，他们选择极少人走的崎岖山路。

李氏一家人手牵着手，跌跌撞撞地摸索着前进，身上不少地方被荆棘划破也不敢哼一声。在爬过日本人的警戒线时，父亲和母亲紧紧地拥着李嘉诚和弟弟李嘉昭、妹妹李素娟。

在赶到归湖坐船的时候，只有一只破旧的小舢舨船，船老大也惟恐被日本人发现，故异常谨慎地慢慢地划着船，到达对岸时，天刚朦胧亮，父亲不敢久留，稍一整理又继续上路。

就这样，李氏一家冒着随时都有可能被杀的危险，躲着不时而来的冷枪热炮，爬过一道道封锁线，步行十几天，一路风餐露宿，历尽千辛万苦，辗转到香港。一家人就寄居在舅父庄静庵的家里。

像所有经历战乱而背井离乡、流离失所的人们一样，潮州沦陷，迫使父亲带领全家冒着生命危险，来到香港另谋生路。如果不是战乱，如果李嘉诚不来香港，如果没有接踵而来的种种不幸，或者直到今天，李嘉诚仍在他的家乡潮州度过他受人尊敬的书墨生涯，并过着平凡且清贫的田园生活。然而，命运使他们走出了面线巷，开始了李嘉诚生命中第一次置生死于度外的奔波流徙，使他走出了象牙塔，步入并改变他沧海桑田般的历史，使他得以大显身手地驰骋于国际商界，以及成为芸芸众生中的英雄豪杰。

从此以后，在长达半个世界的奋斗生涯中，李嘉诚是以他的能力而不是仅以他的财富，向世界显示他的价值，向人类有力地证实他的价值。

走出狭长的面线巷，李嘉诚开始经历他生命中第一次刻骨铭心的转折。

嫩绿的涅槃

寄居在舅父庄静庵家里的李氏全家，像世界上所有岌岌可危的家庭一样，犹如汪洋中的一条小船，面对弱肉强食的香港社会，只有无能为力地听任随时而来的狂风暴雨冲击、惊涛骇浪的摇摆，做苟延残喘地挣扎。

一到香港，李嘉诚就发现什么都不对了，这个世界完全不像他的家乡，这里的人们也不像潮州家乡的人们那样敦厚、质朴。年少的李嘉诚开始感觉到这是一个“金钱至上”的世界，即使是亲戚朋友之间的关系也显得十分淡漠，大家都在“搏命”；都在“贯钱”。一贯与父亲一起享受博学多知、受人尊敬滋味的李嘉诚敏感地发现：这个地方要人尊敬你的不是知识而是金钱。于是，李嘉诚内心开始有了一种倍受冷落、伤害的失落感。这些问题，他没法也不敢去问一直在为全家生计而奔波操劳的父母，他只是暗暗地、伤心地想着这一个让他百思不得其解的问题：是世界本来就是这个样子呢？还是世界真的变了？

尽管有纠缠不清的困惑，李嘉诚还是没有失望，没有失去信心，他还是充满斗志地实现自己学业的理想。

在亲友们的帮助下，李嘉诚进入香港的中学继续初中学业，开始比较正规、系统地接触西方资本主义文明和接受殖民主义教育。

从潮州的传统文化到香港的殖民教育，无论在教育制度、教育内容或教育形式上都有天壤之别。

这里使用的几乎都是英语教材，使李嘉诚复杂的内心世界又增添了一份学业上的惶恐不安。虽然功课困难重重，但是，对于生性倔强且做事从不半途而废的李嘉诚来说，这是一个极好的挑战。

李嘉诚起早贪黑，抓紧点滴时间补课，或许因为他有天生的敏锐头脑，过人的记忆力，渐渐地，李嘉诚终于跟上了班上的学习进度。

然而，正在李嘉诚踌躇满志、刻苦学习的时候，一个巨大的不幸再次降临到李氏一家人的身上！

李嘉诚的父亲李云经，因为劳累过度，不幸染上肺病。身为长子的李嘉诚一边照顾生病的父亲，一边拚命温习功课，他知道父亲是为这个家累病的，他想学业有好成绩，使父亲高兴。

贫病交加，卧床不起但一心负籍桑梓的父亲，视李嘉诚的学业比自己的生命还宝贵，为了不使他失学，父亲偷偷将自己的药钱积存下来，供李嘉诚读书，由此而来，父亲的病愈拖愈重，李嘉诚至今还记得，自己每次去医院给父亲送饭，父亲不是抱怨太多、太好，就是将饭盒中惟一的一点青菜塞到李嘉诚的嘴里。

为了给父亲治病，李嘉诚一家的生活过得相当清贫。两顿稀粥，再加上母亲去集贸市场“收集”来的菜叶子便是一天的美食。这时候，李家在生活的重压之下，生存的惟一希望寄托在父亲身上，希望他快快病好；病好了便能教书，李嘉诚一家的生活就有着落了。

但是，万万没想到，父亲居然没能顶过那年的冬天；更没想到一心苦读，为争得好成绩使父亲开心，使父亲病情好转的李嘉诚，从此不得不含着眼泪，万般无奈地结束了他的学子生涯。

那些白手兴家而成大器的人们，无论是祖辈或者父辈，必然在他的心灵深处曾经鲜明地感受到一种预兆；必然受到一种足以强迫他们克服种种消沉懈怠的力量驱使；必然能够满足他们去想象未来环境所激励而来的目标的实现。只有这样，才使他们不惜破釜沉舟地奔赴他们所希望的那方乐土、那种环境；从事他们认为能给他们带来“点石成金”效果的移民。

也许，正是受这种不可知力量的驱使；正是希望有一个能解脱贫困，带来财富的环境；正是希望这个新的环境能有机会让他们的孩子实现成就大业的目标。世界著名企业家、美国钢铁大王卡内基的父亲才下定决定，变卖他们仅值不足二十英镑的家产移居美国。

至于李嘉诚的父亲，当年冒着一家妻小的生命危险，举家南移，漂泊香港，是否有以上原因或者动力已无从考证。但有一点是肯定的，当时他的家境相当贫寒，在李嘉诚的祖母去世时，前去奔丧的父亲，所拿出的全部家财只有一块银元。这个正直善良的中国男人，空有满腹威国振邦的宏图壮志；空有满腹兴学育才的百年大计，然而命运却使他无法实现安葬母亲及承担养妻活儿的责任，他只好与弟弟李云松在母亲的灵前，抱头痛哭。

潮州沦陷之后，城内商店纷纷倒闭，学校也被迫关门，前途渺茫的阴影像一座黑压压的大山般沉重地压在李云经的心头上。失去家园的困境，使得他无法实现自己的理想，以及望子成龙的心愿。虽然暂避在亲戚家，但一向清高，受人尊敬的李云经，自然难以忍受长期寄人篱下的苦楚。而三十年代末期的香港，虽然处于世界经济不景气，大中国一片战乱且人心惶惶的非常时期，却幸运地获得了相对的宁静和得天独厚的经济发展的黄金时间。中国的大量游资和人才，成批地流入香港，不仅为香港轻工业的发展打下了坚实的基础，而且也极大地刺激了香港经济的迅猛发展，这或许给李嘉诚的父亲带来了复苏的希望，使他果断地决定，不顾一切举家南徙，辗转到香港来寻求一条生路。

然而，洪水猛兽般的香港，决不是想象中的乐土，不到三年时间，就狰狞地吞噬了李云经正值旺年及弥留之际仍在想着返回家乡兴学育才的生命。

身为长子的李嘉诚，再也等不到他所需要的，他所爱戴的父亲；即使他力不支体，哭天呼地，他的父亲还是永远的离他而去了。

直至今日，李嘉诚仍然记得父亲临终前把他叫到床前，用骨瘦嶙峋的双手，抚摸着含着热泪的李嘉诚，哽咽着说：

“阿诚，这个家从此靠你了，你要把它维持下去啊！”

李嘉诚含着眼泪，咬着快要出血的嘴唇说不出话来，只知道紧紧拉着父亲的手，拼命地点头。

父亲与儿子泪流满面的深深凝视着，他们彼此都明白，为了维持这个家，接下来就意味着李嘉诚即将告别他的学子生涯，并且要投身到香港社会，开始像父亲一样打工挣钱，像父亲一样养家糊口。奄奄一息的父亲想到儿子是优秀的学生，将要从此中断，而且接下来进入社会所必须面临的险恶环境，不禁泪如雨下。父亲艰难地喘息着，用尽力气抓住他的儿子，他的寄托，他告离人世间的最后、惟一的希望。

“阿诚，阿爸对不住你……”

直到离去，父亲嘴里还在喃喃地叮嘱李嘉诚要有志气、好好做人。

一九四三年的冬天对于刚刚失去父亲的李嘉诚来说，是十分漫长的。

这个冬天深深地刻在李嘉诚的记忆深处，是他一生中最难以忘怀的。

那种冷，那种渗透他柔嫩、幼弱的身躯，由肉体达至心灵深处的酷寒，使他觉得整个世界像一座巨硕且黑暗的冰窖，似乎人世间的最后一丝热气也被父亲带走了。

然而，即使是这样，李嘉诚还是必须咬紧牙关、鼓足勇气，他希望自己能够带领全家平安地度过这个肃杀凄凉的冬天。

为了安葬父亲，李嘉诚含着眼泪去买坟地。

按照当时的交易规矩，买地人必须付钱给卖地人之后才可以跟随卖地人去看地。

卖地给李嘉诚的，是两个客家人。李嘉诚将买地钱交给他们之后，便半步都不肯离开，坚持要看地。

山路出奇的泥泞，不时有夹着雨点，寒意逼人的北风扑面而来……

仍旧沉浸在失去父亲巨大的悲痛中的李嘉诚，想这连日来和舅父、母亲一起东奔西走，总算凑足了这笔安葬父亲的费用。想着自己能够亲自替父亲买下这块坟地，心里总算有了一丝慰藉。

这两个卖地人走得很快，李嘉诚一步接着一步地紧跟不舍。然而，不幸的是卖地人见李嘉诚是一个小孩子，以为好欺骗，就将一块埋有他人尸骨的坟地卖给他，并且用客家话商量着如何掘开这块坟地，将他人尸骨弄走……

可是，他们并不知道，李嘉诚听得懂客家话。

李嘉诚震惊地想，世界上居然有人如此黑心，如此挣钱的人，甚至连死去的人都不肯放过；想到父亲一生光明磊落，即使现在将他安葬在这里，九泉之下的父亲也是绝对得不到安眠的。

而且，李嘉诚也深知这两个人绝不会退钱给他，就告诉他们不要掘地了，他另找卖主。

这次买地葬父的几番周折，深深地留存在李嘉诚的记忆深处，使他不仅上了一课关于人生、关于社会真实面目的教育。而且对于即将走上社会，独自创业的李嘉诚来说，这是第一次付出沉重的代价所吸取的相当痛苦的教训，也是李嘉诚所面临在道义和金钱面前如何抉择的第一道难题。这促使李嘉诚暗下决心；

不管将来创业的道路如何险恶，不管将来生活的情形如何艰难，一定要做到在生意上不能坑害人，在生活上乐于帮助人。

家贫如洗的李嘉诚，从买地葬父这个事情上表现了超乎常人的美德。

这在即使是成年人，即使有较好的家境，在遭受到如此残酷的打击之下，是很难做到这种理智的举动的。这件事情不仅反映了年少的李嘉诚隐忍与善良的非凡心智，而且更体现了李嘉诚小小年纪就拥有的豁达与宽容，以及遇事果断干脆不斤斤计较的大将之风，从而注定了李嘉诚必成大器的将来。

父亲的去世，犹如来自天庭的震撼，给李嘉诚带来了他年少的生命中，最让他无法接受的惊天劈地的第二次刻骨铭心的转折，使得少年时期的李嘉诚不得不从此离开心爱的学校；不得不从此告别一个所有经历儿时的人们都怀有的纯真美梦；不得不从此带着滴血的心灵走向人间炼狱……

开始他生命的涅槃——嫩绿的生命的涅槃。

如果说，李嘉诚在经历了父亲去世和辍学而形成的生命中第二次转折之后，真正开始丧失童真，走向成熟的话，那么，相比之下，走出面线巷南徙的第一次转折给李嘉诚所带来的震动，就显得微弱多了。

举家南徙时的李嘉诚仍用不信任的目光，注视着这个暂时还没有对他形成直接地、绝对地威胁的世界。

无论怎么说，这时候的他还有童真，还有他峨冠博带的学子梦，而且他也始终处于一种半梦半醒之间，即使当时十分艰苦；即使当时有着巨大的生命危险，但在当时的李嘉诚看来，倒也丰富和体验了他儿时关于战争，以及英雄人物的想象。

并且，在李嘉诚幼小的、鲜为人知的内心深处，还有相当隐蔽且从未被触动的一角——他认为这是一次带有冒险经历的寻亲行动（他还不知道接下来等待他的命运是什么），他甚至还在想象着繁华的灯红酒绿的香港会怎样迎接他，而他自己又会怎样以他的学业及聪明才智在香港出人头地，一如当年在潮州（他常常天真地想），就算是李氏家庭的长子，就算有依赖他崇拜他的小弟弟李嘉昭和小鸟依人般的妹妹李素娟。但那个时候的李嘉诚仍旧是一个小小少年，毕竟他才十四岁。

然而，父亲的去世和被迫中途辍学，像一阵狂风，扑灭了李嘉诚对理想、未来所有五彩缤纷的梦幻，他曾经满腔热血希望的、向往的一切都烟消云散了。

十四岁，多么美妙的年华。那正是人生之中最瑰丽的绿茵茵的少年时代啊！这个年龄的孩子本该是依偎在妈妈身边撒娇，央求爸爸带他去打球……而所有这些从此都不再属于李嘉诚了。

他被迫离开了心爱的学校，用他还很稚嫩的肩膀，毅然决然地挑起赡养慈母、抚育弟妹的重担，开始了他从此夹缝人生，茫茫人海中的苦斗……

父亲去世以后，李嘉诚开始了他的打工生涯。首先，他在舅父庄静庵的中南钟表公司当泡茶扫地的小学徒。钟表行业的工作是一个要全神贯注、细心谨慎的工作，大家都在沉默地干活，因此客商来参观车间、选购产品、商务洽谈也是很轻声地进行。李嘉诚来到这里之后，学到的第一个功夫就是察言观色、见机行事，他每天总是第一个到达公司和最后一个离开公司。

不仅如此，在端茶倒水期间，勤勉而灵巧的李嘉诚不放弃任何一个吸取新知识的机会。虽然他的勤杂工作做得很好，但是，他还是在很短的时间内逐渐掌握了钟表的装嵌、修理以及各款钟表使用的性能和特点，因此，很得身为老板的舅父庄静庵的赏识。

不久，舅父发现李嘉诚的年龄虽小，但很懂得且有耐心去招待客商，就将他调入高升街的一间钟表店当店员，以便日后有更好的发展。

这时候的李嘉诚只有初中文化程度（而且连初中都未曾读完），即使他在人前再勤力、再平静地干活，但在内心深处仍然活跃着十分强烈的求学渴望，他并没有因为沉重的家庭负担、辛苦的工作而放弃自己的学业，他一直在刻苦自学；并且一直在暗暗地希望，在拚命奋斗几年之后，能够挣上一笔钱，一笔维持全家的生活以及弟弟妹妹念书和自己踏入校门接受正规教育的学费。

这段时间，李嘉诚表现得非常隐忍和特别的冲劲，正如他自己后来回忆时所说的：

“先父去世的时候，我不到十五岁，面对社会，很快就开始工作了。当时家境非常不好，读书的机会可以说是一点都没有，而自己又非常想读书，所以我就白天做事，晚上用功。因为要负担一家人的生活，我必须全力以赴地做双倍的事情。那时候真穷呵！穷到我只能买旧书自学。”

每当说到这个时候，六十三岁的李嘉诚就会露出甚至可以说是十分孩子气的纯真和非常甜美及自豪的微笑。

“我那时候不能说是聪明，只是有一点小智慧。我不是买旧课本，而是买旧的教科书，然后再将辞海放在一边，这样自学起来就方便得多。学完的旧书又可以拿到旧书店去卖，再将卖旧书的钱再买回‘新’的旧教科书，于是便节省了很多钱。”他笑意融融地回味着。

说到最后，李嘉诚还会笑着意犹未尽地补充一句：

“买教科书比买课本好得多，可以学到很多很多学问。”

李嘉诚的记忆力非常之好，在端茶到水招待顾客期间，以及在钟表店当店员的时候，他渐渐学会揣摸顾客的消费心理，并且知道怎样真诚待人，就获得顾客对自己的信任。所到之处，他会将自己所听到的新鲜字和词以及一些古训、谚语，特别是生意上的诀窍一一地默默记录下来，默默记在他胸怀壮志的心里。

充满斗志的李嘉诚，在自从降临人世间后短短的十四个春秋里，终于可以平静而且勇敢地踏上人生之旅，且面对残酷的命运。即使在这期间不止一次痛苦而绝望地哭泣过；不止一次差点走向人生的边缘，但他毕竟挺过来了，毕竟忍受和经历了他生命中两次翻天覆地、沧海桑田的转折。虽然他并不知道，接下来等待他的是什么，他还有多少摸爬滚打的日子，还会有什么灾难或者不幸再度降临在他的身上，但是，有一点他是知道并且能肯定的。

他从此不再是心存幻想、天真纯情的少年。

他从此能够承认并且面对种种现实。

他从此学会并且已经开始逐渐深沉、成熟起来……

走入商旅　初放光芒

磨砺意志的锋刃

在经过生活的磨砺之后，李嘉诚逐渐成熟起来。无论老板怎样赏识、再三挽留，他都决意要离开，他要独自闯出一番世界，要用自己平日点滴的积蓄从零开始，创造一个天地，一个真正属于他自己的王国——他想给自己放“单飞”。

这时候的李嘉诚，自以为已经受了足够的磨砺，并且也凭着自己的能力，一次又一次地挣脱了握向他命运的魔爪，或许这段日子给他成功的喜悦太多太多，使他始终处于一种极度兴奋的状态，使他开始有一点不由自已。他甚至还没有想到也不曾来得及想到，这段时间他所取得的成功，毕竟是一名高级“打工仔”的成功，而且，他所管理的塑胶企业、塑胶公司的财产毕竟是董事长的，失败的最终承担者也只是董事长本人。

那么实际上，这一段时期，李嘉诚的肩头上并没有，也没法体会得到那种涉及到他绝对安危的致命压力。然而，现在不同了，他不仅是他企业王国的总经理，而且也是企业王国的董事长，这就意味着，李嘉诚将成为他自己的老板，成为失败的最终而且也是惟一的承担者；也意味着，李嘉诚在用自己的血汗钱独自创立一个随时随地都有可能面临绝境的企业王国，这种覆灭的危险所造成的压力，沉重地压在李嘉诚的肩头上。他在将自己、家人，乃至企业的全体员工及其家属的生存资本和前途，集千钧于一发。他是否能够闯过这一个在他生命的历程中最为险恶莫测的漩流；他是否能够承受或者迎接下来的日子里的种种挑战呢？

夏夜。一九五〇年的香港。

已经凌晨二点半了，街上仍有往来不断的车辆，显得拥挤而嘈杂。街道两边的大排档生意格外兴隆，坐满了为生计奔波忙碌了一天的人们。繁星闪烁的夜空与街头巷尾巨大而醒目的霓红灯广告招牌辉映相交，呈现着夜香港光怪陆离的迷离景象。

在街边一家简陋的茶餐室，几个青年男子用潮州话在热烈地讨论着。从他们兴奋得红光满面的脸庞看，他们讨论的主题一定与他们的前途、理想有着极大的关联，他们的讨论看来已经接近尾声，并且也有了令他们十分开心的结局，那个抑制不住激动心情，正在摩拳擦掌的青年正是踌躇满志的李嘉诚。只见他闪亮着双眼，一边用手比划着，一边充满理想、幻想地在畅谈着，策划着他那即将出炉的宏基伟业，而他身边的那些朋友们，个个瞪大眼睛凝神贯注，用十分钦佩认真的目光注视着、倾听着……

过了一会，李嘉诚一边思索一边认真地问他的朋友们：

“你们说，我们这个塑胶厂用什么名称好呢？”

是呵，这可是个关键问题，几个年轻人都陷入了沉思之中……

突然，李嘉诚兴奋地一击掌。

“嗨！有啦！就取名叫‘长江’，长江不择细流，才能纳百川而归大海。我们每一个人都有各自的才能，我们每一个人就像一条支流，我们汇集在一起就是长江。而我们的企业要像长江一样从小到大，由弱到强。”

一九五〇年的夏天，说干就干的李嘉诚，以自己多年的积蓄和向亲友筹借的五万港元在筲箕湾租了厂房，创办了“长江塑胶厂”，专门生产塑胶玩具和简单日用品，并由此起步，开始了他叱咤风云的创业之路。

这个时候，李嘉诚仅仅统率两个衣衫褴褛的手下，在一条小溪边的几间破旧的房子里，在昏暗的灯光下，侍弄几台老掉牙的压塑机，夜以继日的开办他的工厂。

而且，除了门口挂着的那块“长江塑胶厂”的牌子是崭新外，他独闯龙潭的事业，也是崭新的。

这个时期的香港，因为韩战爆发和美国实行对华禁运，使以转口贸易为主的香港经济一落千丈，猝然陷入危机之中。但是善于掌握机会，调整策略的香港人，很快找到了生活的出路，于是一个工业化的阶段来临了。随着五十年代香港纺织工业的迅速成长，香港制造业也随之兴旺发展起来。这些行业都是一些只需要小额资本和技术的行业，正好适合这段时期香港经济的发展环境。

李嘉诚选择并从事的塑胶行业，正是符合这种经济环境的最具特色的一种。

塑胶制品是在第二次世界大战结束之后，才逐渐风靡起来的新型产品。塑胶产品具有价格低廉、经久耐用且容易变换款式等特点，比木材和金属更有广阔的前景，成为逐渐替代木材和金属的日常用品，有着更大更深的发展潜力。

开办之初，每天工作十六个小时的厂长李嘉诚身兼数职。每天大清早就出门联系业务，也就是香港人称之为"碰早"的工作。为了省钱，他不坐公共汽车，全靠两只脚东奔西走。这时候的他是今天勤劳的香港人所互勉的"走得快，好世界"的集采购、推销工作于一身的"行街客"。这仅是前奏，回厂之后，一天的紧张工作才算正式开始，这时候，他既是埋头工作的工人，又是传授技术的师傅，还是一厂之长。到了晚上，李嘉诚一头埋在书桌前搞设计，以便第二天工人们能照图施工；他又是一个勇于创新的革新能手，一名名副其实的工程师。到了深夜，便是李嘉诚自修各门功课的时间，这时的李嘉诚又成为一名勤奋的学生。

必须承认，在创业最初的一段时期，李嘉诚也凭着自己的商业头脑，"待人以诚，执事以信"的商业准则发了几笔小财。但不久之后，一段噩梦般的惨淡经营时期来临了。

几次小小的成功，使得年轻且经验不足的李嘉诚忽略了或者是小看了商战中变幻莫测的危险，他开始过于自信、急迫；过于迅速、扩大地发展起他本来就资金不足，设备简陋的塑胶企业，于是资金开始周转不灵，工厂亏蚀愈来愈严重。李嘉诚眼看着金钱像流水般地"哗哗"地从账上流走，而无法制止。

过于快的扩张，承接订单过多、过速，加之简陋的设备且人手不足，极大地影响了塑胶产品的质量，迫在眉睫的交货期使重视质量的李嘉诚无暇顾及愈来愈严重的次品现象。

于是，仓库开始堆满因质量问题和交货期的延误而退回的产品，紧接着塑胶原料商开始上门迫交原料费，客户也纷纷上门寻找一切借口要求索赔。

而且，做生意伊始，就以诚实从商、稳重做人来处世的李嘉诚，获得的代价是惨重的，而这种惨重的代价几乎导致李嘉诚濒临破产的边缘。

在李嘉诚和他的工厂面临各种危机的时候，本来还有一丝曙光，因一些生意上的朋友向他订购了大量的货品。因为这些货一经出厂，至少能够扭转工厂所面临的危机。

信朋友、讲义气的李嘉诚咬紧牙关，用账面上所剩的最后一点尚未还息的贷款，千方百计地找原料商订购塑胶原料。他身兼数职，日夜加班加点，并力求产品质量良好，后来也准时完成了朋友们的订货。

然而，就在李嘉诚拚命熬过无数个通宵，拖着疲惫的身体，带着复活企业、度过难关的希望去找朋友们提货时，朋友们可能因国际市场突然有变，使得他们只考虑怎样确保自身利益。于是这些当时采取中国人传统的口头承诺订货的朋友，开始言而无信了。这些人不是推三推四，避而不见，就是想方设法，逃之夭夭。

这时正如俗语说："屋漏偏逢连夜雨，船破又遇顶头风。"

面对这种情况，李嘉诚气得什么也说不出来，只觉得怒火充斥了他整个心间。

在追债不成，空空如也地返回途中，李嘉诚感到天昏地暗、力不支体，似乎随时都有倒下去的可能。但他还是咬紧牙龈，深一脚，浅一脚地走着，边走边对自己说：

"会过去的，我一定会挺过去的。"

朋友的违约失信，令工厂出现更严重的亏蚀，使李嘉诚感到愤慨到极点，也震撼到极点。无论如何，这确实是他意料之外的。

这段时间，痛苦不堪的李嘉诚每天只知道睁着布满血丝的双眼，忙着应付不断上门催还贷款的银行职员；应付不断上门威逼他还清原料费的原料商；应付着不断上门连打带闹要求索赔的客户，以及拖家带口上门哭哭闹闹、寻死觅活的工人们。

而且，即使没有生意，还是有成打的账单不断的汹涌而来，疲惫不堪的李嘉诚只好以最低廉的价格卖掉一批批积压的货品。然而，每天等待他的只有坏消息，而且是一天比一天更坏的消息。

这段时期，除了身边几个骨干人员之外，工厂的员工士气低落，有些员工干脆利用上班时间外出找工作或者帮短工。

工厂面临破产，员工们面临失业的威胁；使得即使在拚命工作的人们，也心神不定。

急喘未停的工厂，本来可以再接单、再申请贷款，重振旗鼓，扭亏为盈，但因为工厂亏蚀，行将倒闭现象，逐渐表面化。

可怕的是银行不但不给贷款，反而停止原来预定的贷款。

原料商不再提供原料。

李嘉诚自己也不知道他在这些日子里，是怎样在百感交集的情况下一分一秒地熬过来。

生意上出人意料的惨败，使得李嘉诚似乎感到万念俱灰，心力交瘁。他只觉得少年时期英雄般的幻想已完全消失；创业初期的宏图大志也变得渺茫。失落的信心，如同深秋枯萎的树叶在萧萧而下，李嘉诚怎么也无法想象这所有所有的一切便是他辛勤耕耘的结果，便是在他等待收获季节所赏赐给他的腐败和凋零。

李嘉诚开始感觉到一种强烈的不公平；一种由精神到肉体都无法承受的灾难。

没有什么比理想的破灭，不再有希望更为可怕的了，此时此刻，李嘉诚心里充溢着比冰更凉更冷的绝望。他清楚地意识到自己已经被卷入了无情的，而且是无法抗拒、承受的惊涛骇浪之中了。这场浩大的惊涛骇浪会使他无法自救，无法脱逃灭顶之灾。只有这时候，李嘉诚才知道生命的可贵，才体会到他的生命不再属于自己，他必须为他的企业、为慈祥善良的母亲、为勤奋听话的弟妹、为这个以他为支柱的家活着！咬紧牙龈！活！坚持！再拚！再努力！

直到成功！或者灭亡！

充满必胜信心的李嘉诚，做梦都没想到，在他独自创业的最初几年里所面临的种种失败后随之而来的灭顶之灾。从一九五〇年至一九五五年的这段沉浮岁月直到今日,李嘉诚回想起来都有心悸的感觉。这是李嘉诚创业史上最为悲壮的一页,它沉痛地记录了李嘉诚摸爬滚打于暴雨泥泞之中的艰难历程,它用惨重的失败显映李嘉诚成功之路的坎坷不平和最为痛心的一段际遇。

一如历史上所有成就大业必经磨难的仁人志士一样,这是一段难以忍受却又必须忍受的日子,而李嘉诚所有苦涩的泪水只能抖颤地流向心灵深处。

这段日子所积累的沉痛教训贯穿和影响着李嘉诚奋力拚搏、执著求索的艰难创业的一生。

幽谷中的转轨

如果说只有经历磨砺,经过失败,再吸取教训才能达到成功,才是符合造就伟人的规律、体现人生的逻辑,那么作为一直在奋力拚搏,积极进取的李嘉诚在长期的、强烈的渴望成功的心理因素下,无法控制自己创业初期的冲动情绪。导致失败的倾向似乎不仅是可以理解,而且是必须的自然而然的了。

这时候,失败其实并不是最重要的。最重要的是失败之后是否仍有信心,是否能够继续保持或者重新拥有清醒的头脑。

一种迫在眉睫,几乎是集千钧于一发的紧迫感,在促动着困惑中愁眉不展的李嘉诚,要做的事情太多了,而时间却老是那么少,老是不够用。那么,现在关键的第一步是稳定军心,重新树立员工对工厂的信赖和增强相互之间的凝聚力。必须以最快的速度寻找一批经验丰富的塑胶人才,重新组织一批精干的队伍,由小到大,稳打稳扎,赶在工厂彻底崩溃之前扭转过来。

李嘉诚一边振作地想着,一边又习惯性的拿起纸笔,重新设计塑胶产品,继续研究新的发展方案……

一九五五年的某一天,在新蒲岗的那间矮小而破旧的小阁楼上,按捺不住兴奋心情的李嘉诚,是这样告诉他企业的同仁:

"今天我要告诉大家的是,经过这一段时间的共同努力,我们已经基本上还清了各项欠款,我已经和银行方面商谈,他们同意继续提供贷款。这就是说,我们暂时脱离了困境,并且又拥有了一次重新开始的机会,现在我们需要的是,如何把握这次机会。我认为,一个企业的发展成败,如同一个人事业发展的成败一样。我们拚死拚活,总算平安度过了危险期,那么长江现在的发展方针是,在稳健中力求发展,发展中不忘稳健,也就是说,我们必须先求生存,再图发展。"

"现在我们都是长江这条船上的成员,既然我们已经有能力度过难关,我认为,我们也有能力办好长江,大家都能吃苦耐劳,视长江的成败为己任,都能为长江作出贡献。我相信,不久的将来,我们的长江一定能够发展壮大。"

作为一船之长的李嘉诚刚说完,一阵热烈的掌声回答了他充满斗志、信心十足的肺腑之言。共同的信心和目标,像一种无形的力量,强有力地将他们紧紧地凝聚在一起。

即使没有炮火硝烟,没有枪林弹雨,商场也是险境重重的战场。每做一笔生意,就是一次击败对方，消灭对手战而胜之的动人心魄的战斗。在这时刻都有“螳螂捕蝉，黄雀在后”的商战情势中，稍有不慎，就会措不及防，就会导致全军覆没。

在竞争激烈的商业战中，即使是最精明的企业家，也很难保证不在某个未加提防的疏忽时期，将部队带入幽谷乃至兵临绝境。那么，在这个与企业共存亡的生死攸关的当头，最能够显示企业家实力及能力；最能够反映企业主脑的智慧与胆识，最需要的就是——抉择。

沉着冷静地抉择。

像任何身处逆境的人一样，李嘉诚在经过这一连串痛定思痛的磨难后，开始冷静分析国际经济形势变化，分析市场，特别是他目前所从事的塑胶市场的走向。

李嘉诚看到二次大战之后，各国经济逐渐步入正轨，香港的转口贸易进入了鼎盛时期，而且，各种制造业的兴旺发达，已经形成一种浩大的发展趋势。

在种类繁多的塑胶产品中，李嘉诚所生产的塑胶玩具，在国际已经趋于饱和状态的塑胶玩具市场中，似乎没有足够的生存能力。如果再继续生产这种产品，那么他绝对无法将企业从危机的困境中带出来，那么就意味着他必须选择一个能救活企业，在国际市场中具有竞争力的产品。从而实现他塑胶厂的“转轨”。

李嘉诚由此更加意识到自己面临有关长江生存契机的严峻和紧迫。他也明白在香港这样汇入国际各路经济人才的商业社会里，如果没有经验和一定的实力来显示、证实自己管理企业的能力和实现自己的主脑地位，那么，这个竞争激烈且绝对讲求实力的社会，就会吞掉他的企业和他的主脑地位。这就是商业现实，活生生的不折不扣的商业乃至社会现实。

李嘉诚的眉心无法不跳动、不颤抖，他的企业是生是死，成败在此一举，他必须冷静地进行市场考察，重新作出判断。他必须在紧迫感、责任感、危机感的三重压力之中作出明智的抉择，救活他的企业，保持他的主脑地位。

这段时间，“转轨“的念头一直紧紧缠绕着李嘉诚，他绞尽脑汁也找不到创新的目标，而李嘉诚所注重的创新并不是简单的标新立异，而是在迎合市场需要的前提下，符合企业发展的创新。

于是，他以更加细致、耐心、谨慎的态度，尽量控制自己的情绪，也尽量做到不犯错或者少犯错。

某一天深夜，李嘉诚自修完当天的功课之后，仍像平日一样临睡前随手翻阅一些杂志。当他阅读最新英文版《塑胶》杂志时，发现在不太引人注目的边角地方，刊登了一项有关意大利一家公司利用塑胶原料设计制造的塑胶花，即将倾销欧美市场的消息。

李嘉诚马上联想到转入和平时期过着平静生活的人们，在物质生活有了一定保障之后，必定有精神生活的需要，这就带来在精神生活方面的消费。然而，初入安稳时期的人仍要为生计而忙碌奔波，如果种植花卉等植物，不但每天要浇水、除草，而且花期短，这与当时抓紧时间工作的人们的生活环境、经济环境很不协调。如果生产大量塑胶花，不但可以达到既价廉物美又美观大方的目的，而且还可以走出家庭进入写字楼。

想到这里，李嘉诚兴奋地预测着：一个塑胶花的黄金时代即将来临。

一九五七年的春天，给李嘉诚带来了复活企业的信心和希望。李嘉诚兴致勃勃地踏上了飞往意大利去学习关于塑胶花制成技术的征途。

美丽迷人的意大利，在春天明媚的阳光里，更加浪漫写意。但李嘉诚无心欣赏这绚丽多彩的异国风景，他满脑子装的都是塑胶花。几经周折之后，终于打听到生产塑胶花的厂址。

精明的李嘉诚自然深知生意人对一个刚面世的新产品的重视与保留程度，故此他便不断以购货商、推销员等身分；甚至不惜打短工，千方百计的搜集点点滴滴有关塑胶花制作的技术资料。他不耻下问，用流利的英文向这家企业的技术工人请教，而他这位真诚好学的中国青年也幸运地获得了人们的好感；于是，很快地，悟性极强的李嘉诚逐渐熟悉和掌握了塑胶花制作过程中的由制模、调色以及配枝叶等主要步骤和有关技术要领。”

不仅如此，李嘉诚又购置大量在款式、色泽上各具特色的塑胶花品种带回香港，他不惜重金聘请香港乃至海外的塑胶专业人才，将这些购回的塑胶花品种进入研究。摸清其原理之后，又在此基础上进行创新的品种，一边进行市场调查，根据大众的喜好进行改进；一边了解国际市场的发展动态，找出最受欢迎、最畅销的品种进行大规模生产。

一九五七年，咬紧牙关走出绝境的李嘉诚，开始他的一系列别具新意的“转轨”行动，生产既便宜又逼真的塑胶花，这在当时的香港还是一个处于“蠕动”过程中的“冷门”。渐渐地，李嘉诚的塑胶花开始引人注目起来，而且“长江塑胶厂”的名子也开始为人们所熟悉。

工厂明显有了“活”的生机，钱似乎到了该赚的时候了。李嘉诚亦不知疲倦地如同他的注塑机一样，日夜不停地工作。那充血、深凹下去的眼睛，射出的是愈来愈充满希望的坚毅光芒。

然而，生活本来就是一个个迎面扑来的各种难题的延续，更何况在龙蛇混杂的香港呢？在这样一个人人都绞尽脑汁，寻求发财之路的社会，每一步攀登都是辛苦而艰难的，在这样一个布满陷阱，充满血腥的攀登过程中，人与人之间的明争暗斗，相互倾轧常常使你猝不及防。

有一天，李嘉诚正在与几名技术工人将设计出来的塑胶花进行调色，寻找新的配方时，一个工友神色不安地走过来，嚷道：

“不好啦，不好啦，有人在外面拍照，在搞反面宣传，扬言要整垮‘长江塑胶厂’。”

李嘉诚一听，忙对身边几名工人说：

“你们继续干，我出去看看。”

李嘉诚走出车间，看见有人用长镜头正对着他的厂房拍照。那些人见他走出来，连忙抓紧时机将他也摄入镜头。工人们十分气愤，纷纷要求拿下对方的照相机，李嘉诚压抑着自己年轻气盛的情绪，平静地对工人们说：

“大家干活去吧！现在拿下他的照相机，他们明天还会来拍照，不达到目的他们是不会罢休的。”

几天之后，这张照片果然在报章上发表了。破旧的“长江塑胶厂”和似乎无所作为的厂长。

李嘉诚自然知道这种反面宣传将使他再次“兵临绝境”，当即便决定将计就计，充分利用这种免费宣传。于是，李嘉诚拿了一份报纸，背着自己的产品，走访了全香港上百家的代理商。李嘉诚很诚恳地告诉他们：

“你们看，‘长江塑胶厂’在创业阶段的厂房是够破的，我这个厂长也是够憔悴且衣冠不整。但是请看看我们的塑胶花，还有这几款我们自己设计且连欧美市场都没有的品种，我相信质量可以证明一切，欢迎你们到我们厂里来参观订购。”

代销商们惊奇地看着这个诚实勇敢的年轻人，以及他生产的优质塑胶花，在当时这个除了自己不敢再相信别人的社会里，他们为有这样灵敏的商业头脑的创业者感到自豪，真的到“长江塑胶厂”来参观订货。

精明的李嘉诚，恰到好处地借助了这场风波带来的反作用力，为“长江塑胶厂”作了一次相当实惠的广告宣传。很快的，订单愈来愈多，而且，他们的价格合理，有些经销商甚至主动提出愿意先付百分之五十的订金。

终于开出一条道路的李嘉诚，在度过危机之后，便渐渐地稳定地发展起来。

李嘉诚一方面组织设计塑胶花的生产，另一方面又将制造好的塑胶花首先在香港和东南亚一带上市，加速资金周转。

当年的“行街”生涯（即推销工作时期），为李嘉诚积累了超前的广告认识，深知只有让人们认识、了解、需要它，才能做到让人们喜爱、购买它。他开始利用有限的资金搞产品展销，不断邀请海外购货商看样品、订合同，力争在国际塑胶花市场占一席位，取得欧美经销商长期、固定的订单，从而确保“长江塑胶厂”席卷塑胶花市场的能力。为了使消费者能够认识、信任并且接受塑胶花，李嘉诚大登广告，大肆宣传。

而且，为了在竞争中取胜，李嘉诚不惜降低销售价，实行薄利多销的经营手段，在欧美市场的销售上，李嘉诚的塑胶花以“价廉、保质、创新”的方针进行竞争。单以绣球花这一品种，其价格就比意大利厂家便宜一半，而质量亦令购置商定不出“名花谁主”。

意大利之行，为李嘉诚重振旗鼓，进攻商界打下了一个深远的基础。使李嘉诚不但掌握了塑胶花的制作技术，而且也大开眼界。在意大利，他耳闻目睹西方先进企业严格而且也是十分科学的管理措施，因而深受启发，所以他接下来在闯荡商场的拚搏岁月里，能大胆起用洋人，大胆利用西方管理技术。

一九五七年底，李嘉诚为了适应大规模生产的需要，将“长江塑胶厂”改名为“长江工业有限公司”。在这期间，李嘉诚开始着手钻研西方的高科技管理知识，认定不管是现在还是将来或遇到什么样的境遇，企业内坚持高水平管理，坚持按责任办事是非常重要和必要。

在西方，人们喜欢把产品的质量和产量比喻成一枚钱的正面与反面，把握好质量关之后，产品的产量自然会得到改进，各种配套的修检、加工、改装费等也会随之下降。而且更为重要的是只有保证产品的质量才能保证买主的信任，才能更大、更迅速地提高产品的产量。

经受过失败的考验，总结出一系列经验教训的李嘉诚，开始亲自狠抓产品的质量，并且在管理例会上郑重声明，在任何情况下，必须严格保证产品的质量，即使在交货期内不能完成应付的数量，也宁可交付罚款，赔偿客户损失，亦要保证产品的质量。

李嘉诚常常这样告诉身边的人：

"我们长江要生存，就得要竞争；要竞争，就必须有好的质量。只有保证质量，才能保证信誉，才能保证客源，才能保证长江的发展壮大。"

李嘉诚宣布：

"从今以后，长江的产品，没有次品。"

零的诞生与突破

在香港经济迅猛发展且又变化莫测的四十多年中，能够经得起大风暴，又独具判断能力的成功人物，自然而然是首推李嘉诚。很多企业界的杰出人士都称道并且十分羡慕李嘉诚料事如神的独到眼光，他总是能够运用他准确、锐利的洞察力，总能够比同时期、同行业的人棋先一着。并且在危难关头，在必要的时刻作出既有远见又有责任感，对公司最有力的决断。然而，他的所有胆识、才华以及过人的决策能力并不是与生俱来的，除了他得天独厚的天分之外，更多的是他的勤奋，毫不懈怠的求知行动；善于吸取自己、别人的经验教训和谦虚谨慎的作风

孩提时期的李嘉诚，已经是一个喜欢并善于用眼睛观察事物发展的人；他用头脑作认真的、客观的分析，是一个爱思考和沉静的人。直到今天，他始终都保持自己沉着稳健、勤于思考、不爱出风头的处世原则，用他自己的话就是说：

"不引人注目，保持低调，才能避免树大招风，才能避免成为别人进攻的靶子。"

五十年代中期，李嘉诚在企业生死存亡的紧急关头，作出了创新的抉择，率领企业"转轨"，开始生产倾销欧美市场的塑胶花。

然而，李嘉诚虽然率领企业步出幽谷、脱离绝境，但并非就此脱离困境，塑胶花的生产并销售使企业转危为安，但也仅仅只是化亏损为小盈。这时候，企业的规模仍然不够大，与其他资金雄厚的塑胶花生产厂家相比，仍然缺乏竞争能力。

并且，具有创新意识的李嘉诚，在生产经营塑胶花的过程中作了大量的广告宣传，由于长江的产品确实具有"价廉、物美、新颖、别致"等特点，一批批来自其他国家和地区的订单如同雪片般飞来。但李嘉诚不敢贸然接单，他的资金仍然不足，他的生产设备仍旧极为简陋，他无法更新设备，增加厂房，招聘技工……

没有钱，即使看得再准，即使再有赚钱的可能，李嘉诚也无法进行企业的扩大再生产。

他深深知道，没有钱，他将一筹莫展，一事难成。

正当李嘉诚预感到资金问题会给他的企业带来新的危机的时候，有一位急需大量塑胶花的订货商来到了他的公司。这位精明的外商在参观了李嘉诚的企业之后，马上发现长江资金不足的问题。商人是实在的，即使他非常欣赏塑胶花的质量及长江井井有条的高水平管理。但资金不足是致命伤，他坦率地告诉李嘉诚，要取得他的订单，必须有殷实的企业或商贾为他作担保。

李嘉诚感到自己又面临严峻的挑战。此时的香港处于一个激烈竞争的时期，人人都渴望有足够资金去扩大生产。

一直在经商、为人处世上有如父亲般栽培和教育李嘉诚，并在危难时如能力所及的情况下都帮助李嘉诚的舅父庄静庵，此时也面临着资金短缺的危机。幼年时期在家乡“卜卜斋”受过教育，小学毕业后外出谋生的庄静庵也是一个充满斗志、知书识礼、充满爱心的儒者。他从打工开始到用几百港元在上环一间小阁楼以家庭作业的方式生产布表带，继而成立中南钟表公司，这个时期为了在手表业奠定稳固的基础；为了取得瑞士乐都表以及得其利是表的经销权，也需要足够的资金力量。面临困境的李嘉诚自然理解舅父的难处，自然不好执意去打搅也在奋斗时期的舅父。然而，李嘉诚实在再找不到能够给他提供资金并取得担保的人。

第二天，在香港一家酒店的静谧而优雅的咖啡厅里，李嘉诚和订货外商对坐着，慢慢品尝散发着浓郁香味的咖啡。李嘉诚知道，此时此刻，这位精明强干的订货商正等着他关于长江资金充足和担保的落实。有那么几秒钟，他们都没有说话，只是沉默地品尝咖啡。不一会，消瘦但双目仍炯炯有神的李嘉诚，沉着地从手提包里拿出八种按照这位订货商的要求设计出来的新颖别致塑胶花，并将它们摆在外商面前。接着，李嘉诚很诚恳地告诉外商：

“先生，这八款塑胶花是我和公司设计人员昨晚一夜没睡按照你的愿望设计出来的。有五款我想基本上会符合你的要求，另外三款是我考虑到你订的货是为圣诞节准备的。那么，在你的要求的基础上再揉进一些东方民族的传统风味，我认为或者也有一些独特之处。所以，全部拿来，供你挑选。”

精明的李嘉诚明白自己资金不足的劣势，但他看准了这次巨大而稳定的薄利多销的机会，他敏感地预测到如果能够与这位订货商达成协议取得订单，那么长江不但可以因此脱离困境，而且还可以在香港塑胶界取得相当的竞争地位。

李嘉诚深深地吸了一口气，他太明白这次机会的重要性，“我一定要以最大的努力，取得这种机会。”面对这位年过半百的订货商，李嘉诚镇静地在心里告诉自己，他接着说道：

“而现在，我不得不遗憾地告诉你，我暂时没法找到替我提供资金并担保的厂家。先生，你是经济界的前辈，目前香港经济的发展状况你是了解的。经济发展愈快，资金的需求者也就愈多，而且，香港的塑胶花行业更是强手如云，竞争十分激烈，所以难度之大，希望你能理解。

“就我个人而言，我当然是十分希望能在这次并且长期接到你的订单，长江虽然目前没有取得资金以及担保，但我们一旦合作，我可以为你提供全香港最优惠的价钱，最好的质量，并保证在交货期内完成。当然，如果你现在有什么新的决定，我想我会理解并尊重你的决定的。而且，这八款塑胶花样品，如果你觉得满意，我愿意送给你，只希望能有机会跟你合作。”

李嘉诚这席坦诚相见的话语，显然深深打动了外商，直到李嘉诚的一席话全部说完，这位订货商还以十分惊讶然而又十分欣赏的目光注视着面前这个为了取得他的订单，在一夜之间能主持设计八种款式塑胶花，以供他挑选的中国青年企业家（特别是已事先说明,他只需一种款式的塑胶花)。他为这位年轻人为争取机会的执著和吃苦耐劳的拚搏精神而感动,这是他半辈子商旅生涯中所未曾见过的。订货商高兴得一时间几乎忘记了生意人之间敌意的竞争关系,竟情不自禁地握着李嘉诚的手连声说:

“了不起! 年轻人,我同意跟你合作,你会干好的!”

李嘉诚终于如愿了,被他的真诚所打动的订货商,不仅与他签订了这一次和接下来的长期合约,而且,还提前交付货款,以弥补生产期间长江的资金不足。

这次成功使长江从此站稳了脚跟,并在香港塑胶企业内有了相当的竞争实力;使李嘉诚清醒的认识到对于一个即使是身处逆境但决意要抓住机会的人来说,不管遇到什么样的艰难险阻,不管命运的扁舟驶向那方,只要有信心、决心、执著的诚意,机会的大门将永远为这些深怀抱负,希望有所作为的人们而敞开。

在这场兴旺的塑胶花生意中,塑胶企业多如牛毛,竞争的强弱是可想而知的,而这段时期,在竞争中最能取胜的几乎全是依靠雄厚的资金。在这种强手如云的情况下,在商业对手手段各异的激烈竞争中,李嘉诚能够依靠自己的诚实、信用取得了外商的信赖与潜心的支持,这对当时曾经濒临绝境,磨难之后的李嘉诚和他的企业来说,一种难以形容的鼓舞是可想而知的。更重要的是给在商业技能上,企业管理的高科技水平上,从商处世的心智上正走向成熟的李嘉诚产生了深远的影响。也对李嘉诚今后逐渐依靠精明科学的管理水平,以及步入坦途的为商之道,从无论是商业心理到商业能力都打了不可估量的基础。

经过磨练的李嘉诚,运用他石破天惊的能量,开始他零的诞生与突破。

塑胶花大王

在这次取得突飞猛进的成功后不久,李嘉诚又从出口洋行里获得最准确的消息:

美国塑胶花市场正在大规模扩大,除了家庭室内式插花装饰之外,家庭外的小花园、公众会所的花园场地,都用塑胶花进行点缀。

不仅如此,大凡美国的一些特别活动,只要有临时的需要,都会自然而然地利用便当的塑胶花。除此之外,电影的布景,采用塑胶花的也逐渐增多;普通商店增设塑胶花摆设已是惯常现象,特别是学校以及一些公共场所临时性与经常性使用塑胶花点缀,也逐渐形成风气与习惯。

李嘉诚非常兴奋地思忖着,长江的产品如果能够顺利打入并占领美国市场,将有十分可观的情景。

五十年代末期,制造业特别是塑胶制造业兴旺发达的香港,正在经历一个经济的“起飞”时期,这个时期欧美市场兴起了塑胶花的热潮。用塑胶原料制成各种不同款式、地域的塑胶花、水果、草木,以及不同的植物,深受人们的垂青,几乎家家户户和每个办公室都会用塑胶花、草进行点缀。

塑胶花、植物成了人们生活中必不可少的装饰品,而塑胶品种也成为香港当时制造业中最大类型的出口品之一。

李嘉诚密切地注视着市场的动态,并开始逐渐增大广告宣传的比重。即使这期间，长江接纳订单的额度已趋饱和，李嘉诚仍然有目的地在一些大型的“塑胶”杂志上刊登广告，有目的地向海外发送承接订单的宣传品。他非常希望接洽上资金雄厚的大户，以图稳步发展。

经历人生的人们，不管曾经领略过命运的甜、酸、苦、辣滋味，但对于命运这个奇特且难以捉摸的东西，不得不感到啼笑皆非跟惊讶。

它常常是不由你去信或不信。

这一年秋天，奇特的命运在李嘉诚身上又得到一次奇妙的反应。

就在李嘉诚在塑胶行业站稳且打下基础，准备进军北美市场时，意外地收到了一封来自北美的一家几乎垄断北美塑胶花进口市场的大公司电报。电报说明这家公司将派一名购货部经理来港考察李嘉诚的工厂，以及香港其他塑胶花企业，并决定从中挑出最有实力的塑胶花生产公司进行长期合作，并再三声明购货部经理将于一周内到达。

李嘉诚非常仔细地阅读电报全文，他兴奋地意识到这次将使长江成为香港乃至世界上最大的塑胶花生产基地的机会来临了。

李嘉诚深深知道，北美购货部经理来港考察的目的，无非是核实产品的质量、厂家的实力以及厂内的管理，而其中最起决定因素的就是实力。实力意味着先进的设备、充裕的资金、完整的规模。而这一切都是长江最为渴求的。

李嘉诚有着他的内在魄力，并不像今天人们认为他作风保守。他也是敢于冒险的，只是他的冒险从来都不贸然、盲目行事。

李嘉诚在预测到这个机会所带来令人振奋的前景之后，连夜在公司召开了紧急会议，并决定马上寻求一切机会向银行大量贷款，以购入全新塑胶花生产的全套设备，以及在最繁华的工业区租赁占地余万呎的新厂房。

最大的困难是必须在一个星期内完成旧厂房的退租与搬迁，新厂房的租建与筹建，一套全新的设备，加聘工人立刻投入生产等等。

李嘉诚最大的特点是一旦看准了、决定了的事情，就会毫不气馁，义无反顾地去完成。

这七天来，他与公司全体员工一起，苦战七个昼夜，终于在七天内将一切安排就绪，在北美购货部经理到达的那一天，李嘉诚亲自开车去机场迎接这位“财神爷”。然后胸有成竹地邀请北美购货部经理到工厂参观，当这位经理看完李嘉诚塑胶花生产的全套设备及产品样品时，深感此间公司实力雄厚，气派不凡，北美公司订货的来源似乎非此莫属。而且，更让他感兴趣的是，这间公司既年轻又灵敏的东主。在经过会晤恳谈之后，这位购货部经理与李嘉诚签订了长期的合约，因此而成了长江的大主顾。单是这一家公司，每年的来单订货都数以百万美元计算。并且，通过这家公司，李嘉诚不仅与加拿大银行界有了互为信任的友好往来，为李嘉诚以后拓展海外，埋下了迷人的“伏笔”。

这一次为了欢迎这位北美的购货部经理所作出的更新和改造长江的努力，成为李嘉诚早期事业发展过程中一次巨大的突破口，这个巨大的突破口奠定了李嘉诚接下来的乘风破浪般的创业之路。从这一次会晤，显示了李嘉诚惊人的决策能力和胆识过人的应变能力,表明了即使一贯稳健,绝少冒险的李嘉诚,善于把握机会。一旦看准一个目标,不惜破釜沉舟,誓要取得好成绩,为接下来蓬勃发展的事业打下了坚实的基础,从而开创了李嘉诚作为一名普通中国人独特的一面,即是打开家门,走出自己的圈子,向变幻无穷的世界吸取商业知识,经过融汇贯通后,走出一条自己的路向,灵活地向西方的经济领域挑战。

由于二次大战后世界经济局面的变化,令西方主要工业国家逐渐着重发展技术密集和资本密集型的工业部门,这就使劳工成本较低的香港轻工业制品提供了广阔的市场。到了五十年代末期至六十年代初期,香港的经济从转口贸易为主的老路,变成经济策略上采取出口导向型;经济结构上以轻工业及其产品外销为主的格局。而制造业产品的出口在全港出口总值中的比重高达七成以上,这就标志着香港已经由转口港转变为工业城市。

在香港经济发展突飞猛进的经济高潮中,身为"弄潮好手的李嘉诚,更是大展拳脚,不间断地创造机会;不间断紧紧抓住机会。他顺潮而上,像一条过海矫龙,飞腾于广阔天地之间;呼啸于波峰浪谷之中。

在接下来的日子,李嘉诚领导长江迎来了香港塑胶花制造业最为灿烂的时期,欧美各国对塑胶花的需求更加蔚然成风,连中、下家庭也渐渐养成了插花的习惯。

根据当时有关报载:

"本港塑胶花工业,喜气洋溢,美国在圣诞节期间,塑胶花的畅销情形,创有史以来最高记录。美国塑胶花进口商的所有已运到之塑胶花全数销清,尚供不应求……

"目前世界塑胶花贸易,香港约占百分之八十。香港成为最大之供应来源,且已获得价廉物美之好感,除美国之外,近时日本、西德、澳洲去货均已增多…·"

李嘉诚充分利用这个空前的鼎盛时期,不断创新。他以高薪招聘塑胶专业人才,研制出欧美用家最感兴趣的在特色上接近天然花的喷色塑胶花、特种花、热带新奇花卉,以及具有中国传统特色的中国特种花,也顺利打入欧美市场。

李嘉诚利用长江高品质塑胶花产品,全方位地争取海外买家的长期合约,业务得以迅速增长。

庞大的塑胶花市场,为李嘉诚带来了数以千万港元的利益,长江的塑胶花和李嘉诚也愈来愈受业内人士注目。

长江因此而成为世界上最大的塑胶花制造基地,而李嘉诚则被誉为"塑胶花大王"。

土地战略　如日中天

土地的魅力

五十年代末期的香港,经济处于突飞猛进的阶段,由于当时特殊的历史条件和地理环境影响,弹丸之地的香港一下子成为名副其实的"东方之珠"。特殊的社会环境使香港如同三、四十年代的大上海一样，成为投资者的天堂、冒险家的乐园，三山五岳人士挟财带宝纷纷而来。地域狭小，人口众多的香港，一下子变得寸土尺金的地方。

一九五八年，李嘉诚在香港北角购地兴建一座十二层高的工业大厦，开始插足地产界，兼营房地产。

这之后不久，李嘉诚的经商奇才，再一次在善于从市场发展状况中洞察市场走向得到体现。

李嘉诚看到香港几乎每一个公共场所、办公室乃至每一个家庭，所有装饰都离不开塑胶花，甚至成为亲朋好友之间送礼佳品。而这些繁复的塑胶花装配工作被很多家庭视为副业，街头巷尾之间的妇孺都踊跃参加制作，香港因此而成为塑胶花的海洋。

任何事物的发展都会物极必反，属于装饰之类的塑胶花自然也不会例外。虽然当时欧美塑胶花市场盛极一时，但不久的将来，崇尚新潮、新鲜的欧美人士必然会种植活色生香的鲜花来增添生活情趣。

李嘉诚果断地决定马上“转轨”，重新生产塑胶玩具。他开始减少塑胶花生产线，将投资重心转移。一方面成批引进纵式全部自给自足的生产设备，其中包括有设计及制模部，注塑成型机、吹塑成型机、环塑成型机系列机械化自动装配线，以及玩具衣服的缝纫制作设备等等。另一方面开展广告宣传，使长江生产的塑胶玩具逐渐跻身国际市场，不断为各大国际玩具公司生产各式各样玩具。

一九六四年以后，香港塑胶花工业已经饱和。就在所有塑胶花生产厂家和塑胶花经销商，都在为产品积压下，不得不低价贱卖而叫苦连天的时候，在塑胶花战场上激流勇退的李嘉诚，正领导着他热火朝天的长江，浩浩荡荡地进军国际塑胶玩具市场。

长江的塑胶玩具不但畅销欧洲、美洲、澳洲甚至销至南非等国，在香港塑胶玩具出口业中占领导地位。出口数字，也引人注目地达到每年一千万美元的纪录。

无论如何，一个善于捕捉机会的人，总是能够在别人还没有觉察的时候，看出机会之所在，并执意抓住它，实现它。始终有一颗强烈进取、不断革新、探索新方法的心；寻找出奇制胜的途径来发展公司业务的李嘉诚，从第一次做业主的经验中，更加体会做业主的广阔前景，深知随着香港工商业的迅猛发展，对土地的需求也会愈来愈大，就决定将投资重心转向经营房地产的物业上。

一九六〇年，李嘉诚在柴湾购地兴建工厂大厦，这两座大厦的面积，共达十二万平方呎，这意味着，在香港经济迅速发展的五十年代末至六十年代初期，香港的港岛和新九龙中心地段地价猛烈上升，数以百计的房地产开发公司醒悟物业发展的前景时，洞烛先机的李嘉诚，统率长江先人一步地跨入地产界，并成为其中最积极的一支劲旅。

无论是过去、现在，乃至将来，没有什么比土地的占有，更能显示人们的自豪与富裕。

特别是被称为“石屎森林”的香港，更加日益显示出她那寸土尺金的魅力了。

弹丸之地的香港，能够顺利发展活力无穷的自由经济，支撑着六百万居民的衣食住行，并取得在今日世界中愈来愈重要的经济地位，在这其中，房地产业的发展起了至为重要的作用。

香港的房地产业在香港经济的发展中处于举足轻重的地位，甚至被称之为“香港经济的寒暑表”。六十年代初期的香港，由于人口的剧烈膨胀，内地和东南亚大量流入香港的资金和熟练劳动力，以及香港当局的土地政策、建筑条例，极大地刺激了房地产经济的飞速发展，特别是一九六二年港府对香港建筑条例的修改并公布一九六六年才实施。拥有地皮的企业和祖传者，为了避免吃亏，都想在一九六六年前建房；同时，银行也积极参与房地产的投资，放宽建房信贷，因此出现了一股房地产投资热。这段期间应运而生一大批“孖展客”，也就是指那些赌博心理极强，专门从事买空卖空，以小搏大的经济投资者。他们的投资特征是时间短、利润好、风险大，与那些从事长期投资的稳健投资者相比，他们既有可能以极小的资本牟取暴利；也有可能在投资失败后倾家荡产。

在这股经营房地产的狂潮中，从泥泞中摸爬滚打才取得千万富翁身价的李嘉诚，一方面继续在北角、柴湾、元朗等地大兴土木，建造一幢一幢的厂房，另一方面却异常谨慎的密切注视局势的变化、市场的走向。饱经患难的生活，使他养成了不靠投机取巧而获利，更不会也不敢轻易去冒险，甚至是建造的大厦都没有向银行借贷一分一毫。

但是，谨慎行动不等于不行动，注重长远利益的李嘉诚，既然已经精明地看到了地产发展前景；既然已经学会了怎样在地产发展的趋势中总结出内在的规律，即使这段时间，他将他自订的经济发展方针，“稳健中求发展，发展中不忘稳健”谨记不忘；即使再小心翼翼，不轻易冒险，但是还是艺高一筹将经营塑胶工厂所赚取的利润，以及第一幢工业大厦源源不断的巨额租金收入，全部投资到房地产的经营上。

几年以后，随着局势的动荡不安，香港的房地产一次又一次不由人意地显示了它大起大落的特色。由于银行对地产的过度贷款以及其他因素，一九六五年二月爆发银行信用危机，在挤提狂潮中，数家银行的分行倒闭，甚至实力雄厚的恒生银行也被迫受控于汇丰银行。在银行危机的狂烈冲击下，房地产价格暴跌，许多建筑公司、地产公司纷纷倒闭，从而出现了战后房地产业第一次大危机。

危机一直延续到一九六七年，就在香港经济各界喘息未止，正待恢复的时候，一九六七年五月又爆发反英抗暴事件，这就严重动摇了投资者的信心，整个香港的地价、楼价处于有价无市的状态，建筑业的活动完全停顿。港人纷纷贱价抛售房屋，远走他方，香港再一次面临着战后一直持续到一九六九年的最严重的房地产大危机。

在这个人心浮动，百业萧条的大动荡中，李嘉诚再一次显示了他独具慧眼、远见卓识的才能。一方面加强稳固他的大后方“长江工业有限公司”继续在塑胶工业中保持独占鳌头的地位；一方面不动声色地将工厂利润和物业租金换成现金存放，并且通过不同渠道收集有关信息资料，充分利用这个千载难逢的机会，不紧不慢，胸有成竹地用现金，用最低价格收购那些急于将物业脱手，急需现金，弃船而去的“有识”之士的地皮和旧楼。也就是说，从一九五九年至一九六九年，在香港经济几度沉浮的动荡岁月里，在人们争先恐后地抛售大量地皮、物业的时候，不急功近利的李嘉诚在给自己留有余地——“长江工业有限公司”和大量物业的基础上，冒了一个不大不小的风险。他有计划，有步骤地利用现金将购置的旧楼翻新出租，再用所得利润全部换取现金大量收购土地，并且采取各个击破，集中处理的方式，将土地以点带面，以面连片的纵横相错地发展。

李嘉诚充分掌握地产发展的大趋势，不断被人们赞誉为商业奇才。他总是能够因势利导地变逆境为顺境，既大展拳脚，又稳中求进，为他以后蓬勃的事业，打下了坚实的基础。

七十年代初期，李嘉诚从一九五八年拥有楼宇十二万平方呎，发展到拥有楼宇六百三十万平方呎。

长江上市

一九七一年六月，李嘉诚成立长江地产有限公司，走上了集中经营房地产业务的轨道。

经过六十年代后期的动荡，香港居民逐渐恢复了对香港政治前途的信心，从而增大了对房地产的需求，以至于七十年代后，香港房地产开始以全新的姿态出现。在港九市区除了众多的住宅及商用楼宇的兴建外，大部分的建筑重点已经转向市区外的荃湾、屯门、沙田、葵涌及青衣岛等新兴市镇。为配合这些新市镇和工业区的发展，各种基础设施也急剧增加，这就使整个建筑工程不断增多，令香港房地产呈现兴旺发展的繁荣局面。

长江地产有限公司作为经营房地产之正规精锐部队，召开了紧锣密鼓的开战前的第一次会议。在会上，雄心勃勃的李嘉诚郑重地提出，要以香港置地有限公司为目标，以置地作为长江进军地产的竞争对手，李嘉诚说：“我们昨日搞塑胶能创第一，我们今日搞地产也要创第一。”

以香港经营基地的香港置地有限公司，是由英国保罗·遮打与怡和洋行香港代理人祈士域于一八八九年联合创办的，号称世界上最大的地产发展商。该公司经营的业务以发展和拥有地产业为主，兼营食品销售业、酒店及饮食业、业务遍及亚洲、太平洋十四个地区，有“地产业王”之称。

会议上，开始响起了一片唏嘘之声，人们开始在倒抽冷气，除了李嘉诚本人外，所有与会人员都认为这是绝对不可能的事。于是，有人马上提出，以长江目前的实力与置地相比，实在有天壤之别，怎么有可能以小胜大，以弱胜强呢？

李嘉诚认真地回答说：“是的，目前来说，他们的确太强、太大了，以我们的力量，暂时是无法面对面地与他们进行较量。但是，必须提醒大家一点，我们今天树立这个靶子，然后，我们从侧面去‘包抄’他们。

“不错，长江目前的状况虽然有巨大的发展，但决不是一流，也更谈不上首屈一指。可是，任何一项事业的奋斗，必须要有近期目标。我们今天以置地为竞争对手，我们就必须创新，寻找一切可能，创造一切机会去袭击，去占领他们的市场。”

随着社会经济愈来愈集团化、规模化的发展，当传统的独资企业和合伙企业大规模集中资金无能为力的时候，一种由能够透过股份经济制度，灵活积聚分散在四面八方、千家万户的点滴之财的股份公司便应运而生了。

在外观上，股票不过是一张绘有彩色图案、衬托醒目面值、背面印制股票发行公司名称、时间、发行股份总额以及每股金额的小卡片。但是，它无穷的威力，足以使一名不文的穷光蛋，在旦夕之间，变成腰缠万贯的亿万富翁。

在世界经济资本证券化趋势的冲击之下，股票的神奇魅力已经使人类社会从“金钱崇拜”的时代步入“股票崇拜”的时代。

一九七二年七月三十一日，李嘉诚把握香港股市处于牛市颠峰期的机会，将长江地产改名为长江实业(集团)有限公司，并于同年十月向远东交易所、金银证券交易所以及香港证券交易所申请股票上市，十一月一日获准正式挂牌，法定股本为二亿港元，实收资本是八千四百万港元，分为四千二百万股，每股二元，升水一元，即以每股三元之价格，由宝源和获多利包销而开始公开发售。

一九五〇年，李嘉诚利用打工之日辛苦积攒的七千美金所成立的长江塑胶厂，实际上是小本经营的无限责任公司。这种公司的性质要求股东必须以自已全部动产和不动产对公司所欠债务负责。当公司资不抵债时，股东必须以个人财产来抵偿。但是这类公司最有利的地方在于组织简单，保密性强且对债权人有保证。

随着长江的发展壮大，一九七一年六月，李嘉诚又成立了长江置业有限公司，这类公司的性质是有限责任公司，其中股东的责任和权益一样，仅限于各自所认定的出资额，而且这时候的股东人数少，又相互熟悉，具有非公开性的特点。

然而现在，李嘉诚将长江上市，实际上意味着从此将长江置身于众目睽睽之下；意味着李嘉诚在证券市场上为长江树立一个形象。而且，从此之后，长江的一举一动都必须接受股票市场的监督检查，乃至长江除每年向证券交易所支付登记费外，还必须向交易所提交经过审计的财务报表，并遵守交易所的各项规则和适用于所有挂牌证券的各种要求；不仅如此，对于决策中身为长江主脑的李嘉诚，如果不希望被残酷无情的商业社会抛弃的话，就必须在进行每一个商业行动之前，为广大股东的既得利益着想，对社会众多的投资者负责，这不能不承认是李嘉诚整个创业生涯中至关重大的一个决策。

自从一八九一年香港股票经济协会(香港股份总会)成立，并宣告股票市场活动正式开始之后，香港股票市场的发展已有一百年的历史。随着香港经济的不断发展，一九六八年以前只有香港证券交易所进行股票交易，一九六九年、一九七一年、一九七二年相继创办了远东证券交易所、金银证券交易所，以及九龙证券交易所。到一九八六年四月，四家证券交易所合并为香港联合证券交易所，并且，随着联合交易所的正式开业以及恒生指数期货市场设立，香港股票市场已经完全进入了一个新的发展阶段。

一九八六年九月二十二日，设于巴黎的国际证券交易所联会正式接纳了香港联合交易所为会员。而且，经过七、八十年代的迅速发展，香港股票市场以其巨大的交易额、先进的成套设备、商业的成熟性和对世界股市的强烈影响而在世界上赢得了声誉和地位，成为第四大国际证券市场。

自六十年代末期至七十年代初期，香港各界对股票所产生“要股票，不要钞票”的强烈投资狂热，掀起了一阵比一阵更高涨的“上市狂潮”。在这股疯狂的“炒风”之中，人们纷纷卖掉金银首饰、工厂、土地房屋，甚至有的地产公司，将楼宇建造所筹集的贷款，也冒险全额投放在股票市场，大“炒”特“炒”股票。

一九七三年三月，在这股暴涨狂潮中，恒生指数竟升至一千七百点的高峰。然而好景不长，在随之而来的时间里，变幻无穷的世界经济袒露了它神秘莫测的另一面，在一九七三年中期，世界石油危机的猛烈冲击下，香港经济受到巨大影响，出口市场萎缩，股票市场大泻，并且跌去市值七成以上。整个香港的经济，特别是其中占有显著地位的房地产、金融业更是一片险风惨惨、人心惶惶。

这段时期，稳沉持重的李嘉诚，在塑胶化、房地产的经营方面相继显示了他的独创之才后，又在经营股票方面而一次地表现出他的远见卓识，以及对事物发展规律的超乎寻常的领悟力。由于对房地产业的发展前景看好，一九七二年十月趁香港股市处于牛市而挂牌上市的长江实业，充分吸纳社会上的闲散资金，并将巨额现金投放于大量物业的低价收购上。这样，就在人们用低价卖出物业并用所得的钱去购买股票时，李嘉诚统率他的长江实业一边发行股票，一边将发行股票所吸纳的资金成批地收购那些低价出卖的物业。

不但如此，为了更广泛地积累资金，一九七三年初，李嘉诚领导长江实业透过新鸿基证券投资公司与英国证券公司在伦敦开始挂牌上市，并获得伦敦股市热烈反应。

一九七三年，李嘉诚积蓄资金，收购了观塘一座巨型商业大厦，每年租金收入有五百万港元。

一九七四年五月，李嘉诚领导长江实业与实力雄厚、作风稳健的加拿大帝国商业银行合作，成立由李嘉诚出任董事长兼总经理的加拿大怡东财务有限公司。这个联营公司的建立，不仅为发展中的长实引进大量现金，而且为长江实业在接下来的拓展海外，横向发展的过程中，开辟了一条潜力深远的“高速公路”。

一九七四年六月，长江实业更大开香港股票在加拿大之先河，经过加拿大政府批准，长江实业之股票开始在加拿大温哥华之证券交易所挂牌上市。从而使得长江实业由此更加轻松自如地驰骋于国际金融市场。

一九七五年三月二十七日，为了积蓄更充裕的资金，使长江实业在不断恢复的香港经济中大显身手，长江实业发行新股二千万股，以每股三元四角之价格，集资六千八百万港元，从而成功地购入地皮、楼宇等地逾十几处之多。

在接下来的日子里，在地产高潮中崛起的李嘉诚，运用他的迂回、包抄的战术，统率他的长江，左右出击，充分利用地产发展最有利的合资经营形式，找到那些手中持有大量土地却没有开发经验的公司，用高于市场价的固定地价进行收购。有着巧妙的谈判技巧，准确的判断能力的李嘉诚，总是能够预测到什么地段值得投资，对要价太高的业主又有惊人的克制力，终于取得一个又一个的丰硕成果。

一九七四年至一九七五年，李嘉诚趁地产处于衰退时期，用低价购入多处可建立高级大厦之地盘，其中一处位于北角赛西湖，面积为八十六万平方呎，李嘉诚将其建造成高级住宅区，赚利一亿五千万港元。

随着长江实业（集团）有限公司迅猛发展，李嘉诚的声望也如日方中，这其中的原因不仅是因为长江实业的辉煌成就，更重要的是李嘉诚多年来坚持不懈的公益精神所带来的成果。他历年担任潮侨塑胶商会的副主席，以后又被该会公选为永远名誉会长，李嘉诚之所以受人爱戴是由于他能够在灾难降临的时候，不惜一切舍己助人。其中有这么一个事实，直到今天仍为塑胶业中的前辈们所称颂。

一九七三年世界性石油危机发生以后，各行业在不同程度上受到了不同影响。波及到香港的时候，引起了塑胶原料荒，年初每磅为六角五仙的塑胶原料在入秋之季竟暴涨至每磅四、五元，塑胶产品的制造商们因此受到了沉重的打击。许多没有存料的中小型塑胶厂因为原料价格的暴涨，而无法维持生产，甚至濒临倒闭的危险。

然而真正引起暴涨的原因，并不只是世界石油危机的影响。其实国外原料出口商，只是将塑胶原料价格稍微有所提升，而香港入口商的囤积居奇才是暴涨的关键。

在这股强大的暴涨风潮中，身为香港潮联塑胶制造业商会主席的李嘉诚，振臂一呼，领导了数百厂家，组织了一家联合塑胶原料公司，直接向国外卖家购入原料，并照原价分配给与会成员，从而解决了一次长达两年之久的香港塑胶业庞大的危机。

一九七五年三月十四日，李嘉诚在接受《星报》的财经专访时还谈到：

“在整整一年来，本港塑胶工业经历了一段低沉及艰苦时光。

“在这段时间里，世界经济普遍放缓，造成海外来单数量减少，当然，经验亦占有极重要因素。

“惟塑胶原料供应及货源短缺，我相信这才是重要因素。

“造成来货原料奇缺，部分是石油危机所引致的。但其中原委，是由主要入口商所造成，因为他们囤积居奇，才引致价格一次又一次上升。

“最后，商会自去年自组织塑胶原料采购团，供应入口塑料，借此独立成自给自足。

“该新公司命名为联合塑胶供应商有限公司，由一百五十九位制造商成员组成。新公司成立后，避免受到中间人剥削，换言之制造商负担减轻，而成本开支亦得以减低，最重要的一点，就是冲破所谓专利措施权利，免得整个市场遭入口商人所操纵。”

不仅如此，李嘉诚还从自己公司的存货中，拨出吹气软胶原料十二万四千三百磅，以每磅低于市价一半的价格分配与商会的会员，另外又把长江工业本身的配额，硬胶原料二十万磅，照原价分配与各会员，因而令几百家中小型塑胶厂总算度过难关得以生存。

谋略胆识　再创佳绩

联手争夺九龙仓

一九七七年十二月十二日，密切注视香港经济发展动态的经济评论家，开始嗅出一点诱人的“预兆”，于是当天的经济评论文章就以“九仓业务开始蜕变，未来十年盈利保持增长”为题，分析位于九龙尖沙咀的九龙仓集团，如能充分利用尖沙咀的土地，就会由一九七八年至一九八八年每年可保持百分之二十增长。而且这篇文章还预测当时股价为十三元五角的九仓股，将是一九七八年的热门股。

然而，有"先兆之明"的不只这些经济评论家，几乎同一时间，李嘉诚财团的椭圆形办公桌的首脑会议刚刚结束，会议的中心议题就是——九龙仓。

几年前，九龙仓与天星码头以及电车公司合并，将码头和货仓移至葵涌和荃湾，再将遗下来的尖沙咀的大量地皮集中起来，兴建酒店、商场和办公室。

然而，九龙仓实际上并不是运用最先进、最科学的方法进行管理，他们动用集团的实有资本兴建楼宇，而且建成之后又全部用于出租，导致集团资金流动十分缓慢，且收入极低。于是，为了使集团公司能够维持下去，便出售大量债券，结果令集团公司负债累累，使股票市值贬低。一九七八年初，九龙仓股票市值只有十三至十四港元，而账面面值为每股十八至十九港元。这样，按照当时同一地区的官地成交价每平方呎六千元至七千元计算，位于尖沙咀的九龙仓股票每股实际价值应值五十港元。而且自从九龙仓集团在尖沙咀地皮上兴建酒店、商场、办公室等一流国际商业综合型大厦以来，这地带已成为香港最繁华的商业区之一，其中的地价实际上早已寸土尺金，而股票价格却多年没有长进。

九龙仓当时的这种状况，以及潜力深厚的经济环境，自然是不由人不"想入非非"。

李嘉诚开始不动声色地利用分散户名暗购的方式，静静地吸入大量九龙仓股票。

一九七八年三月，九龙仓的股票开始大幅度上升，紧接着市面上有很多的谣言在流传，当股价打破十八元后，便疯狂上升至四十六元，已经和九龙仓每股实际资产相接近了。

九龙仓股票的"炒家"，"炒"得正值兴头，自然不肯下马，而嗅到"腥味"的后来者，诸如各大华资财团、其他英资财团和部分外资财团，那里肯放过这个"鹬蚌相争，渔翁得利"的大好机会，他们纷纷蜂拥而来，九龙仓股票水涨船高，只升不降。

不仅如此，伴随而来的香港各大报界的有关评论文章，自作主张的各种揣测纷纷扬扬，各家都使出"八仙过海，各显神通"的看家本领，好一派"百家争鸣"的景象。

作为英资怡和财团台柱之一的九龙仓集团，顿时慌了手脚，在紧急部署反收购行动之后，也到市面上高价大抢散户持有的九龙仓股票。

一如老香港常说的"怡和的面子，太古的银纸""未有香港，先有怡和"。在香港经济中占有举足轻重地位的英资怡和财团，岂有俯首让华资财团骑在头上。更何况在争夺旧邮政总局地址的发展权时，被李嘉诚捷足先登以至于怡置系丢尽面子。此时此刻洞察出手李嘉诚野心的怡和财团，自然不会让华资财团控制九仓。

然而，令人遗憾的是怡和财团也确实运气不佳，一直处于混乱之中。先是二次大战，接着是朝鲜战争、苏彝士运河事件，后来又是糖价下跌影响其盈利。在经济状况十分不佳下，那来余力应付这"屋漏偏逢连夜雨，船破又遇顶头风"的惨况呢？怡和财团只好打出最后一张皇牌，求助于英资财团的大靠山——汇丰银行。

一九七八年七月，汇丰银行介入九龙仓争夺战，从而使战争更加激烈可观。

一九七八年七月，在中环文华阁一间幽密的客厅里，李嘉诚悄然约见与英资争夺九龙仓的另一个资金雄厚的华资财团主席，他就是“船王”包玉刚爵士。

身为环球航运集团主席兼总裁的包玉刚爵士，是一位杰出的航运家。在列入世界知名船王的阵容如希腊船王奥纳西斯、尼亚可斯；美国船王路德威克；香港船王董浩云等人之中，包玉刚可谓首屈一指。

按照李嘉诚、包玉刚二人各自的作风与中国人的传统性格，李嘉诚应该是属于沉着镇定且精明谨慎类型的人；而包玉刚则是具有海派作风的豪爽热诚，且给人一见如故之印象的人。曾经有一个与包玉刚打过交道的西方商界人士；开玩笑地形容他是“配有中国音乐的神经汉”。

但是，他们都是运用放眼未来的经营方法且精通业务、勤奋上进的人。在他们铺着浅蓝色或者白色地毯的办公室里，他们都是从早上九点到晚上九点，高效率地处理不同类型的繁忙事务的人。而且，他们对事业都有一种集中精力，一往无前的拚搏精神。

李嘉诚开诚布公的说明自己的来意，坦言告诉包玉刚自己有意出让手中所持有的一千万股九龙仓股票。

纵横四海的包玉刚自然不是等闲之辈，在这之前已经揣摩到李嘉诚这一步棋，而且这也是包玉刚志在必得九龙仓的计划中所渴望的，李嘉诚主动出让九龙仓股票正好与老谋深算的包玉刚不谋而合。

于是，两个同样具有大将之风的中国男人马上爽快地握手成交了。

这次会晤，李嘉诚与包玉刚不仅更增进了彼此之间的友谊，而且双方还达成一项协议，李嘉诚将手中持有的一千多万股九龙仓股票全部转卖给包玉刚；而包玉刚也将手中持有的另一老牌英资洋行和记黄埔之股票转卖给李嘉诚。

这样一来，包玉刚因此得到了吞噬九龙仓的绝对优势，而李嘉诚在这次九龙仓争夺战中，毅然放弃最后的争夺机会，不仅加深了与世界船王之间的友谊与合作关系，而且巧妙地回避了与介入九龙仓争夺战的汇丰银行的正面冲突，为日后进一步加强与汇丰银行的联系，争夺和黄打下了稳固的基础。

不仅如此，久经沙场、年逾花甲的包玉刚对比自己年轻十岁却智勇双全，精于商战的李嘉诚格外钦佩，也为李嘉诚能有这样的胸襟，以及华资财团能以这样和谐的方式击败老牌英资财团而感到莫大的骄傲，特别是对这样各取所需、皆大欢喜的合作更感到十分欣慰。

同样，李嘉诚也非常高兴这次会晤的成功，而且他也对包玉刚在商场上这种豪爽的海派作风感到十分敬佩。

对他们来说，不管是谁，只要最后是中国人的胜利，都是值得开香槟大贺特贺的好事。

一九七八年九月五日，九龙仓集团宣布，持有九龙仓股票百分之十五至二十的包玉刚爵士加入九龙仓董事局。按照公司法令，持有百分之十六股权的人士，随时可以进入董事局成为董事，而毋须董事局讨论通过。

香港各界哗然，九月七日《星报》评论说：

“虽然九龙仓已公布包玉刚爵士及其家族，购入九龙仓已发行股本的百分之十五至二十股权，同时，包玉刚及其女婿吴光正经被邀请加入为九龙仓之新董事局成员。然而，市面上盛传除包氏之外，华资地产集团长江实业董事局主席李嘉诚亦购入九龙仓颇大量股份，故此，连九仓未宣布上述消息之前，市内盛传长江与九仓‘收购’传闻可谓盛极一时。同时，有人报道李嘉诚与进行收购九仓事件有密切的关系。”

同一天，《明报晚报》专访李嘉诚后报道说：

“九龙仓事件已经披露，包玉刚在取得九龙仓百分之十五至二十的股权，并加入董事局。戏剧化发生至此以告一段落。

“由九仓事件发展初期起，直至真相披露前，人们爱把长江实业主席李嘉诚与九龙仓拉在一起谈论和揣测，李氏昨日接受本报记者访问之时，作了如下具澄清作用的透露。

“据李氏称，他本人没有大手吸纳九仓，而长江实业的确有过大规模投资于九仓身上的计划，是以曾经吸纳过九仓的股份。他本来安排买入九仓全部实收股份百分之三十至五十，作稳健性长期投资用途，但到了吸纳得约一千万股之时，九仓股份的市价已经急升至长实拟出的最高价以上，令原定购买九仓股份的整个计划脱节。结果，放弃这个投资计划，并且把略多于一千万股的九仓及若干股权，转让了出来。”

成功地运用收购的方式扩张自己，以至领导企业成为今日世界商界中赫赫有名的超级跨国公司的李嘉诚，继一九七七年收购美资永高公司之后，在九龙仓争夺战中，又打了一次“一箭三雕”的漂亮仗。

在这次战役中，李嘉诚通过以十余元购入九龙仓股票，以三十余元价格将九龙仓股票卖给“上岸船王”包玉刚，在这一进一出的买卖中，李嘉诚获纯利五千八百万港元，为长江实业在一九七八年度增加了一笔可观的非经常性收益。而且，在这次九龙仓争夺战中，李嘉诚和包玉刚建立了深厚的友谊和良好的合作关系。李嘉诚助包玉刚一臂之力，既使包玉刚所领导的华资财团吞并英资财团得以顺利实现，又使李嘉诚自己顺利吞并英资和记黄埔及接下来与包玉刚的合作打下了坚实的深远的基础。并使“入主和黄”成为可能。

这次九龙仓争夺战如果李嘉诚采取强硬措施，并非没有可能，但是多年商旅生涯的经验和教训，使李嘉诚深深体会到生存原则中首要的也是最为重要的一条，就是要给自己留有选择的余地。李嘉诚常常感慨地谈起在二次大战后，从战败的废墟中通过商业战争而崛起的日本人，特别注重“忍”的哲学。因为在日本人看来，“忍”的修养不但可以帮助企业家面临全军覆没的关头时，作出冷静的思考；更可以帮助企业家在这种紧要关头，具有宽容与客人的胸襟，善于听取意见，然后沉着处事，做出对企业有利的客观分析。只有这样，才能为企业作出最恰当的判断，才能作出最有利企业转危为安的抉择。

这些有利商战的哲学及修养之道，成为日本企业家终生遵循并努力实现的最大目标。

曾经去日本考察商务、洽谈的李嘉诚，看到几乎在每一个无论大小或地位高低的日本企业主脑的办公室里，都高高地悬挂巨大而瞩目的“忍”字。以至于善于吸取他人之长的李嘉诚，将这个“忍”字移植于自己的心底，以便在进行重大决策时作出冷静的思索，而绝不凭一时的冲动去仓促行事。

九龙仓争夺战中，李嘉诚能够退出高潮，屈居其次以臻成功就正好证明了这一点。

一九八〇年，借助于李嘉诚一臂之力的包玉刚，成功且顺利地用三十亿港元夺得价值九十八亿港元的九龙仓控制权。

此外，包玉刚入主九龙仓之后，决定将西环的货仓大厦交给李嘉诚重新设计，创建为一座拥有五十多万平方呎楼面的新型商业大厦。而且，合作的方式对长江实业十分有利。

在这次合作中，李嘉诚只需要投入建筑费，而毋须付出由发展总成本的百分之七十至八十的地价。并且日后的利润，由两家平均分配。

这种得天独厚的不动产合作方式，是其他地产发展商所梦寐以求的。

蛇吞大象

李嘉诚办事从来不会兴之所至、仓促行事，始终保持他那汇百川而归大海的胸襟，致力于在不断地扩张兼并中建立长期的生意关系。特别引人注目的是，自七十年代以来在大多数情况之下，李嘉诚对其他在他看来是潜力深厚的公司，特别是外资公司所进行的一系列成功的袭击和吞并。

一九七九年底，李嘉诚打下了他本个世纪的创业生涯中最成功、最动人、最值得骄傲、最漂亮的一仗。

一九七九年九月二十五日，夜。

香港皇后大道中华人行二十一楼会议室。

神采奕奕、风度翩翩的长江实业（集团）有限公司董事局主席兼总经理李嘉诚，正在这里举行一次最激动人心的记者招待会。会上，李嘉诚抑制不住内心的激动，兴奋地宣布：

“在不影响长江实业原有业务的基础上，本公司已经有了更大的突破——长江实业以每股七元一角的价格，购卖汇丰银行手中持有占百分之二十二点四的九千万普通股的老牌英资财团和记黄埔有限公司股权。”

和记黄埔有限公司的前身是属于香港第二大“行”的和记洋行，一八六〇年由英国人在香港设立。主要经营布匹、杂货和食品，经过多次改组之后，一九六五年同万图企业有限公司合并并改名为和记企业有限公司，因此业务发展十分迅速。然而一九七三年受到股市狂泻和石油危机的严重影响，以至于业务一落千丈，陷入不能自拔的境地。一九七五年八月被香港上海汇丰银行，以一亿五千万港元收购其百分之三十三点六五的股权，而成为和记最大股东。这之后不久，汇丰银行将和记与黄埔船坞合并，成立和记黄埔财团，经营贸易、地产、运输、金融等等。并且，当时的汇丰银行曾经表示，在和记黄埔经济好转之后，汇丰银行会选择适当时机，将其手中所持有的和记黄埔之大部分股份出让。

当每股仅值五元一角八仙的和黄股票，在一天之后由长江实业以七元一角的现金收购的消息发布之后，整个香港股市出现了历年来罕见的现象。第二天清早开始，一批批股民、投机者与投资者蜂拥而至股市交易场，倾囊购买和记黄埔、长江实业、置地公司以及汇丰银行的股票。以至于当天上午收市时间不到，恒生指数竟出现狂升二十五点之奇观。

长期以来，目光敏锐、捷足先登的李嘉诚一直密切注视着和记黄埔的发展，充分预测到和记黄埔将是一家极具发展潜力和前途无限的集团公司。而且李嘉诚也洞悉出和记黄埔不会长期留存在汇丰银行手中，因身为国际上著名的汇丰银行不会长期背上“银行操纵企业”的黑锅，这就意味着汇丰银行出售和记黄埔的股权有绝对的可能。

“有可能就一定可行。”李嘉诚遇事一直沉着、谨慎，总是不忘记给自己留有余地，而且只是在有限的风险下收购企业。然而，这一次终于按捺不住激动的心情，在兴奋地、深入地预测着，并且开始部署一系列行动。

一九七八年的九龙仓争夺战中，知道汇丰银行正等待适当时机和合适人选准备出售和记黄埔股权的李嘉诚，通过放弃九龙仓控制权的争夺，得以与汇丰银行增进了友谊。这之后不久，李嘉诚又以自己的精明能干、诚实从商的作风，以及日益壮大的长江实业如日中天的政绩，令汇丰银行董事与主席沈弼所欣赏，从而为急需增大实力、增强储备资金的汇丰银行，提供了一个十分具有吸引力的出售和记黄埔股权的适当时机与机会，使李嘉诚预测到的“有可能就一定可行”的强烈愿望得以顺利实现。

于是，就像李嘉诚在回答记者所提出的“为什么长江实业只购入汇丰银行所持有的普通股，而不再购入其优先股”的问题时说的：“以资产的角度看，和黄的确是一间极具发展潜力的公司，其地产部分和本公司的业务完全一致。我们认为和黄的远景非常好，由于优先股只享有利息，而公司盈亏与其无关，又没有投票权，因此我们没有考虑。”

紧接着集中火力的李嘉诚，拿出“咬定青山不放松”的气概，对英资和记黄埔穷追不舍，并继续在股市上大量吸纳和记黄埔之股票。

一九八〇年十一月，长江实业通过整整一年不间断地吸纳，终于成功地拥有超过百分之四十的和记黄埔股权。

一九八一年一月一日，身为华资财团的长江实业（集团）有限公司董事局主席兼总经理的李嘉诚，正式出任老牌英资洋行和记黄埔有限公司董事局主席。

长江实业以六亿九千三百万港元的资产，成功地控制了价值五十亿港元的老牌英资财团和记黄埔有限公司，一如当时的和记黄埔董事局主席兼行政总裁韦理所无法理解时说的：

“李嘉诚此举等于用美金二千四百万做订金，而购得价值十多亿美元的资产。”

商场如战场。

优胜劣败乃兵家常事。

在历史上以少胜多，以弱胜强的如“赤壁之战”“淝水之战”“官渡之战”等等，至今仍然脍炙人口。同样，在今天的商界，能够运用自如地打赢以少胜多，以弱胜强的战便也是屈指可数，不属多见的。比如美国巨型商业战争中的无法无天的海盗船长泰德·特纳，成功地运用中国和德国战略家的战略思想，特别是巧妙地运用毛泽东的游击战术，运用迂回包抄的方式，把亚特兰大一家普通广告公司，变成了足以对赫赫有名的哥伦比亚广播公司构成威胁的有线电视王国。再比如运用以少胜多的战略战术，对付贝尔电话公司以至成为最终微笑者的MCI电话公司。

然而，无论如何，善于审时度势的李嘉诚，却是打赢以小胜大、以弱胜强战役的高手之中的高手。而且，在他商旅生涯的发迹史，似乎就是一部以小搏大的企业兼并史。

在今日商界，并不是所有成功的企业家都必须无情、苛刻，或者残酷乃至奸诈的。相反，那些为人诚实、举止得体、沉着稳定的企业家，往往都是取得最后成功的人。李嘉诚就是以这样沉稳的性格收购和记黄埔，打破英资门庭森严、唯我独尊的格局。不仅如此，对待那些“行将就木”的企业，李嘉诚更有一手“起死回生”的本领。对这些资金周转不灵，负债累累，陷于破产边缘的企业，李嘉诚总是能够以极为小的代价，不断收购这些垂危但又庞大的企业，并且，他也确实具有“神医扁鹊”般的“妙手回春”的神力。和记黄埔便是一个铁证。

一九八一年长江实业成功收购，以及控制和记黄埔有限公司的顺利实现，不仅使长江实业因此成为声誉卓著的取得老牌英资财团控制权的首家华资财团，而李嘉诚也因此成为入主英资财团的首位华人。这次成功的收购兼并战。既是长江实业扩张发展的里程碑，又是英资财团地位开始下降，华资财团在香港经济中迅速崛起，并日益成为一支举足轻重之劲旅的转捩点。

地产新主

照耀在香港上空的长江实业，以它华光熠熠的光芒令香港人为之目眩。

七十年代末期，随着香港经济的不断上升，李嘉诚开始了扩展长江实业的一系列部署。

这段时间，李嘉诚的经营特点，仍旧是尽量收购在经济萧条期间，业主主动放弃赎权的商业楼宇，并形成一套李嘉诚所特有的地产物业合营系统。随着几十年营利的暴涨，使李嘉诚本小利大的投资策略得到了充分证明。

一九七七年，看准香港地产即将出现黄金时间的李嘉诚，在业务报告中特别强调指出：

“一九七七年香港的经济及一般工商业仍将有所进展，以本业而言，购买楼宇需求依然殷切，楼价则因地价高涨及建筑成本关系，仍将逐渐上升。”

在股东特别大会上，李嘉诚作出了集资的决定。将法定资本原来二亿港元增加至三亿港元，也就是增加股票面值，每股二元之股份共五千万股，发行每股票面值港币二元之新股二千万股，并以每股港币五元六角之价格由获多利包销，从而获得新资金一亿一千万港元。

同时，李嘉诚又与实力雄厚的大通银行达成协议，长江实业可以在任何需要的情况下，以合理的利息，四年内向大通银行借贷约港币二亿元的款项。

通过这两次集资，李嘉诚又筹集资金三亿一千万港元，为他接下来所进行的庞大收购行动，奠定了雄厚的经济基础。

一切部署就绪后，李嘉诚开始了他的大规模集资收购战。

一九七七年四月，李嘉诚动用港币现金两亿三千万元，以每股十二元四角五分收购了美国人控制下的永高公司之股票一千零四十八万股，全资拥有。美资永高公司拥有矗立在香港最繁华的中环银行区，占地三万九千平方呎，八百房间的希尔顿酒店(Hilton)和印尼峇里岛占地四千英亩，四百间房间的凯悦酒店。李嘉诚用巨资收购美资永高公司，显示了崛起的华资史无前例的力量，大开华资财团吞并外资财团之先河。

同年，李嘉诚成功收购位于铜锣湾的虎豹别墅，获得了十五万平方呎的土地；并且还相继购入青衣岛一幅十五万平方呎的工业用地，建成后楼面总面积为二百万平方呎；购入九龙界限街 NKIL1127SECA 住宅用地一幅，占地面积为十八万五千平方呎，建成后楼面总面积为七十万平方呎。

一九七八年，长江实业的根基又大大加强，作为董事局主席兼总经理的李嘉诚，一方面着手利用经济飞速发展的机会，利用长江实业所拥有的大量资金储备，收购新的或者旧的机构；另一方面又为八十年代的发展进行一系列的策划和部署，并且开始从单纯的地产公司走向多元化企业的发展方向上。

同年，李嘉诚利用手中雄厚的资金，采取长江实业独资或几家公司合资等不同方式，购入荃湾海旁 T.W.1.L3 及 15 吨面积为十六万五千平方呎之沿海工业用地，建成后楼面总面积有二百四十万平方呎之工业楼宇(长江实业占百分之九十权益)，并与新鸿基证券合作购入铁行大厦等大量地皮楼宇。

资金雄厚的李嘉诚，并不满足现状，在继一九七七年收购美资永高公司之后，再一次地，李嘉诚将锐利的挑战目光，投向稳坐在香港金字塔尖上的老牌英资财团。

李嘉诚挑选的进攻对象是怡和系的九龙仓集团，但因汇丰银行介入九龙仓争夺战，见好就收的李嘉诚在低进高出的九仓股买卖中，获利五千九百万港元之后，便扬长而去。

第二次，李嘉诚将吞并的目光调转头直射第二家英资公司——青洲英坭。他再一次静静地吸购青洲英坭的股票，成功地购入该公司的股份达百分之三十六之多，李嘉诚自然而然地加入青洲英坭董事局并成为董事局之主席。八个月之后，长江实业与青洲英坭达成协议，在八十年代开始合作发展青洲英坭所拥有的红磡海傍的八十万平方呎土地。这一极具潜力的收购行动，一如当时经济评论所总结的：

"首先，被收购之公司可提供合理的经常性利润；第二，被收购公司的大量平价地皮可供日后发展；第三，若重估或出售该平价地皮可获庞大利润。"

不仅如此，几乎在同一时间，李嘉诚又为长江实业在八十年代的进一步发展打下基础。他再次花巨资购入元朗天水围五千二百万平方呎的农用土地，因而拥有了差不多相当于十个太古城的庞大土地储备。

一九七九年，李嘉诚屡战屡胜，成功地运用他那争夺地盘的出其不意的"闪电战"和集中土地，连片开发的"连环术"一步一步地扩展他声势浩本的长江实业。其中包括：

一九七九年三月，李嘉诚与会德丰联手发展会德丰大厦。

四月，与广生行合作发展位于告士打道、杜老志道及谢斐道三面单边物业，完成整座商业大厦总面积达三十万平方呎。

六月，与会德丰再次联手合组美地有限公司，集资一亿港元，合作购入香港岛、九龙及新界之物业楼宇近二十座之多。

七月，与中资侨光置业合组宜宾地产有限公司，联手以三亿八千万港元的高标，夺得沙田火车厂之上盖物业发展权。

同一时期，李嘉诚透过长江实业之联营公司——加拿大怡东财务有限公司与九龙仓、置地公司、中艺（香港）、怡南实业、新鸿基证券等共六家公司联手合作，以十三亿一千多万港元之价格，投得尖沙咀广东道及海防道七万一千平方呎之土地。并由长江实业担任策划经理，兴建一幢超过九十万平方呎的新型商业大厦，作出售用途。这六个包括本地华资、英资、加拿大之外资以及中资的不同经营之业务范围（包括有地产、金融、贸易零售及纺织业）的合作者，特别是其中在几个月前尚在你死我活生拚死搏的斗争的双方——九龙仓新主席，“船王”包玉刚和曾经的地产皇帝置地拉在一起联手合作，目前在龙腾虎跃。

这次声势浩大，非同一般的成功合作，一如当时香港经济人士所公认的：

“目前在龙腾虎跃、狮咆哮的香港，似乎非李嘉诚莫属。”

在一系列扩张行动中，长江以惊人的速度在发展壮大。一九七七年拥有楼宇面积一千零二十万平方呎，一九七九年增加到一千四百五十万平方呎，超过了当时拥有一千三百万平方呎的“地产素王”——香港置地有限公司，成为香港最大的地产界巨子。李嘉诚终于实现了当年立下“赶超置地，争夺第一”的豪气冲天的凌云之志。

这成功的地产扩张战，一如香港一篇经济评论所总结的：“李嘉诚预先已看见香港地产业的巨大前景，同时他不理会经济及政治情况的上上落落。当机会来时，永不停止购置土地及旧的建筑物，他并不介意以高价购买其物业，因为他知道楼价只会不断上升到一个令人惊喜的高水平。将所有的鸡蛋放进一个篮内的政策，并不是一个怯懦的人所应为，但是李嘉诚永不怯懦。

“他永不急于赚取投机而快捷的利润，很多人当可以获得双倍的利润时便出售其物业。但李嘉诚则喜欢保留其物业，他知道香港会时常挤满人，而土地价值会是永远上升的。他感觉到在那时候售出一座大厦相当于杀鸡取卵……他的地产交易很缓慢，但惊奇的是他活动愈慢，也就赚得愈多金钱。”

直到今天，李嘉诚财团仍是香港最大的地产发展商和物业拥有者。他属下的各公司拥有已完成的物业面积共达一千六百五十五万平方呎，正在建设中的物业发展项目达三千七百三十三万平方呎，而且，还拥有可供未来十年发展之土地储备二千二百万平方呎。

中国人——你的名字是龙

曾几何时，香港由南中国海岸上一个峦烟障雨的荒岛经过沧海桑田的巨变之后，成为一颗光彩照人的“东方之珠”。

曾几何时，在香港这块借来的地方，被港人称之为“香港三大亨”的香港总督、汇丰银行主席以及号称“洋行中的王侯”的怡和财团主席，借助于英国政府的垂直统治，死死地控制着香港经济的命脉，“理直气壮”地垄断了整个香港经济。

就像埃及政治家纳瑟在一篇反殖民主义的演说辞中所宣称的：

“外国人以为能够随心所欲地使埃及人低头的时代已经过去了。阿拉伯世界的力量是强大的，非常非常强大，她惟一的弱点是没有充分了解自己的强大。”

在历史发展的漫长过程中，一直匍伏在香港社会最底层且勤劳善良的中国人，开始“轻轻敲醒沉睡的心灵，慢慢睁开你的眼睛”，这些默默无闻的中国人，将自己“搏命”之后“搏来”的“三餐”口粮，一点一滴的留存起来，沉默地然而又是执拗地积聚他们从无到有，从小到大的华人资本；沉默地然而更是坚定地向英资垄断下的香港经济的每一条，即使是最细小的血管作无声地愈来愈强大地渗透……

随着时间的推移，这些依靠中、小企业的积累，一家一户的经营，从制造业起家，抓紧时机，靠航运业和房地产业发展壮大的华人资本，在香港经济中的地位日益上升。

他们不仅开始了解自己，并以惊叹的目光正视自己日渐强大的血肉之躯，而且也开始了解一直压抑着他们的英资和外资财团，以及隐蔽在垄断的外衣下的这些英资和外资财团的外强中干的躯体。

于是，精力充沛的华资财团，开始以居高临下挑战的目光注视着这些英资和外资财团。

一九七七年四月四日，既是长江实业扩张发展的一个重要里程碑；又是华资企业在香港商界中崛起的一个值得庆贺的光辉的日子。

这一天，华资财团的佼佼者李嘉诚啼声初试，在香港商界左右出击并且连连告捷。就在当天上午，长江实业宣布成功收购拥有香港中区希尔顿酒店，以及印尼峇里岛凯悦酒店的美资水高公司的时候；当日下午七时，香港地铁公司又宣布长江实业一举击败曾经是“地产皇帝”的英资头号财团怡置系置地公司，夺得“中区地王”发展权。

李嘉诚挑战英资和外资，大开华资收购外资之先河的成功收购扩张行动，极大地鼓舞了“要开香槟酒庆祝”的各线华资财团；也极大地震动了横霸香港商界，特别是英资财团。他们怕了，唯恐“城门失火，殃及池鱼”，于是便开始紧锣密鼓地修筑战事，设立一道又一道的防线。然而，即使是这样，从七十年代末到八十年代，还是出现了十多次华资争夺英资公司控股权的重大收购战。

在五十至六十年代牢牢控制香港经济的怡和、会德丰、和记黄埔、太古等四大英资洋行，在华资采取“集中火力，各个击破”的战略战术和飓风式的围追堵截之下，原来由英资控制的和记黄埔集团、香港电灯集团、九龙仓公司和会德丰集团，先后落入华资之手，被日益壮大之华资鲸吞而去。

在接下来不到十年的发展时间里，令人振奋的是，这些巧妙地在英资的支持下而发展起来的华资集团，又巧妙地依靠英资的力量去收购另一些英资集团，于是威风一时的英资财团从此锐气大伤。只剩下怡和、太古仍由英资控制，而且垂老的怡和也由于为了“丢车保帅”在痛失“爱子”——九龙仓和港灯以后，在哀伤不已的情况下，仍然念念不忘全力“加防”，并从此严阵以待。

华资财团的消化能力似乎愈来愈强，伴随而来的“胃口”自然就愈来愈大了。一击吞并四大英资集团，“入肚之料”综合账面总值达二百六十一亿港元，并拥有二百零四家附属公司和三十四家联营公司。各自都尝到甜头的华资财团，开始虎视眈眈地瞪着怡和洋行这头垂老的狮子了。这一次华资财团准备集中火力，以图锯下这头虽然年事以高，却又“肥”得流油的狮子的“大腿”——香港置地有限公司。

于是一场精彩的华资吞并英资，且长达八年之久的“置地争夺战”，在一九八一年一月一日，“蛇吞大象”“入主和黄”之新春贺岁双喜临门的礼炮声中，令人心悸却又令人惬意地拉开了帷幕……

这一天，香港商界的两位巨人，分别说了两句景色不同却都有“嚼”头的话，至今令人们回味不已。

两位巨人之一当然是大唱“和黄收购战”这台戏的主角——李嘉诚，他一边稳稳地坐在和记黄埔董事局主席这把交椅上，一边潇洒悦耳地说：

“世界在变化中，很自然‘行’也要变。”

而另一位“悲秋使者”，便是怡和洋行的大班纽璧坚，当人们问及李嘉诚会否联合其他华资财团向他的置地下手时，纽璧坚发出一番“无可奈何花落去”的感叹，并忧心忡忡地说：

“如果你在河里游泳，不管是一条鳄鱼，还是五条鳄鱼追着你，都是一样的。”

英资置地公司一直为老牌英资洋行怡和集团所控制，怡和集团的主席也理所当然的成为置地公司的主席。曾经鼎鼎有名号称世界上最大的地产商——置地公司，又拥有绝大部分香港商业金融中枢——中环的物业。

这一切对于李嘉诚来说，有多么巨大的诱惑力是可想而知的。

如果控制了置地公司，才可以真正称得上是香港地产界“王中之王”。

只有傻瓜才会不去考虑争夺置地公司控制权，更何况一直以“最具野心”而著称商界，且精明过人的李嘉诚呢？

他那里能够轻易放过眼底下置地公司这块“诱人的肥肉”呢？！

在香港岛中区的繁华地带，是香港最重要的商业中心地区，她的声望如同麦迪逊大街、华尔街和主街一样，是世界经济阵容中最敏感的灵魂地带。

这里鳞次栉比地巍然矗立着一幢又一幢高耸入云的摩天大厦，而且一幢比一幢更加充满神秘莫测的魅力，这里既是左右香港经济气候的策源地，又是最容易受经济气候影响且波及面最大的“繁感地带”。

其中，有一幢高耸入云的大楼，这幢圆形窗户大楼面对着万种风情的蔚蓝色维多利亚海湾。它莫测高深地耸立在香港经济的金字塔尖，且神秘地隐藏着一切一切……

大楼各层中有许许多多的世界各国著名企业，以及香港有代表性的办事处，这就是香港著名的怡和大厦。大厦的顶层，就是香港经济的支柱，也是香港最大的企业集团之一——怡和财团，旧称怡和洋行。

怡和洋行于一八三二年在广州设立，一八四一年将总办事处迁来香港，逐步扩展成一家业务多元化的公司。

怡和最初靠贩卖鸦片起家，以后逐渐将业务扩大，形成一家经营范围广大、实力雄厚的多元化国际集团企业。

一九六一年六月二十六日，怡和以有限公司名义在香港上市，从此成为香港十大上市公司之一，并获得“怡和王国”的称号。

六十年代中期以后，由于中国内地十年动乱的影响，英资财团对投资地产业持审慎态度。而新中国成立后，在华损失资产约一千万英镑的怡和财团，对香港的前途更是信心渺渺，因而大举进军海外，其中包括收购英国的怡仁置业、夏威夷及菲律宾的戴维斯制糖厂、中东的TTI石油及南非的雷尼斯综合企业。不幸的是这些投资并不成功，其后多被出售。而华资财团趁机低价吸入大量地皮，积极发展物业。于七十年代后期，由于中国实行改革开放，香港地产大幅度增值，伴随而来是华人资本的迅速膨胀，资产成倍，甚至是几十倍地增长。

其中，引人注目的有：

一九七九年，长江实业集团李嘉诚从汇丰银行手中，取得英资四大洋行之一——和记黄埔集团控制权，已经足以震惊其他英资洋行。

一九八〇年，船王包玉刚斥巨资从怡置系夺得九龙仓控制权，使怡和更加惊惶失措。

剩下的自然是为争夺香港置地公司这颗香港地产皇冠上的明珠，而与怡和财团进行真枪实弹的较量了。

日益强大的华资财团采取设置重围的战略战术，步步为营，已渐兵临城下……

面对愈来愈严重的来自华资财团的威胁，怡和主席纽璧坚采取断然措施，开始紧密部署并修筑他的防御工事。

首先，纽璧坚通过怡和控股及怡和证券公司控制置地四成股权，然后再利用置地控制怡和控股四成股权的办法，全力保卫凯瑟克家族对怡置的控制权。

不仅如此，几乎在同一时间，香港政府在大后方为怡置系作至关重要的紧密配合，港府马上修订关于联营公司“控制权”的定义，将过去的百分之五十一改为百分之三十五，从而怡置互控的措施得以顺利进行。

怡置内部实行互控，采取这种“连环船”的战略战术，互相把持对方控制性股权，的确有固若金汤的作用，使得觊觎已久的华资财团，难以越雷池半步。

并且，稳固后的怡置财团，开始一改往日进军海外的战略部署，扭转头来，为充实自己的实力而大举进攻香港。在一九八一年至一九八二年期间，推行一系列扩张行动，包括以九亿港元购入电话公司百分之三十五股权；以二十七点九亿港元购入香港电灯公司百分之三十五股权，甚至以四十七亿五千六百万港元的高标投中交易广场所在的地王，以及其他一系列增购庞大物业的行动，不仅使怡置本身现金资源耗尽，而且也使其从此债台高筑，欠巨资达一百六十亿港元。

然而天有不测风云！

正当纽璧坚万事具备只欠东风的时候，一系列始料不及的变化发生了。

中日甲午战争爆发以后，英国于一八九八年六月九日在北京签订了《展拓香港界址专案》，把租借范围由九龙向北推进到深圳河岸，不仅面积扩大了十倍，而且租期有九十九年。

这就意味着一九九七年，是中国政府收回整个香港主权的重要的一年。

随着一九八二年九月二十四日英国首相撒切尔夫人访问中国，一阵关于香港前途以及港人何去何从的问题，像飓风盘旋在香港的上空，使漂泊中的香港社会再次经历了长达两年的大震荡。

在长达两年的中英谈判期间，香港社会人心惶惶、风声鹤唳，大量资金外流，汇率不断下跌，香港经济再次面临着一道"险滩"。

而且，不仅如此，一场新的经济衰退巨浪席卷整个美国，甚至西欧国家，乃至经济腾飞中的日本。

香港的工商业毫无出路可言，陷于难以自拔的困境……

香港的房地产市道也是有价无市，急剧衰落……

愁云惨雾笼罩着整个香港，更笼罩着怡和财团。

与此同时，为防止华资的吞噬，怡和财团所造就的"连环船"结构，虽有固若金汤的堡垒作用，却也使怡和财团因此而付出沉重的代价。

怡置双方为维持对方的股权，确保双方利益，而导致大量资金被冻结。在债台高筑之下，整个集团所部署的投资，以及拓展系列业务一筹莫展。一九八三年地产市道崩溃，置地亏损十三亿港元，由互控结构带来的互相拖累，使怡和的纯利不得不剧减八成。

内忧外患的怡和财团，再次处于危城苦守的困局，而身为怡和与置地之主席纽壁坚也不得不黯然下台。

一九八三年五月四日，《亚洲华尔街日报》在第一版上，巨大的篇幅刊登了一条关于香港怡和财团内部人士变动的长篇报道。这篇报道以"醒目"的横跨四栏的题目说：

"对怡和的新大班来说，战役才开始。"

紧接着，这篇报道说：

"这就像描写香港企业内部斗争的小说《豪门》(Noble)所描述的一个场面。

"香港历史最悠久及规模最庞大的贸易公司的首脑，坐在能够俯瞰香港港口，豪华时髦的顶楼办公室里，面对着大群新闻记者。他在炫目的电视灯光和卡嗒不停的照相机声中，宣布计划退出这家公司的大班之位。坐在他左边的是他的继任人，一位刚经历一场董事会的激烈战役，赢得了这家公司控制权的年轻英俊的苏格兰人。"

文中谈到的那位年轻英俊的苏格兰继任人，便是拥有怡和公司百分之十股权，并在董事会占有三个席位的凯瑟克家族的成员西门凯瑟克。

西门凯瑟克接任以后，为了自救并增强防卫能力和偿还借款，不得不出售大量海外业务以及在港的非核心业务。

一九八四年，元气大伤的怡和跟置地股价愈见低残，而华资财团欲收购怡和以图最终控制置地的传闻再次甚嚣尘上。

一九八五年一月一日傍晚，闹极一时的香港中区正处于逐渐宁静的状态。

寒流冲击下的香港天气，十分干冷，四周繁华的商店也早早关门。街道上为数不多的行人，在匆匆忙忙地赶路回家。

而来自左右香港经济的两大巨头——和黄与长实主席李嘉诚；怡和与置地主席西门凯瑟克之间的商务洽谈，却从下午直到现在仍在各自的办公室，通过现代化的通讯设备正紧张、热烈地进行。

西门凯瑟克对白手兴家、叱咤香港商界的李嘉诚早有所闻。如果排除商业对手之间必然的敌对情绪，从内心来说，他对老谋深算的李嘉诚是非常佩服的。而李嘉诚对年轻有为的西门凯瑟克也略知一二，知道这位桀骜不训的年轻人曾经就读于著名的伊顿公学，毕业后进入剑桥大学三一学院。

但西门凯瑟克在就读一年之后，就不愿意过循规蹈矩的学子生活，于是并没有完成大学学业的西门凯瑟克在离开剑桥大学那天，邀请朋友们为他举行了一个别开生面的如同葬体的仪式，庆祝他与大学告别。在这个仪式中，西门凯瑟克躺在一个棺材里，他的校友们充当抬棺人，把他抬出校门。西门的父亲认为这个玩笑开得太过火了，在盛怒之下，把这位不可教也之孺子"发配"到加拿大海湾公司，并于一九八二年调回香港。

李嘉诚曾经花时间了解过他的情况，得到的答案是：

"虽是贵族出身，却不是外行商家，有能力发展怡和公司多元化企业。"

两位大亨就出售港灯控制权的事宜正在讨价还价，情况煞是热烈。一个年轻气盛，穷追不舍；一个沉稳老练，诱"敌"深入。

西门凯瑟克早已得知身怀巨资，且野心勃勃的李嘉诚便是围攻他的百年祖业怡和，以及正在招兵买马直取置地的"魁手"。但是，即使恨得再牙根痒痒也毫无办法，一方面银行频频催还贷款，另一方面西门凯瑟克想借此机会来个"丢车保帅"，他实在是太想耗费李嘉诚的巨资来换得怡和与置地的宁静了。

"看来，今天我不得不送便宜给你赚了，呵！上帝保佑我渡过难关。"西门凯瑟克不禁祈祷着。

李嘉诚从西门凯瑟克这一箭双雕的一招，知道这位"新官"身手不凡。而且李嘉诚也知道此时此刻在银行催逼之下的西门凯瑟克求钱若渴。

这次会谈一直持续到很晚，最后的会谈，双方完全是一种意志力的较量。经过长达十六个小时的磋谈，这宗后来被香港新闻界形容为"香港有史以来最大之公司交易"，涉及款项高达二十九亿八千万港元的"港灯收购战"总算告一段落，双方达成协议。

李嘉诚透过和记黄埔动用二十九亿八千万港元的巨资，收购港灯四亿五千三百九十七万余股股票。其中李嘉诚的购人价优惠到低于当日市价之百分之十五，由此李嘉诚可赚差额高达四亿五千七百万元，而置地必须放弃股票末期高达一亿三千余万港元之股息，这样一来，李嘉诚收购港灯之成功就显而易见了。

李嘉诚用巨资投资香港的实际行动，振奋了彷徨时期的香港经济，以至于香港舆论界纷纷赞扬道：

"李嘉诚投下香港信心的一票。"

西门凯瑟克"忍痛割爱"，送出便宜之后，继续砍下电话公司给英国大东电报局。

由此而来，西门凯瑟克总算能够应付资金周转的问题。

然而，西门凯瑟克绝非等闲之辈，安稳之后，他马上考虑到“连环船”结构的另一大恶果。

置地虽然持有怡和四成股权，但是绝对无法达到保卫怡和之目的，而且怡置双方因为互控而涉及利益关系，这样便给提出收购的财团有钻空子的可能，他们可以向法庭申请禁制令，禁止置地行使所持怡和股份的投票权，而导致怡置“连环船”的防线不攻自破。

于是在一九八六年，西门凯瑟克专门从美国高薪聘请投资银行家包伟仕加盟，委以重组怡置系结构的重任，以确保怡和的控制权。

重新部署以后，西门凯瑟克及其继任人包伟仕开始采取了一系列的脱钩行动。

一九八四年一月，置地以配售形式将所持怡和股权从百分之四十二点六减至百分之二十五。

一九八六年三月，置地将所持怡和股权的百分之十二点五转售怡和证券，使其对怡和股权进一步减至百分之十二点五。

一九八六年十二月，怡和宣布重大改组，由怡和证券怡和控股及置地共同注册成立香港投资者有限公司，再将其与怡和证券合并成立怡和策略控股有限公司，至此置地不再持有任何怡和股份，怡置互控关系解除。

“动完手术”之后，怡置系结构由原来怡和持有置地四成股权，变为怡置持有置地百分之二十六，这样一来，凯瑟克家族对置地的控制权减弱了，而且大有将置地待价而沽的味道。

一九八七年股灾前夕，香港股市“牛”气冲天，人们“炒”股票也“炒”得如痴如醉。

这时候，华资财团合力收购置地公司的传闻盛极一时，其中包括李嘉诚的长江实业、郑裕彤的新世界发展、李兆基的恒基兆业、黄延芳的怡和置业及郭得胜的新鸿基地产。

以李嘉诚为首的华资财团，愿意以每股十七元之价格收购置地，比当时置地的市价尚高出六、七成之多。但是，西门凯瑟克对此价仍未感到满意，并且摆出一副囤积居奇的样子说：

“Thedoorisalwaysopen.”（大门总是敞开的）

“Everythinghasaprice.”（问题在于价格）

正当华资财团与西门凯瑟克讨价还价，争论不休的时候，爆发了世界性的大股灾，双方谈判戛然而止。

十月十九日，港股暴跌四百二十多点，被迫停市四日。十月二十六日复市，大市继续下跌至一千一百多点，在市场一片惨云淡雾之下，香港各业纷纷“各人自扫门前雪”。于是，华资财团的“置地收购战”再次告一段落。

一九八八年二至三月，华资财团重组攻势，再次进攻置地。

四月初，身为广生行董事的李嘉诚在广生行周年股东大会上，有意无意地透露“军机”——长江实业持有置地股份，并表示无意出任置地董事。

四月底，在华资财团即将收购置地消息的刺激下，置地股价升至八元九角。

四月二十八日，怡和财团全力以赴，积极部署反收购措施，并透过其属下的怡策和文华东方发表联合声明发行新股，从而使怡策所持文华东方股权增至四分之四十一。

四月二十八日晚，长江实业的李嘉诚、新世界发展的郑裕彤、恒基兆业的李兆基，以及中国国际信托投资公司的荣智建，针对怡和发出的反收购讯号，召开紧急会议，讨论应变措施。

经过详细研究之后，华资财团为了防止置地为摊薄华资财团手中持有的股份，而发行新股给怡策，决定以“快刀斩乱麻”的方式，尽快结束战斗。

五月四日下午六时，香港股市收市以后，以李嘉诚为首的华资财团，包括华资巨头郑裕彤、李兆基以及荣智建，邀请怡和高层人员西门凯瑟克以及包伟仕进行谈判。

谈判尚未开始就已经显得硝烟弥漫，谈判双方竭力平静的面部表情里面，似乎都贮满烈性火药，一如短兵相接的浴血之战眼看就要一触即发。

首先，李嘉诚开诚布公说明来意，指明以长江实业为首的四个财团，都希望尽快解决置地控制权最终属谁的问题。然后，李嘉诚发起进攻，单刀直入地说：

“西门凯瑟克先生，我们四家财团已经决定，以每股十二元的价格，购买怡策手中持有的百分之二十五点三置地股权。”

早已领教过李嘉诚深藏不露且极具威慑力的谈判术的西门凯瑟克，这回吸取上次教训，不与李嘉诚作马拉松式的意志力的较量，马上反守为攻并加重否定语气说：

“不可能，每股必须十七元。这也是你十月股灾前愿意支付的价格，而现在置地的资产和租金都不曾下跌，怎么可能以每股十二元的价格成交给你呢？”

对于怡和意料之中的反应，李嘉诚听后轻轻一笑，但还是不给对方有喘息机会，紧压话头反驳道：

“西门凯瑟克先生，你似乎在强人所难，而且你现在还有意忽略了一个关键问题，那就是‘市价’。你和我都不是外行商家，按照商业惯例，只要收购方提出的价格高出对方市价的二至四成便可生效，更何况我们现在提出的价格，已高出置地目前市价的四成有余呢？”

西门凯瑟克无言以对，但仍态度强硬地坚持要每股十七元的收购价。

谈判双方首肯的价钱相差太远，会谈开始陷入僵局。时间仍在不停的流逝，已经逐渐接近深夜，而会谈的空气仍旧空前紧张。

李嘉诚预感到双方如果继续这样僵持下去将十分不利，便使出“杀手锏”作最后的致命进攻——将四大财团于谈判前拟定的一份以每股十二元全面收购置地股份的文件，出示给怡和主席西门凯瑟克，并一字一顿地说：

“西门凯瑟克先生，我必须很遗憾地告诉你，如果今天再谈不拢，明天上午四大财团将宣布以每股十二元的价格全面收购置地。”

西门凯瑟克大吃一惊，李嘉诚这一招是他不曾预料到的。而且从开始到现在，在他的心目中，中国人始终是逊色的。“什么时候中国人开始变得这么强大，这么有魄力的呢？”西门凯瑟克无法回答自己心中的疑问，但是有一样是必须肯定的，如果明天上午，四家财团的硬收购真的成功的话，那么接下来后果将不堪设想。

西门凯瑟克强硬的态度不得不缓和下来，他马上要求暂停，并召集他的手下，紧急磋商起来。

不久，唯恐事态扩大的西门凯瑟克迫于华资财团的压力，决定用议价购入四大财团手中所持有的置地股份。但是深受华资侵扰之苦，老是处于被动地位的西门凯瑟克这一次来了一个绝招，他提出了一个附带条件，华资财团七年内不得沾手怡和系股份。

由此一来，双方再一次展开了一场激烈的争论，直到最后，华资财团才让步同意忍受七年的"诱惑"之苦，不去侵扰怡和系股份。一场可能是有史以来最激烈的商场收购战，总算没有扩大并再次告一段落。

现代战争有两大类：一是瓦解敌人；一是争得地盘。而进行战斗的无论是企业还是军队，最终目的不外乎是取得胜利。而且，所有经过周密的策划和部署，经过厮杀和僵持之后走向结束的企业之战，并不全是以必须彻底消灭竞争对手为目的。

现代军事科学家总结出企业竞争的九条战略原则中，最为人注目的一条就是简洁，军官们把它总结为一个缩写词 KISS(意思是吻)。

而实际上它的全文是：KeepItSimpleStupid(化繁为简，大智若愚)

围攻置地长达八年之久的华资企业，在置地争夺战中的最后一个攻势，采取简洁形式收场，正好说明了这个战略思想。

一九八八年五月六日，怡和、怡策、置地三家公司宣布停牌。

同日，怡策宣布议价购入李嘉诚的长江实业、郑裕彤的新世界发展、李兆基的恒基兆业，以及中国国际信托投资公司等四家财团手中持有的置地股权，怡策在这次增购中共耗资十八亿三千四百万港元。

至此，再次耗用巨资以图享受七年"平安"日子的怡和总算呼出一口长气，苦守八年之久的一座危城——置地，也总算终告小解"七年之困"。

在天地之间，当翻滚的乌云，在风狂雨骤的空中强劲搏击的时候；当咆哮的江河被旋风吸上天空作力腾跃的时候；当呼啸的山洪摧枯拉朽，所向披靡的冲下山林的时候，来自自然的灵感的人们马上展开了想象的翅膀，于是天空出现神秘的龙。人们用蛇的身体、兽的四脚、鸡的爪、鹿的角、马的头、鬣的尾、鱼的鳞和须来组成飞腾于华夏天空的龙的形象。而且，将龙比喻为一种愈来愈兴旺，愈来愈强健，愈来愈茁壮的生命力。

这些在强手如云的竞争中脱颖而出的华资企业；这些历尽艰难险阻，饱受生活磨难只争朝夕，最终以伟岸的雄姿崛起于国际商界的华资企业，如同一条一条延续中华民族勤劳、智慧的素质的剽悍、威猛且充满生机的中国龙。并且，他们的阅历足以使他们懂得在今日这样纷繁复杂的商界怎样以最小的代价，取得最大的成功，在他们不断扩张的行动中，他们一方面避免鹬蚌相争的后果，一方面大赚渔人之利。

随着时间的推移，华资企业在房地产、制造业、建筑、外贸、饮食等行业中占有绝对优势。而且，在曾经为英资垄断的公共事业中，华资地位不断上升。一九八八年底，在香港股票上市的十大财团中，华资占七家，其中包括李嘉诚财团、包玉刚财团、郭得胜财团、李兆基财团、郑裕彤财团、陈曾寿财团、邵逸夫财团。

不仅如此，这些闯劲十足的中国龙在本土上不断充实与扩张自身的同时，仍不忘翘首西方，一如一篇经济文章生动描写的：

“在太平洋上空的一班航机上，坐在阁下旁边那位风尘仆仆的华人绅士，可能正赶赴纽约或伦敦收购你的公司。由香港到耶加达，这些精明的华籍企业家，近年赚得盘满钵满，东南亚已不能再容纳这些并非池中之物了。在有家族联系的中国，他们已成为最大的海外投资者。”

直到今天，这一条一条的中国龙，始终都是以这种不断壮大的实力，以及不断提高的能力在驰骋烟波浩渺、变幻无穷的商场上，在驰骋变幻无穷的未来。

回报故乡　创建汕大

汕大之光

像所有寒凝时刻渴望春华；夜半时分渴望黎明一样，燃烧着渴望的希望，总是被人们象征地比喻成——光，因为在人们看来，光就是活力、生机，只有光才能驱散黑暗，带来温暖。以人文鼎盛享誉海外，素有“海滨邹鲁”之称的粤东潮汕地区，有一千万百姓在这种强烈希望有一所造人才的高等学府的光的向往中祈盼了近一个世纪。

地处粤东的潮汕地区，面积一万余平方公里，人口约一千万，历史悠久，人文荟萃。

唐元和十四年（公元八一九年）韩愈向宪宗上了一篇《论佛骨表》，指斥佛教导人迷信，招致“一封朝奏九重天，夕贬潮阳路八千”的结局。在他刺潮八个月期间，大力传播和推广中原文化，恢复和发展州学，促进潮汕文化教育事业的发展，被誉为功不在禹下。

自此以后，潮汕地区州学、县学发达；学院、书院林立，科名鼎盛，人才济济。北宋时期，宰相陈尧佐被贬潮后曾有诗云：“休嗟城邑信天荒，已得仙枝耀故乡，从此舆兴载人物，海滨邹鲁是潮阳。”于是，潮汕地区开始以其“海滨邹鲁”的佳誉，风靡于世。

人类一直都是这样，当一种文明的形成和发展乃至步入高潮的时候，人们就不会满足于眼前无法深入的寻猎所获取的浅显的知识，他们需要探索知识世界和深层构架，需要了解和掌握更奥秘、更全面的知识体系，需要不但吮吸博大精深的知识，来充实他们愈学愈觉得空乏的头脑，这时候的人们对知识的需求，无时无刻不在怀有一种强烈的饥渴感。

潮汕地区千百万如饥似渴的学子们正是在这种需求的烧灼下，无不负笈省城、香港、厦门或远走京、沪等地，攻读大学以求深造。但是，由于学路遥遥，经济负担沉重无比，常常又使那些有志攻读大学的学子们不禁望而却步，由此，粤东地区需要办一所大学的呼声愈来愈高。特别是近百年来，随着新文化运动的兴起和发展，全国各大学堂的纷纷建立，潮汕各界中等院校林立，特别是海外有识之士陈嘉庚先生，在毗邻粤东的厦门独立捐资创办厦门大学之后，对粤东地区应该筹建大学一事非常关心，并在《论潮州大学》一文中指出“潮州与闽西毗邻，并与嘉应、海陆丰接壤，地广人稠，人口一千万，尚未有一所大学诚属憾事。”

从此以后，在潮汕地区筹办一所大学之事，已经成为潮汕父老梦寐以求的夙愿了。

一种想法在没有成为希望之前，仅仅是一种想法，仅仅是停留在初步地酝酿之中，然而一旦成为一种实现心愿的希望，一种精神寄托的时候，那种强烈地需求感和执著感，常常会促使人们想方设法将这种理想付之于行动。潮汕地区望子成龙的父老们和求学心切的学子们，在这近百年的历史中，为实现这魂牵梦萦的夙愿一直在不间断地行动着。

据有关资料记载：早在一九二〇年初，饶平人张竟生在获得法国里昂大学的哲学博士学位之后，返归祖国出任家乡潮州省立金山中学校长，任职期间，他深深体会到文化发达的潮汕地区需要建立一所大学的迫切性。他决定进行教育改革，把金山中学办成潮汕大学，甚至成为岭东大学。但最后因为无法适应国内的国情，乡里的乡情，无力摆脱军阀混战后的困境和世俗偏见的束缚，从而导致张竟生的愤然辞职和潮州大学的一度流产。

一九二五年二月，潮州人林子肩重新发起组建潮州大学的号召，并成立了筹备处，但最后因为经济上的重重困难，无力办成潮州大学，只得不了了之。

一九二五年十一月，周恩来力推潮州人杜国庠为金山中学校长，并根据潮州父老的呼声，决定筹建岭东中山大学（即潮州大学），但终因时局动荡不安，经济负荷太重，再加之蒋介石发动“四·一二”政变之后，杜国庠被迫逃离金中，筹办大学之事再度告吹。

抗战期间，曾任清华大学教务长和厦门大学文学院院长的梅县人钟鲁齐博士，在香港创办南华学院，香港沦陷时迁去梅县，日本投降后再迁去汕头，但这终究不是正规的大学。

一九四七年，国民党政府的两广监察使潮阳人刘候武，向海外潮籍人士再次发出在汕头创办一所潮州大学的呼声后，立即得到了香港地区和东南亚一带的潮籍人士的热烈响应，并且在香港成立了筹款委员会。此次筹款委员会，由香港潮州商会历届会长林子丰、林厚德、马泽民等十几人组成，计划筹集三百万港元，商定由香港方面负责选购建校地皮，东南亚方面负责建校舍费用，紧接着在国内外开始了筹建潮州大学的募捐活动。陈嘉庚先生闻讯十分高兴，热烈地希望此次潮州大学的筹建能一举成功。他曾鼓励地说：“潮州僻处南疆，然与东南亚交通甚为便利。潮州创办大学，非但为中国大学，将来亦可为东南亚之大学。”但令人遗憾的是，动荡不安的政局，内战烽火不但蔓延至潮汕地区，加之派系斗争激烈，内讧四起，最后形成僵局，筹建潮州大学一事遂告夭折。

历史终归是历史，改天换地的大半个世纪在希望和失望的交织中逝去了。

所有曾经一次又一次轰轰烈烈的建校浪潮，似乎在历史的掌握里无法逃遁地湮灭了。

所有那些曾几何时振臂一呼，应者云集的有识之士们也像划破长空的流星般，无声无息地失落了。

然而，潮汕人那种迫切需要办一所大学的热望始终没有停止过，甚至可以毫不夸张地说，一天也没有停止过。他们不信一个陈嘉庚能办成厦门大学与集美师专，而国内外全潮州人的力量竟然办不成一所潮州大学。他们只是在总结前人屡次失败的基础上，将热望压在心灵的深处，他们在默默地等待中，毫不气馁地希冀着。

一九七九年，应该说是中国人并且可以说更应该是潮汕人值得庆贺的一年。中国改革开放、搞活经济、实现四化的决策在这一个颁布与实行，如一股复苏物的春风，在吹拂灾难过后遍体鳞伤的九百六十万平方公里的中国，也在吹拂那颗长期压抑在潮汕人心灵深处的种子。广东省作为改革开放的重点，大踏步地走在全国各大省市自治区的最前列。

汕头市也被划定成经济特区，这就更加迫切地需要建设特区实现四化的各种专业人才。于是，为了尽快适应潮汕地区经济和社会发展的需要，海内外再度掀起筹建汕头大学的高潮。

一九七八年九、十月间，邓小平、廖承志等中央要人接见前来参观访问的泰国侨胞，对侨胞提出希望在潮汕地区筹建一所大学的要求表示赞同。并鼓励他们带个头，着手筹办这件大事、好事。随后，广东省高教局局长林川，马上将这一情况向省委及吴南生书记作了详细汇报。

这样，一系列筹建大学的行动就正式开始了。省高教局汇同汕头地委、市委，积极起草筹办方案，热情聘请中国人民大学校党委常委、新闻系主任罗列教授主持汕头大学的筹办工作，并成立了汕大筹备小组。一九八一年四月，汕头大学筹委会宣告成立。

飞机直上蓝天之后，开始平稳地飞行。

李嘉诚凝视窗外翻涌的云海，心里忽然有一种从未有过的感觉。似乎从香港至汕头这两个小时的航程里，他就是这只翻云搏海、展翅高飞的银鹰，在这并不漫长的航程里，他感到长期疲乏之后一种难以言状的轻快，就好像自己奋斗的大半生就是为了这一段航程，又好像自己所拼搏的大半生其实就是为了追寻这条魅力无穷的路。

李嘉诚惊异地发现，前方那块散发着泥土气息的乡土，竟有如此之大的吸引力，能够牢牢地抓住他漂泊四十余载的心；他更惊异地发现，前方那块目的地，竟然是自己做了大半生的梦。

竟然是自己在长达半个世纪的生拼死搏之后，为之实现的理想。

飞机飞出云层，稍稍颠簸了一下，李嘉诚猛然从冥思中惊醒。他悄悄拭了一拭湿润的眼睛，稳定了一下自己的思路，轻轻地对由他专机邀请去汕头，参加汕头大学庆典活动的朋友们说：

“到了！马上就要到了！”

是的。到了，马上就要到了。

李嘉诚用自己毕生的爱心，毕生的理想：用自己奋斗四十余载后积蓄的能源，为自己魂牵梦萦的祖国，为自己日思夜想的家乡，点燃了一颗创造智慧，实现智慧的太阳。

李嘉诚举着这颗光彩夺目的太阳回来了。

那种光，那种曾经像燧石相撞所迸发的火星般的光；那种光，那种曾像火柴般刚刚点燃就熄灭了的光；那种光，那种曾经天使般的向往，魔鬼般的诱惑着潮汕人的光，终于在即将来临的这一刻，亮了，开始永恒地亮了。

粤东地区千千万万父老们的心灵，被这颗光闪闪、暖融融的太阳照耀得亮起来了。

潮汕人梦寐以求的夙愿马上就要实现了。

潮汕人近百年的建校奋斗史，终于有一个美妙的结局和充满幸福的开端。

坐落在广东省汕头市郊外桑埔山南麓的汕头大学，是一九八一年国务院批准成立的广东省省属综合性大学，也是继陈嘉庚独创厦门大学之后，中国第二所由海外爱国人士捐巨资兴办的大学。

这所大学位于潮安、澄海、揭阳及汕头市区交界处，背靠叠峰山峦，面临视野辽阔的平原，校园内日月潭水库碧波荡漾，是避暑胜地。临近地带有名胜龙泉岩，在巨石巍峨屹立之下，有一可容纳数十人的天然石洞，岩边还有一股格外清纯的泉水，终年潺流不绝。岩前尚存古迹“翁公书院”，即明朝嘉靖年间进士，后官至兵部尚书的蓬州人翁万达及第前，潜心攻读之处所。

门前的行政大楼在这幽谧的环境，怡人的景色中显得格外雄伟壮观，庞大的楼顶，活像一顶博士帽，象征着这是一所培养人才的高等学府。

欧洲当代著名的艺术史家安德烈马尔罗在《沉默的声音》一书中有这样一段话：

“在那一个晚上，当伦勃朗还在绘画的那个晚上，一切光荣的幽灵，包括史前穴居时代的艺术家们的幽灵，都目不转睛地注视着那只颤动的手，因为他们是重新活跃起来，还是再次沉入梦想，就取决于这只手了。

“而这只手的颤动，几个世纪在黄昏中人们注视着它的迟疑动作——这是人的力量和光荣的最崇高的表现之一。”

汕头大学的创建正如这样一个宏大艺术的创建，它一边承受着历史的负荷、社会的张力，一边缓慢甚至是迟疑地发展着。

这种缓慢甚至是迟疑的发展，一直延续到一九八〇年九月的一天，这是一个无论什么时候都可以肯定为极不寻常的一天，甚至不亚于“伦勃朗还在绘画的那个晚上”。连历史走到这里也感觉到这种强烈的氛围，也情不自禁地稳住脚跟，凝神屏息地注目着这个集艺术与实用于一体，开历史衔接未来之先河的艺术创造工程的诞生。

香港中环，华人行二十一楼。

正在作倾心长谈的李嘉诚和全国政协常务委员、中华全国归国华侨联合会副主席、香港南洋商业银行董事长、汕头大学筹委会副主任庄世平老先生。

室内很静，静到连窗外嘈杂的世界都不复存在。落地纱帘令室内的光线变得柔和。两只静静躺在茶几上的茶杯几乎已经见底，主人和客人似乎都忘了还是否需要加茶或饮茶。

李嘉诚和庄世平谈得十分投机、十分兴奋。

李嘉诚一改平素稳健的作风，不时激动地从沙发上站起来，一边下意识地按动着手里的弹簧圆珠笔，一边来回走动。

“庄老，现在国内已经开始搞经济建设了，汕头又成立了经济特区，这就更需要各种专业人才。那么，潮汕办大学之事就是势在必行，所以我认为这一次一定能成功。”

庄世平赞同地说：“是的，当年陈嘉庚办厦门大学也是为求报国，解决当务之急。今天，国家对人才的需求更是到了求贤若渴的程度，现在办汕头大学的确是天时、地利、人和的大好时机。”

李嘉诚深深点了点头，略作沉吟之后，继续请教庄世平：“庄老，我没有办学的经验，我真的不懂，不知道办一所大学需要多少钱？”

庄世平笑了笑，认真地思索了一下，回答道：

“嘉诚，这很难说，大学像海洋一样，投进去再多的钱也能消化。但是，我个人认为，只要有带头人，创造一个良好的开端，将来一定会得到海外潮籍人士的积极响应的。”

李嘉诚听后，轻快地按了几下弹簧圆珠笔，兴奋并相当果断地说：

“那就让我来做这个带头人吧。我马上捐出三千万港元，作为筹建汕头大学第一期工程的经费。有了这个开端，遍布世界的潮籍人士就会积极响应，众志成城，汕头大的创办成功就指日可待了。”

说完之后，李嘉诚深深地呼了一口气，充满感情地告诉庄世平：

“庄老，这也是我多年的心愿哪！”

庄世平凝望着李嘉诚兴奋得发亮的眼睛和容光焕发的脸庞，深深为他那种赤诚的发自内心的爱心所感动，庄世平理解李嘉诚这种喜悦之情，这并不是赚到几千万港元，而是他自愿捐出几千万港元所洋溢的喜悦之情，这是只有在博大爱心的驱使下，才有可能拥有的这份由衷的感情。

如果说在这之前，李嘉诚和庄世平的关系仅仅是同乡和互相尊重的朋友的话，那么，从这一刻起，庄世平更加敬佩有此深厚的爱国心，如此浓烈的故乡情，以及驰骋商场的李嘉诚，他深深体会到他们相通的思想所产生的热烈的共鸣。

而且，李嘉诚也为能有这样一位德高望重，较自己的年长近二十载的朋友，并且是成为知己的朋友深感幸运非常。由此他更加尊重、敬佩历尽沧桑、深怀爱民之心的庄世平。从这一刻起，汕头大学这根红纽带已经将他们的火热、赤诚之心紧紧地连在一起。

此时此刻，李嘉诚和庄世平都很激动，他们在继续规划着这个振奋人心的宏伟蓝图，甚至中途有电话转进办公室内，李嘉诚都让秘书小姐作稍候处理。

他们完全沉浸在这无边的幸福和即将实现的理想的憧憬之中了。

也就从这一刻起，近百年来汕头大学的创办才开始有了一个真正的开端：

古人云：“致天下之治者在人才，成天下之才者在教化，教化之本在学校。”自幼受儒家思想熏陶，出身书香世家的李嘉诚；早年饱尝国破家亡，背井离乡之苦的李嘉诚；少年被迫辍学，历尽人生艰辛的李嘉诚，深深体会到教育对于一个国家，一个民族的分量。

商场上有着敏锐的目光、独到的见解，而且在对于人生，对于社会，对于一个国家的兴亡方面，都有着不同于一般人的理性观念和思维方式。

任何一个与李嘉诚同时代的人，都不会忘却日本人给中国带来毁灭性的灾难和奇耻大辱，特别是像李嘉诚这样从少年时期开始，经历日本侵华、潮汕沦陷、香港沦陷等一系列国难家仇，他们对日本人的痛恨可以说是刻骨铭心的。这一代的人们是很难战胜心理上的憎恨，而客观地正视战后日本民族的发展乃至腾飞。

但是，投身商界的李嘉诚却能够以他独到的见解，在憎恨日本人的同时，克服作为人性必有的正常的心理障碍，不仅能够从历史的角度总结自己民族衰亡的原因，而且能够客观地剖析日本民族的优劣，从而吸取其值得借鉴的地方，进一步证明教育之于一个需要强大的国家，一个需要振兴的民族的重要性和必要性。

一九九〇年二月八日，滨海鮀城。

浓郁得化不开欢乐之情的粤东汕头市。

到处是争芳吐妍的鲜花。

到处是比花更甜美的人们的笑脸。

正值中国传统迎春佳节的汕头市，又以她佛腾的热情庆贺一个比春节更有意义更值得庆贺的日子——粤东地区近二千万父老渴慕已久的汕头大学落成典礼。

前来参加庆典的有国务委员兼国家教委主任李铁映、全国人大常委会副委员长荣毅仁、原新华社香港分社社长许家屯、新任社长周南、中共广东省委书记林若，以及全国三十二所高等院校校长和港澳同胞、侨胞近二千人。

李嘉诚春风满面地向来宾们介绍汕头大学的环境及其设施，他今天穿的仍然是被人们传说为“李嘉诚的象征”的那套深蓝色的西服，仍是那雪白的衬衫，仍是那斜纹领带，仍是那普普通通的皮鞋。李嘉诚特别喜欢这种对比度强烈的穿戴，似乎只有这样穿着，才能够与他鲜明的人生观念、清晰坦诚的风格相符合。

一走近富丽堂皇的汕头大学礼堂，李嘉诚就谦逊地让来宾们走在前面，而他自己则悄然走在后面。在大礼堂等候多时的汕头师生们，在轻快抒情的音乐声中，对一个一个步入大礼堂的国家要人及其他贵宾们表示着有礼貌地热烈地欢迎。而当李嘉诚走进大礼堂的时候，所有来宾以及汕头大学的师生们都不约而同的全体起立，将手一致伸向李嘉诚，他们都在争先恐后地跟李嘉诚握手。特别是那些学生，那些年轻的仍带有乡土气息的纯朴学生们更是非常激动，有人甚至含着泪花。他们用一种充满崇拜，充满敬佩的目光注视着李嘉诚，情深意切地凝望着李嘉诚。那是一种怎样的目光呵，那种目光不亚于膜拜上帝，膜拜神明的虔诚、忠实的信徒们所流露的难以用语言来形容的圣洁的目光。

在这些学生们看来，李嘉诚是潮汕人民的儿子，是潮汕人民的骄傲，李嘉诚是属于潮汕人民的。而潮汕人无不为家乡能有这样一个充满孝心的游子感到由衷的欣慰、自豪。

这些学生们，这些被李嘉诚的创举所感动的学生们，纷纷在自己的日记里，立志以李嘉诚为人生奋斗的榜样，为搏击命运的楷模，发愤学习，不辜负这个难得的学习机会。他们都深深知道，没有李嘉诚就没有他们的今天。他们同李嘉诚一样热爱自己的祖国。他们也知道即使没有李嘉诚的创举，在不久的将来，国家也会在粤东地区办大学，潮汕子弟也必会有求学深造的机会，但是他们都十分理解自己的祖国，中国实在太大、太穷、也实在太多人了。在这九百六十万平方公里，十一亿人口的国家里，还有亟待解决的难以维持温饱的贫困地区，因此中国要全面地发展高等教育就需要钱，需要钱就意味着需要时间。

而李嘉诚回来了，李嘉诚举着这颗光闪闪、暖融融的芬芳的创造智慧，实现智慧的太阳回来了。

李嘉诚为四化建设中的祖国，为自己眷念的故乡争取了这段时间。

大礼堂内，所有在场的来宾和师生们不约而同地站起来，为李嘉诚响起了长时间的由衷的热烈的掌声。

在庆祝大会上，李铁映代表国务院，热情赞扬李嘉诚报效祖国，造福桑梓的爱国热忱。

李铁映在会上强调，汕头大学的落成是李嘉诚玉成中国教育界的一件盛事，并重申中国政府今后仍要大力发展教育事业，不断增加教育经费。同时欢迎港澳同胞、海外侨胞在国内捐资兴学。庆祝大会自始至终，只要一提到李嘉诚的名字和他的报国之举，会场上就会立即响起长时间的热烈掌声。

由李嘉诚独立捐资创办的汕头大学，无疑是一座永远屹立在潮汕人民心中，具有深远历史意义的丰碑。

在商场上，李嘉诚给人最鲜明的印象就是目光敏锐，遇事沉着、稳健，他从来不轻易去冒险，从来不会为任何一项商务活动，甚至即使是看来唾手可得的利益而孤注一掷。但是，在创办汕头大学的问题上，李嘉诚却一反寻常地以他那种锲而不舍，甚至可以毫不夸张地称之为英雄气概的精神，以他那种破釜沉舟的坚定决心，以及他独特的敏锐性所持有的必胜信念和顽强的真诚与执著，从而独立捐资，创办汕头大学。

李嘉诚常说："汕大在我心目中的位置，甚于其他一切事业。"

在汕头大学的筹建过程中，李嘉诚不断追加捐款，从一九八〇年九月的三千万港元至一九八九年十月的三亿七千万港元，一个月后又欣然增至五亿七千万港元。前后相比，所赠款竟达二十余倍。

李嘉诚多次提出，要把汕头大学建设成为国内乃至国际上的高等学府。为此，他殚精竭虑，亲力亲为。

建校之初，他委托香港三家设计公司设计出三种不同的总体规则，又请三位设计师携带着各自的设计方案前来汕头，同国内有关专家、工程技术人员一起，讨论研究，最后选定由香港伍振民建筑师事务所进行总体设计，由北京有色冶金设计院提供图纸。先后多次的设计费由李嘉诚另行支付，不计在他捐赠汕头大学的款项之中。并且，李嘉诚还告诉大家：汕头大学一定要创立高规格，不能搞低标准，钱若不够，他自会想办法。

今天的汕头大学如同一座风景秀丽的公园。校园中央的主体楼群——行政办公楼、教学实验楼、图书馆、食堂、学生宿舍等近十幢环形大楼，用高架庭园式的长廊相接，所有建筑都是用清一色的白色与赛克贴墙。在黛绿色的桑浦山麓，柱廊回环，错落别致而浑然一体；琼楼玉宇，富丽堂皇又典雅晶莹，以致形成了一种浓郁的民族色彩与强烈的时代气息相融合的独特的建筑艺术风格。别致，堪称一流，一如全国政协副主席谷牧在视察汕头大学后所感慨的：

“汕头大学的建筑形式称得上是全国高校之花。”

南国的初夏，像成熟中的羞涩、妩媚的少女，迷蒙里悠悠扬扬地飘逸着浪漫的情韵。沁人心脾的微风轻柔地吹拂着黛绿色的群山、辽阔的田野。在三山环抱的粤东高学府——汕头大学的前方，便是烟水浩淼的南海。在阳光金辉熠熠地照耀下，令人心醉的碧蓝，宛如一颗硕大无比的蓝宝石，动感地镶嵌在南国初夏的眼帘里。

时值一九八五年的四月六日。

李嘉诚贪婪地呼吸着迎面而来的家乡清新的空气。这是他继亲自到桑埔山下选定校址，以及回校参加奠基典礼之后，第三次在当时广东省委书记、汕头大学筹委会主任吴南生的陪同下回到汕头大学，一方面检查建校工程、看望师生，一方面研究新建教学医院的具体方案，商议汕头大学的进一步发展。

三个星期前，美国一家跨国公司安排一个非常重要的商业会议，特别邀请李嘉诚前去参加，这次会议实际上是国际上一些大财团首脑的商业合作会晤。这对于李嘉诚辖下的长江实业集团公司来说，无疑是一次进一步拓展海外事业的十分重要也十分难得的大好机会。由此看来，以善于发现机会和利用机会而享誉商界的李嘉诚，当然更是十分清楚这次会晤对于腾飞中的长江实业等集团公司的特别意义。然而，当他一听到汕头大学第一期建校工程即将竣工，学校的十三个系十五个专业即将全面招生的消息后，就马上果断地改变了主意，他决定另派人员前往美国，而他自己却兴致勃勃地踏上了飞往汕头的专机。

从筹办汕头大学决定捐出第一笔建校经费开始，李嘉诚就不由自主地把汕头大学的创办自始至终作为自己事业的一部分，而且是作为他事业中最为重要的一个组成部分。在创办汕头大学的过程中，李嘉诚惊异地感到自己的人生观念愈来愈清晰，似乎这几十年来投身商界所压抑的或者说所失落的童年的时期就立志要实现的另一个自我，开始实现或者重新复活了。虽然直到现在，在李嘉诚的心底还有一种渴望，那就是渴望再年轻几十年，渴望再迈进自己曾经被迫告离的校门，再做一次品学兼优，名列前茅的学生，或者像父亲、叔父、伯父当年那样，做一个真正的专业且有创意的教育家，然而，这一切都是超自然的，是人的力量所不能达到的，所以也是李嘉诚无法实现的。

李嘉诚步履轻快地走在汕头大学的路上，并且嘴角经常漾起一丝微微的笑意。他体内似乎有一个神秘的能源宝库，无论走到哪里，给人们的感觉始终是永远蕴藏着无穷无尽的旺盛精力。

汕头大学，简朴的师生欢迎大会。

原广东省委高等教育厅厅长，后任汕头大学筹委会副主任、汕头大学党委书记林川，真诚地对汕大师生也对李嘉诚说：

“汕大就是李先生的家，李先生是家里人，所以我们的欢迎会没有讲排场，没有鲜花迎送。”

听了这话，李嘉诚非常激动，在汕头大学的问题上，因为各种原因，难题不断出现，但是李嘉诚从来没有后悔过。随着时间的推移，他与汕头大学愈贴愈近，既投入了巨额的资金，也投入了深厚的感情，就像这一次返归汕头。他认为回汕头大学比去美国开会谈生意更为重要，这更能深刻地证明他的心境。

此时此刻的李嘉诚，兴奋得用手扶着差点滑落的眼镜，连声道：

“汕大就是我的家！我就是家里人，今后我还要经常回家走走！”

李嘉诚走进教师们中间，亲切地拉着几位老教授的手说：“先父也是搞教育的，老师们的辛勤劳动我很了解，非常感谢你们来到汕大。我什么事部可以放下，只有汕大的工作无法放下，我决不会使汕大的老师们失望！”

当他从人群中看到还有三位美国女教师时，就走上前亲切地和她们握手。她们是美国美中教育服务机构派来支援汕大的第二批教师。李嘉诚用流利的英语向她们问好并说：

“我非常高兴，你们不远万里来到汕大作贡献，这是十分可贵的。潮汕是我的家乡，汕大是我的家，我万分感激你们！美国的生活水平，和我们这里距离还很大，而我感激你们的心意，还要超过好多好多倍！”

接着，李嘉诚转过身来对所有汕大师生认真地说：“一个人，无论其职位高低与否，只要是有事业心的，我都表示尊敬。我李嘉诚一定跟着大家，一定办出个有水平的好大学！汕头大学一定要在中国、在世界上成为一所名校，我是有决心的。”

这一天，是人春以来格外和煦晴朗的一天。李嘉诚、吴南生、林川等兴致勃勃地检查首期建校工程。他们从上午八点一直走到中午十二点多钟，整个汕头大学十多万平方米的建筑面积那跑遍了，直到每个人的额头上都布满汗珠，他们还在谈笑风生，还不觉得累。

李嘉诚脱去西服，松开领带。雪白的衬衫，在阳光的反射下显得格外醒目。当走到行政办公大楼前，他欣赏地凝望着这幢大楼的整体构架，高兴地说：

“我们这个大楼的外观感觉很好，比香港大学、香港中文大学还要好！单这种贴墙，至少可以耐用一百多年呢！”

为了感谢老师们对汕大的贡献，李嘉诚一一探望教师们的家。来自宁夏的一位蒙古族教师的家里，他对这位蒙古老师说：

“你们远道而来，很有韩文公的精神。我代表潮汕人感谢你们！”

吴南生风趣地说：“韩文公来自西安，他们来自宁夏，还要远着呢！”

李嘉诚点点头说：“做老师的辛苦我是知道的。我对教育界特别尊重！谢谢你们远道而来，希望你们为汕大多作贡献。”

接下来，李嘉诚认真地看着一幢幢别墅式的教授宿舍楼和纵横交错的学生宿舍楼。他发现有一幢教授楼的屋顶上镶嵌着咖啡色的瓷砖，显得既黯淡又不雅致，他紧皱眉头，马上叫过基建工程的负责人说：

“像这样的房子，我都不住，怎么可以让教授住？敲掉，统统敲掉，全部换上进口的马赛克。”

基建负责人解释说：“那每处都得多花二千多元啊！”

李嘉诚坚决地说：“二千就二千，质量绝对要保证。”

“还有，”李嘉诚回过身来，指着教师楼、学生宿舍的走廊上挂满了五颜六色的衣服，对学校负责人说：

“你看这些衣服，这样挂着很不雅观。应该马上提供洗衣机、烘干机，除去这些‘万国旗’才是呢！”

李嘉诚不仅重视汕大校园环境建设，而且重视教育的科研设施的建设，他在为大学本部教室、实验室、医学院和图书馆置仪器、设备、图书达七千五百万港元之后，还诚恳地向老师们说：“从实际出发，需要好的新的设备，都可以向我提出要求，我一定尽力而为。”

并且，李嘉诚在记者招待会上对记者们说：“振兴教育乃强国富民之根本，舍此不足以兴邦。潮汕地区应该有一所自己的大学，为四化建设加速培养自己的人才。有好机器、好技术、好设备，没有好人才去掌握它、利用它，就不能充分发挥作用。办汕头大学，是他作为一个中国人应尽的责任。”

在确立了“立足粤东、面向全省、顾及全国、对外开放”的办学方针和“团结、勤奋、求实、创新”的校训之后，李嘉诚又在海外组建“李嘉诚汕头大学基金会有限公司”，参与汕头市投资兴办一个十万千瓦的年发电量五亿度的火力发电厂，其中李嘉诚汕头大学基金会有限公司除了投资一千万美元外，还负责代汕头安排向国外筹借五千万美元。

汕头大学基金会有限公司是一个不牟利的组织，其目的在于既帮助汕头市解决缺电问题，又能在将来把本金及经费上所获得的利息和利润，全部用以帮助汕头大学及其医学院未来之发展。

不仅如此，李嘉诚非常注重教师队伍的建设，在汕大落成庆典的致词中，李嘉诚打了一个生动的比喻：

“学生就像种子，而学校就像土壤，教学的方法和环境，就如阳光和雨露，教学人员便是栽培灌溉的园丁。”

为了让汕大教师加强与海外的学术交流，以开阔视野提高教学质量，李嘉诚在香港专门成立了汕头大学学术基金会。为了培养汕大教师，又在香港大学设立了李嘉诚奖学金，并拨出专门款项，送汕大教师到英国格拉斯哥攻读双学士学位。自一九八四年以来，汕头大学已向美国、英国、澳大利亚、联邦德国、日本、新加坡、苏联、泰国、香港等十几个国家和地区派出留学、进修达一百一十三人。并且，为了鼓励汕大的教职员工作育英才，又在汕头大学专门设立了“敬业金”。

不是专业教育家的李嘉诚，以他治理企业、经营李氏王国所具有的精明与魄力，潜心经营汕头大学。李嘉诚认为一所大学决不能因循守旧，而应该坚持开放、大胆创新。他像平素经营管理企业的过程中，在所有重大的决策前，虽有独到的眼光也必定会搜集有关信息情报，在繁忙的工作中不断抽出时间，细致入微地搜集国内外有关办大学的宝贵经验。

李嘉诚甚至利用他往返世界各地的机会，每到一个国家、一个地区，都不会忘记挤出时间去当地著名的大学取经，并为汕大将来的发展，建立一种长期的海外联系。在汕大开学时，李嘉诚送去的第一批礼物，就是一大批世界上先进国家和地区关于大学系科课程的设置，以及科学管理的系列图书资料。更难得的是，他在平日工作称得上是日理万机的同时，每天必定抽出一段时间，研讨汕大的问题。并且，特地在香港高薪聘请有关专家学者，成立一个十四人的专业班子，每天都在为汕大工作。

八十年代初期，正值汕头大学开始破土动工之际，香港经济面临着最严峻的考验。连番遇上意想不到的天灾人祸，中英关于香港问题的首轮谈判立场迥异，前途未明的一九九七问题给香港队带来了严重的信仰危机。继而出现了保罗动议和怡和洋行宣布迁册百慕达。香港人心惶惶，局势动荡不安，经济衰退惨重，各行业倒闭现象屡屡发生，李嘉诚辖下的长江实业等上市集团公司，也受到经济衰退的一系列严重打击，损失重大。

汕大何去何从？

粤东父老无言地眺望着香港。

正兴致勃勃筹办汕大的汕头大学筹委会全体人员无言地、矛盾地注目着香港。

一诺千金的李嘉诚陷入了沉思之中。

李嘉诚仔细考虑汕大创办的重要意义，自己毕生为之奋斗的理想，以及信守诺言的处世准则之后，认为汕头大学的创立，较之生意上以及其他一切得失更为重要。

于是，李嘉诚果断地决定，要矢志不移地创办汕大。他再三向广东省、汕头市的领导表示，无论他将来的结局如何，他捐款建校之承诺，必肩负到底。一九八三年五月，在对汕大的投资由初期的三千万港元增至一亿一千万港元。李嘉诚在给汕大筹委会的信中直抒胸臆：

"近年世界经济衰退影响所及，本人面临十年来最困难处境。各行业倒闭及亏蚀者甚多，本人所经营之业务亦深受打击。上述捐赠，在个人今后数年之现金收入，已达饱和，但鉴于汕大创办成功与否，较之生意上及其他一切得失更为重要，而站在国民立场，能在此适当时间，为国家桑梓竭尽绵力，即使可能面对较为困难之本港经济情况下，仍属极有意义及应予勉力以赴之事。"

当时，国家高教部副部长黄辛白出国考察，途经香港，会见了李嘉诚。在谈到汕头大学的创办之事时，黄辛白理解地希望李嘉诚先保全自己，渡过难关之后，再考虑创办汕大事宜。李嘉诚知道国家在替自己排忧解难，也知道创办汕大的当务之急，所以他坚决地对黄辛白说：

"不！不！我的事业可以破产，我的一切可以失败，但汕大一定要办！汕大一定要办成。"

接着，李嘉诚激动地指着自己的办公大楼继续说：

"我卖掉它，也要把汕大办起来。"

新华社一九八六年六月二十日电。

中共中央顾问委员会主任邓小平，在一九八六年六月二十日上午于人民大会堂会见香港长江实业（集团）有限公司董事局主席兼总经理、香港特别行政区基本法起草委员会委员李嘉诚。

邓小平对李嘉诚这几年为祖国作出的贡献表示感谢，对他的爱国精神表示赞赏。李嘉诚曾为广东汕头大学的建设捐款二亿四千万港币。这所大学已于一九八一年成立，一九八三年开始招生。

李嘉诚对邓小平说，汕头大学的发展是他最关心的问题。他说，发展教育事业对促进祖国科学技术水平的提高是非常重要的，他愿为此而努力。他说，许多华侨和外国人士愿意为汕头大学的建设贡献力量，他希望这所学校对外更加开放一点。

邓小平对此表示赞同。他说，这是一件好事，全国应调一些比较好的教员到那里去，把这所大学办好。他还希望通过这件事能进一步提高中国的办事效率。

国家教育委员会副主任何东昌、国务院港澳办公室副主任李后、秘书长鲁平亦参加了会见。

即使投身商界，即使在香港，精明强干、洞察秋毫的李嘉诚还是清楚地知道，在中国，办任何一件事情，如果没有得到政府部门的支持，将会寸步难行。而对于办汕头大学这样一件大事，如果没有国家领导的支持，也是很难办成的，就算是办成了，也无法办好。于是，在一九八六年四月十七日，李嘉诚"上书"邓小平，特别针对师资力量与教育实验设备跟不上专业发展之需要，希望邓小平"九鼎一言"，指示国家教委协助解决如下三个问题：

一、给予大学更大开放，俾能招揽国外良好之师资及尽快调派国内优秀人才南下；

二、给予大学更大权限，俾汕大成立研究院，遣派研究生出国，早日学成归来，为汕大服务，使汕大学术水平能达至国际标准；

三、给予大学更大方便，使国内外有心为汕大贡献一份力量之人士，有机会为汕大培养高质素之科技人才而努力。

以诚感人者，人亦以诚应之。李嘉诚这种坚强的意志力，破釜沉舟的精神和深厚的爱国心，深深打动了上至国家领导下至普通百姓。国家教委马上落实了邓小平的指示，鼓励汕大进行改革，允许汕大开放办学，并先后从中国人民大学、复旦大学、南京大学、厦门大学等许多高校抽调了一批学科带头人、系主任和骨干教师支援汕大，这一切正如李嘉诚在一九八六年十月七日，第四次莅临汕大时所动情地说的：

"我把一生的心血都放在汕大了……不瞒你们，我对汕大比对其他任何事业还要操心。不信你们看，为了汕大我的头发都白了好几根。"

曾经历任英联邦国家近三百所大学协会会长、在香港大学任职长达十四年之久的首任华人校长、汕头大学副董事长、有着四十余年极其丰富的办学经验的黄丽松博士在汕头大学校董会上激动地说：

"潮汕地区特别幸运的，就是有李嘉诚先生这样的大力支持者，使潮汕一来就可以建一所有规模的综合大学。这样的高等学府不只是配合地方发展，而且对发展起了促进和领导的作用，在政治经济及文化各方面，都有深远的影响。捐助大学的人，各地都有，有捐建校舍的；有捐仪器的；有捐奖学金的，都是一项两项而已。捐校舍的只要该建筑物以他的名字命名，事情就算完结了。我从来未见过有人除了负责整个大学校舍的建筑费外，还捐赠图书、仪器再加上奖学金、教职员津贴及出国进修费用，甚至购地、建教职员宿舍、补助常年经费，我相信这是史无前例的。我曾在东南亚高等学府协会及英联邦大学协会服务过一段时间，前者有会员六十多个，后者二百多个，在这近三百所大学当中，我可以断然说，没有一间大学似汕大这么幸运的。

“汕大的幸运也是潮汕的幸运。我对汕大的建立感到无限的欣慰，我们潮汕九百多万人，终于有这样一间大学，我对汕大今后将对地方对国家作的贡献，抱着无限期望。我把汕大的成立看作潮汕地区历史上最大的两件事之一；另一件事就是一千多年前韩愈之来潮州，两者对潮汕都带来极深远的影响。”

李嘉诚多次向人们披露心迹，他捐资兴学，只求报效桑梓，自己一无所求。在汕大十年的创建中，李嘉诚只希望默默耕耘，无论当时学校领导、董事局同仁怎样强烈要求，李嘉诚都决意不在汕头大学留下自己的名字。庄世平先生和黄丽松博士至今还记得曾经有过这样一个“烦恼”，富丽堂皇的汕大大礼堂建造竣工后，大家不约而同的想将大礼堂以李嘉诚或李嘉诚之先父李云经名字命名，当将此想法告诉李嘉诚时，遭到李嘉诚的坚决反对，情急之下，黄丽松博士突然想到北京大学“未名湖”的典故，便建议将汕大礼堂命名为“未名堂”，然而还是被精明的李嘉诚看出底蕴，李嘉诚说：“不要再搞那么多含义了，就叫‘大礼堂’不是很好吗？”紧接着，李嘉诚未经思索，脱口说出一席极富哲理的话语：

“一个人死去之后，如果灵魂有知，那么儿孙们作的一切，他都知道，就毋须用什么命名来告知；如果灵魂无知，儿孙所作的一切他都无法知道，那么即使这一切都以命名来告知，也无济于事，毫无用处。”

在汕头大学落成庆典大会上，李嘉诚郑重指出：“今日社会上有一种不良的现象。许多人有着自私自利的倾向，对做每一件事，总希望个人利益获得多而责任承担少，这是值得我们注视的。”他又说，“我认为汕头大学的设立，不是为了造就个人的成功，也不全为了汕头地区的利益，而是属于整个国家民族的事业。我希望它的设立，能为国家的教育前途做出好的开始，将来还会有千千万万间培育人才的学府出现，使国家的文化科学生机勃勃，民族的机运欣欣向荣。”

一九九〇年二月八日，傍晚。

广东汕头市国际大酒店四楼餐厅里。

李嘉诚宴请前来参加汕大典礼的所有来宾。

李嘉诚举着酒杯，环顾在场所有的朋友，又激动又满怀歉意地告诉大家：

“今天是汕头人民大喜的日子，盼望已久的汕头大学隆重开幕了，我很高兴能请来了这么多高贵的朋友。可是我也要很遗憾地告诉大家，就在刚才你们到来之前，我提前赶到，发现餐桌上菜牌的位置放错了，虽然我自己已经将它们一一纠正过来，但我不知道接下来还会不会有什么错误发生，很对不起，我无法更好地招待你们、感谢你们。这已经是汕头最好的酒店了，可是他们从来没有接待过这么多高贵的客人，他们已经尽了最大的努力。幸好我们是回来参加汕大的庆典的，不是回汕头专门吃晚饭的，所以，如果接下来有什么招待不周的地方，希望朋友们能够理解并且宽容。谢谢大家。”

静静的话语，质朴中闪烁灼灼的深情。

在场所有的人，都被李嘉诚细致入微的真诚所打动，李嘉诚的话音刚落，就响起了长时间的热烈掌声。

李嘉诚是一个极其谦逊的人，同时，也是一个极其严谨的人。但他的谦逊和严谨并非一日之功或者一时之作，这是他长期以来，经过繁复生活的各种积累，不断磨砺自身，修养自身而形成的凝练的思想和独特的处世风格。他凭着这个独特风格，在纵横交错的商场上从无到有，赢得极大的信誉，赢得人们发自内心的尊敬，而且在商场之外的一切社会活动中，同样使他进退自如，始终处于不败之地。

李嘉诚的这种谦逊和严谨，不仅表现在他所有发自肺腑坦诚相见的语言上，而且也表现在他平时点点滴滴为人所知，以及为人所不知的行动上。从这一点上说：李嘉诚不乏为一个十分磊落的人。他的思想和行动是透明的，透过他对汕头大学十年如一日持之以恒的质朴的爱心；透过他对国内种种弊端的一些真诚的建设性批评，就不能不承认他的周身所焕发的那种闪闪夺目的理性的光芒。

亿万缠身　心系祖国

血浓于水更重于利益

香港《壹周刊》杂志曾经在财经专题的栏目里，对李嘉诚与中国的感情作出如下报道：

"一九九〇年一月，在戒严令取消刚一个星期，中国的领导人空群而出，以国家元首级的规格接见了香港首富李嘉诚。在十七日上午，他见了国家主席杨尚昆，下午他见了中央总书记江泽民，在晚上他又和专责教育的国务委员李铁映晚宴，翌日下午，他还见了国务院总理李鹏，当天，连名义上已退了休的邓小平亦和李嘉诚会了面。当时他告诉中国的领导人说，长实及他名下的其他分公司未来几年在港投资四百亿港元，他便打个譬喻，说他的事业'正如一棵大树一般，根扎在香港。'"

早在一九七九年，李嘉诚作为香港经济界的重要人物，被委任为中国国际信托投资公司董事，其他董事包括王宽诚和霍英东，李嘉诚的当选，使人们认识到他在中国外贸发展中的重要地位。

随着中国改革开放政策的实施，愈来愈多的中国公司开始在香港的经济活动中占有重要的地位，并着手进行各项经济发展。

"身为中国人，应竭尽个人的力量，为祖国多办实事、办好事"的李嘉诚，也着手将自身业务同中国的改革开放联系在一起的一系列经济活动。在香港旺角区西洋菜街上的中侨国货公司新厦，曾经是长江实业的珍贵物业；而位于香港东区铜锣湾的乐声大厦，便是李嘉诚以优惠的价格售与中国国货公司的。

一九八〇年，李嘉诚与香港大亨冯景禧、胡应湘、郭得胜、郑裕彤及李兆基等组成新合成发展有限公司，与广州羊城服务发展公司合作兴建中国大酒店，为中国的改革开放，树立了一个意义重大的成功的典型。

一九八二年，由于经济气候的影响，世界造船业也陷入不景气的地步。李嘉诚的青洲英坭有限公司，却在中国大连造船厂订购了每艘价值一千四百万美元的四艘万吨巨轮，在接受记者访问时，李嘉诚坦然地说：

“我对大连造船厂有信心，而且我是中国人，我订购祖国的产品是很自然的事情。”

一九八四年四月，中国成功发射了第一颗地球同步通讯卫星，标志着中国运载火箭技术进入了一个新阶段，中国低温氢氧燃发动机技术已经进入世界先进行列。一九八五年秋，中国政府宣布“长征”火箭可以为世界各国提供发射卫星服务，正当许多国家与中国只是试探性的洽谈，并无诚意的时候，李嘉诚果敢地决定将和记黄埔、大东电报局，以及中信集团合作购买的美制卫星“亚洲卫星一号（Asiasat1）”，交给中国长征火箭发射。这颗卫星于一九九〇年四月成功发射上天，充分证实了中国运载火箭技术的进步，从而提高了中国在国际市场的地位，意义极其深远。

李嘉诚对中国的感情朴实中带有诚挚，这不仅体现在他一次又一次对中国的投资上，而且也体现于在海外与中国公司的合作上。

七十年代末期，香港房地产的经营上升至辉煌时期，随着愈来愈高层的建筑物，愈来愈多的建筑群的出现，愈来愈大的物业需求正刺激着已经膨胀的房地产市场。

而且，在这其中，优质水泥的需求量也达至顶峰时期。在当时，香港生产水泥的青洲英坭，是引进美国水泥生产的半成品进行加工，然后出厂，但却无法满足市场的需求。

随着中国改革开放政策的进一步实施，随着物业市场的迅猛发展以及大批物业的兴建，水泥成了中国乃至香港地区的“热门货”。

中国开始向海外大批量地进口优质水泥。在美国有意利用其有利资源和技术条件在亚洲投资的前提下，中、港、美三方开始在新界屯门投资建造大型水泥厂。

然而，任何事物的发展是不由人的意志转移的。就在水泥正式投资后不久，由于世界经济气候的影响，香港房地产市道猛然下跌，水泥的需求量也相应急剧减少。

而且，在这其中，水泥生产所需原材料自中国大陆引进，但因交通不便，运输成本较高，使水泥生产的年生产量不足原计划，造成合资水泥厂很大亏损。

这时，作为其中三方股东之一的美方，要求从合资水泥厂退出，条件是：不替水泥厂还债，也不抽回投资资金。

由此而来，水泥厂的生存危在旦夕。为保住水泥厂，作为其中三方股东之一的李嘉诚，东奔西走，以长江实业和他个人的信誉作担保，愿意偿还所有亏欠，力图保住合资水泥厂。

这之后，中方提出中港双方继续合作办厂，但李嘉诚认为合资水泥厂亏损太大，在目前的状况下合作下去有诸多不便，便提出中方如果要收就全部收回，但如果中方不要，他再收回。

中方便全额收回合资水泥厂，但其后由于没有全面考虑进出口税利情况、原材料情况，水泥生产的成本仍很高，造成的亏损不断增大。于是，中方只经营几个月，就将仍是亏损的水泥厂交给李嘉诚打理。

李嘉诚接过负债累累的合资水泥厂，将它与青洲英坭合并，终于扭亏为盈顺利发展。

一九八四年一月，光大实业公司的董事长王光英，准备更进一步地发展其公司的业务。于是，找到李嘉诚，希望合资做地产，李嘉诚便与光大实业公司合作经营城市花园，并按照常规，上报公布此项物业发展消息。在私下，李嘉诚考虑到王光英来港发展只有两年，而从事地产风险很大，便与王光英签订了一个经董事会通过的协议，如果地价下跌，三个月之内，王光英可以随时退出，而地产的风险实际上就由李嘉诚一人承担。

没过多久时间，地价果然大幅下跌。

王光英要求退出，并于六月底宣布取消合作计划。

置身其中的李嘉诚，凭着经营地产的实际经验，其实是看好此次地价会很快回升的。但是，王光英退出之后，李嘉诚不愿意让人家感觉到他从中挣钱，所以也就将这项物业赔本卖了。

事过不久，此项物业果然在地价回升中大赚，看好地产发展趋势的李嘉诚并没有去挣这笔钱。

因为在李嘉诚的心目中，始终有一个信念。

朋友之间应该有"义"字。赚就一起赚，赔就一起赔。

然而，即使是这样做，李嘉诚还是受到了牵连。一如《香港富豪列传》中所描述的：

"李嘉诚常对人言，名誉是他的第二生命，有时甚至比他的生命更重要。在国际城市内幕交易买卖的事件中，李嘉诚被收购及合并委员会谴责，令他大为愤怒，在多份报章以巨大篇幅广告作出澄清……"

无论受到怎么样的对待，在中国的事情上，李嘉诚确实做到了如他所言的永不言悔。不仅如此，他作为一个中国人，对中国的爱心，那种炽烈的赤子之情与日俱浓。

一九九〇年，李嘉诚去北京办事期间，恰逢亚运会集资。北京市副市长张百发请李嘉诚赴宴，席间聊到亚运集资问题，李嘉诚马上拿出支票，填写一千万元的金额。在递给张百发的时候，李嘉诚很谦虚地连声说："不好意思，实在不好意思。"

张百发本来以为为中国教育事业已捐资六亿的李嘉诚，此次能捐出一百万元就相当不错了，没想到如此慷慨的李嘉诚一下子就捐出一千万元。当负责亚运集资的张百发拿到支票时，高兴得手都在发抖。他更加为亚运成功地举办充满信心，也为中国有这么多像李嘉诚这样充满赤子之心的有识之士而感到由衷的自豪。

一九九一年七月，中国大陆华东一带受到罕见涝害威胁，灾情十分严重。香港各界纷纷解囊捐款，赈济灾区，以表休戚与共之情。

由于灾情不断加重，华东地区人民的生命财产受到严重的威胁。

祖国告急！同胞告急！

中国政府代表灾区人民向全国，向海外发出请求援助的呼吁。

李嘉诚得知此消息后，对灾区的人民非常关注，并以他真挚朴实的感情，在第一时间回应了来自母土的呼唤。

李嘉诚当即致电新华社香港分社，表示将以长江实业等四家公司名义捐资五千万港元，支援国内抗灾、救灾。

李嘉诚甚至很感动地说：

“作为香港人以及股东是以中国人为主的公司，是应该以第一时间回应国内要求援助的呼吁。我希望借此机会，能在援助国内水灾工作上起着少许引导作用，并希望所有身为中国人的香港人都迅速贡献一份力量，我们应该用最快的速度，最有力的方式来支持灾区。”

并且，就在华东水灾灾情正待援助之时，李嘉诚的家乡，广东潮汕地区连日来遭受强台风侵袭。乡民损失惨重，连连告急，李嘉诚得悉之后，毫不犹豫地给家乡的人民捐赠五百万港元，以解家乡燃眉之急。

一九九二年年初，李嘉诚在接受《日本经济新闻》驻港记者奥村的访问时，当记者与李嘉诚在谈到前苏联令人担忧的现状和独立国家联合体成功的可能性时，对于中国和香港，李嘉诚十分坦诚地谈出了自己的看法。

无论如何，在李嘉诚的心灵深处，“中国”这两个字，永远对他充满一种神奇且强大的召唤力。在他看来，他之所以能取得今日如此辉煌的成就，是因为这方国土，不仅孕育了他顽强的生命力，而且也赋予他活力强劲、勤劳智慧的龙的意识。

而且，正是因为对中国，对这方国土怀有这么深切，这么诚挚的爱，李嘉诚才在中国的事情上，永远无私、无怨、无悔地奉献自己的一切，才会宽容地默默地承受不该有的一切。

李嘉诚深深知道，这种爱，这种感情的分量所赋予他的义不容辞的责任感。

就像儿子对母亲所拥有的那种血脉相连的亲情，和作为儿子的反哺的天职。

而且，无论如何，血，总是浓于水，总是重于利益的。

在云高处

一九九〇年十二月，香港《资本杂志》专题报道：

“超级富豪李嘉诚，在一九九〇年结束前，又锦上添花地获得一九九〇年 DHL 和《南华早报》合办的商业成就奖，李氏在接受《资本杂志》访问时表示会欣然接受此项殊荣，并继续为香港的稳定繁荣作出贡献。”

商业奖早于一九七八年初在新加坡与当地的 StraitsTimes 合作举办，之后发展到中东地区。一九八九年 DHL 与伦敦的 TheTimes 合作，设立欧洲商业奖。一九九〇年 DHL/《南华早报》商业奖是第一次在香港举办，目的是表扬香港工商界人士及机构，对传播及加强香港的经济繁荣与国际地位的贡献。

这次商业奖对于候选人的要求十分严格，在财务表现上，候选人必须对公司有杰出贡献，而且在上市公司而言，候选人必须在改善股东权益及营业额方面有优异表现，另外在管理技巧上，候选人必须对提高管理技巧及建立完善的公司制度有贡献；对不断改变的商业环境及准则能作出适当的应变。在致力达至目标期间，表现出坚毅不屈的精神，能得到下属的尊重，在公司树立良好的榜样，激励员工奋发，对改善员工的生产表现有显著成就，对商务有创新的卓见，对建立及维持公司的融洽气氛素有成效。并且，肯定会有一番作为。李嘉诚用他清脆的童音告诉父亲，他准备做生意，做了生意再像父亲一样好好治学。父亲听了他孩子气的，又很自信很有志气的话语，很开心地笑了。

最后，父亲仍含着这个由儿子带给他的开心的笑容离开了人世。这是李嘉诚最后一次见到父亲瘦削的脸上所展开的轻松且慰藉的笑容，父亲有多长时间没笑了，李嘉诚已记不清楚，但这却是父亲生病以后，很长时间以来所露出的第一次也是最后一次笑容。而且，父亲也是含笑离开人间的，因为父亲的安慰是李嘉诚。

直到今天，李嘉诚每每想起这件事，就觉得很自豪，因为他小小年纪在父亲面前居然没有说错，因为他用自己勤劳与智慧，成功地实现了当年许下的诺言。

中国当代著名女作家冰心有一首极有韵味的小诗：

成功的花
人们只惊叹她现时的明艳
然而当初她的芽儿
洒遍了牺牲的血雨
浸渍了奋斗的泪泉

这首诗也正好是今日雄踞香港商界金字塔尖的李嘉诚之真实写照。

今天的人们，无不用惊讶羡慕的目光，遥遥注视着这位成为香港神话之一的天之骄子。

这位如同《时代周刊》所形容的，头上始终有一颗幸运之星在照耀着的香港超人。

在人们的心目中，李嘉诚成了幸运的象征，成了“火眼金睛”的神一般的人物。然而，人们在圈给李嘉诚眼光敏锐、商业奇才等等绚丽夺目光环的同时，却令人遗憾地忽略了一个最为关键的问题——

那就是：

李嘉诚是一个活在自己意志里的人。

可以毫不夸张地说，如果没有顽强的意志力的支撑，没有不屈不挠的拼搏精神的驱使，李嘉诚就不可能平安地跨过生命中一道又道出人意料的转折，不可能顺利地度过创业中一道又一道的漩流湍急的险滩，更不可能令人惊叹地取得今日如此辉煌的成就。

这个惊人的意志力，不仅贯穿了李嘉诚长达半个世纪的奋斗生涯，更加感人地表现在李嘉诚创业初期的艰难历程里，那段时光的一次比一次更为巨大的磨难，如同一柄柄寒光四射的锋刃，无时无刻不在磨砺着李嘉诚视之为支柱的——意志。

美国具有敢作敢为、壮士断臂精神的著名大企业家默多克，曾经对他的朋友说过这样的话：

“你像一只白老鼠，你聪明，受过高深的教育，但你没有艰苦奋斗、挣扎求生的本能。我是一只褐色老鼠，我可能是一个不可教育的家伙，但是我能够吃苦耐劳、不怕牺牲；如果我的一只腿陷在夹子中，那么，为了脱身，我会把那只陷在夹子中的腿弄断，而在所不惜。”

以默多克这番话来比喻逆境求存的李嘉诚，再恰当不过。

李嘉诚所拥有的最巨大的财富，便是他顽强的事业精神。

当人们问及李嘉诚在名成利就的今天，为什么还有那么大的动力去忘我地工作，而且领导如此庞大的李氏王国居然没有丝毫的压力感，并显得格外从容的时候，李嘉诚不假思索地说：

“这样说吧，以一个富有的人来说，正常生活所需要用的钱占比例只是很少，一生没法子用得完。譬如，我以二、三十年前的财产，就算由那时开始不做事，钱一生也花不完，不用说二、三十年后的今天。所以我认为，如果你既然已有一生花不完的钱，而钱是赚不尽的。若你为了赚钱做一些对不住良心的事而损坏你的名誉，这个人就很傻。我一向的做法就是尽本分去赚钱，将赚到的钱，部分帮助社会上有需要的人，在医疗教育上出力，我尽我的能力去做好些，再加上从来无与世上任何人去比较财产的多少，所以在这种心理下赚钱只有少许的压力。

“我对现在的情形怡然自得，当我没有应酬的时候，我的菜式跟一个普通‘打工仔’的家常便饭一样，我不觉得吃大鱼大肉是一种享受。”

李嘉诚对自己要求十分严格，他常常以古代的哲学思想来作为自己修身养性之道。譬如“老子教人大智若愚，深藏若虚，凡事要留有余地，才是待人接物的最高准则。”之类等等，都是李嘉诚严于律己，宽厚待人的至理名言。

而且，虚怀若谷的李嘉诚，真正体现了他所崇尚纳百川而归大海的长江风格。在平时，无论碰到什么样的情况，李嘉诚从来不像其他的人那样处事不择手段，他对人才从不抱有任何成见，也不喜欢报复。

由于李嘉诚生来就十分谦逊，即使他曾经如此坦率地剖析过自己：

“我没有说过自己完美，我也有弱点，例如我很骄傲，我的内心很骄傲，但不表露出来……”

即使他也偶尔发过几次脾气，但是，他始终保持冷静的头脑，始终懂得如何真诚地去尊重他人。而且他十分自重宠辱不惊，这使得他直到今天仍然在社会上享有极高的威望，并且，这种威望并不仅仅是因为他的财富，而是因为他高尚的品行和得体的举止所带来的，使得李嘉诚直到今天仍然能够赢得他的下属，以及他企业的所有股东的支持与忠心耿耿。

李嘉诚认为人生是一个学习的过程，直到今天他仍然坚持不懈地学习，仍然坚持从小英文报刊上吸收各种知识。长江实业的一位高级职员曾经将一篇有关于李氏王国的翻译文章送给李嘉诚看，李嘉诚一看立即便说：“这不就是《经济学家》里面的那篇文章吗?”原来，李嘉诚早已看过原文。

不仅如此，李嘉诚的阅读非常广泛，他希望通过不断地学习来陶冶自己的性情，李嘉诚曾说：

“一般而言，我对那些默默无闻，但做一些对人类有实际贡献的事情的人，我都心存景仰，我很喜欢看关于那些人物的书。无论在医疗、政治、教育、福利有广阔的胸襟，对全人类有所帮助的人，我都很佩服。”

李嘉诚是一个非常难得的扒艇好手，他最喜欢在假日时与家人好友乘艇出海畅游，这时候，他便可以在实践中任意升华他那独特的船长意识了。

李嘉诚认为最能够松弛脑神经、平衡身心的办法，就是驾驶他那艘五十八呎长的私人豪华游艇出海遨游了。而且当游艇开到大海的中心地带时，他还可以发挥他那游泳和用通气管潜水摄影的专长。

在汕头大学开办期间，李嘉诚曾经想到亲自驾驶游艇往返汕头香港之间，但后来因为海关和边检的问题，李嘉诚只好作罢。

李嘉诚不仅喜欢在事业上将自己跟大海和船联系在一起，而且在生活环境中也是如此。譬如在李嘉诚豪华典雅、欧陆情调浓郁的客厅里，有一幅由著名油画师所精心绘画的巨大肖像画。画面上的李嘉诚面对着蓝色的大海，显得格外高大伟岸，海风将他身上米黄色的风衣高高吹起，李嘉诚用他深邃坚定的目光遥遥地注视着远方。而远方，在蔚蓝色的海面上，海鸥飞翔之处，船帆点点……

身处云高处的李嘉诚，在奋力拼搏半个世纪以后的今天，已经逐渐感觉到身心的疲乏。他特别喜欢去夏威夷度假，每次旅游回来，他总是意犹未尽地对友人说：

"漫步夏威夷的海滩，真叫人留连忘返。那时候，没有人会认识你，你可以与人们很自然地融为一体，可以尽情饱览美妙的海景，也可以闭目沉思，用一种孤独和沉默的思索来发现自己，领悟自己。"

作为已是知名人物的李嘉诚，看到现实社会的严峻与千姿百态，他不仅要求自己做人一定要谦虚谨慎，而且也言传身教地告知他的儿子们。但是生活也常常不由人意地现实到如此，从李嘉诚走向成功的时候起，他的一切就不再属于自己，就与这个社会紧密地关联在一起。

自从一九八四年怡和控股宣布迁册百慕达之后，一时间，香港的上市公司迁册成风，而且愈演愈烈。于是以李嘉诚财团为首的一些主要华资财团的动向，已经被投资者看成是关系到香港前途的信心指标。

近年以来，李嘉诚曾经在公开场合多次表示，他本人并不赞成迁册，李嘉诚说：

"我认为迁册是一件令人伤心的事情，它会损害香港人的信心。"

早已加入了英国籍的李嘉诚是否会"走资"，已经成为各界揣测并注目的焦点。一些专职分析李嘉诚财团动态的经济专家认为：

"李嘉诚在维持其个人一贯形象的同时，也已经为迁册准备了后路。一种做法是将迁册的责任推给董事会集体决定；另一种做法是把迁册留给下一代实施。一旦李嘉诚认为时机成熟，便有可能宣布提前退休，由儿子接班并实施迁册。"

其实，至目前为止，是否迁册恐怕李嘉诚自己都无法定论。

因为将来的事情，只有到将来才知道。

但是，有一点可以肯定，一贯以大局为重且对中国怀有深切的爱心的李嘉诚，以他的财团在香港的地位和他本人同中国政府密切的关系而言，在处理迁册问题时，一定会非常谨慎的。

而且，无论如何，李嘉诚对中国的前途始终充满信心。这不仅表现在一九六七年，处于"文化大革命"时期的中国北京，发生了令香港人惶惶不可终日的火烧英国驻华代办处的严重事件，在大多数港人纷纷抛售物业，逃往国外的情况下，李嘉诚独具慧眼，大批量地收购物业，为之后一日千里的长江，打下了稳固的基础。在一九八二至一九八四年的港人"信心危机"期间，面对老牌英资财团怡和公司迁册百慕达，以及市面上谣言纷纭，对中国前途充满信心的李嘉诚，透过属下和记黄埔公司以香港有史以来最大之公司交易巨额,收购了英资置地公司百分之三十四的香港电灯股权,为稳定香港作出了巨大的贡献。

直到现在,李嘉诚的所有经营决策仍旧与中国经济紧密联系在一起,在一九九二年八月六日的董事会中期报告中,李嘉诚强调指出:

"在中国经济经历三年收缩调整期后,本年年初再度进入高度发展阶段。在计划经济体系中,允许加入更多之市场经济成分,为中国财经各领域之发展,增添新活力。在开放改革政策再次获得肯定并予强力实施之情况下,中国未来之国民经济将有较大幅度之增长,前景令人鼓舞。"

一九九〇年二月七日,对于李嘉诚来说,是一个难忘的日子,这一天他怀着兴奋的心情,接受了他的家乡——广东省汕头市人民政府授予他的"汕头市荣誉市民"的称号。

一九九二年四月二十八日,对于李嘉诚来说,也是一个十分难忘的日子。

这一天,李嘉诚荣获了来自祖国的高等学府——北京大学授予的名誉博士学位。

在授予仪式上,李嘉诚说:

"希望开放政策继续进行和拓展,开放的尺度再为扩大,这将会替一个民族带来更多的发展机会。

"由今天起到跨越二十一世纪,我们可以展望到的是亚洲人的时代,亦是中国人的时代。"

李嘉诚作为世界超级富豪,深深知道财富的积累只是一种获得成功之后的证明,但永远不能证明走向成功的过程。

李嘉诚做任何事情都力求成功、完美。他在海外创造巨大财富的同时,仍然念念不忘怎样去完善他所捐建的汕头大学;怎样去运用现代化的教育机构,培养更多、更杰出的人材。

一九九三年二月四日,《香港文汇报》、《新晚报》分别刊登了李嘉诚专程访汕大,愿意增加捐资二亿港元,并将聘请一批海外高水平的教授、学者到汕大任教的消息。

文中谈到"李嘉诚最近又来到该大学,商议如何加快这座有大学本科毕业生、在校生八千多人的大学的改革步伐事宜。他建议汕大制定出一套吸引人才和发挥人才作用的措施,把该校办成高水平,有影响的改革开放试验性大学,他并决定再捐资二亿港元,让汕头大学发展和改革。"

如同与李嘉诚时代的所有华人一样,置身于大商业风口浪尖上的李嘉诚,无时无刻不在以关注的目光注视着他们的下一代。

今日香港已是一个国际性竞争激烈的城市,随着时间的推移,老一辈保持和谐传统的经营之道,逐渐为新一代的华人们以现代化的激烈商议情势所取代。

这些年轻的华人们,在认准目标之后,往往以狙击的手段,在对方猝不及防的情况下,将对手击败。

这些就不得不引起李嘉诚时代的华人们,所共同拥有的关于下一代华人们的思索,也就是关于李泽钜、李泽楷这个时代的海内外年轻华人的思索。

历史赋予这一代华人重大的使命感和责任感,然而,历史并没有赋予他们色彩鲜明，对比度强烈的磨砺。他们可以说从出生开始，就一直笼罩在父辈们光辉的阴影下，他们必须本着作为华人的历史文化构架；本着作为华人的勤劳智慧的遗传基因；本着他们曾经或者不曾经留洋海外所学到的西方科学技术，面临或迎接这种时代赋予的挑战。

他们是否能够具备并且承受这种由整个时代赋予的压力；他们是否能够准确并且富有创意地接过父辈们的接力棒；他们是否能够充满张力地谱写年轻一代华人的新篇章。

中华大地五千年所有光荣的龙的幽灵们在注视着、思索着。

所有复活和高扬中华传统的创时代、划时代的父辈们在注视着、思索着。

所有生机勃勃的年轻一找茁壮的华人们，同样也在深深地思索着、强有力地行动着。

置身于云端之处的李嘉诚以及同时代的华人们，始终以无比欣悦的目光注视着他们杰出的子孙，并竭尽全力地以他们毕生拼搏之后所积累的经济和智慧作为丰厚的基础，充满爱心地这些子孙后代作永远的铺垫。

李嘉诚由此自豪地宣称：

“我相信二十一世纪将是我们中国人的世纪。”

包玉刚

少年俊彦　志在航海

一、与海有缘　童年立下航海志

1918 年农历 10 月 13 日，宁波已进入了冬季，包兆龙匆匆从汉口赶回宁波。两天前，他接到妻子托人捎来的信，说快要生了。

此时的包兆龙，已有一子一女，但对于将降生人世的孩子，他仍然有一种十分喜悦的心情。

那天晚上，包兆龙焦灼地坐在堂屋里，等待孩子的降生。

窗外寒风呼呼，屋里却温暖如春，烛火一片通明。

随着一声清脆响亮的啼哭，接生婆满面笑容地跑出来对他说，夫人生了一个大胖小子！

是个儿子！包兆龙十分高兴。在封建社会里，儿子是家族得以发展的征兆。包兆龙想，生个儿子，日后自己的生意就后继有人了。他叫佣人把孩子抱出来，只见这婴孩虎头虎脑，眼睛又大又亮，心里有一种说不出的喜悦。

给他取个什么名好呢？包兆龙一眼瞥见桌上燃烧的蜡烛，

有了，就叫“起然”吧。

包玉刚的母亲后来还生下了一子三女，他总共是七个兄弟姐妹。分别是三男玉书、玉刚、玉星，四女爱菊、美菊、素菊和丽菊。包兆龙希望子女都像白玉一样无瑕，像菊花一样高洁。

玉书、玉刚、玉星三兄弟自小天聪颖悟，深得祖母和母亲疼爱，包玉刚更以勤奋好学、诚实稳重而受到学校老师、同学和乡亲的称赞。

年幼的包玉刚上学读书十分用心，各门功课的成绩在班上是名列前茅，然而他有一个最大的爱好就是欣赏海景和看船。

宁波市地处东海之滨，在余姚江和奉化江汇合为甬江的三江两岸，简称为甬。东北和镇海交界，西与西北面和余姚、慈溪接壤，南和鄞县毗邻。

宁波市是浙江省最大的港口城市，历来在海上贸易都占有重要的地位。早在两汉、三国时期，舟师出海，多从这里启航。唐代时，它就与日本、朝鲜、柬埔寨、越南、泰国诸国家有通商往来，是当时我国对外贸易的中心。明清之际，海运远及西洋，商贾往来频繁，成为全国的重要商埠。鸦片战争以后，根据不平等条约的规定，宁波成为

"五口通商"口岸之一,外国侵略者在江北设立领事馆和洋行,销售洋货曾引起一种畸形的繁荣景色。

宁波市内有一条江厦街,在唐宋年间就是手工业的发源地,到了明、清时便成为一条繁荣的街道,里面陈列着五颜六色千奇百怪的商品,可以说应有尽有,商人来往如穿梭一般,商贩之多好象浓云遮地,故宁波商人外出经商有思乡之念。每当月圆思乡之时,宁波人便会感叹"走遍天下,不如宁波江厦"。

在长期的商事活动中,宁波商人逐步形成一个群体,即"宁波帮",它与"福建帮","潮州帮"在天下齐名。

此外,宁波人素来还有飘洋过海经商的传统。据有关资料表明,现在海外的宁波籍人士约有 30 多万人,在海外商界形成具有强大实力的"宁波帮"其中不少为商界翘楚,如我们这本传记的主人公包玉刚,以及影业巨头邵逸夫、香港南丰纺织有限公司董事长陈廷骅、美国全美中华总商会董事长应行久。

包玉刚的家所在的钟包村,离海并不近,但自从有一次,包玉刚跟父亲到镇海去了一趟之后,对一望无际的大海就情有独钟了,他被那时涨时落的海潮,穿梭来往的商舰和海滩上五颜六色的贝壳深深吸引住了,他希望日后能做一个船长。

包玉刚被这个突如奇来的想法激动了好一阵子,虽说是一个孩童幼时天真的幻想,若干年之后,这个幻想竟变成了现实。

于是这个年幼的玩童与海有缘,立下了航海之志。

包玉刚把"航海"的种子埋在了心里,他决心要好好学习,掌握知识为将来实现自己的愿望,打下一个良好的基础。

在中兴小学,包玉刚遇到了几位好老师,不但传授给他知识,也给他鼓起勇气和教给他做人的道理。

中兴小学的校风很好,小学里有一位丁伯荣先生,在教学上很有一套。他主张实施儒家的"因才施教"的方法,同时也注意培养学生的爱好和激发学生的学习兴趣。他指导学生成立了一个"中兴学生自治会",下设宣传部、司法部、体育部、康乐部、福利部等,并选出愿意为大家服务的"小公仆",让学生自办自理。丁先生还指导学生自己编辑出版名为《钟声》的墙报。

包玉刚是《钟声》的积极撰稿人,他写的文章简洁明了,生动活泼,被同学们称为"秀才"。他有一个好朋友叫王尔功,是"学生自治会"的第一任司法官,因"执法"严明,在同学中间享有很高的威信。有一次,一位大同学欺负一位小同学,小同学自卫反抗,恰巧被"法官"王尔功见到,王尔功以为小同学不守规矩,便判罚小同学站墙角,小同学觉得委屈,哭了起来。包玉刚当即站出来,向王尔功说明情况,纠正了这一"错案"。这件事被父亲知道了,包兆龙大赞包玉刚做得好,包兆龙教导儿子:"为人就是要严以律己,宽以待人,仗义执言,主持公道——这是为人的正道。"

二、热血沸腾　单枪匹马闯世界

随着年龄的增长,包玉刚渐渐感到在宁波读的书,不能实现自己的理想。虽然他就读的是一间名校,老师又是那么博学多才,但是在学校学习到的多是四书五经之类,与当时生活并不接近。

包玉刚独自坐在自己窗前,望着穿梭的商船,看着涛涛江水,不禁泛起一阵沉思,外面的世界是否美好,他太想知道了。

武昌是革命起义的圣地,到20年代末30年代初,更成为中国的政治、经济、文化中心。

包玉刚对武昌充满了憧憬,产生了种种幻想,产生了到武汉求学的愿望。

一天晚上,包玉刚来到母亲的房间。包玉刚的母亲姓陈名赛琴,出自望族,是传统的中国妇女,恪守着三从四德的传统礼教,相夫教子。据几十年代后包玉书、包素菊、包丽菊所述:“……因先父平常商旅在外,先母留乡扶育子女,营守薄用,即一针一线,皆亲力而为,慈母心肠,可以想见。以后儿女秉承勤俭家训,兄辈中能在事业上有所成就,蜚声中外,养育之恩,良有心也。”

见儿子进来,母亲问他成绩如何老师都有哪些要求。包玉刚恭恭敬敬地一一作答,然后,他沉默了一下,抬起头对母亲说:“娘亲,我想到汉口念书,和爹在一起。”

包陈氏闻言,有点愕然,便停下手中的女工活,摸着包玉刚头说:“去汉口?你知道这一路有多远、路上有多危险么?你爹最近到北方做生意,娘亲又要留在家里照顾一家大小,不能陪你去,你一个孩子家的,怎么去得了?快别胡思乱想了。”

包玉刚并没有放弃自己的愿望,仍想争取:“武汉的教育比这里先进,到那里求学会学到丰富的知识,会看到许多大的世面。老师经常对我们说,男儿志在四方,我已经长大了,应该到外面闯荡闯荡。”

包陈氏怜惜地对儿子说:“你想到汉口读书,我不会阻止你。但现在你还小。你知道吗?外面现在乱得很哪。听你爹说,国民党正在搞什么宁汉分裂,局势动荡,我怎能让你一个人去呢?”

母亲的担心是有道理的。1925年,孙中山先生逝世,蒋介石北伐,定都南京。1927年,蒋介石、汪精卫决心清洗国民党内的共产党人,国民党内的胡汉民、宋庆龄等则在武汉成立国民革命政府,这段历史被称为“宁(南京)汉(武汉)分裂。”当时由宁波去汉口,要途经上海,这一路军情险恶,包陈氏为了儿子的安全,自然不乐意让他孤身去汉口。

包玉刚决心到外面的世界去闯荡,但他羽翼未丰,力量单薄,又处于家庭的阻止,所以只好暂且放下自己的心愿。

三年过去了,包玉刚已长大成人。三年来,他要到汉口读书的念头不但没有消退,反而更加强烈。一旦遇到机会,他都向妈妈委婉的要求。包陈氏是一个通情达理的人,家乡的教育水平她心里也清楚,前些年不让儿子去武汉,是看见他年纪还小,担心他的安全,现在,孩子已经长大了,应该有一个很好的发展前途。在给丈夫的信中,包陈氏向丈夫道出了儿子的愿望。包兆龙一直希望儿子能帮自己做生意,看见妻子说包玉刚想到武汉去,自然十分高兴,立即写信让包玉刚到武汉。

得到丈夫的首肯,一天晚上,包陈氏把包玉刚叫到自己房间里。她试探着问儿子:“你真的想到汉口去跟爹爹在一起?”包玉刚点点头:“是的,我很想去。”

“那你敢不敢一个人去?”

“敢呀!”

包玉刚十分聪明,一听母亲的语气便知有希望了,连忙说:“娘亲,你看呀,我跟你一般高了,我早就是大人了。我已经有一定的独立生活能力,洗衣服做饭我是样样精通。”

听了儿子的话,包陈氏微微点点头,但仍不放心:“儿子,俗话说:在家千日好,出门一时难。路上并不太平,偷盗抢劫、诱拐诈骗,什么事情都可能发生,你又没有出过远门,能应付得了吗?”

“娘亲,我已经懂事了,我会应付的。”包玉刚见母亲仍不放心,不禁有点委屈:在学校里,自己是个品学兼优的学生,做什么事,老师同学都是百分之百的放心,但为什么娘亲这么不信任自己呢?想到这里,包玉刚刷地站起来,神情坚定地对母亲说:“请娘亲放心,我一定要干一番事业回来见你!”

母亲对儿子的雄心壮志也十分赞赏,然而对着将要远游的儿子,做母亲的难免心里牵挂,她拉着包玉刚坐到身边来,语重心长地对他说:“物离乡贵,人离乡贱。武汉跟宁波可不一样啊!”

包玉刚很奇怪:“都是中国的地方,有什么不一样呢?”

儿子一脸的好奇把包陈氏逗得笑了起来:“我们宁波这边讲的是江南话,汉口那边讲的是北方话,不好懂哩!”

包玉刚眼珠子一转:“那他们写的字跟我们的一样吗?”

“当然一样。”包陈氏给了儿子一个肯定的答复。

“那就没问题了。”包玉刚松了一口气,胸有成竹地说:“即使我讲的话他们听不懂,他们讲的话我听不懂,我们可以写下来,用笔来对话嘛!”

儿子并非池中之物,总要有一天会远离父母的,是的,这是母亲明白的,同时也是父母所希望的,试想,如果自己整天不出三门四户,哪里会有出人头地的机会。因此母亲就为儿子收拾了行礼。

这位未来世界船王,与母亲告别之后开始走向新的生活。

1931年的中国,距离抗战尚有6年,大部分地区是国民党政府统治的天下,共产党的势力则在边远和内陆地区活动,彼此之间还时常产生这样或那样的问题,有时还要发生战争。

长江中下游地区似乎未受影响,这里交通发达,商旅繁忙,出现一派繁荣的景象。

有“冒险家乐园”之称的大上海,固然是中外商家、文人政客、地痞流氓、三教九流的天堂,由吴淞口沿长江溯江而上,南京、芜湖、九江及至武汉三镇,也都是物产丰富,商业繁荣,百业兴旺。

包玉刚坐上开往上海的轮船上,就象一只刚出笼的小鸟,对周围的繁荣感到好奇,对自己美好的未来充满信心。

包玉刚来汉口的目的是为了求学,然而父亲包兆龙却让他到燕梳行当学徒。

三个儿子中,包兆龙最得意的是二子包玉刚,对他寄予的期望也最高。他盼望包玉刚能够对他的生意感兴趣,将来能够继承自己的事业。面对着不断发展的工商业,需要很多新的知识,包兆龙觉得自己的一个小小的鞋铺,能让包玉刚学到的业务常识实在有限，便萌生了要把他送到燕梳行学业的想法。

主意已定，包兆龙找来包玉刚，旁敲侧击地跟他说："玉刚，这几年你挺能帮我的忙。不过，在这个世界上，要有实际的本事才能立足社会。你初中毕业了，有没有想过要运用一下？"

"运用？"包玉刚一下子摸不清父亲的意图，"在哪里运用？"

"我已替你安排好了。我有一个朋友，在城里开了一家燕梳行，正想找一个学徒。我把你推荐给他了。你要接触新兴行业，对你的未来很有帮助，你看怎么样？"

燕梳是英文 ensure 的广东话译音，燕梳行是类似现人的保险公司的机构。

包玉刚听到父亲的话，觉得他想得很周到，心头涌过一阵暖流。他接过父亲的话茬："我很愿意去。我也听人家说过，将来的世界，象工商、航运这些行业，都需要燕梳才能运作。不过，"说到这里，包玉刚犹豫了一下。

"不过什么？"包兆龙生怕儿子不答应，连忙强调："燕梳和银行、工业都有着密切的关系，你到那里，会学到很多知识和经验，掌握很多技术，保你一辈子受不上苦。"

"爹爹，"包玉刚用尽量婉转和恳求的语气说："我并不是不愿意去学。只不过我不想丢下学业。我才初中毕业，我的目标是接着读高中，然后考大学，考入本省最有名的武汉大学。"老师对他的教诲都铭记在心，他深深的认识到：在未来的社会上，知识会越来越重要。

"玉刚，我很高兴听到你有这样的远大志向，但也要看看现在的时势……"

"爹爹，"包玉刚怕父亲不高兴，马上把他考虑已久的想法全盘托出："爹爹，你的想法非常正确，我也乐意，照你的办，不过，白天到燕梳行上班，晚上到夜校读书，你看怎么样？"

"读夜校？"

"是呀，夜校的课程和日校是一样的，也可以参加升大学的考试。我白天上班，晚上读书，不是一举两得的事吗？不管时局怎样变化，我都要完成学业。爹爹，你放心，我半工半读，不用爹爹你负担学费。只要你答应我的请求，你让我干什么都行。"

包玉刚说得言词有理，爸爸也觉得儿子想的十分周到，于是就答应了他的要求。

包家两代人的想法不同是容易理解的，这是由于他们所处的时代不同，所站的立场不同，同时，他们所受的教育也不同。包兆龙属于那种保守经营，看清楚有利可图才去做什么的小商人，有着很深的宁波商人锱铢比较、刻刻为利的印记。而包玉刚所受的是新式教育，他具有其父亲所没有的远见卓识，这在后来的日子更加明显。但这些分歧并不影响他们父子的感情，相反，父子俩互相制衡，共同探讨，往往使彼此更加了解，事业也日见辉煌，这是后话了。

包玉刚聪明伶俐，勤奋好学，是个难得的人才，但也并非没有行差踏错的时候。那是他进燕梳行后一个月的事。

那天，是发薪的日子。

包玉刚第一次拿到自己亲手挣的钱，虽然不多，但也让他激动不已。

正当他在想该买些什么礼物回家送给母亲和兄弟姐妹的时候，一同在燕梳得里当学徒的二子喊住了他："小包，发了工钱准备怎么花？"

包玉刚摇摇头，说："想买些礼物回家，可是不知买什么。对了，你给我出出主意。"

二子是一个爱赌的家伙，他到燕梳行当学徒是依靠他叔叔的关系，二子的叔叔是燕梳行的高级职员，由于二子双亲已故，他帮助照顾二子，于是就把二子安排到燕梳行当学徒。但他恶习未改，经常光顾赌场，输得分文不剩，为了这个，没少挨叔叔的骂。包玉刚和二子来往并不频繁，但包玉刚重友情，又富有同情，只是见他父母双亡，甚是可怜，才经常帮助他。二子则认为包玉刚"够义气"，把他视为知己。这会儿，他见包玉刚正在犹豫，拍拍心口道："我看你这个哥们挺够义气，整天在忙碌工作，汉口大街繁华极至是一个花花绿绿的世界不看是真可惜啊！来，今天我带你去开开心，让你见识见识！"

"见识什么？"包玉刚不禁好奇心起。

"去你就知道了，好玩得很。"二子一边说，一边就拉起包玉刚往外走。

包玉刚心想：今天夜校刚好不用上课，燕梳行关得又早，上街走走，看一看"风景"，于是，就跟着二子上了街。

七拐八拐，终于在一个不起眼的门前停下。只见屋里乱哄哄地，人声嘈杂，原来是个赌场。包玉刚曾听父母说过赌博会毁人前途，于是扭头就想离开。二子一把拉住他，嘴里嚷嚷："怎么就走了呢？这玩艺好玩得很，不信你试试！"毕竟包玉刚还是个十几岁的孩子，好奇心大得很，对于赌博，他只是听说，一直都没有机会见识，今天听二子这么一说，心里也有点动摇了，二子趁机把他拉到一张赌台前。

赌台旁站着几个大汉，贼眉鼠眼的，看见有个眉清目秀、斯斯文文的新面孔少年来到，立即互相交换了下眼色，彼此心领神会。其中一个立即迎上前去，油腔滑舌地说道："这位小兄弟第一次来吧？童子手可会有好运气哟！"

包玉刚看看二子，说："我不来，看看别人玩就算了。"

"哟，这位小兄弟，"那汉子不等二子开口就接着说："怎么来了也不玩几盘呢？不怕，容易得很呢！你只需说'大'或'小'就行了。怎么？不来？哼，我看你是不敢来！怕输！是不是？没想到你看上去挺是那么回事的，却是一个胆小鬼、窝囊废！"包玉刚是一个五六尺的堂堂男子汉，哪能受到这般侮辱，脸上不禁有点发红。他是一个热血男儿，哪会没有好胜之心？只是他较有涵养，平时不会表现出来让人发现而已。现在受他人一激将，他的争强好胜的心理突然表现出来了，决心要给他们一点颜色看看。

那几个汉子见包玉刚上钩，连忙摆好阵势。他们玩的是买大小，头几盘，庄家故意让包玉刚赢，其中一个大汉在旁边装模作样地说："我的眼光还真不错，你看，这童子运气就是好，赢的钱比他一个月的工资还高呢？看来你今天是旺家，干脆，来盘大的，多赢一些吧！"

包玉刚从前从来没有赌过钱，今天第一次赌钱，看到赢这么多钱非常高兴。一时间欲望战胜了理智，他开始加大投注金额，然而开出来的结果却是出乎意料——他输了。包玉刚一下呆住了："怎么可能呢？"

他被那几个大汉耍了，仍蒙在鼓里。那几个人串通一气，先给包玉刚一些甜头，让他上当，赌得来劲了，再把他手上的钱赢过来。这本是骗子们常用的手法，可包玉刚涉世尚浅,如何懂得这么多?大汉们赢他一把哪肯罢休,他们的目的是想让包玉刚空囊而走。他们先是假惺惺地安慰包玉刚一番,接着花言巧语转动其三寸不烂之舌:“小兄弟,偶尔输一盘半盘的,是常有的事。你今天运气好,肯定能赢回来的,要对自己有信心!”就这样,赌场里的这伙无耻之徒连哄带骗,连激将带威吓,逼得包玉刚一次又一次下注,然而他的“好运气”再也没来,直到输掉身上最后一分钱。

包玉刚空囊而走,仿佛是自己在白日做梦。

他下意识地翻翻衣兜,真的是囊空如洗。他忽然间很恨自己,为什么会受那伙人唆骗的呢?小小年纪的包玉刚哪能知道,赌博是一种“鸦片”,只要走进赌场参与赌博,赢了想赢的更多,输了总想捞回来。这是一般人理智不易控制的事情。一些人就此作罢,一笑置之;而更多的人则是把希望寄予下一次。赌徒就属于这一类人,赢了想赌,输了更想赌,不能自拔,这是赌徒的心理。

包玉刚当时还不懂这些,只当是自己经不起哄骗,一时跳入他们的圈套,心里是非常悔恨。回到住处,包兆龙见儿子垂头丧气、无精打采的样子,觉得很奇怪:儿子可是从不这样的呀!发生了什么事呢?

上面交待过包玉刚是一个孝子,在父母面前从不隐瞒,所以他把今天赌博的事如实地告诉了爸爸。

包兆龙听了十分生气,狠狠给包玉刚两个耳光,看着包玉刚,气得两腿发抖。一时无话可说。

这样的事情在包家还是第一次,由于,包玉刚孝敬父母,所以很少惹父母生气。他扑嗵一声跪在父亲面前,不禁泪如泉涌:“爹爹,是我错了,你打我吧!请爹爹原谅孩儿这一次吧。”

包兆龙的怒气仍然没消,声音颤抖地说:“你这个不长进的东西,我让你读书,让你学好,希望你能做个正派人,你却跟人去赌钱!真是忤逆啊!”

包玉刚悔恨交加,他含着泪发誓说:“爹爹,你就原谅我这一次吧。我保证以后再也不跟他们来往。相信我,爹爹,我一定要好好做人,不干出一番名堂来,我就不回家!”

包兆龙也知道包玉刚是个有志气的孩子,于是就把儿子拉起来给他讲了一番做人的道理。

包玉刚一生中就赌了一次,他把爸爸对自己的教诲铭记在心,从此,他不但自己不赌,也劝阻别人不要赌博。

还是在汉口的时候,有一个星期天,包玉刚正在父亲鞋店的里屋忙着复习功课,准备考试。厨师和几个伙计刚好闲着没事,便围在一起打扑克赌钱,吵得他没法安下心来看书。他忍无可忍,刚想发火,转念一想:他们虽然是伙计,但毕竟比自己年长,去训斥他们似乎不近人情;况且他们不是正式开赌,只是少少地玩一点罢了,说他们也许会引起他们反感;但如果不制止他们,他们终会由小赌而成大赌的。想到这里,他拿着四个蝇拍每个人分一个。四个人接过苍蝇拍,莫名其妙。包玉刚笑着说:“各位师傅,现在天气热,苍蝇多,飞来飞去的讨人嫌。你们反正闲着也是闲着,还不如来个打苍蝇比赛,看谁最快打掉1000只。这样既有竞赛效果又清洁卫生,不是比赌钱有意思得多？来，开始吧，晚上我请客！”

那四个赌瘾正浓的汉子你看看我，我看看你，哭笑不得，只有乖乖地拿着苍蝇拍走了。

包兆龙知道这件事之后，十分赞成儿子的做法，将来能干出一番事业。

当机立断　终成船王

一、而立之年　一艘旧船成伟业

包玉刚在燕梳行很快就站稳了脚跟，他以精明能干而著称，成为燕梳行的骨干分子，

正当包玉刚事业蒸蒸日上的时候，他的父母在家乡为他物色了一个女子，是包玉刚邻乡四府前黄家的一位姑娘，名叫黄秀英。包玉刚是一个孝子，他总是相信父母永远是对的，于是，父母之命，媒妁之言，包玉刚在抗战爆发的前夕与素不相识的黄秀英结了婚。洞房花烛之夜，二人一见钟情，两情相悦，两人很快消除了陌生感。这对在洞房相见刹那间深深地爱上了对方的青年，在以后的几十年中同甘共苦，专一而执着地巩固着刹那间建立起的感情。

不久，抗战爆发了，包玉刚从汉口到了上海，在中央信托局的保险部找到一份工作。中信局是当时中国著名的“四行二局”之一，“四行即中居银行，中国银行、交通银行、农业银行；“二局”即中央信托局、邮政储金汇业局。

包玉刚在中信局期间，工作特别出色，很快成为当时被称为“十三太保”的十三个业务骨干之一。1939 年他被派到昆明，任职于银行保险部。不久，包玉刚又被调往衡阳，初任中央信托局衡阳办事处保险部主任，后转任工矿银行衡阳分行副经理。此间，在不知不觉间，为共产党立下了汗马功劳。

1945 年 8 月，日本宣布无条件投降！几年的抗战胜利了。没过几天，包玉刚被调往上海，出任上海银行业务部经理，次年又兼任上海银行副总经理，主管放贷部门。包玉刚不愧是包拯的后代，在上海期间，铁面无私，对当时上海的经济作出了很大的贡献，但是，却得罪了上海不少名流商贾、官僚权贵。

1948 年，正值而立之年的包玉刚，深得国民政府要员的赏识，事业上是青云直上。但包玉刚敏感地觉察到。蒋家王朝已经到了风雨飘摇的地步了。于是，他决定离开上海。

1949 年初，包玉刚辞去了在上海银行的职务。他决定到南方的自由港——香港闯一番新天地。终于，3 月初，包玉刚携妻子、女儿飞赴香港。

在成为英国殖民地的近百年里，贸易一直是香港的命脉。在日本侵略者的铁蹄践踏中国秀丽河山的那些日子里，香港也受到严重的摧残，直到 1949 年，经济才得以起死回生。

虽然同为商业、金融业发达的城市，当时的上海就要比香港显得繁华，连街道也

比香港的干净。

包玉刚突然有一种被流放的感觉。

在上海，自己虽然不算一个什么大人物，但也是堂堂上海市银行副总经理，是个放明光的人物，可现在在香港好象一个无人觉知的小草。

一阵寒风吹过，包玉刚下意识地收紧一下脖子上的围巾，伸手轻轻揽住妻子。

黄秀英显得很虚弱，一脸的倦容，紧紧依偎着丈夫。她的怀里，抱着出世不久的小女儿陪丽。

"秀英本应该在家里呆着，好好休息才是，现在却要她跟着我逃难，这十年来，她就这样跟着我，走南闯北。十几年了，我没能给她一个安定的家。"包玉刚想到这些心里有一种说不出的难受，觉得对妻子欠了许多许多夫爱。

他伸手从妻子怀里接过陪丽，这个才几个月的小生命并不知道世途艰险，也不知道天寒地冻，睁大一双黑溜溜的大眼睛，看着这个陌生的世界。包玉刚怜惜地亲了一下女儿的额头，小陪丽忽然格格地笑起来，这天真幼稚的笑声驱散了包玉刚心头的阴云。

启德机场聚满了从大陆来的人，他们当中，不乏曾显赫一时的官僚、商人或艺人，怀着一个恐惧不安的心，奔向香港这块神秘的土地。

"摩罗叉"(指印度士兵)指挥着从飞机上下来的人排成长队，领取移民护照，这些护照是统一由一个英国机构发出的。包玉刚夹在人龙里，焦灼地一步步往前挪，当他接过满是英文的护照时，他激动得挥舞双手。

领取这个殖民地护照可算是包玉刚第一次跟英国殖民地机构打交道，手续之简单、过程之顺利甚至有点出乎他的意料，但是，他很快就发现，要立足于香港社会并不是一件容易的事，要付出很大的代价。

到了 1949 年，香港居民的人数骤然增加了 150 万，在石峡尾、鲤鱼门、西湾河、筲箕湾、西环、铜锣湾等地，到处都是逃难的人。

多亏包兆龙长了一双慧眼在 1949 年难民潮还未形成之前，就携带家眷和小孩先到了香港。并花了两万元的"顶手费"，在西摩道找到了一个一千多英尺的单位，月租 450 港元。

那套房子的周围是香港一些名门望族的大厦，在当时，每月 400 多港元的租金并不算高。但是由于 1945 年日本人撤走时，香港萧条冷漠不堪一击，虽然战后经济得以恢复，但住房问题仍很紧张。当那些在香港沦陷时逃到大陆的香港人回到香港后，能够找一间房住下，即使所有的家人挤在一起，也是件很难的事。很多人只能睡在街上、楼梯底、走廊里，有些则搭起一些简陋的临时房屋，听凭台风、暴雨的摧打和火灾的威胁。因此，由于住房紧张房租金在不断地升高，介于这种情况，香港政府严格控制租金，严重的供需失衡却使房屋的租赁从台面转到台底，明里业主和租户仍是按照政府规定的租金标准，而暗里，业主则收取租户的"顶手费"，且价高得很。这种交易都是双方你情我愿的事情，政府也奈何不了。

包氏一家从上海带来一些积蓄，考虑到无论如何得先有个安身之所，便不惜拿出两万港元来作为"顶手费"，租下了这套有三间房的单位。这样，包玉刚一家就在香港定居下来。

包兆龙由于有先见之明，把家里的财产全部卖掉聚集了有几十万元资金。

包家初到香港时，由于与别人陌生，也很少来往，再加上语言的不通，包氏父子做事十分谨慎。

生活上，包家也是十分俭朴的。陪庆和陪容两姐妹新衣服也不多一件，做校服时，往往做大一个码，把裙脚摺高一两寸，待长高后，再把裙脚放下来；鞋子同样也是买大一两寸，里面扩建上几个鞋垫，以便步行时不致滑落。包陪容回忆说，那些时候她几乎没怎么穿过新衣服，都是大姐包陪庆穿不上了替换给她的，而她穿衣服也特别小心爱惜，等不合身了替换下来给妹妹时，衣服仍不显破旧。“虽然生活上是俭朴了些，但父亲把我和姐姐送进了当时最好的学校。”包陪容每当回忆起这段往事，就流露出对父亲的敬爱。

到香港之后，包玉刚担负起一家老少的衣食住行，所有家务都落到他肩上。他买了一辆二手车，除了生活上方便一些，他还想为开展业务带来些方便。

“到香港已经好些时候了，”包玉刚想，“如果再不考虑出路问题，这样下去，势必坐吃山空。如果去找份工，低微的收入怎能养活一家大小？自家本来就是生意出身的，还是在香港做点生意吧！”

但是，做些什么生意好呢？

包玉刚决心要在香港做生意，在当时，香港的生意也十分冷淡，再说自己的资金也有限，做生意也不是一件容易的事。

包玉刚十分勤劳，总是不能清闲度日。

到香港安顿下来之后，就打算做生意。由于对香港周围环境还不太熟悉，包玉刚决定要干自己的银行业，但他很快发现，在香港，银行业除了被汇丰银行、渣打银行和大通银行这三大英资银行垄断外，余下部分已被广东人控制了，能够提供给他这样一位说话时带浓重鼻音的宁波人的业务极其有限，况且，当地居民更愿意接受最原始的储蓄方式，收藏金器、珠宝和玉石等，而不乐意在银行里存款。

于是，包氏父子决定做一些收益快的进出口贸易。这时，包玉刚的几位朋友也从上海和宁波来到香港，大家相聚在一起议论出路问题，其中有两位与包玉刚在银行里共过事的旧同事，跟包玉刚意见一致，于是与包氏父子共四人合伙成立了一家四人联合公司。

在那时，香港住房十分紧缺，找一个办公的地方也不大容易，他们费了好大的力气，才找一间小房子。那是位于皇后大道中和不打街的、具有五十多年历史的华人行中的一间写字楼其中的一部分，因租用这间写字楼的公司付不起昂贵的租金，于是辟出一小间转租给包玉刚他们，月租两百多元。

那间办公室实在狭小，勉强能够供四个人办公。其中一个回忆说：“如果我们当中有一个想开抽屉，那么须等另一个人离开办公室走到外面去才能腾出空间。”办公的地方是“寄人篱下”，他们甚至连挂一块自己公司的牌子的地方都没有，但是，这几个坚忍的宁波人，从没有放弃，坚持做自己的生意。

生意做的也倒顺利，这间小小的进出口贸易公司很快站稳了脚跟。当时，中国大陆已经解放，新的政府开始了战后的重建，迫切需要食品、机器、化学品和原材料。由于中国共产党与当时苏维埃政府的特殊关系，中国政府在重工业方面主要依赖苏联的帮助和进口，而别的物资则从其他国家和地区进口。不久朝鲜战争爆发，中国出兵支援朝鲜，联合国于是对中国实行贸易禁运。这一禁令对于在香港经营大陆生意的英国人是极其不利的，无疑是一个沉重的打击，损失惨重，但对于中国的商人来说，却是一个很好的机遇，一些现代香港越级大富豪都是在那时把联合国禁运的物资运进中国内地，赚取第一笔钱财。包玉刚他们的四人公司也加入了偷运违禁物资的行列，从欧洲等地购进化学品、铸铁锭、轮胎等，通过第三国和澳门等地运到中国大陆，这种生意不会遭到法律制裁，所以在香港有许多人做这种生意。当然，由于各人做生意的眼光、手法以及胆识皆不同，赚取的钱财也就不一样。包玉刚他们由于作风保守，生意赚得并不多，加上大陆很快搞起"三反"、"五反"等运动，国内政治局势趋于紧张，一些贸易停止了，包玉刚他们的公司则改为做食糖的生意，在台湾买糖，用船运到香港，交由另一家公司运进中国大陆。

在当时，包玉刚担负公司的全面工作。据他的搭档李某说，在公司里干，大家都很诚实，包玉刚对大家都很公平，同事们团结一致，互相帮助，从来不计较个人得失。由于业务上的需要，包玉刚开始与当地人和机构沟通和联系。他第一个存款的银行是恒生银行，当时银行的经理是美国人，叫弗兰克·荷华，朝鲜战争爆发后，那所银行就倒闭了。包玉刚回忆起当时的情景时说："荷华悲伤地离开了香港，他是很有才华的银行家，那次撤退，他失掉了几个大客户和一些新客户，我们的公司便是其中之一。后来，我把生意账目移至汇丰银行。"

在香港这个神圣的地方，对于包玉刚来说是一个陌生的世界，他并不能得到别人的支持，然而包玉刚并非是池中之物，并非是无能之辈，他通过各种关系结识了桑达士。

在开始跟广东人接触的时候，包玉刚感到非常困难。他完全听不懂他们讲什么，而他们也不明白他的意思，不管他讲宁波话还是英语。包玉刚决定避开这些在汇丰银行进行业务的广东人，另找办法。一天，他走进位于皇后大道一号的汇丰银行总部大厦，要求拜见资深的英国职员。也许是工作人员从来未曾遇到过类似的事情，也许是被包玉刚镇定自若、充满自信的气质所慑服，他很快便如愿以偿，见到了汇丰银行进口部的桑达士和盖伊·塞耶两位先生，当时，这两个人行将升职，前者是项目经理，而后者是银行主席。

上了年纪的香港人可能还会记得，在50年代初期，汇丰银行仍然保留着这样一条惯例：外国人进入汇丰银行贷款是很容易的事，而中国人则只能靠一些关系来实现。很明显，英资财团当时是很瞧不起中国人的。不仅如此，汇丰银行当时并不直接与中国人打交道，中国人要向汇丰借钱，必须通过洋行，再由洋行转借给中国商人。

当时，包玉刚是从前门还是后门进入汇丰银行，现在已无法考究，但有一条是显而易见的，那就是包玉刚对汇丰银行看不起中国人的做法是十分不满的，所以他直闯汇丰银行，找桑达士谈生意，既充分显示了他的傲骨和勇气，同时也表现了中国人并不是无能之辈。

但是，当时的包玉刚只是一个普普通通的小商人，他直闯汇丰，当时会受到桑达士冷淡接待。

当时的情形是，桑达士见到包玉刚走进来，看也不多看一眼，就把两只脚放在写字台上，那神态，显示出一付盛气凌人的样子，包玉刚面对这种情景心里是非常气愤的。但他只好忍耐，只好接受。

但是，不管怎么说，两人最终还是聊起来了。

这次接触可以说是包玉刚生命中的一个转折点，对于包玉刚来说，这次接触是无价的，他迈出了成功的第一步。在日后相当长的一段时间里，这三个人在共同利益的驱动下，建立了一种互助的关系，同时也增加了彼此之间的相互理解。

桑达士回忆道："在 1952 年，包玉刚的公司不是一个很有作为的公司，看不到发迹的迹象。公司的账目管理并不规范，而且贸易额也太少了。"

"1950 年至 1954 年，我已被内定为项目经理，负责在香港的借贷。"

桑达士这个项目经理的位置，对包玉刚事业有着很强的推动作用。

汇丰银行仔细审查了包玉刚四人公司的账目和运行情况，发现这个公司虽然小，运作上也存在一些不太规范的地方，但盈利却十分可观，每年可达数万元，于是决定接受这个公司的业务。包玉刚的四人公司搬到了皇后大道中一座大厦的一间写字楼，与汇丰银行总部相连，面积比原来华人行那间大四倍，四个人终于可以在办公室进出自如，算盘也被计算器所代替，公司也挂出了黄铜牌子。

包玉刚是一个有远大理想的人，眼前的公司怎样达到自己的理想？他想方设法开避新的蹊径。

40 年代末 50 年代初，上海很多生意人纷纷挟巨款跑到香港，他们当中，有的发展纺织等实业，有的经营地产，是应有尽有，无所不及，使他们技能充分得以发挥，推动香港经济的发展。

相比之下，包氏父子的经商手法则显得过于保守了。其实，他们有资金、有经验，也有学识，并不比其他人差，只是还未选择到一个最有发展机会的行业而已。那么，他们列底想干什么呢？

香港有 70 平方英里的港口，每年的吞吐量达 3000 万吨，成为世界上最繁忙的港口之一。

二次大战之后，世界经济复苏，各地之间的海上贸易十分频繁，"船运是最廉价的一种运输方式，必将大有作为。"包玉刚对自己说。

包玉刚的决定在家里掀起了轩然大波，包兆龙第一个站出来，态度坚决地表示反对，连朋友们也以为他"疯了"。

朋友劝他：搞航运虽然能赚到大钱，但正如古人所说的，水能载舟，也能覆舟，海上情况变化复杂，危险性极大，有多少人搞了几十年航运，到头来却落得个倾家荡产、家破人亡的下场；再说，香港搞航运的已有几十家，他们的资本、经验以及与银行的关系，都处于优势，你怎能是他们的对手呢？

父亲阻止他：中国有句老话，叫"不熟不做"，你对航运业是一无所知，再说搞航运业也需要很大的资金，你又缺乏资金。你今年已经 36 岁啦，已经快到了不惑之年了，还是别去冒那些无谓的风险，与我们一起经营房地产多可靠啊！

包兆龙的话确实有一定道理。香港住房本来就不多，沦陷时让日本人炸掉一部分，50 年代初，香港人口剧增，住房困难相当严重，一家几口同挤一张床的情形随处可见，另一方面，香港有大量的闲置土地，地产生意未来的前景十分可观。

郑炜显一知道包玉刚投身航运业的想法，立即意识到这是具有战略眼光的一步，他鼓励包玉刚说："一个高明的企业家与一个赌徒的根本区别，在于前者能够面对现实权衡利弊，利用良好的机遇。"他又同包玉刚仔细分析："你虽然未搞过航运，但你有很多别人所没有的有利条件：你曾经在好几家银行干过相当长一段时间，在调配资金方面有丰富的经验，就是置身于航运业有经验的老手也难以与你抗衡；另外，这几年你搞进出口贸易，世界各地的行情你熟悉，商场中的风风雨雨你也已经历过，所有这些对你转行搞航运都是宝贵的财富。我认为：一个人干事业并非都要踏着他人的履迹走，而是要面对现实充分发挥自己的优势，这样总会达到成功的彼岸。"

朋友一番推心置腹的话，使包玉刚感到由衷的鼓舞，更坚定了发展航运事业的决心。

俗话说：万事开头难。包玉刚认准了航运这个目标，对航运业也报有很大的信心，但如何筹集资金来购买船只呢？

包玉刚认为，坐在办公室里等电话铃响的人是做不成生意的，于是，他整天东奔西走，筹借资金，寻找门路。他跑遍了许多国家的大城市，结识很多好友，为他以后事业的发展打下了一个坚实的基础。

包玉刚在经营四人公司的时候，曾认识两个人，一个是汇丰银行的代理主席道格拉斯，另一个是会德丰马登集团的首脑乔治·马登，包玉刚与这两个人曾有生意上的来往。

道格拉斯知道包玉刚想买船后，明确告诉他，汇丰银行对二、三承航没有兴趣，很难贷款给他，让他去找马登，因为马登同时又是远东船务集团的首脑，也许他能帮上忙。在道格拉斯的安排下，包玉刚拜访了马登。

那是 1955 年。会面的地点在伦敦。当时正是中秋，伦敦虽然天气明朗，但有一种萧索的感觉。马登身材高大，体格强壮，神情高傲而专横，活像一个普鲁士人的样子，他在自己豪华的办公室里接待了这个比他矮半个头的中国人。

包玉刚不卑不亢地讲述了他想搞航运的想法，马登在办公桌的那边盯着他，好像一个不懂事的玩童在讲述他幼稚的想法。等包玉刚说完，他用教训的语气警告包玉刚："年轻人，船运业是一个危险的行业，弄不好，你会把自家的全部家产赔完。"

包玉刚点点头说："船运这一行风险的确很大，但做生意并不是赌博，没有一定的把握是不会轻意去做的。"

马登把包玉刚上上下下打量了一番，他对包玉刚从容自如，铿锵有力的话语感到奇怪。他反问包玉刚：

"航运业的投入相当大，你有多少资金？"

包玉刚的脸泛起一丝潮红，马登的话正好说中了他的心事，他觉得马登正用轻蔑的眼光盯着自己，便把头抬起来，直视着马登说："资金有一些，但不多。"

马登突然纵声大笑起来，边笑边用讥讽的口吻说："恐怕不是'不多'，而是少得可怜，连一条旧船都买不起吧？"

包玉刚心里十分纳闷，心想：马登可并非是无能之辈，他怎么一下看出自己的破绽，对自己是了如指掌。的确，他所有的积蓄加起来也买不起一条旧船，所以他才要四处奔走，找门路，找关系，找贷款，今天专程来伦敦，无非也是为了一个目的，无疑也是借钱，谁想到竟会遭此奚落和嘲笑，包玉刚是满腔愤怒，理智将要失去控制的功能。但很快，他便克制住自己，用平静的语气说："马登先生，虽然今天我还买不起一条旧船，但并不等于说将来永远买不起新船。"

马登一愣，没想到这个中国人是如此的有骨气，沉吟一会，说道："既然你这么有兴趣、有信心搞航运，我来成全你罢。我有一条船，是二次大战时造的，叫格兰斯顿勋爵号，价值 40 万英镑，如果你要买，我可以给你提供 60%至 70%的贷款。"马登一边说，一边把船的有关资料交给包玉刚。

包玉刚接过那叠打印出来的材料，发现上面列举了这艘船的三大优点：

一、船身选用优质钢板、采用先进焊接技术制造，与采用铆钉的船相比，更结实，更轻便。

二、使用涡沦机，更加节能，船速更快。

三、船舱宽敞，容量大于英国制造的同类其他船只。

包玉刚也并非是无能之辈，一眼就看出了材料所供的情况与他所了解的船的实际情况并不一致。因为在见马登前一个星期，包玉刚就开始了解造船业的行情。他曾听好几个伦敦的船务经理提及这条格兰斯顿勋爵号，言语间对它极不感兴趣，原因是马登的船多是战时造的，虽是钢板焊接，但焊接技术极差，经常渗水，经过战火洗礼，船身也破旧不堪，根本不能用来搞航运。

包玉刚再看看马登递过来的合约，发现上面的条款繁复而且苛刻，分明是马登欺包玉刚没有航运经验，想骗包玉刚的钱财罢了。

包玉刚本是一个精明的银行家，马登的诡计他早已识破？他忍住心中怒火，彬彬有礼地对马登说："马登先生，如果我买你的船，并非你借钱给我，倒象是我借钱给你了。"

马登感到十分的吃惊，知道自己的计谋已经完全被这个年青人识破，知道他是一位十分精明的商人。一时间，马登找不到合适的话来回应包玉刚，只好干笑两声，心里老不大高兴。

会谈的结果不能如愿以偿，包玉刚只好败兴而归。

包玉刚向会德丰总裁马登借钱未遂，象一只被战败的雄鸡回到了香港。他思前想后，决定自己筹钱买船。

他向父亲包兆龙倾吐了自己的愿望和决心。

包玉刚自决定搞船运之后，东奔西走，到处碰壁，为父的怎能没有看到，心里有一种说不出的难受。包兆龙虽然对船运有些顾虑，但被儿子的干劲所感动，决定尽自己的最大努力支持儿子。

当年来香港之时，包氏父子变卖了所有家产，共得现金几十万。经过几年小生意，也赚了些，但倾尽所有，仍然未足以购买一艘船。

包兆龙于是提议，采用集资的方式，发动亲戚、朋友帮忙，经过多番游说，终于筹得 20 万英镑的现金。

包玉刚从船舶经纪公司处得知英国威廉逊公司有一艘旧船想脱手，要价 22 万英镑。

还缺两万英镑！包玉刚眉头一皱，计上心头。对呀，22 万英镑的价是经纪公司开的，难免不从中收点介绍费，如果直接从威廉逊公司买，也许能便宜些？当时包玉刚是这样想的，也是如此做的，他毅然决然要到伦敦做这笔生意。

伦敦依然为潮湿浓重的雾霭笼罩着，街上的景物灰蒙蒙，似乎缺乏了一种朝气。包玉刚走在这条街上，多云的天空，太阳时而露出，时而被一层薄云所遮。

包玉刚提着一只皮箱匆匆向威廉逊公司走去，皮箱里装着他全家的希望，20 万英镑现金使他神色凝重，虽然他不会被周围的环境和气候影响着情绪，但这次来伦敦的任务太重要了，把 20 万英镑全数带来了，准备孤注一掷。

威廉逊公司并不算一个很大的公司，因为发展其他业务，故将其属下轮船变卖。公司的负责人奇怪地看着从香港来的中国人，告诉他公司只跟船舶经纪公司打交道，所有的船都交由船舶经纪公司处理。

包玉刚并不气馁，他诚恳地对负责人说："我希望能买到贵公司的那艘船，我很需要它。我想搞船运，但资金有限，我想得到一个较为合理的价钱。"

大概因为包玉刚的诚心打动了威廉逊，威廉逊公司同意了把船卖给包玉刚，价钱就是 20 万英镑。

包玉刚把手提箱往桌上一放，说："这是 20 万，不过，我要求贵公司把船彻底检修一次再交货。"

包玉刚买下了他的第一条船。

这是一条在格拉斯哥建造的燃煤旧货轮，运力为 8200 吨，已经有 28 年船龄了，名字叫英谖纳。

包玉刚在威廉逊公司把船检修好之后，又把船整修一番，使之面目焕然一新然后把它开回香港。

到香港的那天是一个早晨，早就得知消息的包家成员一齐来到码头，翘首以待，淘气的小女儿陪慧更是嚷嚷着问哪只是爸爸的大轮船。

当轮船驶近码头时，岸人众人齐齐发出欢呼声，他们发现，轮船从外观上看十分漂亮，不象渡过 28 个春秋的样子。

包玉刚把大伙带上船参观，他的四个女儿更是像几只快乐的百灵鸟，吱吱喳喳地问这是什么、那是什么。

甲板上，包兆龙看着踌躇满志的儿子，面对一望无际的大海，仿佛平添了几分豪情。

"爸爸，"随着一声清脆的童音，小女儿陪慧乳燕般轻盈地跑了过来，拉着父亲的衣襟，仰着红扑扑的小脸问："这只大轮船叫什么名字？"

"叫…"包玉刚本想说，叫英谖纳，但说到嘴边，却发现自己并不喜欢这个名字，既难念又没什么特别含义。

叫什么好呢？包玉刚转过身来，打量这条船。这时，早晨的阳光照在船上，仿佛是一只金船一般，散发出奇异的光芒。

似乎得到了某种启示，包玉刚突然来了灵感，脱口而出："金安！对了，这艘船叫金安号！"站在包玉刚身边的包兆龙点头称善，带着诠释的口气说："'金'字代表财富不断，'安'字寓意船只航行时人货平安，这个名字好！"

听了父亲的评价，包玉刚愈发高兴，当下决定以后的船都以"金"字命名。为了在国际上开展业务的方便，包玉刚还为这条船取了一个英语文字——GoldenAlpha，正如为女儿取名一样，包玉刚喜欢长幼有序，同时也是为了方便记忆和管理，他决定同样用26个英文字母按先后顺序排列。到后来，随着船队的不断壮大，26个英文字母已不够用，包玉刚才采取其他的命名方法。

凭着一条老掉牙的旧船进军航运业，在世界航运史上，一跃取得本行业的桂冠。包玉刚就是做这种让别人看来好象赌博似的生意，走向了世界航运业的顶峰，开创自己宽阔的新天地。

二、海上角逐"船王之争"操胜券

从1955年到80年代初期，包玉刚以一艘旧船"启航"，用他那超人的智慧和超前的思维，以及他独特的经营方式，以惊人的速度发展，一跃而成为"船王"，但此时却引起了一场"船王之争"的风波。

80年代初期，香港有两位华人船王，一是董浩云，二是包玉刚。

在他们事业全盛时期，董浩云旗下共拥有149艘船，总载重吨位为1200万吨；而包玉刚统率的环球航运集团的船队，拥有210艘船，总载重吨位为2079万吨。

由此可见，香港最大的船王非包玉刚莫属。

当时，在一些报纸刊登了如下的内容：1982年包玉刚统率的环球航运集团拥有船210艘，总载重是2079万吨，超过董浩云的船只和载重量。

董浩云看到文章后，极为不满，立即向报社写信，要求报社澄清事实，并公开加以更正。在信中如此云云：包玉刚称香港船王之事与事实相违应做详细调查，真正的船王不是包玉刚，而是董浩云。

当时的董浩云已经60多岁，为此事争得脸红耳赤。这到底是怎么一回事呢？

下面，我们可以透过董、包二人在香港的发展过程及实力比较，来分析董浩云为什么如此计较"船王"的地位。

40年代初，董浩云在内地船运界已初见成效，为了逃避侵华日军的打击，他跑到香港，注册成立了中国航运信托公司，开始经营海上航运业。为寻求庇护，当时董浩云的船只均挂着巴拿马和英国旗帜，经营东南亚一带的航线。虽然中国航运信托公司在香港维持的时间不长就被日军接管，但是，他在航运业的历史要比包玉刚长。

在这以前，包玉刚还在银行做事。董浩云涉足航运业是在1950年。

1950年6月，朝鲜战争爆发，美国的对台政策作出了重大改变，由背弃台湾变成积极扶植台湾，目的是把台湾作为美国侵略朝鲜并威胁中国的跳板，在这一重大政治背景下，董浩云的航运生意发生了很大的变化。

这个时期，董浩云分得了不少美国援助台湾的资金，于是他开始逐步淘汰陈旧的船只，营建和购买新船，陆续添置了“如云”、“凌山”、“亦云”、“东方皇后”等货轮，以及“东主华丽”、“东方友华”等豪华客货轮，在航运业一时名声大振。

大约是 1955 年，包玉刚才打定主意涉足航运业，并前来拜访在航运界声望日隆的董浩云。

那是一个阴雨霏霏的下午，董浩云收到一帖子，有一个名叫包玉刚的人求见。

董浩云当时感到吃惊，他根本不认识包玉刚啊！

顾丽真在一旁提醒说：“怎么就忘了？他已经来过几次电话，我告诉过你，听说他还是你的浙江同乡呢！”

董浩云拍拍脑门，记起来了。俗话说：“无事不求人，求人必有事”包玉刚来访，不知是为何事。于是对太太说：“我不想在家里见他。”

董浩云准备在办公室里会见自己的老乡。

次日，包玉刚一进门，就用上海话跟董浩云打招呼：

“董先生，侬真是个大忙人啊！为见侬一面，我简直费了九牛二虎之力。”

董浩云笑道：“侬勿要这样讲，实在是事务缠身，腾不出时间来。对不起，实在是对不起！”

乡音对乡音，两人很快熟络起来。

包玉刚坐下后，神态恭敬地说：“董先生在航运界可是名声大振啊！当年在上海，只是没有机会和董先生认识。”

董浩云淡然一笑道：“那都是过去的事啦！”

包玉刚道：“我知道，董先生如今的事业真是盖世无双。我很佩服董先生，也受到很大启发。来香港几年了，我觉得还是航运业最有搞头，所以，不怕董先生见笑，我也想效法董先生，投身航运业。”

包玉刚年龄只比董浩云小 7 岁，如此一口一个先生，恭维得董浩云满心喜欢，便端出航运界前辈的架子，皱眉问道：

“你也想搞航运？你对航运业了解多少？”

包玉刚的脸刷地红了，嗫嚅道：“其实在来港之前我对航运业是一无所知。”

董浩云见包玉刚脸红得像个孩子，发觉自己的话太直了，不禁有些不好意思，为表示歉意，故而改用打趣的语调说：

“一个门外汉，竟敢冒险独闯航运界，侬的胆子也真够大啊！我说老乡，侬很看好这一行么？”

包玉刚笑了一笑，周身轻松起来，依然以谦逊的语调说：“不怕侬笑话，我对船舶只有粗浅的认识，从小时候起，就一直想将来能当一名船长，周游列国，觉得那样一定很好玩。”

董浩云对包玉刚是诚心称赞，原来包玉刚是和自己一样，对航运业有着浓厚的兴趣，于是，两个人谈得十分投机。

包玉刚接着说：“来香港以后，我做过贸易生意，也赚了一些钱，我想投资做点大事。我想，船运是最廉价的运输方式，在香港搞航运业有很多优势，所以，我就把自己的全部心血投入进去。前几天，我从伦敦买一条船回来，起名叫'金安'号。董先生是前辈，又是行家，我想请教一些心得。"

说到用20万英镑从英国人手中买来的"金安"号，包玉刚显得十分高兴的样子。

董浩云看出了包玉刚热心于航运业，于是就改变了自己的说法。本来他想告诫一下包玉刚："航运业是一个投资大、回报慢，而又充满风险的行业，如果没有雄厚的资金作后盾想取得大的成就是不容易的。象我这样搞了几十年航运的尚且未能大展拳脚，你凭着这么一条旧船，怎么可能在航运界立足呢?"但他明白，包玉刚已经把船买回来了，再说这种话没有多大意思，同时又觉得，对方既然满怀希望专程来求教，还是应该让他了解一些航运业的实情，如果让自己的老乡在航运界乱撞乱碰的，心里总觉得过意不去。

于是，董浩云用委婉的语气说道：

"航运是成本最低的运输方式，这一点不假，不过，你想过没有，它的总投入并不低，依我看，它比起其它一些运输行业来，所需要的启动资金和周转资金都要多。做航运业，要有雄厚的资金。此外，航运比起其它行业来，更受政治气候、经济环境以及地区局势的影响，面临各种风险，所以，你要有足够的思想准备才行……"

包玉刚很用心地听着董浩云的每一句话，不时微微点头。

董浩云讲了大约半个来小时，最后，他摘下眼镜，把身子往椅背上一靠，感慨万千地说："其实我跟你一样，从小就有一个关于海洋的梦想，直到进了这一行，才发现现实是现实，理想是理想。现在，恐怕你不会相信这些，我是体会得最深刻。"

当着这位刚刚认识的同乡，董浩云这天讲了很多肺腑之言，他隐约感到这位将要成为同行的同乡身上，有一种东西是自己所曾经拥有，但随着岁月磨砺而逐渐流失了的，那就是闯劲。眼下，董浩云又仿佛找回往昔的自己。

两人越谈越投机，彼此之间是倾吐心语，不知不觉已经到了中午，包玉刚起身告辞，董浩云笑着说：

"你我虽为同乡，却至今才相识，可谓相见恨晚，既然同声同气，日后又是同行，如果方便的话，我想请包先生共进午餐。"

包玉刚连忙道谢："今天曾蒙得董先生指教，真是荣幸十分，怎能再麻烦董夫人呢。"

董浩云一再挽留，包玉刚深感同乡一片盛情，却之不恭，于是欣然从命。

从这两人会晤来看，包玉刚在航运界的辈份的确比董浩云晚了几十年。大概这就是董浩云不承认包玉刚是香港船王的原因吧。

接着，我们再从这次晤面之后，董、包二人各自的事业发展来看船王应当属于谁。

先说董浩云。

1955年以前，董浩云的船队已初具规模，主要是因朝鲜战争爆发，美国对台湾的经济政策的改变。

到1956年，苦心经营的董浩云迎来了事业上的大转机。这一年，第一次中东战争爆发，埃及凿沉船只，堵塞了苏伊士运河，黄金水道被堵塞，那些依赖苏伊士运河的国家，进行海上运输必须绕道好望角，使世界航运业需求大增，远东的船商因此发了一笔大财，其中包玉刚和董浩云都捞到了不少的钱财。

使董浩云获得更大实惠的，是60年代的越南战争。越战爆发后，美国急需大量的船只帮助搞后勤运输，由此，董浩云又得到了一次很大的发展机会。包玉刚也是乘这次机会扩大船队的。

在越战中，美国曾一次性地以十分低廉的价格，半卖半送地给了董浩云12艘船。对董浩云来说，真是如虎添翼。

他紧紧抓住了这个机会。当时，日本为了配合美国打越南战争，决定以低息贷款发展本国的造船业。董浩云将部分赚得的利润作为本钱，向日本订造了一艘16000吨的“东方樱花”号，此船于1962年正式投入营运。

此后董氏集团以惊人的速度进行发展壮大。

由于董浩云集团摊子不仅摆得大，而且撒得很广，香港、台湾、美国、德国……全球到处都有他的子公司，其真正实力，外人几乎无从了解。

下面我们再来看看包玉刚的航运业发展情况。

1955年，包玉刚投身航运业时，世界上已是群雄如林，在美国有卢维克，在希腊有奥纳西斯和尼亚哥斯，在香港有航运业领袖式人物董浩云，而包玉刚仅仅有一艘“金安”号旧货轮。

当时不少人嘲笑包玉刚，有人甚至打赌说，如果包玉刚靠这条破船能成功，他愿意在香港码头倒爬几个来回。

自己走自己的路，让别人去说吧！包玉刚总是踏踏实实走自己的路。买下第一条船后，他马上把它租给了日本山下汽船公司。正因为这次少见的短期租约，包玉刚才能抓住以后发展的良机。

1956年，也就是半年之后，埃及政府人为堵塞了苏伊士运河，使世界上众多往返欧亚两大陆的船只，必须绕道非洲南端的好望角，远东船只由此身价大增。

这时，包玉刚租给日本山下汽船公司的“金安”号刚好合同期满，山下公司付出比原来高几倍的租金，才为“金安”续了约。

包玉刚拿着这笔钱，陆续购买新船。在短短的一年多时间里，他便拥有7条货船。这时，他开始把公司改名为环球航运公司，主要经营伙伴是日本的货运公司和造船公司，所开辟的第一条国际航线是日本至印度。

包玉刚的第一条新船是1961年向日本轮船公司订造的，排水量7200吨，船价100万美元。在买下这条船时，香港汇丰银行给予极大的支持。汇丰信贷部主管桑达士也因为支持包玉刚搞航运，开创了银行涉足海运之先河，于1962年被提升为汇丰银行的首脑。

两年之后，桑达士与包玉刚紧密合作，由汇丰银行投资环球航运。1971年，包玉刚加入了汇丰银行，成为进入汇丰银行董事会的第一个中国人。

谈到汇丰与包玉刚的关系，有一篇文章曾这样写道：“桑达士最大的功绩，是发掘了包玉刚，包玉刚的成功和汇丰银行援助是分不开的。桑达士令包玉刚发达，包玉刚令桑达士升级，令汇丰银行跑赢渣打银行。”

从1961年到1968年，这短短的7年间，包玉刚的船队所拥有的轮船达到50艘，排水量达350万吨，总值3亿美元。而到1977年，包玉刚的海上王国到达了顶峰。

根据吉普逊船舶经纪公司的记录，1977年世界十大船王排座次，包玉刚稳坐第一把交椅，并远远领先其他船王。这十大船王依次是：

十大船王/公司	船运载重
包玉刚	13444757吨
日本三光	5940302吨
英国么那	5238800吨
日本轮船	5065656吨
美国卢域	4868546吨
NYK	4658379吨
董浩云	4522276吨
奥纳西斯	4483463吨
沙兰	4191964吨
贝格森	4091830吨

从这个排列表可以看出，董浩云已远远地落在包玉刚的后面。1977年美国《新闻周刊》曾这样评价包玉刚：

"他看来不象一个真正的航运巨子，在多半是法人组织虚张声势的西方人中，他是一个谦虚的东方人。在这个充满风险、竞争激烈的行业中，他是一个小心谨慎的保守分子，他是一个不习惯于海洋生活的后起之秀。1955年37岁投身于航运业时，甚至分不清船只的左舷、右舷，但是精力充沛，勤奋工作。他以坚强的毅力和锲而不舍的精神，远远超出了同行们，终于成为世界船王。"

在80年代全盛时期，包玉刚的环球航运集团共拥有各类船舶210艘，总载重吨位达2079万吨。

当时，世界各大传媒均认为包玉刚是世界上最大的独立船东。董浩云极为不满，亲自拟就"致编辑的信"，称包玉刚所拥有的210艘船，其中汇丰银行持有近一半的股份。经他这么一扣除，世界船王的桂冠显然不应该是包玉刚的，而应该是董浩云的。

这就是董浩云认为他才是真正船王的主要原因。

董浩云似乎争到了这顶"船王"桂冠，可外界仍然公认包玉刚是世界船王。

包玉刚集团的股份，汇丰银行占了一半以上股份，这一点可能没假。因为包氏的合作伙伴比较单一，目标也大，一些只图虚名的人物不需多费心机，就查出他的底细。而董氏集团又如何呢？它的股权是否完全由自己持有？他有没有欠下大量的债务？举债经营本来就是董氏集团的经营特色，只不过是董氏的债权不集中而已。

在船灾到来之前，包玉刚是各大船王中，统率船只最多的船队。应该说他所面临的危险也是最大的，那么，他的情况如何呢？事实证明，包玉刚所采取的果断措施是躲避这场"船灾"最为成功的一个。

在70年代的香港三大华人船王中，董浩云的船队主要是集装箱船，赵从衍大部分是散装货船，而包玉刚的油船占其商船总载重吨位的一半以上。因此，包玉刚无时无刻不在密切注视着全球石油业发展和变化的动向。

发生在70年代的两次石油危机，使所有工业发达国家都意识到，依赖中东地区的石油出口，无异于自己替自己编制绞索。他们纷纷痛下决心，加强石油的自产能力，以图摆脱阿拉伯产油国对他们的控制。

70年代初，各石油进口国为防不测，积极扩大石油储备。日本是石油消耗大国，在1970年到1973年这几年间，石油进口量上升了33%，在以后的6年中，石油贮存额翻了一番。

各国疯狂抢购石油，船东当然喜欢这种情形。

这种情形不可能长期保持下去，到70年代后期，许多国家已经罐满库盈，日本等国开始大幅削减石油进口量，这时航运业无疑是一种很大的打击。

对上述情形，包玉刚看得既清楚又仔细。他曾冷静地分析说：

"70年代的两次石油危机，大大刺激了航运业的发展，油轮需求大大地超出了范围，经过繁荣之后，油轮是越来越受到冷落。"

包玉刚认为一定要改变自己以往的战略方针。

促使他抢滩登陆的，还有另一个重要原因，那就是与银行的合作关系出现了问题。

1977年，沈弼取代桑达士成为汇丰银行的大班，而沈弼对支持包玉刚航运事业的兴趣越来越小，到1978年，两人之间的关系是越来越淡薄。

包玉刚在日本有两个大客户，即日本轮船公司和山口汽船公司。1978年，传出了日本轮船公司面临倒闭的消息。

包玉刚的环球航运与日本轮船公司签有20多艘超级油轮的租约，对方如果倒闭，环球航运也要遭受很大的损失。

在一次董事会上，环球航运大股东之一的汇丰银行大班沈弼向包玉刚提出要求，要他对租约的可靠性作出书面保证。

包玉刚十分为难，只作了一个简单的口头声明，这使沈弼极为不悦。

沈弼的态度，预示着双方的合作失去了相互信任这个基础。包玉刚是个聪明人，看出了沈弼以后不会再与环球航运公司合作，当然也不会发放货款给环球航运公司，来支持其发展。

依现在的目光来看，沈弼并没有做错什么。当时，除包玉刚的环球航运集团外，董浩云的金山轮船公司、东方海外，赵从衍的华光、怡和、会德丰等等公司，都是汇丰的放款对象。汇丰放在航运业的款额高达100多亿港元，当时世界船灾的征兆已经出现，若不谨慎从事，汇丰会有倒闭的危险。

70年代末期，包玉刚拥有2000多万吨的船队，其中超级油轮达50艘，这些油轮十分昂贵，一艘顶得上一座大厦的价值。在石油运输繁忙时，这些油轮就象一棵摇钱树，每时每刻都能创取巨额利润。于是各国船东纷纷订购超级油轮。然而，随着石油危机的出现，石油运输需求相应减少，供过于求的危机逐渐暴露出来了，这些庞然大物将会成为累赘，其昂贵的保养开支可能会使船东倾家荡产。

包玉刚很快作出了正确的决策。第一步是卖掉大部分油轮。他首先为多数超级油轮定下卖出价格，订价之低，令同行业的一些船东大惑不解。很快，大部分该卖的船都出手了。

事后，汇丰银行主席威廉对包玉刚此举大加称赞，他说：

"包氏的这一举动让人十分吃惊，一年内，他卖掉了很多船只，减少了贷款的数目。在别人还在买进时，他没有乘机要价。那段时间他十分冷静，这正是他成功的原因。如果他把自己的想法告诉别人，别人会踏着他的履迹去走。他是怎么知道何时该把船只卖掉的呢？他四处旅行，打探和收集各种各样的信息，结果他就得出了见好就收的结论。他是这场'船灾'中受害最轻的一位。"

卖掉了部分油轮之后，包玉刚又着手为东亚航海公司及其船队标价。在这之前包氏出了比市场价高出50％的价钱，买下了市场上的股票，使得小股民能够有所收益，从而躲避这场"船灾"的危害。当时，东亚航海公司是环球集团的第一家公众上市公司，它的船只约占环球船只总数的三分之一。

接下来的四五年中，包玉刚卖掉了一半以上的船只。他后来不无得意地说道：

"我们成功地还清了所有债务。那个时候，我们看到别的香港船东在他们的年度报告中仍然做出乐观的预测，订出的价格仍然大大高于流行的市场价。我十分惊奇和担心，希望他们能够躲过这场船灾，自从1985年起，他们不得不让他们的股票在交易所停止交易了。"

这场"船灾"对航运业股市也有很大的影响，下面的统计就是一个很好的例证。

从1972年起，远东证券交易所编制了9种分类股票指数，当年基数都为1000点。到1985年7月31日止，仓坞股分类指数高达26469点，13年上升25.5倍；地产股为9049点，翻了9倍。

曾是大热门的航运业股，指数只有565点，成负增长，排名指数倒数第一。

在70年代末到80年代的航运业萧条的景况下，包玉刚凭着自己的智慧和极强的预见性，从而逃过了这场船灾。成为本行业中受灾最轻的船东。

但包玉刚还是遭受了损失，主要是由于和日本山口汽船公司的业务合作关系。

在山口公司全盛时期，包玉刚有50条大船由这家公司签租，其业务量占环球集团的30％。1985年8月13日，日本山口汽船公司倒闭，包玉刚还有18条船与他们签租约，租金总值约1000万美元。经努力挽救，有3条大船转租给了其他公司，租价与山口公司相近。对最后15条船的租金和租约，包玉刚只好放弃。因为他与山口公司的总裁是多年的好朋友。

抢滩九龙　一举惊人

一、略施计　一举攻占九龙仓

包玉刚进入航运界，正是本行业大紫大红的阶段，生意好做，同行们个个跑单程，赚取高额租金，而包玉刚却从长远处着眼，与顾客签长期合约，赚取较薄却稳健的利润，从而包揽了许多业务。不久航运业萧条，别的船东“吃不饱”而包玉刚的船队却由于顾客们支持依然服务繁忙。

造船时，包玉刚也很照顾他的主顾，航运萧条时订单锐减，开工不足，而包玉刚依然向老顾主订船，船厂因此感恩不尽，致使以后航运景气时，各船厂“水涨船高”业务繁忙，但只要一听是包玉刚订船，就立即为他制造。

包玉刚还非常注重交际，许多国家元首、首脑都接见过他，与他有很密切的关系。

正是如此一个厚情重义的包玉刚，在国际间树立了非常好的形象和口碑，得到世界许多国家的重要领导人的支持和厚爱，使他在弃船登陆时以 30 亿港元一举夺得价值近 100 亿港元的九龙仓。

也许搞航运的都有一个如海洋一样宽广博大的令人敬而折服的胸襟，以航运发家的包玉刚和希腊船王奥纳西斯都如出一辙的具有明显的“海派”作风，奥斯西斯是胆大枉为，娶了美国总统肯尼迪遗孀奎琳为妻，而香港的包玉刚则以他敢与财势甲香江的英资怡和财团一决雌雄的胆量和在收购、反收购九龙仓的争霸战中的成功，震撼世界商坛，成为一个无人不知，无人不晓的人物。包玉刚不但以九龙仓一役而名声大振，被全世界华人尊称为“船王包玉刚”，而且因成功收购九龙仓给他带来了巨大的利益，奠定了他成功“登陆”的战斗。

60 年代中期，由于中东石油产量猛升，中东波斯湾一带成为全球最大的“油库”，每天由中东产出的石油、原油都需通过船只运往世界各地，这样为世界航运业的黄金时代提供了契机。包玉刚不失时机地赶造大型油轮投入石油运输中，从中获取了巨大财富，环球有限公司也因此变成了环球航运集团。在百慕大、纽约、伦敦、东京等世界各地设了十几家子公司或代理公司。至 70 年代中期，包玉刚已是世界最大私营船舶所有人，拥有 200 艘总载重量达 2000 万吨的船队。

包玉刚在航运界的声势是越来越大，很快引起了本行业人士的注目，包玉刚更显示出他的大海一样博大的胸怀，他的人格的魅力也更充分地表现出来，受到世界各国的尊敬，英国女王伊丽莎白封他为爵士，日本天皇、比利时国王、巴拿马、巴西的总统纷纷授予他勋章，中国最高领导人邓小平和江泽民都曾接见过他，全世界的华人商家可以说是比比皆是，但获得如此高的、广泛的国际声誉却只有包玉刚一人。从这一点上可见到包玉刚豁达的性格。认识包玉刚的人都知道他是个笑声琅琅、随和、不拘小节的人，与人交往非常友善得体，所以包玉刚的朋友是桃李满天下，那些曾经没有与他谋面而深知其为人、对他尊敬的人士是数以万计。

正是得了“人和”之势，使包玉刚在香港开埠以来最大的收购战中取胜。

1977 年底，香港经济界突然热衷关注起英资怡和财团控制的九龙仓，

几年前，九龙仓与天星码头以及电车公司合作，将码头和货移到葵涌和荃湾，再将遗下来的尖沙咀大量地皮集中起来，兴建酒店、商场和办公室，建成后全部用于出租，这样造成投资过大和一时资金紧缺的问题，再加上靠租金进行资金周转的速度缓慢，导致了九龙仓债台高筑，从而影响到其股票市值。1978 年初九龙仓股标市值只有 13—14 港元，但账面值为每股 18—19 港元，其实际股值更是高达 50 港元。且尖沙咀由于商业发展，已渐成为香港最繁华的一处所，九龙仓的股市行情很有发展

前途。

俗话说:“人怕出名猪怕壮”九龙仓股票美好的前景,地理位置的重要,使九龙仓象一朵洋溢香味的鲜花令人为之倾目,象一块肥肉令人为之垂涎。受到了多少人的觊觎,受到多少人的重情。

精明莫测的李嘉诚早在1978年初就开始偷偷吸纳九龙仓股票,企望在不声不响中完成收购计划。

当时船王包玉刚正着手他的“登陆计划”,准备向陆上拓展。长有一双慧眼的包玉刚,当然看中九龙仓,如果得到九龙仓将会给他日后登陆战役的顺利进行铺平道路,因此他对九龙仓是志在必得。

包玉刚也开始大量购买九龙仓股票,并宣布收购九龙仓,九龙仓股票因此被炒得很高,由10多元狂升至40多元的“天价”,如此强烈的波动震动了香港上下,更令怡和财团一时慌了手脚。

怡和财团是英资老牌财团,财大势大,怎甘心让华人反客为主控制九龙仓?他立即作出了反应,部署了反收购行动,也在市面上抢购九龙仓投票,想增加股份占有量,还请出最大的靠山即汇丰银行,支持其反收购行动。

包玉刚虽知道要间接与汇丰银行交手,但他仍然是毫无畏惧,凭着他和海外众多国家首脑的关系,在有限的时间筹集丰厚的资金与汇丰银行决一雌雄还是满有把握的。

包玉刚首先采取逐个击破办法,暗中去调查持有九龙仓股票的散户,然后找上门去与之交涉,绝大部分人一见包玉刚亲自上门,出于对包氏的尊敬,很热情把九龙仓股票全部转让给包玉刚。

经周密调查,包玉刚发现李嘉诚是众多散户中的“大户”,持有九龙仓股票1000多万股,曾想暗中收购九龙仓,但由于自己的出现及汇丰银行的介入,形势峰回路转,李嘉诚一定显得有些力不从心。包玉刚分析李嘉诚的意图:李氏生性老谋深算,从不意气用事,一定不轻易冒毫无把握取胜及得罪汇丰银行的险,李氏一定在暗中摇摆不定。

为了不让李氏倒向怡和,包玉刚决定主动出击,先发制人。1978年7月的一个晚上,包玉刚秘密约见了李嘉诚。在中环文化华一间幽密的客厅里,一个海上巨人和一个陆上巨人相见了,两人虽是第一次谋面,但都早已熟知对方大名,特别是李嘉诚一见包玉刚立即感到,包玉刚的豪情仗义果然是名不虚传,一种崇高的敬意便油然而生,两个人是一见“钟情”,感到格外亲切。

“把你的九龙仓全部让给我”,包玉刚单刀直入,没等李嘉诚还言,他接着说“我不会令你有什么损失,我们等价交换,我把手中的和记黄埔出让给你,如何?”

和记黄埔是老牌英资财团,经营贸易、地产、运输、金融等,主要由汇丰银行操控,李嘉诚雄心勃勃,对这块肥肉早已垂涎,如此一箭双雕的事,李嘉诚当然乐意。

他们仅用几分钟时间就达成协议,包玉刚用和记黄埔股票换得李嘉诚手中全部九龙仓股票。

今天,人们分析起当初李嘉诚为什么不怕开罪汇丰银行暗中与包玉刚达成这个协议，除了归于李氏有爱国之心外（把九龙仓控制权从英人手中夺回到中国人手中），还把包氏注意营造的良好声誉看作为一个主要因素，正因为包玉刚的良好声誉，李嘉诚才决心希望借此机会与包氏保持一种良好的关系。

1978年9月5日，即包李协议达成两个月后，包玉刚已持有15%－20%的九龙仓股票，顺利地加入了九龙仓集团董事局。香港舆论界把这场争夺战宣扬得沸沸扬扬，大部分市民都非常关注此书事，都希望包玉刚能赢，因为包玉刚是中国人，更因为包玉刚有着崇高的威望。

包玉刚与怡和争夺的战争更趋于白热化。

1980年，包玉刚控制的隆丰国际有限公司持有30%九龙仓股权，只要包玉刚能持有超过49%的股份，就可按规定控制九龙仓。因此包玉刚能否最后获得这19%的股份就成了这场争夺战胜败与否的关键。

眼见包玉刚咄咄逼人之势，势同水火的怡和早已怀恨在心，凭借汇丰银行的财势，来了个孤注一掷，在报纸、电台上猛烈宣传：3日内公开收购市民手中每1股九龙仓股票，开了高达90多元的天价。怡和想借此一招来打败对手包玉刚，因为他们预测包玉刚根本不可能在短短3日调动至少20个亿的现金与自己对抗。

但怡和错了，几乎与怡和登广告同时，包玉刚的收购广告也出现了，每股开价高达105元，因得到海内外财团的支持，包玉刚已成功调动了足够的现金。

怡和一时弄懵了，急忙抬升股价，但毕竟天时、地利都不如人和，人们都支持船王，纷纷向包玉刚的收购点涌来，把手中大把大把的股票转让给包玉刚。

包玉刚公开向港人表示诚挚的谢意，对于对自己有一臂之力相助的李嘉诚，包玉刚再次拿出了实际利益表示感谢：将西环的货仓大厦交给李嘉诚设计，条件非常之优惠，让李嘉诚也来分一杯羹，说明了包玉刚对人仁义厚道，树立了崇高重义的形象。

包玉刚曾说过一句耐人寻味的话“成功是因为我身后有无数朋友的支持。”从中可看出他的成功奥秘。

世界船王包玉刚是拥有过2500万吨230多艘庞大船队的航运界奇才。20年间一跃而成为世界船王的传奇性名声，几乎尽人皆知。可人们没有想到包玉刚弃船登岸，抛掉“船王”的桂冠，在香港陆战上打了三次速战速决的漂亮仗。这是因为他一出手便是20多亿港元的三次大收购都获得压倒性胜利。

包玉刚在香港的三次著名大收购：第一次九龙仓收购战，对手是老牌英资、财大气粗的怡和；第二次，会德丰洋行收购战，对手是马来西亚巨富邱德拔；第三次，渣打银行收购战，对手是英国莱斯大银行。毫无疑问，这三次漂亮的收购战为包氏日后在香港商业界的发展铺平了道路。

包玉刚九龙仓收购战是一场被股市中人称为香港商界舞台上华英财团较量，华资压倒英资，打破了英资统治香港局面的重要战役。

包玉刚收购九龙仓胜利的消息，很快传遍了全港。以21亿元代价控得价值百亿元的九龙仓，当然有他的算盘。尽管有的人认为包氏多付1亿元高价而置地脱手现赚了7亿多元厚利，是“船王负创取胜，置地含笑断腕”，似乎各打五十大板，谁也不要吹嘘谁胜似的。但是，不容忽略的事实是：怡和丧失九龙仓臂膀，包氏避过航运艰险。

包氏这样做，使他避过一场令大部分轮船公司陷入财政困难的航运业大灾难。利用九龙仓的基础，包氏已经成为一位地产物业、酒店业及货仓业上举足轻重的地产商。试想，如果包玉刚斤斤计较收购上的得失，不进行收购的话，包玉刚是很难躲避过这场船灾的。包氏的财富转移显示了他有过人的识见和远见。包氏赢得的九龙仓，在1992年底已以市值331亿元凌驾于320亿元的置地之上，成为香港第三大上市地产公司。

1984年香港股市大起大落，市场展望来年股市是稳定局势。然而开年以后，投资者都纷纷参与股市，许多外商也不断地参与股市，出现一片热闹非凡的景象。证券界迅速修订年底所作预测，认为恒生指数将挑战1400点，年内冲越1600点。果然，1月17日便叩1400关，以1388.42点收市，成交创6.8亿港元新纪录，使股民惊呼股市发狂。及至2月中旬，一声春雷震响，会德丰收购战拉开了帷幕，15日股市再升52点，成交7亿余元，一举突破1400关，以1406点收市。短短1个半月中，恒生指数升了200多点。牛年牛市，呈现一派可喜的景象。

香港在60年代以前，英资四大洋行可说是政坛和商界的“大款”。在四行中，怡和一向被尊为四行之首，而会德丰在英资四大洋行中位于末位。会德丰的殿军地位有历史原因，也有经营表现的原因。从历史上说，它创建于1925年，1932年与上海Tug&tLighter公司合并，正式成立会德丰有限公司。1941年太平洋战争爆发迁往英国，战后仍转到香港发展。因此在港历史不如其他三行渊源之深。从盈利来看，会德丰也一直落后于其他三行，股价因公司的经济效益太低长期落后于股市上的恒生指数，股东怨声四起。但是，当年它与其他三大行共同操纵着香港商场和股市，着实风光过一个时期，是个拥有200多家附属联营公司的大洋行，投资遍及远东、澳洲、西欧，经营着船务、地产、保险、百货贸易、制造及财务等，光在港上市的公司便有连卡佛、会德丰船务、联合企业、置业信托、夏利文发展、联邦地产及宝福发展等7家。不过，近年来航运界的“船灾”给会德丰造成严重的影响，使会德丰债台高筑。

英资四大洋行中，和记黄埔已于1979年被李嘉诚收购，至此会德丰又处于被收购的命运。通常人们说李嘉诚入主“和黄”，是华资并吞英资四大行第一人。其实，从控股权来说，会德丰的大股东是华人富豪张祝珊之子张玉良家族，他持有会德丰27.5%股权，而会德丰创办人的马登家族只持有13.5%，应该说会德丰是第一家落入华资手上的，只不过张氏不过问公司，马登一直担任董事会主席，人们也一直仍视之为英资大行而已，张家在港赫赫有名，创业人张祝珊以制药及经营地产起家，传至第二代以贸易致富，第二代四子，现仅存第四子张玉良，控有会德丰4成股权成为最大股东。

1985年2月14日，会德丰A、B股停牌。在此以前，会德丰股价是比较稳定的没有大的波动，2月初一直徘徊于4.1元的水平。2月8日该股股价突然跃动升上4.5元，市场谣传“和黄合并及会德丰将会改组”之说，当日是星期五，到12日星期二，该股已升至4.9元水平，14日更升上5.4元，先后升了3成多，跟着下午便宣告停牌，传出Falwyn公司收购消息。

Falwyn公司系马来西亚邱德拔在数日前注册成立的公司。邱氏年70岁，系马来西亚银行创办人及汶莱国家银行大股东，是南洋首富之一，在新加坡控有上市的良木酒店集团，拥有千间酒店，故又有新马酒店大王之誉，是一位精明又极不愿出风头的大企业家。他想以会德丰为过桥，来香港经商，志在必得，该消息传出后，很快轰动全港，受到各界人士的关注。

停牌后，市场动态异常。惠嘉及新鸿基公司委托在市场继续收集会德丰股份。15 日星期五复牌后，交投甚旺，股份升上 6.4 元，超过 Falwyn 建议收购价（A 股 6 元/股，B 股 6 角/股）。迹象显示有第三者加入，插手抢购。于是大股东张玉良的动向引起各界人士的关注，都争相推测第三者是何许人。这一天股市恒指受刺激，终于突破 1400 关，市场沸腾。原来这个第三者不是别人，正是世界船上老包。

包玉刚在此时突然出现，乘他人不防之际，收购了大量的会德丰股票。16 日在股市休市中，包玉刚的老财务顾问汇丰银行属下的获多利公司受命宣布代表九龙仓公司提出有条件收购会德丰建议，收购价比邱氏的高 1 成，即 A 股每股 6.6 元，B 股每股 0.66 元，准备动用 22.3 亿元完成争购，并宣称已直接间接拥有相当于 34%股票权的会德丰股东简直是天外飞来鸿福，股价迅速升高，股东捞到一笔钱财，对包玉刚的敬意便油然而生！

包玉刚自从购得九龙仓大举登陆，5 年来立足港市，养精蓄锐，企图再展雄风，物色收购，扩大地盘，对会德丰早已垂青，碍于人事种种关系，未便发动。此次邱氏发起，真是天赐良机，包玉刚也趁机大显身手，施展自己经商的才华，很快取得了优势。何况以本地华资迎战过江龙，人心上也占了优势，加上当年收购九龙仓，一夜调集现金 22 亿元的声威，余波犹在。人们大多看好包氏，相信他会再度雷霆奋击，不胜不休。包氏看中会德丰，主要是与九龙仓业务近似，又具发展潜质。过去不振，主要由于大股东暮气保守，又不协调配合，今后在船王雄才大略的进取作风下，与包氏旗下业务配合，相辅相成，一定会再现雄风，改变原来的面貌。但看和黄收归李嘉诚旗下后顿见日新月异，朝气蓬勃，便是一例。

然而邱氏挟新马首富的声势，涉洋而来，矛头直指四大行之一，当然有自己的打算，制定了妙计良策，准备得十分充分，不会闻风而退。正因为如此市场战情更为激烈，中原逐鹿，鹿死谁手，难以预料。18 日星期一开市，市内出现暗盘价 6.8 元，高于二人收购价，会德丰申请再停牌一日。市场上人们纷纷议论是邱氏提高收购价格反击。果然 19 日春节除夕，争夺又上高潮，罗富齐公司宣布代表 Fslwyn 公司提高收购价为 A 股 7 元，B 股 7 角。这一来，整个收购涉及资金升上 24.3 亿港元新台阶。小股东做梦也没有想到股票价格会如此的高，他们都欣喜若狂。而令人奇怪的是当天只会德丰停牌，它旗下 7 家子公司却不停牌，置业信托和联合企业股价大升，不少聪明人炒得厚利，这是今天的股民难以想象的。

牛年开年，包氏使出应战新招，宣布收购联合企业，每股价 11 元，溢价 26%，拟动用资金 3.22 亿元。原来联合企业持有会德丰 11%股权，关系重大。风传邱氏正向联合企业洽购该批股份，包玉刚使出此举是想借联合企业的声势来击败自己的竞争对手，双方这一过招，都是虚张声势，并没有起到决定性的作用，只能给这场收购战增添一些气氛而已。这一天，会德丰股价继续升上 A 股 7.50 元，B 股 0.75 元左右水平，股价又一次升高。这是25日市情。到26日,获多利公司再次宣布九龙仓提高收购价为A股7.4元,B股0.74元一股,将动用25亿港元完成收购。这个金额比起当年收购九龙仓还多出4亿元。而此时,包氏一方已持有38%股票权,商界人士认为,邱氏已经失去了取得胜利的可能性,很难再与包氏抗衡,延至3月13日,包玉刚亲自出席记者招待会,表示持有会德丰48%股票权。到15日,也就是发动收购战整整1个月的日子,获多利公司发表通告,九龙仓已共持有会德丰50%以上的股票权,成功收购了会德丰,而罗富齐公司也发表声明,准备接受获多利代表九龙仓集团提出的收购会德丰建议,当时Fslwyn手上持有25%的会德丰股票权。同日下午,会德丰董事局举行会议,议决扫托包玉刚爵士为主席及常务董事总经理,拥有公司行政主管权力,并委托九龙仓副主席吴光正为常务董事总经理,拥有副行政主管权力;原主席马登留任董事并被选为名誉总裁。至于邱氏方面则出售所持会德丰股份,赚得1.1亿元而退。至此一场热烈争购战以如人所料的结局宣告结束。英资四大行之一会德丰正式完全落入华资财阀手中。它的改旗易帜,确立了包玉刚香港10大财阀和华资第二大财阀的地位。包氏的收购,扩大了包氏家族在香港的势力,为以后的事业发展打下了一个坚实的基础。

1993年9月,隆丰国际投资公司主席吴光正宣布该集团已向联交所正式申请易名会德丰有限公司。目的为配合大陆及香港经济高速增长带来许多新机会的大气候,充分挖掘出会德丰的发展潜力。

以往与船务渊源较深,易为海外人士误解的隆丰系包玉刚登陆后的大本营所在,是九龙仓的母公司,易名会德丰后可使中港及海外人士正确了解该集团的特色与业务动向,有助于公司向国际化的方向发展,增强了公司的透明度,到目前为止,包玉刚已经打了二场漂亮的收购战。

1986年4月,英国莱斯银行突然出价收购标准渣打银行,不但成为英国银行界一件大事,也成为香港财经界的热门话题,因为香港的渣打银行是香港两家发钞银行之一,与汇丰银行轮流担任香港银行工会主席,处于半中央银行的重要地位。而且它是英国标准渣打银行集团的海外成员。渣打银行在香港占有极其重要的地位,收购战迅速引起香港各界人士的注意。

莱斯银行是英国四大结算银行之一,在世界约人2200家分行,5万多员工。当年在《机构投资者·世界2000大银行》中以资产值计,1985年排名第26,以税前盈利计,排名第8,显然是一家盈利能力强的大银行;它的总资产约630亿美元,年度税前盈利8亿美元,其中76%来自英国本土的1700家分行。它的海外分行只500余家,海外业务是有待拓展的薄弱环节。因而,莱斯看上了海外业务盈利5万以上的渣打银行。当时,标准渣打以资产值计,排名第62,后于莱斯,税前盈利排名36,也不如莱斯,但在200家中,名次仍在前列,表现不俗;它在香港有118家分行,在亚太地区有175家分行,一向对总行盈利贡献不小。莱斯如购得渣打银行,彼此以长补短,海内外均衡发展,实力大增,资产总值达910亿,成为世界10大银行及盈利第五大银行,合并起来自属理想。这场收购涉及资金12亿英镑,收购截止期是7月12日,即前后共有3个月时间供双方争持。中原逐鹿,鹿死谁手,渣打银行一时难测凶吉。

天无绝人之路，渣打银行面对即将被收购的形势，保持清醒的头脑，坚决不愿被莱斯银行收购。

它的董事长行政总裁麦威廉认为，莱斯在海外银行业务方面没有经验及认识，对拓展海外业务并没什么见素，不可能比渣打管理的好。不过，从形势看，如果不是渣打四处寻求远东与亚太地区关系大户的巨商支持，特别是在关键时刻得到包玉刚大力拔刀相助的话，许多股票经纪行的国际分析家都认为只要莱斯再提高收购价，其中成功机会很大；因为公众股东当时会乐意把渣打股票卖给莱斯，他很想取得收购。而渣打方面要反收购成功，至少须有投资者购入1成以上的渣打股权才可以阻止莱斯的收购胜利。何人来救渣打银行？渣打同仁望眼欲穿。

6月27日，莱斯果然宣布收购价提高28～29%。涉及资金增至13亿英镑左右。时间还剩下两周，正是莱斯收购要取得胜利的时候。渣打银行好象一只断线的风筝，到处飘泊。

就在7月上旬的关键时刻，包玉刚突然飞往英国。“渣打”坚决拒购的常务董事、行政总裁麦威廉焦急万分地候在机场，飞机一到，麦威廉迫不及待地立即与包氏在机场作凌晨密谈，迅速达成协议，然后才驱车入市。麦威廉愁眉不展的面容消失了，包玉刚奋力相助，驱散了笼罩着渣打银行浓厚的阴云。当日，包玉刚在伦敦发表声明，宣布动用3亿美元（约合24亿港元）购入标准渣打14.95%股权。7月10日，渣打一项声明称：包玉刚是该行的长期合作者，已购入840万股标准渣打股份。同时透露远东富商邱德拔已持有5.03%渣打股权。11日渣打银行再次披露，包玉刚已持有标准渣打2325万股，占该行已发行股份14.95%。在紧急的时候，包玉刚以迅雷不及掩耳之势击败了莱斯银行。当天伦敦时间下午1时，莱斯银行收购最后期限届满，一共只收得渣打44.4%股权，以5.6%之差未能购足50%股权，正式宣告收购失败。渣打银行终于摆脱了自己的厄运，对包玉刚的敬意是油然而生。

8月19日，标准渣打宣布委托包玉刚、吴光正为董事，包玉刚任董事会副主席。但包氏表示不会介入该行日常业务管理。在香港的渣打银行地区总经理白朗表示，该行委托4位亚太地区人士入董事局有助摆脱以往该行的保守作风，帮助改变银行的结构。包氏和渣打配合得非常得体，使渣打银行再次重振雄风。

包氏的闪电行动，以迅雷不及掩耳之势，使莱斯银行功亏一篑。据说，包氏在7月11日完成购入14.95%渣打股权，12日早上打高尔夫球消闲，当日莱斯承认收购失败，当晚包即飞往香港，快速决战一举打败竞争对手——莱斯银行。包氏在完成历史上一次最大规模的“购买行动”后，于7月14日对记者谈话：“我对银行有感情，我在上海的时代便是搞银行的。1971年我开始任汇丰董事，1973年受聘美国大通银行顾问，1977年受聘日华兴业银行顾问，我一直想参与一家国际性银行业务。这次买股的决定是仓促的，没有和白朗先生谈。”又说：“买股是我主动的，我视这是一项长期投资，花的是自己钱，是自己买。我在中国不做什么官，中国政府怎么会给我这么多钱！给我去买？汇丰更加不必说了。外界说我是拿中国大陆或汇丰的资金来做生意的说法是完全错误的。

1986年初，香港首次评列十大财阀榜，包氏以8家上市公司总市值196.21亿港元的大集团大家族名列第三大财阀。三甲之中李嘉诚与包玉刚分别占一、三位，华资在香港非常旺盛，包氏很快成为香港商界的重要人士，这与他收购九龙仓和会德丰的成功是分不开的。

以人为本　根深叶茂

一、捕捉信息　以诚打动顾客心

当包玉刚获得成功以后，人们纷纷探讨其成功的奥秘，但他们却忽略了“人”的因素。

在 1976 年为哈佛大学商业学院所作的演讲中，包玉刚说：“现代化的船需要熟练的技术和大量的仪器，需要特殊的技能来操纵，无论在岸上还是在海上都是如此。如果精力分散，粗枝大叶都会造成意想不到的结果，从而导致公司倒闭。航船不能做交易的原因更多是因为责任而非财产。

“选择最可靠的仪器，小心训练和选择水手、管理人员以及可靠的岸上技术人员，合理的维护程序，连同对船的日常管理，是船东是否能够成功的决定性因素，这些因素同诸如财力、财务管理、商业头脑等同等重要。”

俗话说，凡成大事者，须有天时、地利、人和。这就是说一个公司要迅速发展，必须有一些成功的管理者，忽略“人”的因素，来谈公司的发展只能是空中楼阁而已。

早在五、六十年代，包玉刚初涉航运业的时候，香港每员行业混乱不堪。香港人把到远洋轮船上工作称为“行船”。“行船”要冒风险，且很少时间能与家人团聚，不到万不得已，人们是不会选择“行船”的。所以香港“行船”的海员，大部分是一些经济地位低的人，他们迫于无奈选择这种行业。

这些人出来“行船”，是不求高攀只求温饱，只要能有一日三餐也就达到他们的要求。这些人能力不高，又无专长，干的都是最底层地活儿。而三副以上至船长的职位以及由三偈至大偈(工程师)的工作，都由欧洲人来担任。这些来自欧洲的高级船员薪金高，待遇好，常常带着家眷在船上生活，开销极大。但这些人对公司并没有归属感，如果合约到期他们就要远走高飞，毫无留恋之意。

与欧洲高级船员相比，香港船员工资极低，工作又比较繁重。因此，他们容易灰心丧气，从而没有丝毫的工作积极性。

虽然“行船”并非理想的职业，但因那个年代找工作困难，当个船员也不是容易的事情。

当时，招聘海员的机构叫“荐船馆”，但船员的聘用权掌握在船公司人事经理手中。于是，人事经理同“荐船馆”往往是“内外勾结”，利用自己的权利之便，来暗中收贿。他们规定不论新职员还是旧职员，若想受聘，须把头三个月的薪水，纳为荐用费，才能签到一张一年甚至是半年的合约。

这些船员在岸上受“荐船馆”的严重剥削，在船上工作又低微，因此他们士气低落，没有丝毫的上进心。

包玉刚意识到，这样的“老弱残兵”难以担当起他发展航运事业的大任。1965年，他成立了“环球航海训练学校”，用以自行培养人才、训练“新军”。

该校是免费传授“行船”的有关知识，但学成之后要签一份三年的服务合约，约满后可以自己决定留用或另寻他途。

在学校的课程设置方面，包玉刚颇费心思。他决定要把理论和实际相结合，切勿只谈一些空洞的理论。他经常分析船队所遇到的问题，从而来确定船员需要开设什么课程。

有一次，有一条船的冷藏库在新加坡出了毛病，送去修理，这时，离交货期已近，如果误期交货，会带来极大的损失。

包玉刚决定，用最简单的办法处理：带上足够的冰以完成航行，交货后再修理冷库。

又有一次，一条新的运矿船进行首次航行时，遇到了台风，造成搁浅并损毁严重，事后包玉刚发现，这场台风是有预告的，这条船完全有可能避开这场台风，驶入避风港。

包玉刚找来该船的两个船长对话，发现他们对航海方面的知识是非常缺乏，于是就解雇了他们。

包玉刚认为，一艘船的费用固然昂贵，船上所装的货物价值也是以百万美元计算，如果没有丰富的经验很容易出现危险的事情，试想一个毫无航海知识的人来航船，岂不是与盲人走路没有什么两样。因此，超级油轮上的新船长必须具有丰富的航海知识。

1965年到1982年间，环球航诲训练学校共为环球公司培训了1700名行政人员、水手和工程师。这些人员，为环球航运集团繁荣昌盛做出了很大的贡献，成为该集团的骨干力量。

不少人认为，包玉刚的环球航运公司，如果不是很早就办了一个培训学校，培养出大批有学识、有技能、有士气和有归属感的“子弟兵”，则很难想象在1983年波斯湾战争时期，包玉刚的船员能够驾驶三、四十万吨的海上长城式的巨型油轮，在硝烟弥漫中完成如此艰巨的任务。

有了相应的技术人员以后，最重要的是推销自我。

用“推销员”这个字眼来形容包玉刚，似乎与他的船王身份不太相称。然而，正如其他富豪级人重视推销自己一样，包玉刚的推销手段是极其高明的。

我们打一个比方，如果全球象一个人，他们的推销术已经渗透到每一个毛孔。由此可见，他们的推销术弥漫了整个市场。

此话不假。试看日本的工业品称雄全球，渗入到人们生活的各个领域，让人看电视便想起松下，听音响便想起索尼、先锋，开车便想起丰田……其无孔不入、无处不在的推销术，是成功占领市场的重要因素。

时代在发展，社会在进步，自我推销已经达到刻不容缓的地步，它不仅在商业范围之内，而且也渗透到政治领域。只要留意一下美国总统竞选期间，那些候选人的精彩表演,便会发现,美国总统实际上也是在搞自我推销。

从这个意义上来说,包玉刚也是一个相当出色,也相当成功的推销员,他的推销策略及推销手段,是经商的主要法宝,同时也很值得其他非商界人士借鉴。事实上,推销在包玉刚的一生中占据了重要的地位。以致于在探讨他的成功秘诀时,不能忽视这个因素。

包玉刚认为,自我推销要有一种坚持不懈持之以恒的精神。

包玉刚的朋友对他有一个共同的感觉,那就是,他似乎有一种特别能力,只要是能够争取的目标,他都要尽自己的最大努力。

包玉刚自己也说:"有的人一遇见困难,便说'哦哦,对不起,我做不来'而放弃了。我不是那种人。我一打定主意,认为那样事情对我有益处,我就做。"

包玉刚的话可以从他开拓英、美石油公司生意的行动上得到印证。

50年代包玉刚涉足航运业之初,他所经营的都是散装货轮,吨位偏小,再加上长期租约,船租比较低,利润并不可观,反过来约束了船队的发展,几年过去了,他仍是航运界的无名之辈。

胸怀壮志的包玉刚又岂会甘心如此下去?他审时度势,见机行事。

包玉刚的一双慧眼时时盯住国际环境的变化。

进入60年代之后,欧美工业蓬勃发展,能源成为各国竞相争取的目标,中东地区石油严重紧缺,油价日益增高。

包玉刚看出,这是发展航运的大好时机,便决定把他的船租给英美各大石油公司。

不过,这只是包玉刚的一厢情愿。

当时,欧美的石油公司和其他租户,只相信象奥纳西斯、尼亚哥斯这样的大船主,对华人船东并不十分重视,特别是象包玉刚这么一个名不见经传的后起之辈。他们认为,中国人的船只老化,没有相应的管理技术。

包玉刚并没有因为欧美人的偏见而灰心丧气,他决心扭转这种局面,于是,他开始四处游说。

包玉刚最先找到蚬壳公司,那时,他连油船也没有——因为他的习惯是先找到租户才订造新船。结果是可以预料的,一家世界著名的石油公司怎么会相信一家连油船都没有的小航运公司?

生意虽然没有谈成,但包玉刚超人的胆量和非凡的气魄,给蚬壳公司留下了深深的印象,蚬壳公司也留有后路,而是告诉他:等他的船有了眉目再来洽谈。

仿佛看到一线曙光,包玉刚决定调整他的策略,先买油船,再找石油公司作租户。

介于资金短缺的情况,他买了四艘小的油轮。这下子,包玉刚觉得有了搞航运的本钱,就径直去找埃索公司接头。

包玉刚这样描述他第一次见埃索负责人的经过:

"那个人说:'啊,你是谁?'我说我是香港来的,跟着自我介绍一下,我说我来向你们提供四条小油船,是15000吨和16000吨的小油船。你们需不需要?他看看我,这个人是戴夫·牛登。他说:'我看有没有很低的租价哩'我说:'好,你可以有很低的租价。'于是他们租了船。"

对于这一次的会面，包玉刚虽然轻描淡写，但从他的描述中，他推销手段的高明之处就显而易见了。

关于这次会面还有一个小插曲。据说包玉刚把名片递给牛登时，居然是印有中文的那一面在上面，有人推断包玉刚其实并非没有毫无紧张的情绪。

但不管怎么说，包玉刚的确是说服了埃索公司租用他的油船。

牛登当时是埃索国际公司租船部的经理，他被包玉刚的诚意所打动，答应给包玉刚一次机会，试一次，就只一次。

包玉刚不再说什么，他知道再说也没有用，关键拿出行动来。牛登答应给他一次机会，这就足够了，因为他相信、有了第一次，就会有第二次、第三次以至成为长期的合作伙伴。

包玉刚为什么有这样的自信呢？其实原因也很简单。包玉刚很清楚欧美人的作风，当他们不了解你的时候，他们会非常小心，不会轻易相信你，一旦你做出了成绩，让他们满意，他们头脑中的偏见就会自然而然的消失，很乐意与你长期合作。

有一句欧美谚语说道："好的开始等于成功了一半。"包玉刚已经开了一个好头，接下来就是如何把握这个机会了。

包玉刚认为推销自我言行一致，表里如一，同时还要有锲而不舍的精神和崇高的信誉。

包玉刚在推销自我的过程就是按照言行一致的原则。

对于包玉刚来说，这第一次与埃索合作，成功与否，不仅关系到船队的命运，在某种意义上，也关系到中国船队能否立足国际航运界。这一仗，只许胜，不许败。

他要亲自督战，他亲自出马，指挥四艘小型油轮的运作。小型油轮运载量比不上大型油轮，但也有它的优点：速度快，灵活，进港容易。

小型油轮的优点亦可以弥补一些运载量上的不足，对于急需能源的国家来说，早一天得到石油，就早一天赚大钱。

包玉刚是宁波人，掌握许多宁波人经商的精明之处，而多年的银行生意更是令他善于统筹安排。他精确无误地计算出小型油轮的运送日期，并亲自出征，组织船只，调配人员掌握船队的进度。

俗话说："功夫不负有心人"，包玉刚的心思并没有白费，他的四艘小油轮顺利完成了这次运输任务，还比合同规定的时间提前了几个小时。

埃索公司对这次合作成功感到非常满意，对包玉刚有一种非凡的看法。当初决定让包玉刚试一次的牛登更是高兴万分，因为包玉刚的船队的出色表现，向所有对中国船队有偏见的公司证明他牛登没有看错人，更为埃索公司发展了一个很有潜力的合作伙伴，他紧紧握住包玉刚的手说："我们的合作非常愉快，简直是太成功了，我太高兴了！包先生，希望我们以后长期合作，为我们各自的目标而努力奋斗。"

一如包玉刚所料，埃索公司对包玉刚的疑心全部烟消云散了，为人爽朗且讲交情的牛登在纽约举行了一个酒会，感谢包玉刚把石油及时运到。在酒会上，牛登非常赞扬包玉刚的良好的信誉和高超的管理技术，还把他介绍给蚬壳、德士古和无比石油等世界著名的大石油公司，而这些公司后来也成了包玉刚的租户。

二、走多元化　人际关系巧沟通

包玉刚通过自己的努力拼搏，积极创取，终于取得“世界船王”的桂冠，他依靠的是自己的精明、能干、勤劳，他的公司的管理方式也是中国传统式的家长制管理，包玉刚觉得这种管理方式已经不能适应航运业发展的需要了。

这种经营方式在公司规模尚未扩大，尤其是在家庭式作坊阶段，有其实用的一面，能够在极短的时间实现较大的利润，充分发挥个人的主观能动性。但是当一个公司的规模扩大以后，公司经营出现多元化、国际化，它必须依靠专业人才进行制度化管理和运作，不然公司就会慢慢走向衰败，最后直到倒闭。

现代化企业发展的管理模式与此显然不同，中国不少民营资本家后来的衰败，主要是他们的管理方式不能适应公司的发展。因为任何天才也不可能上知天文，下知地理，通晓世界。中国有句俗语：三个臭皮匠，顶过一个诸葛亮，在一定程度上也说明了这个道理。

包玉刚针对公司的这种状况，开始对公司进行创新改革。一些企业，以前做生意靠运气，现在做生意要靠制度。运气不会永远跟着你，如今大学有市场学，商业的学问越来越精深，一切管理都必须依靠科学的制度，只有如此，公司才可能发展起来。

包玉刚横下一条心，坚决按照西方的现代企业管理原则，建立公司的制度，开始将庞大的公司业务纳入规范化轨道。这为环球航运集团日后的发展打下了一个坚实的基础。

包玉刚按照现代企业管理模式，开始将公司业务推向多元化，减低公司经营风险，避免将所有的鸡蛋放在一个篮子里。从而使环球航运集团不断发展壮大，取得“世界船王”的桂冠，是与这种管理方式分不开的。

包玉刚独具慧眼，看到航运业的“船灾”为期不远。于是壮士断臂，吐血收购英资集团九龙仓，成功实施弃船登陆策略，成为为数不多能够成功逃避过八十年代世界性航运灾难的精英之一。

包玉刚自六十年代末七十年代初，将公司的业务向着多元化发展，除了与航运业息息相关的码头业、船舶服务业外，包氏集团还开始涉及保险业、地产业和金融业等。

由于包玉刚到香港后也尝到了不少苦头，所以他平时从不在员工面前摆什么老板架子，反而常常有意无意地拉近与员工的距离。每一次他的船只回到香港，他肯定会亲自到船舱巡察，他留下来与船员一起吃饭，船员吃什么，他就吃什么，通常一碗咸菜面条。

包氏集团的公司福利也比其它公司高，而且包氏很注重提高员工的士气，激发员工的工作兴趣。这是中国人的经营传统，也是包玉刚的经营作风。后来包玉刚虽然接受过西方教育，主张进行现代化规范制度化管理，但是人情化的管理他继续发扬。

中国的这种人情化管理方式特别能够凝聚员工的向心力和团体精神。细心的人可能注意到，包玉刚每次对他公司的人都称以同事，而不是用员工这个词，足显其对员工的尊重。从这一点我们可以看出包玉刚是不会在职工面前摆官架子的。

有一次，一条船的冷藏库存在新加坡出了毛病，情况十分危急，包玉刚在悲痛之余，首先考虑到的就是工人有没有受伤。船灾第二天，公司在与劳工处代表开会后，包玉刚决定以优于劳工条例的要求，作出赔偿和遣散员工，他希望员工能够在毫无怨言的情况下离开公司。后来，包玉刚又坚持保留在环球航运的修理厂，录用当时已经被遣散的大部分工人，从而减少了海上失业的人数。

包玉刚认为，老板应该和员工相互了解。有一次，他到英国，停留了几小时，完全花在跟员工谈话上，不是谈工作上具体的事，就是谈做人的道理。包玉刚相信如果大家彼此了解得非常透彻、那么工作起来就会热火朝天，这正是包氏的明智之举。

对于包玉刚的为人，无论是他的手下员工还是他的朋友，都对他赞不绝口。环球航运集团的负责人王某和其副手邱某都盛赞包玉刚待人诚恳，从不摆架子。邱某形容说："包玉刚不摆什么官架子，为人是仁义厚道，不象一些老板那样，对部下横眉竖眼，冷言冷语的。"

包玉刚先生的随和性格从另外一件事也可以看出。

有一次，香港电台的一个清谈节目邀请包玉刚作嘉宾。身为主办单位的香港电台工作人员当然不会错过良机，电台的两名节目的主持人，在直播室外伺机而动。当节目到中场时，工作人员迅速进入直播室，邀请包玉刚为两个节目作宣传带。录罢后，他不知道自己刚才录下的节目是个宣传带。后来，包玉刚的助手一位经理得知，知道事情不对，就向电台要求，不能让包先生做你们的宣传人。最后电台承诺不会将宣传带用来播放。

由此可以看出包玉则虽然身为香港巨富，头戴"世界船王"的桂冠，但他却极易与人接近，让香港的各界人士都为之赞叹不已。

包玉刚一九五五年买回"金安"号，到一九六八年他正式出任环球航运公司主席，这四年是包氏集团发展最为迅速的四年，也正是这四年时间，包氏集团由一家香港注册的航运公司发展成为一家世界性的航运集团，香港成为世界航运中心之一，包氏集团作出了杰出性的贡献，同时也首创性地开辟了亚洲至欧美的航线，成为在国际航运界的举足轻重的人物。在这四年的时间内，包玉刚是努力拼搏积极创取，最后，终于夺得"世界船王"的桂冠，试想想，包玉刚在创业之时，可以说无一兵一卒，无弹丸之地，让别人看来只是痴人做梦，然而他却冒天下之大不韪，终于取得辉煌的成就。

六十年代末期，越南战争打得不可开交，使世界航运需求得到了迅速的发展。一九六八年十月、包玉刚创立环球航运集团，成为亚洲首家货运公司使用太平洋航线，提供定期的远东至美国西岸货柜服务的航运公司。在随后几年里，包玉刚又东征西讨，建造货柜船，开辟新航线，到一九七三年四月，包玉刚将他经营远东至北美航线上的五艘货柜船以及旗下的一些货柜及货柜托车加在一起，组成环球航运货柜航业公司在香港上市，共集资 1.2 亿港币，当年盈利便达到了 5250 万港币。

当时香港股市正闹股灾，股市跌得很厉害，不少朋友都劝包玉刚别心急，迟点再上市。一般人的考虑这时候正逢股灾，一是股票不好发行，发行价也不可能上去，同时对公司的整体形象也不利。但包玉刚考虑到事已至此，一切准备都已经做好，一间公司、一个人都是无法挽回的，仍然决定上市。当时上市成绩并不好，但因为有股灾，已经算是很不错了。包玉刚认为，无论是在大的国营单位里，还是在小企业里，上下的沟通协调是绝不可忽视的。

有一年，是环球航运集团经营上事端最多、非常艰难的一年。

虽然他们努力经营，成果还是不佳，对各位从业员工的报酬也不能提高，甚至未能发给奖金，这是过去未曾有过的事。而且人事升迁，也暂时冻结，经营到了这种地步、其责任应由谁负担呢？然而，在另一方面，对于包玉刚来说能平安度过最坏的一年，而迎接充满希望的新春，包玉刚也感到心满意足了。

包玉刚认为，所谓人生，有正反两面。而经验过这两种冷热人生过程的人，才有资格谈论人生问题。目前环球航运集团首次体验一人生的黑暗面。从此以后，环球航运集团有资格讨论社会、谈论人生，并议论和事业前途有关的各项问题了。

那么这样看来，在包玉刚觉得是最坏的一年，其实也不一定就是最坏的一年，更可以说是很有意义的一年。更要在事业经营上保持一种移祸为福的坚毅与信念，才能突破难关。

去年全年度输入总额二十亿美元，输出总额才十亿美元，比预计的还糟，甚至出现了一亿美金的赤字。估计今年还会继续恶化，香港生产过剩，竞争一定更激烈。

尽管如此，也不必太悲观。今年是他们的困难的一年，俗话说："车到山前必有路"总有克服困难的方法，山穷水尽疑无路，柳暗花明又一村，不正是说明这个意思吗？这就需要大家能互相体谅，携起手来共同努力，突破困境。

环球航运集团将以更好的品质与更周到的服务，屹立于不景气中。

包玉刚也曾说过今年景气会不好，大家要有警觉，但总是会有法子解决的，景气好的时候，赚钱快，顾客买东西毫不思索，用钱也不仔细；如果钱不够，就会考虑这考虑那。所以，愈是不景气，产品、服务的好坏，更决定购买力的好坏。所以他们坚决要生产出优质的产品，提供一流的服务。

环球航运集团经营到目前为止一直都很成功。而从各位精神上的动员可以看出这次也会成功。如果粗心大意；还是会失败的。

让不景气成为大家的考验，好好有一番作为。环球航运公司全体职工携手并进努力拼搏。

春天来了！春风吹得使人飘飘欲仙，好一个快乐的季节。

但是，报纸连日不断报导经济恶化，真令人担心。春风吹送，我们周围也吹起不景气的风。成本过高，出口困难，引起物价下跌，购买力降低，真是雪上加霜。

人心是最难控制的，尽管前人遗留了许多失败的事实，但是还是有人会重蹈覆辙。以前有句话叫："好了疮疤忘了痛。"马上又跌入同样的陷阱犯同样的错误。

所以不景气的来临绝不是可喜的事。但若能因此而携手同心，激发新构想，积极去超困境，则不景气也可以成为一种考验，促使我们在前景中崛起。

环球航运集团基于这种考虑，将价格合理化、降低成本来渡过难关。在这种情况下，不管当一个职员或家中的一分子，却付出了极大的代价。自己不要随便行动，即使出于善意，也会影响环球航运公司的进程。

浪大船当然会摇晃，因此有赖全体冷静的判断和通力合作。船长掌舵，大家就要同心协力,才能朝着目标前进。

任何随便的判断和行为,即使出于善意,也会打破公司的整体布局,而阻碍企业的发展。

公司的经营也是如此。现在是最重要的时候,所以公司也希望大家每天早上朗诵"友好一致的精神"条文。

环球航运集团也象嫩叶一样充满了成长生机,在公司里各位能运用智慧,协力一致,不达目标势不罢休。

不论有多险恶,都不能有浮动、松懈的心态,一定要把持一贯的信念。

不管景气是好是坏,一定要保持高度警惕的心理,尤其航运业的竞争激烈,更不能稍有怠忽。经济的本质从前年、去年乃至今年都不会改变。无论任何时间都要坚持不懈,自始至终地保持良好的工作作风。

最近美国非常不景气,香港也受到影响,去年的不景气一直未见好转。

经济有景气和不景气,就好象大自然有夏天和冬天一样。夏天热,冬天冷;景气好令人心神愉快,不景气会使人们的心头堆满阴云。

所以在不景气时,要一起反省,要有紧缩的心理准备。如果在不景气中仍然保持景气时的悠闲态度,就好象冬天裸体一样,不但会被人耻笑,自己也会受寒、感冒,说不定连命都会丢掉。

不单是在商业上,在生活上也很重要。所以,随时有心理准备能适应时局,才是一个有远见的人。

就是香港在不景气中,包玉刚也能毫不松懈地努力工作。他在生活上,工作上都要求进步,团结一致,共同面对困境,才创造出环球航运集团的辉煌业绩。

只有共同的体认与合作,才能排除万难;不断地检讨与研究,才会提高业绩。这就是包玉刚的经营之道。

包玉刚在克服难关时,也有自己独特的方法,他能借助天灾人祸等不幸,通过自己的努力变不利为有利。

胸襟宽广　广交朋友

一、涉足政坛　致力于中英沟通

包玉刚一生中,其实也没有当什么官,虽然他被认为是"九七之后最有希望的第一位华人港督",但他并没有等到那一天。说他"涉足政坛",也只是在香港基本法起草委员会中当一个副主任。但他却出钱出力,孜孜不倦,而他所起到的作用是一般人无法估量的,他所起到效果是一般政界人物所无法比拟的。

早在1978年会见邓小平回港后,包玉刚在多处场合讲话时,都谈到对香港前途问题的信心。其中,1981年5月12日,与父亲包兆龙上京会见邓小平的前夕,包玉刚在香港外国记者俱乐部发表了一次讲话,表达出对香港前途的乐观,对九七香港回归报有很大的信心。

一开始，包玉刚就直截了当地说：

“由于1997年问题越来越近，有关在香港投资的问题最近就不断掀起风波。尽管中国领导人就在这个问题上已经有了明确的声明：例如中共副主席邓小平在英国外相卡灵顿勋爵在访问中国时，就曾作出了口头上的保证，但所有很多人对香港前途忧心忡忡，并要求当局政府作出保证。我个人倾心相信，中国政府通过言谈和行动上的重复强调，已尽了很大努力，虽然在与条约有关的严格法律问题上仍然存有分歧，但那并不致影响香港现时和1997年后的实际地位。”

但是，包玉刚并没有担忧香港前途。他说：

“由于部分人士急欲要求看到香港问题的正式解决，我相信是可以找出一些方法去克服这些看来是棘手（我以为这只是表面上）的分歧问题，或者由双方作出法理上的认同表示。如果可以那样做的话，当然最好不过，我个人对两国政府对于保持香港繁荣发展的前途问题具有极大的兴趣和关注。已经非常满意。我又相信，我们没有必要同时也没有理由再为香港前途而忧心忡忡。”

包玉刚建议大家：“最好改变一下思想习惯，接受今天的现状，不再对1997年问题作无谓的担忧。这样做的话，我们能够保持香港的繁荣景象，同时也可以打破传统的观念对香港问题的看法。这又可反过来帮助香港对中国提供利益，从而更能保证香港的前途。”

接着，包玉刚对香港的历程发表了自己的看法：“我们在香港经历了很多变迁——由最初香港只是一个颇为浪漫但艰辛的帝国前哨站，之后又成为了许多被迫逃来的人士暂时栖居以待逃往其他乐园的火车站。今日香港已经不同了——她已经成为过去三十年来流入香港数以百万计的移民的一个真正家园和基地；他们的子女亦愿意留下来，或者出洋留学之后，兴高采烈回到香港，香港今日能够提供的营业机会，是其他地方所无法比拟的。虽然我们都喜欢慨叹香港的生活素质每况愈下，但我们必须承认、作为补偿，香港又创造了更多的机会。”

包玉刚又自己的经历感觉发表了对香港前途的看法，他说：

“尽管很多人谈及1997年后香港仍然会生存下去，但最能反映大众感受的，是香港的总投资额迅速的增加。有关这方面，我想你们其中必然有人会对我参与某些本港地产公司活动感到兴趣。让我告诉你，我参与地产活动，并非单单与英资洋行作对，而是象香港其他大多数人一样，我对香港的前景充满信心。控制权从一个环节转到另一个环节，或者从一个集团转到另一个集团，只是表示某些由于商业上成功带来的资金需要另寻出路。因此，假如香港的纺织、船务或者银行界收购其他地方的资产或企业，这些都反映了香港有剩余的资金，有走向国际市场的趋势。”

在中英联合声明签署的过程中以及两国政府为香港问题进行的接触中，包玉刚是这个过程中的重要人物。

中英联合声明签署之前，中英双方曾数度举行高峰会议，讨论近港前途问题，其间，包玉刚应邀出任顾问一职。

1982年9月份的中英关于香港前途问题的高峰会议，包玉刚是惟一的一位民间人士，但他代表着香港所有居民和香港界华资和英资集团的共同愿望。他的任务是“协助中英双方领导人，商讨香港前途问题”。两国领导人都认为，包玉刚是担任顾问的适当人选。

1984年12月19日，中英两国政府负责人——中国总理赵紫阳与英国首相撒切尔夫人，在北京签署了中英关于香港问题的联合声明，正式向世界宣告：中英用和平谈判方式，历史性地解决了香港回归问题，开创了和平解决国际争执问题的典范。

为了记录这一历史性的时刻，中国方面特别邀请了香港各届人士组成观礼团赴京观礼，包玉刚是这个观礼团成员之一，他的身份是(联合声明)基本法起草委员会成员。

中英联合声明签订之后，接下来就要起草基本法，包玉刚当上了基本法起草委员会副主任和咨询委员召集人。

1984年12月，身为中共中央总书记的胡耀邦在中南海会见了包玉刚及其亲属。在谈到什么样的香港人管理香港的问题时，胡耀邦说：“他们应具备两个条件，就是爱国和爱香港。爱国就是拥护中华人民共和国的统一，为国家做出积极的贡献；爱香港就是帮助香港人做好事，保持香港的繁荣和兴盛，为香港持续稳定的发展献力献策。”

胡耀邦说这番话，不知是否想暗示些什么，但如果拿这个标准去衡量，包玉刚很符合中共订出来的“管理香港的香港人”的条件。

在基本法咨询委员筹备成立期间，包玉刚所表现出来的巨大工作热情，并不比他经营自己的事业逊色。

基本法咨询委员会成立的目的，是为了让更多的香港人有机会更广泛参与基本法的起草。

包玉刚是基本法起草委员会副主任，又是最先表态支持成立咨委会的，便成了咨委会的召集人。

咨委会要开展活动，就必须有经费。据香港新华社当时的负责人回忆，在咨委会筹备酝酿过程中，包玉刚、李嘉诚、查济民等几位财力雄厚的企业家自愿负担，但他们不主张为此事张扬。后据消息灵通人士透露，首次筹集到的经费就达几千万，由此推算，这些富豪慷慨解囊，所出不菲。

经费有了保证，接下来就是会址问题了。包玉刚又是积极响应，提出把中环连卡佛大厦八楼的一整层让出来给咨委会办事处使用。

不过，在选举咨委会的主任和副主任时，却出现了一些小风波，香港新闻界形容为“茶杯里的风波”。

据有关人士回忆，当时包玉刚主持咨询委员会第一次执委会议，“他一上来就宣布选举主任、副主任，并宣读了拟定的主任、副主任候选名单，执委们感到很突然。包玉刚问大家有没有意见，有一位执委说没有意见，包玉刚说：‘如果没有意见，就请鼓掌，表示通过。’结果大家就鼓掌算是通过了。”

据说，因这次选举被认为“太草率”而须重新进行，并引来一些批评。

有关人士认为包玉刚这样做是缺乏民主训练，这也不是没有道理的，包玉刚以传统方式管理着他的王国，他在这次主持选举中的表现，只是他“海派作风”的流露。

自从1978年包玉刚重返大陆之后，几乎每年他都要飞赴北京与中国高层领导人会面、倾谈，有时会见的次数更为频繁。

也不知是包玉刚待人接物圆滑世故，还是中共高层官员认为包玉刚是有“有用之人”，当时最高层领导人对包玉刚十分器重，关系也十分融洽。

在与华国锋见面时，还发生了一件趣事。

1979年，包玉刚又在伦敦拜会了正在英国访问的当时中国最高领袖华国锋，两人进行了长时间的亲切交谈，华国锋还高兴地说：“能够在此与包先生会见我很荣幸！你讲的话，我听得懂！”

华国锋之所以这样说，大概是因为包玉刚说的普通话中宁波口音太重，一般人不易听懂的缘故。

在包玉刚的会客室里，挂满了他与各国首脑的合影照，其中与中共领导人的合影照占了相当的数量，而摆在最醒目位置的，是与邓小平的合影。

包玉刚一生中，与邓小平会面达十数次，是见邓小平次数最多的香港商人。在包玉刚的葬礼上，邓小平以“生前友好”的名义送了花圈，可见两人之间的关系已超越了“统战范畴”而成为“好朋友”，交情非同一般。

包邓二人首次会面是1978年，此后包玉刚每次到北京，都可以事先与邓小平办公室打招呼，然后安排了倾心之谈。

稍为留意一下当时的报道，就会发现，在1981年到1984年间，包、邓十分频频接触，举行了多次被外电报道称之为“历史性的会见”：

1981年10月6日，中共中央副主席邓小平在人民大会堂会见以包玉刚为董事长的国际联合船舶投资公司全体人员；

1981年12月8日，邓小平主席在京亲切会见包兆龙、包玉刚先生；

1982年9月14日，中国共产党中央顾问委员会主任邓小平，在北京会见包玉刚先生；

1984年12月20日上午，中共中央顾问委员会主任邓小平，在人民大会堂福建厅会见包玉刚先生；会见后邓主任设午宴招待包玉刚和他的家属；

……

1981年到1984年短短四年间，包玉刚七见邓小平，两人见面之多、接触之频实为香港其他富豪所不及。据知情者透露，包邓二人会见的次数之多，并非只是新闻公布的有限几次。

1985年10月24日，邓小平更是亲临兆龙饭店，出席饭店的开业剪彩仪式。

这家兆龙饭店坐落在北京工人体育场北路，楼高19层，设计宏伟，造型别致，由包玉刚捐助1000万美元兴建。这家饭店的兴建，也是卢绪章的功劳。

1978年11月，包玉刚和夫人黄秀英秘密抵京进行访谈，除了见到邓小平，也见到阔别多年的表兄卢绪章。当时，卢绪章是国家旅游局局长。两人闲谈中，卢绪章流露出对中国旅游业和教育事业落后的忧虑，包玉刚立即表示捐赠1000万美元在北京建一座旅游饭店，捐1000万美元在上海交通大学建一座图书馆。卢绪章不敢贸然应允，把情况向邓小平作了汇报。第二年，包玉刚再次进京，把支票交到邓小平手中。

可以说，兆龙饭店是包玉刚送给中共的第一份见面礼。中共有关人士谙晓包玉刚对父亲孝心，遂投其所好，提议以包兆龙的名字为饭店命名，包玉刚当然一百个愿意，于是，这座现代化的旅游饭店命名为“兆龙饭店”。

在饭店兴建期间，邓小平曾会见包兆龙、包玉刚父子，进行亲切的会谈。不想第二年，包兆龙仙逝归天。邓小平亲自出席兆龙饭店的剪彩仪式，可谓给足面子，让包玉刚实在由衷感激。

据资料显示，邓小平出席开业剪彩之类的典礼次数不多，尤其是以朋友的身份出现的机会更是绝无仅有，由此可见包邓二人关系的密切。而在二人交往中，更有两段鲜为人知的故事。

1982 年 2 月 8 日，邓小平在中南海接见了包玉刚。这一回，邓小平告诉包玉刚一个中共的重大决定——在 1997 年收回香港！包玉刚比外界知道这个确切消息足足早了 7 个月！

在这以前，邓小平虽然曾与包玉刚谈到香港前途问题，但从未有过什么实质性结果；这次，邓小平把这个重大决定第一时间告诉了包玉刚，由此可见邓小平对包玉刚的信任之情。邓小平同时请包玉刚放心，说中国收回香港之后，资本主义制度不变。

这是邓小平关于“一国两制”的最初构想，虽然当时尚未有“五十年不变”的“保证”，但包玉刚从邓小平的态度中，包玉刚对香港的前途问题具有更坚定的信念。

而包、邓两人交往中另一件鲜为人知的趣事，则是包玉刚劝邓小平戒了烟。

那是 1987 年 9 月，包玉刚应邓小平之邀请，偕同家人访问北京，并在邓小平家中吃饭，两家人其乐融融。

第二天，包玉刚在钓鱼台国宾馆 12 号楼设宴回请邓小平全家，许家屯、卢绪章以及当时钓鱼台的负责人翟荫塘也应邀出席。

席间，善于借题发挥的邓小平感慨地说：“开放可不是容易的事啊！他们钓鱼台这里也是这个问题。1979 年，我支持翟经理开放。当时他们是伸手要钱的，而且还是要几百万。后来一开放就好了，不仅不要钱，而且还赚钱！对！还是改革、开放好，全国也是一样，还要进一步开放哩！”

包玉刚知道邓小平是三句不离本行——改革开放，即使两家人聚旧应酬，也是就一些国家大事而谈，于是附加道：“的确变化很大。1978 年张劲夫在这里请我，这里还很脏，环境不好，吃的也不好，我很不满意。现在可不同了，有很多方面都领先于香港。”

邓小平似乎意犹未尽，继续说：“哈默（美国西方石油公司总裁）去年来中国时，也是住在今天吃饭的 12 号楼，每天收费 1 万美元。这个人很有意思，是做铅笔生意发家的。也是在改革开放之后取得了辉煌的成果。钓鱼台开放了，也可以赚很多钱。”

说到这里，邓小平忽然来了兴致，开玩笑地对包玉刚说：“如果你的兆龙饭店搞得不好，你请我去吃饭，我也不去。”

邓小平一句玩笑话，给席间带来了活跃的气氛。这天，邓小平显得特别高兴，频频与包玉刚举杯，竟破例喝了六杯茅台酒。在对包玉刚的盛情和为祖国建设所作的贡献表示感谢之后，邓小平说：“如果不是改革开放，就不会有今天的繁荣。”

虽然席间漫无边际的谈论，也充分体现了他们的爱国热情和搞改革开放的决心。

二、“子”承父业　吴二婿问鼎香港

为了保持香港持续稳定的发展，中国在提出“一国两制”的伟大构想的同时，明确提出治理香港将采取“港人治港，高度自治”的原则。一九九七年香港回归祖国以后，将与中国其它省份的行政管理方式有所区别，香港人将自己管理自己，利用香港人的智慧和才华，来发展香港经济，使香港经济更迅速地发展。这为消除不明真相的香港人“恐九七症”提供了有力的保证。

“港人治港”的一个重要体现就是，一九九七年香港回归后，香港人将行使自己手中的权力，选举香港的第一任行政长官。

英国人统治香港的一百多年里，历任管理香港的港督都是由英国政府派出，由英国人担任。港督是由英皇根据英国外交及联邦事务大臣的提名任命，是英皇在香港的全权代表，具有指导政务的最高权力，享有行政权、立法权、人事任免权以及批准土地转让、委任太平绅士，把非英籍和非香港出生的不受欢迎的人驱逐出境等权力。英国法律赋予其殖民主义具体代表——香港总督的权力令人惊异。

一九九七年七月一日后，当年殖民时代的产物，代表英国政府管理香港的总督乖乖地离去了。香港总督这个带有明显时代色彩的词汇，也将随着一九九七年七月一日的来到而成为历史的象征进入大不列颠百科百全书。取而代之的将是充分体现港人治港精神的香港特别行政区行政长官来代表六百万香港人管理和领导香港。

根据基本法的规定，一九九七年七月一日，将由香港人自己选出一位持有香港永久居民身份的香港人担任香港特别行政首任行政长官管理香港。基本法第四十四条规定：香港特别行政区行政长官由年满四十周岁，在香港通常居住连续满二十年并在外国无居留权的香港特别行政区永久性居民中的中国公民担任。香港特别行政区行政长官由当地通过选举或协商产生，由中央政府任命。

一九九七年香港回归中国后，虽然其行政地位只是相当于中国的一个省或直辖市，但是，由于香港特别行政区行政长官的产生不仅意味着英国对香港百年殖民统治的结束，同时也体现了中国领土是不可分割的。经过一百多年的发展，香港已经发展成为一个世界瞩目的国际性大都市，它的经济发展已经与发展经济的趋势紧紧地联系在一起。由于中国大陆是实行社会主义制度，而香港回归后将仍然保持资本主义制度，按照原来的经济模式继续保持与世界各国的友好往来。香港将是世界上第一个实行“一国两制”的地区，它的成功与否还直接关系到一九九九年澳门的回归及台湾的和平统一，因而香港行政长官必然会引起世界各界人士的关注。

无论是中国政府，英国政府，还是世界各国政府以及香港六百万黎民百姓，对于谁将在一九九七年七月一日后出任香港特别行政区首任行政长官，都倾注了许多的热情。因为这位“真命天子”将带领香港六百万市民在“一国两制”的大原则下，进行港人治港，实行高度自治，并将惮心竭虑地为香港的繁荣与稳定披荆斩棘。这是一项伟大而又艰巨的任务。

自八十年代开始，香港问题逐渐明朗化后，谁来首先管治九七年后的香港就成为人们茶余饭后的重要话题。尤其是随着九七回归进入到计时，代表各个阶层利益的代表便开始活跃在香港政坛，开始为自己角逐首任行政区行政长官搭桥铺路，制造声势。

在这十多年中，虽然先后涌现了许多行政长官的预备人选，但是每个时期都有传媒所选中的所谓“热门人选”，他们随着中英谈判的曲折过程而不断更替。

八十年代初期，也就是中英两国政府提出关于香港前途问题进行谈判的后期以及中英两国正式签署关于香港问题的联合声明期间，由于当时中央双方对香港前途问题意见彼此不合而发生争执，与中英两国均有良好关系，尤其是与两国领导人都有一定交情的香港船王包玉刚奔走在两国之间，传递信息，穿针引线，为中英两国关于香港问题谈判做了不少工作，为香港的回归做出重大的贡献。一时间，香港传媒和香港市民都纷传言包玉刚将出任香港特别行政区首任行政长官。

事实上，包玉刚先生如果不是过早去世，他将是香港首任特别行政区行政长官的强有力的竞争者。一方面包玉刚与中英两国政府都保持了良好的关系，尤其是与两国政府的首脑包括中国的邓小平、英国的皇室及英国政界的许多重要高级人物，和包玉刚的关系都非同一般，这对于香港后过渡期以及香港九七回归后，协调中英两国在处理香港问题上的关系，确实是一个难得的人选。

包玉刚是一个著名的社交家，他与世界许多国家领导人，政界英明人物都有着很厚的交情，这对九七回归后继续保持香港在世界上的地位，发展同世界各国的反好往来起着举足轻重的作用。而且包玉刚白手起家，通过自己的奋斗成为世界性的船王，其在世界各地和香港的商界、政界都具备一定的影响和号召力。尤其是在香港，包玉刚是香港新生华资集团的代表性人物之一，其影响力更是不可低估。

一九八〇年，船王包玉刚在数小时内动用约21亿港币现金、与香港老牌英资集团置地公司进行“浴血奋战”，惊心动魄地与其展开了收购九龙仓大战，在香港商界，同时也在香港市民心目中留下了极深印象。因为那不仅仅是一场包玉刚家族与置地公司之间纯粹意义上经济战，同时也是香港华资集团与盘踞香港多年的英资集团的一次大决战。包玉刚的惊世之举不仅轰动了香港的证券界，同时也为华资集团争来了很高的荣誉。

香港有报纸这样描述：包玉刚以迅雷不及掩耳之势，打了一场漂亮、干脆利落的世纪收购战，彻底战败财大气粗的怡和集团。

包玉刚收购九龙仓的豪举，不仅显示了他过人睿智和远见、同时也为一直挣扎在英资控制下的香港华人商界出了一口恶气，赢后得了香港华人各界的赞许。所以包玉刚如果有机会出任香港首任行政长官，很容易得到香港各界人士的支持和赞同。

八十年代中后期，中国为香港的和平过渡提供法律依据，起草香港基本法期间，为了保证香港基本法的顺利起草，并且使这部史无前例的法律真正能够起到落实“一国两制”的构想，实现港人治港，高度自治，保持香港的持续迅速的发展的形势，中国政府邀请了一大批香港各界熟悉香港事务的著名人士，包括法律界人士参与起草基本法，其中被邀请出任香港特别行政区基本法起草委员会副主任委员的香港船王包玉刚、香港东亚银行总裁李国宝，被认为是当时有望成为行政长官的热门人选。

一九九六年九月三十日，香港医药管理局主席吴光正致函香港各传媒，正式宣布愿意争取提名为九七年首届特区行政长官候选人。

在香港主权回归祖国之时，香港特别行政区的筹备工作已进入实质性阶段，特区行政长官候选人的推选工作进入正式议程。为了进一步为香港各阶层市民服务，为未来香港特区的繁荣稳定作出贡献及予香港市民多一个选择，吴光正敬告香港各界人士，愿意争取提名为一九九七首届香港特别行政区行政长官候选人。

吴光正说："我的成长与香港休戚相关，香港的历史即将进入崭新的里程，这将赋予六百万市民开拓新纪元的机遇。对我来说，这次机遇，既有挑战性，又具使命感，正是我回报香港的最佳时机。"

多年参与公职和社会工作的纪录，特别是近八年来在医药管理局工作，可以说明吴光正是乐意为香港各层市民服务的。为主权回归平稳过渡、安定繁荣尽心尽力的诚意。为了能有更多时间参与公职，吴光正辞去九龙仓集团及会德丰集团主席职位；九十年代前后，他致力向国际社会及大众媒体推介与宣传香港。

吴光正的背景和所具有的社会阅历及行政管理经验，将有助于平衡、协调及处理未来香港特别行政区在政治、经济、社会及其他领域的事务，良好的国际人际关系，亦有助于增强和发展未来香港特别行政区与各国政府及人民的交往，这也是多年来的奋斗目标。

在多年公职锻炼的历程中他了解了香港迅速发展的重要原因，也深深体会到港人的愿望。

香港九七年主权回归祖国，是香港市民强烈回归祖国的愿望，他也同样地期望，这来临的新时代，能继续遵循传统的市场经济的自由、公平竞争规律，讲求法治的环境下安居乐业及维持现有的生活方式。

首任特区行政长官，当选者应该具有极强的信心，将肩负着实践"一国两制、港人治港、高度自治"的历史责任。香港市民要求的特区首长是一个能捍卫社会主义维护港人利益，平衡社会发展，并能带领社会继续发展的公仆。而形象持平、有原则、能顾全大局的公仆也必然是他们所信赖的。这正是吴光正投身社会服务所一向秉持的信念。

吴光正坚信，香港主权回归后，在"一国两制，港人治港、高度自治"的国策基础上，贯彻落实基本法，确保香港政治稳定，经济持续繁荣和发展，社会长治久安。

香港作为一个国际性的金融、贸易、航运中心，拥有庞大的经济力量，人力资源和一个全球性的商业网络。吴光正深信在九七年后，可为中国的社会主义经济建设注入一种新的力量。

这是吴光正和港人努力实现的远大目标。

吴光正将严格遵循特区筹委会制订的选举法则，积极争取提名，让推选委员会委员们有更多的选择，也让他有回馈社会、服务社会的机会。恳请香港市民、社会各界领袖，给予极大的鼓舞和支持。

刚满五十周岁的吴光正自一九九五年辞去会德丰集团主席后，已全身投入社会公共服务，为参选首长铺路。现时他除担任香港医药管理局主席外，还担任理工大学校董会主席、香港环境及自然保育基金委员会主席、香港总督商务委员会成员、香港演艺发展局副主席等公职，同时也获中方委任为港事顾问及特区筹委会委员。此外，他还担任美国、法国、意大利和英国多家银行的国际顾问委员会成员、美国哥伦比亚大学校董会董事，以及英国威尔斯亲王工商头彦团副主席等海外职务。

吴光正的参选声明，并没有透露自己将由谁来推荐，他只声明自己愿意参加特区行政长官的候选人，他指出自己的成长与香港休戚相关，香港的历史将进入新的里程，这将赋予六百万香港人开拓并且纪元的机会，他将抓住机遇、回馈香港。

吴光正是已故国际船王包玉刚的二女婿，他及其家族现时控制的集团公司市值约 1200 亿港元。

对于自己数以千亿计的公司以及在港涉猎的生意，吴光正表示自己已辞去了香港九龙仓集团和会德丰集团主席的职务，其本人的资产处理方法，将在适当时候向特区筹委会建议，研究处理。

一九九六年十月一日，香港文华酒店。吴光正举行参选选区首长记者招待会。

吴光正在这方面作了充分的准备、精心的策划。吴光正在记者招待会上正式推出他的"初步政纲方案"、这是数位宣布角逐特区首长候选人中第一位向社会推出较为完整政纲的候选人。

吴光正在政纲方案中提出，实践"一国两制，港人治港、高度自治"，和平和实事求是解决了香港的历史问题，体现中英政府成熟的政治智慧，广泛征求各阶层民意，争求各界人士的意见是他政纲方案的宗旨。

民心方面理解市民历来珍惜其生存发展环境的自由感和安全感。核心政策有利香港经济的繁荣发展，同时也有利于香港居民的稳定。

树立管治权威、坚持法治、维护社会公义、港人利益、增加政府透明度。

最终目标使港人留港建港，各展所长。

政治问题必须保存现有公务员体系。

建议成立行政长官政务咨询委员会，邀请各政党代表、各社团领袖及关心公共事务人士，共商未来特区政府。

经济问题应建立预警系统及应变系统。

建议成立经济事务咨询委员会，吸纳中小企业代表、专业人士及商界领袖和有代表性外商，协助制定经济事务政策。

社会问题改善草根阶层生活质素，提供就业机会。

关注人口在二〇一一年缴增到八百一十万，同时，人口老化，经济发生很大的变化。在量入为出理财下，限制政府滥用公共资源，在有限条件下达致以人为主，以服务为本的理想，保持行政中立。

特区发展前瞻确保国际经贸、金融中心地位，进一步为社会主义建设做出巨大的贡献。

上海出生的吴光正，是吴家独苗，父亲吴绍是留学德国的著名建筑师，母亲是一位护士。吴光正五岁时随父亲到香港定居。吴光正十二岁那年，父母安排他独自环游世界两个月，到过东南亚及欧洲多个城市，开阔了他的视野，培养他独立科事的能力。

吴光正用香港著名女作家林燕妮的话形容是:从小到大,在父母的安排和自己所选择的清楚目标之下,一直走的都是平步青云路。

在香港圣士反提中学学习期间,吴光正已经是风光一族,既是学校游泳比赛短距离自由式健将,又是班长。到美国攻读大学的时候,更是学校内的活跃分子,并结识一代船王包玉刚的次女包陪容。吴光正大学毕业后,在美国大通银行工作,一九七三年调回香港,主管香港九龙仓大通银行业务。七三年年底,吴光正与包陪容结婚,开始与包玉刚携手管理环球集团。

吴光正作风美国化,喜欢与智囊团商量,显示民主作风。他说:“我年轻时就坐在高位的宝座上,所以坚信自己会给青年人创造良好的机遇。”吴光正做事出名勤奋,认真。其手下洪承禧形容他是个十分自律、早睡早起,处事认真、属于一分钟都不会浪费的人。吴光正作为香港华资大商家,做生意独往独来,与其他华资商家合作不多,被人称作“商家独行侠”。有人认为吴光正的商业手法过于激进和作风锋芒毕露,所以在香港商界的信誉并不太高。不过,吴光正的经商能力,却是有目共睹。

船王包玉刚的四位女婿中,继承包氏上市公司王国的只有吴光正一人。包玉刚的四女婿、包陪慧的丈夫郑维健是香港联合交易所主席和家族公司环球(香港)投资主席,大女婿、包陪庆的丈夫苏海文是奥地利商会主席和家族画业环球航运集团主席,三女婿、包陪丽的丈夫日本人渡伸一郎也十分超脱。一直陪伴船王包玉刚打江山的,就是吴光正。

七十年代末期,独具慧眼的包玉刚觉得到航运业的危机将要来临,为此他开始实施著名的弃船登陆战略,开始以低价卖掉需求过剩的油轮,甚至不惜拆卸超级油轮作废铁出售,凭着敏锐的判断,从而包玉刚避免了船运界“船灾”带来的危害。

与此同时,包玉刚从李嘉诚手中购入香港四大英资九龙仓的股票。九龙仓一八八六年由英国人渣打爵士在香港创立。到二十世纪七十年代,九龙仓由于不断扩张业务,决定进行发行新股,导致九龙仓的大股东香港置地公司持股量下降,为包玉刚收购九龙仓创造了一个良好的机遇,包玉刚遂与大女婿苏海文、二女婿吴光正策划对九龙仓的全面开战。

一九七八年九月五日,包玉刚宣布成为九龙仓最大股东。为此,九龙仓被迫邀请包玉刚与吴光正加入九龙仓董事会。但是,包玉刚与吴光正马上发现这只是英国人的缓兵之计,于是在市场上大量收购九龙仓股票。来达到最大控股的优势。

一九八〇年六月二十日,九龙仓的原大股东置地公司开始挑起新的较量,趁包玉刚远赴欧洲参加国际独立油轮船东会议之机,突然提出增购三千一百万股九龙仓股票使置地持有九龙仓股票达到百分之四十九。老谋深算的置地选择星期五宣布,也就是说,如果在下星期一之前没有人提出反收购,置地的建议书将在星期一上午九点生效。虽然表面上有两天时间,但因为连续两天均是休息日,就是包玉刚采取措施,也是措手不及。吴光正获悉后,赶快给远在巴黎的包玉刚联系。据有人描述,打完给包玉刚的电话,吴光正已是满头大汗,可见当时情况的危急。

正在睡梦中的包玉刚接到消息后,马上吩咐两个女婿如何在香港应战。次日凌晨，包玉刚连早饭也没有吃，临时取消去德国的计划飞往伦敦，先去拜会了怡和（怡和与置地到相控股）的大老板凯瑟克，认为稳操胜券的凯瑟克极其高傲地告诉包玉刚：置地收购九龙仓的成功性相当大。包玉刚见此情状，先对凯瑟克虚晃一枪，声称自己前往北美洲会见墨西哥总统的计划不变。随后包玉刚在吴光正的提醒下，马上去拜访在伦敦休假的香港汇丰银行大班沈弼，希望汇丰银行能借给 15 亿港元。

在得到沈弼的许诺后，身在香港的吴光正马上向英国航空公司替岳父订了去苏黎世的机票，然后再从苏黎世买两张瑞士航空公司的连位机票，让包玉刚在飞机上睡上一觉。吴光正如此精心策划，不让置地知道包玉刚已经返港。

六月二十二日上午九时、吴光正与苏海文赶到机场将包玉刚接回寓所，正式实施反收购计划。下午以个人及家族的名义，以比置地收购价高的每股 105 元收购百分之十九的九龙仓股票，并限期在周一、周二两天完成。星期一上午，大批九龙仓公众股东向包氏出售自己的九龙仓股票，队排得如长龙一般，场面十分壮观。十一时半，获多利公司宣布顺利完成增购目标。包玉刚在数小时内动用 21 亿现金港币，使自己在九龙仓的控股权增至百分之四十九。虽然这次收购，包玉刚付出了沉重的代价。但正如香港《信报》著名财经评论家林行止所言：包氏的投资使他避过了一场令大部分船务公司陷入财政困难的航运大灾难，使他得以利用九龙仓的基础成为一位在地产、酒店及货仓业举足轻重的商家。否则，包氏家族的财产会遭到航运界“船灾”的严重危害。

虽然这一场惊心动魄、轰动香港证券界内外、广为人传的战役是由包玉刚亲自指挥的，但是吴光正在这一场世纪之战中仍然扮演了十分重要的角色，提供很多妙计良策。

成功收购九龙仓，应该说只是华资攻下了英资的一个桥头堡，因为九龙仓只是香港四大英资集团之一怡和的一个孙公司，已经成功登陆、雄心勃勃的包玉刚当然不会就此罢手，寻找机会，再次施展自己的才华。

会德丰是香港四大英资集团之一，成立于一八五七年。主要经营地产投资、航运、零售百货以及贸易等，而九龙仓主要从事地产投资、酒店、公共交通及投资。九龙仓如果能够收购会德丰，将可以弥补九龙仓业务上的不足，使其成为一个势力强大的综合性集团。

一九八四年，精明的吴光正向家族提出收购会德丰的计划，得到了包玉刚的认可，于是包氏家族遂开始另一场更大规模的收购战。

自七十年代，由于会德丰的大股东马登家族对香港九七没有信心，于是开始出售自己的会德丰股票，套取现金投资航运业，试图以海外注册、资产流动的船队逃避政治风险。岂料进入八十年代，世界航运业进入衰退期，会德丰是债台高筑，结果触发了会德丰两大股东马登家族与张玉良家族的矛盾。这为包氏家族收购会德丰再次创造了百年不遇的良机。

一九八五年初，吴光正正式出面接触会德丰的老板约翰·马登，主动友好提出准备收购会德丰。由于包氏家族与马登家族渊源深厚，不知出于什么目的，约翰·马登当时不置可否。但事后，一九八五年二月十四日，约翰·马登将其持有的会德丰股权全部售予南洋富商邱德拔。包玉刚与吴光正见善意收购马登家族股权有难度，马上改为进攻会德丰的另一大股东张玉良家族。张氏家族知道自己非包氏对手，痛心将自己所持的百分之三十四的股票售给包玉刚。

一九八五年二月，邱德拔宣布动用 19 亿港币全面收购会德丰，邱氏是马来西亚银行人创办人汶莱国家银行的大股东，著名的星马酒店业大王。邱氏的收购声势很大，志在必得。二月十六日，包玉刚挺身杀入，宣布以高于邱德拔收购价的百分之十向会德丰提出全面收购。二月二十五日，九龙仓宣布向会德顺丰另一股东联合企业提出有条件收购建议。三月初，九龙仓宣布已经持有百分之三十八点九的会德丰投票权。邱氏家族虽然是有备而来，但看出大势已去的局面，于是调转马头退出战场，将自己所持的会德丰股票售给九龙仓。

九龙仓动用了 25 亿港元，和平收购了香港四大英资集团之一会德丰。这样，树大根深犹如雄狮般的四大英资集团中的两资被华资收购。（另一家和记黄埔被李嘉诚收购）

收购会德丰一仗，显示了吴光正敏锐的触觉和机智灵活的处理事件能力，据说颇得包玉刚欣赏，这也就是包玉刚去世后将其家族资产的旗舰会德丰和九龙仓都交给吴光正经营的一个重要原因。

一九八五年，包玉刚发现自己身患癌症后，开始准备退路。最后将包氏的庞大资产并入五个信托基金，各自划入包夫人和四个女儿的名下，其中二女儿包陪容和女婿吴光正掌管包氏名下的九龙仓和会德丰。九龙仓和会德丰是包氏家族的龙头，两间公司市值共计 1000 多亿港元，足见包玉刚对吴光正的器重。

包玉刚去世后，吴光正正式接掌包氏王国，进行很大的改革，包括有线电视的巨额投资，发展时代广场，高价收购生力啤酒厂房及各项中国投资计划，开辟了九龙仓和会德丰新的领域。

一九九三年下半年，吴光正开始逐步淡化其商界形象。八月份，他突然宣布辞去九龙仓主席职位，引起一些新闻界人士的推测。据说当时的“官方解释”是吴光正希望腾出更多的时间从事社会服务。

一九九四年，吴光正获委任香港医药管理局主席。在宣布新任医药管理局主席的记者招待会上，吴光正透露打算不做会德丰主席，很快轰动全港，是否需要为医药管理局主席之位而放弃会德丰主席的职位。不久，吴光正正式宣布辞去会德丰主席一职，一些政治嗅觉敏感的人立即意识到吴光正可能为了将来出任特区行政长官铺路，避免有商界利益上的纠葛。据有人统计，吴光正辞去九龙仓主席之职时，可能失去了 400 多万张九龙仓的认股权证，辞去会德丰主席一职，亦失去了在一九九八年至二〇〇二年间认购的 400 多万股会德丰认股权证，按照现在的会德丰收市减除成本，吴光正至少失去了价值 4500 万元的会德丰股份认购权，付出的代价实在不小。

从一九九三年开始，吴光正开始在政坛露面，同时也开始加强与中方的联系。这一年，他担任了香港港事顾问和四川省政府顾问。一九九四年，吴光正的社会公职急剧增加，显示出他对政治的爱好。

在部署多年后，一九九六年九月三十日，吴光正正式发表角逐声明。他在声明中特别强调自己具有多年参与社会公职的记录和行政经验，而这正是有的热门特区首长候选人所欠缺的。连他自己在接受传媒访问时都表示：不同的候选人有不同的背景，我在商界曾进行多项投资，亦曾出任不同的公职，我的履历已经说明我有广泛的经验，我想大家会了解我和其他候选人的不同之处。我认为我在商界二十多年，在香港出身，特别是过去八年，我有很多机会为公众服务，包括教育、医疗，从中我能与不同层面的人士会面，汇总不同阶层人士的意见。

一九九六年十月一日，吴光正面挂微笑，在宣布政纲前前往香港玛丽医院巡视，并与病人握手，与员工对话。

据说，吴光正在决定参选后，就立即筹组了吴光正办公室，刻意与九龙仓划清界线，没有象其他有意角逐者一样，需依靠自己公司或部门作联络等工作。除了办公室工作人员外，吴光正还雇用了专业公关顾问，为他布置记者招待会。在宣布政纲前，他首先约见了本地政党人士，酝酿几天后，先以声明参选成为各报头条新闻，随后在第二天举行记者招待会宣布其初步竞选纲领。

一九九六年十月十一日，吴光正前往九龙城区议会介绍他的竞选纲领，成为首位表态参选的候选者，公开向基层人士介绍政纲。

一九九六年十月十七日，角逐香港特区首长的四大热门人选之一的吴光正，正式向香港特别行政区筹备委员会秘书处香港办事处领取香港特别行政区行政长官提名表格，成为四大热门候选人中第一领取表格的候选人，再次轰动全港。

一切都在精心策划和部署之中，充分表现了吴光正是有备而来，而且在整个选举策略上仿佛如西方国家全民直选一样，以开放、专业、仔细分工的登场部署，充分展示出自己的领导才能。

香港人包括广东人历来比较迷信，尤其对易经八卦、相术算命颇为认同。竞选特区首长自然也少不了这帮人来凑热闹。香港一家报纸还专门辟了一个叫做"看相选特首"的栏目。据说，曾经有意角逐第一届行政长官的前任香港高等法院法官兼筹委会委员贾施雅，宣布放弃角逐的一个重要理由，就是被"相面"先生的预言所惊醒。

相士的话是毫无道理，不可信以为真。吴光正究竟有多少机会胜出，首先在于四百名推选委员对他的接受程度有多大。

正如有人指出，吴光正和其他候选人相比较，具有年轻和较强创新精神。

同一天，最先宣布有意角逐香港首任特区行政长官的香港罗文锦律师行合伙人、香港基本法咨询委员副主任、港事顾问、香港特别行政区预备委员会委员、筹备委员会委员，据说为竞选行政长官准备了十年之久的香港首任特别行政区首任行政长官热门候选人罗德丞，在沉寂了三个月后，正式宣布退出首任香港特区行政长官的角逐。

年届七十四岁的香港高等法院前上诉庭副庭长、香港基本法起草委员会委员、港事顾问、香港特别行政区预备委员会法律小组港方召集人、香港特别行政区筹备委员会副主任李福善同一时间，在出席香港乡政局议会成立四十周年的酒会上，突然宣布有意角逐香港特别行政区首任行政长官。

风云再起。

胡雪岩

艰苦创业

胡雪岩生于1823年(道光三年),卒于1885年(光绪十一年),历经清代道光、咸丰、同治、光绪四朝,适逢一个新旧嬗变、纷纭复杂的大变动时代。

首先,内忧外患交相煎迫,国库极度虚乏,时势需要商人扶危纾难。

近代以前,华夏民族虽与周边异族几经逐鹿,但整个国家的生存、发展并不因此受到威胁,相反,在与异族的冲突中不断维护和扩大了大一统的局面。这使封建统治者滋长了文化优越感,固步自封。近世前期二三百年间,明清专制政权实行闭关和抑商政策,中国错过了从传统社会向资本主义社会过渡的有利时机。到18世纪末、19世纪初,进入"悲风骤至,日之将夕"(龚自珍语)的封建末世,与经过资产阶级革命和工业革命而国力大增的欧美资本主义国家相比,整整落伍了一个时代。

胡雪岩18岁那年,即1840年(道光二十年),鸦片战争爆发。大不列颠军队挟坚船利炮打败了中国装备落后的八旗、绿营,于1842年8月29日(道光二十二年七月二十四日)逼迫清政府签订中国近代第一个不平等条约——中英《南京条约》。第二年,又订立中英《五口通商章程》和《五口通商附粘善后条款》(又称《虎门条约》)。通过这些条约、章程和条款,英国侵略者强占香港;勒索2100万元赔款(不包括600万元广州"赎城费");逼迫中国开放广州、福州、厦门、宁波、上海五口为商埠;规定"值百抽五"的低税率;还攫取了领事裁判权(又称治外法权,即外国人在华犯罪由本国处理,不受中国法律制裁)和片面最惠国待遇。继英国之后,美、法两国分别胁迫清政府签订中美《望厦条约》和中法《黄埔条约》,扩大领事裁判权的范围,并获得在通商口岸自由传教的特权。"墙倒众人推",中国遭遇国难时,西方其他一些国家,如:葡萄牙、比利时、瑞典、挪威、荷兰、西班牙、普鲁士、丹麦等,也乘虚而入,与英、法、美"共同分享"侵略特权。

"人创造环境,同样环境也创造人"。晚清的那个时代为胡雪岩的出现提供了一个社会平台。但这并不意味着胡雪岩就能成功。更重要的是,胡雪岩能够把握这个时代中的时局变幻、时事变迁。这一点正是胡雪岩成功的一个重要因素。

首先,在对洋人打交道的事情上。

随着交往的增多,他逐渐领悟到洋人也不过利之所趋,所以只可使由之,不可放纵之。最后发展到互惠互利,其间的过程都是一步一步变化的。

但胡雪岩的确有一种天然的优势,就是对整个时事有先人一步的了解和把握,所以能先于别人筹划出应对措施。有了这一先机，胡雪岩就能开风气，占地利，享天时，逐一己之利。

当我们说胡雪岩对时事有一特殊驾驭能力时，我们的意思正是，胡雪岩因为占了先机，故能够先人一着，从容应对。一旦和纷乱时事中茫然无措的人们相比照，胡雪岩的优势便显现出来。

基于这种考虑，胡雪岩从来都紧紧依靠官府。从王有龄始，运漕粮、办团练、收厘金、购军火，到薛焕、何桂清，筹划中外联合剿杀太平军，最后，还说动左宗棠，设置上海转运局，帮助他西北平叛成功。由于帮助官府有功，胡雪岩得以使自己的生意从南方做到北方，从钱庄做到药品，从杭州做到外国。官府承认了胡雪岩的选择和功绩，也为胡雪岩提供了他从事商业所必须具有的自由选择权。假如没有官府的层层放任和保护，在这样的一个封建帝国，胡雪岩处处受滞阻，他的商业投入也必然过大。而且由于投入太大和消耗太多，他的经营也不可能形成如此大的气候。

由上可以看出，胡雪岩对于他所处的那个时代的时事、时局有其独特、老练的应对之策。推而广之，我们可以说，一个人对时事的驾驭如何直接决定着其事业的成与败。

创业维艰

胡雪岩曾孙胡亚光在回忆其曾祖父生平的《安定遗闻》，内中讲到胡鹿泉曾召集家人说："欲兴吾家，其惟顺儿乎。吾私蓄二千五百余金，今悉以赐顺儿，使顺儿将来有十而百、百而千倍之利益，则吾亦瞑目矣"。从中可见，胡鹿泉颇有点商业头脑，对长子胡雪岩寄予发财致富、光大门楣的愿望，这一方面固然与胡鹿泉有识人眼光有关，另一方面也从侧面反映出幼时的胡雪岩已表现种种聪颖过人的素质。

胡鹿泉去世时，胡雪岩年纪尚小，家中虽有一点私蓄，但养生送死，坐吃山空。困于经济条件，为了养家糊口，作为长子的胡雪岩经亲戚推荐，进当地一家小钱庄当学徒。钱庄也称钱铺、钱店，是中国封建社会金融业的主要组成部分。鸦片战争以前，适应商品经济发展的需要，全国各地就有了钱庄。鸦片战争以后，随着开埠通商，钱庄扩大了经营活动，通过调拨资金，起着促进商品流通的作用。钱庄内部分工大体有内场、外场、信房、库房，等级森严，职员视上一级职司有无出缺而定升迁。胡雪岩进钱庄学生意，从扫地、倒尿壶等杂役干起，由于他诚恳、勤快、活络，所以三年师满，就立柜台，成了这家钱庄正式的伙计（营业员），后来，又获得东家和"大伙"（相当于经理）的器重，分管"外场"。"外场"俗称"跑街"，主要从事联络客户、放款和兜揽存款的业务。

因为胡雪岩日后飞黄腾达的缘故，人们在追溯他的店倌生涯时，平添了几分传奇色彩。曾有这么一个传说：一天晚上，身为钱庄伙计的胡雪岩睡在柜台上，半夜时分，忽听人声，急忙叫醒众人起来，果然抓住一个小偷。

这人叩头言道：我穷困潦倒，难以过活，才越墙进店行窃。不料刚进门，就见一金面神卧于桌上,因此惊骇欲绝。众店伙闻言,私下都认为胡是奇人。

说胡雪岩天生是个财神,未免过于牵强附会。但胡雪岩在做钱庄店伙时,通过改变他人命运而使自己的前途发生重大转折,倒是实情。

胡雪岩在钱庄当差之际,正当清廷遭受太平天国起义冲击之时,军费开支剧增,而财政入不敷出,为筹钱粮,政府开捐,公开卖官鬻爵。那时,杭州城里,捐州、候补人员也多得很。他们花了钱、纳了粟,就巴望发放出去当个知县、知府或道台,以便利用职权、搜刮民脂民膏,捞回买官本钱后发笔横财。但这些人当中,有的在候补期间已身无分文,有的虽然谋到了差使,上任之前却也少不了上、下打点,所以,他们往往要到钱庄先借上一笔,作为官场"投资"。胡雪岩作为钱庄跑街,主要就是跑这些人的放贷生意。

王有龄字雪轩,福建侯官人,幼年时跟随父亲来到浙江。后来,他父亲死于任上,眷属滞留浙江,难归故里。王有龄虽在道光中叶就捐了浙江盐运使,但没钱进京。据陈代卿记载:有一天,钱庄跑街胡雪岩碰到王有龄,他见王生相不凡,却穷困潦倒,便说道:看你不是平庸之辈,为啥落魄到这般地步?王有龄把自己的处境告诉了胡雪岩,胡问他需多少钱,王说需500两银子。胡约王第二天到茶肆,边品茗边闲谈,胡雪岩自称刚好为东家收了一笔500两银子的款子,叫王有龄拿去快快赴京图个官职。王有龄不肯接收,说:"此非君金,而为我用去,主者其能置君耶?吾不能以此相累。"胡雪岩年纪虽轻,却沉稳得很,他对王有龄分析:自己只有一条命,东家索去,反而收不回500两银子,所以犯不着这样做。他叫王有龄只管放心地把这些银子拿去,只是希望王有龄得志后快快回返,不要忘了他。王有龄携了银子北上,在天津遇到故交何桂清侍郎。

何桂清是云南昆明人,当年王有龄的父亲任浙江观察使时,何桂清的父亲是官署的看门人,幼时的何桂清聪明伶俐,王有龄的父亲非常喜欢他,叫他入塾与王有龄共读。何桂清长大后,娴熟文章,道光年间进士及第,历任编修、内阁学士、兵部侍郎、江苏学政、礼部与吏部侍郎等职。1854年(咸丰四年),任浙江巡抚,1857年(咸丰七年)升任两江总督。1860年5月初(咸丰十年润三月上旬),对付太平天国的清军江南大营全线崩溃,何桂清逃出常州,临行还击毙跪留绅民10多人。6月,何被革职拿回。1862年(同治元年)底,被清政府处死,这是后话。

此时,邂逅王有龄的何桂清为赴南省查办事件的星使(皇帝的使者)。他劝王有龄不必进京,写信介绍王去拜谒与他有私谊的浙江巡抚某公。

王有龄持了信函去见浙江巡抚,果得器重,被委任粮台总办。王得了官,立刻去告诉他的患难知交胡雪岩,把从前所借500两银子加上利息还给他,并感谢再三,还叫胡雪岩辞去原来的东家,支持他自开钱庄,号为"阜康"。后来,王有龄因粮台积功保举,1855年(咸丰五年)授杭州知府,后升道员,1860年(咸丰十年)升浙江巡抚。随着王有龄的官越做越大,胡雪岩也水涨船高,接管粮台,除开钱庄外,还开起好多的店铺,成为杭城一富。

庚申之变是胡雪岩大发展的起点。

太平军进攻杭城时,富商豪绅纷纷外逃,钱江舟楫为之一空。而"此时已自开钱店”的胡雪岩却处变不惊,始终以实际行动为清廷效劳,他向按察使段光清建议“自练一军以作亲兵”,并推荐“精于教练”的陈县丞招勇训练。段光清依议,在胡雪岩的钱庄里存银千两作为募兵经费。虽然陈县丞最终仅募得数十名兵勇,花费银子200余两,但余银仍存胡雪岩店中。胡雪岩的钱庄已与军界搭上了钩。

太平军袭取杭州后,江南大营统帅和春果然中计,调兵遣将分批援浙,其中就有胡雪岩当钱庄跑街时接济过的落难朋友王有龄,他从江苏带兵马驰援。

李秀成所部主动撤离浙境,那王有龄现成当了浙江巡抚,倾心倚重胡雪岩,既“委办粮械”,又让他“综理漕运”,王还以浙江巡抚的名义通令全省:“凡解饷者必由胡某汇兑,否则不纳。”这样,胡雪岩几乎掌握了浙江大半的战时财经,成为抚署签约房上宾。他利用这一特权和战时江浙遍处不安、交通阻滞的客观因素,于“其间操奇赢,使银价旦夕轻重,遂以致富。”不过,在赚钱的同时,胡雪岩也想积点“阴德”。杭城经庚申战乱,死者枕藉,在太平军撤离后,胡雪岩捐资买一种小棺材或两人一棺,雇人埋尸于湖上。

胡雪岩从上海采办军需军粮后,押着货船,联帆20余艘,驶入钱塘江来。然而,他最终没有进城,个中原委,有三种说法:

一是胡亚光《安定遗闻》,说胡雪岩的船行至江上,杭州城破已二日,他思忖事已至此,不如将粮械报效别路清军。

二是许谣光《蒿目集》中的说法,许在书中有“闻杭州告陷书感”一诗:“沪渎收洋米,钱江阻飓风。绅耆胡与赵,空自效公忠。”按此说法,胡雪岩、赵炳麟是遭飓风扑舟而没能入城。

三是张荫榘、吴淦《杭城辛酉纪事诗》的说法:“海角云帆刻日催,香粳万斛载将来。只愁饷道重围隔,连日官军打不开。”据作者在诗后的按语,杭州将围时,城内官绅曾建议王有龄筑傅城,土垒直接江干,以备粮道被切断,但王有龄没有采纳。所以,胡雪岩“由海道运粮至江干,……粮至,不能冲围而入”。这一说法与民国《杭州府志》中“光墉航海运粮兼备子药力图援应,由海道入钱塘江,为重围所困,不得达遂”的记载完全一致。

那么,胡雪岩究竟到哪里去了呢?

原来,他利用太平军水师不足、不能全部控制江面这个空隙,装扮客商模样,分散货船,溯江而上,投奔引师东进的新任浙江巡抚左宗棠去了。

先前,胡雪岩仗着王有龄的宠信发财致富,没少被人议论,那么,他这个商人是怎样得到湘军头目左宗棠信任呢?对此,陈代卿《慎节斋文存》中有段记载,说是左宗棠听到别人对胡雪岩的议论后,为考察其行端,试探着命胡在10天之内筹米10万石,这本来就够困难的了,而胡雪岩显得比左宗棠还焦急,他说:“大军待饷十日,奈枵腹何?”左问:“能更早乎?”胡说:“此事筹之已久,若待公言,已无及矣。现虽无款,某熟诸米商,公如急需,十万石三日可至。”要在三天内筹齐10万石粮,在战争环境下简直有点异想天开。然而,胡雪岩办到了,而且干得很出色,这不是他能变戏法,估计这批粮就是前次从上海运来而未能入杭后隐匿别处的。胡雪岩在左宗棠面前成功地展示了一番自己的才能,左在喜出望外之余,命胡“总办粮台如故,而益加委任。”

胡雪岩获得左宗棠的信任后,经常以亦官亦商的身份往来于上海、宁波等洋人麇集的通商口岸。他除了经办粮台转运、接济军需物资之外,还利用与洋人打交道的机会,为左宗棠勾结法籍宁波海关税务司日意格(ProsperMarieGipuel,1835～1886年)、法国驻宁波的军官德克碑(PaulAlexandreNeveued'Aiquebelle,1831～1875年)和法国驻宁波舰队司令勒佰勒东,要他们募集士兵约千人,由法国军官训练,用洋枪洋炮装备,组成"常捷军",这支中法混合的雇佣军人数最多时达3000人,曾与清军联合进攻宁波、余姚、奉化、上虞、绍兴、富阳等地。

胡雪岩还恢复因战乱而一度中止的"牛车"。牛车是因水沙而设的一种交通工具。从前,钱塘江水深沙少,船只几乎可以直达萧山西兴。后来,东岸江水涨漫,形成数里水沙,每当潮至,沙土没水,潮退后却又阻于泥。贫家妇女没钱雇轿,只好艰难地迈着小步在泥沙中踉跄而行,时常还有陷踝没顶之患。此时,胡雪岩恢复并捐设牛车,迎送旅客于潮沼之中,大大便利了百姓。

为了缓解战后财政危机,胡雪岩向官绅大户"劝捐",如,他曾向段光清劝捐10万两,段推三阻四,结果只捐一万。段光清的《镜湖自撰年谱》还举了绍兴富户张广川的例子,说胡雪岩指使在太平军攻陷绍兴时死去的署绍兴知府廖子成的侄子在湖南递禀,告发廖子成之死是因为张广川集乱民戕害所致。结果,京城来了谕旨,着浙江巡抚查问。行文传到在上海做生意的张广川处,吓得他挽人求情,宁愿捐洋10万元,这才获免。段光清在文后叹道:"胡光墉之遇事倾人,真可畏哉!"

除了上述事务,入城后的胡雪岩仍代理藩库,各地解省银两非胡经手,省局不收。高阳先生就此事在《红顶商人》一书中这样写道:

"胡雪岩放低了声音说:'我为什么要代理藩库?为的是要做牌子。阜康是金字招牌,固然不错;可是只有老杭州才晓得。现在我要吸收一批新的存户,非要另外想个号召的办法不可。代理藩库,就是最好的号召,浙江全省的公款,都信托得过我,还有啥靠不住的?"

——以胡雪岩之口,剖析其乐于代理藩库的原委,虽是文学语言,却也基本符合史实,而且入木三分。

牌子做出来了,生意自然源源而来。清军攻取浙江后,大小军官将掠得的财物,从数十到十数万两不等,存入胡雪岩的钱庄,胡借此从事贸易,设商号于各市镇,每年获利数倍,不过几年,家资已逾千万。

胆智双全

富商胡雪岩手段灵活,机智过人,待人接物、处世论交更是有口皆碑。上自巡抚,下至师爷,众多官场大员都认为,以胡雪岩的财力,凭胡雪岩的能耐,尽管少念了几天书,只要撒点银子,走走捐官路子,照样能在官场上开疆拓土,功成名就。然而,这些良言美意胡雪岩听不进去,他胸中自有丘壑,有他一套逻辑,就是不肯出来当官。

胡雪岩不肯"商而优则仕",理由其实也很简单。胡雪岩认为,好好的人一旦当了官，做此官行此礼，很多嗜好习性就得戒掉，人性因此扭曲。爱赌的不能再赌（最起码不能公开承认自己赌钱），爱嫖的不能嫖，就算使手段发了财，也不能大刺刺敞开来花。

还有，生意人三妻四妾大家习以为常，还直夸当事人有办法、够本事。换成当官的，妻妾之间就得和谐，要是妻妾不和，张扬出去，便成丑闻，让老爷面子上挂不住。

胡雪岩最后还是当了官，否则顶戴也不会发红，也称不上“红顶商人”。不过，胡雪岩后来当官，多少也是风云际会，不得不然，按他本性，他还是不肯做官，当起官来言行受拘束，他爱的是赚大钱。但是，赚了大钱之后，并非紧紧搂住银票，铁公鸡一毛不拔，而是先赚大钱，再花钱找乐子。

乐子之极，莫过于赈济英雄好汉，胡雪岩说，一文钱逼死英雄汉，要是能拿出银子提拔那英雄穷汉，使之成就不朽勋业，才是花钱痛快事。

要说聪明，那胡雪岩还真是聪明。胡某人之聪明，全是聪明在刀口上，随便举几个例子，就可见那胡雪岩政治智慧之高。

前面说到，胡雪岩当初立基创业，凭靠的是他换帖拜把老哥王有龄。胡某人背后操盘献策，让王有龄连夺浙江省湖州府知府、乌程县知县、海运局坐办三面帅旗，同时身兼三大职务，真称得上是少年得意。然而，福兮祸所倚，祸兮福所伏，失意最得意时，一个人往往在大走顺路，得意非常之际，为自己种下祸根，埋下日后衰败因头。

官场也好，商界也罢，眼看他起高楼，眼看他楼塌了，因果报应屡试不爽。个中关键，就在于当事人欠缺眼光，仅凭小聪小慧过日子，眼光不够远，心思不够宽。

胡雪岩真是高瞻远瞩，他深深明白，江湖上有云：“你做初一，我做十五；你吃肉来我喝汤。”这意思是说，好处不能占绝，干事情不能吃干抹净，一点后路都不留给别人。人家前任知府已经被扫地出门，下台一鞠躬，倒霉到家，你新官上任之际，总得替人家想想，送对方一顿“节敬”，自己没损失什么，却颇能让别人见情，何乐而不为呢！

这道理讲起来也没什么，但包括王有龄在内，都没法子看清楚，还要胡雪岩点出来，王老哥才恍然大悟，从善如流。撺掇王有龄早早去抢“节敬”的那批左右人等，没哪个是笨货，他们全是聪明人，只不过聪明过了头，目光只在眼前一亩三分地打转，有了今天没有明天，根本没替别人想想。

再举一个例子，证明胡雪岩的政治智慧。胡雪岩在外面打滚多时，尽管自己不愿意做官，但和场面上人物来往身上没有功名，显得身分低微，才买个顶戴，这也是为什么他后来被人称为“红顶商人”的由来。

话说王有龄身兼三大职务，顾得了湖州府，顾得了乌程县，就顾不了杭州城里的海运局，正好胡雪岩走捐官路子，弄到了身分，王有龄就说要委任胡雪岩为海运局委员，等于王有龄在海运局的代理人。

对此，胡雪岩以为不可。他的道理也很简单，但一般人就是办不到，个中关键，在于胡雪岩会退一步为别人着想。胡雪岩对他老哥王有龄说，海运局里有个周委员，资格老、辈分高，人家苦等久候，拉长了脖子等升官，原地踏步多少年，屁股都坐出老茧了，怎么不顾周委员，迳自由胡雪岩当代理？

胡雪岩说，反正周委员已经被他收服，如果由周某代理当家，凡事还是会与胡雪岩商量，等于还是胡雪岩幕后代理。既然如此，就应该把代理职位赏给周委员。

有道是："花花轿子人抬人"，轿夫有如那韩信点兵，当然是多多益善，绝不嫌少。照胡雪岩的干法，王有龄等于有胡、周两个人在海运局替他抬轿子，要是直接委以胡雪岩代理职务，那么，铁定马上制造出敌人周委员一名。出入之间，相差极大，任何人应该都能看清楚这番道理，可惜的是，多数的"聪明人"都是小聪明，没法子像胡雪岩看得那么远。

为了做好丝生意，胡雪岩还专门找人了解了丝的生产知识。他准备在八月丝茧生产的旺季大张旗鼓地干一场，为此他筹备了大量资金，还招集了一批精明能干的伙计，为了确保万无一失，他还派徒弟刘庆生到上海去了解一下市场情况。

刘庆生回来了，说市场情况正如胡雪岩预期的那么好，但有个"不好"的消息就是小刀会要在八月份起事，这是松江漕帮的尤老五告诉他的。

这令胡雪岩头痛，因为小刀会一旦在上海闹事，这无疑给做生意增加了风险，同时也给运输带来了困难。

胡雪岩脑际忽然灵光一闪，一个主意又涌上了心头，他暗自高兴。若是在小刀会起事之前，在上海大量吃进丝茧，定是一笔好生意。小刀会一闹事，上海肯定要乱一阵子，外面的丝茧也就很难运进，那时先运进的丝茧就成了奇货，必赚无疑。

然而，如果小刀会的闹事，没几天就平静下来了，那么屯积就没有意义，反而只会让自己蒙受高价买进的损失。胡雪岩又有些犯愁。不过，稍一思忖，他又发现了一条新的线索，那就是小刀会肯定不会闹很久，最多不过三个月，而小刀会是由洋人暗中支持的，平定之后，政府必定要惩制洋人，最好的办法就是禁止与洋人通商，那时洋人有钱买不到丝，丝价必大涨。

胡雪岩吃了定心丸，他大肆收购丝茧，运往上海，为此他几乎耗尽了他所能筹集到的资金，准备屯积居奇。

幸运之神再次降落到了胡雪岩的头上，局势果然按照他所估计的形势发展，胡雪岩做成了他创业以来最大的一宗生意，而且为他后来垄断上海丝业打下了坚实的基础。

在与丝业同行庞二联手做丝生意的过程中，胡雪岩遇到他在商业中前所未有的危机。是年，胡雪岩花费巨资屯积丝茧，准备垄断上海的丝业，使外商屈服，以期获得一个好的价位。但是外商极为狡猾，他们对外宣称，今年他们不购买丝了，实际上，是暗中与胡雪岩较劲，等待胡雪岩因资金积压过多，不得不抛售的时候，再以低价收购，双方都在打各自的如意算盘。

一直拖延到年底，外商都还没有收购的迹象，胡雪岩着急了，眼见阜康钱庄因资金周转不灵而受到影响，信誉降低，但若在这种关键的时刻退却，肯定会使自己在丝业方面的垄断之势丧失。胡雪岩心急如焚，没有资金来填补阜康钱庄的财库空虚，他很可能腹背受敌，败得一塌糊涂。

但他最终还是忍受住了这种令人窒息的危机。与他有隔阂的庞二雪中送炭，给他提供了必要的资金，终于打败了外商的抵制。这不仅使他赚得了高额的利润，还使他在丝业方面的垄断地位更加巩固。

虽然最后胡雪岩彻底失败了，离开了他拼搏几十年的商场，但他依然乐观。“我本空手而来，现在空手而去，什么也没有输”，这句话蕴味颇长。

儒商智慧

胡雪岩自小在钱庄当学徒，深知钱业生意之奥秘。所以在开业之初，虽只有十万左右的款项，且每笔款项的存货日期相逼甚紧，他还是有魄力调动资金，及时投入新的丝茧生意。

档手刘庆生刚一听到胡雪岩的调度，迟迟疑疑不敢苟同。他作为一名优秀钱庄伙计，深知钱庄需要有大批头寸殿后，方可不陷窘迫。胡雪岩猜透了他的心思，就拿“无息币”的道理给他讲了一番。胡雪岩说，搞钱庄生意的，就是要七个盖子八个坛，串来串去不串绷才显出你的本事。要算准了，今天进款多少，余款多少，什么时候要支出多少，有可能还有些什么样的进项。眼光要放远，统计起来盘算，让钱活起来，不要积死在手上。钱业生意最害怕的就是烂头寸。别人存款来了一大堆，放不出去，没地方用，完了。要是这样的话，过不了几天，你准备关门得了。

胡雪岩从刘庆生手里调动这笔资金时，他已经做了许多工作，估计到王有龄一旦署理湖州，另一批新款自然源源而来。这也更促使他作出冒险放款的决定。甚至连他自己也没有想到，就在第二天，由于事先曾有款放给有交情的江苏藩司麟桂，麟桂一到任后马上派人来告诉阜康钱庄，浙江押往江南大营的协饷全部由阜康来代理。相形之下，连刘庆生也感到第一天放款出去是极为正确的。不然的话，这么多头寸摆在那里，只是落个虚好看了。

胡雪岩说：“世上随便什么事，都有两面，这一面占了便宜，那一面吃亏。做生意更是如此，买卖双方，一进一出，天生是敌对的，有时候买进便宜，有时候卖出便宜，涨到差不多了，卖出，跌到差不多了，买进，这就是两面占便宜。”这就是胡雪岩所说的，做人一定要漂亮，不能做“半吊子”。

何谓“半吊子”？半吊子就是只占得了便宜而吃不了亏的人。因为吃不了亏，就把吃亏看得甚重，一旦发觉自己吃亏，就看不到吃亏的另一面，不知道吃亏的同时意味着占“便宜”。自然，这便宜不是面儿上的，而是需要经过转化。只是，现实中的人功利心太强，套一句京白俗语，就是显得有点“急吼吼”。既然不是立马能回报，这亏一吃起来就钻心痛。一有这情况，言语表情不自然尚在其次，还总要做出一些事，挽回一些损失来。

这样的做事便是不地道，用胡雪岩的话，就是做人不漂亮。

且说嘴上功夫相当有一套的胡雪岩凭借自己的三寸不烂之舌，游说耿介、清高的嵇鹤龄成功，嵇鹤龄为胡雪岩侠义之风所动，欣然同意只身前往危机四伏的新城平抚民变。由于嵇鹤龄“擒贼先擒王”的宗旨确定得当，嵇鹤龄联络当地的乡绅地主很快就将民变的头目捉拿归案，并押送杭州受审。一场蓄势待发的民乱，就被掐灭在萌芽之中。

王有龄见嵇鹤龄为他除却了一个心头之患，颇为赞赏他的才干，决定为他向上面邀功请赏。巡抚大人黄宗汉也满口答应，并还要为王有龄记功。

可是，过了一段时间，王有龄调任署理湖州府的信札下来，而真正的有功之士嵇鹤龄却迟迟没有收到委任状，他去巡抚衙门询问该事，答复是叫他继续等待，他本来就是清高之士，这次碰了颗“软钉子”，就再不好意思去询问这事了。他知道官场虽然明镜高悬，实际上是最黑暗、最肮脏的地方，他是宁愿拿钱去塞狗洞，也不会拿钱去贿赂那些张着血盆大口的官僚，所以他内心十分愤懑，对请功一事再也没有兴趣，不闻不问了。

而王有龄见为自己立功的嵇鹤龄的委任官札至今没有下来，心里面十分着急，他决定亲自登门去拜访一下黄大人。碍于他的顶头上司何桂清的面子，黄宗汉对何大人的总角之交，自己的下属王有龄礼遇有加。

两人在黄宗汉精心营建的船亭品茗，王有龄不好开诚布公地向黄宗汉咨询嵇鹤龄委任的事，只是旁敲侧击地说自己的这次升迁，还得多谢黄大人的栽培，而自己只是幕后操纵者，如此嘉赏，实在是受之有愧。他想以此来提醒黄大人，真正立功的人还没有得到该有的奖赏。

黄宗汉似乎不明其意，他只是问胡雪岩阜康钱庄开张后的经营状况如何，并附带地说自己准备到阜康钱庄去给老家兑汇二万两银子，以聊表对家人的孝心。而对于嵇鹤龄委任一事，他只字不提。

王有龄对黄宗汉的暗示置若罔闻，他不解其中暗含的意思，继续在“旁敲侧击”。黄宗汉很不高兴，眼一瞪，推说自己身体有恙，不能久陪。王有龄只好起身告辞。

回到府上，恰好遇上胡雪岩也来问嵇鹤龄的事，嵇鹤龄毕竟是他请出山的，事办成后，不能撒手不管。王有龄生气地把自己到黄宗汉那儿的前前后后向胡雪岩述说了一遍，他也对自己的这一次未果之行，颇不满意。

胡雪岩听王有龄这么一说，微微一笑，满怀信心地告诉王有龄，不出三日，嵇鹤龄的委任札就会下来，然后神神秘秘地叫王有龄安心休息，一切包在他身上。

回到阜康钱庄，胡雪岩立即叫伙计准备二万两银票，然后以嵇鹤龄的名义寄往黄宗汉的老家，事办成之后，把汇票的底根给黄宗汉送去。

果然不出三天，嵇鹤龄的委任札就下来了，他填补王有龄调任后留下的浙江海运局“坐办”的空缺。王有龄佩服胡雪岩料事如神，嵇鹤龄知道必定有人暗中帮他在官府做了手脚，是王有龄，还是胡雪岩，他不清楚。

胡雪岩以自己圆融的处世，满足了黄宗汉的贪心，解决了嵇鹤龄的委任迟迟未定的问题，而这一切都做得不露声色，既没有伤及嵇鹤龄读书人清高的面子，也算了却了王有龄知恩图报的一桩心愿。

胡雪岩这种走后门、行贿赂的做法，肯定是不够光明正大，为人所不耻，但要使事情能够更好更快地解决，不得不委曲求全。这种想法与做法尽管有急功近利之嫌，但最终结果却是皆大欢喜，令人满意，而不像称嵇、王二人那样于事无补。胡雪岩“圆融”的处世方式在这里得以充分的展现。

胡雪岩的处世尽管“圆”，但绝非“滑”。他追求“圆”，是为了使事情能够完善圆满地得以解决，于是在办事的手段上更加灵活，同时也注意兼顾他人的利益，而不是那种为了自身利益，置他人利益、仁义道德于不顾的“滑”。

当丝业生意渐趋稳定后，胡雪岩又把他的商业眼光瞄准了军火生意。军火生意利润不薄，但风险也特别大，要想吃这碗“军火”饭也不是一件容易的事。胡雪岩凭借他已有的商业基础，依靠他在漕帮的势力，很快使军火生意上了道，着实做了几笔大生意。这样，他在军火界也成了一个有头面的人物了。

一次，胡雪岩打听到一个消息，说外商又运进了一批先进、精良的军火。消息得到进一步的确定后，胡雪岩知道这又是一笔好生意，做成一定大有赚头。他即找外商联系，凭借他老到的经验，高明的手腕，以及他在军火界的信誉和声望，胡雪岩很快就把这批军火生意搞定。

正当春风得意之时，他听商界的朋友说，有人在指责他做生意不仁道。原来外商已把这批军火以低于胡雪岩出的价格，拟定卖给军火界的另一位同行，只是在那位同行还没有付款取货时，就又被胡雪岩以较高的价格买走，使那位同行丧失了赚钱的好机会。

胡雪岩听说这事后，对自己的贸然行事感到惭愧。他随即找来那位同行，商量如何处理这事。那位同行知道胡雪岩在军火界的影响，怕胡雪岩在以后的生意中与自己为难，所以就不好开列条件，只好推说这笔生意既然让胡老板做成了就算了，只希望以后留碗饭给他们吃。

事情似乎就可以这么轻易地解决了，但胡雪岩不然，他主动要求那位同行把这批军火“卖”给他，同样以外商的价格，这样那位同行就吃个差价，而不需出钱，更不用担风险。事情一谈妥胡雪岩马上把差价补贴了那位同行。那位同行甚为佩服胡雪岩的商业道德。

在商业活动中，胡雪岩打的是乱世牌。话说胡雪岩从外商手中买进那批先进军火，从上海运到浙江境内的乌岭山，便被一伙土匪劫持。胡雪岩做军火生意以来，也是第一次遇到这种事，一时间一愁莫展，拿不出个好的主意来。

这时，胡雪岩松江漕帮的朋友尤老五赶来了，原来胡雪岩军火被劫持的事，他已听说了。凭借他松江漕帮的消息灵通，他很快得知这事是外号叫做跷脚长根的土匪做的，而跷脚长根恰好是尤老五的朋友俞武成过去的一名手下，只是而今势力强大，自己另立门户了，但若俞武成亲自出面，想来这事不难解决。所以他跑来及时向胡雪岩报告了这个消息。

胡雪岩听尤老五这么一讲，心中又燃起了希望之火。他很庆幸自己那次去上海买商米垫漕米时交上了尤老五这位朋友。尤老五在商业上没少给他帮助，不仅在货物运输上给他提供了方便，还时常向他透露各种信息。

在尤老五的引见下，胡雪岩结识了年已古稀的俞武成。依靠商界的经验和手段，胡雪岩很快地和俞武成成了朋友。俞武成不顾年事已高，身体不便，答应为胡雪岩亲自走一趟，想来跷脚长根也要看看他的老面。

在俞武成的面前，跷脚长根满口答应，马上就归还胡雪岩的那批军火，但一待俞武成离去，跷脚长根便一拖再拖，硬了，便忘了本。

胡雪岩见跷脚长根如此无赖，俞武成又奈他不得，只好另打主意。既然跷脚长根行踪已定，不过就是凭手中有点势力，才胆敢这么爱理不理，那就只好以其人之道，还治其人之身了。胡雪岩在官场的朋友不少，而浙江巡抚何桂清就是他在浙江官场最大的靠山。

何桂清是王有龄的总角之交，当年王有龄能够顺利地补上浙江海运局“坐办”这个实缺还多亏何桂清的暗中帮助。对于胡雪岩倾囊资助王有龄进京“投供”一事，何桂清也有所了解。更为重要的是何桂清现在的宠妾小翠，就是胡雪岩心爱过，最后忍痛割爱，送给何桂清的。

听胡雪岩报告此事后，何桂清立刻调遣官军，跷脚长根无疑是以孵击石，自取灭亡。依胡雪岩的为人，他不愿看到这样的局面出现。所以，他请何桂清暂时别忙进攻，待他与俞武成商量之后，看能不能以安抚的形式解决这事，这样官兵也可以避免不必要的伤亡。

俞武成见这时候胡雪岩居然还有菩萨心肠，真是不解，以官军的势力，一拳就可以把跷脚长根拿下，然后取回被夺去的军火，何必还怜悯自己的仇人？他是不愿再看到跷脚长根这个不义之徒了。

胡雪岩考虑跷脚长根毕竟也是一条汉子，现在危在旦夕，何必做这些无谓的牺牲呢？真正双方打起来，肯定对双方都不利，何不采取安抚的方式对大家都有利。胡雪岩主意打定，决定亲自上乌岭山一趟，找跷脚长根面谈。

天黑人静，跷脚长根正呆在屋里考虑对策，眼见山脚的官军兵多将广，自己是插翅也难飞了，只好作破釜沉舟的打算了，大丈夫死则死已，到死也要拼得个鱼死网破。忽然，一个喽罗跑来报告，胡雪岩上山来请求见他。在这种时刻，胡雪岩居然敢只身冒险来见他，一定有什么大事，跷脚长根心里这么想。

胡雪岩进屋来，开门见山地说明自己的来意。只要跷脚长根真正就抚，并交出那批军火，他胡雪岩保证所有“山上兄弟”绝对安全。

正处于绝望边缘的跷脚长根，听胡雪岩这么一讲，心中又燃起了求生的希望，他听说过胡雪岩的为人，也知道胡雪岩敢于独闯虎穴，也是真心诚意为他着想，倘若仅仅是要夺回他那批军火，又何需冒险上山，直接叫官兵攻打，多省事。

跷脚长根也没更多说话，大家都是明白人，何必多言呢，他答应了胡雪岩的条件。

胡雪岩披着淡淡升起的雾霭，连夜反回何桂清的驻营，向何桂清诉说了跷脚长根愿意就抚的事。何桂清没想这么快就把事情谈妥，这也减去了他的不少麻烦。

第二日，干戈化为玉帛。跷脚长根带领着他的部众下山就抚，并完好无缺地交还了胡雪岩的那批军火。由于“跷脚长根”正在江浙一带闹事，何桂清收编了跷脚长根的部众，并赐给跷脚长根一个不大不小的官衔。

胡雪岩又一次成功地化解了他所遇到的商业困难。

江湖义士

在松江，胡雪岩听到他们的一位朋友说，松江漕帮已有十几万石米想脱价求现，于是他充舟登岸，进一步打听这一帮的情形，了解到松江漕帮中现管事的姓魏，人称“魏老五”。胡雪岩知道这宗生意不容易做，但一旦做成，浙江粮米交运的任务随即就可以完成，可减免许多麻烦。所以他决定亲自上门谒见魏老爷子。

胡雪岩在他的两位朋友刘老板和王老板的带领下，来到了魏家。时值魏老爷子未在家，只其母在家，她请三人客厅候茶。只见到魏老爷子的母亲，刘、王二老板颇觉失望，然胡雪岩细心观察，发现这位老妇人慈祥中透出一股英气，颇有女中豪杰的味道，便猜定她必定对魏当家的有着很深的影响力，心下暗想，要想说动姓魏的，就全都着落在说服这位“老巾帼”身上了。

胡雪岩以后辈之礼谒见，魏老太太微微点头用谦逊中带着傲岸的语气请三人喝茶，一双锐利的眼光也直射胡雪岩。当三人品了一口茶之后，魏老太太开门见山地问道：“不知三位远道而来，有何见教？”

胡雪岩很谦卑地说道：“我知道魏当家的名气在上海这一带是响当当的，无人不晓，这次路过，有幸拜访。并想请魏大哥和晚辈小饮几杯，以结交结交友情。”

寒暄过后，在魏老太太的要求下，胡雪岩也不便再拐弯抹角了，便把这次的来意向魏老太太直说了。听完胡雪岩的话后，魏老太太缓缓地闭上眼睛。胡雪岩感觉到整个空气似乎凝固了，时间过得很慢。良久，魏老太太又缓缓地睁开眼睛，紧紧地凝视着胡雪岩说道：“胡老板，你知不知道，这样做是砸我们漕帮弟兄的饭碗吗？至于在裕丰买米的事，虽然我少于出门，但也略知一二，胡老板有钱买米，若裕丰不肯卖，道理可讲不通，这点江湖道义我还是要出来维持的。倘若只是垫一垫，于胡老板无益可得，对于做生意的，那可就不明所以然了。”

听了魏老太太的话，胡雪岩心里并没有灰心，相反却更加胸有成竹地大声说道：“老前辈，我打开天窗说亮话。如今战事迫急，这浙米京运可就被朝廷盯得紧了，如若误期，朝廷追究下来不但我等难脱罪责，我想漕帮也难辞其咎吧！为漕帮弟兄想想，若误在河运，追究下来，全帮弟兄休戚相关，很有可能被扣上通匪的嫌疑，魏老前辈可对得起全帮弟兄？”

江湖中，“义”字当头。胡雪岩以帮里义气相激，正好击中魏老太太的要害之处，使得魏老太太不得不仔细思量。

胡雪岩再三强调其中道理，魏老太太听完之后，终于心中暗肯，于是吩咐手下人将儿子魏老五叫来。

过不多久，一男子风尘仆仆地冲了进来，只见他约莫四十上下，个头不高，但浑身肌肉饱满黝黑，两眼目光也是如鹰一样，内行人一见便知是个厉害角色。此人正是漕帮现在的执事魏老五。魏老五向魏老太太请安后，魏老太太引见了胡雪岩和刘、王二位老板，看着老人家对胡雪岩三人的尊敬劲，魏老五也很客气地称呼胡雪岩为“胡先生”。

魏老太太说：“胡先生虽是道外之人，却难得一片侠义心肠。老五，胡先生这个朋友一定要交，以后就称他‘爷叔’吧。”

老五很听话地改口叫道“爷叔”。

“爷叔”是漕帮中人对帮外的至交的敬称，漕帮向来言出必行，虽然胡雪岩极力谦辞，但魏老五喊出第一声“爷叔”其余的人也就跟着齐呼“爷叔”。

当晚，魏家杀鸡宰鹅，华灯高掌。魏老太太、魏老五、胡雪岩、刘、王二位老板频频举杯，以祝友谊。就这样，凭着胡雪岩的三寸不烂之舌，很快就与漕帮的龙头老大魏老五由初识而结成莫逆之交。以魏老五的威信，胡雪岩买米的事已不成问题。

在与魏老五的关门弟子尤老五，也就是现行的漕帮老大商谈买米一事中，胡雪岩见尤老五面露难色，只是迫于师父魏老五的面子不好讲，所以口头上虽然答应了，心里面却是十二分的不愿意。见此情景，胡雪岩并没有乘人之危，买了米就走。他打开天窗说亮话，告诉尤老五，有什么难处只管说，不然我胡雪岩就不买这批米了。尤老五见胡雪岩如此直爽，也没什么顾虑了，就把自己心中的隐衷对胡雪岩一吐为快。原来自从官粮海运以后，漕帮的处境十分艰难，目前正是缺银少钱的时候，他们需要的是现钱，而胡雪岩的“买”只是一时的权宜之计，待官粮收齐后，又要退还漕帮，现在买，只是一时的周转之计，以后到漕帮手里的还是米，这使尤老五很为难，但魏老五已经答应下来了，他也不敢有所怨言。

胡雪岩了解到这种情况后，马上与出资买米的钱庄总管张福康商量，看钱庄能不能待漕帮以后把退还的米卖掉后再收回现在支出的银两，而不是一俟退米之后，就急于收回银两。张福康知道胡雪岩是值得信赖的人，二话没说就答应了。

尤老五的难处解决了，他自然非常高兴，也极为欣赏胡雪岩的为人。于是，买米的事很快就谈妥了。

同行相助

胡雪岩生意的成功很大一部分也得自同行同业的真心合作。胡雪岩的每行生意都有极好的合作伙伴，而几乎他的每一个合作伙伴，都对他有一个“懂门槛”、够意思的评价。

在他发迹之后，他也时刻不忘记对同行、特别是对下层商人的提携。浙江慈溪人严信厚（1839～1907年）幼时在宁波恒兴钱肆当学徒，后来到上海宝成银楼任职，同治初年，就是在胡雪岩的推荐下，得以进入李鸿章幕下，被发任李军镇压捻军的驻沪襄办饷械。

虽是同行，却能做到和平共处，这是胡雪岩为了生意的成功而寻求的外部环境。他的以枪舍炮的做法，看似缩小了自己的市场，却是为了开辟另一市场而作出的必要让步，在这一新市场上，他不会遭到反对，也没有竞争，从而营造出良好的经营空间，更大地赢得利润。

胡雪岩在经营过程中，是非常注重"面子"的作用的。同样，他也十分注意维护别人的面子。他认为，大家的关系是要每个人共同精诚合作形成的，一个人的信誉破坏了，对大家都不利。所以他坚持"得饶人处且饶人"。

胡雪岩出道甫初，就显出这种气度。王有龄用胡雪岩捐助的五百两银子捐官成功后，回到杭州，得知胡雪岩为此丢了饭碗，落拓不堪，他当时就要还上信和钱庄的五百两银子，为胡雪岩洗刷恶名。他弄清了借据的内容，利息算法，立即就在海运局支出六百两银子，要去了了这笔账。他穿上官服，吩咐跟班备轿，让人准备鸣锣开道，要和胡雪岩一同前往。按他的想法，自然是要以自己的威风，为胡雪岩扬一扬名，顺便也替他出一口恶气。

但胡雪岩却拒绝了。他并没有得理不饶人，而是设身处地地为别人想一想。他不去的理由很简单，信和钱庄的"大伙"就是当初将他开除出信和的张胖子。如果此时他和王有龄一同前往，势必让张胖子非常尴尬，大失面子。而如此张扬而去，传扬开来，张胖子在同行、在东家面前的面子也没有了。这是胡雪岩不愿意的事情。他不仅不与王有龄同去，而且还叮嘱王有龄捧信和几句，也不要告诉他们他已经见到了胡雪岩。这使王有龄对他的做法不禁赞叹道：

"此人居心仁厚，至少手段漂亮。换了另一个人，象这样可以扬眉吐气的机会，岂肯轻易放弃？而他居然愿意委屈自己，保全别人的面子，好宽的度量！"

王有龄理解了胡雪岩的用心，单独去还这笔借款时，也做得漂亮。他特意换上便服，也不要鸣锣开道，且将官轿换成一顶小轿到了信和。由于信和当初就将这笔五百两银子的款子当作一笔收不回来的死账，因此他们也没把胡雪岩代王有龄写的借据当一回事，不知随便扔到哪里去了，此时王有龄来还钱，居然遍找不到。当钱庄张胖子将此情况据实相告之后，王有龄不仅没有为难他，而且二话没说，拿出该还的连本带息550两银子，只要求对方写一个已经还清的笔据，至于原来的借据，以后找到，销毁就是了。

这一出了清旧账的戏确实"演"得漂亮。正象王有龄所想的那样，胡雪岩本来就受了冤枉，且不仅为此丢了面子，而且丢了饭碗以至落魄潦倒到给人打零工维持生计。现在终于可以为自己洗刷恶名，换上一个人，大约真的不会肯白白放过这次为自己挣回面子，让自己扬眉吐气一回的机会。但胡雪岩首先想到的，却是如何保全别人的面子，难怪王有龄会打心眼里佩服他："好宽的度量！"

在对待吃里扒外的朱福年时，胡雪岩还是牢牢记住"饶人一条路，伤人一堵墙"的道理，使这件事处理得极为漂亮。

朱福年做事不地道，不仅在胡雪岩与庞二联手销洋庄的事情上作梗，还拿了东家的银子"做小货"，他的"东家"庞二自然不能容忍。依庞二的想法，他是一定要彻底查清朱福年的问题，狠狠整他一下然后让他滚蛋。但胡雪岩觉得不妥。胡雪岩说，一发现这个人不对头，就彻底清查之后请他走人，这是普通人的做法。最好是不下手则已，一下手就叫他晓得厉害，心生佩服。要像诸葛亮"七擒孟获"那样使人心服口服。"'火烧藤甲兵'不足为奇，要烧得他服帖，死心塌地替你出力，才算本事。"胡雪岩的做法是：先通过关系，摸清了朱福年自开户头、将丝行的资金划拨"做小货"的底细，然后再到丝行看账，在账目上点出朱福年的漏洞。然而他也只是点到为止，不点破朱福年“做小货”的真相，也不再深究，让朱福年感到自己似乎已经被抓到了“把柄”但又莫名实情。同时，他还给出时间，让朱福年检点账目，弥补过失，等于有意放他一条生路。最后，则明确告诉朱福年，只要尽力，他仍然会得到重用。这一下朱福年真就感慨不尽，彻底服帖了。

胡雪岩做生意，人缘放在第一位，“人缘”，对内指员工对企业忠心耿耿，一心不二；对外指同行的相互扶持、相互体贴。

一次，胡雪岩打听到一个消息，说外商又运进了一批先进、精良的军火。消息马上得到进一步的确定，胡雪岩知道这又是一笔好生意，做成一定大有赚头。他即找外商联系，凭借他老道的经验，高明的手腕，以及他在军火界的信誉和声望，胡雪岩很快就把这批军火生意搞定。

正当春风得意之时，他听商界的朋友说，有人在指责他做生意不仁道。原来外商已把这批军火以低于胡雪岩出的价格，拟定卖给军火界的另一位同行，只是在那位同行还没有付款取货时，就又被胡雪岩以较高的价格买走，使那位同行丧失了赚钱的好机会。

胡雪岩听说这事后，对自己的贸然行事感到惭愧。他随即找来那位同行，商量如何处理这事。那位同行知道胡雪岩在军火界的影响，怕胡雪岩在以后的生意中与自己为难，所以就不好开列条件，只好推说这笔生意既然让胡老板做成了就算了，只希望以后留碗饭给他们吃。

事情似乎就可以这么轻易地解决了，但胡雪岩不然，他主动要求那位同行把这批军火“卖”给他，同样以外商的价格，这样那位同行就吃个差价，而不需出钱，更不用担风险。事情一谈妥，胡雪岩马上把差价补贴给了那位同行。那位同行甚为佩服胡雪岩的商业道德。

劝捐妙计

左宗棠西北平回乱十余年，也正是胡雪岩事业兴旺发达的时期。西北为慈禧祖籍，割地赔款可以，断了祖上的风水龙脉则万万不可。所以清廷平回心坚，左宗棠立功名心功，胡雪岩主管上海采运局，转运军需，毫无延误。其间，办船厂，购军火，借洋款，胡雪岩大为渔利，奠定了他的“财神”地位。胡雪岩因而成为左宗棠的股肱，二人无事不谈。

胡雪岩的第一件大事，便是替左宗棠西征筹备军饷。要筹办这件事，别无他法，只有“劝捐”。于是左宗棠写一个筹划计划的概略，要胡雪岩细看。

这个节略先礼后兵，次筹饷。而谈兵又必因地制宜，西北与东南的地势完全不同，南方的军队到了西北，第一不惯食麦，第二不耐寒冷。因此，左宗棠在东南转战得力的将领部队，特别是籍贯属于福建、广东两省的，都不能带到西北。

带到西北的，只有三千多人，另外他预备派遣原来帮办福建军务，现已出奏保荐帮办陕甘军务的刘典回湖南，招募三千子弟兵，带到西北。这六千多人，左宗棠用来当作亲兵，至于用来作战的大批部队，他打算在本地招募，要与"关中豪杰"共事业。

看到这里，胡雪岩不由得失声说道："大人，照你老人家的办法，要什么时候才能平得了回乱？"

"你这话，我不大懂。"

"大人请想，招募成军，不是一朝一夕的事，练成精锐，更是谈何容易？这一来，要花一两年的工夫。"

"岂止一两年？"左宗棠说道："经营西域，非十年不足以收功。"

"十年？"胡雪岩吓一跳，"那得……"

他虽住口不语，左宗棠也已知道，说的是要费多少饷。笑笑说道："你不要急！我要在西北办屯垦，这是长治久安之计。就像办船厂一样，不能急功图利，可是一旦见效，你就知道我的打算不错了。"

"是！"胡雪岩将那份节略搁下，低着头沉思。

"你在想什么？"

胡雪岩答说："我也是想到十年八年以后。"

"着！"左宗棠鼓掌欣然，"你的意思与我不谋而合，我们要好好打算，筹出十年八年的饷来。"

胡雪岩暂且不答，捡起节略再看，大致了解了左宗棠在西北用兵的计划。他要练马队，又制造"两轮炮车"，开设"屯田总局"，办屯垦要农具、要种子、要车马、要垫发未收成以前的一切粮食杂用，算起来这笔款子，真正不在少数。

"大人，"胡雪岩问道："练马队、造炮车，是致胜所必需，朝廷一定会准。办屯垦，朝廷恐怕会看作不急之务吧？"

"这，你就不懂了。"左宗棠说，"朝中到底不少读书人，他们会懂的。"

胡雪岩脸一红，却很诚恳地说："是！我确是不大懂，请大人教导。"

于是左宗棠为胡雪岩大概讲述用兵西域的限制，自秦汉以来，西征皆在春初，及秋而还。因为，第一，秋高马肥，敌人先占了优势，其次就是严寒的天气，非关内的士兵所能适应。

"就是为了这些不便，汉武帝元朔初年征匈奴，几乎年年打胜仗，而年年要出师，斩草不能除根，成了个无穷之累。"左宗棠一番引经据典以后，转入正题，"如今平回乱，亦是这个道理，选拔两三万能打的队伍，春天出关，尽一夏天追奔逐北，交秋班师，如当年卫、霍之所为，我亦办得到。可是，回乱就此算平了吗？"

"自然没有平。"胡雪岩了然了，"有道是'野火烧不尽，春风吹又生。'只要花大功夫把那块地彻底翻一翻，野草自然长不出来了。"

"一点不错！你这个譬喻很恰当。"左宗棠欣慰地说，"只要你懂我的意思，我就放心了。你一定会把我所要的东西办妥。"

这顶"高帽子"出于左宗棠之口，弥觉珍贵，然而也极沉重。胡雪岩知道左宗棠的意思是要他负筹饷的主要责任。凝神细想了一会，觉得兹事体大，而且情况复杂，非先问个明白不可。

“大人，将来要练多少营的队伍。”

“这很难说，要到了关外看情形再说。”

第一个疑问，便成了难题，人数未定，月饷的数目就算不出来。胡雪岩只能约略估计，以五万人算，每人粮饷、被服、武器，以及营帐锅碗等等杂支，在五两银子以内开支，每月就要二十五万两。

于是他再问第二问：“是带六千人出关？”

“是的。大概六千五百人。”左宗棠答说，“三千五百人由闽浙两省动身，另外三千人在湖南招募成军以后，直接出关。”

“行资呢？每人十两够不够？”

“我想，应该够了。”

“那就是六万五千两，而且眼前就要。”胡雪岩又问第三问：“大人预备练多少马队？”

马队我还没有带过，营制也不甚了然。只有初步打算，要练三千马队。”

“那就至少要有三千匹马。”胡雪岩说，“买马要到张家口，这笔钱倒是现成的，我可以垫出来。”

“怎么？你在张家口有钱？”

“是的。”胡雪岩说，“我有十万银子在张家口，原来打算留着办皮货、办药材的，现在只好先挪来买马。”

“这倒好。”左宗棠很高兴地说，“既然如此，我立刻就可派人去采办了。”

“是！大人派定了通知我，我再派人陪着一起去。”胡雪岩又问，“两轮炮车呢？要多少？”

“‘韩信用兵，多多益善’。塞外辽阔，除精骑驰骋以外，炮车轰击，一举而廓清之，最是扫穴犁庭的利器！”

左宗棠所部的洋枪洋炮，多由胡雪岩在上海采办，推原论始，便是自己在无形中造了孽，为了胡雪岩的购办杀人利器，胡老太太不知道劝过他多少次，胡雪岩对母亲十分孝顺，家务巨细，母命是从，唯独谈到公事上头，不能不违慈命。好在胡老太太心里亦很明白，知道不是儿子不听话，实在是无可奈何。因此，只有尽力为他弥补“罪过”，平时烧香拜佛，不在话下，夏天施医施药施凉茶，冬天舍棉衣、散米票，其他修桥铺路，恤老怜贫的善举只要求到她，无不慷慨应诺。

但是，尽管好事做了无其数，买鸟雀放生，总抵偿不了人命，所以胡老太太一提起买军火，便会郁郁不乐。

“怎么？”左宗棠当然不解，“你是不是觉得我要造两轮炮车，有困难？”

“不是。我是在想，炮车要多少，每辆要多少银子？这笔预算打不出来。”

“那是以后的事。眼前只好算一个约数，我想最好能抽个二十万两银子造炮车。”

“那么办屯田呢？请问大人，要筹多少银子？”

“这却难言了。”左宗棠说：“好在办屯田不是三年五载的事，而且负担总是越来越轻。我想有个五十万两银子，前后周转着用，一定够了。”

“是的。”胡雪岩心里默算了一会，失声说道：“这样就不得了！不得了！”

“怎么?”

“我算给大人听!”胡雪岩屈指数着:“行资六万,买马连鞍辔之类,算它一百二十两银子一匹,三千匹就是三十六万。造炮车二十万。办屯田先筹一半,二十五万。粮饷以五万人计,每人每月五两,总共就是二十五万,一年三百万。合计三百八十七万,这是头一年要筹的饷。”

这一算,左宗棠也愣住了。要筹三百八十七万两的饷,谈何容易?就算先筹一半,也得一百九十多万,实在不是一笔小数目了。

“而且我想,西北运输不便,凡事都要往宽处去算。这笔饷非先筹好带去不可!大人,这不比福州到上海,坐海轮两天工夫就可能到,遇有缓急之时,我无论如何也得接济得上。西北万里之外,冰天雪地之中,那里大人乏粮缺食,呼应不灵,岂不是急死了也没用?”

“说得是,说得是!我正就是这个意思。雪岩,这笔饷,非先筹出来不可,筹不足一年,至少也要半年之内不虞匮乏才好。”

“只要有了确实可靠的‘的饷’,排前补后,我无论如何是要效劳的。”

接着,胡雪岩又分析西征军饷之所以绝不能稍有间断的缘故。在别的省份,一时青黄不接,有厘税可以指拨,有钱粮可以划提,或者有关税可以暂时周转,最不济还有邻省可以通融。西北地瘠民贫,无可腾挪,邻省则只有山西可作缓急之待,但亦有限,而且交通不便,现银提解,往往亦需个把月的工夫。因此万一青黄不接,饥卒哗变,必成不可收拾之势。

这个看法,亦在左宗棠深思熟虑的预计之中。因而完全同意胡雪岩的主张,应该先筹好分文不短、一天不延的“的饷”,也就是各省应该协解的“甘饷”。

谈到这一步,左宗棠便很得意于自己的先见了,如果不是撵走了他的“亲家”郭嵩焘,便顶多只有福建、浙江两个地盘,而如今却有富庶的广东在内。要筹的饷,自然先从这三省算起。

“我想十一月初动身,沿途跟各省督抚谈公事,走得慢些,总要年底才能到京。”

“到京?”胡雪岩不解地问,“上谕不是关照,直接出关?”

“这哪里是上头的意思?无非有些人挟天子以令诸侯。他们怕我进京找麻烦,我偏要去讨他们的厌,动身之前,奏请两宫会见。想来两宫太后决不至于拦我。”左宗棠停了一下又说:“至于出关的日期,现在还不能预定。最早也得在明年春天。”

“那还有三、四个月的工夫。大人出关以前,这一百二十万两一定可以筹足,至于眼前要用,二三十万两银子,我还调度得动。”

“那太好了!雪岩,我希望你早早筹划停当,好让我放心。”

这又何消左宗棠说得?胡雪岩亦希望早早能够定局。无奈自己心里所打的一个主意,虽有八成把握,到底银子不曾到手,俗语说的“煮熟的鸭子飞掉了”,自是言过其实,但凡事一涉银钱,既有成议,到最后一刻变卦,亦是常有之事。一百二十万两不是个小数目,西征大举成败和左宗棠封爵以后能不能入阁拜相的关键都系于此,关系真个不轻。倘或功败垂成,如何交代?”

每念及此,胡雪岩深深后悔,何以会忘却“满饭好吃,满话难说”之戒?如今既不能打退堂鼓，就得全力以赴加紧进行。

于是，他精神抖擞地答说：“只要广东能听大人的话，事情就好办了。我在想，将来大人出奏，请办船厂，像这样的大事，朝廷一定奇谕沿海各省督抚，各抒己见。福建、浙江不用说，如果广东奏复，办赞其成。大人的声势就可观了。”

“正是！我必得把广东拉到手，就是这个道理。南洋沿海有三省站在我这面，两江何敢跟我为难？”

“两江亦不敢公开为难，必是在分摊经费上头做文章。说到办船厂的经费，由海关洋税项下抽拨，是天经地义的事。北洋的津海关，暂且不提，南洋的海关，包括广东在内，一共五大关：上海的江海关、广州的粤海关、福建的闽海关跟厦门关，我们浙江的宁波关。将来分摊经费，闽、厦两关以外，粤海关肯支持，就是一关占其三，浙江归大人管辖，马中丞亦不能不买这个面子。这一来，两江方面江海关岂能一笔不拔？”

“对了！你的打算合情合理，其间举足重轻的关键，就在广东。雪岩，我想这样，你把我这个抄本带回去，参照当年购船成例，好好斟酌，写个详细节略来，至于什么时候出奏，要等时机。照我想，总要广东有了着落，才能出奏。”

“是的。我也是这么想。”胡雪岩说，“好在时间从容得很，一方面我先跟德克碑他们商量，一方面大致算一算经费的来源。至于筹备这件大事，先要用些款子，归我想办法来垫。”

“好极！就这么办。不过，雪岩，江海关是精华所在，总不能让李少荃一直把持在那里！你好好想个法子，多挖他一点出来！”

“法子有。不过，”胡雪岩摇摇头，“最好不用那个法子！”

“为什么？”

“用那个法子要挨骂。”

“这你先不必管。请说，是何法子？”

“可以跟洋人借债。”胡雪岩说，“借债要担保。江海关如说目前无款可拔，那么总有可拨的时候。我们就指着江海关某年某年收入的多少成数，作为还洋债的款，这就是担保。不过，天朝大国，向洋人借债，一定有人不以为然。那样一些老爷会群起而攻，可是件吃不消的事。”

这番话说得左宗棠直发愣，接着站起身来踱了好一会方步，最后拿起已交在胡雪岩手里的“抄本”，翻到一页，指着说道：“你看看这一段。”

三省之中，又必先从福建开始。福建本来每月协济带来的浙军军响四万两，闽海关每月协济一万两。从入闽作战收功以来，协浙的四万两，改为协济甘肃，现在自是顺理成章的归左宗棠了。至于海关的一万两，已改为接济船厂经费，此事是他所首创，不能出尔反尔，这一万两只得放弃。

其次是浙江。当杨岳斌接任陕甘总督，全面负责西征时，曾国藩曾经代为出面筹饷，派定浙江每月协解两万。上年十月间左宗棠带兵到广东，“就食于粤”的计划既已实现，在胡雪岩的侧面催促之下，不得不守减除浙江负担的诺言。在浙江等于每月多了十四万银子，马新贻是很顾大局的人，自请增拨甘饷三万两，每月共计五万银子。

“浙江总算对得起我，马谷山为人亦得漂亮，每月五万银子协饷，实在不能算少了，不过，”左宗棠停了一下说：“有两笔款子，在浙江本来是要支出的，我拿过来并不增加浙江的负担，你看如何？”

“这要看原来是给什么地方？”

“一笔是答应支持船厂的造船经费，每月一万两。现在设船厂，全由福建关锐、厘金提拨，这一万两不妨改为甘饷。”

这是变相增加福建负担的办法。胡雪岩心里好笑，左宗棠的算盘，有时比市侩还精，但只要不累浙江，他没有不赞成之理。因而点点头说：“这一层，我想马中丞决不会反对。”

“另一笔协济曾相的马队，也是一万两。照我想，也该归我。雪岩，你想想其中的道理。”

“曾相从前自己定过，江苏协济甘饷，每月三万，听说每月解不足。大人是不是想拿浙江的这一万两，过抵江苏应解的甘饷？”

“是呀！算起来于曾无损，为什么不能划账？”

就事论事，何得谓之“于曾无损”？胡雪岩本想劝他，犯不上为这一万两银子，惹得曾国藩心中不快。转念又想，若是这样开口一劝，左宗棠又一定大骂曾国藩，正事便无法谈得下去，因而将到口的话又缩了回去。

这下来就要算广东的接济了。广东的甘饷，本来只定一万，造船经费也是一万，仿照浙江的例子协甘，共是两万。左宗棠意思，希望增加一倍，与福建一样，每月四万。

“这一定办理到的。”胡雪岩说，“蒋中丞是大人一手提拔，于公于私，都应该尽心。事不宜迟，大人马上就要写信。”

“这倒无所谓，反正蒋芗泉不能不买我的面子，现在就可以打入预算之内。”

“福建四万，浙江七万，广东四万，另加江海关三万，目前可收的确数十八万，一年才两百十六万。差得很多。”

“当然还有。户部所议，应该协甘饷的省份，还有七省。江西、湖北、河南三省，等我这次出关路过的时候，当面跟他们接头，江苏、河南、四川、山东四省的甘饷，只有到了陕西再说。我想，通扯计算，一年两百四十万两银子，无论如何是有的。”

“那，我就替大人先筹一半。”胡雪岩若无其事地说。

“一半？”左宗棠以为是自己没有听清楚，特意问一句：“一半就是一百二十万两银子。”

“是，一百二十万两。”胡雪岩说：“我替大人筹好了带走。”

“这，”左宗棠竟不知怎么说才好了，“你哪里去筹这么一笔巨数？”

“我有办法。当然，这个办法，要大人批准。等我筹划好了，再跟大人面禀。”

左宗棠不便再追问。他虽有些半信半疑，却是信多于疑，再想到胡雪岩所作的承诺，无一不曾实现，也就释然、欣然了。

“大人什么时候动身，什么时候出关？”指的是恭亲王所上奏折中的一段，据李泰国向恭王面称：“中国如欲用银，伊能代向外国商人借银一千万两，分年带利归还。”可是恭王又下结论：“其请借银一千万两之说，中国亦断无此办法。”

“大人请看，”胡雪岩指着那句话说：“朝中决不准借洋债。”

“彼一时也，此一时也！”说到这里，左宗棠突然将话锋扯了开去，“雪岩，你要记住一件事，办大事最要紧的是拿主意！主意一拿定，要说出个道理来并不难，拿恭王的这个奏折来说，当时因为中国买船，而事事要听洋人的主张，朝中颇有人不以为然，恭王已有打退堂鼓的意思，所以才说中国断无借洋债的办法。倘或当时军务并无把握，非借重洋人的坚甲利炮不可，那时就另有一套话说了，第一，洋人愿意借债中国，是仰慕天朝，自愿助顺；第二，洋人放债不怕放倒，正表示信赖中国，一定可以肃清洪杨，光复东南财赋之区，将来有力量还债。你想想，那是多好听的话，朝廷岂有不欣然许诺之理？”

这几句话，对胡雪岩来说，就是“学问”，心悦诚服地表示受教。而左宗棠就越谈越起劲了。

主编　于立文

中华名人大传

第四卷

在人类社会发展的历史长河中，古今中外产生过无数的名人。这些名人既有站在时代的风口浪尖上奋力拼搏，以其深邃的思想睿智推动世界文明进步，造福于人类的正面人物。也有保守泥古，枭凶歹毒，为人类社会不耻，阻碍社会发展的反面人物。……

辽海出版社

范　蠡

翩翩少年郎　奇志在四方

范蠡，一位具有传奇色彩的人物。他的一生，从楚到越，由越到齐，大起大落。由布衣客到上将军，由流亡者到大富翁，以其坚韧不拔的毅力和宏远的谋略辅佐勾践兴复濒于灭亡的越国、灭亡称霸诸侯的吴国，创造了扶危定倾的奇迹，以“勇而善谋”、“能屈能伸”著称于世。所以，司马迁在《史记》中说：“范蠡三徙，成名于天下”。称得上春秋时期的一位奇才、谋略家。

在辅佐越王勾践灭吴称霸后，他却胜不居功，激流勇退，“乘舟浮海次行”，耕于齐国海畔，不过数年，致产数千万；而当“齐人闻其贤，以为相”，他却“归相印，尽散其财”，到了地处齐、曾、宋、卫的陶地经商。“十九年中，三致千金”，成了名扬天下的巨富和令后人景慕的一代商祖。

范蠡，字少伯。楚国宛邑人。

楚国的宛邑（今河南南阳），是一个山清水秀的地方，美丽的白河流贯宛邑全境。白河水绿得像碧玉带一般，滋养着两岸的生灵。

范蠡出生在白河之滨宛邑一户富庶的人家，出生时间大约在公元前 517 年。在这个时期，中国处于新旧社会制度交替时期，奴隶社会逐步向封建社会过渡，各诸侯之间的矛盾以及各诸侯国内各阶级之间的矛盾日益加剧，社会更加动荡。

范蠡出生第二年，楚平王驾崩，天下混乱。楚国国内各种政治势力明争暗斗，国势逐渐衰微，空有大国的虚名。在中原，诸侯相争，战场上血流成河，人们流离失所，哀鸿遍野。范蠡是中国古代公认为理想圣人的尧帝的后裔，当时的姓氏是伊祁。当继殷之后的周朝衰落时，便出走到晋国，取了范姓，出仕后，成了六名长官之一。范姓最多的是在宋国，而作为宗主之家的范家，无论到哪一国，都出任大夫一类的官并成了名门。然而其祖父以及父亲范蒲只是一心扑在开荒种地上，从不愿过问国家大事，全家都从事湖沼间低湿荒地的开垦。这样，在近三十年的时间里，便拥有近五十公顷左右的广阔田地了。全家再加上男女从人共二百多口，成了一个大家族。主宅有三千三百平方公尺的宅地。宅邸内建有祭祀八百年来延续下来的祖先的宗庙、主宅以及由长廊连接、供宾客使用的馆所，另有若干处院宅。

小范蠡天资聪颖，记忆力惊人，品学兼优。不知怎的他就弹得一手娴熟悠扬的古筝，连父母都感到惊奇。他弹的曲子热烈奔放，单听古筝曲的话，决不敢相信这充满意韵的乐声是从这个小小少年的手指间流淌出来的。

稍大一些，范蠡在家苦读了《书》、《易》等书。《书》就是《尚书》，《易》就是《易经》。这两本书都是几十年后孔子暮年时删定的。书中所讲的有些东西，范蠡的老师，被史界称为无名氏的蒙馆塾师庄伯先生也觉得费解，范蠡却读得入神，能说出不少道道来。这使庄伯先生非常惊讶。他常挂在嘴边的一句话就是："我一生教了众多弟子，但有陆通、庄生、范蠡就足矣。"陆通、庄生、范蠡三个人中，范蠡最小。

此后，少年范蠡在庄伯先生的私塾用心学习，家中父亲的几车书，他都读过了，有的甚至读了好几遍。范蠡觉得课堂天地太狭小了，还应到社会中去汲取更多更广的知识。一天，他对着镜子，用簪子把头发束发缚起来，用缨把头顶的冠冕固定稳当，腰佩龙泉剑，足登青白靴，左瞧右瞧，很是得意。装束完毕，就像个成年人一样在宛邑寻师访友，广泛接触了解社会。在当时，男子二十岁为弱冠之年，要行过"士冠礼"才能束冠戴。只因范蠡品学兼优，父母亲和庄伯先生不认为他举止轻浮虚妄，也就由着他的秉性发挥。

范蠡成了个英俊潇洒的少年"大人"。

公元前499年，范蠡18岁。18岁的范蠡，身体修长而健壮，走在白河之滨时，宝剑上的缨须和腰间青衿迎风扬起，飘逸中衬托出练达豪爽之气。

这一年，范蠡经朋友陆通的引荐结识了计然。经过同计然一番交谈，两人十分投合。范蠡非常敬佩计然的学问和气质，心里油然生起相见恨晚的感觉。遂拜计然为师。

计然，越国葵丘濮上人，姓宰氏，字子文。其人颇有隐者之风，不求名利，不谋官位。班固在其《汉书》卷20《古今人表》中，他把自远古以来的人物按三等九级排列，九级中第一级谓之"圣人"、第二级为"仁人"、第三级为"智人"，第四级便没有专称，属于第二等即中上等。当他具体排列时，范蠡被列于第一等第三级，即上下，属于"智人"，而把"计然"排于第二等，就整体来说，为第四级，与计然同列的还有仪封人、长沮、桀溺、丈人、何贵、楚狂接舆等人，而这些人在晋人皇甫谧的《高士传》中，都属于有隐逸之风的高士；特别是道家的老祖宗老子，也被列入此等。

范蠡之名，不仅显赫当代，而且远播后世，几乎家喻户晓。范蠡为什么能有如此大的成就和如此高的品德呢？除了他个人的才能之外，实得力于他的老师计然的教导和为人处世的影响。换言之，没有计然，就不会有范蠡的政治经济成就，也不会有范蠡的高尚品德，正如范蠡自己感慨万端时所说："计然之策七，越用其五而得意。既已施于国，吾欲用之家。"这就是说：越国之所以能致富强和雪国耻，是采用计然之策的结果；计然之策用于治国既有如此奇效，我范蠡将用计然之策治家。后来，事实证明，用计然之策治家，果然又有效。故范蠡之成功，实得力于其师计然。然而，二人之事迹，却一显一晦，以致人皆知有范蠡，而不知有计然。如果不是司马迁说过"昔者越王勾践困于会稽之上，乃用范蠡、计然"的话，则后世几乎不知有计然其人。所幸，司马迁把计然的主张与思想概括为下面一段话，虽很简短，却为我们提供无比宝贵的思想财富。《史记·货殖列传》云：

> 昔者越王勾践困于会稽之上，乃用范蠡、计然。计然曰："知斗则修备，时用则知物，二者行则万货之情可得而观已。故岁在金，穰；水，毁；火，旱。

旱则资舟，水则资车，物之理也。六岁穰，六岁旱，十二岁大饥。夫粜，二十病农，九十病末。末病则财不出，农病则草不辟矣。上不过八十，下不减三十，则农末俱利，平粜齐物，关市不乏，治国之道也。积著之理，务完物，无息币。以物相贸，易腐败而食之货勿留，无敢居贵。论其有余不足，则知贵贱。贵上极则反贱，贱下极则反贵。贵出如粪土，贱取如珠玉。财币欲其行如流水。"修之十年，国富，厚赂战士，士赴矢石，如渴得饮，遂报强吴，观兵中国，称号"五霸"。

这段记载，十分难懂。从下文"范蠡既雪会稽之耻，乃喟然而叹曰：'计然之策七，越用其五而得意'"的话来看，上述《史记》的这段记载应当包含了"计然之策七"的全部内容。细读《史记》的这段记载，除去他以阴阳五行之说来解释每年的收成好坏及每六年有一次丰收、每六年有一次干旱、每十二年有一次大饥荒等带有迷信色彩的说法之外，单讲如何发展国家经济、如何平抑物价、如何使农业与工商并重，和如何重视资金周转等等，就占了好几条。因此，计然的策略思想与主张，既是国家发展生产与繁荣社会经济的治国之道，又是经营工商业者的致富之道。故能施之于越国而使越国富强，又能使范蠡"用之家"，而"三致千金"。

师从计然，对新学问的系统化学习和对原先学得的那些杂乱知识的梳理，使范蠡的学识更丰富广博，思想更博大精深，看问题的眼光更敏锐独到！

三年后，范蠡终于学成出师，此时的他，博学多才，胸藏治国安邦之策，有"圣贤之明"。辞别恩师后，范蠡回到了家乡，静观时变，渴望得遇明主，一展满腹才华，建立一番不朽的功业！

范蠡首先冷静客观地分析了楚、吴、越三国大势：

吴（今江苏省苏州市境）和越（今浙江绍兴境内）。吴、越两个诸侯国相邻，有千丝万缕的联系。《吕氏春秋·知化篇》云："夫吴与越也，接土邻境，壤交道属，习俗同，言语通，我得其地能处之，得其民能使之，越于我亦然。"又《吴越春秋》卷五载："吴与越同音共律，上合星宿，下共一理。"《越绝书》卷七记范蠡云："吴越两邦，同气共俗，地户之位，非吴则越。"吴越两个诸侯国就这样地域相接，语音相同，他们有许多经济文化的往来，但是为了争夺经济利益和生存空间，又常常发生战争和冲突。吴、越二国皆想把对方消灭、吞并。政治经济利益的矛盾是吴越战争的根本原因。

吴越战争的另外一个原因是北方霸主国的拉拢、挑拨和利用。春秋时期，晋、楚两大诸侯国进行了长达百余年的争霸战争。他们各自拉拢一些诸侯小国，形成较稳定的同盟集团，以在战争中取得优势。

楚国在楚庄王时期，楚大夫申公巫臣携美女夏姬逃出楚国，奔晋。晋人把邢地封给巫臣，巫臣为晋之邢大夫。楚国大臣子重、子反尽杀巫臣之族而取其室，从而大大激怒了巫臣。巫臣为了报复楚国，为晋出使吴国，扶植楚国背后的吴国，教吴乘车，教吴战阵，教以叛楚。巫臣还把自己的儿子留在吴国，做吴的行人（即管理外交的官员）。吴国掌握了先进的战争知识和军事技术，开始进攻楚国，伐楚的属国巢、徐等，蛮夷属于楚者，吴尽取之。楚令尹子重、司马子反一年七奔命，应战不暇，吴国在楚国的背后崛起了。

楚平王时期，平王听信费无极的谗言，杀害了太子建之师伍奢及其子伍尚。伍奢的另一子伍员，即伍子胥逃奔到吴国。吴王阖闾即位后，伍子胥成为其亲信大臣。伍子胥又向吴王推荐了在楚遭难的郤宛的孙子伯　和齐人孙武。吴国把伐楚当做既定的国策和目标。《左传·昭公三十年》载，吴王阖闾问伍员："伐楚何如"对曰："楚执政众而乖，莫适任患。若为三师以肄焉，一师至，彼必皆出。彼出则归，彼归则出，楚必道敝。亟肄以罢之，多方以误之，既罢而以三军继之，必大克之。"楚国受到吴国更猛烈的攻击，直至最后吴国攻破了楚国国都，郢城失守，楚昭王流落在野。申包胥入秦求救兵，楚才复国。这是后话。吴国是楚国强大的敌国。

当吴国有计划地进攻楚国之时，楚国开始扶持吴国背后的越国，拉拢越国做为自己的同盟，其同对付吴国。公元前515年，楚平王之子轸即位，是为楚昭王，楚昭王娶越女为妻，这是一种政治上的联姻。联合越国，乃楚之国策。

此时范蠡，因为怀才不遇，因而"倜傥负俗"，行为怪异，被视为狂人。直到遇见具有识才之明的文种，范蠡的生活才发生突然转变。

文种当时是楚国宛（今河南南阳县）令，早就听说当地有贤者，但未能找到。范蠡的怪异行为引起了文种的注意。文种派手下官吏去见范蠡，官吏回报说，他患有疯癫病，是一个狂人。文种不以为然地一笑，说："吾闻士有贤俊之姿，必有佯狂之讥，内怀独见之明，外有不智之毁，此固非二三子所知也"。就是说"大智若愚"，具有独特才能的人往往被人讥笑、诋毁为狂妄无知，一般人难以认识他的真实面目。于是决定亲自驱车拜访。范蠡避而不见。文种不因碰壁而灰心，再三前去拜访。范蠡看文种是一片诚心，料定文种必然再来，就对他的兄嫂说："今天有客人来，请借给衣帽一用。"过了一会儿文种果然来了，二人一见如故，"终日而语，疾陈霸王之道"，"志合意同"。此后，交往日益加深。当时已逃吴国的伍员（伍子胥）派人邀文种去吴国。文种与范蠡商量何去何从。范蠡分析楚吴越三国形势，认为当时正处于吴越争雄之时，吴越之间矛盾日益激化，楚越之间存在着联兵伐吴的关系，"霸业创立，非吴即越"。他还认为："君子逢时，不入仇邦"，犯不着为伍员报杀父之仇而"失故国之亲"。因此，他建议去越国，并表示愿意和文种一起去。于是二人先后离楚入越，受到越王允常重用，被任命为大夫。范蠡从此登上政治、军事舞台。

睿智克强敌　初展惊世才

范蠡入越后，越王允常不久便病死，因此一开始他并没有得到真正的重用，其杰出的才华出没有真正显示出来。

允常亡故后，公子勾践即位，即历史上赫赫有名的越王。

新即位的越王勾践是曾受禅于中国古代圣帝舜并开创了夏王朝的禹王后裔。始祖是被誉为夏朝中兴之祖的帝王少康的庶子。当时，他给送到南海海滨之地（会稽），在那里，他按照当地民族的习俗，文身、短发、骑大龟并同当地人亲密交往，开荒种地，逐渐形成村落，相延二十代后，便到了允常执政的时代。允常之子便是勾践。《史记》

对其相貌的描述是“长颈乌喙”，即说他颈长唇黑，对这种长相，人们多认为是种猜疑心特强，独占欲也特强的性格。但他当时毕竟年刚二十，便继承王位。他也深知自己，不论内政、军事，哪方面都远未成熟，因而对家臣的进言总是认真听取。勾践不久便召见了范蠡，单刀直入向范蠡寻求兴越灭吴的良方。

范蠡侃侃而谈：“当务之急是要广纳贤士。商汤得了伊尹，灭了夏朝，周武王得了姜尚，灭了商朝；诸侯之中秦穆公启用了百里奚，齐桓公重用了管仲，晋文王任用了狐偃，他们才能称霸诸侯。吴国呢，有了伍子胥、伯 、孙武，所以才强盛起来，战胜了楚国，又威压齐国。”

“到哪里去求取贤士呢？天下有名的贤士都已为人所用了啊！”勾践迷惑地问道。

范蠡答曰：“吴国有人才，孙武不就是吴国人吗？楚国人才多，伍子胥、伯 都是楚国人。但为君主的应识人才于无名之中。事实上，有其名的，不一定有其实；有其实的不一定有其名。早先的姜子牙并没有名，仅仅是个屠夫和渔民，而周武王用了他伐纣灭殷；伊尹和傅说或为小臣，或为奴隶，而商汤和夏王用了他们便称霸天下……”

勾践听了范蠡的宏论觉得很对，但又感到太迂腐、神秘。他现在希望得到的是奇谋妙策，而范蠡的回答却使他失望了。当时并不想重用他，只是碍于文种的面子，只好拜范蠡为大夫。

“机会只钟情有准备的人”，是金子总会闪光的，不久机遇就来到了范蠡的面前：“ 李大战”，范蠡开始崭露头角，为自己的人生写下了浓墨重彩的一笔：

发动这场大战的便是战功赫赫，威名远播的吴王阖闾。

吴国本是在周代出逃到所谓的荆蛮之地并最后在江南成为吴国始祖的泰伯(太伯)建立的。其父辈西伯称古公(太公)，有长子泰伯、次子虞仲二人，而正夫人随后又生了三子季历。古公偏爱季历并想让他继王位，便令其长子、次子继续深入南方，熟悉当地民族的习俗，最后完全成了当地人，这样，能继承王位的也只有季历了。所谓的荆蛮之地，实际上就是指现在的南方，当时尚属未开化的地方。荆指楚，蛮指越。在当时，长江流域与黄河流域相比，还是个有待开垦、尚未开化的地域。当地人民有感于泰伯一族对他们施与的恩惠，便有千余户归属到泰伯的名下，自称勾吴，也称吴泰伯。

在吴土，首代为王的，是周章的十四代孙寿梦，第二代，其子诸樊，此后各代，都是在兄弟之间相继，这样便到了第四代余昧。之后其子僚即位，成为吴王，这里也是从他开始。从吴氏家谱看，吴王僚是寿梦的三子、余昧的儿子，但其表兄弟之一的公子光却一向认为，根据王统嫡系相继的原则，他本人才应该是继承王位的正统人物，因而便密谋派刺客专诸，行刺吴王僚。

公子光这时刚刚指挥过吴国三军，占领了楚国领地，可说建立了赫赫战功，得意非凡。他为庆祝胜利，请吴王僚到自己的宅邸。吴王亲信在其身边严密警戒，始终都有大批警卫严阵以待，不给刺客以可乘之机。于是刺客专诸便到了膳房冒充厨师，并负责将主要佳肴之一、放在银盘上的清蒸大鲈鱼双手放到宴席上。他将这盘清蒸鱼放到吴王僚面前之后，突然闪电般地从鲈鱼腹内抽出欧冶子锻造的名剑，刺向吴王胸前，吴王一声惊叫想脱身躲逃；这时专诸又抓住吴王左肩，将匕首再深刺进去并扭动了手腕。吴王的亲信和警卫们一时大为震惊，也立刻拔出长剑一齐扑向专诸，自然，几柄长剑也同时刺中了他。被这一“大逆不道”的事件震惊的亲信们，异口同声地说：“出了大事了！有谋反的！”“这是谋反，是叛逆！”“必定是公子光策划指使的，把他拉出来！”一时间吵嚷不停。这时，素有武勇出众之名的公子光一刀之下便砍倒了几名正在喧嚣的人，然后向众人说：“他吴王僚本是祖父寿梦三子的后代，既然祖父的四子、我叔父季札不愿继王位，正统的继承人应该是挨到我本人。至于他，根本就轮不到，要说篡夺王位的，那正是他！现在才可以说王位又回到正统继承人的手里了。哪个再敢吵嚷，这柄剑可要问斩的！”有谁还敢提出异议，说个不字？一个也没有！就这样，刺死吴王僚之后，公子光便成了第六代吴王，也就是阖闾。随后，那柄藏在清蒸鲈鱼腹中的名剑便称为“鱼肠剑”了。

请看以下吴氏家谱：

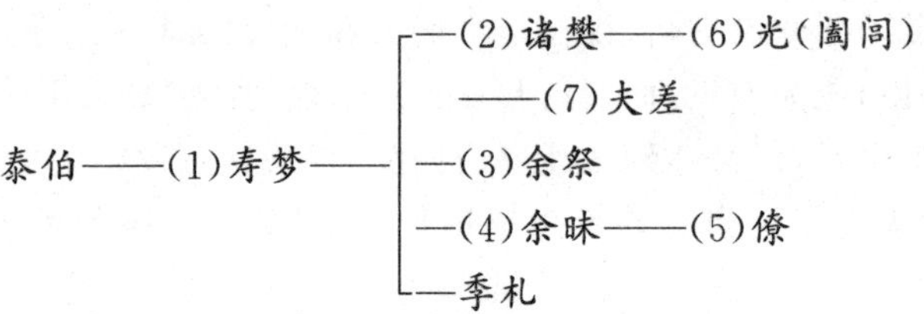

公元前496年夏，吴王阖闾亲自统率大军，向越国发动进攻，其势如排山倒海，戈矛铿锵，旌旗遮天蔽日。

此时，距越王允常驾崩还未及半年，勾践虽已即位，但年轻德浅，国内人心未定，万事未备，整个越国陷入了一片惊恐之中！

范蠡当仁不让地担起了抵抗强吴的重担，毫不犹豫地抓住了稍纵即逝的宝贵机会。

在吴王出兵前，范蠡和文种迅速招募兵员做好战备准备：

招募后方防御新兵。着装费半镒。服役期一秋。复员遣散费半镒。立功者授相应奖励。

越国大夫　文种

这等于参加三个月的劳动就可得一镒。这是笔莫大的津贴，而且只是后方的警戒性防御，并无危险，因而都争先恐后来应征。这其实也不奇怪，所谓一镒相当于后来的二十两。因此，即便是个大家庭，也可绰绰有余地用来生活一年。就这样，在很短的时间里应募人员就达到三万。村落、家舍里只剩下了老人和小孩。

在应招的三万人中，还有不少是妇女。新兵每五人组成一个班，编入正规军的指挥之下，当天便开始工作。女兵被派去缝制简单的旌旗，男兵被派去制作可载五人的竹筏和狩猎用的长矛。

吴越两军对峙的战场在江南一带。这一带地方现在固然是一片片绿色宜人的田园风光，而在当时，河沟都不多，是芦苇、水草丛生的一片片沼泽湿地。中国首次在这里修建邗沟大运河并初步完成治水工程的时间，是公元前四八七年，但在其十多年前，在只能走几个人的田埂上，只要踏空一步，就可能陷进深浅莫测的沼泽里去。

在城下河边造好的大量竹筏，借助支流、河沟不断运到浙江河面较宽靠近钱塘江的地方。这些竹筏从浙江的马山河边密密麻麻地一直排列到马鞍河边，而且还不断向浙江的上游排列开去，长达三十公里。应征的新兵以及带领他们的正规军先后部署停顿，进入了临战状态。另方面，当娘子军完成了原定的工作后，便承担了辎重工作，总之，部署计划得井井有条。

大战一触即发。

吴王阖闾率领队伍打头阵。从国都姑苏（今江苏苏州市）乘巨船越过五湖（今太湖），到南岸登陆，势如破竹般地打到　李（今浙江嘉兴西南）。吴王阖闾考虑到后军还没到达，也不敢孤军深入。于是吴军在　李安营扎寨，布下了奇阵。吴王阖闾料定越军识破不了这个阵势。等后军一到，便给越军以毁灭性打击。

越王勾践率军亲赴阵前，只见吴军阵内杀气腾腾，旌旗招展。他既不知道这是什么阵法，更不知道如何破这个阵。只好按兵不动，派小股敢死队去冲击吴阵，三次出兵，三次都被吴军捉住了闯阵的首领，只剩残部败了回来。于是越王立即派人到战略预备队中，把范蠡请来。

范蠡到后，同越王勾践登上一座小山头，观察吴军的阵势。

范蠡说："臣启君王，这就是赫赫有名的八卦阵。臣曾提起过，这是当年孙武传授给吴国的，这八卦阵能攻能守，开合自如，变化万端。"

越王勾践说："范将军快说这八卦阵如何破法？"

范蠡沉思不语，他感到蹊跷，吴军为什么由攻势突然转为守势？吴军会不会是因兵力不足，在等待后续部队？

越王勾践见范蠡沉默不语，心里倍感不安。就在这个时候，有飞马来报：在太湖上发现大队敌船运送兵员、粮草，向洞庭山的北面集结，隔不两天就要登岸了！

范蠡一听，心里豁然亮堂：原来吴王阖闾果然是在等待后续部队！这样的话，八卦阵中必然设有虚阵，必须在敌军后续部队到来之前，攻破八卦阵，击溃吴军先头部队！

接着，范蠡把分析的结果讲给越王勾践听，越王勾践听了觉得很是有理。于是连忙召开军事会议。会议上，将领们听了范蠡的分析，立即精神大振。

越王勾践突发奇想，提出一个闻所未闻的办法：把狱中被判了死罪的人，送到阵前让他们自尽，这样来分散敌军的注意力。

范蠡微笑着说："君王此计绝妙！最好能调集 300 个死囚，分成三队来进行。走向敌阵时，一边喊话一边自刎。"范蠡补充说："对这些人的家庭要加以抚恤。"

越王勾践当即下令按照范蠡的意见办理，赶紧把全国的死囚调来。

紧接着，范蠡讲述破阵之法，说："八卦阵由八员猛将镇守八门，门口设有伏兵。中央是龙头，吴王阖闾就在龙头坐阵指挥。"

范蠡又对越王勾践和将领们说："按常规战法，应该避实就虚，攻打敌阵中兵力薄弱环节。但特殊情况该用特殊打法，眼下必须正面攻打实阵，直取吴王阖闾。"

有的将领对这种攻打方法心存疑虑，越王勾践当即确定，由以勇武著称的灵姑浮将军担当中路先锋，攻打正门。范蠡接着部署了配合攻打各个阵门的人马。

紧接着，范蠡把从全国各地牢房押解来的 300 名死囚分成三列，按每列 100 人排开。然后，300 名死囚按范蠡的吩咐行动。

第一列死囚把宝剑架在脖子上，昂首挺胸走向敌阵，齐声高喊："视死如归！视死如归！"

喊声在旷野还没消失，一百名死囚早已手起剑落，血涌如注，一溜顺栽倒在吴军阵前。吴军将士从没见过，也没听说过这等怪事，懵懵懂懂感到毛骨悚然。

众人还没醒过神来，只看见刚才的情形又重现一遍。第二列死囚以同样方式自刎在吴军阵前。

第二列死囚刚倒在血泊中，第三列死囚以更高的声音喊着话走向敌阵。晃眼间，300 名尸体摆在吴军阵前，血流成河。

吴军中一些士兵满脸疑惑地交头接耳，有些胆小一点的士兵吓得脸色铁青，扭过头去，胆子大的士兵看见死尸旁干将、莫邪铸的宝剑，就不顾一切地上去捡拾，将官制止不住，就把这些士兵就地斩首。吴军一下子乱了阵脚。

这时，骤然间越军中战鼓震天动地，将士们一齐呐喊，像离弦之箭冲向敌阵。灵姑浮将军一马当先，直杀向吴王阖闾。

经过激烈的厮杀，吴军八卦阵正中的天门被冲破。吴王阖闾急忙指挥蛇门、鸟门策应，哪知蛇门、鸟门也被冲破，左右无法夹击，前后又失去呼应。

吴王阖闾见越军神兵天降般冲破了所向无敌的八卦阵，满脸疑惑，仰天长叹。

部下劝他撤退，吴王阖闾大喊："不！"他怎么也不甘心就这样败在乳臭未干的勾践手下。于是下令部队进攻。

灵姑浮将军迎面闯见吴王阖闾，大吼一声，策马挥戈向吴王阖闾劈去。吴王阖闾一闪，脚拇指被砍掉，灵姑浮顺势一挑，将吴王阖闾的一只麻鞋高高挑起。

太子夫差和几员将领急忙冲上前去，救起吴王阖闾，边打边撤。撤退到离 李 70 里地一个叫径的地方才停下来。此时，吴王阖闾已经是气若游丝，他拉着太子夫差的手，断断续续地说："毋……忘……越……国……"话还没嘟哝完，脖子一歪，一命呜呼。

太子夫差趴在父王身上一阵嚎啕大哭后，领兵快速撤退。越军乘胜追击。幸好吴军后续部队从太湖登岸，才接应夫差领着残余部队撤回吴国。夫差指天发誓："一定要灭掉越国！"

这次吴越之战震惊天下，谁也没料到楚国一个小小的附属国能够打败强大的吴国。对此，鲁国的孔子在《春秋》中写下一笔："五月，于越败吴于 李。吴子光卒。"吴子光即吴王阖闾。

 李之战速战速决，一气呵成。范蠡无论是在识阵破阵、抓住战机以及部署兵力协调配合进行攻打等方面，都表现出惊人的胆略和高超的军事才能。在群雄并起，诸侯争霸的局势中；越王勾践更加依赖范蠡，三军将士对年仅 21 岁的范蠡心悦诚服，倍加拥戴。

不久，范蠡又向越王进献了"富国强兵策"。它长达万字，越国当时虽也列为十四列强之一，但数它最小，兵力、军备也相当孱弱。总之，从在列国中越所处的地位谈起，尤其地处与春秋时代的霸者吴国相邻的环境，因而越国正处在危急存亡之时，就更加显而易见。有鉴于此，富国强兵之策便是当务之急等这样一些内容的忧国建议，它有如在勾践面前所做的慷慨陈词，是一部充满热情又尽情宣泄的进言。

其要点可归纳如下：

首先将越都修建成坚固的都城。目前这种极一般的宫殿以及猫狗都可越过的城墙只会令外敌耻笑，也无法离开国都出兵。只要高筑壁垒、深挖护沟便可以寡兵守城，也就等于增加了兵员，一旦修筑成不亚于其他国家的城墙，对越国人民也是一种荣誉。至于这项土木工程所需的庞大经费，可通过让农民出劳力而免除年贡的办法来解决，估计入能敷出。当前，农民们正因战胜了吴军欣喜若狂，请他们为国家再出些力也会踊跃参加的。为扭转国库空虚、经费匮乏的局面，应立即着手下面几项事业。

范蠡的建议确实十分具体，必要处还记有数量、金额等的数字。

富国的第一项事业当是制盐，即齐国太公望吕尚那项使国家走上富强的事业。所幸，我国在浙江河口一带有可采制盐类的临海的土地，这同齐国一样。至于闽地等更南面的各国，那里为减轻暑热的困扰，常多摄入食盐，因此，盐将是极其有利的贸易货源。盐这东西若不给在押的囚犯摄取，他们精神便会萎靡不振。对我国的兵将和人民如能供给他们足量的盐分，就可使之成为富有血性的人。

第二项需着手的是制酒业。我们这里又是个可播种各种粮食的地方，因而可利用糯米、小麦、酵母，再用镒湖的清洁湖水来酿造，该是可以酿出美酒的。（会稽后称为绍兴，据说现在那里四年陈的绍兴酒即按当年范蠡所设计的方案酿造，而五年至十年的陈酒为老酒，五十年陈酒则是白酒。）

第三项则是攻玉。从南方采购大量原石，在都城建场，可用奴隶和犯人琢磨加工成玉石。这样，便可制成与黄金相匹敌的珍贵宝石来。

再次是改革兵制。靠湖泊、沼泽来抵挡敌军这只能是一时之计，不可能持久，增加兵员才是根本。我国物产丰富，而人口不多，可考虑从其他地方招兵。目前正在我国各处以所谓奴隶身份出卖劳力的这些人，善加训练后估计可成为一支强悍的队伍。另方面在国内也采用民兵制，即屯田兵，事先施以训练，这样遇紧急情况时，便是一支农兵队伍了。我们无背后受敌之患，这点很幸运，但需尽量确保能有假想敌、吴国半数的兵员。

在装备方面，可依照中原各国的作法。制造战车类，其中兵车应占首位。规模小的三人四马兵车，由十名胄甲兵、二十名步兵组成，共需五百辆。重要部位装配金属部件、使之较为牢固的六马战车，由三名胄甲兵、二十五名御士、七十二名步兵，共一百人组成，需一百辆，即以编成二万五千人的机动队为目标。

勾践看过后大喜过望，命令范蠡立即着手实行。

他在全国范围内竖起告示牌："招募有志求学人材。身体健壮者速来报到，但需经考核。羽林府"

起初人们难以理解，究竟要招募的是怎样的人材？只是看到落款是羽林府，那总归是士兵了，而且还要经过考核。因而期望自己也可成为选中的人物，于是大量壮丁都聚集到都城。选拔方法也不同寻常。在宽敞的院落一角用砂土袋围起不少的摔交场地，让他们相互摔交，凡能一气摔倒五人为及格，共招收五百名。接下来再从中选出能连续力克五人的力士，任命为伍长（下士）。由这五百人编成的五个连队并非是作为越王宫内的近卫队，而是让他们经过严格的擒拿、格斗训练后，力图使他们在越王出征时能成为一支得力的护卫队伍。

另一种考核则是让应征人员进入一间大草堂，让他们尽量记住写在布帛上的一百个字，然后到另一房间，测验他们每人记住了多少，再从成绩优异者中选出一百名。对这些记忆力强的一百人范蠡亲自任校长，再经严格训练培养他们成为刺探军情的谍报人员。刺探远距离敌情的称为远候，中距离的称为中候，在军师身边，刺探近处敌情的称为近候；其中，将重要情报飞马尽快传递的另称为候骑。

近邻，吴国的著名军师孙武也善于运用间谍之术，但无论怎样神机妙算，用别人难以想象的方法击败对方，归根到底，仍在善于发挥谍报人员的作用以获取准确的情报，再采取相应措施。在这之后，进入战国时代的韩信、三国时代的孔明以及后世日本的一些名军师、名参谋在利用间谍术上无一不深得其中三昧。

强兵之策中另一方面，则是制造兵车。中原各国的兵车由三十人组成一队，车本身结构极其简单，范蠡对此作了大力改进。他亲自画设计图，将木工、铁匠招到自己宅里，先在庭院内造出与实物大小相同的兵车。他告诉木工，要让车上的士兵能腾出双手来。这需要改变过去攻城时使用的手持的　牌，而改成新的装置，即仿造船上可夹住挡浪板用的板夹，用来夹住兵车上的　牌。这样，只在需要时把它插入板夹，使它立起来。另告诉铁匠为那些拖引兵车的马匹披上胄甲，避免它们成为攻击的目标，且为使兵车进退自由，在车箱和底架之间装上铁制的、类似后来轴承一类的东西，这在当时可以说是划时代的构思。

当兵车的雏型造成之后，接下来便是战车了。它虽然只是将兵车大型化，但在接头处都用金属件，使之坚固并在各要害部件上加装弹簧，这样既能承受长时间的行军，而且也缓解了冲击，便于车内的兵卒乘坐。

在内政方面肩负重任的文种为使国内活跃起来，便先从即刻可着手的事情开始。首先便是酿酒。它对于炎热的南部以及严寒的北部，人们都需要它。每年九月至第二年五月，可以收获各类粮食，酿造后装入未上釉彩的瓶或坛里封存四年左右。这样便可酿成有十五度左右浓度、与日本酒相仿的酒了。酒的贸易确实前景颇好。至今中国似乎还有种说法：生了女儿买白酒。意思是说买下白酒先封存二十年，赶在女儿结婚时宴请用。现在每年可生产二千八百万公升的老酒并出口三十个国家和地区。通称为绍兴酒的这种酒在春秋时代，由范蠡作为国营事业之一提了出来，至今它已有两千几百年的历史，也可以说是他留给后人的最为杰出的事业之一了。不少人都知道鲁迅这位出生在同一地点的中国现代文学的鼻祖，他对绍兴酒也情有独钟。当年他经常前往的咸亨酒店至今仍安然无恙，真可说中国的历史源远流长，深邃得难以探尽！

此外，越都会稽在当时劳力不足。因此，文种便派人远到闽粤、昆仑一带去招募，到了年末便带领三千名劳力回国，可谓是大成功。这些远涉外地招募劳力的活动成了传递信息的作用：“去会稽就有用武之地！”从此便给那些在湖泊、沼泽的夹缝地块上勉强度日的贫苦农民和渔夫一线希望，纷纷到都城去撞大运去了。

此时越国，自从打败了强大的吴国后，举国上下一片欢腾。诸暨城里更是歌舞升平，热闹非凡。

越王勾践连日大宴庆功，犒赏三军，在祭祀祖先的文辞里，把最大的功劳记在自己名下。

而在范蠡、文种的领导下，国内各项事业蒸蒸日上。越王愈发志得意满，骄纵之心日生。他越是沉浸在胜利的喜悦中，范蠡便越是预感情况不妙。

范蠡把吴越两国军事现状进行了对比分析，阐明　李之战后敌强我弱的格局并没有改变，吴国强大的舟师更是皮毛未伤。因此任何轻敌的思想都可能给越国带来可怕的后果。

但是，年轻的勾践已被胜利冲昏了头脑，丝毫不放在心上。殊不知一场灭顶之灾就要来临！

国破鉴忠心　妙计护越王

此时的吴国，新王夫差时刻铭记父亲临终遗言，仇恨，懊悔交加，矢志要报仇雪恨。他放弃了以往舒适的生活以示警醒，日间出入宫中都让手下提醒："杀你父的是勾践！"以示时刻不忘。

他秣兵秣马，重用伍子胥，重整军马，吴国很快恢复了元气。

伍子胥等又定了攻越妙计："首先要设法挑动年轻的越王，使他最后连范蠡那些重臣的规劝都听不进。可派出五六千军卒并令部分骑兵队一举南下到钱塘（现杭州）、富春一带并在越都的西北方至西南方搞些佯攻活动。主力可乘船只强渡太湖作出从水路进攻的架势，他必然受此触动。这样一来，不论哪些重臣正颜相谏，他都会拂袖而去，甚至勃然大怒，以为吴军不足为惧，非出兵不可。"

作战时，骑兵队必须避免与对方直接接触，但又要咬住对方，诱到有利地形后围歼；主力军到达转入反攻时，切勿断其退路；追击勾践要狠予打击，置之死地使之无法翻身。

公元前494年，吴王夫差为父亲治丧已经三年。他枕戈待旦，为父亲报仇的期限一天天临近。

吴越之战，一触即发。而越王勾践头脑发热到了让人难以置信的地步。一天，他突然心血来潮将范蠡、文种等一批谋臣召集来并说："这段时间，我常梦见阖闾在　李一战因遭我军射伤致死，其子夫差要对我兴兵报复并向越都步步进逼，甚至不止一两次还出现过梦魇，见他手举长剑横眉怒目向我劈头砍来。我想，坐待只会给夫差提供备战的时间。先发才能制人，我想立即兴兵伐吴，不知诸位爱卿意见如何？"

众谋臣都认为勾践担心夫差要举兵前来雪恨，固然可以理解，但目前吴越双方的力量对比都较明显的时候，远无必要由我方主动出击。但他执意要出兵。范蠡则说："'兵者凶器'"，夫差磨刀霍霍准备复仇战这我也知道，但有悖道义的征战却不可行。

自古就有‘争者事之末’的说法，因此，夫差来进攻了再迎击也为时不晚。当前还是应全力从事有利富国强兵的工作。”接着文种也说：

“为王好战而能保全性命到晚年的，至今还无所闻。如楚灵王，他长期征讨诸侯，确也称霸于一时，然而最后却逃脱不掉曝尸荒野的厄运。近期的事例则是一向好战的阖闾在攻陷了楚都郢之后，又进攻曾是其属国的我国，以至遭到我军的顽强反击，终于在 李一战中呜呼哀哉，因伤毙命！这便是身陷征战不可自拔者的末路。由此可见，只要别国不来入侵，我方也绝不要兴师出战。”

勾践听了两位主要谋臣的一番劝说之后，也曾一度放弃了原先的想法。

数月之后，又有情报说，就在吴越两国交界的富春江对岸，富春（现浙江富阳县，会稽山以西四十五公里）有大批吴兵将出没，有迹象表明正伺机向越都进犯。于是勾践立即对范蠡说：“先前你们曾说过，一旦有窥探我国的敌军出现，出师也就名正言顺了。这回我可管不了这么多，不管谁阻拦我都要出兵迎战了！”范蠡仍一再劝阻说：“在富春附近出没的吴军只不过是搞的诱我之计，无需马上出兵。然而勾践全然不听，留下范蠡、文种，自带三万军卒急急向西南边界开拔而去。当勾践的主力到达富春时，对岸确实有吴军骑兵队在沿富春江岸向上游驰去，也有向下游驰来。勾践原本便缺乏实战经验，因而并未看出这正是对付他的诱饵，更想不到对方的大部队便埋伏在后面。他气盛之余立即命全军抢渡富春江，到了对岸之后才发现骑兵队已无影无踪，像似后逃到钱塘（现杭州）方向去了。当时两军交战的几处地方是会稽、钱塘、夫椒、姑苏等；这些要冲均由下向上呈弦月状濒临海或湖，即是说东面临海，西面有一千至一千五百米高的群山相连，这些要冲则分散为五处，散落在山麓一带。富春在钱塘上游东南三十公里处。夫椒是主战场，在钱塘正北七十五公里，紧临太湖。

当时吴国的骑兵队是在伸向海面，又沿山边的曲折小路上向北佯装逃遁，并时时同紧追不舍的勾践军卒相互箭战一番，而在双方一逃一追之中便把钱塘也抛到了后面。后世誉为地上乐园之一的杭州，当时还只是个濒临大江的小渔村。勾践如果能想到将吴军追击到这一带便罢休，班师回朝，便也不致遭受到后来的会稽之耻，自然这段历史也当改写了。但他自命不凡，过高估计了自己，也过低估计了对方，以为吴兵将都是些不堪一击的弱者，而自己的兵将又都勇猛异常，根本看不出这只是对方在佯败。可能是吴兵将的所谓溃逃确实也极为巧妙，总之，越军在毫无觉察中便已追到夫椒这濒临太湖、略高出周围地段但却是岩石累累的地方。这里较其他地段更伸向水面，是块相当可观的开阔地带，然而处处乱石成堆，难找到几块便于立足之地。而且越军从钱塘开始便在沿山麓的崎岖小路上呈一队长蛇阵前进，整个队伍前后拖得很长。固然从形式看倒也属长蛇阵，前军遭到攻击，后军便可取而代之迎击，然而身陷这种地形条件下，这个队形却发挥不了它本来的作用，只能是非进即退，别无他途！倒像条难以调头回窜的长蛇，把自己的弱点完全暴露给对方。另方面，分乘轻舟的吴军主力又袭击了集结在这里的越军主力，他们虽可暂时凭借突兀的山石作掩护与吴军应战，然而非常被动，只是挨打。从山上向湖海吹刮的风向哪里都一样，很少会有，相反，从湖海向山吹刮倒是常事，吴军现在正利用这一有利条件，乘顺风射远箭，而越军射出的是顶风箭，难以到达吴军面前。两军箭战的结局，胜负可说已洞若观火了。

这时的吴军有如用铁锤重重地敲打长长的铁钉，锤锤击中钉头，眼看便可钉到里面，越军在乱箭齐发之下纷纷倒下，想后撤，一时又难以迅速撤出。眼见争先恐后溃逃的越军，吴军更是穷追不舍。另一支吴军在小船上藏在芦苇密生的塘里向那些在崎岖小路上蚂蚁般匆忙逃窜的越军射出远箭、冷箭，使对方或是急速攀登险峻的峭壁逃入山中，或隐蔽在峡谷里，也只有这样了。追杀还不止于此，从陆地上，也开始了追击。吴军一直在后面大喊冲杀，紧追而来，使勾践军卒魂飞魄散，拼命向南作鸟兽散。

从夫椒到越都正西十五公里处的会稽山仅直线距离便是九十公里。越军的逃遁速度看来还相当快，两天两夜的时间总算逃回到会稽山麓。死里逃生的这批残兵败将最后仅剩下不足五千人与越王一起逃进山来。所幸，范蠡、文种事先已得到主力在夫椒受重创的消息，便带领守城兵将两千先行来到会稽山。勾践见到这批武装整齐的援军宛如遇到了救命恩人，喜出望外之情就自不待言了。会稽山本身高仅五百米，但它是最高点为一七六〇米高度的群山中的一峦。山麓地带到处是岩石累累，向上，中部杂草丛生，上部密林。据守这里确是颇为理想的地方。继续紧追不舍、妄图一举置勾践于死地的吴军，现在又将会稽山重重包围起来，使它水泄不通。最初数日自然问题不大，但不久当勾践得知口粮将尽时便询问范蠡："众谋臣当时说兵者凶器，看来确是如此。主动投身战事有悖天意，天将有罚于我，这句话我当时未听进去，是够愚蠢的。在治国理家方面还未见大的成效便出兵，这真是莽撞冒失呀！请问是否还有其他良策摆脱目前困境？果真没有那只好自尽了！"

"如果大王已有了自尽的决心，倒不如暂且忍辱活下来，待机再雪耻。臣下听说：为得以持满，应循天地之道，便可保持节制。在这里为先求得夫差的应允，需要呈献贡品，用谦词表示自己的诚意。如果他仍无意应允还需将祖传的珍品、宝器献上，大王也要自称为吴王臣下，将妃作其妾日夜伺奉。"

范蠡建议勾践暂充夫差奴仆并献出自己的夫人，而且是当着勾践的面说，这真是大胆之极了。勾践虽说已气得浑身战栗，然而还是咬牙切齿地说："明白了，我会忍辱负重的！"

"古语有言'君受辱则臣死'，将这次耻辱作为动力，臣下必将使大王将来尊为霸者！下一步可派文种为使，请他来完成这一重任，他该是可以胜任的。"范蠡对答。

"内心里我可真是不服呀！死掉还好些！"

这虽然是屈辱性的停战议和，然而伍子胥必会断然反对，但只要能利诱贪得无厌的太宰伯　我想还是可以成功。"

第二天，勾践听从范蠡的劝告，派文种前去归降。

夫差见到文种，未等文种开口便杀气腾腾地说："我讨伐你们，并不是为了你们的土地，也不是为了你们的宝物，们要的只是勾践的脑袋！"

文种回到帐中，勾践大怒，说："如果夫差的军队马上退出越国，我宁愿让他把我的脑袋割下！"说完，抓起案上的剑。

文种夺过剑劝道："一个弱小的国家，如果失去了有才智的君主，这个国家也就丧亡了！请大王息怒。"

范蠡对文种说："你应该再去一次！夫差最宠爱的莫过于伯　，而伯　贪权位，爱货利。带上越国最珍贵的珠宝物品去贿赂伯　，他定会见利忘义，劝夫差纳降。且伯　与伍子胥素有芥蒂，夫差拒绝纳降，定是伍子胥从中作梗。伯　佞而婉，子胥直而刚，所谓柔弱刚强；只要用货利打动了伯　，伯　就是为了与伍子胥争个高低，也会力谏夫差纳降。”

于是，文种带着珠宝玉器求见伯　。文种见伯　收下了礼物，便乘机说：“希望您劝说夫差答应纳降，您需要什么宝物，我们随时送来。越国将为你而存在。伍子胥外托齐国以自固，您也应该暗结越国以自存……”

伯　带着文种去见夫差。文种跪在夫差面前，低头行礼说：“君王，您逃亡的臣子勾践，派了您的臣子手下的小臣文种向您报告：勾践请求做您的臣子，他的妻子做您的侍妾。”伯　在一旁插话道：“大王如果赦免勾践之罪，越国就会把金银财宝统统奉献给大王；如果大王不肯赦免，我听说勾践会把他的妻子杀掉，放火烧毁金银财宝，然后带领5000人同吴军拼命，这样，吴国就会什么也得不到，而且……还可能会有损失。”

这时，行人伍子胥大声说道：“君王，勾践不可不杀，君王三年誓言，图的不就是今日么？况且越国灭吴之心不死，现在允许勾践讲和，无异于养虎贻患！”

伍子胥是辅佐夫差父亲的元老，但伯　会投其所好，深得吴王夫差的宠信。因此伍子胥被封为行人，行人就是太宰下设的右相。这次伯　又事前在吴王夫差面前诋毁伍子胥，说伍子胥阻止同越国讲和是想破坏吴国的财源和声誉。因此，吴王夫差对伍子胥的话非常反感。

文种立刻磕头又拜，说：“大王深明大义，也知利弊得失，如果大王不赦免勾践之罪，不允许勾践称臣献宝求和，勾践将杀掉妻子，焚掉宝器，然后率军欲血奋战而死。”

太宰伯　接过话又陈述一番利害，说一番以仁德化天下的话。

吴王夫差听得心里美滋滋的。

伍子胥心急如焚，慷慨激昂地把越国的祖先夏后氏有报仇的传统，特别是少康最终灭尧，恢复了夏禹的业绩这段历史细细陈述了一遍。他想叫吴王夫差从中吸取教训。他强调：现在不杀勾践，将来羽翼丰满起来，要制服他就难了，那时定会后悔莫及。

吴王夫差正陶醉在胜利之中，哪里听得进去，他对文种说：“寡人允许勾践称臣请和。”

伍子胥满腔悲愤地回到自己帐中，叹息着对人说：“十年生聚，十年教训；二十年以后，吴国将会被越国毁为一片沼泽！”

越国求和被获准后，范蠡同越王勾践夫妇一起被吴军押往吴国首都姑苏。

勾践让太子王　与随大夫文种一起回到吴城，自己则身着粗衣，打着降旗，乘一辆毫无装饰的马车并将玉玺挂到颈上，在萧瑟秋风中下车来到吴辕门以示诚意。他立即被对方押入囚车送往吴都。吴军随后撤除了对会稽山的包围。

临行前，范蠡就反复告诫越王勾践，到吴国后要尽量做出卑躬屈膝的样子，要把昔日王者气概隐匿得了无痕迹，尽量让吴王夫差得意忘形，才有生还的希望。越王勾践跪在殿前台阶下，向吴王夫差磕头，额头重重触地，流出血来，嘴里一个劲向吴王夫差请罪。

范蠡跪在越王勾践旁边，看他像演戏一样扮演一个罪臣角色，演得像极了。

伍子胥是早把勾践看穿了的，他大声对吴王夫差说："大王，千万莫信勾践的伎俩，杀掉此人，免除后患！"

吴王夫差说了一番"杀降不祥"的话，伯　乘机说一番伍子胥"只知报仇，不知以仁德化天下"的风凉话。

范蠡在给吴王夫差的贡品中，早就分出一包沉甸甸的金银珠宝，一到姑苏，头件事就是贿赂太宰伯　。勾践和范蠡从心里十分厌恶伯　的贪婪，对伍子胥的耿耿忠心非常钦佩，但他们还是得利用太宰伯　来打击伍子胥。

过了这一道生死关，越王勾践夫妇被发落去看守吴王夫差的父亲阖闾的陵墓。白天打扫卫生，夜间请罪，还充当马夫，饲养几匹骏马。墓旁建了一间石室，当做越王勾践夫妇的囚室。范蠡没有被定罪，住在馆驿，他正好暗中收集吴国的重要情报。他常到阖闾陵，同越王勾践夫妇一同劳作，减轻他们的劳苦，这给越王勾践夫妇痛苦的心灵带来极大的慰藉。

越王勾践夫妇有生以来，连穿衣吃饭都要人伺候，哪里干过这些又累又脏的养马扫地的活儿。这还不说，饭食粗糙，难以下咽；石室里冬天寒冷，夏天闷热，秋天蚊虫叮咬。好在范蠡领着越王勾践夫妇到陵墓周围荒地里割来艾蒿熏蚊，不然他俩早就喂了蚊虫了。

一天，吴王夫差饮酒作乐后，外出打猎，路过父王陵墓时，看见勾践夫妇默默地清扫墓道两旁树木落下的残枝败叶，那麻木的神态让吴王夫差觉得有点可怜兮兮的。打扫累了，勾践夫妇就坐在一堆干牛粪上小憩。正在这时，范蠡走来了，他对坐在干牛粪堆上的人仍然像对坐在宫殿宝座上的君王一样，恭恭敬敬地行了君臣之礼，然后侍立在一旁说话。吴王夫差看了，心里感慨不已。

第二天，吴王夫差召见勾践夫妇和范蠡。他用"哲妇不嫁衰败之家，贤臣不仕亡国之君"一类的话，劝范蠡为吴国效力，将一定重用他，享有伯　、伍子胥一样的尊荣。越王勾践听了一阵胆寒，心想：范蠡若是归了吴国，我勾践还凭什么东山再起，报仇雪耻？心想回到石室一头撞死算了！

范蠡受宠不惊，他从容地用"亡国之臣不得谈政治，败军之将不得谈勇力"之类的话让吴王夫差碰了个软钉子，委婉而坚定地表明自己不贪图这非分的荣华富贵和显赫尊荣。

一回到阖闾陵石室，越王勾践夫妇就"扑通"一声跪倒在地，拜谢范蠡。范蠡扶起勾践夫妇，说："国难当头，臣理应同君王患难与共，到时东山再起，雪会稽之耻。"

越王勾践感激涕零，说他能忍受天下奇耻大辱，等的就是这一天。他一把拉过范蠡，说："我们结拜为金兰兄弟吧，让我叫你一声少伯贤弟。"不管范蠡怎样以君臣纲纪推让，勾践夫人早已撮土为香，拉了勾践、范蠡跪拜天地，结为金兰兄弟。

越王勾践指天发誓：有朝一日洗雪了会稽之耻，大功告成，一定划一半国土给范蠡，分疆而治，共享天下！

一年多时间过去了，范蠡掌握了吴国许多的朝廷内幕和军政情报。尤其是通过暗地里赠送珍宝和选送美女贿赂太宰伯 ，范蠡这个亡国之臣就成了太宰府的座上宾。范蠡见时机成熟，就向伯 暗示劝吴王夫差尽快放勾践回国。伯 满口应承，说尽管放心好啦。果不其然，没过多少天，伯 就派人密告范蠡：吴王夫差决定择个良辰吉日赦勾践回国。

消息传到伍子胥那里，他气得怒目圆睁。第二天一早，就进宫去见吴王，说赦勾践回越国，无异于放虎归山，当年夏桀王囚了商汤而不杀，结果夏朝被汤所灭；殷纣王囚了姬昌而不杀，结果，殷朝被姬氏所灭。

伍子胥这么一说，吴王夫差觉得有道理。要赦勾践回国，是昨天他同太宰伯 饮酒高兴时说出的话。于是吴王夫差说："那就明日提审勾践，就地处斩。"

越王勾践正在石室庆幸，忽然又听说吴王夫差要杀他，急得没了主张，心想这下彻底完了。范蠡替他详细分析，说吴王夫差一时说要赦他，一时又要杀他，说明吴王夫差主意没定，还有挽回的办法。

说来也巧，吴王夫差"提审勾践，就地处斩"的命令刚发出，伍子胥一走，吴王夫差就腹中绞痛，周身发冷。太医被匆忙召进宫为吴王夫差诊病。

太宰伯 宣布延迟提审。他叫武士把从石室捆绑押往王宫的勾践夫妇松了绑，安排范蠡他们君臣三人在太宰府休息，说自己去宫里见了夫差回来再作商量。

第二天中午才把太宰伯 等回来。还没落座，伯 就说，经他巧言周旋，君王获准勾践暂回石室。范蠡还从伯 口中知道了吴王夫差的病情和太医用药不灵验。

命运一波三折，又一次出现转机。

太宰伯 一离开，范蠡就告诉越王勾践，吴王夫差患病是因饮食、荒淫无度，不注意又着了寒凉。他要越王勾践抓住这个机会，由太宰伯 引见，去为吴王夫差问疾、诊断、尝粪、治好吴王夫差的病，以这种表示忠心的方式感动吴王夫差。至于用药，范蠡说用不着，夫差这病吃点清淡稀粥就会好。

范蠡约好太宰伯 ，下午一同前往王宫。

伯 以勾践前来感激缓杀之恩为由，把勾践君臣三人引进王宫。勾践跪在吴王夫差榻前，说了一番知罪、赎罪的话后，就谈起自己略通医术，愿为吴王夫差诊病。

正把脉的时候，吴王夫差觉得腹痛加剧，马上要大便。他屏退众人，侍女刚取来净桶，他就稀里哗啦屙了个痛快。范蠡他们即使在殿外，也感觉得奇臭难闻。

机不可失。越王勾践按照范蠡的示意到吴王夫差病榻前，用手指从净桶里搅出一点粪便，煞有介事地观其色、嗅其臭、品其味，一些宫女禁不住要呕吐起来。

一切都按范蠡布置的那样顺利地进行。吴王夫差感到勾践君臣对他一片忠心，决定病愈后，立即送他们君臣回越国。

这时伍子胥又坚决反对，摇头说："都说上天赐予我们的东西，如不拿过来那反而会受到惩罚。如果把勾践放回到有范蠡、文种那些重臣的身边，那等于是放猛虎出笼，让它在千里沃野上为所欲为。那样一来，招致祸患也就为时不远了。"

这时在一旁的太宰伯 便说："把勾践放回到千里沃野又何足为惧？我看可以把范蠡那举足轻重的人物作为人质换到吴国来代替他"。

为避免越王勾践回国的事再发生变故，范蠡在宴席上爽快应允：送越王勾践回国后，自己再回姑苏为质，并为吴王送来天下无双的绝色美女。

十年生聚日　伺机起东山

公元前491前，范蠡随勾践夫妇返回越国。

勾践这时乘了那部送范蠡他们前来的车回到离别三年的越国。在进入越国领地之后看到有许多青蛙聚到车辕前面鸣叫，见到此景他认为是在欢迎闯过艰难困苦的勇者，是一种可痛雪会稽之耻的吉兆，于是下了车向这些青蛙致意。进入久别的城寨，眼前已是一片荒芜，猫头鹰在松枝、桂枝间发出凄凉的叫声，狐豺藏匿在菊兰丛里，寂无一人的庭院里落叶满地，角落各处枯枝落叶更见高高堆起，一片寂寥荒凉的景象。

不久，越国的三公九卿、大夫以及文武百官都听到勾践回归的消息，便络绎不绝地驾轻车前来拜谒。冠冕相接，佩环相触之声又在朱门阶下不断，堂上堂下又呈现出鲜花怒放的情景。勾践被允回国后雪耻之志丝毫未淡忘，身旁时刻都放有烘干的兽胆，不分何时，坐卧都要凝视它。每逢用用餐也要舔尝数次，晚上就在干草堆上睡觉以砥砺自己。这便是后来常说的卧薪尝胆典故所出。他经常提醒自己："会稽之耻焉能忘，任何嘲笑均应忍!"他还告诉家臣，凡在他一天里首次进入家臣们的房里并同他们首次见面时，必须提醒他"会稽之耻不应忘"。他现在往往是亲自下地，手持锄镐躬耕田野，西施也热衷于机织，摈弃膏粱美味，不着绫罗绸缎，言辞谦和，纳贤士意见，厚遇宾客，资助贫者，遇有贫困人家丧事则帮助出丧，同百姓共甘苦。就这样，勾践慎己自重同越后又过起三年前的平静生活来。

范蠡一回到越国，就陷入军政要事的忙碌之中。

原先，已经定下范蠡到吴国作为人质。但越王勾践打算派文种去，让范蠡接任相国职务，文种欣然领命。但是范蠡对越王勾践说："两军对垒，筹划帷幄；各国之间，纵横捭阖，文大夫不如我。治国安邦，抚慰百姓；创业置产，富民强国，我不如文大夫。再说，我对吴国朝廷上下已经了解，应付自如。应留文大夫治国，让我去吴国为人质。"越王勾践心里赞叹范蠡以越国江山社稷为重的品质和胸襟。

再就是迁都一事。越王勾践决定把国都从诸暨迁往会稽（今浙江绍兴市），以铭记耻辱。迁都之前，范蠡得先把迁都的方案以及新都会稽的布局筹划出来，这里面最重要的是要把北上对吴用兵的军事、外交等因素充分考虑进去。

勾践卧薪尝胆，度日如年，总想尽快伐吴。他与范蠡商议此事，似乎范蠡不理解他，只是轻描淡写讲，不宜草率从事；他与文种议论此事，文种也不替他着急，四平八稳地说，欲速则不达，时机不成熟，不能轻易举兵。急如焚，如热锅蚂蚁，坐卧不安。

除范蠡和文种之外，再去问谁呢？他想到了不久前来越的计然。

"寡人伐吴之心，久矣。寡人灭吴之念，切矣。但又担心伐吴不胜、灭吴不成，大夫以为如何？"

"夫举兵兴师，乃国家之大事，必须事先充分准备，内蓄五谷，实其金银，丰其府库，励其甲兵。要做好此四件事，又必须察天地之气，原于阴阳，明于孤虚，审于存亡，乃可量敌。”

勾践又问：“天地，存亡，其要奈何？”

计然对曰：“天地之气，物有死生。原阴阳者，物贵贱也；明孤虚者，知会际也；审存亡者，别真伪也。”

勾践再问：“何谓死生、真伪乎？”

计然对曰：“春种八谷，更长而养，‘秋成而能，冬蓄而藏。天时有生而不救种，是一死也；夏长无苗，二死也；秋成无聚，三死也；冬藏无蓄，四死也倘若遇到这四种情况，虽有尧舜之德，也无可奈何。”

勾践问：“何种情况才有数呢？”

计然答曰：“天时有生，劝者老，作者少，反气应数，不失厥理，一生也；留意省察，谨除苗秽，秽除苗盛，二生也；前时设备，物至则收，国无逋税，民无失穗，三生也；仓已封涂，除陈入新，君乐臣欢，男女及信，四生也。夫阴阳者，太阴所居之岁，留息三年，贵贱见矣。夫孤虚者，谓天门地户也；存亡者，君之道德也。”

勾践曰：“闻子一席话，胜读十年书。”

“大王过誉，臣不敢当。”

越王听信计然之言，不再急于伐吴，而是仰观天象，集察经纬，历审四时，从阴收著，望阳出粜，三年时间，获得五年的收成，越国库丰廪盈。

当勾践依计然之计，不再急于复仇之后。范蠡立即着手为夫差选美一事，此事至关重要，涉及到越国前途和范蠡自己一生的事业。

于是范蠡就把重点放在了选美上。因为时间已经过了将近半年，吴国使臣已经催促。范蠡安排部下已选好了 12 个美女，正在由宫里琴师、舞师训练。

看了 12 个美女在琴师的伴奏下练舞，范蠡总觉得美中不足。她们的确个个长得如花似玉，婀娜多姿，但感受不出那种震撼人心的意韵，那种勾人心魄的魅力。

范蠡想：部下选美是尽了力的，看来得自己亲自去找。

一天，范蠡骑上雪青马，带上随从，走出诸暨城。没想到在山间小道上，那匹经受沙场考验的雪青马居然被一对忽然飞起的竹鸡所惊吓，一路狂奔起来，把范蠡带到一个村庄的一条溪水旁。

这个村叫苎萝村，翠竹掩映，绿树满山，雀鸟啁啾，山野清幽空灵。村边的小溪叫剡溪，溪水清澈见底，绿树翠竹倒映其中。东村、西村的姑娘们正在溪边嘻嘻哈哈地浣纱。这时看见生人来了，就不言语，只是埋头浣纱。

姑娘中有一个特别俊美的姑娘，17 岁，名字叫西施。她万没想到，她崇拜的那个智胜　李、长得英俊潇洒的范将军，就像从天而降般出现在她眼前。

从楚国到越国，算是千里姻缘一线牵了。如诗如画的剡溪畔，两个年轻人一见倾心，两颗年轻的心紧紧连在一起，相互之间山盟海誓，以致范蠡差点忘了自己的选美使命，差点动摇了下山的决心。当他不得不向西施说明原委，要把她献于吴王夫差时，西施伤心得泪流满面。但为了自己深爱的人，为了兴越灭吴，她愿意听范蠡的安排，等到洗雪了会稽之耻后，她再与范蠡长相厮守，长相依恋。

西施告别了村中父母，随范蠡到了诸暨城。同去的还有一个被选起的美女叫郑旦，比西施稍大一点，西施称她旦姐。

范蠡让西施、郑旦同原来12个美女中选出的四个美女一起，由舞师、琴师进行训练。范蠡择了个良辰吉日，带上六位美女前往吴国。

为了便于在吴国窃取机密，沟通情报，范蠡在出发之前就给西施面授机宜：

第一，让夫差沉湎于酒色，荒其国政，忘却朝纲；第二，怂恿夫差穷兵练武，频繁对外用兵，耗其国力，空其府库；第三，离间夫差和大臣的关系，尤其是伍子胥，采取拉拢伯　，排斥伍子胥的办法，令夫差逼伍子胥自刎，因为此人不除，越国休想战胜吴国。

师父领进门，修行在个人。这全靠一个"悟"字。"青出于蓝而胜于蓝"为什么？全仗徒弟、学生的"悟性"，没有悟性，徒弟怎么能超越师父，学生怎么能胜过先生呢？西施就是这种"悟性"高的人。按她的年龄，她不会那么成熟、老练。凭她的"悟性"，她提前成熟了，老练了。越国的相国范蠡，正是看中了西施的"悟性"，看中了她超前的成熟和老练，才敢对她委以重任。

若从相貌和姿色讲，要从越国找出和西施不相上下，甚至在西施之上的美女，并不是难事，就是在初选的十名美人中，在姿色上也有在西施之上者，而范蠡为什么偏偏选中西施和郑旦呢？尤其是西施，又是他的心上人，而且已经下决心准备与之白头偕老的终身伴侣，他怎么忍心做出如此重大的牺牲呢？正如西施所讲，范蠡不是那种小肚鸡肠、目光短视的没出息男子，他是心大志远、有抱负、有作为的堂堂男子汉，他是能够识大体、成大局、高瞻远瞩之人。他把自己心爱的人交给自己的敌人去蹂躏，他能不心疼吗？他为了战胜敌人，杀掉仇人，就必须让自己心爱的人做出必要的牺牲。欲取之，必先予之，就是这个道理。

范蠡判断：提当此重任者，非西施莫属。

当吴王夫差看到六个越国美女出现在他眼前时，惊讶得眼光发直，魂不守舍。特别是美若天仙的西施和郑旦，使他觉得后宫三千佳丽个个黯然失色。大喜过望，于是减免了越国的许多贡赋。

自从西施进吴王后宫成了王妃，夫差便完全沉浸在西施的美色之中了。狩猎、出征时刻都形影不离紧随身旁。形容她为一笑生百媚，疑池再无花；一见艳姿人心荡，疑为皎月避云间。在后宫夫差只要见到她便心神恍惚，整夜耽溺在淫乐之中，置一切国事于不顾，终日纵身于游宴，社稷将倾也在所不顾了。为西施新建的后宫高耸云间，三十里方圆尽收眼底，可说俯瞰江河于枕下。这样同西施两人的饮宴便有如在美梦中。在车马经常行进的路上逢无花时节便将麝香放入鞋靴内使香气时时散出，行宫路上逢月色不明则悬萤囊为灯。北宋文豪、唐宋八大家之一的苏轼（一〇三七至一一〇一年），曾有诗吟咏此情此景流传至今。题为《饮湖上初晴后雨》：

水光潋滟晴偏好，
山色空濛雨亦奇。
欲把西湖比西子，
淡妆浓抹总相宜。

碧波涟漪，水光粼粼，偏是晴时分外好，烟雨霏霏，山峦朦胧，确是雨中别样奇！

这湖光，这山色，浮想连翩，化作绝世西子时，素裹也好，浓妆也罢，都各风韵依然，两相宜人。

荒淫逸乐与日俱增且毫无止境。俗话说上梁不正下梁歪，大小官吏风气颓废，奸佞阿谀反受宠，忠良谏言竟遭疏。吴王夫差终日睡眼朦胧，处于虚脱半虚脱状态，伍子胥不忍再看下去便再次直言相谏：

“想必大王也知，殷纣王由于爱妃妲己耽于淫乐，且为人残忍以致乱国，最后为武王所杀；周幽王只为博得爱妃褒姒一笑，便令人点燃告急烽火，然而当真出现紧急情况再点燃时，诸侯仍以为只在取乐而未及时聚集最后为敌所灭。大王现在溺爱西施，相比之下已有过之而无不及。如此下去，社稷不久必将倾危，望及早改弦易辙！”但此时的夫差仍是马耳东风，不以为然。过段时间便又为西施设宴，酒醉在新殿花丛中。这座新殿是将先王阖闾在太湖之畔、姑苏山上修筑的三十三米高台，进一步装修成富丽堂皇的殿堂。在应邀前来的群臣中伍子胥也在其间。只见他顶冠正襟走上前来，在迈向玉砌镂金的瑶台升殿时，有如走在水中，高提长衫下摆，夫差见他一副怪相轻责时，子胥便说：

“这姑苏台遭越王勾践践踏，化为杂草丛生、浓露晶莹的废墟恐怕也为时不久了。臣下如能苟延残生必当重访这一古迹。届时衣袖上将沾满露水，联想到那时可能出现的情形，因而在做高提下摆走路的练习。”伍子胥又在直言不讳地进谏。然而平时已神魂颠倒现醉意正浓的吴王这时自然无法理解。

西施自从来到吴都，不知何故常出现心口痛的毛病，总是一手捂住心口皱着眉头。那种皱着眉、一手捂心口缓步前行的姿态，看来又颇为旁人所注意。久而久之，后宫的一些宫女竟误认为模仿她那种皱眉捂心口走路的模样，旁人也会以为体态优美，便也仿效起来。因而随后对无视一已的实情只一味模仿他人的作法，称为“东施效颦”。典故便来源于此。

范蠡自从来到吴国后，便被软禁在吴国城下一隅，他用大量金钱买通各关节后同西施联系上并开始了多项工作。首先选定了太宰伯　，以多种贿赂收买了他，以便能使自己得到提前释放。另方面又促使夫差为西施营造新宫，诱劝夫差出兵齐、晋，削弱其国力，再去函越大夫逢同，嘱咐必须佯装对夫差的绝对恭顺，同时要同齐、楚、晋扩大交往。总之，为削弱吴国力竭尽了全力。这些做在前面的工作随时间推移逐渐开始见效。西施也利用和夫差终日相处的机会，使他逐渐淡化了对勾践的怨恨，终于后来允许范蠡可半年在吴半年回越，两年之后便获释允其回国。这些都应归功于西施一再地枕边吹风。

而夫差一心想做霸主，穷兵黩武，四处征伐。公元前486年，吴国通过几年努力，挖通了运河与邗沟，并开始通航。这条工程浩大的运河联通了长江、淮河两大水系，穿过运河，吴国的舟师可以从长江到达淮河以北各地。这年秋天，吴国又在这交通枢纽位置新建了邗邑（今江苏扬州）。它象征着吴国达到了鼎盛时期。但在这繁荣强盛的表面下，由于修建邗沟耗资巨大（西施还怂恿吴王夫差修建了规模宏大的夏宫），使吴国的财力受到极大的削弱，加之吴王夫差内外滋事，吴国从这一年由盛而衰。

这一年，齐国朝廷内部争斗愈演愈烈，吴王夫差准备乘机攻打齐国。伍子胥反复劝阻，说齐国不过是吴国的皮肉之疮，而越国才是吴国的心腹之患，希望吴王夫差先灭了越国，再兴兵讨伐齐国。吴王夫差不听，断然拒绝，兴兵攻齐。

这段长距离的进军到第一站艾陵（现山东莱芜东北，在济南以南）有四四〇公里，一天行军一舍（四公里）也需要一一〇天。在此，他倒也大破齐军，并将齐国大夫高昭子和国惠子俘虏凯旋而归。只是这块新吞并的齐国领地正如子胥所言，都是些砂石连片的不毛之地，并无多大价值。这次凯旋而归对于伍子胥这位反对伐齐的人物自然处境更加不妙了。

次年（公元前四八八年）夫差又出兵攻占了鲁国领地这块远在艾陵以北的“缯”（现山东峄县），并召来鲁哀公要求他备好百牢大宴。古代，牢分为大、小两种，小牢指高级宴席，大牢则指最高档次的宴席，即是说让他准备一百桌这样的酒宴。按照当时周朝礼制的规定，位居侯爵者只能到七牢，于是鲁国大夫季康子便根据此规定派子贡（孔子弟子）为使者劝说吴王，但终不为他所采纳。

吴王夫差凯旋而归，大宴庆功。伍子胥劝告吴王不要被胜利冲昏了头脑，他说：“君王，常言道：‘乐极生悲’……”

吴王夫差听了勃然大怒，没等伍子胥把话说下去，就将酒杯中的酒泼在伍子胥脸上。

伍子胥在宴会上受到这般侮辱，拔剑就要自刎。大臣们都来劝阻，吴王夫差觉得自己有点过分，也来劝阻，伍子胥悲愤的心情才平息下来。

此后，伍子胥在吴的处境日益艰难；下面，我们来补叙一下伍子胥这位吴越之争的关键人物。

楚平王当政时，因误信谗言，怀疑太子健意欲谋反。将大臣伍奢及长子子尚收监，而太子和伍子胥则迅速潜逃出境，投奔吴国而去。

在子胥和太子潜逃出境时已听到父亲伍奢和长兄子尚均遭杀害的消息了。从此子胥便暗暗发誓，与杀父之仇不共戴天，不共履地，梦寐不忘要报这冤仇。

伍子胥和太子健一身乞丐打扮，混入那里的乞丐群里进了吴都，着手打探吴王家室的情况。了解到吴王僚是寿梦之孙，而在王室里数吴王的堂兄弟、光将军气势最大。寿梦有四子，长子诸樊、次子余祭、三子余昧和四子季札。季札各方面都出众，父亲、兄弟多次推他继承王位，然而他每次都是婉言而坚定地谢绝。无奈之余才由长兄诸樊继承，但他仍遵照父王遗愿，死后当由二弟余祭继承，这样挨下来最后自然还要轮到季札；然而当三弟余昧亡故，该到季札时，他仍坚不接受，这样余昧之子僚便去继承了。这时公子光便认为这违背了先王们的遗愿，即按老一辈定下的家法，这王位的继承权本应回到原处，即长子诸樊之子，也就是自己身上，而并非他人！伍子胥看出了公子光这种要闹事的动向便打算接近他。过了一段时间，一天他仍旧一身褴褛打扮，混到一群乞丐之中，这时，忽然有位老者走到他身边小声问道：

“您是否就是从楚国来的子胥先生？”

“？”子胥一副惊讶诧异的神色。

“我是公子光家的占卜相面师。主人在数月前便交代过，楚国的伍子胥先生必定会到吴国来并让我来寻访先生。公子希望先生近日内能前去会面。”说完老者立刻抽身而去。伍子胥从这里也了解到吴都那些举足轻重的人物已察觉到楚国内部的纷争，也知道他和太子健已经亡命到吴。于是两人当天便改头换面，修整更衣住进旅店里。之后伍子胥自己便到公子光的宅邸去。当时，公子光正率领吴军在前线同楚军打局部战，因而对楚国的政情追根问底地一再详询了解其内情的伍子胥。公子发现子胥头脑机敏，伶俐过人，便每天约子胥来自己宅邸。不久之后，终于一天要给吴王僚引见子胥。子胥在吴王僚面前说：

"我了解楚国的诸多弱点，平王好色，只采纳奸臣意见，因而国内极端紊乱。在前线诸将也多贪得无厌，只要诱以利，见到敌军便会望风披靡的，因此，攻打楚国现在是绝好时机！"

对楚国怀有杀父兄之仇的子胥急切地在诉说，似乎攻陷楚都易如反掌。吴王僚似乎也给他说动了心。然而却遭到公子光的反对。

"伍子胥只是因为父、兄被杀，所以怀恨在心。如果听了他的话就去攻打楚都那将是一场危险的赌博，绝非上策！"这是后来才听说的事：机智敏感的伍子胥这时便看穿了公子光另有野心。于是他将在进入吴国初期结拜的把兄弟、家住堂邑（现南京北）的侠客专诸介绍给公子。公子异常高兴并说希望子胥也常来咨询参议。但子胥此后在公子事成之前却一直避免再露面。

吴王僚十二年（公元前五一五年）冬，楚平王亡故。在未及报仇雪恨之前便让平王死掉这对伍子胥是平生最大憾事。第二年春，吴王僚利用楚国在服丧之机攻楚，便派其弟盖余和烛庸指挥吴军攻入楚土并包围了六（现安徽六安县北）、灊（现安徽霍山县）两城。另方面又派了定居延陵（现江苏常州市）的贤士、叔父季札到晋国了解诸侯动向。然而他这如意算盘却遭到楚军的猛烈反击，吴军的退路也被切断，以致两人统领的吴军也被包围，无法出动。真可说是天赐良机，机会终于到来。公子光看到吴王僚的两弟均身陷楚军重围，身边已失去能真起作用的家臣，便告知专诸："目前正是绝好时机，一切拜托了，后事都由我包下！"

公子光在此之后便在自己宅邸宴请吴王僚，专诸借机在鱼腹内藏匿利刃刺杀了吴王，这在前面已经提到；而吴王阖闾，即公子光便是在这种条件下即位的。随后他立即任用了伍子胥为客卿，担任外交顾问，同时也参议内政事宜，另方面，又按前此对专诸的许诺，将其子重用为卿。

这段时间楚国又发生了大臣伯州犁被害事件，其孙伯　逃亡吴国。他同伍子胥本是故交，因而经子胥推荐作了吴国的大夫。这就是后来成了子胥的死对头，终于逼子胥走上自尽的、可谓恩将仇报的小人物。

伍子胥入吴之后不久，便结识了孙武，请他编著"孙子十三篇"献给吴王并建议拜孙武为军师。在孙武受拜军师之后，还有一些流传后世的轶事，顺便介绍一、二，以飨读者。

阖闾即位后三年（公元前五一二年），他亲自率军同伍子胥、孙武、伯　等人先攻入楚国的"舒"地（现安徽庐江县西），将由吴逃奔楚国并在该地任职的先王僚的二子一并杀害。这时阖闾原想借余势一举攻陷楚都郢的，由于孙武提出："连年征战，吴国百姓已很疲惫了，而且现在也不一定是时机，还是稍等一段时间如何！"就这样制止了这次行动。第二年又攻楚，占领六、灊两地。下一年又攻打越国获胜。次年，即第六年，这次楚国首先发动攻击，由子常、囊瓦统领入侵吴国，于是吴军出兵予章（即予州，现安徽亳县）迎击，大破楚军，乘胜追击并攻陷居巢（现安徽巢县东北），凯旋而归。

再三年后，阖闾同伍子胥、孙武商议："两位先生曾说攻打楚都郢为时尚早，现在如何？"

"楚将子常贪得无厌，因而颇为其属国蔡、唐所厌恶，若打楚可先将蔡、唐拉到我方来。"阖闾采纳了两人的意见，与蔡、唐连手，联合深入楚国领地。楚国也处处迎战，并在汉水（在汉口流入长江的一条河流）两军隔江对峙。这时阖闾弟夫概提出想奇袭楚军，阖闾不允。夫概便说："这次作战我该有五千军卒的，给楚军一次突然袭击必能取胜无疑！"以猛将出名的夫概无视军纪，自己还是带兵奇袭去了。孙武颇感不快，但遭到这次意外的袭击楚军竟全军崩溃。阖闾见势，乘胜追击，终于攻陷了都城郢。这种时而说为时尚早，时而又利用夫概的蛮勇出击并转入穷追敌军的作战方法，称为孙子的"迂直"（慎重与决断）之计"。

吴军进入楚都之后，伍子胥积十六年的仇恨终于可痛雪了。还在吴军刚进入都城郢时，他本想先抓住昭王（平王与秦姬所生）的，然而已逃之夭夭。无奈之余，便令军卒将平王墓掘开，拖出尸体鞭打三百，这也真是令人瞠目结舌的雪恨方式！楚都有位人士申包胥，原是伍子胥的好友，当子胥出走吴国时曾对他说："父兄之仇必以灭楚来雪恨！""那我就一定要保它！"当申包胥听到鞭打先王遗体后便给伍子胥去信："据说鞭尸三百次，也未免太过分了。你也曾是在他近旁辅佐过他的臣子呀！这种作法是蔑视天意，必会受到报应的！"伍子胥便说："望使者转告：'吾日暮途远，吾故倒行而逆施之'。"即是说我已计穷力竭，没有其他的办法，也顾不得这一切，只好做出些有悖常理的事来。后来从这里便引出了两句成语"日暮途穷"和"倒行逆施"。

阖闾在 李一战败北并因伤致死后，其子夫差即位，伍子胥又辅佐了他，然而最终竟遭随后亡命吴国的伯 诬陷，而夫差又信以为真，竟赐子胥自刎。这当然是在后来发生的事，但似乎也冥冥中应了申包胥当年所说"必受报应"这句话。

伍子胥对夫差年年出兵齐鲁曾多次提出谏言，但始终被夫差置之不理，最后他便考虑不得不以死相谏了。一次在吴王的宫宴上他手提刚磨好去了鞘的青龙剑来到吴王面前，咬牙切齿地说：

"臣下所以磨好这柄剑是为了却邪退敌。经仔细考虑，当前倾危社稷的根本在西施，她是最大的敌对分子，为能拯救吴国请斩西施！"

正如常言所说：当忠言逆耳时，身为君王难免不犯错误，甚至是罪过。吴王盛怒之下要惩罚伍子胥，然而他这时也并未退缩。

"因进谏同君主争执以至死于节是为臣者本分。我如得到大王赐死，怨虽有，但较之死于越军之手不知要幸运多少倍。不过，大王因我进忠言而愤恨以致要赐我一死，这证明上天已置大王于不顾了。这样下去估计不出三年将为勾践所灭。"这次大胆的直言使吴王怒发冲冠，但总算为众臣劝阻下来，死罪算是免掉。这里自然还有一段不大为外人所知的情节起了作用。

先王阖闾曾考虑过立其他公子为太子，当时亏得有伍子胥的进言才立了夫差。

当时子胥曾说:“自古便认为后继的顺逆如何可成为随后叛逆的基础,大王不大喜欢理应继承的夫差,然而也要看到他已成长起来,也逐渐得到家臣们的爱戴,因此深望再行考虑!”

“夫差自小便缺乏仁德,无多少容人的度量,我怀疑作为王器他是否适合啊!”

“也不尽如此吧,为父者的眼光总较严格,但毕竟夫差已不同于以往,积有一定的德行了,已具备作太子的一定素质。也望征询身边大臣的意见。”可以说是凭了伍子胥的这句话才立夫差为太子的。其实,教育他使众大臣对之有好感的也是伍子胥,因而深知此中内情的夫差想到此事便也宽容了他。

随后在夫差十二年(公元前四八四年)又发生了一件事。吴军这年伐齐获大胜凯旋归来。这时太宰伯　同越大夫逢同合谋向吴王诬告伍子胥,说他拉拢齐国一些要人企图谋反,而且编造得颇似真实。夫差当初也并未认真对待,然而对他屡次三番地直言进谏也颇感到头痛,便决定将子胥派往齐国作使者。伍子胥在出使前为暗示猛狮身上的害虫已在国中出现,便闪烁其词地向吴王进言:“盘庚之诰(即殷王迁都时的告谕)里也曾提到‘如有破坏国家法规者应予消灭’,殷当时所以昌盛就在于此。”然而仍未引起吴王警惕。

伍子胥这次是带了儿子一起赴齐的,这应该说是他的一大失策。他已预见到吴将灭亡于是便将其子的将来托付给齐国大夫鲍氏,未再带回。伯　听说后立即告到吴王面前:

“臣下秘密遣人打探过子胥在使齐时一同带去了他的儿子,并托给了鲍氏。身为吴国重臣,不论在国内如何不得志也不应借助齐国大夫的力量,这真是荒唐,但这也是谋反的明证。前此曾为先王所宠爱,目前虽说怀才不遇也不应图谋不轨吧?如何能出此下策?望大王即早下手!”夫差对别人的奉承和花言巧语极易接受,这时自是勃然大怒,便说:

“你不说我也久已怀疑他了,这叛逆!”随后派使者并将属镂剑交给他,让使者转告:‘可用此剑自刎!’伍子胥听后放声大笑,之后仰天长叹说:

“奸臣伯　要发动叛乱,吴王却反过来让我自刎!你回去告诉夫差:‘难道你已忘掉你父所以能称霸,你所以能继位,靠的都是我!你即位之初还同我说过要两人平分吴国,但我并不图此,一直尽一己忠诚,如今你却偏听奸佞者的谎言反而要杀掉笃实忠诚的人士!’”

伍子胥在自刎前又向其家臣交代说:

“我死后在墓上一定替我种上梓树,待长成后可用来做夫差的棺木,另把双眼挖出来挂到东门,让我亲眼看到越国把吴毁掉!”说完,这位被誉为名臣的伍子胥便横剑自刎而亡。从此之后,吴国实权完全落到伯　手中。吴王听完伍子胥最后交代的话后又是怒从中来,他让手下将子胥尸体拉来用马皮袋包裹后投入河中。吴都百姓非常悲痛惋惜,便在河边建起祠堂并称之为胥山,现钱塘江岸的伍员庙即此。吴城的东门便是现在的葑门。

当吴王夫差向齐、晋两国出兵时,勾践便召来大夫逢同等人问道:

“自从受会稽之耻即将五年,这期间养精蓄锐、励精图治、安抚百姓至今,从目前情况看是否也可以向吴国报仇雪恨了呢?”

“我国很快便从崩溃状态恢复了过来,军备也日见充实,吴国对此必然有所警惕。鹰隼在盯住猎物时总是先隐蔽起来,不让猎物发现。现在去刺激吴国只会将大事败露,于事无补。首先范蠡先生尚未回归,看来还为时过早。”

“那你说该等到何时呢?”

“从范蠡先生的为人可知,近期内他必然会摆脱当前的束缚。从来信看,吴国为楚、越两国所痛恨,据说它又向齐、晋出兵,威胁这两国。吴国强盛固然为天下所知,然而其宗祖的周室也会因此而结怨。夫差缺少作为霸者应具备的德,只是一味地追求功利,唯我独尊、傲视一切,长此下去无异自掘坟墓。我方自可暂不理会,多方加强同齐、楚、晋三国的交往,对吴只要佯装恭顺便可以了。”

“那具体该如何办?”

“可立即着手派遣使者前往这三国,而领土欲膨胀的吴国必会向其挑战,我方可保证待它同这三国处于苦战阶段便也参加进去。”

“那吴国是否会因此而灭亡?”

“不会的。只要吴疲于应付,遭到削弱便达到目的。待它进一步削弱了再打它,那时肯定便可战胜它的。”

“喔,这策略太好了。那就请你为使者立即到齐国去如何?楚、晋两国也马上派使者去吧。”

经过这次商议之后不久,勾践便召集家臣询问该如何对吴佯装恭顺的作法。文种便说:

“吴王夫差现已到了高傲自大、自以为是的登峰造极阶段,对我们越国如何看待也可想而知,我们不妨向他提出借粮的请求,看他如何反应。这方法不知怎样?”越王认为这确不失为妙计,便向吴王提了出来。

于是派文种入吴求籴,太宰 和文种在宫殿叩见吴王。

文种伏地泣血而言曰:“请大王救越一命!”

“文种大夫平身。”

“谢大王!大王不应,臣难以平身。”

“本王答应,大夫站起来说话。”

文种站起,躬身前往,涕泣言曰:“越国不幸,水旱不调,北旱南涝,年谷不登,黎民饥馑,哀鸿遍野,路有饿莩。愿从大王请籴,来岁即复太仓。万望大王以慈悲之心,怜悯之情,救越于垂亡之境!”

吴王见文种痛苦之状,颇为同情,对文种曰:“越王一向信诚守道,不怀二心,寡人知之矣。今穷归塑,本王岂肯吝惜财物,夺其所愿,见死不救?”

“谢大王恩典,越国世代不忘大王救命之恩!”

立于一旁的伍子胥,察言观色,想看出文种请籴背后,是否暗藏杀机。他观察良久,见文种悲泣不止,没有丝毫破绽。但是,他宁可信其有,不可信其无。他要用语言刺探文种的虚实。于是向大王进言道:“不可。非吴有越,越必有吴。吉往则凶至,是养虎为患,开门揖盗而破国家者也。与之不为亲,不与未成冤。况且越国有圣臣贤相范蠡，此人勇以善谋，将有修饰攻战，以伺吾国。观越王之使，使来请粜者，非国贫民困而请籴也，以入吾国，伺吾王间也。”伍子胥说，死死盯着文种，看看文种脸上表情有什么变化，文种稳如泰山，眼睛眨都未眨，神气、面色没有半点变化。

吴王听伍子胥进谏之后曰：“寡人卑服越王而有其众，怀其社稷，以愧勾践。勾践气服，为驾车却行马前，诸侯莫不闻知。今吾使之归国，奉其宗庙，复其社稷，他岂敢有反或之心乎？”

子胥前往言曰：“臣同士穷非难，抑心下人，其后有激人之色。臣闻越王饥饿，民之困厄，可乘机破也。今大王不用天之道，顺地之理，反而输之食，固君之命，此乃狐雉之相戏也。夫狐卑体而雉信之，故狐得其志而雉必死，可不慎哉？”

吴王不信子胥之言，以为是耸人听闻之说，是没有根据的猜测。于是他说：“勾践国忧而寡人给之以粟，恩往义来，交谊笃厚，其德昭昭，亦何忧乎？”

子胥再谏：“臣闻狼子有野心，仇信之人不可亲。夫虎不可喂以食，虺蛇不瓷其意。今大王捐国家之福，以饶无酋之仇，弃忠臣之言而顺敌人之欲。臣必见越之破吴，豸鹿将游于姑苏之台，荆榛草莽将蔓子宫阙。

伍子胥话说到这程度，陪文种入见吴王的太宰 就不能不开口说话了。他本来不想开口，相信吴王会驳倒伍子胥。现在看来，伍子胥寸步不让，还要陷他于不忠于吴国之地，再想到越国屡次送给他的贵重礼品和在府上苦苦等待的美人，他这时候无论如何也该挺身而出了。他沉沉气，免得过于激动，有失身分，有板有眼道：“武王非纣王臣也，率诸侯以伐其，虽胜殷，岂为义乎？”

伍子胥见太宰 助纣为虐，立即为驳道：“武王即成其名矣。”

太宰 不服，针锋相对言曰：“亲戮其主，以此成名，吾不忍也。”

子胥更加辞锋犀利地道：“窃国者侯，窃金者诛，令使武王失其理，则周何三家之表？”

太宰 直冲子胥而言曰：“子胥为人臣，往谷干君之好，弗君之心，以自称满，君何不知过乎？”

太宰 显然在挑拨子胥与大王的关系，伍子胥也寸步不让，而对太宰 道：“太宰固欲以求其亲，前纵石室之四，受其宝女之遗，外交敌国，内惑于君。请大王察之，莫为群小佞臣所误。”

太宰 见伍子胥不顾外国使者在场，揭我隐私，触我痛处，我怎甘示弱，说道：“子胥近于血口喷人。吾闻邻国有急，千里驰救，此乃王者封亡国之后，王霸辅绝灭之末者也。”

吴王顺宰 之言，与越万石粟，并对文种说：“刚才的分枝，你都听到了。寡人逆群臣之议而输于越，待越半年定归寡人；否则，群臣怨声满宫，寡人无言以对矣。”

大夫文种赶忙叩道谢恩，伏地而言曰：“臣奉使还越，岁登诚还吴贷，以报大王救命之恩。臣决不食言，天地共鉴！”

越王勾践召大臣于淮阳宫议事。

勾践自臣吴归越以来，度日如年，屡召群议事，对群臣所献计谋，无一不认真考虑，凡可以付诸实践的，都一一照办。勾践自认为，国已富，民已强，期望早日兴兵伐吴。然而，越王细察群臣之色，并没有露出和他一样急于报仇雪恨的神色。这一点使他颇不满意，所以急于召大臣再议伐吴之事。

大臣到齐，越王曰："寡人获辱受耻，上愧周王，下惭晋楚，幸蒙群臣献高计良谋，使寡人返回修政，富民养士。但这些年，没有听见一句报仇雪耻之言，这是为什么？"

群臣默然，无言以对。

勾践很不高兴，仰天叹道："主忧臣辱，主辱臣死。寡人亲被奴虏之厄，亲受囚隶之耻。归越之后，任贤使能，期在伐吴。今日征询群臣，却三缄其口，不知何意？难道易见而难使也？"

群臣依然面面相觑而无人进言。

计然走到前边，向大王奏道："不对，大王！并非大夫易见而难使，而是大王之不能使也。

越王愕然，问之。"何故？"

计然接言道："官位财币金赏，这些是大王所轻视的；操锋履刃、冲锋陷阵、赴汤蹈火，这些是群臣所重视的。今天大王吝财之所轻而责臣之所重，岂不是很荒谬吗？"

越王默然，面有赧色。

越王让群臣退朝，单独向计然道："寡人如何得群臣之心呢？"

计然坦然以对曰："君人尊其仁义者，乃是治理社稷的门道。群臣百姓则是君之根本。君王是否得道，国家是否能够兴旺，关键在于大王是否能明选左右，任贤使能。在古代，太公乃口溪之畔的饥饿之人，西伯任用他而得以王天下；管仲，此人是鲁国逃亡的囚徒，又有贪财的不好名声，齐桓公得到他而能称霸诸侯。《左传》曾曰：'失士者亡，得士者昌'。愿大王审视左右，任人是否得当？"

越王觉的计然之言，不无道理，可是又觉的在任贤使能上也没有什么疏漏之处，于是问计然道："寡人使贤任能，各殊其事，各伺其职，我本来对他们寄托厚望；然而，今天却都匿声隐形，默然不语，这到底是怎么回事呢？"

计然觉得越王急于求成，其心情是可以理解的。大王、群臣乃至百姓，谁不希望一个早晨就打败吴国，报仇雪恨呢！然而，欲速则不达，操之过急，适得其反：所以，计然进一步谓越王道："选贤任能，有各种办法进行考察：远使以难，以效其诚；内告以匿，以知其信；与人论事，以观其智；饮之以酒，一以观其乱。指之以使，以察其能；示之以色，以别其德。用这五种办法考察。这大臣到底有几斤几两，是上智还是下愚，是草包还是英雄，是酒囊饭袋，还是智勇双全，就能鉴别得一清二楚。"

越王曰："寡人基本上做到量才使用，但仍然没有听到治国良策，是何道理？"

计然解释说："如果在任贤使能上没有问题，那么大王也要知道；大臣的任何计谋不是从天而降，亦非神仙恩赐，随着时间的推移、事物的进展，大臣们有一个认识过程，还有个深思熟虑的阶段。哪个大臣也不愿意把半生不熟的策谋献于大王之前，这叫不到火候不揭锅。"

越王道："那么，现在问谁更合适呢？"

计然答曰："以小臣拙见，范蠡，明而知内；大夫文种，远以见外。请大王与此二人深议，必得复仇良策。刚才这种大班哄的办法，不容易得到深谋远虑大臣的真知卓见。”

于是，越王依计然之言，单独召见范蠡和文种。因为范蠡曾陪大王三年之吴，同甘共苦，有较深厚感，所以勾践先对范蠡讲：“过去在臣吴之时，多亏相国之计，使寡人免于斧钺加身；今天有何计策，能使越国尽快报仇雪耻呢？”

范蠡微微一笑，指指大夫文种，对大王说：“种大夫已胸有成竹，何必问我。”也恐怕都是你们三人商议出来的，计然让我问你二位，范相国又让寡人问文种。种大夫你不会再推到小将计然那儿吧？”

文种、范蠡都会心地笑了。他二人明白，他们三人的命运拴在一起了，一荣俱荣，一毁俱毁。

文种不紧不慢、有板有眼、侃侃而言。“高飞之鸟，死于美食；深泉之鱼，死于芳饵。今欲伐吴，必投其所好，参其所愿。此曰：将欲取之，必先与之。俗语言之。舍不得孩子逮不住狼，”

越王问道：“投其所好，参其愿，就定能将其置之死地吗？”

文种曰：“想报仇雪耻，伐吴灭吴，有八术可行，大王愿听否？

”越王曰：“寡人被辱怀化，内惭朝臣，外愧诸侯，心中迷惑，精神空虚，愁不思饭，耻不安眠，所盼者，大夫之言也。

文种讲：“此八术，即使汤文得之，也可以王天下；就是桓穆得到，亦可以霸诸侯。此八术，攻城夺阵，易如反掌，杀伐擒敌，譬如脱履。请大王览之、审之、察之。

越王曰：“种大夫，你就快说吧！寡人洗耳恭听。”

文种喝口茶，从容言道：

一曰尊天地事鬼神，以祈其福；

二曰重财币以遗其君，多货贿以赂其巨；

三曰贵籴菜以虚其国，利所欲以疲其民；

四曰选遗美女、以惑其心而乱其谋；

五曰遗之谀臣，使之易伐；

六曰缰其忠谏之臣，使其自杀；

七曰吾国国富民强而备利器；

八曰厉兵秣马，坚盔利甲，以乘其弊。

此八术，有几项大王清楚，已逐步秘密付诸施实，如采葛织布、起炉铸剑、广选美女，其余诸项，随事态发展，陆续付诸实践。需要大王亲自出马，请大王大驾躬亲。此八术，非同小可，请大王闭口勿传，守口如瓶，保密范围缩到越小越好。万一走露风声，让吴王夫差察觉出任何蛛丝马迹，都将大祸临头，不仅雪耻成为泡影，还会人头落地。永无翻身之机。臣之所以不在群臣议事谈出来，其用意在此，还望大王海涵。

越王喜之不胜：“种大夫的考虑周到又全面，寡人不是怪你，而是大王心里着急。”

种曰：“光着急没有用，要做好充分准备，不到有十成把握，决不要轻举妄动。此次不同上次，上次忍辱负耻，尚有存活余地，此次万一失败，夫差会以十倍仇恨、百倍疯狂给以报复，国家、社稷、宗庙将从历史上永远消失，那将是万劫不复的大悲剧。”

勾践连连点头，很佩服文种、范蠡的深谋远虑。

运筹帷幄中　挥师灭吴国

在伍子胥死后约两年，勾践就出兵攻吴的时机又征求了范蠡的意见：

“子胥死后吴国内有骨气的家臣似已不复存在了，你看是否可说时机已到？”

范蠡进谏：“不好吧，现在还不是时候。”范蠡掌握的吴国情报往往比吴人还详细，他认为当前吴国仍有余力。固然，经这段时间推行的各项政策，越国力也明显充实了，然而他更熟知“善战者胜，(实是)胜其易胜者”这孙子兵法中的内容，因而在尚无法判断必能战胜对方之前是不会轻易出兵的。范蠡推行的富国强兵策略经过近十年的努力，国力确实得到明显的充实。通过将国内产品运往南方交换各类粮食，使粮仓满盈，三五年闭守城池在必要时也无问题。而在南方最受欢迎的物品便是盐和酒类，用船只载运到那里便可交换到各类必需品。正如后来出现的南船北马这个词汇，范蠡开辟了早期的贸易航线后，便从南方各国输入珍稀果品，又同中原各国相互交易，更向远地发船只交换高价的织品和手工艺品。这一结果使越都热闹异常，成了江南商业空前活跃的地方。它同以往最为明显的区别则是到越都便有活可干，于是人口在短期内也急剧增加了。

当然，最为充实的应该说是在军事方面。有五百精兵组成的御林军常驻城内，随时准备应付任何事变。其次，有三千兵将驻屯城下军营，只要烽火点燃能立即聚集到附近的宽广院落，即时出动到有纷争的国境一带。另在会稽山中腹的草原地带建起一座秘密工场，在其围墙之内制造并装配的战车、兵车已达七百余辆。此外，聘来的雇用兵员经培训后效果也颇理想。这些勇敢的三千兵员配属到各部队都充当了尖兵。范蠡对这些兵将每日都严格训练，除鹤翼阵、鱼鳞阵等单纯的布阵外，还让他们靠五色旗来指挥前进或后退的训练，时而又模仿实战的模拟战，总之从多方面培训他们成为勇猛、刚强的兵将。

在各项计划中最为突出的当是农兵。综观历史各个时期，凡要立国兴邦的人物都把着眼点放在这上面，确实颇值得注意。想当年诸葛亮初拜军师即将迎击二十万魏军时，便先充实户籍，征召了五千新兵。

再看一下当时中国的战役，十万、二十万的队伍可无需费大劲便动员起来，只是前卫一旦溃败，后继的队伍也迅速崩溃，或由于将级、大夫级的指挥官阵亡，号称十万的队伍会消失得无影无踪！关键就在这些士兵都是雇用来的，有如平时的季节工。范蠡当时摈弃了这种作法，采用登记注册制的农兵体制，通过登记各兵员的番号，在出现潜逃时也便于查出，并建立严格的奖惩制度。当然，在无战事的和平时期需发放津贴，哪怕不多。

当地的产业逐渐就绪，盐、酒类作为交易的物品已陆续向国外输出。七十公升装的瓶酒年输出已到了一千瓶的数量。

然而，越王勾践又有点忍不下去了。从吴回越屡次把范蠡召到宫内，密谈攻吴日期，每次范蠡都认为天时不至，地利不到，人事不备，劝勾践继续忍耐。范蠡说，灭吴，初战要必胜,无十分把握,不可轻举妄动。必须聚力再聚力,直到一出手就能致敌死地。勾践虽然越来越焦躁不安,但他明白,范蠡的话有道理。老将诸稽郢已故,灭吴之战,全仗范蠡。每次只好同意范蠡的话,“再忍一忍。”

勾践终于忍不下去了。

这年秋天,一个午后,他把范蠡单独召到内宫,冷冷地说:“唯,子讲讲修备。”

范蠡明显感到,石室囚禁回国前几年,勾践对他除君臣关系,还有兄弟之情,尽管说不清真假。这几年,国富了,兵强了,兄弟之情没有了。完全是君君臣臣了。特别是几次劝阻北上伐吴后,勾践脸上笑容再也看不到了。他想到伍子胥,想一走了之,但功还未成,只有隐忍了。听到勾践问话,意识到今日情况不妙,清了清嗓子,小心郑重答道:“回大王,陆师甲士三万,车三百乘、骑五千匹;水师甲士二万,大王可乘楼船五艘,小、中、大三种翼船三百艘;甲、刀、剑、矛、戈、弓、弩、镞、盾攻防之器已齐装。正加紧打造,库多存备。臣特从家乡聘来巧匠,打造一种镶铁之矛,坚硬锋利,其如蜂蜇……”

“唯?”

“就是在铜矛刃中陷入钢锋,此为臣家乡特产,他国没有。”

“唯。”

“臣知大王喜剑,特用此术为大王打造一对飞虹剑,长一尺八寸,宽一寸八分,剑身铸菱形花纹,鸟篆“越王鸠浅自作用剑”八字。

“唯?造出来了吗?”勾践感兴趣。

“正在打磨,不日即可献上。”

“唯。”勾践有点失望。用手势示意范蠡继续讲。

“陆师编成,比照秦晋;水师编成,比照吴楚;组织严密,上下有序,大王有令,上下贯通。多年教训,将强兵精。愿为大王,赴汤蹈火。”

“好!”勾践叫了一声,“孤即颁伐吴令!”

“不可!大王!”范蠡急道。“还要再忍一忍。”

“为何,范蠡!”勾践生气了。

“天时还不至……”

勾践怒道,“孤听够了子的天时、地利、人事。子勿拿此套蒙骗孤了,天下哪有如此道理,孤说天时,子说地利不到,孤说地利,子说人事不备,孤问你,子忘了孤囚禁三年之辱了吗?”

臣不敢忘!”范蠡答。

“忘了那三千六百五十步,十八层石阶,步步血印吗?”

“臣不敢忘!”

忘了孤尝粪便的滋味了吗?”勾践掉泪,“孤至今不尝苦胆不能下咽,此种滋味,子是想不到的!”

“臣不敢忘!”范蠡想,“你的心病也太持久了。”

“讲,为何不可伐吴?是越臣民不愿意吗?”

“不,臣民已再三请求出兵。”

“唯，是五谷不丰吗？”

“不，谷丰商荣，各业兴旺。”

“唯，是吴不该伐吗？”

“不，夫差失道，信谗溺色，残害忠良，不恤百姓，兵乱诸侯，天怒人怨，十恶不赦。”

“为何还让孤忍！？孤的头发都忍白了，看到了没有？”

“天时……”

“住口，孤派往中原助吴开河的人工已回国，北达沂水，西至济水，通湖汇江的邗沟（大运河前身）已开通，吴王即欲率师北上，黄池会盟，争霸主之位。夫差离吴，天助孤北图，天时已至，天时已至！子还有何话可说，难道子欲拥兵自重？”

晴天霹雷！

范蠡明白了，原来勾践如此想。要在前十年，听了此话，范蠡之性，可能一甩袖子走了。如今年近四十，临近不惑，想到扶越灭吴助楚的战略，想到兴一国，灭一国的大业即将成功；想到入越以来的艰辛；想到陈音、楚女和西施，这些为兴越，付出了生命、心血和青春的义士侠女。范蠡对大王的猜忌和污辱忍住了。劝大王忍为上，自己也要忍为上！不能为一时之气，让事业半途而废！敛声静气，韬光养晦！

范蠡瞬时调好情绪，眼望大王，诚恳坦言：“大王息怒，臣治军为的是大王。教训水陆两师，为兵四道，第一就是爱越，忠于大王。臣是君之臣，兵是君之兵。臣决无拥兵自重之心，苍天可鉴，大王明察。臣知夫差黄池会盟，臣之消息，夫差刚离吴境，若此时大王发兵，夫差定撤兵而回，甲兵十几万，车千乘，船千艘，骑万匹，全是子胥训成，若挥师南下，大王！臣担心十几年心血，毁于一旦，从此再无力灭吴，夫椒之仇，会稽之恨，石室之耻，尝粪之辱，卧薪之苦，永难报矣！恳求大王且莫引火烧身！”

勾践话出口，知道言重了。想范蠡会跳起来，没想到范蠡态祥气静，循循道来，甚是有理。是噫！此时发兵，有引火烧身之虞。可这仇何时才能报啊，难道由王子鼫与去报吗？如何对得起宗庙社稷？勾践轻轻地“唯”了一声，表示了对范蠡陈词的认可。但报仇心切之情仍在颜面。

范蠡看出勾践之心又道：“臣以为，天时、地利、人事相参、相配、相合而用，方能成功。今日，地利、人事皆备，然天时尚未全至，参配不合，三者缺一，难以成功。且三者均是变数，必须存乎一心，方能运用之妙。周武王伐纣，大会诸侯孟津，各路诸侯皆力主进军。周武王冷静考察，见天时不到、撤兵待机，其后一举将纣灭亡。臣愿大王，做周武王第二，一举灭吴，一霸中原。”

勾践知道　李之战以来，大事小事，范蠡之谋，均操胜算。见他如此说，心中之气，消了大半，但仍沉着脸说：“相国以为何时伐吴为宜。”

“臣以为，夫差领兵深入中原腹地时为宜，那时精兵在外，弱兵在内，姑苏空虚，有隙可乘，一举破都，釜底抽薪，夫差回师晚矣！”

“何时？”

“来年春季”

“唯？”勾践内心同意范蠡主张，但君王尊严使他发出疑问声音，说：“孤再思之，相国准备发兵事宜。”勾践要显君王之威，同意亦先不表态，让人感到是他说了算。本来是君说了算，但为君的，总担心臣不明白。

范蠡知风雨已过，施礼告退。

勾践回到后宫，看望了三个王子，两个公主，来到王后寝处，向越后述说了他同范蠡谈话情况。

越后虽然一直在生子育女，但对朝政仍十分关心，常为勾践出谋划策。勾践一有不顺心之事，就到王后身边“诉苦”。

越后听完勾践的话，笑道：“大王，范蠡是对的呀！”

勾践道：“为何他总是对的呢？臣总是对，君有何颜面？”

越后道：“臣再对，还得听君的呀！”

勾践笑了：“说得对，孤虽同意范蠡，仍说再思之。”

越后看着勾践的花白头发：“大王终于悟到为君之道了。”

勾践见王后称赞，高兴地说：“让王子们早入此门，将来好去做诸侯。免得象孤，半路入道。”

半个月之后，范蠡从南山铸剑城带着铸剑的工师回都进宫，将一对精妙绝伦、锋利无比的“勾践剑”献给了大王。勾践接过，赞不绝口，爱不释手。当即来到宫院中间，持剑挥舞，在侍人们的喝彩声中，大叫了一声：“夫差看剑！”向一棵手脖粗的小树砍去，嗖地一声，剑到树断，引起一阵欢呼。勾践兴奋，令人取出黄金，赏了工师。范蠡告退时，勾践漫不经心地说：“依相国之言，明春伐吴。”

范蠡和工师走出大殿，勾践叫来一名贴身武士说：“此剑在世，只能有这一对。”武士望望工师远去的背影说：“大王放心！”勾践叮嘱：“莫叫相国知晓。”武士点头。

几日后，范蠡接报，铸造“勾践剑”的工师失踪了。他没往深处去想，也想不到勾践会有“我有的，别人不能再有”心理——他应该想到，因为他知勾践有癫狂症。只是以为老家人恋家，得了偿金，悄悄走了。此事未放心上，全副精力投入伐吴的军备中。

范蠡想到此次伐吴，是夫椒兵败后，越吴交手第一仗；自己治军后第一仗；能否灭吴的关键仗。只能胜，不能败，不仅不能败，还要把人力物力损耗降到最低。越之国力比吴，实在是太弱了。

范蠡首先确定了攻吴方略；兵分两路，一路由陆路涉江河，沿姑苏城西边小溪，接近姑苏后安营扎寨，引吴兵出城决战，趁势一举拿下吴都，姑苏城内，只有太子友和少数弱兵，攻下姑苏是瓮中捉鳖。伐吴首战之功，让大王去立，以满足雪耻之心。令畴无余将军跟随大王，带领陈音、楚女训练过的六千“君子”（亲兵、近卫师）。另加两万“教士”（训练有素的正规军）。再加两千“习流”（习水战的武士），以备从水门攻城。另一路顺风（春夏定是南风）沿海从水路入淮，在洪泽湖集结，阻击夫差从中原回撤大军，一可确保大王攻下姑苏；二可视情击溃夫差主力；这一路，路途遥远，任务艰巨，可能是一场恶战，弄不好会全军覆没。但这步棋非走不可。围城打援，战之铁则，不可违背。这路军自己带，再加舌庸。若是打打停停、和议之事用得上舌庸。这路军战船二百二十艘，水师两万，杂士两千。大王勾践去姑苏时，可乘楼船到江水（今长江）入吴江到姑苏上岸，同畴无余会面，以免陆路行走劳顿。臣为君总想得很周到，君呢？

范蠡冥思苦想了几天，把方略定下，开始调兵遣将。令畴无余按数分出伐吴精兵，第一步先在坑凹之地跳跃腾越，在山野河流急行、野宿锻炼体能；第二步在旧都诸暨演习登城，锻炼技能；第三步将陆师大部敛声移到　李北驻训，以适吴国水上，接到令时，可疾速开到姑苏城下。三步同时，将粮秣和攻城攻战之具运到　李囤集。将陈音师、楚女师移到北海(现杭州湾)强训，熟悉海上风浪。把追随大王之军安排后，范蠡请舌庸派得力使者到各国联络。使各国在越伐吴时保持中立；请文种敛声做好助战和守国准备；在都城西北固陵设了一个“治所”，专门接收来自吴国的消息。布署停当，一头扎进北海水师。

新年来到了，春天来到了。

这一日，范蠡视察了陈音、楚女二师，来到独山所在船队停泊处观看操练。

独山号令的大翼船，可载近百人；武装甲士三十余人，摇桨水手五十人，头尾舵手三人，长钩矛、长斧手四人，杂手四人，船长、副手二人。装弓弩三十三副，盔甲三十余套，利箭三千三百枝，短兵器和食物若干。作战时，稍远可连发弩器，靠近可拼长斧长矛，跳船可混战断杀。船坏可登岸成百人队。依陆师作战。船上除船长外，均是二十岁左右丁壮，光头赤体，筋强骨壮，渴望作战。

范蠡站在海边一处高坡上，令随从用旗子指挥演练开始。红旗刚刚举起，便听到炸雷般叫声：“杀！”紧接着便看到十艘战船鱼贯如飞般地朝事先布置好的木筏冲来。震耳般鼓声响后，十艘战船，弓弩齐发，利箭如蝗，射向木筏上的稻草人、箭后船到，武装甲士站在船边用长兵器向稻草人刺去砍去，长兵器用后，甲士们口喊“勾践大王”纵身跳上木筏，挥动手中利刃，同“敌兵”搏斗，混战中，有的甲士被同伴误伤，鲜血四溅，鲜肉横飞。但无一人犹豫，无一人缩步。倒下的很快站起，落水的拼命上筏。稻草人倾刻之间成了碎末，漂入海中。甲士们不满足胜利，又用兵器同木筏厮杀，叫声震天，杀声不绝……木筏之绳被斩断，横木乱滚，甲士们又跳入水中和木头搏斗，那情形不把木头撕碎决不罢休。

范蠡心动，对演练十分满意，号令收兵。绿旗举起，锣声传来，水中卫士，大呼勾践之名，如蛟龙般游向翼船，上船后，口舔伤口，全无疼痛模样。一声鼓响，摇桨水手大呼一声，桨飞水溅，十艘翼船，如飞般疾驰而去。

范蠡走下高坡，欲去船队慰勉。突然“治所”一人快马到了跟前，呈上一份密简，范蠡匆匆阅毕，令人牵过快马，跃身骑上，加了一鞭，朝都城去了。

范蠡接到的消息是：夫差已先后会了鲁国、卫国二君，并同二君到了黄池(今河南封丘县境内)使人请晋国君赴会。范蠡估算，黄池会盟，不会顺利。此时发兵，即如夫差闻息回师，没有三个月不行。三个月，姑苏城已攻下矣。范蠡回到都城。径直骑马朝王宫而去，门人认得相国，不敢阻拦。范蠡到了勾践的后殿，翻身下马，将缰绳一扔，朝殿内走去。

勾践正在宫内读简，研究为君之道，听见马蹄声响，心中惊异，握起“勾践剑”，朝殿外看去，松了口气，原来是范蠡。勾践放剑，重新端坐。

范蠡未让门人通报，自报家门：“相国范蠡求见大王，大王万寿万福”报完已入殿内，扑通跪下。

勾践抬头、睁眼：“唯？平身。相国不是在北海训师吗？何故闯宫？”

范蠡叩首:“禀大王,臣以为应即日发兵攻吴!”

等了多少年,终于从范蠡嘴中听到了这句话!

勾践心情马上激动起来。但面上仍冷冷:“唯?相国也会着急?”

范蠡:“天时已至,抓住机会,犹救火,急走快跑,唯恐不及。故臣下着急。”

“唯!地利、人事已备了吗?”勾践故意问。

“禀大王,均已备,”范蠡抬头,望着勾践。

“唯,如何发兵?”

“臣已向大王报过,兵分两路。大王楼船已备。”

“何时起程?”勾践的心终于按奈不住,省掉了“唯”字。

“三日内为宜,陆师大部已在　李,随大王的六千君子及水师已整装待发。臣以为,顺风顺流,大王之师,五日可达姑苏。臣北上水师十日内可至洪泽湖。大王之师六日丙子日开战,臣料十日内可破城!”

“好!依相国之言。”勾践终于显出兴奋样子。其实不依相国之言,他又能言出什么呢。他虽贵为王,报仇心切,但不懂治军。好则能依相国之言,是他聪明的地方,也是他打败夫差的诀窍。同时,也是他心感满足的地方,相国再强,也得听君王,君不发令,虽有三军,不能动矣!

“谢大王恩准,大王明断!”范蠡叩首站起。

“唯?”勾践突然想起伐吴大事,应该举国庆祝,起码都城搞个仪式欢送自己。“三日?太紧,搞仪式来不及!”

范蠡明白了,说:“大王,此次用兵,犹如救火,贵在神速,犹如抓人,贵在敛声,大仪式就不要搞了。”

“唯?”

“出发之时,大王以酒慰军,誓师北上,士气可振!”

“好吧,依子之言。唯?何人守国”

“大王忘了,文种大夫!”范蠡那里知道,勾践不是忘了,而是随着年龄增长,对外人越来越不放心。想让十二三岁的王子守国,王后辅政。范蠡没有意会,方略中还是文种守国。勾践一时不好点破就同意了。如今提出是想让范蠡领会一下,重提建议。范蠡是直性之人,总是以大局国事为重,转不过这个弯子。故而还是讲了文种。范蠡呀,范蠡。你真是糊涂一时呀!勾践见范蠡如此回答,心里失望,面上冷冷:“唯!召他入宫!寡人有话要说。”

“是?”范蠡答应,告退出殿。

范蠡出宫,通知了文种,知会了舌庸,到了固陵治所,把方略谋术细细向欧阳将军讲了一遍,令他即刻北上　李,至畴无余处传达号令,按预定时间把陆师开到姑苏城郊。忙完这些,已到夜半,范蠡骑马回都途中,突然望见王宫起火,心中大惊,驱马快到时,听到鼓声咚咚。吴兵打来?不可能。兵变,更不可能。范蠡出了一身冷汗,伐吴之前,王宫起火,可了不的。又加了几鞭,赶到王宫跟前时,范蠡一下子楞了:大王勾践正在擂鼓、上千君子兵,叫着大王的名字蜂拥扑向火海。勾践边擂鼓边高喊:“越国宝贝都在里面,快救火呀!快救宝呀!”范蠡见文种在一边,忙问缘故。文种说,大王想试试六千君子兵，是不是忠于他，是不是听话，不怕死，能打仗。从中抽了一千人，拉到此处，点了王宫寝殿，宣布号令，救火而死与战场而死赏一样；救火不死与战胜敌人赏一样；不救火的与降吴一样。听文种一说，范蠡心中好不是味，大王对自己治军存有疑心哪！即如有疑，也不能这样点燃王宫，随意令这些精兵去死呀！这个大王，癫狂症又犯了！

大火渐渐扑灭了。勾践鸣锣收兵。清点人数，烧死百余。勾践闻报，哈哈大笑："好！好！孤放心矣！"见范蠡在旁，又说："好！好！为兵四道，好！相国治军，天下第一，强吴可灭矣！"

范蠡听了，哭笑不得。只好说道："大王英明，天下第一！"

勾践仰天大笑："后日申时发兵！"

公元前四百八十二年。

夏初一天，伐吴之师在浙水誓师后，从北海出发了。天气晴好，南风劲吹，战旗猎猎，螺号阵阵，鼓声隆隆。庞大船队破浪前进。

驶在前面的是勾践所乘楼船。这楼船长十余丈，宽两丈余，上下三层。下层划桨，二层射箭，三层为大王起居之舱。勾践站在三层船头，想起乘船入吴为奴的惨景和返国时的狼狈，感慨万千，不由握紧随身所带的勾践剑，狠不得一下子把夫差之头砍下。

紧跟其后的是范蠡和舌庸所在的翼船。后面二百余艘大小战船一字跟进，浩浩荡荡，犹如长龙。经过两昼夜航行，船队到达江水入海处。范蠡指挥船队稍稍停泊。自己登上大王楼船向勾践叩首告别。然后率队从大王楼船前经过，接受大王检阅。翼船上甲兵，见勾践立在船头。高声欢呼大王万寿！在勾践的注目下，范蠡率队继续往北驶去。

勾践率领满载陈音师、楚女师甲兵的船队，由海上进入吴江，再溯流而上，至姑苏城外抛锚停泊。此前，畴天余，欧阳已率师同吴都留守的太子友，王子地接战。勾践到后，把六千英勇无比的君子兵投入战斗，按照范蠡事先的谋划，把吴都守兵，引出城外，包抄合围，弓弩齐发，剑戟相逼，呼啸厮杀，势如风雨。吴精兵均随夫差出征，国中俱是未训之卒，抵挡不住锐利之师。吴军大败。太子友身中数箭，恐俘受辱，自刎而亡。吴军两将被俘，万人被斩、被俘。勾践大喜，第二日又率兵攻入吴都外城，令人毁了石室，烧了姑苏台，看着那冲天大火，他笑了。

勾践在胜利的欢呼声中，登上了夫差乘用的余皇大舟，在太湖中转了一圈，然后住进城外的夫差行宫，吃了行宫厨人做的吴王饭食，躺在了夫差睡过的宽大床上，浮想联翩。　李、夫椒、钱塘、会稽、石室、迁都、卧薪、尝胆、生育、免税、募兵、送工匠、送美女、送宝器、送金银，送粮食、下跪、叩首、恭维、尝粪……他全想到了。天地终于翻过来了！姑苏，姑苏！终于昂头进来了，天下诸侯很快就会知道，越王勾践带兵打进吴都姑苏！奇天大耻终于雪了……下一步干什么呢，驻守？南归？北上？范蠡没报方略——在他心里吧。勾践心一悸，突然感到从未有过的孤独，想嫔妃了吗，不是。想什么呢，他感到模糊，……他想叫侍人，刚张口又停住了。他想说话，"孤……，"他不说了。过去以为用"孤""寡人"自称，是至上的尊严，此时觉着真是"孤家寡人"。夫差呢，其他诸侯呢，是不是这样？恐怕也是。想到这里，他大声喊叫："来人！"侍人应声而到。"速传令相国到姑苏！"侍人去了，他的心情平静了些。明白是想马上见到范蠡，想听听范蠡说话——那是一种享受。想知道范蠡心中的灭吴大计——那是他朝思暮想特别需要的。他意识到，只有范蠡在身边，才感到有力量，才不感到孤独，才能体会到做君王的味道——一个杰出的大臣对君王必恭必敬，那君王必是杰出的。侍人禀报，令已经传出去了。勾践终于睡着了。

一天傍晚，范蠡统帅水师从海上入淮，至洪泽湖同邗沟交汇处，这是夫差回国必经之地。范蠡令船队分片停泊在有利位置。他所在翼船则停在夫差船队一出现就能发起号令的地方。令快速小翼船沿邗沟北上，掌握吴军动静。安顿停当后，升起黄旗，令船队休整和点火做饭。顿时，夕阳下，湖面上，冒出缕缕炊烟。第二日起，范蠡一边组织操练，一边派人打探南北两方面消息。

五天之后，传来大王勾践到达姑苏郊外消息；

七天之后，传来大王勾践进攻姑苏城消息；

第九天，传来了大王勾践攻下姑苏、歼敌万余，缴船百艘，太子友自杀，……越军伤亡不大的消息。

虽在预料之中，范蠡仍十分高兴，出道以来，独立筹划的战争啊！范蠡让两万水师喝酒庆祝一番，名义当然是欢呼大王英勇善战，智谋超群，运筹帷幄，一举致胜。

范蠡知道，姑苏城破消息定会很快传到黄池盟会。夫差结完盟回师，还是不结盟回撤呢？依夫差性格，定会结完盟，因为盟主的身份、地位对他太重要了。一国诸侯，可以号令几国诸侯，诱惑力太大了。勾践这样的小国小君还想当盟主呢，何况拥兵一二十万，连年征战，已打败陈、蔡、楚、郑、鲁、齐、卫等国的夫差呢？中原各国就剩下一个晋了。若能使晋甘拜下风，推吴为主，就可以让周天子封"伯"称"王"，比"侯"高一个等级，离天子不远。再不用自称大王了。

范蠡虽然猜透了夫差心思，还是一边派出探子打听吴军消息，一边加紧演练，准备给回撤的夫差大军迎头痛击。兵力虽然少了点。但数年练就，爱越、守纪、技精、不怕死；大小战船，都是新造；长短兵器，十分劲利；尤其镶铁之矛，越国独造。在此集结，以逸待劳。范蠡分析，以一当五，击溃远征而回的疲惫之师，当不成问题，大体可歼敌十万，剩余的再视情歼之，若能把夫差主力精兵打垮，灭吴有望矣。

范蠡决定写简奏大王，请大王分出一半兵力，让畴无余或欧阳将军率师北上到洪泽湖畔集结待命，以便水陆夹击吴军。此策在会稽时已有，没和勾践说，怕勾践认为拥兵自重。如今姑苏城破，大王名显功赫，提出来大王不会往别处想的。

范蠡奏简还没送出，却接到了大王令简：相国回师姑苏。奇怪了，姑苏已破，为何让吾回师。找来舌庸，把令简给舌庸看了，舌庸也猜不透大王用意。两人琢磨半天，分析，或姑苏城破消息有误，大王束手无策；或大王攻下姑苏后，有了另外主意；还有一个，两人都想到了，但不便说出来，大王想亲手杀死夫差，不愿臣下抢了此功——可以率兵北上啊，为何让臣南下呢。他俩想不出原因。

"相国，是令你自己去姑苏吧？"舌庸看着令简道。

"我亦想过，但这'师'字何解？"范蠡指着简上的"师"字道。

"那倒是。"舌庸道,"在此打援,歼敌主力,大王不是同意吗。"

"是啊,但君王之心,臣不可测。大王英明,高瞻远瞩,为臣只能听命,回师吧。"

"回师?!"

"回师。"

"上奏陈词?"舌庸着急。

范蠡不语。

"盛肴不吃了?"

范蠡点头。他何尝不想吃下这桌佳肴呢,尽管要付出鲜血,心慈不能治军,想吃佳肴,不能怕鲜血!

"孙武说,将在外,君命有所不受。"舌庸找到了依据。

范蠡摇头。

"不可?"舌庸看着范蠡。

范蠡叹气:"孙武因此被囚……"

"为何?"舌庸不解。

"背君不忠!"

沉默。

舌庸:"明白了,回师!"

范蠡发出了回师姑苏的号令。号手吹响螺号,舵手把舵向南,桨手们摇起长桨……整个船队离开了洪泽湖,沿邗沟南下。途中,范蠡令武装甲士登岸,将沿途各邑军资尽收到船——也算战利品吧。回师之前,范蠡派出探子,迎着吴军,散布姑苏城破消息,动摇吴国军心。

范蠡到姑苏,先到陆师见到欧阳将军,问畴无余,答马失前蹄倒下被擒自刎。范蠡感叹,问葬何处,答已运国内,以上大夫之礼葬。问大王在何处,答在夫差行宫,问召回师何事,答不知。范蠡去到大王下榻的夫差行宫。勾践见他到来十分高兴,说:"你可来了,想煞孤……吾矣!"

范蠡跪拜叩首:"大王令臣回师何事?"

勾践:"吾想同你说说话。你把水师也带来了?"

范蠡哭笑不得,从怀中掏出令简,双手呈上。

勾践接过一看:"唯?孤只令相国一人来,……这个'师'字,是信官所加的吧?"

范蠡还能说何话呢?!只好叩首道:"臣全师抵姑苏,听从大王号令。"

"好!水陆师合到一处好。在姑苏城外打夫差,跟在洪泽湖一样吗。"勾践丝毫没对打乱方略感到歉意,或感到此举对灭吴之役有何不利。他也许根本就没想到,也许真的想自己杀死夫差,不能让臣下得此大功!

对一个不懂地形地理对战争胜败起何作用的君王,再杰出的臣,能有什么办法呢。范蠡只好说:"大王英明,臣就去谋划在姑苏城外迎击吴王大军。"说完准备告退。"你不要走啊,吾让你回来,就是想听听你的灭吴大计。"勾践说着站起身,上前拉住范蠡。

范蠡感到惊奇,勾践的热情,几年没有看到了。

范蠡无法，只好留在了行宫。

正在黄池与晋君争盟主的夫差，接到越兵入吴，杀太子友，围城甚急密报，大惊。为防消息泄露，影响结盟当王，一连杀了七个信使。以陈兵叫阵威胁手段逼晋鲁卫三君在盟约上签字，尊他为盟主。然后，急班师从江淮水路而回。沿途不断传来姑苏城破，万人被斩消息。夫差封锁不住，只好如实相告。军士得知，心胆俱碎，丢盔卸甲，扔车弃船。粮食匮乏，天凉无衣，夫差率军沿途烧杀抢夺。为躲避齐宋等国夹击，走走停停，三个月才入吴境。这一日，快到洪泽湖，将军王孙雄提醒夫差，听说范蠡之军在湖中集结，夫差失色："吴军完矣！"令伯　带人先行察看，令王孙雄收拢吴军，准备决战。半日后，伯　回，告湖面无越船，岸上无越兵。夫差放下心来："天不灭吴！咽喉未堵，孤气可出矣！"急令大军星夜渡过洪泽湖。

夫差大军顺邗沟南下，一月以后，进入太湖，眼看要到姑苏了，突然从太湖两边驶出越军战船，夫差即令王孙雄率船迎上，展开激战。吴军远行疲惫，皆无斗志；越军以逸待劳，英勇顽强；吴军战船破旧，兵器不足；越军战船犀利，剑多矛长；血战半日，吴军大败。死伤两万余人。夫差惊慌，令余下兵力移至大湖西岸，他担心再打下去，会全军覆没。夫差把伯　叫到跟前，怒道："相国言越必不叛，孤听子赦越王回国，今日之事，相国去越师请和，和不成，子胥'属镂'之剑犹在，当属相国！"伯　一听，虽是冬天，吓出一身汗，慌忙接令告退。安排了一条小船，朝姑苏驶去。

范蠡站在太湖边山头上，观看两军厮杀。他本来要亲自上阵的，舌庸担心一旦有失，于越不利，建议大王派人把他从船上拉了下来。范蠡看着水师拼杀，不由他也握紧了手中宝剑——老师赠他的白里长河剑。想起楚女讲的剑道。这个奇女到何处去了呢。

战况极其激烈。从螺号声、战鼓声，喊杀声、战船碰撞声中，从无数甲兵死伤落水，湖水荡来的鲜血中，范蠡感受到了。

战程相当缓慢。半日了，仍在厮杀。慢慢地，呼叫声弱了，甲士们疲惫了，有的船开始沉了，有的起火了。范蠡有些着急。他知道夫差大军五倍于越。照这样打，何时把夫差打垮？夫差若把疲劳之师移往别处，休息之后，再来决战，越军能胜吗？本来要扼住夫差咽喉的，如今他已喘出气了，再置于死地，难。

锣声响了。

何方锣声？

范蠡听清了：吴军。夫差收兵了！

果然，吴军撤出了，按照红旗指引的方向，向西驶去了。吴军不进姑苏，保存实力！好狡猾的夫差。

下一步，是战？是和？

范蠡听到越军锣声后，下山了。他要去大王那里，听勾践的"唯"声。"一桌佳肴，吃了一碟，下面还吃不吃呢？"范蠡想。

范蠡到勾践处不久，舌庸、欧阳都到了。一一见礼毕。

"唯？"勾践之手指向欧阳将军。

"禀大王，陆师在姑苏城北、太湖东岸，同吴军陆师厮杀，斩敌五千。"欧阳报告。

“五千？唯？”

“吴军龟缩不战，再三挑之不出，是故未遇强敌。”欧阳解释。

“唯？”勾践转脸向舌庸。

“禀大王，水师在太湖中与吴军厮杀，歼敌约两万，毁敌船近百……”舌庸答道。

“唯！吴军还有兵力多少？”

“臣以为尚有十万之众。”范蠡答，“多为子胥教习出来的精锐。”

“唯？陆师？”勾践又把脸转向欧阳。

欧阳过去很少见到大王，不知勾践“唯”声何意，眼望相国。

范蠡：“大王问你吾陆师士气如何，从实禀报。”

欧阳：“攻下姑苏时尚好，近日天冷思乡。”

“唯。”勾践闭目，他也想念王后和王子、女儿了。

舌庸主动禀报：“今日之战，吴军疲惫，威风犹在，死伤惨重，厮杀不停，若不鸣金，仍会冲锋。收兵后，水师深感吴军不可小视。今日战果，断夫差十指其一。夫差主力大船，已撤太湖西部集结。臣以为近无大战。”

“唯？”勾践又望舌庸。

舌庸：“吴军教习几十年，为惯战之军，打遍中原诸国，未失利过。今日失利，吴军必重新调整部署，坚守阵地，与我打持久之战，臣观夫差不夺姑苏，移师西岸，即是明证。”

“唯？”勾践看相国。

范蠡道：“舌庸大夫所言极是。前者我攻姑苏为‘客’，今者我守姑苏为‘主’，夫差鸣金收兵，集于西岸，意在反‘主’为客，实施大略进攻，与我持久厮杀，将对越军不利！”

“唯？相国莫讲主客、客主，说说如何办吧。”勾践把身体仄向范蠡一边道。

范蠡未及开口，门官急报：吴相国伯　求见大王！

“唯？”勾践看范蠡。

范蠡：“伯　此时急来，一定是请和。”

“唯？”

范蠡沉思一下道：“全凭大王决断。臣以为天尚不灭吴。姑苏之战，持久下去，对越不利。念伯　多年助越，给他颜面，在吴朝中留下为越说话之人。姑苏战后，吴将一蹶不振。大王班师回国，以待天时吧！”

勾践看舌庸、欧阳。两人都同意相国主张。

勾践坐直了：“宣吴相国伯　！”

议和的条款是：越吴永为平等之国，越不再臣吴；吴归还越从阖闾以来所占土地、百姓；吴归还越贡送的宝物；吴每年向越送犒军之礼，如越往昔送吴数。

伯　向夫差禀报后，夫差气得真想一剑劈了伯　。王孙雄急忙上前耳语：“大王，事已如此，杀了伯　勾践会以为吴无诚意。再打又无必胜把握。”

夫差冷静下来，觉得今日之越已不是昔日之越了。今日之吴军也不是伍子胥在时吴军了……

夫差咬牙答应了越国提出的条款，喝令伯　去办。然后让王孙雄设了一个伍子胥祭坛，悔恨地朝祭坛跪了下去，流下了难得之泪！

两国和议达成后，勾践班师回国，走的是当年被赦免时回国的路线。这一回，他不着急，五六天的路程整整走了二十多天。

范蠡明白大王心思，组织水师、陆师为大王开道、护航、戒严，让大王把威风摆足。军旅也算进行一次长途演练。

勾践回到会稽都城时，新的一年已经来临了。

第一次姑苏之战就这样结束了。

灭吴的姑苏大战又拉开了序幕！

公元前四百七十七年三月的一天，越国五万大军踏上了灭吴的征途。

越国积聚了五年力量再一次北伐；

越国趁吴连续两年同楚作战、连岁凶荒大饥、国力衰竭、民怨沸腾的天时，集中兵力同吴决一死战。

越国联络了各国诸侯，朝拜周天子之后，以讨伐昏君名义向吴宣战！

起军之前，举行三天盛大的誓师仪式。

第一天，都城校场。大王亲自登坛擂鼓，下令斩杀三个犯军令的士兵，用鲜血祭奠了大王旗。然后令将士们表达忠君之心，于是，校场顿时喧闹起来，先是狂呼乱叫；再是奔腾跳跃；后是肉搏格斗。

第二天，郊外河边。大王用勾践剑斩杀三个犯军令的士兵，用桶把鲜血接了，说是夫差之血，自己先喝了一口，然后倒入河中，令将士每人喝一口河水，以壮军威。将士得令，口呼“大王鸣呼！”跳入河中，水牛般痛饮，以致河水瞬时断流！

第三天，城郊固陵。举行军民告别式，让家人和子弟泣涕决别，表达此行不灭吴，不复相见决心。

震天鼓声响了！

进军螺号响了！

在惜别的哭声和送别叫声，歌声中，五万将士起动战车，划动战船，迈出步子……

此次北伐，大王为主帅，大将军范蠡副之；文种辅之；王子守国。

范蠡此次方略是：以灭吴为目标，以歼夫差主力为手段。步骤是：先攻与越接壤的吴国富庶地御儿（今浙江崇德东南一带）若夫差不战请和，越可厚取，吴将益匮。夫差之性，耻于不战，必以国都之精锐迎战，越可乘救兵未至，集中歼灭之——吴国大军，因粮食匮乏，分散移至东海之滨，打鱼摸蚌为生。即如援救夫差，远水难解近渴，且久不习战，斗志技能下降，正可各个击破。

范蠡在行军途中，重申了一贯要求：个人不逞匹夫之勇，而要听从号令，旅进旅退（齐进齐退）。进则有赏，退则有罪；进不用命，退则可耻，均以刑罚！

大军到达御儿之前，范蠡照律斩杀了不听令者、不用王命者、淫逸不可禁者，整肃了军纪。集中御儿之后，又以大王名义下令：父子均在军中者，父归；兄弟俱在军中者，兄归；有父母无兄弟者，归养；有病不能出征者，归国。将士闻听，感激涕零，欢声如雷。归音极少，都想为国效力，为大王尽忠。全军皆有致死之心夫差闻报，果然率军六万，出了姑苏，南下迎战。

正是范蠡所希望的！

范蠡接到探子报来消息，立即报告勾践。勾践十分兴奋，下意识地握住腰间勾践剑柄。说："太好了，等的就是这一天！大将军，你说如何办吧？"

范蠡说"臣以为应疾速令大军，渡过笠泽江(今江苏吴江市南)在江北歼之！"

"唯！"

已经晚了。夫差大军先到了笠泽江北岸。

越军只好摆在了笠泽江南岸。

北岸六万人，南岸五万人，都是精锐！

隔江相望，旗帜可见，话声可闻。

越为"客"，吴为"主"。

客方派出使者约战，主方答复：明日，先水后陆。

使者返回复命，勾践同范蠡、文种商议。

范蠡一笑："兵不厌诈。蠡此次不当君子矣！"

文种会意："相国莫语，你我写于简上，呈于大王。"

勾践有点不悦，何种时候，还玩游戏？二人转身写简，稍倾转身呈上，"呈大王过目明断！"

勾践接过一看，都是两个字："夜战"。惊喜地"唯"了一声，高兴地把简给二人看了，二人也笑了。

勾践不大放心："约好明日，夜战不义吧！"大王考虑影响。

范蠡道："大王，夜半子时便是明日。"

勾践笑了。忘了寡人身份，捅了范蠡一拳："你这个家伙，横竖都能找出理儿！"

笑过之后。开始研究夜战方略，决定：将大军一分为三，大王率中军三万，其中陈音师、楚女师君子之卒六千人。其余两万分为左右军，范蠡率右军一万，文种率左军一万。部署是，黄昏后，左军溯江而上五里，敛声渡江，夜半鸣鼓而进，攻击吴阵；右军顺江十里，悄悄渡江，待左军接战后上前夹攻。左右两军，各用大鼓，务使鼓声震天动地，声播近远。中军则在夜半后，金鼓不鸣，衔枚禁声，渡江直冲吴中军。方略确定后，范蠡又特别强调了攻前要静如鼠，象老鼠钻在地下；攻时要勇于虎，象猛虎下山吼叫张口。然后，三个人分头行动。

阴天无月夜，时有毛毛雨落地。

江北的灯光时隐时现。

为迷惑江北，范蠡令依旧在营地点起一堆堆大火。留守将士故意大声说话、唱歌。

左军朝上游出发了。

右军朝下游走去了。

中军枕戈待夜半！

笠泽江静静地流淌着。

激动人心的夜半终于来临

决定两国命运的子时，终于到达。

重要的历史时刻！

左军的鼓声响了。

躺在帐篷里的夫差听到震天鼓声，知是越军来袭，骂了一句："南蛮子，真不信义！"穿衣拿剑出帐，指挥将士举火察看，尚未弄清，另一边的鼓声又响了。明白是两军合围夹击，心中大惊，急传令分左右迎战。左右军走后不久，夫差突然发现，不远处便有手持长矛的越军，悄悄朝自己中军冲来。夫差叫声："不好！吾中计也！"令随身武士护着自己向北疾跑。中军夜半遭到突袭，仓促应战，边战边退，损失惨重。左右两军见中军已退，首尾难顾，亦跟随而去。兵败如山倒。逃跑之中，死伤无数。

范蠡见吴军溃退，建议大王率军尾追，自己率舟师乘快船抄近路到前面堵截。勾践叫了声"唯！"举剑向前冲去。越军几万将士呼啸狂奔。

天亮时分，吴军北退二十余里至没溪（吴江附近）据溪为守，收容散卒，局势稍定，准备再战。正当其时，范蠡所率舟师自太湖取横山（今吴县西）向吴军采取包围攻击态势（古代水上包围之先例）。夫差见势不好，乃向吴都城郊撤退，复遭越军追击而大败。及退至城郊，激战，又败；慌忙入城据守。出城时六万大军，入城时只剩下万余。可叹伍子胥苦心教训打遍中原无敌手的精锐之师，一朝毁于昏君夫差手中，败于大将军范蠡手下。

太阳穿过云层出来了。

越军追到姑苏城下、只见陆路、水路共十六个城门紧紧关闭。

勾践求胜心切，挥动勾践剑，指挥越军攻城。

越军组织兵力，在战鼓声中朝城门扑去。

飞蝗般地利箭从城墙上射下。

前进的越军死伤不少。几个越兵往回退了。

勾践大怒，手持勾践剑，就要过去刺死越兵。范蠡上前用手将勾践剑拨开。他见越军一路追击至此，十分疲惫，又知周围约七十里的姑苏城，近年已被夫差改造成城城相套，易守难攻的铁城，感到硬冲已不是上策。

"你?!"勾践望着范蠡，眼冒凶光。

"大王！"范蠡急忙解释道："吾军疲敝，吴都有备，城郊扎营，再做谋划吧！"此时，范蠡心中已涌出"围而不攻，待其自毙"方略。

勾践听大将军如此说，知道范蠡已有新策术，便收剑入鞘，面色冷冷："唯。"

范蠡令鸣金收兵。越国大军松了口气，在姑苏郊外四境，安营扎寨。

范蠡意识到，灭吴之战已由对阵、追击转入对阵，吴军失去天时，但仍有城固地利，万余亲兵的人事。战争已进入相持，短期难以结束。在郊外夫差的一个行宫，范蠡将大王勾践安顿后，说出了"围而不攻、待其自毙"的策略。

"唯？你说什么？"勾践吃惊。

"围而不攻，待其自毙！"范蠡胸有成竹地说，"大王，臣能使夫差自己打开城门。"

范蠡见勾践之态，也笑道："臣自有道理。"

"唯？"勾践恢复了常态。

“大王！”范蠡接着说出了一番见解。他说：“国者无军，何以成国。今吴王主力已无，龟缩死城。远不通诸侯，近不及乡邑。道路阻断，政令不行。吴民已为大王之民，吴地已为越国之地，吴粮已为越军之粮，吴国实已亡矣！可在吴都西门外，筑越城，作为越之北都，监视吴都而困之，使都内军民自耗，自残。大王既有吴国，可北开运河通三江五湖；西植葛麻于夫椒，以为弓弦；东控笠泽江，以收东方之粮；南通　李御儿，以利前后方输送。如此这般，越日强，吴日弱，不战，则吴必灭。大王！不出一年，吴都粮困，吴军必开城门挑战。是故夫差自开城门矣！”

勾践听了，觉得有理。但此方略，没有把夫差立即置于死地，感到不解恨，不解气。说：“夫差首级，何时可取！”范蠡知道勾践与夫差有弥天大仇。然地利人事不备，若硬攻城，必然死伤惨重大损元气。得一空城，失去主动。主客位置若变，越军越国势危。他把这个道理向勾践说了。针对勾践心理，讲了猫逗鼠的故事。过去他曾让勾践学鼠装死骗猫，如今他又建议勾践学猫逗鼠，他说：“大王，逗逗夫差这只老鼠，比一下子吃了有味道。夫差囚大王石室三年，大王也囚夫差姑苏三年，一还一报。让夫差也尝尝被囚的滋味！”

范蠡最后之话打动了勾践的心。勾践想起三年石室老鼠般的生活，下决心说：“好，依大将军之见，困他三年！”

越军按照范蠡方略一一实行。

越军逼城，按兵不战。夫差无奈，只好死守

半年之后，吴都粮乏，开门挑战，一日五次。

勾践按捺不住，意欲迎战。范蠡劝道：“大王忘了三年石室之苦乎！”勾践乃止。

一年之后，吴都粮困，吴军又开门挑战。勾践欲攻之。范蠡想到大王心情，说道：“出城之兵，皆为小股，歼之无伤吴之股肱。容臣设计，诱夫差锐师出都，围而歼之，彻底灭之。”勾践同意。于是范蠡于公元前四百七十六年春，解除对吴都的围困，发兵攻楚。对自己国家如何真攻呢，范蠡心苦。只把兵移到吴楚边境屯集、强训，不断造出虚假战况，迷惑夫差。

夫差见越大军撤离攻楚，心中大喜。见都城粮仓已空，臣民皆有怨恨之色，担心内讧。又听说越军所建“越城”粮食充足，兵器齐全，便带着亲兵万余人离开吴都，住进了越城。夫差以为危机已过，每日吃喝玩乐。谁知越军伐楚是引蛇出洞。次年十一月，越军回师，围住了越城。越军撤离时，已在越城墙内外做了手脚。回师后，很快攻陷外城，直逼狭小内廓。夫差大惧，许亲兵以重赏，乘夜突围，西上姑苏山，(吴县西三十里)收拢残兵，据山以守。没想到已掉进范蠡布的口袋！在此之前，范蠡已部署主力水师陆师从太湖、阳山，穹窿山等四面把姑苏山围了个铁桶一般，等的就是夫差往桶里钻。

夫差从探子口中得知四面已被包围，知道入了范蠡圈套，上天无翅，入地无门，只有请和。夫差住进越城时，让伯　留在吴都。身边无得力大臣，只好把将军王孙雄找来，令他入越营请和。

王孙雄学着当年越国请和时诸稽郢和文种的样子，赤裸上衣，到越营后跪行到越王勾践面前，叩首泣道：“孤臣夫差，昔日得罪于会稽，夫差不违天命，与君王和议而归。今日姑苏亦当年会稽，孤臣亦望如当年赦罪！”

王孙雄一席话使勾践想起当年之事，也想起王孙雄当年促成和议，怜悯自己之举，意有应允之色。范蠡在侧谏道：“大王，二十年卧薪尝胆之图忘乎，三年石室之辱忘乎，夫差粪便滋味忘乎？”

勾践别的事可以忘掉，尝便之味是永远忘不了的。他挥手让侍卫武士将王孙雄驱了出去。

夫差不死心，令王孙雄接连又见勾践两次，辞愈卑，礼更恭。勾践又欲许和，范蠡再谏说，得时不得，时不再来，天予不取，反为之灾。天以越赐吴，吴不取遭今日之灾，今以吴赐越，越岂敢违天命乎？勾践乃罢。之后，范蠡和文种决定，再不许王孙雄踏进越营。王孙雄又来了四次，均被武士挡在了营外。

范蠡“引蛇出洞”，把夫差困在姑苏山之后，便开始谋划围攻姑苏城。

夫差闻越兵攻入吴都，相国伯　等已降。知越兵必攻姑苏山。西有太湖，东南均有重兵。遂同王孙雄及其三子带着王宫卫队向山北奔去，希冀从北面突围。途中腹肌口渴，只好嚼生稻，喝沟水，好不容易到了余杭山。

范蠡得知夫差向北逃去禀报勾践后，即和文种率千余君子兵追到余杭山，将山团团包围。擂鼓呐喊，要夫差下山投降。

夫差接到文种答书，急忙视之，只见书上写道：吴王有大过者六：杀忠臣伍子胥，一；以直言杀公孙圣，二；重用佞臣伯　，三；齐晋无罪，数伐其国，四；侵伐同壤之越，五；先王死于越手，不知报仇，纵敌贻患，六。有此六大过，天已难容，还有何面立于人前。”夫差读到第六款，心如箭穿。满面泪流道：“孤不诛勾践，忘先王之仇，为不孝之子，此天之所以弃吴也。”王孙雄劝道：“臣请再见越王而哀恳。”夫差想了想说：“孤不愿复国，只求为附庸，世世事越。子去说吧。”

王孙雄来到越军阵地，正好勾践率兵到达这里。

王孙雄要见越王，范蠡令武士挡住。

王孙雄哭声惨烈，口呼夫差愿做越王奴仆。

勾践听到王孙雄哭声，想起了吴王一些好处。心中有些不忍，对身边的范蠡说：“大将军，如何是好。许不许？”

范蠡深知勾践是有病之君，不仅有狂怒之态，还有妇人之仁。此时若松口，勾践定会许和。夫差在，吴不灭，后患难以预料。兴越灭吴，功亏一篑。且勾践常常反悔。若建议许和，事后，勾践将会猜忌自己。想到这里，便说：“大王明断。臣以为尝便之味不可忘，吴国请和不可许。”范蠡又说到尝便之事，是想提醒勾践。他知道大王对此是一直不能忘怀的。

果然，勾践说：“孤欲勿许，难对使者哀恳……子去对之吧。”

范蠡得到大王委托，乃左手提鼓，右手拿槌，来到王孙雄跟前，把鼓咚咚敲了一阵，止住了王孙雄哭泣，说道：“昔者，天降祸于越，将越赐吴，吴不受，是违天命也。今上天掉过，委越制吴，吾王敢不从天命，而从汝王之命乎？”

王孙雄叩首泣道：“尊敬的范子，先人有言，助天为虐，断子绝孙。子助天为虐，不怕不祥吗？”

范蠡又擂了一通鼓道:“吾与上天有缘,不怕断子绝孙!请汝疾回,让夫差向吾王投降!”

王孙雄知范蠡不是通融之人,心想若能见到越王,可能有转机。便说:“雄无话可说,请允和越王辞行!”

范蠡一眼看出王孙雄心思,又擂鼓笑道:“君王已嘱我全权矣。子请回,勿使我得罪于你。”身边武士见大将军如此说,如狼似虎般吆喝王孙雄快走。王孙雄仍迟疑不动,武士们刷地抽出宝剑逼了上去。王孙雄无望,愤愤然大骂范蠡而去。

范蠡把鼓一扔,拔出长剑一挥,三千越兵猴子般地上树爬石,很快将夫差藏身地方“干隧”包围得水泄不通,飞鸟难进。文种得知范蠡上山后,摇摇头跟了上去。

范蠡令君子兵将大王抬上山来,置于一大石上。令武士呼叫夫差出来投降。一阵呼喊之后,夫差身影在树丛边露出,披头散发,衣服烂缕,满脸泪涕,全无君王模样,犹如市上乞丐。王孙雄等凄凄然站在夫差身后。

勾践闭目:“孤心不忍加诛。告吴王,孤封他到甬东(今舟山群岛)君百家,夫妇各三百侍人,终养天年。以报他未杀孤之德。”

范蠡本想劝谏,但想到夫差之性,决不会当百家之君,没有吭声。

果然,勾践的话,左右高声传到夫差那里。夫差仰天大笑道:“灭吴者,非越,实寡人也!愿天下诸侯以我为鉴!孤已年衰,苟活甬东,实非所堪。请越王稍待,孤必自决,报孤祖宗。愿越王善待吴国臣民,莫以夫差为伍!”夫差四顾而望。王孙雄等人哭泣劝王不要自决,到甬东再图。

范蠡担心勾践有变,夫差有变——君王之心,臣难卜知。大声喊道:“吴王,世无万寿之君!人总有一死,何必使吾王之师加刃于王耶””

夫差到了国破、都破、军败、无吃、无喝境地,悔恨万分,死心已定。对王孙雄说:“悔不听子胥之言,破败如此。吾无颜和子胥黄泉相见。吾死后,将军用衣巾掩吾脸面。呜呼,孤去也!”说完,拔剑自刎。王孙雄挥泪解衣将吴王脸面盖上。向吴王叩了三个头,自刎倒在夫差身边。一直跟随的一二十名卫士,也都用剑自刎,倾刻之间,倒下一片,三个王子、几个妃子呆若木鸡。

勾践见夫差倒下,血溅草地。叹了一声:“甬东乃仙岛,为何不去?大将军收拾残局吧!”说完看一眼范蠡,下山朝姑苏城而去。

范蠡见夫差已死,松了口气。突然想到孙武率兵攻入楚国都城,楚昭王逃走之事。心中感慨道,孙武,子以强制弱,吾以弱制强,咱俩平手了。听大王让自己收拾残局,令几个甲兵押王子、王妃送到姑苏,由大王明断。令越军,每人负土一小筐,将夫差和王孙雄等尸体掩上。不多时辰,一个大坟在山坡上耸立。一代霸主长眠在余杭山上,可悲,可叹!

范蠡率兵下山。回头望时,只见山上,冲天大火,辉映晴空。隐隐约约,看到白发素衣的伍子胥……大功即将告成,何时身退,退身何处呢?勾践之心,灭吴之后,必争霸主。当此之时,提出身退,三军震惊,大王必不允之。天时地利人事不至,当心身败!忍为上,以待时机……

功成名就时　避身以求全

在姑苏馆娃宫，范蠡终于见到了西施。这对苦苦思念八年之久的情人，这天夜晚，在越王勾践夫妇的小型夜宴上举行婚礼，终成眷属。这一年，范蠡35岁，西施25岁。

消灭了吴国，洗雪会稽之耻后，范蠡就按越王勾践称霸中原的意图，率军10万，号称20万大军从太湖沿邗沟北上。旌旗蔽日，战舰如云，浩浩荡荡直抵淮北。

范蠡在外交上捭阖自如，与各国之间友好交往，礼仪相见，不像吴王夫差当年以武力相挟，故所到之国，君臣笑脸相迎，待为上宾。齐国和晋国两个万乘大国也为范蠡的才干和仁义所折服，齐平公消除了越将要伐齐的疑虑，对范蠡邀他黄池会盟欣然应诺；晋出公权衡利弊，表示愿意让出盟主的位置。范蠡穿梭中原各国，表明越国愿与各国世代修好，各国都愿推越王勾践为中原盟主。

三年之后。

不寻常的一个夜晚。

吴宫文台，灯光通明。欢声雷动。

越国君臣、军民正在举行盛大宴会。祝越军北伐中原大捷；庆齐、晋、宋、鲁、楚等诸国尊越为霸；贺周天子封勾践为“东方之伯”。

被祝、被庆、被贺主角勾践端坐北面，右边坐着王后姬玉，左边坐着王子鼫与。身后坐着或站着王子、王女、贵人、侍人、卫士等。

范蠡、文种、舌庸、苦成、皓进、皋如、欧阳等大臣和水陆师将军依次坐在东西两边。

每人面前几案上佳肴、陈酿、水果、食品一应俱全。

仪式程序复杂。祭天、祭地、祭祖宗、祭死去将士。王后祝酒，王子祝酒，大臣祝酒，将军祝酒，拔萃甲兵敬酒，百姓老者敬酒，各国使者敬酒，周天子特使敬酒。祝敬一次，欢呼大王英明、大王万寿一次。

祭毕，敬罢，献舞：吴国舞，越国舞，宫廷舞，山野舞，男舞，女舞，混合舞。勿论粗野、温柔，全是展现大王勾践赫赫功绩。最后是歌舞——仪式高潮。乐师、歌师、舞师一齐登场。鼓声之后，琴声飞扬，舞者狂舞，歌者劲唱。

群臣兴奋激动地“乎！乎！乎！乎！”叫着，朝着大王，王后，王子笑着。

勾践端坐，笑无喜色。王后亦同身后王子说话，似乎对歌舞不感兴趣。人们只顾欢呼，喝酒，没有关注勾践一家仪态颜面。

范蠡特别关注！

宴会结束。在欢送万寿万福大王一家离开文台后，范蠡没有回住所，径直到了水师驻地，悄悄找到了独山……

勾践在吴王寝宫大王床上，一觉睡到次日下午，起身，见几案上有范蠡奏简。取过一看，只见上书：臣闻主辱臣死。昔者，大王辱于会稽，耻于石室，臣所以相随不死者，欲隐忍兴越。今吴已灭，中原诸国已尊王为霸，天子加封大王为伯。恳请大王免臣之罪，乞无用骸骨，老于江湖。祝大王万寿万福，越国繁荣昌盛。

勾践阅毕，双手发抖，尖声高叫："来人！"

应声来了军卫（卫士头）王蛇。

"唯！走！"

"大王，去何处？"

"大将军下榻处！"

勾践乘车来到范蠡住处。

范蠡正在写简，闻听门口卫士叫："大王驾到！"慌忙将简藏起。整容振衣，迎了上去。此时，勾践已进屋，范蠡慌忙跪下叩首："不知大王驾到，有失远迎，请大王恕罪！"

勾践："平身！平身！大将军为何要离开寡人呢？"说完把奏简往几案上一扔，上前拉住范蠡衣服，哭出了声，掉下了泪。这情形使范蠡想到在石室时曾经有过。

昨晚，范蠡从大王神色中，感到勾践不欲功于臣下，疑忌之心已见，决定尽快离开越国。但又想，匿声而去，恐生事端，故而还是写个奏简，毕竟事君二十多年！刚才见大王带着军卫来，吃了一惊，大王是否以"背君"之名，将己诛杀？见大王神情恻然，泣下沾衣，心里踏实了。说："大王，臣已在奏章上写明。"

勾践拉住范蠡之手摇着："寡人赖将军之劳，才有今日；越国百姓赖相国之功，始人旺谷丰；寡人正欲图报，将军为何弃寡人而去呢？大将军，收回奏简吧！"

言之切，情之殷，留之诚，令人感动！

瞬间，范蠡想到：是自己多心？

不！马上坚定了自己想法。对大王说："大王知道，臣做事一向深思熟虑！"

"大将军留下，孤把越国分一半给你。"勾践恳求许愿。

"大王！臣不是为江山追随大王。"范蠡回答。

勾践松开范蠡之手："大将军，孤再问，留与不留？"

范蠡笑答："不留！"

勾践脸色变了："唯，留则与子共国，去则妻子为戮！"

范蠡不为所动："大王，妻子何罪？死生由王，臣下顾矣！"

"唯？何处？"

"泛游江湖。"

"唯，可否再思？"

"臣听君命！"范蠡想给勾践一点希望，有助于自己行动，所以这么答了。

勾践环顾范蠡房间和几案。范蠡担心勾践发现自己刚才所写之简——那可是"背君"证据呀。所幸，勾践眼光瞟了一下便挪开了。叹了口气，向王蛇挥手，走了。连范蠡给他施礼，他都没看。

勾践走后，范蠡担心夜长梦多，匆匆吃了晚饭，告卫士们，出去走走，离开住地，朝文种住处走去。

第二日，大王勾践使人召范蠡，得知范蠡已走，骤然变色，问大夫文种；"蠡可追乎？"

文种答道:"蠡有鬼神不测之机,善谋天时地利人事,追之晚矣!"

勾践叹道:"孤事事听命于他,为何要走呢?"

"人各有志吧!"文种只好如此说。

"唯!文大夫知他到何处吗?"

"不知。"文种答道。范蠡曾向他透过欲去齐鲁之地。但他清楚,这话不能给大王讲。

文种退朝回到下榻处,见几案与昨日有异,仔细一看,一堆竹简中,一束特别。抽出一看,大惊失色,原来是范蠡亲笔。何时放至此处呢?范蠡有功夫,定是昨晚,文种展开,只见简上鸟体篆文——写道:

少伯致子禽,所谓狡兔死,走狗烹;飞鸟尽,良弓藏;敌国破,谋臣亡。伴君如伴虎,功成需抽身。勾践为人,长颈鸟喙,嫉贤妒功:可与共患难,不可共安乐。子今不去,祸必不免!蠡顿首。

文种看后,把竹简扔进火炉,心想:"少伯过虑了吧。"

勾践回到后宫,怏怏不乐。

勾践对越后说,"范蠡走了!"

"走了好啊!"姬玉兴奋地叫了一句,旋即大惊失色:"范蠡到何处去了?"

"不知道。"勾践见姬玉神色不对,有些奇怪。

"走多久了?"姬玉急问。

"卫士禀报,昨夜就走了。"

"如何走的?"姬玉抓住勾践衣服,手指发抖。

"水师禀报,十船长独山不见了,孤想是坐船走了吧。"勾践不以为然地说。

"派兵追了吗?"姬玉声音变了。

"没有。"勾践不知姬玉对范蠡出走为何着急、"汝不是说,让王子先治政再治军。范蠡一走,王子正好做大将军吗?"

"大王好糊涂啊!"姬玉扯着勾践衣服说,"大王忘了越国如何复兴的,忘了如何当上霸主的。范蠡若去辅佐别国君王,大王的江山、霸主……会跟夫差一样!"

"明白了!"勾践头上冒汗,"孤想着走了也好。忘了小疯子翻天覆地的本事。如何了得!"

"派兵追呀!"

"文大夫说来不及了。"

"他二人是一伙的!"

"孤真糊涂。来人!"

"范蠡背君亡走,疾带人将其追回!"勾践大声说。

"追不回就地诛之!"姬玉补充说,"此事莫惊动水陆两师,以防兵变。"勾践听王后如此说,又补了一句:"别让朝中大臣知道。"

"遵大王、王后之命!"

"追不回来,孤就杀了范家余人。"

姬玉笑道:"大王糊涂了。追不回来,封地百里给范蠡,令良工塑金像立于王宫,以示大王不忘功臣。”

第二天早朝，越王勾践就向满朝文武宣布范蠡离开会稽。既然走人，也就谈不上分国而治了。越王勾践当即传令全国：把会稽赏给范蠡作为奉邑。这一招做得很漂亮，既保了江山又保了面子，众臣都认为越王讲仁义，重义气。

越王勾践还在姑苏王宫早朝上煞费苦心地表演时，范蠡的巨船已披着江南春天灿烂的朝霞，悠哉游哉地漫游在美丽的太湖中。

而文种看了范蠡的信，将信将疑。他对越王勾践还抱着幻想。为了安全着想，他就称病不朝，不干预勾践的国政大事。

范蠡果真是一个预言家（与伍子胥不同，他是走运的预言家）。文种还没有来得及享受荣华富贵，悲剧就降临了。有人诬告文种称病不朝是蓄意谋乱，这就为勾践找到了一个借口（其实早在越灭吴时他就已经容不下这个与范蠡同样才智出众的大夫了）。于是，派人送来一把剑，并传话道：“当年你教我伐吴，有 7 条计策。我用了 3 条，就把吴国灭了。还有 4 条计策在你脑子里，你准备干什么用呢？你还是带着它，替我到地下献给先王吧！”文种接过宝剑一看，正是当年吴王叫伍子胥自杀的那把属镂宝剑。文种这才想起了远在天涯的老朋友范蠡，喟然一叹。这个忠心耿耿辅助越王勾践复国、报仇、称霸的谋臣，就这样含冤饮剑而亡了。

“敌国灭，谋臣亡”，这个历史典故，也许就是这样留下来的。在君主专制制度下，君主戳杀功臣的事数不胜数，文种式的悲剧被一而再、再而三地重演着。对于那些智谋出众的功臣宿将来说，他们的功劳本身就是“罪孽”。在勾践之类的君主那里，功与罪的关系是颠倒的。这类悲剧的不断重演，常常令那些功高震主的大臣们惶恐不安。但是，事实上，象范蠡那样功成身退而保全自己的人毕竟屈指可数，而象文种那样自己推着自己走入火炕的人又是举不胜举！

诛杀功臣无疑是越王勾践一生中最不光彩的一面。但谁也相信，含冤饮剑是文种人生历程中最悲惨的一页！

范蠡、文种可谓构成了极其鲜明的对比。

范蠡是越国得以复兴的一位关键人物，司马迁说他“与勾践深谋二十余年，竟灭吴，报会稽之耻，北渡兵于淮以临齐、晋，号令中国，以尊周室，勾践以霸，而范蠡称上将军。”越国的振兴，固然有多种因素，而范蠡的正确谋略，无疑是极其重要的原因。

他杰出的军事才能更是发挥了非常关键的作用。

范蠡的军事思想来源于军事实践。据史料记载，范蠡与文种等人相比，更擅长于军事。夫椒之战后，越与吴签订了屈辱和约，勾践夫妇入质为奴。临行之际，越王“欲使范蠡治国政，蠡对曰：‘兵甲之事，种不如蠡；镇抚国家，亲附百姓，蠡不如种。’”就是说，他愿意陪同勾践去吴，因为在军事和外交方面，其才能，优于文种。这一建议得到越王的允诺。范蠡军事实践活动的第一阶段，即入吴为奴时期就已开始。

外交斗争是军事斗争的延续。公元前 494 年，越王勾践闻知吴王夫差日夜操练军士，越王就想先发制人，“欲先吴未发往伐之”，范蠡谏阻不听，结果“败之夫椒，越王乃以余兵五千人保栖于会稽，吴王追而围之”。在面临亡国危险的紧要关头，勾践深悔当初不听劝止，他对范蠡说：“以不听子故至于此，为之奈何？”范蠡冷静地分析了越、吴两国的实力，认为继续抗击，必然彻底败亡。当务之急是尽可能保存仅有的实力，以图再起。而要实现这一步，只能是“卑辞厚礼以遗之；不许，而身与之市”。如此苛刻、屈辱的条件，在春秋争霸战争中是绝无仅有的。不图一时之胜负，是范蠡的着眼点，也是极有远见的谋略。后人以为这是范蠡为越国“定倾危之计”。实践证明，范蠡的决策是正确的。

范蠡随勾践入质于吴后，其根本任务是要让夫差赦勾践等人回国。为此，范蠡做了许多工作。一是表面装得很老实，要勾践等人做出诚心悔改、归降的样子。“越王服犊鼻，着樵头。夫人衣无缘之裳，施左关之襦。夫斫　养马，妻给水、除粪、洒扫。三年不愠怒，面无恨色。”这些伪装确实迷惑了夫差。二是买通权臣为越王君臣说情。其中最卖力的吴太宰伯　。此人接受了越的巨额财宝和美女，一个劲地为越王说好话：“愿大王以圣人之心，哀穷孤之士”，“臣闻无德不复，大王垂仁恩加越，越岂敢不报哉？”夫差是一位好大喜功，特别爱听奉承话的国君，听了伯　的话就打算在适当时候赦免越王。三是离间吴王君臣关系，消除对越的不利因素。吴有佞臣伯　，亦有诤臣伍员（子胥）。伍员对越一直怀有戒心，“非吴则越”，吴与越势不两立，所以他屡屡劝夫差彻底铲除祸根：“臣闻王者攻敌国，克之则加以诛，故后无报复之忧，遂免子孙之患。今越王已入石室，宜早图之，后必为吴之患。”然而夫差置若罔闻，这固然是他陶醉于眼前胜利、欲争中原霸主的心情所使然，亦与伍员居功自傲、性格暴戾、不讲策略的作风有密切关系。夫差最终还是赦免了勾践。

公元前490年，勾践结束了在吴的囚禁生活，也开始了范蠡振兴越国的第二阶段军事实践。其一，范蠡认为强兵必先富国。他把恢复和发展经济作为各项工作的重中之重：“兵之要在于人，人之要在于谷。故民众，则主安；谷多，则兵强。”强兵要以富国为基础，范蠡不是孤立地抓军事，他与文种、计然等大臣密切配合，为越国经济的复苏做了大量工作。其二，改革军制，加强对军士的训练。越国原以水兵为主要军事力量，“夫越性脆而愚，水行而山处，以船为车，以楫为马，往若飘风，去则难从，锐兵任死，越之常性也。”长于水战，是越军的传统和特点。然而随着战事规模的扩大，仅有水军则难以应付战事的需要，所以范蠡把扩充步兵作为重点，建成既有水军，又有步兵，水陆结合的武装力量。范蠡又注重军队训练，他说：“古之圣君莫不习战用兵，然行阵队伍军鼓之事，吉凶决在其工。”平日多流汗，战时少流血，顽强的战斗力来源于刻苦的军士训练。“越女舞剑”、“陈音教射”，都是训练士卒的具体措施。其三，营建城廓，加强防御设施。越国在夫椒之战前，实无像样的都城。公元前490年勾践归国后，建筑都城等一类防御设施，实属当务之急，此项任务就由范蠡承担。依照勾践的想法，效法越之先祖，筑城于会稽山坳。范蠡以为“不处平易之都，据四达之地，将焉立霸王之业？”可见勾践当时只求消极的防守，而范蠡更注重积极的开拓。今绍兴城就是在范蠡所筑的越国都城的基础上发展而来。城内有卧龙山、蕺山、怪山，构成三足鼎峙的雄伟气势。又有纵横交错、四通八达的河道网络。既利于军事上的攻守，又便于国民生产和生活，在城建规划中，可谓独具匠心。此外，范蠡还在钱塘江南岸建起“防坞”等军事设施，在以后的争霸战争中，发挥了巨大作用。

由战略防御到战略反攻是范蠡第三阶段的军事实践，他的杰出的军事指挥才能此时得到充分发挥。首先，范蠡十分注重选择战略反攻的时机。据文献记载，勾践返国四年起，即在鲁哀公九年、十年、十一年、十二年、十六年，屡屡打算兴师伐吴，范蠡均告以“未可”、“姑待之”，直至十七年三月，才建议出兵。说明范蠡选择战机极为谨慎。会稽之耻，前车可鉴，贸然行动，或许会前功尽弃。其次，在伐吴的战术上，范蠡也安排得天衣无缝，他采用的是示形诱敌，中路突破，大量聚歼的战术，即分其师为左右二军，另有“君子”六千人，为越王亲自率领的中军。先派左军沿笠泽水上游守候，又令右军顺笠泽水下游隐蔽。至夜半时分，勾践下令左右军同时向江对岸的吴军发起进攻。吴军仓猝应战，也把军队分成两支，正中范蠡诱敌分兵之计。勾践见敌中计，即令中军渡江，从吴军两路中间的薄弱环节发起攻击，兵锋直接插向吴军的腹部。吴军大溃。这就是著名的越、吴笠泽之战。其三，彻底歼灭敌人，不留后患。笠泽之战后，越军步步进逼，至公元前473年，姑苏被围三年后“吴师自溃”，此年十一月，越军攻占吴都，夫差仓惶逃往城郊姑苏台，又被越军围困，只好派人向勾践求和。“使者往而复来，辞愈卑，礼愈尊，王又欲许之。”范蠡以为不可，他说：“孰使我蚤朝而晏罢者，非吴乎？与我争三江、五湖之利者，非吴邪？夫十年谋之，一朝而弃之，其可乎？”范蠡彻底灭吴的态度十分坚决，其原因就是防止重蹈覆辙。

从以上范蠡主要军事实践来看，他不愧是我国古代一位杰出的军事指挥家。“范蠡三徙，成名于天下，非苟去而已”。其成就虽广泛，但首先是作为一位杰出军事家的姿态，出现在历史舞台上。

同时，范蠡还是一位有丰富军事实践经验和深厚兵学理论素养的军事家。《汉书·艺文志》“兵权谋家”中有《范蠡二篇》，是范蠡的兵学著作。可惜唐以后此书已佚。我们只能从史籍中有关范蠡言论的零碎记载中了解其大概。其军事谋略思想大致可以归纳为以下几个方面。

第一，尊重规律，待时而动。针对勾践急躁冒险的思想，范蠡提出了“因天地之常，与之俱行”的谋略理论。他认为任何一方军事力量的消长，都有一个不断演变的过程。在我方国力增长尚无克敌制胜的把握，或是敌方未见明显衰败之时，仓猝进攻，任性行动必然酿成大祸，这在越国是有沉痛教训的。越王从返国后四年起，多次想兴兵伐吴，并以吴军某些衰败现象为理由。范蠡均以时机不成熟为由加以阻止。范蠡的观点是正确的，因为吴越二国的兵力十分悬殊，“谋之二十二年”才彻底击溃吴军，其斗争过程是艰苦而又漫长的。范蠡详细了解敌我情况，才一再坚持待时而动。一旦时机成熟，又必须抓住机遇立刻行动：“臣闻从时者，犹救火、追亡人也，蹶而趋之，唯恐弗及。”

第二，富邦安民，天下同心。范蠡以为强兵的关键是富国。国富才能兵强。他说：“广天下、尊万乘之主，使百姓安其居、乐其业者，唯兵。兵之要在于人，人之要在于谷。故民众，则主安；谷多，则兵强。王而备此二者，然后可以图之也。”这段话辩证地分析了发展经济、繁衍人口与增强兵力的内在联系。在争霸战争中，兵力的强弱至关重要，而要增强兵力最根本的办法是恢复和发展经济。由于古代生产单一，发展经济主要是发展粮食生产。“天生万物而教之而生。人得谷即不死，谷能生人，能杀人。”无论是战争环境或是和平时期，粮食生产都应视作头等重要的大事。越王根据范蠡的建议，“除民之害，以避天殃。田野开辟，府仓实，民众殷”。越国得以复兴，无疑仰赖于经济复苏和人口繁衍。

第三，审备慎守，否终则泰。吴、越争霸是一次智力与毅力的较量。越是弱国、小国，吴是强国、大国。要实现以弱胜强，以小胜大，范蠡以为问题的关键是要我方积极备战，谨慎守卫。他说：“审备则可战。审备慎守，以待不虞。备设守固，必可应难。”意思是说，由于战争是双方实力的抗衡。认真而全面地做好战备，就可对付各种突如其来的进犯。我们不能指望敌人放弃侵扰，更不能寄希望于偶然的侥幸取胜。在条件尚未具备，时机尚未成熟时，草率行事，后果不堪设想。另一方面，范蠡还提醒大家，决不可因为眼前敌人的强大而丧失胜利的信心：“闻古人曰：居不幽，志不广；形不愁，思不远”，愈是处境险恶，愈能激发斗志。古代许多“圣王贤主，皆遇困厄之难，蒙不赦之耻。身拘而名尊，躯辱而声荣”。其原因一是靠自己奋发图强，不减进取之志；二是“时过于期，否终则泰”，世间一切都在变化。范蠡的这些论述，大大增强了越王君臣克敌制胜的信心。

第四，乘虚捣隙，出奇制胜。范蠡在战术上多采用灵活机动、声东击西的作战方式，其中最为典型的笠泽之战。在战前长达十多年的准备时期，范蠡要求越王“柔而不屈，强而不刚”，即外柔而内坚，强盛而不轻率。为了蒙蔽敌人，“臣请按师整兵，待其坏败，随而袭之。兵不血刃，士不旋踵，吴之君臣为虏矣。臣愿大王匿声，无见其动，以观其静”。这就是《孙子》所说的“微乎微乎，至于无形，神乎神乎，至于无声，故能为敌之司命”。微妙而不可见，神速而不得知，使敌方死生之命皆主于我。公元前478年爆发的笠泽之战，就是在范蠡虚实战术指导下进行的。此时吴国由于长期的穷兵黩武，已是国疲民穷，内外交困，越军选择此时进攻，正当其时。经过一场血战，吴军主力崩溃。紧接着越军乘胜追击，在吴都南郊和姑苏城下又重创敌人。“三战三北”，吴军只能龟缩在姑苏城内，再无招架之力，就此决定了吴国的彻底败亡。笠泽之战是分兵诱敌、主力突破的生动战例，它体现了范蠡战术的奇妙。

第五，离间敌人，为我所用。“兵者，诡道也”，在激烈的军事斗争中，为了战胜敌人，历代兵家都主张以“用间”手段对付敌方。吴越争霸中，范蠡、文种的用间谋略，是颇为成功的实例。

“用间”的具体办法，要根据实际情况而定。夫椒之战后，越国已处危亡边际，而敌方吴国的势力已发展到顶峰。吴王夫差随着国力的强盛而日益骄横，完全失去了刚继承王位时的精明强干、奋发有为。吴国大臣中功勋卓著的是相国伍员，此人是两朝元老，他对吴国的贡献在诸大臣中无人可以与之相比，且目光锐利，深谙敌我形势。但是他恃功自傲，屡次犯颜直谏，盛气逼人，深为夫差所厌恶。另一位大臣是太宰伯 ，此人贪而好色，其特长是谄媚取宠，是夫差言听计从的幸臣。范蠡、文种就是从伯 身上寻找用间的方法。“亲而离之”，就是利用他离间夫差与伍员的关系；“内间者，因其官人而用之”，就是让伯 为越国说情，使夫差丧失警惕；“非圣智不能用间”，是要讲究用间的方法、手段。越国用财宝、美女收买了伯 ，在关键时刻他处处为越国效劳。如夫椒之战后，越军大败，仅剩下五千人退守会稽山，“越人饰美女八人纳之太宰 ，曰：‘子苟赦越国之罪，又有美于此者将进之。’太宰 谏曰：‘ 闻古之伐国者，服之而已。今已服矣，又何求焉。’夫差与之成而去之。”答应议和，使越国保存实力，得以复兴。勾践君臣入质于吴以后，伍员屡屡要求夫差诛灭勾践。在范蠡的策划下，越王百般讨好夫差，甚至使出了勾践为夫差“尝粪测病”的极法，深得夫差赞扬。幸臣伯 又趁机怂恿夫差释放勾践等归国，而且还讲了一大套冠冕堂皇的话：“今大王诚赦越王，则功冠于五霸，名越于前古。”搞得夫差头脑发热，飘飘然似乎真的成了古今第一圣王。“用间”更厉害的一着是借伯 之力消除越国心腹之患伍员。伍员对越国外交上的种种伎俩，洞若观火；对越国的复兴程度，一清二楚；对越、吴必战的趋势早有预料。此人不除，越难未已。范蠡巧妙地利用伍、伯二人的矛盾，借夫差之手，逼伍员自尽。越国在前进道路上的种种障碍，得以一一扫清。

范蠡是一位既懂实践，又有理论指导的军事家。他是善于学习又极其聪明的人。与他同时代的伍子胥，就称其为“智人”、“圣人”。连吴王夫差也想收为己用。他虽然未能留下系统、完整的军事著作，然而从其军事实践及零星的言论中，仍可窥知其军事思想的博大精深。在他的军事思想中，具有下列明显特征。

其一，朴素的辩证法。在范蠡的军事思想中，事物发展变化的观点表现得非常强烈。首先是认为世界按其规律运动发展：“天道三千五百岁，一治一乱，终而复始，如环之无端，此天之常道也。”人们要遵循变化的规律，不然，犹如“四时易次，寒暑失常”，就要受到客观规律的惩罚。其次是坚信物极必反。矛盾双方不是一成不变，而是互相转化：“峻高者颓，叶茂者摧。日中则移，月满则亏。四时不并盛，五行不俱驰。阴阳更唱，气有盛衰。”正是根据事物的变化通则，他提出“按师整兵，待其坏败，随而袭之”的战略原则。这里可以看出，范蠡丰富的辩证法思想是自然界和社会现象的归纳与抽象，而形成理论后又指导人们的行动。

其二，“审备慎守”是范蠡谋略思想的核心。“审备”，就是作好战备。战备充分，一可应付突如其来的进犯，二可掌握战争的主动权，选择最佳战饥，歼灭敌人。

范蠡为勾践策划的政治谋略与其军事谋略的目的是一样的，即都在于兴越灭吴。尽管范蠡自认为“四封之内，百姓之事”不如文种，但是他的政治谋略在灭吴过程中仍发挥了积极的作用。

1.定倾者与人。夫椒战败后，勾践十分后悔，问计于范蠡。范蠡说“定倾者与人”。认为人道好谦，倾危之中当卑约其辟、尊重其礼、献越之珍宝、美女于吴，并尊吴为天王，以此求成，如若仍不获许，即委管籥属国家于吴，以身随之。吴王夫差不听伍子胥劝谏，果然准降。勾践返于会稽，谢罪于国人，并葬死者，问伤者，养生者，吊有忧，贺有喜，送往者，迎来者，去民之所恶，补民之不足，委国政于文种，然后带范蠡等300人入吴为奴。范蠡原本是可以留在国内的，但他说：“辅危主，存亡国，不耻屈厄之难，安守被辱之地，往而必返，与君复仇者，臣之事也。”就这佯，范蠡以赴汤蹈火的大无畏气概陪勾践在吴国度过了3年的时光。君臣二人为了完成灭吴大业，三年之中，忍辱负重，忍气吞声，受尽了人间的折磨。他们始终含而不露，渐渐取得了吴王的信任，使吴王放松了警惕，终于获释回国。为了最大限度地取信于吴，范蠡和大夫柘稽再次入吴为质，两年后才返回，表现了一个大政治家非凡的气魄。

2.节事者与地。勾践自吴归国后，欲更修政，以利复仇，范蠡劝勾践宽怀大度，胸襟豁达，以领导群伦，以涵容人众，以尽人力，即："节事者与地。唯地能包万物以为一，其事不失。生万物，容畜禽兽，然后受其名而兼其利。美恶皆成，以养其生。"

3.奖励生产，充实国力，安民除害，即所谓"除民之害，以避天殃。田野开辟，府仓实，民众殷。无旷其众，以为乱梯"

4.鼓励繁殖人口，以裕兵源。即所谓："同男女之功"。"令壮者无娶老妇，令老者无娶壮妻。女子十七不嫁，其父母有罪；丈夫二十不娶，其父母有罪。将免者以告，公令医守之。生丈夫，二壶酒，一犬；生女子，二壶酒，一豚。生三人，公与之母；生二人、公与之饩。当室者死，三年释其政；支子死，三月释其政。……令孤子、寡妇、疾疹、贫病者，纳宦其子。"

5.尊贤厚士，以实人才。范蠡看到，要想治理一个国家，尤其是治理一个饱受战乱之苦的国家，没有优秀的人才是不行的，所以当勾践让他治理国政时，他推荐了文种："四封之内，百姓之事，时节三乐，不乱民功，不逆天时，五谷睦熟，民乃蕃滋，君臣上下交得其志，蠡不如种也。"不仅如此，范蠡还建议勾践"其达士，絜其居，美其服，饱其食，而摩厉之于义。四方之士来者，必庙礼之。"唯其如此，贤良之士才肯效命于越国，越国才会有希望。

范蠡的政治谋略与其军事谋略相辅相成，交相辉映，在越国得以充分施展，达到了预期的目的。范蠡可谓功成名就，一般而言，范蠡应回到越国接受勾践的高官厚禄，享受无尽的荣华富贵。然而，范蠡的选择却出人意料——急流勇退，弃官经商。

居陶称朱公　流芳传百世

陶地位于黄河较上游的西南面，距薄姑直线距离一百六十公里，距山东省要冲、省会所在地济南以南约六十公里的地方。

陶这地方地形上有些特殊，在河南、河北、山东、江苏、安徽五省这块中国大平原的中间部分，而唯独这里却是个山岳地带，又处山东省的中间。它还临近标高一五三二米的泰山，正处于火山带因而是个有各种矿产的地方。范蠡还在齐国从事盐业贸易时便来过济南和这里，作过些初步的调查。

当时他踏入陶的第一步便惊奇地发现有股刺鼻的变质蛋味飘散，知道这里是硫的产地；另一点则是街道上不少建筑都涂有朱红色。朱红这种颜色从古至今都是中国人最为喜欢的，多涂在宫殿、栏干等上面，而且从陶这地名也可知它生产陶器，即用辰砂加工制造出低温烧制的无釉陶器。

范蠡看中的则是其中的辰砂。后世又因它是硫和汞的化合物即硫化汞，逐渐称为朱砂、丹砂。

范蠡自从在这里见到颇多涂有朱红色的建筑之后便着手开发这种矿物资源，再大量生产天然的辰砂。它分为红色和黑色两种，既不耐光更不耐热，然而易碎而且在水中可沉淀，因而不难收集作为涂料原料的辰砂微粒。范蠡在这里悠然度过一段时光，同当地人熟悉之后，便同一家人又着手大的事业了。

他大力倾注的是朱砂的生产加工。当时他已成为超一流的事业家，其生产规模也颇大，而且陶又在同一个齐国之内，因而曾拜为宰相的鸥夷子皮这名声有绝对的信用，只要发出一声招募工人的号召马上便会有几百人前来。

他这一事业仍由采用矿工及其培训开始。选出一些熟练的矿工充任带头人，让他们去寻找有火山以及温泉气味很强的地点，因而采矿本身还较容易。下一步便是在由陶向西约四十五公里的黄河岸边建造工场，工场是砖瓦的，因而采用过去修齐国长城的办法便可以，建多少也并非难事。选址所以要定在黄河岸边附近这又是考虑到朱砂的加工生产需要大量的水，而且还要考虑以后的贸易和运输，届时仍需使用那种出入方便的平底船只，至于装朱砂的陶瓮则完全可使用当地的产品。这样剩下有待解决的问题也就是如何将采掘出来的辰砂矿运到黄河岸边的工场了。为使这项运送矿石的工作较为方便可行，他设计了一种能在轻便轨道上移动的手推车。在这里他又运用了过去在越国制造坚固的小型战车的思路，让这种箱型的车体在事先已做好凹槽的硬木轨道上移动，而且矿石只要不过载还不致于脱轨。历史进入近代曾出现过人坐在车箱里用马拖引的那种马车铁轨，但范蠡当时并未依靠马力而是利用杠杆，靠手动使之向前移动而且在往返有九十公里的路程上循环。朱砂的交易对象主要不是需要食用盐那种有粮仓的城市，而是选择正在推行富国强兵之策的国家。这首先便是向魏、秦一类的新兴国家输出，因为那里正在大兴土木营建宫殿、离宫以及高耸的塔等一些豪华的建筑，作为交换运回来的则是粮食或货币。

朱砂在今天可用在朱红印泥、漆器、绘画颜料及橡胶等上面，用途相当广，然而辰砂本身是种有毒的矿产。范蠡注意到了这点，在生产过程中先挖好大型的人工池，将废液排入使之自然蒸发，避免直接排入黄河使鱼类中毒。劳动方法也采用每隔一日的轮班制而且还采用了流水作业以提高工作效率。

从山上开采出的原矿先堆积到若干个暂时存放处，然后装入轻型小推车运到黄河岸边的工场里。在这里先经一批人碎矿再由另一批人细碎成砂状，装入桶内浸水以便沉淀下来。经一段时间之后桶底便沉积下可作涂料用的原料细粒了，将杂质和水排掉做成朱砂。最后阶段再加入些海藻一类的东西使之充分混合炼制成糊状，炼制越充分，质量也越好，而且还可制成浓度大的优质品。装朱砂用的陶瓮一般可达五十支一升瓶量的容量，装好后便可等待装船运出。这种陶瓮毕竟相当大，因而场址选在便于船运的黄河岸边可说很是明智。其实朱砂的生产并非自范蠡始，然而从事大量生产确又是由他首创。在产地上湖南的辰州最为知名，但渤海一带以及安徽省内也都有辰州这地名，这说明在这些地方也都可开采辰砂并加工成朱砂来。

若说当时已有先见之明或也未必，然而随时代的演变朱砂的需求却是一味的增长。进入一世纪后，随佛教的兴盛并传入中国，寺院、大伽蓝等的营建也开始了，因而更需大量的朱砂。不仅如此，佛教绘画、佛教美术以及朱墨等里它都是不可或缺的。繁荣昌盛长达三百年又无战乱的唐朝大兴土木本是很自然的事，这样朱砂的生产也顺应形势成了一大产业。

范蠡来到陶后着手的朱砂生产，一经上了轨道便又着手了另一项事业，即研究火药，虽然仅只是研究阶段。辰砂中含有硫，点火后会冒出蓝烟燃烧，这点像范蠡这类聪慧的人不可能不注意到。当楚吴越相互敌对的年代，一些优秀的战术家往往用火攻计来大量杀伤对方，但当时仅采用干柴浇油这种颇为原始的方法。范蠡这位出类拔萃的战术家能想到以硫为主要原料来制造战时可使用的火药，这其实也并非不可思议。

遗憾的是中国的史籍里无法找到谁人、何时发明的火药，然而从其首次使用的年代以及具备其生产条件的地域来看，说此人便是范蠡恐怕也不能说是凭空臆断。所以这样说是因为经过他精心研制出来，后世称为黑色炸药的这种东西是由硝石百分之七十、硫百分之十五、炭末百分之十五组成的混合物。只是它的爆炸力弱且烟多，同现在使用的烟火相差无几。尽管如此，用它来制造的地雷一旦爆炸，威力虽不很大却会给敌方难以估量的恐怖感，会是种极大的威慑力。将火药填入细口径孔里引拉导火索使之爆炸这似乎在《三国志》里已有所记述，远在二二七年孔明施巧计将魏国的司马仲达诱入葫芦谷内，想用地雷置之死地的便是这类例子。这可说是首次使用火药。

范蠡就这样在陶地完全安顿了下来。当时在吴、越以南的一些国度均被视之为尚未开化，即所谓少数民族居住的地方。而陶可说正处于中国的正中央，即处于物资运输的要冲地带，因此从事贸易自然也非常之方便。仅仅数年之内范蠡的资产已超越亿这个庞大的数字，“越王勾践世家”中则称为“万万”。于是人们便因他以生产朱砂起家而称他为陶朱公或陶朱了。在朱公这名声鹊起时，次子襄已成长为壮年，一天兴之所至便去了楚国游历，随意到一家酒楼饮酒进食，这时当地一年轻人竟无端向他寻衅。可能是因为对他一副阔少的傲慢态度看不顺眼，因为人一旦有钱对店里点菜要酒也会颐指气使起来，而次子襄的为人又偏巧不是那种对寻衅置之不理、走人算数的性格。你一言、我一语，瞬间两人便大打出手，年轻人抓起身旁一根棍棒挥动过来，襄自然不会示弱，抄起顶门杠一类相当坚硬的大棒同他对打。可能打到头上的一击相当重，只见那年轻人身子一晃便整个摔倒在地。听到一声惨叫之后店主人飞奔出来，这时年轻人已是气息奄奄了。店主人大吃一惊，急忙将冷水喷到脸上，然而毫无反应，人已气绝身亡。次子襄因犯了杀人之罪关入监狱。范蠡听到这意外的消息后便在想，杀人偿命这是理所当然，然而谚语中不也有“千金之子不死于市”的说法？富家子弟同黎民子弟毕竟还可以有些不同，也可不必在街头问斩。既然如此就该设法营救出来，便要派末子高到楚国去以便为营救铺路。

范蠡立即将千镒（一镒为三二〇克多些）黄金藏入衣箱内，装上船便准备让末子高出发了。就在这时长子尚对其父说：“还是让我替高弟到楚国去吧！只要长子在家就应当由长子担负起管理家里事情的责任。现在襄弟触犯了法律，父亲却把我放在一旁让高弟去。这可能是因为我无能，那我也只有一死了之！”

既然长子提出如果去不成宁可自尽，其母便出来说情：“就是让末子去也无法保证次子襄能活着回来，而且长子还要自尽，这算什么呢？”范蠡无法只得改让长子去并给幼时好友、现在楚国都的庄生写好信让长子带去，而且严肃交代说：“到了那里首先要把这笔黄金交给他，请他见机斡旋，要有礼貌，恳切托对方办事，绝不可同人争吵！”

这之后他便让长子尚出发，自己也身带数百钱币到了楚国。当时楚都郢（现湖北江陵县西北)的有关船运业并不见有详细记载,但总会从黄河进入运河,在长江汇合后再沿江上溯很长一段距离,总之距陶总有一千数百公里,估计要一百多天才能到达。

长子到了楚都,知道了庄生家坐落在离城郭很近的郊区,门前藜藿丛生,边走边向两边分开才来到大门前。进到室内,居室竟显得很是寒酸,很易使人联想住在这种地方的主人是否会有什么权势。但长子还是将范蠡的书信转交给他并遵嘱将带来的黄金也一并交了出来。待庄生看过信了解了来意之后便对长子说:"你要尽快离开这里,切勿在这一带走动,即便你弟弟给释放出来也绝不要问其原因。"长子对此话如何理解旁人无法而知,只是他并未再来,但也未离开楚都,而是自己携带另一笔钱款暗中又走访了楚国各路官衙的实力派,向他们行贿,另图打通门路。

至于庄生此人,住处确实是在一条相当简陋的巷子里,然而为人清正廉洁,一向享誉国中。包括楚国国王在内不少家臣都曾师从于他而颇受敬仰。正因如此,他根本未想将范蠡送来的费用据为己有,只是想在受托事办成之后便完璧归赵,作为自己一贯坚持信义的佐证。还在长子尚刚把这笔款交给他时,便严肃对其妻子说:"这是范蠡先生送来的,不要因为把它放到家里便显得坐卧不安,心神不定,待事成之后还要奉还给他,绝不要动用!"然而长子尚毕竟未能理解庄生这番苦心。他认为在营救其弟方面他难以依靠。但庄生确实在办这件事,一天他终于找到机会拜见楚王并说:

"臣下每夜观看星辰,发现有颗莫明其妙的黄色星长期停留在中天北北东的一角,估计楚国不久将有厄运降临。"当时,天文学已有相当的发展,发现所谓属于自己的一颗星如果飘流则会认为自己的死期已临近。或对收成的丰歉进行占卜时如出现凶兆,则要向神灵祷告避免灾难。楚王对庄生极为信任,因此当他听后便不安地问道:"该采取些什么对策才好呢?"庄生便说:"要消灾也只有靠楚王的德政了。"

"好的,先生。我们马上就付诸实施,你无需担心。"于是楚王便让手下人把装有金、银、铜三种货币的金库加了封。这时一名曾收受了长子尚贿赂的高官见此大吃一惊,便告诉了尚并说:

"尚君,近期内看来就要大赦的。"

"你怎么知道的呢?"

"我们国王每次大赦前都要先封三个金库。昨夜国王便派了使臣去封印,全城都在谈论这个消息。"长子尚便想到既然要大赦了,二弟襄自然可以出狱,那又何必将那样一大笔款白白送给庄生?真是做了件傻事!他急不可耐地飞快来到庄生家里要求见面。庄生见到长子尚先是大吃一惊,接着便指责说:

"你怎么还没有回去?"

"确是如此,我就是为营救舍弟才来到这里。近期朝廷就要下大赦令了。他自然也在赦免范围,因此才到您这里来告辞的。"

庄生看出长子尚再次前来,无非是想将放在自己这里的那笔钱取回去,只此而已,便大声说:"你自己进里面把钱款拿走好了。"

于是长子大模大样地闯进放那笔款的房间抬出箱子,内心里还自以为做得非常漂亮,笑嘻嘻地离开了庄生家。庄生认为竟让这乳臭未干的家伙骗了,非常恼火,立即入朝求见楚王并说："前几日臣下曾向大王禀告说有煞星在莫明其妙地移动，大王马上便向臣下说要施德政。今天走在街上行人却口口声声地传说一些没头没脑的话。"

"一种非常可恶的流言蜚语在散布，内容是说：陶地的富豪朱公的次子襄在我们都城杀了人被投入监狱。然而朱公却利用手中的金钱向楚王身边的重臣大肆行贿，结果大王便发布了大赦令。因此大王此令只是为营救朱公的次子而已，而不是在怜悯楚国的黎民百姓。"楚王听后大怒不已说："我怎样无德，也不至于只为一个朱公的儿子而发布大赦令的吧！"

这样一来真是万事休矣，楚王立即对监禁在狱中的次子襄判了死刑罪，而在次日再发布大赦令。范蠡的长子这回只有抱着其二弟的遗骸返回陶的份了。

回到家里范蠡的妻子和邻居听到这不幸的消息各个顿足捶胸，悲痛欲绝。只是范蠡苦涩着脸，目无表情地过了好一阵才说：

"我原已估计到长子尚最后必将使其弟死于非命的。自然这决不是说他未尽自己的一切力量去营救，然而他面对千金毕竟难以做到豁达大度，也想不开。都知道他长时间和我生活在一起，在逐渐的成长过程中知道一些生活的艰辛，因而即使在必要时，也难具备弃千金如敝屣的豪爽气量。相反末子高自出生便只看到我积累的这笔巨富，每天或乘坐华丽的车或跨上骏马去追猎野兔，过着不愁吃穿的富足日子，自然更不可能知道财富是如何来的。因而可以毫无吝惜地轻掷千金而一无所顾。当时我所以要派他去就是考虑到他花钱如流水，绝不会吝惜重金，而长子恰恰相反，他做不到。因此便只能眼睁睁看着其弟被杀而毫无办法，这其实也并非偶然而是必然如此，也就不足以悲痛了。老实说我已多日不无伤心地等待次子襄遗骸的归来。"

虽说范蠡已预料到次子必亡无疑，然而子女死于非命毕竟令父母悲伤。范蠡头上的白发日渐增多，精气神明显消失，谁都已看在眼里，也只有岁月才能逐渐淡化那埋藏在内心深处的哀伤！半年、一年过去了，他才逐渐又恢复了往日的神态，也能看到他往日的笑容了。这时，他又回顾了逝如流水的过去岁月。自从涉足越国重要的国家大事以来确实也太过于繁忙了。随后又匆匆移居齐国，继而着手制盐业，梦中又常常想到要生产朱砂。一身扑在工作上已近三十年，这期间根本未曾考虑对子女的教育问题，至少也应培育一下妻子的，竟也未做到，因而子女愚钝、冥顽不灵也是无可厚非的事。将这责任统归于一己才能找到出路。可说身为一国军师主持军务，虽也打败了强大的敌国，留下了不小的名声，但子女教育毕竟无暇顾及。来到齐国，聚积了大笔财富成了大富翁，随后又将它完全抛弃，迁移到这里来后又坐上了当地的所谓富豪的宝座并被尊崇为朱公。这一切究竟是为了什么？这些日子他一直处于苦思之中，然而一时仍不得其解。继续这样下去吧，范蠡这名字将随自己的消失而消失。他认为生为男子汉不能夺取天下也应有所作为，这样才能留名后世，但又该留下什么呢？

终于他想到，要将自己的军事、经济的理论总结下来，流传后世，经过数年潜心著述，终于写成《计然》、《商经》，堪称经典之作，它是我国经济思想宝库中一颗璀璨的明珠。

范蠡在当时的轰动效应,用现在社会学家的话来说,叫做“范蠡现象”。这种现象的产生,是有着深厚的社会基础的。这就是,当时农业、工业、商业三者并重,各种学术思想十分活跃。

遍观全世界,那时能与中国相比的只有古希腊的雅典。在思想、哲学方面,中国有老子、孔子、庄子、孟子等,古希腊雅典则有苏格拉底、柏拉图和亚里士多德等,他们都是世界级的大师。

在商品经济方面,那时雅典的货币商品关系已经有显著发展,商业和手工业相当发达,银钱兑换业务已经开始流行,商业资本在交换领域中起着重要作用,高利贷经营也很活跃。总之,当时希腊雅典的商品货币经济相当发达,经济思想也十分活跃,产生了有影响的经济思想家——色诺芬。色诺芬所著的《经济论》是古希腊第一本专门论述经济的著作,主要研究的是奴隶主如何管理好自己的庄园财产。这与范蠡所著的《计然》、《商经》是不能相提并论的。

巧的是,范蠡同色诺芬有许多相似之处。譬如说,色诺芬是以智慧出名、被称为雅典老人的苏格拉底的学生,范蠡则是创立了中国道家学派的老子的再传弟子。再譬如说色诺芬同范蠡都是军人出身;只是范蠡功成身退,离开了军界,色诺芬却是一生都在军队中度过。

范蠡的经商活动分为两个时期。第一个时期是从越国到齐国滨海垦荒种地,治产创业,家产达数十万后又尽散其财。第二个时期为在陶邑定居经商,成为亿万富豪。史学家称范蠡“不仅有治国和经商致富的理论,而且实践也获得成功,同时他能尽散其财,周济穷人,博得美名。听以被后世商人奉为祖师,对以后中国的商业活动有重大影响。”

范蠡的经商理论主要有三个方面:一是“审贵贱”。指的是出售货物要把握时机,要从预测年景的丰歉来预测市场物价的贵贱,要从市场货物的“有余、不足”来判断物价的贵贱,贵时抛出,贱时收购,要做到“贵出如粪土,贱取如珠玉”。二是收购货物后要贮藏好,不让它腐坏变质,这叫“务完物”。三是资金流转要迅速,钱就是泉,使钱流动才能增值,这叫做“无息币”。

最值得注意的是范蠡“农末俱利”的经济思想。农,指农民;末,指工商业者。所谓“农末俱利”就是农民与工商业者都获得利益。范蠡认为:谷物卖出的价格太贱则损害农民利益,农民受损害不努力生产,农田就会荒废。谷物的价格太高则会损害工商业者的利益,工商业受损害则无人从事工商业,就会使经济发生困难。谷价如果低到 20 就会损害农民,谷价高到 90 就会损害工商业。如果把谷价限制在不低于 30、不高于 80 的幅度内,就会对农业和工商业都有利。如能这样“平粜齐物”,关卡、市场都不匮乏,不就是治理国家的办法吗?

应该强调指出,范蠡提出的“农末俱利”的思想是卓越的。这表现在:首先,他提出了谷贱伤农、谷贵伤末的问题,通过把价格调整到一定范围内而做到“农末俱利”。这样既可以促进农业发展,又有利于工商业的发展,使国民经济各部门能够协调发展。其次,他明确提出了商品价格对生产与流通的作用,尤其是恰当的处理好谷价与其它商品价格的关系对生产与流通的作用。范蠡试图通过调整价格促进生产和流通，这完全是通过经济手段而不是通过行政命令。再一点，怎样把物价控制在一定范围内呢？范蠡主张用“平粜”的办法，这就需要丰收年国家把粮收购储藏起来，在歉收年缺粮时国家再把粮食平价卖出，这样才能起到平定粮食和其它物价的作用，这就叫做“平粜齐物”。

范蠡还创立了农业经济循环学说等。

以上简要叙述表明，范蠡的经济管理思想的光辉是耀眼夺目的。

在世界上如此，那么，在当时“百家争鸣”的中国又如何呢？

中国古代经济管理思想最活跃、最有成就的时期，就数春秋、战国时期了，所以史学家“言必称先秦”（先秦即春秋、战国时期）。到了西汉中叶之后，经济管理思想方面就没有什么可称道的了。先秦时期在经济管理思想方面最有影响的人物有范蠡、孔子、管子、子贡、李悝、商鞅等人。由于孔子、李悝、商鞅“重农抑商”，因此他们的经济管理思想存在着严重的偏见和缺陷。子贡是孔子的得意门生，也是三千弟子中惟一经商的富豪，但他在经济管理方面只有一些基本理论。管子在此方面见解独到，有很大成就，但不及范蠡经济管理思想博大精深。

斗转星移，时光如流。千百年来，范蠡的经商理论被商界一致认同并运用。但由于封建统治阶级推行“重农抑商”政策，范蠡的“农末俱利”思想被湮灭，即使是“平粜齐物”这一市场价格理论，战国时李悝推行平粜法和汉代设“常平仓”，对这一理论有所发展，但有史学家认为：“平粜齐物”这种价格政策在数千年来的旧中国从未有人领会其妙用。就是在世界范围内，连资产阶级经济学家在第一次欧洲大战前后还向往着一个稳定的均衡价格水平，而不是在一定限度内实行浮动价格制度，这无论在国内或国际市场上均如此。

写到这里，我们对范蠡这颗二千多年前的商业巨星更是赞叹不已，对他经济管理思想的博大精深和富有远见卓识感到无比钦佩。我们至今感悟着，受着他思想光辉的引领，跨越时空，去与世界和未来对话。

刘伯温

聪敏少年

雄才出世

元武宗至大四年(公元1311年),正月初八。在位五载、三十一岁的武宗帝奇渥温海山驾崩。世祖忽必烈创立的塑漠帝业,由皇太子(实为皇太弟)奇渥温爱育黎拔力八达袭承,世称仁宗文钦孝皇帝。这是大元帝国的第四位皇帝。

元朝自世祖1271年实现大统,改革国制,除弊兴利,大治昌盛以来,经过"守成皇帝"铁穆耳的安抚稳定阶段,到武宗海山随心所欲,广示恩宠,彻夜图欢,淫乱无度,病死于大都深宫的玉德殿,已经整整走过了四十个春秋。

江浙处州府青田县南田武阳村(今属浙江文成县辖),住着一户刘氏书香人家。主人刘爚,字如晦,是个不第秀才,一生苦读不辍,到头只落得一个遂昌县教谕的学差(相当于现在的县教育局局长)。究其祖业,却十分殷实深厚。祖父刘濠,精通儒学、天文、历算、阴阳、医卜等,南宋官至翰林掌书,禄高位显,家中境况方圆独一无二。宅院古老大方,宽阔厚大的古砖蓝瓦,把墙山垒得实实在在。伟壮的门楼前,一对威武勇猛的石狮,安宁地担负着看家守院的神圣职责,合抱粗的樟树,枝盛叶茂,绿荫蔽天。踏上青石台阶进入院庭,几十间房屋层层递进,列队欢迎四方宾客,房前花香草密。后院有一眼石井,四季不息地为主人喷涌出潺潺甘泉。

刘氏虽为官宦之家,却始终不忘根本,时常济世救民,受到乡邻的称道。刘濠每当归乡省亲,清晨总要与儿子刘庭槐一道,登高察看,望到无炊烟的贫寒人家,必定派家人前去给予赈济。

不幸的是,南宋灭亡,刘濠与邑人林融等不满元朝的统治,组织起义,反元复宋事败,遭到统治者的残酷镇压。元朝仍不肯罢休,派专使前往调查余党,准备一网打尽,斩草除根。

使者得到一些地方土豪的支持,终于弄出一份义军人员名单,牵连人员甚多。

当使者拿着捕人名单返往大都路过武阳村时,巧遇天黑,大雪纷飞,便在村子里停留下来。刘濠得到消息,暗想,当朝正在想尽办法整治南人汉人,这一大批名单除起义军外,不知陷害了多少志士仁人和无辜百姓,若落入朝廷之手,又会出现成千上万的冤魂。于是,他眉头一皱,计上心来。假借为使者洗尘,设宴款待,与儿子、乡人一起,左一杯、右一盏,不多时分,便将使者灌得烂醉如泥,扶床沉睡。

半夜，刘濠亲自点燃一把大火，焚烧了自己的庐舍。这祖祖辈辈创立的家业，连同元使装有名单的行李一起，顿时吞噬在熊熊大火之中。

使者被人们从沉睡中拉出房门奔命时，惺忪的睡眼惊呆了。只见浓烟滚滚，烈焰冲天，弄不清到底发生了什么事。耳旁，只有救火声和哀哭声。无奈，这位专使失去了被捕人员名单，只得凭着记忆，勉强凑出约二百人的单子回去复命，余人皆免于劫难。刘濠的仗义救人行为，当然博得了人们的称颂和崇敬，但其家业，从此却中落下来，成为一个普通人家。

转眼到了刘如晦执掌家务的时候。他虽然俭朴度日，彻夜苦读，仍圆不了恢复祖业之梦。

九月的一日，刘妻富氏夫人到后院晾晒衣服，突然发现屋后覆在地上的石臼离地升起四五寸高。她觉得此事蹊跷，赶忙把刚从遂昌回来的丈夫拉来观看。

刘如晦仔细一瞧，嘿，出奇迹了！秋天竟有此事！原来是一株破土而出的青笋正顶着石臼呢！他使劲用双臂抬起石臼，忙让妻子挖出这株笋，兴高采烈地拿在手中左右端详："哈哈，秋天果实累，九月笋抬石，食之家丁旺。快去把这宝贝吃了，来年一定会给咱添一个顶天立地的男子汉！"

妻子满脸通红。

说来也快，元至大四年夏历六月十五日子时，随着"呱……"的一声啼叫划破长夜，富氏真的给刘家生了一个又白又胖的大小子。接生婆抱着小手小腿不断乱动的婴儿，一面包裹，一面乐哈哈地高声喊叫："刘先生，快来看，是个男的，恭喜你了！"

这婴孩就是本书的主人公，后来成为明朝开国皇帝太祖朱元璋的股肱心膂，具有雄才大略的谋士刘基。

当时，刘如晦接过儿子，喜得半天合不拢嘴，心像灌蜜一般甜。他想，妻子食笋而得子，得益于大地之基，当即给孩子起名为"基"，字伯温。

刘家盼望儿子像竹笋那样深深扎根大地之中，不管风吹雨打，一直耸往云天，更盼望儿子能锻炼成长为国家之栋梁，修身、齐国、治天下，成为一个有用之材。

奇才少年

自从喜得贵子以来，刘如晦把自己的一切都寄托在了儿子身上，希望靠其实现自己未实现的梦想。从孩子依依牙牙学话开始，刘如晦一有空闲，就给他之乎者也地读、讲、写个不停，也不管孩子懂与不懂，明白不明白。总是有说不完的话，讲不尽的典故，写不厌的字。

刘基好像能感觉到父亲的苦心。父亲真教，他亦真学。教什么，他学什么。只要学，就非要学会不可。五岁识字，六岁即可作对，到了七岁，就能出口成章，下笔成文，咏吟成诗。据说，一次朋友来看刘如晦，当面出了个对子让小刘基应答。

这位朋友口诵："武定邦。"

刘基不假思索，开口便出："文治国。"

朋友又出一对："成家立业。"

刘基答曰："开天辟地。"

方圆四乡，无人不知“七十二福地”之首的南田武阳村出了一位“神童”。

在父亲的熏陶下，刘基小小年纪，就知道学习的重要性，明白了“非学无以广才，非志无以成学”，以及“大志非才不就，大才非学不成”的道理。他刻苦用功，孜孜以求，爱书成癖。平时，除了睡觉、吃饭之外，其余时间都是卷不释手，以书为友。只要见到有学问的人，他总少不了问人家要书读。

一次，邻居一位老伯到刘基家串门，见到刘基正在吃饭，便逗他道：“杨家村我表弟有本好书，天文地理什么知识都有，不知你想不想看？”

“想！”刘基脱口而出。

“那你找他要去。”

“行！”刘基当即放下碗便朝十五里之外的杨家村跑去。

急得老伯赶快追在后边喊到：“快回来，我与你开玩笑呢。”

还有一年，刘基与父母一起到外婆家拜年。母亲取出准备好的腊肉、粉干，吩咐儿子放进篮子里去。刘基一边捧着书看，一边答应着母亲，收拾给外婆的礼物。等父母叫他时也来不及检查一下，挎上篮子就走。

到了外婆家，老人高兴地迎外孙进了门。当母亲让儿子拿出给外婆的礼物时，刘基却傻了眼，伸到篮子里的手半日抽不出来。

原来，由于刘基在家一门心思读书，忘了把腊肉装进篮子。外婆到跟前一看，噢，粉干下面装了一大摞书。

转眼到了泰定元年（1324 年），十四岁的刘基，不顾年幼，告别父母，翻山越岭，到郡庠（府学）学习。他不但熟读了四书《大学》、《中庸》、《论语》、《孟子》，而且通读了五经《春秋》、《诗》、《书》、《易》、《礼》，凡能找到的书，能读的书，天文、地理、阴阳、兵法、诸子百家等，他都无所不读，无所不钻。

刘基读书，不是读死书，他不像其他同学那样手捧书本，死记硬背，却能默识无遗。刚入学时，老师郑复初给学生布置作业，让每个学生必须背诵《大学》章句。上课时，老师看到刘基不读布置的文章，却在翻阅其他书籍，以为他偷懒，便点名让刘基起来背诵课文。

谁知刘基不慌不忙站起来后，竟滔滔不绝地背诵起来：

“子程子曰，大学，孔氏之遗书。而初学入德之门也。于今可见古人为学次第者，独赖此篇之存。而论孟次之。学者必由是而学焉。则庶乎其不差矣。……”

一字不差，一句不漏。

老师问：“你懂其意思吗？”

“懂！”刘基态度坚决地回答。

“《大学》是儒学重要之经典，属孔子之遗书，提‘明明德、新民、止于至善’。还有八个条目，即格物、致知、正心、诚意、修身、齐家、治国、平天下。其主旨，在于引导人们自身的美德得以显明，在于鼓励人们革除陋习，在于使人达到‘至善’的最高道德境界。”

只见刘基娓娓道来，字清句楚。

老师、同学都非常惊讶，问他：“这书你以前学过吗？”

"没有。"刘基说:"老师你刚教我们的呀?!"

"这怎么可能?"老师一边嘀咕着,一边又将身边的《论语》第一篇翻开交给刘基,让他诵读,有心试一试,难道刘基真是一个记忆天才?

谁知刘基回到书桌旁,刚默读了两遍,不等老师提问,就举手要求背诵。

"子曰,学而时习之,不亦悦乎。有朋自远方来,不亦乐乎。……曾子曰,吾日三省吾身,为人谋而不忠乎,与朋友交而不信乎,传而不习乎。……"

又是一气呵成,潺如流水。当场一片掌声,一片赞扬的目光。

"真是位奇才!"老师在心中赞叹。

刘基作文章,讲经义,从来都不因循前人。每一篇、每一次,都有自己的理解,有新意。即使是对阴阳、天文、兵法类等一些比较难懂的书,他都能鲜明地讲出自己掌握的要点,其才能无不为老师、同学所称道、敬佩。当刘如晦到学校为儿子送干粮时,郑老师竟忍不住当着全体学生的面说:"刘君祖上积德甚多,得了这个儿子,将来必成大器,你刘先生家又要发迹了。"

刘基不但学习刻苦勤奋,而且从小巧计多谋,聪颖超人。虽然史料对他这方面的事迹记载不多,但民间传说却脍炙人口。

一次,刘基从学校回家,路过山麓,听到山后传来阵阵啼哭声。他过去一看,只见村里寡妇朱大婶蓬头散发,一手抱着孩子,一手捶胸顿足,一把鼻涕一把泪地号啕大哭,口中不停念叨着:"好黑的蛇蝎心肠啊! 你让我孤儿寡母怎么活下去!"情景十分凄惨。

刘基过去一问,原来,武阳恶霸地保"山老虎",平时仗势欺人,敲榨勒索,横行乡里,无恶不作。这天,为了给自己百年之后选择一块风水宝地,专门请了一个阴阳先生来看风水。那阴阳先生混一顿酒肉,从早上日出到天将下午,故意消磨时光,不是说这里水土不顺,就是指那一块云紫气晦,直到日光快落西山时,走到村东寡妇的蕃薯地头,顺手一指,胡诌这是荫子庇孙的凤凰宝窝。

"山老虎"一口咬定,要择个吉日破土造坟。

这朱大婶五十开外,二十多岁死了丈夫,风里来,雨里去,好不容易把儿子拉扯成人,但谁知去年在地保家里当长工,又被活活折磨死。年轻媳妇丢下刚断奶的孩子改嫁了,留下祖孙两人,孤苦伶仃,这块地是她们的命根子,若是被地保再霸占去就只有死路一条了。

朱寡妇手抱孙子,连滚带爬地跪求"山老虎"高抬贵手,给她祖孙二人留条生路。谁知"山老虎"心狠手毒,"腾"地一脚,把她俩踢下台阶,扬长而去。老人悲愤交加,呼天喊地,哭得死去活来。

刘基见状,气愤不已。这时,围上几个同村的老人一边劝说朱大婶不要哭伤了身体,一边叹气道:"唉! 这'山老虎'吃人不吐骨,谁能惹得起他。"

这时,与刘基一块放学的一个小朋友骂道:"呸! 这狗生的孬种,欺人太甚,一定会断子绝孙!"

老汉连忙用手捂住孩子的嘴巴:"快别多嘴,'山老虎'最怕别人说他'狗生孬种、绝子绝孙',若他听见,你们可要遭殃了!"

"为什么?"一边的几个孩子异口同声问道。

"'山老虎'属狗,中年得子,生个烂头瘸腿的儿子也属狗,整天心惊胆颤,只怕这绳从细处断掉,将来讨不到媳妇,香火传不下去呢。"

"属狗!"刘基一听却顿时蹦了起来,"有主意了,我一定叫那坏蛋不敢毁朱大婶这块地。"

过了两天,"山老虎"带了一帮打手,气势汹汹地上山准备挖土筑坟。谁知到朱家地边一看,地里插了一块木牌,木牌上写了一副对联:

孤女寡妇正眼呼天天不应

断子绝孙倒喜入地地有门

横额是:"狗坟"。

木牌旁还用一块破席子画了一个癞皮狗。地保一看,直叫"晦气,晦气!"只得翻翻白眼,灰溜溜地带着打手走了。

刘基不但疾恶如仇,从小巧计多谋,而且善于及时发现和总结出一些人们意想不到的普通道理,当地广为流传的"国师鱼"的故事就是其中之一。

当年,刘基的家境已经破落,父亲刘如晦省吃俭用攒些钱给他读书。刘基拿了这些钱,付了老师的薪金,剩下的就不多了,要顾得买柴买菜就买不了书。因此,他温习完功课,就约上几个贫穷的同学,带上挎刀和冲担(毛竹制的一种两头削尖的挑柴工具)上山砍柴,把卖柴的钱省下来买书读。

后来,要买的书越来越多,只好再节省菜钱,可又有老师一同吃饭,每顿吃咸菜也不是办法。

怎么办?几位同学一愁莫展。

初秋的一个傍晚,刘基坐在瓯江畔一块岩石上看书。清风徐来,水波不兴。他一边看书,一边用双脚在江里搅水,忽见一群蝌蚪似的东西在碧水中戏逐,像穿梭一般,有趣极了。他定睛细看,哟,这不是小鱼吗?我正愁没菜吃呢,多谢你们主动送上门来了。

过几天,刘基用麻线织了一个网兜,独个儿下水捞鱼。嗬,那小鱼密密麻麻,多极了,不到一个时辰,鱼篓里盛得沉甸甸的,少说也有三四斤。

这种土名叫"涂呆"的小鱼,长五六分,背部淡青色,腹部微白,体呈圆筒形。

当天晚餐添了这么一盘荤菜,老师连声称赞味道鲜美,问道:"这鲜鱼是从哪里来的?"刘基便把捕鱼的事告诉了先生。先生捋着胡子笑道:"哈哈!咱刘基文武双全,七十士中也找不到哇!"

从这天起,刘基常在课余,与同学们一起到瓯江里捞小鱼。捕多了就把它晒干,放着慢慢吃。

这涂呆鱼个子很小,乡民们本来都瞧不起它,后来见刘基与同学、老师天天捞来当菜,也来撮点尝尝,觉得蛮好吃,于是就跟着捞起来。从此,每逢桂花飘香、稻谷黄熟时节,这一带的乡民,都来捕捞涂呆鱼了。

后来,刘基当上朱元璋的国师后,青田有些老人想起当年刘基捞小鱼,省下菜钱买书的事,觉得涂呆鱼有功于国师,就给它取了个雅号——"国师鱼"。

石洞明理

刘基的书越读越多，钻研程度越来越深。在青田就读一年后，他又翻越括苍山麓，穿过茂密的森林，来到括城(南宋称处州，今为浙江丽水县)就读。

随着学业的长进，眼界不断开阔，知识也日益广博。很快，刘基在四乡乃至青田、括城等浙南地区脱颖而出。泰定三年(1326年)，年仅十六岁的刘基，考中秀才。

秀才不出门，尽知天下事。天下之大，无边无际；史河流长，无始无终；玄奥神奇，扑朔迷离！

面对苍海茫茫，刘基陷入了深深迷惘之中：我华夏之族，自黄帝以来，帝有五，王有三，历秦、汉、晋、南北朝，经隋、唐、五代、南北宋，虽国名不断更新，朝代一再更迭，但万变不离其宗，都是以汉族为主。即使有戎狄入中原，匈奴侵朔方，契丹扰中华，女真闯腹地，终为忽来忽去，羼入不得。

可是，天有不测风云。当今，南宋告终，江山尽履。天下换了主子，荡荡中原，竟全囊于蒙人之手。

大凡丈夫，需以天下为己任，“尽忠报国”，“先天下之忧而忧，后天下之乐而乐”，为华夏伟业，“鞠躬尽瘁，死而后已”。

而自己降世于这样的时代，应处于一个什么样的位置？

是探索、发微，只冀弄清时间老者的“庐山真面目”，还是投身于斯，为之拼搏、奉献，为国、为民求得一番功业？

探索？先哲们留下的无穷智慧，确是一笔丰厚的遗产，取之不尽，用之不竭。但是，单醉心于坐而论道，羁囿于赘语玄言，源远流长，博大精深的华夏文化，灿烂辉煌的民族业绩从何而来?！孟子曰：“道尔迩，不行不至；事虽小，不为不成。”只有身体力行，笃功务实，才能一步一个脚印地到达理想的彼岸。

投身，进仕？他想到了曾祖父们为恢复大宋江山的赤胆忠心。想到了可歌可泣的汉人南人对元朝统治的反抗。尤其是宋臣张世杰、陆秀夫的壮烈殉国，百折不回的文天祥丞相一辈们宁死不屈，血溅大都的英雄壮举。这一切又该作何论？

彷徨，沉思……

带着这一串串疑问，一个个谜团，刘基告别同学，告别老师，又回到青田县石门洞来修身研理。

这石门洞，在青田县城西七十里，滨临瓯江，背倚轩辕丘，面对大溪，青山郁郁，绿树葱葱。洞口两侧，锺山鼓山两峰峭立，对峙如门，石洞幽深，松风潇潇。进入洞内，瀑布沿洞奔泻而下，四季湍流不息，垂如匹练，气比白虹，宏伟雄壮。唐代诗人李白曾赞叹：“瀑布挂北斗，莫穷此水端，喷壁洒素雪，空蒙生昼寒。”一派桃源仙境，是一个读书做学问的好地方。

别一番洞天，使刘基心旷神怡。

他把全部心事都用在读书上。女娲补天、大禹治水、羿射九日、嫦娥奔月、精卫填海等远古神话，他无所不记；孔孟之道、《管》、《老》、《庄》、《墨》无所不读；古人治国之要，明君“与民生息”之道，无所不涉；帝业霸主血腥风雨、贫民聚众揭竿造反无所不析。他如饥似渴地专心攻读,"上贯三坟,下通百家","九流六艺,靡不穷极",以前学过的篇章,他又重新找来,温故知新,琢磨要领,释解谜难。

博学强记,使他在人生的紧要关头,对时世的发展,朝代更迭,历史演进,有了深刻的理解。当朋友与他谈起对时事的看法时,他讲了这么一个故事:工之侨发现了一棵特别好的梧桐树,便请精美工匠制成一张琴,献给太常。太常一看,这又不是什么古物,感到没有什么稀罕的,便又退给了工之侨。工之侨回家后,让漆工在琴上画了一些仿古花纹,又请文人在上面刻了几个甲骨文字,再装上一个古色古香的匣子,连夜悄悄把它埋在了自己的地里。数年之后,工之侨假装锄地,把琴从地下挖了出来,就连这个沾满泥土的匣子一起拿到市上去卖。一个自命学识渊博的朝官看见了,立即用重金买了去,欲献给皇帝。到朝后,大臣们一个个爱不释手地双手迎接,挨个传看。只见那个最早把琴退给工之侨的太常一看这琴,就惊讶地说:"唉呀!不知你们有谁识货,积我多年之经验,这可是世上绝无仅有的无价之宝啊!"

这个故事道出了刘基对那种陋循守旧思想的辛辣批判态度。通过广博多览,深入分析,刘基认识到,元朝的建立,虽然主从外人,但其却结束了辽、宋、夏、金几百年南北对峙的历史,使华夏这个多民族的大国,出现了自汉唐以后规模空前的一统局面。从整个历史发展来看待,这是一种积极,是一种进步。嘲讽"唯古为美"的太常,表白了自己决不抱守过去,沉浸梦境,而要面对现实,跟上时代发展的脚步,勤读苦练,踏入仕途,兴邦治国之心迹。

初入仕途

元朝进士

抱定入仕的决心后,刘基学习更加刻苦,涉猎的范围更加广泛,特别是针对当时世道渐乱,他便把兵书作为阅读的重点,为其以后投身从戎,打下了深厚的功底。

当时,由于元仁宗听从老师、平章政事李孟的建议,顶住答吉太后的压力,在元仁宗延佑二年恢复了科举制度,使刘基的志向得以成为现实。

至顺三年(1332 年),刘基赴省城杭州参加乡试,中为江浙第十四名举人。

第二年,即元统元年(1333 年),正逢大比,二十三岁的刘基,便整理行装,风尘仆仆赶至大都(今北京)参加会试。

大都,元称"汗八里",意即大汗的京城。当时,这里不仅是全国政治、经济、文化的中心,而且是世界上著名的商业贸易中心之一。城周长八千五百多丈,开十一门,城内布局合理、庄严、整齐,壮丽而繁华。皇城在其南部中央,宫城在皇城内东部,御苑在城西北部。皇城西部,南有太后所居隆福宫,北有太子所居兴圣宫。意大利商人马可·波罗曾描绘大都景象说:"此汗八里大城周围,约有城市二百,位置远近不等,每城皆有商人来此买卖货物,盖此城为商业繁盛之城也。"

当时,汉人中进士是十分困难的。因为元朝的科举分为两榜:蒙古人、色目人为一榜，称右榜；汉人、南人为一榜，称左榜。右榜、左榜不但考试次数不同，而且内容区别也很大，汉人、南人的考试内容难于蒙古人、色目人。同时，汉人人口众多，考生数目多，录取进士的名额又非常少，刘基这一科虽然录取各额较之以前多一些，在全国也仅五十名。元朝的科举制度又严于唐宋时期，考试全过程，试官也不得与外界联系，试卷答完后，封、誊、对、监层层把关。因此，作为汉人、南人，如若没有真才实学，要靠投机取巧或行贿作弊而被录取是很难做到的。可是，刘基明知山有虎，偏向虎山行，不实现进士及第的宏愿决不罢休。

赶到京城时，离开考时间还有几日，刘基便先找了一家客栈住了下来。

这一日，刘基与几位赴考的同乡一起到街坊转游，偶见一家书肆，便一起走了进去。

刘基顺手从书架上抽出一本书翻阅，竟是一本兵典。于是，爱不释手，同来者看他执著的样子，一个个都各自到别处转游去了。

直到书肆关门，店老板看到这个像钉子钉在那里的年轻人那样入迷，便轻轻走过去，叫他道："官人，若这本书合适你用，就请买了去吧，价钱好商量。"

谁知刘基正好翻完最后一页，抬头一看，天已黑了下来。

"实在对不起，耽误了你关门。这书我已记住了。"刘基匆匆忙忙把书送还到书架上。

"哦！这年轻人竟如此狂妄？"老板心中想着，买不起白看一天也就算了，何必还要吹牛说谎。便迎上前去："年轻人，若你能讲出其中一节大意，这本书老夫便送你了。"

说着，就抽出书来随便翻出一章让刘基说一说。谁知他刚一点题，刘基便一口气背了下来。

"啧啧，我干书市这多年，还是第一个遇见先生这绝顶聪敏者。好了，这本兵书，老夫就算送给先生了。"说罢，双手将书递了过来。

"不用了，这书已在我胸中了，你还是留下卖几个钱吧！"

转眼到了会考日期。赋题为《龙虎台赋》。

龙虎台，离京师百余里，北近居庸关，西接太行山，地势高平如台，背山面水，有龙盘虎踞之势，因此得名。是元朝历代帝王每年去上都（今内蒙古多伦东南）的必经之地。

刘基虽然没有亲自去过这个地方，但却正好从书肆那本兵典上知晓了一些龙虎台情况，加上其渊博的地理、自然知识，展开想象的翅膀，一挥而就，写出了一篇气势磅礴、赞颂帝德的赋来：

杰彼神台，在京之郊；
金城内阻，灵关外包。
上倚天貌，下镇地轴；
太行为臂，沧海为腹。
崇台峨峨，虎以踞之；
群山巃嵸，龙以翼之。

于铄帝德，与台无穷；
于隆神台，与天斯同。
崇台有伟，鸾驾爱之；
天子万年，以介遐祉。

数日榜揭，刘基得中第二十六名进士，汉人南人为第二十名。按照元朝选拔官吏的制度，这便是读书人闯过了致身迎显的重要一关。从此，便可扬名宇内，仕途通达，前程无限。因此，年已花甲的翰林集贤学士揭奚斯见过刘基后，夸奖道："此魏征之流，而英特过之。将来济时器也。"

《儒林外史》第四回展示过一个喜剧性的场景。张静斋说刘基"是洪武三年开科的进士，'天下有道'三句中的第五名"，范进以为是第三名，于是张静斋口若悬河地反驳道："是第五名。那墨卷是弟读过的。后来入了翰林。洪武私行到他家，就如'雪夜访普'的一般。恰好江南张王送了他一坛小菜，当面打开看，都是些瓜子金。洪武圣上恼了，说道：'他以为天下事都靠着你们书生！'到第二日，把刘老先生贬为青田县知县，又用毒药摆死了。"这一情节，旨在讽刺张、范两位举人对他们本朝的历史茫无所知，因为刘基是元末进士。张静斋越是口若悬河，就越显得可笑。

刘基曾是元朝的进士，这在他的履历表中是非同寻常的。

如人们所一再指出的那样，元朝的统治，给予中国传统文化以有史以来空前巨大的冲击。这以前，内侵游牧民族在文化上仍对汉人抱有敬意，而蒙古贵族却对之充满了蔑视。其原因，不仅在于蒙古人本来就是崇尚剽悍的民族，而且由于，在接触汉族文明之前，他们已经接触并吸收了中部亚洲的文明。所以，蒙古贵族统治者并不尊重汉族文明，在对汉族人从肉体上予以杀戮的同时，也从精神上予以摧残，其具体例证之一便是废除科举制度。

当历史的指针指向 1313 年时，汉族文明的命运开始出现转机。这一年，元仁宗宣布，从 1315 年起恢复科举考试，并指定以朱熹学派的经典注疏为考试依据。到了 1328 年，元文宗即位，汉族文明复兴的希望更大了。他与当时著名的文人和艺术家都有交往，并写得一笔相当漂亮的汉字。元文宗的登基，代表蒙古人中"儒家"一派的胜利，说明汉族文明已同化了较大一部分蒙古贵族。

汉族文明的复兴，使元代朝廷与知识分子的关系变得亲近些了。从十四世纪的二十年代到四十年代这几十年中，有许多出身中国中部文化高度发达的心脏地带的优秀古典学者和文人学士纷纷投效元朝廷，其中大多数人是经过荐举和直接任命的方式来任用的，也有人是通过新开的科举考试而得到任用的。整个说来，年轻人继续学习古典知识，为步入士大夫的生涯作准备，他们相信他们伟大的文明规范定会再度得势。在十四世纪的前半期，私人书院兴盛起来；精英阶层通过它们肩负起了更大的责任来维持这种教育。出现了许多重要的地区级和地方级的学术中心：浙江北部的金华强调通经致用，造就了一些急于在政府中大显身手的学者。

出身于浙江青田的刘基理应被视为金华学者群的一员。他自幼聪颖，十七岁从师元代江浙名儒郑复初，"闻濂、洛心法，即得其旨归。"元文宗至顺四年（1333 年），才二十三岁的刘基便中了进士。

刘基曾是元朝进士，这是个非同小可的重要事实。

刘基的进士身份之所以引人注目，原因在于，元末进士在社会政治生活中所扮演的整体角色已受到历史家的关注，他们被认为是支撑元末朝廷的重要力量。清代赵翼《廿二史劄记》卷三十《元末殉难者多进士》条指出："元代不重儒术，延祐中始设科取士，顺帝时又停二科始复。其时所谓进士者，已属积轻之势矣，然末年仗节死义者，乃多在进士出身之人。"接下来，赵翼列举了余阙、泰不华、李齐、李黼、王士元、赵琏、孙撝、周镗、聂炳元、刘耕孙、丑闾、彭庭坚、普颜不花、月鲁不花、迈里古思等死难进士，最后归结说："诸人可谓不负科名者哉，而国家设科取士亦不徒矣。"

在元末殉难的进士中，余阙(1303—1358)是最早战死的封疆大臣，早年即与刘基有密切交往。他字廷心，一字天心，色目人，属唐兀氏，世家河西武威(今属甘肃)，后迁居庐州(今合肥)。元统元年进士，历任刑部主事、翰林修撰、淮东都元帅和淮南行省左丞等职。他为人正直刚烈，诗也写得不错。元顺帝至正十八年(1358 年)，在安庆抗击陈友谅军，城破身死。

据朱善继《余廷心后传》记载，余阙之死，真当得起"忠臣当代谁第一，七载舒州天下无"的称誉。1358 年正月，陈友谅兵逼安庆，余阙连上三封书向宰相求援，但援兵始终未至。于是余阙以死自誓。"丙午，黎明，赵寇(赵普胜)攻东门，陈寇(陈友谅)攻西门，祝寇(祝宗)攻南门，群寇四面并进，西门尤急。(余)阙分诸将当三门，而以身当西门，徒步挥戈，为士卒先，士卒号泣止之，不听。自旦至日中，贼登城。城中火起，麾下数十人战死。阙身中三矢，被十余枪，力尽，引佩刀自刎死，堕于清水塘。"

余阙以死捍卫元朝，与其进士身份不无关系。他的朋友蒋良，一次和他谈起国难，余阙推心置腹地说："余荷国恩，以进士及第，历省居馆阁，每愧无报。今国家多难，授予以兵戎重寄，岂余所堪。然古人有言：'为子死孝，为臣死忠。'万一不幸，吾知尽吾忠而已。"余阙殉难后，蒋良作《余忠宣公死节记》，开篇即强调说："有元设科取士，中外文武著功社稷之臣历历可纪。至正辛卯，兵起淮、颍，城邑尽废，江、汉之间能捍御大郡、全尽名节者，守舒帅余公廷心一人而已。"余阙"擢高科"的履历，一向为他本人和社会所重视，这是不能忽略的人文现象。

泰不华(1305—1352)也是元末著名的死节之臣。他字兼善，初名达普化，元人诗中常称他达兼善，色目人，出生在台州(今属浙江)。至顺元年进士，历任集贤修撰、监察御史、浙东道宣尉使都元帅和台州路达鲁花赤等职。至正十二年在和方国珍军作战时死去。这年年初，元朝征讨徐州，命江浙省臣招募舟师把守长江，此时，已接受元朝招安的方国珍，怀疑这一举动是针对自己的，遂再度"入海以叛"。泰不华时任台州路达鲁花赤，面对方国珍的复叛，"自分以死报国"。他一方面发兵扼守黄岩的澄江，另一方面派王大用去招降方国珍，"国珍益疑，拘大用不遣"。后中方国珍诈降计被杀。

《元史·泰不华传》在记叙泰不华的生平时，强调了两点：一、他作为进士所受的儒家教育是其人生准则。泰不华与方国珍决战前夕，曾对部从说过一番词气慷慨的话："吾以书生登显要，诚虑负所学。今守海隅，贼甫招徕，又复为变。君辈助我击之，其克则汝众功也，不克则我尽死以报国耳。"二、泰不华死得英勇壮烈。"时国珍戚党陈仲达往来计议，陈其可降状。泰不华率部众，张受降旗乘潮而前。船触沙，不能行，垂与国珍遇。呼仲达申前议，仲达目动气索，泰不华觉其心异，手斩之。即前搏贼船，射死五人。贼跃入船，复斫死二人。贼举槊来刺，辄斫折之。贼群至，欲抱持过国珍船。泰不华　目叱之，脱起，夺贼刀，又杀二人。贼攒槊刺之，中颈死，犹植立不仆。”这位植立不仆的泰不华，宛如一尊洋溢着浩然之气的塑像。

孙撝死后追溢忠烈，亦深受推重。孙撝，字自谦，曹州人。至正二年进士，授济宁路录事。1355年，张士诚占据高邮。四月，朝廷令孙撝为副使，抵高邮招降士诚。“撝等既入城，反复开谕，士诚等皆竦然以听。已而拘之他室，或日一馈食，或间日一馈食”，甚至施以捶楚。张士诚的目的是迫孙撝投降，但孙撝不屑一顾。张士诚迁往平江后，孙撝与士诚部将密谋“赴镇南王府”，约定日期，进兵克复高邮，谋泄被执，不屈而死。

除了余阙、泰不华、孙撝、赵翼列举的死难进士中，还有元统元年进士李齐，为高邮守，“宋死张士诚之难”；泰定四年进士李黼，“守九江，死于贼”；泰定三年进士郭嘉，“守上都，死于贼”；泰定四年进士王士元，“知浚州，死于贼”；至治元年进士赵琏，“守泰州，张士诚既降复叛，遂被害”；泰定四年进士周镗，“归浏阳，遇贼被杀”；元统元年进士聂炳，“守荆门，与贼俞君正战死”；至顺元年进士刘耕孙，“守宁国，与贼琐南班战死”；元统元年进士丑闾，“守安陆，与贼曾法兴战死”；至正四年进士彭庭坚，“镇建宁，部下岳焕反，被害”；至正五年进士普颜不花，“守益都，明兵至，不屈死”；元统元年进士月鲁不花，“浮海北归，遇倭船，不屈死”；至正十四年进士迈里古思，“官绍兴，欲讨方国珍，为拜住哥杀死”。这些殉难进士的事迹，俱见于《元史》各本传。他们有的是蒙古人，有的是色目人，有的是汉族人。民族不同，但都忠心耿耿地效命于元朝。进士与元朝之间的这种历史性的联系，我们绝不应该视而不见。

自然，刘基并没有像赵翼列举的诸人那样为元朝殉节。但作为金华学者群的一员，作为元末的一名进士，他确曾对元朝廷充满了责任感，愿意为它的巩固和延续贡献自己的智慧和精力。他写过一首诗，题为《节妇吟》：

凄切复凄切，绿萍初生池水竭。
兰根压霜芽不茁，春风泠泠逐秋月。
蓼虫食苦甘如酒，卷葹虽生心已朽。
扬州青镜蚀土花，玉匣琼台复何有？
君不见人间日月如飞梭，
地下相从应始多。

这是一首赞颂节妇的诗，而潜在的意蕴则是以节妇喻忠臣，提倡“食苦甘如酒”的坚贞不渝的品格。

《登高丘而望远海》也值得我们注意：

登高丘，望远海，
长风簸浪高于山，蓬莱宫阙无光采。
云雾翳阳谷，羲和安所之？
鲸鲵作队行，鳞鬣如朱旗。

精卫衔石空有心，口角流血天不知。
登高丘，望远海，
弱水浩荡不可航，一望令人玄发改。

这首诗描写海上波涛汹涌，云雾弥漫，鲸鲵横行，以至于仙山琼阁失去了光彩，太阳也被迷失，这无疑是隐喻元末的动乱情形。以此为背景，刘基推出的核心意象是："精卫衔石空有心，口角流血天不知。"精卫是古代神话中的鸟名。亦称"冤禽"。相传为炎帝女，名女娃。因游东海淹死，灵魂化为精卫，经常衔西山木石去填东海。见《山海经·北山经》及《述异记》卷上。陶渊明《读山海经》诗："精卫衔微木，将以填沧海。"即咏其事。后人常以"精卫填海"、"精卫衔木(石)"比喻意志坚决。刘基愿以精卫衔石之心来报效元朝廷，可惜朝廷不理解他，致使他"口角流血"亦无济于事。这是一个忠臣得不到赏识的悲剧。

追求不朽是中国哲人的共同目标，但所选择的途径却互有不同。

道教提出的方案是成仙，长生不老，永远处于生命的青春状态。但这毕竟只能是空想。禅宗倡导融入自然的生存方式：人以自然的方式对待自然，就能最终融入自然，成为宇宙的一部分。这也就是苏轼《赤壁赋》所谓"盖将自其变者而观之，则天地曾不能以一瞬；自其不变者而观之，则物与我皆无尽也"。这种设想进一步延伸，即是小品式的人生态度：悠然从容，冲淡旷达，平静地走完生命之路。这其实只是对短暂人生的一种艺术化的安排和阐释。

比较而言，儒家对不朽的追求显得严谨而崇高。《左传·襄公二十四年》："大(太)上有立德，其次有立功，其次有立言，虽久不废，此之谓不朽。"这就是人们常说的"三不朽"：立德、立功、立言。"三不朽"说的"主旨是将个人有限的生命融入无尽的历史。当一个人确立起崇高的道德，建树起宏伟的功业，留下内容与形式双美的言论、文字，其德、行、言影响时人和后人至深至远，其人便经久而名不废，与无止境的历史同在。"(冯天瑜语)

在儒家思想培育下长大的刘基，自幼便树立了建功立业的志向。

年轻的进士刘基，充满闻鸡起舞的豪情。

闻鸡起舞，这是许多读者所熟知的掌故。晋代的刘琨，"少负志气，有纵横之才"，与祖逖为友，意气相期，情好绸缪。一天半夜，闻"荒鸡"鸣叫，祖逖蹬醒刘琨，说："此非恶声也。"于是两人起床共舞。荒鸡，指在半夜不照一定时间啼叫的鸡，古人以为不祥。刘琨和祖逖常常相互勉励，所以听到鸡鸣而起舞。后世因以"闻鸡起舞"比喻志士及时奋发。刘基的《鸡鸣曲》以"鸡鸣"为题，淋漓尽致地表达出志士自我奋勉的情怀：

日将出，鸡先鸣，千门万户听鸡声。
美人锦帐愁欲曙，壮士苦心煎百虑。
人间百年能几日？日日鸡鸣催日出。
一朝过了复一朝，白发萧萧此生毕。
齐妃播淑德，感彼虫薨薨。
周宣悟姜后，功业光中兴。

亦知国家共如此，莫怪鸡鸣催早起。

时不我待，盛年短暂，所以志士应勤勉砥砺，早建功业，“莫怪鸡鸣催早起。”否则，少壮不努力，老大徒伤悲，追悔就来不及了。刘基的《思悲翁》说的就是后一层意思：

弱龄轻日月，迈景想神仙。
顾往谅无及，待来徒自怜。
黄金弃砂砾，劬心炼丹铅。
凿石不得水，沉剑徒窥渊。
流光不我与，白发盈华颠。
杖策出门去，十步九不前。
归来对妻子，尘灶午未烟。
干时乏计策，退耕无园田。
霜蒲怨青松，逝矢恨惊弦。
已矣复何道？吞声赴黄泉。

这位“思悲翁”，年轻的时候不珍惜光阴，却沉溺于求仙了道之中。正如“凿石不得水，沉剑徒窥渊”一样，他一无所获，而青春流逝，早已白发满头。想出去干一番事业，苦于没有计策；想隐居退耕，苦于没有园田。妻、儿冻饿，百无聊赖，在悲伤之余，他只好选择自杀的方式来求得解脱（“吞声赴黄泉”）。

刘基的《鸡鸣曲》和《思悲翁》，第一首从正面擒题，第二首从反面入手，但都表达了一种将个体生命价值与历史相融汇的意想，表达了这位元末进士希望成为王朝的中流砥柱的心愿。这种志士情怀，如能受到蒙古贵族统治者的赏识，元末历史的许多细节或许都会改写。

二辞官职

按理，刘基中进士后，就该封官入仕。但由于朝廷推行种族歧视政策，“非我族类，其心必异”。他们用法律形式，将各族人民分为四个等级：蒙古人、色目人（西域少数民族）、汉人、南人（南宋辖地汉族人民）。同为进士，待遇却不予同等对待。若蒙古人、色目人中为进士，一般可以授予七品官衔，并很快得到任用。而汉人、南人，则至多给予八品虚衔，迟迟不授实职。

这样，直到顺定帝至元二年，二十六岁的刘基，中了进士在家苦等三年后，才被派到江西行省高安县（今江西高安）任县丞。

县丞何位？乃县令之辅也（相当于今副县长），县尹令为七品，县丞属八品，县丞辅佐县令做事。而且元朝县令之上，还有一个蒙古族的达鲁花赤。实际上，刘基到高安县，执掌的是第三把交椅。

官虽不大，刘基却不嫌弃。他怀抱初入仕途的兴奋，在赴任途中，一边目睹民间疾苦，一边联想自己安邦治国的抱负，深感任重而道远。

这时，元朝官场风气已十分腐败，文臣武将不顾社稷安稳，只管坑害百姓，刮敛民财。为官者不思黎民疾苦，只图自己升官发财。正如刘基所言：“数十年来，风俗大坏，居官者习于贪，无异盗贼。”“赃吏贪婪而不问，良民涂炭而罔知”，民间嘲讽道：“解贼一金并一鼓，迎官两鼓一声锣，金鼓看来都一样，官人与贼不争多。”受苦的是贫民百姓，农夫疲于耕作，却终年不得饱暖，工匠疲于劳作，而一生不得安稳。这些情景，使刘基忧心如煎。

在他看来，作为地方官吏，自己的职责就是要替朝廷管理百姓，为国家为民族做一番事业，尽安稳社会之责，担除暴安良之职，一丝不苟，为民父母。犹如放牛牧羊，牧人要为牛羊找到充足的水草，安排睡卧的地方，防止和消除它们的疾病，赶走伤害它们的虎豹豺狼。这样，牛羊才能视你为护神，听你招呼，安然生存。而那些剽悍狡猾的官吏，是老百姓的虎狼；那苛役重税，是老百姓的疾病。虎狼横行，疾病肆虐，生计不保，老百姓就无法活下去。这都是牧人之罪过。

刘基沿瓯江而上，顺富春江而下，跨越江浙省界，进入鄱阳湖区。他在行途中不断默诵着自己学过的古人治世警言。

《六韬·文师》曰：天下非一人之天下，乃天下之天下。同天下之利者得天下，擅天下之利者失天下。

《上略》曰：与众同好，靡不成；与众同恶，靡不倾。治国安家，得人也；亡国破家，失人也。

《下略》曰：正己而化人者顺。

《易经》曰：不恒其德，无所客也。

《春秋》曰：多行不义，必自毙。

《诗经》曰：相鼠有皮，人而无仪；人而无仪，不死何为？

相鼠有齿，人而无止；人而无止，不死何俟？

相鼠有体，人而无礼；人而无礼，胡不遄死？

默着、诵着、思着，他形成了自己的为官要旨：受爵而不傲于平民，官小而不惧怕权势，堂堂正正，光明磊落，像前辈那样，“论是非，不论利害；论顺逆，不论成败；论万世，不论一生”，做一个品质高尚，节义高迈，清正廉明，上奉公法，下爱百姓的好“牧手”。

刘基年轻气盛，到任以后，他严格遵循自己的为官原则，敢于秉公执法，发奸嫡伏，扶正祛邪，不避强暴，不到一年，就受到当地老百姓的称颂。街头巷尾，到处都在议论着：新来的县丞刘大人可是个青天大老爷。有的说：“刘大人眼观六路，耳听八方，盗贼奸网，都逃不出他的手心。”有的说：“这位刘县丞堂堂正正，一表人才，秉公为民，只要做了亏心事的，到他面前一站，就会双腿哆嗦，原形毕露。”也有的传言：“高安近来不法之徒收敛多了，因为刘大人经常微服私访，一会儿是商人，一会儿是贫民，一会儿是书生，一会儿又是捕快，谁也搞不清他在哪里出现，弄不好你就钻进他撒的网中去了。”

传扬最典型的是刘基“水缸判案”的故事。

一天，刘基接到一张状纸，写的是县前卖烧饼泊条的赵老汉一生辛苦积蓄的几十贯铜钿被偷走了。

刘基马上传审赵老汉。

赵老汉一进衙门就一把眼泪一把鼻涕地哭诉说：“昨夜三更，小人忽听响动，急忙起床叫喊,等邻居们赶到,贼已经逃得无踪无影了。我年近古稀,无子无孙,无依无靠,叫我今后怎么过日子?求大人赶快缉拿罪犯,追回失款,救我孤老头一命!"说罢,不住地磕头。

当下,刘基便带领衙役,前往赵老汉家察看了现场,知道贼是撬破板壁进屋,搬开放钱箱子上面的另一只箱子,把钱偷了去,但窃贼没有留下丝毫痕迹。看来,这个窃贼熟知赵老汉的情况。刘基仔细查访老汉四邻,却无所获。为了破这桩无头案,刘基左思右想,终于想出了一条妙计。

第二天清晨,县衙门外突然贴出了一张告示,上面写着:"有赵老汉失窃一案,经本衙追查,殊难破案。今念赵某孤老无依,实属可怜,望离赵老汉家五百步以内的乡邻,务在今日辰时,齐到县衙内院商议周济之事,仰各知照,不得有违。"

告示一出,整个街坊就热闹了。有的讥笑县丞无能,有的说这是姑息养奸。有的甚至认为这不是刘县丞办的案子。无论如何,大家还是抱着一种好奇心去了。

县衙院内,摆着一只大缸,缸里盛满了清水。等人们三三五五地进院后,地保当场宣布:县丞吩咐,每人向缸里投钿一枚。大家一听只要一枚铜钿,乐得做个人情,便一个个向缸里投钱。一个,两个,十个,百个……铜钱越投越多,围观者也越来越多。

这时,坐在看台上居高临下的刘基,发现一个壮年汉子大模大样地走进县衙。一听地保大喊一声:"投钱!"吓得差点跌倒在地,一双鼠眼骨碌碌转了半天,才把手伸进衣兜,好不容易掏出一枚铜钱,挤到缸边,抖抖缩缩地丢入缸内。

这当儿,混在人群中的便衣捕快,过来向县丞耳语了一番。只见刘基一边点头,一边继续观察那人的神情。

正当那人投完钱转身想要离开时,只听刘基突然一声高喝:"将此人拿下,带上堂来!"

那汉子一听,扑通一声倒地,脸色吓得煞白。

刘基当众开审,问道:"赶快报上姓名!"

汉子愣了一下答道:"小人李五,一向安分守己,不知大人为何捉拿小人?"

刘基"哼"了一声:"李五,你好大胆子,还不如实招来,你是如何偷走赵老汉铜钿的?"

"大人,请你不要冤枉好人,我与老汉相邻多年,怎会干这伤天害理之事?"

"哈哈!还敢狡辩?刚才你丢进水缸里的铜钱,泛上一片油渍,已不打自招,难道还会有假?"

"这……嘿嘿,那枚铜钱吗?是我买油条赵老汉找回的。"

刘基"啪"地一声一拍堂木:"胡说!我已查明,赵老汉因身体不适,已停业休息半月有余,事到如今,还不老实交代,罪加一等!"

李五却一再口口声声叫"冤枉"。刘基向左右使个眼色,几个捕快立即退了出去。

没多少时候,捕快提着几十贯铜钿上堂回禀,说:"大人,这是从李五床底下的小坑里挖出来的。"

铁证面前,李五终于低头招供画押。赵老汉领回铜钿,千恩万谢,围观群众啧啧称奇:"如此审案,高明至奇!"

当然，刘基声名远扬，平民百姓称其为“刘青天”，必将伤害一些人的利益，触犯不少豪族富门及蒙古乡绅，他们把刘基视为眼中之钉，肉中之刺，欲除之而后快。

此种风浪在刘基处理了一起棘手的人命案后，发展到登峰造极的地步。

至元五年初，新州路发生了一桩人命案，已经初审判定，处置完毕。哪知原告不服，喊冤上诉，一直闹到行省并惊动了朝廷。知府感到此案复杂，难度很大，便委派敢作敢为、民望甚高的刘基去查清案情，公正审理。

对于接手这一命案，年仅二十九岁出头的刘基知道会遇到不少难处。由于牵扯到一串大小同僚，加上当地蒙人绅士从中作梗，说不清会触及哪位显贵，弄不好还会身败名裂，毁了前程。但他并不发憷。人命关天，为官者若不秉公办事，怎能取信于民？

走马上任的当天，他就仔细翻阅了原有案卷。按原判结论，新州路铁匠肖某，与邻居赵某因宅基地一事发生争执，肖在与赵发生口角斗殴中不幸自误死亡。由于肖死与赵斗殴有关，初审判决赵赔偿肖妻李氏白银二十两。

分析案情，刘基发觉破绽百出，疑窦重重。既是斗殴自误，那么为何一无验尸记载，二无死者自误致死现场勘察报告，三无乡邻群众旁证材料。其判决依据，只是赵某一家的口供证词。

天网恢恢，竟敢如此草菅人命！

难怪受害人之妻李氏不服，喊冤上诉，并写诉状诗一首：“不要白银二十两，只要公平把命偿，阳世不报杀夫仇，阴间做鬼捉魍魉。”

仇切痛深！

刘基沉思，对一件人命案件，这样不负责任，如若不是受了被告重贿，定是一名糊涂官吏。

第二天，他就与随员一起，乔装打扮，分别扮为农夫、商贾、游客，走街串巷，广泛接触乡人，仅半天就从群众口中探查到了许多新的案情。

原来，这根本不是一桩什么为宅基地斗殴自误致死案件，而是一桩地地道道的谋妻杀夫、蓄意杀人重案。赵某是当地一大恶霸，凭着自家宅深势重，横行乡里，欺辱百姓，无恶不作，人称“新州霸”。由于平时游手好闲，时常去肖的铁匠铺子骚扰滋事。这天，赵某酒足饭饱，又带着一帮狐朋狗党无事生非，偶然碰见了为肖送饭的妻子李氏，见她花容月貌，便生歹意，上前调戏。谁知李氏稳重大方，给了一帮流氓难看。赵某便恼羞成怒，唆使走卒借故挑衅，掀翻肖的铁匠炉子，大打出手，肖在自卫时，被赵一锤打在头上，顿时血流如注，不治而亡。当时，上百围观群众义愤填膺，纷纷上书要求官府惩恶除霸，伸张正义。这本来是一桩十分清楚的案子，凶手犯罪事实清楚，证据确凿，理应法网难逃。谁知打起官司，却不那么简单。

赵凭借自己的势力，与正义展开搏斗。先用银两开道，买通了一位蒙古乡绅，又通过此人行贿，收买了本案审判官。那贪官拿了人家的银子，便贪赃枉法，敷衍了事，一不查，二不访，任凭被告三寸不烂之舌捏造的事实，胡乱录下口供，便判被害人自误身亡，将被告从轻罚处二十两银子了事。

一纸判决，苦了肖妻李氏。她孤苦无援，哭天喊地，叫天天不灵，呼地地不应，声声冤屈无处伸诉，拖着一双不懂事的儿女漫无边际地哭喊着，数里之外听见者无不潸然泪下。谁知这天碰见一乘官轿迎面而来，她便拉着孩子不顾一切扑了上去喊冤。正巧，这是一位江西籍翰林学士的轿子，当呈上诉状一看，那翰林就热血冲上，他想不到在家乡竟有如此不法之徒，又怜惜李氏红颜薄命，动了恻隐之心，帮她把官司打到了行省。

当刘基从群众和肖妻处了解到这些血和泪控诉的事实后，再也按捺不住内心的愤怒。他想，自己吃民之俸禄，受朝廷之信赖，如若不审清案情，为民伸冤，乃天理不容。

谁知回府不到一个时辰，还不等他把案情理出头绪来，便有当地一蒙古绅士求见，让刘基宽待赵某，维持原判，并答应事后一定重谢。听着来者刚一开口，刘基便气不打一处来，浩然皇天，竟敢如此辱欺圣律，堂堂府地，原来这般污浊，包龙图疾恶如仇，临政无阿，才得以杲杲清名，万古不磨。他当即义正严辞地批驳了来者的狡辩之词，把其轰出门去。

翌日，便升堂审案，传唤李氏和数十名证人，当场与凶手对证事实，签字画押，把赵氏下了死牢。连夜，刘基便灯下展砚，一口气给行省写出了审案详情，将赵某罪行一件件、一桩桩列举不漏，秉报上司：赵为谋人妻，有意挑衅，蓄谋杀人，铁证如山，理当开刀问斩，以偿非命。初审之官身负当地父母之责，却受贿渎职，应革职查办。不久，行省同意刘基呈报，十恶不赦的凶手被押赴刑场，那个贪官也被削职为民。

谁知，在当地百姓欢呼“刘青天”时，刘基却遭到新州路几乎全部蒙古乡绅恶势力的联手攻击。他们罗织了种种罪名，把刘基说得一无是处，并捏造他“图谋不轨”，想方设法对他竭尽说假造谣、诬蔑陷害之能事。最令人气愤的是，与刘基同坐一堂的县尹，不顾刘基辛劳操持，为自己解脱了多少麻烦，反而害怕刘基名声高过自己，把干将作对手，也诬告刘基“目无正堂”，投石下井。无奈，行省明知刘基廉正、耿直，一心为朝廷负责，深受百姓爱戴，还是感到“众怒难犯”，不得不把刘基调离高安，让其到行省担任管理簿书文件的椽吏。

江山易改，本性难移。谁知刘基到行省后，不改初衷，依然要按孟子的教诲，做一个“富贵不能淫，贫贱不能移，威武不能屈”的“大丈夫”，一身正气，一心报国，胸怀公心，光明磊落，耿直不阿。他对人对事，有话便讲，有理便说，不附炎趋势。无论是蒙古官吏，还是汉人权贵，他只要眼见不平，碰到枉法者，总是予以揭露，给予抨击，据理不让。结果，在那纲纪不振、阿谀成风的社会中，时间一长，他又遭到许多忌恨。不久，刘基与幕僚意见不合。本来自己所见于朝廷与民众皆是有利，却得不到任何支持。渐渐地，刘基对元朝官场的腐败之风有了一定认识，感到心灰意冷。

他想，这几年中国大地天灾人祸不断，仅至元二年，就接二连三地发生了河南水灾、秦州山崩、泾水泛滥、黄州蝗虫等严重自然灾害，江浙一带更是半年无雨，发生了大饥荒。当官为吏，本该为民着想，上下齐心协力闯过难关。谁知自己枉怀一腔热血，虽有雄心之志，却无奈这些不顾百姓、胡作非为之辈。难怪这几年造反作乱屡屡不绝，至元三年，先是广州增城百姓朱光卿造反，接着，汝宁府陈州人棒胡聚众造反、广西瑶族造反、合州大足县朝法师造反、惠州归善县聂秀卿、潭景山造反。至元四年，又有袁州周子旺、漳州路南胜县李志甫作乱。至元五年，河南省椽史竟然也拉起了反旗。天灾人祸，皆系心起。心不正，行不端，天怒之，祸不断。以至连天上的太阳都呈赤褐色，京都之地红沙从天而降，信州上天竟下起土来，镇江丹阳县突然红雾滚滚，花草树木和行人衣裳全成了一色的红色世界。这一切，难道不是人犯天怒吗?! 刘基想，自己为官短短五年，仅一小小椽史，怎能有回天之力呢?

恰在这时，有几件事使他受到强烈刺激。一件是至元二年八月，顺帝下诏："强盗全部处死。盗牛马的处割鼻之刑。盗驴骡的额上刺字，再犯处割鼻之刑。盗羊、豕的在颈上刺字，再犯在额上刺字，三犯处割鼻之刑；割鼻后再犯处死。"可是，皇家外戚中有人在陕西行省执政时，任意践踏法律，胡作非为，别人揭发他的罪行并进行审查，此人抛弃家眷府地，连夜出逃。皇帝竟下诏不要逮捕审问。第二件是至元三年，顺帝下诏："中书省、枢密院、御史台、六部、宣慰司、廉访司以及路、府衙门的长官，一律都要用蒙古人和色目人。"至元三年、五年，又两次下诏，汉人、南人、高丽(今朝鲜)人不得执拿武器，这三种人有马统一由政府拘收。第三件是，刘基好友钱士能，因不趋附蒙古族上司的淫威，愤然拂衣辞官而去。联想到自己这场冲突，刘基感慨万分：当今之世，政不清明，官不讲廉，风气不正，法度废弛，尤其是为官不为民作主，互相倾轧，勾心斗角，不去乃等何时。逐于至元六年(1340 年)，呈上辞书，携上娇妻富氏，挑上一担行李，回南田侍俸父母高堂去了。

无官一身轻。离开勾心斗角的官场，一晃将近十年。刘基利用这天宽地阔、与世无争的宝贵年华，游瓯江，逛杭州，进京都，遍走江南名山寺院，修性养志，研古观今，读书著文，无不潇洒。

广交天下朋友，是刘基闲云群鹤般生活的一大乐趣。官府人物，文人墨客，寺庙僧人，侠客义士，他都谈得拢，交得住，以诚换心，以行感人，以才服众，无不受到大家的爱戴。

好景不长。这天下午，刘基刚与寿宁寺主持和尚照玄上人等几位文友从灵隐山登峰闲赋归来，未等解衣洗歇，只听门外有人报访。踏出门来，原来是江浙行省右丞浦可素身着便装，前来拜访。

这浦可素身材魁伟，肩宽体壮，眉宇间透出轩昂之气，虽满脸官相，却实实在在是江浙行省显贵中有名的笔客之一，与刘基算是知己文友，时常在一起赋诗研文，讨论国是。浦虽身居江浙高位，却非常敬佩刘基的横溢才华和对时世的真知灼见。只要刘基来杭州，他们都要相见叙谈。而每每见面，浦丞总要规劝刘基再次出仕为官，谁知刘基都以这样那样的理由屡屡给予婉谢。

刘基心想，自己这次来杭州本是会友，先看望了几位不在官场的画家、诗人、僧人，还未来得及去浦可素府上拜访，他倒耳朵灵通，捷足先登，看来必有大事。上午就听照玄上人大师提醒说可能江浙行省要自己再度出山。并且当时，他向这位脱俗人士讲了自己的苦恼。这多年奔波于青田、杭州、京都之间，沿途见到百姓的艰辛，虽然"丈夫事耕稼，妇女攻纺绩，清晨荷锄出，暮夜不遑息"，但也逃不出被"恣刻剥"，"渗漉尽涓滴"和"狼藉多盗贼"的厄运。如若任凭那些贪官污吏残酷地盘剥百姓，任意挥霍百姓血汗，还不如站出来替百姓说话，尽其之能，为安邦定国贡献一点微薄之力。但一则当朝屡屡提防汉人、南人出头揽权，想方设法给予限制，不论你才学是否出众，言行是否利于社稷，总免不了左一个掣肘，右一个防范，迫使多少名流学者、社会贤达愤然离去。再则官场圈里的文章又是那样狰狞可怕，搞不好，“欲加之罪”看来也再所难免。但照玄上人一再劝他，要有所作为，必走仕途之路。

刘基双手一拱：“贵客亲临，有失远迎。右丞大人近来无恙乎，倒是越来越发福了！”

“福不可及。道是伯温先生近来可好？有福之人不在急哪！”浦可素一语双关，一边拱手相还，一边抬脚踏进门槛。

“不知先生可有雅兴，今晚一起前去西湖赏月凑兴？”刚一落坐，浦可素一手接过刘夫人递上的茶杯，也不客气，呷一口后便直言道明来意。

听到这一邀请，刘基明白这次可能不再是劝说，也许朝廷诏书已下。本来自己是要拜访浦可素的，现在正好可以顺水推舟：“有劳大人操心破费。恭敬不如从命，大人既亲临赏脸，岂敢不予奉命。”说完，俩人便一起乘轿来到白沙堤岸。

杭州西湖，三面环山，夕阳铺水，红日西沉，万里无云，湖水波澜荡漾，岸边垂柳掩映，苏堤春晓、三潭印月、断桥残雪等名胜古迹一览无余。踏着绿毯般的嫩草，刘基不禁随口吟出苏轼“欲把西湖比西子，淡妆浓抹总相宜”的诗句。

随从扶着二人跨入右丞早已派人准备好的楼饰游船，只见船上灯火通亮，吹箫击鼓，好不热闹。刘基虽然并不喜欢这套官船气派，但也只能客随主便，与浦可素来到一张八仙桌旁。

早有几位右丞请来的原来与刘基交谊较深的朋友在等待着。其中，一位是江浙行省参政苏天爵，字伯修，人称滋溪先生。此人博学多才，文章多采生动，为人耿直，疾恶如仇，且仕途坎坷，政绩斐然，深受刘基敬重。他虽然已近花甲之年，但与刘基却以挚友相待。一位是现任江浙省椽的老朋友葛元哲。

见到几位官场的老友在座，刘基高兴异常，大步向前一一问候致意，众人纷纷与刘基寒暄，寻问他近年周游收获及家中情形。当得知刘基添了一个白胖小子后，都高兴地给予祝贺。

寒暄过后，刚一入席，浦可素即开门见山：“伯温先生去年喜得贵子，想必近十年来博古研今，满腹经纶，对今后可有考虑？”

刘基见避之不过，便随口答道：“基已到不惑之年，想张骞自荐通西域，班超投笔从戎显本色，皆为民族之需，社稷之托。时下当朝人才济济，未有招谕之意，不才岂敢有非份之图！”

“妙！不愧为当今江左人物之杰。”见刘基虽未直接道出愿意为官之意，倒也并无坚辞之词，与以往有些松动。浦可素知这位才人并不愿就此庸庸碌碌了此一生，只要环境允许，还是想为当朝做事的。而且他更深知，这些文人多受孔孟之道影响，忠孝节义在脑中深深扎根，只要诏命下达，王法难违，刘基必定会听命赴任的。所以，当刘基刚一住口，他便首先给予赞赏。接着又叹息道：

“先生十年苦读广钻，博文强志，明于治礼，智力过人，才思敏捷，如若置之不用，乃我江浙之大损矣！”

“是啊！进士进士，进而有士，只有进得门来才能有仕途上的成功。目前国家正需人才，我江浙更是需要像伯温先生这样的名士给予辅佐。既然浦丞大人一再力荐，想来先生是不会推辞的。”苏参政真可谓娴于辞令，话虽不多，却句句有音。

浦可素看火候已到，便不再躲避，直接端出了这次宴请的目的：“苏参政说得对，经江浙行省奏请皇上恩准，授予先生江浙儒学副提举之职，不日便可送去官服，望先生不要推辞，不忘皇恩浩荡，努力为之。”言毕，便持杯站起：“来，请先生接了我这一杯敬贺之酒，到时再请先生为江浙之地出力献策。”

葛元哲也站起举杯：“来，我亦敬伯温一杯，一贺喜添小侄，了却高堂一桩心愿；二贺皇恩浩荡，伯温为国之志终可派上用场。咱们在行省大人提携下，共举江浙之事，报效国家，感谢皇恩。”

望着几位友人真切、谦恭之情，刘基虽然还在顾忌官场之深浅，但看来无望再辞，亦不合时宜，干脆就势答道：“不才既蒙错爱，授命于时，一定尽忠守职，请诸位大人代我谢主龙恩！”

此时，不但算承下了官事，而且也承下了酒事。大家痛痛快快地豪饮起来。

这样，杯来盏去，转眼已到亥时。周围船上，有的乡绅、豪贵带着名媛闺秀，嘻笑打趣，传波送嗔；有的名妓闲僧，浅斟低唱，箫琴之乐轻柔细缓；有的则帏幔垂落，情侣身影时隐时现，一派醉人之象。

望着初升新月，刘基心中叹道：“如果官场变为美丽诱人、含睇宜笑的西子湖，那天下百姓不知会有多大的福气啊！”

接到品秩官服，刘基即上任报到。这行省儒学提举司“统诸路、府、州、县学校祭祀教养钱粮之事，及考校呈进著述文字。每司提举一员，从五品；副提举一员，从七品；吏目一人，司吏二人。”刘基不改为国之志，恪尽职守，只要是与儒有关之事，无不尽力去做。他特别重视兴学育人，上任伊始，就根据杭州人口众多，商业发达，繁华兴盛，但书院、学校太少的实际，大力倡导兴办义学。交结了一大批有名的儒家、僧人。

海宁(今浙江海宁)名绅贾希贤，家境富裕，为人忠厚，看到乡村子弟皆因贫穷读不起书，自筹资金，购屋买田，聘名儒为师，使乡里俊秀、闾巷童儿，都能有求学的机会。来此求学的学生，笔墨纸砚，饮食住行，一概由他供给保障。刘基闻得此事，立即前往查看，予以表彰，号召人们向他学习，并与贾希贤结为挚友，赞许他说：“先生此举，不但益于乡民，更乃利于社稷。如若人人都像这样重视办学育人，当今之世必能实现‘三代’之繁荣。”

这天，刘基来到杭州西湖东南的南屏山慧日峰下的净慈寺，与该寺僧人柯上人促膝交谈。原来，柯上人是客游净慈寺的，净慈主持推举他负责寺内事务。道人认真尽心，一丝不苟，把寺院管理得井井有条。主持升天之后，僧人们都推举柯上人做寺主持，并联名呈报了宣政院。不料，寺内另一个和尚也想当寺院主持，他知自己能不如柯上人强，德不如柯上人高，望不为寺内僧人所重，故想方设法打通关节，贿赂有关官员，以求一逞。谁知此事被宣政院知道后，不问青红皂白，两人都不予任用。刘基到净慈寺，是专程来做柯上人工作的。刘基指着“运木古井”对柯上人说：“人生在世，乃需刚正无邪，但也要讲究谋略方式，大师不以利役其身，正是道济大师的道德体现，但你我二人今后都需学习道济的大智谋略。”

所指道济，就是民间传说的济公。济公原名李心远，也叫道济，江浙临海人，南宋时先在灵隐寺远塍堂座下为弟子，传说被长老点醒了灵性，能悟彻未来，但恐人说破，假作颠狂，以混世人之耳目。后到西湖四大丛林之一，与北线灵隐寺共誉为“西湖南北两大名刹”的净慈寺做了书记僧，在疯疯颠颠之中，为济贫民，惩邪恶，以及净慈寺的建设作出了巨大贡献。

刘基所指“运木古井”，即是济公的一段神奇传说。宋嘉泰年间，火神在阴历六月二十三生日这天，变为一名青年妇人假装进香来烧净慈寺，被济公识破，将她阻于门外，谁知正遇寺内老方丈路过，以为济公嬉弄妇女，责令其不要阻拦。道济退去，火神乘机进寺点燃悬帷，将大雄宝殿焚毁。重建大殿需要粗围一丈二尺、长六丈之大木，老方丈无力解决，就叫济公去化缘木材，济公允诺不出三日即可运回木料开工建寺。老方丈批准，济公只身前往四川化募木材。山林主是位大富豪，平日待佃农十分刻薄，一根干柴别人也别想从林中带出。他见济公疯疯颠颠，说话语无伦次，就有意取笑地问：“你要多少木头？”

济公答道：“小僧不敢贪心，只求施主给一袈裟足够了。”

林主认为，你袈裟再大，也包不了我一根树木，即慷慨答应，“方圆百里皆我之林地，你看上哪里就在那里包木材吧。”

不料济公取下袈裟嘻嘻哈哈向空中一抖，眼前的一座青山竟全被盖了去。林主惊得目瞪口呆，却又不敢再言不字，只好忍痛任济公砍伐。

济公从山中砍下一百棵大树，滚溜到山下江中，顺长江而下，经东海进钱塘江。

此时，三日已到，方丈不见济公踪影，正在着急，忽听济公在寺外喊叫：“木头到了！木头到了！”

方丈出门一看，济公双手空空，远近无一车一卒，何来木头？

济公却不慌不忙地说：“我从四川化募百根大木，现已运至钱塘江中，寺内‘醒心井’与钱塘江相通，只要在井上搭起吊架，一根根吊上来就是了！”

方丈立即安排大小僧人搭架吊木，架子刚一落成，往井里一看，嘿！果然有一根木头已露出水面。众僧徒七手八脚地往上吊木头，吊上一根又冒出一根，一直吊到九十九根，刚要再吊时，工匠却说：“够了！”话音一落，这最后一根木头却使再大的力也吊不上来了。这就是“运木古井”的来历。

当上儒学副提举后，由于刘基才学颇负盛名，经常有人请他写文题词。杭州仁和县（今属杭州市）北三十里，有一条义溪，南宋嘉定年间，有个叫陈迥的人，在溪边盖了一所房子，落发为僧，称这所房子为“福严”。陈迥死后，他的弟子继承其衣钵，日积月累，经五六传后终于建成寺院，佛阁、僧堂、大雄宝殿、通殿、库院、山门、钟楼、轩厅、丈室等，无一不备。松门石径，黄瓦红墙，绿树掩映，溪水环绕，翠云飘荡，很有气派，庙宇名气渐渐大了起来。该寺住持和尚要树立石碑以示纪念。想来想去，碑文还需请杭州文笔第一大家刘基来题写。于是派人去请刘基。这时，刘基不巧正在江边住所生病卧床，实在不能起身前往。谁知来人怕回去不好交差，便请别人以刘基的名义代写了一篇回寺交与住持。住持虽然觉得此文写得不是很好，但又想毕竟有刘基大名跃然纸上，也不好再说什么，立即叫石匠楮奂书写石刻，制作石碑。谁知楮奂亦是刘基的朋友，并且经常为人刻写刘基的题词，一眼就认出此文不是出自刘基之手。于是两人一起来到病榻前看望拜访刘基，要刘基待病愈后一定亲笔为其写一碑文。盛情难却，刘基便专门抽出时间为其写出《杭州实庵和尚福严寺记》，远近僧人听到这一过程，无不为之感动。

虽然刘基对职内诸事兢兢业业，在民间威望甚高，但在官场仍然不如其意。

先是与提举生隙添怨，一发不可了结。

事情的起因还是为办学引起。至正十一年（1351 年），刘基身体一直不大好，在家养病的时间多了一点，提举司的事务多由提举一人执掌。

这天，有个叫沙班的人跑来找刘基诉说：他祖居杭州，虽不及官邸，但也算得上殷实人家。这多年来，看到杭州学校、书院只有四所，远远满足不了人们需要，一直想为杭州父老乡亲尽一点微薄之力。前几天一个朋友赠与其一块空地，约有五十余亩。他响应提举司号召，想借此地兴学育才，为民做点好事，为祖增添阴德，为国做点贡献。但办学不比经商，只要有本，雪球一般会越滚越大，投资也易于筹集。办学则属无利之营，如若白手起家，金银财两又非那么容易凑齐。见于此举是为民谋利之业，他满怀信心踏进提举府门，不料刘基因病在家，便找提举求之以助，帮他在杭州富豪显贵中筹集部分银两，并表示一定尽力办好学校，为杭州学界争一荣耀。谁知提举非但不予支持，而且拒不相见。细一打探，才知自己空空白手，人家不愿管这"闲事"。等到他回家准备重礼终于见到这位提举大人，说明来由后，这位达官贵人虽同意按他提供的方案向杭州富贾、商绅谋以资助，但事成之后，必要从中抽取三分之一予以酬劳。

"这不是明目张胆索取不义之财吗？"沙班气愤不已。

"身为行省提举，此事本是份内之责，非但不帮我兴办义学，还要索贿强夺，上天还讲不讲公理？"沙班的诉说变为控诉。

刘基本与沙班只一面之交，只是他任职以来，多次深入杭州街头巷尾，访贤交友，凡是有一些志向者，大都有过交往。

听到自己的同僚竟是如此不讲德性，巧取豪夺，刘基义愤填膺。他决心打掉自己顶头上司借办学集资中饱私囊的如意算盘，当即表示，坚决支持沙班的义行，愿意无条件帮助沙班完成此愿，并与沙班这般耳语一番，使其兴高采烈地回去筹划去了。

第二天，凡在杭州城中有点名气的富商大户、在朝官吏，皆收到一份精美请柬，灵隐寺住持慧净大师出面恭请杭府命官及各位显贵到灵隐寺做法事，共商资助义学之事。

香烟缭绕，佛号激昂，钟声、鼓声、磬声连成一片，"十大名刹"之一的灵隐寺热闹非凡。当天，就集得白银近百万两，不但为沙班修建义学，而且为提举司整修乡试院也都集足了资金。重视办学的刘基、沙班等人欢欣鼓舞，那提举则因刘基一计，使其失去数万花花白银而对刘恨之入骨，又不能言明，哑巴吃黄莲——有苦说不出，但暗流却从此潜了下来。

再是有一个监察御史，不务正业，不负责任，该监的未监，该察的不察，反而为巴结权贵,无故致死人命。刘基素性耿直,不改初衷,忍不住上书进言,要求严惩不法之徒。这就不但惹了监察御史,而且犯了众怒,甚至牵扯到行省最高长官。这帮声色犬马之辈,非但不吸取教训,反而串通一气,抨击刘基。看到官场腐败之风日甚一日,刘基愤愤不已,他以辛辣的笔调,借"卖柑者"之口,道出了自己的满腔积愤和疑问:

今夫佩虎符、坐皋比者,恍恍乎干城之具也,果能授孙吴之略耶?峨大冠、拖长绅者,昂昂乎庙堂之器也,果能建伊皋之业耶?盗起而不知御,民困而不知救,吏奸而不知禁,法斁而不知理,坐糜廪粟而不知耻,观其坐高堂、骑大马、醉醇醴、而饫肥鲜者,孰不巍巍乎可畏、赫赫乎可象也?又何往而不金玉其外,败絮其中也哉!

这番精辟论述何等深刻!"金玉其外,败絮其中"这句流传后世的名言乃是对欺世盗名、名不副实骗子的有力鞭笞,表明了刘基对当朝统治者的信任发生了动摇。于是,他找了一个借口,再次愤然辞职避开这块人见人怕的是非之地,归向故里青田武阳村。

贤士不遇

这次回归,刘基没有上一次辞官那么潇洒。

退仕之后,刘基率一家从杭州乘船,沿富春江逆流而上到兰溪,然后换陆路经金华、永康、缙云、丽水,再乘船从瓯江顺流而下到青田。本来,合家团聚,天伦之乐,刘基应该放下沉重的官场负担,心情舒畅地放松一下了,可他却怎么也舒展不了眉头。为国之事受到抨击,思想上的压抑,只是一己之失,作为通晓古今,满腹经纶的学者贤达,刘基并不十分在心。关键是这一年,天公不为作美,接连发生了许多不祥之灾,给人以警示,使这位精通阴阳卜算"奇勋绝学"之人,从内心感到不寒而栗。

入春,正月十七,兰阳县有红星大如斗,自东南坠西北,其声如雷。与此同时,清宁殿一把大火,焚毁各种宝物以万计。

四月,冀宁路(今山西太原一带)属县多次地震,半月乃至,损失不计其数。孟州(今河南济源、孟县一带)发生地震,声大如雷,房屋倒塌,压死者甚众。彰德府(今河南安阳)下冰雹,形状如斧,伤人畜。

后来,又有饶州天降黑子,大如黍米、豆。

五月,己酉朔(初一),日食。

十一月,己酉(初三),西方有彗星,出现于娄、胃、昴、毕等宿之间。

如若天灾不与人祸相行,兴许世间还称太平。但刘基虽身在武阳,却从同僚故友一封封来信中得知,偏偏上天滋意生事,使元顺帝的日子一天比一天难过。先是江浙方国珍,接着,江淮一带的刘福通、韩林儿,徐州一带的芝麻李,江西、湖广一带的徐寿辉等,群起生乱,四方造反,攻城掠地,占山为王,搅得天下一片昏暗。

这方国珍是台州黄岩人,早在至正八年,其在海中作乱时,刘基就主张坚决镇压,但官小位卑,无人理会。

方国珍乃世代盐贩子,在当地有相当名声和一定势力。他生得高大,脸面黧黑,显得威武沉勇。当时有个名叫蔡乱头的,在海上抢掠,官府发兵追捕,使得许多无辜平民遭受牵连。当地有个姓陈的仇家告发方国珍与强盗勾结。方国珍遭到诬陷,便新帐旧帐一起算，一怒之下杀了仇人。官兵前来捕捉，他只得带上其兄长国璋、弟国琪、国珉逃入海中，很快，就聚合了几千人抢劫漕运粮食，抓了海运千户。朝廷派江浙行省参知政事多尔济巴勒总领水军捕捉，反被方国珍战败捉拿，逼朝廷受其降而任命方国珍为定海县尉。

也是在这时，为了治理自至正四年(1344 年)以来黄河的多次决口灾难，朝廷丞相脱脱不听工部尚书成遵等人劝阻，接受了原漕运使贾鲁的主张，任命其为工部尚书兼任总治河防使，疏通黄河，开挖南粮北调的大运河。这是一件庞大的工程，征发了汴梁、大名等十三路民工十五万之众，仅调集负责监工的官军就达二万多人。

工地上，人群如蚁，刀光剑影，杀气腾腾。万名士卒手持皮鞭，监督施工，引起了参加工程老百姓的极大愤慨。

栾城人(今河北省)韩山童、颍州人(今安徽阜阳)刘福通听到这个消息，认为时机已到，秘密筹划起义造反。他们先是以白莲教的名义，烧香拜佛，组织民众，根据河南和江、淮人们对元朝残酷压榨政策的不满，宣传“天下大乱，弥勒佛下世”。并唆使数百在工地上的教徒传播一首歌谣：“石人一只眼，挑动黄河天下反。”一传十，十传百，河南、江淮一带的老百姓全信了。接着，让石匠暗地刻出一个石人，在背后刻下“莫道石人一只眼，此物一出天下反”十四个大字，利用夜幕，将石人悄悄埋在将要开挖的河道上。

没有几天，老实忠厚的民工们在工地上挖出了经过多方处理、锈迹斑斑的一个石头人。

民工们一看地下蹦出一个石人，回想起天下到处流传的歌谣，迫不及待地将其冲洗干净，仔细一看，果然只有一只眼。

这一来，几万夫子顿时骇得目瞪口呆，一时人心骚动，整个工地沸腾起来，“快来看呀，石人出世了！”民工们心中的烈火被燃烧起来。

几名白莲教徒乘监工的士兵不注意，有意识为石人翻了一个身。

“咦，快来看那，好像石人背上有字！”

“石人背后刻的是什么字呀？”

“我看看”，一位认得几个字的民工走近石人，用手指比划着一个一个地念出来：“‘莫道石人一只眼，此物一出天下反’。”

“‘此物’是啥呀？”

“唉呀，这不明摆着，‘此物’就是石人嘛！”

“那不就是说，天下要大乱了？”

“可不是嘛！”

“这字是谁刻上去的？”

“这哪是人刻的，是佛祖生出来的，告诉人们天要变了！”

听到这一串串对话，看到工地上的民工情绪，韩山童、刘福通等人抓住时机，立即聚集三千人在白鹿庄召开了各地白莲教首领参加的秘密会议，鼓吹韩山童是宋徽宗的八世子孙，改名更姓，逃亡海外，如今不忍天下百姓受苦，从日本借来精兵，要与蒙元争夺天下。刘福通自称是宋朝大将刘光世的后人，这次出山是帮助旧主起义，恢复宋室江山的。并打出灭元复宋的口号，号召人们下定誓死推翻元朝的决心："虎贲三千，直捣幽燕之地；龙飞九五，重开大宋之天"，宰杀白马、黑牛，歃血盟誓，最后约定当年农历八月十五日起义，共同拥立韩山童为明王。

不料，事不机密，韩山童被擒惨遭杀害，其妻杨氏带着儿子韩林儿趁乱逃出，躲进武安山（今永年县境），隐姓埋名，候等消息。刘福通冲出重围，回到自己的老家颍州，与起义首领杜遵道、罗文素、盛文郁等人一起商议，决定提前于农历五月初三起义。

五月三日，旭日东升，霞光万道，起义的教徒，按照事先约定的装束，个个头扎红巾，宣誓祭旗，之后，人流涌进附近的恶霸地主家，该杀的杀，该打的打，开仓济民，惩恶除霸。一时，满身泥土、上下伤痕累累的农民群，不约而同地扛起竹竿锄头，与工地上的河夫汇流，长枪板斧，呐喊声声，一片血红。攻颍州，占罗山，抢汝宁，一个月下来，红巾军队伍已发展到十几万人。当时，中国大地从大都到江南，流传开一阕《太平小令》，大人小孩皆能脱口而出：

堂堂大元，奸佞当权，开河变钞祸根源，惹红巾万千。官法滥，刑法重，黎民怨。人吃人，钞买钞，何曾见？贼做官，官做贼，混贤愚，哀哉可怜！

见着，听着，想着，刘基心如重山！

谁知这一发不可收拾，沉重的大山越压越重。

至正十一年农历八月十日，在刘福通红巾军打下朱皋镇的第二天，邳州（今江苏睢宁县）人李二又与老彭、赵君用联手揭竿而起，攻陷徐州。

这李二绰号芝麻李，在饥荒的年头，他家只有一包芝麻，全部拿出来救济穷人，故得此名。当时黄河工程大规模展开，人心不安，韩刘造反消息传来。芝麻李和他家所在地的社长赵君用商量道："颍上起兵，官军对他们毫无办法，这正是男子汉谋富贵的好时机呀。"赵君用介绍，城南彭二为人骁勇而且有胆略，没有他，大事难成，我与其是至交，可动员他一起参加。于是联手八人，口含牲畜之血立誓同盟。当天晚上，来到徐州城下，芝麻李让赵君用等四人伪装挑河的民工，仓皇到徐州投宿，他和其他四人在城外。约摸四更时分，城中点起火把，城外也举火响应，起义队伍夺过守门军人武器，打开城门冲进去，一个时辰，整个徐州城已掌握在义军手中。当天，便有几万在死亡线上挣扎的人们加入了起义军行列。芝麻李又乘胜进击，很快攻陷了宿州（今安徽省宿县）、虹县（今安徽泗县）、丰县（今属江苏省）、沛县等地。

徐州在刘福通所占据的朱皋镇之北。与之呼应，朱皋镇南面，又有彭莹玉、徐寿辉在蕲州（今湖北蕲春县境）揭竿而起。

这彭莹玉，又名彭和尚，袁州（今江西宜春市）东村人。从小家贫如洗，生活无着，因而出家到南泉山慈化寺当了和尚。他聪明伶俐，出家当和尚期间，由于认真背诵经文而认了不少字，并且学会了采草药，医百病，在当地群众中颇有名气。当韩山童、刘福通在北方利用白莲教组织百姓的时候，他也在南方进行同样的宣传组织活动。

徐寿辉是蕲州罗田人，身材魁伟，质朴倔强，以贩布为生，信奉白莲教，利用经商之机，云游四方，宣传"弥勒佛降生，明王出世"的教义。

由于这俩人信仰一致，结识后便很快成了朋友，经常在一起商议起义大事，遂联络了黄州麻城人邹普胜、倪文俊等人，誓师起义，亦以头扎红巾为记，称为"南方红巾军”。沔阳渔民陈友仁听到这个消息，便也投奔了起义队伍。

起义之火，如火如荼；大元统治，风雨飘摇。作为这个朝代的忠实命官，刘基“食君之禄，为君分忧”，怎能潇洒得起来。他虽然身置府、州、县一线阵地，接触各类人士，了解民众疾苦，憎恨那些腐败透顶的官吏，但还是十分想捍卫朝廷的统治。于是在郁郁不乐中，提笔写了一首《忧怀》，表明了自己的心迹：

群盗纵横半九州，
干戈满目几时休。
官曹各有营身计，
将帅何曾为国谋？
猛虎封狼安荐食，
农夫田文困诛求。
抑强扶弱须天讨，
可怪无人借箸筹。

出任地方官的曲折经历，使刘基对世路险恶有很深的体会。他在《公无渡河》诗中写道：

丈夫不爱死，成仁心所安。
殒身苟无故，哀哉徒自残。
水能杀人人共知，公独茫然狂以痴。
黄河渺渺无津涯，乃欲绝流而渡之。
公也溺死人谁悲！
世路如何？险恶实多。
平地倏忽，滔天风波。
利淫欲饵，孰知其他？
不见不闻，纵横罔罗。
固不必如公之痴，可揕以鱼中之铍。
亦不必如公之狂，可禽以伏甲之觞。
眼前言笑百媚出，宁知兵刃罗心肠？
公无渡河河无津，箜篌一曲愁杀人。

以黄河渺渺喻世路风波，喻示出人类生活中笑里藏刀的种种险恶，不是深有阅历之人，不会发出这种感慨。

《行路难》二首的旨趣与《公无渡河》稍有不同：

君不见水上澌，往来倏忽随波移。
又不见花上蜂，东枝飘落寻西枝。
世上食葵不食蘖，莫倚结交心匪石。

君不见避席武安人，即是当年窦家客。
君不见白日光，不照幽草心；
又不见石上云，肤寸遂成阴。

世间会合良难得，况有巧言能烁金。
伏波槀葬魏碑仆，当时岂是非知音？
智谋启疑忠逆耳，平地反掌生崎嶔。
行路难，愁最深！

《行路难》的第一首说，密切的人际关系（“结交”）是靠不住的，因为人心匪石，随时可能发生变化。刘基并举了魏其侯窦婴与武安侯田蚡的事为例。他们都是西汉大臣，因推崇儒术，同为窦太后所贬斥。按说，二位应该心心相印，但窦婴却最终被田蚡陷害而死。尤其值得一提的是，当窦婴已是大将军时，田蚡尚在郎中令手下任职，时常往来于窦婴府中，并且陪侍窦婴饮宴。所谓“当年窦家客”指此。第二首说，巧言能够烁金，即使是你的知己，也会因反复出现的谗言而改变对你的信任。刘基举了几个例证，其中之一是伏波将军马援。马援（前14—后49），字文渊，茂陵（今陕西兴平县东北）人，东汉名将。他曾说：“男儿要当死于边野，以马革裹尸还，何能卧床上在儿女子手中耶？”六十二岁时，还请求带兵出征，最后死于军中。据《后汉书·马援传》载：“南方薏苡实大，援欲以为种，军还，载之一车……及卒后，有上书谮之者，以为前所载还，皆明珠文犀。”蒙冤被谤，落得稿葬的下场，“宾客故人，莫来吊会。”永平三年（公元60年），“帝思中兴功臣，乃图画二十八将于南宫云台，以邓禹为首，次马成、吴汉、王梁、贾复、陈俊、耿弇、杜茂、寇恂、傅俊、岑彭、坚镡、冯异、王霸、朱祜、任光、祭遵、李忠、景丹、万修、盖延、邳彤、铫期、刘植、耿纯、臧宫、马武、刘隆，又益以王常、李通、窦融、卓茂，合三十二人。马援以椒房之亲，独不与焉。”一代名将，又是椒房之亲，亦可因谗言而被疏远，何况其他？所以，“知音”也是靠不住的。“平地反掌生崎嶔”，世路充满了种种意想不到的危机！

“昨日灯前相笑语，岂意今朝化为虎。”面对“世上茫茫化虎人”的现实，刘基两度隐居，即意在躲避祸患。其《墙上难为趋行》诗云：

弱水不可以航，石林不可以车。人生贵守分，墙上难为趋。茫茫八极内，狭径交通衢。纷纷皆辙迹，扰扰论锱铢。焦原诧齐踵，龙颔夸探珠。片言取卿相，杯酒兴翦屠。机事一朝露，妻子化为鱼。林间有一士，蓬蒿翳穷庐。种稻十数亩，种桑八九株。有酒且饮之，无事即安居。孰知五鼎食？聊保百年躯。悠悠身后事，汲汲复何如！

晋代的张翰曾发“使我有身后名，不如即时一杯酒”之叹，刘基则说：只要能保住性命，身后的事且别管它！“孰知五鼎食”一句，表明了刘基对功名富贵的舍弃。在《钓竿》中，他将这种功名富贵喻为鱼饵，奉劝世人（包括他本人）“长逝深潭莫贪饵”，诗云：“斫竹作钓竿，抽茧作钓丝。沧州日暖波涟漪，绿蒲茸茸柳叶垂，钩纤饵香鱼不知。石鳞激水溪毛动，玉燕回翔竿尾重。大鱼入馔腮頳红，小鱼却放渊法中。更祝小鱼知我意，长逝深潭莫贪饵。”这种意想折射出末世生活的阴影。

世路险恶，其表征之一是贤士无路。刘基讲过这样一个故事：

蜀地有三个商人，都在集市上卖药。其中一位专卖好药，根据买进的药价定出卖价，不贱卖，也不肯赚钱太多。另一位同时收进上等和下等药材，药材的贵贱只看买者的心愿，要贵的就给他好药，要贱的就给他差药。第三位从不收进上等药材，只管多收，卖价低廉，顾客要求添点，他就给添点，不大计较，于是顾客争先恐后到这儿来，以致他家的门槛一月一换，一年多的时间，他就成了大富翁。那个兼卖上下等药材的，顾客来的虽然少些，两年之后，也富了起来。那个专卖上等药材的商人，生意最坏，即使在大白天，他的铺子也像夜晚一样冷清，生意萧条，以致他吃了早餐，就没有晚饭。郁离子见到这种情况，感叹道："现在做官的，也是这种情况吧！从前楚国边境上三个县的县官，其中一个很廉洁，但不能博得上司的欢心，离任的时候，穷得连雇船的钱都没有，人们无不笑话他，认为他太傻。另一位，常瞅准机会，能捞的时候就捞一点，人们非但不予指责，反而称赞他贤明能干。第三位无所不贪，用聚敛的钱财巴结上司，对待部属爪牙像对亲儿子般的关怀，对待富家大户像对宾客似的热情，不到三年就被举荐，当上了管理法制的官，就连老百姓也称赞他好，这不是很可怪的事么！"

故事中的三个商人，三个县官，代表了三种不同的类型。他们品德各异，结局有别，概括说来，是好人遭殃，恶人得势。刘基借以讽刺了元末贤士无路、不肖当道的现实。

刘基一向信奉儒家传统的人格理想。生活在如此浑浊的社会风气中，既然不愿"䶕其泥而扬其波"，就只能在"众人皆醉我独醒"的悲剧处境中忍受排挤与仇视。他在《苦哉行》诗中写道：

鸡不可使守门，狗不可使司晨。
驱车梁弱水，日暮空悲辛。
我欲乘风谒阊阖，虹蜺弥天云雾合。
九关虎豹森骇人，长跪陈词阍不答。
错石作　　，鬼神惊见欺。
截梁为欂栌，般垂拊膺泪交颐。
冲风结玄冰，道恶不可履。
巫咸上天去，泽冻神蓍死。
我欲竟此曲，此曲多苦声。
鸿雁向天北，因之寄遐情。

一面是"君门九重虎豹多"，"芳兰委弃同蒺藜"，一面是刘基对元朝廷仍"一枝一叶俱有心"，"欲凭魂梦到君所"。"相思"愈深，失望愈重；失望愈重，痛苦愈大。这便是《长相思》一诗的核心内容：

长相思，在沅湘，九疑之山郁苍苍。
青天荡荡林木暗，落日虎啸风飞扬，
欲往从之水无航。
仲尼有德而不用，孟轲竟死于齐梁。
松柏摧折桂生蠹，但见荆棘如山长。
长相思，断人肠。

连孔子、孟子这样的圣贤尚且沦落不偶，何况他刘基？松柏摧折，荆棘如山，已是无可改变的现实状况。当刘基痛苦地意识到这一点时，他发出了"长相思，断人肠"的悲鸣——然而，对于他的这一片"相思"之情，元蒙贵族却并不懂得珍惜！

《菜根谭》有几则处世格言说：

标节义者，必以节义受谤；榜道学者，常因道学招尤。故君子不近恶事，亦不立善名，只要和气浑然，才是居身之宝。

处世不必与俗同，亦不宜与俗异；作事不必令人喜，亦不可令人憎。

在这种训诲中，潜在地包含着"贤士易遭谗毁"的命题。惟其易遭谗毁，所以要和光同尘，外圆内方。刘基《梁甫吟》则从正面发挥这一命题：

谁谓秋月明？蔽之不必一尺云。
谁谓江水清？淆之不必一斗泥。
人情旦暮有翻覆，平地倏忽成山溪。
君不见桓公相仲父，竖刁终乱齐；
秦穆信逢孙，遂违百里奚。
赤符天子明见万里外，
乃以薏苡为文犀。
停婚仆碑何震怒，青天白日生虹蜺。
明良际会有如此，
而况童角不辨粟与稊。
外间皇父中艳妻，马角突兀连牝鸡。
以聪为聋狂作圣，颠倒衣裳行蒺藜。
屈原怀沙子胥弃，魑魅叫啸风凄凄。
梁甫吟，悲以凄。
岐山竹实日稀少，凤皇憔悴将安棲？

"梁甫吟"，原为乐府歌曲名。《楚调曲》之一。古之葬歌。《乐府诗集》引《乐府解题》云："《梁甫吟》，盖言人死葬此山，亦葬歌也。""梁甫"，或作梁父，山名，在泰山下，死人聚葬之处。现存古辞写齐相晏婴以二桃杀三士事，传为三国蜀诸葛亮作。后世拟其题者，以唐李白之作最为有名。刘基这首《梁甫吟》，"拉杂成文，极烦冤瞆乱之致。此《离骚》遗音也。"(沈德潜《明诗别裁集》卷一)他用几个著名的历史事例说明了"谗夫毁士"如云蔽月一般容易。屈原被放逐自杀，伍子胥被吴王逼令自杀，这都是谗夫们的赫赫"业绩"。以薏苡为文犀，典出《后汉书·马援传》："南方薏苡实大，援欲以为种，军还，载之一车……及卒后，有上书谮之者，以为前所载还，皆明珠文犀。"汉光武帝竟信以为真，大发脾气，吓得马援"妻孥惶惧，不敢以丧还旧茔，稿葬城西，宾客故人，莫敢吊会"。汉光武帝以英明著称，在他治下也会发生马援蒙冤被谤的事，何况那些粟梯不辨的昏君。"童角"，即童牛角马(没有角的牛和生了角的马)，比喻违背常理，不可能存在的事物。《太玄·更》："童牛角马，不今不古。"童牛角马之辈做了帝王，哪还有贤士们的立足之地？

贤士易遭谗毁，这本是中国历代贤士的共同感慨。《韩非子·内储说上》载：

魏国大臣庞恭即将陪同太子作为人质，前往赵国都城邯郸。临行，庞恭问魏王："假如现在有人告诉您，说闹市上有一只老虎，大王相信吗？"魏王道："我不信。""假如有两个人说有虎，大王相信吗？""我还是不信。""假如有三个人说有虎，大王相信吗？"

"那我相信。"庞恭于是归结说:"闹市上没有老虎,这本是明摆着的事情。但是,因为三个人都说有虎,听者就信以为真。现在,邯郸之于魏国,比街市要远得多,说我坏话的又超过三人,愿大王明察。"后来,庞恭从邯郸返国,听信谗言的魏王,竟没有召见他。

"三人成虎",比喻说的人一多,就容易使人误假为真。庞恭事先向魏王说明了这一道理,魏王还是犯了错误。足见谗言易人。

《郁离子》中有《噪虎》一则,摹写世情,入木三分:

郁离子因言论触忤时人,为执政者所厌恶,想杀了他。有的大臣荐举郁离子,说他颇为贤能,厌恶郁离子的人怕他受重用,在大庭广众之下诋毁他,当时在场的,多随声附和。有人问随声附和者:"你认识郁离子这个人吗?"答:"不认识,但听说过。"

有人将这种情形告诉郁离子,郁离子笑道:"女几山是喜鹊搭巢的地方。一天,丛莽中出现了一只老虎,喜鹊连忙飞集一起,乱叫起来。八哥听见了,也飞集一起,乱叫起来。鹎鶋见了,就问他们道:'虎,这是陆地上行走的动物,它能把你们怎样?竟这样地乱叫一气!'喜鹊答道:'虎啸生风,我们恐怕风把我们的巢吹翻,所以叫起来,想把它赶跑。'再问八哥,八哥无话可答。鹎鶋不禁笑道:'喜鹊的巢搭在树梢,怕风,所以看到虎就担心地叫起来;你们住在洞穴里,并不怕风,干嘛也跟着乱叫!'"

一人吠影,众犬吠声,其结果是众口铄金:众口一词,可以混淆是非。这,也许是贤士易遭谗毁的原因之一。而在元代,蒙古贵族之猜疑汉官,还有更大的原因,即种族偏见。

感士不遇,本是中国古代知识分子经常抒写的一个传统主题。刘基的行路难之叹,一方面包含了人心叵测的生活体验,另一方面也寓有感士不遇的情怀,但应该特别指出:在感士不遇这个传统主题中,刘基融入了全新的内涵。

元朝是蒙古贵族统治者在中国建立的一个王朝。他们规定汉族人和女真族人只能担任次要的官职,主管长官都由蒙古人或色目人充当,推行一种民族歧视政策。这使许多有才能的汉族知识分子得不到施展抱负的机会。刘基对此深有感触,许多年后,他写《郁离子》这部寓言集,还以异常沉痛的笔墨,反复讨论这一问题。

《千里马》是《郁离子》的第一篇。郁离子的马产了一匹駃騠,人们都说:"这是一匹千里马,必须送到皇帝的御马房去。"郁离子非常高兴,遵从人们的意愿,把这匹千里马送到了京城。皇帝派太仆去察看,太仆看了,说:"这马确乎是一匹好马,但它不是河北出产的。"于是,这匹千里马竟被安置在皇宫外的马房里。

用千里马的遭遇来比喻才智之士的遭遇,这是一个来历久远的母题。《列子》中的"九方皋相马",《战国策》中的"骥遇伯乐"、"买骏骨",都为许多读者所熟知。而韩愈的杂文《马说》,发挥"千里马常有,而伯乐不常有"的命意,亦颇为精辟。

刘基的千里马故事仍着眼于才智之士的遭遇,但却有着鲜明的时代色彩。马虽然是千里马,只因不是河北所产,便得不到千里马的待遇。这是对元代的民族歧视政策的讽刺。

在元朝的社会政治生活中,民族等级是逐渐明确起来的。一共分为四等:蒙古人、色目人、汉人和南人。蒙古人包括蒙古民族共同体的大约四十余个部落。所谓

"色目",是"各色各目"之意,包括蒙古人以外的其他少数民族。所谓"汉人",指原来金朝统治下的汉族和汉化的女真、契丹等族。所谓"南人",指忽必烈攻灭南宋时仍在南宋统治下的汉族。蒙古人最高贵,色目人次之,汉人已相当低下,最卑微的是南人。这种民族之间的等级差别,表现在社会政治生活的各个方面。比如,在官制方面,中书省、枢密院、御史台的首席长官都由蒙古人担任,色目人担任的很少,汉人、南人更只能担任副贰职务;在军事方面,兵籍和用军是机密大事,一概由蒙古人掌握,汉人、南人被排除在外;在刑法方面,蒙古人因争斗或酒醉殴死汉人,征烧埋银,断罚出征,而汉人只要殴伤蒙古人,就会被处以死刑。刘基的《千里马》,一方面抨击了元朝的这种民族歧视政策,同时也流露出他本人怀才不遇的愤懑。

《郁离子》的另一篇《八骏》也对因不平等的用人制度而造成的畸形社会生活现象进行了抨击和讽刺。寓言首先赞扬了穆天子和造父根据马的良驽来区别待遇的做法,这样,"上下其食者莫不甘心焉"。但是,后来的马政管理者却不会识别马之良驽,而只能以产地来区别其待遇,其结果是可想而知的。《八骏》描述道:

穆王死了,造父死了,八骏也死了,对于好马、劣马,再无人能够识别,遂只好按产地和毛色来区分。因此,冀北一带所产的纯色马,被列为上乘,养在天闲厩,用来驾周王的乘舆;其中的杂色马,被列为中乘,养在内厩,作为驾乘舆的后备,或作战时使用;冀州和济水、黄河以北所产马,养在外厩,为诸侯、公卿大夫及出使四方的使臣驾车;长江、淮河以南产的马,是散马,只能传递消息、运送东西,或干各种杂活,重大的事儿,没它们的份。那些养马人的待遇,依照马的等级,仍遵循造父时的旧例。到了周夷王末年,强盗蜂起。按规定,内厩的马应该参战,可这些肉满膘肥的马,娇懒惯了,听到钲鼓声就吓得后退,望见旌旗,就吓得逃窜。没法,只好搭配一些外厩的马。内、外厩的养马人,因而闹起了意见。不久,跟强盗相遇,外厩的马先上阵,打败了强盗。强盗逃走后,内厩的马,却又争着先上,冒充是自己的功劳。于是外厩的人和马感到心灰意冷。强盗趁机来攻,内厩的人、马四散奔逃,外厩的人、马见了,不去援救,也逃走了。夷王害怕极了……

《八骏》的描述,是对元末情形的隐喻。刘基提醒读者:作为元朝国家机器重要组成部分的军队,衰败废弛,元朝的统治行将瓦解。元蒙统治者可说是自食其果。

在用人的问题上,刘基与执政者之间曾发生过一次耐人寻味的争论。刘基问:"如今用人,是仅仅为了充数呢,还是为了选拔优秀人才,靠他们管理好国家?"执政者答道:"当然是为了选拔优秀人才,发挥他们的作用。"刘基说:"这样说来,相国的政治举措与相国的言论是不相符的。"执政者反问道:"这是什么意思?"刘基解释说:"我听说过,农夫种田,不用羊负轭;商人载货,不用猪拉车。因为,知道它们不能胜任这种事,怕将事情弄砸了。所以,夏、商、周三代选拔人才,一定要学习一段时间才具备做官的资格,一定要试用一段时间才正式任命,不考虑他的出身(如种族等),只问他是否贤能。如今的监察部门,乃朝廷的耳目所寄,是特别重要的机构,难道只讲究仪表、服装和言语吗?而您在选用官员时,不从天下贤能中择取,却尽任命那些世家子弟中长得漂亮的,可见,您对国家的爱,还比不上农夫之爱田、商人之爱车。"执政者听了,口头许可刘基的话,心里却感到恼火。

刘基的这些意见，旨在批评元蒙统治者在用人问题上的种族之见。这也是当时众多汉族儒生的共同不满：他们满腹经纶，却不为元朝所用。作为参照，可读与刘基同时的另两位诗人的作品。一是陈高的《感兴》：

客从北方来，少年美容颜。
绣衣白玉带，骏马黄金鞍。
捧鞭揖豪右，意气轻丘山；
白云金张胄，祖父皆朱轓，
不用识文字，二十为高官。
市人共咨嗟，夹道纷骈观。
如何穷巷士，埋首书卷间，
年年去射策，临老犹儒冠。

一边是"不用识文字，二十为高官"的"世胄昵近之都那竖"，一边是"年年去射策，临老犹儒冠"的满腹经纶的读书人，两相对比，更见出元代民族歧视政策的荒谬。

另一首诗是贞一斋的《观猎》，其中几句是：

儒生心事良独苦，皓首穷经何所补？
胸中经国皆远谋，献纳何由达明主？

贞一斋所表白的"儒生心事"尤近于刘基。这种怀抱经世之志而不见用的苦闷长期折磨着刘基的心灵。

中国历史上的"治人者"即国家管理人员，大体上经由两条途径形成。一类是"生成的"，即靠血统、家世取得统治地位，这在"封土而治"、"分地而食"的西周，是一种主要的途径。一类是"做成的"，即靠某种学识、能力或治绩取得统治地位，所谓"学而优则仕"、"以学干禄"，就反映了这种情形。秦汉以来的中国，以"做成的"为主，"生成的"也没有绝迹：历代的"皇亲国戚"便以血统、家世、门第为首要条件；而元蒙贵族又进一步扩大了"生成的"作用：蒙古人、色目人即使不学无术，亦不妨身居高位；汉族知识分子无论学识、能力多好，也难以占据要津。

这是历史的倒退。

北宋诗人王安石，在罢相后隐居于金陵半山园。这期间，他作有《君难托》一诗：

槿花朝开暮还坠，妾身与花宁独异？
忆昔相逢俱少年，成君家计良辛苦。
人事反复那能知，谗言入耳须臾离。
嫁时罗衣羞更着，如今始悟君难托。
君难托，妾亦不忘旧时约！

诗以夫妻喻君臣，抱怨宋神宗对他王安石未能坚定不移地给予支持，以致变法流产。旧日的士人经常在诗词中以女性自比，此其一例。

刘基《长门怨》云：

白露下玉除，风清月如练。
坐看池上萤，飞入昭阳殿。

相传，陈皇后一度深得汉武帝的宠幸，后被疏远，孤独地住在长门宫中。昭阳殿，据班固《西都赋》:"昭阳特盛,隆于孝成。"古代小说、戏曲中常以昭阳宫为皇后所居之宫。当失宠的陈皇后在难耐的寂寞中看着萤火虫飞入昭阳殿时,她心里能不涌起阵阵酸楚吗?这里,刘基以陈皇后自况,抒发了他被元朝廷遗弃的痛苦。相似的例子还有《玉阶怨》:

长门灯下泪,滴作玉阶苔。

年年傍春雨,一上苑墙来。

这首诗的设想极巧。苔宜于在潮湿之地生长,故在春雨中蔓延很快;刘基格外加以强调的是:这苔是失宠者的泪所化成。于是,苑墙上处处布满的苔,就成了失宠者凄凉情怀的写照,而它们年年攀上苑墙,又无疑表达了一种复得亲幸的渴望。写得如此哀感缠绵,竟然没有打动元朝皇帝的心,真令人忍不住咄咄书空。

比较而言,《美女篇》的旨趣较为显豁:

南国有美女,粲粲玉雪颜。
眉目艳华月,色映清秋寒。
粉黛不敢涴,佩服惟幽兰。
一朝备选择,得厕金宫班。
贞心耻自炫,望幸良独难。
况蒙众女妒,倩笑难为欢。
恒恐芳桂枝,寂寞零露溥。
素手发瑶琴,泠泠奏孤鸾。
宫商合要妙,遗响风珊珊。
大音世罕识,日暮空盘桓。
安得托宵梦,集君瑶台端?
相思不可极,踯躅起长叹。

"幸",指得到帝王宠爱。一方面耻于自我夸耀,另一方面又遭众女的妒忌,这样一位女子,想得到帝王宠爱的确是非常难的。刘基在社会政治生活中的境遇如此,"踯躅起长叹"乃题中应有之意。

"不知腐鼠成滋味,猜意鹓雏竟未休。"这是唐代诗人李商隐的名句,典出《庄子·秋水》。大意是说:鹓雏这种鸟,目标远大。它从南海飞往北海,沿途非高大的梧桐树不栖息,非洁净的竹实不入口,非清甜的泉水不饮用。这天,一只贪馋的鸱鹰得到一只发烂的老鼠,当鹓雏从上空飞过时,鸱鹰唯恐鹓雏争食,抬头怒目而视,吼叫道:"吓!"

鹓雏是凤凰的一种,它怎么会去争一只臭老鼠呢?庄子以凤凰自命,表明了自己不屑于世俗利禄的高贵品格。

刘基也时常以凤凰自命,或以凤凰比喻那些出类拔萃的人。其《画竹歌为道士詹明德赋》云:

我所思兮在潇湘,苍梧九疑渺无际,
但见绿竹参天长。
上有寒烟凝不飞,下有流水声琅琅。

中有万古不尽离别泪，
化作五色丹霞浆。
穿崖贯石出厚地，风吹露涤宵有光。
我欲因之邀凤凰，天路　阻川无梁。
孰知画史解人意，能以造化归毫芒。
虚堂无人白日静，使我顾盼增慨慷。
玄霜惨烈岁将晏，鼪啼鼯叫天悲凉，
我所思兮杳茫茫。
山中紫笋春可茹，归来无使遥相望。

这首诗将与竹有关的两个掌故打并在一起。一是斑竹（即湘妃竹）的传说。相传，“舜南巡，葬于苍梧，尧二女娥皇、女英泪下沾竹，文悉为之斑。”一是凤凰只吃竹实。凤凰在古代常用来比喻才德高超之人，凤有竹实可餐则象征着高才逢时。刘基所见到的并非真竹，而是画竹，但情之所至，仍不禁呼唤凤凰归来。这里，“凤凰”是指詹明德。

《题赵学士色竹图》中的凤凰则是比喻包括刘基本人在内的元末的那些杰出人士：

竹性本孤直，磬折良可怜。
由来刚介有摧挫，岁寒然后知贞坚。
虚堂无人清气会，日满高林风影碎。
漆园胡蝶去茫茫，冷落潇湘苍玉佩。
我思美人淇水隈，路永莫致增悲怀。
雪霜纷糅嘉实晚，不知凤凰来不来。

《诗经·卫风·淇奥》云：“瞻彼淇奥，绿竹猗猗。”意为：看，在那淇水之滨，绿色的竹林柔嫩美盛。淇水源出淇山，古为黄河支流，属卫国境内（今河南省）。南朝梁任昉《述异记》云：“卫有淇园，出竹，在淇水之上。”“我思美人淇水隈”，原因正在于淇水多竹，但可惜路途太远，无由得到。而眼前所见，雪霜交加，竹生实太晚，凤凰无竹实可餐，怎么可能来呢？这比《画竹歌为道士詹明德赋》之呼唤凤凰“归来”，调子又低沉了几许。

《双桐生空井》尤其沉痛地表达了刘基对元末现实的绝望：

双桐生空井，井空桐叶稀。
叶稀不自蔽，凤鸟将安归？
双桐生空井，井泥泉不出。
桐根日夜枯，何由伐琴瑟？

凤凰是栖息在梧桐树上的，而眼下双桐叶落，凤凰已无枝可依。贤士无路，报国无门，字里行间洋溢出莫可名状的凄凉意绪。此处的“凤凰”，即刘基本人。

中国古代的知识分子，其人生道路大体呈现为“达则兼济天下，穷则独善其身”的格局。所谓“独善其身”，典型的方式即是隐居：一方面，当事人藉此抚平内心的伤痛，另一方面，隐居也是等待时机东山再起的必要过渡。

隐居已成为刘基的合适选择。

放弃对富贵的追逐，这在刘基或许不难做到。但作为一个不世出的豪杰，要他完全抑制其豪杰气概，却是不可能的。清初黄宗羲《南雷文定》后集卷一《靳熊封诗序》说："从来豪杰之精神，不能无所寓，老庄之道德，申韩之刑名，左迁之史，郑服之经，韩欧之文，李杜之诗，下至师旷之音乐，郭守敬之律历，王实甫、关汉卿之院本，皆其一生之精神所寓也。苟不得其所寓，则若龙挛虎跛，壮士囚缚，拥勇郁遏，坌愤激讦，溢而四出，天地为之动色，而况于其他乎！"那么，对刘基最富于魅力的"所寓"之处是什么呢？是在动乱迫近的年月展示他的谋略！其《武陵深行》所表达的正是这样一种向往：

武陵溪，一何深。
水有射工射人影，陆有丹蛇长百寻，
嗟哉武溪不可临。
溪之水，深且阔。
鸟不敢飞，龙不敢越。
海气连天日月昏，菌露着人肌肉裂。
呜呼！丈夫宁能沙场百战死，
有骨莫葬武溪水。

"武陵"即今湖南常德，晋代陶渊明所描写的桃花源就在这里。《桃花源记》以令人沉醉的笔墨告诉读者："晋太元中，武陵人捕鱼为业。缘溪行，忘路远近。忽逢桃花林，夹岸数百步，中无杂树，芳草鲜美，落英缤纷。渔人甚异之。复前行，欲穷其林。林尽水源，便得一山。山有小口，仿佛若有光，便舍船从口入。初极狭，才通人。复行数十步，豁然开朗。土地平旷，屋舍俨然，有良田美池桑竹之属。阡陌交通，鸡犬相闻。其中往来种作，男女衣着，悉如外人；黄发垂髫，并怡然自乐。"在陶渊明笔下，桃花源不仅幽美恬静，而且风俗淳朴，"直于污浊世界中另辟一天地，使人神游于黄农之代。"但刘基却突出描写武陵溪的令人恐怖的情景，并用"隐居亦不能躲避灾祸"的副主题反衬出他内心的强烈愿望：这位风华正茂的豪杰，宁愿战死于沙场，也不愿在隐居中默默无闻地耗费掉自己的生命！他的《出塞曲》不妨说就是对想象中的自我风度的展示："居延风高榆叶空，狼烟夜照甘泉宫。将军授钺虎士怒，蚩尤亘天旗尾红。麒麟前殿催赐酒，已觉此身非己有。猛气遥将日逐吞，壮心肯落嫖姚后！雁门城外沙如雪，玉帐霜浓铁衣折。长剑须披瀚海云，哀笳莫怨天边月。北风烈烈刁斗鸣，回看北斗南方明。惊箭离弦车在坂，不勒燕然终不返。"如此雄心勃勃，刘基迟早是会出山的。

韬略峥嵘

百战奇略

这天，刘基暂时放下心中的烦恼，在家中阅读《孙子》十三篇，修改续写他撰写的

《百战奇略》兵书。

这本著作其实是在他第一次辞官后就开始写作的。当时，只是一种札记式的钻研。当他在家闲居，读阅宋朝的兵书总汇《武经》后，对《孙子》、《吴子》、《六韬》、《司马法》、《三略》、《尉缭子》、《李卫公问对》这七书兵法有了深入的了解，由此而一发不可收拾，他越来越对武学产生了浓厚兴趣。后来，他陆续收集了从春秋到五代一千七百多年间散见于史籍的许多古代杰出战例，例如春秋时期的齐鲁长勺之战，战国时期的围魏救赵，西汉时期平定吴楚七国叛乱之战，东汉时期的昆阳之战，三国时期的赤壁之战，东晋时期的淝水之战等等，然后将《武经七书》的各种观点，逐一汇总提炼，按照作战双方的军事、政治、经济和自然条件等加以分门别类，以自己的感想，辅之以古代战例，形成自己独特的"兵书"《百战奇略》部分初稿。由于缺乏实战总结和运用，书稿写作时写时断，迟迟没能完成。现在，再次归家闲居，加上时局如此动荡，刘基总感到应该做点什么，于是再次展开了孙子兵法，继续自己的武学研究和兵法的提炼写作。

《百战奇略》的内容结构，明代李赍在其所作序言中曰："其命名之法，多取《孙武子》、《五经》、《七书》，盖以《孙子》为经，百法若传，每法既如其所以，复引古将帅所行之有合者，证之，可谓极用兵之妙。"

今人对刘基的《百战奇略》曾作深入研究，认为此书"是他把读《武经》札记结合读史心得整理而成的。虽然书中内容多是辑录而成，但是经他精心选择和重新结构，面貌一新，已是新的军事著作。"

刘基这本兵书的写作手法是，每一战法都有鲜明标题，如卷一：计战、谋战、间战、选战、步战、骑战、舟战、车战等；然后，写出正文，解题明则，旁引兵家名言警句或实战之结论；正文之后，再援引古代战例给予说明、证明、引导。例如：《计战》：

凡用兵之道，以计为首。未战之时，先料将之贤愚，敌之强弱，兵之众寡，地之险易，粮之虚实。计料已审，然后出兵，无有不胜。法曰："料敌制胜，计险厄远近，上将之道也。"

汉末，刘先主在襄阳，三往求计于诸葛亮。亮曰："自董卓以来，豪杰并起，跨州连郡者，不可胜数。曹操比于袁绍，则名微而众寡，然遂能克敌，以弱为强者，非惟天时，抑亦人谋也。今操已拥百万之众，挟天子而令诸侯，此诚不可与争锋。孙权据有江东，已历三世，国险而民附，贤能为之用，此可以为援而不可图也。荆州北据汉、沔，利尽南海，东连吴会，西通巴蜀，此用武之国，而其主不能守，此殆天所以资将军，将军岂有意乎？益州险塞，沃野千里，天府之土，高祖因之以成帝业。刘璋暗弱，张鲁在北，民殷国富而不知存恤。智能之士思得明君。将军既帝室之胄，信义著于四海，总揽英雄，思贤若渴，若跨有荆、益，保其险阻，西和诸戎，南抚夷越，外结好孙权，内修政理；天下有变，则命一上将将荆州之军以向宛、洛，将军身率益州之众出秦川，百姓孰敢不箪食壶浆以迎将军者乎？诚如是，则霸业可成，汉室可兴矣。"先生曰："善！"后果如其计。

再如，《围战》：

凡围战之道，围其四面，须开一角，以示生路。使敌战不坚，贼城可拔，军可破。法曰:围师必缺。

汉末,魏曹操围壶关,攻之不肱。操曰:"城拔皆坑之。"连日不下,曹仁言于曹操曰:"围城必示活门,所以开其生路也。今公告之必坑,使人人自为死。且城固而粮多,攻之则士卒伤,守之则延日久。今顿兵坚城下,攻必死之敌,非良策也。"操从之,乃拔其城。

刘基正在聚精会神地写作,只听夫人喊他快来。走出书房一看,刘基被眼前的情景逗乐了。四岁的大儿子刘琏拉着妈妈的衣襟喊着要给他解裤带上厕所,伊呀学语的二儿子刘璟却含着乳头吸吮着不松口。刘基与母亲、大夫人富氏都看着这天伦之乐的景象,笑得前仰后合。

无巧不成书。正在这时,突然家童来报,行省有诏命送来。刘基急忙出门接客,却意想不到来的竟是二位知己朋友,丽水的叶琛和龙泉的章溢。

叶琛与章溢,不但都是当地的大户富豪,在浙南一代甚有名声,而且都文思敏捷,下笔万丈云霄,与刘基早就结纳为友。

说起来,这两人之间还有一段神奇故事。章溢出生时,其父梦见一只雄狐,顶着月光,半夜三更横冲直撞,如入无人之境,直抵章母床前,章父见状急忙用力去拉,非但没有拉住,而且那狐竟然一下子卧在章母床上不动了。章父惊得大喊一声,睁眼一看,儿子已经落地到世,四足乱蹬,叫声异常。其父以为不祥,一把抱起刚出生的章溢,竟丢在了门口的河中。谁知叶琛的父亲五日前,路遇一个道人,对他说到:"叶公,叶公,此去龙泉地方,五日之内,有一个婴儿降生章家,他父得了奇梦,要溺死小儿,你须前往搭救,二十年后,这孩将与你儿一起,同时辅佐真主。"叶父闻之,急忙依言前往,果然正好碰见章父丢弃小儿的情景,一个健步前去,捞起水中挣扎的章溢,抱到章家,细说缘由,章父、母感动得泪流满面,一再表示悔恨自己,并以溪水涌溢保全儿子为由,取名唤做章溢。叶父行善救人在章家休息一日后回家,看到村头一群人正围在一起热闹非凡,到跟前一问,方知前日暮时,只听一声轰轰作响,倏忽间,西北角上冲出一条紫红间绿的彩虹,五彩缤纷,金光闪耀,半天游移不定,人们见状都感奇异,突然彩虹一头扎进叶家,叶妻竟为其生下一个白胖小子。叶琛父亲快步进宅入户,见妻子正抱着儿子望着自己嗔怪,"自己儿子降世不在,却跑去救人家的孩子!"叶公不胜欢喜,心想,"孔子注述'六经',有赤虹化为黄玉,上有刻文,便成至圣;李特之妻罗氏,梦大虹绕身,生儿为巴蜀王侯。虹为蛟龙之精,凡此虹化,皆为瑞祥。"因此,两个孩子长大后,家人便以兄弟相待,同吃同住,你往我来,习字写文,茁壮成长,成为当地有名的博学多才之士。

叶琛字景渊,小刘基七岁,生得身材又胖又短,浓眉大眼,膀宽腰圆,身着淡色紫袍,脚蹬一双黑明发亮的软皮高靴。一看就知出身富豪人家。俩人踏进门来,一边拱手问候刘基、老人,一边走到孩子身边,一人抱起一个。叶琛快人快语:"几年不见,刘兄连得二子,还不快请为弟喝上一杯?"

"来来来!二位贤弟快请进屋,什么风把你俩吹到这山沟密林来了?"刘基一边说着,一边示意二位夫人接过孩子,把两个朋友请进了书房。

进门一看,刘基书桌上摆满了兵书,叶琛和章溢先是对目一笑,然后入座道明来意,并掏出了行省对刘基的任命文书。

原来,这俩人是受浙东宣慰使石抹宜孙之托,来请刘基参与戎事的,江浙行省任命刘基为浙东元帅府都事。

"宣慰司,掌军民之务,分道以总郡县,行省有政令则布于天下,郡县有请则为达于省。有边陲军旅之事,则兼都元帅府。"浙东道宣慰司都元帅府,置司于庆元路(今浙江宁波),分管庆元、婺州(金华)、温州、衢州、台州(临海)、处州(丽水)、绍兴等七路。

关于刘基的这次复出,一则因朋友力荐。刘基离开杭州后,先是苏天爵认为其再次愤然辞职实在可惜,眼看形势一天比一天严峻,官兵无能,盗贼在江浙行省境内到处蔓延,红巾威势日渐壮大,江西的饶、信、徽、宣、铅山、广德,浙西的常、湖、建德,全部失守,虽然后经收复,但终不得安宁。苏天爵知急需有统兵谋略之才的人出来收拾局面,而且亦晓刘基苦读兵法,又懂天文、地理,熟悉江浙一带民情风貌,便竭力予以推荐。接着石抹宜孙升任后,想稳住浙东形势,保护当地利益,听从章溢、叶琛、胡琛几位浙东名士贤能、豪家贵族的意见,也上书予以荐求。二则正好此时,特哩特穆尔上任江浙行省左丞,此人了解刘基的才华,并知他对方国珍一直反对招安,与左丞思想在这一点上一脉相承,于是上报朝廷,同意了这一任用,使刘基得以染上军务,辅浙东以为之。这时,叶琛、章溢正因防务之事与石抹宜孙共事,因他们急需刘基给予帮助,便自告奋勇,亲临武阳请迎刘基出山。

看着这任用文书,望着眼前两位不辞劳苦的朋友,刘基还能说什么呢?!他深为国家社稷担忧,深为江浙命运担忧,深为百姓的疾苦生计担忧,更深为他所代表的阶级利益担忧。他决心扶持地方,保民护家,把自己的所学之才,用于济世之行。

威震方党

告别家人,踏上刀与戎的里程,从叶琛、章溢口中,刘基才知当前的形势比自己在家中掌握的还要严峻。

近一年时间,徐寿辉的势力已不可收拾。先是于至正十一年十月,占据蕲水,定为国都,国号天完,自立为帝,建元治平,任命邹普胜为太师。接着,又派遣丁普郎、徐明远攻陷汉阳,占领武昌,连克安陆府、沔阳府,杀死知府绰噜、山南廉访使济尔克敦等多名州府要员。而且还收拢了沔阳渔民陈友谅、倪文俊,正咄咄逼人地向更多地域挺进。或许,杭州亦是其进攻目标之一。

接着,定远人郭子兴起事。这郭子兴是定远县有名的豪杰,原是曹州人,他父亲到定远卖卦相命,积累了一些钱。有一家大财主的闺女,长得体面,可惜是瞎子,嫁不出去。他父亲娶这个姑娘,得了一份大财喜,生下三个儿子,子兴是老二。子兴一来家财丰厚,二来素性慷慨,平日交结宾客,接纳壮士,焚香密会,盘算做一番大事业。正好碰到红巾起事,天下大乱,便拿出自己的财产,杀牛斟酒,举旗造反,钟离定远的贫民,抛去锄头,拿起兵器,一哄就团聚成几万人一股。地方官员平时只会贪赃枉法,看到这种阵势便吓得吭都不敢吭一声,睁一只眼,闭一只眼,只装不知道。二月二十七日,郭子兴带了几千人趁黑夜先后偷入濠州,半夜里一声号炮,闯入州衙,杀了州官，与孙德崖、张天佑等人，都称濠州节制元帅。

山东、陕西、河南等地亦不太平，还有竹山民众造反攻陷襄阳，荆门、郑州等地也相继失陷。

眼前，最令江浙沿海一带官府头痛的是方国珍反复无常，时而归降，降而又反。至正十年，方国珍再次叛乱。至正十一年，方国珍兄弟入海，对沿海州郡烧杀抢掠。当时任江浙行省左丞的孛罗帖木尔奉诏讨伐，不但被方国珍杀得一败涂地，官兵掉入水中淹死一半，左丞本人亦被方国珍擒住，再次受方胁迫为其说情，要朝廷招降方氏兄弟，授予官职安抚。

谁知这方国珍归降是假，立足脚跟，扩大地盘，充实实力是真，不论朝廷如何招降，他都不丢一兵一卒，不受府县节制，自成体系，强夺豪取，搞得地方不得安宁。

回顾近年来国家局势的发展，看到眼前全国到处红巾举旗，江浙形势亦是一天紧于一天，方国珍之流及"闵贼"、"山寇"打家劫舍，骚扰地方，无法无天，官军凶骄散漫，毫无招架之力，刘基深感自己这次任上的担子十分沉重。

他仔细分析现状，感到局面之所以到了这种地步，主要是朝廷大臣、各地官吏以至军中守将贪赃枉法，扰民害国，逼民造反之过。就江浙一带的头号敌人方国珍而言，之所以其能称雄沿海，复降复反，则主要是行省乃至朝廷中的一些贪官从中推波助澜。政治上的腐败，必将带来经济上的衰落和军事上的失利，军心难聚，民心涣散，社会不稳，越来越难于收拾。

如何才能组织力量与方国珍抗衡，阻止风起云涌的"盗贼"和"山寇"呢？刘基沉思，本为官者，应是一心为国家社稷与百姓之平安，怎奈自己却职微位卑，决定不了朝府之大政。但眼前既然已参与浙东军务，就必须尽其所力为这方土地父老乡亲着想。世事不安，兵刀水火，最后遭殃的还是黎民百姓，反民贼盗固然可恨，可那绝大多数乃属被迫无奈而为之。试想，五尺男儿，生计不保，安宁不保，妻儿老小无以依托，本来富裕驰名的官粮之仓，竟然落到如此破败之象，谁还能老老实实在家中呆得下去呢？如若留在家中等饥、等饿、等劫、等死，还不如与贼结友，与红巾军为伍。冲杀之中当然有性命之险，但若苍天有眼，不失这条小命，非但可以混口饭吃，搞到一点在家中等不来的浮财，或许还可以闯荡出一点名份，光宗耀祖，也不是不可能的。这正是当时参与反事或"盗贼"、"山寇"队伍不断发展壮大的普遍心理。

他想，这浙东一带瓷窑兴盛，到处都是工场，这里聚集蕴藏着数以万计的青壮年百姓。红巾军造反打天下，这瓷窑肯定是干不成了。那么，工人们的出路是什么呢？要么散伙回乡，无所事事，与贼为伍，结伙滋事，保一条生计之路。要么加入红巾军，也不失枉活在世。而目前反军多起，各方有事，官军好一点的则到处救火，稍微自顾自的话，则装着没有看见，欺骗朝廷，放任自流。有责任意识的行省、府路大人欲敌贼寇，却苦无劲旅。因此，如果自己这次前往，能够说服石抹宜孙，请求行省乃至上书朝廷恩准，由当地豪门大户，出钱招募民兵，保一方平安，倒不失一种救急之策。"民间财富深埋、人才济济，犹如江湖大海之水，取之不尽，用之不竭，如若官府弃之不用，必然被红巾军取走矣！"

道理一通，计策得来，刘基的心里豁然开朗，眉目一下子舒展了许多。见到石抹宜孙后，顾不上品尝宴席上的美酒佳肴，便约石抹宜孙进入内室，直接了当地提出了自己的见解。

这石抹宜孙是一位明智之士，加上原来就非常器重刘基，信任他的才能、为人，自己又负有浙东安全之重托，眼见官军数量不足，战斗力不强，各地请求派兵支援的函件一天数封，感到这是一种求之不得的良策。当即与刘基商定，暂时不要向上呈报，先由叶琛、胡深、章溢等几个大户，分别在龙泉、丽水自筹资金，组织民军自保地方，锻炼队伍，然后再根据需要调动遣用。

于是，短短月余，章溢、胡深在龙泉，叶深在丽水，很快便组织了三千多军马。他们都是大户，向当地想要保住既得利益的富人发出号召，便联手出钱、出物、出地盘，军中建设也逐渐周全起来，骑兵、炮车、兵器应有尽有。且这些民军经过多方挑选，出身窑工，自告奋勇，年轻力壮，加上平时生活保障良好，整日操练，演习阵法，教授武术，灌输保家卫父母之思想，民军的质量迅速得到提高，既高于无组织、无纪律的“山寇”、“盗贼”，也高于官军。

这天，刘基随石抹宜孙、叶深一道来龙泉检查防务之事。

龙泉，属江浙南部山区，地势由西南向东北倾斜，四面高山，中间为河谷地带。该城山清水秀，瓯江溪源，经城镇流过，四周青山环绕，其中江浙最高山脉风阳山的黄茅尖主峰，海拔 1929 米，余脉直伸县城瓯江对面，势缓林密，为城镇增添了一份景色。龙泉青瓷以耀青流翠的釉色，优美古朴的造型和精湛独特的技艺而驰名中外，可称华夏大地一颗璀璨之明珠，特别是所产“哥窑”和“弟窑”皆名誉天下，是历朝贡品。这里的宝剑，相传始于春秋战国时期，由古代铸剑大师欧冶子所创，以“坚韧锋利、刚柔并寓、寒光逼人、纹饰美观”四大特色而驰名于世。

刚刚入夜，石抹宜孙得报，有一路人马从对面山上，用船渡江直奔龙泉而来，大概要趁夜色进攻龙泉城。石抹宜孙抬脚走进刘基寝室，见章溢、胡琛、叶琛已先于一步到了这里。

“刘都事，你看这路军队来自那里，是夜袭打劫，还是攻城占地?”石抹宜孙开口便问。

刘基曰:“宣慰使来得正好，我们正在商议，看样子，此路人马并非红巾军来侵，近闻黄茅尖林密山深，一些流寇几个月来陆续投奔集结，想必今晚趁夜色进城打劫。”

“守城兵卒不多，民军又刚刚组建，未经实战锻炼，此仗如何对应?”并不精于战事的石抹宜孙这时把一切希望都寄托在了刘基身上。

章溢接话:“据险而守。这龙泉城靠江倚山，悬崖绝壁，只要守住渡口，我看山寇无法靠近。”

“凡战大意不得！现需一面尽快布兵迎敌，以防不测，一面尽快搞清敌情，再作打算。”说完，刘基便请几位一起登城观看敌势。

谁知等几位头脑人物登上城边最高处一望，先头攻防双方已经交起火来。只见对面山上火光冲天，无数火把把天空照得如白昼一般，满山遍野的人头在晃动，少说也有千人以上，呐喊着朝江边涌来。江中已有近十条小船在摆渡，江岸守城兵士约有百十号人马，一片慌乱，有的向敌船射箭，有的则奔跑叫喊，眼看敌船已到岸边，情况十分危急。

刘基没有想到官兵这么不经实战,惊慌失措!虽敌众我寡,但却是乘船渡江作战,只要依险而守,或放箭,或用擂石,皆可灭敌于江中。

于是,刘基急忙命章溢立即调一支精干的民军队伍火速赶来救援。

这时,龙泉城中已乱,喧哗四起,已经有大户人家弃宅乘车而走。江中敌船片刻已靠岸边,对岸山上,火把直移江边。百十名靠岸敌军已抢占滩头阵地,与守城官兵拼杀起来。看得清攻城的人虽没有红巾标记,但却个个奋勇,一时杀声大起,待有三、五人倒下之后,就见有的官兵开始弃阵而逃,眼看官军已渐成劣势。

不知谁喊了一声,官兵终于招架不住,全部调头朝城门跑了起来,后边敌军猛追。

城门之下,跑得快的逃进了城,其余全部被敌刺杀倒在城门边上。

说时迟,那时快,刘基看到章溢调遣的民军赶到,立即布置五十人猛扑敌船,放火烧之,其余一百人以迅雷不及掩耳之势,朝上岸的敌人猛扑了过去。

民军精养月余,正想借机显示一下自己的实力,只听领队一声令下,大喊一声"杀!"近百把明光闪闪的大刀便举起空中,跃下石崖,朝敌军砍去。敌军正在追赶前面逃命的官兵,忽然从两侧跳出这么多大刀队来,有的还未弄明白怎么回事,头颅已经落地,有的赶忙抽身前来招架,水边之敌见忽然冒出一支新军,赶快推船向水中移动,五十名大刀队员追上去一阵拼杀,只顾推船的敌人哪有还手之机,早就人头落水,尸体漂流而下。

瞬间,瓯江面上十余条渡船变为一片火海。

这就抽掉了对岸来犯"山寇"之腿。只见对岸虽仍然火把闪闪,喊声震天,但却因为没有船只,只得暂时等待寻找到新的运输工具后,方可组织再次进攻。

刘基心想,对面敌人众多,若再次搞到船只,必有一场恶战,谁胜谁负乃很难预料。于是建议石抹宜孙下命动员城中所有兵士、民军及城中百姓,集合江边,人人携带鼓锣和火把,以疑兵吓退"山寇"。

顿时,江边城边一片喧闹,鼓锣响成一片,火把也如对岸一样连成一片。

不久,果然对岸敌人呐喊一阵之后,调头撤回深山去了。

周围一片肃静。天上明月高挂,繁星闪闪,一场护城战斗就这样结束了。

这场战斗虽然不大,却既显示了民军的力量,为石抹宜孙增添了镇守浙东的信心,更显示了刘基组建民军之策的英明和指挥战斗之正确、果断。

龙泉父老在县丞的带领下前来感谢石抹宜孙一行的救城之恩,石抹宜孙指着刘基说:"这一切都是刘都事指挥有方,要感谢就感谢他吧!"

刘基则微微一笑说道:"全靠宣慰使掌舵坐阵,龙泉军民奋勇杀敌,功劳在于冲锋陷阵的民军。"

大家心里都明白这是他谦虚,县丞问刘基道:"战斗之所以能在敌众我寡的情况下反败为胜,请问都事用的是何种战法?"

"此乃先战之法也。"刘基说:"凡与敌战,若敌初来,阵势未定,行阵未整,先兵以急击之,则胜。法曰:'先声有夺人之心。'"

接着他又解释道:"春秋时,宋襄公与楚国人在泓水边交战。宋军已摆好了阵势,而楚军还没有渡完河。司马子鱼对襄公说:‘敌众我寡,乘他们还没有全过河,请允许猛烈攻击。’襄公不许。后来楚军全部渡过河,但还没有整理好队伍,子鱼再次请宋襄公发动进攻,襄公又不许。等到楚军整理好队伍再交战,宋军结果大败。”

大家听后,更加对刘基佩服不已。

刘基走马上任之前,方国珍就在沿海一带到处滋事,虽然成为浙南沿海一带的心腹之患,但官军却对此毫无节制措施。

刘基赴任刚到台州不久,就听石抹宜孙介绍了方国珍在黄岩作威的情况。三月,方国珍再次胁迫他的党羽下海,逼进黄岩澄江。当时,石抹宜孙看到方国珍势力强大,官兵抵御不住,便一方面与浙东道宣慰使都元帅台哈布哈发兵扼守黄岩的澄江,一方面又派遣义士王大用到方国珍那里,传达消息,要他不要再骚扰地方,只要回来归顺,会给他适当的地位。谁知方国珍根本不予理睬,不但扣留了王大用,而且派遣二百艘小船直冲海门,进入黄岩州港口,扑向马鞍山。

台哈布哈虽担任武职,却出自书斋,他对部属们说:“我出身书生,身居要职,常常担心自己的学问不能应用。现在镇守海边,贼人刚归附,又起来叛变,你们帮助我攻打,如果取胜,是你们的功劳;如果失败,那么我就尽忠报国了。”部属群情激昂,决心与方国珍拼一高低。

这时,方国珍却使出了惯用伎俩,派自己的亲戚陈仲达送来书信,表示愿意归顺朝廷,不再攻打城地。

台哈布哈缺乏警惕,没有识破方国珍的奸诈阴谋,轻率地率部属打起受降的旗帜坐船乘潮前往。将要和方国珍相遇时,台哈布哈招呼陈仲达商量归降的具体条件,突然发现陈仲达眼转气喘,神情紧张,才知道中了方国珍的诡计,立即拔刀将陈杀死,随即冲向敌船,一连杀死五人,贼徒跳入船中,又被他一刀砍死。这时,方国珍的士兵从四面围了上来,集中用槊刺他的头颈,台哈布哈以身报国,年仅四十九岁。

听到这一情况,刘基气得捏断了手中的笔杆。他分析,当前红巾军节节进逼取胜,这方国珍在浙南一带决不会就此罢休。一来方的势力范围在沿海,虽然官军多方阻止其发展壮大、扩充地盘,但自从这反复无常之盗贼走上造反道路后,基本上没有吃什么大亏。要么掠财夺物,充实军饷,补充供给,打了就走;要么争城夺池,暂隅一方,享一阵霸主之乐;即使最不如意时,也可用重金贿赂,买通几个贪官,为其呐喊行走,授个官职。而这些送贿之财、之物、之宝,民间取之不尽,有夺必得,反正方国珍本人是不会受什么大损失的。所以,他肯定会不断夺城夺地扩大影响,以示其威,让红巾军知道他的存在,不敢来此争夺地盘。否则,若红巾军打将过来,他要同时在两条战线上争斗,后果怎样,方国珍心中应该是有数的。二来红巾军正在各处造反,官军难以应付,方国珍必会乘机破坏,攻城占地,进一步扩大自己的势力范围。

一连七天,刘基夜不能寐。他查阅了方国珍自至正八年作乱以来历次骚扰打劫,降又复反的纪录卷宗,深入分析了其谋乱过程,行动规律,其人性格,队伍装备,以及手下谋士、统领,乃至兵卒出处等详细情况,终于形成了制约、阻止、打击方国珍的行动方案。

这天,石抹宜孙召集刘基等浙东道宣慰司都元帅府的幕僚出席军事会议。“各位大人，卑职受禄朝廷，听命行省，担负浙东安宁之重托。当前局势各位都是清楚的，不但全国红巾军起事之势日渐扩大，浙东一带，龙泉、庆元、建宁等地'闽贼'、'山寇'不断添乱，方国珍又一再不顾朝廷恩泽，反复无常，叛乱不已。是战是和，是击是招，望大家发表高见。"

石抹宜孙开场白后，元帅也忒迷失、叶琛等人相继发表了意见。平乱讨征"闽贼"、"山寇"，大家看法一致，坚决听令行省，由石抹宜孙亲自率兵前往"平乱"。对待方国珍，大家都不赞成与其议和招降，但是如何与之交锋，如何才能阻止其接连不断地骚扰，苦苦拿不出计策。

这时，刘基开了口："这方国珍恶贯满盈，罪行滔天，对他，不能被动迎之，必须坚决出击，尽全力挫其锐气，灭其威风，断其魔爪，使其不敢贸然作威逞凶之。"

也忒迷失说："这方国珍狡猾异常，舰船庞大，贼兵众多，又有大海之地利，如何才能达目的呢？"元帅也显得缺乏必胜的信心。

是啊！刘基何况没有设想过这些呢？就目前官军之状况，即使加上已经组建的各地民军，无论是军力、财力、民心、军心，要歼灭方国珍这支力量都是绝无可能的。但是，将不守土，要之作何？

"兵不厌诈！"刘基坚定地说："用兵之道，以计为首。料敌制胜，计险厄远近，上将之道也。"

他给大家详细讲出了自己的计谋筹划："与方国珍之战，只能软硬兼施，声行并用。"

"具体说，一曰心战，二曰不战，三曰主战。"

"心战，心声之战也。声者，张虚声也。声东而击西，声彼而击此，使敌人不知其所备，则我所攻者，乃敌人所不守也。法曰：善攻者，敌不知其所守。"

"不战在我。敌众我寡，敌强我弱，兵势不利，以退为守，以守为攻，筑墙挖沟，宜坚壁持久以蔽之，则敌定可破也。"

"主战者，因势利导，反客为主，渐握机要，乘隙而出，坚决、有力之打击，必能使方国珍望靡而逃，灭其气嚣矣！"

一席话，使在座各位茅塞顿开，马上有了主意，你一言，我一语地制定、完善了与方国珍斗争的作战方略。

五月，朝廷正式下令，命江南行台御史纳琳发空名宣敕，募集濒海各县"民丁"，组成义军，集中力量打击方国珍势力。

刘基等人大肆渲染，广造声势。一时间，临海、淑江、黄岩、三门，乃至温州一带，到处都可以听得到朝廷有诏灭方国珍的消息，上至县州官吏，下到贫民百姓、窑工流民，家喻户晓。又有台州富豪陈子由、杨恕卿、赵士正、戴甲等"倾家募士，为国收捕"，好不热闹。

方国珍一看，举民而愤，遍地同忾。他没想到，江浙之地，竟然会对自己下这么大功夫？他更不知道，什么时候这千夫所指的厄远会降落到自己的头上。当然，他也明白，要是把广大百姓真的发动起来，他的兵力再强大，也会遭到灭亡之下场。于是，这个曾经不可一世的地头蛇，终于收缩了伸出的头，率领船队远远地逃到了远海龟缩不前。先前的骄狂之气，一下子被压了回去。

这时，不幸的消息传到了台州。七月初十，徐寿辉部将丁普郎，带兵从徽州、饶州，越过昱岭关，进攻杭州。事出卒猝，城中毫无防备，行省参政樊执敬率众抗敌不过，被杀身亡，杭州城破。红巾军入城后，以“弥勒佛出世”作号召，不杀人，不奸淫妇女，凡是居民愿意投附的，便在簿册登记姓名，将仓库中的金、帛全部运走。虽然徐寿辉的红巾军最后被江浙平章嘉珲部将董捕霄率兵打败，但杭州城却遭到严重破坏。

杭州一失，刘基便感到方国珍可能要伺机报复台州，立即建议元帅也忒迷失，必须加紧修筑城郭，加强防卫，采取“不战”之策，使其阴谋不能得逞。元帅尊重刘基的意见，一面命庆元、台州、温州各地军民着力筑城固墙，一面组织浙东驻防官军、民军共同加强备战，储备充足粮秣、武器，几天功夫，各地便准备就绪，每个县城都戒备森严，兵士林立，战旗猎猎，护城河沟深水清，城墙上弓箭上弦，滚石、竹镖应有尽有，一派众志成城之景象。

果然，八月初三，方国珍耐不住寂寞，率领部众浩浩荡荡开出深海，向台州发起了进攻，因防范严密，不得不兵败而退。

此刻，刘基的名声在浙东大震，威望迅速提高。

但是，刘基并没有被胜利的喜悦冲昏头脑，他知道，方国珍两次失败，都没有受到致命打击，其实力还很强大，必然要寻找新的地域以逞其威。刘基便及时提醒石抹宜孙和元帅也忒迷失，温州地处瓯江入海口，进可四通八达，退可入海避风，守可制约诸州，地理位置十分重要，历来是兵家必争之地。方国珍两度在台州没有得手，很有可能把调转的船头直指温州而去，必须立即着手部署，否则，要吃大亏。

十月，待石抹宜孙一行赶到温州时，已得到了方国珍船队朝温州方向驶来的通报。

刘基的分析没有错。方国珍攻台州不下后，恼羞成怒，他决心要报这一箭之仇，不惜血本，一定要拿下这块江浙沿海重镇。于是，他几乎集中了全部战舰，大小共计七百二十多艘，发兵五千，图谋一举攻陷温州城。

这次，他又要碰壁了。

因为，他遇到了以前从未遇到过的对手。

“以刘都事之见，这次与方国珍之战应该如何展开？”石抹宜孙问。

刘基道：“贼兵人多势众，数倍于我，且舰船众多，如果与其硬拚，只有失败之理。记得史上记载，汉灵帝中平元年，朝廷派皇甫嵩和朱隽率兵镇压黄巾。朱隽与黄巾将领波才交锋，被打败，而且波才还将皇甫嵩部队围困在长杜。波才率部在草丛中安下营寨。此时正好刮起大风，皇甫嵩于是命士兵扎好火把，登上城头。另派一些精锐力量偷偷越出包围圈，向黄巾营地放起火来，并且大声呼喊，城头士兵点起火把予以配合，皇甫嵩擂响战鼓，带兵直冲敌营，黄巾将士则惊慌失措，四处逃窜。这时，曹操带兵赶到，两军联手，击垮了黄巾军，杀死一万多人。”

“你是说采取火攻？”

“对，出奇不意！”

“昨天晚上，我仔细观察了天象，发现月亮周围有一个很大的昏黄风圈，今晚必有南海大风自东而来。我意先由元帅率十艘舰船从正面迎敌，然后选十艘空船装满油柴等已燃物品，从敌侧后绕过，再挑选五百名武艺高的青壮年精兵迎战上岸之敌，埋伏两队战船各二十艘从敌两侧出击。”

石抹宜孙见军情紧急，便不再寻问，立即传命作了安排。

刘基又令温州县丞组织城中百姓多备铜锣皮鼓和火把，到时派有用场。

这时，天已傍晚，隐约可见方国珍正站在一艘大船上，像一棵细高挺拔的白杨树，昂扬着不大的脑袋，一双晶亮的三角眼，射放出逼人的阴光。那黑油透亮的脸上，露出一丝不易察觉的奸笑。此时，他心中得意地想，杭州被陷，周围城池多处战乱不止，官军哪有力量来守这温州之地，此次出击必胜无疑！

正在他庆幸守城兵士毫无防备之时，突然，发现正面海岸冒出十艘大船，直迎他的舰队。

“哼，不量一下自己的身子长短，竟敢碰我这根大树！”

谁知方国珍总是不会笑在最后。

他一面派出一百多条船只迎上那十艘船队，一面继续指挥庞大的船队向着海岸既定目标扑了过去。

突然，在船队离码头不到百步时，岸边上千支利箭飞雨般地射了过来，船上贼兵一时不备，百十人纷纷中箭，几十人落入水中，顿时，哭爹喊娘的惨叫声响彻了大海上空。贼兵这才举起了挡箭牌。

大战开始了。

然而，方国珍的水军并没有挫伤大势，整个舰队仍然速度不减，直逼岸边。到浅滩处，已经有兵下了战船，一边用牌挡箭，一边向岸边冲来。

刘基立即下令刀手们列队迎敌。

这时，方国珍没有心思注意，海风已经刮起。风声、喊声、刀戟声连成一片，杀声四起。先上来的敌兵倒在了刀枪剑戟下，后面上岸的又前仆后继，继续冲杀，顷刻，横尸遍地，官军也死伤众多。

刘基立即命两侧战舰出击。

一时间，四周遇敌，方国珍一惊，原来官军还是有准备的。“看来今天将是一场死战。”他在心里念叨着。

突然，一阵狂风从海上冲来，岸边顿时飞砂走石，摧枯拉朽。随着风声，温州城墙上的锣声、鼓声、号声也顷刻大作起来，方国珍的士兵们刚冲上岸，就被风扑倒在地，有的竟然自己朝自己人身上砍去。

刚刚拢岸的战船还未停稳，就被狂风吹得摇晃起来，船上的兵士或跌倒船上，或落入水中，舰船冲撞着舰船，人冲撞着人，一时海中大乱。

方国珍惊慌地回头一看，不好，数十艘船只随风腾起熊熊大火向自己的船队冲了过来，战船拥在一起，士兵多又下船拼杀，一时调头都来不及了。

随着“咚”的碰撞声，哗啦啦……，方国珍的船突然成了一片火海，风越刮越猛，火越烧越旺，一片惨叫之声，一片骂喊之声，一片疏散撤退的号令之声。这时，方国珍才知又一次上当了。只好丢下起火燃烧的近百数船只，匆匆撤出海门，迎着大风向大海驶去。

全城的老百姓欢呼着，跳跃着，奔走相告着。这是他们与方国珍作战，打得最漂亮，消灭敌人最多的一次。

可是，刘基却默默地一人朝城内走去。他虽然也对今天的胜利感到高兴，但凭其直觉，这一仗只是打击了方国珍的威风，还远不到消灭其的地步，谁胜谁负的问题远远没有解决。

刘基的分析没有错。

温州之役结束后，方国珍为了报复，于十月又亲率船队入瑞安飞云江掠杀半月余，所到之处，烧杀劫掠，无所不做，女哭男啼，尸山血海，好不悲惨。

十一月，朝廷再也坐不住了。圣命江浙左丞帖里帖木儿总兵讨伐方国珍。

这帖里帖木儿久经沙场，又极有主见。他认为，方国珍时降时叛，朝廷一再宽让，到了今天这种"横莫能制"的地步，要讨要伐，谈何容易。

他想起浙东石抹宜孙几次写信介绍刘基的情况，知道方国珍无论攻台州不克，还是战温州不胜，皆是由于这个通兵法，谙军事，能文能武的浙东元帅府都事巧谋善断、果敢英勇而为。看来，对付方国珍，非此人相助不可。于是，左丞特招刘基赴杭州，共同研究讨伐方国珍的办法。

这时，方国珍也得到了朝廷要行省左丞总兵讨伐的消息。近来，他一直在琢磨，元朝天下大乱，到处造反。自从自己踏入谋乱道路之后，虽然也吃过亏，栽过一些小的跟头，但总体上说来，官兵从来不是自己的对手，普通百姓自身难保，谁还有心思关心争战之事。谁知近一年多来，诸事不顺。先是朝廷发放空名宣赦，动员百姓对付自己，接着台州失利，温州惨败。经过多方打探，才知遇到的克星姓刘名基字伯温，是一个经学博才之士，兵法韬略方圆无人能敌。看来，对手太强硬了。

本来，自己是被逼反事，一再扰地骚民，则是想趁乱世之时，要挟权位，扩张势力。现在，偷鸡不成反蚀米，这左丞帖里帖木儿听说又不大好惹，加上有刘基相助，动员整个江浙兵力，如在此时与其争一高低，必是凶多吉少。

于是，方国珍立即找来几位兄弟商议对策，怎样对付官府这次征讨。

"这有什么说的，兵来将挡，朝廷那几个虾兵蟹将哪是我们的对手！"二弟方国珉对此不屑一顾。

"你懂什么？难道没有看到这几次我们碰到的对手是谁！"大弟国瑛毕竟年长几岁，还是有点头脑的。

"识时务者为俊杰，据我看，眼前宜以退为守。"方国珍的兄长方国璋一向比较稳重，国珍对这位老兄平时基本上是言听计从的。

"哥哥谈详细点。"方国珍鼓励其讲下去。

"所谓退，即再次归降朝廷，之后再相机行事。现在的问题不在于降与不降，关键则在于有这位刘基辅佐帖里帖木儿，他是否愿意受降。"

刘基绝然不会同意。

就在方氏兄弟商量对策时，刘基正在与帖里帖木儿谋划着。帖里帖木儿已经设想方国珍为保住自己的地盘，尽量减少损失，可能会再次归降。是伐取？是招降？他一时拿不定注意。

只听刘基说:“对付方国珍,万万招降不得。你试想一下,朝廷一再宽容方氏,而他却毫无悔过归顺之意,夺我城域,杀我命官。封位之后,又不听诏,反复无常。如果再予招降,必授其职,那么,天下人岂不嘲笑作乱有功吗?”

接着,他慷慨激昂:“如此以来,作乱滋事,反叛朝廷的将会越来越多,愿为国家效命平叛者将越来越少,发展下去,后果不堪设想!”

帖里帖木儿觉得刘基讲的甚有道理,便问,“依刘都事之见,对方国珍应该采取什么手段呢?”

“招、捕兼之。招,即对胁从分子,跟随方国珍作乱的一般官兵,只要他们愿意放下刀矛,不再跟随贼头作乱,即可招而安之,以便溃其军心,失其兵力,懈其斗志,稳定治安,造福百姓。而对方国珍兄弟等祸乱之首,则要坚决捕而斩之,以正视听,以正压邪。”

“而且,方国珍日前在浙东一代已成过街之鼠,人见人恨。又经过几次打击,其骄矜之气已受重挫,只要决意对其围剿,官军、民军联手行动,并对其下属区别对待,定会一举歼灭,彻底平乱,不难实现。”

刘基的分析,使帖里帖木儿十分佩服,他决定将刘基直接调往行省任都事,以参与军机,伐灭方国珍。并着手调遣军队,准备船只,训练水军,打算与方国珍决一死战。

谁知,方国珍这次却赢了,而刘基输得很惨。

原来,方氏弟兄商量结果,一致同意先降朝廷,渡过难关。至于江浙行省帖里帖木儿、刘基,以及浙东的石抹宜孙等,不同意招降,这兄弟几人也有了对策:“有钱能使鬼推磨,手段照旧,贿赂朝廷有关人员,圣旨一下,江浙谁还敢抗旨不成。”

方国珍说:“上次归降,满朝文武,竟没有金银买不动的,没有一人退回所贿之财。可见,朝廷命官,皆贪财之辈,只要甩的钱足,没有办不到的事。”

俗话说,官府不打送礼人。方国珍派方国璋亲自出马,带了满箱的金银珠宝,去以钱买路,游说命官。不久,即凯旋而归,回到海岛,给方国珍报告了自己的结果:朝廷诏书已到杭州,命江浙行省左丞帖里帖木儿、江南御史左答内失里招谕方国珍。

三个月时间,朝廷就有如此变化。刘基十分生气,在他的说服下,帖里帖木儿又专门奏了一份表章,详尽阐明了方国珍屡降要反,又杀朝廷重臣,时下山穷水尽,一举可灭,请朝廷不要轻信方国珍骗局,下诏坚决予以剿灭。

谁知,忠心不如贼心;精诚打不过金钱。是年十月,顺帝再次下诏,接受方国珍投降,答应给其官职,任命方国珍为徽州路治中,方国璋为广德路治中,方国瑛为信州路治中。并斥刘基作威作福,有损朝廷仁义之形象,削去官职,羁管绍兴,交由地方官看管,江浙行省左丞帖里帖木儿听其言,代为奏表,罢去左丞职务。

看到圣谕,刘基朝天“哈、哈、哈”大笑三声:“此朝无可救矣!”二话没说,携家来到绍兴,从此来往于山水之间,放荡不羁。二年以后,虽又因剿方国珍,复命他乃为江浙行省都事,但最后还是落得一个降回原级,夺去军权,仍以儒学副提举格任处州路总管府判。刘基从此心灰意懒,大失所望,不得不发出了“臣不敢负国,今无所宣力矣”

的感慨，第三次愤然弃官，拂袖而去，回到阔别已久的家乡。

绍兴弃官

群盗纵横半九州，干戈满目几时休。
官曹各有营生计，将帅何曾为国谋！
猛虎封狼安荐食，农夫田父困诛求。
抑强扶弱须天讨，可怪无人借箸筹。

——刘基《忧怀》

王右军抱济世之才而不用，观其与桓温戒谢万之语，可知其人矣。放浪山水，抑岂其本心哉？临文感痛，良有以也。而独以能书称于世，悲夫！

——刘基《题王右军兰亭贴》

至正十三年(1353 年)十月，刘基因建议捕斩方国珍，为上官所驳斥，被羁管于绍兴。

这种生活，延续了将近三年。

黄伯生《诚意伯刘公行状》记载："公在绍兴，放浪山水，以诗文自娱。时与好事者游云门诸山，皆有记。"黄伯生的概述，就大体事实而言是对的，但忽略了刘基此时的内心痛苦，而这是不应忽略的。比较起来，道光《会稽县志稿·寓贤》的记载就具有更多的历史真实性："(上官)驳基擅作威福，羁管绍兴，基发愤痛哭，呕血欲自杀，家人力沮之。于是居绍兴，放浪山水，以诗文自娱，凡新、剡、萧、暨诸名胜，游赏殆遍，而盘桓云门诸山最久，俱有记。"

为了理解刘基，先说一件往事。

元顺帝至正十二年(1352 年)三月，台州路达鲁花赤泰不华率官军与方国珍作战，"死之。"泰不华死节后，刘基撰有《吊泰不华元帅赋》，赋云：

世有作忠以致怨兮，曾不知其故然。怀先生之耿介兮，遭时运之可怜。上雍蔽而不昭兮，下贪婪而不贞。权不能以自制兮，谋不能以独成。进欲陈而无阶兮，退欲往而无路。……忠固不求人知兮，于先生其何伤？国有忠而不知兮，喟皇天之不祥。……

这篇赋，一方面表达了对元室忠臣泰不华的敬仰之情，由此可见刘基的士绅倾向，但更为重要的另一方面，却是抒发对元纲不振的愤慨。像泰不华这样才干卓越的忠臣，元王朝却不予重用，反而多方牵制，使之"谋不能以独成"，竟死于"叛乱者"之手。"将军战败死，玉帐空无人。"元王朝自毁长城，不亡何待？

"上天意茫茫，感叹空悲辛。"刘基伤泰不华之不遇，亦寓有自我的人生感慨。黜陟不明，比干遭尸，政治如此昏乱，君子唯有大呼奈何了。史载刘基被羁管绍兴时，"感愤至欲自杀，门人锡里实抱持之得不死"，确乎不是偶然的。其《艳歌行》诗云：

亭亭松柏树，结根幽涧隈。
高标拂云日，直干排风雷。
曾经匠石顾，谓是栋梁材。
明堂未构架，厚地深栽培。

荧星入天阙，武库一朝灾。
搜求到栎朴，谷赤山成垓。
般尔死无人，钩绳付舆台。
路阻莫自致，弃之于草莱。
天寒斧斤集，岁莫空摧颓。
三光无偏照，四气有还回。
斫丧在须臾，成长何艰哉！
孰知真宰意？怅望使心哀。

一种痛苦于栋梁之材被斫伤的情怀，洋溢在字里行间。所谓“曾经匠石顾，谓是栋梁材”，大约指揭傒斯赞赏他一类的事。二十岁左右时，刘基与著名诗人揭傒斯相识，揭傒斯的评价是：“此魏征之流，而英特过之。将来济时器也。”因此，《艳歌行》的主旨乃是自伤不遇。

泰不华之死与刘基之被弃，作为时代的缩影，为元王朝的覆灭提供了有说服力的注释。

自然，刘基依然期待着受到元王朝的重用。

“孰知真宰意？”这是一种满怀痛苦之情的期待。

居绍期间，刘基作有《题王右军兰亭帖》，其文云：“王右军抱济世之才而不用，观其与桓温戒谢万之语，可以知其人矣。放浪山水，抑岂其本心哉？临文感痛，良有以也。而独以能书称于世，悲夫！”稍微细心一点的读者都能看出，这是借他人酒杯浇自己块垒，他是不甘于怀抱济世之才而不能建功立业的。

至元十三年（1353 年），刘基作《送顺师住持瑞岩诗序》。

说到武和尚，人们很容易想到《水浒传》中的鲁智深。但鲁智深毕竟是小说形象，刘基笔下的横舟和尚却是生活中的一个真实人物。其《送顺师住持瑞岩诗序》云：

辛卯之岁（1351 年），盗贼起四方。明年，予（刘基自称）奉省檄，佐戎浙东，闻永嘉有横舟和尚，善用矛、戟、弓、弩、刀、剑、戈、槊、挝、梃，通曲制官道主用之法，因礼致于台。时天宁寺住持舜田方宣力扞城，早夜不忘灭贼，见则大喜，举以主其仙居三学寺。又明年（1353 年），方氏纳款请降，凡以兵事进用者措勿用，而有司敬和尚之德能，复以其教举为瑞岩寺长老。

横舟和尚的经历，在刘基那个时代，是一个颇为敏感的话题。十八般武艺，他几乎样样俱全，正是平定叛乱的不可多得的人才之一，因此当刘基任浙东元帅府都事时，特礼聘他来到台州。方国珍接受招安，朝廷中的一帮目光短浅的大臣趁机排斥异己，所有以兵事被挺拔的人一律不再任用，横舟和尚虽因其德能受有司敬重仍得为瑞岩寺长老，但已不能发挥他的军事才能了。“绿駬骅骝不服骖，王良造父亦难堪。”元王朝自弃人才，令刘基不胜怅惘。

与刘基并称为一代文宗的宋濂，写过一篇传奇性的散文《秦士录》。秦人邓弼，字伯翊，体力雄壮过人，性格放荡不羁，能文能武，满怀英雄抱负，却无法实现，只能郁郁老死于山中。“天生一具铜筋铁肋，不使立勋万里外，乃槁死二尺蒿下，命也，亦时也。尚何言！”委之于“命”是无可奈何，委之于“时”则有理有据。一个扼杀人才的王朝，不倒坍才真是世间一奇！

刘基至正十四年(1354年)秋所作《再用韵答严衍二上人》诗云：

蔓草萋迷野色微，嗷嗷鸣雁欲谁依？
残花露淡胭脂靥，落木霜凋薜荔衣。
万国旧闻车轨一，九州今见劫尘飞。
总戎安得英雄将，不放龙蛇起杀机！

其实，“英雄将”是有的，如横舟和尚即是，只是朝廷不能放手委用而已。从这些诗句，读者不难感到：刘基虽不得已而放浪山水，但对国是仍极为关注。

南宋诗人陆游是越州山阴(今浙江绍兴)人。刘基闲居绍兴期间，尚友古人，常读陆游的作品，两个杰出人物之间的心灵的呼应是值得予以关注的。

《题陆放翁卖花叟诗后》约作于至正十四年，表达出对战乱的深恶痛绝之情：

君不见会稽山阴卖花叟，卖花得钱即买酒。
东方出日照紫陌，此叟已作醉乡客。
破屋含星席作门，湿萤生灶花满园。
五更风颠雨声恶，不忧屋倒忧花落。
卖花叟，
但愿四海无尘沙，有人卖酒仍买花。

诗所抒发的乃是“宁为太平犬，不做乱世民”的悲剧性感情。其背景，则是“山越之民皆从乱如归”，想找一片安宁的隐居之地也找不到。“涉水有鼍野有狼，武陵桃花今渺茫，浩歌一曲增慨慷。”(《题界画金山图》)“武陵桃花今有无？展画浑如梦中见。……安得此地结茅屋，寄书漫托双飞燕。”(《金碧山水图歌》)面对“豺狼在郊蛇在薮，府县官曹但糊口”的乱世景象，念及“家乡荡析身转蓬，弃置田园事奔走”的艰难处境，刘基一再慨叹“今日何日此何乡”，真欲呼天抢地了。

写作时间稍晚的《题陆放翁晚兴诗后》则呈现出另一种情调：

雄剑閟宝匣，中夜蛟龙吼。
男儿抱志气，宁肯甘衰朽？
松楠在深谷，枝叶拂星斗。
虽无般匠顾，势自凌培塿。
昂昂商山翁，矫矫渭滨叟。
林泉不遐遗，轩冕亦固有。
奈何刘伶辈，贱身若刍狗。
徒生天地间，辜负发与手。
三复咏斯章，千载吾尚友。

中国文学史上的陆游，常以马背上的“狂生”自居。以身许国，意气风发，表达“从军”的热情，抒发报国的激情，这是陆游之为陆游的核心。所以梁启超《读陆放翁集》组诗的第一首称道说：

诗界千年靡靡风，兵魂销尽国魂空。
集中十九从军乐，亘古男儿一放翁。

刘基向陆游认同，无疑地，也就是认同那种要“从戎”，要“拥马横戈”、“手枭逆贼”的豪情壮志，认同那种“一身报国有万死”、“战死士所有，耻复守妻孥”的英雄气概，认同那种“胸次隘宇宙”的经天纬地的宏伟抱负。

刘基是不甘于无所作为地“衰朽”下去的！

“放浪山水”和“以诗文自娱”是难以分开的。以游兴激发诗兴，以诗情渲染游情，可谓合则双美，离则两伤。

至正十四年(1354年)春，刘基偕会稽诸位士大夫先后游历了萧山、南镇、宝林等处，赋诗唱和，殆无虚日。我们来读他的一首纪游南镇的诗(隋开皇十四年，诏以会稽山为南镇)，《三月八日偕徐成中杨澄源李子庚吴溥泉董朝宗黄中立程邦民汤仲谋王文明游南镇得禽字》：

积雨霁芳甸，凯风来远林。
逍遥出郊郭，徙倚散烦襟。
桂楫荡清涟，长裾曳清阴。
肆览夏王陵，流观秦帝岑。
黄能安所之？荒楚自萧森。
仰玩卉木荣，俯聆泉石音。
洋洋潭底鱼，喈喈枝上禽。
昭融见天德，滉瀁怡人心。
况有文彦友，温恭比瑶琳。
献酬礼不愆，咏歌诗弥深。
良辰岂易得？嘉会难屡寻。
愿作胶与漆，无为商与参。
殷勤属此章，冀以代兼金。

几位友人偕游南镇，刘基兴高采烈。雨后初晴，和风吹拂，春日的郊野，花朵烂然。他们一会儿荡舟，一会儿登高；或仰观嘉木，或俯听泉声；或赏游鱼，或玩鸣禽。几位友人不仅举止得体，而且谈吐不凡。这些都使刘基恋恋不舍。“良辰岂易得？嘉会难再寻。愿作胶与漆，无为商与参。”他希望朋友们能经常聚首，不要分离。但这怎么可能呢？

果然，在一个多月后的一首纪友朋偕游的诗中，我们便听到了不祥之音。《四月二十二日郊外游得水字》：

草根蝼蝈鸣，湖上蒹葭靡。
繁林滃深绿，清池散圆紫。
离居昧节序，陶情赖佳士。
泛舟出郊甸，缓步信所履。
壶觞展倡酬，及此晴日美。
啸歌望山川，慷慨集悲喜。
豺狼未鼎镬，郊野尚多垒。
铁衣挂儒冠，好爵逮麻屣。

吾侪幸味苦，得似道傍李。
无思身外忧，适意聊复尔。
归云入禹穴，返照射宛委。
鸟啼树有风，帆过烟生水。
兴尽各言还，月明城角起。

饮酒唱酬，风日晴美，这是令人襟怀夷旷的。但目睹豺狼犹存、四郊多垒的现实，又怎么能不悲怅？“无思身外忧，适意聊复尔。”故作达观，更见得悲怅之深。如此世道，诗朋酒友相聚，也很难打起精神来。正如他的一首七律所写的那样：

柳暖花融草满汀，日酣烟淡麦青青。
枝间好鸟鸣求友，水底寒鱼陟负萍。
异县光阴空荏苒，故乡蛇豕尚膻腥。
感时对景情何极，悼往悲来总涕零。

这首诗题为《春兴》，作于至正十五年（1355 年）初。这种“感时花溅泪，恨别鸟惊心”的情怀，有如低沉的箫声，令人黯然神伤。

也许应该顺便提到一桩史实。与刘基等人偕游南镇同时，在安徽滁州，朱元璋遇见了他的第一位智囊人物李善长。朱元璋问：“四方战斗，何时定乎？”善长答道：“秦乱，汉高起布衣。豁达大度，知人善任，不嗜杀人，五载成帝业。今元纲既紊，天下土崩瓦解，公濠产，距沛不远，山川王气，公当受之，法其所为，天下不足定也。”朱元璋听了，大为高兴。

朱、李有志于图王之日，刘基却依然在为蒙古贵族治下的国计民生担忧。历史就是如此地富于戏剧性。

至正九年至十一年（1349—1351 年）闲居杭州以及至正十三年至十五年羁管于绍兴期间，刘基与僧人交往颇多。

元代后期的几位皇帝，如文宗、顺宗等，均一意佞佛。刘基对佛教则持一种审视、批评的态度，比如《郁离子·蛇蝎》篇，赞赏“楚人有见蛇蝎而必杀之者”的行为，而对“曲为之容”、“惟恐人之伤之者”加以非议，并毫不含糊地否定了佛教“不杀生”的主张：“毒人之虫，中之者不死则瘯，而曰必待其伤成而后可杀，是以人命同于虫蛇，其失轻重之伦，不亦甚哉？近世之为异端者，以杀物为有罪报，而大小善恶无所别，故见恶物而曲为之容，私于其身为之，而不顾其为人之害，其操心之不仁可见。”刘基的是非感是很鲜明的。

如同唐代的韩愈，虽诋毁佛教却与僧人交友一样，刘基与僧人亦过从颇密，并曾为他们写诗、作序，足见友情之深。试读几篇：

《送别灯和尚还乡序并诗》云：“其为浮屠也，岂果惑于其术之说而为之哉？世治不古，为民者日困。农疲于耕，而终岁不饱其食。工疲于作，而终岁不得休息。士不谐于时，而累累无所即。追呼徭役之可怜，诛求征敛之无厌，皆足以累其身，愁其心。求全躯而苟安，舍是其何之乎？若师者其迹于是，而心则有所寓乎！”

《送柯上人远游诗序》：“柯上人者予之同邑人也，客游于净慈。”“今之为士者欲游四方，行李之往来，丰则患于盗贼，约则患于资粮之乏、裘马之敝，当何所取给哉？独浮屠以其徒为一体，所至则如归焉。穷山际海，何往而不可也？”

《竹川上人集韵序》：“余初来杭时，识竹川上人于祥符戒坛寺。见其为歌诗，清越有理致，遂相与往来。”“今上人为佛屠而志于儒，不泯于流俗，而著书以为乐，年已老而愈不倦，是岂可以常人目之哉！自古有避世之士非一途矣，晨门荷蒉，偶耕卖药，亦各随其所处以求其志。若上人者，其避世之徒欤？”

这三篇作于居杭期间的文章，表达了刘基对几位元末僧人的独特理解。在他看来，他们之所以为僧，并非“果惑于其术而为之”，并非真的信崇佛教，他们的精神依归仍是儒学。只是由于“世治不古，为民者日困”，忍受不了徭役、征敛和盗贼的骚扰，才出家为僧，借以避世。他们与隐士殊途而同归。

如此僧人，刘基当然愿与他们为友了。其《题瑞上人山水图》云：

上人性僻耽山水，应是王维第二身。
兰渚流觞新到越，蓝田别业旧通秦。
驱驰翰墨回龙虎，簸弄风神感鬼神。
羁旅相逢聊自慰，莫思天地有烟尘。

又《崇福寺俦上人看山楼》(作于至正十五年)：

为爱山中世事疏，看山终日坐茅庐。
林花涧草香无际，翠壁丹崖锦不如。
禹穴风雷翻石鷁，耶溪波浪动金鱼。
此时应寤幽栖乐，底用凌云献子虚！

这两位“上人”(僧人)，其品格实与隐居的刘基相近。“未须汗漫思身世，且可逍遥玩物华。”“青春院宇僧房好，白昼豺狼客路赊。”他们有着共同的感慨、共同的心愿。

至正十四年，刘基读到了王冕此前的所有诗作。

在居绍期间所写的《送张山长序》中，刘基提出了诗以讽谕为主旨的见解。其文云：“稽山书院山长张君用中，受代将归。友生具酒肴祖送越西门外。”“老子曰：富贵者送人以财，仁者送人以言。”“于是命楮笔各为歌诗，俾余序焉。余观诗人之有作也，大抵主于讽谕。盖欲使闻者有所感动，而以兴起懿德，非徒为诵美也。故崇奖之言，冀其有所劝而加勉；示事之告，愿其有所儆而加详也。然后言非空言，而言之者为直、为谅、为辅仁、为交游，相助而有益，而闻誉达于天下，而言与人相为不朽。不亦伟哉？”

刘基这段诗论，首先是就酬赠之作而言的。酬赠之作，多以诗为禽犊，即用作馈赠的礼物，因而肤浅浮泛，缺少兴、观、群、怨的精神力量。刘基强调，即使是酬赠之作，也应以讽谕为要素。对照其诗论，我们来读他的《题王元章梅花图》诗：

会稽老王拙且痴，能画梅花称绝奇。
春窗走笔生古怪，中有窈窕倾城姿。
人生得闲真是好，得闲不闲惟此老。
布袍闒茸发不梳，一生只被梅花恼。
天生梅实可和羹，尔梅有花结不成。
世间花实总尤物，不如画图终古无枯荣。

王元章即王冕。元末画家、诗人。号煮石山农、饭牛翁、会稽外史、梅花屋主等。诸暨(今属浙江)人。出身农家,幼贫牧牛,晚至佛寺长明灯下读书。学识深邃,屡试进士不第,即弃去,南入淮、楚,北游大都(今北京),历览名山大川。后归隐九里山,卖画为生。擅画竹石,尤工墨梅,学扬无咎,花密枝繁,用笔挺拔圆润。或用胭脂作没墨梅,亦具特色。明初宋濂的《王冕传》,说他"尝仿《周礼》著书一卷,坐卧自随,秘不使人观。更深人寂,辄挑灯朗讽,既而抚卷曰:'吾未即死,持此以遇明主,伊吕事业不难致也。'"伊吕即伊尹、吕望,王冕以伊吕自期,表明他的人生理想是作帝王师。其《白梅》诗云:"冰雪林中著此身,不同桃李混芳尘;忽然一夜清香发,散作乾坤万里春。"在颂美梅花的芬芳中,寄托兼善天下的大志,既是咏梅,又是自白。

刘基与王冕有过亲密往还。至正十四年(1354 年),刘基作《王元章诗集序》,有云:"予在杭时,闻会稽王元章善为诗。士大夫之工诗者,多称道之,恨不能识也。至正甲午,盗起瓯、括间,予避地之会稽,始得尽观元章所为诗。盖直而不绞,质而不俚,豪而不诞,奇而不怪,博而不滥。有忠君爱民之情,去恶拔邪之志,恳恳悃悃,见于词意之表,非徒作也,因大敬焉。"

刘基"尽观元章所为诗",对王冕的人生理想一定了解甚深。但在《题王元章梅花图》中,却并不涉及他的济世之才,倒是极力渲染其艺术家的痴、拙品格,鼓励他画出不朽的名作。这里,刘基意在言外地提示王冕:王冕的才具更适合于作艺术家。婉而多讽,刘基不愧为诤友。

在此诗之外,刘基还有一首《题王元章梅花图》:

道人红颜映鬓雪,欲与梅花斗清洁。
梦魂化作梅花神,貌得梅花最奇绝。
高轩落笔当晴曦,北风吹树寒云垂。
九霄露洗珠玉芷,野水影动龙蛇姿。
劳生苦被烦热恼,见此令人畅怀抱。
虚堂夜半明月入,玄鹤一声惊绝倒。
西湖处士骨已槁,湖上淡烟迷蔓草。
石坛日夜长苍苔,紫脱瑶英为谁好?
罗浮山,在何处?
闻道其间无散木,只有梅花三万树。
皇初平,在金华,
山中白羊许借我,与尔并驾凌飞霞。

在王冕笔下的梅花与北宋诗人林逋(西湖处士)咏梅的名句"疏影横斜水清浅,暗香浮动月黄昏"之间建立起联系,突出的仍是一种偏于隐逸的艺术家品格。

据祝允明《野记》载,至正十九年(1359 年),"吕珍为张士诚守绍兴,皇祖(朱元璋)屡攻之,未克。珍有材略,善战,尝以牛革囊兵宵济以袭我师。每战,令战士及城中人为歌高噪,以诟胡公大海。王冕元章不肯附珍,诣我军献策攻之,然亦弗克。"虽为野史,想应有来历,王冕的谋略,是难以与刘基相提并论的。

《松风阁记》是刘基记叙文的代表作。

至正十五年(1355 年),刘基仍居绍兴,放浪山水,纵情游览,足之所至,目之所及,“必表而出之。”题咏松风阁的诗文尤其为人传诵。其诗如《灵峰寺松风阁》:

灵峰寺阁倚松风,风细松高阁更空。
何处流泉生石上?有人鸣玉下云中。
花飘雾露春香满,影动龙蛇晓日融。
安得身如列御寇,翩翩高举出冥鸿。

既然名为松风阁,那么山松之形以及风吹松树的声音自应成为游览者关注的中心。对松的形、声,《松风阁记》的下篇有异常精彩的描绘:

盖阁后之峰,独高于群峰,而松又在峰顶。仰视,如幢葆临头上。当日正中时,有风拂其枝,如龙凤翔舞,离褷蜿蜒,轇轕徘徊;影落檐瓦间,金碧相组绣。观之者,目为之明。有声,如吹埙篪,如过雨,又如水激崖石,或如铁马驰骤,剑槊相磨戛;忽又作草虫鸣切切,乍大乍小,若远若近,莫可名状。听之者,耳为之聪。

“观之者,目为之明”以上写形,“听之者,耳为之聪”以上写声,绘形绘声,真切生动。

刘基游览山水,别有苦衷。中国的知识分子,用世之志向来强烈;一旦恶劣的环境迫使他们从这一社会人生领域退出,其受到压抑的心灵的心量便需朝别一方面释放。这是迫不得已的释放,所以在力度上异乎寻常。刘基诗所谓“安得身如列御寇,翩翩高举出冥鸿”,向往矫首天外,即是其力度的显示。《松风阁记》上篇表达山林之乐,可与之印证:

方舟上人为阁其下,而名之曰松风之阁。予尝过而止之,洋洋乎若将留而忘归焉。盖虽在山林而去人不远,夏不苦暑,冬不酷寒,观于松可以适吾目,听于松可以适吾耳,偃蹇而优游,逍遥而相羊,无外物以汩其心,可以喜乐,可以永日,又何必濯颍水而以为高,登首阳而以为清也哉?

在山水之间追求适意,旷神怡情,恬淡寂寥,这种情怀的背后,站着一个带气负性的刘基。看不到这点,就不能算是合格的读者。所以,介绍过有关松风阁的诗、文,还想请读者看看刘基次年春所作的《忧怀》一诗:

群盗纵横半九州,干戈满目几时休?
官曹各有营身计,将帅何曾为国谋!
猛虎封狼安荐食,农夫田父困诛求。
抑强扶弱须天讨,可怪无人借策筹。

“借策筹”,典出《汉书·张良传》:“郦生未行,良从外来谒汉王,汉王方食,曰:‘客有为我计挠楚权者。’具以郦生计告良……良曰:‘请借前箸以筹之。’”箸,筷子;筹,策划。后因以“借箸”比喻代人策划。刘基心忧天下,希望朝廷重臣中有人聘他为谋士,用世之志如此强烈,他的山林之乐的内涵才显得丰厚充盈。

身经离乱的刘基,与老杜产生了强烈共鸣。

“治世之音安以乐,其政和;乱世之音怨以怒,其政乖;亡国之音哀以思,其民困。”这是《毛诗序》中的一段论述,后世辗转引用,几乎已成老生常谈。但刘基却是在经历了长期的战乱后才真切地体会到其深刻性的。至正十六年(1356 年),刘基作《项伯高诗序》,序云:“言生于心而发为声,诗则其声之成章者也。故世有治乱,而声有哀乐。相随以变,皆出乎自然,非有能强之者。是故春禽之音悦以豫,秋虫之音凄以切。物之无情者然也,而况于人哉?予少时读杜少陵诗,颇怪其多忧愁怨抑之气,而说者谓其遭时之乱,而以其怨恨悲愁发为言辞,乌得而和且乐也?然而闻见异情,犹未能尽喻焉!比五六年来,兵戈迭起,民物凋耗,伤心满目,每一形言,则不自觉其凄怆愤惋,虽欲止之而不可,然后知少陵之发于性情,真不得已,而予所怪者,不异夏虫之疑冰矣。”

少陵即杜甫。刘基之于杜甫,与南北宋之际的陈与义颇有相似之处。早年的陈与义,只以为杜甫“风雅可师”,靖康之难爆发,“经历了兵荒马乱,才明白以前对杜甫还领会不深。”“但恨平生意,轻了少陵诗”,进入了与杜甫心心相印的境界。至于刘基,他早年读杜甫诗,“颇怪其多忧愁怨抑之气”;几年兵戈扰攘,刘基满怀怨怒,常情不自禁地借诗抒发,这才懂得,杜甫之“忧愁怨抑”,亦战乱使然。世有治乱,而声有哀乐,这是再自然不过的事。

杜甫写过一组《秋兴》诗,刘基亦有《次韵和谦上人秋兴七首》,二者题目相同,神情亦复相似。杜甫《秋兴八首》中,历来最被看重的是第四首:

闻道长安似弈棋,百年世事不胜悲。
王侯第宅皆新主,文武衣冠异昔时。
直北关山金鼓震,征西军马羽书迟。
鱼龙寂寞秋江冷,故国平居有所思。

此首之受垂青,原因在于,作品感慨时事,异常沉痛,如沈德潜《唐诗别裁集》所说:“前半指朝廷之变迁,后半指边境之侵逼,北忧回纥,西患吐蕃,追维往事,不胜今昔之感。”

刘基《秋兴》七首,我以为第一首格外沉郁:

一自中原万马奔,江淮今有几家存?
龙韬豹略痴儿戏,秾李夭桃猛士门。
废垒秋风销战骨,荒郊夜雨泣冤魂。
江湖愁绝无家客,伫立看天泪眼昏。

套用沈德潜的评诗套路,可以表述为:次联写朝纲之不振,尾联写一己之流浪,身在江湖,心存魏阙,追原祸始,不胜怨怒之情。

一个读者,只有在与作者产生共鸣的前提下,才能与作品产生心心相印的关系。刘基之与杜甫,便是明证。其《题鲜于伯机书杜工部诗后》云:

少陵昔避乱,买屋西枝村。
卜邻得赞公,聊可与晤言。
四国斗豺虎,烟尘塞乾坤。
中宵望北辰,惨戚衰老魂。
我今亦漂泊,不得归本根。
感此一太息,欲语声复吞。

"我今亦漂泊",生活经历如此相近,难怪刘基会与杜甫产生共鸣了,难怪他们的诗风这般相近了。

投鼠忌器,典出《汉书·贾谊传》。"里谚曰:'欲投鼠而忌器',此善谕也。"意谓老鼠靠近器物,要打老鼠,又恐伤坏器物。比喻作事有所顾忌,不敢放手进行。

《割瘿》的设喻,与投鼠忌器相近。夷门有个脖子上长大瘤的人,脑袋陷到肩胛里,那大瘤竟取代了头的位置,嘴、眼、鼻子、耳朵,全难以发挥作用。郢地管理疆界的官员可怜他,打算帮他割下来。有人劝阻说:"这大瘤割不得。"管理疆界的官员不听。这大瘤终于被割了下来,过了两夜,那人就死掉了。都城的人都责怪管理疆界的官员,官员却拒不接受批评,他振振有辞地说:"我只知道去掉病害。他现在虽然死了,大瘤也没有了嘛!"都城的人,都掩嘴暗笑而退。过了些日子,有人憎恨春申君专权,想上言于楚王,杀掉春申君。荀卿听说了这件事,道:"这不也和割瘤相同吗?春申君掌握楚国大权,已非一日,楚国的人都只知道春申君,一旦春申君被罢免,楚国也就跟着完了。你这是教楚王割瘤啊!"

刘基这篇寓言,也许是针对元顺帝罢免脱脱一类的事而写的。脱脱(1314—1355),字大用,他在1349年复相后,报复旧怨,日益专恣,与中书左丞哈麻不和,出哈麻为宣政院使。顺帝第二皇后奇氏与哈麻合谋,图立己子爱猷识里达腊为太子,曾遭到脱脱的反对。1353年6月,顺帝立爱猷识里达腊为太子,奇后母子对脱脱深为忌恨。1354年9月,脱脱集合大军,亲攻高邮张士诚,至十一月,张士诚军已准备出降。就在这一关键时刻,奇后、太子与哈麻指使监察御史弹劾脱脱"劳师费财"及弟也先帖木儿兵败事,连上三章。1354年11月,顺帝下诏削去脱脱官爵,安置淮南。诏书于1354年12月下到军中,全军大乱。脱脱军原从各地调集而来,闻诏纷纷散去。许多军士无所投附,遂倒戈加入红巾军。叶子奇《草木子》卷十三《克谨篇》载:"丞相脱脱统太师四十万出征,声势赫然。始攻高邮城,未下。庚申君(顺帝)入丞相亚麻之谗,谓天下怨脱脱,贬之可不烦兵而定。遂诏散其兵而窜之,师遂大溃,而为盗有。天下之事遂不可复为矣。"

至正十五年(1355年),有件事给刘基带来了短暂的喜悦:同知副元帅石抹宜孙率兵出镇浙东。石抹宜孙在反对招安一事上与刘基见解一致,这使刘基兴高采烈,大受鼓舞。他的《次韵和石末元帅见赠二首》,情绪色调颇为明朗:

雨过前溪晓色新,山城草木静埃尘。
殊方负固犹蜗角,此地偷安赖虎臣。
高阁绿萝相对晚,画阑红药不胜春。
谁怜衰病兼疏拙,飘泊东西一旅人?
元戎玉帐拥旌麾,武略文韬并出奇。
构厦可堪无大匠?安邦曾见活危棋。
此时北斗归民望,他日龙髭简帝思。
我辈迂狂乖时务,移风执御更何疑!

能在"平叛"一事上找到知音,刘基深感庆幸。

但石抹宜孙出镇浙东带给刘基的喜悦未能取代他内心的重重忧虑。"天下可忧非一事”,他的确很难摆脱时局所造成的心灵世界的阴影。至正十六年(1356 年),正月,张士诚遣弟士德渡江破常熟。二月,攻占平江(即苏州)。张士诚自高邮进驻平江,改名隆平府,立省院六部百司。七月,张士诚军攻破杭州。这一系列巨变,令刘基痛心不已。其《感叹》诗云:“闻说苏州破,仓皇问故人。死生俱可悼,吾道一何屯。北去应无路,南藩自此贫。凄凉转蓬客,泪尽浙江滨。”《感兴》三首之一用这样两句诗来形容他的悲伤之情。

去国杜鹃红泪尽,伤时庾信白头新。

“去国”句用杜宇的典故。杜宇是传说中的古代蜀国国王。周代末年,在蜀始称帝,号曰望帝;后归隐,让位于其相开明;时适二月,子鹃鸟鸣,蜀人怀之,因呼鹃为杜鹃。相传杜鹃即是杜宇的魂所化。“伤时”句以庾信自比。庾信(513—581),字子山,南阳新野(今河南新野)人。出身贵族,自幼出入梁朝宫廷。侯景叛乱,梁都建康失守,他逃往湖北江陵,辅佐梁元帝。后出使西魏,在出使期间梁亡,因为当时的北朝倾慕南朝文化,以文学成就被强留在长安。北周代魏,他更受重视,官位清显。但国破家亡,羁旅北地,他心境凄凉,常常想念祖国和故乡,故其后期诗赋大都抒写“乡关之思”和屈仕北朝的痛苦。他的《拟咏怀》之一云:“榆关断音信,汉使绝经过。胡笳落泪曲,羌笛断肠歌。纤腰减束素,别泪损横波。恨心终不歇,红颜无复多。枯木期填海,青山望断河。”所谓红颜销蚀,与“白头新”意旨相近。刘基引以自比,表达出满腹的“去国”、“伤时”之忧。

引庾信自比的刘基,他对时局的另外一些变化似乎还不甚了然。例如,至正十五年(1355 年)六月,朱元璋攻占采石、太平,改太平路为府,置太平、兴国翼元帅府。元璋自领帅事,以李善长为帅府都事,李习为知府,陶安参幕府事,初步建立了江南政权。陶安向朱元璋献言说:“方今四海鼎沸,豪杰并争,攻城屠邑,互相雄长。然其志在子女玉帛,取快一时,非有拨乱、救民、安天下之心。明公率众渡江,神武不杀,人心悦服,以此顺天应人而行吊伐,天下不足平也。”朱元璋欣然采纳,帝王气象已隐隐可见。倘若刘基对朱元璋的所作所为有几分了解的话,这位“伤时”的庾信该作何想法?

东汉愍帝末年,东都洛阳大旱,野草都枯焦了,连昆明池也干涸了。洛巫对父老说:“南山山涧中,有种灵异的神物,可以召来降雨。”父老说:“这是一条蛟龙,不可起用,它虽然能够降雨,但定会造成后患!”众人道:“如今旱情太严重了,人都像坐在炭火中一样,朝不谋夕,哪还顾得上考虑后患!”于是,叫来洛巫,一起去南山山涧,祈求蛟龙降雨。三次献酒还没完毕,蛟龙蜿蜒而出,风嗖嗖作响,整个山谷都发出雷鸣般的响声。一会儿功夫,雷雨大至,树木连根拔起。整整三天没有停止。伊水、洛水、瀍水和涧河里,水势暴涨,泛滥成灾,洛阳情势非常危急,众人这才后悔没有听信父老的话。

这篇题为《东都旱》的寓言,旨在告诫元末当政者:万不可病笃乱投医,起用那些危害极大的实力人物。刘基的规劝是有现实针对性的。

比如苗帅杨完。元顺帝至正十八年(1358)八月,时张士诚据姑苏,元江浙行省丞相达识铁木儿担心被张士诚侵扰,遂召杨完率兵守杭,累授江浙左丞。杨完恃功骄横,虽然表面上尊事达识铁木儿,实际上生杀予夺,于己是决,达识铁木儿只能签签名而已。起用如此"蛟龙"，岂不是自贻伊戚？

刘基《次韵答石末公伤用三苗之作》写道：

周用羌髳功有赫，唐通回鹘祸无訾。
豳歌郑曲非同调，楚服秦骖实背驰。
安得着鞭先祖逖，趋陪前跸学铫期？
扶持圣主中兴业，整顿乾坤去诡随。

"唐通回鹘"（"回鹘"通常写作"回纥"）在历史上有好几次。公元 755 年，安史之乱爆发，唐东西二京相继陷落。756 年，唐肃宗借回纥骑兵平乱，与回纥军统帅叶护约定："克城之日，土地、士庶归唐，金帛、子女皆归回纥。"所谓子女，就是年轻妇女。唐军和回纥军进克东京，回纥纵兵大掠，洛阳人奉上罗锦一万匹，回纥兵才停止掠夺。762 年，唐代宗又向回纥借兵助讨史朝义。唐军收复洛阳，回纥入城大肆杀掠，杀人上万，火烧房屋一二十天不灭。唐地方官供应小不如意，便任意杀死，毫无顾忌。鉴于"唐通回鹘"的历史教训，刘基反对起用苗帅，这是极有见地的。无奈"九衢车马如流水，尽是邯郸梦里人"，苗帅被委以重任，以至于"诸将旌麾非一统，大藩衣服变三苗"，身为弃臣的刘基，只能在天涯遥垂忧伤之泪了。

肉食不知田野事，布衣深为廊庙忧。

知遇明主

著《郁离子》

寒风卷着大雪整整下了一夜，世界整个地白了。

肃穆与庄严，使大地显得更加深沉。

南田武阳村，刘基家中寂静得出奇。左边书房中，一摞线装书整整齐齐地摆在案头，一支精美的小楷狼毫安静地躺在书桌洁白的纸上等待着。

右边客厅，二夫人陈氏一改往日那活泼开朗的天性，左手抱着老二刘璟，右手拿着一本画册模样的书籍，低声细气地给老大刘琏讲解着。

院子里，大夫人富氏陪伴着母亲坐在朝南的墙角下晒着太阳，做着一件小棉褂。

刘基靠在太师椅上沉思、发呆……

一家人大气不敢出一口。

三辞官职，三归故里，刘基心灵受到了极大的创伤。

他感到无比悲愤，心口亦隐隐作痛，于是站起，眼望窗外银装素裹，情绪怎么也提不起来。

是的，虽然幼读古籍，也知宠辱不惊，进退无意，乃丈夫之慨，男儿之志，但身为五尺之躯，以自己的志向、才能，靠艰苦卓绝的奋力拼搏，荣耀于世，光宗显祖，福荫三代，也不能不说是人之常情。

他想，自至顺四年二十三岁登榜那日起，自己就抱有一个信念：忠心于天，一心为民，修身、齐家、治国、平天下。

对天吗？

忠贞不渝。

对民吗？

是知怜的。

对朝廷？

只要给予机会，总是倾尽全身而为之。

为什么？

为什么“命世之才，沉于下僚；浩然之气，阨于不用”，一次一次遭受打击，一次一次为奸佞迫害？一桩桩、一件件经历反复从脑际流过……

苦思，冥想。

刘基的思绪，随着四十多年的光阴，随着二十多年的为仕之途，更随着研古知今的丰富渊博之知识海洋，碾转着，争斗着，比较着，分析着，判断着……

他开始反省自己的作为。

重新认识自己为之效忠了几十年的元王朝。

元太祖立祚至今，已经一百五十年，更朝改元二十有余，其间亦有战乱，但却与眼前不同，那是一方乱之，一地起事，而今却是四方造反，天下大乱。大地撼动，狂风、暴雨、雷电交织一起，火药库爆炸了。起事的、造反的数不清，道不完，前面跌倒了，后面的又接上去，倒下去一两个，起来十个百个千个。

原因何在？当然有远因，亦有近因；有外部造成的，但更主要是自身引起的。

自身之祸，始于朝廷。先是蒙古贵族为争夺皇位，斗得你死我活。到成宗时虽然停止了皇位之乱，但元世祖忽必烈采用汉法立太子，确定皇位之世袭，却又不废选汗会议。于是，在汉地实行汉法的一派与仍在蒙古草原的贵族长期存在矛盾。汉法与选汗法交错而行，致使皇位继承无以确定，蒙古宗王无不利用推选皇帝争权夺利。当朝的顺帝之登基，是得之于前朝宁宗懿磷质班早亡，而宁宗之登基，又是得之于文宗图帖睦尔早亡。文宗原本是已立了皇太子，但泰定帝驾崩后，辽王与左、右丞相在上都拥立泰定帝幼子阿剌吉八即位，佥枢密院事燕帖木儿则在大都立图帖睦尔即位。元朝上都与大都各有一帝，相为对峙。于是发生了上都兵马南下攻大都之事，后来阿剌吉八被燕帖木儿之师俘虏，图帖睦儿获胜。原本图帖睦儿为掩人耳目，宣布接其兄和世束到大都就让位给他，后又下毒害死其兄，文宗因此而得天下。但也招致四川、云南蒙古诸王发兵反叛。文宗之后，燕帖木儿主张立文宗幼子为帝，因遭皇后卜答失哩反对，只得立了顺帝。因此顺帝立足刚稳，就用伯颜之力除掉了燕帖木儿的势力。但伯颜专权，霸道朝廷，顺帝不容，又借脱脱之手除掉伯颜，同时将文宗之子燕帖古思流放高丽致死。之后，顺帝见脱脱权大，至正十四年，又在脱脱统百万之师大败张士诚于高邮，十二月，眼看高邮旦夕将破时，诏书到了，削去脱脱相职，安置淮安路，然后又诏使西行。第二年被左丞相奸臣哈麻矫诏鸩死于吐蕃境内。如果朝廷不乱，天下难道能乱乎！

同时，顺帝昏庸无能，荒淫无道，亦为各地贪官污吏贪赃枉法作了一个极坏的样板。先是至正十一年，不顾连年灾祸不断，百姓饥寒交迫，各地叛乱渐起，也不管清宁殿大火烧毁万件以上宝物，不听中书省建议，顺帝照旧要游皇城，动用万众之多，组织大车队、番部小乐队、男女各种杂戏，排场三十余里，制作各种铠甲、袍服、器仗，先后喧闹半个多月。顺帝用计除掉脱脱后，又由哈麻介绍西天僧，教授房中运气之术，并封其为司徒大元国师。从此顺帝广招天下美女进宫，日夜淫乐不止。那国师又招来徒弟，一时房中术流行朝廷，甚至与御弟宠幸十人，结成“倚纳”（即淫乐伙伴），君臣共被，互易妻室，相与亵押，男女裸处，无所禁忌。又修建穆清阁，盖造海青鹰房阁，连续数百间，千门万户，美女如云，行大喜乐法，朝朝宴会，夜夜笙歌。这还不够，顺帝又亲自设计图样打造一条奇特龙船，长一百二十尺，宽二十尺，前面是瓦帝棚、穿廊、两暖阁，后面是吾殿楼子，龙身和殿宇都用五彩金妆，前有两爪。船上用二十四名水手，都穿紫衣，围金荔枝带，戴四带头巾，于船两旁各执一篙。驶动时，龙的头眼口爪尾都会相随而动，从后宫到前宫山下海子里往来游戏。顺帝每登龙舟，皆用彩女盛妆，两岸列队牵挽，并附以丝弦铜鼓之乐，极尽奢华。看到自己的杰作，受到哈麻等朝官赞颂，顺帝又自制宫漏，高六尺，宽有高的一半，造楠木为柜，将壶藏在其中，运水上下，其柜上设置两方三圣殿，柜腰立玉女捧着时刻筹。时间一到，玉女就浮水而上。左右立二位金甲神，一边吊着钟，一边吊着钲，晚上神人自己能按更数击锣、钲，丝毫不差。当钟、钲响起来时，旁边的狮子、凤凰都会飞翔舞蹈。柜的东西有日、月宫、飞仙六人立在宫前，每到子时和午时，飞仙能成对而进，渡过仙桥，到三圣殿，接着又退到原来的位置。精巧绝伦，前无古人。

上梁不正，下梁歪矣！这样的天子治理天下，社稷能有不危乎！

这时，元朝又一再变更钞法。本来元世祖忽必烈时，阿合马与桑哥都曾设置专理财政的尚书省，钞法有相当完整的制度，发行也有定额，发行多少纸币，便有多少金、银作“钞本”，可以随时兑换成现金，与物价也有一定比例，在全国通行信誉很好。可是后来，由于朝廷及行省、各州、路、县的贪官赃僚们骄奢淫逸，每一个新帝登基，都要慷慨一番，赏赐给贵族高官一大批金银钞币，又广修寺院，敬神祭天，因之国库为之枯竭。朝廷又公开卖官鬻爵，钱多官高，钞少官小，各级官吏都巧立名目，贪污勒索，巧取豪夺，盘剥广大民众，如拜见钱，撒花钱，追节钱，生日钱等。因为国库中的钞本都被花光了，变为不兑现的纸币，需钱花，只有加大发行，无限制印制。于是，钱越来越不值钱。至正十年，丞相脱脱为筹集镇压人民反抗的军费而更变钞法，印造新型中统交钞，以一贯文省权铜钱一千文，准至元宝钞二贯，结果通货膨胀，纸币贬值，钞法大乱，五十锭钞换不到一斗米。老百姓视交钞为废纸。

钞法败坏，经济崩溃，使元朝各级官吏腐败益甚，百姓倍遭压榨，造反愈烈。

加之蒙族统治天下，对南人、汉人实施残酷的高压政策，驻兵监视防守，收缴各种械具，组织里甲防范等等，民族矛盾日益尖锐。

看来，这个王朝已是病入膏肓，摇摇欲坠，无可救药了。就像一座破损不堪快要倒塌的房子，既缺好匠，又缺栋梁，是没有办法修葺了，它的倾倒崩溃只是迟早的事情。

刘基进而深刻地认识到，朝不等于“国”，自有史以来，朝代更换无数，中国永远屹立东方。爱民忧国,不是非要忧这个塑漠帝业。

"天生我才必有用。"有志报国者,应该识时务,顺天意,从民心,当进则进,当退得退,腐朽的东西,要果敢地抛弃;新鲜的,则要有勇气接受。如若顽固不化,死守成规,不顾事实,愚忠昏君,只能自讨苦吃,非但与国无利,且为己无益,悔之晚矣!当初自己不"唯古为美",今天更需要勇往直前,另觅"王者之气","待新主出矣"。

他不由自主地提笔写下了两首《怀感》:

昊天厌秦德,瑞气生芒砀。入关封府库,约法唯三章。英雄不出世,智勇安可当?叔孙一竖儒,绵蕞兴朝纲,遂令汉礼乐,远愧周与商。逝者如飘风,盛时安得常?寤寐增永叹,感慨心内伤。

四月阳用事,群物咸长荣。靡草虽就死,王瓜亦复生。死生谁所致,时至莫能争。圣人洞神理,守分无外营。修身俟天命,万古全其名。

思想通了,精神也好多了。

一家人又回到原本因刘基回家而沉浸的合家团聚、欢天喜地的幸福、快乐的日子里。

大家欢欢乐乐地过了一个欢欣、热闹的春节。

大年一过,冰消雪融,桃红柳绿,阡陌纵横,清风振荡。

蓝天、青山、绿树,一派春意盎然之景象。

这天,刘基收到文友宋濂的来信,得知这位家居永康,清洁自高的饱学之士,身处乱世而不乱其心,现正隐于深山书院,粗衣淡食,潜心学问,近来大作频出,不由得对其坚固心志发出敬佩的感慨。

当前世乱不止,各方争战,自己欲出不能,无所事事,满腹经纶,施展不了抱负,与其一天一天消磨下去,不如趁闲写点什么,把自己这多年来的所见所闻,政治军事,亲身感受,以及心得体会,给以总结,积蓄力量,也好静观天下,以待"真主"。

于是,袖口一挽,迅速摊开笔墨纸砚。他要用笔记录下来自己对社会现象的深刻分析和辛辣讽刺,阐述自己对元末弊政的政治见解。

首先,写出了一篇《贾人渡河》:

济水的南面,有一个商人,在一次渡济水时,船被打沉了,他栖身于浮草之上大喊救命。有一个渔民用船去救他,还没有划到他身边,他就急忙叫喊起来:"我是济一带有名的富翁,你若能救我一命,我送你一百两金子作为酬谢。"当渔民用船把他送到岸上后,商人却只给救命恩人十两金子。渔民说:"你刚才许诺给一百两,现在却只给十两,恐怕不行吧?"商人勃然大怒,脸色陡变,大声呵斥道:"你不过是一个靠打鱼为生的人罢了,一天能有多少收入呢?此刻你突然间就到手了十两金子,难道还不知足么?"渔民大为失望,无精打采地走开了。后来这个商人从吕梁洪乘船而下,船撞上礁石,又翻沉了。说来也巧,那个渔民正好也在那里。有人问他:"你何不去救他呢?"渔民答道:"这是一个答应了给酬金,但却不兑现的人呵!"说罢站在一边袖手旁观,这个商人就这样被淹死了。

刘基通过这一寓言,告诫元朝廷,言而无信,必将失信于民;失信于民,则失人心;失人心,则必失天下也。

他以医比喻政治，认为必须“切脉以知证，审证以为方”，“当则生，不当则死矣。”

他写道，治国首在爱民，关心百姓生活。如果“志利而忘民”，则“国危矣”。治国又要能团结人民，“民犹沙也，有天下者惟能抟而聚之耳”。“以漆抟沙，无时而解”；“以水抟沙，其合也若不可开，犹水之冰然，一旦消释，则涣然离矣”；“以手抟沙，拳则合、放则散”。

针对元朝廷的腐败，他警示：“贿赂公行，必致丧失人心，家室不保。”告诫统治者，必须明赏罚，“以劝惩善恶”，而且要注意“赏禁僭，罚禁滥”。

刘基痛恨元朝廷的腐败无能，十分反感各地官吏的贪婪本性，用寓言形式，揭露了元朝廷对广大劳苦民众的残酷压迫，揭示出“官逼民反，民不得不反”的深刻道理。

他在《瞽聩·术使》中写了这么一个故事：

楚国有人以养猕猴采野果子为业，己不劳而获，吃穿均有，什么事情都不想干了。他每天放猕猴到山里去，采来的水果不问多少，每只猕猴只准吃一只。猕猴吃不饱肚子，向他再要，就是一顿毒打。一个小猕猴非常苦恼，就偷偷地问别的猕猴：这山上的果树是不是主人种的？众猕猴都说不是。小猕猴就向众猕猴说：“既然不是他种的，当然谁都可以去采，那么我们又何必在这里受罪呢？我还以为是他养活我们的，却原来是我们养活他啊！”众猕猴都觉得小猕猴说得对，到了半夜，看见主人睡着了，就把木栅弄开，全部逃到山林里了。这个人失去了猕猴，便在穷困中死去。

刘基借这一寓言指出：“世有以术使民而无道揆者，其如狙公乎？惟其昏而未觉也，一旦有开之，其术穷矣！”提醒统治者要吸取狙公的教训，改进统治的方法，对百姓作适当的让步，否则，等到人民觉悟而起来反抗的时候，就无法挽救了。

接着他把那些贪官污吏喻作“至死不悟的狐狸”：

郁离子住在山里养了几只母鸡。有一天半夜，一阵鸡叫，狐狸从鸡埘里拖去一只鸡。郁离子连忙出去追赶，追得满头大汗，没有追到狐狸。郁离子猜到狐狸这次既然得了便宜，决不会就此罢休，就在鸡埘旁边守着。果然，第二天半夜里狐狸又来了。为了不把狐狸惊走，郁离子沉住气，等狐狸进了鸡埘，又咬住了一只鸡，他才从后面把狐狸捉住。说来也怪，这狐狸虽然已经被捉，可是不管你怎样用力拉，它总死命咬着鸡不放。郁离子叹道：“贪心的狐狸啊！你真可以说是至死不悟了。可是像你这样的多着呢！有些贪财的人就和你半斤八两，相差不多。”

刘基坚决批判了元朝廷顽固坚持种族歧视，以种族分等用人的荒谬政策：

郁离子之马，孳得驶駃騠焉。人曰：“是千里驰，必置诸内厩。”郁离子悦，从之。至京师，天子使太仆阅方贡曰：“马则良矣；然非冀产也。”置之于外牧。

由于不是冀北所产，駃騠虽是千里马，又奈之有何，照样享受不了名马的待遇，被安置在外马房中喂养。正由于这种不合理的民族歧视政策，使刘基等多少“千里马”，一再得不到公平的待遇，屡受排挤和冷遇，长期得不到施展才华的机会，怎能不令人愤慨呢？

刘基认为，当今的元朝廷，尤如失掉喙和爪子的老鹰，昔日的雄风不可能再起了：

蚊山地方全是森林，到处是鸟雀歌唱之声。有一只老鹰喙很尖利，爪子也很尖利，一飞能够直上青云，因此这只老鹰便自然而然成了蚊山鸟雀的领袖，老鹰发号施令，麻雀、乌鸦、画眉等都完全依从，不敢违抗。有一天，老鹰感到自己的喙和爪子都很钝，和从前比较，大不相同，原来它已经变成一只斑鸠了。它在天空里飞着飞着，却忘记了自己已经是只斑鸠，看见森林中的鸟雀，又想摆一下威风，于是飞下去，发出老鹰的叫声。鸟雀们蹲伏着，吓得一动也不敢动。乌鸦很调皮，它偷偷地看了一眼，原来面前是一只斑鸠，根本没有老鹰，便大噪起来。所有的鸟雀也跟着乌鸦叫噪起来。已经变成斑鸠的老鹰见众鸟雀不服，很想显示显示自己的厉害，但是锋利的喙和爪子却没有了。

他在《火烧群蚁》中，着意刻画出了农民起义大火熊熊燃烧，元朝廷焦头烂额、穷途末路的丑态，揭示了他们必然灭亡的命运：

南山的山弯处有一棵大树。一群蚂蚁聚居在那里。它们打穿了树身做窝，把泥土堆积在大树外面。这样一来，大树朽烂了，而蚂蚁却日益蕃盛起来。众蚂蚁分别居住在大树的南、北枝干上，它们的蚁封看起来好像癞皮似的。有一天，野火烧起来了。那住在南枝上的蚂蚁往北枝逃，住在北枝上的蚂蚁又向南枝逃，不能逃命的只得渐渐迁移到野火暂时没有烧到的地方。后来，这群蚂蚁全被烧死了，没有一个活下来。

他经过分析、比较、认识，告诫人们，如今天下像庙中倒在地上的鬼的偶像，是不可能把它再扶起来的了，人们若不远远地避开它，是不会有什么益处的，得到的只能是罪过，“今天下之乱，弗可起矣，而不避焉，无益，只取尤耳！”

就这样，他每天不停地思索着，写着，终于写成了《千里马》、《燕王好乌》、《八骏》、《蜀贾》、《贿赂失人心》、《假人义》等一百九十五篇传世之作，内容从个人、家庭到社会；从政治、经济到军事、外交；从思想、伦理到神仙、鬼怪、野兽，无所不足。后来因朱元璋兵下婺州（今浙江金华），时局变化，影响浙东，刘基只好搁笔，将已写成的这些文章，汇成一册，共二卷十八章，起名《郁离子》。这是一本以寓言故事为主的散文集。郁离子，是作者假托的理想人物，刘基借郁离子之口，来表达自己的政治主张。

夫郁郁，文也；明两，离也；郁离者文明之谓也。非所以自号，其意谓天下后世若用。“斯言，必可底文明之治耳！”这是当时吴从善对《郁离子》书名之解释。

后来，刘基的学生徐一夔说：“郁离者何？离为火，文明之象，用之其文郁郁然，为盛世文明之治，故曰《郁离子》。其言详于正己、慎微、修纪、远利、尚诚、量敌、审势、用贤、治民，本乎仁义道德之懿，明乎吉凶福之几，审乎古今成败得失之迹，大概矫元室之弊，有激而言之。牢宠万汇，洞释群疑，辨驳奇诡，巧于比喻，而不失乎正。骤而读之，其锋凛然，若太阿出匣，若不可玩；徐而思之，其言确然，凿凿乎如药石之必治病，断断乎如五谷之必疗饥，而不可无者也。”

审时洞世

刘基听到朱元璋攻克婺州的消息，放下手中之笔，思绪万千。

他虽然身居深山穷僻，但消息还是很灵通的。经常保持着与石抹宜孙、胡琛、章溢、叶琛等人的联系，为仕和辞官闲游时交结的诗朋画友，也不断地从各地给他传递着这样那样一些各地反军与官军作战争城的信息。特别是在乡里，方圆老乡知道他在外为官，多明世理，外出归来后，总喜欢到他家里闲坐小叙，海阔天空，或谈天说地，交流感想，或传递所见所闻，让他帮助分析，以明道理，满足心理。

刘基心想，难道这起于布衣的和尚朱元璋会异军突起不成？

他明白，日前局势，元朝廷气势已尽，苟延残喘，大厦将倾，谁也无法挽救这种败局了。

那么？谁会取而代之呢？

方国珍吗？不可能！此公虽称雄海上，但其是货真价实的见利忘义之徒，有利则投靠朝廷，无利则反乱滋事，他并不攻占许多城池，只在海边打转，以阻劫海运为主，既无打江山之志，更无闯天下之雄才大略，威不震众，德不服民，量不成器，成不起大事。

现盘踞天完的明玉珍，随州人氏。据说身长八尺有余，目重瞳子。当年徐寿辉起事，明玉珍也在家乡青山聚众千人，与官兵对抗。接着徐寿辉招之，封为元帅，驻守沔阳。后来，率战船攻粮川、峡间。这时，朝廷四川行省右丞相完者都募兵重庆，有红巾元帅杨汉应募而至，欲杀完者都，以并其军，谁知失利，杨汉逃到峡间，恰好碰见明玉珍，告曰："重庆无重兵，完者都与大将哈麻秃又不和，若奇袭必克。"明玉珍于是派战舰攻重庆大获全胜。明玉珍将擒获的元将献于徐寿辉，徐大喜，设四川为天完国行省，授明玉珍陇蜀行省右丞，率重兵驻守重庆，稳占一隅，保境安民，无意与群雄争高下。

称帝的倒是有徐寿辉，发展也很快，至正十一年八月起事，十月即定都自任皇帝，先陷饶、信两州，又攻克湖广、江西，并一度占领杭州，破昱岭关。所占据的都城汉阳，又是水陆交通之地，似乎倒有一点作为。但近来又传闻，说其本事不大，凡事由太师邹普胜所制，大权旁落，且丞相倪文俊也自有一套人马，麾下领兵元帅陈友谅足智多谋，战功卓越。征战途中，江山未统，君臣却先生隙，君弱臣威，山头暗立，看来要一统天下亦非常之难。

还有张士诚。这个从泰州白驹场起家的盐户，原来以驾船贩盐为业，为报复欺压、侮辱自己的富户，与兄弟张士义、张士德、张士信联合壮士李伯昇等十八人揭竿而起，至正十三年攻陷高邮后，定为都城，国号大周，称为诚帝，并建年号为天佑。其势不可忽视，尤其是当初元朝脱脱丞相率百万大军围剿，虽最后因朝廷之变而兵散，但张士诚却以抵御百万大军而声威大起，并收容许多溃乱官兵为部下，实力大增。但听说此人虽据吴中殷富之域，却不思远图，不事开拓，日渐骄奢，怠于政事，且已请降元廷，授为太尉，声誉狼藉，处境日蹙。而且其所占领地与韩林儿、刘福通地盘相联，一国不可能有二主，"卧榻之旁岂容他人鼾睡"，迟早会见二虎相争，谁胜谁负还难见分晓。

韩林儿根基亦不浅。立国号为宋，又称为宋徽宗之九世嫡孙，这便是名正，名正之言顺，言顺则事可成。但这支红巾军所占的土地大多在中原一带，给朝廷带来的威胁又大，朝廷必与之决一雌雄。

根据各方面来的消息，刘基觉得当前最值得研究的是这个攻克婺州的朱元璋。

这朱元璋，生于元天历六年（公元 1328 年），幼名重八，改名兴宗，投身起义军后又改名元璋，字国瑞。祖上家居沛县，后徙居句容，再迁徙泗州。到父亲朱世珍时，才迁居濠州(今安徽凤阳东)钟离太平乡。

朱元璋出生在一个贫苦农民家里,祖祖辈辈给地主当佃户。相传,其降生的那天傍晚,红光满天,乡邻望见十分惊讶,以为朱家起火,急忙奔往营救,到朱家后,看到一切正常,大家更为惊异。

朱元璋自小就替人看牛放羊,生活十分困苦。但他却勤奋好学,敢于实践,足智多谋,最会出点子闹着玩,与他年龄相仿的孩子都喜欢听从他的指挥,在小伙伴中颇有影响。他们最常玩的一个游戏是作皇帝。虽然光着脚,一身蓝布短衣全是窟隆补丁,朱元璋却会把棕树叶子撕成丝丝,扎在嘴上作胡须,找一块车幅板顶在头上当平天冠,弄一条黄布包袱披在身上,土堆上一坐,自己就作起皇帝来,让孩子们毕恭毕敬地双手拿着破木板子,当作朝笏,一行行,一排排,整整齐齐地三跪九叩头,同声齐喊"万岁、万岁、万万岁!"

他又特别会恶作剧。有一天,他的肚子忽然饿了,时候早又不不敢回家,怕田主骂。一同放牛的周德兴、汤和、徐达等伙伴也都嘴馋起来了。大家越说饿,肚子就咕噜得越厉害。这个说有一碗白米造饭吃才好呢,那个又说真想饱吃一顿红烧肉,个个的嘴都说得涎水直流。朱元璋眉头一皱,猛然间一喊有了,大家齐声问他吃什么?朱元璋说,你们真傻,现放着肉不吃,真是呆鸟!大家丈二和尚摸不着头脑,只见朱元璋牵过一条花白小牛娃,用放牛绳捆住后腿,周德兴看了,赶紧抄着砍柴斧子,当头就是一斧。汤和、徐达也来帮忙剥皮割肉,其他孩子拣干柴树叶子,就地生起火来。大家一面烤,一面吃,个个眉飞色舞,兴高采烈,不一会儿,一条小牛娃只剩一张皮一堆骨头一根尾巴了。这时太阳已经落山,到该回家的时候了。蓦地一个孩子省悟了,小牛吃了如何回主人的话。大家都面面相觑,想不出主意,担不起罪过,互相埋怨,乱成一团,小一点的孩子竟哇地哭了起来。朱元璋一见这样,心想主意是自己出的,责任也该担起来,一拍胸脯说:"算我的事。"他左右看了看,顺手把牛皮骨都埋了,把小牛尾巴插在山上石头缝里,说小牛钻进山洞里去了,只留下尾巴,拉了半天出不来。孩子们齐声说好。到晚上,朱元璋理所应当地挨了一顿毒打,被赶回家。虽然吃了苦丢了饭碗,但朱元璋从此更得孩子们的信任,大家都心甘情愿地把他视为头目。

朱元璋长大后,躯干魁伟,黑黑的脸,下巴比上颚长出一寸多,高高的颧骨,却又大鼻子,大耳朵,就整个脸盘看,恰像一横摆着的立体形山字,脑盖上一块奇骨隆起,像一个小山丘。粗眉毛,大眼睛,样子虽看着叫人不喜欢,却很匀称,显得威严而沉着。至正四年,十七岁时,朱元璋家乡遭旱灾、蝗灾并兼瘟疫,父母兄弟相继去世。因生活难乎为继,在走投无路的情况下,为了混口饭吃,朱元璋入皇觉寺当了和尚,把头剃成葫芦头,披上一件破衲衣,扫地、上香、打钟、击鼓、念经,寺内见人叫师父,登门来人称施主。元顺帝至正十二年(公元1352年)春,寺庙被火焚毁,这时天下已乱,朱元璋便到濠州投奔了郭子兴的红巾军队伍。之后他勤学苦练,作战勇敢,又有计谋,深得郭子兴的赞赏,被调到身边当亲兵,担任九夫长,郭子兴把自己的养女马氏配给元璋为妻。后来,又提升他为镇抚、总管。但朱元璋一直不甘人下,至正十四年,他招降了定远张家堡驴牌寨三千民兵,后又收编定远人冯胜兵马,攻占了滁州,不久又攻占和州。至正十五年,郭子兴病死后,刘福通建立的宋政权又任命朱元璋为左副元帅,郭的旧部全部归朱元璋指挥。同年,他又收编了巢湖水军。至正十六年(1356年)三月,朱元璋带兵三攻集庆(今南京),破后杀守将福寿,元帅康茂才以城降,改集庆为应天府。小明王韩林儿又升朱元璋为枢密院同佥,设立江南等处行中书省,任朱元璋为行省最高长官平章。诸将则奉他为吴国公。

刘基听人说,这朱元璋虽起于布衣,但战略思想却极宏伟气魄,他深知"兴国之本,在于强兵足食",建立了稳固的战争基地;强调"惠爱加于民,法度行于军","克城以武,安民以仁",要求全体将士严守纪律,爱护百姓,如有违犯,严惩不贷。因此,他所率领的军队攻无不克,战无不胜,于至正十七年,先后占领了长兴、常州、宁国、江阴、常熟、徽州、池州、扬州等地。十八年底,终于克婺州,浙中、东一带眼看就是其盘中之餐了。

"这朱元璋势不可挡,当以着重观察之。"刘基一边分析,一边自言自语地说着。

其时,江浙名儒之一,亦是刘基文友的宋濂已经接受了朱元璋之招,只是刘基还不知道罢了。从这朱元璋身上,刘基认识到这些造反起义的红巾军看来并非"贼兵"、"盗匪",而元朝廷亦不是自己捍卫的对象。天意难违,挡之不住。刘基隐隐约约感到,自己所期待的东西不久将会到来,国家可能要发生翻天覆地的变化了。

三顾出山

这一天转眼到了跟前。

至正十九年十月,秋高气爽,气候宜人。西边天上飘着一丝白云,慢慢浮动着。

《郁离子》整理完毕后,刘基静心静意地增写着自己的《百战奇略》,正修改到"天战"一节:

> 凡欲兴师动众,伐罪吊民,必在天时。君暗政乱,兵骄民困,放逐贤人,诛杀无辜,旱蝗水雹,敌国有此,举兵攻之,无有不胜。法曰:顺天时制征讨。
>
> 北齐,后主纬,隆化元年,擢用邪佞陆令萱、和士开、韩长鸾等,宰制天下,陈德信、何洪珍等参预机权,各领亲党,升擢非次。官由财进,狱以赂成,乱政害人,遂致旱蝗水潦,寇盗并起。又猜嫌诸王,皆无罪受损。丞相斛律光及弟荆山公羡,并无罪受诛。甫形复溺之萌,俄见土崩之势,周武帝乘此一举而灭之。

聚精会神之时,忽听家人来报,"朱元璋派使者来见。"

刘基一愣,"来得好快啊!"

朱元璋在征战之中有一个很重要的特点,在于他懂得并十分珍惜各方面的人才,时常给身边的人说:"要打天下,没有一些学识的人可不中啊!"因此,每到一地,都要访贤求士,网罗人才。早在进兵江浙之前,他就对前锋将军胡大海说:"江浙地方,百姓富足,知书识礼的人很多,必有一些有才之人,有识之士,你要留心察访,以备我用。"攻克婺州后,先将宋濂征了去。

这天,朱元璋审示完宋濂整写的安民告示,非常满意,便顺口问道:"浙东一带还有哪些人可以招用?"宋濂便与胡大海一起,一致推荐了刘基、章溢、叶琛。朱元璋一听,与郎中陶安给自己推荐的一样,看来这刘基几人还真是人才,当即就派人带上书信和银两去聘请他们。

当然,这一切刘基暂时还是不知道的。

不论愣与不愣,刘基心想,我正好要摸摸朱元璋的情况,吩咐:“快请客人!”

使者跨进门即说:“我要见浙东名士刘基先生。”

刘基答曰:“不敢,不敢。在下即是,不知阁下从何而来,有何贵干?”

此人一听面前就是大名鼎鼎的名士刘基,纳头便拜,并从怀中掏出朱元璋的亲笔信说:“在下乃受我家元帅吴国公派遣,前来请先生出山的。”

使者接过茶水接着说:“我家主公为灭胡元,兴汉业,聚兵起义,近来连克浙东。先生才高识广,智谋超群,名震浙东,胡大海将军一再向主公推荐,说先生怀伊尹之志,具子房之才。今小人奉主公圣谕,特来聘请先生去应天与我主公一见,助我主公拯民于水火,归神州为一统。”

刘基一听,果然这朱元璋与众不同,与所闻情形大体一致。

但是,他不想马上就予以答应。他有自己的想法。一则官场仕途神秘莫测,深不可探,自己刚刚从屡受挫折中缓过劲来,心灰意冷虽不是自己的脾性,但这次出山一定要反复掂量,决不能重蹈覆辙,再走老路。他还要再看一看。二则要试一试朱元璋是否图一虚名。如若只是作个样子给世人所看,那么不去也不会后悔。三则自己原属元朝之仕,朱元璋不予嫌弃,理当投之以报,但有请必到,则显得急不可待,反而还会把事情弄坏。于是,他决定采取冷处理的办法,先谢拒聘请,放一放再说。

刘基说:“基闻你家吴公逐鹿中原,英雄有为。多谢看重基某。但因我已到天命之年,决意隐居,又弃于胡元,再难事身明主,天下贤士众多,你家主公帐下人才济济,想必不靠基之一人耽误国之大事吧!”

相求。

推让。

再恳请。

同样坚辞。

并一再谢绝使者带来的礼物。

无论来人再怎么相求,刘基只是解释不能复出的原因,不答应应聘之事。

那人见说不动刘基,只好回去复命。

朱元璋对刘基是真诚的。

他派出使者之后,天天盼着刘基前来受命,谁知过了一日再一日,使者回来却禀报说:“那刘基异常执傲,在下再三劝说,他就是不肯归顺,连礼物都退了,天下人那么多,要他何用?”

“胡说!”朱元璋非常生气地制止了使者。“当年刘备邀请诸葛亮,三顾茅庐,也不厌烦。咱们才请一次哪有微词可放?何况我还未亲自去请,便要责怪人家,不是显得我太没有诚意了?”

他又吩咐:“再去请他,我的官是一定要他做的。”

再又一想,青田仍属处州管辖,便又传命新任处州总制孙炎道:“青田名士刘基,很有才学,我执意要请他做个差事,他不愿接聘,你要好生劝说,切勿延误。”

谁知这孙炎恰巧与刘基有些旧交，他知刘基在元朝为仕颇不得志，而且胸有大志，又能深谋远虑，知当今吴国公为民除害，争创汉室，料想刘基一定会给他面子，便写了一封热情洋溢的信，顺便也少不了备些见面之礼，派人送与刘基。

刘基打开信一看，是孙炎的，便为难了，去吧，时机不到，不去，面子过不去。而且孙炎目前又是处州总制，属一方主宰，由他出面，公私兼顾，实难对付。他思前想后，还是决定暂且拖一段时间再定。但是，怎样回复孙炎呢？既不能答应孙炎的聘请，又要让他看到自己不受命于朱元璋，并不存在反对的问题。

于是，他收下了孙炎带来的礼物，然后把自己一把心爱的龙泉宝剑回赠孙炎，表明了自己刀枪入库，不再复出的态度。

孙炎收到刘基的宝剑和复信后，开始感到不快，觉得刘基有点忤人面子。忽然，他望着这把剑，便有了主意，认为刘基这回是不会再推辞了。于是，他展纸挥笔，给刘基写了一封信。这信避开请刘基出山的事一字不提，只就剑论剑，写了这么一首诗：

集中宝剑光耿耿，佩之可以当一龙。
只是阴山太古雪，为谁结此青芙蓉？
明珠为宝锦为带，三尺枯蛟出冰海。
自从虎革裹干戈，飞入芒砀育光彩。
青田刘郎汉诸孙，传家唯有此物存。
匣中千年睡不醒，白帝血染桃花痕。
山童神全眼如日，时见蜿蜒走虚室。
我逢龙精不敢弹，正气直贯青田寒。
还君持之献明王，若岁大旱为霖雨。

又在信中说："剑当献之天子，斩不顺命者。我为人臣，岂敢私受？"随信把那宝剑送还。

这一下刘基吃了一惊。

本来他是有意拖一段时间，再出来辅佐"明主"。可是，孙炎却没有这样想。他再三品味孙炎"斩不顺命者"这句话，暗中念叨，这个帽子可是戴之不起呀！

看来若再不去应命，怕是过不去了。

就在这时，已经归顺朱元璋的陶安、宋濂等人也都写信赠诗，告诉他朱元璋的雄才大略、为人品格及夺取天下的宏伟计划，劝他出来辅佐新主，建功立业，造福天下。母亲也看出了其中的情形，劝他道："如今朝纲不振，群雄四起，元朝的天数已尽。朱元璋兵多势大，威震江左，如能助他成就大业，一统天下，也不枉你的一生报负。"

母亲的话说到了刘基的心坎上。他感到出山的时机已经成熟，目的已经达到。而这时机不是随时都有的，来如电光石火，稍纵即逝，他决定必须下决心抓住才是。当即便道："出世以来，求展宏图，今遇知音，不去何时？"立即向使者回复愿意应命，收拾行李，辞别八十岁老母，安顿好两位夫人与幼子，第二天就踏上了去金华的路途，与宋濂、章溢、叶琛等一起去应天辅佐朱元璋。

对于刘基出山，按民间传说，则是朱元璋亲自请来的。

朱元璋率领起义军打下金华后，心想东南一带，峰高林密，山清水秀，当有奇人隐居。若能得一张子房，我愿足矣！一日，他对宋濂说起此事，并想外出寻访贤士能人，共图大计。

宋濂听了，蓦地想起故人刘基确有栋梁之才，便对朱元璋说："我有个好友，姓刘名基，字伯温，青田县南田人。此人才智过人。因天下大乱，他辞官隐居石门洞，著书立说。都元帅若得此人，何愁不能统一江山！"

朱元璋眉飞色舞地说："瓯越之地，钟灵毓秀，果出奇才。"就命大将胡大海带着自己的亲笔信，前往青田聘请刘基。

胡大海是个身材魁梧、满脸胡子的闯将，他飞马来到石门洞口，便大声喊道："里边有人吗？"

只见石门旁边钻出一个小童，询问客人来意。胡大海声如洪钟，回答道："我乃元帅朱元璋麾下将军，奉命前来请刘基下山。这里有都元帅的亲笔信，你去通报一下，叫他赶快出来见我。"

过了一会，小童出来回话说："先生吩咐，今天有要紧事情，概不接客。现有回信一封，请你带去给都元帅，便知分晓。"

胡大海回到金华，禀报朱元璋说："刘基好大架子，自己不出来见我，只捎来张纸条儿。"朱元璋拆开一看，信中说："承蒙都元帅厚爱，不胜感激。惟山野村夫，才疏学浅，难当重任，务乞恕罪。"

朱元璋将信递给宋濂说："你看，刘基不肯来，怎么办？"宋濂看过信，又向胡大海问明去请刘基的详细情形，心里想，原来如此，难怪他不愿出来啊！便对朱元璋说："欲求贤士，定要虚怀若谷，一片至诚，才能成功。"朱元璋听了颇觉有理，又差总制孙炎再去请刘基。临行时再三叮嘱，一定要恭恭敬敬，虚心求教。

孙炎带了随从，走过重重山，涉过条条溪，到了石门洞，看见一个童子正倚门看书，便迎上前去说："请问，刘先生在家吗？"童子答道："先生正在看书。"孙炎讲明来意后，对随从说："我们不妨稍等片刻，切勿打扰先生。"观童子文雅有礼，好奇地问："你看的什么书？"童子微笑说："闲来无事，看看屈子的《离骚》、《九歌》解解闷儿。"孙炎想不到连小孩子也会读屈原的书，大为惊奇，就同他攀谈起来。孙炎又问起刘基的才学，童子矜持地说："谁不晓得刘先生有孙膑之谋，孔明之才，他胸中藏有宏文千卷，雄兵百万，不出石门洞，能知天下事。"

孙炎听了，就请童子引见。童子点头进内，一会儿出来说："先生有请客人。"孙炎随着童子步上青石阶，来到读书处，但觉松风拂面，飞瀑溅身，阳光下飘着毛毛细雨，彩虹如练，蔚为奇观。正看得出神时，只见一位气宇轩昂、神采奕奕的长者，从石亭内走了出来，拱手说："贵客到此，失迎失迎！"孙炎双手奉上宋濂书简，备说都元帅仁德豁达，志向远大，爱民如子，礼贤下士。又说："良禽择木而栖，贤士择主而事，万请先生不要辜负都元帅一片诚意啊！"

刘基见朱元璋看了那封回信并不责怪，又遣孙总制来请，心里有几分感动。但他对朱元璋到底是个什么样的人还不很清楚，暗想，耳闻为虚，目睹为实，可不能莽撞呀。于是，他和颜悦色地对孙炎说："都元帅麾下能人不少，文有宋濂、叶琛，武有徐达、胡大海等，基乃山村野夫，碌碌庸才，年近半百，精力已衰，军机大事，实难胜任。

烦请将军代为婉言致谢。”

孙炎见他执意坚辞，只好起身告别。

朱元璋听了孙炎回禀，紧皱眉头，叹了口气说：“贤人难请，金锁难开啊！”

宋濂在旁说道：“这有何难？一把钥匙开一把锁嘛！”

朱元璋经宋濂一点，如梦初醒，说道：“我真是聪明一世，懵懂一时啊！当初周文王亲自去请姜太公，还替他推车；刘备三顾茅庐，君臣情同鱼水。好，我还是自己去吧！”

却说胡大海、孙炎给打发走后，刘基料定朱元璋会亲自前来。这日上午，小童入室报道：“宋先生带一行人渡江来了！”刘基就吩咐小童在观瀑亭、藏经楼、谢客堂摆起东西来，想试一试朱元璋的志向。

朱元璋在宋濂的引领下，来到读书处，只见刘基正在聚精会神地写《郁离子》，稿纸堆满石案。两人一直走到刘基身旁，宋濂突然高呼：“伯温，都元帅亲自拜访你来了！”刘基忙转过身来，躬身一揖道：“贵人降临，未及远迎，恕罪恕罪！”朱元璋也向刘基深深一揖道：“久仰大名，元璋今日得见先生，真是三生有幸！”刘基还礼说：“基无才无德，何劳都元帅远道屈驾！”

当下分宾主坐定，童子献茶毕，朱元璋送上《吕氏春秋》原本，说了一番求贤心切的话，坚请刘基出山。宋濂也帮着讲了许多话。刘基却岔开话题，风趣地说：“难得贵人到此，且请到各处消遣消遣吧！”就领朱元璋一行人去游山观景了。

他们来到观瀑亭，看见石桌上摆着泥土、花卉、金银。朱元璋走近桌边，双手捧起黄澄澄的泥土，看了又看，赞叹道：“好土呀好土！金银不足惜，花卉容易谢，惟此泥土，才是根本！”

主人又领他们到藏经楼，只见壁上挂着《耕织图》、《山水图》、《仕女图》三幅画。朱元璋走到《耕织图》面前停步欣赏，连声赞美说：“好图呀好图！男耕女织，勤劳创业，国强民富，也是根本。”

他们又来到谢客堂，只见八仙桌上摆着三个大盘：一盘是稻穗、麻布、草鞋，一盘是山珍海味，一盘是绫罗绸缎。朱元璋别的一眼不看，只是用手指着稻穗、麻布、草鞋，意味深长地对刘基说：“我元璋深爱此三物。先生不吝，请以此三物并《耕织图》、盆土见赠。”

刘基听了此话，激动地握住朱元璋的手说：“都元帅不忘根本，定能建树大业。为了拯救天下百姓，伯温今日就跟都元帅下山！”当下便命小童收拾书籍、行装，同朱元璋、宋濂一行渡过瓯江，飞马向金华进发。

虽然此故事属于虚构，但流传甚广，一方面说明了朱元璋当时得刘基确是不易，另一方面也说明当时几请才出山，刘基确有分析、考验、认识朱元璋之意。

建功立业

龙韬虎略

刘基与几位浙东故友一路风尘，赶往应天。

朱元璋异常高兴，当即换装易服，率李善长等众官出见，并亲自下阶相迎，以宾主之礼让座，显得十分客气。

刘基第一次见朱元璋，看这位三十多岁的都元帅，年富力强，目光炯炯，反应敏捷，龙行虎步，执礼甚恭，平易近人，先是喜欢了几分。

大家坐定之后，朱元璋开门见山道："我为了夺取天下委屈了各位先生，真诚地希望各位能就天下大计赐教于我。当今天下乱作一团，怎样才能使其安定下来呢？"

章溢立即答曰："天道无常，惟德是辅，得民心者得天下。"

宋濂、叶琛也都就如何施以仁政，以德治人，治乱平天下谈了自己的看法。

朱元璋一边虚心地听着，一边不住地点头称许。对于朱元璋来说，他现在手下已有不少谋士，参与军机，为其出谋划策，制定方略。

想当初，在至正十四年，朱元璋领大将徐达等夺取战略要地到达定远，谋划夺取滁州，途中遇到定远人李善长，李少读书有智计，习法家言，预言和谋划的事情多都应验和成功。朱元璋曾无拘束地请教他天下会在什么时候平定，李善长说："秦朝时天下大乱，汉高祖平民出身，心胸开阔，气度不凡，知道并善于根据每个人的长处加以使用，不乱杀无辜，经过五年的奋斗就完成了帝王的功业。当今元朝政治腐败，天下土崩瓦解。您的出生地濠州，距离沛县不远，山川有帝王的灵气，想必您已经领受了。效法汉高祖的英雄行为，平定天下还有什么可难的呢？"朱元璋深为赏识，认为其是一位不可多得的人才，比作萧何，把其留在身边作为书记幕僚，参预军机谋略的筹划。

还有定远冯氏兄弟冯国用、冯国胜二人，自幼喜爱读书，精通兵法。朱元璋曾谦虚地向他们讨教平定天下的大计，冯国用说："金陵龙蟠虎踞，是帝王建国立业的都城，先把它夺取作为根据地，然后再四处征战攻伐，倡导仁义，收买人心，不要贪图美女钱财，天下不日可定。"朱元璋十分高兴，让其住在幕府内。

为朱元璋所喜欢的儒士还有攻下太平后投奔的当涂人陶安、李习，高邮人汪广洋。陶安，字主敬，少敏悟，博涉经史，尤长于易经。朱元璋攻下采石，当地名儒陶安、李习率父老以迎，陶安献言："当今四海鼎沸，豪杰并争，攻城屠邑，互相长雄，然其志皆在子女玉帛，取快一时，非有拨乱、救民、安天下之心。明公率众渡江，神武不杀，人心悦服，以此顺应天下而行吊伐，天下不足平也。"朱元璋嘉许，留参幕府。

夏煜、孙炎、杨宪等都是读书人，他们来投时，也大都向朱元璋提出了施仁义、不妄杀人等主张。

英雄所见略同。

因此，当朱元璋听了章溢、宋濂、叶琛三人的意见之后，虽然也觉得有不少新的见解，但总的说来与他原来的几位谋士所讲差不了多少。

因此，他只表示了对这几位先生的重视，并没有露出声色。

这一点，善于察时度势的刘基已经看出来了。他想，这几位浙东名士以及朱元璋已得的几位儒士，讲的策略大致相同，可谓老生常谈，但这些都是血的经验之结晶，一代帝王的立世之根，治国之本，成功之道，可称为帝朝大厦根基，必须处处注意，时时牢记，不能有丝毫动摇。夺取天下，如若对此丧失警惕，为政不仁，治国乏德，则必然失去民心，国将危矣！

但是，这些话，刘基不便直抒。为官几次不畅的经历，使他变得日趋成熟、老练。这朱元璋虽然风华正茂，一心求贤辅佐，处于知人信人用人之际，但毕竟是一方霸主，号令三军，天摇地动。

仕途之艰难，刘基在天命之年已经深悟。他要用自己的语言来说服朱元璋，使这位自己将全身托于斯，将国家和民众百姓前途命运托于斯的人，听得进，信得了，行得好，造福于国，谋福于民，成为一代天骄。

"先生有何高见？"朱元璋的目光转向了刘基。

刘基开口便道："主公胸怀宏愿，志在天下，可钦可佩。刚才，几位先生所说均为至理明言，基听后受益匪浅。观元朝廷之弊政，正在于皇室腐烂，荒淫无道，贪得无厌，残酷无情，搞得民不聊生，国家千疮百孔。主公顺应天意，挥师讨伐，得乎民心，所向披靡，势如破竹。所到之地，及时赈济百姓，不无辜杀人，不许将兵掠民，并且想方设法且耕且战，减轻民众负担，更是民心所向，人心大归，战无不胜，攻无不克。因此，几位先生的策略高见，正是主公当前取胜的根本法宝，当持之以恒。基以为，用武而不忘仁德，倡勇而不忘计谋，则霸业可成矣。"

看到自己一边说，朱元璋一边微笑着点头赞许，刘基便顺手拿出了在家时，结合写《郁离子》，总结归纳出的治世安民的《务时十八策》，递给朱元璋道："这是基几十年来观时事变化，研古析今，逐一写出的十八条不成熟之策略心得，若还有用，请主公过目。"

朱元璋当场打开，见满篇皆是帝王治世务实的具体方略，包括修身明志，审时度势，用贤治民，军事政治，经济发展，无所不有，具体生动，禁不住大喜过望，当即向刘基作揖道谢，说："先生真不愧为一代名贤，我早已等候像你这样的人才了。"

谁知刘基接着说："治世务实，既要考虑长远大计，又要着眼当前局势，只有远谋近取，一步一个脚印地扎扎实实前进，才能实现久远宏图。"

"噢！快请先生仔细讲来。"朱元璋道。

刘基说："当前，主公最为在心的是群雄并立，天下未定，急于剪灭雄枭，平定大乱，一统江山。"

"此乃当务之急也！"朱元璋添了一句。

"正是。"刘基接着说："几年来，群雄四面造反，各地战局复杂多变。先谈北面，小明王韩林儿和刘福通自龙凤元年退走安丰后，经过整顿补充，养精蓄锐，已兵力复振，西破武关（今商县东），下商州（今陕西商县），进攻关中（今陕西南部），东克中书省东南部（今山东省北部）。龙凤三年，刘福通又分兵三路，攻取了晋、冀、鲁等地许多城镇，一路甚至打到上都（今内蒙多伦以北），又东下袭取辽阳（今辽宁辽阳），进而到达高丽（今朝鲜）。这支军队从西北折向东北，围着元朝的都城大都北边兜了一个半圆的圈子。龙凤四年五月，又攻下卞梁为首都。他们因缺乏长远大计，只顾长驱直入，攻城掠地，不建立稳固的后方基地，因此，一旦撤离，所夺之地又被元军收复。虽然如此，却吸引了元朝之主力，元军望风披靡，只好拿出全部兵力与其周旋，没有太大力量对付我军，这就为我们创造了一个良好的条件。这支队伍是为我军之友。再说南方，虽有方国珍不断扰乱，主公已经给其以严厉制约，暂时也成不了什么大气候。当前，兵力最强，势力最广，地盘亦最大，也可与我为患的主要是东西两路。即占据东吴的张士诚和雄心勃勃的陈友谅。"

朱元璋凝心静气，在座各位亦集中精力，他们一下子觉得这番话说到了点子上。

看到这种情形，刘基接着分析："我军处于其二敌之间，腹背受敌。如果要取胜的话，首先必须避开两面作战，而各个击破之。再说，张士诚自至正十三年起兵以来，雄据大江下游，这里土地肥沃，兼有渔盐之利，因而兵多粮足，图我之心不可不防。但他又地处鱼米之乡，贪图安逸享乐，将士们大都不愿意打仗。据我掌握，其士气萎靡不振，暂时可不先于虑。关键是这陈友谅。此人近几年发展很快。他攻克江州（今江西九江）之后，虽然把徐寿辉接来，仍尊为皇帝，但却自封汉王，一切大权都攫取到手中，而且拥有精兵大舰，据我上游之地，野心勃勃，势必存亡我之心。因此，要说务实之策，我看当前我军在军事上应先于主动，把主要矛头对准主要敌人陈友谅，集中主要兵力主动歼之灭之。而对东面张士诚，应力求缓和，保持平静局面，免得他扰我后方。陈友谅歼灭后，张士诚就为孤军作战，一举可歼。然后，我军再挥师中原，不怕王业不成呵！"

朱元璋听了刘基的这番韬略，非常高兴。当即站起来抚着刘基的背感激地说："先生一席分析，透彻至止。真我子房，可称'卧龙'啊！"接着鼓励刘基："先生今后有妙计，勿惜尽言，我定敬而信之，用以宏谋。"

这可能是朱元璋对其谋士、将帅的最高褒奖了。他还下令兴建礼贤馆，供刘基等人居住使用。

刘基等人离去后，朱元璋问陶安："刘基四人之才如何？"

陶安答："臣出谋划策比不上刘基，文才学问比不上宋濂，治理百姓的才能比不上叶琛、章溢。"

不久，朱元璋下令，宋濂为江西等处儒学提举司提举，遣世子受经；章溢、叶琛为营田佥事，唯图刘基任以心膂，留用中枢，参预机密谋议。

自此，刘基的政治、军事才能始得充分的显示和发挥。他不仅取得了朱元璋的全面信任，"留帷幄"策划全局，而且几乎参与了历次战役的决策。

见过朱元璋后，刘基并没有闲下来。他要一一拜访朱军各位英豪，了解掌握他们的主要世身、脾气性格和特长优势，以做到知人善任，用之当也。

他首先见的是徐达（字天德）。这位朱元璋手下的第一员大将，自跟随朱元璋后，就一见如故，言语投机。他少有大志，长身高颧，刚毅武勇，其气度、襟怀、才干堪为一流。他得到朱元璋的充分信任，治军极严，令出不二。且能与士卒同甘共苦，部下往往感恩效死。他率队作战攻无不克，拔采石、取太平、下集庆、克镇江，在常州、宁国、宜兴等重大战役中，均创首功，在军中和民间享有极高威望。朱元璋对其评价："受命而出，或功而旋，不矜不伐，妇女无所爱，财宝无所取，中正无疵，明乎日月，大将军一人而已。"

再下来见的是汤和（字鼎臣），也是濠州人氏。原来跟随郭子兴起事，后跟随朱元璋。身长七尺，倜傥多计略。他虽与元璋同乡，且年长三岁，但严于律己，谨慎持重，英勇顽强，深得朱元璋欢心。

花云，怀远人。貌黑而伟，骁勇绝伦。朱元璋攻克滁州时，指派其为前锋，带领几个骑兵引导大军前行。突然遇到贼众数千人，花云举起长矛，拔剑跃马，掩护朱元璋。经过几个回合交战，敌人惊恐万状，都说："此黑将军甚勇，其锋不可挡也！"

常遇春，字伯仁，怀远人。奇貌伟，勇力绝人，猿臂善射。二十三岁时，在强盗刘聚部下，后看其只知抢掠财物，缺乏远大志向，遂又投朱元璋。临阵亲冒石矢，胆壮气豪。在攻太平、克采石、夺宁国、取波州、婺州、衢州等地中屡立奇功。善计能谋，特别是在攻打采石时，用奇兵分散官兵力量，而以正兵与官军交战，战斗开始时又出奇兵冲锋，放火焚烧官兵连结在一起的战船，大获全胜。以其英勇善战有功取得了上下信赖，与徐达相提并名。常自称能率十万兵扫天下，因此，大家都称之为"常十万"。

胡大海，字通甫，虹州人。长身铁面，英勇善战，在滁州时归附朱元璋，即为军前统制。而且胡大海好士，每到一处，都要查访人才荐于朱元璋，人谓大将之才。

还有周德兴、朱文正、李文忠、沐英等虎将文士，刘基均一一相见，所到之处，军容整肃，杀声震天，军民相安，秋毫无犯。越看他心里越是激动，这朱元璋麾下竟然聚集了这么多英才名士，看这陈友谅必败无疑了。

天下者，非朱元璋莫属矣！

二败友谅

骄兵必败，乃规律也。

这天，刘基正与朱元璋商讨如何对付陈友谅之军机。突然得报，陈友谅率大舰百余艘，战船数百条，绵延数十里，从长江上游顺流而下，矛头直指应天。

刘基心想，这个骄夫动作好快啊！

原来，至正二十年五月下旬，陈友谅以舟师十倍的兵力，直捣太平（今当涂县），战死朱文逊，杀死守将花云，院判王县，知府许瑗，取得显著战绩。

这时，陈友谅气志盈满，觉得自己兵强马壮，这朱元璋部队根本不在话下，自己却不能名正言顺地号令天下，时时需打着徐寿辉的旗号，心里很不是滋味，于是急谋僭窃，生出一计。

他引徐寿辉到采石，慌称汇报军事上的战果。徐寿辉虽受人节制，但毕竟还是名义上的皇帝，不知有计，乃登舟随之前往。这时，只见几位军士来到徐寿辉面前行礼，徐寿辉正要摆手让其免礼时，只见身后闪出一名壮士挥铁奋击，当下便首碎身倒，丧命黄泉。

当即，陈友谅便发布全军，皇帝因暴疾突亡，国不可一日无主，遂以采石五通庙为行殿，自封皇帝，国号汉，改元为大义，委任邹普胜为太师，张必先为丞相，张定边为太尉。

称帝之后，陈友谅的第一个目标便是直下应天。

他一边派人与张士诚联系，相约东西夹攻，一举吞掉朱元璋，一边亲自督战，率军开拔。

一时间，只见长江内舳舻相继，旌旗掩日，好不气魄，煞是吓人。

朱元璋得报后，立即升帐商议军事。

陈友谅打上门来了，且倾巢而出，兵力数倍于朱元璋。

消息传开，军营上下为之震动。

军事会议上，众将献计献策，各抒己见。

有的认为，时日陈友谅正值盛时，敌众我寡，兵力装备悬殊太大。好汉不吃眼前亏，主张不如先降了其以保存实力。

有的则反对投降。但认为应天难以守住，不如弃城据守锺山。

亦有的主张决一死战，战不胜再走不迟。

只有刘基一人独坐而一言不发。

朱元璋见状，立即召其入内，问道："现在敌强我弱，陈军声势浩大，不知先生的意见如何？"

刘基毫无思索，便斩钉截铁地说："言退者罚，言逃者斩！以免动摇军心，辱我士志。"

"啊！莫非先生已成竹在胸么？"

"非也！陈友谅劫主称帝，骄横一世，无一日忘灭金陵。如今他既然来了，必欲决一雌雄，你能逃得了躲得过吗？只有坚决还击，坚决抵抗才是惟一出路。"

"那我们有把握取胜吗？"

刘基笑笑，十分镇定地答道："'天道后举者胜'。我们就是利用他的骄傲情绪，采取后发制人的战法，设下埋伏，以逸待劳，使计诱其深入，一鼓可破矣。"

朱元璋听了刘基这一番独到见解之后，顿感大悟。

是啊！这陈友谅既然挑战，必于忘我而后快，退是退不掉的，与其等着挨打，当然不如主动迎战。当即叹道："先生真不在卧龙之下。"立即与其细商具体战法。

刘基想，这是与陈友谅第一次大战，务需走好棋步，保证万无一失，才能稳定军心，大长士气，为歼灭陈友谅打下一个良好的基础。

他问朱元璋："军中有无陈友谅部归降之人？"

元璋问："先生想做什么事？"

刘基说："眼下，陈友谅求胜心切，我可利用其这一急迫之情，派人诈降，引其迅速进入江中我埋伏之圈，灭其骄嚣之气。"

朱元璋想了想："噢！指挥康茂才曾是陈友谅旧交，听说关系甚密，可借之以用。"

当即便密召指挥康茂才，朱元璋道："现陈友谅大举进犯金陵，吾意欲其速到江东桥决战，尔可有办法？"

康茂才一听，顿时精神大振："养子康玉曾服侍于陈友谅，深得信任，如今其携书前往，陈肯定不会生疑。”

刘基一听，当即大喜，亲手动笔以康茂才名义给陈友谅写了一封密信，命康茂才派康玉即刻动身，前往见陈友谅。

接着，他为朱元璋调拨各路军马，作以严密军事部署：

首先，下令胡大海，着其带领所属从婺衢西攻信州（今江西上饶），以牵制陈友谅之后。

接着，命李善长连夜撤秦淮河入口处，将江东桥换成铁石桥；

命冯国胜、常遇春率帐前五翼军三万人，埋伏于石灰山侧；

命徐达陈兵南门之外，以杨景调兵大胜港；

命张德胜、朱虎率舟师出龙江关外，战起即抄江竟入大洋，掠截汉军所有船只，拒其退路。

刘基自己与朱元璋一起，统大军屯于狮子山。

并传命各军以旗为号，执旗者偃黄旗在山的左边，偃赤旗在山的右边，敌人到了则举赤旗，黄旗举则伏兵齐出，各路军马要严阵以待，随时全歼来犯之敌。

一切就绪之后，刘基突然又言：“龙江处需留三百船只于江南边，以待汉军败退奔渡。”

元璋听后，不得其解，问曰：“此举宜令片甲不留，军师何以留船与渡？”

刘基说：“兵法曰：‘陷之死地，须开一角，以示生路。’即‘围师必缺’。昔日项羽渡河，破釜沉舟，以破章邯；韩信背水列阵，以破赵军，俱是此法。主公细想，如若汉军三十万逃奔采石，无船可渡，必与我死战，胜败就难得而知。若留此破船，待他争先逃渡，若至江心，我军奋而歼之，破船十无一存，始为全胜矣。”

朱元璋赞许，诸将听令行事。

站在狮子山头，掠过长江吹来的夏风，一丝清凉的感觉顿时洒满全身，刘基用手抹了一下嘴角的八字胡须。

回眸远望，看着张德胜、朱虎的百余艘战船，千樯排阵；岸上，徐达、冯国胜、常遇春的战车和步卒，遮天盖地、满山遍野。他的心情好极了，感到从未有过的勇武和力量在周身膨胀，在上下散发，在呐喊，在擂动，有一种立即就要挥军厮杀，立即就要建立不朽功勋的欲望，不可抑止。

这才可以称作军师，称作谋士！

这才是叱咤风云！

这才有军人的气度！

直到这时，他才感觉到了满身豪气，肝胆相照，日月同辉，荣光耀祖，气度不凡等等，等等。

再说陈友谅，正在营中踌躇满志地观看军事地图，忽报朱元璋营中有一叛卒来见，看是康玉，便惊问说：“你今随尔主在金陵，怎么跑到这里来了。”

康玉不言，左顾右盼。

陈友谅知其意，即令诸人退出帐外，只留张定边、陈英杰二人在旁。

康玉见人已退，遂从怀中取出康茂才致书，递于陈友谅。友谅拆开，读道：

负罪康茂才顿首，奉启汉王殿下：尝思昔日之恩，难忘顷刻。今闻师取金陵，虽金陵有兵十万，然诸将分兵各处镇守，已去十分之八。城中所存仅万，半属老羸，人人震恐。今主公令臣据守东门，江东大桥，乞殿下乘此虚空，即晚亲来攻取，当献门以报先年恩德。倘迟多日，常遇春、胡大海等兵回，势难得手。特此奉闻，千万台照。

陈友谅大喜："天助我也。"

他当即高兴地忘乎所以。心头马上想起这个靠老婆起家的和尚，怎么有资格与自己一争天下。论兵马，你不在话下；论装备，你哪有我这么精良；论疆土，你又比之不及。这不是癞哈蟆想吃天鹅肉嘛，真是不知天高地厚！这下够你瞧的。

便问："江东桥是木是石？"

康玉道："是木桥。"

陈友谅交待："你回去呈报你主人，吾于今夜领兵到桥边，以呼'老康'为号，万勿有误。事成之后保你富贵。"并赠康玉金银各一大锭。

当即吩咐陈英杰守营，自己与张定边带领二十五万大军潜取金陵。

闰五月十日乙丑，陈友谅舟师进泊大胜港，一路威风凛凛，杀气腾腾。

朱元璋手下大将杨璟整兵相迎。

港狭，仅能渡过三艘船只，陈友谅看舟不能并进，便引经大江直捣江东。

这次有康茂才作为内应，陈友谅不禁得意洋洋，好一派已经胜利在望的景象。又取胜心切，即令所有船只加速前进，直奔江东桥。

谁知到桥前一看，却是一座石桥，心里一下子凉了半截。

忙喊："老康！老康！"

无人答应?!

陈友谅一惊，方知中计，连忙命令战船转舵回头，与其弟陈友仁率舟退向龙江，赶快遣人登陆立栅。

未等立足，谁知这时突然一声雷电炸响，接着电闪雷鸣，瓢泼大雨哗地一声倾了下来。只见赤旗举起，接着黄旗又起，鼓声大震，随着虎啸风吼般的一阵呐喊，冯国胜、常遇春伏兵从四周的岩石后、沟壑间、树林里跃出，成千上万的兵士挥刀持枪，奔涌着登上小船，直向陈友谅军中杀来。

徐达兵马正好赶到，张德胜、朱虎之舟师亦赶来参战，内外合击，一派混战。

陈友谅一看有伏，军中大乱，号令全无，急忙挤着登船逃窜。

谁知这时又恰值退潮，船只陷进滩中动弹不得，朱元璋乘势指挥各路兵将勇猛冲杀，见船就夺，见人就砍，枪影飞舞，刀光闪烁，没有几个回合，陈友谅大军便死的死，逃的逃，降的降，溃不成军。

陈友谅率部分兵士夺得刘基留下的三百只破船逃至江心，又遇火炮大作，破船带人沉没一半。

陈友谅见势不妙，只好换了一条小船败逃而去。

这次龙湾大战，朱元璋获得全胜，全歼来犯的陈友谅主力军，击毁战舰数百艘，斩敌十四万三千多，生俘两万八千。接着又乘胜收复太平，攻下安庆、信州，袁州，挫败了陈友谅的锐气。

张士诚见状，亦不敢轻举妄动。

大半个南方似乎宁静下来。

树欲静而风不止。

龙湾大捷后，朱元璋甚是得意，满心欢喜。

在他看来，这次大战，对实现自己的宏伟目标是一个不可多得的转机。本来，自己处于劣势，结果却大获全胜，不能不称为奇迹。

当然，这里边有军师刘基的一份功劳，可谓不可灭也。

于是，奖赏功臣，赐银封官，热闹至极。

但刘基却不愿受赏。

原因既简单又复杂。

刘基是何等人也？虽然在登上狮子山的那一瞬间，他看到了自己的力量，雄心再现，壮志凌云，直冲青天。

但马上头脑清醒了许多。

当时，烈日当空，艳阳高照，朱元璋立于山之顶峰，一身紫衣茸甲，站在仅有的一张巨大遮阳伞下，好不威风凛凛，满脸得意之相。

是啊！为人之臣，不可有半点非份。刘基不禁心头一阵发酸，自己本是元朝旧臣，初来乍到，万万露不得锋芒。

“山林之木，风必摧之；出岸之石，水必端之。”古人之言，切当时时牢记于心。

同时，驰杀疆场，洒血献身的，是那些奋不顾身的将士们，如若离开了他们，哪一个千钧之力的奇人，也败不了陈友谅几十万雄师啊！

其三，他认为，这一场争战虽然取得了辉煌战果，给陈友谅以重创，但其兵多将广，实力甚厚，不可能走到山穷水尽之步。这一箭之仇，迟早是要报的，血与火的考验还在后面，眼前不是欢庆胜利的时候。

而且，朱元璋的敌人远不止陈友谅一方，四方皆虎视眈眈，稍有不慎，即满盘皆输，作为军之谋士，人之为臣，怎能忘乎所以，吃得下这庆功之酒呢？

因此，当朱元璋诚心要赏刘基时，他诚心诚意地坚辞不受。

朱元障不得不暗叹：“此乃真君子也！贤德无人能比。”

刘基的分析是有道理的。

就在朱元璋借龙湾胜利之机，继续用兵，收复太平，夺取信州，攻克安庆之时，北方局势发生了意想不到的变化。

刘福通派往北上作战，进攻官府的三路大军相继失败。元大将军察罕帖木儿率军击败刘福通，克复汴梁后，连战连胜，西定陕西，东征山东，小明王韩林儿败退安丰（今安徽寿县）。元军大有南下江淮之势。

这对一心想剪灭陈友谅、张士诚，称雄天下的朱元璋，不能不说是一个险峻的形势。

这时，原来已假意归附朱元璋的方国珍又出现了反复。

他看到朱元璋大败陈友谅，张士诚占领着从淮南到平江的大片土地，感到后悔了。自己原本起事最早,如今各路英雄皆大显身手,广占疆土,若不想办法及早挣扎,势必被朱元璋、张士诚吞没。他便又暗度陈仓,与朝廷接上头,准备乘机扩充自己的地盘。

这样,朱元璋就坐不住了。他传进刘基谈了自己的想法,准备借当前空隙,先去温州拿下方国珍。

谁知刘基却不同意。

他知道,当前形势不是很好,如果元军的战况再向好的方面发展,待整个北方出现安定迹象,抽得出手来,必定会南下江淮。那时,朱元璋便多了一个对手,形势将会更趋复杂。但眼下之计,不是要灭方国珍。原因是与陈友谅之战,只能算作初胜,离要达到的目标相距甚远。而且张士诚一直在坐山观虎斗,如果攻打方国珍,容易被其钻空隙,使浙中领地两侧受敌。更重要的是,对方国珍,刘基太了解了,这个海上起家的流寇,即使打败了也不过是奔走海岛,依朱元璋目前兵力,无法将其铲灭,不久还会复起。

于是,他向朱元璋献计说:"当前,应该采取的策略是:稳住元朝廷,震慑方国珍,固好我城池,缓和张士诚,再攻陈友谅。"

他认为,"如果我浙中地区有稳固的基地,即使元军到来,也奈何不得。何况,要能借元军抽出手来之前歼灭陈友谅,即么,张士诚和方国珍还在话下吗?"

朱元璋听后,深以为然,感到还是刘基"深谋远虑,高人一筹"。立即着手办了两件事。

一方面,令常遇春修筑太平城。原来太平城墙紧贴江边,所以上次陈友谅得以指挥士兵沿船尾攀矮墙而上,使城丧失。这次,朱元璋根据刘基的建议,将太平城移离姑溪二十余步,增加修筑矮城楼,比以前坚固了许多。

接着,派遣夏煜致书告诉方国珍:"福基于至诚,祸生于反复,诡诈者亡,负固者灭。隗嚣、公孙述的教训可以引以为鉴。我们大军要是出来了,可不是闹儿戏啊!"

不久,使者便带回了方国珍所献的纯金五百两,银五千两,锦锻五十匹,还有玉石马鞍等贵重礼物。朱元璋见到后冷笑一声:"今日方知人皆云方国珍善诈,果名不虚传也!迟早定要灭掉这无常之徒!"

恰巧,在刘基与朱元璋担心元军南下的时候,元军内部却出现了自相残杀的事情。握有重兵的大将军察罕帖木儿以皇后奇氏与太子为靠山,不断向同样握有兵权的大将索罗帖木儿施加压力。索罗帖木儿则在皇舅的支持下,不断与察罕帖木儿争城夺地,打得不可开交。朝廷的又一大将李思齐也怀了异心,不听调用,想方设法扩充自己的地盘。利用这个难得的好机会,朱元璋便暗中与察罕帖木儿通好,以稳住北方元军,使其不急于南下,以使自己有更多的时间实现刘基献予的"征讨大计"。

办完这几件事后,朱元璋决心再次攻打陈友谅。

当然,起因一方面是刘基的既定方针,一方面却是陈友谅自己引火上身。

原来,至正二十一年夏末,陈友谅不甘心自己在龙湾的失败,不想失去自己在浙中的势力,更主要的,是他不服气朱元璋这个和尚,不能让他骑在自己的头上,又重整旗鼓,调兵遣将,派大将张定边进攻安庆,李明道进攻信州。李明道被朱元璋大将胡大海击败擒获解送应天，但安庆却被张定边攻破，守将赵仲中逃脱归来。

见到逃将败归，朱元璋大怒，立即下令斩首示众并准备马上出兵收复安庆，与陈友谅再决雌雄。

刘基一看时候到了，便与朱元璋商议先摸清陈友谅的底数，他说："主公，用兵之道，以计为首。兵法曰：料敌制胜，计险厄远近，上将之道也。未战之前，先料将之贤愚，敌之强弱，兵之众寡，地之险易，粮之虚实。计料已审，然后出兵，无有不胜。"

朱元璋叫来已经归降的李明道，与刘基一起详细寻问陈友谅的近来情况。

李明道将陈友谅败归后备战招兵、充实粮草，以及兵马人心等诸情形作了仔细汇报，说道："友谅杀主，将士离心，且政令不一，擅权者众多。骁勇之将如赵普胜等，又多被他忌而杀之，虽然兵多将广，但大多数已经不与他一心了。"

于是刘基果断地告诉朱元璋："昨天晚上我观天象，金星在前，火星在后，这是出师取胜的先兆也，师出即胜。"

于是，八月初，朱元璋命徐达、常遇春发兵。

十一日晚，刘基一直站在浓黑的夜色中观察着。他看到眨巴眨巴眼睛的满天星斗，放射出亮晶晶的光芒，蓝蓝的天空没有一丝云彩，自语道："是主帅出发的时候了。"

第二天，朱元璋偕同刘基登上新造的龙骧巨舰，亲率舟师溯流而上。

八月廿日戍师到达安庆，张定边固守不战。

朱元璋一面令部分兵力每日佯装攻城，一面令廖永忠、张志雄等率舟师先破了安庆周围的水寨，破敌舟八十艘。然后再加紧攻城。谁知从早上攻到晚上，一连两天两夜，这安庆城仍然巍然不动。

这时，刘基觉得不应再硬攻安庆了。

他想，兵法上早就有敌变我变之说。这次西征，按理应该是速战速决。陈友谅虽然上次战败而逃，但目前又恢复如初，兵仍强壮，若他在我们攻城时发舟师来援，使我军水陆腹背受敌，则大为不利。另外，若张士诚知我大军西征，应天府空虚，趁机攻袭，一战不胜，又招两强来攻，是兵法之大忌也。

于是，他来到正在观战的朱元璋面前。

"先生可有良谋，请速与我。"朱元璋已经猜到刘基有主意了。

"我意可采取声东击西之法，偏师围城，只作疑兵，主力水师则继续溯江而上，直捣江州，出其不意，攻其不备，一举可破友谅！"

"好！我也正在考虑是否可直捣陈友谅老巢，攻其一个措手不及，其城若破，安庆何足道！"

朱元璋当即表示同意，命留陆军继续加紧攻城造势，自己亲率主力水师，由徐达为先锋，急速溯江而上，奔袭江州。

途经小孤山，先是陈友谅的部将丁普郎、傅友德不战自降。这傅友德是宿州人，起初为刘福通同党，从山东进入四川，归顺于明玉珍。由于明玉珍对其不予信任，于是率领自己的队伍到武昌投奔了陈友谅，又看到陈友谅心毒手辣，杀主篡权，自己没有施展才华的机会，心中一直闷闷不乐。这天听说朱元璋率大军前来，立即主动归降。朱元璋大喜,认为这次克陈友谅看来有天意相助,必胜无疑。

谁知二十四日大军到达湖口,接近江州时,水上突起大雾,一片茫茫,三米之外不见人影。

刘基心想,这雾来得奇怪,船队须倍加小心。当即传令徐达小心留意,船队靠紧行驶,以防敌军借雾突袭,并且与朱元璋主帅之舰左右成犄角行进。

瞬间,船队过一山湾,又是一番天地,浓雾半点全无,一派丽日蓝天。

徐达抬头一看,顿时大惊失色:一队陈友谅的巡逻舰队正顺流而下,近在数丈,两军船队几乎都毫无准备,忽砰然相撞!他一声令下,全力予以攻击。

刹时,短兵相接,杀声四起,朱元璋兵士人多势重,又是有备而至,个个奋勇向前,江中一片混战。

这陈友谅巡逻舰队本身毫无戒备,一看碰上天兵天将,加上左右两边开弓,早已如丧家之犬,不到一刻,便死的死,伤的伤,降的降,全军覆没。

"朱元璋攻打江州来了!"战报很快传到江州城里。陈友谅得报连摇其头:"不可能,才得军报,朱氏率军正在急攻安庆,怎能如此之快来战江州呢?"他想,莫不又是那刘基出的计谋,骗我上当不成?

可是,话还未出,就听到城外果然鼓角齐鸣,杀声震天,城墙上已是火光闪耀,叫声、骂声连成一片。

"完了!朱元璋真是从天而降啊!"陈友谅立即一跃而起,整顿兵马,下令全城军勇一齐上阵,据城死抵,不允许朱元璋军卒进入一根毫毛。

这江州(即九江),城建于鄱阳湖之入江口,自古乃兵家必争之地。陈友谅又是久经沙场,对防守的重要性还是非常明白的,经其多次修筑,又凭依山环水之天险,果然易守难攻。

连攻两日,又是不下。

陈友谅先惊后喜。朱元璋啊朱元璋,这江州可不比龙湾,待你久攻不下时咱们再见高低吧!

朱元璋忧心忡忡。

这刘基怎么不见人影呢?你难道不知我们是劳师远征,如若再拖下去,恐怕陈友谅要反攻啊!

朱元璋开始在心中对刘基埋怨起来:"当初我攻安庆,你要移师江州,称可一举得胜。现非但不下,且伤亡损失不少兵力。眼下你又避而不见,用意何在?"

刘基不着急吗?

可他懂得,作为这次战役的组织者和主心骨,自己不能有丝毫的急躁。特别是在战斗处于关键时刻,更要沉得住气,稍有一点其他情绪,或骄矜,或喜悦,或彷徨,或疑虑,或焦急,都会影响主公的抉择,影响将士的士气。

他更知道,在当前,就眼皮下这场你死我活的拼杀来说,是他指挥朱元璋,而非朱元璋指挥他。

他要让朱元璋坚定破城之信心,他要找出破城之策略,他要打赢陈友谅,他更要让朱元璋在战争中了解自己!

"主公,破敌在今晚也!"正在朱元璋万分急切情况下,刘基回来了。

原来,刘基见两天攻城不下,关键又是安庆与江州同时攻而不克,心中想道,"看来硬攻不行,需得巧夺。"他秘密地出营测得城墙高度,满怀信心地禀报朱元璋:"江州城紧靠水边,当以战舰为基,搭上天桥,乘夜登城,这样,陈友谅不会防备,一举可破也!"

没想到得来全不费功夫。朱元璋顿时转忧为喜,连连点头。

但刘基转回时当然也瞧见了朱元璋焦急中有一种另外的目光。

现在不是他多想的时候。

当即,令各兵营在船尾赶造天桥。

入夜,只见数十艘大舰驶于城下,船尾上的一架架天桥直抵城墙,朱元璋犹如神兵天降,很快杀入城中,陈友谅措手不及,无法抵挡,匆忙中带着家小,拼命杀出城去,乘一小船,连夜逃到武昌去了。

佐命功臣

《明诗别裁集》评刘基《题太公钓渭图》诗云:"通首格高,隐然有王佐气象。"朱元璋曾称刘基为"吾子房",今人王馨一则多次以历史上的诸葛亮比刘基。作为谋略家,刘基在中国文化的长廊中有着显赫的地位。

璇室群酣夜,璜溪独钓时。
浮云看富贵,流水澹须眉。
偶应非熊兆,尊为帝者师。
轩裳如固有,千载起人思。

刘基的这首《题太公钓渭图》诗,《明诗别裁集》有两句评语:"通首格高,隐然有王佐气象。"诗中的"偶应非熊兆",用姜太公吕尚之典。据《史记·齐太公世家》:"西伯(周文王)将出猎,卜之曰:'所获非熊非螭,非虎非罴;所获霸王之辅。'于是周西伯猎,果遇太公于渭之阳。"按,"非虎",《宋书·符瑞志》作"非熊",是说周文王将遇吕尚。《武王伐纣平话》铺叙姜太公吕尚那种"轩裳如固有"的气象,颇为传神:

却说姜尚在磻溪岸上,手持钓钩,自叹曰:"吾今老矣,年已八十,未佐明君。非钓鱼,只钓贤君。"自咏叹一首。诗曰:

吾今未遇被妻休,渭水河边执钓钩;
只钓明君兴社稷,终须时至作王侯。

姜尚叹息罢,忽见正北一道气色甚好。姜尚道:"更待三日,必有王侯至此。"

果然,三天后,周文王率领人马求贤至此。"求贤远远到溪头,不见贤人见钓钩;若得一言明指教,良谋同共立西周。"姜尚从此踏上了周文王的佐命功臣之路。千载以下,刘基仍如此思慕姜太公的际遇,表明他也渴望遇见"真命天子",风云际会,一展鸿图。刘基后来的人生经历将渴望变成了现实,"王佐气象"遂由"隐然"而臻于显然。

刘基的《题秋江独钓图》,与《题太公钓渭图》有相通之处:

秋风江上垂纶客,知是严陵是太公?
细水浮岚天与碧,斜阳炙面脸生红。

形容想像丹青在，岁月荒凉草泽空。

日暮忽然闻欸乃，蓼花枫叶忘西东。

“知是严陵是太公?”问的意味深长。严子陵和姜太公是两种不同类型的隐士。姜太公属于“隐居以求其志”，目的是等待风云际会。严子陵则是“回避以全其道”，目的是保持人格的纯粹与高尚。据皇甫谧《高士传》记载：严光，字子陵，浙江余姚人。年轻时即负盛名。他有一位同学刘秀，字文叔，后来成为东汉王朝的缔造者，即汉光武帝。自从刘秀做了皇帝，严子陵便改名换姓，隐居不出。光武帝思慕他的贤德，四处访求，后来齐国上书，说：“有一男子，披羊裘，钓泽中。”光武帝料想是严子陵，于是派使者带着礼物去聘请他，往返三次，严子陵才终于来到京城。光武帝任命严子陵为谏议大夫，严子陵坚决不干，不久即归隐于富春山。后人将他钓鱼的地方名为严陵濑，又名严子陵钓台。至今仍是浙江桐庐境内的名胜。

“知是严陵是太公?”这近乎明知故问。不管从哪个角度看，刘基都深知自己不可能成为严子陵。言外之意，他其实是以太公自期。

刘基还有一首《夜泊桐江驿》诗：

伯夷清节太公功，出处非邪岂必同?

不是云台兴帝业，桐江无用一丝风。

这首诗的前二句将伯夷的隐德与姜太公的功业并提，似乎并未将二者强分高下。但后二句的意味则有所不同。“云台”是汉代台名。《后汉书·马武传论》：“永平中，显宗追感前世功臣，乃图画二十八将于南宫云台。”刘基言下之意是：倘若没有东汉开国诸臣的功业，严子陵的隐德也就失去了价值。看来，他是更向往成为王佐的。

作为朱元璋的智囊，刘基所受的礼遇规格甚高。《明史·刘基传》记载说：朱元璋每次召见刘基，总要单独和他密谈许久，刘基亦自谓不世之遇，“知无不言”，“遇急难，计画立定，人莫能测。暇则敷陈王道。”对刘基的议论，朱元璋总是恭恭敬敬地倾听，常称之为“老先生”而不叫姓名，又称赞他道：“吾子房也。”刘邦的佐命功臣张良，字子房，是中国历史上出类拔萃的谋士。

朱元璋以刘基比张良，大体说来是不错的，但二人也有若干不容混淆的区别。

最容易观察到的区别是其外貌。张良的外貌曾令《史记》作者司马迁发出惊异之叹。在司马迁的想象中，运筹帷幄之中、决胜千里之外的张良，应该“魁梧奇伟”才是，等看到他的画像，才知道其外貌娇柔有如美女。比较起来，刘基的外貌与内在才情是颇为一致的：这位杰出的谋略家，不但身材“修伟”，且生得一部威风凛凛的“虬髯”——也许可与唐太宗的虬髯相提并论。

刘基与张良之间，更值得提出的区别还在其他方面。

其一，他们与前朝的关系不同。

张良对秦怀有不共戴天的仇恨。他的祖与父相继为韩昭侯、宣惠王等五世之相，这位韩国的贵公子，其家族的命运与韩的兴衰息息相关。公元前 230 年，(秦始皇十七年)，秦灭韩。为了恢复韩国，他结交刺客，其中有一位力士，可使用重百二十斤的铁椎。始皇二十九年(公元前 218 年)，秦始皇东游，张良与力士在博浪沙狙击这位暴君，结果误中其扈从车辆。秦始皇大怒，向全国发布通缉令，“求贼甚急”。张良只好改名换姓，藏匿于下邳。

这样一位张良，他跟随刘邦反秦，可以说是顺理成章。

至于刘基，则曾是元朝的臣子，而且是进士出身。他早年为自己确定的人生道路，是在拥戴元朝的前提下建功立业。后来，他虽然参加了朱元璋的队伍，但却尽量淡化其反元色彩。他试图这样解释朱元璋的作为：朱元璋不是从元朝皇帝手中夺取天下，因为，元朝的天下早已被红巾军等造反者及其他割据者所瓜分，朱元璋只是使大乱的天下归于大治。

其二，他们成长为谋略家的经历差异甚大。

张良企图谋杀秦始皇，那时他是一个充满“少年刚锐之气”的豪侠。一个豪侠，终于成为帝王师，其间经历了许多磨炼。《史记·留侯世家》所记黄石公的故事，以浓郁的传奇色彩展示了张良性格的变化。据司马迁记载，张良藏匿下邳时，一天，在沂水桥上遇见了一位老人，即神秘的黄石公。黄石公走到张良所立的地方，故意把自己的鞋子堕在桥下，对张良说：“小孩子，拿上来！”张良大为惊愕，想揍他，因其年老，勉强忍耐住了。张良将鞋子拿了上来，黄石公又说：“给我把鞋穿上。”张良又耐着性子替他穿鞋。黄石公伸着脚让张良给他穿好鞋，然后笑着走了。张良大感惊奇，情不自禁目送老人远去。老人走了一里多地，又走了回来，说：“孺子可教矣！五天后的平明，与我在此相会！”张良感到诧异，但还是答应了。五天后，张良如期前往。老人已经来了，发怒道：“与老人约会，反而来迟，什么原因？”临走，说：“五天后清早相会！”五天后，张良鸡叫时便去了。老人再次先到，发怒说：“来迟了，什么原因？”临走，说：“五天后再早些来！”五天后，没到半夜，张良便去了，过了一会，老人也来了，高兴地说：“应该这样。”于是掏出一部《太公兵法》交给张良，说：“读此，则为王者师矣！”

这位神秘的黄石公，究竟是何许人？苏轼以为即秦代的隐士。他之于张良，主要目的不是送一部兵书，而是要挫其刚锐之气，使之成为大度能忍的谋略型人物。苏轼的看法颇有说服力，其言曰：“古之所谓豪杰之士者，必有过人之节，人情有所不能忍者。匹夫见辱，拔剑而起，挺身而斗，此不足为勇也。天下有大勇者，卒然临之而不惊，无故加之而不怒，此其所挟持者甚大，而其志甚远也。”“子房以盖世之才，不为伊尹、太公之谋，而特出于荆轲、聂政之计，以侥幸于不死，此圯上老人所为深惜者也。是故倨傲鲜腆而深折之。彼其能有所忍也，然后可以就大事，故曰孺子可教也。”“夫老人者，以为子房才有余，而忧其度量之不足，故深折其少年刚锐之气，使之忍小忿而就大谋。何则？非有平生之素，卒然相遇于草野之间，而命以仆妾之役，油然而不怪者，固秦皇之所不能惊，而项籍之所不能怒也。”“观夫高祖之所以胜，而项籍之所以败者，在能忍与不能忍之间矣。项籍唯不能忍，是以百战百胜，而轻用其锋。高祖忍之，养其全锋，而待其弊，此子房教之也。”（《留侯论》）

从动辄拔剑而起的豪侠到“无故加之而不怒”的谋士，张良得益于黄石公的教诲。“其事甚怪”，连司马迁作传时也联想到“鬼物”。张良是一个被云烟笼罩着的神秘人物。

刘基的生平则颇为平淡。他早年向往成为闻鸡起舞的刘琨、祖逖，但元王朝未能给他提供发挥才能的机遇。隐居青田的三年，“著《郁离子》以见志”，是他成为佐命功臣的关键一环。但隐士生活，躬耕，思索，写作，也都是寻常科目，不足为异。

苏轼《留侯论》提到“淮阴破齐，而欲自王，高祖发怒，见于词色。由此观之，犹有刚强不忍之气，非子房其谁全之?”极为赞赏张良之“忍”；其实论“忍”的造诣，刘基亦绝不逊色。

公元前203年，韩信夺得齐地，派人见刘邦，请封自己做假齐王，理由是：“齐伪诈多病，反覆之国也；南边楚。请为假王以镇之。”刘邦看了信，大怒，骂道：我被项籍围困，日夜望你来援救，原来想自立为王。谋士张良、陈平知道这时不能得罪韩信，遂“蹑汉王足”(踩刘邦的脚)，刘邦觉悟，改口大骂道，大丈夫立功，做真王就是了，做假的干什么。即时派张良去封韩信为齐王，征调韩信的军队击楚。

与张良的蹑足之举相近，刘基曾踢朱元璋所坐的胡床(交椅)，暗示朱元璋未可意气用事。至正二十一年(1361年)十二月，陈友谅江西行省丞相胡廷瑞、平章祝宗，遣宣使郑仁杰诣江州纳降于朱元璋。仁杰转达廷瑞的意愿说，因将校久居部曲，人情相安，既降之后，希望不要改属他人。胡廷瑞这样做的目的，是想保持一支相对独立于朱元璋的部队，故朱元璋面有难色。刘基见状，“蹴(踢)所坐胡床”，朱元璋觉悟，当即爽快地答应了胡廷瑞的请求，并写了一封措辞恳切的回信。信中说：“郑仁杰至，言足下有效顺之诚，此足下明达也；又恐分散所部属他将，此足下过虑也。吾起兵十年，奇士英才，得之四方多矣，有能审天时，料事机，不待交兵，挺然委身来者，尝推赤心以待，随其才任使之，兵少则益之以兵，位卑则隆之以爵，财乏则厚之以赏，安肯散其部伍，使人自疑，负来归之心哉？且以陈氏诸将观之，如赵普胜骁勇善战，以疑见戮，猜忌若此，竟何所成！近建康龙湾之役，予所获长张、梁铉诸人，用之如故，视吾诸将，恩均义一。长张破安庆水寨，梁铉等攻江北，并膺厚赏。此数人者，自视无复生理，尚待之如此，况如足下以完城来归者耶！得失之机，间不容发，足下当早为计。”胡廷瑞得函即降。

张良蹑足，刘基蹴椅，作为谋略家，二人的作为如此相似，被相提并论是理所当然的。谈迁《国榷》所载陈于陛的评语说：“文成开创业之功不减子房，道、术亦相类。”堪称中肯之论。

小不忍则乱大谋。刘基之“忍”，既有仿效张良之处，如蹴椅之举；更有植根于老子哲学而超越张良之处，如不居功、不自傲。

人生活在世界上，最易招致怨恨的做法是重己轻人。刘基对此有精湛的阐述：

树天下之怨者，惟其重己而轻人也。所重在此，所轻在彼，故常自处其利而遗人以不利，高其智以下人之能，而不顾夫重己轻人，人情之所同也。我欲然，彼亦欲然，求其欲弗得则争。故争之弗能，而甘心以让人者，势有所不至，力有所不足也，非夫人之本心也。势至力足而有所不为，然后为盛德之人，虽不求重于人，而天下之人莫得而轻之，是谓不求而自至。今人有悻悻自任者，矜其能以骄，有不自己出，则不问是非皆以为未当，发言盈庭，则畏之者唯唯，外之者默默焉。然后扬扬乎自以为得，而不知以其身为怨海，亦奚益哉？昔者智伯之亡也，惟其以五贤陵人也。人知笑智伯而不知检其身，使亡国败家接踵相继，亦独何哉？

刘基所说，旨在以韬光养晦之道与世周旋，全身远害。“有的人隐瞒聪明比隐瞒愚蠢更努力。”为什么呢？大智若愚；外在的精明往往是内在愚蠢的表征。“好炫耀的人是明哲之士所轻视的，愚蠢之人所艳羡的，谄佞之徒所奉承的，同时他们也是自己所夸耀的言语的奴隶。”刘基明白这一点，所以常肯定他人智慧的优越，或将自己的功绩算在他人头上。

且看实例。

据黄伯生《诚意伯刘公行状》，朱元璋时至刘基住所，“屏人语，移时乃去，虽至亲密莫知其由。”刘基出谋献策，亦多有成效。朱元璋《御史中丞诰》说：“慷慨见予，首陈远略，经邦纲目，用兵先后，卿能言之，朕能审而用之，式克至于今日，凡所建明，悉有成效。”

《弘文馆学士诰》也说：“节次随征行，每于闲暇，数以孔子之言开导我心，故颇知古意。及将临敌境，尔乃昼夜仰观乾象，慎候风云，使三军避凶趋吉，数有贞利。”但所有这些计谋训谕，刘基从不居功外传，以至十九不为人知。

以退为进，以柔克刚，这类现象在人类社会中并不鲜见。但刘基告诫读者勿重己轻人，则是另一种动机，目的是避免遭人怨恨。《菜根谈》说得好：

节义之人，济以和衷，才不启忿争之路；功名之士，承以谦德，方不开嫉妒之门。

天贤一人，以诲众人之愚，而世反逞其所长以形人之短；天富一人，以济众人之困，而世反挟其所有以陵人之贫。真天之戮民哉！

《老子》第二十四章说：

企者不立；跨者不行；自见者不明；自足者不彰；自伐者无功；自矜者不长。其在道也，曰余食赘行，物或恶之。故有道者不处。

抬起脚跟想要站得高的，反而站不牢；两步并作一步走的，反而快不了；专靠自己的眼睛的，反而看不分明；自以为是的，反而判不清是非；自己夸耀的，就没有功劳；自高自大的，就不能领导。以上这些，以“道”的原则来衡量，只好说是剩饭、赘瘤，谁也厌恶它。故有道者不以此自居。

今人王馨一多次以三国时的诸葛亮（武乡侯）比刘基（文成），其诗云：

髫龄豹隐万山中，谁识其人命世雄。
嫉恶如仇遭众忌，留身有待见孤忠。
草庐对策成知己，礼馆陈言抒赤衷。
生死忘怀昭日月，鞠躬尽瘁仰高风。

鼎足三分直到明，武侯身后有文成。
出师上表千秋颂，化俗寓言万古情。
临阵指挥同震世，运筹帷幄各蜚声。
人间信史扬先哲，天上双星庆并行。

以诸葛亮比刘基，并非王馨一一家之言，《明史·刘基传》已有下述记载：“西蜀赵天泽论江左人物，首称基，以为诸葛孔明俦也。”

刘基与诸葛亮的相似之处甚多，比如，他们都曾隐居过相当长的时间。诸葛亮的幼年，正值黄巾军席卷全国的时期。在父母相继去世后，他跟随叔父从山东辗转来到南方的荆州。公元197年，叔父去世，十七岁的诸葛亮便在隆中盖了几间草屋定居下来。隆中，在襄阳(今湖北襄樊市)城西约二十里处。因山势连绵，树木葱茂，中有一山"隆然冲起"，故名隆中。襄阳，在汉水、白河汇合处，南拊江汉，西屏川陕，既是南北水陆交通要道，也是当日荆州的政治中心和战略要地。诸葛亮住在这里，"躬耕陇亩"，研读史籍，"每自比于管仲、乐毅，时人莫之许也。"诸葛亮的自我期许甚高。

刘基先后数次隐居，而以在青田隐居的时间最长。其《感怀》诗云：

昊天厌秦德，瑞气生芒砀。
入关封府库，约法唯三章。
英雄不世出，智勇安可当？
叔孙一竖儒，绵蕞兴朝纲。
遂令汉礼乐，远愧周与商。
逝者如飘风，盛时安得常？
寤寐增永叹，感慨心内伤。

诗以"秦"喻元，表明刘基对元王朝已不抱多大信心。他想象着出现一位汉高祖似的"英雄"，他本人则不屑于做叔孙通似的"竖儒"。刘基的自我期许也是很高的。

刘基与诸葛亮的另一相似之处是：他们都是在多次受到聘请后才出山的。

刘备驻扎新野时，徐庶把诸葛亮推荐给他，刘备让徐庶和诸葛亮一块儿来。徐庶连忙说不行。他强调，诸葛亮这个人，可以求见，不可屈致，刘备应该登门拜访。于是刘备去拜访诸葛亮，一共去了三次，才得以见面。这一事实表明，诸葛亮非礼聘不出的原则已为交游们所了然。为什么一定要刘备三顾茅庐才出山呢？这既是对刘备诚意的考验，也表明他诸葛亮不是召之即来叱之即去的等闲人物，如此，才能赢得刘备的尊敬和重用。

刘基也是在两次受到聘请后才答应效命于朱元璋的。这有两方面的考虑：一、刘基并不认为朱元璋是他理想中的"真命天子"；二、作为一个出类拔萃的人物，轻易出山是有失身份的。明末小说《英烈传》描写孙炎之聘刘基，仅仅一次，刘基便跟随他赴金陵谒见朱元璋，如此笔墨，不免亵渎了这位奇才。

刘基与诸葛亮的第三个相似之处是：他们出山之初，便提出了自己高瞻远瞩的战略决策。

诸葛亮的战略决策，即著名的《隆中对》。他指出，目前曹操已基本上统一了北方，拥兵北方，"挟天下以令诸侯"，虽是刘备统一全国的对手，但不能立即同他较量；孙权占据江东(长江中、下游地区)，经过他父亲孙坚、兄长孙策和孙权本人的治理，凭借长江天险，推行法治，百姓归附，并有一批"贤能"之士为他出力，因此，对孙权只能采取联合的方针。

诸葛亮还提出了夺取荆、益二州，作为统一全国的根据地的建议。他对刘备说：荆州地势险要，是个战略要地，刘表父子是守不住的。"此殆天所以资将军，将军岂有意乎？"益州号称天府之国，北有剑门之险，东有瞿塘之固，土地肥沃辽阔，物产丰富。

而刘璋昏庸，不能安抚百姓，“智能之士”都盼望得到英明之主。刘备如能占据荆、益二州，对外联孙抗曹，对内改革，政治，一旦时机成熟，就兵分两路，一路由荆州直捣宛、洛，一路由益州进发秦川，这样，统一大业便可成功了。

后来的实践证明，诸葛亮的战略决策是切实可行、英明正确的。

刘基出山之初，即“陈时务十八策”，其具体内容已不太清楚。但有一个事实是确凿无疑的：他为朱元璋设计了首先消灭陈友谅的战略。

1360年春，朱元璋征聘浙东儒士刘基、宋濂等至军中参议军事。刘基建策，消灭陈友谅，孤立张士诚，然后北上中原，以成王业。

谈迁《国榷》所载袁帙的评语说：“孟轲有言，五百年必有王者兴，其间必有名世者。信矣哉！如刘公者，其卓然名世者乎！方其不卑小官，以鸿渐之翼困于燕雀，其与五就桀者何异。及既佐真主，谋谟帷幄，言行计从，欢若鱼水，子房之于高祖，孔明之于先主，不足称也。观其先楚（汉）后吴，决成败于一言，定大业于呼吸，大矣哉，王佐之才，其伊、吕之俦与？”

锦囊奇谋

衢洲解危

江州得手后，刘基预料，陈友谅这棵大树一倒，其在江西的势力很快便会瓦解的，当即赶往朱元璋帐前，建议当一鼓作气，恩威并用，打招结合，乘胜迅速拿下江西诸郡，以扩大战果，充实地盘。同时，他又提醒应天后方空虚，需提防张士诚从背后下手。

此时，朱元璋对这位军师已是言听计从，立刻调兵遣将，指挥诸将逐一拔掉江州周围乃至江西一带陈友谅所占领地。

八月二十六日，一举夺取南康，接着，又以迅雷不及掩耳之势，相继分兵攻占了蕲水、黄州、黄梅、广济。

一切都按刘基既定的谋略进行着。

九月初三，建昌城陈友谅守将王溥献城降朱元璋。其时，王溥的弟弟已被朱元璋部下俘获，他看陈友谅败退武昌，朱元璋两战皆胜，陈危在旦夕，便产生了动摇。见到朱元璋派弟弟送来的劝降书后，更坚定了归降朱元璋的决心，与知事郭文敬、总管孟兴、元帅孙德寿等人决议献城投降，并马上回书给朱元璋。

朱元璋一见这王溥竟然如此痛快，担心有诈，便找刘基分析。

刘基仔细阅读了王溥的降书说：“当前主公大势所趋，友谅部下闻之丧胆，且在江西又各自为战，自顾不暇。自古兵不厌诈，主公当遣使前去，令其降将各复其位，既往不咎，仍驻守其境，消息必然传开，大军到处，陈友谅部将皆愿意来降。”

朱元璋应允而行。

果然，不几天，陈友谅的余干守将吴弘、龙泉守将彭时中、吉安守将普万中、孙本立等，都相继派出使者，带上钱物财礼，以城献之归降。

兴国路石榴山寨首严院使率所部官兵三百余，以寨来降。

朱元璋又派邓愈攻打临州、抚州，结果附近十八县印一齐交邓愈手中归降。

到至正二十一年底，陈友谅的江西领地中，已有几十个路府归降了朱元璋。

这天，朱元璋又在帐下与刘基商议如何攻取重镇龙兴事宜，忽得来报："汉军江西行省丞相胡廷瑞来使求见。"

朱元璋与刘基对目一笑，心想："说曹操，曹操就到。乃神之气也。"

"叫他进来。"

来人姓郑名仁杰。

见到朱元璋后，连忙下跪磕头："小人乃奉汉国大将胡丞之令，特来求见大帅。"边说边抬头望着。看来在等待朱元璋发话。

"有何事要谈？"朱元璋问道。

郑仁杰忙回答："胡将军素来与陈友谅不和，今陈氏败窜武昌，胡将军顺应天意，决议归服元帅节制，特派我来向元帅求降。"

原来，这胡廷瑞与其他江西各地守将一样，虽据陈友谅所建江西省丞之职，但亦能把握时局，量力行事。他觉得陈友谅前方主力被歼，后方军心也不会多稳当，加上陈本人野心膨胀，杀主夺权，人心向背已都明显。且朱元璋大兵压境，正值旺势，所到之地，不扰百姓，无不欢呼。不如采取明智之策，不战自降，还能保住一己地盘，部属也不至于无故死于非命。只因此人深谋远虑，对投降后的前途，尚有顾虑，又不了解朱元璋的情况，所以派来专使，先为联络。"原来如此。"但朱元璋听到这一情况后仍有点不大相信。因为当初攻打安庆时，他就派人到龙兴向胡廷瑞招降过，但未达目的。

此时此刻，他怎能轻易信一个使者的几句美言呢？

刘基见状，急忙问道："先生前来，贵丞廷瑞可有具体安排？"

"有，这是省丞大人托小人带来的乞降信函。"郑仁杰将信函双手递给了刘基。

刘基拆开细看，上面写道："明公英武盖世，海内豪杰皆延颈心，乐以顺之。廷瑞已欲久归，然无路已请，今特遣仁杰相见，愿率所有人马相归。可所属将校久居部曲，人情相安，既降后，特请不以改属他人，将于谢之不尽矣！"

刘基明白，这封信原意是想投降之后，希望不要将他的部队归别人指挥，原班人马，驻扎原地。按照刘基破江州后的谋略，眼前乃朱元璋攻城占池，用人用兵之际，这么做既可以笼络人心，做给来降之将看，又符合自己的意图，可为也。但他不便表态，即递于朱元璋过目。

谁知朱元璋看后，脸色马上变了，眼看要发作起来，刘基连忙暗中从下边踢了两下朱元璋的坐椅，示意千万不要发火。

朱元璋顿时醒悟。

刘基马上装着起身接信函再看的样子，又给了朱元璋一个肯定的眼色，本来想插上一句："我看江西省丞信中讲的也有道理。"但马上意识到，现在不是自己表态的时候，便改口问道："主公你看此事如何处理？"

“廷瑞诚心归顺,又能体谅众将利益,难能可贵。为人者,正当如此。我们已做了多起这样的事,怎能不答应呢?!”

“好!主公心若明镜,以德服人,此乃我军之大幸。”刘基一边赞许,一边顺手摆砚展纸。

“若此,请先生代笔,替元璋给廷瑞复一信吧!”朱元璋边说边口授起来。

“郑仁杰至,言足下有效顺之诚,此足下之明达也。又恐分散所部属他将,此足下过虑也。吾起兵十年,奇士、英才,得之四方多矣。凡能审天时,料事机,不等交兵,挺然委身来者,我都以诚相待,随其才任使之。兵少则益之以兵,位卑则隆之以舜,财乏则厚之以赏,安肯散其部伍,使人自疑,负来归之心哉!且以陈氏诸将观之,如赵普胜骁勇善战,以疑见戮,猜忌若此,竟何所成!近健康龙湾之役,予所获长张、梁铉诸人,用之如故,视吾诸将,恩均义一。长张破安庆水寨,梁铉等攻江北,并膺厚赏。此数人者,自视无复生理,尚待之如此,况如足下以完城来归者耶!得失在于一念之间,足下当早为计。”

郑仁杰千恩万谢,带上朱元璋的信回去复命。

虽然朱元璋当场没有发泄出来,但使者一出,他即不以为然,问刘基:“廷瑞乃江西之一雄,此地友谅之外,以其为大,如此这般提出条件,若有诈,我方如何予以防患?”

刘基笑曰:“万变不离其宗,德威并用!”

元璋道:“先生细讲。”

“基闻廷瑞顺乎天意,归降意决,而其平章祝宗和康泰等人并不顺其而行,常出微言。这廷瑞万不得已,派出使者请予全权,一则堵人之嘴,二则为己开脱,如若不满足其请求,必将使其失去威严,战事复起将不可避免。若我待之以宽厚,即使廷瑞得予脸面,安其之心,又可替他封住祝宗、康泰诸人之口,化隙为和。”

他呷了一口茶接着说道:“但龙兴乃江西之重镇,万万不可放松警惕。主公当亲率重兵进城,一则可显示我军之神威,二则可以借此慰民嘉将,广施恩德,两全其美如何?”

“先生之计有理,照此而行吧!”

至正二十二年正月初四,胡廷瑞派其外甥康泰到江州投降。

初八,朱元璋从江州率大军溯江而上,十二日,抵达樵舍,胡廷瑞派人送来陈友谅授予他的丞相印和城中军、民及储备的粮食数目清单,请朱元璋过目。朱元璋大喜,对部将们说:“军师先生多谋善断,一书信,一言语,可抵十万兵也。”

十四日,朱元璋大军到达龙兴,胡廷瑞带领祝宗、康泰等行省僚属,俱迎谒于新城门外。

朱元璋当即发赏劳军,令廷瑞部属皆原位,自己却扎营住在城外。

十五日,胡廷瑞再次来请,朱元璋才率军入城。

战旗飘扬,队伍雄壮,军令肃然,站在街两旁迎军的民众无不敬佩赞叹。

进城后,朱元璋首先参拜孔子庙,游铁柱观,打开仓库,赈济贫苦老百姓,全部废除了陈友谅的苛刻政令,傍晚,又出城在滕王阁大摆酒宴劳军,城中文士咸与赋诗,一时管弦四起，笙歌悠扬。

陈友谅在居龙兴时，曾经聚鹿数百头，养在城西章江门外，称为鹿囿。刘基知道此事后，立即劝朱元璋派人速放鹿于山林。

朱元璋问道："这么一件小事，何劳先生如此关注？"

刘基道："此事虽小，但意可大也。鹿之，异怪也。识人性，秉人脾，知人心，乃可损人行。"

接着他给朱元璋讲了两则故事。

其一：

有一庐陵人吴唐，年轻的时候爱好打猎，箭不虚发。曾经在刚到春季的时候，带他的儿子一块出去打猎，正巧遇上一头麀鹿和一头幼鹿在嬉戏玩耍。麀鹿觉得有人的气味，领着幼鹿逃跑。幼鹿不知道害怕，就走近了吴唐。吴唐则把它射死了。麀鹿惊恐地跑回来，发出了悲惨的叫声。吴唐把死幼鹿放在干净的地方，自己藏在草丛里。麀鹿过来舔它的孩子，吴唐又射麀鹿，鹿应弦而倒。接着他又看奔来一头鹿，张弓的时候，箭却自己射了出去，中了吴唐的儿子。吴唐扔下弓，去抱自己的儿子，摸着胸口恸哭。忽然，他听到空中有喊声说："吴唐，麀鹿爱它的孩子，和你爱你的儿子有什么两样？"他吃惊地左右看，突然，一只老虎从旁边扑了过来，折断他的胳膊。吴唐回到家只一夜就死了。

其二：

汉元狩五年秋天，臣子侍奉汉武帝在上林打猎，有一个从臣活捉了一头鹿献给武帝。帝便把它给臣子们看。这时，有一个臣子奏道："这是一头仙鹿，活了将近一千年了。"武帝闻之，当即便把鹿放归山野。

刘基又道："鹿有角，龙之相也。陈友谅围在这里，必是术士为其出的谋计，若尽放其鹿，必破其法也。"

朱元璋听后，不得不信，马上命令拆除围栅，将鹿全部放入西山之野。城中百姓传开后，无不为朱元璋的慈善之心所称快。

同时，刘基感到，这龙兴城毕竟是降将据守，朱元璋大军还有许多大事要做，不可能久留此地，若要使龙兴彻底脱胎换骨，必须赢得民心，得到民众支持，而且要有自己的人在此守职。于是，又建议朱元璋改龙兴为洪都，以叶琛为知府事，任命邓愈为行省中书参政镇守之。

二十一日，朱元璋下令抚恤鳏寡孤独，并筑台于城北龙沙，召来城中百姓，谕之曰：自古以来，攻城守地，使用武器，百姓遭殃。现在，你们百姓能够骨肉保全、照旧生活，皆是因为丞相胡廷瑞能看清形势，先来归顺，这是老百姓的福气。陈友谅占据此地，军队各种需要，给你们造成很大负担，增添了不少痛苦。现今我全部除掉这种弊病，军中各种供应，不加你们之身。尔等各事本业，不要游手好闲，更不要做那些违法的事以致遭受刑罚，不要交结权贵来坑害良民，各保父母妻儿，为吾良民也。"全城的老幼看到朱元璋如此体恤百姓，都很高兴，感到生逢明主矣。

夺江州，得龙兴，取得了前所未有的战绩，全军上下万众欢腾，士气昂扬，斗志倍增。

这时,朱元璋才决定亲送刘基起程,回家为母奔丧。

原来,早在去年攻打江州之初,刘基就收到了慈母去逝的噩耗,他本为孝子,悲痛万分,恨不能插翅飞回老人身边,为母亲沐浴更衣,让她老人家安息。但因备战事忙,朱元璋放心不下,不敢在这个事关前程的节骨眼上放走自己的心膂高参,一再恳切挽留,答应刘基,待助他成功之后,“必当遣官与先生一同回乡里荐母劬劳”。刘基自己亦感此战关系重大,万一朱元璋遇到不测,不慎失利,非但数十万大军的浴血奋战付之东流,而且自己费尽心血为朱元璋制定的“征讨大计”也将受挫,那就辜负了朱元璋对自己的信任。于是,一直未再提起这件事。

得到朱元璋的批准后,刘基收拾好行装,准备出发,这时朱元璋亲来相送。

刘基赶忙出门相迎,并一再谢之不尽。

坐定以后,朱元璋说道:“先生此次回归,虽时不算长,但总要守制年余,我心中甚是不安,好在路顺途通,当请先生时常来信,给予机宜。”

刘基当即表态,“此行乃属为孝之事,否则绝不愿离开主公而去。守制乃时有定则,只要主公需要,基将竭尽全力而为之,绝不会有丝毫马虎。”

朱元璋点头称是,又道:“此番先生离去,对战事有何交待,请能知无不言,给予赐教。”

“不敢!主公高瞻远瞩,运筹帷幄,善待于民,爱兵如子,天当相助,事必如意。”

他同时又分析,虽然陈友谅战败不久,一时不会有大兵进犯,但朱元璋大军已属久战之师,眼前不宜再大举发兵挑战,当养精蓄锐,为下次实现彻底消灭陈友谅作好充分准备。同时,陈友谅败退后,江西诸郡守将虽已归顺,但不可能一下子安下心来,难免生变动乱,而倘若真的出事,依地位和降官复杂程度而言,洪都(龙兴)当之为首。还有方国珍、张士诚以及元朝廷等,皆不可不防。

刘基心想,朱元璋对自己视为知己,且在制定作战方略方面,处处给予信任和鼓励,甚至言听计从,现在要离开一段时间,应该给予提醒。于是说道:“基分析目前局势,我之大胜,陈之大败,大战暂不会再起。如主公要基留言,建议主公警惕江西,留意浙东,盯住陈张,防患于方,不挑衅出战,不急于发兵,不打无把握之役,此我则百战不殆矣!”

“好!好!”朱元璋连声说好,但不知是觉得刘基对形势分析得好,还是建议提得好。

刘基认为到走的时机了,便告辞朱元璋,心急如火,快马加鞭,匆匆赶向青田。

谁知,形势又被刘基不幸言中了。

就在刘基回归的途中,浙东形势骤变,出了大的乱子。

先是金华苗兵元帅蒋英、刘震、李福等叛变,杀死镇守当地的大将胡大海和郎中王恺、总管高子玉。

大海此人极其喜欢爱护人才,他自己就评价说过:“我是个武人,不读书,但我行军知三件事,不杀人,不抢人家妇女,不烧人家的房屋。”他不论走到哪里,都知道寻访人才,收揽人才。当初,攻克严州后,刘震等人从桐庐前来投奔,大海喜爱他们的勇猛善战,就将这几个人留在自己身边,并且毫不怀疑。

谁知这几人却非真心归顺，他们不愿受制于异族，投奔胡大海只是为了避一避朱元璋大军的锋芒，暂且栖身。一看有机可乘，便与住在衢州、处州一带的苗军元帅李佑之等联系，约定同时起兵叛乱。

这一天，胡大海早晨起来正在查看加强防卫的兵力部署情况，蒋英等走进来，说是请胡大海到八泳楼去观看射弩表演。胡大海刚一出门，便被由蒋英雇用的党羽钟矮子挡住去路，他跪在胡大海面前，诉说蒋要杀害他。胡大海还未来得及回答，回过头来看蒋英，谁知蒋英突然抽出藏在袖中的铁椎"嗖"地摔了过来，好像要打矮子，谁知却是打胡大海的。大海毫无戒备之心，当即脑破汁撒，应声倒地，糊里糊涂丢了性命。蒋英等人凶残地割其首，又杀害大海的儿子关注，郎中王恺，椽史章诚。

处州苗军元帅李佑之、贺仁得等人开始接到蒋英联络信书之后，先未敢动，听到蒋已成功杀死了胡大海等将官，便跟着动起手来。当时行省枢密院判耿再成正在与总制孙炎、知府王道同、朱文刚等人一起吃饭，商量防务之事，听到外面呐喊吵闹，结果知是李佑之等纠集三千多人围住院子，此时再调兵已来不及了，便召集自己院内能够作战的兵勇不到二十人出门迎战，当然不是李佑之的对手，耿再成气得大骂道："贼奴！主公何负于汝，乃反耶！"不等骂完，李佑之等人几十根长矛对准他刺了过来，耿再成在骂声不止中断气身亡。孙炎等三人皆被苗兵捉住，捆锁在空房内，苗军威胁其投降，三人宁死不屈。这时，叛将中有人带来酒肉送于他们吃，孙炎知这些家伙要动手了，且举起酒杯，仰天长叹："大丈夫为鼠辈所擒，不及一见明公，在此永诀；然万古之下，芳名永存。恨这贼奴，天兵到来，难逃凌迟碎剐。但笑肉臭，狗都不要吃他。"气得叛贼怒目而视，令孙炎脱掉衣服。孙炎却哈哈大笑："死有何惧！但这身紫绮裘，是主上赐给我的，你们不能乱毁，我当服它殉国。"于是就与王道同、朱文刚一起被害。

洪都降将祝宗、康泰等人本对胡廷瑞归降朱元璋不满。这时，见胡廷瑞跟随朱元璋去了应天，看到浙东起乱，便想再反。朱元璋得到密报后，即令祝、康二人率领他们的队伍前往湖广，听命正驻扎汉阳、围困武昌陈友谅的徐达调遣。二人率军抵达女儿港，恰巧遇到商人运送布匹的船只，就趁机抢夺他们的布匹作为旗号，叛变谋反，攻夺洪都，破城门，杀害都事万思诚、知府叶琛，邓愈夺门而逃，赶往应天。

同时，在四川的明玉珍又称帝建国，立为大夏，建年号为天统。

张士诚看到有机可乘，也派他的弟弟张士信乘机率领一万多人马去围攻诸全。

途中，消息接二连三，刘基心情极为不佳。特别是这胡大海、叶琛、孙炎三人更是与他有密切关系。叶琛为多年朋友，从组民军自保地方开始，就携手奋战，情深谊重；胡大海对自己有推荐之功，孙炎则亲自动员自己出山辅佐朱元璋，现人去室空，悲惨被害，自己身为军师，不能为之相助，不觉悄然泪下。自己虽有预感，没想到这些叛将动作如此之快。

刘基便催促船家速行勿停。他想早点到家，安置老母。形势如此变化，谁知哪天朱元璋会催促其归。

可是，行到衢州时，刘基却被留了下来。原来，衢州周围的苗军看到金华等处苗军反叛举旗，也蠢蠢欲动，准备攻夺衢州城，守将夏毅胆颤心惊，不知如何是好。正值刘基路过此地，这位朱元璋身边的大军师名声已显赫全军，这夏毅遇见了大救星，怎能不马上请进城来，详叙衢州民心不安，讹传甚多，人心惶惶，自己孤立无援，无从下手之苦衷，请求救命。

刘基见状，知必须先解衢州之危，才能回乡葬母。这也是自己义不容辞的责任。

他进城之后，便让夏毅带着观看了整个城池防卫，又详尽寻问了夏毅掌握的几处叛乱的具体情况及朱元璋采取的对应之策，便心中有了底。告诉夏毅，当务之急，是安定民心，稳住军心，提高士气，衢城可保。

刘基分析说："当前，我军威雄壮，乃大势所趋。几个苗兵叛变，朝秦暮楚，系乌合之众，尤如蚍蜉撼树，成不了什么大的气候。蒋英已被李文忠部攻败西逃降张士诚，主公已派邵荣率军胁攻处州；张士诚已受李文忠、邵荣两路夹击，不可能有所作为；洪都的祝宗、康泰有徐达大军对付，肯定也是秋后的蚂蚱，蹦不了几天。只要我们造成'徐达、邵荣大军将止'的声势，安抚百姓，震慑叛将，就一定能够稳住阵脚，浙东指日可平。"

夏毅顿感有了主心骨，当天便以刘基的名义发出告示，张榜安民。命各处属县百官将士，四方驻守，镇静勿恐，休得自扰。要求全体百姓自为生计，千万不要听信谣言，蛊惑人心。并布告大家，徐达、邵荣大军即来征讨逆贼，不日即可平定浙东，时日即可相安无事，等等。

很快，浙东的军心、民心便稳定下来，局势又复平静。朱元璋得信后高兴地说："惟先生能为我立此大功也。"

取义招安

刘基回乡葬母的消息很快传遍了四乡八邻。本来他就是江浙名士，素有盛名，眼下又为朱元璋帐下高级谋士，更是名震四方。出丧这天，人山人海，附近地方镇守，亲朋好友，纷纷前来吊唁。

先是朱元璋遣的礼官吊祭，只见他在老夫人灵前备置了香花果酒、三牲祭礼，宣读祭文，烧金银纸钱，行三跪大礼，其隆重之情可见一斑。

接着众人祭奠。

突然，刘基发现有两个客人手捧纸马、孝帐，抬着吊唁礼品走进门来。"这是谁？""怎么不曾有过印象？"刘基派人迎接打探。

"是方国珍派来的使者。"执事通报刘基。

"他怎么消息如此灵通？"刘基不禁思索不解。

是的。方国珍非但消息灵通，而且手段越来越高明。他对刘基既恨又怕。恨的是刘基在元朝廷为官时，就坚决对自己剿除，几次对阵，差点葬身鱼腹，要不是自己靠重金贿赂朝廷命官，早就成了刘基的阶下之囚。怕的是如今刘基更难对付。自己好不容易与朱元璋拉上关系，想方设法与之拉拢，以保不受攻击，守住地盘。好在朱元璋前有陈友谅，后有张士诚，加上元朝廷的制约，还顾不上计较自己，才得以苟延残喘，而且借机又扩大了一些势力。但这刘基却归到了朱元璋麾下，为其出谋划策，使朱元璋势力日趋强盛。他知刘基不会放过自己，朱元璋也不会视之若无，迟早会有动手的一天，除非自己交地割兵，完全归顺。

方国珍是不见棺材不落泪的，他不会把自己的利益让于任何人。但怎样才能两全齐美呢？既不能白白挨打，又不能拱手相予。

只有行使惯用伎俩这一条路了。

可是，他知刘基的性格。记得刘基还在台州时，自己为不受朝廷进剿，就曾送礼相求诸位官臣，不料只刘基一人未收，而且更变本加厉地对自己予以打击。方国珍也知道，这次则不同了。一方面自己与朱元璋在名义上都不是顺应朝廷的，虽然自己近来与张士诚勾结为朝廷每每运送粮秣，但朱元璋并不一定知道详情。二来刘基此乃葬母，刘本人又是读书知礼之人，施以人之常情，他也不会再拒门外。还有三思。方国珍想，刘基现在为朱元璋匡佐天下，理会笼络人心。而且陈友谅众多部将已降元璋，这不能不说是刘基的计策之功。若自己能缩小与刘基的恩怨，万一有个不测，也好让他在朱元璋身边美言两句。

这便有了眼前的吊唁送礼情景。

刘基看了方国珍的唁书，知道这方国珍又来玩弄花招了。他对方国珍亦是了如指掌，看穿骨髓。这人是不可救的了。想都未想就顺手把唁书递还给使者，重重地吐出三个字："请回吧！"

来人见刘基不接唁书，觉得大事不好。如若今天办不成事，回去如何向方国珍交差啊？

便急切地说："望刘大人听小人一言。人常道，君子不念旧恶，良将不嫌兵多，多一个朋友则少一个冤家。人言大人是诸葛再世，想必一定不会使小人难堪回去的。"

"对呀！"使者的话倒提醒了刘基。他想，这方国珍虽出身盐枭、土豪，打家劫舍、骚扰一方，无异倭寇，不杀不足于平民愤。但就目前看，其作为也在一定程度上有制约朝廷，特别是张士诚的作用。眼下朱元璋正在用兵，图谋大业，而且一再想对方国珍招安相抚，以便集中精力消灭主要敌人陈友谅、张士诚，进而推翻元朝廷。这也是自己的大计。如若能进一步稳住方国珍，使其能彻底改邪归正，那便也非坏事。即使不能有效，只要暂时据霸他的地盘，不再扰乱浙东，也算是下策实现也。

想到这里，刘基便向使者露出笑脸，接过吊唁书信和礼物，说道："既然二位不辞劳苦，前来代人吊唁，我就谢礼了。"

他安排使者到客厅歇息，自己回到书房，给方国珍写了一封回信，一则对方国珍为他吊唁母丧表示感谢，二则借机宣扬朱元璋的威德，劝说方国珍彻底归降，不要再与元朝廷和张士诚之流暗地来往，藕断丝连。信上大意说："朱元璋聚义起兵，旨在灭元，此乃国之所需，民之所望。元璋本人雄才大略，广致天下人才，礼贤下士，可依可靠。如今其兵多将广，军势日盛，方国珍若能真心归降，共图大业，则与国与已皆为有利。"

方国珍接到刘基的回信后，果然备了些金、银、布匹等，去向朱元璋纳献，表示臣服，并表示愿意献出三郡。刘基的这一步暂且安了朱元璋一方之心，朱元璋高兴地说："先生远离军中，仍然不忘军事，乃大才大忠，难求难得啊！"

这时，刘基又收到朱元璋的书信，询问与元朝廷的关系如何处置。

情况刘基是清楚的。当时，朱元璋为了避开与元主力决战，保存实力，以便集全力分歼陈、张两支劲敌，便在元军察罕帖木儿联络时，表示求和通好。其实为权宜之计。谁知假戏成真，察罕帖木儿把这件事奏报了元顺帝，元顺帝即任命朱元璋为荣禄大夫，江西行省平章政事。并由察罕帖木儿派了使臣，以户部尚书张昶为首，带着御酒、八宝顶帽和任命诏书来见朱元璋。

使臣已从海上航行到了方国珍的地盘，通知朱元璋接诏。

朱元璋这时却真的着急了。自己举旗反元，乃是真切救民于水火之中，哪有归顺朝廷之意，但事到如今，接与不接，拿不出一个好的主意，便召集身边的几位谋士、将帅商量如何办好。

众人则议论纷纷。有的说接，有的说不接，尚也拿不出定策。朱元璋当然想到了刘基，"先听听先生的意见再定不迟。"所以，回到帐中，即展纸挥笔，写信给刘基，将所议之事，详为陈述，叫刘基尽快回复，也好定夺。

刘基细阅来信，想到，虽然目前元朝廷借重察罕帖木儿攻克济南，掌管中书，兼知河南、山东行枢密院事，还任陕西行台中丞，大权在握，不可一世。但元朝危难，不可复救，战伤难治，人心不测，谁知其人能有几天功夫。他沉思片刻，便给朱元璋谈了自己的想法，告诉说，当初答应求和通好，乃缓兵之计，并非诚意，亦为不可。如今局势虽然发生变化，元军主力尚不能顾及于我，但与元军决战，时机仍未成熟。如若此时拒绝接诏，势将引火烧身。因之，建议对于元帝诏书，宜采取不接不拒的拖延之策，待局势完全有利于我时，再与元朝公开决裂。

朱元璋接信后，心中有了底数，便对身边的将帅说："现在张士诚占据浙西，陈友谅据汉江，方国珍、陈友定又在东南作梗，天下多事，未有定日，我日益繁忙，哪有空去接什么诏书。"

到底是刘基分析正确，果然不久，察罕帖木儿被降将田丰、王士诚谋杀，其儿子扩廓贴木儿继为统帅，又与其他元将争夺地盘，打得你死我活。元军自相残杀，无暇顾及南部。朱元璋见时机成熟，便明确拒绝了元朝的任命诏书，连送诏书的使臣张昶也留在了元璋军中。

献策退兵

刘基为母守丧，正好可以得出空来，根据其近几年参与朱元璋作战谋划的实践，把自己的《百战奇略》作一遍修改补充。这天，他又整理出几个战法，边改边读，好不得意。

《气战》：

夫将之所以战者，兵也；兵之所以战者，气也；气之所以盛者，鼓也。能作士卒之气，则不可太频，太频则气易衰；不可太远，太远则力易竭。须度敌人至六七十步之内，乃可以鼓，令士卒进战。彼衰我盛，败之必矣。法曰：气实则斗，气夺则走。

春秋，齐师伐鲁。庄公将战，曹刿请从。公与之同乘，战于长勺。公将鼓之，刿曰："未可。"齐人三鼓，刿曰："夫战，勇气也，一鼓作气，再而衰，三而竭。彼竭我盈，故克之。"

《近战》：

凡与敌夹水为阵，我欲近攻，反示以远。须多设疑兵，上下远渡。敌必分兵来应，我可以潜师近袭之，其军可破。法曰：近而示之远。

春秋，越人伐吴，吴人御之。笠泽夹水而阵，越人为左右阵，鼓噪而进，吴军大败，遂至灭亡。

《远战》：

凡与敌阻水相拒，我欲远渡，可多设舟楫，示之若近济，则敌必并众应之，我出其空虚以济。如无舟楫，可用竹木、蒲苇、罂铫、瓦囊、枪杆之属，缀为排筏，皆可济渡。法曰：远而示之近。

汉初，魏王豹初降汉，夏以亲疾请归。至国，即绝其河关，反与楚约和。汉王遣使说，豹不听。汉以韩信为左丞相击豹。豹陈兵蒲坂，塞临晋。信乃益为疑兵，陈船欲渡临晋；而引兵从夏阳以木罂渡军，袭安邑。魏王豹大惊，引兵迎战。信遂虏豹，定魏。

刘基正念着，批着，改着，又报朱元璋信使来到。迎进门来，知又是朱元璋请归。

其实，虽说刘基在家守丧，但期间与朱元璋书信交往从未断过。特别是每接到朱元璋问策之事，刘基总是有问必答，答必详尽。但毕竟不在身边，存在诸多不便，有时难以用话详尽解释，常常出现贻误。譬如当初刘基归来时，曾提醒朱元璋，如要得武昌，当在两个月内拿下，否则，拖下去则不可能取。果然，由于徐达中途引兵平乱，拖延了攻打武昌的时机，使陈友谅得到喘息之机，加强了防卫力量，坚壁不出，武昌半年久攻不下，湖广方向战绩平平。如若朱元璋早听刘基劝告，或刘基还在元璋身边，尽早促使撤消武昌之围，令徐达回师驻守洪都附近，则洪都之乱或许可免。因之，虽然口上不明说出，但朱元璋一直感到刘基不在身边，自己就像缺了主心骨，一再遣人敦请刘基早日回归应天。

刘基为了不辜负朱元璋的一片诚意，给朱元璋回书一封，表示即日服丧期满即启程归来。送走使臣后，便把《百战奇略》整理好，与行装一起打点在身，安排好家中事务，踏上了回应天之程。

途经建德时，刘基想借空看一看李文忠，且也可了解一下军中近况，也好到应天与朱元璋以通报，共商浙东战事。到建德后，李文忠见朱元璋的大军师亲来看望，忙不迭地迎出帐来，奉茶递烟，施礼问候，亲热叙谈。

谁知，刘基的屁股还未坐热，就有探子来报："张士诚的队伍上来了。"

李文忠一听，气就不打一处来："这张九四也太猖狂了，竟敢在我头上动土。"马上布置人马，准备迎战，决心给张士诚一点厉害看看。

刘基坐在一旁听得明白，他想，这建德靠近金华，周围我军设防重重，兵力强盛，张士诚怎敢贸然进犯呢？

李文忠问："军师难道已看出什么不成？"

"据基分析，我军目前正值强盛，士诚知不能敌，但他近来未遇大战，很可能借重其为元朝使臣的身份来显示一下威风，并不敢真来攻我。此军前来，不出三日，必然自己离去，那时，再乘胜追击，灭他不迟。"

李文忠虽半信半疑，但这是朱元璋的军师，决胜千里，运筹自如，自己这小小地盘，能在他的话下？便也不敢不予重视，点头称军师有理。刘基又说："常言道，兵怕奇袭，在敌人毫无防备、预料不到的情况下发动进攻，是为兵家常用之计也。到时候，敌人正退，我军突然猛追，出其不意，必然一举可胜。"

他又给李文忠讲了三国魏元帝景元四年(263 年)大将军司马昭与邓艾灭蜀的故事。当时，司马昭派邓艾率兵牵制雍州的蜀将姜维，并命雍州刺史诸葛绪带兵断绝姜维的退路。但虽重创敌军，却未消灭，姜维率部东进，返回剑阁防守。邓艾向司马昭建议说："现在蜀军已经受到挫伤，我们乘胜出击，从阴平小道经汉中德阳亭直插涪城，然后用一支奇兵乘其不备冲杀这个要害部位。防守在剑阁的姜维部队必定来救涪城，我们的人马便可攻下剑阁，如果他们不来涪城救援，那么涪城也不能防守抵挡我们了。这样，拿下蜀国不成问题。"得到同意后，邓艾率军一路凿壁开路，搭桥过河，越过悬崖幽谷，长途跋涉七百余里，有时山高谷深，无法运粮而断炊，几乎陷入绝境。结果，将士们到蜀军眼前，蜀军才知天兵下降，防御已来不及了，最后大军长驱直入，兵临城下，蜀国皇帝刘禅派使臣向邓艾表示投降，蜀国灭亡。

李文忠当然知道刘基足智多谋，精通兵法。听到这里，便提出请求道："就依军师之见，但请军师能否留下几天，协助末将打赢了这场战斗再走。"

刘基笑笑说，"基既出此计，当然要留下来的，这也是我的职责啊。"

刘基住在建德城里，利用两天时间为李文忠做了些整理兵马之事，转眼到了第三天，天还没亮，忽听城外战鼓冬冬，喊声震耳。这时，李文忠以为敌人已经开始攻城了，急忙戎装来到城头。

只见刘基早已站在城墙上边等着，见李文忠跑上后，立即交待："敌人已经退了，请将军速出兵追击。"

李文忠听了，竟然不敢相信，再看城外敌军的阵地，依然壁垒森严，旗帜飘动；又听战鼓声声，连续不断，似乎还一阵紧似一阵，哪有撤退的样子。

刘基又催促道："敌人即将退远，将军速令追击，不可延误了战机。"

待李文忠带兵马奔出城门，来到敌军驻地时，才知敌军已全部开拔。壁垒虽然未动，但已是空空如也；尚有战鼓震响，走近看时，却是一些瘦弱的老头子。

李文忠看后，不禁暗中赞道："军师果然神机妙算，不亚于当年的隆中诸葛。"

看到敌人退了，李文忠当即命将士跟踪追击。那敌军正在行军途中，毫无作战准备，一见李文忠军杀了过来，一阵惊惶失措，四处奔逃，有的当场投降，有不怕死的仍然想抵抗，怎奈马不听使，刀不顺手，最终还是落个人头落地，血染沙场。不到两个时辰，张士诚这路人马全被击溃。

李文忠胜利收兵后，又是欣喜，又是感激，连声说道："多亏了军师的好谋算，使末将轻巧地打了一个胜仗，我可要给先生请功啊！"

刘基说："将军不必如此，此乃将士之功，基不过出点心力，何足挂齿。"说罢谢辞，当日启程，又向应天进发了。

平定东西

西定江汉

至正二十三年春，刘基回到应天，但心情颇不轻松。

他预感到一场血战要在这片土地上发生。

刘基回到应天后，遇到的第一件事，就是朱元璋要亲率大军解救安丰之围。

原来，这张士诚忍耐不住寂寞了，于年初联合元军，任命吕珍为先锋，派其弟士信率领大军十万包围了小明王韩林儿的驻地安丰。时间一长，城中粮草短缺，军民饥困，难以维持。刘福通派人向建康告急。朱元璋急切找刘基商量援救之事。

刘基问道："依主公之见如何是好呢？"

"安丰失守，张士诚的力量就会更加强大，不可不救。"朱元璋表明了自己的看法。

"基却不这样认为！"刘基坚定地表示。

他看朱元璋的脸一下子拉了下来，得知这句话顶撞了这位血气方刚的主帅。

但是，与人为谋，不得藏心。

刘基有自己的分析。他感到至正二十二年，对朱元璋来说，不能不说是多事之年份。先是徐达追陈友谅于武昌不下；接着又是婺州、处州等苗军叛乱；刚始平后，又遇祝宗、康泰两贼复反；平定之后，再遇邵荣拥兵叛变。全军基本上没有得到很好的休整。

他知道，这次张士诚围困安丰，准备充分，兵强将广，刘福通、小明王已成口中之肉。此去安丰，路途迢遥，若大军到时，其城已陷，有何益处。再说，原来大宋建国于亳州，后移汴梁，现居安丰，与元军周旋多年，浴血奋战，成为江南之一大屏障，朱元璋因此也得以不予元军公开对抗，有力量先战友谅，后灭士诚，实现霸业。现一旦开战，则暴露于前，公开与元军，与张士诚两方为敌，就没有其他回旋余地了。

刘基接着说："且不说这小明王该不该主公去救，关键的关键，在于陈友谅得到一年多的恢复，集聚人马，建造战船，积蓄力量，伺机反扑，现在已经羽毛又满。此人亡我之心不死，如若我去安丰，后方空虚，他出兵应天，则后果不堪设想。"

就战略而论，刘基认为，眼前朱元璋目标只有一个，就是平定江汉，首先剪灭陈友谅。

但是，朱元璋没有听。

到了这个地步，他也不会听。

他是主帅。

军队是他的，地盘是他的，连刘基也是他的军师。

他可以叱咤风云，他可以覆手为雨，他亦可以决定一切！

"不！安丰非去不可！否则，不就便宜那张士诚了。我岂能眼看着张士诚扩大地盘？"

“如若安丰失去，应天孤立，难道与我有利乎？”朱元璋决心已下，是不可能轻易更改的。

一席话，说得刘基更加明白了。久攻武昌不下，朱元璋已经准备首先攻打张士诚了。又有安丰求援之口实，军中上下皆已为此而备，本来他还想劝说朱元璋解救安丰的小明王，于自己眼前日后都是不智的，但见难以阻拦了，便又为朱元璋出谋：“既然主公决心已定(他没敢说出一意孤行)，基认为可否给方国珍去书一封，责其发水师攻打杭州，可以追张士诚回师，起到围魏救赵之效。”

“噢！这倒不失一条好计。可那方国珍乃奸诈之徒，如何肯听？”

“我并不依靠于他。听者，减我之压力，帮我之一臂。万一方国珍不肯听令，则再次失义者仍是他，到时取之理不是更直接了吗？”

“好！先生现在即可代笔。”朱元璋知刘基心里并未想通，只不过是忠心为自己着想而已，心里也十分满意。

正在这时，又得来报，刘福通再催救援，安丰危在旦夕。

朱元璋急切下令：“集合队伍，进发安丰。”并告诉刘基：“你刚到应天，一路风尘，就不要随我去安丰了，应天之一切安危全系先生于一身了。”

说完便上马起程。

刘基茫然。

刘基既感到了朱元璋对自己的信任，又再次感到了为人臣之难处。

是啊！这朱元璋既是可以放心依凭的振兴大业之王者，又是必须小心翼翼陪伴之诸侯。

古往今来，皆是如此。他只能静候结果了。

再说安丰方向，经过几年修筑，其城坚不可摧。

张士诚的大将吕珍开始并不以为然。他听说元军攻城几年不下，觉得这朝廷已经完了，军队不能打仗，要之何用！

开始吕珍十分自信，给张士诚立下军令，半月即可拿下。

谁知红巾军的皇帝、军队、百姓全都是不怕死的。发箭如雨，攻城不停，呐喊连天，却丝毫没有动静，安丰仍巍然不动。

这时他才明白，这安丰城虽然不大，驻守的却是大宋的皇帝。这支军队曾纵横千里，所到之处，无城不克，差一点儿得到天下，岂是等闲之辈？

再一沉思，原是自己犯了轻敌的错误。百足之虫，虽死而不僵，眼下困守孤城，不正是困兽犹斗吗？非得下大的功夫才行！

于是吕珍先是改变战法，将连营扎寨、密围实困之法，改为分路进攻，一路暗挖地道，一路云梯攻城。但守城军士却奋战甚勇，以一当十，登城的云梯全被烧毁，挖掘的地道也全部被城中守军发现，用水土填灌了。

情急之中，吕珍再次下令强攻。在城下筑二、三十处高台，每台站立了箭手百人，放箭不止，先将守城军士压住，然后另选精兵三千，各一千分三路再架云梯强行攀登。这个办法还真有些用处。不到一个时辰，便三处皆被攻破。登城士卒攻上城墙，与守城兵士展开激烈拼搏，短兵相接，杀声震天，双方死伤惨重。

刘福通一看吕珍攻上城墙,赶快亲率大队人马上城增援,并令士兵卸下门板挡箭,自己带精兵很快将三处登上城墙的吕珍部属压了回去。由于怕乱箭伤了自己兵卒,高墙上的弓手不再放箭,这次攻城又失败了。

这吕珍本为张士诚手下一员猛将,半生征战,最善攻坚,如今师老孤城,无能为力,且又听说张士信带兵接应,他知道这安丰城已元气大伤,兵乏粮困,但时间拖得太久,一则挨到有援兵到后前功尽弃,二则担心再若攻城不下,自己苦苦奋战,头功不是被别人摘去了吗?

“援兵?援兵?有了!”吕珍眼前豁然一亮。看来对付这些红巾军,单靠勇猛是不行的,必须兼以计取。想必那刘福通、小明王与朱元璋一脉相承,现在安丰被困危急,难道不能设想这刘福通不暗中与朱元璋联系?那朱元璋能坐视不管,袖手旁观?

“对啦!”吕珍一拍脑袋。多年炮火,多年厮杀,差点铸成大错。再晚一步,那朱元璋真若到此,不就一切都化为泡影了吗?

当天傍晚,城外约三里处外,烟尘滚滚,一片杀声,喊声震天。隐约可见,吕珍部将正在仓皇调度,骑兵、步兵,人喊马嘶。

刘福通登城细看,难道援军已至?不错,看来朱元璋大军已到,正与敌展开大战,此时不出,乃等何时?

刘福通急忙集合兵马,开城东门,令副将操守城中诸事,自己率三千人马冲杀出去。

红巾军得知援军来了,个个奋勇,士气十分高涨,刹时,便冲出一道大口,杀了过去。

谁知,摆在面前的是一大群战马拖着树枝在奔跑,而且,周围已被吕珍部属四面八方围了上来。

回过头去,再看城池,已被敌军攻破,敌军黑压压地涌向城内。

“完了!”刘福通不无后悔地向应天方向望了一眼:“朱元璋啊!难道你忘记当年了吗?我之将亡,谁将助你成功?”

他什么也顾不了,只能奋起拼命。

一片血海。

也该小明王福大命大。就在吕珍千辛万苦攻下安丰之时,朱元璋大军已经压过境来。吕珍本来天不怕、地不怕,却早就知道朱元璋的军威,虽然他将水军、步兵的营寨连在一起,妄图盘据安丰待援,又有庐州左君弼出兵援助,但却吃不住常遇春、徐达一行几番攻击,败走他乡。

朱元璋将小明王韩林儿救出安置在滁州城。

这时,朱元璋又收到了陈友谅率军围攻洪都的报告,他虽不知其具体情节,但还是急得冒了一身冷汗。一想,这刘基真是料事如神啊!陈友谅图近弃远,若是直接进攻应天,则元璋大势危矣!他不得不承认:“未听先生之劝,差点酿出灭顶之灾!”于是,朱元璋一边命徐达移师进攻庐州,一边亲自率军赶往应天,以防应了刘基“后方空虚,友谅奔袭”之预言。

朱元璋更没有想到,虽然这陈友谅谋划不周,没有直接攻取应天(这是陈友谅死不瞑目的失算之一），但这一次却不是一般的攻城夺地。陈友谅拼上老命来了。

早在去年，徐达从汉阳沌口（汉阳城南三十里）拔营出救洪都之后，陈友谅就觉得自己的机会来了，他磨刀霍霍，积极准备，以求一逞。后来，又闻苗军各处叛乱，更增添了其借机报复朱元璋的决心。这次有了安丰之难，朱元璋亲自率军远征，陈友谅更觉时机成熟，果断决定亲率太子陈理，骁将张定边、陈英杰等，大举出兵，以报两次失败之仇，灭朱元璋于频繁应付、疲于奔命之中。

首先，他选定洪都为目标。

这次陈友谅踌躇满志，他对自己占领的地盘日益减少忿恨不平，不夺失地，誓不罢休。于是花血本造就了数百艘巨型战舰，高达数丈，一律在外面用朱红涂漆粉刷装饰。此舰共有上下三级，每一级都设置骝马棚，下设板房作为遮挡，安装望楼几十间，望楼外面都用铁皮裹住。其中，上、中、下三级之间人们说话互相听不到。大的可乘三千人，小的也能容纳二千人。巨型战舰载着陈友谅的家属和文武百官，倾巢而出，直奔洪都，号称六十万大军。

四月二十三日，陈友谅逼近洪都城下，于是拉开了一场生死搏斗的大决战。

朱元璋方面守城者，为朱元璋的侄子都督朱文正和参政邓愈，力量也是比较雄厚的。他们看到陈友谅声势如此之大，知道大战不可避免，遂决定一方面分兵把守，一方面给朱元璋报告军情。其守城部署是：邓愈守抚州门；佥院赵德胜等守宫步、土步、桥步三座城门；指挥薛显防守章江、新城两城门；元帅牛海龙、赵国旺、许珪、朱潜、程国胜等守琉璃、澹台两座城门。朱文正居中指挥调遣，亲自带领精锐部队二千人往来策应。

开始，陈友谅想用大船乘江水上涨的时候附着城墙登城。这时洪都已被朱元璋命令内移离开江边二十步，舰船无法靠近，陈友谅又命令大量制造攻城器械，气焰十分嚣张。

四月二十七日，陈友谅开始攻打抚门。他先发兵五万之众，每人左手中都拿一个像箕状的竹盾抵御城上射来的乱箭和飞石，右手持刀挺进，全力以赴攻城，倒下一批，接着又上一茬，前仆后继，人头滚动，终于毁坏城墙二十余丈。

邓愈见状，急忙令将士用火铳喷射夺城敌人，待敌稍后退的片刻，又赶快在断墙处树起木栅。陈友谅凭借兵力强大，反复争夺缺口。你上来了，我退下了；我上来了，他又退下了。尸体堆成小山，情状惨不忍睹。双方都不敢有任何松懈。

晚上，朱文正又冒着生命危险，带领二千精兵强将组成的机动部队一边拼死抵住，一边组织修筑被毁的城墙。整整奋战一夜，终于又堵上了这个缺口。但是，总管李继牛以及牛海龙、赵国旺、许珪、朱潜等名将皆先后阵亡。

陈友谅一边继续围攻洪都，一方面又遣兵分别攻陷周围的临江、无为州等，生擒朱元璋在临江的同知赵天麟，杀死无为知州董曾。

接着，又攻洪都新城门，指挥薛显率一千精锐部队开城门突袭，陈友谅兵没有提防，瞬间便被薛显的部队冲得七零八落，准备登城的士卒抱头鼠窜，鬼哭狼嚎，平章刘进昭也被杀死。

看到久攻洪都不下，陈友谅也开始着急了。他本想凭借自己舰大兵广，首先拿下洪都，然后再进应天，与朱元璋决一雌雄。可是，朱文正与邓愈这块骨头却是如此难啃，不免添了烦躁情绪。这天，他命令改进攻城器械，想拔掉围在城边的木栅自水关进攻入城。但朱文正却调遣身强力壮的兵士用长矛迎击刺杀敌人，敌人又夺过长矛更进一步推进，眼看就要出现危险，朱文正急忙下令锻造铁戟，烧红后穿过木栅再次与敌对阵刺杀，敌人又来拼夺，手全被烧得红烂，不能再进。

陈友谅又想出了苦肉计，想胁迫城中将士投降。他将在吉安、临江擒获的刘齐、朱叔华、赵天麟带到城下示众。朱文正等强忍悲痛，不为其阴谋所动摇，这三人也宁死不屈，英勇就义。

陈友谅无计可施，决定再派步兵攻打宫步、土步二门，佥院赵德胜黄昏时在城楼上指挥兵士抵抗，不幸被敌人射弩击中腰部，箭头深入达六寸，他随即拔出，感慨道："我自壮年从军以来，被乱箭、石击伤多次，伤势从来没有这么严重。大丈夫死而无怨，遗憾的是我没能够扫清中原啊。"

见到此情此景，朱文正、邓愈等将士无不悲痛万分。他们想，派出去的送信人员一次次被陈友谅或堵回来，或捉拿杀死，更有甚者，搗首示众。怎样才能让应天得知消息呢？

而朱元璋在应天，正在为接不到洪都的消息而着急。

这天，朱元璋找刘基分析道："前段听说陈友谅发兵攻洪都，却至今无信送来，我心中总觉不安，不知先生可有什么预感否？"

刘基道："基正好要找主公禀报。我想，目前徐达、常遇春进行庐州之役，三月围而不克。庐州又三面环水，城墙坚固，日粮食充足，兵士众多，长此下去，必为疲惫之师，若洪都有事，则处于被动，恐难应付。当务之急，应该马上解庐州之围，退师休整，有备无患。"

朱元璋也知庐州无战绩，本来亦有撤兵之意，但这件事是与救安丰连在一起的。当初刘基劝他未听，结果赶到安丰后已城破宋亡，幸亏自己声势浩大，及时抢救出小明王。既然大军发至，如不扩大战果，则觉劳而无功，且庐州乃兵家必争之地，又有吕珍、左君弼坚守，如能拔掉，即排除一颗钉子，所以才命徐达、常遇春攻克。现在既然久攻不下，且又有陈友谅情况不明，洪都战事不清，便采纳了刘基的建议，传话给徐达、常遇春，"为庐州而失南昌，非计也"，令他们速撤至应天，休整待命，听候调遣。

恰巧洪都派遣的信使张子明赶到了应天。

原来，洪都被围困八十五天。城内城外完全隔绝。朱文正与邓愈虽率将士英勇抗击来犯之敌，但孤城难守，久围下去必将凶多吉少。正苦于信息传不出去之时，有张子明主动请缨，曰："末将愿驾小船前往，乘夜色潜水出关报信。"于是张子明深夜从水关潜至石头口，借一只小渔船，昼伏夜出，历尽千辛万苦，半月才赶到应天。

朱元璋听说洪都派来信使，立即叫来刘基一起问话。当张子明详尽汇报了洪都被围情况，以及将士英勇奋战，数千次击败敌军，攻守双方你争我夺，伤亡严重，以及朱文正、邓愈等守将艰苦的处境后，朱元璋与刘基退于内室，问道："先生有何意见？"

"陈友谅亡在眼前！"一语惊人。

"啊！陈友谅倾巢而出，舰厉兵众，有备而来，气势汹汹，先生如何这般肯定？"朱元璋不解。

“主公知道：自古救乱除暴，称作‘义兵’；依仗人多势强，称作‘骄兵’；义兵无敌，骄兵先亡。况且兵家历来认为筹划必胜的方策，并不绝对取决于军事力量的强弱。”

刘基知道，这是一次十分严肃的谈话，亦关系朱元璋与陈友谅的生死存亡。他更清楚，就心理上讲，朱元璋经过几次大的战役，加之救安丰引出陈友谅，围庐州三个月不克后，他对陈友谅已有所顾忌。这种情况从上次出兵安丰已经看出。按“征讨大计”，理应先灭陈友谅，但朱元璋却一再要把矛头对准张士诚，以致使陈友谅有了喘息之机，出现目前这种局面。

这次，机遇来了。

当然也是一次严峻挑战。如若再不抓住战机，就可能造成终身遗憾。对于挑战，勇者胜。他感到，必须使这位主帅树立必胜之信心，百倍之勇气，一鼓作气，勇往直前，剪灭陈友谅，以彻底改变目前多方受敌，受肘太多的局面，变被动于主动。

于是刘基具体分析说：“陈友谅兵势强大，号称六十万大军，且战舰数百艘，这是人之共睹的。但却外强中干，气数已尽。一曰劳师远征。兵马众多，宜速战速决，现却八十多天不克，那么多兵卒，粮草问题必已突出。二曰士气受损。友谅军与我作战，已大败两次，本已存有惧怕之心，且数十倍兵团围城，非但不克，又送上成千上万条性命，士能振奋乎？三曰天不作美。懂天时，知地理，求人和，乃兵家必备也。友谅出兵，于天时不契，涨潮而来，日涸而战，那么大的战舰，搁浅以后不如小舟，派不上用场，要之何用？再者，杀主夺位，能抹去人心上的阴影乎？”

刘基看了看朱元璋接着说：“主公尽知，兴师攻伐，不能只凭一腔义气就贸然出兵，关键在于国力军力及谋略之运用。这又是陈友谅之一大缺憾。他凭气而出，复仇而来，疏于谋略，只惟拼杀，安能不败乎？”

朱元璋又问：“那我们如何行动呢？”

“主公起兵数载，时机迟迟不来，今因祸得福，如杳杳黄鹤，战机倏然而至，似电光划破暗夜，天将友谅赐于主公，机不可失，主公若举三军而破之，定毕其功于一役！”

“好！知我者乃先生啊！快请详谈。”朱元璋高兴地拍手叫好，让刘基继续说下去。

“目前，从元军而看，自相残杀，还顾不上南下，这方土地，只靠张士诚与方国珍投身者治理。而张士诚胸无大志，与其弟士信疏于政事，荒于淫乐，军无严律，斗志日衰，亦不敢正面与我一搏，方国珍流寇则更不是对手。这友谅攻城不下，必虑肝急。而我三军则不动如山，动若雷霆，灭陈友谅，群情激奋，求战心切，人人都想冲入敌阵，建功立业，军令若下，定如决积水于千仞之溪，取胜指日可待也。因之，主公当速拿决断，调遣三军，基以能躬逢如此石破天惊之时机而深感荣幸，并愿辅佐主公夺取这梦寐以求的大功。”

刘基越说，情绪越激动，朱元璋亦红光满面，激动不已，不断点头给予肯定。

看来，决心已下，刘基成功了。

密谈出来，朱元璋办了两件事。一是传令众将，召集高级军事会议，部署作战计划。二是叫来张子明，交待说：“你路线熟悉，还从原路潜回洪都。转告文正、邓愈诸将，让他们拼死坚守一个月，我马上组织大军赶来救援，定要灭那友谅枭贼。”

谁知张子明辞出赶往湖口，却被陈友谅巡逻的兵卒抓获，送到陈友谅帐前。

陈友谅道：“你若顺我，归劝朱、邓等人归降，必有你高官厚禄。”

张子明想，若不假意答应其，援军的消息如何能送进城去。于是答应了陈友谅的要求，被押到城下，向城上大声呼喊：“我是去应天报信的张子明，城上人听着，速去报告朱邓二将，主公命令你们奋力坚守，救援大军马上就要来了。”

陈友谅恼羞成怒，当即将他杀之。

七月初六，朱元璋亲率徐达、常遇春、刘基等将士，集师二十万，浩浩荡荡开往洪都。朱陈决战进入了关键阶段。

风和日丽，江水涛涛。站在船头，望着碧空、蓝天、白云，刘基的情绪显得十分激动。

是啊！一生能有几回搏。一个人匆匆忙忙一生一世，或许就像这大江中飘摇的一片叶子。可是，传说中不就有一叶渡海吗？他想，奔赴的这场战争，必石破天惊，那鄱阳湖将有一场血战。可是，这厮杀，这争夺，这比试，不是为了更加平静吗？再对朱元璋，这位一心想成“王者业”的统帅来说，不是千载难逢的机会吗？而对自己，你刘基不也在一直寻找、等待、捕捉这个时机吗？朱陈几载之争，应该见个分晓了。

昨晚他一夜未眠。全部身心都集于这未来战争的种种预测、预想、预谋和预案上了。

浑身发热，激动与焦灼混在一起。

整整一夜。

当然，对于战场，对于敌我态势，对于大战的层次，刘基已经胸中有数了，甚至从序战到结局，他已经考虑得详详尽尽。可是，稳操胜券这句话，不是让自己听的，自信、自豪、泰然处之，更多是为了鼓舞、安抚三军将士的。

运筹帷幄，决胜于千里之外。他想着，汉末袁曹官渡之战，势力雄厚的袁绍，是如何败于曹操，丢下七八万尸体逃亡他乡；而赤壁之战时，周瑜又是如何大胜不可一世的曹操，奠定那三国鼎立之基础的。今天，该到刘基显身手了，陈友谅构兵不已，屡屡挑衅，屡败不悟。一定要通过这场征战，再演一场以少胜多的“千古绝唱”，令万世震惊。此役之后，朱元璋大军将名驰大地，无敌于天下！

刘基越想越激昂，甚至激越，解开衣襟，任江风吹打在胸前。

随着鄱阳湖的接近，刘基的心情又沉重起来。战争之迫切，严峻局势的情景，他亦设想过。陈友谅毕竟不是无能之辈，且有张定边等将辅佐，多年征战，水陆皆熟，兵锋锐势则不能低估。对此刘基在心中也十分警惕。

雄心勃勃，但也忧心忡忡。

毕竟是二十万与六十万之较量啊！

“先生在思考什么？”朱元璋走近了身边。

“观赏这江岸之风景。”

他在掩饰内心的波澜。

是的。必须如此。

因为朱元璋是决战的统兵之帅。一切骄矜，喜悦，彷徨，疑虑，都可能会给他造成不必要的影响。

“雅兴如此之大。”朱元璋显得也很高兴。

“马上就要接近了，不知先生有何考虑？”

“全靠主公英明指挥。不过基仔细观看了这一带地形和湖水，友谅若败退，我方如何？能否在湖口、南湖嘴留派两支人马，断其归路，使其插翅难飞掌心？”

“先生与我想到一起了。据我所观，除这两地外，还需在武阳渡摆一支力量，以防其奔逃。”

说来也快，七月十六日，朱元璋大军抵达湖口。这鄱阳湖，古称彭泽，又名彭蠡。正是秋意初现而暑热未尽的季节。辽阔的湖面上，鸥鸟与白鹭齐飞；纵横的港汊里，苇蒲和萍菱交织。好一派令人心醉的水乡景色！

刘基心中暗道：这如画之美景，眼看就要被一场惊心动魄的大战所淹没，不免又增添了一份愁怅。

他顾不了许多，立即令指挥载德率三千人马驻守经江口（安徽宿松西南百里江边），再令一支队伍驻守南湖嘴（九江东四十里临彭蠡湖口），以断陈友谅之退路。同时，又遣人调信州兵守住武阳渡（南昌东南西洛水入武阳水之口），防其奔逃。

第一仗是一场遭遇战。

七月十九日，朱元璋率大军由松门（都昌县南二十里）进入鄱阳湖，刘基派出的小型巡逻侦察船队与陈友谅的巡逻舰队在康郎山相遇，双方互射箭警告，对应一阵，各自回营，没有多大伤亡。

陈友谅得到巡逻队的报告后，得知朱元璋的援军赶到，立即召集军事会议，研究迎战部署。张定边认为，“这次援军赶到，必为朱元璋之主力，须先撤南昌之围，率舰队进入湖中，挡朱元璋于鄱阳湖外，否则，援军进湖之后，成里外夹击之势，取胜就难了。”陈友谅认为张定边讲得有理，即解围，率舰队东出鄱阳湖。

二十日，两军在康郎山（江西余干县西北八十里鄱阳湖南洼）相遇。

陈友谅用的是连舟布阵。首先把巨型大舰排列挡在前面，数十条连在一起，排为一阵，共排列出十余方阵，旗猎猎，号震天，以显其威。

刘基向前登高一望，其舰果然高大，宛如一座座高大的多层楼房，气势逼人。他想，这种战势，有长有短，长则在于阵势稳定，我军战船大多为舟，撼其不动；短则比较明显，几十条舰船连在一起，机动作战大不方便。看来欲破敌阵，则以我之长处，攻其之短，可多发小舸，在运动之中灭其庞然大物之威风。

刘基把这些情况报告了朱元璋。并说：“彼巨舟首尾连接，不利进退，可破矣。”乃令舟师水军排为十一队，每队火器、弓弩像鱼鳞一般依次密密排列，临近敌舰时，先发射火器，再用弓弩射击，等敌船靠近了，则要冒死以短兵相接，使用手中的兵器登舰杀敌。

一声令下，徐达、常遇春、廖永忠等率船队冲了过去。只听声声火铳齐鸣，片刻间，两边船队便到处冒烟，火光四起，烟雾迷漫。

徐达英勇，带头身先士卒，兵卒用力摇戈，奋力向前，刹时便靠近敌阵，一阵箭雨，便是短兵相接。

突然，前阵陈友谅一巨舰火光冲天，上顶已有火光，舰上兵卒见状，急忙砍断左右相连绳索，孤舰冲出。徐达见状，知机不可失，立即令自己的两个船队二十二只飞舸冲了过去，将敌团团围住。然后命火统、箭弩一齐鸣放，自己首先登上大舰，见人就砍，一片杀声，舰上的兵卒因脱离舰队恐慌成一片，又见朱元璋军奋勇登船，刀矛锋利，便无心恋战，跑的跑，跳的跳，被杀得血染湖水，船上二千五百多人，没有一人生还。

这边，俞通海又乘风发射火炮，烧毁敌人船只二十多艘，被杀死、淹死的敌人不计其数。

徐达夺得大舰后，复又率军冲入敌阵，虽然用火炮攻击焚烧敌人的船只二十多艘，但战火也波及自己的船只，敌人乘机围了过来，杀声、火声、扑打声联成一片。徐达一边命兵士扑火，一边组织抵抗。刘基立即调遣船只增援，徐达又冲出敌阵，击沉敌船十几艘。

那边，陈友谅猛将张定边却直接朝朱元璋的战舰扑了过来。恰巧朱元璋舰大搁浅，张定边组织船队迅速形成包围之势，里里外外，危在旦夕。舰上的将士赶快用自己的身体挡住敌人的飞矢，奋勇拼杀，掩护朱元璋，使张定边不能靠前。这时，指挥韩成见状立即率领二十几只船舸相救，又被敌人围住，情急中，不慎落水身亡。元帅宋贵、陈兆先、万户程国胜继续组织船队冲向敌船，拼杀不止，救援朱元璋，都相继陷入敌阵英勇阵亡。正在情况万分危急当中，常遇春船队赶了过来，只见他眼疾手快，抬手搭箭拉弓，一箭射向张定边的左臂，张应声倒地。接着，俞通海、廖永忠驾驶快舸左右夹攻，张定边因身负重伤，不得不撤退溃逃。

朱元璋的船只刚刚脱险，又见常遇春的战船也遭搁浅。朱元璋又组织搭救，刘基便命附近船队一齐疾驶开来，激起江水翻涌，常遇春船只得以驶出。

这时，天色渐晚，朱元璋下令鸣金收兵，回营总结劳军。

这一仗，你死我活，异常激烈，陈友谅损失很大，主将张定边受伤。朱元璋亦损失不小，韩城、宋贵、陈兆先、程国胜等相继阵亡。

朱元璋晚上与刘基分析战况，研究策略。

刘基分析说："通过这一天拼杀，胜负难分。从士气上看，我军则占优势，特别是徐达一鼓气登上大舰，杀敌二千五百多，夺回大舰，使军士不再恐惧那阵式六十万大军。但看来这仗需作持久准备。"

"先生之言，甚有道理，但若这样旷日持久，我军粮草何以为继？"

"主公不需多虑，我军固然需用粮秣，但陈友谅六十万人马，岂能不吃不喝？"

"按照粗算，你约略估计陈友谅粮草能持多久？"

"陈的粮草一个月不过。至于我军，基已在开战前派人前往洪都，令文正、邓愈趁陈友谅撤围之机，广积粮草，以备军需。同时，此与应天水路畅通，粮草亦源源运至。以基看来，此战之胜负，很可能一个关键在于军需粮草之供应，粮草足者必胜也。"

"同时，陈友谅围攻洪都已三个月之久，将士远离家乡，厌战心理必然严重。加之兵马甚众，军需供应困难，不会多久，陈友谅必然犯急躁毛病，不耐久战，不耐则生烦，生烦则乱方寸。此刻,我趁机取之,必胜无疑。”

第二天,复又开战,这陈友谅听从部下计谋,将五千船舰用铁链相连,其篷、窗、橹、舵,皆用牛马皮缝为垂帐,以避炮箭。外面皆于山中砍伐的大树做成排栅,周围列在水中,旌旗楼橹望之如山,远远看去,恰似湖中一岛,岛上立一水寨,易守难攻,攻则不到,劫之不能。

陈友谅赞曰:“真个铁壁银山之寨,朱元璋除非从天而降。”因之,令张定边把守水寨,自己与陈英杰等率百来艘未锁之舰出阵迎战。

常遇春看敌舰驶来,紧擂战鼓,奋勇向前。互攻三四个时辰,因常遇春战船矮小,又恰西风,加上陈友谅舰船庞大,自上而下,常遇春的船只被压在下流。常部奋力拼杀,炮石一齐发作,俱被各种遮物挡住,不能奏效。而且反被陈友谅占了便宜,炮火连伤小船多艘。

这样,连战三日,均对朱元璋部不利,张志雄、丁普郎、余昶、陈弼、徐公辅等奋战阵亡。

朱元璋气坏了。

朱元璋眼睛布满了血丝。

朱元璋杀人了。

“来人那!把今天败退的十名队长给我押上来!”

“你们身为败军之将,还有什么话要说?”

沉默。

不语。

谁也不可能说出什么!

“推下去斩首示众!”

静寂。

没有一点声音。

这就是战争。

血腥肉海。

为什么?为什么苍天不睁眼看一看,自远古以来,有多少英雄壮士死于这欲海难填的战争大坑?

这十颗人头表示着什么?是胜利?是失败?是威严?是决心?

对。是朱元璋夺取胜利的雄心壮志。

海可枯,石可烂,与陈友谅决一雌雄,夺得天下的志不能移!

但仍然不见效果。

刘基陷入了沉思。

心急如火,但脸面上并无显露。

他知自己肩上的担子重比千钧。

二十万大军。虽说持久战对陈友谅不利,但这样下去,先得把自己拖垮不成?

“不!绝不能再这样下去了!”

他又来到甲板上观战。突然,孙子的警句浮入脑际:“陆地安营,其兵怕风;水地安营，其兵怕火。"《三国志》中《赤壁之战》也浮在眼前："进，与操遇于赤壁。时操军众已有疾疫。初一交战，操军不利，引次江北。瑜等在南岸，瑜部将黄盖曰：'今寇众我寡，难与持久。操军方连战舰，首尾相接，可烧而走之也。'"一拍脑袋："有了！"

世界上的事情就是这样。有时，求之不得；有时，全不费功夫。

功夫在身外。

这几天日日用火炮，怎地没有想起火攻一计。然后，又抬头观望了一会天空，遂露出了三天来的第一次不是作出来的笑容。刘基一脚踏进朱元璋的舰舱："主公，天助我也！请速退兵，破敌在于今晚。"

朱元璋知刘基有了新的谋略，便命收兵退走十里，按刘基的计策作了准备。

到了晚上，只见湖面上渐渐刮起了东北风，正指陈友谅"水寨"。风越刮越大，湖面上掀起层层浪头，打得船板"啪啪"作响。

就在这时，只见从朱元璋营方向驶出七条小船，每只船上满载"士兵"，顺着风势，飞快地驶向陈友谅方向。

陈友谅听到报告，出"寨"观望，知是朱元璋又在搞夜间偷袭，便命将士张弓搭箭，一齐向小船射来，顿时，箭如雨注般落在了小船士兵身上。但射了多时，只见小船并未有一人倒下，继续以最快速度向"水寨"驶来。

原来，这是刘基的计谋。朱元璋同意火攻的计划后，刘基便连夜让人在小船上扎满稻草人，并装满火药，假人均手持兵器，作出各种战斗姿态。然后，每船选出五名水性好，且不怕死的敢死队员，操船前往。

陈友谅当然不知情。因为每天晚上双方都有偷袭劫营的小股船只扰乱对方，他以为朱元璋故伎重演。

这次他估计错了。而且已来不及防范了。

陈友谅正在发愣，只见七只小船已经靠近了他的连锁舰队，随后从船舱中"嗖！嗖！"跃出几个勇士，点起松明火把、动物油火把，烧起船来。七只小船点燃六只，然后几个勇士跳上最后一只小船，逆风而退。那船上除草人外，堆满了尽是浇了油的芦苇、硫磺等物，这些东西，触火即燃，只听"忽"地一声，整个船只全都烧了起来。这时湖风刮得更猛了，火乘风势，风助火威，由小而大，愈烧愈烈，顷刻之间，小船撞到了"山寨"，火苗蔓及陈友谅的整个舰队。正好那树枝、牛马皮遇到火势、油火，更是威上加威，一下子变成了一座活的火山。

只听"劈里啪啦"的响声，人挤人，枪撞枪，喊声连成一片。船上的士兵，有的不懂扑火方法，拿起树枝扑火。谁知越扑火势越大，越扑越旺。

整个天空一片火红。

这时，朱元璋的船队凭借风势猛攻过来，砍杀声，呐喊声，救命声，投降声响成一片。

陈友谅的士卒只顾逃命，哪有招架之力。一个个要么被砍下水去，要么被火烧死，要么跪地投降。

"完了！"陈友谅惊叹一声，命令迅速撤退。无奈那战舰却是一个连着一个的，铁锁连得牢固，一时又打不开，又吃了许多苦头。

“水寨”兵士死亡不计其数。

陈友谅的弟弟陈友仁、陈友贵，以及平章陈普郎等皆被烧死。

陈友谅见大舰转不过头来，不顾风大浪高，跳上一只小舸，在一群将士掩护下，急急逃出火圈。逃了一阵，才停下收拢残部，只见兵士一个个乘着火烧烟熏的破船，垂头丧气，一派失败之景象。陈友谅吼叫到：“朱元璋，你暗用火攻，算我失策，明天必要报恨雪仇！”

阳光灿烂，晴空万里。

朱元璋按照刘基计谋，火攻陈友谅，果然大破敌阵，取得了胜利。他指挥众将紧追不舍，一直到刘基叫他才鸣金收兵。

回营后，立即张罗着要庆贺胜利，犒劳将士。

“主公，现在还不是时候。”刘基阻挡了。

“为什么？难道陈友谅还有回天之力？”

“不，陈友谅已无力回天。但此役并不是最后胜利。陈友谅虽然伤亡惨重，但其坚炮大舰还是胜于我军，他的兵力还是我们的两倍多。况且今日之败，他必忿怒而出战。兵法上有“杀敌者，怒也”一说，我们不得不防。还有一件必须立即去办的事。今日我观主公乘坐之船与众船颜色不一样，雪白耀眼，目标显著，几遭不测，恐他日成为众矢之的，当需早作提防。”

“先生有何妙计？”朱元璋问。

刘基笑笑，附在他耳朵上，说出了自己的办法。朱元璋边听边高兴地点头，立即传令作出准备。

这天夜里，陈友谅一夜未睡。

他吃不下饭。

他失眠。

他更气愤不已。

随舰带来的妾、妃，一律不见。

厨师一遍又一遍送来煨好的老母鸡人参汤，他看也不看一眼。

张定边坐在一旁低头不语。

陈友谅越想越忿怒。想当初，起兵造反，杀徐寿辉，镇赵普胜，夺帝王位，哪一次没有取胜，哪一人是为对手？但自应天之战以后，怎么这朱元璋如此之硬。这次本六十万大军，炮火兵器，天下无双，舰船兵马，江南仅有，惟攻洪都不下。最伤心的，是两个亲生弟弟又死于湖泊，近十万余兵士溺于水中。

陈友谅对两个弟弟视若亲子。自起兵以来，他俩跟随自己南征北战，立下汗马功劳。特别是友仁，懂计谋，有方略，勇猛善战，这次竟死于朱元璋一把大火之中。

咬牙切齿。

天刚露出一点白肚，陈友谅就吼了起来：“昨天我见朱元璋所乘，乃是一只白樯大船，今日尔等只管集中全力朝那只船上冲杀。杀死朱元璋那和尚者，赏金元宝五个，白银一千两。”

军令似山倒。将士听于命令。

古往今来，概莫如此。

但是，当陈友谅船队行驶到战区之后，却惊呆了：呈现在他们面前的，是一片白色的世界。朱元璋军中的所有船只，一律都是白色的，就是火眼金睛，也难以分辨出那一艘船上乘坐着朱元璋。原来，昨天晚上，朱元璋已命令将士连夜苦干，按照刘基所授的“众樯一色白”的计策，将所有的船樯全部刷成了白色。

陈友谅的部署搁浅了。

由于找不到朱元璋的座船，陈军顿时乱了手脚。只好由各自的指挥官组织，毫无目标地展开了进攻。

朱元璋则镇静自若地按照原定计划指挥船队奋力抵抗。

今天开战之前，朱元璋就召开战前会议，晓谕将士：“陈友谅战败气沮，亡在旦夕，各位当全力攻之，必得大胜也。”

刘基布水阵为犄角之势，左翼为廖永忠，右翼为俞通海，常遇春居中路，朱元璋与刘基统百余战船后援并指挥全军行动。刘基正不断地给朱元璋谈论着什么，突然大喝一声：“主公快换座船！”话落人起，一把拉上朱元璋跳到另一艘船上。

说时迟，那时快，只听“轰隆”一声巨响，一发土炮不偏不斜，带着浓浓烟雾，飞向了朱元璋刚才乘坐的船上。顷刻之间，飞炮下落，桅折板裂，破碎的船片纷纷落在周围的船上和湖水中。

原来，混战之中，陈友谅骁将张定边发现了朱元璋的座船，赶快命炮手瞄准发了一发炮弹。

看到飞炮命中，朱元璋定船毁人亡，陈友谅不觉大喜，连声高呼：“各位弟兄尽力攻船，朱和尚已被张将军击沉了。群龙无首，你们立功受赏的时机到了。”

谁知过了一会儿，朱元璋的船队却丝毫不乱，反而攻势倍增，炮、箭更加凌厉。

定睛一看，朱元璋正站在一只小船上，挥动令旗，从容指挥，那发炮弹竟未伤着他一根毫毛。见此，陈友谅与张定边懊恼万分，只好长叹一声，悻悻知道这次较量看来又要输给朱元璋了，便率船队迅速退出了战斗。

就在这天晚上，陈友谅左右二金吾将军率部归降朱元璋。陈友谅军势更为减弱。这时，他已感到有点绝望了。众部将见陈友谅愁眉不展，纷纷劝说。

“留得青山在，不怕没柴烧。既然朱元璋和尚兵锋甚厉，我们乃可先退出这场争战，得有时机，再与其较以死活。”这是一将所言。

“这次战朱和尚，主要在于军舰太笨重，不能机动作战。到了现在，再欲撤退恐也难行，干脆出其不意，先烧掉全部战船，然后全军登岸，直奔湖南，谋为再举。”这又是一将之意见。

“不能灭自己威风，长别人志气。胜败乃兵家常事。我今虽暂时失利，但论师人众仍是我多，且不到山穷水尽。如若能晓以利害，鼓起士气，再谋力战，最后胜负乃难以确定。”这又是一种看法。

“够了！”陈友谅不愿再听下去了。兵不在多而在勇，将不在强而在谋。他知道，按兵之勇他不如朱元璋的兵士；按将之谋略，他手下缺乏刘基。

挥了挥手，决定退到大孤山再作计较。

晚了！

朱元璋早已布置军队把守，根本无法通过。

于是，陈友谅决定自守不出。看你朱元璋能拖多久。

“这样下去恐与我不利吧？”朱元璋问刘基。

因为他已接到李善长从应天捎来关于张士诚准备自立为吴王的信件。“他张士诚算什么，我至今还未称王。”朱元璋恨不得马上结束这鄱阳湖大战，去收拾那不知天高地厚的张士诚。

是啊！几十万大军，虽然粮草供应及时，但天下还有多少战斗需要开始。否则，这大业何日实现？

刘基建议，采用激将之法，逼陈友谅出来决战。朱元璋当然同意，立即给陈友谅去了一封信。指责陈友谅，第一次失败，再来第二次，再失败，又复来捣乱，是为不明智、不量力也。况且不得军心，不为人齿，不得取胜。曰：“吾欲与公约从以安天下。公失计，肆毒于我，我是以下池阳、克江州、奄有公龙兴十一郡。今犹不悔，复起兵端，一困于洪都，再败于康郎，杀其弟侄，残其兵将，捐数万命，无尺寸之功，此逆天理、悖人心之所致也。公乘尾大不掉之舟，顿兵敝甲，与吾相持，逞其狂暴之性，正宜亲决一战，何至徐徐随后，若听吾指挥者，天乃非丈夫乎？公早决之！”

谁知陈友谅收到朱元璋的书信后，勃然大怒，扣留使者，不让返回。还制作金字旗，派出几十支队伍巡逻，监视营寨，以防朱元璋的人过来策反，并下令将俘虏的朱军将士全部处死。

得到情报后，刘基知陈友谅已经快到山穷水尽的地步了，于是建议朱元璋反其道而行之，将俘获陈友谅的兵士全部放回，并根据他们负伤的情况，分别赐药为他们治疗，又下令说：“从今开始，凡是俘虏陈友谅的兵士，都不能有丝毫伤害。”

接着，朱元璋又听从刘基的方略，率大军驶出湖口，命常遇春、廖永忠等将领统率水军将湖面拦腰截断，阻断陈友谅的退路，又命令一队兵马在江边上竖立木栅，控制湖口。

但是，半个多月过去了，陈友谅还是不答、不应、不出、不战。

相持。

再等待。

怎么办？

朱元璋心急如火，问计于刘基。

刘基先派人去侦察了陈友谅兵营的动静，然后告诉朱元璋：“主公勿急，据我分析，陈友谅目前军中已告粮荒，如若不出现意外，不出三日，决战必至。现需再复一函去见，逼他自上梁山。”

第二天，陈友谅再次接到朱元璋的信，拆开一看：日前我水军船队停泊在水中小洲上，曾经派使者前往送信给你，到现在不见使者回，可见，你度量是如此之小。两军相战，不斩使者。且大丈夫谋之天下，有什么深仇大恨！江、淮英雄，唯吾与公耳，何乃自相吞并？你的地盘，我已得之，纵使你想拼命驱赶残兵败将前来城下决一死战，也不可能再复得也。倘然你侥幸逃生返回，亦应该放弃帝王之号，等迎真主出现。否则，丧家灭族，悔之晚矣。”

陈友谅见之，更是穷凶极恶，当即斩掉使者，发兵三千，派船只到都昌掠夺粮食。谁知又被朱文正兵马围截全部烧毁。

弹尽粮绝。

人心涣散。

进退两难。

陈友谅平日最信测字算命，看到目前这种状况，他又想将吉凶之事寄托于这虚无缥缈的测字之术。

正巧张定边慌慌张张走了进来。他原本是与陈友谅商谈撤兵之事的。张定边看到军中缺乏粮草，士气极是低落，已无拼杀之志，如若再不想办法突围，这样僵持下去，很可能全军覆没。

“你来得正好。”陈友谅说：“我想龙江、江州、湖广失利，均属这朱和尚奸诈诡端，又有刘基为其谋略定计，难道天不助我？今日你再出一字来，看看这天意何我？”

张定边知这陈友谅秉性。时到今日，不谋划战局，竟玩起了测字游戏，如此统帅，不败乃何？可是，眼前不是计较时光，只有顺其而行。因他一心想保住残余兵马，以图再起，便顺口吐出一个“生”字。

“啊！难道没有别的‘字’可测？”陈友谅惊呼。

张定边愣了一下。这求生保命，人人求之不得，战局如此紧张，全军处于危急之中，竟然还有什么字比这“生”字紧要的。“就这一条路了。”他无可奈何地说。

“看来天意如此了。”陈友谅把手一摊，“明日为丑。夫‘生’字者，上为‘牛’字。子鼠丑牛。‘生’下为土，牛入土时，即在明日。”

张定边茫然。

陈友谅不语。

当夜，侦察船报告，陈友谅营中有异常举动。

刘基亲临观察，看到陈友谅舰船灯火通明，人员混乱，知其穷途末路，准备突围，当即报与朱元障。

朱元璋精神为之一振，大笑道：“我二十万大军，远奔千里，替民除暴，苍天将陈友谅送我之掌，机不可失，平暴定乱，正在今日。”

刘基说：“主公，困兽犹斗，不可轻敌。”

当即与朱元璋详尽研究了战斗部署。

第二天拂晓，只见陈友谅数百艘战舰竟齐扑来。刹间，火炮、箭铳、标叉齐发。火光冲天，烟焰障雾，声震山谷，尸浮水面，战斗异常残酷。

刘基一看，敌人如此凶猛，不似突围，意在决战，急令各军提高警惕，小心应战。

时至正午，激战犹酣。

只见两军皆奋勇拼杀，舰船相撞，溅起层层巨浪。由于陈友谅舰船巨大，木料接头过多，两舰相碰之后，碎破空前，水袭入舰中，满舰将士皆落水中，有的抱木求生，有的哭爹喊娘，大多数则溺于水中，死者五六万之余。朱元璋军也有万余丧生。

陈友谅眼都战红了。凶光闪显，看战无优势，大喊朝湖口突击，准备绕江下游，由泾江撤退。

刘基立即令常遇春率队疾驶出湖口，占上游埠岸，奋力赌截，使其不得逃窜。其余战船，皆集中全力围击陈友谅，以十围一，边围边攻，边追边歼，直追围二十多里，陈军只有招架之功，毫无还手之力，战舰胡乱漂流，士卒个个急于以藤牌掩体，有的则爬卧于船体，头都不敢抬起。

刘基接着给各位将令交待："胜势之下，惟力战耳。"指挥用火船、火筏冲击，陈军又有数十艘战船火起，一片救命之声。

从辰时到酉时，双方战得难解难分。

陈军逃退到泾江口，又被预伏该处的朱军截住围击，死伤万千。

这时，从陈军投降过来的士兵说，陈友谅已在舰上中流箭，从眼睛穿过头颅而死。

听到这个消息，朱元璋全军振奋，欢呼跳跃，更加奋力追杀敌人，活捉了太子善儿、平章姚天祥。

第二天早上，又有平章陈荣等将带残余水军船队投降，获士卒五万多人。只有张定边在夜间偷偷载着陈友谅的尸体和他的第二个儿子陈理逃回武昌。

整个决战结束了。

回想这一决战的前因后果，朱元璋心中犹感惊恐，感慨万千，对刘基说："这次大战真谓艰险啊！今友谅不攻建康而包围南昌，这是最笨的策略，怎么能不灭亡呢？"

刘基高兴地说道："托主公洪福，全战取得辉煌胜利。主公之勋，胜过当年赤壁走曹操者远矣，当永载史册。"

元至正二十四年四月，朱元璋下令在鄱阳湖畔的康郎山上修建忠臣祠，祭祀为自己在洪都守卫战及鄱阳湖大战阵亡的丁普郎、张志雄、韩成、宋贵等三十六名将士。又在南昌府建忠臣祠，祭祀赵德胜、李继先、许珪、赵国旺、牛海龙、张子明、张德山、夏茂成、徐明、朱潜等十名殉于陈友谅攻打南昌时的牺牲者，还有刘齐、朱叔华、赵天麟三位在临江、吉安沦陷时被捉在南昌城下死去的忠臣，以及叶琛、石思诚二人，并区分情况，一起被追封赠予勋爵。可见，此役朱元璋也付出了惨重的代价。

扶正吴王

江汉平定，陈友谅灭亡，扫除了元璋夺取天下的重要障碍。刘基着手计划实现他辅佐朱元璋的第二步战略，"扶主归正"，抛弃傀儡小明王，让朱元璋顺其名，正其言。

其中原因要从红巾军造反说起。

小明王韩林儿，属红巾军系列的共主，是"明王"韩山童的儿子。

元顺帝至正十一年五月，刘福通、韩山童在白鹿庄起义造反，拉起红巾军大旗的当天，就自拥称宋徽宗八世孙的韩山童为"明王"，头裹红巾，歃血立誓，分配任务，确定了正式起兵的日子。不料，事不慎密，消息走漏，韩山童脱身不及被抓获杀死，他的妻子杨氏带着林儿趁着慌乱，逃出重围，隐姓埋名。

直到元至正十五年二月，已是红巾军统领的刘福通，从砀山（今江苏省）夹河找到韩林儿，立为皇帝，又号小明王，建都亳州，定国号为宋，建元龙凤。称韩林儿的母亲杨氏为皇太后，杜遵道、盛文郁为丞相，罗文素、刘福通为平章，福通的弟弟刘六为知枢密院事。并拆除鹿邑县太清宫的材料建造宫殿。

之后，刘福通又派遣红巾军趁势挺进，攻山东、河北、山西、陕西等地，自己则率部出入大河南北，于至正十八年攻破汴梁（河南开封），接韩林儿到汴梁安都。至正十九年，汴梁为元将察罕帖木儿所破，刘福通又将韩林儿安置到安丰，一直到这次张士诚将吕珍攻破安丰，被朱元璋救出安置在滁州。

朱元璋于至正十二年投奔的郭子兴，即是红巾军的一个支流。郭子兴死后，正好杜遵道想统一红巾军的力量，任命郭子兴之子郭天叙为都元帅，张天祐为副元帅，朱元璋为左副元帅，军中文书都用龙凤年号。这时，朱元璋的羽毛已经有些丰满，看到自己的队伍被人家收编，心中很是不服，慨然曰："大丈夫宁能受制于人耶！"但又考虑到韩林儿势力强大，可以作为依托，因此尊宋龙凤年号来号令军中。

都元府的三个元帅，按地位来说，郭天叙是主将，张天祐和朱元璋是偏将，一切军令都应该由都元帅发号施令。可是，这郭天叙却没有军事经验，不懂打仗统兵，张天祐乃一勇之夫，只知受制于人，遇事无己决断，加上朱元璋会笼络人心，多谋善断，又有徐达、汤和等一大批勇猛善战的贴身将领跟随，有自己的一支部队，所以朱元璋虽然只坐第三把交椅，但却凡事由他作主，成为事实上的主帅。

三攻集庆之后，郭天叙、张天祐亡于战乱。这样，郭子兴的旧部全部归朱元璋指挥，成为一个名副其实的都元帅、小明王麾下的一员大将了。

兵多将广，势力大增，当然就更不想受制于人。

但是，朱元璋这时的注意力却不在于名，而在于实，在于实际兵力，实际权力，实际地盘。

他知道，现在，这支部队自己当家，但当初之所以能成功，如果离开红巾军大旗，是不可能成气候的。要是离开红巾军和小明王，自己恐怕不一定能得到广大百姓和士卒的拥护。同时，朱元璋的势力不断得以壮大，很重要的一条，就在于他征战起家阶段喜欢接近文才，并且注意虚心求教他们，非常重视谋士的意见。这一批文人谋士，帮其启迪思路，谋划战略的一个共同特点，在于都让朱元璋夺取民心，没有一个人劝他摆脱小明王的制约。

朱元璋的第一个谋士为冯国用。当初，朱元璋请教他如何成就大业，冯国用说："欲图大基业，需要有一个牢固的基地。可进可守，站稳脚跟，然后方能图以发展壮大。"

"依先生之见，何处可作基地呢？"

"集庆（后改为应天，今南京市）地势险要，虎踞龙蟠，曾作六朝京都。如能占有此地，便可以逐步扩充，建立功业。"

朱元璋听从其战略，率军南下。

途中，定远才子李善长来投。朱元璋又征求方策："当前四方扰攘，何时才能太平？"

李善长说："主公记得汉高祖刘邦的故事吗？汉高祖刘邦是沛县（今江苏沛县）人，离濠州不远。他起于布衣，为人豁达大度，知人善任，治军严明，爱护百姓，只经五年，便平定天下。今元君暴虐，不得人心，而且朝政紊乱，上下不和，眼看到了土崩瓦解的地步。如果你能像汉高祖那样，要使天下太平，不难办到。”

同样，没有提到“小明王”。

朱元璋南下攻取第一个重镇太平（今安徽当涂）后，又与刚收的有识之士陶安讨论天下大事。陶安献策说：“当今到处民怨沸腾，英雄豪杰互相争斗，攻城掠地，此消彼长。然而，他们的志向都在美女财物上，没有平定战乱、拯救百姓、治理天下的胸怀。现在你率领将士渡过长江，不滥杀无辜，以此顺天意得人心而征战攻伐，平定天下还不容易吗！”

朱元璋又问：“我想夺取金陵，先生以为怎样？”

陶安说：“金陵是帝王之都，龙蟠虎踞，又有长江天堑可以依托。如果凭借它优越的地理形势，出兵去攻打各地，无往而不胜！这是老天用来资助明智主公您啊。”

占领集庆后，朱元璋已有军民五十万，成为当时威振四方的霸主。他召集当地父老民众告谕：“元廷政治腐败，生民涂炭。我到这里来是为民除害的。希望尔等不要掠扰，各守旧业。对贤人志士，愿意为我所用的，我以礼相待，给予重用，对旧政扰民之处，我坚决予以废除。留用的官吏，不得贪暴，殃害百姓。”遂改集庆为应天府。接着，他又一鼓作气，派遣徐达攻下应天东边的镇江，派邓愈攻下南边的广德，攻克江阴、常熟、宁国（今安徽宜城）、扬州、池州（今安徽贵池）等地，连同已取的江北滁州、和州，形成了一个以应天为中心的圆形根据地。

这时，他又感到小明王用处不大了，红巾军的旗号可以抛弃了，萌动了自立为王的念头。

可不巧，这个念头又被一个谋士打消了。

这人就是朱升。

朱升告诫朱元璋，夺得天下需要记住九个字：“高筑墙，广积粮，缓称王。”

明确告诉朱元璋当务之急是巩固后方，扩充实力，发展生产，储备粮食；从长计议，暂不称王，以缩小目标。待到准备充分时再图大举，自然水到渠成，事半功倍。

朱元璋连连道谢，牢记在心，并确定了在两淮江南地区“积粮训兵，待机而动”的方针，取得了兵强粮足的成效。

其实，对于这些谋士的策略，刘基也是赞成的。

得人心者得天下，不谋得民心，即使自称王霸，到头来也会被民众抛弃。而当初民心所向，乃红巾军也。他们的象征，则小明王，没有小明王，就没有与元朝廷抗争的代表。

刘基同时也认为，作为宏愿为“王者”，一心梦想夺取天下的朱元璋，对这小明王，只能“借”而用之。借其在开始积蓄力量阶段笼络人心；借其在力量不够强大时减轻四方霸雄的压力，如郭子兴、朱元璋初期就未与徐寿辉等发生直接冲突；借其力量与元朝廷抗衡，吸引元朝廷注意力，牵扯元朝廷兵力，两败俱伤，以使元朝廷对朱元璋扩充实力和扩大地盘无暇顾及。但是，到了一定时期，到了一定阶段，到了自己已深得民心，可以号令全军，威振一方之时，就不应该再受人牵制了。这叫识时务。

识时务者为人杰。

刘基认为，到了今日，形势发生了变化，朱元璋如果再继续受到有名无实的宋小明王的牵制，就可能扼杀其一统天下的宏愿。因此，当朱元璋请他出山，在定“征讨大计”时，他就给朱元璋提议，谋取天下大计，首先要摆脱韩林儿的牵制，走自己的道路，创自己的天下，打自己的江山。

这成为朱元璋后来夺取胜利的一条重要方略。

对于奉劝朱元璋摆脱小明王的控制，刘基是一贯的，坚决的。

至正二十一年正月初一，小明王封朱元璋为吴国公。江南行中书省设置御座，尊奉小明王韩林儿像前行庆贺大礼。

朱元璋率所有百官都去参拜。

人都到齐了。惟独不见刘基。

李善长派人去请。

还是不见影子。

再请。

这位军师生气了，怒曰：“他不过是一个放牧的毛孩子，尊奉他干什么！”拒绝拜礼。

事毕，朱元璋召刘基问：“今天怎未见先生？”

刘基道：“当今天下，惟主公为群雄之首，将来天下，惟主公为真龙是主，此乃天命也，我何去求拜一个毛孩子。”

朱元璋听后，顿时醒悟，大为感动，同时也增强了他彻底消灭陈友谅的决心。

当初，张士诚派吕珍围困安丰，小明王宋朝廷告急，刘福通两次发信派使求救，朱元璋准备率军出征解围，刘基坚持予以反对。其理由除了劳师远征，部队鞭长莫及，即使赶到安丰，城已被破，得不偿失和担心陈友谅趁后方空虚，攻占应天外，刘基有一个非常重要的问题问过朱元璋。

“主公此去，目的在何？”

“小明王被围甚急，我岂能袖手旁观？再者，安丰失守，张士诚的力量就会更加强大，不可不救。”

刘基除了分析当时的整个战局外，还有一句话很是关键：“且不说小明王该不该救，如若救出来，当发往何处？”

这才是刘基思想深处的一个最重要的问题。

是啊，你朱元璋不是整天想的是谋取天下，成就大业吗？既然如此，何必还去管那有名无实的小明王呢？即使你冒险这次救出他来，将来又如何处置？把他关起来杀掉吗？那又何必去救他！世人又是如何对你评价呢？如果继续让他做皇帝，那你打败元朝皇帝，又有一个宋朝皇帝，岂不是自捆手脚，作茧自缚吗？因此，无论从眼前着想，还是从图谋大计，他认为朱元璋都是不应该去解安丰之围的。

但朱元璋还是去了。

朱元璋的真实思想是什么？不得而知。

但刘基知道，他有两个症结所在：一个是与陈友谅作战两次，虽然取得胜利，但这陈友谅看来不好对付，朱元璋想先解决张士诚的问题了，他不愿看到张士诚又发展为第二个陈友谅。对这一点，刘基是可以理解的。还有一点，既是朱元璋的致命弱点，又是将来要给自己添麻烦的问题。就是既不愿受制于人，从内心不愿意把自己的旗帜挂在小明王的麾下，早就存离之而去之心，但又摆脱不了世俗的东西，担心后人说自己不仁不义。

这后一点，刘基看得非常之准，也非常之远久。

他认为，要为人君，天之骄子，当断不断，必受其乱。

后来，实践也证明刘基的认识是正确的，朱元璋想落一个正人君子的名声，却留下了谁最后杀死小明王的永世疑问。

刘基准备下决心迟早解决这个问题。

他自从投入朱元璋门下之后，就从来没有给朱元璋出过与小明王接触的主意，为朱元璋出的所有军事谋略，战略部署，作战行动，也从来没有报于这个宋朝廷知道。

他对小明王只是利用。利用其作为抵御元朝廷的一块箭牌。

其实，朱元璋又何尝不是呢？

只是他想做得高明一点。

对此，小明王也是有数的。只是他虽为皇帝，却无有一兵一卒。当时，一切权力在刘福通手中。后来，又受制于朱元璋。

安丰之围后，朱元璋将小明王韩林儿安置到滁州。小明王非常担心，他知自己目前片瓦皆无，要不是朱元璋救下自己，恐连眼下这块立锥之地也没有，便问皇后说："我今日徒拥帝号，已无权无兵，朱元璋为什么还要救我？"

皇后说："他要你作其手中一枚棋子。"

韩林儿说："那还不如把这个帝号让给他算了。"

皇后道："陛下错矣。朱元璋不顾风险，发大兵解安丰之围，要就是要的你这个帝号。他能理直气壮地与元朝廷抗衡，消剪其他势力。若陛下将此帝号让与他，无此名位，则危在旦夕。"

韩林儿又道："要若杀我，朱元璋现在实力雄厚，独霸一方，即可动手，为何缺了名份则危尔。"

皇后道："陛下说的有理，但目前尚不是时机，朱元璋面对众敌，既有元朝廷，又有陈友谅、张士诚等霸主与其相争，若不顾名节，现在动手除你，可为人之口实，自毁前程也。"

"我当如何为之？"

"以君臣之礼相待，为其加封，静候其变。"

"也只好如此了。"

于是，当朱元璋作为人臣第一次与这位自己旗帜上的皇帝见面后，小明王即下诏，封赠朱元璋三代：曾祖九四为资德大夫江西等处行中书省右丞上护军司空吴国公，曾祖母侯氏为吴国公夫人。祖初一为光禄大夫江南等处行中书省平章政事上柱国司徒吴国公，祖母王氏为吴国之国夫人。考五四为开府仪同三司上柱国军国重事中书右丞相太尉吴国公，妣陈氏为吴国之国夫人。

虽然安丰城里，朱元璋接到诏书，付为一笑，想这韩林儿还不算蠢，但他照旧供奉其为自己的"皇帝"，临时建造宫殿，把皇宫里的左右宦侍都换上自己人。

供养极厚。

防护极严。

小明王名为皇帝，其实是俘虏，受元璋监护。

叱咤一时的红巾之主，就这样找到了自己的归宿。

朱元璋夺取鄱阳湖大战的胜利，自然兴高采烈，喜气洋洋。当天，就下令犒军，大摆酒席。祝辞道："今日鄱阳湖大战尔等奋勇杀敌，取得辉煌胜利，明日上下一心，团结奋战，则可共夺天下。元璋将与汝等同甘共苦，共享富贵，让我全体士卒皆着锦衣，为官抚民！"

将士一哄而起，呼叫万岁。

这时的元朝廷乱之复乱，又起新波。

元顺帝派出讨伐各地反军的两支主力，分别由孛罗帖木儿和察罕帖木儿率领，他们在作战之中，不是尽力为朝廷谋事，而把大量精力用在扩充自己势力，相互争夺上了。有时为了共争一块土地，发生内讧，打得难舍难分。

察罕帖木儿被杀后，众将推举其子库库帖木儿任统帅继续统领大军，攻破汴梁，平定山东，势力大增。这时，孛罗帖木儿又以军队来争夺晋、冀，顺帝虽然屡次下诏调解，但不起作用，而两人的仇恨愈来愈深。

至正二十三年六月，孛罗帖木儿派遣部将珠展等入陕西。库库帖木儿派摩该与李思齐合兵攻打，珠展投降，便跟从了库库帖木儿。

八月，库库帖木儿派兵侵犯孛罗帖木儿镇守的境地。孛罗帖木儿奏："库库帖木儿继承他父亲的罪恶，有叛逆之罪，请求采以措施。"

又有治书侍御史陈祖仁上书奏疏直指顺帝："祖宗将天下传给陛下，现在天下衰败混乱得无可救药，虽说是天运造成的，但也与陛下赏罚不明有关系。"

这时，知枢密院事秃坚帖木儿得罪皇太子，逃奔大同，隐匿于孛罗帖木儿营中。右丞相搠思监与宦官朴不花依附太子，诬陷孛罗帖木儿谋图不轨。

顺帝下诏，历举孛罗帖木儿罪行，解除他的兵权，削去官爵，孛罗帖木儿杀死使者，拒绝接受诏命。

顺帝被权臣之间的争斗纠缠得天昏地暗，朝廷内部人人自危，上下不安，朝政、军事之事，无人理会。

张士诚这时看准了机会，胁迫元朝廷江浙丞相达实帖木儿，要求朝廷给他封王，经向朝廷禀报，再三请求，朝廷始终没有答复。于是，至正二十三年九月，张士诚自封称王，改国号为吴，并立即在姑苏修建宫室，设置官属。

也是在这一月，朱元璋、刘基班师胜利归回应天府。

本来消灭了陈友谅，胜利回归，朱元璋应该高兴才是，可一连几天他却兴奋不起来。原因很简单，东边的张士诚僭称吴王，朱元璋当然感到十分地不自在。

想想自己从濠州起兵，辗转已十余年了，现在陈友谅已经灭亡，剩下那张定边也是秋后的蚂蚱——蹦不了几天，我朱元璋比你张士诚势力强大得多，你称得起王，我就称不起吗？

他心里有意，暗中也急，可嘴中又不愿公开提出来。因为他的谋士们一直叫他

"缓称王"，这缓、缓、缓，何时才是个尽头？

朱元璋的心事，别人没有看出来，刘基却是早摸出来了。

这也是刘基的一块心病。

他想：号不响，即威不振。"吴国公"虽然也算封号，但却是那不值一钱的小明王封的，虽为五等爵位之第一，可毕竟只能算作"公"，不能算作"王"，古人云，"天下归往谓之王。"

于是，刘基借与朱元璋对饮之机，以朱元璋的话题为引子，谈出了自己的想法。

这天，朱元璋请刘基饮酒漫谈，情不自禁地说："自古水战，必得天时、地利与人和，乃为可胜。像三国时周瑜破曹操，是因风水之便，乃能取胜。而这一次陈友谅兵据鄱阳湖，先处上游而待我军，是得地利矣。又有兵广利器，不可一世。而我劳师远征，居然也夺得胜利，你说靠的是什么呢？"

刘基道："古人云，'天时不如地利，地利不如人和'。陈友谅这次决战，虽然兵多舰强，但人各一心，上下猜疑，互相提防，且已用兵数年，屡败而无功，不能养威俟时，今日适劳于东，明日又驰骛于西，失众心也。"

朱元璋："依先生见友谅是谓失人心也。"

刘基接着说："正是。我将士一心，人百其勇，以一当十，能不破敌乎。"

这时，朱元璋则将话锋一转问道："时正值秋季，乃用兵之时，元璋欲乘鄱阳湖大胜之机，再发征师，直指张士诚，先生有何高见？"

"基以为，主公于用兵之前，还有一件大事，不可不办。"

"哦！能有何事？"

"即王位。"

"这倒未曾想到。先生怎么提起此事？"

朱元璋确实吃了一惊。尽管他想称王，也考虑该做王了，但却未想到刘基是如此能看透人的心思，且这么快提上了日程。

"基有据可言。"

"请讲。"

"原主公不称王，是为救民于火热之中，先图大计，再称王霸，顺天意，得民心。现称王，乃为了更好更快地灭元拯民，顺应天势。再者，那张士诚与我共据吴地，割据已久。他已称王，是有吞并我之企图，主公当应速即王位，抑其气焰。"

"张士诚为元廷走犬，元璋不耻与其争。"

"此非争也，乃在正其名耳。"

"如若元璋不称这王，却发师去讨，灭此狂妄之贼，如何？"

"主公先即王位，所发乃王者师。"

"这就是先生所言正名乎？"

"正是。名正则言顺，言顺则行利也。名正言顺，会更有利于主公实现宏愿，谋取发展，统一天下。"

"然朱升曾嘱：高筑墙，广积粮，缓称王。此叮嘱元璋一日不敢忘矣。"

"此九字乃至理名言，理不当忘。但主公未想，此言出自十年之前，若再过几年，主公像灭陈友谅那般灭掉天下大乱，亦受这九字制约，乃通行否？”

刘基说出了朱元璋想说没有说出的话，为朱元璋说出了要说服别人而又说不出口的道理。朱元璋当然满心高兴，但又作出不以为然的样子，说道：“先生言之有理，但此事重大，且容元璋三思，不可操之过急。”

“此事重大，正宜早做准备，对全军将士亦是一个最好的鼓舞。”按照刘基的想法，既要称王，此时正是时候。

“以先生之见，当从何入手？”

“自古王者当有德、有威、有力。主公一身兼而有之，天下皆闻矣，所谓即王位，乃是水到渠成之势。惟大宋国皇帝韩林儿仍在滁州，当于晓谕。同时，便要修饰王宫，建各级官属，并不繁难。”

“即便如此，亦当有将帅上劝表才是。”

“劝表来矣，不需主公提醒。”原来，李善长、徐达、常遇春一行已来至帐前，他们喝过庆功酒之后，都觉得应该劝说朱元璋称王位，以压倒张士诚之锐气，壮将士声威。正巧走到门口时，听到了朱元璋的最后一句话。

“啊！各位亦是这么认为么？”朱元璋问道。

徐达说：“全军将士随主公南征北战，出生入死，谁不盼望主公早得天下！如果向大家提出为王之事，劝表之上，必如雪片纷飞。”

“看来大家都彼此想到一起了。”朱元璋显得满心欢喜。

当下，朱元璋与刘基、李善长、徐达、常遇春等计议，立了王号。按当时情形，朱元璋是吴国公，应天又是三国时吴国的都城，两下均占有一个“吴”字。又有民谣四出传道：“富汉莫起楼，穷汉莫起屋，但看羊儿年，便是吴家国。”用这个“吴”字最为合适。于是大家一致赞同：立号为吴王。

朱元璋要称王，可是在滁州还住着一个小明王，位于朱元璋之上，怎样处置呢？他传令大将廖永忠，专程到滁州接小明王前来应天。谁知到瓜州渡江，座船被人暗中凿穿，沉入江中。可怜的小明王就此一命呜呼。

了结了朱元璋一桩心事。

历史上却留下了一桩疑案。

永忠径回应天复命。

元至正二十四年正月，一切都准备好了，朱元璋行礼升座，即了吴王之位。为了与张士诚的东吴相区分，历史上称为西吴。接着建立百官，命李善长为右相国，封宣国公；徐达为左相国，封信国公；常遇春、俞通海为平章政事，立长子朱标为世子；刘基因多有功，又专长于天文、兵法，则被任为太史令。

二月，朱元璋率兵亲攻武昌，陈友谅的儿子陈理投降。至此，西线强敌已经消灭，刘基和朱元璋又指向了下一个目标。

东平士诚

秋高气爽，风清云淡。

刘基放下手中的《百战奇略》，望了一眼桌上摆着的《武经》，恋恋不舍地伸展了一下肩臂，抬脚向屋外走去。

梧桐树的绿装脱去了，变得淡黄，略显暗红，在秋风的抚摩下，轻轻摆动，沙沙作响。

一片，又一片，树叶告别母体，驾着秋风，在空中轻悠悠地飘着，飘着……

抬头望着，刘基默默地数数，西边的那一片叶子乃陈友谅。朝下的这一叶为小明王。噢！东边的那一片摇摇晃晃，似落非掉，挣扎着不想下来。“张士诚啊！该轮到你的头上了。”

近几天，刘基一直在为如何铲平张士诚而苦思冥想，谋划作战方案。

这张士诚，与小明王、陈友谅皆不一般。前者一心为己，私欲极盛，有奶便是娘。后者则为红巾军系列，死也不会与元朝廷为伍。张士诚与方国珍一伍，反反复复。如若需要，天下遍可投靠，元朝廷也不例外，只要条件合适，举手即降。如若不满，再予反叛。每反复一次，地位就高一格，地盘扩一部分，下次价钱更大。元至正十三年，张士诚即请降于元朝廷，被淮南江北行省授以官职，不久又反。十四年自称诚王，国号大周。十七年八月又降于元，授官太尉。

而这元朝廷的官也不给白做。其招降张士诚、方国珍之流，则是有目的的。一曰可以制肘一地之红巾。明知遍地冒烟，四方造反，朝廷望莫能及，收归几个红巾异族，即可减轻自己的负担，坐山观“猴耍”。因为朝廷也知这些投来投去，跳来跳去的猴子成不了老虎，只能占山为王而已。二曰解决无米之炊，燃眉之急。由蒙古皇室、贵族、僧侣、官僚、地主、商人所组成的统治集团，和用以维持这政权的大量军队，要吃要喝，要穿要用，其他都可有办法，惟这粮食，天上掉不下来，一顿不吃，则心要发慌。江淮富饶，为产粮之基地，南粮北运已是历史结论。仅至正十九年八月起，到至正二十三年七月，五年张士诚就为元朝廷运粮五十余万石，自己也由此而升为太尉。谁知张与朱元璋争一争，打一打，江阴、毗陵（武进）、宜兴等地你争我夺，没有停止过，直到至正二十三年二月，他派吕珍攻破安丰，杀刘福通。然后，又利用江浙行省平章杨完者与丞相达识帖木儿的矛盾，举兵再攻杭州，把那杨完者一刀结束了性命，元朝廷让其弟张士信代替了完者的职务。这达识帖木儿凭借人家杀了敌手，自已却也鸡飞蛋打，既得不到张士诚兄弟军队的支持，又没有官府实权，事事受到别人制约。二十四年八月，张士诚称王之后，总觉得留着达识帖木儿终究是个钉子，又使其弟逼死达识帖木儿。慢慢地，把自己的根据地搞得比较扎实了。

刘基回到屋里，摊开自己绘制的军用地图仔细比划着。

这张士诚地盘真不小呢，短短六七年功夫，以其平江（苏州）为中心，竟然北面扩展占有泰州、高邮、淮安、濠州、泗州（今江苏盱眙），直至济宁（今山东济宁），南占湖州，西到杭州、绍兴，东边到海。整个势力范围，沿东海北部海岸和黄海南部海岸，呈一个长方形地带，足有二千余里。

知己知彼，才能百战不殆。

刘基考虑，这张士诚要攻，但这么大的范围，必须找其弱点，各个击破之。

这时，朱元璋正好召中书省及大都督府诸大臣议事，商议进攻张士诚之事，要刘基速来参加。

刘基赶到时，见李善长、徐达、常遇春等已经在座。

朱元璋开门见山道："请尔等来，主要是商量歼张士诚之战事。这张士诚屡犯边境，多次对我挑衅，借我与陈友谅之战，偷袭安丰，进犯诸全，接连用兵，罪责难逃，我想该出师讨伐了，诸位意下如何，尽可说来！"

只见右相国李善长第一个说："张氏宜讨久矣。但是，目前其势虽然不如以前，而兵力却未衰弱，且土沃民富，又多积储，恐怕难于猝拔，宜谨慎对待之。"

朱元璋马上说道："彼自不量力，淫昏日益甚，民沸乃大。今不除之，终为后患。"

左相国徐达接着说："张氏骄淫，暴殄奢侈，此天亡之时也。其所用将领，如李伯昇、吕珍之徒，皆龌龊不足数，徒拥兵众，为富贵之娱耳。其居中用事者，乃皆为书生，不知大计。我以胜利之师讨之，必胜无疑也！"

朱元璋赞赏地点点头，望了一眼刘基。

"吾王英明。据基看来，张士诚虽为江浙一霸，但眼下政弊重重，自顾不暇，伐之顺天意，得民心，时机已经成熟。"刘基表明了自己的态度。

"噢！请先生仔细说来。"朱元璋已经习惯听刘基对局势的分析。

"就张士诚自身来看，有五个方面的明显弱弊：一曰反复无常，贪得无厌。同方国珍相属，与元朝廷复归复反，自封为王，自命不凡，无人节制，成为孤家寡人，战之无助者也。二曰不自量力。豪夺巧取，广占沃土，地域开阔，守之力不从心。三曰法之不正。令出不随，赏罚不明，军纪松弛，上下左右，离心离德，积重难返。四曰骄奢腐化，极尽豪侈。甚至出兵迎战，亦带女伎歌舞，宴乐不止，已成重弊。五曰主不问政，大权旁落。士诚本人养尊处优，滋意享受。其弟士信有过之而无不及，任江浙丞相以后，就大兴土木，修建官府，蓄养歌妓，肆无忌惮，荒淫无度。每次出师，不问军事，却携带樗蒲蹴踘，由歌妓簇拥着吃喝玩乐。又宠信黄敬夫、蔡彦夫、叶德新三人，任其弄权舞弊，胡作非为，民间近日流传说'丞相作事业，全凭金、菜、叶，一朝西风起，干瘪！'兵法曰：'夫为将之道，必顺天、因时、依人以立胜之。'我军日前全歼友谅，三军士气旺盛，上下同仇敌忾，天时、地理、人和兼而握之，张士诚覆灭已成定局。"

一席精辟的分析，更加鼓舞了朱元璋的斗志，他高兴地说："我事事操心劳神，严格执法决不宽容，尚且有人欺骗我，张九四一年到头足不出门，不料政事，怎么能不失败呢！"

又十分自信地说："天下用兵，河北有索罗帖木儿，河南有库库帖木儿，关中有李思齐、张良弼。然有兵而无纪律者，河北也；稍有纪律而兵不振者，河南也；道途不通，馈饷不继者，关中也。江南则惟我与张士诚耳。士诚多间谍而尚间谍，其驭众尤无纪律。我以百万之众，固守疆土，修明军政，委任将帅，俟时而动，其势有不足平者。"

接着朱元璋又与众人商议具体出师方案。

刘基按照自己的判断分析，提出了分为三步作战的建议：

第一步，先围其北境淮水流域，以断其江北之援，把其主要兵力压于长江之南。

第二步，进兵心腹之地，攻其外围，断其手脚，造成孤城之势。

第三步，直捣其巢，围攻平江，进行决战。

他说，"此战略可称'二先二后'，即：先北后南，先外围后中心。原因很简单，张士诚的基础原在江南，江北诸郡均为新占，并不稳固。如濠州、泗州、济宁等地，原本红巾军占据。因之，先为攻之，战无不胜。”

朱元璋大喜，当即发布了讨张檄文，曰：

惟兹姑苏张士诚，为民则私贩盐货，行劫于江湖，兵兴则首聚凶徒，负固于海岛，其罪一也。又恐海隅一区，难抗天下全势，诈降于元，坑其参政赵琏，囚其待制孙撝，其罪二也。厥后掩袭浙西，兵不满万数，地不足千里，僭号改元，其罪三也。初寇我边，一战生擒其亲弟，再犯浙省，扬矛直捣其近郊，首尾畏缩，乃又诈降于元，其罪四也。阳受元朝之名，阴行假王之令，挟制达丞相，谋害杨左丞，其罪五也。占据江浙钱粮，十年不贡，其罪六也。知元网已坠，公然害其丞相达识帖木儿、南台大夫普化帖木儿，其罪七也。恃其地险食足，诱我叛将，掠我边民，其罪八也。凡此八罪，有甚于蚩尤葛伯崇侯，虽黄帝汤文与之同世，亦所不容，理宜征讨，以靖天下，以济斯民。

这样，师出有名，朱元璋大军展开了歼剿张士诚的全面战争。

方略既定，朱元璋一声令下，至正二十五年十月七日，辛丑，左相国徐达、平章常遇春、胡美，及枢密院冯国胜、左丞华高等，率步马舟军水陆并进，浩浩荡荡奔赴通州（今南通）、泰州。

对于朱元璋先攻通、泰二州，剪其肘翼，张士诚始料未及。

二十一日，徐达兵趋泰州、浚河通州，遇通州方面士诚军队，一击溃之，首战小胜，获船一百条，马五十匹，驻军海安霸上。

二十三日，徐达进兵围泰安新城，击败士诚淮北援兵，擒其元帅王成。

二十五日，张士诚又派淮安李院判救援泰州，常遇春布兵伏截，活捉万户吴聚，俘兵二千余人。

三战皆胜，将士无不欢欣鼓舞。徐达却收到朱元璋一封亲笔信，称：“迩闻王保保兵入关中，为李思齐、张思道逐出潼关，还至汴梁。复东取乐安，又为俞金所败，追过清河，溺死者甚众。今王保保驱其人民已遁矣。孔兴、脱烈伯、天保奴兵乃走三晋。汴梁、唐、邓、南阳之间，余兵据守，尚未宁息。河南洛河水决，漂荡三千余家。天下扰扰如此，当何时可定也？此迤北消息，汝宜知之。军旅重事，望慎之又慎，如获张士诚将校，遣来吾自处之。”

徐达知吴王因未亲自统兵出征，不大放心军纪兵行，于是回复让吴王放心，表示定严军纪，不负王命。

这时，常遇春派人劝说泰兴守将投降，张士诚守将严再兴、夏思忠、张士俊等拒不投降，顽强抵抗，徐达增兵继续围攻。

闰十月初一，江阴水寨守将康茂才紧急派人前来报告说：“张士诚率领四百艘船出大江，抵达范察港，另外有一些小船在江中孤山往来出没，不知意图如何，请千万做好防备。”

朱元璋即召刘基分析研究对策。

刘基详细寻问了出师后战事进展，便道：此乃张士诚所用之计也，当予警惕。”

“何计之有？”朱元璋问。

"张士诚并没有所谓攻打江阴直接赴上游的计划，不过分开原来驻扎的水军，施展诡计来迷惑我，诱使我的步兵返回守卫水寨。我兵分之后，他便乘虚进行袭击，此乃一诡策也。另外，常遇春已出海安七十里击敌，敌之守兵不过万人，并没有抵抗我大军的实力，派船只航绕，不过是想诱我军深入。等到我军主力远离泰州之后，他必定暗中调动部队奔赴海安，使得我军力量分散，首尾相断，来不及救援，此乃其二计也。"

"先生所见至为精辟也。"朱元璋夸奖。

"幸得吾王如此信任，基怎敢怠懈半分。"刘基接着说："兵法曰：'致人而不致于人。'而今之势，可令常遇春驻师海安，谨慎守卫新城，以逸待劳。泰兴以南及江中船只，只要提高警惕，派兵注意防备就是。"

朱元璋听后，立即写信告诉徐达，晓以诸事，命冯国胜还兵水寨，徐达、常遇春大军慎勿轻动。告其："任敌水师自为徘徊，自老其师。然后，乘其怠慢，借机猛攻泰州。泰州若克，江北瓦解，敌军必不战自溃。"

二十五日，朱元璋又与刘基亲至康茂才处视察敌情，向徐达部署作战方案。

二十六日，徐达、常遇春按照朱元璋与刘基研究的部署，一举攻克泰兴，活捉城中守将严再兴等人，送捷报于朱元璋，并请示守城事宜。朱元璋令徐达自行处理，并乘胜攻取没有攻下的江北诸郡县；另遣千户刘杰北取兴化。

刘基分析，泰州已克，张士诚必不会坐以待毙，很可能从陆、海两道入淮增援，或直接对战，牵制前往作战的朱元璋军行动，或滋扰生乱，破坏整个军队行动计划，应有一支重旅留以机动，以免被动。特别要加强注意泰州、镇江两个重镇的设防。

这时，徐达已达高邮，准备攻取。朱元璋立即令其速撤军归泰州，作为机动力量，命冯国胜率所部进攻高邮。同时，令各地守将加强戒备，防止张士诚袭击破城。

果然，为牵制朱军进攻之势，张士诚首先是展开了江南攻势，遣兵进逼宜兴，徐达立即渡江予以还击，俘敌三千余人。

接着，张士诚又遣张左丞将兵八万攻吉安，朱元璋守将广德翼、元帅费子贤以三千人，动员全城百姓坚壁拒之，架设车弩于城上，射杀其枭将二人，张左丞不得不解围而去。

一招不行，张士诚改变战略，加强江淮间的行动。亦遣其将徐义由海道入淮增援。谁知这徐义产生疑心，以为张在剪除异已，把自已驱之于死地，竟屯兵昆山、太仓等地，三月不进。二十六年正月初一，张士诚又以舟师驻君山（今江阴城北临江），又出马驮山（今镇江），战舰五百余艘，将溯流由江阴窥镇江，实行溯江之牵制攻势。镇江乃历来兵家必争战略要地，张士诚此一行动，颇使吴王朱元璋震惊，立即亲率大军，于水陆并进增援。张士诚一听吴王早有准备，并闻大军将至，赶快焚掉瓜州（今扬州），掠西津而逃。吴王即令江阴水寨守将康茂才、江阴城守将吴良出江截击，毁船二百余艘，擒获二千余人。

三月初八，徐达再次从泰州出兵与冯国胜合力攻高邮，十四日克之。

接着，淮安、濠州、宿州、徐州皆定。这便引出了朱元璋衣锦还乡的念头。

这濠州乃朱元璋的家乡，又是其起兵之地，发源之土。但是，自朱元璋、郭子兴先后离开濠州后，原来共同造反起兵的几人皆无所作为，彭大有患病去世，赵均用则东去淮泗，后又北往山东投红巾军刘福通部下的毛贵。但赵均用这个人反复无常，竟将毛贵刺死，他也被毛贵的部将杀掉。原在濠州的节制元帅孙德崖等不堪一击，张士诚来攻濠州，他们一跑了事，濠州被张士诚部将李济占领。朱元璋曾感慨地对人说："濠州乃我之故乡，现在我是有国而无家啊！"

本来，收复濠州前，朱元璋考虑对自己家乡最好能不施武力，通过和平方式解决。见李善长与李济过去有点交情，便要李善长给城中写了一封信，劝其能明察时机，顺势去就，献城归降，避免战祸，少死无辜，谁知这李济竟不予答复。

无奈，徐达的部将韩政发兵围濠州，攻水帘洞月城，又急攻城西门，调来巨大云梯、石炮四面进击，声势浩大。城中坚持不住，于至正二十六年四月初九，李济和知州马麟出城投降。朱元璋异常欣喜，便召刘基商议，他想回家看看。

刘基本来认为现在张士诚未平，战事正紧，需一鼓作气，消灭士诚，平定江浙。但这时朱元璋已是吴王，刘基知这位主公时时处处都在拿自己与汉高祖作比。记得刚抵应天时，一次，朱元璋与自己赋诗作谈，顺手拿过一根斑竹筷，让以此为题赋之。

刘基当即脱口而出：

一对湘江玉并看，二妃曾洒泪痕斑。

"不好！不好！"朱元璋当即笑而反对，"一股秀才气味，请先生再出一句。"

刘基接着吟道：

汉家四百年天下，尽在留侯一借间。

将朱元璋喻作汉高祖刘邦，而自比留侯张良，朱元璋连声叫好，拉着刘基的手说："先生才高德重，是元璋之子房也。"

现朱元璋想衣锦还乡，刘基想，看来挡是挡不住了。当年汉高祖不就在当了皇帝之后，回到故乡歌其"大风起兮云飞扬"吗！"前辈"作出榜样，来者怎能例外呢？于是，不但表示了赞同，而且马上与李善长等作出了具体安排。

四月十三日，朱元璋率太史令刘基、博士许存仁、起居注王伟等随从，由全副仪仗队开道，上万侍卫左右护卫，渡过滔滔大江，驾临濠州祭扫祖宗陵墓。

一路队伍整齐，甲胄鲜明。这时吴王的军队已取掉了头上的红巾，将士们个个穿着红色的战袄和战裙，头戴阔檐的红色壮帽，旗帜也是红色的，当中一个斗大的白"月亮"，大书一个"吴"字。蜿蜒行来，恰似一条红色巨龙，格外威武雄壮。

刘基随朱元璋骑在马背上，思绪万千。

他想，自己奋斗不缀，终于快要实现辅佐朱元璋取得江山的宏伟目标了，眼前万万不可松懈，只有尽一切力量为主尽心，时时处处为其着想，才能树立起一代君王的威望，使其真正成为汉高祖那样的帝王，造福百姓，繁我国家。

朱元璋骑在马上，更是心潮澎湃。

放眼望去，这天、这地、这人、这景并无甚大改变，但心情却与以前大不相同。当今自己已三十九岁，距他当小和尚，在这一带游方的十七岁那年，已经过去了二十二个年头。酸甜苦辣，人生艰辛不由得浮上心头。

想那时，迭遭父母之丧，出家当了行童，所谓的"游方"，不过是变相的乞讨叫化子而已。风餐露宿，艰辛备至。这段回忆，朱元璋曾在后来他写的《御制皇陵碑》中有所记述。其中写道：“突朝烟而急进，暮投古寺以趋跄，仰穷崖崔嵬而倚碧，听猿啼夜月而凄凉。魂悠悠而觅父母无有，志落魄而佒佯。西风鹤唳，俄淅沥以飞霜，身如蓬逐风而不止，心滚滚乎沸汤。”字里行间，无不看出这位王者当年穷困生活的真实情景。

而今，天却变了。朱元璋不再是一个慌慌忙忙“突朝烟而急进”的小和尚了。“朝烟”者，无非是饥肠辘辘，看到炊烟冒出，急切地想讨一碗热汤粗饭。一天下来，两腿发酸，要找一个地方歇息了，于是，“趋跄”而“投古寺”。那“猿啼夜月”“西风鹤唳”更是令人倍感凄凉忧戚。因而，只能自比“蓬”草，概不由已地“逐风”滚动，内心像是被“沸汤”烫过一般……如今，这些都留在了昨天，朱元璋已处于前呼后拥之中，衣锦还乡，重新走上了二十二年前曾经踏过的土地。

心情的起伏是不需言状的。

一路沿途，自然有自己新委任的地方官吏和各处守将恭敬迎送，不在话下。到达濠州，朱元璋第一件事，就是去祭祖坟。

来到经过地方官员重新修缮的朱五四老夫妇坟茔前时，朱元璋再也掩饰不住那悲痛之状。

是啊！男儿有泪不轻弹，只是未到伤心时。

有谁能不在这个时候伤心呢？十九岁那年，家乡遇上天灾病疫，父母双亡。要不是邻人刘继祖送给这块荒冢为坟，父母恐无葬身之地。即使这样，落葬之时，也只能“蔽体恶裳，浮掩三尺”，连一块破木板也没能睡上。如今，自己占地为王，安享荣华富贵，抚今思昔，怎样才能弥补双老去逝时那悲惨情景呢？

朱元璋想：“那时凄凉，因为太穷，也倒罢了。可如今，再还让父母躺在这荒丘薄壤之上，心予何忍？”

他动了改葬父母之心。

祭祀完毕，朱元璋回到帐房唤进刘基，谈了自己的想法，问道：“先生之见如何？”

“这……”刘基闻后，迟疑起来。

“难道有什么不妥吗？”朱元璋心中也无底数。因为改葬可以，但葬于何处，如何改葬呢？

是的。刘基心想，这迁坟改葬可不是小事。虽然朱元璋正值盛时，但一则天下未定，士诚未灭，元朝未亡，皇位未登，又逢大军在江浙大举与张士诚决战之阶段，时机不好；二则这块坟地脉之旺盛，无处可比，否则，怎样解释朱元璋起兵以来种种进逼之势、凯歌频传之状呢？世人皆认为，这些帝王“发祥之地，灵秀所钟，不宜启迁以泄山川之气”。但他又不便讲第一层意思，怕刺激了这位王者。想了想，出了一个万全之策。答道：“吾王孝亲之心，令基敬佩。只是这改葬之事，却万万使之不得。”

“为啥？”朱元璋急切地追问。

“宝地难择呀！”

刘基接着说：“据臣下所观察，这双老所葬之地，乃是一块兴龙宝地。你看那二老卧身之处，头枕绵绵群山，面对滔滔淮水，他们安卧其中，紫气洋洋，风云呈祥，祖上得福，后世承运，因之才有吾王今日，若是改葬，万一破坏了这样的好风水，岂不是得不偿失吗?”

这番话要是别人说出来,朱元璋会不以为然,而出自刘基之口,朱元璋却不能不听了。因为他知道刘基的“文韬武略”,深知这位太史令博通经史,尤精象纬之学,别人是无可比的。

“先生说的有理,但难道我就让老人长期如此冷落吗?”朱元璋又问。

刘基说:“当然不能。”

接着献策道:“现在当地官员已将祖坟修葺一新,覆盖着细润光洁的黄土,茔头四周,也砌上了花格短墙护卫,墙外又移植了苍松翠柏异草奇花,初具规模。但这还不够,可令他们再差些工匠民夫,将坟墓加高培厚,再建宫室陵园,立石人石马、华表碑刻,设祭祀享殿、守备军营。如此,既可保持宝地无损,又使墓寝富丽堂皇,双老于九泉之下,自然便不孤寂了!”

“好!先生的确高见。这主意使得。”朱元璋顿时双眉舒展,表示赞同。

但稍停片刻,他又喃道:“只是二老下葬之时,可怜得很,一无棺椁,二无葬品,只用些称秸(高粱秆)裹着,用三道草绳捆了,如今仍然不得改行大殓,实在叫我难以忍心。”说着,眼圈发红,几乎掉下泪来。

“不!”刘基马上解释道:“吾王不必为此难过。老人是有棺木的,且不比普通之棺木,他们用的是对节玲珑木,三道滚龙绳。此乃上天所赐,非他人可有也。”

经刘基这么一说,朱元璋顿时心头一亮,心想:那秫秸节节相连,外表光滑如玉,可不是对节玲珑木么?那草绳三道,人们也常称之草龙的。便连连说道:“对!对极了。一切依先生之见而办。”

虽然朱元璋称为王者,刘基这时已是太史令,但朱元璋这个吴王对刘基的称谓一直未变。

后来,朱元璋果然未再提起改葬之事,乃依刘基之见,在其登上皇位之后,于洪武二年,开始建造陵园享殿,定礼祭祀,成为当地有名的凤阳明皇陵。

改葬之事有了主意后,朱元璋无他心思,便依刘基之见,大摆宴席,召来全村父老乡亲,开怀畅饮,特别召见了小时照顾接济过他的邻居汪大娘之子汪文和送给他坟地的刘继祖之女刘英,赏与粮食布帛,作为报答。并令当地官员,从此这濠州钟离太平乡的租赋一律免除。

五月三日,在故乡父老欢呼相送和顶盔贯甲将士前后左右簇拥之下,朱元璋乘上高头战马,面带笑容地向众人举手告别,回建康去指挥新的一轮征战。

平定淮域诸郡,朱元璋准备全线进攻张士诚心腹地区了。他又想唤刘基来商讨进军的具体路线,可是,有点忧虑难决。

原因说不出口。

刘基自至正二十年来应天后,朱元璋对他一直是十分满意的。第一面相见时,他就看出刘基身材魁梧,面容宽厚,态度从容,举止不俗,不由生敬。几年来,刘基又为自己定计出谋,划策调兵,立下汗马功劳,每用必言,言出必准,是不可或缺之人物。但是,与历代帝王一样,朱元璋也是一个多疑之君。他知道这刘基足智多谋,谋事必成,军中威望甚高,再若如此下去,自己的位置能否稳定?特别是上次出了邵荣反叛案件后，他的心里更是整天打着鼓点。

邵荣是至正二十二年出的事。

这位骁将本与朱元璋一同在濠州起兵，英勇善战，经验丰富，战功累累。朱元璋对他与对徐达、常遇春一样厚待。可是，自平定处州回来以后，邵荣便开始狂妄自大，有了非分之野心，经常口出怨言。部下将领中有人要举报于朱元璋，邵荣便心中不安，和赵继祖商议后，寻找机会作乱。

当时，朱元璋正好举行阅兵，邵荣便与赵继祖在门内埋下伏兵，企图杀害朱元璋。

正好这时大风突然刮起，吹动旗帜碰着朱元璋的衣服，他感到奇怪，便换过衣服从其他道路上回去了，邵荣的阴谋未能得逞。事败后，邵荣被朱元璋处死。

事情虽然过去五年了，但朱元璋一直没有忘记，阴影随时出现。

他想，像刘基这样的人，谁得之谁获胜。陈友谅失败，一个很重要的原因，在于为谋之士不如刘基。张士诚节节失败，也在于无刘基之人为其辅佐。可是，如果自己身边再出现一个邵荣式的人物，并与刘基合谋，则朱元璋大事休矣。

于是，吴王得出结论，既用其能，又不授其权。

这就有了太史令之职。

发挥刘基之特长，使其掌管天象历法、时节禁忌、瑞应灾异，兼而修史。

用之时，即可传入帐前，谋划韬略；不需要，即任其去舞文弄墨，也不失一种办法。

“万事当不可全信。”这是朱元璋的一种心态。

“治天下当先治人，治人当以权威为主。”这又是吴王的一个逻辑。

可是，离开刘基，上次却吃了一个不大不小的亏。

那是去年十一月攻打高邮之时。左相国徐达围困进攻高邮之际，应天府里，朱元璋得报十分高兴，但同时却出现不安之心，担心这徐达南征北战，愈战愈勇，连克敌城，战果辉煌。但“功高镇主”，如此任其继续发展下去，将来恐不好驾驭。吴王对徐达亦产生了提防之心。

正值刘基出计建议需有一师机动，防备张士诚其他举动。

于是，朱元璋再三考虑，遣使军中，传令通知冯国胜率部节制高邮之军，并由徐达留兵三万相助，令徐达速还师泰州，作为机动，并见机图取淮安、濠州、泗州。

可是，几天几夜，突击攻城，皆无战果。

朱元璋甚为着急。

又不想再请刘基。

无人商议军事。

朱元璋想到了汪广洋。

汪亦是朱元璋相信的文人谋士之一。

入得帐来，寻问计策，汪广洋说：“高邮守将俞平乃定远人，与李善长同乡，现既已被我所围，其必虑以后路，若得李善长劝之，则有可能兵不血刃。”

朱元璋一听，顿觉有理，即与李善长商议。

李善长欣然修书一封，曰：

顺逆者，成败之势也。去就者，福祸之机也。审成败之势，察福祸之机，唯豪杰士之能也。盖豪杰士乘乱起兵，相为雄长及遇真主，则委身归之。若窦融之于汉，李勣之于唐也。阁下诚能识成败之形，烛安危亡理，察福祸之源，转凶为吉，则身荣当财，泽流子孙，名垂于简册。

况我主上宽仁神武，录人之功，又忘人之过，从前为敌，不足阁下累也。若必据义固守，待我大军强攻，或身为俘虏，或膏涂野草，妻子为戮，贻天下笑，岂不深可惜哉！窃又为阁下筹之。

阁下所为，不知果为元欤，为张欤？如为元也，则元君昏弱，奸臣擅政，百姓荼毒，天绝其命矣。如为张也，则彼骄淫悖道，亡在旦夕。阁下于此时以弹丸孤绝亡地，归元不足恃，归张无所成，吾甚为忧之。夫不权事势之宜，昧于成败福祸之机，非智也。使百姓苦于锋镝，非仁也。惟阁下效古人之明哲，去众人之昏蔽，舍逆就顺，举城来归，岂不伟然大丈夫也哉！

朱元璋阅之，连声赞好，当即遣使送于高邮城下，交冯国胜。

冯说："不妨一试。"即命人潜入城中送信。

当夜，有暗信传出，约第二日开东城门，俞平接应于城内。

是时，果然城东门开。

冯国胜大喜，即令指挥康泰率三千人冲入城中。

不料，这俞平是假降。

待冯国胜的人马刚一入城，俞平在城楼上就急忙放下闸板，紧闭其门，使城外大军不得再入。

一声号角，伏军四面冲出，将三千人马围住，一阵混战杀得一个不留，指挥康泰亦死难殉职。

消息传来，应天府大惊。

失利原因，汪广洋献策能有何错？李善长修书乃奉自己之命，冯国胜亦是奉命行事。谁也怪罪不得，只有朱元璋自责不提。

怎么办？淮东战事刚演出开头好戏，就陷停滞之状。朱元璋不愿这种局面持续太长，于是又请来了刘基。

刘基应召入宫，详细问过战事，说道："高邮乃淮东重镇，守将必自恃，不到万不得已，不可能拱手降我。可立即加强攻势，令徐达速回师力攻，令常遇春率兵马策应，兵贵神速，指日可破，张士诚救之不及。"

朱元璋听其计，立即发出军令。

徐达与冯国胜会合后，六天即收之网底，斩俞平，俘官将一千又三十七人，士卒万名，马数百匹，另有官粮军物不计其数。所俘将士，皆送应天府。

这刘基仅此一人尔。朱元璋不得不最后决断，惟此依靠。

刘基传进，朱元璋问曰："淮东已平，进攻士诚，兵指何处？"

刘基早已胸有成竹，答说："我得到消息，张士诚知我淮东事后必攻江浙，杭州危险，已将其王府及百官等迁往太平。此战亦应按原定计划行之，先攻湖州、杭州，切断张士诚的两只臂膀，造成北西南三面包围平江之势，最后，直取平江，瓮中捉鳖，士诚只有举手之力也。"

朱元璋始出，召集众将商议。

常遇春说："逐枭者必覆其巢，去鼠者必薰其穴。此行当直捣姑苏，姑苏既破，则其余诸郡可不劳而下矣。"

朱元璋当即说道："不然。张士诚出身盐贩，湖州张天其，杭州潘原明，为其臂指，平江危急，二人必拼力救之。今如果不先分其势，而直接攻平江，两者一出，援兵四合，我则难取其胜。不若先出兵攻湖州，使其疲于奔命，羽翼已破，则平江势孤，可立破也。"

遇春还想执其前议。

朱元璋作色道："攻湖州失利，吾自任之。若先攻姑苏而失利，不汝贷也。"

徐达说："吾王之计英明。"

于是，常遇春不敢再予坚持。

八月四日，徐达等率诸军发龙江。

十二日，师至太湖。

二十日，常遇春在湖州港口遇张士诚舟师，一举击败，驻军太湖洞庭山。

二十四日，兵进湖州昆山，又大败士诚将领石清、汪海，擒之送应天。

朱元璋大喜，欢欣地说："胜之必矣。"

张士信这时驻军湖上，闻徐达、常遇春大军已至，急匆匆逃遁而去。

八月廿五日，朱元璋军至湖州三里桥，张天其知道一场恶仗不可避免，便兵分三路前来阻挡。以其参政黄宝挡南路，院判陶子宝挡中路，自己率兵挡北路，同佥唐杰为后继。徐达亦分兵三路进击，命常遇春攻黄宝，王弼攻张天其，自己出中路与陶子宝相战，另派骁将王国宝直扼其城。

常遇春勇猛异常，一马当先，直迎黄宝，不到三个回合，宝即招架不住，掉头便退。谁知城门紧闭，吊桥已断，退之不得，不得已，又返还迎战。这兵败如山倒，败兵之阵，更是不堪一击，常遇春将士英勇进击，刹间，黄宝溃不成军，连自己也被生擒押于常遇春面前。

张天其、陶子宝见状，知必败无疑，急忙鸣金撤退。

听到朱元璋以如此之大攻势进逼湖州的消息，张士诚着实吃了一惊，知道他又中了一计。

原来，在朱元璋发兵之前，刘基为了既攻湖杭，又麻痹张士诚，为朱元璋耳语了一番反间之计。

朱元璋与徐达、常遇春等人商议完进攻湖州、杭州的战略部署，即把二人叫到内室作了交待："我这次准备派熊天瑞跟随你们出征，让他为我施行一个反间计。张天瑞原被攻击无奈，投降于我，但心中常有不满，背后散发了不少议论，涣散军心。刚才商议的作战部署，告诉诸将不要让天瑞知道，只说我军直捣苏州，天瑞知道后，必然会叛变再投张氏，并提供我之部署。如此以来，士诚则堕吾计中也。"

这熊天瑞在徐达等军到龙江之后，果然叛变，投于张士诚，详尽报告了朱军直捣苏州之作战方案。张士诚紧急备战，修城固池，储备粮草，积极迎战。谁知徐达，常遇春却一头扎进湖州，搞得张士诚、张士信手忙脚乱。

眼看湖州吃紧，张士诚急忙派遣其司徒李伯昇前往救援，从获港偷偷入城，吴军又从四面围攻，李伯昇和张天其闭门坚守。

张士诚知道湖州如果丢掉，自己即断一臂，不敢有丝毫懈怠了，又派其平章朱暹、王晟，同佥戴茂、吕珍，院判李茂，以及称为五太子的人带兵六万来援救，号称二十万，屯驻在城东的旧馆，筑起五座营寨保卫自己。

徐达、常遇春和汤和等亦分兵驻扎于东迁镇的姑嫂桥，连筑十座营垒，切断旧馆张军与外来往的一切通道，李茂等人看到朱元璋军声势浩大，担心不能取胜，几场小仗，即夹尾溃逃。

张士诚看情况紧急，乃亲率大军前来救援，徐达等在皇林的原野上截其交战，又将其打败。

这样，朱元璋各路军马，均攻势凌厉，愈战愈勇，士诚部将士气一落千丈。

八月二十日，张士诚又遣同佥徐志坚以轻舟出东阡镇袭击朱元璋水师，欲攻姑嫂桥。常遇春率水师迎战。这时，正值暴风骤雨降临，遇春奋勇当先，令勇士冒雨乘划船数百突击，生擒徐志坚，俘获三千士卒，船舰一百五十余艘。

九月十六日，朱元璋命行省左丞廖永忠、参政薛显，带着流动作战的军队攻取德清县城，缴获四十艘舰，活捉院判钟正和叛将晋德成。

张士诚看到徐志坚等接连失败后，十分害怕，便派遣右丞徐义到旧馆观察形势，常遇春得知后，立即派兵堵其退路。徐义见退之不去，暗地派人约张士信出兵，与旧馆兵联合作战，张士诚亦派赤龙船亲兵前来援助，徐义才得以逃脱。到平望后，徐义另乘小船暗地进入乌镇，准备援助旧馆。遇春从其他港口追袭，放火焚烧赤龙船。这样，旧馆没有了援兵，粮食不足，降者逾千。

十月四日，常遇春又督兵攻乌镇，张士诚军心已散，将领徐义、潘元绍抵抗不住，连连退逃，常遇春紧追不舍，直到升山，攻破平章王晟的陆寨，残余部队逃到旧馆东壁，同佥戴茂请降。晚上，王晟亦举手投降。

卅日，徐达又攻升山水寨，常遇春等奋力出战，张士诚“五太子”与朱暹、吕珍等抵抗不住，只得举旗以旧馆降之，获其兵六万。这些人都以骁勇善战而名扬江浙，是张士诚倚重的手下强将，归降后，使湖州士气受到严重影响。

十一月六日，徐达又乘胜追击，并把降将明玉珍等带到城下，唤李伯昇等出降，城中大震。李伯昇、张天其等看到援绝势穷，只得宣布停战，出城投降。

十三日，潘原亦以杭州城迎降。

至此，经过五个月的鏖战，朱元璋全克湖杭两州及周围诸军，取得了消灭张士诚决定性的战果。

平江即苏州，亦称姑苏，是座古城。远古时代，吴地本为大禹治水功臣胥的封地，古名其地为古胥。而在吴语中，胥、苏二字音近，姑胥则演变为姑苏，苏州也才有了姑苏城之名称。隋开皇九年(公元 589 年)改吴州为苏州，治所在吴县(今苏市)。大业初复为吴州，又改吴郡，唐武德四年(公元 621 年)又改苏州。辖境相当于今江苏吴县、常熟以东，浙江桐乡、海盐以东，北及上海市大陆部分。五代晋后缩小为上述江苏部分及上海嘉定、宝山二县。宋政和三年(1113 年)，改平江府，元改为平江路，后来朱元璋又改为苏州府。

这是中国私家园林最有名的地方。私家园林萃于江南，而江苏则有“江南园林甲天下，苏州园林甲江南”之称。苏州在历史上有大小园林四百余处。

张士诚迁入苏州后，进渔隐园。住宅与花园贯穿一起，房间数十，雕梁画柱，门窗隔扇亦是细刻图画，厅堂皆有明瓦漏窗，窗外叠砌假山，散种花卉。宅西是园林，有丛桂轩、蹈和馆、五峰书屋、集斋、看松轩。园中一中心水池，临池建有射鸭廊、濯缨水、小石桥。水上凌空设一月到风来亭，典雅奇特。

士诚室内，桌、椅、橱、柜、几、凳，一律纯银打制，饰以金玉宝石，极尽华丽，满室生辉。又有一张红木床及博古架，满饰贝花，纯金浮雕神仙人物，价值连城。

但在这仙湾静港，富贵袭人之地，主人却怎么也潇洒不起来了。

至正二十六年十二月，朱元璋大军各路会师，云集平江，呈四面包围之势，部署如下：

徐达军葑门（东门之一） 常遇春军虎丘（西北七里）

郭兴军娄门（东门之一） 华云龙军胥门（西门之一）

汤和军阊门（城西北） 王弼军盘门（南门之一）

张温军西门 康茂才军北门

耿炳文军城东北 仇成军军城西南

何文辉军西北。

四面修筑长围，把平江城围得水泄不通。并在城外筑架起一群群木塔，几乎与城里的佛塔一样高，可以下瞰城中。木塔上有三层放楼，每层设置弓弩火铳，向城上守军不断施放。又摆上“襄阳炮”，装着铁砂铁块，日夜轰击。

张士诚集十万之众亲自督军坚守，朱军一时攻打不下。但这姑苏已成一座孤城，四外藩篱尽失，徐达也不去猛攻，只打算长久围困，逼张士诚不得不降。

消息送到应天。

朱元璋大为高兴，对刘基说：“先生曾言，明年底前灭东吴擒士诚，如今看来，不必矣。”

刘基问：“吾王之见，期在何时？”

“只消年尾便可收兵。”

“何以见得？”

“张氏被困孤城，其势已穷。”

“否也。基以为，士诚本已势穷，但以一国之势，集之于一城，则为富也。”

“那又能何？”

“其城必坚，其战必苦，其伤必重。”

“似有道理。”

“张士诚盐枭出身，历经风险，顽固异常，不入困境，洋自得意，若到悬岩绝壁，无路可走之时，必以死斗。”

“依先生见，可作何种部署？”

“当以计之。”

"何计有效?"

"《武经》曰:饥渴可击、奔走可击、气衰可击、心怖可击也。士诚守城,集十万之众,虽粮草皆备,但毕竟不比平时。现即面临新年,可多备犒军之物,广赐前方将士,与城中形成鲜明对比,造其饥渴之势,懈其斗志,此为计一。士诚兵广,围之强攻,伤亡必甚,斗志若懈,士诚不敌,其定惧怕,必要突围,借动而歼,逸以待劳,此为计二。突之不出,守城则坚,于以劝降,造其心怖,此为计三。待其气衰,鼓而进之,尽收士诚,必将全胜也。"

果然,时至年底,破城事无有进展。徐达性起,率军强攻,三日无获,武德卫指挥茅城战死。

新年到了,既然宋帝已亡,朱元璋废龙凤年号,改作"吴元年",并依刘基计谋而行。

腊月底,应天府热闹异常,鼓乐喧天,二十艘满载牛羊酒果的大船驶向平江,犒劳前线大军。船队从龙江出发,沿大江东驶,然后由镇江南下,顺着运河一直驶到平江城外。沿途新附州县的地方官,也趁机表现,把一些当地的特产,顺便加了进去,让东征大军痛痛快快地过一个欢天喜地之肥年。

船队到达时,正值除夕之夜。

正在城墙上的张士诚见景,心情无不悲惨。

除松江、嘉定、无锡外,他的疆土已经丧失殆尽,全被朱元璋占去。更使他难过的是,许多守将都是一战即降,甚至不战而降。就连那历经战火锤炼,城墙坚固,粮草充足的杭州,也是兵不血刃便送予朱元璋之手。当初一同起事的十八骑首领之一的吕珍,也在援湖州的途中,于旧馆弃械降敌。

平时,自己待人甚厚,金银玉帛房宅田亩皆不论它,即便是犯有过失,乃至贻误军机,吃了败仗的将领,亦不予重责。自己用人原则是许其富贵,由其自处。原想当年能为自己打天下的将帅皆英雄好汉,能自守城池,谁知竟土崩瓦解!

兵败如山倒!

张士诚后悔了。这几年自己满足于美女玉食,朝宴夜笙,荣华富贵,不理政事,恶果竟如此之大。

他追悔莫及,自己不像陈友谅那样野心勃勃,一上来就当皇帝,只想守住这块基业,从不冒险进取。

谁知这打江山难,守江山更难矣。

可是迟了。

歌舞升平,美女佳肴,酒绿灯红,固然可以陶醉于人,但却杀人不见血流。

重情轻罚,固然可以换得赞颂,但却换不来军心、军纪、军力,得到的只有眼前之败景。

他打了一个寒战。向城内望去。平江城内,云气低沉,冷风四起,隆冬的静夜,驱走了远远近近的狗吠声,家家关门闭户,灯火不明,死一般寂静。兵营之处,只有那一队队兵士肩扛武器,双手围袖,艰难地抬着沉重的脚步,边巡逻边提起耳朵听着城外的响动。

城外，却另是一番情景，转圈儿几十里连营，到处灯火通明，锣鼓喧天，鞭炮声、烟花声、喝彩声，连成一片。军士们还捡拾干柴，燃起一堆堆火，星罗棋布，仿佛直延天边。

遥望河中，停泊的朱元璋军舰船上，彩灯交挂，烟花爆竹直划夜空，此起彼落，在夜空里构成许多奇巧美妙的图案。

四面楚歌？

截然不同的两个世界。

身边，张士诚发现城墙上穿着盔甲的军士同样与自己一样吃惊。

酒香飘来，更使这些寒风中持矛而立的士卒口中涎水直流。

“不行！”这个盐枭出身的王者突然发怒了。

本性复发。

“这样下去人心皆去也。”

他把皮袭一甩，吩咐立即备马抬枪。

他那造反举旗的顽强性格再现。

决心出城冲杀一阵。我过不安稳，你也别想好好过年。

决定当然没错。现在急需要激励一下士气。战时，毕竟不是那玩歌弄妓之时。

葑门打开了。

张士诚带着他的亲兵“勇胜军”和三千骑兵，一拥而出。这勇胜军里有十个头目，个个悍匪出身，被张士诚重金收买，号称“十条龙”。

“十条龙”身着银铠锦衣，确也勇悍异常。见张士诚号令已下，便一声声大喊着，率先向朱军营垒冲去。谁知葑门的徐达早已有备。

只听一声巨响，营寨的各个栅墙上，立即冒出了千百名弓箭手，刹时弩箭疾雨般地射了下来，冲在前面的张军骑手纷纷落马。

一批倒下，再冲第二回合。

第三次冲击。

第四次……

每次都被雨箭射退。

战马嘶鸣。伤卒呻吟……

看着寨前横躺竖卧的都是自己的人马尸体，张士诚知朱元璋箭手强硬，只好下令撤回。

朱军营垒锣鼓唢呐大作。

张士诚气得怒火直冒，胸膛炸裂般痛。

嗣后，又是僵持。朱元璋好像根本没有夺城之意，只是每天不时派几个小分队，到城边骚扰一阵，又急匆匆退了回去，目的只是不让张士诚部将士放松绷起来的神经。而那二十万大军，都依山傍水，安营扎寨，每天操练不止，好像要在这里定居似的。

一晃半年过去了。朱元璋借自己占领丰产粮区，供给不会匮乏。而平江城中，虽然早有准备，储藏了一些粮食，但吃一粒就会少一粒，总有山穷水尽之际，那时，这十万大军的命运如何？

其实到半年以后，所谓十万大军连一半也没有了。因为张军将士，眼见困守孤城，内无强将，外无救兵，早晚要被朱元璋攻破，便陆陆续续有一些人不愿陪着张士诚同归于尽，趁夜间偷偷下城去，向朱军投诚。

像传染病一样，逃兵越来越多。

张士诚派勇胜军上城监督，杀了一些人，但也禁止不住。

终于机会来了。

眼看平江已被围困八个月了。张士诚不甘困死，想再来一次最后挣扎。

大丈夫能屈能伸。他想，盛况空前，也难免不碰劣运，阴天过去自然会晴空万里。当初仗着一十八骑，夜袭泰州，举了反旗，转眼不也"东吴"显世。现在虽然朱元璋兵强，但自己手下还有这几万人马，如果冒死突了出去，回到江北故乡一带，那里的广大盐民还是会拥护自己的，养精蓄锐，东山再起的时机不是没有。

在"十条龙"护卫下，张士诚亲自沿平江城走了一圈。只见朱军的营寨，前后错落，十分严整，直走到盘门，向外望去，似乎这儿兵力不重，有些松懈。又打听得知其驻军乃徐达手下的王弼，并不是什么名将，便决定从盘门突围。

这是刘基建议朱元璋留的一条口子。

拂晓，张士诚让弟弟张士信，带上几千人马，打开盘门，朝王弼军营呐喊冲去。自己却率一万大军，绕过山塘，袭击王弼之后路。

那王弼有刘基的运筹部署、徐达的暗中指挥，虽然年轻，却临阵不乱，一边向上呈报战况，一边分兵前后迎敌。听到探卒报告，知后路来的是张士诚本人，便抛下张士信这个花将军不斗，只带三百轻骑，直冲张士诚而来。

山塘路窄，张军展不开阵势。那王弼却又勇猛异常，手舞双刀，一马当先，势不可挡。

拥塞在山路上的张军，碰着的无不纷纷落马。

张士诚焦躁起来。他指挥大队，退到平旷之处，亲自去迎战王弼。

王弼红着双眼看张士诚冲了过来，知不能轻视，急忙挥起双刀来迎，两人你来我往，刀戟相撞，吼喊相连，左杀右挡，十几回合，难以分解。

王弼带的三百骑兵，也被张军分割开来。

"张士诚！我二十万大军围你水泄不通，还不下马受降？"情急中，王弼大吼一声。

"你小毛孩，竟如此放肆，还不赶快放本王过路，否则要你头颅！"

张士诚咬牙切齿，催马挺戈而来。

王弼打了个激冷。

张士诚顺势刺过一枪。

王弼一闪，双刀架了上去。

这里毕竟是王弼的驻地，一队队朱军，从四面八方纷杀而来，不大一会儿，也聚拢起上万人马。

山麓河谷，平旷之处，无不刀光剑影，厮杀拼斗，喊声震天。

突然，不知谁喊了一声："报告我王，常遇春率大队人马从侧翼杀了过来。"

对常遇春这名勇将，张士诚当然是知道的。“看来这围是绝对难已突得出去了。”他一边招架王弼的双刀，一边想着。

可是回头一看，自己身边除了“十条龙”外，不等下令，大队人马已自动朝后溃逃而去。

是啊！这会儿谁还有心思硬拼，四面被围，等着挨打，一等八个月之久，将士个个无不沮丧，垂头丧气，上下相怨。

谁都知道是凶多吉少了。

整个张士诚的军队，在心理上对于这场守城决战已失去了承受能力，可以说一触即溃。

而朱元璋之各路军士，则再也憋不住了，一直等了八个月，早就求战欲火直冒，突然间有了机会，上下戮力，信心百倍，士气昂扬，一顿狂泻，个个英勇无比。

他们在心理上对这场浴血奋战之形势成竹在胸，就连普通士卒，也对战事胜负了如指掌。

雄师威壮！

张士诚由“十条龙”保护着，夹在乱军中奔跑。眼看到了城边，却被连人带马挤进了沙盆潭。“十条龙”忠心耿耿，看到大王落水，下意识地一齐下去救主。

谁知这十人原来是陆上大盗，不识水性，加之个个身着银质铠甲，这东西沉甸甸的，可以抵挡枪矛，但到水中却成了累赘。刚一下水，就知思考不周，忙呼救命。但却来不及了，怎么哭喊也没有用，到这时谁还有心思去救人。

结果，“十条龙”淹死了九条。

倒是张士诚自幼在海边贩盐，游泳不成问题，自己挣扎着爬了上来。城中守军，在张士诚女婿潘元绍率领下，出城接应，才把张士诚救了回来。

这一仗，张士诚又损失三千多人，五百三十余匹战马。

张士诚病了。

他再也不想突围了。

又是对峙。不攻不突。

这天，军士报说，李伯昇门下的张国在城下要见大王。

这李伯昇，也是“十八骑”之一。他的父亲李行素，曾作过张士诚的丞相，后来因病死去。李伯昇与张士诚早年就有交情，又能征善战，所以张士诚派他去守湖州，结果被吕珍城下劝降。

“他来干什么？”张士诚现在也懒得多想，“放他进来。”

守城军士放下绳索筐子，把张国缒上城来。

张国进得王府，见张士诚卧在金丝床上，便行礼说道：“小人张国，代主李伯昇叩请大王万福全安。”

“哼！”张士诚冷笑一声，“你家主人，这次出尽风头，享尽天下荣华富贵了吧！”

谁知那张国却不示弱，爬起来即正色道：“大王如此说来，真是对李伯昇天大的屈冤。若论荣华富贵，我家老主人在大王殿前居丞相，小主人李伯昇也官封司徒，再富贵也莫过于此吧！难道他去朱元璋帐下还能高于此不成？只是湖州被困，吕珍将军在旧馆失机，降了朱军，并亲自在大军压境的情况下来到湖州城下，劝说我主人投降。那时，我主人看到敌我悬殊太大，战之不胜，降亦不可，只好拔剑自刎。幸得左右护卫，才得不死。为保全三万将士和满城百姓的性命，经再三考虑，才含泪吩咐，挂上白旗。大王，李伯昇之降，实是不得已啊！”

见张士诚默不作声，张国继续说：“其实成败胜负，自有天数。想那楚霸王项羽，当年何等威势，百战百胜，结果死在垓下，天下归汉所有。为什么？用项羽自己的话说：‘此灭亡我楚，非战之罪也！’”

张国见张士诚似乎并未反对，而且身子侧坐起来，吩咐侍卫倒茶，知自己的话已起了作用，便呷了一口茶继续说道：“想大王当初，一十八骑入泰州，占据高邮，被百万元军包围，旦夕就会灭亡，但突然元兵溃退，你以孤军乘胜攻击，东据三吴，占地千里，甲士数十万，面南称王，不正是当年的项羽？可今天，难道不与天数有关吗？”

停了一下，又接着说：“这只是其一。还有，如果你在那时不忘高邮之艰难，苦心经营，招收豪杰，按他们的才能分别授以职务，安抚百姓，训练军队，使用将帅，有功者赏，无功者罚，做到号令严明，百姓乐于归附，那么，不但三吴可保，天下亦不是不可取得。”

张士诚越听越觉这张国说得有理，但事已至此，追悔又有何益，不禁说道：“足下当时不说，现在再说有什么用呢？”

张国苦笑道：“即使当时想说，可你怎能听得到呢？那时公门如海，甲戈森严，怎容小人涉足。而罗列于大王前后左右的子弟亲眷，将帅朋友，又怎许小人说这种逆耳之言。他们终日里美女玉食，只图享乐，朝朝宴会，夜夜笙歌，带兵的自比为韩信、吴起，谋划的自认为诸葛再世，骄傲自负，不可一世，以为天下不再有什么人才。当此之时，你深居内殿，军队失败不知，丢失土地不闻，即使知道了也不追究他们的责任，因此，才会落到今天之地步。”

张士诚只能艰难地点点头。叹息说：“事到如今，不必再说了。李伯昇派足下来此，为了何事，你就直叙吧！”

“大王，事已如此，人事也难挽回，所以李伯昇派小人来向大王奉禀，有一计不知当不当讲。”

“无非一死，有什么不可讲的。”

张国说：“如果对国家、子孙有利，死是应当的；否则的话，不过自找苦吃。而且你也知陈友谅之事。他以精兵百万与江左之兵在鄱阳湖交战，友谅想用火烧江左的船，天变了风向反过来烧他的船，结果兵败丧命。为什么？天命在，人力是没有办法改变的。现在你依赖湖州援助，湖州丢了；依赖嘉兴，嘉兴丢了；又依赖杭州，杭州也陷了。只守这一块土地，拼死抵抗，我担心形势坏到极点灾祸就会发生，内部会有变化。那时，你求死不得，又以何计？因此，我为你着想，不如顺应天意，自己寻求好的结果，派遣使者，迅速前往应天，与朱元璋讲和，打开城门，幅巾束发等待命令，不失为万户侯。”

张士诚又一阵沉默。

张国又小声说：“陈友谅的儿子陈理，已被朱公封为归德侯，母亲兄弟，俱得保全。

这便如赌博一般，有得也有失，大王十四年前，原也不曾想有今天……”

“足下且休息，待我好好想一想。”张士诚说。

张国退下。

第二天，张士诚的回答是再次突围。这天，他把夫人刘氏及二三十位嫔妃、百十名丫环等全集中起来，慨然叹道：“庭前秋艳百佳孌，后宫春娇千花嫔也！今日胜况，惜不再有。”

刘夫人道：“吾王经节忧烦，保重身体。”

张士诚说：“日前城紧，元璋必亡之心甘，我败且死矣，尔们何为？”

刘夫人道：“吾王勿忧，妾生是王人，死为王鬼，绝不负君。”

张士诚对天长叹，挥手自己而去。

第三天，初七，张士诚倾全城之兵力突击胥门，决心与朱元璋围城之军决一死战。

这时，徐达已得到了李伯昇转述的张国劝降经过，知张士诚决心抵抗到底，但亦知其心境败矣。下令坚决予以还击。常遇春迎前堵截。谁知张士诚弟士信在城楼上督战，忽大呼一声：“军士疲劳，且退。”遂鸣金收兵。常遇春借势追之，大破敌阵。

徐达见张士诚坚不肯降，反而出战，大怒，令四十八卫将士围城，每一卫都置襄阳大炮五座，以及大小火铳，彻夜发射，城中士卒、百姓一片惶恐。几十路大军，如潮水般向平江城冲击。一波下去，一波又至。炮火连天，杀声震震。张士诚率心腹将领，日夜守卫迎战。突然，一炮飞来，把正在城墙上吃饭的张士信脑袋炸得粉碎。张士诚兄弟几人，现在只剩下他独自一个了。他的老倔劲又上来了，宁死不屈。城上的防守器材用光了，便下令拆毁庙宇和民居，把木头和石块搬上城去，当作武器。两军苦战两天两夜，徐达终于攻进了葑门。常遇春和汤和也从阊门攻入，守将、也是张士诚女婿的潘元绍投降。张士诚组织残兵进行巷战，谁知瞬间自己身边只剩下几十名亲兵勇胜军，其他将士皆无人为之卖命了。

直到这时，这位显赫一时的王者才长叹一声，不得不承认自己的末日到了。

这时张士诚的后宫突然起了大火，只听一片鬼哭狼嚎，闻而心悸。原来，张夫人刘氏，把士诚的群妾、侍女统统赶到齐云楼上，放火全部烧死，自己亦自缢而亡。

张士诚赶到宫中一看，点了点头，换上冠冕龙袍，找一根丝带拴在大梁上正想结束自己这难以定论的一生，被徐达派人救下。他却紧闭双眼，不发一言。被朱军用船送往应天，亦不言不食。一夜，张士诚乘守卫不备，终于悬梁自尽了。

张士诚于至正十三年起义，称诚王。十七年降元，任太尉。到二十三年，又自立为吴王，人称“东吴王”。至此覆灭，前后不足十五年。

拥帝立国

南征北伐

张士诚灭亡，无疑对朱元璋是个决定性的胜利。

但这还不够。

刘基与朱元璋制定的“征讨大计”，在于夺取全部国土，当一个一统天下的真命天子。

因此，夺得平江的同时，刘基就已着手策划对南方方国珍及岭南诸残敌之收复事宜。

这方国珍，为保生存，四方伸手，八面玲珑，也真活得不容易。早在刘基为元朝廷任职时，就多方打击，复反又降，买官保地，先为衢州路总管，至正十六年三月，元朝廷又命为海道漕运万户。至正十九年三月，朱元璋遣使招谕，方国珍与其部下谋计道：“方今元运将终，豪杰并起。惟江左号令严明，所向无敌，今又东下婺州，恐不能抗；况与我为敌者，西有张士诚，南有陈友谅，莫若姑示顺从，藉为声援，以观其变。”遂降朱元璋。但是，方国珍后来又与元朝廷相通，元朝当时正因中原久乱，江南海漕长期不通，京师屡苦饥馑，乃乘察罕克复汴梁之时，遣使以张士诚供粮，方国珍备舟海运，以济京师，并授方国珍为江浙行省平章政事以羁縻。至正二十六年，方国珍凭借元朝廷对他屡屡加官晋爵，就骄横不顺从朱元璋的命令，但又害怕朱元璋的威势，许愿“杭城下，即纳地来朝，献予三郡”。但朱元璋于至正二十六年十一月攻下杭州后，方国珍始终未交出所占领的地盘，答应每年向朱元璋输入钱币，也从未见交纳丝毫。朱元璋多次派人去责问，方国珍总是阳奉阴违，表面答应，实际拒绝。

朱元璋当时集全力攻张士诚，无暇兼顾，只愤愤地说：“姑且先把方国珍放在一边，等我平定了平江，他想使用我的年号已经晚了。”

至正二十七年三月，方国珍明知张士诚困守平江，江南大势已去，还是想投机取巧，非但不“纳土来归”，反而北通库库帖木儿，南交陈友定，并日夜搜集珍宝，修治船只，准备不测时全家逃奔大海。

这时，刘基认为不能再让其继续发展下去了，建议吴王采取果断措施予以征服。

朱元璋当即遣使要方国珍贡粮二十三万石，并写信责之：“克杭有日，何负其约如故也？”“尔早改过归顺，犹可保其富贵。不然，为偷生之计，窜入海岛，吾恐子女玉帛反为尔累，舟中自生敌国，徒为豪杰所笑也。”

方国珍接信之后，甚为恐惧，召集兄弟、侄子和将领商量对策。

郎中张本仁认为：“苏州尚未攻下，徒安能越千里而取我！”表示不可信。

刘庸则曰：“江左兵多步骑，其如吾海舟何！”表示不必担心，朱元璋对我们海船没有办法。

方国珍的家人大多同意他们的分析。

但有一人却十分明白，这人就是丘楠。他说：“二人所言，非公福也。有智才可以作出决定，有信才可以保全国家，有直才可以用兵。可你经营浙东有十余年，犹豫拖拉，不能早作打算，谈不上智；既同意投降，又加以背叛，谈不上信；我们实际上有对不起人家的地方，谈不上直。对方征讨是有理由的，不如伏在地上听候命令，还或许能得谅解。”

但方国珍却不悟。

朱元璋按刘基之意，决定用兵。

九月,朱亮祖进军屯新昌,遣军攻关岭山寨,克之。

接着又取天台,直逼台州。方国珍之弟方国瑛出战,被朱亮祖击败。台州陷后,方国瑛乘巨舰急匆匆入海逃走。

十月,朱元璋又命平章汤和为征南将军,都督府佥事吴祯为副,进兵攻方国珍于庆元。同时,朱亮祖又自黄岩攻温州,方国珍之子明善引兵拒战,被亮祖击败,夺其太平寨,追至城下,分兵攻其东西两门,即日便破,明善逃遁。

汤和又攻下庆元、定海、慈溪等县,方国珍逃至海上,又遇廖永忠,一阵攻击,方国珍终不能敌,觉得这次彻底输了。

无奈,遂于十二月派其郎中承广、员外郎陈永到汤和军中请降。又派儿子明善、明则和侄明巩等交上省、院等印章,并呈上降表,曰:

> 臣闻天无所不覆,地无所不载。王者体天法地,于人无所不容。臣荷主人覆载之德旧矣,不敢自绝于天地,故一陈愚衷。臣本庸才,遭时多故,起身海岛,非有父兄相藉之力,又非有帝制自为之心。方主上霆击电掣,至于婺州,臣愚即遣子入侍,固已知主上有今日矣,将以日月之末光,望雨露之余润。而主上推诚布公,俾守乡郡,如故吴越事。臣尊奉条约,不敢妄生节目。子姓不戒,潜构衅端,猥劳问罪之师,私心战兢,用是俾守者出迎。然而未免浮海,何也?孝子之于亲,小杖则受,大杖则走,臣子情事适于此类。即欲面缚待罪阙廷,复恐婴斧钺之诛,使天下后世不知巨得罪之深,将谓主上不能容臣,岂不累天地大德哉。

这次方国珍动了真的。

这是他闯南为寇以来惟一的一次真切实意的投降。

也是最后一次。

朱元璋看过降书,亦不能不说:“孰谓方氏无人耶!”

这方国珍于至正八年十一月,起兵海上,割据于温、台、庆元沿海三地,到为吴王所灭,共为时一十九年。

由于刘基对灭方国珍一以贯之,以致民间传说中对刘基在朱元璋剿灭方国珍的作战过程中所作的贡献,颇有些神话色彩,但从中却可以看出刘基之作用是巨大的。最有代表性的,是“巧设‘诸葛碑’”的传说。

当时,朱元璋派大将朱亮祖为先锋,率十万大军,攻打割据浙东的方国珍。进兵之后,一路势不可挡,直抵台州城下。

台州是古时兵家必争之地,西南临江,西北环山,城高墙厚,并且筑有两道城门,进可以攻,退可以守,十分险要。朱亮祖攻了十天,还是破不了它,只好退守十里,寻找对策。

由于方国珍一再与元朝廷勾结,大肆搜刮财物,做了不少坏事,老百姓对他早就恨之入骨。一些起义军的首领纷纷向朱元璋献计献策,认为要攻下台州城,一定要借西乡武举子的兵力才行。朱元璋觉得有些道理,强龙压不过地头蛇嘛!便与谋臣武将商议,如何才能借助武举子的力量。

原来,台州西乡有一家姓武的大户,户主曾参加过京都校场比武,虽未做官,但名气不小，人称“武举子”。这武举子个性倔强，有一支看家军，个个能飞檐走壁，武艺高强。当时群雄割据，天下大乱，他也自垒高墙，占山为寨，不愿与人合作。但此人有个明显特点，就是非常相信神鬼卜筮，只要是天地神鬼的旨意，他就会俯首听命。

朱元璋向浙东进兵后，风声一日紧似一日，武举子每天派兵丁在山庄前后巡逻，检查来往行人。

一天，兵丁们在庄后山坡上发现一个穿道袍的怪人，行动鬼鬼祟祟，好像在寻找什么东西。

兵丁们悄悄上去，把那人抓了起来，马上押到武举子面前。

“喂！你是朱元璋的奸细还是元兵的奸细，赶快从实说来，不然，别怪我武某不客气！”武举子审道。

那人毫不在意，笑了笑说：“庄主，我是四川峨眉山来的风水先生，俗号峨眉山人。为了寻找一条真龙，跋山涉水，已经历时三年又三个月了！”

武举子一听此乃峨眉山来寻找真龙的人，不敢慢待，急忙让座递茶，笑脸相迎。自己多年来一直在请人查看风水，寻找龙穴宝地，好安葬祖、父两辈灵柩，今天正好。

但他又不能轻信，便用各种有关风水的行语对其考验。谁知这峨眉山人确实上知天文，下知阴阳，无所不晓，面对武举子的盘问，侃侃而谈，对答如流。

武举子确信这是一位功力深厚的风水先生，便问道：“先生寻找真龙，不知来到武某境界有何贵干？”

“不瞒庄主，我苦苦寻找，翻山涉水，可找来找去，原来这真龙就伏在你家后山金印石的左面。”

“啊！真有此事？”

武举子庄园后山坡上，确有一块巨石，那形状就像元帅帐桌上的金印，人们常称“金印石”。

峨眉山人道：“不出帝王，也必然位在将帅之列。”

“那什么时候下葬最为吉利？”

“吉期不远，就在眼下八月九日。”

得来全不费功夫。武举子大喜。立即传下话去，第二天破土安葬两辈先人，大摆酒席，为峨眉山人接风洗尘。

第二天，这峨眉山人手捧阴阳八卦盘，在金印石的左边，仔细测定了“龙穴”的方位，并禀告武举子：破土时辰，宜在当夜亥时三刻。

半夜，后山火把高耀，如同白昼。众家丁沐浴更衣，焚香破土。当刨到一尺多深时，突然发现下面埋着一物，硬如金石，咚咚有声。挖起一看，原来是块石碑。碑上字迹已经十分模糊，经仔细辨认，判定石碑正面刻着“真龙之穴”四个篆书，其背面刻有两行隶书阴文，“天灵灵，地灵灵。碑石出，日月明。一元亡，一元兴。言未卜，汉家臣。”

武举子一见此碑，心中狐疑。他担心这“龙穴”已被他人所破，如果把祖先骨殖草草安葬下去，谁知吉凶祸福？急请峨眉山人快来解释这块石碑的来历。

谁知峨眉山人过来一看，抚着石碑满脸春风地对武举子说：“庄主，这是你家祖上积德，果然时来运转了。”

武举子忙问：“山人此话怎讲？”

“你看，”山人接着“汉家臣”三个字说：“庄主，这石碑是一千多年前蜀汉丞相诸葛亮埋下的，他预言一千年后，元朝覆灭，元璋兴起。”

武举子心中一惊，“怎么？元璋兴起？”

“对啊！庄主细析，这‘一元亡’是指元朝廷灭亡；这‘一元兴’，是指朱元璋兴起。庄主如若在此安葬祖先骨殖，又乘机归附朱元璋，必将大事成也，少说也能获得将帅之职，相国之位呢！”

武举子本来对这峨眉山人竟然如此准确地测出石碑之地佩服不已，现在则越听越入迷，越听越相信，便一面连夜安葬祖先骨殖，一面派人与朱元璋取得联系，商定合力攻城。两路人马一到，武举子的家兵便显出身手，高大城墙根本不在话下，个个如凌燕腾空，翻墙而上，台州很快被打下来。后来，武举子屡立战功，果真当了朱元璋的将军。

这峨眉山人是谁？当然是朱元璋军师刘基也。

他知道武举子迷信神鬼卜筮，便预先在后山坡上，暗埋一块用泥浆水煮的仿古石碑，借用诸葛亮未卜先知的千古盛名，终于使武举子钻进网中，为朱元璋灭方国珍立下了战功。

这时，又传来了福建前线战况捷报。朱元璋喜事不断。

福州乃为陈友定盘踞。陈友定是福建清州人，性沉勇，喜游侠，救急行义，获得乡邻喜爱和佩服。开始时为元朝廷一个驿站的士卒，由于喜爱谈论军事，被元汀州院判蔡公安看中，授黄土寨巡佥，在讨伐延平(今南平市)、邵武的造反群众中作战勇敢，立了战劳，得县令职。至正十九年，陈友谅遣兵扩大地盘，侵陷邵武、汀州及延平诸郡县，闽地震动。友定作为总管率兵反击，大破友谅侵军，遂升任行省参政。二十一年，陈友谅属将邓克明再次进犯汀州，友定再破之，又升行省左丞。于是，陈友定兵势日盛，诸事自专，元朝廷委派的行省平章燕子不花，徒拥有虚位。二十五年二月，陈友定竟入侵朱元璋之处州，朱军将领胡琛给予坚决反击，乘胜攻克松溪，并请朱元璋发兵铅山、杉关、建昌三路进攻，以取八闽。朱元璋听其言，遂分兵三路进击。五、六两月，朱军连克浦城、崇安、建阳，正准备攻取建宁，但却在攻城的时候，胡琛被闽建宁守将阮德柔内外夹击所擒，朱元璋军败，胡琛被杀。元朝廷以陈友定有功，升任其为福建行省平章政事，兼守八闽。

在灭方国珍的同时，朱元璋三路兵马同时出动，攻取陈友定。一路命中书省平章胡美为征南将军、江西行省左丞何文辉为副将军，以湖广参政戴德随征率师自江西入闽。一路由征南将军汤和率领，在灭方之后，率舟师自明州海道乘船取攻福州。另一路则由李文忠率师，进入福建。

十一月三十日，胡美率兵渡松关，略光泽下之。陈友定闻后，即令其同佥赖正孙、副枢谢英辅、院判邓益以二万众守福州，自率精兵守延平，相为犄角，以拒朱元璋军队。

十二月初中旬，朱元璋三路大军齐进，先后攻克邵武、建阳、分水岭和崇安等地，准备进攻福州。

福州城守甚坚，陈友定在城外环域垒筑许多堡垒，每五十步便筑一台，多置滚木檑石，严兵阵守。

汤和军队驻扎于南台河口，派人进入福州城招降，谁知元朝平章库春竟杀了使者，并率军出南门迎战，汤和派谢德成将其击溃，库春逃入城中拒守。

这天夜里，守城的陈友定参政袁仁知道拒守不住，便秘密派人与汤和取得联系，汤和军乘势通过高台蜂拥登城而上，邓益抵抗不住，战死城亡。

接着，汤和率军围住了延平，隔河摆下战阵，准备活捉陈友定，以平八闽之地。

朱元璋就是在这时得到战报的。眼看福建被平，广西、广东亦捷报频传，朱元璋能心里不乐开花吗？后来，汤和终于力克延平，生擒陈友定，消除了朱元璋在福建的最后一个屏障，这里不作细表。

这时，朱元璋动了当皇帝成真龙的心思。

刘基看到了。

但却不这样着急。

当朱元璋召其入宫时，他就想必须在这位吴王道出自己的想法前办成一件大事，然后，再议登基之事。

进得宫门，刘基先张其口："吾王召基进宫，可否是要商议北伐之事？"

"噢！先生怎有这等想法？"朱元璋有些吃惊。

"是的。当前军中将帅、官府臣僚上劝进表者，络驿不绝。吾王登基称帝，顺天顺民，势不可挡。"

"那先生如何要提北伐之事？且中原势大，根深蒂固，举兵伐之谈何容易。"

"元朝廷气数尽矣！我军所向披靡，一往无敌。顺帝淫逸，臣下跳梁，党争不休，土地日减，其势若履冰霜也，大军一到，必如破竹。"

朱元璋迟疑道："若要北伐，吾当亲征。"

刘基说："大可不必耶！"

见朱元璋并未理解自己的意思，刘基接着说："吾王细想，称帝不比为王。天子之谓，人之极也！总揽天下，一世之主，不可再如前轻易亲率出征。但是，并非不再征战。眼下天下未平，元朝廷苟延残喘，吾王可在登基之前，发师北伐，平定中原。如此既可以乘胜出击，再示军威，鼓舞士气，又可以防止将士产生太平享乐思想，保持队伍英勇善战之锐气，何乐而不为乎？！"

朱元璋说："先生乃天下第一谋士，元璋得之，一生之福也。那么，依先生之见，应派谁挂帅出征？"

刘基道："北伐之战，乃定天下之战，非一般将帅所能大任。依基之见，徐达跟随吾王，一生征战，用兵持重，军纪严明，无往不胜，且不擅作主，听于王命，令行禁止，可委以重任，主帅全军。常遇春英勇善战，身先士卒，冲锋陷阵，所向披靡，任之以副，必能助徐达一臂之力。但其易于轻敌，应予以约束告诫，如临大敌，可以其为先锋，与参将冯胜分左右之翼，合集精锐以攻之。右丞薛显、骁将傅友德勇冠诸军，乃各领一军，使当一面。徐达专主中军，责任是运筹决胜，策励诸将，不可轻动。"

"先生知人善任,元璋就此予以决断。"

顺帝的丧钟敲响了。

刘基对朱元璋从善如流的气质再次有了切身之体会。

非真命天子,必无其气魄。此人长虹,乃天命之所归也。

天子之言

金秋十月,风和日丽。

黄灿灿的太阳放射出耀眼的光芒。

朱元璋威坐王位。

征虏大将军徐达、副将军常遇春披甲挎马,英姿勃勃地立于二十五万大军前列。

右相国李善长代吴王朱元璋宣读由刘基提议、经文豪宋濂手笔、几位谋臣将帅反复琢磨修改的告北方官民檄文:

(吴元年冬十月)丙寅,檄谕齐、鲁、河、洛、燕、蓟、秦、晋之人曰:

自古帝王临御天下,皆中国居内以制夷狄,夷狄居外以奉中国。不闻以夷狄居中国治天下者也。

自宋祚倾移,元以北狄入主中国。四海内外,罔不臣服,此岂人力,实乃天授。彼时君明臣良,足以纲维天下,然达人志士,尚有冠履置之叹。自是以后,元之臣子,不遵祖训,废坏纲常,有如大德废长立幼,泰定以臣杀君,天历以弟鸩兄。至于弟收兄妻,子蒸父妾,相习,恬不为怪。其于父子、君臣、夫妇、长幼之伦,渎乱甚矣。夫人君者,斯民之宗主;朝廷者,天下之根本;礼义者,御世之大防。其所为如彼,岂可为训于天下后世哉!及其后嗣沉荒,失君臣之道,又加以宰相专权,宪台报怨,有司毒虐。于是,人心离叛,天下后起,使我中国之民,死者则肝脑涂地,生者则骨肉不相保,虽因人事所致,实无厌其德而弃之时也。古云:"胡虏无百年之运。"验之今日,信乎不谬。

当此之时,天运循环,中国气盛,亿兆之中,当降生圣人,驱逐胡虏,恢复中华,立纲陈纪,救济斯民。今一纪于兹,未闻有治世安民者,徒使尔等战战兢兢,处于朝秦暮楚之地也,诚可怜悯。

方今河洛、关陕,虽有数雄;乃忘中国祖宗之姓,反就胡虏禽兽之名,以为美称。假元号以济私,恃有众以要君,凭陵跋扈,遥制朝权,此河洛之徒也;或众少力微,

阻兵拒险,贿诱名爵,志在养力,以俟衅隙,此关陕之人也。二者其始皆以捕妖人为名,乃得兵权。及妖人已灭,兵权已得,志骄气盈,无复尊主庇民之意,互相吞噬,反为生民之巨害,皆非华夏主之也。

予本淮右布衣,因天下大乱,为众听推,率师渡江,居金陵形胜之地,又得长江天堑之险,今十有三年。西抵巴蜀,东连沧海,南控闽越,湖湘汉沔,两维徐邳,皆入版图,奄及南方,尽为我有,民稍安,食稍足,兵稍精,控弦执矢,目视我中原之民,久无所主,深用疚心。予恭承天命,罔取自安,方欲遣兵北驱群虏,拯生民于涂炭,复汉宫之威仪。虑人民未知,反为我仇,挈家北

走，陷溺尤深，故先谕告：兵至，人民勿避。

子号令严肃，无秋毫之犯，归我者永安于中华，背我者自窜于塞外。盖我中国之民，天必命我中国之人以安之，夷狄何得而治哉！予恐中士久污膻腥，生民扰扰，矿率群雄，奋力廓清，志在胡虏，除暴乱，使民俱得其所，雪中国之耻，尔民宜体之。

如蒙古色目，虽非华夏族类，然同生天地之间，有能知礼义，愿为臣民者，与中夏之人抚养无异。故兹告谕，想宜知悉。

多么精彩的语言，多么深刻的含义，多么锋利的笔锋，多么巧妙的宣传。

一篇檄文，既道出了天命在身的不可违逆之题，又揭露了元朝廷的腐败不可救药之势；既表明朱元璋要“驱逐胡虏，恢复中华”的雄心壮志，号召北方广大人民奋起反抗民族压迫，解放自己，又反映了他要“立纲陈纪，救济斯民”的建国方针，要“恭承天命”，恢复秩序，使百姓安定，国家统一；既是朱元璋起义造反，征讨群雄，独霸天下的壮举总结，又是他为王称帝，未来发展的归宿。

历史就是如此。

历史靠人来写。

历史又提供给人们以丰富多彩的客观现实。

历史是铁的。

读毕。礼乐长鸣。战鼓催征。战旗猎猎。威武雄壮。

目送完出征的将士，朱元璋心情异常高兴，乐呵呵地要刘基去看新修的应天府宫殿。

这是刘基又一杰作。

虽不同于战场计谋策划，但不次于一场你死我活之血肉较量。

既有胆略，又有才能。

既利于眼前，又计于长远。

既为一国，又为一人。

早在至正二十六年，淮东平定，准备讨伐张士诚腹地之时，一天刘基随朱元璋下棋结束，两人沿吴王府散步，此时刘基感到时机很好，便说出了自己这几天一直思考的一个问题。

“吾王不知考虑与否，到了该修建一座帝都之时了。”

“噢？天下未平，先生怎出此言?”朱元璋问道。

“以基看来，徐达大军已克高邮，淮东诸军指日可下，平张士诚期在眼前。”

“南北均执于人手，元璋不敢忘记诸位以前的劝解。”

“吾王可知，凡事宜早做准备。且士诚既平，南方不需半年即可得手。”

是啊，登基称帝，不是一件小事。两年前，即至正二十四年，陈友谅被灭之后，以李善长、徐达、刘基、宋濂等为首的百官就上表朱元璋称帝，但当时朱元璋认为时机不到，说：“戎马未息，疮痍未苏，人心未定，如匆忙自称帝王，恐条件不成熟，等天下大定以后，实行不晚。”最后，即了吴王位。当时不称帝是正确的，至少说是朱元璋的真实想法。

那么现在呢？刘基几天来都在想，群雄基本上按照自己为朱元璋的安排，已一个个除去，朱元璋的心思越来越明确了，拥帝建国的日期越来越迫切，如若不早作准备，措不及手。

这是刘基等人的责任。

他要走在王之前面，才能担当起辅佐之责。

“江北呢？先生总不会忘记，与我争夺的‘真主’乃在北方。”朱元璋又问。

“北方气势亦尽，攻之摧枯拉朽，不会艰难如灭陈平张矣。”

“王府存身，有何不妥否？”

“吾王有数，此宫乃是元朝廷南御史台所在地，虽经修缮，实嫌狭小，有阻王气升腾也！”

“啊！依先生之见，这宫非修不成？”朱元璋连睡觉都梦作皇帝，挡住王气怎么能行，一下子来了兴趣。

其实，刘基道出了这位“王者”心中所想。

朱元璋早就感到既作吴王，应有吴宫。这王城地域确是小了一些，有时想搞点大型庆功酒宴都显拥挤，何况将来统一天下后，下诏遣使也不大方便。

可是他自己又不好言传。

刘基看到了这一点。他接着说：“且不说这王城之简陋，外边的城垣，虽然西北临大江，东尽白下门，但距钟山较远，王气续之艰难，既无多大气势，也显不大安全。”

“先生看以何治之？”

“可筑一新城，直抵钟山，以成千秋大业。”

朱元璋同意了。

李善长等人亦表示赞同。

于是朱元璋命太史令刘基负责勘察地形，主管此项事关重大的艰巨工程。

知人善任。

他知刘基能担当起这件事。

只有刘基才能既赤胆忠心，又工于心计去完成朱元璋的嘱托。

刘基没有辜负吴王。

一连三天，刘基迎着晨曲出门，踏着月色入室，骑着那棕褐色的大马，踏遍应天府内外大街小巷，四处察看，从山峦走势，江河流向，到地面高低，村居稀稠，各种地形，都一一看过。经精心比较，仔细斟酌，终于，他发现了一块宝地——燕尾湖。

此湖据旧城东部，距离白下门约二里多路，东北紧倚钟山，地面开阔，气势磅礴。整个城址占尽了钟山之阳，周围绵亘五十余里。

建帝都于湖上，可否？

阴阳五行曰：水生木。吴王乃命属木质，这是刘基早就卜算过的。

哪有比这更合适的宫殿之址矣！

彻夜奋战，刘基将所绘图纸呈与吴王及诸文官武将审议并实地勘察同意后，选定督工人选，筹备建设材料，择日开工，自然辛苦了一大阵子。

现在，吴王要亲临即将峻工的新城视察了，刘基的心情当然是激动的。

朱元璋一行来到帝都跟前，只见一派郁郁葱葱，前后树木成林，苍松绿翠。城墙为方，四角角楼耸立，城外二十步为护城河，流水清澈见底，金鱼翔翔而游。进得城门，宫殿气魄宏大，规如唐之法度，前为三进大殿，名为奉天殿，华盖殿，谨身殿。后有乾清宫，坤宁宫。两侧是六宫排列。又设文华阁，武英楼。坤宁宫后为御花园，假山流泉，遍植奇花异草。城内各殿各宫皆有墙围隔之，自成一体，高墙重门。外城之墙尤其高峻，上铺琉璃瓦盖，其厚四尺，内为砖石，外为紫泥。环绕皇城共有四门，南曰午门，东曰东华门，西曰西华门，北曰玄武门。

新城之楼皆依宫殿之轴线而建，整齐有序，既适禁卫之营，又适民居叫卖，一派新鲜清晰之感。

朱元璋越看越高兴，越走越得意，不禁感慨道："此墙如铜浇铁铸，伟而高大，我看谁能一试跃过？"

"除非燕子飞入。"

一语道破天机。

这番话当然是一种传说。朱元璋身后，太子朱标早夭，太孙允炆登基，燕王朱棣夺位，建朝永乐。因之人们相传，谙识天机的刘伯温在朱元璋生前就卜算出了之后天下之变，不能不说是一种崇拜之心了。

朱元璋却未理解其含义。

否则，这位帝王就不会在登上大基之后分封诸王，造成后来的血腥风雨。

刘基随着朱元璋来到一大殿内。朱元璋看到雕龙画柱，讲究非常，便忘了自己身份，无不得意忘形地对刘基道："昔日方丘湖行动，谁知弄假成真，看来真的要坐金銮殿了。嘿嘿！"

刘基只能苦笑，这可不是天子之言啊！

"嗯嗯啊啊"了事。

这使朱元璋猛省，马上要做皇帝了，金口玉言，说一不二，怎能信口胡扯，传出去岂不有失体统！于是抬头张望，忽然发现一个人正在梁上刷漆，大吃一惊，大喝一声："什么人在上边，是盗是贼快与拿下！"

刘基一听急了，这吴王要杀人灭口。

"他是个哑巴！"刘基急中生智，既告诉朱元璋此人听不见，又暗示梁上君子若不装哑，死在眼前。

"你怎么知道。"朱元璋急问。

"我是吾王任命之总监工啊！"

朱元璋一想也是。刘基趁他不注意，又用嘴手给这位漆工打了一个手势。

那漆工心领神会，立即"嗤溜"一下滑在了地上，扑下身子便下跪叩头，"伊哩哇啦"喊了起来，又用手指指刘基的帽子，做个往自己头上戴的样子。

朱元璋不懂，视问刘基，"哑巴要做什么？"

"吾王，他在讨封啊。"

朱元璋笑道："一个没嘴的人，心还不小咧！"

刘基道："人往高处走么，这哑巴万人之中能荣幸与吾王见面，怎忍空空而归？"

朱元璋本想杀人灭口，如今凶气全无，且饶有兴趣地脱口而出："那就封他个'没嘴王'吧！"

那油漆工听了，心中惊气早消，但又不能不装出听不见的样子，双眼直瞪，又三伏叩头。刘基见状，忍俊不住，只得低下身子，先竖起大拇指，比作朱元璋，又用食指，比作哑巴，告诉他："你在一人之下，众人之上啊。"

"哑巴"会意，连忙又向朱元璋叩了三个响头，然后从地下爬起，高兴得一蹦三跳地跑出了宫殿。

朱元璋、刘基同时露出了满意的笑容。

开国大明

至正二十八年，正月，初四。

大明王朝开国的日子到了。

历史记下了这一光辉之日。

这是刘基为朱元璋选择的黄道吉日。

原来，众百官三劝三辞，进表朱元璋"应天顺人，宜正大君之宝位"，"早定尊称"，朱元璋眼见一统在望，怎能不急于过上帝瘾。但他还要借助天意，以使臣民大众知道这个新帝不是自封的，乃是"替天行道"，便找刘基商量道："现百官拥戴，再三恳请登基正位，但眼下雨雪连绵，天气阴沉，昏天暗地，怎能举行大典？还请先生能够选出吉日才是。"

刘基对天文、气象有很深的造诣。早在做元朝高安县丞时，他就结识了进贤人邓祥甫。邓学识广博，对天文很有研究，家中藏书也颇为丰富。刘基经常与他谈论天文地理方面的问题。邓钦佩刘基孜孜不倦的治学精神和其对天象的独特见解，就将自己的全部藏书送给了刘基。因此，刘基得以在天文、地理方面有了更深入的研究，并利用与朱元璋征战的空闲，著写出了《天文秘略》、《观象玩占》、《白猿经风雨占候》等一系列著作论述。他明白，朱元璋要选择天气来附会天意。于是便甲乙丙丁、子丑寅卯地算了起来。这时已到年底，刘基想登基大典关系重大，不能推得太远，否则天气选得不准，可要出大祸。他便根据近日自己对天象的观测，风向的研究，告诉朱元璋："就选在明年正月初四吧！"接着又解释道："这时三天大年已过，万里晴朗，举行登基大礼，年庆接朝庆，百姓格外欢乐，鼓舞人心士气。"

朱元璋听了欢喜非常。但他还有点不放心，又叮嘱："这个日子我需向上皇禀告，先生可要择准啊！"

刘基道："吾王放心，吾王能有今日，本来就是天神上皇的意思，岂会有错！"

于是，朱元璋向上皇告祭："诸臣下要我尊称帝号，我不敢推辞，亦不敢不敬告上皇。现定于明年正月初四举行登基大礼。如上皇应准，就在四日这天给一个晴朗的好天气；若不应准，便给个坏天气，好让我知上皇之意，以择进退。"

诸大臣闻之，大吃一惊，不禁埋怨：怎能把话如此说死？万一天有不测风云，怎么是好呢？他们哪里知道这是刘基的一番谋算呢。

转眼到了预定之日，天宇澄清，风和日暖，氤氲香雾，上凝下霭，中星辉露。满城百姓，文武大臣无不交口称服："朱元璋果真是真龙转世，命中该做皇帝，连老天爷都显灵了。"

新建的应天府，遍街旌旗，张灯结彩。李善长令郭英率十万大军，新盔新甲，一律枣红大马，游于街中，显威报喜。

朱元璋在南郭祭祀天神地祇，即皇帝位。

天坛设在紫金山之南。

仪仗簇拥，银甲护卫，朱元璋神采奕奕，在诸公侯将相扶拥下登坛祭祀。

坛上列着皇天后土，日月星辰，风云雪雨，五犹四渎，名山大川之神，及伏羲三皇，少昊五帝，禹、汤三代圣君之位。

坛下鼓乐齐鸣。

朱元璋行八拜之礼。

太史馆弘文馆学士刘基读诵祭文：

维

大明洪武元年，岁次戊申，正月任辰，朔越四日乙亥，天下大元帅皇帝臣朱，敢昭告于皇天后土，日月星辰，风云雷雨，天地神，历代圣君之灵。道：天地之威，加于四海。日月之明，昭于八方。云雷之势，万物感生。雨露之恩，万民咸仰。伏以天生民，俾以司牧，是以圣贤相承，继天立极，抚临憧兆。尧、舜相禅，汤武吊伐；行虽不同，受物则一。今胡元乱世，宇宙洪荒，四海有蜂之忧，八方有蛇蝎之祸。群雄并起，使山河瓜分；寇盗齐生，致乾坤鼎沸。臣生于淮甸，起自濠梁。提三尺以聚英雄，统一派而救固苦。托天之德，驱一队以破肆毒之东吴；伏天之威，连千艘以诛枭雄之北汉。因苍生无主，为群臣所推，臣承天之基，即帝之位，忝为天使，以治万民。今改元洪武，国号大明。仰仗明威，打静中原，肃清华夏；使乾坤一统，万姓咸宁。沐浴虔诚，齐心仰告，专祈协赞，永克不承。

读毕，音乐交奏。

朱元璋与群臣设三十六拜。

之后，朱元璋引世子及诸王子、文武群臣，奉四代神主回城，送入太庙。追尊：

尊高祖考曰玄皇帝，庙号德祖。

曾祖考曰恒皇帝，庙号懿祖。

祖考曰裕皇帝，庙号熙祖。

皇考曰淳皇帝，庙号仁祖。

高祖妣玄圣太皇后，曾祖妣懿圣皇太后，祖妣裕圣皇太后，妣淳圣睿慈皇太后。

离开太庙，又至社稷坛行祭，祈祝风调雨顺，国泰民安，江山永保。

最后，朱元璋入奉天殿，衣龙袍，戴金冠，登上御座，上玉玺宝册，行追荐之礼，面南称孤。

李善长率百官及都城百姓代表，载歌载舞，山呼万岁，五拜三叩头毕。朱元璋宣读即位诏：

朕惟中国之君，自宋，运既终，天命真人于沙漠入中国，为天下主。传及子孙，百有余年，今运亦终。海内土疆，豪杰纷争。朕本淮右庶民，荷上天眷顾，祖宗之灵，遂乘逐鹿之秋，致英贤于左右。凡两淮、两浙、江东、江西、湖湘汉沔、闽广山东及西南部诸部蛮夷各处寇扰，屡命大将军与诸将校奋扬威武，已皆戡定，民安田里。

今文武大臣，有司众庶合辞劝进，尊朕为皇帝，以主黔黎，勉循与情，于吴二年正月初四日告祭天地于钟山阳。即皇帝位于南郊。定有天下之号曰大明。以吴二年为洪武元年。是日恭诣太庙，追尊四代考妣为皇帝皇后。立太社太稷于京师。

布告天下，咸始闻知。

诏毕。命刘基奉宝册，立马氏马王后为皇后。封世子朱标为皇太子。

看到与自己患难与共的结发之妻立为皇后，朱元璋无不深情地说："朕念皇后，偕起布衣，同甘共苦。常从朕在军，自忍饥饿，曾把蒸饼藏怀中送朕。又因素为父所疑，皇后从中百般调停，百计庇护，得免于患。家中良妇，犹国之良相，未忍忘之。"

马氏则说："妾听说夫妻之间相互保护容易，但君臣之间相互保护却很难。望陛下今日正位之后，时当警惕，不要忘了与您共患难的群臣，以保久安长治之业。"

次日临朝，文武朝见，朱元璋进封功臣。李善长排首位，封为银青荣禄大夫、上柱公、录军国重事、中书左丞相、宣国公。

封徐达为中书右丞相，兼太子少傅，并封为信国公。

封常遇春为中书平章、军国重事，并封为鄂国公。

其余诸文臣武将，如李文忠、邓愈、汤和、沐英、郭英、冯胜、廖永忠、朱亮祖、陈友德等，皆一一封官加爵。

刘基仍然任太史令，又被封为御史台御史中丞，身兼数职。

原本朱元璋准备封刘基为右丞相、太子太傅，并封安国公。

刘基得讯，连忙推辞，并说："臣赋命浅薄，若受大爵，必折寿命。"

朱元璋道："先生乃为相之材，自随元璋起，就显示出常人难以比拟的学识与智慧，观察形势，判断发展，把握脉搏，抓住契机，见人所未见，发人所不能发，提出了一个个高人一筹、常操胜算之计策谋略，为剪众雄，立下头功，是为大明基业之首辅，何不肯受职否？"

刘基说："剪灭群雄，乃陛下英明，将士勇敢，基为臣者，理应尽心，功不敢当，辅之必须，还请陛下给基以该坐之位。"

朱元璋见刘基恳切，便又准备封其为御史大夫。

刘基还是不受，说："此职乃御史之长，基不能胜任。"

朱元璋以为刘基感到位轻，便说："御史台乃是立于中书省之外的监察机构，御史大夫，重同相国，历代有丞相缺位时，常以御史大夫升任，是谓要职也，望先生勿辞。"

"基非嫌其轻，实虑才薄不能当也。"

"莫非先生心有隐忧？"

"基不敢存隐。"

"那么，就请先生听元璋一言。自古打江山则易，守江山则难。前者大战未歇，元璋即任先生太史令职亦是远虑而予的。国是重大，先生知之。元璋视先生，重在群臣之上，不独以先生有经纬天地之才，更以先生赤心无私，可为元璋监察百官。”

“基随陛下时间尚短，且功德不显，不足以服众也。”

刘基力辞再三，朱元璋只好任汤和为左御史大夫，邓愈任右御史大夫，任刘基为御史中丞，以章溢同为御史中丞辅之。

此时，北方未平，汤和与邓愈皆是战将，常年统兵在外。因此，御史台的事务其实仍是刘基来主持。

朱元璋当然对此是有数的。

其实，他亦不知刘基一再谦让的根本思想，在于自保平安，使朝臣之间和谐与团结。

这时，刘基却提出了另外一个问题，道：“陛下重看臣基，不胜感恩，但臣且还有一事启奏。”

朱元璋问：“何事？”

刘基说：“陛下既已称帝，乃是天子也，当以朕自谓。”

朱元璋问：“先生何出此言？”

刘基再拜道：“臣罪该万死。”

朱元璋上前将刘基扶起，执手而言：“先生言重矣！元璋与先生，虽为君臣，实情同手足，自谓小事，何必拘泥？”

刘基道：“陛下宠恩，臣不敢不愧领，但称谓之事非小也，请陛下准奏。”

朱元璋只好点头应允。

后来，刘基看到朝廷中处处一派祥和友爱气氛，大臣们无不忠心努力，相互谦让，各项国事有条有理；朱元璋勤于政事，又不专横，正是盛之景象，欣欣向荣，心中无不兴奋安慰。

洪武元年八月，传来胜利捷报，徐达军攻陷元朝的京城大都（北京），元顺帝出逃。

刚称为帝的朱元璋满心欢喜，亦对刘基这位杰出谋士的宏才大略而称赞不已。

原来，徐达、常遇春统大军北伐，其战略乃是按朱元璋与刘基的部署进行的。

当时，当朱元璋与刘基确定北伐战略后，朱元璋即召开军事会议，研究部署北征大计。此种做法，乃是朱元璋统帅全军，取得节节胜利的一种重要方法——发挥众将帅、谋士的聪明才智，让大家共同研究战略，出计定夺，明白行动主旨，集中力量实现目标。

朱元璋首先分析了当时的形势，问大家：“山东则王宣反侧，河南则扩廓跋扈，关陇李思齐、张思道枭张猜忌。元祚将亡，中原涂炭。今将北伐，拯生民于水火，何以决胜？”

常遇春等认为，如今南方已经平定，兵力绰绰有余。以我百战之师，直捣元朝京都，对付那惯于安逸享乐的兵士，举手之劳就能取胜，都城攻克后，我军势如破竹，乘胜长驱直入，其余的地方即可一鼓作气，全部攻克。

刘基则不同意。说：“元朝廷据大都已近百年，其城必坚，如若遇敌，其守必益。我大军深入，必难速拔，粮草何以接济？再若拖延，四方之元兵必将驰而往援，势难获胜。古人有云:一着不慎,满盘皆输。此乃决胜中国之役,不得有丝毫之懈怠。”

朱元璋同意刘基的意见,亦认为应先取山东,去其屏障,再移兵河南,破其藩篱,然后拔潼关,占领其门户,使元都孤立无援,可不战自破。最后大军西指云中、九原、关、陇席卷而下,北伐大军才能立于不败之地。

最后确定整个收复战略分为四步进行:

第一步:主力由江淮北上攻略山东,然后转兵进攻河南;攻占河南后,暂不西进,据伊洛潼关而守之,再发师北上。

第二步:主力由河南循御河经临清、长芦、通州攻元之大都(北京),消灭元室或驱逐元势力于长城以北,然后据守长城险隘转取秦晋。

第三步:主力由大都南下攻略山西,消灭或驱逐库库之势力,再进军关中攻略陕甘消灭李思齐及张思道等之残余势力。

第四步:北征漠北。

这一正确战略方针的制定,加上北伐檄文的发布,对北伐胜利起到了巨大的作用。北伐军势如破竹,席卷中原大地。

洪武六年(1368 年)七月二十八日夜,北伐军逼近大都时,元顺帝带后妃、太子仓皇逃往元上都开平(今内蒙古正蓝旗东)。八月初二,徐达率军进入大都,正式宣告了统治中国九十八年的元朝的终结。

朱元璋统一了中国。

需要考虑的是守业,如何让朱明皇朝,传之千秋万世。

这亦是心膂谋士刘基的一种宏愿。

但历史法则无情,他知这是不可能的。

良臣归隐

治世功高

公(指刘基)学足以探三才之奥,识足以达万物之情,气足以夺三军之帅,以是自许,卓然立于天地之间,不知自视与古之豪杰何如也。……皇上(指朱元璋)龙兴,卒以宏谟伟略,辅翼兴运,及定功行赏,疏土分封,遂膺五等之爵,与元勋大臣,丹书铁券联休共美于无穷,不其盛哉?

——徐一夔《郁离子·序》

明朝开国,刘基的履历并不复杂。

1368 年,朱元璋重建汉族政权,刘基任御史中丞。

同年八月,徐达攻入大都(今北京),刘基辞官归家。十一月,刘基被召还南京。

洪武三年(1370 年),朱元璋已统一中国北部,刘基被封为诚意伯。

洪武四年正月,刘基辞官还乡。

作为诚意伯,作为一朝重臣,刘基的睿智表现在许多方面,如奏立军卫法,倡“为政宽猛如循环”之论，论易相，定八股考试制度等。我们先看他所奏立的军卫法。

所谓军卫法，即卫所制度。每一个卫所在建制时都分配有军用农田。在汉唐时代，军屯是边防的重要因素，但在辽、金、元时代，主要靠民屯为军队提供给养。明代的军事体制借鉴了这两种传统，但又有别于其中任何一种。在卫所制度中，士兵有世袭的服兵役义务。他们单独立军籍，其中每家每户必须由每一代出一个丁壮服兵役。这就将世袭军官、世袭士兵与军屯结合起来了。其好处正如孟森《明清史讲义》所说："民屯乃移民垦荒，固为足食之一事；军屯则既可不弃地利，又能使国无养兵之费，而兵有保卫地方之实。夫责兵以卫民，曰汝职务宜然，此以名义相责，非以身家之利害相共也。兵为无产之人，受甚薄之给养，而为有产之人作保障，其势不可必恃，来不知其所从，去不知其所向，此种雇倩无根之人而假之以武器，习之以战阵，谓能使见利而不起盗心，见害而不思苟免，是以劳役待兵，而又以圣贤望兵也。人受田五十亩，兵有产矣；一家占为此籍，兵与地方相共矣，既无从出没为非，更不能恝视（无动于衷地看待）身家所在之地。"

卫所制度的特点是：平时把兵力分驻在各地方，战时才命将出师，将不专军，军不私将，军力全属于国家。大抵 5600 人为一卫，长官为指挥使，管辖五个千户所。每个千户所为 1120 人，长官为千户。千户所下分十个百户所，一个百户所为 112 人，长官为百户。百户所设总旗二，每个总旗下设五个小旗，每个小旗为十人。都指挥使司是地方上的最高军事机构。全国卫所、都指挥使司皆统属于大都督府。大都督府掌军籍，是全国的最高军事机构。和都督府相配合的机关是兵部，长官为兵部尚书。都督府是统军机关，对军队无调遣权。每逢战时，则由兵部派遣的总兵官统率卫所军队出征。战事结束，总兵官缴回将印，军队归还卫所。这样，都督府、兵部、总兵官都不能专权，有助于加强和巩固皇权。

执政者管理国家，是严好还是宽好，对这个问题的回答应视具体情况而定。因时制宜，因地制宜，事情才能办好。

"为政宽猛如循环"，这是刘基的执政要诀。开国之初，刘基主张严刑。他认为，宋、元因过于宽纵而失去天下，"今宜肃纪纲。"下令御史严加纠察弹劾，无论谁犯了罪，都绝不回避，即使是"宿卫宦侍有过"，亦请示皇太子，置之于法，朝廷上下均"惮其严"。

李彬一案是极能说明刘基之严厉的。李彬曾任中书省都事，因贪纵得罪。他与丞相李善长交情很深，故李善长请求刘基法外施恩。而刘基的态度非常明确：宁可触忤善长，也决不缓刑。李彬终于未能逃脱法律的制裁。

中国古代有畏于火而生、嬉于水而死的说法，它强调的是严刑峻法的必要性。无独有偶，刘基也指出："刑，威令也，其法至于杀，而生人之道存焉。赦，德令也，其意在乎生，而杀人之道存焉。《书》曰：'刑期于无刑。'又曰：'眚灾肆赦，此先王之心也。'是故制刑，期于使民畏，刑有必行，民知犯之之必死也，则死者鲜矣。赦者所以矜蠢愚，宥过误。知罪不避，而辄原焉，是启侥幸之心而教人犯也；至于祸稔恶积，不得已而诛之，是以恩为井也。"（《刑赦》）刘基的意思是：实行严刑峻法，看上去似乎很残酷，但人们由于心存畏惧而不敢触犯法律，也就不至于得祸，那么被判死刑的人也就少了。相反地，一味宽纵赦免，却使人们生侥幸之心，经常触犯法律，等到罪大恶积，仍不得不予以诛杀，那么被判死刑的人就多了。

刘基《得令字》诗亦讨论刑、赦问题，读者可以参看：

勾芒发陈根，北斗转东柄。
众星各参差，威弧何时正？
好生虽圣心，明刑亦王政。
哲人慎谋始，斯焉获终庆。
徒言两阶舞，可以怀逆命。
不见三危山，万里窜枭獍。
世德异唐虞，民情好争竞。
那无跗扁医，而有膏肓病。
波涛地轴軏，虎豹天关   。
雨露当春滋，风霜及秋劲。
谁能奉明主，顺天行号令？

诗的核心内容是：怀柔政策在唐虞时代或许有用，但时值“民情好争竞”的元末明初，虽然圣心好生，仍须明刑示法。正如雨露（赦）宜于春日（唐虞之世），风露（刑）宜于秋日（争竞之世），或刑或赦，均应从实际的社会情况出发。

从实际的社会情况出发，便不会机械地总操同一尺度。辩证唯物主义的一个基本原则是反对片面性。所以，几年之后，天下已由大乱逐渐趋于大治，这时，刘基又建议明太祖处事宜宽大为怀，他强调，“霜雪之后，必有阳春，今国威已立，宜少济以宽大。”辩证施治，体现出谋略家的胆识。

此事发生于洪武四年（1371 年）。

这年八月，朱元璋致信已退休在家的刘基，询问有关天象的事宜。朱元璋在信中写道：“近西蜀悉平，称名者，尽俘于京师。我之疆宇，比之中国前王所统之地不少也。奈何故元以宽而失？朕收平中国，非猛不可。然歹人恶严法，喜宽容。谤骂国家，扇惑是非，莫能治。即今天象叠见，且天鸣已及八载，日中黑子又见三年。今秋天鸣震动，日中黑子，或二或三，或一日四见之，更不知灾祸自何年月日？至卿山中，或有深知历数者。知休咎者，与之共论封来。”刘基得信，以“霜雪之后，必有阳春。今国威已立，宜少济以宽大”作答，据《明史纪事本末》记载，对刘基的建议，当时颇有不以为然者，有人甚至倡言“杀运三十年未除”，刘基知道后，仍坚持自己的主张说：“若使我当国，扫除俗弊，一二年后，宽政可复也。”显示了一个谋略家直方刚大、毅然自任的气概。

写到这里，有必要提到朱元璋制定的《大明律》，《大明律》是明朝的主要法典。从吴元年（1367 年）到洪武六年（1373 年），经过前后七年的反复修改，才基本完成。《大明律》草创之初，刘基为二十位议律官之一，参与过讨论。但从总体上看，它主要体现了朱元璋“重典治国”的思想，其特点是：条目较《唐律》“简核”，但“宽厚不如宋”，科刑甚严。比如：对民众的反抗，如犯了“谋反”、“谋大逆”之“罪”者，在行刑上，《唐律》规定为首者处斩刑，其父及年在十六岁以上的儿子皆处绞刑，其余亲属则不处死刑；而

《明律》规定，不分“主犯”、“从犯”一律凌迟处死，他们的祖、父、子、孙、兄弟及同居之人，年在十六岁以上的都处斩刑。再如，为了使民众只对朱元璋本人顶礼膜拜，《大明律》甚至禁止民众称颂“宰执大臣”：“凡诸衙门官吏及士庶人等，若有上言宰执大臣美政才德者，即是奸党，务要鞫问，穷究来历明白，犯人处斩，妻子为奴，财产入官。若宰执大臣知情，与同罪。”从这些条目，可见《大明律》用刑之酷。

《大明律》告竣之日，也正是刘基提出“今国威已立，亦少济以宽大”之时。这一事实提醒我们：在朱元璋成为异常专制的帝王之后，正直的刘基是不肯阿附的；他有针对性地提出了自己的建议，其建议中就包含有对朱元璋的委婉批评。

但遗憾的是，朱元璋却在专制之路上越走越远。从洪武十八年(1385 年)起，到洪武二十年(1387 年)间，朱元璋为了进一步巩固明王朝的集权统治，颁布了一部严厉惩治吏民的特别刑法，即《明大诰》，它设置了许多《大明律》所没有的禁令和罪名。从《明大诰》所摘录的朱元璋对于臣民法外用刑的案例看，其“办法”之多，令读者毛骨悚然，除了族诛、凌迟、枭首、斩等死罪外，还有墨面文身、挑筋去指、挑筋去膝盖、斩手、斩趾、刖足、枷令、常号枷令、枷项游历、重刑迁、充军籍没、阉割为奴等几十种，真可谓严酷之至了。

朱元璋对《明大诰》极为重视，甚至一度将之列为科举考试的内容之一。但《明大诰》如此峻酷，是不可能得人心的，故朱元璋死后不久，《明大诰》就废止不行了。《大诰》的遭人遗弃，反过来证明了刘基“霜雪之后，必有阳春”的思想才是合情、合理、合宜的。一个深谋远虑的政治家，他的智慧永远是人类的一笔财富。

据徐祯卿《翦胜野闻》记载：明太祖曾游览一座破败的寺院，“戈戟外卫，而内无一僧”。墙上画着一个布袋和尚，墨迹未干，旁边题一偈道：

大千世界浩茫茫，收入都将一袋装。

毕竟有收还有散，放宽些子又何妨。

这诗旨在讥诮朱元璋。“盖帝为政尚严猛，故以讽之。”明太祖命太尉亟索其人，不见踪影。

拿这一记载与刘基“宜少济以宽大”之论对读，更能见出刘基思虑之深以及敢于劝谏的诤臣风度。

在中国古代的政治生活中，宰相的重要性是异乎寻常的。以对原始氏族社会的巫师的理想化为前提，中国知识分子的最高理想是“应帝王”，“作宰辅”，“为帝王师”。伊尹、周公、诸葛亮……这是历代知识分子的楷模。因此，宰相这一位置，不仅仅是权力的象征，尤为重要的是，它表明了一个读书人的价值。懂得这一点，我们才能理解唐代诗人李白：他虽然并不具备宰相的才能，却一直向往着位登台辅，做一番使“寰区大定、海县清一”的事业。

宰相之重要还有另外的原因。中国的皇帝是世袭的，“天子之子不皆贤”，事实上，能有三分之一的皇位继承者“贤”就不错了。皇帝不“贤”，怎么能管理好国家呢？于是就有赖于宰相的贤能。用能“传贤”的宰相来辅佐不能传贤的天子，宰相肩上的担子是异常沉重的。

元代末年，刘基就非常关注宰相的人选问题。《论相》一篇，借历史题材来讨论现实问题，颇有针对性。其文曰：

> 楚王患其令尹蔿吕臣之不能，欲去之，访于宜申。宜申曰："未可。"王曰："何故？"宜申曰："令尹，楚相也，国之大事，莫大乎置相，弗可轻也。今王欲去其相，必先择夫间之者，有乃可耳！"王蹙然曰："令尹之不足以相楚国，不惟诸大夫及国人知之，鬼神亦实知之，大夫独以为未可，寡人惑焉。"宜申曰："不然。臣之里有巨室，梁蠹且压，将易之，召匠尔，匠尔曰：'梁实蠹不可以不易，然必先得材焉，不则未可也。'其人不能堪，乃召他匠，束群小木易之。其年冬十有一月，大雨雪，梁折而屋圮。今令尹虽不能，而承其祖父之余，国人与之素矣。而楚国之新臣弱，未有间者，此臣之所以曰未可也。"

《论相》所阐明的主张，在明初的政治生活中被付诸了实施。洪武初年，朱元璋对丞相李善长不太满意，刘基却以为："善长乃国家勋臣，能调和诸将。"朱元璋颇感奇怪地问："他有好几次想陷害你，你居然为他留地步？我马上要任命你做丞相了。"刘基顿首道："这好比换屋梁，先要选好栋梁之材。若把一些小木头捆在一起做屋梁，肯定会梁折屋塌。"当李善长被罢免丞相职务时，朱元璋打算任命杨宪接替。杨宪与刘基一向交情不错，但刘基却力言不可，其看法是："杨宪有丞相之才而无丞相的器量。做宰相的人，持心如水，以礼义为权衡，而本人不与之发生利害关系，这一点杨宪办不到。"朱元璋又问：汪广洋如何？答："他器量狭小，更甚于杨宪。"又问胡惟庸如何，答："胡惟庸犹如小犊，用他驾车，我担心败辕（比喻败坏事情）。"朱元璋听了，说："朕之相，诚无如先生。"刘基道："臣疾恶太甚，又才短不耐烦剧，做丞相将有负于皇上的知遇之恩。天下何患无才，惟明主悉心求之，目前诸人，的确未见其可。"果然，后来杨宪、汪广洋、胡惟庸皆败；尤其是胡惟庸，他利用权力，把自己的党羽安插进政府机构，并实际上已从内部接管了行政大权，朱元璋将他公开处死，并乘机废除了中书省及丞相制。

刘基与李善长是有隔阂的。《明史·刘基传》记载：明朝开国之初，刘基"谓宋、元宽纵失天下，今宜肃纪纲。……中书省都事李彬坐贪纵抵罪，善长素暱之，请缓其狱。基不听，驰奏。报可。方祈雨，即斩之。由是与善长忤。"朱元璋从汴梁回到南京，李善长立即在朱元璋面前批评刘基在坛壝下杀人，"不敬"，其他不满于刘基的人也交相诋毁他，终于使明太祖对刘基产生了嫌弃之心。

刘基与李善长之间既然有这段不愉快的经历，正如朱元璋所说，李善长被免相，刘基应该高兴才对，何以倒替他说话呢？

这里正见出诚意伯的睿智。

雄才大略的朱元璋，在明朝开国之初，仍然采用元朝的制度，中央设中书省，由左右丞相总理吏、户、礼、兵、刑、工六部事务。这一制度，赋予了丞相很大权力，使权力欲极大的朱元璋甚为不满。他说："设相之后，臣张君之威福，乱自秦起。宰相权重，指鹿为马。自秦以下，人人君天下者，皆不鉴秦设相之患，相从而命之，往往病及于国君者，其故在擅专威福。"他总结元朝灭亡的教训，认为原因之一便是"委任权臣，上下蒙蔽"。朱元璋不愿作无所事事的傀儡皇帝，他迟早会废除中书省和丞相制。

以刘基那种观察问题和分析问题的能力，对这种事物演变的必然性一定早有预感。从常识推论，朱元璋要废除中书省和丞相制，不能没有借口。他在洪武十四年(1381 年)采取这一重大行动时，便以左丞相胡惟庸阴谋政变为理由。所以，要遏制朱元璋对于丞相权力的吞并，在位的丞相必须在两个方面具有优势：

其一，这位承相在朱元璋的心目中威望极高，以致这位专制皇帝不敢随心所欲加以惩处。这一点，非李善长莫属。李善长(1314—1390)，字百室，定远(今属安徽)人。1354 年，朱元璋在南征途中攻下定远，李善长成为他的第一位文人助手，并在朱元璋的文官集团中始终处于第一的位置。曾向朱元璋建议“行仁义，禁杀掠，结民心”；常留守后方，调度兵食；1368 年被新王朝任命为中书左丞相。洪武十三年(1380 年)，朱元璋以“擅权植党”的罪名杀胡惟庸，以后又加胡惟庸以“通倭”、“通虏”和“谋反”的罪名，并不断牵连扩大。十年后，即洪武二十三年(1390 年)，开始了第二次大的清洗，李善长被牵连进去，卷进谋反案中，这就为朱元璋杀他提供了充足理由，但朱元璋却并未立即采取行动。以李善长的声望，朱元璋明白，那是不能随意处斩的。我们来看看当时的情形：

李善长的侄儿娶胡惟庸的姐姐为妻。胡惟庸叛逆案于 1380 年被告发时，就有人控告李善长与胡“交通”，但朱元璋未采取任何对李善长不利的行动。1385 年，又有人重新控告李善长，朱元璋依然没采取行动。1390 年 6 月，一名御史弹劾李善长，说他在 1379 年曾派使者以胡惟庸的名义送信给蒙古人，许多证人也证实李善长有罪，这时，朱元璋才“赐”李善长“死”，让他自杀。这与杨宪、汪广洋、胡惟庸等人轻易便被处死的境况适成对照，表明在朱元璋的文臣中，李善长毕竟是第一人。

其二，这位丞相在许多人心目中是一个决不会背叛朱元璋的人。这一点，李善长也是适当的人选。胡惟庸一案，朱元璋定的罪状是：组织党羽，收集军马，勾结倭寇和蒙古，请兵为外应等。这些罪状，尽管证据不那么确凿，却无人为胡惟庸辩冤。不少人以为，胡惟庸谋反，并非不可能。但当李善长被牵连进去后，却出现了为数不少的辩冤者，他们确信，李善长不会谋反。解缙代工部郎中起草了一份奏章，并以工部尚书的名义上报。他指出，李善长不可能有谋反动机，因为这罪行不能给他带来任何好处，此案于理不通。确实，如果说李善长居功自傲，在王朝内部搞派系，人们也许会接受这种指控，但加之以谋反之罪，却难以服人。

由上述二点，我们可以得出结论：尽管李善长也未必能遏制朱元璋对丞相权力的吞并，但如果试图遏制其欲望的话，李善长仍是最恰当的人选。作为谋略家，刘基的判断是非常准确的。

“王保保未可轻”，这一箴言，展示了诚意伯睿智的又一侧面。

王保保(？ 一 1375)，即扩廓帖木儿。元末沈丘(今属河南)人。察罕帖木儿之甥，自幼被养为义子。跟随察罕组织地主武装镇压红巾军。察罕死后，代为统帅，于至正二十二年(1362 年)冬攻占益都。后驻兵冀宁(治今山西太原)，与诸将孛罗帖木儿等相互攻击。至正二十五年(1365 年)封河南王，总领天下兵马。因李思齐不受调遣，遂进兵关中，与之相持不解。其部将貊高、关保也相继抗命，势力逐渐衰弱。至正二十八年(1368 年)，明军大举北进，他从山西败走甘肃，逃入蒙古。此后一再袭扰明朝的北部边境，拒绝招降。

刘基提到"王保保未可轻",是在1368年8月辞官归家之前。当时,因李彬一案,李善长对刘基满腹怨恨,在朱元璋面前"愬基僇人坛壝不,不敬;诸怨基者亦交谮之。"适值旱灾严重,朱元璋求言,于是刘基指出:这是由于朝政举措失当所致,如,"士卒物故者,其妻悉处别营,凡数万人,阴气郁结。工匠死, 骸暴露,吴将吏降者皆编军户。"凡此种种,"足干和气",导致风雨失调。朱元璋采纳了刘基的意见,但天仍不下雨。李善长等人的谗毁与刘基的祈雨不应凑在一起,使朱元璋颇为恼怒。刘基感到很难在朝廷呆下去了,遂借口"妻丧",请求辞官归家。临行,他特意上奏,强调"王保保未可轻"。因为,朱元璋正锐意灭王保保,刘基担心轻敌误事。

事局的发展印证了刘基的先见之明。

明军与王保保的交锋主要有两次:一次在1370年,一次在1372年。

1370年,明军从两个方向对元军发动了强大攻势。李文忠和冯胜率领一支军队经居庸关去攻打元帝,另一支军队由徐达、邓俞、汤和率领从西安攻打扩廓帖木儿。五月三日,徐达的军队在定西(今甘肃巩昌附近)发现了扩廓帖木儿。蒙古军队的人数比预料的多,他们猛烈进攻,包围了明军的西南翼,并一度使明军左丞相胡德济失去了控制人马的能力。第二天,徐达在稳住阵脚后,发起反攻,全歼王保保军,据说有八万六千多人。但是,王保保却逃走了,尽管是仅以身免。他后来成了沙漠上的霸王,被视为支持残元命运的好汉。这一结局使两年后的徐达深感惋惜。

1372年,明军兵分三路,向蒙古人进击。大将军徐达出中路,由雁门趋和林;左副将军李文忠出东路,由居庸至应昌;征西将军冯胜出金兰取甘肃。各将兵五万。朱元璋对诸将说:"今天下一家,尚有三事未了。其一,历代传国玺在胡未获;其二,统兵王保保未擒;其三,前元太子不知音问。今遣汝等,分头征之。"徐达的军队于初春时节横穿戈壁,在外蒙古搜寻扩廓帖木儿。蓝玉是徐达军的急先锋,他出山西雁门后就直趋土剌河。在土剌河附近发生的前哨战中,明军取得了胜利。但当明军被诱深入以后,一个多月来避免与明军交锋的王保保的主力出现了,结果,徐达的主力军在岭北和林的会战中一败涂地,"死者数万人"。

国初佐命元勋、一代名将徐达在岭北惨败,其直接后果是:朱元璋从此丧失了并吞外蒙古的雄心。而更深远的影响还在于,为明朝北部边疆留下了绵延不绝的威胁。这样的后果是明初君臣所不愿接受的。如日本学者和田清所说,"明朝兴起取代元朝,这不只是汉族以反抗北方民族压迫的势力恢复了南宋时代所丧失的中原地方,而是扭转唐末以来汉族的被动地位,完全夺回汉、唐最盛时代直到北疆的一次巨大运动。当时各将领都充分体会了这种意义,进行了奋斗。"遗憾的是,明初国势如此强盛,经略如此宏伟,却未能如愿以偿。

应该回头看一条材料。据《明实录》洪武五年春正月庚午条记载,朱元璋曾与诸将领讨论边事,徐达说:"今天下大定,民庶已安,北虏归附者相继,惟王保保出没边境,今复遁居和林。臣愿鼓率将士,以剿取之。"朱元璋提醒说:"彼朔漠一穷寇耳,终当绝灭,但今败亡之众,远处绝漠,以死自卫。困兽犹斗,况穷寇乎?姑置之。"诸将道:"王保保狡猾狙诈,使其在,终必为寇,不如取之,永清沙漠。"朱元璋问:一定要去征讨王保保,须多少兵?徐达答:"得兵十万足矣。"朱元璋强调说:"兵须十五万。"

“得兵十万足矣”，这是多么豪壮的语言，而轻敌之意也显而易见。朱元璋强调“困兽犹斗”和“兵须十五万”，心里大约还记得刘基“王保保未可轻”的告诫。常胜将军徐达终于不免失败，这个悲剧性的事件倒反证了刘基的英明。

当然，刘基并不希望如此。

洪武五年（1372年）十一月，朱元璋召徐达、李文忠还。他想起刘基“王保保未可轻”一语，对皇子说：“我用兵未尝败北，今诸将自请深入，败于和林，轻信无谋，致多丧士卒，不可不戒。”

洪武八年（1375年），扩廓帖木儿（即王保保）卒。

朱元璋曾给王保保写过七封信，他一封也不回；出塞后，朱又遣人招谕，亦不从；最后派李思齐去劝降，王保保反要思齐一臂。朱元璋因此很看重他。一天，朱大宴诸将，问：“天下奇男子谁也？”将领们都答道：“常遇春是也。遇春仅将兵十万，横行无敌，真奇男子也。”朱笑着说：“遇春虽人杰，吾得而臣之；吾不能臣王保保，其人，奇男子也。”《明史·扩廓帖木儿传》的这段著名掌故，印证了刘基的预言：王保保未可轻。

“王保保未可轻”，他的确是个不寻常的人物。他在元末的混乱中挺身而起，为衰残的蒙古朝廷竭智尽忠，劳苦功高。后来不幸随同元室北窜，退居漠北，仍一直抱着兴复元室之志。尤其是洪武五年，在岭北打败常胜将军徐达，使明人一度不敢北进。虽然明军也几次挫败他，但因为王保保的存在，总不敢轻举妄动。他带给元朝廷一线中兴的希望。“真可以说是孤掌支撑了将倾的天下。”

“王保保未可轻”，在朱元璋的文臣武将中，最了解扩廓帖木儿的是刘基。

明朝政府于洪武三年（1370年）正式建立科举制度，“专取《四子书》及《易》、《书》、《诗》、《春秋》、《礼记》五经命题试士，盖太祖与刘基所定。”“其文略仿经义，然代古人语气为之，体用排偶，谓之八股，通谓之制义。”（《明史·选举志》）明清科举制度曾受到不少非议，其实，作为一种人才选拔和官员任命体系，可取之处甚多。

其一，科举制度比历史上的九品中正制等有较多的合理性，舍此还没有别的更好的选拔人才的途径，清乾隆年间的大学士鄂尔泰指出：用八股文取士，自明迄今，近四百年，人知其弊却又守之不变的原因，在于变了以后没有良法以善其后。

其二，取消八股文，考试别的内容，也会有流弊，甚至流弊更大。唐代的进士考试以诗赋为主，北宋的王安石曾批评道：人年轻时，精力旺盛，“正当讲求天下正理”；闭门学作诗赋，其结果，一旦做官，临事皆所不知，以致人材比不上古代。根据王安石的建议，宋神宗年间的进士科以儒家的经典《易》、《诗》、《书》、《周礼》、《礼记》、《论语》、《孟子》为主要考试内容，王安石的《三经新义》则被规定为对经典的权威性的解释。王氏的目的，是要甄拔实用的人才，但事与愿违，应试者却“专诵王氏章句而不解义”。这使王安石大为沮丧，感慨说：本欲将经生变为秀才，没想到把秀才也变成了经生。由此一例，不难看出，官学功令，争为禽犊；士风流弊，必至于此。即使尽舍《四书》朱注，而代以汉儒的今古文经训，甚至定商鞅韩非之书、或马迁班固之史、或屈原杜甫之诗骚，为程文取士的依据，最终也会沦为富贵本子、试场题目。

其三，以考试的方式甄拔人才，必须有统一的标准，否则，考生与考官都将无所适从。所以，尽管一些著名学者如纪昀等对朱熹的《四书》集注颇有非议，却不赞成在科举考试中脱离朱注而杂采汉学。据清代梁章钜的《制义丛话》记载，有个叫王惕甫的考生，在嘉庆丙午科的考试中，采用汉人的注而不用朱熹的集注；结果，尽管他文章写得不错，还是被考官纪昀给刷掉了，而纪昀在学术上却正是偏爱汉学、不满宋学的学者。可见，纪昀主张，个人在学术上的独立见解不能影响考试标准的统一性。

刘基协助朱元璋确立科举考试制度，为的是维持和巩固明朝统治。原因明摆着：武力可以夺取政权，却不能用以治国。况且，军官大都不识字，办不了公文，即使识得一些字，也不能作高级执政者，历史尚未提供武人当政的成功事例。结论是：要管理好国家，必须有一个得心应手的官僚机构，而官僚必须是文人；从朝廷到地方，从省府部院寺监到州县，各级官僚得十几万人，白手起家的明太祖，从哪儿去找这么多忠诚而又能干的文人？将愿意效命的元朝的旧官吏和没有作过官的读书人以及富户集中起来，人才还是远远不够，只好想法培养新的。

科举制度正是造成大量新官僚的行之有效的方法之一。

“以饵取鱼，鱼可杀；以禄取人，人可竭。”功名利禄是帝王驾驭天下“英雄”的法宝。但仅仅吸引读书人应考是不够的，还必须将读书人的思想纳入皇家所希望的轨道，从控制他们的人生道路到控制他们的精神，使这个居于“四民之首”的社会集团真正与皇家同心同德。明代科举制度规定以《四书》、《五经》为基本考试内容，目的即是“端士习”，“崇正学”，把儒家的君君臣臣等纲常名教观念灌输到读书人的大脑中去。也许不应忽略的是，朱元璋曾对《四书》中的《孟子》动过切割手术。洪武三年（1370年），朱元璋开始读《孟子》，读到几处对君王不大客气的地方，便大发脾气道：“使此老在今日，宁得免耶?”（要是这老头活到今天，免得了被砍头吗?）下令国子监撤去孔庙中孟子配享的神位，把孟子逐出孔庙。洪武二十七年（1394年），还专门成立了一套班子来检删《孟子》，计删除85条，如《尽心篇》的“民为贵，社稷次之，君为轻”；《梁惠王篇》的“国人皆曰贤”，“国人皆曰可杀”一章；“时日曷丧，予及汝偕亡!”和《离娄篇》“桀纣之失天下也，失其民也，失其民者，失其心也”一章；《万章篇》“天与贤则与贤”一章；“天视自我民视，天听自我民听”；“君有大过则谏，反复之而不听，则易位”；以及类似的“闻诛一夫纣矣，未闻弑君也”；“君之视臣如草芥，则臣视君如寇仇”等。经过删节，仅剩170余条，刻板颁行全国。朱元璋的这一举措，发生于刘基去世数年之后，与刘基无涉，也与刘基的“王道”观不符。

明代的科举制，其考试分为三级：第一级是院试；第二级是乡试；第三级，包括会试、复试和殿试。

院试由学道或学政主持，在府城或直隶州的治所举行。院试之前，有两场预备考试。第一场为“州县试”，由知县或知州主持，考中的称“童生”；第二场为“府试”，由知府或直隶州知州主持；这两场考试没有名额限制，知县或知府一般总是让考生通过，以便他们能参加“院试”。

院试是决定童生能否成为生员的关键考试。院试过关，考生便取得了生员的资格，俗称秀才。做了秀才，即正式成为下层绅士的一员。虽然秀才不能直接做官，但一方面，他们从此在经济上免于赋税和徭役，在社会地位上高出平民百姓一等，另一方面，他们可参加乡试，有希望跻身上层绅士的行列，所以仍极受重视。

乡试每三年考一次，地点是京城及各省省城。乡试前的预试称科考，由学政主持，主要目的是确定哪些生员有资格参加乡试。乡试的主持官员称主考，有正有副，由皇帝选派。

乡试中被正式录取的称为举人。举人的功名比生员重要得多。因为，举人不但可参加会试投考进士，即使考不中进士，也能参加“大挑”，或做知县，或做学官，从此步入仕途；再退一步，哪怕不做官，在地方上以其绅士的身分，也实际上参与大量地方事务的管理，拥有相当大的权力。考上举人是读书人成为上层绅士的标志。

在最高一级的考试中，会试具有决定性的意义：会试录取后，一般不会被淘汰。会试由礼部主持，参加考试的是各省的举人。被录取者称为贡士，经复试、殿试，才正式取得进士的称号。进士几乎都能做官。他们在绅士阶层中社会地位最高，威望和影响也最大。名列前茅的进士则被选入翰林院。

科举制度于洪武三年正式建立后，洪武六年(1373 年)曾一度停止。朱元璋认为，科举所取“多后生少年，能以所学措诸行事者寡，乃但令有司察举贤才，而罢科举不用。”到洪武十五年(1382 年)复设科举。洪武十七年(1384 年)，“始定科举之式，命礼部颁行各省，后遂以为永制。”我们在前面对科举制的介绍，着眼于“永制”，并非完成于刘基之手，但其草创之功仍不可没。

指鹿为马的赵高向来被视为奸臣，刘基如何看待他呢？先说一桩历史事实。

至正二十七年(1367 年)，亦即吴元年六月，朱元璋下令杀元使臣户部尚书张昶。据《续通鉴》记载，张昶出使朱吴，被朱元璋留为参知政事。他“身在江南，心怀塞北”，总想败坏朱元璋的政治，以延续元王朝的寿命。为此，他做了两件事：一、使人上书颂朱元璋功德，劝他及时行乐；二、劝朱元璋“重刑法，破兼并之家，多陈厉民之术，欲吴失人心”。朱元璋将第一件事告诉刘基，刘基道：“是欲为赵高也。”朱元璋表示同意。

赵高(？一前 207)本为赵国人。后“进入秦宫，管事二十余年”，任中车府令，兼行符玺令事。亲近秦始皇少子胡亥。公元前 210 年，始皇死，与李斯伪造遗诏，逼使始皇长子扶苏和大将蒙恬自杀，立胡亥为二世皇帝。任郎中令，居中用事，控制朝政，掌握大权。不久，又杀李斯。秦失去颇得民心的扶苏与威望甚高的大将蒙恬、丞相李斯，政权落在胡亥、赵高手中。胡亥厉行督责，昏暴无比，是十足的独夫，秦崩溃的条件完全成熟了。

赵高的所作所为，动机是什么？有人提出，他是为赵国报仇，因为赵是被秦灭掉的。这样来看赵高，他便成了诛秦之暴的英雄。六朝志怪小说《拾遗录》卷四《秦始皇》一篇，叙秦王子婴囚赵高于咸阳狱，赵高被杀后，化为青雀飞出，成仙而去。子婴弃赵高尸于“九达之路”，“泣送者千家”。他是深得人心的。如果不是诛秦之暴的英雄，岂能受到如此的赞美？

清代平步青的《霞外攟屑》卷八有段意味深长的记载：

《复堂日记》：清泉欧阳轩赤城《月到山房诗》有《赵高》一绝云：“当年举世欲诛秦，那计为名与杀身。先去扶苏后胡亥，赵高功冠汉诸臣。”意亦诙诡。

无论是《拾遗记》的作者，还是欧阳轩赤城，他们都意识到一点：赵高乃有意乱秦国之政，以促使秦尽快瓦解。刘基显然也持这一看法，否则就不会将蓄谋乱朱元璋之政的张昶比为赵高了。

如此说来，赵高并非寻常奸臣。站在赵国的立场，他无疑是位英雄；正如站在元朝的立场，张昶是位英雄一样。此即所谓在周为顽民，在殷为节士。

不过，刘基指出张昶“欲为赵高”的真相，却并不是为了表达对张昶的欣赏，而是提醒朱元璋：张昶劝朱及时行乐，乃是别有用心；朱元璋务必居安思危，励精图治，不让张昶的阴谋得逞。朱元璋同意刘基的看法，说明英雄所见略同。

刘基是睿智的，朱元璋也是睿智的。

功成身退

“飞鸟尽，良弓藏，狡兔死，走狗烹。”这句话不仅记录了越王勾践猜忌诛杀功臣名将的历史事实，而且形象地勾勒了中国历代皇帝无端猜疑的共同思维特征。

——《帝王思维》

明代小说《英烈传》叙的是“真命天子”朱元璋乘乱崛起、统一中国的故事。第七十八回《皇帝庙祭祀先皇》，记已经登上帝王宝座的朱元璋率群臣祭祀前代帝王，其中的两个片断与刘基有关：

且说太祖出庙，信步行至历代功臣庙内，猛然回头，看见殿外有一泥人，便问：“此是何人？”

伯温奏道：“这是三国时赵子龙。因逼国母，死于非命，抱了阿斗逃生。”

太祖听罢，说道：“那时正在乱军之中，事出无奈，还该进殿才是。”

话未说完，只见殿外泥人，大步走进殿中。太祖又向前细看，只见一泥人站立，便问：“此是何人？”

伯温又道：“这是伍子胥。因鞭了平王的尸，虽系有功，实为不忠，故此只塑站像。”

太祖听罢，怒道：“虽然杀父之仇当报，为臣岂可辱君，本该逐出庙外。”只见庙内泥人，霎时走至外边。随臣尽道奇异。

太祖又行至一泥人面前，问道：“此是何人？”

伯温奏道：“这是张良。”太祖听毕，烈火生心，手指张良骂道：“朕想当日汉称三杰，你何不直谏汉王，不使韩信封王，那蹑足封信之时，你即有阴谋不轨，不能致君为尧、舜，又不能保救功臣，使彼死不瞑目，千载遗恨。你又弃职归山，来何意去何意也？”太祖细细数说，只见张良连连点头，腮边吊下泪来。

伯温在旁，心内踌躇，“我与张良俱是扶助社稷之人，皇上如此留心，只恐将来祸及满门，何不隐居山林，抛却繁华，与那苍松为伴，翠竹为邻，闲观麋鹿衔花，呢喃燕舞，任意遨游，以消余年。”筹画已定，本日随驾回朝。

次日太祖设朝，刘基叩首奏道：“臣刘基今有辞表，冒犯天颜，允臣微鉴。”

太祖览表，说道：“先生苦心数载，疲劳万状，方今天下太平，君臣正好共乐富贵，何故推辞？”

伯温又奏道：“臣基犬马微躯，身有暗病，乞放还田里，以尽天年，真是微臣侥幸，伏惟圣情谕允。”

太祖不从。伯温恳求再三，太祖方准其所奏。令长子刘琏，袭封诚意伯。刘伯温拜谢，辞出朝门，即日归回，自在逍遥，不题。

以上描述，并没有历史事实的依据，但却生动地写出了明初君臣关系的阴影。朱元璋骂张良，这是含沙射影，鞭死尸给活人看，他的将要大杀功臣的意图和企图委过于人的用心，已昭然若揭，刘基敏锐地觉察到这一点，当即想到了退隐。刘基处乱世而意气昂扬，气概不凡，一旦天下太平，归于一统，反而忧危哀感，一扫昔年飞扬碑砐之气的独特个性，被入木三分地刻画出来了。

刘基《旅兴》之五云：

徼福非所希，避祸敢不慎？

富贵实祸枢，寡欲自鲜吝。

蔬食可以饱，肥甘乃锋刃。

探珠入龙堂，生死在一瞬。

何如坐蓬荜，默默观大运。

这首诗作于明初，诗所表达的“避祸敢不慎”的忧惧之情，与《英烈传》的描述不是如出一辙吗？

可以顺便提到明末《开卷一笑》（又名《山中一夕话》）卷七所收的刘基《扯淡歌》：

闷向窗前观《通鉴》，古今世事多参遍。

兴亡成败多少人，治国功勋经百战。

安邦名士计千条，北邙山下无打算。

争夺名利一场空，原来都是扯淡精！

以“治国功勋”和“安邦名士”自居，完全不同于功成身危、时时如履薄冰的刘基，显系他人假托。

功成身退，这是古代中国政治生活中的一个传统主题。

一般说来，在开国帝王的周围，总环绕着一群才具卓特的文臣武将。他们或者运筹于帷幄之中，或者驰骋于千里疆场，云起从龙，君臣遇合，遂演出了一幕幕南征北战的壮剧，令后人为之喝采不已。但是，一旦帝王确立了自己的统治，这些曾经为他立下汗马功劳的文臣武将反而成了他的眼中钉：他害怕他们从自己手中夺走天下，他必须扫除卧榻之侧的威胁。

于是，功臣惨遭杀戮就成为人们司空见惯的事。

文种被勾践所杀是较早的例子。文种，字少禽（一作子禽），楚国郢（今湖北江陵西北）人。他和同是楚国人的范蠡，后来都成了越王勾践的辅佐，帮助他复国灭吴，并称霸诸侯。勾践完成霸业后，范蠡深知，可与勾践共患难，未可与勾践同安乐，遂毅然决然地弃去官职，泛舟五湖。后游历齐国，改名陶朱公，以经商致富。范蠡劝文种也早些离开官场，而文种却相信勾践不会亏待他。谁知灭吴后不久，勾践即赐剑命他自杀，勾践说：“子教寡人伐吴七术，寡人用其三而败吴。其四在子，子为我从先王试之。”勾践的意思是：你文种足智多谋，随时都有可能危及我的权力宝座，不除掉是不行的。于是文种自杀。

功成身退，范蠡为后世的文臣武将树立了一个楷模。

汉高祖刘邦在杀戮功臣方面的所作所为更令人心惊胆战。

韩信是为刘邦争夺天下的名将。一次，刘邦问韩信："我可以带多少人马？"韩信说十万。刘邦问韩信自己能带多少人马，回答是："多多益善。"刘邦自己也承认：率领百万军队，战必胜，攻必克，我不如韩信。而这也就成为韩信必然在汉初被杀的原因。另外两大名将彭越和英布，也相继被杀。

刘邦的佐命功臣张良幸免于杀害，他的全身远害之道即韬光养晦，功成身退。汉王朝建立不久，张良即向刘邦申请退休，以便一心一意地去"游仙"。他说："以三寸舌为帝者师，封万户，位列侯，此布衣之极，于良足矣。愿弃人间事，欲从赤松子游耳。"张良的这番话，只是借口，所以宋代话本小说《张子房慕道记》才会写出下述情节：

高祖问曰："卿因何要入山慕道？"

张良答曰；"臣见三王苦死，不能全终。"

高祖曰："那三王？"

张良曰："是齐王韩信，大梁王彭越，九江王英布。元来这三王，忠烈直臣，安邦定国。臣想昔日楚王争战之时，身不离甲，马不离鞍，悬弓插箭，挂剑悬鞭，昼夜不眠，日夜辛苦，这般猛将尚且一命归阴，何况微臣，岂不怕死？"

亚里士多德说：历史家描述已发生的事，诗人则描述可能发生的事，即按照可然律或必然律可能发生的事。从这个角度来看，《张子房慕道记》揭示了张良游仙的真实动机。

功成身退，张良为刘基树立了一个可资仿效的楷模。

人根本没有本性，他所有的是历史。

在时间的不断流逝下面，在人类生活的千变万化后面，我们能够发现那些经久不变的、周期性发生的、有代表性的因素，这些因素能够在我们的理智和情感中引起强烈的共鸣。

文种、韩信、彭越、英布……他们的悲惨结局说明了什么？

诚意伯的忧惧，即源于对历史的回忆。

伴君如伴虎。

所以，与普通人想象的不同，开国功臣刘基，入明后反而失去了那种豪迈雄肆的气概，变得抑郁寡欢，钱谦益《列朝诗集小传·刘诚意》云："公负命世之才，丁胡元之季，沉沦下僚，筹策龃龉，哀时愤世，几欲草野自屏。然其在幕府，与石抹艰危其事，遇知己效驰驱，作为歌诗，魁垒顿挫，使读者偾张兴起，如欲奋臂出其间者。遭逢圣祖（指朱元璋），佐命帷幄，列爵五等，蔚为宗臣，斯可谓得志大行矣。乃其为诗，悲穷叹老，咨嗟幽忧，昔年飞扬硉矹之气，澌然无有存者，岂古之大人志士，义心苦调，有非旂常竹帛可以测量其深浅者乎？呜呼，其可感也！"导致刘基这位佐命功臣"咨嗟幽忧"的，是一种对于祸患的恐惧之情。作于这一时期的《杂诗》（七首）之二云：

白露出草根，颗颗如明珠。
黄华炫金钱，亦复盈阶除。
闲居无尤物，玩之聊可娱。

衡门不必扃，此非众所须。

但恐成薏苡，千载令人吁。

诗的大意是说，草根上的白露，一颗颗有如明珠，台阶上的黄花，一朵朵有如金钱；为了不让进谗言的人将白露说成明珠，将黄花说成金钱，我应该将自家的大门总是敞开，以便世人明白真相，反正这些东西别人也不需要，用不着担心被盗。其它一些诗中的句子，如："满天星月一庭烟，坐掩衡门思悄然。漫想明珠成薏苡，却嫌黄菊似金钱。"（《秋日即事》之十二）"我如野马贯薮泽，络以羁靰知必踠。"（《寄赠怀渭上人》）"我发日已白，我颜日已丑。开樽聊怡情，谁能计身后！"（《新春》）"但愿有酒饮，无事惊昼眠。"（《遣兴》）具见其畏祸之情。如孟森《明清史讲义》所说："本此眼光读公遗著，可知大人志士，惟在乱世为有意气发舒，得志大行则皆忧危之日。其不知忧危者，必为胡惟庸、蓝玉之流；知忧危者，则公及汉之张良是也。""诚意之归隐韬迹，非饰为名高也，亦非矫情也，盖惧祸耳。"

不居功，不自傲，这是张良避免猜忌的方法之一。

刘邦即皇帝位的第二年正月，大封功臣。张良没有战功，但刘邦说："运筹帷幄之中，决胜千里之外，这是子房的功劳。可自己选择故齐国境内三万户的地方做封邑。"故齐国在今山东省，靠近海岸，有鱼盐之利，最为富饶。刘邦这是特意对张良表示优厚，换了另一个人，也许会兴高采烈。但张良却十分谨慎地答道："臣当初从下邳出来，与皇上在留县相见，这是上天将臣授予陛下。陛下采纳臣的计策，很侥幸地偶然料得准，不算什么，臣得封留县就足了，不敢接受三万户的封邑。"于是，刘邦封他为留侯。

刘基也从不贪图封爵和显位。洪武元年（1368 年）十一月，明太祖追封刘基祖父永嘉郡公，祖母梁氏、母亲富氏永嘉郡夫人，且欲进刘基为公爵，刘基说："陛下乃天授，臣何敢贪天之功。圣恩深厚，荣显先人足矣。"遂固辞不敢当。洪武二年（1369 年）正月，立功臣庙。朱元璋亲定功臣位次，以徐达、常遇春、李文忠、邓愈、汤和、沐英、胡大海、冯国用、赵德胜、耿再成、华高、丁德兴、俞通海、张德胜、吴良、吴祯、曹良臣、康茂才、吴复、茅成、孙兴祖凡二十一人立庙鸡鸣山下，死者像祀，生者虚其位。又以廖永安、俞通海、张德胜、耿再成、胡大海、赵德胜七人，配享太庙。其中没有刘基，当然也是他"固辞"所致。

清代姚莹《识小录·诚意伯》就此分析说："青田始与章溢、叶琛、宋濂同以聘至，帝谓'我为天下屈四先生'。既佐帝定天下，谋画计事，敷成王道，帝独以比子房，常呼先生而不名，其见重如此。然尝考汉宣帝之图麒麟阁也，霍赵魏丙十一人，皆文臣；明帝之图云台也，及太傅卓茂；唐太宗之图凌烟阁也，及房、杜、魏、虞，则知不专以武功。今诚意以功名终始，而明祖功臣庙二十一人独不及之何也？以是知青田之不居功，其德识为远矣。诸臣惟自以为功，故上虽立庙而心实忌之，青田惟不自居功，故不立庙，祸亦不及，此与子房辟赏辟谷，先后同一意云。"不居功自傲，不重己轻人，招致忌恨的可能性就小得多。

张良在辞官归隐时，说是"欲从赤松子游"。赤松子是传说中的仙人，或谓是神农氏时的雨师。张良假脱求仙，以期自脱，故意把话说得神秘些，故宋代话本《张子房慕道记》叙他“修行”的情景是：“慕道逍遥，修行快乐，粗衣淡饭随时，着草履麻鞋无拘束。不贪富贵荣华，自在闲中快乐。手内提着荆篮，便入深山采药。去下玉带、紫袍，访友携琴取乐。”“放我修行拂袖还，朝游峰顶卧苍田。渴饮葡萄香醪酒，饥餐松柏壮阳丹。闲时观山游野景，闷来潇洒抱琴弹。若问小臣归何处？身心只在白云山。”

神秘的张良，理当置身于神秘的氛围中。

刘基辞官“还隐山中”，则没有这种神秘感，倒是有几许凄凉意味。据《明史》刘基本传，洪武四年(1371 年)，赐刘基归老于乡。“基佐定天下，料事如神，性刚嫉恶，与物多忤。至是还隐山中，惟饮酒弈棋，口不言功。”其实，归隐后的刘基，其最大特点是不与任何官员来往。有这样一桩事：青田知县因仰慕刘基，想拜访他，始终得不到刘基的允诺，只好化装成农夫来到刘基家。刘基正在洗脚，遂令侄儿带进茅舍，煮饭招待客人。县令说出自己的真实身分，刘基大吃一惊，自称百姓，“谢去，终不复见”。

刘基何以如此诚惶诚恐呢？

也许与朱元璋的特务政治有关。

朱元璋为了迫使臣僚对他绝对忠诚，时常派人用特务手段去侦察臣僚的私下言行，以至于大臣们无不提心吊胆。吏部尚书吴琳告老还乡，朱元璋仍不放心，派人一直跟到黄岗，察看他的行迹，使者回报，说吴琳在家老实务农，朱元璋才放下心来。可见，明太祖是不允许离职官员与地方官交结的。

叶盛《水东日记》载有这样一件事：钱宰被朝廷征聘编《孟子节文》，罢朝回家，写了一首感慨辛劳的诗：“四鼓冬冬起着衣，午门朝见尚嫌迟。何时得遂田园乐，睡到人间饭熟时。”次日上朝，朱元璋问他：昨天做的好诗，但我并未“嫌”你呀，何不用“忧”字？一番话，吓得钱宰连连磕头谢罪。朱元璋治下，到处布满了“以伺察搏击为事”的“恶犬”，叫臣僚们怎么能不战战兢兢，如履薄冰？

比起越王勾践和汉高祖来，明太祖是更为“雄猜”的帝王，凡名望较高的文臣武将，最终都难以避免他的加害，即使是刘基这样出色的擅长“韬迹”的士大夫。

刘基隐居青田，一意韬光养晦，却不料为胡惟庸所中伤。

胡惟庸中伤刘基，乃是利用了刘基常谈术数的特点和朱元璋猜忌功臣的心理。

刘基对术数的兴趣至老不衰，并不时在人前有意显示这方面的长处。比如，在朱元璋与陈友谅的决战中，刘基即有过望气之举，其间有两件事一定给朱元璋留下了极深的印象。第一件：朱元璋坐在胡床上督战，刘基陪立于旁边。忽然，刘基猛地跳起，大呼一声，催朱元璋换船。朱元璋匆匆忙忙地跳到另一只船上，还未坐稳，就见原先坐的那只船被火炮打得粉碎。第二件：朱军与陈军在鄱阳湖上相持三天，胜负未分，这时，刘基提出“移军湖口扼之，以金木相犯日取胜”。那一天，适值东北风起，朱元璋纵火攻击陈军，大获全胜。这两桩事情使人相信，刘基之于术数，确属内行。

想不到，这给刘基惹出了麻烦。

明初，刘基曾提出一个建议，说瓯、括之间有大片空地，名曰谈洋(在今文成县朱阳乡)，南接福建，是盐盗聚集之地，方国珍即在此处倡乱，请朝廷设巡检司严加把守。巡检司设立后，奸民们大感不便。适逢茗洋逃军反叛，官吏掩瞒事实，不向朝廷汇报。刘基令大儿子刘琏上奏其事，没有先告诉中书省。胡惟庸正以左丞相负责中书省，遂命官吏揭发刘基，"谓谈洋地有王气，基图为墓，民弗与，则请立巡检逐民。"王气之说是颇能打动疑忌多端的朱元璋的，加之刘基又长于术数，所以朱元璋虽未加罪于刘基，却夺了他的俸禄。刘基大惧，入朝谢罪，遂留在京师，不敢再回青田。

刘基面对猜疑的应对方式，在当时的情形下应该说是最恰当的。洪武八年(1375年)三月，朱元璋在一道诏书中赞许道："当定功行赏之时，朕不忘尔从未定之秋，是用加以显爵，特使垂名于千万年之不朽。敕归老于桑梓，以尽天年。何期祸生于有隙？是使不安。若明从宪章，则轻重有不可恕；若论相从之始，则国有八议。故不夺其名，而夺其禄，此国之大体也。然若愚蠢之徒，必不克己，将谓己是而国非。卿善为忠者，所以不辩而趋朝。一则释他人之余论，况亲君之心甚切，此可谓不洁其名者欤！恶言不出者欤！""君子绝交，恶言不出；忠臣去国，不洁其名。"(《御赐归老青田诏书》)

被朱元璋称许为"善为忠"的"君子"，刘基毕竟是识时务者。

刘基《赠陈伯光诗》云：

岐跗不世出，人病莫能治。
伊周不世出，国病莫能医。
岂无龙宫方，可以完支离？
桓侯强自用，扁鹊乃见疑。
去去仙都山，中有术与芝。
服食炼精魄，海上从安期。

刘基不愿做被人怀疑的大臣，而愿"去去仙都山"，逍遥自在地安度晚年。可惜这并不高的愿望也没法实现，他迫不得已呆在京师，实际上是遭到了软禁。

巨星陨落

刘基之死，至今仍是疑案。

"凡物悦则茂，得其性也；不悦则不茂，不得其性也。故悦者，茂之藏；茂者，悦之著。譬之于人，忧愁结于心，而病生焉；及其著也，发焦而齿黄，色黯而形枯，其不茂也可知矣。"刘基《悦茂堂诗序》中的这段话，精彩地表达了他的人生体验。

刘基被拘留京师不久，胡惟庸登上左丞相的显位。这使刘基大为悲伤，并因忧愤而一病不起。洪武八年(1375年)三月，朱元璋见诚意伯实在病得太重，终于批准遣使送刘基归家。到家，病情进一步加重。刘基预计自己将不久于人世，遂极其郑重地向次子刘璟坦露了他的心事："我想写一份遗表，惟庸还在相位，写了也无用。惟庸败露之后，皇上一定会思念我，如有所垂询，可劝皇上修德省刑，祈天永命，诸形胜要害之地，宜与京师声势联络。"过了一个月便去世了，终年六十五岁。

据《明史·刘基传》记载，刘基在京师得病时，胡惟庸曾派了医生来，自从服了这医生的药，腹中就隐隐约约有一块拳头大的石头存在。1380年初，中丞涂节向朱元璋告发胡惟庸的政变阴谋，也提到他毒死刘基一事。

刘基去世了，巨星陨落。而巨星陨落的原因，至今还众说纷纭。一种意见是：刘基是胡惟庸派人毒死的；另一种意见是：胡惟庸派人毒死刘基，系奉朱元璋之命；第三种意见是：刘基确属病故。前两种意见，肯定刘基之死乃是被害；后一种意见否认了毒杀的可能性，但就刘基之病起因于胡惟庸中伤而言，仍不妨说是被害。

刘基韬晦远害而终不免遇害，对此后人颇多评议。谈迁《国榷》中收载多则，读者可以查阅。袁帙说：刘基"功成身退，希赤松之辟谷，慕陶朱之远游，可谓既明且哲者矣，而卒困于胡惟庸之口，向非高皇帝之明，危矣。诗曰：谗人罔极。又曰：贪人败类。可畏也夫！"王世贞说："诚意伯之为人，磊落慷慨，不受其奇，以佐英主，男子哉！至明哲保身之微，视少伯、子房小让矣。"何乔远说：诚意伯"奇智先占，而不免胡丞相之毒，何也？迹其明哲保身，视子房让矣。"他们认为，较之汉代的张良（子房），刘基韬晦远害的技巧似略逊一筹。

说刘基逊色于张良，这意见还可商榷。这是因为，明太祖朱元璋对待文臣武将的残忍程度远过于汉高祖刘邦，这便大大提高了功臣遭猜忌、被陷害的比例。清赵翼《廿二史札记》卷三十二《胡蓝之狱》曾概括地论述道："汉高祖诛戮功臣，固属残忍，然其所必去者，亦止韩、彭。至英布则因其反而诛之。卢绾、韩王信亦以谋反有端而后征讨。其余萧、曹、绛、灌等，方且倚为心膂，欲以托孤寄命，未尝概加猜忌也。独至明祖，藉诸功臣以取天下，及天下既定，即尽举取天下之人而尽杀之，其残忍实千古所未有。""文臣亦多冤死，帝亦太忍矣哉！"与如此帝王打交道，即使是张良，怕也难有好的结局。

刘基身后，有几桩事情还须略作交待。

洪武十三年（1380 年），胡惟庸以谋反罪被杀。此后，朱元璋常在每年年初或年尾接见刘基的次子刘璟，曾说："我也常念他刘伯温。他在这里，满朝都是党，只是他一个不从。他吃他每蛊。他的大儿子，这小的也利害，不从他，也吃了他每害了。这起反臣都吃我废了，坟墓发掘了。"（《诚意伯次于閤门使刘仲璟遇恩录》）

洪武二十三年（1390 年）十二月，命刘基之孙刘廌袭封诚意伯。刘基的爵位本不能世袭，但他因触忤胡惟庸被害，长子刘琏任江西参政时，亦为胡惟庸党羽沈立木胁迫，堕井而死，朱元璋怜悯其父子的遭遇，故有此命。

正德九年（1514 年）十月，加赠刘基太师衔，谥文成。《赠谥太师文成诰》有云："故开国翊运守正文臣资善大夫护军诚意伯刘基，慷慨有志，刚毅多谋，学为帝师，才称王佐。""逮应聘括苍，陈时务于建业，即从征彭蠡，定大事于中原。渡江策士无双，开国文臣第一。受爵能让，怀辞金蹈海之风；成功不取，以辟谷封留之请，可谓明哲允矣！"这位伟人的身后，是不寂寞的。

吕不韦

第一章　家世渊源

吕不韦是古代一个有声望家族的后代,他的祖先可以追溯到传说中的炎帝时代。据说:炎帝之裔,伯夷之后因有功而被封于吕(今河南南阳西),子孙繁衍就以吕为姓,其中就有吕不韦的远祖。

公元前十一世纪,吕氏门中出了一个大人物,从而使吕氏族谱耀然生辉。

那是殷朝末年,在渭水上流的磻溪河畔(今陕西省宝鸡县城北磻溪河),有一位老者在垂钓。只见这老翁手持钓竿端坐岸边,两眼凝视滔滔东去的河水,动也不动,像一座石雕。三天三夜过去,而老翁连一条鱼也没有钓到。原来,这老翁所持的渔竿根本没有钓钩,当然不会有鱼被他"钓"上来。此人就是历史上有名的姜太公。姜太公字子牙,原名吕尚,是吕氏祖先中第一个显赫人物,他之所以无钩而垂钓,其心并不在鱼,而是别有所求。当时,正是殷朝末年,殷王纣暴虐无道,民不聊生。在殷人统治区域的西方,今陕西岐山、凤翔一带,有一个周族,趁殷朝统治腐败之际发展起来,这一支以农业经济为主的民族,社会经济进步很快,并不断向东扩展,欲取殷而代之。但开始时,新兴的周族毕竟敌不过有数百年统治经验的殷人强大的武力,屡遭殷人的打击。率领周人发愤向东扩展的周文王尚未行动,就被殷王囚禁起来。据说周文王被囚在羑里(音"有",在今河南省汤阴县),曾潜心研究古代流传下的八卦,作《周易》。后来,文王从囚禁处返回周人住地,就决心积蓄力量推翻殷商的统治。为此他访贤求才。果然在渭水边遇到姜子牙,交谈之后两人相见恨晚,文王拜姜尚为师,共同筹划伐殷大业。不久,文王去世,其子武王继位,姜太公以"师尚父"之尊辅佐武王,终于率领周人及其各族人推翻殷商王朝,在公元前十一世纪建立了西周王朝(前十一世纪至前八世纪)。姜子牙(即吕尚,姜尚)不仅能在乱世之时审时度势,顺从潮流从而取得不朽功业。而且他本人确有运筹帷幄之中、决胜千里之外的韬略,流传至今的一部古代兵书《太公兵法》,就是记载吕尚用兵之术的军事专著。

机遇加韬略,是吕尚成功的两大因素。八百年后,吕氏门中出现的吕不韦也是靠这两条发迹的。

人世间的某些规律不断重现于历史发展的长镜头之上。似乎有意向人们昭示着什么。

西周建立之后,吕尚被封于齐,称姜姓,吕姓反倒逐渐被人淡忘。而原来吕氏集中的吕国,也不知何故而被除国。从此,吕姓后裔辗转流徙四方,散布中原各地。

从公元前770年开始，历史进入了所谓“春秋时代”。那时候，经历了数百年之久的西周王朝已走下坡路，“礼崩乐坏”。统一的天下实际上已分裂为数十个大大小小的诸侯国。周天子虽名义上仍是“天下共主”，事实上各地诸侯多不服从朝廷的号令。各诸侯国的君主又常常打着“尊王攘夷”的旗号，借维护周天子“共主”地位的名义相互攻伐，攻城掠地，借以扩大本国的地盘。到后来“尊王”的招牌也不要了，公开厮杀。这种“乱哄哄，你方唱罢我登场”的争霸战争一直持续了三百多年，到公元前四百余年左右，战争打得愈来愈大、愈来愈频繁，以致后来的人们把此后的二百余年，直至公元前221年秦统一中国以前的这段时间，称为“战国时代”。吕不韦生活的那个年月，已经到了战国的末期。经过长期的吞并战争，在中国这片土地上主要被七个大国割据，那就是：楚国，占据长江流域的中部，其疆域从今四川省东端起，有今湖北省全部和今湖南省东北部，今江西、安徽省北部，今陕西、河南、江苏的一部分，国都是郢（今湖北省江陵县西北的纪南城），曾是七国中疆域最大的一国。仅次于楚国的是秦国。秦国原来很小，最初仅占据今甘肃东南部一小块地区，但到吕不韦生活这个年代，秦已由一个“西戎小国”发展到拥有函谷关（今陕西灵宝附近）以西的大国，国都在咸阳（今陕西省咸阳市东北）。其领土包括今陕西、甘肃主要地区，尚有小部分土地伸入今河南省境内。楚、秦以外的大国还有赵国（在今河北东南部及山西、山东、陕西的一部分），国都在邯郸（今河北省邯郸市）；齐国（在今山东省偏北，兼有河北省东北部），国都在临淄（今山东省淄博市西）；燕国（在今河北省北部及今辽宁、山西一部分），国都是蓟（今北京市西南）；魏国（在今陕西、山西、河南交界处，其大部国土在今河南中部），国都大梁（今河南省开封市）；韩国（在今山西东南部及湖南省中部），国都郑（今河南省新郑县）。以上这楚、秦、赵、齐、燕、魏、韩七个大国，就是所谓“战国七雄”。除这七个大国以外，还有一些小国，如宋、鲁、郑、卫、莒、周、杞、蔡、郯等等。

卫国早先也是个大国。公元前十一世纪西周王朝建立之初，周武王封其弟康叔为卫君，建都朝歌（今河南淇县）。春秋时代的卫国，上层腐败，政治混乱，公元前660年被翟打败，后来靠齐国帮助，将国都迁到楚丘（今河南滑县），从此成为无足轻重的小国。前629年又迁往帝丘（今河南濮阳西南）。战国时帝丘改名为濮阳，吕不韦的家就在这里。

在春秋战国的四百余年中，卫国的国君一个比一个昏庸、无能，在卫国的历史上留下一连串令人齿冷的丑行记录。其中突出的有卫宣公（前718—前700年）。这个老色鬼为儿子伋娶妻，娶的是齐国女子。接来一见齐女貌美，宣公竟将这个儿媳夺过来变成自己的妾。后来，宣公害怕儿子对自己不满，又密令强盗杀死自己的儿子伋。不久上台的卫懿公的行径更是荒唐，他淫乐奢侈无以复加，竟给养在宫中的鹤建造豪华的轩车。这些动物神气活现地乘着高轩华辇，比王公贵族还排场地炫耀于国人面前，令国人怨声载道，气愤至极。公元前660年（懿公九年），狄兵攻卫，懿公慌忙召集国人出征。但愤怒的国人没有一个愿替他卖命的：

“请您让那些鹤去打仗吧！”国人对懿公说：“鹤乘着那么好的轩，比我们的待遇高多了。我们哪里能作战呢？”结果那些乘轩的鹤丝毫没给国王帮什么忙，懿公被入侵的狄兵杀死，在历史上留下笑柄。以后的国君：献公、灵公、示公、庄公、悼公、昭公、怀公等等都是无能之辈，使卫国国势江河日下。到战国中期，卫国已经成为任人宰割的小国。有远见的人已对卫国失去希望，连卫国本国的一些王公贵族和政治家都纷纷流向其它诸侯国，其中生于卫国左氏（今山东曹县北）的吴起（？—前381年）就是一个杰出的人才，但他在卫国无用武之地，很早就离开本土，先在鲁、后到魏国为将，都立有战功，最后到楚国辅佐楚悼王实行变法改革，为使楚国强大立了不朽功勋。卫国的公子王孙卫鞅（即商鞅）也是有谋略的政治家。他同样不留在卫国，而先到魏国，又投奔秦国，自公元前361年至前338年协助秦孝公在秦国实行变法，使秦国由落后的小国一跃成为先进强国，奠定了统一中国的基础。可见，卫国并非没有人才，只是由于国内政治腐败，而使卫国人才外流，成为一个历史趋势，结果，人才愈外流国势愈弱，国势愈弱人才愈留不住。

在吕不韦出生之前，卫国衰落日甚一日：公元前356年（卫成侯十六年），卫国国君的地位已由"公"被贬为"侯"。再过二十余年，即公元前335年（卫嗣君五年），卫侯又被贬为卫君。国土更加缩小。

卫嗣君之后是卫怀君统治时代（前330年至前288年），吕不韦就是在这风雨飘摇的时代诞生于濮阳的。

提起吕不韦的故乡濮阳，倒是个很有意思的地方：这里地处黄河南岸，混浊的河水冲积出大片的黄土地，连原野上稀疏的树叶都像披上一层透明的黄纱。在干旱的日子里，黄土地裂出一道道深沟浅缝，农夫、农妇心焦如焚地看着田里的豆、麦秧苗由枯黄而渴死。然而，一遇发水的年景，数百里的范围都成了泽国，那些穷困的村庄大部分都被大水冲扫、淹泡而荡然无存。一般的百姓在一次又一次的旱、涝、疾疫和战乱中挣扎，每一个生命都像系在一根细细的游丝上，稍稍一碰就会中断。就是侥幸能多在这个世界上存活些时日的人，也只有以豆为饭，或以豆叶为羹，甚至用糠来填充肚皮。贫穷和饥饿一直是笼罩在这一带绝大多数家庭上的两大阴影。

濮阳的土地虽然长不出什么好庄稼，可是濮阳城却是当时的一个有名的商业城市。

中国古代城市的迅速发展，是在战国时期。春秋时代以及春秋以前的西周、殷商，国都以外的城市是寥寥无几的，而且城市的规模很小，人口也很少。春秋时代的诸侯国的国都也不过方圆九百丈，卿大夫的都邑仅有国都的三分之一、五分之一、甚至九分之一。一般的邑，住户不过千室，多数的邑有百室，最少的只有十室。到战国时代都市的规模显著扩大，都邑的数目迅速增加，全国各地大小都市星罗棋布。三里之城、七里之郭的城市相当普遍，千丈之城、万家之邑已十分寻常。各诸侯国的国都所在，都是相当大的城市，首都以外还有许多商业城市。齐国的国都临淄（今山东临淄北）是各国国都中最大的一个城市，它建立在淄河西岸，有大、小两城。大城南北约4.5公里，东西约4公里。小城在其西南角，周围约5公里。豪华的宫殿就矗立在小城的西南角，占地达5公里之多。据记载：战国时代的临淄城十分繁华，城内共有七万户人家，约二十一万男子。商业活动构成城市生活的重要内容，市民生活相当富裕，丰富多彩。城里有各种各样的文娱活动：斗鸡、走狗、六博、蹴鞠（踢足球）等等游戏和吹竽、鼓瑟、击筑、弹琴等演奏，供人们欣赏和消遣。宽阔的街道上往来着忙碌的官吏、商贾和农夫、士人，人多时常常挤得车轮相撞，肩膀互碰。城里的人多到衣襟连起来可以当帐帷，衣袖举起来可合成幕，大家一挥汗就犹如下雨一般。这是一个多么繁华、热闹的都市啊！

其它国家的国都，虽不如临淄大，但也都相当繁荣：楚国国都郢，人多时街上也是车相碰，人擦肩，你挤我，我挤你。有的文献记载形容：在郢都早上穿上新衣出门，晚上回来就挤破了。燕国的国都之一武阳（即燕下都，在今河北易县东南）有东西两城，河道将两城隔开。东城的北半部和东半部有宏丽的宫殿群。宫殿区的西半部和南侧，有密集的冶铁、铸钱、制骨、制陶等工业作坊。坊中的大道两旁店铺林立，热闹异常。郑国的首都新郑，其大城南北也有 4.4 公里，东西达 2.8 公里。商业、手工业发达程度一点都不亚于郢和武阳。大的国都还有秦的咸阳和赵的邯郸以及韩的郑、荥阳、魏国的大梁等。

各国国都之外，战国时代还出现一批商业城市。其中重要的有燕的涿（今河北省涿县）、蓟（也是燕国国都之一，今北京市西南）。

魏国的温（今河南温县西南）、轵（今河南济源县东南轵城）、安邑（今山西省夏县西北）。

韩国的屯留（今山西省屯留县南）、长子（今山西省长子县西南）。赵国的蔺（今山西省离石县西）、离石（今山西省离石县）。

齐国的即墨（今山东省平渡县东南）、安阳（今山东省曹县东）、薛（今山东省滕县东南）。

宋国的陶邑（今山东省定陶县北）。

楚国的寿春（今安徽省寿县）。

秦国的雍（今陕西省凤翔县南）、栎阳（今陕西省临潼县北）。

三川之二周（洛阳、巩）等等。

这些都是交通发达，商业繁盛的重要城市。

卫国的濮阳在这些城市中，虽不如临淄、咸阳、邯郸大，但也相当繁华。其程度可与陶邑相比，人们常常是“陶卫”并称。这里，地理位置给经商的人们以发财的机会：濮阳恰在黄河的弯曲处，喧闹的河水虽然常常把两岸的庄稼、村庄以至老百姓们都冲得一干二净，用厚厚的黄沙一遍又一遍地覆盖大水后的中原大地。但是，当黄河不发脾气的时候，她又像一个温顺的少妇，稳重而和缓地从这里流过。在这些岁月里，她又为人们提供舟楫之利。地处黄河岸边的濮阳则成为交通十分便利的地方：从这里溯河而上，不远就可达到周代的国都洛阳。进入战国后，洛阳虽已不是全国的政治中心，可仍是全国有数的几个繁华都会之一。从濮阳顺黄河而下，可到以盛产鱼盐粟帛豆麦著称的齐、鲁文明、富庶之乡；由濮阳向南，黄河水系又与鸿沟水系和淮河平原水道交通网联结起来，向北过黄河则可直抵北方的大都会邯郸。四通八达的优越地势，为濮阳人经商致富准备了天然条件，从而造就了一批商人。濮阳也就成为当时中国境内的一个商业都会。吕不韦就是出生在濮阳的一个家富千金的大商人的家庭里。

商人，是商品经济出现后社会上出现的一个阶层。早在公元前十六世纪至前十一世纪的殷王朝时期，由于农业和手工业的发达，都市和交通的发展，商品经济就呈现出空前繁荣的景象。不少奴隶主贵族从事商业交换的活动,在殷都(今安阳)有众多的行商坐贾。商贾的活动足迹东北达到渤海乃至朝鲜半岛,东南达到今日之江浙,西南达到今日之皖鄂乃至四川,西北远达今日之新疆。从甲骨文中可知:殷代已出现具有货币性质的等价交换物——贝。用来交换的商品除农产品、手工业产品、珠宝、猎物以外,还有奴隶。有的商人长途贩运,驾车浮舟数月往返一次;有的商人结队远行,获利达十倍数十倍。商业活动在殷人社会生活中占极重要地位,所以殷人又称为商人。到西周时代(公元前十一世纪至公元前八世纪)因实行庄园制经济,商业活动似不如殷代繁盛,但仍有不少封建领主在经营商业。他们往往派出家臣和武士"肇牵牛车远服贾",牵牛驾车到远地去经商。有时竟能获三倍以上之利。这个时期已出现了金属货币,商品经济有一定发展。然而,作为独立的商人,即并非奴隶主和封建领主而专门以经商为生的商人,是从春秋时期才开始出现的。他们是当时新兴的阶层,最早的一代商人是从下层奴隶主、封建地主、庶民或被解放的奴隶中分化出来的。商人是生产发展、经济繁荣的产物,又以自己的经营活动推动经济向前发展。哪里有商人活动,那里经济就活跃,交通就便利,市场就繁荣,生活水准就较高,社会风气就较开放。总之,商人集中的地区往往是社会的先进地区。

然而,中国商人自从作为独立身份刚一出现,就遭到统治者的歧视和排挤。春秋时代的齐国政治家管仲(? —前 645 年)将国中居民分为士、农、工、商四类,令其分区定居,不准杂处,也不准改变身份,"商"则居于末位。管仲还是一位懂经济、善理财的改革家,对商尚如此看待,其它的统治者更不待言。而春秋战国时代的绝大多数思想家和政治家,无论是持何观点,几乎都鄙视商人。以孔子为代表的影响极大的儒家,主张"君子喻于义,小人喻于利。"认为经商是"小人之事","君子"是不屑为的。而重视发展生产的法家,也视商业为"末业",宣扬只有农业才是"本业"。商人被指定要穿特定颜色和质料的衣服,以与其它身份的人相区别。有的诸侯国还规定商人不准乘车,不准当官等等。这都反映了统治阶级和全社会对商人的歧视和打击。"重农轻商"是从商人一出现就开始的,它是统治阶级一贯政策,又是社会普遍心理和价值观,最后形成一种根深蒂固的、顽固的传统势力。

不过,社会发展自有其本身规律。中国古代虽一贯"轻商",但随着经济的发展,到春秋战国时代,商人已经形成一个不可忽视的社会力量。有些商人拥有巨额资本,足以垄断市场;有的富商竟能与国君分庭抗礼;有的大商人还能左右政局。如春秋战国之际的范蠡,在齐的交通中心商业城市陶邑经商。他采用古代经济学家计然的贸易理论"候时转物,逐什一之利",十九年中三次致富千金,家富巨万,号称陶朱公。又如卫国的端木赐,字子贡,经商于曹、鲁两国,家富千金。他常常带着成群马匹驮着礼品聘问各国,国君无不与之抗礼。到战国末期,这种大商人愈来愈多,而不少大商人在拥有巨额财富之后,往往像端木赐一样,插手政治,其原因固然是经济活动需要有政治上的保障这一必不可免的规律;而在商人的潜意识中对"重农轻商"传统的逆反心理,大约也是使他们热衷于政治活动的重要原因。

吕不韦经商,由经济领域伸向政治领域、从贩运财货进而买卖国君、从操纵市场发展到控制政权,正是代表了中国商人投机的一般轨迹。

在吕不韦的故乡，因为商业发达，风气更加开放，男女之间的往来似乎比中国的其它地方更随便。早在战国时代以前，一些文化“先进”的地方，比如齐国和鲁国境内，早把异姓之间的接触视为“大防”。尤其是春秋时代，经过出生于鲁国曲阜的孔子(前551年—前479年)那么一提倡，恨不得连街上走也要男女分开，以显示“礼义之邦”的高度“文明”。尽管在这些地区不少王公贵族背地里偷鸡摸狗：有的奸继母，有的淫儿媳，有的与嫂通奸，有的霸占弟媳，甚至嫖妓宿娼无所不为，而表面上还将“男女授受不亲”奉为准则。正是所谓“礼教”把男女之间的关系弄得越来越不可思议的时候，在吕不韦的家乡濮阳却可以常常见到另外的一些场面：不论是在风和日丽的白天，或是明月高照的夜晚，在濮水岸边总是有一些青年男女双双前来幽会。他(她)们卿卿我我地嬉戏于桑林之内，或用情歌表达思慕之苦，从流传下来的一些歌词中也可以想象出这些热恋中的男女行为是多么自由、大胆，她们唱道：

心上的人儿，等着我啊，
等我在桑中。
咱俩悠闲地漫步，走啊走啊，
不觉地走到上宫。
平日去淇水的路那么遥远，
今天怎么这样快，
你就送完了这一段路程！

深情的歌词，反映出这里的社会风气多么开放。可是，这种开放的风气却被那些“礼义之邦”的“正人君子”们斥为“淫邪”。流行于濮地的大胆表示男女之爱的情歌，也被视为洪水猛兽，被称为“亡国之音”。其实，几支流行歌曲如何能使国亡？所谓“桑间濮上”简直被人说成是古代的红灯区。奇怪的是：尽管外地的贵族老爷们对濮地的风俗看不惯，把包括濮阳在内的郑、卫地区的流行音乐称之为“郑卫之音”，并表示鄙夷——嗤之以鼻。可他们背地却又偷偷地学起这种“淫邪”的郑卫之音。到后来连保守出名的秦国宫廷内也公然欣赏起郑、卫的轻歌曼舞了。可见，濮阳地区的音乐、歌舞必是相当动人的，这里在其它方面也应是开风气之先的地区。包括商人在内，郑、卫之地的居民文化和意识，都居领先地位。

这里的商人走南闯北，见多识广，又居于开放的文化氛围之中。因此，政治上极其敏感，许多商人参与当时的政治、军事斗争，表现出具有相当高的水平。

春秋时代，距卫国不远的郑国，有个大商人弦高。郑穆公元年(前627年)，弦高贩牛途中，在滑国(今河南偃师东南)偶然碰到大批的秦国军队从此地经过，向郑国开去，经探询原来是秦军偷袭郑国。刚刚离开郑国的弦高知道国内毫无准备，秦军一至必遭灭顶之灾。他急中生智，当即将所贩之牛赶进秦军阵营，并请见主帅：“敝国国君知将军来下国”，弦高对秦军主帅镇定地说，一点也看不出这是临时编造出来的。“特派我送牛犒劳贵军。”

秦军主帅大吃一惊，以为郑国早知此次军事行动，不免放慢进军速度，接受弦高犒劳。而弦高则暗暗派人回国报信。待秦军抵郑国时，郑国早已得到弦高的密报，举国上下厉兵秣马充分做好迎敌准备。秦军主帅得知，自然不敢轻易进犯，原来计划好的偷袭方案从而宣告破产，率兵悻悻而返。可见，弦高这个商人如何机敏，也表明商人并非不关心政治。

到吕不韦生活的那个年代，郑、卫之地成为秦军与东方各国交战的前线，每个有识之士都必须根据战争的变化，选择自己的前途，至于商人对战争的关心程度，更甚于弦高时代。

第二章　天降奇人

公元前300年。卫国的濮阳，一派繁荣景象，只见街衢交错，里巷纵横。店铺逆旅，鳞次栉比。茶坊酒肆，商号林立。陶皿漆器，鱼盐皮革，丝麻锦帛，珍珠玛瑙，瓜果菜蔬，林林总总，琳琅满目。

濮阳城里有个富商大贾吕鑫，专营布帛杂彩生意。由于他经营品种多，既注意了需求丝帛杂彩的富贵者，又面向了需求葛麻的“布衣”、贫贱者，所以生意兴隆，财源茂盛。只可惜，吕家人丁不旺盛，他已人到中年，尚无子嗣。

当时的婚姻状态，属一夫多妻制。按当时礼俗，吕鑫可以名正言顺地纳“小妻”、“小妾”，但阴差阳错，不是布帛生意忙，就是没有合适的人选。何况他的正妻韩其姝，虽不算美丽，但为人贤淑，正如她的名字“静女其姝”(《诗经・邶风・静女》)，此事只好作罢。

纳妾的事虽然作罢，但中年无子，却仍然是夫妻二人抹之不去的一件心事。

为求子，吕妻韩其姝，曾经背着丈夫，多次偷偷地去拜送子娘娘，给过许许多多的香火钱，然而肚子照旧扁扁，这颇使韩其姝心烦。

为求子，吕鑫这个正人君子，也不得不放下架子，偷偷向人讨教偏方、灵药。

初春的一天，吕鑫的布店里走进一位江湖郎中，手擎一个“祖传秘方、包治百病”的布招，想给妻子买一身衣料。

正当江湖郎中选中衣料要付钱时，吕鑫说话了：“先生懂得医道？”

郎中回答：“祖上代代靠其糊口养家。不知店主欲治何病？”

“这个么，实在是不好启口……”

“哦，明白了，店家走南闯北，怕是染上了花柳病？”

“非也，非也，吾乃正人君子，从不寻花问柳。”吕鑫一着急，把私塾先生的口头禅，他小时候常与小伙伴在背后学舌而嘲笑先生的话说了出来。

“那么，还有什么难于启齿的呢？”江湖郎中不懂了。

“我已人到中年，却仍然膝下无子……”吕鑫说完，脸都红了，眼也不敢看郎中。

“啊，原来是这个！你没看过医生么？”

“我和妻子都曾看过，也曾吃过几付药。”

“医生光给药，不说话么？”

“说了，说是我和妻子都没病；可是……”

“好了，别说了；本人包你药到病除！”说完，从囊中掏出几小包药来，嘱曰：“每晚一小包，放于酒中，夫妻共饮。若一月后不见效，你来当众烧我布招！”

为了这几小包药，吕鑫给了江湖郎中整整一匹布。

当夜，夫妻二人共饮药酒之后，双方都不能自持，急急地相拥上床，连灯都顾不上灭，便把衣服脱的精光，做起好事儿来。灯下的其姝格外地娇媚，在药力的作用下，她一改过去的文静、羞涩和抑制，再也包装不得、深藏不得，而是一反常态——也许，叫做恢复了常态，还其女人的本来面目吧，一边拿出了女人的看家本领，百般地媚态撩人，尽情地享受人间的至高至圣的快乐……

一次，夫妻合欢之后，夫人做了一个梦，梦见怀抱小青蛇。过后不久，早晨起身便恶心呕吐，有了身孕。

“这是上天赐子吧！”吕鑫乐不可支地捋着胡须想。

这一年孟冬，天气和暖。

十一月十一日这天中午，吕鑫来到馨香酒家与朋友共饮。

酒至半酣，一位身着紫衣的女子，迈着莲花步，姗姗而来，人称“紫衣”。只听她嗓音甜甜地唱道：“桑之未落，其叶沃若。于嗟鸠兮，无食桑葚。于嗟女兮，无与士耽！士之耽兮，犹可说(脱)也，女子耽兮，不可说(脱)也！……”

“紫衣”唱毕，祥云紫雾般飘走了。

又款步出来一位身着翡翠绿的女子，人称“翡翠”，她的出现，如春姑娘一般，带来了融融泄泄的春光，虽然室外已是孟冬。

只听“翡翠”嗓音圆润地唱道：“帝子降兮北渚，目眇眇兮愁予，袅袅兮秋风，洞庭波兮木叶下……”

一抹翠绿飘然而去。一朵“芙蓉”盛开了，只见一位身着芙蓉般淡粉色衣裙的女子款步出台，人称“芙蓉”。“芙蓉”一开，清音悦耳，“后皇嘉树，桔徕服兮。受命不迁，生南国兮。深固难徙，更壹志兮。绿叶素荣，纷其可喜兮……”

三个美人，三朵花；三支曲子，三个梦。

酒客们正沉醉于花丛中，沉湎于美梦里，忽然，“轰隆隆——咔嚓！”“轰隆隆——咔嚓！”电光闪闪，雷声滚滚。几声巨响，几声霹雳，天昏地暗，天崩地裂。莫不是天柱南倾，天庭倒塌？莫不是龙王醉酒，倒海翻江？莫不是山陵崩摧，丘峦迁徙？莫不是女娲用光了七彩石？莫不是共工怒触了不周山？莫不是太上老君掀翻了八卦炉？

总之，屋里屋外，一个个，心惊肉跳，魂飞魄散，狼奔豕突，抱头鼠窜。

屋里的人们说：“是地震！”“是人间的末日到了！”“是天塌地陷吧？”

屋外的人看得真切：“打雷了！下雪了！”“几声霹雳，打死了满地麻雀，足有几万只。”

于是屋里屋外，人声鼎沸：“老天爷，这冬天打雷是甚物件？是甚兆头？”“是主吉，还是主凶？”“是福不用忙，是祸躲不过！”“还是小心才是！”“是不是地煞星下凡也未可知！”

一时间，三姑六婆，二叔四舅，长袍短衫，豪右闾左，各有估计，各有所云。

馨香酒楼里的酒客，正吓得魂不附体之时，吕鑫家的管家吕品来报：“老爷大喜！老爷大喜！”

吕鑫原本吓得神不守舍，这下更是回不过神来：“我说管家，你是被冬雷吓傻了吧！这光景，我会有何喜？喜从何来呀？”

“真的大喜，是老爷喜添贵子了！”管家喘过气，定下神，才把话说明白。

“添贵子？也不到日子啊。夫人什么时候临盆生产的？”吕鑫边用手指掐算日子边问。

“是刚才，是第一个雷声响起时……”

“呀，是携雷而生！”“该不是天神投胎吧？”“依我说，是地煞星下凡！”人们不待管家说完，便接过话茬，抢着猜测，抢着解释，抢着议论。不过，每个人都把心里的余悸，心里的忌讳深深地掩藏起来了，都来了个顺情说好话，算做嘴上积德吧！

儿子携雷而生，吕鑫心里“格登”了一下，但不便多说。

“吕老爷大喜！”人们贺道。

“同喜！同喜！”吕鑫辞别了朋友和众酒客。

一路上，他把管家远远地甩在后面，恨不能脚生风，背生翅，三步并作两步。喘吁吁，汗淋淋，急匆匆，慌乱乱，忙焦焦，一口气跑回府第。

来到夫人卧室，只见夫人安然躺着。使女淑娴抱着一男婴，那男婴正哇哇大哭，呱呱乱叫，瓮声瓮气，惊天动地。

“怎么不迟不早在打雷时候生？”吕鑫心中颇感不快，又不便说出，心中忌讳，又怕撞个正着。“唉！是福，是祸，主吉，主凶，既来之，则安之吧！”

多年不育的夫人正沉浸在做了母亲的幸福中，没注意老爷的不快，喜滋滋地说：“老爷，快给孩子起个名吧，起名早，好养活。”

“嗯，我正琢磨着呢。夫人梦蛇而孕，儿子携雷而生，这是上天赐子啊！叫‘天赐’吧，太露；从他的三个堂兄排起，应是老四，叫‘天四’，又太俗。‘驷’与‘四’谐音，就叫‘天驷’吧，既不露又不俗，还有特殊意义。”吕鑫认真考虑道。

夫人对老爷言听计从，点头称是。

这一夜相安无事。

第二天，吕鑫心中烦闷，来到测字摊前，请一位老者测字。那老者须髯皆白，但精神矍铄。见了吕鑫写下的“天驷”二字，轻捻胡须道：“天驷，乃星名，天龙是也。天龙，乃苍龙七宿中的第四宿。《国语·周语》云：‘天驷见(现)而陨霜。’……”那老者还想说下去，可吕鑫早已听得灵魂出窍：“这‘苍龙’，莫不是应了夫人梦蛇而孕？这‘第四宿’，莫不是应了排行第四？这‘天驷见(现)而陨霜’，莫不是应了携雷而生，降生飞雪？”他不敢往下想了，慌忙给了老者一锭金，便逃也似地走了。

一路上，吕鑫想：“还是不要叫什么‘天驷’了吧，‘天驷’和龙有关联，别犯着君主的讳，那可是要满门抄斩的！况且吕家几代都不慕官场，让孩子平平安安，顺顺当当，做个布衣平民即可……”

于是，吕鑫又和夫人商量道：“测字先生说，‘天驷’是天龙。咱们别做什么龙，还是做布衣百姓吧！俗语有‘韦带布衣’之说，‘韦带布衣’，是指未仕或隐居在野者的粗陋的服饰。四个字抽取两个，咱们就叫他‘韦布’吧。夫人意下如何？”

“老爷所言极是，改得在理。”夫人赞同。

孩子"三朝"(出生三日)时,亲朋好友纷纷送葱送钱,以预示孩子日后聪明、富贵。

时光荏苒,转眼间,孩子的周岁来临。孩子过周岁要庆贺的。家境贫寒者,也弄浊酒一壶,举家庆贺,讨个吉利。况且吕鑫家并不贫寒!

于是,孩子周岁这一天,吕鑫大宴宾客,亲朋好友邻里故旧所识者也乐得一聚。

这一天,天一亮,吕家便人来人往,络绎不绝。人们起个大早,来送喜礼。只见人们手中各有携:有的带羊肉(当时,牛最珍贵,只有统治阶级才吃得起,猪次之,民间较普遍的肉食是羊肉),有的带脯(fǔ,干肉),有的带醢(hǎi,肉酱),有的带鸡,有的带鹜(wù,鸭是后起字,当时叫"鹜"),有的带鹅,有的带菹(zǔ,腌鱼),有的带酒,有的带饴(yí,当时的软糖),有的带饧(xíng,当时的硬糖)……经济实惠,应有尽有。

酒席宴上,人们端杯把盏,觥筹交错。

酒至半酣,使女小珠捧一托盘而出,人们明白,隆重的"抓周"仪式开始了,"抓周",当时的人们认为,孩子抓什么物件,能决定孩子的职业、前程、运气。

人们立即围过来,只见托盘里放着各种物件:笔墨纸砚,珍珠玛瑙,刀枪剑戟,锄斧铲锤,笏板印绶,糖果点心,金钗银钿,胭脂唇膏……

夫人郑重地从使女淑娴手里接过孩子,站在托盘面前,只见孩子伸出了两只小手,左手抓起了珠宝,右手抓起了印绶。

"这孩子,怎么抓两样?"夫人低声道。

"抓得好!""钱和权,连着福、禄、寿,这孩子双管齐下!""这孩子天庭饱满,鼻直口方,手大抓宝,眼亮追福!"亲朋好友邻里故旧所识们赞声一片。

人们正欢呼,淑娴接过孩子想回内室,不料,孩子左手的珠宝送回了托盘,右手的印绶掉到了地上。老爷、夫人见了有些忌讳,使女慕贞手疾眼快,赶忙拾起印绶放在托盘里。不知是人们没看见,还是看见了不说,总之,没引起议论,没引起风波。

人们继续喝酒,有人提议:"吕老爷,何不乘兴给孩子起个名啊?"

"对,给孩子起个名吧!"人们附和道。

"好,好,好!"吕老爷捋着须髯道,刚想说"韦布",又想起刚才孩子"抓周"时抓的珠宝、印绶,人生有命,富贵在天,不违天意算了,于是清了清嗓子:"那么就叫'不违天意'的'不违'吧!"

"'不违天意'的'不违',好!"人们喝彩。

话音刚落,门外一瞽(眼睛瞎)者,不待通报径直走进厅堂。他双目失明,却动作准确,并没撞翻几案杯盘。他须髯皆白,却鹤发童颜,精神矍铄。只见身着旧长衫,肩背破褡裢,边走边喊:"好,好,好! 不违天意,好!"说罢,他当场从破褡裢里拿出一片龟甲,然后,当众用火灼那片龟甲。不一会儿,那片龟甲被灼开了一个裂纹。瞽者用手摸了摸裂纹,一丝笑意夹杂着几分忧虑让人不易觉察地在嘴角闪过。人们刚想问是主吉还是主凶,只见瞽者双手合十,唇吻翕动,念念有词。然后要了纸笔墨砚,写了"不韦"二字,写罢拂袖而去,飘然而逝。

人们看得直咂舌:"和吕老爷取的名一样!"

"哎,这个'不违'的'违',怎么少了个'走之儿'?"有人发现了不同。

"是啊,怎么没写完就走了?"也有人醒悟道。

“吕品，淑娴，慕贞，小玉，还不去追？”夫人急了。

仆从们刚想追，座中有一老者说：“且慢！不宜再追。第一，追不上这仙翁，第二，追上也白搭！”

“为什么？”人们不约而同地问。

“原因如此：那个‘走之儿’字，已包在那瞽者的动作里，少个‘走之儿’，他没写完便拂袖而去，不是蕴含了‘一走了之’吗？是天机不可泄，也未可知。”老者有板有眼地说。

“嗯，此言得之。有道理，有道理！”吕老爷接过话茬，“对，就依仙翁的，叫‘不韦’吧！”

“改得好！”人们乘兴附和道。

“抓周”喜宴结束后，夫人对老爷说：“既然瞽者仙翁赐名，就刻上块玉给孩子戴在脖子上，求个平安吧！”

向来精明能干的吕老爷被近来发生的一连串的怪事给弄糊涂了，忙答道：“幸亏夫人提起，此事不可耽误。”于是拿钱让管家去办理。

当夜，吕老爷做了个奇怪的梦，这回，老爷留了个心眼，没有说出，说出会应验的；不说，能否扭转，也未可知。

第二天，管家到玉店买了玉，又请玉匠在那块玉上刻了“不韦”二字。

管家拿回玉，夫人亲自给孩子戴在脖子上。

从此，小不韦日见出落，聪明乖巧，很是惹人喜爱。

不过，有一天出了事。小不韦的堂兄吕轩比不韦大四岁，初识文墨，好到处胡乱涂鸦。见小不韦脖子上的玉好玩，拿过来一玩，发现了“不韦”二字，心想：“那‘韦’字不是错别字吗！”于是拿过笔，把“韦”字加了个“走之儿”，成了“违”字，涂抹完毕又给小不韦戴上，便到别处淘气去了。

说来也怪，“韦”字被吕轩改过后，小不韦便肚子疼，急得老爷、夫人团团转，吃了药也不见好。夫人以为中了邪，忙问使女淑娴：“这屋里什么人来过？”

淑娴忽然想起：“禀报夫人，是上屋家的大少爷吕轩来过。”

“来干什么？”夫人急了。

“对了，他玩了一下玉，还……”

夫人不等使女说完，一眼看见了那块玉上的“韦”字被添了个“走之儿”，赶快掏出手帕擦去。这一擦，小不韦恢复了平静，肚子不疼了。

“唉！真是地煞星下凡吗？”夫人想道。

后来夫人密令淑娴：“要看好少爷这块玉！”

淑娴不敢怠慢，寸步不离，不韦平安无事。夫人见不韦无事，便经常赏赐些衣物给淑娴，淑娴越发尽心。夫人便感到放心，顺心。

其实最顺心的当属吕老爷。

自从吕家得了个“携雷而生”的儿子，又有瞽者仙翁题了字，人们对吕家有了种神秘感，于是到他那里买布帛的人日益增多。“说不定能叨个光、沾点福什么的呢！”人们想。

来光顾的人多了，吕家的买卖也就做大了，吕老爷便离开濮阳，到赵国都城邯郸、齐国都城临淄、魏国都城大梁、秦国都城咸阳、楚国都城郢等地去购货。生意总是很顺利。原来，一传十、十传百，吕家儿子的奇闻，不胫而走，不翼而飞，所到之处，均给以优惠，就是那些欺行霸市的游侠儿，尔虞我诈的奸商，也会让他三分。

“唉！自从得了这个儿子，便一切顺利了，是好兆头吧！”吕鑫想。但一想到“抓周”夜晚的那个怪梦，心中便蒙上了一层阴影。

这一天，办事回来，旅途劳顿，再加上儿子降生前后的诸多怪事，弄得他喜不得，忧不得。于是来到馨香酒家一人喝闷酒，喝得酩酊大醉才罢休。幸好被管家吕品出来办事发现，搀回吕府。

回府后，这位吕老爷便耍开了酒疯：掀了几案，摔了玉器，骂了夫人，打了使女，正闹得鸡犬不宁，乌烟瘴气，只听“哇”的一声，刚过周岁的小不韦从床上故意滚到了地上，于是老爷酒醒，后悔不迭，愧疚不已。

“我的儿，多亏了你！”夫人一把抱过这惊人的懂事的孩子，亲了一口。

转眼间，吕不韦长到了五六岁。

开春以来，小不韦每天中午要和娘在一起睡午觉。

这一天，小不韦假睡，等娘睡着了，他便轻手蹑脚地爬下床。

原来，他今天有心事，想去玩蚂蚁。平日想玩，娘不让，说是太脏，所以只好趁娘睡着了偷着去玩。

小不韦出了内室，逃也似地跑到后院。他蹲在地上找啊找，终于找着一只拖着个大饭粒的蚂蚁。他高兴极了，看它那艰难的样子，好玩！他干脆坐在地上看，一会儿把饭粒给它碰掉，那蚂蚁转了一小圈，又来拖那颗饭粒，乐得不韦直拍手。一会儿，又弄块小石子挡住那只蚂蚁的去路，那蚂蚁爬呀爬，不一会儿就绕过了石子，乐得他直叫：“嘿，真好玩！”

玩了一会儿，小不韦又可怜它了，便把它放走了。他想再抓一只，又得费劲找，怎么办呢？

小不韦坐在地上想了想：“有了！我就跟着这只拖饭粒的蚂蚁，没准儿能找到它的同伴，没准儿还能找到它的窝呢！”

于是，他盯着被他放行的那只拖饭粒的蚂蚁，一路跟踪而去。跟到树根下，那蚂蚁不见了，仔细一看，树根下有个不大不小的洞，洞口有无数只进进出出的蚂蚁。

“哈，这么多，真过瘾！”小不韦欢呼雀跃。

他刚想伸出手去抓，小手又缩了回来，因为他想到，这么多蚂蚁，抓不过来，即或是抓住了，也无处放……往哪儿放呢？

忽然，他眼睛一亮，想出了一个主意。

他跑到厨房，拿了个带盖的瓦钵，放上几粒饭，跑到树下，钵口对着蚂蚁窝的洞口。一会儿工夫，瓦钵里便爬了黑压压的一堆蚂蚁，他火速盖上盖儿。

“再怎么玩呢？……对了，让蚂蚁拉车！”他的小脑瓜不停地转转。

于是，他尿尿和泥玩，折腾了半天，才做成了一辆小马车。

拉车，得用线，他又到使女淑娴房里拿了一段线，正要跑，被淑娴发现了。

"别动！在淘什么气？"淑娴道。

"嘘——别出声，我给你看好玩的！"小不韦拉着淑娴往后院跑。

跑到树下，他让淑娴坐下。

"你猜猜看，这里边有什么东西？"小不韦闪着狡黠的目光，卖关子道。

"是大枣！"淑娴猜道。

"不对。"小不韦摇头。

"是甜梨！"淑娴又猜。

"不对！馋猫！为什么都猜些枣啊梨啊的？"小不韦嘟着个嘴。

"因为这两样都是你喜欢吃的嘛！……饶了我吧，我笨，我猜不着。"淑娴告饶了。

小不韦神秘地一掀钵盖："快看，这是什么？是不是吃的？"

淑娴不看不打紧，一看吓一跳："天哪！吓死我了！你敢玩蚂蚁，看我不告诉你娘！"

"别告别告，这么好玩，快把线弄个套，我拿住蚂蚁，你往上套，套好了一勒，就行了。"小不韦一肚子鬼点子。

"这样行吗？"淑娴把线弄成个套。

"行，行，快套——快勒！"小不韦指挥。

淑娴刚刚一用劲，那蚂蚁就被勒死了。

"你怎么这么笨？再来，这回松点儿，别勒死它，让它拉车，多好玩！"小不韦饶有兴致地说。

淑娴这回没敢勒，结果，那蚂蚁挣脱了线套的羁绊，逃了。

"行了，判它个流放、发配的刑罚吧！事不过三，这第三回，该不紧也不松了吧……"不韦说着，又从瓦钵里抓出一只身强力壮的大蚂蚁，"快拴线，这只大蚂蚁能驾辕……"

果真，这次拴成了。不过，一只蚂蚁拉不动车，于是，又拴了许多蚂蚁，这些蚂蚁一齐使劲，终于拉动了小车。

"太好了，太好了！"小不韦乐得趴在地上直蹬腿。

"小不韦，你真聪明，玩也玩出个名堂，淘气还淘出个花样！……"淑娴自愧弗如，"不过，咱们回去吧，是不是该你练画画的时辰到了？这可是夫人吩咐的……"

"好了，听你的！"小不韦把瓦钵藏到了附近的草丛里，拍了拍手上的泥说。

"快走！"淑娴催促，"等一等，我给你拍拍屁股上的土！"

"我才不让你拍屁股呢！"说着，做个鬼脸，撒腿就跑。

淑娴只好在后面跟着跑。

到了前厅，淑娴磨墨，小不韦练画画。

夫人让儿子练画画，不是想让他将来当画家，只是想在启蒙教育之前，让他练练拿笔，训练一下手的灵活劲儿，所以，也没给他请绘画老师。夫人自己也不会，"女子无才便是德"嘛！所以，只是让使女淑娴陪着他，由他乱画。

不过，阴差阳错，吕不韦儿时的这点绘画"功底"，还真有用，为他后来在"珠玉之赢"的大买卖中有一定的审美能力奠定了基础。当然，这是后话。

小不韦见淑娴磨好了墨，便拿起了笔。

“淑娴姐，我想练写字，你会写吗？快教我。”小不韦恳求。

“写字绘画，是你们少爷老爷的事，我这个使女丫头哪里会！”淑娴摇头。

“你不会写字，我也有办法，”小不韦说着，摘下脖子上的玉，“你看，这玉上有我的名字——‘不韦’，照着写，不就行了？”

说干就干，小不韦学着父亲拿笔的样子，蘸了点墨，开始写“不韦”两个字，当然是倒下笔，而且小手抖个不停。

“淑娴姐，这手不听话，硬是抖怎么办？”小不韦累得鼻涕流出了老长。

“别急，慢慢地练。俗话说：‘熟能生巧。’你看，这一遍，就比前两遍好多了。”淑娴一边鼓励一边帮他擦掉了鼻涕。

“淑娴姐，我去尿尿，回来写两个好的给你看。”小不韦累出了尿。

小不韦尿过尿，坐下来反复地写，终于写出了两个不太丑的字：“快看，这两字不太丑了吧？”

“小不韦真能干，会写字了——我看咱们别费这劲了，想学写字，告诉老爷和夫人，请个私塾先生来教你，不就行了？咱们现在还是画画吧？”淑娴怕夫人怪罪。

“好吧，我画就是。这样吧，我画一个，你猜一个……”小不韦眼珠一转，又是一个主意。

“那挺有意思——我若是猜对了呢？”淑娴问。

“那是我画得好，画得像！”小不韦充满了自信。

“那若是我猜不出呢？”淑娴又问。

“那是我画得不好……”小不韦说。

“别，那说不定是我太笨呢？”淑娴安慰道。

“你是安慰我吧……来，咱们现在就猜。”小不韦开始画。

“这是什么？”小不韦画好了一个。

“这是太阳。”淑娴猜。

“这是什么？”小不韦又画了一个。

“这是月亮。”淑娴又猜。

于是，小不韦画了树叶、小草、野花、云朵、雪花等许多简单的图形，淑娴也都一一猜中了。

“再画个什么呢？”小不韦把笔衔在嘴里思索。

这一思索的工夫，滴下了一大滴墨。

小不韦看见这滴墨，反倒来了灵感，将计就计，画了一条大鱼，就以那滴墨为鱼眼睛。

“哇！你还会变废为宝啊，真聪明！”淑娴赞道。

“那当然！”小不韦拍拍胸脯神气地说。不过，这一拍胸脯，觉得肚子有点饿，“淑娴姐，我的肚子瘪了，快去帮我拿块米糕来！”

淑娴去拿米糕。

小不韦见淑娴走了，眼睛一眨，又一个主意：趁她不在，把娘的那条玉石项链画下来，她肯定猜不着。

于是，他画娘的项链。

刚刚画完，淑娴拿米糕回来了：“小少爷，给你米糕，——哟，这画的是个什么呀？是蛇吗，弯弯曲曲的？……我才离开这么一会儿，怎么蛇就出洞了？”

“告诉你吧，不是蛇，”小不韦咬了一口米糕，弄得满鼻子满嘴是糕，“这是我娘脖子上那条玉石项链！猜不着了吧？脑袋笨了吧？”

“夫人的玉石项链？不像！夫人的玉石项链好美丽呀——不过，我也没仔细看过……”淑娴一边为他擦去鼻子上的糕，一边说。

“没仔细看过？这好办，我去拿来，让你看个够，怎么样？”小不韦把最后一口糕塞到嘴里，拔腿就跑。

“小少爷，回来！夫人不会拿给你的，据说那条项链很昂贵……”淑娴想阻拦。

但是不待淑娴说完，小不韦已经跑没影了。

他跑到内室，见娘还在睡，便轻手蹑脚地走到床边，娘侧身躺着，他轻轻地从娘的后脖子那儿把搭钩解开，然后，顺着娘的脖子一点一点地往外顺，往外拽，终于，拽出来了。

他拿着项链飞跑到前厅，像一只骄傲的小公鸡，脖子一歪，说：“给你看，这回看个够！”

淑娴正要看，几个做粗活的使女听说“看个够”，便一齐跑来看：“是什么好东西呀，要看个够！”

见是一条精致的玉石项链，一个个爱不释手，你抢我夺，轮番抢看，结果，“哗啦”一声，丝线断了，玉石撒了一地。

“糟了，把夫人的项链弄坏了！”使女们惊呼着哭了。

“小不韦，你惹祸了！听老爷说这条项链的丝线不能弄断，弄断了无法把它穿上……”淑娴见多识广。

“淑娴，你陪少爷玩吧，我得去做饭……”一个使女想溜。

“淑娴，看少爷是你的活儿，我们凑什么热闹啊……我得去买菜了。”另一个也想溜。

“淑娴，我们几个就你手巧，你帮少爷把项链修好吧！我得去洗衣服了。”又一个使女说。

总之，使女们一个个都想逃跑。

“大家不要走，不要慌……”小不韦把小胳膊背在身后，迈着方步，学着爹的样子和腔调说，“没有过不去的桥，没有蹚不了的河，办法是人想出来的嘛！”

看见他那滑稽的样子，使女们又都破涕为笑了。

“众姐妹，你们有所不知，迈方步的样子，他是在学老爷，‘桥’呀‘河’呀那句话，也是老爷的口头禅……”淑娴没白在前屋里混，熟悉老爷的音容笑貌，举止言谈。

“小少爷，我们不慌了——不过，你若是想不出好办法把项链修好，我们还是得慌……我们赔不起呀……我们怕被夫人辞了没得饭吃……”众使女说。

“是呀，小不韦，你人小点子多，你指挥，我们做……”淑娴说。

小不韦又学爹的样子在屋里转了三圈，忽然停住，拍了一下头顶说："有了！淑娴，你去拿针线！其余的几位姐姐，把撒落一地的玉石，一颗一颗拾起来。这玉石一颗也不能丢，否则，要被重罚！我出去一下，马上就回来……"

于是，各就各位，分头忙碌。

一会儿工夫，淑娴拿来了针线，众使女拾完了撒落一地的玉石。

只见小不韦捧着个瓦钵跑了进来，狡黠地向淑娴眨了眨眼睛，因为这个秘密只有淑娴知道。

"给你们看一样宝贝！"小不韦说着，又动作夸张地掀开钵盖儿。

"啊？是些蚂蚁呀！"做饭的使女说。

"怎么这个关键口还玩蚂蚁呀？"洗衣使女说。

"我还以为有什么高招，请来了什么高人呢，原来是些臭蚂蚁呀！"买菜使女说。

"你们别吵，小不韦会有办法的。"淑娴对不韦很有信心。

"淑娴，你先用针穿丝线！"小不韦俨然一个统率千军万马的指挥官。

"不是说，用普通针穿不过去吗？"淑娴说。

"我疑心那个玉店老板有诈。万一他为了抬高价格，故弄玄虚呢？岂不骗我们舍近求远，舍易求难……凡事要多个心眼儿么！"小不韦办事有板有眼。

于是，淑娴试着用针穿过玉石。结果，左穿右穿，左扎右扎，左捅右捅，那根针就是进不去！

大家又把目光转向了小不韦。

"大家沉住气——淑娴，再去拿根绣花针！"小不韦命令道。

不一会儿，淑娴拿来了绣花针，又是好一阵折腾，无论如何进不去！

"看来，那玉店老板没说假话——下面，看我和淑娴姐表演了！"不韦显出了大将风度。

"我会做什么呀？"淑娴不解道。

"你会把线拴成套呀，怎么刚玩过，就忘了？"不韦向淑娴挤了挤眼。

"啊，我懂了，你是想——"淑娴刚说了半句，就被不韦用小手把嘴捂上了。

"嘘——天机不可泄露！……咱们玩个精彩的，让她们见识见识！"

于是，不韦从瓦钵里选了只小蚂蚁，淑娴这回是不松不紧正好套住了那只小蚂蚁，然后，不韦用另一只手拿着一颗玉石，将玉石的洞口对准蚂蚁。

结果，惊人的一幕出现了：那只小蚂蚁见洞就钻，一眨眼工夫，顺利地通过了那玉石里面曲曲折折的洞眼！

"噢，太好了！太奇妙了！——小不韦真聪明！"众使女欢呼。

"好玩吧，还想逃跑溜掉不？还想哭鼻子不？……我说不要紧嘛！"小不韦一边说，一边又拿起块玉石。

就这样，那只小蚂蚁不费吹灰之力，一会儿工夫便完成任务，顺利地钻过了一颗颗玉石，也就是说，不韦利用这只灵巧的蚂蚁穿好了整条项链。

大家见项链修好了，欢呼雀跃，欣喜若狂。

"我的儿，"夫人说着，一把抱起不韦，"你真聪明绝顶，你真是娘的好儿子！"

“啊？是夫人……夫人不要怪罪我们！”众使女求饶，“夫人什么时候来的？”

“娘，祸是我惹的，不要罚她们，”不韦讨好地搂着娘的脖子，调皮地亲了亲娘的脸腮，“娘，你看见我用蚂蚁穿项链了吗……”

“看见了，看见了。在你们穿上头一颗的时候，我就站在你们的身后了——我是被你们的欢呼声吵醒的呀！……不惩罪，不怪罪。我高兴还来不及呢！”夫人说着，又亲了不韦一口。

淑娴见夫人高兴，又把不韦画的画拿过来：“夫人，您看不韦画的画，像不像？好不好？”

夫人一一看了，不停地赞叹：“画得好，画得像。小不韦真乖。……娘的不韦真的要‘不违天命’吗？”

“娘，什么叫‘不违天命’？”不韦瞪大了眼睛，疑惑不解地问。

“是啊，什么叫‘不违天命’？我们听不懂。”众使女问。

“老爷说：‘天机不可泄漏。’况且，说了，你们也不懂……或许长大就懂了。”夫人搪塞道。

“娘，为什么长大了就懂了呢？”不韦打破沙锅问到底。

“长大了，就识文断字了，就有知识，就会更聪明了。……听你爹常挂在嘴边，孔子曰：‘三十而立，四十而不惑，五十而知天命，六十而耳顺……’以后好好读书吧！”夫人因势利导。

淑娴听夫人说读书，便把不韦费了吃奶的劲写成的“不韦”二字拿给夫人看：“夫人，小不韦会写字了！”

“哟，写得不错——是谁教他写的？”夫人惊喜道。

“是他自己呀——是他照着脖子上的玉写的！”淑娴道。

“过几天，让老爷给不韦请个私塾先生吧。”夫人道。

一天，小不韦和三个堂兄吕轩、吕轸、吕辐及邻居家的小六子在一起捉迷藏，轮到不韦蒙上眼睛找人了，他根据脚步声，很快把大哥、二哥、三哥抓到了，只有小六子，不知藏到哪里去了。小不韦眼睛咕噜一转，就假装大喊：“于大妈，找六子哥吗？我也正找他呢！”藏在假山后面的小六子一听娘来找，便一个蹦高跳出，这一跳不打紧，一把被小不韦抓住了，而且又蹦又跳地喊：“抓住了！抓住了！狡猾的小六子被我抓住了！”

“快别闹了，我娘呢？”小六子急了。

“你娘啊，在家等你吃饭呢！哈哈——”那小不韦边说边笑。

小六子气得一屁股坐在地上哭：“又上小东西当了，我的脑袋笨，总也斗不过他……”

吕轩说：“哪里是你笨？是他太聪明了。咱们几个捆在一块也玩不过他，他是个机灵鬼！”

“谁是机灵鬼？肯定是小不韦了。机灵鬼，快回家吃饭！”吕家的使女淑娴来喊。

淑娴领着小不韦一进后厅，便看见一个衣衫褴褛的十五六岁的少年，正手足无措地站着。淑娴仔细端量了一下，喊道：“表哥，你怎么来了！”

“我说了，你可要挺住，你娘就剩一口气了，你若离得开，请几天假；你若离不开，就捎点儿钱回去，我帮你料理。”淑娴的表哥宝柱一口气说完了。

“天哪！”淑娴听了一下子晕了过去，等她醒来，含泪道：“我命好苦哇！当年为了安葬爹爹，我自卖自身，来到了吕家。如今，娘又不行了，今后让我靠谁呀！呜——呜……”说完大哭。

“今后靠我！我保护你，我是英雄！”小不韦像个小大人似地说。

淑娴听了小不韦的话，破涕为笑。

小不韦见淑娴笑了，高兴得直拍手：“淑娴姐姐笑了！淑娴姐姐笑了！”

淑娴笑了一下，脸上又布满了愁云：“可是我上哪里去弄钱哪？我出来做事，只带出一张嘴来。每月发的月钱，都已经叫人捎了回去，现在两手空空，哪里还有什么钱哪？”

小不韦平日最喜欢淑娴姐姐，淑娴这回有了难处，该帮她才是。可怎么帮呢？只见他眼珠一转，眼睛一亮，说了声：“有了！”就跑了。

这里正愁着，老爷那里来了客人，喊淑娴上茶。来了客人，淑娴记得用玉壶，可刚才娘病危的事再加上手头没钱发丧的事，弄得她神情恍惚，一不小心，手一滑，玉壶掉在地上，弄了个满地飞琼。这一下，可把淑娴吓傻了眼，这玉壶是老爷的爱物，据说是一位有身份的朋友送的。轻则会挨一顿训斥，重则在吕家当使女这碗饭也吃不成了。

正在这火燎眉毛之时，小不韦从外边跑回来，一进门，便喘吁吁地说：“淑娴姐，这是五十金，给你……呀，这玉壶……噢，我明白了。”小不韦把钱塞在淑娴手里，便赶紧从母亲房里拿来了一把铜壶，虽不是玉的，却也古朴别致。小不韦把铜壶递给淑娴，催促：“快去冲茶！”

淑娴无奈，打了玉壶，这光景也只好拿铜壶应急了。淑娴冲了茶往老爷房里走，小不韦鬼头鬼脑地跟在身后。

只见淑娴头也不敢抬地送茶，斟茶。

老爷一皱眉：“不用我那把玉壶，是何道理呀？”

淑娴嗫嚅着：“这……”

小不韦见状，从门后钻出：“启禀爹爹，这是我的主意，因为爹爹来了贵客，这壶上刻的字特好：‘有朋自远方来，不亦乐乎？’和此情此景岂不合个正着？”

那位客人忙恭维道：“令郎果真聪颖过人哪！”

吕老爷连忙谦虚道：“犬子不才，有劳先生错爱。”

小不韦见有台阶可下，便使眼色让淑娴快走。自己也逃也似地跑了出来。

小不韦正跑着，淑娴喊道：“小少爷，多亏你给我解了围……你刚才给我的五十金，是从哪里弄来的？”

小不韦神秘地在淑娴的耳朵边小声地说了原委。

原来，小不韦听说淑娴需要钱，便一溜烟跑了出去，找了小六子，让他把自己脖子上挂的那块玉拿到当铺里当掉，换了这五十金。

淑娴听了大惊失色：“我的小祖宗，这还了得？夫人那里不会饶我，再说，你没了玉会肚子疼的……”

“有甚打紧，我就说是我捉迷藏时丢的，他们就会撒下人马去找，去赎，你等着好戏看吧！”小不韦说着狡黠地眨着眼睛。

小不韦来到了母亲房里，假装哭道：“娘，我把爹心爱的玉壶打碎了……”

“打就打了吧，我早就说过，那东西中看不中用。别哭了，一会我去替你说说就是。”夫人给不韦边擦泪边说。

小不韦刚要走，忽然喊：“哎哟，肚子疼！”

“快过来，”夫人边帮他揉肚子边问，“是怎么回事？”

“是我吃饭前捉迷藏时，丢了脖子上的玉。”小不韦偷眼望了一眼娘撒谎道。

“啊！天哪！那是你的命根子啊！……吕品、淑娴、慕贞、小玉……”夫人喊了一串名字，“还不给我快去找玉！”

管家和使女们刚要走：“慢着！”夫人又想起了什么，“你们兵分两路：慕贞、小玉去后花园找，吕品、淑娴上当铺去找，见了就赎回来，多少钱都行！”

吕家撒下了人马找玉，当然是吕品、淑娴在当铺里找到了，用一百金的高价赎了回来。

“不要告诉老爷！”夫人命令道。

第二天早上，淑娴告假奔丧，夫人勉强点了点头。于是淑娴跟表哥回家奔丧。

话说昨天老爷与其饮茶的那位客人，正是老爷请来的教书先生，来给小不韦哥几个进行启蒙教育。

这一天，老先生来了。吕不韦和三位堂兄，初次拜见业师，奉赠了“束　之礼”（束　，捆成一束的十条干肉）。

小不韦又跟爹说，让小六子也来陪读，老爷同意。

吕家这几位少爷和邻家的小六子，都无拘无束惯了，哪里坐得住？

老先生让孩子们写“上大人孔乙己……”这一类笔划少的字。

小不韦刚刚写了个“上”字，见几个哥哥和小六子坐不住，聪明的不韦便喊：“报告先生，出恭（上厕所）！”先生照例头不抬、眼不睁地说：“速往速归！”

小不韦刚走，另外那几个混世魔王也学小不韦的样告假走了。

老先生见状，摇了摇头道：“孺子不可教也。”

第二天，孩子们照例还得练字，孩子们在下面练，老先生在上面写。老先生写累了，便到下面看，只见孩子们一个个都写得奇丑。

先生火了：“这哪里是人写的字！非人也！非人也！”然后踱回自己的几案前，津津有味地，一丝不苟地写他的字。公平地说，老先生的字遒劲有力，无可挑剔。

小不韦听先生说他们这帮不是人，便眼珠一转，心生一计。瞅先生不注意，“腾”的一下从窗户跳出，回来时，却从门口大摇大摆地走进来。

“小子何时出去的？我怎不知？”老先生奇怪地从眼镜后面望着他说。

“噢，我还不知道先生记忆力如此之差！”小不韦说着，又偷偷地把一只圆滚滚的柳树上的大青虫放到先生那墨迹未干的字上。那青虫也不客气，把先生的字爬得一塌糊涂。小不韦见了，心中暗笑，回到几案边，说：“先生，我们写不好，请让我们看看先生的字！”

老先生不无遗憾地说："惭愧！惭愧！老夫无能，字被虫子爬了……"

"哈哈哈——"孩子们笑得前仰后合。

小不韦和他的哥儿们就这样热闹闹、乱哄哄地度过了童年。

不久，老先生告老还乡了，看到老先生清贫的样子，小不韦又于心不忍了，在送别先生的时候，小不韦对爹说："爹，这位先生一丝不苟，何不多赏他几十金？"

于是，老爷又让管家拿来了几十金，送给了老先生。

小不韦十五岁"束发"读书时，老爷又请来了一位先生。这位先生，韩国棠溪人，姓李名文翰。

不久，孩子们便发现，这位李先生学识渊博，性情开朗，讲课幽默，因材施教。

孩子们喜欢他，他也喜欢孩子们。

一天，李先生拿来了一个狮形物件，放在几案上，却总是倾斜着。

"这一堂课，就研究这物件，看谁能把它摆正了。"

孩子们一听，"呼"地一下围到了先生的几案周围，面对这个怪东西，每个人都摆弄了一下，可无论如何也弄不正，只要一松手，那只怪狮子就又倾斜了。先生坐在那里呷了一口茶看着。

轮到小不韦了，小不韦说："请借用先生这杯茶。"

先生见小不韦要茶，心想："有门儿！"于是高兴地递过手中的茶。

听小不韦借先生的茶，孩子们全愣了，以为不韦抢喝先生的茶，不懂礼节。

只见小不韦接过先生的茶并不喝，而是从那只怪狮子上翘的尾巴的小孔处，小心翼翼地往里倒茶，茶水淅淅沥沥、叮叮咚咚地往里倒，那只怪狮子便逐渐站正了身子，直到茶水灌满，狮子便一点儿也不倾斜了。

"太好了！太好了！"孩子们欢呼。

"先生，这叫什么物件？"不韦兴奋得额头亮晶晶地问。

"这物件叫攲器，攲，倾斜的意思。古来君子学者把它放在几案上，进行自勉，也与人共勉。谁能道出其中的蕴含？"先生捻须道。

小不韦的三个堂兄急得直抓后脑勺也想不出。

小六子抢着回答："这东西是告诫人们做事谨慎的。你看，往小孔里倒水是，不小心便到处流……"

"小六子'敢为人先'，好！小不韦，你说说看。"先生循循善诱。

"这攲器，乃是告诫人们不要骄傲自满，否则，一瓶子不满，半瓶子晃荡。"小不韦有板有眼地说。

"此言得之！"先生赞叹，"小不韦，老夫的这个攲器就送给你吧！"

"太好了！太好了！"孩子们替小不韦欢呼。

"谢先生！"小不韦双手接过攲器道。

第三章　弃仕从商

这是一个万里无云，蓝天抖彩的仲夏傍午时分。

吕不韦如释重负地读完了他十年私塾的最后一课，背着装满书简的小箧走出了老师李文翰的茅屋。含辛茹苦的十年学业终于大功告成，学而优则仕的进身之路为他铺展了一条如花似锦的前程。吕不韦面对金晃晃的阳光，信心百倍地憧憬着。

李文翰是位满腹经纶、诲人不倦的老师，他恋恋不舍地把自己这位心爱的高徒送出很远。

吕不韦转过身来，深施一礼地说："先生不用再送了，家父说，过两三日后备酒设宴，很好地酬谢先生对我的教诲之恩。"

李文翰谦和地说："不韦，回去转告令尊大人，不必破费。"

吕不韦欢天喜地走着，脚步轻盈如飞。他今年十九岁，长得铺板大身。两道浓浓的剑眉下，是一双光芒夺人的鹰隼般的眼睛。鼻翼轮廓鲜明，只是鼻孔与上嘴唇之间的"人中"略显过长。照掐算天卦的瞽者预卜，这种人福祸相济，大起大落。嘴的四周依稀可见黄茸茸的汗毛，这是刚长出来标志成熟的胡须。可以说，吕不韦是个相貌俊伟的小伙子。

李文翰的学馆离濮阳城不远，过了那条波清浪翠的濮阳河就是。因此，吕不韦很快就进了城，置身于繁华热闹的街衢之中。拐过一个街角，吕不韦看见许多人三五成簇，交头接耳，似乎在谈论一件什么稀奇古怪的事情。

十年来，吕不韦两耳不闻窗外事，一心只读圣贤书。虽然每日在大街小巷中穿越，但从不驻足观花望景，听三问四。今日读毕诗书，也想听个稀奇，便凑上前去，于熙攘的人群中侧起耳朵。

吕不韦很快地听明白了。

在一个更深月上的夜晚，一条毒蛇在宫廷中咬死了公子怒纤。那条蛇身长十丈，黑质白章，游刃敏捷，在几百名军尉的烛光刀戟之下逃遁得无影无踪。国君卫元君在惊悚悲伤之中请来祝巫作法占卜之日，便将结果公布在宫门外的冀阙上：此蛇乃妖孽幻化其形，现仍藏匿于濮阳城中，望军民人等留意防范捉拿。就在卫元君这封诏书颁布不久，又从宫中悄悄传出新的说法。有的说，那条蛇是魏国的安厘王派人所放，本意是要噬死卫元君，但事与愿违。缘由是在卫怀君三十一年的时候，怀君到魏国朝贡，安厘王把怀君囚禁杀掉，立了自己的女婿卫元君为国君。安厘王想要魏国的小邑巴城为饲马场，卫元君没有答应，安厘王要报复自己这位忘恩负义的女婿。有的说，毒蛇是太子君角的母亲所放，缘由是这位卫元君的正妻发现丈夫在亲昵公子怒纤的同时在一天一天地疏远太子君角，担心有朝一日说一不二的卫元君废黜君角，立怒纤为太子。但蛇究竟是放自何人之手，人们莫衷一是，谁也说不明白。卫元君的宫寝内戒备森严，使用专门发放的殷传作为新的通行证明。军卒三五成群执戟握盾不舍昼夜地在闾里街巷逡巡盘查。他们在寻找没腿的蛇时经常用目光拴着有腿的过往行人……

吕不韦发现人们在谈论这件事的时候，面孔上都布满了忧憾恐惧的表情。

吕不韦脑海里装着一条蛇的形象回到家里。父亲吕鑫接过吕不韦的书箧，兴致勃勃地告诉儿子，他已托人在大夫卫横的麾下为他谋求到了一个门客的职位。吕不韦知道大夫卫横是国君卫元君的亲戚，自己如果受到卫横的赏识，就可以随同这位大夫朝觐国君，抓住机会把自己的文韬武略展露出来，受到国君的青睐，何愁不能封侯拜相。吕不韦踌躇满志与父亲叙谈了十年寒窗苦读的体会与未来的大略宏图，吕鑫不住地点着头倾听着这个天根悟性很深的独生子满嘴的"之乎者也"。后来吕不韦告诉父亲关于在街上流传着的蛇的故事，父亲说蛇又不会咬到我家，管它干什么，呆会我领你去拜见大夫卫横。

吕不韦永远会记住头一次拜见卫横的辉煌情景。当父亲领着穿戴一新的吕不韦进入这位大夫客厅的时候，峨冠博带的卫横正与门客谈古论今。满室生辉的桌儿琴瑟和卫横高谈阔论的声音，很快使吕不韦产生了一种压抑的感觉。卫横夸褒一番吕不韦如何一表人才之后，又随便地问了《诗经》、《国语》中的几个典故，吕不韦都对答如流。卫横朗声大笑地说，此才大堪造就，大堪造就。吕不韦看见，父亲和那些门客都用满脸的媚笑迎接卫横的笑声。

父亲准备告辞的时候，卫横说一会儿他去朝见卫元君，让不韦与我同行吧。父亲诚惶诚恐地磕头谢恩。

父亲走后，卫横继续着与几位门客的清谈。其间，让吕不韦做些取书唤婢的零碎差事。这使吕不韦有机会在这位大夫的府中穿室过堂，目睹了这里锦衣玉食，呼奴唤婢的奢华与排场，联想到位卑而禄少的父亲所营造起来的贫寒家境，那种渐渐淡化的压抑感又云团一般笼罩在吕不韦的心头。等吕不韦面对卫元君辉煌巍峨的宫殿时，大吃一惊，明白了什么是真正的富贵与尊显。别的陪臣与门客都要跟随卫元君进到宫殿里面，因为吕不韦是新来乍到，在瓮城外的阏门等候。吕不韦让自己的目光通过敞开的宫门而进入王宫院内。里面是楼台阁榭，曲径通幽。在没有建筑的开阔空地上，一溜儿骏马都披着万紫千红的彩衣，不时地打着响鼻。旁边陈列着国君乘坐的金根车、大夫乘坐的辂车、还有供后妃姬妾乘坐的轩车，都镂金描画，一派轩昂。　门、阏门两侧站着面部表情僵滞的佩剑武士。太监、宫女来往穿梭，偶尔还能听到她们银铃般的笑声。

吕不韦在花中感叹说："大丈夫应当享有如此荣华富贵！"

外廊檐柱的影子越拉越长，沉下去的太阳给西天留下了一片空旷的光芒。吕不韦觉得等待了很久，才见卫横与陪臣门客谈笑风生地从宫里走出来。

关于毒蛇噬死公子怒纤的传闻，如同梅雨天迷蒙的水汽经久不息地飘在濮阳城内。

于人心惶惶之中，在濮阳城一条闾巷深处东西为邻的两家各自迎来了值得庆典的喜事。东边宋家的宋老太爷正逢七旬，操办寿诞之日。西边吕家的公子吕不韦完成学业，成为堂堂大夫家的门客，也是值得褒扬夸耀的事情。

宋老太爷宋祁爵位不高，只是八等的"再命"，可是因为在濮阳城开了一个生意火红，赚头颇大的绸缎庄，成了这一带的首富。人活七十古来稀，财大气粗的宋祁自然要风光铺排地庆祝一下。早在头一天，宋家的高门大屋就张灯结彩，杀猪宰羊，并在门外搭了一个席棚，角色齐全的鼓吹班子不遗余力地让那些笙管鼓钹，爆发出一阵阵震耳欲聋、喜气洋洋的乐曲。

与宋家相比，吕不韦的庆典就显得寡淡沉寂。吕鑫满心欢喜地为儿子置办了几桌酒席，邀朋聚友，让人看看，他一表人才的儿子已经出落成大夫家的门客了。

吕不韦在大厅前彬彬有礼地恭迎如期而至的客人。至友亲朋来得差不多了，只差老师李文翰了。吕不韦在客厅前徘徊一阵，便到门口张望。他出门一看，宋家宾客纷纷，车水马龙连闾竟巷，在他家门前拥挤成眼花缭乱的一片。来宋家贺喜的人大多是身份高贵的军尉侯臣、商贾儒士，不是乘车就是骑马，主人进去之后，便把这些交通工具充塞在吕家的门前，偌大的一条街道，已经没有立锥之地了。牲畜们还热情洋溢此起彼伏地进行着排泄，一股浓烈的尿腥之气像衣衫一样将吕不韦包裹起来。吕不韦在心里想到呆会儿李文翰先生至此何以不会难堪。

正当吕不韦望眼欲穿之际，他眼皮底下一匹"雪花青"大马摇头摆尾，很响亮地放屁之后，就把一排气味和色泽都很鲜明的粪便堆放在吕不韦门前的台阶上。

反感已深的吕不韦操起身边的顶门杠照着马屁股狠狠就是一下，便溺后的"雪花青"受到意外的袭击大惊，惊天动地高嘶一声就狂奔乱窜起来，从满是车马行人的街道践踏而过。顿时，吕、宋两家门前马啸人叫，乱成一团。"雪花青"四蹄腾空，勇往直前，穿过鼓吹手的席前呼啸而去，顿时，杆木横飞，人仰马翻。停放在宋府门前专供宋祁乘坐的那辆昂贵的缀金轩车，在马蹄与人们的步履之下，被踏得七零八落，面目全非。

这场大杀风景的骚乱，早被宋家的门役看得一清二楚，大惊小怪地报与主人。正在与宾朋推杯换盏的宋祁，告诉管家这是吕不韦故意为之，要索金赔偿。

管家出来指手画脚地斥责一通吕不韦后，索要赔金五百镒金。吕不韦据理力争，说驱赶他家地界之内的牲畜并未悖理犯法，索要赔金五百镒实属讹人。在吕不韦与管家面红耳赤的争辩中，早有两家的宾客数人参与，公说公有理，婆说婆有理。吕不韦一看对方蛮不讲理，就要求听候一州之长州伯大人的裁定。

管家得意洋洋地说，这可是你说的，吕家小子。州伯大人正在里面与我们家的老太爷喝酒呢，你进去吧！

吕不韦怒气冲冲地进了客厅，找到了喝得已快酩酊的州伯。州伯醉眼朦胧地听完吕不韦和管家的申辩，一锤子定音。舌头不能绾花地说："赔金五百镒，吕家支付！"

吕不韦不服，欲与州伯大人争辩，这时一直坐在旁边酒案上的宋祁站起来打圆场说："吕家寒门小户，也确实拿不出这么多金子，就让吕不韦到我的绸缎庄做工一个月吧，以示惩处。"

州伯呜呜噜噜地说："重罪轻罚，慈善心肠！"

委屈的吕不韦在另一张酒案上看见了一张眉清目秀的脸，他认得那是大夫卫横。吕不韦奔过去请这位皇亲国戚为他主持公道。

卫横醉意微醺，冷漠地说："州伯明裁，不易更改。"

吕不韦茫然若失地站在那里，他不明白，昨天还夸耀他一表人才大堪造就的卫横，对自己的门客蒙冤遭垢为何袖手旁观呢？

父亲吕鑫知道了州伯大人的了断结果，比较罚金与出工觉得还是后者为佳。要他家拿出五百镒，把四口人的骨头都砸碎了称一称也不够这个数。要儿子支付一个月的工夫与一位大夫门客的脸面，比这要容易得多。父亲还告诉吕不韦，家中又要有一项大的支出：卫元君颁诏下来，天神即将降临濮阳城，要每家每户都盖起神堂，以接纳天神的降临。吕不韦已无可奈何。

宋祁的绸缎庄坐落在濮阳城最繁华热闹的段，铺面亮丽绵长，总共有十几位伙计在摊开的云蒸霞蔚般的绸缎面前忙生意。吕不韦冷丁出现在大庭广众之中，觉得有些尴尬，量布算账颇为生疏，有时显得手忙脚乱。好在紧挨着他的一个叫王奎的伙计心眼机灵，擅长交易，每每给吕不韦不少帮助。来这里选绸缎的大多数是粉黛裙钗，于脂粉气息中吕不韦不敢正视一张张桃花玉面。

突然间离绸缎庄不远处，人们熙熙攘攘，吆吆喝喝地围聚着。吕不韦循声望去，看见在贩卖牲畜与奴隶的市场上，有一位插草标的女人正被许多人评头品足。王奎和几个伙计放下手中的生意，饶有兴趣地去凑热闹。好半天王奎几个人才回来，赞不绝口地说："绝代佳丽，倾城倾国。"让吕不韦去开开眼界。吕不韦觉得一个女奴隶，没有什么好看的。王奎还在绘声绘色地说："要论长相，在整个濮阳城的女子当中也是独占鳌头。只是时运不济，命运多舛，卖身为奴。也不知道让谁人买去使用与糟蹋！"

吕不韦在几个伙计的鼓吹与怂恿下，离开店铺挤进了围观的人群中。只是女奴隶膝前耸立着一片宽宽的竹简，上面写着："此绝好女奴价卖十镒金。"吕不韦看见了女奴身材窈窕，蓬头垢面，两眉间有块手指肚大小的红色斑记。都说她长得人俊俏，俊在哪里呢？吕不韦仔细端详，尘埃污迹之中隐藏着一张韶秀不俗的面孔，这个女奴确实有着一双好眉眼。吕不韦看着看着，油然而生一种怜香惜玉的情怀，喟然长叹："谁家的女儿，沦落到如此凄惨的境地！"

吕不韦回到店铺里，王奎笑嘻嘻地问："长得如何！"

吕不韦回答"妙哉！妙哉！"

伙计们打诨逗趣地说："吕不韦，你把她买回家当媳妇或傍妻吧！"

吕不韦反唇相讥："给你们当媳妇或傍妻！"

不知什么时候，聚拢在那里的人群已经散尽，空旷的风裹挟着草刺尘埃扫荡而过。吕不韦注意到，许多女人的衣裙被风鼓荡得充实起来。望着一张张描眉画鬓的面孔，吕不韦又想到了那个女奴隶，也不知此刻被标卖哪块街隅，抑或已被哪位富裕的卿将儒商买去……

关闭店铺之后，吕不韦结束了生平第一天的商贾活动，带着不少新奇的感觉向家走去。吕不韦看到，橘红色的晚霞，把路上的每一个坎坷都照耀得光辉灿烂；每家的炊烟在渐渐黯淡的半空中集合在一起，缥缥缈缈，虚虚幻幻。许多人家的柴扉前堆放着砖瓦木料，有的正在乒乓作响地大兴土木。吕不韦知道，这是在遵奉卫元君的诏令，在盖纳神堂呢。

吕不韦回家看见篱畔院中，也横七竖八堆放着杆木；左一堆右一堆散乱着砖石。

父亲告诉他，明日他家中的纳神堂就破土动工了。吕不韦注意到了，西院宋家传过来了嚓嚓啦啦的锯木声，于模糊不清的夕照里，看得见那里正在拉排立柱。

尽管饭后已月色朦胧，因为明天要破土动工，吕不韦让忙了一天体力不支的父亲早早歇息，自己走进走出，料理活计。他在走过一堆木料时，看见似有一蓬草放在其间不太规矩，怕要影响明日的劳动。他俯下身去拎那蓬草时，随着一个女人的“哎哟”声，吓得他魂飞魄散。吕不韦看见了一个站立起来的女人的模糊轮廓，紧接着那个黑影屈身跪下，用嘶哑的声音央求道：“公子，救我一命！”不知是冻，不知是饿，那个黑影在不停地瑟瑟颤抖。

吕不韦端来膏灯一照，首先映入眼帘的是两道眉毛间一块清晰的红记。吕不韦心陡地一提：这不是白天被插草出卖的女奴隶吗？深更半夜何以至此？

吕不韦将她引至装粟黍与杂物的仓廪中说话。女奴隶泪流满面地告诉吕不韦，她家原本是晋国大夫的陪臣，父亲叫皇甫狐，她叫皇甫娇，还有一哥哥叫皇甫尚义。去年夏天，卫元君带领十万大军进攻晋国，途经他家时，杀死了父亲皇甫狐，抓走了她和哥哥。半路上哥哥逃跑了，她被带回了濮阳，赏赐给一位作战有功的将军为奴。将军对这位因家破人亡而整天哭哭啼啼的女奴隶很是反感，便于昨日将她以十镒金的价格卖给了濮阳城内大富商樊平。樊平的父亲暴疾而亡，欲以两男两女陪葬，皇甫娇即是买来陪葬的两女之一。皇甫娇不甘心将自己年轻的生命放在棺椁内到墓穴中永远陪伴那具有钱人家的僵尸。于是，她乘看守她的家丁入厕之机，逃了出来。

吕不韦安慰了皇甫娇几句，便悄手蹑脚地到上房屋中取来了饭羹，让皇甫娇先果腹暖身之后再商议如何解救她。

吕不韦看着皇甫娇狼吞虎咽地吃食物，膏灯刷亮的光芒把黑暗逼到了墙角，皇甫娇柔媚的身影被映在了墙上。皇甫娇大概是久未进食，很快风卷残云般将那些饭羹吞食殆尽。

皇甫娇眼里闪着温馨的光芒问：“敢问这位大哥的尊姓大名？”

吕不韦将自己的姓名告诉了皇甫娇。

皇甫娇起身告辞说：“吕公子对我的深恩大义，小女子永远铭记在心，以后有机会终当报偿！”

吕不韦问：“皇甫姑娘要到哪里去呢？”

皇甫娇说：“我不能再麻烦与牵连吕公子了。我要找到我的哥哥，兄妹团聚，为父报仇！”

吕不韦说：“你逃出来之后，樊平家不能善罢干休，不是报官通缉，就是派人捉拿。你一弱小女子，戴罪之身，怕没找到你的哥哥就被擒拿落难了！”

皇甫娇说：“我已经走投无路，只好如此了！”

吕不韦说：“再想一想，就没别的办法吗？”

皇甫娇说：“现在只有拿出十镒金，到樊家为我赎身，才能化险为夷，还我自由之身。可是……”

吕不韦说：“皇甫姑娘，你先藏匿安身于此，待我想想办法，明天再做计议。”

皇甫娇感激不尽地叩头于地后，蜷曲在一隅以待天明。

如水的月光照耀着在床榻上辗转反侧的吕不韦。一想到仓廪中的皇甫娇让自己产生了一种行侠仗义扶危解困的英雄壮举，吕不韦的心中就升起一股豪迈之气。他甚至想象出皇甫娇被救之后的美妙情景，或者她一身轻松、扬眉吐气地行走四方，寻找她的哥哥；或者千娇百媚地委身于吕不韦，与他成了恩爱夫妻；或者成了某位商贾卿士的妻妾，带金携银登门致谢……然而，等这些激动人心的幸福遐想像海市蜃楼般消失之后，吕不韦焦灼地面对着到哪去筹措十镒金的困惑。据他所知，家里除了盖纳神堂的费用，几乎没有什么钱了。那个父亲每天都用颤抖的双手抚摸的小匣里藏着十镒金，是为自己准备寿终正寝之后入墓的最后积攒。父亲不能为他解救一名女奴隶而慷慨解囊，还会认为他的举动是荒唐的胆大妄为。吕不韦想到了他那些并不富裕的亲戚，想到了老师李文翰，想到了在绸缎庄新结识的伙计哥们儿……

熹微的晨光潮水般地从东方涌来，邻居宋家的斧凿之声有节奏地响着。吕不韦早早起身，到仓廪中一看，皇甫娇正在甜睡之中，操起一些物件又把她掩饰一下。

吕不韦在仓廪中沉思良久：不知道一会儿喷薄东出的旭日用它那万道金光，照耀着皇甫娇的是一种什么命运……

吕不韦是最早来到绸缎庄的，他在不间断的洒扫之中，看见伙计们很快地一个个鱼贯而入。吕不韦用目光搜寻着王奎。自己新来乍到，稍有交情的就是他了。等王奎来了，赊借银钱的事与他说说看怎么样。

等许多男女买主喧嚣簇拥于柜台之前，也未见到王奎的踪影。吕不韦在想是不是再等下去，要不要到别处看看。吕不韦在正踌躇犹豫之中，一位行动迟滞的老妪呈一垒葡萄锦说："我于昨日在此购得一丈锦缎，回家裁衣之前一量，少一尺，请给予补偿调换。"

吕不韦问老妪买于何人之手，老妪环顾左右，说："就是挨着你的那位，大眼睛，很机灵。他今天怎么没来？"

吕不韦知道她说的是王奎。吕不韦又问："果有此事吗？"

老妪对天盟誓地说："我如此年纪能为一尺锦来讹诈不成！"

吕不韦一想，老妪的话也符合情理；再看她慈眉善目，不像那种狡诈之人，就把她手中的那葡萄锦留下来，又量了足尺足寸的一丈新锦递给老妪。

老妪走后不久，王奎就气喘吁吁地来了。吕不韦把他拽到一旁，压低声音问："你卖给人家锦缎怎么缺尺短寸？"

王奎一惊，反问道："你怎么知道的？"吕不韦又问："说实话，有一老妪买一丈葡萄锦，你是不是少付人家一尺？"

王奎不情愿地回答说："是。"

吕不韦把那叠锦给王奎看，王奎有些惊慌失措地问："你告诉掌柜了吗？"

吕不韦摇摇头。王奎拍着他的肩头说够哥们情义，晌午我请你饮酒。本来吕不韦想跟他说赊借金钱十镒，但一想发现了人家的把柄再提此事，有讹人之嫌。吕不韦缄默半晌，思忖着如何跟王奎张口。几次欲说，吕不韦又把话咽回去了。最后，吕不韦决心到别处去赊借。

绸缎庄的伙计，是轮班顶替中午用膳。吕不韦刚要告假出去，王奎拉他要去饮酒，吕不韦说要出去办事。王奎说喝上三杯五盏也就是个把时辰，然后再去也不迟。

被饭庄菜肴醇厚的香味所包围，吕不韦还是第一次。他莫名其妙地产生了一种奢侈之感。王奎用很丰盛的酒菜款待他。王奎一个劲儿劝吕不韦开怀畅饮，说这是上等的醇酒。王奎喝得面红耳赤，推心置腹地告诉吕不韦，摆弄生意就得使点小手段，自己从中渔利。卖绸缎每次短个半尺三寸，年深日久就是个大赚头。吕不韦一边听一边想："真像人们说的那样，无商不奸吗?"

王奎滔滔不绝地谈完他的生意经，问吕不韦今天好像有什么心事，忧心忡忡的。吕不韦唉声叹气，王奎把脸一沉说："吕不韦，我可把你当成莫逆之交了！有什么事你不冲我说，是你不够意思；你说出来了，我不拔刀相助，是我不仗义！"

吕不韦只好把想搭救皇甫娇而无能为力的事一五一实地告诉了王奎。

王奎听罢，由衷地说："哎呀，不韦老弟交了桃花运，这个忙我得帮，这个忙我得帮。"

王奎大步流星地回家取来十镒金，对吕不韦说："有时就一起还，没有就慢慢零星还，不必为此忧虑！"

吕不韦风急火速地回到家里，直奔仓廪，招呼皇甫娇与他一起去樊平府上交纳赎金。置身于仓廪之中，吕不韦左翻右找也不见皇甫娇的身影。他觉得这事又不好向父亲打探，便孑然一身先去樊府交了赎金，再慢慢寻找皇甫娇。

樊府一片哀伤肃穆的气氛，吕不韦面见樊平说："有一个叫皇甫娇的女奴隶脱身他走，委托我把十镒金交给大人，当作赎身钱。"

正在派人寻找皇甫娇一无所获的樊平，见有人替她送来赎金，觉得到哪儿都能买来陪葬女奴隶。于是，收了吕不韦的十镒金，还了刻在竹简上的皇甫娇的卖身契约。

傍晚回到家，吕不韦盯着仓廪的门扉沉思默想："皇甫娇到哪去了呢?"

正在指挥雇工建筑纳神堂的父亲见吕不韦聚精会神地看着仓廪，叮咛道："不韦，以后可得多留神门户了。早上，我发现一名逃窜的女奴隶，躲藏在咱家的仓廪中让我驱赶走了！"

吕不韦装作心不在焉地问："也不知她往哪跑了?"

吕鑫说："那谁晓得。"

这天傍午吕不韦回家，发现宋祁家门前停着好几辆金碧辉煌的轩车，披着彩衣的骏马，还有一队队威武雄壮的军尉。一打听才知道，宋祁家的纳神堂盖得出类拔萃，有人报与国君卫元君，卫元君甚为赞许，今日幸临宋家观赏嘉奖。这时吕不韦才注意到，在宋宅的西北角拔地而起建成了一幢雕梁画栋、描金绘彩的楼阁。在骄阳之下显得峥嵘挺拔，直矗云霄。

吕不韦从来没有看见过国君的龙颜风采，便潜在自家的门洞里等候。大约过了几个时辰，听得见鼓乐齐鸣，山呼"万岁"，吕不韦想："大概国君要起驾回宫了。"便探出头来，向着宋家的门口睥睨。不一会儿，只见一位头戴冕旒、威风凛凛的中年人走了出来。

吕不韦猜想，这位就是卫元君了。

因为有冕旒挡着，吕不韦看不清卫元君的面目。这种光彩熠熠的王冠，形制是在圆管状的冠上加以覆板，称为“延”。延要前高后低，略向前倾，表示居高临下。冠和延外呈黑色，里面是朱红色。延的前端垂有彩色丝线做成的组缨，穿挂着彩色的玉珠，叫做“旒”。天子有12旒，每旒有12珠，共有144个玉珠。这种周天子专享的服冠，“礼崩乐坏”之后，有些国君也竞相效仿，只是旒珠多寡不同。那些流光溢彩的玉珠悬挂在延的前端，不仅是豪华的装饰，而且表示着君王的神秘与尊严。君王在接见臣下的时候，可以透过旒的空隙对臣下察颜观色，而臣下却看不清君王的表情。

当卫元君晃动的冕旒和庞大的仪仗队在御道的尽头消失以后，吕不韦心里感慨道：“金钱能买来的东西太多太多了！”

一个月的时光很快在买主的欢声笑语与绸缎的滑动中流转完毕，吕不韦要重新回到大夫卫横那里继续他门客的生涯。他万万没有想到，他被拒之门外。卫横的门役向吕不韦展示完冷若冰霜后的面孔告诉他，卫大夫说他在宋祁府前打马惊寿有失礼仪，再在这里做门客有损卫大夫的声望，请吕不韦改换门庭，他处求职吧。

吕不韦措手不及地面临一片命运的黯淡，踉踉跄跄地回到了家中。这个消息更使吕鑫悲痛欲绝，泪珠夺眶而出，在他满是沧桑的脸颊上滚落。

吕不韦劝慰地说：“父亲，不必悲伤，天生我才必有用。卫横辞了我们，不会绝了我们的投靠之路。在偌大个濮阳城当门客陪臣挣俸禄，不当门客陪臣挣银钱，天无绝人之路！”

如水的月色和婆娑的树影，覆盖着坐在庭院当中冥思苦想的吕不韦。这一个月发生的几件事，使他感触良多。打马惊寿，何以判他一个月的罚工？还不是宋家有财势，结交权贵，连大夫卫横与州伯都到他家拜寿吃席；卫元君何以幸临他家，光宗耀祖，受赏得褒还不是他家有的是金钱，把纳神堂盖得廊腰曼回，檐牙高啄，刻龙雕凤，铜漆镀银！我吕家要腰缠万贯，也能盖座堂皇气派的纳神堂，卫元君也会驾临我家！皇甫娇何以去向不明，踪影全无？还不是当时自己囊中羞涩，如果自己像宋家那么有钱，别说拿出十镒金，就是百镒金也易如反掌，也不至于误了时机，与皇甫娇难以谋面！金钱可以使人尊贵与显达，金钱可以买到爵位与名望，金钱可以为人在荆天棘地中铺设一条如花似锦的进身之路……别人是先谋求官职与爵位，然后靠此挣得更多的食邑和俸禄，更有甚者，以官位之便，纳贿索财，暴富一方。我欲反其道而行之，坐贾行商，聚敛财富，然后再加官进爵，封侯拜相。

吕不韦为自己另辟蹊径的抱负激动得彻底难眠。翌日清早，他不动声色地向父亲说，他如今得闲该去拜访一下他的老师李文翰了。他想先不让自己没有稔熟的念头再一次使含辛茹苦的父亲陷入替他患得患失打算的苦恼中。

听君一席话，胜读十年书。吕不韦在路上揣摸着李文翰先生对他的选择可能持什么态度。

一个月以后旧地重游，李文翰家一如既往地是疏篱小院，桑麻遮窗。吕不韦对这里的一切都感到谙熟与亲切。对吕不韦的到来，李文翰喜出望外。师生一壶酽茶，席地而坐。吕不韦娓娓而谈，把自己弃仕从商的想法和盘托出。

李文翰认真地听完，沉吟半晌道：“不韦，我很钦佩你别具一格，高瞻远瞩的想法。”

吕不韦赶紧站起，略鞠一躬，不安地说："老师这样说，弟子就无地自容了！"

李文翰摆摆手，让吕不韦坐下，然后语重心长地说："不韦，不是为师与你客套。你的想法确实是棋高一筹，顺乎时世。你知道比我们早出生二百多年鲁国的大圣人孔丘先生吧，过去我对他的道德文章，佩服得五体投地。特别是研读《论语》一书，字里行间都闪耀着先哲的光辉、每句话都是至理名言。前不久，又读他的著作，慎重思之，动摇了我对他的顶礼膜拜。也就是说，他的每句话不一定都是金科玉律。比如说，孔子曰，君子喻于义，小人喻于利；君子忧道不忧贫。我对他这种说法，不以为然。怎么能说追逐物质利益，以贫寒为忧皆是小人的胸怀与打算呢？没有金钱财富，尔之道，尔之义，藉何实施？最近，我听到曾给齐桓公当上卿的管仲有一种说法，叫做'仓廪实而知礼节，衣食足而知荣辱'。这实在是新颖而深刻的教导，粮仓充实，人民才懂得什么是礼节；衣食足够，人民才知道什么是荣誉与耻辱。所以说，故君子富，好行其德；小人富，以适其力。君子富有了，就能实施恩德；平民富有了，就能好好干活，渊深而鱼生之，山深而兽往之，人富而仁义附焉。富人有了财势，名声更加显赫；失了财势，依附他的门客都会离去，所以有人说，天下熙熙，皆为利来；天下攘攘，皆为利往。咳，千乘之王，万家之侯，百室之君，尚犹患贫，而况匹夫编户之民乎？"

吕不韦听得出神入化，茅塞顿开，忙说："先生的教诲，弟子见所未见，闻所未闻。请先生缓言叙说，容弟子笔录下来，悬于床头案畔，每天温习，鞭策自己。"

李文翰朗声大笑，说："哎，不必如此拘泥。今天你来，我非常高兴；对职业的选择，你又要改弦易辙，事关重大。因此，就啰里啰嗦，通篇大论地多说一些，未必鞭辟入理，只是与你讨论，供你参考。"

吕不韦非常虔诚地说："不，先生的每句话都点石成金，使我原来的一些模糊想法得到了升华。"

李文翰接着说："如果真是这样，老师就再唠叨唠叨。子夏是孔子的七十二高足之一，子夏有个学生非常出名，叫李悝。魏国国君魏文侯招纳人才，任用他为宰相。李悝在执政期间，实行尽地力之教的措施，铲除井田的疆界，发展田畴水利之业，他甚至帮魏文侯算账。有一次，他搬弄着指头对这位国君说，估计在百里见方的地方，有田九万顷，除去山林、河泽、城邑、乡居外，实际耕种田畴只有六万亩。如果不违农时，勤劳耕种，每亩增产三斗，六万顷土地就可增加粟黍一百八十万石。这位贤明的国君，对李悝是言听计从，采纳他的强国富民之策，魏国很快地强盛起来。还有楚悼王任用吴起，秦孝王任用商鞅，在这些诸侯国实行变法，聚财敛富，这些国家才强盛起来，遂成霸业。时代变了。国君们的治国方略也变了，正所谓世变而备异。上古竞于道德，中古逐于知谋，近世炫耀武力，当今角逐经济。当舜之时，有苗不服，禹将伐之，舜说，这不行，我们推崇德政还不充分却使用武力，非道也。乃修教三年，执干戚舞，苗人才降服。不韦，你想想看，多有意思，舜派乐队手执盾牌和大斧作道具，对苗人跳起舞来苗人才服，道德教化在那个时代真是威力无边。到了近代怎么样呢？有一次，齐国要进攻鲁国，鲁国的国君就派孔子的高足子贡去游说，鲁国以道德说教来感化齐国，罢兵言和。能言善辩的子贡到齐国演说了一通，齐国人听完笑了，说：'子贡先生不是你说的没道理，我们想要的是土地，不是你的花言巧语！'于是，齐国的军队攻打鲁国，把边界线划到了距离鲁国都门只有十里的地方。不韦，你比较比较，上古的时候，运用道德教化，降服了一个部落；到了近代，再运用道德说教，差点灭亡了一个国家呀！当今之世，诸侯蜂起，都想吞并对方，独成霸业，依我之见，恐怕根本的要靠广兴经济，富国强兵。”

滔滔不绝的李文翰说得口干舌燥，停顿下来，慢条斯理地呷茶。

吕不韦说：“过去我听闾巷鄙谚云，‘刺绣文，不如以市门’，总认为那是无稽之谈。现在看来，老百姓的话也很深刻啊！”

“因此说，我支持你的想法，不韦！你就大胆地干吧！”

“有先生的鼓励，我就志趣坚定了！”临别时，李文翰摘下自己身上的夔龙纹玉璜赠给吕不韦，情深义切地说：“以后你坐贾行商，走南闯北，我们师生就不容易见面了，你把这个佩玉带在身边吧！摸一摸它，也许能记起老师的音容笑貌……”

吕不韦依依不舍地离开了李文翰，在回家的路上想好了如何向父亲陈述自己的打算。

吕不韦回到家里，父亲独自把盏，正在饮酒。父亲的表情平淡如水，吕不韦不知道，他是因为纳神堂盖完了，喝喜酒庆贺；还是因为自己被卫横辞了门客，他喝闷酒消愁。吕不韦想，无论父亲喝的什么酒，他现在就把自己的想法亮到桌面上。

吕不韦这样想的时候，便坐在床上，给父亲斟满了一杯酒。之后，他把这一个月来的体味、李文翰先生的看法以及自己弃仕从商的设想，一古脑说了出来。

吕不韦说完，目不转睛的瞅着父亲。

吕不韦先看到父亲开始是惊诧不已，继而是大惑不解。手中的陶杯倾斜了，细细的水线从手上垂挂下来。未几，父亲手中的陶杯平衡了，用若有所思的目光把儿子拴牢，说：“子之所言，有些道理。但此事涉及你的生计前景与吕家的门楣兴衰，容为父深思熟虑之后再答复你。”

整整一宿，吕不韦觉得自己都处在一种虚无缥缈，似睡非睡的状态中。第二天早晨醒来，他第一眼就看见床头放着一块熠熠生辉的金锭。他心中一阵惊喜：父亲同意了。父亲走过来，把沉甸甸的大手放在他的肩头上，说：“这是我与你娘买棺椁打墓穴的钱，你好自为之吧！”

吕不韦把这锭金子掂在手中，它有如磐石。千万条金线从上面跳跃出来，在他面前展示着一片光华似锦的空间。他在心里对自己说：“挣了钱，先还王奎的十镒金。”

一位异乡人，怀里揣着挣钱的希望在水上向故乡回归。

他就是吕不韦。

吕不韦把一锭金，换成了千文铜币，到鲁国的曲阜去贩水蜜桃。半文钱一斤，到濮阳可以卖到三文钱，赚头很大。整整一船鲜桃，飘溢着沁人心脾的芳香，逆水而上，再有两天的路程就可以到家了。

江阔水缓，橹声不断。老艄公一边摇橹；一边夸奖吕不韦，说他这个富家子弟能吃苦耐劳。吕不韦啼笑皆非，问老艄公何以能看出他是富家子弟。老艄公说他衣饰华贵，仅脚上那双官靴就值百文钱。吕不韦说，老伯的目光差矣，这双靴履是金玉其外，败絮其中，只是色彩饰纹好看，值不了几个钱。

吕不韦在仓外，看着自己的货船乘风破浪于滏阳河中。两岸青山叠翠，林木苍郁。岸边不时有穿着彩裙亮衣的女子采撷于青枝绿叶间。吕不韦触景生情，诗兴勃发，抑扬顿挫地吟诵了一首《王风·采葛》：

彼采葛兮，
一日不见，
如三月兮。
彼采萧兮，
一日不见，
如在秋兮。
彼采艾兮，
一日不见，
如三岁兮。

蓦然间，吕不韦无端地想起了皇甫娇，那名他曾为之借赊而赎身的女奴隶。现在也不知流落于何方，藏身于谁家。那真是叫人心旌摇荡的女子啊！两眉之间那颗楚楚动人的红记，能给人留下刻骨铭心的记忆。从这宗贩桃买卖做起，自己要集沙为塔，聚少成多，让金银如同这滚滚江水向我吕不韦汹涌而来。我要找到皇甫娇，向这位如花似月的美人倾吐心声。既使找不到她，也要娶一位色艺双全的女子，再买一两名温恭俊丽的奴妾相伴，红袖添香，风流痛快……

日近黄昏，苍茫的暮色从如黛的山峦间围拢过来，天很快黑实了。船拢岸停泊，吕不韦与老艄公食宿于船仓中。半夜时分，隐隐雷声天鼓般地轰响，把声音压向江面。吕不韦醒来，看见滂沱大雨从天而降。他倾听着愈来愈响的水声，知道雨在黑暗中肆无忌惮地加强着阵势。拂晓以后，吕不韦也只得眼睁睁地看着白亮亮的大雨一直下到傍午也没有停歇的意思。吕不韦催促老艄公赶紧起程，然而老艄公看着浑浊而湍急的江水说，上游下来的洪峰太猛，摆不动船，吕不韦从箩筐里取出两个桃子一看已经发热变软。他清楚，如果在这里再耽误两天，他的满船鲜桃恐怕都要溃烂成泥。

吕不韦心急如焚，央求着老艄公冒雨行船。老艄公说他从来没有在这么猛的水中摆过船，如果强行赶路，别说这一船桃，就咱俩也要掉到江里喂王八。午后雨阵渐猛，波翻浪卷的河水发出老牛吼叫似的涛声。在以后一天一宿的雨中，吕不韦成了热锅上的蚂蚁。他想上岸把桃卖掉，一问老艄公才知道最近的集镇离这还有三十里。道路泥泞，车马难行。吕不韦就地销售的愿望也化成了泡影。

又过了一天，雨后初霁，云开日朗。雄心勃勃的吕不韦只好把一千文钱买来的烂桃子和捶胸顿足的哭喊扔在船里上岸了。吕不韦看见艄公像人排粪便一样轻松地把满仓的烂桃子卸在河里，打舵掉头，然后那船像片叶子似的顺流而下。

吕不韦站在荒无人迹的山野里小便，用一条焦黄焦黄的水线射击着一条单薄的身影。他勒紧裤带，在泥水中开始了向濮阳方向艰难的跋涉。心情沮丧就会感到道路来自更远的地方。到黄昏时分，吕不韦才进入充满了犬吠鸡鸣的小镇邑。找到一家客栈，吃了一些酒菜。一打探，这里离濮阳还有几十里路程，精疲力竭的吕不韦也只好在这里安歇一宿，明天再赶路。吕不韦刚躺在床上，就酣然入梦。一直美美睡到第二天日上三竿方醒，摸遍了浑身上下，只剩下几文钱了，急得大汗淋漓，用什么付给客栈的食宿费用呢？能逃遁掉吗？吕不韦用指甲划破窗绢，看见了店主与伙计忙碌的身影。如果逃匿被擒拿回来，他将无地自容地被遣送到官府吃官司。这种后果，使吕不韦只好硬着头皮找到店主，请求赊账。

店主冷笑两声，说赊账？你不送来我们到哪去找你？吕不韦嗫嚅着说我的钱不够。店主用一种居高临下的目光将吕不韦通身上下扫视一下，说你钱不够就把脚上的官靴脱下来抵作店费吧。吕不韦只好在众目睽睽之下脱下官靴，落荒般地疾走，让自己的寒酸相尽快地消失在这群陌生人嘲弄的目光中。

等吕不韦一瘸一拐地走到濮阳河边，他居住的城邑近在眉睫时，他感到双足有如鼎釜油烹一般疼痛难忍。

濮阳河环城蜿蜒而去，这条如带流水既是水运的通道，也是城里人汲水洗濯的好场所。到热闹时，满河流淌着桨声帆影，笑语欢歌。现在，吕不韦就看见几个穿红披绿淡妆浓抹的女子，拖着曳地长裙于沙滩上嬉戏追逐。

吕不韦害怕别人瞧见自己落拓的窘相，忙影身于河畔茂盛的蒿草中。因为双脚火烧火燎，吕不韦仰卧在草丛中。吕不韦一抬头，看见亮丽的天空中的悠悠白云时聚时散，犹如飘忽莫测的人生。不久前还是前途无限的卫横大夫家的门客、继而成为踌躇满志的贩桃商贾，悠忽之间却成了失魂落魄的穷光蛋！对自己倾囊相助寄予厚望的父母、望眼欲穿地盼着儿子凯旋而归，而自己却让二老的积蓄与希望付之东流，也枉对李文翰先生的一片谆谆教诲，更令宋祁还有绸缎庄的伙计们以及亲朋故友留下长久的笑柄！堂堂七尺须眉，有何颜面枉活于世，还不如一死了之。

吕不韦思前想后，决心以投河溺亡的方式为自己 18 岁的人生画上句号。逝水如此，超然羽化，自己灵魂也会在浪迹天涯的飘泊中求得最后的解脱与安宁。

吕不韦知道自己的主意已定，支配着不太听使唤的双脚艰难地向河边踱去。就在吕不韦看着涟漪与旋涡寻找哪里是吞没自己身躯的水面时，忽听有人用银铃般的声音在呼唤他。他以为自己是在冥冥之中的梦境。他循声望去，一块美丽动人的红记映入他的眼帘。是皇甫娇，真是皇甫娇，千真万确是皇甫娇！

吕不韦看见皇甫娇穿着新鲜斑斓的衣裙，面色红润，生机勃勃，与他在仓廪中见到的逃难女奴判若两人。

吕不韦忙打听皇甫娇离开他家仓廪后的遭遇。皇甫娇用传情递意的目光打量半晌吕不韦，然后对他说，离开你家后我东躲西藏地寻找哥哥，被一位好心的冯军尉搭救，我拜他为义父。等他拿着十镒金到樊平府第为我赎身时，人家告诉他早有人替皇甫娇交了赎金。我猜想这个替我交赎金的人可能就是吕公子。前两日到你家访寻，才知道你去曲阜贩桃了。

吕不韦羞愧地把自己贩桃的经历讲了一遍说："弄得如此亏空，忧心如焚，焦头烂额，还不如一死了之！"

皇甫娇娇嗔地说："吕公子怎么能说这种没斤两的话！我一粉黛裙钗，九死一生，还不想到寻短见。做生意亏本，犹如春来暑往，不足为怪？公子在这里稍候，我去去即来。”

很快，皇甫娇坐着悠悠轩车回来了，从车上抱下来一套簇新的服饰冠履，让吕不韦换上；还有二十镒金，十镒金偿还赎金；另十镒金作为吕不韦这次贩桃的亏空。

吕不韦问：“你带这些物品出来，你义父知道吗？”

皇甫娇非常仗义地说：“我已把你的为人品格与这次贩桃的经历告诉了义父，义父非常钦慕你，还准备设宴为你接风洗尘呢！”

吕不韦连忙摆手说：“岂敢，岂敢！”

临别时，皇甫娇告诉了吕不韦她义父家的住址。吕不韦把自己身上佩带的龙纹玉璜解下来，送给了皇甫娇。望着皇甫娇乘着颤悠悠的轩车沿着曲折的道路迤逦而去，吕不韦惊奇人的命运会如此峰回路转，柳暗花明。

吕不韦以衣冠楚楚和手捧二十镒金的飒爽英姿面对迎接他的父母。父母以为儿子初战告捷，轻而易举地赚了这么多的钱，乐不可支，问寒问暖。吕不韦怕父母为他担惊受怕，牵肠挂肚，没有把惨遭不幸的贩桃经历告诉他们，而是信口开河地编造了几句话，如何如何出奇制胜，如何如何一举成功，听得父母喜眉乐眼。

吕不韦拿着十镒金，到绸缎庄找王奎还钱。王奎问吕不韦这次贩桃发了财吧，吕不韦摇头晃脑讲了实情。王奎问吕不韦以后作何打算，吕不韦说还没想好。王奎鼓励吕不韦不要灰心泄气，万事开头难，并为他出谋划策说，你在我们店铺附近也开个绸缎庄吧，先搞小本生意，租赁一间铺面，雇两名伙计，一个收购采货，一个守摊出售，你当店主。我们这儿卖多少钱你卖多少钱，有赚头没风险。吕不韦说可以一试。

吕不韦满怀信心地筹划张罗，不几天他的绸缎庄就悬幌纳客了。尽管咫尺之间有两家相同的买卖，但吕不韦的生意还颇兴旺。王奎还明里暗里往他这边介绍买主，更使吕不韦的生意锦上添花了。

没过几天，吕不韦的生意就荒疏冷淡了。原因是相同的绸缎，那边卖的比这边贱。王奎告诉吕不韦，宋祁见他的生意兴隆起来，故意压价，想把吕不韦的店铺挤得一败涂地。王奎劝吕不韦改弦更张，做别的买卖吧。因为吕不韦本小利薄，压价压不过宋祁。

吕不韦来了股拗劲，他想挤垮我偏不垮。在这儿争不过他，就当野外商人，到田畴里的临时集市上。于是，吕不韦领着两名伙计，背着绸缎，登上横断而高耸的垅台，四处眺望，见人就揽生意，见利就网罗。当年孟轲把这种商业活动称之为“垄断”，并记录在《孟子·公孙篇》里。

垄断这种生意利微而辛苦，常年在外，风吹雨淋，霜欺雪染。但吕不韦还是坚韧不拔地与两个伙计起早贪晚，背着货物行走在田间阡陌上。

第四章　邯郸觅宝

事实上，卫国的处境也迫使吕不韦到卫国以外去谋求出路。因为魏国一直是秦国的攻击对象，而从公元前 275 年秦国大举进攻魏，曾三次围攻魏国的国都大梁，企图灭亡魏国，只因燕、赵与魏联合抵抗秦国，才使秦放慢了亡魏的速度。但此后的十年，秦和魏、赵的大战连年不断，卫国的濮阳处在双方交争的要冲，秦军早已兵临城下，作为魏国卵翼下的卫国，被秦吞并只是早迟的问题。吕不韦的父亲，就是个"家富万金"的大商贾。年轻的吕不韦自幼在商人家庭熏陶下，又生长在卫国濮阳这种特殊的文化背景中，面对着即将来到的社会剧变，无论是为保住万金的家资，还是请求个人出路，他都必须将活动范围扩大到卫国以外。而商贾的本性不仅要保持家产，且随时准备将资本投向利润最大的场所，以便积聚更多的财富。邯郸又是当时全国有名的大都会。所以，抱着对未来的憧憬和游乐的目的，怀着冒险心情，大约在公元前的265年，吕不韦便来到向往已久的赵国国都邯郸。

吕不韦初次来到邯郸，这里的一切简直使他眼花缭乱。邯郸远比濮阳繁华得多，这座赵国的首都始建于公元前386年（赵敬侯元年），到那时已有百年的历史。这里不仅是赵国的政治中心，而且是南通郑、卫（今河南境内），北接燕、涿（今北京市附近），东连齐、鲁（今山东境内）的交通枢纽，是关东各诸侯国中最大的商业城市之一。在政治上和经济上都占有重要地位。

邯郸城建得规模宏伟，布局严谨。全城呈不规则的品字形，由北、西、东三城组成。其中的西城耸立着巍峨的宫殿，北城和东城为市区和臣民住宅。全城安排得井然有序。那西城的区域中，高高的围墙内，信宫和东宫等一座座龙楼凤阁，桂殿兰宫，错落有致地伫立。有数不尽的瑶草琼葩，珍禽异兽养育其间。还有闻名各国的丛台，如同仙境。王城长1475米，宽1387米，东廓城长1400米，宽850米，气势恢宏。在当时各国的王宫中，尚没有能与之相当的。连接王城和东、西两城的几条大道，可以并排走几辆车。那道路两旁的店铺、驿舍、酒肆栉次鳞比，行商坐贾云集。就是那一般百姓的住宅，也比其它小城的茅屋草舍洁净、整齐。这里且不说赵王的宫殿金碧辉煌，也不说那通往大路上高轩华辇，熙来攘往，就说那邯郸城内的女子，在当时的中国，也是极其时髦的。邯郸女子头发梳成高髻，髻上缀满珠光宝气的发饰，甩动着一双飘然欲仙的长袖，走在路上那种姿式简直美极了。所以，连邯郸男人走路的风度、姿式，也成了各地追求新潮的年轻人竞相模仿的对象。有一个故事说，燕国的寿陵有几个风流少年，闻知邯郸人走路姿态优美大方，就相约到邯郸来学走路。他们来到邯郸后，竭力模仿这里人的动作。可是他们只是从形式上模仿，结果不妙：这几个追求新潮的小伙子，不但没学会邯郸人走路的样子，而且连自己原来走路的能力也失去了，最后只好爬着回去。这个"邯郸学步"的故事虽然不免有点夸张，不过从这个故事中可以得知邯郸是个多么使人向往的地方。吕不韦来到这花花世界，不觉神魂飘荡、目不暇接。

邯郸城里车水马龙，俊俏的姑娘和年轻的媳妇打扮得花枝招展，在闹市上游来荡去，一点也没有齐鲁之地婆姨们那种朴实。这里的女子观念十分开放：富贵、讲究享乐是她们人生的宗旨。吕不韦走在街上，只见道路两旁的红门粉墙之后，时时闪现出浓妆艳抹的美人，深院绣楼之间断断续续地传出筝瑟管弦之声。有些倚在门前的漂亮姐儿，大胆地向这位外地来的年轻商贾频送秋波。赵国和郑、卫的风俗一样：女子皆以进入富贵之家为荣。因此，当时各国诸侯王的后宫和有钱人家的姬妾，几乎都有来自赵国的风流女子。她们可没有那么多的顾虑和牵挂，只要符合她们的条件，就会不远千里，不择老少地投进一个哪怕是不相识的人的怀抱，这惟一的条件就是资财。

吕不韦是濮阳有名的阔老板，就瞧那一身装束入时的打扮，和随身携带的贵重行李，就引得那些风流浪荡的赵国女子垂青了，更何况吕不韦正满怀壮志，眉宇间自不免流露出超凡脱俗的神采，简直把邯郸城里所有的轻薄娘们儿都勾得神不守舍。所以，当吕不韦经过长途跋涉，刚一在馆驿里住下之后，就不断有长衣曳地身着流行服装的时髦女人找上门来。这位花花公子不仅来者不拒，而且主动出击，到处寻花问柳。举凡歌舞宴饮淫乐之所，都留下过他的足迹和钱财。不长的时间，他几乎把这个豪华城市的酒楼、妓馆、赌场和艳窟都玩遍。和他相好的俊俏姑娘、媳妇、歌妓、舞妓以至姬、妾等等当然是不会少的。流连于邯郸的歌楼舞榭，怀抱着粉面细腰、如花似玉的美姬艳妓，吕不韦并没有沉湎于眼前的享乐而忘却他来到此地目标。他是为获取更多的财富而来，是要搜索一种能赢大利的商品，早在离开家乡之前，他就下定决心，不能像自己的爸爸一样铢积寸累地一点一点地捞取财富，而要做大买卖。因此，不论是那些勾魂摄魄的秋波，还是那令人骨酥肉麻的玉体，都丝毫未能稍减他发大财的野心。他一面有一搭无一搭地做着生意，一面在歌舞场上、宴席之间寻找那种一本万利的商品。

真所谓功夫不负有心人，这种一本万利的货物终于被吕不韦发现了。有一天，吕不韦行色匆匆地跑回家来，急不可待地对他的父亲报告说：

“我找到了一宗一本万利的生意。”

“什么生意?”他爸爸急切地问道。

“春种秋收凭卖力气耕田能收到几倍的利?”

“大约有十倍吧?”

“贩卖珠玉珍宝能挣几倍利呢?”

“百倍!”

“那么，立主定国，把一个国家的头儿买过来能赚多少倍呢?”紧接着吕不韦提出一个令人意想不到的问题。

不难想象，听到这样的话，老吕头吓得目瞪口呆，停了半天才从嘴里挤出两个字：“无数……”

这个“无数”的含义，不知是指“立主定国”这种骇人听闻的生意，自己从来没听说过，心中“无数”，还是指这宗胆大的买卖，可赢利“无数”？反正老头儿对自己的儿子想干什么已经无法猜测了，只好听吕不韦自己亮出底牌。

“当今之世，拼命种田，出死力耕作，到头来也只能混个吃饱穿暖。”吕不韦以教训的口吻说出了自己的打算：“若能定国立君，把一个国家的头儿买到手，不仅一生吃穿不愁，而且荣华富贵可泽及后世。我就想做这笔生意。”

听着吕不韦胸有成竹地一口气说出这么个惊人的计划，老头子瞠目结舌愣了半天，一句话也说不出。这个家富万金的大商人一辈子什么生意没做过？可是，买卖国君的交易却连想都没想过。见儿子竟有这么大的胆略和气魄，知道自己远远落后了，还有什么可说的。大概只有自叹勿如的份儿了。

吕不韦向父亲报告以后，没有再停留，重新打点行装，离开残破的、岌岌可危的故国，返回邯郸。

寻找目标

吕不韦对他父亲说的，确实不是空话。他自己是心中"有数"的：他所谓的"定国立君"已经有了具体目标，他所要贩的货也早在邯郸待价出售。

吕不韦离开濮阳昼夜兼程赶赴邯郸。这时，邯郸和濮阳间已成为秦、赵之间的战场，需要穿过一道道秦军、赵军，有时还有魏军的军阵、防线，才能达到目的地。然而，这都没能阻挡住吕不韦的行程。他必须尽快回到邯郸，否则即将到手的宝贝就可能丧失。

到底是什么宝贝令吕不韦如此动心呢？

原来这个宝贝不是别的，而是秦国的公子异人。

异人，这是一个多么奇怪的名字。大概给他取这个名字的人，早就盼他有个不同寻常人的业绩吧？异人的经历果然与众不同。

当吕不韦发现异人的时候，这个宝贝正在赵国为"质"。

"质"就是人质。春秋以前只有自质于鬼神之法。据记载：周武王有疾，辅佐武王的周公设坛请老天保佑武王早日康复，而以自己为质。这是把人质给鬼神。当时人与人之间还没有交质的制度。最早的质人制度，是在春秋时代开创的：当时郑武公为周天子的卿士。周天子这个可怜虫为向郑武公表示信任，就将自己的儿子送到郑国为质，郑武公也将儿子送到周天子处为质。这次"周郑交质"开创了春秋战国各诸侯交质的先例：凡表示信用多用质为抵押。不过，春秋时代各诸侯国尚较重视信义，所以"交质"或单方面以人为质的事毕竟不多，在春秋二百年中见于记载的"交质"只有六次。但到战国时代，各诸侯国相互攻伐，很少讲什么信义，相互之间猜忌加深，用质来巩固联盟国之间的关系，或用质表示对大国的服从的事例多了起来。总计战国二百五十余年间，见于记载的交质之事竟有二十四次。而这二十四次交质中，山东六国之间交换质的仅九次，占总数的三分之一。而其余三分之二均与秦有关：各国送人到秦为质者九起，秦人到各国为质者六起。这表明秦国成为国与国之间交质的主要对象。大多数为质的人，是国王的太子，也有国王的孙子，或是重要的臣僚。战国时代各诸侯国间派人到对方为质，多数是为相互联合抗秦。而秦与六国之间的交质，则情况有所不同：多数国家派人到秦为质，有的是为求和，有的是为乞援，而秦派人到各国为质，则出于策略目的，拉拢一些诸侯国以联合攻击另外一些诸侯国，这就是所谓"远交近攻"的政策。秦国为实行这一政策，不惜将国王的子、孙们派到各国为质。公元前328年（秦惠王十年）为拉拢魏国，就派公子繇去魏为质。魏国为表示忠于秦，就献少梁这个地方与秦国。后来当了秦国国王的昭襄王，也曾被送到燕国为质，公元前307年（秦武王四年），才被送回继承王位。

吕不韦看中的异人，是秦昭王（即昭襄王）时期被秦国送到赵国来为质的一个秦国贵族。

异人为什么要被送到赵国为质呢？这就要从秦国内部矛盾说起：

秦昭王是古代帝王中活的时间很长、在位的时间也很长的一个,他统治秦国的时间达五十六年之久(从公元前306年至公元前251年)。在昭王统治的年代,正是秦国突飞猛进向东方发展的时期。这时的秦,兵强马壮,由于商鞅变法(自公元前359年至公元前338年)以后,秦国奖励军功,能在战场上杀一“甲首”,即可得到一顷地的奖赏,并可被赐一级的爵位。这些办法极其有效地刺激起秦人打仗卖命的劲头,人人都争先恐后地去当兵,到战场上像疯了一样拼死杀敌,以图立功受赏。所以,秦昭王在位的年代,正是秦军战斗力最强的时候。当时齐国的精兵称为“技击”,魏国的战士称为“武卒”,秦国的军人称为“锐士”。魏国的武卒在训练和装备方面已经是相当驰名的了,这些强壮的武夫都披戴着全副甲胄,手持十二石的强弓,背着五十支箭,还加上戈、剑等。这些武器全部带在身上还不算,此外尚要携三天的干粮。就是这样沉重的负担在身,行军时半天就能走百里路,可见其多么勇武。难怪齐国的技击在战场上一碰上魏之武卒就被打得溃不成军了。但如此强劲的武卒若遇到秦国的锐士竟不堪一击,常常被秦军打得落花流水。那时就有人形容秦军作战时勇猛的场面,在战场上只见秦以外的山东各国战士都穿戴甲胄打仗,唯有秦军的战士甩开甲胄、衣服,赤膊上阵。这些关西大汉左手提着割下来的人头,右臂挟着活的俘虏,个个像大力士搂婴儿一样,把敌军打得鬼哭狼嚎、狼狈逃窜。从这一段描写的场面中,不难想像秦军是多么凶猛、可怕。秦昭王时代就是凭借这样一支军队打了不少胜仗,占据了其它诸侯国许多土地,使秦国的国土迅速地扩张起来。譬如公元前300年(昭王七年),秦军攻克楚国的新城,杀死楚国名将景缺,次年竟把楚国的国王——楚怀王骗到秦国,当作人质扣押起来。公元前298年(昭王九年)秦军攻楚,斩首十五万,占领十余城;公元前293年(昭王十四年)秦国大将白起率兵攻韩、魏联军,斩首二十四万,夺五城;公元前289年(昭王十八年)秦又取得魏国的六十一城及河东的四百里地,同年又将韩国的二百里地据为己有。从公元前285年(昭王二十二年)起,秦竟将打击的矛头直指东方的齐、赵等国了。

就是在秦昭王统治的年代,秦国仍实行“远交近攻”的策略。然而,秦昭王初登王位时,秦国的对外策略是不稳定的,当时昭王还是个小孩子,按惯例由他的母亲宣太后听政。宣太后的两个弟弟:同母弟魏冉为相,被封为穰侯,掌握大权,异母弟芈戎为华阳君,也有极大权势。同时,宣太后本家族的另外两支也被封为泾阳君、高陵君。实际上,秦国的朝政就全都控制在魏冉和华阳君、泾阳君和高陵君这三个家族之手。魏冉被任命为相,其权势之大自不必说,就是华阳君、泾阳君和高陵君这“三大家族”也是不可一世。他们不仅拥有大片封地,私家财富远远超过王室,而且进入王宫根本不必通告,也无须像其他的王公大臣一样向国王朝请、跪拜。但就在公元前300年(昭王七年),秦国为拉拢齐国,还将泾阳君送到齐为质。不过,后来因魏冉专权,逐渐改变了“远交近攻”的策略。公元前299年(昭王八年),秦国突然与齐国断交,泾阳君就从齐国归来,秦、齐之间的关系由此开始紧张起来。

魏冉本是个很能干的人,在他把持秦国大权的四十余年间,最初打了不少胜仗,军事上取得了很大进展,国内政治上也比较稳定。但到后来,这个人愈来愈骄横,独断专行,狂妄自大,目中无人,不仅不把满朝文武官员看在眼里,就是对已经长大的秦昭王也不太尊重。他又不顾一切地把王室的财富大量搂到自己家族里，让本家族的亲属和自己亲信把持各种大权。这样一来使秦国的政治一天天昏暗下去，军事上也由于不注意"远交近攻"的策略而不断遭到失败。公元前268年（秦昭王三十九年），魏国的范睢来到秦国。他不投奔当权的魏冉，却设法直接晋见秦昭王。

"陛下的秦国现在好像堆起来的鸡蛋，好危险啊！眼看就要碎了！"范睢一见秦昭王就危言耸听地说了这么一句。

"你说的话是什么意思？"已经四五十岁的秦昭王急切地问道，范睢的话使他出了一身冷汗。

范睢见自己的话已经引起昭王重视，就进一步分析秦国在魏冉执政下军事方面的失误。范睢指出：魏冉不去指挥军队进攻距秦国最近的韩、魏，却去进攻远在东方的齐。这种舍近求远的策略是近来一系列战役失败的原因之一。正确的策略还是：远交而近攻，先从韩、魏开始，逐步由近到远吞并各诸侯国。秦昭王一听果然有道理，立即拜范睢为客卿，并实行他的主张，派兵伐魏。结果取得胜利，当年就占领了魏国的拔怀（今河南武陟西南），后来又取得邢丘（今河南温县东）。范睢出的主意见了实效，得到秦昭王的信任。昭王四十一年（前266年），估计时机已经成熟，他又在秦昭王面前挑唆了："臣在山东时，只听说秦国有宣太后和穰侯魏冉、以及华阳君、泾阳君、高陵君。从来没听说过大王陛下。"范睢专门拣最能刺疼昭王心的事气他。本来宣太后和魏冉的专权早已惹得昭王不满，他已经不是任人摆布的小孩子了。听了范睢的话必然火冒三丈，但范睢没有容他说话，紧接着说："当国王的就应当有权控制国家，有生杀之威，而现在的秦国，太后、穰侯和那三家族权力都比陛下大。这种形势国家不危险才怪哩！我听说：凡臣下的权力、名声超过君主的，君主就没有地位。以前齐国的淖齿专权，后来竟将齐闵王吊死在庙里，赵国的李兑专权，竟将赵王主父活活饿死。现在秦国太后、穰侯及三大家族专权，我看和淖齿、李兑差不多了，恐怕后来坐在大王陛下王位上的不再是您的子孙了。"

范睢的这番话给昭王极大的刺激，这位不甘受人摆布的国王也早已不满魏冉的专权，又估计到自己目前的势力足以压倒他，经范睢一激，昭王下令免掉魏冉的丞相之职，任命范睢为相。又将华阳、泾阳、高陵三君从国都赶出，回到各自的封邑，免得他们干预朝政。

范睢为相后又被封为应侯，掌握着秦国的政治、军事大权。在外交上贯彻远交近攻方针，以便各个击破。在他刚上任的那一年，就有不少主张各国联合起来对付秦国的游说之士，鼓吹合纵。他们都跑到赵国的首都邯郸开会，商议如何活动。消息传到咸阳，秦昭王立即紧张起来，急忙召范睢询问对策。

"请大王不必忧虑。"听完介绍情况后，范睢胸有成竹地说："瞧我把他们这伙游士拆散！"

"你能用什么办法拆散他们呢？"秦昭王不解地问道。

"秦国与天下的游士、说客并没有什么仇和怨"，范睢回答道："而那些合纵之士，游说各国君主联合起来攻秦，无非是想当官、发财。"

"那当然。"秦昭王忙点头称是。

"大王看见您养的狗了吗?"范雎话头一转,突然说起狗的事了:"您的那些狗,平时卧的卧、起的起、走的走、停的停,没有互相咬架的。如果您给它们一块骨头,您再瞧:马上就相互咬起来,为什么?"

秦昭王不愧是聪明人,听到这里就明白了。马上令大臣唐睢携五千金到距邯郸不远的武安,大会宾客。并且扬言:凡有功于秦者重赏,并且当场兑现。消息一传出,在邯郸开会的游士们纷纷退出策划合纵的会议,设法向秦表功,到武安来领赏。结果还没用完三千金,参加邯郸聚会的游士们就相互斗起来了。

秦用钱财收买游士,拆散、瓦解敌人方面的联盟,以后还有过多次,这种办法相当有效。

拆散主张"合纵"的游说之士,只是给各诸侯国的联合设置了一点障碍,并不等于阻止了各国的"合纵"攻秦。两年前,公元前 270 年(昭王三十七年),赵国的名将赵奢,大破秦军。使秦国暂时不敢攻赵,而把主要攻击目标对准魏国。对于赵国还是采取拉拢政策。这样,秦国就决定派昭王的孙子、公子异人到赵国为质了。

虽说秦在昭王四十一年主攻方向是魏,但韩、赵和秦的大战仍是一触即发。这个时期被派出去当质,是一件相当危险的差使。在战争期间,各国的国君为各自利益往往不惜牺牲派出去的人质,而背信弃义。一旦因国君背信弃义,派出的这个质就失去其重要性,当时称为"抱空质",而为人质者处于"抱空质"的境地,本人就成了本国的替罪羊,被凌辱、杀戮都是有可能的,其生死前景则难以预料。所以,当秦、赵大战前夕,出为人质的异人,大概就是准备送去牺牲的。

为什么这个倒霉的差使偏偏落到公子异人身上了呢?

让异人充当倒霉蛋的角色也不是没有来由,他的父亲安国君柱原来并不是太子。公元前 267 年(昭王四十年),原来立的太子悼死后,才立安国君为太子。可是秦昭王这个老不死的寿命特长,到安国君柱三十八九岁、快四十岁的时候,秦昭王的精力依然十分旺盛。直到公元前 250 年安国君柱已经是五十三岁时,秦昭王才离开人世。这样,就使异人的父亲安国君柱在漫长的岁月里,过着极其难耐的、望不见准确尽头的日子。同古代所有的贵族王子一样,在空虚无聊中,他就把精力消磨在声色犬马的淫佚嬉戏之中。安国君柱的好色在秦国的贵族中是少有的,他到底有多少姬妾和妃子,现已无法考证。但仅从他有二十几个儿子这一数目(还不算女儿),也可猜测到他的后宫中定有一大群女人供其淫乐。既然安国君有二十几个儿子,异人只是其中一个,而且他偏偏又不是受宠的儿子。之所以不受宠,一是因异人并非安国君的长子,更重要的是异人之母夏姬早在安国君面前失宠。结论十分清楚:一个不受宠的姨太太所生的不受宠的儿子,在众多的兄弟中间,无疑是不会得到什么优待了。当质子的命运落在异人的身上,也是毫不奇怪的啦。

大约在公元前 265 年左右(秦昭王四十二年左右),十四岁的异人就被送到赵国为质。

异人在赵国首都邯郸为质的那几年,若是秦、赵两国关系友好,做好秦国王孙的异人自然被奉为上宾。可是恰在此时,秦国和赵国的关系愈来愈紧张;咄咄逼人的秦军不断向赵地进攻,就在异人来赵国这一年,秦国就攻取了赵国的三座城。两国进入战争状态，为质的异人一开始就成了赵国的阶下囚。秦国攻赵，使赵国朝野相当恐慌。因为这时北方的燕国也趁机向赵进攻，而赵国国内惠文王（前298年至前266年）刚刚去世，赵孝成王即位后由赵太后主政。在秦、燕夹击下，赵国首先怕的是秦国，虽然，不久前赵国大将赵奢曾打败过秦军，但此刻赵国国内政治很混乱，大臣间矛盾很大，军队的战斗力大减，根本无力与秦军抗衡。在无计可施的情况下，赵国只好向齐国求援。齐国国王答应出兵，但提出一个要求："必须派赵国的长安君到齐国为质，才能出兵。"

这的确是给赵国出了个难题。因为长安君是赵太后的小儿子，最为太后所宠爱。把这么个心肝宝贝派出去当人质，太后当然是不肯的。然而，国家危难之际，强秦围逼，齐国若不出兵则赵国前途险恶。所以群臣纷纷要求太后同意长安君去齐为质。太后坚持不允，并扬言：

"谁再说令长安君为质，我必把痰吐到他脸上。"

态度如此坚决，群臣谁也不敢再劝。偏偏有左师触龙要求面见太后，太后知触龙为此事而来，没好气地令他入殿，看他要说什么。触龙慢悠悠地来到殿上，入见太后。

"老臣脚上有点毛病，不能快走，多日不见太后。"触龙一上来并不提及长安君的事："臣知道太后身体不太好，故此想看望太后。"

"我出门有车，不须走路。"太后回答。

"吃饭怎么样？"触龙表示关心。

"吃粥还可以。"太后应付道。

"老臣以前也是食欲不振，后来强迫自己走路锻炼，每天三四里，慢慢的吃饭也稍微多一些，身体也逐渐舒服了。"触龙说了一套养生之道。

"我可不行。"太后口头虽仍表示冷淡，但心里的气差不多都消了，面色也稍好了一点。

"老臣有个小儿子叫舒祺，是个不成器的东西。可是，我最爱他，请求太后开恩，给他任命个职位，在宫里当个黑衣卫士。"触龙突然提到小儿子的事。

"可以嘛！"触龙毕竟是老臣了。太后当然要给个面子，立即答应："你的小儿子多大啦？"

"十五岁了"触龙回答，紧接着又补充："虽然小了点，可是我希望在死之前能把这个儿子的事办完，也就放心了。"

"男子汉大丈夫也爱小孩子吗？"太后不无讥讽地问。

"比妇人还爱孩子。"触龙的回答一定使太后意外。

"妇人爱孩子可不同于一般。"太后笑道。

"我还以为太后不太爱长安君呢。"转了一大弯，触龙的话才接触到长安君。

"谁说我不爱长安君！我最爱的孩子就是长安君了。"

"父母爱子女都是为他们深谋远虑。记得前几年太后送女儿出嫁时，抱着她大哭，舍不得她远行。她走后，太后朝思夜想，牵肠挂肚，可是，每次祭祀时却祷告，不要让她回来。这不是为她长久之计，恐怕她被人家'休'回来吗？"

"对！是这个意思！"

“请您想想：三世之前至现在，赵王之子孙仍为侯的还有吗？”

“没有了！”

“不仅赵国，其它诸侯国也都算在内，能保持三代贵族地位的家族还有吗？”“我没有听说过。”太后老实回答。

“这就是近者祸及其本人，远者祸及子孙。”触龙终于说到正题：“哪一个有地位的人不希望他的子孙保持自己的地位。可是为什么不少国君的子孙都保持不住祖上给留下的地位呢？难道是这些子孙都不成器吗？其实也并不单单如此。而是位尊而无功，奉厚而无劳。拥有极高的地位，享受着优厚待遇，又负担着国家兴亡的重任，却做不出一点贡献，没有任何功绩，怎能维持下去呢？”触龙先做一般论证。对其所说的道理，太后无言以对。

“今天，太后给小儿子封以长安君的高位，又封给他膏腴之地，令其掌握国家大权。”触龙进一步说服太后，提出长安君的问题：“但是，您又不让他为赵国建功立业。万一太后百年之后，长安君这么一个没功劳、没业绩的人靠什么保持他的地位呢？所以，我觉得太后您为长安君的安排，不如对您女儿的安排长远，您爱儿子不如爱女儿。”

触龙正话反说终于使太后动心：

“那好吧！就让长安君去齐为质吧！”

其实，国君爱不爱儿女，并不单表现在舍不舍得让他们为质上面，秦国的异人就是因不被宠爱才派到赵国为质的。不过，这里的触龙是为花言巧语说动太后使她改变主意罢了。战国时代的士大夫多有这种本事，而这个触龙说赵太后的故事也就成为教育贵族子弟必须建功立业的重要典故。

因赵国派出长安君为质，齐国当也按约出兵，所以秦兵攻赵三城之后，就没有继续前进，对赵的威胁暂时解除。

然而，北方的燕仍然威胁着赵国。

这时北方的燕国派宋人荣蚠为将率兵攻赵。年轻的赵孝成王慌了手脚，掌握实权的平原君赵胜连忙求救于齐国，答应割数十个城邑请齐国的安平君田单为将，率领赵国的士兵抵抗燕军。赵国有名的大将马服君赵奢听到这个决定后，找到平原赵胜，劝他设法改变这个错误的决定。

“难道赵国就没人了吗？”赵奢生气地质问平原君赵胜：“太过份了！割那么多城邑给齐国，就为请一个安平君给我们率兵，这不是和割地给燕国一样吗？”

“太看不起赵国自己的人了！”不容平原君赵胜插言，赵奢连珠炮似地猛轰：“为什么不委派我为将？本人曾在燕居留过，还曾经当过燕国的上谷太守。燕国的通道、要塞我了若指掌。百日之内，我就能把燕国拿下来。不知足下为什么非要请齐国的安平君为将？”

赵奢的话虽不免有激动和吹嘘自己的成份，不过他确实是一位善于用兵作战的将军，其指挥水平决不在安平君田单之下。因而，他对平原君的指责还是有一定根据的。谁知道，号称善于“养士”的平原君也是一个糊涂虫，对于赵奢的质问，他无法正面回答，只能说：“将军算了吧！我已经向国王建议这么办了，国王已经答应，您就别

说啦!"不打自招!原来这个主意就是他出的。听了这话,赵奢仍不甘心,继续劝平原君改变主意:

"原来是您的主意!足下之所以请齐国的安平君率赵兵与燕军作战,大概是以为齐和燕有仇吧?其实,依我看则不然,如果安平君是个笨蛋,他当然打不过燕国;若安平君聪明,他必然不肯和燕拼命打仗。"赵奢一口气把自己的分析、判断通通倒了出来:"不论安平君是聪明人还是笨蛋,都对赵国没好处。因为赵国强大,齐国就不能称霸,如果用赵国的兵和燕国军队旷日持久地打仗,打上几年,人也死得差不多了,国库也空了,赵、燕两国都弱了,这究竟对谁有利呢?"

尽管赵奢说得平原君无言以对,但仍未能改变赵王的决定。后来的结果真如赵奢预料的那样,安平君率兵抗燕,虽暂时制止住了燕的进攻,但赵国并没得任何好处,反而失去十八个城邑。

赵国内部如此混乱,秦国当然不会不知道。从昭王四十二年以后的一年多,尽管没有继续攻赵,秦国却一直虎视眈眈地盯着赵国,一场大规模的战争,即将在秦、赵之间展开。

在这样的背景下,派到赵国为质的异人日子就难过了。

可以想像:在战场上被秦打败的赵国,君臣们回过头来一定会拿质子异人出气:呵叱、凌辱尚不在话下,连食物的供应也难得保障,更不用说车乘用品了。这位落魄的秦国贵族,在邯郸活得人不像人,鬼不像鬼。自己的国家天天打胜仗,本人却被扣在敌国,有国回不去,而且随时有被处死的危险。

异人身处逆境,又不是一个贫贱不移、威武不屈的人。这位秦昭王小老婆生的孽子不仅没什么本事、没什么志气,而且贪婪好色。被送到赵国来之前他就是个没出息的家伙,到赵国为质之后,更像丢了魂、落了水、断了脊梁的癞皮狗,战战兢兢,窝里窝囊地混日子。

邯郸城里大街小巷白天都拥挤着忙碌的人群,一到傍晚,酒楼、伎馆门前都点上红灯,富商大贾和达官贵人、风流公子和市井无赖都纷纷出来寻找各人最感兴趣的去处。这个东方的通衢大路上的大都会,就是在烽火连天的战争年代,也没有稍减它那令人眼花缭乱的繁华盛景。只要战火没有延及城内,那十字街头的酒楼上每天都高朋满座,喝彩行令,笙歌管弦之声不绝;那红灯密集的深巷,夜夜都车水马龙,莺啼燕语,打情骂俏之音阵阵从绣户中飞出。就是有时进攻赵国的敌军已兵临城下,邯郸城内的人仍有吹竽、鼓瑟、击筑、斗鸡、走狗、六博、蹴鞠的悠闲者。至于缱绻在艳粉娇红、柳腰绣被之中的浪子,更不管什么战场烽烟、政坛风云,只顾拥妖姬、携美妾沉醉在帷帐里,享受着千般欢乐和万种柔情。这就是商业都会的特点,因为邯郸已不仅是一个政治中心了。在那熙熙攘攘的人群中,异人也混迹其间,从一身过时的装束上,就可以看出他是位并不富裕的贵族,而瞅他那一副见到了女人、美酒、华冠艳服和珠宝贝币就流露出的馋涎欲滴的下作像,就知道这个落难的王孙对眼前的可望而不可及的上层贵族的社会是怎样的羡慕。然而,对于此刻的异人说来,邯郸城内赵国贵族优游享乐的生活犹如天上的彩云,只能在遥远的地面瞭望,他在这里的地位和囚犯、俘虏相差无几,而以前在秦国宫内那些锦衣玉食的日子,也早已似梦幻般的过去,对照当下的处境，不时的勾起撕心裂肺的痛楚和难以名状的辛酸。

异人在邯郸被安置在距赵王王宫不远的南城居住。这里可以远远的望见瑶台琼阁、曲栏回廊的丛台。丛台是赵国王宫中最好的一处，它虽然没有秦国的宫殿池苑宏伟、宽阔，却比秦国宫内所有的建筑和风景都精巧。而遥遥相对的南城，则是个名符其实的贫民窟，异人每日的三餐虽说不至于断顿，可也没什么足以勾起食欲的东西。要想出门逛逛，车、马是没有的，只有辛苦自己的两条腿。到了闹市，望着呼酒行令、拥姬携伎出入于伎馆、酒楼的达官、贵人、富商、巨贾，既羡慕又嫉妒，一股说不出的滋味涌上心头。为此，异人宁可终日枯坐于陋室之中，也不愿到繁华的街头被自惭形秽的感情所折磨。

有时，异人实在难耐那清淡而粗糙的饭食，青春的欲火也使他在孤寂的长夜中无法安然入睡。落日余晖刚刚在邯郸城头上消失的黄昏，这位困居赵国的秦国王孙，偶而也取出箧中仅余的一点钱币，直奔酒肆而来。他看中了一处有舞姬歌伎伴酒的豪华酒楼，却只能在一个偏僻的角落里独酌。因为他囊中羞涩，不敢召歌伎陪酒，只好冷冷清清地看着别人寻欢作乐、嬉笑调情，心中好不悲哀。

中国古代经书之首的《易经》“否”卦《象》曰“否终则倾，何可长也。”意思是说物极必反，倒霉的事到了头必然向好的方面转化，即所谓“否极泰来”。正当异人困苦潦倒，囚居邯郸，归国无望，前景难以测定，心情几乎近于绝望之际，碰到了吕不韦，从此改变了命运。

吕不韦当时正在邯郸一面寻欢作乐，一面搜索着得以使其富贵甲天下，泽可遗后世的一本万利的货物。初到邯郸，吕不韦就听说有一位秦国的贵族困居于此地，经过多方探听，他把异人的身世、家庭关系、目前处境以及此公的品性、爱好等等掌握得一清二楚。后来，他不难找一个机会见到了异人。当吕不韦一见到这位落魄的王孙之时，凭他多年经商的经验，一眼就看出：多方寻觅的宝贝就在这里！不由得脱口而出留下一句名言：“此奇货可居。”他回家向其父禀告的、可赢利“无数”的宝贝，就是异人这个“奇货”。

异人怎么会成为吕不韦的“奇货”呢？不用说一般的人弄不清楚，这连异人自己也压根儿都没想到。他的使用价值还需吕不韦指点和鼓吹才能显示出来。

拍板成交

吕不韦再次回到邯郸时，已经是公元前 262 年(秦昭王四十五年)了。

回到邯郸后第一件事当然就是找异人谈判。

一个华灯初上的傍晚，吕不韦例外的谢绝了每天都要聚在一起喝得酩酊大醉的富商、阔少的邀请，也没有径直的去情意缠绵的新旧相好的姬伎房中厮混，而是乘着马车、携带着大包小包的礼品直奔南城而来。

在南城的一个不显眼的去处，吕不韦费了好长时间才找到异人的住所。看见狭小的门庭和那些寒酸的陈设，更坚定了吕不韦的信心。

“嘭！嘭！嘭……”一阵敲门声惊动了正在屋里发呆的异人。当他急忙打开门时，见到的是一个打扮阔绰的陌生人。

“我能把你现在这连身都转不过来的门庭扩大起来。”没等异人弄清怎么回事，吕不韦就没头没脑地、一语双关地抛出这么一句。

“……”异人愕然，不知如何回答。

待到弄清来者吕不韦无非是个商人而已，这位秦国的贵族轻蔑地笑了：“你还是回去先把府上的门庭设法弄大，然后再来说我的门庭吧！”异人也一语双关的回敬了一句，他从骨子眼里看不起吕不韦这个投机商。

“且慢”，对冷嘲热讽，吕不韦并不在乎，他继续顽强进攻：“你难道不知道吗，敝人家里的门庭光大也正等着足下的门庭光大呢！”

听了这句绕口令似的意味深长的话，异人方知吕不韦话里有话，立即改变态度，忙把客人让进房中落坐，详细询问来意。

一阵寒暄之后，吕不韦开始进入正题：“你的爷爷秦王老啦。”成竹在胸的吕不韦早把秦国国王家庭内部的情况弄得了如指掌，当时在位的秦昭王已经当了四十余年国君，其年岁至少在五六十岁以上，当然可说是“老”了。他接着说：“足下的父亲安国君是太子。”这也是事实，异人听后觉得没有什么新鲜的，对此毫无反应。

但是，吕不韦以下的一番话，却把异人说得五内俱焚、肝胆欲裂。因为它正触动了异人心灵深处埋藏已久的隐秘：“听说令尊安国君所宠爱的不是足下的母亲，而是那位华阳夫人。又听说华阳夫人虽得到令尊安国君的宠幸，可又偏偏没能生个儿子。按照宗法制度，要继承王位必须立嫡长子，能立哪个妃、姬、妾生的儿子为嫡长子，看来只有华阳夫人有这个力量，因为她能左右安国君。华阳夫人在枕头上的每一句话，安国君都不敢不听。”说到这里，吕不韦稍稍停顿了一会，好让异人想一想。而异人的遐思此刻也的确随着吕不韦的话回到似乎刚刚离开又相当遥远的秦国后宫……

吕不韦的话使异人想起了生母夏姬被父亲安国君冷落的惨状，更不难想像那个华阳夫人得宠的样子，心中如刀割一样的难过。

异人心里十分清楚，自己落得现在这样处境和生母夏姬不受宠有直接关系。而在父亲众多的姬妾中，特别得宠的就数那个脸蛋漂亮，年轻风骚的华阳夫人，安国君对她简直是言听计从。在后宫，夏姬失宠和华阳得宠形成鲜明的反差，以至做为夏姬的儿子异人也不能呆在秦宫中享福，而被送到异国他乡来当人质，受活罪。

其实，华阳夫人之所以受宠还与她的家庭背景有关。华阳夫人就是魏冉专权时期的三大家族之一的华阳君之后，华阳君则是秦昭王母亲宣太后的娘家人。尽管自公元前266年(秦昭王四十一年)，范雎为相以后，夺了魏冉的相权，驱逐华阳、泾阳等贵族势力出关，但宣太后在朝廷上仍有相当大的影响。这不仅是因为她是昭王的母亲，长期干预政务，而且由于宣太后特殊的个性和经历：

宣太后是中国古代最富有浪漫色彩的一位女性。正像在任何社会的剧变中都会产生几位不同凡俗的人物一样，宣太后也是在秦国社会飞跃向前发展的伟大时代，出现的突破传统的、领导潮流的时髦女性。她是那位有远见、有魄力、在秦国实行变法、改革的秦孝公的儿媳、秦惠文王的妃子。秦惠文王的远见卓识一点也不比乃父差，他于公元前337年一继位，就把宿怨极深的、帮助自己父亲孝公变法成功的商鞅杀死，但却不改变商鞅推行的政策。这样，在惠文王时代仍能坚持孝公时代行之有效的改革新政，并没像历代的许多次改革一样人亡政息。仅从这一点就可知惠文王绝非一般的守成之君。在惠文王统治的二十七年中（自公元前337年至前311年）是秦国在孝公变法的基础上，继续增强国力，使秦国飞速发展的时代。秦国发展的主要标志，除占领的国土愈来愈多以外，更重要的是吸取外来的文化、改变秦国原有的文化习俗。秦国在商鞅变法前被中原各国视为“戎狄”，文明程度很低。商鞅变法之后，秦国逐渐强大起来，东方各国不敢以“戎狄”视之，但文明程度的提高也决非一朝一夕之事。到惠文王时代，秦国敞开大门，招来东方各国能人、贤者、有识之士，对战国以来活跃于各国的“士”（包括文士、武士），热情欢迎，优礼相加。惠文王礼贤下士，有一批军事家、政治家、纵横家、思想家、游说之士、文人、学者以及游民流氓、术士骗子、冒险家等等，涌向西方的秦国。其中，自然不乏有真才实学或为秦国出过力的；如有名的纵横家张仪，墨家的代表人物腹䵍、田鸠。虽然来秦的学者中还以法家及游说之士为主，而且几乎没有儒家，但各色人物涌入秦国以后，毕竟把东方色彩的文明传来，冲击着保守、落后的秦国固有的文明，形成了一种异常开放的风气。这种风气也传进了宫内，做为惠文王的后妃宣太后，耳濡目染自然就成为一个开风气之先的人物。

宣太后原为楚人，名芈八子，她虽非惠文王的正宫王后，仅是诸多妃子中的一个，但由于惠文王后所生的武王无子而早死。而芈八子作为偏妃恰有三子：则、显、悝。依秦宗法制，王位即由芈八子所生的长子则继承，是为昭王。芈八子自己就成为控制朝政达数十年的宣太后。在数十年的政治生涯中，宣太后充分利用了作为一个女人的优势。她的性生活不仅放荡，而且大胆公开，更能恰当地和政治结合起来，曾经利用她特殊的优势为秦国做过贡献：

义渠，是秦国西方的一支游牧民族，这支民族虽比秦国落后，但因其强悍善战而长期以来能与秦国为敌。在孝公、惠文王、武王时代都曾因义渠戎的进攻而遭到损失。到昭王继位之后，宣太后执政，当义渠王来秦首都咸阳向新登基的昭王朝拜、祝贺之时，风韵犹存的宣太后竟然与义渠王勾搭成奸。也许，守寡数年的宣太后耐不住深宫的寂寞，或者是英俊的义渠王确实吸引了这位美貌的少妇，这一对异族的情人公开通奸竟达三十余年之久，并生下两个儿子。在这段时间内，义渠王在温柔乡中乐而忘忧，自然无攻秦之野心，而宣太后在满足了性欲要求之后却没有忽略对义渠的防范。因而在这三十余年中，秦国和义渠两方相安无事。到公元前272年（秦昭王三十五年），宣太后已年届七十，义渠王早已被玩弄于她的股掌之中。此时，义渠王不仅失去对秦进攻之心，就是对秦的起码戒备都已放弃。趁义渠王不备时，宣太后突然对她情人的民族发动袭击。结果，强悍的义渠戎顷刻被击溃，威胁秦国西方安全的义渠戎终于在宣太后的“美人计”下瓦解了。

宣太后对于性观念的开放程度，达到令人吃惊的程度，在她的观念中并不像后来的人那样，把男女之间性生活视为多么不光彩的事。为了政治需要，她甚至敢于把自己性生活的感受公之于众。有一次，韩国的使臣来向秦国求援，当时尚在听政的宣太后，出面同韩国来的使臣尚靳谈判。作为一个王后，直接与外国使臣交谈，这已属罕见，更令人惊异的是，在谈判中，宣太后竟用自己床笫间的感受做比喻向韩国讨价：

“我和先王做爱之时，先王全身都压在我的身上，我一点儿也不觉得重。那是为什么?”她自问自答地说,脸上一点不好意思的表情都没有:“那是因为对我有利,我感到全身舒服!”

韩国使臣目瞪口呆地一句话也说不出,不知这位太后要说什么。

“可是,”宣太后娓娓而谈:“当先王不和我做爱的时候,就是一条腿压在我身上,我都觉得支持不住啦。”

说到这里韩国使臣尚靳已经完全明白:若对秦国无利,秦是不会支援韩国的。这次谈判结果如何姑且不论,身为秦国的太后竟把做爱的感受公然对外国使者宣布。这些言论是低级下流?还是先进开通?反正谈判的结果是秦国得到了便宜。

这个浪漫而又胆大的宣太后还是个长寿老人。直到异人来邯郸为质的秦昭王四十二年,才恋恋不舍地离开人世。就是临死之前,这个风流一生的太后,还念念不忘一个名叫魏丑夫的男宠。在弥留之际,她竟提出:要魏丑夫为她殉葬。这时秦国早已废止了殉葬制,使昭王非常为难。而那个魏丑夫当然也更害怕,正在不知如何是好之际,一位聪明的大臣——庸芮出来解了围。

“太后陛下认为人死之后还有知觉吗?”庸芮毕恭毕敬地、轻声细语地在太后耳边问道。

“当然,”太后上气不接下气地回答“没有知觉。”

“太后圣明!”庸芮紧接着说:“以太后如此之神灵,明知死者已经无知觉,又何必让所爱的活人陪着无知的死人呢?”

“再者”,见太后没有反映,庸芮又进一步说,下面的话就很难听了:“如果死人有知,先王对您生活的不检点积怒日久,您死后小心先王找您算账都来不及,哪里还有暇去和魏丑夫恩爱呢?”

这种极其刺耳的话竟当面对太后讲出来,在病榻旁的太子和贵戚、大臣未免都捏了一把汗。不知宣太后要如何动怒,说不定庸芮的性命就此完蛋,空气立刻紧张起来。

“好……”停了一会,只听宣太后有气无力地从嘴里吐出一个字。究竟这个“好”是什么意思?是指庸芮说得对,还是无可奈何地表示“随你们怎么办吧”。

她无可奈何地放弃了对魏丑夫陪葬的要求,咽了气。可怜的面首魏丑夫得了救,在场的人也松了一口气。

华阳夫人就是在这么一个大胆、浪漫的太后调教下长大的,有这样的靠山,再加上她自己年轻、貌美,更有可能继承宣太后的心计和性格,在安国君众多妃妾中备受宠爱是十分自然的了。

异人当时听到吕不韦提到华阳夫人受宠,在难过的同时,一定很奇怪:秦国王室内部的事,这个陌生人何以知道的那么清楚?岂不知,吕不韦专门为此做过细致的调查,搞政治投机同搞经济投机一样,不摸清行情怎样下手?

异人的思绪随着吕不韦的话起伏,他不知道突然来访的这个陌生的商人为什么提到华阳夫人?又为什么关心起华阳夫人能否左右安国君立嫡的问题?还没等异人把这些思绪想出个头绪,又听吕不韦说:“现在足下有兄弟二十多人,而你居中。你不是长子,又不受令尊的青睐,送到这里为人质,回不去国。一旦你爷爷秦昭王逝世,令尊安国君继承王位，那时足下可就无力同你的兄弟们争太子的地位了。”

“说得不错，确是如此。”异人点头称是：“那又有什么办法呢？”

“办法是有的”，吕不韦开始和异人摊牌了：“就看你干不干了。”

早就盼望改变人质地位的异人，焉有不干的道理。这时要他干什么伤天害理、下流无耻事他都会答应，何况吕不韦要他干的比他自己想的容易得多。

“足下目前是个穷光蛋，困在邯郸，一定没有什么财物可以拿出来献给亲属和结交朋友的吧！”吕不韦这样说，并不需要回答。

“……”异人没什么说的，因为吕不韦说的是属事实。

“既然如此，敝人不韦虽不算富裕，但拿出点钱来还不困难。我愿出资千金为足下的事，西入秦，设法劝说安国君和华阳夫人，立你为嫡子，将来继承王位，如何？”吕不韦将投资计划合盘托出。

异人听到有如此便宜的事，大喜过望，连忙就地顿首，感激涕零地答应说：“如果您的计划能实现，我当了秦国的国王，秦国一定归我们俩共有！”

吕不韦的投资计划已经具备了实现的可能性。一个寻觅一本万利之奇货的商人；一个待价出售的潦倒王孙，在赵国首都邯郸没有经过讨价还价，就做成古今中外最大的一笔生意。在双方都满意的条件下，“平等互利”地拍板成交。

吕不韦和异人敲定之后，立即照计划执行。当下就拿出五百金给异人，让他用来在邯郸结交宾客、朋友。异人有了钱自然欣喜雀跃，服饰器用当购置一新，车乘坐骑也讲究起来，宴饮游冶，恣意享乐，纵情声色，又恢复昔日身为贵公子时的故态。一时间在邯郸，这位身为质子的秦国王孙花天酒地、寻欢作乐，几乎忘记自己的处境。

吕不韦给钱让异人挥霍，其目的是使异人广交朋友，培植势力，改变在赵国贵族眼中的落魄形象，以便为回国夺权铺平道路。对此，异人自然心领神会，在邯郸，他用吕不韦给的钱结交赵国贵族和其他诸侯国来到邯郸的头面人物，又收罗宾客为自己鼓吹以扩大影响，在各国贵族上层中大造舆论。果然，“钱能通神”，不出几年，异人的私家势力就不容忽视了，他在赵国和其他诸侯国贵族眼中的形象也改变了。

异人之所以能在短时间内改善自己的境遇，除了吕不韦的钱外，重要的条件是时机。这几年秦、赵之间一场大战虽正在酝酿中，但又处于战火未燃、战云密布的间歇时刻，双方暂时没有发生正面的直接的冲突，这恰给异人以积蓄力量、准备回国夺权的大好时机。

原来秦国自公元前 266 年任范雎为相后，范雎就坚持实行“远交而近攻”的策略。他认为只有这样才能巩固所取得的土地，所谓“得寸则王之寸，得尺亦王之尺”。根据这个原则，他主张先伐韩，而把齐、赵等国稍稍放下。因为韩国的土地与秦地交错，是秦的“心腹之患”。所以，从公元前 265 年秦军就大举向韩国进攻。当年攻取了韩的少曲（今河南省济源县东北少水弯曲处）、高平（即向，今河南省孟县西）。次年（秦昭王四十三年，公元前 264 年）秦国派白起攻韩，夺取了汾水旁的井隆城（今山西省曲沃县东北）等九座城市，斩首五万。白起是昭王时代重要将领，此人又名公孙起，眉人（今陕西眉县境内），长得头小而尖，瞳子黑白分明，瞻视不常，为人凶狠但善用兵。自秦昭王五十三年（前 294 年）即为左庶长，率秦兵攻韩、魏、楚等国，屡建奇功，被封为武安君。曾在公元前273年(昭王三十四年),攻魏国的华阳,与赵、魏联军作战,斩首十三万,并将赵国士兵二万人沉在河中活活淹死。昭王四十三年白起攻占井隆等九城后,次年又攻取了太行山南的南阳地。至此,秦军对韩国的攻击势如破竹,节节胜利,而秦对赵则尚无正面冲突。本来赵国可苟安一时,避开锐不可当的秦军进攻的矛头,不料赵国国君贪小利而招大祸,从而过早地把秦军的打击锋芒引向自己。

公元前262年,秦军继续向韩国的上党君进攻,占领了野王(今河南省沁阳县)。上党地处今山西和顺以南、沁水流域以东之地,治所在壶关(今长治市北)。而韩国的本土则在今山西省东南部和今河南省中部。秦军占领野王,就把上党郡与韩国本土隔绝了。

上党孤悬于外,韩国惊恐,又无力夺回。韩桓惠王派阳城君入秦,请求将上党之地献给秦国求和,得到秦国首肯。没想到当韩桓惠王派人传达这一决定,令上党太守靳黈向秦投降的时候,却遭到靳黈的义正辞严的拒绝。他对国王派来的人大义凛然地说:

"人们常说:'挈瓶之知,不失守器',替别人保存一个汲水的瓶子,尚且不能轻易丢掉。何况国王令我守这么大的一片土地呢?本人决不能信您所言,将上党拱手给秦。臣请求倾全部兵力抗秦,若抵抗不成,死而后已!"

这掷地有声的言词反映了韩国将士不屈的决心。只是韩国国君已被秦军吓破了胆,对于靳黈这样的爱国志士竟不敢支持,当来人将靳黈的话转报给韩王时,韩王却无耻地说:"献上党的事我已经答应秦国的应侯范睢,如果不给就会失信于人。"被人打得割地求饶,一副软骨头,还谈什么"失信"不"失信"。真是卖国贼、奴才的逻辑!

韩桓惠王见靳黈不愿降秦,就另派冯亭为太守代替靳黈。冯亭到上党后坚持三十日,仍不愿将地拱手送给秦国。他派人到赵国邯郸,请求赵王接受上党之地。冯亭派去的人对赵孝成王说:

"韩国守不住上党,韩国的国王想把上党让给秦。可是,上党的民众不愿降秦,宁愿归赵。这里有上党的十七座城,愿献给大王。请大王接受!"

对于这从天而降的喜讯,赵孝成王一时也拿不定主意:接受还是拒绝。于是赵王召平阳君赵豹来咨询:

"韩国守不住上党,准备送给秦国。可是当地百姓不愿为秦民而宁愿归赵。现在冯亭派人来献地,你看这件事如何处理?"

"我听说圣人对于无缘无故得到的好处是担心后患无穷的。"平阳君赵豹想得毕竟比赵王远。

"人家仰慕我们赵国的仁义,怎么叫无缘无故呢?"赵王自鸣得意地说。

"秦蚕食韩国土地,因上党与韩国本土断绝,才把这块地献给我们。"赵豹直截了当指出韩国献地出于无奈:"而且韩地献给赵,乃是将秦的攻击矛头引向我国,这不是给我们土地,实是把祸患转嫁给赵国。"

"再说"赵豹进一步分析利害:"秦国出兵劳师而赵国得到上党之地。这种事连大国都不干,何况我们赵国比秦弱小得多,试问能避得开秦的打击锋芒吗?秦国现在生产水平很高,已经用牛耕田,以水运粮了。战士们打仗立功都可以得到土地。所以到战场上个个都无比勇敢，军队令行禁止所向无敌，我们敢与其较量吗？请大王考虑，还是不要自找麻烦为好。”

赵豹的话相当深刻，也正确地反映了秦、赵两国的实力。在当时避开秦国的进攻锋芒是惟一的图存之法。可惜赵王利令智昏，根本听不进赵豹忠言，竟勃然大怒：

“我们曾经用过百万之众攻战，经年累月地打仗也没得到一城。现在不用一兵一卒而得十七城，为什么不要！”

赵豹见赵王如此不可理喻，只好默默告退。

赵王见赵豹不支持自己，又召平原君赵胜和赵禹问以此事。这两个人倒善于观风向，知道赵王贪图小便宜，就顺着他的意思说：

“这么有利的事为何不干！”

赵王当然高兴，立派赵胜前往上党受地。

赵胜来到上党后，也知形势严峻。他首先采取笼络人心的办法，宣布：“赏太守封地三万户，赏县令封地千户，诸吏皆连增三级爵。百姓凡能守城者每家赐六金。”企图用奖赏刺激吏民斗志，以保卫赵国新增加的这块领土。得到最高赏赐的当然是太守，可是在这种情况下受赏，连太守冯亭也无颜接受。他垂涕道：“我有三不义：为国守地而不能以死来保住它，一不义；国君命我将地献给秦，我却献给赵，二不义；把韩国土地卖给别人，自己反而得赏，三不义。”坚持拒绝封赏，最后终于告辞赵胜回韩国去了。太守冯亭虽无力挽回失败结局，但这种气节也令后人感动。

冯亭回韩国复命，韩王见赵军已占领上党，只好如实通知秦国。秦王大怒，立即派白起、王　率秦兵向上党进发。赵国果然将战火引到自己身上。

赵国占领上党后，就派名将廉颇率兵屯驻，决心与秦军一决雌雄。

一场空前的血战即将爆发。

不过，即将爆发的大战，是在邯郸以西数百里之遥的上党地区。因此，尽管赵国边境战云密布，赵国首都却仍然歌舞升平。而且，由于赵国上下都在注视着西边的韩、秦之战，反而无人留意邯郸城内的秦国公子异人。这倒给他留下活动的空隙。

异人在邯郸活动，除花天酒地结交赵国和其它诸侯国来赵的将相、宾客以外，无疑也不可避免地被当地的学术文化气氛所感染。

战国时代的邯郸，不仅是政治、经济中心城市，而且也是文化中心。邯郸之所以成为文化中心之一，一方面因其地理位置处于四通八达之枢纽要冲，活跃于各国知识分子——“士”很少有不来赵国的；另一方面由于赵国贵族有“养士”之风，从而招集了一大批士人。据记载：战国时期在齐、魏、楚、赵都有一些贵族重视网罗知识分子，以壮大家门的势力。这就在客观上促进了学术的繁荣。如齐国宣王喜文学游说之士，驺衍、淳于髡等七十六人皆赐宅第，在稷下讲学，形成稷下学派，人数多时达数百人。齐国的孟尝君养“食客”数千人。魏国信陵君无忌也养士“致食客三千人”，楚国春申君也有三千宾客。和这些养士的公子相同的，在赵国就是平原君赵胜了。平原君养士也不下数千人。这些养士之家，无疑成为知识分子集聚之地，而士之集聚地自然成为学术研究的中心。

赵国的邯郸学术风气不同于齐、鲁，也不同于秦、楚。齐国的临淄以稷下学派著称，主要是儒家学派或阴阳五行学派占主要地位。而秦国则一贯坚持法家传统，到昭王时代尚且“无儒”。赵国的邯郸则不同。这里的学术以包罗百家为其特点，举凡战国时代的诸子各个主要学派的代表人物，几乎都在赵国留下足迹。

首先是儒家学派。孔子逝世后，儒家分为八派，其中主要是孟轲和荀况。孟轲长于诗书，荀况长于礼。而荀况就是赵国人。他曾游学于齐国的稷下，到过燕、秦、楚等国，其活动年代大约在公元前298年至公元前238年。值得注意的是：荀况在赵国的时代恰恰是吕不韦和异人在邯郸的那几年。从吕不韦以后所表现出的思想观点来看，荀况对他有很明显的影响。荀况与孔丘、孟轲的儒学最大的不同之点，在于他批判地吸收了儒家以外的一些理论观点，如性恶说和“重法”思想以及五行学说等等，这些特点在吕不韦的一生活动中都有反映。荀况又是法家集大成者韩非（约前280年至前233年）和法家学说的实践者李斯的老师。这两个法家代表人物曾求学于荀况。另外，据《汉书·艺文志》记载属于法家的《处子九篇》，这个处子也是赵人，可见，邯郸也是法家学说的重要讲坛。著名的古代逻辑家——名家公孙龙子，字子秉，也是赵人，为平原君赵胜的门客。其它如道家、墨家学派的人物都曾来过邯郸或在这里长期为客。这就形成了邯郸的学风既不同于稷下，也不同于关中的咸阳，而是以“杂”为其特点。公子异人揣着吕不韦的钱，在这里结交宾客，不仅不拘一格地广结各派士人，为吕不韦和自己网罗一批羽翼和爪牙，而且无形中接受各家各派思想观点，极少有先秦各学派的门户之见。这就为后来吕不韦在秦养士，和以《吕氏春秋》为代表的“杂家”学派产生奠定基础。

邯郸——是吕不韦和公子异人的发迹地，也是他俩人的政治摇篮。

吕不韦安顿好异人之后，又用五百金购买各种新奇物品、珍贵特产。然后打点行装，携带着这些东西启程向西，直奔秦国而来。

第五章　咸阳之行

萧瑟秋风挟带着函谷关外的散漫黄沙，不时地吹打着吕不韦轩车的车帘。慵倦着身躯的吕不韦躺在茵席上，似睡非睡地谛听着帘外远一阵近一阵的风声。他与杨子向西而行，风餐露宿，饱受颠簸之苦，终于进入秦国的本土。

一看到了秦国的地界，吕不韦来了几分精神。他挑开车帘，极目远眺。他想看一看，泱泱秦国的山光物态、风土人情与关东六国有什么迥异。有的史书这样描写了吕不韦一路上的所见所感——

一进入秦国的境内，吕不韦就感受到这里与关东地区迥然不同的风土与民情。他的车骑缓缓地走在华山脚下、通往咸阳的“平舒道”上。左侧巍峨的华山耸立，右侧湍急的黄河在这里向东流去，函谷关像一个瓶口控制住出入秦国本土的道路。极目向西望去，八百里秦川一片沃野。南山郁郁葱葱长满了檀、柘、松、竹，平原上种植着稻、麦、菽、稷。村落间鸡犬之声相闻，农田里阡陌井然有序。尽管吕不韦是个商人，也能看出秦国的关中地区是个土地肥美、物产丰富的地方。一路上，吕不韦所见到的秦国人,也都保留着先民周人的遗风,对种田、稼穑之事十分认真、这一点与他的老家濮阳和他到过的邯郸完全不同。秦人不像关东人那样浮华、也没有那么多人趋利去弃农经商,而是安分地固守踏踏实实地种田为生。仅从装束上观察,秦人也不像卫、赵等国人们穿戴时髦、轻佻,一般百姓都相当朴素。刚刚从繁华、奢靡的邯郸来的吕不韦,愈接近秦国首都咸阳,感受愈深。一路走来使他对秦国必胜的信念愈来愈有把握……

于迷朦的尘霭之中,吕不韦远远地看见了两座金碧辉煌宫殿的屋脊。他知道,那里就是著名的章台宫了。随着道路的宽广,那些栉次鳞比的屋宇越来越清晰。过了渭水桥,便进入咸阳城了。

吕不韦让马放慢了脚步,通过车帘的轩口,饱览沿街两侧那些门庭若市买卖兴隆的商号。吕不韦的轩车在熙来攘往的人和车水马龙之中,艰难地穿行。他在心里称赞道:"咸阳城好一个偌大的繁华昌盛的国都!邯郸城与之相比,真是小巫见大巫。"

吕不韦找到一家上好的客栈,歇息一宿。翌日带上金银财宝,去拜见华阳君。一打听,都知道这位权势显赫的国舅爷的住处。按着行人的指点,吕不韦与杨子很快找到了华阳宫。

吕不韦刚走到这座宏伟堂皇的宫殿门口,守门的军卒眼睛尖,一眼便看见了吕不韦穿的秦王孙服饰,心里很纳闷:"安国君的二十三个儿子我全都认识啊,这个风尘仆仆的胖男子是谁呢?"

吕不韦走到跟前说:"我们从邯郸来,有要事求见华阳君。"

军卒单凭吕不韦那身服饰就不敢怠慢,忙进去通报。

英俊倜傥的华阳君正在与门客对弈,棋下到了要紧关节处,没理会进来通报的军卒。

军卒又强调了一遍:"上下皆着秦王孙服装,从邯郸来的。"

华阳君斥责了军卒一句:"笨蛋!有眼无珠!穿着秦王孙的服装,又是从邯郸来的,能有谁?那不是异人吗!"

军卒说:"异人我认识,来者确确实实不是异人。"

华阳君觉得这事蹊跷,莫非自己那位风流成性的姐夫,安国君在外头尚有了二十四子、二十五子不成?便说:"走,我出去跟你看看。"

华阳君到门口一看,果然不是异人。

吕不韦猜测跟军卒出来的这个人就是华阳君了。

吕不韦对华阳君说:"我是邯郸的珠玉商人吕不韦,秦公子异人托我到贵府,有要事与华阳君相商。"

听吕不韦这样一说,华阳君忙把吕不韦让进府中,请到客厅。

华阳君向吕不韦打听异人的情况,吕不韦绘声绘色地说:"异人殿下在邯郸仁厚爱人,发愤图强,攻文习武,遍结诸侯。在关东蜚声遐迩,被称为是仁德之君子!"

华阳君惊异地说:"噢,是这样啊!我还以为长平之战后,赵孝成王会拿他撒气,他的日子一定会艰难窘困。"

吕不韦接着说:"非但如此,异人殿下很思念咸阳城里的亲人,特别是对安国君、华阳夫人还有您更是朝思暮想。这次托我来，还给华阳君带来了许多礼物。”

随着吕不韦的话音刚落，杨子把礼品一件一件摆在了华阳君的几案上。

华阳君赞赏地说：“异人这孩子，在邯郸呆了几天，不仅长了见识，还知情达理了！”

寒暄了一阵，华阳君问道：“吕先生，异人托先生来与我有要事相商，何谓要事？”

吕不韦环视了几案旁束手站立的仆役，递给了华阳君一个眼神，意思是说，有他们在这里交谈不方便。

华阳君屏退左右，说：“吕先生，现在说话不用顾忌了。”

吕不韦郑重其事地说：“小人从邯郸来，就是为华阳君消灾除祸的！”

华阳君粲然一笑说：“吕先生，请不要虚张声势了。我华阳君有什么灾祸，自己还不知道吗？我是个爽快的人，喜欢直来直去。贵商如果有求于我，那就开门见山地说明，不必‘王顾左右而言他’。”

吕不韦凛然不可犯地说：“华阳君深处灾祸之中不觉，那就是更深的灾祸了！”

华阳君有些触动地说：“莫非果真如此？”

吕不韦说：“小人怎么敢在华阳君面前耸人听闻呢！”

华阳君说：“那好，贵商就说我有什么灾祸吧？”

吕不韦问：“华阳君有多少妻妾？”

华阳君回答：“正妻一人，傍妻三人，世妇二人，侍妾六人，共十六人。”

吕不韦说：“名正言顺供你宠幸的女人就有十六人。那么，据你所知，安国君二十三个儿子中，妃姬妾媵加在一起最多的也就七人吧。”

吕不韦说：“那我再问华阳君，华阳府城墙多少雉？”

华阳君回答：“二百雉。”

吕不韦问：“安国君二十三个儿子，封邑的城墙最长者有多少？”

华阳君回答：“不超过百雉。”

吕不韦问：“安国君二十三个儿子，有一个拜君封侯的吗？”

华阳君回答：“没有一个拜君封侯的。”

这一问一答之后，吕不韦一言以蔽之说：“华阳君的美姬、城邑和权势，此三者，君之祸也！”

听吕不韦这样一说，华阳君如释重负地松了一口气，不以为然地说：“求美色之多，欲封邑之大，盼权势之高，人之常情，何祸之有！”

吕不韦说：“华阳君说的不错，盼取这些东西都是人之常情。那么，安国君的二十三个儿子，哪一个不求美色之多，不欲封邑之大，不盼权势之高？然而，又有哪一个赶上了华阳君您哪！这是什么道理？”

华阳君被问得闭口无言。

吕不韦接着说：“恕我直言。无非是你的姐姐华阳夫人独占王宠，深得安国君的钟爱与信任，恩泽延及于您。正如鄙谚所云，星星跟月亮走，借好人光了。安国君千秋之后，他的儿子有了权，能放过您吗？一旦华阳夫人人老珠黄，不再得宠，您靠什么再拥有美色、封邑与权势呢？轻则，这些东西荡然无存，重则怎么样，华阳君不比我一清二楚吗?”

吕不韦这些一针见血的话,深深地打动了华阳君。华阳君开始时聚精会神地倾听,继而点头称是,最后竟呆坐在椅子上,不寒而栗。半晌,他才说:“贵商言之有理。那么何以才能使我能化险为夷,避祸就福呢?”

于是,吕不韦把立异人为太子的计划向华阳君和盘托出,最后强调说:“华阳夫人把异人收为义子,一旦异人立嗣为秦王,那么华阳夫人就贵为国母,你华阳君就是国舅爷,你华阳家族还会有什么祸患危亡呢?”

华阳君问:“贵商要实现如此宏图大业,有成功的把握吗?”

吕不韦说:“关键就看您姐姐华阳夫人了。”

在细腻如瓷的阳光下,华阳夫人的寝宫鸾鸣阁内的一切景物都清晰起来。最引人注目的一幕,就是床榻上脱得一丝不挂的安国君嬴柱与华阳夫人了。

尽管日上三竿,但这位太子与他的爱妃依然像两条剥去鳞皮的白蛇一样,紧紧地纠缠在一起。嬴柱最先醒来,一整夜与华阳夫人叠上叠下的活动,让他幸福得筋疲力尽。他放浪的目光在华阳夫人的身上扫来扫去,在心里赞叹道:真好,该鼓的地方都鼓出来……欣赏一会儿,他拽过蹬在足下的被衾,置于他和华阳夫人的身上。然后,他又像蚂蝗一样吸附在羊脂般的皮肤上。

嬴柱的动作弄醒了华阳夫人,她打了个哈欠,说:“啊,都天光大晓了,起来吧。”

嬴柱说:“不忙,再陪我睡一会儿。”

华阳夫人不悦地说:“睡觉要我了,我说的话都当成耳旁风了!”

嬴柱说:“哎呀,我的爱妃呀,你咋能那么说呢!别说你的话,你就放个屁都震得我懵头转向,无所适从!”

华阳夫人问:“我为华阳君请求从楚国夺来的荆城作封邑,多长时间了?像泥牛入海似的,一点消息都没有!”

嬴柱说:“秦国有多少村寨城邑,非咬住荆城不可?多少个公子盯着呢。”

华阳夫人说:“物阜膏腴之地,谁不眼馋啊!我可跟你说了,华阳君别的封邑不要,就要荆城啊!”

嬴柱说:“这我知道。”

华阳夫人说:“那等猴年马月才能到手哇?”

嬴柱说:“一会儿起来,我就到父王那里替华阳君再次吁请。”

华阳夫人起床刚被宫女侍候梳洗完毕,突然说自己目眩头晕,四肢无力。嬴柱忙请来御医为华阳夫人诊脉,说是患了风寒,开了几剂药。

宫女端来荔枝羹,华阳夫人说喝不进去。嬴柱又亲手端过来捧到她面前,和言悦色地说,喝一点,嘴里没有进项受不了。华阳夫人心烦意躁地一拂袖,嬴柱手中盛荔枝羹的琥珀杯盏失落在地,摔个粉身碎骨。她说她心焦,让那些宫女都退下去。有的宫女战战兢兢地不敢挪动脚步,嬴柱吼道,你们都聋啦,夫人不是让你们退下吗!那些宫女才像风卷纸片似的悄然退下。

华阳夫人对嬴柱说:“太子殿下也不必在此劳驾了,让我一个人好好清静清静。”

嬴柱说:“夫人先静养一下吧,我去父王那里为华阳君吁请荆城作封邑。”

此刻，华阳夫人竟与刚才判若两人地走到鸾鸣阁的门口。倚着廊柱，望眼欲穿地等待着什么。

是的，华阳夫人在盼一辆车进入她的视野。

很快一辆挂有交络帐裳的轩车，被三匹马拉着，辚辚地驶进了后宫，停在了鸾鸣阁门前。

先从车上跳下了华阳君，他站稳之后掀开帐裳，把一位看病的女巫请下车。等进到鸾鸣阁里面，华阳君才向华阳夫人介绍这位女巫说："姐姐，这位就是从邯郸来的贵商吕不韦。"

原来，华阳君听完吕不韦的一番话，坐卧不宁。他不仅仅感到自己，包括他姐姐华阳夫人在内都朝不保夕，岌岌可危。他忙到鸾鸣阁把吕不韦来咸阳的用意以及自己的忧虑，向华阳夫人讲了。华阳夫人好像不以为然，华阳君对姐姐说，如果你亲耳听了吕不韦的话，就会认为他的预见千真万确。华阳夫人说，那好吧，你明日就把那位吕不韦领到我这里来吧。秦朝的宫禁很严，一般的男子决不能随便出入后宫。于是，华阳君和姐姐商议了一条锦囊妙计，先由华阳夫人佯装有病，支走安国君和宫女，再由华阳君用华阳夫人专门乘坐的挂有交络帐裳的轩车，把男扮女装的吕不韦接进鸾鸣阁。

吕不韦先不失时机地呈献从邯郸带来的礼品，然后又添油加醋地说了一番异人如何省吃俭用积攒钱给华阳夫人买礼物，如何仁德，如何受到各国诸侯的赞誉。

华阳夫人对异人有了一个良好的印象。

华阳夫人对这个不太感兴趣，话锋一转，说："我听华阳君说，贵商很为我们姐弟的将来命运担忧。"

吕不韦回答："是。"

华阳夫人问："担忧什么呢？"

吕不韦不像一般的游说之士，摇唇鼓舌，引喻申义，而是直率而简洁地说："我担心有一天华阳夫人老了，夫人兄弟姐妹们的财富和权势会荡然无存。"

华阳夫人不解地问："为什么会这样呢？"

吕不韦说："因为这一切都是靠着夫人的姿色从安国君那里得来的。"

华阳夫人说："不错。"

吕不韦说："我想，夫人不会不知道以色事人者，色衰而爱弛的道理吧。一旦有一天安国君不再宠幸夫人，那么你和你的家族靠什么在秦国立足呢？"

华阳夫人反问道："大王怎么会不宠幸我呢？"

吕不韦问："华阳夫人是不是安国君的第一位妃子？"

华阳夫人回答："不是。"

吕不韦问："安国君现在到不到第一位妃子那里过夜了？"

华阳夫人回答："不到了。一宿也不去了。"

"还宠不宠幸她了？"

"对她非常淡漠。"

"请问华阳夫人，这是什么道理？"

"……"

"显而易见,她老了。你比她俊俏,比她年轻,所以安国君不再宠幸她而宠幸你了。那么,华阳夫人自己能保证你长生不老吗?你能保证秦国没有比你俊俏的女子吗?"

华阳夫人听了吕不韦这番铿锵有力的话,如同五雷轰顶,颓然地低下头。

华阳君趁机说:"吕不韦的话真是放之四海而皆准哪!是帮助我们姐弟消灾造福的金玉良言。姐姐一旦人老珠黄,那我们的命运将不堪设想。现在趁着安国君对姐姐单爱独钟,言听计从,从他 23 个儿子当中找一个对姐姐忠贞不贰的人认为义子,劝说安国君立其为太子。这样一来,安国君在世时,姐姐和我们至高无上;安国君千秋之后,做国君的是忠于姐姐的儿子,我们的权势依然固若金汤不动摇。姐姐如果不趁现在受宠之时办成此事,一劳永逸,反而等将来色衰爱弛,面若核桃,安国君连瞅都不愿意瞅一眼,还能按姐姐的意愿行事吗?"

华阳夫人说:"二位说的句句在理,扣人心弦,使我如梦方醒。但不知哪一位公子……"

华阳夫人的话音还未落地,华阳君迫不及待地说:"秃子脑门上的虱子明摆着呢,异人合适。"

吕不韦也说:"异人对安国君和华阳夫人可谓一心一意,朝思暮想啊!异人知道自己不是嫡长子,亲生母亲夏姬又得不到宠幸,很愿意投靠到华阳夫人的门下,心甘情愿地给你当儿子,以便将来在朝堂上争得一席之地。夫人何不趁此时让安国君立他为太子,以解除你和华阳君的后顾之忧呢?"

华阳夫人斩钉截铁地说:"好!"

司空马忐忑不安地在吕府的大门前伫立了一会儿。人们还以为他死在了长平战场上,如今怎么死而复生又回来了呢?还有那位赵姬,自己临行前的那天晚上,闹了一个唐突,追悔莫及,她会以怎样的目光看待他司空马呢……

秋日的太阳不像夏天那样酷烈了,像一张贫血的脸贴在吹荡着秋风的天空中,司空马推开了依然鲜红的门扇,带着凉意的风和他的影子先飘了进去。

司空马用温馨的目光看着房舍、甬路、井沿、马厩、仓廪面目依旧,如老友一般亲切。那几株曾藏满蝉声的柘树,不再枝叶披纷。柘树黄色的叶片,有条不紊地从上飘下来。司空马想到,这就是"飘零"吧。几个门客和仆役从前庭中穿梭而过,一开始谁也没注意到他这个飘零而归的人。

蓦然间,从前庭某个人的嘴里爆发出一声裂帛般的叫喊:"鬼——"

随着这一声尖叫,在院子里的人们眼睛迅速地环顾之后,发现了站在门檐下的司空马。

他不是死了吗?吕大人给他设的灵堂刚刚撤去,他怎么又出现了呢?是鬼,是他的冤魂从长平游荡回来了!

"有鬼!有鬼"喊声一传二,二传三,许多人都退缩在门口,惶悚不安地瞅着司空马。

司空马先是惊愕,继而恍然大悟,向前走了一步,朗声大笑地说:"焉有鬼哉?我是司空马啊,司空马!”

有人说:“不是!你不是司空马,是鬼!”

为了防止“鬼”突然降临到面前,许多人奋不顾身地拿起了弓弩刀剑、钩杆铁齿。不知是谁喊了一声:“用箭射这个鬼!”

司空马忙把身子闪进门洞里,连呼:“别射!别射!”

住在后院的赵姬,被“有鬼”的呼叫和骚动惊扰出来。她的容颜和服饰一如既往地鲜丽。在秋风中她飘飘荡荡地来到了前庭,一问才知道发生了什么事情。她想起了吕不韦临去咸阳之前的叮咛:“凡事要多长几个心眼,睡觉也要睁着一只眼睛。”她觉得这事蹊跷,青天白日的怎么会有鬼呢?如果真来鬼了,你躲也躲不过去,怕也无济于事。想到这里,她喊到:“鬼啊,你出来,我有话问你。别害怕,我们不会伤害你。”

司空马一听是赵姬的声音,百感交集,从门洞里走出来,昂首挺胸地说:“赵姬,我不是鬼,我是司空马啊!”

赵姬问道:“你怎么会是司空马呢?司空马不是在长平被秦兵坑杀了吗?”

于是,司空马用很高的声音讲述了他在长平如何死里逃生,如何同赵晃去酬谢姜桃花,如何在那里碰到了吕不韦与杨子。

赵姬听了,觉得合情人理。她曾听人说过,鬼是没有影子的,人是有影子的。她又对司空马喊道:“你说你是司空,是人,人是有影子的,你走过来让我们看看。”

司空马走了出来,看见太阳把自己狭长的身影清晰地描在树叶零星的地上。随着司空马身影的向前移动,从许多门扉中探出的脑袋都向里缩了一下。

赵姬提心吊胆地往前慢慢地挪动脚步,以便根据影子来判断向前移动的身躯是人还是鬼。

赵姬先看到了司空马那像黑布一样铺在地上的影子,然后看到了他那熟悉的脸庞,上面有一双曾无数次向她传情透意的眼睛。他怎么是鬼呢?他千真万确是司空马呀!

司空马说:“赵姬,你看我不是司空马?我是司空马!过去的一切我都清楚地记着。”

赵姬问:“那我问问你,到长平的前一天晚上你在哪儿,干什么呢?”

司空马有些愧疚地说:“赵姬,别问了,有些事怪难为情的!”

这句话,就等于司空马准确地说出了那天晚上他经历的一切。赵姬眼噙泪花,用颤抖的声音喊道:“大家都出来吧,我们的司空大哥回来啦!”

司空马满实实地将异人看了个够,心想:真是人不可貌相,海水不可斗量。这么个两眉不齐、双目凸出的人就是秦王孙,就是吕不韦千叮咛、万嘱咐让他保护好的异人!

异人和周俭对于司空马的到来,欢喜雀跃。多了个人他们的阵容就显得有点兵强马壮了;同时,也不显得寂寞了。异人上次受辱之后,不怎么到舍外走动,怕引来新的麻烦。他们有棋,先是两人后是三人对弈,有时把公孙乾也拉进来消遣一阵。两个人拼杀,两个人观战。其实,司空马对弈技没有什么兴趣,但因为馆舍里漫长的时光真不好消磨,再则他是以伴陪异人下棋的身份来的,所以,他也只好耐着性子在这咫尺之地,调兵遣将地与对方厮杀。公孙乾自从得了贿赂,不仅不像以前那样冷若冰霜,有时候也跟异人他们打哈哈凑趣。但在大事方面他知道自己应当如何立场坚定,旗帜鲜明。如果你异人要潜逃,那我决不能温良恭俭让。要当机立断,要禀报,要擒拿;关键时刻,也要置他于死地。

下棋下得厌倦了,司空马和周俭就轮流到人群熙攘物品琳琅的闹市里,观花望景,流连忘返。周俭是个有心计的人,没有闲情逸致胡走瞎逛。他怀中揣着散碎银钱,看到有鹑衣百结、啼饥号寒的庶民,便小有施舍,说:"我异人不忍心看到赵国百姓的惨状。"如果撞见断臂跛足的伤残兵卒,周俭更显得慷慨一些,说:"几枚小钱,无济于事,但也算我和异人对你们这些保家卫国将士的一点心意。"没过多久,秦王孙异人乐善好施,仁德爱人的美名,就传遍了邯郸城的大街小巷。甚至每天竟有到南巷的馆舍里向异人乞讨的。开始时,异人疑惑不解,后来才知道是周俭给他引来的难民哀鸿。

司空马跟周俭不一样,他在馆舍里就是全心全意地守护异人。既使是对弈,他也是不时地瞄几眼墙上挂着的剑弩。在街市上他就是畅兴地游乐,哪儿人多往哪儿挤。吹竽歌舞、斗鸡走犬,他都是百看不厌。他感到最有意思的是斗鸡。两只穿着彩衣、足绑铜钩的雄鸡,随着哨音一响,从主人的怀中挣脱而出,勇往直前。很快,冤家对头,狭路相逢。你追我啄,几个回合便都羽毛零落,鲜血淋漓,其中便有一只落荒逃回。司空马觉得这很像厮拼的军卒,眼睛里流溢着凶狠的光芒,都欲置对方于死地而后快。

这几天,一位耍蛇人的精湛绝妙技艺,把司空马看得神魂颠倒。都看三场了,他都没有注意耍蛇人的面孔,只是眼睛瞪得牛一般,目不转睛地看着那几条聚聚连连的蛇,在耍蛇人的脖颈、脊背、手臂上兴高采烈地攀援窜荡。耍蛇人仿佛是块磁石,那几条蛇无论怎么活动,都攀附在他身上而不掉下来。有时还把几尺长的蛇吞到嗓子里,只剩下短短的一截尾巴,然后再像抻面一样拽出来。

表演常常获得围观者的满堂喝彩。更让司空马钦佩不已的是,这位耍蛇人不像一般的江湖术士那样,亮了一阵拳脚绝活后便讨钱卖药,而是演耍完毕,一脸汗渍,两袖清风地离去。看样子,他并不富有,甚至可以说有些寒酸。

看过两场之后,司空马才注意到了一顶七零八落的破竹笠下,又是一张饱经沧桑的瘦脸。

回到南巷的馆舍里,司空马滔滔不绝地向异人、周俭甚至包括公孙乾讲述耍蛇人超凡脱俗的技艺。对娱乐没有多大兴趣的周俭,只是听听而已。异人倒是有些倾慕不已,只是怕自己出去惹事生非而不能一饱眼福。

司空马很少回吕府食宿了,一则他不愿意撞见赵姬,总觉得内心里与她疙疙瘩瘩的;二则自从吕不韦对异人倾囊相助后,异人的馆舍今非昔比,焕然一新,既宽敞,又舒适。

住在这里,只有一点不中意,那就是一到夜晚躺在床榻上,异人和周俭就让他给讲故事,央求纠缠不已。只讲得司空马口干舌燥,迷迷瞪瞪为止。最近几日,他们躺在床榻上很少讲故事了,而是念叨思虑起吕不韦来。掐指算来,吕不韦已走月余,也该回来了。他平安地到达咸阳了吗？他如愿以偿地见到了华阳夫人和华阳君了吗？秦国会不会把他当作赵国派去的间谍刺客擒拿起来？他是不是大功告成喜滋滋地驱车于归途上……

夜色四合，蟋蟀们在墙角争前恐后地唱着催眠曲。这天夜里，司空马昏昏沉沉地睡去，有一条蛇从窗棂间"夫夫"地吐着火苗似的红信子爬进来。也许这些天看耍蛇看得忘乎所以，连作梦都是与蛇为伍。那条蛇爬到了司空马露在被衾外的肩头上，他感到一阵瓦凉，才知道不是梦。他抓起那条蛇"嘤嘤"地猛绕几下，"吧叽"地摔在地上。他下意识地往窗棂那儿看了看，又一条蛇爬了进来。随即，一个人影晃动一下，悠忽不见了。司空马一骨碌跳下床，摘下墙上挂着的剑，抽出来压低声音招呼周俭说："不好了，快起来，有刺客！"

司空马和周俭则提剑推门出去，便有一团黑影扑杀上来。看着那个人不辨面目地戴着竹笠，联想到刚才从窗棂爬进来的蛇，便知刺客是他在市上几次见到的耍蛇人。

司空马一边同周俭截杀他，一边问："你是什么人，为什么到我们馆舍里行凶？"

耍蛇人一边用剑拼搏，一边回答："我乃秦国刺客！"

只是几个回合，耍蛇人便被司空马刺伤了左臂倒在血泊中。他与周俭将耍蛇人紧紧按住，对被惊醒刚刚出来的异人说："公子殿下，有刺客，快拿绳索来！"

三人将耍蛇人捆了个钉帮铁牢，拽回到屋中。在雪亮的灯光下，司空马看清了刺客的面目，正是那个耍蛇人。见他左臂上还红殷殷地往外渗血，司空马从被衾上撕下一条帛带，为耍蛇人包扎好伤口。

司空马问他："你是谁？"

"秦国刺客。"

"谁派你来的？"

"……"

"为什么要刺杀我们？"

"……"

"你叫什么名字？怎么不说话！你再不说话，我们杀死你！"

不管他们怎样质问与恫吓，耍蛇人只说"我是秦国刺客"，然后置之不理，满脸视死如归的气概。异人主张把耍蛇人杀掉，周俭则说要弄个水落石出再杀也不迟，司空马的意思是等吕不韦回来裁决。他们三个人商量来，商量去，决定把这个耍蛇人藏到吕府一个鲜为人知的地方，等吕不韦回来再做处理。为了不引起人们的注意，他们把耍蛇人的嘴塞住，用口袋装起来，运到吕府。刚走到馆舍的门口，公孙乾从寝室中走出来，睡眼朦胧地问："深更半夜，你们折腾什么呀？"

司空马说："猎住了一条野狗，送到吕府，明天煮了下酒。"

车吱吱扭扭地行驶在南巷的小道上，耍蛇人在口袋里扑扑棱棱地挣扎。司空马与周俭把着口袋嘴，里面人任何企图都是徒劳无益的。司空马和周俭在车上商议，到了吕府找赵姬帮忙。

好半晌才敲开吕府的大门，守门的仆役一看是司空马，放车进去了，叨咕道："深更半夜的，拉的什么呀？”他问完连瞅都不瞅车，忙去闩门。

司空马让车停在一个僻静处，便悄手蹑脚地来到了赵姬的窗下，用手敲出一种由低而高急促的声音。

半晌，里面传出了：“谁呀？”

司空马听出了赵姬胆战心惊的问话。

“我，司空马。”

“什么事？明日天明再办吧。”

“急呀！你快出来，生死攸关啊！”

“明日吧。”

“不行！这事要耽误了，吕不韦回来要咱们的脑袋！”

司空隐约听到了　　　　的穿衣声，很快，赵姬提着一把剑出来了。

司空马乐了：“你寻思我是鬼哪？”

赵姬问：“真有事啊？”

司空马把刚才事情发生的经过简略地说了一遍，请她帮助找个仓廪，先把这个耍蛇人藏在里面，等吕不韦回来问出究竟再发落。

赵姬清楚吕不韦要立异人为嗣这件事的重要程度，忙帮司空马在后院的北面找了一间装陈粟的粮仓，把耍蛇人放在里面，然后上锁锁牢。

司空马嘱咐说：“这个耍蛇人有刀伤，你要给他敷药，并要喂他饮食，别让他饿死。”

赵姬点点头说：“知道了。”

司空马又说：“别大张旗鼓地来往，要避人耳目。我来往于吕府与南巷之间，帮你照应。”

赵姬说：“你可得总在这儿，我害怕！”

司空马说：“没事。我们把他捆得很牢，万无一失。”

第二天，赵姬拿着药和一些食品，急急匆匆地来到仓廪中。里面光线迷蒙霉味令人几乎要窒息。一开始。她没有靠近耍蛇人，只是在一旁惴惴不安地注视他。只见耍蛇人双手被反绑着，瑟缩在墙角。赵姬肯定了他不会伤害她，才蹭到他的跟前，给这个脏兮兮的人敷药和喂饭。

耍蛇人并不拒绝。

这一切结束后，俩人对视一下，都没有任何表示。第二天如此，第三天如此。第四天，赵姬照例完成敷药与喂饭之后，抬脚刚要走，耍蛇人说：“有劳小姐，能不能给我带一条被子来，夜里我冻得睡不着。”

赵姬动了恻隐之心，第二天带来了一条被。她很奇怪，这个人来自哪里？为什么要刺杀异人呢？赵姬询问他这些，他除了说“我是秦国刺客”外，便什么也不说了。

不久，赵姬的行动就被皇甫娇发现了。

自从赵姬从监狱中出来，皇甫娇对她的成见更深了。认为赵姬不仅夺宠移爱，而且败坏她们家的财富。吕不韦不在，皇甫娇更加有意无意地注视着赵姬的一举一动。终于有一天，皇甫娇看见赵姬拎着饭碗鬼鬼祟祟地向院里的北边走去，然后神色慌张地进了那里的一个仓廪。她觉得蹊跷，便在赵姬离去后，悄悄地去查看。一看仓廪的门上着锁，便趴在窗户上往里窥探。当她模模糊糊看到有一个男子盖着被躺在墙角时，高兴得差点昏厥过去。她终于抓住了赵姬的把柄。这个小妖精，趁着吕不韦不在，竟养了个野种偷情做爱，真是十恶不赦！

眼前的情景，更刺激了皇甫娇的想象。她要走街串巷，她要呼风唤雨，她要让府里的人，不，要邯郸城里所有的人都来看看，这个金玉其外，败絮其中的赵姬，看看她伤风败俗的丑行。

在她两脚加快更迭地行走时，觉得自己是在轻举妄动。俗话说："抓贼抓脏，捉奸捉双。"现在还没有抓到真凭实据，赵姬要矢口抵赖咋办？更主要的是吕不韦没有亲眼所见。她要让吕不韦看见赵姬与那个野种寻欢作乐的场面，让他面子丢尽，无地自容，然后忍痛割爱地将这个小妖精扫地出门……

皇甫娇每天晚上在床榻上都像锅里的饼，掀过来调过去，受着时间的煎熬。她在心里呼天喊地："我的吕大人啊，你快回来哟！"

秋天在把寒意铺在渭水河上之后，终于苍凉地逼近了安国君嬴柱。年近五旬的这位太子，患有哮喘症。每当深秋以后，他的病由轻到重发作。他喉咙里的粘痰，在呼噜呼噜的声音中通过口腔咳落在侍女手中的痰壶里。尽管如此，他还不得不伴随老迈体弱的父亲昭襄王处理朝政。他把并不充沛的精力，披星戴月地支付在阅读大臣们的奏章和父亲喋喋不休的询问上。前两年，昭襄王生龙活虎，根本不用嬴柱上朝。这位太子，如同敝屣被丢弃在一旁。现在不行了，昭襄王不可阻挡地衰老下去。他不仅需要儿子代劳、提示和谋划，而且也需要对儿子耳提面命，如何经营大秦的江山。这样，嬴柱与华阳夫人同床共枕的时间，不如以前多了。

今天，太医的消痰散似乎格外奏效，他喉咙间清爽开阔如同割刈后的田野。散朝时间又早，他如饥似渴地要到华阳夫人的身上支配掉余下的分分秒秒。

现在，华阳夫人需要的可不仅仅是一个男人对她冲锋陷阵后诞生的快乐。那是瞬间的爆炸似的幸福，她更需要永恒的平稳的幸福。那就是让安国君嬴柱同意立异人为王储。

此刻，远在邯郸的异人，近在咫尺的华阳夫人，还有在府中坐卧不安的华阳君以及客栈中的吕不韦，都在想象着嬴柱在面临这个问题的神情举止，等待着他的一言定乾坤。这是他们兴衰荣辱、生死存亡的大事啊！

随着嬴柱的脚步快捷地向鸾鸣阁移动，华阳夫人的心怦怦而急骤地跳动。她与嬴柱在一起狎昵作爱，就像她所经历的早晨和黄昏一样多，她总是驾轻就熟，不慌不忙地迎接他。今天，华阳夫人却感到紧张窘迫，她在思谋除了一个女人的柔情蜜意和冰肌玉肤外，还有什么更好的招术能使嬴柱轻而易举地同意择立异人为嗣呢？

安国君一到华阳夫人的寝宫便急切地问："我的美人儿，我的宝贝儿，不知昨夜做了个什么梦？"

"殿下，臣妾梦见红光满天，送子娘娘给臣妾送子来了！"华阳夫人道。

"送子？莫非娘娘有了身孕，给我生下第二十四个王子？"安国君惊喜道。

"不是送婴儿，是送了个翩翩少年。"华阳夫人解释。

安国君不在意地说："唉，管她送什么，让我送给你点温存吧！"

于是，两双履摆到了榻下。一阵柔情，一阵蜜意；一阵娇喘，一阵呻吟；一阵狂风，一阵暴雨。天地相合，乾坤相依。

这一夜，华阳夫人欲有事相求，格外要娇弄媚；这一夜，风流太子欲试春药灵否，格外竭精尽力。

"殿下，鸳鸯戏水，尽情尽兴，痛快淋漓，不'痛'那有'快'呀！殿下对臣妾的恩爱，来世做牛做马也难报答。"华阳夫人试探太子对自己的爱到底有多深。

"别等来世了！今世没你，我就没法活！"多情太子真多情。

二次"风暴"过后，华阳夫人见多情太子意犹未尽，便瞅准机会撒娇道："殿下若答应臣妾一事，臣妾会让殿下更开心！"

"答应！你的要求我都答应！"多情太子说。

"殿下，臣妾无德无能，得充后宫，有幸侍奉殿下。不幸无子，臣妾观诸子中惟异人最贤，五年前，主动请缨，少年质赵。五年来，解急救困，获'贤德恩公'牌匾；救民水火，获保他不死的'万民折'；结交战国四君子，招纳门客达千人。诸侯宾客来往赞不绝口，若认此子为嫡子，妾身有托。"

太子余兴未尽，赶紧允之。

华阳夫人又紧追不放："殿下今日许妾，明日也听他妃之言，恐怕会忘了今夜。"

太子说："夫人倘不信，愿刻符为誓！"

太子说罢，当即取玉符，命人刻了"嫡嗣异人"四字，然后从中剖分，太子和华阳夫人各留一半，以此为信物。

子傒痴呆呆地立于府第的丹墀之上，强劲的秋风，吹拂着他的鬓发与衣衫，使他感到有些刺骨的寒意。有一天，他看见自己的面部出现了父亲安国君的某些特征。在一张浑圆的脸上，配有扁平的鼻子；一双很大的眼睛，光芒没有全集中在眸子上，看上去生气不多。整个形象让人感到这是个没棱没角，随波逐流的人。其实不然，他是一个争强好胜，勇往直前的公子。

子傒认为他自己早就应当天经地义地成为王储。他嫡出为长，又不像有的公子那样犬马声色，是没有什么学识与才干的酒囊饭袋。可父亲安国君迟迟不明宗义，让二十三个公子都眼巴巴地瞅着王储之位。谁也没有料到，突然间让远在邯郸为人质的异人登上了王储的宝座。这是鸡占凤巢！这是鱼坐龙墩！异人一晃到赵国已有几载了，父亲安国君，还有宫中的许多人，早把他置于脑后了。只是逢年过节，抑或父王赏胙、祭神、狩猎时，有人偶尔提起异人，说几句诸如"异人出去有三年了吧"、"他若有十个箭镞也能射中一只黄羊"、"公子在邯郸有信捎回来吗？"之类的话。再有看见夏姬黯淡无光的脸时，人们才意识到这位失宠的太子妃还有个公子在赵国。

宫中的许多人都觉得异人的面目，像雾一样模糊不清了；或者说，快把这个身在异乡为异客的公子忘得一干二净了。然而，子傒还时时挂记着其貌不扬的异母弟弟，这倒不是出于什么兄仁弟悌的手足之情。而是子傒本能地感到，异人是他成为王储的一个竞争对手或障碍。他请祝巫占卜，测验王储的事情。祝巫告诉他，他要成为安国君的太子颇为艰难。他问祝巫，原由何在。祝巫只说了四个字"鱼目混珠"。他想起来了，异人的双眼不正像鱼目一样的满鼓鼓地向外凸着吗？他明查暗访得到的那位蛇侠皇甫义，到邯郸有些时日了。他满怀希冀地等待着，现在看来，蛇侠皇甫义不是没有动手就是没有成功。异人是兴旺发达的活着呢，不然吕不韦不会千里迢迢地到咸阳来为他当王储奔走谋划。

消息最先是从安国君的御膳房中传播出来的。安国君和华阳夫人宴请吕不韦，派家相到厨房去安排，并嘱咐那些厨师们菜肴要做得色、味、形俱佳。厨师们问款待谁，家相说吕不韦。厨师们不屑一顾地说，不就是那个有俩破钱的卫国商人吗！家相说，对吕不韦不能等闲视之，如今是堂堂正正的太傅了；一旦异人做了秦王，这位太子的老师可就要大权在握了。于是，家相就把吕不韦来咸阳为异人当储奔走谋划的经过，绘声绘色地说了一遍。

很快，范雎也从华阳夫人的侍女小双那里得到了消息。

这对于子傒来说，无异于天崩地陷，使他措手不及地面临一片命运的黯淡。他恨异人，恨吕不韦，恨华阳夫人和华阳君，甚至包括他的父亲嬴柱。他不能眼睁睁地看着本应属于他的王储之位这样被他人攫夺而去，他要抗争，他要夺回来失去的东西。宁为玉碎，不为瓦全。

子傒在瑟瑟的秋风中，像一片急速飞舞的叶子向相国府飘去。他要和范雎、杜仓策划出一个起死回生的办法，不能让异人顺顺溜溜地坐在王储的宝座上。

子傒咬牙切齿地说："我要用金银收揽游侠刺客，一个不行两个，两个不行三个，一个一个地派往邯郸。总有一天让异人毙命于刀剑之下！"

范雎说："派刺客也不是个万全之策。一则刺客是在他乡异国，行动不便；如果是个贪生怕死之徒，就会揣着你的赏金不辞而别；二则吕不韦腰缠万贯，他也会收买许多武艺高强的侠士来保卫异人。"

杜仓用一种苍凉的声音说："那我们就束手无策了吗？"

他和子傒用企盼的目光望着范雎。

范雎一筹莫展地叹了口气，说："难哪！"这位老谋深算的相国，一时间觉得无计可施。在秦国，相国没有多少实际权力，都是国君亲自支配权柄，不像关东六国那样，出现过大权旁落或者相国、卿大夫取代王室的现象。在秦国只有两次例外，一次是秦孝公利用商鞅变法，比较放手，让他发号施令；再一次就是后来的吕不韦因秦王嬴政年纪尚幼而摄政。但二人的下场都颇为悲惨，一个是五马分尸，死于车裂；一个是罢黜放逐，饮鸩而亡。固此，尽管范雎是相国，但在一些举足轻重的大事上，他常常无能为力。

三人沉吟半晌，范雎才说："我有一个想法，就是先置吕不韦于死地，切断邯郸的异人与咸阳的联系。"

子傒说："先剪除羽翼，孤木不成林，异人也就展翅难逃了。"

杜仓问："那具体办法呢？"

子傒说："我手下养着好几个刺客，派哪个去都行。"

范雎摇摇头说："我意这次用兵不血刃的办法。现在吕不韦住在华阳君那里，成了他们姐弟的座上宾。行则前呼后拥，住则重兵把守，不易接近。我府中有位宫狡士专门训犬，有两只高大悍骁的猛犬，已通人性。我想造一偶人，身形衣饰与吕不韦相同，让这位宫狡士诱引那两只猛犬，然后放出去，噬死吕不韦。这样，就说狗疯了，咬死人，谁也不能怀疑，也不能追究。”

子傒也听说了，范雎府中有两只猛犬，长得人高马大，齿如戟刃，凶狠无比，能追狼逐虎。但是，他觉得这两只犬不易进入华阳君的府邸。

范雎听子傒述说完他的担心，笑了：“到了华阳君的府第，这两只犬就不得施展了。我要把吕不韦请到我的府里，酒宴当中趁吕不韦喝得半醒半醺不备之际，将那两只猛犬放逐出去。”

子傒问：“相国能请得到吕不韦吗？”

杜仓说：“堂堂的相国饯行不是风光荣耀吗，怕他求之不得呢！”

范雎说：“我还从来没有见过这位富商呢，我要亲自到华阳君那里去请。我说，贵商在邯郸照拂我们太子殿下，并为立嗣奔走筹划，劳苦功高，我作为秦国的相国得好好答谢答谢你。我想，吕不韦不会有什么戒备，肯定会来的。”

子傒说：“相国得看看他的模样穿戴，以便诱导那两只猛犬。”

杜仓说：“我说公子殿下，这点小事你就不用跟着劳神费力了。一国之相，还办不明这事！”

范雎让那位宫狡士扮作仆役，一同到华阳君的府邸去邀请吕不韦。当范雎在华阳君的客厅里见到吕不韦，身不由已地打个寒颤：好奇伟的相貌，周正润亮的脸堂上，一双睿智的眼睛炯炯有神；鼻直口方，修剪得阵容整齐的短胡须透出一派俊逸。头上戴着铁为卷梁、制以通天的褐色侧注冠，身着紫色的厚缣缯制成的衣裳，博带上佩玉著金。

端详过吕不韦，范雎心想：“此乃成大器者之相，必须诛灭之！”

他与吕不韦互相通了姓名，寒暄几句之后，便说明了来意。吕不韦没有丝毫的踌躇与推脱，满口应承。

范雎问：“不知贵商在咸阳流连多久，我也好择一吉日良辰为贵商饯行。”

吕不韦回答：“我坐贾行商十几载，也可以说是浪迹天涯，几乎走遍了神州大地。但还是头一次到咸阳，这里的街衢商市，风土人情使我大开眼界。我欲逗留十天半月，会会宾朋，贩贩珠玉！”

范雎说：“那太好了！贵商对于秦国来说，是有功之臣，我能请贵商到敝府吃顿饭，喝杯薄酒，也算是我范雎三生有幸！”

吕不韦说：“相国太客气了！”

范雎说：“那就七日之后的晌午，我为贵商饯行。”

吕不韦说：“多谢了！”

范雎说：“一言为定，七日后我到华阳君的府邸来接吕大人。”

吕不韦说：“不敢再劳动相国大人，七日后我不请自到。”

范雎回去后，即刻与那位宫狡士付诸行动。无论如何，他要帮子傒出这口气。开天辟地，长子为嗣。夏姬那个儿子獐头鼠目，文不超群，武不出众，吕不韦和华阳夫人摇唇鼓舌一说，就贵为王储，岂不是儿戏！天理何在？祖宗之法何在？

范雎先叫人扎了个稻草人，高矮胖瘦与吕不韦相同，也同他如同一辙地头戴铁为卷梁，制以通天的褐色侧注冠，身穿紫色的厚缣缯制成的衣裳，博带上佩玉著金。再把那稻草人放置在那天宴筵时吕不韦应坐的首席之位上，然后用两块肉把那两只饿了一天眼睛血红的猛犬引出来，在两只猛犬的视野里把那两块肉放置在稻草人的胸膛间，两只猛犬便不顾一切地冲上去，扑倒稻草人，撕裂开衣裳与稻草，叼出那两块肉，狼吞虎咽，一扫而光。

范雎与那位宫狡士如此循环往复地训练了五日后，把那两只猛犬牵出来，只要看见形如吕不韦的稻草人，便冲扑上去，撕裂开胸膛，用尖牙利齿探寻美味佳肴。

范雎把子傒与杜仓请到府中，观看了一场两只猛犬撕噬吕不韦的模拟表演，使他俩兴奋得手舞足蹈，喜滋滋地说："妙哉！妙哉！"

第七天的上午，范雎在客厅中备足了十几桌的珍馔美酒，并请来了吹竽鼓瑟的乐师，让那回肠荡气的丝竹之音与沁人肺腑的菜肴之香混溶在一起。在惴惴不安的等待之中，范雎看见一辆炫煌的轩车驶进了相国府，用颤抖不已的声音对自己说："来了！"

轩车停在了客厅门口，从车上走下了华阳君与杨子。范雎赶紧迎了上来，等待着吕不韦的出现。半晌驭手让轩车掉转过去，停靠在一侧。

范雎纳闷地问："吕大人吕不韦先生呢？"

杨子满脸谦恭地施礼说："我家吕大人因邯郸有件棘手的生意需要他立即回去处理，已于昨日回赵国了。来不及向相国大人辞行，要我代他前来恕罪。"

范雎在心里骂道："这个老奸巨猾的商人，心里早有防备呀！"但却在脸上露出了一种惋惜的神情，口是心非地说："我朝思暮想与吕先生同桌共饮，促膝倾谈，没曾想因吕先生的离去而成泡影啊！遗憾，遗憾！"

那两只猛犬，徒劳无益地被折腾了五天之后，无所事事地趴在狗圈里。

正当范雎怀着哑巴吃黄连般的苦楚与华阳君、杨子推杯换盏的时候，吕不韦正急匆匆地向邯郸进发。他深谙权利会使父子兄弟反目成仇，分崩离析的道理，来个金蝉脱壳，早早离开了咸阳。而把杨子留下来，以便给人造成吕不韦尚在秦国的假象。那天范雎来邀请时候，他就胸有成竹地想好要提前离开咸阳。这倒不是他有什么先见之明，洞察出了范雎他们阴谋的蛛丝马迹，而是做到了他所告诫赵姬的那样，凡事要多留神，睡觉也要睁着半只眼。

范雎的计谋落空，子傒是犬咬尿泡空欢喜一场。见他与杜仓垂头丧气的样子，范雎信心十足地说："东方不明西方明，此计不成尚有计。"

"还有什么计谋？"子傒与杜仓强打出几分精神问。

"借刀杀人！"范雎满脸杀机地回答说。

"借谁的刀？"

"赵孝成王的刀。"

"赵孝成王的刀？"

范雎见子傒与杜仓还没明白他的意思，便说："异人和吕不韦都在邯郸，我们是鞭长莫及。这样，就让赵孝成王置他们于死地。"

"赵孝成王怎么会肯呢?"

范雎说:"这样,就需要我们去游说赵孝成王。杜仓,你这位老相国,曾三次出使赵国,与赵孝成王尚有一面之交。成败利害向赵孝成王说透,他要烹醢异人与吕不韦,不就像在瓯中炖只小鸡似的。"

杜仓踌躇地说:"我倒是与赵孝成王有些过往,只怕是我们秦国刚刚与赵国打完仗,坑杀了人家那么多的兵卒。我去了,轻则会冷落我;重则呢,怕把对秦国的仇恨发泄在我身上。"

范雎说:"你一个公子的太傅,无职无权,赵孝成王会忌恨你什么呢?如果你是发号施令的秦王,是指挥千军万马的大将军,到邯郸去可是自投罗网了。"

杜仓说:"相国说得有道理。我去了,他们不会杀我的。"

范雎说:"至于如何能说得天花乱坠,让赵孝成王动心,老相国定会高人一筹!"

第六章　成功立嗣

自从阴差阳错地做了吕不韦的侍妾,赵姬便觉得吕不韦是一片天,她和吕府的门客和仆役在这片天下喘气吃饭。现在吕不韦一去咸阳不回,她觉得世界变得有着落了。她每天仍然给在仓廪中的耍蛇人敷药送饭,恢复了体力和气色的耍蛇人,依然用沉默,用满脸让人捉摸不透的神情来报偿赵姬对他的照拂。司空马每天来个一两次,行色匆匆。他只注视捆绑耍蛇人的那根绳索,来了之后就到耍蛇人背在身后的手上察验一次。他基本上不同赵姬说话,只是很节制地用眼神和她打招呼。赵姬想,一定是那天晚上的尴尬场面,在她与司空马中间耸起了一道墙。每次从仓廪出来之前,她像受了司空马感染似的,也要提心吊胆地看看捆绑耍蛇人的那根绳索。

赵姬翘首以待地盼着吕不韦归来。

皇甫娇更是心急火燎地等待着吕不韦。吕不韦不在了,她就成了吕府的一片天。大事小事,都由她决断。百十号人的衣食住行,珠宝店里的购售盈亏,牵着她的神经。她更不能忽视的是赵姬每天到仓廪去的时间和次数。她清楚了,赵姬是每天的黄昏前去,呆上一顿饭的时辰。皇甫娇淫荡地想到,除去宽衣解带的工夫,俩人只能很暂短地在一起上下进出了。她常常到府门外,沿着从远处延伸过来的街道凝眸远眺。她恨不能腾云驾雾到咸阳把吕不韦接回来,让他看看他的爱妾在仓廪里与一个野男人合演的丑剧。她担心,一旦那个野男人不翼而飞,丑剧就收场了。那么,她就很可惜地失去了一次整治赵姬,幸灾乐祸的机会。

那张战云密布的棋盘,依然摆在异人客厅的几案上。异人、司空马和周俭根本没有心思去运筹帷幄那些曾使他们激动不安的陶子了。他们还在对弈,但于心不在焉的眼神下,屡失战机,错棋迭出。有时搞得前来观敌料阵的公孙乾大惑不解,腆着一张壮阔的大白脸问:"咦,这颗子怎么摆到那儿呢?"

他们哪有心情下棋呢。吕不韦的咸阳之行,系着他们的兴衰祸福,身家性命。现在是消息杳然,风云莫测。那位神秘的刺客耍蛇人还关在吕府的仓廪中,一旦他逃出来还会祸起萧墙。他们就住在丛台赵孝成王的眼皮底下，握有生杀予夺大权的这位君王，不知那天心血来潮，就会像踩死蚂蚁那样置他们于死地。

当公孙乾不在跟前的时候，他们三个人就猜测着吕不韦咸阳之行的可能结果。

司空马几乎是千篇一律地问那句话："殿下，你说吕大人能见到你的父王安国君和华阳夫人吗?"

异人总是一边踱步一边自言自语："关键就看华阳夫人对我父王怎么说了?"

周俭最关心的是吕不韦什么时候回到邯郸。见到吕不韦，一切都会真相大白。

愈唠话愈稠，话愈稠心里愈没底，焦灼烦躁便油然而生，这时，索兴就天南海北地说点别的。说着说着，不由自主地又回到吕不韦咸阳之行的话题上。

异人和司空异口同声地说："还是周俭说得对，等吕不韦回来，一切就都真相大白了。"

吕不韦是在一个黄昏时回到邯郸城内的。

夕阳把最后一抹沉静的光辉，很吝啬地涂在了丛台鹤立鸡群般的屋脊上。釜阳河把赵王的宫阙缠绕一阵后逶迤而去。在天光锃亮的时候，波清浪翠的河水倒映着王宫的楼台阁榭；现在一脉河水流淌着桃花瓣似的光片。

大功告成的吕不韦虽然风尘仆仆，但愉快的心情使他没有感到丝毫的劳顿。他喜气洋洋赶着布满灰尘的轩车，畅通无阻地行驶在邯郸的大街上。他想，到府里稍事休息后立即要到南巷异人的馆舍，把这个振奋人心的消息告诉他们，然后再和他们谋划抓紧返秦。从咸阳到邯郸，一路上那种旅途颠簸的寂寞，正好给他制造了专心致志思索问题的机会，如何买通城门的守卒，使异人顺利出城；如何转移出兑他的珠宝店，那些金银细软如何能运到咸阳去；他的眷属如何安然无恙地与他同行……这些事情，千头万绪，有的他了如指掌，有的他还没想出头绪。不管怎么说，旗开得胜地使异人立嗣成功了，这是肇始基业最要紧的一步。

最先看见吕不韦归来的是皇甫娇。

皇甫娇每天都雷打不动地到门外去张望几次。这天黄昏，她在熹微地霞光中看见一辆轩车摇晃过来，她断定出这是她家吕老爷回来了。轩车的临近，证实了她猜测的准确无误。

皇甫娇把神采奕奕的吕不韦接进府，家人和仆役围聚过来，一阵问寒问暖。他对众人说，他很累需要歇息，明日再细唠，众人见吕不韦下了逐客令，纷纷退出。其实，吕不韦想要稍事洗漱整饰即去南巷异人的馆舍。

皇甫娇一看此刻正是赵姬每天去仓廪的时候，该捉奸捉双了。为了验证赵姬去没去那里，皇甫娇对一个侍女说："快到赵姬那里去，请她来。"

皇甫娇看见吕不韦在侍女的帮扶下，急猴似的洗脸漱口更衣。

不一会儿，那个侍女回信告诉皇甫娇："赵姬不在，好像是刚出去，我告诉他的侍女说老爷回来了。"

见吕不韦收拾妥当，皇甫娇吩咐仆役与侍女："你们先都下去吧。"

吕不韦刚要动作，皇甫娇明知故问："老爷，刚回来不好好歇息一下吗?"

吕不韦说："我现在得到南巷异人那里去一次。"

皇甫娇说:“出事了,先别去了!”

吕不韦以为异人出事了,忙问:“异人怎么了?”

皇甫娇冷笑了一声,说:“异人没出事。”

吕不韦绷紧的心弦松弛下来,不冷不热地问:“谁出事了?”

皇甫娇狡黠地看了吕不韦一眼,拉腔拖调地说:“谁出事了? 你出了事呗!”

吕不韦以为皇甫娇和他开玩笑呢,轻松地问:“我好胳膊好腿地在这儿呢,出什么事了?”

皇甫娇一本正经地说:“走,我领你看看去就知道你出什么事了!”

吕不韦有事着急要走,很反感皇甫娇故弄玄虚这一套,眉心拧个大疙瘩,粗野地斥责道:“别耸人听闻,有屁快放出!”

皇甫娇一看吕不韦动怒了,就说:“你到咸阳这期间,赵姬偷了野汉子养起来!”

吕不韦一听乐了,这倒吓了皇甫娇一跳。

吕不韦说:“我走时候就叮嘱你,要与人为善。怎么我刚回来,你就往她身上泼脏水!”

皇甫娇说:“我往她身上泼脏水? 耳听是虚,眼见为实,你跟我到那一看,就清清楚楚了。”

见皇甫娇煞有介事的神态,吕不韦也认真起来。他像尾巴似的跟在皇甫娇身后,迟迟疑疑地向仓廪走去。到了仓廪跟前,皇甫娇忙三火四地趴在窗户上往里扫了一眼,见赵姬正给那个人喂饭,她心想:这个小妖精,真疼野男人哪! 当成心肝宝贝了,连吃饭都不让他自己动手!

皇甫娇推门而入,吕不韦也跟了进去。

赵姬一看吕不韦和皇甫娇进来了,惊恐不已地站起来。

仓廪里昏昏暗暗,好半晌吕不韦和皇甫娇才看清要蛇人的眉眼。刹那间,吕不韦惊呼道:“你不是跟我一道去胡地贩马的皇甫义吗!”

皇甫娇简直不敢相信自己的眼睛,撕心裂肺般地喊到:“哥哥!”然后就潸然泪下。

吕不韦和皇甫娇忙俯下身体,把捆坐在地上的皇甫义搀扶起来。

吕不韦见皇甫义五花大绑,伤痕累累,忙问他为何这般模样。皇甫义便把他如何受秦公子子傒的驱使来刺杀异人,又如何被司空马和周俭砍伤就擒的经过说一遍。

吕不韦忙给皇甫义松绑。皇甫义问吕不韦怎么和他妹妹碰到了一起,吕不韦哈哈大笑,告诉皇甫义大水冲倒龙王庙,一家人不认一家人。你妹妹与喂你饭的这位赵姬,是我的一妻一妾啊。皇甫义热泪盈眶地说,多亏这位好心的赵姬喂食敷药,不然我早就冻馁毙命了。吕不韦瞟了皇甫娇一眼,意思是你还监视人家赵姬,赵姬把你哥哥救了你还不知道。皇甫娇也羞愧得无地自容,有点对不起赵姬,心想以后要知恩图报,姐妹携手并肩伺奉吕不韦。

吕不韦对皇甫义说:“皇甫大哥,委屈你了,异人殿下是我倾囊相助的秦王孙,司空马是我的门客,周俭是异人的仆役。你看,大家都是至爱亲朋!”

皇甫义被簇拥着来到了吕府的客厅,吕不韦对他说:“你好好地在这儿调养休颐,我先到南巷看一下异人就归来。”

吕不韦来到南巷异人的馆舍，公孙乾并不阻拦，只是问："吕先生，这么晚了还到殿下这里来做啥？"

吕不韦说："晚上来了下棋的雅兴，和他们走几盘。"

公孙乾说："进去吧，他们都在。"

一见吕不韦神采飞扬地来了，异人、司空马和周俭便猜想吕不韦的咸阳之行是如愿以偿，一问果然是马到成功，三个人欢喜雀跃。吕不韦忙摆摆手说："大家不要喜形于色，呼喊张扬。我们要做好准备，早日离赵返秦。但异人殿下为人质，秦、赵两国打完长平一战以后，又形同水火，不共戴天。赵国君臣对异人殿下决不会熟视无睹，听之任之。更何况异人殿下欲弃质而归呢！从现在起，大家必须提高警觉，想方设法，一旦有机会立刻离开邯郸。"

司空马说："吕大人所言极是，我们现在正处于惊涛骇浪之中，稍一疏忽，就可能倾覆葬身。前几天来的刺客，也不知受谁的指使。"

接着他们告诉吕不韦，前些日子的一个夜晚，他们擒获了一名想要刺杀异人殿下的耍蛇人，现在捆押在仓廪中。吕不韦将见到皇甫义的经过一说，他们都咋舌称险。

异人义愤填膺地说："子傒这小子，真是蛇蝎心肠，竟然残害自己的手足兄弟，何其毒也！"

吕不韦说："因此，太子殿下要居安思危，防患于未然。不论是在邯郸，还是在咸阳，太子殿下都不会是一帆风顺的！"

司空马感慨道："异人殿下可谓处于荆天棘地、险象丛生之中！"

吕不韦说："只要我们同舟共济、知勇兼备，就能把异人举到秦王的宝座之上！"

吕不韦回到府里，已是夜色阑珊。皇甫姐弟还在一起缅怀往昔，不住地唏嘘感叹。吕不韦与他们招呼后，便到赵姬那里去。

孤灯寒衾的赵姬在一种漫长的等待中已睡眼朦胧，她想月余未归的吕不韦今天迟早要到她这里来的。于迷迷瞪瞪之间感到一团喷着热气的光滑躯体钻进了她的被衾之中，没待她完全醒过腔来，吕不韦的开发动作程序已经就绪。她在一塌一挺之中，娇嗔地说："哎呀，犹如猛虎下山！"吕不韦觉得，为异人立嗣劳碌奔走，影响了传宗接代的进度，他要不失时机地到赵姬身上创造欢乐和后代。

几个天翻地覆的回合之后，吕不韦摸着赵姬的腹部问："多少次猛烈的经营造化，恐怕还是空洞无物吧？"

赵姬搂紧吕不韦说："这几日我感到恶心，恋酸，怕是有了！"

吕不韦惊喜地问："真的？"

赵姬说："妾身没有生儿育女的经历，闹不准是不是有喜，问了一位经过临盆沧桑的老妪，她说是，铁是！"

吕不韦说："你又来一喜，我吕不韦就是三喜临门了。"

赵姬不解地问："何谓三喜？"

吕不韦问："咸阳之行为异人立嗣成功是不是一喜？"

"是一喜。"

吕不韦又问："偶遇皇甫义，与妻弟久别重逢是不是一喜？"

“是一喜。”

“再加上爱妾腹中有喜，是几喜？”

“是三喜。那吕大人还忘了一喜。”

吕不韦奇怪地问：“还有什么喜呀？”

赵姬说：“我与皇甫姐姐尽弃前嫌，言归于好，妻妾和睦，是不是一喜？”

吕不韦连连称喏：“是一喜，是一喜呀？”

赵姬说：“那就是四喜临门了！”

吕不韦夸奖地说：“爱妾比我的名堂还多呢！”

当杜仓以无可挑剔的恭敬姿态朝觐赵孝成王的时候，赵孝成王看到岁月在这位当年英武非凡的秦相国身上留下的残酷痕迹。杜仓离御座很近，赵孝成王看清了他面上纵横如网的纹络和下巴上稀疏的胡须，那华艳的衣裳穿在瘦枯枯的身上，就像老妪的乳房显得瘪塌塌的。赵孝成王还记得，有一年杜仓作为相国出使赵国，相当的魁伟倜傥。那时候赵孝成王还是太子，与他比赛举鼎，百八十斤重的铜鼎，杜仓攥住鼎，轻轻一下，就举过了头顶。现在，这座铜鼎，就是挪一挪，怕也是力不从心了。

一想到在长平被坑杀的四十万降卒，赵孝成王对秦国的君臣就嫉恶如仇。尽管他知道杜仓早已不居相位退出朝堂，但还是非常挖苦地对杜仓说：“老朋友，秦国打了胜仗，昭襄王给你不少赏赐吧？”

杜仓谦卑地说：“小人不在其位，不谋其政，于战无功，昭襄王怎么会赏赐我呢！在咸阳我与赏与禄无缘，只好到邯郸来向大王乞讨赏赐了！”

赵孝成王用鼻子哼了一下说：“寡人凭什么给你赏赐呢？”

杜仓说：“小人把秦国的军机大事报告给大王，大王怎么会不赏赐小人呢？”

一听说杜仓有秦国的军机大事要报告。赵孝成王垂涎三尺的样子，他摒退了在身边伺奉的宫女与一般朝臣，只留了下平阳君赵豹、平原君赵胜和上卿蔺相如等几个心腹重臣。

赵孝成王说：“杜仓，现在你可以放心大胆地告诉寡人。”

杜仓问：“最近，安国君嬴柱立了太子，你们知道吗？”

赵孝成王和那几位大臣都摇摇头，问：“是他的长子子傒吗？”

杜仓说：“要是立子傒对赵国还好呢！我作为太傅知道子傒宽博仁厚，倾向赵国。他几次建议昭襄王——安国君，与赵国化干戈为玉帛，携手结盟，吞没诸侯，共享天下。按照他的主张，长平的四十万降卒，一个不杀全部放归赵国。可他的话被当作耳旁风，有谁听呢！”

赵孝成王问：“按照各国诸侯的祖制，应立嫡长嗣。不立子傒为王储，立谁呀？”

杜仓说：“立的是在大王眼皮底下的异人啊！”

“是吗？”赵孝成王和几位大臣，都为他们的孤陋寡闻而感到有些羞愧。

杜仓说：“异人在赵国受到了冷落虐待，对赵国的君臣充满了刻骨的仇恨，信誓旦旦地说，他一旦返秦继位成君，立刻攻打邯郸，报仇雪恨。”接着杜仓又添油加醋地把吕不韦如何到咸阳奔走谋划的经过又渲染了一番。

赵孝成王和几位大臣对吕不韦的作为也颇感意外。

赵孝成王如梦方醒地问："老相国所言都是自己的耳闻目睹吗？"

杜仓说："自然是小人的耳闻目睹，千真万确。华阳夫人还让安国君刻了玉符呢，咸阳城都传开了，沸沸扬扬，谁不知道！你们还都蒙在鼓里呢？"

赵孝成王不满地说："没曾想这个吕不韦吃里扒外，助桀为虐！"

杜仓说："也许他们正策划逃遁归秦呢，大王切不可掉以轻心。依小人之见，大王要先下手为强，把异人、吕不韦等几个人斩尽杀绝，以免养虎遗患，悔已晚矣！"

赵孝成王很是感激杜仓不远千里而来，把这么重要的情况报给了赵国，很是丰厚地赏赐了杜仓。

杜仓走后，赵孝成王和大臣都商议如何对待吕不韦帮助异人成为王储这件事。有的说，杜仓的话真假难辨，也许是秦国用的什么计谋呢；有的说，现在就把吕不韦、异人抓起来，严刑拷打，问明情况，再千刀万剐；有的说，现在不能轻举妄动，何去何从要等情况一目了然之后；有的说，先把异人软禁起来，待价而沽，要挟秦王。你一言，我一语，众说纷纭，莫衷一是。

自从赵孝成王没有采纳群臣的谏言，独断专行地任用赵括为大将军而使赵军一败涂地后，他对自己的自以为是追悔莫及。此后，做什么事情都兼听博纳，不轻易地颁诏决断。群臣们各执一词，他觉得都有道理，有时候，两种意见还争执起来，各不相让。有的大臣口若悬河后，加了一句"请大王决断"。

赵孝成王感到头脑有千百只苍蝇在嗡嗡飞翔，争辩得面红耳赤的群臣们都变成双影在他眼前叠来叠去。

赵孝成王摆摆手说："好了，你们公说公有理，婆说婆有理，让寡人谨慎思之再决断吧！"

赵孝成王看到，有些大臣好像面呈愠色，边走还边交头接耳地议论什么。

在苍白的月光下，蔺相如看见自己的身影变得越来越单薄。从丛台大殿出来，他觉得自己像块帛似的飘飘忽忽旋到了车辇前。长平之役后，他精亏气短，做什么事情都显得力不从心。夜里常常辗转难眠，想念曾向他负荆请罪的大将军廉颇。从那以后，他们一文一武，互敬互让。朝廷上下，万众一心共同辅佐赵惠文王。秦国望而生畏，十年间没敢动赵国一根毫毛。现在呢？现在的赵国自长平之役后，江河日下，有如在春风吹拂下的雪山眼看着不可拯救地塌陷下去。大王也不像先王赵惠文王那样，知人善任，明察秋毫，而是一会儿一意孤行，听不得任何臣下的谏言；一会作缓心而无成，优柔而寡断……

蔺相如回到府中，感到百无聊赖，不时地唉声叹气。家相蔺彪觉得很奇怪，上卿大人从朝堂上回来怎么萎萎靡靡的呢？便问道："上卿大人，怎么了？"

蔺相如无可奈何地说："那个卫国大商人吕不韦到咸阳活动，安国君已立异人为王储。他们很可能要潜逃回秦国，大臣们七嘴八舌地议论了一上午，大王也没决断出用什么办法对付异人和吕不韦。"

蔺彪对蔺相如的话装作不介意的样子，不再打听，而是小心翼翼地给蔺相如掸榻奉茶。忙碌一阵后，蔺彪找个机会，一溜小跑到了吕不韦的府第。

吕不韦正在口干舌燥地劝说皇甫义留下来，同他们同心协力地共同辅佐异人，轰轰烈烈地图谋一番大业。皇甫义坚决地说，君子一言，驷马难追。我曾答应子傒的话现在无法做到了，也再也没有颜面见到他了。你和异人太子殿下很快得返回咸阳，我怎么好朝秦暮楚地脚踏两只船呢？一犬不事二主，你们干你们的，子傒干子傒的，还是让我飘泊江湖，仗剑远游吧。一旦异人真做了秦王，要讨伐卫元君，替我们皇甫家族报仇伸冤。无论吕不韦如何婉言相留，皇甫娇在一旁也哭得死去活来不愿与哥哥分手，可皇甫义还是决计要走。

这一别，也许会成为永诀。吕不韦给皇甫义许多银钱；皇甫娇依依不舍地把哥哥送出了邯郸城。

吕不韦见蔺彪行色匆匆地来了，知道必有要事相告，但他不急于探问，而是拿出两件上好玉器，递给蔺彪说："我到咸阳去了一趟，也未见什么珍奇古玩，见这两件玉器还不同寻常，便买回来献给家相，以博一笑。"其实，这两件玉器是吕不韦家的，他为了讨好蔺彪，即兴编造出了这样一番话。

蔺彪一见吕不韦到咸阳还挂记着他，感激涕零，接过那两件玉器，忙把从蔺相如那里听到的话向吕不韦复述了一遍。吕不韦听罢，既惊异又惶然。但极力镇静，若无其事地对蔺彪说，大王怎么闻风是雨呢？异人正想在赵国安基立业，何以要潜逃回咸阳呢！

蔺彪走后，吕不韦思谋半天赵孝成王从哪里得知的消息，但百思不得其解。赵孝成王真掌握了他们弃质返秦的动向，把他们拘禁起来，那可就功亏一篑了。现在必须制造出一种假象，来蒙蔽赵孝成王。思来想去，吕不韦觉得应当立刻在南巷扩建一座豪华的馆舍，让人感到异人是想在邯郸长居久住；另外，叫异人去娼间纵乐，为他制造一个胸无大志，挥金如土的混世魔王的形象，让赵孝成王觉得，不仅是现在就是将来异人做了秦王也不会对赵国构成什么威胁。

打定这些主意后，吕不韦想动身去南巷的异人馆舍，但又觉得不妥，现在赵孝成王已经注意到他们了，如果他再频频出入于异人的馆舍，必更加叫人家怀疑他们心怀叵测。吕不韦便叫刚刚从咸阳归来的杨子到南巷异人的馆舍，趁公孙乾不备，把他的意思转告于异人，叫他明天就大张旗鼓地到娼间去。

在熙来攘往的人流中，周俭与司空马吆三喝四地为异人开道："请父老乡亲们让一让，秦王孙异人要过去。大家让一让啊！"异人衣冠楚楚，大摇大摆在行人稀疏的地方向前走去。他已经不用担忧像上次那样在街间被围攻和凌辱了。周俭冒名顶替的施舍，产生了广泛的影响。几乎所有的人都知道，在南巷住着一位乐善好施、与邯郸人休戚与共的秦王孙异人。对他的仇恨，烟消云散了。另外，随着时间的推移，长平之役在邯郸城里许多人心头投下的阴影越来越淡薄了。

异人心旷神怡，太傅吕不韦想出的麻痹赵孝成王的办法，对他来说却是雪中送炭。一想到即在眼前的去处，他裆部的物件就猝不及防地膨胀起来。他快活地想："消灭膨胀的最好场所，莫过于娼间了。"

娼间的建筑充满脂粉香气地耸立在一处热闹的街角上。它的轩窗门扉都与众不同的涂着艳红翠绿，一阵阵浪笑嘻声，一阵阵爽籁纤歌不时地从阁室中传出来。在二楼檐下的晾衣绳上，娼女们五颜六色的内衣内裤被风牵着左右摇曳，很快就向楼下行人摇曳出一种诱惑。

到了娼间跟前，异人没有马上进去，驻足一阵。他看着很醒目的“娼间”两个字，马上想到了齐景公。他很小的时候，就听爷爷昭襄王和父亲安国君有时谈论，说齐国的这位国君头脑敏捷知道用女人的皮肉敛财聚富。没曾想，赵孝成王也紧步齐景公的后尘。

一阵女子放浪的媚笑雨丝般从异人的头顶旋下来，他举目一看，二楼的廊檐下正有一位玲珑女子探身向他频频眉目传情。这种久别不见的目光，让异人心旌摇荡，裆部的物件又一次斗志昂扬。他迫不及待地掏出些散碎银两，递给周俭与司空马说：“你们到街上游逛亦可，找个娼女欢悦也行。”

周俭对拥金玩玉没有兴致，先去了街里。司空马对那些忸怩作态的娼女，倒是心驰神往，便同异人进了娼间。

走廊很轩敞，司空马大吵大嚷地问：“娼间总管在哪？”

乐羊谷闻讯忙奔过来，说他就是娼间总管，二位大人有什么吩咐。

司空马自命不凡地说：“你认识他是谁吗？”

乐羊谷摇摇头。

“说出来把你吓个趔趄！告诉你吧，这位是秦王孙异人！快给找个好模好样的，可别拿那些瞎糠瘪稗糊弄我们哪！”司空马颐使气指地说。

乐羊谷只听说秦国的人质异人住在邯郸城里，但从来没有见过。一见眼前这位眉眼怪异的人就是异人，忙鞠躬施礼说：“乐羊谷有眼不识金玉相，还请异人殿下恕罪！我保证找两位如花似玉的，让异人殿下与这位大人玩个淋漓畅快！”

异人被送进了一个溢满椒香粉气的奢华房间，见一亮丽美人彩霞般蔚蔚地飘至他的面前。如饥似渴的异人，开门见山地撕去了娼女的衣裳，到那滑润如鱼的肉体上一阵龙精虎猛……

头几次异人感到新鲜亢奋，过了几天，便感到娼间中的美色也不过如此而已。他想换换口味，找一位能演唱巴蜀秦风歌舞的娼女欢悦欢悦。乐羊谷说，现在还没有哪个娼女能演唱秦地的歌舞，但两天以后保证为异人殿下找到一位称心如意的擅长秦地歌舞的美女。

两天以后，异人又来娼间的时候，乐羊谷告诉异人，他们按殿下的要求，终于如愿以偿地找来了一位貌似天仙的美女。异人被送进了一个叫“悦灵阁”的房间。推开门，早有一位豆蔻年华的丽艳女子恭候在那里。见异人进来，起身施礼，然后飘飘然走过去将门掩实。异人看到，她的一笑一颦，一举一动都韵致有味，不同凡响。

那女子粲然一笑，露出两排玉石般的牙齿说：“贱身名唤怡红，愿意伺奉公子殿下。听乐羊谷说，公子殿下对秦国歌舞心驰神往。怡红为殿下吟唱一曲儿《秦风·蒹葭》，以博殿下一笑。”怡红说完，用她那甜美润脆的嗓音吟唱道——

蒹葭苍苍，
白露为霜。
所谓伊人，
在水一方。

溯洄从之，
道阻且长。
溯游从之，
宛在水中央。
蒹葭凄凄，
白露未晞。
所谓伊人，
在水之湄。
溯洄从之，
道阻且跻。
溯游从之，
宛在水中坻。

抑扬顿措的乡音，情真意切的唱词，异人仿佛又回到了阔别已久的渭河之滨，章台宫内。秦宫回肠荡气的檐铎之音、笑容可掬的仆役、母亲夏姬和蔼可亲的面庞、风味十足的饮食、走犬斗鸡的纨袴朋友……万般思乡恋故的惆怅涌上心头，喟然长叹地说："有家难归，有梦难圆……"

听异人这样一说，怡红的歌吟戛然而止，说："贱身一曲《秦风·蒹葭》勾起了殿下的乡愁，无法排遣，失礼了，失礼了！"

怡红的举止大度，谈吐乖雅，可谓秀外慧中，风情万种。出身不是侯门相府，也是儒士之家。

当司晨的雄鸡呜呜地报晓时，异人才离开娼闾。他觉得怡红那悦耳的歌吟还在萦绕……那仰卧有致的床上动作，还美丽在眼前。以后真做了秦王，找到这样一位妃姬也算心满意足了。遗憾的是，头一次相见，只顾床榻上扑腾翻滚了，没有倾吐肺腑之言……

獐腰渡口通过滏阳河，把许多货物和传说运到二百里外的邯郸去。渡口被一株株枝叶苍郁繁盛的柘树所掩映，青枝绿叶间鸟雀啁啾，浓浓的树影下流水潺潺。渡口宽有十余丈，也算得上轩通的大码头了。七级的埠头一色长条麻石砌成，绿沁沁的苔痕在麻石的缝隙间茂密着。沿着码头往上走出不远，便有客栈、酒楼和一些铺面剥蚀的商号。这是一座繁华而又年代久远的小集镇。

杨子不时地抹去额头湿涔涔的汗水，指挥着一些夫役把牛车上的柱梁檩栋卸到码头。这些材料是为异人翻盖馆舍而采购的，一会儿装船运回邯郸去。杨子看见，码头的四周横七竖八地躺满了棍棍杆杆。他盼着渡船快点来，不然这些物件摆在这里影响车行人走。

乐羊谷吆三喝四地差遣着十几位挑夫向渡口走来。每位挑夫都挑着沉甸甸的大荆筐，里面是上好的花椒。娼闾房阁的墙壁都是椒泥抹成的，这样里面就充满了沁人肺腑的馨香。为了使这种香气经常浓烈新鲜，墙壁上的椒泥每年要换一次。

见满地的木杆阻碍行走，乐羊谷有点骂滋滋地说："谁这么有眼无珠，把木杆乱七八糟摆了一地？"

临行前吕不韦告诉杨子，一路上要广造舆论，让众人皆知异人在邯郸城正营建一座富丽堂皇的馆舍。因此，见有人，杨子便凑上去和悦地说：“这位大哥，真对不起。这些物件是要运回邯郸，给秦王孙异人殿下盖馆舍用的。”

乐羊谷不屑一顾地说：“别拿秦王孙吓唬人！你给异人盖舍怎么样，我们这些花椒也是给异人在娼间的房阁抹墙壁的！”

杨子知道这几天异人经常光顾娼间，心想：“莫非眼前这个人就是在那里伺奉异人的？”想到这儿，他问乐羊谷：“你看见过异人？”

乐羊谷说：“喊，岂止见过，连他宠幸的美人怡红怎么来的我都知道！”

杨子感兴趣地说：“怎么来的？”乐羊谷说：“天机不可泄露啊。”

杨子见乐羊谷话里有话，想探问个究竟，便点头哈腰地对乐羊谷说：“这位大哥，既然我们都是为异人殿下服务的，也就算一家人了。看样子，渡船来还得等一阵，我请大哥喝两盅。”

乐羊谷见杨子卑躬屈膝的样子，心里像汪着一滩蜜，甜刷刷的，吩咐那些挑夫在码头好好等候，便随着杨子进了不远处的那家酒楼。杨子点了许多菜肴，要了一罐佳酿，毕恭毕敬地为乐羊谷斟酒，说：“大哥真是神通广大，连伺奉异人娼女的来历都知道！刚才大哥骂我骂对了，算我有眼无珠！”

尽情畅饮一阵后，见乐羊谷有点晕乎乎的，杨子问：“大哥，你刚才说伺奉异人的倡女叫什么了？”

乐羊谷回答：“怡红。”

杨子又问：“她怎么个来历？”

乐羊谷欲说又止。

杨子：“大哥，你是真知道还是假知道啊？不知道也就罢了，别跟小弟吹嘘呀！”

乐羊谷不悦地说：“老弟，你说的这是什么话呀？告诉你吧，那个怡红，是赵王身边的一个宠妾！”

杨子听了，心头一缩，觉得事情蹊跷了，说：“根本不可能，一国之君，赵孝成王怎么会把自己的爱妾舍到娼间去卖身呢！”

乐羊谷嗫嗫嚅嚅地说不出话来。

杨子说：“大哥的谎话编得太离奇古怪了！”

乐羊谷四顾看了一下，低声沉调地说：“索性我就告诉你吧！但你得对天盟誓，对任何人都不能泄露出去。”

杨子说：“我也是言行信果的君子啊，我若是向人泄露，不得好死。上天雷打，入地火烧；上树鸟啄眼，卧沟蛇盘腰……”

乐羊谷说：“好了，好了！告诉你吧，那位怡红是赵王派去监视异人的！”

杨子吓得一激灵，手中的酒觞差点掉在地上，忙问：“大哥，你怎么知道的呢！”

乐羊谷说：“我堂堂的娼间总管，对那里的事了如指掌！”

杨子一听乐羊谷的身份，知道他说的话决不是望风捕影。

回到邯郸，杨子让别人照料把那些木材运到南巷去，他自己径直回到吕府，把在乐羊谷那里听到的消息报告了吕不韦。吕不韦也有点惊慌失措，怕异人把他们的计划倾吐给怡红。那样，赵孝成王就会知道，一切都完了。他来不及让人牵马套车，与杨子骑上马直奔南巷异人的馆舍。

进了馆舍，吕不韦下马对在和煦的日光下懒洋洋地坐着的公孙乾说了句“和异人商量盖馆舍”，就直奔异人的住地。

恰好异人在，吕不韦便把杨子听到消息对异人说了，异人也有点后怕。

吕不韦问：“殿下，你对她都说什么了？”

异人洋洋得意地说：“这个怡红，长得真是羞花闭月，沉鱼落雁，让人销魂动魄。但她一问我，赵王好不好啊，你什么时候返秦哪，吕不韦是咋把你谋取到太子之位的……我便有了几分警觉，咱们的谋划岂能泄漏给一位红尘女子。但我没想到，她是赵王的宠妾啊！”

听异人这样一说，吕不韦才转忧为喜，心里的一块石头落了地，说：“殿下也是虚实莫测，满腹谋略啊！”

异人说：“多亏杨子带回来如此重要的玄机，以后我对那个怡红可得避而远之了！”

吕不韦说：“不！殿下如果这样，倒容易引起别人的警觉与怀疑。不如将计就计，给怡红一个倾心赵国，眷爱邯郸的假象，用以蒙蔽赵孝成王。”

异人说：“那就让我依太傅之计而行吧！”

吕不韦见异人的馆舍已被拆扒得破头齿乱，砖瓦石块堆放得一片狼藉。雇来的工匠穿梭往返，你吵我嚷，呈现出一片繁乱的景象。吕不韦心想：“应当让异人搬到我的府第去住，那儿优雅舒适，可这得赵孝成王的批准啊！”一想到这儿，吕不韦就摇摇头，打消了这个念头。

吕不韦回到府中，赵姬告诉他，刚才来了两个丛台的宦官，赵孝成王宣吕不韦上殿见驾。

吕不韦忙问姬：“那两个宦官没说什么事吧？”

赵姬摇摇头。

吕不韦自言自语道：“会是什么事情呢？”

赵姬有些顾虑重重地问：“莫非是赵孝成王掌握了什么确凿证据，要擒拿大人问罪吧？”

吕不韦不置可否地说：“谁知道呢？鄙谚云，是福不是祸，是祸躲不过。不论是花天酒地，还是刀山火海，我都得去。我若是一时半晌不能归来，你就告诉异人他们，我被赵孝成王召到丛台去了。”

轩车穿街越巷，吕不韦在车内深深地思索着如何回答赵孝成王提出的各种质问。他估计十有八九是他为异人立嗣奔走策划的事。

轩车行驶到丛台正门停下来，吕不韦下车一看吃了一惊。那两次他来，门旁一边站一个挂刀的军卒，今天一边站了四个，都拿戟盾。进去吕不韦看见平素有人往返的前庭空荡无人，因门那也站着守卒，这是从来没有的。

吕不韦面对宫阙中少有的戒备森严有点心惊肉跳：莫非赵孝成王真要拿我问罪？

吕不韦进了大殿，见到的情景更非同寻常。赵孝成王端坐在堂上，身后不再是温文尔雅的执扇宫女，而是一排执戟的彪形大汉。

吕不韦战战兢兢地向赵孝成王跪拜。

赵孝成王正襟危坐，盯了吕不韦半晌儿没吭声。别看摆给吕不韦杀气腾腾的一个阵容，威慑一下这位大商人，其实赵孝成王自己如坠五里雾中，看不清吕不韦的真面目。怡红回来向他报告说，她根本没有发现异人有憎恨大王，潜逃归秦的企图；吕不韦在南巷大兴土木，扩建馆舍，这是欲让异人在邯郸长呆久住的举动啊；公孙乾也说，吕不韦并不常去南巷的馆舍，既使来了，也是对弈走棋，并无其它……

赵孝成王决定先礼后兵，把吕不韦找来问个究竟。

良久，赵孝成王才阴阳怪气地问："贵商，近来很忙吧？"

"忙得很啊。"

赵孝成王还是那副腔调："忙什么哪？能否让寡人知道一下吗？"

吕不韦眼珠溜溜地转两下说："前不久，到咸阳去了一趟，为秦王孙异人能成为王储而东奔西走。"

赵孝成王说："贵商不安分守己地做生意，犬咬耗子多管闲事，参与秦国朝堂之事为何呀？"

吕不韦回答说："大王只知其一，不知其二。小人到咸阳为异人奔走也是为了做生意。人们常说，多个朋友多条路，多个仇人多堵墙。以后他一旦当了秦君，困窘寒酸地客居在陋巷寒舍里也甚为可怜，也就施舍周济他一下。想到他在邯郸所住也不是一年半载，又把他的馆舍翻修一下。"

赵孝成王说："这么说，贵商还有一番怜贫惜孤，普渡天下的菩萨心肠呢！"

吕不韦说："小人帮助异人立嗣，对大王也有好处啊！"

赵孝成王嘲讽地说："你们这些商人，都会王婆卖瓜，自卖自夸！异人当了王储，对寡人有什么好处哇？"

吕不韦说："大王你想想看，异人是个拥姬纵色斗鸡走犬的混世魔王，他一旦做了国君，不会像文韬武略的昭襄王那样雄心勃勃，穷兵黩武，不断进攻赵国的城邑，蚕食赵国的土地；还有他在邯郸为质，会念及大王对他深恩厚爱，也会亲近赵国，愿意跟大王结盟而共同对付天下的诸侯。"

赵孝成王觉得吕不韦说得颇有道理，联想到怡红和公孙乾向他报告的情况，他觉得杜仓所言纯系夸大其词，蛊惑人心。异人当了王储不假，哪有憎恨赵国，企图逃匿归秦这一类事！老东西，说不定在昭襄王那儿受了什么窝憋，到我这儿挑拨离间。想到这儿，他一改刚才的态度，亲昵地问吕不韦："异人的新馆舍盖得怎么样了？"

吕不韦趁机说道："回禀大王，正在日以继夜地营造。有一件事小人替异人请求，望大王恩准。"

"何事？"

"现在异人的住处破烂不堪，他想到小人的府里住几天，等新馆舍竣工再搬回去。"

赵孝成王想："虽然异人没有打算逃匿返秦，但也不能马虎大意。严如防范，还是百益而无一害。"

吕不韦说："为此事异人还要到丛台亲身叩见大王呢！"

赵孝成王说："这样吧，异人暂居贵商那里也可以。但是，一则馆伴公孙乾也要随之同行；二则新馆舍盖毕，异人马上搬回南巷。"

吕不韦感恩戴德地说："小人替异人谢大王！"

第七章　质子归秦

秦始皇嬴政到底是谁的儿子？这本来应当是一个永远的谜。可是越是谜，人们就越想揭谜，于是便有了众说纷纭。

对此，权威性的史著如《史记》、《资治通鉴》等等，都十分肯定地说，秦始皇是吕不韦的儿子，但却又仍然称他为嬴政。

对此，秦始皇本人在幼时，也曾偷偷地做过亲缘关系的鉴定，确认自己的确姓吕，但是他，却又仍然坚持自己姓嬴。

其实，真正知道秦始皇到底是谁的儿子的人只有两个，这两个人，一个是他的生身之父吕不韦，一个是他的生身之母赵姬。

公元前260年季春的一天，也就是吕不韦的爱妾赵姬怀孕一个月的时候，在赵国都城邯郸，在奇贾吕不韦的馆舍里，歌柔曲轻，灯红酒绿。

酒宴丰盛，玉盘珍馐，美味佳肴，应有尽有。

主人客人，都有喜事，都春风得意。

主人客人，端杯把盏，觥筹交错。

客人是秦王孙异人，刚刚二十岁，风度翩翩，风华正茂，目光敏锐，嘴角的一丝笑意透出几分狡诈。

酒至半酣，主人客人都有了几分醉意。

异人今天特别高兴，不久前，师傅吕不韦从秦国给他带来了好消息：他认华阳夫人为嫡母之事，太子及华阳夫人应允，这样，他无母而有母，无宠而有宠，无靠山而有靠山，无恩荫而有恩荫；他立为嫡嗣的事，上上下下首肯，还刻了"嫡嗣异人"的玉符，这样，他将成为嬴氏江山的合法继承人，不用流血，不用争斗，不用看诸王兄的白眼，尤其不用受三王兄子傒的气，那狩猎比武时的夺鹿之恨，将欲报有期。当时的秦国，正欲称霸天下，齐、楚、燕、韩、赵、魏，哪一国不在强秦的攻伐和威慑之下，战战栗栗，苟且偷生？正所谓，强国请服，弱国入朝。他似乎感到了自己的地位、威力、高贵和尊严。何况，吕不韦还从秦国给他带来了车马、衣物、侍从等，他再也不是无人问津的落魄王孙了……

想到此，异人举杯道："来，喝……一醉方休！……师傅您说，当初父王为什么给我起名为'异人'？……'异人'，不同一般人，不同凡响，非等闲之辈，龙子龙孙啊！"

吕不韦见异人已舌头发板，语无伦次，便也佯装喝醉，口出狂言："不是我喝醉了说醉话，你能有今天，没有我吕不韦行吗？"

异人呷了一口酒道："我要是即位为王，请得分秦国与师傅共有之！"

吕不韦佯醉道："师傅我新娶了个芳龄女子为妾，美妙绝伦，请王孙见识见识！"

"那当然好！"异人道。

吕不韦一拍手，门帘一挑，一美人儿，轻移莲步，款款而来，飘飘欲仙。此时，若有祥云紫雾，就是凌波仙子；若有莲香底座，就是南海观音。

吕不韦道："这位是秦王孙异人，给王孙斟酒！"

赵姬道："遵命！"又面向异人道："王孙吉祥！"

赵姬说着，为异人和不韦斟酒。那赵姬，笑靥微开，似西施迷吴主；明眸善睐，似褒姒媚幽王。

那赵姬，秋波闪闪，含情脉脉。

那异人，春心悠悠，爱意绵绵。

那王孙异人，长到二十岁，还是个童男，若不是做人质，作为王子王孙，早已招蜂引蝶，姬妾成群；而今，在性饥渴中熬过了这许多年，怎见得这等妙龄美人儿？于是边接杯边偷偷地摸了摸那双红酥手，软软的，柔柔的，润润的，滑滑的，嫩嫩的，温温的。弄得异人的心里酥酥的，痒痒的，颤颤的，怦怦的……

吕不韦见火候已到，又对赵姬说："美人儿，此处没外人，你可舞上一舞！"

只见那美人儿，广舒长袖，如虹霓，飞满天际；轻移莲步，如彩云，朦胧奇幻；慢扭腰肢，如天仙，分云拨雾；扯袖掩面，如花瓣，红杏出墙；凤眼顾盼，似春水，摄魂夺魄……

直看得异人，目乱心迷，心旌摇荡，满面红潮，通身震颤。这是性的震颤，性的觉醒；这是爱的魅力，爱的召唤……

只可惜，现在还不是王，若是王，便可命令吕不韦献出爱妾。

那异人，再也不能等待，他起身避席，走向赵姬。此时，异人眼中，只有美人，没有不韦，正如那"齐人攫金"，只见金子，不见人。只见他一把抱住，将美人平平地端在两臂弯里，然后跪在吕不韦面前："师傅，小王已饥渴难耐，若得此姬为妻，满足平生意愿，江山全部归你，也在所不辞！"

那吕不韦想，王家后代竟是这等蠢货，略施小计，便乖乖上钩。说什么，"为了美人，不要江山"，你没有江山，要你何用？本人正是看中了你手里的玉玺、江山、权力，才肯把爱妾让给你。

再看那异人被肉欲折磨得面部都扭曲了，吕不韦又有些可怜他了，想让他抱走立即如愿，可又一想，不行！买卖买卖，一手交钱，一手交货，若太便宜了他，他会转身不认账，还以为我欺他酒醉，我得假装不允，叫他得来不易，方觉珍贵，方知是夺了我的爱妾，恩重如山。况且，也得"当面锣，对面鼓"，把话说清楚，"窃国之赢"才能到手……

吕不韦想到此，佯怒道："放肆！我好意相请，你却要夺我所爱，作何道理？"

这一声喝斥，那异人酒醒一半，放下赵姬，"扑通"一声，跪下道："夺师傅所爱，岂敢，岂敢！刚才口出狂言，实为酒后失言。得罪，得罪！"

吕不韦见状，又慌忙离席将他扶起，说道："也罢！在下为救王孙归国立嗣，散尽千金家私，尚不足惜，今又何惜一女子？……待我劝她尽心侍奉殿下就是！"

"是这样,终生不忘!"异人猜不透吕不韦这话的真假,慌忙答道。

互相拜别后,吕不韦派车送异人回丛台。

当夜,异人搂着枕头睡了一宿。

当夜,吕不韦与赵姬度过了难忘的良宵。

说不尽的恩爱,说不尽的柔情。

见时机已到,吕不韦劝道:"白日里,那王孙爱你如痴如狂,发誓非你不娶,你意如何?"

那赵姬,其实白日里也已钟情于那位王孙了,只是不好在不韦面前露出轻浮,才哭道:"妾身有孕,是吕家骨肉,如今奈何弃我?"

"美人儿差矣!这一切,全是为你好。你嫁给我,只是个商人妇;嫁给他,是太子夫人。否泰如天地,何乐而不为?有我这师傅在,他不敢欺你,也不敢弃你……再说,你肚里已有我吕家骨肉,那就更好。你嫁他一个月后再宣布有身,他会喜出望外。若能生男,我和你便是未来秦王的父母,嬴氏江山便是吕氏江山了!"吕不韦苦口婆心相劝。

"是这样,我听你的。只是,日后我想你怎么办?"赵姬道。

"你要念及夫妻之情,不可泄露。一旦败露,我死不足惜,你这美人儿岂不也人头落地!"吕不韦威胁道,又一想,还应给她留个想头,她才会密切配合,"日后,你若想我,等我当了相国,里里外外插上心腹,到那时,重温旧情,岂不如履平地?"

然后,二人对天盟誓。

当夜同寝,两情依依。

第二天,异人起身很迟。刚刚整理好,忽然听侍从们通报:"吕不韦来访!"

异人慌忙出迎。只见吕不韦笑容可掬,身后领着赵姬,亭亭玉立。异人悬着的心才放下。

二人见礼毕,吕不韦道:"昨日过饮,不胜酒力,语言冲撞,望王孙勿怪。王孙酷爱此姬,乃是她的福分。今日特携来,交付王孙。"

异人见如此说,喜出望外:"昨日酒后,口出狂言,师傅不怪罪,谢师傅体谅!"

那异人说着就去拉赵姬的手。

吕不韦正色道:"此姬出身良家,不得始乱终弃,望殿下珍视!"

异人连连应允:"我若为太子,定立此姬为正夫人。师傅放心!"

公孙乾见这里热闹,闻声过来。见有如此美事,忙说:"吕先生为异人找了个美姬,何不早说?今日即是良辰,某愿为媒!"

那公孙乾没听到前半截儿,自作聪明,以为吕不韦给异人找了个小妾;还自作聪明,以为,这等绝代佳人,暂时让她插在牛粪上吧,等哪一日赵王怒,杀了异人,这美人便是我公孙的了。于是,他极力成全好事。

总之,三下归一,促成异人好事,说确切点,是促使异人中了这"美人计"。

吕不韦,当初,为了经济目的——"珠玉之赢",娶了玉女,两个玉店合二为一,"家累千金",那是他的第一次大赌注;而今,为了政治目的——"窃国之赢",娶了赵姬,知其有身而转让给异人,相位在即,这是他的第二次大赌注。两次赌注的成功,使他由阳翟巨贾成为天下奇贾。

再说异人得了赵姬，如获至宝，如鱼得水。

那一天，吕不韦想给异人操办婚礼，那异人可是秦国的王孙哪。

吕不韦跟馆伴公孙乾商量。

“我说亲家，不是我不开面。不怕一万，就怕万一，万一被赵王知道了，异人性命不保，你我也得吃不了兜着走……”公孙乾为难道。

“在人屋檐下，不得不低头。那就一切从简吧……不过，天地还是得拜吧！那就这样，请公孙大夫主婚，我来证婚，马上进行！”吕不韦果断地说。

于是，举行了一个简单的仪式。

这里，没有王爷爷捻须的矜持，没有父王和母后的欣慰，没有贺喜的文官武将，没有诸侯列国的宾朋使节，没有成群的宫娥，没有成排的大红宫灯，没有迎亲的香车宝马。这里只有破旧的丛台旧殿，只有师傅吕不韦，只有师傅不久前从咸阳带来的几个仆从。

尽管身为人质，寄人篱下，但异人心境好，一切也就美好，一切都是好的故事。

当晚，师傅等人一离开，异人和赵姬便开了晚宴。

二人轮杯把盏，酒不醉人，人自醉，喜从天降，天遂人愿。

两个人都喝得似醉非醉，似醒非醒，似梦非梦。

“美人儿，这里没外人，你给小王舞上一舞，要那个长袖舞……”异人舌头发板。

那赵姬红袖凌空，漫天飞红霞，满地开红花。

“美人儿，这叫千里姻缘一线牵，”异人顺势抓住赵姬的红袖说，“美人儿，这绫罗绸缎再美，也不如你的冰肌玉肤美，不如……不如‘金蝉脱壳’，不如芙蓉出水……”

那赵姬踌躇了一下，干脆来了个折衷，她玉体披红纱，半脱不脱，半露不露，雾非雾，花非花，惝恍迷离，朦朦胧胧。像洛神，踏水凌波；像嫦娥，烘云托月；像织女，织就彩霞：像龙女，挽来浪花，像桃花，片片带雨；像红杏，刚刚出墙……

多情公子异人把赵姬轻轻抱起，轻轻地放在床上，轻轻地亲吻，轻轻地操作，轻轻地温存。一个春江水暖，一个情满春山，像白云眷恋山岫，像清泉向往海洋……

在邯郸被困禁这五年，异人忘了自己是王子王孙，忘了自己是男人，忘了男人的一半是女人，忘了少男钟情的本能。而今，天下亡我，从天上冒出个吕不韦，非亲非故，散尽家私，上下活动，打通关节，认母成功，立嗣成功。人说，饱暖生闲事。其实，这不是“闲事”，是牵涉到王室后裔的大事。遗憾的是，赵姬这美人是吕不韦的爱妾。民俗曰：“朋友之妻不可夺。”而今夺的不仅是朋友之妻，而且还是师傅之妻，好在那吕不韦全心为我，为救我，散尽千金家私，而今，为满足我，又献出了爱妾，他付出的太多，他到底是侠肝义胆的义士侠客，还是居心叵测的阴谋政客？……不管他是什么人，起码目前对自己有利。人和人之间不是互相利用的吗？他扶持我，就是对我有利，待我有了出头之日，也不能忘了他。

异人把思路整理停当，轻松了许多。

异人过了个难忘的新婚之夜，过了个温柔而癫狂的夜晚。

那一晚，异人尝到了一种从未有过的快感，惬意得醉了，差点儿晕过去；赵姬尝到了一个王孙少男的爱抚，别有一番韵味，她一闭眼，忽而觉得他是异人，忽而觉得他是不韦，今生今世，她尝了猛男和童男两种不同的爱。

那一夜，良宵苦短，儿女情长。

从此，夜夜月儿圆，夜夜锦衾暖。

新婚一个月后，赵姬告诉异人，她已有了身孕，异人听了喜出望外，一把将娇妻抱起，多少柔情蜜意，尽在不言中。

那异人还以为是自己这一个月辛勤耕耘的功劳，还以为是自己下的种。他哪里会知道，这块肥沃的土地既被开垦过，也被耕耘过，种子早在吕家已经种下，孩子是吕氏的种，不是嬴氏的苗，而且，此子在吕家已有一个月，到现在已是两个月了。

从此，更是如胶似漆，异人一边操作，一边摸赵姬肚中骚动的胎儿，别有一番情趣。

那赵姬怀孕，其实隐瞒了两个月，既不露破绽，也不露马脚，足月足天，十月怀胎，正常降生。说是正常，其实不正常，两个月加十个月，整整是十二个月。后来此事传出，人们说，这是真龙天子之兆，凡人凡胎是十个月，龙子龙孙，非等闲之辈，所以是十二个月降生。

公元前259年正月初一，这孩子出生了。

赵姬生产之时，室外喜降瑞雪，室内红光闪烁。再看那婴儿，方额长目，目生重瞳，鬓发齐耳，口含数齿，背有龙鳞，腿生九痣，四肢粗壮，啼声宏大。

异人喜道："此子长相非凡，又生于正月，可巧接生婆还姓郑，一切都是那么'正'，此子他日必'为政'，齐家治国平天下。就取名为'政'吧，现未归国，名分未定，暂用赵姬之姓，名为'赵政'，归国后再改为'嬴政'不迟。"

后来，"政"嗣秦王，吞并六国，统一天下，要做中国历史上第一个皇帝，即称"秦始皇"。

吕不韦听说赵姬生下一男婴，暗暗自喜，喜的是，这"窃国奇谋"已有了物质条件，离成功不远了。

当下，吕不韦备厚礼前往丛台贺喜。

贺喜毕，吕不韦道："你这个王孙，在外擅自招亲，生子，不打算向太子及夫人禀报么？"

"多谢师傅提醒！望师傅做主，巧辞周旋才是！"异人慌忙答道。

"我已安排人前往秦都咸阳，告诉你的双亲，此时非等闲时期，招亲是一喜，生子是二喜，双喜临门，恐怕你们只有高兴的份儿了，还考虑什么'擅自'不'擅自'啊！"吕不韦胸有成竹。

"多谢师傅精心安排！"异人万分感谢。心想，这位师傅，工于心计，城府颇深，真是我信得过的靠山！

嗣也立了，姬也献了，子也生了——到此为止，吕不韦觉得，在邯郸，再也没有什么工作可做了；他应当携"宝"离赵，把窃国的买卖转移到秦国都城咸阳。虽说秦王孙异人立嗣已经成功，已经成了秦政权的合法继承人；虽说自己的儿子变成了异人的儿子，也成了秦政权的合法继承人；但这一切的前提，都是异人必须回到秦国的都城咸阳。如果不是这样,那么,一切的一切,都仍是个未知数。尤其是异人身在赵国做人质,而秦赵交恶,万一赵王怒,一刀杀了异人,吕不韦不是白忙乎了么?虽然秦强而赵弱,赵王不敢造次,又加上有平原君的苦苦劝谏,异人活到了今天,但肉摆在肉案之上,总是十分危险的呀!

"必须尽快逃离赵国。"吕不韦主意已定。

话说秦赵两国之间的战争愈演愈烈,就在秦王孙异人喜得吕不韦宠妾赵姬的这一年,秦军在长平大胜赵军,坑杀赵军四十万。

两年后,公元前 257 年,也就是秦王孙异人之子赵政三岁那一年,秦国又大举兴兵,秦将王　围攻邯郸。

赵王忍无可忍,于是,决计不顾外交惯例,处死作为人质的异人,以示报复。

赵王想杀异人,又怕平原君絮絮叨叨地劝谏,便趁着平原君这几日不在家,在夜深人静之时,派人秘密抓走异人。

第二天清晨,侍从们报:"启禀大王,异人抓住!"

"推出去,立刻……"赵王恨不得立斩泄愤。

"且慢!启禀大王,自古杀人,在午时(十一点到十三点)三刻,不按时辰杀,不祥!"守卫在赵王身边的锦衣侍卫公孙谱,公孙馆伴"三虎",见赵王要杀异人,急中生智,借口时辰不对,来了个缓兵之计。

"也罢!就等那个该死的午时三刻吧!"赵王无奈,只好同意。

那公孙谱设完了缓兵之计,又苦于无法脱身报信,心急如焚。

再说,那赵王派人抓人,不知异人身边有了赵姬。那赵姬见人来抓异人,一头钻到锦衾里。抓人的兵士,第一没看见,第二没命令,于是抓到异人就走。

那赵姬急中生智,女扮男装,把孩子放在瓮里,提着瓮,连夜叩开了吕不韦的门。

吕不韦听说此变,急得在屋里踱步。

吕不韦踱步踱了三圈,忽然站定,说了声:"有了!"

然后,派吕轩和小六子备车马,连夜护送赵姬母子回娘家暂避。

吕不韦安顿好了赵姬母子,便和吕轩连夜到平原君府邸,去找平原君的侍卫公孙诠,公孙馆伴的"五虎"。

见了公孙诠,说明原由。

公孙诠顿足道:"能劝说赵王的,只有平原君,可惜平原君这几日不在家!……不过,若能按时回来,便在巳时(九点到十一点)到家!"

"能来得及吗?"吕轩问。

"自古杀人,午时三刻,他赵王再怒,也不敢违!"吕不韦见多识广。

于是,三个人,由子夜,盼到平明,又从平明盼到日出,从日出盼到食时(辰时,七点到九点),从食时盼到隅中(巳时)……

三个人,如热锅上的蚂蚁,坐卧不宁……

也该那秦王孙异人,福大命大,命该不死,巳时,那平原君的车马准时回来了!

时间紧迫!

来不及寒暄,来不及互相介绍!

吕不韦单刀直入："异人此时正在赵王的刀下！"

平原君顿足道："王命难违，如何是好？"

吕不韦忙中不乱，临来时，带来了那个粥棚诞生的保异人不死的"万民折"，此时正好派上用场："这里有百姓保异人不死的'万民折'！"

"好！有了它就好办了！王若怪罪，我就有借口了！"平原君见了"万民折"，便有了主意，抽出自己的宝剑，交给公孙诠，"你骑我的宝马，我的宝剑，若来得及，喊'刀下留人'；若来不及……"

不待平原君说完，那公孙诠已接剑飞身上马！救人如救火，岂敢耽搁！

那公孙诠，一路打马，风驰电掣，烟尘四起。老远望见异人被架在刀下，更是呼啸前行，破声大喊："刀下留人！"

只听一声钟响，监斩官报："时辰已到！"

监斩官的这一声报，不打紧，说时迟，那时快，只见那主斩官手起刀落——"咔嚓"一声，人头落地！

时间几乎凝结、停滞了一刻钟！

待人们收回出窍的魂灵，定睛看那落地的人头时，又是一阵骚动……

原来，那"咔嚓"一声落地的，不是秦王孙异人的人头，而是主斩官的人头！

这又为何？

原来，那赵王怕平原君相救，于是下死令不管什么人喊"刀下留人"，都照斩不误，所以那公孙诠任凭喊破了嗓子，那主斩官都故作不知，于是，听报时辰到，便举刀砍去！而那公孙诠，见呼喊无效，便飞身下马，与那主斩官几乎是同时举起刀剑，只不过，那公孙诠生性机敏，手疾眼快，打了个时间差，用平原君的宝剑，砍下了这替死鬼主斩官的头！

后来，人们说，这主斩官也是命该如此！此话怎讲？你猜这主斩官叫了个什么倒霉名字？叫"戴异斯"——代替异人去死！

那监斩官见死的不是秦王孙，而是主斩官，方知是那公孙诠捣乱，喝令手下："拿下！还不快些给我拿下！"

公孙诠见状，一举宝剑："慢着！你们认识这把剑吗？"

人们凑近一看，不看便罢，这一看，每个人都倒抽了一口凉气："是平原君的'尚方宝剑'！这剑，'上可弑君，下可斩臣'哪！赶快退后一点儿吧！"

公孙诠见人们畏服这宝剑，便乘势挟起那惊魂未定的异人，上马回命，留下了一路烟尘……

是不是生在王家的人都是九死一生，我们不知道；但这个异人，却的确是历尽磨难，多次死里逃生，方才离开了赵国，见到了他的王爷爷。

吕不韦见救回了异人，如一块石头落地："强将手下无弱兵啊！"

平原君见公孙诠这般骁勇，赞道："不愧是'五虎'！"

吕不韦拜别平原君，备车马送异人回丛台。

再说那监斩官，面对"尚方宝剑"，无可奈何只好火速禀报赵王。

那赵王摇了摇头，无可奈何地叹道："又是那个平原君！也罢，大概是那异人福大命大，命该不死！”

正这样说着，平原君来拜见。

平原君施礼毕，道：“陛下，那秦王孙异人有百姓保他不死的‘万民折’，所以臣才……”

“算了！‘谋事在人，成事在天’，大概是那秦王孙异人，命不该绝，气数未尽……”

于是，赵王没有怪罪平原君。

再说那吕不韦备车马，将吓得晕过去的异人送回丛台。

到了丛台，吕不韦派吕轩寸步不离地守候、保护，直到归秦，免得再出现万一。

吕不韦寻思：这次好险哪！若是兵士抓异人时连赵姬一块儿抓，就没人报信了！若是平原君不按时回来，就没有那“尚方宝剑”了！

若是那公孙诠不手疾眼快，那“尚方宝剑”就没有用场了。

其实，吕不韦此时不知道还有一险：若没有公孙乾的“三虎”公孙谱借口时辰不对，巧设缓兵之计，为这一切赢得了时间，那异人早已命向黄泉了！

吕不韦越想越有点儿后怕，这异人险些丧命，差点儿白搭了我的千金家私，白搭了我的爱妾赵姬……不行，得趁着现在一切准备就绪，而又是秦军兵临邯郸城下的有利时机，设计潜逃……

吕不韦正想着，那异人苏醒过来了。

“怎么？我还没有死？”异人一睁眼，见不是阴曹地府，掐一下大腿肉，还知道疼，方知是自己没死。

“是赵姬报的信，是平原君派公孙诠手持‘尚方宝剑’，救了你……”吕不韦道。

“一声‘时辰到’，我分明看见主斩官手起刀落，也分明听见‘咔嚓’一声……”异人百思不得其解。

“那是公孙诠手疾眼快，与那主斩官同时举起刀剑……结果，‘咔嚓’一声，主斩官的人头落地了！”吕轩道。

“那赵王会饶了平原君和公孙诠吗？”异人担心道。

“平原君有‘尚方宝剑’和你的那个‘万民折’，赵王总算没怪罪，现在没事了！”吕不韦道。

“她们母子哪里去了，怎么不来看我？”异人道。

“我已派吕轸和小六子送她们母子回娘家暂时避一避……就是殿下，也不可在此地久留，离赵归秦，时机已到！”吕不韦道。

“王孙无能，此事仰仗师傅谋划！”异人十分信任他的这位师傅，包括他的可靠和能力。

“殿下，一切听我安排……吕轩，你要负责殿下的安全！我去筹备出城的事宜！”吕不韦安排道。

吕不韦主意已定，便开始准备。

首先，吕不韦筹集了六百金，来到了赵国南面的城门。

只见这里气氛紧张，严阵以待。城楼下，城门紧闭；城楼上，将士们弓在手，箭在弦，刀枪剑戟不离手，轮流顶岗，轮番更休，口令半个时辰一改，袖上的标记一个时辰一换……

吕不韦正愁搭不上话，只听城楼上有军吏喊："喂！走远一点！赵王有令，没有赵王手谕，不得擅自出城，违者斩！"

吕不韦不慌不忙地说："是公孙乾大夫派我来的！有要事找你们将军！"

那守城将佟顺，听说是公孙大夫派来的人，便放宽了心，命军吏放下吊桥，把他领上城楼。

吕不韦上了城楼，施礼毕，说："佟将军，某乃公孙大夫的儿女亲家。"

吕不韦边说边拿出六百金递过去，佟顺见是六百金，心头一热，这六百金可不是个小数目，守一辈子城也换不来六百金哪！刚想伸手接，可又一想，别是"黄鼠狼给鸡拜年——没安好心"吧！

于是推让道："某无功不受禄，这等贵重礼品如何承受得起呀！"

吕不韦见他犹豫，心知有门儿，便说："佟将军先收下，再听我说不迟，再说，在下手无寸铁，有什么不轨，要抓要斩，由你！"

佟顺还是犹豫。

"佟将军，你们守城将士，日夜守城，艰苦备尝，这点东西，就算我这富商代表城中百姓犒劳将军的，又有何妨？"吕不韦进一步给台阶。

佟顺见说得在理，便借坡下驴："先生所言极是，城中百姓若都能体谅我们的辛苦就好了……恭敬不如从命，末将先收下了。……但不知先生有何事来找末将？"

吕不韦见他收了六百金，话就好说了："实不相瞒，某乃韩国阳翟商人，做珠宝生意到此，有幸结交了公孙大夫，在下的五个女儿嫁给了公孙大夫的五个儿子，结了儿女亲家……一晃儿，在此地逗留了两个月之久，正想回转，不料遇秦军攻赵，围城多日，耽误了生意不打紧，只是老母病重……七尺男儿，不能病榻前尽孝道，真不如一死！"说着就要往城垛上撞……

那佟顺一把将他抱住："先生保重！有话好商量。待末将想想看！"

吕不韦步步紧逼："佟将军，放一个韩国商人出城，与秦赵两国战事不相关……'上'不能怪罪，'中'可对公孙大夫有个好的交代，'下'可成全我这不孝子回国尽孝道……"

那佟顺想，放一个韩国商人出城，确实无妨，况且，他还是公孙大夫的儿女亲家？若如他愿，既可讨好公孙大夫，又凭空得了六百金！……"人走时气，马走骠"，我昨夜做了什么好梦，从天上飞来这等好事！……等秦兵一撤，好好享乐享乐，妻一百金，三个小妾各一百金，剩下的二百金，把翠云楼里的美人儿翠云买回来……

佟顺想到此，爽快地答道："好吧，末将答应你！"

吕不韦谢过，刚想走，佟顺忽然聪明了一下："慢着！只准你和你的家眷、家丁、挑夫、驮脚通过，不准裹挟其他人等，尤其不准有那个秦王孙异人什么的！……最好是天黑来，不得声扬！"

吕不韦再拜谢道："谢将军！"

吕不韦把守城将摆弄好了，又赶回馆舍安排其他人等。

吕不韦首先要稳住公孙乾，故意对他说："我在邯郸逗留太久，思念老母心切，况且，我也想把一批货物带回阳翟。守城将那里，估计问题不大，若遇麻烦，再求大夫行个方便不迟。”

“那自然。有需要帮忙的时候，尽管说，谁叫咱们是儿女亲家呢！”公孙大夫说着，眼珠一转，留个心眼，“敢问先生何日出城？好帮你通融一下……”

“这两天不行，三日后，等我把账目收齐了，货物整理好了，再求大人不迟，”吕不韦见他已上钩，假戏真唱，“对了，过几天，我就会事务缠身，没工夫与大夫举杯了……”

“既这样，现在就为先生饯行吧！只是，没什么准备……”公孙乾说。

“无妨，主要是，坐在一起，好好说几句话……”吕不韦不放过这天赐良机。

说话间，侍从们麻利地端上了酒馔。

二人轮杯把盏。

“我那五个女儿，从小无什么教养，全在大夫照顾了！”吕不韦道。

“我那表妹婉儿，也是从小娇宠，有什么不对的地方，还望多担待些了。”公孙乾道。

二人喝得尽兴，谈得投机。不觉天已黑了。

酒至半酣，公孙乾起身上厕所。

“此乃天助我也！”吕不韦叹道。

原来，吕不韦今日喝酒，做了两手准备，或将其灌醉，或放蒙汗药。正巧公孙上厕所，岂不是天赐良机！

于是，吕不韦麻利地从袖中取出早已备好的一包蒙汗药，放入公孙乾的酒杯里。

等公孙乾回来，二人又喝了几杯。

喝着喝着，公孙乾自觉一阵头晕，便再也不省人事。

吕不韦知道，这是蒙汗药起作用了！于是，吕不韦反锁了房门离开了。

侍候酒馔的使女在偏房里打瞌睡，听有动静，睁开朦胧睡眼，见没有老爷送客，便以为没喝完，继续打着瞌睡。

公孙乾的侍从们，早先得过吕不韦的好处，后来，这位吕先生又成了公孙老爷的儿女亲家，更是毫不提防。

吕不韦赶到异人那里，喊了异人和吕轩，一块到馆舍聚齐。

馆舍这边，把赵姬母子送回娘家的吕轸和小六子，已悄悄准备好车马、行囊。

吕不韦让异人扮成男仆，让小六子往他的小白脸上抹了些黄土……

吕不韦一行，神不知鬼不觉地来到赵国南面的城门，因吕不韦谎称回阳翟。走南门，方向才对，才不被疑，况且，白天，那南门的守城将佟顺已被买通了！

这一行人来到城门不远处，城楼上，军吏喝问：“口令！……什么人？敢夜闯城门？有赵王手谕吗？”

吕不韦一使眼色，异人门客中的习武者和鸡鸣狗盗之徒，便开始行动。

然后，吕不韦答道：“白日里，已和你们的佟将军说好了

“有这事！他是公孙大夫的亲家！放他出城！”佟顺道，“韩将军，你说呢？”

“慢着！无赵王手谕，你擅自放人出城，出了事，你吃不了——兜着走！”这是将军

韩立的声音。

从哪里又蹦出个韩将军？原来，不巧，今夜情势危急，各城楼加派了力量。

仗着吕不韦深谋远虑，做了两手准备：情况正常，佟将军一发话，由守门吏拿钥匙开门出城；若情况有变，便由吕不韦打掩护，其余的人强行通过。怎么个强行通过法？原来，吕不韦让异人门客中的鸡鸣狗盗之徒偷配了城门的钥匙，再由几个习武的门客锤杀那几个守门吏……

吕不韦心里明白，得采用第二套方案了，于是，一边牵过那匹骅骝宝马，一边跟城楼上的人假意应酬，其余的，该开城门的开城门，该打死守门吏的打死守门吏，然后，由吕轩带着异人等悄悄出城，那些楼上的军吏，精神都在他们几个人的对话上，尤其想看看两位守城将怎么争论，怎么个收场法，当兵的最爱看当官者的笑话，况且，“看热闹不怕乱子大”！

在守城吏们稍一走眼的工夫，吕轩带着异人等已出城。城楼上的两位将军还在僵持。

大约相持了两盏茶工夫，那佟顺在吕不韦那六百金作用下，发话了：“放行！出了事，我一人承担！”

吕不韦正想强行飞马而逃，这下得令，飞身上马，一溜烟地跑了。

跑了一程，追上了吕轩、异人这一行。

然后，吕不韦带领这一行人，调转马头，往秦军大营方向走。

一行人，马不停蹄。正慌不择路地逃奔，猛地听到一声喝问：“口令！……什么人？站住！”

吕不韦估计是秦兵游动哨，说了声：“是秦兵，别害怕！”

来人果然是秦兵游动哨。

吕不韦喝道：“秦王孙在此，休得无礼！”

秦兵听说是秦王孙，便不敢乱来，将其一行人领到将军王　见过异人和吕不韦的“符传”，深信不疑。

王　当夜设宴款待，为秦王孙异人一行接风洗尘，更重要的是庆贺异人逃离虎口。

宴罢，王　说：“此处乃军事要地，不可久留……大王亲自在此督战，行宫离此地不过十里。末将已备好车马，派军士护送殿下去大王行宫。”

吕不韦、异人等谢过将军王　，匆匆上路。

走了半个时辰，吕不韦、异人一行来到了秦王行宫。

秦昭襄王，在位五十年以来，戎马倥偬，这次，又是御驾亲征。入夜，稍有倦意，但见了王孙异人，还是不胜欢喜。

“拜见王爷爷！”异人顿首叩拜。

“拜见大王！大王万岁，万岁，万万岁！”吕不韦等人叩拜。

“王孙平身！”秦王道，“寡人好福气，有这等不凡的王孙！……你的双亲已决定将你立嗣，行！是块料。……你的双亲还在想你，速回咸阳，给你双亲看看！……谢谢上天助我孙儿脱离虎口！”

“启禀王爷爷，这次孙儿逃离虎口，托上天的福，托王爷爷的福，也多亏了我的这位吕师傅！”异人替吕不韦表功。

“好，好，好！等寡人回去再论功封赏！”秦王道。

异人、吕不韦等拜别了秦王，当夜安歇，天明启程，直奔咸阳。